本书为著者主持的国家社科基金重大专项

“中国马克思主义学术通史研究”（23VLS004）的阶段性成果

现代中国学术思想研究

·上卷·

吴汉全 著

自　序

笔者自20世纪80年代后期进入学术研究领域，至今三十多年了，在学术研究上做了一点工作，出版学术著作近20部，在《马克思主义研究》、《政治学研究》、《近代史研究》、《中共党史研究》等刊物发表了200多篇论文，有不少论文被人大复印资料《历史学》、《中国近代史》、《中国现代史》、《马克思主义文摘》、《马克思主义、列宁主义研究》、《毛泽东思想》、《社会学》、《美学》、《中国哲学史》、《人口学与计划生育》等专题全文转载，学术观点被《马克思主义研究》、《中共党史研究》、《党史研究与教学》等刊物介绍，学术专著获教育部科学研究优秀成果奖（人文社会科学）一等奖、二等奖，算是产生了一些学术影响。早些年，朋友们鼓励我出一部文集，对自己的研究工作予以梳理。这倒是很好的建议。现在，抽出时间整理了自己的文章，挑选了76篇，编出这样一部书，取名为《现代中国学术思想研究》。

我的文章涉及的学科类别较多，但大体上皆是以"现代中国"为研究范围的①。或者说，研究的主要是现代中国社会演变过程中的社会现象及相关问题。少数的文章，虽不是直接研究现代中国社会的，但也是在研究现代中国社会时，产生了研究兴趣而撰写的。譬如，我研究英国马克思主义史学家霍布斯鲍姆的史学思想，源自对现代中国马克思主义史学发展的思考，力图为中国马克思主义史学的发展提供学术的启示。回顾自己的学术研究工作，三十年多来所研究的，大多是现代中国社会范围内的问题。这些问题，有些是现代学术史问题，有些是现代思想史问题，也有些是关于现代中国历史演进的问题，但大致可以用"学术、思想和道路"加以概括。这是本书定名为《现代中国学术思想研究》的原因。

---

① 这里的"现代中国"，在时间段上有别于通常所说的"中国现代史"的时间段，亦即不局限在1919年至1949年之间，而是向前和向后皆有所延伸。

我的想法是，将自己的有关文章汇编为一部著作，不能把所有的文章都汇总进去，否则就是“全集”了。尤其是自己年龄还不算太大时，这不合适。故而，编选就得有所归类、有所筛选，免得使这样的著作成为大杂烩。鉴于这样的想法，这部著作挑选了一些具有代表性的文章。本书中的文章，大体上有三方面的来源：一是从公开发表的文章中挑选了一些。这是本书的主要方面。当然，有些文章尽管还曾产生过一些影响，但由于本书容量有限，也只好忍痛割爱。二是从自己出版的专著中选了少量的片段。我自己出版的专著近 20 部，共有 600 多万字，因为数量较大，本书只能选录几个片段。三是从自己的未刊稿中挑选了几篇，借以反映自己的一些想法。我平时能做点思考，并且总喜欢写下来，记录自己的看法，这些稿件写出之后就一直存放在电脑中，时间长了有的也就忘记了，本书酌情选了几篇。这样看，这部著作大致能反映了我个人从事学术研究的情况。

我的学术研究是从李大钊研究起步的，起初是在中国近现代史、中共党史领域，以后（在 20 世纪 90 年代后期）逐渐跨入其他领域。现在，将自己的文章分列到各个学科中，确实有点困难。不少文章，因为具有学科上的交叉性，只能大致归到某一类别中。譬如，我撰写的《〈新民主主义论〉对马克思主义政治学的贡献》，是在《政治学研究》上发表的，自然应该归类到政治学的学科，当然也可以归类到马克思主义理论学科、中共党史学科。又譬如，我撰写的《马克思主义新闻思想中国化的早期探索》，发表在《新闻与传播研究》上，在学科上大体上属于新闻学范围，但似乎也可以归到马克思主义理论这一类。再譬如，我撰写的《李大钊与中国近代史研究》、《陈独秀与中国近代史研究》、《梁启超与中国近代史研究》等文章，既可以放在“中国近现代史研究”中，也可以放在“史学理论与史学史研究”中。因而，所谓的归类也只能是相对的，并不是绝对的。自然，我自己从事学术研究时，心中还是有学科概念的，否则也就写不了文章。学术界的不少刊物，如《政治学研究》、《马克思主义研究》、《近代史研究》、《中共党史研究》等刊物，代表了所在学科的研究水平，并且学科性非常强。故而，发表在《政治学研究》、《马克思主义研究》、《近代史研究》、《中共党史研究》上的文章，自然可以按这些刊物所在的学科加以分类。文章发表后，有不少被人大复印资料的相关专题全文转载，也可以按照这些专题的学科属性加以分类。此外，还有一些文章，按照个人的看法，加以适当的分类。这样，我将文章依据学科分为八个方面，即马克思主义研究、哲学研究、社会学研究、中国近现代史研究、史学理论与史学史研究、政治学研究、中共党史研究，此外就是学术综述。说实在的，这样的安排是否合理，自己也没有什么把握，但也想不出新的法子，故而也就暂且如此了。

学问无止境，研究工作永远在路上。我的研究虽然有点进步，但也只是做了初步的工作。我的导师张静如先生教导我们，做学问要“到位”。他还说，研究一个人或某一个学科，只能成为专家而不能成为大家，因而在有了自己“看家绝活”的领域之后，就要不断地扩大研究领域。我的研究力图传承导师的学术思想，研究工作也是在先生指导下进行的。在本书出版之际，首先要感谢张先生多年来对我的培养！现在，先生已经走了，永远离开我们了，但先生的治学理念、学术视域、研究方法及学术思想，仍然指引着我们这些弟子的学术研究工作。我们也会承继学统，勤勉治学，努力开拓，将先生的学术思想发扬光大！

回顾自己三十多年来的研究历程，大致集中在这样几个方面：

一是李大钊研究。我早年专门研究李大钊，并得到张静如先生的悉心指导。早在 1989 年，我因为参加纪念李大钊诞辰 100 周年全国学术讨论会，其后也就得到张静如、吴家林、刘桂生、朱成甲、杜蒸民等李大钊研究名家的指导。1999 年我考入北京师范大学法律与政治研究所，在张先生门下攻读博士学位，发表了一些李大钊研究论文，其后又出版了《李大钊与中国现代学术》（河北教育出版社 2002 年版）、《李大钊与中国社会现代化新道路（外二种）》（吉林人民出版社 2011 年版）、《李大钊早期思想体系与中外思想文化》（吉林人民出版社 2014 年版）等李大钊研究的专著。可以说，正是因为从事李大钊研究，开启了我以后学术发展的道路。

二是中国近现代史研究。因为从事李大钊的研究，我在《近代史研究》上发表过《李大钊与中国近代史研究》、《近十年李大钊研究的进展及相关问题的讨论》等文章，并在中国近现代史相关领域做了些研究，发表了诸如《孤星社・铸魂学社・中国少年劳动党》等文章，并被人大复印资料《中国近代史》、《中国现代史》等专题全文转载。在世纪之交，我专门研究过近代中国的留学生问题，发表了《晚清时期的留学生与中国现代学术的起源》、《留学生与晚清社会的变迁》等文章，出版了《留学生与近代中国社会变迁》（吉林人民出版社 2012 年版）等著作。此外，我进行过现代人物的相关研究，出版了《中国现代人物专题研究》（南京大学出版社 2013 年版）。

三是政治学研究。我在世纪之交开始了政治学的研究，除在《政治学研究》上发表《政治学视野下公信力概念研究》、《〈新民主主义论〉对马克思主义政治学的贡献》、《邓初民〈新政治学大纲〉（1940 年）的学术贡献》等文章外，还出版了三卷本的《中国现代政治史》(人民出版社 2015 年版),该著于 2016 年获江苏省第十四届哲学社会科学优秀成果奖三等奖。我重点研究过高一涵这位政治学家,出版了《高一涵五四时期的政治思想研究》(吉林人民出版社 2012 年版),该著于 2014 年获江苏省第十三届哲学社会科学优秀成果奖二等奖。与高大同合作,出版了《高一涵评传》(人民出版社 2019 年版)。此外,对张慰慈这位政治学家也有所研究,与李宗楼教授合作出版了《中国现代政治学史上的张慰慈》(安徽师范大学出版社 2018 年版)。

四是中共党史研究。我在博士阶段跟随张静如先生研究中共党史,接受了张先生创建的党史学"中介理论",并参与张先生主编的多卷本《中国共产党通史》(广东人民出版社 2002 年版)的撰写。除在《中共党史研究》上发表《以社会史为基础深化中共党史研究的再思考》、《〈观察〉话语体系中的"中共"》等文章外,还在《党的文献》、《党史研究与教学》等刊物发表了《中共党史学理论的创新》、《试论中共历史学的学科体系》、《中国共产党建设中国马克思主义学术体系的历史经验》、《论抗战时期中共社会公信力的提升》、《试论中共根据地时期的马克思主义学术建设》等文章。2021 年 5 月出版了《党史解释要论》,力图构建党史解释学的理论体系。2022 年我又成功申报了国家社科基金项目《中共党史学话语体系研究》,力求运用我创建的话语体系理论来建构中共党史学的话语体系,为推进新时代的党史学理论体系建设作出自己的努力。

五是中国现当代社会史研究。我在导师张静如先生指导下专门研究过中国现当代社会史,发表过《近代中国社会变迁与新文化运动的兴起》、《近代中国社会变迁与中国共产党的创建》等社会史研究文章。参与张先生主编的《中国现代社会史》(上下卷,湖南人民出版社 2006 年版)的写作。在张先生主编的五卷本《中国当代社会史》(湖南人民出版社 2011 年版)中撰写了其中的第二卷,该著于 2014 年获北京市第十三届哲学社会科学优秀成果奖一等奖,2015 年又获教育部第七届高等学校科学研究优秀成果奖(人文社会科学)一等奖。

六是马克思主义中国化研究。我早年在研究李大钊的过程中接触到"中国化"问题,在徐州师范大学(现江苏师范大学)主持马克思主义发展史硕士点时,将马克思主义中国化研究作为研究的重点。2010 年主持国家社科基金一般项目"马克思主义中国化进程研究(1919—1949)",并在《马克思主义研究》等刊物上发表《马克思主义中国化研究中的几个问题》、《马克思主义新闻思想中国化的早期探索》、《马克思主义中国化对现代中国政治变迁的历史作用》等文章,同时也出版了《多元视野下的马克思主义中国化研究》(吉林人民出版社 2014

年版)等专著。正是因为从事马克思主义中国化研究,我以习近平总书记的"5·17"讲话为指导,出版了《话语体系初论》(人民出版社2020年版)。

七是中国马克思主义学术史研究。最近的二十年,我努力建构中国马克思主义学术史学科体系。从1999年读博研究"李大钊与中国现代学术"问题,到2007年主持江苏省教育厅重大项目"中国马克思主义学术史(1919—1949)"、2009年主持教育部规划项目"中国马克思主义学术史(1919—1949)",在中国马克思主义学术史研究方面取得了较大的进展。这期间,于2010年出版了三卷本、130万字的《中国马克思主义学术史概论(1919—1949)》(吉林人民出版社2010年版),该著2012年获江苏省第十二届哲学社会科学优秀成果奖二等奖、2012年获江苏省高校第八届哲学社会科学优秀成果奖一等奖、2013年获教育部第六届高等学校科学研究优秀成果奖(人文社会科学)二等奖。2012年主持国家社科基金重大招标项目"中国马克思主义学术史",最后出版了五卷本的《中国马克思主义学术史》(人民出版社2019年版),该著于2021年获浙江省第二十一届哲学社会科学优秀成果一等奖。

总结过去的学术研究工作,在于发现自己的不足,这或许有助于规划未来。我在50岁的时候,在梳理自己学术研究历程中,比较自觉地将事实的研究转到理论的研究。于是,2014年撰写了《党史解释要论》书稿,该著于2021年由人民出版社出版;2018年撰写了《话语体系初论》,该著于2020年由人民出版社出版。"两论"著作的撰写,本是为了转变自己的研究路数、开辟新的研究方向,但仍然不能忘怀既有的学术史研究,这说明自己的工作也有"历史的负担"。今后一段时期,笔者继续研究"中国现代学术史",集中梳理现代中国各个主要学科的发展史。"中国现代学术史"这项工作,不仅要梳理哲学、政治学、经济学、历史学、社会学、法学、文学等七个学科的发展史,还要研究语言学、伦理学、宗教学、美学、教育学、新闻学、民族学、民俗学等学科的发展史;不仅要研究中国马克思主义的学术史,也要研究现代中国时段中非马克思主义的学术史,并努力发现相互间的关系及其与近现代中国社会的联系。目前这项研究还算比较顺利,已经完成250多万字的《中国现代学术史》初稿。现在,我将这个初稿压缩为190万字,取名为《中国现代学术概论》(五卷本),计划于2023年在人民出版社出版。在2018年至2019年间,我又想研究"五四时期的社会改造思潮",写成了30万字的"读书笔记",并相继发表了《五四时期"社会改造"话语与"主义"的崛起》、《五四时期"社会改造"话语中的平民化理念》、《五四时期公共意识的兴起与私人空间的压缩》等文章。2021年成功申报教育部项目《五四时期社会改造思潮与马克思主义“革命话语”在中国的建立研究》,现在手头也写成了30万字的《马克思主义“革命话语”在中国的建立》书稿,该著计划在2023年由人民出版社出版。

俗话说“五十而知天命”,但在“知天命”之年还得有所努力;而我现在又快到了“耳顺”之年,还是想做一点力所能及的事。这部《现代中国学术思想研究》,主要是研究现代中国社会的思想和学术的相关问题,同时亦记录了我的成长历程和学术道路。我愿意将这部书的出版,作为今后进一步开展学术研究的新起点。

吴汉全

写于2016年11月16日

于2022年10月修改

目　录

上　卷

第一辑　【马克思主义研究】

第二辑　【哲学研究】

第三辑 【社会学研究】

中 卷

第四辑 【中国近现代史研究】

第五辑 【史学理论与史学史研究】

下　卷

第六辑　【政治学研究】

第七辑　【中共党史研究】

第八辑 【学术综述】

第一辑

【马克思主义研究】

马克思主义中国化研究中的几个问题

中国学术界对于“马克思主义中国化”这个概念有着比较一致的看法，大多认可“马克思主义中国化是马克思主义与中国实际相结合的过程”这样的判断。在笔者看来，在这样一个判断之下，还需要对相关的概念作出诠释，才能使研究工作开展起来。因为概念是研究工作中的重要元素，是构建思想体系与学术话语系统的基本语词。有鉴于此，本文试从中国现代学术变迁的视角，来解读在马克思主义中国化研究中的几个相关概念，希望能为这项研究工作贡献一孔之见。

一、“中国化”概念诠释

马克思主义中国化的进程从马克思主义传播到中国就开始了，譬如中国最早的马克思主义先驱李大钊就说，运用马克思主义作为改造中国社会的“工具”，就自然“会因时、因所、因事的性质情形生一种适应环境的变化”，因而“一个社会主义者，为使他的主义在世界上发生一些影响，必须要研究怎么可以把他的理想尽量应用于环绕着他的实境”①。但“马克思主义中国化”概念的提出，则是在抗日战争时期。学术界一般认为，毛泽东于 1938 年 10 月在中共六届六中全会上的政治报告《新阶段》(《毛泽东选集》第二卷收入这个政治报告的一部分，题为《中国共产党在民族战争中的地位》)，第一次明确提出“马克思主义中国化”概念。毛泽东原话是这样的：

> 今天的中国是历史的中国的一个发展；我们是马克思主义的历史主义者，我们不应当割断历史。从孔夫子到孙中山，我们应当给以总结，承继这一份珍贵的遗产。这对于指导当前的伟大的运动，是有重要的帮助的。共

① 《李大钊全集》第 3 卷，人民出版社 2013 年版，第 51 页。

产党员是国际主义的马克思主义者，但是马克思主义必须和我国的具体特点相结合并通过一定的民族形式才能实现。马克思列宁主义的伟大力量，就在于它是和各个国家具体的革命实践相联系的。对于中国共产党说来，就是要学会把马克思列宁主义的理论应用于中国的具体的环境。成为伟大中华民族的一部分而和这个民族血肉相联的共产党员，离开中国特点来谈马克思主义，只是抽象的空洞的马克思主义。因此，使马克思主义在中国具体化，使之在其每一表现中带着必须有的中国的特性，即是说，按照中国的特点去应用它，成为全党亟待了解并亟须解决的问题。①

毛泽东这里讲"马克思主义中国化"，就是"马克思主义具体化"，其含义就是"把马克思列宁主义的理论应用于中国的具体环境"，也就是"使马克思主义在中国具体化，使之在其每一表现中带着必须有的中国特性"，指导理论是"马克思主义"，落脚点是"中国"。这里，一方面是马克思主义与中国实际的结合问题，强调的是对马克思主义的运用，着重解决自己的问题，这是"为我所用"的态度；另一方面则是使马克思主义在中国的发展带有新的特点，"使之具体化"，亦即马克思主义在中国的发展而具有了中国的"特性"，揭示了马克思主义在中国发展的方向问题。因而，毛泽东讲"马克思主义具体化"，既有"运用"马克思主义内容，又有"发展"马克思主义内容，并且是这两者的辩证统一，而统一的基础则是中国革命的实践。

那么，马克思主义为什么要"中国化"呢？毛泽东的理由是：第一，就中国的历史及文化而言，中国有数千年的历史并且有其自己的特点，我们不能割断自己的历史，必须"承继这一份珍贵遗产"，应用马克思主义也是这样，必须带着"中国特性"；第二，就马克思主义本身而言，"马克思列宁主义的伟大力量，就在于它是和各个国家具体的革命实践相联系的"；第三，就中国共产党人本身而言，是因为中国共产党人本身既是"国际主义的马克思主义者"，必须遵循马克思主义，同时也是民族主义者，是"伟大的中华民族的一部分而和这个民族血肉相联的"，因而不能"离开中国特点来谈马克思主义"。这几条，是毛泽东对于在中共党内把马克思主义教条化、只是谈论"抽象的空洞的马克思主义"的危害，所总结出来的理由。笔者以上的诠释，应该说是符合毛泽东文章原意的。

"马克思主义中国化"概念一经毛泽东提出，就得到党内外人士的高度赞赏，得到他们的积极宣传与研究，这使"马克思主义中国化"成为中国现代思想

① 《毛泽东选集》第二卷，人民出版社 1991 年版，第 534 页。

发展的一个崭新命题。下面，试以张申府、嵇文甫、艾思奇为代表说明。

著名的民主人士张申府于1939年2月发表《论中国化》一文，指出毛泽东关于“中国化”的这段话“完全是对的”，“不但是对的，而且值得欢喜赞叹”，认为由毛泽东的这段话“更可以象征出来中国最近思想见解上的一大进步”。张申府就赞同毛泽东关于“中国化”阐述，列举了这样几个理由：

> 第一，我们总相信，改革中国是为的中国，至少也是先直接为中国，其次才影响到世界。同时改革中国总要就中国找办法，虽然一般大法不妨借资他人，借镜他国。因此，许多外来的东西，我们以为，用在中国就应该中国化。而且如其发生效力，也必然地会中国化。
>
> 第二，我们以为，这一段话的意思与新启蒙运动的一个要求完全相同。新启蒙运动很可以说就是民族主义的科学民主的思想文化运动。对于自己传统的东西是要扬弃的。所谓扬弃的意思，乃有的部分要抛弃，有的部分要保存而发扬之，提高到一个更高的阶段。……
>
> 第三，我们一方面主张社会科学化，科学社会化，把科学与社会密切结合在一起；一方面主张中国科学化，科学中国化。科学中国化的意思就是要使中国在科学上有其特殊的贡献，使科学染上中国的特色。……
>
> 第四，新启蒙运动反对奴化，同时要求新知识界新思想的普及，科学的通俗化，学问的大众化。要通俗化，大众化，当然必须先中国化，本国化，本土化。同时，反对奴化，不但反对作自己古人的奴隶，传统权威的奴隶，实在更反对作外来的东西的奴隶。此外，我所拟的新启蒙运动的纲领之一是“自觉与自信”，中国化岂不正是自觉与自信的一个表示。
>
> 第五，我们更常主张学问的人化。学问本身当然不能人化。讲说学问，叙述学问，把学问使人懂，却应该讲述得，叙述得，有人味儿。……而在中国说人化，当然要先中国化。这还是就一般理论说。至于关于一切用的东西，用本是用于实际，不能因时因地而制宜，根本不切实际。如何能用得下去？①

张申府是早期的中共党员，虽然1925年退党，但以后一直投入民主运动，是当时知名的教授和民主人士，与共产党保持良好的关系。他积极呼应毛泽东的讲话，并从自己领导新启蒙运动的感受，来说明“中国化”的极端重要性，其社会影响是很大的。

---

① 张申府：《论中国化》，《战时文化》（重庆）第2卷第2期，1939年2月20日。

党外马克思主义学者嵇文甫①,在1940年2月发表《漫谈学术中国化问题》,进一步诠释"中国化"这一概念。据他的解释:

第一,"'中国化'的含义,当然是说把本来非中国的东西化成中国的,它是以吸收外来文化为其前提条件的。它所反对的,只是不顾自己的需要,不适应自己的消化能力,不和自己固有的东西有机地联系起来;而只把外来文化机械地、生吞活剥地,往里面搬运。"

第二,"所谓'中国化',是融化不是拼凑,是化合不是混合,是彻头彻尾,彻上彻下的,不是割裂补缀的。……它只把世界上许多好东西尽量吸收而使之'中国化'。这'化'了的东西,从一方面说,彻首彻尾,的的确确是世界的;但同时,从另一方面说,又彻首彻尾,道道地地是中国的。世界性的文化,透过各民族而显现为各种特殊的形式。所谓'中国化'者,只是世界性的文化,经过中国民族的消化,而带上一种特殊的中国味道而已。"

第三,"中国化"是"世界性"的,又是"现实性"的,即是说"'中国化'乃是把世界性的文化'中国化',这'化'了的东西,虽然带上些中国味道,但本质上仍然是世界的。……再者,'中国化'只是就现实所有的,中国民族正在吸收着的世界性的文化,咀嚼消化,使这种文化在中国民族中发荣滋长,放出异样的光彩。"

嵇文甫诠释"中国化",着眼于近百年中国历史的变迁。在他看来,近百年来的中国史,实在是一步一步地在"现代化",这个"现代化"的过程就是:"国粹论"→"中体西用论"→"全盘西化论"→"中国本位文化论"→"中国化运动"。因此,"为着克服这种依附性、半殖民地性和机械性,……于是乎有'中国化'运动之发生"。②

嵇文甫对"中国化"的诠释,有这样几个特点:一是在中国近现代思想史的高度来深化"中国化"的思想内涵,认为"中国化"与"国粹论"、"中体西用论"、"中国文化本位论"、"全盘西化论"有根本的不同,这是"富有历史意义"新思想;二是从中国现代化的崭新视角来看待"中国化"的价值,而不是通常那种仅从"革命"的角度来诠释,这就使"中国化"的含义远远突破思想史的范围而上升到中国社会变迁的高度。嵇文甫以其学者的身份来对"中国化"进行诠释,在当

---

① 嵇文甫(1895—1963),河南汲县人,历史学家、哲学家。毕业于北京大学哲学系,1926年赴莫斯科中山大学学习,归国后在北京大学、燕京大学、中国大学、女师大等校执教,1938年任河南大学文学院院长。新中国成立后曾任河南大学校长、河南省人民政府副主席、副省长等职。

② 参见嵇文甫:《漫谈中国化问题》,《理论与现实》第1卷第4期,1940年2月15日。笔者注:嵇文甫此文写作于"1939年10月25日西峡口"。

时是极具有社会影响力的。

中国马克思主义哲学家艾思奇在毛泽东“中国化”讲话发表后，从“中国的特殊性”视角诠释“中国化”，为“马克思主义中国化”思想在革命根据地的传播作出了突出的贡献。他撰写的《论中国的特殊性》文章，就“中国化”思想提出这样几个观点：

第一，马克思主义中国化以坚持马克思主义为前提，就是正确地坚持马克思主义的问题，也就是运用马克思主义来具体地制定中国革命的任务与战略、策略的问题。艾思奇指出：“在中国应用马克思主义，或使马克思主义中国化，就是要坚决地站在马克思主义的观点上，在马克思主义基本原则和基本精神上，用马克思、恩格斯所奠定的、辩证唯物论的和政治经济学的科学方法，来具体地客观地研究中国社会经济关系，来决定中国无产阶级在中国民族革命斗争中的具体任务及战略策略。问题是在于要能正确地研究和把握中国社会的客观现实，并正确地决定革命的任务和战略策略，而不是在于从名词上来争执什么才叫‘化’，什么不是‘化’的问题。”①艾思奇强调，马克思主义中国化不是丢掉马克思主义，而是更好地坚持马克思主义，并且是将坚持马克思主义与制定实际的任务、战略、策略结合起来，这就揭示了“中国化”在理论方面、实际方面的具体要求。

第二，实现马克思主义中国化就是实践马克思主义，并且是积极地发挥自己的“创造”性的作用。艾思奇指出：“真正能‘理解精通……’马克思主义，也就是真正能使马克思主义中国化，也正是有着‘创造’的作用了，因为马克思主义原是和实践分不开的，马克思主义者所谓的精通马克思主义不仅是指马克思主义的理论研究，而同时是指要能在一定的具体环境之下实践马克思主义，在一定国家的特殊条件之下进行创造马克思主义的事业。这里就一定有‘化’的意思，也就有‘创造’的意思。所以，中国化决不是丢开马克思主义的立场的意思，相反地，愈更要能够中国化，就是指更能够正确坚决地实践马克思主义的立场的意思，愈更能创造，就是指愈更能够开展真正的马克思主义的意思。”②这是强调马克思主义中国化的“实践性”的路径与目标，阐明的是马克思主义中国化的根本要求。而将马克思主义中国化的“化”诠释为“创造”，正是在坚持“实践性”的前提下对马克思主义中国化所提出的具体要求，亦即要求马克思主义中国化过

① 艾思奇：《论中国的特殊性》（1939 年），《中国文化》创刊号，1940 年 1 月。

② 艾思奇：《论中国的特殊性》（1939 年），《中国文化》创刊号，1940 年 1 月。

程就是“创造性”的过程，同时也就是发挥人的主观能动性的过程，这指明了实现马克思主义中国化的具体路径及其所显示的基本特征。

第三，马克思主义中国化中的“特殊性”，主要是基于中国社会状况所形成的中国革命的特殊性。艾思奇指出，马克思主义是“科学的方法”，正是“依据这科学的方法，中国的马克思主义者看出了中国社会经济，没有脱离半殖民地半封建的性质，因此中国的革命的任务是要彻底完成民族独立，民主自由，民生幸福的三民主义的纲领。也正由于依据了这科学的方法，中国的马克思主义者看出了中国民族资产阶级的发展的幼弱，看出这一阶级的软弱性和动摇性，因此也就看出，中国的革命虽然是资产阶级性质的民主革命，然而它有着它的（与西欧过去的资产阶级民主革命不同的）特殊性。……中国的马克思主义者看清楚中国社会及中国革命的这一个特点，依据这特点来规定自己的和中国无产阶级的斗争任务和方针。……历史的事实已证明这种特殊性的把握是正确的。”①这里，艾思奇从新民主主义实际出发，将中国化所设定的“特殊性”具体化为中国革命的特点，彰显了马克思主义中国化的政治要求和现实使命，有助于马克思主义中国化进程在政治行动领域的积极推进，这也使马克思主义中国化一开始就有着鲜明的政治斗争色彩。

以上，列举了三位重要人物在毛泽东提出“中国化”概念后的代表性言论，并作了简单的提示。不难看出，当时的思想、文化、学术界对“中国化”予以积极回应的态度，“中国化”在当时已经成为思想、文化、学术领域的重大话题。笔者列举这三个人物的言论，主要是要说明这样一个看法，“中国化”概念提出本身是一个问题，而“中国化”概念的“社会影响”可能又是一个问题。如果仅局限在前者而不注意后者，只是囿于思想本身的诠释和注疏，不是从社会史视角研究思想史的思路，因而也就难以说明这种思想的意义与价值。我们今天研究“中国化”问题，也许应更多地从社会层面来考察，如此才能展示学术研究所要求的宏大的叙事场面，真正反映那时的“思想”成为“社会的思想”的实景。

二、“结合”问题试解

“马克思列宁主义必须和我国的具体特点相结合”，从而“把马克思列宁主

① 艾思奇：《论中国的特殊性》（1939年），《中国文化》创刊号，1940年1月。

义的理论应用于中国的具体环境”。这句话中的“结合”就是“过程”,就是指马克思主义中国化过程,本质内涵是指中国革命和建设的“实践”,这就是恩格斯所要求的把马克思主义“这一理论应用于本国的经济条件和政治条件”①的过程,亦即邓小平所说的“把马克思主义的普遍真理同我国的具体实际结合起来,走自己的道路”②的意思。在笔者看来,“结合”是马克思主义中国化的基本表征,没有“结合”也就没有“中国化”,并且“结合”在马克思主义中国化进程中在不同的历史时期也会有不同的表现形式。譬如,改革开放以来,马克思主义中国化过程中就形成了诸如坚持四项基本原则同改革开放的“结合”,坚持尊重人民群众的首创精神同加强和改善党的领导的“结合”,坚持社会主义基本制度同发展社会主义市场经济的“结合”,坚持发展社会生产力同提高全民族文明素质的“结合”,等等。“结合”是马克思主义中国化研究中不可绕过的关键点,而“结合”在笔者看来,其具体的层面有三:

一是马克思主义在中国的“运用”问题。这主要是指运用马克思主义来研究中国社会,解决中国的实际问题。依据毛泽东在《改造我们的学习》一文中所说,马克思主义中国化就在于“使我们在将马克思列宁主义的普遍真理和中国革命的具体实践互相结合的伟大事业中更进一步”,其要求是:一是要“研究现状”,也就是要系统地研究“国内和国际的政治、军事、经济、文化的任何一方面”;二是要“研究历史”,这主要是“近百年的和古代的中国史”,形成浓厚的“认真地研究历史的空气”;三是要“学习国际的革命经验,学习马克思列宁主义的普遍真理”,以便能够运用马克思列宁主义的“立场、观点和方法,来具体地研究中国的现状和中国的历史,具体地分析中国革命问题和解决中国革命问题”③。显然,毛泽东强调的马克思主义中国化,主要的是在实践中的运用问题,亦即依据马克思主义来研究中国现状、历史,以便完成中国革命事业。

二是马克思主义在中国的“创新”问题。在毛泽东看来,马克思主义中国化的过程不是简单地照搬马克思主义的个别词句与个别结论,而是运用马克思主义来推进理论创新的过程。就是说,“要有目的地去研究马克思列宁主义的理论,要使马克思列宁主义的理论和中国革命的实际运动结合起来,是为着解决中国革命的理论问题和策略问题而去从它找立场,找观点,找方法的”。因此,“我

① 《马克思恩格斯选集》第4卷,人民出版社1995年版,第669页。

② 《邓小平文选》第三卷,人民出版社1993年版,第3页。

③ 《毛泽东选集》第三卷,人民出版社1991年版,第796—797页。

们要从国内外、省内外、县内外、区内外的实际情况出发,从其中引出其固有的而不是臆造的规律性,即找出周围事变的内部联系,作为我们行动的向导。而要这样做,就须不凭主观想象,不凭一时的热情,不凭死的书本,而凭客观存在的事实,详细地占有材料,在马克思列宁主义一般原理的指导下,从这些材料中引出正确的结论。这种结论,不是甲乙丙丁的现象罗列,也不是夸夸其谈的滥调文章,而是科学的结论。"①这里,"正确的结论"、"科学的结论"显然不是马克思主义中的现成结论,而是依据"马克思列宁主义一般原理的指导"亦即根据于马克思主义的立场、观点、方法,来研究中国社会的客观实际所产生的"结论",因而强调的是马克思主义中国化进程中的理论创新工作。

三是马克思主义在中国的"本土化"(亦即"民族化")问题。毛泽东指出:"使马克思主义在中国具体化,使之在其每一表现中带着必须有的中国的特性,即是说,按照中国的特点去应用它,成为全党亟待了解并亟须解决的问题。"②毛泽东要求马克思主义在中国的运用,要以中国社会及其问题为研究对象,反对"对中国问题反而无兴趣"这种反常现象。他批评这种情况,即"教哲学的不引导学生研究中国革命的逻辑,教经济学的不引导学生研究中国经济的特点,教政治学的不引导学生研究中国革命的策略,教军事学的不引导学生研究适合中国特点的战略和战术,诸如此类"③。毛泽东讲的马克思主义中国化,是在遵循马克思主义"理论和实际统一"原则下的中国化,是按照中国的情形来运用和发展马克思主义,因而马克思主义中国化也就是本土化亦即民族化。

循着"结合"就是"过程"的研究思路,我们在理解"过程"问题时,大致也能看出过程之中还有三个具体的层面:

一是在中国化的对象方面的不断推进的过程,即经历一个由"精英化"到"大众化"的过程。先进思想一般都在少数知识精英中传布,然后再由这些知识精英向社会大众传播,这是思想发展的一个规律。这里是说,马克思主义中国化有一个首先在先进分子中传播马克思主义的过程,接着就是马克思主义大众化、通俗化的过程,并且这个"精英化"、"大众化"有时是同时进行的。譬如,20 世纪 30 年代开展了马克思主义大众化运动,艾思奇、陈唯实、沈志远等起了重要的作用,但也不是说此时就不对社会上精英人物传播马克思主义了。由此来看,不

① 《毛泽东选集》第三卷,人民出版社 1991 年版,第 801 页。
② 《毛泽东选集》第二卷,人民出版社 1991 年版,第 534 页。
③ 《毛泽东选集》第三卷,人民出版社 1991 年版,第 798 页。

能将马克思主义在中国的传播排除在马克思主义中国化之外；相反，马克思主义在中国的传播、马克思主义的大众化与通俗化运动等，确实是马克思主义中国化的题中之义，是马克思主义中国化的初步阶段。

二是在中国化的内容方面的不断深化的过程，即经历一个由“民族化”到“时代化”的过程。马克思主义在中国的发展，确实是为了解决当时严重民族危机问题，因而中国马克思主义者努力研究中国的国情，力图使马克思主义能够“通过一定的民族形式”表现出来，“使马克思主义在中国具体化”并“带着必须有的中国的特性”，这就是马克思主义在中国的“民族化”、“本土化”过程。如果说“民族化”主要是在形式方面，则“时代化”主要体现在内容方面。马克思主义在中国的发展，还要体现当时的时代特点与根本要求，注入中国革命和建设的新鲜经验，这就需要不断地通过总结和提升中国共产党领导民主革命和社会主义建设的经验来达到，因而马克思主义中国化也是一个时代化的过程。自然，马克思主义中国化的“民族化”与“时代化”是统一于中国革命和建设的实践之中的，中国共产党人倡导的是把“国际主义的内容和民族形式”这“二者紧密地结合起来”①；“中国搞社会主义，强调要有中国的特色。我们坚信马克思主义，但马克思主义必须与中国实际相结合”②。

三是在中国化的社会影响方面不断提升的过程，即在推动中国社会变革中，经由政治方面向思想文化、社会生活等方面不断拓展。马克思主义中国化进程不仅以近百年三次历史性飞跃为背景，而且在事实上推进了三次历史性飞跃得以实现。中国共产党正是以中华民族复兴为己任，在推进马克思主义中国化进程中，先后完成了从半殖民地半封建社会到民族独立、人民当家作主新社会的历史性转变，从新民主主义革命到社会主义革命和建设的历史性转变，从高度集中的计划经济体制到充满活力的社会主义市场经济体制、从半封闭到全方位开放的历史性转变，极大地推进了中国历史的发展进程，开启了中华民族复兴的大业，奠定了中国社会进一步发展的基础。当今中国的政治体制、经济运行模式、文化价值观念、社会生活方式、国人精神面貌等，无一不是与马克思主义中国化进程息息相关。考察“五四”以来的近百年中国历史，马克思主义中国化进程对于中国的经济、政治、文化和社会生活的巨大影响是有目共睹的，如今中国社会走上了发展的快车道，这同时也为当今的马克思主义中国化进程的进一步推进

① 《毛泽东选集》第二卷，人民出版社 1991 年版，第 534 页。

② 《邓小平文选》第三卷，人民出版社 1993 年版，第 213 页。

提供了各种有力保障。

"马克思主义中国化"是一个以"结合"为表征的"过程",其历史的、文化的内涵将会在研究中不断地提升;但"中国化"在当今中国仍然是一个尚未完成的现实运动,需要一代又一代的中国马克思主义者沿着"结合"的道路努力下去,将马克思主义不断推向前进。从"结合"的角度,我觉得"马克思主义中国化"有这样几个特征:

(1)过程性特征。马克思主义中国化是一个持续的历史过程,同时也是现实的运动,因而不是一蹴而就的,而是需要经过一代又一代共产党人、马克思主义者的不懈努力。这就需要对待马克思主义采取既要坚持、又要发展的态度,"不以新的思想、观点去继承、发展马克思主义,不是真正的马克思主义者"①。马克思主义中国化的过程性特征,表明的是马克思主义在中国的发展。"马克思主义中国化"是与"化"联系在一起的。而所谓"化",其本身就是一个发展过程,具有动态性特征,亦即一个体现发展趋势的动态性的过程。

(2)实践性特征。马克思主义中国化是马克思主义与中国实际的结合,是以中国共产党人的政治实践为基础的,没有这种政治实践,就不可能有"中国化"。改革开放以后,正是有社会主义现代化建设的实践,马克思主义中国化进程出现了历史性的飞跃,中国特色社会主义理论体系处于创建之中。不难看出,这种"实践"是以马克思主义为指导的实践,实践的主体是马克思主义者、中国共产党人及其领导的广大人民群众,实践的对象是中国社会。因而,马克思主义中国化体现出实践性的特征。

(3)本土化特征。"本土化"的实质就是"民族化"。马克思主义中国化本质上是马克思主义在中国的运用和发展,是马克思主义的立场、观点、方法在运用中日益符合中国民族的特点,亦即使马克思主义与本民族的历史、文化、现状的紧密结合,使之体现我们民族的特色、文化的传统,因而马克思主义中国化过程也就是民族化、本土化的过程。如果说"过程性"是马克思主义中国化的外部特征,那么,"本土化"则是马克思主义中国化的基本内容。

(4)创新性特征。"马克思主义中国化"是创造性地运用马克思主义理论,是与反对教条主义的斗争相联系的。马克思主义中国化是一个创新性的实践活动,必须发挥认识主体的能动性、积极性与创造性,在遵循马克思主义的立场、观点、方法的前提下,自主地来探索变革中国社会的道路,因而不能照搬马克思主

① 《邓小平文选》第三卷,人民出版社1993年版,第292页。

义的本本,不能直接沿用马克思主义的现成结论。在今天,就是要“能够创造性地运用马克思主义的基本原理,来解决当代中国社会主义建设中的许多新问题”①。

(5)致用性特征。五四时期中国先进知识分子引进马克思主义,此后的中国共产党人运用马克思主义,其目的是非常确定的,这就是使马克思主义成为变革中国社会的理论武器,从而使中国社会得以根本的改造,完成中华民族的复兴大业。就此而言,“只有结合中国实际的马克思主义,才是我们所需要的真正的马克思主义”②。因此,马克思主义中国化必须有“致用”的功用,能够解决中国的社会问题与现实矛盾,以促进中国社会在变革中不断前进,使中华民族屹立于世界先进民族之林。

三、“成果”类别新说

如何正确地理解马克思主义中国化的“成果”问题,并正确地解释这种成果的主要形态,对于研究马克思主义中国化进程有重要的意义。

所谓马克思主义中国化的成果,是指马克思主义中国化的进程中产生的思想、理论、文化方面的成果,因而是马克思主义中国化的产物。现在说的“毛泽东思想和中国特色社会主义理论是马克思主义中国化的理论成果”,这里专讲的是中国化的“理论成果”,而不是中国化的所有成果。其实,马克思主义中国化既有“理论成果”,也有“文化成果”,而且从文化的广泛含义而言,这种“文化成果”一般包含着“理论成果”,并且为“理论成果”提供学理性基础。因而,“理论成果”大致都可以在“文化成果”中找到其存在的学术形态③。

马克思主义中国化的“理论成果”,是指在革命和建设过程中产生的毛泽东思想及中国特色社会主义理论,亦即中国化的马克思主义。在民主革命时期,中国共产党人以马克思主义为指导研究中国的新民主主义革命,探索新民主主义革命的规律,产生了以新民主主义理论为主要标志的毛泽东思想,这是民主革命

---

① 《邓小平文选》第三卷,人民出版社 1993 年版,第 122 页。

② 《邓小平文选》第三卷,人民出版社 1993 年版,第 213 页。

③ 这里是从文化的广义来立言的,不可将“文化成果包括理论成果”论断绝对化。事实上,有些“理论成果”所关涉的内容诸如市场、方法等,也很难无条件地包括在“文化成果”之中。如把这一论断绝对化,就有可能忽视理论研究的相对独立性及其研究意义。这是要引起特别注意的。

阶段的马克思主义中国化的理论成果。在社会主义革命和建设过程中，中国共产党人以马克思主义为指导研究中国的国情，探索在经济文化比较落后的国家中如何建设社会主义、怎样建设社会主义这一基本问题，形成的理论成果就是中国特色社会主义理论，它包括毛泽东对社会主义建设道路的最初探索、邓小平理论、"三个代表"重要思想以及科学发展观。概而言之，毛泽东思想和中国特色社会主义理论，是马克思主义中国化的两大理论成果。

马克思主义中国化的"文化成果"，是指中国马克思主义者在革命和建设过程中，以马克思主义为指导研究人文社会科学的各学科而形成的中国马克思主义学术成果。就马克思主义中国化进程来看，无论是在民主革命时期还是在社会主义建设时期，中国马克思主义者都在学理上来研究中国的社会现象，或在哲学上、或在政治学上、或在经济学上、或在其他学科方面来总结和提升中国共产党人领导社会变革的经验，或者从学理上来论证、说明中国共产党人领导社会变革的合理性。其成果形态就是中国马克思主义哲学、中国马克思主义经济学、中国马克思主义政治学、中国马克思主义历史学、中国马克思主义社会学，等等。譬如，邓初民是新中国成立前的中国马克思主义政治学大家，他以马克思主义为指导研究政治学，其代表性的马克思主义政治学著作有五部，即《国家论之基础知识》(1929 年)、《政治科学大纲》(1929 年)、《政治学》(1932 年)、《新政治学大纲》(1940 年)、《中国政治问题讲话》(1949 年)，在学术上确立了包括阶级论、革命论、国家论、政府论、政党论等内容在内的中国马克思主义政治学研究体系，这是对马克思主义中国化的重要贡献①。因此，中国马克思主义者以马克思主义为指导研究中国的政治、经济、文化等问题，并上升到人文社会科学领域(如哲学、经济学、政治学、历史学、社会学、法学等)的高度进行解释和说明，这是马克思主义中国化的文化成果。

为什么说马克思主义中国化的"文化成果"之中包含着"理论成果"呢？

首先要说的是，马克思主义本身是行动的指南，从根本上说是需要以此为指导来进行切实的、具体的研究工作，并上升到学术研究的高度，才能进到探索规律的层面。恩格斯指出："我们的历史观首先是进行研究工作的指南，并不是按照黑格尔学派的方式构造体系的诀窍。必须重新研究全部历史，必须详细研究各种社会形态存在的条件，然后设法从这些条件中找出相应的政治、私法、美学、

① 参见拙作《邓初民〈新政治学大纲〉(1940 年)的学术贡献》，《政治学研究》2009 年第 3 期。

哲学、宗教等等的观点。”①这就是说，马克思主义中国化是进行理论上的创造，是开展政治活动领域的实践活动，同时也是进行着学术上的研究工作；并且，这种学术上的研究工作，一方面是具有对政治活动的经验与教训在学理上予以总结、分析与提取的作用，概括出在政治实践之中具有规律性的内容，另一方面是对理论上的创造有学理支撑的作用，并对理论进行历史的、文化的、学术的论证，以修正理论的某些缺失与盲点、提高理论的话语权势地位。

其次要说的是，马克思主义中国化在理论创新与学术研究方面是相互联系的。换言之，在马克思主义中国化的进程中，真正的科学的理论是以深入的学术研究为基础的，没有学术研究的理论家是空洞的理论家。关于理论家在学术研究上的基本要求，毛泽东在《整顿党的作风》一文中有这样的论述：“你们看，中国的经济、政治、军事、文化，我们究有多少人创造了可以称为理论的理论，算得科学形态的、周密的而不是粗枝大叶的理论呢？特别是在经济理论方面，中国资本主义的发展，从鸦片战争到现在，已经一百年了，但是还没有产生一本合乎中国经济发展的实际的、真正科学的理论书。像在中国经济问题方面，能不能说理论水平已经高了呢？能不能说我党已经有了像样的经济理论家呢？实在不能说。……我们所要的理论家是什么样的人呢？是要这样的理论家，他们能够依据马克思列宁主义的立场、观点和方法，正确地解释历史中和革命中所发生的实际问题，能够在中国的经济、政治、军事、文化种种问题上给予科学的解释，给予理论的说明。我们要的是这样的理论家。假如要作这样的理论家，那就要能够真正领会马克思列宁主义的实质，真正领会马克思列宁主义的立场、观点和方法，真正领会列宁斯大林关于殖民地革命和中国革命的学说，并且应用了它去深刻地、科学地分析中国的实际问题，找出它的发展规律，这样才是我们真正需要的理论家。”②这里是说，中国的理论家是需要以马克思主义为指导能够以中国社会为研究对象，“能够在中国的经济、政治、军事、文化种种问题上给予科学的解释，给予理论的说明”，这就需要有人文社会科学各学科的研究基础。

最后要说的是，以“毛泽东思想”这一中国化马克思主义的理论成果为例，其基本内容都包括在民主革命时期的中国马克思主义学术体系之中。按照刘少奇在中共七大上关于修改党章报告中对“毛泽东思想”的界定，毛泽东思想是“应用马克思列宁主义的科学方法，概括中国历史、社会及全部革命斗争经验而

① 《马克思恩格斯选集》第4卷，人民出版社1995年版，第692页。

② 《毛泽东选集》第三卷，人民出版社1991年版，第813—814页。

创造出来”,因而“毛泽东思想,就是毛泽东同志关于中国历史、社会与中国革命的理论与政策”①。这里,很鲜明地指出了毛泽东思想是关于“中国历史、社会及全部革命斗争经验而创造出来”,是对中国社会研究的理论结晶。按照笔者的看法,作为理论形态的毛泽东思想是一个完整的理论体系,据十一届六中全会作出的《关于建国以来党的若干历史问题的决议》的概括,是以实事求是、群众路线、独立自主为活的灵魂一以贯之,包括六个方面:一、关于新民主主义革命;二、关于社会主义革命和社会主义建设;三、关于革命军队建设和军事战略;四、关于政策和策略;五、关于思想政治工作和文化工作;六、关于党的建设。而就作为文化形态的毛泽东思想而言,单就毛泽东关于新民主主义革命的理论而论,是在哲学、政治学、经济学、社会学、历史学等方面推进了马克思主义中国化。因此,在中国马克思主义哲学、中国马克思主义政治学、中国马克思主义经济学、中国马克思主义社会学、中国马克思主义历史学等体系中,都能找到并定位毛泽东在推进马克思主义中国化进程所作出的独特贡献。更进一步说,从中国马克思主义学术体系中,抽绎出毛泽东在哲学、政治学、经济学、社会学、历史学等方面对马克思主义中国化的贡献,再加以理论的概括与提炼,一定会比仅从理论层面上概括的毛泽东思想更为深刻、更有学术底蕴,因而更能体现毛泽东在马克思主义中国化进程中的作用与位置。

提出马克思主义中国化的“文化成果”之中包含着“理论成果”的论断,有什么意义呢?单就“马克思主义中国化进程研究”而言,其学术意义就非同一般。过去,关于“马克思主义中国化进程研究”,由于仅仅是从理论的层面来研究,遵循着从“理论”到“理论”的研究思路,说到最后在民主革命时期的这一段就是“毛泽东思想发展史”的研究。这样的研究,显然不会有很大的突破;其显著的缺点是,没有将“中国化”在各个具体层面上得到阐释。固然,关于“毛泽东思想发展史”的梳理,是体现了马克思主义中国化进程的一个重要的面相,但实在地说是难以反映马克思主义中国化丰富的内涵。提出马克思主义中国化的“文化成果”之中包含着“理论成果”的论断,就是要从马克思主义学术文化视角来研究马克思主义进入中国之后,是如何在哲学、政治学、经济学、社会学、历史学等学术领域贯彻马克思主义的,提升中国马克思主义者关于中国的政治现象、经济现象、文化现象等的研究成果,从而说明马克思主义在中国如何得以贯彻并进而创造性发展的历程。鉴于这样的看法,就1919—1949年间的中国马克思主义学

① 《刘少奇选集》上卷,人民出版社1981年版,第333—334页。

术而言，就需要比较全面地展示中国马克思主义学术在民主革命阶段的基本概貌，重点研究马克思主义传播到中国后，中国马克思主义者以中国社会的经济、政治、文化现象为研究对象，运用马克思主义的立场、观点、方法在哲学、政治学、经济学、史学、社会学、法学、文学等学科领域辛勤耕耘，从学理上汲取和提升中国共产党人领导民主革命的经验，积极推进马克思主义中国化的历程。因而，就需要将1919—1949年分为三个阶段（1919—1927年，马克思主义中国化初始阶段；1927—1937年，马克思主义中国化发展阶段；1937—1949年，马克思主义中国化初步成熟阶段），分别对毛泽东、刘少奇、张闻天、艾思奇、吴玉章、董必武、李大钊、陈独秀、李达、瞿秋白、谭平山、蔡和森、恽代英、陈启修、李剑农、徐特立、邓初民、陈昌浩、谢觉哉、来逸民、王学文、孙冶方、薛暮桥、沈志远、陈翰笙、柯柏年、许德珩、李剑华、严景耀、冯和法、姜君辰、鲁迅、周扬、胡风、冯雪峰、王亚南、钱俊瑞、王思华、许涤新、彭迪先、郭大力、翦伯赞、郭沫若、吕振羽、范文澜、侯外庐、尹达、叶蠖生、何干之、华岗、李鼎声等五十多位中国马克思主义者，在各个学术领域推进马克思主义中国化的思想与贡献做个案与专题的研究，勾勒出马克思主义中国化进程的演变轨迹。这样，或许能将马克思主义中国化进程的研究，推进了新的境地。

马克思主义中国化是一个不断行进的进程，随着中国特色社会主义理论体系的构建和中国特色社会主义道路的开辟，马克思主义中国化也将从实践中不断提取新的成果而不断加快其进程。马克思主义中国化的进程已经表明："《共产党宣言》发表以来近一百六十年的实践证明，马克思主义只有与本国国情相结合、与时代发展同步、与人民群众共命运，才能焕发出强大的生命力、创造力、感召力。"①在此情形下，加强学术研究的基础性工作，注重在厘定其相关概念方面下功夫，这对于推动马克思主义中国化研究的新局面可能是有益处的。

（原载《马克思主义研究》2010年第12期，人大复印资料《马克思列宁主义研究》2011年第6期全文转载）

【昔文琐记】《马克思主义中国化研究中的几个问题》是根据自己平时的读书笔记整理而成的，也是我在《马克思主义研究》上发表的第一篇论文，比较能代表我当时的水平。

① 胡锦涛：《高举中国特色社会主义伟大旗帜　为夺取全面建设小康社会新胜利而奋斗——在中国共产党第十七次全国代表大会上的报告》，人民出版社2007年版，第12页。

我接触到马克思主义中国化问题尽管还比较早,大致是在20世纪80年代末研究李大钊的过程中,但真正专门研究马克思主义中国化问题,还是在2005年底成功申报马克思主义发展史硕士点之后。马克思主义硕士点申报成功后,我成为这个点的负责人,在2007年招收了第一届硕士生。于是,在研究马克思主义发展史时,也就重点地关注马克思主义中国化问题,并做了点这方面的读书笔记。在2010年6月,将读书笔记整理出这篇文章,从邮箱投到《马克思主义研究》编辑部。这年的暑假,我担任南审赴港学习代表团团长,领着一批中层干部到香港参加学习班。在课间,我到一个办公室上网,看看近期是否有邮件,结果是看到《马克思主义研究》编辑部的回函,说编辑部决定录用此文,还说此文"确实有自己的看法"。这对我是一个很大的鼓励。

这篇《马克思主义中国化研究中的几个问题》,与通常的写法略有不同:一是从范畴角度研究马克思主义中国化问题,对"马克思主义中国化研究"中的"中国化"、"结合"、"成果"这三个概念进行研究,这在既有的研究中还是不多见的。应该说,注重范畴的解读是我治学的一个特点,我写的《历史事实:史学家建构过去的图景》、《历史·历史学·历史哲学》、《政治学视野中公信力概念研究》、《试论行政裁量权的性质、特征及其控制》、《习近平"经济新常态"范畴的逻辑进路》等文章,皆是以范畴研究为主要特色的。二是注意将不同方法运用到一篇文章之中,如关于"中国化"的诠释主要使用的是史学方法,关于"结合"的解读主要是使用哲学的分析方法,关于"成果"的研究主要是运用文化学的方法,这在方法上就有点多元化的意思。三是文章的题目也算比较大方一点,架构比较新颖。此文是从读书笔记中整理而来的,文章的题目是根据所涉内容新拟的,而不是通常那种先拟题目、后定框架、再写文章的路数。

正是对马克思主义中国化研究有点兴趣,我在相关积累的基础上,于2014年在吉林人民出版社出版了《多元视野下的马克思主义中国化研究》著作。其后,我又发表了《马克思主义中国化逻辑谱系的特征》(载《理论视野》2017年第3期)等文章。

说实在的,写出一篇像样的论文很不容易。这里,想就写文章说一点自己的意见。在我的学术生涯中,不断有年轻朋友向我问询如何写出好的文章,这可把我难住了。由于各人的学术积累不一样,知识结构也不相同,行文风格更是有很大的差异,故而要写出大家都能认可的所谓"好文章",确实不是一件容易的事。在此,我提出三点建议:

第一,撰写读书笔记。就是改变那种"先定题目、后拟大纲、再填材料"的写作套路，而是根据自己的读书笔记来写文章。现在的年轻人虽然年轻，但因经过了较长的“学术训练”，却形成了文章的“套路”，这就是“先定题目、后拟大纲、再填材料”。硕士生是这样，博士生还是这样。用这样的办法所写出的文章，大多是千人一面、千篇一律。读者看到你的题目，就知道你的大纲，而看到你的大纲，也就知道你要说什么。这样的文章，在总体上固然不能说错，但却没有一点新意。科学研究是创造知识，不是在既有知识上的排列组合，而是要写出新的东西，也就是文章要有创新。如何创新？我看，首先要在写作路数上创新，不走大家都走的老路。我的办法：先定大致的方向，以阅读材料为前提，撰写读书笔记；然后，依据读书笔记，整理出文章。这样弄出的文章，也就有些新意的：一是因为以阅读为前提，材料也就比较丰富；二是因为是实实在在撰写读书笔记的，也就能比较充分地发挥自己的思维，文字上、思想上也就不容易落入俗套；三是因为所写文章的大纲不是主观臆想的，而是依据自己的读书笔记来拟定的，亦即从读书笔记的相关内容中抽绎出来的，故而这样的大纲不会与别人的文章重复；四是因为文章的题目不是预先设计的，而是根据这样的大纲再抽象确定的，所以这样的文章题目一般不易被别人想出。

第二，把握文章要素。就是在把握文章结构和相关要素中，不断推进写作的创新。写文章，就得把握文章的要素。过去，我们讲文章有三要素，即材料、观点和方法。我提出文章有五要素，即材料、观点及方法之外，加上“学科”和“话语”两个要素。文章的创新，也就是在这五个要素上的创新。关于“材料、观点、方法”，过去说得很多，这里不赘述。五要素中“学科”这个要素，就是使文章尽可能体现多学科视域，有着多学科融合的特色，这就超出了大多数研究者了，因为一般研究者都是在一个学科做学问。至于“话语”，它既是文章表现形式，同时也体现文章的基质，而所谓的文章皆是通过一定的话语写出来的。“话语”问题比较复杂，涉及结构、逻辑谱系、基本维度等方面，有兴趣的研究者可参见拙著《话语体系初论》①。

第三，不断修改完善。就是以批评者眼光看待自己的文章，通过不断修改、自我超越，以求得文章的完善。现在不少人包括大学里的副教授，实在是急得不行，文章初稿出来就投稿了，自己也懒得再看一眼。硕士生、博士生也是这样，好像是替别人写文章，写出了就交给老师，懒得打印出来再看看，不仅资料不足、逻辑不清，就连错别字也不改，把修改的任务交给导师。其心态是，反正文章我写

① 吴汉全：《话语体系初论》，人民出版社2020年版。

出来了，至于好不好、用不用、是否看得上，这些都不管。我的看法，对于文章，态度要严谨一点，文章应该有一个反复斟酌、不断修改的过程。具体说，初稿出来要放放，经受时间的检验，这之中要扩大阅读面来补充材料，修改不合适的观点，也可以进一步提出或提炼出新的观点。如何估价文章的质量，有一个极为简单的办法，就是“反主为客”，以批评者身份来评论。我的文章初稿写出后时常这样想：(1)此文别人能否写出？别人如果也能写出，则不是最好的文章。(2)此文中的观点，学术界有提出没有？如果有人已经提出，则不是原创性文章。(3)此文能否给别人以新的启示，如不能，则很难引起学术界重视。带着这样的反思，文章的修改也就有效果的。

以上三点如能做到，写出的文章也就有点样子了。

2021年1月26日

马克思主义新闻思想中国化的早期探索

民主革命时期是马克思主义新闻思想中国化的早期阶段。在此阶段,李大钊发表《给新闻界开一个新纪元》(1922 年),毛泽东发表《红军宣传工作问题》(1929 年),张友渔发表《新闻的性质和任务》(1933 年),张闻天发表《关于我们的报纸》(1933 年),陆定一发表《我们对于新闻学的基本观点》(1943 年),恽逸群发表《新闻学讲话》(1948 年)等。这些论著以马克思主义为指导,对新闻的理论与实践问题都进行了丰富的阐述,是马克思主义新闻学中国化的初步成果,在中国新闻思想史写下了辉煌的一页。不难看出,以李大钊、毛泽东、刘少奇、张闻天、陆定一、恽逸群、张友渔等为代表的无产阶级革命家及新闻工作者,对无产阶级新闻理论进行了拓荒性研究和探索,开创马克思主义新闻思想中国化先河。

一、关于新闻的定义、性质及类别的理论探索

在五四时期,新闻学作为一门学问在中国逐步建立起来。1919 年北京大学新闻学研究会出版了徐宝璜的《新闻学》一书,标志着中国资产阶级新闻学的产生。其后,伍超出版《新闻学大纲》(1925 年)、戈公振出版《中国报学史》(1927 年)等,标志着学院式新闻学的发展。随着五四时期马克思主义在中国的传播和中国无产阶级新闻事业的兴起,一批马克思主义的新闻工作者开始从学理上探索新闻学的理论与实践,就新闻学的基本理论问题进行马克思主义的初步分析,对于新闻的定义、性质及类别等基本问题做了有益的研究,推进了中国马克思主义新闻学的产生。

1. 关于新闻的定义。当时的新闻界,由于对于新闻本源理解不同,也由于各自的阶级立场,对"什么是新闻"这一问题也有不同的回答。关于新闻的定义,李大钊指出:"新闻是现在新的、活的社会状况的写真。历史是过去旧的社会状

况的写真。"①这里,新闻是"社会状况的写真",是说新闻是以社会生活为其根本的来源,新闻在本质上是社会生活的真实反映,离开了社会生活就没有新闻。这就要求新闻在其内容上要为社会提供真实的信息,反映社会的全貌。随着马克思主义新闻观在中国的传播,早期马克思主义者基于唯物主义观点,认为新闻的本源是事实,新闻是事实的报道,事实是第一性的,新闻是第二性的,事实在先,新闻(报道)在后,因而对新闻的定义作了正确的说明。陆定一指出:"唯物论者认为,新闻的本源乃是物质的东西,乃是事实,就是人类在与自然斗争中和在社会斗争中所发生的事实。因此,新闻的定义,就是新近发生的事实的报道。"②基于新闻的本源及其事实性的认定,马克思主义者把"新事物"作为新闻的基础,认为那些"大家司空见惯了的事物,当然不能称其为新闻",因而"新奇不是构成新闻的唯一条件"③。早期马克思主义者关于新闻的正确定义,就是要求新闻工作者必须尊重事实,无论在采访中、在编辑中,都要力求尊重客观的事实。

2. 关于新闻的性质。中国马克思主义者提出了报刊的阶级性问题,指出不同阶级的报刊总是为了不同阶级的利益服务的。瞿秋白在创办《新青年》季刊时指出,开展资产阶级的民主革命"亦非劳动阶级为之指导,不能成就","真正的解放中国,终究是劳动阶级的事业;所以《新青年》的职志,要与中国社会以正确的指导,要与中国平民以智识的武器。《新青年》乃不得不成为中国无产阶级革命的罗针。"④毛泽东在《〈政治周报〉发刊理由》中提出:办《政治周报》是"为了革命","为了要使中华民族得到解放,为了实现人民的统治",还提出该报的任务是"向反革命派宣传反攻,以打破反革命宣传"⑤,阐明了报刊为无产阶级服务的目的和向反革命作斗争的任务。

关于新闻性质问题,形成了两个基本观点:

一是新闻的政治性观点。这主要是体现在新闻是阶级斗争武器的见解。关于新闻的性质,早期马克思主义者以阶级及阶级斗争的观点予以分析,形成了

① 《给新闻界开一个新纪元——在北京大学新闻记者同志会成立会上的演讲》,《李大钊全集》第4卷,人民出版社2013年版,第50页。

② 陆定一:《我们对于新闻学的基本观点》(1943年),《陆定一新闻文选》,新华出版社1987年版,第2页。

③ 恽逸群:《新闻学讲话》(1948年),《恽逸群文集》,江苏人民出版社1986年版,第254页。

④ 瞿秋白《〈新青年〉之新宣言》,《新青年》季刊第1期,1923年6月。

⑤ 毛泽东:《〈政治周报〉发刊理由》(1925年),《毛泽东新闻工作文选》,新华出版社1983年版,第3页。

“新闻是阶级斗争的武器”的观点。张友渔对此有这样的解释:“无疑地,新闻是社会的一现象,是社会意识的一表现。所以说到新闻的性质和任务,也不外是以社会组织为基础,应社会实际的需要而产生的东西。人类社会,是采取着阶级对立之形态的;人类历史,是演着阶级斗争之进程的。”①正是因为存在着阶级社会这样一个事实,决定了在阶级社会之中的新闻也就具有鲜明的阶级性质。这就是说,“社会本身既是阶级斗争之社会,故而成为社会的一现象之新闻,也不能不是阶级斗争之一表现,故所谓新闻,不外是阶级对立的人类社会中之阶级斗争的武器。即压迫阶级,用新闻维持他的支配地位,被压迫阶级,用新闻反抗压迫阶级,还有同一阶级,在分解过程中有时也用新闻互相攻击。”②而就新闻演变的历程来看,新闻也是伴随着阶级社会的产生而产生的,成为社会阶级关系的反映。“在原始社会乃至将来的社会,都是没有阶级,没有阶级斗争的。不过,新闻的发生、成长和发达,是在阶级社会里;尤其所谓真正的新闻,即近代乃至现代的新闻,是发生、成长和发达于阶级社会之最高阶段即资本主义社会里的。所以不能不说新闻是阶级斗争之武器。”③

二是新闻的事实性观点。早期马克思主义者在承认新闻在阶级社会中打上政治烙印而具有阶级性的同时,也认识到新闻具有描述社会实际而具有事实性的另一面,力图在新闻的政治性与事实性关系作出科学的解释。在新闻的政治性与事实性关系方面,中国的马克思主义者结合新闻与社会关系的考察予以清晰地解读,在推进马克思主义新闻思想中国化进程中作出了贡献。张闻天指出:“我们需要的是真实,……我们需要我们的报纸,如实地反映苏维埃的实际,真正为党与苏维埃政府所提出的具体任务而斗争。我们不是沉醉于自己美妙的空想家,我们也不是由于我们自己工作的缺点与错误,陷于悲观失望的无节分子。我们是从目前的现实出发,依照我们的路线改造这一现实而稳着脚步前进的马克思主义者。”④在新闻工作的实践中,中国早期的马克思主义者逐步将新闻反映社会真实与完成政治任务结合起来。对此,恽逸群指出:“一个正确的新闻

① 张友渔:《新闻的性质和任务》(1933年),《张友渔学术精华录》,北京师范学院出版社1988年版,第304页。

② 张友渔:《新闻的性质和任务》(1933年),《张友渔学术精华录》,北京师范学院出版社1988年版,第305页。

③ 张友渔:《新闻的性质和任务》(1933年),《张友渔学术精华录》,北京师范学院出版社1988年版,第307页。

④ 张闻天:《关于我们的报纸》,《斗争》第38期,1933年12月。

纸,它要真正能做到为大众的耳目,为大众的喉舌,记载真实的、大众应该知道的事实,说大众要说的话。但是一个报纸还不仅仅做到这样为止,就算完成了它的使命,它更应该积极地指导大众,教育大众,组织大众。在当前民族危机日益加深的时候,新闻从业员所负担的任务,无疑义地格外重大。"①陆定一从理论的高度剖析新闻政治性与事实性的关系,认为革命的新闻工作者"就一定要承认每个新闻归根归根结底具有政治性",但"这种政治性比起那包含这种政治性的事实来,乃是第二性的、派生的、被决定的,而第一性的东西,最先有的东西,乃是事实而不是什么'政治性'",因而"事实与新闻政治性,二者之间的关系,万万颠倒不得。一定要认识事实是第一性的,一切'性质',包括'政治性'在内,与事实比起来都是派生的、被决定的、第二性的。一定要认识我们革命的新闻工作者必须尊重事实,而且尊重事实是与政治上的革命性密切结合不可分离的。反之,凡是不尊重事实的,哪怕装得像很'革命',实际上一定是反动的家伙。"②

3. 关于新闻的类别。关于新闻的种类,当时的中国新闻界也有不同的分类。一般的新闻机关依据工作的分工,采用两种分法:(一)照地域分,叫作国际新闻、国内新闻、地方(本埠)新闻。(二)照性质分,有政治新闻、外交新闻、军事新闻、经济新闻、文化新闻(教育新闻、体育新闻、艺术消息)、社会新闻(社会消息、司法案件、冲突事件)等。中国早期的马克思主义者,对于这种"有了新闻材料的分类"、从便于新闻工作者工作所作的划分,提出了新的看法,主张依据事物的具体性质来对新闻的种类进行划分。恽逸群在其《新闻学讲话》一书中,提出了新闻的十个类别:"1. 群众运动。2. 政治(包括外交、军事等)动态。3. 有关公众生活的事实、计划,以及负责人或专家的意见。4. 有关社会生产力之变动事件(从大规模的建设到极小部分的改进工作方法)。5. 文化建设与文化动态。6. 科学技术的发明与发现。7. 灾害。8. 典型事例(足资他人或他处取法的成功事例,及足资他人或他处避免重蹈错误的失败事例)。9. 人物介绍:(一)通过一个人以表现社会某一部分的情况或反映当前重要问题的动向;(二)介绍成功的学者、专家、艺人或有特殊成就的人物,使读者知其成功的过程及其所成就事物的内容;(三)社会上某一界人物——工人、农民、商贩、士绅等的典型介绍,用以反

---

① 恽逸群:《新闻界联合战线——〈记者道〉序》(1936 年),《恽逸群文集》,江苏人民出版社 1986 年版,第 240 页。

② 陆定一:《我们对于新闻学的基本观点》(1943 年),《陆定一新闻文选》,新华出版社 1987 年版,第 5 页。

映社会的变动及趋向。10. 新奇的事物。"①这个依据事物本身的性质所进行的分类,反映了中国马克思主义者在新闻问题上"依照事物的本来面目去解释它,而不作任何曲解或增减"的科学态度。②

二、关于新闻自由问题的马克思主义阐释

中国的马克思主义者及其新闻工作者是在新闻极不自由的条件下开展新闻事业的,既要与封建顽固势力作斗争,又要与当局的钳制思想、控制舆论的政治统制相抗争。在此情形之下,争取新闻自由、加强对新闻自由的理论探索,成为新闻事业发展的重大问题。中国的马克思主义者及其新闻工作者,将"新闻自由"作为一个重要的对象来研究,将新闻自由的分析置于阶级社会的历史过程之中,形成了具有中国特色的新闻自由观。

1. 关于新闻自由的相对性。在军阀专制统治而没有新闻自由的环境中,当时一些报人和资产阶级新闻学者喊出了"新闻自由"的口号,以对抗统治阶级的思想专制。在这场斗争中,马克思主义者及广大革命新闻工作者,为争取新闻出版的自由权利进行了不懈的努力,同时对社会上形成的"新闻自由"进行了阶级的分析,认为所谓的"新闻自由"只有其相对性。当时,中国马克思主义者从中国现实状况的分析出发,认为新闻自由有多数人的自由和少数人的自由之分,完全的新闻自由只有在阶级消灭以后。邹韬奋指出:"完全的言论自由,须等到没有阶级的社会实现之后才能办到。在资本主义的国家和资本帝国主义所侵略的殖民地,只有少数人享到自由言论的权利,因为强有力的言论机关都在这少数人的掌握中,或至少是在这少数人威迫之下;在无产阶级专政的国家里,却有多数人享到自由言论的权利,因为强有力的言论机关都在这多数人为中坚的政权统辖之下。"③新闻自由相对性主张的提出,揭露了统治者言论自由的虚伪面纱,打破了社会上一些自由主义者"全民自由"、"超阶级自由"的幻想,对于研究新闻

① 恽逸群:《新闻学讲话》(1948 年),《恽逸群文集》,江苏人民出版社 1986 年版,第 256—257 页。

② 陆定一:《目前宣传工作中的四个问题》(1939 年),《陆定一新闻文选》,新华出版社 1987 年版,第 1 页。

③ 邹韬奋:《言论自由问题》(1935 年),《韬奋新闻工作文集》,新华出版社 1985 年版,第 177 页。

自由的历史性及其阶级本质有着积极的意义。

2. 关于新闻自由的阶级性。从阶级斗争的观点来诠释“新闻自由”问题，揭示新闻自由的阶级性质，是中国马克思主义者的一个主要的路径。在他们看来，所谓新闻自由在阶级社会里只能是阶级的自由，反映阶级的意志和要求，因而深刻地打上阶级的烙印。张友渔就指出：“新闻是阶级斗争之武器，即支配阶级对于被支配阶级，在暴力的统制之外，有借新闻，来实行一种思想的统制；同时，被支配阶级，也在暴力的反抗之外，常拿新闻来作一种反抗的工具。因而在阶级社会里，支配阶级和被支配阶级之间，必然发生新闻的斗争，（即思想言论的斗争之一形态），像必然地发生暴力斗争一样。”①在张友渔看来，由于新闻是阶级斗争的工具，因而在阶级社会里，统治阶级一方面是整饬自身的军容，扩充自己的实力，即增加自身的新闻，且统一作战的步骤；另一方面就是凭借政治的权力，摧毁对方的堡垒，即对于被支配阶级的新闻威胁利诱，使其投降，以便在新闻斗争中取得胜利。张友渔又指出：“实则世界上只要有政治存在，便没有什么绝对的言论自由。……所以在理论上因为报纸是统治的工具，站在政府的地位，当然不能不实行统制言论。民众在认为政府尚没有到应该被推翻的时候，自不能要求绝对的言论自由。言论自由不过是政治自由的一部分。”②中国马克思主义者及革命新闻工作者，从阶级斗争的实际揭示“新闻自由”的阶级性是很有见地的。

3. 关于新闻自由的真理性标准及民众利益原则。中国马克思主义者及革命的新闻工作者，不仅强调新闻自由的相对性及其阶级性本质，而且还基于探求真知和“民众本位”的理念提出“新闻自由”的标准与原则问题。在他们看来，自由本源于对真理的探求，但这种价值性标准又是与利益性原则相结合的，而马克思主义者是以人民的利益为本位的，因而考量新闻自由问题最终要落实到大众利益上。恽逸群指出：“资本主义和法西斯主义的代言人常责难社会主义国家和新民主主义国家，说‘没有新闻自由’。这需要稍加说明。自由是不能离真理而独立存在的，符合真理的自由才是真自由，是人民大众所拥护的自由；违背真理的‘自由’则是伪自由，是人民大众所要反对，所要消灭的。……什么叫作真理呢？真理就是最大多数人民的最大、最长远的利益。革命与反动的分别就在掌握真理与违背真理，也就是一个是为了争取最大多数人民最大、最长远的利益而

① 张友渔：《论统制新闻》（1934 年），载《报人生涯三十年》，重庆出版社 1982 年版，第 144 页。

② 张友渔：《政治与报纸》（1934 年），《张友渔学术精华录》，北京师范学院出版社 1988 年版，第 333 页。

奋斗,一个是为了剥夺最大多数人民利益而致力。对于违背真理的,以危害最大多数人民的利益为其目的的'新闻自由',应该加以限制,也必须加以限制,否则就是助长了反动派的'杀人自由'。"①中国马克思主义者以民众利益来设置新闻自由的标准与原则,体现了鲜明的无产阶级的政治立场。

三、关于新闻功能问题的中国化解读

早期马克思主义者李大钊就鉴于新闻在中国的实际情况,对新闻的功能作过较为全面的论述。在李大钊看来,新闻的功能表现在三方面:一是新闻能够给民众丰富精神生活,使民众得到知识和教益。他说:"今日的报纸,于把每日发生的事件,报告出来以外,有时亦附载些文艺论坛及别种有趣味的评论等,以娱读者。"又说:"而就报纸的普通,而且重要的主旨,乃在尽力把日日发生的事实,迅捷的而且精确的报告出来,俾读报纸的人们,得些娱乐、教益与知识。今日报纸的需要,几乎成了一种人生必需品的原故,就在他能把日日新发生的事件,用有系统、有趣味的笔法,描写出来,以传布于读者,使人事发展、社会进化的现象,一一呈露于读者的眼前。"②二是新闻能起到舆论导向和政治宣传作用。李大钊指出:"凡一报,无论其为一党派或一团体的机关,或为单纯营业的独立的组织,必各持有一定的主义与见解。社中的记者,即本此主义与见解以发挥其宣传的作用。"③三是新闻能为以后的历史研究提供基本的史料。在李大钊看来,报纸上所登载的内容如果能反映时代的真实,提取当时社会的信息,成为"社会状况的写真",那么,新闻事业就能为后来的历史研究提供大量的史料。他指出:"报纸上所记的事,虽然是片片段段、一鳞一爪的东西,而究其性质,实与纪录的历史原无二致。……今日新闻记者所整理所记述的材料,即为他日历史研究者所当搜集的一种重要史料。"④李大钊关于新闻功能的论述虽然还是初步的,但为后来马克思主义者系统地探讨新闻的功能起了先驱作用。在李大钊之后,中国马克思主义者关于新闻功能的研究,突出了新闻的以下功能:

---

① 恽逸群:《新闻学讲话》(1948 年),《恽逸群文集》,江苏人民出版社 1986 年版,第 260—261 页。

② 《报与史》,《李大钊全集》第 4 卷,人民出版社 2013 年版,第 236 页。

③ 《报与史》,《李大钊全集》第 4 卷,人民出版社 2013 年版,第 236 页。

④ 《报与史》,《李大钊全集》第 4 卷,人民出版社 2013 年版,第 236 页。

1. 宣传教育的功能。八路军军政杂志创办时，毛泽东为该刊写了发刊词，指出："发扬成绩，纠正缺点，是八路军全体将士的任务，也是军政杂志的任务。抗战是长期的与残酷的，发扬八路军的成绩，纠正八路军的缺点，首先对于提高八路军的抗战力量是迫切需要的；同时对于以八路军经验贡献抗战人民与抗战友军，也属需要。《八路军军政杂志》应该为此目的而努力。"①《中国工人》杂志创刊时，毛泽东在写的发刊词中也指出："《中国工人》应该成为教育工人、训练工人干部的学校，读《中国工人》的人就是这个学校的学生。"②毛泽东也非常重视报纸的宣传教育功能，他要求地方领导同志"应该把报纸拿在自己手里，作为组织一切工作的一个武器，反映政治、军事、经济又指导政治、军事、经济的一个武器，组织群众和教育群众的一个武器。要以很大的精力来注意这个工作，使这个东西一年比一年进步。"③不难看出，以毛泽东为代表中国马克思主义者从中国政治变革的要求中阐发新闻的宣传教育功能，融入了中国共产党人开展新闻事业的成功经验，体现了中国马克思主义者和革命新闻工作者运用新闻这一工具启迪民智、普及新知、培养革命意识的基本理念。

2. 配合政治的功能。在阶级社会里，报刊代表阶级的利益，表达其阶级的政治意志，因而具有配合阶级实现其政治任务的功能。中国马克思主义者和革命新闻工作者，从新闻与政治的关系以及新闻与中国政治变革的关系，阐发新闻配合政治的功能。1940年《中国工人》创刊时，毛泽东在发刊词中指出："团结自己和团结人民，反对帝国主义和封建主义，为建立新民主主义的新中国而奋斗，这就是中国工人阶级的当前的任务。《中国工人》的出版，就是为了这一个任务。"④1941年《解放日报》创刊时，毛泽东在写的发刊词中指出："本报之使命为何？团结全国人民战胜日本帝国主义一语足以尽之。这是中国共产党的总路线，也就是本报的使命。在目前的国际国内形势下，这一使命是更加严重了。"⑤

① 毛泽东：《〈八路军军政杂志〉发刊词》(1939年)，《毛泽东新闻工作文选》，新华出版社1983年版，第42页。

② 毛泽东：《〈中国工人〉发刊词》(1940年)，《毛泽东新闻工作文选》，新华出版社1983年版，第48页。

③ 毛泽东：《报纸是指导工作教育群众的武器》(1944年)，《毛泽东新闻工作文选》，新华出版社1983年版，第113页。

④ 毛泽东：《〈中国工人〉发刊词》(1940年)，《毛泽东新闻工作文选》，新华出版社1983年版，第47页。

⑤ 毛泽东：《延安〈解放日报〉发刊词》(1941年)，《毛泽东新闻工作文选》，新华出版社1983年版，第55页。

1942年《解放日报》改版，毛泽东在召开的座谈会上发表重要讲话，指出："利用《解放日报》，应当是各机关经常的业务之一。经过报纸把一个部门的经验传播出去，就可推动其他部门工作的改造。我们今天来整顿三风，必须要好好利用报纸。"①为了发挥新闻的政治功能，毛泽东要求党报要遵循党性原则。他对于党报在宣传中存在着不坚持党性原则、不适合党的政策的现象提出严肃的批评，认为这是党的领导机关"对当地通讯社工作及报纸工作注意很少，对宣传人员及宣传工作缺乏指导"的结果，要求按照中央的政策"改正过去不讨论新闻政策及社论方针的习惯，抓紧对通讯社及报纸的领导，务使通讯社及报纸的宣传完全符合于党的政策，务使我们的宣传增强党性，拿《解放日报》所发表的关于如何使报纸增强党性的许多文件去教育我们的宣传人员，克服宣传人员中闹独立性的错误倾向"②。中国马克思主义者和革命的新闻工作者所阐发的新闻配合政治的功能，是马克思主义的政治理论在新闻实践中的正确运用，有效地发挥了新闻在推进中国民主革命进程中的作用。

3. 联系群众的功能。密切联系群众是中国共产党的群众路线，也是中国马克思主义者和新闻工作者的工作作风。在关于新闻功能的研究中，中国马克思主义者和革命的新闻工作者从马克思主义群众观点出发，提升了中国共产党创办党报的经验，将联系群众作为新闻的重要功能之一。毛泽东希望全党都要重视报纸的作用，形成一个"全党办报"的局面，认为"一个机关也可以办报，党员非党员都可以参加，这叫作党与非党联盟。这样一来，我们的报纸可以起很大的作用。"③又说："我们的政策，不光要使领导者知道，干部知道，还要使广大的群众知道。有关政策的问题，一般地都应当在党的报纸上或者刊物上进行宣传。我们正在进行土地制度的改革。有关土地改革的各项政策，都应当在报上发表，在电台广播，使广大群众都能知道。"因此，"办好报纸，把报纸办得引人入胜，在报纸上正确地宣传党的方针政策，通过报纸加强党和群众的联系，这是党的工作中的一项不可小看的、有重大原则意义的问题"④。

---

① 毛泽东：《在〈解放日报〉改版座谈会上的讲话》（1942年），《毛泽东新闻工作文选》，新华出版社1983年版，第90页。

② 毛泽东：《增强报刊宣传的党性》（1942年），《毛泽东新闻工作文选》，新华出版社1983年版，第97页。

③ 毛泽东：《报纸是指导工作教育群众的武器》（1944年），《毛泽东新闻工作文选》，新华出版社1983年版，第114页。

④ 毛泽东：《对晋绥日报编辑人员的谈话》（1948年），《毛泽东新闻工作文选》，新华出版社1983年版，第149—150页。

4. 政治动员的功能。马克思主义者和革命新闻工作者注意报刊在开展政治动员、传达党的政治意志的作用，将政治动员作为新闻不可缺少的重要功能之一。毛泽东指出："马克思列宁主义的基本原则，就是要使群众认识自己的利益，并且团结起来，为自己的利益而奋斗。报纸的作用和力量，就在它能使党的纲领路线，方针政策，工作任务和工作方法，最迅速最广泛地同群众见面。"①张友渔也指出："报纸，具有煽动的机能，能够煽动群众去实现一种行动。所以在任何一种革命时代，报纸常是站在斗争的前线。……报纸，在革命工作中，具有伟大的力量，发挥伟大的效用。……然而煽动群众，也是政治的报纸之必要的任务；重要的机能。"②这就是说，包括报纸在内的新闻媒介是传播党的路线、方针、政策的主要渠道，担负着传达党的政治意志的任务。

5. 领导社会的功能。早期马克思主义者不仅从政治的角度，而且也从社会的角度来分析新闻的功能，注意到新闻在引领社会生活中的作用。自然，早期马克思主义者基于当时的政治斗争环境和"民众本位"的政治立场，他们在新闻"领导社会"的观点上有着鲜明的"引导政治生活"的色彩。邹韬奋指出："舆论机关的重要任务一方面在领导社会，一方面在能反映社会大众的公意，这两方面要融会贯通，打成一片的。一个报纸对社会能引起领导作用，绝对不是由于它要怎样就怎样，必须由于它能够灵敏地意识到社会大众的真正要求，代表着社会大众的真正的利益，在这个立场上，教育大众，指导大众。这样的报纸才是进步的报纸，只有进步的报纸能起领导的作用。在另一方面，只顾到少数人的利益，有意歪曲事实，胡说八道，那是开倒车的报纸，开倒车的报纸虽在形式上是舆论机关，在实际上已不能发生什么领导作用。所以舆论机关能否负起它的领导的任务，全看它是站在进步的立场，还是站在开倒车的立场。"③1948年，刘少奇在对华北记者团的讲话中也指出："报纸办得好，就能引导人民向好的方面走，引导人民前进，引导人民团结，引导人民走向真理。如果办得不好，就存在着很大的危险性，会散布落后的错误的东西，而且会导致人民分裂，导致他们互相摩擦。因此，新闻工作的影响是很大的。你们的工作做得好，就很好；做得不好，就要受

① 毛泽东：《对晋绥日报编辑人员的谈话》（1948年），《毛泽东新闻工作文选》，新华出版社1983年版，第149页。

② 张友渔：《报纸可以煽动群众?》（1934年），《张友渔学术精华录》，北京师范学院出版社1988年版，第325页。

③ 邹韬奋：《领导与反映》，重庆《新华日报》1941年1月11日。

历史的处罚。”①概而言之，中国马克思主义主张新闻通过引领群众而发挥其领导社会的功能。

中国马克思主义者和革命的新闻工作者在民主革命阶段将马克思主义的新闻理论与中国的新闻事业实践结合起来，提升和吸收了中国共产党领导新闻事业的经验，构建了以马克思主义为指导的关于新闻理论的框架体系，为推进马克思主义新闻理论中国化作出了历史性的贡献。早期马克思主义者和革命新闻工作者对马克思主义新闻思想中国化的探索，是一份十分珍贵的思想财富和学术成果，值得我们认真地研究并使之发扬光大，从而成为我们今天创建具有中国特色新闻学体系的本土化资源。

（原载《新闻与传播研究》2011年第6期）

【昔文琐记】这篇《马克思主义新闻思想中国化的早期探索》，是从马克思主义理论和新闻学这两个学科交叉的角度来选题的，在研究方法上是进行史学的梳理，进而研究“马克思主义新闻思想中国化”这个问题。

研究马克思主义中国化，要善于在新的学科中展开，新闻学这个学科也不例外。大致来说，学术界研究新闻学的学者，不大注意“马克思主义新闻思想中国化”问题，而专门研究马克思主义理论的人，似乎也不把“马克思主义新闻思想中国化”作为重点问题。写这个题目，除了要求研究者懂得马克思主义理论尤其是马克思主义中国化的相关知识外，还需要两方面的学科基础：一是需要有新闻学的基础，要求研究者对于新闻学理论比较熟悉；二是需要有史学的基础，能够对新闻思想史进行历史的梳理。我从学科交叉的角度选择了这个题目，将相关的新闻思想史资料做了点学术梳理，从而形成了这篇文章的架构。

研究者重视学科的交叉，能够找到新的题目，文章也容易写出新意。关于多学科的研究视域，我最先认识的是文史哲交叉，这在我早年李大钊研究中也有所反映，但从根本上说，是张静如先生指导我写《李大钊与中国现代学术》的博士论文，使我更体会到在多学科视域中研究的重要性。我发表的《试论李大钊的马克思主义文学观》、《李大钊与中国马克思主义美学的开创》、《李大钊建构中国马克思主义哲学的努力》、《李大钊与中国马克思主义社会学的开创》、《李大钊与五四运动的现代化地位》等文章，就是力图在多学科视域中研究李大钊。

为了推进马克思主义新闻思想的研究，我让研究生陈天宇研究马克思主义

① 《刘少奇选集》上卷，人民出版社1981年版，第396—397页。

新闻思想中国化问题。陈天宇是2013届硕士生，硕士论文是《马克思主义新闻学思想中国化研究(1919—1949)》，计有7万字。该硕士论文认为，1919—1949年，马克思主义新闻学思想随着中国革命形势的不断发展，在中国得到广泛传播并为中国马克思主义新闻工作者所运用，并经历萌芽阶段、形成阶段而逐步发展壮大，最终创立了中国化的马克思主义新闻理论体系，这为中国马克思主义新闻思想的进一步发展提供了本土化的资源。该硕士论文从"中国化"视角研究马克思主义新闻思想，有助于深化马克思主义中国化内容的认识。

现在看来，研究者如果有多学科的视野和基础，并善于在学科交融的角度考虑问题，加强对研究对象的多学科把握，不愁写不出比较好的文章。我现在感到遗憾的是，自己除了这篇关于新闻学的文章外，没有能在新闻学这个学科中继续下去。最近，我在了解新闻学的有关研究成果，比较关注"媒介实践"问题，想结合我对五四时期历史的研究，写出一篇新闻学的文章。

2021年1月26日

马克思主义中国化对中国现代政治变迁的历史作用

马克思主义中国化对现代中国社会(1919—1949年)产生了重大的影响,这是有目共睹的历史事实。对于这种多层面的、巨大的历史影响,我们可以从多个视角加以概括和总结。目前,学术界就马克思主义中国化作用的考量,大多是从现代思想演变层面及理论成果形成的视角来进行的。这种研究视角的成功之处,是比较充分地揭示了马克思主义中国化进程对中国现代思想发展的影响及其所达到的理论深度,因而是应该给予重视的。然而,马克思主义中国化的历史进程,又不仅仅是在思想、理论等领域;在政治、经济、文化学术以及社会生活各领域之中,同样有着马克思主义中国化的深刻影响。因此,对于马克思主义中国化作用的研究,应该从哲学、政治学、经济学、社会学、文化学、历史学等学科予以具体而深入的研究,研究的范围也不能仅仅局限在思想、理论领域,可以扩展到现代中国的经济、政治、文化、生活等领域。本文仅就政治学的视野,研究现代中国(1919—1949年)时段内马克思主义中国化对现代中国政治变迁的影响。在笔者看来,马克思主义中国化对现代中国政治的影响,在共产党发展、革命进程加速、新民主主义共和国创建等方面,表现得特别显著。

一、马克思主义中国化提升了中国共产党的政治领导地位

现代政治生活是政党主导下的政治生活,现代社会中的政治变革也是在政党的领导之下进行的政治变革事业。这在现代中国社会也是这样。故而,研究现代中国的政治变迁,不能不研究中国共产党这个根本的政治组织,不能不研究中国共产党政治领导地位确立的问题。中国共产党政治领导地位的取得,本质

上根源于其政治实践活动，是从事的改变中国政治面貌的政治斗争而提升了其社会影响力的。这之中，马克思主义中国化对于中国共产党的成长、壮大、发展，对于其政治领导地位的形成和巩固起了积极的推动作用。中国共产党历史是一部不断推进马克思主义中国化的历史。

首先，马克思主义中国化提升了中国共产党在现代中国社会中的政治公信力。中国共产党成立以后，就在领导工人运动、农民运动的斗争中加深了对中国状况的认识，在马克思主义与中国实际的结合中迈出了重要的一步，成为中国政治变革的领导者和组织者。对此，赵世炎在1926年的一篇文章中就指出："以党在中国的政治地位来看，有两点我们是应当自己认识的：(一)中国的共产党已是中国革命政治的核心，而且是唯一的核心。(二)从许多实际的群众运动证明：中国共产党已渐渐站在一切革命群众的领导地位。"①1927—1937年，革命的阵营发生了很大的变化，中国的大资产阶级转到帝国主义和封建主义势力的营垒，民族资产阶级也附和了大资产阶级，革命阵营就剩下了无产阶级、农民阶级和其他小资产阶级(包括革命的知识分子)，"所以这时候，中国革命就不得不进入一个新的时期，而由中国共产党单独地领导群众进行这个革命"②。九一八事变之后，中国共产党以马克思主义阶级斗争理论为指导，结合中国民族危机的严峻现实，作出抗日民族统一战线的伟大决策，迅速地提升了中国共产党在全国人民心目中政治影响力。对此，刘少奇在1937年指出："我党提出的抗日民族统一战线政策，是目前挽救中国、解放中国唯一正确的政策。两年来，全党执行这一政策，已经获得了很大的成绩。国内和平基本上实现了，国内政治已经相当地向我们所指示的方向转变，向民主与抗战的方面转变。党的政治影响在全国群众中迅速增长着，而且党在组织上领导了全国的抗日民族运动。这证明，我党至今还是中国革命的唯一领导者。"③中国共产党在抗战中成为中流砥柱，不仅具有政治领导的地位，而且在事实上发挥了政治领导的作用。共产党"之所以能够找出抗战的正确道路与抗战正确政策"，其原因是多方面的，但最根本的"是由于中国共产党是以人类最先进的革命科学——马克思列宁主义武装着，是由于中国共产党能够把马列主义与中国现实结合起来，是由于中国共产党始终与中国最大多数的劳动人民在一起"④。由此可见，马克思主义中国化在中国共产

① 赵世炎：《组织问题与支部工作》，《教育杂志》第1期，1926年10月。
② 《毛泽东选集》第二卷，人民出版社1991年版，第702页。
③ 《刘少奇选集》上卷，人民出版社1981年版，第72页。
④ 《王稼祥选集》，人民出版社1989年版，第342页。

党形成其政治公信力方面有着独特的作用。

其次，马克思主义中国化加快了中国共产党组织上的发展。中国共产党以马克思主义为指导认识中国的国情，深刻地认识到“无产阶级要从小资产阶级中不断补充自己的队伍，乃是一个必然的历史法则”①。在抗日战争时期，中国共产党在组织上积极发展。1937 年 10 月，毛泽东向全党发出了“建立全中国的强固的共产党”的号召，要求共产党要“从苏区与红军的党走向建立全中国的党”，为此就要“争取党在全国的公开地位，利用一切活动的可能‘下山’”，积极“发展党与巩固党，建立各地的领导机关”；同时“加强党内的马列主义的教育，理论与实际的一致”，并“正确地发展思想斗争与自我批评”②。对于极大地发展党组织这一问题，毛泽东此后不久有这样的解释：“过去我们党的队伍小，只有很少的党员，现在党员的数目也并不多，但现在担负着打倒日本帝国主义、建立新中国的任务，需要我们建设一个大党。过去是小的，现在要大，那末怎么办？现在正处于由小到大的过程中间，我们需要在全国发展党员。……但是我们觉得大一点好，而且依照老百姓的意见，也要我们大，因为他们到处找共产党找不到，我们的党大起来了才好找。这方面，我们要顽固一些，同某些人不同，我们要建设的一个大党，不是一个‘乌合之众’的党，而是一个独立的、有战斗力的党，这样就要有大批的有学问的干部做骨干。”③有资料说明，经过长征，中国共产党党员在 1936 年只有两万多人，但“在抗战时期发展了四五十倍”，中共七大召开时已经达到了“一百多万”人④。共产党在组织上迅猛发展的同时，也高度重视思想建设、作风建设的重要性。经过延安整风运动对教条主义的批判，全党在马克思主义基础上达到空前的团结，这为中国共产党的进一步发展及政治领导地位的巩固奠定了思想基础。正是中国共产党积极地加强党自身的政治建设、思想建设、组织建设和作风建设，不仅在党内外开展马克思主义的思想教育，而且还大量地吸收一切劳动人民中先进分子入党，使中国共产党成为一个以马克思主义为指导的、广大群众性的、强有力的无产阶级政党。

再次，马克思主义中国化提高了中国共产党政治领导能力。中国共产党政治领导能力的提升，是与马克思主义中国化的实践紧密联系在一起的。这种政治领导能力的提升，主要体现在这样三个方面：一是提高了对中国国情复杂性的

① 《刘少奇选集》上卷，人民出版社 1981 年版，第 325 页。

② 《毛泽东文集》第二卷，人民出版社 1993 年版，第 59—60 页。

③ 《毛泽东文集》第二卷，人民出版社 1993 年版，第 179 页。

④ 《毛泽东文集》第三卷，人民出版社 1996 年版，第 337 页。

认识能力与判断能力。中国共产党人运用马克思主义研究中国国情,对中国当时的经济、政治、文化之状况有了切实的研究与把握,因而对变革中国社会有了规律性的认识。譬如,中国共产党在政治实践中认识到,由于中国国情的复杂,中国的革命不是无产阶级的社会主义革命,而是在无产阶级领导下的资产阶级民主革命,亦即新民主主义革命。这个革命不是以资产阶级为对象,而是无产阶级领导的各个革命阶级对帝国主义、封建主义、官僚资本主义的革命;革命的目的也不是建立资产阶级共和国,而是建立无产阶级领导下的人民大众的新民主主义共和国。这是中国共产党政治领导能力提高的一个重要表现。二是提高了中国共产党对政治变化的应对能力。民主革命时期的中国社会是一个半殖民地半封建的中国,民族矛盾与阶级矛盾交错复杂,国际国内形势的变数很大,中国政治局势变动异常快速。中国共产党人始终将马克思主义基本原理的指导与中国的实际研究结合起来,提高了自身应对政治变化的能力,因而成为中国政治中的一支主导性的力量。譬如,中国共产党通过对半殖民地半封建社会状况的认识,毅然地作出国共合作的政治方略,推动了第一次国共合作局面的出现,有了1925—1927年的中国大革命。又譬如,鉴于国民党右派的叛变和第一次大革命的失败,中国共产党毅然地高举武装革命的旗帜,开始了以土地革命为主要内容的创建农村革命根据地的伟大实践。再譬如,中国共产党鉴于九一八事变后民族矛盾上升为主要矛盾、国内阶级下降到次要的服从地位的实际,及时作出了党的政策的根本转变,推动了全民族的抗战局面的形成,中国共产党也成为抗战的中流砥柱。三是提高了中国共产党作出正确的路线、方针、政策的能力。中国共产党是以马克思主义为指导的无产阶级政党,是以取得政权使无产阶级上升为领导地位为主要目标的,最后是要实行共产主义的伟大理想,这是毋庸置疑的。为了达到这个目标,中国共产党在每一具体的历史阶段就要制定切合实际的路线、方针、政策,去实行党的纲领和目标。正是在马克思主义中国化的进程中,中国共产党人加深了对马克思主义的理解,加深了对中国革命的理解,因而制定正确的路线、方针、政策的能力在不断提升。譬如,中国共产党作出的抗日民族统一战线的决策,是以民族利益、人民利益为重,符合当时形势发展的特点,符合全国人民日益高涨的抗日斗争的政治热情,成功地实现了全民族抗日的政治动员,为取得抗日战争的胜利并使胜利成为人民的胜利奠定了基础。

最后,马克思主义中国化形成了中国共产党自己的理论体系。马克思主义中国化对于中国马克思主义者来说,就是能够运用马克思主义来认识中国、改造中国。毛泽东指出:“一个马克思主义者如果不懂得从改造世界中去认识世界,又从认识世界中去改造世界，就不是一个好的马克思主义者。一个中国的马克思主义者，如果不懂得从改造中国中去认识中国，又从认识中国中去改造中国，就不是一个好的中国的马克思主义者。”①马克思主义中国化进程就是以马克思主义为指导来认识中国与改造中国的过程，而就其理论成果而言就是“毛泽东思想”这一中国化马克思主义的理论成果。这一理论的基本内容，按照刘少奇在中共七大上关于修改党章报告中对“毛泽东思想”的界定，毛泽东思想是“应用马克思列宁主义的科学方法，概括中国历史、社会及全部革命斗争经验而创造出来”，因而“毛泽东思想，就是毛泽东同志关于中国历史、社会与中国革命的理论与政策”②。这里，很鲜明地指出了毛泽东思想是关于“中国历史、社会及全部革命斗争经验而创造出来”，是对中国社会研究的理论结晶。作为理论形态的毛泽东思想是一个完整的理论体系，据十一届六中全会作出的《关于建国以来党的若干历史问题的决议》的概括，是以实事求是、群众路线、独立自主为活的灵魂一以贯之，包括六个方面：一、关于新民主主义革命；二、关于社会主义革命和社会主义建设；三、关于革命军队建设和军事战略；四、关于政策和策略；五、关于思想政治工作和文化工作；六、关于党的建设。毛泽东关于新民主主义革命的理论，是在半殖民地半封建社会的历史条件下，通过研究中国各种社会现象，回答什么是新民主主义革命、怎样开展新民主主义以及如何建设新民主主义社会这一基本问题展开，是在哲学、政治学、经济学、社会学、历史学等方面推进了马克思主义中国化进程，这是对马克思主义理论的重大贡献。

马克思主义中国化进程中锻炼出来的中国共产党，通过领导新民主主义革命，全面地提升了自身的驾驭社会发展的能力，成为现代中国社会前进的领导力量。由此，中国共产党成为中国社会中先进生产力的代表者，中国政治变革的领导者与组织者，引领着以马克思主义为指导的先进文化的前进方向。

二、马克思主义中国化加速了新民主主义革命的历史进程

革命是现代中国变革的主要形式，也是推动现代中国社会演变的基本动力，

① 《毛泽东文集》第二卷，人民出版社 1993 年版，第 344 页。

② 《刘少奇选集》上卷，人民出版社 1981 年版，第 333—334 页。

这是在马克思主义中国化的进程中得以实现的。正是在马克思主义中国化的进程中,以革命思想武装起来中国广大民众,担负着民族民主革命的任务,积极地推进着反帝反封建的革命事业,因而新民主主义革命也就成为现代中国政治前进的手段。可以说,没有马克思主义在中国的传播,也就没有现代中国革命运动的兴起;同样,没有马克思主义中国化运动的行进,也就没有中国新民主主义革命的成功推进与取得胜利。中国革命的历史进程及其胜利是与马克思主义中国化紧密联系在一起的。

首先,民主革命的观点深入人心,形成了新民主主义革命的普遍社会心理。马克思主义中国化有着多层面的社会影响,其中一个重要的表现是社会革命的观点深入民众心理之中,广大民众受到革命观念的感染,甚至一些非革命者也受到革命思想的影响而不得不表示赞成革命。譬如,张东荪这位基尔特社会主义者在五四时期就有这样的言论:"社会主义是用以代替私有制度、资本制度的一种新的社会组织。这种新的社会组织是旧社会中的治者阶级所反对的,我们要实现这个心组织不能不先打到旧组织,赶走旧的治者阶级,即首先要推翻现政权及其军队、报纸、学校等,重行建立劳动者的政府、报纸、军队、学校等,用以监视旧的统治阶级。这种急进的、全部的,彻底的改造就叫作'革命'。我们相信惟有革命,社会主义才能达到,所以我们看革命为第一义。反对革命,就是反对社会主义的实现,就不是社会主义,所以我们的同志看革命为社会主义的灵魂。"①就"五四"以来的历史进程来看,马克思主义传入中国之后,中国早期的马克思主义者以历史唯物主义的观点诠释革命的起源、本质、作用、形式,区分革命的不同类型,分析革命的客观形势与主观条件,积极宣传马克思主义的革命观点,开启了对广大民众革命思想的启蒙工作。关于革命的起源,李大钊依据唯物史观作出科学的解释:"生产力一有变动,社会组织必须随着他变动。……生产力在那里发展的社会组织,当初虽然助长生产力的发展,后来发展的力量到那社会组织不能适应的程度,那社会组织不但不能助他,反倒束缚他、妨碍他了。而这生产力虽在那束缚他、妨碍他的社会组织中,仍是向前发展不已。发展的力量愈大,与那不能适应他的社会组织间的冲突愈迫,结局这旧社会组织非至崩坏不可。这就是社会革命。"②关于革命的性质及其作用,陈独秀指出:"革命不是别

① 张东荪:《社会改造与政治势力》,《时事新报》副刊《社会主义研究》第 12 号,1922 年 1 月 6 日。

② 李大钊:《我的马克思主义观》(1919 年),《李大钊全集》第 3 卷,人民出版社 2013 年版,第 14—15 页。

的，只是新旧制度交替底一种手段，倘革命后没有新的制度出现，那只算是捣乱、争权利、土匪内乱，不配冒用革命这个神圣的名称。”[①]又说：“我们为什么要革命？是因为现在社会底制度和分子不良，用和平的方法改革不了才取革命的手段。革命不过是手段，不是目的，除旧布新才是目的。”[②]此后，中国的马克思主义者不仅说明革命的历史必然性，而且论证了在革命在中国的现实合理性。恽代英指出：“我们不一定说，中国所需要的，是共产主义的革命；但是中国的革命，必须能保证劳农兵乃至一般被压迫阶级的利益，乃能得着他们的赞助拥护，而且革命以后，亦必须首先为他们谋得安居乐业的机会，乃能使他们不受反动派利用，以反叛革命的政府。”[③]经过早期马克思主义者的宣传，特别是经过1925—1927年中国大革命的洗礼，革命的观点深入人心，中国社会之中形成了社会革命的普遍心理，这为新民主主义的行进创造良好的条件。

其次，新民主主义革命思想得到广泛的社会认同，革命成为凝聚社会各界的精神动力。中国的马克思主义者、中国工人阶级及其先锋队中国共产党自然是主张社会革命的，是社会革命思想的坚决传播者、行动者，这是没有疑义的。值得注意的是，中国社会上其他阶级阶层对社会革命也有着浓烈的兴趣，也对中国的民主革命表示认同。譬如，国民革命时期国民党著名左派人物、中国小资产阶级的领袖邓演达就有过这样的言论：“我们中国为什么要有革命的事情发生？因为中国民众外受帝国主义的摧残剥削，内受封建势力的压迫绞榨，痛苦已经到了极限，不能再往下苟且生活，所以要革命。中国革命的对象有两个，对帝国主义是整个的民族要求解放，所以叫国民革命；对国内封建势力要工农联合起来才能把封建的反动势力推翻，才能造成民主政治，然而工农是社会的下层成分，是社会的多数，所以工农联合对封建势力的革命是社会革命。所以中国革命一面是国民革命，一面又是社会革命。表面看起来是矛盾，其实是必然的事实。因为中国太落后了，除了工农的组织以外，未有其他种的社会动力。又因为国际间的政治局势已经是造成二个营垒：一个是帝国主义，一个是工农联合的反帝国主

---

① 陈独秀：《革命与制度》（1921年），《陈独秀著作选》第2卷，上海人民出版社1993年版，第288页。

② 陈独秀：《革命与作乱》（1920年），《陈独秀著作选》第2卷，上海人民出版社1993年版，第218页。

③ 恽代英：《列宁与中国革命》（1924年），《恽代英文集》上卷，人民出版社1984年版，第443页。

义,所以国民革命也必然是社会革命,并不矛盾。这个是国民革命的国际性和社会性。”①随着马克思主义革命观点与中国实际的结合,随着人民革命运动的行进,社会上各阶层增进了对于新民主主义革命的理解和认同。到解放战争时期,小资产阶级知识分子已有不少放弃自己所主张的非暴力思想,转而高度赞赏中共领导的民主革命。譬如,解放战争时期出版的《观察》杂志,有不少人甚至是头面人物对共产党领导革命表示某种理解。张东荪虽然对于共产党的“过激党的革命性”不赞同,但他认为人们不应该害怕共产党的“革命”。他说:共产党在目前是实行新民主主义,至于以后要进行革命也不可怕,因为共产党人是讲客观条件的,由此“我们对于这种未来革命论实在不必认真,尤其不应该害怕”②。杨人楩虽然对中共的政治领导地位不轻易表态,并且在其内心对于中共的“政治民主”问题确实也是存在着看法,但还是说:“我们不害怕由中共来领导中国的经济革命”③。值得注意的是,《观察》杂志的一些文章,对中共在新民主主义革命中采取的经济措施特别是土地政策表示高度的赞赏,并将中共领导革命的成功与土地改革联系起来,从而给予正面的评价。施若霖在《观察》上的文章指出:“在这里,谁最能彻底实行土地改革,便是谁最能获得广大农民的同情和拥护,而因之获得在农村中的战斗胜利。我们很中立而毋庸讳言地说,中共在逐步的土地改革上,是相当坚强了他们底经济和军事基础的,在激烈的内战炮火下,中共能够与国民党分庭抗礼,未尝不是农村人民之力。他们为了最后胜利,实践了土地改革。国民党则为了他们一部份地主阶级利益的立场,对于土地改革总是因循姑息,迟迟其行。”④《观察》第 4 卷第 6 期曾发表《观察》记者的《土地改革・地道战》的文章,认为 1947 年公布的《中国土地法大纲》“不但人与人的关系改变了,农民与土地的关系也改变了,这个地上的变革是空前的,他含有最强烈的阶级性,使得贫雇农翻了身,成为他们的主力,……土地改革运动,会使得他们在土地上生根成长乃至壮大”⑤。《观察》杂志是代表自由主义知识分子的言论,他们中有不少人对共产党领导的经济革命予以特别的关注,这说明新民主主义革命思想在当时的中国社会中已经得到了广泛的认同。

最后,新民主主义革命促进了全社会对中国革命发展阶段的认识,深化了对

① 邓演达:《中国革命的新阶段与国民革命的新使命》,汉口《民国日报》1927 年 4 月 2 日。

② 张东荪:《追述我们努力建立“联合政府”的用意》,《观察》第 2 卷第 6 期,1947 年 4 月 5 日。

③ 杨人楩:《再论内战》,《观察》第 5 卷第 9 期,1948 年 10 月 23 日。

④ 施若霖:《论中国土地改革》,《观察》第 2 卷第 21 期。

⑤ 观察记者:《土地改革・地道战》,《观察》第 4 卷第 6 期,1948 年 4 月 3 日。

中国革命规律的把握。马克思主义与中国革命实际相结合，是“五四”以来中国革命过程中一个显见的特点。马克思主义中国化进程，使得中国的革命者在中国革命的阶段问题上发生了新的认识，产生了新民主主义的革命理论。它的基本思想提出于大革命时期，发展和丰富于土地革命战争时期，成熟于抗日战争时期。1922 年中共二大宣言首次提出了反帝反封建的民主革命纲领，指出中国社会是半殖民地半封建社会，革命的性质是民主革命，革命的动力是工人、农民、小资产阶级和民族资产阶级，革命的对象是帝国主义和封建军阀，并初步提出了革命分两步走、建立民主联合战线的主张。其后，中共许多领导人如邓中夏、瞿秋白、蔡和森等从不同角度阐述了这一纲领，指出无产阶级在民主革命中应是主力军和领袖，“中国将来的社会革命的领袖固是无产阶级，就是目前的国民革命的领袖亦是无产阶级。其理由如下：一、资产阶级不能革命，即革命亦是少数中的极少数，而且革命亦不得贯彻到底。……所以只有无产阶级有伟大集中的群众，有革命到底的精神，只有它配做国民革命的领袖。”①因而，“中国无产阶级已经自觉的来参加民族革命，而且要做这革命中的领袖阶级”②；然而，无产阶级与资产阶级的联合应是有条件的。这些论述，丰富和发展了中共二大提出的纲领。中共四大进一步提出了无产阶级在民主革命中的领导权问题，强调了无产阶级与农民阶级结成联盟的极端重要性。同时，分析了中国革命与世界革命的关系，认为中国革命发生在十月革命之后就是世界革命的一部分。在此前后，毛泽东发表的《中国社会各阶级的分析》、《湖南农民运动考察报告》等著作，正确地分析了中国社会各阶级的地位与作用，提出了解决民主革命的核心问题——农民土地问题的理论，指出了民主革命的前途是各革命阶级的联合统治、而不是资产阶级专政，这为新民主主义革命理论的形成和系统化作出了突出的贡献。土地革命战争时期，以毛泽东同志为主要代表的中国共产党人提出了农村包围城市、武装夺取政权、建立农村根据地、开展土地革命的思想，并在反对“本本主义”的斗争中提出了党的实事求是的思想路线，同时亦在对当时民族矛盾上升为主要矛盾的分析中对中国革命的对象、性质、动力、发展阶段等问题作了新的回答，进一步发展新民主主义革命理论。在抗日战争中，以毛泽东同志为主要代表的中国共产党人进一步系统化新民主主义的基本理论，并形成了成熟的理论体系。毛泽东 1940 年发表的《新民主主义论》著作，全面系统地阐述了新民主主义革

① 邓中夏：《我们的力量》（1924 年），《邓中夏文集》，人民出版社 1983 年版，第 101—102 页。

② 瞿秋白：《五四纪念与民族革命运动》，《向导》第 113 期，1925 年 5 月。

命理论的基本内容:一、中国革命必须分两步走,第一步是民主主义革命,第二步是社会主义革命;二、必须坚持无产阶级在民主革命中的领导权;三、必须在无产阶级领导下组成广泛的革命统一战线;四、必须坚持武装斗争,以农村包围城市,最后夺取政权;五、推翻帝国主义、封建主义在中国的统治,建立无产阶级领导下的各革命阶级联合专政的民主共和国,建设新民主主义的政治、经济和文化。《新民主主义论》等著作的发表,深化了对中国革命规律的把握,标志着中国共产党的新民主主义革命理论的成熟。这是马克思主义与中国革命实践相结合的理论成果。

三、马克思主义中国化推进了新民主主义国家的创建

马克思主义关于国家的学说,是马克思主义政治学说的核心内容之一,反映马克思主义关于政治实践成果的确认和关于政治变革目标的理论设计,为中国马克思主义国家学说的建立和发展提供了理论指导。中国马克思主义者并不照搬马克思主义国家学说的现成结论,而是根据马克思主义国家学说的立场、观点、方法,在中国新民主主义革命的历史条件下的运用和发展,创造性构建了新民主主义国家学说,并在政治实践层面创建了新民主主义国家。马克思主义中国化对于中国的新民主主义国家的建立有着极端重要的意义。一方面,马克思主义中国化的实践过程,就是中国新民主主义国家得以建立的过程;另一方面,马克思主义中国化的理论创新成果,是中国新民主主义国家制度的理论基础。从马克思主义国家学说来看,中国的新民主主义国家理论是马克思主义政治学说中国化的理论成果。

首先,新民主主义国家的创建是中国共产党运用马克思主义基本原理在领导人民革命斗争中所获得的政治成果,具有马克思主义中国化的实践基础。1922 年中共"二大"制定了民主革命的纲领,中国进步思想界已普遍确认在中国继续开展民主革命的必要,但对于新民主主义革命之后应该建立一个怎样的国家,还没有统一意见。随着大革命的进行,中国马克思主义者的探索逐步走向深入。邓中夏在 1927 年指出,"中国革命的政权问题,并不是土耳其的资产阶级政权,也不是俄罗斯的无产阶级政权,而有中国自己的第三种形式";"中国革命前途,既绝不是纯资产阶级政权,现时还不是纯无产阶级政权,他有自己的第三种形式。第三种政权是什么呢? 革命的胜利,必然建立一个工人农民小资产阶级

联合的民主主义的专政。这个专政是将一切被压迫阶级——工人农民和小资产阶级联合在一块,一方面要消灭一切封建残余,另一方面继续反帝国主义的奋斗,成一个革命的反帝国主义联合战线的政权。这个联合政权的建立,使革命不落在资产阶级领导向资本主义的道路发展,而在无产阶级领导向社会主义的道路发展,以达到中国革命之完全胜利"①。邓中夏这个见解,与后来毛泽东关于新民主主义国家的论述有着突出的相近之处。据笔者所掌握的资料来看,在1927年中共的党内,能够有如此见解的还不多见,可视为马克思主义国家学说中国化的代表性观点。这里要说明的是,新民主主义共和国是以马克思主义中国化的实践为基础,经历了一个较为长期的艰苦探索,而中华苏维埃共和国是探索的第一个重要成果。苏维埃政权组织形式是革命根据地实践的产物,尽管其中有不合中国情况的方面。中共五大鉴于国民党右派叛变革命,提出建立工人、农民、小资产阶级的"民权独裁制政权"主张,认为"欲战胜帝国主义干涉及反革命同盟阴谋之急切的危险,必须建立工、农、小资产阶级的民权独裁制",就是说"依工、农、小资产阶级三个阶级的本性,国民革命的政体应当是民权的,可是对其他阶级必须是独裁的"②。中共六大则将小资产阶级也排除在外,提出了"苏维埃政权"的主张,认为:"中国革命现在资产阶级性民主阶段上的第三个任务,已经就是力争建立工农兵代表会议(苏维埃)的政权,这是引进广大的劳动群众参加管理国事的最好的方式,也就是实行工农民主专政的最好的方式。"又认为:"以苏维埃为国家政权形式的工农民主专政,就可以成为转变到无产阶级专政的出发点。"③正是按照中共六大决议,1931年的《中华苏维埃共和国宪法大纲》宣布中国的苏维埃政权是工农民主专政的政权,规定:"中华苏维埃政权所建立的是工人和农民的民主专政的国家。苏维埃全部政权是属于工人农民红军兵士及一切劳苦民众的。在苏维埃政权下,所有工人农民兵士及一切劳苦民众都有权选派代表掌握政权的管理。只有军阀、官僚、地主、豪绅、资本家、富农、僧侣及一切剥削人的人和反革命分子,是没有选派代表参加政权和政治上自由的权利的。"④中国的苏维埃政权的建立,应该说是反映了当时人民要求建立自己

① 《邓中夏文集》,人民出版社1983年版,第372—373页。

② 《中国共产党第五次全国代表大会宣言》(1927年),《中国共产党第二次至第六次全国代表大会文件汇编》,人民出版社1981年版,第188页。

③ 《中国共产党第六次全国代表大会政治决议案》(1928年),《中国共产党第二次至第六次全国代表大会文件汇编》,人民出版社1981年版,第212—213页。着重号为原有。

④ 《中华苏维埃共和国宪法大纲》(1931年11月),《红色中华报》1934年2月14日。

国家的强烈愿望，但也有照搬苏联国家形式的地方，因而与中国的国情还是有许多不相切合的地方，突出的是将小资产阶级、民族资产阶级排除在政权之外。为了适应形势的发展及中国的阶级状况，中国共产党对所要建立的国家政权形式又进行了新的探索。1935 年的《中央关于目前政治形势与党的任务决议》中指出，中央决定把“工农民主专政共和国”改变为“苏维埃人民共和国”，“把自己的政策，即苏维埃工农共和国的政策的许多部分，改变到更加适合反对日本帝国主义变中国为殖民地的情况”，“这些政策的改变，首先就是在更充分的表明苏维埃自己不仅是代表工人农民的，而且是代表中华民族的”①。对于这样一个重大的改变，毛泽东解释说：“现在的情况，使得我们要把这个口号改变一下，改变为人民共和国。这是因为日本侵略的情况变动了中国的阶级关系，不但小资产阶级，而且民族资产阶级，有了参加抗日斗争的可能性。”②因此，一方面，“人民共和国在资产阶级民主革命的时代并不废除非帝国主义的、非封建主义的私有财产，并不没收民族资产阶级的工商业，而且还鼓励这些工商业的发展”；另一方面，“给城市小资产阶级、知识分子及其他拥护反帝反封建纲领的分子以在人民共和国政府中说话做事的权利，给他们以选举权和被选举权”③。其后，毛泽东提出的人民共和国的政权性质及其各项政策，在共产党领导的抗日根据地得到完全的实现，普遍地建立了“三三制”的抗日民主政权。在解放战争时期，中国共产党人在马克思主义中国化的进程中，继续探讨新民主主义国家问题，人民民主政权随着解放战争的进展迅速地从解放区扩大到整个大陆，就出现了统一的中华人民共和国。这样，中国共产党人关于人民共和国的理想，就在全国范围内实现了。

其次，新民主主义国家方案是中国共产党依据马克思主义政治理论与中国政治斗争实际的结合而设计的符合中国国情的国家方案，体现了马克思主义中国化的理论成果。马克思主义的国家学说最早是在五四时期传入中国的，当时的早期马克思主义者认识到国家是阶级矛盾不可调和的产物，是一个阶级统治另一个阶级的工具，它将随着阶级的消亡而消亡。李大钊、陈独秀、李达、施存统等以马克思主义国家观批判无政府主义否认国家、否认一切强权的观点，阐明了马克思主义者在国家问题上的看法。陈独秀在批判无政府主义时，指出：“我虽

---

① 《中央关于目前政治形势与党的任务决议》(1935 年)，《中国现代史资料选编》，黑龙江人民出版社 1981 年版，第 362 页。

② 《毛泽东选集》第一卷，人民出版社 1991 年版，第 158 页。

③ 《毛泽东选集》第一卷，人民出版社 1991 年版，第 159—160 页。

然承认不必从根本上废弃国家、政治、法律这个工具,却不承认现存的资产阶级(即掠夺阶级)的国家、政治、法律,有扫除社会罪恶的可能性。我承认用革命手段建设劳动阶级(即生产阶级)的国家,创造那禁止对内对外一切掠夺的政治、法律,为现代社会第一需要。”①远在法国的蔡和森也致信毛泽东说,“我以为现世界不能行无政府主义,因为现世界显然有两个对抗的阶级存在,打倒有产阶级的迪克推多,非以无产阶级的迪克推多压不住反动,俄国就是个明证”②。通过对无政府主义国家观的批评,马克思主义国家学说开始在思想界占主导地位。而李达 1926 年出版的《现代社会学》,则在中国思想、学术界首次较为全面阐明马克思主义的国家学说。大革命失败后,马克思主义国家学说在国统区得到进一步广泛传播。邓初民的《国家论之基础知识》(1929 年)、《政治科学大纲》(1931 年)以及署名田原的《政治学》(1932 年),李达的《社会学大纲》等,奠定了马克思主义国家学说在中国学术界、思想界的地位。抗日战争和解放战争时期,马克思主义国家学说进一步中国化,其中最重要的首推毛泽东关于新民主主义国家的理论学说。就整体上说,中国化的马克思主义——毛泽东思想,是一个关于什么是新民主主义以及如何建设新民主主义国家的理论体系。刘少奇指出:毛泽东思想“乃是发展着与完善着的中国化的马克思主义,乃是中国人民完整的革命建国理论。……这就是毛泽东同志关于现代世界情况及中国国情的分析,关于新民主主义的理论与政策,关于解放农民的理论与政策,关于革命统一战线的理论与政策,关于革命战争的理论与政策,关于革命根据地的理论与政策,关于建设新民主主义共和国的理论与政策,关于建设党的理论与政策,关于文化的理论与政策等。这些理论与政策,完全是马克思主义的,又完全是中国的。”③

最后,新民主主义国家制度贯穿马克思主义国家理论,又是对马克思主义国家学说在中国的重要发展,反映了马克思主义中国化在国家理论层面所达到的新高度。

——关于国体的研究。在毛泽东的新民主主义国家学说中,国体即国家制度,实质上就是指社会各阶级在国家中处于什么样的地位。毛泽东指出:“这个国体问题,从前清末年起,闹了几十年还没有闹清楚。其实,它只是指的一个问

① 《谈政治》(1920),《陈独秀著作选》第 2 卷,上海人民出版社 1993 年版。

② 《蔡和森文集》,人民出版社 1980 年版,第 51 页。

③ 《刘少奇选集》上卷,人民出版社 1981 年版,第 335 页。

题,就是社会各阶级在国家中的地位。”①毛泽东将全世界多种多样的国家体制进行比较研究,认为按其政权的阶级性质来划分,基本的不外乎三种形式,即资产阶级专政的共和国、无产阶级专政的共和国以及几个革命阶级联合专政的共和国。毛泽东指出,这第三种形式,是殖民地半殖民地国家的革命所采取的过渡的国家形式,而“只要是殖民地或半殖民地的革命,其国家构成和政权构成,基本上必然相同,即几个反对帝国主义的阶级联合起来共同专政的新民主主义的国家”②。又说:“一切殖民地半殖民地国家的革命,在一定历史时期中所采取的国家形式,只能是第三种形式,这就是所谓新民主主义共和国。这是一定历史时期的形式,因而是过渡的形式,但是不可移易的必要的形式。”③这里,毛泽东不仅肯定中国的国体将是新民主主义共和国,而且认为这一形式是“过渡形式”因而也就具有过渡性的特征,但却是“不可移易的必要的形式”,说明了新民主主义共和国的历史必然性。毛泽东根据中国革命过程中各阶级的地位及其所起的作用,分析了各革命阶级在新民主主义国家中的地位,得出了这样的正确结论:“无论如何,中国无产阶级、农民、知识分子和其他小资产阶级,乃是决定国家命运的基本势力。这些阶级,或者已经觉悟,或者正在觉悟起来,他们必然要成为中华民主共和国的国家构成和政权构成的基本部分,而无产阶级则是领导的力量。现在所要建立的中华民主共和国,只能是在无产阶级领导下的一切反帝反封建的人们联合专政的民主共和国,这就是新民主主义的共和国”④。

——关于政体的研究。在毛泽东看来,政体即政权的组织形式,也是国家政权构成的形式,指的是一定社会阶级采取什么样的组织形式来反对敌人、保护自己的政权机关。毛泽东结合中国新民主主义国家的性质来说明政体的实质,明确说明“民主集中制”是新民主主义国家的政体,并认为由民主集中制选出的政府是最民主的政府,为新民主主义政权的建设指明了前进的方向。他指出:“所谓‘政体’问题,那是指的政权构成的形式问题,指的一定的社会阶级取何种形式去组织那反对敌人保护自己的政权机关。没有适当形式的政权机关,就不能代表国家。中国现在可以采取全国人民代表大会、省人民代表大会、县人民代表大会、区人民代表大会直到乡人民代表大会的系统,并由各级代表大会选举政府。……这种制度即是民主集中制。只有民主集中制的政府,才能充分地发挥

① 《毛泽东选集》第二卷,人民出版社 1991 年版,第 676 页。
② 《毛泽东选集》第二卷,人民出版社 1991 年版,第 676 页。
③ 《毛泽东选集》第二卷,人民出版社 1991 年版,第 675 页。
④ 《毛泽东选集》第二卷,人民出版社 1991 年版,第 674—675 页。

一切革命人民的意志,也才能最有力量地去反对革命的敌人。”①毛泽东结合新民主主义国家的政治任务,集中阐述了民主集中制的优点是既能体现人民意志、保障人民民主权利又能提高工作效率的观点。他指出:“新民主主义的政权组织,应该采取民主集中制,由各级人民代表大会决定大政方针,选举政府。它是民主的,又是集中的,就是说,在民主基础上的集中,在集中指导下的民主。只有这个制度,才既能表现广泛的民主,使各级人民代表大会有高度的权力;又能集中处理国事,使各级政府能集中地处理被各级人民代表大会所委托的一切事务,并保障人民的一切必要的民主活动。”②正是民主集中制以及与其相适应的人民代表大会制度,既能有效地体现各革命阶级的意志,又能体现一切权力属于人民,从而反映了各革命阶级联合专政的本质要求。

——关于国体与政体关系的研究。毛泽东重视国体与政体关系的研究,强调国体与政体之间的统一,并由此说明新民主主义国家的特点及其任务。关于国体与政体的关系,毛泽东认为国体必须以适当的政体来体现,而政体又必须与国体相适应,他指出:“国体——各革命阶级联合专政。政体——民主集中制。这就是新民主主义的政治,这就是新民主主义的共和国”③。关于新民主主义国家的专政职能和民主职能,毛泽东指出:“我们现在的任务是要强化人民的国家机器,这主要地是指人民的军队、人民的警察和人民的法庭,借以巩固国防和保护人民利益。以此作为条件,使中国有可能在工人阶级和共产党的领导之下稳步地由农业国进到工业国,由新民主主义社会进到社会主义社会和共产主义社会,消灭阶级和实现大同。……人民的国家是保护人民的。有了人民的国家,人民才有可能在全国范围内和全体规模上,用民主的方法,教育自己和改造自己,使自己脱离内外反动派的影响(这个影响现在还是很大的,并将在长时期内存在着,不能很快地消灭),改造自己从旧社会得来的坏习惯和坏思想,不使自己走入反动派指引的错误路上去,并继续前进,向着社会主义社会和共产主义社会前进。”④毛泽东将新民主主义国家的民主与专政结合起来,指出对人民的民主与对敌人的专政的统一,为新民主主义国家的政治建设指明了方向。

不难看出,毛泽东关于新民主主义国体和政体的研究,指出了中国的新民主主义国家是在中国的历史条件下的过渡形式,其政治前途必然是社会主义,这是

① 《毛泽东选集》第二卷,人民出版社 1991 年版,第 677 页。

② 《毛泽东选集》第三卷,人民出版社 1991 年版,第 1057 页。

③ 《毛泽东选集》第二卷,人民出版社 1991 年版,第 677 页。

④ 《毛泽东选集》第四卷,人民出版社 1991 年版,第 1476 页。

切合中国半殖民地半封建社会的国情和中国共产党领导的新民主主义革命的实际的,并且也是合乎中国政治变革的根本要求的;中国的新民主主义国家是由无产阶级领导下的几个革命阶级的联合专政,其政体是民主集中制的人民代表大会制度,这是重要的理论创新。毛泽东关于新民主主义的国家学说,是运用马克思主义研究中国政治的理论成果,是对马克思主义国家学说的丰富和发展,是中国化马克思主义国家学说的新成果,推动了中国式的马克思主义政治学的发展。

限于篇幅,以上只是从政治学视域中的"政党"、"革命"、"国家"等三个主要方面,考察马克思主义中国化对现代中国政治演进所产生的历史影响。其实,马克思主义中国化进程对现代中国政治所形成的影响还有诸多方面,也是需要简要提及的:

譬如,马克思主义中国化确立起马克思主义在中国政治变革中的指导地位。就历史的观点来看,马克思主义在中国政治变革中处于指导的地位是有一个过程,这之中有中国共产党人运用马克思主义从事变革中国社会的各种努力,社会公众对马克思主义也有一个接受和认可的过程。因而,并不能说马克思主义一传入中国,就自然而然地是处于指导的地位。实际的情形是,马克思主义是在中国化的过程中,逐步地形成和巩固其在中国政治变革中的指导地位。自然,对于中国的马克思主义者而言,马克思主义是中国政治变革的指导思想,这是已经十分明确的。但并不能说马克思主义刚刚传入中国,此时就已经在实际上处于指导地位。事实上,只有经过马克思主义中国化的进程,马克思主义的基本原理与中国实际日益结合起来,产生了新民主主义革命的基本思想及其理论体系,马克思主义在中国政治变革中的指导地位才牢固地建立起来。首先,通过马克思主义与非马克思主义的论战,马克思主义对中国政治变革的指导地位在革命者中建立起来,马克思主义成为中国革命的理论旗帜。其次,中共四大前后新民主主义革命思想的初步形成,标志着马克思主义与中国实际有了初步的结合,马克思主义指导中国政治变革的作用开始凸显出来。再次,大革命失败后农村包围城市、武装夺取政权新道路的开辟,马克思主义与中国革命实际的结合迈出了关键一步,马克思主义成为中国政治变革的指导地位在广大民众中心理上生根并发展。复次,20 世纪 30 年代的几次论战及马克思主义大众化运动,使马克思主义广泛传布于中国的思想、文化、学术领域,马克思主义成为中国社会中有影响的思想体系,马克思主义的政治指导地位在广大民众中进一步明确。最后,通过抗日战争和解放战争时期马克思主义中国化运动,中国化的马克思主义——毛泽东思想——业已成熟,并在政治实践中成为中国新民主主义革命的指导思想,马克思主义的指导地位更加巩固。概而言之,马克思主义中国化的历史进程,使中国化马克思主义逐步成为中国社会中先进阶级的主流意识形态,并使马克思主义成为思想、文化、学术研究的指导思想,这推动了现代中国社会思想的前进与文化的更新。

又譬如,马克思主义中国化促进了各革命阶级的进步与联合,为现代中国的政治变革提供了阶级基础。按照马克思主义政治学理论,阶级的状况及其阶级斗争是政治变革的基础条件,这根源于生产力与生产关系的矛盾运动。近代中国社会形成了特定的阶级状况及各阶级之间的关系,这是中国革命发生及社会全面变革的政治基础。而马克思主义中国化进程,在中国既是对各革命阶级的思想教育过程与阶级觉悟提升的过程,也是对各革命阶级进行的社会革命的政治动员的过程。马克思主义中国化对中国无产阶级及其他革命阶级状况产生了巨大的影响,这主要表现在:中国无产阶级在马克思主义指导下提高了整体的领导素质,中国的农民阶级、小资产阶级、民族资产阶级在思想上接受了马克思主义思想的影响,由此中国各革命阶级能够接受无产阶级领导,并在无产阶级领导下形成了稳固的同盟。以农民为例,中国共产党始终将农民作为教育和依靠的对象,农民在这个过程中受到了深刻的影响。毛泽东指出:"人民大众最主要的部分是农民,其次是小资产阶级,再其次才是别的民主分子。中国民主革命的主要力量是农民。忘记了农民,就没有中国的民主革命;没有中国的民主革命,也就没有中国的社会主义革命,也就没有一切革命。我们马克思主义的书读得很多,但是要注意,不要把'农民'这两个字忘记了;这两个字忘记了,就是读一百万册马克思主义的书也是没有用处的,因为你没有力量。靠几个小资产阶级、自由资产阶级分子,虽然也可以抵一下,但是没有农民,谁来给饭吃呢? 饭没得吃,兵也没有,就抵不过两三天。"①中国农民在中国共产党的领导下,政治觉悟有了空前的提高,其对马克思主义的态度反映在对中国共产党的态度上。毛泽东在1945 年 2 月指明了这样的一个事实:"我们中国人民的觉悟使得蒋介石国民党反苏反共的阴谋不能得逞。比如前年七、八、九三个月中,国民党宣传要解散共产党,他们说共产国际都解散了,你们为什么不解散? 又说什么共产主义不适合中国国情,等等。老百姓的态度怎么样呢? 没有一个拍掌的,延安的群众开大会,发通电进行声讨,《解放日报》发表文章揭露国民党破坏团结的行为,第三次

① 《毛泽东文集》第三卷,人民出版社 1996 年版,第 305 页。

反共高潮就是这样打平下去的。”①由于中国共产党成功地对农民的领导，农民的思想觉悟水平得到显著的提高，这既是马克思主义中国化的结果，同时也是马克思主义中国化运动得以继续推进的重要原因。

现代中国的政治演变与马克思主义中国化进程是息息相关、密不可分的，考察现代中国的政治进步就必须注意到马克思主义中国化的深刻影响。由本文的初步研究来看，马克思主义中国化对于1919—1949年的中国政治变迁产生了多方面的重大影响，至少在共产党发展、革命进程加速、新民主主义共和国创建等方面表现得特别显著。于今而言，我们不仅要承认马克思主义中国化对现代中国政治变迁的影响，而且还需要进一步揭示其对现代中国的经济变革、文化发展以及社会生活等方面的影响，这可能是今后研究马克思主义中国化问题时的一个重要的努力方向。

（本文与胡倩合作，原载《理论视野》2015年第7期）

【昔文琐记】本文的合作者胡倩，当时是南京师范大学马克思主义学院攻读马克思主义中国化研究专业的博士生，现在是南京晓庄学院马克思主义学院的教师。

我研究过近代中国社会变迁问题，发表过《留学生与晚清社会的变迁》、《近代中国社会变迁与新文化运动的兴起》、《近代中国社会变迁与中国共产党的创建》等文章，出版了《留学生与近代中国社会变迁》（吉林人民出版社2012年版）等著作，故而也想从社会变迁的视角打开“马克思主义中国化影响研究”的学术道路，真正地将马克思主义的社会史观贯彻到马克思主义中国化研究之中。我的看法：从社会变迁的视角来看，马克思主义中国化对现代中国的政治变迁、经济变迁、思想文化变迁、社会生活变迁等方面都产生巨大的影响，因而需要做具体的、分门别类的研究。

从学理上说，马克思主义中国化不仅是在现代中国社会中孕育生成并接续发展的，有着近代中国社会所提供的各种条件，而且也是现代中国社会中最为突出的重要现象之一，并对现代中国社会的变迁产生实质性的影响。故而，从研究的角度来看，就需要将马克思主义中国化这种现象，实实在在地回归到现代中国社会之中，并使之与现代中国社会中的相关因素建立联系。这应该说是推进马克思主义中国化研究的正确路线。研究马克思主义中国化，必须遵循马克思主

---

① 《毛泽东文集》第三卷，人民出版社1996年版，第250页。

义的历史主义态度，立足于社会来说明所要研究的问题。研究中如果脱离了现代中国社会这个基本事实，如果不能科学地解读社会土壤所起的支撑作用，这就是非历史主义的态度。目前学术界对于马克思主义中国化的研究，基本上是理论上的说明、诠释性的解读。所取得的成果中，能够紧密联系现代中国社会的并不多，这种现状应该说是今后需要改变的。

遵循马克思主义社会历史观，基于社会史研究路数而从社会变迁的角度研究马克思主义中国化的影响，可以发现马克思主义中国化的影响是巨大的、持续的、深远的并且多层面的，但似乎还未引起学术界的高度重视。既有的研究，集中在现代中国思想界的影响以及对于中国共产党自身的影响，这是很不够的。本文主要研究马克思主义中国化对现代中国政治变迁的影响，算是在阐发"政治变迁"与"马克思主义中国化"关系问题上开了个头。这自然还有进一步深化的空间，因而也是值得加以进一步的探讨。譬如，"政治变迁"在内容上自然关涉政治领导、革命进程、国家创建等主要方面，但可能也不仅仅是这几个方面。按照政治学家邓初民的说法，政治现象主要是阶级、国家、政府、政党、革命这五个部分，则马克思主义中国化对现代中国的政治变迁的影响，自然也需要考察阶级、政府等方面。今后，从研究的角度来看，不仅要研究马克思主义中国化对于现代中国社会中政治变迁的影响，也要研究马克思主义中国化对于现代中国的经济变迁、思想文化变迁、社会生活变迁等方面的影响，从而使"社会变迁"与"马克思主义中国化"之间关系的研究，推进到一个新的阶段。

就研究路径来看，从社会变迁的角度来研究马克思主义中国化的影响，那就首先要从学术上把"社会变迁"这个问题搞清楚，了解近代以来尤其是自 1919 年马克思主义传播到中国以来，中国社会的政治变迁、经济变迁、思想文化变迁、社会生活变迁的基本情况；继之，将每一种变迁（政治变迁、经济变迁、思想文化变迁、社会生活变迁等）中的基本要素找出，并进而将"马克思主义中国化"与这些基本要素的关系厘定清楚，从而建立相互间的联系，这就能使研究工作具体化。譬如，本文首先是将现代中国的政治变迁进行解析，认为中国共产党的政治领导地位、新民主主义革命的历史进程、新民主主义国家的创建等，乃是现代中国政治变迁的主要方面；继而，将马克思主义中国化与这几个方面联系起来，从而阐明马克思主义中国化在政治层面的影响。仿照这样的研究思路，研究马克思主义中国化对于现代中国文化变迁的影响，也应该是首先找出现代中国的文化变迁的主要方面，然后将这些主要方面与马克思主义中国化建立联系。我提出的这个研究路数需要以社会分析为前提，并在分析之中分别地与马克思主义中国化建立联系，也就是“分析要素—建立联系”的研究路数。我想，这个研究路数一定能有助于马克思主义中国化影响的研究。如果时间和条件许可，我打算写出《马克思主义中国化对于中国现代经济变迁的历史作用》、《马克思主义中国化对于中国现代思想变迁的历史作用》、《马克思主义中国化对于中国现代文化变迁的历史作用》、《马克思主义中国化对于中国现代道德变迁的历史作用》、《马克思主义中国化对于中国现代心理变迁的历史作用》等文章。

2021年1月26日

调查研究与马克思主义中国化

调查研究是马克思主义中国化的重要一环，不仅有力地推进了马克思主义中国化的历史进程，而且为中国化马克思主义理论的形成准备了条件，并推动着中国化马克思主义理论的创新和发展。马克思主义中国化，最根本的方面是把马克思主义基本原理同中国具体实际结合起来，运用马克思主义的立场、观点、方法，正确地认识国情，创造性解决革命和建设中的问题。“这个结合的过程，始终是以调查研究为前提、为依据的。也就是说，是在调查研究的基础上，实现并不断深化马克思主义基本原理同中国具体实际的结合和统一的。”①马克思主义与中国实际的结合是通过具体的调查研究来完成的，由此而形成的中国化的马克思主义也具有调查研究所赋予的本质内涵。由此，需要就调查研究与马克思主义中国化的关系进行初步的探讨，这对于研究马克思主义中国化的基本经验与基本规律应该说是有意义的。

一、调查研究推动了马克思主义理论的创新

马克思主义理论是马克思和恩格斯等马克思主义创始人在社会实践的基础上对革命经验所进行的深刻的理论总结，这种总结不仅体现社会实践的本质，而且也是在广泛的调查研究中进行的。譬如，马克思通过对资本主义社会特别是资本主义经济的调查研究，直接形成了劳动价值和资本积累的理论，终于写出了《资本论》这一伟大的巨著，揭示了资本主义生产方式的内在矛盾和运行规律，从而奠定了马克思主义理论体系的学术基础。又譬如，恩格斯早年对欧洲各国工人阶级生活状况做了深入的调查，他在曼彻斯特走遍了每一个工人居住区，详

① 《江泽民文选》第一卷，人民出版社 2006 年版，第 304 页。

细了解和掌握了工人阶级的状况,对无产阶级与资产阶级的矛盾有了系统的把握,终于在1845年写出了《英国工人阶级状况》的著作,为无产阶级的解放事业指明了道路。可见,马克思主义理论是马克思、恩格斯在调查之中掌握第一手材料的基础上,经过分析和研究而形成的。这之中,调查始终是最基础的工作,研究也是以调查为基础的。这使得马克思主义理论一开始就是面向社会实际,并随着调查的充分、社会实践的深入、研究水平的提升而不断发展和创新。可以说,调查研究贯穿马克思主义理论形成和发展的历史过程之中,这也使得马克思主义理论本身能够与时俱进、不断创新、继往开来。

调查研究推动了马克思主义在实践中的理解和运用,使得马克思主义理论本身能够紧密联系不断变动的社会实际,并从社会生活中不断吸收新的经验。社会是不断发展变化的,任何理论即使是正确的理论都需要随着社会的发展、实践的深入而不断开新;通过调查研究形成的正确理论,才经得起实践的检验,才具有实际的指导意义和无比的生命力。马克思、恩格斯的经典理论是与一定的历史条件、时代背景相联系的,必然要根据形势的变化和社会新的实践经验,而不断丰富和发展。从马克思主义发展史来看,马克思主义不仅是在调查研究中产生,同时也是在调查研究中得到发展和创新的。因为只有进一步的调查研究,才能不断把握新的变动的形势,才能总结新的社会实践的成果,从而在社会实践的基础上推动理论的创新和发展。这方面,列宁通过调查研究来发展马克思主义就是一个生动的事例。马克思和恩格斯考察了西欧各国的社会发展状况,分析了西欧资本主义的矛盾,并指出了共产主义的前途,但一开始并没有预料到在落后的俄国会进行社会主义革命,并没有估计到社会主义革命会在经济文化最为落后的国家首先取得成功。而列宁正是通过细致考察俄国资本主义发展的状况并研究世界资本主义发展的新形势,掌握了俄国社会发展的基本材料,创造性地提出了"社会主义革命可以首先在一国发生"、"帝国主义是资本主义发展的最后阶段"的正确论断,使经典马克思主义在新的历史时代得到创造性的发展和运用。列宁对资本主义大工业发展状况的掌握和对俄国国情的调查研究,使马克思主义在俄国得到创新并发展到列宁主义阶段,成功地指导了俄国的革命和实践。

中国化马克思主义理论的形成和发展同样离不开调查研究,离不开中国共产党探索革命和建设道路的具体实践。中国早期的马克思主义者李大钊一开始就强调马克思主义与中国实际相结合的极端重要性,强调调查研究对于马克思主义在中国发展的意义。他指出,我们"应该细细的研考马克思的唯物史观,怎样应用于中国今日的政治经济情形。详细一点说，就是依马克思的唯物史观以研究怎样成了中国今日政治经济的情状，我们应该怎样去作民族独立的运动，把中国从列强压迫之下救济出来。”①大革命失败后，以毛泽东同志为主要代表的中国共产党人正是通过对中国社会各阶级状况的调查和研究，认识到中国革命的主要力量在广大的农村，因而共产党必须深入乡村，发挥农民在民主革命中的作用；中国革命必须开展武装斗争，以武装的革命反对武装的反革命，但又不能照搬俄国的“城市中心论”。中国共产党人正是经过这样的调查和探索，才形成“农村包围城市道路”的理论，并指导中国革命而取得成功。

调查研究的理论成果开拓了马克思主义中国化的新道路，使中国化的马克思主义能够与时俱进，不断创新，并形成自己的特色和风格。马克思主义在中国的发展必须有新的实践经验的注入，而中国共产党人从事调查研究的成果则提供了这种鲜活的经验，使得马克思主义在中国能够不断开拓前进。在民主革命时期，中国共产党人形成了调查研究的传统。1930 年红四军发布的政治工作纲要中，对军政治部、纵队政治部、支队政治委员会和大队政治委员会进行社会调查方面的职责作了具体的规定。1931 年 4 月，毛泽东在以中央革命军事委员会总政治部主任名义发布的《总政治部关于调查人口和土地状况的通知》中，又进一步提出“不做正确的调查同样没有发言权”的口号。新中国成立以后，中国共产党继承和发扬调查研究的优良传统。1961 年 1 月 13 日，毛泽东在中共中央八届九中全会上强调调查研究的极端重要性，号召要搞个实事求是调查年，大兴调查研究之风。在同年 3 月的“三南”会议（即中南、西南、华东三个地区中央局和省区市党委负责人参加的会议）上，毛泽东特别强调第一书记要亲自调查研究，要深入到社会基层开展调查工作。在 20 世纪 70 年代后期和 80 年代初期，在中国化马克思主义理论经历了一段时间的中断后，邓小平经过调查研究适时地提出“以经济建设为中心”，建立经济特区，实现了工作重心的转移，指出了和平时期社会主义建设的任务，推动了马克思主义本身的创新，并最终形成了马克思主义中国化的新成果——邓小平理论。在新的历史时期，中国共产党人提出了和平发展的新道路，这一观点是对马克思主义理论在实践中新的理解和运用。“和平发展”不仅是对国际社会的回答和承诺，更是从中国实际出发得出的新结论。新一代领导人注意调查和研究中国的现状，把握中国的社会发展状况，在新世纪之初又提出“发展社会主义新农村”的战略构想，同样是在调查研究基础上

① 《李大钊全集》第 4 卷，人民出版社 2013 年版，第 516—517 页。

的重要理论创新。就社会现代化实践而言,“建设社会主义新农村”的决断愈益显示了调查研究的伟大力量,愈益显示调查研究所带来的马克思主义中国化新成果的生机和活力。

二、调查研究推进中国共产党人对中国社会状况的认识

中国共产党对中国社会状况的认识是以调查研究为基础的,这对于马克思主义中国化有着极为重大的意义。马克思主义中国化的重要条件是对中国历史和现状的认知,亦即只有在对中国的基本国情有所把握中才能开启马克思主义中国化的道路;而调查研究则使中国共产党人具体地认识到中国的现状和历史特点,从而为马克思主义中国化准备了前提。以毛泽东同志为主要代表的中国共产党人,历来注重调查研究工作,并善于从社会调查中获得对中国现状的了解。毛泽东在 1930 年 5 月的《反对本本主义》中指出,马克思主义必须同中国的实际情况相结合,中国革命斗争的胜利要靠中国同志了解中国的实际情况,并提出“没有调查研究,就没有发言权”的著名论断。这表明,中国共产党人对调查研究有着高度的理解自觉。1937 年,毛泽东又先后发表了《实践论》、《矛盾论》等著作,从学理的高度并结合中国革命的经验鲜明地提出了理论与实践的关系,为系统地开展中国社会状况的调查提供理论基础。以毛泽东同志为主要代表的中国共产党人继承了马克思主义调查研究的传统,并将调查研究与党的“实事求是”思想路线联结起来,从而使中国共产党人对中国现状的调查和研究进入了新阶段。

调查研究作为马克思主义中国化运动中不可缺少的环节,在事实上有助于中国共产党人对中国各阶级状况的了解,并有效争取中国革命的基本力量。中国共产党人在民主革命阶段就认识到,“要了解情况,唯一的方法是向社会作调查,调查社会各阶级的生动情况。对于担负指导工作的人来说,有计划地抓住几个城市、几个乡村,用马克思主义的基本观点,即阶级分析的方法,作几次周密的调查,乃是了解情况的最基本的方法。只有这样,才能使我们具有对中国社会问题的最基础的知识。”①毛泽东在早年就十分重视调查研究,他 1920 年在给友人

① 《毛泽东选集》第三卷,人民出版社 1991 年版,第 789 页。

周世钊的信中说:“吾人如果要在现今的世界稍为尽一点力,当然脱不开‘中国’这个地盘。关于这地盘内的情形,似不可不加以实地的调查及研究。”①在大革命时期和土地革命战争时期,毛泽东对中国社会特别是中国农村的情况,作了一系列深入细致的调查研究,在此基础上写出了一些重要著作和许多有名的农村调查报告,如《中国社会各阶级的分析》、《国民革命与农民运动》、《湖南农民运动考察报告》等著作,详细地说明了中国的社会状况和阶级状况,尤其是对中国农村的阶级力量及阶级斗争形态有了切实的把握,为我们党制定新民主主义革命总路线、确定土地革命的路线和政策提供了科学的依据。毛泽东指出:“我们不仅要调查各业的情况,尤其要调查各业内部的阶级情况。我们不仅要调查各业之间的相互关系,尤其要调查各阶级之间的相互关系。”②毛泽东通过调查认识到中国革命的特点,发展了马克思主义关于无产阶级是领导阶级的思想,认为中国80%以上的人口是农民,农民问题是革命的基本问题,农民是革命的主力军,是人民军队的主要来源,因而无产阶级的领导主要表现为对农民的领导,中国革命主要是无产阶级领导下的农民战争。毛泽东在对中国阶级状况的调查中还具体地对中国资产阶级进行了分析,认为中国资产阶级有两部分,一部分是大资产阶级,另一部分即民族资产阶级,大资产阶级依附于帝国主义,是革命的对象;民族资产阶级具有两面性,因此对民族资产阶级必须采取既联合又斗争的策略。中国共产党对中国社会状况的调查研究是不断发展的,在不同的时期提出了不同的统一战线,如抗战时期的抗日民族统一战线,解放战争时期的人民民主统一战线,以及新时期的社会主义爱国统一战线。调查研究使中国共产党人切实地掌握了中国的经济状况和阶级状况,为制定党的路线、方针、政策提供了充分的依据。

中国共产党人在调查研究中不仅认识到中国的基本国情,而且推动了中国共产党人对中国社会发展道路的探索。譬如,在新中国成立初期的合作化问题上,党内有部分人认为中国只有先机械化和土地国有化才能搞合作化;但也有一部分坚持对中国社会状况的调查,认识到“这种观点基本上是照搬苏联的,并不符合我国国情”。薄一波有这样的回忆:“这个道理,我是1953年秋在华北城乡经过四十天的考察后,才比较明确地认识到的。……经过实地调查,我已比较深切地认识到办初级农业生产合作社的必要性;认识到在中国条件下,即使没有先

① 《毛泽东早期文稿》,湖南人民出版社1995年版,第474页。

② 《毛泽东选集》第一卷,人民出版社1991年版,第113页。

进的农业机械,只要出于农民自愿,组织起来,也能在一定程度上促进生产力的发展。"[①]又譬如,新中国成立初期过渡时期的总路线,也是经过充分的调查研究而确定的。1953 年春,中央为了确切掌握新中国成立后资本主义工商业的情况,以便确定资本主义工商业改造的形式,指派中央统战部长李维汉到上海、武汉、南京等大城市进行调查。5 月,李维汉向中央提交了《关于资本主义工业中的公私关系问题的调查报告》。李维汉的调查报告向中央提议:经过国家资本主义,特别是公私合营这一主要环节,实行对资本主义所有制的变革。毛泽东和党中央高度重视李维汉的调查报告,1953 年 6 月 15 日的中央政治局会议讨论并基本同意了这个报告,从而为确立过渡时期总路线奠定了基础。再譬如,1961 年中央就农村人民公社基本核算问题安排邓子恢对此进行调查,邓子恢于 1961 年 10 月向中央和毛泽东提交了《关于农村人民公社基本核算单位试点情况的调查报告》。中央认为"邓子恢同志这个报告很好",并批转给各省、自治区、直辖市党委,要求各地"认真调查研究,对具体问题作出具体分析,而不是抽象的主观主义的分析,这是马克思主义的灵魂",并建议"各省委第一书记带若干工作组,采取邓子恢同志的方法,下乡去,做十天左右的调查工作"。[②] 从中共历史发展的进程来看,调查研究使中国共产党人加深了对中国社会状况的了解,推动了中国共产党人对中国社会发展道路的研究,并使党和政府能够掌握第一手的关于中国社会实际的材料而作出正确的决策,从而为马克思主义中国化奠定了现实基础。

三、调查研究助力马克思主义中国化推陈出新

马克思主义中国化是建立在调查研究的基础上,并且是在新的历史起点上不断开拓前进的,而马克思主义中国化在各个历史阶段的成果——毛泽东思想、邓小平理论、"三个代表"重要思想以及科学发展观——则使马克思主义中国化的历史进程在每一个历史时期都有新的历史起点,这不仅使马克思主义中国化能够持续前进,推陈出新,继往开来,而且使马克思主义中国化的理论成果能够在调查研究中一脉相承,成为马克思主义在中国发展的指导思想和精神动力。

---

① 薄一波:《若干重大决策与事件的回顾》上卷,中共中央党校出版社 1991 年版,第 205 页。

② 《邓子恢文集》,人民出版社 1996 年版,第 563 页。

毛泽东思想和邓小平理论是中国共产党人伟大实践的经验总结，是在调查研究的基础上形成的中国化的马克思主义理论，也是不断发展和创新的科学理论。根据马克思主义的观点，实践是不断深化的，人类社会是不断发展和进步的，因而变化了的社会状况必然要求新的理论作指导，这就要求马克思主义理论在原有基础上的推陈出新。马克思、恩格斯在《共产党宣言》中指出："无产阶级的运动是绝大多数人的，为绝大多数人谋利益的独立的运动"。中国共产党是为推进中华民族伟大复兴、为广大人民谋利益的无产阶级政党，中国共产党始终忠于自己的责任，为中华民族的根本利益而奋斗，代表最广大人民群众的根本利益。从中国马克思主义发展进程来看，毛泽东思想是邓小平理论形成的历史起点，邓小平理论是"三个代表"重要思想的历史起点，调查研究始终是贯穿于马克思主义中国化的历史进程之中，并为马克思主义中国化两大理论成果的产生发挥了基础性的作用。最鲜明的事实是，中国共产党人的调查研究成为党的群众路线的基础，并使党的群众路线成为中国化马克思主义的重要特征。刘少奇的一段话颇能理解这一点，他指出："我们对于实际情形的观察，应该采取许多真实的材料，切实到群众中去了解各部分群众的生活与情绪。绝不可单凭某一部分群众一时特殊的表示及几个领袖一时激愤或悲观的报告，就认定全部群众的要求和情绪是如此，而规定或转变我们的口号。过去我们的许多错误，大半是因为对于实际情形的观察和估量不能深切和正确的缘故。"①调查研究也成为中国共产党人提出问题与解决问题的基本依据，成为中国共产党人理论思维和实践活动的重要表征。对此，毛泽东曾指出："提出问题，首先就要对于问题即矛盾的两个基本方面加以大略的调查和研究，才能懂得矛盾的性质是什么，这就是发现问题的过程。大略的调查和研究可以发现问题，提出问题，但是还不能解决问题。要解决问题，还须做系统的周密的调查工作和研究工作，这就是分析的过程。"②值得注意的是，中国共产党的作风建设也是与调查研究密切相连的，譬如1952 年党中央在全党范围开展的反贪污、反浪费、反官僚主义的"三反"运动，经过了广泛调查研究，具有深厚的群众基础，从而在加强执政党思想建设和作风建设、提高自身防腐拒变能力等方面取得显著的成效。面对更加复杂的新形势，党中央在世纪之交总揽世界发展的新趋势，在调查和研究的基础上，在对中国社会发展需求研究中提出"三个代表"重要思想，这是对中国共产党面临的新任务、

① 《刘少奇选集》上卷，人民出版社 1982 年版，第 11 页。

② 《毛泽东选集》第三卷，人民出版社 1991 年版，第 839 页。

新挑战而进行的重大理论创新,也是对中国化马克思主义理论的又一重大发展。

调查研究推进马克思主义理论在新形势下的新运用,并促进马克思主义在中国的新发展。社会调查数据显示,当人均GDP超过1000美元时,社会发展进入一个关键时期,社会的前景具有三种可能性:其一,进入良性运行和健康发展的轨道;其二,经济发展停滞甚至倒退,社会陷入动荡、混乱之中;其三,人均GDP继续提高,但失业、贫富差距问题严重,呈现一种病态的社会。因此,当社会发展到一定阶段时,对社会发展前景的设计和规划就显得特别重要,这就需要加强对中国社会发展状况的调查研究。新时期的中国社会发生了变化,在经济持续发展的同时,仍存在着地区经济发展的不平衡、贫富差距在扩大、自主创新能力有待提高等问题。以胡锦涛同志为主要代表的中国共产党人深入工厂、企业以及农村进行了广泛的调查研究,提出了"科学发展观"、"建设和谐社会"的战略构想,规划中国的社会发展是以人为本的科学发展、和谐发展、可持续发展。"科学发展观"是以中国现状调查研究为基础而提出的指导中国社会发展的科学理论,是对马克思主义社会发展理论的创造性运用。马克思主义强调要以发展的观点看问题,看到事物的发展和社会的进步,"科学发展观"正是以马克思主义发展的观点科学地提出和解决中国社会中最迫切最现实的发展问题,是马克思主义理论与中国实际相结合的最新成果。和谐社会理论要求建立一个"民主法治、公平正义、诚信友爱、充满活力、安定有序、人与自然和谐相处"的社会,实现人与人、人与社会、人与自然的全面和谐,全面体现社会运行的"以人为本"的理念,使中国社会的政治、经济、文化诸领域得到科学的发展和可持续的发展。可见,"和谐社会"理论既是对中国优秀传统文化思想的继承,更是马克思主义与中国实际相结合的新发展。建设社会主义和谐社会的战略构想和科学发展观是中国化马克思主义理论的新发展,是调查研究与马克思主义理论相结合得出的新观点、新思想。中国化的马克思主义理论发展历程表明,调查研究助力马克思主义中国化在新的历史起点上不断推陈出新,这也必然地推进马克思主义中国化的历史进程,并使马克思主义在中国得到创新和发展。

四、调查研究培植了马克思主义中国化的支持力量

马克思主义理论的创立与马克思、恩格斯深入的调查研究是分不开的。马克思、恩格斯对工人阶级的状况做了深入的了解、调查,号召全世界无产者联合

起来,指明了无产阶级的解放道路,启迪了无产阶级的阶级觉悟,激起了无产阶级进行社会革命的积极性和主动性。中国共产党人不仅旗帜鲜明地坚持马克思主义的革命理论,而且在中国的条件下继承了马克思、恩格斯注重社会调查的优良学风。历史地看,中国共产党人的社会调查工作不仅加深了中国马克思主义者与中国工人阶级之间的联系,而且有效地动员了社会下层的力量,推动了中国革命、社会主义现代化建设的进行,并为马克思主义中国化获得了持久的阶级力量。

中国共产党人的调查研究工作加深了与下层民间社会的联系,使马克思主义理论深入人心,促成了中国工人阶级阶级意识的提升。中国早期的马克思主义者一开始就重视社会劳动状况的调查,借以寻找革命的支持力量。譬如,《新青年》第7卷第6号的“劳动节纪念号”上,发表了《上海厚生纱厂湖南女工问题》(陈独秀)、《南京劳动状况》(莫如)、《唐山劳动状况》(尢我)、《山西劳动状况》(高君宇)、《江苏江都劳动调查表》(铁民)、《长沙劳动状况》(野人)、《芜湖劳动状况》(高语罕)、《无锡各工厂劳动调查表》(李昆)、《北京劳动状况》(李幽影)、《上海劳动状况》(李次山)、《皖、豫、鄂、浙冶铁工人状况》(李少穆)、《天津造币总厂底工人状况》(杨赓陶)等调查报告①,在沟通与下层民间力量的联系等方面发挥了积极的作用。中国共产党成立后,以毛泽东同志为主要代表的中国共产党人,深入社会进行广泛的农村调查,密切了中国共产党与下层社会的联系,从而也赢得了广大民众的理解和支持。毛泽东的体会是,在社会调查中所接触的“这些干部、农民、秀才、狱吏、商人和钱粮师爷,就是我的可敬爱的先生”;“群众是真正的英雄,而我们自己则往往是幼稚可笑的”②。正是由于民主革命时期的中国共产党人在下层民间社会进行了深入的调查和广泛的宣传,得到了广大农民的支持,使党的路线方针政策和革命措施深入人心,中国共产党人才有了更加广泛的群众基础,马克思主义在中国的发展也有了广泛而又深厚的支持力量。

中国共产党人正是在不断的调查研究中,在通过对中国现状的了解和从事中国革命的实践中锻炼成长起来,并形成了注重社会实际的优良品质。中国共产党的历程表明,“对于中国各个社会阶级的实际情况,没有真正具体的了解,

① 参见《新青年》第7卷第6号的“劳动节纪念号”,1920年5月1日。
② 《毛泽东选集》第三卷,人民出版社1991年版,第790页。

真正好的领导是不会有的”[1]。毛泽东是在五四新知识界兴起社会调查运动中成长起来的典型代表,如他在1927年3月发表的在湖南调查佃农生活情况的报告《中国佃农生活举例》,得出了中国佃农生活情况的一般结论。[2] 此外,毛泽东的《湖南农民运动考察报告》及20世纪30年代的《寻乌调查》、《东塘等处调查》、《兴国调查》、《长冈调查》、《才溪调查》等,在中共党内营造了调查研究的良好风气。毛泽东注重社会调查而成为中共领袖的事实已为人们所熟知,这里想通过张闻天注重社会调查的事例,说明中国共产党人所表现出的注重社会实际的品质。张闻天在1942年1月至1943年3月间,经过一年多的社会调查写出了《贺家川八个自然村的调查》、《碧村调查》、《兴县十四个自然村的土地问题研究》、《杨家沟地主调查》等调查报告,此外还搜集了米脂城的资料、双湖峪市镇乡各花户经济状况及公粮材料、张家寨子户地材料、马蹄盐滩材料、徐家沟炭窑材料、西川各区地主材料、绥德市商业材料等。张闻天在调查中认识到“调查研究是从实际出发的重要一环”,“要从实际出发,要认识实际,其基本一环,就是对于这个实际的调查研究”。[3] 张闻天正是积极从事调查研究工作,从而为中共的新民主主义理论作出了重大贡献。从中国共产党的历史来看,调查研究开阔了中国共产党人注重中国实际的视野,加深了对马克思主义理论的理解与灵活运用,提高了领导干部了解实际、认识问题、分析问题的能力,也提高了干部队伍的整体领导水平。可以说,在调查研究中成长的中国共产党人具有注重中国实际问题研究的优良品质,中国共产党人也就成为推动马克思主义中国化的领导者和中坚力量。

中国共产党人的调查研究引领知识分子走与工农相结合的道路,为赢得下层社会力量的支持指明了努力的方向。中国共产党人在社会变革的实践中号召知识分子深入民间、体验社会生活,通过调查研究掌握社会的状况,密切联系人民大众,充分了解人民的意愿。毛泽东《在中国共产党全国宣传工作会议上的讲话》中指出:“知识分子既然要为工农群众服务,那就首先必须懂得工人农民,熟悉他们的生活、工作和思想。我们提倡知识分子到群众中去,到工厂去,到农村去”。[4] 毛泽东本人特别重视农村问题的调查和研究,重视农民在中国社会变

① 《毛泽东选集》第三卷,人民出版社1991年版,第789页。

② 中共中央文献研究室编:《毛泽东年谱》上卷,人民出版社、中央文献出版社1993年版,第190页。

③ 《张闻天选集》,人民出版社1985年版,第32页。

④ 《毛泽东文集》第七卷,人民出版社1999年版,第272页。

革中的地位,重视知识分子与工农群众的关系。新中国成立后,中国共产党人也不断进行调查研究,要求担负领导工作的干部、广大的知识分子深入社会调查,集中群众的智慧,为正确的决策提供依据。毛泽东指出:“社会主义建设,从我们全党来说,知识都非常不够。我们应当在今后一段时间内,积累经验,努力学习,在实践中间逐步地加深对它的认识,弄清楚它的规律。一定要下一番苦功,要切切实实地去调查它,研究它。要下去蹲点,到生产大队、生产队,到工厂,到商店,去蹲点。……有一些省委书记,到现在还没有下去蹲过点。如果省委书记不去,怎么能叫地委书记、县委书记下去蹲点呢。这个现象不好,必须改变过来。”①“文革”结束以后,中国实行的家庭联产承包责任制、作出的开放沿海经济特区等重大决策,都是在调查研究中集中群众智慧的基础上形成的。邓小平对此曾这样总结:“我们改革开放的成功,不是靠本本,而是靠实践,靠实事求是。农村搞家庭联产承包,这个发明权是农民的。农村改革中的好多东西,都是基层创造出来,我们把它拿来加工提高作为全国的指导”。② 改革开放的成功,中国经济的振兴,农村面貌的巨大改观,是与中国共产党调查研究作风的发扬、下层民众的有力支持密切联系在一起的。中国共产党开展的调查研究工作密切了党群关系,树立了良好的政治形象,提升了社会公信力,使中国共产党赢得全国人民的衷心爱戴。总的来看,调查研究彰显了中国共产党人的人民至上的理念,日益加深了中国共产党人与下层民间社会的联系,使马克思主义的思想意识在获得广泛的群众基础的同时,又不断吸纳群众的智慧和社会实践的新鲜经验,真正使人民群众成为运用、发展、创新马克思主义的主体,培植了马克思主义中国化得以进行的持续不断的支持力量。

调查研究是中国共产党人将辩证唯物主义认识论在领导方法和工作方法上的创造性运用,是中国共产党一切从实际出发、实事求是的思想路线的重要组成部分,因而也就成为中国化马克思主义的鲜明特征。周恩来对此曾指出:“进行调查研究,必须实事求是。我们下去调查,必须对事物进行分析、综合和比较。事物总存在内在的矛盾,要分别主次;总有几个侧面,要进行解剖。各人所处的环境总有局限性,要从多方面观察问题;……下去调查,要敢于正视困难,解决困难。一个困难问题解决了,新的困难问题又来了。共产党人就是为不断克服困

① 《毛泽东著作选读》下册,人民出版社1986年版,第829—830页。

② 《邓小平文选》第三卷,人民出版社1993年版,第382页。

难,继续前进而存在的。”①于今而言,我们更要在新的历史条件下坚持调查研究的优良学风,通过调查研究进一步了解社会生活的实际,研究新情况,解决新问题,探索新道路,提出新思想,主动而积极地面对现代化建设和改革开放过程中的机遇和挑战,努力推进马克思主义中国化的历史进程,将中国特色社会主义事业不断推向前进。

(此文与马莎莎合作撰写,原载《党史研究与教学》2008 年第 3 期)

【昔文琐记】这篇《调查研究与马克思主义中国化》文章由马莎莎起草,我做了修改后合作发表。2007 年 9 月,我主持的马克思主义发展史硕士点招了第一届研究生三人,马莎莎是三位中的一位。在国庆节前夕,我找马莎莎谈话,我说你刚报到还没有几天,国庆节七天就不要回家了,我出一个题目你利用七天假期做做。于是,我讲了自己的研究思路和基本观点。马莎莎潜心思考,用心读书,假期里就留在学校写作。假期结束时,果然写出初稿。我做了一些修改,然后就在《党史研究与教学》上发表了。

马克思主义中国化是一个历史性的进程,这之中涉及诸多的要素,而这些要素对马克思主义中国化的推进有着极为重要的作用,调查研究则是其中的一个关键性要素。于此,从研究的角度,就需要认真地考察马克思主义中国化的进程,努力找出相关的要素,并加以研究,借以提高对马克思主义中国化问题的科学认知。不难看出,在马克思主义中国化进程中,如实事求是、党的建设、实践创新、理论创新、中国优秀传统文化、民族精神、共产党初心使命、社会心理等等,就是其中的关键因素,故而可以做出诸如《实事求是与马克思主义中国化》、《党的建设与马克思主义中国化》、《实践创新与马克思主义中国化》等题目。

学术研究中“A 与 B”这样题目,最忌讳的是将文章写成“两张皮”,一张皮是 A,另一张皮是 B。如这篇《调查研究与马克思主义中国化》,两张皮的写法就是先写出“调查研究”,再写出“马克思主义中国化”,最后总结一下了事。其毛病是,既缺乏分析,又不能联系,而只是生硬地将两者分别叙述,试图能使两者摞在一起,以为这就是作文章了。出现“两张皮”的根本原因,是缺乏应有的理论思维,不知道分析和联系,思路打不开,不懂得写文章的技法。

这里,涉及“A 与 B”题目的写法。其正确的步骤是:第一,对 A 加以理论上的考量和学理上的思考,形成关于 A 的基本认知,这是对 A 进行整体考量的步

① 《周恩来选集》下卷,人民出版社 1984 年版,第 313—314 页。

骤;第二,将B析分为B1/B2/B3/B4等子项,这是对B进行具体分析的过程;第三,将A与B的子项(即B1/B2/B3/B4等)建立联系,形成A与B1、A与B2、A与B3、A与B4等的研究路线,这是建立A与B子项联系的过程。我称这种方法为“分析—联系法”。

譬如,这篇《调查研究与马克思主义中国化》文章,研究思路就是三步:

首先,对“调查研究”进行理论上的考量和学理上的思考,形成关于“调查研究”的基本看法,如“调查研究是马克思主义发展的基本方法”、“调查研究中既有调查又有研究”、“调查研究就是为了认识国情、认识社会性质”、“调查研究在本质上就是社会实践”、“调查研究是中国共产党人的调查研究”、“调查研究必须有理论作指导并遵循其基本程式”等等。这一步很重要,因为这是“破题”,是形成文章架构的理论准备。

其次,对“马克思主义中国化”加以具体分析,将“马克思主义中国化”析分为“马克思主义理论创新”、“对中国社会状况的了解”、“马克思主义中国化推陈出新”、“马克思主义中国化的支持力量”等子项。(“析分子项”因不同的标准而形成不同的“子项”,如也可以将“马克思主义中国化”析分为“马克思主义中国化主体”、“马克思主义中国化客体”、“马克思主义中国化中介”、“马克思主义中国化环境”、“马克思主义中国化运行机制”等等。)这一步是将整体分析为部分的过程,以分析方法的运用为主要特征,其目的是对研究对象的认识能够走向深入,使研究工作向具体化、可操作化方向进发。

最后,就“调查研究”与“马克思主义中国化”中的“马克思主义理论创新”、“对中国社会状况的了解”、“马克思主义中国化推陈出新”、“马克思主义中国化的支持力量”等子项建立联系,从而形成了“调查研究推动了马克思主义理论本身的创新”、“调查研究加深了中国共产党人对中国社会状况的了解”、“调查研究使马克思主义中国化推陈出新”、“调查研究培植了马克思主义中国化的支持力量”这样几个标题,这就形成了本文的架构。

话说马莎莎入学之初写了这篇《调查研究与马克思主义中国化》初稿之后,我让马莎莎进一步研究这个问题。她经过考虑,确定《调查研究与马克思主义中国化》为硕士学位论文题目,初稿出来有6万字。该硕士论文,对调查研究与马克思主义中国化的理论基础、实践基础、阶级基础和群众基础的关系进行研究,凸显调查研究在马克思主义中国化进程中的地位,其结论是:调查研究不仅是马克思主义中国化的基础和桥梁,还是马克思主义中国化不断发展的推动力量,因而也是中国化马克思主义的鲜明特征。马莎莎硕士毕业后,考入曲阜师范大学,攻读马克思主义中国化研究专业,博士毕业后又到南京师范大学做了博士后。

我在为马莎莎确定硕士论文题目的同时,又给研究生魏修丽确定了《中国马克思主义法学体系构建(1919—1949)》这个题目,旨在对中国马克思主义法学体系的形成过程及其主要内容作出梳理。该硕士论文在梳理1919—1949年中国马克思主义法学体系构建的基本前提、演变过程、内容、特点的基础上,得出研究结论:中国马克思主义者在1919—1949年的三十年间,运用马克思主义法学理论具体地研究中国法制建设的实际,以法学作为武器配合中国共产党人的政治斗争,积极地提炼中国共产党人领导法制建设的经验,努力实现马克思主义法学思想的中国化,构建了以马克思主义为指导、具有中国共产党人政治实践特色的中国马克思主义法学体系。魏修丽的论文做得很成功,得到盲审专家的一致好评。

确定硕士生的毕业论文题目是个大事,它不仅关系到能否做出合乎要求的硕士论文,还关系到硕士生毕业之后的研究方向。在我看来,研究生自然是要研究的,入学后就必须及早地进入研究角色,这就需要尽早地确立论文题目。作为导师,就是要帮助他们尽快地确定比较好的选题,使他们能够在知识创新的道路上不断迈进。所谓好的选题,自然是要有学术价值和社会意义,同时还要看学生在三年之内能否做出,这当然还要看导师能否对这样的研究予以把控与指导。这是我培养研究生的一点体会。

2021年1月27日

中共党史视域下的马克思主义中国化研究

马克思主义中国化研究,最早是在中共党史研究之中开启的。而且,马克思主义中国化问题本身,就是中共党史研究的一个极为重要的不可或缺的领域。中共党史如果缺少了马克思主义中国化内容,也就失去了一个极为重要的组成部分,这样的中共党史至少是不完全的。故而,马克思主义中国化问题是关系到中共党史学科发展的大问题,需要引起中共党史研究界的高度重视。近年来,一些党史研究者有意无意地退出马克思主义中国化研究领域,这种现象值得关注。本文的题旨在于说明:在目前的学术背景下,马克思主义中国化不仅仍然应是中共党史研究的重要内容,而且马克思主义中国化研究要取得突破性的进展,也必须以中共党史研究为基础,并置于中共党史的视域之中。

一

从关键要素来看,马克思主义中国化所涉及的重要方面,皆离不开中共党史。马克思主义中国化的关键要素,主要是中国化的领导者、历史环境、理论成果、政治实践、基本原则等问题,而这些问题无一都不能离开中共党史的研究。

第一,马克思主义中国化的领导者是中国共产党。马克思主义中国化是一个理论问题,但更主要的是实践问题,是中国共产党领导下的政治实践问题。稍微有一点党史常识的人都明白,马克思主义中国化无论是作为一种历史现象还是作为一种现实的政治运动,都是由中国共产党领导的,没有中国共产党的坚强领导,就不会有马克思主义中国化的伟大事业。更深入一点说,中国共产党领导马克思主义中国化运动是同党内的教条主义进行斗争的历程相联系的。毛泽东在那篇揭示“马克思主义中国化命题”的《论新阶段》文章中,要求中国共产党人不应当把马克思主义理论“当作教条看待”,“而应当看作行动的指南”;“不应当只是学习马克思列宁主义的词句,而应当把它当成革命的科学来学习。不但应当了解马克思、恩格斯、列宁、斯大林他们研究广泛的真实生活和革命经验所得出的关于一般规律的结论,而且应当学习他们观察问题和解决问题的立场和方法。"[①]正是因为中国共产党的领导及其在党内开展教条主义的斗争,才开创了马克思主义在中国发展和创新的局面。在此情形下,研究马克思主义中国化首先就必须研究其领导者,这就必须研究中国共产党的历史,否则就不会得出科学的结论。

第二,马克思主义中国化的历史环境主要是中国共产党历史活动所造就的环境。历史环境是我们在研究任何问题时所必须面对的重要方面。马克思、恩格斯在《德意志意识形态》中说:"每一代都利用以前各代遗留下来的材料、资金和生产力;由于这个缘故,每一代一方面在完全改变了的环境下继续从事所继承的活动,另一方面又通过完全改变了的活动来变更旧的环境。"[②]因此,研究任何问题都必须将问题放在一定的历史环境之中,探讨历史环境所提供的历史条件及所给予的具体影响,马克思主义中国化研究也是这样。马克思主义中国化是现当代中国社会中的重要历史现象,其整体的历史环境是现当代中国社会。但要注意的是,这个现当代中国社会不是一成不变的,是经过了共产党领导人民进行革命、建设和改革开放而有重大改变的历史环境。这个历史环境深深地打上了中国共产党人政治活动的烙印,留下了人民不断奋斗的足迹,体现了现当代中国社会在革命、建设和改革开放中不断演进的主旋律。显而易见,马克思主义中国化的历史环境,最直接最主要的乃是中国共产党历史活动所造就的环境。单就马克思主义中国化得以进行的历史环境这一点而言,中共党史研究乃是马克思主义中国化研究的基础。

第三,马克思主义中国化的理论成果是中国共产党思想史上的最主要成果。研究马克思主义中国化都强调"理论成果"的问题,这里的"理论成果"特指毛泽东思想和中国特色社会主义理论体系。在笔者看来,理论成果如果脱离了当时的历史条件,如果舍去了其所以成立的基本条件,就很难以得到正确的诠释和理解。在中共党史研究中,阐述毛泽东思想这一重大问题,不仅要表达清楚毛泽东思想的基本内涵与理论构成,而且要阐明毛泽东思想形成的历史条件与历史过程,特别要讲清楚"集体智慧结晶"这个难点问题。这在中共党史研究中是比较

① 《毛泽东选集》第二卷,人民出版社1991年版,第533页。
② 《马克思恩格斯选集》第1卷,人民出版社1995年版,第88页。

容易做到的，因为有党的历史发展作为支撑，有近现代中国社会史的知识体系。同样，中国特色社会主义理论体系，在中共历史中也是比较容易说明其产生、发展的历史必然性，包含的主要内容，显现的基本特征，所要解决的历史性课题，等等。正是因为马克思主义中国化的理论成果在中共历史上的重要地位，因而也是中共思想史所重点研究的对象。这样看，即使是说“马克思主义中国化成果”这一问题，也是难以避开中共党史的，尤其是难以避开中共思想史的。

第四，马克思主义中国化的政治实践主要是中国共产党领导下的人民群众变革中国社会的实践。研究马克思主义中国化，不能局限于其理论的视域，而应该真实而具体地研究其“化”的过程，这就必然要探讨中国共产党的政治实践问题。马克思主义中国化中的“化”表现为马克思主义“化为”中国自己的东西并具有我们民族自己的特色，在本质上是马克思主义理论在中国的创新和发展，并在事实上内化到中国共产党的价值体系之中。真正科学的理论不是理论自身的推衍，乃是社会实践的产物。正是由于理论来源于社会实践，有着社会生活的丰厚土壤，亦即理论是奠定于社会实践基础之上，这就要求在马克思主义中国化的研究中，自觉地关注并研究中国共产党人的政治实践活动，努力从中国共产党领导人民进行革命、建设和改革开放的实践活动中来探寻其源头。因而，马克思主义中国化研究也就离不开中共党史研究，离不开关于中国共产党政治实践及其成果的研究。

第五，马克思主义中国化的基本原则是中国共产党人的实事求是原则，这构成了中国共产党的思想路线。现有的马克思主义中国化研究，大多承认马克思主义中国化基本原则研究的极端重要性，因为这关系到当代中国的马克思主义（中国特色社会主义理论体系）能否进一步发展的问题，关系到在今后能否进一步推进马克思主义中国化的进程。而在笔者看来，所谓的马克思主义中国化原则，主要的不是存在于现有的学术研究之中，而是存在于中国共产党的历史发展进程之中，存在于中国共产党历史活动所遗存下来的政治文献之中，这就是中国共产党所倡导和坚持的实事求是原则。只有在这个原则之下，才有马克思主义在中国发展的本土化、时代化、面向社会生活、坚持民众本位等一系列的具体要求。显然，在马克思主义中国化研究中，无论是原则性问题还是在原则之下的具体要求，都是纯粹的理论研究所无法证明的，因为它既需要客观可见的历史事实，又需要在中共党史视域中学术的论证和学理的说明，这只能在中共党史研究中加以解决。

正是因为马克思主义中国化与中共党史之间的密切关系，北大教授程美东说:“如果没有中国共产党及其主导下的中国近现代社会实践,肯定不会发生马克思主义中国化!假如没有中国共产党,马克思主义在中国就如很多外来思潮一样,只是近现代中国历史长河中的一种先进的文化形式,更多的是具有学术和思想史的意义,充其量不过是其中科学性、批判性更强的一种理论而已。”①因此,要推进马克思主义中国化研究,必须高度重视中国共产党在马克思主义中国化中的领导地位,须臾不可将马克思主义中国化置于中共党史研究之外。而对于中共党史研究者来说,推进马克思主义中国化研究,仍然是其最为重要的职责之一,必须花大气力来开展这项工作。

二

从整体维度来看,包括马克思主义中国化在内的任何社会现象,皆有其时间维度、空间维度、实践维度。而且,马克思主义中国化所呈现的三大维度(时间维度、空间维度、实践维度),皆与中共党史密切关联。就此而言,缺少中共历史的研究基础,或者说中共党史研究的基础不到位,则根本说明不了马克思主义中国化的整体维度问题,而马克思主义中国化研究也就在事实上难以真正地深入下去。

所谓时间维度,指的是社会现象发生的具体时间节点及所处的历史方位,在历史长河中处于何种阶段,如何反映历史时段的具体表征。时间维度最重要的特征是变动性,推进社会现象的衍化,使社会现象呈现出历史变迁的轨迹,并表征为具体的历史逻辑。显然,这个时间维度只能在关于“史”的研究中才能确定。具体到马克思主义中国化的时间维度而言,虽然是在中国的现当代历史时段之中,但这个时段不是有如自然界那种自然演变的时段,而是有着中国共产党领导的革命、建设、改革开放的活动所积极作用并产生深刻影响的时段,故而也就深深地打上了中国共产党历史活动的烙印。可见,关于马克思主义中国化时间维度的研究,一方面固然要以近现代中国社会的研究为基础,凸显近现代中国社会的基本特征及其所造成的既定条件;但在另一方面也是更重要的方面,是必须在中国共产党的历史进程中给予研究,充分反映中国共产党历史活动给予这

① 程美东:《关于马克思主义中国化研究学科发展若干问题》,《南京政治学院学报》2012年第3期。

一时间维度所构成的重大影响。

所谓空间维度,指的是社会现象所发生的具体场域,是在时间维度之下的地域定位,因而也是随着时间维度而有所变动的。空间维度虽然在时间维度作用下也具有变动性,但最基本的特征是地域性,这是民族性、文化性及历史性的结合体,不仅构成了社会现象的内核,而且在社会现象的多个层面上体现出来。具体到马克思主义中国化的空间维度而言,虽然是在中国的地域之中,但这个地域不仅依然具有民族性、文化性及历史性(业已变动的),而且与世界的联系进一步加强,有着"历史成为世界史"的显著影响,特别是马克思主义及国际共产主义运动对中国的影响,并且有着中国共产党历史活动的巨大作用,这主要体现在经济、政治、文化及社会生活等各个方面,使中国社会发生了两次历史性的飞跃(由半殖民地半封建社会进到新民主主义社会的飞跃、由新民主主义社会进到中国特色社会主义的飞跃)。就此而言,研究马克思主义中国化空间维度,也必须在中国共产党的历史活动中给予切实的研究,否则就不能真实地体现空间维度中的中国共产党历史活动的客观事实及其影响。

所谓实践维度,指的是社会现象得以形成的客观基础,也就是社会实践活动。社会现象虽然表现出时间维度、空间维度,但也不是在没有任何基础中的自然表现,人类变革社会的历史活动亦即社会实践活动始终处于基础性的地位。就是说,任何社会现象都有实践维度,是在一定的社会实践基础上形成的,没有社会实践也就不会有社会现象的出现。进一步言之,有什么样的社会实践,就有什么样的社会现象;正是有了社会现象的实践维度,才使社会现象的时间维度、空间维度成为可能。具体到马克思主义中国化的实践维度而言,这个实践不是现当代中国社会中一般人的实践,而是特指在中国共产党领导下的人民群众的社会实践(亦即变革中国社会的实践,表现为解放和发展生产力的过程)①,才造就了马克思主义中国化这一社会现象。在马克思主义中国化研究中有一种看法,认为中国共产党是主体,人民群众是客体。这个看法不对,否认了人民群众的主体性地位,是一种精英论在研究中的反映。事实上,在马克思主义中国化进程中,中国共产党始终是领导者,人民群众是主体,现当代中国社会是客体,中国共产党领导的人民群众变革中国社会的实践活动是基础。可见,从马克思主义中国化实践维度的研究来看,必须将中国共产党历史活动的研究作为重点内容。

---

① 吴汉全、王炳林:《以社会史为基础深化中共党史研究再探讨》,《中共党史研究》2014 年第 9 期。

三

从基本层面来看,马克思主义中国化有对象层面、内容层面、影响层面这三个基本层面,集中体现了马克思主义中国化的深度和广度,而这三个层面只有在中共党史研究视域下才能得以显现。

确立马克思主义中国化的三个层面,在于显现马克思主义中国化的图景,因而也就有助于推进马克思主义中国化研究的深入。笔者在学术界提出了这样的一个观点,马克思主义中国化有三个具体的层面:一是在中国化的对象方面不断推进的过程,即经历了一个由“精英化”到“大众化”的过程;二是在中国化的内容方面不断深化的过程,即经历了一个由“民族化”到“时代化”的过程;三是在中国化的社会影响方面不断提升的过程,即在推动中国社会变革中,经由政治方面向思想文化、社会生活等方面不断拓展①。现在,这个观点笔者仍然还是坚持的,所要加以说明的是,马克思主义中国化的这三个基本层面,不是自然而然地呈现出来的,它本身是中国共产党历史活动的重要成果,并体现在中国共产党的历史进程之中,因而也需要从中国共产党的历史中得到解释和说明。

首先,就马克思主义中国化对象层面来说,所谓的“精英”、所谓的“大众”,存在于中共历史视域之中,故而也只有在中共历史中才能被认识和理解。历史活动根本上是大众的活动所造成的,但精英在其中也发挥了极大的作用,从而使历史演变丰富多彩、曲折多变,故而研究中也就不能忽视精英的作用。马克思主义中国化语境中的“精英”、“大众”,不是通常意义上所说的精英、大众群体,而是与马克思主义在中国的发展与创新所紧密联系的对象,并且既是中国共产党历史活动影响的对象,又是开启中国共产党新的历史活动的重要力量,故而这个对象本身的历史也就构成了中国共产党历史研究的重要内容。

其次,就马克思主义中国化内容层面而论,所谓的“民族化”、“时代化”等方面,皆是与中共历史活动的方式紧密联系在一起的,因而也只有在中共历史中才有新的内涵与新的意蕴。前面提及的时间维度与空间维度,与这里的“时代化”、“民族化”有着内在的关联,这是应该承认的。但是,马克思主义中国化中的“时代化”、“民族化”,是与马克思主义在中国的发展与创新相联系的,并且是

① 吴汉全:《马克思主义中国化研究中的几个问题》,《马克思主义研究》2010 年第 12 期。

以马克思主义的具体运用为基础的，这自然又要回到中国共产党的政治实践问题，因而也就需要在中国共产党的历史活动中加以解释。事实上，什么时候中共的政治实践取得重要的突破，马克思主义中国化中的“时代化”、“民族化”就取得重要成果，“时代化”、“民族化”也就有了新的内涵与新的意蕴；反之，如果中共的政治实践出现了问题，马克思主义中国化中的“时代化”、“民族化”就会出现曲折，其结果就是整体上迟滞了马克思主义中国化进程。故而，马克思主义中国化之中的“时代化”、“民族化”的内涵，以及民族化与时代化的相互关系，存在于中国共产党的历史活动之中，表征着中国共产党历史活动的基本理念、价值判断及其基本策略，因而必须在中共历史视域中才能够被加以科学认识。

最后，就马克思主义中国化影响层面来看，所谓的政治影响、思想文化影响、社会生活影响，必须以中共党史的具体事实来加以论证。解读历史是以基本的客观事实为依据的，这是中共党史研究所恪守的一条基本原则，同时也是中共党史研究科学性的重要保证。从学理上说，在“每一科学领域中，都必须从既有的事实出发”，“不是设计种种联系塞到事实中去，而是从事实中发现这些联系，而且一经发现，就要尽可能从经验上加以证明”①。就此而言，我们说马克思主义中国化产生了政治影响、思想文化影响、社会生活影响，并且这种影响在不同的历史阶段有着不同的表现，这都需要以具体的事实来加以论证和说明。那么，这种具体的事实从何而来？只能从中国共产党的历史中来，因为这些事实是基于中共的历史活动而产生的，中共的历史活动始终是源头和根据。自然，中共的历史活动是丰富多彩的，涉及政治的、经济的、文化的及社会生活的各个方面，而最突出地体现在变革中国社会的解放和发展生产力的努力上。因而，也就不可以将中共的历史活动简单化为马克思主义中国化，但马克思主义中国化始终是中国共产党历史活动最为重要的部分，并且其他活动与此也有着巨大的历史关联、逻辑关联。因此，研究和阐发马克思主义中国化影响的各个方面，必须在研究中国共产党的历史中开启探寻的道路。

四

从生成逻辑来看，马克思主义中国化的历史逻辑和理论逻辑只有在中共党

① 《马克思恩格斯选集》第 4 卷，人民出版社 1995 年版，第 288 页。

史视域下才有可能,研究工作也只能置于中共党史研究之中。

包括马克思主义中国化研究在内的任何学术研究,都有着历史逻辑和理论逻辑的问题,否则不仅不能呈现基本的事实,而且也不能进到规律的探索层面。这就是说,在研究马克思主义中国化问题时,也要注意到历史逻辑与理论逻辑的问题。恩格斯在评述马克思的《政治经济学批判》一书时认为,历史研究需要将历史方法与逻辑方法统一起来使用。在他看来,研究工作自然需要按照历史的顺序给予梳理的历史方法,使得事物的发展“从最简单的关系进到比较复杂的关系”,其好处“就是比较明确”,但“实际上这种形式至多只是比较通俗而已”①。然而,由于“历史常常是跳跃式地和曲折地前进的,如果必须处处跟随着它,那就势必不仅会注意许多无关紧要的材料,而且也会常常打断思想进程”,其结果“会使工作漫无止境”②。为了解决这样的问题,恩格斯认为“逻辑的方式是唯一适用的方式”,但逻辑的方法之中也包含着历史的方法,因为“实际上这种方式无非是历史的方式,不过摆脱了历史的形式以及起扰乱作用的偶然性而已”。在逻辑方式之下,“历史从哪里开始,思想进程也应当从哪里开始,而思想进程的进一步发展不过是历史过程在抽象的、理论上前后一贯的形式上的反映;这种反映是经过修正的,然而是按照现实的历史过程本身的规律修正的,这时,每一个要素可以在它完全成熟而具有典型性的发展点上加以考察。”③自然,恩格斯对于逻辑方法的运用是有所限定的,即“采用这个方法时,逻辑的发展完全不必限于纯抽象的领域。相反,它需要历史的例证,需要不断接触现实。”因而,研究中也就要有“各种各样的例证”,有时还需要“指出各个社会发展阶段上的现实历史进程”④。从上面的引文可以看出,恩格斯所说的逻辑方法仍然是以历史方法为基础和前提的,实际上强调的是历史方法与逻辑方法的统一。这对于马克思主义中国化研究也是一样。就历史逻辑而言,马克思主义中国化的历史逻辑自然是在中国共产党的历史活动中展开的,离开了中国共产党的历史,不仅离开了中国共产党这个马克思主义中国化的领导者,同时也就离开了中国共产党的政治实践,故而也就不可能有马克思主义中国化的历史逻辑。就理论逻辑而言,理论逻辑奠定在历史逻辑之上,是从历史逻辑中抽绎出来的,没有了历史逻辑也就不可能有真正的理论逻辑。就此而言,马克思主义中国化的历史逻

---

① 《马克思恩格斯选集》第2卷,人民出版社1995年版,第43页。

② 《马克思恩格斯选集》第2卷,人民出版社1995年版,第43页。

③ 《马克思恩格斯选集》第2卷,人民出版社1995年版,第43页。

④ 《马克思恩格斯选集》第2卷,人民出版社1995年版,第45页。

辑与理论逻辑,皆必须在中国共产党历史中才能得以呈现。

在强调马克思主义中国化的历史逻辑和理论逻辑重要性的同时,还要强调历史逻辑与理论逻辑的统一与结合,这乃是学术研究的必然要求。然而,就马克思主义中国化研究而言,两者统一的基础是什么?结合的方式、结合的环节、结合的环境、结合的机制,又是什么?所有这些,只有在中共党史中才能得到科学的解释。在笔者看来,马克思主义中国化的历史逻辑自然是建立在中国共产党的政治实践之上,但政治实践本身并不能自然地呈现其历史逻辑,而是需要对这种政治实践加以理论的提升,进而梳理出历史逻辑演进的线索、抽象出历史逻辑的基本特征,这就需要发挥认识的作用和人的主观能动性;而理论逻辑表现为系统的知识体系,则是在对历史逻辑加以哲学的思考中,进一步抽绎其规律性的东西,其本然的要求是理论与实际的结合、认识与实践的统一。因此,历史逻辑与理论逻辑的统一虽然经历了多个环节,有着主观与客观之间的交互作用,但统一的基础最终仍然是社会实践,落实在具体层面就是中国共产党人的政治实践活动。就马克思主义中国化问题的研究而言,历史逻辑与理论逻辑不仅需要统一,而且更需要两者的紧密结合,但“结合”本身即是一个历史性的演变过程,有着结合的方式、结合的环节、结合的环境、结合的机制等内容,故而也是一个推进马克思主义的实践和创新的过程。这个过程存在于近现代中国社会,但始终在中国共产党的历史活动之中,不仅内含着对中国共产党历史活动的理解与诠释,而且表征着中国共产党历史活动的内在规律。

五

中共党史是一门比较成熟的学科,无论在研究的历史、研究的理论还是研究的方法上,都有其他学科研究所值得借鉴的地方。在中共党史视域中开展马克思主义中国化研究,不仅要发挥中共党史研究的基础性作用,而且需要发挥中共党史研究的指导作用。具体说,在中共党史视域中开展马克思主义中国化研究,需要着力于这样的几个方面:

一是马克思主义中国化的文本研究。在马克思主义中国化的进程中,留下了众多的马克思主义文本,如《我的马克思主义观》、《新民主主义论》、《论联合政府》、《论十大关系》等,这在中共党史研究是十分重视的,并成为中共思想史研究中不可缺少的文献研究。借鉴中共党史的研究传统,研究马克思主义中国化也就必须高度重视这些基本文本的研究，梳理这些文本的基本内容，发现其对于马克思主义观点发展与创新的地方，这对于马克思主义中国化研究乃是一个极为基础性的工作。譬如，《新民主主义论》这一马克思主义中国化的文本，在中共党史视域来看，乃是中国共产党人关于马克思主义中国化的集大成著作，是马克思主义与中国新民主主义革命实践相结合的产物，其中关于人民、国家、阶级、革命的论述，远远超出马克思主义经典作家的论述，是对于马克思主义政治学发展的重大贡献①。马克思主义中国化研究只有借鉴和汲取中共党史关于文本研究的经验，才有可能使马克思主义中国化研究成为一门有学术内涵的学问。

二是马克思主义中国化的方法研究。马克思主义中国化研究在目前非常重视方法的研究，其流行的表达话语是中国化的“路径”。这大致是一种对策性的研究。而在中共党史研究看来，任何方法都是具有历史性的，就学术研究而言，就应该科学地总结过去的方法，并在总结中开拓创新，为今天的现实社会提供某种借鉴。譬如，就中共党史研究视角而言，民主革命时期有民主时期的革命方法，社会主义建设时期有社会主义建设时期的方法，两者在主要方面是不同的，但也不是没有联系的，而是存在着历史的连续性，并反映了中国共产党人变革社会的基本理念。马克思主义中国化的方法研究，应该多多汲取中共党史研究的历史主义态度，在其方法（或曰路径）的研究上多注意历史的连续性内容，使提出的方法具有历史的底蕴和学理性的内涵，这应该说是当前马克思主义中国化研究中所必须解决的问题。

三是马克思主义中国化的范式研究。任何历史活动一旦开展了就会形成其特有的范式，马克思主义中国化也不例外。近年来的马克思主义中国化研究比较重视范式的研究，这是一个值得肯定的探索，但也许因为在研究中急于要回答对策性的问题，大多缺乏历史的底蕴与学术上的探源，故而尚未能提出具有知识传承谱系的学术结论。事实上，马克思主义中国化是一个充满历史事实的发展过程，而马克思主义中国化的范式无论如何也就关联着这些事实。在此，如果“不结合这些事实和过程去加以阐明，就没有任何理论价值和实际价值”②。而依据中共党史的研究思路，马克思主义在中共历史各阶段的发展（亦即马克思主义中国化的进程），不仅有着不同的表现、有着阶段性的特征，而且也是相互

① 参见吴汉全:《〈新民主主义论〉对马克思主义政治学的贡献》,《政治学研究》2012 年第 1 期。

② 《马克思恩格斯选集》第 4 卷,人民出版社 1995 年版,第 676 页。

联系的,同时又与中国共产党政治实践的相关事实有着密切的关联。由此,马克思主义中国化在民主革命阶段表现为“革命范式”,在改革开放时期表现出“建设范式”,但这两种仍然具有历史的联系、现实的关联和逻辑上的承继关系。因而,也就必须将马克思主义中国化范式放在中共历史的具体阶段加以说明,探求这种范式与中共历史活动的关系,并从中得到某种经验或启示。应该说,中共党史历史主义的研究思路,对于探求马克思主义中国化范式有着重要的指导意义。

四是马克思主义中国化的话语体系研究。近年来,学术界对于马克思主义中国化的话语体系开始了探索,这与当今中国学术界所要建立的人文社会科学研究的话语体系,以及所要体现中国风格、中国气派、中国表达的要求,是相联系的。这里,所谓的话语是由相关的范畴、判断、推理所组成的言说系统,是思想、主张、理论的具体表达方式,体现其价值追求、言说系统和论证方式,在根本上取决于其基本范式。马克思主义中国化作为一项实践活动,在被概念化而进入人们的认知世界时,必须经由相对稳定的言说系统和论证方式,这就形成了马克思主义中国化的话语系统。自然,我们对于这一话语系统要以历史主义态度来看。诚如恩格斯所说的那样:“每一个时代的理论思维,从而我们时代的理论思维,都是一种历史的产物,它在不同的时代具有完全不同的形式,同时具有完全不同的内容。”①而从中共党史的视角来看,马克思主义中国化的话语体系不仅具有历史性的特征,而且也是中国共产党人思想观点、努力目标和价值体系的外在表现形式,是马克思主义立场、观点、方法在中国历史环境中的新的表达,因而开展这项研究工作,也就必须考察中国共产党人思想的发展进程及其基本特点,并努力反映中国共产党人思想特征及理论创新的文化基础和民族意蕴,从而使话语体系建立在中国共产党人政治实践的基础上并充分地反映我们民族的特点。这里,中共党史的研究思路体现了理论与实际的结合,强调的是中共历史活动的基本史实的基础性意义,并与中共思想史紧密结合,因而是有助于探索马克思主义中国化的话语体系的。这应该说是今后努力的一个方向。

五是马克思主义中国化的人物研究。马克思主义中国化研究在目前虽然还是进行理论上的研究,但理论的研究应该以基本的历史事实为依据,尤其需要以中国共产党人对马克思主义中国化的贡献作为研究的基础。在中共党史研究中有一个好的传统,即将人物研究与马克思主义中国化研究结合起来,发表了诸如

① 《马克思恩格斯选集》第4卷,人民出版社1995年版,第284页。

“李大钊与马克思主义中国化”、“瞿秋白与马克思主义中国化”、“李大钊与马克思主义中国化”、“艾思奇与马克思主义中国化”、“毛泽东与马克思主义中国化”、“刘少奇与马克思主义中国化”、“邓小平与马克思主义中国化”的相关文章，探索中共领袖人物对于马克思主义中国化的贡献，不仅为马克思主义中国化研究打开了学术通道，而且也为马克思主义中国化研究奠定了坚实的学术基础。这样的一个好的传统，似乎并没有被当今的马克思主义中国化研究所重视。在笔者看来，如果中国共产党人对马克思主义中国化的贡献尚未弄清楚，则所谓的马克思主义中国化经验的研究、马克思主义中国化路径研究等等也是靠不住的，因为它缺乏具体的事实基础，没有能体现中国共产党人推进马克思主义中国化的努力所在及其所作出的巨大贡献。

中共党史研究作为一门比较成熟的学科，研究的重点可以而且必须与时俱进地有所转移，但不应该放弃既有的符合本学科内在要求的某些重要研究领域，相反还要在既有的重要领域进一步精耕细作。近年来，有些学者为了适应中共党史学科发展的需要，提议将中共党史升格为一级学科。笔者赞同这样的建议，并主张应从学科建设的高度来规划中共历史学的学科体系①。当然，在推进党史学科的发展中，一方面固然要建构新的学科体系，不断扩大自己的研究范围，创建自己的分支学科；但在另一方面可能也是很现实和迫切的方面，就是不能放弃既有的研究领域，否则这项工作可能是“此进彼退”或者“捡芝麻丢西瓜”。本文就马克思主义中国化研究在中共党史研究视域中给予分析，不同意学术界那种试图将马克思主义中国化研究外离于中共党史的倾向，而是主张在中共党史研究中开启马克思主义中国化研究的新道路。在笔者看来，这不仅有助于中共党史学科的健康发展，同时也有助于马克思主义中国化研究在较好的研究规范中成为一门重要的学科。

（此文与胡倩合写，原载《理论视野》2016年第10期）

【昔文琐记】学科交融是推进学科发展、提升学术水平的重要路径，并且也是提出新选题的有效办法，马克思主义中国化研究也必须这样。这篇《中共党史视域下的马克思主义中国化研究》文章，就是从中共党史学科来思考马克思主义中国化研究学科的问题，提出马克思主义中国化研究要以党史学科为基础的主张。此文从马克思主义中国化的关键要素（马克思主义中国化的领导者、

① 参见吴汉全：《试论中共历史学的学科体系》，《党史研究与教学》2013年第1期。

历史环境、理论成果、政治实践、基本原则等)、整体维度(马克思主义中国化的时间维度、空间维度、实践维度)、基本层面(马克思主义中国化的对象层面、内容层面、影响层面)、生成逻辑(马克思主义中国化的历史逻辑和理论逻辑)等方面,说明了党史学科对于马克思主义中国化研究学科的基础地位,并就党史学科如何开展马克思主义中国化研究提出几条建设性意见。现在看来,这样的研究思路还是比较新颖的,最突出之处就是在学科交融中研究问题,并提出新的努力方向。

自从马克思主义中国化研究作为学科以来,确实取得了很大的进展,不少人①汇聚到这个学科的研究之中。但存在的问题也是很明显的:一是缺乏这个学科的研究理论,这主要是对马克思主义中国化规律的研究还处于初步阶段;二是缺乏相关的研究基础,尤其是学科基础。对于一个新建学科而言,缺乏本学科的学科理论,很难说明这门学科业已成熟;而缺乏研究的学科基础,则很难使这门学科具有较好的学术底蕴。因此,对于马克思主义中国化研究这个学科,需要从学科理论和学科的研究基础这两方面着力。

马克思主义中国化研究必须以中共党史学科为基础,需要引起学界的高度重视。就事实来说,从事中共党史研究的学者都清楚,马克思主义中国化本来就是中共党史研究中的重要内容。没有马克思主义中国化的中共党史,也就失去了极为重要的部分,因而也就不能称为比较完善的中共党史。我的导师张静如先生在去世的那一年(2016 年),在人民出版社出版了《中共党史学与马克思主义中国化研究》②一书,阐明了从党史进至马克思主义中国化研究的思路,可为马克思主义中国化研究学科奠定研究的学科基础。现在正在进行“四史”教育,

---

① 不少人进入马克思主义中国化研究学科,有助于增强这个学科的研究力量,这是好事。但也有个问题,就是研究者过于复杂,甚至从未接受过正规的人文社会科学训练的人也进来了,这又在很大程度上降低了这个学科的质量。就学科发展来看,没有受过系统的文学训练的人,不能进行古代文学问题的研究;没有受过系统的哲学训练,也不能从事中国哲学研究或西方哲学研究。而就马克思主义中国化研究这个学科而言,似乎什么人都可以进来,似乎研究什么问题都算是马克思主义中国化研究。这个问题必须得到切实解决,否则难以形成具有学术实力的马克思主义中国化研究的学术共同体。

② 张静如先生是以唯物史观为指导创建中共党史学的“中介理论”,其代表性专著是《唯物史观与中共党史学》(湖南出版社 1995 年版),从而使中共党史学成为具有学科理论的学问。然后,基于中共党史学的研究,开拓出马克思主义中国化研究的新境界,这就是这部《中共党史学与马克思主义中国化研究》。这也可见,马克思主义中国化研究必须以中共党史研究为基础。其理由就在于,马克思主义中国化是在中国共产党历史发展中推进的,与中国共产党人的努力分不开的。就此而言,如果离开了中共党史这个研究基础,马克思主义中国化研究不可能取得成绩的。

比较重视“四史”研究工作。我以为,“四史”(中共党史、新中国史、改革开放史、社会主义发展史)乃是马克思主义中国化研究的基础,从事马克思主义中国化研究的人必须将“四史”作为学科基础,因而也就需要写出《“四史”视域中的马克思主义中国化研究》这样的文章。

2021年1月27日

五四时期“社会改造”话语与“主义”的崛起

“主义”的崛起乃是中国现代思想史考察的重点①,这自然关涉五四运动。实质上说,五四运动是近代以来中国社会思想演变的重要转折点,使近代以来的中国思想由“个人改造”进至“社会改造”的层面。社会改造自然是面向社会的变革当下社会的活动,这就需要在一定的“主义”指导下进行,这又引起中国思想界对于“主义”的高度关注,并形成了对于“主义”探讨的热潮。就中国近现代思想演进历程来看,五四时期“主义”的崛起,不仅处于“社会改造”的话语体系之中,而且也是历史逻辑衍化的必然结果。

一、“主义”的认知及其解读

五四时期中国思想界关于“主义”认知,是与“五四”所开启的“社会改造”时代紧密联系在一起的。五四运动是中国近现代史上划时代的重大事件,它使中国迎来了“社会改造运动的时代”。时人对于“五四”的认知,大多触及其开启“社会改造”的重大意义。新潮社的主要人物傅斯年在五四运动后曾说:“五四运动过后,中国的社会趋向改变了。有觉悟的添了许多,就是那些不曾自己觉悟的,也被这几声霹雷吓得清醒。……以后是社会改造运动的时代。我们在这个时候,处这个地方,自然造成一种新生命。”②另一位新潮社的成员罗家伦也认

---

① 既有研究成果所说的“主义”崛起,其所谓“主义”一般指称“马克思主义”,并且沿着“十月革命——马克思主义宣传——三大论战(即问题与主义论战、社会主义论战及无政府主义论战)”进行叙述的。本文所说的“主义”不只是马克思主义,而是包括马克思主义在内的各种“主义”;在考察对象上,本文是以五四时期的社团及其相关期刊为考察对象,并且将这种考察置于五四时期的“社会改造”话语体系之中。特此说明。

② 傅斯年:《新潮之回顾与前瞻》,《五四时期的社团》(二),生活·读书·新知三联书店 1979 年版,第 97—98 页。

为，这改造运动时代的到来，使中国社会以“五四”为界呈现不同的景象，“五四以前的中国是气息奄奄的静的中国，五四以后的中国是天机活泼的动的中国”，五四运动的“功劳”就在于使中国“动”起来①。可以说，正是因为“五四”所造成的“社会改造”时代的到来，从而为“主义”的认知和“主义”的崛起创造了条件。

五四时期的知识分子关于“主义”的认知和解读，一开始就是与“社会改造”紧密联系在一起的。李大钊对于“主义”与“社会改造”关系的阐发，在当时中国的思想界学术界有着代表性。李大钊指出：“我们要想解决一个问题，应该设法使他成了社会上多数人共同的问题。要想使一个社会问题，成了社会上多数人共同的问题，应该使这社会上可以共同解决这个那个社会问题的多数人，先有一个共同趋向的理想、主义，作他们实验自己生活上满意不满意的尺度（即是一种工具）。那共同感觉生活上不满意的事实，才能一个一个的成了社会问题，才有解决的希望。……所以我们的社会运动，一方面固然要研究实际的问题，一方面也要宣传理想的主义。这是交相为用的，这是并行不悖的。”②李大钊揭示出“主义”与社会改造的关系，就在于明示“主义”的现实价值。理论上说，所谓的社会改造乃是在“主义”指导下的社会改造，这同时也是彰显“主义”、推广“主义”、践行“主义”的过程。需要说明的是，强调“主义”的重要性，不限于马克思主义者，非马克思主义者也很强调“主义”的重要性。无政府主义者梁玄冰以“两极”的笔名在《民风》上发表文章，对胡适的《多研究些问题少谈些主义》文章进行批驳，认为“研究问题，首先要根据一种主义”，如果“没有主义，如何会解决问题”呢，故而“主义”乃是必须的，因为“主义”本身是与“研究问题”和“解决问题”不可分开的③。

应该说，不仅是像李大钊这样的思想家能够体认“主义”的社会改造意义，即使是当时诸多的学生社团，亦能较好地体认“主义”与社会改造的关系。譬如，北京大学平民教育讲演团就有着强烈的推广“主义”意识，并特别重视“主义”的地位及其与社会改造的关系，其发布的“通告”中说：“黑暗的中国，何处不应该改造？腐败的教育，何处不应该改良？我们因事实上底限制，不能把我们底平民教育主义推广到全国，这是我们极大的恨事！”④又说：“我们相信本团团员

① 罗家伦：《一年来我们学生运动底成功失败和将来应取的方针》，《新潮》第2卷第4号，1920年5月。

② 《再论问题与主义》，《李大钊全集》第3卷，人民出版社2013年版，第49—50页。

③ 两极：《请教胡适之君》，《民风》第13号，1919年8月17日。

④ 《五四时期的社团》（二），生活·读书·新知三联书店1979年版，第182页。

都是很热心的,必能将本团的主义推广到全国去。”①故而,讲演团一方面要求其团员深入乡村开展演讲工作,在“主义”的“输出”方面努力,借以“推广主义”;另一方面,就是要求团员在“主义”引导下更好地认识社会,将社会的情形“输入”自己的认知中,因而也就“希望各位都要把当地社会实状详详细细记录下来”,便于“作我们改造社会底参考”②。从研究的角度来看,北京大学平民教育讲演团发布的这个“通告”,在社会改造的话语中尤为强调“主义”践行的重要性,颇能说明“主义”与“社会改造”的关系。

当然,当时也有人只是认为“主义”是以“生活”为前提的,对“主义”与“社会改造”关系没有能引起足够的重视。譬如,早期的利群书社在于创造“一个独立自给的共同生活”,尽管其中亦有成员“赞成急进的总解决,并常以流血流汗两主义自命”,但总体上认为处于“这酝酿未成熟的时代”是不宜于采取急进“主义”的,故而主张“能独立生活才宣传主义就可,想把生活建设在主义上面恐怕不行。我们将生活解决了再去宣传主义,才能够永久绵密的去图发展。”③这里,利群书社表现出比较显著的改良主义色彩,只是强调“生活就是我们应具的实力”,故而也就把“主义”放在“生活”之后,但此处亦可见在利群书社社员的视域中,“主义”乃是不可或缺的存在,只是由于其坚持“独立自给的共同生活”理念,而使“主义”不处于优先的地位罢了。

在“社会改造”的话语体系下,“主义”在时间的延续中被青年人所认同。这大概是普遍的现象。实际的情形是,青年人一旦确立其信仰、明确其“主义”后,就会在“社会变革”的实践中将坚守“主义”的理念继续下去,并在更大的范围使“主义”获得更大的认同。天津的觉悟社社员在五四运动之后的不久,尽管“星散中国南北各地及欧、美洲”,但“大多数仍是猛进不已”,不仅社员中“十分之七八仍是互通音信,彼此非常了解”,而且“有一部分对主义上已有同一的趋向”④。在德国的周恩来在致国内社员的信中说:“主义问题,我们差不多已归一致。现在再郑重声明一句,便是:‘我们当信共产主义的原理和阶级革命与无产阶级专政两大原则,而实行的手段则当因时制宜!’其余的也不必谈了,我们大

① 《五四时期的社团》(二),生活·读书·新知三联书店1979年版,第186页。

② 《五四时期的社团》(二),生活·读书·新知三联书店1979年版,第183页。

③ 《际盛致业裕》,《五四时期的社团》(一),生活·读书·新知三联书店1979年版,第168—169页。

④ 施以:《我们的开张篇》,《新民意报》副刊《觉邮》第1期,1923年4月5—6日。

都可以心会。”①周恩来留德期间“对于主义的宣传甚为尽力”，从而扩大了“主义”的影响范围。

五四时代对“主义”的认知和解读，有着那个时代的显著特色。譬如，当时的思想界就有“主义”的广义与狭义的认知。通常所说的“主义”是在狭义上的，指的是内心的根本信仰；广义上的“主义”，则泛指所操持的思想、主张、见解。平民教育讲演团所坚持的“平民教育主义”，其所谓“主义”就是这个社团的宗旨。1920 年 6 月 17 日的《北京大学日刊》刊载的《平民教育讲演团通告》中，就期待着能够将其所主张的“平民教育主义推广到全国”，并认为暑假是“我们推广主义唯一的好机会”，因而对于“所交接底人，如认为有输入吾们主义之必要时，不管他是人多人少，我们就要与他攀谈”②。这里的所谓“主义”是在狭义上使用的，特指“平民教育主义”。又譬如，在崇尚“主义”的时代，亦有人提出“主义”不能走到“极端”。在五四时期的社团中，一般都承认“主义”的极端重要性及坚定“主义”信仰的必要性，但对于信仰“主义”是否会走到极端问题大致还很少触及。《向明》杂志在其发刊“宣言”中说：“主义本是一种学说的结晶，用以解决人生的，而走极端时，却是把人生抛到旁边而专顾主义。”③这里所说“主义”走到“极端”的情况，大致是强调对于“主义”不能采取盲从的态度，要注意到使用“主义”的目的所在，不能“为主义而主义”。这是对“主义”采取了实用主义的态度。再譬如，有人提出了“主义”研究的比较视域，认为尽管都是“革命”，但中外有显著的不同。罗家伦将是否有“主义”视为辛亥革命与十月革命的不同之处。罗家伦认为，“主义”对于国民的思想有着决定的作用，中国国民的思想必须“从速受过一番革命的洗礼”，否则这所谓“民国的招牌”是保不稳的。他在 1919 年底说：“我们认定中国现在政治社会的不良，就是人民的思想不曾变换。我总觉得中国辛亥革命与俄国革命有一个大不同的地方，就是：中国的革命是以金钱权位运动军队来的，而俄国的革命是以思想主义征服军队来的——其实不但是征服军队，并且征服一切平民。所以俄国革命愈革愈好，中国革命愈革愈坏。”④上述例证，大致可以说五四言说中的“主义”，不仅有着学理探讨的性质，而且更为显著的是与中国的社会改造事业联系起来的。

---

① 《西欧的赤况（伍致小、三）》，《新民意报》副刊《觉邮》第 2 期，1923 年 4 月 15 日。

② 《五四时期的社团》（二），生活·读书·新知三联书店 1979 年版，第 182 页。

③ 《五四时期期刊介绍》第三集（下册），生活·读书·新知三联书店 1959 年版，第 462 页。

④ 《罗家伦答张继》，《五四时期的社团》（二），生活·读书·新知三联书店 1979 年版，第 89 页。

由此,在五四时期“主义”崛起的时代,“主义”亦成为社会上的常用语词,并成为那个时代的显著标识。由于“主义”主宰着人们的世界观、人生观和价值观,因而在当时也备受人们的注意。当时,在政治上非常流行的有“社会主义”、“孙文三民主义”、“民主主义”、“联省自治主义”、“好政府主义”、“革命的民族主义”、“资本主义”、“国家主义”、“民生主义”、“民权主义”、“合作主义”、“大革命主义”、“武力主义”、“尚武主义”等等。据1923年北京大学二十五周年纪念日的“民意测量”,其结果是信“社会主义”者为最多,信孙中山的“三民主义”者其次。自然,这里的“所谓社会主义,包括无政府主义、工团主义、基尔特社会主义及马克思国际共产主义……等而言”①。尽管“社会主义”在人们心目中的含义不一,但很显然的是,“社会主义”在当时的社会上已经具有话语权势。

需要说明的是,在“主义”兴盛的五四时代,社会上对“主义”亦存在着某种宽容和理解。五四时代是思想解放的时代,也有不少刊物对于“主义”表现出相当大的宽容态度。譬如,谭平山等1920年春在上海创办的《政衡》,就主张不要禁遏布尔什维主义在中国的传播。该刊发表的仙槎(何思源)《防止过激派》文章中,认为政府采用查禁书报的办法来禁止布尔什维主义乃是笨拙的,那样做“适足以表扬他们的宗旨,和为他招广告有甚么分别?”政府“若是想将来免见这个危险,唯有顺应世界潮流,于共和政体的底下,发挥平民社会的精神的一个办法”②。又譬如,《新教育》是宣传资产阶级教育思想的刊物,但表示其所主张的“新教育”,不仅是“创造新时代之教育”,而且这种“新教育”也是“包含一切新主义之教育”,认为只要是“有利益于人类社会之进化与幸福者,不问其属何种主义,无不采取”③。再譬如,《民心》这个杂志在《宣言》上公开申明:“本报虽旨在改良社会,然不偏取何种社会主义”④,因而该刊上发表的文章既有赞同马克思主义,也有不赞同马克思主义的。该刊上赞同马克思主义的文章,一方面批评国内惧怕“主义”的心理,另一方面也抨击国内不与俄结交的行为,指出:“浅识者徒以波党之主义侵入为惧,而不知外交提携与主义容纳纯为二事。姑无论波主义之能否在吾国骤然深中于人心,而引起不幸之事变,即令其然,但使撤退防

① 朱务善:《本校二十五周年纪念日之“民意测量”》,《五四时期的社团》(二),生活·读书·新知三联书店1979年版,第239页。

② 《防止过激派》,《政衡》第2号,1920年4月1日。

③ 姜琦:《何谓新教育》,《新教育》第1卷第4期,1919年5月。

④ 转引自《五四时期期刊介绍》第三集(下册),生活·读书·新知三联书店1959年版,第524页。

兵,停止军事行为,与新政府相机谈妥浹之条件,苟欲禁止波主义之出版物发行,或限制俄人入境,固可依然自若,或加厉焉,亦无害也。今为恐怖一种主义之故,而牵动外交方针,牺牲全局利益,非所以言国家大计也。"[①]对于"主义"在很大的程度上有着宽容的态度,这对于资产阶级性质的刊物来说确实是矛盾的,但也说明五四时代在思想解放的语境之下,新知识界还是有着比较宽容的态度。在思想自由的语境之下,也许是出于对"主义"的宽容,故而有不少刊物并不强求各位撰稿人思想的统一,既允许提倡这种"主义",同时也允许提倡那种"主义"。费觉天创办的《评论之评论》刊物,对于马克思主义、无政府主义、基尔特社会主义、工团主义、新村主义、杜威的实验主义、达尔文的学说等进行了评论,而其整体倾向则是主张和宣传社会主义的,并在该刊的1卷第3号及第4号开辟了"社会主义与资本主义争论问题"的专栏。该刊上有人赞同基尔特社会主义,认为它是改造中国社会的最好方法,说"基尔特社会主义注重增进社会全体的福祉,并使个人有自由发展其个性之余地",因而"是人类理想中最为完备之一种主义"[②];该刊也有人认为基尔特社会主义不适合中国,其理由是中国目前处于"高压的武人专制之下",又是"容纳激烈思潮的时代","急剧的政治变化,恐怕难免",故而这种"缓和性的基尔特社会主义,也只有俟诸异日"[③]。该刊对于基尔特社会主义,既允许发表赞成的意见,同时也允许发表反对的意见,体现出思想自由的办刊理念,对"主义"的不同有着很大的宽容性。

二、"主义"与社团的行进方向

考察五四时期"主义"的崛起,还得联系当时所组织的众多社团,并具体地考察"主义"与社团的关系。如前所述,"主义"是处在五四时期的"社会改造"话语体系之中的,要进行社会改造就得需要"主义"的引领;但所谓的"社会改造",又是需要以社团建设为基础的,亦即通过组织社团来达到社会改造的目标。故而,五四时期"主义"的崛起又是与社团组织密切关联的。

五四时期的知识分子在"社会改造"的话语中,不仅积极地组织各种社团,

---

① 君柔:《我国之对俄政策》,《民心》第1卷第8期,1919年。

② 程振基:《社会主义与资本主义》,《评论之评论》第1卷第3号,1921年6月20日。

③ 陈学池:《基尔特社会主义(Guilds socialism)批评》,《评论之批评》第1卷第2号,1921年3月20日。

而且也认识到“主义”对社团的重要性。新潮社的主要人物傅斯年,在五四运动后不久,就认识到“主义”对于社团发展的重要性。关于新潮社的方向,他说:“至于新潮社的结合,是个学会的雏形。这学会是个读书会,将来进步,有些设备了,可以合伙研究几件务事。最后的目的,是宣传一种主义。到这一层,算止境了。”①这可见,在社团进入高级阶段,“主义”则是不可缺少的要件。少年中国学会会员陈愚生,在 1921 年 7 月南京年会上说,少年中国学会“在最初组织时,原不求大家主义相同;自去年与其他团体接洽,他们都有一定主义,于是我们遂发生需要共同主义的要求。”②毛泽东在创建新民学会中,高度重视“主义”对学会的指导地位,借以求得学会成员在思想上的统一。新民学会于 1921 年 1 月 1 日开会讨论“主义”问题,毛泽东主张要“规定研究的对象,宜提出几种主义(如共产主义、无政府主义、实验主义等)定期逐一加以研究”,认为这“较之随便泛泛看书,有益得多”。会员中,有不同意毛泽东提出的专门研究“主义”的主张。如有的会员认为,不只是“要研究社会主义,哲学、科学、文学、美学……都要研究”;也有会员认为“社会主义、哲学、文学、政治、经济,皆有研究的必要”,因而也就“不赞成专研究主义”。毛泽东则强调,其他方面可以“让会友去自由研究”,学会“所特要研究”的乃是“会友所共同注意且觉为现在急需的”,故而“主张单研究主义,如社会主义、实验主义等”,并“主张暂作半年预算,研究五六个主义”③。新民学会的这次会议争论是非常激烈的,由毛泽东、何叔衡等介绍入新民学会的谢觉哉,目睹了学会这次关于“主义”的论争,同时也认为“主义”对于学会是极为重要的。谢觉哉在 1921 年 1 月 3 日的日记中写道:“连日新民学会开会,关于主义争辩甚厉。余谓宇宙之大无所不容,进化之途且恒赖矛盾之主义互抗互厉。以狭义言,因此亦一是非,彼亦一是非;以广义言,无所谓是非也。但同一学会则以奉同一主义为宜。”④这次会议对于“主义”的激烈争论,正说明了“主义”对于维系新民学会的重要性。

对于“主义”在社团组织中的地位,当时的知识分子亦有较为深刻的认知,

---

① 傅斯年:《新潮之回顾与前瞻》,《五四时期的社团》(二),生活·读书·新知三联书店 1979 年版,第 98 页。

② 《南京大会纪略》,《五四时期的社团》(一),生活·读书·新知三联书店 1979 年版,第 358 页。

③ 《新民学会会务报告(第二号)》,《五四时期的社团》(一),生活·读书·新知三联书店 1979 年版,第 588—589 页。

④ 《五四时期的社团》(一),生活·读书·新知三联书店 1979 年版,第 608 页。

尤为强调社团应该是信仰“主义”的社团。施存统在讨论北京工读互助团失败的教训时,回忆说:“我们因此对于工读互助团抱有莫大的希望,希望将来的社会都变成工读互助团——就是成为一个工读互助的社会。……我们那时所预定的步骤,大概第一步巩固团体的基础。巩固团体的基础,一种是独立的技能,一种是专门的学识。第二步扩张我们的团体,实行主义的宣传。第三步联络各处同志,结成一个大团体,实行世界革命。我们这三个步骤,都要想在工读互助团里走的。第三步走到之日,就是工读互助的社会实现之时。”①这里,施存统尽管是将“主义”视为工读互助团的第二个步骤,但也是看到了“主义”对于团体的重要性,只是还没有将“主义”放在社团核心的位置。北京工读互助团尽管失败了,但施存统对于“主义”的认识却有所进步,对其所认可的“主义”有了坚定的决心:“我们试验共产失败,只是受经济的压迫,不能自己生产、自己消费的缘故。这是无可如何的。我们并不因此怀疑共产主义。我们因此更信共产主义,晓得现在社会的经济组织非根本改革不可。我说这话,是希望我们最敬爱的朋友,不要因为我们一时的失败就去怀疑神圣的主义。”②施存统对于共产主义的认识尚有诸多的问题,但他对于“主义”则是信仰的,并希望以“主义”来指导社会的“根本改革”。

正是因为“主义”在社团中处于思想引领性的地位,故而当时的社团常常因为“主义”问题而发生争论。社团中关于“主义”的争论,尤以少年中国学会最为激烈。少年中国学会乃是研究学问及改造社会的团体,有着创造“适合于二十世纪思潮之少年中国”的目标。但对于何种思潮适合于20世纪,少年中国学会成员的认识也是各各不同的,“有以英美式民主主义之组织为适合于二十世纪者,亦有以俄国式社会主义之组织为适合于二十世纪者,更有以安那其式Anarchism之组织为适合于二十世纪者”③。在少年中国学会1919年1月的吴淞同济学校召开的筹备会议上,曾讨论学会是否应有“主义”与“信仰”问题,但到会者一致不赞成统一会员的主义和信仰,其表决的议案云:“思想宜极自由,主义亦不必一致,将来大家切实研究之后,有决定之必要时,再为讨论决定。”④之所

① 存统:《“工读互助团”底实验和教训》,《五四时期的社团》(二),生活·读书·新知三联书店1979年版,第424页。

② 存统:《“工读互助团”底实验和教训》,《五四时期的社团》(二),生活·读书·新知三联书店1979年版,第436页。

③ 《五四时期的社团》(一),生活·读书·新知三联书店1979年版,第220页。

④ 《五四时期的社团》(一),生活·读书·新知三联书店1979年版,第288页。

以如此，是因为少年中国学会在创建之初，社团的思想受主要发起人之一的王光祈所左右。还在吴淞的筹备会议上，王光祈强调少年中国学会在“主义”问题上“是不能一致的，亦不能强同的”，甚至认为“所谓主义者，不过末节而已”①。王光祈为什么不赞同少年中国学会要有“主义”呢？按照王光祈的解释，不是“先有主义，后有习惯”，恰恰相反，而是“须先有一种习惯，而且生活上有要求某种主义的必要，然后给他一个主义，始能运用自由”；而就少年中国学会而言，就是在培植“习惯”、做未来运用“主义”的“预备工夫”，故而学会现时也就不需要什么“主义”。王光祈说：“我们有一个共同的趋向，就是承认现在中国人的思想行为，无论在什么主义之下都是不成功的。若要现在的中国人能有应用各种主义的能力，必先使中国人的思想习惯非彻底的改革一番不可，非经过一番预备工夫不可。少年中国学会的目的，就是努力从事这种预备工夫。”②李璜亦赞同王光祈关于社团不讲“主义”的主张，他在吴淞筹备会议的发言中就说，“所谓某某主义者，不过达吾人共同目的之一手段而已”，尽管“对于主义有决定之必要，但今日尚非其时也”③。李璜即将去法国留学，临行前还发表《留别少年中国学会同人》文章，以“平民的智识”不高为由，阻扰“主义”特别是马克思主义对于学会的影响，借以避免俄国式的“社会革命”在中国的发生。此文说：“十九世纪马尔克斯(Karl Marx)主张的阶级战争，实行的手段有一种是万国工党同盟罢工，但因为罢工，每次都生出暴动，不知连累了多少平民。又如现在俄国的社会革命，以致彼此相杀，闹得无有人道了。这都因为平民的智识未足，一旦骤然给他许多主义，他不能充分了解，反转闹出岔子来了，惹得政治家、资本家来说社会主义的坏处。这并不是社会主义本身的不好，要怪社会学者不从根本上着手的弊端。要从根本着手，非增进平民的智识不可。……像这样做起去，或不致于再蹈一八四八年的覆辙与今日俄国社会革命现象了。”④与李璜持相同主张的易家钺在1919年3月说，世界上最为流行的有美国的“民主主义”，亦可称之为“政治的民本主义”，也有俄国的“过激派主义”，亦可称之为“社会的民本主义”，并且“这两样东西其势力足以支配全世界”；这“过激派主义是主张从根本上推翻现在的

---

① 《五四时期的社团》(一)，生活·读书·新知三联书店1979年版，第286—287页。

② 王光祈：《少年中国学会之精神及其进行计划》，《五四时期的社团》(一)，生活·读书·新知三联书店1979年版，第309—310页。

③ 《五四时期的社团》(一)，生活·读书·新知三联书店1979年版，第287—288页。

④ 李璜：《留别少年中国学会同人》，《五四时期的社团》(一)，生活·读书·新知三联书店1979年版，第289页。

社会,另造成一个庄严华美的世界”,而以“现在的中国而论,尚在欧洲十八世纪时代,我们若提倡社会的民本主义,反为不合时宜,只好降格求这政治的民本主义罢了”①。王光祈也认可易家钺的“政治的民本主义与社会的民本主义”观点是“极确当”的,并说:“我们若提倡俄国式社会的民本主义,拿国家权力来干涉个人生活,实是一件不合民情的主张。”②在王光祈影响下,少年中国学会的上海成员发表公告,认为“叙述他人之主义而见残,殊不值也”,即使学会有其“主义”也应该“无取张明旗帜,以招横祸”,并明确表示要“多研究‘学理’,少叙述‘主义’”③。远在法国巴黎的少年中国学会成员,对于上海成员“多研究‘学理’,少叙述‘主义’”的声明表示严重不满。他们发来了《巴黎本会同人致京沪本会同人》的意见书,认为“主义”不仅是做事的根据,“无主义不能做事”,而且“主义”也是认知社会、改造社会的依据,并且还是维系社团的纽带,故而“所谓主义者,实系有学理上相当的根据,有将来具体的计划,并非求合于社会,实欲社会与之相合。属于主义以下之分子,主义即其共同点,即系集合团结的唯一原因。分子应为主义而牺牲,主义不应为分子而动摇。”④该意见书还从“主义”与“学理”的关系,阐明学会恪守主义的极端必要性,指出:“学理主义并非截然两事,所谓主义,实即学理之结论,学理即主义之原则。……若主义而根据学理,则吾人决不可因恐人误会及社会黑暗遂隐忍不言。且据理最精、造福最大之主义,每每因一般人之难于了解,不遑深求,反多惊世骇俗或且蒙暴戾之反响。若因恐惊世骇俗或蒙反响之故,遂将主义不谭,则绝非研究学理之初意,亦非自觉觉人之本心。故主义但当问其是不是,不当限制其多少。学理之研究亦当切实有用于人生,不当与主义悬绝,徒尚空论。”又指出:“有一定主义,研究学术方切实。有切实的研究,方有主义正确明白之一日,然后人生方有光明之进步。”⑤少年中国学会在欧洲留学的成员,坚持“主义”在学会中的地位,这应该说是学会中激进派的重

---

① 《易家钺致慕韩、梦九》,《五四时期的社团》(一),生活·读书·新知三联书店1979年版,第291—292页。

② 《王光祈致君左》,《五四时期的社团》(一),生活·读书·新知三联书店1979年版,第294页。

③ 《上海会员致北京会员》,《五四时期的社团》(一),生活·读书·新知三联书店1979年版,第318—319页。

④ 《巴黎本会同人致京沪本会同人》,《五四时期的社团》(一),生活·读书·新知三联书店1979年版,第324页。

⑤ 《巴黎本会同人致京沪本会同人》,《五四时期的社团》(一),生活·读书·新知三联书店1979年版,第320—321页。

要力量。除少年中国学会外,全国其他地方的社团也发生“主义”之争,则不过程度不等而已。譬如,江西改造社主要领导人袁玉冰①,在其社团内坚持马克思主义的指导地位。当时,改造社内有人反感甚至厌恶谈“主义”,认为“忠实于某种主义的人”实际上是“某种主义的奴隶”。袁玉冰在1922年10月致改造社成员黄在璇的信中指出:“中国社会没有时间来用渐进的手段,前面已经说过。马克司的共产主义是急进中的能够实现的主义,这是社会学家所公认的。只要看他主张非妥协的阶级争斗和无产阶级掌握政权,就很可以坚我们的信仰了。所以在这个青黄不接的时候,只有马克司的共产主义配做我们的信仰者。”②袁玉冰还在《新江西》上发表不少宣传马克思主义的文章,不仅认定“马克司的社会主义是科学社会主义”,并介绍马克思主义的唯物史观、剩余价值理论、阶级斗争学说和劳农专政学说,而且向青年发出号召:“我们不能没有主义的信仰,我们要为主义而奋斗,为主义而牺牲”,“学马克司做一个社会改造之实际运动的Fighter”③。袁玉冰是江西传播马克思主义的先驱之一。社团因为“主义”问题而发生论争,尽管争论的激烈程度有所不同,但发生争论这在当时大体上是属于常态。

五四时期的社团在“主义”之争中发生分化,这成为当时的“社会改造”中的一个显著的现象。因“主义”的不同而使社团发生分化乃是必然的,这在少年中国学会中表现得十分突出。少年中国学会北京总会为南京大会时能够“准备提案起见”,于1921年6月17日在中央公园来今雨轩召开谈话会,邓中夏、黄日葵等出席,主要是就“本学会应否采用某种主义”进行讨论,但没有能就“主义”问题形成统一的意见。会议形成四种意见:一是主张“学会有采用一种主义的必要,而且不可不为社会主义”,这实际上关涉“本会能否为社会主义的团体”问题;二是认为“本学会不是无主义的,创造少年中国就是本学会的主义”,这个“少年中国”既不是“国家主义的少年中国”,也不是“社会主义的少年中国”,因

① 袁玉冰(1897—1927),又名孟冰、冰冰,江西省兴国县人,是江西传播马列主义先驱。五四运动后,发起组织进步团体“鄱阳湖社”,后改名为改造社,主编《新江西》杂志。1922年8月入北京大学哲学系就读,1924年春赴莫斯科东方大学学习。1925年冬回国后任上海社会主义青年团地委宣传部主任、团地委书记等职。1927年任中共九江市委书记、中共赣西特委书记。因叛徒告密被捕,12月在南昌英勇就义。

② 《袁玉冰复黄在璇》,《五四时期的社团》(三),生活·读书·新知三联书店1979年版,第272页。

③ 袁玉冰:《敬告青年》,《五四时期的社团》(三),生活·读书·新知三联书店1979年版,第277—278页。

而学会“不能以自己所不能全然赞同的别人的主义认为自己的主义”；三是认为学会“不能采用一个主义，而且没有这必要”，最多只能“就一般主义中定一最低及最高限度”；四是认为学会既然在“学”，则“所有一切主义均在我们研究讨论之列”，故而也就不应该使学会“变成了空谈主义挂招牌的团体”。由于讨论中无法形成统一性的意见，会议“最后议决，此次在南京大会无论何种提案，只用会员名义，不用总会名义”①。在少年中国学会北京总会之中，尽管一些成员“感觉有采用一种主义的必要，与沪宁同人见解颇有不同”，但这次“谈话会”在事实上亦难以在“主义”问题上形成一致性意见，这实际上预示着学会可能会因为“主义”的严重分歧而发生分化的趋势。少年中国学会于1921年7月1日至4日在南京召开年会，“主义”的讨论最为激烈，这同时也是这次年会被关注的焦点。据参会的代表郃爽秋事后说，他在会上申明学会不必要有“主义”，结果是“大众不听，一定要定立主义”，而且“他们吵了好久，终以所抱的主义不同，不能得同一之结论”②。在这次年会上，主张“主义”的成员显然占据优势，邓中夏、黄日葵、高君宇等在其中发挥了积极的引领性作用。关于学会何以需要“主义”，邓中夏在发言中开宗明义地指出：“学会须讲学、实行兼重。但为决定二者缓急先后，全会应有共同的目的以为标准，故必采取或创造一种主义，以为学会的主义。”又指出：“学会以往的对社会无甚效力，都因无共同主义之故。必须规定了主义，大家求学、做事才不误入歧途；才便于分工互助；向外活动才旗帜显明，易结同志团体；所谓失节堕落，亦才有个标准，于人格的保险能真有效力。这都是有了共同主义的好处。”③黄日葵则从“改造社会”的必要性和学会必须走向“政治活动”急迫性，说明需要“主义”的缘由：“主义是时代的产物，今日为中国的改革，实觉有须一种主义的必要。而考学会所以发生规定一种主义的问题，一由受时代潮流影响，会员发生各种行为，以不明学会属何主义，故每向学会以外活动，大家不满意于这种现状；二由会员事实上已无法避免政治活动，不能无一定主义以为活动的标准；三由会员社会上各种活动，以所持主义各异，是非善恶各执一说，每引起误会。由这所以

① 《北京总会方面六月十七日的谈话会》，《五四时期的社团》(一)，生活·读书·新知三联书店1979年版，第347页。

② 《少年中国学会问题》，《五四时期的社团》(一)，生活·读书·新知三联书店1979年版，第370—371页。

③ 《南京大会纪略》，《五四时期的社团》(一)，生活·读书·新知三联书店1979年版，第354—355页。

不可无共同的主义。”[①]关于“主义”的性质及其产生路径,高君宇在发言中指出:“人不可无一种主义,是无疑的。学会会员为创造少年中国便于分工互助,不可无一种共同主义,这亦是无疑的。……我以为主义不是宗教,是一种方法,是用他向各方面改造的方法,不限于政治经济方面。我不赞成先做各种事业,以求产生共同主义的话。因无共同主义,在先所做的事,尽有背道而驰的,无可以产生共同主义之理。故我信还是限定一期间,以研究主义,然后即规定一种主义的好。”[②]刘仁静则从“科学精神”的角度阐发“主义”的必要性:指出“主义自然不是一成不变的,科学的精神,正是利用假设以去实验。实验的结果,每有将假设加以修正的。自然科学不因假设须修正遂不规定假设,社会科学亦然。且社会情况比之自然情况实较为不流动,故应规定一种主义,本无疑议。”[③]此次会议,参会者 23 人,都对“主义”问题作了发言,最后的表决结果是“主张不要主义的六人,主张要主义的十七人”[④],这可见“主义”派在当时有着更多的支持者。南京年会后,少年中国学会还在《少年中国》月刊上发表有关“主义”的相关讨论,尽管还是主张“主义”与反对“主义”的两大对立阵营,但因为“主义”派在当时占有话语权势,加之原来有些不主张“主义”的成员如恽代英等,此时亦趋步于“主义”的阵营,故而年会后的讨论也就有力地扩大了“主义”的影响。举一个例子:一个叫郑伯奇的少年中国学会会员,没有能够参加南京年会,但当他得知“南京大会讨论最剧烈之点,听说是主义之争”后,立即写了一篇文章投给《少年中国》,强调学会不仅“要讲主义”,而且“要讲主义应从社会主义起码”,亦即起码以社会主义作为学会的“主义”;同时,还希望学会能够“对于既存的各种主义加以研究,并要以研究所得为最小规模的试验”。他并以“社会主义”来解读少年中国学会,指出:“至少社会主义是现在我们已经知道了的最合理想的政治组织了。那么,我们的少年中国应是立脚于社会主义的国家,我们少年中国学会自然是一个社会主义的团体,而我们大家都是社会主义

① 《南京大会纪略》,《五四时期的社团》(一),生活·读书·新知三联书店 1979 年版,第 356 页。

② 《南京大会纪略》,《五四时期的社团》(一),生活·读书·新知三联书店 1979 年版,第 357 页。

③ 《南京大会纪略》,《五四时期的社团》(一),生活·读书·新知三联书店 1979 年版,第 358 页。

④ 《南京大会纪略》,《五四时期的社团》(一),生活·读书·新知三联书店 1979 年版,第 360 页。

的信徒。"①这可见,年会后《少年中国》月刊上的讨论,在某种意义上乃是年会的继续,并使"主义"尤其是"社会主义"的影响至少在社团内得以不断延续。也有会员要求学会关于"主义"的讨论要继续下去,如杨钟健就希望学会"照从前调查会员终身志愿的法子,每人送一表",调查三项内容:"(1)少年中国学会要不要主义?(2)若是要主义,要什么主义?(3)实行这主义的步骤。"②杨钟健的这个关于继续讨论"主义"的建议,实际上是将要不要"主义"的讨论,转变为要怎样"主义"的讨论,并进而发展为怎样践行"主义"的讨论,这就有着从"坐而论道"进至"起而行之"的意味,因而极具有从"思想认知"层面转变为"具体行为"层面的象征性意义。也许正是因为少年中国学会不能实现"主义"的一致,邓中夏在南京年会后即在北京组织了"少年中国学会社会主义研究会",宣布该研究会对于"主义或该主义中之一观念详细述释",并重点研究"马克思社会主义"中的"唯物史观"、"阶级战争"、"剩余价值"及"无产阶级专政"等内容,同时亦研究广义社会主义所涉及的相关内容,如"社会民主党"、"修正派社会主义"、"无政府主义"、"工团主义"、"基尔特社会主义"、"布尔扎维克"、"社会主义发达史"、"社会主义运动之现况"、"社会党与共产党"、"第三国际共产党"、"'德谟克拉西'与社会主义"、"中国救亡与社会主义"、"世界改造与社会主义"等内容③。这大致表明,作为当时规模最大的社团——少年中国学会,因为"主义"的分歧而出现了瓦解的趋势。

李大钊在当时的社团"主义"之争中有着非同寻常的表现,在五四时期的思想演进中起着引领的作用。李大钊在十月革命的影响下成为中国最早的马克思主义者,但他同时也是少年中国学会北京总会中激进派的领袖,故而在五四时期的"主义"之争中发挥了领导作用,并对当时的其他社团产生过重要的影响。他鉴于五四时期的社会思潮由"个人解放"转向"社会改造"之后的需要,认为加强"主义"对于社团的引领是不可缺少的,这对于"社会改造"也有着思想指导与方向引领的意义。在 1920 年 8 月 16 日北京陶然亭召开的少年中国学会北京总会、天津的觉悟社、北京的人道社、曙光社、青年互助团等五团体的茶话会上,李

① 《少年中国学会问题》,《五四时期的社团》(一),生活·读书·新知三联书店 1979 年版,第 376 页。

② 《杨钟健致会员诸同志》,《五四时期的社团》(一),生活·读书·新知三联书店 1979 年版,第 415 页。

③ 《少年中国学会社会主义研究会》,《五四时期的社团》(一),生活·读书·新知三联书店 1979 年版,第 390—391 页。

大钊代表少年中国学会致辞，提议各团体皆有标明“主义”之必要①。于是，在少年中国学会 1920 年 8 月 19 日的北京中央公园来今雨轩召开的茶话会上，李大钊在会上就“主义”问题向同人提出建议：“本会同人已经两载之切实研究，对内对外似均应有标明本会主义之必要，盖主义不明，对内既不足以齐一全体之心志，对外尤不足与人为联合之行动也。”②在少年中国学会中，李大钊属于思想上的激进派，不仅极端重视“主义”的价值，而且极力主张采行俄国式的布尔什维主义，这对当时学会的北京成员邓中夏等有着积极的引领作用。少年中国学会北京总会于 1921 年 2 月 19 日在北大图书馆主任室召开常会，目的是为 7 月在南京召开的年会作准备。受李大钊培养和教育成长起来的邓中夏，在这次会议上提出“讨论主义问题”的议案，认为学会“创造‘少年中国’”的宗旨“太空泛了”，因而应该“选择一种‘主义’以充实之，庶乃精神贯注，成效可期”。这次北京常会决定，北京方面计划“尽一二月内先将各种主义精心研究，并一面激请深知社会主义者到会讲演”，待“二三月后，由会员间开讨论会数次，稍稍决定采取之趋向，以备南京大会开会时提出”③。李大钊关于“主义”的主张，不仅对于中国少年学会中的年轻一代如邓中夏、黄日葵、高君宇、刘仁静等有着重要的影响，而且对于其他进步社团中的成员亦发生很大的影响。

三、“主义”的本土化趋势

“主义”之争带来了五四时期社团的分化，并使得当时的中国社会在思想演进方面呈现激进化的态势，但在“主义”之争之中，亦有“主义”的“本土化”倾向，尽管这一倾向在当时有被“主义”的激进化趋向所掩盖的情况。此处所谓“主义”的“本土化”，是说“主义”的引进或运用时主张要适合中国具体的情形，反对不加变通而照搬照抄外来的“主义”，故而也就不希望对外来“主义”的过分崇拜、生吞活剥。从近现代中国的思想历程来看，各种“主义”进入中国之后，皆有着“本土化”的情形，只是程度不得而已。换言之，五四时期的“主义”的“本土化”乃是现代中国思想中“本土化”的起点。在此，讨论一下“主义”在论争中所

① 《五四时期的社团》(一)，生活·读书·新知三联书店 1979 年版，第 327 页。

② 《在少年中国学会北京会员茶话会上的讲话》，《李大钊全集》第 3 卷，人民出版社 2013 年版，第 267 页。

③ 《五四时期的社团》(一)，生活·读书·新知三联书店 1979 年版，第 345 页。

出现的“本土化”倾向,应该说也是有学术意义的。

五四时期的社团在“主义”的论争中,“主义”的“本土化”倾向应该说是比较显著的。譬如,1921年6月17日少年中国学会北京总会的“主义”讨论中,那种主张“创造少年中国就是本学会的主义”的,是不承认以社会主义为“主义”的,而是要求学会的“主义”必须适应“我们的社会环境”并“适合我们生活的进步的理想”,这其实也就有点“本土化”的念头,尽管这种念头是不自觉的、潜意识的;至于那种主张“一切主义均在我们研究讨论之列”的,总体来说也还是主张“主义”的,只不过不认可社会主义,而是认可“我们自己的主义——理想的少年中国”,这“我们自己的”一语多少暗含着“我为主人”的意思①。又譬如,在1921年7月的南京年会上,北京的陈愚生是主张“主义”的,认为少年中国学会需要“共同主义”(尽管不是马克思主义),并希望“此共同主义必须自创,非可采取已成的主义”②。这里,既主张“主义”又不主张采取“已成的主义”,而是认为采用的“主义”,必须“自创”,应该说也是有些“主义”的“自主意识”的,故而也就有点“本土化”的意思。再譬如,少年中国学会有一个叫汤腾汉③的会员,到南京后因为生病而住院,没有能够参加1921年7月的南京年会。他后来致书少年中国学会,一方面主张学会要有“主义”,但另一方面又认为不能抄袭现成的“主义”,而应该将各种“主义”统合地研究并与“社会的情形”相结合,形成一个具有特色的“少年中国主义”。他在信中说:“主义是需要的。因为勿论要想做那一桩的事情,总要有一个目标方才容易着手进行。不然,那就像航海没有带着指南针一样。但是主义究竟要采用那一种的主义呢?许多的主义,各有各的长处,也各有各的短处。适用于彼,而不适用于此;适用于此,而不适用于彼。所以在我个人看来,还是采集各种主义的精粹,再以我们据科学的方法、社会的情形、世界的趋势研究得来的加在内面,熔化成个‘少年中

---

① 《北京总会方面六月十七日的谈话会》,《五四时期的社团》(一),生活·读书·新知三联书店1979年版,第346—347页。

② 《南京大会纪略》,《五四时期的社团》(一),生活·读书·新知三联书店1979年版,第358页。

③ 汤腾汉(1900—1988),福建省龙溪(今龙海市)人,印度尼西亚归侨。1917年回国后考入日本东亚高等预备学校,1918年考入南京工业专科学校机械系,1920年考入天津北洋大学,1922年赴德国柏林大学留学,1929年获理科博士学位。1930年回国后曾任山东大学教授,华西协合大学理学院药学系主任、教授,同济大学教授等职。1951年后,历任军事医学科学院研究员、研究所所长、副院长,总后勤部卫生部医学科技委员会委员,卫生部药典委员会主任委员,中国药学会副理事长。

国主义’。”①此时的汤腾汉，尽管尚未找到自己所理想的“主义”，但对于“主义”的信念还是坚定的，故而他基于“主义”有着“各有长短”的认知，主张通过“采集各种主义的精粹”及具体研究藉以求得适合“少年中国”的“主义”，因而也就表现出比较强烈的“主义”本土化的理念。

“主义”的“本土化”既然是一种趋向性的力量，因而那些没有明示其“主义”的社团或个人，其实也是有着“主义”的“本土化”理念，只不过这种理念的强弱有所不同罢了。从学理上说，“主义”的“本土化”是以恪守其所信仰的“主义”为前提的，倘若思想上不主张“主义”，也就没有“主义”的“本土化”说法了；不过，也有另一种情况，即言说者并不明确地表示其“主义”之所在，但在事实上也是有着“主义”的“本土化”理念的。譬如，改造社社员苏芬并不明示其所遵循的“主义”之所在，但他致改造社同人的信中，也说了这样一段意味深长的话：“本社出版的《新江西》杂志是改造社会的一个工厂，工厂里的货物能供给社会需求才好；换句话说，本杂志的取材决不可光谈理论不顾事实！我以为最好的就是社会调查，发见旧社会的毛病，然后加一改造。……例如社会主义、工团主义、劳农主义、共产主义、无政府主义，现在最时髦的杂志把这些主义谈得天花乱坠，其实他们考察了中国社会情形没有？我们决不可学了外国主义，就拿到中国来应用，须知长子衣矮子决不能穿的；所以我们最要紧的是研究社会情形，然后再应用一种主义去改造。劳农也好，无政府也好，只要适合社会情形就成了。”②这段论述，虽然没有标明苏芬到底主张何种“主义”，但其关于选择“主义”需要“适合社会情形”而有所变通的想法，这在事实上也是比较隐蔽地存在着的。又譬如，少年学会对于社团尽管并没有明示其政治上的“主义”之所在，但其言说的话语体系中，亦对当时研究新思潮的态度表示出赞赏的态度，认为由于“思想革新”的影响，“以前认为大逆不道，完全幻想的社会主义，都有人肯研究、肯提倡了”，这是值得肯定的；但同时又提请人们注意，不是宣传新思潮就能解决“中国现在的问题”的，就是说“中国现在的问题，不是这样能解决的。解决中国问题必须了解中国。要了解中国，纵的须明白中国的历史，横的须明白中国社会情形”③。这大致可以说，当时有些社团尽管并十分不明白地表明其“主义”（其实

① 《汤腾汉致学会诸同志》，《五四时期的社团》（一），生活·读书·新知三联书店1979年版，第418页。

② 《苏芬致改造社同人》，《五四时期的社团》（三），生活·读书·新知三联书店1979年版，第266页。

③ 吾真：《努力求个新路》，《少年》第15期，1921年3月1日。

也是有“主义”的)，但因为比较注重社会实际问题的探索和研究，也就多少有着“主义”的“本土化”倾向。

“主义”的“本土化”乃是中国现代思想史中一个重要的标识，故而也是研习中国现代思想史及梳理中国现代思想演进脉络时所无法绕过的关键环节。从中国现代思想衍化历程来看，“主义”的“本土化”问题，最先是由李大钊在宣传马克思主义的过程中所倡导的。但是，五四时期社团中关于“主义”的“本土化”相关论述，与李大钊所说的“主义”的“本土化”还是有所区别的，因为这些社团所说的“主义”并不是马克思主义，故而他们所说的“本土化”也就不是“马克思主义”的“本土化”或“中国化”，而是在一般意义上指西方各种“主义”在中国运用中的某些变通或“本土化”，亦即关于“主义”运用中的一般性的方法问题。尽管如此，“主义”的“本土化”在后“五四”时期作为一种倾向还是存在的，因而在叙述“五四”思想衍化的理路上也是应该予以重视的。

四、作为“主义”的马克思主义

马克思主义作为“主义”在五四时期起初只是“新思潮”中的一个流派，但在后五四时期则逐渐成为思想演进中的主流，并进而在中国社会上建立其话语权势。故而，考察五四时期“主义”的崛起问题，还是要将作为“主义”的马克思主义作为重要的分析文本。

马克思主义的核心要义是唯物史观。在五四运动之后，有些青年人创办的刊物对于马克思主义的认识业已达到比较高的地步，高度重视唯物史观在马克思主义理论体系中的核心地位。譬如，上海的南洋公学(上海交通大学的前身)创办的《南洋》杂志，在1919年8月的文章中对于马克思主义就有这样的认识：“自马克思社会主义盛倡以来，全球几为煽动，人人心目中皆有改革思想，视旧社会若恶魔罪薮焉，马氏主义所以能风行者，不在乎能迎合社会人之心理，而在乎能道破社会之罪恶，其所抱主义，全在唯物史观之历史论与解释经济论。马氏以为资本家恃其资本，生产力日益增加，而工人赖资本家之工作机会，致愁苦日复无穷。阶级之争，所以谋推翻压制之资本家，而令工人自代之。”①这里，不仅道出了马克思主义的社会革命思想，而且对于马克思主义核心要义的认识是正

① 蔼人:《社会改革与劳工酬报》,《南洋》第4期,1919年8月15日。

确的，凸显了唯物史观在马克思主义学说中的地位。

当时思想界在确认唯物史观是马克思主义的核心要义之中，进而将“社会革命”直接定位为“社会主义革命”。“社会革命”在五四时期是作为“社会根本解决的方法”而提示出来的，如《闽星》上文章说“方今经济社会(资本主义社会)的罪恶已经彰明显著，社会革命的活动又复继长增高，且已逼入于实行”，于此就要“赶早研究社会根本解决的方法，培植劳动家自决的本能方才有用”①。应该说明的是，在五四时期的话语中，所谓“社会革命”在其内涵上尽管有不同的认知，但最终还是落实在“社会主义革命”上。1921 年创办于广州的《光明》月报倡导社会主义思想，认为“以今日进化趋向及科学真理断定之，则舍‘社会主义’外真没有第二个较他为好”②。在他们看来，社会主义之所以是最好的办法，就在于其不仅主张“社会革命”，而且以“社会革命的运动”方法打破私有制度，来实现其社会主义理想。他们指出：“社会革命的运动，是谋人类的共同幸福，是要打破私有制度之下的一切组织，使无产阶级的同胞由奴隶的地位一跃还他的主人的地位；换句话说，就是使生产者——即劳动者亦即无产阶级的人们——得支配经济和掌管一切政权特权。”③“社会革命”含义被指称为“社会主义革命”，不仅说明了马克思主义在中国思想界的影响力，同时也反映了中国的“社会改造”业已走上了激进化的道路。

马克思主义在中国社会中的影响力与日俱增，这是一个客观存在的基本事实。“五四”以后，马克思主义对全国的影响，在 1921 年显然出现了历史性的飞跃，以下试以福州、山东和北京的代表性刊物作简要分析。福州的《自治》半月刊在 1920 年是受到了马克思主义学说的影响，但该刊的主体思想在当时还是资产阶级改良主义。但到 1921 年，山东创办的《新山东》尽管还受到无政府主义的影响，但马克思主义的影响确实是该刊物的根本性方面。该刊主张政治组织上的“苏维埃”，如有篇文章这样说：“现在建设的初步，就是大家起来一部分一部分的去组织‘苏维埃’。按苏维埃就是会议的意思。一城里有‘城苏维埃’，一村里有‘村苏维埃’。无论士农工商及一切职业联合之中都举出委员来，去到苏维埃出席，到那时就把这一些什么县长，道尹，省长，督军等长官去掉了。”④仅此一点，就可以看出马克思主义对于《新山东》的影响。1922 年 2 月在北京创刊的

① 芝山：《劳资会议是什么东西?》，《闽星》第 2 卷第 2 号，1920 年 1 月 5 日。
② 耘公：《光明运动的前途》，《光明》第 1 卷第 1 号，1921 年 12 月 1 日。
③ 惠僧：《社会革命与韩国独立》，《光明》第 1 卷第 1 号，1921 年 12 月 1 日。
④ 滕耀宗：《新山东和旧山东》，《新山东》第 1 号，1921 年 7 月。

《今日》杂志，负责人是胡鄂公，尽管该刊对于马克思主义有不少误解，但该刊差不多每期皆有关于马克思学说研究的文章，其他文章也差不多是根据马克思的学说写成的。《今日》杂志上于1922年5月5日举行了马克思诞辰104周年纪念讲演大会，同时还组织了“马克思主义研究会”，并将《今日》第1卷第4号定为“马克斯特号”，专门刊载介绍马克思主义唯物史观、剩余价值学说的文章，并刊载马克思著作的相关译文，为介绍和传播马克思主义作出了贡献，并走出了熊得山（1891—1919）、邝摩汉（1885—1932）、林可彝（1893—1928）等著名的马克思主义者。据胡鄂公撰写的《纪念熊得山先生》文章所说：“民十，社会主义思想，已随着苏联革命影响传播到中国。我和熊先生、邝摩汉等即悉心从事，一方研究劳农政府的实际设施，一方探讨马克思主义的真谛。那时我们就组织了一个马克思主义研究会。熊先生早年所学的社会科学和日文，早已久置就荒，在那时才又刻苦努力起来。他晚年在学术上的贡献，主要是那时候打下的基础。他和邝摩汉等八九人曾一度加入最初发起组织的社会主义青年团。十一年一月，我和熊先生、邝摩汉等组织共产主义同志会，出版各种刊物。熊先生所译的《哥达纲领批评》和《国际劳动同盟的历史》，都是有关劳动运动的重要文献，而《恩格斯的家族私有财产及国家之起源》那一权威著作，也是由他首先介绍到中国来。十一年秋天，瞿秋白从苏联回国。经他和刘子通斡旋介绍，我们都加入CP，把共产主义同志会解散，但不久我们又和CP的组织关系断绝了。”①总体来看，《今日》是专门研究马克思主义的刊物，为马克思主义的宣传和研究作出了重要贡献，尽管该刊对于马克思主义的理解和认识还有很大的不足。随着马克思主义在中国的传播，以马克思主义为指导进行“社会改造”成为年轻一代的共识。1923年1月创刊的《明日》，尽管认为他们“对于马克思的研究，确是很幼稚”，但公开地表示该刊坚定地信仰马克思主义，申明“我们相信马克思主义实在是改造社会底良剂，所以我们打算本着马克思底精神来解决社会问题”②。上述例证足以说明，马克思主义自“五四”在中国传播以后，其在社会上的影响力可谓与日俱增。

马克思主义在中国社会中很强的影响力，也使得那些一贯主张缓进地进行“社会改造”的刊物，在很大程度上受到阶级理论的深刻影响。阶级的观点在五四时期被不少人所认识，故而在言说中自觉不自觉地表露出阶级的观念。在广

① 胡鄂公：《纪念熊得山先生》，《申报》1941年2月10日。

② 《五四时期期刊介绍》第三集（下册），生活·读书·新知三联书店1959年版，第460页。

州于1919年下半年创办的《民风》周刊，虽然主要负责人是无政府主义者梁玄冰（在《民风》上以“两极”的笔名发表文章）、区声白等，但该刊发表的不少文章很显然地受到阶级观点的影响，尽管这些文章的作者不一定就主张马克思主义的那种“阶级斗争”。如该刊上1919年8月发表的《“长衫”应届末日》文章，以“阶级”的观点考察社会生活，认为“长衫”乃是统治阶级的标识，提出“弃长衫用短衫”的主张，指出：“长衫最大的罪恶，深藏在骨了里头，不知不觉中，造成社会阶级的观念。穿起来便是绅士、是读书人、是大人老爷少爷、是‘劳心者治人’的好宝贝、是‘坐不垂堂’的好物儿、是东方的Gentleman。”①一般说来，当时主张改良社会的人，大多不触及社会制度的根本性变革，只是试图在既有的制度架构中实行点点滴滴的改良，但也不尽然。五四时期，主张和平地改造社会的人，也有认识到制度变革的极端重要性。譬如，福建省立第二师范创办的《自治》半月刊，一方面主张通过人人自治的办法来改造社会，但也在很大程度上也认识到社会制度的改造具有根本性，甚至还以“治者阶级”与“被治者阶级”的范畴来解剖当时的社会，并主张打破“阶级制度”。如该刊发表《我的觉悟》的作者，不仅依据马克思的剩余价值理论来分析工人与资本家的对立，而且也认识到“经济革命”的重要性，指出：“因为经济不平等，所以有贫富的分别。资本家的子呵、孙呵一代代都是资本家，那工人的子呵、孙呵一代代都做工人。但是资本家这种资本从那里来呢？不外剥取工人的‘剩余价值’得来的。因此资本家一天富了一天，工人一天做了一天只能够维持生活而已，终是没有宽裕的日子。他的子和孙怎么不再去做穷苦的工人呢？所以社会上经济自然跑到资本家的手里去。……要是要除了这种弊害，非是工人困苦到极了倡起经济革命不能成功。”②《自治》虽在远在南方的福州，但福州的青年学生至少在1920年或许在这之前，即已经接触到马克思主义学说并深受其影响。不难看出，马克思主义在五四时期尽管并没有被有些社团或杂志所接受，但这些社团或杂志受到阶级观点的影响也是很显然的事实。笔者的看法是，五四时期的一些并不是主张马克思主义甚至是反对马克思主义的刊物，也在不同程度上受到阶级观点的影响，这大致能够说明马克思主义的阶级及阶级斗争理论有着很强的影响力与渗透力。

马克思主义对社会发生重要影响的一个突出表现，就是社会上阶级意识的显著增长。在五四时期的期刊中，业已出现“压迫者”和“被压迫者”的话语，并

① 香浒：《“长衫”应届末日》，《民风》第13号，1919年8月17日。

② 林廷辉：《我的觉悟》，《自治》第4期，1920年11月1日。

且青年学生已经认识到社会中有着“压迫者”和“被压迫者”的严重对立。1923年4月创刊的《女星》倡导“革命思想”，指出：“凡稍有革命思想的人们，必都知道要援助被压迫者，反抗压迫者。劳动者供给人类的衣食、住，反被人摧残、侮辱，谁都应该明白这是不平等的事情。”①在五四时期的社会话语中，“被压迫者”是指劳动阶级，“压迫者”一般是指“资本家阶级”，但在中国的状况下，这“压迫者”还包括“世界资本主义”。《新民意报副刊》中有篇《本刊今后的趋向和任务》文章说：“由机械的发明，造就了资本和劳动两阶级。掌握全部生产的劳动者，反被压迫于资本家的底下，这是怎样的不平而可怜呵！尤其是中国的劳动者，一面受国内资本家的压迫，同时又受世界资本主义的侵掠，以致一天做了十二小时以上的工作，其收入还得不到维持一人的生活，这是何等的残酷呵！”②1920年6月1日创刊的《自治半月刊》尽管对于社会改造持改良主义的态度，但其发刊“宣言”亦表现为阶级的意识：“世界上所以有不平等不自由底事情，无非是为着有治者和被治者底阶级，世界上为什么会产生这治者和被治者底阶级，无非是因为一部分人放弃他自治底责任，其他一部分底人，就从而庖代了。”③这里，将压迫阶级和被压迫阶级的形成归于“一部分人放弃他自治底责任”固然是不正确的，但看到社会上存在着“治者阶级”和“被治者阶级”的现状。以上例证大致可以说明，至少是在五四时期的青年学生中，尽管不一定信奉马克思主义，但阶级意识已经有着显著的增长，看到了社会中阶级压迫的严峻现实。

“主义”的崛起乃是中国现代思想史上的基本事实，但这种事实乃是建立在五四运动所建筑的“社会改造”时代上，并与当时兴起的众多社团及其期刊形成内在的逻辑关联。因而，随着五四时期的“社会改造”活动的行进，随着社团的分化和“主义”的“本土化”趋向，而使能够适应中国“社会改造”需要的“主义”成为思想界的主流，并在当时的思想界建立其话语权势。这样看，要比较全面地理解“主义”崛起这个事实，必须立足于五四时期的中国社会，并将这种理解切实地置于当时的“社会改造”的话语体系之中，如此才可能透视其历史逻辑与理论逻辑的基本内涵，以及历史逻辑与理论逻辑这两者到底是如何奠定在历史衍化的实践逻辑的基础上。

（原载《党史研究与教学》2019年第5期）

---

① 《五四时期期刊介绍》第三集（下册），生活·读书·新知三联书店1959年版，第464页。

② 岐霄：《本刊今后的趋向和任务》，《新民意报副刊》第8册，1923年8月1日。

③ 赖汝梅：《自治半月刊宣言》（1920年6月1日），《五四时期期刊介绍》第三集（下册），生活·读书·新知三联书店1959年版，第479页。

【昔文琐记】这篇《五四时期"社会改造"话语与"主义"的崛起》文章，是从自己撰写的30万字"读书笔记"中整理出来的。据我的日记，此文最早完成于2019年3月30日。

写文章尤其是写出有创新性的文章，不能按照传统的"定题目、拟大纲、找资料"步骤来写，那样是写不出好文章的。我是"反其道而行之"，这就是确立大一点的研究方向，先读资料、后写笔记，然后根据笔记内容来概括出二级标题；再就是根据这样的二级标题，最后来拟定文章的题目。这样做，撰写读书笔记乃是基本前提。这个读书笔记不是资料摘要，而是读资料写出半成品的东西，并依据关键词及所关涉的方面来分门别类。譬如，我读书笔记中的"社会改造"问题，就设有"'社会改造'的类型"、"'社会改造'的步骤"、"'社会改造'的目标"、"'社会改造'的依靠力量"、"'社会改造'中的思想分化"、"'社会改造'中的'革命话语'"等类别。这样的好处是，写出的读书笔记能够直接地为写文章所用。写出的文章所关涉的资料是广泛而多样的，叙述的话语是别致而有个性的，而文章的二级标题也是根据读书笔记相关内容抽绎出来的，故而也是读者所难以想到的；至于文章的题目，因为是根据二级标题再抽象而提炼出来的，因而也就出乎读者的意料而有些新意。

马克思主义在五四时期传入中国，是近代以来中国社会变迁的重大表征，并迅即引起中国社会的革命性变化。过去的研究，比较重视新文化运动的作用、十月革命的影响、五四运动的推动等等，这自然是没有什么错的，也是能说明问题的。我这篇文章说的是，五四时期业已形成的"社会改造"话语，为包括马克思主义在内的各种"主义"的传入创造了思想条件，而"主义"首先又在进步社团中得到了实践，这就使青年增加了对"主义"的理解和需要，并使"主义"呈现出本土化的趋势，而所有这些皆有助于作为"主义"的马克思主义在中国的进一步传播。我以为，我这个解释对于分析"马克思主义在中国广泛传播"问题，是有很大说服力的，因而也是比较有新意的。

这篇《五四时期"社会改造"话语与"主义"的崛起》文章，比较重视对既有材料的重新解释。在我看来，历史是需要不断解释的，或者说，没有解释就没有历史学。中国马克思主义史学开创者李大钊就强调历史要不断地"解喻"，此可见解释在历史研究中的作用。我近年来所做的一项工作，就是创建"党史解释学"的理论，有兴趣的朋友可以看看我出版的《党史解释要论》（人民出版社2021年版）。

2019年是五四运动发生的100周年，这样的时机对于研究五四运动的学者来说并不多见,可以说是“百年一遇”。我多年来研究五四时期的历史,觉得有必要发声,故而也就写了这篇文章。这篇《五四时期“社会改造”话语与“主义”崛起》发表后,我又与我夫人王中平博士合作撰写了《五四时期“主义”语境与马克思主义在中国的传播》(载《中国高校社会科学》2021 年第 6 期)。这两篇文章是姊妹篇,力图呈现五四时期思想界“社会改造”→“主义”崛起→马克思主义传播的衍化路线。

2021 年 7 月 26 日

试论李大钊的马克思主义文学观

李大钊是五四时期马克思主义文学思想中国化的代表,他的文学思想的一个重要特点,一方面是紧密切合世界文学发展的大势,另一方面则是积极引进新的思想、观念对中国文学的发展起导航作用。他在宣传十月革命的同时,就通过《俄罗斯文学与革命》的著名篇章,将中国新文学的发展方向引向俄国革命文学的征途。随着李大钊思想的发展和对文学问题研究的深入,他努力担负文艺先觉的责任,积极倡导马克思主义的文艺观念,并就中国新文学的发展作出创造性的总结,有力地推动了中国马克思主义文学的创建和发展。

一、最早在中国传播马克思主义文艺观

1919 年李大钊继发表《我的马克思主义观》以后,又相继发表一系列宣传马克思主义的文章,提倡以马克思主义的世界观和方法论来改造中国,使包括文学在内的人文社会科学获得了新的理论指导,为中国学术观念的更新作出了突出的贡献。他在宣传马克思主义理论的过程中,引进了马克思主义的文艺观念。

李大钊在中国引进马克思主义的文艺观,突出地表现在对马克思主义唯物史观的阐说上。按照历史唯物主义原理,社会存在决定社会意识,经济基础制约着文化思想。作为上层建筑之一的文学艺术,由社会的经济基础所决定,并对经济基础具有反作用。这是马克思主义文艺观的理论基础。在《我的马克思主义观》中,李大钊引用了《〈政治经济学批判〉序言》等马克思主义经典著作的论述,明确地表明上层建筑为经济基础所决定的观点。李大钊不仅正确地理解并阐释了经济基础与上层建筑的含义,而且也内含着这样一种思想,即文学作为一种观念形态,与其他上层建筑一样,是由社会的经济基础所决定的。有时李大钊也以“文化”这一概念指代各种观念形态的总和,包括政治、哲学、文学、宗教等,说明

"文化"是由经济基础决定的。他说:"文化是以经济作基础,……有了这样的经济关系,才会产生这样的政治、宗教、伦理、美术等等的生活。假如经济一有变动,那些政治、宗教等等生活也随着变动了。假使有新的经济关系发生,那政治、宗教等等生活也跟着从新建筑了。"①从李大钊的论述中可以看出,包括文学艺术在内的上层建筑是由经济基础所决定的,经济基础如有变动,包括文学艺术在内的上层建筑也会随着变动,这在事实上说明了以新文学取代旧文学以适应经济变动的合理性。

李大钊在宣传唯物史观原理时通过解释上层建筑对经济基础的反作用,内含着文学艺术可以反作用于社会生活的思想。马克思主义不是机械的唯物论,而是建立在唯物史观基础上能动的反映论。李大钊指出,依据唯物史观原理,上层建筑不是一点不能给予经济基础以影响的,上层建筑具有能动性的特点。在李大钊的论述中包含着这样的思想,即包括文学在内的各种上层建筑是能够通过自己的途径给社会生活以影响,参与变革社会的过程,但它不是社会发展的根本力量,不能任意夸大其作用。

李大钊对马克思主义文艺观的宣传是在全面引进马克思主义过程中进行的,并且是从马克思主义的整个体系出发的,因而对中国文学的建设有着理论指导意义。李大钊虽然没有专文论述马克思主义文艺观,但他在自己的文章中运用马克思主义对文学问题进行解说。如他认为,荷马的诗是社会生活的反映,受制于社会经济生活的变动。他指出:"后来生产技术稍稍进步,农业渐起,军人、宗祝这一类的人渐握权力,从前受制于自然,现在受制于地位较高的人类了。……从前是崇拜自然物的原形,现在是把自然物当作一个有力的人去崇拜他了。在希腊何美尔(Homer)的诗中所表现的神,都是男女有力的君长,都是智勇美爱的化身。因为生产技术与人以权力的结果,自然神就化为伟大的人了。"②所谓荷马史诗是"智勇美爱的化身",就是说史诗反映了社会的经济生活,史诗这一文学的进步是当时社会生产力发展的结果。在《史学要论》中,李大钊对文学的社会本质又作了进一步的说明,指出:"文学家的笔墨,能美术的描写历史的事实,绘影绘声,期于活见当日的实况。"③关于文学的社会价值特别是于人生修养的关系,1923 年 4 月李大钊在复旦大学的讲演中曾指出:"文学可

---

① 《史学概论》,《李大钊全集》第 4 卷,人民出版社 2013 年版,第 462 页。
② 《物质变动与道德变动》,《李大钊全集》第 3 卷,人民出版社 2013 年版,第 134 页。
③ 《史学要论》,《李大钊全集》第 4 卷,人民出版社 2013 年版,第 555 页。

以启发我们感情，所以说，诗可以兴，可以怨，又说，兴无诗。文学是可以发扬民族和社会的感情的”。李大钊还说：“文学教我们发扬蹈厉”①。李大钊还在许多文章中倡导马克思主义文学发展观，批判古代文学中的怀古思想，主张进步的文学观念。如他所说：“诗人的梦想，多以前代、过去的时代为黄金时代。中国的《采薇》、《获麟》诸歌和陶渊明一流的诗，都有怀思黄、农、虞、夏的感想。黄、农、虞、夏之世，便是中国人理想中的黄金时代。”②这说明，李大钊不仅在理论上指出文学发展的进步方向，而且以马克思主义的观点审视和批判古代的文学作品，表现了他对新文学建设的期待。

李大钊对马克思主义文学观的宣传在今天看来还不够全面，但却切合了五四时期文学革命的新时代，适应了五四运动后思想界“社会改造”的需要。李大钊在“五四”之后对马克思主义（包括文学观）的宣传，为中国马克思主义文学的诞生奠定了理论基础，同时也为反对封建文学（尤其是落后的文学观念）提供了思想武器。

二、“文学革命”的总结和对“新文学”的重新诠释

李大钊引进马克思主义的文学观，对中国新文学的建设有着指导意义。与此同时，李大钊还站在马克思主义立场上，重新审视新文化运动以来的文学革命，不仅对新文化运动的文学革命进行评析和总结，而且对“新文学”的真义进行新的诠释。1919 年 12 月发表的《什么是新文学》，就是李大钊一方面总结“文学革命”，另一方面又重新诠解“新文学”的重要评论，是建立中国马克思主义文学的积极的努力，在中国现代文学史上有着极为重要的地位。

李大钊的《什么是新文学》一文中的重要内容之一，是正确地总结新文化运动中兴起的文学革命，适应了“五四”以后开创中国马克思主义文学新局面的需要。在文学革命中，陈独秀的《文学革命论》是文学革命的纲领性文献，体现了文学革命的根本内容及努力的目标，在新文化运动的文学革命中发挥了引领性作用。从中国现代文学发展的历程来看，胡适在文学革命中也是具有代表性的人物。对于新文化运动中“文学革命”所存在的问题，可以通过考察胡适的文学

① 《史学与哲学》，《李大钊全集》第 4 卷，人民出版社 2013 年版，第 203—204 页。

② 《史学与哲学》，《李大钊全集》第 4 卷，人民出版社 2013 年版，第 204—205 页。

观来说明。胡适对文学革命有不可忽视的贡献，对此李大钊是肯定的。1919年3月下旬，李大钊在致胡适的信中曾说："我的意思，你与《新青年》有不可分的关系，以后我们决心把《新青年》、《新潮》和《每周评论》的人结合起来，为文学革新的奋斗。"①李大钊肯定胡适在文学革命中的地位，并不是说李大钊完全赞成胡适的文学主张。而事实上，胡适的文学主张有其很大的局限性，这种局限性在五四运动之后影响了文学革命的深入。1917年1月胡适在《文学改良刍议》中，将他的文学主张谓为"八事"，即"一曰，须言之有物。二曰，不摹仿古人。三曰，须讲求文法。四曰，不作无病之呻吟。五曰，务去烂调套语。六曰，不用典。七曰，不讲对仗。八曰，不避俗字俗语。"②在陈独秀提出文学革命的口号以后，胡适在《建设的文学革命论》中将"八事"改称"八不"，谓之"八不主义"。胡适所理解的"文学革命"，主要是文体的改革，其目标是建设"国语的文学"，如他所说："我的'建设新文学论'的唯一宗旨只有十个大字：'国语的文学，文学的国语'。我们所提倡的文学革命，只是替中国创造一种国语的文学。有了国语的文学，方才可有文学的国语。"③可见，提倡白话文是胡适"新文学"观要义之所在。在早期文学革命运动中，把新文学仅仅理解为白话文运动的也并非胡适一人，如傅斯年就说"新文学就是白话文学"④。当然，这不是说胡适在文学革命中没有输入一些文学的新内容。但是，包括胡适在内的早期新文化运动的精英，他们对新文学的理解和认知，无论是就文学的内容改革还是就文学的形式所做的改革，都不能适应五四运动以后"社会改造"的需要和中国文学发展的新要求，其缺点是明显的。对此，必须进行总结和说明，如此才能使五四运动以后的中国文学出现新的面貌。在马克思主义正式传播到中国后，最先对文学革命中的"新文学"予以正确总结和说明的是李大钊。他指出："我的意思以为刚是用白话作的文章，算不得新文学；刚是介绍点新学说、新事实，叙述点新人物，罗列点新名辞，也算不得新文学。"⑤运用白话文作文章、介绍新思想，本是文学革命就文学的形式和内容进行改革的方面，李大钊在这里却认为"算不得新文学"。这不是否定新文化运动中的文学革命，而是说文学革命在内容和形式上的改革只是处在初步阶段，需要进一步的深化和发展。这从李大钊所说"刚是"一语可以

① 《致胡适》（1919年3月），《李大钊全集》第5卷，人民出版社2013年版，第379页。
② 胡适：《文学改良刍议》，《新青年》2卷5号，1917年1月。
③ 胡适：《建设的文学革命论》，《新青年》4卷4号，1918年4月。
④ 傅斯年：《怎样做白话文》，《新潮》第1卷第2号，1919年2月。
⑤ 《什么是新文学》，《李大钊全集》第3卷，人民出版社2013年版，第169页。

看出。由此反映李大钊对文学革命表现出高度的反省意识,同时也说明李大钊对新文学的发展和提高有着积极的期待。在李大钊看来,文学革命以来不是没有好的文学作品,但"终占少数",而多数文学作品却存在缺点。他指出:

> 一般最流行的文学中,实含有很多缺点。概括讲来,就是浅薄,没有真爱真美的质素。不过摭拾了几点新知新物,用白话文写出来,作者的心理中,还含着科举的、商贾的旧毒新毒,不知不觉的造出一种广告的文学。试把现在流行的新文学的大部分解剖来看,字里行间,映出许多恶劣心理的斑点,夹托在新思潮、新文艺的里边。……刻薄、狂傲、狭隘、夸躁,种种气氛充塞满幅。长此相嘘以气,必致中乾,种种运动,终于一空,适以为挑起反动的引子。此是今日文学界、思想界莫大的危机,吾辈应速为一大反省![①]

李大钊对文学革命中所揭橥的新文学主张所进行的反省是极为深刻的。在李大钊看来,新文学即使有其新鲜的形式,"用白话文写出来",即使有其内容上的改革,"摭拾了几点新知新物",但也会在文学作品中"映出许多恶劣心理的斑点",也会充塞着"刻薄、狂傲、狭隘、夸躁"的种种气氛。这就是说,文学的内容和形式方面的改革固然重要,但是文学创作者的心理、思想意识的提高,却又是极为关键的;如果"作者的心理中,还含着科举的、商贾的旧毒新毒",就会"不知不觉的造出一种广告的文学"。李大钊所批评的正是这种只注重新形式而缺乏灵魂的、"没有真爱真美的质素"的"广告的文学",其寓意是深刻的。李大钊由对文学革命的形式和内容的反思,而深入到文学创作者的文化心理素质、思想精神境界,批评那种"广告的文学"以新形式包容着的"科举的、商贾的旧毒新毒",正是在更高的层次上总结新文化运动中文学革命的得失,可谓精辟之论。如果说1919年8月的"问题与主义"论争表明新文化运动在政治上开始破裂,那么李大钊在这篇《什么是新文学》中对文学革命中新文学的总结,则是表明文学革命的阵营已经发生分化,预示着在全面总结文学革命基础上的崭新的文学——中国马克思主义文学即将诞生。

李大钊的《什么是新文学》的主旨是以马克思主义为指导,系统地提出建立真正的新文学的主张。诚如李大钊所说,现在大家都讲新文学,都作新文学了,那么,"什么是新文学?"李大钊以其建设新文学的使命感和对中国文学发展方向的特有关切,期待着真正的"新文学"的诞生,他对所要建设的"新文学"作了新的诠释:

---

① 《什么是新文学》,《李大钊全集》第3卷,人民出版社2013年版,第169—170页。

> 我们所要求的新文学,是为社会写实的文学,不是为个人造名的文学;是以博爱心为基础的文学,不是以好名心为基础的文学;是为文学而创作的文学,不是为文学本身以外的什么东西而创作的文学。①

李大钊在这里所揭橥的新文学主张,就其中心内容而言是倡导"为人生"的文学,现实主义文学精神贯穿其中。这一文学思想的传统为后来的马克思主义文学家所继承。如沈雁冰不久更强调:"文学家所欲表现的人生,决不是一人一家的人生,乃是一社会一民族的人生。"②"人们怎样生活,社会怎样情形,文学就把那种种反映出来。"③然而,对李大钊提出的这一对中国现代文学发展有着深远影响的新文学主张,最容易被当今学术界所误解。学术界对李大钊的"以博爱心为基础的文学"和"为文学而创作的文学"两句有着不同的看法。有人认为,"以博爱心为基础的文学"是李大钊头脑中残存着的资产阶级人道主义,而"为文学而创作的文学"则是"为艺术而艺术"思想的反映,由此说明李大钊文学思想的不成熟。对于这种错误理解,学术界已有所反驳④。

笔者以为,之所以造成对李大钊的新文学主张的误解,主要是对李大钊文中的语汇理解有误及对李大钊思想(尤其是文学思想)的发展不能深刻把握之所致。李大钊提出"为文学而创作的文学"的主张,不是将文学创作局限在个人的天地和艺术的范围之内,而是指不要将文学走向"文学本身以外"——诸如"为个人造名"、"好名心"之类,这就强调了文学本身一方面要在思想理念上具有严肃性,不能将文学作为个人名利的工具;另一方面要求文学要遵循自身的发展规律,包含文学的艺术性要求。李大钊也不可能主张"为艺术而艺术"的唯美主义,他强调文学反映生活、强调文人要"奋生花之笔"以救人救世,所代表的文学现实主义精神是其文学思想中一以贯之的。至于"博爱"一词,今人一看便以为是资产阶级的自由、平等、博爱主张中之"博爱",因而就与资产阶级人道主义挂上钩。不错,在李大钊早期思想中,"博爱"一词确是从西方转借过来,但一开始就赋予了与下层人民的利益和诉求相联系的色彩,因而李大钊所使用的"博爱"一词所体现的内涵与资产阶级人道主义不可同日而语。到 1918 年,李大钊所说的博爱则又有根本的变化,而赋予了无产阶级为下层劳动人民利益奋斗、同情劳

---

① 《什么是新文学》,《李大钊全集》第 3 卷,人民出版社 2013 年版,第 169 页。

② 沈雁冰:《现在文学家的责任是什么?》,《东方杂志》第 17 卷第 1 期,1920 年 1 月 10 日。

③ 沈雁冰:《文学与人生》,《茅盾文艺杂论集》,上海文艺出版社 1981 年版,第 110 页。

④ 参见王太顺:《李大钊〈什么是新文学〉试解》,《沈阳师范学院学报》1982 年第 3 期;董学文:《论李大钊的文学思想》,载《李大钊研究论文集》,北京大学出版社 1989 年版,第 72 页。

苦大众的境遇所体现的无产阶级人道主义。如李大钊在1918年宣传俄国革命文学的文章中说:“凡夫博爱同情、慈善亲切、优待行旅、矜悯细民种种精神,皆为俄人之特色,亦即俄罗斯文学之特色。故俄罗斯文学直可谓为人道主义之文学,博爱之文学。”①在直接宣传十月革命的文章中,李大钊称“俄人之今日精神,为爱人的精神”,称十月革命是“以人道、自由为基础”,“冲决‘神’与‘独裁君主’之势力范围,……将统制一切之权力,全收于民众之手”的社会主义革命②。以上说明,对李大钊文章中语汇的理解和对李大钊思想发展进程的总体把握,对于理解李大钊的“新文学”主张尤为重要。

在对李大钊新文学主张中“博爱”一词和“为文学而创作的文学”一句有所理解的前提下,可以看出李大钊的“新文学”主张有着丰富的思想内容。首先,李大钊主张新文学是“为社会写实的文学,不是为个人造名的文学”,突出了文学与社会的关系。这就是说,文学必须充分地反映社会生活,它的功用在于为社会生活服务,而“不是为个人造名”。所谓“为社会写实”,就是要求文学面向社会,亦即文学创作的目的就在于“为社会”,故而需要从社会生活中吸取素材,真实地反映社会的面貌,这样才能为文学的发展提供丰富的源泉和旺盛不衰的生命力。这是李大钊运用马克思主义文艺观关于文学这一上层建筑受制于经济基础并反作用于经济基础而得出的结论,从而使文学的发展获得广阔的天地,摆脱了那种使文学仅仅隶属于个人需要、“为个人造名”的狭隘性。其次,李大钊主张的新文学是“以博爱心为基础的文学,不是以好名心为基础的文学”,是说文学必须贯彻无产阶级的人道主义,积极地关怀人生特别是下层劳动人民的切身利益。这就要求作家在创作时要热爱生活,对社会富有同情心,以对社会的“博爱心”来取代文学创作者个人的“好名心”,从而使文学作品具有“真爱真美的质素”,更好地发挥文学增进社会进步和追求社会美好理想的作用,服务于社会的精神文明建设。最后,李大钊所主张的新文学是“为文学而创作的文学,不是为文学本身以外的什么东西而创作的文学”,这是从文学的自身规律而言的。也就是说,要求文学的发展不能脱离文学本身的特点,不能将那种为“个人造名”的心理及创作者个人的“好名心”附依到文学中来,而是要以社会为文学的依托、以关怀人生为文学的精神指向去完成建设文学的使命。从以上对李大钊关于新文学主张的解析中,可以看到李大钊对“新文学”的诠释已赋予了文学以社

① 《俄罗斯文学与革命》,《李大钊全集》第2卷,人民出版社2013年版,第259页。

② 《法俄革命之比较观》,《李大钊全集》第2卷,人民出版社2013年版,第331—332页。

会为主体、为对象的特色，无论是他所说的“为社会写实的文学”，还是“以博爱心为基础的文学”，抑或是他所说“为文学而创作的文学”，都是将文学置身于社会生活之中，以社会生活作为理解和认知文学内容、功用、发展趋向和文学创作规律的锁钥。李大钊对新文学的这一诠释，使新文学贯彻了社会存在决定社会意识的马克思主义基本理论，为建立以马克思主义为指导、体现人类精神的现实主义文学指明了方向。

值得注意的是，李大钊在《什么是新文学》中还就新文学如何得以进一步发展比较系统地提出自己的主张。他特别强调要为新文学的发展培植“深厚美腴的土壤”，以为新文学的成长创造前提条件。他指出：

> 我们若愿园中花木长得美茂，必须有深厚的土壤培植他们。宏深的思想、学理，坚信的主义，优美的文艺，博爱的精神，就是新文学新运动的土壤、根基。在没有深厚美腴的土壤的地方培植的花木，偶然一现，虽是一阵热闹，外力一加摧凌，恐怕立萎！①

这里，李大钊是从广阔的宏观视野和文学自身发展规律出发，来论述新文学产生和发展的前提条件。文学作为一门艺术，其本身必须有深厚的文化底蕴为前提，必须有“宏深的思想、学理”为基础；同时，文学又是一种上层建筑，与同是上层建筑的政治有不可分割的联系，因此文学必须有“坚信的主义”为导引。在五四时期的“主义”语境之中，在马克思主义业已引进中国的条件下，李大钊这里所主张的这种“主义”自然就是马克思主义。文学又有自身的文化积淀为基础，需要有“优美的文艺”为艺术的前提，这也就是说在文学创作过程中，要善于借鉴和吸收人类文明的一切艺术经验。“博爱的精神”体现了人类对人生的关怀，自然也是建设新文学所不可缺少的人文精神。李大钊把“宏深的思想、学理，坚信的主义，优美的文艺，博爱的精神”作为“新文学新运动的土壤、根基”，就是要求在学术、思想、文艺观念、伦理等诸多方面进行努力，为建设“合乎我们要求”的新文学而创造条件。

现实主义文学观是新文化运动中文学革命的主流和特色，而李大钊的《什么是新文学》在继承现实主义文学传统的同时又在马克思主义指导下有了新的提高，与鲁迅的现实主义文学观共同促进了中国现实主义文学的发展。诚如有的学者所指出的那样：“对现实主义的积极提倡，在钱玄同、刘半农、李大钊、鲁迅等《新青年》同仁那里，也都有相当直接的理论上体现。尤其像李大钊所说的

① 《什么是新文学》，《李大钊全集》第3卷，人民出版社2013年版，第170页。

‘我们所要求的新文学,是为社会写实的文学,不是为个人造名的文学’,以及鲁迅所说的‘世界日日改变,我们的作家取下假面,真诚地,深入地,大胆地看取人生并且写出他的血和肉来的时候早到了’,显得特别明快精炼、脍炙人口。而李大钊现实主义的新文学观中渗入了马克思主义精神,鲁迅现实主义的开创性的艺术实践等,更为其现实主义的文学观增加了光彩。”①李大钊发表的《什么是新文学》,是中国学术界第一次以马克思主义为指导总结文学革命、提出建设中国马克思主义新文学的纲领,对中国现实主义文学在马克思主义指导下的发展作出了开创性的贡献。虽然其中有些内容诸如人道主义精神等,由于以后激烈的政治斗争环境没能充分地实践,但他提出的新文学的主张无疑是中国马克思主义文学思想的开端。

三、继续关注中国现代文学建设事业

五四运动以后的中国思想界迎来了“社会改造”的时代,中国马克思主义文学亦从观念的倡导迅速转入实践阶段,革命的新文学面临着种种曲折和困境。如何将马克思主义文学观念贯彻到新文学中去,如何为中国新文学建设提供文学发展的具体路径,成为迫切要求解决的课题。在五四运动以后,李大钊将主要精力投到革命斗争的实践,而学术研究的中心则更多地转到史学方面,但他仍然继续关注中国马克思主义文学建设事业,并为此作出了重大努力。

一是通过对西方文学史上今古之争的分析,介绍西方文学的进步观念,为中国马克思主义文学提供经验和借鉴。李大钊在倡导文学进步观念时有着世界性的视域,对西方文学界的今古论争予以特别的重视,并就西方文学的进步观念进行了评析。他指出:“在十七世纪初期文艺复兴后,法兰西、意大利就有今古之争,于文艺(诗歌文学)上,此争尤烈。崇古派则崇拜荷马,崇今派则攻击荷马。……这种争论,起于意大利,传至法兰西、英吉利,前后凡百余年。”②李大钊1923年在北大的讲义中有一篇《今与古》,其中的一个重要内容就是运用马克思主义对西方文学艺术方面的今古论战进行分析,阐述他的文学发展观。李大钊在文章中为叙述“崇今派荣誉的战史”,对西方文学中主张进步的文学家如塔索

① 陈传才主编:《文艺学百年》,北京出版社1999年版,第52—53页。

② 《今与古》(1922年1月),《李大钊全集》第4卷,人民出版社2013年版,第14页。

尼、德马雷、佩罗等作了比较系统的评述，特别是对佩罗文学主张的评述尤其精辟。李大钊指出，佩罗的诗作《路易大帝的世纪》是“一个简短的信仰宣言”，对古人的批评“尤巧”，其《古人与今人的比较》一书则是阐述今胜古的“一篇彻底的著作”，对“艺术、雄辩、诗歌、科学及他们的实际的应用，都详加讨论了”。但李大钊同时也指出，佩罗尽管在总体上是崇今派，然而在“论到诗歌与雄辩，暂作一个保留”，所以李大钊说佩罗是“陷于缺乏体现完全的进步的观念”①。李大钊在《今与古》中，以很大的篇幅介绍和评价意大利、法国、英国的进步文学家，就是为了说明今古之争不是“文学史上的枝节问题”，而是事实上“今古的激战，于文学(特别是诗歌)为最烈”②。《今与古》一文可以说是中国马克思主义学者最早研究西方文学进步观念及其发展线索所作的积极尝试，同时又是在中国运用马克思主义宣传文学发展观的文献，因而在中国现代文学史上占有重要的地位。

二是积极倡导平民主义文学观，推动中国马克思主义文学走向深入。在五四时期的“社会改造”语境之中，进步知识分子的平民化理念引人注目。李大钊对平民主义颇有研究，发表了不少论述平民主义的文章。李大钊倡导平民主义文学观，反映他对中国马克思主义文学建设新的关注。1921 年 12 月，李大钊在北京中国大学的演讲中指出：“现世界有种最大的潮流，而为各方面所极力要求实现完成者，就是‘德谟克拉西’。……这种主义所向无前底趋势，不独在政治上有然，即在产业上、思想上、文艺上，亦莫不有然。从前文学上的古典主义，是不适应于德谟克拉西的。平民文学，乃是带有德谟克拉西底精神的。所以平民文学与古典文学相遇，平民文学就把古典主义的文学战胜了。”③这里，李大钊通过“古典文学”与“平民文学”的比较，说明平民主义(德谟克拉西)在文学上由古典转向现代中的地位，揭示了现代文学所带有的民主精神的极端重要性，指明现代文学发展的一个很重要的趋势。对于平民主义与现代文学的关系，李大钊在《平民主义》中说得更为具体，他指出：

> 现代有一绝大的潮流遍于社会生活的种种方面：政治、社会、产业、教育、美术、文学、风俗，乃至衣服、装饰等等，没有不著他的颜色的。这是什么？就是那风靡世界的“平民主义”。……无论是文学，是戏曲，是诗歌，是

---

① 《今与古》(1923 年 2 月)，《李大钊全集》第 4 卷，人民出版社 2013 年版，第 334—335 页。

② 《今与古》(1923 年 2 月)，《李大钊全集》第 4 卷，人民出版社 2013 年版，第 327 页。

③ 《由平民政治到工人政治》，《李大钊全集》第 4 卷，人民出版社 2013 年版，第 1—2 页。

标语，若不导以平民主义的旗帜，他们决不能被传播于现在的社会，决不能得群众的讴歌。①

根据李大钊对平民主义与文学关系的论述以及他对平民主义的解析，李大钊所倡导的平民主义文学观有这样几个突出的内容：第一，现代文学必须贯彻和体现平民主义精神。“导以平民主义的旗帜”，其最基本的含义是民主精神，也就是主张在文学中充分体现人的个性、自由、发展和平等的精神。这是李大钊平民主义文学观最核心的内容。第二，现代文学必须随着平民主义的发展而发展，走向无产阶级的“纯正的平民主义”阶段。在李大钊看来，现代文学必须与平民主义相统一，一以贯之以平民主义的基本精神；而平民主义有不同的“程级”，要经过“工人政治”阶段，因此平民主义文学也必须随着平民主义的发展而不断进步。这就是说，现代文学本身不是凝固不变的，而必须随着无产阶级解放事业的发展而进步，最终进到没有阶级压迫、没有阶级剥削的“平民社会”的文学境界。第三，平民主义文学本身是人民大众的文学，是以“平民”为服务对象。李大钊使用“平民主义”一词而不使用“民主主义”，一个很重要的原因是认为，“民主主义”一词的政治色彩过于浓厚，难以体现文学界、经济界等社会生活领域的发展趋向。这说明，李大钊强调的平民主义是包括文学在内的“种种社会生活”中的意义。同时要注意到，李大钊使用“平民”一词本身就是指下层民众，所以他倡导的平民主义文学自然是体现社会生活、服务于下层民众的。也正如此，李大钊认为文学等“若不导以平民主义的旗帜”，“决不能被传播于现代的社会，决不能得群众的讴歌”。虽然在李大钊平民主义思想中没有专门论述“平民主义”文学问题，但他倡导在文学中贯彻平民主义精神所体现的平民主义文学观，是无产阶级的文学思想。这对中国马克思主义文学的发展是有指导意义的。

（原载《四川师范大学学报》2002年第4期）

【昔文琐记】这篇《试论李大钊的马克思主义文学观》写作于2001年春天，当时在北师大攻读博士学位。我1999年到张静如先生门下攻读博士学位，先生在2001年2月底开学的时候，为我确立《李大钊与中国现代学术》的博士论文题目，于是在2011年3月1日开始集中精力撰写博士论文，至8月底完成初稿。这篇文章是从博士论文中挑选出来，投稿四川师大学报发表的。

我当时对文学实在没有什么研究，主要是看了中国现代文学史方面的相关

① 《平民主义》，《李大钊全集》第4卷，人民出版社2013年版，第120页。

书籍，再就是对马列文论有所涉猎，知道马克思主义经典作家在文学上的基本主张，于是就用这点知识解读李大钊的文学思想了。写这篇文章的感受有这样几点：一是需要准备研究工作所需要的理论，如这篇文章就是需要掌握马列文论，这样才能使文章有理论指导；二是需要准备好研究工作所需的学科基础，如这篇文章就是要懂得中国现代文学史，不仅要知道文学思想到底是什么，而且要知道中国现代文学发展的轨迹及其代表性人物；三是要加强对相关资料的解读，如这篇文章就是要对李大钊有关文学思想的资料加以解读，进而形成研究者的思想认识，这样才能写成有一定分量的文字。概括起来，就是在研究对象确定之后，要有“理论—学科—资料解读”这样几个方面。

这篇《试论李大钊的马克思主义文学观》文章，对于我以后开展“中国马克思主义文学史”研究起了开路的作用。在这之前，尽管在大学阶段读过《中国现代文学史》之类的书，但实在是没有太多的印象，故而对“中国马克思主义文学”问题并没有什么基础。通过撰写这篇《试论李大钊的马克思主义文学观》文章，我在博士毕业后也就比较系统地梳理1919—1949年间的中国马克思主义文学思想。经过六七年时间的努力，大致在2009年底完成了1919—1949年间“中国马克思主义文学思想”的梳理，这就是2010年出版的三卷本《中国马克思主义学术史概论（1919—1949）》中的“中国马克思主义文学史”部分。

为什么将这篇《试论李大钊的马克思主义文学观》文章，投稿到《四川师范大学学报》呢？因为我早在1992年，就在《四川师范大学学报》发表《试论柏格森哲学对李大钊早期思想的影响》，受到当时学报主编朱文显先生的器重，因而觉得这个刊物特别重视提携年轻学人。就我现在的感觉来说，中国西部地区还是比较重视学术的，学术上的人情关系似乎比东部地区少些，好的文章还是能在西部地区的杂志上发表的。

2021年1月27日

李大钊与中国马克思主义美学的开创

十月革命对中国的社会发展和学术进步产生了极为深刻的影响,李大钊美学思想的发展也与十月革命的影响密切相连。李大钊于 1918 年以后开始了宣传十月革命的历程,并在思想上逐步接受马克思主义基本理论;1919 年李大钊发表《我的马克思主义观》等文章,系统传播马克思主义的基本理论。李大钊自从宣传十月革命起,由于开始了向马克思主义方向的转变,在一些文章中论及美学时尝试以马克思主义进行分析,在美学理论建设和美学诸领域的探索中卓有建树,开启了中国马克思主义美学发展的先河,成为中国马克思主义美学的开创者。

一、阐发劳动创造美的思想

"劳动创造美"是马克思主义美学的一大基本观点。李大钊对劳动创造人生给予了积极的肯定,1919 年 3 月李大钊在《现代青年活动的方向》中曾指出:

> 我却有一个新见解,可是妥当与否,我自己还未敢自信。我觉得人生求乐的方法,最好莫过于尊重劳动。一切乐境,都可由劳动得来,一切苦境,都可由劳动解脱。劳动的人,自然没有苦境跟着他。这个道理,可以由精神的物质的两方面说。劳动为一切物质的富源,一切物品,都是劳动的结果。我们凭的几,坐的椅,写字用的纸笔墨砚,乃至吃的米,饮的水,穿的衣,靡有一样不是从劳动中得来。这是很容易晓得的。至于精神的方面,一切苦恼,也可以拿劳动去排除他,解脱他。①

"人生求乐的方法,最好莫过于尊重劳动",在李大钊思想中是一个新的观

① 《现代青年活动的方向》,《李大钊全集》第 2 卷,人民出版社 2013 年版,第 438—439 页。

点,至少在宣传十月革命之前还没有。李大钊曾说,他过去曾认为是苦中求乐,“以为人生的趣味就在苦中求乐,受苦是人生本分,我们青年应该练忍苦的本领”[①],以后逐步认识到应该是劳动中求乐,并认为“劳动中求乐”是他的“一个新见解”。由此可见,李大钊关于劳动中求乐的思想是刚刚树立的。李大钊此时论证“劳动中求乐”的思想是从物质和精神两个方面来进行的,而不是过去单从精神方面说明的模式,这也表明李大钊的思想正处于转变之中。我们认为,李大钊“劳动中求乐”的思想,从其渊源上说固然受到托尔斯泰“无劳动则无人生”思想的影响[②],但从根本上说是直接导源于十月革命的影响,是十月革命使李大钊对劳动在创造人生中的意义有了新的理解和深刻的把握。李大钊在宣传十月革命的文章中曾指出:“今后的世界,变成劳工的世界。我们应该用此潮流为使一切人人变成工人的机会,不该用此潮流为使一切人人变成强盗的机会。……我们中国人贪惰性成,不是强盗,便是乞丐,总是希图自己不作工,抢人家的饭吃,讨人家的饭吃。到了世界成一大工厂,有工大家作,有饭大家吃的时候,如何能有我们这样贪惰的民族立足之地呢?照此说来,我们要想在世界上当一个庶民,应该在世界上当一个工人。诸位呀!快去作工呵!”[③]李大钊称十月革命为“庶民的胜利”,把建立劳工世界作为社会发展的目标,希望中国人做一个真正的“庶民”,表现了崇尚劳动的理想,这正是从十月革命中所得到的启示。由此我们认为,李大钊的劳动中求乐的思想是十月革命影响的产物,是在接受马克思主义的过程中思想的结晶。

如果我们把李大钊此时的美学思想与马克思主义美学思想进行对比,就可以发现李大钊的许多观点与马克思主义不谋而合。马克思主义认为,美是社会历史发展的结果,是人们在社会中创造性活动的产物。在马克思主义看来,人的劳动不同于动物的本能活动,马克思说:“最蹩脚的建筑师从一开始就比最灵巧的蜜蜂高明的地方,是他在蜂箱里建筑蜂房以前,已经在自己的头脑中把它建成了。劳动过程结束时得到的结果,在劳动的想象中已经观念地存在着。”[④]这就是说,人本身具有审美的想象力,但只有经过社会实践活动,美才能被展现出来;离开劳动过程,人们就难以达到审美的境界。马克思在《1844 年经济学—哲学手稿》中有一段十分精辟的话:

---

① 《现代青年活动的方向》,《李大钊全集》第 2 卷,人民出版社 2013 年版,第 438 页。

② 参见拙作《托尔斯泰对李大钊早期思想的影响》,《学术交流》1993 年第 6 期。

③ 《庶民的胜利》,《李大钊全集》第 2 卷,人民出版社 2019 年版,第 359 页。

④ 马克思:《资本论》第 1 卷,中国社会科学出版社 1983 年版,第 166 页。

> 当然,劳动为富人生产了奇迹般的东西,但是为工人生产了赤贫。劳动生产了宫殿,但是给工人生产了棚舍。劳动生产了美,但是使工人变成畸形。劳动用机器代替了手工劳动,但是使一部分工人回到野蛮的劳动,并使另一部分工人变成了机器。劳动生产了智慧,但是给工人生产了愚钝和痴呆。①

在这里,马克思第一次提出了“劳动创造了美”这一著名论断,同时也论述了美的异化问题。马克思提出的“劳动创造了美”的观点,是基于实践的观点出发的,承认在人与客观世界的关系上人的实践活动能够改变世界,因此“劳动创造了美”,其基本内涵是人在社会生活中的劳动实践创造了美。马克思所说的美的异化问题,主要是说在资本主义社会制度下,一方面是劳动创造了美,但另一方面由于劳动的异化又使“劳动者成为畸形”、“劳动者变成机器”,而失去了美。

李大钊对“劳动创造了美”以及美的异化问题都有涉及。关于“劳动创造了美”,李大钊这样予以表达:“听说北京有位美术家,每日早晨,登城眺望,到了晌午以后,就闭户不出了。人问他什么缘故,他说早晨看见的,不是担菜进城的劳动者,便是携书入校的小学生。就是那推粪的工人,也有一种清白的趣味,可以掩住那粪溺的污秽。因为他们的活动,都是人的活动。他们的生活,都是人的生活。他们大概都是生产者,都能靠着工作发挥人生之美。”②李大钊在这里表述的正是:劳动者的生活是“人的生活”,劳动者的活动是“人的活动”,是工作“发挥人生之美”。“劳动创造了美”的思想得到最为明确的说明。关于美的异化问题,李大钊也是如同马克思一样是在说明“劳动创造了美”的前提下来揭示的。李大钊在提出“一切乐境,都可由劳动得来,一切苦境,都可由劳动解脱”主张之后,指出:“劳动的人,实在不知道苦是什么东西。譬如身子疲乏,若去劳动一时半刻,顿得非常的爽快。隆冬的时候,若是坐着洋车出门,把浑身冻得战栗,若是步行走个十里五里,顿觉周身温暖。免苦的好法子,就是劳动。……但是现在的社会,持尊劳主义的人很少,而且社会的组织不良,少数劳动的人,所得的结果,都被大多数不劳动的人掠夺一空。劳动的人,仍不免有苦痛,仍不免有悲惨,而且最苦痛最悲惨的人,恐怕就是这些劳动的人。”③李大钊还说,唐山煤厂的工人“终日在炭坑里作工,面目都成漆黑的色。人世间的空气阳光,他们都不能十分

① 马克思:《1844 年经济学哲学手稿》,人民出版社 2000 年版,第 54 页。
② 《光明与黑暗》,《李大钊全集》第 2 卷,人民出版社 2013 年版,第 430 页。
③ 《现代青年活动的方向》,《李大钊全集》第 2 卷,人民出版社 2013 年版,第 439 页。

享受。这个炭坑,仿佛是一座地狱。这些工人,仿佛是一群饿鬼。"[①]可见李大钊一方面认为劳动创造了美,另一方面又认为"社会组织的不良"致使劳动者成为"最苦痛最悲惨的人"。马克思的《1844年经济学哲学手稿》1932年才在德国出版,李大钊在1919年当然不可能看到。从上面的分析中可以看出,李大钊关于劳动创造美以及美的异化问题的观点是符合马克思主义美学观的,甚至可以说是与马克思的观点不谋而合。这突出地反映了李大钊在美学领域中的成功探索,因而对中国马克思主义美学的开创有着十分重要的意义。

二、宣传马克思主义的美学原理

李大钊1919年发表了著名的论文《我的马克思主义观》,以宣传马克思主义唯物史观为基本内容,阐述了生产力与生产关系、经济基础与上层建筑的基本关系,为中国马克思主义学术的奠基提供了理论指导。在李大钊所论列的"精神构造"中,虽然没有"美学"二字,但从他解析的唯物史观原理中,以及在此之前关于"劳动创造美"的观点中,可以推断李大钊是将美学列入上层建筑的范畴。进而言之,李大钊在《我的马克思主义观》中尽管没有提及"美学",但他对马克思主义基本原理的宣传,对于中国马克思主义美学的产生、对于中国学术界正确地界定美学的学科地位,应该说是有指导意义的。

李大钊在随后的一些文章中,对美学是上层建筑的一个重要组成部分,受制于经济基础的思想有了系统的阐发。他虽然没有使用"美学"一词,但他用"美术"一词时已包括了美学的内容。我们知道,美学在五四时期作为一个独立的学科的出现,在概念运用上尚不很明晰,通常用"美术"表示包括文学、艺术及我们今天所说的美学,蔡元培就曾说过"美术本包有文学、音乐、建筑、雕刻、图画等学科"[②],这反映了当时学科处于分化之中的状态。李大钊也是在这样的学术背景下来界定美学的性质的。1923年李大钊在一次讲演中指出,"人类生活的全体,不单是政治,此外还有经济的、伦理的、宗教的、美术的种种生活";"文化是以经济作基础","有了这样的经济关系,才会产生这样的政治、宗教、伦理、美

① 《唐山煤厂的工人生活》,《李大钊全集》第2卷,人民出版社2013年版,第435页。

② 蔡元培:《在中国第一国立美术学校开学式之演说》(1918年),《蔡元培美学文选》,北京大学出版社1983年版,第77页。

术等等的生活。假如经济一有变动,那些政治、宗教等等生活也随着变动了。"① 李大钊所说的包括美学在内的美术属于上层建筑的一部分,并且是随着经济基础的变动而变动的,这是完全符合马克思主义唯物史观原义的。恩格斯在阐述唯物史观时曾说,人文社会科学总的情况是"按历史顺序和现今的结果来研究人的生活条件、社会关系、法的形式和国家形式及其由哲学、宗教、艺术等等组成的观念上层建筑"②。考虑到李大钊在《我的马克思主义观》等文章中已经论述过作为观念形态的上层建筑对经济基础的作用,因而我们说李大钊在接受马克思主义后承认作为观念形态的美学对社会生活的作用。

李大钊在宣传马克思主义的过程中对美学在社会主义时期发展的问题多有论述。与对美的异化问题思考相联系,李大钊是在批判资本主义使美异化、艺术发展受到阻碍中来研究美与社会主义关系的,展示社会主义的美好前景。李大钊一个基本观点是,资本主义"阻碍学艺,使之不能发展"。他指出:"固然资本主义在社会中有许多文化,如用机器生产,制造战品,似乎社会进步,然人类进步决不在此,宜在美的感受能力之增加。……伟大艺术品,在过度劳动之下,断无创生之机会。此一般人之主张资本主义,不但在人类生活经济上受其苦窘,即学艺上亦大受其压迫矣。"③李大钊认为在资本主义制度下艺术受到阻碍,是因为劳动者"在过度劳动之下,断无创生的机会"。这就是说,固然劳动创造美,但"过度劳动"又使劳动者失去了创造美的机会,是因为劳动异化而使美异化。他指出:"劳动是苦抑是愉快? 亦可申言之。若社会组织完善,劳动确为愉快之事,不然劳动固甚苦也。"④正是由于"社会组织"的缘故,所以在"资本主义制度下的工作,非常劳苦,同那牛马一样,得不到一点人生的乐趣。"⑤正是李大钊从资本主义制度来进行具体分析,揭示了导致美异化的社会根源,更深层地说明资本主义阻碍"学艺"发展的制度原因。他指出:"在现今资本制度之下,固然有许多人,亦有尊重美术品之能力,然自大体言之,终含有金钱主义之气味。出版物如为美术作品,均可得到稍高之价值,如此亦足阻碍真正的学术。"⑥既然资本主义社会因为"社会组织"的缘故使劳动异化,进而使美异化、阻碍"学艺"的发展,

① 《史学概论》,《李大钊全集》第 4 卷,人民出版社 2013 年版,第 462 页。
② 《马克思恩格斯选集》第 3 卷,人民出版社 1995 年版,第 429 页。
③ 《社会主义与社会运动》,《李大钊全集》第 4 卷,人民出版社 2013 年版,第 250 页。
④ 《社会主义与社会运动》,《李大钊全集》第 4 卷,人民出版社 2013 年版,第 253 页。
⑤ 《社会主义释疑》,《李大钊全集》第 4 卷,人民出版社 2013 年版,第 458 页。
⑥ 《社会主义与社会运动》,《李大钊全集》第 4 卷,人民出版社 2013 年版,第 253 页。

那么美在社会主义社会情形又如何呢？当时学术界有许多人"谓社会主义所建设之社会，是阻碍艺术，不能有所发展。"一些艺术家也有种种疑虑，认为社会主义实行后，社会必然愈趋平凡化，在平凡化的社会里必不能有望艺术的发达。李大钊对此鲜明地指出："社会主义亦有许多美术家、文学家赞成及研究，彼等眼光既由社会主义涵养而出，故彼等希望艺术有真正的发展。"①社会主义"不但不妨碍学艺，而且使之发展"②；因为"在社会主义制度以下，使公众有认识鉴赏能力，消除一切观念"③。而且从事实上来看，"实行社会主义之俄国亦极重美学，戏剧是发达者"④。李大钊在对资本主义与美学、社会主义与美学的关系做了比较充分的研究基础上，提出了通过社会制度变革的途径以促进美学发展的任务。他指出："在资本主义下，那种恶俗的气氛，商贾的倾向，亦何能容艺术的发展呢？又何能表现纯正的美呢？那么我们想发表艺术的美，更不能不去推翻现代的资本制度，去建设那社会主义制度的了。不过实行社会主义的时候，要注意保存艺术的个性发展的机会就是了。"⑤李大钊对美学与社会关系的揭示以及对社会主义时期美学发展的展望，洋溢着时代批判意识和对未来社会美学发展的信念。

李大钊宣传马克思主义美学原理、展望社会主义美学发展的前景，是与当时的思想解放运动紧密联系在一起的。李大钊从宣传科学、倡导解放思想的角度，对蔡元培"以美育代宗教"的思想予以充分的肯定。我们知道，在中国现代美学史上，蔡元培提出的"以美育代宗教"的思想具有强烈的反封建意义。蔡元培"提倡美育，便是使人类能在音乐、雕刻、图画、文学里，又发现他们遗失了情感"，认为"美育之附丽于宗教者，常受宗教之累，失其陶养之作用，而转以刺激感情"。鉴于宗教"激刺感情"的弊端，蔡元培鲜明地提出以美育代宗教的任务，认为"专尚陶养感情之术，则莫如舍宗教而以纯粹之美育"⑥。李大钊从科学发展的角度论证蔡元培"以美育代宗教说"的合理性。他指出，由于生产力的发展和科学的进步，"自然现象、人类社会都脱去神秘的暗云，赤裸裸的立在科学知

① 《社会主义与社会运动》，《李大钊全集》第4卷，人民出版社2013年版，第249页。
② 《社会主义与社会运动》，《李大钊全集》第4卷，人民出版社2013年版，第250页。
③ 《社会主义与社会运动》，《李大钊全集》第4卷，人民出版社2013年版，第253页。
④ 《社会主义与社会运动》，《李大钊全集》第4卷，人民出版社2013年版，第254页。
⑤ 《社会主义释疑》，《李大钊全集》第4卷，人民出版社2013年版，第458—459页。
⑥ 《以美育代宗教说》，《蔡元培美学文选》，北京大学出版社1983年版，第70页。

识之上,见了光明。以美育代宗教的学说,也就发生于现代了。"[①]蔡元培的"以美育代宗教说",虽然与马克思主义美学思想有很大的距离,但对破除宗教迷信、反对封建主义是有积极意义的。李大钊肯定"以美育人宗教说"有科学依据,在当时的情况下对于中国马克思主义美学的建设也是有价值的。

三、介绍西方的美学思想

李大钊在开创中国马克思主义美学的过程中,还尤其注重评析西方美学家的思想,特别是英国的罗斯金和莫里斯的美学思想,为中国马克思主义美学的发展提供借鉴。我们知道,在英国,19 世纪下半叶最杰出的艺术社会家是罗斯金和莫里斯。鲍桑葵在《美学史》中就曾指出:"过去半个世纪英国最优秀的美学——它主要是罗斯金先生和莫里斯的研究成果——的优点和弱点都在于它局限于造型艺术。"[②]李大钊对罗斯金和莫里斯的美学思想所进行的评述,代表了 20 世纪 20 年代中国学者研究西方美学思想的最高水平。

李大钊在介绍西方美学思想时特别评价了罗斯金。罗斯金(John Ruskin,1819—1900),是 19 世纪英国名重一时的文艺批评家,主张美术同劳动和社会相结合,在美学史上是把美感等同官能快感的代表者。罗斯金宣称:"我从来没有看见过一座希腊女神雕像,有一位血色鲜丽的英国姑娘的一半美。"[③]李大钊在《社会主义与社会运动》一文中以大量的篇幅介绍罗斯金,指出:"John Ruskin 之美术的经济观,有三要点:(1)劳动宜最合理者之利用;(2)劳动之结果的生产物品,宜保重之;(3)分配物品宜合理而公平者。彼之意思乃以美术练习人之性情,且认为美术品为至要的,因此美术家之创作,是正当合理之劳动,以美的方法整理经济的组织。"[④]李大钊对罗斯金的美学著作曾作了有重点的评述,认为罗斯金的《近代之画家》(*The modern Painters*)为"其艺术家生活之初步","其著作之大意,以无忌惮之文,将以前所有之论断推翻,而阐明美之观念"。李大钊对此书中一段论美的话特别欣赏,这段话是:"以为美之观念,表现人心最高尚观念之一。美常在一定之程度,常使人心高尚、清洁,渐渐增加,不断的受美之感

① 《物质变动与道德变动》,《李大钊全集》第 3 卷,人民出版社 2013 年版,第 138 页。

② [英]鲍桑葵:《美学史》,商务印书馆(北京)1985 年版,第 570 页。

③ 转引自朱光潜:《谈美》,安徽教育出版社 1997 年版,第 44 页。

④ 《社会主义与社会运动》,《李大钊全集》第 4 卷,人民出版社 2013 年版,第 251 页。

化。其原因即由于天意人意，宇宙之间无一物不是传出一种美之观念。由正当知觉之心，观察一切事物，其美的部分较丑之部分为多。在自然中无丑之物，只有美者。在自然中所含之美不有多少之相差而已。丑是助美者，使周围之财物，宇宙之事物，愈显明、显尽宇宙间之美。"[①]《威尼斯之石》（李大钊译为《文尼斯之石》）是罗斯金一部重要的美学著作，书中认为建筑最能代表人类的精神和审美情趣。罗斯金在《威尼斯之石》中说："一幅绘画，或一首诗，往往不比人们对一些事物发自内心的赞赏的低吟言辞有更多内容，但建筑比较接近人类自己的创造，它来源于人类的需要，也是表现人类的性格。它多少也是整个人类的创造，而绘画和雕塑只是一个民族的创造。"[②]李大钊对罗斯金的《威尼斯之石》作了比较全面的评价，指出："《文尼斯之石》（*Stone of Venice*，一八五一年夏第一卷出版），说明信仰、思想、习惯种种民族之表现，即说明全民族之艺术，家庭或宫室建筑反动之现象说明出来。彼谓一国国民之历史与其说记于书中，毋宁说记载在片石上，其对于碑、石、雕刻非常注意。彼以为伟大建筑物，即说明一国民道德之如何高，劣等建筑即粗暴之民之不道德。此书即发明其艺术哲学与其社会改造结合之要领。……一八五二年 Ruskin 至 Venice，一八五三年春此书全部完成。此书之要点，即指责出来近来劳动者为机器之奴隶，将人之趣味，销毁于机器之中。机器工业于道德上、精神上均有缺点，彼将此缺点，一一指出。"[③]此外，李大钊对罗斯金的《建筑之七灯》（*The seven Lamps of Structure*）、《图画之真髓》（*Elements of Drawing*）、《永久之欢》（*A Joy for Ever*）、《时与潮》、《艺术经济学》等诸多美术著作都有评价，称罗斯金是"富有一种极富裕同情心，可说是美术之批评，社会改良家"，同时亦可说是"多感情之教育家"[④]。在 1920 年的中国学术界能够对罗斯金的美学思想作这样比较全面和中肯的评述，实不多见，足见李大钊在介绍西方美学中的地位。

李大钊还介绍了莫理斯的美感社会主义思想，并指出这种思想的空想性。威廉·莫理斯（1834—1896）是 19 世纪英国作家、工艺美术家和空想社会主义者，他特别推崇中世纪艺术与手工艺，认为建筑艺术是"霸主艺术"，"它包括和完善着其它一切艺术，其它各种艺术都是为它服务的，或是作为它的组成部

① 《社会主义与社会运动》，《李大钊全集》第 4 卷，人民出版社 2013 年版，第 286 页。

② 蒋孔阳主编：《十九世纪西方美学名著选》（英法美卷），复旦大学出版社 1990 年版，第 83—84 页。

③ 《社会主义与社会运动》，《李大钊全集》第 4 卷，人民出版社 2013 年版，第 287 页。

④ 《社会主义与社会运动》，《李大钊全集》第 4 卷，人民出版社 2013 年版，第 287 页。

分”。表现出对中世纪的迷恋。莫理斯还认为,当时英国社会的统治者的主要罪恶在于,使工作与快乐分离,使艺术同技艺分离,使艺术脱离它的基础——社会与个人,主张通过道德和审美教育来改造现实社会。莫理斯还有一句名言,艺术是“人们工作中快乐的表现”①。李大钊对莫理斯的美学思想进行了介绍:“William Morris 之美术观说:美术不是特种阶级所特有之奢侈品,是为全人类所必需者,社会上并无将美术物从任何人手中夺去之权,应为大家所享受。”②李大钊对莫理斯的美学思想进行评述,认为莫理斯的美学主张在资本主义社会条件下无法实现。李大钊指出:“莫理斯最赞美的,是欧洲十四世纪的艺术品,而最鄙视的是现代的艺术品。”“莫理斯所主张的社会主义,是一种美感的社会主义。他常说:工作能使精神感觉愉快,这就是‘工作的喜悦’。即我们日常生活上的喜悦,也多从工作中来。……但是在资本主义社会的人,是永享不到工作的愉快的。”③李大钊还说:“William Morris 以为资本主义使人生活上,渐趋于干燥无味之境,学艺亦日见退化,于是发生反抗,得到美学的社会主义运动”④。李大钊肯定“美感社会主义”对资本主义批判上的意义,但也指出在资本主义社会是不可能实现美的。因此,李大钊提出社会变革的任务,主张通过推翻资本主义制度来为美学的发展开辟道路,并认为只有在社会主义条件才能满足工人快乐的生活,使工人愉快地工作。他说:“在此种状况之下,欲使工作者喜悦,不能不推翻资本主义。一方面欲使工人快乐,当实行社会主义。”⑤

中国现代美学的建设必须以马克思主义的美学思想为指导,但同时也离不开对西方美学思想中积极成果的吸收。李大钊对西方美学思想的介绍尽管还是初步的,但对于中国学术界了解西方的美学现状,有批判地借鉴西方美学的合理成分,建设有中国特色的美学体系是有积极意义的。

四、对美学诸领域的探索

李大钊在转变为马克思主义者以后,不仅在宣传美学理论上颇有建树,而且

① [美]凯瑟琳·埃雷特·吉尔伯特、[德]赫尔穆特·库恩:《美学史》,上海译文出版社 1989 年版,第 558—561 页。

② 《社会主义与社会运动》,《李大钊全集》第 4 卷,人民出版社 2013 年版,第 294 页。

③ 《社会主义释疑》,《李大钊全集》第 4 卷,人民出版社 2013 年版,第 458 页。

④ 《社会主义与社会运动》,《李大钊全集》第 4 卷,人民出版社 2013 年版,第 250 页。

⑤ 《社会主义与社会运动》,《李大钊全集》第 4 卷,人民出版社 2013 年版,第 251 页。

在美学的一些重要领域,诸如自然美、艺术美、社会美等领域进行探索,为创建中国马克思主义美学作出了巨大的努力。

李大钊非常崇尚自然美。在他看来,自然显现事物的本来面目,能给人带来一种特有的情趣。在李大钊的笔下,自然是美的,清雅而有生气,没有人为造作,却带有事物的纯真和质朴。他在《山中即景》诗中写道:“是自然的美,是美的自然;绝无人迹处,空山响流泉。”[①]在《山峰》诗中又写道:“一个山峰头,长着几棵松树。片片的白云,有时把他遮住。白云飞来便去,山峰依然露出。”[②]在李大钊诗的境界中,自然就是美的化身,它不带有目的、功利,而成为人的审美对象。李大钊在《五峰游记》中写道:“山路崎岖,水路两岸万山重叠,暗崖很多,行舟最要留神,而景致绝美。”“河里小舟飘着。一片斜阳射在水面,一种金色的浅光,衬着那岸上的绿野。景色真是好看。”李大钊歌颂自然美,一方面是由于自然有其壮观的景色,另一方面是自然赋予创造的力量。李大钊在《五峰游记》中还写道:“滦水每年泛滥,河身移徙无定,居民都以为苦。其实滦河经过的地方,虽有时受害,而大体看来,却很富厚,因为他的破坏中,却带来了很多的新生活种子、原料。房屋老了,经他一番破坏,新的便可产生。土质乏了,经他一回滩淤,肥的就会出现。这条滦河,简直是这一方的旧生活破坏者,新生活创造者。”[③]可见,李大钊崇尚自然美,在于高扬自然的创造力,滦河在李大钊的审美境界中就是创造力的体现,新的生命力的代表。李大钊歌颂大自然,歌颂自然美,同时也强调人对自然美要有切实的把握,主张审美主体对自然的理解和认知,亦即要提升审美能力去领悟自然,如此方能真正体认自然美的境界。李大钊说:“旅途上的征人所经过的地方,有时是坦荡平原,有时是崎岖险路。老于旅途的人,走到平坦的地方,固是高高兴兴的向前走,走到崎岖的境界,愈是奇趣横生,觉得在此奇绝壮绝的境界,愈能感得一种冒险的美趣。”[④]老于旅途的人走到崎岖的境界,之所以能领略“奇绝壮绝的境界”,之所以能够感受到“冒险的美趣”,是与他的生活阅历、审美情趣密不可分的。这是说,自然之所以有壮美的趣味是因为有了人的审美能力。马克思就说过:“忧心忡忡的贫穷的人对最美丽的景色都没有什么感觉;经营矿物的商人只看到矿物的商业价值,而看不到矿物的美和独特性;他

① 《山中即景》,《李大钊全集》第5卷,人民出版社2013年版,第333页。

② 《山峰》,《李大钊全集》第5卷,人民出版社2013年版,第337页。

③ 《五峰游记》,《李大钊全集》第3卷,人民出版社2013年版,第61—62页。

④ 《艰难的国运与雄健的国民》,《李大钊全集》第4卷,人民出版社2013年版,第487页。

没有矿物学的感觉。"①李大钊对自然美的感悟以及关于人的审美能力与自然美关系的解析是符合马克思主义美学思想的。

社会美是李大钊重点探索的美学领域。在李大钊的美学视野中，快乐的人生、理想的追求构成了生命存在的依据，他崇尚悲壮而崇高的人生境界。1919年11月李大钊在《新生活》发表的一篇题为《牺牲》的美学杂感中写道："人生的目的，在发展自己的生命，可是也有为发展生命必须牺牲生命的时候。因为平凡的发展，有时不如壮烈的牺牲足以延长生命的音响和光华。绝美的风景，多在奇险的山川。绝壮的音乐，多是悲凉的韵调。高尚的生活，常在壮烈的牺牲中。"②生命是最为宝贵的，但发展生命有时是以牺牲生命为代价的，也就是说人生的崇高境界是同创造、奋斗、牺牲相联系的，"壮烈的牺牲足以延长生命的音响和光华"。李大钊以"绝美的风景"、"绝壮的音乐"来衬托"高尚的生活"的崇高境界，阐述壮烈牺牲的人生意义。这是一位崇高的共产主义者的理想信念所表现的精神境界。1922年黄爱、庞人铨两位工人运动的领导人被湖南军阀赵恒惕杀害，李大钊写下了《〈黄庞流血记〉序》，讴歌黄庞的牺牲精神，进一步申明崇高的牺牲精神对人生的意义。李大钊写道："我们的目的，在废除人类间的阶级，在灭绝人类间的僭擅。但能达到这个目的，流血的事，非所必要，然亦非所敢辞。要知道，牺牲永是成功的代价。"③李大钊所讲的"牺牲"是美的自由创造，是道德境界与审美境界相统一的内在要求，是人类"爱"的精神在社会历史、人生追求中的实现。李大钊说："有一种美景物、美境域在我们眼前，我们不可把他拿来作我们的牺牲。因为牺牲了他，决不是爱了他。我们当真爱他，应该把我们自己牺牲给他。把我们自己牺牲给他，他的美善，才真能为我们所享受，所获得。爱的法则，就是牺牲的法则。"④这种与牺牲相统一的"爱"是人类追求美好生活、美好境界的本能，因此"实行这个'爱'字，必须有牺牲的精神。爱人道，便该为人道牺牲。爱真理，便该为真理牺牲。爱自由，便该为自由牺牲。爱平等，便该为平等牺牲。爱共和，便该为共和牺牲。爱的方法便是牺牲，牺牲的精神便是爱。"⑤李大钊正是对人类生活的爱和对共产主义美好理想的追求，最后牺牲了自己的生命，实现壮烈的人生境界。在李大钊美学思想中，崇高的人生与自然的

① 马克思：《1844年经济学哲学手稿》，人民出版社2000年版，第87页。
② 《牺牲》，《李大钊全集》第3卷，人民出版社2013年版，第107页。
③ 《〈黄庞流血记〉序》，《李大钊全集》第4卷，人民出版社2013年版，第173页。
④ 《双十字上的新生活》，《李大钊全集》第3卷，人民出版社2013年版，第82页。
⑤ 《双十字上的新生活》，《李大钊全集》第3卷，人民出版社2013年版，第82页。

壮美是统一的,社会与自然是相融的,他曾写有《自然与人生》的文章来予以阐明。李大钊说:“一切生命,都是由幼小向老大、死亡里走。中央公园里带着枯枝的老柏对着几株含蕊欲放的花,显出他那生的悲哀,孤独的悲哀,衰老的悲哀。”①这就是说,生命与自然本是同一的,都有一个自然的历史的过程。基于此,李大钊美学视野中的社会美与自然美又是不可分割的处于联系之中。我们知道,自然可分为经过人们改造加工的自然和未经直接改造的自然,前一种自然对象的美主要是以其社会内容的直接显露为特点,后一种自然对象的美也与社会有间接隐晦曲折的关系,故自然美往往与社会美难以截然划分。例如,长江、黄河因其被开发成为中华民族创造历史的见证而成为美的对象,又因其浪涛汹涌的自然感性形式而成为美的对象。李大钊从自然美与社会美的相通中来寻求中华民族的精神源泉,他在《艰难的国运与雄健的国民》中写道:“一条浩浩荡荡的长江大河,有时流到很宽阔的境界,平原无际,一泻万里。有时流到很逼狭的境界,两岸丛山叠岭,绝壁断崖,江河流于其间,曲折回环,极其险峻。民族生命的进展,其经历亦复如是。……中华民族现在所逢的史路,是一段崎岖险阻的道路。在这一段道路上,实在亦有一种奇绝壮绝的景致,使我们经过此段道路的人,感得一种壮美的趣味。但这种壮美的趣味,是非有雄健的精神的不能够感觉到的。”②这是以自然的壮美来喻示历史的进路,说明中华民族在创造历史中遇到崎岖险阻时所应付出牺牲、曲折的努力才可能通达壮美的社会景观,因此唯有“雄健的精神”才能使自然的壮美化为社会的壮美,才能使社会的历史有如长江、黄河那样奔腾、汹涌,一泻万里,由此中华民族创造历史的力量得以充分的展示。李大钊继续写道:“我们的扬子江、黄河,可以代表我们的民族精神。扬子江及黄河遇见沙漠、遇见山峡都是浩浩荡荡的往前流过去,以成其浊流滚滚,一泻万里的魄势。目前的艰难境界,那能阻抑我们民族生命的前进。我们应该拿出雄健的精神,高唱着进行的曲调,在这悲壮的歌声中,走过这崎岖险阻的道路。要知在艰难的国运中建造国家,亦是人生最有趣味的事……。”③李大钊对人生、社会的审美中充满了乐观、悲壮的精神,自然、人生、国家、民族、社会都是具有“冒险的美趣”,而达到“奇绝壮绝的景致”。我们感悟到李大钊作为革命家所特有的乐观主义精神和征服艰难险阻、寻求社会与人生崇高境界的审美情趣。

---

① 《自然与人生》,《李大钊全集》第3卷,人民出版社2013年版,第256页。

② 《艰难的国运与雄健的国民》,《李大钊全集》第4卷,人民出版社2013年版,第487页。

③ 《艰难的国运与雄健的国民》,《李大钊全集》第4卷,人民出版社2013年版,第487—488页。

李大钊对艺术美也进行了重要的探索。在古今艺术的关系问题上，李大钊具有辩证的分析。他承认古人的艺术有超出今人的地方，在艺术上确实存在“历时愈久，而愈见其好者”的情况，因为“艺术乃是有创造天才的人所造成的”①。但李大钊不因为古人艺术有超越今人的方面而盲信古人，他认为艺术是发展的，今人一定能创造出超过古人的艺术。他说：“历史是人创造的，古时是古人创造的，今世是今人创造的。古时的艺术，固不为坏，但是我们也可以创造我们的艺术。古人的艺术，是以古人特有的天才创造的，固有我们不能及的地方，但我们凭我们的天才创造的艺术，古人也不见得能赶上。古人有古人的艺术，我们有我们的艺术。”②李大钊关于今古艺术的认识是正确的，艺术生产同物质生产之间存在着不平衡的关系，艺术作为社会意识形态属于上层建筑的组成部分，但艺术这种上层建筑与法律、政治的上层建筑还有所不同，与经济基础的关系较为间接，更多地反映人类思想、智慧和感情发展的普遍成果，因此古人的艺术亦有今人所不及的地方。但包括艺术在内的“意识形态的形式”，其变化归根到底“必须从物质生活的矛盾中，从社会生产力和生产关系之间的现存冲突中去解释”③。因而我们能创造我们的艺术，“古人也不见得能赶上”。我们说，在艺术美问题上，李大钊创造性地坚持马克思主义唯物史观原理，使古今艺术之间的关系得到科学的解说。在艺术美领域，有关文艺美学问题也是李大钊成功探索的方面。早在 1913 年《文豪》的文章中，李大钊就认为文学具有“化魔于道，化俗于雅，化厉于和，化凄切为幽闲，化狞恶为壮美”④的美学意义。转变为马克思主义者以后，李大钊在《什么是新文学》中提出文学上要有“真爱真美”的质素⑤，这里是强调文学既要有艺术之美又要有道德之美，亦即文学要内含审美的意义和道德教化的意义。李大钊不是为艺术而艺术论者，他强调的文学是真善美的文学，亦即融合科学性、思想性、艺术性的文学，所以他说新文学的土壤、根基是“宏深的思想、学理，坚信的主义，优美的文艺，博爱的精神”⑥。基于艺术是“创造天才”的人所创造的思想，李大钊尤为重视文学艺术创作中的个性作

① 《今与古》（1922 年 1 月），《李大钊全集》第 4 卷，人民出版社 2013 年版，第 14 页。
② 《今与古》（1922 年 1 月），《李大钊全集》第 4 卷，人民出版社 2013 年版，第 16 页。
③ 《马克思恩格斯选集》第 2 卷，人民出版社 1995 年版，第 33 页。
④ 《文豪》，《李大钊全集》第 1 卷，人民出版社 2013 年版，第 118 页。
⑤ 《什么是新文学》，《李大钊全集》第 3 卷，人民出版社 2013 年版，第 169 页。
⑥ 《什么是新文学》，《李大钊全集》第 4 卷，人民出版社 2013 年版，第 170 页。

用,指出:“艺术家最希望发表的是特殊的个性的艺术美,而最忌的是平凡。”①所谓“特殊的个性的艺术美”是说艺术作品要体现独特的风格、思想和内容,而不能人云亦云,失去创作者的主体积极性和社会、人生所涵盖的丰富、曲折的生动内容。李大钊批判那种“应考的遗传性”,即把文学等内容来迎合“主考的意旨,说些不是发自本心的话。……所说的话、作的文,都是揣摩主考的一种墨卷,与他的实生活都不生关系。”②李大钊这一评价是富有见地的。文学艺术等根源于社会生活,社会生活是文学艺术的源头活水,因此不能够与社会实际生活“不生关系”;同时,文学艺术又不是社会生活的简单模拟,而是艺术性的再创造,有创作者主体意识的参与,如果都“说些不是发自本心的话”则作品流于平凡和俗套,当然也不可能给人产生审美的情趣。李大钊对文学作品的文字也提出了要求,他比较欣赏“忏悔的文字”。在李大钊看来,“最可敬的是忏悔的人,因为他是从罪恶里逃出来的,所以他对于罪恶的本体和自己堕落的生活,都有一层深严而且透彻的认识。”所以李大钊说:“我们觉得忏悔的文字,十分沉痛、严肃,有光华,有声响,实在是一种神圣的人生福音。”③这就是说,创作的文字,要反映作者思想感情的深刻变化和作者对社会和人生的深刻理解,这是李大钊对文学作品就文字而言所提出的审美要求。李大钊在艺术美领域的探索是极其有深度的,具有思想、理论和艺术上的建树。

在中国20世纪美学发展史上,李大钊的美学思想有着重要的地位。李大钊在转变为马克思主义者的过程中及成为马克思主义者之后,对美学建设的理论和实际问题的研究方面所做出的努力,成为20世纪中国马克思主义美学蓬勃发展的良好开端,由此也确立了他在中国马克思主义美学发展史上的先驱地位。李大钊是中国现代美学史上的开拓者、中国马克思主义美学的开创者。

(原载《西南师范大学学报》2003年第2期,人大复印资料
《美学》2003年第5期全文转载)

【昔文琐记】这篇《李大钊与中国马克思主义美学的开创》,写作于2001年春天,是在北师大读博期间完成的。

我当时对于美学方面的知识懂得很少,但为了研究李大钊的美学思想,就采

① 《社会主义释疑》,《李大钊全集》第4卷,人民出版社2013年版,第458页。
② 《应考的遗传性》,《李大钊全集》第3卷,人民出版社2013年版,第93页。
③ 《忏悔的人》,《李大钊全集》第3卷,人民出版社2013年版,第210页。

取“恶补”的方法，读了美学方面的相关书籍，因而也就写出这篇文章。我的体会是，研究美学思想需要三方面的知识：一是哲学。研究者如果哲学基础好点的，对相关美学观点的解读就能像回事，并且也能达到一定的学术高度。二是文学。许多美学观点蕴含在文学作品之中，因而懂得文学就能体会其美学的意蕴。三是美学史。美学观点有多大创造性，有着怎样的文化根基，懂得美学史就能认识到，故而美学史对于美学思想的研究乃是学术史基础。这三方面是从学科方面说的，而马克思主义的理论指导则是根本性的、方向性的，不然就难以把握其中的关键问题。

李大钊有一些集中论述美学问题的文章，但更多的美学观点是体现在李大钊的其他文章之中，这就需要在马克思主义指导下、依据美学的见地将相关的论述梳理出来，并使之构成一个系统，因而还是有一点难度的。我的办法就是，首先在《李大钊文集》中找出李大钊有关美学思想的资料，然后在美学视域中加以认识和解读，形成比较系统的认识。好在，我对李大钊的著作比较熟悉，梳理起来也就比较容易。我那时年轻，思维活跃，创造性比较强，成文速度也比较快，只要有相关资料不愁写不出文章。故而，写作此文也没有感觉到特别费劲。现在看来，这篇文章对李大钊的美学思想的分析，应该说还是比较到位的，文中提出的观点自认为是能自圆其说的。

反思自己三十多年学术生涯，我掌握的美学知识，并没有能用到位。我掌握社会学的知识，不仅研究李大钊，而且也研究了陈独秀、近代中国留学生及《新民主主义论》等对社会学发展的贡献。我掌握“中国近代史研究史”的知识，不仅写出《李大钊与中国近代史研究》，而且也写出《陈独秀与中国近代史研究》、《梁启超与中国近代史研究》等文章。然而，在美学研究方面，除了这篇《李大钊与中国马克思主义美学的开创》外，还没有发表第二篇专门研究美学的论文。这是应该认真检讨的。从功利性角度看，好不容易掌握了一门学科的相关知识，结果只是写出一篇文章，这对研究者来说也太没有效益了。不过，这些年来，我也时常想研究中国现代美学。于是，也就对中国现代美学发展史进行相关的梳理。有关中国现代美学研究的心得，集中在五卷本的《中国现代学术概论》中，待有机会将这部著作出版。

2021 年 1 月 27 日

中国共产党建设中国马克思主义学术体系的历史经验

中国共产党是中国无产阶级性质的政党，是先进文化建设的代表者和领导者，为中国文化的现代转型和现代中国学术体系的建立作出了历史性的贡献。从理论上说，任何比较成熟的政党都要建立自己的学术话语系统，都要为其合法性存在提供学理的支撑，都要通过学术资源推行其路线、方针、政策，因而都对学术文化予以特别的重视。就中国共产党的具体情形而论，中国共产党在长期的奋斗生涯中，积极推进马克思主义中国化进程，领导中国的学术建设和文化发展，在创建中国马克思主义学术体系①中发挥了领导和组织作用。中国共产党在创建中国马克思主义学术体系中，积累了十分丰富而又宝贵的历史经验，值得我们认真地总结并发扬光大。在笔者看来，中国共产党建设中国马克思主义学术体系的历史经验，有以下几个突出的方面。

一、坚持马克思主义在学术研究中的指导地位

中国共产党是以马克思主义为指导来领导学术研究的，并在构建中国马克思主义学术体系的过程中，努力使马克思主义的指导地位得到有效的贯彻。中国共产党创建以后，不断推进马克思主义在中国的发展和创新，最终形成了马克思主义中国化的理论成果。就指导学术建设而言，中国共产党一开始是以经典马克思主义作为学术研究的指导思想，在中国化马克思主义产生之后，中国共产

---

① “中国马克思主义学术体系”，是中国马克思主义者以马克思主义为指导、以中国社会的各种现象为研究对象所构建的学术研究体系，它包括“新民主主义学术体系”和“社会主义学术体系”两大学术体系。

党除继续坚持经典马克思主义在学术研究中的指导地位外，又与时俱进地以中国化马克思主义作为学术研究的指导思想，从而牢固地确立马克思主义在中国马克思主义学术体系中的指导地位，并使中国马克思主义学术具有鲜明的中国特色。概而言之，中国共产党在确立马克思主义在学术研究的指导地位，有这样几个显著的方面：

1. 强调坚持"主义"与发展"主义"的辩证统一。中国共产党在领导中国革命、建设和改革开放的伟大实践中，在建设先进文化、发展马克思主义学术的过程中，正确地对待坚持"主义"与发展"主义"的关系，一方面坚定信仰和坚决捍卫马克思主义，始终不渝地坚持马克思主义的立场、观点和方法；另一方面又以发展和创新的态度对待马克思主义，反对本本主义，努力推进马克思主义中国化的进程，从而使坚持"主义"与发展"主义"得到辩证的统一。毛泽东在《反对本本主义》中指出："我们说马克思主义是对的，决不是因为马克思这个人是什么'先哲'，而是因为他的理论，在我们的实践中，在我们的斗争中，证明了是对的。我们的斗争需要马克思主义。我们欢迎这个理论，丝毫不存在什么'先哲'一类的形式的甚至神秘的念头在里面。……马克思主义的'本本'是要学习的，但是必须同我国的实际情况相结合。我们需要'本本'，但是一定要纠正脱离实际情况的本本主义。"①毛泽东思想作为中国化马克思主义，它是"应用马克思列宁主义的科学方法，概括中国历史、社会及全部革命斗争经验而创造出来，用以解放中国民族与中国人民的理论与政策"②，体现了既坚持马克思主义、又发展马克思主义的辩证统一。中国共产党人正是坚持"主义"与发展"主义"的辩证统一，因而在建设中国马克思主义学术体系的过程中，一方面坚持马克思主义的立场、观点、方法，独立自主地分析和研究中国的实际；另一方面又不拘泥于马克思主义具体的现成结论，而是运用马克思主义具体地研究中国的经济现象、政治现象和文化现象，研究中国革命、建设和改革开放实践中所迫切需要解决的课题，因而从学术的高度深化了对中国社会状况的研究，从使其研究结论不断地接近于中国社会的实际，并成为中国共产党制定路线、方针、政策的学术依据。

2. 倡导"主义"的研究与"主义"的宣传的有机结合。中国共产党人以马克思主义为指导思想，一方面高度重视马克思主义的理论宣传工作，另一方面又十分重视马克思主义的学术研究工作，使宣传工作与研究工作相得益彰，将马克思

---

① 《毛泽东选集》第一卷，人民出版社 1991 年版，第 111—112 页。

② 《刘少奇选集》上卷，人民出版社 1981 年版，第 334 页。

主义的研究与宣传很好地结合起来，扩大了马克思主义在中国社会、思想文化学术界的影响力。中国马克思主义先驱李大钊在宣传马克思主义的过程中，鲜明地指出：“一方面固然要研究实际的问题，一方面也要宣传理想的主义。这是交相为用的，这是并行不悖的。”自然，“一个社会主义者，为使他的主义在世界上发生一些影响，必须要研究怎么可以把他的理想尽量应用于环绕着他的实境”①。刘少奇在新中国成立初期曾有这样的总结：“自从马克思列宁主义传到中国以后，就立即被中国的先进人物所接受。经过这些先进人物对马列主义理论的研究和宣传，从而组织中国共产党。……中国共产党经过近三十年的斗争，获得了革命的胜利。在这个长期的、艰苦的革命斗争中，一方面，我们在广大的范围内宣传了马列主义，使马列主义的原理通俗化，具有中国的民族形式。……马列主义产生于欧洲，经过我们党的宣传、努力，使它具有了中国民族的形式，同中国劳动人民的实际生活、实际斗争密切结合起来。这样，马列主义就成了中国劳动人民进行革命斗争的强有力的战斗武器和战斗旗帜。另一方面，我们又在极为深刻的意义上丰富和发展了马列主义的理论，在马列主义总武器库中增加了不少新的武器。”②就理论宣传与学术研究的关系来看，一方面，理论宣传有助于激发研究者的兴趣，提高学术研究者的理论素养和学术洞察力，理论宣传同时也有助于学术研究成果的普及化、大众化、社会化；另一方面，学术研究始终是理论宣传的基础，学术研究可以使理论宣传具有正确性、客观性，推进理论宣传不断走向深入，提高理论宣传效果的实效性。中国共产党很重视理论宣传对于研究工作的先导作用，同时也重视学术研究对于理论宣传的支撑作用，使构建起来的中国马克思主义学术体系在理论宣传、学术研究中起到很好的效果。

3. 注重“主义”的工具理性与价值理性的内在联系。马克思主义是指导中国共产党人开展社会变革事业、推进中国社会进步的思想武器，具有工具性价值；同时，马克思主义也是一种先进文化，是人类文明的最新成果，对于引领人们形成正确的世界观、价值观、人生观，对于人们的精神生活的丰富与提升有着重要的意义，是创造高尚文化生活的思想资源，因而具有突出的价值理性。由此，中国共产党人在创建中国马克思主义学术体系过程中，一方面发挥马克思主义的工具价值，确认马克思主义是学术研究的指导思想；另一方面科学地承继这份思想文化遗产，将马克思主义所倡导的各种理念有机地贯彻到学术文化的具体

① 《李大钊全集》第3卷，人民出版社2013年版，第50、51页。

② 《刘少奇选集》下卷，人民出版社1985年版，第78—79页。

内容之中，形成了具有中国特色的马克思主义文化思想，开创马克思主义文化在中国发展的新局面。正是中国共产党人注重“主义”的工具理性与价值理性的内在联系，“五四”以后中国文化建设发生了历史性的变化：“在‘五四’以后，中国产生了完全崭新的文化生力军，这就是中国共产党人所领导的共产主义的文化思想，即共产主义的宇宙观和社会革命论。……由于中国政治生力军即中国无产阶级和中国共产党登上了中国的政治舞台，这个文化生力军，就以新的装束和新的武器，联合一切可能的同盟军，摆开了自己的阵势，向着帝国主义文化和封建文化展开了英勇的进攻。这支生力军在社会科学领域和文学艺术领域中，不论在哲学方面，在经济学方面，在政治学方面，在军事学方面，在历史学方面，在文学方面，在艺术方面（又不论是戏剧，是电影，是音乐，是雕刻，是绘画），都有了极大的发展。二十年来，这个文化新军的锋芒所向，从思想到形式（文字等），无不起了极大的革命。其声势之浩大，威力之猛烈，简直是所向无敌的。其动员之广大，超过中国任何历史时代。”①21 世纪，中共中央从建设中国特色社会主义先进文化的高度，提出了《关于进一步繁荣发展哲学社会科学的意见》，不仅明确“学科建设是繁荣哲学社会科学的基础”，而且以马克思主义为指导强调了三个“着眼于”的现实课题，即着眼于马克思主义理论的运用，着眼于对现实问题的理论思考，着眼于对新的实践和新的发展来积极推进理论创新，将马克思主义的工具理性与价值理性辩证统一起来。概而言之，马克思主义的工具理性与价值理性，在中国马克思主义学术体系中的表现，就是一方面将马克思主义作为学术研究的指导思想，坚持马克思主义的基本观点不动摇；另一方面又将马克思主义作为学术研究的文化资源，有重点地出版马克思主义经典著作，这使得中国马克思主义学术体系既有正确的前进方向，又有先进而又厚重的无产阶级文化的底蕴。

4. 处理好“主义”的指导与实际的具体研究的关系。恩格斯指出：“如果不把唯物主义方法当作研究历史的指南，而把它当作现成的公式，按照它来剪裁各种历史事实，那它就会转变为自己的对立物。”②中国共产党人在创建中国马克思主义学术体系的过程中认识到，马克思主义的指导与具体的研究工作有着不可分割的联系；在研究工作中，马克思主义必须处于指导地位，建设新的学术体系、新的文化体系时“也不能离开中国无产阶级文化思想的领导，即不能离开共

---

① 《毛泽东选集》第二卷，人民出版社 1991 年版，第 697—698 页。

② 《马克思恩格斯选集》第 4 卷，人民出版社 1995 年版，第 688 页。

产主义思想的领导”①,但又不能以马克思主义替代具体的研究工作。对此,毛泽东有一段著名的论述:“马克思主义必须和我国的具体特点相结合并通过一定的民族形式才能实现。马克思列宁主义的伟大力量,就在于它是和各个国家具体的革命实践相联系的。对于中国共产党说来,就是要学会把马克思列宁主义的理论应用于中国的具体的环境。成为伟大中华民族的一部分而和这个民族血肉相连的共产党员,离开中国特点来谈马克思主义,只是抽象的空洞的马克思主义。因此,使马克思主义在中国具体化,使之在其每一表现中带着必须有的中国的特性,即是说,按照中国的特点去应用它,成为全党亟待了解并亟须解决的问题。洋八股必须废止,空洞抽象的调头必须少唱,教条主义必须休息,而代之以新鲜活泼的、为中国老百姓所喜闻乐见的中国作风和中国气派。”②这里,毛泽东指出了马克思主义对中国实际问题研究的指导作用,同时反对教条式地对待马克思主义,而强调在马克思主义指导下开展具体的研究工作的极端重要性。20 世纪 30 年代,中国共产党领导下的社会科学工作者,运用马克思主义经济学理论研究中国的经济状况,运用马克思主义政治学理论研究当时的中国社会性质,运用马克思主义社会学阐发中国农村社会结构,运用马克思主义史学理论研究中国古代社会,从而形成的一系列的既遵循马克思主义观点又符合中国实际的基本观点,促进了中国马克思主义学术体系的形成。也正是在这样的过程中,中国共产党人努力推进马克思主义中国化、时代化、大众化,为马克思主义学术中国化作出了突出的贡献。

二、加强对中国社会实际状况的调查研究

中国共产党人推进马克思主义中国化,把马克思主义基本原理同中国具体实际结合起来,“这个结合的过程,始终是以调查研究为前提、为依据的。也就是说,是在调查研究的基础上,实现并不断深化马克思主义基本原理同中国具体实际的结合和统一的。”③中国共产党领导学术建设也是以对中国社会状况的调查研究为基础的,而且特别强调关于中国社会研究的极端重要性,因而所建立的

① 《毛泽东选集》第二卷,人民出版社 1991 年版,第 705 页。

② 《毛泽东选集》第二卷,人民出版社 1991 年版,第 534 页。

③ 《江泽民文选》第一卷,人民出版社 2006 年版,第 304 页。

中国马克思主义学术体系,一方面是以马克思主义为指导,突出马克思主义的指导地位;另一方面则是以解决中国社会现实问题为出发点,因而是关于中国社会变革的学术研究体系。换言之,中国社会状况的调查研究,在中国马克思主义学术体系中占有突出的地位,是中国共产党建设中国马克思主义学术体系的重要经验。

1. 树立"以中国为中心"的研究思路。中国共产党推进马克思主义学术中国化,始终坚持"以中国为中心"的研究思路。毛泽东在《改造我们的学习》一文中,强调要以"马克思列宁主义的态度"来研究中国的实际问题,阐明了"以中国为中心"的研究思路。毛泽东指出:"在这种态度下,就是应用马克思列宁主义的理论和方法,对周围环境作系统的周密的调查和研究。……在这种态度下,就是不要割断历史。不单是懂得希腊就行了,还要懂得中国;不但要懂得外国革命史,还要懂得中国革命史;不但要懂得中国的今天,还要懂得中国的昨天和前天。在这种态度下,就是要有目的地去研究马克思列宁主义的理论,要使马克思列宁主义的理论和中国革命的实际运动结合起来,是为着解决中国革命的理论问题和策略问题而去从它找立场,找观点,找方法的。这种态度,就是有的放矢的态度。'的'就是中国革命,'矢'就是马克思列宁主义。"[①]在中国共产党的倡导下,中国的马克思主义学术注重中国问题的研究。就经济学方面而言,王亚南在1942年前后,相继发表《关于中国经济学建立之可能与必要的问题》、《关于中国经济学之研究对象与研究方法的问题》等文章,倡导创建"一种专为中国人攻读的政治经济学","扫除一切有碍中国经济改造的观念上的尘雾","明确知道中国社会经济改造发展所必须与可能遵行的途径",以便使中国的经济学能够直接服务于中国经济改造的目的[②]。正是"以中国为中心"的研究思路,中国马克思主义学术体系主要研究的是中国社会现象的各个方面。譬如,中国马克思主义哲学是运用马克思主义哲学的基本观点,来阐发中国革命、建设、改革开放中所必须解决的哲学问题,其所引用的事例、所论证的主题、所阐发的主题是中国的。又譬如,中国马克思主义政治学是运用马克思主义政治学的观点,研究和解决的是中国无产阶级及其政党——中国共产党如何夺取政权和巩固政权、推进中国政治发展(政治现代化)以及保持中国共产党执政地位、发展社会主义民主

① 《毛泽东选集》第三卷,人民出版社 1991 年版,第 800—801 页。

② 参见吴汉全、王忠萍:《中国马克思主义学术史(1919—1949)经济学卷》,吉林人民出版社 2008 年版,第 299—302 页。

等问题,而不是一般地传述马克思主义的政治观点或研究资本主义国家无产阶级革命问题。再譬如,中国马克思主义社会学是用马克思主义社会学的理论和观点,研究近代以来中国社会的结构及变迁,目的在于通过中国社会现象的研究来解决中国的社会问题。“以中国为中心”的研究思路构建起来的中国马克思主义学术体系具有鲜明的中国特色。

2. 坚持客观地研究社会实际的态度。中国共产党倡导通过调查研究的方法,着力研究和解决中国社会生活中最为突出的问题,力图对中国社会生活的实际作出客观的分析。在中国共产党领导下,中国的马克思主义者注重社会状况的调查,注重从社会生活中获取材料,中国马克思主义学术不仅面向中国,而且面向中国的社会实际,坚持客观地研究社会实际的态度。1941 年 8 月 1 日,中共中央作出《关于调查研究的决定》,号召全党“加重对于历史,对于环境,对于国内外、省内外、县内外具体情况的调查与研究”,决定“中央设置调查研究机关,收集国内外政治、军事、经济、文化及社会阶级关系各方面材料”;“各中央局、中央分局、独立区域的区党委或省委,八路军、新四军之高级机关,各根据地高级政府,均须设置调查研究机关,收集有关该地敌友我政治、军事、经济、文化及社会阶级关系各方面材料,加以研究”①。《中共中央关于调查研究的决定》中,对于调查研究举出了七个方面内容:“第一,收集敌、友、我三方关于政治、军事、经济、文化及社会阶级关系的各种报纸、刊物、书籍,加以采录、编辑与研究。第二,邀集有经验的人开调查会,每次三五人至七八人,调查一乡、一区、一县、一城、一镇、一军、一师、一工厂、一商店、一学校、一问题(例如土地问题、劳动问题、游民问题、会门问题)的典型。从研究典型着手是最切实的办法,由一典型再及另一典型。第三,在农村中,应着重对于地主、富农、商人、中农、贫农、雇农、手工工人、游民等各阶层生活情况及其相互关系的详细调查;在城市中,应着重对于买办大资产阶级、民族资产阶级、小资产阶级、贫民群众、游民群众及无产阶级的生活情况及其相互关系的详细调查。第四,利用各种干部会、代表会收集材料。第五,写名人列传。凡地主、资本家财产五万元以上者,敌军、伪军、友军团长以上的军官,敌区、友区县长以上的官长,敌党、伪党、友党县以上的负责人,名流、学者、文化人、新闻记者在一县内外闻名者,会门首领、教派首领、流氓头、土匪头、名优、名娼,以及在华外人活动分子,替他们每人写一数百字到数千字的传记。此种传记,要责成地委及县委同志分负责任,传记内容须切合本人实际。同

① 《毛泽东文集》第二卷,人民出版社 1993 年版,第 361 页。

时注意收集各种人员的照片。第六,个别口头询问。或派人去问,或调人来问,问干部、问工人、问农民、问文化人、问商人、问官吏、问流氓、问俘虏、问同情者,均属之。第七,收集县志、府志、省志、家谱,加以研究。”①注重对中国社会实际研究的客观态度,就是中国共产党人倡导的实事求是的态度,其目的就是“要从国内外、省内外、县内外、区内外的实际情况出发,从其中引出其固有的而不是臆造的规律性,即找出周围事变的内部联系,作为我们行动的导向”②。这使得中国马克思主义学术体系最大限度地反映中国社会的实际状况,为中国社会变革提供了有益的学理说明。

3. 不断扩大对社会状况研究的范围。在树立“以中国为中心”研究思路的前提下,还要以时代主题为研究导向,不断地扩大研究的范围,广涉人文社会科学的各领域。大致说来,在大革命失败之前,中国马克思主义学术侧重于对中国政治状况的研究,力图在开创新民主主义革命新局面中找到学理的依据,而对中国经济状况的研究则处于起步之中;大革命失败之后,中国共产党人加强了对中国经济状况的研究,通过中国社会性质问题的论战、中国社会史问题的论战、中国农村社会性质问题的论战,深入探究中国的经济状况,从而使中国社会性质的研究取得突破性的进展,使中国马克思主义学术体系中的经济学、社会学、政治学、历史学等学科更好地贴近中国社会的实际,这对认识中国社会的半殖民地半封建社会性质和继续开展反帝反封建的民主革命起了积极的学术支撑作用;而全面抗战以后至新中国成立前夕,中国共产党对整体的中国社会进行较为全面的研究,特别是将文化研究作为极为重要的内容,强调:“我们共产党人,多年以来,不但为中国的政治革命和经济革命而奋斗,而且为中国的文化革命而奋斗”③,从而在深入了解中国的经济、政治、文化状况等方面取得了突出的成绩,为构建新民主主义学术体系奠定了基础。值得指出的是,中国共产党特别重视培养面向中国社会现实、研究中国社会状况的各种学术理论家,毛泽东在《整顿党的作风》一文中向全党发出了号召,强调要加强研究中国的“经济、政治、军事、文化”等各个方面,培养出我们自己的学术研究的“理论家”。他指出:“我们还没有把丰富的实际提高到应有的理论程度。我们还没有对革命实践的一切问题,或重大问题,加以考察,使之上升到理论的阶段。你们看,中国的经济、政治、

① 《毛泽东文集》第二卷,人民出版社1993年版,第361—362页。

② 《毛泽东选集》第三卷,人民出版社1991年版,第801页。

③ 《毛泽东选集》第二卷,人民出版社1991年版,第663页。

军事、文化,我们究有多少人创造了可以称为理论的理论,算得科学形态的、周密的而不是粗枝大叶的理论呢?特别是在经济理论方面,中国资本主义的发展,从鸦片战争到现在,已经一百年了,但是还没有产生一本合乎中国经济发展的实际的、真正科学的理论书。像在中国经济问题方面,能不能说理论水平已经高了呢?能不能说我党已经有了像样的经济理论家呢?实在不能说。……我们所要的理论家是什么样的人呢?是要这样的理论家,他们能够依据马克思列宁主义的立场、观点和方法,正确地解释历史中和革命中所发生的实际问题,能够在中国的经济、政治、军事、文化种种问题上给予科学的解释,给予理论的说明。我们要的是这样的理论家。"①中国共产党人扩大调查研究的范围,从而使建立起来的中国马克思主义学术体系,关涉中国的经济、政治、文化及社会生活的方方面面,着力解决中国社会现象的各种问题,从而建立了以研究中国社会为主要内容的中国马克思主义学术体系。

三、遵循学术发展的基本规律

中国共产党建设中国马克思主义学术体系之所以成功,还在于中国共产党人在遵循学术发展基本规律的前提下,自觉地采取有效措施推进学术的进步,在理论上处理几个极为重要的关系,从而使中国马克思主义学术体系得以建立并得到创新和发展。

1.把握继承与创新的关系。中国共产党在领导学术文化事业的过程中,在坚持社会实践观点的前提下,重视学术研究中继承与创新关系的处理,认为文化、学术的创造是以批判地继承前人的思想文化遗产为其前提的,由此对于中国古代的文化遗产必须科学地继承并给以充分的"尊重",但这种尊重"是给历史以一定的科学地位,是尊重历史的辩证法的发展";而学术、文化的创新虽然是有赖于"一切进步的文化工作者",但从根本上说是必须基于人民大众的社会实践。关于学术、文化的历史继承性问题,毛泽东在《新民主主义论》中指出:"中国的长期封建社会中,创造了灿烂的古代文化。清理古代文化的发展过程,剔除其封建性的糟粕,吸收其民主性的精华,是发展民族新文化提高民族自信心的必要条件;但是决不能无批判地兼收并蓄。必须将古代封建统治阶级的一切腐朽

① 《毛泽东选集》第三卷,人民出版社1991年版,第813—814页。

的东西和古代优秀的人民文化即多少带有民主性和革命性的东西区别开来。"①中国共产党人积极开展文化学术视野，高度重视群众社会实践的意义，强调学术文化的创新必须始终以群众的社会实践为基础、为条件，认为"这种文化运动和实践运动，都是群众的"，"民众就是革命文化的无限丰富的源泉"②。新中国成立后，中国共产党人根据处理继承与创新关系的经验，提出了"百花齐放，推陈出新"的方针③。"推陈出新"就是要科学地继承学术文化遗产，而"出新"乃是要经过自己的努力，因而"'出新'不能勉强。……没有怀孕就要生孩子，这是不可能的。"④自然，"出新"也就是"标新立异"，但"标新立异"也是以人民群众为本位，"应该是为群众所欢迎的标新立异"，"为群众所欢迎的标新立异，越多越好，不要雷同。雷同就成为八股。"⑤中国共产党人关于继承与创新关系的思想，对中国马克思主义学术体系的建立和发展产生了积极的影响。

2. 厘清政治与学术的关系。学术与政治之间有着密切的关系，学术研究在阶级社会里都是为一定的政治服务的，不存在超阶级的学术研究。这是马克思主义的基本观点。以毛泽东同志为主要代表的中国共产党人，以马克思主义的上层建筑理论来诠释政治与学术的关系，对于文艺等学术研究与政治关系作了正确的解说。毛泽东指出："在现在世界上，一切文化或文学艺术都是属于一定的阶级，属于一定的政治路线的。为艺术的艺术，超阶级的艺术，和政治并行或互相独立的艺术，实际上是不存在的。无产阶级的文学艺术是无产阶级整个革命事业的一部分，……文艺是从属于政治的，但又反转来给予伟大的影响于政治。"⑥鉴于政治与学术之间的复杂关系，新中国成立后中国共产党提出了"百花齐放、百家争鸣"的"双百方针"，为处理好学术与政治的关系提供了思想保证。毛泽东在《关于正确处理人民内部矛盾的问题》中，郑重提出"百花齐放、百家争鸣"方针，确认"百花齐放、百家争鸣的方针，是促进艺术发展和科学进步的方针，是促进我国的社会主义文化繁荣的方针"，认为对于学术研究中的是非"应当保持慎重的态度，提倡自由讨论，不要轻率地作结论"。同时，毛泽东在这篇讲话中，根据我国的政治生活和国家的宪法原则，提出了学术研究、艺术创作的

① 《毛泽东选集》第二卷，人民出版社 1991 年版，第 707—708 页。
② 《毛泽东选集》第二卷，人民出版社 1991 年版，第 708 页。
③ 《建国以来毛泽东文稿》第 2 册，中央文献出版社 1988 年版，第 222 页。
④ 《刘少奇选集》下卷，人民出版社 1985 年版，第 190 页。
⑤ 《毛泽东著作选读》下册，人民出版社 1986 年版，第 750 页。
⑥ 《毛泽东选集》第三卷，人民出版社 1991 年版，第 865—866 页。

“六条标准”:“(一)有利于团结全国各族人民,而不是分裂人民;(二)有利于社会主义改造和社会主义建设,而不是不利于社会主义改造和社会主义建设;(三)有利于巩固人民民主专政,而不是破坏或者削弱这个专政;(四)有利于巩固民主集中制,而不是破坏或者削弱这个制度;(五)有利于巩固共产党的领导,而不是摆脱或者削弱这种领导;(六)有利于社会主义的国际团结和全世界爱好和平人民的国际团结,而不是有损于这些团结。”①毛泽东还说,这“六条标准”是“一些政治标准”,至于各种观点的正确与否“当然还需要一些各自的标准”,“但是这六条政治标准对于任何科学艺术的活动也都是适用的”。在中国共产党的奋斗历程中,虽然有段时期对政治与学术的关系作了片面的理解,甚至将一般的学术问题完全政治化、阶级斗争化,给学术发展带来了严重的危害。但总体来说,中国共产党对学术与政治关系的处理是正确的,而且在发现错误之后能够予以纠正,这对于保证学术研究的政治方向,使学术研究能够面向现实、抓住时代主题,是有积极意义的。

3. 合理地吸收中外学术遗产。中国马克思主义学术的建构处于中外、古今的背景之中,中国共产党人以马克思主义历史主义为指导,承认每个民族都有它的长处,强调学术研究应该在古今中外中取得其文化资源,汲取人类文明的一切优秀成果。在民主革命时期,毛泽东在《新民主主义论》中指出:“中国应该大量吸收外国的进步文化,作为自己文化食粮的原料,这种工作过去还做得很不够。这不但是当前的社会主义文化和新民主主义文化,还有外国的古代文化,例如各资本主义国家启蒙时代的文化,凡属我们今天用得着的东西,都应该吸收。但是一切外国的东西,如同我们对于食物一样,必须经过自己的口腔咀嚼和肠胃运动,送进唾液胃液肠液,把它分解为精华和糟粕两部分,然后排泄其糟粕,吸收其精华,才能对我们的身体有益,决不能生吞活剥地毫无批判地吸收。”②在社会主义建设时期,中国共产党继续坚持吸收中外学术遗产的方针。毛泽东在《论十大关系》中指出:“我们的方针是,一切民族、一切国家的长处都要学,政治、经济、科学、技术、文学、艺术的一切真正好的东西都要学。但是,必须有分析有批判地学,不能盲目地学,不能一切照抄,机械搬运。”③毛泽东在新中国成立后,再次申明学术研究中国化的主张。他认为,“外国有用的东西,都要学,用来改进

① 《毛泽东著作选读》下册,人民出版社 1986 年版,第 789 页。

② 《毛泽东选集》第二卷,人民出版社 1991 年版,第 706—707 页。

③ 《毛泽东著作选读》下卷,人民出版社 1986 年版,第 740 页。

和发扬中国的东西,创造中国独特的新东西。搬要搬一些,但要以自己的东西为主。”“应该越搞越中国化,而不是越搞越洋化。……要反对教条主义,反对保守主义,这两个对中国都是不利的。学外国不等于一切照搬。向古人学习是为了现在的活人,向外国人学习是为今天的中国人。中国的和外国的,两边都要学好。半瓶醋是不行的,要使两个半瓶醋变成两个一瓶醋。这不是什么‘中学为体,西学为用’。‘学’是指基本理论,这是中外一致的,不应该分中西。”①中国共产党在领导学术研究中坚持吸收中外学术遗产的态度,反对学术研究中的保守主义和全盘西化主张,这使得建构起来的中国马克思主义学术体系具有开放性特征和具有中外文化资源的厚重底蕴。

4. 系统地推进学术研究工作。中国共产党的许多领导人身体力行地从事学术研究,为建立中国马克思主义学术体系作了开创性的工作。譬如,中国共产党的创始人之一的李大钊,在人文社会科学各领域辛勤耕耘,成为中国马克思主义学术体系的开创者②。又譬如,毛泽东发表的《新民主主义论》,本身就是一部马克思主义政治学著作③。这里要说的是,中国共产党自建立以后,为推进学术研究工作做了大量的工作,这之中除了制定学术方针(“双百方针”、“二为方针”)、总结学术经验、明示学术方向外,还做了许多具体的工作,主要有:

(1)培养学术队伍。中国共产党对于学术队伍的培养予以高度的重视,先后涌现出一批著名学者。

学术队伍是学术研究的载体,又是学术的创造者。以马克思主义为指导来研究学术问题和社会问题,当然要有一支马克思主义的学术队伍。这里仅就1919—1949年中国马克思主义学术队伍的发展与壮大作简要的说明:

第一个阶段是五四时期,这是中国马克思主义学术队伍的形成时期。这一阶段的中国马克思主义学术队伍由两部分构成,一部分是具有留学身份的早期马克思主义者,这批人中外学术功底深厚,马克思主义理论造诣较高,由于具有留学经历而通晓域外学术,并具有世界眼光,李大钊、陈独秀、李达、陈望道等是重要的代表;另一部分是国内接受新式教育而成长起来的年轻一代,这批人革命意识强烈,因为要解决革命问题而研究与中国革命相关联的学术问题,这部分以毛泽东、恽代英、肖楚女等为代表。一般而言,早期从事马克思主义学术的人大

① 《毛泽东著作选读》下卷,人民出版社1986年版,第752页。

② 参见拙著《李大钊与中国现代学术》,河北教育出版社2002年版。

③ 参见拙作《〈新民主主义论〉对马克思主义政治学的贡献》,《政治学研究》2010年第1期。

多是革命家兼学者,除了李大钊等极少数具有很深的学术功力外,大部分主要是革命家、政治家的身份,这使得早期的中国马克思主义学术一开始就带有浓烈的革命色彩和改造中国社会的政治目标。

第二个阶段是20世纪20年代末30年代初,这是中国马克思主义学术队伍的发展时期。大革命的失败以后,一部分马克思主义者将重心转到马克思主义理论的研究和宣传工作上,并积极运用马克思主义研究学理问题。这批人在这一时期的中国社会性质问题论战、中国社会史问题论战等一系列的论战中成长起来,构成中国马克思主义学者的新生代,代表性的马克思主义学者有郭沫若、王学文、何干之、李一氓、潘东周、吴黎平、向省吾、许涤新、朱镜我、邓初民、邓拓、吕振羽、翦伯赞等,从而使以马克思主义指导的人文社会科学形成了多学科体系。而以毛泽东为代表的中国共产党人,在农村游击战争的环境中,在开辟革命新道路的过程中,也加深了对马克思主义与中国实际相结合的研究,对中国马克思主义学术的发展有重要的影响。在这一阶段,中国共产党组织了革命的社会科学工作者,通过合法或秘密的方式,组织进步社团,创办进步刊物,发表论文、出版著作,马克思主义学术研究呈现蓬勃发展的势头,学术研究队伍迅速扩大。1930年5月20日,在中共的直接领导下,中国社会科学家联盟(简称"社联")在上海举行成立大会,邓初民、吴黎平等三十余人出席。这是中国左翼文化总同盟的组成部分。它把进步的社会科学家团结在中国共产党周围,提出了社会科学家的主要任务:"1. 以马克思主义的观点,分析中国及国际的政治经济,促进中国革命;2. 研究并介绍马克思主义理论,使它普及于一般;3. 严厉地驳斥一切非马克思主义的思想——如民族改良主义、自由主义,及假马克思主义的理论——如社会民主主义、托洛茨基主义及机会主义;4. 有系统地领导中国的新兴社会科学运动的发展,扩大正确的马克思主义的宣传;5. 革命的马克思主义者,决不能限于理论的研究,无疑地应该努力参加中国无产阶级解放运动的实际斗争。"①"社联"除创办机关刊物《社会科学战线》外,还先后创办了由会员柯柏年、王学文、许涤新、何干之等分任主编的《研究》、《新思潮》、《社会现象》、《时代论坛》等刊物,并由吴黎平、杨贤江、李一氓、艾思奇等翻译和编写出版了恩格斯的《反杜林论》、《家庭私有制和国家起源》及《马克思论文选译》、《哲学讲话》(即后来出版的《大众哲学》)等著作。"社联"成员积极参加了中国社会性质问题的论战,加深了对中国国情的认识,并构建了以中国社会为研究中心的中国马克思主

① 《中国社会科学家联盟纲领》,《世界文化》创刊号,1931年9月10日。

义学术体系。总体来看,这一阶段的中国马克思主义学术有专门的队伍和专门的研究机构,群体之间的协作明显增强,学者在学术研究的深度和广度取得重大进展,而跨学科研究能力也得到显著提高。

第三阶段是抗日战争和解放战争时期,这是中国马克思主义学术队伍的壮大时期。一方面是延安形成了马克思主义学术研究的中心,1938 年 5 月成立了中共中央马列学院,张闻天兼任院长,下设历史研究室、中国政治研究室、中国经济研究室、中国文化思想研究室、中国教育研究室、国际问题研究室等,集结了一大批学有专长的马克思主义学者,不仅使马克思主义学者得到汇聚,而且促进了马克思主义学者之间的学术交流和学术水平的提高。延安整风运动,在推进干部的马克思主义理论教育的同时,也极大地促进了马克思主义中国化,使中国马克思主义学术有了前所未有的发展。另一方面,在国统区以郭沫若、李达、侯外庐、翦伯赞、吕振羽等为代表的马克思主义学者,积极团结了一批进步的学术骨干,增强了中国马克思主义学术队伍的力量。

不难看出,仅就民主革命时期而言,中国共产党着力培养学术研究队伍,推动了中国马克思主义学术的建立、发展和走向成熟,为推进马克思主义学术中国化及创建具有中国特色的马克思主义的学科体系、学术体系和话语体系作出了历史性的贡献。

(2)组织研究机构。为了推动学术研究的开展,中国共产党在新中国成立前创办了大量的学术研究机构①,在组织学术研究方面发挥了积极的影响。这里仅以中央马列学院说明。1938 年 5 月成立了中共中央马列学院,张闻天兼任院长,下设历史研究室、中国政治研究室、中国经济研究室、中国文化思想研究室、中国教育研究室、国际问题研究室等,集结了一大批学有专长的马克思主义学者,以马克思主义研究中国政治、经济等问题。学院开设六门课程:政治经济学、哲学、马列主义基本问题、党的建设、中国现代革命运动史、西洋革命史。副院长王学文讲授“政治经济学”,吴亮平讲授“马列主义基本问题”,艾思奇讲授“哲学”,杨松讲授“中国现代革命运动史”,陈昌浩讲授“西洋革命史”。“党的建设”前部分党建理论由康生讲授,后部分的党建基本问题分别请刘少奇、陈云、李富春等作专题报告。刘少奇的《论共产党员的修养》,陈云的《怎样做一个共产党员》,毛泽东的《战争和战略问题》、《反对投降活动》及《新民主主义论》

---

① 参见拙著《中国马克思主义学术史概论(1919—1949)》一书中的“马克思主义学术大事记”部分,吉林人民出版社 2010 年版,第 1356—1397 页。

的部分内容,都是在马列学院作过的演讲。马列学院是我国最早的正式的马克思主义研究机构,也是进行马克思主义的教育、宣传机构,是当时延安的最高学府,对推进民主革命时期中国马克思主义学术走向成熟发挥了领导、组织和示范作用。新中国成立后,中国共产党积极组织各学科的研究机构。以政治学研究机构为例,中国社会科学院下设的研究机构中,有13个机构涉及政治学的各学科。其中有3个建立于20世纪60年代初,它们是西亚非洲研究所(1961年)、拉丁美洲研究所(1961年)和苏联东欧研究所(1965年)。其他研究所(或中心),如政治学研究所、公共政策研究中心、人权研究中心、世界经济与政治研究所、日本研究所、南亚与东南亚研究所、西欧研究所、美国研究所、台湾研究所等,基本上是20世纪80年代建立的。国务院等中央机关下设的研究机构也有涉及政治学各领域的,如中国国际问题研究所、国务院发展研究中心亚非发展研究所、国务院港澳办公室港澳研究所。其他中央级研究机构,如中国人民政治协商会议全国委员会文史资料研究委员会、中国工运研究所、现代国际关系研究所。各省一般都有政治学研究机构①。各种学术机构的创设,对于学术研究成果的尖端化、研究人员组织化、重大科研课题攻关、打造主流学术话语体系产生了积极的作用。

(3)出版学术刊物。中国共产党领导学术文化运动,出版了大量的学术刊物。仅就20世纪20年代末30年代初而言,中国共产党在国民党统治区办了不少有影响的报刊。1928年1月,创造社和太阳社同时出版了《文化批判》月刊和《太阳》月刊。1930年中国左翼作家联盟成立后,先后创办了《萌芽》、《拓荒者》、《巴尔底山》、《前哨》、《十字街头》等机关刊物。中国左翼文化同盟成立后也出版了《文化月报》、《正路》等刊物。左翼社会科学家联盟成立后也出版了自己的机关刊物,并团结《文艺新闻》、《申报》、《新闻报》、《时报》等报纸的进步人员,于1931年10月成立了中国新闻学研究会,1932年3月又成立了左翼新闻记者同盟。“记联”出版有机关刊物《集纳批判》周刊,并办有“国际新闻社”和小型报纸《华报》。中国共产党领导的左翼文化运动,传播了马克思主义学说的基本观点,有效地发挥了报刊的学术载体作用。新中国成立后特别是十一届三中全会以后,中国共产党领导下创建了一系列的学术刊物,仅就以“马克思主义”为研究对象的刊物而言,除了《中国社会科学》这一综合性的最高刊物以外,还

① 参见王邦佐、潘世伟主编:《二十世纪中国社会科学・政治学卷》,上海人民出版社2005年版,第442—451页。

有《红旗》、《求是》、《马克思主义研究》、《马克思主义与现实》、《党的文献》、《理论视野》、《毛泽东思想研究》、《毛泽东邓小平理论研究》、《社会主义研究》、《科学社会主义》、《中国特色社会主义研究》、《国外理论动态》、《当代世界与社会主义》、《国际共产主义运动》等①。中国共产党领导下所创办的学术研究刊物,有力地推动了以马克思主义为指导的学术研究的发展,传播了马克思主义的政治观和学术观点,加强了马克思主义与当今社会现实之间关系的研究,为繁荣人文社会科学及推进先进文化建设作出了突出贡献。

(4)开展学术论争。马克思主义本身并不怕批评、并不怕论争,“马克思主义者不应该害怕任何人批评。相反,马克思主义者就是要在人们的批评中间,就是要在斗争的风雨中间,锻炼自己,发展自己,扩大自己的阵地。……在温室里培养出来的东西,不会有强大的生命力。”②中国马克思主义学术的进步是与学术的论争相联系的。中国马克思主义学者李平心指出:“在社会科学界有着许多学派的对立斗争,社会科学还没有发展到完全统一的境界。可是这样决不妨碍社会科学能够成立为客观性的科学。因为就是在数学和自然科学方面,也并不是没有学派和各种学说的纷争的。在数学方面,有所谓欧几里德几何和‘非欧几里德几何’的对立;在物理学方面,有牛顿原理和爱因斯坦相对原理的争论;在生物学方面,有所谓自然发生学说(这种理论的根据是非常脆弱的)和进化学说的斗争;至于对于某些个别的自然现象(如原子、光、太阳、地球等等),各学科、各科学家更是各有各的解说和假设。可见无论是自然科学或社会科学,都只有在不断的争论中,才可能向前发展;学派和学说的纷争,对于社会科学的成长,其实是有利的。”③事实也正是如此,中国马克思主义学术自开创以来就在论争中发展,在竞争不断走向成熟,并且是在与其他学术思潮或政治思潮的斗争中前进的。这里的“论争”,既有与非马克思主义学术思想的论争,也有马克思主义学术内部的论争,这对中国马克思主义学术的发展是有益的。譬如,在五四时期所发生的“问题与主义”论战、社会主义论战、无政府主义论战,不仅对于马克思主义政治理论在中国的传播产生巨大的作用,而且对中国马克思主义哲学、经济学等学科的开创产生了积极的影响。又譬如,20 世纪 20 年代末 30 年代初的中国社会性质问题论战、中国社会史问题论战、中国农村社会性质问题论战、唯

① 参见奚洁人、余源培主编:《二十世纪中国社会科学·马克思主义卷》,上海人民出版社 2005 年版,第 529—532 页。

② 《毛泽东著作选读》下册,人民出版社 1986 年版,第 786—787 页。

③ 《平心文集》第 1 卷,华东师范大学出版社 1985 年版,第 184 页。

物辩证法问题论战等,对于中国马克思主义学术的发展及马克思主义学科体系的构建产生了深刻的影响,中国马克思主义史学、中国马克思主义哲学、中国马克思主义经济学、中国马克思主义社会学等在这些论战中成长起来。正是"论争"使得中国马克思主义学术深化了对中国国情以及中国学术文化的认识,并使得中国马克思主义学术理论体系能够博采众长而赋有学术生命力;当然,这也使得中国马克思主义学术一开始就表现出鲜明的政治斗争性的色彩。

四、有效地占领人文社会科学的各领域

中国共产党在领导学术建设的过程中,不仅确认马克思主义对学术研究的指导地位,而且在实践中通过建立马克思主义在各学术领域中的话语权、凸显社会科学研究在社会变革中的突出地位、学理论证"马克思主义是科学"的论断、按照时代主题建立广泛的学术文化统一战线等途径,有效地占领人文社会科学的各领域,从而确立中国马克思主义学术体系在现代中国文化系统中的核心地位,为中国现当代学术体系的构建、为推进马克思主义学术文化中国化作出了贡献。

1. 建立马克思主义在各学术领域中的话语权。马克思主义在各学术领域话语权的建立,在根本上取决于中国无产阶级力量的发展及其领导的革命斗争的实践及其成效,但也是与中国共产党的主观努力分不开的。为了建立马克思主义在人文社会科学各领域的话语权,中国共产党作出了诸多的努力。概而言之,主要在三方面:一是积极推进马克思主义中国化,提升马克思主义在社会中的影响力;二是加强中国共产党自身的建设,提高中国共产党在社会中的公信力;三是促进马克思主义学术研究高潮的兴起,扩大马克思主义学术思想在中国思想文化学术界的吸引力。关于前两点,比较好理解。这里,主要对第三点作些解释和说明。中国共产党在推进马克思主义学术发展的过程中,积极地推进马克思主义学术研究高潮的出现。譬如,五四时期特别是中国共产党成立以后,年轻的中国共产党积极地推进马克思主义在中国的传播,通过创办刊物、学术演讲、翻译原著、著书立说等形式,形成了以马克思主义指导学术研究的第一次高潮,产生了以李大钊、陈独秀、陈望道、李达、李汉俊等为代表的中国马克思主义学术大家,使中国马克思主义学术体系得以初创,并且后继的一批有影响的中国马克思主义学者也都是在这一时期成长起来的。又譬如,大革命失败后,中国共产党除

了在农村开展武装斗争、创建农村革命根据地外，也在文化战线开展斗争。在中国共产党领导下，20 世纪 20 年代末 30 年代初的“左联”学术活动和当时三次著名论战（中国社会性质问题的论战、中国社会史问题论战、中国农村社会性质问题的论战）的有力推动，以马克思主义指导人文社会科学研究取得一系列的标志性成果，涌现出王学文、郭沫若、吕振羽、翦伯赞、沈志远、陈启修、薛暮桥等一批马克思主义学术大家，在史学、政治学、经济学、社会学等领域取得突破性的成就，形成了中国马克思主义学术的第二次高潮。再譬如，中国共产党在抗战时期和解放战争时期有计划地领导学术事业，一方面将延安建设成为中国马克思主义学术的研究中心，另一方面积极地组织国统区的马克思主义学者开展学术研究，形成了郭沫若、翦伯赞、吕振羽、范文澜、侯外庐、艾思奇、邓初民、吴黎平等为代表的中国马克思主义的学者群，并拥有一个人数众多的接受马克思主义学术的队伍，学术成果丰厚，研究领域广泛而深入，以马克思主义为指导的“新民主主义学术体系”走向成熟，从而迎来了中国马克思主义学术的第三次高潮。这里只是以民主革命时期的例证说明，中国共产党通过推进学术研究高潮使马克思主义在各学术领域中取得的话语权地位。

2. 凸显社会科学研究在社会中的突出地位。中国共产党人特别重视人文社会科学的研究及其在社会变革中的特殊地位，尤其是对建设以马克思主义为指导的“社会科学”表现出高度的热情。瞿秋白在 1923 年为《新青年》所发布的“新宣言”中，对“社会科学”作过较为全面的阐述，其基本观点是：(1)“研究社会科学，当严格的以科学方法研究一切，自哲学以至于文学，作根本上考察，纵观社会现象之公律，而求其结论”；(2)“研究社会科学，本是为解释现实的社会现状，解决现实的社会问题，分析现实的社会运动；真正的科学，决不是玄虚的理想”；(3)“社会科学本是要确定社会意识，兴奋社会情感，以助受压迫被剥削的平民实际运动之进行”；(4)“社会科学本无国界；仅因历史的关系，造成相隔的文化单位”，因而社会科学之研究“当注意于社会科学之世界范围中的材料，研究各国无产阶级运动之过去与现在，使中国得有所借鉴”；(5)“社会科学，因研究之者处于所研究的对象之中间，其客观的真理，比自然科学更容易混淆。因此，人既生于社会之中，人的思想就不能没有反映社会中阶级利益的痕迹；于是社会科学中之各流派，往往各具阶级性，比自然科学中更加显著。”①在瞿秋白看来，五四时期中国进到社会科学阶段是时代的必然要求。他指出：“只看中国近

① 《瞿秋白文集》第 2 卷，人民出版社 1988 年版，第 9—11 页。

几年来采纳迎受所谓‘西方文明’的态度和顺序，便可知道了：首先是军事技术交通技术，进而至自然科学数理科学，再进而至社会科学。可见现时中国社会受外来的影响，骤至复杂，求解释它的需要，已经非常迫切。由浮泛的表面的军事技术之改进，而不得不求此技术之根源于自然科学数理科学；由模仿的急功近利的政治制度之改变，而不得不求此种制度之原理于社会科学。”①具体表征是：一是“近年来由空论的社会主义思想进于更有系统的社会科学之研究，以求确切的了解其所要改造之对象，亦即为实际行动所推演求进的结果——这确是当然的倾向”；二是新文化运动中文学革命的兴起，形成“三分天下有其二”的态势，“实因社会现象的日益复杂，不得不要求文字上的革命，以应各种科学之需要——文字原为一切科学的工具”②。关于社会科学的对于中国的极端重要性，恽代英有一段总结性的论述：“要破坏，需要社会科学；要建设，仍需要社会科学。假定社会是一个工厂，社会科学是工厂管理法；有能管理社会的人，一切的人有一种技术，便得一种技术的用，没有管理的人，只有机械，只有像机械的工人、技术家，工厂永远做不出成绩来。……中国政治上了轨道，能够有足够的本国技术家，自然是再好没有了的。我们并不反对人学技术科学，但是我们以为单靠技术科学来救国，只是不知事情的昏话。越是学技术科学的人，越是要希望有能研究社会科学，以使中国进步的人，好使他们可以用技术为中国切实的做事。技术科学是在时局转移以后才有用，他自身不能转移时局。若时局不转移，中国的事业，一天天陷落到外国人手里，纵然有几千几百技术家，岂但不能救国，而且只能拿他的技术，帮外国人做事，结果技术家只有成为洋奴罢了。所以，我们觉得要救中国，社会科学比技术科学重要得多。”③潘梓年在 1939 年更进一步认为，社会科学在中国更有被重视的理由。他指出：“目前一般人士，对自然科学可说已开始重视。不过实际上的重视的还是偏在自然科学的技术方面，对于自然科学理论，科学思想，科学态度等等，还未免重视得很不够，还是让少数自然科学家在四向呼吁。至于社会科学，那就更是有人把它看做不急之需。这实在是莫大的缺陷。这两种科学实是同样的重要，不宜有所偏倚。如果一定要说对目前中国不能不有个轻重缓急的话，那么，社会科学暂时有比自然科学更值得被人重视的理由。因为要求得自然科学的发展，尤其是为要求得自然科学的发展不

① 《瞿秋白文集》第 2 卷，人民出版社 1993 年版，第 126 页。

② 《瞿秋白文集》第 2 卷，人民出版社 1993 年版，第 127 页。

③ 《恽代英文集》上卷，人民出版社 1984 年版，第 388 页。

致误入歧途,必须首先在各种社会问题上能够找到解决的途径——正确的解决途径,作为基础才行。同样的自然科学,在有些先进国家就发展得迟慢以至于停滞,在苏联等民主国家就发展得非常之快;同样的自然科学,在苏联等民主国家发展起来就真正成为国利民福,在法西斯国家发展起来就适足以祸国殃民;这里的差别,正就在于一方面的各种社会问题都能正确地解决了,另一方面的各种社会问题还没有能够解决,或没有能够正确地解决。社会问题的解决有需于社会科学做武器。所以,如政治、经济、历史等社会科学,对于目前的中国是迫切需要的。"①正是由于中国共产党人对社会科学的高度重视以及在学术研究中孜孜不懈地努力,推动了中国马克思主义学术的产生和发展的进程,使马克思主义在人文社会科学研究领域占有突出的地位。

3. 学理论证"马克思主义是科学"的论断。中国共产党人坚持自己的政治信仰,强调马克思主义的指导地位,在学术研究中提出了"马克思主义是科学"的论断,并进行了学术上、理论上的论证。

最早将"主义"与"科学"对接,使"主义"具有科学的品格,首推陈独秀。陈独秀为了说明马克思主义是科学这一主张,从科学的方法(归纳法)入手来建立两者的联系,从而赋予马克思主义的科学品格。他说:"到了近代科学发明,多采用归纳法。怎么叫归纳法?就是拿许多事实归纳起来来证明一个原理。这便是归纳法与演绎法相反之文。我们自然对于这两种方法,应该互为应用。但是科学发明之后,用归纳法之处为多,因为一个原理成立,必须搜集许多事实之证明,才能成立一个较确实的原理。欧洲近代以自然科学证实归纳法,马克思就以自然科学的归纳法应用于社会科学。马克思搜集了许多社会上的事实,——一一证明其原理和学说。所以现代的人都称马克思的学说为科学的社会学,因为他应用自然科学归纳法研究社会科学。马克思所说的经济学或社会学,都是以这种科学归纳法作依据,所以都可相信的,都有根据的。现代人说马克思为科学的社会主义,和空想的社会主义不同,便是在此。"②在科学话语的五四思想界,陈独秀由"科学方法"是归纳法来说明马克思学说具有"科学"性质,是借用科学话语权势来提升马克思主义在思想界地位的一个重大努力。这为马克思主义在中国的传播与运用作出了合理性的解说,也为马克思主义学说与科学的对接提示出具体的方向。

① 潘梓年:《学术思想的自由问题》,《新华日报》(重庆)1944 年 3 月 26 日。
② 《陈独秀著作选》第 2 卷,上海人民出版社 1993 年版,第 364—365 页。

延安时期的毛泽东、王稼祥等，对于“马克思主义是科学”这一论断，在理论的阐发上有着特别的贡献，其主要观点是：

其一，马克思主义包括自然科学。毛泽东对自然科学应该说是很尊重的，他认为“自然科学是很好的东西，它能解决衣、食、住、行等生活问题，所以每一个人都要赞成它，每一个人都要研究自然科学”①。由此，他曾要求毛岸英、毛岸青“多向自然科学学习”，要求年轻人“以潜心多习自然科学为宜，社会科学辅之”。不过，毛泽东的目的并不是要求年轻人一如既往地去研究自然科学，所以他说年轻人“将来可倒置过来，以社会科学为主，自然科学为辅”②。可见，毛泽东的本意是把自然科学作为社会科学的工具来看待的。毛泽东论说到科学的时候，主要是使马克思主义与自然科学的联系得到说明，强调马克思主义的至上位置。他指出：“马克思主义包含有自然科学，大家要来研究自然科学，否则世界上就有许多不懂的东西，那就不算一个最好的革命者。”③这就是说，毛泽东认为马克思主义包括自然科学并要求人们来学习自然科学，认识的重点是在马克思主义方面，亦即学习自然科学的目的在于更好地研究马克思主义。

其二，马克思主义具有科学的态度。毛泽东说：“马克思列宁主义是科学，科学是老老实实的学问”；“没有科学的态度，即没有马克思列宁主义的理论和实践统一的态度”④。他批评那些“理论和实际分离”是一种“反科学”的态度，诸如“教哲学的不引导学生研究中国革命的逻辑”，“教经济学的不引导学生研究中国经济的特点”，“教政治学的不引导学生研究中国革命的策略”，“教军事学的不引导学生研究适合中国特点的战略和战术”，等等。毛泽东所说的“科学的态度”其基本的内涵是“反对一切封建思想和迷信思想，主张实事求是，主张客观真理，主张理论和实践一致的”⑤。科学的态度是建立在坚持真理上，“科学的东西，随便什么时候都是不怕人家批评的，因为科学是真理，决不怕人家驳。……无产阶级的最尖锐最有效的武器只有一个，那就是严肃的战斗的科学态度。共产党不靠吓人吃饭，而是靠马克思列宁主义的真理吃饭，靠实事求是吃饭，靠科学吃饭。”⑥可见，毛泽东所说的科学的态度就是辩证唯物主义和历史唯

① 《毛泽东文集》第二卷，人民出版社1993年版，第269页。
② 《毛泽东书信集》，人民出版社1983年版，第166页。
③ 《毛泽东文集》第二卷，人民出版社1993年版，第270页。
④ 《毛泽东选集》第三卷，人民出版社1991年版，第800页。
⑤ 《毛泽东选集》第二卷，人民出版社1991年版，第707页。
⑥ 《毛泽东选集》第三卷，人民出版社1991年版，第835—836页。

物主义所倡导的思想方法。关于“科学态度”，王稼祥也指出：“很明显的，中国共产主义者，是马克思、恩格斯、列宁、斯大林学说的信徒，他们承认三民主义为共同纲领，拥护三民主义之彻底实现而奋斗，并不因此而接受孙中山的学说上的观点如世界观、社会观与主观的社会主义，这正是光明正大的科学态度，这是唯物辩证法的态度。”①其所谓“科学态度”也就是“唯物辩证法的态度”。

其三，马克思主义是科学认识史上的最高成就。早在1937年的《实践论》中，毛泽东就从认识演变史角度，将马克思主义界定为“科学”。他说：“人们的认识，不论对于自然界方面，对于社会方面，也都是一步又一步地由低级向高级发展，即由浅入深，由片面到更多的方面。在很长的历史时期内，大家对于社会的历史只能限于片面的了解，这一方面是由于剥削阶级的偏见经常歪曲社会的历史，另方面，则由于生产规模的狭小，限制了人们的眼界。人们能够对于社会历史的发展作全面的历史的了解，把对于社会的认识变成了科学，这只是到了伴随巨大生产力——大工业而出现近代无产阶级的时候，这就是马克思主义的科学。”②延安整风时，毛泽东又说：“我们学马克思列宁主义不是为着好看，也不是因为它有什么神秘，只是因为它是领导无产阶级革命事业走向胜利的科学。”③王稼祥在1939年9月的《关于三民主义与共产主义》文章中，以“科学”来诠释马克思主义。关于马克思主义是“科学”的问题，他指出：“什么是马克思主义？马克思主义是科学的社会主义，是无产阶级的革命科学与学说，是人类最进步的思想。……马克思的学说——唯物辩证法、政治经济学与社会主义——不仅科学的解说世界，而且是改造世界的科学。”④

艾思奇作为著名的中国马克思主义学者，他在1940年，《论中国的特殊性》等文章中，对“马克思主义是科学”的论断作了新的论证：

第一，马克思主义揭示了人类社会发展规律。在艾思奇看来，一门学问是不是科学，关键在于是否将“规律”的研究作为主要任务，如此才具有普遍的适用性。他指出：“马克思主义是科学的理论，特别是关于社会发展和社会变革的科学理论，所谓科学的理论，就是正确地揭发了客观世界的发展规律的理论。就像自然科学揭发了自然世界的发展规律一样，马克思主义精确地揭发了人类社会发展的规律，这些规律在现实事物中间，在具体的国家和民族中间，虽然要以各

① 《王稼祥选集》，人民出版社1989年版，第234页。
② 《毛泽东选集》第一卷，人民出版社1991年版，第283—284页。
③ 《毛泽东选集》第三卷，人民出版社1991年版，第820页。
④ 《王稼祥选集》，人民出版社1989年版，第224页。

种不同的特殊形式表现出来,然而并不因此减少了它是一般的正确性,相反地,一切它的特殊的表现的存在,正证明它的一般的适用性,正证明在各种特殊的条件下都能发见它的规律的作用。……人类社会的发展史和近代无产阶级革命运动及民族革命运动的历史,到处都证实了马克思主义的科学理论的一般的正确性,证实它所揭发的规律是真正科学的规律。"①艾思奇在 1941 年 9 月的《反对主观主义》文章中,又再次从"规律"方面来论说马克思主义是科学的问题,认为"马克思列宁主义的科学理论是唯物论的"。对于这个观点,艾思奇是这样说明的:"所谓唯物论的理论,就是承认物质世界的每一种事物现象,都有它自己本身的必然规律,承认如果我们要改变世界,改变社会,改变每一种事物,都必须要依据它们本身的这些规律。也就是说,要使我们的革命行动走向胜利,就必须熟悉我们所要改变的周围环境的发展规律。马克思列宁主义理论之所以能够给党以在任何环境中确定方针的可能,就在于它是要掌握,而且能掌握一切环境中的事变的具体规律,就在于能使我们依据这些规律,来预见事变的进程。"②这里强调的是:马克思主义不仅揭示了物质世界的普遍规律,而且指出了人类社会的普遍规律,而依据马克思主义就能"掌握一切环境中的事变的具体规律",因而就必须遵循马克思主义。不难看出,艾思奇是运用"规律"来说明马克思主义的科学本质,并进而强调人们对待马克思主义所应有的态度。

第二,马克思主义是科学的方法论。对此,艾思奇是这样说明的:"马克思主义又是科学的方法,是客观地具体研究问题的引导。正因为马克思主义的理论揭发了社会发展的规律,揭发了一般地有正确性,必然性的规律,所以它又是我们研究一切实际问题的指南。它给我们一种看事物的基本正确的观点,提示出来研究的基本方向,这就是说,马克思主义又是科学研究的方法。所谓科学的方法,就是一方面要把握住先进的科学者所奠定的正确的原则、理论,而另一方面要根据这些原则理论来具体地客观地研究当前的问题。先进者所奠定的原则理论是后来的研究者的研究时的引导,前者所以能有引导的作用,就因为它包含着一些一般地正确的基本原则。自然,它也只能起引导的作用,而不能起教条的作用,因为一切先进者所奠定的基本原则,在后来者所处的新的条件之下,就必须有新的表现,所以先进者所奠定的理论中的某些个别论点,在新的条件之下常常不能不有多少的改变。这就是说,不能把马克思主义的文句和一切个别论点

① 《艾思奇文集》第 1 卷,人民出版社 1981 年版,第 482—483 页。

② 《艾思奇文集》第 1 卷,人民出版社 1981 年版,第 588 页。

当做绝对不变的信条，无条件地搬到新的情况之中来硬套。"①

基于以上说明，艾思奇总结性指出："辩证法唯物论怎样推广应用于社会历史的研究的问题，是每一个马克思主义者或有志研究社会科学的人所必须认真了解的。所以辩证法唯物论在社会历史方面的推广应用可以从两个方面来看（这两个方面是分不开的）：一，用唯物论的观点（同时，反对用唯心论的观点）来理解社会历史现象。二，用辩证法的方法（同时，反对用形而上学的方法）来研究社会历史发展的规律。"②这里，艾思奇要求马克思主义者自觉地将辩证唯物主义应用于社会历史研究领域，发挥马克思主义在社会研究、历史研究中的指导地位，积极地推进社会科学的发展。

以上情形足以说明，中国共产党人不仅在思想上恪守马克思主义，而且在理论和学术上阐发马克思主义与科学之间的关系，使马克思主义获得了科学的意义内涵，为确立马克思主义的学术指导地位和推进马克思主义在人文社会科学领域的发展做出了积极而又成功的努力。

4. 按照时代主题建立广泛的学术文化统一战线。中国共产党领导学术运动具有与时俱进的特色，即在把握时代特征中按照时代主题开展学术活动，以反映时代的主旋律，引领时代前进。这之中，建立广泛的学术统一战线是一个重大的举措，而且这一举措也是依据时代主题来实施的。譬如，大革命失败之后不久，中国共产党鉴于中国在"九一八"之后民族矛盾上升为主要矛盾，在倡导建立抗日民族统一战线的过程中，也倡导建立国内的文化统一战线。早在 20 世纪 30 年代，中国共产党就鲜明地提出在文艺战线上反对关门主义，以便团结更多的文化人士投身到抗日运动中去。张闻天在 1932 年 10 月撰文指出，当时文艺战线"对'第三种人'与'第三种文学'的否认"，是一种"左"倾关门主义的重要表现，"这当然是非常错误的极左的观点"。张闻天说："因为在中国社会中除了资产阶级与无产阶级的文学之外，显然还存在着其他阶级的文学，可以不是无产阶级的，而同时又是反对地主资产阶级的革命的小资产阶级的文学。这种文学不但存在着，而且是中国目前革命文学中最占优势的一种（甚至那些自称无产阶级文学家的文学作品，实际上也还是属于这类文学的范围）。排斥这种文学，骂倒这些文学家，说他们是资产阶级的走狗，这实际上就是抛弃文艺界的革命统一战线，使幼稚到万分的无产阶级文学处于孤立，削弱了同真正拥护地主资产阶级的

① 《艾思奇文集》第 1 卷，人民出版社 1981 年版，第 483 页。

② 《艾思奇文集》第 1 卷，人民出版社 1981 年版，第 524 页。

反动文学做坚决斗争的力量。”①全面抗战以后,中国共产党为建立抗日民族统一战线而不懈努力,这之中也包括建立文化界统一战线的努力。1938 年 4 月,毛泽东在鲁迅艺术学院的讲话中,指出:“中国文艺界还曾有所谓‘第三种人’,在今天我们也并不排斥他们。今天第一条是一切爱国者的抗日民族统一战线,第二条才是我们自己艺术上的政治立场。艺术上每一派都有自己的阶级立场,我们是站在无产阶级劳苦大众方面的,但在统一战线原则之下,我们并不用马克思主义来排斥别人。排斥别人,那是关门主义,不是统一战线。”②在进入社会主义初级阶段以后,中国共产党从建设社会主义需要调动一切积极因素、化消极因素为积极因素的实际出发,强调对资产阶级及其知识分子采取团结的政策。1956 年 8 月毛泽东在同音乐工作者的谈话中指出:“中国的资产阶级和他们的知识分子,人数虽少,但是他们有近代文化,我们现在还是要团结他们。……资产阶级在近代文化,近代技术这些方面,比其他阶级要高,因此必须团结他们,并且把他们改造过来。资产阶级掌握的文化,有些是旧的,用不到的,但是许多东西用得到。”③中国共产党依据时代要求,从事文化统一战线的理论和实践,对推进中国马克思主义学术体系的建立和发展起了积极的作用。

此外,中国共产党在创建中国马克思主义学术体系的过程,还以开阔的研究视野、整体的研究思路、辩证的分析方法,来对学术研究进行宏观规划;以马克思主义社会史观来研究现实社会生活中的各个方面及其所表现出的突出问题,突出研究的重点,提倡问题研究意识;构建宽容、自由、讨论的学术氛围,反对“利用行政力量,强制推行一种风格,一种学派,禁止另一种风格,另一种学派”④。在中国共产党的领导下,中国马克思主义学术形成普及与提高的有机结合、理论阐发与实际研究相联系的研究范式,为马克思主义学术中国化作出了贡献。

中国共产党建设中国马克思主义学术体系的实践表明,中国共产党是发展马克思主义学术的领导者和组织者,是先进文化的代表者,是推进马克思主义学术中国化的主导力量。中国共产党引领学术文化发展、创建中国马克思主义的经验,昭示着这样一个真理:繁荣马克思主义学术、推进马克思主义学术中国化,必须在坚持和发展马克思主义的前提下,加强对中国社会状况的调查与研究,遵

① 《张闻天选集》,人民出版社 1985 年版,第 8 页。
② 《毛泽东文集》第二卷,人民出版社 1993 年版,第 122 页。
③ 《毛泽东著作选读》下卷,人民出版社 1986 年版,第 749 页。
④ 《毛泽东著作选读》下卷,人民出版社 1986 年版,第 784 页。

循学术发展的基本规律,有效地占领人文社会科学的阵地,努力发挥学术研究在推进社会进步中的作用。

(原载《党史研究与教学》2011年第6期)

【昔文琐记】2011年是中国共产党诞辰90周年,我在2010年就想写篇文章献给党的生日。因为自己多年来从事中国马克思主义学术史研究,故而也就写了这篇《中国共产党建设中国马克思主义学术体系的历史经验》文章。碰巧的是,《党史研究与教学》的主编郭若平教授,邀请我主持该刊的"中国马克思主义学术史"专栏,就将这篇文章在该刊发表了。

在中共党史研究中,写历史经验这类文章,有两点需要注意的:一是需要较高的理论思维,能够在文章中抽象出几条具体的经验来,并且这些被抽象出的经验是一般研究者尚未认识到的,这样才有点新的意义。二是需要有具体的事实作支撑,不能脱离事实而空发议论,也就是要使相关的观点"落地"、接地气,这就需要研究者有长期的积累,确实掌握到基本事实,这样才能做到史论结合。

为什么要写这篇《中国共产党建设中国马克思主义学术体系的历史经验》文章呢?在当时,写这篇文章的目的,就是提出并论证"中国共产党是中国马克思主义学术的领导者和组织者"这个观点。文章以思想为灵魂,没有思想不能成为文章,故而文章中要提出不同于常人的新观点。我以为,这篇文章表达了中国共产党是中国马克思主义学术"领导者、组织者"的观点,并总结了中国共产党领导中国马克思主义学术建设的经验。这之后,我又在《湖南师范大学学报》2019年第5期上发表了3.4万字的《试论中共根据地时期的马克思主义学术建设》文章,进一步申明中国共产党是中国马克思主义学术发展领导者、组织者的主张。

我在学术上有一个期待,就是希望在中共党史学科中能够形成"中国共产党与中国马克思主义学术发展"的研究方向,从而推进中共党史研究的深化。对于这样的研究设想,我在五卷本的《中国马克思主义学术史》中说:"'中国共产党与中国马克思主义学术发展'就是一个很好的'研究方向'。"①又说:"中国共产党是推动中国社会变迁的领导力量,同时也是中国马克思主义学术的领导者和组织者,通过政治领导、思想导引、文化政策、学术队伍培植等途径,以制度化形式设计了马克思主义学术的组织系统及运作体系,维护中国马克思主义学

① 吴汉全:《中国马克思主义学术史》第1卷,人民出版社2019年版,第130页。

术的统一性,保证了高水平的马克思主义学术成果的及时面世。因此,离开了对中国共产党领导中国马克思主义学术作用的考察,也就不可能真正认识中国马克思主义学术的特点。……中共党史研究者可以在'中共与中国马克思主义学术发展'这个方向上加以进一步的探索。"①研究现代以来中国学术的发展,必须注重中国共产党领导和组织的作用,因为中国共产党是现代以来中国社会发展的根本性力量、先进文化和学术的代表者;同样,研究中共党史,也不能不研究现代中国学术的演变,因为学术文化事业乃是中国共产党历史活动中不可缺少的重要组成部分。

我在主持"中国马克思主义学术史"专栏中,向学术界发出"努力开展中国马克思主义学术史的学科建设"的倡议,并认为中国马克思主义学术史有几个分支学科:一是以中国马克思主义学术的客观历史实际为研究对象的诸学科;二是以中国马克思主义学术的历史资料为研究对象的诸学科;三是以中国马克思主义学者为研究对象的诸学科;四是以马克思主义学术的领导与组织层面为研究对象的诸学科;五是以中国马克思主义学术史本身为研究对象的诸学科②。《党史研究与教学》是中共党史研究的最主要刊物之一,在党史学界有着很高的学术声望。在《党史研究与教学》中开辟"中国马克思主义学术史"专栏,有助于学术界更加重视中国马克思主义学术史的研究。在这里,向郭若平主编表示谢意!

2021年1月27日

---

① 吴汉全:《中国马克思主义学术史》第1卷,人民出版社2019年版,第120—121页。

② 吴汉全:《努力开展中国马克思主义学术史的学科建设》,《党史研究与教学》2011年第6期。

留学生与马克思主义在中国的介绍和传播

留学生是近代中国在被迫开放的条件下而形成的一个特殊的知识分子群体,在中国社会现代化过程中起着不可替代的作用。近代中国社会的变革过程,实际上是由传统农业社会向现代工业社会转变的过程,亦即社会现代化过程。留学生在中国社会现代化过程中所起的作用是多方面的,不仅担负着先进文明传播者的角色,而且其自身经过分化和组合构成中国社会现代化领导阶层的中坚力量。在传播先进文明成果方面,留学生不仅为适应中国社会变革与发展的需要而引进诸如民主、科学、自由、平等等现代化意识,而且介绍和传播高层次的现代化思想——马克思主义。正是由于留学生在介绍和传播马克思主义方面所做出的诸多努力和十月革命开辟世界现代化新道路所带来的重大影响,马克思主义得以在中国生根和发展并逐步成为中国社会现代化的指导思想,从而加快了中国社会现代化由被动现代化向主动现代化转变的过程,中国社会现代化目标也开始发生历史性的转向,即由欧美式的资本主义文明转向苏俄式的社会主义文明。考察留学生与中国近代社会发展的关系,就必须研究留学生在中国介绍、传播马克思主义这一社会现代指导思想所作出的贡献。

一、留学生与十月革命前马克思主义在中国的介绍

十月革命前中国人对马克思主义就有所了解。马克思主义产生于欧洲,之所以能在尚不具备无产阶级革命条件的半殖民地半封建社会的中国被引进,主要是由留学生特别是在日本的留学生和在海外从事革命的资产阶级先进人物。我们之所以把十月革命前马克思主义在中国的引进称为“介绍”,不仅因为被引进的马克思主义在内容上比较零碎、在范围上比较狭小,而且因为在中国当时还缺乏接受和运用马克思主义的条件,这就使得被引进的马克思主义停留在初步

的介绍阶段,在当时亦未能形成中国社会现代化的指导思想。不过就当时引进马克思主义的实际情形而言,留学生还是作出了很大成绩的。

1. 概况

马克思主义被介绍到中国来,有三条渠道,一是日本,一是西欧,一是俄国,而在介绍阶段,主要渠道是日本。这是由于当时在日本留学的中国知识分子受到日本刚刚兴起的社会主义运动的影响,组织力量翻译了一些马克思、恩格斯的著作,并通过自己出版的刊物介绍马克思主义。当然,当时也有一小部分知识分子通过到西欧和俄国求学或工作,而在那里接触到马克思主义。因此,可以说在辛亥革命前后至五四前夕,日本是中国留学生介绍马克思主义的主渠道。

在中国人办的报刊上最早出现"社会主义"一词,并把马克思与社会主义学说联系起来的,是中国留日学生主办的《译书汇编》。《译书汇编》是 1900 年 12 月江苏留日学生创办、胡英敏等编辑的中国留日学生创办最早的进步刊物,以编译欧美政治名著、介绍西方资产阶级社会政治学说为主要内容。1901 年 1 月中国留日学生在编辑《译书汇编》时,编译了有贺长雄的《近世政治史》一书,并在这个刊物的一、二、三、六、八期上连载了《近世政治史》的主要内容,介绍到这样一些内容:"一千八百六十二年,各国工人之首领,均会集于伦敦,名曰:'万国工人总会'。""麦克司自为参事会长,总理全体。""西国学者,悯贫富之不等,而为佣工者,往往受资本家之压制,遂有倡均贫富、制恒产之说者,谓之社会主义。"这里说的"万国工人总会",即第一国际;"麦克司",即马克思;称马克思的主张为"均贫富、制恒产之说"。书中对第一国际的沿革作了较为详尽的叙述,包括日内瓦会议、洛桑会议、布鲁塞尔会议、巴塞尔会议等。但《译书汇编》的译者和编者虽对马克思主义的社会革命思想和公有制主张有所了解,但却用中国传统思想来解析社会主义,称"中国古世有井田之法,即所谓社会主义。"①另外,《译书汇编》上发表了马君武的《社会主义与进化论比较》的文章。《译书汇编》是留学生最早介绍马克思和第一国际的刊物,在介绍马克思主义的历史上处于先驱地位。

《浙江潮》这一留学生刊物在介绍马克思主义方面也发挥了很大的作用。《浙江潮》是 1903 年 2 月中国留日学生浙江同乡会编辑的进步刊物,撰述人有孙翼中、蒋方震、蒋智由等。《浙江潮》曾发表署名大我的《新社会之理论》文章,称"共产主义:是派创于法人罢勃 Babeuf(即巴贝夫,引者注),其后劲则犹太人

① 《译书汇编》第 2 期,1901 年 1 月 28 日。

埋蛤司也 Karl Marx(即卡尔·马克思,引者注),今之万国劳动党其见象也。”①并分四方面介绍共产主义的“原理”,叙述马克思主义关于废除私有制、建立公有制的主张。1903 年 10 月,《浙江潮》编辑所出版了由中国达识译社翻译、日本人幸德秋水著的《社会主义神髓》一书,对马克思及其学说作了较全面的介绍。全书分七章,约 2 万字,根据《共产党宣言》和《社会主义从空想到科学的发展》等马克思主义的经典著作,表述了科学社会主义的主要观点,并认为“救今日之社会,使脱其痛苦堕落罪恶者,……以行社会主义的大革命而已。是实科学的命令,历史的要求,进化的理法。吾人虽欲避之,而无可避者也。”②这里要指出的,日本社会主义者幸德秋水的《社会主义神髓》一书于 1903 年 6 月写成,7 月以日文出版,而 10 月《浙江潮》编辑所就出了中文译本,这反映中国留学生对日本新思想的迅速反应;而且《社会主义神髓》出版后引起中国留日学生和中国知识界的高度重视,成为先进的中国人了解马克思学说和社会主义的简明读本。继《浙江潮》的译本后,1906 年 12 月,由蜀魂重译,东京中国留学生会馆、社会主义研究社再版。1907 年 3 月,又由创生重译,东京奎文馆书局三版。此外还有高劳译,上海商务印书馆 1923 年 11 月的译本。这也反映《浙江潮》在介绍马克思学说中的地位。

《天义》报这一留日学生创办的无政府主义刊物,也对马克思及其学说进行了介绍。1907 年 8 月,由张继、刘师培等发起,中国留日学生在东京成立了社会主义讲习会。随后,社会主义讲习会的《天义》报,陆续刊登了马克思、恩格斯的部分译文。同年 10 月,《天义》报第八至十卷合册新书预告中,即刊有《共产党宣言》已经翻译、即将出版的消息。12 月《天义》报第十三、十四卷上登载了震述的《经济革命与女子革命》一文,并以附录的形式摘译了《共产党宣言》第二章关于家庭和婚姻制度的论述。编者何震在按语中认为:“马氏等所主共产说,虽与无政府共产主义不同,而此所言则甚当。彼等之意,以为资本私有制度消灭,则一切私娼之制自不复存,而此制之废,必俟经济革命以后,可谓探源之论矣。”③1908 年 1 月,《天义》报第十五卷刊载了民鸣翻译的 1888 年恩格斯为《共产党宣言》英文版写的序言,这是迄今查到的恩格斯著作最早的一篇完整的中译本。何震在编者按中指出:“《共产党宣言》发明阶级斗争说,最有俾于历史。

① 《浙江潮》第 8 期,1903 年 10 月 10 日。
② 《社会主义神髓》之“结论”部分,浙江潮编辑所 1903 年 10 月 5 日出版。
③ 《天义》第 13、14 卷,1907 年 12 月。

此序文所言，亦可考察当时思想之迁，欲研究社会主义发达之历史者，均当从此入门。”[①]《天义》报第十六至十九卷合刊，节译了英国社会党领袖哈因秃曼的《社会主义经济论》第一章。译者在“识语”中赞扬马克思在推动社会主义由空想发展为科学方面的卓越功绩，指出：“自马尔克斯（即马克思）以为古今各社会均援产业制度而迁。凡一切历史之事实，均因经营组织而殊，惟阶级斗争，则古今一轨。自此谊发明，然后言社会主义者始得所根据。因斯尔斯（即恩格斯）以马氏发见此等历史，与达尔文发见生物学，其功不殊，诚不诬也。”[②]此外《天义》报第16—19卷合刊中还发表了《〈共产党宣言〉序》、《〈家庭、私有制和国家的起源〉识语》等文章。《天义》报是主张无政府主义的留日学生创办的刊物，他们是在所谓“无产主义和无政府主义有共同的神髓”这种认识的基础上来谈论马克思主义的，因而对马克思学说作无政府主义的歪曲，但其在介绍马克思论著方面所做的许多工作则是应该肯定的。

留日学生在介绍马克思主义方面有一些突出的代表，以下试作概述：

朱执信（1885—1920），是资产阶级革命派的重要代表人物。1904年官费留学日本，攻读法政科，1906年回国。在留日期间于1905年在东京加入中国同盟会，被选为评议部议员兼书记。朱执信以笔名蛰伸在1905年的《民报》第2号上发表了《德意志社会革命家小传》。在这篇小传中，朱执信片段地介绍了马克思、恩格斯的革命活动和《共产党宣言》、《资本论》的某些内容。这是在我国第一次介绍马克思生平、思想及学说的文章。文章把马克思译为“卡尔・马尔克”，把恩格斯译为“非力特力嫣及尔”。文章在全译《共产党宣言》的十项纲领后予以评介，认为“马尔克素欲以阶级争斗为手段，而救此蚩蚩将为饿殍之齐氓，观于此十者，其意亦可概见。”称马克思起草的《共产党宣言》“既颁布，家户诵之，而其所惠于法国者尤深”，而且被“万国共产同盟会奉以为金科玉律”。认为《资本论》“其学理上之论议尤为世所宗”，马克思对资本的分析“为社会学者所共尊，至今不衰”[③]。值得注意的是，在这篇文章中，朱执信分析了马克思学说与空想社会主义的不同点，指出：“前乎马尔克言社会主义而攻击资本者亦大有人，然能言其毒害之所由来，与谋所以去之之道何自者，盖未有闻也，故空言无所裨。其既也，资本家因讪笑之，以为乌托邦固空想未可得蕲至也。是亦社会革命

---

① 《天义》第15卷，1908年1月。

② 《天义》第16—19卷，1908年5月。

③ 《民报》第2号，1905年11月。

家自为计未审之过也。夫马尔克之为《共产主义宣言》也,异于是。"[①]随后,朱执信又在《民报》第5号上发表《论社会革命当与政治革命并行》一文,指出:"顾自马尔克以来,学说皆变,渐趋实行,世称科学的社会主义(Scientific Socialism)。"[②]朱执信对马克思主义的介绍服务于资产阶级革命的需要,他本人虽然对马克思的一些观点表示赞同,但他本人不是社会主义者,而是把马克思的社会革命论纳入他的资产阶级革命思想体系之中,希望在中国进行资产阶级革命的过程中避免资本主义的一些弊端。

马君武(1880—1940),也是资产阶级革命派的代表人物。早年就读于广西体用学堂,上海震旦学院。1901年留学日本。翌年曾任《新民丛报》撰稿人,不久参加留日学生反清运动,与章炳麟发起"支那亡国二百四十二周年纪念会",与刘成禺率先宣传排满救国。1903年结识孙中山,并于同年考入京都帝国大学攻读应用化学。1905年加入同盟会,参与起草章程,任秘书长兼广西部长,次年毕业回国,参加创办上海中国公学,任教务长。后因两江总督端方指名缉捕,于1907年赴德国,入柏林工业大学学冶金,1911年毕业归国,并被推为广西代表参加筹组临时政府。马君武曾于1903年2月15日在《译书汇编》第二年十一号上发表《社会主义与进化论比较——附社会党巨子所著书记》一文,介绍了社会主义学说的发展历史并提及马克思及其学说,马君武说:"社会主义诚今世一大问题最新之公理,皆在其内,不可不研究也。"认为社会主义思想"发源于法兰西人圣西门 Saint—Simon、佛礼儿 Fourier,中兴于法兰西人鲁意伯龙 Louis Blanc、布鲁东 Proudhon,极盛于德意志人拉沙勒 Ferdinand Lassalle、马克司 Karl Marx。"在回顾社会主义发展历史的同时,马君武称"马克司者,以唯物论解历史学之人也。马氏尝谓阶级竞争为历史之钥。"马君武认为,"社会主义欲改造现有之旧社会为新社会,改造现有不完全之道德为完全之道德,且益进而不息焉。""社会主义者,欲人群改良其社会之组织达于极点,以长久昌盛,百战百胜,享福无穷也。"在谈到社会主义前景时,马君武说:"世人而果不忘图进步也,则不可不修诸等之德行。若团体,若先见,若自治,若克己,是数德者,人群福祉之所由生也,社会主义之所由立也。凡怀热心图进步之国民,未有不欢迎社会主义者。社会主义既行,则人群必大进步,道德智识物质生计之属必大发达,此世界之光景一大

① 《民报》第2号,1905年11月。
② 《民报》第5号,1906年6月。

变。"①值得注意的是，马君武在这篇文章附录的《社会党巨子所著书记》中，附有马克思主义著作的目录，列举了《英国工人阶级状况》、《哲学的贫困》、《共产党宣言》、《政治经济学批判》和《资本论》五本书。这是迄今为止在文字记载上所见到的中国最早的马克思主义著作书单。

宋教仁(1882—1913)，资产阶级革命家。早年受黄兴影响，1904 年在长沙参与发起创立华兴会，被选为副会长。同年 11 月回常德策动会党响应长沙起义，事泄遭通缉，被迫潜往日本。1905 年入东京法政大学(次年入早稻田大学)，攻读西方资产阶级法政学说。参与组织同盟会，创办同盟会机关报《民报》。年底组织中国留日学生联合会，领导反对日本政府颁布《清国留学生取缔规则》的斗争。宋教仁在日本期间，从日本《社会主义研究》杂志中译出《万国社会党大会略史》一文，经过"略为修改"发表在 1906 年 6 月《民报》第 5 号上。译文比较详细介绍了第一国际的起源及历次代表大会的情况，反映宋教仁对当时的社会主义运动的重视。1911 年 8 月宋教仁在《民立报》发表《社会主义商榷》一文。该文认为"社会主义之发生，盖原于社会组织之弊"，并将当时的社会主义流派析分为四，即"无治主义"(无政府主义)、"共产主义"、"社会民主主义"、"国家社会主义"。但宋教仁对社会主义的认识是模糊的，认为"真正之社会主义"是无治主义和共产主义，这就混淆了共产主义与无政府主义的界限。宋教仁当时思想比较激进，声称要实行"真正之社会主义"。他说："窃谓苟不主张真正之社会主义则已，果主张真正之社会主义而欲实行之者，则非力持无治主义或共产主义不为功，而社会民主主义与国家社会主义，皆非所宜尊崇者也。"②宋教仁虽然对马克思的学说有所介绍，如在《万国社会党大会略史》中将引用的《共产党宣言》的最后一段话，翻译为："吾人之目的，一依颠覆现时一切之社会组织而达者，须使权力阶级战栗恐惧于共产的革命之前，盖平民所决者惟铁锁耳，而所得者，则全世界也"，表示出对社会革命的浓厚兴趣，但他实际上对社会主义并不信仰。

江亢虎(1883—1954)，曾于 1920—1904 年留学日本，1911 年组织中国社会党，打着社会主义政党的招牌。中国社会党成立前后出版的《社会星》、《新世界》、《社会党月刊》等，在介绍社会主义学说时曾提到马克思的学说。社会党绍兴支部机关刊物《新世界》第二期，曾刊登了《社会主义大家马儿克之学说》(朱

---

① 《译书汇编》第 2 年第 11 号，1903 年 2 月 15 日。

② 《宋教仁集》(上)，中华书局 1981 年版，第 288—289 页。

执信译述，煮尘整理）。此文简要介绍了马克思的生平，并指出马克思和恩格斯合著的《共产党宣言》“不啻二十世纪社会革命之引导线，大同太平新世界之原动力”①。这是中国第一篇把马克思学说作为社会主义理论主要代表的译述。《新世界》还于1921年5—7月，连载恩格斯的重要著作《社会主义从空想到科学的发展》（译作《理想社会主义与实行社会主义》）的第一、第二节和第三节的一部分，这是该书在中国的最早译文。江亢虎虽介绍社会主义并提及马克思，但他并不是社会主义者，而是资产阶级的改良主义者，他创建的中国社会党所主张的“专征地税”则是亨利·乔治的思想。如江亢虎在《社会主义学说》中说：“各国社会主义学者，鉴于将来社会革命之祸，汲汲提倡马尔斯之学说，主张分配平均，求根本和平之解决，以免激烈派之实行均产主义，而肇攘夺变乱之祸”。他在《社会主义之今昔》一文中又说：“究竟能够了解社会主义的有几人？当鼓吹时代只要他入党，晓得这个名词就是好的。”可见，江亢虎谈社会主义，则是一种标榜和投机。

十月革命前马克思主义在中国的介绍过程中，留学生是一支主体力量，他们通过办刊物、翻译著作、组织团体、撰写文章等多种形式来介绍马克思主义。当时非留学生出生的社会活动家如孙中山、梁启超等也介绍过马克思学说，为马克思主义在中国的介绍也做了一些工作，对此应充分肯定。但进行舆论宣传和思想启蒙工作的是留学生，特别是留日学生，并通过他们向知识阶层扩散。

2. 特点

十月革命前留学生在介绍马克思主义中作出了重要贡献，有必要根据当时的社会情形和介绍马克思主义这一基本史实，分析其基本特点，以便在评价中能更符合历史实际。就十月革命前留学生在介绍马克思主义方面来分析，大致来说有这样几个突出的特点。

第一，中国留学生介绍马克思主义是受到日本社会思潮积极影响的。在19世纪末20世纪初，欧洲社会主义思想通过各种渠道被介绍到日本，日本兴起研究社会主义的热潮。尤其是片山潜、幸德秋水等为代表对欧洲的社会主义运动和马克思的生平和学说进行了介绍和研究，对日本社会尤其是日本的思想界产生广泛的影响。而这一时期正是中国留学日本的高潮，中国留日学生受日本思想界的影响，纷纷把马克思主义学说作为一种新的思想加以吸收。于是，中国留日学生借鉴日本研究社会主义的成果，通过翻译日本学者的著作而向中国人介

① 《新世界》第2期，1912年6月。

绍马克思主义。《译书汇编》连载的《近世政治史》是日本人有贺长雄的著作，《浙江潮》编辑所出版的《社会主义神髓》一书，是日本早期社会主义者幸德秋水的著作。留日学生的一些介绍马克思主义的文章，也得益于日本学术界的研究成果。诸如对马克思、恩格斯的生平事略的介绍、对第一国际历次代表大会情形的介绍等，也大多是根据日本人所掌握的材料而加以综合的。这就是说，产生于欧洲的马克思主义和社会主义运动的情况，中国留日学生是通过日本思想学术界而知晓的，是通过接受日本思想界的影响而向中国国内予以介绍的。可以说，中国留日学生介绍马克思主义学说，一开始就是接受日本思想界影响的结果。

第二，中国留学生对马克思主义的介绍虽处于初步阶段，但大致上反映了马克思及其学说的基本概况。我们说十月革命前留学生对马克思及其学说的介绍处于初步阶段，是因为他们对马克思主义的介绍总体上看是片段式介绍，不能进行全面系统地研究和评述，更有许多误解甚至歪曲，因而不可能科学地反映马克思及其学说的全貌，当然也不能解决在中国运用马克思主义的问题。就当时留学生介绍马克思及其学说的内容来看，大致有这样几个方面：一是初步介绍了马克思、恩格斯的生平事迹。如朱执信的《德意志社会革命家小传》和《社会主义大家马尔克之学说》两文，叙述了马克思、恩格斯的生平，特别是两人的交往、合著《共产党宣言》、创建第一国际的情况，指出马克思著述甚多，《剩余价值学说史》（评作“资本史”）和《资本论》“尤为世所宗”。二是初步介绍了唯物史观的某些观点。如马君武就认为马克思是“以唯物论解历史学之人”，马克思主张“阶级竞争为历史之钥。”①朱执信认为，“马尔克之意，以为阶级争斗，自历史来，其胜若败必有所基。彼资本家者，啮粱肉刺齿肥，饱食以嬉，至于今兹，曾无复保其势位之能力，其端倪亦既朕矣。故推往知来，富族之必折而侪于吾齐民，不待龟筮而瞭也。”②三是初步地涉及马克思的剩余价值学说。一些留学生根据《资本论》，简要地介绍价值和剩余价值学说，并认为“马尔克此论为社会学者所共尊，至今不衰”③。他们根据马克思的剩余价值学说，认识到生产资料掌握在剥削者手里是劳动者受剥削的根源，指出：“劳动者，为地主、资本主义垄断其生产机关，由是生屈从，生社会之穷困，生精神之卑屈，为政治上服从之原因。”④留学生对马克思及其学说的介绍虽是初步的，但大致反映了马克思主义的概貌，从

---

① 《译书汇编》第2卷11期，1903年2月15日。
② 《民报》第2号，1905年11月26日。
③ 《民报》第2号，1905年11月26日。
④ 大我：《新社会之理论》，《浙江潮》第8—9期，1903年10—11月。

而在中国引进了社会主义学说的曙光。

第三,留学生在介绍马克思学说时目的不一,心态各异。就总体而言,留学生介绍马克思主义学说一开始带有学理输入的性质,但不同的留学生对马克思主义的态度不同。如江亢虎虽然声称主张社会主义,但他根本没有理解社会主义真义。袁世凯被推为临时大总统后,江亢虎曾多次上书袁世凯表白自己,称"吾党之提倡此主义,正所以预防革命,求免于日后之生灵涂炭耳。"①因此袁世凯下令解散社会党时,江亢虎随即声明遵命解散。资产阶级革命派的留学生在介绍马克思学说时,是为了预防资本主义的流弊,甚至把自己所主张的资本主义说成是社会主义,此可见他们对于社会主义与资本主义的区别并没有搞清楚。而有无政府主义思想的留学生,则把他们的无政府主义说成是社会主义,只是打着社会主义旗号而已。这说明,当时介绍马克思主义的留学生,其主张与科学社会主义是大相径庭的。

总体而言,留学生在十月革命之前对马克思主义在中国的介绍作出了贡献,尽管表现出不成熟和对马克思学说的许多误解,但毕竟是在中国输入新的思想,扩大了马克思学说在中国的影响,为十月革命后马克思主义在中国的传播也创造了条件。

二、留学生与十月革命后马克思主义在中国的传播

真正意义上的马克思主义在中国的传播是在十月革命后开始的。十月革命使中国包括留学生在内的先进知识分子看到了希望,开始认识到马克思主义与中国社会变革的关系,从而加快了引进马克思主义的步伐,马克思主义在中国也就传播开来。可以说,留学生出身的知识分子是十月革命后在中国传播马克思主义的主力。

1. 留学生是传播马克思主义的主要代表

新文化运动促进了中国思想的大解放,为马克思主义在中国的传播创造了条件。也正是因为早期新文化凯歌行进,一些具有留学生经历的知识分子在中国构成了一个特殊的知识分子群体,他们在十月革命的影响下积极向西方寻找真理,探索俄国革命的真谛,努力为五四时期"社会改造"时代提供借鉴,从而充

① 《上海本部致电北京内务部》,《社会世界》第4期,1913年。

当了传播马克思主义的骨干力量。

大致说来，在中国传播马克思主义并形成共产主义信仰的留学生知识分子，有这样一些突出代表：

李大钊（1889—1927）是十月革命后具有初步共产主义思想知识分子的杰出代表。他于1913—1916年留学日本，就读于日本早稻田大学，回国后积极参与正在兴起的新文化运动。1917年冬，受聘任北京大学图书馆馆长后，大量扩充图书馆中有关宣传马克思主义的书籍，把图书馆办成学习和研究马克思主义的重要场所。随后，他和陈独秀一起于1918年12月创办了《每周评论》，作为宣传马克思主义的阵地。1919年2月，他又参加了北京《晨报》副刊编辑工作，并于同年5月在《晨报》副刊开辟了"马克思研究"专栏。五四前夕，他还主编了《新青年》"马克思研究专号"，对马克思主义作了比较系统的介绍和宣传。从1918年下半年起，李大钊发表了《法俄革命之比较观》、《庶民的胜利》、《布尔什维主义的胜利》、《新纪元》等文章，宣传十月革命和马克思主义，是中国思想界对十月革命最早作出积极反映的先进知识分子。1919年发表的《我的马克思主义观》，是中国第一篇较系统地研究和宣传马克思主义的著名论文。该文的发表标志着马克思主义在中国的传播进入了一个新阶段。1920年3月在李大钊指导下成立了"北京大学马克斯学说研究会"。该会的成员大多为北京大学的青年学生，如邓中夏、黄日葵、高君宇、刘仁静、罗章龙等，并创建了名叫"亢慕义斋"的图书室，收集了一批中外文的马克思主义书籍。李大钊还利用高校讲坛宣讲马克思主义的唯物史观，影响了一代青年学生。毛泽东后来曾回忆，他是在李大钊手下当图书馆管理员时，转向马克思主义的。李大钊在中国传播马克思主义进程中，居于其他人无可替代的地位。

陈独秀（1879—1842）是五四前后宣传马克思主义的重要代表。他曾于1900年、1906年两次留学日本，先后在东京高等师范学校和早稻田大学学习。回国后创办《青年杂志》，领导新文化运动。在十月革命的影响下，陈独秀逐步向马克思主义转变，并进而宣传马克思主义。五四前夕，他在《每周评论》上发表《二十世纪俄罗斯的革命》，宣传十月革命的伟大意义，开始由崇拜法兰西革命到宣传十月革命的重大转变。1919年他在《新青年》上发表《本志宣言》，是他拥护社会主义的重要标志。该"宣言"要求抛弃"世界上的军国主义和金力主义"，声称："我们主张的民众运动，社会改造，和过去及现在各派政党绝对断绝关系。"①

① 《陈独秀著作选》第2卷，上海人民出版社1993年版，第41页。

1920年陈独秀成为一个马克思主义者，宣传马克思主义基本理论。他于1920年5月以《劳动者底觉悟》为题发表演讲，解释劳动创造世界的道理，认为“世界劳动者的觉悟，计分二步：第一步觉悟是要求待遇改良，第二步觉悟是要求管理权。”①1920年5月就工人劳动时间与工资问题发表《答知耻》的文章，运用剩余价值理论来分析工人的工资问题。1920年9月在《谈政治》中，明确表示赞成马克思主义的无产阶级专政学说。由于陈独秀在新文化运动中的领袖地位，他对马克思主义的宣传所产生的影响力是巨大的。

李达（1890—1966）是较早接受和宣传马克思主义的日本留学生。1913—1918年李达在日本学习理科，十月革命后改变了方向。在1918年以后一年多时间里，他读了大量的马、列著作，翻译了《唯物史观解说》、《社会问题总览》、《马克思经济学说》等书在国内出版，比较系统地阐述了马克思主义的基本原理。1919年6月18日他在上海《民国日报》副刊《觉悟》上发表《什么叫社会主义?》一文，阐明了社会主义和共产主义的区别，社会主义和无政府主义的区别。1919年6月19日他又在上海《民国日报》副刊《觉悟》上发表《社会主义的目的》一文，对社会主义的原因作了分析，认为：“社会主义确是要改掉十九世纪的文明弊病，是一贴对症的良药。”1920年前后，李达是我国早期马克思主义者之一，在传播和宣传马克思主义方面占有重要的地位。

李汉俊（1890—1927）是较早接受和宣传马克思主义的留日学生之一。1902—1918年李汉俊在留学日本期间，起初“最爱数学”，在东京帝国大学工科学习时，接受了日本著名的马克思主义经济学家河上肇的影响，转而研究马克思主义。1918年底回国后带回了大量的英、德、日等国文字的马克思主义书刊，此后从事翻译和写作，宣传马克思主义。从1919年到中国共产党建立前，李汉俊在《新青年》、上海《星期评论》、上海《民国日报》副刊《觉悟》、《妇女评论》、《建设》、《劳动界》、《共产党》等刊物上发表译文和文章60多篇，尤其是在《星期评论》上发表36篇文章和译文。这些文章和译文，宣传社会主义学说，介绍国内外工人运动，提倡男女解放，评述国际时事，针砭时弊，产生了广泛的社会影响；在《星期评论》五月至六月的后期，发表了《强盗阶级底成立》、《浑朴的社会主义者底特别的劳动运动意见》、《劳动者与“国际运动”》等文章，深入浅出地介绍马克思主义经济学说，推动了马克思主义在中国的传播。

蔡和森（1895—1931）是五四时期宣传马克思主义的重要代表，早年同毛泽

① 《陈独秀著作选》第2卷，上海人民出版社1993年版，第136页。

东一起建立新民学会，并创办《湘江评论》。1919 年赴法勤工俭学，1921 年在法国参加筹建旅欧中国少年共产党。同年 10 月被法国当局强迫遣送回国。蔡和森到法国后在短短几个月时间里，就阅读和翻译了几十种马克思主义书籍和有关社会主义的论著。他除了领导留法的新民学会会员学习和讨论之外，还写信给陈独秀和毛泽东，阐述他主张无产阶级专政、走俄国革命道路的观点。蔡和森运用马克思主义学说分析中国阶级斗争实际，指出："我认定全国人民除极少数的军阀、财阀、资本家以外，其余不是全无产阶级，就是小中产阶级，而小中产阶级就是无产阶级的候补者。……故以我看来，中国完全是个无产阶级的国（大中产阶级为数极少，全无产阶级最多，半无产阶级——即中等之家——次之）；中国的资本阶级就是五大强国的资本阶级（本国极少数的军阀、财阀、资本家附属于其中），中国的阶级战争就是国际的阶级战争。"[①]在给毛泽东的通信中，蔡和森对建立无产阶级政党提出自己的见解。他指出："党（社会党或共产党）发动者、领袖者、先锋队、作战部，为无产阶级运动的神经中枢。"[②]蔡和森是当时青年知识分子中思想敏锐、主张运用马克思主义改造中国社会的重要代表。

周恩来（1898—1976）于 1917 年留学日本，1919 年回国，在天津参加五四运动，组织觉悟社。1920 年到 1924 年先后赴法国和德国勤工俭学。周恩来早在留日期间受到马克思主义的启迪，孕育了信仰马克思主义和社会主义的革命意识，开始了向马克思主义者的转变。五四运动期间，思想得到发展。1920 年 1 月 29 日周恩来参加示威斗争被捕，他在狱中宣讲马克思主义。据《检厅日录》记载："五月十四日　晚上会议，……内容是（一）议决讲演全世界工业革命史，讲完后，由周恩来介绍马克思学说。五月二十八日　晚间全体会，……先开讲演会，周恩来讲马克思学说，历史上经济组织的变迁同马克思传记。六月二日　晚上聚会，演讲仍由周恩来讲马克思学说，唯物史观的总论同阶级竞争史。六月四日，晚上聚会，……先开讲演会，仍由周恩来讲马克思主义——经济论中的余工余值说。六月七日晚上会议，……先开讲演会，周恩来续讲马克思主义的学说——经济论中的资本论同资产集中说。今天马氏学说已讲完了。"[③]1920 年底周恩来到法国后，更加坚定地信仰马克思主义。1921 年 1 月他在巴黎写给表兄陈式周信中说："若在吾国则积弊既深，似非效法俄式之革命，不易收改革之

---

① 《马克思学说与中国无产阶级》（1921 年 2 月），《蔡和森文集》，人民出版社 1980 年版，第 78—79 页。

② 《蔡林彬给毛泽东》（1920 年 8 月），《蔡和森文集》，人民出版社 1980 年版，第 49—50 页。

③ 转引自彭明：《五四运动史》，人民出版社 1984 年版，第 540 页。

效。"1922 年 3 月周恩来写的《西欧的"赤"况》一文中表明自己的政治态度:"当信共产主义的原理和阶级革命与无产阶级专政两大原则,而实行的手段则当因时制宜。"周恩来在旅欧的中国工人和学生中宣传马克思主义,发起组织旅欧中国少年共产党(后改称旅欧中国社会主义青年团),其影响是巨大的。

杨匏安(1986—1931)是五四时期在华南地区最早的马克思主义传播者。在日本留学期间(1915—1916 年)接触到西方各种流派的新学说和社会主义新思潮。五四前夕,在广州任中学教员兼《广东中华新报》的记者。杨匏安在《广东中华新报》上发表了许多宣传马克思主义的文章,尤以 1919 年 10 月在《广东中华新报》上发表的《马克思主义(一称科学社会主义)》的长篇文章和在《世界学说》专栏上发表的《马克斯主义》(1919 年 11—12 月)文章为代表。在《社会主义》一文中,杨匏安在介绍圣西门、傅立叶、普鲁东和马克思等各家的社会主义学说的同时,称《资本论》"为社会主义圣典"。在《马克斯主义》一文中,对马克思主义产生的历史作了分析,对马克思主义学说的三个组成部分——唯物史观、阶级斗争学说、剩余价值理论系统地作了介绍和宣传。继《社会主义》、《马克斯主义》之后,还发表了《共产主义》、《实用主义》、《马克思主义浅说》等文章,尽管有些不甚"精当"的地方,但基本观点是符合马克思主义的。杨匏安在中国传播马克思主义史上占有重要的历史地位。

陈望道(1890—1977)是中国第一部《共产党宣言》中文全译本的翻译者。早年留学日本,1919 年回国从事新文化运动和宣传马克思主义的活动。回国后,在杭州第一师范担任语文教员期间,参加了闻名全国的浙江一师风潮,之后被迫离开学校回到家乡自修。他在家乡自修时翻译了《共产党宣言》,并经陈独秀和李汉俊的校对。这是中国第一个《共产党宣言》中文全译本,于 1920 年 8 月作为社会主义研究小丛书第一种,由上海社会主义研究社正式出版。陈望道是五四时期宣传马克思主义的活跃人物,1920 年曾翻译了河上肇著的《马克思底唯物史观》一文在《民国日报》副刊同年 6 月 17 日上发表。此外,还翻译了日本学者高岛素之著的《社会主义的意义及其类别》,在《东方杂志》第 18 卷第 11 期(1920 年 6 月 10 日)上发表。陈望道还撰写了一些宣传马克思主义的文章,如在《新妇女》第 5 卷第 1 期(1921 年 5 月 1 日)发表的《妇女运动与劳工运动》等。

此外,一些具有留学经历的国民党人士,在传播马克思主义方面也作了很大的努力,尽管他们并不信仰马克思主义。主要有这样几位代表:

胡汉民(1879—1936)是资产阶级革命家,1902 年入日本弘文学院,后转东京政治大学。1905年加入同盟会后即追随孙中山从事革命活动,是国民党内少有的理论家和元老。他于1919年创办《建设》杂志,发表了一些宣传马克思主义的文章,他本人撰写发表在《建设》第1卷第5号的《唯物史观批评之批评》文章,是当时比较出色的理论著述。文章说:马克思的唯物史观,简单地说"就是以经济为中心的历史观",这是因为"人类社会的生产力而定社会的经济关系,以经济关系为基础,而定法律上政治上的关系,更左右其社会个人的思想感情意见,其间社会一切形式的变化,都属于经济行程自然的变化"。此外,文章还从多方面对"非难唯物史观者"进行了批驳。胡汉民是国民党人中宣传马克思主义的重要代表。

戴季陶(1890—1949)是国民党内较有影响的人物,1905年秋留学日本,1909年从东京日本大学法科毕业后回国。不久加入同盟会,从事资产阶级革命活动。1919年五四运动中,在上海与沈玄庐主编《星期评论》,对工人运动表同情,曾据日文本转译考茨基《马克思资本论解说》。戴秀陶在五四期间是宣传新思想的重要人物,他在《"世界的时代精神"与"民族的适应"》(《星期评论》第17号)中认为,"马克斯以前许多社会主义的河流,都流到'马克斯'这一个大湖里面","大家都承认这马克斯主义是社会主义的'集大成者',是社会主义的'科学根据'的创造者","信奉马克斯主义的人,遍布全世界";关于马克思主义的阶级斗争学说,戴季陶指出:"阶级斗争的事实,并不是依马克思的阶级斗争说而起,不过是这历史上的一个重大事实,被马克思的灵心炯眼认识了,从一切历史的社会关系里面,抽象了出来。"①戴季陶在翻译了一些马克思主义的著述后,却也一度相信"有产阶级与无产阶级的对立……就是近代产业革命后所发生的资本家生产制的结果。"②当然,戴季陶宣传马克思主义并不是真正信奉马克思主义,而是用马克思学说的一些观点来论证资产阶革命的合理性。

在五四前后,留学生担当了在中国传播马克思主义的重任,成为传播马克思主义的主要力量。在传播马克思主义的留学生中,倾向于马克思主义的知识分子居于绝大多数,而有留学经历的国民党人居于次要地位。这是十月革命前马克思主义在中国的介绍,到十月革命后马克思主义在中国的传播转变的一个重大表现。这就是说,在引进马克思主义的过程中,虽然留学生一直占主导地位,但留学生这一群体的主体性思想已逐步发生变化,由十月革命前的资产阶级民

① 季陶:《新年告商界诸君》,《星期评论》第32号,1920年1月11日。

② 季陶:《文化运动与劳动运动》,《星期评论》(劳动纪念号)第48号,1920年5月1日。

主主义发展到十月革命后的马克思主义，因而十月革命后马克思主义不但能在中国传播开来，而且能在中国的思想学术界得到进一步的发展，这固然是中国社会变革实际需要的结果，同时也是马克思主义在中国引进的媒介——留学生这一队伍发生变化之所致。

2. 留学生传播马克思主义的主要内容

十月革命后特别是五四运动后，留学生在传播马克思主义方面，其广度和深度都远远超过十月革命前马克思主义在中国的介绍。马克思主义作为一个严整的科学体系，主要包括马克思主义哲学、政治经济学和科学社会主义，通过留学生的传播和引进而在中国生根，中国人由此能够看到完整体系的马克思主义。十月革命后至五四运动期间，留学生传播马克思主义的主要内容，体现在这样几个方面：

第一，马克思主义的唯物史观。

唯物史观是马克思主义的理论基础，是人们系统地接受马克思主义的根本。十月革命后，留学生中的一批进步分子首先是接受和传播马克思主义的唯物史观，故而也就特别强调唯物史在马克思主义思想体系中的地位。陈独秀指出，空想社会主义学说"建设在伦理上面"，"不曾建设在社会底经济的事实上面"，所以"未能成功"；而马克思"乃是由科学的方法证明出来现社会不安底原因"，"以后的社会主义是科学的、客观的，是建设在经济上面的"，所以马克思主义与"建设在伦理上面"的空想社会主义是"完全不同"的①。李大钊指出，唯物史观与以往的一切形形色色的唯心史观是绝然不同的，唯物史观的目的"是为得到全部的真实"，它给"人类精神的影响，亦全与用神学的方法所得的结果相反"，这是由于在唯物史观看来，"最要紧的，是要寻出那个民族的人依以为生的方法，因为所有别的进步，都靠着那个民族生产衣食方法的进步与变动"②。蔡和森也指出，唯物史观和唯心史观是根本对立的，因为"世界显然为两个敌对的阶级世界，学说亦显然划了鸿沟。自柏拉图统御以来的哲学思想，（人生哲学、社会哲学）显然为有产阶段的思想。其特点重理想轻生活，重精神轻物质。马克思的唯物史观，显然为无产阶级的思想。"③强调唯物史观与唯心史观的对立，重视唯物史观在马克思主义学说中的地位，是留学生宣传马克思主义的一个突出表现。

---

① 《社会主义批评》，《陈独秀著作选》第2卷，上海人民出版社1993年版，第241—242页。

② 《唯物史观在现代史学上的价值》，《李大钊全集》第3卷，人民出版社2013年版，第278页。

③ 《蔡和森文集》，人民出版社1980年版，第63页。

以李大钊为代表的进步的留学生群体对马克思主义的唯物史观原理作了科学的阐发和说明。李大钊认为,生产方式与自然环境有内在的关系,但社会发展的决定因素不是自然环境,自然环境如人种、地理等虽然多少也能给人类社会的行程以影响,但社会的发展"向来没有什么意味的地理特征,也成了非常重大的条件",所以说"历史的唯物论者观察社会现象,以经济现象为最重要,因为历史上物质的要件中,变化发达最甚的,算是经济现象。……所以历史的唯物论者,于那些经济以外的一切物质的条件,也认他于人类社会有意义,有影响。不过因为他的影响甚微,而且随着人类的进化日益减退,结局只把他们看作经济的要件的支流罢了。"①这就正确地阐述了生产方式与自然环境的关系。

正是在对生产方式与自然环境关系作出正确界定的基础上,李大钊等对马克思主义唯物史观关于生产力与生产关系、经济基础与上层建筑的关系,作了科学的叙述和说明。李大钊指出,"生产力一有变动,社会组织必须随着他变动。社会组织即社会关系,也是与布帛菽粟一样,是人类依生产力产出的产物。"但是生产关系对生产力有反作用,即当初"助长生产力的发展",但到后来"反倒束缚他,妨碍他了"。然而生产力是最活跃的因素,"这生产力虽在那束缚地、妨碍他的社会组织中,仍是向前发展不已。发展的力量愈大,与那不能适应他的社会组织间的冲突愈迫,结局这旧社会组织非至崩坏不可。这就是社会革命。"李大钊在阐述生产力与生产关系之间的关系时,尤其强调两个重要的问题:一是生产力与生产关系的矛盾运动在社会发展中是经常性存在的。当生产力冲破旧的生产关系,随着生产关系"新的继起,将来到了不能与生产力相应的时候,他的崩坏亦复如是"。二是生产关系一定要适应生产力的发展。当生产关系还没有成为生产力障碍时则"万万不能打破",新的生产关系还没有发展成熟时则"万万不能发生",这"恰如孵卵的情形一样,人为的助长,打破卵壳的行动,是万万无效的,是万万不可能的"②。对于经济基础与上层建筑的辩证关系,李大钊等也作了科学的阐释。李大钊指出,马克思主义唯物史观认为"社会亦有基址(Basis)与上层(Überbau)。基址是经济的构造,即经济关系,马氏称之为物质的或人类的社会的存在。上层是法制、政治、宗教、艺术、哲学等,马氏称之为观念的形态,或人类的意识。从来的历史家欲单从上层上说明社会的变革即历史而不顾基址,那样的方法,不能真正理解历史。上层的变革,全靠经济基础的变动,

① 《我的马克思主义观》,《李大钊全集》第3卷,人民出版社2013年版,第6—7页。

② 《我的马克思主义观》,《李大钊全集》第3卷,人民出版社2013年版,第14—15页。

故历史非从经济关系上说明不可。”①同时,上层建筑对经基础具有能动的反作用,但这种反作用是以经济基础决定上层建筑为前提的。李大钊指出:“在经济构造上建立的一切表面构造,如法律等,不是绝对的不能加些影响于各个的经济现象,但是他们都是随着经济全进路的大势走的,都是辅助着经济内部变化的,就是有时可以抑制各个的经济现象,也不能反抗经济全进路的大势。”②陈独秀也指出:“社会生产关系之总和为构成社会经济的基础,法律、政治都建筑在这个基础上面。一切制度、文物、时代精神的构造都是跟着经济的构造变化而变化,经济的构造是跟着生活资料之生产方法变化而变化的。”③可见,以李大钊等为代表的具有留学经历的先进知识分子,他们对马克思主义唯物史观原理的阐述是正确的。

第二,马克思主义的阶级斗争学说。

十月革命后留学生在宣传马克思主义过程中,尤其强调马克思主义的阶级斗争学说对社会变革的指导意义。这是因为在他们看来,马克思主义是变革社会的思想武器,是一种新的社会现代化的指导思想,能够使中国走不同于西方社会现代化的道路,而是依俄国社会革命的手段走上社会主义。李大钊特别重视阶级斗争学说在马克思主义理论体系中的地位,认为马克思主义理论体系中“这三部理论,都有不可分的关系,而阶级竞争说恰如一条金线,把这三大原理从根本上联络起来”④。进步的留学生群体着力宣传马克思主义的阶级斗争学说,说明他们已经认识到阶级斗争理论对中国的社会现代化具有直接的指导意义,期望中国采取革命现代化的模式。

具有留学经历的先进知识分子对马克思主义的阶级斗争学说作了很好的阐述,认为马克思主义阶级斗争学说与唯物史观有“密切”的关系,这是因为“历史的唯物论者,既把种种社会现象不同的原因,总约为经济的原因,更依社会学上竞争的法则,认许多组成历史明显的社会事实,只是那直接,间接,或多,或少,各殊异阶级间团体竞争所表现的结果。他们所以牵入这竞争中的缘故,全由于他们自己特殊经济上的动机。”⑤陈独秀认为《共产党宣言》“是马克思社会主义最

① 《马克思的历史哲学与理恺尔的历史哲学》,《李大钊全集》第4卷,人民出版社2013年版,第423页。

② 《我的马克思主义观》,《李大钊全集》第3卷,人民出版社2013年版,第22页。

③ 《马克思学说》,《陈独秀著作选》第2卷,上海人民出版社1993年版,第354页。

④ 《我的马克思主义观》,《李大钊全集》第3卷,人民出版社2013年版,第5页。

⑤ 《我的马克思主义观》,《李大钊全集》第3卷,人民出版社2013年版,第15页。

重要的书,这书底精髓,正是根据唯物史观来说明阶级争斗的"①。李大钊认为从《共产党宣言》到《〈政治经济学批判〉序言》"就可以证明他(指马克思,引导者注)的阶级竞争说,与他的唯物史观有密切关系了"②。陈独秀更直接地说:"唯物史观说和阶级争斗说不但不矛盾,并且可以互相证明"③。这就正确地说明了阶级斗争学说与唯物史观的内在关系。关于阶级斗争的原因和实质,具有留学经历的先进知识分子依马克思主义著作作了说明。李大钊指出:"马氏所说的阶级,就是经济上利害相反的阶级,就是有土地或资本等生产手段的有产阶级,与没有土地或资本等生产手段的无产阶级的区别;一方是压服他人,掠夺他人的,一方是受人压服,被人掠夺的。这两种阶级,在种种时代,以种种形式表现出来。"④阶级斗争发生的原因就在于"以图压服他的反对阶级,而保自己阶级经济上的利益就是了"⑤。陈独秀也指出:"阶级之成立和争斗崩坏都是经济发展之必然结果。"⑥这就科学地说明了经济地位的根本对立而导致阶级的对立从而演化为社会中阶级斗争的内在逻辑,因而也就比较好地解释了马克思主义阶级斗争学说的缘由。另外,他们还正确地估价了阶级斗争手段在历史进程中的地位,指出阶级斗争对于无产阶级摆脱剥削地位的极端重要性。陈独秀指出,无产阶级要推翻资本主义制度,除了诉于最后的阶级竞争,没有第二个更好的方法,因为"若是不主张用强力,不主张阶级战争,……便再过一万年,那被压迫的劳动阶级也没有翻身的机会"⑦。因此,必须动员劳动阶级以"最普遍最猛烈最有力的"手段——"阶级斗争手段"进行"直接行动",才能推翻反动的统治阶级。⑧

在阐述马克思主义阶级斗争学说的同时,具有留学经历的先进知识分子还特别阐述了人民群众创造历史的观点,充分肯定人民群众运用阶级斗争手段推翻资本主义制度的合理性。李达指出:"劳动者是万物的创造主,地面上所有的东西,没有不由劳动者手创造出来的。土地、资本、银行、军队、纸币等等,都是劳动者造的。"⑨李大钊也指出:"自马氏与昂格思合布《共产者宣言》,大声疾呼,

---

① 《马克思学说》,《陈独秀著作选》第2卷,上海人民出版社1993年版,第356页。
② 《我的马克思主义观》,《李大钊全集》第3卷,人民出版社2013年版,第16页。
③ 《马克思学说》,《陈独秀著作选》第2卷,上海人民出版社1993年版,第355页。
④ 《我的马克思主义观》,《李大钊全集》第3卷,人民出版社2013年版,第17页。
⑤ 《我的马克思主义观》,《李大钊全集》第3卷,人民出版社2013年版,第16页。
⑥ 《马克思学说》,《陈独秀著作选》第2卷,上海人民出版社1993年版,第356页。
⑦ 《谈政治》,《陈独秀著作选》第2卷,上海人民出版社1993年版,第158页。
⑧ 《李达文集》第1卷,人民出版社1981年版,第72页。
⑨ 《李达文集》第1卷,人民出版社1981年版,第44页。

檄告举世的劳工阶级,促他们联合起来,推倒资本主义,大家才知道社会主义的实现,离开人民本身,是万万作不到的,这是马克思主义一个绝大的功绩。无论赞否马氏别的学说的人,对于此点,都该首肯。"①对人民力量的充分肯定和对阶级斗争学说的引进,为中国社会革命的展开提供了理论依据。

第三,马克思主义剩余价值学说。

剩余价值学说是马克思在经济学上的突出贡献,它揭示了资产阶级与无产阶级之间阶级矛盾的深刻经济根源。具有留学经历的早期马克思主义者比较早地接受了马克思的剩余价值理论,认为"马克思底经济学说,和以前个人主义的经济学说不同之特点,是在说明剩余价值之如何成立及实现"②。他们比较全面地宣传和阐述马克思主义的剩余价值理论。陈独秀指出,依照马克思主义剩余价值学说,"劳动价值也分两种:(一)劳动力自身之价值,即劳动者每月拿若干工钱把劳动力卖给资本家之价值;(二)劳动生产品之价值,即是劳动者每月做出若干生产品之价值"。而"劳动力这种商品底价值,乃是由培养他所需的劳动分量,也就是制造劳动者及其家族生活品所需的劳动分量而定"。所以,剩余价值"乃是货物的价值与制造这货物所费的价值(兼生的劳动之价值及死的劳动之价值而言)之差额"③。李大钊也指出:"工人所生产的价值,全部移入资本家的手中,完全归他处分。而以其一小部分用工银的名目还给工人,其量仅足以支应他在生产此项物品的期间所消用的食品,余则尽数归入资本家的囊中",此为剩余价值④。可见,他们对剩余价值含义的揭示是极为正确的。

关于剩余价值的来源问题,陈独秀指出:"剩余价值是在生产过程中成立的,不是在流通过程中成立的","马克思所指出的剩余价值,虽然要在流通过程中才能够实际归到资本家底荷包,但是夺取底方法和剩余价值的本质,都不是指流通过程中一件一件生产品的卖价,乃是指生产过程中劳动者为资本家所做'剩余劳动'的价值。"⑤这就说明了剩余价值产生于生产过程而不是流通过程的事实。李大钊还分析了资本家剥削工人剩余价值的手段,指出资本家是通过"一、尽力延长工作时间,以求增加余工时间的数目",榨取绝对剩余价值;"二、

① 《我的马克思主义观》,《李大钊全集》第3卷,人民出版社2013年版,第20页。
② 《马克思学说》,《陈独秀著作选》第2卷,上海人民出版社1993年版,第349页。
③ 《马克思学说》,《陈独秀著作选》第2卷,上海人民出版社1993年版,第350—351页。
④ 《我的马克思主义观》,《李大钊全集》第3卷,人民出版社2013年版,第26页。
⑤ 《马克思学说》,《陈独秀著作选》第2卷,上海人民出版社1993年版,第351页。

尽力缩短生产工人必要生活费的时间”,榨取相对剩余价值。① 这反映了当时他们对马克思主义剩余价值理论有比较深刻的理解。此外,他们还依剩余价值理论对资本集中、平均利率、可变资本与不变资本等马克思主义经济学的重要内容作了介绍和说明。

五四运动前后,具有留学经历的早期马克思主义者在集中宣传和说明马克思主义的唯物史观、阶级斗争学说和剩余价值学说的同时,还以很大一部分精力宣传马克思主义的国家学说、无产阶级政党理论,分析马克思主义与中国革命的关系,从而有力地扩大了马克思主义在中国的传播,为中共的建立奠定了坚实的理论基础。

马克思主义在中国的引进与留学生的努力及其所起的媒介作用是密不可分的。留学生一开始是作为学生身份在吸取西方文明的过程中而接触到马克思主义的,并通过日本为桥梁而向中国人介绍马克思主义,这是十月革命前的大致情况。十月革命后,回国后的留学生在中国社会中主要是作为社会变革者的身份活跃在中国思想文化舞台,在引进马克思主义方面显示出主体的自觉性;这些具有留学经历的知识分子以共产主义思想意识的知识分子为主体,成为在中国传播马克思主义的主导力量,并在传播马克思主义过程中形成陈独秀、李大钊、李达等为代表的核心层。马克思主义在中国的传播是中国社会在十月革命影响下的客观要求,同时也是以留学生特别是具有留学经历的知识分子主观努力的结果。

(原载《徐州师范大学学报》2001 年第 4 期)

【昔文琐记】这篇《留学生与马克思主义在中国的介绍和传播》文章是应周棉的约稿,在 2001 年春天写成的。2000 年底放寒假,时任徐州师范大学学报编辑部主任的周棉编审,正在学报中创办“留学生研究”专栏。有一天晚上,周棉到我家闲聊,希望我写一篇研究留学生的文章,放在学报的“留学生研究”专栏中。春学期开学后,我到北师大继续读书,就花了几天时间写出了这篇文章,不久也就在学报上发表了。

我那时是刚到徐州师范大学不久,参加了周棉组织的留学史研究队伍。徐州师大的留学史研究在全国有很大的影响,一个原因是有周棉的有力组织和全校相关学者的积极参与,另一个原因是有学报专栏的发表阵地,再一个原因是有

① 《我的马克思主义观》,《李大钊全集》第 3 卷,人民出版社 2013 年版,第 27 页。

学校领导的大力支持，故而搞得有声有色。除了这篇《留学生与马克思主义在中国的介绍和传播》文章，我还撰写了《晚清时期的留学生与中国现代学术的起源》、《留学生与晚清社会变迁》、《留学生对马克思主义社会学中国化的努力》等文章。我正是在这些文章的基础上，申请到省教育厅的"留学生与中国马克思主义学术的开创"课题，对近代中国留学史有了进一步的研究。我的夫人王中平也是在周棉主持的留学史方向上读研究生，研究"留学生群体分化与思想变迁"问题，也发表了几篇近代中国留学史的文章。因为这个缘故，2012 年我与夫人合作在吉林人民出版社出版了《留学生与近代中国社会变迁》一书，算是对近代中国留学史研究作了一个小结。

参加周棉组织的留学史研究团队是我学术上成长的重要阶段，我对此有较深的体会：

一是要积极参与学术攻关。年轻人起初总要参与别人的学术研究，这也是学术成长的必经过程。周棉当时开展近代中国留学史研究，在学术界已经是风生水起。他邀请我参加他的研究团队，我也很愉快地参加了，并积极开展研究工作，推出相关成果。正是在参与研究的过程中，我的留学史研究也取得成绩。事实上，我不仅积极参与周棉的研究工作，而且也积极参与导师张静如先生的学术研究工作，参加了先生组织的"中国共产党通史"研究。这在 2001 年广东人民出版社出版的多卷本《中国共产党通史》中，就有我写的 10 万字的内容。张静如先生在 2006 年组织我们撰写多卷本的《中国当代社会史》，我也是写作了该书的第二卷。该著在学术界影响很大，并于 2015 年获教育部一等奖。可见，学术上是合作共赢的，研究者不能孤军作战。

二是在合作研究中要始终保持自己的学术特色。我参与周棉的留学史研究工作，但对自己的研究方向还是保持的，这就是从学术史方向切入留学史。当时，徐州师大的叶青老师就提醒我，参与留学史研究是很好的，但也要有自己的研究领域和研究方向，不能把自己的研究基础丢掉。所以，我在参与合作研究时，仍然有自己的研究方向，没有放弃自己的学术史研究，仍然一如既往地开展这方面的研究，因而以后能够出版三卷本的《中国马克思主义学术史概论(1919—1949)》。可见，学术研究要体现研究者的主体性意识，否则不能形成自己的研究特色，也不可能形成独立领导学术攻关的能力。

三是在条件具备的情况下要独立地领导学术团队。研究者在合作研究中锻炼自己的能力，但当研究者具备一定条件后，就要独立地领导学术研究团队，也就是要担负起组织和领导作用。我于 2008 年 9 月调入南京审计学院后，担任政治与行政学院院长。在南审，当时的马克思主义理论还不是校重点学科，没有什么基础。在此情形下，我受校领导的委托担任马克思主义理论学科的负责人，通过引进和培养并举的措施，在2009年将马克思主义理论建设为校重点学科，该学科在2016年又成为省重点建设学科。与此同时，我又组织学术团队，以“中国马克思主义学术史”题目成功申报国家社科基金2012年的重大项目。

我近年来尽管不再专门从事近代留学史的研究，但在学术研究中仍然重视留学运动对于近代中国社会变迁的影响，而在研究近代中国历史人物时也会注重考察其是否具有留学身份，对重要历史事实的分析也会自觉不自觉地考虑到“留学生”问题。譬如，我在五卷本的《中国马克思主义学术史》中，在分析延安新哲学会这个学术组织时，就认为毛泽东在这个学术组织中获得了“留苏学生群体”、“留日学生群体”、“留学欧洲群体”的支持①。这可见，学术经历对治学路径的影响还是很大的。

2021年1月28日

① 吴汉全：《中国马克思主义学术史》第4卷，人民出版社2019年版，第17—18页。

第二辑

【哲学研究】

李大钊与历史哲学理论

李大钊对历史哲学的兴趣显然是得自西方历史哲学的影响,这从他对西方历史哲学的探讨中也可以看出。中国人接受西方学术思想是通过日本这一中转站而得以进行的,李大钊也不例外。杨鸿烈在《史学通论》中说:“清末欧美史学,由日本人之手间接影响我国,于是先觉如梁师任公先生在光绪二十八年就著有中国之旧史学一篇,抨击旧史最力,影响不小。后来又有姚永朴、李泰棻诸氏撰史学研究法。梁师任公更在民国十一年出版《中国历史研究法》,民国十三年北京晨报社又将著作自十二年在该报发表的《史地新论》编印为丛书的一种。此后,国人自著或翻译名著的日见增加,如李守常先生的《史学要论》,何柄松先生的《历史研究法》,《通史新义》,吴贯因先生的《史之梯》等,都是国人不断的努力于建设新史学表现”①。杨鸿烈说的是20世纪一二十年代西方史学对中国产生影响的总的情况。具体到李大钊而言,我认为李大钊得益于他早年在日本早稻大学的老师浮田和民的影响。李大钊在日本留学时曾听过浮田和民的《近代政治史(史学)》课程,并参加了这门课程的考试,考试成绩为70分②,因而对浮田和民的《史学原论》不会陌生。而且浮田和民的《史学原论》对中国影响很大,据俞旦初先生考证在中国有六个译本③。李大钊于20世纪20年代在北大讲授史学,他的老师浮田和民的《史学原论》这一在中国影响很大的史学著作,不会不进入他的视线的。李大钊是通过浮田和民而得以了解西方历史哲学的;以后又受到马克思主义思想(包括史学观)的熏陶,进而在马克思主义指导下对历史哲学进行研究和阐说。

---

① 杨鸿烈:《史学通论》,商务印书馆1939的版,第20—21页。

② 杨树升:《李大钊留学日本和留日对他的影响》,《李大钊研究论文集》,北京大学出版社1989年版,第129页。

③ 俞旦初:《廿世纪初年中国的新史学思潮初考》,《史学史研究》1982年第3期。

一、对两种历史哲学观的分析

什么是历史哲学？当时中外学者对历史哲学的界定没有一个统一的共识。有的学者将历史哲学的概念泛化，这在事实上取消了历史学存在的理由。如苏格兰神学家和历史哲学家罗伯特·弗林特(R.Flint,1838—1910)，虽然为解决历史哲学问题在1874年和1893年之间的多卷本著作里做出了认真的努力①，但却把历史哲学解释为包容历史学的学科。弗林特著有《历史哲学概论》一书，在李大钊写作《史学要论》时中国还没有译本(1928年才由郭斌清译出)。李大钊只得由英文本中译出弗林特关于历史哲学的观点。弗林特给历史哲学这样下定义：

> 历史哲学不是一些从历史事实分离出来的东西，乃是一些包蕴在历史事实里边的东西。一个人愈深入于历史事实的意义中，愈能深入于历史哲学中，即历史哲学愈能深喻于其理智，因为历史学纯是些历史事实的真实性质与根本关系之意义之合理的解释之智识而已。②

弗林特泛化历史哲学的概念，把历史学也归入历史哲学的范围之内，使历史哲学与历史学之间没有界限可言，这一方面使历史学失去独立性，另一方面也不能体现历史哲学作为哲学的重要部分对其他人文社会科学的指导地位。诚如李大钊所说的那样，弗林特所称的历史哲学极其广泛，对历史哲学进行广义的解释，"弗氏谓历史学即是历史哲学。……他所说的历史哲学，史学也包括在内。"③

与弗林特对历史哲学泛化相反，有一派哲学家对历史哲学的范围有所限定，但却把历史哲学研究历史本体论的这一主要内容丢失了，使历史哲学固守在历史认识论这一狭小的天地。此即李大钊所说的"有一派哲学家，于哲学问题中特别看重智识的批评之问题。这一派人自然要认历史的智识的批评为历史哲学的主要问题。"④这种倾向又使历史哲学失却了应有的内容和地位，因而也不可能建立起真正的历史哲学。李大钊所指出的以上两种倾向，实际上是指西方历史哲学的两大流派——思辨的历史哲学与分析的批判的历史哲学在回答"历史

① [英]柯林武德著，何兆武、张文杰译：《历史的观念》，商务印书馆1997年版，第209页。
② 《史学要论》，《李大钊全集》第4卷，人民出版社2013年版，第560页。
③ 《史学与哲学》，《李大钊全集》第4卷，人民出版社2013年版，第196页。
④ 《史学要论》，《李大钊全集》第4卷，人民出版社2013年版，第562页。

哲学是什么”时的不同表现。思辨的历史哲学遵循实证主义哲学的路数对历史过程进行研究,因此其所理解的历史哲学就是一种自然的哲学;而分析的批判的历史哲学在当时才刚刚兴起,他们把历史哲学的领域界定在历史认识论上,他们所注重的是“历史的智识的批评”,这一学术倾向在当时“曩不为学者所注意,近始注意及之”。[①] 其所以造成历史哲学范域的缩小,根源于他们对“历史”一词本身的狭小理解。因为“历史”一词具有“模棱性”,“它包括(1)过去人类各种活动的全体,以及(2)我们现在用它们来构造的叙述和说明。这种模棱性是很重要的,因为它为历史哲学同时打开了两个可能的领域。”[②]这两个领域就是我们通常所说的历史哲学的历史本体论研究领域和历史认识论研究领域。由于对“历史”仅仅作认识论的理解,所以才有“历史的智识的批评”这一学派。

李大钊在概述历史哲学如上的两种倾向后,对这两种倾向进行分析和辨证,作出了公正客观的评价。对于弗林特的意见,李大钊认为弗林特强调科学与哲学的关系,“谓科学与哲学,不能截然分离,固亦未尝无相当的理由”;但李大钊同时又指出,弗林特错误地将历史哲学与历史科学的联系看成两者之间的唯一内容,看不到两者研究对象的不同,研究的性质、考察的方法上的差异,甚至“谓科学与哲学二语互相代用亦无不可,于二者间严立界域,不惟不能,抑且不可”。这就从根本上取消了两者的区别。所以李大钊说:“为研究的便利起见”,“为划清学问的界范起见,似宜限定历史哲学的意义”,也就是说应该将历史哲学“与历史科学分开,不相混合,以避误解”[③]。可见,李大钊在批评弗林特错误地将历史哲学与历史科学合二为一时,也承认他关于历史哲学与历史科学关系密切这一见解的意义。对于那种“认历史的智识的批判为历史哲学的主要问题”的意见,李大钊没有简单地否定,而是承认这一意见有相当的合理性,指出:“这批评的论究,即智识学的论究,今后将日益精微,诚为最堪属望之一事”;又说:“这种形式的批评的论究,于实行历史哲学实质的建设的论究,亦诚为必要;其应该存在,亦为吾人所承认。”但与此同时,李大钊又指出这一批判的、分析的历史哲学缺陷之所在,并提出了严肃的批评。他指出,这种批判的历史哲学“以历史哲学的任务,为专在论究历史的智识的批评,即形式的批评,此外更无其他应当研究的问题,则未免强历史哲学的广大范围以纳于狭小的局部,而没却其本来的领

① 《史学要论》,《李大钊全集》第4卷,人民出版社2013年版,第562页。

② [英]沃尔什著,何兆武、张文杰译:《历史哲学导论》,社会科学文献出版社1991年版,第6—7页。

③ 《史学要论》,《李大钊全集》第4卷,人民出版社2013年版,第561、560页。

域,殆非通论”。因为,注重历史认识论的研究“只是历史哲学之准备的研究,入门的初步,不能说他就是历史哲学的全体”①。李大钊对分析的或批判的历史哲学的评析是非常中肯的。一方面指出这种注重历史认识论研究对历史哲学建设的意义,另一方面又一语道破这种做法的“强历史哲学的广大范围以纳于狭小的局部”的根本误区。我们从李大钊对历史哲学中两种突出倾向的评价中,可以看出他的客观公正的态度,同时也可以窥见他在这一问题的基本倾向,即历史哲学必须与历史科学有所分别,历史哲学的研究对象应侧重于历史本体论问题。

二、历史哲学地位的说明

李大钊对于历史哲学地位的揭示是通过两个层面进行的:一是就哲学与历史学的关系,二是就历史哲学与历史科学的关系。

1. 哲学与历史学的关系。在李大钊看来,文、史、哲都是关于人生的学问,本来不能严格地分开,只是为研究的方便而有所分立,但这并不意味着学问间“老死不相往来”。这是由于就这三大学问的起源而言,“史学和哲学、文学的来源是相同的,都导源于古代的神话和传说。”因此,在学问分立以后就必须探寻它们之间的关系。李大钊认为,史学与哲学是相通的,他依据培根的学问三分法,来说明文、史、哲之间关系的密切。他说,培根的分类法虽然在今日看来是不完全的,“但我们正好借用他的分类,说明史学、文学、哲学三者的关系密切。”而就哲学与历史的关系而言,“哲学与史学的关系的密切,也很容易证明。譬如老子是哲学家,但他也是个史学家,因为他是周的史官。‘班志’说:道家出于史官。可见哲学与史学也是相通的。”②哲学与史学除了“相通”的关系外,在学问分立后其相互间的关系具体如何,这是李大钊探索的一个重点。在李大钊看来,历史哲学处于历史和哲学二者之间,必须通过历史和哲学关系的辨析才能找到两者的联系,从而确定历史哲学的地位。对于哲学与史学关系的分析,李大钊从两个方面来分析,一是从史学的角度来考察历史学与哲学的关系,二是从哲学的角度来考察哲学与历史学的关系。从史学的角度来考察,李大钊认为:(1)“哲学亦为史学所研究的一种对象”;(2)“史家的历史观,每渊源于哲学”;(3)“就历史

① 《史学要论》,《李大钊全集》第4卷,人民出版社2013年版,第562页。
② 《史学与哲学》,《李大钊全集》第4卷,人民出版社2013年版,第199页。

事实而欲阐明一般的原理,便不得不借重于哲学";(4)"史学研究法与一般论理学或智识哲学,有密切关系。"①从哲学的角度来考察,李大钊认为:(1)"历史事实亦属于哲学所当考量的对象之中";(2)哲学"尤须以史学所研究的结果为基础";(3)哲学可以从历史学中得到"观察法和考量法";(4)"研究哲学,也必以一般史识为要";(5)"研究某哲学家的学说,必须研究某哲学家的传记";(6)"须用历史研究法的研究以研究哲学史。"②根据李大钊以上所作的两个方面的考察和分析,在历史与哲学关系问题上,我们至少可以这样两点结论:第一,历史学必须得到哲学的指导,这可以从指导历史研究的历史观、研究历史的规律、指导历史研究的方法上体现出来,换言之,"宗邦的权威仍在哲学"③。但这不是说历史学只是被动地接受哲学的指导,由于历史学研究"人生与为人生的产物的文化",而作为文化之一部分的哲学也自然地成为史学的研究对象。第二,哲学需要以历史学为基础,具体来说,它需要以史学研究的成果为基础,需要有"史识"和历史知识背景,需要吸取历史研究的方法等,但这不是说哲学不介入历史研究领域,而在事实上哲学在"研究宇宙一切现象"的过程中,也必然研究作为"宇宙的一部分"的历史。李大钊正是基于历史学与哲学之间这种关系的认识,所以他有这样的论断:"历史与哲学虽各有领域,而历史哲学便处于二者之间,不能说完全属诸史学,也不能说完全属诸哲学。"④这就突出了历史哲学本身所应有独立性。

2. 历史哲学与历史科学的关系。就哲学与历史学关系的说明,已经说明了作为哲学与史学"接触点"之一的历史哲学的存在,但就总体而言,这种努力,只是在哲学与历史学之间将历史哲学进行初步的定位,而没有能够将历史哲学与历史科学之间的关系作具体的揭示。因此,要真正凸显历史哲学的地位就必须再进一步,具体地阐明哲学与历史科学之间的关系,同时分清两者的界限,改变那种以历史哲学取代历史科学的企图。李大钊是从哲学与科学之间区别的考察出发,来说明历史哲学与历史科学应加以区别的必要。也就是说,李大钊是从哲学与科学的相异处切入的。因为在李大钊看来,历史哲学体现出哲学的特征,而历史科学又体现出科学的特征,故两者有必要首先从哲学与科学的分辨开始。李大钊说:"哲学的考察与科学的考察,本来不同。哲学的考察,是就一切事物

① 《史学与哲学》,《李大钊全集》第4卷,人民出版社2013年版,第201—202页。

② 《史学与哲学》,《李大钊全集》第4卷,人民出版社2013年版,第202页。

③ 《史学与哲学》,《李大钊全集》第4卷,人民出版社2013年版,第201页。

④ 《史学与哲学》,《李大钊全集》第4卷,人民出版社2013年版,第201页。

达到某统一的见地,由其见地观察诸般事物的本性及原则者;而科学的考察,则限于必要时,假定某原则定理,专本于特殊研究以说明某种特定事物的性质及理法者。二者之间既有区别,则于就历史事实的哲学的考察,即历史哲学,与就历史事实的科学的考察,即是历史科学间,亦不可不加以区别。”①从李大钊的阐述中,我们可以看出历史哲学与历史科学之间存在的界限,即历史哲学是“就历史事实的哲学的考察”,它是由哲学的特点所决定,着重研究历史事实的“本性及原则”,因而具有整体性与宏观性;而历史科学是“就历史事实的科学的考察”,它是由科学探求理法的特点所决定,但“专本于特殊研究”,研究历史事实的“性质及理法”,因而其范围及研究成果就有相对的部分性与微观性。李大钊由哲学与科学的分辨来说明历史哲学与历史科学的区别,是对当时学术界存在“历史哲学与历史科学的界域不清,互辞互用”的现象所进行的积极回应。对于历史哲学与历史科学的区别,李大钊认为有如自然哲学与物理学的区别,他比较欣赏德国心理学家、哲学家冯特·威廉(Wilhelm Wundt,1823—1920)对自然哲学与物理学关系的说明。冯特认为,自然哲学作为哲学系统的一部分,与作为一种特殊科学而存在的物理学,“自不能不异其趣”。李大钊认为,借用冯特关于自然哲学与物理学关系的说明,可以界定历史哲学与历史科学的关系,即“严正的历史哲学与历史科学间的关系,恰如严正的自然哲学与物理学间的关系”。既然过去那种以自然哲学作为物理学别名的情况已有改变,那么也就有必要将历史哲学与历史科学相区分,不可用历史哲学取代历史科学。李大钊进一步认为,将历史哲学与历史哲学相区别是为分清两者的学科性质及各自的研究范围,是为了阐明“于历史科学之外,承认为哲学组织的一部之历史哲学存在,承认二者不可偏废”。但历史哲学地位的真正说明,还应该从它与历史科学的联系中予以把握。李大钊指出,历史哲学与历史科学这“二者之间,固有极密切的关系,其互相辅助互相资益的地方甚多。历史哲学,有时要借重历史科学研究的结果,利用其所供给的材料;历史科学,研究到根本问题的时候,亦要依据历史哲学所阐明的深奥高远的原理,以求其启发与指导。”②正是在历史哲学与历史科学的联系中,李大钊发现了历史哲学对历史科学具有“启发与指导”的地位。

李大钊对历史哲学的定义曾有不同的表述。1923 年 4 月在复旦大学的演讲中,李大钊就历史哲学提出两种表述:(1)“历史哲学是哲学的一部分,哲学是

① 《史学要论》,《李大钊全集》第 4 卷,人民出版社 2013 年版,第 561 页。
② 《史学要论》,《李大钊全集》第 4 卷,人民出版社 2013 年版,第 561 页。

于科学所不能之处，去考察宇宙一切现象的根本原理的。"这一表述更多的是强调历史哲学的学科性质，即历史哲学在学科性质上属于哲学，在学术位置上则处于哲学与历史学之间。(2)"历史哲学是研究历史的根本问题的"。这一表达是从历史哲学的研究对象进行定义的，更多的是强调历史哲学的研究任务。历史哲学以研究"历史的根本问题"为任务，这一"历史的根本问题"在其内涵上是指历史发展的基本规律或曰"根本理法"。综合这两种表述，我们说李大钊已经初步建立起历史哲学的概念体系。李大钊指出历史哲学的学科性质，实际上就明确了历史哲学的研究方法；确定了历史哲学的研究对象，也就说明了这一学科存在的意义。当然，在这次演讲中李大钊对历史哲学的界定有时存在模糊的地方，如他一方面为了强调历史哲学与哲学、历史学之间的界限"却并未如长江大河为之截然分界"，另一方面又是为了强调历史哲学的独立地位，所以他认为历史哲学"不能说完全属诸史学，也不能说完全属诸哲学"①。这样的表述是欠准确的。不过，到 1924 年 5 月出版《史学要论》一书时，李大钊对历史哲学的定义更为明确、更为科学。他指出："历史哲学是由统一的见地而观察历史事实者，是依哲学的考察，就人生及为其产物的文化为根本的说明、深透的解释者。在严密的意义上的历史哲学，不当视为属于一个特殊科学的史学，当视为构成哲学的一部分者。"②这一定义，对历史哲学的研究方法、学科对象、研究目标、学科性质等问题作了准确的表达，表明李大钊已建立了比较完善的历史哲学概念体系。

李大钊对历史哲学所要研究的问题亦即历史哲学的研究范围作了具体的说明。从总体上看，李大钊基于把"就人生及为其产物的文化为根本的说明、深透的解释者"作为历史哲学的主要任务，也就是说把历史的哲学说明作为主要任务，所以他所说的历史哲学主要是研究历史本体问题。李大钊说："历史哲学所当究论的问题，到底是些什么问题呢？大体言之，历史哲学所当究论的问题，应是些比在历史学上所究论的，更普遍，再渊深，更根本的问题。……凡历史事实之非历史科学所能探究、所能解释的问题，都归历史哲学的领域。即凡历史事实之须从哲学的见地基于世界全体的原理以根本的说明其本性及原则者，都为历史哲学所当研究的问题。"③李大钊的这段论述可以作这样两点理解，一是历史哲学可以在历史学的范围(领域)内来进行研究，但却是研究"更普遍、更渊深、

① 《史学与哲学》，《李大钊全集》第 4 卷，人民出版社 2013 年版，第 201 页。

② 《史学要论》，《李大钊全集》第 4 卷，人民出版社 2013 年版，第 559 页。

③ 《史学要论》，《李大钊全集》第 4 卷，人民出版社 2013 年版，第 562 页。

更根本的问题”。这就说明,凡是历史学的领地,历史哲学都可以介入,只不过它是从哲学的高度来探讨根本性的问题。这可以看作是历史哲学一个领地。二是历史哲学在历史学不能达到的领域进行耕耘,回答历史学无法回答、无法解决的问题,亦即“科学之所穷,即哲学之所始”。这可以说是历史哲学的又一个领地,而且是最主要的领地。由此可见,历史哲学研究的范围更加宽广,研究更有深度。“凡历史事实之须从哲学的见地基于世界全体的原理以根本的说明其本性及原则者,都为历史哲学所当研究的问题”,就是指历史哲学研究社会历史规律,这是历史哲学的根本任务。

那么,历史哲学研究到底研究哪些具体的根本性问题呢?在1923年4月的《史学与哲学》的讲演中,李大钊作了这样的说明:

> 历史哲学是研究历史的根本问题的。如人类生活究竟是什么?人类的行动是有预定轨道的,还是人生是做梦一般的?我们所认为历史事实的是真的呢,还是空虚的?人类背后究竟有根本大法操持一切的呢,还是历史上种种事实都是无意义的流转,譬彼舟流不知所届呢?人类自有史以来,是进步的,还是退化的?人类进化果然是于不知不识中向一定的方向进行呢,还是茫无定向呢?国家民族的命运及其兴衰荣枯,是人造的,还是人们无能为力的?种种事实,纷纭错杂,究竟有没有根本原理在那里支配?这都是历史哲学的事。①

到《史学要论》一书中,李大钊对历史哲学所要研究的“根本问题”又有补充②。确实,要把历史哲学所要研究的具体问题都列举出来,是很困难的。根据李大钊列举的问题,我们可以概括这样几点:(1)人类历史是进步的还是倒退的?有没有规律?(2)人类在历史中处于什么样的地位,是纯粹听任规律支配还是具有创造历史的能动性?(3)历史事实果是真实的,还是幻妄的?(4)人生如何,有没有目的、归宿?从李大钊对历史哲学研究问题的列举中可以看出,他所关注的历史哲学是以研究历史本体为其主要内容,即对历史进行哲学的研究,这是李大钊倡导的历史哲学在其内容上重心之所在。同时也涉及历史认识论问题,要回答“人事的现象,果真有如吾人所认识的形式与内容吗?……历史于世界的进步者,毕竟可认为有何价值有何意义而可理解吗?”③这样一系列问题。

---

① 《史学与哲学》,《李大钊全集》第4卷,人民出版社2013年版,第202—203页。

② 参见《史学要论》,《李大钊全集》第4卷,人民出版社2013年版,第562—563页。

③ 《史学要论》,《李大钊全集》第4卷,人民出版社2013年版,第563页。

李大钊虽不把对历史认识问题的研究作为历史哲学的主要内容，但这并不是说他遗弃了历史哲学所应含的历史认识论的研究内容。如前所述，他在对那种只注重“智识的批评”的哲学家进行评析时，就认为“智识学的论究，今后将日益精微，诚为最堪属望之一事”，并且认为研究历史认识论“于实行历史哲学实质的建设的论究，亦诚为必要；其应该存在，亦为吾人所承认。”而且李大钊在强调历史哲学研究“历史事实的根本原理原则”时，也认为“关于此等问题的解答，宜先根据认识论上一般的考察，精察其何者为人智所终不能知，何者可试为推论思议到如何的程度。于其终非人智所及知者，则说明其所以不能为人智所及知的理，所谓‘知之为知之，不知为不知，是知也’；于其可试为推论思议到某程度者，则进而为推论思议至于其所能几的程度。”①可见，李大钊是重视历史哲学中的认识论研究的，只不过他认为这种研究“只是历史哲学之准备的研究，入门的初步，不能说他是历史哲学的全体”。

学术界有人对李大钊将历史哲学的重心放在历史本体论上提出批评，认为在 20 世纪 20 年代，“从世界学术大势出发，史学理论的研究已经由思辨的历史哲学（历史本体论）走向分析的或批判的历史哲学（历史认识论），李大钊向世界学术水平看齐，理应跟上世界学术发展的脚步，但在他的史学理论研究中，却更侧重史学本体论的研究。”②我们认为，不能以西方资产阶级历史哲学的发展路径作为衡量李大钊历史哲学的标准。固然，西方历史哲学由本体论向认识论转变对深化历史哲学的研究是有意义的，但是新康德主义和新黑格尔主义的历史哲学家，几乎把历史当作从人的头脑里随意编造出来的东西，认为历史事实在历史研究中是没有地位的，解释就是一切，从而将历史认识主体的作用夸大到可以用解释代替事实，或可以不顾事实而随心所欲地去解释的地步，因此分析的或批判的历史哲学“在对实证主义史学提出挑战时，从一个极端走到了另一个极端”③。在这样的学术背景下，如果认为李大钊只有循着西方由思辨的历史哲学到分析的或批判的历史哲学发展的路径，实现由历史本体论到历史认识论的转变，才是“向世界学术水平看齐”、“跟上世界学术发展的脚步”，这无论如何是说不通的。我们认为，看李大钊是否“跟上世界学术”主要是看他对西方学术的动态是否了解、是否进行正确的评析和合理的吸收（这个问题笔者在后面还要论

① 《史学要论》，《李大钊全集》第 4 卷，人民出版社 2013 年版，第 563—564 页。

② 张艳国：《唯物史观与史学理论》，华中理工大学出版社 1997 年版，第 331 页。

③ 陈启能、于沛等：《马克思主义史学新探》，社会科学文献出版社 1999 年版，第 130 页。

述)，而不能以他是否跟着西方历史哲学亦步亦趋作标准。如前所述，李大钊强调历史认识论研究的重要性，但他没有像现代西方分析的或批判的历史哲学那样，由对历史认识论的探讨而取代对历史事实和历史过程及历史规律的研究，这正是李大钊创建中国马克思主义历史哲学的突出之处。他将历史哲学的重心放在历史本体上符合马克思主义哲学本体论的要求，同时也紧密联系了中国学术界对历史本体论研究严重滞后、历史哲学大厦尚未创建的实际。如果用一个不恰当的比喻将历史哲学比之为大厦的话，那么在构建这个大厦之初最为需要的是钢筋、水泥、石子等最基本的材料，而不是这座大厦如何装潢、布置的具体设想。由此，我们认为李大钊将历史哲学的重心放在历史本体论的研究上，并没有什么不对，而是建立历史哲学中国学派的根本要求。

历史哲学关联历史学和哲学两大学科，以确立历史演化的一般法则和提出理论模式为目的，注重于对历史的宏观的、整体的把握。历史哲学又涉及历史过程和历史认识两大领域，因而又可将历史分为两类："一是以作为实在过程的历史为对象，回答历史是什么的问题，致力于把握历史的本质、结构、发展动力、过程、必然趋势及由此生发的一系列问题。二是以历史学为研究对象，回答作为认识的历史是什么的问题，致力于探寻历史认识的本质、特征、方法及与此相关的一系列问题。"①李大钊对于历史哲学的两大领域——历史本体论和历史认识论，都作了富有学术创见的探索。

三、历史本体论领域的探索

历史本体论是要解决的历史本原问题，亦即社会存在与社会意识的关系问题。社会存在与社会意识关系问题作为历史观的基本问题，是历史哲学所必须面对和说明的。李大钊以马克思主义唯物史观为指导，对历史本质问题作了自己的阐说。李大钊说，在这互有关联、互与影响社会生活里，那社会进展的根本原因究竟何在？人类思想上和人类生活上大变动的理由究竟为何？"唯物史观解答这个问题，则谓人的生存，全靠他维持自己的能力，所以经济的生活，是一切生活的根本条件。因为人类的生活，是人在社会的生活，故个人的生存总在社会的构造组织以内进动而受他的限制，维持生存的条件之于个人，与生产和消费之

① 万斌:《历史哲学论纲》，浙江大学出版社1992年版，第12—13页。

于社会是同类的关系。在社会构造内限制社会阶级和社会生活各种表现的变化,最后的原因,实是经济的。"①李大钊指出,唯物史观原理揭示了社会发展的根本动因,它对历史哲学的建设有着不可替代的指导意义;唯物史观作为"一种社会进化的研究",对历史学研究的意义就在于得到了"历史的唯物解释。这种历史的解释方法不求其原因于心的势力,而求之于物的势。"由唯物史观出发,必然要求历史研究在寻求历史发展的动因问题上"只能在人民本身的性质中去寻,决不在他们以外的什么势力。最要紧的,是要寻出那个民族的人依以为生的方法,因为所有别的进步,都靠着那个民族生产衣食方法的进步与变动。"②李大钊认为历史发展的根本动因就在于"物的势力","经济的生活是一切生活的根本条件",这就在社会历史领域坚持历史唯物主义的基本观点。

李大钊还注重对学术界就社会发展动因问题上的错误观点进行批判,并在批判中来维护马克思主义的唯物史观。当时,学术界对马克思主义唯物史观关于社会存在决定社会意识的观点提出责难。一种观点认为:以社会变迁为历史哲学的研究问题"为不当",其理由在于"社会""既属于自然,不依时间而生变化,故无历史。"对此,李大钊予以辩驳。他指出,唯物史观所说的社会并没有包括"自然",其所考察的对象是"以有变迁的社会为历史学的对面问题,则其所考察的社会,亦非自然而为文化",因此不能用那种包容"自然与文化"的社会观来批判唯物史观关于社会变迁的学说。又有一种观点认为:"马克思的经济史观,是以经济史概历史学的全般。"其理由是:经济史与政治史一样是一种特殊的历史学,这"一种特殊的历史学,亦断不是历史学的全般"。对此,李大钊指出:以这种评论"批难马克思的历史哲学,则实有商榷的余地。马氏认社会的构造是个整个的东西,有其基址,亦有其上层,经济关系是其基址,观念的形态是其上层,上层与基址相合而成此构造。马氏虽认上层的变动随着基址的变动而变动,但绝不是把社会构造的整个全体,裂为零碎的东西,而以基址概全构造,以经济史概全文化史,概全历史学。我们承认历史学是各个特殊的历史学的总合,同时亦当承认经济关系在社会全构造中是其基址,承认经济在整个的文化生活中是比较重要的部分。"③这就从经济基础与上层建筑的关系阐明了马克思主义关于人类文化变迁的具体依据,也就是说,社会存在决定社会意识,推动人

① 《唯物史观在现代史学上的价值》,《李大钊全集》第3卷,人民出版社2013年版,第275页。

② 《唯物史观在现代史学上的价值》,《李大钊全集》第3卷,人民出版社2013年版,第278页。

③ 《马克思的历史哲学与理恺尔的历史哲学》,《李大钊全集》第4卷,人民出版社2013年版,第434页。

类社会的发展。

李大钊还根据马克思主义唯物史观原理对历史发展的规律问题进行探讨。历史的进程有没有规律可循？如果有规律，那么是一种什么样的规律？这是历史哲学在本体论领域不得不回答的问题。“人类的经历果有一个前定的轨道吗？宇宙间果有一个能预想的大意匠吗？……人事果然是受一定的主宰者的统制，遵着他的根本大法以为运行的呢？还是乱哄哄的瞎碰一气，漂流在那无计划无方向的运命的海里，‘譬彼舟流不知所届’呢？”①李大钊认为，这些问题不解决就很难使历史学进入科学的轨道，因此必须作出说明。在李大钊看来，马克思主义的唯物史观不仅说明了社会的结构和演变，而且这一历史观也说明了历史的发展是有规律的。李大钊指出：“马克思则以‘物质的生产力’为最高动因。由家庭经济变为资本家的经济，由小产业制变为工场组织制，就是由生产力的变动而决定的。”唯物史观就在于说明“经济构造是社会的基础构造，全社会的表面构造，都依着他迁移变化。但这经济构造的本身，又按他每个进化的程级，为他那最高动因的连续体式所决定。这最高动因，依其性质必须不断的变迁，必然的与社会的经济的进化以诱导。”②李大钊认为历史是有规律的，这是根据马克思主义唯物史观原理作出的结论。唯物史观正是揭示了生产力与生产关系、经济基础与上层建筑的矛盾运动，发现社会历史演进的规律，从而使社会的发展成为一个合规律的过程。可见，李大钊关于唯物史观的理解是准确的。

值得注意的是，李大钊在肯定历史是有规律的前提下，已初步地认识历史规律与自然规律应该有所区别。在分析李凯尔特历史哲学时，李大钊已经注意到历史学研究的对象——历史与自然科学研究的对象——自然有所不同，存在差异性，即“自然之为物，同一样可使多次反复”；而历史“只起一回者”。在《史学要论》中，李大钊认为历史规律与自然科学的规律不完全相同：一是历史规律具有复杂性。这种复杂性根源于历史是人们活动的产物，有人的主体意识的参与，而且造成历史现象的原因之间“凑合而动”，历史现象之间“皆有交感互应的关系”。李大钊说：“盖人事现象，极其复杂，每一现象的发生，大抵由种种原因凑合而动，种种事情，皆有交感互应的关系。于一一时会，人类的心理有甚不定的要素存在，其理法不易寻测，其真实的因果关系，不易爬梳”③。这就说明，历史

① 《史学要论》，《李大钊全集》第4卷，人民出版社2013年版，第563页。

② 《唯物史观在现代社会学上的价值》，《李大钊全集》第4卷，人民出版社2013年版，第439页。

③ 《史学要论》，《李大钊全集》第4卷，人民出版社2013年版，第531页。

规律具有复杂性,难以被认识和掌握。二是历史规律具有特殊性。他指出,历史科学作为科学就应该与自然科学一样具有规律可循;况且"世界一切现象,无能逃于理法的支配者。人事界的现象,亦不能无特种的理法"。因此不承认历史是有规律的,是不对的。但是,由于"各种科学,随着他的对象的不同,不能不多少具有其特色;而况人事科学与自然科学不可全然同视,人事科学的史学与自然科学自异其趣。"这就是说,由于历史学与自然科学之间存在研究对象的差别、学科性质上的差别,其规律是不能完全等同的,所以李大钊说:"吾人所谓史学,与其他诸科学同其性质、一其步调者,亦只是就其大体而言。"①从李大钊所说"特种理法"、历史学与其他科学同其性质只是"就大体而言"来看,他肯定历史规律的特殊性。三是历史规律具有潜在性。所谓"潜在性"是指历史规律不像自然那样被容易发现,而是深藏在历史之中,难以显现和表露,即李大钊所说的历史规律难以"以其单纯的形态以为表现"。李大钊说:"在现实个个特殊的时会,种种事情纷纭缠绕,交感互应,实足以妨碍一般的理法以其单纯的形态以为表现",而且还由于历史规律"有时而为反对的势力所消阻"。这就是说,历史规律本来因为"人事关系错综复杂"就难以"表现",而有时又被"反对的势力所消阻",因而就更难以显现了。由于这样的原因,李大钊认为历史规律"此理法常仅被认为一定的倾向"②。所谓"仅被认为一定的倾向"就是说历史规律具有潜在性,人们难以发现,只能就其大体的"倾向"而言,这也相当于当今中国学者所说的历史规律"缺乏理论陈述上的清晰性",亦即历史规律具有"非清晰性"③。李大钊强调历史规律的特殊性是符合马克思主义对社会历史考察的,恩格斯就曾认为在"这些观念的上层建筑的历史科学中,永恒真理的情况还更糟"。他指出:"自从我们脱离人类的原始状态即所谓石器时代以来,情况的重复是例外而不是通例;即使在某个地方发生这样的重复,也决不是在完全同样的状况下发生的。……我们在人类历史领域中的科学比在生物学领域中的科学还要落后得多。"④也就是说,在有机界"相当有规律地重复着",而在社会历史领域其规律的"重复是例外而不是通例"。这也说明,马克思主义也承认历史规律的独特性。

李大钊对历史本体论进行唯物主义解说,阐明了历史发展的根本动因及历

---

① 《史学要论》,《李大钊全集》第 4 卷,人民出版社 2013 年版,第 531 页。
② 《史学要论》,《李大钊全集》第 4 卷,人民出版社 2013 年版,第 532 页。
③ 陈启能、于沛等:《马克思主义史学新探》,社会科学文献出版社 1999 年版,第 43 页。
④ 《马克思恩格斯选集》第 3 卷,人民出版社 1995 年版,第 429—430 页。

史是一个有规律的过程的观点。他对历史规律特殊性的揭示，对于建立有特色的中国马克思主义历史哲学体系有着特别重要的意义。

四、历史认识论领域的探索

历史认识论着力要研究人们如何认识历史的问题，研究作为历史认识主体的人对于以人为主体的各种历史现象的认识过程及其规律的理论。李大钊虽然不认为历史认识论是历史哲学的主体性内容，但他承认历史认识论的意义，并在这一领域进行了探索，为历史哲学体系的建构做了准备性的工作。

李大钊特别提出历史认识主体要有正确的世界观，尤其是正确的历史观来指导历史研究。历史学家是历史认识的主体，在认识历史的过程中其主体意识起着特别重要的作用。在李大钊看来，历史学家研究历史离不开哲学的指导，离不开一定的历史观。“史学家的历史观，每渊源于哲学。社会现象，史学家可以拿自己的历史观来考察之，解释之。”针对那种“谓史学家不应有历史观，应当虚怀若谷的去研究，不可有了偏见，以历史附会已说，才可算是好史学家”的说法，李大钊提出了不同的意见。他指出，史学家应该有历史观，然后才有准绳去处置史料，不然便如迷离漂荡于海洋之中，茫无把握，很难寻出头绪来。因此，“史学家当有一种历史观，而且自然的有一种历史观，不过不要采了个偏的、差的历史观罢了。”①李大钊提出历史学家要有历史观的论断，是对西方实证主义史学反对史学家主体意识参与的批判。那么，什么样的历史观才不是“偏的、差的历史观”呢？在李大钊看来，在马克思主义唯物史观以前，一切历史观都存在这样那样的缺陷，只有马克思主义的唯物史观揭示了社会的矛盾运动才成为正确的历史观。李大钊说，18 世纪和 19 世纪前半期的历史学者，研究历史原因的人很少。他们多以为历史家的职分，不外叙述些政治上、外交上的史实，那以伟人说或时代天才说解释这些史实的，还算是深一层的研究。此外，还有历史的宗教的解释，历史的政治的解释，等等。“这些唯心的解释的企图，都一一的失败了，于是不得不另辟一条新路。这就是历史的唯物的解释。”李大钊比较了旧史观与唯物史观为代表的新史观的区别：“一则寻社会情状的原因于社会本身以外，把人当作一只无帆、无楫、无罗盘针的弃舟，漂流于茫茫无涯的荒海中，一则于人类

① 《史学与哲学》，《李大钊全集》第 4 卷，人民出版社 2013 年版，第 202 页。

本身的性质内求达到较善的社会情状的推动力与指导力；一则给人以怯懦无能的人生观，一则给人以奋发有为的人生观。这全因为一则看社会上的一切活动与变迁全为天意所存，一则看社会上的一切活动和变迁全为人力所造，这种人类本身具有的动力可以在人类的需要中和那赖以满足需要的方法中认识出来。"①所以李大钊说唯物史观"不是一种供权势阶级愚民的器具，乃是一种社会进化的研究"②。强调历史研究要有历史观为指导，并倡导以唯物史观作为历史研究的历史观，这是李大钊对历史哲学认识论的重要贡献。

李大钊在历史哲学的认识论领域对历史认识客体作出自己的创造性解说，阐明了历史认识客体得以成立的条件。历史认识客体是相对于历史主体而言的，是指在认识论范围内的进入史学家视野内的历史过程及历史现象、历史事实等。它与历史上曾经发生过的所有的"客观历史实在"是截然不同的两个概念。区分这一点对于历史研究特别重要。李大钊将历史上曾经发生的"客观历史实在"称为"实在的事实"，将进入历史学家认识视野、经过历史学家作用的历史称为"历史的事实"。李大钊认为，"实在的事实"与"历史的事实"是不同的，"实在的事实是一成不变的，而历史事实的知识是随时变动的；纪录里的历史是印版的，解喻中的历史是生动的。……实在的事实，实在的人物，虽如滔滔逝水，只在历史长途中一淌过去，而历史的事实，历史的人物，则犹永永生动于吾人的脑际，而与史观以俱化。"③李大钊所说的"历史的事实"就是指历史认识的客体，它的特点和成立的重要条件是有史家主体意识的参与，"与史观以俱代"，是随着知识的进步而"随时变动的"。所谓史家之主体意识的参与，就是指历史学家以一定的历史观为指导，对历史进行不断的"解喻"。这一"解喻"正是由于历史观的指导、历史观的不断发展，而使"历史的事实"处在不断的变动之中。李大钊说："历史观是史实的知识，是史实的解喻，所以历史观是随时变化的，是生动无已的，是含有进步性的。同一史实，一人的解释与他人的解释不同，一时代的解释与他时代的解释不同，甚至同一个人也对于同一史实的解释，昨日的见解与今日的见解不同。此无他，事实是死的，一成不变的，而解喻则是活的，与时俱化的。"④可见，在李大钊视野中的历史认识客体（历史的事实），由于其蕴含的丰富内容及其历史学家的不断"解喻"，而不断地体现出历史运动的一般规律和特

① 《唯物史观在现代史学上的价值》，《李大钊全集》第 3 卷，人民出版社 2013 年版，第 279 页。
② 《唯物史观在现代史学上的价值》，《李大钊全集》第 3 卷，人民出版社 2013 年版，第 278 页。
③ 《史观》，《李大钊全集》第 4 卷，人民出版社 2013 年版，第 322 页。
④ 《史观》，《李大钊全集》第 4 卷，人民出版社 2013 年版，第 321 页。

殊规律。

李大钊认为历史认识过程就是历史认识主体与历史认识客体之间不断作用的过程,同时亦是逼近历史真理的过程。历史认识客体和历史认识主体统一于历史认识的过程中,历史认识客体时刻处于历史认识主体的不断解喻、不断重构之中,所以李大钊特别强调"历史不怕重作,且必要重作",并认为"根据新史观、新史料,把旧历史一一改作,是现代史学者的责任"。所谓历史的"解喻"、历史的"重作",就是指历史的认识过程,也就是历史认识主体不断作用于历史认识客体的过程。这种努力之所以必要,就在于它使历史认识运动不断向前推进,如李大钊所说:"依据人生的史观重作的历史,补正了依据神权的史观作成的历史不少;依据社会的史观重作的历史,补正了依据个人的史观作成的历史不少;依据物质的史观重作的历史,补正了依据精神的史观作成的历史不少;依据进步的史观重作的历史,补正了依据退落的或循环的史观作成的历史不少。"①但是,正如我们所知道的那样,历史事实是在永远不断的建构中,是历史认识主体认识和研究历史的产物,其本身既是前一时段历史认识的结果,又是后一段历史认识的开端,因此,每一历史事实只是近似的真理性认识,历史认识过程处于无限的进展之中。李大钊说:"我们按这许多例,可以断定往日记录有许多错误,是可以改作重作的,是必须改作重作的。但我们所改作的重作的,就敢断定是真实的、一成不变的吗?历史是有生命的,僵死陈腐的记录不能表现那活泼泼的生命,全靠我们后人有新的历史观念,去整理他,认识他。果然后人又有了新的理解、发明,我们现在所认为新的又成了错误的,也未可知。我们所认为真实的事实和真理的见解并不是固定的,乃是比较的。"②李大钊的论述说明,历史研究过程是历史认识主体与历史认识客观相互作用的实践,历史学家正是通过这种实践来不断深化对历史事实的认识和建构,因此历史事实也在不断地发展和完善之中。这也说明,历史认识过程是一个长期的、经过不同阶段的进程,历史认识中的规律具有相对性的特点。

在李大钊之前及同时代,中国学者对历史哲学是有所探索的,这是一个事实。但是除李大钊外,都没有能建立科学的历史哲学体系。在五四时代,对历史哲学的探讨大多是从历史学与科学的关系来分析"历史是否是科学"开始的,其

① 《史观》,《李大钊全集》第4卷,人民出版社2013年版,第322页。

② 《史学概论》,《李大钊全集》第4卷,人民出版社2013年版,第465页。

间也有讨论历史学与哲学的关系，如缪凤林于 1921 年 11 月发表的《历史与哲学》①。但没有运用科学的历史观提出和论证“历史哲学”这一学术概念，当然只能是提出一些问题而不可能形成历史哲学体系。李大钊的突出之处是将历史与哲学、历史与科学进行对比和分析，在唯物史观指导下对历史哲学的学科性质与地位、学术领域等进行探索，从而形成以马克思主义为指导的历史哲学体系。李人钊对西方历史哲学的发展有相当的了解和掌握，从中得到有益的启发，这也是其他学者所不及的。在李大钊影响下，中国在 20 世纪 30 年代形成了研究历史哲学的传统，如 1938 年翦伯赞的《历史哲学教程》②和朱谦之的《历史科学论》③等。可以说，李大钊在五四时期推进马克思主义与历史哲学研究的有机结合，为建立历史哲学研究的中国学派起了奠基作用。

（原载《史学史研究》2002 年第 2 期）

【昔文琐记】这篇《李大钊与历史哲学理论》写作于 2021 年春天，当时正是在集中精力撰写《李大钊与中国现代学术》的博士论文。

学术研究的过程是创造知识的过程，同时也是研究者不断补充知识的过程。这篇《李大钊与历史哲学理论》文章，也是通过补充历史哲学方面的知识而作出来的。我本科是学习历史学专业的，对于史学理论与史学史还算是比较熟悉的，但对于历史哲学就不怎么熟悉了。在盐城教育学院工作时，我在函授班上多次讲过《史学概论》课程，因而也就有意识地阅读历史哲学方面的著作，故而在历史哲学方面也就有了一点基础。进入北师大攻读博士学位，又进一步研习历史哲学，并力图与李大钊研究结合起来。当时，是集中精力阅读相关书籍，在补充相关知识上下功夫，在自己有了点想法之后就开始写作，文章往往是一气呵成。我那时是白天睡觉，晚上 9 点才开始工作，一边抽烟一边写作，一直写到第二天早晨的 6 点。这样一篇文章，也就在烟雾缭绕中出来了。这篇《李大钊与历史哲学理论》文章，自然也是在烟雾中熏出来的。

北师大的史学史研究乃是中国学术界史学史研究的重镇，师资力量雄厚，学术大家很多，建有博士点专门培养这方面的博士生，并且办有《史学史研究》刊物。此刊是季刊，每期只有五六篇文章，且文章的篇幅较大，故而只有高质量的

---

① 缪凤林：《历史与哲学》，《史地学报》第 1 卷第 1 号，1921 年 11 月。

② 参见 1990 年 11 月北京大学出版社的版本。

③ 朱谦之：《历史科学论》，《现代史学》第 2 卷第 3 期，1935 年 11 月。

文章才能刊用。记得我这篇《李大钊与历史哲学理论》文章写好后，就直接送给《史学史研究》主编吴怀祺教授，请他指正。吴先生是著名的历史学家，博士生导师，和蔼可亲，一点没有架子。不久，就收到他给我的录用通知，文章很快也就发表了。北师大史学史研究所培养的博士，都是专门研究史学史和史学理论的，其史学史与史学理论的学术水平不在我之下，尽管在外面发表了很多文章，但也很难在《史学史研究》上发表文章。吴怀祺先生对我的研究工作给予高度的重视，这是这篇文章得以发表的原因，因而这里也是要感谢吴怀祺先生对我的提携！我的《李大钊与中国现代学术》出版后，曾寄一本给吴怀祺先生指正，他的回信是用毛笔在宣纸上写的，对我的研究又是鼓励一番，并寄予很大的希望。这样提携年轻人的大学者，在现在已经很少见了。吴怀祺先生于2020年不幸去世，他著有《宋代史学思想史》、《中国史学思想史》、《郑樵评传》、《易学与史学》、《20世纪的史学理论与史学史》等专著，主编十卷本《中国史学思想通史》、六卷本《中国史学思想通论》等，在学术界影响深远。

“历史哲学”在学科上是哲学的分支学科，学科性质上属于哲学，但与历史学关系很密切。不仅哲学家有历史哲学思想，而且从事史学理论研究的历史学家，也有比较丰富的历史哲学思想。可是，历史哲学作为一门学科，在现代中国学术界的发展状况，在目前似乎还没有得到一个系统的梳理。这可能是今后需要研究的一个重要领域。

2021年1月28日

李大钊建构中国马克思主义哲学的努力

李大钊对马克思主义唯物史观的宣传和研究,开创了中国马克思主义哲学发展的新时代。但是,如果把李大钊对中国哲学的贡献仅仅定位在宣传或者介绍唯物史观,则是远远不够的。事实上,李大钊在宣传唯物史观的同时,以其对马克思主义唯物史观的深刻把握和对人生、社会的深切思考,对马克思主义哲学在中国的发展作出了极为宝贵的贡献,为中国马克思主义哲学道路的开辟贡献了自己的真知灼见。

一、心物关系、群己关系的唯物史观说明

心物关系是哲学家不可回避的哲学基本问题。在李大钊早期思想中,他动摇于心物两者之间。当他强调历史是民彝精神的发展时,则把"众意总积"看成是历史发展的动力;当他把社会的发展看成是一个自然的过程提出"自然的伦理观"时,则又显出唯物主义倾向。不过就总体而言,早期李大钊是将精神意识看成是宇宙进化的动力,并且把新旧意识的斗争看成是世界进化的主要原因。这说明,在心物关系问题上,早期李大钊并没有能超越他那个时代的局限。但一旦李大钊接受唯物史观以后,他就明确表示:"不求其原因于心的势力,而求之于物的势力,因为心的变动常是为物的环境所支配"①。李大钊在宣传唯物史观时,对心物关系作了这样的说明:

> 喻之建筑,社会亦有基址(Basis)与上层(Überbau)。基址是经济的构造,即经济关系,马氏称之为物质的或人类的社会的存在。上层是法制、政治、宗教、艺术、哲学等,马氏称之为观念的形态,或人类的意识。从来的历

① 《唯物史观在现代史学上的价值》,《李大钊全集》第3卷,人民出版社2013年版,第277页。

> 史家欲单从上层上说明社会的变革即历史而不顾基址,那样的方法,不能真正理解历史。上层的变革,全靠经济基础的变动,故历史非从经济关系上说明不可。①

从李大钊的这段话中可以看出,他对社会存在决定社会意识这一马克思主义的唯物主义观点有了深刻的把握,他是从社会存在本身去寻求社会、历史发展的根本动因,从而在心物关系上作出了马克思主义哲学的回答。

在心物关系上确立"不求其原因于心的势力,而求之于物的势力"原则的前提下,究竟"心的势力"于历史发展有何种影响,这对于1919—1920年的李大钊来说确实是一个很大的难题。如果按照李大钊当时所接触到的马恩著作情况来看,他很难做出深层的突破。在《我的马克思主义观》中,李大钊认为"经济现象只能由他一面与其他社会现象以影响,而不能与其他社会现象发生相互的影响,或单受别的社会现象的影响"②。将"心的势力"理解为对社会没有一点影响,这就太绝对化了。可贵的是,李大钊能突破当时一般人对唯物史观的认识(包括他自己对唯物史观的最初认识),不同意那种把唯物史观片面地理解为"经济决定论"。他根据自己的理解,把经济现象以外的精神现象纳入"经济本身变化的行程",对"心的势力"的作用作了正确的说明:"在经济构造上建立的一切表面构造,如法律等,不是绝对的不能加些影响于各个的经济现象,但是他们都是随着经济全进路的大势走的,都是辅助着经济内部变化的,就是有时可以抑制各个的经济现象,也不能反抗经济全进路的大势"③。这里,李大钊肯定了精神现象如法律等可以对经济现象产生影响,只不过这种影响是有限度的,即"不能反抗经济全进路的大势"。在当时的学术背景下,李大钊的这一认识是极为独到的,符合马克思主义关于意识的能动性原理。而随着李大钊对马克思主义的深入研究和认识的提高,他对"心的势力"的作用在作了辩证分析的前提下进行了正确而科学的界定,这在他没有接触到马、恩更多的原著的条件尤其显得难能可贵。李大钊说:

> 有人说社会的进步,是基于人类的感情。此说乍看,似与社会的进步是基于生产程叙的变动的说相冲突,其实不然。因为除了需要的意识和满足需要的娱快,再没有感情;而生产程叙之所以立,那是为满足构成人类感情

---

① 《马克思的历史哲学与理恺尔的历史哲学》,《李大钊全集》第4卷,人民出版社2013年版,第423页。

② 《我的马克思主义观》,《李大钊全集》第3卷,人民出版社2013年版,第8页。

③ 《我的马克思主义观》,《李大钊全集》第3卷,人民出版社2013年版,第22页。

> 的需要。感情的意识与满足感情需要的方法施用，只是在同联环中的不同步数罢了。①

这里，李大钊明白地承认人类的心理、意识、需要、感情等精神因素在社会发展中的重要作用，一方面指出人们的思想意识参与了历史的创造，人们在历史的长河中具有主体的能动性；另一方面又指出了人们的感情、需要等脱离不了其“方法施用”，而且其作用的范围是在社会“生产程叙的变动”下。事实也是，人们活动的动机、意志等都参与了历史的创造，都对历史的进程和社会的发展作出或多或少的影响，因为历史发展的“最终的结果总是从许多单个的意志的相互冲突中产生出来的”②。当然“经济关系不管受到其他关系——政治的和意识形态的——多大影响，归根到底还是具有决定意义的”③。可见，李大钊的论述不违反马克思主义学说。1890年恩格斯致约·布洛赫信、1894年致瓦·博尔吉乌斯信，具体地提出关于人的思想、意识等精神因素参与历史创造的思想。笔者推测：李大钊在北大讲授唯物史观、编写讲义时，可能看到胡汉民的《唯物史观批评之批评》，从而对恩格斯的这两封信的基本内容有所了解④，从中有所吸收和得到启发。但有一点是明确的，即李大钊对“心的势力”的作用作了正确的阐明，从而在心物关系上突破了对历史唯物主义的一般理解。

李大钊对与心物关系相联系的群己关系问题，在唯物史观的指导下也有新的突破。在李大钊未接触到唯物史观之前，在群己关系问题上总是徘徊于两者之间。当他崇尚“众意总积”、对“群德堕丧”表示深切忧虑时，注重的是“群”的力量；而当他倡导“青春中华”之创造、力主批孔以伸张“个人权威”时，则又显然是注重“己”即个体力量的发挥。当然，如果从总体上来看待李大钊早期对群己关系的辨析，他的认识天平大体上是在个体一边。如他说：“人生本务，在随实在之进行，为后人造大功德，供永远的‘我’享受，扩张，传袭，至无穷极，以达‘宇宙即我，我即宇宙’之究竟。”⑤但当李大钊接受唯物史并在心物关系上有了突破的同时，对群己关系的认识也有了新的提高。他说：

---

① 《唯物史观在现代史学上的价值》，《李大钊全集》第3卷，人民出版社2013年版，第279页。

② 《马克思恩格斯选集》第4卷，人民出版社1995年版，第697页。

③ 《马克思恩格斯选集》第4卷，人民出版社1995年版，第732页。

④ 从李大钊发表《我的马克思主义观》率先宣传唯物史观，到李大钊在北大编写“唯物史观”讲义，中国思想界发表有分量的宣传唯物史观的文章屈指可数，胡汉民的文章就是其中之一。李大钊在北大宣讲唯物史观，不看当时介绍、宣传唯物史观的相关论文，恐怕不太可能。

⑤ 《“今”》，《李大钊全集》第2卷，人民出版社2013年版，第287页。

> 迄于今兹,工人们曾被历史家、政治家完全蔑视。人类的真实历史,不是少数人的历史。人类种族,是由些全靠他们自己工作的果实生存的家族的群众成立的。历史的纯正的主位,是这些群众,决不是几个伟人。①
>
> 自马克思经济的历史观把古时崇拜英雄圣贤的观念打破了不少,他给了我们一种新的历史观,使我们知道社会的进步不是靠少数的圣贤豪杰的,乃是靠一般人的;而英雄也不过是时代的产物;我们的新时代,全靠我们自己努力去创造。②

这两段文字清楚地说明在群己关系问题上,李大钊的思想有了质的飞跃。人民群众是"历史的纯正的主位",历史的创造"乃是靠一般人的",这就确立历史发展过程中人民群众的主体性。而且人民群众成为"历史的纯正的主位",乃是由于社会存在决定社会意识这一心物关系重新界定的结论,因为"一个个人,除去他与全体人民的关系以外,全不重要;……最要紧的,是要寻出那个民族的人依以为生的方法,因为所有别的进步,都靠着那个民族生产衣食方法的进步与变动"。这就是说,离开了社会发展的经济动因和人们的社会实践,就很难凸现人民群众的历史地位。当然,确立人民群众是"历史的纯正的主位",并不否认个体(历史人物、英雄)在历史上的地位,然而"英雄也不过是历史的产物",而且由于"一切进步只能由联合以图进步的人民造成,他于是才自觉他自己的权威,他自己在社会上的位置,而取一种新态度"③。可见,李大钊在群己关系上是辩证的统一,其所说的"自觉"是在唯物主义基础上的心与物相符、己与群统一。

二、历史变迁的辩证解析

历史的变迁或历史的运动根源于生产力与生产关系、经济基础与上层建筑的矛盾运动,所以社会发展是有规律的。对此,李大钊深信不疑。问题是,历史变迁是如何展开的,其变迁遵循什么形式、有什么特点,人在历史演进中以何种方式参与历史的运动。李大钊在马克思主义指导下,对这些问题作了辩证的解析,从而反映出他在历史哲学领域的积极探索。

① 《孔道西(Condorcet)的历史观》,《李大钊全集》第4卷,人民出版社2013年版,第401页。

② 《史学与哲学》,《李大钊全集》第4卷,人民出版社2013年版,第204页。

③ 《唯物史观在现代史学上的价值》,《李大钊全集》第3卷,人民出版社2013年版,第278页。

1. 历史在时间中展开。时间在李大钊哲学视野中是一个极为重要的范畴，在未接触到马克思主义哲学之前，李大钊就写有《“今”》、《现在与将来》等文章对“时”进行哲学的论析，阐述他的崇今观。在转变为马克思主义者以后，李大钊又发表《时》、《今与古》等文章，就时间与历史的关系作了哲学的说明，阐明了历史在时间中展开的思想，力图寻求历史与时间之间的内在逻辑。此时李大钊运用唯物史观对“时”的考察就赋予了新的内容，一者他把“时”的演进看成一个合乎和体现规律的历史进程，二者他将实践的观点引入历史领域，从而使时间赋予现实性的特点。李大钊说：

> 三世代迁，惟今为重，凡诸过去，悉纳于今，有今为基，无限未来，乃胎于此。……我乃沉思，更得一义：既引的线，确属过去，未引的线，确在未来。然此线之行，实由过去，趋向未来，必有力焉，引之始现。此力之动，即为引的行为，引的行为，即为今点所在。过去未来，皆赖乎今，以为延引。今是生活，今是动力，今是行为，今是创作。苟一刹那，不有行为，不为动作，此一刹那的今，即归于乌有，此一刹那的生，即等于丧失。①

李大钊提出“今是生活，今是动力，今是行为，今是创作”的思想，是从社会实践的高度来理解“今”的，是从社会生活的演变和物质动因来剖析“今”的现实性。换言之，在李大钊的哲学视域中，是“引的行为”的这种社会实践活动成为历史演进的动力，从而使“今”在历史变迁中而具有特殊的价值：“惟今为重，凡诸过去，悉纳于今，有今为基，无限未来，乃胎于此。”由此“今”成为由过去通往未来不可或缺的关键环节，而不是那种“不有行为，不为动作”的“刹那”。这样，历史变迁在时间里得以展开，在“现在”中得以提升和延续，并在通往未来中具有现实的基点，历史也成为一个进步和上升的过程，正是“时是有进无退的，时是一往不返的”，“只是螺旋的进步”②。历史的进路在李大钊“时”的角度阐释下趋于规律的范畴，成为人们理解历史变迁的锁钥。

2. 历史演进的螺旋状上升及社会进化与发展的辩证统一。社会是进步的，这是李大钊早就确立的进步观念。问题是，社会进步的范式是什么？李大钊从来没有把社会的进步看成是一条直线、没有反复、没有曲折，而是认为社会是在曲折中前进，如螺旋式的上升。从学术思想的渊源来看，李大钊这一关于历史是“螺旋状的进步”的思想，是来自鲍丹的。在1922年的《今与古》讲演中，李

---

① 《时》，《李大钊全集》第4卷，人民出版社2013年版，第451页。

② 《时》，《李大钊全集》第4卷，人民出版社2013年版，第454页。

大钊说：

> 历史的演进，常是一盛一衰，一治一乱，一起一落。……其实人类历史演进，一盛之后，有一衰，一衰之后，尚可复盛，一起之后，有一落，一落之后，尚可复起，而且一盛一衰，一起一落之中，已经含着进步，如螺旋式的循环。①

李大钊承认历史的演进是一个不断进化的过程，但不认为这种进化没有曲折和波澜，这一方面与历史复古论划清界限，另一方面又与庸俗进化论分道扬镳。当然，李大钊与进化论分道扬镳并不是否定进化论的合理因素，而是在吸收进化论同时的超越。他对西方进化论还表现出相当大的尊重，在北大讲义中曾专门探讨进化史观的演进历程，以说明唯物史观产生的思想前提。但是，李大钊又并不认为历史的演进、社会的进步有如自然界那样单纯的进化过程，而是进化与革命的辩证过程。他在阐述社会主义发生过程时，对进化与革命之关系统一于历史进程的观点，作了这样的表述：

> “社会主义”之发生，恰如鸡子在卵壳里发生一样。……在这卵壳尚未打破的时期，是一种进化现状。到鸡子已经发生成熟的时期，便非打破这壳不可。“社会主义”也是如此。到了已经发生成熟的时期，便非打破这资本主义的制度不可。打破卵壳，是革命的现象；打破这资本主义的制度，也是革命的现象。②

李大钊强调社会是进化与革命的统一，这是符合马克思主义对社会进程的分析的。就历史变迁过程而言，社会的演进也有一个量变的过程，在一定时期内生产关系与生产力处于相互适应或基本适应的状况，有一个比较长的进化时期；只有生产关系不适应生产力的发展状况、社会矛盾处于极端对立、尖锐之时，社会的变革才以社会革命的激烈形式表现出来。而且就历史的长河来看，社会演进的主要形式是进化。就社会主义运动而言，新生的革命力量的成长需要时间和条件，自身也需要有积蓄力量的过程，有一个相对稳定的“进化”阶段，革命斗争也必须以自身的力量为前提。民主革命时期中共屡犯“左”倾错误，不能不说是与对“革命”论的片面理解有关。

3. 人对历史的改造及其两种形式。李大钊的哲学是能动的哲学、变革的哲学，他尤其强调人在历史发展中的主体能动性，因此他的历史进步学说又赋予了

---

① 《今与古》（1922年1月），《李大钊全集》第4卷，人民出版社2013年版，第13页。

② 《马克思的经济学说》，《李大钊全集》第4卷，人民出版社2013年版，第56页。

更多的人文色彩。李大钊遵循社会发展的客观规律,认为“社会改造及历史变迁,不能从人任意为之”①。但这不是说人在历史演进中无能为力,任凭历史的摆布。李大钊指出:“历史是人创造的,古时是古人创造的,今世是今人创造的。……我们要利用现在的生活,而加创造,使后世子孙得有黄金时代,这是我们的责任。”②这就是说,人是通过创造性的实践活动来参与历史的演进和发展的,离开“创造”就不能真正影响人类的历史和社会的进步。李大钊强调创造活动是我们的“责任”,其关键在于说明只有实践活动才能表现人类的本质存在和人们在社会中的地位。那么,人们如何在历史进程中进行“创造”的活动呢?李大钊说:“一个是精神改造的运动,一个是物质改造的运动。”这两种改造运动的具体内容为:

> 精神改造的运动,就是本着人道主义的精神,宣传“互助”、“博爱”的道理,改造现代堕落的人心,使人人都把“人”的面目拿出来对他的同胞;把那占据的冲动,变为创造的冲动;把那残杀的生活,变为友爱的生活;把那侵夺的习惯,变为同劳的习惯;把那私营的心理,变为公善的心理。……
>
> 物质改造的运动,就是本着勤工主义的精神,创造一种“劳工神圣”的组织,改造现代游惰本位、掠夺主义的经济制度,把那劳工的生活,从这种制度下解放出来,使人人都须作工,作工的人都能吃饭。③

李大钊关于“物心两面改造”的思路是就人对社会进行改造的两种基本形式,这一思想在《我的马克思主义观》、《社会主义与社会运动》等文章中都有体现。对此,有些学者认为是二元论的突出表现,反映李大钊此时思想的不成熟。这种看法未必妥当,因为这一思想没有认为世界有两个本源——物质和精神,而只是关于社会改造的两种途径或者说两个方面。李大钊强调物质改造运动的极端重要性,认为“经济组织没有改变,精神的改造很难成功”,并且“表面构造(就是一切文化的构造)的力量,到底比不上基础构造(就是经济构造)的力量大”。不过,李大钊也强调精神改造运动不可忽视,认为精神改造运动“在物质的改造开始

① 《社会主义与社会运动》,《李大钊全集》第4卷,人民出版社2013年版,第257页。

② 《今与古》(1922年1月),《李大钊全集》第4卷,人民出版社2013年版,第16页。

③ 《“少年中国”的“少年运动”》,《李大钊全集》第3卷,人民出版社2013年版,第67页。此段引文中,李大钊认为冲动有两种——“占据的冲动”和“创造的冲动”,并赞成后者。如果寻其渊源的话,可能来自罗素。罗素在《社会改造原理》中指出:“大多数的冲动可以分成两类,占有的和创造的,……我认为最好的生活大多数是建筑在创造的冲动上面,而最坏的生活大多数是由爱好占有所激发出来的。”(罗素:《社会改造原理·原序》,上海人民出版社1986年版)

的时期,更是要紧",而且"要与物质的改造运动一致进行"。李大钊提出物质改造运动与精神改造运动的两种形式是符合人们作用于社会的基本范式,从而使人对历史改造活动的形式得以具体化和现实化。

三、对社会理想和人生理想的探索

马克思主义哲学特别关注社会的未来和人生的理想境界,不仅将人生与社会相统一,而且将现实与未来相连接,从而使马克思主义哲学成为人类智慧的体现,显现了对人类的终极关怀。李大钊在唯物史观的指导下,运用马克思主义的实践精神于社会和人生,对未来的理想社会与理想人生进行了深刻的思考和认真的设计。

1. 大同团结的社会理想。大同理想在中国传统哲学中是一个追求的目标。《礼记·礼运篇》描绘的大同之世是没有剥削、没有压迫、人人平等的理想社会,但却是建立在生产力极为落后的基础上,是一种原始的共产主义形态。中国近代以来,洪秀全提出的大同理想是一个"有田同耕,有饭同食,有衣同穿,有钱同使,无处不均匀,无人不饱暖"的空想农业文明理想;而康有为的《大同书》虽然提出了赋予资产阶级自由、平等、博爱基本原则的社会理想,但其空想性是显然的,而且他不可能找到通向大同的道路;至于孙中山"天下为公"的大同理想虽然有其合理的成分,但以民生史观为理念的社会构想是不切实际的。在中国近代哲学由进化论到唯物论、辩证法转换中,李大钊提出的大同团结的社会理想则是对中国近代大同理想的决定性超越,是他对未来共产主义理想追求的突出表现。

一是大同团结是指理想的共产主义社会。早在 1918 年 12 月,李大钊就将大同理想与社会主义(广义)相联结,认为只有共产主义社会才能彻底实现民主精神。因此,在向"大同"理想的努力中,必须始终如一地坚持和发展民主政治。他说:"我们要求 Democracy,不是单求一没有君主的国体就算了事,必要把那受屈枉的个性,都解放了,把那逞强的势力,都摧除了,把那不正当的制度,都改正了,一步一步的向前奋斗,直到世界大同,才算贯彻了 Democracy 的真义。"①随着李大钊对社会主义研究的深入,他认为马克思主义所指明的共产主义理想

① 《〈国体与青年〉跋》,《李大钊全集》第 2 卷,人民出版社 2013 年版,第 372 页。

“其主张乃有强固的根据”，而与空想社会主义“只以人的理性为根据”对人类未来社会进行设计，有根本的不同；“今社会主义既立在人类历史的必然行程上，有具有绝大势力的历史为其支撑者，那么社会主义之来临，乃如夜之继日，地球环绕太阳的事实一样确实了”①。这样，李大钊就把中国思想界对大同理想的追求，明确地指向为马克思主义所设计的社会主义、共产主义社会，并认为这一理想社会的到来具有历史的必然性。

二是大同团结的理想是个性解放与大同团结、自由与秩序的统一，亦即人道主义与科学社会主义的统一。他说：

> 现在世界进化的轨道，都是沿着一条线走，这条线就是达到世界大同的通衢，就是人类共同精神联贯的脉络。……这条线的渊源，就是个性解放。个性解放，断断不是单为求一个分裂就算了事，乃是为完成一切个性，脱离了旧绊锁，重新改造一个普通广大的新组织。一方面是个性解放，一方面是大同团结。这个性解放的运动，同时伴着一个大同团结的运动。这两种运动，似乎是相反，实在是相成。②

这样，大同团结的理想社会就其内容来说，是个性解放与大同团结的统一。在实行大同团结的道路上始终贯彻个性解放的精神，没有个性解放的运动就没有大同团结的社会理想的实现；个性解放运动是为了表征个人的存在、恢复人的个性，但同时亦是为了理想社会的实现，因此必须“重新改造一个普通广大的新组织”。在李大钊看来，不仅在通往社会主义的道路上凝含着个性解放的努力、体现个性解放的精神，而且在社会主义社会也是保护个性，尤其是关怀人的个性发展的。李大钊说，那种认为“社会主义实行后，国家和社会权利逐渐增加，个人自由易受其干涉，遂致束缚”，是一种对社会主义的“误解”；事实上，“社会主义是保护自由、增加自由者，使农工等人均多得自由”③。基于大同团结的新社会是大同团结与个性解放相统一的认识，李大钊更进一步说明这样的大同世界是自由与秩序的统一。他说：

> 真正合理的个人主义，没有不顾社会秩序的；真正合理的社会主义，没有不顾个人自由的。个人是群合的原素，社会是众异的组织。真实的自由，不是扫除一切的关系，是在种种不同的安排整列中保有宽裕的选择的机会；

---

① 《桑西门（Saint-Simon）的历史观》，《李大钊全集》第4卷，人民出版社2013年版，第408页。

② 《平民主义》，《李大钊全集》第4卷，人民出版社2013年版，第149页。

③ 《社会主义与社会运动》，《李大钊全集》第4卷，人民出版社2013年版，第247页。

> 不是完成的终极境界,是进展的向上行程。真实的秩序,不是压服一切个性的活动,是包蓄种种不同的机会使其中的各个分子可以自由选择的安排;不是死的状态,是活的机体。①

李大钊强调个人与社会、自由与秩序、个人主义与社会主义、大同团结与个性解放的统一,从而将理想的大同之世赋予了个人自由、个性解放的人道主义内容,将近代以来争取个性解放的斗争以及对理想社会的现实追求纳入理想的未来社会设计之中,其目标就在于实现既有个性自由又有大同团结的社会新秩序。李大钊对大同团结理想目标的阐释,勾画未来社会的理想蓝图。在这一蓝图中,真正合理的社会主义和真正合理的个人主义并不矛盾,而是达到完善的统一。这种统一是以自由和秩序的统一为表现形式,即一方面是有个人的充分自由,另一方面是有良好的社会秩序。从李大钊对大同团结的设计中可以看出,他在马克思主义科学社会主义理论的指导下,一方面摆脱了中国近代对大同之世设计的空想性,另一方面又赋予了近代以来民主革命追求个性解放的合理内容,而使现实社会变革与理想目标的设计紧密结合起来。

三是科学地指出了实现世界大同的具体途径。李大钊的独到之处是,紧扣五四时期"社会改造"的迫切需要,提倡通过精神改造与物质改造的结合,这就是前面所说的"物心两面改造"。也就是说,李大钊认为阶级斗争与"互助"、"博爱"两者是相互联系的,并且是可以达到统一的,在通往大同的道路上可以发挥各自的积极作用,从而推动大同理想社会的实现。李大钊说:

> 我们主张以人道主义改造人类精神,同时以社会主义改造经济组织。不改造经济组织,单求改造人类精神,必致没有结果。不改造人类精神,单等改造经济组织,也怕不能成功。②

李大钊在这里所讲的"社会主义"其内含是"阶级斗争",所讲的"人道主义"其内含则是"互助原理"。因为李大钊讲过:"这最后的阶级竞争,是改造社会组织的手段。这互助的原理,是改造人类精神的信条。我们主张物心两面的改造,灵肉一致的改造。"③从李大钊关于改造社会的两个手段来看,在通向大同理想道路上,人道主义与社会主义是统一的。就阶级斗争途径而言,李大钊认为阶级斗争改造的办法就是要有一个无产阶级专政的特殊时期。他说:"在革命的时期,

---

① 《自由与秩序》,《李大钊全集》第3卷,人民出版社2013年版,第327页。
② 《我的马克思主义观》,《李大钊全集》第3卷,人民出版社2013年版,第23页。
③ 《阶级竞争与互助》,《李大钊全集》第2卷,人民出版社2013年版,第482页。

为镇压反动者的死灰复燃,为使新制度新理想的基础巩固,不能不经过一个无产者专政(Dictatorship of the Proletariat)的时期。在此时期,以无产阶级的权力代替中产阶级的权力,以劳工阶级的统治代替中产阶级的少数政治(Bourgeois Oligarchy)。"①就精神改造而言,李大钊认为就是本着人道主义精神,宣传"互助"、"博爱"的道理,改造现代堕落的人心,创造一种崭新的社会道德,这种道德是:"人的道德、美化的道德、实用的道德、大同的道德、互助的道德、创造的道德!"②李大钊关于达到大同世界途径的揭示,贯彻了马克思主义关于社会变革的基本理念,充分地提示出阶级斗争手段的必要性,同时又说明思想文化建设及精神改造的极端重要性,使我们看到世界改造的多样性与复杂性及通往大同世界的具体道路。

2. 乐观向上的人生哲学。在群己之辩、社会变迁的辩证解析和大同理想的设计中,我们已经看到李大钊对人生的终极关怀。李大钊人生哲学的特点是强调人生的进取、自由、发展,人的本质力量的张扬。概括而言,他对人生的理想建构突出这样几个方面的重要内容:

一是自主性意识。自主性意识是人的主体性的根本要求,是现代化的生存理念。在李大钊看来,人的自主性意识就其内容而言,在于个体对于自己在社会中主体地位的确认,并力求在社会变革中充分显现自我的存在及本质力量。他指出:"真正的解放,不是央求人家'网开三面',把我们解放出来,是要靠自己的力量,抗拒冲决,使他们不得不任我们自己解放自己。不是仰赖那权威的恩典,给我们把头上的铁锁解开,是要靠自己的努力,把他打破,从那黑暗的牢狱中,打出一道光明来。"③在李大钊看来,发挥人在社会中的自主性,就是要强调人对社会的能动性的意义。他说,社会主义运动也必须发挥人的自主性,在社会主义运动的过程中决不能坐等"集产制必然的成熟","一点的预备也没有作";相反,"我们应该承认:遇着时机,因着情形,或须取一个根本解决的方法,而在根本解决以前,还须有相当的准备活动才是"④。李大钊强调人们要树立自主性意识,希望20世纪的少年"把眼光放的远些,不要受腐败家庭的束缚,不要受狭隘爱国心的拘牵",要有自己生活的理想追求,追求"新的生活",明确"我们的新生

① 《平民政治与工人政治》,《李大钊全集》第4卷,人民出版社2013年版,第104—105页。

② 《物质变动与道德变动》,《李大钊全集》第3卷,人民出版社2013年版,第146页,

③ 《真正的解放》,《李大钊全集》第2卷,人民出版社2013年版,第492页。

④ 《再论问题与主义》,《李大钊全集》第3卷,人民出版社2013年版,第55页。

活,小到完成我的个性,大到企图世界的幸福"①。可见,李大钊主张的人的自主性意识,一方面在于强调人的个性的彰显及其自主性发展,但另一方面又基于社会实践的理念而把这种个性的发展与社会理想目标的追求相联系,与社会的变革进程相统一。所以,他说:"我们现在所要求的,是个解放自由的我,和一个人人相爱的世界。"②

二是创造精神。与传统社会的运行模式不同,现代社会是高度发展的社会,本质上需要人的创造精神和创造能力。这是因为在人类进入资本主义以后,"一切固定的僵化的关系以及与之相适应的素被尊崇的观念和见解都被消除了,一切新形成的关系等不到固定下来就陈旧了。一切等级的和固定的东西都烟消云散了,一切神圣的东西都被亵渎了"③。马克思主义是社会变革的理论,更强调人是在社会的变革中通过自己的努力及其实践活动而改变着社会和自己,从而实现人的自由的本质。恩格斯指出,无产阶级为取得社会权力则必须"使生产资料摆脱了它们迄今具有的资本属性,给它们的社会性以充分的自由得以实现"。如此"人终于成为自己的社会结合的主人,从而也就成为自然界的主人,成为自身的主人——自由的人"④。李大钊在接受了马克思主义理论的过程中,尤其重视人的创造精神,认为社会的发展都是人的创造的结果,同时人们也只有在历史的创造活动中来完善和发展自由,并进而把握历史的主动权。他指出:"我希望活泼泼的青年们,拿出自杀的决心,牺牲的精神,反抗这颓废的时代文明,改造这缺陷的社会制度,创造一种有趣味有理想的生活。"又说:"我不愿青年为旧生活的逃避者,而愿青年为旧生活的反抗者!不愿青年为新生活的绝灭者,而愿青年为新生活的创造者!"⑤李大钊所说的"旧生活"就是指传统农业文明,所说的"新生活"则是指现代工业文明,亦即现代社会。他寄希望青年在由传统社会向现代社会转变中,承继"破坏"与"建设"的双重使命,担负起"旧生活的反抗者"和"新生活的创造者"的双重角色,努力发挥人们在社会变革与转型中的积极性和创造性。李大钊通过对俄国社会现代化实践的考察,寄希望中国青年像俄国青年那样创造未来的"新中国"。他说:"诸君须知创造今日的新俄罗斯的,是由千八百五十年顷自杀的血泡中闯出去的青年。创造将来的新

① 《"少年中国"的"少年运动"》,《李大钊全集》第3卷,人民出版社2013年版,第69页。
② 《我与世界》,《李大钊全集》第2卷,人民出版社2013年版,第488页。
③ 《马克思恩格斯选集》第1卷,人民出版社1995年版,第275页。
④ 《马克思恩格斯选集》第3卷,人民出版社1995年版,第759—760页。
⑤ 《青年厌世自杀问题》,《李大钊全集》第3卷,人民出版社2013年版,第159—160页。

中国的,也必是由今日自杀的血泡里闯出去的青年。"①李大钊强调创造精神是与他对人在历史中人的主体性地位的认识相联系的,是如前所述的他提出的"历史是人创造的"思想的延伸。

三是个性发展的意识。是否注重个性的发展既是传统社会与现代社会的重要区别,同时又是传统人与现代人的分野。李大钊反对那种缺乏主见、没有个性的人格,认为发展个性是社会进步的必然要求,同时又是个体所必须具有的内在理念。在他看来,培养人的个性发展意识必须具有这样几个条件:第一,个人要有平等的精神,互相尊重各自的个性。他指出:"一个公正的愉快的两性的关系,全靠男女间的相依、平等与互相补助的关系,不靠妇女的附属与男子的优越。男女各有各的特性,全为对等的关系,全有相与补足的地方。"②只有以平等的关系为前提,才能促进个性的形成与发展。第二,家庭制度的改革。李大钊认为,只有进行家庭制度的改革,才能为个性的发展、个体本质力量的彰显提供良好的家庭环境,而家庭制度的改革又在于贯彻民主的精神。他说:"理想家庭最要之条件,就是 Democracy 平民之精神。德谟克拉西之组织,精神在于平等,无父系母系之分别,亦无男女性之界限,乃共力合作。而组织良好家庭,无有特别之权利,对于孩提,亦不宜加以压制,循循善诱,更当尊重实行民治之条件。"③第三,建立现代民主制度。李大钊很强调制度建设对人的个性发展的重要意义,认为现代民主制度的建设是培植人的个性不可缺少的外部政治条件。他指出:"德谟克拉西,原是要给个性以自由发展底机会。从前的君主制度,由一人专制压迫民众,决不能发展民众各自的个性,而给以自由。惟有德谟克拉西的制度,才能使个性自由发展。"④李大钊从个体、家庭、社会的视角来强调个性发展意识是很有见识的。

四是乐观进取的人生观。在传统社会中,人们被怀古、保守的思想及习惯所束缚,悲观厌世、不思进取的心理由此而产生。李大钊通过对人类历史发展规律的把握,倡导人们要积极进取、乐观向上,树立正确的人生观,并认为这是现代人所应有的品质。他指出:"人生既是这样可以珍重的东西,那么朝朝都有晨光,年年都有周岁,光阴似箭,一去不还,我们应该如何郑重的欢天喜地地行动着,创

---

① 《青年厌世自杀问题》,《李大钊全集》第 3 卷,人民出版社 2013 年版,第 160 页。
② 《现代的女权运动》,《李大钊全集》第 4 卷,人民出版社 2013 年版,第 21 页。
③ 《理想的家庭》,《李大钊全集》第 4 卷,人民出版社 2013 年版,第 9 页。
④ 《由平民政治到工人政治》,《李大钊全集》第 4 卷,人民出版社 2013 年版,第 2 页。

造着过去。……欢天喜地的亲爱着、互助着,共赴人生的大路。"①李大钊通过对"时"的哲学考察,号召人们在历史发展的长河中,认识历史发展的规律和社会发展的趋势,陶冶自己的人生,对未来充满信心。他指出:"我们试一登临那位时先生在过去世代的无止境中,为我们建筑的一座经验的高楼的绝顶,可以遍历环绕我们的光荣的过去的大观,凭着这些阶梯,我们不但可以认识现在,并且可以眺望将来。在那里,我们可以得到新鲜的勇气;在那里,我们可以得到乐天迈进的人生观。"②李大钊认为,现代人要有强烈的时代意识,把握历史的大势,紧跟时代的步伐,只有具有这样人生观的人,才能不被时代所抛弃,才能在积极进取中享有未来。他说,有些人"因为走的步数稍微慢了一点,就赶不上进步的潮流,成了过去的人了。过去的人,看着现在和将来,都和他的生活不合;现在和将来,也没有一点的幸福和希望给他,所能给他的只是些悲哀、烦闷和苦痛"③。这种时代的落伍者"实在是悲哀、苦痛、可怜呵"④。李大钊倡导积极进取、乐观向上的人生观,其意在于塑造现代人的意志品质,从而有一个积极向上、勇于进取的精神面貌。

此外,李大钊还主张现代人要有科学的态度,具备了科学的求真态度,则"真理可明","功业可就"⑤;要具有竞争的意识,"良好的竞争,是愉快而有味"⑥的;崇尚知识,坚信"人生必须的知识,就是引人向光明方面的明灯"⑦;要有奉献精神,能够有"拥护共同利益的勇气,对于社会的忠诚,对于全体意志的服从",具有"为社会全体舍弃自己的牺牲心"⑧;等等。

李大钊在五四时期"社会改造"语境中为建构中国马克思主义哲学所作的努力是多方面,仅从上面所列举的三个方面来看,就不能把李大钊对哲学发展的贡献简单地归于宣传唯物史观。不错,李大钊是在中国率先宣传马克思主义唯物史观,但他对中国哲学的发展又进行了拓荒性的工作。在当时所能接触到的有限的马克思主义哲学著作和哲学观点的情况下,李大钊依据五四时期中国社会变革的需要,在古今联系、中外会通中进行巨大的理论创造,从而使马克思主

① 《时》,《李大钊全集》第4卷,人民出版社2013年版,第452页。
② 《史学与哲学》,《李大钊全集》第4卷,人民出版社2013年版,第205页。
③ 《又是一年》,《李大钊全集》第3卷,人民出版社2013年版,第209页。
④ 《时代的落伍者》,《李大钊全集》第3卷,人民出版社2013年版,第92页。
⑤ 《史学要论》,《李大钊全集》第4卷,人民出版社2013年版,第565页。
⑥ 《社会主义与社会运动》,《李大钊全集》第4卷,人民出版社2013年版,第246页。
⑦ 《劳动教育问题》,《李大钊全集》第2卷,人民出版社2013年版,第408页。
⑧ 《物质变动与道德变动》,《李大钊全集》第3卷,人民出版社2013年版,第131—132页。

义哲学开始植根于中国学术界。

（原载《烟台大学学报》2002年第2期）

【昔文琐记】这篇《李大钊建构中国马克思主义哲学的努力》，写作于2001年的春天。当时正在写作题为《李大钊与中国现代学术》的博士论文。

学术界当时有几篇研究李大钊哲学思想的文章，却少见有重点地论述李大钊建构中国马克思主义哲学的贡献，故而此篇从“建构中国马克思主义哲学”着眼，亦即在“中国马克思主义学术”视域之中来阐发李大钊的哲学思想。这里，所谓的“中国马克思主义哲学”乃是马克思主义哲学在中国的运用和发展，体现了马克思主义哲学的基本精神，但又与中国的文化传统相联系，并力图从哲学层面解决中国的现实问题。这篇文章不是一般地从哲学着眼，而是从中国马克思主义哲学理论出发，凸显李大钊在中国马克思主义哲学发展中的开创地位，因而也就有些新意。这可见，在既有学术研究的基础上，换一个视角加以研究，就能写出新的文章。

我对于中国马克思主义哲学的系统研究，就是从这篇《李大钊建构中国马克思主义哲学的努力》文章开始的。博士毕业后，专门梳理现代中国的中国马克思主义哲学。2010年出版的三卷本《中国马克思主义学术史概论(1919—1949)》一书中，对1919—1949年的中国马克思主义哲学做了系统的研究。2012年接手国家重大招标项目“中国马克思主义学术史”后，一方面是对1919—1949年的中国马克思主义哲学研究做了“补遗”的工作，主要是研究了蒋光慈、杨明斋、彭康、李石岑、杨伯恺、卢心远、赵纪彬、杜国庠等的哲学思想；另一方面则是将中国马克思主义哲学史研究推进到1949—2000年时段，对于张岱年、黄楠森、冯契、陈先达、任继愈、庞朴、孙伯鍨、孙叔平、李景源、方克力、李秀林、陶德麟、徐崇温、袁贵仁、张一兵等的哲学思想进行研究，算是对中国现当代的马克思主义哲学有了较为系统的认识。因为某种原因，1949—2000年的中国马克思主义哲学，现在只是写到了1978年(即《中国马克思主义学术史》第五卷中的内容)，以后有机会还会将1978年至2000年的中国马克思主义哲学出版的。

正是因为对中国马克思主义哲学进行较为系统的梳理，我感觉到还要研究现代中国的那些非马克思主义的哲学家，这对于进一步阐发中国马克思主义哲学很有必要。故而，在2005年以来撰写的五卷本《中国现代学术概论》中，对非马克思主义哲学家也有较为全面的反映。

2021年1月28日

1912—1920 年李大钊对国民性问题的探索

李大钊在 1912—1920 年对国民性问题作了卓有成效的探索，其思想见解在当时的思想文化界极富有代表性。这一时期，也是李大钊民主主义思想生成、发展的阶段，以及转向马克思主义的过渡阶段。李大钊所分析的国民性在今天已发生了历史性的变化，但对于我们研究当今的社会问题和进行精神文明建设仍有深刻的启示。

一、对国民性问题探索的几个阶段

爱国主义思想推动着李大钊对中华民族命运的深切思考和对国民性问题的积极探索。李大钊思考和探索国民性问题的目的在于寻找社会改造的途径，使中华民族得以全面复兴。李大钊对国民性的探索，大致可分为以下几个阶段：

1. 对国民性探索的起始阶段（1912—1915 年）。在这一阶段，李大钊通过对民国后政治的思考而引发对改造国民性问题的关注。民国以后，政局变幻莫测，“今日之政党，争意见不争政见”①，“愚民不识共和为何物，教育不克立收成效”②。为治者辄欲滥施其力，而“受治者亦弗知求所以对抗”③。因此，李大钊认为，“彝庶之患，不患无护权之政制，患在无享权之能力”④，也就是说，民众的素质如何直接关系到国家的政治生活。日本提出灭亡中国的“二十一条”时，李

① 《隐忧篇》，《李大钊全集》第 1 卷，人民出版社 2013 年版，第 2 页。

② 《隐忧篇》，《李大钊全集》第 1 卷，人民出版社 2013 年版，第 3 页。

③ 《政治对抗力之养成》，《李大钊全集》第 1 卷，人民出版社 2013 年版，第 178 页。

④ 《论民权之旁落》，《李大钊全集》第 1 卷，人民出版社 2013 年版，第 73 页。

大钊明确指出,“国民今日救国之责”,在于“首须认定中国者为吾四万万国民之中国”①。李大钊正是在对民国后政局的思考中,认识到国民性与社会的关系。

2. 对国民性探索的初步深入阶段(1915—1917 年)。在这一阶段,李大钊对国民性问题的探讨受到新文化运动时代精神的推动。1915 年兴起的新文化运动,高举民主和科学的大旗,倡导“伦理革命”,探讨国民性问题也成为其重要内容。李大钊亦积极置身其中。1915 年陈独秀提出:“吾国社会恶潮流势力之伟大,与夫个人抵抗此恶潮流势力之薄弱,……乃以铸成今日卑劣无耻退葸苟安诡易圆滑之国民性”②。陈氏还认为,东方民族以“家族为本位”、“感情为本位”、“虚文为本位”③。这些观点对李大钊探讨国民性产生了直接的影响。正是在新文化运动时期提倡的文化反省意识,使得李大钊围绕着如何成为“立宪国民”这一课题展开理论上的分析思考,力图探寻由“专制国民”转变为“立宪国民”的途径。

3. 对国民性探索的进一步深入阶段(1917—1918 年)。在这一阶段,李大钊对国民性的分析明显地受到东西文化论战的启示。自 1916 年开始,杜亚泉以《东方杂志》为阵地发表了一系列论述东西文化差异的文章,1917—1918 年东西文化论战达到高潮。杜亚泉认为:“吾国固有之文明,正足以救西洋文明之弊,济西洋文明之穷者。”④西方文化传入中国,“乃至国是丧失,乃至精神破产”,“迷乱现代之人心”⑤。针对杜亚泉为代表的东方文化派的观点,陈独秀、李大钊等进行了反击。在这场论争中,李大钊表现出彻底的自新精神,对中国国民性进行了深刻的反思,认为中国“家族繁衍,故行家族主义”;“东人持厌世主义(pessimism),以为无论何物皆无竞争之价值,个性之生存,不甚重要”;“东方亲子间之爱厚”;“东人以牺牲自己为人生之本务”;“东方想望英雄,其结果为专制政治”⑥。正是由于李大钊参加了东西方文化论战,在比较当中,他对国民性问题有了更为深刻透彻的认识。

4. 对国民性探索的成熟阶段(1919—1920 年)。在这一阶段,李大钊在接受

① 《警告全国父老书》,《李大钊全集》第 1 卷,人民出版社 2013 年版,第 219 页。

② 《抵抗力》,《陈独秀著作选》第 1 卷,上海人民出版社 1993 年版,第 153 页。

③ 《东西民族根本思想之差异》,《陈独秀著作选》第 1 卷,上海人民出版社 1993 年版,第 166—167 页。

④ 杜亚泉:《静的文明与动的文明》,《东方杂志》第 13 卷第 10 号,1916 年 10 月。

⑤ 杜亚泉:《迷乱之现代人心》,《东方杂志》第 15 卷第 4 号,1918 年 4 月,

⑥ 《东西文明根本之异点》,《李大钊全集》第 2 卷,人民出版社 2013 年版,第 309—310 页。

马克思主义的同时,加深了对国民性问题的认识。李大钊在宣传十月革命的过程中,寄希望劳动阶级的觉悟;在宣传马克思主义的同时,十分关注国民素质的提高。他曾说:“我们中国人贪惰性成,不是强盗,便是乞丐,总是希图自己不作工,抢人家的饭吃,讨人家的饭吃。”①言辞虽过于激烈,确是道出了中国人身上存在的一些明显弱点。1919 年底和 1920 年初,李大钊发表了《物质变动与道德变动》和《由经济上解释中国近代思想变动的原因》等文章,运用马克思主义唯物史观剖析了道德变迁和近代思想变动的经济缘由,从而使他对国民性问题的探讨建立在唯物史观的基础上,这标志李大钊对国民性问题的探索达到了成熟阶段。

李大钊对国民性问题的探索是随着他的思想的发展而不断深化的。这之中经历了两次转变,即由传统文化价值观到西方文化价值观的转变和由西方文化价值观到马克思主义文化价值观的转变。特别是后一次转变,完成了他的思想发展历程中质的飞跃,从而使他对国民性的探讨在马克思主义指导下达到了新的深度。

二、对中国国民性表征的剖析

在对国民性问题的探讨中,以《东方杂志》为代表的保守主义否认中国国民存在的弱点,以《新青年》为代表的新文化运动的倡导者们则在文化的比较中力图揭示中国国民的劣根性,陈独秀、鲁迅等笔锋尤为激烈。相比较而言,李大钊则较为温和而更多地带有理性的色彩。根据李大钊对国民性问题的剖析,中国国民性的表征有这样几个方面:

1. 英雄崇拜、贤人政治思想。李大钊认为,中国国民长期在专制主义传统之下,向来思想保守,崇拜英雄、贤人整治天下。他指出:“吾民族思想之固执,终以沿承因袭,踏故习常,不识不知,安之若命。言必称尧、舜、禹、汤、文、武、周、孔,义必取于《诗》、《礼》、《春秋》。”又说:“忧乱思治之切者,骇汗奔呼,祷祀以求非常之人物出而任非常之事业。从而歌哭之,崇拜之,或曰此吾国之拿破仑也,或曰此吾国之华盛顿也,或曰此内圣外王,尧、舜、汤、武之再世也,吾民宜举

① 《庶民的胜利》,《李大钊全集》第 2 卷,人民出版社 2013 年版,第 359 页。

国权而托诸其人也。"[①]中国国民长期以来缺乏独立的人格，其皇权思想、英雄崇拜意识根深蒂固，幻想贤君出世解民于水火。正是这样的民众文化心理，野心家、独裁者辈出，"神奸悍暴之夫，窥见国民心理之弱，乃以崛起草茅，作威作福，亦遂蒙马虎皮，炫罔斯民曰：吾将为汝作拿破仑也，吾将为汝作华盛顿也，吾将为汝作尧、舜、汤、武也。"[②]李大钊认为，中国国民崇拜英雄的心理，使专制政治制度得以延续，袁世凯得以帝制自为。因此，杜绝专制主义统治，在于清除英雄政治思想，树立民众自我之权威，"各将盘营结寨伏于其脑之'神武'人物，一一僇尽，绝其根株而肃清之"[③]，从而在根本上清除英雄崇拜意识。

2. 好同恶异、缺乏主见的文化心理。李大钊认为，中国国民表现出好同恶异的心理排他性，缺乏个性平等、思想自由的习惯。他指出，由于长期的文化专制传统，民众形成趋同从众、好同恶异的文化心理，"民间持论之态，每易昧于商权之旨，好为抹杀之辞。未尽询谋之诚，遽下豸定之语"[④]。对于新异言论，便加以排拒，是为"扬子为我，是无君也，墨子兼爱，是无父也。无父无君，是禽兽也。"其结果是，新思想被称为异端邪说遭到摧残和扼杀。李大钊对民众意识的排他性深感痛心，认为"其群之对于言论之虐，其视专制之一人为何如也"[⑤]；他认为，好同恶异的文化性格有害于真理的产生和新思想的传播，"社会言论，对于异说加以距辟，无论其说之本非邪说淫辞，真理以是而隐，不得与天下后世共见，其害滋甚。"[⑥]李大钊主张国民要有"容人并存的雅量"，具有宽容大度的个性，对他人的学说思想"但察其是，勿拒其非，纵喜其同，莫禁其异，务使一群秉彝之所好，皆得相当之分，反复辩论，获其中庸之理以去"[⑦]。民众表现出心理排他性，是封建专制政治思想一统天下的结果，也是国民长期"宗其模式"而缺乏独立思想的表现。

3. 尚情而尚不理、任力而不任法的处事方式。李大钊在《立宪国民之修养》一文中，对国民处事方式作了深刻的分析。李大钊指出："国人第一弱点，在凡事皆以感情为主，不以理性为主"，上至军国大计，下至私人交际，但见感情作

① 《民彝与政治》，《李大钊全集》第 1 卷，人民出版社 2013 年版，第 275、278 页。
② 《民彝与政治》，《李大钊全集》第 1 卷，人民出版社 2013 年版，第 278 页。
③ 《民彝与政治》，《李大钊全集》第 1 卷，人民出版社 2013 年版，第 279 页。
④ 《民彝与政治》，《李大钊全集》第 1 卷，人民出版社 2013 年版，第 282 页。
⑤ 《民彝与政治》，《李大钊全集》第 1 卷，人民出版社 2013 年版，第 282 页。
⑥ 《民彝与政治》，《李大钊全集》第 1 卷，人民出版社 2013 年版，第 283 页。
⑦ 《民彝与政治》，《李大钊全集》第 1 卷，人民出版社 2013 年版，第 284 页。

用,不见理性作用。李大钊认为,国民以感情为用,国事有败而无成,交际褊浅而意气用事。李大钊还同时指出:“国人第二弱点,在凡事好依腕力而争,不依法律而争。”在中国封建社会里,民间没有法制的传统,国民崇信腕力,“任力而不任法”,以法律释其争端并未成为社会化的思想意识,且不谈普通民众,“而秩及议士,位在军枢者,稍不如意,动辄以腕力从事,甚或以生杀予夺权操自我之气焰,临乎对等之人格,此其野蛮横暴,直与市井无赖相侔,其心目中毫无法纪之为物”①。尚情而不尚理,任力而不任法,这是中国传统社会自然经济结构和政治封闭状态的必然产物。李大钊说:“这种靠人不靠已,信力不信理的民族性,真正可耻!真正可羞!”②

4.过度的物质奢求和强烈的官本位意识。在李大钊看来,中国人生活上的奢求是一个通病,“今世之生活,泰半倚于过度”,且不论达官显贵,即使“一介书生,跻身荣显,遂而高车驷马,锦衣玉食,奢靡成风,夸耀井里。其家族戚友,亦皆群起而欲沾其余润,分其余荣”③。这反映了中国国民普遍存在的讲排场、图虚荣的心态。这种过度的生活奢求和物质的欲望滋生了“虚伪、夸张、奢侈、贪婪种种罪恶”。李大钊在指出中国国民物质上奢求欲望的同时,也揭示了中国人普遍存在的官本位意识。官本位意识是封建社会中,国民崇拜权力以及对统治者的敬畏而产生的,是帝王思想在社会生活中的延伸。李大钊指出:“一般士夫,则又鸡鸣而起,暮夜叩门,孳孳焉以求官为业,逢恶为能”。“既以贿而猎官,更以官而害民,栖栖皇皇,席不暇暖,各择其地位之便,从而发挥其才智聪明,尽量以行于恶。”④即使受到现代知识教育的青年,“无问其所学为工、为农、为商、为理、为文、为法政,乃如万派奔流以向政治之一途,仰面求人讨无聊之生活。”⑤在李大钊看来,官本位意识深藏在国民的心理之中,导致社会的腐败,因此必须加以清除。

5.家族主义观念和压抑个性发展的习惯势力。李大钊认为,中国长期以来以家族为本位,“中国自唐虞之世,敷教明伦,亲九族以协万邦,家族之基,于以确立,聚族为村,有礼俗以相维系,国家权力之及于民者,微乎渺矣”⑥。家族制

① 《立宪国民之修养》,《李大钊全集》第1卷,人民出版社2013年版,第519页。
② 《新旧思潮之激战》,《李大钊全集》第2卷,人民出版社2013年版,第432页。
③ 《简易生活之必要》,《李大钊全集》第2卷,人民出版社2013年版,第171页。
④ 《风俗》,《李大钊全集》第1卷,人民出版社2013年版,第160页。
⑤ 《学生问题》,《李大钊全集》第2卷,人民出版社2013年版,第121页。
⑥ 《国情》,《李大钊全集》第1卷,人民出版社2013年版,第205页。

度影响尤甚者在婚姻制度，形成了一种阻止婚姻自由的社会氛围，对于寻求自由恋爱的“伉毅卓特之青年男女”，“社会家庭又从而诟谤之，诋毁之，厌弃之，拒绝之，使之转徙天涯，风尘沦落”①。李大钊认为，中国家族繁衍，家族主义盛行，“故有一夫多妻之风，而成贱女尊男之习”②。大家族制度使妇女处于社会的最底层，形成男尊女卑的等级观念，不是说“礼教大防”、“男女授受不亲”，就是说女子应该做男子的“内助”，专管“阃以内”的事③。这就揭示了大家族制度压抑个性的本质。

李大钊对中国国民性问题的分析，揭示了中国国民缺乏法制思想、民治（国民政治）思想、自由思想的实情，反映了新文化运动的领导者在批判封建制度、倡导民主方面的重要建树，也反映李大钊在研究中国国情方面的远见卓识。这对于唤起知识界认识国民性的弱点，寻求改造国民性的途径是有积极意义的。

三、对国民性形成原因的梳理

国民性是民族性的重要表现，更是社会的经济结构、政治结构、文化结构的综合作用的结果。李大钊结合中国的历史和实际，对国民性形成的原因作了深刻的分析。在李大钊看来，中国国民性形成的原因主要有以下几个方面：

其一，长期的专制政治的影响。中国国民性的形成经过了很长的历史过程，这之中专制政治的影响是尤为显著的。李大钊指出，封建专制政治把英雄抬到人神的地位，足以使民众“失却独立自主之人格，堕于奴隶服从之地位”，它使国家和民族行将“自腐”而不能“与世争存”。正是专制政治的统治，中国国民“膜拜释、耶、孔子而外，不复知尚有国民之新使命也；风经诂典而外，不复知尚有国民之新理想也”④。李大钊认为，中国几千年的君主专制政治扼杀了民众的创造性和个性的发展，国民“不知不识，安之若命”，“自贬以奉人”，缺乏独立人格。李大钊总结道：“国人以专制积习之未除，嫉娼褊激，刚愎专擅之风，仍复漫布于社会，虽素号恂恂之君子，亦时于绅士之风度有亏”。总之，“是皆专制政治之余

① 《不自由之悲剧》，《李大钊全集》第 2 卷，人民出版社 2013 年版，第 160 页。

② 《东西文明根本之异点》，《李大钊全集》2 卷，人民出版社 2013 年版，第 309 页。

③ 《战后之妇人问题》，《李大钊全集》第 2 卷，人民出版社 2013 年版，第 410 页。

④ 《民彝与政治》，《李大钊全集》第 1 卷，人民出版社 2013 年版，第 274 页。

毒,吾人久承其习染而今犹未能湔除者”[①]。这说明,是中国几千年专制政治之恶习导致国民心理的落后性,而不是民众与生俱来的弱性。

其二,小农经济结构的影响。国民性作为一种价值观念和行为方式,在本质上是由社会的经济结构所决定的,中国的国民性是小农经济的产物。李大钊在中西文化论战中已朦胧地注意到物质的、经济的因素对国民性的影响,他指出:“彼西洋之动的文明,物质的生活,……而以临于吾侪,则实居优越之域。吾侪日常生活中之一举一动,几莫能逃其范围,而实际上亦深感其需要,愿享其利便。”[②]十月革命后,李大钊的思想经历深刻的变化,特别是五四运动后,他力图用马克思主义的唯物史观解释国民性形成的原因。如关于家庭制度,李大钊指出:“后来生产技术进步的结果,由农业时代入了工商时代,分业及交通机关日见发达,经济上有了新变动,大家族制度遂渐就崩坏。这个时期就发生了一夫一妻制的小家族制度,以适应当时的经济状态。”[③]李大钊又进一步指出:“中国的一切风俗、礼教、政法、伦理,都以大家族制度为基础,而以孔子主义为其全结晶体。”[④]随着农业经济的动摇,大家族制度的崩溃势在必然。这就是说,国民性根植于大家族制度,受到农业经济方式的制约,经济的变动必然引起国民性的变革。

其三,中国传统文化的影响。中国传统文化以封建性的伦理道德为核心,它从文化心理上支配着国民性的发展。李大钊认为,孙子学说“确足以代表专制社会之道德,亦确足为专制君主所利用资以为护符也”[⑤]。封建伦理使“国民自我之权威,日益削弱,国民思想力之活泼日益减少,率至为世界进化之潮流所遗弃,归于自然之淘汰而已矣”[⑥]。由于受到传统儒学伦理文化的影响,中国国民在伦理上“亲子间之爱厚”,“以牺牲自己为人生之本务”,“道德在个性灭却之维护”[⑦]。李大钊转变为马克思主义者之后,认为传统文化之所以是影响国民性的重要原因,在于以孔门伦理为核心的传统文化有其经济上的基础。李大钊指出,孔门伦理不是其本身具有绝大的权威,而是“适应中国二千余年来未曾变动的

① 《立宪国民之修养》,《李大钊全集》第1卷,人民出版社2013年版,第518、520页。

② 《东西文明根本之异点》,《李大钊全集》第2卷,人民出版社2013年版,第313页。

③ 《物质变动与道德变动》,《李大钊全集》第3卷,人民出版社2013年版,第142页。

④ 《由经济上解释中国近代思想变动的原因》,《李大钊全集》第3卷,人民出版社2013年版,第189—190页。

⑤ 《自然的伦理观与孔子》,《李大钊全集》第1卷,人民出版社2013年版,第429页。

⑥ 《宪法与思想自由》,《李大钊全集》第1卷,人民出版社2013年版,第403页。

⑦ 《东西文明根本之异点》,《李大钊全集》第2卷,人民出版社2013年版,第310页。

农业经济组织反映出来的产物,因他是中国大家族制度上的表层构造,因为经济上有他的基础"①。李大钊的论述说明,孔门伦理为核心的传统文化是直接影响国民性的重要因素,是形成"片面的义务的道德"的根源。

李大钊对国民性形成原因的探讨,前后侧重点有所不同。在 1918 年以前,李大钊集中从社会的政治、文化背景来认识国民性形成的原因;而在 1918 年以后,则主要是从社会的经济结构来研究国民性的成因,并试图说明经济变革与国民性改造的关系,这与李大钊文化思想的转变是相联系的。

四、对改造国民性途径的探讨

如何改造国民性,是五四时期进步思想家共同探讨的课题。李大钊主张通过多种途径转变国民的落后文化心态,克服国民的劣根性,从整体上提高民众的思想文化素质。李大钊关于改造国民性方法的论述,概括起来主要是以下几条:

第一,引进新型的价值观念。当李大钊还是民主主义者时,他主张引进西方的民主、自由等价值观念来改造国民性。他认为思想自由是西方民主政治的基石,有利于促进中国国民意识的提高。他表示:"余爱自信之言论,余尤爱自由之言论";"以言论之自由,示良知之自由,而愿与并世明达共勉之矣!"②他主张在民主自由的基础上,经过"充分讨论——共同认可——服从多数"的程序,就能既容纳少数人的意见,又体现绝大多数人的意志,达到广泛性的民主和自由,使民众的自由在民主原则上得到完善和发展③。李大钊对西方资产阶级平等观也深表赞同,认为按照现代民主政治的精神,每个人"在政治上、社会上、经济上、教育上得一个均等的机会"④,从而发展个性、享有权利。李大钊还主张中国国民接受西方的博爱观,以达到人伦关系的普遍和谐,并认为"爱者,宇宙之灵也,人天之交也。吾人当信仰真理,吾人即当尊重爱"⑤。李大钊接受马克思主义后,极力主张在中国引进马克思主义文化来改造中国的国民性,"促起劳工阶

---

① 《由经济上解释中国近代思想变动的原因》,《李大钊全集》第 3 卷,人民出版社 2013 年版,第 187 页。

② 《真理之权威》,《李大钊全集》第 2 卷,人民出版社 2013 年版,第 150 页。

③ 参见拙作《李大钊早期自由观初探》,《社会科学》(沪)1991 年第 7 期。

④ 《战后之妇人问题》,《李大钊全集》第 2 卷,人民出版社 2013 年版,第 410 页。

⑤ 《达科儿之"爱"观》,《李大钊全集》第 1 卷,人民出版社 2013 年版,第 348 页。

级的自觉,应合社会的新要求”,从而在社会普遍推行“劳工神圣”的新伦理①。可见,李大钊主张适应时代的发展,通过引进新型的文化价值观念来达到改造国民性的目的。

第二,推进社会性的教育。李大钊非常强调教育在改造国民性中的重要地位,他希望“好学知耻之士”,以“讲学明耻为天下倡,崇尚道义,砥砺廉节,播为风气,蒸为习尚”②。并要求“仁人君子,奋其奔走革命之精神,出其争夺政权之魄力,以从事于国民教育,十年而后,其效可观”③。李大钊把教育作为一项社会性的事业,要求社会各界尤其是知识阶层担负起教育民众的责任,认为国民性之改造“惟在上流阶级,以身作则,而急急以立宪国民之修养相劝勉”④。作为青年学生,尤应“宜时出其优美之文学,高尚之思潮,助我国民精神界之发展”⑤。李大钊认为,为适应改造国民性的需要,“现代的教育,不许专立几个专门学校,拿印板的程序去造一班知识阶级就算了事,必须多设补助教育机关,使一般劳作的人,有了休息的工夫,也要能就近得个适当的机会,去满足他们知识的要求”⑥。主张在劳工聚集的地方,设立适当的图书馆、书报社,适应劳动阶级受教育的需要。特别是,李大钊主张“把知识阶级与劳工阶级打成一气”⑦,从而促成下层民众素质的提高。

第三,民众的自我觉悟。在寻求改造国民性的问题上,李大钊尤为注意民众自我改造的重要性。在他看来,国民性的改造离不开国民自身积极性的发挥和自我意识的提高。他要求国民“宜自觉近世公民之新精神”,认为“苟有为者,当能立致,惟奋其精诚之所至以求之,慎勿灰冷自放也”⑧。全体国民能够“困心衡虑,蕴蓄其智勇深沉刚毅果敢之精神,磨炼其坚忍不拔百折不挠之志气”⑨。早期李大钊还尤其强调国民要按照现代民主政治的要求来塑造自己,加强内在的修养功夫,“以自由、博爱、平等为持身接物之信条”,养成循礼守法之风习。为

① 《由经济上解释中国近代思想变动的原因》,《李大钊全集》第3卷,人民出版社2013年版,第191页。

② 《风俗》,《李大钊全集》第1卷,人民出版社2013年版,第160页。

③ 《论民权之旁落》,《李大钊全集》第1卷,人民出版社2013年版,第76页。

④ 《立宪国民之修养》,《李大钊全集》第1卷,人民出版社2013年版,第520页。

⑤ 《国民之薪胆》,《李大钊全集》第1卷,人民出版社2013年版,第244页。

⑥ 《劳动教育问题》,《李大钊全集》第2卷,人民出版社2013年版,第408页。

⑦ 《青年与农村》,《李大钊全集》第2卷,人民出版社2013年版,第422页。

⑧ 《厌世心与自觉心》,《李大钊全集》第1卷,人民出版社2013年版,第253页。

⑨ 《国民之薪胆》,《李大钊全集》第1卷,人民出版社2013年版,第244页。

了促成下层民众的觉醒，李大钊还号召青年到农村去，“拿出当年俄罗斯青年在俄罗斯农村宣传运动的精神，来作些开发农村的事”①。李大钊的这些论述说明，只有全社会民众具有自省的意识和内在的改革习性的要求，才能使国民性的改造取得效果。

第四，实现社会制度的根本变革。早期李大钊主张引进西方政治体制，改革中国的专制传统，尤其是要制定宪法来改变国民的精神面貌。他说：“盖今日吾国专制之政体虽经推翻，而专制之思想尚复弥漫于社会，苟宪法无明文为之保障，则其他之学说思想，恐不能各如其量以传播于教坛学圃也。”②李大钊认为，改变国民的精神面貌，就必须制定贯彻民主政治精神之宪法，以防“萌芽专制之宪法”、“束制民彝之宪法”、“野心家利用之宪法”③。随着李大钊思想的发展，他进一步阐述了从制度入手来达到改造国民性的目的。如他在论及改变轻视妇女的恶习时指出：“我以为妇人问题彻底解决的方法，一方面要合妇人全体的力量，去打破那男子专断的社会制度；一方面还要合世界无产阶级妇人的力量，去打破那有产阶级（包括男女）专断的社会制度。”④李大钊接受了唯物史观以后，从上层建筑与经济基础的关系入手分析思想意识改变和社会问题解决的根本途径。李大钊指出：“经济问题的解决，是根本解决。经济问题一旦解决，什么政治问题、法律问题、家族制度问题、女子解放问题、工人解放问题，都可以解决。”⑤这就是说，以经济变革为基础的社会制度变革是促进国民思想意识、文化心理、行为方式转变的根本途径。

李大钊对国民性问题的认识是他寻求社会改造途径的积极探索，是他的思想体系中极为有价值的部分。今天，研究李大钊对国民性问题的探索，有助于深化李大钊早期思想的研究，同时也有助于揭示新文化运动思想解放的内涵及其对社会变革的意义。

（原载《首都师范大学学报》1998 年第 6 期，人大复印资料《历史学》1999 年第 2 期全文转载）

【昔文琐记】这篇《1912—1920 年李大钊对国民性问题的探索》，写作于

① 《青年与农村》，《李大钊全集》第 2 卷，人民出版社 2013 年版，第 422 页。

② 《宪法与思想自由》，《李大钊全集》第 1 卷，人民出版社 2013 年版，第 407 页。

③ 《孔子与宪法》，《李大钊全集》第 1 卷，人民出版社 2013 年版，第 423 页。

④ 《战后之妇人问题》，《李大钊全集》第 2 卷，人民出版社 2013 年版，第 415 页。

⑤ 《再论问题与主义》，《李大钊全集》第 3 卷，人民出版社 2013 年版，第 55 页。

1998年春天。当时刚从盐城教育学院调到徐州师范大学,花费了一个星期的时间写成了这篇文章。梳理李大钊对国民性问题的探索可以归类到历史学,故而人大复印资料作为史学文章在《历史学》专题中转载。但“国民性问题”在性质上属于哲学问题,故而学术界有人把我这篇文章作为哲学文章看待。这次,收入本书也就归类到“哲学研究”栏目中。

学术界当时对于李大钊在国民性问题上的主张是有所探讨的,主要研究李大钊在早期新文化运动中对于国民性问题的认识。我的研究,是将问题研究的时段设定在1912—1920年,也就是民国建立至1920年。我的看法,研究的时段稍长一些,又联系到李大钊转变为马克思主义者的情况,这样更能看出李大钊在国民性问题探索上的艰辛历程及其显著特色。

这里,涉及研究的视域问题。西方学界有“长时段”理论,主张将研究对象置于一个较长时段中进行考察,这应该说是有很大合理性的。学理上说,在时段较短中探索某个问题,对于具体层面的研究可以更细致一点,但对研究其中所关涉的大问题就有所不足;但放宽时段以后,由于研究的时段较长一点,有些问题就看得比较清楚了。譬如,对于中国共产党创建问题,在1921年至1949年时段来研究,与在1921年至2021年的百年时段来研究,研究结论就会有很大的不同,后者对其中的规律性问题的认识、对于历史逻辑的认识肯定也会更清楚一些。又譬如,对于“文革”十年的历史,如果集中在1956年进入社会主义初级阶段至1978年开启中国特色社会主义新局面这个时段进行研究,其作出的研究结论就有较大的局限;但如果将“文革”十年放在新中国成立后的七十年时段(1949—2019),以社会主义的探索作为研究的重点,结合其中的成败得失,则形成的关于“文革”十年的历史认识就会有很大的变化。由此,史学研究需要有“通史意识”,需要将研究对象置于较长时段之中,这样的研究才能将研究工作深入一步。还要说明的是,研究视域不仅有时段的长短问题,还有研究的区域范围问题。同样的研究对象,如果放宽区域范围,在更广阔的空间来研究,则所形成的历史认识也就会有新的突破。目前,我们进行的“四史”教育在于加强对中国特色社会主义的认识,“四史”所涉及的范围就更为宽泛了,不仅有中国的而且还有世界范围的,这对于认识新时代中国特色社会主义是非常重要的。

这篇《1912—1920年李大钊对国民性问题的探索》总体上是成功的,资料的梳理和使用比较细致,注意学术观点的提炼,纲目也成系统,但该文也有不足。这就是比较研究的力度不大,尽管文章中涉及陈独秀关于国民性问题的认识。事实上,参加早期新文化运动的,陈独秀、李大钊、胡适、高一涵、鲁迅等皆对国民性有所探索。如果能将李大钊与其他人进行一些比较,文章的底蕴就会深一些的,历史感也会有所提升。还有一个问题,就是文章对“国民性改造”隶属于“个人解放”强调得不够,更未能凸显由“个人解放”进至“社会改造”的逻辑进路,这不利于人们从历史逻辑的高度来认识李大钊在国民性探索上所发生的历史性的飞跃。

需要提及的是,写这篇《1912—1920 年李大钊对国民性问题的探索》的时候,我还在研究“李大钊与中外文化”问题。早在 1994 年 10 月,我写了 2 万多字的《早期李大钊对文化道路的探索》文章,参加李大钊诞辰 105 周年学术讨论会。该文阐述了李大钊对于传统文化的态度和西方文化的态度,并分析了李大钊的中西文化调和的态度及其对“第三新文明”的追求。此文好像还是在《李大钊研究》上发表的,但一直未能给予进一步的研究。1997 年 12 月调到了徐州师大以后,在这篇《早期李大钊对文化道路的探索》长文的基础上,写了三篇文章:其一是《试论早期李大钊对传统文化的审视》,载《徐州师范大学学报》1998 年第 4 期;其二是《中国传统文化与李大钊的早期思想》,载《宁夏大学学报》1999 年第 4 期;其三是《西方近代文化与李大钊的早期思想》,载《宁夏大学学报》1998 年第 2 期。限于本书篇幅,这三篇文章没有收入本书,但亦可见我在 1999 年 9 月读博之前,还是想把“李大钊与中外文化”的研究深化下去的。这三篇文章,是我以后出版《李大钊早期思想体系与中外思想文化》一书的重要基础。

2021 年 1 月 28 日

五四时期梁漱溟的“新儒学哲学”与柏格森哲学

梁漱溟在中国现代哲学史上和文化史上有着特殊的地位。1921 年 10 月,梁漱溟在山东及北京大学的讲演集《东西文化及其哲学》问世,成为东方文化派探讨和论争中国文化出路以来第一部系统的著作,同时也是梁漱溟系统地提出“新儒学哲学”的代表作。对梁漱溟的“新儒学哲学”如何评估,一直是学术界争论的热点,并由此而形成了中国当代文化建设的诸多主张。笔者以为,梁漱溟的新儒学哲学固然根植于中国的传统文化,具有儒学的基本思想内容,但又与五四时期的时代思潮有着不可分割的联系。如果从五四时期中西文化相互交融的特定背景来加以研究,便可发现梁漱溟的新儒学哲学与西方哲学思潮特别是柏格森哲学有着姻缘的关系。需要指出的是,梁漱溟新儒学哲学所建立的儒家文化价值体系及其文化保守主义的特征,并不是孤立的学术现象,而是“一战”后全球性的对科学与理智进行深刻反省的反现代化思潮的反映,是落后地区所存在的集体认同危机的反映。这与一反西方哲学思想发展路径而以反西方资本主义文明为重要内容以求得对科学和理智作出重新评价的柏格森哲学,是具有共同的认识主题的。在这个意义上说,梁漱溟不仅在中国现代哲学史上有着重要的地位,而且是一位有着世界意义的思想家。当然,梁漱溟的新儒学哲学之所以能与产生于欧洲文明土壤上的柏格森哲学发生联系,不仅仅是因为有着共同的思考主题,而更重要的是因为梁漱溟是一个中国人,是一个在传统儒学文化土壤上成长起来的具有忧国忧民爱国心的民族主义者,同时也是因为儒学价值体系与柏格森哲学在重视直觉等问题上确实存在着内在的逻辑联系。从这个意义说,梁漱溟援引柏格森哲学而建立的新儒学哲学,是具有一定的文化基础和时代条件的。

中国学术界很少注重梁漱溟的新儒学哲学与柏格森哲学内在联系的系统性研究,即使间或有所涉及也只是停留在表面层次的“批判”,而忽视这种理论思想体系的特色和梁漱溟为构建这种体系所作的种种努力,这就很难得出令人信服的结论。美国学者艾恺教授在其力作《梁漱溟传》(亦译作《最后的儒家——梁漱溟与现代中国的困境》)中,曾以“孔子的直觉主义与柏格森的生机论”问题,就梁漱溟与柏格森哲学的关系作了大胆的阐释,惜其过于简短[①]。有鉴于此,笔者试图对梁漱溟的新儒学哲学与柏格森哲学的关系作初步的说明。限于篇幅,仅就梁漱溟新儒学哲学的世界观、认识论、文化观三方面与柏格森哲学的关系作初步的梳理。

一、梁漱溟新儒学哲学的世界观与柏格森哲学

梁漱溟曾声称自己的思想来源于传统的孔孟唯心主义哲学和西方柏格森哲学,他说:“中国儒学、西洋生命派哲学和医学三者,是我思想所以来之根柢。”[②]梁漱溟所说的“西洋生命派哲学”主要是以法国的柏格森哲学为代表。梁漱溟之所以能把柏格森哲学融入自己的新儒学的思想体系,这与五四时期柏格森哲学在中国的介绍和传播分不开的。早在1913年,《东方杂志》第10卷第1号就刊登了钱智修的《现今两大哲学家学说概略》。此文对柏格森哲学产生的背景作了这样的说明:“近年以来,欧美各国,咸感物质文明之流梏,而亟思救正,故哲学家之持论,亦一更常轨。历史派与实验之说,渐成腐臭;而直觉说与唯灵说,乃代之而兴”,从而产生了柏格森哲学和倭铿的哲学。文章并对柏格森哲学作了简要介绍,谓“布格逊(柏格森)之哲学,可谓之进步哲学(The philosophy of Progress)”。值得注意的是,实用主义哲学家杜威在中国也介绍过柏格森,着重突出柏格森与进化论的联系,以提高人们对柏格森研究的兴趣。杜威介绍道:“柏格森是1859年生的,现在还在巴黎当教授,这一年正值达尔文《物种由来》出版的一年。他一生的哲学,就是发挥进化论哲学的一部分意义。”[③]杜威在中国的讲演,促进了柏格森哲学在中国的传播。青年时代的梁漱溟曾力主“事功之学”,走“西学救国”的道路,学习西方的各种思潮,接触到柏格森哲学。据初步考证,至少是在1915年,梁漱溟阅读了柏格森的著作。因为梁漱溟1916年写

① 参见[美]艾恺著,郑大华等译:《梁漱溟传》,湖南出版社1992年版。

② 梁漱溟:《朝话》,中国文化服务社1943年12月版,第137页。

③ 《杜威五大演讲》,晨报社丛书,1920年版。

成的成名作《究元决疑论》中，对柏格森的主张曾有所引用和评述①。正是如此，梁漱溟以后逐渐形成了以中国儒学思想为主，同时糅合印度佛教和西方生命派哲学的哲学文化思想体系。可见，梁漱溟新儒学哲学体系的建构，与五四时期柏格森哲学在中国的传播和他对柏格森哲学的研习及接纳是分不开的。

梁漱溟接受了柏格森关于宇宙是"生命冲动"创造的观点，形成了"尽宇宙是一生活"的世界观。柏格森把生命看作是心理意识的现象。柏格森说："生命是心理的东西"②，甚至认为："意识仿佛是由大脑产生的，意识活动的多样性仿佛决定于大脑活动的多样性。其实，意识并不是由大脑产生的。"③把生命和心理变成了一种处于现实世界的具体的人以外的神秘力量，而这就是所谓生命冲动。柏格森把它当作最真实的存在，世界万物的主宰者、创造者，宇宙间的一切，无论是有生命的或无生命的东西，都是由这种神秘力量派生的。梁漱溟正是以柏格森"生命冲动"的观点，作为其新儒学哲学世界观的理论基础。梁漱溟后来对此曾作过总结，他说："在我思想中的根本观念是'生命''自然'；看宇宙是活的，一切以自然为宗。仿佛有点看重自然，不看重人为。"④何谓"生命"呢？梁漱溟解释道，生命就是生活，而"生活就是没有尽的意欲——此所谓'意欲'，与叔本华所谓'意欲'略相近，——和那不断的满足与不满足罢了"⑤。梁漱溟的意思是说，所谓生命就是生活，而"生活相续则构成宇宙，并且生活相续是永恒流转的意志创造"。梁漱溟对自己的新儒学哲学的世界观还作了进一步的阐发和说明，其中更突出柏格森的生命冲动是意志创造的观点。梁漱溟说："照我们的意思，尽宇宙是一生活，只是生活，初无宇宙。由生活相续，故尔宇宙似乎恒在，其实宇宙是多的相续，不似一的宛在。宇宙实成于生活之上，托乎生活而存者也。"⑥这就是说，人们的"生命"、"意欲"是第一性的，并由此而构成宇宙和世界上的万事万物；世界上万事万物的多样性，正是由于"意欲"的满足与不满足的相续状态。这里，需要指出两点：第一，梁漱溟所讲的"生活"与柏格森所讲的"生命"具有相同的意义，都属于精神意识一类。梁漱溟讲的"相续"等同于柏格

① 梁氏早年研习佛学，对柏格森哲学就有所掌握，其成名作《究元决疑论》中多处引用柏格森的观点。参见《究元决疑论》，《东方杂志》第5、第6、第7期，1916年。

② 柏格森：《创造进化论》，参见刘放桐等编著：《现代西方哲学》，人民出版社1981年版。

③ 柏格森：《创造进化论》，参见刘放桐等编著：《现代西方哲学》，人民出版社1981年版。

④ 梁漱溟：《朝话》，中国文化服务社1943年12月版，第135页。

⑤ 梁漱溟：《东西文化及其哲学》，商务印书馆1987年版，第24页。

⑥ 梁漱溟：《东西文化及其哲学》，商务印书馆1987年版，第48页。

森所讲的“绵延”,用语不同,但意思一样。梁漱溟与柏格森一样,都把精神、意识作为世界的本源。第二,梁漱溟和柏格森都毫无二致地把宇宙、世界作为“生命”的派生物。梁漱溟把“意欲”的满足与不满足的相续状态说成是构成世界千差万别的原因,而柏格森则把神秘的“生命冲动”派生万物方式的千差万别说成是世界上事物多样性的根据,其实质是一样的。可见,梁漱溟的新儒学哲学的世界观与柏格森哲学的世界观是相通的,其唯心主义的特征是显而易见的。

梁漱溟还根据柏格森哲学的世界观,把主观唯心主义推向极端,认为只有“我”才是唯一的存在,其他一切都是“我”的表象或“我”的创造,亦即“我”是宇宙的中心和主宰。在柏格森哲学中,“自我”是一个基本概念,被看作是“自我意识状态”,而且是最基本的存在。柏格森说:“唯一实在的东西是那活生生的、在发展中的自我。”①这种“自我”是“通过深刻的内省”达到的,而“这番内省使我们掌握我们的种种内心状态,并使我们把它们当作活生生的、经常在变化的东西”②。这里是说,“自我”处于世界的中心,“自我”是一切的本源,“基本的自我”以外的一切则不过是我们“自己的鬼影”、“被纯粹绵延投入空间之无声无嗅的一种阴影”③。其主观唯心主义特征是不言而喻的。梁漱溟的新儒学哲学继承了柏格森哲学的主观唯心主义的传统,当然有所改造和加工,把柏格森“自我”这一概念变成“现在的我”这一概念,这也可以说是梁漱溟把柏格森哲学“中国化”的一方面。梁漱溟认为,宇宙内有两个“我”字,一个叫“前此的我”,另一个叫“现在的我”。“所谓‘前此的我,或‘已成的我’就是物质世界能为我们所得到的,如白色、声响、坚硬等皆感觉对他现出来的影子呈露我们之前者,而这时有一种看不见,听不到,摸不着的非物质的东西,就是所谓‘现在的我’。这个‘现在的我’,大家或谓之‘心’或精神,就是当下向前的一活动,是与‘已成的我’——物质——相对待的。”④这样,梁漱溟把眼前的世界作为“已成的我”,而把尚未显露且“当下向前的一活动”,则说成是“精神”或“现在的我”;并且,“现在的我”可以转化为“已成的我”。这样,“我”是一切存在的基础,其他一切都是派生的。这就把柏格森哲学中的“自我”概念改造为“现在的我”,并把柏格森哲学的主观唯心主义移植到新儒学哲学的体系中。然而,这种移植的痕迹却是十分明显的。这里还需要指出的是,梁漱溟的“现在的我”与“已成的我”中的“现

---

① 柏格森:《时间与自由意志》,商务印书馆 1958 年版。
② 柏格森:《时间与自由意志》,商务印书馆 1958 年版。
③ 柏格森:《时间与自由意志》,商务印书馆 1958 年版。
④ 梁漱溟:《东西文化及其哲学》,商务印书馆 1987 年版,第 49 页。

在"与"已成"作为一对概念的提出,从其基本内涵(即"现在"包容"已成","已成"为"现在"所派生)来看,也是源于柏格森哲学的。柏格森认为,过去未来皆是现在,并把所谓的"绵延"比喻为往前滚动的雪球,因而种种过去都包含在现在当中,现在就是过去的积累①。因此,现在为过去所派生。可见,梁漱溟所用的"现在"和"已成"这一对概念,与柏格森哲学体系中的"现在"和"过去"的概念,在范围和内涵上是同一的。梁漱溟的哲学语言与柏格森的哲学语言虽有所不同,但其承接关系却是很清楚的。

以上可以看出,梁漱溟新儒学哲学的世界观在很大程度上是来源于柏格森哲学的,柏格森哲学被梁漱溟拿来作为新儒学哲学重要的理论基础。当然,这也不排斥梁漱溟把柏格森哲学与中国传统的儒学相糅合进行一番加工制作的功夫。

二、梁漱溟新儒学哲学的认识论与柏格森哲学

梁漱溟新儒学哲学的认识论是以三量说为其理论基础的。他说:"唯识家讲知识所常用的名词就是'现量'、'比量'、'非量'。……此三量是心理方面的三种作用,一切知识皆成于此三种作用之上。"②梁漱溟所用的"现量"、"比量"、"非量"三个概念是从唯识家中借鉴而来的,并以此作为构成知识体系的基础。然而,梁漱溟却给"三量"概念赋予新的思想内容,这种思想内容就是柏格森哲学体系中认识论的反理性主义和直觉主义。可以说,梁漱溟正是从柏格森哲学的非理性主义和直觉主义出发,系统地提出了三量说的模式。柏格森哲学的非理性主义突出地表现在公开否认人类理智(理性)有认识世界的能力,否认人们以理智的形式(感觉、概念、判断等)和理智的方法(分析、综合、抽象、概括、演绎、归纳等等)所表现和获得的知识具有实在的意义。梁漱溟从柏格森哲学非理性主义中提出了自己的三量说,认为"此三量是心理方面的三种作用,一切知识皆成于此三种作用之上。"梁漱溟说:"所谓'现量'就是感觉。……感觉时并不晓得什么是茶味或白色,只有由味觉或视觉所得到茶或白色的感觉,而无茶味或白色所含的意义,——知茶味或白色之意义另为一种作用——所以'现量'的

① 柏格森:《创造进化论》,参见刘放桐等编著《现代西方哲学》,人民出版社 1981 年版。

② 梁漱溟:《东西文化及其哲学》,商务印书馆 1987 年版,第 69 页。

作用只是单纯的感觉。”①也就是说，梁漱溟所讲的“感觉”或“现量”都是没有客观内容的主观自生的东西，因为“感觉时并不晓得什么是茶味或白色”，——这与柏格森否认感觉这一理智形式认识事物所具有的真实性，是有相通之处的。关于“比量”，梁漱溟说：“‘比量智’即是今所谓‘理智’，也是我们心理方面去构成知识的一种作用。”对茶的认识是从看见和喝过的“种种的茶——红茶，绿茶，清茶，浓茶……——抽出其共同意义，见了茶即能认识，这就是对于茶的概念最清晰，明白，确定的时候。”“此种认识作用所认识的是什么呢？就是意义——概念——即唯识宗所谓‘共相’，而其境则所谓‘独影境’也。‘独影境’是有影无质的。”②也就是说，梁漱溟把对茶的认识，对茶的概念、意义的获得，看成是一种“独影境”，而“独影境”是“有影无质”，即理智是不能够认识客观世界的。——这与柏格森否认概念这一理智形式和抽象这一理智方法获得知识的客观真理性，又是极为一致的。可见，从梁漱溟对“现量”、“比量”这两个概念的界定上，便可发现柏格森哲学中的非理性主义在梁漱溟的新儒学哲学认识论中隐含地存在着。

在梁漱溟新儒学哲学的认识论中，“非量”是三量说中一个最重要的概念。按照梁漱溟自己说，“非量”概念是对唯识家的修订。依笔者之见，梁漱溟只是袭用唯识家“非量”这一概念的外在形式，其“修订”主要是用柏格森的直觉主义进行改造。在柏格森哲学中，直觉是一种超乎人类理智，也超乎整个客观世界的认识。“所谓直觉，就是一种理智的交融，这种交融使人们自己置身于对象之内，以便与其中独特的、从而是无法表达的东西相符合。”③柏格森的所谓“理智的交融”指的是一种超出正常的感性、理性之外的内心体验。因此，直觉是神秘的、不可捉摸的。梁漱溟则把柏格森的这种直觉主义的观点注入“非量”这一概念之中。他说：“从现量的感觉到比量的抽象概念，中间还须有‘直觉’之一阶段；单靠现量与比量是不成功的。这话是我对于唯识家的修订。凡直觉所认识的只是一种意味精神，趋向或倾向”。又说：“譬如我们听见声音觉得甚妙，看见绘画觉得甚美，吃糖觉得好吃，其实在声音自身无所谓妙，绘画自身无所谓美，糖的自身无所谓好吃；所有妙、美、好吃等等意味，都由人的直觉所妄添的。所以直觉就是‘非量’。”④梁漱溟把直觉说成是万能的、无所不为的，人们对于客观的

① 梁漱溟：《东西文化及其哲学》，商务印书馆1987年版，第70页。
② 梁漱溟：《东西文化及其哲学》，商务印书馆1987年版，第71页。
③ 柏格森：《形而上学导言》，商务印书馆1963年版。
④ 梁漱溟：《东西文化及其哲学》，商务印书馆1987年版，第72—73页。

物质世界所感觉的一切，无论是声音之妙、绘画之美、糖果之好吃等等，与事物的本身无关，都不反映事物的现象乃至本质，亦即直觉的主体和对象不是现实的人和现实的对象，直觉的境界乃是一个主客融而为一的无差别的境界；人们之所以有这样那样的感觉，皆是由于人们的精神因素即是由人们的直觉所妄加的，是人们精神、意识的产物。这样，直觉在梁漱溟那里更加精神化和神秘化了。正是由于梁漱溟移入了"直觉"这一概念并挂上唯识家"非量"这一面具，所以梁漱溟的新儒学哲学更显出中西哲学相糅合的特征。但不管怎样，柏格森哲学的内在精神——直觉主义，在梁漱溟认识论中却是十分明了的。

在梁漱溟新儒学哲学的认识论中，直觉与理智始终对立的，直觉主义是至高无上的，这与柏格森哲学的认识论是完全一致的。在柏格森哲学中，理智和直觉是相对立的两个概念，认为一切理智的认识都"意味着我们迂回于对象的外围"，"停留于相对的领域"，不能认识事物；而直觉却能够"达到了绝对的领域"，"能够朝向事物的内在生命的真实的运动"①。在梁漱溟新儒学哲学的认识论中，直觉与理智也是完全对立起来的，认为经验和理性能给予人们真实的知识，只有神秘的直觉——阿赖耶识才能体认事物的真相。梁漱溟在其新儒学哲学中贯穿了柏格森的理智与直觉相对立的观点，只不过介入了唯识宗体认世界本源的"阿赖耶识"这一概念，并用中国的传统的哲学语言（主要是儒学哲学语言）来说明罢了。这之中，梁漱溟力图使儒学、佛学、生命哲学三者达到高度的统合，以唯我所用的思维范式来解析佛学并进行充分的吸收，这与梁漱溟早年归依佛学、研习佛经、追寻佛理，后来又归宗儒学的思想历程，有着不可忽视的联系。梁漱溟说："唯一的物件只此阿赖耶识，东看西看，上看下看，内看外看，所碰到的都是它，不过不单影象是随时变现，非恒在的东西，就是这内外的本质，你看它死呆呆的物质世界，实在是迁流不息，相续而转"。又说："不单影象是随人变现各自不同，你眼识所现的红白属你，我眼识所现的红白属我；就是本质也非客观存在而是随人不同的，你的宇宙是你所现，我的宇宙是我所现，此时最可注意的，内外俱是一阿赖耶识而竟被我们打成两截，中间加了重重隔膜。"②唯识宗认为，宇宙的一切事物都存在于阿赖耶识之中。梁漱溟把阿赖耶识看成是唯一真实存在，世界上一切事物只不过是阿赖耶识的显现而已，其本意是等同于他所说的"直觉"。正是由于阿赖耶识的显现不同，"你眼识所现的红白属你，我眼识所现的

---

① 柏格森：《形而上学导言》，商务印书馆1963年版。

② 梁漱溟：《东西文化及其哲学》，商务印书馆1987年版，第85页。

红白属我”。这样，世界的千差万别皆是随着人们感官的显现而不同。也正是由于阿赖耶识，事物“也非客观存在而是随人不同的，你的宇宙是你所现，我的宇宙是我所现”。梁漱溟主张凭借人的直觉来认识事物，从而走向神秘的直觉境界，这就严重割裂了直觉与理智的关系，其所表现出的柏格森哲学的非理性主义和直觉主义的色彩是特别突出的。

概而言之，梁漱溟新儒学哲学的认识论——“三量”说，与柏格森哲学认识论——非理性主义、直觉主义，是有着思想上、学术上承接关系的。

三、梁漱溟新儒学哲学的文化观与柏格森哲学

梁漱溟是现代中国新儒学的重要代表，他一生以复兴儒学为己任，宣传儒学文化的现代价值，形成系统的新儒学的文化观。梁漱溟在建构新儒学文化观时，曾对西方柏格森哲学加以阐释和发挥，并以此来说明复兴儒学的历史必然性和现实可行性。

梁漱溟新儒学哲学的文化观是以生命意志为核心的，深深打上柏格森哲学的印记。梁漱溟认为，“文化就是生活的样法”，而“生活就是没尽的意欲”。“通是个民族通是个生活，何以他那表现出来的生活样法成了两异的采色？不过是他那为生活样法最初本因的意欲分开两异的方向，所以发挥出来的便两样罢了。然则你要去求一家文化的根本或源泉，你只要去看文化的根源的意欲，这家的方向如何与他们家的不同。你要去寻这方向怎样不同，你只要他已知的特异采色推他那原出发点，不难一目了然。”①梁漱溟把文化的“最初本因”归结于生命意志，把文化的差异性说成是生命意志的不同，从而显现出文化观唯意志论的特征。梁漱溟把文化的产生和发展的方向说成是神秘的精神或“意欲”的结果，并由此来说明文化走向的多样性和复杂性。他认为，人类文化的发展有三条路向：一条是“以意欲向前要求为根本精神”的“西洋文化”；另一条是“以意欲自为调和、持中为其根本精神”的“中国文化”；还有一条是“以意欲反身向后要求为其根本精神”的“印度文化”。梁漱溟指出，由于人类文化的发展有三条路向，并由此而形成文化的三个步骤：西洋文化“着眼研究者在外界的物质，其所用的是理智”，这是文化发展的第一步骤；中国文化“着眼研究者在内界生命，其所用的是

① 梁漱溟：《东西文化及其哲学》，商务印书馆 1987 年版，第 24 页。

直觉”,这是文化发展的第二步骤;印度文化“着眼研究者将在无生本体,其所用的是现量”。这是文化发展的第三步骤。概括言之,“西洋生活是直觉运用理智的”,“中国生活是理智运用直觉的”,而“印度生活是理智运用现量的”①。这就是说,人类文化的发展是由科学、理智,走向“玄学”、“直觉”,再走到宗教、“现量”,从而把文化的发展解喻成历史的倒退,其唯心主义的历史倒退论是显而易见的。梁漱溟自认为找到了文化的根源——“意欲”,同时又自认为他这种文化分类的方法和文化评判的尺度及其所设计的文化三条路向和三种步骤是一个“天才”的创造。其实,只要我们全面考察梁漱溟新儒学哲学的文化观,便可发现他的这种文化观与柏格森哲学有着密不可分的联系。确切地说,他的文化观建立的根据正是柏格森所谓的“生命冲动”是意志自由创造的观点。因为,柏格森把“生命冲动”的意志看作是宇宙唯一实在的方法并由此而引出整个世界;而梁漱溟则把文化说成是意欲的创造,体现了“意志的趋往”,并认为意欲冲动是“天才的创作,偶然的奇想”。所以说,梁漱溟文化史观的根据是来源于柏格森哲学的。梁漱溟后来的一段自述也说明了这一点。他说:“于初转入儒家,给我启发最大,使我得门而入的,是明儒王心斋先生。他最称颂自然,我便是由此而对儒家的意思所理会,后来再与西洋思想印证,觉得最能发挥致使我深感兴趣的,是生命派哲学,其主要代表为柏格森。”②

梁漱溟通过援洋入儒、融合西学的办法建立的新儒学的文化模式,柏格森哲学特别是直觉主义被广泛地接纳和融贯。梁漱溟所建立的新儒学体系之所以称之为“新”,是因为在继承传统儒学文化的基础上,又吸收了西方资产阶级文化特别是柏格森哲学的诸多观点。他的“新儒学”亦即“新孔学”,在一定程度上说是援洋入儒的产物。梁漱溟把柏格森的生命哲学与传统儒学进行对比分析,说明两者具有相通之处。第一,传统儒学与西方生命哲学具有相似之处。梁漱溟说:“孔子的那种精神,似宗教非宗教,非艺术亦艺术,与西洋晚近生命派的哲学有些相似。”传统儒学与西方生命哲学何以“有些相似”呢?梁漱溟通过对中国传统文化的解析,认为中国文化是直觉思维型的,具有直觉主义的精神,在本质上同生命哲学是一致的。他说,中国文化一直就是运用直觉思想方式,“孔子和孔子所承受的古化都是教人做一种凭直觉的生活”,“不但是孔子,就是所有东方人都不喜欢讲求静的知,而况儒家尽用直觉,绝少来讲理智”;至于孟子所说

① 梁漱溟:《东西文化及其哲学》,商务印书馆1987年版,第158页。

② 梁漱溟:《朝话》,中国文化服务社1943年12月版,第135页。

的不虑而知的良知,不学而能的良能,"在今日我们谓之'直觉'、'天理',完全所凭直觉活动自如";"及明代而阳明先生兴,始祛穷理于外之弊,而归本直觉——他叫良知。"①这样,梁漱溟就把传统儒学完全说成是直觉主义的,从而与柏格森哲学具有相似性。第二,柏格森哲学有为"中国思想开其先路的地方"。梁漱溟把柏格森哲学说成与中国文化思想的起始有着特殊的关系,认为柏格森对科学的指摘与中国文化具有内在的一致性。他说:"我觉得安斯坦(即爱因斯坦)的发明不但使两个相远不相涉之外的静的罗素哲学与内的动的柏格森哲学得一个接触,并且使西洋的、印度的、中国的东西都相接触,又柏格森的哲学固与印度思想大有帮忙,似也有为中国思想开其先路的地方。譬如中国人所用这出于直觉体会之意味中的观念,意有所指而非常流动不定,与科学的思路扞格不入;若在科学思路占唯一绝对势力的世界就要被排斥不容存留,而今则有柏格森将科学上明确固定的概念大加指摘,他以为形而上学应当一反科学思路要求一种柔顺,活动的观念来用。这不是很像替中国式思想开其先路吗?"②论述柏格森哲学与传统儒学具有相通之处,并不是梁漱溟的目的。梁漱溟的目的是运用柏格森哲学来改造传统儒学文化,而建立新儒学哲学的文化体系。梁漱溟借用柏格森哲学对传统儒学加以改造,用生命哲学的观点来解释和发挥《易传》的变易思想和宋明理学"天理流行"、"万物化生"的思想,用直觉主义来重新解释儒学文化的内在精神。如梁漱溟用直觉主义穿凿附会地解释孔子的"仁"。他说,理智是"仁"的对立,"理智出来,分别一个物我,而打量计较,以致直觉退位,成了不仁"。孔子的"仁就是本能、情感、直觉"、"此敏锐的直觉,就是孔子所谓仁"③。再如,梁漱溟用"生命冲动"解释孔子的人生态度,说"孔子本来是赞美生活的,所有饮食男女本能的情欲,都出于自然流行,并不排斥。若能顺理得中,生机活泼,更非常之好。"④把孔子也说成是主张生命的冲动。由此可见,梁漱溟建立的新儒学的文化模式是融贯了柏格森哲学思想的。

梁漱溟还从柏格森的思想和柏格森哲学兴起的缘由方面,论证了他的"世界最近未来是古中国文明之复兴"的命题。梁漱溟以复兴儒学为已任,他的文化哲学的终极目的是宣传并光大儒学文化,贬抑西方文化,倡导和建立新型的以伦理本位为特征的文化价值体系,从而说明儒学文化的永恒价值。那么,梁漱溟

① 梁漱溟:《东西文化及其哲学》,商务印书馆1987年版,第149页。
② 梁漱溟:《东西文化及其哲学》,商务印书馆1987年版,第118—119页。
③ 梁漱溟:《东西文化及其哲学》,商务印书馆1987年版,第126页。
④ 梁漱溟:《东西文化及其哲学》,商务印书馆1987年版,第127—128页。

是如何说明中国文化将取代西方文化亦即儒学复兴何以就是世界文化发展的趋势？梁漱溟的主要根据就是柏格森哲学。他着重说明了以下三问题:第一,西方文化走到了尽头。梁漱溟说:“西洋哲学是偏向于外的,对于自然的。……其人生哲学又自古迄今似乎都成一种特别派头。什么派头？一言以蔽之,就是尚理智”,因而西方文化“都带着征服自然的威风”。由于科学的昌明发达,其结果是人与人之间“简直一点情趣一点情义没有”,因此必须拿直觉来拯救它们。这里,梁漱溟通过对西方哲学演进过程的评析,说明建立在科学和理智基础上的西方哲学的“弱点”所在,从而显现出梁漱溟文化价值论中的非理性主义色彩。第二,中国文化优越于西方文化。梁漱溟说中国文化具有直觉主义的特征,“调和持中”,人人孝悌礼让,“处处尚情而无我”,这是优越于西方“理智”型文化的。梁漱溟为此还把《论语》中宰我问安之事牵强附会地解释为:宰我讲“安”是“情感薄直觉纯”的表现,孔子讲“不安”则是“情感厚直觉敏锐”的表现。以此说明以孔子为代表的中国文化具有“尚情”的直觉主义的优点,优越于一般意义上的西方文化。第三,西方柏格森哲学的兴起,标志西方文化的终结和直觉代替理智的文化时代的到来。对于柏格森哲学,梁漱溟认为它的兴起具有划时代的意义。他说,西方“生命派哲学具改变态度的真实魄力和方法”,柏格森哲学改变了西方文化“人与自然对抗的态度而融万物为一体”,体现了用直觉的方法来代替理智方法的趋势,因此,“现在的世界直觉将代理智而兴,其转折即在这派的哲学理智与直觉的消长,西洋派与中国派之消长也”。总之,“现今西方思想界已彰明的要求改变他们从来人生态度,而且他们要求趋向之所指就是中国的路,孔家的路。”①梁漱溟通过以上三个问题的说明,认定世界文化发展趋向是中国文化的复兴,并由此断言:“现在是西洋文化的时代,下去便是中国文化复兴成为世界文化的时代”。这里需要指出的是,梁漱溟用柏格森哲学论证中国文化复兴的理由,呈现出文化保守主义的特征。因为他认为,在文化发展的三个路向上,中国文化“不能回头补走第一路”,即中国人不能学习西方的理智和科学,甚至认为“假使西方文化不同我们接触,中国是完全闭关与外间不通风的,就是再走三百年、五百年、一千年也断不会有这些轮船、火车、飞行艇、科学方法和德谟克拉西精神产生出来”②。这里,梁漱溟在一定程度上看到中国文化的独特性及在历史长河中显现的特有的道路,但由于他忽视文化存在和发展的基础——经济

---

① 梁漱溟:《东西文化及其哲学》,商务印书馆1987年版,第177页。

② 梁漱溟:《东西文化及其哲学》,商务印书馆1987年版,第65页。

结构及在此基础上的各种关系，忽视中国文化和西方文化所代表的农业文明和工业文明这一既成事实，因而就不可能认识到科学和理智在人类文化发展中的重要作用。故而，他的新儒学哲学的文化观只能在借鉴柏格森哲学的前提下进行纯逻辑的推导，其研究文化的方法只是囿于文化本身内寻找答案，因此其文化复兴理论在本质上说是保守的、非科学的。

五四时期梁漱溟的新儒学哲学提出了“一战”后如何对待科学与理智这一世界意义的课题，并力图通过中西哲学对话的形式来构建新儒学哲学的理论体系，其在学术史上的地位是应肯定的①。梁漱溟的新儒学哲学是一个庞大的体系并伴随其一生，需要认真研究并作出合理的阐说。本文基于梁漱溟的《东西文化及其哲学》文本的考察，就五四时期梁漱溟的新儒学与柏格森哲学的关系作初步的探讨和分析，希望能对深入研究中国现代文化思想史产生积极的影响，引起人们对当代中国文化建设的进一步思考。

（原载《松辽学刊》1995 年第 4 期）

【昔文琐记】这篇《五四时期梁漱溟的“新儒学哲学”与柏格森哲学》写作于 1994 年，这是我研究梁漱溟的第一篇论文。

当时，我已经发表《试论柏格森哲学对李大钊早期思想的影响》，正在研究“柏格森哲学与中国”问题，计划写出系列的文章。可以说，这篇《五四时期梁漱溟的“新儒学哲学”与柏格森哲学》，接续《试论柏格森哲学对李大钊早期思想的影响》的研究，是研究“柏格森哲学与中国”问题的系列文章之一。

我在研究李大钊的过程中涉及柏格森哲学，在 1991 年暑假写出《试论柏格森哲学对李大钊早期思想的影响》，算是对柏格森哲学有所知晓。这篇《试论柏格森哲学对李大钊早期思想的影响》先是寄给叶青教授（记得是 1991 年的秋天，具体时间记不得了），请他向徐师大学报推荐一下。过了一段时间，叶青先生来信，说师大学报的编辑看了，认为文章不错，但要过段时间才能发表，因为编辑部积累了很多的稿件。既然徐师大学报稿件积累很多，我就将此文投到四川师范大学学报编辑部。想不到的是，从事中国近现代史研究的四川师大学报主编朱文显教授，竟然给我回信，不仅告知我文章录用了，而且在信中还特别鼓励

① 对科学和理智进行重新审视，反映梁漱溟在当时独到的研究视角；梁氏只是走到极端，反对一切理智和科学。笔者以为，应该尊重科学和理智，但唯科学、唯理智而走向科学主义、唯理性主义，进而否认对人本身的探讨和重视，则是极为不足取的。梁氏在科学盛行时代敢于对“科学主义”的挑战，在一定程度上显现出人文主义的色彩——这不应该完全否定。

我："你对李大钊的研究很有深度，望继续努力！"朱文显先生在当时学界很有影响，可我当时还是个助教，也没有读研究生，能得到朱先生的鼓励也就成为最大的动力。

于是，我就有了两方面的设想：一是以李大钊为中心，写出西方思想家柏格森、托尔斯泰、爱默生、穆勒等对李大钊早期影响的系列，这就是后来发表的《试论托尔斯泰对李大钊早期思想的影响》、《论穆勒对李大钊早期思想的影响》、《论爱默生对李大钊早期思想的影响》等；二是确立了"柏格森哲学与中国"选题，梳理柏格森哲学与中国现代思想界的关系，计划写出系列的文章，这就是后来发表的《五四时期梁漱溟的"新儒学哲学"与柏格森哲学》、《科学与人生观论战中的张君劢与柏格森哲学》、《论柏格森哲学在中国的传入》等文章。可见，这篇《试论柏格森哲学对李大钊早期思想的影响》，对于我的研究工作还是有很大作用的。

我尽管在大学阶段读过梁漱溟的《东西文化及其哲学》，但仅仅是读过而已，没有比较深的理解，更谈不上有什么特别的感受。当时，实在弄不懂梁漱溟的"新儒学哲学"。工作以后，除了继续看《中国现代思想史》方面的著作，就是看了《中国现代哲学史》方面的书籍，同时又买了梁漱溟、张君劢等的著作，硬着头皮写文章。现在看来，这篇《五四时期梁漱溟的"新儒学哲学"与柏格森哲学》只是一篇不成熟的习作。但在当时，此文还是有新意的，因为那时还没有专门论述梁漱溟与柏格森哲学关系的文章。收入本书，算是自己有这样一个治学的经历。

2021年1月28日

科学与人生观论战中的张君劢与柏格森哲学

1923 年发生的“科学与人生观论战”(亦称“科学与玄学”之争),是中国现代资产阶级哲学营垒中不同派别之间的论争,也是中国现代资产阶级哲学思想发展史上极其重大的事件。在这场论战中,张君劢以西方生命哲学特别是柏格森哲学为武器,宣传自己的“人生观”思想,建立了援洋入儒的文化思想体系,为他成为中国现代新儒家的代表人物奠定了基础。研究中国现代新儒家就不能不考虑当时西方思潮的影响,同样,研究“科学与人生观论战”中的张君劢,就必须注重考察柏格森哲学在其思想中的地位。如果从广阔的文化背景来探讨张君劢在“科学与玄学”之争的“人生观”,便可发现张君劢的“人生观”与柏格森哲学有着内在的联系。

一、早期经历及其与柏格森哲学的关系

张君劢所以成为张君劢并与柏格森哲学发生联系,是与其早年的经历密不可分的。

张君劢(1887—1969),原名嘉森,号立斋,笔名君房,英文署名 Carsun Chang,江苏宝山(今上海宝山)人。早年一面学习哲学,一面研究政治,学修中西。1907 年留学日本,先入高师理化部,因志趣在哲学与政治,半年后遂入早稻田大学政治经济科预科,主修法政,比较系统地接触到西方的政治学和哲学,接受了西方资产阶级思想的熏陶,形成哲学研究的兴趣和中西文化的知识结构。在日本留学期间结识了梁启超,颇受梁氏思想的影响与启发,并在梁氏主办的《新民丛报》上发表第一篇论文《约翰弥勒议会政治论》,后受聘于该报担任编辑,开始了自己的学术生涯。张君劢在留学日本期间,就试图将中西文化结合起来探讨

中国文化的出路。1909 年,在早稻田大学暑期训练班讲“中国文化史”,介绍中国文化发展的源流及其发展的轨迹,多有西方近代理论为其立论。同年八月创办近代中国第一个宪政刊物《宪法新志》,力图为中国找到立宪政治的道路。留学日本在张君劢思想发展过程中占有极为重要的地位,西学功底渐为深厚,哲学视野大为开阔。这是张氏学问家的准备时期。

留学德国对张君劢系统研究和接受生命哲学产生很大的影响。生命哲学(德文原名为 Philoso Phie des Lebens,又可译为生活哲学、生的哲学)是 19 世纪末以来在西方各国流传的资产阶级唯心主义哲学流派,主要指 19 世纪末在德、法等国开始出现的生命哲学家的哲学。德国是生命哲学主要发源地之一,被西方哲学界公认的德国生命哲学创始人狄尔泰(Wilhelem Dithey,1833—1911)就认为只有以“体验本身”、以“生命的充实”为根据的哲学,才能成为洞察社会的本质和真理的世界观。狄尔泰曾任柏林大学教授,其哲学思想影响很大。张君劢 1913 年 3 月考入柏林大学,攻读政治学与国际法,兼修德国哲学。1920 年又师从德国大哲学家倭伊铿(Rudol Eucken,1846—1926),更为系统地接受到生命哲学的影响。倭伊铿的哲学继承了生命哲学的传统,强烈地反对自然主义和理智主义,强调人的内心精神生活的独立性和完整性。这种精神生活超出自然和理性的范围,其主要特征在于其奋发向上,对它的认识不能依靠逻辑思维,只能依靠直觉①。倭伊铿曾对张君劢说:“不要讲唯心论,亦不要讲唯物论,如何把自己的人生坚强起来,才是最要紧的。”张君劢并和伊氏合著《中国与欧洲的人生问题》在莱比锡出版。伊氏哲学和法国的柏格森哲学是相通的,都是生命哲学思潮的代表。张君劢对倭伊铿哲学的研究,为他以后系统地接受柏格森哲学奠定了哲学理论基础。特别要注意的是,张君劢在德国期间,曾“和柏格森研讨中西各种哲学的比较”②。张君劢对柏格森哲学有相当的理解和研究,这为他后来在中国传播柏格森哲学,并把柏格森哲学与中国传统儒学相结合创建新儒学体系产生了很大的影响。

张君劢回国后以宣传柏格森哲学为己任,发表了不少宣传柏格森哲学的文章。1921 年 8 月出版的第 3 卷第 12 期的《改造》杂志上,刊登了张君劢的《法国哲学家柏格森谈话记》,这是张君劢和林宰平两人亲自登门拜访柏格森的谈话

① 刘放桐等编著:《现代西方哲学》,人民出版社 1981 年版,第 192 页。

② 罗义俊:《新儒传·学术与政治之间的新儒家——张君劢》,载罗义俊编著:《评新儒家》,上海人民出版社 1989 年版,第 585 页。

记录，反映了张君劢本人对柏格森哲学的积极态度。1921 年 12 月出版的《民铎》杂志的第 3 卷第 1 号是“柏格森号”，共刊出 18 篇中国学者介绍和论述柏格森哲学的文章，在这期“柏格森号”上就有张君劢的两篇文章，一篇是《柏格森哲学与罗素的批评》，另一篇是在《改造》杂志上已发表的那篇《法国哲学家柏格森谈话记》。张君劢对柏格森哲学的研究和介绍，使他成为五四时期文化战线上的活跃人物，也为他以西方生命哲学特别是柏格森哲学建立“人生观”思想体系奠定了理论基础。

二、以柏格森哲学作为人生观主张的依据

张君劢在 1923 年的“科学与人生观论战”中成为极有影响的人物，柏格森哲学成为他宣传和复兴儒学的思想武器。

张君劢以柏格森的哲学来论证人生观是出于意志的自由，认为人生观是由直觉把握的。他说：“我对于我以外之物与人，常有所观察也，主张也，希望也，要求也，是之谓人生观。”①其特点是“曰主观的，曰直觉的，曰综合的，曰自由意志的，曰单一性的。”②很显然，他将人生观的特点概括为“直观的”、“自由意志的”，是源自柏格森的。柏格森所讲的直觉正是一种超乎人类理智，也超乎整个客观世界的认识，直觉“能够朝向事物的内在生命的真实的运动”③。张君劢所讲的“直观”与柏格森的“直觉”是同义的，都是作为先验的东西而存在。张君劢为了宣传他的“人生观”，强烈地反对科学，显示出强烈的反科学主义。而这种反科学主义，又是来源于柏格森的。柏格森说：“科学家们的注意主要集中于概念”，他们“赋于每门科学以一种符号的性质”，“使科学成为符号的科学”④。柏格森据此认为，科学是人们为了行动的方便而作出的一种假设。它只具有使用价值，没有真理价值。科学认识的目的“不是为了获得关于实在的内在的和形而上学的知识，而纯粹是为了使用实在”⑤。柏格森的反科学主义正是张君劢的

① 《再论人生观及科学》，《科学与人生观》，亚东图书馆 1923 年版。

② 张君劢：《人生观》，《中国现代哲学史资料汇编》第 1 集第 6 册，辽宁大学 1981 年印刷，第 25 页。

③ 柏格森：《形而上学导言》，商务印书馆 1963 年版，第 31 页。

④ 柏格森：《形而上学导言》，商务印书馆 1963 年版，第 34—35 页。

⑤ 柏格森：《形而上学导言》，商务印书馆 1963 年版，第 30 页。

反理性主义根本依据之所在。张君劢继承了柏格森反科学主义的传统,将人生观与科学完全对立起来,把人生观看作是独立于科学之外的、不受科学法则支配和作用的独立的精神形态。张君劢说:“科学无论如何发达,而人生观问题之解决,决非科学所能为力。”他还列举九项人生观问题,认为人们对于这九项问题都有不同看法,造成如此的情况是因为人生观只能靠人的意志和直觉来解决,因为人生观“无所谓定义,无所谓方法,皆其自身良心之所命起而主张之,以为天下后世表率,故曰直觉的也”①。为了说明人生观独立于科学之外,完全由直觉和“自由意志”来把握,张君劢从柏格森那里找到了“理由”。他说:“柏氏断言理智之为用,不适于求实在。然而人心之隐微处,活动也,自发也,是之谓实在,是之谓生活。既非理智之范畴所能把捉,故惟有一法,曰直觉而已。”②可见,张君劢的“人生观”吸收了柏格森哲学的基本观点。

张君劢不仅继承了柏格森的反科学主义观点,而且把柏格森的反科学主义观点进一步具体化和系统化,以此作为“人生观”的理论基础。概而言之,主要有两点:

第一,张君劢认为“科学为论理的方法所支配,而人生观则起于直觉。”他认为科学方法——演绎和归纳,只能在科学领域里起作用,但不能解析人生观问题,因为人生观问题的起源是“直觉”,是主观意识的产物,故而分析人生观问题只能从“直觉”本身来溯源、来体会。他说:“若夫人生观,或为叔本华、哈德门的悲观主义,或为兰勃尼孳、黑智尔之乐观主义,或为孔子之修身齐家主义,或为释迦之出世主义,或为孔孟之亲疏远近等级分明,或为墨子、耶稣之泛爱。若此者,初无论理学之公例以限制之。”③这样,就把科学与直觉严重地对立起来,把直觉说成是超越科学之外的不受科学法则支配的神秘的精神力量,而人生观“皆其自身良心所命起而主张之”,因而人生观也就与科学无缘了。这是典型的反科学主义的世界观。

第二,张君劢认为“科学为因果律所支配,而人生观为自由意志。”他认为,物质现象有因必有果,“关于物质全部,无往而非因果之支配”。然而,精神现

① 张君劢:《人生观》,《中国现代哲学史资料汇编》第1集第6册,辽宁大学1981年印刷,第24页。

② 张君劢:《再论人生观与科学并答丁在君》,《中国现代哲学史资料汇编》第1集第6册,辽宁大学1981年印刷,第43页。

③ 张君劢:《人生观》,《中国现代哲学史资料汇编》第1集第6册,辽宁大学1981年印刷,第24页。

象、意识现象特别是人生观问题，则不受因果律所制约。他说人生观是“自由意志”，是来自人的主观体验，因而也就没有因果之可言。他举例说：“孔席何以不暇暖，墨突何以不得黔，耶稣何以死于十字架，释迦何以苦身修行，凡此者，皆起于良心之自动，而决非有使之然也。乃至就一人言之，所谓悔也，改过自新也，责任心也，亦非因果律所能解释，而为之主体者，则在其自身而已。大之如孔墨佛耶，小之如一人之身，皆若是而已。”[①]把人生观说成是“皆出于良心之自动，而决非有使之然者也”，亦即人生观来源于个体的心理意识体验，不受外界客观物质规律的制约，是纯意识的产物，局限于个体“自身而已”。正是通过这样的解释，张君劢把人生观说成是不受科学因果律支配的神秘的精神，从而进一步割裂人生观与科学的内在联系。

张君劢人生观思想体系中的“自由意志”论是以柏格森哲学为佐证的。张君劢的唯心主义人生观，是以他的唯心主义世界观为基础的。他把世界看成是由人们的主观意志所决定的，从而形成他的“自由意志”的观点。他说：“人之生于世也，内曰精神，外曰物质。内之精神变动而不居，外之物质凝滞而不进，所谓物质者，凡我以外者皆属之。”这里，张君劢把精神说成是“变动不居”，泯灭了思想意识的规律性及客观物质世界的制约作用；把物质说成是“凡我以外者皆属之”，亦即以我的意志为中心来确认物质的存在与否，而且物质又是“凝滞而不进”，亦即世界是一成不变的，这就从根本上否定世界的物质性和运动性。很显然，张君劢这种思想是来自柏格森关于生命冲动是意志自由创造的观点。柏格森认为，生命冲动完全是任意的、盲目的、偶然的，“停滞是偶然的，退化也是偶然的，适应环境也大都出于偶然”[②]。这就是说，生命冲动的过程是意志的一种自动创造的过程，不服从任何自然规律或理性规律。在柏格森的著作中，他总是把物质称为“惰性的物质”，认为它们是永远僵固的、无任何活动性的东西。张君劢关于精神和物质关系的论述，主要是源自柏格森的。正是如此，张君劢进一步指出，由于意志的自由，所以“我对于我以外之物与人，常求所以变革之，以达于至善至美之境”。也就是说，个人意志是社会历史发展的动力。又由于意志之外物“甲时之所以为善者，至乙时则又以为不善而求所以革之；乙时之所以为善者，至丙时又以为不善而求所以革之。人生一日不灭，则人生目的之改进亦永

---

① 张君劢：《人生观》，《中国现代哲学史资料汇编》第1集第6册，辽宁大学1981年印刷，第24—25页。

② 柏格森：《创造进化论》，1928年纽约英文版，第208页。转引自刘放桐等编著《现代西方哲学》，人民出版社1981年版。

无已时。”①这就把世界的改造说成是随心所欲的意志行为，其唯心主义特征是显而易见的。问题还不止于此，张君劢更进一步把柏格森主义拿来作为“自由意志”论的证据，说明“自由意志”的正确性。他说：“十九世纪末年（一八八九），柏格森氏《时间与自由意志》一书出版，阐明人生之本为自觉性，此自觉性顷刻万变，过而不留，故甲秒之我，至乙秒则已非故我。惟心理状态变迁之速，故绝对无可量度，无因果可求。……若夫顷刻万变之心理，则可无状态之可言，任意画定某态为态，移时而后，即已成过去。惟其然也，故心理变为自由行动，而人生之自由亦在其中。”②张君劢甚至更进一步把柏格森的“生命之流”主张移植过来，提出“生之冲动”主张，即所谓“人生之总动力，为生之冲动。就心理言之，则为顷刻万变之自觉性；就时间言之，则为不断之绵延。”③可见，张君劢的唯心主义的“自由意志”论是渊源于柏格森哲学的。

张君劢所建立的“人生观”的玄学体系是柏格森主义与中国宋明理学的混合物，其中又以柏格森哲学论证宋明理学的合理性。张君劢大力鼓吹孔孟思想和宋明理学，提倡内心修养，把理学看成是“发聋振聩之药”。他说：“若夫心为实在之说，则赖宋明理学家而其说大昌，真可谓其功不在禹下者焉。”宋明理学是没落地主阶级的意识形态，它把“理”当作宇宙的本源，用哲学的形式把封建纲常名教绝对化、神圣化，借以维护腐朽的封建制度。张君劢却对宋明理学推崇之致，极力倡言其“内心生活”，他说：“自孔孟以至宋元明之理学家，侧重内心生活的修养，其结果为精神文明。”④而第一次世界大战则是“人欲横流”，因此“昌明”宋明理学成为时代必需。为了阐述自己昌言宋明理学的正确性，张君劢又用柏格森哲学来作佐证，认为宋明理学言心谈性具有合理性。他说：“柏格森云：‘人类中人类之至精粹者中，生机的冲动贯彻而无所阻；此生机的冲动所造成之人身中，则有道德的生活之创造流以驱使之。故无论何时，凭藉其既往之全体，使生影响于将来，此人生之大成功也。道德的人者，至高度之创造者也；此人也，其行动沉雄，能使他人之行动因之而沉雄，其性慈祥，能焚烧他人慈祥之炉

① 张君劢：《再论人生观与科学并答丁在君》，《中国现代哲学史资料汇编》第1集第6册，辽宁大学1981年印刷，第33页。

② 张君劢：《再论人生观与科学并答丁在君》，《中国现代哲学史资料汇编》第1集第6册，辽宁大学1981年印刷，第30页。

③ 张君劢：《〈人生观之论战〉序》，载张君劢编《人生观之论战》，泰东图书馆1923年版。转引自《中国现代哲学史资料汇编》第1集第6册，辽宁大学1981年印刷，第56页。

④ 张君劢：《人生观》，《中国现代哲学史资料汇编》第1集第6册，辽宁大学1981年印刷，第25页。

火;故道德的人……形上的真理之启示者也。' 此言也,与我先圣尽性以赞化育之义相吻合,乃知所谓明明德,吾日三省,克己复礼之修省功夫,皆有至理存乎其中,不得以空谈目之。所谓理论上必要者此也。"①张君劢用柏格森哲学武装了中国的宋明理学,并以此论证要以中国的儒家精神文明来补救西方物质文明的危机,从而建构了"亦中亦西"的玄学体系。张君劢自己也承认他的这种玄学一方面是提倡心理之学,"侧重内心生活的修养"的宋明理学;另一方面就是19世纪末叶以来西方柏格森等的"新玄学"。如他说:"此新玄学之特点,曰人生之自由自在,不受机械律之支配,曰自由意志说之阐发,曰人类行为可以参加宇宙实在。"张君劢本人曾声称,他的玄学是东西合璧,折衷中外糅合而成。他说:"吾则以为柏氏倭氏言有与理学足资发明者,此正东西人心之冥合,不必以地理之隔绝而摈弃之。"②这正道出了张君劢的"人生观"的玄学体系与柏格森哲学的内在联系。

张君劢用柏格森的生命哲学来解释人生观问题,其目的是固守封建文化的价值观,给封建文化披上西方现代哲学的外衣,反对中国人学习西方的理智、科学。张君劢虽然承认男女平等、恋爱自由是对于旧家庭制度的反抗,是不可避免的;但他又认为思想解放"非为高尚神圣"。他说:"且既言解放,则男女社交,当然在解放之列。然我以为一人与其自身以外相接触,不论其所接触者为物为人,要之不免于占有冲动存乎其间,此之谓私。既已言私,则其非为高尚神圣可知。故孟子以男女与饮食并列,诚得其当也。"反对思想的解放和观念的更新,把思想解放说成是"冲动存乎其间",借以维护封建的传统儒家文化。从根本上说,张君劢是用西方柏格森等的生命哲学糅合传统的宋明理学来对抗五四时期学习西方先进文化的热潮,而在1923年则主要是反对马克思主义在中国的进一步传播。在张君劢看来,文化选择的根本在于"人生观"。他说:"方今国中竞言新文化,而文化转移之枢纽,不外乎人生观",人生观定,"而后精神上之思潮,物质上之制度,乃可按图而索。此则人生观之关系于文化者,所以若是其大也。"③这就把人生观与引进西方进步的马克思主义文化完全对立起来了。

---

① 张君劢:《再论人生观与科学并答丁在君》,《中国现代哲学史资料汇编》第1集第6册,辽宁大学1981年印刷,第51页。

② 张君劢:《再论人生观与科学并答丁在君》,《中国现代哲学史资料汇编》第1集第6册,辽宁大学1981年印刷,第51页。

③ 张君劢:《人生观》,《中国现代哲学史资料汇编》第1集第6册,辽宁大学1981年印刷,第26页。

张君劢的“人生观”与柏格森哲学的关系，当年论战的另一方丁文江写了《玄学与科学——答张君劢》，指出：“张君劢的人生观一部分是从玄学大家柏格森化出来的。”①但丁文江是以马赫主义为理论以“科学”之名反驳张君劢的，并没有能真正揭示张君劢的“人生观”与柏格森哲学之间的渊源关系。我党早期领导人陈独秀、瞿秋白曾对张君劢的“人生观”进行评论，但由于时代的局限和当时的理论水平的限制，在今天看来还不够深刻。今人论述张君劢的“人生观”时，偶尔也论及其与柏格森哲学的关系，但阐说不够系统。至于专文论述张君劢与柏格森哲学的关系，或许笔者孤陋寡闻，到目前为止还没有见到。笔者撰写此文，希望能对学术界进一步研究中国现代哲学史，微观地透视西方哲学对中国思想界的影响，能有所启示。

（原载《湖北师范学院学报》1993年第4期，人大复印资料《中国哲学史》1994年第2期全文转载）

【昔文琐记】这篇《科学与人生观论战中的张君劢与柏格森哲学》，是我当时“柏格森与现代中国”问题研究的系列文章之一，写作于1993年。这是我研究张君劢的第一篇文章，居然还被人大复印资料《中国哲学史》专题全文转载。

在我写这篇文章的时候，学界对于张君劢的评价，负面方面占主流，基本上是被否定的学者。我写这篇文章说明张君劢是“援洋入儒”的，其所建立的人生观体系有着柏格森哲学的影响，因而也是把张君劢列入五四时期新思想阵营的。但由于受当时学术界观点的影响，再加上我当时比较年轻，思考也不深入，故而文章中仍然说：“张君劢用柏格森的生命哲学来解释人生观问题，其目的是固守封建文化，给封建文化披上西方现代哲学的外衣，反对中国人学习西方。”这就矛盾了。事实上，张君劢在价值观方面固然有宋明理学的文化基础，张君劢本人确实也是现代新儒学的重要代表，但主体方面应该说还是西学的价值观的。

我对于张君劢、梁漱溟、熊十力、冯友兰、贺麟、唐君毅等现代新儒家的研究，尽管是从20世纪90年代初开始的，但进行系统的研究并形成自己的看法，还是在2002年博士毕业后研究中国马克思主义学术史过程中。在人民出版社即将出版的五卷本《中国现代学术概论》中，我对现代新儒家的哲学思想有比较全面的叙述。

2021年1月28日

① 丁文江：《玄学与科学——答张君劢》，载《科学与人生观》，辽宁教育出版社1998年版。

延安新哲学年会的成立及其影响

延安新哲学会是在毛泽东倡导下，由艾思奇、何思敬等于1938年6月成立的[①]。这在马克思主义哲学中国化的历史进程中有着重要的意义和深远的影响。延安新哲学会成立后，延安的许多机关、党校也成立了学哲学的小组，推进了马克思主义哲学的研究和普及，为马克思主义中国化道路的开辟作出了重要贡献。

延安新哲学会是在毛泽东的支持下成立的。在延安新哲学会成立之前，曾有一个以毛泽东为首、以毛泽东身边工作人员为成员的非制度性的哲学小组，经常讨论哲学问题。据在毛泽东身边工作的郭化若回忆："一段时间，在杨家岭毛泽东办公室的窑洞里，每到星期三夜晚，总和七八个人围在一支蜡烛前，漫谈马列主义的新哲学。这个会是毛泽东组织的，每次他都亲自主持。"当时，"开始谈的几个人都是毛泽东秘书处的秘书或干事，谈的只是哲学的一般常识或通俗讲话。随后逐渐扩大，也有高级干部和理论家参加。"[②]此后，正是由于"党政军干部学习哲学的热潮初步形成了，毛泽东很高兴。进一步提出成立'新哲学会'，由艾思奇、何思敬同志主持"[③]。吴亮平也回忆："大约是1938年，在毛主席的倡导下，延安成立了新哲学学会，艾思奇、何思敬等同志是这个学会的负责人。"[④]毛泽东1938年1月12日也曾致信艾思奇，希望他"有空可来谈，但请在星一星五两天以外之晚上"，来讨论哲学问题[⑤]。可以说，毛泽东的极力支持以及在毛

---

① 关于延安新哲学会的成立时间，学术界有几种不同的说法，这里采用"1938年6月"说。参见董标：《延安新哲学会：立意高远的思想机器》，《现代哲学》2008年第3期。

② 郭化若：《在毛泽东身边见闻的片段》，《毛泽东同志八十五诞辰纪念文选》，人民出版社1979年版，第133—134页。

③ 郭化若：《郭化若回忆录》，军事科学出版社1995年版，第29页。

④ 吴黎平：《忠诚正直的革命哲学家》，《一个哲学家的道路》，云南人民出版社1985年版，第120页。

⑤ 《毛泽东书信集》，人民出版社1983年版，第118页。

泽东身边工作人员积极参与哲学小组的活动,推进了延安新哲学会的成立。

1938年9月30日的《解放日报》第53期,发表了《新哲学会缘起》,对延安新哲学会的宗旨作了阐述。指出新哲学会的成立,一方面在于纠正理论工作者在通俗化、大众化中的缺陷,使研究工作"不但仅仅要综合眼前抗战的实际经验和教训,而且要接受一切中外最好的理论成果,要发扬中国民族传统中最优秀的东西";另一方面,要求新哲学会突破哲学学科的界限,"并不仅仅就哲学而研究哲学",而是要把当时延安的哲学家、社会科学家、历史学家、考古学家和自然科学工作者等组织起来,推进辩证唯物主义和历史唯物主义的运用,并且要联系现实"来研究一切抗战建国的经验教训,研究一切的其他的科学"①。新哲学会的成立,对于提升此前哲学通俗化、大众化的成果,促进辩证唯物主义和历史唯物主义的运用,推进马克思主义哲学与中国实际的结合,从而实现马克思主义哲学的中国化,产生了重大影响。

1940年6月21日下午,延安新哲学会在文化俱乐部举行第一届年会首次会议。毛泽东、张闻天、朱德、茅盾、艾思奇、张仲实、周扬等50余人参加。毛泽东在年会首次会议上发表重要讲话。他说:"今天开这个会,我心里很高兴。回想前年开新哲学会成立会的那一天到现在,已两年了,工作有了成绩。今年开过这个年会以后,一定会更好。理论这件事是很重要的,中国革命有了许多年,但理论活动仍很落后,这是大缺憾。要知道革命如不提高革命理论,革命胜利是不可能的。过去我们注意的太不够,今后应加紧理论研究。现在人的条件比过去好了,有许多文化工作者与哲学家都会聚在这里。必须承认现在我们的理论水平还是很低,全国的理论水平还是很低,大家才能负起克服这种现象的责任。我们要求全国在这方面加以努力,首先要求延安的人多多努力。"②毛泽东的讲话,指明了新哲学会开展理论研究的重要性,为新哲学会指明了方向。这次会议是为了总结研究新哲学的经验,交流学术研究的成果,明确在抗日战争的形势形下如何提高理论水平和研究水平,进一步在中国传播马克思主义哲学的任务。

这次会议由何思敬致开幕词,艾思奇报告会务工作。张闻天、朱德、郭化若、张仲实等都相继在会上发了言。朱德在这次会议的发言中指出:"过去在前线听到延安新哲学会成立,前线同志听了都很高兴,引起了研究新哲学的兴趣。因此,两年来,辩证法大大的发展了,在华北及全国的一切进步地区,都研究着新哲

① 艾思奇等:《新哲学会缘起》,《解放》第35期,1938年9月。

② 中共中央文献研究室编:《毛泽东年谱》中卷,中共中央文献出版社1993年版,第193页。

学。现在许多干部都能把哲学的原则运用到实际工作中去。”①首次会议开得严肃活泼,从下午4点半开到了7点半。会议结束后,毛泽东在延安西北饭店,请代表们吃晚餐。毛泽东首先举杯庆祝新哲学会年会的召开和成功,号召大家积极学习马列主义新哲学,把传播新哲学的活动进一步推广、扩大。

延安新哲学会具有一支实力强健的学术研究队伍,集中了在延安的诸多学术精英,其范围也不仅仅是哲学家,举凡当时延安地区的人文社会科学的著名学者都参与其中。这个延安新哲学会成员众多,有先前毛泽东哲学小组的成员(大多在《新哲学会缘起》上具名为发起人),有联名发起者(指在《新哲学会缘起》上具名的),有虽未在《新哲学会缘起》上具名发起但实际上参加活动者,构成了一个“哲学家群体”。有的学者根据研究和分析,将这个新哲学会成员分为三类,即核心成员(指先前就是毛泽东哲学小组的成员,简称“核”)、发起成员(指在《新哲学会缘起》上具名的成员,简称“发”)、实际成员(指有根据证明实际上参加延安新哲学会活动的成员,简称“实”),列举了主要成员32人,见下表②:

姓名	学　　历	类别
1. 艾思奇	日本福冈高等工业学校学习一年半	核
2. 何思敬	日本帝国大学学士	核
3. 任白戈	“左联”秘书长	发
4. 张琴抚	上海大学	发
5. 陈伯达	上海大学、中山大学(中文系)、莫斯科中山大学	核
6. 张如心	莫斯科中山大学	发
7. 吴亮平	厦门大学(经济学)、大厦大学。莫斯科中山大学学员、教(译)员	发
8. 高士其	芝加哥大学医学博士研究生	发
9. 周扬	大厦大学,曾留学日本	发
10. 刘芝明	早稻田大学(政治经济学)	发
11. 柯柏年	沪江大学,上海大学	发
12. 王学文	京都大学经济学研究生,师从河上肇	发
13. 杨松	中华大学、莫斯科中山大学	发

① 转引自许全兴等著:《中国现代哲学史》,北京大学出版社1992年版,第504页。

② 参见董标:《延安新哲学会:立意高远的思想机器》,《现代哲学》2008年第3期。

续表

姓名	学　历	类别
14. 焦敏之	上海大学	发
15. 成仿吾	日本帝国大学造兵科	发
16. 徐懋庸	上海劳动大学中学部	发
17. 王思华	南开、北大，里昂中法大学、伦敦政治经济学院（经济学）	发
18. 郭化若	福州甲种农业学校、黄埔军校，莫斯科炮兵学校（以上按《缘起》的排名为序）	发
19. 和培元	燕京大学	核
20. 杨超	成都外语专科学校	核
21. 于光远	清华大学物理系插班生（以下按姓氏笔画为序）	实
22. 冯文彬	上海浦东中学夜校	实
23. 何干之	中山大学（教育学）、早稻田大学、明治大学（经济学）	实
24. 张仲实	莫斯科东方劳动者共产主义大学、莫斯科中山大学	实
25. 肖劲光	莫斯科东方劳动者共产主义大学、列宁格勒托尔马乔夫军政学院	实
26. 范文澜	北大、北大文科研究所	实
27. 茅盾	北大预科，上海大学教员，1928 年东渡日本专事创作	实
28. 徐特立	小学教师训练班，赴日考察教育，赴法勤工俭学	实
29. 莫文骅	省立第一中学，广西军官学校	核
30. 温济泽	淮阴中学、南京钟南中学、省立扬州中学、复旦附中	实
31. 萧向荣	广东梅县东山中学	实
32. 董纯才	南方大学、国民大学、光华大学（生物学）	实

自然，上表也有一些重要的哲学家未能列入。譬如，早年开展马克思主义哲学大众化的陈唯实，在延安参加新哲学会的情况就未能得到反映。陈唯实于 1938 年初在山西民族革命大学专门讲授“民族革命哲学”，是 1939 年初来到延安的，先后在陕北公学、抗日军政大学、八路军军政学院担任哲学教授，并在中央研究院文化思想研究室（艾思奇任研究室主任）担任特约研究员，曾与艾思奇一起受到毛泽东的接见并共进晚餐。他在 1940 年的延安新哲学年会上就作了《斯大林对唯物辩证法的新发展》的报告，指出：“在斯大林的《辩证唯物论与历史唯物论》出版以前，一般哲学著作讲述唯物辩证法都讲三大法则，而斯大林却提出四大法则，它强调了变革世界的方法，要求我们依照辩证法的规律来指导革命，

所以，斯大林的辩证法阐述是有着革命实践意义的。"[①]陈唯实的这篇论文，当时延安出版的《中国文化》杂志曾刊登其中的一部分。陈唯实能在延安第一届新哲学年会上选读长篇论文，他显然也应是延安新哲学会的重要成员。

需要说明的是，上表原来说任白戈的"教育经历不详"，需要作一点补充。查核有关著作，将任白戈简历补叙如下[②]：任白戈（1906—1986），又名任迪凡、任煜，四川南充人。1925 年加入青年团。次年入重庆中法大学学习并转入共产党，后任青年团四川地委负责人。1928 年到上海，参加革命文化活动，曾翻译《列宁的辩证法》等书。1933 年参加"左联"，任常务宣传部长兼秘书长。1935 年赴日本明治大学留学，曾任东京"左联"书记，上海留日学生救国会常委。1937 年回国赴延安，任陕北公学和抗日军政大学总校教员、政治教育科长等。1945 年任晋冀鲁豫军区宣传部长。1949 年出席全国政协第一届代表会议，后历任中共重庆市委宣传部长、重庆市人民政府委员、市文教委员会主任，西南军政委员会文教部副部长，西南文联主任，四川省副省长，中共四川省委常委、重庆市委第一书记、西南局书记处书记。1979 年后，任四川省政协主席。在中共十二大上，当选为中央顾问委员会委员，又兼四川省文联名誉主席等职。

延安新哲学学会成立后，在当时就产生了重要的影响，推动了中国马克思主义哲学的发展，并由此赢得了许多学者的高度重视。1940 年有篇文章说，抗战以后的哲学研究的任务，就在于"努力建设新民主主义的哲学，努力发挥辩证法的唯物论，并且使它中国化地表现"，而"二年以前就在延安成立了新哲学会，在过去一年间就担当了执行并且完成上面这个工作方向的基本任务。在艾思奇、陈伯达、张如心、柯柏年、吴理屏、任白戈、杨松等几位先生的主持下，工作有很好的展开。在边区，新哲学差不多已经成为每一个工作人员所必须学习的理论武器，逐渐更普遍地要深入民间而成为一般民众的共同的世界观。……在重庆，有着个在本质上可以作为新哲学会的分会看的'中国学术研究会'的组织，主要的参加者有潘梓年、博古、沈志远、艾寒松、胡绳、钱俊瑞、向林冰等这几位先生。《理论与现实》季刊就是他们发表文字和意见的中心刊物，现在已经出到第二卷第二期了。而由胡绳主编的《读书日报》上也经常有良好的哲学文章出现。他们不时用集体讨论的方式，来对新民主主义的哲学以及整个文化问题及现实问题作精深的探讨和发挥，而有着很好的工作表现。……此外，在香港，在上海、甚

① 《陈唯实文选》，广东人民出版社 1986 年版，第 29 页。

② 参见周棉主编：《中国留学生大辞典》，南京大学出版社 1999 年版，第 92 页。

至在新疆,也同样有着不少优秀的哲学工作者在为推动新民主主义的新哲学而不断努力。”①以上这段引文,说明了这样两个问题:一是新哲学学会产生了重要的影响,这种影响不仅在边区,同时也在国统区产生影响;二是新哲学学会担负起了建设新民主主义哲学的使命,在推进“辩证法的唯物论”的中国化方面发挥了积极的作用。以此来看,毛泽东构建新民主主义哲学体系,皆与延安新哲学学会的工作有着历史的、学术的联系。

延安新哲学会的成立,表明在毛泽东身边出现了一个具有哲学、历史学、经济学、文艺、科学等多学科背景的人才群体,这为毛泽东哲学理论的创造、政治地位的提升以及学术话语地位的确立起了极为重要的作用,对延安学术传统的传承与发展亦有重要的影响。从上表及一些成员的介绍中不难看出,延安新哲学会成员的大多数,是从国统区奔赴延安的一批颇具影响力的著名马克思主义学者,也有一批是留学苏联回国的新生力量;除艾思奇等极少数外,就专业来看,他们主要的不是以哲学为其专业所长,但一般地都熟悉马克思主义哲学。他们之中不少人,参加了“左联”、“社联”的活动,如任白戈、张琴抚、张如心、王学文、吴亮平、成仿吾、周扬等;或参加了中国社会性质问题的论战,如王学文、吴亮平等;或参加了“唯物辩证法论战”,如艾思奇等;或参加了新启蒙运动,如何干之、陈伯达等。在当时的延安,出现这样一个规模较大的学术群体,说明了什么问题呢?至少可以说明,在毛泽东身边出现了一个具有哲学、历史学、经济学、文艺、科学等学科背景的人才群体,为毛泽东哲学理论的创造及政治地位的提升起了重要的作用。毛泽东哲学理论的创造及其影响力的提升,是开展反对党内教条主义的重要保证,同时也是奠定毛泽东政治领袖地位的重要前提。进而言之,团结在毛泽东周围的延安新哲学会成员对于扩大毛泽东的知识视域,不断获得人文社会科学的有效资源,提高自身的政治话语的学术底蕴与广泛的党内影响力,有着重要的作用。大致说来,大革命失败之后的十年土地革命战争时期,毛泽东不被以留苏归国人员为核心的中共领导层所器重,毛泽东的政治智慧与理论创造也往往被视为“山沟的马克思主义”,并不具有正统性与思想上的话语权势,更缺乏学术上的有力支持。有了延安新哲学会这一群体,对毛泽东来说,则有效地获取了四种有效的学术支持力量:

第一,留苏学生群体。毛泽东在政治上得到留苏学生群体的支持,显然是通过遵义会议,表现为毛泽东得到张闻天、王稼祥、任弼时等的政治支持。但学术

① 无邪:《一年来的中国哲学界》,《哲学》第1卷第3期,1940年。

上得到留苏归国学生的支持，则又显然是通过延安新哲学会。正是通过延安新哲学会，留苏归国力量的一些人物如陈伯达、张如心、吴亮平、郭化若、张仲实、杨松、肖劲光等，团结在毛泽东周围，使毛泽东在政治上、学理上有着正统地位和有效的支持。这在当时的背景下，是极为重要的。延安新哲学会的重要成员如杨松、张如心、张仲实等对"马克思主义中国化"命题的论证及提出论证"毛泽东思想"的概念，就是显著的例证。

第二，留日学生群体。中国共产党在创建时，留日归国学生占主导地位，陈独秀、李大钊、李达、李汉俊、陈望道等都是归国留日学生。大革命失败后，中共领导核心成员一般是留学苏联的归国学生，这是中共创建时期有计划培养的一批年轻力量。原来留日归国学生及新近从日本回国的学生，一般是在学术领域里活动，从事马克思主义的学术研究工作及进步文化事业，并主要集中于上海，于是有"左联"及"社联"等团体的成立。而延安新哲学会成员，则相当多的是来自上海，且不少具有留日经历，如艾思奇、何思敬、任白戈、周扬、刘芝明、王学文、成仿吾、何干之等，他们在当时的延安虽然不具有显著的政治话语权，但却具有更多的学术话语权和文化影响力。他们团结在毛泽东周围，这对于毛泽东学术地位的提升与政治理论的学术论证，显然是很有意义的。

第三，国内新式的学生群体及其他力量。五四时期及后五四时期，一批接受马克思主义影响的新式学生群体崛起，这在抗战时期的延安也是一支重要的文化力量。延安新哲学会中就有这样一支力量，如张琴抚、柯柏年、焦敏之、徐懋庸、和培元、杨超、于光远、冯文彬、莫文骅、温济泽、萧向荣、董纯才等。他们主要接受国内的新式教育，虽然没有留学经历，但在国内的思想文化学术界已经崭露头角，成为一支发展马克思主义的新生学术力量。

第四，留学欧洲及国内学问功底好、思想转变为马克思主义的中年人。延安新哲学会中的王思华、徐特立、范文澜等是重要代表，他们对毛泽东在思想上与传统文化、西方文化、经济学等学科发生联系，有着显著的影响。王思华曾于1926—1930年，在法国里昂大学、英国伦敦大学政治经济学院留学。徐特立于1919年赴法勤工俭学，后入巴黎大学学习数学、物理等自然科学，后来又于1928—1930年入莫斯科中山大学特别班。范文澜没有留学经历，但传统学术功底深厚，对毛泽东后来研究历史有重要的影响。毛泽东就曾致信范文澜说自己"对历史完全无研究"，希望能从范文澜的研究中"学得一点"①。

---

① 《毛泽东文集》第二卷，人民出版社1993年版，第296页。

这样四种力量，确实是当时中国知识界的精英，他们集中在延安新哲学会之中，代表并引领着延安文化的发展方向。1938 年 5 月 5 日成立的延安马列学院，张闻天兼任院长，其显要人物不少是 6 月成立的延安新哲学会的成员。如副院长王学文，编译室的柯柏年，中国历史研究室的范文澜，马克思列宁主义研究室的吴亮平（指导员），中国问题研究室的杨松（指导员）、陈伯达，政治经济学研究室的王学文（指导员）、王思华，哲学研究室的艾思奇、杨超、和培元等。而 1941 年 7 月由延安马列学院改组而创建的延安中央研究院，其核心人物大多是延安新哲学会成员，如中国政治研究室主任张如心，中国经济研究室主任王思华，中国文化思想研究室主任艾思奇，中国历史研究室主任范文澜等。因此，有理由说，延安新哲学会对于延安文化领导队伍的形成及中国共产党文化的传承与发展是有重要历史地位的。

延安新哲学会成员为论证和阐发"马克思主义中国化"命题作出了重大贡献，使"马克思主义中国化"概念传布于学术思想文化界，为中国共产党开展马克思主义中国化实践提供了学理基础。"马克思主义中国化"命题首先由毛泽东提出，而这一命题为思想界、学术界所认可并在事实上产生重大影响，延安新哲学会成员的论证和宣传起了极为重要的作用。艾思奇作为新哲学会的主要人物，其贡献是突出的，对此本书将有专门的论述，这里不作过多的征引。而新哲学会的其他成员如和培元、杨松、张仲实等的贡献，也应引起重视。譬如，和培元将马克思主义中国化与反对党内的教条主义传统紧密结合起来，他从马克思主义的性质及马克思主义哲学的实践本质出发，指出："既然马列主义哲学是一种科学的哲学、革命的哲学，那么马列主义的哲学家便必须是实际的革命活动家，他的研究工作便必须与客观现实相结合，必须与革命实践相结合，离开客观现实，离开革命实践去抽象地谈论辩证唯物主义，那不是真正的辩证唯物主义，那是空头的哲学家。因此中国的新哲学研究者必须把辩证唯物主义的普遍原理与中国的革命实践、与中国的历史实际结合起来。"换言之，"马克思主义哲学的中国化，即是辩证唯物主义的一般原理与中国具体的革命实践的结合，与中国现实的历史实际的结合"，因而马克思主义哲学的中国化"不是机械地在一些零碎问题上贴上辩证法的膏药或商标，那正是典型的教条主义"。由此，"这种结合必须是有机地结合，这种结合不是出发自辩证法的公式和范畴，而是出发自中国社会历史的实际研究，出发自对中国的革命规律对中国社会历史的内部联系的了解"。这就要求我们在马克思主义运用的问题上，"不但需要一般的辩证法原则的说明和解释，而且需要能够有系统地阐明中国革命辩证法，阐明中国历史发展的辩证法的哲学著作"[①]。又譬如,杨松强调马克思主义中国化就是要把马列主义理论与革命实际斗争联系起来,一方面要加强马克思主义的理论修养,另一方面要更多地投入到中国革命的实践中,并且将马克思主义中国化置于中国新文化建设、中国马克思主义学术发展之中。他指出,对于马列主义理论基础较好的研究者来说,就是要努力参加抗战的实际斗争,加强对中国的历史、社会、经济、思想的研究,并在研究之中贯彻马克思主义,如此研究工作"方不空洞,方不抽象,方不致把理论脱离实际"。对于具有实际经验但马列主义理论基础不足的人来说,"他们就应该着重于把握马列主义的理论基础,特别是把握它的辩证法,并且,必须精通他们自己所专门研究的科学部门中世界文化中已有的成果,以达到中国各门学术的马列主义科学化,以发扬光大中华民族的文化,以获得中国文化在世界中之地位"[②]。杨松对"马克思主义中国化"的阐述,不仅将马克思主义与中国革命的实际结合起来,而且将马克思主义与中国的历史、文化结合起来,要求在学术文化领域贯彻马克思主义,并努力彰显中国优秀传统文化的思想意蕴,从而为建设中国的新文化提供厚重的民族文化资源,这是很有见地的。可以说,经过延安新哲学会成员对"马克思主义中国化"命题的论证和阐发,使这一"中国化"命题的意义更为丰富,并为"马克思主义中国化"实践提出了新的思路,因而也更易于为思想界和学术界所普遍接受。

延安新哲学会促进了 20 世纪 30 年代开始的马克思主义大众化、通俗化在新的历史条件下的提升,推进了马克思主义在中国的具体实践,并提出了在中国形成"创造性的马克思主义"的伟大构想。20 世纪 30 年代以马克思主义哲学大众化为代表,在中国思想文化界普及马克思主义的基本理论。这是马克思主义在中国宣传工作中的一个重大的提高,但总体上说还是属于马克思主义在中国的宣传。而延安新哲学会的成员,此时虽然也十分重视马克思主义大众化、通俗化问题,但更多地强调要以马克思主义为指导对中国的历史、文化、现实作为研究对象,以便建立以新民主主义的内容为内容、以中华民族的形式为形式的中华民族的新文化,并使马克思主义在哲学、政治经济学、文学、艺术等领域具有巩固的领导地位,以求获得"创造性的马克思主义"这一新的理论成果。张仲实 1941 年初以笔名"实甫"在《解放》杂志上发表《掌握创造性的马克思主义——为纪念

① 和培元:《论新哲学的特性与新哲学的中国化——为延安新哲学会三周年而作》,《中国文化》第 3 卷第 2、3 期,1941 年 8 月 20 日。

② 杨松:《关于马列主义中国化的问题》,《中国文化》第 1 卷第 5 期,1940 年 7 月 25 日。

列宁逝世十七周年而作》文章，认为马克思主义在发展过程中出现两种形式，一种是“口头上的、书本上的”马克思主义，另一种是“革命的、实践的、创造的”马克思主义。在张仲实看来，真正的马克思主义是“创造性的马克思主义”，是革命的、实践的马克思主义，亦即在依据马克思主义基本原理的前提下随时代的发展而发展，需要将马克思主义中原本的一些个别结论用“新的历史条件相适应的新结论和新命题来代替”，也就是如毛泽东在《新阶段》中说的善于以革命运动的新经验、新命题和新结论来丰富和发展的马克思主义①。在这种理论逻辑中，张仲实实际上是要说明“马克思主义中国化”就是要在中国实现“创造性的马克思主义”的理论任务，产生出有如列宁、斯大林这样创造性的马克思主义的“伟大楷模”。虽然，张仲实在文章中把毛泽东、张闻天、王明都视为中国创造性马克思主义的代表，对王明的教条主义本质认识不够，但他鲜明地表明毛泽东在“马克思主义中国化”中的突出地位，认为这是“以毛泽东为首的中国共产党”取得的，这为此后张如心提出“毛泽东思想”概念，并将“毛泽东思想”这一概念与中国的“创造性马克思主义”相对接，有重要的理论意义。

延安新哲学会在提出“创造性马克思主义”构想基础上，又进一步为“毛泽东思想”概念的提出作出了贡献。如前所述，延安新哲学会成员提出“创造性马克思主义”概念，并认为在中国是“以毛泽东为首的中国共产党”开始形成“创造性马克思主义”。这就需要进一步说明，马克思主义中国化的理论成果问题，亦即要解释清楚“创造性马克思主义”在中国的具体形态问题，这自然也就必然与毛泽东的名字联系起来。延安新哲学会成员肯定了毛泽东的突出贡献，在思想上高度认同毛泽东及其著作是马克思主义中国化的代表。1941 年 3 月、4 月间，延安新哲学会重要成员张如心发表了《论布尔塞维克的教育家》和《在毛泽东同志的旗帜下前进》两篇文章，率先提出毛泽东是马克思主义在中国发展的“最主要的典型代表”的命题，认为毛泽东是创造性的马克思主义在中国的代表，中国共产党人要忠实于“毛泽东同志的思想”②。他指出，毛泽东是“一个中国最好的创造性的马克思、列宁主义者，他精通马克思列宁主义的理论，他具有近二十年极丰富的革命实践像士敏士一样结合在他身上，他善于把马列主义的坚定的原则与灵活的策略有机地联系在一起，他是我们党政治领袖与军事战略家品质

① 实甫:《掌握创造性的马克思主义——为纪念列宁逝世十七周年而作》,《解放》第 123 期，1941 年 1 月 16 日。

② 张如心:《论布尔塞维克的教育家》,《共产党人》第 16 期，1941 年 3 月 20 日。

兼优最好的典型人物”。毛泽东的理论和实践“都是唯物辩证法最精彩最生动的运用的结晶体”，因而“不仅是中华民族最可珍贵的财产，而且是全世界人民，特别是被压迫民族的共同财富”①。他又指出，毛泽东的著作是“‘新鲜活泼的、为中国老百姓所喜闻乐见的中国作风与中国气派’底典型作品”，是马克思主义中国化的“最好的体现”②，因而毛泽东的著作比任何人“更加深刻天才与完备”③。其实，在张如心之前，延安新哲学会成员张仲实就对毛泽东的贡献作出过高度评价。如张仲实就认为，毛泽东坚持运用马克思主义的辩证法，制定了抗日民族统一战线政策，这是对对立与统一原则的运用；毛泽东在游击战争理论方面有重要的理论贡献，阐述了中国革命战争的战略与战术④。这为张如心提出“毛泽东同志的思想”并与中国的“创造性马克思主义”相联系，作了重要的理论准备。也就是在张如心文章发表之后不久的1941年夏，延安新哲学会成员和培元在《论新哲学的特性与新哲学的中国化——为延安新哲学会三周年而作》文章中，高度肯定毛泽东对马克思主义哲学中国化的突出贡献，认为毛泽东关于对立统一规律的论述是“最好的中国化了马列主义的哲学著作”，是马列主义哲学在中国的发展⑤。1942年2月18日，张如心又在《解放日报》上发表《学习和掌握毛泽东的理论与策略》，进一步阐述毛泽东的“理论与策略”，强调毛泽东的“理论与策略”是马列主义在中国的创造，具有理论与实际相统一的连贯性，并具有整体的理论形态⑥。由此看来，在“毛泽东思想”概念的形成及内涵的丰富过程中，延安新哲学会成员作出了突出的贡献。

毛泽东对于延安新哲学会一直予以关注。1940年范文澜在延安新哲学年会上发表了关于中国经学的讲演，此讲演后来连续发表在延安《中国文化》第2卷第2期及第3期上，题目为《中国经学史的演变》。起初，当毛泽东读到范文澜演讲的提纲时就“十分高兴”，认为“用马克思主义清算经学这是头一次”，“因为目前大地主大资产阶级的复古反动十分猖獗，目前思想斗争的第一任务就是

---

① 张如心：《在毛泽东同志的旗帜下前进》，《解放》第127期，1941年4月30日。

② 张如心：《论布尔塞维克的教育家》，《共产党人》第16期，1941年3月20日。

③ 张如心：《在毛泽东同志的旗帜下前进》，《解放》第127期，1941年4月30日。

④ 参见实甫：《掌握创造性的马克思主义——为纪念列宁逝世十七周年而作》，《解放》第123期，1941年1月16日。

⑤ 和培元：《论新哲学的特性与新哲学的中国化——为延安新哲学会三周年而作》，《中国文化》第3卷第2、3期，1941年8月20日。

⑥ 张如心：《学习和掌握毛泽东的理论与策略》，《解放日报》1942年2月18日。

反对这种反动”①。在毛泽东的关怀下,延安哲学会将马克思主义哲学与现实的思想斗争结合起来,坚持运用马克思主义哲学的基本观点研究中国革命,运用马克思主义哲学从事学术研究工作,产生了一批重要成果,在推进马克思主义哲学中国化以及开展“学术中国化”方面作出了重要的贡献。

(选自吴汉全著《中国马克思主义学术史概论(1919—1949)》,
吉林人民出版社2010年版)

【昔文琐记】这篇《延安新哲学年会的成立及其影响》,选自笔者撰写的《中国马克思主义学术史概论(1919—1949)》书中,主要是就延安新哲学年会的情况作些介绍,借以引起学界对延安新哲学年会的重视和研究。

《中国马克思主义学术史概论(1919—1949)》是我的代表性专著,三卷本,132万字。如果从读博士的1999年开始研究“李大钊与中国现代学术”算起,到2010年此著正式出版,该著整整花费了十年。此著出版后有较大学术影响,获得江苏省优秀成果奖二等奖、教育部第六届高等学校科学研究(人文社会科学)优秀成果奖二等奖。这十年我尽管也做了其他事,但主要时间是在写这部书,单是出版时的校对就花费了两个多月,其中的艰辛只有从事研究工作的人才能理解。

这部《中国马克思主义学术史概论(1919—1949)》之所以能够写成并产生较大的学术影响,主要得益于有关方面的支持与关怀。一是我的导师张静如先生的引路与指导。二是江苏省教育厅和南京大学李良玉教授的有力支持。三是徐州师范大学校长徐放鸣教授的鼎力相助。四是教育部规划项目的大力资助。五是《马克思主义研究》、《近代史研究》、《北京党史》等杂志及孙秀民教授、李祥教授等学者的成功推介。利用撰写“昔文琐记”的这个机会,对各方的支持表示衷心的谢意!

2021年1月28日

① 《毛泽东文集》第二卷,人民出版社1993年版,第296页。

张岱年对中国哲学研究的贡献

张岱年是中国著名的马克思主义学术大家，早在20世纪30年代就接受了辩证唯物论的基本观点，撰写了《关于新唯物论》、《辩证唯物论的知识论》、《辩证唯物论的人生哲学》等著作，积极宣传马克思主义哲学体系，提出“今后哲学之一个新路，当是将唯物、理想、解析综合于一”的学术主张。新中国成立后努力学习马克思主义理论，于20世纪50年代出版《中国唯物主义思想简史》等学术著作。改革开放后，再版了《中国哲学史大纲》，出版了《中国哲学发微》、《求真集》、《玄儒评林》、《文化与哲学》、《中国伦理思想史》、《中国古典哲学概念范畴要论》等学术著作。张岱年在20世纪80年代以来的学术研究主要集中在以下三个领域①。

一、中国哲学史的研究

张岱年在20世纪80年代对于中国哲学史进行了进一步的研究，发表了《孔子哲学解析》、《老子哲学辨微》、《论宋明理学的性质》、《论中国古代哲学的范畴体系》等文章，出版了《中国古典哲学概念范畴要论》等著作，着重研讨了孔子、老子、《易传》、庄子、宋明理学和中国古典哲学概念范畴的体系等问题。

1. 关于孔子的研究。张岱年在20世纪80年代以孔子的评价为中心，发表了《孔子哲学解析》、《谈孔子评价问题》、《论孔子的哲学思想》等系列性的研究孔子的论文，主张在对孔子思想及思想体系进行研究和辩证分析的基础上，对孔子予以实事求是的评价，客观地说明孔子对中国文化发展的贡献。

---

① 本节内容依据张岱年先生晚年的《回忆录》中，对自己学术思想的概括来撰写。参见《张岱年全集》第8卷，河北教育出版社1996年版，第614—625页。

张岱年在1980年发表的《孔子哲学解析》中指出,“对于孔子,应该进行全面的辩证的解析”,既应该看到“孔子的学说在历史上确曾起过严重的消极作用”,但也要看到孔子思想“在若干方面也未尝没有显著的积极意义”,因此“我们现在的哲学史工作者的任务之一是全面地客观地评价孔子”。在张岱年看来,孔子思想有十个重要特点:(1)述古而非复古;(2)尊君而不主独裁;(3)信天而怀疑鬼神;(4)言命而超脱生死;(5)标仁智以统礼乐;(6)道中庸而疾必固;(7)具生知而重闻见;(8)宣正名以不苟言;(9)重德教而卑农稼;(10)综旧典而开新风①。这篇文章基于对孔子哲学思想特点的概括,从当时的时代特点及社会需要来评价孔子,认为春秋时代是一个社会大转变的时代,孔子在这个转变时代中,在政治方面是比较保守的,但“在文化方面却是起了巨大的促进作用”,这主要是说“孔子的学说,对于中国的民族文化的形成有重要的积极作用”。这种积极作用,概括地说就是“中华民族的共同心理素质与孔子思想有密切的关系”,“孔子对中国传统文化的影响,有不好的一面,也有良好的一面。孔子宣扬‘述而不作’,过于尊崇传统,不鼓励创新,在一定程度上起了阻碍新事物创造的不良作用。而孔子怀疑鬼神、超脱生死的观点,又促进了无神论的传播,使中华民族的宗教意识比较薄弱,这又有利于文化科学的发展。”②张岱年主张对孔子给予客观的评价,采取一分为二的分析态度,从积极方面和消极方面来给孔子予以定位,体现历史主义的研究态度。

其后,张岱年在《谈孔子评价问题》文章中,继续坚持了历史主义的认识方法,一方面承认孔子具有“信而好古”的保守倾向、强调“名分”重视“贵贱”的等级观念、轻视劳动等消极影响因素,另一方面又进一步概括了孔子在中国哲学史、文化史的贡献所在,指出孔子对中国文化的贡献主要是:“第一,孔子的第一个从事大规模讲学的教育家,在客观上为战国时代的百家争鸣开辟了道路。第二,孔子提炼并宣扬了上古时代流传下来的关于公共生活规则的处世格言,提出了以‘泛爱’为内容的仁说。第三,孔子重视人的问题而不重视神的问题,提倡积极有为的乐观精神,要求在日常生活中体现崇高理想,从而为中华民族的‘共同理想’奠定了基础。”③

张岱年对于自己以上两篇研究孔子思想的文章“意有未尽”,于是又写出

① 《张岱年全集》第5卷,河北教育出版社1996年版,第335—349页。

② 《张岱年全集》第5卷,河北教育出版社1996年版,第349页。

③ 《张岱年全集》第5卷,河北教育出版社1996年版,第393—394页。

《论孔子的哲学思想》文章,主旨在于证明孔子确实具有明确的深邃的哲学观点,不仅对人类的认识史作出了重要贡献,而且对于中华民族的发展确实起了一定的推动作用。该文基于孔子的哲学思想主要体现在孔子的一些"微言"之中的看法,重点考察孔子主要言论的本真含义,如对孔子言论中的"逝者如斯夫,不舍昼夜"、"多学而识"与"一以贯之"、"修慝"、"辨惑"与"叩其两端"、"仁者安仁,知者利仁"、"志道"与"闻道"等,进行学术上的疏证和阐释,得出一个基本的结论:孔子的学说虽然"有保守的消极的方面,如不鼓励改革创新,不重视生产劳动,但是其积极方面还是主要的,这就是他整理了殷、周的传统文化典籍,提出了自己的'一贯'之道,发扬了'发愤忘食,乐以忘忧'的乐观精神,宣扬了为真理而献身、为理想而牺牲的精神"①。

张岱年的系列性研究孔子的文章,力图恢复孔子的正面形象。在他的视域中,"孔子决非复古主义者,虽然赞扬周道,但也主张对于周道有所损益",因而孔子是"反对君主独裁的";孔子的学说虽然对于传统文化"带来消极影响",但"孔子整理了《诗》、《书》、《春秋》等文化典籍,开创了大规模的私人讲学和士人参政的新风,在文化学术发展史上的贡献是巨大的"②;孔子以仁为道德的最高准则,主张为了理想而牺牲个人的生命,尽管其所宣扬的理想具有阶级性,"但儒家所倡导的牺牲精神却对中华民族的发展起了一定的积极作用"③。应该说,张岱年对于孔子的认识是符合孔子思想实际的。

张岱年发表的研究孔子的系列性文章,有这样几个鲜明的特点:一是坚持辩证分析、客观评价的态度,既承认孔子思想的局限性和消极性的一面,又充分肯定孔子思想中积极性的因素;二是主张对孔子思想体系和特征予以整体的把握,尤为重视对于孔子言论进行学术上的辨析与诠释,挖掘其中的"微言",努力阐释孔子言论中的本真意义,因而在学术上具有探源求真、厘定是非的作用;三是从中华民族的发展史来研究孔子,阐发孔子对于中华民族发展的巨大贡献,同时又批判了汉代"罢黜百家、独尊儒术"经学传统的缺欠,破除了人们对孔子的迷信。20 世纪 80 年代初,正是中国解放思想的重要历史阶段,张岱年研究孔子的系列文章以及在重要学术会议上的讲话,在学术界有着正本清源的意义,对整个中国哲学史研究都起了正确的指向作用。

---

① 《张岱年全集》第 5 卷,河北教育出版社 1996 年版,第 466—472 页。
② 《张岱年全集》第 8 卷,河北教育出版社 1996 年版,第 615—616 页。
③ 《张岱年全集》第 5 卷,河北教育出版社 1996 年版,第 470—471 页。

2. 关于老子的研究。张岱年重视对老子哲学本质的探讨。在老子哲学是唯物论还是唯心论的问题上，张岱年在观点上有几次较大的变化。他在撰写的《中国哲学史大纲》中，认为老子的道就是最根本的规律，即认为“老子哲学是一种观念论或客观唯心论”。新中国成立后，张岱年对于老子哲学又进行进一步的研究，并逐步转变了有关看法。20 世纪 50 年代，北大哲学系中国哲学史教研室曾就老子问题进行讨论，张岱年认为“老子的道即是原始的浑沌”，“肯定老子哲学属于唯物论”①。这种观点在 1957 年出版的《中国唯物主义思想简史》中得以坚持。中共十一届三中全会之后，张岱年对老子哲学重新加以研究，对自己多年来的观点加以检讨，从而在老子哲学性质的问题上发生了较大的变化。

1979 年，张岱年在《老子哲学辨微》中，明确指出老子所谓道不是物质性的实体，也不是超时空的绝对精神，而可以说是“非物质性的绝对”。为什么说老子的“道不是物质性的实体”呢？张岱年的解释是，老子所谓道是由天道观念转化而来的，而在春秋时期，天道指天象变化的规律。虽然，天道在最初是含有天象变化与人事凶吉的关系，但后来天道观念逐渐净化而专指天象变化的规律。“老子的创造性的见解即把天与道的关系倒转过来，认为不是道从属于天，而是天从属于道。老子提出‘自然’观点，宣称一切都是自然的，于是推到上帝的创世主地位，这是老子的划时代的理论贡献。老子发现，天是不能违背普遍规律的，于是把普遍规律抬高起来，抬高到天地之先。老子认为，这道才是最根本的，这道超然存在于天地万物之上，这道可以脱离天地万物而独立，于是这道也就不仅是天地万物的普遍规律，而成为一个超物质世界的绝对。这道的观念是从天道观念转化而来，只能是最高原理，而不可能指混然部分的原始物质。”②接着，张岱年还进一步对于老子所说的“有物混成”、“道生一”等语句进行释读，认为所谓“混成”只是指“无分别之貌，并非指原始的浑沌”，因为“道是先于天地的”；而“道生一”的含义，在于说明“道不仅先于天地，而且先于天地未分的统一体”，因为既然说“道生一”，则“道”与“一”就不是一回事，这也说明“老子的道不是原始的混然一气”。那么，既然老子的道不是物质性的实体，那又为什么“道也不是超时空的绝对精神”呢？张岱年首先说明老子的道不是超时空的，认为“老子没有说过道在时空之外；反之，老子却说过道在时空之中”。对此，张岱年这样解释：“《老子》二十五章：‘故道大，天大，地大，人亦大。域中有四大，而

① 《张岱年全集》第 8 卷，河北教育出版社 1996 年版，第 616 页。

② 《张岱年全集》第 5 卷，河北教育出版社 1996 年版，第 243 页。

人居其一焉。’道是‘域中’的四大之一。‘域中’即空间之中，显然道不在空间之外。《老子》十六章：‘天乃道，道乃久。’道具有久的特点，即不在时间之外。道是永恒的，而仍在时间之中。这样，道在‘域中’，道有永久性，所以道不在时空之外。总之，老子还没有‘超时空’的观念。”①继而，张岱年又说明了老子的道也不是精神的。因为就“道常无为而无不为”，且道“生而不由，为而不恃，长而不宰”来看，“道是无为的，即没有意志。道生成万物，‘生而不有’，道是万物的根源，却不是万物的主宰。可以说，道是没有意识的。……道没有意志，没有意识，所以道不是一般所谓精神。”由此可见，“老子只是强调自然规律的根本性，把事物的普遍规律绝对化，看作超越一切事物之上的绝对。这个绝对可以称为绝对观念，但不能称为绝对精神。”②因而，老子的道“不是超越时空的绝对精神”。在张岱年看来，既然“老子的道，不是物质性的实体，也不是超越时空的绝对精神”，这样，这个道只能是“非物质性的绝对”。但同时，老子的道又是有与无的统一，因为《老子》第一章明白地说：“故常无，欲以观其妙；常有，欲以观其徼。此两者同出而异名，同谓之玄。玄之又玄，众妙之门。”这里，是说“有与无皆谓之玄，玄之又玄即道。有无同出于道。道一方面是无，一方面又是有。”故而，老子的“道是有与无的统一”③。不难看出，张岱年研究老子哲学的性质固然是基于道在老子哲学体系中地位的把握，但从论证的思路来看，主要还是基于对于老子的“道”的解读，而这种解读的关键环节又在于对于老子生存时代的“天道观念”的认识，从而在对道的含义的认识中，得出“道是非物质性的绝对，道是有无的统一”的结论。此文对于学术界关于老子哲学是“唯物论还是唯心论”的争论给出了答案：“老子哲学有唯心论的一面，也有唯物论的一面。老子提出道的学说，为以后的唯心论树立了一个典型；老子推到了关于主宰之天的信仰，对于以后的唯物论也有比较深远的影响。”④

对于老子哲学在中国哲学史的影响问题，一直是张岱年考虑的重要方面。如他在《略论中国哲学范畴的演变》一文中，说先秦哲学对中国哲学范畴影响最大的有五部书，《老子》是其中之一，认为《老子》提出“道”的本体论观念“对后世影响特别大”，其中的“一”、“无”、“反”等“亦影响深远”⑤。20 世纪 90 年代

① 《张岱年全集》第 5 卷，河北教育出版社 1996 年版，第 244 页。
② 《张岱年全集》第 5 卷，河北教育出版社 1996 年版，第 245 页。
③ 《张岱年全集》第 5 卷，河北教育出版社 1996 年版，第 245 页。
④ 《张岱年全集》第 5 卷，河北教育出版社 1996 年版，第 247 页。
⑤ 《张岱年全集》第 5 卷，河北教育出版社 1996 年版，第 579 页。

中后期,张岱年在老子哲学问题上又有一些新的认识,主张要进一步探讨老子哲学在中国哲学史上的地位。他在回忆录中说,"从思想的传承来看,老子的'自然'观念是汉代王充唯物主义学说的前导;老子的'有生于无'观点又是魏代王弼唯心主义学说的前导。应该承认,老子哲学既有唯物主义的方面,也有客观唯心主义的方面,不应简单化。"①这里,张岱年是从老子哲学两面性的性质来说明其在中国哲学史上影响之所在,也就是把老子放在中国哲学发展史加以考察。

3. 关于《易传》的研究。张岱年对《易传》进行研究,对于学术界分歧较大的《易传》成书年代问题作出自己的说明,成一家之言。汉代以来流传的《周易》一书,包括两部分:一部分是《上下经》两篇,另一部分是《彖》上下、《象》上下、《系辞》上下、《文言》、《说卦》、《序卦》、《杂卦》共十篇,即所谓十翼。《易传》的年代问题,学术界观点不一,争论较大。汉代人认为《彖》、《象》、《系辞》等篇为孔子所作,如《汉书 · 艺文志》说:"文王……作上下篇,孔氏为之《彖》、《象》、《系辞》、《文言》、《序卦》之属十篇。"宋代欧阳修作《易童子问》开始怀疑《系辞》非孔子所作,叶适继之,清代史学家崔述等加以论证。此后,多数学者都认为所谓十翼非孔子所作,这已成定论。但关于《易传》成书年代,学术界分歧较大,有认为成书于秦汉之际,也有认为成书于秦汉间至汉代中期。为此,张岱年在1979年撰写《论易大传的著作年代与哲学思想》,对于《易传》年代作了详细的考证,认为《易传》是战国时代的著作,反对《易传》出于秦汉时期的说法。

张岱年在《论易大传的著作年代与哲学思想》中,提出了这样几条证据:(1)司马迁说:"孔子晚而喜《易》,序《彖》、《系》、《象》、《说卦》、《文言》。"(《史记 · 孔子世家》)张岱年认为,这不仅可以说明"司马迁见过《彖》、《系辞》、《说卦》、文言"等篇,而且也可推断在孔子时代就有《彖》、《系》、《象》、《说卦》、《文言》诸篇,不然何以能"序"。(2)《礼记 · 乐记》有引用《系辞》的痕迹。《礼记 · 乐记》说:"天尊地卑,君臣定矣。卑高已陈,贵贱位矣。动静有常,大小殊矣。方以类聚,物以群分,则性命不同矣。在天成象,在地成形,如此则礼者天地之别也。地气上齐,天气下降,阴阳相摩,天地相荡,鼓之以雷霆,奋之以风雨,动之以四时,暖之以日月,而百化兴焉,如此则乐者天地之和也。"这与《系辞上》首段大体相同。《系辞上》说:"天尊地卑乾坤定矣。卑高以陈,贵贱位矣。动静有常,刚柔断矣,方以类聚,物以群分,吉凶生矣。在天成象,在地成形,变化见矣。是故刚柔相摩,八卦相荡,鼓之以雷霆,润之以风雨,日月运行,一寒一暑。"通过对

① 《张岱年全集》第8卷,河北教育出版社1996年版,第616页。

比，张岱年认为："《乐记》此段从天地讲到礼乐，讲得比较牵强，看来是《乐记》引用《系辞》的问句而稍加改变。"(3)宋玉《小言赋》有引用《系辞上》的地方。宋玉《小言赋》中有这样语句："且一阴一阳，道之所贵；小往大来，《剥》、《复》之类也。是故卑高相配而天地位，三光并照则小大备。"张岱年认为，"这显然是引述《系辞上》'一阴一阳之谓道'和'卑高以陈，贵贱位矣'的语意"，由此也可以判断："如果《宋玉赋》引用过《系辞》的文句，更足以证明《系辞》的年代不可能晚于战国"。(4)《荀子·大略》中有《易传》中类似的话。《荀子·大略》篇中说："易之咸，见夫妇。夫妇之道不可不正也。君臣父子之本也。咸，感也。以高下下，以男下女，柔上而刚下。"而《周易》的《咸》卦中的《彖》说："咸，感也。柔上而刚下，二气感应以相与，止而说，男下女。"张岱年通过比对认为，《荀子·大略》中所言，与"《周易》中《咸》卦的《彖》很相类似"。郭沫若认为，"以荀子那样富于独创的人，我们可以断定他的话决不会出于《周易》之剽窃"，不认为《荀子·大略》中有源自《易传》之处。张岱年认为，《荀子·大略》就体裁而言"不是一篇系统的论文，而是一篇资料摘录，它抄录了《荀子》一些篇章中的要语和其他材料"，而正是因为"《大略》篇只是一篇资料摘录，可能是荀子门徒所编，我们不能因为荀子是一个富于独创性的思想家，就断定《荀子》全书各篇不会引用旧文"。事实上，《大略》篇"这条开端是'易之咸'，这就足以表明，这条正是引述《周易》中《彖传》的文句而加以发挥"的①。张岱年通过以上的论证，断定"《系辞》和《彖传》基本上是战国时代的作品"。

那么，《易传》作为战国时代的作品，又应该是战国时代那个阶段的作品呢？张岱年研究的思路是，根据基本概念范畴的提出与演变，从基本哲学命题的肯定与否定，来考察哲学著作的年代先后。这是由于思想发展的必然程序是，先有人提出一些概念范畴，然后才有人加以评论或否定；先有正命题，然后才会有反命题。据这样的研究思路，张岱年将《易传》与《庄子》相比对，发现了两个重要事实：一是《系辞》上说"天尊地卑，乾坤定矣；卑高以陈，贵贱位矣"，是肯定天地的尊卑高下的关系。而《庄子·天下》篇所载惠施《历物》之意十事，其第三条是"天与地卑，山与泽平"，这是指出天地的高下关系是相对的。张岱年由此得出这样的判断："从思想演变来看惠子的'天与地卑'正是《系辞上》'天尊地卑'的反命题。所以，应该肯定，《系辞》的基本部分在惠子以前就有了。"二是《系辞上》又说"易有太极，是生两仪"，以太极为最高的实体。而《庄子·大宗师》篇

① 《张岱年全集》第5卷，河北教育出版社1996年版，第215—217页。

说:“夫道有情有信,无为无形,可传而不可受,可得而不可见。自本自根,未有天地自古以固存;神鬼神帝,生天生地,在太极之先而不为高,在六极之下而不为深。”这显然是不承认太极是最根本的,而是把道凌驾于太极之上。就此,张岱年说《庄子·大宗师》篇是“对于‘易有太极’的反命题”,“所以《系辞》的这部分文字应在《庄子·大宗师》篇之前”。接着,张岱年又就儒家和道家在天地起源问题上的论辩展开分析,剖析概念范畴之先后。他指出,老子最先提出了“道”的范畴,认为道“先天地”、“可以为天下母”,又说:“吾不知其名,字之曰道,强之名曰大。”这里的“大”即为“太”,而太即道。《易传》中的“太极”,当是受老子的影响而略变其说。就是说,“太极之太是从老子所谓太来的,而添上一个极字,创立了另一个最高范畴”。但庄子对儒家的这种创造并不认可,庄子认为“太极只相当于‘道生一’之一,道还是在太极之先”,这表现了儒道两家的争议。由此,张岱年判断“《易大传》的年代应在老子之后、庄子之前”①。张岱年研究的最终结论是,《系辞》的基本部分是战国中期的作品,著作年代在老子之后,惠子、庄子以前。《彖传》应在荀子以前。《文言》和《象传》虽然没有直接的证明材料,但《文言》与《系辞》相类,《象传》与《彖传》相类,应是战国中后期的作品。而从《象传》的内容看,可能较《彖传》晚些。总之,《易大传》的基本部分是战国中期至战国晚期的著作。多年之后,张岱年在“回忆录”中更进一步认为,惠施“历物”所谓“天与地卑”乃是《系辞》“天尊地卑”的反命题,《庄子·大宗师》所谓“道有情有信……在太极之先而不为高”是对于《系辞》所谓“易有太极”的反驳,可证《系辞》中至少有些部分是战国前期的作品②。这在《易传》的年代上,又向前有所推进,由战国中期推至战国前期。

张岱年对于《易传》中的本体论学说予以梳理,通过对《易传》中基本范畴的解读,肯定其具有唯物论的性质。“太极”这个范畴,《系辞上》说:“是故易有两极,是生两仪,两仪生四象,四象生八卦。”对此,中国学界主要有四种解释:一是天地起源说,以郑玄、虞翻为代表;二是画卦说,以朱熹为代表;三是揲蓍说,以胡渭、李塨为代表;四是大中说,以焦循为代表。张岱年赞同郑玄、虞翻的天地起源说,认为“郑玄、虞翻的解说比较正确,最为可取”,确认“太极即是天地未分的原始统一体”,认为“《系辞上》以太极为天地的根源,这是一种朴素的唯物论观

① 《张岱年全集》第5卷,河北教育出版社1996年版,第217—218页。

② 《张岱年全集》第8卷,河北教育出版社1996年版,第617页。

点”[1]。“乾元”、“坤元”也是《易传》中的两个范畴。《彖上》提出“乾元”、“坤元”的学说,《彖上》说:“大哉乾元,万物资始,乃统天。云行雨施,品物流形,大明终始,六位时成,时乘六龙以御天。”又说:“至哉坤元,万物资生,乃顺承天,昆厚载物,德合无疆,含弘光大,品物咸亨。”张岱年认为,所谓“元”即是“始”,“乾元即乾之始,坤元即坤之始”。而所谓“乾坤”,《系辞下》说:“乾阳物也,坤阴物也。阴阳合德而刚柔有体。”又《说卦》说:“乾健也,坤顺也。”据此,张岱年认为“乾元可解为阳气之始,坤元可解为阴气之始”,并对乾元、坤元给予高度评价:“《彖上》以乾元、坤元即阳气、阴气为万物‘资始’、‘资生’的根源,这也是唯物论的观点”[2]。“易”这个范畴在《易传》中特殊地位。张岱年认为《易传》中“易”这个范畴,主要是指“易卦或易象”,承认自然世界是一个运动变化的过程,“一方面肯定客观世界是运动变化的,另一方面又肯定运动变化的客观实在性”,“这个观点与唯心论以变化为空幻是截然对立的,乃是一种重要的唯物论观点”[3]。“道”是《系辞》中一个重要范畴,《系辞上》说:“通乎昼夜之道而知”,“一阴一阳之谓道”。又说:“知变化之道者其知神之所为乎!”张岱年认为,《系辞》中的“所为道指事物变化的规律,而这规律的基本内容是一阴一阳即对立两方面的相互推移、相互转化”,因为对立两方面的最浅显的例子是昼夜,所以说“通乎昼夜之道”。但学术界对于《系辞上》所说“形而上者谓之道,形而下者谓之器”一句有不同的解说,宋代以来许多学者都以为“形而上者”是根本的,“形而下者”是从属的。张岱年不同意这种解释,他认为这种解释并非《系辞》的原意,而赞同唐代学者崔憬以“形而上者”为体、“形而下者”为用的解释。在张岱年看来,“形而上者”之所谓“上”并不是《系辞》的根本之义,因为《系辞下》说过:“六爻相杂,唯其时物也,其初难知,其上易知,本末也。”这里,初上指爻位。这“以初为本,以上为末”,也可证在《易大传》中所谓“上”并不是根本之义。而且,“一阴一阳之谓道”,道的内容是一阴一阳,有阴有阳才有所谓道;阴阳未分的统一体“太极”应比道更根本。据此,张岱年对《易传》的“道”给出这样的评价:“在《易大传》的理论体系中,最高范畴应该是‘易’是‘太极’,其次才是道。这样的理论体系应善于唯物论。”[4]张岱年对于《易传》中“神”的概念也进行探讨,认为《易传》改造了神的概念,如《系辞上》所说“阴阳不测之谓神”、《说卦》

① 《张岱年全集》第5卷,河北教育出版社1996年版,第221页。
② 《张岱年全集》第5卷,河北教育出版社1996年版,第222页。
③ 《张岱年全集》第5卷,河北教育出版社1996年版,第223页。
④ 《张岱年全集》第5卷,河北教育出版社1996年版,第224页。

说“神也者,妙万物面为言者也”,皆是将“阴阳转化,微妙不测,叫作神”,以“不测”来表示“变化的极端复杂性与不可穷尽性”,从而提出了关于神的新界说。但《易传》在关于“天”与“鬼神”的问题上,“则未能摆脱原始宗教的影响,可以说徘徊于唯物论与唯心论之间”①。张岱年也认为《易传》所表现出的是唯心主义倾向,指出《易传》在对于《易经》的解说中,虽然“肯定《易经》的卦象是仿效、摹写天地万物的实际情况”而表现出朴素唯物主义反映论,但“强调《易经》的卦爻体系(六十四卦、三百八十四爻)包罗万象,包括了天地万物的一切道理而无所遗漏”,这实际上“就是认为《易经》的卦爻体系是天地万物变化不可违背的图式,可以说是一种世界图式论,因而也就完全陷入了唯心论之中”②。张岱年从《易传》的概念范畴来分析《易传》的性质,阐述其本体论学说,展示了《易传》的哲学深度及其所构建的学术体系。

张岱年对于《易传》中的辩证法思想予以研究,高度评价其“独创性”,认为《易传》“最重要的贡献是提出了一些比较精湛的辩证观点”,并揭示了《易传》的三个辩证法命题。张岱年指出:“《易大传》辩证法思想的最简要的命题是:‘刚柔相推而生变化’,‘一阴一阳谓之道’,‘日新之谓盛德,生生之谓易’。这些命题肯定了变化的普遍性永恒性,肯定了对立面的相互转化是最根本的规律,并深刻地说明了变化的根源就在于对立面的相互作用。”③在张岱年看来,《易传》之所以能够阐发丰富的辩证法思想,这主要是因为《易传》的作者所处时代的社会生活充满了复杂的矛盾,而为了改变当时的现状就必须强调忧患,重视变化和对立的转化,于是阐发了关于变化日新与对立统一的精湛学说。张岱年认为《易传》中的哲学思想在先秦哲学中是最丰富、最深刻的,可以说在先秦哲学中是“最为精湛”的,“比老子又前进一步”④。《易传》对于后来中国辩证法思想的发展,亦有巨大的影响。

张岱年还著有《〈易传〉与中国文化的优良传统》等文章,对于《易传》在中国文化发展中的地位作了高度的评价。在他看来,《易传》在古代传说为孔子所著,宋代欧阳修即表示怀疑,而今天的研究也证明《易传》确实不是孔子的著述,但“《易传》当与孔子有一定的关系,它可能是孔门后学的著作”。张岱年推测《易传》可能的“颜氏之儒”的遗著。因为《系辞上》所谓“乐天知命故不忧,安土

① 《张岱年全集》第5卷,河北教育出版社1996年版,第226页。
② 《张岱年全集》第5卷,河北教育出版社1996年版,第226页。
③ 《张岱年全集》第5卷,河北教育出版社1996年版,第228页。
④ 《张岱年全集》第5卷,河北教育出版社1996年版,第302页。

敦乎仁故能爱”，颇与《论语》所载颜渊的精神境界相似。“总之，《易传》的思想是孔子哲学的进一步的发展，属于孔学，这是确定无疑的”。《易传》虽非孔子所著，但“历史上多数‘易学家’没有接受欧阳修的见解，而仍然坚持旧说”，故而“《易传》在历史上主要是以孔子手著的名义而发生影响的”①。张岱年认为，《易传》是对《易经》这部卜筮之书进行解释，承认了卜筮的作用，其理论前提是唯心主义的，但《易传》解释经文往往是借题发挥，它对天地起源、万物变化、八卦来源都有说明，在理论上又是以对客观世界及其变化进行观察为依据的，故而又体现出一些唯物主义观点。尽管“在《易传》中，唯物主义观点与唯心主义思想是交错并存的”，但《易经》中的唯物主义观点则是“《易传》思想的价值所在”②。张岱年认为，《易传》的中心观念是变易，宣扬“日新”、“生生”，这种变易观念应用于人生观，于是强调“刚健”，主张“自强不息”；应用于天、人关系，于是提出了“裁成天地之道，辅相天地之宜”的天、人协调学说。由此，“《易传》中的变易哲学是中国文化优良传统的思想基础”③。张岱年从《易传》与孔学的关系，说明《易传》以孔子名义立论，在中国传统学术上有着崇高的地位；从《易传》中具有的唯物论观点，特别是具有丰富的辩证法思想，说明了《易传》对于中国文化发展的积极影响。由此，张岱年有这样的看法：“先秦哲学对以后中国文化的发展产生深远影响的，首先是《易传》。”④

4. 关于庄子的研究。张岱年在先秦哲学研究中，对于庄学予以高度的重视，阐发了庄子的客观唯心主义的主张，为庄学研究作出了突出的贡献。(1)关于《庄子》的内外篇。在张岱年看来，研究庄子哲学首先要正确对待《庄子》这部著作，认识到《庄子》一书中的内外篇之别及其研究价值。《汉书·艺文志》著录《庄子》五十二篇，司马彪注五十二篇，崔譔注二十七篇，向秀注二十六篇，郭象注三十三篇。郭本《内篇》与司马彪本基本上是一致的。自宋代以后，学者们大多认为《内篇》是庄子自著，《外杂篇》可能是庄子弟子或后学所作。但在20世纪80年代中国学术界，不少学者对传统见解提出质疑，有主张破除《内外篇》的划分，也有认定《内篇》较《外篇》为晚出。张岱年根据自己的研究，认为《内篇》早出于《外篇》，坚持传统的看法。他指出：“如果进行比较深入的考察，就可以发现，传统的见解还是有较充足的理由的。从内容、思想、语句、文风来看，《内

---

① 《张岱年全集》第5卷，河北教育出版社1996年版，第589—590页。

② 《张岱年全集》第5卷，河北教育出版社1996年版，第596页。

③ 《张岱年全集》第5卷，河北教育出版社1996年版，第596页。

④ 《张岱年全集》第5卷，河北教育出版社1996年版，第588页。

篇》和《胠箧》篇不能早于战国之末,《天道》、《天运》或出于汉人之手。所以我认为,《内篇》年代确实较《外篇》为早,其中大部分章节应是庄周的著作,而《外杂篇》当是庄周弟子、再传弟子或汉代道家学者所写。"①因此,张岱年主张研究庄子哲学应是研究庄周及其弟子的哲学,而在材料使用方面"当以《内篇》为主,以《外杂篇》作为参考",这当然不是说《外杂篇》不重要,事实上"《外杂篇》是庄周学说的发展,在哲学史上也有一定意义"。他举例说,《外杂篇》中除了《田子方》篇"庄子见鲁哀公"显然不是事实以外,书中记载了许多关于庄周的故事,应是关于庄子言行的记载,在研究中"不应仅仅看作寓言",可以作为研究庄子哲学的参考。(2)关于庄子的社会身份。张岱年比较重视对庄子社会身份的分析,并把这种分析作为研究庄子哲学思想的基础。他指出,从《庄子·外杂篇》中关于庄子的故事来看,"庄子是一个贫苦的知识分子"。如《山木》篇说:"庄子衣大布而补之,正緳系履而过魏王。魏王曰:'何先生之惫邪?'庄子曰:'贫也,非惫也'。"又如《外物》篇说:"庄周家贫,故往贷粟于监河候。"再如《列御寇》篇说:"宋人有曹商者,……见庄子曰:'夫处穷闾阨巷,困窘织屦,槁项黄馘者,商之所短也。一悟万乘之主而从车百乘,商之所长也。……'"据此,张岱年推断"庄子可能从事于'织屦'的劳动",处于社会下层的位置。张岱年通过对《庄子》一书中引述故事的考察,如一些关于工匠的故事、关于残疾人的故事,认为"庄子及其弟子是比较熟悉当时工匠情况的",也"表现了庄子对社会中下层劳动者的同情"。由此,张岱年对庄子身份作出这样的判断:"庄子本人虽然不一定是一个完全自食其力的人,但他是比较接近劳动人民的。他的思想,在一定程度上反映了部分劳动者的情绪和愿望,既反映了个体小生产者对统治阶级的愤恨,又反映了个体小生产者消沉悲观的情绪。"②张岱年关于庄子社会地位的判断,为阐发庄子思想的主要倾向及阶级属性奠定了基础。(3)关于庄子在认识论上的贡献。在张岱年看来,庄子在中华民族认识史上的理论贡献,在于揭示了事物、认识、伦理等等的相对性。但因为庄子企图超越一切相对的事物而达到绝对,不了解绝对即在相对之中,不能脱离相对而存在的道理,故而陷入失误。绝对与相对的关系问题,是庄子哲学的重要问题,庄子是通过对绝对的强调来理解万物的统一性,并进而建立其认识论体系。"绝对"在庄子思想中是以"相待"一词表达的,如《齐物论》篇中说:"化声之相待,若其不相待。"而"绝对"在庄子那

① 《张岱年全集》第5卷,河北教育出版社1996年版,第428—429页。

② 《张岱年全集》第5卷,河北教育出版社1996年版,第430页。

里是"独",如《大宗师》篇中说:"朝彻而后能见独。"庄子以相对立论,强调万物之间的区别是相对的,认为事物的成毁也是相对的,确认事物有其统一性的特征。如《齐物论》篇中说:"物固有所然,物固有所可。无物不然,无物不可。故为是举莛与楹、厉与西施,恢诡谲怪,道通为一。其分也成也,其成也毁也。凡物无成与毁,复通为一。"又如《德允符》篇中说:"自其异者视之,肝胆楚越也,自其同者视之,万物皆一也。"对此,张岱年的评价是:"庄子指出万物差别的相对性,这是正确的;但又倾向于否认差别的实在性,这就不正确了。"①张岱年认为,庄子哲学是一种客观唯心论,而不是学术界通常所认为的主观唯心论。他指出:"庄子肯定道是万物的最高根源,是世界的最高实体。这道是超越于一切事物之上的,是超越于一切感官经验的。这所谓道,可以说是一个观念性的绝对,是一个虚构的实体。从这个意义上说,庄子的哲学是一种客观唯心论。"②张岱年对于庄子哲学的研究,紧紧围绕《庄子》一书中的根本问题,尤其注重于庄子话语中基本概念的释读,说明庄子在认识论方面的贡献及不足之处,这在治学方法上有着显著的特色。譬如,张岱年在剖析庄子在相对与绝对关系问题上的看法时,是通过对庄子的"物"与"道"的辨析;又譬如,张岱年在说明庄子在怀疑与直觉问题上的主张时,其研究路径是诠释庄子的"知有所待"与"体道";再譬如,张岱年在说明庄子的辩证法与诡辩论时,是重点解读庄子的"以明"与"两忘";又再譬如,张岱年在论述庄子关于必然与自由的主张时,主要是通过对"安命"与"自造"分析而进行的。这是张岱年研究庄子哲学在研究路径上的一个突出之处。

5. 关于宋明理学的研究。宋明理学是中国哲学发展史上的一个极为重要的阶段,创造了中国儒学的新形态,因而历来为哲学史家所关注。张岱年发表了《论宋明理学的基本性质》、《关于宋明时代的唯物主义及其与唯心主义的关系》、《关于宋明"理气"学说的演变》、《先秦儒学与宋明理学》等系列文章,对宋明理学进行了创造性的研究,提出了一系列具有独创性的学术观点:

(1)宋明理学在明代中期以前与当时的生产关系是相适应的。张岱年对于宋明理学的作用有一个总体的认定,即认为理学是宋元明清四个朝代占统治地位的思想,是当时社会的主流意识形态,为维护封建的生产关系和巩固中央集权及封建等级制度提供了理论基础。他指出:"从整体来考察理学的历史作用,可

① 《张岱年全集》第5卷,河北教育出版社1996年版,第431页。

② 《张岱年全集》第5卷,河北教育出版社1996年版,第432—433页。

以得出这样的结论:它起了巩固封建秩序的作用,属于封建的上层建筑。即使是张载一派的唯物主义学说,虽然认为理是气的规律、条理,但同时又论证了封建道德的重要性。程、朱等人则把理作为世界的本原,认为违背了理就违背了天,也违反了自己的本性,从而把封建的道德原则提到了天上;陆、王等人则把作为封建伦理道德的理,放置在心中,称作本心,认为道德意识本来就有,要认识自己的本心,这种观点当然更是为巩固封建秩序服务的。"①同时,张岱年还主张对理学的作用要作具体的、历史的分析,既要看到"理学是反映封建时代等级秩序的哲学,起了加强封建等级制度的作用",又要看到"理学家并不赞成绝对君权,不赞成君主个人专断",而有一些进步的倾向。张岱年以程颢为例指出,"程颢反对君主专断自任",如程颢就明确表示:"古之圣人,居天下之尊,明足以照,刚足以决,势足以专,然而未尝不尽天下之议,虽刍荛之微必取,乃其所以为圣也,履帝位而光明者也。若自任刚明,决行不顾,虽使得正,亦危道也,可固守乎?有刚明之才,苟专自任,犹为危道,况刚明不足者乎?"(《周易程氏传·履》)同时,程颢更是"反对以顺上为忠",主张人臣应保持"刚贞"的态度,如程颢说:"弗损益之:不自损其刚贞,则能益其上,乃益之也;若失其刚贞,而用柔说,适足以损之而已,非损己而益上也。世之愚者,有虽无邪心,而唯知竭力顺上为忠者,盖不知弗损益之之义也。"(《周易程氏传·损》)张岱年还指出,程颢不仅不赞成君主个人专断,反对人臣过分尊崇君主,而且"在政治思想上,程颢主张开发民智,反对愚民政策",并且"强调学者有启迪民智的责任",如程颢说:"民可明也,不可愚也;民可教也,不可威也;民可顺也,不可强也;民可使也,不可欺也。"(《遗书》卷二十五)以上,张岱年以程颢为例说明,"理学虽然是为封建制度提供理论根据的哲学,但也包含了一些进步的观点"②。张岱年在研究宋明理学中,还特别强调运用马克思主义观点来评价宋明理学的极端重要性,主张将宋明理学作为当时社会的上层建筑来考量,分析其与当时社会的生产关系是否适应,并据此来确定宋明理学是起了"进步的"或"反动的"作用,将研究问题提到一定的历史范围之内。他指出:"宋、明理学是维护当时现存制度的哲学,是维护现状的哲学。宋明理学是保守性的思想。归根到底,宋、明理学是当时的生产关系在哲学上的反映,实际上也起了巩固当时生产关系的作用。……在明代中期以前,中国还没有出现资本主义生产关系的萌芽,当时的封建生产关系还没有过时。从这一意义

① 《张岱年全集》第5卷,河北教育出版社1996年版,第480页。

② 《张岱年全集》第5卷,河北教育出版社1996年版,第386—387页。

来说,在明代中期以前,理学还不能说是反动的思想。后来,时代前进了,理学就逐渐成为陈腐的了。"①张岱年评价宋明理学的这个视角是一直坚持的,他在晚年撰写《回忆录》时还一再强调要从上层建筑与生产关系之间的关系,以历史唯物主义态度、分时段评价宋明理学的历史作用。他在《回忆录》中写道:"宋明理学是与当时的生产关系相适应的,起了维护当时社会秩序的作用,当时还没有产生新的生产关系,所以不能说宋明理学是反动的;只有明代后期出现了资本主义生产关系的萌芽以后,理学才可以说逐渐转为反动的。"②

(2)宋明理学基本上是反对道释的,宋儒不是"阳儒阴释"。宋明理学与佛、道二教有着密切的关系,学界有人认为是佛教改造了儒学,其结果所形成的理学是"阳儒阴释",亦即理学在本质上是承继佛教的精神。张岱年的看法与此不同。在他看来,理学是先秦儒学的发展,在根本上继承了儒学的传统,而不是佛教的精神。事实上,理学家在基本倾向上,对佛教采取批判的态度。张岱年以张载的哲学思想为例指出,张载既反对道家"有生于无"之说,又反对佛教"以天地、日月为幻化"的观点。老子首先提出"有生于无"的学说,以后王弼更提出万物"以无为本"的命题。所谓"无",是没有任何规定性的绝对。这个抽象的绝对,并没有物质性,所以"有生于无"、"以无为本"的思想是一种客观唯心主义。张载否定了所谓"无"的实在性,认为一般所谓的"无"只是无形的存在,仍有"有"的一种形态,肯定世界的统一性在于"气"。对于佛教,张载有一些批判佛教的名言,明确表示反对"以山河大地为见病",反对"诬世界乾坤为幻化",反对"以心法起灭天地",反对"诬天地日月为幻妄",这都是对于佛教"一切惟心"、"万法唯识"的唯心主义观点的批判,而肯定天地是"大"是"本",心和六根为"小"为"末",则是从意识与存在、精神与自然界的基本问题上批判佛教,揭露了佛教唯心论的根本谬妄③。张岱年还分析理学家在对待生死问题上的主张,说明理学是对佛教采取批判态度的。他指出:"佛教认为生、死是特别重要的问题,它集中要解决人死后的问题。但理学家却坚决反对这一点,他们认为不必考虑死后的问题,强调道德重于生命,一个人为了实行道德,可以牺牲生命,所以他们特别推崇孔子讲的'杀身成仁'与孟子讲的'舍生取义',认为一个人能既合乎道德又保全性命固然很好,但是如果二者不可兼得的时候,就要舍生取义。"④学

① 《张岱年全集》第5卷,河北教育出版社1996年版,第390页。

② 《张岱年全集》第8卷,河北教育出版社1996年版,第617页。

③ 《张岱年全集》第5卷,河北教育出版社1996年版,第367—368页。

④ 《张岱年全集》第5卷,河北教育出版社1996年版,第479—480页。

术界有一些学者强调宋儒的思想是由佛教改头换面而成的,不承认理学的创造性,甚至说理学是“阳儒阴释”。张岱年认为这样的看法,是“不符合实际情况的”,并从学术上予以回应:“宋儒对佛教、道教提出的问题,用孔子、孟子的观点加以解答,本质上是在发挥孔、孟的思想。……宋明理学尽管有综合性,但是也有创造性。……而宋、明理学家的队伍中,确实有不少在中国哲学史上产生重要影响的思想家,他们汲取了佛教的一些思想资料,也采用了老、庄的一些概念、观点,这正是他们的长处,能够博采各家学说来丰富自己的理论。然而,真正贯穿宋、明理学的中心思想仍然是孔子、孟子的学说。理学的基本性质就是以孔孟学说为蓝本,给以自然观上的根据,从而在这个基础上发展了孔孟的学说。它绝不是改头换面的佛家思想。”①正是基于理学具有反对道释的基本倾向,张岱年提请学术界不可将理学与宗教混同,而应该看到理学对于先秦儒学的直接继承关系。张岱年指出:“理学家虽然受了道教、佛教的一些影响,但基本上是反对道释的,实际上他们是依据孔孟学说的基本观点回答了道家佛教所提出的问题;理学思想是对于孔孟学说的复归,是孔孟学说的进一步的发展,所以不能说宋儒是‘阳儒阴释’,也不应讲‘朱羽陆释’。”②张岱年提出宋明理学所具有的反对道释的倾向,有助于学术界认识理学的哲学性质及其在传承先秦儒家思想中的独特地位。

(3)宋明理学是哲学而不是宗教,更不是“儒教”。学术界有一种新的看法,认为儒家发展到宋明时期而形成的理学,这就进入了儒教阶段,理学也就成了一种占统治地位的宗教。张岱年不同意这种看法,认为不能将理学说成是宗教,更不可以将儒家也说成宗教。他的理由是:第一,宋明理学的中心思想来自儒家。他指出,宋明理学接受了佛、老的一些影响,这是事实。但理学家在建立本体论时,只是参照了佛、老的学说,并且是采取了“有所择取,有所批判”的态度。历史上,不同学派“交光互影”,乃是思想发展的规律,故而不能因此就将理学等同于佛教、道教。而且,理学的中心思想确实来自先秦儒家。因此,“理学基本上是先秦儒家孔、孟学说的进一步发展,虽然探讨了佛、老所提出的一些问题,汲取了佛、老的一些思想观点,而其基本倾向是与先秦儒家一致的”③。第二,理学在性质上是哲学,不具有宗教的共性。张岱年认为理学是哲学,张载的学说基本上

① 《张岱年全集》第5卷,河北教育出版社1996年版,第476—477页。
② 《张岱年全集》第8卷,河北教育出版社1996年版,第617—618页。
③ 《张岱年全集》第5卷,河北教育出版社1996年版,第383—384页。

是唯物主义,程朱学说是客观唯心主义,陆王的学说是主观唯心主义。张载的唯物主义思想自然不能说成是宗教,即使是哲学的唯心主义"与宗教有联系,也有区别","不承认哲学唯心主义与宗教的联系,是不对的",但"不承认哲学唯心主义与宗教的区别,也是不对的"①。张岱年的意思是,哲学上的唯心主义与宗教是有联系的,但不能因为这种联系就将"哲学上的唯心主义"说成是宗教。在张岱年看来,判断一种学说是不是宗教,就要看它是否具有宗教的一般性质。张岱年认为,理学基本上不信鬼神、不讲上帝、不讲死后问题,所以不是宗教。对于理学非宗教的这个观点,张岱年多次强调并予以阐明。他在《论宋明理学的基本性质》中指出:"理学不信仰有意志的上帝,不信灵魂不死,不信三世报应,没有宗教仪式,更不作祈祷,所以理学不是宗教。"②第三,"三教"之说并不是说儒家是宗教。张岱年解释道,虽然儒、佛、道在唐宋时代并称"三教",但这里的所谓"教"是教化之义,"其所谓教,泛指学说、教训而言",不是现代的所谓宗教。《中庸》云:"天命之谓性,率性之谓道,修道之谓教。"这里,儒教之"教",即"修道之谓教"之教。所谓"儒教即是儒学,并非一种宗教"③。第四,不能因为理学与佛教、道教存在着关系就认为理学是宗教。张岱年指出:"理学汲取了道教和佛教的一些方法,如周敦颐讲'主静无欲',二程经常静坐,这是理学家的一个严重缺点。虽然如此,周、程的学术宗旨,基本倾向还是与佛教、道教不大相同的。我们不能因为理学家采取了佛教、道教的一些修养方法便认为理学是宗教。"④张岱年看法是,理学确实与佛、道等宗教存在着关系,但不能因此就定性理学也就是宗教。事实上,与道教关系密切的道家并非宗教。

(4)宋明理学应包括张载等唯物主义一派。在北宋中期,周敦颐、张载、程颢、程颐都对宇宙人生的根本问题进行了比较深入的探讨,积极宣传所谓"圣人之道",标榜所谓"圣人之学",故而他们的学说被人称为"道学",亦称为"理学"。学术界一般认为宋明理学是指程朱理学和陆王心学两派。对此,张岱年有不同的看法:"一般的见解认为宋明理学分为程朱、陆王两大派,我以为不然。在程朱、陆王两派之外还以张横渠(载)、王浚川(廷相)、王船山(夫之)为代表的另一学派。程朱学派可称为客观唯心主义;陆王学派可称为主观唯心主义;张

① 《张岱年全集》第5卷,河北教育出版社1996年版,第384页。

② 《张岱年全集》第5卷,河北教育出版社1996年版,第384页。

③ 《张岱年全集》第5卷,河北教育出版社1996年版,第385页。

④ 《张岱年全集》第5卷,河北教育出版社1996年版,第385页。

王学派则可称为唯物主义学派。"①张岱年对"宋明理学"这个概念有自己的理解,认为现在的"宋明理学"概念,将"理学"的范围缩小了,不符合中国哲学史的实际;因而,他主张宋明理学中也应该包括唯物主义一派,而不仅仅是唯心主义一派。他提出这样的问题:"所谓理学,是否可以说完全是一个唯心主义流派呢?反理学与理学的斗争,是否即是唯物主义与唯心主义的斗争呢?"②为了回答这个问题,张岱年考察了宋明理学的历史,对理学所包括的范围予以厘定,认为北宋时期"理学"在开创之后,在内容上即已包括张载等唯物主义一派,他指出:"北宋建国以后,经过了百年的酝酿,到了神宗时代,哲学思想才达到较高的成就,出现了不同的学派。王安石革新经学,颁布《三经新义》,当时被称为'新学'。张载讲学于关中,被称为关中之学,简称'关学'。程颢、程颐讲学于洛阳,被称为伊洛之学,简称'洛学'。后人追溯二程学说的来源,表扬了二程的本师周敦颐,周敦颐的学说被称为濂溪之学,简称'濂学'。同时的邵雍专讲象数,称为象数之学,简称'数学'。司马光的思想与二程接近,但司马光的弟子反对程颢,司马光及其弟子的学说,被称为'朔学'。苏轼、苏辙兄弟是著名的文学家,也有些哲学思想,他们既反对王安石,也反对程颢,称为'蜀学'。南宋初年,朱熹综合了周、张、邵、程的思想,陆九渊宣扬周敦颐、程颢的观点。当时周、张、二程以及朱、陆的学说总称为理学。"③张岱年认为,不仅在北宋中期的学术界,张载一派学说就是在"理学"之内,而且张载学说也有一部分为南宋时期朱熹学说所继承,因而张载一派理应在理学之中。张岱年指出:"到南宋时期,张(载)、程(颢)之学继续流传下来。二程的四传弟子朱熹建造了一个庞大的哲学体系,他既讲理,也讲气,他以理为太极,所以他的哲学是一种客观唯心主义,又以气作为构成天地万物的材料。朱熹关于理的学说,是继承程颢的;关于气的学说,是继承张载的。朱氏的哲学体系可以说的对张、程学说的综合,不过以程学为主。朱熹兼综张、程之说,表现了唯物主义与唯心主义的互相影响。"④在张岱年看来,宋明新儒家至少应分为四派:第一,从张载到王廷相、王夫之的学说,可称为唯物主义的理性主义;第二,程、朱学派,系客观唯心主义;第三,陆、王学派,系主观唯心主义;第四,功利学派,包括王安石、陈亮、叶适,可称为唯物主义的功利学说。由此,张岱年不同意将宋明理学仅仅看作是程朱理学和陆王心学,而主张"张、

① 《张岱年全集》第8卷,河北教育出版社1996年版,第618页。

② 《张岱年全集》第5卷,河北教育出版社1996年版,第365页。

③ 《张岱年全集》第5卷,河北教育出版社1996年版,第365—366页。

④ 《张岱年全集》第5卷,河北教育出版社1996年版,第370—371页。

程、朱、陆,都被称为理学”。他明确指出:“所谓‘道学’,实际上包括三个流派:一是张载的‘气’一元论,后来到明代的王廷相和明、清之际的王夫子才得到进一步的发展。二是程颢、朱熹的‘理’一元论,后来成为南宋中期至清代中期的官方哲学。三是陆九渊的‘心’一元论,到明代的王守仁得到了充分的发展。”① 张岱年依据理学发展的实际来界定“理学”的内容,主张将张载、王廷相、王夫之等为代表的唯物主义划入宋明理学的范围之内,从而整体地估价宋元哲学的基本派别及发展面貌,这为重新研究宋元哲学提出了新的研究思路。

6. 关于中国哲学范畴的研究。张岱年多年来重视中国哲学固有范畴的分析与研究,在学术界引起广泛的反响。早在 20 世纪 30 年代,张岱年走上哲学研究道路时就注意考察和分析中国古典哲学概念范畴的意义,如在 1935 年撰写的《中国哲学大纲》中就对中国哲学的基本概念范畴进行了重要的探索与诠释。1955 年撰写了《中国古典哲学中若干基本概念的起源与演变》,对中国哲学中几个重要的范畴作了研究。中共十一届三中全会后,张岱年将中国古代哲学的概念范畴作为专门的研究任务。他于 1985 年在《中国社会科学》第 2 期发表《论中国古代哲学的范畴体系》,1987 年又在中国社会科学出版社出版专著《中国古典哲学概念范畴要论》一书,对于中国古代哲学的概念范畴作了全面的梳理和学术上的评说。张岱年是当代中国学术界研究中国传统哲学范畴最有成就的学者。

张岱年认为中国古代哲学是靠其范畴体系予以构建起来的,中国哲学范畴亦有其基本特点。在他看来,范畴就是基本概念,中国古代哲学的范畴既有与西方哲学范畴共同的特点,也有其自身的特点。就中国古代哲学范畴而言,主要有三个特点:一是“历史性”,即中国古代哲学中的每一个范畴,“都有一个历史发展过程,有一个发生、发展、演变的过程”②。张岱年将中国哲学史的范畴分为四个阶段:第一个阶段为先秦。这一阶段,由先秦许多思想家提出诸多范畴,先秦哲学对中国哲学范畴发展影响最大的是《论语》、《孟子》、《周易》、《老子》、《庄子》这五部书,而以《老子》和《易传》的影响为最大。《老子》提出“道”的本体论观念对后世影响特别大,而“一”、“无”、“反”等范畴亦影响深远。《易传》提出的如形而上、形而下、道、器、太极、阴阳、生、元亨利贞等范畴,为宋代以后所普遍采用。第二阶段是汉魏两晋六朝隋唐。这阶段,体用范畴流行,何晏、王弼、阮

① 《张岱年全集》第 5 卷,河北教育出版社 1996 年版,第 380 页。

② 《张岱年全集》第 5 卷,河北教育出版社 1996 年版,第 578 页。

籍、嵇康、向秀、郭象皆有一个范畴体系,魏晋玄学标志着中国哲学范畴发展到了一个更高的阶段,而佛教在此期间兴盛又带来了一套范畴体系。第三个阶段是宋元明清,理学有"气"、"理"、"心"三个最高范畴,不仅讲道器、理气、心物、体用、心性等根本问题,而且也讲义利、理欲、性情、生死等问题,使哲学范畴有进一步发展。第四阶段是近现代,这个阶段中国哲学的一套范畴,一方面是从西方引进物质、精神、规律、存在等范畴,另一方面也大都有古书的根据。二是"双重性或两重性",也可叫学派性,"即同一范畴在不同学派那里有不同的用法,有不同的理解,主要是唯物主义和唯心主义两大基本派别的不同用法和理解"①。张岱年举例说,"道"这个范畴在唯物与唯心两派中就有不同的理解与不同的用法。老子所谓道是最高的本体,是抽象性的绝对,这是客观唯心主义的理解和用法。而《管子》认为"道在天地之间",韩非认为道是"万理之所稽",道是万理的总和、事物的基本规律,道不是超越世界的,这是唯物主义的理解。道在宋代以后也有新的理解,宋代的张载认为道就是气化过程,清代的戴震认为道就是"气化流行,生生不息",这都是唯物主义的理解。三是"综合性或融贯性",这是中国哲学范畴特有的性质,说的是中国古代哲学中的宇宙哲学与道德哲学,在范畴上具有融贯性与关联性的特点,呈现出"本体论与伦理学密切结合,认识方法与修养方面密切结合",所以"许多范畴既有本体论意义,又有伦理学意义,两个意义可以分而分不开"②。张岱年认为,此种情形源于中国古代对于自然规律与社会规律、自然规律与道德规范之间的关系存在着"有所见而又讲不清的状态"。他举例说,"道"这个范畴在唯心主义那里被认为是最高本体,但同时又是人生最高标准;朱熹的"太极"既是最高本体,又是最高理想、道德准则,这两种意义又互相结合,分而不分,不分而可分。又如"知"这个范畴,既是认识作用,又是道德意识,王守仁所谓良知,即指先验的道德意识。这反映了中国哲学把本体论与伦理学、认识论与修养法密切结合的情况。

张岱年1987年在中国社会科学出版社出版的《中国古典哲学概念范畴要论》,是一部系统研究中国哲学范畴的拓荒之作,具有丰富的内容和鲜明的特色:

首先,该著对于"范畴"进行严格的界定,厘清其范围,对于中国古代哲学中"范畴"的问题进行学术上的探讨。中国哲学中具有名词、概念、范畴性质的用

① 《张岱年全集》第5卷,河北教育出版社1996年版,第582页。

② 《张岱年全集》第5卷,河北教育出版社1996年版,第583页。

语很多,在不同的时代、不同的哲学家中含义不同,相互间的关系亦极为复杂。研究中国哲学首先得清楚哪些概念属于范畴,而要界定何者为范畴则须有一定的原则。为此,张岱年提出了几条原则:(1)能够"表示存在的统一性、普遍联系和普遍准则的可以称为范畴"。在中国哲学史研究中,确定何者为范畴,首先需要将概念从名词中分离出来,其次就是需要将范畴从概念中提炼出来。在张岱年看来,名词、概念、范畴三者既有同一性,又有差别性。但并非所有名词都能成为概念的,只有"表示普遍存在或表示事物类型的名词可成为概念",如物、马等等。由此,仅仅表示一个人或某一物的名词不能叫作概念,如一人的姓名称号或某一历史事件的名称等都不是概念。但在概念之中,也不是所有的概念都能称为范畴的,其中有些就不是范畴。这就需要将"范畴"从"概念"中分离出来。为此,张岱年提出一个标准:"表示存在的统一性、普遍联系和普遍准则的可以称为范畴,而一些常识的概念,如山、水、日、月、牛、马等等,不能叫做范畴。"①这就使范畴能够从一般的概念中分离出来。(2)"一家独用的概念或名词不能算作有普遍意义的范畴"。张岱年将是否有普遍性作为范畴的要件,认为作为范畴就应该"后来被许多人普遍采用了",因而不具有普遍性的、"没有引起反响"的有些概念,不能提升为范畴。基于这样的认识,张岱年又提出一个标准:"凡一家独用的概念或名词,不能算做有普遍意义的范畴。"②张岱年把独创性作为范畴的条件,但认为即使具有独创性却不具有普遍性的,也就不能叫作"普遍意义的范畴",这是从普遍性上立论的,并不否认其所具有的范畴性质。他举例说,墨子所讲"三表"在墨家思想中是很重要的,但没有被别的学派接受,墨家绝灭之后,"三表"成为一个历史名词了;公孙龙所谓的"指"是一家独创性的概念,也就没有成为一个普遍承认的范畴;"玄冥"、"独化"等概念,虽然在两晋南北朝时期颇为流行,但后来就销声匿迹,唐宋以后则无人采用,因而不能算有普遍意义的范畴。(3)有些具有独创的概念如果"正确地反映了客观实际的某一方面"的可以称为范畴。张岱年对于范畴的"普遍性"问题有自己的认识,认为也不能一味地以社会上是否流行作为最终的标准,主张以其是否反映事物客观实际作为依据。所以,他说:"也有一些思想家提出了一些独创的概念,虽然没有普遍流行,却是正确地反映了客观实际的某一方面,具有较高的理论价值,所以仍可称

---

① 《张岱年全集》第4卷,河北教育出版社1996年版,第456页。
② 《张岱年全集》第4卷,河北教育出版社1996年版,第456页。

为哲学范畴。"[①]他举例说,张载所谓"能"、方以智所谓"反因",尽管没有得到流行,但因为是"独创"且在某一方面反映客观实际,因而也可以列入古代哲学的范畴。(4)一个范畴虽各家使用而含义不同仍为"同一个范畴"。哲学史上的范畴,其使用的情况比较复杂。如有些范畴不少思想家使用,但赋予了不同的含义;又如有些范畴是某一思想家首先提出并加以阐明;再如,也有一些范畴虽非某一思想家率先提出,但是这一思想家加以详细地说明的。张岱年主张按照范畴本身加以研究,不同思想家使用同一范畴,尽管含义有所不同,也应列入同一范畴。他说:"在不同的哲学体系中具有不同含义的哲学范畴,在哲学史上还可以算做同一个范畴。"[②]张岱年的这一主张,有助于探求哲学史上范畴在不同哲学体系中的不同,同时也有助于看出范畴的历史发展。

其次,该著力求把握中国哲学范畴的总体面貌,概述了先秦至明清的哲学和有关典籍中的哲学范畴,并加以科学的分类。张岱年对于中国哲学范畴有总体的把握,分 20 个方面、按时间顺序和学术体系一一列举各家的哲学范畴,有助于学术界对于中国哲学史范畴的全面了解。张岱年认为,先秦哲学典籍中,在范畴发展史上对后世影响最大的是《论语》、《老子》、《易传》,其次是《中庸》、《孟子》,而《论语》、《老子》、《易传》所提出的范畴成为中国传统哲学的重要范畴。此言不虚,这从他列举的这几部著作的范畴中可见。如列举《论语》中的哲学范畴有:道、天道、德、仁、礼、恕、孝、弟、智、勇、美、善、中庸、两端、性、习、学、思、一贯;《老子》中的哲学范畴有:道、一、朴、器、有、无、常、玄、虚静、反复、自然、无为、势;《易传》中的哲学范畴有:太极、阴阳、健顺、生、易、变化、动静、道器、形上形下、神、几、日新;《中庸》中哲学范畴有:中和、德性、诚明、慎独;《孟子》中哲学范畴有:仁义礼智、孝悌忠信、志、气、心、物、理、义、觉、诚、良知良能、浩然之气、良贵。张岱年对于《庄子》、《管子》、墨家以及其后汉儒、魏晋玄学、隋唐佛学、宋明理学等各学派的范畴也都列出,使中国哲学范畴的概貌呈现出来。张岱年对于中国哲学的范畴还进行分类,一是按"单一范畴"进行分类,共列 78 个概念范畴;一是按"对偶范畴"进行分类,共 48 对概念范畴。在"单一范畴"中,分列了最高范畴、虚位范畴与定名范畴,每一类的次序参照了可考的历史顺序。这里,最高范畴指思想家建立其哲学体系时所设定的表示世界本原或最高实体的范畴,虚位范畴指各家通用而可以加上不同规定的范畴,定名范畴指具有确定内涵

① 《张岱年全集》第 4 卷,河北教育出版社 1996 年版,第 456 页。
② 《张岱年全集》第 4 卷,河北教育出版社 1996 年版,第 456 页。

的范畴。张岱年鉴于中国哲学主要是讨论天道、人道以及知天知人的问题，在“对偶范畴”中将中国哲学范畴分为“天道范畴、人道范畴、知言范畴”这三类。经过上面的分类，张岱年经过“删繁就简，去粗取精”，最后选出最重要、最具有中国特色的十六对范畴。这十六对范畴是：1. 天人，2. 有无，3. 体用，4. 道器，5. 阴阳，6. 动静，7. 常变，8. 理气，9. 形神，10. 心物，11. 力命，12. 仁义，13. 性习，14. 诚明，15. 能所，16. 知行。[①] 张岱年对于中国古代哲学范畴的分类，特别注意把握中国哲学范畴中能够体现中国特色且极为重要的范畴，这也是他开展范畴研究的一个指导思想。

最后，该著在构架的设计以及在论述方法上有着历史与逻辑相统一的特色。该著以发表在《中国社会科学》上的《论中国古代哲学的范畴体系》作为“绪论”，从中国古代哲学著作中的“名”与“字”谈起，就范畴体系的层次与演变、中国古代哲学范畴的总体系、哲学范畴的循旧与立新等问题，作了精辟的阐述。著作的主体部分，以自然哲学范畴、人生哲学范畴、知识论范畴为骨干，分为四篇叙述：第一及第二两篇专门研究自然哲学概念范畴，就中国哲学中有关自然问题的35个概念范畴进行研究；第三篇研究人生哲学范畴，专门研究了中国古代哲学中15个有关人生问题的概念范畴；第四篇研究知识论概念范畴，专门探讨了中国哲学中10个有关知识论的概念范畴。该书在研究方法上最显著的特色，是对每一个所研究的范畴作出历史的梳理，揭示其源头所在及演变、发展的脉络，追踪范畴含义的变化及各学派所给予的新观点、新见解，同时又整体地、逻辑地概括这一范畴的多面意义。这之中，引证大量的古籍材料，并充分地进行文字的疏证和思想上的诠释，使史学研究方法与理论分析方法高度结合，体现了历史与逻辑的有机统一。譬如，该书研究“道”这个范畴，从源头上分析春秋时期的“天道”，重点阐发老子学说中的“道”这个范畴及其体系，认为“老子提出道的观念来，实际上是强调普遍规律的重要”，是“把普遍规律看做最高的实体，把普遍规律实体化了”[②]。接着，张岱年一方面分析稍后于老子的《易传》所代表的儒家一脉对于“道”所给出的“另一种学说”，说明其在“一阴一阳之谓道”路径下所提出的“形而上者谓之道，形而下者谓之器”理论及其对宋代哲学的影响；另一方面循着《庄子》对老子“道”的发挥及《管子》对老子“道”的改造的路线，说明“庄子发挥了老子的观点”而“《管子》、荀子、韩非子则从唯物主义的观点对老子

① 《张岱年全集》第4卷，河北教育出版社1996年版，第465页。

② 《张岱年全集》第4卷，河北教育出版社1996年版，第477页。

的道进行了改造”,其结果就是在先秦时代在关于“道”的问题上形成“唯物主义者与唯心主义者的对立斗争与交互影响”的格局①。继而,张岱年将“道”这一范畴的演变继续下移,鉴于“从汉至唐,关于道,没有出现新的见解”,直接推衍到宋元明清,就“张载以气言道”、“二程以理言道”、朱熹承继二程“以理为道”、王夫之倡导“道者天地人物之通理”、颜元以道为“涵养理气的总体”、戴震认道为“气化”作历史概述,说明宋元明清以张载、王夫之、颜元、戴震的唯物主义与以二程、朱熹的唯心主义之间的斗争。最后,张岱年对于“道”这一范畴在内涵上给予这样的概括:“中国古代哲学中道的观念,确有深刻复杂的含义。道的观念至少蕴含四层含义:(一)事物的存在都有其变化的过程。(二)在事物变化的过程中具有相对不变的规律。(三)事物有其特殊的规律,也有统一的普遍规律,这普遍的规律之曰道;有些思想家则以事物变化的总过程为道。(四)有些思想家把普遍规律抬高到物质世界之上,看作最高的实体,世界的本原,于是成为一个观念的虚构。老庄、程朱都是如此。而《易大传》、《管子》书和张载、王夫之等则反对这种虚构。总之,道包含过程与规律的意义,这都是客观世界的反映。”②这只是就《中国古典哲学概念范畴要论》中关于“道”范畴论述的举例。事实上,该著在阐述每个范畴时皆把历史与逻辑结合起来,既看到范畴演变的历史脉络,又看到范畴的思想内涵及基本面貌。特别要说明的是,该著在范畴的研究中还善于梳理这一范畴与另一范畴的关系,有时还将范畴与西方哲学的范畴进行比较,使人们能够从中看到范畴之间的联系。限于篇幅,这里就不再举例说明了。

张岱年关于中国哲学范畴的研究是在系统掌握中国哲学资料的基础上进行的,以扎实的资料积累功夫和多年的研究经验为基础,显现了深厚的学术功力和卓越的学术见识。张岱年为中国哲学史研究开辟了新的道路,推动了中国哲学史研究中“范畴热”到来,为当今中国哲学史的研究提供了新的研究方向。

二、中国伦理思想与价值观的研究

张岱年长期以来关注中国伦理思想与价值观的问题,并在其旧著《中国哲

① 《张岱年全集》第4卷,河北教育出版社1996年版,第480页。

② 《张岱年全集》第4卷,河北教育出版社1996年版,第482页。

学史大纲》中给予了高度的重视,详细地叙述了历代的人生理论。张岱年于1985年撰写了《中国伦理思想研究》一书,结合自己多年来对于伦理道德问题的思考,运用马克思主义进一步研究伦理道德问题,提出了一些独具特色的主张,阐发了中国伦理思想发展的脉络及其基本面貌,凸显了中国伦理道德的价值所在。在中国理论思想与价值观的研究方面,张岱年的学术贡献主要是:

第一,在道德的阶级性与继承性问题上,提出了"道德的普遍形式与特殊性内容"的学术观点。本来,任何事物都是形式与内容的统一,有其内在的内容,也有外在的形式,在道德问题上也是一样。但学术界往往以阶级性来诠释道德的内容,否认道德在其发展过程中有着普遍性的方面,因而也就不承认道德有其普遍的形式。张岱年不同意否认道德普遍性的观点,认为道德既有特殊性的内容,也有其普遍性形式。他指出:"道德观念和道德规范有一个显著的特点,即一方面具有普遍性形式,一方面又具有特殊性的内容。道德准则的一般方式是对于一切人都应如何如何,而在实际上只是对于一定范围的人如何如何。……我认为,从古以来,道德原则都是具有普遍性形式的,这正是道德所以为道德的特点。如果舍弃了普遍性形式,那也就失去了道德原则的严肃意义了。"[①]他举例说,孔子宣扬仁者爱人,主张泛爱众,即爱一切人,实际上仅只爱一定范围的人。墨子宣扬兼爱,主张爱无差等,实际上也不可能爱一切人。这是道德规范的通例。从古以来,道德原则都是具有普遍性形式的。不同阶级的道德经常具有共同的形式,而各自蕴含特定的内容。那么,为什么道德会具有"普遍形式"呢?张岱年承认在阶级社会中道德具有鲜明的阶级性,但他认为道德在一方面"反映了统治阶级的利益"的同时,也在另一方面"在一定程度上反映了社会的共同利益",因而统治阶级也就必然"以公共利益的维护者自居",这又使得统治阶级必须"一方面反对国家内部对于公共利益的侵犯,另一方面反对外来的侵略以保卫民族的独立"。对于这个道理,张岱年以中国历史上道德的作用为例进行解释:"在中国历史上,统治阶级的道德一般要起两方面的作用:一方面维护当时的统治秩序,力图显示阶级统治的合理性;另一方面也要保证被统治的人民的一定程度的生活,使他们安于受统治的地位,能够'安居乐业'。这样,统治阶级的道德既须反对被压迫阶级的'犯上作乱',同时也要反对统治阶级内部的分子'违法乱纪'。统治阶级的道德是维护剥削的,但也要把剥削限制在一定的范围之内。一些特权者对人民'敲骨吸髓',加重压迫与剥削,那是违反道德的。封

① 《张岱年全集》第3卷,河北教育出版社1996年版,第544页。

建统治阶级虽然往往把统治阶级的利益冒充为公共利益,但是确实也重视那些与被压迫阶级利益密切联系的真实的公共利益。”①所以,张岱年认为道德观念、道德范畴都有形式与内容两个方面,而不同阶级的道德也“经常是具有共同的形式”,但“各自蕴含特定的内容”。于是,在中国封建社会中,存在着不同阶级共同肯定的道德,其显著的例证是信与廉,就是说“信是最基本的公共道德之一”,“廉也为不同阶级所共同肯定”;也存在着一些统治阶级和劳动人民都加以宣扬的道德规范,但各自的实际要求却不相同,如“义”与“勇”这两个道德规范,“统治阶级所谓义的主要含义是承认私有财产、保护私有财产,而劳动人民所谓义的主要含义是承认人人均等、有福同享。统治阶级所谓勇是为统治者冒险冲锋,劳动人民所谓勇是敢于反抗统治者的压迫。”②张岱年不仅以社会上“公共利益”的视角从理论上说明了道德的普遍性问题,而且以中国历史上的道德规范予以论证,从而有力地揭示了“道德的普遍性形式”这一需要重点研究的学术课题。

第二,在人性与阶级性关系问题上,提出了“人性是具体的共相”的学术观点。人类有没有共同的本性呢?如果有,那是一种怎样的共性呢?这是在人性研究中必须回答的问题。但有些人认为人性就是阶级性,不承认人类有共同本性的存在,这种观点在中国学术界影响很大。对于这个观点,张岱年提出了质疑:“这在理论上是讲不通的。世界上任何物类都有其共性,何独人类没有共性呢?孟子说:‘然则犬之性犹牛之性、牛之性犹人之性与?’犬有犬之性,牛有牛之性,如何能说人没有人之性呢?从实际情况来讲,阶级是人类历史上一定阶段才出现的,在阶级出现以前,人类已经历了长期的发展过程。能说在漫长的原始社会时代,人类就没有所谓人性吗?所以,无论从理论或实际来讲,人类有共同本性是必须承认的。”③但在阶级社会中,不同阶级的人们的好恶取舍是不同的,这确是彰明较著的事实。因此,在承认人类具有共性的前提下,必须要回答人类共性与阶级性的关系问题。对此,张岱年的回答是:“人类共性与阶级性的关系如何?我们认为,这应是一般(普遍)与特殊的关系。一般、特殊、个别,是三个层次。‘共同人性’是‘一般’,‘阶级性’是‘特殊’,每个人的‘个性’是‘个别’。作为‘一般’的人类共性与作为‘特殊’的阶级性都可以说是人性的内容。至于个人的‘个性’虽也是人性的表现,但不属于普遍性的所谓人性了。”④这里,张

① 《张岱年全集》第3卷,河北教育出版社1996年版,第545页。

② 《张岱年全集》第3卷,河北教育出版社1996年版,第545页。

③ 《张岱年全集》第3卷,河北教育出版社1996年版,第561页。

④ 《张岱年全集》第3卷,河北教育出版社1996年版,第562页。

岱年将人性与阶级性的关系作了普遍与特殊关系的解读，说明人类共性的存在乃是阶级性存在的前提。由此，张岱年认为，一般寓于特殊之中，没有脱离特殊的一般，但确实有存在于特殊之中的一般；在阶级社会，人性寓于阶级性之中，但是决不能否认人类共性的存在。问题是，人类的共性到底是什么？张岱年认为，应该在人性的发展中来看待人性，因为“所谓人性本来就是在历史过程中形成的”，具体说就是，“人类是通过劳动而诞生的，人性是在人的劳动过程中形成的，人性在形成之后也是随时代的改变而改变的”，亦即“人性随生产方式的改变而改变”。基于对人性形成的历史解读，为了彻底说明人性问题，张岱年提出“人性是具体的共相”的观点。他指出：“用哲学名词来说，人性是一个共相，也就是一种普遍性。凡共相或者普遍性都是一个抽象，但是科学的抽象不仅是抽象，而且含有具体的内容。这个，黑格尔称之为‘具体的共相’或‘具体的普遍性’。”①以往哲学家大多把人性看作一个抽象的共相，因而提出了许多片面性的见解。张岱年提出“人性是一个具体的共相”观点，确认人类存在着其共同性，但这种共同性不仅仅是抽象的，乃是有着“具体的内容”或者说是具体的规定。所以，张岱年对于自己的这个观点有一个概括性的结论，他说：“我认为，人性应是一个具体的共相。……实际上人性乃是一个具体的共相。具体的共相包含许多规定，是许多规定的综合。人性概念之中，包含人类共性，不同民族的民族性，不同时代不同阶级的阶级性，要之包含人类的共性以及各种类型的特殊性。”②张岱年提出的“人性是具体的共相”观点，不仅在一般与特殊的关系中凸显了人性的价值内涵，而且在社会历史性中很好地解说了人性与阶级性的关系，这是其人性研究中的创造性观点，也是依据马克思主义观点在人性研究中的创新性成果，丰富和发展了马克思主义伦理思想宝库。

第三，主张对待传统的“三纲五常”要采取具体分析的态度，尤其是对于“五常”要注意其具有普遍性的价值。研究伦理思想必然涉及如何看待中国传统的“纲常”问题。在中国封建制时代，统治阶级的最高道德原则是三纲五常。三纲即“君为臣纲，父为子纲，夫为妻纲”；五常即仁、义、礼、智、信。据张岱年研究，先秦时代儒家代表人物孔子、孟子、荀子都未讲过三纲。三纲之说，始于汉代的董仲舒。到了南宋，出现了臣对君、子对父、妻对夫应绝对服从的思想。他指出：“朱熹及其门徒，既宣扬‘天下无不是底父母’，又宣扬‘天下无不是底君’，把臣

① 《张岱年全集》第3卷，河北教育出版社1996年版，第564页。

② 《张岱年全集》第3卷，河北教育出版社1996年版，第565页。

对君、子对父的关系看做绝对服从的关系。南宋以后的三纲之说，要求臣必须绝对服从君，子必须绝对服从父，妻必须绝对服从夫。这也就是否认了臣、子、妻的独立人格，也就是要求除最高统治者以外，一切人都应甘受奴役。这种观念在宋元明清时代发生了极其恶劣的不良影响。”①在张岱年看来，“三纲”是反动的，在新文化运动中受到批判是必然的。新文化运动批判旧道德，其主要批判对象即是三纲，清除尊君思想、反对家长制、提倡男女平等，这确实具有伟大的革命意义。但“五常”问题比较复杂，“五常”固然都有其阶级性，但还不能认为都是反动的，那种指责“封建纲常”的无分析的态度是不可取的。张岱年的看法是，五常之中最单纯的是“信”，信即诚实，即说话符合事实，这是人与人之间相互对待的基本道德，是必须肯定的。仁、义、礼都是有阶级性的，仁爱学说可以说是古代人道主义，这种人道主义有其时代的和阶级性的局限性，但仁爱学说反对暴虐的苛政，还是有一定积极作用的。儒家所谓义含有尊重人们的社会地位、尊重人们的所有权的意义，但也含有尊重人们的独立人格的意义。张岱年举例说，孔子讲“杀身成仁”，孟子讲“舍生取义”，只有在两种情况之下才必须如此，一是为了救国救民，一是为了保卫自己的人格尊严。“为了挽救民族的危机或为了挽救别人的生命而敢于自我牺牲，或者为了保持自己的独立人格而宁死不辱，这些都是高贵的道德行为，这是必须肯定的。”②关于礼，古代的繁文缛节是必须反对的，但人间交际的礼节还是不可缺少的。智是道德觉悟，古代所讲的道德觉悟也有其阶级性，时至今日，应该有更高的道德觉悟。鉴于这样的认识，张岱年主张对待“五常”，既要看到其在中国封建社会中的阶级性，但同时也要看到其在社会生活中的普遍意义，因而不同意将“五常”与“三纲”联系在一起一律斥之为“反动”。他指出：“仁义礼智信都有其阶级意义，然而也还有更根本的普遍意义。仁的根本意义是承认别人与自己是同类，在通常的情况下对于别人应有同情心；义的根本意义是尊重公共利益，不侵犯别人的利益；礼的根本意义是人与人的相互交往应遵守一定的规矩；智的根本意义是肯定‘是非善恶’的区别；信的根本意义是对别人应遵守诺言。这种普遍意义与阶级意义是普遍与特殊的关系。普遍的是原则，特殊的是原则的应用。在阶级社会，仁义礼智信的普遍原则不可能贯彻实行，但是必须在一定程度上、一定范围内有所遵行，否则社会生活就不能维持。而且，完全违背这些原则的人，即完全不讲道德的人，必然是自取灭亡。

① 《张岱年全集》第3卷，河北教育出版社1996年版，第609页。
② 《张岱年全集》第8卷，河北教育出版社1996年版，第620页。

不辨是非，不仁不义，无礼无信，即令一时得逞，也将必身败名裂。古往今来，这样的实例不是罕见的。……前几年有些关于古代伦理思想的论著把仁义礼智信五常一概斥为反动思想，那是缺乏分析的，不是科学的态度。”①从学理上来看，张岱年提出的“五常”普遍性问题，是基于他的“人性是具体的共相”的观点，因为人类如果不具有“共相”，人类的社会生活之中也就不会有道德规范、道德准则上的普遍性的内涵，尽管人是社会中的人，并且在阶级社会中也都赋予阶级性的身份，但总有一些是社会运行所不可缺少的东西。事实上，如果道德本身没有值得吸取的普遍性的东西，如果没有能够反映人性需要及社会需要的具有共同性东西，也就没有“批判地继承”的必要，从而也就没有加以研究的必要。张岱年提出“五常”的普遍性问题，是用普遍性与特殊性关系原理来对道德问题采取具体分析的态度，看到社会运行中所具有的普遍意义的内涵，从哲学的层面深化了社会伦理问题的研究。

第四，在传统价值观方面开展深入的研究，开拓了中国哲学史研究的新视野。张岱年在20世纪80年代初，发表了《简评中国哲学史上关于人的价值的学说》、《中国古典哲学的价值观》、《中国哲学中的价值学说》等文章，在学术界首次提出并倡导要对中国哲学中价值观开展研究，借以为当代中国价值观的建设提供本土化的资源。据张岱年考察，“价值”一词是后起的，在中国古代哲学中具有此意义的是“贵”。“贵”的本义指爵位崇高，后来引申而指性质优越的事物②。据此，行为的价值称为善，艺术的价值称为美，认识的价值在道家称之为真，在儒家称之为诚。在张岱年看来，价值论在中国古代哲学中有着重要的地位，是中国古代哲学的重要内容。他指出：“价值论的名称是近代才有的，而关于价值论的思想学说，则不论中国与西方，都是古已有之。在中国，至少可上溯到孔子；在西方，至少可上溯到柏拉图。在先秦时代，孔子‘仁者安仁’的价值观，与墨子以‘国家百姓人民之大利’为最高准绳的价值观，有重要的分歧。孟子‘物之不齐，物之情也’的价值观与庄子‘万物一齐’的价值观，更是相互对立的。到宋元明清时代，主要的哲学家莫不各有其关于价值标准的观点。应该承认，价值观是中国古典哲学的一个重要方面。”③由此，张岱年在《中国古典哲学的价值观》中，对于春秋以来重要哲学家的价值观做过学术上的梳理，按照历史

---

① 《张岱年全集》第3卷，河北教育出版社1996年版，第622—623页。
② 《张岱年全集》第6卷，河北教育出版社1996年版，第67页。
③ 《张岱年全集》第6卷，河北教育出版社1996年版，第66页。

演变的顺序研究了春秋时代的“三不朽”说、孔子“义以为上”及“仁者安仁”的道德至上论、墨子崇尚公利的功用价值论、孟子宣扬“天爵”及“良贵”的人生价值论、道家“物无贵贱”的相对价值论、《易传》与荀子关于价值标准的学说、法家的道德无用论、董仲舒“莫贵于义”的价值观、王充提倡“德力具足”的价值观、宋明理学的价值观、王夫之“珍生务义”的价值论①。张岱年通过梳理中国哲学价值观的发展历程,认为中国古代多数思想家都肯定人在“天地之间”有重要的意义,人与一般动物相比有高贵的价值。“这所谓人的价值,一方面是对‘天’而言,或对‘神’而言;一方面是对‘物’即对别的动物而言。在中国传统文化中,宗教意识比较淡薄,对于神的信仰在中国哲学中不占重要地位,无神论者更否认神的存在。多数思想家都以人的问题作为理论研究的中心问题,而不重视关于神的问题。多数思想家认为,人高出于一般动物之上,在自然界中有重要的作用。”②尽管如此,但先秦时代的儒、道、墨、法四家中,其价值观还是彼此不同的。儒家主张“义以为上”、“仁者安仁”,认为道德是至上的,肯定道德具有内在价值。墨家以“国家百姓人民之利”为最高价值,断言“义、利也”,所谓义即是公利,这是以公利为价值的标准。道家则宣称“物无贵贱”,认为一般所谓价值都是相对的,只有绝对的道才具有超越一切价值。法家则认为儒墨所谓的道德都是无用的,只有“力”才具有价值。因此,可以将中国哲学中的价值学说分为四大类:“儒家认为道德是至高无上的,道德不是达到别的目的的手段。儒家的价值观可称为内在价值论。墨家的价值观认为道德的价值在于符合人民的利益,可称为功用价值论。道家认为儒墨所讲的道德都是相对的,并非真正的价值,只有绝对的‘道’才是最高的价值,‘道’是超越一切相对的事物的,道的价值可称为超越的价值,道家的价值论可称为超越价值论(theory of transcendental value)。法家认为儒家所讲的道德是无用而有害的,最有价值的是力,可称为唯力价值论(theory of force as the primary value)。”③张岱年重视中国古代价值论的意义与地位,他有这样的评价:“中国古代‘天地之性人为贵’的思想,虽然没有否定等级制度,没有达到民主主义思想,却是民主思想的必要前提。如果认为可以把人和牛羊犬马同等看待,那民主也就无从谈起了。”④张岱年认为研究价值问题就要重视人的价值问题的研究,因而他十分注重中国文化中关于人的价值问题的探

① 参见《张岱年全集》第6卷,河北教育出版社1996年版,第68—83页。

② 《张岱年全集》第5卷,河北教育出版社1996年版,第407—408页。

③ 《张岱年全集》第6卷,河北教育出版社1996年版,第467—468页。

④ 《张岱年全集》第5卷,河北教育出版社1996年版,第417页。

讨,发表了《中国古典哲学中的人格观念》、《中国传统哲学中人的观念》等文章,对于中国哲学中关于人的价值的学说进行阐释。他认为,中国古典哲学以"人"为中心问题,因而具有"人"的观念,为此就需要揭示中国古典哲学中"人"的观念的基本含义。基于这样的考虑,他在《论中国传统哲学中"人"的观念》中,重点研究了六个命题:(1)人者天地之心;(2)人之所以为人者何以也;(3)三军可夺帅也,匹夫不可夺志也;(4)人莫不自为;(5)天地之性人为贵;(6)圣人人伦之至也。此文确认在中国古代哲学中,儒家、墨家、道家、法家各自提出了彼此不同的关于人的见解,不仅对于"人的本质、人的意志自由、人的价值以及人际关系,都进行过讨论和争辩",而且确实有关于"人的尊严"、"独立人格"等关于人的主体性的思想,这就需要我们"反思中国传统哲学的得失,汲取西方哲学的经验,建立符合时代要求的新的关于人的哲学"①。张岱年有着建立"新的关于人的哲学"的热切期待,故而努力挖掘中国古典哲学中关于人的思想资源。他的基本看法是,人的价值问题是价值观中一个极为重要的问题,而中国哲学中儒家对此讲得最多,如《孝经》中记载孔子的言论"天地之性人为贵",虽未必是孔子的原话,但表现了儒家的一贯观点,肯定了人具有高于一般生物的价值。孟子提出了"良贵"观念,认为"人人有贵于己者"谓之"良贵",这里的"良贵"即是人人固有的内在价值,其内容即是道德意识。孟子强调要把人当人看待,不应把人当犬马看待,如孟子说:"食而弗爱,豕交之也;爱而不敬,兽畜之也。"这就是说,孟子主张"人对于人,应该互相尊重"。张岱年的研究结论是:"儒家肯定了人的价值,肯定了人的人格尊严,这是中国古典哲学优秀传统的一项内容。"②张岱年关于中国哲学中价值观的研究,重视中国传统哲学中人学资源的挖掘,开拓了中国哲学史研究的新视野,有力地推动了中国哲学史研究在更高的层次上扩展与深化。

三、文化问题的研究

20 世纪 80 年代全国文化热急剧升温,社会上的文化主张纷繁复杂,儒学的第三期发展主张尤为显目。张岱年自 1984 年以后,多次参加文化研讨会并纵论

① 《张岱年全集》第 6 卷,河北教育出版社 1996 年版,第 404 页。

② 《张岱年全集》第 8 卷,河北教育出版社 1996 年版,第 621—622 页。

文化诸问题，同时还发表了《中国文化与中国哲学》、《中国文化的回顾与前瞻》、《中国传统文化的分析》、《中国文化的历史传统及其更新》、《文化传统与民族精神》等代表性的文化研究的论文，最后形成了《文化与哲学》一书，为中国文化研究作出了重要贡献，而其在文化讨论中所积极倡导的"文化综合创新论"，也成为中国马克思主义学派的旗帜。在文化研究方面，张岱年主要研究了以下五个问题：

(1)中西文化之异同。自五四新文化运动以来，很多学者在比较中认为西方文化是主动的，中国文化是主静的；西方文化是物质文明，中国文化是精神文明。张岱年不同意这种说法，认为不能说中国文化就是静的文化，事实上中国文化亦有动的内容。他指出："中国古代，固然有主静的哲学家，更多的哲学家则主张'动静合一'。主静的哲学家有老子、庄子、王弼、周敦颐等。……孔子则与老子不同，兼重动静。他说：'知者乐水，仁者乐山；知者动，仁者静。'(《论语·雍也》)孔子以仁智并举，以为动与静都是高尚的风度。……朱熹、王守仁都是讲动静合一的。到明清之初，王夫之提出静是'动中之静'的观点，肯定动是绝对的，静是相对的，与王弼之说恰恰相反。……我们综合先秦至明清的哲学思想来看，可以断言，主静的思想并不占主导地位，怎能说中国传统文化是主静的文化呢？"①因此，不能说中国文化是主静的文化。张岱年也不同意那种关于中国文化只是精神文化的说法，认为"这更是一种片面的观点"。他指出："就精神文明而论，中国先秦哲学可以说与西方古希腊哲学媲美。但是，古希腊有两种学术成就，都是中国所缺乏的，一是欧几里得几何体系，二是亚里斯多德形式逻辑体系。能说中国的精神文明高于西方吗？先秦时代，墨家对于几何学与形式逻辑都做出了卓越的贡献，可惜都没有构成完整的体系。中国文化对于世界文化的贡献是四大发明，四大发明对于近代西方文明的兴起是有重要贡献的。这四大发明都属于物质文明，能说中国没有物质文明吗？"②张岱年的观点是，中国固然重视精神文明，但在科学技术方面亦曾有很多重要贡献，因而不能说中国没有物质文明；而西方的哲学、科学都有高度发展，其精神文明也不低于中国。那么，中西文化的差异在什么地方呢？张岱年认为，中西文化的主要差异在于："中国传统文化的主要特点是比较重视人与自然、人与人之间的统一与和谐的关系，而西

① 《张岱年全集》第6卷，河北教育出版社1996年版，第155—156页。

② 《张岱年全集》第6卷，河北教育出版社1996年版，第157—158页。

方则比较重视人与自然、人与人之间的对立斗争的关系。”①张岱年强调，中国传统文化既有时代性，又有民族性；那种仅仅认为中西文化的路向不同或只是社会发展阶段上的差别，都是不正确的。

（2）中国文化发展的基本规律。张岱年在对中国文化发展历程的考察中，总结中国文化发展的经验，并将这种经验上升到规律的高度，从而把思想自由和在汲取外来文化中保持文化的独立性作为中国文化发展的基本规律。首先，张岱年认为思想自由是文化得以发展的一条重要规律。他指出：“在中国文化演变过程中，哪个时代思想比较自由，那个时代文化就比较发展。文化的发展与思想自由有必然的联系。”②他举例说，春秋战国时期是历史转变时期，思想自由，出现了百家争鸣的盛况，诸子百家的思想比较活泼、学术高度发展，出现了孔子、孟子、庄子等许多大思想家。但是，到了汉朝，罢黜百家、独尊儒术，经学占了统治地位，因而西汉时期的思想比较简单，没有先秦时代那样丰富。而到了魏晋时期，经学衰落，当时的思想又比较自由、比较活泼，因而出现了玄学，其理论思维水平高于两汉经学，这是当时对于文化控制较为放松的结果。北宋时期，政权对于学术的控制比较宽松，因而文化学术都有较大的发展。清朝大兴文字狱，动不动就杀头，文化发展就比较困难了。所以思想自由与文化发展有着必然的联系。其次，张岱年认为在文化演变过程中，既须吸收外来文化，又须保持自己本土文化的独立性，这样文化才能有健康的发展。张岱年指出，“一个民族要进步，应该主动汲取外国的先进文化。不然的话，一个民族固步自封、拒绝接受外国的先进文化，就会落后于其他民族，而落后就要挨打。”但是，“在接受外来文化时，有一个问题应该注意，就是要保持民族文化的独立性。民族文化的独立性，也可叫作‘民族文化的主体意识’。……不能丧失民族文化的独立性，不能完全跟着人家学，应该发挥自己的主动精神和创造精神。”③由此，张岱年主张：“摆在我们面前的唯一正确的道路，就是主动地吸收世界先进的文化成就，同时保持民族文化的独立性，认识本民族优秀的文化传统，发扬创造精神，创造自己的新文化。”④张岱年关于文化发展规律的认识是非常深刻的，为推进文化的发展指明了方向。

（3）进行“文化系统”的分析。张岱年在文化理论上提出“文化系统”、“文化要素”等概念，要求分析文化系统的要素，厘清文化系统中各要素之间的“相

① 《张岱年全集》第6卷，河北教育出版社1996年版，第161页。
② 《张岱年全集》第6卷，河北教育出版社1996年版，第142页。
③ 《张岱年全集》第6卷，河北教育出版社1996年版，第167页。
④ 《张岱年全集》第6卷，河北教育出版社1996年版，第171页。

容和不相容的关系”及“可分离和不可分离的关系”。他认为,“文化系统”是与民族联系在一起的,同时又是与时代联系在一起的,并且又是通过“文化要素”来表现的。就是说,不仅“每一民族的文化形成一个文化系统”,而且“每一民族的一定时代的文化也形成自己的系统”,同时“任何文化系统都包含若干要素,可称为文化要素”①。那么,在文化系统之中,“文化要素”究竟有着怎样的特征呢?对此,张岱年基于文化结构性及体系性的看法,一方面从“文化要素”与“文化系统”的关系来分析,另一方面就“文化要素”与“文化要素”之间关系来考察,说明“文化要素”与“文化系统”之间有“相离与不相离”的关系,“文化要素”与“文化要素”之间有“相同与不相同”的关系。他指出:“不同的文化系统包含一些共同的文化要素,也包含一些不同的文化要素。前者表现了文化的普遍性,后者表现了文化的特殊性。……一个文化系统所包含的文化要素,有些是不能脱离原系统而存在的,有些是可以经过改造而容纳到别的文化系统中去。……同一文化系统或不同的文化系统所包含的文化要素之间有相容与不相容的关系。”②因此,有一些文化要素,各属于不同时代、不同地域,不能脱离原来的系统,不可能勉强拼凑在一起。张岱年说:“我认为文化体系内部的各文化元素之间,有可分离的关系和不可分离的关系,有相容的关系和不相容的关系,只有研究这些关系,才能合乎规律地改造文化体系。”③又说:“每一文化体系之中包含许多方面,每一方面包含许多事项,每一事项又包含许多条目。每一条目的内容又包含若干观点、规范、标准、模式等等。一个文化体系之中,有些事项和条目是不能脱离原来的体系而存在的,有些事项和条目具有独立的价值,可以脱离原体系而存在,可以容纳到另一文化体系之中。事项与事项之间,条目与条目之间,有些是相容的,可以共处于一个体系之内;有些是不相容的,彼此不能共处。这些事项与事项、条目与条目之间的可离与不可离、相容与不相容的关系,是必须注意的。”④由此,也就出现诸如宗教和无神论是不相容的、平等思想和等级思想是不相容的、专制主义与学术自由是不相容的、民主与平等是不可分离的、科学同思想自由是不可分离的、科学进步与经济发展是不可分离的等等情形。他还举例说,清末有“中学为体西学为用”之说,企图将三纲五常的旧伦理与近代科学技术结合起来,而事实上君主专制制度与近代科学的发展是不相容的,近代西

① 《张岱年全集》第6卷,河北教育出版社1996年版,第44页。
② 《张岱年全集》第6卷,河北教育出版社1996年版,第44页。
③ 《张岱年全集》第6卷,河北教育出版社1996年版,第450页。
④ 《张岱年全集》第7卷,河北教育出版社1996年版,第59页。

方科学的发展有其经济政治以及哲学的基础。换言之，近代科学的发展与学术自由是不相离的，科学的发现与发明只能产生于学术自由的环境中。西方近代科学与西方的宗教、风俗等共同构成一个文化系统，但是科学是在与宗教斗争中发展起来的，科学与西方的一些社会风俗也没有不可分离的关系。因此，我们没有必要把近代西方的宗教、风俗都移植过来。我们必须慎重考察古今中外的文化系统所包含的文化要素之间的相容不相容以及可离与不可离的关系。

(4)关于彰显民族精神。张岱年提出民族精神问题，并且认为《易传》所讲“自强不息”、“厚德载物”就是中华民族的民族精神的主要内容。他认为，在民族的精神发展中，总有一些思想观念受到人们的尊崇，成为生活行为的最高指导原则。这种最高指导原则是多数人民所信奉的，能够激励人心，在民族的精神发展中起着主导的作用，这可以称为民族文化的主导思想，亦可简称为民族精神[①]。“中华民族有积极的‘民族精神’。什么叫‘民族精神’？就是能促进民族发展的那许多精神。妨碍民族发展的那不叫民族精神，能够促进民族发展的才叫民族精神。”[②]民族精神必须具备两个条件：一是有比较广泛的影响；二是能激励人们前进，有促进社会发展的作用。他认为，中国的民族精神基本上凝结于《周易大传》的两句名言之中，这就是：“天行健，君子以自强不息”；“地势坤，君子以厚德载物”。对于《易传》中这两句话，对中国的民族精神的深刻影响，张岱年作了这样的分析：“中华民族也有自己的民族精神，……《易传》中有两句话，对中国过去的民族精神有决定性的影响。一句是：‘天行健，君子以自强不息。’(乾卦)这是说，那包括日月星辰的天体永远在运动，永不停息，有道德的人应效法天的‘健’，努力向上，绝不停止。另一句是：‘地势坤，君子以厚德载物。’(坤卦)地势是坤，载物就是包容许多物类；有道德的人就应胸怀宽大，包容各个方面的人，能容纳不同的意见。一方面是自强不息，永远运动，努力向上，决不停止，另一方面也要包容多样性，包容不同的方面，不要随便排斥哪一个方面。这两句话，在铸造中华民族的民族精神上，起了决定性的作用。”[③]张岱年在文章中还结合中国历史的发展进一步说明，在汉代以来的两千多年中，《易传》被认为是孔子的著作，因而具有最高的权威，所以这些名言影响广远。“自强不息”就是永远努力向上、绝不停止，这句话表现了中华民族奋斗拼搏的精神，在政治生

① 《张岱年全集》第6卷，河北教育出版社1996年版，第222页。

② 《张岱年全集》第6卷，河北教育出版社1996年版，第191页。

③ 《张岱年全集》第6卷，河北教育出版社1996年版，第137页。

活方面,对外来侵略决不屈服,对不良势力决不妥协;在个人生活方面强调人格独立,志不可夺。“厚德载物”就是要有博大的胸怀,兼容并包。在中国,儒、道、佛三家彼此相容,这种现象只有中国才有。“自强不息”是奋斗精神,“厚德载物”是兼容精神。这是中国文化的基本精神,可以称为“中国精神”。张岱年认为,中华民族的民族精神是指导中国人民延续发展、不断前进的精粹思想,因而我们必须对于自己的民族精神有比较明确的自我认识。

(5)文化的综合创新。张岱年在学术上坚决反对“中体西用论”、国粹主义,更反对“全盘西化论”,于是他在建设新文化的思考中提出了“文化综合创新”论。他在1987年的《综合、创新,建立社会主义新文化》的文章中指出:“社会主义的新文化是高于资本主义的文化。建设社会主义的新文化是一个创新的事业。我认为:一方面要总结我国的传统文化,探索近代中国落后的原因,经过深入的反思,对其优点和缺点有一个明确的认识。另一方面,要深入研究西方文化,对西方文化作具体分析,对其缺点和优点也要有一个明确的认识。根据我国国情,将上述两个方面的优点综合起来,创新出一种更高的文化。什么是创新?创新意味与中国传统文化和近代西方文化都不相同。因为它是具有中国特色的社会主义的新文化,是人类文化史上高度民主、高度科学的新文化。近几年,针对文化问题,我写了一些研究文章,自己撰了一个名词:‘文化综合创新论’。这也可能是胆大狂放,但是,我认为中国新文化建立,综合和创新还是重要的。”①张岱年的这个主张是建设新文化的主张,其特点是既强调综合又强调创新,不仅将综合视为文化建设的基本路径,而且将创新作为新文化建设的突出标识,凸显了新文化建设的创造性特征。在20世纪80年代的“文化热”中,兴盛一时的“东方文化优越论”有复古主义的倾向,影响广泛的“全盘西化论”表现为民族虚无主义、历史虚无主义。据此,张岱年声明:“我们认为,新中国文化的建设的基本方针应是综合中西文化之长而创建新的中国文化。这个观点,针对‘东方文化优越论’与‘全盘西化论’,可以称为‘综合创新论’。……‘综合创新论’要求正确认识中国传统文化与西方文化的古代文化以及近代文化,正确认识人类文化的全部成就,同时更要发挥创造性的思维,进一步探索自然界与人类生活的奥秘,有所发展,有所发明,建立新的文化体系。这一任务是巨大而艰难的,然而前途是光辉的。”②他认为,社会主义文化必然是一个新的创造,同时又是多项有价

① 《张岱年全集》第6卷,河北教育出版社1996年版,第252页。

② 《张岱年全集》第7卷,河北教育出版社1996年版,第14—15页。

值的文化成果的新的综合。因而,对于中国地主社会、官僚社会压迫下创造出来的学术思想,对于西方近代资产阶级的文化成就,都应认真研究。也就是说,中国传统文化中有些不可磨灭的贡献,必须选择肯定下来;而西方的文化成就,更须虚心学习,迎头赶上。那么,如何才能综合中西文化之长?张岱年从天人观、价值观、思维方式这三者有所论列:第一,关于人与自然的关系,“中国古典哲学宣扬人与自然的统一与和谐,西方近代思想鼓吹人与自然的对立和斗争”,因此,“将‘天人合一’与‘战胜自然’的观点结合起来,这是理之当然,势之必至”;第二,关于价值观,“儒家的礼教束缚了个人自由、忽视了个人应有的权力,必须加以批判,但是儒家高扬道德义务及社会责任心,还是必须肯定的。西方强调个人奋斗精神、个人独立意识以及公平竞争原则,值得我们学习。而现代西方社会中流行的极端个人主义、拜金主义、享乐主义、非理性主义思潮,对于促进社会发展并无裨益,是不应该盲目效法的”;第三,关于思维方式,中国有一个“辩证思维”的传统,“我们今日应注意学习西方近代科学的分析思维方法,应将辩证思维与分析思维结合起来”,同时应摆脱西方一些自然科学家不承认辩证法价值的局限①。“文化综合之路”在于创造中国的新文化,因此张岱年“主张综合中西文化之长以创造新文化,并不是说对于中西文化可以东可以取一点、西取一点,勉强地拼凑起来”,而是经过一个“综合的过程”,这个过程“也即是批判、改造的过程,也就是创建新的文化体系的过程”。就是说,“主动吸取外来文化的成果,取精用宏,使民族文化更加壮大”,亦即使“中国新文化的创造”能够“会综全人类已经发现的一切相对真理,达到已知真理的会综,同时开辟认识真理的广阔道路”。张岱年不仅强调文化的综合是以“创造”为显著标识,以壮大、发展“民族文化”为根本目标,而且特别强调马克思主义在“文化综合创新”中的指导地位。他指出:“中国新文化应是中国优秀传统与西方先进成果的综合。马克思主义学说是西方文化精粹的汇集。所以,中国新文化的主导思想应是马克思主义的普遍真理与中国优秀传统的正确思想的综合。”又指出:“今天的任务是振兴中华,走上富强之路,者也应以马克思主义为指导,这是毫无疑义的。马克思主义的普遍真理与中国优秀传统的结合,这是唯一正确的方针。”②张岱年的“文化综合创新论”有着开阔的研究视域和复兴民族文化的终极追求,认为一切符合客观实际的正确思想、一切适合社会发展需要的文化成就,必然都是相容不

① 《张岱年全集》第7卷,河北教育出版社1996年版,第62—63页。

② 《张岱年全集》第7卷,河北教育出版社1996年版,第64页。

悖的,因而是需要不断汲取的,但创建一个健全的民族文化体系还必须表现民族的主体性,而所谓的"民族的主体性就是民族的独立性、主动性、自觉性"。因此,我们作为中国人,不但应学习德国的古典哲学,而更应是中国古典哲学的优秀传统的继承者。张岱年提出的"文化综合创新论","在与其他各种文化主张的比较和争论中,逐渐显示出其真理性和现实性,逐渐被人们所接受,成为关于中国哲学和文化发展方向、道路的一种主流观点",从而积极地引领了国内文化主张的发展,"为马克思主义文化派树立起了一面鲜明的旗帜"①。

张岱年的哲学思想体现了以马克思主义为指导的鲜明特色,是当代杰出的马克思主义哲学大家、学术大师。他不仅将马克思主义贯彻到研究工作的实际中,而且自觉地在研究中国哲学史、中国伦理思想与价值观、文化理论的过程中阐发马克思主义的立场、观点和方法,表现出深厚的马克思主义理论修养。他在治学上,不仅会通中西,古今对接,历史与逻辑相统一,而且具有复兴民族文化的终极关怀。张岱年的哲学思想是一个博大精深的体系,是马克思主义与中国传统哲学研究、伦理思想和价值观研究、文化理论研究相结合的产物,代表了20世纪80年代以来中国哲学研究的最高水准。张岱年为马克思主义哲学中国化作出了杰出的贡献,"他在中国哲学舞台上活跃了近八十年,在哲学理论研究、中国哲学史研究和文化研究三个方面都做出了突出成就",是"20世纪中国最重要的哲学家之一"②,在中国马克思主义学术史上有着崇高的学术地位。

(未刊稿,写作于2014年夏)

【昔文琐记】这篇《张岱年对哲学研究的新贡献》有4万字,力图比较全面地梳理张岱年在哲学研究方面的贡献。为了写这篇文章,花费了一个暑假(2014年的暑假)才把《张岱年全集》读完。该文重点是对张岱年学术历程的梳理及学术主张的介绍,评价的方面显得有些不足,比较研究也不够。尽管如此,该文对于整体地了解张岱年的哲学贡献,对于认识作为著名哲学家的张岱年的晚年学术生涯,应该说还是有参考价值的。

张岱年是20世纪中国最著名的哲学家之一,研究20世纪的中国哲学史,不能不研究张岱年的学术贡献。笔者主持了中国马克思主义学术史的研究,但因

---

① 方克立:《综合创新之路与前瞻》,《哲学动态》2008年第3期。

② 方克立:《张岱年与20世纪中国哲学》,《中国社会科学》2005年第2期。

为1978年至2000年间的中国马克思主义学术史目前尚未出版①,这里选录了关于张岱年研究的成果,供学界朋友批评。

研究张岱年的哲学思想,首先就要从学术思想上将张岱年与冯契、任继愈等进行比较,因为这三位在中国哲学史研究上各有特色。张岱年坚持马克思主义对哲学研究的指导地位来梳理和整理中国哲学文化,不仅对于中国哲学史进行了全面的研究,而且对中国伦理思想与价值观展开探索,同时也开启文化问题研究的新方向,并提出了"文化综合创新论"。冯契在马克思主义指导下,不仅对中国古代哲学史作出创新性的研究,而且开启了中国近代哲学史研究的新道路,同时以马克思主义为指导在整合中西哲学资源的基础上提出了"智慧说"的学术体系。任继愈以马克思主义为指导建立了中国哲学史学科框架,不仅提出了"儒教"说的学术主张,而且在中国佛教史研究中取得突出的成就,为推进中国哲学史研究的深化作出了重大贡献。总体来看,以张岱年、冯契、任继愈等为代表的老一辈哲学家在中共十一届三中全会后,坚持以马克思主义为指导,在哲学研究的诸多领域奋力开拓,努力实现马克思主义与哲学研究工作的有机结合,并取得中国哲学界具有代表性的学术成就。

在研究张岱年、冯契、任继愈这三位哲学史家的同时,还要进一步研究孙叔平、汤一介、庞朴、方克立等为代表的一批哲学史家,借以反映改革开放时代所出现的中国哲学史研究的高潮。孙叔平几十年如一日开展中国哲学家资料的梳理工作,最后成就了上下卷的《中国哲学史稿》著作,该著成为"文革"结束后第一部有分量的以马克思主义为指导的中国哲学史研究专著。汤一介不仅以会通中西、学科交融的特色开展魏晋玄学的研究,出版了《郭象与魏晋玄学》等专著,而且对中国传统哲学进行整体性的探索,尤其对中国传统哲学中的真、善、美等范畴有创造性研究,并形成了关于中国文化解读的新观点。庞朴是研究中国哲学史名家、方以智研究专家,其学术贡献主要是对于中国哲学中"一分为三"的发现与论证、对中国文化的创新性理解以及对出土简帛的整理与研究,为推进中国哲学智慧的研究作出了重要贡献。方克立一方面积极倡导以范畴研究作为中国哲学研究的重要途径,并对知行、体用等范畴作出创造性的诠释;另一方面,对20世纪中国哲学发展做出学术的总结,阐明了马克思主义哲学在现代中国发展

① 《中国马克思主义学术史(1978—2000)》书稿,早已完成了,有160万字。此著,大概现在也不是出版的时候。1978—2000年的学术史牵涉面太大,不少学者还健在,有些学者虽然去世了,但弟子们正活跃着。我想,再给个二十年时间沉淀一下,至2040年的时候应该可以出版的。

的进程及其意义，并在中国学术界率先对现代新儒家作出全面而又系统的研究；同时，对张岱年提出的“综合创新论”作出丰富和发展，将“综合创新论”概括为“马学为魂，中学为体，西学为用，三流合一，综合创新”，为推进马克思主义哲学中国化作出了积极的贡献。中国哲学研究在改革开放时代的突出成就，一方面是始终坚持马克思主义的指导地位，另一方面则是体现出对中国文化、中国哲学智慧的创新性诠释，并形成了具有中国特色的中国哲学史的研究体系和话语体系，从而为改革开放时代中国哲学史研究高潮的到来奠定了基础，这也使得中国哲学史成为中国哲学界研究的重镇。

2021年1月28日

黄楠森对马克思主义哲学研究的贡献

黄楠森是改革开放之后活跃在哲学界前沿的学术大家，为推进马克思主义哲学中国化作出了突出的贡献，是中国哲学界享有盛誉的马克思主义哲学家。

黄楠森（1921—2013），四川省富顺县人，中国马克思主义哲学家、哲学史家，生前为北京大学教授、博士生导师。1942年毕业于自贡市富顺二中，同年考进西南联大物理系，1943年转到哲学系，1948年毕业于北京大学哲学系，同年加入中国共产党，跟随郑昕先生攻读哲学专业研究生。1950年起历任助教、讲师、副教授、教授、资深教授；1981年至1987年任哲学系主任，1982年始任博士生导师；1981年至1996年任国务院学术委员会评议组第一、二、三届成员、召集人，1983年至2002年任国家社科基金学科评议组成员、召集人；1991年始任《北京大学学报》（哲学社会科学版）主编、编委会主任、顾问；1991年始任北京大学人学研究中心主任，1998年任邓小平理论研究中心研究员。曾任国务院学位委员会学科评议组成员、国家社会科学规划领导小组哲学学科评议组成员、中国马克思主义哲学史学会会长等职。还曾兼任中国人学学会会长、中国恩格斯学会会长、北京市社科联副主席、中国人权研究会常务理事，中国马哲史学会名誉会长、中国人学学会名誉会长、中国恩格斯学会名誉会长、中国北京市社会科学联合会顾问、北京市哲学学会名誉会长、中国人权研究会顾问等。主要著作有：《群众路线——辩证唯物主义的认识论》（河北人民出版社1958年版）、《〈哲学笔记〉与辩证法》（北京出版社1984年版）、《哲学的足迹》（科学出版社1987年版）、《黄楠森自选集》（学习出版社2005年版）、《人学的足迹》（广西人民出版社1999年版）、《黄楠森自选集》（重庆出版社1999年版）、《哲学的科学之路》（北京师范大学出版社2005年版）、《哲学的科学化》（首都师范大学出版社2008年版），主编有《〈哲学笔记〉注释》（北京大学出版社1981年版）、《问题中的哲学》（广东人民出版社1985年版）、《马克思主义哲学史》（三卷本，北京大学出版社1987版）、《马克思主义哲学史》（八卷本，北京出版社1989—1996年版）、《人学词典》(中国国际广播出版社 1991 年版)、《哲学概念辨析辞典》(中共中央党校出版社 1993 年版)、《马克思主义哲学史》(教材,高教出版社 1998 年版)、《有中国特色社会主义文化建设研究》(山东人民出版社 1999 年版)、《人学原理》(广西人民出版社 2000 年版)、《邓小平理论的哲学基础研究》(中国人民大学出版社 2004 年版)、《邓小平理论与当代中国哲学》(北京大学出版社、黑龙江教育出版社 2005 年版)、《人学理论与历史》(三卷本,即《中国人学观念史》、《中国人学思想史》、《人学原理》,北京出版社 2005 年版)、《马克思主义哲学体系的当代构建》(人民出版社 2011 年版)等①。

黄楠森对马克思主义哲学研究的贡献,主要在以下几个方面。

一、关于马克思主义哲学史的研究

中国在改革开放前,除了个别高校开设过"马克思主义哲学史"这门课程外,绝大多数高校没有开设这门课程。北京大学也只是苏联专家在 20 世纪 50 年代讲过一遍马克思主义哲学史,以后就再也没有开过这个课程。那时的观念是,马克思主义哲学就是马列原著,人们只有学习、领会的任务,不能加以研究和评价。在那种特定的政治形势下,经典作家的言论句句是真理,马克思主义哲学的发展,就是真理加真理的过程,没有什么功过是非可言。黄楠森不同意这种当时流行的"正统"观点,认为这种观点实际上是违反马克思主义的,主张以发展的观点看待马克思主义哲学,并将马克思主义哲学作为一个过程来具体研究,倡导建立"马克思主义哲学史"这门学科,不断推进马克思主义哲学的发展进程。他指出:"马克思主义认为,思想是存在的反映,存在发展了思想当然要发展,社会发展了哲学当然要发展,马克思主义当然不能例外。特别是哲学作为一门科学,这些哲学思想又是在一定历史条件下提出来的,所以,总有功过是非的问题,总有对还是不对、正确或者错误的问题,总有一个修正过去的观点,纠正过去的观点,丰富过去的观点的问题,就是发展的问题。因此,应该把马克思主义哲学看作一个历史过程,马列原著是历史的产物,应该有一门科学叫作马克思主义哲学史,来清理这些思想的发展,来评价在历史上所提出来的哲学思想的功过是

① 参见:http://baike.baidu.com/view/305889.htm。

非。”[①]也正是有这样的理念与考虑，黄楠森自觉地开始走上创建马克思主义哲学史学科的探索道路。

黄楠森在创建马克思主义哲学史学科的过程中，积极宣传马克思主义哲学史这门学科的重要性，发表了一系列的重要观点，并在高校课堂上开设“马克思主义哲学史”这门课程。黄楠森认为，马克思主义哲学史研究的理论意义和现实意义主要是：(1)有助于认识马克思主义哲学的历史发展并作出科学的评价。黄楠森指出，“像任何其他科学一样，马克思主义哲学也是历史的产物，既有相对性也有绝对性，既有局限性也有普遍性，只有把它同它的历史环境联系起来，才能把它的相对性和绝对性区别开来，才能看清楚它的成就与不足、长处与短处”。这就是说，“只有把马克思主义哲学著作及其思想摆在一定的历史条件中加以研究，我们才能正确地理解其精神实质和正确地评价其是非曲直”，故而需要对马克思主义哲学的发展进程作历史的研究与总结。(2)是坚持和发展马克思主义哲学的需要，就是说“今天如何发展马克思主义哲学还直接涉及如何解决马哲史的问题”。黄楠森指出，坚持和发展马克思主义哲学有待于马哲史的研究，“只有弄清楚了马克思主义哲学发展的思想线索和它在不同时期的是非曲直，我们今天才能正确完成建设和发展马克思主义哲学的任务”，而“根据马哲史的丰富材料，我们也清楚哪里不足，哪里是弱点，需要大力加以丰富和发展”。因此，“如果缺乏对整个马哲史的了解”，是“不可能做到”坚持和发展马克思主义哲学的。(3)“马哲史的研究还直接涉及中国今天是否坚持社会主义道路的问题，甚至涉及在世界范围内是否应坚持科学社会主义的问题”[②]。黄楠森提出的建立马克思主义哲学发展史这门学科的主张也逐渐为同行所认可，中国高校也相继开设了“马克思主义哲学史”这门课程。关于中国的马克思主义哲学史研究历史，黄楠森在1991年的一篇文章中说：“中国对马哲史的研究起步较晚。中国理论界从来重视对马克思、恩格斯、列宁的哲学著作的学习和研究，但对其历史性比较忽视。20世纪50年代也出现了少量马哲史论著，少数大学课程中也包含了马哲史内容，但对马哲史进行专门的系统的研究是70年代以后的事情。十多年来，中国学者们围绕马哲史的各种问题开展了系统而深入的研究，发表了大量论文和专著。1981年出版了第一本马哲史的专业教材《马克思主义哲学史稿》，后来又出版了这种专业教材十余种。这十多年出版的马哲史论著，

① 《黄楠森自选集·我的哲学思想(代序)》，重庆出版社1999年版，第3页。

② 黄楠森：《关于马克思主义哲学史的几个问题》，《中国社会科学》1991年第6期。

在数量上和质量上都是前三十年无法比拟的。在大学中,哲学专业和马克思主义理论专业都开设了系统的马哲史课程。马哲史作为一门科学在中国已经建立起来,今后的任务是如何进一步加以提高和深化。"①黄楠森对马克思主义哲学史的学科建设起了领导、组织和推进作用。

黄楠森对于马克思主义哲学史的对象作了学理上的探索,主张以马克思主义哲学的发展过程作为马克思主义哲学史的研究对象。在黄楠森看来,研究对象是任何一门学问成立的重要条件,自然也是马克思主义哲学史这门学科成立的条件,因而首先必须明确其研究对象。黄楠森指出:"作为科学的马哲史无疑要以马克思主义哲学创立和发展的客观过程作为自己研究的对象。"②对于以马克思主义哲学发展的客观过程作为研究对象,黄楠森主张对这个"对象"分为几个具体的方面来研究:一是研究马克思主义哲学组成部分的历史。黄楠森认为,研究马克思主义哲学史,需要研究马克思主义哲学组成部分的历史,马克思主义哲学是马克思和恩格斯所创立的马克思主义的世界观、自然观、历史观和认识论以及其他哲学观点的理论体系,最早作为思想体系阐述的是历史观,即唯物史观,后来称作历史唯物主义,而世界观、自然观和认识论是以后作为思想体系阐述的,至于伦理学、美学等组成部分则是更后的事情。于是,由马克思主义的世界观、自然观、历史观和认识论等重要组成部分形成的理论体系,后来被称为辩证唯物主义和历史唯物主义。因此,"马哲史的对象就是辩证唯物主义和历史唯物主义及其各个组成部分的形成和发展的历史,其他组成部分如政治哲学、伦理学、美学等等的历史无疑也应包括在内"。此外还有一些马克思主义哲学的其他组成部分,虽未形成完整的科学体系,"如方法论、辩证逻辑,人学等等","马哲史无疑也不能把这些组成部分排斥在研究对象之外"。不过,各个组成部分在马克思主义哲学中的地位是不同的,"世界观,或曰宇宙观,是马克思主义哲学的核心部分,它的历史在马哲史中居于主导地位"③。二是研究马克思主义哲学中代表人物的哲学思想。在黄楠森看来,马克思主义哲学发展史就人物而言有不同的层次:第一层次是马克思主义创始人马克思和恩格斯的哲学著作,无疑是马哲史的研究对象,他们的非哲学著作中的哲学思想也是马哲史应该研究的;第二层次是马克思和恩格斯的战友如狄慈根、梅林、考茨基、拉法格、拉布里

① 黄楠森:《关于马克思主义哲学史的几个问题》,《中国社会科学》1991年第6期。

② 黄楠森:《关于马克思主义哲学史的几个问题》,《中国社会科学》1991年第6期。

③ 黄楠森:《关于马克思主义哲学史的几个问题》,《中国社会科学》1991年第6期。

奥拉和普列汉诺夫等的著作和哲学思想，也包括在马哲史的对象之内；第三层次是后来的无产阶级革命领袖如列宁、斯大林、毛泽东等的哲学著作和哲学，也应作为重点来阐述；第四层次是十月革命后特别是二战后数量极大的专业哲学家，他们的哲学思想是马哲史对象中不可缺少的一部分。三是研究“历史上的修正主义思潮的哲学”。这个问题一般人不好理解，黄楠森作了这样的说明：“历史上的修正主义思潮的哲学也是马哲史应该研究的对象。修正主义思潮是资产阶级思想在马克思主义队伍中的表现，但它与一般资产阶级思想不一样，它使用马克思主义的语言，企图回答马克思主义发展中所面临的问题，尽管它的回答是错误的。马克思主义史的对象应该包括修正主义，因为真理是在同谬误作斗争中发展起来的，只有通过对修正主义的研究和批判才可以完整地描绘出马克思主义发展的道路。同样的道理，只有通过对修正主义思潮的哲学的研究和批判才可以完整地描绘出马克思主义哲学发展的道路，并从中总结出理论发展的经验教训。”①四是研究当代“新马克思主义”和“西方马克思主义”的哲学史。在黄楠森看来，尽管当代“新马克思主义”和“西方马克思主义”的哲学不是马克思主义哲学，但因为这两者与马克思主义哲学存在着特殊的关系，并且是马克思主义哲学史研究中所无法回避的，因而也应该纳入马哲史研究的对象。黄楠森指出：“当代‘新马克思主义’和‘西方马克思主义’的哲学无疑也应该包括在马哲史的研究对象之内。这两种思潮包括哪些学派？包括哪些代表人物？如何评价他们的思想（包括哲学思想）？对这些问题国内外理论界有很大意见分歧。但不管人们对它如何评价，它毕竟也使用马克思主义的语言，试图回答马克思主义及其哲学面临的问题，即使它作了错误的回答，它的回答也为马克思主义及其哲学的发展提供了借鉴。”②黄楠森关于马克思主义哲学史研究对象的论述，有其鲜明的特色：一是在研究对象界定方面突出“马克思主义哲学创立和发展的客观过程”，这是符合具有史学性质的学科的基本要求的。马克思主义哲学史是一种历史研究，在学科性质上无疑是属于史学性质的学科，故而以“客观过程”作为研究对象是科学的，具有学理的充分依据。二是突出研究对象的主导性内容。黄楠森分析了马克思主义哲学的主要组成部分（世界观、自然观、历史观和认识论，亦即辩证唯物主义和历史唯物主义）及其所关涉的相关内容（伦理学、美学、方法论、辩证逻辑、人学等），并将这些方面作为马克思主义哲学史的研究对象，

① 黄楠森：《关于马克思主义哲学史的几个问题》，《中国社会科学》1991 年第 6 期。

② 黄楠森：《关于马克思主义哲学史的几个问题》，《中国社会科学》1991 年第 6 期。

强调“马哲史的对象就是辩证唯物主义和历史唯物主义及其各个组成部分的形成和发展的历史”,但同时主张以马克思主义的世界观的历史在“马哲史中居于主导地位”,这就抓住了马克思主义哲学发展的主旋律及其根本内容。三是对马克思主义哲学史依据人物的哲学思想作了层次性的划分,不仅反映了哲学家及专业哲学工作者对于哲学研究的贡献,而且因为作了层次性的划分,便于研究者看到马克思主义哲学创建和发展中所具有的不同阶段及其在发展中的内在逻辑谱系与历史继承性,这就使研究对象更为具体化、层次化。四是将一些非马克思主义哲学的内容,但与马克思主义哲学有着密切关系的方面纳入马克思主义哲学史的研究对象之中,如主张将历史上修正主义思潮的哲学、当代“新马克思主义”和“西方马克思主义”的哲学作为马哲史的研究对象,这不仅显示出马克思主义哲学史研究的宽广视域,而且也有助于人们看到马克思主义哲学与错误的甚至反动的哲学思想斗争的历史。

黄楠森对于马克思主义哲学史的分期提出自己的看法,主张在分期中凸显马克思主义哲学的科学性和意识形态性,阐明马克思主义产生和发展的历史进程。众所周知,对于历史性学科的而言,为了便于研究工作的开展,就必须将历史演变的进程划分为几个重要阶段,这就涉及历史进程的分期问题,同时也就涉及分期的具体标准或分期的根据。在黄楠森看来,马克思主义哲学不仅是一门科学,而且是一种意识形态,即无产阶级的意识形态。它一方面是现代无产阶级的根本利益和革命运动的反映,另一方面又是为实现无产阶级根本利益服务的,是无产阶级及其政党认识和改造世界的思想武器。因此,马克思主义哲学的“形成与发展,不仅与自然科学和社会科学的发展有密切的联系,而且与经济政治形势、无产阶级革命运动的发展也有密切的联系”,由此“马哲史的分期当然应以马克思主义哲学思想本身的变化情况为依据,而由于它的科学性和意识形态性,它的分期不可能与生产史、经济史、科学史、政治史、革命史的分期毫不相干”,而在实际上,“它的分期与生产史、经济史、科学史、政治史、革命史的分期大体上是一致的,尽管其间也有许多不一致之处”①。马克思主义及其哲学形成于19世纪40年代,黄楠森主张将马克思主义哲学发展的历史在大的方面分为两大阶段,即“前50年和后90年两大阶段”,也就是“19世纪后半叶和20世纪”这两个阶段,而“在20世纪,后半叶比起前半叶来又有巨大的变化”。黄楠森将马克思主义哲学史划分为两大阶段是有事实依据的,这就是根据马克思主义哲

① 黄楠森:《关于马克思主义哲学史的几个问题》,《中国社会科学》1991年第6期。

学史上的重大标志。譬如，关于第一阶段的划分是从马克思主义哲学的创立来立论的，指出马克思主义哲学的创始人是马克思和恩格斯，“当他们于1845—1846年间发现了生产力与生产关系、经济基础与上层建筑的矛盾运动规律时，便丢掉了人道主义历史观这根暂时用来支撑自己的拐棍，创立了唯物史观，并从而使社会主义变成了科学。这个转变是在《关于费恩巴哈的提纲》和《德意志意识形态》中实现的，这两本著作便成为马克思主义及其哲学形成的标志。”又譬如，关于马克思主义哲学史第二阶段的划分，黄楠森是以列宁的哲学贡献作为第二阶段的标志，指出：“20世纪是马克思主义及其哲学发展的第二个大阶段，第一个能够代表这个新阶段的无疑是列宁。这不仅是由于列宁把无产阶级社会主义革命付诸实践，而且是由于列宁开辟了马克思主义哲学的新阶段。……他在运用马克思主义哲学的过程中也发展了马克思主义，他在体系上取得了两项重大的进展。其一是在捍卫辩证唯物主义过程中使马克思主义认识论系统化。他在《唯物主义与经验批判主义》中进一步发展了恩格斯关于哲学基本问题的理论，在实践观点的基础上提出了认识论的三个重要结论，还着重论述了真理论的基本内容和在掌握客观规律性基础上发挥人的主观能动性等问题。其二是在深入研究辩证法的基础上于《哲学笔记》中提出了建设马克思主义哲学科学体系的理论和任务，并提出了‘辩证法的要素’十六条，它实际是一个马克思主义哲学的科学体系的雏形。”①关于马克思主义哲学史的具体阶段，黄楠森指出：

> 马克思主义哲学产生和发展的过程应该同时代的发展相应而区分为两大阶段。19世纪下半叶是它诞生、形成、发展和作为现代科学来建设的阶段。第一阶段的标志是辩证唯物主义和历史唯物主义的思想体系基本形成；第二阶段的标志是列宁对马克思主义哲学的发展。在总结和概括时代变化和新的科学成果的基础上深入研究各种哲学问题，重新构建现代马克思主义哲学的科学体系。当然，每一个较大阶段又可区分为较小阶段。19世纪的分期是比较简单的，在我国哲学界已得到多数学者的认可，即分为较小的阶段：1. 1841—1848年为马克思主义哲学从萌芽到形成的阶段；2. 1848—1871年为马克思主义哲学在欧洲革命运动和政治经济学中运用，验证和发展的阶段；3. 1871—1900年为马克思主义哲学系统化和进一步传播和发展的阶段。20世纪大体上也可分为三个阶段：1. 1900—1917年为马克思主义哲学在无产阶级革命时代运用和发展并向全世界传播的阶段；

① 黄楠森：《关于马克思主义哲学史的几个问题》，《中国社会科学》1991年第6期。

2. 1917—1949 年为马克思主义哲学开始在一个无产阶级政权的支持狭隘进一步传播和发展的阶段;3. 1949 年以后为建设现代马克思主义哲学科学体系并在西方各国得到重新重视和研究的阶段。这三个阶段的划分同世界历史阶段的划分基本上是一致的。1900—1917 年期间,资本主义世界第一次发生总危机和第一个社会主义国家出现;1917—1949 年期间,资本主义世界第二次发生总危机和东欧、亚洲社会主义国家的出现;1949 年以后,资本主义危机得到一定程度的缓和和社会主义国家大力进行建设和改革。①

黄楠森对于马克思主义哲学史的划分有两个鲜明的特点:一是在分期的依据上既注意按照"马克思主义哲学思想本身的变化情况为依据",又照顾到马克思主义哲学的意识形态性,主张马克思主义哲学史的分期"与生产史、经济史、科学史、政治史、革命史的分期大体上是一致的",力求达到科学性与意识形态性的统一;二是在大的分期基础上又作进一步的分期,如将 19 世纪下半叶的 50 年分为三个较小的阶段,将整个的 20 世纪又具体地分为三个小阶段,从而很好地体现了马克思主义哲学发展的阶段性特征。

建设马克思主义哲学史这门学科,不仅需要学科意识以及在思想理念上的转变,还需要对马克思主义哲学史上的重要问题展开相关的研究,才能为马克思主义哲学史学科奠定学术上的基础。为此,黄楠森做了两项极为重要的工作,一是对马克思的人道主义思想进行研究和评价,二是对列宁《哲学笔记》进行研究。

黄楠森对马克思人道思想的研究,是与当时改革开放形势下中国哲学界热点问题的关注联系在一起的。改革开放以后,中国的学术界思想界受到西方的影响,对人道主义问题引发兴趣。一些学者在对"文化大革命"中反人道行为的反思中,提出了要重新评价人道主义问题,批评过去对人道主义持全盘否定的态度。但也出现了一种观点,认为马克思本人是人道主义者,或者说马克思主义就是人道主义,就是现实的、科学的人道主义,一些研究者以马克思的《1844 年经济学哲学手稿》为依据,提出马克思主义以人作为它的出发点、核心和归宿。这种观点就是对马克思主义作了人道主义的理解,或者说是从人道主义立场来解读马克思主义,这不仅曲解了马克思主义的革命性、科学性,给马克思主义本身涂上了人道主义的色彩,而且可能动摇马克思主义在中国的意识形态的主流地位。为此,黄楠森发表了相关的文章,其主要观点是:第一,马克思《1844 年经济

① 黄楠森:《关于马克思主义哲学史的几个问题》,《中国社会科学》1991 年第 6 期。

学哲学手稿》是一部过渡性著作。在黄楠森看来,问题的焦点集中在马克思的《1844 年经济学哲学手稿》上,那就要考察这部著作在马克思著作体系中的地位,亦即需要将这部著作放在马克思的著述体系和发展进程中看待。黄楠森认为,马克思的《1844 年经济学哲学手稿》并不是马克思的成熟的著作,而是马克思从人道主义者向唯物主义者过渡的著作,既包含了人道主义的因素、空想社会主义的因素,也包含了唯物史观的因素、科学社会主义的因素,它是马克思从空想社会主义者、从人道主义历史观向唯物主义历史观过渡的一本著作。第二,马克思在这部著作中确实对人类的历史作了人道主义的理解,但其基本观点与空想社会主义者的观点相比还是有所不同。黄楠森承认,马克思在《1844 年经济学哲学手稿》中具有人道主义、空想社会主义的思想,马克思在这部著作中确实肯定了人道主义,并以人道主义来解释人类社会的历史,提出了人类社会是一个人的异化和异化的扬弃的过程的观点。但是,马克思在这部著作中,认为资本主义制度是人的劳动的异化,而社会主义就是把这个异化加以扬弃,从而论证社会主义的历史必然性。马克思的这个观点没有摆脱空想社会主义的基本思路,但提出的一些观点与空想社会主义者还是有所不同的。在空想社会主义者看来,资本主义之所以必须消灭,就因为它是违反人道的,即人道的异化,而社会主义是人道的,是人道的恢复。马克思接受了这个公式,认为社会主义具有历史必然性。但马克思此时对人的看法,跟空想社会主义者或人道主义者有所不同:人道主义者、空想社会主义者所说的人的本质或人性,就是理性,故而认为人类社会的发展就是理性异化了或丧失了,继而又加以恢复的过程;而马克思认为人的本质不是理性,而是实践、是劳动,所以提出了“劳动异化理论”,认为人类社会历史是“劳动异化——消除劳动异化”的过程。因而,不能将《1844 年经济学哲学手稿》中的思想完全等同于人道主义者或空想社会主义者的观点。第三,马克思后来的思想在此基础上发展了,实现了从人道主义历史观到唯物史观的转变。黄楠森认为,马克思在《1844 年经济学哲学手稿》中接受了人道主义、空想社会主义思想的影响,但马克思在这部著作中提出并强调了劳动、实践等观点,乃是着重于人的经济生活来考察人类社会的历史,实际上包含了人的经济生活是根本的思想。而就马克思思想发展的进程来看,马克思后来正是从这个思想出发,对人的生产、人的劳动、人的实践等问题进行研究,发现了生产运动的规律,也就是生产力与生产关系的矛盾运动的规律。于是,马克思也就彻底地抛弃了人道主义的历史观,而实现了从人道主义的历史观向唯物史观的飞跃。这个飞跃是在《德意志意识形态》、《关于费尔巴哈的提纲》这两个论著里完成的。黄楠森通过研究马克思的《1844 年经济学哲学手稿》，得出两点重要的结论：一是人道主义作为历史观是错误的，是一种同唯物史观相对立的唯心主义历史观，因而也就不能把马克思主义归结为人道主义；二是马克思并没有扬弃作为处理人与人之间关系的原则的人道主义思想，只是抛弃了人道主义历史观。

黄楠森自 20 世纪 60 年代初就对列宁的《哲学笔记》进行了长期的研究，对于确立列宁在马克思主义哲学发展史上的地位有着重要的贡献。《哲学笔记》是由列宁的许多笔记编纂而成的，是列宁在 1895—1916 年间研读哲学著作和探讨马克思主义哲学问题时所写的摘要、短文、札记和批语。《哲学笔记》中大部分内容是摘录过去哲学家的言论，列宁在这些摘录的旁边作了批注，多数是三言两语，但有着极其丰富、重要而又精彩的思想，包含了关于唯物辩证法的核心、基本规律、主要范畴的深刻见解，关于辩证法、逻辑和认识论三者之间相互关系的精辟观点以及关于辩证唯物主义认识论的重要论述。然而，研究列宁的《哲学笔记》有很大的困难：一是列宁摘录了大量的哲学家的著述，要读懂并不容易；二是列宁对于过去哲学家思想的批注，确实体现了丰富的思想，但没有得到展开，更没有加以系统化而形成一个体系性的著作，因而对于研究者来说也就难以解读。20 世纪 50 年代，列宁的这部《哲学笔记》就已经有了全译本，但研究者感到十分难读，最为困难是就在于难以理解列宁所做的大量的摘录。那时的研究者形成了一个共识，要读懂列宁的《哲学笔记》就得先把列宁所作的摘录读懂，这就需要对这些摘录作出注释。于是，在 1960 年左右，北京大学哲学系资料编译室从事《哲学笔记》的注释工作，黄楠森与其他学者一起专门注释那些不容易读懂的地方。其步骤是：先把列宁摘录的原文找出来，对原文进行一番注解；然后，再注释列宁的思想。这是一项极为艰苦的甘于坐冷板凳的工作，也是一项默默无闻、为他人做嫁衣的基础工作。这个工作在 20 世纪 60 年代初就完成了，并在内部铅印交流，后来于 80 年代初公开出版，为哲学界深入研究列宁的《哲学笔记》作了基础性的工作。黄楠森在从事《哲学笔记》注释工作中，对列宁提出来的辩证法要素十六条，提出了自己的独特的看法。黄楠森这一看法，集中地反映在他发表在《北京大学学报》1964 年第 2 期上的《谈列宁论辩证法十六要素》这篇著名哲学论文中。此文是中国学者研究马克思主义哲学史的经典文献，文中将列宁的《哲学笔记》作为一个文本来考察，集中地研究列宁提出的辩证法十六个要素的基本内涵及其所构建的辩证法体系。列宁提出的辩证法要素十六条，原文如下：

(1)考察的客观性(不是实例，不是枝节之论，而是自在之物本身)。

(2)这个事物对其他事物的多种多样的关系的全部总和。

(3)这个事物(或现象)的发展、它自身的运动、它自身的生命。

(4)这个事物中的内在矛盾的倾向(和#方面)。

(5)事物(现象等等)是对立面的总和与统一。

(6)这些对立面、矛盾的趋向等等的斗争或展开。

(7)分析和综合的结合,——各个部分的分解和所有这些部分的总和、总计。

(8)每个事物(现象等等)的关系不仅是多种多样的,并且是一般的、普遍的。每个事物(现象、过程等等)是和其他的每个事物联系着的。

(9)不仅是对立面的统一,而且是每个规定、质、特征、方面、特性向每个他者【向自己的对立面?】的过渡。

(10)揭示新的方面、关系等等的无限过程。

(11)人对事物、现象、过程等等的认识深化的无限过程,从现象到本质、从不甚深刻的本质到更深刻的本质;

(12)从并存到因果性以及从联系和相互依存的一个形式到另一个更深刻更一般的形式。

(13)在高级阶段重复低级阶段的某些特征、特性等等,并且

(14)仿佛是向旧东西的复归(否定的否定)。

(15)内容对形式以及形式对内容的斗争。抛弃形式、改造内容。

(16)从量到质和从质到量的过渡。(十五和十六是九的实例)①

对于列宁提出的这个辩证法要素的“十六条”,不少哲学家认为这十六条就是列宁的辩证法体系,并一条一条地加以发挥。黄楠森经过对列宁《哲学笔记》的研究,特别是研究了十六条的手稿,提出了独特的看法:十六条按照原有的形式不是一个完整的体系,只有前七条有一定的顺序,而后九条则是零散的,它们实际上是分别从属于前七条,只有分别插入前七条里面,才能形成一个体系。黄楠森这个研究结论,来自以下几个方面的研究:

第一,列宁提出辩证法十六个要素源自黑格尔所谈的逻辑学的方法问题,并将黑格尔的观点发挥为辩证法的三个要素。黄楠森指出,列宁提出辩证法十六个要素是由这样一句话引起来的:“这个既是分析的又是综合的判断的环节,——

① 《列宁专题文集·论辩证唯物主义和历史唯物主义》,人民出版社 2009 年版,第 139—141 页。

由于它(环节),最初的一般性(一般概念)从自身中把自己规定为对自己的他物,——应当叫作辩证的环节。”在这里,黑格尔谈的是逻辑学的方法问题。黑格尔认为,概念的转化不是人为的,而是客观的,是客观概念的自我发展;分析和综合是概念之间的客观关系。黑格尔的方法就是以客观矛盾的发展为依据的矛盾分析的方法,亦即黑格尔所说的客观概念的自我发展的忠实的描述。这种方法,黑格尔认为就是辩证法的环节,即辩证法的规定。列宁认为,黑格尔提出了辩证法的规定,即辩证法的要素问题,这是值得重视的,但黑格尔的观点是唯心主义的,而且所提出的规定是不明确的,因而从唯物主义观点出发,把黑格尔的观点发挥为三个要素。列宁说:“(1)来自概念自身的概念的规定【应当从事物的关系和事物的发展去考察事物本身】;(2)事物本身中的矛盾性(自己的他物),一切现象中的矛盾的力量和倾向;(3)分析和综合。大概这些就是辩证法的要素。”对此,黄楠森指出:“第一条是关于辩证法的客观性问题。这点黑格尔是强调的,但他所谈的客观性是来自客观观念,而不是来自物质世界。列宁唯物主义地加以改造,指出辩证法是事物本身的反映,从而划清了唯物主义和唯心主义的界限。列宁还指出‘应当从事物的关系和它的发展去观察事物本身’。第二条谈的是事物的矛盾性。第三条谈的是认识的辩证法、认识中的矛盾。这三条已经谈到辩证法的基本内容:辩证法的客观性、辩证法的基本原则——联系和发展原则、辩证法的核心——对立面的统一和认识的辩证法。”①黄楠森认为,列宁提出的辩证法要素的三条意见是关于辩证法的“最初的三个要素”,源自对黑格尔辩证法的研究,这是列宁提出辩证法十六个要素的起点,体现了列宁的唯物主义立场。

第二,列宁继而将辩证法的三个要素具体地发展为三条,并将这三条阐述为十六条中的第一至第七条。在黄楠森看来,列宁将辩证法提出最初的三条还是比较概括的规定,于是“列宁进一步加以具体化,把三条发挥成十六条,即有名的辩证法十六要素”。在发挥的这个过程中,列宁首先是“把三要素发挥为七条”,这七条就是:“(1)观察的客观性(不是实例,不是枝节之论,而是自在之物本身)。(2)这个事物对其他事物的多种多样的关系的全部总和。(3)这个事物(或现象)的发展、它自身的运动、它自身的生命。(4)这个事物中的内在矛盾的倾向(或方面)。(5)事物(现象等等)是对立面的总和与统一。(6)这些对立面、矛盾的趋向等等的斗争或展开。(7)分析和综合的结合,——各个部分的分

① 黄楠森:《谈列宁论辩证法十六要素》,《北京大学学报》1964年第2期。

解和所有这些部分的总和、总计。"黄楠森将列宁最初提出的辩证法三要素与这里提出的十六条中的前七条进行比对和分析，说明三要素的是如何发展为第一至第七条的。黄楠森指出："显然可见，第一、二、三条是前第一条的发挥，第四、五、六条是前第二条的发挥，第七条是前第三条的发挥。在第一条中，列宁除了指出辩证法的观察的客观性而外，还特别指出这个客观性不是来自表面现象或个别的实例，而是来自自在之物本身，即来自事物的本质、整体。第二条是事物的普遍联系的原则，第三条是事物自己运动的原则。这就是列宁在《黑格尔〈哲学史讲演录〉一书摘要》里谈的'一、发展原则'和'二、统一原则'。第四条谈的是矛盾的内在性，第五条谈的是对立面的统一，第六条谈的是对立面的斗争。这些都是对立统一规律的基本内容。在第七条中，列宁对'分析和综合的结合'作了解释。……这七条是列宁在较详尽地考虑辩证法要素时的第一个阶段，这不仅从思想内容可以看出，从列宁的手稿也可看出（这七条自成一个段落）。"[①]黄楠森认为，列宁提出的十六条中的第一至第七条是自成体系的，可以说是列宁对自己原来提出的辩证法三要素的具体发挥，因为第一至第七条的内容都可以在原来提出的辩证法三要素中找到具体的位置。

第三，列宁提出的十六条中的第八条和第九条这两条，是对第二条和第五条的补充。在黄楠森看来，在列宁提出的十六条中，第一至第七条自成体系，问题是下面的几条（即第八条至第十六条）是如何与前七条对应呢？这里，首先需要重点地解说十六条中的第八条和第九条的问题。黄楠森通过对列宁哲学手稿的研究，认为列宁提出辩证法十六要素，但各条在列宁的辩证法思想体系中所处的位置是不同的，而且各条所发挥的程度也是不一样的，因而也就有进一步阐发的必要。黄楠森说，"看来列宁把三要素发挥为七要素之后还不够详尽，于是他又补充起来。他首先以第八条来补充第二条，然后以第九条来补充第五条"[②]。对此，黄楠森予以进一步的解释："第八条强调从事物的多种多样的关系中区别出一般的普遍的关系，也就是区别出本质的必然的内存的联系，而这是辩证法所应特别重视的。这一条同第二条的联系是一目了然的，列宁自己用'X'表示了两者的联系。……第九条特别把对立面的转化指出来。大家知道，对立面的同一或统一有两个方面：对立面的相互依存和相互转化。但列宁以及黑格尔有时谈到对立面的统一时，指的仅仅是对立面相互依存于一个统一体中，列宁在第五条

① 黄楠森：《谈列宁论辩证法十六要素》，《北京大学学报》1964 年第 2 期。

② 黄楠森：《谈列宁论辩证法十六要素》，《北京大学学报》1964 年第 2 期。

中谈的'对立面的总和与统一'指的是对立面的相互依存,因而列宁认为有必要把对立面的相互转化特别用单独一条指出来。这两条的联系不仅从这两条的内容可以看出来,列宁在其他地方也往往是把二者并列的;列宁在第五条上面写下了一个联系的符号'#',但另一个不见,看来这一个即在第九条上面,列宁忘记写了。"①黄楠森就列宁提出的第八条和第九条这两条,一方面就其基本内容方面进行分析和比较,另一方面是从辩证法整体内容体系来加以考量,从而确认这两条(第八条和第九条)是对第二条和第五条的补充。

第四,列宁提出的十六条中的第十条、第十一条、第十二条,在性质上是关于认识的辩证法,是对第七条的补充或发挥。黄楠森通过对列宁哲学手稿的研究,认为列宁提出的十六条中的第十条、第十一条、第十二条这三条,具有思想内容上的共同性,实际上是讲的同一个问题,即"认识的辩证法问题",因而此三条可以看作是一个问题的不同解释与发挥。黄楠森指出:"这三条(指16条中的第十条、第十一条和第十二条)谈的都是认识的辩证过程,一条比一条更具体更深入地揭露了认识过程的辩证法性质。第十条指出认识过程是一个从不知到知,从少知到多知的无限过程。第十一条进一步揭露认识过程是从现象到本质、从第一级本质到第二级更深的本质的无限过程。第十二条谈的是范畴的发展过程,即范畴发展史。……列宁在这里没有详尽地论述这个范畴的体系,只是举出了两个例子:一、从并存到因果性,二、从联系和相互依存的一个形式到另一个更深刻更一般的形式。……这三条看来是第七条的补充或发挥。这不仅是因为这三条和第七条谈的都是认识论问题,而且因为这三条和第七条结合起来就比较完整地概括了认识的辩证法。可以说,第七条是认识过程的横剖面,这三条是认识过程的纵剖面。"那么,又为什么说第十条、第十一条和第十二条这三条,就是关于"认识过程的纵剖面"呢?为了回答这个问题,黄楠森又就列宁对分析和综合的观点展开说明,认为"分析和综合"在列宁那里"不是一种辩证的认识方法,而是基本的辩证的认识方法,其他方法都是这个方法的环节、方面或表现",这是"因为分析和综合的过程,就是买的的分析与综合的过程,就是对立统一规律在认识过程中的完整表现和运用,就是辩证的认识过程的横剖面"②。

第五,列宁提出的第十三、十四、十五、十六这四条,是对第四、五、六、九条的补充和发挥。黄楠森通过对列宁论述辩证的视角及理论构成分析,认为列宁提

① 黄楠森:《谈列宁论辩证法十六要素》,《北京大学学报》1964年第2期。

② 黄楠森:《谈列宁论辩证法十六要素》,《北京大学学报》1964年第2期。

出的第十三、十四、十五、十六这四条,实际上都是对前面提出的几条的补充。在黄楠森看来,第十五条和第十六条比较易于理解,因为列宁就明白说“十五和十六是九的实例”,而据前面研究所见“第九条是第五条的补充”,则第十五条和第十六条显然是第五条的进一步发挥或补充。至于第十三条和第十四条实际上是一条,尽管侧重点有所不同,但都是谈的否定之否定规律,只不过第十三条在于说明“肯定”的问题,第十四条在于说明“否定的否定”问题,因而第十三条和第十四条也可以看作是第四、第五、第六条的补充或发挥。对此,黄楠森给出的说明是:“列宁说,‘十五和十六是九的实例’。这就是说,内容和形式的辩证关系与量变和质变的辩证关系都是对立面的相互转化的表现。我们可以这样来了解:不仅第十五、十六条,而且第十三、十四条,都是对立统一规律的表现。第十三、十四条谈的是否定之否定的规律,但列宁抛开黑格尔的三分法的公式,而直接指出发展过程的前进性和重复性的对立统一,亦即否定与肯定的对立统一。不难了解,肯定与否定、内容与形式、量变与质变的辩证关系都是对立统一规律决定的。总之,我们可以把这四条看作第四、五、六、九条的补充和发挥。”①

黄楠森研究列宁提出的辩证法十六个要素在于说明两个基本观点:一是列宁关于辩证法的研究不只是对黑格尔哲学改造的问题,而是对于唯物辩证法的重大贡献。黄楠森指出,关于辩证法三个基本规律,“列宁都谈到了,而且列宁特别指出对立统一规律是辩证法的核心,这是列宁的杰出贡献”。虽然“有许多范畴列宁没有提到,但从第二条可以看到,列宁是把全部辩证法范畴都考虑进去了的。关于认识论,当然还有些问题列宁没有直接谈到,但关于认识的整个辩证过程的轮廓,列宁是提供了,从而也就接触到了认识论的全部基本问题。”黄楠森还指出,列宁提出辩证法十六要素是一个过程,这个过程经过了五个阶段:“一、最初的三要素,二、十六条要素中的前七条,三、其次的五条,四、最后的四条,五、总结。在这个过程中,列宁的思想一步比一步具体,一步比一步深入,越到后面,离开黑格尔原话的内容越远。十六要素已完全成为列宁建立唯物辩证法的一个草图,而不是单纯对黑格尔思想的改造,是列宁遗留下来的极为宝贵的哲学财富之一。”二是列宁提出的辩证法十六个要素形成了辩证法、认识论和逻辑学相统一的观点。黄楠森将列宁提出的辩证法的十六个要素排列到辩证法(一般辩证法)、认识论(一般辩证法在认识论中的表现)、逻辑学(一般辩证法在思维中的表现)的体系之中。这样,一般辩证法包括了辩证法的客观性和普遍

① 黄楠森:《谈列宁论辩证法十六要素》,《北京大学学报》1964年第2期。

性(第一条)、辩证法的基本原则(第二、第三、第八条)、辩证法的规律(第四、第五、第六、第九、第十三、第十四、第十五、第十六条)等内容,与认识的辩证过程(第七、第十、第十一条),及逻辑学(第十二条),形成了统一的整体。黄楠森指出,列宁在十六要素中提供了关于辩证法、认识论和逻辑学这三者统一的模型,"三者形成一统一的整体——唯物辩证法,其中包括一、一般辩证法,二、一般辩证法在认识中的表现——认识论,三、一般辩证法在思维中的表现——逻辑学,后二者都是特殊辩证法"①。

黄楠森对于创建马克思主义哲学史学科体系还做了大量的工作,主持编写了不少马克思主义哲学史的专著或教材,不仅形成了马克思主义哲学史研究的基本规范和学术话语,而且也在体例上也奠定了基本的框架系统,有力地扩大了中国马克思主义哲学史的学术影响,并使"马克思主义哲学史"在中国成为一门比较成熟的学科。譬如,由黄楠森参加撰写并担任统稿的《马克思主义哲学史稿》,由人民出版社 1980 年出版,这是中国第一部马克思主义哲学史专著,在马克思主义哲学史研究中具有开创性的学术地位。又譬如,黄楠森与北大哲学系的施德福、宋一秀共同主编了三卷本的《马克思主义哲学史》教材,100 万字,北京大学出版社 1987 版,对培养年轻一代的哲学研究者起了积极的作用,该教材获国家教委的优秀教材奖。再譬如,黄楠森同中国人民大学的庄福龄、中共中央党校的林利共同主编了八卷本的《马克思主义哲学史》。该著是国家哲学社会科学基金项目,最初是"六五"的重点项目,后来又是"七五"的重点项目。自 1983 年立项以来,经过十多年的努力,形成八卷本 400 万字的规模,北京出版社自 1989 年至 1996 年出版完毕,1997 年获得"五个一工程"奖和"吴玉章奖"。此外,黄楠森还受国家教委的委托,主编《马克思主义哲学史》教材,1998 年由高等教育出版社出版。黄楠森对于马克思主义哲学史学科建设作出了重要的贡献,是中国杰出的马克思主义哲学史家。

二、关于马克思主义哲学原理的研究

黄楠森在改革开放后,对于马克思主义哲学原理也进行了相关的研究,参加了肖前主编的《马克思主义哲学原理》的撰写工作。其后,黄楠森在马克思主义

① 黄楠森:《谈列宁论辩证法十六要素》,《北京大学学报》1964 年第 2 期。

哲学原理的研究中，对于建设马克思主义哲学原理这个学科提出了一些具体的看法，主张对传统的马克思主义哲学体系加以继承和发展。

黄楠森反对那种对既有的马克思主义哲学原理体系采取全盘否定的态度，不主张用“实践唯物主义”来取代既有的体系。在他看来，中国的马克思主义哲学原理体系，虽然主要承袭于苏联，但亦有可取的地方。由于在马克思主义经典作家那里，马克思主义哲学原理尚未能形成一个完整的体系。于是，在20世纪20年代和30年代，苏联哲学家提出了第一个完整的体系，后来斯大林在《联共（布）党史》的第四章第二节里对这个体系进行了加工和简化，大致在30年代初这个体系传到中国。这个体系，将马克思主义哲学分成两大部分，一部分是辩证唯物主义，另一部分是历史唯物主义；而辩证唯物主义又分为三部分，即唯物主义、辩证法和认识论。对于这样的马克思主义哲学原理体系应该如何评价呢？黄楠森指出，“这个体系一直是世界公认的马克思主义哲学体系”，尽管中国对于马克思主义哲学原理体系有了若干的改变，主要是在内容方面贯穿毛泽东的哲学思想，“但是框架仍然是那个框架，可以说今天还没有完全突破”①。学术界有人力图突破这个体系，更有人试图以“实践唯物主义”来取代这个体系。在20世纪80年代末和90年代初，黄楠森对这种观点引起警觉，并给予了及时的批判，捍卫了马克思主义的辩证唯物主义观点。

黄楠森1989年在《哲学研究》上发表了《评对实践唯物主义的一种理解》文章，对“实践唯物主义”进行解读，指出马克思本人并没有“实践唯物主义”这一概念，而是研究者从马克思的“实践的唯物主义者，即共产主义者”这一句话中引申出来的。而马克思这段话的原意，不过是说作为共产主义者的唯物主义者是实践的，即革命的。当时，马克思已经把自己的哲学叫作唯物主义，有时为了区别于旧唯物主义，又叫新唯物主义或现代唯物主义，比较确切的名称是唯物史观。在这里，如果从“实践的唯物主义者”中可以引申出“实践唯物主义”的话，那么，“实践唯物主义”不过标明了唯物史观的重要功能，即改造世界，并没有提出与唯物史观截然不同的崭新的唯物主义形态，因而，“实践唯物主义这个概念不过是在马克思用以称呼唯物史观的众多称呼中增加了一个称呼而已”。黄楠森认为，如果一定要把马克思当时的哲学思想称为“实践唯物主义”，自然“没有什么不可以，但不管叫什么，其主要内容是唯物史观，也包含一些世界观、认识论、方法论的因素，即唯物主义世界观、反映论、辩证方法的因素”，但如果“硬说

① 《黄楠森自选集·我的哲学思想（代序）》，重庆出版社1999年版，第7页。

马克思提出了一种与这些内容截然不同的哲学,并叫作实践唯物主义,这是难以成立的”①。当时哲学界的“实践唯物主义”的观点,就主要的趋向而言,在于论证所谓的“实践本体论”,并用以“推翻辩证唯物主义的基本观点”,其主要的观点是:“认为恩格斯背离了马克思,恩格斯用直观反映论,即费尔巴哈的观点否定了实践唯物主义;列宁又进一步发展了恩格斯的观点;实践唯物主义是马克思主义的,辩证唯物主义回到了反映论,即回到了费尔巴哈,这是一种倒退;20 世纪 20 年代有些哲学家就提出过马克思当年的那些观点,比如卢卡奇、葛兰西,今天再度提出实践唯物主义或实践本体论的观点,这就是恢复或重复马克思当年的观点,当然这个恢复和重复已在更高的基础上,在当代各种自然科学、思维科学的基础上,所以,马克思主义哲学史从实践唯物主义到辩证唯物主义是一个倒退,现在从辩证唯物主义又回到实践唯物主义是恢复,这是一个否定之否定的过程。”对此,黄楠森明确表示自己“不赞成实践本体论观点”,认为“把从实践唯物主义向辩证唯物主义的发展说成是倒退,也把实际过程歪曲了”,并与持有这种“实践唯物主义”观点的人进行了争论,而“在各种会议上争论就更多了”。黄楠森指出:“马克思的实践唯物主义的内容,是以历史唯物主义的基本观点为主,也包含了一些世界观、认识论的内容,因为在那个时候,马克思的历史唯物主义思想体系已经建立了,但没有建立起世界观和认识论的思想体系,世界观和认识论还没有从历史观中分离出来。作为世界观和认识论的辩证唯物主义的思想体系,是后来才出现的。……辩证唯物主义的出现是进步不是倒退。辩证唯物主义的出现是一种分化,首先是把世界观从历史唯物主义中分化出来,后来,列宁又从辩证唯物主义中把认识论分化出来。列宁在《唯物主义与经验主义》里已经提供了一个粗略的认识论体系。……世界观、历史观、认识论区别开来了,它们的关系就清楚了。现在有些同志想把认识论和世界观混合在一起,认为人类社会包括自然界,历史观包括世界观,这种没有分化的包括是浑浊一团,是真正的倒退。”②黄楠森基于对马克思主义哲学发展史的整体把握以及对于辩证唯物主义的理解,批判了学术界对马克思主义哲学发展进程所作出的“倒退论”,指出了所谓的“恢复”“实践唯物主义”的用意所在,这在当时有着正本清源的作用。多年以后,黄楠森总结自己的学术思想时,指出:“现在势力很大的一种观点,就是要用实践唯物主义来取代辩证唯物主义和历史唯物主义,但是,究竟什

① 黄楠森:《评对实践唯物主义的一种理解》,《哲学研究》1989 年第 11 期。

② 黄楠森:《评对实践唯物主义的一种理解》,《哲学研究》1989 年第 11 期。

么是实践唯物主义,意见也是非常地分歧,还没有达到什么共识,怎么能贸然用它来取代辩证唯物主义呢?"①这可见,黄楠森对于捍卫马克思主义辩证唯物主义抱有持之以恒的信念。

黄楠森对于"实践唯物主义"的核心观点予以学理的分析,集中地说明其"实践本体论"的谬误所在。当时哲学界提出的"实践唯物主义"的核心要点就是所谓的"实践本体论",亦即主张"实践一元论",反对物质一元论,突出是观点就是主张"以实践作为世界的最后根据",于是,一方面"认为实践是一切存在统一的基础,离开实践的存在是没有的或没有意义的";另一方面又"认为不是实践依赖于自然,而是自然依赖于实践,换言之,不是社会和人依赖于自然,而是自然依赖于人和社会,不是社会在自然之中,而是自然在社会之中",并进而以所谓的"实践本体论"来批判辩证唯物主义,说"辩证唯物主义承认不以人的意识为转移的客观物质世界,以物质作为世界的最后根据,是物质本体论或自然本体论,这是见物不见人的机械唯物主义或唯客观主义"。为了回答"实践本体论"的责难,黄楠森发表了《再论本体论》文章,认为"实践本体论"在学理上面临多种困境并具有许多问题,仅在"是实践在世界中还是世界在实践中"及"世界统一于物质还是统一于实践"这两个问题上就背离了马克思主义的立场。在关于实践与世界关系问题上,黄楠森指出,"世界与实践关系只有四种可能:实践在世界中;世界在实践中;实践等于世界;实践与世界是完全分离的两个领域"。那么,到底是实践还是物质世界是本体呢?黄楠森说:"说到实践,实践无疑是检验一切认识是否是真理的最后标准,因为它是一切认识、因而是一切科学的最后的基础。但也不能把它的这种最后的基础的地位绝对化,似乎它只是制约者、说明者、支撑者,而不是被制约者、被说明者、被支撑者。实践决不是不可言说的绝对的无条件者,它毕竟是人的实践,而具体的人总是受一定历史条件制约的,具体的实践也如此,它离不开一定的认识的指导,离不开一定的时代条件。因此,列宁除了肯定它作为真理标准的确定性而外,认为它还有不确定性一面。实践决不是怎么评价也不会过分的至高无上的偶像,夸大实践的作用,过分抬高实践的地位,使之脱离物质,脱离世界,就会导致实践本体论或实践一元论。"②"实践唯物主义"认为世界不是统一于物质,而是统一于实践。在这种观点看来,精神统一于物质是旧唯物主义观点,物质统一于精神是唯心主义。只有先将物质

---

① 《黄楠森自选集·我的哲学思想(代序)》,重庆出版社 1999 年版,第 7 页。

② 黄楠森:《再论本体论》,《人文杂志》1990 年第 5 期。

与精神统一，而后“又在实践中统一起来，这就是实践的总体性”，“只有这种统一性才是现实的辩证的统一性”，因而“承认世界统一于实践就能超越唯物主义和唯心主义”，这种观点才是“实践唯物主义”。对于这种将世界统一于实践的观点，黄楠森提出了严肃的批评：“马克思以实践来驳斥唯心主义和不可知论，以实践来论证并捍卫了唯物主义和反映论，而今天一些人却用实践来反驳唯物主义和反映论，岂不是哲学史上的大颠倒？在今天我们仍然只能用实践来论证唯物主义。分析一下所谓的实践统一性，问题就清楚了。……那么，实践的统一体是不是在空间中呢？物质统一体是不是一定脱离实践呢？例如今天地球的存在状态无疑是实践的产物，它又是一个整体，从这一角度看，说地球是一个实践统一体我想是可以的，但地球是否因此就成了超时空的、非物质的、‘某种关系’的统一体了呢？否，它仍然是物质统一体，而且首先是物质统一体。诚然，地球中包含了大量人的实践的作用，即具有人的创造的作用，它使原始的地球已面目全非。但实践的作用一点也无损于地球的客观存在，它的存在仍然是不以人的意识为转移的。实践只是改变了它的存在状态，其客观存在并无变化。地球在人类出现之前早已存在，人类利用掌握了的客观规律不断改造它，在改造过程中和改造以后它仍然是客观的。今天人类还在改造它，它将来的存在也是客观的。它以何种形态出现于我们面前与它的存在是否以我们的意识为转移，完全是两个问题，不能混为一谈。不管人的作用有多大，归根到底，世界都是物质统一体，离开物质的实践统一体就只能是精神统一体、主体性统一体。”①黄楠森的论述，有力地揭示了“实践唯物主义”在“是实践在世界中还是世界在实践中”、“世界统一于物质还是统一于实践”这两个问题上的迷误，有助于人们坚持辩证唯物主义的物质世界本体论。

黄楠森认为不能根本否定现有的马克思主义哲学体系，而应该抱一种坚持和发展的态度，即“一方面要肯定它的科学性，一方面也要认识它的局限性”。那么，现有的马克思主义哲学体系，在科学性方面有怎样的表现呢？又有哪些局限呢？1998 年 6 月，黄楠森在撰写的《我的哲学思想》中，对于中国既有的马克思主义哲学体系的状况有一个较为系统的说明。他指出：

> 具体讲来，旧的马克思主义哲学体系有几点是科学的，是应该肯定的：
>
> 1. 无论如何马克思主义哲学是把哲学作为一门科学来研究，来建设，也就是说哲学知识应该是一种客观的知识，应该力求同客观世界相一致，就像

① 黄楠森：《再论本体论》，《人文杂志》1990 年第 5 期。

我们对于一般的科学所了解的那样。

2. 因此,它认为哲学应该随着社会实践的发展而发展,随着自然科学和社会科学的发展而发展。

3. 它主张哲学应该有一个体系,而且按照一定的原则来建构哲学体系。这个原则最主要的就是从抽象到具体、从简单到复杂。

4. 旧的哲学体系里有许多内容都是正确的,是经过实践的无数次检验而被证明了的。

5. 旧的哲学体系强调哲学的应用价值,认为哲学有改造世界的功能,哲学应该指导我们认识世界和改造世界的活动。

旧的体系也有它的局限性,或者说它的不足之处,其缺陷大致有三点:

1. 从内容上讲,旧的哲学体系有许多空白,或者说有许多薄弱环节。譬如人的问题、主体性的问题、价值的问题,这些都是不足甚至是空缺的地方。

2. 它没有充分吸收二十世纪以来时代的发展、科学的发展所提供的新的内容。它的内容同二十世纪的整个的世界形势的发展,以及二十世纪科学的新的发展不相适应。二十世纪特别是"二战"以来,资本主义与社会主义的关系和格局有了很大的变化。二十世纪前半叶,相对论、量子力学有了很大的发展,后半叶系统科学有了很大的发展。在社会科学方面也有了很大的发展,特别是西方国家在社会研究和哲学研究方面也提供了许多新的问题和新的成就。对这些,旧的哲学体系都没有能够充分吸收。

3. 即使按照它原来的建构体系的原则来说,旧的体系也没有能够充分地加以贯彻。旧的体系对于哲学的研究对象究竟是什么,哲学体系怎样体现从抽象到具体,从简单到复杂这个原则,没有讲清楚,存在的问题是很多的。

所以我认为,对旧的哲学体系应坚持它的基本的、正确的东西,而对它的失误和不足的地方,应加以修正,加以丰富,加以发展。①

黄楠森对于"旧的马克思主义哲学体系"状况的评价,体现了他对于现有马克思主义哲学体系的根本态度,蕴含着极为丰富的学术见解,同时也反映了中国老一代哲学家对于马克思主义哲学体系总的看法与根本观点,因而需要作些具体分析和说明。在笔者看来,黄楠森对于"旧的马克思主义哲学体系"的评价,有这样几个显见的特点:

① 《黄楠森自选集·我的哲学思想(代序)》,重庆出版社 1999 年版,第 7—8 页。

第一，坚持辩证分析的观点和实事求是的态度来看待“旧的马克思主义哲学体系”，一方面看到这个体系中科学性的方面，另一方面又指出其中的不足之处或局限性，并认为这个体系总体上说是应该给予充分肯定的，因而也就“不能根本否定”这个体系，而是“应该抱一种坚持和发展的态度，即一方面要肯定它的科学性，一方面也要认识它的局限性”。在黄楠森的研究视域之中，任何事物包括“旧的马克思主义哲学体系”，既有正确的一面或者说需要肯定的一面，又有不足的方面或局限性方面，因而需要根据其本身的情况进行辩证的分析，而在分析之中又要具体地看到主要的方面或本质性的方面，从而作出符合实际的评价，并明示研究者所应有的态度。这可以说是黄楠森分析“旧的马克思主义哲学体系”的根本视角和基本方法。正因为如此，黄楠森通过具体分析，表明了自己的基本态度：“对旧的哲学体系应坚持它的基本的、正确的东西，而对它的失误和不足的地方，应加以修正，加以丰富，加以发展。”

第二，对于“旧的马克思主义哲学体系”的科学性作了客观全面的评析，从学科体系、发展观和发展特性、科学内涵、建构原则以及应用性等方面，对这个哲学体系的基本特点和优势所在作了客观的陈述与评价。譬如，黄楠森认为这个哲学体系“是把哲学作为一门科学来研究，来建设”，肯定这个哲学体系在探求真理性知识方面的独特性所在，即“哲学知识”乃是一种“客观的知识”，“力求同客观世界相一致”，具有一般科学的性质。又譬如，黄楠森强调这个哲学体系具有的发展性理念和发展性的特点，认为这个哲学体系“随着社会实践的发展而发展，随着自然科学和社会科学的发展而发展”，这就点明了马克思主义哲学体系与时俱进的本质特征及其具有的自我更新、自我发展的能力。再譬如，黄楠森揭示了马克思主义哲学体系在建构体系方面的基本原则，说明马克思主义哲学体系不仅有着社会生活实践的来源，有着自然科学和社会科学所提供的条件，而且其本身是在一定的原则指导之下建构起来的，“这个原则最主要的就是从抽象到具体、从简单到复杂”，这就明示了马克思主义哲学体系在建立体系上的独特路径，同时也指明了进一步完善这个哲学体系的道路。又再譬如，黄楠森就马克思主义哲学体系的内容给予总体的评价，认为“旧的哲学体系里有许多内容都是正确的，是经过实践的无数次检验而被证明了的”，这就说明了这个哲学体系之所以值得坚持和发展的重要依据。最后，黄楠森从这个哲学体系的应用性方面分析其存在的根据，指出“旧的哲学体系”不仅强调哲学的应用价值，而且把这个应用价值与社会生活的实际、人们改造世界的实践活动紧密联系起来，强调“哲学有改造世界的功能，哲学应该指导我们认识世界和改造世界的活动”。

不难看出，黄楠森对于马克思主义哲学体系的认识和评价，不仅着眼于马克思主义哲学本身的基本特点(如科学的特点、发展的特点、正确性的特点等)，而且也重视分析“旧的马克思主义哲学体系”作为“体系”何以形成和发展的特点(如学科建设的特点、体系建构的原则、体系的功能等)，这就全面地揭示了马克思主义哲学体系的面貌。

第二，对于“旧的马克思主义哲学体系”的局限性，从内容、因应时代的情况、建构体系的原则等方面，作出了实事求是的分析，显示了客观求实的治学态度。黄楠森终身研究马克思主义哲学，可以说对马克思主义哲学是情有独钟、持之以恒，他按照时代的发展需要和中国特色社会主义的历史进程，身体力行地阐发马克思主义哲学的基本原理，创造性地发展马克思主义哲学体系，为马克思主义哲学中国化作出了重大的贡献。但他对于“旧的马克思主义哲学体系”的局限性从不讳言，而是实事求是地加以说明，表现了马克思主义哲学家的博大胸怀和发展马克思主义哲学体系的远见卓识。他认为，旧的马克思主义哲学体系中有许多空白，在人的问题、主体性的问题、价值的问题上有不足之处，这就提出了进一步发展的空间；他认为旧的马克思主义哲学体系，尚未能有效地接纳 20 世纪自然科学和社会科学的新成果，这实际上也是说明旧的哲学思想体系在因应时代方面，有着明显的不足；他认为旧的马克思主义哲学体系在建构体系方面确立了“从抽象到具体、从简单到复杂”的原则，但对于这个根本的原则“没有能够充分地加以贯彻”，也就是说，“旧的体系对于哲学的研究对象究竟是什么，哲学体系怎样体现从抽象到具体，从简单到复杂这个原则，没有讲清楚，存在的问题是很多的”，这实际上也是说明旧的哲学体系在建构体系方面有着明显的不足。黄楠森对“旧的马克思主义哲学体系”局限性的研究，不是为了否定这个哲学体系，而是希望人们以科学的态度和求实的精神来客观地认识并正视这个体系，从而使这个哲学体系能够在克服既有缺陷中不断完善和发展，因而也体现出黄楠森坚持和发展马克思主义哲学体系的态度。

在中国建构一个科学的严密的马克思主义哲学体系，是黄楠森多年来的努力方向。在他看来，马克思主义哲学体系的研究乃是一个重要的前提，当时中国哲学界正研究马克思主义哲学中国化、马克思主义哲学现代化、马克思主义哲学的现代形态等问题，这些问题都与马克思主义哲学的科学体系有关，因而研究和推进马克思主义哲学体系建设有着现实的意义。他认为，思想体系反映的是事物的内在联系，即规律性联系，因而这种反映不仅应当是正确的，而且应当是完整的严密的，即系统的。故而，体系是否完整严密是一门科学发展水平的标志之一。他指出:“完整严密的程度越高,这种科学的发展水平也越高。所谓完整,指包含一门科学的主要内容,而不是残缺不全;所谓严密,指具有内在的逻辑联系,而不是杂乱无章,或机械罗列。由于完整,一门科学同其它科学的界限就清楚了,不属于这门科学的思想就被排除了;由于严密,错误的东西就不容易侧身其间了。一门科学如果只有一些观点、论断、思想,其主要内容是什么还弄不清楚;如果它的内容已经十分丰富,但还没有一个严密的体系,那么,我们就可以说,这门科学基本上还没有形成,或者说,它没有完全形成。”①那么,马克思主义哲学的体系在总体上属于怎样的情形呢?黄楠森认为马克思主义哲学有一个科学的体系,但这个体系不够完整、不够严密,主要表现在这样几个方面:“一、它的对象究竟是什么,是一个还是几个,这几个的关系怎样,都不清楚;二、因而它究竟有哪些组成部分,各个部分之间的关系怎样,也不清楚;三、二十世纪特别是二十世纪后半期,世界形势与科学均有巨大的发展,这些发展为哲学提供了哪些内容,都还来不及吸收,甚至西方当代哲学发展中合理的东西以及传统中优秀成分也还来不及充分吸收;已有的若干合理的范畴当然也有进一步发展的问题;四、作为一个严密的逻辑体系,它从何开始,如何展开,还有许多问题需要研究,前后次序需要调整。”②正是有这样的清醒认识,黄楠森在分析“旧的马克思主义哲学体系”的科学性和局限性的基础上,就如何建设马克思主义哲学体系问题提出了自己的两点看法:一是需要重点地研究马克思主义哲学的“研究对象”问题,二是需要对于哲学问题和哲学原理或范畴“按照一定的原则来安排”。这两点看法,不仅关系到马克思主义哲学体系的基本构成,而且也涉及马克思主义哲学体系以何种方法来构建的问题,因而可以说是黄楠森力图建设新的马克思主义哲学体系的主要观点:

——关于研究马克思主义哲学的“研究对象”问题。在黄楠森看来,建设马克思主义哲学体系,首先需要对于马克思主义哲学的研究对象弄清楚,然后根据这个研究对象来确定马克思主义哲学的内容以及它的体系,因为研究对象乃是一门学科的建设中首先要解决的问题。那么,马克思主义哲学有着怎样的研究对象呢?黄楠森说:“我认为马克思主义哲学作为一门科学,其核心对象是世界,即把世界作为整体来研究,它的一部分是唯物主义(世界的物质图景),一部

① 黄楠森:《建立一个完整严密的科学体系是马克思主义哲学建设和发展的重要任务》,《社会科学战线》1998 年第 6 期。

② 黄楠森:《建立一个完整严密的科学体系是马克思主义哲学建设和发展的重要任务》,《社会科学战线》1998 年第 6 期。

分是辩证法(世界的一般辩证规律),这就是辩证唯物主义世界观,其中包括自然观。历史唯物主义就是辩证唯物主义历史观,或辩证唯物主义社会论,它的组成部分是实践论、人类社会结构论和人类社会规律论(人类社会辩证法)。由于它的重要性,我们可以把精神论或意识论从历史观中分出来并与之并列,精神论的组成部分包括认识论、价值论和方法论。"①黄楠森认为,马克思主义哲学的研究对象有三个层次(或二个对象),并且这三个层次有一定的重叠性,而哲学体系则是由这三个基本部分组成的。对此,黄楠森作了十分明确而又详细的说明。他指出:

第一个对象,或者说最大的、最高层次的对象,是作为整体的客观世界,就是我们眼前看得见、摸得着的客观世界,当然还包括它的过去与它的将来,它的那些看不见、摸不着的部分。因此,哲学的第一部分就是宇宙观,即把客观世界作为整体来研究的学科,也叫世界观,过去叫做形而上学,或本体论,它所研究的是这个世界的整体,是这个世界的最一般的东西,即对这个世界的任何一个领域都起作用的普遍的东西。

第二个对象是人类社会历史,因而哲学的第二部分是历史观,也就是经常讲的唯物史观。由于这个历史是人类社会的历史,所以人类社会历史观也就是一般的社会论,或叫做一般社会学。在这里还可以包含一个小的部分叫做实践论。……我认为,实践论包含在历史观里面,因为实践是一种人类社会的现象,是人类社会的基础,但它不等于整个人类社会,更不等于整个宇宙。所以,像旧的体系那样对实践没有作专门的研究,是不对的,但是把实践论摆在历史观以外,甚至用它来代替马克思主义哲学,这就过分了。应该对实践作专门的研究,即实践论,并把实践论包含在历史观里面。

第三个对象是意识,因而哲学的第三部分就是意识论,或者叫做精神论。精神、意识都是一种社会现象,意识论应该包含在历史观里边,但由于意识的相对独立性和重要性,意识论可以作为单独一部分加以论述。在意识论里边,还可以包含几个小的部分,就是经常谈到的认识论、价值论、方法论。

马克思主义哲学体系就是由世界观、历史观、意识论三部分组成。世界观可以简单地叫做辩证唯物主义,说得确切一点就是辩证唯物主义世界观,

① 黄楠森:《建立一个完整严密的科学体系是马克思主义哲学建设和发展的重要任务》,《社会科学战线》1998年第6期。

第二部分是辩证唯物主义历史观，第三部分是辩证唯物主义意识论。所以辩证唯物主义是他们的总的称呼。而由于世界观在这里居于最高的地位，所以可以用辩证唯物主义指称辩证唯物主义世界观。①

上面，黄楠森对于马克思主义哲学体系，在研究对象上作了全新的解释，显现了建设马克思主义哲学体系的新思路：

第一，突破了马克思主义哲学两大块的传统认知。传统的马克思主义哲学体系向来是以两大块著称，即关于世界观的体系和关于历史观的体系，也就是辩证唯物主义和历史唯物主义。黄楠森以哲学对象的分类来建构哲学研究体系，将哲学对象分为整体的客观世界、人类社会历史、人类社会的意识这三部分，从而就有了世界观、历史观、意识论这三个方面，并以此作为哲学体系中的组成部分，建构了世界观、历史观、意识论三位一体的马克思主义哲学体系。这其中最为新颖的是两个方面：一方面，是对于世界观问题作出了新的解说，把自然观纳入到世界观之中，高度重视自然观在世界观中的位置。黄楠森说："世界观里面应该包括自然观，一般理解的自然界是排除社会的，好像是社会以外的东西，实际上自然界是无所不包的，自然界包括社会的。当然可以建立和发展一门学科专门研究社会以外的自然界，但是在一个体系里要把世界观同自然观区别开来讲，是非常困难的，如果分开来讲，必然会有大量的重复，所以世界观应该包括自然观。"因此，在黄楠森设计的这个哲学体系中，虽然也有传统哲学体系中世界观的这一个组成部分，但在内容上是大大拓展和深化了，包含了关于自然观的内容。另一方面，是黄楠森提出了意识论独立性的见解，并将意识论作为哲学体系中重要组成部分，这就大大拓宽了传统哲学体系的范围，使哲学突破了过去既有的关于世界观、历史观的认知，而成为一个三位一体的新体系。

第二，将实践论纳入到马克思主义唯物史观体系之中。如前所述，黄楠森高度重视实践在马克思主义哲学体系中的地位，但他不同意学术界流行的"实践唯物主义"的观点，反对"实践主体论"关于实践问题的看法，认为"实践在世界中"而不是"世界在实践中"，不应该将实践置于唯物史观之外，更不同意以实践作为哲学的本体而推翻辩证唯物主义关于世界的统一性在于它的物质性的观点。同时，黄楠森也不满意旧的哲学体系中对实践问题的不够重视，认为"像旧的体系那样对实践没有作出专门的研究，是不对的"。因而，黄楠森主张马克思主义哲学体系对实践问题应给予足够的重视，并将实践放到哲学体系中的应有

① 《黄楠森自选集·我的哲学思想(代序)》，重庆出版社1999年版，第9—10页。

位置上。他基于实践乃是社会实践,亦即“实践是一种人类社会的现象,是人类社会的基础”的考虑,主张实践论包含在历史观里面,这不仅大大充实了历史观的内涵,而且使实践论有了适得其所的切实位置,因而有助于推进唯物史观体系的创新。

第三,确立了以认识论、价值论、方法论为主要内容的意识论体系。在传统的马克思主义哲学体系中,有的学者将意识论放在世界观之中(这是主要的),也有学者把意识论作为是唯物史观的重要内容,从属于唯物史观体系,因而传统的马克思主义哲学体系并不是没有关于意识的研究,但不是将意识论放在很突出、很重要的位置,更没有上升为马克思主义哲学体系的三个组成部分之一,而且关于意识的理论涉及面相对较小,如对人的价值问题研究并不到位。黄楠森的努力是将意识论提升到马克思主义哲学体系的三个组成部分之一的位置,并将意识论在内涵上大大拓展,使之包含认识论、价值论、方法论。按照传统哲学体系,意识从属于世界观也是有一定理由的,因为意识不管是个人的意识还是社会的意识,在根本上乃是对客观世界的认识上生发出来的,因而最终取决于世界观如何;意识论放在唯物史观之中也不能算错,因为意识乃是人类社会中的意识,是人类历史中的组成部分。那么,为何要将意识论独立出来,而成为哲学体系的重要组成部分呢?黄楠森的解释是:“精神、意识都是一种社会现象,意识论应该包含在历史观里边,但由于意识的相对独立性和重要性,意识论可以作为单独一部分加以论述。”这是就意识的独立性、重要性考虑的。应该说,黄楠森将意识论这部分独立出来,也是有鉴于过去哲学界对意识问题的研究不够到位、意识论体系相对薄弱的状况,因而也有完善意识论体系的考虑。黄楠森说:“过去把认识论包含在辩证唯物主义世界观里边,我认为是不妥的,因为认识是一种社会现象,应该是讲清楚了历史观以后再来讲认识论。认识是意识的一部分,而且是基础性的一部分,当然是非常重要的。旧体系里面没有价值论,虽然谈到许多价值问题,但是对价值没有进行专门的研究。近二十年来,开展了这方面的研究,这是很好的。作为马克思主义哲学体系的一部分,价值论应该包含在这个体系里边。方法论过去我们是经常谈的,认为马克思主义哲学就是方法论,既是世界观,也是方法论。这样讲当然没有什么错,但是是不确切的。准确地讲,马克思主义哲学既是世界观,又是方法。‘方法论’应该是以方法为对象来进行研究的一门学问,可以作为一个组成部分包含在意识论或者精神论里边。方法不等于方法论。”可以想见,黄楠森主张将意识论独立出来并作为马克思主义哲学体系的重要组成部分,这不仅有助于意识论研究工作的开展,而且也有助于人们对于意识问题的高度重视,从而更好地发挥马克思主义哲学在社会变革中的能动作用。

——关于如何"按照一定的原则来安排"哲学问题和哲学原理或范畴问题。有关的哲学问题、哲学原理或范畴,何以能够统一起来而形成一定的体系,这是建构哲学体系时所必须关注的。那么,如何构建马克思主义哲学体系呢?黄楠森主张汲取列宁在《哲学笔记》中的智慧,而用之于马克思主义哲学体系的构建之中。他指出:"如何构成体系,列宁在《哲学笔记》中吸收黑格尔的合理思想,提出了一些观点。这些观点对于今天构建哲学体系,我认为还是有效的。这些观点大致可以概括为下列几点:一,任何一门科学的思想体系,就是表述这门科学的全部内容的思想过程,这个过程必然是从抽象到具体,这是符合人的认识过程的,人认识一个对象时总是从抽象到具体,因而也最便于人对这个对象的了解。从抽象到具体的过程也是从少到多、从简单到复杂、从表层到深层、从平面到立体、从静到动、从现象到本质、从客观到主观的过程。因此,二,一个科学体系的起点应该是这个体系最抽象的东西。黑格尔认为存在是最抽象的,存在便成为他的哲学体系的起点。马克思认为商品是人类现代经济生活最抽象的东西,商品便成为他的政治经济学的起点。三,推动从抽象到具体过程的内在动力是对立统一规律,每一个原理应该采取矛盾运动形式。用列宁的话来讲,这就是对立统一规律是辩证法的核心。马克思的《资本论》是通过矛盾运动展开的,而在黑格尔的体系中,矛盾运动则表现为正反合的三段论的形式,列宁认为马克思是唯物主义地改造了黑格尔的三段式。"①就研究经验的层面而言,由于哲学体系是按照一定之法建构起来的,因而研究者也就必须研究这"一定之法",从而使建构的哲学体系具有一个严密的逻辑体系,并在这个体系之中使哲学问题、哲学原理或范畴能够适得其所、各居其位。这方面,黄楠森提出了两个重要的观点:一是哲学体系中的范畴必须成对,二是哲学体系需要按照"从抽象逐渐走向具体"原则来安排。黄楠森指出:"根据矛盾规律是辩证法的核心的原理,哲学范畴应该是成对的,这一点过去没有做到。黑格尔认为否定之否定是哲学的核心,他的哲学体系做到了一分为三,整个体系按正反合运转,我们不必搞一分为三,但范畴应该是成对的。哲学体系应该从存在开始,存在是最抽象的,最一般的。从抽象逐渐走向具体,整个体系应按照这个原则来安排。这个原则包含从

① 黄楠森:《建立一个完整严密的科学体系是马克思主义哲学建设和发展的重要任务》,《社会科学战线》1998年第6期。

简单到复杂，从静到动，从表到里，从客观的东西到主观的东西等内容。”①“按照一定的原则来安排”哲学问题和哲学原理或范畴问题，亦即按照“从抽象逐渐走向具体”原则来建构体系，这是建构哲学体系的过程中所不可回避的工作。但问题在于，这首先得有对于哲学问题和哲学原理或范畴问题有所研究，才能有“从抽象逐渐走向具体”的阶段，才可能形成一个对立统一的哲学范畴体系。换言之，哲学范畴的研究乃是构建哲学体系的基础性工作，同时也是构建哲学体系的关键环节。为此，黄楠森对于哲学范畴的研究曾投入相当的精力，他撰写的《〈哲学笔记〉与辩证法》一书，根据列宁的《哲学笔记》关于构造体系的思想，提出了36对范畴，构造了一个马克思主义哲学体系。多年之后，黄楠森在概述自己的哲学思想时，对这个体系并不满意。他说：“这仅仅是一个尝试，而且没有包括二十世纪以来世界形势的发展、科学研究的成果和世界哲学新的进展。所以我并不想用这个体系来取代旧的马克思主义哲学体系。”②但实事求是说，黄楠森在哲学范畴方面的努力，开启了从经典作家著作文本创建哲学范畴体系的道路，因而是积极的探索和有益的尝试，对于推进马克思主义哲学体系的建设还是有积极意义的。

黄楠森的哲学研究有着强烈的现实关怀意识，他不仅十分注重马克思主义哲学原理的理论研究与学术创新工作，而且也高度重视马克思主义哲学原理在现实生活中的具体运用，努力将马克思主义哲学原理运用到中国的社会主义建设中，发挥马克思主义哲学原理对于中国特色社会主义建设的指导作用。

譬如，黄楠森于1991年发表《论社会主义社会基本矛盾》文章，对于社会基本矛盾理论和社会主义社会基本矛盾理论作了专门的辨析，并在此基础上论证了建设有中国特色社会主义在中国的历史必然性。在社会主义社会的基本矛盾问题上，当时的中国学术界理论界有这样几种主要的看法：一是认为社会主义社会的基本矛盾是生产与消费的矛盾，表现为个人与社会的矛盾；二是认为社会主义社会的基本矛盾是计划经济与商品生产的矛盾，表现为各种利益集团的矛盾；三是认为社会主义社会的基本矛盾是一定程度的社会化生产力与生产资料公有制的各个具体环节的矛盾。黄楠森通过对以上观点的研究和辨析，并依据唯物史观的基本原理，对于社会主义社会的基本矛盾提出了自己的看法：“社会主义社会的生产力与生产关系的矛盾就是社会化生产与生产资料公有制的矛盾，这

① 《黄楠森自选集·我的哲学思想（代序）》，重庆出版社1999年版，第10—11页。

② 《黄楠森自选集·我的哲学思想（代序）》，重庆出版社1999年版，第11页。

就是社会主义社会最基本的矛盾。”然而,对于社会主义社会的基本矛盾的这种表述,学术界习惯于承认社会化与私有制(非社会化)是矛盾的,却不习惯于承认社会化与公有制(社会化)有矛盾。而在黄楠森看来,社会化与公有制之间“其实是有矛盾的,不过根本性质不同罢了”。黄楠森给出的解释是,矛盾是对立统一,但不等于对立;私有制根本不适应社会化生产,但也有适应的地方;公有制根本适应社会化生产,但也有不适应的地方。为什么是这样呢?对此,黄楠森给出进一步的说明:“关键问题在于:公有制不是抽象的存在物,而是具体的存在物,我们初步建立起来的公有制只是整体上适应社会化生产,至于它的具体环节当然有适应的,也有不适应的,搞得不好,很多具体环节都不适应,社会化生产不但不能发展,还遭受破坏,这种教训在过去颇不少见。相反,资本主义私有制整体上是不适应社会化生产的,它的具体环节当然有不适应的,但也有适应的,甚至很多环节都是适应的,并使社会化生产有很大的发展。”据此,黄楠森依据社会主义的基本矛盾来分析和论证中国特色社会主义,一方面说明中国的改革不仅具有一般的理由,而且是在社会基本矛盾理论的指导下作出的,因为“改革的目的就是具体地建立与中国生产力的发展相适应的社会主义制度,也就是我们经常所说的有中国特色的社会主义”;另一方面说明“一个中心、两个基本点”的基本路线是“充分体现了社会基本矛盾理论的作用”。“为什么经济建设是中心?因为生产力是整个社会的最后的决定的力量。生产力不发展,一切无从谈起,加以中国经济落后,发展经济成为十分紧急的任务。两个基本点包括生产关系、政治上层建筑、意识形态等因素以及对这些因素及相互关系的调整和改变,其中包括中国和外国的关系。四项基本原则是立国之本,改革开放是强国之路,两者均是为了把中国建设成为繁荣、发达、富强的社会主义国家,具有高度的物质文明和精神文明,使全体人民共同富裕,过上幸福安乐的生活。”继而,黄楠森运用社会主义社会的基本矛盾理论分析中国特色社会主义中的“特色”问题,认为中国建设社会主义有着自己的特色,而“这些特色是社会基本矛盾理论与中国国情相结合的产物,是适应我国生产力的发展的”。他举例说:“例如在所有制方面的特色是:坚持以社会主义公有制为主体的多种经济成分并存的所有制结构,发挥个体经济、私营经济和其他经济成分对公有制经济的有益的补充作业,并对它们加强正确的管理和引导。在所有制问题上主要要处理好两个问题,一是不同所有制之间的关系。二是公有制的规模、水平、具体环节,改革开放就是要妥善解决这两类问题,使中国的所有制能最大地适应生产力的发展。……当然,适应是相对的,生产力进一步发展了,所有制的具体形式也应随之不断改变。又如在产品的生产和流通方面的特色是:积极发展社会主义的有计划商品经济,实行计划经济与市场调节相结合,努力促进国民经济持续、稳定、健康、协调发展。……问题是处理好计划经济与市场调剂之间的关系。片面强调计划而抹杀价值规律的作用或让价值规律支配一切而否定国家计划都是不利于生产力的发展的。……其他特色如实行以按劳分配为主体、其他分配方式为补充的分配方式,坚持工人阶级领导的以工农联盟为基础的人民民主专政,不断完善共产党领导的多党合作的政治协商制度,建设以马列主义毛泽东思想为指导的继承和吸收中外古今优秀文化遗产的社会主义精神文明,等等,都体现了社会基本矛盾的辩证关系。"①黄楠森坚持理论与实际相结合的研究思路,将马克思主义哲学原理研究与中国特色社会主义建设事业紧密联系起来,以马克思主义哲学原理论证中国特色社会主义的历史必然性,揭示了中国特色社会主义的哲学依据,为增进人们对于中国特色社会主义的理解和确立对中国特色社会主义道路的理论自信作出了重要贡献。

又譬如,黄楠森于 1993 年在发表的《关于建立社会主义市场经济的几个哲学问题》文章中,提出了哲学研究工作者需要运用马克思主义的基本观点来研究社会主义市场经济的基本问题,认为在社会主义市场经济建立之初,哲学研究工作者尤其需要做好三件事:一是要从建立市场经济的实践中作出新的哲学结论,二是使哲学研究工作适应建立社会主义市场经济的需要,三是运用马克思主义哲学来分析社会主义市场经济;此外,还有两个问题是哲学工作者必须研究的:一是市场经济的建立和整个上层建筑的关系,二是市场经济的建立和观念变革的关系。此文以马克思主义哲学为指导,具体地分析了社会主义市场经济、市场与计划的矛盾、公有制与私有制的矛盾、资本主义与社会主义的矛盾、所有权与经营权、社会主义市场经济与人的主体性等问题,是运用马克思主义哲学研究社会主义市场经济的经典之作。该文对于社会主义市场经济与发挥主体性的关系作了创造性的研究,指出"所谓主体指的是人的活动的主体,即主动发出各种各样活动的主体,而人的主体性就是人作为活动的发出者所具有的基本特性,如自主性、主动性、积极性、创造性、能动性,等等",而"在社会主义市场经济中,个人的主体性也将得到更多更好的发挥"。这主要是因为,个人的主体性和个人的实际利益密切相关,"自主经营的企业能更好地贯彻按劳分配的原则,劳动者物质利益的获取与他的劳动的数量和质量成正比,这无疑能更好地激励起劳动

① 黄楠森:《论社会主义社会基本矛盾》,《学术论坛》1991 年第 5 期。

者的热情”。当然,黄楠森也不认为在发挥个人主体性问题上,物质利益的激励是万能的,所以他说:“看来物质利益的激励作用对于劳动者的主体性是不可缺少的,但它也不是万能的,加强政治思想工作,提高劳动者建设社会主义的觉悟,同时改革管理制度,使劳动者真正体会到主人翁地位,也是决不可少的。如果劳动者在思想上和实践中都认识到自己是企业的主人,企业的发展和整个国家的兴旺发达就是自己的事业,劳动并不仅仅是谋生的手段,那么,劳动者的主体性就可以充分发挥出来了。”正是有这样的看法,黄楠森认为个人主体性也就不仅仅是物质利益激励问题,还有一个发挥“集体的主体性”问题,所以他的结论是:“总之,在社会主义市场经济体制下如何更好地发挥人的主体性,可以归结为两个方面:一是调整社会经济体制的各个环节,使之更加合理,以利于人的主体性的发挥,这是集体的主体性;一是调动个人的主体性,这是个体的主体性。社会主义市场经济对于调动这两种主体性都比计划经济更为有力。”①黄楠森运用马克思主义哲学原理来研究社会主义建设的相关问题,努力发挥马克思主义哲学在变革现实社会中的指导意义和积极作用,这是他研究马克思主义哲学原理中的一个鲜明的特点。

再譬如,黄楠森于 1994 年发表《再论建立社会主义市场经济的哲学问题》,作为 1993 年的《关于建立社会主义市场经济的几个哲学问题》文章的姊妹篇,论述了三个问题:(1)经济体制是比基本经济制度低一个层次的生产关系,不属于生产力范畴。当时,学术界关于经济体制问题,有三种不同的观点:第一种观点认为经济体制比经济基本制度低一格的生产关系,不像经济基本制度那样根本体现着人对物的占有关系或人与人之间的财产关系;第二种观点认为经济体制不是生产关系、人的关系,而是属于生产力的范畴,是人与物的关系;第三种观点认为经济体制是一个复杂概念,不能简单地还原为人的关系,也不能简单地归结为物与物的关系。黄楠森赞同第一种观点,指出:“经济体制是比基本经济制度低一个层次的制度,属于经济制度的范畴,本质上反映人与人之间的关系。因此,通过改变经济体制也可以促进、加速或者阻碍、延缓生产力的发展。不同的经济体制并不意味着生产力水平的高低,但经济体制的改变,则会影响生产力的发展速度。诚然,经济体制很难与生产力截然分开,但这无损于经济体制的本质规定。”由此,黄楠森认为市场经济体制本身是抽象的结果,不是中性的具体存在物,因而有着姓“社”姓“资”的问题,其原因就在于“市场经济体制和社会主义

① 黄楠森:《关于建立社会主义市场经济的几个哲学问题》,《哲学研究》1993 年第 7 期。

市场经济体制的关系是共性和个性、普遍性和特殊性的关系”。黄楠森指出,实际上,并不存在脱离所有制(公有制或私有制)的经济体制,市场经济活动的主体或者是私有企业,或者是公有企业,二者必居其一,这“也就是说,市场经济体制和姓‘社’姓‘资’的问题无法区分”。因此,我们一方面要研究市场经济体制的共性:以市场作为资源配置的基础;同时,也要研究市场经济体制的特殊性,即社会主义市场经济体制和资本主义市场经济体制的区别。(2)在社会主义市场经济中起主导作用的人生价值观应该是社会主义集体主义而不能是个人主义。在建立社会主义市场经济过程中,应该以集体主义还是个人主义为主导价值观呢? 当时,“有种观点认为集体主义是计划经济的产物,个人主义是市场经济的产物,因此,既然社会主义市场经济取代了计划经济,个人主义就应该取代集体主义”。黄楠森不同意对于这种否定集体主义的观点,认为过去确实存在着“假集体主义之名,行家长式统治之实”的现象,并且“过去的集体主义”也确实存在两个问题:一是过多强调社会和国家利益,在一定程度上忽视了个人利益,特别是个人目前的利益,甚至把肯定和争取正当的个人利益也看作个人主义,从而使自立、自主、自强的意识受到无形的压抑;二是对个人主义的分析批判没有区别对待,把一般的个人主义和极端个人主义等量齐观。但不能因为“过去的集体主义”所存在的这些问题,就“根本否定过去的集体主义,认为应该彻底推倒,以个人主义价值观代替它”。黄楠森的观点是,由于社会主义市场经济中价值观多元性,个人主义价值观还有存在的条件,但应该以集体主义作为社会主义市场经济体制中的主导价值观。他指出:“我认为在社会主义市场经济体制中占主导地位的应是集体主义,而不是个人主义。共产党员、国家干部应努力克服个人主义,这是由他们的地位和使命决定的。但是对广大的人民群众提出这样的要求就不一定是符合实际的,尤其是在当前社会主义市场经济条件下,还大量存在着个人主义价值观。社会主义市场经济中人的价值观无疑是多元的,这是由于在社会主义市场经济中既有公有制经济成分,又有私有制经济成分。有人认为市场经济中的主体,不管是代表公有制经济成分,还是代表私有制企业,都是独立的、自主的法人实体,其活动的目的都是追求最大利润,彼此之间展开了激烈的竞争。他们的价值观只能是个人主义。这只适应私有制企业的代表,不适应公有制企业的代表,而有些私有企业家也可能以集体主义为主导。”黄楠森倡导社会主义的集体主义价值观在社会主义市场经济中的主导地位,但也认为“个人主义在市场经济中也占有一席之地,只要它能恪守以为社会服务来谋求经济效益这一原则,而不发展为损人利己的极端个人主义,社会主义市场经济就可以允许它存在,以发挥其积极作用”。因为,在市场经济条件下,“只要允许私有制存在,就不能杜绝个人主义的存在”。(3)社会主义市场经济理论在建设有中国特色的社会主义理论中居于核心地位。黄楠森认为,社会主义市场经济理论在中国特色社会主义理论中具有何种地位,取决于中国特色社会主义理论中的“中国特色”问题。建设有中国特色社会主义理论的直接理论根据是社会主义社会基本矛盾理论,而所谓的“中国特色”是“在形成中”并且在内容上是“非常丰富多彩的”,“但它们都有一个共同的本质特征,那就是,不管中国特色的具体内容是什么,此特色总是最能适应中国现代社会生产力的高速发展和人民物质精神文明的不断提高,总是能最大限度地推动中国的现代化事业的”。由此,关于“中国特色”的问题,黄楠森的看法是:“我认为所谓‘中国特色’决不是为特色而特殊,只要是有特色就行,只要那些适应中国国情的社会主义形式才是真正的有中国特色的社会主义。因此,关键问题不在于它和其它国家社会主义不同,而在于同中国国情相适应,即它能够科学地把握住当代中国社会主义社会发展的基本矛盾运动,准确地认识目前社会基本矛盾的性质,系统地提出解决这种基本矛盾的方法,从而推动中国的社会主义现代化。”而“社会主义市场经济理论的确立是对社会主义社会基本矛盾理论的重大发展”,使“中国特色”的问题更为鲜明,“标志着建设有中国特色社会主义理论的初步形成”,因而“处在有中国特色的社会主义理论的核心地位”①。黄楠森这篇《再论建立社会主义市场经济的哲学问题》文章,从哲学的高度论述了社会主义市场经济中的经济体制问题,倡导社会主义的集体主义价值观的主导作用,鲜明地提出了社会主义市场经济理论在中国特色社会主义理论中居于核心地位的观点,对于进一步推进社会主义市场经济发展有着重要的理论意义和学术价值。

黄楠森在改革开放后对于马克思主义哲学原理所进行的相关研究,不仅以坚持和发展马克思主义的态度,来进行学术上的马克思主义哲学基本原理体系的重建工作,回答了一些人对于马克思主义基本原理的种种责难,而且努力将马克思主义哲学的基本原理运用到中国的改革开放和社会主义现代化建设的实践中,阐述社会主义社会的基本矛盾理论,从哲学上论证中国特色社会主义的历史必然性,显现出恪守信仰、学术唯真、服务现实的治学风格及学术研究与社会发展相结合的研究路径。

---

① 黄楠森:《再论建立社会主义市场经济的哲学问题》,《北京大学学报》1994年第4期。

三、关于人学问题的研究

20 世纪 80 年代以来，黄楠森对人学问题予以高度关注，以马克思主义为指导研究人的发展问题，发表了《论人和自然的关系》、《论人的活动的主体性》等文章，倡导建设一门以人为研究对象的学问——人学，使人学在马克思主义指导下成为一门科学的学问。黄楠森关于人学问题的研究，提出了以下的看法：

第一，建立人学学科是非常必要的。黄楠森认为，在中国建立人学这门学科是十分必要的，他从三个方面来说明这种必要性。一是从完善基础学科方面来看，需要建立人学。在他看来，唯物史观有些关于人的论述，但主要的是关于杰出人物的贡献与作用，而对于一般的人则很少有专门的论述。因而，仅就完善基础学科而言，也就需要建立一门学科对人作整体的研究。二是建立人学也是现实社会的需要。在黄楠森看来，人学触及社会生活的各方面，有着社会生活的需要，因为离开人也就无所谓社会生活。黄楠森指出："现实生活接触到人、人的学科、人的知识、人的理论、人的观点太多了，例如我们谈到要提高人的素质，要发挥人才的作用，要教育人、培养人、发挥人的积极性、主动性、创造性等等。所有这些，都需要由一门学科来对人进行整体的研究。"三是人学的建立有助于回击西方学者对马克思主义学术的挑战。黄楠森在当时的学术背景之中考虑建立人学这门学科，认为加强对人的问题的研究，形成以人为整体研究对象的人学，有助于阐发马克思主义关于人的主张，也有助于回击西方学者的错误观点。他指出："特别是西方马克思主义对马克思主义提出了挑战，认为传统的马克思主义缺乏人学，是忽视人，不要人，甚至是敌视人的，认为唯物主义就是不要人的哲学，忽视人的哲学，而真正的马克思主义就是人道主义。这是对马克思主义的一种挑战，要求马克思主义对究竟什么是人，什么是人学，作出正面的回答。"①

第二，人学有着明确的研究对象。黄楠森强调研究对象对于一门学科的极端重要性，认为确定的研究对象是一门学科的首要前提，否则这门学科也就无从建立。在他看来，对于一门学科而言，如果有了明确的对象，即使现在还没有条件建立这门学科，但只要有社会的需要，因而通过相关的研究，迟早也是能建立这门学科的。从学科建设的高度出发，黄楠森主张人学的研究对象是人，亦即

① 《黄楠森自选集・我的哲学思想（代序）》，重庆出版社 1999 年版，第 11 页。

"以人为研究对象",从整体方面来研究人,从而使人学成为一门严格的科学。黄楠森不同意学术界那种"哲学就是人学"的观点,他在人学研究对象问题上,强调了两个方面:一是人学是把人作为整体来研究,二是要把人学与哲学分开。他指出:"人学是把人作为整体来研究,不是研究人的某一个方面。人学同人的科学有区别。人学当然是人的科学,但是它只研究作为整体的人,而人的科学包括研究人的任何一个方面的科学。我不同意近年来颇为流行的一种观点,认为哲学的研究对象就是人,哲学就是人学。这种观点对哲学的发展和人学的发展都是不利的。从我们前面的论述可以看得出来,哲学的概念是比较含糊的,实际杀个哲学是一个科学群,是多门科学。如前面所理解的,它包括宇宙观、历史观、意识论等等。如果你说它的对象是人,那么你指的究竟是什么哲学呢? 如果你说宇宙观的对象就是人,那就把宇宙观过分缩小了,因为宇宙观的研究对象是作为整体的宇宙。人在宇宙里是微乎其微的,微不足道的,怎么能把宇宙等同于人呢? ……人学和哲学的研究对象是不同的,把它们混为一谈,不是妨碍了哲学的发展,就是妨碍了人学的发展。"①黄楠森主张人学是把人作为整体来研究,要求将人学与哲学分开,这是符合人学研究要求的,对于将人学建设成为一门独立的学科有着极为重要的意义。从学科建设的要求来看,人学要成为一门独立的学科,则必须有独立的研究对象,但如果人学不是以人作为整体来研究,而是以人的某一方面来研究,那就可能与其他以人的某一方面为研究对象的学科(如心理学、行为学、美学、人口学、人种学、体育学等)发生重叠或冲突。而就人学产生的需要来看,由于关于人的某一方面的学科已有相当的发展,所缺乏的是将人作为整体研究的学科,其结果是有关人的各分支学科因为缺乏关于人的整体的视域,而难以进一步深化;而社会生活联系性、整体性的加强又需要从整体方面来研究人的问题,故而最为需要的是整体上研究人的学问。但从整体上研究人的人学,又必须与哲学有其严格的界限,才能独立地发展。哲学研究确实关涉到人并且也研究人,但哲学又不是仅仅关涉到人、研究人,如将哲学等同于人学,那就缩小了哲学的范围,丧失其"万邦之宗"的地位,而且也使人学没有存在的必要与可能。如此看来,黄楠森提出人学以人的整体作为研究对象以及要求将人学与哲学分开的主张,其目的就在于使人学具有独立性并具有独立研究领域的学科,因而对于人学建设有着极为重要的价值。

第三,人的属性有三个层次。黄楠森将"人的属性"作为人学研究的重要内

---

① 《黄楠森自选集·我的哲学思想(代序)》,重庆出版社1999年版,第12—13页。

容,认为人学是总体上研究人的,亦即把人作为整体来研究,那就应该在整体上把握其重要的方面。在他看来,“人的属性”是在整体上体现在人身上的,是人之所以为人的显著标志,但“人的属性”有不同的层次,因而也就有必要作出明晰的划分,从而为整体上研究人创造条件。总的来看,黄楠森主张将“人的属性”划分为三个层次,即人的本质、人性、人的一般属性。他指出:

人的属性是最低一个层次,其范围是最大的,包括人的任何属性在内,即包括人的自然属性、社会属性和精神属性。在人的属性里边,有个区域可以叫做人性。人性是同动物相区别的那些属性。有很多属性都可以把人同动物区别开来。中国哲学史上和西方哲学史上谈的人性,各式各样,但都可以把人和动物区别开来。……在所有能把人和动物区别开来的、带有根本性的属性里面,有没有一个是最根本的?我认为有,我们就把它叫做人的本质,人的本质是什么呢?是劳动,即生产活动,宽泛一点讲就是实践活动。人的实践活动是离不开社会的社会实践活动,所以人的本质就是人的社会实践活动。……于是就有了三个层次:最深的是人的本质,人的本质产生了人性,决定了人性,这就是第二个层次,它比人的本质更宽泛。最宽的是人的属性,包括人的动物性等一切属性,它是第三层次。①

黄楠森就人的属性提出三个层次的主张,有这样几个基本特点:其一,是从人的自然属性、精神属性与社会属性相统一的角度来看待人的属性问题。所谓人的属性,有的学者称之为人的“类本质”。学界一般的见解,皆将将人的属性二分法,即自然属性与社会属性,而黄楠森从社会属性之中分离出“精神属性”,并将精神属性作为人的属性的重要组成部分,凸显了意识、精神等要素在“人的属性”中的独特地位,从而以三位一体形式构筑“人的属性”的体系,这是一大重要的学术创新。其二,按照“人的属性”的性质与范围,从自然属性、社会属性及精神属性相统一的高度,具体地划分“人的属性”的不同的层次,并说明不同层次的属性之间的关系,确认“人的本质产生了人性,决定了人性”,“人性是同动物相区别的那些属性”,而人性只是“人的属性里边”的一个区域,这就使“人的属性”成为一个具有层次性的结构体系,为系统地解说人的属性的具体功能奠定了学术基础。其三,基于人的社会属性、以社会实践来解读“人的本质”,指出“人的本质是什么呢?是劳动,即生产活动,宽泛一点讲就是实践活动。人的实践活动是离不开社会的社会实践活动,所以人的本质就是人的社会实践活动”,

① 《黄楠森自选集·我的哲学思想(代序)》,重庆出版社 1999 年版,第 13 页。

这就将马克思主义的实践观点很好地贯彻到人的本质的探索中,并为解答人的精神属性问题所凭借的基础和前提提供了条件。

第四,人的发展规律问题是人学研究的目标。黄楠森提出了人学研究规律的任务,力图使人学建设成为一门科学。在他看来,任何学问要进到科学的层面,就必须加强规律的研究;一门学问如果不以规律的探讨和研究作为目标,也就不能进入科学之列。这是因为,"科学不能停留在对于事实的叙述,而必须深入它的本质,去挖掘它的发展规律"。因此,"人学不仅要研究作为整体的人,而且要研究作为整体的人的发展的规律"①。黄楠森将人学作为从整体上研究人的学科,提出要研究人的发展规律的任务,为人学研究指明了方向。

四、关于文化问题的研究

20 世纪 80 年代,不同学术领域的学者对文化问题表现出浓厚的兴趣,兴起了全国性的讨论文化的热潮,这在中国当代学术史上被称为"文化热"。黄楠森积极参与了当时的文化问题的研究,发表了《文化的基本问题与中国文化的现代化》等有关文化讨论的文章,对于文化概念、文化与经济及政治的关系、文化的性质与种类、文化的组成部分、中国传统文化与现代文化的关系等,作出了自己的说明。黄楠森为文化问题的研究作出了重要的贡献。

第一,关于文化的概念。研究文化问题,必须对文化概念的含义有所确定。一般来说,文化的概念有三种理解:广义上的文化无所不包,是指人类社会的一切东西;狭义上文化专指精神文化,也就是指精神的活动及其产品;最狭义上的文化是指文化部所管的文化,包括文学、艺术等。黄楠森主张对文化作第二种理解,即认为文化是指精神文化。他指出:"我认为,作为一个科学概念,对文化应作第二种理解,即精神文化。因为这种理解符合一种总的趋势,即把文化同经济、政治并列起来理解。把三者并列,意思是说,文化不是经济,不是政治;经济、政治、文化三者包括了全部社会现象。这种把文化同经济、政治并列起来使用,几乎已经在全世界得到了公认。"②

为什么必须对文化作狭义上理解呢?黄楠森的看法是,文化研究自然需要

① 《黄楠森自选集·我的哲学思想(代序)》,重庆出版社 1999 年版,第 14 页。
② 《黄楠森自选集·我的哲学思想(代序)》,重庆出版社 1999 年版,第 14 页。

对文化的概念有所界定，一个含义不清的概念不能成为一种科学的研究，因而严格意义的科学在概念的使用中，必须明确其特有的内涵。如果从广义上使用文化这个概念，则所谓的经济、政治等内容都包括其中，那这样的文化研究也就难以凸显其独特的研究意义，因为经济、政治等方面的研究皆有其独立的学科。黄楠森提出从狭义上来理解文化这个概念，有两个重要的理由：一是从狭义上使用文化这个概念，将文化与经济、政治并列，已经在社会上流行起来，并成为学术界的一种普遍趋势。他指出："把文化与经济、政治并列起来使用，已经成为一种相当普遍的趋势。应该说，在过去广义的文化被更多地使用。而20世纪以来，经济、政治和文化就经常被并列起来使用了。例如英国著名历史哲学家汤因比的文明形态理论认为人类社会表现为各种文明形态，而文明包括三个组成部分，即经济、政治和文化。又如近年来在国际理论界引起很大争议的美国学者亨廷顿的文章《文明的冲突》也是把文化与经济、政治并列。"①二是按照马克思主义唯物史观原理，也必然地要求对文化作出狭义上的理解，将文化与经济、政治并列起来。黄楠森指出，"唯物史观认为，文化作为精神活动及其产品是经济、政治的反映，经济是物质活动及其产品，政治不是物质活动，但也是改造社会的客观活动，由于它是经济的集中表现，因而在经济与文化之间起着中介作用，因此，文化是经济与政治的反映，而归根到底是经济的反映。但是，文化还具有相对独立性，因而能给予伟大反作用于经济和政治，其本身也具有传承性和稳定性，是人类社会结构不可缺少的一部分。文化水平的高低也是衡量一个社会文明程度的标准之一。"由此，黄楠森认为，遵循"唯物史观关于文化内涵的观点"，"对文化内涵的回答就是：文化是人类的精神活动及其产品，是经济和政治的反映，归根到底是人类物质活动的反映"②。应该说，黄楠森提出的从狭义上对文化予以理解和运用，将文化与经济、政治并列起来的学术主张，不仅适应了学术研究的普遍趋势，符合学术界关于文化研究的基本共识，有助于对文化问题作出专门的研究，而且也是符合唯物史观关于文化含义的基本观点，因而是值得予以充分肯定的。

第二，关于文化与经济、政治的关系。在文化问题研究中，正确理解和科学处理文化与经济、政治的关系，对于说明文化在人类社会中的地位与作用，是一个至关重要的关键性问题。换言之，关于文化在人类社会中的地位问题，也就是

① 《黄楠森自选集》，重庆出版社1999年版，第345页。

② 《黄楠森自选集》，重庆出版社1999年版，第346—347页。

一个如何认识文化与经济、政治的关系的问题。对于这个问题，黄楠森是这样理解的："文化在人类社会中的地位问题实际是人类社会的各个组成部分的关系问题，而由于经济、政治与文化是人类社会的三个主要组成部分，因此，这个问题就主要成为经济、政治和文化的关系问题，说得更具体一点，就是：经济、政治和文化三者中哪一个是最根本的，起最后决定作用的？是经济还是文化？"①

黄楠森在研究文化地位问题时，表明了自己不同意文化史观的态度。在黄楠森看来，文化史观不适当地将文化夸大到决定社会一切的高度，尽管其中有些值得注意或值得肯定的观点，但总起来说是不科学的。他指出："文化史观把文化看成是人类社会的最后决定的最根本的东西，而文化或文化的核心是精神、观念、思想，所以文化史观是一种唯心史观。文化无疑是人类社会的一个重要组成部分，在人类社会中具有不可缺少的巨大的作用，在某些条件下发挥了决定性作用，也是不同国家、不同民族、不同地区相区别的重要标志之一，而且不同地区的文化上的差异是经过长期社会生活和历史的积累而形成的，具有相对的独立性和稳定性，对于一个国家、一个民族是一种强大的凝聚力，是决不可忽视的。文化史观强调文化的重要地位和巨大作用，具有一定的合理性，因而它对文化问题的分析和论证往往具有重要的启发作用，但它毕竟是一种唯心史观，是片面的，从整体上说是不科学的。"②黄楠森的态度非常明确，文化史观关于文化地位的论述尽管具有一定的合理性，可以对文化问题的研究有所启迪，但文化史观恪守唯心主义，不是科学的学说，因而在文化问题的研究中其作用也是有限的。

黄楠森主张以马克思主义唯物史观的观点来理解文化、经济、政治这三者的关系，确认经济生活对于文化有着最终的决定作用，肯定文化是经济、政治的反映，但也承认文化本身也有一定的稳定性，并且对经济、政治具有反作用。他指出：

> 唯物史观认为人类社会的基础、根基是经济，政治是经济的产物；经济和政治又是文化的基础、根基，文化是经济和政治的产物，而经济、政治和文化又通过直接和间接的、简单和复杂的相互作用形成一个有机的立体网络，文化的作用是巨大的重要的不可缺少的，但决定整个社会面貌的最后的根基、推动整个社会前进的最后的动力是经济，这是不能含糊的。所谓"经济"当然不仅是经济制度，它首先是一定水平的社会物质生活，即人类的经

① 《黄楠森自选集》，重庆出版社 1999 年版，第 352—353 页。

② 《黄楠森自选集》，重庆出版社 1999 年版，第 356—357 页。

> 济生活,然后才是建立在物质生产上的经济制度。所谓“文化”当然不仅是意识形态或思想上层建筑,它首先是直接反映物质生产的精神因素如科学知识、语言等,然后才是反映经济制度、政治活动的思想上层建筑。马克思主义经典作家没有系统地论证过经济、政治和文化的关系,但这些思想已包含在他们关于社会基本矛盾,即生产力与生产关系、经济基础与上层建筑的矛盾的理论之中。……总起来看,唯物史观认为:一、人类社会可以区分为经济、政治、文化三个组成部分,这一点是与文化史观一致的。二、经济、政治、文化三者中最根本的或起最后决定作用的是经济,不是文化。三、划分世界各个地区、国家的主要标准是经济(包括生产发展水平和经济制度),而不是文化。这后两点是与文化史观相反的。①

黄楠森在研究文化地位问题时,高度评价了毛泽东在《新民主主义论》中对于文化地位问题的独到见解,认为“毛泽东正是根据了唯物史观的基本观点在《新民主主义论》中系统地论证了经济、政治和文化的关系,确认了文化的重要地位”,并提请学术界要正确解读《新民主主义论》中关于文化的论述,从唯物史观的高度理解毛泽东关于文化问题的创新性观点。黄楠森指出:“对毛泽东的文化理论有一个正确理解问题,它有可能使人误认为经济只包括经济制度,即唯物史观所说的经济基础,不包括生产及其他经济活动,文化就是意识形态(观念形态)或唯物史观所说的上层建筑,不包括那些非意识形态的东西如自然科学、语言等,这不是毛泽东的本意。毛泽东讲新民主主义文化是民族的科学的大众的,显然包括那些全民族的科学的东西,而不仅是占统治地位的意识形态或上层建筑。”②黄楠森晚年在出版“自选集”时,在说到“文化同经济、政治的关系”时又一次赞赏毛泽东的文化观,指出:“我认为应按照唯物史观的观点来理解三者的关系,就是毛泽东所说的,文化是经济、政治的反映,文化具有相对的独立性,对经济、政治具有强大的反作用。这样理解的文化就不仅仅是观念上层建筑,而是包括许多非上层建筑的东西。上层建筑是经济制度所决定的,而文化不仅仅是经济制度所决定的那些东西,还包括生产活动,就是经济生活所决定的东西,如科学技术,还包括在各方面都起作用的东西,如语言、与语言相一致的思维形式。总而言之,整个精神领域以及精神产品,都属于文化范围。”③可见,在文化

---

① 《黄楠森自选集》,重庆出版社 1999 年版,第 345 页。

② 《黄楠森自选集》,重庆出版社 1999 年版,第 356 页。

③ 《黄楠森自选集·我的哲学思想(代序)》,重庆出版社 1999 年版,第 14—15 页。

与经济、政治关系问题上,黄楠森的观点与毛泽东的观点有着一脉相承的关系,并且在源头上传承唯物史观的基本观点,因而也是马克思主义文化思想中国化的结晶。

第三,关于文化的种类及不同文化类型的进化与相互影响。据黄楠森来看,在20世纪80年代的"文化热"中,学术界研究文化时对文化也是有所划分的,但大致是从空间和时间来进行分类的,而"这种用空间或时间分类,说不清楚文化的性质"①。譬如,有按时代将文化分为古代文化、近代文化、现代文化,也有按地区将文化分为亚洲文化、欧洲文化、非洲文化、美洲文化、澳洲文化,或东方文化、西方文化,也有按国别分为中国文化、印度文化、日本文化、埃及文化、俄国文化、英国文化、法国文化、德国文化、美国文化等。黄楠森认为,以上对文化类型的划分,有的很笼统的、空洞的,很难说有多大的意义。在黄楠森看来,要划分文化的种类就必须设定一个标准,而这个标准必须能够"找到区分文化类型的最根本的东西",这个问题的解决"有赖于唯物史观的指导"。黄楠森指出:

> 那么,根据唯物史观,应该怎样来区分文化的类型呢?
>
> 前面已谈到文化与经济、政治构成社会的整体,文化是由经济、政治决定的,既然如此,文化的类型应该是同社会的类型一致的,文化的类型应该按照社会的类型来划分。唯物史观把人类社会的类型划分为五种,文化的类型也应该划分为五种,即原始公社文化、农业奴隶制文化、农业封建制文化、工业资本主义文化和工业社会主义文化,每一种类型的名称都包括了生产力水平和经济政治制度的内容。可以看出,生产力水平在第二、三类型是接近的,在第四、五类型也是接近的,但经济制度在这几种类型中的区别是比较明显的。②

依据唯物史观原理来对文化类型进行划分,就必须依据文化所在社会的性质来确定文化的性质,这是黄楠森在文化研究中提出的一个重要的观点。对此,黄楠森有一个总结性的说明:"根据文化同经济、政治的关系,我认为要弄清楚一种文化的本质,弄清楚它的特点,是要根据它的经济、政治的状况,从它的经济、政治状况定性。"③黄楠森主张文化的性质依其所在的社会性质而论定,亦即根据社会性质而对文化来划分类别,体现了唯物史观在文化问题上的基本观点。

① 《黄楠森自选集·我的哲学思想(代序)》,重庆出版社1999年版,第15页。
② 《黄楠森自选集》,重庆出版社1999年版,第364页。
③ 《黄楠森自选集·我的哲学思想(代序)》,重庆出版社1999年版,第15页。

既然文化有不同的类型，那么，不同类型的文化之间有着怎样的关系呢？这是黄楠森在文化类型划分之后探索的另一个重要问题。在黄楠森看来，不同类型的文化可以在同一区域或不同地域先后存在，也可以在不同区域同时存在，但不管是哪种情况，多种文化都有运动变化和相互影响。而文化的运动变化又不外两种情况：一是在内外原因的推动下自身的进化运动，一是由于不同文化之间的相互影响而发生的变化。就此，黄楠森提出了两个重要的观点：

一是文化类型的进化是合乎规律的。黄楠森认为，一种社会形态为另一种社会形态所取代，即五种社会形态中的前一种形态为后一种形态所取代，是一种合乎规律的过程，"与此相应，一种文化类型为另一种文化类型所取代，即五种基本文化类型中前一种类型为后一种类型所取代，也是合乎规律的过程"①。这一点并不难于理解，因为文化的性质是由所在社会的性质所决定，是一定社会的经济、政治的反映，故而文化类型的更替乃是基于社会形态的更替，与社会形态的变迁有着同步性特征。但问题的复杂性在于，文化类型的嬗变是不是一定循序渐进的，如不是，那又会出现怎样的情形？是否也是一个前进或上升的过程呢？黄楠森指出，后一种文化类型取代前一种文化类型的"这种过程是一种进化，是循着从低级到高级、从简单到复杂、从单一到多样的前进运动，但是前进运动不限于这五种类型的循序前进，如果由于内外原因，发生了跳跃式或中断式的运动，也是一种前进或进步"②。黄楠森以马克思主义社会形态理论来看待文化类型的嬗变规律，认为后一种文化类型取代前一种文化类型乃是一个有规律的过程，这个过程是一个前进的过程；同时，又依据事物运动的前进性与曲折性相统一的原理，认为文化类型的前进可以发生"跳跃式或中断式的运动"，但仍然是"一种前进或进步"，这就揭示了文化类型在前进的过程中所具有曲折性、丰富性、多样性、进步性的特点。对此，黄楠森以中国近现代文化的变迁为例，给予这样的说明：中国封建社会由于外国势力的侵入而逐渐变为半殖民地半封建社会，其文化从而也逐渐由封建文化演化为半封建半殖民地文化，尽管其间付出了丧权辱国、人民惨遭杀戮的代价，仍然包含了前进的意义。而且正由于中国的半封建半殖民地性质，它才有可能过渡到社会主义社会，从而建立起社会主义文化，中国社会和文化的发展可以说是跳跃了作为一种完整的社会形态的资本主义社会，也可以说是通过半封建半殖民地社会（一种畸形的资本主义社会）从封

① 《黄楠森自选集》，重庆出版社 1999 年版，第 366 页。

② 《黄楠森自选集》，重庆出版社 1999 年版，第 366 页。

建社会演变为社会主义社会,这也是历史的进步,在文化上也是如此。黄楠森关于文化类型进化规律的分析,是符合近代以来中国文化变迁的实际的。

二是文化类型之间是相互影响的。在黄楠森看来,无论是在历史上还是在现实中,由于存在着不同的社会形态,也就存在着不同文化类型,因而也就有着不同文化类型之间的交往关系,这是一个显见的客观事实。问题是,不同文化类型之间在交往之中存在着怎样的实质性关系。黄楠森认为,不同文化类型之间存在着交互影响的关系,这又对文化的进化和发展带来了新的特点。他指出:"在今天的地球上,历史上曾经出现过的文化类型都同时存在,尽管资本主义文化占据着绝对的优势,因此,这些文化类型之间便产生了相互影响,不仅先进的文化影响着后进的文化,后进的文化也在多方面影响着先进的文化,使现代社会的文化呈现出丰富多样的姹紫嫣红的色彩。先进文化影响后进文化是易于理解的,似乎是理所当然的,后进文化何以也能影响先进文化呢?这是因为在人类文化中积累了许多永久性、普遍性的因素,这些因素对于任何时期和任何地域都是适用的,即或者是有益的、或者是无害的。许多哲学思想、科学思想、价值观念都具有普遍性,例如按照自然规律而不是随意地贪婪地改造自然的思想、所有的人应友好相处的思想、勤劳节俭的品德、各种科学的观点和理论、积极向上的人生态度等等都具有永恒的普遍的价值,任何类型文化都是应吸收的。"①自然,黄楠森不仅看到不同文化类型间相互影响的问题,而且也指出"这种相互影响无疑有负面的消的作用",但认为"从整体上看,从长远看,其作用是积极的正面的",具体说,"这种作用使各种文化更加丰富多彩,而且可以扩大与加深人类的智慧与才能,提高人们的品德与趣味,推动整个社会和文化的发展"②。黄楠森认为不同文化类型间存在着互相影响,并着重从文化的普遍性、公用性方面说明后进文化何以能影响先进文化的问题,这对于研究文化建设中所要着力解决的问题,应该说是有深刻启示的。

第四,关于文化的组成部分。黄楠森认为,研究文化需要弄清文化的内涵,但还需要弄清楚文化的外延,而文化的外延也就是文化的组成部分。那么,又如何能够研究文化的外延呢?黄楠森的研究思路是从文化的内涵出发来研究文化的外延,认为这样做尽管无法把文化所具有的具体分子一一指陈出来,但仍然可以根据文化的内涵,分门别类地列举出文化的各个组成部分,因而也就可以把文

① 《黄楠森自选集》,重庆出版社1999年版,第367页。

② 《黄楠森自选集》,重庆出版社1999年版,第367—368页。

化的外延表述为若干类文化现象。黄楠森的看法是，文化应该包括十二个方面：1. 科学技术；2. 经济思想和经济理论；3. 政治法律思想和理论；4. 语言文字；5. 道德伦理观念、善恶标准、道德伦理理论；6. 宗教现象；7. 文学艺术；8. 哲学和社会学说；9. 教育和教育思想；10. 新闻出版事业；11. 公共文化设施及其活动；12. 民间文化。对于这 12 类文化现象，黄楠森有一个具体的说明：

> 我们就可以把文化的外延表述为若干类文化现象。
>
> 首先应该指出的是作为经济之直接反映的精神活动及其产品。经济活动可以分为两个方面，一是生产活动，一是生产交往，即生产关系。因此，第一类文化现象就是科学技术（这里指的主要是自然科学技术），它是一个社会的物质生产水平的直接反映并直接推动生产的发展。
>
> 第二类的文化现象是经济学思想和经济理论，它是经济制度的直接反映并直接推动和指导经济制度的变化。
>
> 第三类文化现象是政治法律思想和理论，它诚然是一个社会的政治活动的反映，但首先却是社会经济制度的反映。
>
> 第四类文化现象是语言文字，语言文字是人类文化的重要组成部分，是人类生产劳动和全部社会实践的产物，服务于全部社会实践，贯穿于人类社会的一切领域。
>
> 第五类文化现象是道德伦理观念、善恶标准和道德伦理理论。道德伦理现象是文化的重要组成部分，也是观念上层建筑的重要组成部分。
>
> 第六类文化现象是宗教现象。从理论上讲，宗教与马克思主义唯物主义是不相容的，但它作为人类传统文化的重要组成部分已深深地生长在现代社会中，成为现代文化的重要组成部分。
>
> 第七类文化现象是文学艺术。文学艺术是具有广泛群众性的文化现象，可能没有人不欣赏文学艺术，因而文学艺术对于人的观念、思想、情感具有最强大的感染作用。
>
> 第八类文化现象是哲学和社会学说。哲学和各种社会学说（包括前面所说的经济理论和政治法律理论）也是文化的重要组成部分，它们的性质比较复杂，一方面是知识，因而可以成为科学，一方面是意识形态，表现了一定的阶级利益。因此，在这个领域，一方面有百家争鸣问题，一方面存在着意识形态斗争。
>
> 第九类文化现象是教育和教育思想。以上八个文化领域彼此可以相对地分开，但作为文化的一个重要领域的教育却无法与这些领域分开。教育

行动本身诚然是一种特殊的文化活动(知识、技能的传授与学习、品德的陶冶与修养、身体的锻炼等),但教育的内容却离不开上述各个领域。因此,教育在文化中具有综合性、代表性,教育水平的高低能够代表一个国家的文化水平的高低,要提高文化水平,加强教育是唯一途径。

第十类文化现象是新闻出版事业。新闻出版事业是另一个具有综合性的文化因素。新闻工作以报道各种当前发生的重要事件为主,实际上无所不包,出版工作当然更加如此。新闻出版运用语言、文字、图像、广播、电视、电脑各种传播工具反映和沟通整个世界,影响及于每一个人,在文化领域处于十分重要的地位。

第十一类文化现象是公共文化设施及其活动,它是由政府或社会设立的面向社会大众的文化设施及其活动,例如图书馆、博物馆、文化宫、文化活动室等等及其活动。这也是一种综合性的活动,是不可缺少的文化活动。

第十二类文化现象是民间文化。民间文化也是一个具有综合性的文化领域,即自发地流行于民间的通俗的朴素文化,缺乏自觉性、理论性、系统性,然而为广大群众所喜闻乐见,对群众具有潜移默化的作用,有强大的影响力。其具体内容甚为复杂,难以尽述,例如民间文艺活动、节日活动、旅游活动、娱乐活动、风俗习惯、时尚、流行音乐等。

以上所谈十二个领域都是作为现实的经济、政治之反映的文化现象,除此之外,当然好包括从古代遗留下来的文化因素,即传统文化因素和国外传播进来的文化因素,特别是西方文化因素。①

黄楠森关于文化十二类的说明,描述的是关于现实的经济、政治之反映的文化现象。这种说明有两个重要的前提:一是经济、政治和文化包括了人类社会全部现象,这三者之外就是社会之外的自然界了;二是经济、政治、文化这三者尽管有互相渗透和互相包含的关系,但这三者有明确的区别。自然,黄楠森认为这12类文化现象,只是文化的主要方面,并不是文化现象的全部。譬如,卫生和体育这两个领域,无疑是物质活动,因为它们都是改造人体的活动,但它们也包含着丰富的文化因素即精神因素,因而也可以把卫生、体育归属于文化现象。

第五,关于中国传统文化与现代文化的关系。黄楠森具有强烈的现实关怀,积极关注现实中文化发展的走向。如何估量中国传统文化在中国现代文化中的地位,如何推进中国现代文化的现代化,一直是黄楠森思考的课题。关于中国传

① 《黄楠森自选集》,重庆出版社 1999 年版,第 347—349 页。

统文化及现代文化的性质问题,黄楠森曾指出:“可以把中国古代文化定性为农业封建文化(秦汉以前暂不考虑),近代文化为半封建半殖民地殖民地文化,现代文化为半封建半殖民地文化经过新民主主义文化向工业社会主义文化的过渡。……如何给中国传统文化定性?如何给现代文化定性?我认为传统文化指两千多年来逐渐形成的相对稳定的文化,即农业封建文化,亦即中国古代文化,它的下限是五四运动,此时它开始了急剧的变化,加速半封建半殖民地化的过程,也开始了向现代文化的过渡。中国现代文化十分复杂,包含着封建的资本主义的文化因素,但就其最后形成的相对稳定的文化类型而言,它应是工业社会主义文化。”①可以说,传统文化和现代文化及其关系,是黄楠森研究文化问题时关注的重要问题。这方面,他提出了以下一些重要观点:

(1)中国传统文化是农业封建主义文化。黄楠森认为,中国传统文化是农业封建主义文化。为什么这样说呢?黄楠森的解释是,中国传统文化是中国传统农业社会中经济政治的反映,而中国传统社会的经济政治则是封建主义的,因而中国传统文化也必然是农业封建主义文化。他指出:“两千多年以来,中国的生产水平一直停留在手工农业的水平,而经济政治制度则是封建主义。封建主义的经济制度近百年;来由于暴露出它阻碍中国生产发展和综合国力的提高的严重弱点,受到各种批判,成为一个纯粹的贬义词,但中华几千年灿烂文化正是在这种制度上创造出来的。农业封建主义文化包含着糟粕,也包含着丰富的具有永恒价值的精华,它已成为人们的共识。当人们要消灭封建制度的时候,对封建文化采取了过激的态度,这是难于避免的。革命完成之后就应予以有分析的公正的评价。现在是在这样努力了,已经取得巨大的成果,这种努力还要大力进行下去,但这并不能改变它的农业封建主义的本质。”②黄楠森还对中国传统文化演变过程作了分析,指出中国传统文化自近代以来开始瓦解了,辛亥革命动摇了它的政治基础,而新文化运动使它遭到了根本性的打击。随着中国经济的发展,随着政治革命的发展,传统文化已经土崩瓦解,而在中国土地上逐渐形成了一种新的文化,这就是中国现代文化。

(2)中国传统文化的许多因素被保留在中国现代文化中。黄楠森认为,中国传统文化作为一个整体已经成为历史,但它的许多因素存留在中国现代文化之中。由于作为一个整体的传统文化已经瓦解,因而也就不存在着传统文化的

① 《黄楠森自选集》,重庆出版社 1999 年版,第 368 页。

② 《黄楠森自选集》,重庆出版社 1999 年版,第 368—369 页。

现代化问题,只存在中国文化现代化问题。对此,黄楠森具体地指出:“中国存在中国文化的现代化问题,不存在中国传统文化的现代化问题,正如中国存在中国社会的现代化问题,不存在中国传统社会的现代化问题。中国传统社会和传统文化已经成为过去,不必要也不可能加以恢复并使之现代化。中国文化的现代化只能是中国现代文化的现代化。”①这里,黄楠森的看法是,传统社会已经成为过去,建立在传统社会上的传统文化也就失去了条件,尽管传统文化的某些因素在现代社会中存在着,但作为一个整体的传统文化已经瓦解,故而所谓“文化的现代化”只能是中国文化的现代化,具体一点就是中国现代文化的现代化。

(3)中国现代文化包含有丰富的内容。黄楠森认为,中国现代文化是在特殊的历史条件下创立起来的,与现代中国的社会变迁有着密切的关系。中国现代文化除传统文化因素而外,还包括五四以来科学技术的发展和从国外传入的文化因素,特别是中国人民在反对半封建半殖民地经济政治制度的斗争中创造的各种文化因素。在黄楠森看来,尽管中国现代文化具有多源性的特点,但发展的趋势将是一定程度上的“一元化”。他指出:“中国现代文化,作为一个整体,不仅是多因素的、多侧面的、多样性的,多层次的,而且是多元的,其多元性表现在它的多种来源、多民族性、以多种经济成分为基础、多阶级性,但是它的总的发展趋势不是多元化或多极化,相反,它的总的趋势从一定意义上说是一元化。”②但关于中国现代文化何以走向“一元化”,黄楠森并未作出充分的论证。在笔者看来,文化发展的总趋向是多元化,丰富多彩,这有人类文化发展的历史例证。

(4)积极推进中国现代文化的现代化。在黄楠森看来,中国现代文化一直处于发展和进步之中,“社会主义改造完成以后,经济、政治制度都没有发生根本的变化,但是生产水平发生了很大变化。最初形成社会主义的时候,还没有工业化,但工业水平一直在不断发展。中国现代文化实际上是一种向工业社会主义文化过渡性文化。”③鉴于目前中国文化的发展水平还不高,黄楠森提出了中国文化现代化的任务,主张将建设中国特色社会主义文化作为今后文化建设的努力方向。他指出:“中国现阶段的文化还决不是高水平的工业文化,因此中国的现代文化还有一个现代化的问题。这就是把它真正形成为一个高水平的工业社会主义文化的问题。现在建设中国文化,也就是使中国文化成为现代化的文

① 《黄楠森自选集》,重庆出版社 1999 年版,第 382 页。
② 《黄楠森自选集》,重庆出版社 1999 年版,第 375 页。
③ 《黄楠森自选集·我的哲学思想(代序)》,重庆出版社 1999 年版,第 15 页。

化,即高水平的工业社会主义文化。这个文化也就是江泽民同志在十五大报告里所谈到的有中国特色的社会主义文化。"[①]黄楠森高度重视中国现代文化的现代化问题,认为不仅要在指导思想坚持中国化的马克思主义,而且要就文化的基础方面加强建设。他指出:"现代化的中国文化就是有中国特色的社会主义文化。它将随着中国现代化建设的发展而逐步形成,成为有中国特色的社会主义社会的一个重要组成部分。……现代化的中国文化的现实基础是中国特色的社会主义经济政治。它首先包括高度发达的生产水平和科技水平,其次是与生产水平相适应的以公有制为主体的基本经济制度和充分发达的社会主义市场经济体制,第三是与这种经济制度相适应的具有中国特色的完善的社会主义民主制度,即人民代表大会制度和中国共产党领导的多党合作和政治协商制度的进一步完善化,它就是中国的人民民主专政。……这样的经济政治是作现代经济政治之进一步发展和完善,要经过长期的艰苦努力才能建立起来。"[②]

黄楠森的哲学思想十分丰富,学术领域涉及马克思主义哲学史、马克思主义哲学原理、人学研究以及文化研究等众多学科。他不仅学术功底深厚,通晓马克思主义经典著作,重视对经典著作的文本解读,而且思想解放,锐意创新,并以理论思维擅长而著称,且特别重视马克思主义哲学的学科建设,是 20 世纪八九十年代马克思主义哲学研究的领军人物和学术大师。黄楠森一生钟爱哲学,辛勤耕耘,著作等身,毕生奉献给了马克思主义哲学事业,为马克思主义哲学中国化作出了重大的贡献。黄楠森是当代中国著名的马克思主义哲学家,在中国马克思主义学术史上有着重要的学术地位。

(未刊稿,写作于 2014 年夏)

【昔文琐记】这篇《黄楠森对马克思主义哲学研究的贡献》有 5 万字,是我主持的"中国马克思主义学术史"项目成果中的未刊稿。

黄楠森是当代中国著名的马克思主义哲学家,其学术成果是 20 世纪中国马克思主义哲学的重要组成部分。然而,学术界尚未对黄楠森的学术思想进行比较系统的研究。

在我看来,黄楠森(北京大学)、孙伯鍨(南京大学)、陈先达(中国人民大学)这三位哲学家,都是从马克思主义哲学史的研究起家,但治学路径和发展方

---

① 《黄楠森自选集·我的哲学思想(代序)》,重庆出版社 1999 年版,第 16 页。

② 《黄楠森自选集》,重庆出版社 1999 年版,第 385—386 页。

向各各不同,且在当时的中国学术界有着代表性。黄楠森不仅对于马克思主义哲学史有创造性研究,创建了马克思主义哲学史的学科体系,而且积极开展马克思主义哲学原理研究,突破了马克思主义哲学两大块的传统认知,主张将实践论纳入到马克思主义唯物史观体系中,并确立以认识论、价值论、方法论为主要内容的意识论体系;同时,黄楠森对于人学研究、文化研究等方面提出了诸多的创新性观点,为推进马克思主义哲学中国化作出了突出的贡献。孙伯鍨重点地凸显经济学在马克思主义哲学体系中的地位,一方面着力于开展马克思主义哲学形成史的研究,在对马克思的"文本解读"中提出了经济学研究是马克思哲学思想形成依据的主张;另一方面则是进行《资本论》哲学思想与科学方法的创新性研究,确立《资本论》在马克思主义哲学体系中的基础性地位,同时又重视国内哲学研究的热点问题,努力开启西方马克思主义的研究道路,出版了《卢卡奇和马克思》等"西马"研究的扛鼎之作。陈先达的哲学研究进路是,一方面基于《1844年经济学哲学手稿》等文本的解读,重点阐发马克思早期哲学思想形成与发展的历史进程及其对整个马克思主义理论体系建构的意义;另一方面主要是对哲学理论的相关问题进行深入的研究,探讨了哲学与哲学史的关系、哲学的本质问题、马克思主义哲学在中国发展的方式问题、马克思主义哲学创新的问题等,并就"人学"、"类哲学"、"自我意识哲学"等作出学术的辨析,努力创建具有中国特色的马克思主义哲学体系,同时还以马克思主义哲学的视域研究文化问题,科学地诠释文化的民族性、时代性、阶级性的特征,创造性地说明马克思主义与中国传统文化的关系,为建设以马克思主义为指导的具有中国特色的社会主义文化体系作出了重要贡献。研究改革开放时代的中国马克思主义哲学史,需要重点地对黄楠森、孙伯鍨、陈先达这三位哲学家作比较的研究,并在比较中抽象出整体性的特色。

自然,在研究改革开放时代的中国马克思主义哲学史过程中,除了需要高度重视并研究黄楠森、孙伯鍨、陈先达这三位重要哲学家外,还要注意到李秀林、陶德麟、徐崇温这三位的哲学成就。李秀林积极推进马克思主义哲学与改革开放时代和社会主义现代化建设的结合,努力建构自己的哲学理论体系,一方面提出了"社会有机体"的哲学范畴,另一方面则是从哲学视域探讨改革和现代化建设的逻辑,同时还通过主编多种马克思主义哲学教材,努力推进马克思主义哲学教学体系的完善,为改革开放时代的马克思主义哲学大众化作出了重要的贡献。陶德麟在哲学上秉承李达推进马克思主义哲学中国化的理念,积极地发挥马克思主义哲学指导社会变革和引领社会前进的功能,不仅积极倡导马克思主义的实践观,为真理标准大讨论作出了重要贡献,而且长期以来致力于“马克思主义哲学发展”的探索,对新的历史时代推进马克思主义中国化、大众化作出学理的研究和哲学的回答,在中国开启马克思主义中国化研究的道路。徐崇温是与时俱进的马克思主义哲学家,在改革开放时代以马克思主义哲学为指导,于1982年出版了《西方马克思主义》一书,开拓我国“西方马克思主义研究”新领域,成为“中国研究‘西马’第一人”;其后,重点探索马克思的“新唯物主义”的哲学世界观,通过对马克思主义经济学著作的研读,梳理出“实践唯物主义”的形成过程,并从中概括出“实践唯物主义”亦即“新唯物主义”的主要内容;同时,对邓小平理论及科学社会主义理论进行研究,一方面阐发真理标准问题与邓小平理论的关系、邓小平社会主义本质论的时代特色、党的思想路线对马克思主义理论的贡献,另一方面阐发社会主义市场经济论对科学社会主义的贡献,研究不发达国家建设社会主义的世界性难题,总结社会主义的经验教训。中国哲学界在改革开放和社会主义建设进程中,对于马克思主义哲学的研究以及对“西方马克思主义”研究的开启,对推进马克思主义哲学中国化作出了重要的贡献。

通过对以上六位哲学家(即黄楠森、孙伯鍨、陈先达、李秀林、陶德麟、徐崇温)的具体研究,大致可以呈现改革开放时代中国的马克思主义哲学史研究的基本状况。

应该注意的是,改革开放时代中国的马克思主义哲学史研究,在年轻一代后继者中发生了学术的重大转向。这就是,在马克思主义经典著作的研究和阐释基础上,一方面继承了老一辈马克思主义哲学家的学术传统,但在另一方面,更努力推进马克思主义哲学与中国的改革开放和社会主义现代化建设的结合,从而走向创建哲学体系的阶段。在创建哲学体系阶段中,李景源的“实践哲学”、袁贵仁的“价值哲学”、俞吾金的“实践哲学”、王东的“创新哲学”等,尤为引人注目。李景源通过对马克思的实践范畴的解析,阐明实践与马克思主义认识论的关系,并梳理唯物史观与马克思主义哲学中国化的关系:一是整体上研究唯物史观与马克思主义哲学的关系,二是揭示唯物史观与中国共产党思想路线的关系,三是从中国视域研究和说明唯物史观与价值观的关系,努力建构具有中国特色的马克思主义“实践哲学”体系。袁贵仁从马克思主义哲学的实践本质来阐发马克思主义的人学思想,通过对“人的价值”的整体研究、“价值与需要”关系的解说、“价值与文化”关系的梳理,阐发马克思主义价值学研究的构想,努力建构马克思主义的“价值哲学”的研究体系。俞吾金开展实践哲学的研究,一方面通过对马克思实践概念的解读,认为马克思实践哲学的本质是生存论的本体论,扬弃亚里士多德、康德关于两种实践的观念，将生产劳动概括为实践概念中的基础性层面，因而实践既是认识论的一个重要环节，同时也是推动认识向前发展的环节；另一方面是对马克思主义实践哲学优越性的论证，认为实践维度对感性直观的优先性、对理论态度的优先性、对逻辑范畴的优先性，力图通过构建实践哲学体系进一步丰富和发展马克思主义哲学体系。王东基于对马克思主义哲学创新的“源头活水”开展研究，继而对西方哲学发展状况进行马克思主义哲学的解读，同时又阐发马克思主义哲学创新的“民族根基”，从而开启了马克思主义哲学创新道路的探索，构建了以“创新”为根本理念的“创新哲学”体系。其后，在中国哲学界，亦有学者创建诸如“社会哲学”、“日常生活哲学”、“文化哲学”等努力。在改革开放和社会主义现代化进程中成长的马克思主义哲学家，坚持马克思主义哲学中国化的理念，在建构哲学体系上有着重要的努力，为推进马克思主义哲学中国化作出了贡献。

2021年1月28日

第三辑

【社会学研究】

李大钊与中国马克思主义社会学的开创

中国马克思主义社会学理论的萌发是在十月革命的影响下马克思主义在中国传播的必然结果。李大钊在中国宣传马克思主义的过程中，最早阐述了马克思主义的社会学理论，倡导用唯物史观原理指导社会学研究。他一方面运用马克思主义原理对西方社会学理论进行初步的梳理，阐述西方社会学的发展历程；另一方面又运用唯物史观着力研究中国的社会问题，对马克思主义社会学中国化作出了贡献。本文试对此作初步的论述。

一、对马克思主义社会学理论的阐说

李大钊对马克思主义社会学的阐说是与他对马克思主义的宣传分不开的。1917 年俄国十月革命给中国知识分子带来了深刻的影响，《青年杂志》从第二卷起改为《新青年》并在十月革命后开始介绍和宣传俄国十月革命，着力对马克思主义进行宣传工作。1918 年 11 月《新青年》五卷五号首先发表了李大钊的文章《布尔什维主义的胜利》和《庶民的胜利》，热情地歌颂十月革命的伟大意义；1919 年《新青年》六卷五、六号又发表了李大钊的《我的马克思主义观》著名文章。李大钊在《我的马克思主义观》中比较系统地介绍了马克思主义的唯物史观、政治经济学和科学社会主义的基本观点，并认为马克思主义学说的三个组成部分之间“都有不可分的关系”。李大钊除了参加《新青年》杂志的编辑外，并与陈独秀创办了《每周评论》(1918 年 12 月)，协助北京学生救国会出版了《国民》月刊(1919 年 1 月)，又主编《晨报》副刊。李大钊在《晨报》副刊里创办《马克思研究》专栏，连续刊载《共产党宣言》、《政治经济学批判序言》中有关历史唯物主义部分的摘译和《雇佣劳动与资本》最早的译文。“马克思主义经过李大钊等进步人士的传播，为中国共产党的诞生，为马克思主义在中国的革命实践，为马克思主义社会学在中国的产生,起了播种、催芽的作用。”①

李大钊在宣传马克思主义的过程中认为,马克思主义社会学的根本理论是唯物史观即历史唯物主义。他说,唯物史观“在社会学上曾经、并且正在表现一种理想的运动”②,而“唯物史观的要领,在认经济的构造对于其他社会学上的现象,是最重要的;更认经济现象的进路,是有不可抗性的。”③李大钊认为,唯物史观是社会学的重要的法则,并在《唯物史观在现代史学上的价值》一文中给予最为清楚的表述,并认为其他学者运用唯物史观都是源自马克思的。他说:“‘唯物史观’是社会学上的一种法则,是 Karl Marx 和 Friedrich Engels 一八四八年在他们合著的《共产党宣言》里所发现的。”后来有四种名称,即(1)“历史之唯物的概念”(“The Materialistic conception of History”),(2)“历史的唯物主义”(“Historical Materialism”),(3)“历史之经济的解释”(“The Economic Interpretation of History”)及(4)“经济的决定论”(“Economic Determinism”),在学者间通用,都是指此法则的④。在李大钊看来,唯物史观不仅是马克思的历史观,而且也是马克思主义社会学的根本法则,“因为马氏述其历史观,却关联历史和社会。原来纵观人间的过去者便是历史,横观人间的现在者便是社会,所以可把历史和历史学与社会和社会学相对而比论。”⑤李大钊把唯物史观原理作为马克思主义社会学的根本法则,无论在当时还是在今天都是极为正确的。

李大钊遵循马克思主义唯物史观原理,具体地阐述了生产力、生产关系的基本内容,揭示了社会关系的本质特征,为中国马克思主义社会学的开创奠定了理论基础。马克思主义社会学的一个重要内容是研究社会生活中人们相互之间的社会关系和社会行为,确认生产关系是各种各样社会关系的基础。在中国创建马克思主义的社会学体系,就必须坚持唯物史观的原则对人们在社会上社会关系和社会行为作出科学的说明,如此才能揭示社会关系的本质。李大钊对马克思主义的唯物史观有正确的认识,他指出:“人类社会生产关系的总和,构成社会经济的构造。这是社会的基础构造。一切社会上政治的、法制的、伦理的、哲

① 韩明谟:《中国社会学史》,天津人民出版社 1987 年版,第 43—44 页。

② 《我的马克思主义观》,《李大钊全集》第 3 卷,人民出版社 2013 年版,第 3 页。

③ 《我的马克思主义观》,《李大钊全集》第 3 卷,人民出版社 2013 年版,第 57 页。

④ 《唯物史观在现代史学上的价值》,《李大钊全集》第 3 卷,人民出版社 2013 年版,第 274 页。

⑤ 《马克思的历史哲学与理恺尔的历史哲学》,《李大钊全集》第 4 卷,人民出版社 2013 年版,第 422—423 页。

学的,简单说,凡是精神上的构造,都是随着经济的构造变化而变化。我们可以称这些精神的构造为表面构造。表面构造常视基础构造为转移。而基础构造的变动,乃以其内部促他自己进化的最高动因,就是生产力为主动。"①李大钊对生产力与生产关系的概述,旨在说明由经济关系所生成的社会政治关系、法律关系、宗教关系等都是由社会的经济基础所决定的,并且是随着经济基础的变动而变动的。也就是说,唯物史观不仅是观察和分析人类社会发展的普遍法则,而且对社会学具有普遍的指导意义。李大钊著成《唯物史观在现代社会学上的价值》一文,系统地叙说了自己的这一基本见解,他说:"社会学得到这样一个重要的法则(指唯物史观——引者注),使研究斯学的人有所依据,俾得循此以考察复杂变动的社会现象,而易得比较真实的效果。这是唯物史观对于社会学上的绝大贡献,全与对于史学上的贡献一样伟大。"②这就为中国社会学的发展指明了方向。李大钊对经济基础与上层建筑的关系的科学阐述,为中国马克思主义社会学的生成和发展奠定了理论基础。

李大钊在阐述马克思主义社会学理论时,还尤其注意区别社会学与历史学的异同。在他看来,社会学与历史学都和社会"有密切的关系","纵观人间的过去者便是历史,横观人间的现在者便是社会";马克思主义的社会学和历史学都是以唯物史观为指导的学科,是有其共同点的。具体来说:"社会学所研究的对象是社会,历史学所研究的对象亦是社会;社会学的起源,实亦起于历史上理论的考察,是由欲于历史寻出理法的动机自然发生出来的东西。"但尽管如此,社会学与历史学"不可认作全为同物"。社会学与历史学,"其间有相异的性质"。"历史学的目的,在考察人类社会生活的经历及其变革;而社会学乃在人类社会生活的结合及其组织。历史学是就人及人群的生活经历为理论的研究,以寻其理法者;社会学是就人群的共同生存的一切社会现象,为理论的研究,以寻其理法者。简明地说,历史学是把人类社会的生活纵起来研究的学问,社会学是把人类社会的生活横起来研究的学问。"③李大钊关于社会学与历史学关系的分析虽有不足之处,但总的讲是正确的,基本上反映了社会学与历史学的本质属性。李大钊的论述旨在说明,社会学与历史学并非同物,社会学与历史学都有存在和发展的必要。

---

① 《我的马克思主义观》,《李大钊全集》第3卷,人民出版社2013年版,第14页。

② 《唯物史观在现代史学上的价值》,《李大钊全集》第4卷,人民出版社2013年版,第440页。

③ 《史学要论》,《李大钊全集》第4卷,人民出版社2013年版,第564—565页。

李大钊对马克思主义社会学的阐说,主要集中在唯物史观作为社会学的根本法则的阐说上,对马克思主义社会学的其他理论的分析不够,这是时代的局限。不过,李大钊关于社会学的一些基本观点是符合马克思主义社会学的基本精神的,在中国对于马克思主义社会学这门学科是具有开创意义的。李大钊所阐释的社会学是以唯物史观为指导方法的,以"社会为研究对象"的,着重研究"人间"的现在者的学问。这个结论在当时是极为深刻的,在今天也是富有启迪意义的。

二、对西方社会学理论的梳理

建立中国的马克思主义社会学,除重点引进马克思主义的理论和方法外,还必须吸引人类历史上的一切可取的社会学研究成果,批判地扬弃其合理的因素。李大钊以马克思主义为指导,对西方社会学的杰出人物韦柯、圣西门等进行了评估,对他们的社会学思想进行了梳理,为中国马克思主义社会学的建设提供了重要学术资源。

李大钊认为,韦柯是社会学的先驱,于社会学的开创有特殊的贡献。韦柯(Giovanni Battista Vico,1668—1774),意大利人。李大钊认为,韦柯在1725年问世的《新科学》(李大钊译为《关于国家的普通性质的新科学的原理》),是"名噪一世的著作",以此"足征韦氏在近世社会学者界实占重要的位置"①。《新科学》是18世纪初期社会思想的最出色的著作之一,这部书对人类文化的历史作了极其广泛的比较研究,探讨了财产、宗教的起源以及语言、艺术与文学的发展,其总的论点是:人类社会是历史的,社会制度和人的关系都是行动的产物。在李大钊看来,《新科学》之所以被称为社会学的杰出著作,其书名"以现代的学名名之,可以看作与社会学的名目及其内容相等的东西。他的著作,是由社会学的见地,论究国民的起源、发达、衰颓、灭亡的东西。国民便是此新科学的对象。他把国民的起源、发达、衰颓、灭亡,从人间历史的经验的事实归纳,以图于此树立人类性之道德的原理、政治的原理、权利的原理、法律的原理。"②李大钊认为,韦柯作为社会学的先驱是应肯定的,但他的社会学

① 《韦柯及其历史思想》,《李大钊全集》第4卷,人民出版社2013年版,第391页。
② 《韦柯及其历史思想》,《李大钊全集》第4卷,人民出版社2013年版,第393页。

理论有着很大的缺陷。他的研究方法即为经验的归纳法，其锐利的观察力虽然往往带有唯物的倾向，但“他把自然的环境及于个人及国民的影响，看得过大”①；他的学说具有超前于时代的性质，然而“他并未宣明或知认何等进步论”，而且“他的想象在他的说明中很迷惑很混乱的”，尤其是“他的根本的观念，在社会史的说明须寻之于人类精神中”②。李大钊还指出，韦柯提出了“反复”的原则，用来解释历史，如果说有价值的话，“这只是指社会的运动可以视为螺旋的升高”，“但他自己未曾直接的陈白此断案，或敢于为何等的证明”③。在当时的学术水平不高的情况下，李大钊对韦柯的社会学思想有如此的认识，确是难能可贵的。

李大钊指出：“桑西门是寻求理法于历史的一人，所以他又是一个社会学先驱者”④。李大钊在研究社会主义运动史的过程中，对圣西门的社会学思想的发展历程作了比较系统的介绍：圣西门的“社会观，曾于他作的一篇小论文《寓言》(《Parable》)里，巧妙的表示出来。”其大意是，假定法兰西突然丧失第一流的学者、艺术家、劳动者，其损失真不在小。因为那些人是法兰西人中最活动的人们，是掌握重要的生产供给有益的劳动于科学、艺术、工业方面，致法兰西愈益丰富的人们⑤。圣西门的社会历史观在初期的著作表现为知识的历史观，在后期著作则以经济的历史观取而代之。他“后来著《产业者问答》，他的思想乃益趋于经济的，他才认只有直接从事产业的阶级，是社会的基本阶级；科学家、艺术家等，只有赍健全的社会生的副次的因子的价值。”⑥正是基于对圣西门社会思想的总体认识，李大钊认为：“立在这由空想的社会主义向科学的社会主义进化的途程而为开拓唯物史观的道路者，实为桑西门。”⑦从而肯定圣西门在社会学思想史上的地位。李大钊在承认圣西门为“社会学之航梯”的同时，也指出：圣西门是空想社会主义的代表，而“空想社会主义，以为社会之进步，由于理想。”“社会主义以理想为根据，极不稳固。以社会的经济条件为根据，较为稳固。社会改造及历史变迁，不能从人任意为之。”⑧而且“桑西门以为新社会的学说，必须不

① 《韦柯及其历史思想》，《李大钊全集》第4卷，人民出版社2013年版，第393页。
② 《韦柯及其历史思想》，《李大钊全集》第4卷，人民出版社2013年版，第393—394页。
③ 《韦柯及其历史思想》，《李大钊全集》第4卷，人民出版社2013年版，第395页。
④ 《史学要论》，《李大钊全集》第4卷，人民出版社2013年版，第564页。
⑤ 《桑西门的历史观》，《李大钊全集》第4卷，人民出版社2013年版，第413页。
⑥ 《桑西门的历史观》，《李大钊全集》第4卷，人民出版社2013年版，第414页。
⑦ 《桑西门的历史观》，《李大钊全集》第4卷，人民出版社2013年版，第408页。
⑧ 《社会主义与社会运动》，《李大钊全集》第4卷，人民出版社2013年版，第257页。

只是由教育与立法所传播的,必须为新宗教所裁决。”这样,圣西门对社会思想的解释就陷入了唯心主义。对此,李大钊进行了严厉的批评,他指出:“现代的世界亦须是一个社会的组织,但那普遍的主义,将是科学的,不是宗教的。精神的权威,将不存于僧侣,而存于指导科学及公共教育的进步学者。”[①]李大钊的认识在今天看来还不够全面,但在20世纪20年代能对圣西门在社会学上的地位作如此的分析,实在是极为难得的。

对西方社会学家孔德的社会学成就,李大钊虽无专门的文章进行述评,但李大钊在自己的著作中多次对孔德在社会学上的地位进行分析。奥古斯特·孔德(1798—1857)是法国资产阶级哲学家和社会学家、实证论的创始人。李大钊指出:“孔德是寻求理法于历史的一人,所以他亦是一个社会学的先驱者”[②]。在论述圣西门时,李大钊曾说:“那些十八世纪的思想家,把‘进步’当作一个立在一个极不充分的推论上的单纯的假设遗留下来,他们的承继者乃依发见一个和引力的物理法则一样确实的社会法则,以求把他提到科学的假设之列,这是桑西门的目的,亦是孔德的目的。……孔德是桑西门的承继者。”[③]孔德何以在社会学史上成为圣西门的“承继者”呢?李大钊认为,孔德继承圣西门的知识历史观,即以为知识决定宗教,而宗教又决定历史,因而“承继他(指圣西门)的知识的历史观而发扬光大之者厥为孔德”[④]。从社会学史的发展历程来看,孔德确是圣西门的“承继者”。孔德曾宣称自己社会学体系是一切现有知识的综合;圣西门则说,一切科学都以假设开始,经过从简单到复杂的发展,而以实证结束。孔德对圣西门的见解加以系统化,提出全部人类思想经历了三个独立的阶段:神学阶段,形而上学阶段和实证阶段。在当时,李大钊就认为孔德在社会学上是圣西门的“承继者”,足见李大钊见解的独到、思想的深刻。

李大钊对西方社会学家的评述在今天看来还不够全面,但在五四时期中国马克思主义社会学尚在开创之时,能注意西方社会学发展情况并进行马克思主义的初步的评析,这在当时确是不多见的。李大钊对西方社会学理论的梳理,为中国马克思主义社会学在开创之初汲取学术资源创造了条件。

---

① 《桑西门的历史观》,《李大钊全集》第4卷,人民出版社2013年版,第416页。
② 《史学要论》,《李大钊全集》第4卷,人民出版社2013年版,第564页。
③ 《桑西门的历史观》,《李大钊全集》第4卷,人民出版社2013年版,第410页。
④ 《桑西门的历史观》,《李大钊全集》第4卷,人民出版社2013年版,第412页。

三、对中国社会现象和社会问题的研究

李大钊对开创中国马克思主义社会学的贡献，还表现为运用唯物史观研究中国社会现实问题，开拓马克思主义社会学中国化的道路。五四运动使中国迎来了“社会改造”的新时代，思想界学术界重视社会问题的研究。李大钊运用唯物史观研究中国社会问题体现了丰富而又深刻的思想内容，并且涉及面很广。在此，只能就李大钊运用唯物史观促进马克思主义社会学中国化的主要问题作初步的梳理。

李大钊的社会学思想的一个重要内容是紧密联系当时中国社会的实际，回答人们对社会学的种种偏见与误解，阐明社会学的基本思想内容。当时，中国学术界有人误解社会学与社会主义为同物，不知道“社会主义是改造社会的一种法则，促进社会改良的制度”；不知道社会学的真正含义及其与社会主义的关系。对此，李大钊指出：“社会学是一种科学，研究社会上各种现象及其原则与一切社会制度的学问，且用科学方法，考究社会是何物，发明一种法则，以支配人间的行动。所以社会主义是社会学中应当研究的一部分，并非社会主义即社会学。”①这对社会学作了科学的阐述，并提出了社会学研究社会主义的任务。李大钊在阐述自己的社会学思想时还郑重指出，社会问题与社会政治有密切的关系，“社会与政治，是互为因果的，不可偏重一面的”。事实上，社会问题的解决，最终都要靠社会政治力量。“因为社会问题，往往混入政治问题。即如烟酒问题，若从小里看，似乎用不着政治，但若是视为和民族的强弱有密切的关系时，则不得不从政治、法律方面去解决他，因为政治的力量很大，最容易收效果。”②这说明，李大钊的社会学思想与当时中国的学术问题、社会现实问题的解决是联系在一起的。

李大钊特别注意对社会上宗教问题的研究。根据马克思主义的唯物史观原理，李大钊指出：“一切宗教没有不受生产技术进步的左右的，没有不随着他变迁的”。历史上宗教都是随着社会经济结构的变动而变动，随着社会的进步和科学的发展。“以是原因，自然现象、人类社会都脱去神秘的暗云，赤裸裸的立

① 《社会主义与社会运动》，《李大钊全集》第 4 卷，人民出版社 2013 年版，第 245 页。

② 《社会问题与政治》，《李大钊全集》第 4 卷，人民出版社 2013 年版，第 136—137 页。

在科学知识之上,见了光明。"①正因为宗教这一社会现象随着社会变动而产生和发展,因而宗教也是必然随经济的变动而消亡。为了宣传唯物主义,反对帝国主义长期以来通过宗教对中国人民进行的奴化教育,解决宗教信仰的社会问题,1922年李大钊参与发起和组织了"非宗教同盟"。李大钊著文指出:"我们坚信宗教是妨碍人类进步的东西,把所有的问题都想依赖宗教去解决,那是一种不承认科学文明的态度";"宗教是向人们宣传廉价的妥协性的东西,它妨碍彻底探求真理的精神,是人类进步的巨大的障碍,因而我们必须竭力加以反对。"李大钊表示:"我们反对宗教的目的,并不是像一些人所想象的那样单单是反对基督教,而是反对阻碍人类进步的所有的宗教。"②因为"宗教是以信仰的形式示命人类行为的社会运动,宗教的信仰就是神的绝对的体认,故宗教必信仰神。"因此,"真正的思想自由,在宗教影响之下,断乎不能存在"③。李大钊的看法是,宗教的本质就是不平等的关系的表现,"宗教的教义,多有以神为介而阐导博爱的精神的",然而"没有自由、平等作基础的博爱,而能达到博爱的目的么?"④李大钊对宗教这一社会问题的分析,表明他的社会学思想是建立在对社会现象进行深入分析的基础上。

李大钊尤其注意对社会上伦理问题的研究。五四时期,封建复古派恪守封建伦理道德,反对新思想的传播。对此,李大钊运用唯物史观原理对封建复古思潮进行彻底地清算,有力地批判道德复古派。李大钊指出:"道德既是因时因地而常有变动,那么道德就也有新旧的问题发生。适应从前的生活和社会而发生的道德,到了那种生活和社会有了变动的时候,自然失了他的运命和价值,那就成了旧道德了。这新发生的新生活、新社会必然要求一种适应他的新道德出来,新道德的发生就是社会的本能的变化,断断不能遏抑的。"⑤李大钊指出,封建伦理道德"是使子弟完全牺牲他自己以奉其尊上的伦理","是与治者以绝对的权力责被治者以片面的义务的道德。"孔子学说所以能支配中国人心两千余年的缘故,不是他的学说本身具有绝大的权威、永久不变的真理,配作中国人的"万世师表",而是适应中国两千余年来曾变动的农业经济组织。时代变了,"孔门伦理的基础就根本动摇了!"⑥

① 《物质变动与道德变动》,《李大钊全集》第3卷,人民出版社2013年版,第138页。
② 《宗教妨碍进步》,《李大钊全集》第4卷,人民出版社2013年版,第81—82页。
③ 《宗教与自由平等博爱》,《李大钊全集》第4卷,人民出版社2013年版,第98页。
④ 《宗教与自由平等博爱》,《李大钊全集》第4卷,人民出版社2013年版,第100页。
⑤ 《物质变动与道德变动》,《李大钊全集》第3卷,人民出版社2013年版,第146页。
⑥ 《由经济上解释中国近代思想变动的原因》,《李大钊全集》第3卷,人民出版社2013年版,第187页。

正是以唯物史观为指导,李大钊指出当时社会上道德复古论的荒谬,旧的伦理道德失去了存在的理由,特别是“现代的经济组织,促起劳工阶级的自觉,应和社会的新要求,就发生了‘劳工神圣’的新伦理,这也是新经济组织上必然发生的构造”①。这就论证了新道德产生的历史必然性,对封建道德复古论是一个沉重的打击。

李大钊对社会问题极为关注,特别同情下层劳动人民所遭受的悲惨遭遇。他曾写有《上海的童工问题》一文,根据大量的材料揭露外国资本家的罪恶,阐明中国社会中童工问题的严重性。他写道:“上海工人在身体上精神上都受极重的损伤,而以童工为尤烈,这都是长时间工作疲劳过度之所致。童工被佣于家内铺店、小工厂、家庭工业、洗衣房、并建筑业及大工厂等。女童工间有沦落而为娼为婢者。……很多的不过六岁的童工,在大工厂里作工,十二小时内,仅给他们一小时的工夫去吃饭。他们大都是站立着作工。分日夜两班换班,直到一星期终了的时候,才停一班。工钱只按工日给与。一天的工钱,至多不过二角。工作场所的卫生设备极坏。那些儿童,多由包工者(Contractor)由乡间招来,一个月只给他们的父母银二元,而包工者则一个月由工厂主得到银四元。那些儿童们的衣食住,均极惨苦,而不得一钱。”②李大钊指出,童工问题的解决,不能寄希望于军阀政府,不能依靠外人的行政机关,他们断乎不会施行那为保护童工利益的行政的。“为拥护这十七万三千二百七十二人的利益和免除他们的损害,非赖上海的劳工团体的本身不可;为帮助他们智能的发育,娱养的得宜,非赖上海的献身于无产同胞的青年团体不可。”③在 20 世纪 20 年代初的中国,能系统地研究童工问题的学者实不为多见。李大钊还写有《劳动问题的祸源》一文,指出工人劳动者生活无以安宁的祸源是工银制度、资本制度、工厂制度以及社会上少数人的统治权④,深刻地揭示了中国工人阶级深受资本主义制度剥削的这一社会问题的严重性。

此外,李大钊对社会上的自杀问题、人种问题、妇女解放问题、农民土地问题、帝国主义在华势力问题、军阀势问题也都有很多的论述,限于篇幅,就略而不论了。至于李大钊对中国革命问题的探讨,更是其社会学思想的重要内容,鉴于

① 《由经济上解释中国近代思想变动的原因》,《李大钊全集》第 3 卷,人民出版社 2013 年版,第 191 页。

② 《上海的童工问题》,《李大钊全集》第 5 卷,人民出版社 2013 年版,第 31—32 页。

③ 《上海的童工问题》,《李大钊全集》第 5 卷,人民出版社 2013 年版,第 34 页。

④ 参见《劳动问题的祸源》,《李大钊全集》第 4 卷,人民出版社 2013 年版,第 469—476 页。

学术界对李大钊与中国革命的关系有详尽的论述,①在此就不赘述了。

李大钊是五四时期宣传是马克思主义的主要代表,同时亦是引进马克思主义社会学思想的先驱,为推进马克思主义社会学中国化作出了重大贡献。李大钊的社会学思想在今天看来还不够全面,还有许多不足,但这无损于他对中国马克思主义社会学奠基的业绩。李大钊不愧为中国马克思主义社会学的开创者,是研究和介绍马克思主义社会学的先驱,在中国社会学史上占有重要的地位。

(原载《松辽学刊》1993 年第 4 期,人大复印资料
《社会学》1993 年第 6 期全文转载)

【昔文琐记】这篇《李大钊与中国马克思主义社会学的开创》写作于 1992 年,最早在 1992 年出版的《李大钊研究》(增刊)上刊载过,经过适当修改后投《松辽学刊》发表。

我从学科视域研究李大钊的学术思想,阐明李大钊在相关学科方面的贡献,这是第一篇文章。我当时因为熟读《李大钊文集》,看出李大钊对社会学有着自己独特的看法。我在阅读了一些社会学著作之后,就尝试地写了这篇文章。说实在的,我当时的社会学基础知识是非常有限的,但敢于思考,敢于"现买现卖",创造欲比较强,故而敢于写出这篇文章。当时,我尽管有着从学科视域来研究李大钊的想法,但自己在其他学科方面并没有什么积累,故而也就难以继续下去,也就没有能够写出研究李大钊的史学思想、政治学思想、经济学思想、法学思想的文章。因而,从 1992 年撰写这篇文章之后到 1999 年读博的七年间,并没能从学科视域写出比较好的李大钊研究论文。相反,有一段时间,我觉得李大钊研究搞不下去了,这就是通常所说的研究工作处于"瓶颈"状态。由此,我甚至产生了"转行"的想法,想舍弃李大钊研究而寻找新的领域来研究。好在,我 1999 年到张静如先生门下读博,先生为我指引了研究"李大钊与中国现代学术"的研究方向,再加上我当时(35 岁)也成熟了许多,知识的积累也比过去充分了一些,所以能将李大钊学术思想的研究开展下去。现在看来,学术研究需要有新想法,没有新想法就不会有新的思路,就不会有努力的方向;但仅有新想法还不行,还需要相关的知识基础和学科基础,否则所谓的新想法,也是不能实现的。

这篇《李大钊与中国马克思主义社会学的开创》,尽管在当时的学术界产生了较大的影响,还被人大复印资料《社会学》专题全文转载,但在现在看来,写作水平

---

① 参见阎稚新等:《李大钊与中国革命》,国防大学出版社 1989 年版。

还是很初步的,反映我当时的社会学基础还是极为薄弱的。此文最突出的不足,就是对李大钊研究近代中国社会的阶级结构(尤其是对无产阶级、资产阶级、农民阶级、地主阶级、军阀、买办等)的成果,没有在文章中加以重点地论述。就思想史的角度看,社会结构、社会运行机制等的研究,乃是社会学思想的重要内容,故而阐述某个人的社会学思想,就要反映其关于社会结构、社会运行机制的看法。由于我当时有点社会学的基础,我以后又相继写出《陈独秀与中国马克思主义社会学的开创》、《留学生对马克思主义社会学中国化的努力》、《〈新民主主义论〉对马克思主义社会学的贡献》等文章。再以后,在撰写三卷本的《中国马克思主义学术史概论(1919—1949)》时,也比较系统地梳理了中国马克思主义社会学发展的历程。看来,掌握一门学科的基础,对于开启新的研究方向乃是很重要的。

2021年1月29日

陈独秀与中国马克思主义社会学的开创

陈独秀、李大钊等中国早期的马克思主义者对“中国马克思主义社会学”这门学科的开创有突出的贡献，在构建中国马克思主义学术体系中有极为重要的地位。关于李大钊在开创中国马克思主义社会学中的先驱地位，笔者在十多年前曾做过较为系统的研究①。但关于陈独秀社会学思想的研究，在目前尚付阙如。笔者查阅有关“中国近现代社会学史”的著作②及近十几年的学术论文，皆未见有这方面的论述，更谈不上确立陈独秀在中国马克思主义社会学中的开创者地位。有鉴于此，本文试通过对陈独秀著作较为系统的梳理，展示其社会学思想体系的具体层面及其对开创中国马克思主义社会学的重大贡献，为学术界认识现代学术史上的陈独秀提供一个具体的面相。

一、努力宣传马克思主义的社会学理论

陈独秀是中国早期的马克思主义者，认为马克思主义是以“科学归纳法作根据”而具有科学的精神，因而是将马克思主义作为“科学的社会学”来进行宣传的。如他就明确指出：“科学发明之后，用归纳法之处为多，因为一个原理成立，必须搜集许多事实之证明，才能成立一个较确实的原理。欧洲近代以自然科学证实归纳法，马克思就以自然科学的归纳法应用于社会科学。马克思搜集了

---

① 参见吴汉全：《李大钊与中国马克思主义社会学的开创》，《松辽学刊》1993年第4期；又见人大复印资料《社会学》1993年第6期。

② 学术界最有学术影响的中国社会学史专著，无疑是杨雅彬先生80多万字的《近代中国社会学》（上下卷，中国社会科学出版社2001年版），但该著未提及陈独秀的社会学思想；袁方主编的《社会学百年》（北京出版社1999年版）及郑杭生等著的《中国社会学史新编》（高等教育出版社2000年版），也未提及陈独秀的社会学思想。其他社会学史著作亦是如此，不一一列举。

许多社会上的事实,一一证明其原理和学说。所以现代的人都称马克思的学说为科学的社会学,因为他应用自然科学归纳法研究社会科学。"[①]陈独秀在宣传马克思主义的过程中,在中国比较系统地传播了马克思主义的社会学理论。

陈独秀积极宣传唯物史观原理,科学地说明唯物史观原理在马克思主义社会学中的指导地位。唯物史观原理是马克思主义学说的基础,同时也是马克思主义理论阐释人类社会变迁的根本原理。列宁曾指出,唯物史观"第一次把社会学提到科学的水平","在这以前,社会学家在错综复杂的社会现象中总是难于分清重要现象和不重要现象(这就是社会学中主观主义的根源),找不到这种划分的客观标准";唯物史观则"提供了一个完全客观的标准,它把生产关系划为社会结构,并使人有可能把主观主义者认为不能应用到社会学上的重复性这个一般科学标准,应用到这些关系上来"[②]。陈独秀在宣传马克思主义唯物史观原理时,尤其关注唯物史观对社会结构的分析和对社会变迁的解释,科学地说明了唯物史观对人类社会演变的解释能力及其意义。在陈独秀看来,马克思的唯物史观不仅说明了社会是由生产力、经济基础与上层建筑所组成的社会结构,而且因为强调生产力是人类社会演变的动因,从而重点解说了人类社会的"变动"问题。唯物史观的要旨,一是在"说明人类文化之变动",主张"社会生产关系之总和为构成社会经济的基础,法律、政治都建筑在这基础上面。一切制度、文物、时代精神的构造都是跟着经济的构造变化而变化的,经济的构造是跟着生活资料之生产方法变化而变化的";二是在"说明社会制度之变动",认为"社会的生产力和社会制度有密切的关系,生产力有变动,社会制度也要跟着变动,因为经济的基础(即生产力)有了变动,在这基础上面的建筑物自然也要或徐或速的革起命来"[③]。在与张君劢进行思想论争时,陈独秀鲜明地指出"人类社会因果关系非常复杂,所以社会现象也非常复杂",但必须用唯物史观原理来解释"社会现象变迁"问题;因为"社会现象变迁之动因及大多数个人对此变迁之态度即社会心理,推求其最初原因都是物质的,而为因果律所支配,因此,社会科学家才有加以物质的因果的说明之可能"[④]。正是由于陈独秀对唯物史观不遗余力的宣传及对唯物史观的科学理解,为中国形成以唯物史观为特征的马克思主义社会学奠定了理论基础。

---

① 《马克思的两大精神》,《陈独秀著作选》第 2 卷,上海人民出版社 1993 年版,第 364 页。
② 《列宁选集》第 1 卷,人民出版社 1995 年版,第 8 页。
③ 《马克思学说》,《陈独秀著作选》第 2 卷,上海人民出版社 1993 年版,第 354—355 页。
④ 《答张君劢及梁任公》,《陈独秀著作选》第 2 卷,上海人民出版社 1993 年版,第 690 页。

陈独秀注重阶级斗争在社会变迁中的作用,用马克思主义阶级斗争学说来解释社会的变革和发展的根本动因。马克思主义社会学是从生产力与生产关系、经济基础与上层建筑的关系来解释人类社会的结构和人类社会演变和发展的规律,但马克思主义社会学是能动的社会学、革命的社会学,它不是孔德社会学那种以研究现行工业社会秩序稳固问题,而是研究如何破坏现存社会(资本主义社会)秩序而构建理想的共产主义社会,故而阶级斗争学说在马克思主义社会学理论体系中占有极为重要的位置。陈独秀认为马克思主义的阶级斗争学说不仅与唯物史观不矛盾,而且"正是根据唯物史观来说明阶级争斗的",因为阶级斗争的含义一是说明"一切过去社会底历史都是阶级争斗底历史",二是阐述"阶级之成立和争斗崩坏都是经济发展之必然结果"。依据马克思主义阶级斗争理论,陈独秀就中国社会改造提出主张:"我们只有用阶级战争的手段,打倒一切资本阶级,从他们手抢夺来政权;并且用劳动专政的制度,拥护劳动者底政权,建设劳动者的国家以至于无国家,使资本阶级永远不至发生。"①陈独秀对马克思主义阶级斗争学说的研究和宣传,不仅对中国共产党的创建和发展起了直接的指导作用,而且强化了开创阶段的中国马克思主义社会学所具有的社会革命的激进特色。

陈独秀对马克思主义的无产阶级专政理论予以高度的重视,主张运用无产阶级专政的方法,推进社会由资产阶级社会到共产主义社会的过渡,并发挥无产阶级专政在建设新社会中的作用。陈独秀指出:"从前有产阶级和封建制度争斗时,是掌握了政权才真实打倒了封建,才完成了争斗之目的;现在无产阶级和有产阶级争斗,也必然要掌握政权利用政权来达到他们争斗之完全目的,这是很明白易解的事。"②关于无产阶级专政,恩格斯也强调:"为了达到未来社会革命的这一目的以及其他更重要得多的目的,工人阶级应当首先掌握有组织的国家政权并依靠这个政权镇压资本家阶级的反抗和按新的方式组织社会。"③陈独秀对此有深入的把握,他在答无政府主义者黄凌霜的信中,对于无产阶级专政在建设新社会的地位有这样的说明:"至于'各尽所能,各取所需'这两句格言,不但共产党不反对,我想除了昏狂的人,没有人愿意反对。现在共产党所争持的所努力的乃是怎样使我们由强制而习惯的作工,使人人真能各尽所能;乃是怎样通力

① 《共产党月刊短言》,《陈独秀著作选》第2卷,上海人民出版社1993年版,第201页。
② 《马克思学说》,《陈独秀著作选》第2卷,上海人民出版社1993年版,第359页。
③ 《马克思恩格斯选集》第4卷,人民出版社1995年版,第656页。

合作,怎样使生产事业集中成为社会化,怎样使生产力大增、生产品充裕,使人人真能各取所需。想努力实现这些理想,非经过无产阶级专政不可。”①陈独秀这里所强调的无产阶级专政的职能,正是恩格斯所明示的“按新的方式组织社会”的要求,特别注重无产阶级专政在新社会建设中达到“各尽所能,各取所需”目的无可替代的地位。

陈独秀对马克思主义社会学理论的宣传集中在唯物史观、阶级斗争、无产阶级专政等重要方面,这大体上是中国的早期的马克思主义者在传播马克思主义社会学思想的共同方面。但从陈独秀传播马克思主义的重点来看,不难看出这样三个特别的倾向:一是他通过对唯物史观的宣传和研究,注重人类社会演变的规律以及人类社会的基本结构问题;二是他通过对阶级斗争学说的解读和理解,研究怎样破坏现存社会秩序和建立新社会(共产主义社会)问题;三是他通过对无产阶级专政的论述,不仅阐明如何使无产阶级上升为统治阶级的问题,而且尤为关注如何建设新社会的问题。这三个“特别的倾向”亦是陈独秀宣传马克思主义社会学思想的鲜明特色。陈独秀的马克思主义社会学思想正是在这样的情况下展开的,自然又是在进一步联系中国社会变革问题、研究如何促进中国社会变迁中而形成体系的。

二、科学阐述社会学的学理问题

陈独秀在发动新文化运动时就对社会学产生浓厚的兴趣,用西方的社会学理论来分析中国的伦理道德问题,对西方的社会学表示出高度的赞赏。如他在1916年就曾说:“法国社会学者孔特(孔德——引者注),谓人类进化,由其富于模仿性,英雄硕学,乃人类社会之中枢,资其模仿者也。”②陈独秀自接受马克思主义以后,就力图用马克思主义的社会学理论来研究社会学的学理问题,因而在创建中国马克思主义社会学方面作出了重要的学术贡献。

1. 科学方法与社会学研究

陈独秀对于社会学以何种方法来研究予以深刻的思考,主张用“科学精神”

① 《答黄凌霜(无产阶级专政)》,《陈独秀著作选》第2卷,上海人民出版社1993年版,第371页。

② 《驳康有为致总统总理书》,《陈独秀著作选》第1卷,上海人民出版社1993年版,第218页。

及其“科学方法”来研究社会学,而反对将社会学片面地自然科学化。在陈独秀看来,包括社会学在内的社会科学都要遵循“科学精神”才能有所进步,而“科学的精神重在怀疑、研究、分析、归纳、实证,这几层工夫”,但这不是主张各门社会科学的自然科学化,所以“我们现在一面要晓得自然科学只是各种学术底一种,不能够拿他来取消,代替别的学术;一方面要晓得别的学术(道德学、性理学也包含在内),多少都要受科学精神的洗礼,才有进步,才有价值”①。陈独秀指出,“我们只应当拿科学的方法研究别的学问,却不可拿自然科学说明别的学问。拿生物学说明社会学,就是一个失败的先例。”②可见,陈独秀是主张社会学研究在遵循“科学精神”的前提下运用“科学方法”,而反对西方学术界盛行已极的学术研究的泛科学化思潮。陈独秀还进一步认为,包括社会学在内的各种社会科学,只要使用科学的方法进行研究就具有科学的性质,因而就不能排除在科学之外。陈独秀指出:“科学有广狭二义:狭义的是指自然科学而言,广义是指社会科学而言。社会科学是拿研究自然科学的方法,用在一切社会人事的学问上,像社会学、伦理学、历史学、法律学、经济学等,凡用自然科学方法来研究、说明的都算是科学;这乃是科学最大的效用。”③陈独秀从广义“科学”的概念出发就科学与社会科学的关系进行诠释,从而得出社会学等学问具有科学的学科性质的结论,并且将社会学置身于社会科学的大序列之中,显示了其广阔的学术视野和科学的学术精神。

2. 个人与社会之间关系的研究

个人与社会的关系是社会学关注的一个理论问题,也是陈独秀力图解决的课题。在马克思主义唯物史观的指导下,陈独秀强调个人与社会之间的依存关系,主张我们人类“决不可与社会分离”。他指出:“社会是我们人类组成的,我们人原是社会的成分,假如我们没有社会,那么,我们以一人,能够供给自己的要求吗?倒可日常的用品,寝室的器具,断不是一个人可以做得到的。又如外界的侵袭——洪水猛兽之类,又不是一人可以防御得住的,故必定聚而为社会,顺我们人类同情协力之自然趋势。”④因此,社会是支配个人的,人们不可能脱离社会而存在,“我们无论如何反对我们所生存的社会制度,在我们未曾用我们的力量

① 《告新文化运动的诸同志》,《陈独秀著作选》第2卷,上海人民出版社1993年版,第80—81页。

② 《告新文化运动的诸同志》,《陈独秀著作选》第2卷,上海人民出版社1993年版,第79页。

③ 《新文化运动是什么?》,《陈独秀著作选》第2卷,上海人民出版社1993年版,第123页。

④ 《新教育之精神》,《陈独秀著作选》第2卷,上海人民出版社1993年版,第95—96页。

把现存的制度推翻以前,我们仍旧必然为现存的我们所反对的社会制度所支配"①。正是认识到人类与社会之间的依存关系,陈独秀认为人们在社会之中的自由具有相对性,人们不可能在社会中享有绝对的自由。需要指出的是,陈独秀强调个人与社会之间的依存关系,并不是说人在社会中无能为力的,相反他认为人们在改造社会、推进社会进步中具有积极的主体性作用,并主张"改革社会,非从社会一般制度上着想不可",而不是"增加一两个善分子"或"除去一两个恶的分子"②。陈独秀关于个人与社会关系的研究是很有见地的,符合马克思主义关于个人与社会关系的论述。

3. 关于社会运行规律的研究

在陈独秀的社会学理论体系中,特别注重社会运行规律的探讨。在社会学研究领域,社会运行有没有规律?如果有又是怎样的规律?自孔德开启的西方社会学与自马克思开启的马克思主义社会学,都承认社会运行的规律性,都以社会运行规律作为其社会学的研究内容。两者的主要区别:一是孔德一派的社会学将资本主义社会永恒化和模式化,而马克思主义社会学则认为资本主义社会只是社会发展的一个阶段,人类社会必然向共产主义社会过渡;二是孔德一派的社会学在研究社会运行规律时具有将社会的静态研究与社会动态研究相分离的倾向,而马克思主义社会学在揭示社会运行规律时则注重将静态研究与动态研究结合起来③。陈独秀在马克思主义社会学理论的指导下,强调社会的运行是有规律的,认为人类社会不仅是进化的,而且"社会的进化,非速亦非迟,乃是根据人类生活的要求,依照历史的阶级(这里'阶级'一词,在五四时期的语汇中其含义是'阶段'——引者注),自然地演进,必无循环、退后或超越之理。"④陈独秀还认为,社会运行又是"社会进化"与"社会革命"相统一的,当人们明白"社会进化"的规律而进行"改造社会"时,"采用革命的手段而促其进化"则可以使社会运行的速度"变快一些"。而且"革命"必以建立"新的制度"为目的,因为"革命不是别的,只是新旧制度交替底一种手段","倘革命后而没有新的制度出现"则"不配冒用革命这个神圣的名称",这又由于社会变革是"用力量把旧制度推翻,同时用力量把新制度建设起来,社会才有进步"⑤。陈独秀探讨社会运行的

① 《讨论无政府主义》,《陈独秀著作选》第2卷,上海人民出版社1993年版,第293页。

② 《新教育是什么?》,《陈独秀著作选》第2卷,上海人民出版社1993年版,第233页。

③ 郑杭生、李迎生:《中国社会学史新编》,高等教育出版社2000年版,第15页。

④ 《社会之历史的进化》,《陈独秀著作选》第2卷,上海人民出版社1993年版,第454页。

⑤ 陈独秀:《革命与制度》,《新青年》第9卷第3号,1921年7月1日。

规律,主张人们在彰显自身的主体性同时要遵循社会进化的原理,并提出社会运行是进化与革命相统一的观点,符合马克思主义关于社会发展规律的论述。

4. 关于自杀问题的研究

自杀是西方社会学界研究的重要社会现象,五四时期的中国学术界就有不少学者专门就自杀问题进行学术上的研究,如李大钊曾写有1.3万字的《论自杀》的学术论文①,又如北大学生罗家伦发表了《是青年自杀还是社会杀青年?》文章。陈独秀认为,“自杀是一种重大的社会现象,在社会学上是一个重大的问题;因为自杀若成了一种普遍的信仰,社会便自然破灭,那里还有别的现象,别的问题发生呢?”因而对于自杀“这样重大的问题,不是简单的感想可以解答的”,而是需要从学术的角度进行深入研究的。1919年的下半年,陈独秀花了很大的精力讨论“思想变动与青年自杀”问题,完成了《自杀论》这一很有价值的学术论文,就“自杀底趋势”、“自杀底时期”、“自杀底原因”、“自杀底批评”及“自杀底救济”等五个问题进行系统的研究。陈独秀通过研究认为,自杀在整个社会上确有“加增底趋势”,但并非有如社会学家所说是“随着文明程度”而加增,而是随着“思想发达和经济压迫底程度”而加增。这里,陈独秀就自杀的客观原因与主观原因作了细致的分别,但特别强调“社会压迫”是自杀现象的“总原因”,这就说明了自杀作为一种社会现象具有社会的本因。陈独秀还进而研究各种自杀现象“直接的原因”,列举了社会上自杀的16种现象,并将其归类为三类予以分析,其结论是:“三类十六种自杀底原因,综合起来,不外两大总原因:(一)社会的压迫(精神的,物质的两方面)。(二)思想的暗示(个人的,社会的两方面)。”②陈独秀认为研究自杀问题在目的上还是为了找到解决社会自杀现象的方法,使社会得到有效的改造。他更看重个人对社会“反抗”的方法,强调“反抗”是促进社会进步的重要因素,如他说:“反抗是好现象不是坏现象,反抗与结合,是相反相成的作用,是社会进化所必经的现象;社会上倘永远没有反抗的现象,便永远没有进步”③。总之,陈独秀的《自杀论》文章从学理上专门探讨社会自杀问题,是一篇严谨的社会学的学术论文,在中国社会学史占有重要的地位。

5. 批判马尔萨斯的人口论

陈独秀1920年初发表的《马尔塞斯人口论与中国人口问题》,是一篇既研

---

① 参见《论自杀》,《李大钊全集》第4卷,人民出版社2013年版,第23—42页。

② 《自杀论》,《陈独秀著作选》第2卷,上海人民出版社1993年版,第60页。

③ 《自杀论》,《陈独秀著作选》第2卷,上海人民出版社1993年版,第65页。

究马尔萨斯人口理论又阐述中国人口问题的社会学论文,与同一时期马克思主义者关于人口问题的论述,构成中国马克思主义人口学思想的发端。在此文中,陈独秀对马尔萨斯的人口论进行抨击,认为"马氏不在这多人失业上研究救济方法,却想用限制人口来根本解决,已经和用石条压平驼背的法子同样可笑"①。陈独秀对马尔萨斯人口论的批判,认识到"中国人口问题,也不曾是马尔塞斯底学说可以解决的"②。在陈独秀看来,从表面上看,中国似乎存在着一个人口过多的问题,但实质上并不是真正的人口过多,"因为中国人口过多底现象,不是和土地比例的人口过多,乃是不生产而消费的游惰人口过多;生活资料不足,不是生活资料增加底可能性赶不上人口增加,是增加生活资料底方法赶不上人口增加"。所以,陈独秀提出解决中国人口问题的具体方法:(1)发展生产事业;(2)发展交通事业;(3)发达科学;(4)发达生产技术;(5)增加劳力底数量;(6)分配平均;(7)限制人口。值得注意的是,陈独秀所提出的几个具体措施的前4条方法侧重于发展社会生产力,增加社会的生活资料;而第五条方法即"增加劳力底数量",其手段是"在社会制度上、经济组织上取消那'游惰的上流阶级'和'游惰神圣'的风尚,使劳力底数量充分增加",及第六条方法即"分配平均",都是侧重于生产关系的变革。至于第七条方法即"限制人口",其"限制底方面应该注重在游惰的上流社会,不限于贫苦的劳动者,这却和马尔塞斯底主张有点不同"③。陈独秀在当时的历史条件下提出用发展社会生产力和进行生产关系变革的办法来解决中国人口问题,切合中国人口问题的实质,因而是应该值得充分肯定的。由此可以说,陈独秀的《马尔塞斯人口论与中国人口问题》是中国早期马克思主义者最早提出解决中国人口问题的方案之一。

陈独秀在唯物史观指导下研究社会学学理问题有几个鲜明的特点:一是坚持科学原则在社会学中的运用。陈独秀强调社会学的科学方法,对个人与社会之间关系的分析以及对社会运行规律的研究,都是从社会科学大视野出发的,力图将社会学建设成一门具有科学性的学科。二是追踪社会学的前沿问题。陈独秀研究社会学的一些学理问题如个人与社会关系、社会自杀问题、马尔萨斯人口

---

① 《马尔塞斯人口论与中国人口问题》,《陈独秀著作选》第2卷,上海人民出版社1993年版,第108页。

② 《马尔塞斯人口论与中国人口问题》,《陈独秀著作选》第2卷,上海人民出版社1993年版,第115页。

③ 《马尔塞斯人口论与中国人口问题》,《陈独秀著作选》第2卷,上海人民出版社1993年版,第116—117页。

论等,多是当时社会学领域的热门话题;而关于社会运行是否有规律问题,也是自马克思主义社会学产生后特别是19世纪末人文主义思潮兴起后,西方社会学讨论的重要问题之一。三是密切关注现实社会。社会学本来就有关注社会现实的传统,而陈独秀在马克思主义社会变革理论的指导下,更为注重社会现实问题的研究。如他分析个人与社会之间的关系,紧密联系到中国社会中个人的自由问题;探讨社会运行规律问题,则又联系到中国社会变革的目标和趋向;研究自杀问题,也是因为五四时期青年学生的自杀现象所引起;而他研究和批判马尔萨斯的人口论,也特别关注中国的人口问题。就总的来看,陈独秀研究社会学的学理问题具有学术性与现实相结合的特色,而现实的关怀和改造社会现实的追求贯彻其学术探讨之始终,这使得他不可能成为一个书斋式的学者。

三、积极从事中国社会组织、社会阶级结构及社会阶层的研究

陈独秀密切关注中国社会的现实是其社会学思想的一个显见的特点,因而他的社会学思想是以现实的关怀为起点而构筑起来的。陈独秀为了了解中国社会的现状,把握中国社会运行的特点及趋势,他依据唯物史观原理着重于研究中国社会组织及社会阶级结构、阶层,为进一步剖析中国社会结构并提出变革中国社会的具体主张提供了现实的根据,因而在中国马克思主义社会学史占有重要的地位。

1. 关于中国社会组织

陈独秀对于社会组织予以重要的研究,他不仅强调社会组织在社会演变中的地位,而且认为社会进化是以社会组织的进化为重要表征的,而革命又是社会组织进化"最显著的现象",因而革命对推动社会组织的进化起了积极的作用。他指出:"人类社会之历史,乃经过无数进化阶段及多次革命战争,乃至有今日之组织及现象;其组织进化之最大而最显著者,乃是由部落酋长进化到封建诸侯王,由封建诸侯王进化到资产阶级,由资产阶级进化到无产阶级。在这些最大而最显著的社会组织进化之中,又各有几多比较小的比较不甚显著的进化阶段;在每个进化阶段新旧顿变时,都免不了革命战争。革命之所以称为神圣事业,所以和内乱及反革命不同,乃因为他是表示人类社会组织进化之最显著的现象,他是

推进人类社会组织进化之最有力的方法。”①正是重视社会组织进化在社会演变中的地位和革命在推进社会组织进化中的作用，陈独秀对“劳动组织系统”做过比较细致的研究。他所说的“劳动组织底系统有三：（一）党派的组织，不分劳动者所属的职业或产业，但依党派的政见而结合；（二）职业的或产业的组织，乃是一地方底某种职业或某种产业的劳动者所组织，更进联合全国同业，组织全国某种职业或某种产业底联合会；（三）地方的组织，乃是联合一个地（市或县）底各种职业或产业工会而组织一个地方的劳动团体，更进而联合各地方的团体组织一个省的劳动团体，更进而联合各省的团体组织一个全国的劳动团体。”②陈独秀认为，在这“劳动组织系统”中的三种组织，其地位和作用以及组织的难易程度是不同的。第一种组织即“党派的组织”是“最适于阶级争斗，但在劳动运动幼稚时代极难成立”；而第二和第三种组织即“职业的或产业的组织”及“地方的组织”，虽然“比较的容易实现”，但往往会出现“仅仅一个地方底职业或产业的工会及一个地方联合会”却“假冒全省或全国总工会名义”的现象，并且有时会有是“个人的联合”而不是“团体的联合”的毛病③。陈独秀关于社会组织进化的研究以及由此而格外地关注“劳动组织系统”，这是他在社会学研究中一个重要的学术贡献。

陈独秀注重青年学生组织——“学生会”的研究，认为“全国学生总会是学生界必须的组织，是学生界作战的重要工具”④。在他看来，学生只有联合起来而有自己的组织才能在社会改造中发挥作用。五四运动之后的一段时间，各地的学生组织——学生会大都有名无实，尤其是学生之重镇上海、广州学生会连名称也没有了。随着国民革命的开始，北京、武昌的学生会渐渐活动起来。1924年3月9日广州学生会复活，并发表了改组宣言；同年5月4日，上海又成立了学生联合总会。陈独秀通过研究广州学生会的现状，认为广东学生会努力方向是，“今后将地方观念、宗教观念荡涤净尽，坚固的团结整个广州学生会，永远勿从安那其的谬见，自由退出而分裂而自杀！”关于上海学生会，陈独秀“更忠告全上海学生：（一）今后之活动应全体动员，各个都能尽职，勿但责难少数领袖；（二）应视全国学生为一体，勿存南北之见；（三）勿以宗教之故分裂上海学生团

① 《革命与反革命》，《陈独秀著作选》第2卷，上海人民出版社1993年版，第402—403页。
② 《告劳动运动的人》，《陈独秀著作选》第2卷，上海人民出版社1993年版，第361—362页。
③ 《告劳动运动的人》，《陈独秀著作选》第2卷，上海人民出版社1993年版，第362页。
④ 《欢迎广州上海两学生会》，《陈独秀著作选》第2卷，上海人民出版社1993年版，第675页。

体。"[①]陈独秀研究学生组织,其关于学生组织建设的思想是很有见地的。

陈独秀用了很多的精力来研究如何促进中国社会组织的成长问题,尤其关注工人组织——工会等劳动组织的建立和发展。陈独秀在这方面的主要理论贡献:一是高度重视中国组织劳动团体的极端重要性,认为中国劳动团体的组织在改变现存中国社会状况中起十分重要的作用。他指出:"除了中国劳动者联合起来组织革命团体,改变生产制度,是无法挽救的。中国劳动(农工)团体为反抗资本家资本主义而战,就是为保全中国独立而战。只有劳动团体能够达到中国独立之目的。"[②]二是认为工人团体应该由真正的有觉悟的工人组织而成。针对有些工人团体流氓充斥、工头包办的现象,陈独秀鲜明地指出:"工人要想改进自己的境遇,不结团体固然是不行。但是像上海的工人团体,就再结一万个也都是不行的。新的工会一大半是下流政客在那里出风头,旧的公会公所一大半是店东工头在那里包办。觉悟的工人呵!赶快另外自己联合起来,组织真的工人团体呵!"[③]三是主张工人阶级不仅要组织团体(工会),而且要联合起来,并且要注重内部的组织建设,形成坚强的组织力量。1920年中共上海发起组领导建立了第一个工会——上海机器工会,陈独秀于10月3日出席该工会发起会,他在演讲中强调工会团体之间"彻底联络"的伟大力量,认为矿工、铁道工、机器工"这三个团体,要是彻底联络了,那就社会上一切物件,都要受他底支配,就是政府也不得不受其支配"[④]。陈独秀关于中国工人工会组织建设的论述,不仅指导了当时中国工会组织的发展,而且为中国马克思主义社会学开创了中国社会组织研究密切联系工人运动实际的良好学风。

2. 关于社会阶级结构

陈独秀运用马克思主义唯物史观及阶级斗争学说具体地分析中国社会的阶级结构,对农民阶级、地主阶级、无产阶级、资产阶级等进行了研究,是中国早期的马克思主义者对中国社会阶级结构进行探索的重要代表,对中国马克思主义社会学的开创有重要的意义。

关于农民阶级。陈独秀于1923年发表了《中国农民问题》等文章,将研究

---

① 《欢迎广州上海两学生会》,《陈独秀著作选》第2卷,上海人民出版社1993年版,第675页。

② 《关于社会主义的讨论》,《陈独秀著作选》第2卷,上海人民出版社1993年版,第211—212页。

③ 《真的工人团体》,《陈独秀著作选》第2卷,上海人民出版社1993年版,第152页。

④ 《在上海机器工会发起会上的演说》,《陈独秀著作选》第2卷,上海人民出版社1993年版,第183页。

的重点聚焦于中国农村,力图运用阶级分析和经济地位分析的方法来研究中国农民阶级。陈独秀经过分析认为,中国农民在全国人口中占有很高的比例,中国社会变革必须有农民的加入才能成功。他指出:"农民占中国全人口之大多数,自然是国民革命之伟大的势力,中国之国民革命若不得农民之加入,终不能成功一个大的民众革命。"①陈独秀注重对中国农民进行阶层的分析,特别注重对农民各阶层经济地位的研究。在陈独秀看来,农民群众作为一个整体,虽然"其经济生活程度虽非相差甚远,而经济地位则有几多复杂之区别"②。他将农民划分为三类,即:农民中第一类是自耕农,其中又包括中产阶级和小有产阶级;而中产阶级是由自耕农兼地主和自耕农兼雇主构成,小有产阶级是由自耕农民和自耕农兼佃农构成。农民中第二类是半无产阶级,即半益农,是由佃农兼雇主和佃农构成。农民中的第三类是农业的无产阶级,是由雇工构成③。这里所说的"中产阶级"、"小有产阶级"、"半无产阶级"及"无产阶级",是运用唯物史观及阶级斗争理论对农民阶层的阶级属性的具体划分所提出的特殊概念,而这种划分又是依据农民对土地这一农村重要的生产资料的占有状况及农民的劳动方式和生活方式。陈独秀提出的"中产阶级"、"小有产阶级"、"半无产阶级"及"无产阶级"等概念,有助于改变学术界对"雇主"、"佃农"、"雇工"等传统概念的认识。陈独秀关于中国农民的研究主要集中在 1923 年,尽管有些观点(如农民的保守性)还值得进一步研究,但无可置疑是,是当时运用马克思主义社会结构理论和阶级斗争学说的开创性努力,在中国早期的马克思主义者中具有代表性,对马克思主义社会学的中国化有着历史性的贡献。

关于地主阶级。陈独秀研究当时的中国农村社会,自然注意到农村中与农民处于对立地位的地主阶级。在他看来,中国的地主把持乡村,是农村中的统治阶级;但地主亦有"大地主"、"中地主"和"小地主"之别,其在乡村社会中的人数、对土地的占有状况、以及在乡村中的地位亦有所不同。关于大地主,陈独秀指出:"有地过万亩之大地主,在全中国每省不过十人左右,此等大地主少数是前清贵族,大多数是旧官僚或新军阀,他们对于佃农有很大的威权;股份公司居极少数,因为旧法耕地之利润远不及工商业,故城市的资本家多不肯投资农业。"关于中等地主,陈独秀指出:"有地过千亩之中等地主,全国至少在二三万

① 《中国国民革命与社会各阶级》,《陈独秀著作选》第 2 卷,上海人民出版社 1993 年版,第 562—563 页。

② 《中国农民问题》,《陈独秀著作选》第 2 卷,上海人民出版社 1993 年版,第 508—509 页。

③ 《中国农民问题》,《陈独秀著作选》第 2 卷,上海人民出版社 1993 年版,第 509 页。

以上,他们半居乡村,半居城市,有的是在城市兼营小工商业者,有的是官僚后裔之无职业者,专恃收取地租维持生活。其居乡村者,或为绅董把持乡村之政权,或为高利营业盘剥贫农。"关于小地主,陈独秀指出:"有地过百亩之小地主,其数至少十倍于中等地主,他们大多数居住乡村,其职业或在乡镇经营小商业,或在乡村为绅董。"①陈独秀正是根据对地主阶级中各个阶层的研究,他以后明确地指出"劣绅、地主、土豪乃是半封建势力之真实基础",而中国军阀也是"半封建的军阀"②,这对此后的20世纪30年代中国社会性质问题论战中中国共产党人正式提出中国社会具有"半封建"性质是有重要意义的。

关于无产阶级。陈独秀对中国无产阶级有专门的研究,而他对无产阶级阶级地位的认识也经历了一个过程。陈独秀在1923年对中国无产阶级力量有所考察,但对于中国无产阶级在民主革命中领导地位的认识却存在一些问题。如他得出中国无产阶级"幼稚"的结论,认为:"工人阶级在国民革命中固然是重要分子,然亦只是重要分子而不是独立的革命势力。"③随着工人阶级在民主革命中作用的有力发挥,陈独秀对中国无产阶级地位的分析在思想认识有了很大的进步。1924年底,陈独秀在总结中国"二十余年来国民运动"的"总教训"时,明确指出:"社会各阶级中,只有人类最后一阶级——无产阶级,是最不妥协的革命阶级,而且是国际资本帝国主义之天然对敌者;不但在资本帝国主义国家的社会革命他是主力军,即在被资本内帝国主义压迫的国家之国民革命,也须他做一个督战者,督促一切带有妥协性的友军——农民、手工业者、革命的知识阶级、游民无产者(兵与会匪)及小商人,不妥协的向外国帝国主义者及其走狗——国内的军阀、官僚、富商、劣绅、大地主、反革命的知识阶级进攻,才能够达到国民革命之真正目的——民族解放。"④五卅运动发生后一段时间,陈独秀认为"中国的工人阶级第一次得着这样伟大的政治上组织上的训练,增高了自己的地位,成了民族解放运动中极重大的动力"⑤。可以说,随着中国无产阶级力量的发展和在革

① 《中国农民问题》,《陈独秀著作选》第2卷,上海人民出版社1993年版,第509页。

② 《我们现在为什么争斗?》,《陈独秀著作选》第2卷,上海人民出版社1993年版,第1110—1111页。

③ 《中国国民革命与社会各阶级》,《陈独秀著作选》第2卷,上海人民出版社1993年版,第564页。

④ 《二十七年以来国民运动中所得教训》,《陈独秀著作选》第2卷,上海人民出版社1993年版,第820页。

⑤ 《我们如何继续反帝国主义的争斗?》,《陈独秀著作选》第2卷,上海人民出版社1993年版,第898—899页。

命斗争中的积极表现，陈独秀对中国无产阶级有了比较正确的认识和评价。

关于资产阶级。陈独秀在对中国资产阶级的研究中，认为中国资产阶级总体上是“幼稚”的，但不排除其在特殊的情形下参加民主革命的可能。陈独秀分析道：“工商业幼稚的资产阶级，他的懦弱心理，自然不容易赞成革命；但产业发展到一定程度，企业规模超越了地方的而渐成为全国的，同时又遭遇军阀扰乱之阻碍或外货外资之竞争，经济的要求自然会促使他有政治革命必要的觉悟。所以资产阶级究竟革命不革命，当视其经济的历史的发展决定之，不当以初步积累时懦弱心理决定其全阶级的终身运命。”①陈独秀这里所主张的从经济变动的事实来分析资产阶级的政治态度，是马克思主义唯物史观原理的正确运用。关于中国资产阶级政治态度，陈独秀依据近代以来中国经济变动的情形，从辛亥革命到当时的1923年底的历史中，梳理了中国资产阶级政治心理变动的轨迹，说明中国资产阶级经历了“非政治的态度——半和平半革命的态度——革命的态度”的历史演变过程。但是，陈独秀并不认为中国资产阶级之中就没有阶层的区别，相反他认为中国资产阶级中包含着“反革命”、“非革命”、“倾向革命”三种分子，具体说在“资产阶级当中，有些是帮助帝国主义及军阀的反革命者，有些是非革命的中立分子，有些是偶然倾向革命而易于妥协者”②。陈独秀提请人们注意，中国幼稚的“资产阶级更不能单独革命”③；而且随着民主革命的迅速发展，中国资产阶级“应有的革命要求，很容易被他阶级的反动性消灭下去”④。可见，陈独秀一开始对资产阶级力量过高的估计，但在对现实革命运动的分析中已有所变化。

3. 关于中国社会阶层

陈独秀依据马克思主义关于阶级和阶级斗争理论，认识到中国社会自然由各个阶级构成的，而阶级又是由阶层构成的；由于近代中国社会处于变革的转型时期，一些旧有社会阶层处于消解之中，而一些新的社会阶层又不断崛起，因而他对中国社会阶层的研究也引起高度的重视。

---

① 《中国国民革命与社会各阶级》，《陈独秀著作选》第2卷，上海人民出版社1993年版，第559页。

② 《中国国民革命运动中工人的力量》，《陈独秀著作选》第2卷，上海人民出版社1993年版，第838页。

③ 《中国国民革命与社会各阶级》，《陈独秀著作选》第2卷，上海人民出版社1993年版，第561页。

④ 《中国民族运动中之资产阶级》，《陈独秀著作选》第2卷，上海人民出版社1993年版，第949页。

关于买办阶级。陈独秀在对买办阶级的重要代表——广东商团的考察中，引发他从理论上系统研究中国买办阶级这一特殊的阶层，并形成了这样几个观点：第一，中国买办阶级就其起源而言，产生于帝国主义对中国经济侵略的过程中。在陈独秀看来，买办是帝国主义侵略中国的产物，在国内的政治中起了“一是辅助外国资本主义之侵入，一是勾结军阀政府以重利盘剥国家”①的作用。第二，中国买办阶级代表着帝国主义的利益，因而具有反动性。陈独秀认为，中国买办阶级与帝国主义侵略具有特殊的关系，“这些买办阶级本是外国帝国主义者的工具，他们为了他们的主人（帝国主义者）的利益，不惜破坏本国的国民运动，卖掉自己的国家”，成为一种“商人贵族”阶层，并进而谋求其“商人贵族”的特殊利益。陈独秀揭示了中国买办阶级反动性的基本表征：“殖民地半殖民地的商人贵族本是因为外国资本帝国主义之侵入而发生而繁荣的，外国帝国主义的利益即是他们的利益，他们宁可牺牲国家主权与国民利益，而决不肯侵犯外国帝国主义者的特权与利益，他们为了外国帝国主义的利益和他们自己的利益是可以和军阀妥协的，他们所不愿与妥协的，只有反帝国主义反军阀的民众。”②第三，中国买办阶级在中国半殖民地经济中具有很大的势力。陈独秀指出：“中国的买办阶级，比国内任何商业、工业资产阶级的势力都大，除了帝国主义者，他便是中国的经济之王。”③陈独秀注重买办阶级与帝国主义关系的分析，揭示了买办阶级这一特殊阶层的本质特征，这是他对中国社会阶级中阶层研究的重要贡献。

关于知识分子。陈独秀关于知识分子阶层的研究，形成了这样的几个观点：第一，中国知识分子是分属和依附于不同阶级的社会阶层，不是一个独立的阶级。陈独秀指出，中国是一个小资产阶级广阔的国家，而知识分子虽然大体上属于“小资产阶级的知识阶级”；但中国的知识分子“他本没有经济的基础，其实不能构成一个独立的阶级，因此他对于任何阶级的政治观念，都摇动不坚固”④。这里是说，中国的知识分子由于“没有经济的基础”因而只能以阶层的身份而存在，所以在政治上依附于各个阶级。第二，中国知识分子的作用具有两面性，但其革命性的一面将增长。陈独秀认为就知识分子的“近事”来看，知识分子的作

① 《国民会议与商人贵族》，《陈独秀著作选》第 2 卷，上海人民出版社 1993 年版，第 823 页。

② 《国民会议与商人贵族》，《陈独秀著作选》第 2 卷，上海人民出版社 1993 年版，第 824 页。

③ 《国民会议与商人贵族》，《陈独秀著作选》第 2 卷，上海人民出版社 1993 年版，第 823 页。

④ 《中国国民革命与社会各阶级》，《陈独秀著作选》第 2 卷，上海人民出版社 1993 年版，第 561 页。

用具有两面性,“在坏的方面:议员政客们都属士的阶级,没有强大的资产阶级来吸收他们,只得附属军阀作恶;在好的方面:戊戌前后的变法自强运动,辛亥革命运动,‘五四’以来国民运动,几乎都是士的阶级独占之舞台”。陈独秀在承认知识分子两面性的前提下,认为知识分子在现实的政治运动中其革命性的一面将有发展的趋势,特别是“在无产阶级实行革命和他们阶级的利益当真冲突以前,他们是羞于放弃革命态度的”。陈独秀还认为,即使是一些不主张革命的知识分子,“他们对于现社会之不安不满足,也可以说是间接促成革命的一种动力”①。第三,青年学生是知识分子中重要组成部分,在中国社会变革中担负“特别职任”。陈独秀不仅认为青年学生属于知识分子阶层,而且也具体地分析了青年学生这一阶层的特性。他指出:“知识阶级的学生自然是小资产阶级之产物,他的特性:一方面因为没有经济的基础,不能构成一个独立的阶级,他对于任何阶级的政治观念,都非坚固不能摇动;一方面正因为他的阶级性不坚固,往往有超越阶级的理想,比任何阶级都易于倾向革命。”②陈独秀对青年学生这一知识分子阶层的分析和期待,切合了青年学生这一阶层的实际,在当时是极具有政治意义的。

关于留学生。陈独秀本人有三次留学日本的经历,他领导新文化运动时集结了一批具有留学经历的知识分子,因此他对留学生这一重要阶层有切身的感受;加上“五四”以后,留学生归国在社会上尤其是思想界的影响渐有扩大之势,这也使他更注重对留学生进行考察。陈独秀对留学生这一社会阶层的作用虽然有所肯定,但主要是揭示留学生在中国社会中的负面影响,认为有些留学生有贩卖留学国思想的毛病。如他说:“如今只有一班半通不通自命为新学家底人,开口一个国家,闭口一个爱国;这种浅薄的自私的国家主义爱国主义,乃是一班日本留学生贩来底劣货(这班留学生别的学问丝毫没有学得,只学得卖国和爱国两种主义)。”③陈独秀还认为,有些留学西方的留学生对留学国存在很大的幻想,在思想上自觉不自觉地站在西方国家的一边,具有亲和留学国的现象。1921年陈独秀在对华盛顿会议发表的评论中这样说:“我们中国人尤其是美国留学生,对于华盛顿太平洋会议,有两个唤不醒的迷梦:(一)他们以为此次华盛顿会

① 《中国国民革命与社会各阶级》,《陈独秀著作选》第2卷,上海人民出版社1993年版,第562页。

② 《青年们应该怎样做!》,《陈独秀著作选》第2卷,上海人民出版社1993年版,第541页。

③ 《随感录·学生界应该排斥底日货》,《陈独秀著作选》第2卷,上海人民出版社1993年版,第73页。

议是中国免除外患千载一时的机会，列强至少美国必然主张正义人道帮助中国抵抗日本。（二）他们以为此次华盛顿会议，倘列强不能妥协，冲突起来，限制军备案不能成立，太平洋诸问题不得解决，不但是太平洋沿岸弱小民族底不幸，简直是世界和平底不幸。”①1923年底，陈独秀又说：“英、美同族，因此中国留英学生或留美学生并有互亲英、美的态度。”②陈独秀注意到，部分留学西方的中国留学生，由于受西方思想的影响，看不清帝国主义的存在，否认帝国主义侵略中国的事实，甚至对有否“帝国主义”名词都存在怀疑，甚而认为“中国也自然没有民族解放运动之必要”③。陈独秀对留学生这一阶层正面评价的不多，固然具有认识上的局限；但他看到了留学生在思想上认同留学国，对留学国具有亲同感，对帝国主义也存在某种幻想。陈独秀的这一认识应该说是有一定见地的。

总之，陈独秀的社会学思想是运用马克思主义唯物史观原理研究中国社会变革的学术思想体系，同时又具有直接指导中国社会改造的政治色彩，与同一时期的李大钊、李达、瞿秋白等早期马克思主义者的社会学思想同属于“唯物史观社会学”体系。陈独秀的社会学思想不仅以唯物史观为指导在学理的层面研究社会的结构与演变，而且将研究的重点放在中国社会的改造上，注重中国社会组织、社会结构、社会阶层的研究，致力于中国社会现象与社会问题的探索，因而陈独秀是马克思主义社会学思想中国化的最主要代表之一，是中国马克思主义社会学极为重要的开创者。

（原载《安徽史学》2009年第2期，人大复印资料
《中国现代史》2009年第7期全文转载）

【昔文琐记】这篇《陈独秀与中国马克思主义社会学的开创》，写作于2008年3月。原文很长，有近4万多字，在《安徽史学》上发表的时候做了压缩，主要是将原稿中第四部分“关于中国社会现象与社会问题的研究”压缩掉了。

在我这篇《陈独秀与中国马克思主义社会学的开创》文章之前，尚未见到学术界有此方面的文章，对陈独秀的社会学思想给予全面的阐述。我这篇文章，主

① 《太平洋会议与太平洋弱小民族》，《陈独秀著作选》第2卷，上海人民出版社1993年版，第317页。

② 《寸铁·亡中国者留学生也》，《陈独秀著作选》第2卷，上海人民出版社1993年版，第569页。

③ 《十月革命与中国民族解放运动》，《陈独秀著作选》第2卷，上海人民出版社1993年版，第945页。

要是将陈独秀的社会学思想与马克思主义接上关系,并考察了陈独秀对近代中国社会的分析,进而评定其在马克思主义社会学中国化中的开创者地位。

陈独秀是革命家、思想家,同时也是著名的学者、文化人。既有的研究成果,很少将陈独秀作为学者的一面展示出来。事实上,陈独秀曾担任北大的文科学长,没有很好的学问,蔡元培也不会让他担任这个要职。陈独秀被国民党抓进监狱,还在狱中研究文字学,可见其国学的基础及学问上的努力。我的导师张静如先生,在给李颖撰写的《陈独秀与共产国际》所作的序中,也提示学界要注意对陈独秀学术成就的研究①。因此,研究陈独秀的学术思想及其特色,呈现陈独秀的学者形象及在中国马克思主义学术史上的地位,这应该说是今后陈独秀研究的重要方向。

我在三卷本的《中国马克思主义学术史概论(1919—1949)》及五卷本的《中国马克思主义学术史》中,皆把陈独秀作为马克思主义学术的重要贡献者,分门别类对陈独秀的哲学思想、政治学思想、社会学思想、经济学思想、史学思想、法学思想等都作了叙述。这也算是对陈独秀研究做了点工作。

陈独秀的研究,需要年轻一代研究者加入。我2007年招收的中共党史专业研究生周艳娜,选择了《陈独秀的学术思想研究》作为硕士论文。该硕士论文认为,陈独秀不仅是五四时期著名的政治家、革命家,而且还是学贯中西的学术思想家,其学术研究积极贯彻马克思主义理论,并涉及哲学、政治学、经济学、社会学、法学、史学、教育学、文学等领域,构建了以马克思主义为指导的学术思想体系,成为五四时期马克思主义学术中国化的先驱。这是学术界第一篇从整体角度系统研究陈独秀学术思想的硕士论文。

2021年1月29日

---

① 参见李颖:《陈独秀与共产国际》,湖南人民出版社2005年版。

留学生对马克思主义社会学中国化的努力

马克思主义社会学是一个科学的理论体系，在中国创建马克思主义的社会学固然离不开对马克思主义社会学的学习和引进，但显然不可能通过照搬的途径达到。这里，就有一个马克思主义社会学中国化的问题，亦即如何根据马克思主义的社会学理论结合中国的社会、思想、文化、学术的问题。而对中国社会的研究，又是建立具有中国特色社会学不可简化的过程。具有马克思主义思想的留学生在唯物史观的指导下，加强了对中国现实社会情形的研究。他们从探讨马克思主义的社会结构理论出发，对中国社会的重大问题进行研究，并力图与社会调查相结合，努力形成一个正确的对中国社会的整体认知，从而使中国马克思主义社会学有现实的事实基础，这就使中国马克思主义社会学在创建之初具有鲜明的中国特色。

一、留学生对社会结构的探讨

马克思主义社会学的一个重要内容是研究社会生活中人们相互之间的社会关系和社会行为，确认生产关系是各种各样社会关系的基础。在中国创建马克思主义的社会学体系，就必须坚持唯物史观的原则对人们在社会上社会关系和社会行为进行科学的说明，如此才能揭示社会关系的本质。留学生在学习马克思主义的过程中，运用唯物史观原理，将社会作为一个结构来研究，阐明社会运行中生产力与生产关系、经济基础与上层建筑之间的关系，使唯物史观原理贯彻在社会的分析之中，为正在创建的中国马克思主义社会学作出了理论上的贡献。

留学生遵循马克思主义唯物史观原理，宣传马克思主义关于社会结构的理论，具体地阐述了生产关系的基本内容，揭示了社会关系的本质特征，为中国马克思主义社会学的开创奠定了理论基础。李大钊对马克思主义的唯物史观有正确的认识，在探讨社会结构问题时把社会分为“基础构造”与“表面构造”。他指出："人类社会生产关系的总和，构成社会经济的构造。这是社会的基础构造。一切社会上政治的、法制的、伦理的、哲学的，简单说，凡是精神上的构造，都是随着经济的构造变化而变化。我们可以称这些精神的构造为表面构造。表面构造常视基础构造为转移。而基础构造的变动，乃以其内部促他自己进化的最高动因，就是生产力为主动"①。在李大钊看来，马克思主义正是从生产力与生产关系、经济基础与上层建筑的关系入手来分析"社会"的，唯物史观"关联历史和社会。原来纵观人间的过去者便是历史，横观人间的现在者便是社会，所以可把历史和历史学与社会和社会学相对而比论。"②李大钊对生产力与生产关系的概述，旨在说明由经济关系所生成的社会政治关系、法律关系、宗教关系等都是由社会的经济基础所决定的，并且是随着经济基础的变动而变动的。

留学生在宣传马克思主义的社会结构学说时，力图将马克思主义的社会结构理论本土化。曾留学日本的李达，对社会结构作了形象的解说："吾人假定社会为一种建筑物。研究建筑物之构造时，可分建筑物为基础及上层建筑两部，先研究其基础之构成方法，次研究其立于次基础上之上层建筑，最后研究其基础与上层建筑之相互关系及其作用。惟建筑物之基础为地面，其上层建筑为木材砖瓦等项，地内之地力苟有变动，地壳即不免有塌陷之虞，则建筑物之基础势必改造，因而其上层亦必改造。研究社会之构造亦犹是也。社会之基础为经济关系，其上层建筑为政治法制及其意识形态，经济关系中之生产力苟有变动，则经济关系势必改造，因而政治法制及其意识形态亦必改造。"③正是对社会结构进行马克思主义的阐发，李达认为，"社会非由契约而成，非由心性相感作用而起，亦非如有机体之完全受自然法则所支配，乃由加入生产关系中之各个人结合而成"④。换言之，"社会"一词只有在社会的生产关系中才可理解，因为人们正是在生产劳动中结成了错综复杂的生产关系，而使加入生产关系的各个人组成了"社会"。如此来看，"社会生活的过程，即物质的生产历程，而物质的生产历程，完全受生产技术及生产力之支配。在物质的生产历程中，所谓精神文化，皆由物质的生产关系中产出，随生产力之发达而发达，随生产关系之变迁而变迁。社会之进步，亦即生产力之进步。此历史的唯物论之社会本质说之概要也"，所以

① 《我的马克思主义观》，《李大钊全集》第3卷，人民出版社2013年版，第14页。

② 《马克思的历史哲学与理恺尔的历史哲学》，《李大钊全集》第4卷，人民出版社2013年版，第423页。

③ 李达：《现代社会学》，昆仑书店1929年版，第30页。

④ 李达：《现代社会学》，昆仑书店1929年版，第26页。

"人类间立于生产关系之结合,谓之社会"①。留学法国归来的许德珩根据唯物史观原理来解析"社会"的构成,他在《社会学讲话》中认为,社会是一个"总集体",但这个总集体"不是机械的堆积体","因为社会生活中的人,他们彼此之间是相互关系、相互作用的";而人们的相互关系与相互作用不是凭空发生的,它是表现于劳动之中的,故而劳动是有机的总集体所以形成的基本要素,是人与人相互关系、相互作用的一个真实的枢纽②。

坚持以马克思主义为指导来变革中国社会的留学生,不只是对马克思主义的社会结构理论进行解读和宣传,还具体地研究中国社会阶级结构,阐明中国社会的阶级构成状况。陈独秀于 1923 年发表的《中国国民革命与社会各阶级》,虽然对于中国无产阶级力量的估计有很大的不足,但他对中国社会各阶级的分析总体上是正确的,是运用马克思主义的阶级斗争理论分析中国社会阶级结构的重要文献。关于中国的资产阶级,陈独秀认为中国资产阶级在整体上是一个"幼稚的资产阶级",因而"时常表现出来爱和平怕革命的心理,这也是他势力薄弱之自然结果;若依据他目前心理之表现,遂一口武断中国资产阶级永远是不革命的,那便未免短视了"。这是因为,考察"资产阶级究竟革命不革命,当视其经济的历史的发展决定之,不当以其初步积累时懦弱决定其全阶级的终身运命"。中国的资产阶级有官僚资产阶级、商业工业资产阶级、小资产阶级之分。中国"官僚资产阶级"是一个特殊的阶层,"他的势力原来是依赖外国势力(卖国)及本国贵族军阀政府,利用国家机关而存在而发展的,他不但是不革命的,而且是真正资产阶级——工商阶级发展之障碍;中国的新旧交通系即属此类"。中国的"商业工业资产阶级"是中国真正的资产阶级,"工商业幼稚的资产阶级,他的懦弱心理,自然不容易赞成革命;但产业发展到一定程度,企业规模超过了地方的而渐成为全国的,同时又遭遇军阀扰乱之阻碍或外货外资之竞争,经济的要求自然会促起他有政治革命必要的觉悟";当然,中国工商业资产阶级"他们以前非政治的态度,现在半和平半革命的态度,将来更趋向革命的态度,都不是他们主观上意识决定的,乃是他们客观上的经济条件决定的"。中国的"小资产阶级(手工工业家及小商人)亦可以趋向革命",虽然"小资产阶级固不及大资产阶级集中,然其企业因竞争而崩坏,生活不安,也足造成其浪漫的革命心理";至于"小资产阶级的知识阶级,他本没有经济的基础,其实不能构成一个独立的阶

① 李达:《现代社会学》,昆仑书店 1929 年版,第 28—29 页。
② 许德珩:《社会学讲话》上卷,北平好望书店 1936 年版,第 312—314 页。

级,因此他对于任何阶级的政治观念,都动摇不坚固”,但在现在及将来的国民运动中“知识阶级(即士的阶级)中之革命分子,在各阶级间连锁的作用,仍然有不可忽视的地位;而且在无产阶级实行革命和他们阶级的利益当真冲突之前,他们是羞于放弃革命态度的”。中国农民是“国民革命的一大动力”,“农民占中国人口之大多数,自然的国民革命之伟大的势力,中国之国民革命若不得农民之加入,终不能成功一个大的民众革命”。虽然农民有保守性的一面,但“外货侵入破坏农业经济日益一日,兵匪扰乱,天灾流行,官绅鱼肉,这四种环境却有驱农民加入革命之可能”。中国工人阶级是国民革命的“重要分子”,“工人阶级的阶级觉悟是随着产业发达阶级分化而发生而强烈起来的”,就中国社会的阶级结构而言,“工人是社会上有力的阶级,在物质上他的力量自然远不及资产阶级雄厚,而在心理上因为实际生活之压迫,往往易于促进他的决战态度,即在纯粹资产阶级的民主革命中,工人阶级一旦感觉得这种革命于自身亦有利益时,往往成为急进的先锋,况在国民革命,工人阶级更是重要的分子了”[1]。陈独秀对中国社会各阶级的分析贯彻唯物史观原理和阶级斗争学说,是马克思主义社会结构理论在中国的社会阶级分析上的具体运用,尽管有些论断不够科学,但总体上还是切合中国阶级状况的实际的。

中国马克思主义社会学在五四时期处于开创阶段,马克思主义理论指导乃是其鲜明的特征。由于中国马克思主义社会学在开创阶段突出了唯物史观的指导地位,并且在分析社会结构时高举唯物史观的旗帜,故现今的一些社会学史专著将李大钊、李达、许德珩等留学生称为“早期的唯物史观社会学”的代表[2]。这样的称谓是科学的,揭示了中国马克思主义社会学在创建之初的最为主要的特征。正是李大钊、李达、许德珩等留学生接受了马克思主义的社会结构的思想,科学地宣传了关于生产力与生产关系、经济基础与上层建筑关系的思想,因而对社会学上的“社会”概念作了正确的界定,从而为中国马克思主义社会学在五四时期的生成和发展奠定了理论基础。

二、留学生开展中国社会问题的研究

现代中国社会处于新旧社会转型期中,加之民族矛盾与阶级矛盾的交错,现

---

① 《陈独秀著作选》第2卷,上海人民出版社1993年版,第559—566页。

② 袁方主编:《社会学百年》,北京出版社1999年版,第46页。

代中国的社会问题纷纭复杂,险象环生。留学生在创建中国马克思主义社会学的过程中,极为注重对中国社会现实问题的研究,这既适应了马克思主义社会学中国化的要求,又承担了建构具有中国特色社会学体系的艰巨任务

留学生积极关注中国的社会问题,对社会上的自杀问题引起特别的注意并加以理论上研究。李大钊对自杀这一社会现象一直予以十分的关注,并进行了深入的探讨。李大钊早年就写有《原杀(暗杀与自杀)》一文,认为自杀这一社会现象有其深刻的社会原因和个人原因。在诸多原因中,李大钊认为"社会不平"、"政俗不良"是导致自杀的基本原因,而"绝望亦为自杀之最大因缘"①。李大钊 1915 年在《厌世心与自觉心》一文中,又摘引了《原杀(暗杀与自杀)》中的一节文字。从李大钊对自杀现象的分析来看,他是比较注重从社会心理的角度来剖析自杀现象的成因,将个人原因和社会原因联系起来进行说明。转变为马克思主义者以后,李大钊则更加注意对自杀问题进行研究,发表了《一个自杀的青年》(1919 年 11 月)、《青年厌世自杀问题》(1919 年 12 月)、《论自杀》(1922 年 1 月)等专论自杀问题的文章。在这些文章中,李大钊认为中国社会上的自杀现象在于黑暗的社会制度。1919 年 11 月北京大学法律系三年级学生林德扬在北京万牲园(今动物园)投溪自杀。林德扬是一位进步的青年,抱病参加五四运动,后发起创办北京第一家国货店提倡国货。李大钊指出:"他的自杀的原因,是病苦,烦闷,救国运动的积劳,境遇的困迫种种。这些都是由社会制度的缺陷暴露出来的。"②比较李大钊前后期论述自杀问题的文章,可以发现他后期关于自杀问题研究的文章,无论是学术性还是理论性都有明显的增强。特别是《论自杀》(1922 年 1 月)这篇 13000 多字的文章,分 10 个部分(一、引论,二、自杀时代,三、自然及于自杀的影响,四、人种及于自杀的影响,五、生理与年龄及于自杀的影响,六、婚姻及于自杀的影响,七、自杀之经济的、社会的、文化的影响,八、自杀的动机、方法及场所,九、自杀的是非观,十、结论)对自杀问题进行系统而全面的研究。文中指出:"我们对于自杀增加的社会,应细心考察自杀的社会的原因,而寻求那个社会背景的缺陷,以谋改造的方法,而为对于自杀的接济。在多因失恋情死的自杀的社会,须熟察那个社会婚姻制度的缺陷,而加以改革;在多因生活困难而自杀的社会,须熟察那个社会经济组织的缺陷,而加以改革;在多因恶习堕落而自杀的社会,须熟察那个社会风俗的缺陷,而加以改革;在学

① 《原杀(暗杀与自杀)》,《李大钊全集》第 1 卷,人民出版社 2013 年版,第 82 页。
② 《一个自杀的青年》,《李大钊全集》第 3 卷,人民出版社 2013 年版,第 120 页。

生多因考试不及第而自杀的社会,须熟察那个社会教育制度的缺陷,而谋所以改革之。"[①]《论自杀》征引大量有关自杀现象的统计数据、中外学者关于自杀问题的论述,是五四时期运用马克思主义理论研究自杀问题少有的具有分量的社会学研究论文。由此我们认为,李大钊的《论自杀》在中国社会学史上有着重要的学术地位,应该引起学术界的重视。陈独秀也特别注重对自杀问题的研究,在他看来,"自杀是一种重大的社会现象,在社会学上是一个重大的问题;因为自杀若成了一种普遍的信仰,社会便自然破灭,那里还有别的现象,别的问题发生呢?这样重大的问题,不是简单的感想可以解答的"[②]。出于这样的认识,陈独秀在《新青年》第7卷第2号上发表了1万字左右的《自杀论》学术论文,引证大量的社会学关于自杀现象的数据,研究"自杀底趋势"、"自杀底时期"、"自杀底原因"、"自杀底批评"、"自杀底救济"等问题,这是一篇很有分量的社会学研究著作。陈独秀对消除社会上自杀现象的看法是:"救济底方法分两方面:一方面是压迫的社会要觉察自己的组织底缺点,要有度量容纳和自己组织不同的新生分子,要晓得这种分子将来也会有集合力,也会有一种新组织,取自己的地位而代之;一方面是被压迫的分子倘然发见了社会底罪恶,不要消极的自杀,要有单人匹马奋勇向前的精神,要积极地造成新集合力和压迫的社会反抗。反抗是好现象不是坏现象,反抗与结合,是相反相成的作用,是社会进化所必经的现象;社会上倘永远没有反抗的现象,便永远没有进步。"[③]自杀问题在社会学中是极为专门的学术问题,留学生在创建中国马克思主义社会学的过程能够注意研究,可见他们对社会现象及社会学建设的关注程度。

具有马克思主义思想的留学生对中国劳动者的研究,在当时的中国思想学术界占有重要的地位。李大钊特别同情下层劳动人民所遭受的悲惨遭遇,尤其是外国工厂的童工问题引起他的高度关注。他曾写有《上海的童工问题》一文,根据大量的材料揭露外国资本家的罪恶,阐明中国社会中童工问题的严重性。他写道:"上海工人在身体上精神上都受到极重的损伤,而以童工为尤烈,这都是长时间工作疲劳过度之所致。童工被佣于家内铺店、小工厂、家庭工业、洗衣房、并建筑业及大工厂等。女童工间有沦落而为娼为婢者。……很多的不过六岁的童工,在大工厂里作工,十二小时内,仅给他们一小时的工夫去吃饭。他们

① 《论自杀》,《李大钊全集》第4卷,人民出版社2013年版,第41页。

② 《陈独秀著作选》第2卷,上海人民出版社1993年版,第54页。

③ 《陈独秀著作选》第2卷,上海人民出版社1993年版,第65页。

大都是站立着作工。分日夜两班换班,直到一星期终了的时候,才停一班。工钱只按工日给与。一天的工钱,至多不过二角。工作场所的卫生设备极坏。那些儿童,多由包工者(Contractor)由乡间招来,一个月只给他们的父母银二元,而包工者则一个月由工厂主得到银四元。那些儿童们的衣食住,均极惨苦,而不得一钱。"①在20世纪20年代初的中国,李大钊系统地研究童工问题并揭示童工问题的严重性,这在当时是极有见地的。李大钊还写有《劳动问题的祸源》一文,指出工人劳动者生活无以安宁的祸源是工银制度,具体表现为资本制度、工厂制度以及社会上少数人的统治权②,深刻地揭示了中国工人阶级深受资本主义制度剥削的这一社会问题的严重性。李达在《现代社会学》一书中也对中国劳动者问题进行细致的研究,指出中国劳动者"受特别之牺牲,尤以佣工于外人所设立之工厂者为最甚",外国资本家对中国进行残酷的剥削,资本家"稍不如意,鞭责相加,有反抗者则枪毙处死,莫敢谁何"③。留学生在马克思主义的指导下,认为解决中国劳动问题的关键,在于依靠工人阶级自己的力量,推翻帝国主义的压迫。李大钊就特别强调,童工问题的解决不能寄希望于军阀政府,不能依靠外人的行政机关,他们断乎不会施行那为保护童工利益的行政的。"为拥护这十七万三千二百七十二人的利益和免除他们的损害,非赖上海的劳工团体的本身不可;为帮助他们智能的发育,娱养的得宜,非赖上海的献身于无产同胞的青年团体不可。"④留学生对中国工人阶级劳动状况、生活遭遇的研究,确是抓住当时中国社会问题的主要方面。

值得注意的是,留学生在马克思主义的指导下,加强对中国国情的研究,注意到中国农村问题的严重性,将劳动者问题的研究扩大到对农民的研究,并将农民纳入到劳工研究的范围。1925—1926年李大钊发表了《土地与农民》、《鲁豫陕等省的红枪会》等文章,对中国农民的经济政治状况进行了分析。李大钊认为,中国农村经济状况处于衰败的境地,农村中仍然存在封建性的生产关系,农民在民国以后的经济政治地位并没有得到改善,相反却有恶化的趋势。"中国的农业经营是小农的经济,故以自耕农、佃户及自耕兼佃为最多。此等小农因受外货侵入、军阀横行的影响,生活日感苦痛,农村遂显出不

① 《上海的童工问题》,《李大钊全集》第5卷,人民出版社2013年版,第31—32页。

② 参见《劳动问题的祸源》,《李大钊全集》第4卷,人民出版社2013年版,第469—476页。

③ 李达:《现代社会学》,昆仑书店1929年版,第228—229页。

④ 《上海的童工问题》,《李大钊全集》第5卷,人民出版社2013年版,第34页。

安的现象,壮丁相率弃去其田里而流为兵匪,故农户日渐减少,耕田日渐荒芜。"①由于整个农村经济状况的恶化,自耕农和佃农成为"农民中最多数最困苦的阶级",而农村中的佃农和雇工的经济地位则更为低下。他说:"佃农及雇工所受的压迫,比自耕农更甚。凡有大地主地方的佃农,处境尤其苦痛而艰窘。有些地方的雇工工银极低,几乎决不能维持其生活,尤其在小自耕农众多的地方,更不易寻觅工作,只有流为兵匪,或流于都市去作苦力。"②李达也注意农村问题的严重性,指出中国传统的农业经济处于破产状态之中,"农村劳动者,虽穷年劳动,亦不能赡养身家",整个农村是"壮者散之四方,弱者转死沟壑"的衰败的景象③。当然,李大钊、李达等留学生不只是对农民生活遭遇的同情,他们根据马克思主义的阶级斗争理论,主张在政治上把农民组织起来,通过农民协会的形式来团结农民,维护农民的利益。李大钊说:"若想提高贫农的地位,非由贫农、佃农及雇工自己组织农民协会不可。只有农民自己组织的农民协会才能保障其阶级的利益。在乡村中作农民运动的人们,第一要紧的工作,是唤起贫农阶级组织农民协会。"④留学生以马克思主义的阶级斗争理论为指导,通过对中国农村经济问题、政治问题的研究,主张动员农民起来解决自己的经济地位和政治地位问题,彻底改造封建落后的乡村,为中国农村的变革指明了方向,同时亦为20世纪30年代中国农村社会性质问题研究提供了宝贵的学术探索。

妇女问题是中国社会问题的重要表征,留学生在创建中国马克思主义社会学的过程中,对此也予以高度重视并进行了研究。妇女问题与中国近代婚姻家庭的演变有着密切的联系,五四时期的中国社会处于社会转型时期,旧的大家庭制度正在瓦解之中,新的小家庭正处于兴起阶段,因而小家庭制度也成为一个重要的发展趋势。李大钊充分肯定小家庭发展的合理性,主张中国的家庭应该实行由大家庭到小家庭的过渡。他说:"吾人理想所组织之家庭,除夫妇及子女未婚嫁者,可以同住,子女已婚嫁者,亦宜别居。"那么,如何建立理想之家庭呢?李大钊认为,"最要条件首以自由婚姻为之根据"。所谓"自由婚姻",一者"婚权不操于父母之手";二者男女之间扩大交往,增加对婚姻对象的选择性,使男女双方能够"利用最多之机会,为丰富之交际,于千百中选一耳";三者在婚姻对象

① 《土地与农民》,《李大钊全集》第5卷,人民出版社2013年版,第98页。

② 《土地与农民》,《李大钊全集》第5卷,人民出版社2013年版,第106—107页。

③ 李达:《现代社会学》,昆仑书店1929年版,第229页。

④ 《土地与农民》,《李大钊全集》第5卷,人民出版社2013年版,第107页。

"选择之时,最宜注意者,尚察其人有无平民 Democracy 之精神及有无组织小家庭之诚意"。如此,则理想之婚姻与理想之家庭"足以实现"①。在研究婚姻家庭的基础上,李大钊对妇女问题予以进一步的研究。李大钊认为,"现在的时代是解放的时代","女子对于男子要求解放"就是重要的表现,所以他对那种"见了社会里、家庭里有女子或子弟的解放运动,就说是社会分裂了、家庭分裂了"的说法提出了严肃的批评②。他指出,现代民主主义的精神就是使人们在社会生活的各个方面得到均等的机会以发展个性,而"妇人参政的运动,也是本着这种精神起的。因为妇人与男子虽然属性不同,而在社会上也同男子一样,有他们的地位,在生活上有他们的要求,在法律上有他们的权利"③。李大钊把妇女解放作为实行真正的民主主义的前提和保证,他在《妇女解放与 Democracy》一文中鲜明地指出:"妇女解放与 Democracy 很有关系。有了妇女解放,真正的 Democracy 才能实现。没有妇女解放的 Democracy,断不是真正的 Democracy。我们若是要求真正的 Democracy,必须要求妇女解放。"又说:"我们若想真正的 Democracy 在中国的社会能够实现,必须先作妇女解放的运动,使那妇女的平和、美爱的精神,在一切生活里有可以感化男子专暴的机会,积久成习,必能变化于无形,必能变专制的社会为 Democracy 的社会。"④陈独秀也认识到中国妇女问题的严重性,他认为妇女问题的解决"非用阶级战争的手段来改革社会制度不可。因为照现在的经济制度,妇人的地位,一面脱离了家庭的奴隶,一面便得去做定东家的奴隶;即于自由恋爱一层,在财产制度压迫和诱惑之下那里会有纯粹的自由!"⑤以后,陈独秀更注重对妇女问题的深入研究。陈独秀于 1921 年 1 月在广东女界联合会发表了《妇女问题与社会主义》的演说,认为妇女问题的真正解决只有通过社会主义的途径。他说:"女子问题,实离不开社会主义。为什么呢?因为女子与社会有许多冲突的地方。讨论女子问题,首要与社会主义有所联络,否则离了社会主义,女子问题断不会解决的。因社会制度,造成了社会的许多不平等的事情;因社会造成个人的不平等不独立,然后方有社会主义发生。讨论这点,妇女问题,自然是连带发生了。妇女问题虽多,总而言之,不过是经济不独立。因经济不独立,遂生出人格的不独立,因而

① 《理想的家庭》,《李大钊全集》第 4 卷,人民出版社 2013 年版,第 9—10 页。
② 《联治主义与世界组织》,《李大钊全集》第 2 卷,人民出版社 2013 年版,第 395 页。
③ 《战后之妇人问题》,《李大钊全集》第 2 卷,人民出版社 2013 年版,第 410 页。
④ 《妇女解放与 Democracy》,《李大钊全集》第 3 卷,人民出版社 2013 年版,第 89—90 页。
⑤ 《陈独秀著作选》第 2 卷,上海人民出版社 1993 年版,第 170 页。

生出无数痛苦的事情。”①李达也认为，妇女问题是中国社会的主要问题之一，而婚姻问题是妇女问题的重要表征，中国妇女由于经济上的不能自立因而其婚姻也无自由可言。造成这种现象的原因，是由于中国女子教育的不发达而使女子缺乏知识，同时也是由于中国产业的幼稚不能提供女子就业的机会，当然也有传统的家族制度和礼教的束缚，但很显然的是，“自欧化东渐，而妇女问题亦与其他社会问题同时并起”②。李大钊、陈独秀、李达等留学生对中国社会上的妇女问题的研究，使他们认识到妇女问题与中国社会制度的变革紧密联系在一起，这对开创阶段的中国马克思主义社会学注重研究社会现实问题产生了积极的影响。

继李大钊、陈独秀、李达等留学生之后，留学生以唯物史观为指导来重点研究妇女问题而成为著名社会学家的，具有代表性的学者是雷洁琼。雷洁琼在20世纪二四十年代发表了大量的有关妇女、婚姻与家庭的文章，运用历史唯物主义的观点分析妇女问题，指出：“妇女问题既是妇女对社会制度的解放问题，故与其他社会问题如经济、政治、法律、宗教、教育等问题，有着密切的关联。社会问题是要没有得着根本的解决，妇女问题不能够彻底解决的，换句话说，妇女若要获得和男子同等的社会地位，则必须先具备妇女能够参加生产劳动的社会条件，妇女的不平等和隶属性，只有在生产移向新的组织的时候，在平等自由共有共享的新社会中才能根本地解决。”③雷洁琼还对20世纪40年代以前的中国妇女运动进行了“总检讨”，她的结论是：“三十年来我国妇女运动，由争求个人的自由平等权利，进而趋向于争取国家民族解放，这个动向是合理的，正确的。但是它所表现的成绩，还离我们的理想很远。……妇女解放运动是与整个民族及社会运动不可分离的一个有机组成部分，故又必须严密地与整个政治社会运动联系起来，配合着社会的各方面进行。妇女运动不光是妇女的事业，男女共同地努力，配合着民族解放运动进行，我们相信我国今后的妇女运动是有着辽阔光明的前途的。”④将妇女问题作为社会问题研究的一个重要内容，是留学生创建中国马克思主义社会学时的一个重要特征。

---

① 《陈独秀著作选》第2卷，上海人民出版社1993年版，第267—268页。

② 李达：《现代社会学》，昆仑书店1929年版，第229页。

③ 《雷洁琼文集》（上），开明出版社1994年版，第83页。

④ 《雷洁琼文集》（上），开明出版社1994年版，第161—162页。

三、留学生对中国社会的调查

留学生在创建中国马克思主义社会学的过程中对社会调查予以高度的重视。前述李大钊注重对中国农民问题的研究时,已经看出他对农村的研究,他有一个重要的论断:“在经济落后沦为半殖民的中国,农民约占总人口百分之七十以上,在全人口中占主要的位置,农业尚为其国民经济之基础。故当估量革命动力时,不能不注意到农民是其重要的成分。”①李大钊的这一论断是根据调查资料的分析而得出的。李大钊根据民国九、十两年的调查统计资料进行分析,其结论是中国农民呈现破产的趋势,中国农民的处境日益艰难。李大钊说:“我们再把九、十两年河南、山西、江苏、安徽、陕西、察哈尔六省区合计起来的农家户数及农田亩数统计表比较以观,可以看出十年的自耕农、佃农,以及自耕农兼佃农户数,并自耕田、租种田亩数,著见减少。此殆由于十年以来,内战区域已扩至北方各省,故北方农民亦骤受与南方农民同样的影响。由此更可证明水潮似的全国农民破产的潮流,正在那里滔滔滚滚的向前涌进而未已。”②李大钊正是根据调查统计资料,对农民问题作出了正确分析。

在20世纪的三四十年代,也有留学生克服困难进行社会调查工作,为中国马克思主义社会学的发展作出贡献。曾留学美国、德国的陈翰笙,认为农村诸问题“是集中在土地之占有与利用,以及其他的农业生产手段上,从这些问题产生了各种不同的农村生产关系,因而产生了各种不同的社会组织和社会意识”③。因此,陈翰笙利用自己的合法身份在国民党统治区域的广大农村进行了一系列大规模的调查,影响较大的有三次:第一次是1929年7月率领王寅生、钱俊瑞等人对江苏无锡农村的调查,以土地制度的调查为重点,共调查了22个村庄的1204户农家、55个村子的概况及8个农村城镇的工商业情况;第二次是1930年主持的社会科学研究所与北平社会调查所合作对河北保定等地为英美烟草公司生产烟草的农村情况的调查,调查的重点是外国资本对中国经济发展的影响,共调查了127个村庄,并对其中的6个典型村庄和429个农户作了深入的调查;第

① 《土地与农民》,《李大钊全集》第5卷,人民出版社2013年版,第98页。
② 《土地与农民》,《李大钊全集》第5卷,人民出版社2013年版,第99页。
③ 陈翰笙:《中国的农村研究》,《劳动月刊》第1卷第1号,1931年。

三次是1933年开始的与岭南大学合作的广东农村调查，调查的目的在于研究农村中生产关系与社会关系，先后调查了梅县、潮安等16个区域的农村情况，对番禺10个代表村1209户农家进行了详细分析，另外还对50个县335个村进行了通讯调查。陈翰笙以马克思主义为指导，以马克思主义的农户分类法（即地主、富农、中农、贫农、雇农）来代替资产阶级学者的分类法（即自耕农、半自耕农、佃农、雇农；或小农户、较大农户、大农家、较大的大农家），从生产关系入手对中国农村进行了多次大规模的调查，以翔实的材料证明了中国半殖民地半封建的社会性质，明确了革命的对象是帝国主义、买办官僚资产阶级和封建地主阶级，就其学术意义而言是为中国马克思主义社会学的建立奠定了坚实的事实基础，就其政治意义而论是"为中国共产党领导的民主革命路线，作出了理论上的论证"①。

中国马克思主义社会学在现代中国处于创建时期，确实有很多的不成熟之处，在当时的学术界不仅未能居于主流地位，甚至连研究马克思主义社会学也是不合法的。但很显然的是，中国马克思主义社会学在现代中国已经形成了一个比较系统的学术体系，并且有一个研究社会学的"中国马克思主义学派"的存在。就现代中国社会学的历程来看，中国马克思主义社会学是众多中国马克思主义者创建的结果，既有未曾留学的毛泽东、瞿秋白等政治家的努力，也有李大钊、李达、许德珩等一批留学生的突出贡献。今天我们研究中国社会学史时，不仅要研究当时居于学术主流的社会学家，也要研究当时虽未能居于学术主流地位但却预示中国社会学发展方向的马克思主义学派；不仅要注重研究中国社会学的发展进程，而且也要研究中国社会学的主要创建者——留学生的贡献，当然也不可忽视留学生对创建中国马克思主义社会学的贡献。如此，中国社会学史的研究将会有很大的进步。

（原载《盐城师范学院学报》2005年第4期，人大复印资料
《马克思主义、列宁主义研究》2006年第3期全文转载）

【昔文琐记】这篇《留学生对马克思主义社会学中国化的努力》，从留学生进行社会结构分析、提出社会问题及从事社会调查工作等方面所作的努力，阐明留学生在中国马克思主义社会学史上的地位。

留学生是现代中国社会中的一个新群体，对于中国社会学发展的贡献是比较容易认识的。因为社会学乃是近代以来从西方引进的新学科，而留学生在国

① 《云海滴翠——秦柳方选集之二》，中国财政经济出版社1995年版，第15页。

外留学也就接触到这个新学科。中国早期的社会学家严复、陶孟和、孙本文、吴景超、费孝通等都有留学经历。我这篇文章是就马克思主义社会学立论，并在“马克思主义社会学中国化”语境中评定留学生努力的成绩，因而也就不是一般地说明留学生对引进西方社会学的贡献。

这篇《留学生对马克思主义社会学中国化的努力》也有不足，还有继续深化的空间。一、信仰马克思主义的留学生与信仰进化论的留学生，在整体的“中国现代社会学”体系的建构中所发挥的作用，到底有何不同？有没有共同的地方？这就需要进行比较，并在比较中加以评价。二、信仰马克思主义的留学生与信仰马克思主义但没有留学经历的知识群体之间，在马克思主义社会学中国化进程中所作贡献有何不同？这也就需要进行比较研究。三、推进马克思主义社会学中国化的关键在于使马克思主义社会学思想与变革中国的社会实践相结合，这种“结合”经过了什么环节？解决了怎样的问题？这就要将社会形态研究及社会性质的认知作为研究的重要视点，考察信仰马克思主义的留学生在这个问题上的研究思路和研究结论。四、学科的开创皆是处于一定的历史条件之下，信仰马克思主义的留学生推进马克思主义社会学中国化，在当时是处于五四时期“社会改造”的语境之中，那么，又是如何使“社会改造”在目标、手段等方面探索，而进至“革命话语”的激进阶段？这就涉及“主义”、“政党”、“道路”、“依靠力量”等问题。五、社会学中国化的进程是与中国共产党变革中国社会的实践活动紧密联系在一起的，留学生推进马克思主义社会学中国化也就不能离开这种实践，那就要考察社会学中国化与中国共产党社会实践的关系，借以说明正是因为提炼中国共产党改造中国社会的经验上升到学理阶段，从而推进马克思主义社会学中国化的，并形成以马克思主义为指导的学科体系、学术体系和话语体系。我想，通过对以上五个问题的深入研究，有助于使“留学生对马克思主义社会学中国化的努力”的研究取得突破。

研究现代中国的社会学及其发展，必须立足于现代中国社会的变迁。其原因就在于，社会学是社会变迁的历史进程中的社会学，它从学理上反映社会变迁又解释社会变迁，并在社会变革的实践中指导社会变迁，但社会变迁乃是具有基础性的。马克思主义社会学与进化论社会学有着显著的不同，对社会变迁的感知力度及采取的对策有着很大的差异，这反映了对社会变迁的态度及解决思路。因此，在马克思主义指导下，立足于近代以来中国社会变迁，有助于使社会学的研究具有社会变迁的底蕴和历史演进的深度。

2021年1月29日

严景耀对犯罪学研究的贡献

严景耀是中国犯罪学研究的开创者，开创了以马克思主义为指导研究犯罪学的传统。他在20世纪30年代的博士论文《中国的犯罪问题与社会变迁的关系》，是用马克思主义观点写成的社会学专著。

严景耀（1905—1976），20世纪30年代著名的马克思主义社会学家。浙江余姚人，1924年考入北平燕京大学社会学系，主修犯罪学。1927年，他为获取第一手材料，到京师第一监狱做一名志愿犯人。1929年从燕京大学研究院毕业，留校任助教。1930年应聘任中央研究院社会科学研究所研究助理；同年参加在捷克斯洛伐克举行的第十次国际监狱会议，会后访问苏联、法国和英国，以后去美国纽约社会服务学院进修，1931年入美国芝加哥大学，1934年获博士学位。1935年重返燕京大学社会学系任教，1936年到上海任工部局西牢助理典狱长，研究儿童犯罪问题，并在东吴大学讲授犯罪学。1947年任燕京大学教授，兼校务委员及辅导委员会副主任。1949年出席中国人民政治协商会议第一届全体会议。以后任燕京大学政治系主任、代理法学院院长，并兼北京大学教授。1952年任北京政法学院国家法教研室主任，兼校务委员。1973年调任北京大学国际政治系教授。曾当选为第一、二、三届全国人民代表大会代表。他是中国民主促进会创始人之一，历任民进中央第一、二、三届理事会常务理事，第四、五届常委会委员。严景耀运用历史唯物主义的方法，理论联系实际研究犯罪问题，以科学的社会学、犯罪学观点分析犯罪原因，取得了重要的成果。著有《北京犯罪之社会分析》、《北平监狱教诲与教育》、《北平犯罪调查》、《中国犯罪问题与社会变迁的关系》、《原始社会中的犯罪与刑罚》、《新中国怎样改造了犯人》等。

严景耀的《中国犯罪问题与社会变迁》等著作，对犯罪学研究有重要的贡献，是中国运用马克思主义研究犯罪问题的先驱，在中国马克思主义社会学史上有重要的学术地位。

一、关于犯罪的基本概念及其研究方法

严景耀认为,犯罪问题既是法律问题,同时又是社会问题的一种,对于社会运行有着重大的影响,因而需要将犯罪问题纳入到社会学研究的视野。由此,他认为犯罪可以从法学角度来定义,但更应该从社会学方面来予以界定,这样才能更好地揭示犯罪这一社会性的问题。

关于犯罪的概念,严景耀认为可以从法学的角度来这样定义——“破坏法律就是犯罪”。这里所说的犯罪,包含两种意思:“一、犯了法律所禁止的事情;二、不尽法律上应尽的义务。”也就是,所谓“不应为而为,应为而不为”的意思。严景耀认为,从法律上来认识犯罪,其所下的定义是“狭义”的,“不能包括一切”。因为,如果我们从“犯罪是扰乱社会安宁,阻碍社会进步的行为”这一观点出发,观察犯罪这个问题就不能专从法律的角度来看,由此也就不能丢开社会的观点,这是由于“法律本身不过是社会生活的一种状态”。“换言之,社会上有了组织的权威,法庭才能约束行为,所以犯罪不仅是法律上的事,同时大部分是社会上的事,因为犯罪的行为是反社会的行为”①。

根据这种观点,严景耀认为犯罪从社会学的角度可以这样定义:“犯罪是一个团体的人群信以为对于社会有害的行为,而且该团体有能力去实行所信的而制裁之。这个定义包含两个要点:一、对于一种行为以为对于社会有害的;二、一个团体有权以惩罚的方法去实现其所信的。因为人群觉得某种举动有害于社会,于是制了法律而制裁之。所以制法治的人,是应人群的需要,保障人群的安全而发生的,并不是为少数人的利益和安全。”②严景耀认为,从社会的角度来看待犯罪,首先就要对社会有正确的认识,如此才能说明犯罪是不符合现行社会的行为。关于社会,他指出:“社会的存在必须确保相当的团结、互助和共同意志。家庭、部族、国家都是社会的缩影,这是最适当的狭义解释。社会的组成就是为了行动,并且社会总是在行动着。社会是由于人们需要共同行动而组成的。总的说来,社会结构是人们共同行为的体现。个人生活在社会中,作为社会的一分子,他的利益服从集体的更远大的目标。在此意义上,就此范围内,社会对组成

① 《严景耀论文集》,开明出版社 1995 年版,第 1 页。

② 《严景耀论文集》,开明出版社 1995 年版,第 1—2 页。

社会的个人是有制约的。”①社会为了维护团结一致，就必须对于不符合社会规范的行为“采取坚决措施，并以法律制裁的形式加强社会成员的社会义务”。

严景耀对于研究犯罪的意义予以阐发。在他看来，研究犯罪对于社会有很大的意义，“犯罪学根本就是对社会统治的研究”，不仅对于认识社会生活的变态，而且对于认识社会生活的常态，均有积极的作用。这是由于“犯罪本身也是社会病理的一个现象，是社会生活的一个变态，研究变态不独可以明白变态本身，且常态亦因之益显，倘若不能将变态各方面看清楚，要想了解常态，是不可能的，所以研究犯人的行为，更能明白常态的人类行为。”②又由于“犯罪是社会疾病，是社会进步的大阻碍，它与社会幸福是不两立的”，为了谋求社会的幸福，就必须研究犯罪问题，寻求犯罪的原因。就此而言，“我们现在注意社会幸福，力求改进社会生活，故亟欲解决犯罪问题”③。这里，严景耀强调研究犯罪问题对社会进步的意义。

严景耀对于犯罪学的研究方法进行探讨，主张应该综合各种科学的方法，推进犯罪学研究向科学化方向发展。在他看来，“犯罪学并非一种根本科学，乃是各种科学相合而成的”，因而必须充分运用各学科的方法，使犯罪问题得到一个全面的研究。他从各种学科研究的功能及其对犯罪学的贡献方面，说明研究犯罪必须用“各种科学方法”的极端必要性。他指出，动物学、人类学、历史学、社会学等，对于犯罪之描写、起源及演化有所贡献；而气象学、人口学及其他社会学科如社会、经济、政治等，对于分析犯罪之环境成因有所贡献；即使是解剖学、生理学、心理学及精神病学等，亦可用以研究犯人个人的特点及其形象；至于法律学、社会学、生理学、心理学等，亦可助研究刑罚及犯罪与犯人的处置。那么，各种科学如何在研究犯罪问题时发挥作用呢？在严景耀看来，由于各种科学的特点及犯罪问题本身的复杂性，各种科学在犯罪学中的应用是有其适用范围的，其推进犯罪学走向深入并使其成为科学的途径也是不一样的。对此，严景耀指出：“动物学的、人类学的及历史的方法用来研究从动物的格式到文明社会的犯罪演化。气象学的方法可以研究时令，气候及其他气象与犯人行为的关系，因为物质环境对于人类的行为，非常密切。人口学的方法可以用来研究人口的密度、分配、增减及对于犯罪之影响。社会学的方法是用来研究许多造成犯罪的社会原

---

① 严景耀：《中国的犯罪问题与社会变迁的关系》，北京大学出版社 1986 年版，第 1 页。

② 《严景耀论文集》，开明出版社 1995 年版，第 126—127 页。

③ 《严景耀论文集》，开明出版社 1995 年版，第 127 页。

因,如经济的、政治的、宗教的、道德的、教育的种种原因皆可用社会学的方法研究。统计的方法除了在社会学方法里面有极大的帮助外,还可用来帮助其他各种方法来调查犯罪。解剖学的方法可以发现身体上的特点与结构的畸形,与犯人行为的关系,因为这种特点与畸形常能影响到许多特殊而反社会的行为;用了这方法还可调查神经系的组织,以便研究心理的特点。生理学的方法可以研究身体上有机体的作用而发现各种因身体上有机体的功用失常而致犯罪的事实。心理学的方法用了解剖学的生理学的方法的帮助,可以研究心智的特点与作用,借以知道在哪种心境的时候会有犯罪的行为。这种方法对于犯人的分类,是很有帮助的。因为犯罪的行为与其他各种行为一样,常受心智的支配的。犯罪的行为常是变态的行为,所以精神病学的应用很有助于心理学的方法。"①

严景耀根据自己的研究体会,对进一步开展犯罪学研究的方法提出了一些重要的建议。一是加强个案调查。他指出:"个案调查应该更为深入细致,数量也应更多,这样,案主详细的和多种的过程就可以反映出他所处的社会环境。"二是更多地运用统计材料。他指出:"需要更多的统计资料以说明犯罪的趋势和地区的分布。这两个方面的研究对于如何深入研究所提出的许多问题都很有帮助。"三是调查必须力求全面。严景耀指出:"整个社区应该调查以便说明为什么在同样情况下有些人犯罪,有些人不犯罪而作了别的事。犯罪者与非犯罪者的比较研究可以提出其他问题,更有助于对犯罪问题的了解。"调查的范围尽可能广泛一些,"当有人犯了罪,不仅对犯罪者应予全面的调查研究,对于被害者、社区、亲友、邻居、局外人和第三方面的人都应进行调查,以更清楚地揭露问题、认识问题的最重要情况。"四是加强比较研究的力度。严景耀认为,研究城市的犯罪问题就必须加强比较研究,首先"对不同城市的犯罪应作比较的研究",这可以回答"如何、为什么同样性质的不同城市有不同的犯罪性质和不同的犯罪率"的问题,还可以通过对不同城市犯罪问题的比较来"有助于中国犯罪的发展史的了解"。比较研究的方法还可以"是在同一城市,以其今年研究的结果与若干年后的研究相比较,这种研究可以说明该城市从第一个时期的情况发展到第二时期的情况之间犯罪性质和犯罪的范围是如何随之相应变化的"②。严景耀还期望在犯罪学的研究中,进一步扩大比较研究的范围,认为"研究中国犯罪问题所得的结论应与在同等情况下研究外国犯罪问题所得的结论作比较。

① 《严景耀论文集》,开明出版社1995年版,第128页。

② 严景耀:《中国的犯罪问题与社会变迁的关系》,北京大学出版社1986年版,第212—213页。

从比较中,我们从差异中找到相同,分析资料,而后得出更广泛的和更专门的结论来。在此意义上,犯罪的自然历史可以形成,犯罪学作为一门科学可以建立。”①

二、关于犯罪与社会一文化关系的解说

严景耀以社会与文化相联系的观点研究犯罪问题,他通过对罪犯的实际调查和考察,认为社会关系及社会文化对犯罪行为产生影响,故而要求人们将犯罪问题放在社会中进行分析,并注意文化所产生的影响。就是说,从社会的观点来研究犯罪,则必须分析和研究社会中的文化背景。

严景耀的博士论文《中国的犯罪问题与社会变迁的关系》,正是“试图以社会观点研究形成犯罪的过程”,其主要视角是“把犯罪者作为一个人来看待”。严景耀认为,从社会观点来看,“犯罪不过是他的行为的一个方面”,“这种犯罪行为不一定是不道德的,但可能是被那个集体认为是‘错误的’或‘不受欢迎的’,或者是仅被集体中统治者所认为是犯罪的”,然而这种行为“都是社会决定的”,这是因为“人类的活动自由是受到现存制度的严格制约的”,由此也决定了“犯罪不是对作为社会情况的产物个人的部分的行为孤立地研究的,而是作为个人之间的社会的相互作用的结果而研究的”②。

严景耀认为,从社会的观点研究犯罪问题,就必须研究社会的文化背景。在他看来,社会学者的假设是人类处于各不相同的社会集体中,不管他们之间有多少不同,但总是表现出那个集体的文化,因而研究犯罪就需要从文化的视角来说明。严景耀指出:“从文化的角度来研究犯罪问题的目的是透过犯罪的表面现象探索犯罪者的冲动同环境的有效刺激之间的内在联系,并揭示犯罪者因社会条件的改变而产生的行为变化。”又指出:“对于犯罪者的研究不仅揭示了他所生活的社会文化的各个方面,并且也揭示了他所遇到的文化问题。”③这里不难看出,严景耀一方面强调从文化的角度来分析犯罪问题,说明犯罪与道德、风俗、习惯等的内在关联;另一方面则是为了揭示犯罪者所“遇到的文化问题”,使犯罪问题的研究与文化问题的理解联系起来,从而使得从社会的观点研究犯罪问

① 严景耀:《中国的犯罪问题与社会变迁的关系》,北京大学出版社 1986 年版,第 214 页。
② 严景耀:《中国的犯罪问题与社会变迁的关系》,北京大学出版社 1986 年版,第 3—4 页。
③ 严景耀:《中国的犯罪问题与社会变迁的关系》,北京大学出版社 1986 年版,第 4 页。

题有更为明确的方向。正是如此,严景耀有这样总结性的论断:"为了深入理解犯罪行动的意义,我们必须了解社会条件如何使这些人的原来的行动成为某种特定的和被人注意的行动的。如果一个人的行动只要考虑到发生行动的社会的文化传统就可以得到理解和解释的原则,那么,再进一步探索一个人的个人经验,同样可以寻找到我们文化的来源和意义的原则。假使以上概念是正确的,中国的犯罪只能以中国文化来解释,另一方面,中国犯罪问题的研究对中国文化的理解有很大帮助。"①

严景耀提出从文化的角度来研究犯罪问题,并提示要研究犯罪者所面对的文化问题,这是基于他对文化的独特理解以及文化与犯罪关系的看法。关于犯罪问题的文化成因,严景耀指出:"社会学者不仅要知道当前存在的事物,过去存在的事物,并且还要知道它们在人们文化生活中的意义。犯罪,尽管它本身就是个有趣的问题,但是当我们还未发现它意味着什么时,它是没有重要价值的。我们想知道在什么情况下发生犯罪,犯罪者本身和他们的受害者的感受和态度怎样,一个人犯罪后社会和人们怎样对待他等这一类问题。同样的犯罪在不同的文化中有不同的意义,或者在'相同的'文化中,而在不同的时期又有不同的意义。……为了了解犯罪,我们必须了解发生犯罪的文化;反之,犯罪的研究又帮助我们了解文化及其问题。"②关于犯罪问题的文化理解及从文化角度理解文化(包括犯罪问题)的原因,严景耀指出:"犯罪不是别的,不过是文化的一个侧面,并且因文化的变化而发生异变。它是依据集体的一般文化而出现的,它既不是一个离体的脓疮,也不是一个寄生的肿瘤。它是一个有机体,是文化的产物。文化是有它独特性的事物,并只能有它本身的解释。现有的文化因它在特殊的文化现象中赋予决定性的解释而加倍活跃。它唤起了人们对它特有的存在的理由进行探索;而且某种形式的解释进一步地符合这种文化的典型特征。因此,文化似乎是一种排外性的。我们也许不可能解释所有的文化现象,或者说至少不能超过文化中的某一部分。但是,只要我们能解释,这种解释也必须局限在文化范围内。"③严景耀据此认为,如果不懂得发生犯罪的文化背景,也就不能真正懂得犯罪问题。换言之,犯罪问题必须以文化来充分解释。

严景耀注意到,从文化的角度来理解犯罪问题,同一种的犯罪行为在不同的

---

① 严景耀:《中国的犯罪问题与社会变迁的关系》,北京大学出版社 1986 年版,第 5 页。

② 严景耀:《中国的犯罪问题与社会变迁的关系》,北京大学出版社 1986 年版,第 2 页。

③ 严景耀:《中国的犯罪问题与社会变迁的关系》,北京大学出版社 1986 年版,第 2—3 页。

文化中就有不同的意义,因而在不同的文化标准和阶段间对犯罪就有不同的概念。他指出:“技术的形式、结构的类型和经济、政治的制度及公正的概念都显示出整个文化历史中各个人之间的亲密关系。文化的各个不同阶段和类型都是一贯的连续的,各有它自己的哲学和精神,它们由于不同的道德观,不同的观点立场,不同的方式和不同的概念而有所区别,但都是有利于社会组织的。以上各项因素都影响到对那些行动定为犯罪。”①严景耀从人类历史的记载中说明,在文字以前阶段许多被认为是犯罪的行为,在现代社会则不被认为是犯罪行为;许多在文字以前阶段认为是正当的行为,在现代社会则被认为是犯罪行为。即使是在现代社会中,不同的国家甚至是在同一国家之内,也因为文化传统的不同,其所认为的犯罪行为也有很大的差异,故而法律对于犯罪的概念因时因地而变化。总之,犯罪现象,中外不同,古今各异,不能一概而论,由此也决定了犯罪是一个相对的概念,对它的理解也就有赖于它所发生的文化背景。关于犯罪概念的相对性,严景耀认为这并不与社会上所谓必须“遵守的规则”相矛盾,相反这些“规则”也是与文化相联系的。他指出:“社会上任何必须遵守的规则,不管它有多少神秘色彩,或者是假借上帝之名,或超自然的威力,都是为了社会集体生活的融洽,成为一种社会的约制力。文化产生了福利哲学,设置了禁区,迫使人们不去作这种哲学认为是有害的事;确立了准则,叫人去做它认为是有益的事。所谓‘不道德的’、‘反社会的’或‘犯罪’等概念不过是指那些不适合某时、某地或不能迎合统治者权威者的愿望的事而已。所以,还没有一个永久的、普遍的标准可以来明确指明那些事是正确的、正直的,并用以比较和批判那些不同的习俗。只有经验才能作出对某些有益的习俗的判断。”②严景耀关于犯罪标准的论述,揭示了社会的、文化的因素的作用,为正确认识犯罪问题提供了新的研究思路。

三、关于中国犯罪问题的研究

严景耀对犯罪问题研究的重要贡献,还在于他1928—1930年通过广泛的调查,积累了第一手的关于中国犯罪问题的基本资料,使人们对中国犯罪问题有一

① 严景耀:《中国的犯罪问题与社会变迁的关系》,北京大学出版社1986年版,第6页。

② 严景耀:《中国的犯罪问题与社会变迁的关系》,北京大学出版社1986年版,第14—15页。

个基本的认识,并为此后中国犯罪问题的研究奠定了坚实的材料基础。

1. 关于犯罪的范围。严景耀通过调查发现,北平、上海(租借除外)和山东济南三个城市犯罪率呈上升的趋势,其中男性犯罪增加率很高,北平犯人总数中男犯占92%,女犯占8%,比例为11∶1;根据北平近几年贪污和偷盗罪大幅度增加、诈骗犯显著增加的情形,可以"推论出男性犯人之增加是由于经济犯罪的增加"①。女子犯罪率低于男子,这种情形在全国都是如此的,其原因就在于"在中国,女子的生活经常是依靠男人来维持"、"女子的身体构造使她们无力去抢夺别人"、"在法律面前妇女的地位比较有利,她们比较容易得到缓刑"、"妇女犯罪比较复杂、隐蔽,当然,她们被侦破逮捕归案的机会也较男子为少"②。

2. 关于犯罪的类型。严景耀认为,中国犯罪之类型值得引起注意,尤其要注意经济犯罪问题的研究。在他看来,经济犯罪占有绝大的比重,其他类型的犯罪有些也与经济有关。他通过调查和分析后发现:在12省份的20个城市中,在一定的年度内犯人总数为94138人,其中35645人犯偷窃罪,为数最多(约为总数的38%),其次为吸食鸦片及有吗啡嗜好者及其他毒品的贩运或吸用者,共18915人(为总数的20%),两者约占总数的58%;在20个城市中,15个城市最主要的犯罪是偷盗,4个城市最多的是贩吸鸦片和其他毒品,如安庆、芜湖、营口和太原,而在南昌则是杀人或伤人为最主要的。在20个城市的一定年度里,女犯为7418人,其中鸦片烟犯为数最多,2163人,为犯罪总数的29.2%。人数次多的是犯绑架及拐骗罪的,计2124人,占总数的28.6%。这两种犯罪,相加为犯罪人总数的57.8%。在所考察的城市中,有9个城市中鸦片及吸毒犯是最主要的,有8个城市中绑架和拐骗犯是主要的。在上海,性道德败坏罪和重婚罪最多,在南昌和安东则是凶杀罪和伤害罪最多;而在北平,9年中女犯人数达1286人,其中犯拐卖罪者307人,占总数的23.8%;其次为诱拐犯,计250人,占19.4%;第三位为性犯罪,计176人,占13.6%。统计表明,女犯中,犯经济罪者占多数。在犯罪中,"有些暴行罪主要是由于经济原因","经济犯罪如此普遍,以地区而论,不仅北平如此,在其他城市中同样地存在,几乎没有例外"③。

3. 犯罪与年龄的关系。严景耀通过对北平监狱有关犯人年龄的调查和研究后发现,犯罪与年龄有着密切的关系,"不同年龄的犯人犯不同的罪行"。一般

① 严景耀:《中国的犯罪问题与社会变迁的关系》,北京大学出版社1986年版,第18页。

② 严景耀:《中国的犯罪问题与社会变迁的关系》,北京大学出版社1986年版,第19页。

③ 严景耀:《中国的犯罪问题与社会变迁的关系》,北京大学出版社1986年版,第21页。

地说,16—25 岁的男犯数字增加最快,至 29 岁逐步下降,此后迅速下降。男犯中,20—29 岁的占 2/5。女犯的数字截然不同,犯罪数字逐年增加,到 44 岁是犯法者最多的组别,44 岁以上犯罪人数逐渐减少。年龄分布曲线的变化完全是缓渐的。35—44 岁虽是最高峰,但这个年龄之间的犯罪百分比仅为 28%。在男性犯罪中,不同类犯罪数的年龄分布比较显著,20—24 岁出现偷窃与诈骗犯最多;25—29 岁,违法行为、抢劫及暴行犯最多,并且大多数是经济犯罪。在女性犯罪中,与男性犯罪相比,其差别非常显著,将近 95%的性行为犯法是 34 岁女性犯的,犯绑架罪的仅为 15.9%,犯诱拐罪的仅为 13.3%。犯罪的年龄不仅与性别有关,也与所处的城市有关。"如北平与太原两地男犯的年龄分布:太原的犯人比北平犯人犯罪时的年龄要大得多,这一现象很值得注意。两者的高峰年龄相差 10 岁。太原是一座较北平小得多的城市,太原人口不到 10 万,北平人口约为 100 万。对照美国较大的工商业城市的青少年犯罪人数很高的特点,就可说明从犯罪年龄分布情况看,城市愈大,犯罪的年龄愈轻。"①

4. 关于犯罪的地区分析。严景耀通过研究指出,中国农村的犯罪一般都是私了,"以致一个人从他们家族中拿走什么东西根本算不上犯罪。他可能因此受到家人或家族传统的教训,但他不是罪犯。"至于把犯罪看作社会问题的想法,还是随着城市生活的发展而来的。就北平城的犯罪情况而言,犯人大多住在城市里人口集中的地区,40%以上住在城内,37%住在城外,其余 17%是无家可归;北平城里有几个犯罪集中的地区,"大多数小偷在城里最热闹的地区活动,例如前门外、天桥市场、东四牌楼和东单牌楼。北平地区四分之一以上的案件发生在前门外,或离它不远的天桥。这是北平两个最繁华的地区。"②

严景耀根据调查的材料对犯罪的范围、类型进行分析,对犯罪与年龄的关系、犯罪的地域分布进行说明,改变了那种依赖外国材料论述犯罪问题的局面,从而使中国犯罪问题的研究进到科学的层面。严景耀是中国犯罪学研究的开创者,在中国马克思主义社会学史上占有重要的学术地位。

四、关于救济与预防犯罪对策的研究

严景耀研究中国当时的犯罪问题,其目的是找到救济与预防的方法,从而减

① 严景耀:《中国的犯罪问题与社会变迁的关系》,北京大学出版社 1986 年版,第 24—25 页。

② 严景耀:《中国的犯罪问题与社会变迁的关系》,北京大学出版社 1986 年版,第 25 页。

少犯罪,使社会能得到发展。他关于救济方法及预防方法的研究,在中国现代社会学史上有着重要的意义。

1. 关于救济的方法

在严景耀看来,社会上犯罪问题一旦形成,就要对犯罪者采取救济的方法,使之不致成为习惯犯和职业犯。严景耀提出以下的救济方法:

一是监内处理。严景耀认为,犯罪是社会的疾病,犯人是社会的病者,监狱则是社会的医院,"对于已犯罪的病者当然须极力设法医治,以免犯人出狱的时候,遗毒尚未去尽,致有旧病复发,且广为传染的危险"。监内处理的办法,是在监狱内设立社会服务部,在犯人入狱后,用个案的方法来研究其犯罪的原因,观察其个人性格,探访其在社会上所处之环境,如访问其家庭、朋友及营业住处等;在切实明了犯人犯罪的原因后,再加以诊断,最后按诊断而加以处理,利用监禁日期极力训练、补救,使犯罪者以后能够适应环境。这里要注意的是:"犯人在监生活切不可使其变态,当养成为公民最不可少之精神,如自立、自治、互助、快乐等"。于此,监狱管理人员具有重大的责任,对于犯人应该"培植坚健之人格,使有高尚理想,坚忍不拔的志趋,自制的能力,及勤勉的习惯"①。

二是出狱后的保护。严景耀指出,犯人从监狱出去以后,多遭社会的轻视与反感,谋事非常困难,如果没有一定的保护措施,很有可能"重蹈覆辙","流为习惯犯职业犯",因而"当专设机关,加意保护与指导,循其所长而为之介绍职业,并为之改变以前恶劣环境,至其能完全安居乐业而后已"②。要做好出狱后的保护工作,就需要监外保护与监内之工作"互相配合",这就要求"经营此种工作之人,非独需专门学识且必具深厚之热忱,历经困难而不灰心,使已释人犯有精神上之感动惟恐再蹈前愆,以辜负保护者的苦心"③。

三是施行不定期刑。严景耀指出,刑罚之目的在于"感化与防卫",而施行刑罚的轻重则应该"以犯人恶性之浅深为标准",但犯人究竟至何期能被完全"感化",实不可以预定。于此,严景耀提出这样的看法:"我们知道犯罪原因,决不专在个人'恶性'问题,社会成因实占很大部分,决不能专以空言'感化',即可奏效。故最妥之救济方法,莫如以刑期之长短之权交给监狱,使其酌量处置,而法庭于目前缺乏治狱人才之际,仅定其最短与最长之期限,如从几月到年或十几

① 严景耀:《严景耀论文集》,开明出版社 1995 年版,第 41 页。

② 严景耀:《严景耀论文集》,开明出版社 1995 年版,第 41 页。

③ 严景耀:《严景耀论文集》,开明出版社 1995 年版,第 42 页。

年,较为有效。"①严景耀主张,将刑期之长短交给监狱,根据犯人的具体表现酌量处置,以加强对犯人的教育与改造工作。

2. 关于预防的方法

严景耀认为,对于犯罪问题要采取预防的方法,这是杜绝犯罪的根本方法。关于预防犯罪的方法,严景耀提出一些原则性的意见:"一、发达实业,开辟富源,同时使失业贫民多有谋生之路。二、设职业介绍所,及贫民借本处,为日暮途穷无处投奔者设法。三、利用科学方法,发展农业,并借以避免水旱之灾。四、改良救贫事业,培植水旱服务专家,且须组织精密,于适当时机,给贫民以必要之援助,排除以慈善为名的滥施衣食,杜绝养成惰民的机会。五、设立乡村信用合作社,提倡合作运动。六、发展平民教育,公民教育,及职业教育,使人民有专门技能,易于适应环境。七、提倡医病储金,灾害保险,老废救济及贫儿保护。八、改良政治,停止战争,促进和平,减少苛捐及发展交通。九、提倡卫生,改良贫民生活,减少疾病。十、加高工价,使与物价并增。十一、提倡宗教生活,使人人得精神上的修养,具高尚的理想,坚毅的信仰,深厚的热忱,及百折不回的勇气。一方面不致完全被恶劣环境支配而淘汰,使绝望而灰心;一方面借以制恶劣个性,培养坚健人格。十二、发展儿童的社会化的人格,使心身发达,适应一生环境,而为有用的国民。十三、组合精良警察,使充满忠诚的观念,富于自己牺牲的精神,能奋不顾身,搜查罪犯,且须有科学的专门训练,而无欠薪积弊,则人民虽有犯罪动机,亦不敢轻易尝试。十四、养成民众健全的法律观念,使有尊重正义、除恶务尽的精神,不独使自知尊重国家法纪,即他人有干犯的,亦认为社会的痛苦,与己身有密切关系,立刻告诉告发,以迅速的手段,辅警察的不及。则不但犯人不敢在正义面前任意犯禁,并且使之无寸隙可乘,故其效力较警察及审判机关更大。"②严景耀将犯罪作为社会问题之一种,认为既然是社会问题,则应该从社会的角度来综合解决,并且要注意到各种问题的关联性。所以他说:"失业——贫穷——水旱灾——人口稠密——战争——疾病——失德——犯罪——等等,都是互为因果的。要制止犯罪的恶毒,几乎完全更靠其他社会恶毒的防免;非由全社会人民共同的合作,及长期的奋斗,在相当程度内,去操纵社会环境及人类性质,决不能使社会永远不离常态而稳定的进步。"③

① 《严景耀论文集》,开明出版社 1995 年版,第 42—43 页。

② 《严景耀论文集》,开明出版社 1995 年版,第 43—44 页。

③ 《严景耀论文集》,开明出版社 1995 年版,第 44 页。

严景耀在20世纪30年代关于犯罪学的研究，遵循唯物史观研究社会的基本理念并有着“中国中心”的学术诉求，建立了中国式的犯罪学学术体系，为中国马克思主义社会学体系的发展作出了突出的贡献。他在艰苦的环境中调查取得的材料以及他当时提出的一系列观点，对于今天的中国犯罪问题的研究仍然具有指导意义。

（原载吴汉全著《中国马克思主义学术史概论（1919—1949）》，吉林人民出版社2010年版）

【昔文琐记】这篇《严景耀对犯罪学研究的贡献》，其中的材料《严景耀论文集》及《中国的犯罪问题与社会变迁的关系》，是我在读博士期间到北京的琉璃厂小书店买的。此文写作的时间大致是在2009年之前，具体时间已经记不清了。但因为在2009年底前，我已经有《中国马克思主义学术史概论（1919—1949）》初稿，并且该书在2010年就出版了，故而推算此文应在成稿之前。

学术界对于严景耀的社会学研究成果不是很了解，即使是专门研究社会学的学者，对于严景耀知道的也不多。已有的《中国社会学史》专著或教材，也很少提及严景耀这个人。在有些人看来，严景耀属于“小人物”一类，不值得加以研究。我的看法与此不同，我认为历史（也包括学术史）是由大多数人物造就的，哪些不起眼的所谓“小人物”应该占有一定的地位，不能将眼光总是投向那些大人物上。我将这篇《严景耀对犯罪学研究的贡献》收入此书，目的在于表彰这位马克思主义社会学家在学术上的努力。

我对学术史上学术贡献大，但又不被现在研究者重视的学者，特表同情之心，有着为其“恢复”学术地位的梦想。我的看法，在学术史著述中，大人物固然要写，自然也要占有较大的篇幅，但小人物似乎也不能一点不提，总觉得应该给予小人物以应有的地位。譬如，我早就知道李平心这位著名学者，但也注意到，在李平心百年诞辰时，学术界一点反应也没有。故而，我建议我的外甥女胡倩以李平心的学术思想为题撰写博士论文，希望学术界不要忘记李平心这位马克思主义学者。胡倩的这篇文做出来后得到学界好评，被评为“优秀博士论文”。又譬如，我研究高一涵这位政治学家，也是凭着知识分子的良知去研究的，觉得应该给予这位学者应有的地位，于是写出《高一涵五四时期的政治思想研究》、《高一涵评传》等著作。2020年的年底，商务印书馆让我写一篇关于高一涵《中国御史制度的沿革》、《中国内阁制度的沿革》两部著作的导读文章，我欣然应命写了《中国政治制度史研究的学术名著：写在高一涵两部政治制度史著作新版之际》①,这也算是表彰高一涵这位政治学家在政治学研究方面的重要贡献。再譬如,我对于五四时期的政治学家张慰慈,与安徽师大的李宗楼教授合作,出版了《中国现代政治学史上的张慰慈》②一书,也是为了评定其在中国现代政治学史上的地位。我觉得,在学术史研究中为“小人物”树碑立传,介绍学术思想及学术成就,总结其学术上的经验,不仅没有什么不妥的,而且更有助于展示当时学术场景中的细节和全貌。

中国马克思主义社会学的研究需要深入下去,就要研究哪些不为今人所注意但又有突出成果的学者。这在现在确实有点难,尤其是资料方面的不足。但不如此,则不会使研究工作细致化、具体化,更不可能展示宏大的学术场景。现有的关于中国马克思主义社会学史研究的成果,总体来看还是粗线条的,代表性个案的不足是个突出的问题,如著名学者高尔松的社会学思想尚未有人研究过。我在三卷本的《中国马克思主义学术史概论(1919—1949)》及五卷本的《中国马克思主义学术史》中,不仅对李大钊、陈独秀、瞿秋白、李达、毛泽东、张闻天等的社会学思想作了研究,同时也研究了陈翰笙、冯和发、柯柏年、李平心、许德珩、李剑华、严景耀、姜君辰、沈志远等的社会学思想,这比通行的中国社会学史著作对于马克思主义社会学的研究,应该说是细致了很多。但仍觉得在个案呈现上,还有较大的不够,需要进一步的努力。实在地说,作为史学性质的“社会学史”研究,首先是要呈现基本事实,进而在史实呈现的基础上才能抽绎规律。故而,在目前的学术背景中,还是要把社会学家个案的研究作为基础性的工作。这对于将“中国马克思主义社会学史”建设为一门学科是极端重要的。

2021年1月8日

① 载高一涵:《中国御史制度的沿革 中国内阁制度的沿革》,商务印书馆2021年版。

② 参见李宗楼、吴汉全等:《中国现代政治学史上的张慰慈》,安徽师范大学出版社2018年版。

沈志远《新社会学底基本问题》的学术贡献

《新社会学底基本问题》是沈志远以马克思主义唯物史观为指导撰写的一部通俗社会学读物,该书由三联书店作为“社会科学基础读本”之二于1949年6月在上海出版。该书深入浅出地解释唯物史观原理,着重阐述马克思主义关于社会发展的基本理论。全书分为七个部分,(第一部分为“概说”,第二部分为“社会和自然”,第三部分为“生产、生产力和生产关系”,第四部分为“社会结构和社会形态”,第五部分为“关于阶级和阶级冲突”,第六部分为“社会变革”,第七部分为“人民大众在历史中的作用”)。该书对马克思主义社会学的基本观点进行了通俗性的解说,为马克思主义社会学思想的普及作出了贡献。

一、关于“新社会学”的界定

沈志远在《新社会学底基本问题》一书中对“新社会学”进行界定,是在与“旧社会学”(即资产阶级的社会学)的比较中来进行的。他认为,新社会学之所以“新”就在于在三个方面与旧社会学区别开来。

沈志远指出,新社会学与旧社会学的第一个区别在于“社会底客观规律性问题”。在沈志远看来,对于社会现象的客观规律的解答上,新旧社会学存在根本的区别。新社会学承认社会历史的运动具有客观的历史必然性,具有内在的规律性。他指出:“所谓新社会学,实际上就是社会历史底辩证唯物论,或者是辩证唯物论的社会历史观;这样的社会学(同时就是科学的历史理论),是确认社会历史底发展具有内在的客观规律性,社会形态底发展与转变,乃依据于一定的历史必然性的。新社会学认定社会生活中各种现象底相互联系和相互制约不是偶然的事情,而是社会发展中的必然规律性。这种规律性是完全客观存在的。因此,‘社会生活,社会历史,已不复为一堆偶然现象,因为社会历史已成为社会底有规律的发展，而社会历史底研究已成为科学了。'"①沈志远指出，旧社会学的学者在观点上则与新社会学相反。他们有些人确定社会制度是人的意志或理智的体现，有些人则认为社会制度是"宇宙精神"或"绝对观念"在社会生活、社会秩序上的表现，有些人则认为社会是基于某种契约关系而成立的许许多多单独的个人的结合，更有人说社会生活是由于人们的思想或意见，或是少数"伟人"、"英雄"的意志与才智。总之，"旧社会学者大都是社会研究上的唯心论，他们或者根本否认社会发展底规律性，或者肯认社会法则是依据人们一定的理想而决定的，社会法则就是依据'公民契约'而行的'法则'，换句话说，社会生活假如有规律性（法则）的话，那也只是一些依照主观理想而规定的法则，可绝对不是什么内在于社会历史过程的客观法则。"②

沈志远指出，新社会学与旧社会学的第二个区别在于"'社会一般'与具体的社会形态"。在沈志远看来，以资产阶级社会学为代表的旧社会学，是以"社会一般"的概念来解释社会，而没有"社会形态"的概念，掩盖了各种不同性质的社会之间的形态差别。资产阶级社会学家常常依据个人主义的观点去了解社会，说社会是许许多多一样的个人，依据一定的共同愿望而集合起来的群体。他们也常依据自然主义的观点去了解社会，说社会是完完全全和生物界一样的机体。更有资产阶级社会学者从主观主义的立场去解释社会，认为社会是某种理想或某种"统一意志"等的体现。沈志远指出："以辩证唯物论哲学为基础的新社会学则相反，它认为一般地谈说'什么是社会'、'什么是社会制度'，只能给我们一个关于社会的抽象的、空洞的、超时空的概念，把活的具体的社会形态看成了死的呆板的永远不变的绝对体。在新社会学者看来，社会是一个历史的过程，天下只有成为历史发展过程中的一个个阶段的具体社会形态，以建立于一定的生产力水平上的生产诸关系为基本骨干的具体的社会结构，却从来没有所谓'社会一般'。"③

沈志远指出，新社会学与旧社会学的第三个区别在于"关于阶级的观点"。在沈志远看来，旧社会学与新社会学对于社会结构的认识有着显著的区别，"社会由各个阶级所构成的思想，在旧社会学里是连个影子也没有的"，因而是否用阶级的观点来看待社会是新旧社会学的重要分野。沈志远指出，旧社会学不管

① 沈志远：《新社会学底基本问题》，生活·读书·新知联合发行所1949年版，第1—2页。
② 沈志远：《新社会学底基本问题》，生活·读书·新知联合发行所1949年版，第2—3页。
③ 沈志远：《新社会学底基本问题》，生活·读书·新知联合发行所1949年版，第5页。

其基本观点是个人主义、自然主义、主观主义或唯心主义的,都有一个共同点,就是一般地把社会看成是"一样的个人底结合体",认为"社会系由一个个具有同一本性,同一心理(例如自利、追求个人幸福、要求自由安全等心理)和同一观念标准的个人所组合的"①;与旧社会学相反,"唯物史观新社会学底主要特点之一,即在它用阶级和阶级斗争的观点去理解社会底构成及其发展。除原始社会和未来的共产主义社会外,今天以前的历史,都是阶级社会底历史,几千年来的社会,都是处于一定的历史发展阶段上的阶级社会,社会是由在特定的物质财富底生产方式中据有一定地位的各阶级所组成的。"②在唯物史观社会学看来,抛开了具体的阶级关系,抛开了人们在一定的物质财富(生活资料)生产方式中所占的地位,而把社会构成分子看作一个个一样的个人而不是一定阶级的成员,这是抽象主义的"社会一般"观的一个重要表现。因为,在阶级社会里,任何社会成员都不是"自然的人",而必然是一定阶级的成员,是社会生产诸关系中占有一定地位的一分子。

沈志远将新社会学与旧社会学区别开来,是为了揭示新社会学的基本特征,引导人们用唯物史观来研究社会及其社会的变动,而不是把社会看成是"固定不变的死机体",从而抛弃那种"超历史的社会机体的种种固定不变的一般原理和教条"。由此,沈志远强调:"依据新社会科学底观点,依据辩证法唯物论社会观,社会是历史发展过程中的一个个的阶段。唯物史观或历史唯物论的社会理论,所研究的是历史过程中的各个社会经济形态底发生、发展、消灭和顺次相互转换的客观法则。这种社会历史学说,不再是死的固定的抽象教条,而是活生生的具体的科学的历史理论。这样的科学理论是关于社会历史发展的理论,同时也是改变社会推动历史的方法,是理论和方法底统一。"③

二、关于社会与自然的关系

社会学以社会为研究对象,而研究社会就不可避免地要说明社会与自然的关系,原因是:一方面,社会是自然界长期发展的产物,社会与自然有着密不可分

① 沈志远:《新社会学底基本问题》,生活·读书·新知联合发行所1949年版,第7页。

② 沈志远:《新社会学底基本问题》,生活·读书·新知联合发行所1949年版,第8页。

③ 沈志远:《新社会学底基本问题》,生活·读书·新知联合发行所1949年版,第9—10页。

的联系;但在另一方面,社会既然是由人类的活动所构成的社会而不是自然,则又与自然存在着显著的差异性,需要独立地加以研究。沈志远在《新社会学底基本问题》中,专门就社会与自然的关系展开讨论,在研究社会与自然差异性的基础上,强调社会规律研究的重要意义。

沈志远认为社会与自然的根本区别主要在四个方面:一是"人类劳动底自觉性"。在沈志远看来,人类之所以能组成社会,首先就在于人类不仅能够劳动,而且能够自觉地劳动,发挥自己的主观能动性,因而是一种有意识、有目的的自觉活动。虽然,其他动物也有些能做某种精巧的工作(如蜜蜂酿蜜、蜘蛛结网等),但它们的所谓劳动是本能的、非自觉的,"无自觉性之可言"。人类的劳动就完全不同了,"人类的劳动,是一个自觉的过程,是有目的的人类意志底表现。人类所做的劳动,如耕种、纺织、渔猎、造屋、筑路、开河、造船等等,无一不是人类自觉性、人类意志底表现,因为上列各种工作,都是依靠事先设定的计划和预先布置好的条件去执行的。人类在跟外界接触的过程中,在劳动实践的过程中,一步一步地认识了自然底性质;然后根据这种认识,去利用自然,对自然所供给的事物,施以某种适当的劳动,来满足预先所希望的要求,达到预先所规定的目的。"①二是人类能够"用工具来生产"。人类的自觉性还表现在能够使用工具来劳动,而且这种工具是人类自己制造的,这是人类与其他动物的根本区别。沈志远指出:"人类的劳动是靠他们自己所制造的工具来进行的。这是最主要的特点。而制造工具,用工具从事生产,也就是人类自觉性底充分表现。人类以外的其他动物,无论工作做得怎样精巧,它们总只是依靠天生的四肢身体,而没有一个能够用'人工'制造的工具来从事生产的。"②动物因为不能制造工具,因而就不懂得靠工具的帮助来从事满足自身要求的生产,只能是适应自然,而不是"改变自然"了。三是人类能够"改变自然"。在沈志远看来,人类与自然的关系体现了人类的自觉性、积极性与主动性,人类在适应自然的过程中能够利用自然,从而达到改变自然的目的。这与其他动物只是消极地适应自然有很大的不同。他指出:"动物底劳动是本能的、非自觉的,它们的适应自然,就也一样是本能的、非自觉的,因而又是被动的。反之,人类底社会劳动,正因为是自觉的,靠工具底帮助来进行的,所以他的适应自然是积极的。他不但适应自然,而且还靠自己制造的劳动工具的帮助来改变自然,使自然来适应自己(即被自己所利

① 沈志远:《新社会学底基本问题》,生活·读书·新知联合发行所1949年版,第14—15页。

② 沈志远:《新社会学底基本问题》,生活·读书·新知联合发行所1949年版,第16页。

用)。人类积极地影响着外界自然,改变着自然,同时又改变着他自己的本性。在这个过程中,他不断地从自然支配之下解放出来。他一步一步地认识自然法则,一步一步地顺应和利用这些法则来达到自己的目的,这样他就一步一步地克服了自然底威力了。"[①]正因为如此,人类每一种根据科学知识的活动,都表示了人类克服自然、驾驭自然、改变自然的成绩。四是人类的"自觉斗争有别于'物竞天择'"。沈志远指出,社会和动植物界都在矛盾中、斗争中发展,这矛盾与斗争便是其发展的动力。"但是社会底的矛盾和自然底矛盾又有质的区别的。这种区别底根源,首先还是发生于自觉性问题上。动物界底竞争,谁都知道是达尔文底'物竞天择'这一法则支配下的自然竞争,而社会斗争却是各个对立阶级底自觉的斗争。固然,社会斗争在其幼稚阶段上也有的是盲目的斗争,可是渐渐地它必然要发展成为自觉的战争。很明显的,一定形式的社会斗争,是一定形式的生产关系、经济制度下的产物,而动物底竞争却是自然的、天赋的、受自然法则支配的。"[②]在关于自然与社会关系的探讨中,沈志远认为制造工具是具有决定性意义的,并依据唯物史观原理说明了生产工具对于社会发展的决定性作用。他指出:"最根本的有决定意义的一点,就是人类制造工具、利用工具来从事生产这一点。因为社会底发展,社会形态底转变,是和生产工具底演变改进有直接关系的;而且所谓劳动自觉性,主要的也就表现在利用工具从事生产这一点上。这样看来,社会和自然虽在一般的基本法则上是一致的,可以同时在自觉的劳动过程中,社会生活却表现着质的特殊性。"[③]沈志远关于自然与社会关系的论述,强调社会现象和社会生活有其自身的特殊性和规律性,不是能用生理学、物理学等自然科学的法则所能解释的。

沈志远在该书中对自然与社会、自然科学的规律与社会科学的规律进行了论述。在西方学术界,自从自然科学发达以来就存在着将社会完全等同于自然的看法,认为自然规律可以在社会中起一样的作用,也就是说社会现象和自然现象的规律性是完全一样的,自然法则就是社会法则,除自然法则外社会没有其他特殊的法则。他们认为,社会组织正像动物的生理组织或机器结构一样,是社会无数人体的总和,社会生活只是生物学或生理学的一种个别的场合。这一派就是自然主义或机械论的社会学派,孔德所首创的有机学派及此派之集大成者斯

① 沈志远:《新社会学底基本问题》,生活·读书·新知联合发行所1949年版,第17页。

② 沈志远:《新社会学底基本问题》,生活·读书·新知联合发行所1949年版,第18—19页。

③ 沈志远:《新社会学底基本问题》,生活·读书·新知联合发行所1949年版,第19页。

宾塞的生物主义社会学是重要代表。另一派社会学则与此相反,他们把自然与社会完全隔绝起来,认为人类和自然之间存在着绝对的区别,确信社会生活是人的自由意志创造的,绝对不受一般的自然法则的支配,社会的发展、历史的进程是完全决定于人的主观目的的,新康德派及其他主观唯心主义者持有这样的观点。沈志远对此指出,从广义上说,可以把自然看成是"天地间的一切客观事物、客观现象",社会也就是自然的一部分。"因为人类社会是自然底一部分,所以它在许多基本的规律上,是跟自然一致的。"①譬如,人类社会也和其他动物一样必须从外界取得物质资料才能生存下去;又譬如,人类也和动物或植物一样是在矛盾、竞争过程中生长和发展的。这就说明,社会与自然具有密切的联系,两者不可能完全分割开来。然而,社会与自然的关系又不仅仅是如此,人类社会不等于自然界,自然规律也就不能等同于社会规律。他进一步指出:"但是这并不是说,社会现象底规律性跟自然现象底规律性是一样的;这并不是说,生物学、生理学、物理学、力学(这些都是研究自然现象之规律性的科学)等科学原理,可以适用于社会现象的解释。"②这是因为,社会固然是自然的一部分,可是同时它又是特殊的独立的一部分,是"一个离自然而独立的领域,它有它自己特殊的规律性,它的各种现象决非用自然法则所能说明的"。在这种观点之下,亦即把人作为社会成员来看,"用社会学的观点把人当作社会底一细胞来观察时,人就不是自然底一部分,而是参加一定形态底社会关系(生产关系)的一分子了"③。由此,沈志远得出结论:"社会的人或社会,虽然跟自然有一致的地方,但是它同时有跟自然不同的质的特殊性。社会生活(社会现象)是一种特殊的质,它有自己内在的规律性,不是生物学、生理学、物理学、力学等自然科学底规律性所能代替的。因此,我们要认识社会生活或各种社会现象,只有靠这种特殊的社会法则(规律)底帮助才能达到。"④

沈志远运用马克思主义辩证的观点来解读自然和社会的关系,既看到两者的共同性,又指出两者的差异性,在唯物史观的视域中揭示了自然规律与社会规律的不同,批判了以生物学观点看待社会的错误观点,说明了研究社会规律的极端重要性,从而为人们科学地认识社会指明了方向。

---

① 沈志远:《新社会学底基本问题》,生活·读书·新知联合发行所 1949 年版,第 11 页。
② 沈志远:《新社会学底基本问题》,生活·读书·新知联合发行所 1949 年版,第 12 页。
③ 沈志远:《新社会学底基本问题》,生活·读书·新知联合发行所 1949 年版,第 13 页。
④ 沈志远:《新社会学底基本问题》,生活·读书·新知联合发行所 1949 年版,第 13—14 页。

三、关于社会结构和社会形态问题

《新社会学底基本问题》一书在对生产力、生产关系等基本概念叙述以后，着重对于社会结构和社会形态进行分析，阐述了马克思主义关于社会结构和社会形态的基本思想。

沈志远指出，社会的经济结构是社会的基础，任何社会都是建立在一定的经济结构之上的，经济结构的变动必然引起上层建筑的变动。关于社会经济结构的内容和作用，沈志远指出："诸种生产关系之综合，形成社会底经济结构(Economic Structure)；任何一个社会，无不建筑在这种经济结构之上的。一定的经济结构就是一定的社会组织底基础(Basis)。经济结构或物质的诸生产关系之综合(或物质资料底生产方式)，其所以成为社会底基础，因为它是社会底决定要素，是支配一切其他社会现象的'主宰者'。这一基础一发生变化，建立在它上面的一切政治的、法理的、意识的、文化的形态或现象也就随之而发生变化。"① 这里，沈志远说明的是，经济结构之所以是社会的基础，是因为它决定社会的上层建筑，成为社会现象的"主宰者"。沈志远举例说，社会结构变动决定着社会上层建筑的变动，英国工业革命之后，英国的社会经济结构由封建的变为资本主义的。正是由于经济基础的改变，英国的政治制度便由封建的专制转变为资产阶级民主主义的议会制，而意识(思想、观念)形态内适应这种经济主宰制度的资产阶级性的"平等"、"自由"这类观念就产生和普遍起来。

关于社会的上层建筑的内容及其分类，沈志远指出："这一切建立在经济基础之上的形态或现象，在新社会学中便称为上层建筑(Super-structure)。这些'上层建筑'底形态，实际上就是生产关系以外的一切其他的社会关系。上层建筑主要分为二大部门:政治的和意识的。属于前者，有国家制度、政权组织、法律等；属于后者，则有科学、哲学、文学、艺术、道德、风俗、宗教等。我们要了解某一种上层建筑现象底本质，就必须从这一现象底经济基础或经济背景研究起。"② 沈志远特别指出，上层建筑是由经济基础决定的，"但上层建筑同时又反过来影响于经济基础。不然的话，假使我们只承认基础对于上层建筑的决定作用而忽

① 沈志远:《新社会学底基本问题》，生活·读书·新知联合发行所1949年版，第30—31页。
② 沈志远:《新社会学底基本问题》，生活·读书·新知联合发行所1949年版，第33—34页。

略了后者对前者的作用,那末我们就陷于经济宿命论(Economical Fatalism)的立场:以为在某种经济结构未改变以前,一切政治的运动、思想的文化的运动,都毫无意义了。"[①]沈志远解释,一方面,在资本主义经济结构之上能够产生适应资本主义的民主主义政治制度和自由平等意识形态,这是经济基础决定上层建筑的表现;但在另一方面,民主主义的政治和自由竞争的思想以及一切资本主义的科学、艺术、哲学、宗教等,反过来又大大地促进了资本主义经济的发展。这是因为,只有自由民主的制度,排除了一切封建专制的束缚,资本主义的市场关系(商品经济)才能畅顺地发展起来。由此也说明,"经济基础和上层建筑是相互作用着的,不过在这相互作用中,根本的决定的意义却属于经济基础"[②]。

关于社会形态问题,沈志远依据马克思主义的社会形态理论,强调社会形态是由生产方式决定的,亦即社会形态是由生产力与生产关系的结合体决定的。在沈志远看来,一种社会与另一种社会的不同就在于社会形态的不同,而社会形态的"特质"决定于"诸种生产关系之体系",因而社会形态也就成为"新社会学"的主要范畴。对此,他指出:"我们可以确定,决定某种社会形态的,是建立在一定的生产力水平上的诸生产关系之体系。可是这诸生产关系底体系底'质'是被所谓生产方式(Mode of Production)所决定的。什么是生产方式,那就是人类获得生活资料的方式,人类进行生产活动的方式,也就是劳动力与生产手段之结合方式。劳动力和生产手段的结合方式,亦即劳动力底所有者和生产手段底所有者相结合的方式。历史上每一特定底生产方式,决定这一社会底生产关系之特质,同时也就决定了这一社会形态底特质。换句话说,新社会学中的主要范畴社会形态(Social Formation)就决定于这种诸生产关系之体系,亦可说是决定于生产方式的。"[③]沈志远指出,一种社会形态与另一种社会形态的区别,"是在于生产关系性质底不同,亦在于劳动力和生产手段之结合方式底不同"。这里的关键在于判别生产关系的形式。对此,沈志远提出两个标准,一是"要看它们是否有阶级性",二是"要看阶级关系底性质"[④],如此才能分清某一社会生产关系的性质以及这一社会所处的社会形态的具体阶段。

① 沈志远:《新社会学底基本问题》,生活·读书·新知联合发行所1949年版,第34页。
② 沈志远:《新社会学底基本问题》,生活·读书·新知联合发行所1949年版,第35页。
③ 沈志远:《新社会学底基本问题》,生活·读书·新知联合发行所1949年版,第35—36页。
④ 沈志远:《新社会学底基本问题》,生活·读书·新知联合发行所1949年版,第36—37页。

四、关于社会冲突和社会变革问题

沈志远在《新社会学底基本问题》中,以“关于阶级与阶级冲突”、“社会变革”等为专题,对马克思主义社会学关于社会冲突和社会变革问题作了较为全面的阐述,凸显了马克思主义社会发展理论的基本思想,为研究社会演变提供了新的思路。

沈志远用马克思主义阶级斗争理论来揭示社会冲突现象,宣传了阶级斗争是阶级社会发展动力的思想。关于社会冲突问题,沈志远认为主要是因为阶级社会里存在着阶级和阶级斗争之所致。在沈志远看来,根据马克思主义阶级及阶级斗争的理论,阶级成立的条件之一是具有经常的、比较固定、在某种历史的生产体系中的生产关系,而且除了具备固定的生产的关系之外还存在着榨取(剥削)关系,由此“阶级就是因在历史上一定的社会生产体系中所处地位不同,亦因对生产手段的关系底不同(即由于在榨取关系中所占的地位不同)而形成的人群集团”①。由于阶级的存在,利害相反的阶级与阶级之间总是不能“和平共居”,而是经常冲突和斗争着,因而在阶级社会里必然存在着矛盾和冲突,阶级斗争也就成为社会中不可避免的社会现象。沈志远指出:“在划分了阶级的社会内,不管个人底意愿如何,对立的诸阶级间的斗争是不可避免的。那是甚么缘故呢?原来阶级既是依生产体系中的地位底同异,依对生产手段的关系底同异,依在榨取关系中所占地位底同异而划分的,它们中间就有着不同的乃至相反的利害关系。利害既不同,就必然要发生利害的冲突,特别是生产手段占有者和劳动者底利害冲突。这种因阶级相互利害冲突而发生的斗争,就是阶级斗争。社会一天存在着不同的阶级,它就一天不能停止阶级间的利害冲突,因而也就一天不能停止阶级斗争。”②沈志远不仅强调阶级斗争的历史必然性,而且认为阶级斗争也是历史发展所必需的,并且阶级斗争还是阶级社会发展的动力。他指出:“事实告诉我们,一切过去社会底历史(原始社会以后至今)都是阶级斗争底历史。我们知道,事物底内在矛盾,是事物自身发展底动力。阶级斗争或冲突,

① 沈志远:《新社会学底基本问题》,生活·读书·新知联合发行所1949年版,第41页。

② 沈志远:《新社会学底基本问题》,生活·读书·新知联合发行所1949年版,第43—44页。

正是社会底内在矛盾,所以也就是社会历史发展底动力。"①沈志远从马克思主义阶级斗争理论出发来说明社会冲突的表现,并从历史发展动力方面肯定阶级斗争历史必然性和合理性,强调阶级斗争是阶级社会发展的动力,从而展示出马克思主义的社会冲突理论和社会发展理论的内在逻辑联系。

沈志远还从生产力与生产关系的矛盾运动来研究和说明社会冲突问题,强调社会变革(即革命)的根本原因是生产力与生产关系的冲突,论证了社会革命的历史必然性。沈志远对马克思主义唯物史观进行解说,认为生产力与生产关系是对立统一的,两者之间不仅是统一的,而且又是对立的、矛盾的;社会的生产力起初在一定的生产关系之内顺利地发展着,但发展到一定高度时就同现存的生产关系的形式发生冲突,于是社会革命的时代到来。沈志远这样指出:"当生产力在现存的生产关系形式之内顺利地发展着时,我们说社会是在渐变着或进化着,可是到了生产力被现存生产关系'阻住去路'而这种生产关系的破坏已成为当前迫切的历史任务时,社会的突变——社会革命——就到来了。这种突变是历史上必然的。因为一切事物之量的渐变,到某一程度时必然要继之以突变,突变之后才发生新的'质地'。在资本主义社会变革之后,代表新的'质地'的,便是社会主义的社会。"②沈志远认为,生产力与生产关系的矛盾必然要使社会革命时代到来,但这并不意味着人们可以坐等社会革命的到来。沈志远指出:"要促成旧制度的破坏和新制度的产生,除了生产力和生产关系底冲突这一社会变革底客观条件外,还需要,而且尤其需要革命底主观条件或主观因素。甚么是主观条件或主观因素呢?干脆说一句,就是先进阶级大众底革命斗争。"③这一方面因为社会变革本身就是一种革命斗争,需要主观因素的推动;另一方面因为"维护旧的生产关系的支配者"是不愿意自动退出历史舞台,而"要由革命的大众用革命的手段来驱除它的"④。

沈志远的《新社会学底基本问题》一书是在中国新民主主义革命取得胜利的前夕出版的,该书有这样几个鲜明的特点:

一是具有通俗性。该书用通俗易懂的语言、众所周知的现实社会生活中的事例,来阐发深刻的社会道理,宣传马克思主义社会学的基本观点。譬如,该书在叙述有关阶级的概念时,用通俗化的语言、现实社会中的情形来说明。沈志远

① 沈志远:《新社会学底基本问题》,生活·读书·新知联合发行所1949年版,第44页。
② 沈志远:《新社会学底基本问题》,生活·读书·新知联合发行所1949年版,第53页。
③ 沈志远:《新社会学底基本问题》,生活·读书·新知联合发行所1949年版,第54页。
④ 沈志远:《新社会学底基本问题》,生活·读书·新知联合发行所1949年版,第56页。

对于阶级的概念,曾这样写道:“所谓阶级,当然不是任何一群人都可以称为阶级的:在戏台上演戏的一群人不能称为阶级,在台下观剧的一群人也不能称为阶级;他如球场上的足球队,火车里的旅客群,以及马路上示威的游行队等等,都不能称为阶级,今天在台上演戏的演员,明天可以成为火车里的旅客,后天又可以参加爱国运动底示威,大后天又可以……这样,一个人在不同的空间和时间,为了不同的目的,可以成为许多不同的人群中的一份子。而且最重要的是这些人群中间都没有历史地必然的生产关系存在着。这样的人群是不能当作阶级看的。阶级成立的必要条件之一是经常的、比较固定的、在某种历史的生产体系中的生产关系。”①该书文字浅显,语言通俗,举例具体,分析细致,是一部融学术性与通俗性于一体的理论读物。

二是具有现实性。该书密切联系中国社会变革的实际,对中国社会变革提出自己的思路,积极宣传中国共产党关于新民主主义革命的基本主张。譬如,该书在论述“社会变革”时,结合世界形势和中国革命的实际作出了“历史的新形势提出了社会变革底新要求——新民主主义的改革”的论断。沈志远从分析第二次世界大战结束的“历史新形势”出发,说明中国新民主主义革命的历史必然性:“于是人民大众(以工农大众为主要动力)为对付强暴疯狂的民主敌人——大资产阶级和大地主的法西斯联盟——计,就得实行民主的大联合,反对法西斯独裁,反对大资产阶级专政,反对封建半封建势力,反对战争,而为新民主主义的制度而斗争,为实现大企业国有,银行国有,一切独占性事业国有及土地改革而斗争,为建立以工农大众为核心的各革命阶级的新民主联合政权而斗争。其在中国,这一斗争则具体地表现为反对大买办官僚资产阶级和大地主的法西斯独裁,为争取民族独立、人民的民主幸福而斗争。这种新民主主义的改革,在历史现阶段上,不论对欧美次等资本主义各国或对半殖民地半封建的中国,都是社会变革全过程中的一个新发见的过渡阶段。”②又譬如,该书在论述阶级斗争时联系当前的阶级斗争现实,提出了具体的要求:“每一个从事社会改革运动的战士,都应该努力为革除人剥削人、人奴役人的社会制度而奋斗,为消除社会冲突底根本原因(生产手段的私人垄断制和剥削或榨取制度)而奋斗,以便永远消灭社会冲突本身,创造人人真正平等真正自由的,无阶级区别的,和平幸福的社会主义社会。这种斗争,在当前的历史阶段上,在中国表现为要求独立民主和平幸

① 沈志远:《新社会学底基本问题》,生活·读书·新知联合发行所1949年版,第38—39页。

② 沈志远:《新社会学底基本问题》,生活·读书·新知联合发行所1949年版,第59—60页。

福的工人、农民、小资产阶级（包括知识分子、一切雇员）、中小工商业者乃至一部分民族资产者的各民主阶级的联合战线，反对坚持法西斯独裁制造内战的大买办官僚资产阶级和大地主阶级联合的斗争。”①《新社会学底基本问题》是一部现实性强烈的学术专著，显示出作者战斗性的学术风格。

三是具有批判性。该书在阐述“新社会学”理论的过程中，对于旧社会学的观点予以积极的批判，并善于在批判之中来构建新社会学的理论体系。该书除了在“概说”部分系统地批判“旧社会学”的主要观点外，在全书的各个部分都有机地论及“旧社会学”的错误，以便人们在批判旧社会学观点中来确立唯物史观社会学的地位。譬如，作者在论述“人民大众在历史中的作用”问题时，首先是集中说明“旧社会历史学者底英雄造时代的观念”，指出：“向来一般历史学者或社会学者，往往把历史上几个特殊的‘杰出人物’——‘超人’、‘英雄’、‘圣贤’、‘豪杰’——底天才或意志，当作创造历史的原动力。这类旧历史学家常常向人说教道：从整部人类历史中剔去了拿破仑、大彼得、华盛顿、克朗威尔、俾斯麦、刘邦、成吉思汗、孙中山、列宁等等百十来个伟人，根本就无历史可言了！他们认为历史只是这少数特殊‘杰出人物’个人的事业，而大多数人民不过是‘芸芸众生’，是可以任意塑造的泥土；他们的存在与否，是跟历史演变没有关系的！还有一些旧史学家（或社会学家）则认为支配社会决定历史的东西是理性法则（如康德），或是绝对观念（如黑格尔），或如中国一般历史八股家所说的‘治久必乱，乱久必治’的历史极则。不过今日旧史学界中比较占支配势力的，还是前一种英雄的历史创造观。纳粹匪帮底历史观（及其国家观和社会观），便是这种英雄观底极致，它是以人类自由和平之思想死敌尼采底超人哲学做理论根据的。”②该书充满着强烈的批判性色彩，对于清除旧社会学思想在中国的影响有着积极的意义。

沈志远的《新社会学底基本问题》一书，深入浅出地阐述马克思主义社会学的基本观点，联系中国革命的实际说明马克思主义社会学对中国社会变革的指导意义，为中国马克思主义社会学体系的完善作出了贡献，在中国马克思主义学术史上占有重要的学术地位。

（原载吴汉全著《中国马克思主义学术史概论（1919—1949）》，
吉林人民出版社 2010 年版）

---

① 沈志远：《新社会学底基本问题》，生活·读书·新知联合发行所 1949 年版，第 45—46 页。

② 沈志远：《新社会学底基本问题》，生活·读书·新知联合发行所 1949 年版，第 61—62 页。

【昔文琐记】这篇《沈志远〈新社会学底基本问题〉的学术贡献》，主要介绍沈志远《新社会学底基本问题》一书。此著不为当今的中国社会学界所重视，故而有必要专门介绍此著，并确立此著在中国马克思主义社会学史上的地位重要。

沈志远是现代中国著名的马克思主义学术大家，在马克思主义哲学大众化中走上学术界，后来以哲学家闻名于世，但他对于政治学、社会学、经济学等学科亦有重要的贡献。他的代表性著作有《现代哲学的基本问题》(1934 年)、《新经济学大纲》(1934 年)、《政治经济学大纲》(上册，1949 年)、《新政治学底基本问题》(1949 年)、《新社会学底基本问题》(1949 年)等。书写比较全面的中国马克思主义学术史，也就不能没有沈志远这个重要人物。我的三卷本《中国马克思主义学术史概论(1919—1949)》出版后引起学术界重视，其中关于沈志远的介绍引起年轻研究者的兴趣，中央党校有位博士写出了沈志远对马克思主义哲学中国化贡献的博士论文。我期待学术界能全面研究沈志远的学术贡献，写出《沈志远学术思想研究》或《沈志远与中国马克思主义学术的发展》这样的专著。

沈志远是浙江萧山人，乃是浙江籍学人中的重要代表。由此，应该研究一下“浙江籍学人对于中国马克思主义学术的贡献”问题。现代中国的浙江籍著名学人，如果在马克思主义学术史视域中并以学科来分类的话，哲学上有沈志远(沈志远不仅在哲学上，对于政治学、经济学、社会学等皆有贡献)等，社会学上有冯和法、严景耀等，文学上有鲁迅、茅盾、冯雪峰、艾青、徐懋庸等，史学上有范文澜、华岗等。在现代中国的三十年(1919—1949)中，浙江这个面积并不很大的省，能涌现这么多的马克思主义学者，实在是很不容易，必有其历史的、学术文化的、经济的种种原因。进而言之，由于浙江与江苏齐名，并同属一个区域，常以“江浙”代指，故而可以将浙江与江苏进行比较研究。现代中国的马克思主义学人中，江苏除了有瞿秋白、张闻天、恽代英等政治家兼学者外，还有孙冶方、薛暮桥、陈翰笙、钱俊瑞、姜君辰、潘梓年、王学文、叶蠖生等著名学者。在“江浙”视野中看待浙江籍学人对于中国马克思主义学术的贡献，并就浙江和江苏马克思主义学人的学科分布及研治领域进行比较，是一个很有意义的研究课题。

2021 年 1 月 29 日

《新民主主义论》对马克思主义社会学的贡献

毛泽东撰写的《新民主主义论》这部著作，不仅包含新民主主义革命论，而且也包括新民主主义社会论，是完全意义上的马克思主义的社会学著作。我的导师张静如先生早在1995年出版的《唯物史观与中共党史学》著作中就明确指出，毛泽东的《新民主主义论》形成了新民主主义理论体系，“这个理论体系包括两个部分，即新民主主义革命论和新民主主义社会论”；“新民主主义社会论是关于新民主主义革命取得全国政权之后如何建设新中国和向社会主义社会转变，为社会主义现代化建设准备基础的理论”①。就此而言，《新民主主义论》这部著作不仅凸显革命话语体系的基质，同时也体现出社会话语体系的显著特点。既然毛泽东的《新民主主义论》在内容上包括新民主主义社会论，因而从中国马克思主义学术史的角度来看，也就有研究其社会学思想并确立其在中国马克思主义社会学史上地位的必要。近年来，学术界关于《新民主主义论》的研究已经取得了重要的进展②，笔者也曾从政治学角度研究过《新民主主义论》这个文本③。总体来看，既有的关于《新民主主义论》的研究成果中，还很少见有从社会学的角度来研究这部著作。在笔者看来，《新民主主义论》以马克思主义理论为指导，以半殖民地半封建的中国社会为研究对象，阐明了如何改变半殖民地半封建的社会形态、如何建设新民主主义社会的问题，构建了独具特色的“新民主主义社会学”体系，因而在中国马克思主义社会学史上有着重要的学术地位。

---

① 张静如：《唯物史观与中共党史学》，湖南出版社1995年版，第77、79页。

② 参见吴汉全、李娜：《近十年〈新民主主义论〉研究综述》，《党的文献》2009年第2期。

③ 参见吴汉全：《〈新民主主义论〉对马克思主义政治学的贡献》，《政治学研究》2010年第1期。

一、对马克思主义社会结构论的贡献

毛泽东的《新民主主义论》遵循马克思主义的社会结构理论的政治立场，坚持唯物史观关于社会结构的基本观点，并结合中国社会演变的实际进行创造性的发展。马克思在《〈政治经济学批判〉序言》中，对于唯物史观关于社会结构的理论有一段经典性的言论："人们在自己生活的社会生产中发生一定的、必然的、不以他们的意志为转移的关系，即同他们的物质生产力的一定发展阶段相适合的生产关系。这些生产关系的总和构成社会的经济结构，即有法律的和政治的上层建筑竖立其上并有一定的社会意识形式与之相适应的现实基础。物质生活的生产方式制约着整个社会生活、政治生活和精神生活的过程。……社会的物质生产力发展到一定阶段，便同它们一直在其中运动的现存生产关系或财产关系（这只是生产关系的法律用语）发生矛盾。于是这些关系便由生产力的发展形式变成生产力的桎梏。那时社会革命的时代就到来了。随着经济基础的变革，全部庞大的上层建筑也或慢或快地发生变革。"①概而言之，马克思主义社会结构理论是建立在唯物史观基础上的，在坚持社会存在决定社会意识的前提下，认为人类社会是由生产力与生产关系、经济基础与上层建筑的矛盾运动所构成的社会结构，生产力与生产关系的结合所构成的生产方式则是一个社会结构的基本表征；由于生产力是最革命、最活跃的因素，因而生产方式总是处于量变到质变的进程之中；当生产关系不能适应生产力发展并成为生产力发展障碍时，随着社会革命的到来，旧的社会结构瓦解、新的社会结构产生，因而生产力是社会结构变动的根本动因。毛泽东的《新民主主义论》是贯彻马克思主义社会结构的基本观点的，但又不是一般地叙述人类社会结构的构成与演变，而是重点研究半殖民地半封建中国的社会结构，探讨如何通过新民主主义革命来改变这一结构，从而建立符合中国国情的新民主主义社会。《新民主主义论》在社会结构问题上，提出了这样几个新颖的观点：

1\. 半殖民地半封建的中国社会具有一个特殊的社会结构。毛泽东在《新民主主义论》中，始终立足于对中国半殖民地半封建社会的分析，并将社会变迁的内因与外因联系起来说明，阐述这种社会结构的历史成因和演进态势。《新民

① 《马克思恩格斯选集》第2卷，人民出版社1995年版，第32—33页。

主主义论》指出:“自周秦以来,中国是一个封建社会,其政治是封建的政治,其经济是封建的经济。而为这种政治和经济之反映的占统治地位的文化,则是封建的文化。自外国资本主义侵略中国,中国社会又逐渐地变成一个殖民地、半殖民地、半封建的社会。现在的中国,在日本占领区,是殖民地社会;在国民党统治区,基本上也还是一个半殖民地社会;而不论在日本占领区和国民党统治区,都是封建半封建制度占优势的社会。……作为统治的东西来说,这种社会的政治是殖民地、半殖民地、半封建的政治,其经济是殖民地、半殖民地、半封建的经济,而为这种政治和经济之反映的占统治地位的文化,则是殖民地、半殖民地、半封建的文化。”①不难看出,《新民主主义论》的观点是,半殖民地半封建社会是近代以来逐步形成的,是传统的中国封建因素的延续与近代的西方资本主义侵略相结合的产物,这是一个具有政治、经济、文化等因素所构成的特殊社会结构;在这个社会结构之中,不仅政治、经济显示其殖民地、半殖民地、半封建的特征,而且作为反映政治、经济的文化也同样具有殖民地、半殖民地、半封建的特征。由此,近代中国社会一方面具有“半封建”的特征,另一方面又具有“半殖民地”的特征,在日本占领区则具有完全“殖民地”的特征。

2. 新民主主义革命是推动中国社会结构转变的政治条件。毛泽东的《新民主主义论》意在通过对近代中国社会结构的系统研究,进而寻找改变这种社会结构的现实道路,并从理论上阐明中国社会结构变迁的政治途径。《新民主主义论》基于中国社会结构的研究,将社会革命与社会结构变迁的过程有机地结合起来,认为社会结构的转变自然是生产力与生产关系、经济基础与上层建筑的矛盾运动,但就近代中国社会结构的转变而言,必须在变革旧政治、旧经济、旧文化等方面作具体的努力,以促进新政治、新经济、新文化的产生,并且这种多方面努力需要社会政治革命的强有力的推动。《新民主主义论》明确指出:“我们要革除的,就是这种殖民地、半殖民地、半封建的旧政治、旧经济和那为这种旧政治、旧经济服务的旧文化。而我们要建立起来的,则是与此相反的东西,乃是中华民族的新政治、新经济和新文化。”②而要达到这样的目的,就要开展无产阶级领导的新民主主义革命,以建立具有新政治、新经济、新文化的新民主主义社会为直接目标。《新民主主义论》强调,为推动中国社会结构转变而开展的新民主主义革命,在性质上是新式的资产阶级民主革命,而不是旧式的资产阶级民主革

① 《新民主主义论》,《毛泽东选集》第二卷,人民出版社 1991 年版,第 664—665 页。
② 《新民主主义论》,《毛泽东选集》第二卷,人民出版社 1991 年版,第 665 页。

命,因而只能由中国无产阶级来领导;同时,这种新式的资产阶级民主革命,必须由中国无产阶级并通过共产党来领导,但又不是无产阶级的社会主义革命,因而所直接建立的新社会只能是新民主主义社会,而不是社会主义社会。《新民主主义论》关于中国社会结构转变的论述,一方面是将政治革命——新民主主义革命作为社会结构转变的政治条件,另一方面是将新社会结构的性质与政治革命的性质一致起来,体现了新民主主义革命论与新民主主义社会论的统一,指明了"政治革命"这一中国社会结构转变的现实性途径。

3. 新民主主义社会是新民主主义政治、经济、文化所构成的结构。"政治——经济——文化"是毛泽东的《新民主主义论》研究社会结构的基本范式,这在分析中国古代封建社会结构、近代以来的半殖民地半封建社会结构是这样,在描绘未来的新民主主义社会蓝图时也是这样。《新民主主义论》从新民主主义革命与新民主主义社会相统一的角度,将革命过程与革命目标联系起来,将中国共产党人进行政治革命、经济革命、文化革命,亦即新民主主义革命,概括为"建立一个新中国"的具体目标,这是一个包括新民主主义政治、新民主主义经济、新民主主义文化在内的新民主主义社会。如《新民主主义论》中所指出的那样:"我们共产党人,多年以来,不但为中国的政治革命和经济革命而奋斗,而且为中国的文化革命而奋斗;一切这些的目的,在于建设一个中华民族的新社会和新国家。在这个新社会和新国家中,不但有新政治、新经济,而且有新文化。这就是说,我们不但要把一个政治上受压迫、经济上受剥削的中国,变为一个政治上自由和经济上繁荣的中国,而且要把一个被旧文化统治因而愚昧落后的中国,变为一个被新文化统治因而文明先进的中国。一句话,我们要建立一个新中国。"①又指出:"所谓中华民族的新政治,就是新民主主义的政治;所谓中华民族的新经济,就是新民主主义的经济;所谓中华民族的新文化,就是新民主主义的文化。"②那么,即将建立的新民主主义社会到底有怎样的新政治、新经济和新文化呢? 对此,《新民主主义论》作了细致的设计。新民主主义政治就是"无产阶级领导下的一切反帝反封建的人们联合专政的民主共和国,这就是新民主主义的共和国"③。也就是说,"国体——各革命阶级联合专政。政体——民主集中制。这就是新民主主义的政治。"④新民主主义经济是国营经济领导下的多种经

---

① 《新民主主义论》,《毛泽东选集》第二卷,人民出版社 1991 年版,第 663 页。
② 《新民主主义论》,《毛泽东选集》第二卷,人民出版社 1991 年版,第 665 页。
③ 《新民主主义论》,《毛泽东选集》第二卷,人民出版社 1991 年版,第 675 页。
④ 《新民主主义论》,《毛泽东选集》第二卷,人民出版社 1991 年版,第 677 页。

济并存的经济,国营经济是社会主义性质并且是"整个国民经济的领导力量","大银行、大工业、大商业,归这个共和国的国家所有",但"并不没收其他资本主义的私有财产",并不禁止"不能操纵国民生计"的资本主义生产的发展,在"耕者有其田"的基础上发展各种具有社会主义性质的合作经济①。新民主主义文化是由"无产阶级的文化思想即共产主义思想去领导"的,是"民族的科学的大众的文化",因而也就是无产阶级领导下的"人民大众反帝反封建的文化"②。总之,中国共产党人所要建立的新民主主义社会,是由新民主主义政治、新民主主义经济、新民主主义文化所组成的社会,故而"新民主主义的政治、新民主主义的经济和新民主主义的文化相结合,这就是新民主主义共和国,这就是名副其实的中华民国,这就是我们要造成的新中国"③。

毛泽东的《新民主主义论》依据唯物史观原理阐述了社会的"政治—经济—文化"结构思想,其关于半殖民地半封建社会结构的研究以及关于新民主主义社会结构的构想,既遵循马克思主义社会结构理论的基本观点,又结合中国社会结构演变的实际,指明中国社会结构转变的基本途径及正确方向。这是毛泽东对马克思主义社会学的社会结构论的重大发展。

二、对马克思主义社会冲突论的贡献

社会冲突论是马克思主义社会学的基本理论,以阶级斗争学说为基本依据。《共产党宣言》明确指出,有文字记载的全部历史"都是阶级斗争的历史",故而也就存在着"自由民和奴隶、贵族和平民、领主和农奴、行会师傅和帮工,一句话,压迫者和被压迫者,始终处于相互对立的地位,进行不断的、有时隐蔽有时公开的斗争,而每一次斗争的结局都是整个社会受到革命改造或者斗争的各阶级同归于尽"④。马克思以资本主义社会作为重点研究的标本,认为资本主义社会的一个重要特点是使"阶级对立简单化了","整个社会日益分裂为两大敌对的阵营,分裂为两大相互直接对立的阶级:资产阶级和无产阶级"⑤。马克思正是

① 《新民主主义论》,《毛泽东选集》第二卷,人民出版社 1991 年版,第 678 页。
② 《新民主主义论》,《毛泽东选集》第二卷,人民出版社 1991 年版,第 708—709 页。
③ 《新民主主义论》,《毛泽东选集》第二卷,人民出版社 1991 年版,第 709 页。
④ 《马克思恩格斯选集》第 1 卷,人民出版社 1995 年版,第 272 页。
⑤ 《马克思恩格斯选集》第 1 卷,人民出版社 1995 年版,第 273 页。

通过对资本主义社会的矛盾现象和对抗行为的解释来阐发其冲突理论范式，阐述了资本主义社会社会冲突的原因、根源以及解决社会矛盾的方案，为社会主义社会的建立指明了方向。毛泽东的《新民主主义论》坚持马克思主义的社会冲突理论的基本观点，分析了中国社会冲突的独特性原因及其特点，强调中国无产阶级在中国共产党领导下进行阶级斗争的极端重要性；但毛泽东的《新民主主义论》又不是以资本主义社会为分析模型，不是照搬马克思主义关于社会冲突的现成结论，而是以马克思主义的社会冲突论来具体地研究半殖民地半封建的近代中国社会的变迁，并根据近代中国社会运行的特点及其所关涉的诸多矛盾，就社会冲突的形式、解决社会冲突的方式以及社会冲突内在特殊性等问题进行了创造性的研究，从而在社会冲突问题上提出一系列新颖而又具有独创性的观点：

1. 社会冲突的形式不仅有阶级的冲突，而且有民族的冲突，并且民族冲突在一定条件下有可能上升为最主要的冲突形式。毛泽东的《新民主主义论》从中国社会演变的实际出发，认为帝国主义的入侵改变了中国社会性质，近代中国社会也就逐步成为一个半殖民地半封建社会，而日本帝国主义的侵略则使得中国的一部分区域成为殖民地。因此，帝国主义与中华民族的矛盾始终是近代中国社会最主要的矛盾，近代以来中国社会的冲突不仅表现为阶级冲突，而且也更表现为民族冲突，由此近代以来的中国社会冲突往往是阶级冲突与民族冲突交织在一起。也就是说，近代以来中国社会的阶级冲突，表现为人民大众与封建势力的斗争，主要的不是无产阶级与民族资产阶级的阶级冲突；中国社会的民族冲突，表现为中华民族与帝国主义的斗争，这种冲突在大多数情况下是社会冲突的主要形式。因此，中国革命斗争的性质是反帝反封建的新民主主义革命，谁能领导中国社会各革命阶级来解决这样的冲突，谁就是中国社会前进的领导力量。对此，毛泽东在《新民主主义论》中明确指出："在中国，事情非常明白，谁能领导人民推翻帝国主义和封建势力，谁就能取得人民的信仰，因为人民的死敌是帝国主义和封建势力、而特别是帝国主义的缘故。在今日，谁能领导人民驱逐日本帝国主义，并实施民主政治，谁就是人民的救星。"①在马克思主义的社会冲突论中，主要的冲突是阶级冲突，即无产阶级与资产阶级的冲突，因而着重研究的是资本主义社会中的阶级冲突。毛泽东的《新民主主义论》提出在半殖民地半封建的社会中还具有民族冲突的形式，主张通过无产阶级领导的新民主主义革命

① 《新民主主义论》，《毛泽东选集》第二卷，人民出版社 1991 年版，第 674 页。

将阶级冲突与民族冲突一并解决,而且首先要侧重于民族冲突的解决,发展了马克思主义社会冲突学说,这是对马克思主义社会学的重大贡献。

2. *在同一社会形态之中解决社会冲突的方式有可能随着时间的变动和形势的变动而发生变化,解决社会冲突的阶级力量亦发生转移。*在经典的马克思主义社会冲突论看来,同一社会形态之中的社会冲突表现为两大基本的对立阶级的对抗,在资本主义社会之中就是工业无产阶级与工业资产阶级的对抗并表现为激烈的阶级斗争,因而马克思和恩格斯“一贯强调资产阶级和无产阶级之间的阶级斗争,认为它是现代社会变革的巨大杠杆”,亦即阶级斗争是推动“历史的直接动力”①。毛泽东在《新民主主义论》中认为,近代中国社会不是资本主义社会形态,而是一个半殖民地半封建社会的特殊形态;中国社会在民族冲突与阶级冲突交织之中,由于中国自身的阶级力量的变动,同时也由于世界革命形势的发展,虽然此时的中国革命在性质上都是资产阶级民主革命的性质,但自“五四”以后“已经不是旧的、被资产阶级领导的、以建立资本主义的社会和资产阶级专政的国家为目的的革命,而是新的、被无产阶级领导的、以在第一阶段上建立新民主主义的社会和建立各个革命阶级联合专政的国家为目的的革命”②。毛泽东的《新民主主义论》以“五四”为分界,对解决中国社会冲突的两种形式的转换——从旧式资产阶级民主主义革命到新式资产阶级民主主义革命——有这样的论断:“在这以前,中国资产阶级民主主义革命,是属于旧的世界资产阶级民主主义革命的范畴之内的,是属于旧的世界资产阶级民主主义革命的一部分。在这以后,中国资产阶级民主主义革命,却改变为属于新的资产阶级民主主义革命的范畴,而在革命的阵线上说来,则属于世界无产阶级社会主义革命的一部分了。”③根据毛泽东在《新民主主义论》中的论述,中国社会冲突的解决形式虽然整个来说是资产阶级民主革命,但在“五四”以后发生历史性的变化:“五四”以前是资产阶级领导的旧民主主义革命,“五四”后是无产阶级领导的新民主主义革命。正因为解决社会冲突的形式已经变化,无产阶级领导的新民主主义革命就其阵营而言,包括工人、农民、小资产阶级、民族资产阶级,在特殊情形下也包括一部分坚持抗日的大地主和大资产阶级。这是因为中国的大资产阶级的各个集团,是以不同的帝国主义为背景的,故而在各个帝国主义间的矛盾尖锐化的时

① 《马克思恩格斯文集》第3卷,人民出版社2009年版,第484页。

② 《新民主主义论》,《毛泽东选集》第二卷,人民出版社1991年版,第668页。

③ 《新民主主义论》,《毛泽东选集》第二卷,人民出版社1991年版,第667页。

候,在革命的锋芒主要地反对某一帝国主义的时候,属于别的帝国主义系统的大资产阶级集团也可能在一定程度上和一定时期内参加反对某一帝国主义的斗争。《新民主主义论》关于解决社会冲突的阶级力量的分析,切合中国社会阶级力量的基本状况及其在近代中国社会变迁中不断变动的新特点,解决了中国社会冲突问题所面临的由谁来领导以及采取何种形式的难题,因而是很有政治远见的。

3. 近代中国社会整体上处于冲突之中,但阶级冲突现象在特定情形下有可能处于和缓状态,具有一定的阶级合作的可能性。马克思主义的社会冲突理论由于研究的是资本主义社会,因而认为资产阶级和无产阶级的冲突是不可调和的。为此,恩格斯说那种"向工人鼓吹一种凌驾于工人的阶级利益和阶级斗争之中、企图把两个互相斗争的阶级的利益调和于更高的人道之中的社会主义",其实"就是工人的最凶恶的敌人,披着羊皮的豺狼"①。毛泽东的《新民主主义论》研究的是近代中国的社会冲突问题,注意到中国社会阶级冲突的具体性和特殊性,主张无产阶级在开展阶级斗争的同时,一方面要反对忽视资产阶级在一定时期一定程度上参加革命的可能性的错误,另一方面也要反对把无产阶级和资产阶级的纲领、政策、思想、实践等等看作一样的东西,因而也就需要善于同资产阶级(主要是民族资产阶级)的联合与斗争。《新民主主义论》指出:"在中国,因为它是殖民地半殖民地,是被人侵略的,所以中国民族资产阶级还有在一定时期中和一定程度上的这种革命性。在这里,无产阶级的任务,在于不忽视民族资产阶级的这种革命性,而和他们建立反帝国主义和反官僚军阀政府的统一战线。"②鉴于日本帝国主义全面侵华、中国面临亡国灭种的严峻形势,中国共产党人坚持民族大义,将民族的生存、国家的独立放在第一位,审时度势地看到民族矛盾上升为主要矛盾的社会现实,捐弃前嫌地提出建立抗日民族统一战线的伟大决策,主张整合全国所有资源并进行全国的总动员,调动一切力量的抗日积极性,这就必然地要求正确地调处阶级关系,实行很大程度上的阶级合作。在毛泽东看来,在全面抗战的新形势下,国内的阶级合作不是权宜之计,而是需要"长期合作"的。对此,毛泽东在《新民主主义论》中指出:"我们共产党人对于一切革命的人们,是决不排斥的,我们将和所有愿意抗日到底的阶级、阶层、政党、政

① 《马克思恩格斯全集》第21卷,人民出版社1965年版,第297页。

② 《新民主主义论》,《毛泽东选集》第二卷,人民出版社1991年版,第673页。

团以及个人,坚持统一战线,实行长期合作。"①这里,毛泽东强调了"阶级合作"的极端重要性,将"阶级合作"放在首要的位置,认识到只有现实地与愿意抗日到底的阶级进行"阶级合作",才会进一步扩大到愿意抗日到底的"阶层、政党、政团以及个人"的合作;而且,毛泽东所说的合作面也是十分广阔的,包括了"所有愿意抗日到底的阶级、阶层、政党、政团以及个人",并且这种合作是长期的、坚定不移的。《新民主主义论》所设计的新民主主义社会,在政治上也是一个多阶级合作的政治体制,是无产阶级领导下的各个革命阶级联合专政的新民主主义国家,这里的"联合专政"就是"阶级合作"的重要体现。而作为反映新民主主义政治的新民主主义经济,其政策的重要内容是不没收其他资本主义的私有财产,不禁止"不能操纵国民生计"的资本主义生产的发展,容许农村中富农经济的存在,这也是"阶级合作"思想在政策中的具体体现。《新民主主义论》关于"阶级合作"的思想,洞察了民族矛盾的严峻形势和中华民族的生存危机,切合了半殖民地半封建社会中阶级状况及阶级斗争的特点,符合中国无产阶级的根本利益和中华民族的整体利益,这是对马克思主义社会冲突思想的继承和发展。

毛泽东的《新民主主义论》之所以能对马克思主义社会冲突论的发展作出贡献,一方面是因为科学地遵循了马克思主义社会冲突论的基本立场,对马克思主义阶级及阶级斗争理论予以创造性地运用;另一方面则是因为重点研究中国这个半殖民地半封建的社会(而不是资本主义社会),紧紧地抓住了近代中国的半殖民地半封建社会的基本特点,将中国的民主革命与近代中国社会的演进很好地结合起来。社会冲突论是马克思主义社会学的基本理论,其基本的依据是阶级冲突导致了社会的冲突,而社会冲突最后是在社会革命的情况下来推动社会形态的转变。这是马克思研究人类社会特别是资本主义社会所形成的基本结论。《新民主主义论》科学地遵循马克思主义的社会冲突论,并使之结合到近代中国社会冲突的实际,特别注重研究近代中国社会的阶级状况及阶级斗争的特点,从而在社会冲突的形式、解决社会冲突的方式以及社会冲突内在特殊性等问题上形成创新而又科学的观点,创造性地发展了马克思主义社会冲突理论。

① 《新民主主义论》,《毛泽东选集》第二卷,人民出版社1991年版,第683页。

三、对马克思主义社会发展论的贡献

毛泽东的《新民主主义论》在社会发展问题上的看法是源于马克思主义的，但所形成的结论在马克思主义经典著作中则是没有的。马克思主义社会发展理论认为，整个人类社会经历原始社会、奴隶社会、封建社会、资本主义社会、社会主义—共产主义社会的基本阶段，生产力和生产关系的矛盾运动是社会发展的终极原因，阶级斗争是阶级社会发展的直接动力，而社会革命是社会发展的主要形式。《新民主主义论》运用马克思主义的社会发展论来考察中国社会，对近代中国社会的发展问题作出全新的解释，形成以下几个全新的观点：

1. 近代以来的中国社会是一个半殖民地半封建社会，同时又是具有过渡性的社会。在写作《新民主主义论》之前，毛泽东写就了《中国革命和中国共产党》，对半殖民地半封建社会这一问题详加研究，分析了这一特殊的社会形态的形成过程及其具有的基本特点，指出："帝国主义列强侵略中国，在一方面促使中国封建社会解体，促使中国发生了资本主义因素，把一个封建社会变成了一个半封建的社会；但是在另一方面，它们又残酷地统治了中国，把一个独立的中国变成了一个半殖民地和殖民地的中国。"①《新民主主义论》继承了这种认识成果，认定近代中国社会是半殖民地半封建社会，并认为这一特殊社会仍然具有"政治、经济和文化形态"②，亦即这种社会的政治是殖民地、半殖民地、半封建的政治，这种社会的经济是殖民地、半殖民地、半封建的经济，这种社会的文化是殖民地、半殖民地、半封建的文化。毛泽东在《新民主主义论》中，在分析各种问题时始终都抓住近代中国是半殖民地半封建社会这一基本特点，并且对这一社会的政治、经济、文化作出翔实的研究和具体的说明，因而是将"半殖民地半封建社会"作为一个相对独立的社会形态来界定的；而且，在《新民主主义论》中，毛泽东就直接使用了"殖民地、半殖民地、半封建的社会形态"③的提法。这样看来，毛泽东在这里对近代中国社会的认识，尤其是关于近代中国社会的"政治——经济——文化"结构的认定，是将"半殖民地半封建社会"作为一种独特

① 《中国革命和中国共产党》，《毛泽东选集》第二卷，人民出版社 1991 年版，第 630 页。

② 《新民主主义论》，《毛泽东选集》第二卷，人民出版社 1991 年版，第 665 页。

③ 《新民主主义论》，《毛泽东选集》第二卷，人民出版社 1991 年版，第 666 页。

的社会形态来研究的，承认这一特殊社会具有相对的独立性。这一认识大大超出了经典马克思主义提出的五种社会形态的论断。自然，《新民主主义论》并不认为近代中国社会是具有完全独立性的、一成不变的社会，而是认为这一社会的各个方面包括政治、经济、文化等方面，必将在新民主主义革命中被不断“革除”，因而也是一个具有过渡性的社会形态。《新民主主义论》指出，近代中国社会的“这些统治的政治、经济和文化形态，就是我们革命的对象”①。不难看出，近代中国社会的政治、经济、文化已经构成一个相对独立的社会形态，这是研究中国社会变革的前提；但同时，在毛泽东的视域之中，这个社会所包括的旧政治、旧经济、旧文化等方面，又是要不断“革除”的，而最终要在新民主主义革命的历史进程中进到新民主主义社会阶段，因而近代中国社会又表现出过渡性的一面。

2. 近代中国社会的演变具有本身的历史继承性，其发展又与世界历史的进步相联系。马克思的“世界历史”思想是基于对“大工业”作用的分析而形成的，指出：“大工业通过普遍的竞争迫使所有个人的全部精力处于高度紧张状态。它尽可能地消灭意识形态、宗教、道德等等，而在它无法做到这一点的地方，它就把它们变成赤裸裸的谎言。它首次开创了世界历史，因为它使每个文明国家以及这些国家中的每一个人的需要的满足都依赖于整个世界，因为它消灭了各国以往自然形成的闭关自守的状态。”②马克思主义的“世界历史”思想，强调的是历史演进的联系性以及近代以来世界范围内各国的相互影响与相互作用，揭示了世界发展极为重要的趋势性特征。毛泽东在《新民主主义论》中，从历史演变的连续性角度来看待近代中国社会的演变，又从发展的内外因素来分析近代中国社会变动的轨迹，并充分地考虑到世界历史进程对中国社会演变的实质性影响，从而加深了对近代中国社会演变的研究。关于近代中国社会演变的历史继承性，《新民主主义论》在论述“文化”问题上有这样的说明：“我们要革除的那种中华民族旧文化中的反动成分，它是不能离开中华民族的旧政治和旧经济的；而我们要建立的这种中华民族的新文化，它也不能离开中华民族的新政治和新经济。中华民族的旧政治和旧经济，乃是中华民族的旧文化的根据；而中华民族的新政治和新经济，乃是中华民族的新文化的根据。”③这段论述，主要是从建设新文化的角度来说明所要革除的近代中国的旧文化与旧政治、旧经济的关系，所要

① 《新民主主义论》，《毛泽东选集》第二卷，人民出版社 1991 年版，第 665 页。

② 《马克思恩格斯选集》第 1 卷，人民出版社 1995 年版，第 114 页。

③ 《新民主主义论》，《毛泽东选集》第二卷，人民出版社 1991 年版，第 664 页。

建设的新民主主义的新文化与新政治、新经济的关系，但很显然地体现了从半殖民地半封建社会的文化到新民主主义社会的文化之间具有某种历史的连续性的观点，当然这之中也体现了历史发展质的飞跃的观点。值得注意的是，《新民主主义论》研究近代中国社会的演变，还善于运用联系的观点从世界历史变动的角度来分析，将中国近代以来社会变动与世界历史的前进方向紧密联系起来。譬如，《新民主主义论》提出一个重要观点，即“第一次帝国主义世界大战和第一次胜利的社会主义十月革命，改变了整个世界历史的方向，划分了整个世界历史的时代”，这对世界、对中国都产生了重大的影响；由此，中国资产阶级民主革命“自从一九一四年爆发第一次帝国主义世界大战和一九一七年俄国十月革命在地球六分之一的土地上建立了社会主义国家以来，起了一个变化”①，这个变化的最主要表征就是，由旧式的资产阶级民主革命转变为新式的资产阶级民主革命。这里的论证体现了历史发展的内外联系性特点，就是将近代中国社会的变革尤其是政治变革实践与世界历史的进步相联系，说明近代中国社会变革的外部背景及其所具有的独特性的意义。毛泽东也正是将近代中国社会演变与世界历史的发展相联系，并充分注意到世界历史的重大进步对近代中国社会演进的实质性影响，因而《新民主主义论》得出“中国革命是世界革命的一部分”的结论。

3. 近代中国社会通过民主革命的途径而不断前进，其前途是新民主主义社会。毛泽东的《新民主主义论》是关于半殖民地半封建社会国家的社会发展理论，研究的重点是半殖民地半封建的中国社会如何摆脱殖民地半殖民地、半封建的命运，进而通过人民革命的途径走上民族解放、国家独立的自主发展道路，建立符合本民族特点的新社会，因而也是一种独具特色的社会现代化理论。首先，《新民主主义论》对中国社会发展的态势有一个总体的预测。这就是，一方面，近代以来中国历史演变呈加速的态势，“全部中国史中，五四运动以后二十年的进步，不但赛过了以前的八十年，简直赛过了以前的几千年”②；另一方面，近代以来的中国社会演变必须经历两个阶段，“第一步，改变这个殖民地、半殖民地、半封建的社会形态，使之变成一个独立的民主主义的社会。第二步，使革命向前发展，建立一个社会主义的社会。”③其次，《新民主主义论》确定中国社会发展

---

① 《新民主主义论》，《毛泽东选集》第二卷，人民出版社 1991 年版，第 667 页。

② 《新民主主义论》，《毛泽东选集》第二卷，人民出版社 1991 年版，第 703 页。

③ 《新民主主义论》，《毛泽东选集》第二卷，人民出版社 1991 年版，第 666 页。

的新民主主义革命途径。《新民主主义论》指出:“处在今天的国际环境中,殖民地半殖民地的任何英雄好汉们,要就是站在帝国主义战线方面,变为世界反革命力量的一部分;要就是站在反帝国主义战线方面,变为世界革命力量的一部分。二者必居其一,其他的道路是没有的。”①而就中国的实际而言,“建立资产阶级专政的资本主义社会”虽然是“欧美资产阶级走过的老路,但无如国际国内的环境,都不容许中国这样做”;实际而又可行的道路是,无产阶级领导的新民主主义革命,建立“新民主主义政治和新民主主义经济的共和国,是全国百分之九十以上的人民都赞成的,舍此没有第二条路走”②。这就是说,世界形势和中国的实际都决定了我们要走新民主主义革命的道路。再次,《新民主主义论》指明中国社会发展的新民主主义社会前途。《新民主主义论》不仅注重对新民主主义革命的阐发,而且特别重视对新民主主义社会的研究,认为中国通过新民主主义革命,只能建立新民主主义社会。就是说,“这个革命的第一步、第一阶段,决不是也不能建立中国资产阶级专政的资本主义的社会,而是要建立以中国无产阶级为首领的中国各个革命阶级联合专政的新民主主义的社会,以完结其第一阶段。然后,再使之发展到第二阶段,以建立中国社会主义的社会”③;但是,如果有人以为“社会主义的任务”可以“合并在民主主义任务上面去完成”,而去实现所谓的“毕其功于一役”,“那就是空想”④。

毛泽东的《新民主主义论》所包含的新民主主义社会论是社会发展理论,而社会发展理论本质上就是社会现代化理论。《新民主主义论》在社会发展论上,不仅论述了新民主主义社会是“过渡性的社会”,阐明了新民主主义社会发展的“历史继承性”,揭示了新民主主义社会的具体目标,而且描绘了新民主主义社会的蓝图,这就是新民主主义社会在政治上实行的是无产阶级领导的各革命阶级联合专政,新民主主义社会的经济结构是社会主义国营经济领导下的五种经济成分并存,新民主主义社会的文化是民族的科学的大众的文化。正是因为《新民主主义论》中所具有的新民主主义社会论这个崭新的内容,并且也是因为这个“社会论”既科学地揭示了现代中国的历史条件(特别是中国共产党人政治实践这个最重要的政治条件),又创造性地提出了建设新民主主义社会的途径、目标,从而现实而具体地展示了新民主主义社会的蓝图,故而我的导师张静如先

---

① 《新民主主义论》,《毛泽东选集》第二卷,人民出版社 1991 年版,第 681 页。
② 《新民主主义论》,《毛泽东选集》第二卷,人民出版社 1991 年版,第 679 页。
③ 《新民主主义论》,《毛泽东选集》第二卷,人民出版社 1991 年版,第 672 页。
④ 《新民主主义论》,《毛泽东选集》第二卷,人民出版社 1991 年版,第 685 页。

生说:“新民主主义理论体系的建立,标志着马克思主义与中国实际相结合的毛泽东思想达到成熟。毛泽东思想是中国化的马克思主义,是马克思主义指导下的中国社会现代化理论。”①从现代化理论视角理解,毛泽东的《新民主主义论》所提出的新民主主义社会论,不仅对推进马克思主义社会发展理论的创新作出了重大贡献,而且也是在马克思主义发展论指导下创建的社会现代化理论。

毛泽东的《新民主主义论》是标志着中国化马克思主义——毛泽东思想——成熟的理论著作,同时也是中国马克思主义学术史上具有独创性的学术名著,对于构建中国化马克思主义的哲学、政治学、社会学、经济学等都有重要的贡献。就中国马克思主义社会学发展来看,《新民主主义论》以半殖民地半封建的中国社会为研究对象,是研究如何变革近代中国社会、又如何建设新社会(新民主主义社会)的社会学著作。具体言之,该著以马克思主义唯物史观为理论指导,在创新和发展马克思主义的社会结构论、社会冲突论、社会发展论的基础上,构建了以新民主主义为思想特征的社会学体系——“新民主主义社会学体系”,成为马克思主义社会学思想与中国社会研究相结合的学术成果,因而是中国化马克思主义社会学的代表作。在今天,确立毛泽东的《新民主主义论》一文在马克思主义社会学史上的地位,不仅有助于认识这部著作的理论价值与学术价值,而且对于进一步研究今天的中国社会的基本状况及发展道路,与时俱进地构建以马克思主义为指导的、具有中国风格与中国气派的“新时代中国特色社会主义社会学”的学术体系,亦有深刻的学术启示。

(原载《湘潭大学学报》2018 年第 5 期,人大复印资料
《毛泽东思想》2019 年第 1 期全文转载)

【昔文琐记】这篇《〈新民主主义论〉对马克思主义社会学的贡献》文章,写作于 2009 年下半年。此文,可以说是学术界第一篇研究《新民主主义论》社会学思想的论文。

我对毛泽东的《新民主主义论》的研究,说起来是有些年头了。早在 1995 年至 1997 年间,我在南京师范大学读中国革命史研究生时,就写了《〈新民主主义论〉与〈中国之命运〉比较研究》,此文当时收入《南京师范大学学报》的增刊。这个增刊,是专门为我们那一期中国革命史研究生发表文章的。后来,我认为这是增刊,不是太正规,于是就在自己编辑的《盐城教育学院学报》2006 年第 2 期

① 张静如:《唯物史观与中共党史学》,湖南出版社 1995 年版,第 80 页。

上发表了。这篇“比较”文章,起先是王跃给我们上课时提出的题目。我觉得题目很好,就立即写出文章了。王跃本是我在南师大读研的老师,在我1999年读了张静如先生的博士以后,他成了我的大师兄,这就突然降了一级。2007年我在徐州师范大学招收了第一届马克思主义发展史硕士研究生,让新生李娜起草《近十年来〈新民主主义论〉研究综述》文章。李娜的基础不错,迅即拿出初稿,我修改后也就在《党的文献》上发表了。由于对《新民主主义论》研究状况的掌握,又由于我那时正在研究中国马克思主义学术史,故而试图从政治学、社会学角度研究《新民主主义论》。于是,在2009年下半年,我撰写了《〈新民主主义论〉对马克思主义政治学的贡献》,此文很快被《政治学研究》录用。继而,我又趁热打铁,写出这篇《〈新民主主义论〉对马克思主义社会学的贡献》文章。这样算来,从1995年开始研究《新民主主义论》,到2009年下半年写出这篇《〈新民主主义论〉对马克思主义社会学的贡献》,前后也有十四五年时间了。

这篇《〈新民主主义论〉对马克思主义社会学的贡献》在2019年底写出后,不知怎么的,就一直存放在电脑中。我那时有个想法,这就是认为“皇帝的女儿不愁嫁”,故而不少文章写好后就一直存留在电脑中。时间长了,有的文章我自己也不知道是何时写的。这篇文章一放,就是十年。在2018年春天,我在一个微信朋友群中看到《湘潭大学学报》的征稿启事,说学报办有“毛泽东思想研究”专栏,征集有关毛泽东思想研究的高质量稿件。我把这篇文章发去,很快也就发表了,并且还被人大复印资料《毛泽东思想》专题全文转载。十年之前写成的文章,十年之后还能拿出来发表。这说明,此文还是有点学术性的,不是那种追时髦的文章。

为什么选择《〈新民主主义论〉对马克思主义社会学的贡献》这样的题目?一方面,我在2009年已有多年的研究经验,对于《新民主主义论》文本算得上是相当熟悉的,聚焦《新民主主义论》文本也就有可能了;另一方面,我先前发表过《李大钊与中国马克思主义社会学的开创》、《陈独秀与中国马克思主义社会学的开创》等文章,故而对《新民主主义论》的进一步研究,也就比较容易想到社会学这个角度。而在当时的学术界,尚未有专门研究《新民主主义论》社会学思想的文章。自然,此时撰写的《〈新民主主义论〉对马克思主义政治学的贡献》文章被《政治学研究》编辑部录用,也是直接的动因。这样看,写作《〈新民主主义论〉对马克思主义社会学的贡献》,就我来说也有某种必然性,并不是心血来潮的产物。

我对毛泽东怀有特殊的感情,这是我长期以来坚持研究毛泽东的重要原因。

记得上小学三四年级的时候，受那个时代的影响，我书包中就有《毛泽东选集》，没事的时候读读，尽管当时对其中的内容不怎么理解，但常读之后就有一种特殊的感情。我的父亲在银行做会计，他小时候读过六年私塾，四书是能背诵的，五经只是接触一点，故而在那个时代也算是个读书人。他特别爱好毛泽东的著作，对其中的不少篇章达到熟读成诵的程度，这对我有很大影响。即使我上大学之后，假期回来时，父亲常跟我讲《矛盾论》、《实践论》等著作。我工作之后，曾集中精力研习毛泽东著作，了解毛泽东的活动及其特点。在毛泽东100周年诞辰的1993年，我撰写了《毛泽东早期个性特征研究》，并在盐城师专（现为盐城师范学院）举行的盐城市纪念毛泽东百年诞辰的学术会议上作主题发言，那时我29岁。此文，最早是在《盐城教育学院学报》1993年第4期上发表的。因为《盐城教育学院学报》是内刊，几年之后，我将此文修改后又在公开的刊物——《松辽学刊》1998年第3期上发表。正是由于对毛泽东的特殊感情，我在三卷本的《中国马克思主义学术史概论（1919—1949）》及五卷本的《中国马克思主义学术史》中，从学术史角度比较细致地探讨了毛泽东在哲学、政治学、经济学、历史学、社会学、法学、文学等相关学科的贡献。前年（2019年），我与我的博士生合作撰写了《毛泽东新民主主义政治学思想的基本结构》，在《湘潭大学学报》2019年第4期上发表。去年（2020年），应《毛泽东研究》约稿，我在该刊第3期发表了《〈新民主主义论〉文本的逻辑进路》。学术研究是科学研究，总体上说是理性的行为。但人文学科的研究，似乎还有情感性、艺术性的一面，研究者是要有点感情投入的，否则就写不出文章。

也许是因为自己对毛泽东有着特殊的感情，我要求自己的研究生熟读《毛泽东选集》和《毛泽东文集》。我的研究生李娜以毛泽东政治学思想研究作为毕业论文，我的研究生宿士颖以毛泽东社会学思想研究作为毕业论文，我的研究生张伟研究毛泽东在抗战时期的文化思想，我还让博士生王娟娟研究《新民主主义论》的话语体系。我刚带的硕士生刘宏伟，入学之初就要求他熟读《毛泽东选集》和《毛泽东文集》，并要求写出读书笔记。不仅如此，我还要求我的外甥女胡倩熟读《毛泽东选集》和《毛泽东文集》，将毛泽东思想研究作为自己的研究方向。

2021年1月29日

现代中国学术思想研究

吴汉全 著

·中卷·

第四辑

【中国近现代史研究】

李大钊与中国近代史研究

在五四时期,1840 年鸦片战争以来的中国近代史还是一个新学科,与当时的社会变革有着十分密切的联系。对于中国共产党人来说,为配合新民主主义革命的进行,为正确地认识近代中国社会并得出符合历史实际的经验教训,就不得不重视中国近代史的研究。李大钊自接受马克思主义唯物史观以后,就自觉地运用马克思主义理论探索鸦片战争以来的历史,以为现实的政治斗争服务。诚如有的学者所说,李大钊是“自觉地把历史研究特别是中国近代史研究与对中国现状分析结合起来”①。李大钊发表的《由经济上的解释中国近代思想变动的原因》、《国际的资本主义下的中国》、《孙中山先生在中国民族革命史上之位置》等文章中,比较系统地阐发了他对中国近代历史的主要观点。李大钊以马克思主义为指导,在研究中国近代社会基本矛盾的基础上,对中国近代史上的重大问题进行了考察,对中国近代历史发展的规律进行了探索,为中国近代史研究走上马克思主义轨道作出了突出的贡献。从中国近代史学科发展的历程来看,李大钊对中国近代史研究的基本思路及一系列观点,无疑是 20 世纪 30 年代马克思主义学者所构建的以“革命”为中心的近代史研究体系的先导。在以往这方面的研究中,研究者主要是从思想史的角度切入②,本文有所不同,将以 20 世纪 30 年代所形成的中国近代史研究体系为参照,侧重于讨论李大钊在这一研究体系形成过程中所起的作用。不当之处,敬请方家指正。

---

① 刘新成主编:《历史学百年》,北京出版社 1999 年版,第 50 页。

② 参见尹祥霞:《李大钊对中国近代社会的研究》,《史学史研究》1995 年第 2 期;杜蒸民:《李大钊的中国近代史观》,《李大钊研究》第 7 辑,1997 年。

一、中国近代社会主要矛盾和革命任务的揭示

近代中国社会的主要矛盾与传统中国社会相比,发生了根本性的变化。如果说李大钊在古代史研究中对土地制度史的探索在于分析传统中国社会中农民阶级和地主阶级矛盾的话①,那么,李大钊在中国近代史研究领域的探索则在于揭示近代中国社会新的主要矛盾。李大钊认为:"中国现在的特殊情形由来有两种:一种是外来的压迫,即受国际帝国主义、资本主义的支配;一种是国内武人军阀的压迫。"②所以李大钊对中国近代社会的分析中,尤其注重对帝国主义和封建军阀这两个问题的探讨,并进而论述中国近代社会的基本任务亦即中国民主革命的任务,为民主主义革命论证其发生、发展的历史合理性。

李大钊认为,中国近代社会面临着传统社会不同的新形势,这就是西方列强对中国侵略及随后日本对中国的侵略。李大钊指出:"欧洲各国的资本制度一天盛似一天,中国所受他们经济上的压迫也就一天甚似一天。中国虽曾用政治上的势力抗拒过几回,结果都是败辱。把全国沿海的重要通商口岸都租借给人,割让给人了,关税、铁路等等权力,也都归了人家的掌握。这时的日本崛然兴起,资本制度发达的结果,不但西洋的经济力不能侵入,且要把他的势力扩张到别国。……中国是他的近邻,产物又极丰富,他的势力自然也要压到中国上。"由于西方殖民势力的入侵和日本对中国的侵略,中国居民生活的本据尤其是台湾、满蒙、山东、福建等地渐为外人所占,中国的社会经济结构也发生变化,"结果就是中国的农业经济挡不住国外的工业经济的压迫,中国的家庭产业挡不住国外的工厂产业的压迫,中国的手工产业挡不住国外的机械产业的压迫"。由此,中国的阶级结构亦发生变化,"全国民渐渐变成世界的无产阶级"③。李大钊的论述说明,由于近代中国面临帝国主义势力入侵这一新形势,中国社会发展遇到新的阻力——帝国主义,这是阻碍中国近代社会发展根本原因之所在。李大钊说

① 参见拙作《李大钊与中国古代史研究》,《史学月刊》2002 年第 5 期。

② 《在上海社会主义青年团"国际少年日纪念会"上的演讲》,《李大钊全集》第 4 卷,人民出版社 2013 年版,第 112—113 页。

③ 《由经济上解释中国近代思想变动的原因》,《李大钊全集》第 3 卷,人民出版社 2013 年版,第 188—189 页。此处的"无产阶级"一语与后来的含义不同,比较宽泛,大意是指受资本主义经济影响下的各劳动阶级。

他"数年研究之结果,深知中国今日扰乱之本原,全由于欧洲现代工业勃兴,形成帝国主义,而以其经济势力压迫吾产业落后之国家,用种种不平等条约束制吾法权、税权之独立与自主,而吾之国民经济,遂以江河日下之势而趋于破产"①。这就阐明了近代中国社会与传统社会的一个新特点,即近代中国是在西方列强压迫下而开始特殊的历史的。所以李大钊说近代以来的中国是"列强的半殖民地的中国"②。李大钊在国民党第一次全国代表大会上的发言中,有两处说到近代中国社会是"半殖民地"。可见"半殖民地"这一概念并不是偶然提及,而是李大钊思想中成形的主张。李大钊所说的中国近代社会是"半殖民地",其含义相当于孙中山所说的"次殖民地",李大钊本人就曾作这样的说明:"列强的半殖民地的中国,也就是本党总理所说的次殖民地的中国"。"半殖民地的中国"这一概念的提出,是对中国近代社会性质的一个重要概括,可看成是后来近代史研究中"半殖民地半封建社会"概念的先导③。

李大钊认为军阀也是近代中国社会的一种特有现象,成为中国社会发展的阻力。中国古代历史上也曾存在那种割地称王于一方的军阀,但没有外国势力的插手。而近代中国的军阀就不同了,它有西方列强的直接和间接的支持。李大钊指出:近代以来,"中国人民一方面遭受国际帝国主义者的压迫,另一方面又遭受中国军阀的压迫。外国帝国主义者在中国的权力决定了中国军阀的存在,因为后者是帝国主义列强的走狗"④。中国的内部纷争表现为军阀之间的战争,这是帝国主义对中国侵略的结果。李大钊认为,中国军阀以帝国主义为靠山,军阀与帝国主义有着千丝万缕的联系,离开了帝国主义则军阀不能生存。他说:"中国各个军阀后面都紧紧的依靠着帝国主义,而且不仅仅是只有一个单独的帝国主义。在帝国主义者方面,它只是根据他的利益作他与中国军阀勾结的

① 《狱中自述》,《李大钊全集》第5卷,人民出版社2013年版,第297—298页。

② 《在中国国民党第一次代表大会上的发言》,《李大钊全集》第4卷,人民出版社2013年版,第505页。

③ 顺便说明的是,此时的"半殖民地"这一概念在中共高层领导中是一个正在提出的概念,尚不普及。蔡和森在《统一,借债,与国民党》(1922年9月)中说:"中国在国际地位上早已处于半殖民地地位"。陈独秀在《资产阶级的革命与革命的资产阶级》(1923年4月)提出过"半殖民地的中国"这一概念。恽代英在《中国革命运动与国际之关系》(1923年5月)还认为中国是"殖民地"的"一个例",他只是在《中国革命与世界革命》(1924年6月)中才明确指出"中国是半殖民地的国家"。

④ 《在共产国际第五次代表大会第二十二次会议上的报告》,《李大钊全集》第5卷,人民出版社2013年版,第1页。

标准。"[①]李大钊还具体地分析了当时的军阀吴佩孚、段祺瑞、张作霖等的背后靠山以及在争夺中国问题上的争斗。他说:"现在各种军人、省长之间都在你争我夺,然而,这个斗争不只是军人、省长之间的斗争,而是帝国主义列强之间的斗争。日本一直在帮助以张作霖为首的奉系军阀,英国和美国则支持以吴佩孚为首的直系军阀。"[②]所以李大钊认为中国近代社会要发展就必须"为最后推翻军阀斗争到底的"[③]。李大钊虽然没有提出"反封建"这一概念,但"反军阀"的内涵是"反封建";因为在中共思想中,北洋军阀及全国的其他军阀是"帝政余孽"[④],吴佩孚这一军阀"不仅是工人阶级的敌人,乃是全国争自由的人民的敌人"[⑤]。换言之,军阀是封建势力的代表。这一时期之所以在近代史研究中没有形成"反封建"概念,可能是由于研究者受到"国民革命"口号"打倒军阀"、"打倒列强"的影响以及当时反军阀政治斗争的时代特征的影响[⑥]。

就研究视角而言,李大钊对中国近代社会形势的分析和对民主任务的揭示,是以"革命"为中心体系的,直接服务于中国民主革命的需要。中共二大宣言指出:"帝国主义者无穷的操纵,因此内乱是有加无已的。真正的统一民族主义国家和国内的和平,非打倒军阀和国际帝国主义的压迫是永远建设不成功的。"[⑦]李大钊对中共二大作出这样的论断予以解释和说明。他指出:"中国的民族运动应该是既反帝又反军阀"[⑧]。1924年9月李大钊与《莫斯科工人报》记者的谈话中,进一步分析了帝国主义与中国军阀内战之间的关系。他说,在华北和华中由英、美资本家支持的以曹锟和吴佩孚为首的直系集团,正在同由日本帝国主义

---

① 《中国最近之政变》,《李大钊全集》第5卷,人民出版社2013年版,第8页。

② 《在莫斯科大剧院"不许干涉中国协会"组织的大会上的演讲》,《李大钊全集》第5卷,人民出版社2013年版,第19页。

③ 《就中国现状答记者问》,《李大钊全集》第4卷,人民出版社2013年版,第447页。

④ 陈独秀:《怎样打倒军阀》,《六大以前》,人民出版社1980年版,第53页。

⑤ 《中共中央为吴佩孚惨杀京汉路工告工人阶级与国民》,《六大以前》,人民出版社1980年版,第50页。

⑥ 毛泽东把民主革命的任务界定为"反帝反封建",但他在抗战时期对"反封建"的解释是有所侧重的。1939年,他说:"革命的对象是什么呢?大家知道,一个是帝国主义,一个是封建主义。现在的革命对象是什么?一个是日本帝国主义,再一个是汉奸。要革命一定要打倒日本帝国主义,一定要打倒汉奸。"(《毛泽东选集》第二卷,人民出版社1991年版,第562页。)毛泽东提出"打倒汉奸",李大钊提出"打倒军阀",对"反封建"的解释均与他们所处的革命斗争形势有关。

⑦ 《中国共产党第二次全国代表大会宣言》,《六大以前》,人民出版社1980年版,第8页。

⑧ 《在共产国际第五次代表大会第二十二次会议上的报告》,《李大钊全集》第5卷,人民出版社2013年版,第1页。

支持的张作霖和段祺瑞集团进行着角逐，因此中国军阀之间的战争，就其性质而言是由帝国主义分子策划和支持的内战。所以李大钊指出："中国共产党的任务是要向工农大众解释清楚国内战争的起因和意义，竭尽全力支持南方革命政府进行的反对外国帝国主义和中国反革命的斗争。中国共产党将把这些群众组织起来，以进行阶级和民族的决战。"①进行阶级的决战就是反抗国内军阀的斗争，进行民族的决战就是反抗帝国主义对中国的侵略。这样，李大钊就把去除中国近代社会发展的障碍作为近代民族民主革命的目标，指出动员全民族的力量是完成这一目标的根本要求。李大钊说："想脱除列强的帝国主义及那媚事列强的军阀的二重压迫，非依全国国民即全民族的力量去做国民革命运动不可。"②这是李大钊对近代中国社会分析的必然结论，同时也进一步论证了中共倡导的进行反帝反封建的民族民主革命的合理性和国共合作进行国民革命的正确性。

李大钊对中国近代社会主要矛盾的认识和对民主革命任务的揭示，是与他对中国近代社会的阶级成分所进行的分析联系在一起的。关于农民阶级，李大钊在 1919 年曾说："我们中国是一个农国，大多数的劳工阶级就是那些农民"；"中国农村的黑暗，算是达于极点。……那些老百姓，都是愚暗的人，不知道谋自卫的方法，结互助的团体"，同时也"不知道结合起来，抗那些官绅，拒那些役棍"③。国民革命兴起以后，李大钊对农民阶级又着重予以分析。他特别注意分析农民在中国近代社会中经济地位的变动，注重对农民进行阶层的划分。他说："中国农民在帝国主义压迫之下已日趋于难境，重以兵祸连年，流离失所。入民国来，苛捐杂税，负担日重，各省田赋，有预征至数年后者。佃农及雇工所受的压迫，比自耕农更甚。凡有大地主地方的佃农，处境尤其苦痛而艰窘。有些地方的雇工工银极低，几乎决不能维持其生活，尤其在小自耕农众多地方，更不易寻觅工作，只有流为兵匪，或流于都市去作苦力。"④李大钊对农民的分析所用的是阶级分析的方法，说明农民在中国近代社会里处在激烈的分化之中，与传统社会显然不同。从社会革命的主题出发，李大钊特别强调农民在社会变革中的位置。他说："在经济落后沦为半殖民的中国，农民约占总人口百分之七十以上，在全

① 《与〈莫斯科工人报〉记者的谈话》，《李大钊全集》第 5 卷，人民出版社 2013 年版，第 17 页。

② 《在中国国民党第一次代表大会上的发言》，《李大钊全集》第 4 卷，人民出版社 2013 年版，第 505 页。

③ 《青年与农村》，《李大钊全集》第 2 卷，人民出版社 2013 年版，第 422—423 页。

④ 《土地与农民》，《李大钊全集》第 5 卷，人民出版社 2013 年版，第 106—107 页。

国人口中占主要的位置,农业尚为其国民经济之基础。故当估量革命动力时,不能不注意到农民是其重要的成分。"①农民问题的根本解决在于开展土地革命,"国民革命政府成立后,苟能按耕地农有的方针,建立一种新土地政策,使耕地尽归农民,使小农场渐相联结而为大农场,使经营方法渐由粗放的以向集约的,则耕地自敷而效率益增,历史上久久待决的农民问题,当能谋一解决"②。要解决农民的土地问题,就必须消除"农民的狭隘的村落主义、乡土主义","使一般农民明了其阶级的地位,把他们的乡土观念,渐渐发展而显出阶级的觉悟"③。同时,必须组织农民协会,"只有农民自己组织的农民协会才能保障其阶级的利益",而其要者是首先"唤起贫农阶级组织农民协会"④。关于工人阶级,李大钊结合世界形势预测中国无产阶级发展和壮大的趋势,指出:"当今世界各文明国家都在努力探索的正是这种由资产阶级时代向无产阶级时代转变的历程,也可以说,世界正处于促进无产阶级时代到来的运动过程中。这一历史进程在中国虽然还很幼稚,但也避免不了受到这种世界性潮流的影响。这种影响在最近时期内的表现,就是拥有两万多名成员,紧密团结在一起,坚持罢工三月有余的香港海员罢工同盟。"⑤1923 年 6 月李大钊在中共第三次代表大会上就国共合作问题发表意见时指出:"一、过去和将来国民运动的领导因素都是无产阶级,而不是其他阶级。二、由于这个原因,我们不要害怕参加国民运动,我们应站在运动的前列。"⑥国共合作实现后,李大钊认为"在国民革命中当先锋的亦只有无产阶级"⑦,指出"只有无产阶级才能充当革命的领导者",因为"在共产党的队伍里吸收了大批革命知识分子、年轻的中国无产阶级和农民中的优秀分子",因而国民革命"运动的发展不能没有中国共产党的帮助"⑧。关于资产阶级,李大钊认为以国民党为代表的资产阶级民主派有革命性的一面,又有软弱性的一面。如

① 《土地与农民》,《李大钊全集》第 5 卷,人民出版社 2013 年版,第 98 页。

② 《土地与农民》,《李大钊全集》第 5 卷,人民出版社 2013 年版,第 106 页。

③ 《鲁豫陕等省的红枪会》,《李大钊全集》第 5 卷,人民出版社 2013 年版,第 167 页。

④ 《土地与农民》,《李大钊全集》第 5 卷,人民出版社 2013 年版,第 107 页。

⑤ 《就中国工人运动问题与〈北京周报〉记者的谈话》,《李大钊全集》第 4 卷,人民出版社 2013 年版,第 69 页。

⑥ 《在中共第三次代表大会上关于国共合作问题的意见》,《李大钊全集》第 4 卷,人民出版社 2013 年版,第 226 页。

⑦ 《在广州追悼列宁并纪念"二七"大会上的演讲》,《李大钊全集》第 4 卷,人民出版社 2013 年版,第 512 页。

⑧ 《在莫斯科大剧院"不许干涉中国协会"组织的大会上的演讲》,《李大钊全集》第 5 卷,人民出版社 2013 年版,第 19—20 页。

“辛亥革命因鉴于义和拳之害，亦仅以倒满为惟一目的，对于外人力任保护，不敢有反抗的言论”①。因此，中国共产党要在国民党内开展工作，“将其左翼争取到我们方面来，并以此加速革命浪潮的高涨”②。李大钊对中国近代社会的阶级所进行的分析，在于说明近代中国社会的阶级构成发生变化，各阶级在社会发展中所起的作用不同。

李大钊强调要以马克思主义唯物史观为指导来研究中国近代社会的主要矛盾，如此才能认识和解决中国近代历史所要完成的民族独立的任务，推进中国近代历史发展的进程。李大钊指出，要“依马克思的唯物史观以研究怎样成了中国今日政治经济的情状，我们应该怎样去作民族独立的运动，把中国从列强压迫之下救济出来”。在他看来，依照唯物史观考察中国近代以来的历史，就会自然地得出这样的答案：“中国今日政治经济的情形，完全是国际帝国主义侵入的结果，中国全民族应该并力反抗那侵入中国的国际帝国主义，作民族独立的运动，从列强压迫之下，把中国救济出来。”③李大钊以唯物史观分析近代中国社会的矛盾，突出地提出反帝目标，与毛泽东后来提出的中国革命的对象是“帝国主义国家的资产阶级和本国的地主阶级”、“帝国主义是中国人民的第一个和最凶恶的敌人”④的观点，显然是有密切联系的。由此也可以看出，李大钊倡导以唯物史观研究中国近代社会矛盾对于揭示中国民族民主革命的任务有着十分重要的意义。

李大钊对中国近代社会主要矛盾和革命任务的揭示，为20世纪30年代中国马克思主义者在中国社会性质问题的论战中发展马克思主义史学、正确认识中国近代历史作了基础性的工作。30年代的中国社会性质问题的论战，其中心问题是怎样认识鸦片战争以来的中国社会性质，即怎样认识中国的国情，辨明中国究竟是一个资本主义国家，还是半殖民地半封建国家，因此其实质也是如何正确认识中国近代历史的论战。李大钊在20世纪20年代提出的一系列关于中国近代社会的观点，从中国近代的学术史角度来看，启迪了30年代中国社会性质问题论战中的马克思主义学者，为正确认识近代历史作了基础性工作，其表

---

① 《帝国主义侵略中国后之国民运动——在北京师范大学的演讲》，《李大钊全集》第5卷，人民出版社2013年版，第48页。

② 《在共产国际第五次代表大会第二十二次会议上的报告》，《李大钊全集》第5卷，人民出版社2013年版，第5页。

③ 《这一周》，《李大钊全集》第4卷，人民出版社2013年版，第517页。

④ 《中国革命和中国共产党》，《毛泽东选集》第二卷，人民出版社1991年版，第633页。

现为：

其一，李大钊阐明了帝国主义与中国经济发展的关系。李大钊认为帝国主义的入侵在逐步瓦解中国的农业经济，“中国的家庭产业挡不住国外的工厂产业的压迫，中国的手工产业挡不住国外的机械产业的压迫”①。但是西方资本主义对中国的侵略并不是要把中国变成独立的资本主义国家，西方列强侵略中国在于占领中国的市场，“他们一方不能不扩张市场，一方不能不搜求原料，这种经济上的需要，驱着西洋的商人，来叩东洋沉静的大门”。从其侵略后果来看，阻碍了中国经济的发展，“外来的货物和出口的原料，课税极轻，而内地的货物反不能自由移转，这里一厘，那里一卡，几乎步步都是关税。于是国内产出的原料品，以极低的税输出国外，而在国外造成的精制品，以极低的税输入国内。……国内的产业多被压倒，输入超过输出”②。帝国主义除以不平等条约维护其在中国的权益外，还与中国反动势力勾结在一起，“援助反动势力以扑灭民族革命运动，遂成为帝国主义者宰制中国民族的传统政策”③，中国在政治上亦完全丧失独立。20 世纪 30 年代论战中的革命科学工作者关于帝国主义与中国经济发展关系的观点，与李大钊的论述有逻辑上的联系，体现继承和发展的关系。他们分析了帝国主义对中国经济所起的两方面作用：一方面帝国主义在中国造成了某些资本主义的关系，在一定程度上刺激了中国资本主义的发展；更为重要的一方面是“帝国主义的目的，是在把中国变成帝国主义经济的附庸，变成它的原料出产地，它的商品市场，它的投资场所，所以它不但不能帮助中国资本主义的独立发展，而且阻碍中国资本主义的独立发展，它不但不消灭乡村中间的封建式的剥削，而且加紧了这种剥削”。因此，帝国主义“只能使中国的经济殖民地化，而不能使中国的经济独立发展”④。

其二，李大钊阐明了封建势力在中国社会经济中的地位。在 20 世纪 30 年

① 《由经济上解释中国近代思想变动的原因》，《李大钊全集》第 3 卷，人民出版社 2013 年版，第 189 页。李大钊在此文中，一方面肯定西方资本主义在瓦解中国的自然经济、冲击中国的大家族制度、动摇孔门伦理的作用，另一方面则揭示其对中国社会的破坏作用。此后，李大钊比较突出地强调后者，对中国近代社会的认识由“近代化”向“革命化”的方向转变。这固然受到当时民族危机加剧的影响，同时又受到当时“世界革命”理论影响，20 年代的社会主义论战就是突出的表现。

② 《由经济上解释中国近代思想变动的原因》，《李大钊全集》第 3 卷，人民出版社 2013 年版，第 189 页。

③ 《孙中山先生在中国民族革命史上之位置》，《李大钊全集》第 5 卷，人民出版社 2013 年版，第 130 页。

④ 刘梦云：《中国经济之性质问题的研究》，《读书杂志》第 1 卷，第 4、5 期合刊，1931 年 8 月。

代的论战中，一些人否认封建势力在中国存在的事实，认为土地可以自由买卖，中国已是资本主义社会。李大钊早在20世纪20年代就指出，军阀是中国封建势力的代表。就经济而言，“中国实业不发达”，受到封建官僚势力的压迫；中国“官僚之势力太大，他们也是掣肘实业的人。中国实业界的人，没有不受官僚的操纵压迫的”①。李大钊的论述说明，中国的封建势力阻碍中国资本主义的发展，封建势力在政治生活中占据统治地位。李大钊还就农村中的封建生产关系存在情况做了深入的研究，他在《土地与农民》一文中，利用农商部第九、第十次农商统计的资料，系统地研究中国农村中土地这一重要的生产资料的占有状况。李大钊得出的结论是，农村中出现“中农破产的趋势”，“五十亩以上百亩以下，及百亩以上的户数减少，一方面是中农破产而为小农的验证，在另一方面，亦有豪强兼并土地集中的意义”。“而此百亩以上的各级户数，在统计上并未分别等差为之表出，此其中必有连阡连陌新兴的大地主阶级”②。李大钊注重中国经济状况尤其是农村封建关系的考察，对于学术界就中国社会性质问题进行研究有着指导意义。在20世纪30年代的论战中，一些接受马克思主义的社会工作者侧重于中国经济的具体研究，如《新思潮》出版的《中国经济研究专号》上发表《中国经济的性质》（潘东周）、《中国土地问题》（吴黎平）、《帝国主义与中国经济》和《中国的商业资本》（向省吾）、《中国资本主义在中国经济中的地位及其发展前途》（王学文）、《中国劳动问题》（李一氓）等，就是专门就中国经济状况进行分析，以批判那种否定中国封建生产关系存在的观点。

20世纪30年代的中国社会性质问题的论战确立了中国社会是半殖民地半封建社会这一基本观点③，这是中国近代史研究的重大突破。李大钊在揭示中国近代社会主要矛盾和民主革命任务过程中，提出的关于帝国主义与中国经济发展的关系、关于封建势力在中国社会中占有统治地位的思想，无疑是社会性质问题论战中马克思主义者思想的先导；而论战中的马克思主义者的观点则是李大钊一些思想的全面发展和系统展开，从而使对中国近代社会性质的研究发展到一个新的水平。这可算是20世纪30年代关于近代史研究在20年代基础上

① 《社会主义下之实业》，《李大钊全集》第3卷，人民出版社2013年版，第354页。

② 《土地与农民》，《李大钊全集》第5卷，人民出版社2013年版，第98页。

③ 在20世纪30年代的社会性质论战中，中国近代社会是“半殖民地”、“半封建”社会是马克思主义学派的主要结论。杜鲁人（何干之）就明确说：“半封建性半殖民地性是中国经济的特点，这种社会可以叫作‘半殖民地化的半封建社会’。”（杜鲁人：《中国经济读本》（节录），《中国社会性质问题论战（资料选辑）》，人民出版社1980年版，第813—814页。）

的继承和提高,由此也形成了新一代的马克思主义史学大家。

二、对帝国主义侵华史的研究

李大钊通过对中国近代史的考察,形成一个重要观点,即中国近代史是一部帝国主义侵略和压迫中华民族的历史。这一观点的系统表述是在《孙中山先生在中国民族革命史上之位置》一文中。李大钊指出:"由一八四〇年英人以炮火击破中国的门户,强行输入毒害中国人民的鸦片,中经英法联军之役、中法之役、中日之役、庚子联军之役、日俄之战、日德之战,一直到一九二五年五卅运动以来,帝国主义者在上海、沙面、汉口、九江等处,对于中国民众的屠杀,是一部彻头彻尾的帝国主义压迫中国民族史。"①李大钊作出这一判断,是以对帝国主义自鸦片战争以来侵略中国历史的研究为基础的。李大钊对帝国主义侵华史的研究,主要做了两方面的工作:

一是比较系统地整理出以英国为代表的西方列强侵华历史的基本史实,对帝国主义侵略中国历史的过程作了比较详细的梳理和描述,从而使人们比较直观地认识帝国主义侵略中国的整个过程。

早在 1922 年 3 月,李大钊写了《胶济铁路略史》一文,对德国在中国获得山东权益、修建胶济铁路的历史作了详尽的描述,分析了铁路由合作经营到"专由德国管理",再到"业务的范围不止在经营山东的铁路,并可做中国别的铁路的建筑营业"的演变过程,以及欧战继起日本最后控制了胶济铁路的史实。对于胶济铁路这一惨痛的历史,李大钊号召"国人快快起来,集股赎回,使他脱离了资本主义的帝国主义,复归故主,依平民的组织管理经营,为胶济铁路开一新纪元"②。李大钊于 1925 年 9 月又写有《从印度航路发现以至〈辛丑条约〉帝国主义侵入东方大势年表》,以年表的形式记述了上起 1497 年(应为 1498 年)葡萄牙人发现印度航路下迄 1901 年辛丑条约签订的西方殖民主义、帝国主义侵入东方的四百年历史,重点记述 1840 年鸦片战争到 1901 年辛丑条约签订,西方列强和东方日本侵略中国的历史,这是中国马克思主义史学家以年表形式比较系统

① 《孙中山先生在中国民族革命史上之位置》,《李大钊全集》第 5 卷,人民出版社 2013 年版,第 124 页。

② 《胶济铁路略史》,《李大钊全集》第 4 卷,人民出版社 2013 年版,第 67 页。

地记述西方列强侵华史的第一篇著作①。这篇“年表”有这样几个特点:(1)着重记述西方殖民者如何侵入亚洲及逐步在中国获得更多的权益,对鸦片战争、第二次鸦片战争、中法战争、甲午战争、八国联军入侵等记述尤为详细。西方列强对包括中国在内的亚洲国家的侵略,是年表的主线。(2)对日本由受西方侵略而转变为对中国进行侵略的国家,也有较为全面的记载。年表从1838年起除继续用西历、清朝皇帝年号纪年外,又添用日本天皇年号纪年,借以对比而反映中日关系。(3)对中国人民抗击侵略的斗争也有较多的记述。如对三元里抗英、焚烧英国商馆、反对英人入广州城的斗争、太平军抗击英法军队、义和团运动等皆有记载②。从今天的研究角度来看,“年表”反映李大钊是把帝国主义侵华与中国人民反抗帝国主义侵略作为中国近代史的主要内容,这可看成20世纪30年代“革命话语”近代史研究体例的最初表达。

除著作“年表”外,1925年8月李大钊曾在河南开封第一师范作了《大英帝国主义者侵略中国史》的演讲。如果说“年表”反映李大钊研究中国近代史的一种整体的宏观的研究思路,那么,这篇演讲文字则是李大钊在这一思路下的具体探索。这次演讲中在对英国侵华历程作了回顾的基础上,着重阐明这样两点内容。第一,从唯物史观出发揭露帝国主义对外侵略的反动政策。李大钊指出:“帝国主义是什么?就是资本主义发展之结果。因为它要向海外找殖民地作他自己的贸易场和原料地,因为又要保护,便要武装起来,所以武装之资本主义就是帝国主义。”③李大钊指出,英帝国主义为寻找原料市场和商品市场必然对外进行武装掠夺,它最先到东方时先侵略印度,在“得到印度以后,当然要谋及中国”。所以李大钊说:“中、英鸦片战争之近因,为林则徐之焚烧鸦片,其远因盖在英国必欲在中国打开一门户,然后借条约限制,以保护彼之商人,得行其经济侵略政策。”④这就从唯物史观的视角分析了西方列强对中国进行侵略的必然性。李大钊的这一见解,20世纪30年代得到继承。30年代的李鼎声认为,鸦片战争是欧洲资本主义争夺市场和殖民地的必然结果,“当时欧洲资本主义虽然

① 从年表最后“辛丑以后年表当续登”一语看来,李大钊对1901年以后帝国主义侵华情况已有所研究,并可看出李大钊是把帝国主义侵华作为中国近代史的一个主要线索。但学术界至今未能找到“年表”的续登内容。

② 参见《从印度航路发现以至〈辛丑条约〉帝国主义侵入东方大势年表》,《李大钊全集》第5卷,人民出版社2013年版,第73—86页。

③ 《大英帝国主义者侵略中国史》,《李大钊全集》第5卷,人民出版社2013年版,第63页。

④ 《大英帝国主义者侵略中国史》,《李大钊全集》第5卷,人民出版社2013年版,第67页。

以输出商品为主,尚未发达到今日以资本输出为主的金融资本主义阶段,然商品生产已膨胀到要求掠夺和竞争殖民地与市场的广大范围,这是毫无疑义的。资本主义生产开始得最早的英国在这时候成了东方诸国最主要的掠夺者”①。将李大钊对鸦片战争起因的论述与20世纪30年代李鼎声为代表的“革命话语”体系的观点进行比较,更能看出之间的联系。第二,揭露了帝国主义侵略中国所运用的包括文化渗透、军事征服、寻找政治上代理人等在内的各种卑劣手段。李大钊指出,帝国主义为了在中国得到政治权益和经济利益,以武力为后盾,通过文化、政治、军事等手段分化瓦解中国的民族革命力量,最终通过中国的“反革命势力”这一代理人来控制中国。他说,鸦片战争以后,英国势力长驱直入,“更有英法联军直打入北京,来恐吓清廷。及清廷以‘宁给友邦,不给家奴’之话来对外人说出,造成最大之不平等条约。此时英人以目的已达,乃转而帮同清室来打太平天国。……自此以后,帝国主义者之侵略中国,盖完全采取此手段——即利用反革命势力以压制革命。中国革命之所以至今不能成功者,此即其大因。这种方法,既不用自己力量,只是假借人家力量,又可得最大利益,所以在他们看,这是最好的妙法”②。事实正是,帝国主义控制中国先是通过晚清王朝,再就是利用北洋军阀政府等反革命势力,以保持和进一步获得它们在中国的侵略利益。李大钊对帝国主义侵略中国过程、侵略中国的本质和手段的揭示,对于进一步揭露帝国主义的侵略罪行,深入研究中国近代政治的演变与帝国主义的关系,是有积极意义的。

二是通过对中国近代社会与西方国家关系的回顾,就不平等的国际秩序及对中国近代历史的影响作了比较深入的探讨。

近代中国面临的是一个不平等的国际秩序,理解和认识这一不平等的国际秩序及其对中国的影响,对于认识近代中国史有特别重要的意义。李大钊很早就注意分析列强对中国近代社会的影响,把中国近代社会与外部世界紧密联系起来进行考察,从西方列强对中国的侵略以及中国的外部世界条件等方面来说明中国近代社会的生存环境。1915年初日本提出灭亡中国的“二十一条”,中国承受日本所转嫁的灾难,中国社会的发展陷入空前的绝境。李大钊在反对“二十一条”的斗争中,对中国社会发展日益恶化的国际环境作了深刻的反省,对甲

① 李鼎声:《中国近代史》,第13页。转引自欧阳军喜《20世纪30年代两种中国近代史话语之比较》,《近代史研究》2002年第2期。

② 《大英帝国主义者侵略中国史》,《李大钊全集》第5卷,人民出版社2013年版,第68页。

午战后中国处于列强共同宰割的地位、中国面临严重的生存危机作出具体分析：

> 卡西尼中俄密约之结果，旅大租于俄，广州租于法，威海租于英，胶州租于德。意大利闻而生心，亦欲据我三门湾。自是卧榻之侧，有他人鼾睡之声，独立之邦，伏列强割据之迹。若则齐躯竞进，若则单骑独行，铁路告成，矿山斯去，军旗所至，商旅遂来。中更庚子之乱，日俄之争，外力益以潜滋，势力略有转易。凡其利权垄断之域，辄扬势力范围之言，均势之界愈明，瓜分之机愈迫；英之于西藏及长江流域也，俄之于外蒙、伊犁也，日之于福建、南满也，法之于滇，德之于鲁也。或由战胜攻取，或由秘密缔约，或由清廷断送，或由列国协谋，均于其所志之地，攘得不让他国之特权。[①]

在李大钊看来，中国之所以待亡而“不即亡者，惟均势之故”。形成均势的原因，在于列强之间钩心斗角、“互思防制”，同时也由于美国提出的“门户开放”政策。西方列强利益的冲突在中国则形成共同牵制的局面，“故扬子江流域者，英视为其势力范围也，而有粤汉、川汉二路之四国借款以间之，日本亦于汉冶萍公司及南浔铁路享有投资之权利。满洲者，日、俄视为其势力范围也。而美前国务卿诺克士有满铁中立之提议，同时，中国亦有与英、美有爱锦铁路借款之商榷。虽皆尼于日、俄而未果，而其变相则为四国借款，以振兴满洲实业，改革满洲币制为其用途”。正是列强在中国的均势，中国“乃得偷安苟存于旦夕之残喘”[②]。李大钊认为，列强在中国的均势在民国建立后虽没有多大的变化，但由于袁世凯政府以铁路作抵押大举借款，剜肉补疮，中国面临的国际形势更为严峻，中国政治、经济发展的环境进一步恶化。当时的情形诚如李大钊所说是：“列强在华之经济势力益密，经纬参差，纤维若织，中国等于自缚之春蚕，列强如争食之饿虎。而蒙、藏与俄、英之关系，较前益彰，各国对我领土之兴味，复从兹而益浓。”[③]这就是说，即使是在均势之下，中国不灭亡，而中国的外部形势已经日趋险恶，这将对中国的生存和发展构成重大的威胁。李大钊通过对远东国际形势的分析，进一步阐明了日本对中国生存与发展的严重影响。在李大钊看来，日本在“一战”爆发后所采取的一系列侵华步骤，旨在打破远东的国际均势，实行其独霸中国的野心，这将使我中华民族沦为永无复兴的境地。李大钊回顾甲午战争、日俄战争、1914 年日军进攻青岛的罪行，指出：1914 年进攻青岛是日本实施灭亡中国的重

① 《警告全国父老书》，《李大钊全集》第 1 卷，人民出版社 2013 年版，第 212 页。
② 《警告全国父老书》，《李大钊全集》第 1 卷，人民出版社 2013 年版，第 213 页。
③ 《警告全国父老书》，《李大钊全集》第 1 卷，人民出版社 2013 年版，第 213 页。

大步骤，是“日本乘欧人不暇东顾之时，狡焉思启，作瓜分之戎首，逞吞并之野心”的大暴露，其目的在于使“旅顺与胶、澳，尽为日本所据，则扼燕京之咽喉，撼中国之根本”①。而1915年日本提出的“二十一条”更是瓜分中国进而独占中国的重要步骤，它所提出的如“中国沿海不割让何国”之要求，是“日本诡谲之阴谋，以备万一欧洲战后，列强中有欲求偿于中国以抵制日本势力于东方者，彼且有辞以进而再事强索于我，以为瓜分中国时多获权利之地步耳”。李大钊根据中、日两国政府公文、中外报章公布了“二十一条”的主要内容，揭露了“二十一条”所反映的日本政治野心，分析了“二十一条”给中国带来的亡国灭种的灾难性后果。他说：“此次日本要索之主的，对于吾国，则断绝根本兴复之生机，毁灭国家独立之体面，使我永无自存图强之实力”②，在于“强携我国家若民族濒于万劫难复之域，而堕之于九渊之中”③。在中日交涉“二十一条”之时，李大钊就深刻地指明了日本对中国社会复兴的严重威胁。李大钊的分析说明，近代以来中国处于列强体系的边缘，沦为列强共同宰割的对象；同时又成为东方日本现代化过程中掠夺的主要对象。

“五四”以后，李大钊将这一不平等的国际秩序称为“强盗世界”。在五四运动期间，李大钊发表了《秘密外交与强盗世界》，指出：“这回欧战完了，我们可曾作梦，说什么人道、平和得了胜利，以后的世界或者不是强盗世界了，或者有点人的世界的采色了。谁知道这些名辞，都只是强盗政府的假招牌。我们且看巴黎会议所议决的事，那一件有一丝一毫人道、正义、平和、光明的影子！那一件不是拿着弱小民族的自由、权利，作几大强盗国家的牺牲！”④李大钊认为，强盗世界的最基本的特征是“秘密外交”，即拿弱小民族的利益作为强盗国家、强盗政府的“私相授受的礼物”，中国的山东权益就这样被巴黎和会中的大国作为“礼物”从德国转到了日本。所以李大钊说，整个世界秩序没有改变，“现在的世界仍然是强盗世界”。那么，这种不平等的“强盗世界”秩序对近代中国产生什么影响呢？李大钊认为，“强盗世界”秩序使中国处于任人宰割的地位，中国山东由德国转给日本就是这“强盗世界”和“秘密外交”的反映，因而李大钊提出打破“强盗世界”秩序。他指出：“日本所以还能拿他那侵略主义在世界上横行的原故，全因为现在的世界，还是强盗世界。那么，不止夺取山东的是我们的仇敌，这强

① 《警告全国父老书》，《李大钊全集》第1卷，人民出版社2013年版，第215页。

② 《国民之薪胆》，《李大钊全集》第1卷，人民出版社2013年版，第243页。

③ 《国民之薪胆》，《李大钊全集》第1卷，人民出版社2013年版，第234页。

④ 《秘密外交与强盗世界》，《李大钊全集》第2卷，人民出版社2013年版，第457页。

盗世界中的一切强盗团体,秘密外交这一类的一切强盗行为,都是我们的仇敌啊!"我们的三大信誓是:"改造强盗世界,不认秘密外交,实行民族自决。"①

李大钊尤其注意不平等的国际秩序的演变及其对中国政治的影响。国际秩序自近代以来在对待弱小国家、弱小民族上是一致的,但其方法则有所变化。如果说凡尔赛会议建立的是战胜国在欧洲的秩序,那么在此之后召开的华盛顿会议则建立了以美国为首的帝国主义国家在远东和太平洋地区的国际秩序。李大钊鉴于对华盛顿会议的认识,就帝国主义"国际共管"问题做了详细的研究,1922 年 12 月发表的《国际的资本主义下的中国——旧国际共管与新国际共管》就是代表。在李大钊看来,西方列强在争夺中国的问题上有矛盾,但在共同侵略中国这一问题上有着共同点。这也就是说,"列强间在中国伸张势力的竞争虽然极烈,而于保持增进列强在中国的势力则全一致"。在李大钊看来,"国际共管"是列强协同侵略中国的方法,在于对中国经济、政治进行全面的控制及在控制中国的过程中采取协调行动。李大钊指出,以华盛顿会议为界,"列强对于中国的共管运动可以分为两期。第一期可称为旧国际共管,第二期可称为新国际共管"。新国际共管在控制中国方面比旧国际共管更富有侵略性、对中国更具有"显明的独占的性质"。旧的国际共管主要在控制中国的关税以及在"对于中国借款的共同动作",而"新国际共管不但要管理中国的财政与铁路,并且干涉到实业的发展"②。李大钊分析了旧国际共管的形成过程及其对近代中国的影响。他说,"列强共同监督中国的倾向实显于一九〇一年义和团事件",而真正的"旧国际共管实成立于一九〇八年英、德、法的银行团,目的在此三国对于中国借款的共同动作",美国"随即加入"。一九一一年的六百万镑湖广铁路借款,就是四国银行团办理的。随后俄、日加入,成英、德、法、美、日、俄六国银行团。直到 1913 年美国退出。旧国际共管对中国近代社会产生恶劣影响,"外国管理中国关税的制度,无异于监督中国重要财政的渊源"③。关于新国际共管,李大钊认为它是美国实现其门户开放政策的产物,同时也是美国召开华盛顿会议的主要原因。他说:"欧战既平,德、俄无暇顾及中国,而英、日、法遂承其地位。美国认此为绝好的机会,使他们容纳他所提出的开放门户的政策,建立一种列强共同对待中国的政策。这就是华盛顿会议的由来。"④李大钊指出,新国际共管最

① 《秘密外交与强盗世界》,《李大钊全集》第 2 卷,人民出版社 2013 年版,第 459 页。
② 《国际的资本主义下的中国》,《李大钊全集》第 4 卷,人民出版社 2013 年版,第 130 页。
③ 《国际的资本主义下的中国》,《李大钊全集》第 4 卷,人民出版社 2013 年版,第 129 页。
④ 《国际的资本主义下的中国》,《李大钊全集》第 4 卷,人民出版社 2013 年版,第 130 页。

初则由参与旧银行团的银行家设计，酝酿于 1916 年；“新国际共管的计划，实于一九一八年十月八日由美政府建议于英、法、日”，“一九二〇年十月十五日，四国银行团代表在此合同签字以后，这新国际共管遂告成立”[①]。其要点是：(1)四国各组织一国民的银行团，只有加入此团者得交涉借款于中国，否则无此权利；(2)非经四国银行团的联合行动，不得承认借款于中国，或从中国承受何种让与；(3)把所有可能的现存的权利和借款合同置于此组织管辖之下；(4)四国银行团须注意借款于中国政府与地方行政官的用途，中国的中央政府和地方政府应担保其借款系为发达实业。李大钊认为，这个新国际共管就其性质而言，不是纯粹的商业问题，而是一个政治问题；就其形成过程而言，“这最有关系的中国并未得与闻其事，直到二年以后，一九二〇年九月二十八日，才由美、英、法、日联名通知中国”[②]。可见，在李大钊看来，新国际共管对中国社会的发展将产生更加严重的政治影响。应该说，李大钊对新国际共管的分析，进一步从历史演变的角度揭露帝国主义对中国侵略方式的变化及其对中国社会的恶劣影响，代表了这一时期中国共产党人的认识水平，为后来中国共产党人进一步研究帝国主义对中国的政治侵略与控制这一问题提供了认识基础[③]。

帝国主义侵略中国的历史是中国近代史的一个重要组成部分，是理解中国近代社会变动的一个不可缺少的研究视角。研究帝国主义侵略中国史，其理论前提是必须对帝国主义本质有一个全面的认识，其研究基础是必须对帝国主义侵略中国的过程有系统的整理，其研究视角是必须从中外关系入手来考察帝国主义对中国近代社会变迁的影响。李大钊在这些方面所作的探索是有建树的，对 20 世纪 30 年代的中国近代史研究的影响是十分显然的。30 年代，在中国近代史研究领域中，帝国主义侵华史的研究逐步走向深入。关于帝国主义对中国近代政治的侵略和控制，王学文指出：“帝国主义因为其内在的矛盾和其相互间的冲突，必然地要对半殖民地的中国实行其政治的经济的侵略。其侵略的手段

---

① 《国际的资本主义下的中国》，《李大钊全集》第 4 卷，人民出版社 2013 年版，第 131—132 页。

② 《国际的资本主义下的中国》，《李大钊全集》第 4 卷，人民出版社 2013 年版，第 131 页。

③ 比如，1924 年 11 月中共在“对于时局之主张”中说：“帝国主义宰割中国之企图，约分为三时期：第一时期是所谓瓜分政策，由帝国主义的列强协议在华势力范围之划定，华盛顿会议以前，均属此时期；第二时期是所谓共管政策，由英美日法等帝国主义协力共同宰制中国，自华盛顿会议至今年七月伦敦会议，均属此时期；……进入第三期，即现在之分立政策。”(《中国共产党对于时局之主张》，《向导》第 92 期，1924 年 11 月。)

是常利用中国的封建的势力为其走狗，为其利益的代理者，因此帝国主义内在的矛盾和其相互间的冲突加紧的时候，必然地要反映到中国方面形成军阀的混战。并且，军阀混战发生，使军阀更不得不依靠其帝国主义的主人，实行其更忠实地投降与服从，来出卖中国经济的权利，尽力保护帝国主义的在华资本。"①关于帝国主义对中国经济的侵略及其后果，薛暮桥指出："帝国主义国家利用它的统治权力或者不平等条约，来摧残殖民地或半殖民地的经济独立。例如中国许多民族工业，它们非但得不到关税的保护，而且在统税和运输费用方面，处处站在不利地位，即在自己的领土中间，国货反而要比洋货缴纳更多的税捐和更大的运费。……这样殖民地和半殖民地的国民经济便愈益丧失它的独立地位，完全成为帝国主义的附庸了。"②20 世纪 30 年代的马克思主义学者，正是通过对帝国主义侵华史的研究来进一步认识中国近代社会性质的，这可以看作是在李大钊的研究基础上的深化和提高。

三、对中国民族革命史的研究

李大钊在《孙中山先生在中国民族革命史上之位置》一文中，还发表了一个重要的观点，即中国近代史是一部中华民族反抗帝国主义压迫的革命斗争史。李大钊指出，自 1841 年广东三元里平英团、1842 年南京条约后广东民众焚烧商馆、1845 年广东民团抗拒英人入侵广州、1849 年广东民众十余万拒禁英人入广州城，"中经太平天国的革命运动，三合会、哥老会覆清仇洋的运动，乃至白莲教支流义和团扶清灭洋的运动，强学会、保国会的立宪运动，兴中会、同盟会的革命运动，一直到由'五四'到'五卅'弥漫全国的反帝国主义的大运动，是一部彻头彻尾的中国民众反抗帝国主义的民族革命史"③。李大钊虽然没有对近代民族革命史上的每个事件都做出具体考察，但他对重大的民族革命大事件却进行了独到的分析，由此也可见他对近代民族革命史予以特别的重视。

---

① 王学文：《中国资本主义在中国经济中的地位其发展及其前途》，《新思潮》第 5 期，1930 年 4 月。

② 薛暮桥：《封建、半封建和资本主义》（1937 年 3 月），《薛暮桥学术精华录》，北京师范学院出版社 1988 年版，第 83 页。

③ 《孙中山先生在中国民族革命史上之位置》，《李大钊全集》第 5 卷，人民出版社 2013 年版，第 124 页。

(1)对太平天国运动等近代农民革命的论述。

太平天国运动是中国历史上农民革命在近代发展的最高峰,李大钊对民族革命史的注重就必然把太平天国运动作为极其重要的考察对象,这里仅就李大钊对太平天国的论述作极为简要的概述①。

关于太平天国爆发的原因,李大钊认为是民族矛盾和阶级矛盾尖锐化的结果,其中民族矛盾是第一位的。他说:"鸦片战后,英之势力,长驱直入打进中国来,南方以经济压迫最烈,于是失业人数加多,社会上顿起不安之现象,此不安现象,终成太平天国。"②这就是说,帝国主义的入侵及其所给予中国的压迫是太平天国运动爆发的主要原因。李大钊同时也认为,由民族矛盾又引发阶级矛盾尖锐,"新税增收,旧税增额",这也是太平天国运动爆发的原因。李大钊说:"一八四〇年鸦片战争以后,中国的门户洞开,外国商品因得以畅行输入而无阻。……在外货竞争之下,中国的纺者织者遭遇了最大的艰难,社会生活随着外货压迫的比例,呈出不安的现象,发生了破产的手工业者及农民的大众,加以鸦片的不生产的消费,因鸦片贸易而生的贵金流出,鸦片战争的对英赔款,以及关于鸦片贩卖的贿赂公行,以及公家行政的弊端百出。总此诸因,增加了巨大的人民负担,新税增收,旧税增额,遂以酿成太平天国的大革命。"③李大钊对太平天国运动爆发原因的论述,吸收了马克思在《中国革命和欧洲革命》中的观点。马克思在《中国革命和欧洲革命》中指出:"中国在1840年战争失败以后被迫付给英国的赔款、大量的非生产性的鸦片消费、鸦片贸易所引起的金银外流、外国竞争对本国工业的破坏性影响、国家行政机关的腐化,这一切造成了两个后果:旧税更重更难负担,旧税之外又加新税。"④马克思强调,就太平天国而言,不管引起起义的社会原因是什么,推动了这次大爆炸的毫无疑问是英国的大炮。李大钊关于太平天国运动原因的分析是符合马克思原义的。

关于太平天国运动的性质,李大钊指出:"太平天国的运动,是满清入关以来中国民族反抗满洲的民族革命运动,同时亦是反抗帝国主义武力的经济的压

① 关于李大钊对太平天国研究的详细情况,可参见拙作《李大钊对太平天国运动的论述》,《广西大学学报》1990年第5期。

② 《大英帝国主义者侵略中国史》,《李大钊全集》第5卷,人民出版社2013年版,第67页。

③ 《孙中山先生在中国民族革命史上之位置》,《李大钊全集》第5卷,人民出版社2013年版,第127页。

④ 《马克思恩格斯选集》第1卷,人民出版社1995年版,第692页。

迫的民族革命运动。”①这里，李大钊揭示了太平天国反帝的革命性质；但认为太平天国“反抗满洲”也是“民族革命运动”，尚不准确。李大钊同时还认为，太平天国运动在本质也是农民革命，是农民的革命运动。他从太平天国领导者和参加者阶级成分及定都天京后颁布的《天朝田亩制度》的内容加以分析和说明的。李大钊说：“太平运动兴，实含有农民革命的意义。观于首事诸人，多为烧山种田的农大、农村中落第的士子，并其攻下南京后(咸丰三年，1853年)即宣布一种含有均分共有性质的土地政策，足以证明。”②又说，太平天国运动“又是帝国主义经济的压迫下的农民革命运动。看他们占据南京以后，颁布了一个含有均平性质的土地令，便知那次的革命，多半起于农民经济的要求”③。强调太平天国土地政策的意义，实际上肯定太平天国的反封建性质。由李大钊以上论述可见，李大钊认为太平天国运动是反帝反封建的民族革命运动，同时又是在帝国主义侵略中国时代的农民革命运动。

关于太平天国运动的历史地位，李大钊引用马克思《中国革命和欧洲革命》中的论述，指出太平天国运动“实为大英帝国主义侵入中国后第一次中国国民革命的大运动”，并且将“经由英国影响于欧洲”④。李大钊指明了太平天国运动的两点意义：其一是世界意义，即对英国殖民者的打击，“缩小了英国制造品的市场，可以使英国产业危机的迫至，加速社会革命”⑤；其二是国内民主革命的意义，开启了中国民族民主革命运动之先河。由此，“中国国民革命运动的主潮，自从太平天国动乱以还，总是浩浩荡荡的向前涌进，并没有一刹那间的停止”⑥。李大钊也客观地指出太平天国存在帝王思想和宗教思想的局限，指出“他们禁止了鸦片，却采用了宗教，不建设民国，而建设天国，这是他们失败的一个重要原因”；他们的宗教观念“遮蔽了帝国主义者凶恶的真相，埋没了这次革

① 《孙中山先生在中国民族革命史上之位置》，《李大钊全集》第5卷，人民出版社2013年版，第128页。

② 《土地与农民》，《李大钊全集》第5卷，人民出版社2013年版，第97页。

③ 《孙中山先生在中国民族革命史上之位置》，《李大钊全集》第5卷，人民出版社2013年版，第128页。

④ 《马克思的中国民族革命观》，《李大钊全集》第5卷，人民出版社2013年版，第135—136页。

⑤ 《孙中山先生在中国民族革命史上之位置》，《李大钊全集》第5卷，人民出版社2013年版，第129页。

⑥ 《马克思的中国民族革命观》，《李大钊全集》第5卷，人民出版社2013年版，第144页。

命的反帝国主义性”①。

李大钊对义和团运动也进行了分析。与那种诬蔑义和团为“拳匪”的所谓正统史家不同，李大钊认为义和团运动是“民族革命运动”，在反抗帝国主义压迫的民族革命斗争中占有重要的地位。义和团运动的发生不是偶然的，“帝国主义侵略中国北方后，社会经济上发生变动，以先之油灯，尽成洋油势力，机声、纺织声都被洋布压下，中国人愤恨之结果，造成一呼即应之义和团”。李大钊认为，义和团运动的失败有两个重要的原因：一是义和团本身具有农民阶级的局限“起一种仇洋的观念”，迷信宗教；二是由于帝国主义的镇压。他说：“农民知识简单，对于事情不能观察，起一种仇洋的观念，于是弃洋枪大炮而不用，全以中国东西来抵御，而乡间所奉为惟一武器之孙悟空、关羽等神，遂相继出而应战矣。后卒以外人之压迫而消灭，更有八国联军之最大坏果，使中国人永远不能抬头。”②李大钊从帝国主义侵略中国这一总原因出发，分析义和团运动发生的必然性，肯定义和团运动的历史地位，指出其存在的弱点，是很有见地的。

（2）对五四运动的论述。

李大钊亲自参加和领导了五四爱国运动，对这段历史有深切的感受。他虽然没有专门去研究五四历史的全过程，但他对五四历史地位和五四精神的理解是极为深刻的，对我们现在研究五四运动还是很有启发的。

李大钊对五四运动的评价，突出五四运动反抗强权、争取民族独立的历史地位。他认为五四运动不是一般的爱国运动。他指出：“此次‘五四运动’，系排斥‘大亚细亚主义’，即排斥侵略主义，非有深仇于日本人也。斯世有以强权压迫公理者，无论是日本人非日本人，吾人均应排斥之！故鄙意以为此番运动仅认为爱国运动，尚非恰当，实人类解放运动之一部分也。”③李大钊提出，仅把“五四”“看做一个狭义的爱国运动的纪念日”，这是把五四运动的意义看得“狭小了”。李大钊不同意那种认为五四运动是“排日运动”的肤浅认识，认为五四运动是反对“强盗世界”、反抗强权，所以他说五四运动是代表的“中华的学生运动，是反抗强权的运动”④。

---

① 《孙中山先生在中国民族革命史上之位置》，《李大钊全集》第5卷人民出版社2013年版，第128页。

② 《大英帝国主义者侵略中国史》，《李大钊全集》第5卷，人民出版社2013年版，第68页。

③ 《在〈国民〉杂志社成立周年纪念会上的演讲》，《李大钊全集》第3卷，人民出版社2013年版，第88页。

④ 《亚细亚青年的光明运动》，《李大钊全集》第3卷，人民出版社2013年版，第230页。

李大钊充分肯定青年学生在五四运动中先驱者地位。李大钊在把五四运动作为全民的政治运动的同时,尤其突出青年在五四运动中的历史作用。他称“五月四日这一天,是中国学生界的‘May Day’。因为在那一天,中国学生界用一种直接行动反抗强权世界,与劳动界的五月一日有同一的意味”。他认为青年学生在五四运动中的先锋作用,突出地表现为对政治的积极参与和对民族命运深切关注的“反抗强权世界”的斗争精神。他说:“今天是‘五四’纪念日,是学生加入政治运动之纪念日,也是学生整顿政风的纪念日。因为政治不澄清,使我们不能不牺牲求学之精神,而来干涉政治。”①由此李大钊盼望中国学生界把“直接行动反抗强权世界”的这种精神光大起来,“依人类自由的精神扑灭一切强权,使正义、人道,一天比一天的昌明于全世界”②。这不仅指出了青年学生在五四运动中的作用,而且指明了青年学生努力的方向。

李大钊认为五四精神的根本内容是,在反帝反封建斗争中表现的为国家民族的牺牲精神和与民众斗争相结合的实践精神。1924 年 5 月纪念“五四”前夕,李大钊撰文指出,“五四”纪念日“这是中国全国学生膺惩中国卖国贼的纪念日,是中国全国学生对于帝国主义行总攻击的纪念日,亦即是被压迫的民众向压迫的国家抗争自由的纪念日,这是国民的学生的日子。我们在今天应该把国际帝国主义侵略我们的痛史,细数从头,把‘五四’运动的精神,牢牢记住,誓要恢复国家的主权,洗清民族的耻辱。”③这就揭示了五四运动争取民族自由、解放的精神。在李大钊看来,五四运动还包含与民众结合、从事实际斗争的实践精神,所以他号召青年学生继承五四精神,投身到民族解放运动中去,着重去开展两方面的工作:“(一)组织民众,以为达到大革命之工具;(二)对现政府立于弹劾的地位。”④由此可以看出,李大钊对五四精神的理解是深刻的。

李大钊对五四运动历史地位、青年学生在运动中的作用、五四精神的论述,代表了早期马克思主义者的基本看法。毛泽东后来则进一步认为,“在‘五四’时期,英勇地出现于运动先头的则有数十万的学生”;五四运动“表现中国反帝

---

① 《在北京学生联合会纪念“五四”大会上的演讲》,《李大钊全集》第 4 卷,人民出版社 2013 年版,第 219 页。

② 《中国学生界的“May Day”》,《李大钊全集》第 3 卷,人民出版社 2013 年版,第 375 页。

③ 《这一周》,《李大钊全集》第 4 卷,人民出版社 2013 年版,第 516 页。

④ 《在北京学生联合会纪念“五四”大会上的演讲》,《李大钊全集》第 4 卷,人民出版社 2013 年版,第 219 页。

反封建的资产阶级民主革命已经发展到了一个新阶段”①。李大钊作为五四运动的领导和参加者，作为中国最早的马克思主义史学家，他对五四运动评价，应引起研究者的重视。

(3)对国民党历史及孙中山的评价。

对于国民党的历史，李大钊并不陌生。在早期新文化运动时期，李大钊在论及中国政治时，对国民党的历史曾多有论述。转变为马克思主义者以后，李大钊对国民党这一中国社会现代化政党的认识不断提高。他本人以后又参与国民党改组、推动国共合作，率先加入国民党，因此对国民党历史是有所研究和探讨的。1921年3月李大钊曾指出：“中国自满清道、咸海禁大开之日，就有受些欧化洗礼的两个大党产生，一是同盟会，一是强学会。”他认为，“同盟会的功业，是辛亥革命”②。李大钊1923年4月在《普遍全国的国民党》中，对国民党的社会基础和失败原因作了分析。他指出：“国民党的根萌，实际上是培植在海外华侨散在的地方，和中国南边华侨母国的广东一省。第一革命后，虽然一时全国到处都有了国民党，但这些虚浮无根的花，只是那几株栽植在南方的广东和海外华侨散在的地方的‘国民党’树上所开的花，一阵风来吹遍大地旋即萎谢了。”“自从第二革命后，国民党受了北洋军阀重大的打击，……国民党亦因此自儒，荒废了并且轻蔑了宣传和组织的工夫，只顾去以武力抵抗武力，不大看重民众运动的势力，这不能不说是国民党的错误。”鉴于对国民党组织的分析，李大钊指出：“国民党从前的政治革命的运动，所以没有完全成功的原故，就是因为国民党在中国中部及北部，没有在社会上植有根柢的组织。”③在1923年12月的《十八年来之回顾》中，李大钊对国民党的黄花岗起义、建立南京临时政府、二次革命、1918年建立军政府、1921年川鄂自治、1923年国民党开始改组等作了回顾，宣传了国民党的奋斗精神。在1924年6月的《人种问题》的讲演中，李大钊对国民党的民族主义的演变作了分析，他指出：“其在未革命时(辛亥以前)，所谓民族主义，不过是对汉满民族而言的意义；其在既革命(辛亥)以后，所谓民族主义是指合中国汉、满、蒙、回、藏五族为一家，只不过稍有汉族为中心的意义。”而国民党一大对民族主义又有了新的解释，“这解释系分对外、对内两方面：在现世中国的民族，为要独立而反抗其他任何民族的侵略与压迫，这是对外；同时在国内经济生活不

① 《五四运动》，《毛泽东选集》第二卷，人民出版社1991年版，第558页。

② 《团体的训练与革新的事业》，《李大钊全集》第3卷，人民出版社2013年版，第349页。

③ 《普遍全国的国民党》，《李大钊全集》第4卷，人民出版社2013年版，第208—208页。

同的民族要使其解放，自决而独立，这是对内。国民党的民族主义经了这番新解释，其意义也更新而切当了”①。李大钊对国民党历史的考察，突出了国民党为中华民族独立与解放而奋斗的精神，也总结了国民党在发展中的得失，为国民革命的到来作了舆论宣传。

与对国民党的历史探讨相联系，李大钊在深入研究孙中山指导的国民革命的基础上，对孙中山作了较为全面的评价。1925 年 3 月 15 日中共中央曾发表《为孙中山之死告中国民众》、《为孙中山之死致唁中国国民党》，1926 年 3 月又发表《中共中央于中山先生逝世周年纪念日告中国国民党党员书》，肯定了孙中山在中国民族解放运动中的地位，指出“中山先生是中国民族革命运动的先觉”②，但是没有结合中国近代以来民族革命运动的历史进行系统的阐述。在孙中山逝世周年的 1926 年 3 月 12 日，李大钊发表了《孙中山先生在中国民族革命史上之位置》文章，对孙中山的历史地位作了科学的评价，代表了这一时期评价孙中山业绩的最高水平。李大钊指出：

> 孙中山先生所指导的国民革命运动，在中国民族解放全部历史中，实据有中心的位置，实为最重要的部分。他承接了太平天国民族革命的系统，而把那个时代农业经济所反映出来的帝王思想，以及随着帝国主义进来的宗教迷信，一一淘洗净尽。他整理了许多明季清初流衍下来以反清复明为基础的、后来因为受了帝国主义压迫而渐次扩大着有仇洋彩色的下层结社，使他们渐渐的脱弃农业的宗法的社会的会党的性质而入于国民革命的正轨。他揭破了满清以预备立宪欺骗民众的奸计，使那些实在起于民族解放运动而趋入于立宪运动的民众，不能不渐渐的回头，重新集合于革命旗帜之下。他经过了长时期矫正盲目的排外仇洋运动，以后更指导着国民革命的力量，集中于很鲜明的反帝国主义的战斗。他接受了代表中国工农阶级利益的共产党员，改组了中国国民党，使国民党注重工农的组织而成为普遍的群众的党，使中国国民革命运动很密切的与世界革命运动相联结。③

李大钊评价孙中山就学术视角而言有两个重要的特点。一是从中国民族革命史发展的历程来分析孙中山的历史地位，以突出孙中山“在中国民族革命史上继

---

① 《人种问题》，《李大钊全集》第 4 卷，人民出版社 2013 年版，第 577—578 页。

② 《中共中央于中山先生逝世周年纪念日告中国国民党党员书》，《六大以前》，人民出版社 1980 年版，第 416 页。

③ 《孙中山先生在中国民族革命史上之位置》，《李大钊全集》第 5 卷，人民出版社 2013 年版，第 125 页。

往开来，铸新淘旧，把革命的基础，深植于本国工农民众，广结于世界革命民众的伟大功绩"①。在中国民族革命运动中，经历了由农民革命到资产阶级革命的转变过程，而严格地说，中国反帝反封建的资产阶级民主革命，是从孙中山开始的②。因此，评价孙中山在国民革命中的地位就必须在对孙中山之前的农民革命作出总结的基础上进行，同时也必须对辛亥革命作出分析。李大钊对国民革命以前的历史有所探讨，他认为近代民族革命运动的缺点，一方面是在指导思想上存在帝王思想、宗教思想，这在太平天国运动和义和团运动中表现尤为突出，从而削弱了自己的力量；另一方面是对帝国主义没有正确的认识。在他看来，虽然武昌起义因为"首先宣言维持外人权利"而获得"成功"，"然以尊外人，不能对外，故更造成十余年只能埋头内争之结果，外人利用此机会，处处压迫革命势力，对于南方更为显著"③。这实际上是说辛亥革命反帝不彻底的一面。正是在对近代民族革命运动的总结，所以李大钊认为孙中山继承近代民族革命传统的同时又克服了近代民族革命的弱点，从而充分肯定孙中山在近代民族解放运动中历史地位。二是从孙中山的生存环境来理解孙中山。李大钊说："我们想要了解中山先生的思想及其事业的重要，必须先考察他的时代及境遇。先生的生存期，是一八六六年到一九二五年，这是帝国主义侵略中国最酷烈的时代。"④接着李大钊对帝国主义侵略中国的历史进行了回顾和总结，以阐明近代中国历史发展的迫切要求，论证孙中山指导的国民革命的历史合理性及孙中山所处的地位。李大钊在孙中山逝世周年对孙中山所作的如上的评价，就是在考察孙中山生存"时代及其境遇"的基础上所作出的结论，这就从历史与现实结合的角度评价了孙中山的历史地位，因而更有说服力。李大钊对孙中山业绩的概括及其所作的具体分析是十分中肯的，符合历史实际。在中国现代学术史上，对孙中山最先作出比较系统而全面评价的是李大钊。

李大钊对中国近代以来民族革命史的研究在于揭示中国近代历史发展的客观规律，在于论证这样一个真理，即"中国国民革命运动的主潮，自从太平天国动乱以还，总是浩浩荡荡的向前涌进，并没有一刹那间的停止。帝国主义对于中

---

① 《孙中山先生在中国民族革命史上之位置》，《李大钊全集》第5卷，人民出版社2013年版，第131页。

② 参见《青年运动的方向》，《毛泽东选集》第二卷，人民出版社1991年版，第563页。

③ 《大英帝国主义者侵略中国史》，《李大钊全集》第5卷，人民出版社2013年版，第68页。

④ 《孙中山先生在中国民族革命史上之位置》，《李大钊全集》第5卷，人民出版社2013年版，第125页。

国民族的压迫,只有日益增加,故中国民族之革命运动,亦只有从之而日益强烈。”①这是在揭示“民族革命运动”这一时代主题。李大钊提出“吾人之运动口号为尊重民权,打倒军阀,打倒帝国主义三条”;认为要继续“民族革命运动”的任务“非全民觉悟不可”,并希望全民“全都起来,参加现在之国民革命运动,使之早日实现”②。李大钊通过对民族革命史的研究,还在于揭示革命过程中前进性与曲折性相统一的原理,以及中国民族解放运动必然胜利的历史归宿和中国社会发展的光明前景。他说:“这一条浩浩荡荡的民族革命运动史的洪流,时而显现,时而潜伏,时而迂回旋绕,蓄势不前,时而急转直下,一泻万里。他的趋势是非流注于胜利的归宿而不止。简明的说,中国民族革命运动史,只在压迫中国民众的帝国主义完全消灭的时候,才有光荣的胜利的终结。”③中国革命的进程证明了李大钊的论断。

李大钊关于中国近代史是一部“中国民族反抗帝国主义的民族斗争史”的论断,是他运用马克思主义关于人民群众创造历史思想考察中国近代史的具体体现,这在中国近代史的研究中有十分重要的意义。在近代史研究中,梁启超是新史学的开创者,他注重揭示中华民族沦落与振兴的经验教训,但由于其资产阶级思想的局限,并未能就包括太平天国运动在内的民族革命史作出科学的评价。孙中山强调历史上的民族革命,认为洪秀全领导的太平天国是民族革命,但他又认为传统文化中的忠孝、仁爱、信义、和平等反映了民族的精神。与李大钊同时代的萧一山,著有《清代通中》(上卷)于1923年出版,李大钊曾为之作序。萧一山认为“一部清史,实在可以说是一部民族革命史了”,并把天地会、朱一贵、林爽文的起义和洪秀全的太平天国称为民族革命运动,认为中国近代史必须以民族革命观为骨干,“因为它——民族革命,整个支配了中国近代社会,一切都是以它为枢纽而变动的”④。但他的民族革命观缺乏阶级的分析,矛盾之处甚多。如萧一山甚至把镇压太平天国的曾国藩看成是民族革命人物,认为曾国藩在扩大汉族权利;他一方面肯定义和团运动具有“民族自救观念”,是“爱国保家运动”,但另一方面又称义和团为“拳匪”,是“反动之横流”。萧一山虽然用“民族

① 《马克思的中国民族革命观》,《李大钊全集》第5卷,人民出版社2013年版,第144页。

② 《大英帝国主义者侵略中国史》,《李大钊全集》第5卷,人民出版社2013年版,第69页。

③ 《孙中山先生在中国民族革命史上之位置》,《李大钊全集》第5卷,人民出版社2013年版,第125页。

④ 萧一山:《清史大纲·引论》,转引自马金科、洪京陵编著:《中国近代史学发展叙论》,中国人民大学出版社1994年版,第311页。

革命”的观念撰写了以新史学观点指导的第一部清代通史著作——《清代通史》,但他没有对中国近代民族革命作出科学的评析,这是资产阶级新史学的局限。只有李大钊才第一次运用马克思主义唯物史观原理对太平天国运动、义和团运动、辛亥革命、五四运动、孙中山指导的国民革命等作出科学的分析,从而使“民族革命史”在近代史研究中成为科学的概念,推动了近代民族革命运动史研究的发展。

李大钊提出的民族革命斗争史的观点,在20世纪40年代得到很大的发展。比较有影响的以中国人民的革命斗争为主线来论述中国近代史的著作有:李絜非的《中国近代史》,叙述鸦片战争至抗日战争的历史;武波的《中国近代史》(1947年),则将中国近代史分为新旧两个民主革命的时代;其他如华岗的《中国民族解放运动史》(1947年)和《中国近代史》(上册,1949年)也是以民族革命为主线的。这里要提及的是,1937年延安解放社印的张闻天的《中国现代革命运动史》铅印本,对民族革命运动做了系统的研究,是对李大钊提出的“民族革命史”领域的全面探索。该书分七讲对太平天国革命、戊戌政变与义和团运动、辛亥革命、五四运动、中国共产党的产生与中国工人运动的发展、中国国民党的改组与国共合作、1925—1927年的中国大革命等做了全面的研究,从而使中国民族革命的历史更加具体和丰富。以后毛泽东在《中国革命和中国共产党》中,对中国近代的民族革命作了科学的总结,指出:“帝国主义和中国封建主义相结合,把中国变为半殖民地和殖民地的过程,也就是中国人民反抗帝国主义及其走狗的过程。”①由此可以看出,李大钊对中国民族革命史的研究在中国近代研究领域占有不可缺的地位,具有开辟中国近代民族革命史研究领域的意义。

从20世纪20—30年代中国马克思主义史学发展的轨迹来分析,值得注意的是,毛泽东在此提出“两个过程”说,与李大钊在《孙中山先生在中国民族革命史上之位置》中提出的中国近代史既是“一部彻头彻尾的帝国主义压迫中国民族史”、又是“一部彻头彻尾的中国民众反抗帝国主义的民族革命史”的论断,有着内在的联系,但内涵又有所不同。毛泽东强调的是“双反”即反帝反封建,李大钊所说的“反抗帝国主义的民族革命史”概念虽也含有反封建的内容,但侧重于反帝。根据欧阳军喜的研究,20世纪30年代存在以李鼎声为代表的中国近代史研究的“革命话语”,即把中国近代史视为西方殖民势力不断入侵中国,把

① 《毛泽东选集》第二卷,人民出版社1991年版,第632页。

中国变为殖民地及中国人民反抗侵略的过程[①]。纵观 20 世纪的中国近代史研究,从 20 年代的李大钊到 30 年代的李鼎声的“革命话语”和毛泽东的“两个过程”说,到 40 年代“民族革命史”的研究,再到胡绳的《从鸦片战争到五四运动》所系统阐发的“两个过程”理论,可以说是一脉相承的。这大致反映中国马克思主义学派在 20 世纪研究中国近代史的基本脉络。

四、中国近代思想变迁的唯物史观说明

对中国近代思想的变迁进行马克思主义的分析是从李大钊开始的。李大钊研究思想史的一个重要特点是,从经济基础与上层建筑的关系入手,阐述思想文化的经济基础及其变迁的经济原因,反映他在历史研究领域对唯物史观的熟练掌握。诚如有的学者所评价的那样,李大钊运用唯物史观“研究中国思想史,开中国马克思主义思想史研究之先河”[②]。在中国近代思想史领域,李大钊的代表作是《由经济上解释中国近代思想变动的原因》。他的另一篇著作《物质变动与道德变动》,则是中国最早运用唯物史观论述早期新文化运动“伦理革命”历史合理性的学术著作。由这两篇著作及其他文章中的一些论述,奠定了李大钊在中国学术界以马克思主义研究中国近代思想史的先驱者地位。

李大钊以唯物史观为指导论述了中国近代思想变迁的轨迹及发展的趋势。在中国近代思想史领域,封建史学家恪守“天不变,道亦不变”的陈腐教条,不承认或不愿承认近代思想变动的客观事实,幻想传统儒家思想在中国近代的思想支配地位。一些主张进化的资产阶级学者,虽然承认中国近代思想有所变动,但是他们不可能深入地寻出这种变化的经济根源;而且他们由于受到第一次世界大战期间西方文明破产论的悲观情绪影响,又主张文化复古论。如章士钊就认为:“旧者,根茎也。不有旧,决不有新,不善于保旧,决不能迎新”;甚至说“道德上复旧之必要,必甚于开新”[③]。这就全盘否定了新文化运动思想革命的意义。杜亚泉则不承认新思想之存在,他说:“吾以为今日之主张推倒一切旧习惯者,实因其心意中并未发生新思想之故。”[④]李大钊不同意这种对近代中国思想的看

① 参见欧阳军喜《20 世纪 30 年代两种中国近代史话语之比较》,《近代史研究》2002 年第 2 期。
② 桂遵义:《马克思主义史学在中国》,山东人民出版社 1992 年版,第 17 页。
③ 章行严:《新时代之青年》,《东方杂志》第 16 卷,第 11 号,1919 年 11 月。
④ 伧父:《何谓新思想》,《东方杂志》第 16 卷,第 11 号,1919 年 11 月。

法，认为中国近代思想是处于不断的变动之中，传统儒家思想的衰落和崩坏以及民主主义思想的孕育和发展是中国近代思想的基本面貌。李大钊指出："试看中国今日种种思潮运动，解放运动，那一样不是打破大家族制度的运动？那一样不是打破孔子主义的运动？第一、政治上民主主义（Democracy）的运动，乃是推翻父权的君主专制政治之运动，也就是推翻孔子的忠君主义之运动。这个运动，形式上已算有了一部分的成功。联治主义和自治主义，也都是民主主义精神的表现，是打破随着君主专制发生的中央集权制的运动。……第二、社会上种种解放的运动，是打破大家族制度的运动，是打破父权（家长）专制的运动，是打破夫权（家长）专制的运动，是打破男子专制社会的运动，也就是推翻孔子的孝父主义、顺夫主义、贱女主义的运动。"①这就是说，中国近代思想不是没有变动，不是复古的运动，而是孔子主义被打破逐渐走向衰落和新的民主主义思想得到发展。李大钊还列举了自由主义、个性主义在近代中国社会的表现，诸如家庭问题中的亲子关系的问题、短丧问题，社会问题中的私生子问题、儿童公育问题，妇女问题中的贞操问题、节烈问题、女子教育问题、女子职业问题、女子参政问题，法律上的男女权利平等问题（如承继遗产权利问题等）、婚姻问题——自由结婚、离婚、再嫁、一夫一妻制、乃至自由恋爱、婚姻废止，等等一系列问题。李大钊的论述说明，中国近代思想是一个不断变动、不断解放的历程，是民主主义取代孔子主义思想的历史。

李大钊进一步分析了中国近代思想变动的经济原因，论证新思想的发生、发展和旧思想衰落、崩坏的历史必然性。在李大钊看来，中国近代社会的一切变动根源于经济的变动，作为社会上层建筑的思想文化是随着经济的变动而变动。李大钊指出：中国近代社会与传统社会相比的重要特征是时代变了，西洋动的文明打进来了，西洋的工业经济来压迫东洋的农业经济了，由此，孔门伦理的基础就根本动摇了。所以李大钊说："中国的农业经济，既因受了重大的压迫而生动摇，那么首先崩颓粉碎的，就是大家族制度了。中国的一切风俗、礼教、政法、伦理，都以大家族制度为基础，而以孔子主义为其全结晶体。大家族制度既入了崩颓粉碎的运命，孔子主义也不能不跟着崩颓粉碎了。"②这就是说，由于孔子学说的经济基础在近代中国社会发生变动，因此孔子学说在近代中国也就失去了存

① 《由经济上解释中国近代思想变动的原因》，《李大钊全集》第3卷，人民出版社2013年版，第190页。

② 《由经济上解释中国近代思想变动的原因》，《李大钊全集》第3卷，人民出版社2013年版，第189—190页。

在的依据，而归于灭亡的运命。李大钊认为，新思想在近代中国的产生和发展同样是有其经济的基础。由于近代中国传统农业经济动摇，大家族制的本身已经不能维持，形成现代的新经济组织，并且随着新经济势力而输入自由主义、个性主义。因此，“现代的经济组织，促起劳工阶级的自觉，应和社会的新要求，就发生了‘劳工神圣’的新伦理，这也是新经济组织上必然发生的构造”。所以李大钊说新思想在中国近代社会的“自由流行”是中国近代社会发展的必然，“因为新思想是应经济的新状态、社会的新要求发生的，不是几个青年凭空造出来的”①。这样，李大钊在唯物史观的指导下从中国近代社会经济变动的视角论证了近代中国思想变迁的缘由，阐述了新思想代替旧思想以适应中国近代社会发展的历史必然性。

以唯物史观为指导论证早期新文化进行“伦理革命”的合理性，是李大钊对中国近代思想史研究的突出贡献。五四时期中国学术界对早期新文化运动抨击封建文化持有不同的看法，封建文人如林琴南等对新文化运动则更是反对有加。对新文化运动反对封建文化的理由，包括李大钊在内的早期新文化运动的精英当时也只是用进化论来说明封建文化的不合时宜性，倡言引进西方文化的必要性。李大钊在中国率先转变为马克思主义者以后，立即运用唯物史观对道德这一上层建筑进行解说，其目的在于论证封建伦理道德失去存在的依据，从而为新文化运动进行理论上的支持，以推动新文化运动在更高的层次上发展。在《物质变动与道德变动》一文中，李大钊指出：“道德既是社会的本能，那就适应生活的变动，随着社会的需要，因时因地而有变动”。“道德既是因时因地而常有变动，那么道德就也有新旧的问题发生”。道德是随着物质的变动而变动的，亦即道德是“随着生活的状态和社会的要求发生的”；而物质“只有前进，没有反顾；只有开新，没有复旧”，因此道德只有开新，断无复旧的道理。正是鉴于物质和意识的关系，李大钊从经济基础与上层建筑的关系出发对新道德取代旧道德作了说明：“适应从前的生活和社会而发生的道德，到了那种生活和社会有了变动的时候，自然失了他的运命和价值，那就成了旧道德了。这新发生的新生活、新社会必然要求一种适应他的新道德出来，新道德的发生就是社会的本能的变化，断断不能遏抑的。”②正是对新旧道德赖以生存的经济基础的揭示，李大钊说明

① 《由经济上解释中国近代思想变动的原因》，《李大钊全集》第3卷，人民出版社2013年版，第191—192页。

② 本段引文均见《物质变动与道德变动》，《李大钊全集》第3卷，人民出版社2013年版，第145—146页。

了新道德代替旧道德的必然性,也就是新道德的产生是“断断不能遏抑的”。李大钊的论述从唯物史观的新视角说明了新文化运动进行伦理革命、反对封建纲常名教的合理性,这是中国学术界最早对新文化运动反对封建文化斗争作出的马克思主义评价,并且使新文化运动在马克思主义指导下继续发展。

李大钊对中国近代史的研究所形成的基本观点,就其学术思想渊源而言,来源于马克思主义的唯物史观,着重从经济变动来考察中国近代社会的演变,形成以“革命”为中心的近代史研究的思想体系。对此,上文已经提及。这里还要说明的是,李大钊关于中国近代历史的一些认识还与共产国际、列宁的民族殖民地理论以及马克思关于中国革命的具体论述的影响有关。比如,李大钊在中国近代史研究提出“民族革命史”的概念,应该说与共产国际的理论也有关。共产国际二大曾就“落后国家的资产阶级民主运动问题”进行讨论,讨论后一致决定“不提‘资产阶级民主’运动,而改提民族革命运动”,并认为“把‘资产阶级民主’这样的提法一般都改为‘民族革命’才是正确的”①。“民族革命运动”这一提法,直接对早期中国共产党人的近代史研究产生影响。

再如,李大钊有一个重要观点,即“中国的国民革命运动,自始即是世界的一部。中国革命的成功,将与伟大的影响于欧洲,乃至全世界”②。这一观点很显然是来自马克思和列宁的。李大钊曾翻译马克思的《中国革命和欧洲革命》一文,说马克思在此文中“分析中国革命的因果关系,并其所与于欧洲的影响”③;还说:“我们读了马克思这篇论文以后,应该很明确的认识出来中国国民革命是世界革命一部分的理论和事实。”④列宁的观点对李大钊也有影响。列宁的《亚洲的觉醒》和《落后的欧洲和先进的亚洲》中两段文字:

> 几万万受压制的、由于处于中世纪的停滞状态而变得粗野的人民觉醒过来了,他们走向新生活,为争取人的起码权利、为争取民主而斗争。⑤
>
> 在亚洲,强大的民主运动到处都在发展、扩大和加强。那里的资产阶级还在同人民一起反对反动势力。数亿人正在觉醒起来,追求生活,追求光

① 《列宁选集》第4卷,人民出版社1995年版,第276—277页。

② 《中山主义的国民革命与世界革命》,《李大钊全集》第5卷,人民出版社2013年版,第197页。

③ 《中山主义的国民革命与世界革命》,《李大钊全集》第5卷,人民出版社2013年版,第197页。

④ 《马克思的民族革命观》,《李大钊全集》第5卷,人民出版社2013年版,第143页。

⑤ 《列宁选集》第2卷,人民出版社1995年版,第316页。

> 明,追求自由。这个世界性的运动使一切懂得只有通过民主才能达到集体主义的觉悟工人多么欢欣鼓舞!一切真诚的民主主义者对年轻的亚洲是多么同情!而‘先进的’欧洲呢?它掠夺中国,帮助中国那些反对民主和自由的人!①

这两段文字在李大钊论述中国革命和世界革命的关系时被引用,只是在文字的翻译上有少许出入。李大钊说:“孙中山先生革命的奋斗,已经唤起了沉睡的亚洲,中山主义所指导中国国民革命的成功,亦必要影响到英国,经英国影响到欧洲,到全世界。马克思和列宁的话,必能由中国民众革命的努力经由中山主义的道路一一证实。”②“中国革命是世界革命的一部分”,这一观点是早期中国马克思主义史学家和政治家考察中国近代史的理论预设,成为20世纪30年代近代史研究“革命话语”的前导。毛泽东后来就总结说:“‘中国革命是世界革命的一部分’,这一正确的命题,还是在一九二四年至一九二七年的中国第一次大革命时期,就提出了的。”③如果要寻求这一观点的渊源的话,还要推溯到列宁和共产国际的民族殖民地理论。列宁认为,在帝国主义时代,世界被划分为压迫民族和被压迫民族,被压迫民族的解放运动是推翻国际帝国主义的积极因素,是无产阶级革命总问题的一部分;“共产国际在民族和殖民地问题上的全部政策,主要应该是使各民族和各国的无产者和劳动群众为共同进行革命斗争、打倒地主和资产阶级而彼此接近起来”④。受此思想影响,李大钊提出:“凡是像中国这样的被压迫的民族国家的全体人民,都应该很深刻的觉悟他们自己的责任,应该赶快的不踌躇的联结一个‘民主的联合阵线’,建设一个人民的政府,抵抗国际的资本主义,这也算是世界革命的一部分工作。”⑤

李大钊对中国近代史的研究在中国近代史这门学科的发展史上占有特别重要的地位,是中国早期的马克思主义者运用唯物史观研究中国近代史的开端。用马克思主义观点系统研究中国近代史是20世纪三四十年代的事。理论性的著作,如毛泽东的《中国革命和中国共产党》、《新民主主义论》等;学术性的近代史著作,如李鼎声的《中国近代史》(1933)、范文澜的《中国近代史》(上编第一

---

① 《列宁选集》第2卷,人民出版社1995年版,第318页。

② 《中山主义的国民革命与世界革命》,《李大钊全集》第5卷,人民出版社2013年版,第199页。

③ 《毛泽东选集》第二卷,人民出版社1991年版,第668—669页。

④ 《列宁选集》第4卷,人民出版社1995年版,第217页。

⑤ 《十月革命与中国人民》,《李大钊全集》第4卷,人民出版社2013年版,第124页。

分册,1947)、胡绳的《帝国主义与中国政治》(1948)、华岗的《中国民族解放运动史》(1947)和《中国近代史》(上册,1949)等。李大钊对中国近代史的研究虽处在开创阶段,但他对近代史研究所形成的一些观点,如关于近代中国社会的民族矛盾和阶级矛盾、民主革命的反帝反封建任务、近代史既是一部帝国主义侵华史又是一部中国民族革命史等,以及他对近代思想所进行的唯物史观的解释、对新文化运动反封建文化斗争合理性新的理论论证,已初具 20 世纪 30 年代在中国社会性质问题的论战、中国农村经济性质问题的论战中马克思主义学派的理论观点的雏形,并对三四十年代的中国近代史学科建设起到奠基作用。李大钊在运用马克思主义研究中国近代史方面处于先驱者的地位,他对中国近代史的探索是中国马克思主义学者研究中国近代史的开端。

(原载《近代史研究》2003 年第 3 期,人大复印资料
《中国近代史》2003 年第 11 期全文转载)

【昔文琐记】这篇《李大钊与中国近代史研究》,写作于 2001 年 3 月至 6 月间。

我在 2001 年的 3 月 1 日起正式撰写博士论文《李大钊与中国现代学术》,至 6 月底完成博士论文的主要部分,剩下的关于李大钊的政治学贡献部分未写。7 月初放暑假,回徐州家中,就是补写李大钊的政治学贡献部分,一直写到 8 月底。故而,博士论文中关于"李大钊与中国近代史研究"这部分,是在暑假前完成的。

写这篇《李大钊与中国近代史研究》时,我已经明白关于中国近代史研究的历史,有两大研究模式:一是以李鼎声(李平心)为代表的革命史叙述模式,二是以陈恭禄为代表的现代化叙述模式。前者以"革命"解读近代中国史,坚持唯物史观的指导地位,下启"毛—范"体系,其基本主张为共产党人及马克思主义者所遵循;后者则用"现代化"解读近代中国史,恪守进化论的研究路线,陈恭禄之后有蒋廷黻的著作《中国近代史》,为当时史学研究之正统。对于李鼎声的著作《中国近代史》及其贡献,我也是此时才引起重视的。对于陈恭禄这位史学家,我在读大学时就知道了。我的同学刘一兵,那时准备考南京大学的研究生,读的就是陈恭禄的《中国近代史》,我对此印象较深。这篇《李大钊与中国近代史研究》,就是在革命史模式中考察李大钊的先驱地位,是我博士论文中李大钊史学贡献部分的主要内容之一。

我在 2001 年的 9 月回北师大修改论文中,从博士论文初稿中抽出这篇《李大钊与中国近代史研究》,投稿《近代史研究》编辑部,不久就收到录用的通知,

同时也有修改意见。于是，我在2002年上半年到《近代史研究》编辑部，接待我的是谢维编审。他是龚书铎先生的弟子，有着大学问家的气度，为人谦和，对我的论文提出了很好的修改意见。我对他说："此文写得仓促，请谢老师多多指导！"这是实话，因为写得确实很仓促。而谢维则有这样的回应："不敢当，不敢当，你是张静如先生的弟子，我是龚书铎先生的弟子，咱们相互切磋切磋。在北师大读书时，多次聆听张先生的讲座。"到中午时，谢维先生又在所里的食堂招待我吃饭。这样，我就结识谢维先生了。文章的修改得到谢维的指点，文章的思路也更清晰了，这是要感谢谢维先生的！

关于这次到《近代史研究》编辑部的时间，我的记录本记载是2002年3月22日。根据我当时的记录，谢先生主要讲了以下几点：

> 文章主旨是比较，即与20世纪30年代的中国马克思主义史学比较。
>
> 对这篇文章所涉及的研究成果，要有一个学术回顾（200—300字）。《史学史研究》1995年第2期上有尹祥霞的《李大钊对中国近代社会的研究》文章，可以参考。文章前面加一个"提要"，写出关键词。"提要"在写法上，不要写"本文……"这样的话语，字数控制在三百字以内。
>
> 文章不只是关心李大钊说什么，还要着重于比较，尤其是与三十年代关于近代史研究理论的比较。与三十年代近代史研究理论比较，要说明有哪些相同与不同的方面。"同"中说明"继承"，"不同"中反映"发展"，尤其是要与其他马克思主义史学家进行比较。要细读一些有代表性的中国马克思主义史学论著，特别是三十年代的马克思主义史学著作。
>
> 文章中要注意"反封建"与"反军阀"的区别。李大钊对近代史研究提出的观点，在近代史研究中的地位，文章中不讲"对否"问题。"民主革命"、"资产阶级"、"资本主义"这些概念是如何发生、变化的，李大钊是怎么讲的，有什么特别之处，要心中有数。
>
> 近代史上的一些事件也可以进行比较。如"鸦片战争起因"问题，李大钊的看法，就可以与三十年代的看法进行比较。
>
> 李大钊是中国马克思主义史学的奠基人，"奠基人"前人说了，似乎可以改变而提出新的说法。李大钊究竟对马克思主义史学有什么贡献，要把李大钊放在"近代史学派"中看。
>
> 比较主要是一些基本概念的比较，如"两个过程"、"社会性质"、"时代"、"阶级分析法"（特别是关于"资产阶级"问题的分析）、"主题"（民族民主革命）。

比较要准确,注意不同点,如“反帝反封建”与“反帝反军阀”、“民族民主革命”与“民族革命”(无“发展资本主义”)、“双半”(半殖民地半封建)与“单半”(无“土地革命”),等等。

《近代史研究》第3期在4月底送厂,修改稿最迟在4月10日—15日传过来,传来时打一个电话。

撰写这篇《李大钊与中国近代史研究》,最大的收获就是明白了近代史研究中的革命史研究范式,不仅了解到这个范式的学术旨趣、基本历程及研究思路,而且也学会了用这个范式去考察相关人物的近代史研究成果。李大钊关于近代史的论述是分散在诸多的文章中,要集中起来并形成一个体系,研究者就得有一个理论上的系统(知识结构),并且只有如此才可能作出相关的评价。有了这个革命史研究范式的知识体系,再明白还有个现代化研究范式,则对李大钊在近代史研究中的贡献也就能够梳理出来,学术上的评价也就比较容易的。

顺便说一下,学术研究中学得了新的方法和新的知识,关键是在于能够具体地运用,并善于运用到位,从而取得系列性的研究成果。我正是有撰写《李大钊与中国近代史研究》文章的经历,掌握到“中国近代史研究史”中的一些关键问题(如近代中国社会性质、近代中国社会主要矛盾、近代中国的历史任务、近代中国的革命运动等),故而以后又写出《陈独秀与中国近代史研究》、《梁启超与中国近代史研究》等文章。事实上,掌握好“中国近代史研究史”,是可以写出很多文章的。因为现代中国的不少学者,曾研究过近代中国社会,对中国近代史研究作出过贡献,尽管这些学者并不一定都是历史学者,并不一定都是以马克思主义为指导的。中国早期的马克思主义者李达、恽代英、蔡和森等,对中国近代史研究都曾作出贡献,我们就可以写出《李达与中国近代史研究》、《恽代英与中国近代史研究》、《蔡和森与中国近代史研究》等文章。这还是就马克思主义者而言,事实上,现代中国不少非马克思主义的学者,也有研究过近代中国社会的,因而对近代史研究也有他们的贡献。这就需要下点功夫,将他们的贡献表彰出来。这对于以后撰写比较全面的“中国近代史研究史”著作,是十分必要的。现在,许多年轻研究者经常说找不到题目,实际上就是没有新的研究方法,没有新的学科视域。研究者如果有新的方法和新的学科视域,什么样的研究对象,都能耕耘一番的。这是我多年来学术研究的一个体会。

2021年1月30日

陈独秀与中国近代史研究

陈独秀、李大钊等早期的马克思主义者对中国近代史的研究有开创性贡献。就中国近代史这门学科的历程而言，中国近代史在五四时期是正在形成中的学科，20世纪30年代的中国社会性质问题论战时才具备初步的学术研究体系，并形成"革命史范式"和"现代化范式"①；自20世纪50年代开始，"革命史范式"成为中国近代史研究的唯一范式；20世纪80年代末以来，"现代化范式"得到创新和发展，形成中国近代史研究中"革命史范式"与"现代化范式"并存的学术景观。从中国近代史的研究历程来看，李大钊、陈独秀等对"革命史范式"的奠基和形成雏形有重大贡献，是20世纪30年代"革命史范式"正式形成的先导②。关于李大钊对中国近代史研究的学术贡献，笔者已有专文予以研究③；学术界关于"陈独秀与中国近代史"这一课题也有初步的成果④，但却是从思想史角度考虑的。本文与此有所不同，试图从近代史的研究"范式"切入，从学术史的视角就陈独秀对中国近代史研究的贡献进行探讨，以确立他在近代史研究中发凡"革命史范式"的学术地位，为中国现代学术史提供一个新的认知。

---

① 两种近代史研究的"范式"虽然都是以近代中国社会为研究对象，但史学观有重大的不同。"革命史范式"强调以"革命"的观点来解读中国近代史，以中国革命作为中国近代史的主线，如"旧民主主义"与"新民主主义"历史时段的划分；"现代化范式"则以"现代化"观点来看待近代中国社会的变迁，认为是"现代化"（而不是"革命"）成为近代中国社会的主题。关于近代史研究的这两种"范式"，本身也有演变的历史和轨迹，需要细致地研究。

② 学术界没有认识到陈独秀在开创"中国近代史研究马克思主义学派"中的先驱地位，如新近出版的《中国近代史研究》在论述"中国近代史研究马克思主义学派的酝酿"时，只是叙述了李大钊和华岗的贡献（参见张海鹏、龚云：《中国近代史研究》，福建人民出版社2005年6月版，第85—107页），没有提到陈独秀。这与学术界未能对陈独秀学术思想充分进行研究有关。附带说一句，学术界对陈独秀的研究尚处于"平反"性质，进一步的研究也只是研究"革命家、思想家的陈独秀"，未能注意到陈独秀学者的一面及在中国现代学术史上的地位。这应该说是今后努力的一个方向。

③ 吴汉全：《李大钊与中国近代史研究》，《近代史研究》2003年第3期。

④ 参见文君：《论陈独秀对中国近代史若干问题的认识》，《漳州师范学院学报》2002年第2期。

一、关于中国近代社会性质的研究

中国近代史研究的“革命史范式”强调以唯物史观为指导来剖析近代中国社会的性质,注意到鸦片战争之后的中国社会,一方面是封建性的传统的农业生产方式处于瓦解的趋势,新生的资本主义因素在逐步成长,但封建势力还有很大的力量,并未完全退出历史舞台,原来的封建社会变成了“半封建社会”;另一方面,西方列强的入侵使中国丧失了政治的独立地位,但中国人民的奋力抗争又使中国没有沦为完全的殖民地,因而近代中国社会变成了“半殖民地”社会。陈独秀接受了马克思主义唯物史观后,用阶级斗争的观点来分析近代中国社会的性质,认识到帝国主义入侵造成了中国社会的巨大变动,引起中国社会经济形态和阶级关系的变化,明确指出近代中国已经沦为“半殖民地”;他虽然没有提出“半封建社会”这一概念,但他对近代中国经济状况的考察,认识到近代中国已经不是传统的封建社会,这一认识为后来中国共产党人确立“半封建社会”概念奠定了认识的基础。

陈独秀关于中国近代社会性质的认识是以阶级斗争的理论为指导的,是从“革命”的角度予以切入的。陈独秀认为,区分中国近代社会的性质是半殖民地性质还是殖民地性质意义重大,因为这关系到近代中国革命的性质问题。在他看来,殖民地与半殖民地社会的性质不同,革命的性质也就不同:“殖民地的经济权政治权完全操在宗主国之手,全民族之各阶级都在宗主国压迫之下,全民族各阶级共同起来谋政治经济之独立,这是殖民地国民革命的特有性质。半殖民地的经济权大部分操诸外人之手,政治权形式上大部分尚操诸本国贵族军阀之手,全国资产阶级、无产阶级都在外国帝国主义者及本国贵族军阀压迫之下,有产无产两阶级共同起来,对外谋经济的独立,对内谋政治的自由,这是半殖民地国民革命的特有性质。”①正是对殖民地与半殖民地社会性质不同的认识,以及对不同社会性质所引起的社会革命性质不同的高度重视,陈独秀对近代中国社会性质进行了深入的研究。1923 年 4 月,陈独秀在研究辛亥革命的历史时为了批驳用满汉民族冲突来解释辛亥革命的原因,有这样一段论述:“当时革命与立

① 《中国国民革命与社会各阶级》,《陈独秀著作选》第 2 卷,上海人民出版社 1993 年版,第 557 页。

宪两派的方法虽然不同，而两派之目的同是革新自强，换句话说，就同是‘革旧制’、‘兴实业’、‘抗强邻’这三个口号，明明白白是半殖民地之资产阶级民主运动的口号，那能说是满、汉民族之争。”①这里，陈独秀明确地认为中国处于“半殖民地”的地位。1923 年 6 月陈独秀在广东高师的演讲中又进一步明确认为近代中国社会的“半殖民地”性质。陈独秀说：“中国表面上虽说是一个独立的国家，其实是个半殖民地。何以呢？你看中国政治经济的实权都操在外国人手里，只因有北京政府的名义存在，还不算是完全的殖民地。若一旦撤销北京政府之承认，实行国际公管，那就完全是殖民地了。”②陈独秀所说中国近代社会是“半殖民地”性质，就是说中国在名义上是一个独立的国家，但“在实质上，比南洋马来群岛酋长割据的英、荷殖民地高明不多”，并不是一个真正独立的国家，因为中国“在经济方面：国家重要的权利大部分抵押给外国了，外国货充满了全国，全中国人都是外国生产国家的消费者，全国金融大权都直接或间接操诸外人之手。在政治方面：大小酋长分据了中央及地方，这班大小酋长之发号施令又惟公使团之意旨是从。”③所以，陈独秀认为近代中国社会是一个“半殖民地”社会。

陈独秀在 1923 年所明确提示的近代中国社会是“半殖民地”性质的论断，这是陈独秀对中国近代史研究的重大贡献。1922 年 7 月的中共二大宣言还没有正式使用“半殖民地”概念，而是认为“帝国主义列强在这八十年侵略中国时期内，中国已是事实上变成他们共同的殖民地了”④。但中共二大的《关于议会行动的决议》中也有这样的论述：“经济落后如中国，一面成为国际帝国主义的掠夺场和半殖民地，一面成为国际资本帝国主义所扶植的武人势力的宰割物和糜烂区域。”⑤中共二大对近代中国社会性质的两种不同的表述，说明此时中共党内对中国近代社会的“半殖民地”性质问题正在探讨之中，可能还没有形成一

---

① 《资产阶级的革命与革命的资产阶级》，《陈独秀著作选》第 2 卷，上海人民出版社 1993 年版，第 447—448 页。着重号为引者所加。

② 《关于社会主义问题》，《陈独秀著作选》第 2 卷，上海人民出版社 1993 年版，第 474—475 页。着重号为引者所加。

③ 《造国论》，《陈独秀著作选》第 2 卷，上海人民出版社 1993 年版，第 389 页。

④ 中央档案馆编：《中国共产党第二次至第六次全国代表大会文件汇编》，人民出版社 1981 年版，第 36 页。

⑤ 中央档案馆编：《中国共产党第二次至第六次全国代表大会文件汇编》，人民出版社 1981 年版，第 14 页。着重号为引者所加。

致的意见①。但无疑的是,陈独秀关于近代中国是"半殖民地"的认识,在当时的中共高层领导中是具有代表性的。一个显见的事实是,中共党内的理论家李大钊是在1924年1月召开国民党一大期间,才明确指出近代以来的中国是"列强的半殖民地的中国"②。陈独秀不仅在中共党内高层领导中比较早地提出"半殖民地"的概念用来分析近代中国的社会性质,而且他提出的这一概念的含义与后来使用的含义也大体上是一致的。

陈独秀对近代中国社会性质所作出的"半殖民地"性质的结论虽然主要是侧重于近代中国政治的分析,其实他对近代中国社会的经济状况也是有所考察的,并逐步认识到近代中国社会已经不是原来的"封建社会"。对于近代中国社会的经济状况,陈独秀这样指出:"中国经济的状况,可分为下列三种:(一)是内地乡村的家庭农业,(二)是各城市的手工业,(三)是沿江沿海近代资本主义式的工商业;因为受了列强在中国所行帝国主义的侵略,及本国军阀的扰乱,农民被物价腾贵驱迫到都市去找工作,手工业渐为外国机器制造品所毁灭,新兴的工商业没有保护关税及运输便利,也不能够发展起来和外资竞争。"③这里,陈独秀说明了中国近代社会经济的不平衡性特征,即内地乡村、一般城市以及沿江沿海地区其经济形态有着巨大的差异,而就整个中国社会经济而言又很显然是不完全等同于传统的农业经济了,表现了传统农业经济的瓦解趋势。换言之,近代中国社会一方面是仍然具有传统的农业经济的部分,另一方面在沿江沿海地区又有新生的资本主义因素的成长,中国近代社会的经济状况具有明显的过渡性色彩。陈独秀的这段论述虽然没有抽象出后来使用的"半封建社会"概念,但这一论述对于后来形成近代中国社会是"半封建社会"的概念应该说是有价值的。

陈独秀对近代中国社会性质的研究,对后来的近代史研究"革命史范式"提出近代中国社会是一个半殖民地半封建社会起着先导作用。中国近代社会性质

① 此时的"半殖民地"这一概念在中共高层领导中是一个正在提出的概念,尚不普及。蔡和森在《统一,借债,与国民党》(1922年9月)中说:"中国在国际地位上早已处于半殖民地地位"。陈独秀在《资产阶级的革命与革命的资产阶级》(1923年4月)提出过"半殖民地的中国"这一概念。恽代英在《中国革命运动与国际之关系》(1923年5月)还认为中国是"殖民地"的"一个例",他只是在《中国革命与世界革命》(1924年6月)中才明确指出"中国是半殖民地的国家"。

② 《在中国国民党第一次代表大会上的发言》,《李大钊全集》第4卷,人民出版社2013年版,第505页。

③ 《对于现在中国政治问题的我见》,《陈独秀著作选》第2卷,上海人民出版社1993年版,第374页。

的总体结论——“半殖民地半封建社会”，是在20世纪30年代的社会性质问题论战中被确立起来。在三十年代的社会性质问题论战中，中国近代社会是“半殖民地”、“半封建”社会的观点成为马克思主义者的基本共识。杜鲁人（何干之）就明确说：“半封建性半殖民地性是中国经济的特点，这种社会可以叫做‘半殖民地化的半封建社会’。”①毛泽东后来更明确地指出：“自从一八四〇年的鸦片战争以后，中国一步一步地变成了一个半殖民地半封建的社会。”②按照毛泽东的解释，中国由封建社会转变为半殖民地半封建社会，其基本的原因是因为帝国主义的侵略。毛泽东说：“帝国主义列强侵略中国，在一方面促使中国封建社会解体，促使中国发生了资本主义因素，把一个封建社会变成了一个半封建的社会；但是在另一方面，它们又残酷地统治了中国，把一个独立的中国变成了一个半殖民地和殖民地的中国。”③对比之下，可以发现陈独秀关于中国近代社会性质的观点有着突出的贡献。

就学术观念的渊源而言，“半殖民地半封建社会”的概念可以从列宁著作中寻出思想的渊源。关于“半封建”的概念，列宁早在1912年写的《中国的民主主义和民粹主义》就明确指出，认为中国是一个“落后的、农业的、半封建国家”。这一基本特征最根本的表现，一方面是“农业生活方式和自然经济占统治地位是封建制度的基础”；另一方面是“中国处在大规模的工业（即资本主义）发展的前夜”，中国“商业（即资本主义）也将大规模地发展起来”④。列宁所界定的“半封建”社会这一概念，是封建性的生产关系依然存在、而资本主义的因素已经产生但尚未得到大规模发展的一种社会形态。关于“半殖民地”这一概念，列宁在1916年写的《帝国主义是资本主义的最高阶段》一书中，明确指出中国社会性质具有另一方面的内容，即“半殖民地”性质。列宁认为，在帝国主义时代，除了“殖民地占有国和殖民地”这两大类国家外，还存在一种特殊类型的国家——“各种形式的附属国”，即“半殖民地”。关于“半殖民地”的形成原因以及“半殖民地”的特征，列宁指出：“归根到底是大国为了在经济上和政治上瓜分世界而斗争的国际政策，造成了许多过渡形式的国家依附形式。这个时代的典型的国家形式不仅有两大类国家，即殖民地占有国和殖民地，而且有各种形式的附属

① 杜鲁人：《中国经济读本》（节录），《中国社会性质问题论战（资料选辑）》，人民出版社1980年版，第813—814页。

② 《毛泽东选集》第二卷，人民出版社1991年版，第626页。

③ 《毛泽东选集》第二卷，人民出版社1991年版，第630页。

④ 《列宁选集》第2卷，人民出版社1995年版，第293、294页。

国，它们在政治上，形式上是独立的，实际上却被财政和外交方面的附属关系的罗网缠绕着"。列宁把中国"列入半殖民地"的类型，并认为随着帝国主义对世界瓜分的加剧，中国"正在变成殖民地"①。列宁所界定的"半殖民地"概念，其核心内容是这些国家纳入西方社会的体系，对西方国家有着"财政和外交方面的附属关系"，但"在政治上，形式上是独立的"，因而是不同于"殖民地"的类型。包括陈独秀在内的许多早期中国共产党人，都读过列宁的《中国的民主主义和民粹主义》、《帝国主义是资本主义的最高阶段》等著作，接受列宁思想的影响是自然的事。

二、比较系统地阐述近代中国历史的主要任务

近代史研究的"革命史范式"是以"民主革命"（"旧民主主义革命"和"新民主主义革命"）来作为近代中国历史主线的。陈独秀对近代中国社会性质的研究，提出了近代中国要完成民主革命任务的观点。在陈独秀的近代史观中，他突出民主革命在近代史中的地位，并结合近代中国的历史实际和当时民主革命的急迫要求，比较系统地阐述了民主革命是近代中国历史主要任务的观点，从而为近代史研究"革命史范式"的形成作出突出的贡献。

陈独秀认为中国近代社会发展的历史主题的进行民主革命，并且是民主革命促进了近代中国的前进。不过，陈独秀喜欢用"国民革命"（National Revolution）一词来代替"民主革命"概念。因为在他看来，"民主革命这个口号，未免偏于纯资产阶级的，在殖民地半殖民地的经济地位，决没有欧洲十八世纪资产阶级的革命之可能"，于是他在《造国论》的文章中便改用"国民革命"来代替"民主革命"的口号②。从陈独秀的解释来看，"国民革命"在内容就是"民主革命"，只不过是特指殖民地半殖民地的资产阶级民主革命。

陈独秀根据中国近代社会是"半殖民地"性质的分析，认为中国民主革命的任务是反对帝国主义的侵略和本国军阀的统治，具体途径是开展反帝反军阀的国民运动。陈独秀说："中国是半殖民地国家，故劳工运动首先便反对外

① 《列宁选集》第2卷，人民出版社1995年版，第647—648、643页。

② 《〈向导〉三年来革命政策之概观》，《陈独秀著作选》第2卷，上海人民出版社1993年版，第918页。

国帝国主义；同时在国内的政治奋斗，也不得不反对军阀阶级，合这两种运动——反对外国帝国主义、反对军阀阶级——便是国民运动。”①陈独秀批评那些不明白同时要进行反帝反军阀任务的人，认为他们所开展的运动是一种“半国民运动”，是“不彻底的国民运动”。所谓“半国民运动”或“不彻底的国民运动”，有几种情况：一是只反对国内的军阀，而不反对帝国主义，如幻想请求外国公使团的帮忙来反对国内的军阀；二是只反对某一或某几个帝国主义国家，而与其他帝国主义亲善，如反对帝国主义的英国或美国，却与日本亲善，或反对帝国主义的日本，却与英、美亲善；三是不全部地反对国内军阀，只是反对国内某一军阀，甚至还依靠某一军阀去反对另一军阀，如依靠吴佩孚的兵力去打倒张作霖，或依靠张作霖的兵力去打倒吴佩孚军阀。陈独秀认为，真正的国民运动应该是将反帝国主义与反军阀作为斗争的目标，只有“团结民众的势力，满具革命的精神，绝不与任何帝国主义者、任何军阀妥协，这就叫纯粹的国民运动”②。

陈独秀就军阀与帝国主义的关系进行说明，认为中国军阀有“国外帝国主义的后援”，中国军阀如果离开了帝国主义则不能生存。所以，军阀也是近代中国民族革命的对象。陈独秀说：“帝国主义是资本主义发达的最高形式，他是依靠掠夺殖民地及半殖民地而生存而荣华，所以自来各帝国主义者都不愿被他们压迫的民族能够自强，他们在殖民地半殖民地所采用的政策，总是扶助比较黑暗的旧势力扑灭国民运动的新势力，在中国极力帮助袁世凯、段祺瑞压迫民党，这是以往的明证；现在对于地方的军阀还是明扶暗助，日本在奉天供给军械，英国在广东援助陈炯明，上海的领事团极力结纳何丰林，……这都是眼前的明证；所以帝国主义者在中国的势力，若不因中国国民之反抗或国际形势之变迁而失坠，终是军阀最有力的后援。”③当时有一些人，认为民主革命不能同时反对两个敌人（帝国主义和封建军阀），只主张反对军阀而不主张反对帝国主义。陈独秀指出，这种主张是“很错误的”。在陈独秀看来，不仅要把帝国主义与封建军阀作为革命斗争的对象，在根本上不能放弃帝国主义这个敌人，而且要把帝国主义作为最主要的敌人，这是因为“中国军阀完全是外国帝国主义的傀儡，不反对拥傀儡的人们而反对傀儡，这傀儡是永世不会绝迹的。所以社会主义的国民运动，反

① 《关于社会主义问题》，《陈独秀著作选》第2卷，上海人民出版社1993年版，第478页。

② 《关于社会主义问题》，《陈独秀著作选》第2卷，上海人民出版社1993年版，第479页。

③ 《怎么打倒军阀》，《陈独秀著作选》第2卷，上海人民出版社1993年版，第437—438页。

对帝国主义比反对军阀更为紧要。”①此后,陈独秀通过对国民革命的倡导,进一步说明中国近代社会存在帝国主义与中华民族、封建军阀与人民大众的矛盾,由此决定了帝国主义与封建军阀是中国近代民主革命的对象,并鲜明地阐明中国民主革命在反帝反军阀的斗争中必须“依赖中国国民自己的势力”的主张。陈独秀说:“我们为什么要做国民运动,不用说,第一是因为受不了外国帝国主义者的压迫,第二是因为受不了国内军阀的压迫,二重压迫逼得我们不得不做国民运动以自救。由此看来,既然是国民运动,就应该依赖中国国民自己的势力,断然不能依赖外国势力,因为国民运动第一目的正是要排除外国势力;既然是国民运动,就应该依赖国民自己的势力,断然不能依赖军阀势力,因为国民运动第二目的正是要推翻军阀势力。若妄想假借友邦势力或利用一部分军阀势力来做国民运动,这种四不像的国民运动,其结果必然是‘王婆照应武大郎’。”②陈独秀关于民主革命是近代中国历史主题的论证,是建立在对近代中国社会矛盾分析的基础上,是马克思主义阶级斗争学说的正确运用,这成为此后近代史研究“革命范式”的主要观点。

陈独秀不仅提出民主革命是近代中国历史的主题,而且肯定鸦片战争在中国近代史上的开端地位。早在新文化运动初期,陈独秀曾从中西文化“接触相冲突”的角度来看待鸦片战争对中国历史的影响,认为:“鸦片战争以还,西洋武力,震惊中土,情见势绌,互市局成,曾、李当国,相继提倡西洋制械练兵之术,于是,洋务西学之名词发现于朝野。当时所争者,在朝则为铁路非铁路问题,在野则为地圆地动地非圆不动问题。”③接受马克思主义以后,陈独秀认识到,西方列强发动的鸦片战争所引起的中西接触不只是文化的冲突问题,而且带有鲜明的政治侵略的色彩,使中国社会的性质发生根本的变化。在他看来,鸦片战争标志着西方列强侵略中国的开始,也标志着中国的封建制度开始走向崩溃,因而使中国历史出现了一个新的时期。他指出:“清代鸦片战争,这是西欧资本帝国主义向长城内封建的老大帝国开始发展,也就是沉睡在长城内老大帝国封建宗法的道德思想制度开始大崩溃;甲午、庚子两次战争,这几乎是中国封建宗法的道德

① 《关于社会主义问题》,《陈独秀著作选》第2卷,上海人民出版社1993年版,第479页。这里的“社会主义的国民运动”的提法尚不准确,有可能造成理解上的歧义;但根据陈独秀著作的文本语义来看,显然是指以社会主义为目标的“国民运动”,而不是社会主义性质的“国民运动”。

② 《国民运动》,《陈独秀著作选》第2卷,上海人民出版社1993年版,第516页。

③ 《吾人最后之觉悟》(1916年2月),《陈独秀著作选》第1卷,上海人民出版社1993年版,第176页。

思想制度最后的崩溃，也就是资本民主革命运动最初的开始。”①从陈独秀的论述中可以看出，以鸦片战争开始的西方列强对中国的侵略，使得中国原来的封建社会走向“大崩溃”，亦即改变了中国的社会性质，同时又使中国社会逐步酝酿而出现了“资本民主革命运动”，因而对中国历史进程的影响是特别的。中共二大宣言对“帝国主义的列强历来侵略中国的进程”有这样的表述：“帝国主义列强侵略中国开始于一八三九年英国舰队的攻击。这次攻击实是资本主义最著名的卑污强盗行为，因为他的起因是由于英国政府和商人要强迫把鸦片毒害中国民众。从一八五八年英法联军攻打大沽，直到一九〇一年义和团反抗‘洋人’的暴动，促成八国联军占领北京，这四十三年间，乃是资本主义国家宰割中国的流血时期，也是中国人在历史上受最大痛苦和侮辱的时期。”正是“帝国主义的列强在这八十年侵略中国时期之内，……中国人民是倒悬于他们欲壑无底的巨吻中间”②。中共二大宣言关于鸦片战争开始的帝国主义侵华史的概述，反映了当时中国共产党人的共识，自然也表达了当时担任中共中央总书记的陈独秀的看法。以鸦片战争为近代中国历史的起点，成为以后近代史研究者的基本共识。

从近代史研究“革命史范式”的基本观点和逻辑依据来看，陈独秀关于近代中国社会性质和对民主革命任务的揭示，显然是沿着“革命史范式”来研究中国近代史的，并且为这种研究范式在20世纪30年代的正式建立奠定了理论基础。以鸦片战争为开端的中国近代史，是以民族民主革命为主旋律的，而在“五四”之后则是开展新民主主义革命，继续坚持以反帝反封建为历史任务，外求中华民族的独立，内求人民民主。这是20世纪30年代近代史研究形成“革命史范式”的基本观点。这种研究范式的逻辑依据是，近代中国社会是半殖民地半封建社会；与此相联系，近代中国社会的矛盾是帝国主义与中华民族的矛盾、封建主义与人民大众的矛盾，这就决定了进行民主革命是近代中国的历史主题，而帝国主义和封建主义则是民主革命的对象，于是一部中国近代史既是帝国主义侵略中国的历史，同时也是中国人民反抗帝国主义斗争的历史。不难看出，陈独秀关于民主革命是近代中国社会的主题、帝国主义和封建主义是民主革命的对象的观点，无论从提出的理论视角和分析的逻辑思路来看，还是从其基本内容所涉及的

---

① 《资产阶级的革命与革命的资产阶级》(1923年4月)，《陈独秀著作选》第2卷，上海人民出版社1993年版，第447页。

② 中央档案馆编：《中国共产党第二次至第六次全国代表大会文件汇编》，人民出版社1981年版，第36页。这里说义和团运动“促成八国联军占领北京”，是不准确的，反映中共当时对义和团评价不高的状况。

社会性质、社会主要矛盾、革命对象等来看,都构成了近代史研究"革命史范式"的基本内容。

三、具体地考察中国近代的革命运动

陈独秀对中国近代史的研究是以马克思主义为指导的,并且是以革命史观为基础的,因而尤其注重对近代中国革命的研究,阐明中国近代史是一部革命斗争历史的观点。1924 年,陈独秀在总结革命斗争的历史经验时说:"'戊戌变法'、'义和团'、'辛亥革命'、'五四运动'这四件事,都是中国革命的无产阶级开始表现他的社会的势力以前,小资产阶级之重要的国民运动"①。这些运动之所以称为"国民运动",是因为这些运动不仅"有广大民众参加",并且具有"民族对外的意义"。五卅运动爆发后,陈独秀立即指出"此次争斗的性质,乃是全中国人民为民族的生存与自由反抗一切帝国主义之争斗"②。陈独秀的革命史观是以马克思主义的阶级斗争理论为指导的,而且是一种典型的民族革命史观。如他说:"在殖民地半殖民地主张停止阶级争斗,便是破坏民族争斗之主要的力量。"③陈独秀是将民族斗争与阶级斗争联系起来,具体地考察中国近代的革命运动的,因而,他对近代中国重大历史事件的分析也体现了他的"革命史"观。

1. 关于戊戌变法运动

陈独秀对戊戌变法运动进行细致的分析,认为近代的维新自强运动起源于甲午战争中中国的失败,是因为"受战败之刺激"。陈独秀指出:"现代中国国民运动,起源远在中日战争以后,当时所谓士大夫(即智识阶级与官僚),受战败之刺激,由反对李鸿章议和误国运动,一变而为维新自强运动"④。所以戊戌变法运动"其目的乃是由变法而自强而御侮而救亡",而具有救亡图存的历史意义,

---

① 《二十七年以来国民运动中所得之教训》,《陈独秀著作选》第 2 卷,上海人民出版社 1993 年版,第 812 页。

② 《此次争斗的性质和我们应取的方法》,《陈独秀著作选》第 2 卷,上海人民出版社 1993 年版,第 886 页。

③ 《给戴季陶的一封信》,《陈独秀著作选》第 2 卷,第 908 页。

④ 《二十七年以来国民运动中所得教训》,《陈独秀著作选》第 2 卷,上海人民出版社 1993 年版,第 812 页。

其性质是“小资产阶级的国民运动”①。

陈独秀对戊戌变法的意义进行了揭示，认为戊戌变法的意义主要在两方面：一是促进西方文化在中国的输入，在学习西方方面比以前更进一步。“当时所谓变法维新，较前此老维新派李鸿章等采用西洋的军事、交通制度，更进一步主张采用西洋的行政、教育制度，因此李鸿章等退为当时之守旧派”。二是在政治思想、学术思想等方面，引起中国思想的大变化。“当时之变法维新运动，不但在政治思想上生了大变化，即学术思想上也生了大变化；所谓思想上的变化虽然不出孔教范围，而因为西洋学术思想之输入，遂使孔教教义起了新的分化：一是康有为、梁启超等之改革派，一是张之洞、叶德辉等之护教派。……这种辩论，使远在此前汉学派今古文之争扩大到政治上学术思想上普遍的冲突”②。

关于戊戌变法的历史局限，陈独秀从变法的内容与方法上指出了两个方面“弱点”：“（一）变法维新的内容，只主张在现政治之下谋行政及教育制度的改革，并未想到政治的根本改革及其准备，因此遂引起后来立宪派与革命派之争；（二）变法维新的方略，未曾在社会上坚筑改革派民众组织的基础，专思以清帝的威权行之，当时的改革派不但没有抓住社会势力，并没有看清包围清帝之亲贵——统治阶级对他们作战的力量，因此他们遂至为袁世凯所卖，一败涂地，几乎全军覆没。”陈独秀特别强调指出，正是由于戊戌变法本身的“妥协性”，“使他们忽略了民众的组织，使他们忽略了革命的准备，这是在国民运动中第一次给我们的教训”③。

陈独秀对戊戌变法的研究在中国早期的马克思主义者中是一个先行者。当时的李大钊在学术上以史学家而闻名，他对鸦片战争以来的“革命史”历程有较为系统的研究，但侧重于对太平天国和辛亥革命的研究，对戊戌变法这段历史没有进行较为系统的论述，而且他也没有估计到戊戌变法的应有地位。继陈独秀之后，瞿秋白、恽代英等才对戊戌变法有一些零星的论述。如瞿秋白认为戊戌变法中的康有为、梁启超等“维新派的分子也谋反抗列强，也极力想‘谋富强’”④。

---

① 《二十七年以来国民运动中所得教训》，《陈独秀著作选》第2卷，上海人民出版社1993年版，第812页。

② 《二十七年以来国民运动中所得教训》，《陈独秀著作选》第2卷，上海人民出版社1993年版，第813页。

③ 《二十七年以来国民运动中所得教训》，《陈独秀著作选》第2卷，上海人民出版社1993年版，第813页。

④ 《瞿秋白文集》（政治理论编）第3卷，人民出版社1989年版，第79页。

又如恽代英到1926年时认为,"光绪对康(有为)言听计从,康也竭忠尽智的去筹谋变法。他们很努力的一心一意想将中国改变过来"①。陈独秀在20世纪20年代初对戊戌变法的研究,对以后学术界对戊戌变法的系统研究无疑是起到了先导的作用②。

2. 关于义和团运动

陈独秀对义和团运动有一个认识过程,并随着他思想的转变而日益看到义和团运动的历史地位。在1918年,陈独秀曾发表《克林德碑》一文,从思想启蒙的角度反对义和团运动中的封建迷信思想。他那时认为义和团运动之所以发生,原因有五,即"道教"、"佛教"、"孔教","儒、释、道三教合一的中国戏","仇视新学妄自尊大之守旧党"。鉴于这样的分析,陈独秀对义和团运动采取否定的态度,甚至把"克林德碑"的耻辱归咎于义和团。他说:"以这过去五种原因,造成了义和拳大乱;以义和拳大乱,造成了一块国耻的克林德碑;这因果分明的事实,非是鄙人杜撰得来的。以过去的因果推测将来,制造义和拳的五种原因,现在都依然如旧;义和拳的名目,此时虽未发生,而义和拳的思想,义和拳的事实,却是遍满国中,方兴未艾;保得将来义和拳不再发生吗?将来义和拳再要发生,保得不又要竖起国耻的纪念碑吗?"③转变为马克思主义者后,陈独秀对义和团运动的认识有了深刻变化。1924年,陈独秀曾这样说:"我读八十年来中国的外交史、商业史,我终于不能否认义和团事件是中国民族革命史上悲壮的序幕。"他认为"义和团,在中国现代史上是一重要事件,其重要不减于辛亥革命"在中国民族革命史上的地位④。此后,陈独秀对义和团的历史进一步进行探讨。

陈独秀认为,义和团运动是戊戌变法失败后民族矛盾与阶级矛盾激化的结果,正是由于"戊戌政变后,清廷的反动,日甚一日,同时,外国帝国主义之政治的经济的侵略,也日甚一日",所以酿成了义和团运动。接着,陈独秀对帝国主义的侵略与中国北方农民、手工业者生活困难、失业的增加的关系进行了分析,同时也分析清政府厉行反动政策、保护教堂的严令的社会影响,认为义和团运动的发生具有历史的必然性,是当时(戊戌变法失败后)中国社会政治经济情形所

① 《恽代英文集》下卷,人民出版社1984年版,第937页。

② 关于戊戌变法的研究史,参见梁磊:《建国前中国共产党人关于戊戌变法研究述评》,《党史研究与教学》1998年第6期。

③ 《克林德碑》,《陈独秀著作选》第1卷,上海人民出版社1993年版,第417页。

④ 《我们对于义和团两个错误的观念》,《陈独秀著作选》第2卷,上海人民出版社1993年版,第770—771页、769页。

"逼成"的。陈独秀总结道:"'义和团'事件的起因十分明白:一是经济上的原因——农民对于帝国主义侵略的反抗;一是政治上的原因——清廷反动政局趋于极端之结果。"①陈独秀对这一总结又进行了较为细致的分析,认为义和团运动是源于中国农民的反抗精神,是在外力压迫之下"遂由白莲教的反清复明运动,一变而为义和团的扶清灭洋运动";但另一方面,义和团运动的兴起也与清政府中的顽固派的利用有很大关系,当时的顽固派"端、庄、毓贤、刚毅辈遂思利用之以铲除外人干涉,以偿其尽量反动之大欲"②。陈独秀的分析是符合历史实际的。

关于对义和团的评价,当时的思想界、学术界非难较多,他们"不看见所以发生之原因——鸦片战争以来全中国所受外国军队、外交官、教士之欺压的血腥与怨气",因而只是一味地指责义和团是"野蛮的排外"。陈独秀对此提出不同的看法,在他看来,"义和团诚然不免顽旧迷信而且野蛮;然而全世界(中国当然也在其内)都还在顽旧迷信野蛮的状态中,何能独责义和团,更何能独责含有民族反抗运动意义的义和团!"③对于义和团运动所存在的问题,陈独秀从总结历史经验的角度进行了具体的分析和辩证的说明,认为既要看到义和团"排外"的缺点,又要看到这种缺点形成的原因;既要看到"排外"这一表露很明显的缺点,又要从民族革命史的高度认识其"真正缺点"。陈独秀指出:"义和团之蔑视条约,排斥外力外货及基督教,义和团之排斥二毛子三毛子——帝国主义者之走狗,都无可非难;义和团之信托神力,义和团之排斥一切科学与西洋文化,自然是他的缺点,然这些本来是一般落后的农业社会之缺点,我们不能拿这些特别非难义和团。义和团真正缺点是:(一)只是冲动的暴动之一群,而没有相当的组织,致一败而遂瓦解;(二)与反动派合作而为其利用,致失社会上进步分子的同情。这是在国民运动中第二次给我们的教训!"④陈独秀对义和团运动的评价,是鉴于戊戌变法和辛亥革命脱离民众运动的教训,同时也是受他当时要组织民众起来革命的思想的支配,因而有时不恰当地说些义和团的重要性超过辛亥革命的

---

① 《二十七年以来国民运动中所得教训》,《陈独秀著作选》第2卷,上海人民出版社1993年版,第814页。

② 《二十七年以来国民运动中所得教训》,《陈独秀著作选》第2卷,上海人民出版社1993年版,第814页。

③ 《我们对于义和团两个错误的观念》,《陈独秀著作选》第2卷,上海人民出版社1993年版,第769—770页。

④ 《二十七年以来国民运动中所得教训》,《陈独秀著作选》第2卷,上海人民出版社1993年版,第814页。

话，这也是可以理解的。

关于义和团运动在中国民族革命史上的影响，陈独秀予以分析。在陈独秀看来，义和团运动虽然失败，但在中国民族革命史上留下了“两个极大的影响”，“一是因此暴露了清廷之罪恶与昏庸，戊戌以来社会上所谓维新党，分化为立宪与革命二派，这是好的影响；一是因此一般富于妥协性的知识阶级，附和二毛子三毛子的宣传，以排外为野蛮为耻辱，损害了民族革命即反抗外国帝国主义之精神，这是恶的影响。”①

陈独秀对义和团运动的研究有其突出的地方。一是注重从中外矛盾交集的角度阐述义和团运动发生的历史必然性，并从中国民族革命的角度予以定位；二是在分析和评价义和团运动时，能够从总结历史经验的角度出发，既看到义和团在民族斗争中的英勇精神，也看到义和团留下的深刻教训。三是能注重历史的连续性，看到义和团运动上承戊戌变法、下启辛亥革命中的地位。这对后来中国共产党人研究义和团运动是有积极的意义的。

3. 关于辛亥革命

辛亥革命在中国资产阶级民主革命中有突出的地位，对近代中国社会的变迁有深远的影响。陈独秀曾参加辛亥革命，对辛亥革命有颇多的切身感受，因而很注意对辛亥革命的研究，有关论述极为丰富，见解也非同一般。陈独秀对辛亥革命的研究与李大钊一样，代表了早期马克思主义者的最高水平。

关于辛亥革命的背景。陈独秀特别强调资产阶级力量的兴起及其所领导的“收回权利”运动对辛亥革命的发生有极大的推动作用。在陈独秀看来，义和团运动失败以后，帝国主义与中华民族的矛盾并没有解决，相反因为帝国主义者依据辛丑条约对中国进行掠夺而使中国人民的反抗更加猛烈，“收回权利”运动则是反对帝国主义侵略的重要表现。陈独秀说，在义和团事件至辛亥革命的十二年间，“内地之商业资产阶级及知识阶级的‘权利收回’运动亦轰然特起，最著者，若对俄之东三省主权收回运动；若对美之粤汉铁路收回运动；若对英之山西、河南煤矿收回运动，安徽铜官山矿废约运动，沪杭甬路拒绝借款运动，苏、直、鲁、津铁路废约运动；若对法之滇矿收回运动，拒绝沪、绍航权运动；若对比之收回京汉路管理权运动；吉林、河南、四川都组织了保路会，成了大的群众运动。这些运动，遍于全国，明明是对于帝国主义者依辛丑条约向中国经济进攻

① 《二十七年以来国民运动中所得教训》，《陈独秀著作选》第2卷，上海人民出版社1993年版，第814—815页。

之反抗。"①陈独秀是从帝国主义的政治侵略与经济侵略的后果来分析辛亥革命这一革命运动发生的历史缘由,这是很有见地的。

关于辛亥革命的性质。辛亥革命前的革命党人鼓吹对清王朝的"种族革命",及至自辛亥革命发生以来,学术界就将辛亥革命定位为汉族反对满族的"种族革命",并从汉、满民族冲突的角度予以解释。后来这种"种族革命"论又演变为"民族革命"论,其实质还是强调辛亥革命具有满汉之争的性质。陈独秀不同意这种看法,认为认识辛亥革命的性质必须从"经济的历史的基本条件"来分析,而不可单从满汉民族之争的角度来认识。他指出:"辛亥革命,已由和平的资本民主运动进步到革命的资本民主运动,更是中国历史上封建帝制变化到资本民主之剧烈的开始表现。所以单以满、汉民族冲突解释辛亥革命之原因,那便只是皮相的观察,忘了经济的历史的基本条件;因为辛亥以前,已经有了十七年以上的富强维新运动,辛亥革命,正是封建派压迫资本民主派富强维新运动之反动,所以'非革新不能自强,非推倒满清不能革新',是当时革命派反对立宪派之重要的理论。"因此,"在经济的历史的观察上及革命的前因后果上可以充分说明的"是,"辛亥革命本身的性质,是资产阶级的民主革命,而非民族革命,更非其他阶级的革命"②。陈独秀确认辛亥革命的资产阶级民主革命性质,这是十分正确的,对辛亥革命性质的研究有着重要的意义,因而应该予以充分地肯定。至于陈独秀不承认辛亥革命具有"民族革命"的性质,那是他反对从满、汉民族冲突角度来解释辛亥革命为"民族革命"所得出的观点,这也是可以理解的。因为,我们今天确认辛亥革命既是资产阶级民主革命又是资产阶级民族革命,其"民族革命"的含义是根据"反清具有反帝意义"而演绎出的;这一演绎的内在逻辑是:清王朝在当时已是帝国主义在中国的代理人,反对清王朝就是反对帝国主义,故反清王朝的辛亥革命就具有民族革命的意义。了解这一学术背景,则有助于我们认识和评价陈独秀对辛亥革命性质的评断,不难看出陈独秀观点的意义与价值。

关于辛亥革命失败的原因。陈独秀评价辛亥革命,从现实的民主革命要求的角度出发,侧重于对其存在问题的揭示。他曾明确地说,他本人始终认为"辛

---

① 《二十七年以来国民运动中所得教训》,《陈独秀著作选》第2卷,上海人民出版社1993年版,第815页。

② 《资产阶级的革命与革命的资产阶级》,《陈独秀著作选》第2卷,上海人民出版社1993年版,第447—448页。

亥革命是失败了,至少除剪了一些辫子和挂上一块民国空招牌外,别无所谓成功”①。在辛亥革命之前及辛亥革命过程之中,立宪派与革命派就改造中国的道路进行争论,“前者是希望清廷的宪政来改造中国,后者是主张以革命的势力来改造中国”,这反映了改造中国的不同具体道路。辛亥革命失败之后,就有人将失败的原因归结于革命派的革命主张与革命道路。陈独秀不同意这种看法。在陈独秀看来,革命派因辛亥革命的失败虽然没有达到改造中国的目的,但“这并不是革命主张的错误,乃革命方法之错误”②。这就是说,辛亥革命的失败其根本的原因不是革命道路的错误。那么,辛亥革命失败的原因是什么呢?陈独秀指出:“辛亥革命所以失败的原因(此次革命表面上虽说成功,实质上可说是完全失败),也正以当时幼稚的中国资产阶级,未曾发达到与封建官僚阶级截然分化的程度,未曾发达到自己阶级势力集中而有阶级的觉悟与革命的需要,……所以革命事业犹在中途,他们便现出小资产阶级和平苟安的根性,反对继续战争,而且反对革命党,遂使全国的武装及政权完全归诸帝政余孽北洋军阀之手;帝国主义的英、美、日本等国知道中国资本民主革命成功是他们的不利,极力援助北洋派压迫革命党;于是革命党失败逃亡,以至帝制两次复活,革命党屡战屡败”③。陈独秀注意到辛亥革命失败的客观原因,承认辛亥革命的失败“根本上有当时社会的经济原因”,但认为革命党人主观努力的不足也是失败的重要原因。他认为,“专就革命党人努力及其政策上说,我们不能不承认有三个重大的错误,也是失败之原因”;这“三个重大错误”,一是“误用了不能贯彻革命宗旨的口号”,二是“专力军事行动,轻视民众宣传及党的训练”,三是“左派首领过于和右派妥协了”④。陈独秀从资产阶级革命派本身的软弱性和帝国主义对中国封建势力的支持等方面来分析辛亥革命失败的原因,正是注重从主观和客观相结合的角度来总结历史的教训,这是符合辛亥革命历史实际的。

关于辛亥革命的缺点。陈独秀多次分析辛亥革命的缺点,以历史唯物主义的态度进行实事求是的分析。总体来看,他认为辛亥革命的缺点有这样几个方

① 《辛亥革命与国民党》,《陈独秀著作选》第2卷,上海人民出版社1993年版,第790页。

② 《二十七年以来国民运动中所得教训》,《陈独秀著作选》第2卷,上海人民出版社1993年版,第815页。

③ 《资产阶级的革命与革命的资产阶级》,《陈独秀著作选》第2卷,上海人民出版社1993年版,第448页。

④ 《辛亥革命与国民党》,《陈独秀著作选》第2卷,上海人民出版社1993年版,第790—793页。

面:一是“单调的排满,虽然因此煽动了民族的感情,使革命易于成功;同时并未抓住社会上客观的革命势力,即当时商民之经济的要求,亦即反抗帝国主义收回权利的要求。”①由于这个缺点,就导致了商民阶层不了解革命的目的,使得革命失去进一步发展的动力,其结果只能是“革命运动遂不得不随清室退位而中止”;同时也使得中国经济丧失了发展的条件,“中国的产业未能随革命成功而发展”;更重要的后果是,中外反动势力联合起来,“封建余孽得勾结帝国主义者扑灭革命势力,而帝国主义之长驱直入,革命后反比前清更甚”。陈独秀认为“这是辛亥革命之大失败”。二是“单调的军事行动,这种军事行动之基础,不但不曾建筑在民众的力量上面,即参加革命的军队,也只是被少数党人权利的煽动,并非是普遍的受了革命的宣传与鼓励”。正是由于是单纯的军事行动,导致了此后民国“军人以争夺权利而互斗的内战”,这不但是“辛亥革命之失败”,简直是“辛亥革命之罪恶”②。三是“左派首领过于和右派妥协”。陈独秀认为,国民党的妥协倾向是在清帝退位之后,第一步妥协是黄兴在南京政府即开始与旧官僚及大绅士合作;第二步妥协是包围孙中山,让权袁世凯并政府北迁;第三步妥协是孙、黄到北京和袁世凯筹商国是,协定什么内政大纲八条;第四步妥协是解散同盟会,与几个非革命的政团合组而成国民党;第五步妥协是向袁世凯要求组织袁派阁员都临时加入国民党的国民党内阁。正是“经过这些妥协,不但革命运动停止了,连一个革命的党也消灭了”③。陈独秀对辛亥革命存在问题的揭示,大体上是符合辛亥革命和民国初年国民党实际的,有助于当时共产党人对辛亥革命历史经验的总结。

陈独秀由对辛亥革命存在缺点的分析,进而从总结中国革命历史经验的角度探讨辛亥革命的教训。他认为由于辛亥革命“单调的排满”与“单调的军事行动”影响着民国以后中国政局的发展,给中国革命带来新的问题。他指出:“专做军事行动而忽略了民众的政治宣传;专排满清而放松了帝国主义的侵略,不但

① 《二十七年以来国民运动中所得教训》,《陈独秀著作选》第2卷,上海人民出版社1993年版,第815页。

② 《二十七年以来国民运动中所得教训》,《陈独秀著作选》第2卷,上海人民出版社1993年版,第816页。

③ 《辛亥革命与国民党》,《陈独秀著作选》第2卷,上海人民出版社1993年版,第793页。陈独秀在这里认为辛亥革命中“左派首领过于和右派妥协”,自然是对辛亥革命考察的结论,但也有一部分是从当时(1924年下半年)国共合作统一战线中开始出现的左派过与迁就右派的现实抽绎出的见解。由此至少也说明,此后的1925—1926年间对国民党右派的让步,并非全然出于陈独秀的思想,外在的因素(如共产国际等)可能对“妥协”或“让步”更负有责任。

放松了，而且满口尊重外人的条约权利，力避排外的恶名，军所行至，皆以冒犯外人为大戒；致使外力因中国革命而大伸，清末权利收回运动，无形消灭，借外债，送权利，成为民国史之特征；同时军人以兵乱政，亦为前清所未有，至如军阀与帝国主义者勾结为患的局面，亦可以说是辛亥革命方法错误所遗下的恶影响。这是在国民运动中第三次给我们的教训！”①陈独秀将民国以后军阀割据局面的形成、帝国主义侵略势力在中国的发展，都归结到辛亥革命本身，固然是不科学的，但民国以来所形成的混乱局面确实与辛亥革命的历史行程有着不解的因缘关系。从历史演变的角度来看，民国建立后的混乱局面是由于清王朝灭亡后传统的皇权体系瓦解，而新的权威体系又尚未能建立起来，加之革命派力量的弱小及本身的妥协性，于是造成了权威失控的局面，地方势力坐大，难以建立强大的中央政府。这一局面在晚清即已埋下种子，不过那时还有清王朝在表面上维持着；民国初年，袁世凯集新旧于一身且有强大的军事力量作后盾，尚能驾驭地方上的势力，所以没有出现分裂的局面。袁世凯死后，情形就完全不同了。当然，民国以后新旧体制处在转换时期，社会也必然出现动荡。如果从中外联系的角度来看，帝国主义的分裂剥削政策是外因，中国阶级结构和阶级力量对比的特殊情形而导致的政治变动的特殊性，以及地方的农业经济基础的存在是内因。可见，民国以后的历史与辛亥革命具有历史的连续性，但不能因而如陈独秀那样皆归结于辛亥革命。

4. 关于五四运动

陈独秀是五四运动的领导者，是“五四运动的总司令”，因而他对五四运动历史进程的把握更为确切一些，其见解也高出同时代的学者。陈独秀将五四运动作为“中国民族解放运动”的重要组成部分来进行考察，看到了第一次世界大战和十月革命这一整体的世界背景。他指出：“受了帝国主义侵略八十余年的中国，为什么欧战后渐渐才有了有意识的民族运动？这是因为：(一)在客观上，一方面中国的工业乘欧洲大战机会一时有了相当的发展；一方面大战后帝国主义者因弥补战中的损失，加紧向中国等经济落后的民族剥削进攻，促成了反抗。(二)在主观上，苏俄十月革命触动了中国青年学生及工人革命的情绪，并且立下了全世界各被压迫的国家及各弱小民族共同反抗帝国主义之大本营。”②由于

① 《二十七年以来国民运动中所得教训》，《陈独秀著作选》第2卷，上海人民出版社1993年版，第816页。

② 《十月革命与中国民族解放运动》，《陈独秀著作选》第2卷，上海人民出版社1993年版，第944页。

陈独秀认识到五四运动的民族革命运动的性质及其当时所处历史时代，因而他对五四运动的历史有一个整体而系统的认知。

陈独秀充分肯定五四运动的爱国运动性质。早在五四运动发生几个月后的1919年10月12日，陈独秀在《国民》杂志成立周年的大会上，就认为五四运动“实为国民运动之嚆矢，匪可与党派运动同日而语”①，肯定五四运动在民主革命中的历史地位。这里所谓“国民运动”的含义，表明的是五四运动体现出“国民起来干涉内政”的勇气，就是说“‘五四’运动因外交而牵到内政，而牵到一切社会问题，不是一个单纯的外交运动，一时颇现出一点革命的空气，‘五四’的真价值在此”②。1920年4月，陈独秀在中国公学的讲演中特地提出“五四运动的精神”问题，认为“五四运动的发生，是受了日本和本国政府的两种压逼而成的，自然不能说不是爱国运动”；但五四运动又不同于一般的爱国运动，而体现出“五四运动特有的精神”。“这种精神就是：（一）直接行动；（二）牺牲精神”③。陈独秀对五四精神的概括，揭示五四运动的与此前爱国运动不同的新内涵，是很有见地的。

陈独秀认为五四运动的优点主要体现在反帝反封建上，同时也体现在促进文化革新和社会运动的深入上。具体说，五四运动的优点是两个方面：“（一）纯粹的市民反抗帝国主义之压迫及以直接行动的手段惩罚帝国主义者之走狗——卖国贼；（二）随之而起的文化运动和社会运动，对旧思想以重大的打击。”④陈独秀强调五四运动的反帝反封建性质，正是从民族革命史的角度来定位五四运动的；阐述五四运动对中国文化革新和社会运动的意义，正是看到了新文化运动与五四运动的内在联系性，确是看到了五四运动的历史意义。值得注意的是，陈独秀在指出五四运动优点的同时，还从世界革命的新形势和中国工业发展的新情况来进一步揭示五四运动广泛的社会影响，认为五四运动对青年的影响很大，不仅促成青年的觉悟，而且使青年走向社会实际运动中；五四运动也预示了“中国革命之新的方向”，即中国工人阶级的伟大力量得到显现，成为中国社会前进的社会势力。陈独秀说：“‘五四’运动乃是在欧战后世界革命的怒潮中和中国

---

① 《在〈国民〉杂志成立周年大会上的致词》，《陈独秀著作选》第2卷，上海人民出版社1993年版，第27页。

② 《外交问题与学生运动》，《陈独秀著作选》第2卷，上海人民出版社1993年版，第453页。

③ 《五四运动的精神是什么?》，《陈独秀著作选》第2卷，上海人民出版社1993年版，第130页。

④ 《二十七年以来国民运动中所得教训》，《陈独秀著作选》第2卷，上海人民出版社1993年版，第816—817页。

城市工业开始发展中(民国八年西历一九一九年)发生的;因此,'五四'运动虽然未能达到理想的成功,而在此运动中最努力的革命青年,遂接受世界的革命思潮,由空想而实际运动,开始了中国革命之新方向。这新方向便是社会中最有革命要求的无产阶级参加革命,开始表现他的社会势力。"①陈独秀不仅指出了五四运动的优点及其对中国革命的影响,而且尤其注意到对中国无产阶级在五四运动后发展趋向及对中国革命影响的把握,说明他用革命史观来考察中国近代社会运动的远见。

关于五四运动的弱点,陈独秀看得比较清楚,其见解也非常深刻。在陈独秀看来,五四运动反对帝国主义,但未能有效地遏止国际帝国主义侵华的全部态势;五四运动是广泛的民族革命运动,但未能有强有力的组织领导,运动也未能进一步地深入到民间中去,表现了小资产阶级的弱点。陈独秀指出:"此次运动的弱点是:(一)民族运动的对象,只是当时感觉最甚的勾结国内军阀段祺瑞之帝国主义的日本,而忽略了国际帝国主义者对华侵略之全部情态,并且还有一部分领袖有求助于更险毒的敌人美国帝国主义者之倾向;此倾向,发展到华盛顿会议时,更恶化了全社会。(二)群众中无有力的组织与领袖将此运动继续扩大深入到社会各阶级中被压迫的群众,在欧战后世界革命的大潮中,失去了被压迫的中国民族解放运动大爆发的机会;当时在南方的国民党均囚在'以武力和北方争地盘'的旧政策内,或更周旋于分赃的南北和平会议,并未看清中国革命之真关键——反抗国际帝国主义的民族解放,也未看清中国革命之新方向及新势力,他们对于学生运动取了旁观态度,甚至有一二领袖还加以怀疑或非难;在北方的青年领袖们根本上没有革命性,不但临事脱逃,并且公然提出回避革命的口号'读书求学不问政治'。因此,在革命时机有革命倾向的'五四'运动,变成了秀才造反,中国懦弱的智识阶级,在此次运动中可谓原形毕露!这是在国民运动中第四次给我们的教训!"②陈独秀对五四运动弱点的揭示虽然言辞过于激烈,但却道出了五四运动存在的一些具体问题,如他所说的国民党未能参与对运动的领导,反日斗争中对其他帝国主义的斗争有所放松,整个运动的组织工作比较软弱等,大体上符合五四运动的历史实际。

陈独秀研究近代中国的革命运动是从总结革命经验的高度进行的,这与近

---

① 《二十七年以来国民运动中所得教训》,《陈独秀著作选》第 2 卷,上海人民出版社 1993 年版,第 817—818 页。

② 《二十七年以来国民运动中所得教训》,《陈独秀著作选》第 2 卷,上海人民出版社 1993 年版,第 817 页。

代史研究的“革命史范式”注重历史经验尤其是革命经验的积累也是一致的。陈独秀说，他研究二十余年的国民运动所得到的“总教训”是：“社会各阶级中，只有人类最后一阶级——无产阶级，是最不妥协的革命阶级，而且是国际资本帝国主义之天然对敌者；不但在资本帝国主义国家的社会革命他是主力军，即在被资本帝国主义压迫的国家之国民革命，也须他做一个督战者，督促一切带有妥协性的友军——农民、手工业者、革命的知识阶级、游民无产者（兵与会匪）及小商人，不妥协的向外国帝国主义者及其走狗——国内的军阀、官僚、劣绅、大地主、反革命的知识阶级进攻，才能够达到国民革命之真正目的——民族解放。”①又说，在民族民主革命的历史进程中，“我们眼前的事实是：压迫中国人民阻碍中国人民发展的帝国主义者与军阀，非革命不能使他们屈服的；资产阶级当中，有些是帮助帝国主义及军阀的反革命者，有些是非革命的中立分子，有些是偶然倾向革命而易于妥协者；不妥协的革命者只有工人阶级；中国国民革命运动中，若没有工人阶级有力的参加奋斗，决没有得到胜利的可能”②。陈独秀对近代历史的研究，服从于领导新民主主义革命的现实需要，实际上是通过近代史的研究来进一步认识当时的革命的形势、革命的对象、革命的动力、革命的任务、革命的性质等一系列有关“革命”的问题，这不仅对新民主主义革命有政治的指导意义，而且对近代中国史的研究显现出强烈的“革命化”的色彩。

陈独秀的民族革命史观是他在理解近代中国历史的过程中逐步形成起来的，他进而运用民族革命史观来考察中国政党的活动及其历史使命。如他解释中国共产党的历史活动时就认为，“因为政治的经济的环境之不同，而革命之步骤便也不同，所以中国共产党目前的政纲与行动，乃是要完成中国民族革命的要求，即反对国际帝国主义及其工具——国内军阀——到底。”③又如，他认为中国社会政治问题的解决，“只有集中全国民主主义的分子组织强大的政党，对内倾覆封建的军阀，建设民主政治的全国统一政府，对外反抗国际帝国主义，使中国成为真正的独立国家，这才是目前扶危定乱的唯一方法。”④这说明，民族革命

① 《二十七年以来国民运动中所得教训》，《陈独秀著作选》第 2 卷，上海人民出版社 1993 年版，第 820 页。

② 《中国革命运动中的工人的力量》，《陈独秀著作选》第 2 卷，上海人民出版社 1993 年版，第 838 页。

③ 《反赤运动与中国民族运动》，《陈独秀著作选》第 2 卷，上海人民出版社 1993 年版，第 968 页。

④ 《对于现在中国政治问题的我见》，《陈独秀著作选》第 2 卷，上海人民出版社 1993 年版，第 378 页。

史观既是陈独秀研究中国近代社会的基本观点,也是他考察现实社会政治的基本依据。

陈独秀对中国近代史研究的贡献只有放在中国近代史研究历程中来考察才能显现其在学术上的意义。中国学术界对中国近代史的研究起源于20世纪初的资产阶级革命运动,革命党人为鼓吹革命初奠"民族革命史"观,"革命史范式"也萌芽于此时。唯物史观传播后,李大钊、陈独秀、瞿秋白、恽代英等对近代中国社会的研究使得革命史研究范式得到发展,"民族革命史"成为一个较为科学的概念,中国近代史研究的马克思主义学派在酝酿中产生;而20世纪30年代的中国社会性质问题论战以及与此相联系的中国农村社会性质问题论战,则标志着马克思主义的革命史研究范式正式确立;20世纪30—40年代,张闻天、毛泽东、范文澜等对近代中国社会的研究使革命史研究范式进一步发展,并在新中国成立后成为中国近代史研究的主流;20世纪80年代,胡绳的《从鸦片战争到五四运动》则使革命史研究范式进一步标准化,而当今的一些近代史研究专家虽在一定程度上吸收现代化理论但仍继续和完善"革命史范式"。"现代化范式"成形稍晚一些[①],在近代史研究中也发挥了很大的作用。于今而言,两种近代史研究范式仍在发展之中,当然免不了争论[②]。评价两种近代史研究范式之孰优孰劣,非笔者所能胜任,本文只是将中国近代史研究的"革命史范式"的创建者之一陈独秀作为个案研究,希望为确立陈独秀的学术地位做一点基础工作,同时也为学术界正确评价近代史研究"革命史范式"提供学术上的参考。这是

---

① "现代化范式"成形大致在20世纪30年代,以陈恭禄的《中国近代史》和蒋廷黼的《中国近代史》为标志;50年代到70年代,现代化研究范式在台湾续传下来,而大陆学者则很少采用;80年代用现代化的观点研究中国近代史得到复兴,1992年陈旭麓《近代中国社会的新陈代谢》的出版,使大陆上的中国近代史研究的现代化范式得以复生,1993年罗荣渠《现代化新论》的出版,为现代化成为中国近代史研究的范式奠定了新的理论基础;90年代以后,现代化研究范式得到发展,陈勤、李刚、齐佩芳合著的近80万字的《中国现代化史纲》(广西人民出版社1998年版)和虞和平主编的120多万字的三卷本《中国现代化历程》(江苏人民出版社2001年版)是用现代化观点研究中国近代史的集大成著作。

② 目前,中国近代史研究的两种范式存在极大的争论,这实际上是维护或争夺对中国近代史的解释权。可参见龚书铎等:《历史的回答——中国近代史研究中的几个原则问题争论》,北京师范大学出版社2001年版;吴剑杰:《关于近代史研究"新范式"的若干思考》,《近代史研究》2001年第2期;周东华:《中国近代史研究的"现代化范式"——对两种批评意见的反批评》,《学术界》2002年第5期;董正华:《从历史发展多线性到史学范式多样化——围绕"以一元多线论为基础的现代化范式"的讨论》,《史学月刊》2004年第5期。笔者以为,辩论是好事,真理愈辩愈明,有助于两种近代史研究范式的发展;但不如用各自的"范式"多写些著作或论文,或对各自"范式"进行学术史的回顾(如撰写诸如《中国近代史研究史》之类),这对当前近代史研究的繁荣可能更有益。

本文的写作目的。

（原载《安徽史学》2006 年第 2 期，人大复印资料
《中国近代史》2006 年第 8 期全文转载）

【昔文琐记】这篇《陈独秀与中国近代史研究》写作于 2005 年下半年，主要说明陈独秀在马克思主义指导下对中国近代史研究的贡献。

我在盐城教育学院工作时，看陈独秀的文章，读的主要是三卷本《陈独秀文章选编》（三联书店 1984 年版）。1995 年至 1997 年在南师大读中国革命史研究生时，购买了三卷本的《陈独秀著作选》（上海人民出版社 1993 年版）。但在读博之前，一直没有能写出专门研究陈独秀的文章。博士毕业后，我考虑自己既然能研究李大钊，也就应该研究一下陈独秀，以便与李大钊进行比较。于是，对三卷本的《陈独秀著作选》加以研读，并在 2005 年下半年写出这篇《陈独秀与中国近代史研究》的文章。此文的思路，与我写的《李大钊与中国近代史研究》一样，都是在革命史观下考察其学术成就的。

也许是因为写这篇《陈独秀与中国近代史研究》文章，我熟悉了陈独秀的著作，并进而对陈独秀研究产生兴趣，以后又在 2007 年写成了《陈独秀与中国马克思主义社会学的开创》一文。在这期间，因为主持江苏省教育厅的“中国马克思主义学术史（1919—1949）”重大项目，比较系统地研究陈独秀各方面的学术思想，并将研究成果补入结项成果之中。因此，我有关陈独秀的研究，都是在徐州师大工作期间，相关的研究陈独秀的文章也都是在徐师大二分部的小房子中写成的。

陈独秀是安徽人，安徽学者十分注重对陈独秀的研究，《安徽史学》刊出的陈独秀研究论文有很高的水平，在学术界影响很大。于是，我写出的研究陈独秀的文章，都是投给《安徽史学》而发表的。高一涵也是安徽人，我写的几篇研究高一涵的文章，也是在《安徽史学》发表的。这之中，得到该刊汪谦干先生的器重和厚爱，并担任我文章的责任编辑。算起来，到目前为止，我在《安徽史学》发表了 6 篇论文。这里，对汪谦干先生的辛勤劳动及对我抬爱，表示感谢！

我发表的陈独秀对于中国近代史研究和社会学研究贡献的文章，皆被人大复印资料转载。但我对于陈独秀的研究，主要还是集中在其学术贡献上，没有延伸至其他领域。

2021 年 1 月 30 日

梁启超与中国近代史研究

梁启超不仅在中国学术界首倡全新的史学理论——“新史学”理论,而且运用其“新史学”思想积极从事史学实践活动,他对鸦片战争以来中国近代史的研究就是重要方面。虽然,梁启超对中国近代史的研究在其史学著述中只占极少的部分,但他对中国近代史的研究是其“新史学”思想的具体实践;而且,他对中国近代史研究的贡献是巨大的,如史学家萧一山就说:“梁启超对清代学术与近百年学术史的研究,其严谨的治学态度与探幽开微的功力,都为学术界所公认,为近代史的研究,建立了可信赖的足为信史的一些楷模。”①其实,梁启超对中国近代史的研究也不局限于“清代学术与近百年学术史”,他研究中国近代史所涉及的方面大大超出目前学界的预知。梁启超研究中国近代史的贡献,近来已引起个别学者注意,但进行系统而深入的研究仍有相当大的空间②。从中国近代史研究的百年历程来看,五四时期业已形成了以李大钊为代表以唯物史观为指导的中国近代史研究③和以梁启超为代表的以进化论为指导的中国近代史研究的两种范式。本文试就梁启超对中国近代史研究的贡献做一较为系统的梳理,并就梁启超从事中国近代史研究的特色进行初步的概括,以进一步凸显梁启超在中国近代史研究中的开创者地位。

---

① 萧一山:《近代史书、史料及其批评》,李定一等编:《中国近代史论丛》第一辑第1册,台北正中书局1956年版,第91页。

② 到目前为止,还未见到学术界有专门研究梁启超对中国近代史研究贡献的论文。目前所见张海鹏、龚云所著《中国近代史研究》一书,提及梁启超对中国近代史有所研究,但还有全面探讨的必要。参见张海鹏、龚云:《中国近代史研究》,福建人民出版社2005年版,第49—59页。

③ 参见拙作《李大钊与中国近代史研究》,《近代史研究》2003年第3期。

一、关于中国近代历史变迁的研究

梁启超研究中国近代史在当时是当代人研究当代史，为现实社会演进尤其是政治变革服务，具有总结最近历史经验的性质，因而政治史的意识十分强烈。他对近代中国历史变迁的研究是以政治变迁为主线的，力图从政治变迁的角度来揭示近代中国发展的历史趋势。这与他的政治活动家的身份是密切联系的。梁启超研究中国近代历史变迁的代表作是《五十年中国进化概论》、《清代学术概论》等，虽然在今天看来没能全面而系统地揭示近代中国历史变迁的规律，但他关于中国近代社会变迁的研究大致勾勒出近代中国社会变迁的层面及变迁的基本轨迹。

1. 对近代“中华民族之扩大”的研究

梁启超关注中华民族在近代历史条件下的进展，他对中国近代历史的研究是与他的民族意识密切相连的。梁启超的民族主义思想特别强烈，他考察“民族竞争之大势”时发现，“近四百年来，民族主义日渐发生，日渐发达，遂至磅礴郁积，为近世史之中心点”；“民族主义者，实制造近世国家之原动力也”①。因而，他主张“知他人以帝国主义来侵之可畏，而速养成我所固有之民族主义以抵制之”②。梁启超的民族主义思想，必然体现到他的史学研究中。中华民族在近代遭到西方列强的欺凌，领土和主权受到严重侵犯，这是当时包括梁启超在内的有识之士时刻关注的“变局”。

梁启超积极研究近代中国遭受西方侵略的严峻形势，注意到近代中国沉沦的一面，但同时也看到近代中国进步与发展的一面，即“中华民族之扩大”，在一定程度上体现了他对中国近代史研究的辩证态度，同时也表征他在进化论指导下所持有的进化史观。他认为，在近代中国，国内民族融合的进程在加速进行，汉族与苗族的关系、汉族与满族的关系得到解决，特别是辛亥革命“专就民族扩大一方面看来，那价值也真不小”，“满人的汉化，以全速率进行，到了革命后个个满人头上都戴上一个汉姓，从此世界上可真不会有满洲人了。这便是把二千

① 梁启超：《论民族竞争之大势》，《饮冰室合集·饮冰室文集之十》，中华书局1989年版，第10—11页。

② 梁启超：《国家思想变迁异同论》，《饮冰室合集·饮冰室文集之六》，中华书局1989年版，第22页。

年来的东胡民族,全数融纳进来,变了中华民族的成分,这是中华民族扩大的一段落”。在近代中国历史上,东三省“一方面虽然许多利权落在别人手上”,但“一方面关内外人民关系之密度,确比从前增加好些,东三省人和山东、直隶人渐渐打成一片了”。再看西北方面,“自从左宗棠开府甘陕,内地的势力,日日往那边膨胀。光绪间新疆改建行省,于是两汉以来始终和我们若即若离的西域三十六国,算是完全编入中国版图,和内地一样了”。梁启超也痛心地指出,台湾“到后半期被人抢去了”,其教训尤为深刻:“我们民族会往前进,别的民族也会往前进。今后我们若是没有新努力,恐怕只有兜截转来,再没有机会能继续扩大了。”总结近代中国历史,梁启超对中华民族的发展充满热切的希望:“民族扩大,是最可庆幸的一件事”①。梁启超对近代“中华民族之扩大”问题的研究,在于强化中国人的民族自信心和爱国心,看到中华民族在近代的进步及其未来的前景,也表明他对中国社会变迁的乐观主义态度。

梁启超认为近代“中华民族之扩大”,还表现于民族精神的张扬和民族意识的勃兴。他在分析辛亥革命的历史时,结合“民族精神”有这样的说明:“我们自古以来就有一种觉悟,觉得我们这一族人像同胞兄弟一般,拿快利的刀也分不开;又觉得我们这一族人,在人类全体中关系极大,把我们的文化维持扩大一分,就是人类幸福扩大一分。这种观念,任凭别人说我们是保守也罢,说我们是傲慢也罢,总之我们断断乎不肯自己看轻了自己,确信我们是世界人类的优秀分子,不能屈服在别的民族底下。这便是我们几千年来能够自立的根本精神。……所以晚明遗老象顾亭林、黄梨洲、王船山、张苍水这一班人,把一种极深刻的民族观念传给后辈,二百年来,未尝断绝。到甲午年和日本人打一仗打败了,我们觉得这并不是中国人打败,是满洲人拖累着中国人打败。恰好碰着欧洲也是民族主义最昌的时代,他们的学说给我们极大的刺激,所以多年来磅礴郁积的民族精神尽情发露,排满革命成为全国人信仰之中坚。”②梁启超在《中国近三百年学术史》中也认为,明末清初的民族思想对近代中国产生重大的影响,促进了民族主义思想的兴起。他说,明末清初的思想家,“他们曾痛论八股科举之汩没人才,到这时读起来觉得句句亲切有味,引起一班人要和这件束缚思想、锢蚀人心的恶制度拼命。他们反抗满洲的壮烈行动和言论,到这时因为在满洲朝廷手上丢尽

① 梁启超:《五十年中国进化概论》,《饮冰室合集·饮冰室文集之三十九》,中华书局1989年版,第41—42页。

② 梁启超:《辛亥革命之意义与十年双十节之乐观》,《饮冰室合集·饮冰室文集之三十七》,中华书局1989年版,第3页。

中国人的脸,国人正要推勘他的责任,读了先辈的书,蓦地把二百年麻木过去的民族意识觉醒转来。他们有些人曾对君主专制暴威作大胆的批评,到这时拿外国政体来比较一番,觉得句句都餍心切理,因此从事于推翻几千年旧政体的猛烈运动。"①梁启超在描述近代民族思想演进时有大汉族主义的思想,但他认识到近代"中华民族之扩大"的事实,并且联系到近代民族意识的觉醒和民族主义精神的扩展,这应该说还是很有特色的。

从梁启超史学思想体系来看,他对近代"中华民族之扩大"的研究是他的"新史学"观念所构建的新"中国史"体系的重要实践。梁启超所要构建的"中国史"其主要内容是:"第一,说明中国民族成立发展之迹,而推求其所以能保存盛大之故,且察其有无衰败之征。第二,说明历史上曾活动于中国境内者几何族?我族与他族调和冲突之迹何如?其所产结果何如?第三,说明中国民族所产文化,以何为基本,其与世界他部分文化相互之影响何如?第四,说明中国民族在人类全体上之位置及其特性,与其将来对于人类所应负之责任。"②中国近代史是整体的中国史的重要组成部分,梁启超所理想的"中国史"是以"中国民族"的发展为主要内容,则他在中国近代史研究中对近代"中华民族之扩大"进行重点研究,也就顺理成章了。

2. 对中国近代思想演变的研究

梁启超在进化论的指导下看到中国近代思想演进的历史进程,认为近代中国在"学问和思想方面,我们不能不认为已经有多少进步,而且确已替将来开出一条大进步的路径"。他指出,近代中国思想演进的"最大关键,就是科举制度之扑灭",科举制度的废除如"用历史家的眼光看来",则是近代中国的"一件大事"。自然,科举制度的废除也不是一蹴而就的,而是与近代中国思想解放联系在一起的历史过程。"废科举的运动,在这五十年内的初期,已经开始,郭嵩焘、冯桂芬等辈,都略略发表这种意见。到'戊戌维新'前后,当时所谓新党康有为、梁启超一派,可以说是用全副精力对于科举制度施行总攻击。前后约十年间,经了好几次波折,到底算把这件文化障碍物打破了。"③梁启超具体地将中国近代

① 梁启超:《中国近三百年学术史》,《饮冰室合集·饮冰室专集之七十五》,中华书局 1989 年版,第 29 页。

② 梁启超:《中国历史研究法》,《饮冰室合集·饮冰室专集之七十三》,中华书局 1989 年版,第 7 页。

③ 梁启超:《五十年中国进化概论》,《饮冰室合集·饮冰室文集之三十九》,中华书局 1989 年版,第 43 页。

思想的演变划分为三个时期：

第一期，先从器物上感觉不足。时间是“从鸦片战争后渐渐发动，到同治间借了外国兵来平内乱”，一直到甲午战争。其主要表现是自强运动，那时的“曾国藩、李鸿章一班人，很觉得外国的船坚炮利，确是我们所不及，对于这方面的事项，觉得有舍己从人的必要，于是福建船政学堂、上海制造局等等渐次设立起来”，但是，这一时期的“思想界受的影响很少，其中最可纪念的，是制造局里头译出几部科学书”①。梁启超认为，这一期是近代中国“讲求西学”的重要阶段，在根本上是因为中国受到西方列强的侵略所引起的刺激而在思想上的反映。梁启超指出：“道光间鸦片战役失败，逼着割让香港，五口通商，咸丰间英法联军陷京师，烧圆明园，皇帝出走，客死于外。经这次痛苦，虽以麻木自大的中国人，也不能不受点刺激。所以乱定之后，经曾文公、李文忠这班人提倡，忽有‘洋务’、‘西学’等名词出现。……质而言之，自从失香港、烧圆明园之后，感觉有发愤自强之必要，而推求西之所以强，最佩服的是他的‘船坚炮利’。”②梁启超将这一时期中国思想的演变与中国所受的外部压力联系起来，剖析中国社会变动尤其是政治上变化给予思想变迁的影响，这是符合鸦片战争之后中国思想发展的状况的。

第二期，是从制度上感觉不足。时间是“从甲午战役起到民国六七年止”。这一时期思想的变动是因为中日甲午战争的失败而引起的刺激，而有戊戌变法等寻求制度的变革。“自从和日本打了一个败仗下来，国内有心人，真像睡梦中著了一个霹雳。因想道堂堂中国为什么衰败到这田地？都为的是政制不良，所以拿‘变法维新’做一面大旗，在社会上开始运动，那急先锋就是康有为、梁启超一班人”。这一阶段的政治运动虽然是失败了，只剩下“废科举”那件事算是成功了；但在学术思想也有很大的进步，“这一期学问上最有价值的出品，要推严复翻译的几部书，算是把十九世纪主要思潮的一部分介绍近来”③。梁启超认为，戊戌变法失败之后清政府所进行的“新政”则是“掩耳盗铃的举动”，因而思想的变动仍然在继续并有新的特点。对此，梁启超分析道：“清廷政治一日一日

① 梁启超：《五十年中国进化概论》，《饮冰室合集·饮冰室文集之三十九》，中华书局1989年版，第44页。

② 梁启超：《中国近三百年学术史》，《饮冰室合集·饮冰室专集之七十五》，中华书局1989年版，第26页。

③ 梁启超：《五十年中国进化概论》，《饮冰室合集·饮冰室文集之三十九》，中华书局1989年版，第44页。

的混乱,威权一日一日的失坠。因亡命客及留学生徒增的结果,新思想的中心,移到日本东京,而上海为之传输。其时主要潮流,约有数支:第一,我自己和我朋友。继续我们从前的奋斗,鼓吹政治革命,同时'无拣择的'输入外国学说,且力谋中国过去善良思想之复活。第二,章太炎(炳麟)。他本是考证学出身,又是浙人,受浙东派黄梨洲、全谢山等影响甚深,专提倡种族革命,同时也想把考证学引到新方向。第三,严又陵(复)。他是欧洲留学生出身,本国文学亦优长,专翻译英国功利主义派书籍,成一家之言。第四,孙逸仙(文)。他虽不是学者,但眼光极敏锐,提倡社会主义,以他为最先。以上几个人,各人的性质不同,早年所受教育根底不同,各自发展他自己的个性,始终没有什么合作。要之,清末思想界,不能不推他们为重镇。"①梁启超这里是说明,清末思想不仅处于进步之中,而且表现出多种流向,呈蓬勃发展的势头。

第三期,便是从文化上感觉不足。这一时期是在第二期的基础上发展而来,同时也是对第二期"政治界虽变迁很大,思想界只能算同一个色彩"的推进。那时因为"觉得社会文化是整套的,要拿旧心理运用新制度,决计不能,渐渐要求全人格的觉悟"。再加上"新近回国的留学生,又很出了几位人物,鼓起勇气做全部解放的运动。所以最近两三年间,算是划出一个新时期来了"②。当然,梁启超对正在发展中的新文化运动也颇有些不满,如他就有这样看法:"这几年所谓新思潮、所谓新文化运动,不是大家都认为蓬蓬勃勃有生气吗?试检查一检查他的内容,大抵最流行的莫过于讲政治上、经济上这样主义那样主义"③。尽管如此,梁启超对新文化运动在中国近代思想发展史上的地位还是予以肯定的,并认为近代思想进到"文化上感觉不足"的阶段有其必然性。

梁启超对中国近代思想变迁的梳理和描述,不仅充分肯定中国近代思想前进的总趋势,而且认为中国近代思想表现出"剧变"的和"新陈代谢"的特征。在梁启超看来,中国近代思想处于急剧的变动之中。他说,几十年前郭嵩焘的游记因为对西方文明有所肯定,曾引起"满朝士大夫的公愤",其结果是遭到"人人唾骂,日日奏参,闹到奉旨毁版才算完事";然而,"曾几何时,到如今'新文化运动'

① 梁启超:《中国近三百年学术史》,《饮冰室合集·饮冰室专集之七十五》,中华书局 1989 年版,第 30 页。

② 梁启超:《五十年中国进化概论》,《饮冰室合集·饮冰室文集之三十九》,中华书局 1989 年版,第 45 页。

③ 梁启超:《科学精神与东西文化》,《饮冰室合集·饮冰室文集之三十九》,中华书局 1989 年版,第 2 页。

这句话,成了一般读书社会的口头禅,马克思差不多要和孔子争席,易卜生差不多要推倒屈原”。总之,这几十年中国思想的确实处于“剧变”状态,而且“确为从前四千余年所未尝梦见”①。梁启超同时认为,中国近代思想的变迁还具有“新陈代谢”的特征,其表现是:“第一期,如郭嵩焘、张佩纶、张之洞等辈,算是很新很新的怪物。到第二期时,嵩焘、佩纶辈已死去,之洞却还在。之洞在第二期前半,依然算是提倡风气的一个人,到了后半,居然成了老朽思想的代表了。在第二期,康有为、梁启超、章炳麟、严复等辈,都是新思想界勇士,立在阵头最前的一排。到第三期时,许多新青年跑上前线,这些人一趟一趟被挤落后,甚至已经全然退伍了。这种新陈代谢现象,可以证明这五十年间思想界的血液流转得很快,可以证明思想界的体气,实已渐趋康强。”②梁启超认为中国近代思想的变迁是“剧变”和“新陈代谢”,把握住了中国近代思想演变的主要特征。

梁启超关于中国近代思想变迁三阶段的划分,为以后中国近代史研究的“现代化学派”所继承和发展。殷海光于20世纪60年代所著《中国文化的展望》一书中,认为近代中国的现代化“首先是追求‘船坚炮利’,继而是藉‘变法’以至于‘革命’来改变制度,最后则攻到‘孔家店’”③,并以很大的篇幅论述了近代中国从事“器用的现代化”、“制度的现代化”、“思想的现代化”的历史进程。金耀基在1969年认为,近代中国的历史是现代化的过程,“中国现代化的第一个运动,是曾国藩、李鸿章以至张之洞等人所领导的洋务运动”;“中国现代化的第二个运动,是康有为、梁启超等人所领导的戊戌维新运动”;“中国现代化的第三个运动,是孙中山先生领导的辛亥革命”;“中国现代化的第四个运动,是陈独秀、胡适等人所领导之文化运动”;“中国现代化的第五个运动,是共产党之社会与文化大革命”④。此外,张朋园、张玉法等关于中国现代化历史的研究,在很大程度上都受梁启超关于中国近代思想变迁三阶段划分的影响⑤。

---

① 梁启超:《五十年中国进化概论》,《饮冰室合集·饮冰室文集之三十九》,中华书局1989年版,第43页。

② 梁启超:《五十年中国进化概论》,《饮冰室合集·饮冰室文集之三十九》,中华书局1989年版,第45页。

③ 殷海光:《现代化的问题》,姜义华、吴根梁、马学新编:《港台及海外学者论传统文化与现代化》,重庆出版社1988年版,第253页。

④ 金耀基:《现代化与中国现代史:提供一个理解中国百年来现代史的概念架构》,姜义华、吴根梁、马学新编《港台及海外学者论传统文化与现代化》,重庆出版社1988年版,第313—315页。

⑤ 参见张朋园的《中国现代化的助力与阻力》及张玉法的《中国现代化的动向》,两文皆载罗荣渠、牛大勇编《中国现代化历程的探索》,北京大学出版社1992年版。

3. 对中国近代学术演变的研究

梁启超著有《清代学术概论》、《中国近三百年学术史》等著作对清代学术有系统的研究，其中关于鸦片战争以来的晚清学术也有宏观的梳理和细密的剖析，成为中国近代学术史研究的开创性成果。

梁启超认为，鸦片战争以来的中国近代学术处于清学的“蜕分期”和“衰落期”阶段。“蜕分期”的特征是，学术上“只得取局部问题，为‘窄而深’的研究，或取其研究方法，应用之于别方面，于是派中小派出焉。……晚出之派，进取气较盛，易与环境顺应，故往往以附庸蔚为大国，则新衍之派别与旧传之正统派成对峙之形势，或且骎骎乎夺其席”。“衰落期”的特征是，学术上“承其流者，不过捃摭末节以弄诡辩。且支派分裂，排轧随之，益自暴露其缺点。……而豪杰之士，欲创新必先推旧，遂以彼为破坏之目标”①。梁启超认为清学在近代处于“蜕分期”和“衰落期”，正是说明近代中国的学术是传统学术的衰落和新兴学术的兴起，揭示的是近代中国学术的过渡性特征。

梁启超虽然是将中国近代学术放在整个清学系统（考证学）中来考察，但他认为近代中国学术不是固守着清初以来的学术路径，而是具有新的特点。具体说，近代学术虽然是清学“分裂”的产物，但更重要的是“由环境之变化所促成者”。他说，中国近代学术“所谓由环境之变化所促成者何耶？其一，清初‘经世致用’之一学派所以中绝者，固由学风正趋于归纳的研究法，厌其空泛，抑亦因避触时忌，聊以自藏。嘉道以还，积威日弛，人心已渐获解放，而当文恬武嬉之既极，稍有识者，咸知大乱之将至。追寻根原，归咎于学非所用，则最尊严之学阀，自不得不首当其冲。其二，清学之发祥地及根据地，本在江浙；咸同之乱，江浙受祸最烈，文献荡然，后起者转徙流离，更无余裕以自振其业，而一时英拔之士奋志事功，更不复以学问为重。……咸同间之百学中落，固其宜也。其三，‘鸦片战役’以后，志士扼腕切齿，引为大辱奇戚思所以自湔拔；经世致用观念之复活，炎炎不可抑。又海禁既开，所以‘西学’者逐渐输入，始则工艺，次则政制。……于是以其极幼稚之‘西学’知识，与清初启蒙期所谓‘经世之学’者相结合，别树一派，向于正统派公然举叛旗矣”②。这段论述说明，梁启超是将中国近代学术置于鸦片战争后中国社会变迁的历史环境中来定位的，考虑到近代中国社会演变

① 梁启超：《清代学术概论》，《饮冰室合集·饮冰室专集之四十三》，中华书局 1989 年版，第 2—3 页。

② 梁启超：《清代学术概论》，《饮冰室合集·饮冰室专集之四十三》，中华书局 1989 年版，第 51—52 页。

所给予学术上的重大影响,故而能突出中国近代学术与时代的因缘关系,注意到学术发展与外在环境变化的关联。

梁启超对中国近代学术史的几个重大问题有这样的分析:

关于今文经学。梁启超对今文经学在晚清的复兴与兴盛予以高度的重视,梳理了今文经学在晚清变迁的历程,并给予中肯的评价。他认为到今文经学的基本精神在"经世致用","代表这种精神的人"是龚自珍和魏源,并且"给后来光绪初期思想界很大的影响"。但梁启超也认识到,今文经学在鸦片战争初期的复兴并不是偶然的,有学术本身的原因,也有政治因素的影响。就学术方面而言,"考证古典的工作,大部分被前辈做完了,后起的人想开辟新田地,只好走别的路";就政治因素而论,"当时政治现象,令人感觉不安,一面政府钳制的威权也陵替了,所以思想渐渐解放,对于政治及社会的批评也渐渐起来了"。当然,说今文经学的复兴,也不是说今文经学一开始就居于学界的主流地位,今文经学"在嘉、道间,不过一枝'别动队',学界的大势力仍在'考证学正统派'手中。这枝别动队的成绩,也幼稚得很"①,只是在光绪年间才达到兴盛的局面。

(1)"今文学派之开拓,实自龚氏"。梁启超认为,经文经学的复兴起自武进的庄存与所著《春秋正辞》,专求"微言大义",继之者为同县后进刘逢禄。其后,"段玉裁外孙龚自珍,既受训诂学于段,而好今文,说经宗庄、刘。……往往引《公羊》义讥切时政,诋排专制"。龚自珍在近代今文经学复兴中处于开拓者地位,"今文学派之开拓,实自龚氏。……拟诸'正统派',庄可比顾,龚、刘则阎、胡也"。龚自珍对晚清今文经学发展有重大影响,"晚清思想之解放,自珍确与有功焉。光绪间所谓新学家者,大率人人皆经过崇拜龚氏之一时期"。与龚自珍同时代的魏源亦为"今文学之健者","源有《元史》,有《海国图志》。治域外地理者,源实为先驱"。"故后之治今文学者,喜以经术作政论,则龚、魏之遗风也"②。

(2)康有为是"今文学运动之中心"。梁启超认为,今文经学经过龚自珍而复兴,到康有为时而兴盛,故康有为是"今文学运动之中心";但康只是晚清经文经学的"集大成者",而"非其创作者",其最先所著的《新学伪经考》为其今文经学的系统表达。对此,梁启超评价道:"《新学伪经考》之要点:一、西汉经学,并

---

① 梁启超:《中国近三百年学术史》,《饮冰室合集·饮冰室专集之七十五》,中华书局 1989 年版,第 25 页。

② 梁启超:《清代学术概论》,《饮冰室合集·饮冰室专集之四十三》,中华书局 1989 年版,第 54—56 页。

无所谓古文者,凡古文皆刘歆伪作。二、秦焚书,并未厄及六经,汉十四博士所传,皆孔门足本,并无残缺。三、孔子时所用字,即秦汉间篆书,即以'文'论,亦绝无今古之目。四、刘歆欲弥缝其作伪之迹,故校中秘书时,于一切古书多所羼乱。五、刘歆所以作伪经之故,因欲佐莽篡汉,先谋湮乱孔子之微言大义。……此说一出,而所生影响有二:第一,清学正统派之立脚点,根本动摇;第二,一切古书,皆须从新检查估计。此实思想界之一大飓风也。"①梁启超还对康有为的《孔子改制考》及《大同书》在今文经学史上的地位作了分析,突出康有为对晚清今文经学兴盛的影响。

(3)梁启超为今文经学作"猛烈的宣传运动"。梁启超本人是中国近代今文经学发展的重要人物,他曾参与著述《新学伪经考》,在传播今文经学方面做出了很大的努力。梁启超在《清代学术概论》中对自己在复兴今文经学中的作用作了客观公正的分析,并说明自己的经学观与其师康有为的差异:"启超治《伪经考》,时复不慊于其师之武断,后遂置不复道。其师好引纬书,以神秘性说孔子,启超亦不谓然。启超谓孔门之学,后衍为孟子、荀卿两派,荀传小康,孟传大同;汉代经师,不问为今文家古文家,皆出荀卿(汪中说);二千年间,宗派屡变,壹皆盘旋荀学肘下,孟学绝而孔学亦衰。于是专以绌荀申孟为标帜,引《孟子》中诛责'民贼'、'独夫''善战服上刑'、'授田制产'诸义,谓为大同精义所寄,日倡道之;又好《墨子》,诵说其'兼爱'、'非攻'之论。"②梁启超对今文经学作出了积极的宣传,他虽然评价自己是"新思想之陈涉",但同时他也有"自知之明",只是认为"启超之在思想界,其破坏力确不小,而建设则未有闻",而且"中间又屡为无聊的政治活动所牵率,耗其精而荒其业";其治学的特点是:"'学问欲'极炽,其所嗜之种类亦繁杂,每治一业,则沈溺焉,集中精力,尽抛其他;历若干时日,移于他业,则又抛其前所治者。以集中精力故,故常有所得;以移时而抛故,故入焉而不深。"③梁启超对自己的评价,对自己学术特点的剖析,从总体上来说是较为客观的。

梁启超研究今文经学在近代复兴的历程,将鸦片战争之后今文经学的复兴

① 梁启超:《清代学术概论》,《饮冰室合集·饮冰室专集之四十三》,中华书局1989年版,第56页。

② 梁启超:《清代学术概论》,《饮冰室合集·饮冰室专集之四十三》,中华书局1989年版,第61页。

③ 梁启超:《清代学术概论》,《饮冰室合集·饮冰室专集之四十三》,中华书局1989年版,第66页。

理出从龚魏到康梁的线索，并对今文经学复兴原因作了较为客观的分析与评价，这应该说是很有见识的。

关于晚清清学正统派。梁启超认为，在鸦片战争之后的清学正统处于蜕分与衰落期之中，“其运命自不能以复久延”，但仍有重要的学术地位与学术影响，并且保有承继的学统：“然在此期中，犹有一二大师焉，为正统派死守最后之壁垒，曰俞樾，曰孙诒让，皆得统于高邮王氏。樾著书，惟二三种独精绝，余乃类无行之袁枚，亦衰落期之一征也。诒让则有醇无疵，得此后殿，清学有光矣。樾弟子有章炳麟，智过其师，然亦以好谈政治，稍荒厥业。而绩溪诸胡之后有胡适者，亦用清儒方法治学，有正统派遗风。”①梁启超看到了清学正统派在近代中国的传承，但他认为“总而论之，清末三四十年间，清代特产之考证学，虽依然有相当的部分进步，而学界活力之中枢，已经移到‘外来思想之吸收’”②，考证学并不居于学术界之主流。梁启超在对晚清清学正统派的研究中，尤为重视章炳麟的突出地位，认为章炳麟在晚清是为“正统派大张其军”，是清学正统派的殿军。在梁启超看来，章炳麟少时受学于俞樾，“治小学极谨严”；同时又受浙东学派“全祖望、章学诚影响颇深，大究明清间掌故”。其学术经历与特征是，“早岁所作政谈，专提倡单调的‘种族革命论’，使众易喻，故鼓舞之力綦大。中年以后，究心佛典，治《俱舍》、《唯识》，有所入。既亡命日本，涉猎西籍，以新知附益旧学，日益闳肆。其治小学，以音韵为骨干，谓文字先有声然后有形，字之创造及其孳乳，皆以音衍。所著《文始》及《国故论衡》中论文字音韵诸篇，其精义多乾嘉诸老所未发明。应用正统派之研究法，而廓大其内容延辟其新径，实炳麟一大成功也。”③梁启超对章炳麟学术成就予以很高的评价，认为章炳麟的学术思想“非清学所能限”，对近代中国学术的影响“亦至巨”，而且“炳麟用佛学解老庄，极有理致，所著《齐物论释》，虽间有牵合处，然确能为研究‘庄子哲学’者开一新国土。其《菿汉微言》，深造语极多。其余《国故论衡》、《检论》、《文录》诸篇，纯驳互见。”但梁启超也认为，章炳麟由于在治学上“谨守家法之结（积）习甚深”，具有“门户之见”，“如治小学排斥钟鼎文龟甲文，治经学排斥‘今文派’”，因此，在

① 梁启超:《清代学术概论》,《饮冰室合集·饮冰室专集之四十三》,中华书局1989年版,第6页。

② 梁启超:《中国近三百年学术史》,《饮冰室合集·饮冰室专集之七十五》,中华书局1989年版,第31页。

③ 梁启超:《清代学术概论》,《饮冰室合集·饮冰室专集之四十三》,中华书局1989年版,第69—70页。

思想解放的“勇决”程度上，章炳麟“或不逮今文家也”①。梁启超在日本时曾与章炳麟有密切的关系，并且曾酝酿学术上的合作，因而对章炳麟学术思想及其在晚清学术上的地位有比较客观的总结与分析。

关于晚清西洋思想之运动。梁启超认为，近代中国学术思想的演变有着一个“讲求西学”的运动。洋务运动期间之所谓“西学”是近代中国西学输入的第一阶段，然而这一阶段“提倡西学法，不能在学界发生影响”，但“江南制造局成立之后，很有几位忠实的学者——如李壬叔（善兰）、华若汀（衡芳）等辈在里头，译出几十种科学书，此外国际法及其他政治书也有几种。自此，中国人才知道西人还有藏在‘船坚炮利’背后的学问，对于‘西学的观念’渐渐变了”②。这种变化当时只在极少数人之中，一般的士大夫对西学仍是极端的仇视与排斥。甲午战争之后，进入西学输入的第二阶段，康有为、梁启超、谭嗣同等处于“学问饥荒”的环境中，“冥思枯索，欲以构成一种‘不中不西即中即西’之新学派”，但为旧派所不容。戊戌变法失败之后，在“壬寅、癸卯间，译述之业特盛，定期出版之杂志不下数十种。日本每一新书出，译者动数家。新思想之输入，如火如荼矣。然皆所谓‘梁启超式’的输入，无组织，无选择，本末不具，派别不明，惟以多为贵，而社会亦欢迎之”。其时，对西学输入中国贡献最大者“独有侯官严复，先后译赫胥黎《天演论》，斯密亚丹《原富》，穆勒约翰《名学》、《群己权界论》，孟德斯鸠《法意》，斯宾塞尔《群学肄言》等数种，皆名著也。虽半属旧籍，去时势颇远，然西洋留学生与本国思想界发生关系者，复其首也。亦有林纾者，译小说百数十种，颇风行于时，然所译本率皆欧洲第二三流作者。纾治桐城派古文，每译一书，辄‘因文见道’，于新思想无与焉”③。梁启超对晚清西学输入过程的梳理，理出西学东渐的线索和轨迹，他对西学中国化的评价也是极富有见地的。

关于谭嗣同学术思想。梁启超将谭嗣同称为晚清思想界的“彗星”④，认为谭嗣同的学术思想与近代今文经学的复兴有密切联系，其言论虽大多“皆当时今文学派所日倡导者”，但其“仁学”思想却很有独到特色。关于谭嗣同思想的

---

① 梁启超：《清代学术概论》，《饮冰室合集·饮冰室专集之四十三》，中华书局1989年版，第70页。

② 梁启超：《中国近三百年学术史》，《饮冰室合集·饮冰室专集之七十五》，中华书局1989年版，第27页。

③ 梁启超：《清代学术概论》，《饮冰室合集·饮冰室专集之四十三》，中华书局1989年版，第71—72页。

④ 梁启超：《清代学术概论》，《饮冰室合集·饮冰室专集之四十三》，中华书局1989年版，第69页。

演变，梁启超是这样描述的："嗣同幼好骈体文，缘是以窥'今文学'，其诗有'汪（中）魏（源）王（闿运）始是才'之语，可见其向往所自。又好王夫之之学，喜谈名理。自交梁启超后，其学一变。自从杨文会闻佛法，其学又一变。……其所谓'新学'之著作，则有《仁学》"①。谭嗣同仁学体系有多方面的思想来源，如他本人就说："凡为仁学者，于佛书当通《华严》及心宗、相宗之书；于西书当通《新约》及算学、格致、社会学之书；于中国书当通《易》、《春秋公羊传》、《论语》、《礼记》、《孟子》、《庄子》、《墨子》、《史记》，及陶渊明、周茂叔、张横渠、陆子静、王阳明、王船山、黄梨洲之书。"②梁启超也充分肯定谭嗣同学术思想的多源性，但认为谭嗣同有自己的独立创造并有自己的思想特色。梁启超说："嗣同幼治算学，颇深造，亦尝尽读所谓'格致'类之译书，将当时所能有之科学知识，尽量应用。又治佛学之'唯识宗'、'华严宗'，用以为思想之基础，而通之以科学。又用今文学家'太平'、'大同'之义，以为'世法'之极轨，而通之于佛教。嗣同之书，盖取资于此三部分，而组织之以立己之意见。其驳杂幼稚之论甚多，固无庸讳，其尽脱旧思想之束缚，戛戛独造，则前清一代，未有其比也。"③梁启超对谭嗣同的《仁学》有一总评价："《仁学》之作，欲将科学、哲学、宗教冶为一炉，而更使适于人生之用，真可谓极大胆极辽远之一种计划。"④梁启超不仅强调《仁学》在学术史上的地位，而且更重视其在思想解放中的积极意义。他认为，《仁学》一书贯穿"冲决罗网"的思想，根本观念是"排斥尊古观念"，明白张胆地"诋名教"，表现出"怀疑之精神，解放之勇气"；《仁学》之政论在国家起源和民治主义，应归于"世界主义"，"其鼓吹排满革命也，词锋锐不可挡"，排满言论"距后此'同盟会'、'光复会'等之起，盖十五六年矣"⑤。梁启超分析了谭嗣同思想的演变历程，从学术和思想的角度来评定谭嗣同的历史地位，凸显了谭嗣同思想的激进色彩，这是符合历史事实的。

梁启超对近代中国学术演变的研究，用力最勤，功夫最深，学术的分量也最

---

① 梁启超：《清代学术概论》，《饮冰室合集·饮冰室专集之四十三》，中华书局1989年版，第66页。

② 《谭嗣同全集》，中华书局1981年版，第293页。

③ 梁启超：《清代学术概论》，《饮冰室合集·饮冰室专集之四十三》，中华书局1989年版，第67页。

④ 梁启超：《清代学术概论》，《饮冰室合集·饮冰室专集之四十三》，中华书局1989年版，第67页。

⑤ 梁启超：《清代学术概论》，《饮冰室合集·饮冰室专集之四十三》，中华书局1989年版，第69页。

重，这是他研究中国近代史最为突出的贡献。就梁启超研究中国近代学术史的成果来看，他是将中国近代学术的研究放在整个清代学术系统中来考察的，体现出学术本身传承的内在理路，但同时又与近代中国政治变迁密切联系起来，反映学术演变与近代中国政治变动的关联，并进而从学术演变中来展示近代中国社会的变迁的概貌。需要说明的是，梁启超对中国近代学术史的方方面面都有较为详尽的研究。就史学而言，诸如近代中国的当代史研究、元史与蒙古史研究、边疆史地研究，他如关于近代学者对学术史的总结、对地理学的研究、对历算学的研究等，梁启超在《中国近三百年学术史》中都较为具体的研究。由于篇幅所限，以上只是就梁启超研究近代中国学术史的主要方面予以说明。

4. 对近代中国政治进化的研究

梁启超在 20 世纪 20 年代认为，近代中国政治的进化尤为突出。当时不少人对近代中国政治的进化持怀疑的态度，甚至有人提出这样的疑问："五十年里头，别的事都还可以勉强说是进化，独有政治，怕完全是退化吧？"梁启超不同意这样的观点，而认为"从骨子里看来，也可以说这五十年的中国，最进化的便是政治"①。

梁启超认为"国民对于政治上的自觉，实为政治进化的总根源"，因而要从"国民自觉"的角度来剖析近代中国政治的演变。他指出："从国民自觉的方面看来，那意识确是一日比一日鲜明，而且一日比一日扩大。自觉，觉些甚么呢？第一，觉得凡不是中国人都没有权来管中国的事。第二，觉得凡是中国人都有权来管中国的事。第一种是民族建国的精神，第二种是民主的精神。这两种精神，从前并不是没有，但那意识常在睡眠状态之中，朦朦胧胧的，到近五十年——实则是近三十年——却很鲜明的表现出来了。……总之在最近三十年间我们国民所做的事业，第一件，是将五胡乱华以来一千多年外族统治的政治根本铲除。第二件，是将秦始皇以来二千多年君主专制的政治永远消灭。而且这两宗事业，并非无意识的偶然凑会，的确是由人民一种根本觉悟经了很大的努力，方才做成。就这一点看来，真配得上进化这两个字了。"②虽然梁启超将清王朝的推翻看成是"五胡乱华以来一千多年外族统治的政治根本铲除"，将清王朝视为"异族"而带有明显的大汉族主义色彩，但他肯定推翻清王朝在"将秦始皇以来二千多年

① 梁启超：《五十年中国进化概论》，《饮冰室合集 · 饮冰室文集之三十九》，中华书局 1989 年版，第 46 页。

② 梁启超：《五十年中国进化概论》，《饮冰室合集 · 饮冰室文集之三十九》，中华书局 1989 年版，第 46—47 页。

君主专制的政治永远消灭”上的意义,应该说是看到了近代中国政治的大变动。梁启超在对近代中国社会的考察中,不仅认为近代中国进化最大的是“政治”,而且认为“国民自觉”是近代中国政治进化的基本表征,这也是很有见地的。

梁启超不仅认为近代中国政治处于进化之中,而且认为政治情形也影响着思想的变动,而思想的变动又反过来推动政治新的“剧变”。他说:“光绪初年,内部虽暂告安宁,外力的压迫却日紧一日。自六年中俄交涉改订《伊犁条约》起,跟着十年中法开战,失掉安南,十四年中英交涉,强争西藏。这些事件,已经给关心国事的人不少刺激。其最甚者,二十年中日战役,割去台湾及辽东半岛;俄、法、德干涉还辽之后,转而为胶州、旅顺、威海之分别租借。这几场接二连三的大飓风,把空气振荡得异常剧烈,于是思想界根本动摇起来。中国为什么积弱到这样田地呢?不如人的地方在哪里呢?政治上的耻辱应该什么人负责任呢?怎样才能打开一个新局面呢?这些问题,以半自觉的状态日日向(那时候的新青年)脑子上旋转。于是因政治的剧变,酿成思想的剧变,又因思想的剧变,致酿成政治上的剧变。”①梁启超的这段论述说明,政治的变动刺激思想的变动,思想的变动又影响着政治的变动,政治的进化处于政治与思想的复杂关系之中。

梁启超虽然对民国初年的中国政治表示不满,认为民国初年的“政治现象”确实“令人呕气”,但他认为对政治也“不必失望”。在他看来,民国初年的政治现象是由两个特别的原因造成的:一是“革命的时候,因为人民自身力量尚未充足,不能不借重固有势力来做应援。这种势力,本来是旧时代的游魂。……一二十年的猖獗,势所难免”;二是“社会上事物,一张一弛,乃其常态。从甲午戊戌到辛亥,多少仁人志士,实在是闹得筋疲力倦,中间自然会发生一时的惰力”。梁启超认为,造成民国初年不良政治现象的原因正在发生变化,由于“这些原因都快要消灭了”,因而“政治上的新时代,自然会产生出来”,所以他对中国政治前途表示乐观的态度,坚信中国政治有不断进步的希望。他说:“要而言之,我对于中国政治前途,完全是乐观的。我的乐观,却是从一般人的悲观上发生出来。我觉得这五十年来的中国,正象蚕变蛾、蛇蜕壳的时代,变蛾蜕壳,自然是一件极艰难极苦痛的事,哪里能够轻轻松松的做到。只要他生理上有必变必蜕的机能,心理上还有必变必蜕的觉悟,那么,把那不可逃避的艰难苦痛经过了,前途便别是一个世界。所以我对于人人认为退化的政治,觉得他进化的可能性却是

① 梁启超:《中国近三百年学术史》,《饮冰室合集·饮冰室专集之七十五》,中华书局 1989 年版,第 28 页。

最大的哩。”①

梁启超对近代中国历史变迁的研究，描述了近代“中华民族之扩大”、近代中国思想演变、学术变迁、政治进化的基本历程，并且是以政治变迁和社会现代化为主线的，力图揭示近代中国发展的历史趋势。梁启超的这一努力在中国近代史的研究史上有重要意义，诚如有的学者所评价的那样：“从一定意义上讲，梁启超是20世纪从社会变迁的角度观察近代中国的第一人，也是20世纪从现代化视角考察近代中国的缘起。”②

二、关于中国近代重大事件和重要人物的研究

梁启超亲身经历了近代中国许多重大历史事件，与近代中国的一些重要的历史人物也有不同程度的交往。他在中国近代史的研究中，也特别注重对近代史上重大历史事件和历史人物的考察与分析，其论断颇有诸多的合理之处，对此后的中国近代史研究产生过重要影响。

1. 关于太平天国运动的论述

梁启超通过分析太平天国运动（梁启超称为“洪杨之役”）爆发的情形，认为太平天国运动与社会矛盾的尖锐化有着密切的关联，太平天国运动的兴起具有“势有必至，理有固然”的性质。他指出，作为异族的清王朝统治中国，当时国内“郁积既久，必有所发，及道咸以后，官吏之庸劣不足惮，既已显著，而秕政稠叠，国耻纷来，……于是一世之雄洪秀全、杨秀清、李秀成等，因之而起”③。梁启超还肯定太平天国具有“革命”的性质，但他认为太平天国不是一般的“单纯革命”，而是具有“复杂革命”的特征，是革命时代的一个表征。他说：“即如最近洪杨之役，前乎彼者，广西群盗，即已积年；后乎彼者，捻、回、苗、夷蜂起交迫，犹前代也。由是观之，中国无革命则已，苟其有之，则必百数十之革命军同时并起”④。

---

① 梁启超：《五十年中国进化概论》，《饮冰室合集·饮冰室文集之三十九》，中华书局1989年版，第47页。

② 张海鹏、龚云：《中国近代史研究》，福建人民出版社2005年版，第54页。

③ 梁启超：《中国四十年来大事记》，《饮冰室合集·饮冰室专集之三》，中华书局1989年版，第11页。

④ 梁启超：《中国历史上革命之研究》，《饮冰室合集·饮冰室文集之十五》，中华书局1989年版，第35页。

梁启超对太平天国运动发生原因的分析虽然有其片面性，如对帝国主义侵略的影响未能引起足够的重视，但他看到了阶级矛盾和国内的民族矛盾所起的作用，这应该说在当时还是很有学术见识的。

梁启超对太平天国的斗争精神表示出相当的赞赏态度，对太平天国的历史影响也有较为客观的估计。如他对李秀成有这样的描述："李秀成起于小卒，位次微末，当金陵割据以后，尚不过杨秀清帐下服役童子，然最聪慧明敏，富于谋略，胆气绝伦，故洪氏未弃。……及玉成既死，而洪秀全所倚为柱石者，秀成一人而已。秀成既志勇绝人，且有大度，仁爱驭下，能得士心。……自曾军合围雨花台之后，而于江苏地方及金陵方面之各战，使李鸿章、曾国荃费尽心力，以非常之钜价，仅购得战胜之荣誉者，惟李秀成之故。"①梁启超认为太平天国运动"引动"了社会上的"排满思想"，在历史上有"特殊价值"。他指出："洪秀全之乱虽终归平定，但他们所打的是'驱逐胡人'这个旗号，与一部分人民心理相应，所以有许多跅弛不羁的人服从他。这种力量在当时还没有什么，到后来光绪末年盛倡革命时，太平天国之'小说的'故事，实为宣传资料之一种，鼓舞人心的地方很多，所以论史者也不能把这回乱事与一般流寇同视，应该认识他在历史上一种特殊价值了。"②梁启超在当时能够以较为客观的态度来对待太平天国这一重大历史事件，在同时代的史家中是极少见的。

关于太平天国失败的原因，梁启超认为一方面在于"同道互戕"而表现出的内部分裂，另一方面则在于清政府的严酷镇压。他指出："洪杨之役，革命之进行，尚未及半，而韦昌辉与石达开同杀杨秀清矣，昌辉旋复谋杀达开矣，诸将复共杀昌辉矣。军至金陵，喘息甫定，而最初歃血聚义之东、西、南、北、翼五王，或死或亡，无复一存矣。其后陈玉成被卖于苗沛霖，而上游始得安枕；谭绍洸被杀于部云官等，而苏州始下，金陵随之而亡。岂必官军之能强，毋亦革命家之太不济也。"③梁启超认为，太平天国的失败实质上源于政权的腐败，定都天京是重要的转折点，"秀全既据金陵，骄态渐生，内部残杀，腐败已甚"④。对于太平天国"内

① 梁启超：《中国四十年来大事记》，《饮冰室合集·饮冰室专集之三》，中华书局1989年版，第18页。

② 梁启超：《中国近三百年学术史》，《饮冰室合集·饮冰室专集之七十五》，中华书局1989年版，第27页。

③ 梁启超：《中国历史上革命之研究》，《饮冰室合集·饮冰室文集之十五》，中华书局1989年版，第38页。

④ 梁启超：《中国四十年来大事记》，《饮冰室合集·饮冰室专集之三》，中华书局1989年版，第12页。

部残杀”，梁启超表示极大的惋惜，认为“此真吾中国革命史上不可洗涤之奇辱”①。梁启超认为太平天国的“宗教招牌，贾怨益甚”，也是导致失败的重要因素。他说：“洪秀全之失败，原因虽多，最重大的就是他拿那种‘四不像的天主教’做招牌，因为这是和国民心理最相反的。”②在梁启超看来，太平天国的失败还因为当时处于“外族侵入之时代”，这一时代背景使得“旧政府借外族之力以倒革命军”，其结果是“李鸿章之以戈登灭洪秀全”③，造成太平天国运动的失败。

值得注意的是，梁启超还看到清王朝贵族与汉族地主阶级联合起来绞杀太平天国对晚清政局的影响，他曾这样分析：“及洪杨之发难也，赛尚阿、琦善皆以大学士为钦差大臣，率八旗精兵以远征，迁延失机，令敌坐大，至是始知旗兵之不可用，而委任汉人之机，乃发于是矣。故金田一役，实满汉权力消长之最初关头也。”④梁启超的这一见解对此后的太平天国运动研究产生很大的影响，后起的近代史研究者逐渐注重分析和考察太平天国的影响，尤其是对晚清政治变动的影响。如李剑农通过分析后认为，太平天国造成“清廷政权的推移”，使得以汉族为主要力量的“地方势力渐次加重”⑤，故“洪杨战役，为此后几十年政治变化的一个大关键”⑥。

梁启超对太平天国的评价是从正面进行的，尽管他有时也称之“洪杨之乱”，但他对太平天国运动主要是从“革命史”的角度进行定位的，这应该说是很有见地的。虽然，梁启超对太平天国的论述具有片段性，不是很有系统的叙述，但其许多见解却是极为深刻的，对以后的太平天国史研究工作确实有着启迪意义。

2. 关于戊戌变法的研究

梁启超是戊戌变法的主要领导者之一，在戊戌变法刚刚失败之时，他就写了

---

① 梁启超：《中国历史上革命之研究》，《饮冰室合集·饮冰室文集之十五》，中华书局 1989 年版，第 38 页。

② 梁启超：《中国近三百年学术史》，《饮冰室合集·饮冰室专集之七十五》，中华书局 1989 年版，第 27 页。

③ 梁启超：《中国历史上革命之研究》，《饮冰室合集·饮冰室文集之十五》，中华书局 1989 年版，第 38 页。

④ 梁启超：《中国四十年来大事记》，《饮冰室合集·饮冰室专集之三》，中华书局 1989 年版，第 8 页。

⑤ 李剑农：《中国近百年政治史》，复旦大学出版社 2002 年版，第 100 页。

⑥ 李剑农：《中国近百年政治史》，复旦大学出版社 2002 年版，第 106 页。

《戊戌政变记》、《戊戌六君子传》等记叙这段历史。此后，梁启超又在《中国历史研究法》等著作中对戊戌变法进行较为深入的研究。

《戊戌政变记》包括正文五篇和附录，每篇下分章叙述。五篇的目录是：第一篇，改革实情；第二篇，废立始末记；第三篇，政变前记；第四篇，政变正记；第五篇，殉难烈士传。《戊戌政变记》凡10万余字，可谓第一部较为全面记述戊戌变法历史的当代史性质的著作。虽然梁启超在叙述这段历史时有个人的感情因素渗入其中，他在后来的著作中也指出这一点："如吾二十二年前所著《戊戌政变记》，后之作清史记戊戌事，谁不认为可贵之史料？然谓所记悉为信史，吾已不敢自承。何则？感情作用支配，不免将真迹放大也。"①但客观而言，梁启超在《戊戌政变记》中，"信史"方面还是占主导地位的。

梁启超在《戊戌政变记》中认为："政变之总原因有二大端：其一，由西后与皇上积不相能，久蓄废立之志也；其二，由顽固大臣痛恨改革也。"②这一分析应该说是较为真确的。此后，梁启超曾根据他的"因缘"理论来分析戊戌变法的历史必然性，认为戊戌变法作为一场"社会革新运动"是由一系列"因缘"因素促成的。他指出，戊戌变法"其所以觉醒而督促之者，则尤在外交压迫之新形势。其一，为日本新著手之大陆政策；其二，为俄国积年传来之东侵政策；其三，为德国远东发展政策。以此三种外'缘'，故甲午战败，日本据辽，三国干涉还辽，而胶州、旅顺、威海之租借随之，瓜分之局，咄咄逼人。于是变法自强之论，骤兴于民间，而其动力遂及德宗，无端与清室宫廷问题发生连带关系。宫廷问题，其'间缘'亦至复杂。其一，清穆宗无子，德宗以支庶入继，且有为穆宗立后之约。其二，孝钦后临朝已二十年，新归政于德宗，德宗既非所生，而思想复彼不相容，母子之间，猜疑日积。如是内外新故诸'缘'凑合，遂有戊戌政变之役"③。

梁启超在《戊戌政变记》中认为，戊戌变法是政治改革运动。他说，戊戌变法前的"所谓变法者，若练兵也，开矿也，通商也，交涉之有总署使馆也，教育之有同文方言馆及各中西学堂也"，则是"温和改革者"；而戊戌变法是"除旧布新"的政治改革，"其大端在请誓太庙以戒群臣，开制度局以定规模，设十二局以治

① 梁启超：《中国历史研究法》，《饮冰室合集·饮冰室专集之七十三》，中华书局1989年版，第91页。

② 梁启超：《戊戌政变记》，《饮冰室合集·饮冰室专集之一》，中华书局1989年版，第69页。

③ 梁启超：《中国历史研究法》，《饮冰室合集·饮冰室专集之七十三》，中华书局1989年版，第124页。

新政,立民政局以地方自治”①。此后,梁启超在《中国近三百年学术史》中又认为,戊戌变法也带有“新学”与“旧学”之争的性质。梁启超回忆道:“那时候新思想的急先锋,是我亲受业的先生康南海(有为)。他是从‘常州派经学’出身,而以‘经世致用’为标帜。……当时我在我主办的上海《时务报》和长沙时务学堂里头猛烈宣传,惊动了一位老名士而做阔官的张香涛(之洞),纠率许多汉学宋学先生们著许多书和我们争辩。学术上新旧之斗,不久便牵连到政局。康南海正在用‘变法维新’的旗号,得光绪帝的信用,旧派的人把西太后拥出来,演成‘戊戌政变’一出悲剧。”②

3. 关于义和团运动的研究

梁启超在《中国历史研究法》中对义和团运动爆发的“因缘”、历史过程及其结果作了较为细致的分析,其认识对于学术界对义和团运动展开研究具有重要的价值。

关于义和团运动的“因缘”,梁启超认为:“义和团事件之起,根于历史上遗传之两种心理:其一,则排外的心理。……其二,则迷信的心理。……此两种心理,实使义和团有随时爆发的可能性。此‘因’之在心的方面者也。”③梁启超认为,以上这两种心理是“历史上遗传”,而在性质上则是“潜伏”的,“苟环境不宜于彼之发育,彼亦终无由自遂”;“然而清季之环境,实有以滋酿之。其一,则外力之压迫。自鸦片战争以后,觏闵既多,受侮不少。其中天主教会在内地专横,尤予一般人民以莫大之积愤。其二,则政纲之废弛。自洪杨构乱以后,表面上虽大难削平,实际上仍伏莽遍地,至光绪间而老成凋谢,朝无重臣,国事既专决于一阴鸷之夫人,而更无人能匡就其失。此因在境的方面者也。”④以上,梁启超从“心”与“境”两个方面来剖析义和团运动的“因”,比较清晰地揭示了义和团运动的发生与中国历史文化、鸦片战争以来近代中国历史环境的关系,这应该说是非常有见地的。

梁启超还认为,义和团运动的发生不仅有其“因”而且也有其“缘”,且因为

① 梁启超:《戊戌政变记》,《饮冰室合集 · 饮冰室专集之一》,中华书局 1989 年版,第 85 页。

② 梁启超:《中国近三百年学术史》,《饮冰室合集 · 饮冰室专集之七十五》,中华书局 1989 年版,第 29 页。

③ 梁启超:《中国历史研究法》,《饮冰室合集 · 饮冰室专集之七十三》,中华书局 1989 年版,第 123 页。

④ 梁启超:《中国历史研究法》,《饮冰室合集 · 饮冰室专集之七十三》,中华书局 1989 年版,第 124 页。着重号为引者所加。

“非众‘缘’凑泊，则事实不能现”，因而还应该从“缘”方面来考察和解释义和团运动。在他看来，“缘”有“亲缘”（直接缘）和“间缘”（间接缘）之分，“义和团之‘亲缘’有二：其一，则社会革新运动之失败。其二，则宫廷阴谋之反拨也。此二者又各有其复杂之‘间缘’”。概而言之，“戊戌政变为义和团之‘亲缘’”①。梁启超又进一步认为，“亲缘”之中复有“主缘”与“助缘”之别，而“助缘”对于义和团运动的发生又有很重要的推动作用。梁启超指出：“戊戌政变为义和团唯一之‘主缘’，固也。然政变之波澜，曷为一转再转以至于仇外耶？其一，因康有为、梁启超等亡命外国，清廷不解国际法上保护政治犯之先例，误认维新派人以外国为后盾。其二，因政变而谋废立（立端王之子溥儁为大阿哥），外国公使纷起质问，志不得逞，积怒益深。其三，连年曹州、兖州、沂州、易州等教案，乡民与天主教徒构怨益剧。得此等‘助缘’，而义和团遂起。”②

关于义和团运动的历史进程，梁启超将其梳理为八个阶段：“一、山东、直隶团匪之私自组织及蠢动；二、二省长官之纵容及奖励；三、北京王大臣之附和；四、甘军（董福祥）之加入；五、孝钦后以明谕为之主持，军匪混化对全世界宣战；六、前后戕杀教徒及外国人数千；七、戕杀德国公使及日本使馆馆员；八、毁京津铁路，围攻使馆。”③

关于义和团运动的结果，梁启超认为有如下数端：“一、八国联军入京，两宫蒙尘；二、东南各督抚联约自保，宣告中立；三、俄军特别行动，占领东三省；四、缔结辛丑条约，赔款四百五十兆，且承认种种苛酷条件；五、德宗不废，但政权仍在孝钦；六、孝钦迎合潮流，举行当时所谓新政，如练兵、兴学等事。”④

梁启超还对深入研究义和团运动的问题提出自己的建议，认为应在八个方面加强对义和团运动的探讨。他说，义和团运动是“一幕滑稽剧”，“在人类史全体中，不得不认为一种极奇特的病态，以易时易地之人观测之，几疑其现实之万不可能。然吾侪试从心境两面精密研究，则确能见其‘因’‘缘’所生，历历不爽。其在心的方面，苟非民族性有偏畸之点，则不能涵淹卵育此种怪思想，故对于民

① 梁启超：《中国历史研究法》，《饮冰室合集·饮冰室专集之七十三》，中华书局1989年版，第124页。

② 梁启超：《中国历史研究法》，《饮冰室合集·饮冰室专集之七十三》，中华书局1989年版，第124—125页。

③ 梁启超：《中国历史研究法》，《饮冰室合集·饮冰室专集之七十三》，中华书局1989年版，第125页。

④ 梁启超：《中国历史研究法》，《饮冰室合集·饮冰室专集之七十三》，中华书局1989年版，第126页。

族性之总根柢,首当研究者一也。拳匪为发难之主体,而彼辈实为历史上之一种秘密社会,故对于此种特别社会,察其群众心理,考其何以能发生能扩大,此次当研究者二也。发难虽由拳匪,而附和之者实由当时所谓士大夫阶级。此阶级中,佥壬虽多,而贤者亦非绝无,曷为能形成一种阶级心理,在此问题之下一致行动?此次当研究者三也。孝钦后为全剧之主人翁,非深察其人之特别性格,及当时心理之特别动态,则事象之源泉不可得见,此次当研究者四也。其在境的方面,非专制政治之下,此种怪现象未由发生,此数千年因袭之政体,次当研究者五也。有英明之君主或威重謇谔之大臣,则祸亦可以不起,此当时之政象,次当研究者六也。非有维新派之锐进,不能召此反动,维新派若能在社会上确占势力,则反动亦不能起,此对面抵抗力之有无强弱,次当研究者七也。非国外周遭形势如前文所云云,则亦不至熬迫以成此举,此世界政局之潮流,次当研究者八也。经过此八方面之研究,则义和团一段史迹,何故能于'当时''此地'发生,可以大明"①。

梁启超对义和团的评价似没有对太平天国运动评价那样高,如他将义和团称为"拳匪",将义和团运动称为"祸",并将外国势力对中国的进一步干涉归咎于义和团运动,甚至认为"闹出义和团事件,丢尽中国的丑"②,这是他的阶级局限性在历史研究中的表现;但梁启超提出义和团运动研究的基本思路,强调要对历史文化、民族心理、秘密社会、当时的政局和外部环境等方面进行研究,对后来开展义和团的研究应该说是有积极意义的。

4. 关于辛亥革命的研究

梁启超对辛亥革命的研究很是重视,辛亥革命刚刚爆发不久,他在所著《新中国建设问题》中就高度评价辛亥革命,认为:"武汉事起,举国云集响应,此实应于时势之要求,冥契乎全国民心理之所同然。是故声气所感,不期而洽乎中外也。"③此后,梁启超从"因缘"的角度对辛亥革命进行分析,并就研究辛亥革命发表过很重要的意见。

关于辛亥革命的"因缘",他说:"有可能性谓之'因',使此可能性触发者谓

① 梁启超:《中国历史研究法》,《饮冰室合集·饮冰室专集之七十三》,中华书局 1989 年版,第 125—126 页。

② 梁启超:《中国近三百年学术史》,《饮冰室合集·饮冰室专集之七十五》,中华书局 1989 年版,第 29 页。

③ 梁启超:《新中国建设问题》,《饮冰室合集·饮冰室文集之二十七》,中华书局 1989 年版,第 27 页。

之'缘'。……以辛亥革命之一史团而论,国人种族观念之郁积,晚清政治之腐恶及威信之失坠,新思潮之输入……等等,皆使革命有可能性,所谓'因'也。铁路国有政策之高压,瑞澂之逃遁,袁世凯之起用,能使此可能性爆发或扩大,所谓'缘'也。"①从梁启超这里所分析的辛亥革命的各种"因缘"来看,他是力图从晚清社会的各种因素及其相互关系来解释辛亥革命发生的历史必然性。这里值得注意的是,梁启超不仅从总体的"因缘"进行解释,而且还具体就某一"因缘"进行分析,如他就曾从清末新思想输入的角度来剖析辛亥革命。梁启超在《中国近三百年学术史》中认为,由于清末新思想的输入,引起一般人兴办新式教育,如范源廉就提倡"速成师范"、"速成法政",并且"在日本特开师范、法政两种速成班,最长者二年,最短者六个月毕业。当时趋者若骛,前后人数以万计。这些人多半已长大,而且旧学略有根底,所以毕业后最形活动。辛亥革命成功之速,这些人与有力焉"②。梁启超强调辛亥革命的发生的多种"因缘",反映了他研究历史事件的开阔视野。

梁启超对辛亥革命历程进行了分析,不仅强调革命派的作用,而且也估计到立宪派的努力,同时也注意到当时的历史环境的影响。梁启超指出:"当光绪、宣统之间,全国有智识有血性的人,可算没有一个不是革命党,但主义虽然全同,手段却有小小差异。一派注重种族革命,说是只要把满洲人撵跑了,不愁政治不清明;一派注重政治革命,说是把民治机关建设起来,不愁满洲人不跑。两派人各自进行,表面上虽像是分歧,目的总是归着到一点。一面是同盟会的人,暗杀咧,起事咧,用秘密手段做了许多壮烈行为;一面是各省咨议局中立宪派的人,请愿咧,弹劾咧,用公开手段做了许多群众运动。……武昌一声炮响,各省咨议局先后十日间,各自开一场会议,发一篇宣言,那二百多年霸占铺产的掌柜,便乖乖的把(政权)全盘交出,我们永远托命的中华民国,便头角峥嵘的诞生出来了。这是谁的功劳?……老实说一句,这是全国人的自觉心。"③

梁启超对辛亥革命的历史地位予以高度的评价,认为辛亥革命所建立的中华民国不仅在中国而且在世界都有深远的意义,对中华民族的生存与发展有巨

---

① 梁启超:《中国历史研究法》,《饮冰室合集·饮冰室专集之七十三》,中华书局1989年版,第123页。

② 梁启超:《中国近三百年学术史》,《饮冰室合集·饮冰室专集之七十五》,中华书局1989年版,第30—31页。

③ 梁启超:《辛亥革命之意义与十年双十节之乐观》,《饮冰室合集·饮冰室文集之三十七》,中华书局1989年版,第4—5页。

大的影响,"'中华民国'一名词之成立,即中华国民在人类进化史上之一奇迹也"①。梁启超认为,辛亥革命是中国历史上有意义的三回革命之一(第一回是周朝的革命,打破了黄帝、尧、舜以来部落政治的局面;第二回是汉朝的革命,打破了三代以来贵族政治的局面;第三回就是辛亥革命)。他说:"辛亥革命有甚么意义呢?简单说:一面是现代中国人自觉的结果,一面是将来中国人自发的凭借。自觉,觉些甚么呢?……第一件叫做民族精神的自觉,第二件叫做民主精神的自觉。"②也就是说,辛亥革命对民族独立和民主精神的张扬有极为重要的意义,"从今以后,任凭他那一种异族,野蛮咧,文明咧,日本咧,欧美咧,独占咧,共管咧,若再来打那统治中国的坏主意,可断断乎做不到了;任凭甚么人,尧舜咧,桀纣咧,刘邦咧,李世民咧,朱元璋咧,王莽咧,朱温咧,袁世凯咧,若再要想做中国皇帝,可是海枯石烂不会有这回事了。"③

梁启超还主张要对辛亥革命的"人格者"进行研究,认为"每一集团,必有其'人格者'以为之骨干。此'人格者',或为一人,或为数人,或为大多数人"。而在他看来,"辛亥革命史,以多数之革命党人立宪党人共为其'人格者'"。因而,他特别强调要注重研究辛亥革命的"史迹集团之'人格者'",指出:"凡史迹皆多数人共动之产物,固无待言,然其中要有主动被动之别,立于主动地位者,则该史迹之'人格者'。辛亥革命,多数党人为主动,而黎元洪、袁世凯不过被动,故彼二人非'人格者'。"④梁启超主张研究辛亥革命的"人格者",就是强调要研究那些在辛亥革命中起主要作用的人物或势力,这对于把握辛亥革命历史的主题与主流方面是有积极意义的。

5. 对李鸿章的评价

梁启超具有强烈的当代史意识,在李鸿章死后立即撰写《中国四十年来大事记》(一名《李鸿章》),采用"夹叙夹论"的方法,与中国传统史学的传记或年谱或行状"类皆记事,不下论赞"全然不同,而是"全仿西人传记之体,载述李鸿章一生行事,而加以论断",因此,该书是梁启超用他的"新史学"观点所写的一

---

① 梁启超:《历史上中华国民事业之成败及今后革进之机运》,《饮冰室合集·饮冰室文集之三十六》,中华书局1989年版,第25页。

② 梁启超:《辛亥革命之意义与十年双十节之乐观》,《饮冰室合集·饮冰室文集之三十七》,中华书局1989年版,第1—2页。

③ 梁启超:《辛亥革命之意义与十年双十节之乐观》,《饮冰室合集·饮冰室文集之三十七》,中华书局1989年版,第5页。

④ 梁启超:《中国历史研究法》,《饮冰室合集·饮冰室专集之七十三》,中华书局1989年版,第119—120页。

部史学专著。

《李鸿章》是章节体，包括绪论、正文、结论及附录（李鸿章年谱），全书十二章的结构是：第一章绪论，第二章李鸿章之位置，第三章李鸿章未达以前及其时中国之形势，第四章兵家之李鸿章（上），第五章兵家之李鸿章（下），第六章洋务时代之李鸿章，第七章中日战争时代之李鸿章，第八章外交家之李鸿章（上），第九章外交家之李鸿章（下），第十章投闲时代之李鸿章，第十一章李鸿章之末路，第十二章结论。该书在写作上注重以时代为中心，以历史演进为线索，史论结合，从近代中国社会变动的大背景来论述李鸿章的活动，既体现近代中国社会演进的总体历程，又反映李鸿章活动的主体性及其与时代的关系。

梁启超为李鸿章作传，在于实践其"新史学"观念。因为在梁启超看来，李鸿章在晚清历史上的重要地位："四十年来，中国大事，几无一不与李鸿章有关系，故为李鸿章作传，不可不以作近世史之笔力行之"；李鸿章"负谤于中国甚矣"，但"作史必当以公平之心行之"，因而写作目的"意不在古人，在来者也"①。梁启超提出评价包括李鸿章在内的历史人物要以"公平之心"对待，就是强调对历史人物的评价要有客观的态度；而他认为写史的目的"在来者"，就是要为后人提供历史的教训与启迪。因而，梁启超在分析李鸿章时力图将李鸿章放回到当时的历史环境中进行认识，并联系当时的时代条件所具有的特点而加以评析。譬如，梁启超在分析李鸿章与甲午战争关系时，就注意到战争时中国的状况和当时的中外对比的情形，努力总结出中国所要汲取的教训。梁启超指出："是役也（指中日甲午战争，引者注），李鸿章之失机者固多，即不失机而亦必无可以幸胜之理。盖十九世纪下半纪以来，各国之战争其胜负皆可于未战前决之。何也？世运愈进于文明，则优胜劣败之公例愈确定。实力之所在，即胜利之所在，有丝毫不能假借者焉。无论政治、学术、商务莫不皆然，而兵事其一端也。日本三十年来，刻意经营，上下一心，以成此节制敢死之劲旅，孤注一掷以向于我。岂无所自信而敢乃尔耶！故及其败然后知其所以败之由，是愚人也。乃或及其败而犹不知其致败之由，是死人也。然则徒罪李鸿章一人，呜呼可哉！"②可见，梁启超不是为李鸿章辩护，而是在于为评价历史人物提供一个"新史学"研究历史人物的学术范式。

---

① 梁启超：《中国四十年来大事记》，《饮冰室合集·饮冰室专集之三》，中华书局1989年版，第1—2页。

② 梁启超：《中国四十年来大事记》，《饮冰室合集·饮冰室专集之三》，中华书局1989年版，第51页。

《李鸿章》一书在评断上颇下功夫，对各个时期的李鸿章及李鸿章在各个历史层面的历史活动都力图给予具体的评价。如梁启超认为，李鸿章在军事上虽可称得上是“将将之才”，但其方略“无一不自国藩得之”，“故有曾国藩然后有李鸿章”①。认为李鸿章20余年的事业虽在“洋务”，但“李鸿章坐知有洋务，而不知有国务”②；洋务以后“李鸿章得意之历史终，而失意之历史方始矣”③。甲午战争中，李鸿章“失机”有三，但“无功焉，亦无罪焉”④。在外交上，“虽然李鸿章之外交术，在中国诚为第一流矣，而置之世界，则瞠乎其后也。李鸿章之手段，专以联某国制某国为主，而所谓联者，又非平时而结之，不过临时而嗾之，盖有一种战国策之思想，横于胸中焉”⑤。“要而论之，李鸿章有才气而无学识之人也，有阅历而无血性之人也。彼非无鞠躬尽瘁死而后已之心，然彼弥缝偷安以待死者也。”⑥李鸿章“是为时势所造之英雄，非造时势之英雄”，并且也不是“非常之英雄”，这是由于“李鸿章不识国民之原理，不通世界之大势，不知政治之本原，当此十九世纪竞争进化之世，而惟弥缝补苴，偷一时之安，不务扩养国民实力”⑦。李鸿章从参与中英《烟台条约》签订直至签订《辛丑条约》，一直是清朝外交事务的主要参与者，又是镇压太平天国运动的重要人物，同时又是晚清洋务运动的重要领导者。梁启超将李鸿章的四十年活动进行史学研究，对中国近代史的研究是一个重要贡献。

从学术史的角度来看，梁启超撰写的《李鸿章》于1901年出版，可视为20世纪初中国近代史研究的开创性成果，“梁启超在《李鸿章》中的著述方式，也为后来治中国近代史者所继承”⑧。

---

① 梁启超：《中国四十年来大事记》，《饮冰室合集·饮冰室专集之三》，中华书局1989年版，第32—33页。

② 梁启超：《中国四十年来大事记》，《饮冰室合集·饮冰室专集之三》，中华书局1989年版，第33页。

③ 梁启超：《中国四十年来大事记》，《饮冰室合集·饮冰室专集之三》，中华书局1989年版，第42页。

④ 梁启超：《中国四十年来大事记》，《饮冰室合集·饮冰室专集之三》，中华书局1989年版，第58页。

⑤ 梁启超：《中国四十年来大事记》，《饮冰室合集·饮冰室专集之三》，中华书局1989年版，第67页。

⑥ 梁启超：《中国四十年来大事记》，《饮冰室合集·饮冰室专集之三》，中华书局1989年版，第90页。

⑦ 梁启超：《中国四十年来大事记》，《饮冰室合集·饮冰室专集之三》，中华书局1989年版，第4页。

⑧ 张海鹏、龚云：《中国近代史研究》，福建人民出版社2005年版，第54页。

6. 对袁世凯的评价

梁启超于1916年写成《袁世凯之解剖》，对袁世凯这一近代中国人物进行研究。其研究思路及作出的研究结论，亦多有创新之处。

梁启超对袁世凯的认识有一重要的标准，即能成为“历史人物”的必须“以国家利害为本位”、“以社会利害为本位”，否则不能称为“历史人物”。在梁启超看来，以此标准来看袁世凯，“袁氏诚不失为一大人物，然只能谓之中世史暗黑时代东方式之怪魔的人物，而决非在十九二十世纪中有价值的人物”。这是因为“夫一国之人物，必其以国家利害为本位者也；一社会之人物，必其以社会利害为本位者也。而袁氏乃纯以个人利害为本位，而不知国家社会为何物，此其不足以列于人物之林者一也。古来大人物，其品行上虽不免各有缺点，而无不以真面目与天下共见，无信鲜耻之豪杰，吾未之前闻。袁氏则以虚荣为性命，以谎语作日用饮食，以为国内国外人皆可运小术以舞弄之，而不知以术乘时者，卒还以术自败，此其不足以列于人物之林者二也。要之，今日之中国，一方面缠缚于历史上传来之惰力，一方面震荡于今世界涌到之新潮。就缠缚于惰力之中国言之，袁氏诚不失为一人物，故袁氏确曾为有势力者；就震荡于新潮之中国言之，袁氏绝不能算为一人物，故袁氏终变为无势力者。”①所以，梁启超认为“中国祸乱种子，全由袁氏所播；袁氏多统治一日，则祸乱之程度加深一日”②。这里，梁启超在总体上给袁世凯以历史的定位。

梁启超认为袁世凯有七大缺点，一是“其头脑与今世之国家观念，绝对不能相容”；二是“傲慢自大，不能容人之言”；三是“不肯信世界事物有所谓原理原则”，袁氏脑中自始未有“所谓国家全局利害，所谓国家百年大计”；四是“法律观念之薄弱”，“以法律为装饰品”；五是袁氏之政治“实绝对的神秘政治”，袁氏办事“从不肯信任正当之公机关”；六是绝对不用“正人君子及有用之才”；七是“万事不负责任”。所以，梁启超认为袁世凯不能称为政治家。虽然，梁启超所分析的袁世凯的七个缺点，并未能从根本上揭示出袁世凯的政治实质，但他的分析在近代历史人物的研究上还是有重大学术价值的。

梁启超还从晚清政治与历史环境来剖析袁世凯政治性格的成因，指出：“彼袁氏者，实生育于前清政治恶空气之中，且此种恶空气，又大半为彼所造成，彼脑

① 梁启超:《袁世凯之剖析》,《饮冰室合集·饮冰室文集之三十四》,中华书局1989年版,第10页。

② 梁启超:《袁世凯之剖析》,《饮冰室合集·饮冰室文集之三十四》,中华书局1989年版,第11页。

中之所谓政治者，除却舞文弄法，罔利营私，炫耀虚荣，鱼肉良善之外，更无一物。”①这里，梁启超注重历史环境对历史人物的影响，强调要从时代因素中来分析时代人物的特征，这很显然是他的“新史学”理论在历史人物评价上的具体运用。

梁启超在总揽近代中国历史演进的基础上，对于太平天国运动、戊戌变法、义和团运动、辛亥革命等重大事件的研究以及对李鸿章、袁世凯等重要人物的评价，是在“新史学”观念指导下的史学实践活动，借以进一步深化中国近代历史变迁的研究，并使其关于近代思想演变、学术变迁及政治进化的探索有更为充分的依据，同时也在于彰显其所提出的近代“中华民族之扩大”的学术观点。显然，这对于中国近代史的研究也是极为重要的贡献。

三、研究中国近代史的主要特色

20 世纪初年梁启超提出“新史学”主张，使中国史坛掀起“史学革命”的浪潮，进化论亦成为中国史学研究的指导思想，中国史学现代化由此启动。正是在这样的学术背景中，梁启超开始了他从事中国近代史研究的学术生涯，将鸦片战争以来的中国近代史进行全新的梳理，在“新史学”理论指导下构建一个初步的近代史研究体系。因此，梁启超对中国近代史的研究不能不带有时代的特点和个人的学术风格。

1. 进化论的历史观

以进化论为指导来研究中国近代史，将中国近代历史看作是进化的进步的过程，是梁启超研究中国近代史最为鲜明的特色。进化论在梁启超思想中的形成有一个过程。最初，梁启超从康有为那里得到进化论的一些要点，后来又从严复翻译的《天演论》中对进化论有了进一步的了解。梁启超在《变法通义》中，初步表达了自己的进化史观，认为“变”是“古今之理”。此后，梁启超将进化论运用到历史研究领域，认为“历史者，叙述进化之现象也”，“叙述人群进化之现象也”，“叙述人群进化之现象而求得其公理公例者也”；研究历史就在于“以过去

① 梁启超：《袁世凯之剖析》，《饮冰室合集 · 饮冰室文集之三十四》，中华书局 1989 年版，第 13 页。

之进化,导未来之进化者也”①。所以,他认为近代以来的历史是进化的历史,近代“中华民族之扩大”是进化的重要表征,“可以证明我们民族正在青春时代,还未成年,还天天在那里长哩”②。至于在“学问思想的方面”也有很大的进步,并且“确已替将来开出一条大进步的路径”③。就近代中国政治而言,如前所述,梁启超认为“国民自觉”是“一日比一日鲜明,而且一日比一日扩大”,因而近代中国“最进化的便是政治”。梁启超在《辛亥革命之意义与双十节之乐观》中列举了大量的数据和事例说明,民国建立的十年来社会处于不断的进化之中,“在实业、教育两界,表现得最为明显”;“十个年头的中华民国,的确是异常进步”④。梁启超对近代中国历史的分析是以进化论为指导的,他关于中国近代史的一系列观点,也是在进化论的指导下得出的。可以说,进化论思想不仅是梁启超研究中国近代史的鲜明特色,而且进化论思想也贯穿梁启超研究中国近代史之始终。

2. 强烈的当代史意识

梁启超在研究中国近代史的过程中表现出强烈的当代史意识,这也是一个鲜明的特色。梁启超在当时研究中国近代史具有当代人研究当代史的性质,以总结当下的历史经验为现实政治服务为重要的研究任务,这不仅是他的“新史学”观念指导下的学术实践,而且也是与他强烈的当代史意识密不可分的。梁启超在《中国史叙论》中提出当代史家职责:“近世史家之本分,与前者史家有异:前者史家,不过记载事实;近世史家,必说明其事实之关系,与其原因结果。前者史家,不过记述人间一二有权力者兴亡隆替之事,虽名为史,实不过一人一家之谱牒;近世史家,必探察人间全体之运动进步,即国民全部之经历,及其相互之关系。”⑤由于注重当下历史经验的探讨,强调历史为现实服务,因而梁启超不得不将中国近代史纳入到自己的研究范围。而就梁启超学术兴趣而言,他也是主张“史学以记述现代为最重”⑥。这就使梁启超更注重最近发生的重大历史事

① 梁启超:《新史学》,《饮冰室合集·饮冰室文集之九》,中华书局1989年版,第7—11页。

② 梁启超:《五十年中国进化概论》,《饮冰室合集·饮冰室文集之三十九》,中华书局1989年版,第41—42页。

③ 梁启超:《五十年中国进化概论》,《饮冰室合集·饮冰室文集之三十九》,中华书局1989年版,第43页。

④ 梁启超:《辛亥革命之意义与双十节之乐观》,《饮冰室合集·饮冰室文集之三十七》,中华书局1989年版,第6—10页。

⑤ 梁启超:《中国史叙论》,《饮冰室合集·饮冰室文集之六》,中华书局1989年版,第1页。

⑥ 梁启超:《中国近三百年学术史》,《饮冰室合集·饮冰室专集之七十五》,中华书局1989年版,第275页。着重号为引者所加。

件，更为关注对现实影响较大的历史人物。前面已经提到：戊戌变法失败后不久，梁启超就写出《戊戌政变记》来研究和记述这一资产阶级变法运动；李鸿章于1901年9月逝世，梁启超于同年11月就写出《中国四十年来大事记》（一名《李鸿章》），率先对李鸿章进行研究和评价；袁世凯于1916年6月病死，梁启超于同年就写出《袁世凯之剖析》，并就历史人物评价问题发表意见。这里还应指出的是，当"护国战争"刚结束时，梁启超就搜集了"护国战争"期间的来往公文、论文、电文等，编撰成《盾鼻集》，不仅给"后之论史者有所考镜"，而且也在于说明当时是"不得已以从事兹役者"①。梁启超在《盾鼻集》后所附的《五年来之教训》一文中，总结了"护国战争"的经验教训，认为"护国战争"取胜的原因有三方面：必须适应世界潮流；各派政治势力互相容纳；各派应以国家利益为重。这些学术观点，对后人研究护国运动应该说是值得借鉴的。梁启超在中国近代史研究中所表现出的当代史意识是非常突出的。当代史意识是中国近代史学发展的一个重要表征，与鸦片战争之后中国社会、思想、学术的急剧变动是密切相连的。进入近代以后，许多有识之士强调"学以致用"、"学术经世"，注意研究现实社会的变动，力图通过著述历史来总结历史教训，因而特别注重当代史的研究。如魏源撰写的《海国图志》、《圣武记》、《道光洋艘征抚记》，夏燮的《中西纪事》、《粤氛纪事》，梁廷枏的《夷氛闻记》等，都是当代史著作的代表。梁启超的一些史学著作继承了这一新的史学传统，力图摆脱乾嘉以来以考史为主的学统，注重现实社会的研究与分析，重视当代历史经验的探讨。有的学者已经指出，梁启超在《西学书目表》附卷"中国人所著书"一大类中，将近代国人有关著作分为地志、交涉、游记、议论、杂录五小类，其中提到了《海国图志》、《中西纪事》等作品②。因而，可以说，梁启超对中国近代史的研究不仅是其"新史学"观念的学术实践，而且也是具有发扬光大近代以来当代史研究这一新的学术传统的意义。

3. 经世致用的色彩

梁启超在学术上是今文经学在近代发展的代表人物，强调经世致用、关顾国计民生，其史学研究（包括中国近代史的研究）也表现出经世致用的色彩。梁启超认为，"凡学焉而不足为经世之用者，皆谓之俗学可也"③。这一观点也反映到他的史学研究中，并与他对史学作用的认识相联系。梁启超对史学的作用予以

① 梁启超：《盾鼻集》，《饮冰室合集·饮冰室专集之三十三》，中华书局1989年版，第2页。

② 陈鹏鸣：《中国史学思想史》（近代前卷），黄山书社2002年版，第417—418页。

③ 梁启超：《湖南时务学堂学约》，《饮冰室合集·饮冰室文集之二》，中华书局1989年版，第28页。

高度的重视,如他在《西学书目表序例》中认为:“西政之属,以通知四国为第一义,故史志居首。”①在《西政丛书》中,他也是将史志列为八种西学“政书”之首。梁启超研习史学是与变革现实政治联系在一起的,他创办大同译书局“首译各国变法之事,及将变未变之际一切情形之书,以备今日取法”②。梁启超注重历史研究的政治功能及现实意义,强调历史对社会现实的借鉴作用,如他明确指出:“本国人于本国历史,则所以养国民精神,发扬其爱国心者”③;“国民教育之精神,莫急于本国历史”④。因此,梁启超“不是把史学当作一种单纯的学术,而是把它和政治紧密联系在一起”⑤。《清代学术概论》是以进化论为指导总结包括近代学术在内的整个清代学术的历史,但经世致用的色彩也是特别显著的⑥。梁启超正是从经世致用的目的出发,因而特别注重对当代史的研究,一方面为其政治活动提供依据和参考,并从中汲取政治智慧和思想资源;另一方面又对自己的政治活动进行总结和分析,为后人变革近代中国社会提供历史的教训和启迪。譬如,他研究太平天国革命就在于说明“非有高尚、严正、纯洁之道德心者,不可以行革命”,所以他对于太平天国能否进行下去发出疑问,认为:“彼时洪杨等固无力以倒北京政府也,藉令有之,试思后此与张总愚、赖汶洸辈之交涉何如?与苗沛霖辈之交涉何如?即与其部下石达开、陈玉成、李秀成、李世贤辈之交涉何如?此诸党魁之各各互相交涉又何如?其必缫演前代血腥之覆轨,无待蓍察矣。”⑦又譬如,梁启超研究和总结护国运动这一重大历史事件,也在于为现实的政治提供活动规则,为民国的政治运作得到有益的教训。梁启超认为,护国运动的这段历史告诫中国的各种政治势力的一个重要的道理是:“夫中国既有异性之势力两三种以上同时存在,欲以一势力自专而消灭其他势力,此为绝对不能之事。故所以因应者惟有二法:一则在轨道内自由竞争,使劣败者自归淘汰;一

① 梁启超:《西学书目表序例》,《饮冰室合集·饮冰室文集之一》,中华书局1989年版,第124页。

② 梁启超:《大同译书局序例》,《饮冰室合集·饮冰室文集之二》,中华书局1989年版,第58页。

③ 梁启超:《东籍月旦》,《饮冰室合集·饮冰室文集之四》,中华书局1989年版,第99页。

④ 梁启超:《东籍月旦》,《饮冰室合集·饮冰室文集之四》,中华书局1989年版,第101页。

⑤ 俞旦初:《爱国主义与中国近代史学》,中国社会科学出版社1996年版,第19页。

⑥ 朱维铮先生通过研究指出,梁启超晚年“研究学术史,没有完全摆脱早年从康有为学习的影响”(朱维铮:《〈清代学术概论〉导读》,上海古籍出版社1998年版,第33页)。朱先生所讲的“影响”,自然包括深受康有为经世致用思想的影响。

⑦ 梁启超:《中国历史上革命之研究》,《饮冰室合集·饮冰室文集之十五》,中华书局1989年版,第38页。

则以互相容纳互相接触之结果,双方之性质各去其泰甚,渐变而渐趋于近。近世立宪政治之作用,其所以能置国家于治安而进于高明者,皆赖是也。”①可见,梁启超不仅是带着经世致用的目的来从事中国近代史研究,而且在中国近代史研究也体现出经世致用的价值取向。梁启超在中国近代史研究中强调经世致用、史学为现实服务是有着积极的意义,特别是对于发挥史学的政治性功能有很大的影响,但“由于急切地以历史附会现实,难免存在牵强附会和不够严谨的缺点”②。当然,对此要放在当时的历史环境中加以认识。

4.“民史”的撰述理念

梁启超在对中国近代史研究的过程中,还贯穿着“民史”撰述理念。在梁启超的“新史学”思想体系中,他通过对中国传统史学与西方近代史学的比较,认识到“中国之史,长于言事,西国之史,长于言政。言事者之所重,在一朝一姓兴亡之所由,谓之君史;言政者之所重,在一城一乡教养之所起,谓之民史”③。所以,他认为中外史学就其研究重点而言,“有君史,有国史,有民史”之分,但“民史之著,盛于西国,而中土几绝”④。梁启超的“民史”思想在戊戌变法时期就有较为广泛的影响,谭嗣同对此极为称道,并认为创办报纸就是体现“民史”思想,他说:“新会梁氏,有君史民史之说,报纸即民史也。”⑤梁启超在中国近代史研究中较为自觉地贯彻他的“民史”思想,并以此作为撰述近代史的重要理念。前面在分析梁启超研究中国近代史的成就中,很显然地能够注意到他的“民史”撰述理念。譬如,梁启超研究近代“中华民族之扩大”,就是通过研究“中华民族”来表达其“民史”观念,以便反映历史的主体和社会进化的主流。又譬如,梁启超在对太平天国研究时,承认太平天国的发生有民众力量的因素,认为太平天国的旗号之所以有力量就在于其“与一部分人民心理相应”,李秀成在抗击清军中之所以能取得成绩就在于“能得士心”。再譬如,梁启超研究辛亥革命时,认为辛亥革命的发生是“冥契乎全国民心理之所同然”,辛亥革命之“功劳”应归结于“全国人的自觉心,到时一齐迸现的结果”⑥。自然,梁启超

① 《盾鼻集》,《饮冰室合集·饮冰室专集之三十三》,中华书局1989年版,第149页。

② 马金科、洪京陵编著:《中国近代史学发展叙论》,中国人民大学出版社1994年版,186页。

③ 梁启超:《变法通议》,《饮冰室合集·饮冰室文集之一》,中华书局1989年版,第70页。

④ 梁启超:《续译列国岁计政要叙》,《饮冰室合集·饮冰室文集之二》,中华书局1989年版,第59页。

⑤ 《谭嗣同全集》,中华书局1981年版,第419页。

⑥ 梁启超:《辛亥革命之意义与十年双十节之乐观》,《饮冰室合集·饮冰室文集之三十七》,中华书局1989年版,第5页。

在中国近代史研究中所体现的“民史”思想，亦有其历史的与理论上的局限。如，他的“民史”思想就其实质还只是强调民众心理在历史进程中的影响，如他说“凡大思想家所留下的话，虽或在当时不发生效力，然而那话灌输到国民的‘下意识’里头；碰着机缘，便会复活，而且其力极猛”①，这与民众创造历史的思想还是有很大距离的；又如，他的“民史”思想在中国近代史研究中未能一如既往地贯彻下去，在考察社会思潮和重大历史事件时能够注意到民众心理的影响，但对于民众在近代历史进程所起历史作用则没有具体的探讨与分析。尽管如此，梁启超在中国近代史研究中所体现的“民史”撰述理念还是一个显见的特色。

5. 历史联系的视角

梁启超在西方学术思想的影响下，在很大程度上强调历史学要对规律性问题进行研究，如他认为研究史学的重要任务在于“探察人间全体之运动进步，即国民全部之经历，及其相互之关系”②；在于“求得前此进化之公理公例，而使后人循其理、率其例，以增幸福于无疆也”③。梁启超这一“新史学”观在中国近代史研究中得到较好的实践，注重历史的因果联系的探讨。总体来看，梁启超对中国近代史的研究，善于从历史联系的视角来把握，把中国近代史上的历史现象、历史人物、历史事件看着是相互联系的整体。譬如，他在论述中国近代思想变迁时，认为第一期中所翻译的西书虽然在以后看来是“很陈旧很肤浅”的，但“实在是替那第二期‘不懂外国话的西学家’开出一条血路”；第二期中的戊戌维新是在第一期思想积累中发生的，因而在当时“发生很大的效力”，而且废除科举成功“这件事的确能够替后来打开一个新局面，国内许多学堂，国外许多留学生，在这期内蓬蓬勃勃发生，第三期新运动的种子，也可以说是从这一期播殖下来”；而第三期的文化革新运动是在第二期努力的基础上进行的，但同时又是对第二期“把人家的组织形式，一件件搬进来”的“废然思返”的结果。又譬如，关于辛亥革命的研究，梁启超认为应从中外联系的角度来分析，强调研究辛亥革命要注重对其“集团外之关系”进行考察，如他说：“‘辛亥革命’之一史迹集团，其空间自当以中国为制限；然非知欧、美、日本近数十年学说制度变迁之概略，及其所予中国人以刺激，则兹役之全相终不

① 梁启超：《中国近三百年学术史》，《饮冰室合集·饮冰室专集之七十五》，中华书局 1989 年版，第 28 页。

② 梁启超：《中国史叙论》，《饮冰室合集·饮冰室文集之六》，中华书局 1989 年版，第 1 页。

③ 梁启超：《新史学》，《饮冰室合集·饮冰室文集之九》，中华书局 1989 年版，第 11 页。

可得见。”①历史联系的视角使梁启超在从事中国近代历史研究时,能够比较正确地把握中国近代历史内部的诸种关系,注意到历史发展的复杂性及其诸多关联,发现中国近代历史发展的进步趋势,从而使他对中国近代史的许多阐释具有历史合理性和真确成分。

百年来的中国近代史研究历程,形成了中国近代史研究的两大学派(马克思主义学派和现代化研究学派)和两大研究范式(“革命史范式”和“现代化研究范式”),梁启超显然是现代化研究学派的先驱性人物。梁启超是以进化论为指导来从事历史研究的,其研究中国近代史的视角及其观点,对后来形成的马克思主义学派所从事的中国近代史研究也起过某些重要的影响。尽管梁启超对中国近代史的研究有诸多不成熟的地方,如中国近代史的开端问题没有明确的界定,对近代史上的一些重大问题的看法亦有偏颇之处,对近代社会经济变动未能引起足够的重视,等等。但无可置疑的是,梁启超是中国近代史研究的开创者,在中国近代史研究的学术史上居于重要的地位。

(原载《西南大学学报》2021 年第 6 期,发表时作了压缩)

【昔文琐记】这篇《梁启超与中国近代史研究》,是 2006 年下半年在徐州师范大学写的,最初的稿子有 1.5 万字。就写作动因上说,我那时因为已经发表《李大钊与中国近代史研究》(载《近代史研究》2003 年第 3 期)、《陈独秀与中国近代史研究》(载《安徽史学》2006 年第 2 期)等文章,觉得在研究“马克思主义者与中国近代史研究”问题的同时,也有必要探讨非马克思主义学者对于中国近代史研究的贡献。当时的信心很大,计划先写出系列性的文章,然后写出一部《中国近代史研究史》著作。这篇文章的初稿于 2006 年下半年写成后,一直存放在电脑中。但这一放,就是几年了。在 2012 年 5 月,我集中了一个月时间再读《饮冰室合集》,将稿子做了较大的修改,主要是增补相关的资料,故而体系上有所扩大,最终的稿子竟达到 3.3 万字。在 2020 年,偶然从电脑中发现此稿,看了看后觉得还有几分功力,就投到《西南大学学报》编辑部了。编辑部张颖超老师回信说,稿子录用了,大概在 2021 年发表,并要求将文章压缩为 1.5 万字。这里收入的,是 2012 年 5 月写作的原稿。

我对于梁启超发生研究的兴趣,大致是从 1994 年开始的。1994 年 10

① 梁启超:《中国历史研究法》,《饮冰室合集 · 饮冰室专集之七十三》,中华书局 1989 年版,第 119 页。

月，在唐山召开了纪念李大钊105周年诞辰的学术讨论会，我出席了这次会议。在会议结束的前一天晚上，刘桂生先生与我长谈到夜里一点多钟。刘先生看到了我写的研究李大钊早期思想的文章，尤其是对我写的几篇关于西方学者对李大钊早期思想影响的文章，予以高度的评价，希望我读他的博士，并建议把"西方文化与李大钊早期思想"作为博士学位论文题目。刘先生希望我为考博做点准备，他特别要求我读读梁启超的《中国近三百年学术史》，从而对清代以来的学术有一个总体的把握。刘先生认为，研治中国近代学术史，至少要熟读梁启超的《清代学术概论》，最好要达到背诵的程度。开会回来后，我就读了《清代学术概论》，虽然没有达到全文背诵出来的程度，但对此书可以说是相当熟悉了。更为重要的是，我由此对梁启超的学问产生兴趣，因而也就开始涉猎梁启超的相关著作。这是我后来能够将梁启超与中国近代史研究联系起来的重要条件。

顺便说一下，撰写了这篇《梁启超与中国近代史研究》之后，我于2008年12月26日拟定了《梁启超与中国政治学的起源》的写作大纲，写作了1.5万字的初稿。以后，就是不断地阅读相关资料，并在电脑中写作，因而此文也就越写越长。在2013年10月，终于形成《梁启超与中国政治学的起源》的所谓"最终稿"，计有3.4万字。此文从"提纲"到所谓的"最终稿"，写作了近五年时间。2013年12月8日又做了一次修改，自我感觉还不错，但一直放在电脑中。2020年投到一个不错的刊物，快三个月的时候，回信要求将文章压缩到1.5万字；而在我压缩为1.5万字发出后，又过了近三个月，回信说不用此稿了。前后算起来，这篇《梁启超与中国政治学的起源》自2013年10月有"最终稿"，至今也有近八年了。罢了，这篇《梁启超与中国政治学的起源》文章，放着就放着吧，在电脑中继续待一段时间也无妨的。①

行文至此，很是感慨，深感作文章之不易。这篇《梁启超与中国近代史研究》文章，从2006年下半年有初稿算起，至今有十五年多。如果从2012年5月的稿子算起，至今也有九年。如果不是《西南大学学报》编辑部看重，此稿估计永远留在电脑中。中华书局的《饮冰室合集》是繁体字、竖排本，尽管我是学历史的，但读起来还是很不习惯。《饮冰室合集》堪称百科全书，内容丰富，涉及学

① 这篇《梁启超与中国政治学的起源》，于2022年春天投稿《学术界》编辑部。2022年8月10日下午，收到《学术界》编辑部陶婷婷老师的微信，告知此文"预计将于今年底或明年一、二期刊发"。这样，此文在十多年后终于有着落了。——作者补记于2022年10月10日。

科较多，要系统地看一遍而初通其意，没有一两年的时间恐怕不行。看来，写出一篇比较好的文章并不容易，而在现在学术生态中，将文章能最终发表出来，则更是不容易的。

2021年8月30日

留学生与晚清社会的变迁

近代中国的留学生作为社会中新出现的知识分子群体,对近代中国社会究竟产生什么样的历史作用,一直是留学史探讨的热门话题。实际上,早在1881年,也就是早期留美学生被迫撤回国内时,美国的《纽约时报》的社论就认为留美幼童"学业有成","中国幼童留美计划,在美实施十年,以美国的观点来看,是相当卓越有成的"①。就连李鸿章也说,早期留美教育是"风气初开,粗有成效"②。当然,随着留学生的不断派遣,社会对留学生的期望也相当大。如在20世纪初出现留日潮时,《清国留学生第五次报告》中就曾认为:"望中国之日新,必不能不望留学生之日众";"当今日之世界所谓老大之国,欲一线之生机而立将来之基础者,非留学生其谁与哉!"留学生本人也认识到,留学不是目的,而在于输入先进文明。庚款留学生胡适就说,留学"并非仅作入他国大学计已也,乃欲令吾所学于人者,将由我而输入祖国,俾人人皆可学之"③。留日学生张继也强调,留学生是当时中国社会的原动力,"学生为一国之原动力,为文明进化之母。以举国无人之今日,尤不得不服于学生诸君,而东京留学生尤为举国学生之表率"④。那么,留学生在晚清社会到底在实际上起了什么作用呢?

笔者认为,估价留学生在近代中国社会中的作用必须从近代中国社会变迁的角度来考察,如此留学生的作用才能实在地体现出来,同时也能看出近代社会变迁的趋势。笔者以为,晚清社会的变迁是由多种因素促成的,留学生的推动作用则是最主要的因素之一。研究留学生与晚清社会变迁的关系,必须在把握晚清社会演进过程和发展趋势的前提下进行。晚清社会的演进(社会变迁)实际

---

① 高宗鲁:《中国留美幼童书信集》,传记文学出版社1986年版,第52—53页。

② 中国史学会编:《洋务运动》(二),上海人民出版社1961年版,第168页。

③ 胡适:《非留学篇》,《胡适文集》(9),北京大学出版社1998年版,第684页。

④ 自然生(张继):《读"严拿留学生密谕"有愤》,《苏报》(1903年),载张枬、王忍之编:《辛亥革命前十年间时论选集》(卷一下),生活·读书·新知三联书店1960年版,第685页。

上是一个现代化的过程,亦即经济、政治、思想文化等因素的变化而导致社会结构的全面转型,简言之,是由传统农业社会到现代工业社会的演变。这是研究留学生与晚清社会变迁关系的认知性前提。下面拟沿着这一思路,对留学生与晚清社会变迁的关系进行研究。

一、留学生与晚清洋务运动的开展

考察晚清社会的变迁,不能不考察晚清政府开展的洋务运动;而研究晚清的洋务运动,又不能不研究留学生所起的重要作用。洋务运动是晚清政府所开展的"防卫性现代化"①,在于借助西方技艺寻求抵御西方的富强之术,于是也就急需懂得西方科学技术的人才。正是为了适应办洋务的需要,中国有了第一批留美学生和第一批留欧学生。可见,派遣留学生是开展洋务运动的重大举措,其目的在于为发展军事工业培养所急需的人才。早期留美学生和早期留欧学生学成归来后,其所发挥的作用也主要是在推进自强运动方面。留学生之所以能够在晚清的洋务运动中有所贡献,是因为他们掌握有西方的科学技术,具有当时比较新的知识结构。以早期留美学生为例,留美学生"均能始终勤奋,日进有功,迭经面加校试,考其所学。其习水师者,如鱼雷一种理法最为精舆,洋师每有不传之秘,该学生等讲习有年,苦心研究,于折合演放修整诸事,皆能得法。此外水雷、旱雷施放灵敏,驾驶、测量讲求精细。其分赴各营教习者,于外洋操法、阵法、口令,均臻娴熟,所教弁勇,颇有成效。其派值电报者,传递紧要军报,晰夕从公,密速无误。他有步算、制造、医学诸大端,均能深明切要,质诸西洋教习及泰西各国水师兵官,咸谓该学生等造诣有得,足供任使。"②可以说,留学生掌握当时西方最先进的科学技术,这使他们成为洋务运动的骨干力量。据有的学者统计,早期留美学生从事工矿、铁路、电报者 30 人,其中从事工矿者 9 人、工程师 6 人、铁路局长 3 人;从事商业者 7 人;从事海军者 20 人,其中海军将领 14 人③。早期的留欧学生,也主要是学习制造、驾驶等技术,后来都成为自强运动开展工矿事业和海军建设的骨干人才。早期留美学生和留欧学生对推动洋务运动的进行,主要

① 罗荣渠:《现代化新论》,北京大学出版社 1993 年版,第 272 页。
② 中国史学会编:《洋务运动》(二),上海人民出版社 1961 年版,第 167—168 页。
③ 李喜所:《中国近代早期留美学生小传》,《南开史学》1984 年第 1 期。

表现在以下几个方面：

工商企业方面：在工商业方面，早期留美学生和留欧学生都作出了杰出的贡献。留美学生被迫撤回国内，有一部分留学生从事自己的专业，并取得重大的成绩。留美学生邝柄光回国后在直隶、山东、湖北从事工程建设，颇有成就，并著成《金银冶金学》；留美学生邝荣光是开平煤矿的著名工程师，参与许多煤矿的勘测，绘制了《直隶省地质图》和《直隶省矿产图》；留美学生吴仰曾①亦是开平煤矿的优秀工程师，在八国联军战争时组织"自卫队"护矿，并在俄军入侵时粉碎俄军掠夺矿产的阴谋②。留欧学生对中国近代矿业的发展也有积极的贡献，譬如：留欧学生林庆升、池贞铨、林日章 1888 年学成回国，联合发现了福州穆源铁矿；林庆升后来赴台湾总司煤矿工程，还曾到云南勘探煤矿，为中国近代煤矿业的发展作出了积极的努力；林日章后来也一直从事煤矿的勘探与开发工作，参加了开平煤矿的勘验事务③。留欧学生对中国制造业的发展作出的贡献是特别显著的，改变了中国依靠外国人做技术指导的局面。魏瀚、李寿田等留欧回国后进入福州船政局，成立了工程处对造船业进行技术指导，在引进西方技艺的同时不断加强技术革新，经过四五年时间设计，终于制造了中国当时最大的一艘巡洋舰——开济号，以后又制造出镜清和寰泰两艘巡洋舰。陈兆翱曾在英国、法国、德国留学，回国后被任命为福州船政局工程处蒸汽机制造的总工程师，指导工艺流程，并发明了抽水机器，在引进西方先进技术和创造发明方面取得了突出的成绩。洋务运动兴办军事工业，特别的后期由"求强"到"求富"目标的转换，对推动中国经济技术的现代化有着重要的意义。近代煤矿业事关中国近代经济发展的能源问题和经济发展的可持续问题，因而是洋务运动在后期努力的重要方面。早期的留美学生和留欧学生适应洋务运动发展的需要，运用所学的知识和技术积极从事煤矿事业，在一定程度上提高了中国探矿、开采、冶炼技术的水平，这对推动中国近代经济的现代化和晚清社会经济结构的转变有着重要的意义。

交通运输事业方面：近代铁路事业的发展，与詹天佑为代表的一批留学生的努力密不可分。留美学生和留欧学生为中国的铁路建设事业作出了突出的贡献。詹天佑是首批赴美的幼童之一，归国后长期担任教职，后来从事铁路建设。

① 吴仰曾，广东新会人，留美幼童中的第一批，被迫从美国回来后不久，又前往英国伦敦学习采矿工程，具有留美和留英的双重身份。

② 李喜所：《近代中国的留学生》，人民出版社 1987 年版，第 68 页。

③ 孔凡军、刘素平、李长印：《走出中国》，中国藏学出版社 1994 年版，第 34 页。

詹天佑曾先后担任过天津、津芦、锦州、萍醴、潮汕等路段的工程师,修建了英、德、日等国的工程师未能建成的滦河铁路桥。1905 年,詹天佑担任京张铁路总工程师,克服种种困难,设计和建成了中国人自己的第一条铁路——京张铁路,开创了中国铁路发展的新纪元。除詹天佑外,留美学生还有许多人为中国铁路事业的发展做出重大的贡献。譬如,留美学生钟文耀、黄仲良担任过沪宁路、津浦路总办;周长龄、卢祖华做过京沈铁路的董事和经理;邝景扬担任粤汉铁路广东段的总工程师;杨昌龄担任过京张铁路的指挥;罗国瑞从事铁路的勘探工作,帮助修建大冶至青山的铁路,曾在贵州、云南、广东勘测过铁路,还担任过津浦路南段总办;黄耀昌做过沪宁铁路上海段的经理,并兼任京汉铁路北京段经理。有的学者对 1872—1875 年留美学生从事铁路建设的情况进行统计和分析,结论是"清代最早的官派赴美的幼童中就有 20 余名,归国后直接参与铁路建设,占总数的 16%"①。由此也可以看出,留美学生在中国铁路建设中的重要地位。留欧学生对中国的铁路建设也作出了杰出的贡献,仅京汉铁路一线,留欧学生郑清濂担任过芦汉北路行车正监督,高而谦担任过该路总监督,王寿昌为全路会办,魏瀚为汉局华核算。据有些学者统计,到民国初年,中国共建成 13 条铁路,"除正太、江宁两路外,其余 11 条在建设过程中,都有留学生担任过总工程师、监督、会办、总办等重要职务,直接掌管和领导铁路的施工与管理事宜。"②早期留美学生和留欧学生是中国铁路建设的主要承担者,是中国交通事业的奠基人,为中国交通事业走向现代化作出了杰出贡献。

邮电事业:电报业的兴起是中国邮电事业向现代化方向迈进的重要标志,留学生也是中国电报事业的奠基者。早期的留美学生开创了中国电报业发展的新局面,他们先后在上海大北电报公司、天津电报学堂、国家电报局、江西电报局、张家口铁路电报局、上海电报局、上海电报公司、满洲里电报局等处供职,为开创中国电报事业的新局面作出了突出的贡献。1881 年首批留美回国的学生 21 人,被派到中国第一条陆路电报线——津沪线学习和工作。1882 年中国第二条电报干线——苏浙闽粤线兴建时,又有 8 名留学生参加了全线的勘探工作。此外,湖北、四川、云南、陕西、甘肃等省的电报线也是由留学生参与兴建的。在早期留美学生中,在中国电报事业史上影响最大者要数周万鹏。周万鹏,江苏宝山

① 姜新:《留学生与铁路在中国的修建》,安宇、周棉主编:《留学生与中外文化交流》,南京大学出版社 2000 年版,第 280—281 页。

② 孔凡军、刘素平、李长印:《走出中国》,中国藏学出版社 1994 年版,第 31—32 页。

人，早期留美第三批幼童。他回国以后，曾主持规划和勘测宁汉、桂滇等电报干线，历任上海电报总局会办、提调、总办等官职，邮传部成立后任技术监督。1907年，周万鹏代表中国出席在葡萄牙首都里斯本举行的万国电约公会。回国以后，将西方各国的电报政策、技术规范的章程予以搜集、整理，辑录成《万国电报通例》，由邮传部在全国颁行，对中国电报技术的规范化及其与国际接轨作出了贡献。周万鹏还注意世界电报业发展的最新成果，注重中国电报技术设备的更新，1909年他在上海将电报局使用的旧莫尔斯机全部更新为当时世界上最新使用的韦斯敦机，努力向世界电报业的高水平看齐。留学生兢兢业业，为电报业的开创和发展贡献了力量，有许多留美学生为电报事业贡献了一生。冯炳忠（广东鹤山人，早期留美第四批幼童）负责电报局事务，死于广州；孙广明（浙江钱塘人，早期留美第三批幼童）回国以后一生都从事电报事业，死于北京；梁金荣（广东香山人，早期留美第二批幼童）是江西电报事业的开拓者，一直担任江西电报局长，最后在南昌逝世。中国邮电事业的起步及其向现代化方向发展，是与留学生的努力紧密联系在一起的。

海军建设事业方面：海军建设是洋务运动努力的重要目标，留学生对此也作出了突出的贡献。洋务运动的“自强”内容之一是御侮，发展军事工业，兴建海军，因而早期所派遣的留学生多为学习西方的先进技术（包括军事技术），留学生回国后也有相当一部分从事海军建设工作。早期留欧学生是北洋海军建设的中坚力量，北洋海军的指挥系统是由早期留欧学生构成的。北洋海军的12艘主要船舰的管带（舰长），差不多都是由留欧学生担任。如镇远舰管带林泰曾，定远舰管带刘步蟾，靖远舰管带叶祖珪，经远舰管带林永升，来远舰管带邱宝仁，济远舰管带方伯谦，超勇舰管带黄建勋。在海军最高指挥系统，也是留欧学生占主体地位。如刘步蟾担任北洋海军的右翼总兵，林泰曾是北洋海军的左翼总兵，叶祖珪是海军副将，萨镇冰是海军帮统。这样一批留欧学生都是留学生中的佼佼者，在留学时认真学习和掌握了当时最先进的海军技术，并且具有丰富的经验，对中国的海军建设起了积极的推动作用。刘步蟾和林泰曾是随日意格前往英国、法国参观学习的中国最早的留欧学生，他们到欧洲后分别到马那铁甲船和来克珀林铁甲船实习，后来巡历大西洋、地中海，学习设防、布置水雷、枪炮、备战等诸学，成绩出众，回国后即成为海军建设技术骨干和举足轻重的人物。刘步蟾在海军建设的技术革新、海军操练等方面贡献尤大，林泰曾对海军的编队、训练、武器装备等方面也作出重大贡献。在甲午战争中，留欧学生沉着应战，视死如归，黄建勋、林永升、林泰曾、刘步蟾等献出了年轻的生命。可以说，“留欧生为北洋海军的建设起了决定性的作用”[①]。当然,留美学生对海军建设作出的贡献也是不可忽视的。在中法战争中,留美学生顽强战斗,杨兆楠(广东南海人,早期留美第三批幼童)、黄季良(广东番禺人,早期留美第三批幼童)、薛有福(福建漳浦人,早期留美第三批幼童)、邝咏钟(广东南海人,早期留美第二批幼童)壮烈牺牲[②]。在北洋海军中也有一批留美学生担任要职,如吴敬荣(安徽休宁人,早期留美第三批幼童)是北洋海军广甲管带,蔡廷干(广东香山人,早期留美第二批幼童)是福龙管带。陈金揆(广东香山人,早期留美第四批幼童)在甲午战争中是致远舰大副,战斗中“争先猛进,死事最烈”[③]。海军建设是中国历史上空前未有的创业,1891 年西方评论家曾将中国海军列为第八位,而同时的日本只占第十六位。这之中就有留学生的突出贡献。

早期留学生参与洋务运动,推动了晚清经济现代化的起步、社会经济结构的转型。学术界对洋务运动的评价虽然还存在分歧,但从社会现代化的角度来看,洋务运动虽然具有防卫性的特点,却无疑地对促进晚清社会的演进与变迁起着十分突出的作用。洋务运动从客观的结果而言,是在封建的社会结构中打开了一个突破口,通过技术的引进来开展现代化的努力;尽管这一努力由于甲午战争的发生,没有能达到御侮的目的,但从此以后引进西方科学技术成为不可阻挡的潮流,整个中国社会也处于加速的结构性转变之中。经济作为社会结构中的要件和基础,其本身的变动不断孕育着新的社会生产力,并成为社会发展的推动力。在洋务运动中,早期的留美学生和留欧学生是一支新生的力量,是社会生产力新的要素,其在工商、交通、邮电、海军建设等层面所从事的努力不仅直接推动晚清经济现代化的进行,而且由于经济现代化的进行又使晚清社会将不可避免地发生结构性的变化,从而加速了晚清社会向现代化方向变迁的趋势。

二、留学生与晚清政制变革

近代中国的留学生与晚清政制的变革有着十分密切的联系,需要进行认真的考察。晚清社会的政制变革大体上经过戊戌变法、清末新政和辛亥革命的演

① 李喜所:《近代中国的留学生》,人民出版社 1987 年版,第 101 页。

② 有关早期留美学生参加中法战争的情形,参见《清末海军史料》,海洋出版社 1982 年版,第 308—309 页。

③ 《中国近代史资料丛刊——中日战争》第 3 册,新知识出版社 1956 年版,第 136 页。

进过程。戊戌变法与清末新政尽管领导者及具体方法不同，在性质上亦有很大差异，但却是以西方君主立宪为目标的政治现代化的尝试；前者由于以慈禧等顽固派的镇压而失败，后者因辛亥革命的发生而中断。辛亥革命是中国政治现代化的里程碑，确立了以共和政治为目标的政治体制，其重大的政治成果是使晚清社会走向终结。戊戌变法与清末新政，留学生虽然不是主体力量和领导者，但却以思想启蒙者的独特方式进行参与；辛亥革命则很显然是留学生领导的政治大变革。

将戊戌变法与清末新政作为一整体来看，其政制变革的思想正是来源于西方，来源于留学生所宣传的西方政制范式。马建忠从欧洲留学回来以后，思想大变，改变了最初认为西方只是"制造之精，兵纪之严"的看法，转而崇尚西方的政制模式，认为欧洲的富强之本是由于"学校建而智士日多，议院立而下情可达"，而"制造、军旅、水师诸大端，皆其末焉者也"。马建忠所描绘的西方世界是："一曰开财源，二曰厚民生，三曰裕国用，四曰端吏治，五曰广言路，六曰严考试，七曰讲军政。"①戊戌变法和清末新政中的设议院、兴学堂、发展工商业主张，正是马建忠等留学生思想的延伸和实践。在戊戌变法前夕，严复在中国思想界的启蒙工作，为维新运动的发生起了思想动员的作用。1895年春，严复在天津《直报》上发表《论世变之亟》、《救亡决论》、《辟韩》等论文，主张维新，成为国内要求维新变法的先声。在维新变法运动轰轰烈烈开展之时，严复与夏曾佑、王修植在天津创办《国闻报》，对中外时事进行报道和评论，并与南方梁启超等维新派人士主办的《时务报》相呼应，成为维新派人士在北方的主要宣传阵地。《国闻报》在创刊不到一年里发表社论42篇，其中有24篇出自严复手笔，对维新运动起了推波助澜的作用。清末新政与戊戌变法具有不同的性质，留学生在事实上未能直接参与清末新政，但清末新政受到留学生的影响也是显然的。戊戌变法失败后，清政府推出"新政"措施，前后近十年之久。其主要内容是编练新军，筹集饷款，废科举兴办学堂，改革官制和整顿吏治，振兴商业及奖励实业五个方面。这些措施中的废科举兴办学堂、改革官制和整顿吏治、振兴商业及奖励实业等内容，与马建忠、严复等留学生所提出的政治改革设想是存在着历史的与逻辑的联系的。

从政治制度演进的角度来看，晚清政治的最大变动是辛亥革命的爆发，其结果是促成了清王朝政治统治的解体。这与留学生特别是留日学生的关系更为密切。留日学生为辛亥革命的发生做了大量的舆论宣传，促进了民主革命思想的

① 马建忠：《适可斋记言》，中华书局1960年版，第31页。

传播和晚清政府政治统治合法性的危机。当时的留日学生办有自己的刊物,带有很强的反清政治色彩,如《江苏》、《浙江潮》、《湖北学生界》、《河南》、《四川》等等。四川留日学生创办的《四川》,揭露清政府出卖路矿主权的罪行,号召同胞投入救亡运动;湖北留日学创办的《湖北学生界》,分析中国被列强瓜分的严峻形势,呼吁国人奋起救亡。留日学生创办的刊物极力鼓动革命,宣传反清,介绍新思想,当时"在日本各省留学生,均有留学生会,会中必办一报,报以不言革命为耻"①。1905 年创办的《民报》由留日学生主持,抨击清政府的反动统治,鼓动反清革命,介绍西方资产阶级民主学说,"《民报》后来对青年学生发生极大的影响。中国留日学生用尽方法把它偷运回国,并深入内地。"②这对于激发进步青年的救亡意识和革命思想起了积极的作用。留日学生邹容写的《革命军》,陈天华写的《猛回头》、《警世钟》在思想界影响更大。留日学生杨伯笙从东京带回《猛回头》、《革命军》7000 册,湖北籍留日学生将这些书籍秘密运往湖北,散发给学生、士兵和会党成员,启迪了国内民众的革命意识,对促进各地的武装起义起了积极的推动作用。对于留日学生在启悟国民思想意识进步方面的作用,早在 1910 年即有一位叫朱庭祺的学者,在《留美学生年报》上著文予以说明:"当吾华似醒未醒、初醒之际,新欤旧欤?徬徨莫定之时,有日本留学生之书报,有日本留学生之詈骂,有日本留学生之通电,以致通国人为之大醒。已明者因而更明,顽固者因其詈骂而醒悟,前进者有其驱策而更前,后退者有其鞭策而前进,故曰:中国之醒悟,受日本留学生之影响巨矣。"③在辛亥革命的酝酿和发展过程中,留日学生也是骨干力量,他们赴汤蹈火,义不容辞。徐锡麟、秋瑾在安庆和大通起义中牺牲,黄花岗七十二烈士中有 8 人是留日学生。留日学生喻培伦、林觉民等英勇事迹更为感人。据有的学者统计,从 1905 年到 1907 年,同盟会为数可考的会员有 379 人,其中 354 人是留学生,占 93%,而绝大多数是留日生④。同盟会在创建之时也是以留日学生为主体,黄兴、胡汉民、朱执信、廖仲恺、秋瑾等具有留日经历的革命党人是同盟会的主要领导者。留日学生为同盟会的壮大和发展以及辛亥革命的发动作出了宝贵的贡献。在武昌起义中,"首先响应参加起义的云南陆军骨干军官共有 40 人,其中 31 人是留日学生";"辛亥革命后,全国宣布独立的 23 个省区中,至少有 17 个省、区的都督、革命军总司令或主要负

① 邹鲁:《中国国民党史稿》第二册,商务印书馆 1947 年版,第 412 页。

② 《胡适口述自传》,《胡适文集》(1),北京大学出版社 1998 年版,第 342 页。

③ 汪向荣:《中国近代化与日本》,湖南人民出版社 1987 年版,第 64 页。

④ 吴霓:《中国人留学史话》,商务印书馆 1997 年版,第 101 页。

责人是留日学生。”①孙中山后来评价道:“本党从前在日本组织同盟会所得的会员,不过一万多学生,他们回国之后,到各省去宣传,所以辛亥年武昌起义,登高一呼,全国响应,不到半年,就收全国统一的大效果。”②留日学生在政治上、军事上的努力,推翻了晚清的政治统治,促成中国政治体制的根本转型。

就晚清政治变迁的趋势而言,留学生所起的作用是逐步增强的。如果说在戊戌变法和清末新政中,留学生的影响还主要只是思想影响方面,那么,晚清政治的终结则主要是留学生在政治上所起的作用。当然,留学生对晚清政治的影响、推动政治的变迁,其所发挥作用的留学生群体也有重大的变化,表现为由留欧学生在思想层面的推动到留日学生直接走上政治斗争的最前沿。这是清末留学生群体发生结构性变化和晚清社会演进的重点层面发生转移之所致。但无论如何,留学生对晚清政治变迁所起的作用呈现不断增强的趋势是特别显著的。这种情况表明,留学生作为一支新生的社会力量呈现壮大和发展的势头,预示着晚清社会终结以后留学生群体将上升为中国政治的领导阶层,并成为社会政治控制层面的主导力量。

三、留学生与晚清思想学术转型

中国社会的思想学术真正由传统到现代的转型是在晚清时期,严格说主要是通过留学生的努力而促成西学东渐的加速、中国传统学术思想的改造,最终达到中国新思想、新学术的产生与发展。因此,晚清的西学东渐与中国近代思想学术的转型存在着不可分割的联系,并且与留学生这一新型社会群体的积极推动与有力影响密切相连。据有的学者研究,晚清的“西学东渐”可以分为两个时期,“鸦片战争至甲午战争前,主要以外国传教士为西学传播主体;甲午战争后,戊戌维新运动至民国成立前,以留学生为传播主体。”③留学生对晚清思想学术转型的影响是巨大的。

留学生对晚清思想学术的最大影响,是促成了中国学术文化根基的变动,不仅使传统的儒学文化根基根本动摇,而且确立了以进化论为基础的西方文化价

① 黄新宪:《中国留学教育的历史反思》,四川教育出版社 1991 年版,第 107 页。

② 《孙中山选集》(下册),人民出版社 1962 年版,第 465 页。

③ 安宇:《留学生与晚清西学东渐刍议》,《徐州师范大学学报》2000 年第 4 期。

值观。众所周知,中国传统思想学术以儒学文化为主体,以修身、齐家、治国、平天下为最高准则,适应于中国传统农业经济的运行模式。随着中国近代社会发生结构性的变迁,中国的传统学术虽然也力图进行创造性的转换并且还有晚清的今文经学运动的兴起,但从根本上说已经难以挽救传统思想学术的颓废之势。早期留美学生的派出,在一定程度上说是打破中西文化对立的举措,冲击了传统的"君子不器"的陋见,对当时的顽固派视西方科学技术为"奇技淫巧"的谬论也是一个正面的打击,因而其思想开新的意义非同一般。而留美学生虽然以后不得不撤回国内,但他们接受了西方的科学文化,在各行各业大显身手,以自己的行动和掌握的科学技术来改造中国社会,则对中国人观念上的转变是潜移默化的。有的学者很有见地指出,早期留美学生回国以后,"他们用学到的技术在国内开矿山、修铁路、办电报、造轮船,使中国近代科学技术迈开了追赶世界的步伐,它无疑大大振奋了刚刚从梦中惊醒的中国人民。从此,中国社会开始出现了谈科学、重技艺的风气,科学技术、声光化电走进社会生活的各个领域,实业救国思想应运而生,有力地冲淡了封建社会空疏无用的学风。"①确实,早期留美学生回来以后,对当时中国人的思想观念的影响或许不是十分明显的,在事实上也没有能立即冲垮儒学的正统地位,但从中国近代思想变迁的历程来看,它在中国思想界和文化界具有观念更新、思想开新的地位,对中国人思想观念的转变发生着深层的、长远的影响。而此后的留欧学生,因为其中有如严复这样的人物,对中国思想界的冲击则更为猛烈。正是以严复为代表的留学生,在中国引进西方文化的价值观,移植以进化论为根底的西方思想学术,于是中国晚清时期的思想学术在西方进化论的冲击下进入了一个全面的转型期。

这里,不能不对严复在中国学术发展中的贡献与影响作简要的说明。梁启超在论述清代学术时,曾说严复于"西洋留学生与本国思想界发生关系者,复其首也"②。严复留学英国受达尔文的进化论影响最大,他不同于一般的留学西方接受技艺的留学生的最大之处是,在思想观念上比较系统地接受了达尔文的进化论,成为中国第一个资产阶级进化论的坚定信奉者。从 1894 年到 1908 年期间,严复先后翻译了赫胥黎的《天演论》、亚当·斯密的《原富》、斯宾塞的《群学肄言》、穆勒的《群己权界论》和《名学》、甄克斯的《社会通诠》、孟德斯鸠的《法意》等当时西方最有影响的代表性著作,使西方的资产阶级哲学、古典政治经济

① 黄利群:《中国近代留美教育史略》,辽宁大学出版社 1990 年版,第 55—56 页。

② 梁启超:《清代学术概论》,上海古籍出版社 1998 年版,第 98 页。

学、政治理论、社会学说、科学方法论等第一次系统地介绍到中国,从而使中国的学术思想发生根本的变化,并奠定了中国现代思想学术的基础。严复在翻译《天演论》中,对"物竞天择、适者生存"作了创造性解释,强调中国人要适应世界潮流,发挥人的主体能动性,因时而变。他对"物竞天择、适者生存"的西方传统学术解释提出质疑,主张"人之由散入群,原为安利,其始正与禽兽下生等耳,初非由感通而立也"。由此,他认为那种"群道由人心善相感而立"的见解是"倒果为因之病"。基于对进化论的这一新的诠释,严复指出:"夫既以群为安利,则天演之事,将使能群者存,不群者灭;善群者存,不善群者灭。"①严复通过翻译《天演论》及其在翻译中所写的按语,不仅向中国人系统地介绍了达尔文的进化论,而且创造性地研究了进化论学说,从而开创中国现代学术研究之先河。严复翻译斯宾塞的《社会学研究》为《群学肄言》,着重介绍社会学方法,认为斯宾塞的"《群学肄言》非群学也。言所以治群学涂术而已"②。这对晚清思想学术转向对现实社会问题的研究无疑提供了方法论武器。概而言之,在传播西学、促进中国学术转型的历史进程中,严复的贡献是开创性的:一者严复传播的西学具有原典性,宣传的是以进化论为中心的西方社会政治学说,而不只是西方的技艺之类,使西学在中国的传播进入了理论化的阶段,大大超出了洋务运动时期的水平;二者严复传播的西学具有系统性,在突出进化论这一西方文化根基的前提下广泛介绍西方社会的各种学说,举凡哲学、政治、经济、文化、社会思想等领域无不涉及,开创了中国现代学术思想的新纪元。《天演论》出版之后,风行全国,使中国的思想学术观念为之一变。胡适后来在谈自己早年受《天演论》影响时曾说:"在中国屡次战败之后,在庚子辛丑耻辱之后,这个'优胜劣败,适者生存'的公式确是一种当头棒喝,给了无数人一种绝大的刺激。几年之中,这种思想像野火一样,延烧着许多少年人的心和血。'天演'、'物竞'、'淘汰'、'天择'等等术语,都渐渐成了报纸文章的熟语,渐渐成了一般爱国志士的'口头禅'。"③总之,严复在学术上的贡献是使晚清的学术发生根本的转向,其所宣传的进化论的影响一直延续到20世纪50年代。

除严复外,留学生中还有许多人对推动晚清学术思想的转型有着重大的贡献。譬如,前面提到的留欧学生魏瀚是著名的工程师,然而他还是中国当时精通

① 《天演论》,《严复集》第5册,中华书局1986年版,第1347页。
② 《群学肄言》,《严复集》第1册,中华书局1986年版,第126页。
③ 《四十自述》,《胡适文集》(1),北京大学出版社1998年版,第70页。

法律的专门学者，曾在法国获得法学博士，并曾任法国皇家律师公会的助理员，在法国律师界享有很高的声誉。魏瀚留学回国后，曾多次担任外交、法律等方面的工作，代表政府进行对外交涉活动。再如，1876年（光绪二年）被派往法国留学的马建忠，不仅为晚清洋务事业作出贡献，而且精通英语、法语及希腊文、拉丁文，著成《马氏文通》。《马氏文通》从中国经、史、子、集选出例句，在研究欧洲文字的沿革、语言的结构、中外文的异同的基础上，参考拉丁语法来研究古汉语的规律，成为中国第一部较全面系统的语法著作，这是现代学术史上研究中国语言规律的开创性的成果。又如，于1877年到法国的陈际同，除担任“文案”工作外，还进政治学校学习交涉、律例等科目，同时研究法国文学，归国后从事翻译工作，在中国第一次把《红楼梦》、《聊斋志异》等文学名著翻译成法文，为中外文化交流作出了贡献。这些留学生在学术文化领域创新性的努力，显然在于冲破晚清政府所设置的维护传统文化的藩篱，因而对中国思想学术界建构新的学术思想体系是有重大意义的。虽然留学生的这些努力在当时还不为全社会所完全关注，甚或为守旧势力所极力反对，但在事实上却是代表着晚清学术思想发展的走向，并推动着晚清学术思想向现代的方向发展。

晚清思想学术的转型在教育方面表现十分显著，留学生所起的作用也更为突出。容闳是中国留美学生的突出代表，在容闳的努力下晚清政府有首批留美学生的派遣，开中国留学教育之先河；其后有第二批和第三批留学生赴美，使晚清政府的留学教育得以有计划地开展起来。早期留美学生回国后对晚清教育亦有重大的贡献。据有的学者统计，早期留美学生回国后从事教育者有5人，其中大学校长2人。他们是唐国安任清华学堂校长，蔡绍基任天津北洋大学校长，林联辉任职于北洋医学堂，周长龄和方伯梁具体筹建唐山铁路学堂①。早期留欧学生对晚清教育的发展也有重要的贡献。早期留欧学生回国后有很大一部分被分配到福州船政学堂、天津北洋水师学堂担任教习，为社会培养了大批的海军人才和企业管理人才。如严复先在福州船政学堂执教、后在北洋水师学堂任校长达二十多年，马建忠也曾在北洋水师学堂任职多年并总管过学堂的营务处。就总体而论，留日学生对晚清时期的教育贡献最大。清政府派遣留学生赴日本学习，目的是适应国内兴办学堂培养应急的师资。留日学生学习速成师范回国后，不少人在家乡兴办学堂，从事教育事业，这对中国教育事业是一个有力的推动。如留学日本弘文学院的四川学生万如璋在家乡开办传习师范，留日学生胡元倓

① 李喜所：《近代中国的留学生》，人民出版社1987年版，第65—66页。

于1903年在长沙创办明德学堂，留日学生徐锡麟、陶成章等在绍兴创办大通师范学堂。1906年的上海中国公学、无锡的竞志女学、安徽女学等，也是由留日归国的学生创办的。留日学生归国后从事教育事业，用民主的思想进行学校管理，引进日本的教材进行教学，开设新的课程，直接推动了基础教育的发展。这里要说明的是，在留日浪潮中有不少女子纷纷到日本留学，她们回国后也一般从事教育工作，这对中国女子学校的发展起了积极推动的作用。女子留学初为自费，后来清政府也有计划地选派。一些省份开始相继派遣官费女生赴日留学，如1905年湖南选派女学生20名赴日学习速成师范，1907年奉天女子师范学堂派遣15名女学生到日本实践女校读师范科。女子留日具有开风气的作用，同时也促进了国内女子教育的发展。虽然"从总体上看，晚清的女子教育发展并不快，但为辛亥革命后各级各类女子教育的勃兴奠定了基础。而这些又是得力于开风气之先的女子留日教育。"①晚清教育的进步和民国初年新式教育的大发展，为中国社会的变革准备了大批的人才，这与留日学生回国后从事教育事业是密不可分的。早期留美学生、留欧学生、留日学生回国后从事教育事业，引进了新的思想和观念，培养了新型的人才，为晚清社会学术思想的转型做了基础性的工作，其影响是巨大而又深远的。

晚清社会的变迁呈现加速衍化的态势，留学生在其中扮演着重要的角色。由于留学生本身亦是社会演变的产物，经历着自身结构的转变和参与社会变革方式的不同，其在社会演变的不同时期就有不同的身份认同，但无疑的是对晚清社会变迁起着愈来愈巨大的推动作用。从社会史的角度来分析，留学生群体与晚清社会的演进有着内在的逻辑关系。这种内在的逻辑关系大致表现在这样三个层面：

一是留学生与晚清社会变迁的互动关系。这是说，一方面留学生的产生及其作用的发挥离不开晚清社会的演进与变革，而晚清社会在中西文明冲突中不可避免地出现留学生这一特殊的群体，因而在寻求留学生的社会作用及其在晚清社会变迁中的地位时，必须对晚清社会进行剖析；另一方面，近代中国一经产生留学生后，就使得晚清社会逐步地发生结构性的变化，表现出留学生在晚清社会演进中的积极性推动作用，并随着社会演进而日益表现出巨大的变革社会的能量。故留学生与晚清社会之间存在彼此的互动关系。

二是留学生是晚清社会变迁的主要推动力。生产力的发展是晚清社会演进

① 黄新宪：《中国留学教育的历史反思》，四川教育出版社1991年版，第89页。

的根本动因,这一点无可置疑。我们要看到,留学生不仅是一个新的社会群体,促成晚清社会组织结构的变动;而且留学生本身还是当时社会生产力中新的要素并且是生产力新的重要组成部分,其所接受的西方新的技艺、所宣传的西方社会政治思想,在事实上对晚清社会生产力中其他要素的配置起着优化作用,推动着晚清社会结构性的转型;而晚清政治的终结,则是留学生推动晚清社会变迁的最突出的表现。这就表明,留学生乃是晚清社会变迁的最主要的推动力。

三是留学生对晚清社会变迁的作用在民国初年得到延续。由晚清社会孕育的留学生群体构成近代中国社会的主导性力量,不仅对晚清社会起作推动作用,而且也对民国初年的中国社会产生深刻的影响。由于晚清社会的终结来得十分迅速,留学生对晚清社会变迁的影响在清朝灭亡前夕的一段时间最主要的是表现在政治的层面,而其他社会层面的影响就相对地难以显现,故只能在民国初年发挥出来。历史的进程体现连续性,并不因为晚清的终结而结束。晚清社会与民国社会之间确实存在历史的联系,而留学生这一新社会变革力量的作用使这一历史的逻辑联系更为明显。大致来看,由晚清社会所培养的留学生事实上成为晚清社会到民国社会转变的决定性因素之一,并且也自然地成为民国社会主导性的力量,这一点从民国建立时政府要员的留学生身份中就可得到印证。在民国初年,留学生发挥着他们在晚清社会尚未发挥出来的作用,并表现出参与社会变迁的新形式与新特点,这也可看作是留学生对晚清社会推动作用的延续。

(原载《徐州师范大学学报》2003 年第 1 期)

【昔文琐记】这篇《留学生与晚清社会的变迁》,采用的是历史研究的方法,从社会变迁角度分析和评价近代中国留学生的历史作用。我在 2003 年被徐州师范大学聘为专门史硕士点“留学生与中外文化交流”方向的导师,2004 年又承担江苏省教育厅的“留学生与中国马克思主义学术的创立”项目,因而也就有意识地从事留学史的研究。这篇《留学生与晚清社会变迁》,成为后来出版的《留学生与近代中国社会变迁》①一书的基础。

我的夫人王中平在徐州师范大学读的是专门史专业研究生,研究方向是留学生与中外文化交流,故而也写了不少研究留学史的文章,如《清末民初的留日学生与中国近代社会变迁》、《近代中国社会的转型与留美高潮的兴起》、《容闳作为边缘人介入晚清主流社会的学理考察》等文章,还出版了《留学生群体分化

① 吴汉全、王中平:《留学生与近代中国社会变迁》,吉林人民出版社 2012 年版。

与社会思潮演变(1915—1928)》①一书。

研究留学生有一个重要的感受,就是社会变迁是与社会中新力量的崛起分不开的。自然,依据马克思主义的唯物史观,社会变迁是生产力与生产关系、经济基础与上层建筑的矛盾运动,但最后在社会变迁中有着显著表现的,还是新的阶层、新的阶级。于此,研究作为新的社会阶层的留学生群体,一定要研究社会变迁中阶级结构的变化,特别是要研究新产生的阶级,因为作为阶层的留学生群体不具有独立性,而是依附于其所在的阶级的。在笔者看来,留学生之所以在近代中国社会变迁中能发挥作用,固然是有其在域外接受了新知识,有着现代知识学的基础,但从根本上说是能为新阶级立言行事,体现新阶级的政治诉求,并努力完成新阶级的历史使命。所以,在留学史的研究中,要始终坚持阶级的观点及社会阶级结构的理念,不能笼统地说留学生是近代中国社会发展的代表。对于近代中国的那些留学归国人员而言,要对社会历史变革作出较大贡献,关键还是看站在什么阶级立场上立言行事,是否恪守为中国人民谋幸福、为中华民族谋复兴的初心使命,能否把学到的新知识运用到中国实际中来,积极推进外来新知识的中国化进程。这样看,归国留学生的"本土化"问题、克服"边缘人"作出的重大努力等等,这些也是值得研究的。

2021年1月30日

① 王中平:《留学生群体分化与社会思潮演变(1915—1928)》,吉林人民出版社2011年版。

晚清时期的留学生与中国现代学术的起源

晚清时期是中国传统学术向中国现代学术过渡的时期，在学术文化的舞台上，传统的科举所培养的士的阶层逐步让位于受西学教育而形成的留学生阶层。由于知识阶层性质的变化，传统与现代之间的张力必然要求建立新的学术话语系统，这最终又引起学术范式的转换。中国现代学术作为一种新的学术范式所拥有的新的学术话语系统和新的知识基础，就是在留学生的努力下而产生和发展起来的。中国现代学术与中国传统学术有着根本的不同：中国传统学术虽然有着特殊的学术分类，但大体上都包括在儒学的体系之内，其知识样式①皆以儒学文化为资源，学术旨趣在阐发先贤的经典所明示的谟训与教条；中国现代学术是以西方的学术观念为指导建立起来的，注重学术的分类及规律的探讨，其知识样式是以自然为研究对象而形成的现代知识样式，学术研究的目的在于探寻理念世界的新知。中国现代学术在起源阶段得益于进化论的学术观念的积极指导，虽然在某种程度上也受到中国传统学术的影响，但以进化的学术观为理念、以现代知识学为基础的特征是非常明显的。这种进化的学术理念和现代知识学基础的注入，显然只有具有留学经历的留学生能够做到。晚清时期的留学生对中国现代学术的起源有着重大的贡献，这种贡献主要是：引进西方新的学术观念，使中国学术的指导思想发生根本的转变；推动中国传统学科的更新与改造，促进传统学科向现代学科转型；创建新的学科，使中国现代学术丰富多彩、枝繁叶茂。

---

① 知识样式是指某个社群在一定时期论证现实世界及社会理念合法性的思想资源或知识学基础，包括研究领域、论证方式及价值归趋诸方面。关于近代中国留学生对知识样式转变的作用，参见章清《近代中国留学生发言位置转换的学术意义——兼析近代中国知识样式的转型》，《历史研究》1996年第4期。

一、引进西方进化论的学术观念

中国现代学术是在西方进化论的指导下而诞生的，留学生对进化论在中国的引进有着特殊的贡献。进化论最初被介绍到中国是西方的传教士，如美国传教士丁韪良在《西学考略》一书中就介绍了达尔文关于生物进化的三种原因："一在地形"，"一在择配"，"一在强弱以决存亡"。但是，传教士对进化论的介绍只是片段的、零星的，其影响局限在引进西方的技术层面，并未能对中国学术文化产生根本的影响。进化论在中国的系统传播并对中国学术文化建设产生根本影响的，是晚清时期的中国留学生。严复、马君武等留学生将进化论系统地引进到中国，使晚清的学术发生了历史性的转折，为中国学术提供了根本的指导思想。

严复最先在中国系统地介绍达尔文的进化论，使进化论为中国学术界所接受。早在1895年，严复在《原强》一文中介绍道："达尔文者，英之讲动植之学者，……垂数十年而著一书，曰《物类宗衍》(今译《物种起源》)。自其书出，欧美二洲几于无人不读，而泰西之学术政教，为之一斐变焉。……书所称述，独二篇为尤著，西洋缀闻之士，皆能言之。其一篇曰《争自存》，其一篇曰《遗宜种》。"①1898年，严复翻译的《天演论》出版，至此达尔文的进化论作为系统的学术思想，被全面地引进到中国。《天演论》译自英国生物学家赫胥黎的《进化论与伦理学》。此书是赫胥黎1893年在伦敦大学的演讲，主要内容是关于演化中宇宙过程的自然力量与伦理过程中人为力量互相制约的问题，这是一部宣传达尔文进化论的著作。严复虽然只翻译了《进化论与伦理学》的前半部分，但他在翻译中加了大量的按语，进行相关的解释和说明，这不仅为中国学术界了解达尔文进化论提供了入门的知识，而且为中国读者的理解提供了便利。《天演论》自1898年出版后，在十多年间发行了三十多个不同的版本，极大地震动了中国的思想学术界，影响了中国的几代学人。"自《天演论》出版后，'物竞'，'争存'，'天然淘汰'，'优胜劣败'，'适者生存'……名词，都成了人人的口头禅。"②需要说明的是，严复作为留学生的代表，其译书本身颇具有象征意义。此前的传教士

① 严复:《原强》,《中国现代学术经典·严复卷》,河北教育出版社1996年版,第540页。
② 郭湛波:《近五十年中国思想史》,山东人民出版社1997年版,第254页。

翻译的大多是科学技艺类的书籍，宣传的是有关“器”方面的知识，并不从根本上影响传统儒学文化所关注的“道”；而严复翻译的社会科学方面的书籍，用中国传统的语言来说是引进一个新的“道”，这无疑是对传统的思想学术文化提出了巨大的挑战，并且象征着传统的儒学文化之“道”出现了资源上的短缺以及其在社会上逐步失去一统思想学术的地位。因为，如果传统的儒学资源可足够利用，就没有必要来翻译与引进西方的“道”了；同样，儒学文化如果还保持绝对的统治地位，也就没有可能让西方的社会科学引进来，并在思想学术界产生很大影响。从中国近代思想学术演进的过程来看，正是通过严复的翻译介绍，“物竞天择，适者生存”的生物进化规律被系统地引进到中国。

马君武在引进进化论这一新的学术观念中也有重大的影响。马君武于1901年冬去日本留学，他在1902年间将达尔文的《物种起源》的第三章“生存竞争”和第四章的“自然选择”翻译出来，以《达尔文物竞篇》和《达尔文天择篇》的名称出版，成为达尔文原著最早的中译本。此后，马君武又翻译了《物种起源》的第一卷，共五章，题名为《物种由来》。另外，马君武还在《新民丛报》上发表了《新派生物家小史》，介绍达尔文以前的进化论学者的生平学说。马君武对进化论的引进，突出了达尔文的生存竞争、自然淘汰的思想，译文较之严复白话化，其译本成为宣传进化论的通俗读物，对知识界尤其是留学生群体产生了广泛的影响。马君武引进进化论的贡献不为今天的中国学术界所重视，这可能是严复的影响过大之所致，或者是因为影响的层面主要是在社会中的特殊知识分子（如仅接受新式学堂教育而没有什么国学根底的年轻人，或者虽然留学海外但在学术上未有建树的人）的缘故，对此需要深入研究。但无论如何，马君武引进进化论至少在留学生中、在有革命意识的青年中起过普及作用。

进化论作为一种崭新的学术观念被留学生引进到中国思想学术界，为中国学术的发展提供了新的世界观和方法论。这直接影响着当时中国的学术界。梁启超读过《天演论》手稿本后写成《说群》十篇，按照梁启超的自述是得到“侯官严君复之治功《天演论》”后，“读之犁然有当于其心”而写成的①。梁启超由此而向进化论的历史观转变，并进而为中国现代学术的开创作出突出的贡献。严复翻译《天演论》居然得到桐城派大师吴汝纶的肯定，并欣然为其作序，称“文如几道，可与言译书矣”；同时认为：“天演者，西国格物家言也。其学以天择、物竞

① 梁启超：《说群》，《饮冰室合集·文集之二》，中华书局1989年版，第3页。

二义，综万汇之本原，考动植之蕃耗。言治者取焉。”[①]桐城派大师也出来为严复捧场，可见严复传播进化论在当时中国学术界的影响。当今研究近代史的著名学者罗志田先生，对严复在中国学术文化转型上的意义看得更为清楚，认为严复引进进化论使中国士人在价值观上转向西方，在文化上认同于西方：“正是严复从西方进化论约出的‘优胜劣败，适者生存’的简单公式，最后说服了许多中国士人。有此理论，强力就成了最好的说服手段。既然中国屡次被战败，则其文化必然低劣。中国人以前不以成败论英雄到承认败就是劣，其价值观念已完全转到西方一边了。”[②]事实正是，只有中国知识界思想价值观念的改变，才有可能接受西方的学术话语体系而建构中国现代学术。就此而言，严复引进进化论的学术意义非同一般。

进化论的引进对中国学术的影响，最显著的是造成了中国学术知识样式的根本转变。这在留学生群体中表现得特别的显著。由于有进化论的指导，留学生普遍认识到建立以进化论为指导的现代学术体系对中国社会发展的极端重要性。留学生创办的刊物《江苏》[③]中有一篇文章指出：“二十世纪学界之风潮，不得不汲汲于进化。何也？处生存竞争之世，厉害之烈莫甚于学战，胜则为全球主人翁，败者入自然淘汰之旋涡，而种族渐归澌灭。地球列国，权利之得失，事势之盛衰，变幻纷纭，莫可究诘。自表面观之，鲜不谓兵战、商战、农战、工战之足以兴人国亡人国也；自内部审之，则此兵战、商战、农战、工战之所以胜所以败者，无一不以学战为总枢纽。”[④]这种认为“学战”是兵战、商战、农战、工战的“总枢纽”的主张，倡导的是以进化论来建立中国现代学术的思想，希望达到以学术的更新来推动中国社会的进步的目的。这一主张是很有见地的。进化论的引进势必要求学术的思想资源由传统而转向西方，对中国传统的儒学资源进行否定，彻底改变学术中言必称圣学的思维模式，于是留学生转而对“圣学”展开猛烈的抨击，揭示其不成为“学”的真面目。留学生创办的刊物《河南》[⑤]中有一篇文章指出，是因为有学者效法“圣人”所以有“圣学”之谓，“非以效法之说为圣学注脚，则圣无立足之地”，其目的是“诱人入奴隶籍矣”；但在事实上，“学之自由发达，将有千

---

① 《吴序》，《中国现代学术经典·严复卷》，河北教育出版社1996年版，第3—4页。

② 罗志田：《传教士与近代中西文化竞争》，《历史研究》1996年第6期。

③ 《江苏》是中国留日学生江苏同乡会创办的刊物，1904年在日本东京创刊，主持者为秦毓鎏、张肇桐、黄宗仰等。

④ 云窝：《教育通论》，《江苏》第3期，1903年6月出版。

⑤ 《河南》是河南留日学生创办的刊物，1907年12月在日本东京创刊，由武人、朱宣等任编辑。

百出于诸圣之上者”。因此,“圣学”之谓,“言之而难通”①。这说明,在进化论学术观念的影响下,传统的儒学资源已经在学术界失落了。

留学生引进进化论的目的主要是应对民族危亡的严峻形势,但也暗含改变中国学术发展走向的图谋。严复翻译《天演论》,译文渊雅,刻意模仿先秦文体,他在答梁启超的信中说:“吾译正以待多读中国古书之人”②。马君武是资产阶级的革命家,他引进进化论固然在于为即将到来的资产阶级革命提供理论武器,但影响留学生(尤其是留日学生)和国内的新知识界也是其主要目的。从中国近代以来的学术演变来看,留学生引进进化论造成中国学术观念的更新和学术研究范式的转变,中国传统学科的现代转型和西方新的社会科学学科的引进就是进化论这一新的学术观念引进的结果。

二、推动中国传统学科的转型

近代中国社会在西方思想的影响下,中国的传统学科也开始向现代学科的转型,留学生在其中所起的作用特别显著。完成传统学科的改造,使之向现代学科的转型,是一项艰巨的任务,需要研究者不仅具有现代的学术眼光,而且要有深厚的中学功底,晚清的留学生也正好担当此任。晚清的留学生在留学之前,在国内一般都接受比较系统的中学教育,对中国的传统学术有比较切身的感受;到国外留学后又受到西学的熏陶,接受西学的学术理念,树立了进化论的学术指导思想。故他们回国后在参与本土文化的建设中,对中国的传统学科的改造能作出特殊的贡献。留学生对中国传统学科的改造中,成绩最大者在史学领域,文学领域中的努力也很突出。

留学生对西方史学的引进很是努力,在中国学术界的影响也更为突出。1902年,留日学生汪荣宝③在《译书汇编》第9期上,以“衮父”的笔名发表了《史学概论》,以坪井九马三的《史学研究法》为依据,又参考了一些日本的有关论著,论述了史学的范围、定义、方法。坪井九马三(1858—1936)是日本东京帝国大学的名誉教授,文学博士,所著《史学研究法》是在早稻田大学写成的讲义。

① 凡人:《无圣篇》,《河南》第3期,1908年3月出版。

② 《致梁启超》,《严复集》(三),中华书局1986年版,第516—517页。

③ 汪荣宝(1878—1933),江苏吴县人,1903年留学日本早稻田大学。详细事迹见周绵主编:《中国留学生大辞典》,南京大学出版社1999年版,第198页。

汪荣宝在文章中强调史学要研究人类社会的发展,认为史学的目的不能单单地叙述,而应该发展成为一门科学,为推动社会进步服务;主张史学在方法上进行变革,需要注重"纵观的研究"与"横观的研究"。所谓"纵观的研究",就是以进化论为基础,由粗到精,由单纯到复杂,以时间为线索;而所谓"横观的研究",就是要注重历史发展的空间方面,以此来表现和反映地理条件与国民精神等方面的内容,如此"地理与人民相待而后文明生焉,历史成焉"①。汪荣宝对西方史学理论、方法和成果的介绍,对中国学术界产生重要的影响。

1903年,留日学生李浩生翻译出日本史家浮田和民的《史学原论》(译名为《史学通论》②),向中国学术界介绍日本史学界的最新研究成果。浮田和民(1859—1945),日本法学博士,早稻田大学教授,曾任日本图书馆馆长,著有《史学原论》一书。浮田和民的《史学原论》对中国影响很大,除了李浩生的译本外,在20世纪初的中国还有几个译本:1902年留日学生侯士绾译浮田和民所著《史学原论》,于1903年出版,上海文明书局代印,名为《新史学》;罗大维译为《史学通论》,1903年上海作新社印,进化译社发行;刘崇杰译为《史学原论》,1903年闽学会发行;杨毓麟译为《史学原论》,1903年湖南编译社发行;东新译社同人编译《史学原论》,1902年11月《游学译书》第1期译书预告③。浮田和民的《史学原论》一书共八章,分为:1.性质及范围;2.定义及困难;3.价值;4.历史与国家;5.历史与地理;6.历史与人种;7.历史;8.历史研究法。《史学原论》的特点是,以进化论的历史观来论述历史,认为历史是不断进化的,而且进化是螺旋式上升的;强调史学的目的"专在社会进化之次序及法则",并认为随着心理学等学科的发展,"历史成为完全科学"。李浩生等留学生翻译的浮田和民的史学著作,直接影响着中国史学的发展。

留学生引进西方史学对中国传统历史学科的转型所起的作用,可以孙中山等资产阶级革命家的史学观进行说明。孙中山是近代中国留学生的重要代表,他接受了西方的进化论思想,充分肯定达尔文进化论的学术意义和思想价值,指出:"达尔文则从事于动物之实际,费二十年勤求探讨之功,而始成其《物种由来》一书,以发扬物竞天择之理。自达尔文之书出,则进化之学,一旦豁然开朗,大放光明,而世界思想为之一变。"④值得注意的是,孙中山将进化史观与革命论

① 衮父:《史学概论》,《译书汇编》第9期,1902年。
② 1903年上海作新社印刷,杭州合众译书局发行。
③ 俞旦初:《廿世纪初年中国的新史学思潮初考》,《史学史研究》1982年第3期。
④ 《孙中山选集》上册,人民出版社1956年版,第141页。

结合起来,来论证资产阶级革命的历史合理性。他批判康有为的社会改良主张“是反乎进化之公理也,是不知文明之真价也。”①1902 年留学日本的邹容也与孙中山一样,将进化史观与革命论结合起来,认为“革命者,天演之公例;……革命者,由野蛮而进文明者也。”②孙中山等虽然不是专业的历史学家,但其革命的史观对中国近代社会和近代史学的发展产生重大的影响。

孙中山从革命目的出发,不仅用进化的历史观来解释历史,而且积极支持革命党人通过研究和撰写历史来为现实政治斗争服务,如他支持曾经留学日本的刘成禺写成《太平天国战史》一书,并为其作序。众所周知,国民党人呼吁反满革命,因而对历史上的反满革命予以特别的重视和研究,于是出现了研究太平天国的热潮。留学生对太平天国研究的主要著作有,1904 年由祖国杂志社出版了刘成禺写的《太平天国战史》,1906 年留日学生编成《太平天国人物考》,1906 年留日学生高旭编纂了《石达开遗诗》。其中,刘成禺的《太平天国战史》,最具代表性。刘成禺(1876—1953),本名问尧,字禺生,笔名壮夫、汉公、刘汉。1901 年留学日本,与李书城等编辑出版《湖北学生界》,宣传反清革命。1904 年春又赴美留学,入芝加哥大学,其间加入同盟会。在留学日本的 1902 年,孙中山曾授意刘成禺研究太平天国史。孙中山说:“太平天国一朝,为吾国民族大革命之辉煌史,只有清廷官书,曾根(曾根俊虎)先生所著《满清纪事》,专载太平战事,且多目击。吾欲子搜罗遗闻,撰著成书,以《满清纪事》为基本,再参欧美人所著史著,发扬先烈,用昭信史,为今日吾党宣传排满好资料。”③刘成禺著成的这部《太平天国战史》,不仅引用大量的中文资料,收录有太平天国颁布的告示、文书,而且还大量征引英、日等国的资料,如《太平天王》、《太平天国亲历记》、《东方革命史》、《满清纪事》等,在史学上对开拓太平天国史的研究领域有重要的学术意义。孙中山为该书作序,积极推介此书,称《太平天国战史》是“扬皇汉之武功,举从前之秽史一澄清其奸”④。该书用反清的革命观点来研究太平天国,褒扬太平天国反抗清王朝的革命精神,在思想上论证革命的历史合理性和现实上的正当性。可以说,刘成禺的这部《太平天国战史》是留学生研究当代史的代表性著作,同时也是资产阶级革命派研究太平天国史的奠基之作,不仅对推动资产阶级民主革命的进程有着重大的政治意义,而且对中国近代史研究尤其是太平天国

① 《孙中山全集》第 1 卷,中华书局 1981 年版,第 283 页。

② 《辛亥革命》第 1 册,上海人民出版社 1957 年版,第 333 页。

③ 《与刘成禺谈话》(1902 年),《孙中山全集》第 1 卷,中华书局 1981 年版,第 217 页。

④ 《孙中山全集》第 1 卷,中华书局 1981 年版,第 259 页。

史的研究也是突出的贡献。

文学亦是中国传统学术的主要学科之一，其在晚清向现代学术方向的转型，似乎没有史学那样猛烈（晚清桐城古文曾有一时的复兴，严复、林纾皆宗桐城古文），但也是在不断的转型之中，而且留学生在其中亦作出了宝贵的贡献。晚清兴起的白话文运动是五四文学革命的前奏，留学生在其中扮演主要的角色。秋瑾是晚清时期女留学生中的佼佼者，她写了不少白话散文，感情充沛，生动活泼，通俗晓畅，感染力强，如《敬告姊妹们》、《敬告二万万女同胞》等，在当时社会上影响很大。留学日本的陈天华也是一位白话文的积极倡导者，他写的《警世钟》就是一篇优秀的白话文通俗读物，由于其悲壮激昂，文字浅显通畅，而在社会上广为流传，对资产阶级民主革命起了积极的动员作用。在晚清"诗界革命"中，留学生也极为活跃。秋瑾的诗作，思想艺术性高，格调豪迈，抒发挚热的爱国主义情怀，张扬民主主义的精神，有着撼人心魄、催人奋进的力量，如《宝刀歌》、《宝剑歌》、《红毛刀歌》等。1909 年 11 月在苏州成立的南社，是以诗歌创作为主的文学革命团体，主要领导人如高旭等是留学生，骨干成员如苏曼殊、宁调元、马君武等都是留学生。高旭①的《女子唱歌》、《新杂谣》、《爱祖国歌》等，马君武的《华族祖国歌》、《中国公学校歌》等，都是自由奔放、脍炙人口的新体诗，洋溢着反清革命、建设民主共和的精神风貌。晚清留学生在文学上的努力，不仅直接配合了资产阶级民主革命的进行，而且推动了中国文学由古典文学到现代文学的转型。

值得注意的是，晚清留学生对文学的改造不仅有着落实在实践层面的诸多努力，而且倡导文学的创造应该有着科学的理念，主张文学要贯彻社会变革的精神。当时的留学生已经认识到文学的发展与科学的进步有极为密切的关系，注意到"今日欧洲各国，文学盛而科学尤盛，即科学盛而文学益盛，两者互相调和，互相发明"这样一个事实。《大陆》上有一篇倡言用科学的精神改造包括文学在内的各个学科："夫文学与科学，固互相为用者也，未有舍科学而言文学者也。试思亚历斯度德尔之外籀哲学，尚推理而不尚实验，然亚氏且对于科学无所不通；况自贝根、路勒斯以来，倡为内籀哲学，其学尚实验而不尚推理，苟不通科学，何以效贝根、路勒斯之实验乎？自奈端发明重学之理，其影响及于康德之哲学，

① 高旭（1877—1925），早年倾向维新变法，后来转向支持革命。1904 年秋东渡日本，就读于法政大学。1905 年 8 月，同盟会成立，成为第一批成员之一，并担任江苏省主盟人。1909 年，与陈去病、柳亚子等创立南社。

苟不通物理学,何以读康德之哲学乎？自达尔文发明自然淘汰之理,斯宾率尔、赫胥黎皆取其说以言天演,苟不通生活学,何以读斯宾率尔、赫胥黎之哲学乎？又马哀尔发明‘爱涅’不生不灭之理,斯宾率尔本其说以著哲学原理,非司克本其说以著万有哲学,苟不通理化学,又何以读斯宾率尔之哲学原理、非司克之万有哲学乎？由此观之,则西人形而上学之进步,皆形而下学之进步有以致之也。今欲学其形而上学,而舍其形而下学,是无本之学也,而何学之与有！而何文学之与有!!”作者提出鲜明的观点:“今日之学由西向东,支那文学科学之大革命,意在斯乎！意在斯乎!!”①这里的论述不仅崇尚科学,而且主张以科学来改造文学,进行文学革命,应该说是五四时期文学革命的先导。

晚清留学生对推动中国传统学科的现代转型起了极大的作用。但如我们所知道的那样,晚清时期传统儒学体系虽然处于衰落之中,然而在学术文化领域中还未完全退出舞台。这一方面是由于传统的一统天下的儒学体系,在近代中国社会变迁中进行某些调整,力图在不改变整个儒学体系和结构的前提下,通过“经世”、“会通”等途径来谋求生存和发展(如儒学趋向于经世致用、儒学体系内各学派的会通、儒学与西学的会通),这说明儒学体系还有一定的社会适应力,同时也表明在儒学统治下的中国传统学科,要完成现代性转换面临巨大的阻力;另一方面是由于科举制度一直维持到 1905 年才被废除,传统学术的维护者“士”这一阶层到此时(在科举被废除之后)才逐渐地瓦解,儒学要完全退出学术舞台还需要时间。所以,尽管留学生这一新的阶层在推动中国传统学科的转型中很是努力,但就中国传统学科的主体(主要是指史学和文学等学科)而言,在向现代学术方向的发展途程中,就表现出比较迟缓。这主要不是留学生本身的原因,而是中国传统学术的牢固性、近代中国社会变迁的复杂性、儒学在近代中国变迁的特殊性之所致。但尽管如此,晚清时期的留学生在推动中国传统学科的现代转型方面所作出的贡献,还是应该充分肯定的。

三、创建社会科学的新学科

在中国传统文化、学术的体系中,对学术的分类比较笼统。如明清之际的方以智将学术分为三种:一为质测之学,即自然科学;二为通几之学,即哲学;三为

---

① 《论文学与科学不可偏废》,《大陆》第 3 期,1903 年 2 月。

宰理之学，即关于社会政治的学说。清代以来，许多学者将学术分为三类：一为义理之学，即哲学；二为考据之学，即史学；三为辞章之学，即文学。进入近代，注重国计民生的学者积极提倡经世之学，即关于政治经济的学问①。这样的学术分类虽然有所进步，但还相当笼统，当然不能促进中国近代学术的进一步发展。在西方对学术分类很是注重，以确定各门学科的界限、性质及其研究方法。培根在《学问之进步》（*Advancement of Learning*）、《学问之尊贵与进步》（*The Dignity and Advancement of Learning*）中，将学问分为三大类：（一）历史；（二）诗；（三）哲学。继培根之后的孔德、斯宾塞等，都对学问分类有所贡献。孔德从实证主义哲学观出发，在《实证哲学教程》中把科学依次分为数学、天文学、物理学、化学、生物学（生理学）、社会学（社会物理学）六类。斯宾塞则把知识分为低级的知识、科学知识和哲学三类，认为“最低级的知识是完全不相联系的知识，科学是部分有联系的知识，哲学则是完全相联系的知识”②。西方的学术分类体系为近代中国的留学生所接受，下面可以看到的是，在中国创建的社会科学新学科，都是按照西方的学术分类体系进行的。

在中国创建社会科学的新学科方面，晚清的留学生特别重视对西方学术著作的翻译。严复的翻译工作使西方的学术著作所蕴含的学术思想得以介绍到中国，对中国现代新学科的产生有着巨大的影响。曾经留学美国的颜惠庆，有这样的评价：“严复先生是位杰出的学者，后来他翻译的西学著作还有穆勒的《论自由》（严复译为《群己权界论》），亚当·斯密的《国民财富的性质和原因的研究》（严复译为《原富》），斯宾塞《社会学研究》（严复译为《群学肄言》），赫胥黎的《进化论与伦理学》（严复译为《天演论》），孟德斯鸠的《论法的精神》（严复译为《法意》）。……他用国学语汇阐述、介绍现代西方的政治和经济学，文风语体截然不同于教会的译著，从而确立了西学在中国学术界的地位，引起文人学士的重视。尽管最近我国在系统引进现代知识方面取得的进步，这其中包括哲学和科学，已远超过严复先生所曾做过的工作，但是，毫无疑问，开风气之先者，仍当推严幾道（严复字幾道）。正是他，有力地促进了西学的传播，影响了一代学者，乃至朝廷政要。”③中国现代的新学科就是在严复等留学生翻译西方学术著作的基础上建立起来。

---

① 曾国藩算是晚清比较开明的士大夫，在义理之学、考据之学、词章之学之外，加上“经济之学”一科，但仍然将其纳入儒学体系之内，说“经济之学，在孔门为政事之科”。

② 转引自刘放桐等编著《现代西方哲学》（上），人民出版社1981年版，第64页。

③ 吴建雍、李宝臣、叶凤美译：《颜惠庆自传》，商务印书馆2003年版，第47—48页。

在西方学术思想的影响下,留学生力图通过翻译的途径在中国建立社会科学的新学科。晚清留学生在中国所创建的社会科学新学科,主要是哲学、政治学、经济学、社会学、伦理学等。

哲学。中国古代丰富的哲学思想是在经学的体系之内,所谓“义理之学”也主要是圣贤之学,哲学并未能取得独立的学科地位。哲学作为一个独立的学科在中国的出现是在近代,由留学生在西学指导下,按照现代的学术范畴通过引进的办法而建立起来的,因此对中国来说也是新的学科。哲学强调对世界本源的探讨,并为人们提供认识世界的宇宙观和方法论,进化论的引进自然是中国现代哲学起源的理论基础。关于留学生引进进化论的贡献已如前述。这里要说明的是,留学生创办的刊物在传播西方哲学思想方面起了极为重大的作用。《浙江潮》是中国留日学生浙江同乡会于 1903 年 2 月在日本东京创办的刊物,撰述人为孙翼中、蒋方震、蒋智由等。该刊除了发表政治见解外,在引进西方学术思想方面发挥了积极的作用,如刊物就设有论说、学说、政法、经济、哲理、教育、军事、历史等重要栏目。《浙江潮》第 4 期的文章《希腊古代哲学史概论》,在介绍西方哲学时对“哲学”进行定义:“哲学二字,译西语之 philosophy 而成,自语学上言之,则爱贤智之学也。毕达哥拉士所下之定义,以为哲者因爱智识而求智识之学也,亚里士多德亦以为求智识之学;而斯多噶学派以为穷道德之学,尹璧鸷鲁学派以为求幸福之学。哲学之定义如此纷纷不一。虽然,希腊人哲学之定义,则以相当之法研究包举宇宙与根本之智识之原理之学也。约言之,则哲学可称原理之学。”这里不仅概述了西方学术界关于哲学的诸多定义,而且将哲学定义为“原理之学”,阐明了哲学是研究事物一般规律的学问。1903 年,马君武撰写《唯新(心)派巨子黑格儿学说》,介绍黑格尔的哲学思想;1906 年,留日学生张东荪、蓝公武在日本东京《教育》杂志创刊号上刊载詹姆士的《心理学原理》,张东荪不久又发表《真理论》,较系统地介绍詹姆士的实验主义哲学。正是留学生对西方的哲学范畴、原理、学派的引进和介绍,晚清便出现了“进化哲学”,从而成为中国现代哲学的起源。在留学生中,形成“进化哲学”理论体系的,以严复和孙中山为主要代表。对此,有众多的著作予以研究,这里不赘述①。

政治学。中国现代政治学的起源,也源于留学生对西方政治学著作的翻译,

① 大致说来,“进化哲学”在中国主要在于具体地运用,而不在于发明新学理并构建其严密的哲学体系。严复是西方学术引进中国的启蒙大师,但其所翻译的西学著作是西方的社会科学,却无一本是哲学的著作。梁启超也是近代中国引进西学的先驱,被称为“百科全书式人物”,但他撰写的著作大多属于政治学、经济学、法学、史学方面的,还未见到严格意义上哲学著作。

及运用西方的政治学理论来研究中国的政治变革问题。卢梭的《民约论》是西方资产阶级政治学的经典著作,留日学生杨廷栋[①]在1900年底至1901年初,据日译本将此书的一部分翻译出来,并在《译书汇编》上连载;次年(1902年),杨廷栋又将《民约论》的全文译出,取名为《路索民约论》由上海文明书局印刷出版。孟德斯鸠的《论法的精神》是西方政治学、法律学的重要著作,严复根据英文本翻译的全本,取名为《法意》,由商务印书馆1909年出版。约翰·穆勒的《自由论》是19世纪西方重要的政治学著作,最早的两个中译本都是由留学生翻译的:一是严复根据英译本翻译的,取名为《群己权界论》,1903年由商务印书馆出版;二是马君武根据日译本翻译的,取名为《自由原理》,1903年译书汇编社出版。英国政治学家甄克斯的《政治史》,严复翻译为《社会通诠》,1904年由商务印书馆出版。留学生不仅积极引进西方的政治学著作,而且还运用西方政治学理论来抨击中国封建政治,如严复根据卢梭"主权在民"思想,认为人民是"天下之真主",而所谓王侯将相则是"通国之公仆隶"[②]。至于孙中山,更是依据西方的政治学思想提出民主共和国的主张,他的"五权分立"思想也是对西方"三权分立"思想的发展,并且在民国的建立中发挥了指导作用。

经济学。中国现代经济学的起源始于严复对于西方经济学著作的翻译。1901年,南洋公学译书院出版了严复翻译的《原富》,它是西方古典经济学家亚当·斯密的《国富论》在中国的第一个译本。译本按原书的结构予以翻译,并附有"斯密亚丹传"、"译事例言"、"中西年表"等,同时加了约6万字的"按语"。《国富论》是西方古典经济学的经典著作,书中对交换、货币、价值、价格、工资、利润、地租、资本、重农主义、重商主义等进行了比较系统的阐述,成为中国学术界系统了解西方经济学的著作。需要说明的是,严复不只是翻译原文,而且在"按语"中加以阐释性的发挥,对经济问题进行研究和解说,其经济思想极为丰富。如他认为,国家应该保护私人资本主义的发展,许以民间发展经济的更大自由,不可加以限制。他说:"盖财者民力之所出,欲其力所出之至多,必使廓然自由,悉绝束缚拘滞而后可。"[③]当然,给以民间充分的发展经济的自由,并不是自由放任,相反国家要有积极的主动性而对经济加以掌控。严复认为,发展经济要

① 杨廷栋(1861—1950),江苏吴县人,清末留学日本早稻田大学,辛亥革命时参与苏州光复之役,民国初年当选为南京参议院议员、北京参议院议员,1914年任北京政府农商部矿政司司长。

② 《严复集》第1册,中华书局1986年版,第36页。

③ 《严复集》第4册,中华书局1986年版,第888页。

讲究成本与效益的关系，在国家投资小、效益高而民间投资大而效益低的情况下，应该发挥国家在经济活动中的作用；在关系国计民生的大事上，国家要统管经济，防止私人资本的弊端；在民间资本弱小的情况下，国家要进行扶持和引导。关于国家在经济发展的作用，严复认为有三方面："一、其事以民为之而费，以官为之则廉，此如邮政、电报是已；二、所利于群者大，而民以顾私而莫为，此如学校之廪田、制造之奖励是已；三、民不知合群而群力犹弱，非在上者为之先导，则相顾趑趄。"[①]可见，严复对经济问题有自己的看法，而不是简单复述西方的经济主张。由此，可以认为严复是中国系统研究经济学的先驱，晚清留学生中具有现代经济学思想的最主要代表，为中国经济学这门学科的开创作出了突出的贡献。孙中山虽不是那种学院派意义上的经济学家，但作为留学生的代表、著名的政治家，其经济思想吸收了美国经济学家乔治·亨利的思想，进而提出了"平均地权"的主张，这对中国以后经济学的发展及社会经济的变革也产生巨大的影响。由于学术界对孙中山的经济思想有广泛的研究，在此不进行赘述。可见，经济学在中国作为一个崭新的社会科学学科，亦是通过留学生在引进西方经济学的基础上发展起来的。

社会学。社会学是西方在 19 世纪中叶兴起的一门新的学科，孔德是被公认的社会学的创始人；而斯宾塞发挥了孔德的学说，用社会进化的观点阐述社会的构成与变迁，成为 19 世纪下半叶西方社会学的代表。中国具有现代意义的社会学学科，也是留学生通过引进西方社会学、研究中国的现实社会问题而建立起来的。严复是中国引进西方社会学的先驱，西方社会学初传中国的第一人。早在 1895 年，他就在《原强》中介绍了斯宾塞的社会学，以"群学"作为社会学的译名，介绍了斯宾塞创立社会学的经过、斯宾塞社会学的理论基础与基本原理、斯宾塞社会学的学术价值与社会功能。这样，严复就把西方社会学作为一门具有理论体系的学科初传到中国。1903 年，严复又翻译斯宾塞的《社会学研究法》，以《群学肄言》的书名由上海文明编译局出版。该书是斯宾塞《社会学原理》的绪论，尽管是一本社会学的入门之作，但亦成为中国人了解西方社会学的基本读物。在此期间，其他留学生也积极翻译西方的社会学著作，如马君武翻译了斯宾塞的《社会学原理》等。值得指出的是，严复在引进西方社会学的过程中建立了自己的社会学体系，如他认为社会学在于用科学的方法来研究人类社会的变化与发展，是一门阐明历史与预见未来的学科，

① 《严复集》第 4 册，中华书局 1986 年版，第 902 页。

他说:“群学何? 用科学之律令,察民群之变端,以明既往、测方来也。”①再如,他在翻译《社会通诠》时认为,中国当时属于“宗法社会”,“周孔者,宗法社会之圣人也”②,而社会的发展都要经过图腾社会、宗法社会、军国社会的历程,因而中国社会必然不断进化的。中国的社会学正是在严复等留学生的努力下而产生发展起来的。

伦理学。中国古代丰富的伦理思想包含在儒学体系之内,没有作为一门系统的知识体系独立出来。中国现代的伦理学作为一门新的学科,也是由留学生从西方引进的。20 世纪初留学生积极翻译西方的伦理学著作,引进西方的伦理学思想,促成了中国伦理学这门学科的诞生。留学生当时翻译的西方伦理学著作很多,如蔡元培翻译德国学者泡尔生的《伦理学原理》,蓝公武翻译的《包氏伦理学》(载《学报》第 1 年第 9 号)等。蔡元培在留学德国期间写成了《中国伦理学史》,商务印书馆于 1910 年出版,成为留学生撰写的第一部伦理学专著。该书不仅用历史进化的观点来梳理中国伦理思想发展的历程,而且破除儒学本位思想,对中国历史上的各家伦理思想予以高度的重视;尤其值得称道的是,该书以西方伦理思想发展为参照,总结并梳理中国伦理思想的缺陷:“(一)无自然科学以为之基础。先秦惟子墨子颇治科学,而汉以后则绝迹。(二)无论理学以为思想言论之规则。先秦有名家,即荀、墨二子亦兼治名学,汉以后此学绝矣。(三)政治宗教学问之结合。(四)无异国之学说以相比较。佛教虽闳深,而其厌世出家之法,与我国实践伦理太相远,故不能有大影响。”③蔡元培是我国伦理学的重要开拓者,其伦理学思想对此后中国伦理学的发展产生过深远的影响。

此外,晚清时期在中国出现的其他一些社会科学的新学科中,留学生也作出了开拓性贡献。譬如,在美学学科,留学生王国维、蔡元培、章士钊、蓝公武等领域都颇有建树;又如,在逻辑学学科,留学生严复、王国维等是重要的先行者;在音乐学方面,留学生李叔同、沈心工等具有开拓之功。

留学生在中国创建社会科学的新学科的努力,尽管在晚清时期还是初步的,但其开创之功则是应该充分肯定。留学生在开创社会科学新学科中有这样一些特点:一是主要通过翻译的途径来引进西方社会科学的学术著作,为中

① 《严复集》第 1 册,中华书局 1986 年版,第 126 页。

② 《严复集》第 4 册,中华书局 1986 年版,第 926 页。

③ 《中国伦理学史》,《蔡元培全集》第 1 卷,浙江教育出版社 1997 年版,第 583 页。

国社会科学新学科的建立提供蓝本；二是在引进西方社会科学新学科中特别注重阐释、理解和发挥，产生新的学术思想，为所引进的新学科的中国化开了良好的先例；三是在创建中国社会科学新学科的过程中，力图用西方新学科的思想与观点来分析中国当时的中国社会情形，批判中国传统的学术思想，具有鲜明的功利性特征。当然，从中国现代学术发展的历程来看，留学生在创建中国社会科学新学科的过程中也有明显的不足，如一些新学科的学科体系处于草创阶段，只是建构了一个大致的框架。这样的情况，到五四时期，由于大批留学生的回国并从事学术事业才有根本的改变，从而使中国现代学术真正建立起来。

晚清时期是中国现代学术的起源阶段，此时的留学生初步登上中国学术舞台，为留学生这一新的社会群体争得了思想学术言说的位置，并推动了中国现代学术的萌芽与新生。自然，晚清的留学生开创中国现代学术的道路是非常艰难的，取得思想学术言说的位置也是充满着坎坷，不断克服自身作为“边缘人”身份所带来的尴尬。容闳作为中国近代最早的留学生代表，在晚清的中国传统学术到中国现代学术的转型中未能有大的作为，其主要原因就在于当时的中国社会还不具备开创中国现代学术的条件，其边缘人身份未能得到改变。容闳在大学毕业时有一宏愿：“以西方之学术，灌输于中国，使中国日趋于文明富强之境。”①容闳率学生赴美留学，可谓为他实现“西学东渐”的图谋提供了历史性的机遇，但他在赴美留学的机构中始终为副职；而所任委员一职者先后有四人，皆为翰林出身。可见，容闳当时未能成功地介入中国社会和思想学术的舞台。而他所开创的晚清留学教育，最后也夭折了。严复的处境比容闳有所好转，但仍然存在一个边缘人地位问题。严复回国之后为谋求在学术上的发言位置，拜桐城派大师吴汝纶为师学习古文；也曾希望走上晚清的政治舞台，故而四次参加科举考试，但都名落孙山。可以说，翻译西书则是不得已而求其次的选择。而严复在翻译过程中，又刻意模仿先秦文体，寄希望成功介入当时的中国学术文化领域，这可见留学生在学术上获取发言资格的艰险。鲁迅对严复的良苦用心看得十分清楚：“那时的留学生没有现在这么阔气，社会上大抵以为西洋人只会做机器——尤其是自鸣钟——留学生只会讲鬼子话，所以算不了‘士’人的。因此他便来铿锵一下子，铿锵得吴汝纶也肯给他作序。这一序，别的生意也就源源而来

① 容闳：《西学东渐记》，岳麓书社1985年版，第58—59页。

了，于是有《名学》，有《法意》，有《原富》等等。”①不过就晚清学术发展的大势而言，晚清留学生克服边缘人地位的努力还是取得部分的成功，严复的翻译在中国学术史上的意义及严复对许多社会科学新学科的引进，就是例证。因而，在一定的意义上来说，严复在晚清的中国确是代表了一个新的学术时代——中国现代学术的启蒙时代。而中国现代学术的真正建立则不得不下移到五四时期，那是大批留学生相继回国，大显身手，创建中国现代学术体系的激动人心的时代。

（原载《徐州师范大学学报》2003年第4期）

【昔文琐记】这篇《晚清时期的留学生与中国现代学术的起源》，写作于2002年的下半年。我因为撰写博士论文《李大钊与中国现代学术》，对于中国现代学术有所思考并有点研究的基础，故而在进入近代中国留学史领域时，是将近代中国留学生与中国现代学术的创建联系起来，这也为后来成功申报“留学生与中国马克思主义学术开创”课题提供了成果。此文成为我后来的《留学生与近代中国社会变迁》一书的基础。

就“中国现代学术的起源”问题而言，除了要重视严复这位先驱者外，还要重视梁启超这位百科全书式人物，尽管梁氏并没有留学生的身份。蒋广学先生著有《梁启超和中国古代学术的终结》这部名著，系统阐释梁氏在促进“中国古代学术”得以“终结”中的地位，为研究梁氏学术思想和学科思想奠定了基础。在笔者看来，梁氏既是“中国古代学术”的“终结”者（亦即在“中国古代学术”方面集大成者），同时又是“中国现代学术”的重要先驱者。故而，应该在蒋先生研究的基础上，研究梁氏在“中国现代学术”中的“开创”地位，写出诸如“梁启超与中国现代学术起源”这样的著作。我因为有这个想法，相继写出《梁启超与中国近代史研究》、《梁启超与中国政治学的起源》等文章，想对“梁启超与中国现代学术起源”问题的研究有所贡献。

写作这篇《晚清时期的留学生与中国现代学术的起源》文章，最大的感受是：学术研究必须不断地寻找新问题，但新问题的研究也要与研究者既有的学术基础结合起来，否则所谓的新问题研究，也就难以达到一定的高度，更难以形成研究的特色。根据自己的学术史研究基础而切入近代中国留学生研究，这是我当时的研究路径。实践证明，这样做是现实可行的。

① 《关于翻译的通信》，《鲁迅全集》第4卷，人民文学出版社1989年版，第380—381页。

任何研究皆需要一定的基础,没有这个基础也就很难做出成绩,进入一个新的学科也是这样。回顾自己三十多年的学术研究,尽管涉猎的学科比较多,但大多是从史学这个基础出发而进入其他相关学科的。我研究党史,而党史在广泛的意义上也是历史;我研究中国马克思主义学术史,这是研究现代中国学术的发展史;研究政治学,主要集中在政治学史方面。这说明,本科阶段所学的历史学专业,对我的治学道路是有很大影响的。

2021 年 1 月 30 日

走向社会:五四知识界与社会调查的兴起

五四时期新知识界有诸多突出的新现象,如浓烈的议政风气、西学著作的广泛译介、社会舆论的强劲声势、尊西崇新的思想走向等,这些已为中国学术界所注意。但已有的学术研究成果,对五四新知识界所积极参与的社会调查问题,却鲜有较为系统的论述。这不能不说是一个重要的缺憾。本文的题旨在于通过实证性的研究来表露五四时期新知识界与社会调查关系的事实,进而揭示新知识界通过社会调查而走向社会生活的历史进程及其所显示的意义与价值,为人们认识新兴知识阶层介入现实社会的途径提供新的思考视角。本文对当时社会调查状况的描述,也想为五四时期社会史研究提供新的资料途径,提示当今从事中国现代社会史研究的学者,充分重视五四时期新知识界从事社会调查的积极成果及其价值。

(一)

五四时期新知识界社会调查的内容极为丰富,涉及五四时期中国社会的方方面面,反映他们对当时中国社会认识的整体视野。大致而言,他们所进行的社会调查主要在以下几个方面:

1. 关于区域社会状况的调查

五四时期的不少期刊对当时的中国社会进行区域性的调查,以一地区或者是一个省份、一个城市作为调查的对象,其内容涉及社会生活的各方面,反映调查者力图对各地的社会状况有一个概要性的了解。

当时的社会状况的调查者大多是某一区域的生活者,因而其调查大多反映地域的特点,力图揭示和体现某一社会区域的具体社会情形及其基本概貌。如萧澄的《山西的正西一部分的社会状况》[1]、王崇植的《常熟的绅士》[2]、黄家煌的《兴国的社会情形》[3]、平心的《直隶的部分的社会》[4]、民生的《广丰的社会调查》[5]、(未署名)《广州劳动社会生活之状况》[6]、光涛的《徐州底劳动界》[7]、马焕新的《海丰人最近生活调查的概况》[8]、黄炎培的《调查安徽当涂县地方状况报告》[9]等就很有地方特色,比较客观地展示当地社会状况的真实面貌。

《觉悟》(上海《民国日报》副刊)是发表社会状况调查的主要刊物,在思想界影响也大。现将《觉悟》上关于社会状况的主要调查报告列表如下:

作者	报告名称	发表刊期
沈瘦梅	《奉贤社会状况底一斑》	《觉悟》1921 年 7 月 24 日
枕薪	《南京无锡底一个比较》	《觉悟》1921 年 7 月 31 日
莘儒	《我所知的富阳社会状况一斑》	《觉悟》1921 年 12 月 16 日
子明	《无锡富安乡劳农底苦痛》	《觉悟》1921 年 12 月 20 日
郑庆平	《徐州地主收租法》	《觉悟》1921 年 11 月 18 日

值得注意的是,社会状况的调查虽然重视的是中国的东部地区,但中国的西部地区的社会调查工作也有起色。譬如,《秦钟》杂志设置了"调查"栏目,所发表的《陕西的形形色色》[10]及《同州社会面面观》[11],就是当时调查中国西部地区社会生活状况的少有的调查报告。陕西人杨钟健,时为北京大学学生,也十分专

① 萧澄:《山西的正西一部分的社会状况》,《新青年》第 7 卷第 5 期,1920 年 4 月 1 日。

② 王崇植:《常熟的绅士》,《南洋》第 10 期,1919 年 11 月 28 日。

③ 黄家煌:《兴国的社会情形》,《新江西》第 2 号,1922 年 3 月 1 日。

④ 平心:《直隶的部分的社会》,《晨报》(第七版)副刊,1921 年 4 月 11—12 日。

⑤ 民生:《广丰的社会调查》,《少年世界》第 1 卷第 9 期,1920 年 9 月。

⑥ (未署名):《广州劳动社会生活之状况》,《工界》第 5 期,1920 年 6 月 11 日。(未署名):《广州劳动社会生活之状况(续)》,《工界》第 6 期,1920 年 6 月 21 日。

⑦ 光涛:《徐州底劳动界》,《觉悟》(上海《民国日报》副刊)1920 年 8 月 11 日。

⑧ 马焕新:《海丰人最近生活调查的概况》,《新海丰》第 2 号,1921 年 9 月。

⑨ 黄炎培:《调查安徽当涂县地方状况报告》,《教育与职业》第 19 期,1920 年 4 月 30 日。

⑩ 晓秦:《陕西的形形色色》,《秦钟》第 1 期,1920 年 1 月 20 日。晓秦:《陕西的形形色色(续)》,《秦钟》第 2 期,1920 年 2 月 20 日。

⑪ 朝生:《同州社会面面观》,《秦钟》第 1 期,1920 年 1 月 20 日。朝生:《同州社会面面观(续)》,《秦钟》第 2 期,1920 年 2 月 20 日。朝生:《同州社会面面观(续)》,《秦钟》第 3 期,1920 年 3 月 20 日。

注于陕西社会状况的调查和研究，他发表的《陕西社会现状一斑》[①]等文章，为当时知识界了解陕西社会状况提供了重要的社会史资料。

2. 关于劳动生活状况的调查

《新青年》对劳动状况的调查极为重视，利用纪念“五一”国际劳动节的机会向社会公布了一批关于社会劳动状况调查的报告。譬如，《新青年》第7卷第6号的“劳动节纪念号”发表了《上海厚生纱厂湖南女工问题》（陈独秀）、《南京劳动状况》（莫如）、《唐山劳动状况》（一）（无我）、《唐山劳动状况》（许元启）、《山西劳动状况》（高君宇）、《江苏江都劳动调查表》（铁民）、《长沙劳动状况》（野）、《芜湖劳动状况》（高语罕）、《无锡各工厂劳动调查表》（李昆）、《北京劳动状况》（李幽影）、《上海劳动状况》（李次山）、《皖、豫、鄂、浙冶铁工人状况》（李少穆）、《天津造币总厂底工人状况》（杨赓陶）等[②]，在当时的知识界有着广泛的影响，引起不少知识分子对下层劳动生活状况的重视。《每周评论》对下层社会劳动状况也十分关注，发表了一系列的很有影响的调查报告。譬如，《每周评论》公布的国内劳动状况的重要报告就有《北京之男女佣工》（植，《每周评论》第3号）、《修武煤厂之工头制》（善根，《每周评论》第4号）、《北京剃头房与理发店之今昔》（未署名，《每周评论》第5号）、《北京剃头房与理发店之今昔（续）》（未署名，《每周评论》第6号）、《人力车夫问题》（善根，《每周评论》第8号）、《唐山煤厂的工人生活》（明明，《每周评论》第12号）、《上海人力车夫罢工》（植，《每周评论》第13号）、《山东东平县的佃户》（渔村来稿，《每周评论》第18号）等。《国民》也倡导社会调查，如国民社调查股报告《农商部权度制造所调查报告》（《国民》第1卷第1号，1919年1月1日）、《财政部印刷局调查报告》（《国民》第1卷第2号，1919年2月1日）及朱一鹤的《天津工商业参观记》（《国民》第1卷第3号，1919年3月1日）等，都具有开调查之风的作用。

五四时期新知识界特别关注下层社会的生活状况，社会底层的生活状况调查是重要的内容。不仅是领导思想潮流的《新青年》、《每周评论》等杂志注重社会劳动状况调查报告的公布，其他杂志在这一时期也将下层社会劳动状况的调查作为重要任务。如《新社会》发表的《调查贫民收养所的报告》[③]，《学灯》（上海《时事新报》副刊）发表的《京师济良所之内容》[④]的调查报告等。又譬如，《五

① 杨钟健：《陕西社会现状一斑》，《少年世界》第1卷第2期、第3期，1920年2月、3月。

② 参见《新青年》第7卷第6号的“劳动节纪念号”，1920年5月1日。

③ 瞿世英：《调查贫民收养所的报告》，《新社会》第8号，1920年1月11日。

④ 枕薪：《京师济良所之内容》，《学灯》（上海《时事新报》副刊），1925年5月14日。

七》对工人的生活与劳动状况也极为关注,发表了研究无锡工人生活状况的调查报告如《无锡烛业之生活状况》①、《无锡冶业工人劳动状况》②等,就很引人注目。《平民周报》也发表关于工人生活的调查报告,如洪杨生的《上海西式锁业工人的生活状况》(《平民周报》第1期)、秋莼的《上海电车工人近况》(《平民周报》第2期)、清源的《上海青年印刷工人生活》(《平民周报》第4期)、时的《安源青年工人状况》(《平民周报》第7期)等。此外,《星期日》发表的《成都“兵工厂”里的工人》③等也很有价值。需要说明的是,当时的反映劳动状况的调查报告也不只是为了反映劳动者的痛苦生活,有些刊物所发表的调查报告亦力图反映工人组织“劳动运动”的情形。如《工人周刊》专设了“劳动调查”栏目,发表的《上海劳动团体调查录》、《安源劳动运动现状》调查报告④,带有倡导和支持劳动运动的目的。

五四时期出版的《伙友》杂志专门设置了“调查”栏目,代表下层工人利益来立言,时常记述工人本人的“自述”,在登载工人劳动状况的调查报告方面很有特色,其重要的调查报告见下表:

署名	报告名称	发表刊期
劳民	《一个拣丝头的工人自述》	《伙友》第1册,1920年10月10日
伙友一份子	《大有榨油公司的内幕》	《伙友》第2册,1920年10月17日
会友	《一个排字工人的苦话》	《伙友》第3册,1920年10月24日
拔	《大商店怎样待遇小伙友》	《伙友》第4册,1920年10月31日
罗金安	《请看印刷工人的生活状况》	《伙友》第5册,1920年11月7日
惨依	《我做学徒的苦况》	《伙友》第6册,1920年11月14日
泉春	《我做学徒时候的景况》	《伙友》第7册,1920年11月21日
徐静之	《粮食伙友的状况》	《伙友》第8册,1920年12月26日

这里要着重指出的是,《工商之友》(上海《时事新报》副刊)发表劳动状况的调查最多,而且调查的范围也很广,这在五四时期的期刊中是极为少见的。现

① 徐新:《无锡烛业之生活状况》,《五七》第3期(工商号),1921年1月20日。
② 憾生:《无锡冶业工人劳动状况》,《五七》第5期(工商号),1921年4月15日。
③ 朴:《成都“兵工厂”里的工人》,《星期日》第20期,1919年11月23日。
④ 英:《上海劳动团体调查录》,《工人周刊》第31号,1922年2月26日。(未署名):《安源劳动运动现状》,《工人周刊》第57期,1922年12月17日。

将《工商之友》(上海《时事新报》副刊)发表劳动状况的调查报告,择其要者列表如下:

作者	报告名称	发表刊期
逊篮	《南昌的苦工底生活状况》	《工商之友》1920年5月1日、3日
C.C.生	《拱宸桥江北人民状况调查》	《工商之友》1920年6月3日、4日
杨友玙	《上海恒丰纱厂的简单调查和我的感想》	《工商之友》1920年6月14日
王省吾	《安庆首饰业的工人状况》	《工商之友》1920年6月17—22日
吴伯勋	《三新洋布局的状况》	《工商之友》1920年7月8日
孟雄	《北大的工人的情形》	《工商之友》1920年7月14日
海静	《绍兴劳动界状况调查》	《工商之友》1920年7月15日、16日
尊闻	《上海银楼业工作调查记》	《工商之友》1920年7月18日
朱朴	《无锡工厂的资本家和工厂的劳动家》	《工商之友》1920年7月20日
贺益礼	《厚生纱厂所募湖南女工的现状》	《工商之友》1920年7月21日、22日
顾名	《常州纺织女工状况》	《工商之友》1920年7月27日
尊闻	《上海鞋业工作调查记》	《工商之友》1920年7月28日
震汉	《桐乡劳动界概况》	《工商之友》1920年7月30日、31日
尔丹	《海宁筑塘工人劳动状况的一斑》	《工商之友》1920年8月12日
汪本根	《婺源茶号工人生活状况》	《工商之友》1920年8月18日、19日
逸舟	《上海缫丝业的劳动状况》	《工商之友》1920年8月23日、24日
郁品琪	《海门劳动状况调查》	《工商之友》1920年8月27—29日
尔丹	《海宁县一部分乡村劳动者的劳动状况》	《工商之友》1920年9月4日、5日
牢醒华	《余姚轧花厂工人的状况》	《工商之友》1920年9月6日
G.L.	《在苏州和一个织绸厂里女工的问答》	《工商之友》1920年9月7日
朱鹤琴	《无锡昌裕缫丝厂调查》	《工商之友》1920年9月11日、12日
子昂	《纱厂工人生活之一斑》	《工商之友》1920年9月14日

续表

作者	报告名称	发表刊期
辟伪	《我的余姚轧花工人的调查》	《工商之友》1920年9月26日
本操	《上海厚生纱厂勤工会志略》	《工商之友》1920年9月29日
无逸	《扬州裁缝业的调查》	《工商之友》1920年10月23日
慕云	《上海泥金作调查记》	《工商之友》1920年10月24日、25日
友玙	《上海纺织工业的调查》	《工商之友》1920年10月3日、4日
张洛臣	《丹阳瓦木工人底概况》	《工商之友》1920年11月16日
袁支	《上海鞋业的状况》	《工商之友》1920年11月24日、25日
周郁年	《上海——杨树浦工人社会的实况》	《工商之友》1920年12月22日、23日
友玙	《上海织袜工人的状况》	《工商之友》1921年1月6日
友玙	《上海南洋兄弟烟草公司的工人状况》	《工商之友》1921年1月8日
友玙	《上海造纸业工人的状况》	《工商之友》1921年3月1日
Y.M.	《纱厂司事的生活》	《工商之友》1921年3月17—19日

值得注意的是，当时的新知识界关于劳工生活的调查虽然是以工人作为主体，但也不只是局限于城市的工人，他们对农民生活的状况也给予相当大的关注，有一些调查报告是专门反映农民生活状况的。当时的《平民周报》在对农民生活状况调查方面卓有成效，如发表的调查报告《在松江所见的农民状况》（慕翰，《平民周报》第3期）、《淮泗农民的生活状况》（常林士，《平民周报》第6期）、《浙江浦江的农民生活状况》（新锦，《平民周报》第6期）、《山东广饶县农民生活》（俊才，《平民周报》第11期）、《四川合江县农民状况》（天培，《平民周报》第9期）、《直隶故城县农民生活状况》（王其彭，《平民周报》第9期）等，对于研究农民生产与生活情况就很有价值。其他杂志也有一些调查农民状况的报告相继发表，如傅斯年的《山东一部分的农民状况大略记》①、张景优的《翁源农民的苦况》②、晓秦的《武功的农民生活》③、（未署名）《农业生计调查表（武进

① 孟真：《山东一部分的农民状况大略记》，《新青年》第7卷第2期，1920年1月1日。
② 张景优：《翁源农民的苦况》，《觉悟》（上海《民国日报》副刊），1925年12月24日。
③ 晓秦：《武功的农民生活》，《秦钟》第3期，1920年3月20日。

戚墅堰镇)》①等,也是很有特色的关于农民生活状况的调查报告。对农民生活及其状况的关注是五四新知识界的一大可喜进步,这与先进知识分子研究视野的转换及其所具有的"社会改造"的思想诉求密切相关。譬如,李大钊于1919年2月曾在《晨报》发表《青年与农村》文章,指出:"我们中国是一个农国,大多数的劳工阶级就是那些农民。他们若是不解放,就是我们国民全体不解放;他们的苦痛,就是我们国民全体的苦痛;他们的愚暗,就是我们国民全体的愚暗;他们生活的利病,就是我们政治全体的利病。"因而,李大钊要求"青年应该到农村去,拿出当年俄罗斯青年在俄罗斯农村宣传运动的精神,来作些开发农村的事"②。五四后社会调查中对农民问题的重视,反映新知识界对下层民间社会已开始引起高度关注,这对后五四时期中国社会思想的演变影响极大。

3. 关于实业的调查

实业调查是五四时期社会调查的主要内容之一。新知识界受实业救国思想的影响,相当注重实业状况的调查,并积极地将其调查成果公布于众,以引起全社会对发展实业的重视。《工商之友》(上海《时事新报》副刊)因其杂志的宗旨所在,成为当时发表实业调查报告的最主要刊物。社会上关于实业的调查报告,也绝大多数是在《工商之友》(上海《时事新报》副刊)上发表的。现将《工商之友》(上海《时事新报》副刊)发表的关于实业的调查报告,择其要者按时间顺序列表于下:

作者	报告名称	发表刊期
许应期	《汉阳铁厂调查》	《工商之友》1920年6月5—7日
姚尊闻	《海门宝兴织布厂调查记》	《工商之友》1920年6月10日
方　良	《嘉定兴业草织工传习所调查记》	《工商之友》1920年6月16日
邵骥才	《水烟业内容的调查》	《工商之友》1920年7月25日
杨文澜	《南京绒业的概况》	《工商之友》1920年8月1日
啬　夫	《嘉定兴业草织工厂的实况》	《工商之友》1920年8月14日、15日
栋	《常州大纶布厂调查》	《工商之友》1920年8月16日
杨文澜	《南京鸭毛业概况》	《工商之友》1920年8月7日
慕　靖	《海门永泰旱烟作调查记》	《工商之友》1920年9月1日

① (未署名):《农业生计调查表(武进戚墅堰镇)》,《南洋》第6期,1919年8月19日。

② 《青年与农村》,《李大钊全集》第2卷,人民出版社2013年版,第422—423页。

续表

作者	报告名称	发表刊期
朱鹤琴	《广顺丰机面公司调查记》	《工商之友》1920 年 9 月 19 日、20 日
伯　子	《余姚华明工艺厂的调查》	《工商之友》1920 年 9 月 22 日
曹靖华	《南京的职业调查》	《工商之友》1920 年 9 月 27 日
一　方	《江浦植棉分场调查》	《工商之友》1920 年 9 月 1 日
一　新	《宜兴“江苏省立陶业工厂”调查》	《工商之友》1920 年 10 月 8 日、9 日
杨　倜	《江西第一大工厂调查录》	《工商之友》1920 年 10 月 14 日
一　新	《宜兴陶器工业底调查》	《工商之友》1920 年 10 月 17 日
田稻丰	《南京豆腐业之近况》	《工商之友》1920 年 10 月 21 日、22 日
（未署名）	《大有榨油公司的调查》	《工商之友》1920 年 10 月
贺益礼	《参观穆氏棉场》	《工商之友》1920 年 10 月 29 日
朱畏轩	《南通关庄大布的调查》	《工商之友》1920 年 10 月 30 日、31 日
费公侠	《三友实业社的调查》	《工商之友》1920 年 11 月 5 日
破　天	《群明女子针织厂》	《工商之友》1920 年 11 月 19 日
益　谦	《河南豫丰纱厂的调查》	《工商之友》1920 年 11 月 23 日
靖　华	《太平洋印刷公司的真象》	《工商之友》1920 年 11 月 28 日
杨文澜	《南京鸡鸭业概况》	《工商之友》1920 年 11 月 2 日
维　泰	《海门大布业内容调查》	《工商之友》1920 年 11 月 10—2 日
郑尊法	《我国之蛋粉工业》	《工商之友》1920 年 11 月 18—27 日、29 日
丹　九	《调查中华职业学校附属工厂记》	《工商之友》1920 年 12 月 1 日
逢　劢	《景德陶业概况》	《工商之友》1920 年 12 月 7—16 日、18 日、23 日、25—27 日、29 日、30 日
海　静	《绍兴便民布厂的调查》	《工商之友》1920 年 12 月 7 日
郑尊法	《我国之蛋粉工业（续）》	《工商之友》1920 年 12 月 1—5 日
赖毓熏	《江苏常阴盘篮两沙州植棉概况》	《工商之友》1920 年 12 月 30 日、31 日
汪惺时	《上海之榨油工业》	《工商之友》1921 年 1 月 4 日、5 日
笃	《恒丰纺织新局》	《工商之友》1921 年 1 月 4—6 日
脑　工	《鲁丰纱厂访问记》	《工商之友》1921 年 1 月 14 日、15 日

续表

作者	报告名称	发表刊期
脑　工	《华丰矿调查记》	《工商之友》1921年1月22—24日
张济翔	《金华之火腿》	《工商之友》1921年1月17日
胡佛澄	《平阳矾业的状况》	《工商之友》1921年1月26—28日
折　光	《玻璃工业沿革略史及我国玻璃工业之现势》	《工商之友》1921年1月30日
明　权	《我国最近企业之新趋势》	《工商之友》1921年1月30日、31日
理　夷	《东三省之我国金融机关》	《工商之友》1921年1月13日
理　夷	《东三省通货之种类》	《工商之友》1921年1月20—28日、30日
折　光	《明晶玻璃公司调查》	《工商之友》1921年2月12日、13日
李菁舫	《鄞县宁波工厂调查录》	《工商之友》1921年2月14日
保　铨	《崇明益新织布厂简单的调查》	《工商之友》1921年2月23日
游　生	《唐山启新洋灰公司调查录》	《工商之友》1921年2月24日
厚　生	《参观振扬电厂记》	《工商之友》1921年2月25日
脑　工	《博山料业的调查》	《工商之友》1921年2月16日
田文炳	《四川烟业的概况》	《工商之友》1921年2月20日、21日
田文炳	《四川制革业的近况》	《工商之友》1921年2月12日、13日
理　夷	《东三省通货之种类》	《工商之友》1921年2月12日、13日
铁　康	《江苏省立第十工场状况》	《工商之友》1921年3月3日
示　水	《参观中华皮革厂纪略》	《工商之友》1921年3月4日
游　生	《天津裕元纱厂调查录》	《工商之友》1921年3月7日
游　生	《求新制造厂的调查记》	《工商之友》1921年3月10日
章馨如	《芜湖大昌火柴公司参观记》	《工商之友》1921年3月11日
甘	《老公茂纺织公司工厂》	《工商之友》1921年3月18—22日
田稻丰	《荧昌火柴公司第二厂参观记》	《工商之友》1921年3月23—24日
曹亚侠	《中国宣纸工业调查(续)》	《工商之友》1921年3月16日

其他杂志也多有关于实业的调查报告的发表。譬如,《工界》发表的《广

东工艺局之沿革》①、《广东劳动业务之调查》②、《广东藤业之起原及其发达之情形》③等调查报告,比较具体地反映了广东实业的历史与现状。

4. 关于妇女状况的调查

新文化运动倡导"伦理革命",主张妇女解放,引起整个新知识界对妇女生活状况的高度重视。"五四"之后,新知识界兴起了调查妇女生活状况的高潮。

《妇女评论》(上海《民国日报》副刊)是研究妇女问题的专门刊物,对"女子生活调查"很是重视,发表了大量的关于"女子生活"的调查报告,现择其要者列表如下:

调查者	报告名称	发表刊物及时间
马延乾	《安庆妇女生活状况》	《妇女评论》第22期,1921年12月28日。
枕云	《云南女子底生活》	《妇女评论》第36期,1922年4月12日
冯三昧	《诸暨的妇女生活》	《妇女评论》第38期,1922年4月26日
方业韶	《徽州妇女生活状况》	《妇女评论》第45期,1922年6月14日
张娴	《江浙一部分丝厂底情形》	《妇女评论》第59期,1922年9月20日
嘘云	《无锡丝纱厂女工的现状》	《妇女评论》第1卷第1期,1920年5月1日
友琴	《北京妇女生活状况调查》	《妇女评论》第1卷第3期,1920年6月1日
张梦痕	《广州女织工的调查》	《妇女评论》第1卷第4期,1920年6月16日
佛利	《北京妇女生活状况(二)》	《妇女评论》第2卷第1期,1920年9月1日
丁沅	《吴江县外来妇女生活状况》	《妇女评论》第2卷第2期,1920年10月1日

① 黄强:《广东工艺局之沿革》,《工界》第2期,1920年5月11日。黄强:《广东工艺局之沿革(续)》,《工界》第3期,1920年5月21日。黄强:《广东工艺局之沿革(再续)》,《工界》第4期,1920年6月1日。

② 邓铁锋:《广东劳动业务之调查》,《工界》第10期,1920年8月1日。邓铁锋:《广东劳动业务之调查(续)》,《工界》第10期,1920年8月1日。

③ 陈澄真:《广东藤业之起原及其发达之情形》,《工界》第11期,1920年8月14日。

除了《妇女评论》(上海《民国日报》副刊)着重发表关于女子生活的调查报告外,当时许多刊物虽然因其刊物宗旨而不以"女子问题"为研究重点,但也有一些较有分量的关于妇女生活状况的调查报告发表。如《少年世界》发表的《汉口——女子生活社底调查记略》①、《劳动界》发表的《女工与育婴堂》②、《解放画报》发表的《邻妇调查录》③等,都是有名的关于妇女生活状况的调查报告。值得注意的是,有些刊物不仅关注妇女的劳动状况,而且尤为关注妇女的身体健康状况,如《妇女周报》(上海《民国日报》副刊)就发表过关于妇女月经的调查报告④。

在关于妇女生活状况的调查中,势必涉及中国的婚姻状况。五四时期关于中国婚姻状况的调查工作已经开始,这方面的调查报告虽然不是很多,但在研究婚姻生活方面极为有价值,现将其重要者列表如下:

调查者	报告名称	发表刊物及时间
周建人	《绍兴底结婚风俗》	《新青年》第7卷第5期,1920年4月1日
姚特芬	《新安底结婚风俗谈》	《妇女评论》第55期,1922年8月23日
姚特芬	《新安底结婚风俗谈(续)》	《妇女评论》第56期,1922年8月30日
修订法律馆编	《婚姻的习惯》	《妇女评论》第92期,1923年5月16日
寇蔚南	《徐州人底婚姻》	《妇女评论》第102期,1923年8月1日
寇蔚南	《徐州人底婚姻(续)》	《妇女评论》第103期,1923年8月8日

① 天性:《汉口——女子生活社底调查记略》,《少年世界》第1卷第10期,1920年10月。

② 李少穆:《女工与育婴堂》,《劳动界》第4册,1920年9月5日。

③ P.M.生:《邻妇调查录(一)》,《解放画报》第6期,1920年11月30日。P.M.生:《邻妇调查录(二)》,《解放画报》第7期,1921年1月26日。P.M.生:《邻妇调查录(三)》,《解放画报》第8期,1921年2月28日。

④ 参见颜筠:《月经调查报告》,《妇女周报》第64期,1924年12月14日。《月经调查报告(续)》,《妇女周报》第69期,1925年1月11日。《月经调查报告(续)》,《妇女周报》第71期,1925年2月1日。

5. 关于教育状况的调查

五四时期以"教育"命名的杂志大多将教育调查作为重要栏目,发表关于教育状况的调查报告。大多数刊物注重发达地区教育状况的调查,但也有些刊物尤为重视边远地区不为人所知的教育状况,如《学灯》就积极倡导"教育状况"的调查,"至关于国内者,则尤欢迎投寄边省之教育状况。又叙述状况时,宜注重该地之特殊情形"[①]。当时,有《教育潮》、《教育与职业》、《学灯》、《星期日》等四大杂志在教育状况的调查中具有显著的成绩。

(1)《教育潮》发表的教育状况的调查报告

调查者	报告名称	发表刊物及时间
郭秉文、陶履恭	《郭秉文陶履恭调查日本教育报告》	《教育潮》第1期,1919年4月
(未署名)	《民国元二三四五年浙江全省学校数学生数比较表》	《教育潮》第1期,1919年4月
(未署名)	《民国元二三四五年浙江全省学校教职员数岁出入数资产数比较表》	《教育潮》第2期,1919年6月
姚寅恭	《余杭乡土职业调查记》	《教育潮》第9期,1920年12月
陈孟深	《参观南京南通教育报告书》	《教育潮》第10期,1921年1月
(未署名)	《各省学生总数表》、《全国各等学校学生数表》、《各省小学校学生数表》、《各省中等学校学生数表》、《各省专门大学校学生数表》、《全国公私立学校学生数表》、《全国公私立初等教育无女生县数分省表》、《全国基督教会学校学生历年增进表》	《新教育》第5卷第4期(1922年11月)的"调查统计"栏目

(2)《教育与职业》发表的教育状况的调查报告

《教育与职业》专设有"调查"栏目,发表了不少关于教育调查的报告,尤有对江苏和上海两地的教育调查最为特色。参见下表:

调查者	报告名称	发表刊物及时间
(未署名)	《上海清心实业学校调查纪要》	《教育与职业》第2期,1917年12月15日

① 《学灯栏启事》,《学灯》(上海《时事新报》副刊),1921年1月1日。

续表

调查者	报告名称	发表刊物及时间
(未署名)	《上海和安小学校调查纪要》	《教育与职业》第2期,1917年12月15日
(未署名)	《上海土山弯工艺局调查纪要》	《教育与职业》第2期,1917年12月15日
黄炎培	《江阴南通苏州农业教育调查报告》	《教育与职业》第3期,1918年1月15日
(未署名)	《江苏实业学校之调查》	《教育与职业》第5期,1918年4月5日

(3)《学灯》(上海《时事新报》副刊)发表的教育状况的调查报告

这类调查报告主要篇目见下表:

调查者	报告名称	发表刊物及时间
进之	《南京高等师范学校一学期内的改造》	《学灯》1920年2月4—5日
式之	《江西省立第三师范过去一学期的改造》	《学灯》1920年3月1日
五石	《上海浦东中学校》	《学灯》1920年3月30日、31日
五石	《上海浦东中学校(续)》	《学灯》1920年4月1日、3日
戴坤	《丹阳乡村小学的调查》	《学灯》1920年10月16日

(4)《星期日》发表的教育状况的调查报告

这类调查报告主要篇目见下表:

调查者	报告名称	发表刊物及时间
今是	《工业专门学校的里面观》	《星期日》第22号,1919年12月7日
不平	《省立第一师范学校及附属小学》	《星期日》第23期,1919年12月14日
学生	《成都联合中学校的内容》	《星期日》第26号,1920年1月4日
由　衷	《四川法政专门学校内容的我见》	《星期日》第18号,1919年11月9日

续表

调查者	报告名称	发表刊物及时间
本校学生	《成都的叙州联合县立旅省中学校》	《星期日》第19号,1919年11月16日
本校学生	《省立第一师范学校的内容》	《星期日》第34号,1920年3月

除了以上四个杂志重点发表过教育的调查报告外,《新教育》也发表过教育状况的调查报告,如《济南学务调查》、《调查青岛教育书》等,对山东的教育有较细致的调查①,在当时有较大的影响。

6. 其他方面的调查

(1)日货与国货的调查

由于第一次世界大战期间欧美国家忙于自己的事务而无暇东顾,日本商品在中国市场上占有的份额急剧增长,因而在"一战"结束前后,中国社会经济的一个突出方面是日货充斥中国市场。这引起知识界的极大忧虑,并因此而展开调查。《南开日刊》发表的调查报告《日货调查报告表日用品》及《日货调查报告书装饰类》,对日本商品占领中国市场的情形有详细的报告②。《南洋》(上海南洋公学学生分会发行)也集中刊发一批关于日货的调查报告,如发表的《面粉公司与日商之往来》、《私进东洋糖之查出》、《私进日货布缎》、《五日间进口之日货》③等调查报告,在当时的青年学生中很有影响。需要说明的是,关于日货的调查显然是受到当时五四运动反日斗争浪潮的激励,同时又有力地推动青年学生反帝思想的发展。

与日货在中国市场所占份额的调查相联系,"五四"新知识界对中国的国货情形也有调查。《救国旬报》、《国民》、《南洋》等杂志都有重要的国货调查报告

① 参见廖世承:《济南学务调查》,《新教育》第6卷第3期,1923年3月;李贻燕:《调查青岛教育报告书》,《新教育》第6卷第5期,1923年5月。

② 参见:《日货调查报告表日用品》,《南开日刊》第7号,1919年6月3日;《日货调查报告表日用品(续)》,《南开日刊》第8号,1919年6月4日;《日货调查报告表日用品(续)》,《南开日刊》第9号,1919年6月5日;《日货调查报告书装饰类》,《南开日刊》第10号,1919年6月11日;《日货调查报告书装饰类(续)》,《南开日刊》第11号,1919年6月12日。

③ 参见宁树藩:《面粉公司与日商之往来》,《南洋》第1期,1919年7月15日。植:《私进东洋糖之查出》,《南洋》第2期,1919年7月22日。云:《私进日货布缎》,《南洋》第2期,1919年7月22日。(未署名):《五日间进口之日货》,《南洋》第2期,1919年7月22日。

的发表①。《南开日刊》专门设置“调查”栏目，不仅公布国货在中国市场的情况，而且还报告中国国货在日本市场上的情形②。新知识界关于国货的调查，显然也是与五四运动促进国民救国意识的增长相联系的，同时也反映新知识界当时的政治参与热情。

（2）物产调查与地质调查

五四时期的新知识界面向社会，开始重视对本国资源的调查。江浙一带物产丰富，当时就有人对杭嘉湖一部分物产进行较为细致的调查，发表了《杭嘉湖一部分物产调查记》的长篇调查报告③。中国西部地区在近代以来经济发展滞后，但植物资源也相当丰富，有人专门对陕西华县的植物进行调查，如韩叔勋的《华县植物调查记》对华县植物的种类、分布、价值进行了较为详细的说明④。《共进》杂志不仅对植物调查引起重视，而且注重“地质调查”，发表的赵国宾的《陕西同官县黄堡镇左右煤田的调查报告》⑤在当时的众多调查报告中独树一帜。

（3）黑社会调查

五四时期的中国社会处于转型时期，黑社会势力有所发展。一些人关注过这一社会现象，时人的著述中亦多有记载，但要进行详细的调查困难很大。不过，五四新知识界还是有人冒极大的风险对黑社会进行调查，如《觉悟》（上海《民国日报》副刊）发表的《修治县道的黑幕》及《学灯》（上海《时事新报》副刊）发表的《东三省之胡匪》的调查报告⑥，至今仍是我们研究五四时期黑社会不可

① 参见（未署名）：《劣货录》，《救国旬报》第2期，1919年7月。（无署名）：《中国对外贸易之物产》，《国民》第1卷第2号，1919年2月1日。裘：《国货之新出品》，《南洋》第2期，1919年7月22日。植：《国货之改良》，《南洋》第2期，1919年7月22日。

② 参见弼：《国货的调查》，《南开日刊》第1号，1919年5月26日。源：《本团调查天津商号在日本国内做庄者五十一处列下以备各界参考》，《南开日刊》第26号，1919年7月3日。源：《本团调查天津商号在日本国内做庄者五十一处列下以备各界参考（续）》，《南开日刊》第27号，1919年7月4日。

③ 参见劳民：《杭嘉湖一部分物产调查记》，《伙友》第9册，1921年1月2日。劳民：《杭嘉湖一部分物产调查记（续）》，《伙友》第10册，1921年1月9日。劳民：《杭嘉湖一部分物产调查记（续）》，《伙友》第11册，1921年1月16日。

④ 韩叔勋：《华县植物调查记》，《共进》第27期，1922年12月10日；韩叔勋：《华县植物调查记（续）》，《共进》第38期，1923年5月25日。

⑤ 赵国宾：《陕西同官县黄堡镇左右煤田的调查报告》，《共进》第29期，1923年1月10日。赵国宾：《陕西同官县黄堡镇左右煤田的调查报告（续）》，《共进》第30期，1923年1月25日。赵国宾：《陕西同官县黄堡镇左右煤田的调查报告（续）》，《共进》第31期，1923年2月10日。

⑥ 参见正成：《修治县道的黑幕》，《觉悟》（上海《民国日报》副刊）1920年8月23日；清圣：《东三省之胡匪》，《学灯》（上海《时事新报》副刊）1924年12月2—4日。

多得的第一手调查材料。

以上只是将五四时期新知识界所创办的报刊关于社会调查的情形作一大致的概述，以显现五四时期新知识界在社会调查方面努力的基本表征（当然也就不可能无所遗漏地涉及所有的调查报告），力图说明五四时期社会调查运动的兴起这一重要的历史事实。从以上事实的描述来看，"五四"新知识界对社会基本情形、劳动生活状况、妇女问题、教育问题以及社会生活的其他方面有着特别的关注，并且是以当时中国社会作为其认识的目标和研究的对象。由此也不难看出，社会调查是五四新知识界认识社会、谋求变革社会并进而走向社会的重要手段，或者可以说是五四新知识界介入现实社会的主要方式。

（二）

关于五四时期社会调查的事实性陈述，虽然能使我们比较直观地看到当时新知识界重视社会调查的理念、努力研究社会的一些行为表征，能够理解到社会调查在五四时期作为一个历史现象的客观存在。但是，仅仅描述五四时期的社会调查这一历史现象，还不足以揭示"五四"新知识界与社会之间的内在联系，更不能上升到规律性的认识。由此就有必要更进一步，在"五四"新知识界与社会调查之间的问题上进行价值性的评断，具体地剖析"五四"新知识界开展社会调查的历史含义之所在，寻求五四新知识界进行社会调查的历史前提，揭示社会调查对后五四时期中国社会变革的历史价值。

1. 五四时期新知识界从事社会调查的历史内涵

五四时期新知识界从事社会调查工作已经成为历史了，但从五四新知识界与五四时期中国社会的关系来看，却有深刻的历史内涵。具体而言，社会调查行为之本身及社会调查之成果蕴含着诸多的历史信息。

（1）关注社会生活。不难看出，五四新知识界进行社会调查的视阈是极为宽泛的，大到实业的状况，小到民众生活的细节，无不进入调查研究的范围。如果从社会调查的行为以及社会调查的成果——调查报告来分析，则社会调查的兴起作为特殊的历史现象，很能说明五四新知识界关注社会的浓烈的兴趣，并表露出五四新知识界注重研究和考察当时的社会生活，关心国计民生和社会现象的演进，同时也能看出五四时期新知识界已经将认识的视野移向社会生活的方方面面。应该说，这是一种与中国传统"士"主要注意力集中于书本而根本不同的新型价值趋向。社会调查的兴起在本质上是对社会生活和社会演变的注重，是调查者对社会生活的积极参与，反映的是五四新知识界以现实社会作为认识对象、注重应对社会变动的精神面貌。

(2)走向现实社会。五四时期社会调查是新知识界介入社会的特殊方式，是新型知识分子运用所拥有的现代知识作为凭借而走向现实社会的具体道路。这与传统知识分子介入社会的途径有根本的不同。传统的读书人(士)介入社会虽然也依据其对文化资源的拥有而介入现实社会，但其途径主要运用其知识来论证现实政治的合法性，一般不从事具体的社会调查，故虽有一些读书人关注社会而留下数量客观的游记之类，而始终没有关于社会现状和社会生活的调查报告。因此，传统的读书人出则入仕，维护现行秩序；失意则退居乡村，讲学议政"行其志"。五四时期的新知识界是通过社会调查而介入社会的，社会调查既是他们体认现实社会的手段，也是他们介入社会的主要途径，因而社会调查行为本身反映的是他们走向现实社会并进而"改造社会"的努力。换言之，社会调查是五四知识界接触社会状况并进而融入社会生活，达到走向社会、改造社会这一目的具体手段。

(3)体现自身价值。体现自身的价值是知识分子表现其生存意义的重要努力，这大致可以说是任何时代知识分子的"共性"，但不同时代的知识分子的表现方式并不一样。传统的士大夫虽然也重视自身价值的表现，但大体上是通过博览既有的经史子集来体现其文化传承者的身份，并不十分关注当下社会的剧烈变动，更不懂得用社会调查的方式来反映社会。然而，五四时期新的知识阶层是由接受现代教育的知识分子所构成的，与传统的儒学知识分子有绝大的不同，他们主要的不是以文化传承作为自己存在的目的，而是以认识社会和改造社会作为自己的任务。就五四时期知识分子群体来看，那些倡导社会调查的知识分子，不少是留学归国的知识分子，而具体地从事社会调查的则又大多为在读的大学生。毫无疑问，这是一个新式的知识分子群体，其自身价值的认知与社会调查活动的展开有着密切的关联。譬如，《少年世界》在"学校调查"、"地方调查"方面的成绩颇为出色，该刊认为原来出版的《少年中国》的任务在于"本科学的精神，研究现代思潮，使中国人对于现代思潮的趋势有一个明确观念"；而《少年世界》所要做的"工夫"是"详细记载由现代思潮演成的事实，给中国人一种更深的刺激"，因此就必须面向社会而记载"社会的活动"，突出"社会调查"的地位，"第一个朋友便是学生，……其中尤注重国内外各学校的调查"；"第二个朋友便是劳动家，所以我们对于华工消息、工厂调查、农村生活特别注意”①。不难看出，《少年世界》之注重社会调查是与办刊者对自身社会价值的体认与实现相联系的。从总体来看，“五四”新知识界的社会调查不是一个孤立的现象，他们是用社会调查的手段来表达自身的存在和价值，并且是通过社会调查来实现社会与个人关系的连接，因而社会调查在很大程度上又比较直接地表达了他们对自身价值的认识和定位。

(4)谋求社会改造。五四新知识界从事社会调查又是他们“改造社会”理念的必然体现。道理很简单，要改造社会则必须了解社会，而要能够真确地了解社会，则又离不开社会调查。因而，社会调查与改造社会是密切联系在一起的。譬如，《浙江新潮》在明确办刊宗旨是“改造社会”同时，指出：“改造社会，将由那一种人担任呢？将用什么方法呢？我们以为改造的责任，在于农工劳动的；改造的方法，在于‘自觉’和‘联合’”；“至促进的方法，当从‘调查’‘批评’‘指导’三者入手”，所以“对于现在的学生界劳动界，加以调查批评和指导，这也可看做本报的方法”②。又譬如，《新江西》杂志申明其宗旨是“改造社会”，并认为“发行本刊，就是改造社会的一种方法”，因而《新江西》对于“在社会范围以内的事，都要谈”，而且是要研究“社会里面极平常的事”，并且要遵循“三个注意之点”，即“一、社会研究；二社会批评；三、社会调查”③。其实，当时新知识界所办的刊物大都以“改造社会”为职志，他们开展的社会调查运动自然是与新知识界改造社会的理念紧密相连的。因此，五四新时期知识界的社会调查这一现象，可说是其“社会改造”思想的折射。

(5)张扬调查之风。“五四”新知识界进行社会调查，其目的还在于提倡和弘扬调查研究的风气，引领知识界注重研究社会生活的实际，许多刊物也将“调查”报告的发表作为刊物的重要任务。譬如，《教育与职业》杂志在倡导调查研究之风方面颇有贡献，该刊声明欢迎发表那些“对于各地职业教育与农工商实业状况等”的“调查之报告及意见”④。又譬如，《学灯》于 1918 年 4 月发表启事，“征求全国中等以上学校调查报告”，而对于调查报告“详述历史沿革及现在状况，如能将校长照片及校舍摄影附寄，尤所欢迎”。再譬如，有一位叫王卓然的人，“每日牺牲一时半的工夫，去调查厂甸会的状况，研究他（它）的关系或及于社会的影响。逾时十三日，然后著为《厂甸春节会的调查与研究》一文，约三

① 《为什么发行这本月刊》，《少年世界》第 1 卷第 1 期，1920 年 1 月 1 日。

② 《发刊辞》，《浙江新潮》第 1 号，1919 年 11 月 1 日。

③ 同人：《本刊宣言》，《新江西》第 1 号，1921 年 5 月 1 日。

④ 《教育与职业杂志改刊小本通告》，《教育与职业》第 41 期，1923 年 1 月 31 日。

万字,登于四月中《京报》。……目的有二:(一)使游厂甸的人知厂甸会之优点与注意应改良之点。(二)抛砖引玉,激起一般学者对事实研究之兴味,少洗(些)闭门空谈之毛病,换言之,即引起科学精神之发展"。王卓然欲将其调查报告印为单行本,希望胡适能作一序,以"劝大众或学生对各种社会现象或自然现象,要实地观察,就事实研究"①。可以说,"五四"新知识界社会调查运动的兴起,具有张扬社会调查风气、注重实证研究的意义,反映"五四"新知识界在塑造现代精神传统方面的努力和成就,这大大增添了"五四"历史的价值内涵。

2. 五四时期新知识界从事社会调查的历史条件

五四时期新知识界推动了社会调查的兴起,固然有新知识界本身的不懈努力,但更有业已存在的诸多的社会历史条件,而这些社会历史条件又与五四时期的中国社会演变有着十分密切的因缘关系。大致说来,五四时期新知识界从事社会调查的历史条件有这样几个方面:

(1)五四运动的强有力推动。五四运动对当时新知识界思想的更新有积极的推动作用,《新青年》注重劳动问题的调查以及所宣传的新思想对广大青年学生产生深刻的影响。1920年初,不少青年学生就有这样的感受:"去年五四运动以前,发表新思想的刊物,只有《新青年》、《新潮》、《每周评论》三种。到了五四运动以后,却像'雷雨一过春笋怒生'的样子,到处都是。虽然没有精密的统计,大概种数总在二百左右了。"②据笔者考察,在"五四"前只有极为少数的刊物登载关于社会的调查报告,而"五四"之后的进步报刊则几乎都对社会调查报告引起广泛兴趣,调查报告涉及的面也极为广泛,实业调查、劳动状况调查、教育调查等占有主要的位置,这也很可见五四运动对当时的新知识界的巨大影响。譬如,《秦钟》在发刊辞中就说明该刊从事社会调查是与五四运动有密切的关系:"五四运动,即吾侪觉悟之表示,彻底改革之发轫也。各省之闻风兴起,纷纷响应者,亦日有所闻。独吾陕人,则犹在大梦中",因而他们创办《秦钟》就在于调查和了解陕西社会的社会状况并进而达到"传播陕西社会之状况"的目的③。正是五四运动的积极推动,青年知识分子注重社会生活的状况,并身体力行地走向社会进行广泛的社会调查,从而使五四运动之后兴起了另一种运动——社会调查运动。

(2)实证的社会研究方法的引进。社会调查作为社会研究的一种新方法,

---

① 《王卓然致胡适》(1922年1月3日),《胡适来往书信集》上卷,中华书局1979年版,第138页。

② 《发刊旨趣》,《钱江评论》第1号,1920年1月1日。

③ 《发刊辞》,《秦钟》第1期,1920年1月20日。

有着方法论的指导和学理的前提,这在中国传统的知识体系中是无法形成的。事实上,五四时期新知识界从事社会调查工作,很显然是受到西方的实证主义研究方法的影响。换言之,五四时期的社会调查是在新的知识体系和新的学理基础上进行的,而现代西方实证主义的输入为五四时期新知识界兴起社会调查提供了研究学理的方法。譬如,《妇女评论》(上海《民国日报》副刊)特别注重妇女问题的研究和调查,而他们的主张和评论也是力图"根据了一向观察社会的结果,针对现社会底实在状况而发的",所以该刊表示:"我们固不愿把西洋历来学者对于妇女问题的主张直接抄来应用,我们尤不愿像某记者那样,仅仅把三五天的'内地旅行'——长沙旅行——来做改变前后思想的枢纽。"①这一主张,很显然是受到当时输入中国的实证主义思想的影响。社会调查工作在五四时期能大规模地兴起,与实证主义的哲学思想、西方现代社会学所注重的社会调查研究方法的传入是密切联系在一起的。可以说,没有西方实证主义在中国的引进,没有实证方法在中国的运用,也就不会有社会调查运动的兴起。

(3)劳工神圣的舆论氛围。五四时期新知识界从事广泛的社会调查,其中的一个重要内容就是调查中国的劳动状况,努力再现中国的劳动生活的实景及中国劳动者生活状况的面貌,并以此作为增进对中国现实社会状况及运行态势的认知,其受当时世界范围内的"劳工神圣"思潮的影响和推动是一个显见的事实。如《新江西》就明白地说"劳工神圣,是我们良心的主张"②。也正是受"劳工神圣"思潮的影响,当时的许多刊物不仅以调查劳动状况为使命,而且都以"劳动"命名,著名的刊物如《劳动界》、《劳动音》、《劳动者》、《劳动与妇女》、《劳动周刊》、《山东劳动周刊》、《劳动周报》(武汉)、《劳动周报》(广州)、《劳动》,等等。当时对"劳动"的遵从已经逐步成为新思想界的主流强势,如《山东劳动周刊》申明其办刊方针是"增进劳动者的智慧"、"提高劳动者的地位"、"改造劳动者的生活"③;又如《劳动》揭示其刊物"主旨"是"尊重劳动"、"提倡劳动主义"、"维护正当之劳动,排除不正当之劳动"、"培植劳动者之道德"、"灌输劳动者以世界知识普通学术"、"纪述世界劳动者之行动,以明社会问题之真相"、"促进我国劳动者与世界劳动者一致解决社会问题"④。可以说,五四时期新知识界的社会调查特别是关于劳动问题、劳动状况的调查,是受当时"劳工神圣"

① 《宣言》,《妇女评论》(上海《民国日报》副刊)第1期,1921年8月3日。
② 同人:《本刊宣言》,《新江西》第1号,1921年5月1日。
③ 本刊同人:《本刊出版的宣言》,《山东劳动周刊》第1号,1922年7月9日。
④ 劳动:《劳动者言》,《劳动》第1号,1918年3月20日。

的舆论氛围影响之使然。

(4)实业救国的政治理念。五四时期的社会调查是以实业状况的调查为重要内容的,而整个社会调查运动的兴起又是与新知识界实业救国思想密切关联的。五四时期是实业救国思想发展的重要历史阶段,人们对于在中国发展实业、振兴民族经济的要求特别强烈。这固然有西方社会经济发展、民众生活水准较高的事实对中国思想界的长期影响,同时也受到中国实业在第一次世界大战期间有较大发展的强烈刺激。关于五四时期中国资本主义工商业的情形,有关统计资料显示,1912 年至 1921 年 6 月的十年间,在农商部注册的工商企业达 764 家(不含金融业),资本总额近 28540 万元,与 1911 年前相比,企业总数增加 1 倍左右,资本总额增加了近 2 倍①。因而,当时的新知识界对发展实业并通过发展实业来达到救国的目的,可以说是充满了信心。发展实业,就必须了解中国实业的状况,就需要有大量的调查数据。所以,实业救国思想引导了一部分知识青年进行社会实业状况的调查,并因此而进一步关注到工人的劳动状况。五四新知识界积极从事社会调查尤其是关于实业调查,可说是新知识界的实业救国思想的具体实践。

(5)身处社会中下层身份的有利条件。五四时期新知识界兴起社会调查运动,也是与他们的既有社会身份相联系的。从社会阶层来看,五四时期的新知识阶层总体上说是崛起于民间社会,他们处于中国社会的中下层,与下层民间社会有着密切的联系,对工农生活状况也有相当的了解和同情,比较容易接触下层民众的社会生活。换言之,他们与既有的政治权力处于疏离状态,或者说处于中国政治权力的边缘位置。这一具体情形至少说明,五四时期的新知识界在新思想的启发下,有可能自觉或不自觉地认同社会上的普通劳动者,将社会变革的希望寄托在劳动者身上。故而,他们从事社会的调查尤其是下层社会生活的调查,也是在情理之中的。《浙江新潮》的发刊辞中有这样一段话,颇能反映他们对下层社会劳动者的态度和对社会改造的认识:“我们以为青年的学生,是中国很有希望的平民,教育劳动者,实在是他们最重要的责任。……我们的希望,第一步当以学生的自觉和联合,促进劳动界的自觉和联合,第二步当使学生界和劳动界联合,第三步当使学生都为劳动者,谋劳动界的大联合。等到学生都投身劳动界,

① 据中国社会科学院近代史研究所编《五四爱国运动档案资料》(中国社会科学出版社 1980 年版)第 2—6 页的资料统计。

那么,改造的目的,就容易达到了。”①五四时期新知识界注重社会调查,对下层民众生活的予以同情和了解,是与他们身处社会的中下层的身份相联系的,自然也有前面所说的受到五四时期“劳工神圣”思想的积极影响。

3. 五四时期新知识界从事社会调查的历史价值

五四时期新知识界从事社会调查的工作已经成为历史,对其历史价值应该进行基本的评估。在笔者看来,五四时期新知识界从事社会调查的历史价值主要有这样几个方面:

(1)唤醒社会各界对社会状况的重视。社会调查在于对社会的基本状况有一个整体的认识和细致的记述,使社会各界对基本的国情有所掌握,从而为改造社会提供资料和依据。五四时期新知识界社会调查的结果,随着各种刊物的发表而得以在社会上广泛传播开来,成为社会各界和广大知识分子为社会建言的基本素材,起到了唤醒社会各界重视社会状况的作用。正是通过社会调查报告,人们对工人生活状况、妇女生活状况、社会经济状况、教育状况、社会问题等方面引起高度重视,于是各种改造社会的主张开始与社会实况相靠近,引进的西方各种政治学说也不断进行各种实验,注重中国社会现状研究的风气日益形成。后“五四”时期,不管是主张社会改良还是主张社会革命的知识分子,都在很大程度上研究中国社会的实际,力图使自己的政治主张与实际情况结合起来。譬如,五四思想界的领袖李大钊,1923 年在谈到“社会主义的理想”时就说,社会主义“因各地、各时之情形不同,务求其适合者行之,遂发生共性与特性结合的一种新制度(共性是普遍者,特性是随时随地不同者),故中国将来发生之时,必与英、德、俄……有异”②。又譬如,陈独秀宣传马克思主义时强调学习马克思的“实际研究的精神”,“希望青年诸君能以马克思实际研究的精神研究社会上各种情形,最重要的是现社会的政治及经济状况”③。可以说,后五四时期社会上各界对社会状况皆有了进一步的重视,宣传各种学说时也都程度不等地注重中国社会经济、政治的状况的考察,这与五四时期社会调查运动的兴起不是没有关系的。

(2)使五四时期的进步知识分子经受了社会实践的洗礼。在中国,进行社会调查工作并非自“五四”始,民国初年为了推行选举制度曾进行了全国人口的

① 《发刊辞》,《浙江新潮》第 1 号,1919 年 11 月 1 日。

② 《社会主义与社会运动》,《李大钊全集》第 4 卷,人民出版社 2013 年版,第 248 页。

③ 《马克思的两大精神》,《陈独秀著作选》第 2 卷,上海人民出版社 1993 年版,第 365 页。

普查。历史上也有一些读书人通过“游记”的形式来记述社会的一些情形。但是,大规模地开展民间的社会调查,触及中国社会生活的各领域,并且运用现代调查统计的方法,确实是在五四时期。而五四时期从事社会调查的大多是青年学生和少数的留学归国人员,他们普遍地把社会调查作为了解社会和改造社会的重要途径。如《新社会》刊物就认为他们对社会改造持“慎重的”态度,因而“实地调查一切社会上的情况,不凭虚发论,不无的放矢”①。社会调查使五四时期的新知识界受到极大的锻炼,不少青年知识分子也在社会调查中成长起来。曾经积极参加五四运动后又调查家乡农民状况的傅斯年,对社会调查促进自己思想认识的变化所起的积极作用有重要的肯定。他说:“我们在学校读书的人,每每把社会改造当件容易事;记者(指傅斯年本人——引者注)这次乡居和劳动者与农民交接了一番,才知道做去颇不容易:城市的劳动者恶习极深;农民的生活倒是很纯洁,其价值远在城市的劳动以上,不过经济上大不发展了”②。毛泽东是在五四时期新知识界兴起社会调查运动中成长起来的典型,他在大革命时期就积极从事农民状况的调查,如他在1927年3月发表了在湖南调查佃农生活情况的报告《中国佃农生活举例》,得出了中国佃农生活情况的一般结论③。至于毛泽东的《湖南农民运动考察报告》及20世纪30年代的《寻乌调查》、《东塘等处调查》、《兴国调查》、《长冈乡调查》、《才溪乡调查》等,更为人们所熟知。可以说,五四时期新知识界社会调查运动的兴起,使一批青年知识分子经受了社会实践的洗礼和锻炼,为中国社会的变革培养了骨干力量。

(3)凸显了民间社会在社会整合中的地位。五四时期新知识界的社会调查有助于沟通社会各阶级、阶层的联系,社会调查本身在事实上亦起到了连接社会上层与下层民间社会的桥梁作用。这实际上是进行社会整合的努力。而进步知识分子对下层社会社会生活状况的关注,又使社会整合(特别是思想的整合)更加关注民间的力量。譬如,《浙江新潮》以“调查”、“批评”、“指导”为手段来“改造社会”,“以为劳动阶级,占全世界人类的最大多数,而且都能尽互助、劳动的责任;但是生活的苦痛,唯有他们受得最甚。所以我们以为改造的责任,不能不由劳动者担任。凡智识阶级里面觉悟的人,应该打破‘智识阶级’的观念,投身

① 郑振铎:《发刊辞》,《新社会》第1号,1919年11月1日。

② 《时代与曙光与危机》,《傅斯年全集》第1卷,湖南教育出版社2003年版,第351页。

③ 中共中央文献研究室编:《毛泽东年谱》上卷,人民出版社、中央文献出版社1993年版,第190页。

劳动界中,和劳动者联合一致"[1]。这一以"劳动阶级"为本位的思想在五四时期思想界有广泛的影响,并在五四时期新知识界的社会调查的实践中得到进一步强化。所以,新知识界所开展的社会调查不仅是知识分子走向民间的过程,而且也是知识分子建立并发展其"民众本位"思想的历程,这对于凸显了民间社会在社会整合中的地位有着积极的意义。

(三)

本文以五四时期社会调查问题为研究对象,在揭示事实和评析事实两方面进行了初步的探索,其基本结论是:五四时期的知识分子所进行的社会调查工作,是广大青年知识分子积极参加的了解中国社会实际的社会活动,形成了一个调查活动广泛、声势巨大、社会影响深刻的社会现象,成为"五四"社会的一个具有标识意义的社会景观;而就五四时期中国社会演变的基本意蕴,特别是就五四时期的知识分子与社会演变之间的关系来看,社会调查运动的兴起又是五四时期新知识界走向社会生活的重要表征,并且是五四时期知识阶层社会化进程中的突出现象。

本文的初步研究也许可以透视五四时期中国社会的某些实际面相,如面向社会生活的良好风尚,不畏艰难、求真务实的研究态度,同情下层民众的朴素情感,"改造社会"的远大抱负,重视采集第一手材料的优良学风……,所有这些对后五四时期中国社会的演进应该说有很大影响的。对此,需要加以进一步的研究,这或许可以修改业已形成的关于五四时期中国社会的认知。

今天我们研究五四时期的"社会调查"问题,固然在于揭示五四时期新知识界注重社会调查这一重要的历史现象,为深化五四历史研究提供一个新的视角,为中国现代社会史研究指明其资料来源,但也不尽如此。从学术研究的现实关怀来看,五四时期新知识界促进社会调查运动的兴起,或许也可以为现在中国知识界走向社会、加速知识分子自身社会化进程提供某些启示,对引领人文社会科学发展的方向及培植知识分子注重社会实际的良好学风,也许有值得借鉴的方面。这或许不是本文的推想性的希望。

(未刊稿,写作于2006年初)

---

① 《发刊辞》,《浙江新潮》第1号,1919年11月1日。

【昔文琐记】这篇《走向社会:五四知识界与社会调查的兴起》是篇未刊稿,写作于2006年初。此文太长,有2万多字,引用资料又比较多,而我又觉得不大好压缩,故而一直存在电脑中。

社会调查在中国无论是作为思潮还是作为历史活动,都是在五四时期开始兴起的,这实际上表征"五四"后思想发展的重要方向。而就"社会调查"这个历史事实来看,源自五四时期的"社会改造"需要,"五四"也确实具备了开展社会调查的条件。就知识分子而言,本来就有一种精英意识,总觉得自己是社会中的领导者,此时能够脱下长衫而走向社会、深入民间,并进行较为广泛的社会调查工作,借此了解和认识中国社会,这确实是很不容易的。这也反映五四时期的知识分子这个阶层业已发生重大的变化,与传统的"士"是很不同的。这说明,研究社会调查问题也能透视出五四时期中国社会的变动,及中国知识分子在五四时期所发生的变化。

五四时期的社会调查作为独特的社会现象,也关涉此后历史发展的基础及前进的方向。就"五四"后的历史和中国共产党历史来看,早期的中国共产党人和马克思主义者是在五四时期成长起来的,受到了五四时期社会调查思潮的熏陶,这对于他们认识中国社会及改造中国社会都有重要的影响①。所以,从历史演进的连续性角度看,研究中国共产党早期历史,探索马克思主义中国化的早期历程及演进轨迹,都可以从五四时期知识界的社会调查中得到相关的启示。我因为有这个想法,所以马莎莎在2007年9月入学后,就让她起草《调查研究与马克思主义中国化》一文,目的是将社会调查与"五四"后中国历史的演进历程更好地联系起来,与中国共产党人变革中国社会的历史活动联系起来。

在这篇《走向社会:五四知识界与社会调查的兴起》中,我说:"他们开展的社会调查运动自然是与新知识界改造社会的理念紧密相连的。因此,五四新知识界的社会调查这一现象,可说是其'社会改造'思想的折射。"这里的议论,确实是对五四时期的"社会改造"思潮有感而发②,自己也曾打算对"社会改造"思潮进行专门的研究。但我当时正在研究"中国马克思主义学术史"课题,无暇顾及五四时期"社会改造"思潮问题。在2017年决定出版五卷本《中国马克思主义学术史》,将"中国马克思主义学术史"的研究告一段落后,我于2019年2月

① 最典型的例证是,毛泽东特别重视社会调查对于认识国情的极端重要性。这对于马克思主义中国化影响很大。

② 我对五四时期"社会改造"思潮引起注意,是在撰写《李大钊与中国现代学术》博士论文过程中。参见拙作《李大钊与中国现代学术》,河北教育出版社2002年版。

12 日开始重点研究五四时期的“社会改造思潮”问题,在撰写出 30 多万字读书笔记基础上,首先是发表了几篇相关的文章①,然后就是形成了《马克思主义“革命话语”在中国的建立——基于五四时期社会改造思潮的研究》书稿。看来,学术选题从引起注意,到产生很大的研究兴趣,再到形成具有代表性的成果,需要经历较长的时间。

五四历史是值得深入研究的课题。“五四”是近代以来中国演进中最为重要的历史节点,成就了五四时代独特的历史方位,对现代中国社会的演进有着极为广泛的影响。希望年轻学者,能加入五四历史研究的队伍中。

2021 年 1 月 7 日

① 主要是:《五四时期“社会改造”话语与“主义”的崛起:纪念五四运动一百周年》,《党史研究与教学》2019 年第 5 期;《五四时期“社会改造”话语中平民化理念》,《安徽史学》2020 年第 3 期;《五四时期公共意识的兴起与私人空间的压缩:基于五四时期社团中戒约、会议、日记等的考察》,《学术界》2021 年第 4 期。

早期李大钊对进步党—研究系认识的变迁

早期李大钊是民主主义者，他的民主主义思想是如何得以形成的呢？早期李大钊是不是激进的民主主义者呢？要认识这些问题并作出符合历史实际的回答，就不能不考察早期李大钊思想的演变和发展。研究早期李大钊对进步党—研究系认识的变迁，可以窥见李大钊早期思想发展的线索，从中发现李大钊早期思想的复杂性及其所具有的特质。本文试图以民国后政局演变为总体背景，以进步党—研究系政治意向的变化及其活动的逐步展开为脉络，以李大钊对国家政治生活的考察为基点，全方位研究早期李大钊对进步党—研究系的认识过程，力图勾勒出李大钊早期思想演变的轨迹。

一、民国初年李大钊的政治主张与进步党相近

民国建立后，革命的果实被袁世凯所窃取，资产阶级改良派幻想在袁世凯政府内进行活动。正是在这样的背景下，1913 年 5 月 29 日，共和、民主、统一三党在北京召开合并大会，正式组成进步党。黎元洪是名义上的领袖，党内实权操纵在梁启超和汤化龙等立宪派人物手中。进步党标举的政纲是“采取国家主义，建设强善政府”；“尊重人民公意，拥护法赋自由。”①它明确表示要以“国家主义”对抗国民党的“民权主义”；以“建设强善政府”为袁世凯反动统治效力，反映了进步党的反动性。

民国建立前后，李大钊所接受的是改良主义教育，思想上受改良主义思潮的影响。李大钊 1907 年在天津法政专门学校读书，1913 年暑假从该校毕业。天津法政专门学校是随着君主立宪活动的展开而创办的。李大钊从这所学校所受

① 谢彬：《民国政党史》，上海学术研究会 1925 年版，第 54 页。

到的影响基本上得自君主立宪派，表现出拥护政府、赞同改良的政治意向。第一，在中央与地方的关系上，李大钊站在进步党一边，主张中央集权，反对地方分权。李大钊在1914年3月发表文章主张中央集权，认为由革命时期的各省纷纷独立所造成的都督权重现象，会导致“暴君歇而暴民兴”的结果①。他认为加强中央集权的重要措施是“裁督”，实际上是主张裁撤掌握地方实权而与袁世凯对抗的国民党都督。他甚至说：“今人不察，徒齗齗于中央之是防，而不知跳梁违宪者，实不在总统，而在都督也，不在中央，而在地方也。”②这与进步党拥袁主张是一致的。第二，在对待国民党问题上，李大钊与进步党一样采取了反对的立场。辛亥革命的胜利是国民党人奋斗的结果，国民党革命派对推翻帝制、实行共和作出了重要贡献。李大钊受君主立宪派影响，对国民党采取了不正确的立场。早在1913年4月他发表《大哀篇》，明显地把矛头指向国民党人。他说当时政象是：“骄横豪暴之流，乃拾先烈之血零肉屑，涂饰其面，傲岸自雄，不可一世，且悍然号于众曰：‘吾固为尔民造共和幸福也’！呜呼，吾先烈死矣，豪暴者亦得扬眉吐气，击柱论功于烂然国徽下矣。共和自共和，幸福何有于吾民也！”③李大钊对政象混乱的深切忧虑和对人民痛苦的同情，表现了进步的思想倾向。但他所指的“骄横豪暴者”，从他用的词语“傲岸自雄”、“扬眉吐气”、“击柱论功”以及借“豪暴者”之口所说的“吾固为尔民造共和幸福也”一语来看，显然是指为辛亥革命立下功绩的国民党革命派。也就是说，李大钊把国民党革命派作为政治批评的主要对象。如果说这还不能说明问题的话，那么“宋案”发生后，李大钊继续发表文章，强调“宪典昭示之日”就应废除都督、完成中央集权的国家建设，那就公开地把矛头指向国民党革命派了。他说：“皖赣湘粤，岸傲自雄，不待宋案发生，借款事起，始有离异之迹也。”④以上两点，足见李大钊受进步党影响之深。

李大钊在民国初年受进步党偏见影响之深，章士钊的回忆也说明这一点。章士钊说：“据吾所知，守常（李大钊）初从汤济武（化龙）孙伯兰（洪伊）游，谈政臭味，与进步党相近。”⑤事实正是这样。1913年夏李大钊从北洋法政专门学校毕业后即去北京，结交进步党人汤化龙，并办《法言报》，后又受进步党人的资助留学日本。据李大钊被害时的报纸所载：“李（大钊）在该校（北洋法政专门学

① 《更名龟年小启》，《李大钊全集》第1卷，人民出版社2013年版，第40页。

② 《裁都督横议》，《李大钊全集》第1卷，人民出版社2013年版，第61页。

③ 《大哀篇》，《李大钊全集》第1卷，人民出版社2013年版，第7页。

④ 《裁都督横议》，《李大钊全集》第1卷，人民出版社2013年版，第64页。

⑤ 章士钊：《〈李大钊先生传〉序》，北京宣文书店1951年版。

校）毕业后，结识孙洪伊，复由孙介见汤化龙，二氏皆器重之，即共同出资送往日本留学，此为李立世之始。”①当为可信。可见，李大钊此时与进步党的关系，非同一般②。

民国初年，李大钊的政治主张与进步党相近，是有深刻的原因的。第一，李大钊所接受的教育深受立宪派的影响。李大钊在北洋法政专门学校学习六年，所接受的是改良主义思想的熏陶，而且在当时的北方，君主立宪派有很大的声势，相比较而言，国民党革命派的影响则不大。由此，当时李大钊从自己思想实际出发，拥护现行政府，主张政治改良，其主张与进步党相近并不为怪。第二，民国初年，政党在政治舞台上的活动状况，也使李大钊更倾向于进步党。民国初年，袁世凯窃国，国民党革命派以为帝制推翻、革命告成，大都偃旗息鼓，声势不大，即使是孙中山也想不过问政治而致力于经济建设。而君主立宪派则极其活跃，到处发表政见，迷恋政党政治，以在议会中多占席位，左右政局。客观形势也使得李大钊倾向于立宪派。第三，李大钊的认识也处在一个急待发展的阶段。1913 年李大钊 24 岁，世界观正在形成之中，而此时他的思想基本上是改良主义，因此对政局的分析必然失之偏颇；同时，资产阶级改良派政党的政治活动可以说才初步展开，其本来面目亦需要有一个逐步暴露的过程。因此，李大钊对进步党的认识需要不断地加深。由于以上种种原因，李大钊此时的政治主张更接近于进步党，这就不足为奇了。

需要指出的是，李大钊此时政治主张虽然与进步党相近，但他与梁启超、汤化龙之流却有很大的不同。一者，他不是要依附袁世凯找官做，进行政治投机，而是表现出忧国忧民的深挚的感情；二者，他敢于揭露弊政，对当时的社会状况表示极大的不满，力图以改造社会为已任。这是与进步党不可同日而语的。这也是以后李大钊思想不断发展，最终与进步党彻底决裂的内在思想原因。

二、袁世凯复辟时期李大钊逐步偏离进步党的政见

李大钊对进步党的认识，是随着进步党活动的展开而逐步加深的。进步党

---

① 《晨报》1927 年 4 月 30 日。

② 目前有些论文或专著说李大钊在 1913 年加入进步党，据笔者查考，尚无史料充分说明这一观点。

执行依附袁世凯排斥国民党革命派的政策。1913 年 7 月，当袁世凯提出要熊希龄组阁时，进步党积极支持。几经讨价还价后，梁启超任司法总长，汤化龙也出任众议院议长。这表明进步党在政府和国会中的地位有所提高，立宪派加紧了与封建军阀的勾结。此时，进步党实行排斥国民党人的政策，汤化龙居然发表声明，说国民党“叛反国家，应从速扑灭”①。对进步党这种排斥国民党的政策，李大钊表示了明显的反感。1913 年 9 月 1 日发表《是非篇》指出：“一年以来，由党见之故，诬蔑轧倾，不遗余力。”②这之中也包含对进步党的批评。1913 年 8 月进步党人梁启超为支持袁世凯当选正式总统，向袁世凯建议：“今最要者，乘此时机，使内阁通过，宪法制定，总统选出。”③进步党附和“先选总统，后定宪法”的怪论，以便使总统凌驾于宪法之上，助袁世凯登上总统宝座。一时舆论为袁当总统摇旗呐喊，浊浪声起。对此，李大钊著文指出：“前参议院之权能，议决者法律也，非宪法也。大总统之权能公布者，法律也，非宪法也。”④李大钊旨在从学理上说明总统与宪法的关系，不满当时拥袁为总统而不先制定宪法的舆论，反对总统凌驾于宪法之上的行为，这实际上婉转地批评进步党依附权势、违背民意和政理的做法。

当时国内政局的变动，袁世凯野心的膨胀，也引起李大钊对进步党政策的思考。袁世凯的目的并不是当正式大总统就止步，他帝制自为、独断专行的野心日益暴露。袁世凯镇压“二次革命”后，于 1913 年 11 月 4 日下令解散国民党，取消国民党的国会议员资格。1914 年初袁世凯开始遗弃进步党。对袁世凯的野心，李大钊有了初步认识。这时李大钊希望进步党改变态度，与国民党联合，组成“政治对抗力”，在法律的范围内同袁世凯专制抗衡，遏制袁世凯专制主义的发展。李大钊回顾了辛亥革命中革命派与立宪派合作的历史，指出进步党与国民党合作的重要性。他说：“武汉义声，江湖震动，举国人士，鉴于满清之不克与图存，温和政社，相率奔驰运动，而亦同情于激进派之主张，并力以赞改革之新运，共和遂以告成。设非二派同心协力，仍相背驰，则革命之成否，未可知也。”⑤在此认识的基础上，李大钊奉劝进步党：“党派分流，势力削弱，所谋遂亘数年而各

① 《时报》1913 年 7 月 24 日。

② 《是非篇》，《李大钊全集》第 1 卷，人民出版社 2013 年版，第 102 页。

③ 《梁任公先生年谱长编初稿》，转引自《中国现代史大事纪事本末》（上），黑龙江人民出版社 1986 年版，第 40 页。

④ 《论宪法公布权当属宪法会议》，《李大钊全集》第 1 卷，人民出版社 2013 年版，第 105 页。

⑤ 《政治对抗力之养成》，《李大钊全集》第 1 卷，人民出版社 2013 年版，第 183 页。

无所成”,特别是政党之间更“不可互相水火,与人以渔夫之利。”寄希望进步党与国民党合作,共同抵袁。李大钊的这些言论是在进步党的机关刊物《中华》上发表的,“对于进步党(改良派)的批评,更为精到而切中要害。”①1914 年 8 月李大钊发表《风俗》的文章,告诫进步党人放弃拥袁的方针,“圣人既不足依,英雄亦莫可恃”,不要对袁世凯抱有幻想,助桀为虐。李大钊对进步党依附袁世凯寻官做的政客行为提出了严肃的批评,他说:“势在一党,则蝇附一党,势在一人,则狐媚一人,既以贿而猎官,更以官而害民,栖栖皇皇,席不暇暖,各择其地位之便,从而发挥其才智聪明,尽量以行于恶。”②这表明,李大钊在思想上开始背离进步党。

进步党在护国运动中的表现,使李大钊在实际行动中又表示支持。1915 年 8 月,袁世凯指使党徒组织筹安会,公演帝制丑剧。以梁启超为代表的进步党大为不满,由拥袁立场转变为反袁立场。8 月末,梁启超发表《异哉所谓国体问题者》一文,说袁世凯就任总统时“宣誓之说”,“历历在目”,现在称帝是“食言自肥,匹夫贱之”,“四万万人所宜共诛也”③。汤化龙也在《顺天日报》上发表通电,斥责袁世凯复辟帝制“非时代所能容,倘不立即下野以谢国人,千夫所指”,必至无病而死④。与此同时,在政府中供职的进步党人大都离职,转到反袁的阵营,掌握了护国运动的领导权。此时在日本留学的李大钊对进步党的反袁行为表示赞同,积极参加反袁的留日学生总会,主张进步党与国民共同合作起兵反袁,并为护国军积极捐款。1916 年初,李大钊弃学回国,并准备参加讨袁的护国战争。由于护国战争主要是进步党发动和领导的,同时也由于进步党此时对袁世凯态度的转变,所以此时李大钊对进步党表现出一定的好感。

在这一阶段,李大钊的政见与进步党有明显的不同。既然李大钊是在进步党的资助下留学日本的,此时李大钊为什么在思想上开始背离进步党呢?这是因为李大钊留学日本,视野开阔,思想发展,对社会政治问题的认识有了进一步加深。李大钊在日本接受的资产阶级文化教育,这对他的民主主义思想意识的生成和发展起着重要的影响。这里要着重指出的是,这一时期对李大钊政治思想影响最大的,当是章士钊及其所创办《甲寅》杂志。《甲寅》杂志出版后,李大钊投书章士钊并投寄《风俗》一文,李大钊的信及文章一起发表在 1914 年 8 月

---

① 朱成甲:《李大钊早期思想和近代中国》,河北人民出版社 1989 年版,第 268 页。

② 《风俗》,《李大钊全集》第 1 卷,人民出版社 2013 年版,第 160 页。

③ 《饮冰室合集》专集,第 9 册,第 96 页。

④ 华觉明:《进步党与研究系》,《文史资料选辑》第 13 集,第 118 页。

出版的一卷三号上。这是李大钊在文字上与《甲寅》合作的开始。在此后的一个时期中,李大钊深受章士钊的影响,政治上与章士钊相当接近,甚至被时人当成是“甲寅派”,从而与进步党关系更淡薄。章士钊的回忆有助于我们认识这个问题。章士钊回忆:“1914 年,余创刊甲寅于日本东京,以文字与天下贤豪相接,从邮件中突接论文一首,余读之,惊其温文醇懿,神似欧公,察其自署,赫然李守常也。余既不识其人,朋友中亦无知者,不获已,撰言复之,请其来见。翌日,守常果至,于是在小石林町一斗室中,吾人交谊,以士相见之礼意而开始,……及与余交,议论竟与甲寅沆瀣一气,当时高李齐名,海内号甲寅派,胡适之曾屡之道,高谓皖士高一涵也。”①李大钊作为受进步党着力培养的人,这时转而接近曾参加辛亥革命并且正在积极进行反袁斗争的章士钊,这不能不说是李大钊开始摆脱进步党的表现②。与章士钊相识后,李大钊经常到章士钊的住所讨论各种问题。章士钊学识渊博,他的调和论、养成政治对抗力主张以及对西方民主政治的追求,在很大程度上影响了李大钊。这是李大钊对进步党看法发生变化的重要原因。从李大钊这一时期的著作也可以印证这一点。

三、段祺瑞控制北京政权后李大钊最终与研究系彻底决裂

袁世凯复辟败亡后,北京政权实际上为段祺瑞所控制。这时进步党分成两会:一是以汤化龙、刘崇佑、梁善济为首的“宪法讨论会”;一是以梁启超、王家襄、林长民为首的“宪法研究同志会”。1916 年 11 月下旬,他们又合组为“宪法研究会”,被称为“研究系”。“研究系”是进步党的继续,执行拥护段祺瑞的政策。

1916 年李大钊回国后,迅即被进步党拉了进去,担任了研究系筹办的机关报《晨钟报》的编辑主任(即总编辑)。如前所述,李大钊留学日本后政治上已与进步党分手,那么此时李大钊又为何进入研究系(先前的进步党)的阵营呢?依笔者之见,主要有三点原因:

其一,李大钊为进步党所资助而留学日本,留学期间使用过进步党的经费,

① 章士钊:《〈李大钊先生传〉序》,北京宣文书店 1951 年版。

② 李龙牧:《五四时期思想史论》,复旦大学出版社 1990 年版,第 17 页。

而且汤化龙与李大钊的私交非同一般，所以李大钊回国后碍于私人情面只得答应为研究系办报纸。

其二，李大钊留学日本后与进步党在政治上虽已渐渐分手，但进步党在讨袁的护国战争中表现出积极态度，李大钊对此抱有好感。李大钊这时思想体系还有一定的改良主义因素，希望通过改革的途径实行国内宪政，因此他此时对研究系还抱有幻想，试图通过自己的努力来改变研究系，从而影响国内政治。

其三，李大钊在留学日本期间思想有新的发展，民主主义思想得以生成。如他说："群枢倾于朝，未必不能兴于野，风俗坏于政，未必不可正于学"，"时至今日，术不能制，力亦弗胜，谋遏洪涛，昌学而已"①。认识到思想启蒙的迫切性。因此他希望能通过《晨钟报》这块阵地来施展自己的政治抱负，从而达到改造国民性的目的。李大钊以后在《晨钟报》的言论也说明这一点。正是在这样复杂的背景下，李大钊接受了研究系的邀请，出任《晨钟报》的总编辑。

很快，李大钊与研究系的矛盾公开化。1916 年 8 月 15 日，《晨钟报》创刊，李大钊发表创刊辞——《〈晨钟〉之使命——青春中华之创造》，提出了改造中国的希望，认为社会改造"不在白首中华之保存，而在青春中华之创造"，逐渐地抛弃思想中的改良成分。李大钊把"再造"中国的希望寄托在青年身上，宣告"青年不死，即中华不亡"，"国家丧其青年，则其国无生机"；"青年者，国家之魂"。声明《晨钟报》为"青年之舌"、"青年之友"，担负着"以青春中华之创造为唯一之使命"②。李大钊的言论不能为研究系所容忍，他所声明的办刊方针当然也不能为研究系所接受。终于仅 22 天（8 月 15 日—9 月 5 日）时间，李大钊就发表声明脱离《晨钟报》，对"所有编辑部事项，概不负责"③。

李大钊又为何迅速脱离《晨钟报》、与研究系分离呢？主要是李大钊在《晨钟报》难以实现自己的抱负，对研究系依附段祺瑞的政策表示反感的缘故。他在 1916 年 9 月 4 日《晨钟报》发表《别泪》，隐晦地表明自己当时的心态及其对研究系的态度。他说当时中国有三支政治力量，"甲支"是"专好交结官僚豪霸子弟，因之浸染恶习甚深"。这是暗喻北洋军阀。"乙支"是"习与游侠者游，好问人间不平事，间有流于躁暴者，但其奋斗勇往之精神，盖百折而不挠"。这是暗指资产阶级革命派，表现较多的肯定态度。"丙支"是"势力为最微。于是群

① 《风俗》，《李大钊全集》第 1 卷，人民出版社 2013 年版，第 159—160 页。

② 《〈晨钟〉之使命》，《李大钊全集》第 1 卷，人民出版社 2013 年版，第 329—333 页。

③ 《李守常启事》，《李大钊全集》第 1 卷，人民出版社 2013 年版，第 362 页。

相与谋,咸谓非亲近甲支,不足以自存”。这是暗指资产阶级改良派研究系,揭露了研究系依附北洋军阀的行为。李大钊借喻自己为“丙支中一少年迪穆者之未婚妻”,写信给“迪穆”①,和他“绝别”,奉劝他“此后之行动,勿过于随波逐流,于断崖绝壁之前,稍一自持,天不绝人,沈沈堕落之深渊,君子或能自崖而返,妾纵漂泊天涯,得闻君子忏悔之音讯,转徙穷途之身,仍当求所以效命于君子之前矣”②。反映李大钊“绝别”时还带有依恋之情。《别泪》总体格调是奉劝研究系悬崖勒马,好自为之,希望研究系“珍重珍重”,能够回心转意,言下之意颇带依恋和惋惜之情,并未与研究系割断一切关系。李大钊稍后回忆这段经历时谈道:“方愚去某报时,临别赠言,尚托辞寓意以为讽劝。”③这正反映李大钊当时的心情。

张勋复辟,研究系依附反动势力的丑恶行径暴露无遗,促使李大钊与研究系进行彻底的决裂。1917 年 7 月 1 日,张勋拥戴宣统复辟。梁启超亲赞戒机,成了段祺瑞的首席幕僚,军中所发重要文告多出其手中。其他研究系分子汤化龙、林长民等,也通电声讨张勋,对段氏拥护备至。段祺瑞重新掌握政权之后,以梁启超为首的研究系入阁者五人,梁启超任财政总长,汤化龙为内务总长。鉴于研究系依附段祺瑞的所作所为,李大钊发表《辟伪调和》文章,公开地、毫不留情地声明与研究系决裂,其言论之激烈、揭露之深刻、态度之坚决,超出以往。具体表现为:

其一,李大钊回顾民国以来的政治,揭露进步党、研究系代表的“缓进派”依附军阀、排斥国民党革命派的反动实质。李大钊指出,民国建立后“缓进派则以为袁氏之势力大足倚为抗制急进派之资,于是相率而趋承之缘附之。政客之运动,论士之言谈,乃如万派奔流,众矢一的,悉注重于拥护强力排斥激进之一途。于是有最流行之语,不曰中央集权,则曰强固政府;不曰临时约法之束缚太甚,则曰总统制之适于国情。酝酝之日未久,鼓吹之效大张。未几,而袁氏以兵力铲除民党矣。未几,而袁氏以武力劫夺总统,随即解散国会矣,而癸丑之局以成。又未几,而约法毁废、参政院成矣。又未几,而神武建号、洪宪改元矣,而帝制之祸以起。急进派既归失败,缓进派亦遭屏绝。缓进派诸公乃翻然变计,反其向之所为,护国军兴,或则驰入军府,躬参密勿,或则洁身海上,遥为声援,倒袁之

① “迪穆”是德谟克拉西(Democracy——民主)的谐音。李大钊以“迪穆”的未婚妻身份讲话,其寓意是深刻的,表明要做一个民主派。

② 《别泪》,《李大钊全集》第 1 卷,人民出版社 2013 年版,第 359 页。

③ 《辟伪调和》,《李大钊全集》第 2 卷,人民出版社 2013 年版,第 232 页。

役，厥功亦不可没。”然而袁世凯败亡后，进步党研究系又重蹈覆辙，对国民党革命派采取“援引轨道以外之暴力以为抵制”。李大钊感慨道：“诚不料缓进派诸公，竟一再犯援引特殊势力之嫌，而终不知觉悟。观其党魁致辞，报章著论，不曰特殊势力为今日国家所托命，则曰破坏旧势力无异破坏国家。”①李大钊通过对民国后政治斗争的回顾，揭露了进步党研究系一贯依附反动军阀的政治立场。

其二，李大钊通过对进步党—研究系历史的考察，指出缓进派虽以中间人自居“调和”矛盾，其实与北洋军阀一样都是“旧势力”的代表。李大钊指出，缓进派与北洋军阀紧紧勾结在一起，本质上已毫无区别：“环顾北京政治之舞台，兴高采烈之政客，则半为缓进派之魁俊。某也长财政矣，某也长内务矣，一堂济济，相与庆再造之丰功，赞光复之盛业矣。”②“而缓进派与官僚武人相结，附敌同攻，助纣为虐，而一而再，不自悛悔，咎固亦居其强半，虽百喙而莫可辞也。”③研究系明明是站在北洋军阀一边为统治者效力，可是往往又以“调和者”的面目出现。对此，李大钊反问道：“缓进派诸公既以调和自任，胡以与特殊势力相周旋晋接之际，不闻建一言陈一议焉，以促旧势力之觉悟，使之稍与新势力以自存之余地，而日惟奔走相告，以戒急进派”④。通过分析，李大钊指出：“缓进派当然亦在旧势力之列”，“缓进派时时在特殊势力卵翼之中，即特殊势力时时在缓进派指导之下”。李大钊认为，缓进派与旧势力举的是同一旗帜，政治信念“相近而可一类视之”⑤。这表明李大钊此时与研究系已彻底决裂。值得注意的是，李大钊与研究系决裂的过程中，对自己过去与进步党“过从颇稔”进行了自我反省，认为对进步党研究系已不敢作任何“奢望”⑥。

李大钊与研究系彻底决裂后，就勇敢地批驳研究系的反动谬论，毫不掩饰地阐明自己鲜明的民主主义立场。1917 年 10 月李大钊发表《暴力与政治》文章，批判梁启超所谓政治高于法律的观点。梁启超主张让法律上的主权屈服于事实上的强力的观点，实际上是屈服于反动军阀的统治。对此，李大钊指出：“事实上之强力，苟其与法律上之主权不属于一体，则必当依法津上之主权以为行动，

① 《辟伪调和》，《李大钊全集》第 2 卷，人民出版社 2013 年版，第 228 页。
② 《辟伪调和》，《李大钊全集》第 2 卷，人民出版社 2013 年版，第 229 页。
③ 《辟伪调和》，《李大钊全集》第 2 卷，人民出版社 2013 年版，第 230 页。
④ 《辟伪调和》，《李大钊全集》第 2 卷，人民出版社 2013 年版，第 228 页。
⑤ 《辟伪调和》，《李大钊全集》第 2 卷，人民出版社 2013 年版，第 227 页。
⑥ 《辟伪调和》，《李大钊全集》第 2 卷，人民出版社 2013 年版，第 232 页。

不当反法律上之主权以为行动”,否则,就是“非法之暴力”。而对于非法之暴力,“则社会督责,公民逆命,自有其制裁之道矣”。对于梁启超反对革命、宣传“革命不能产出良政治”的观点,李大钊一针见血地指出:“梁先生既反对革命,而独不反对暴力,有时且与暴力相依为命”,揭露了研究系依靠军阀“强力”的本质。针对梁启超反对革命的论调,李大钊指出:“故反对革命者当先反对暴力,当先排斥恃强为暴之政治”①。对研究系反动观点的有力清算,表明了李大钊鲜明的政治立场。

当然,李大钊在与研究系公开决裂的过程中,在理论上也是有不足之处的,突出地表现为受章士钊思想的影响。虽然此时李大钊与章士钊在政治上的合作关系已结束,但在一定程度上还受章士钊思想的影响。李大钊“辟伪调和”是为了希望出现“真调和”,实际上是要求以梁启超、汤化龙为代表的研究系与章士钊为代表的政学会合作来共同对付北洋军阀。他在批判研究系时力图说明梁、汤与章之间在过去的政争中是有“调和”之处的。他写道:“历次政争之起,究因急进派欲破坏旧势力乎?抑因旧势力不容纳新势力乎?以愚所知,急进派多数之纯正意思,固未尝有破坏旧势力之迹,且已与之调剂、与之融和不遗余力。此即观于辛亥之取消南京留守府,而举袁世凯为总统,丙辰之取消肇庆军务院,而认段祺瑞为总理,足以证之。”②以此说明研究系与政学会有调和的可能,能出现所谓“真调和”,进而与封建势力对抗。可见,李大钊在与研究系进行彻底决裂的过程中,还受章士钊政见特别是“调和”论的影响。

民国后中国政治变化复杂,险象环生,进步党及以后的研究系也以不同的面目活跃在政治舞台上。随着李大钊自身思想的变化和对社会政局的不断考察,他对进步党研究系的认识也经过了一个曲折变化的过程。研究早期李大钊对进步党—研究系的认识过程,可以发现早期李大钊是从改良主义立场出发的,而逐步成为一个民主主义者。在李大钊早期思想中,民主主义因素逐渐增多并超过改良主义因素,最终完成由改良主义到民主主义的思想转变。就总体而言,早期李大钊的确是民主主义者,但不是激进的民主主义者。

(原载《松辽学刊》1994 年第 4 期,人大复印资料
《中国现代史》1995 年第 2 期全文转载)

① 《暴力与政治》,《李大钊全集》第 2 卷,人民出版社 2013 年版,第 247 页。
② 《辟伪调和》,《李大钊全集》第 2 卷,人民出版社 2013 年版,第 228 页。

【昔文琐记】这篇《早期李大钊对进步党—研究系认识的变迁》,写作于1993年的暑假。

这篇《早期李大钊对进步党—研究系认识的变迁》的写作情形,可谓历历在目。记得当时我住在盐城教育学院的平房里,天气很热。小孩还不到一岁,中午由家属带着睡觉。我就利用中午的时间,大的凳子当桌子,坐在小凳子上写的。大概经过了两三个中午,这篇《早期李大钊对进步党—研究系认识的变迁》终于成稿。那时,住房只有一间,非常潮湿,一张双人床就占去了三分之一的空间,家里书又多,显得十分拥挤。小孩当时又小,没人带,家属要上班,我也要上班,很是艰苦。在这种状况下,写篇文章真是很不容易。好在当时我在学报工作,就把要修改的稿子带到家里改。这篇文章写好后,不久就在公开刊物《松辽学刊》上发表。

写这篇《早期李大钊对进步党—研究系认识的变迁》,得益于阅读我师兄杨洪章教授的文章所获得的启示。杨洪章早在1989年前后就研究"李大钊与旧党派的关系",写出《李大钊与旧党派的关系》一文①,入选为纪念李大钊百年诞辰全国学术讨论会论文。我读了此文后深受启发,遂而想专就"李大钊与进步党关系"做出研究。此后,杨洪章发表了不少研究李大钊的文章,还出版了几部专门研究李大钊的著作,如《李大钊与山东近代名人的交往》、《李大钊思想与著作研究》等。在山东,吕明灼是老一辈山东学者研究李大钊的代表,而杨洪章则是山东年轻一代研究李大钊的代表。将来书写《李大钊研究史》时,应该记载吕明灼、杨洪章等山东学者的贡献。

李大钊在民国初年也就二十多岁,是以"政论家"身份出场的,对于民国初年政治舞台上的各种势力皆有所评价。这篇文章只是就李大钊对民国初年的进步党—研究系的认识过程作了较为细致的梳理,借以窥见其政治态度的演变。文章虽然是研究李大钊对进步党—研究系的认识,但为了进行比较,也涉及李大钊对国民党的认识态度。我总希望能写一篇这篇文章的姊妹篇——《早期李大钊对国民党的认识过程》,将李大钊的早期政党观研究做得扎实些,但一直未能如愿。现在看来,此文有不足的地方,如认为早期李大钊"不是激进的民主主义者",这个认识就不妥。这反映我当时的认识水平。

我通过这篇文章的写作,初步厘清了李大钊的早期政党观及其发展线索,知

---

① 杨洪章此后对此文作进一步的修改,最后发表在《近代史研究》上。参见杨洪章:《李大钊与旧党派的关系》,《近代史研究》1995年第2期。

道早期李大钊对当时政党的认识经过了一个曲折的历程，其思想认识也是随着对现实政治的考察而不断前进的。这为我后来写《李大钊的早期思想与民国初年的中国政治》（载《南京师范大学学报》2002 年第 1 期）及《早期李大钊的政党政治观》（载《宁夏大学学报》2001 年第 3 期）等文章，奠定了学术基础。

2021 年 1 月 30 日

托尔斯泰对李大钊早期思想的影响

近年来,学术界已开始注意李大钊早期思想的研究。笔者以为,研究李大钊早期思想不仅要考虑其自身的特点,而且要把李大钊这一人物放在中西文化相互交融的背景中加以综合分析,这样李大钊才既具有自己的特点又具有时代的特色,也才成为活生生的历史人物。鉴于此,笔者试图就列夫·托尔斯泰对早期李大钊思想的影响作些初步的探讨,同时对李大钊接受托尔斯泰思想的原因作些粗浅的分析。

一、赞赏托尔斯泰的“英雄”观,反对英雄崇拜意识

李大钊赞赏和吸收托尔斯泰的“英难”观,是基于对袁世凯复辟后社会现实的思考。袁世凯窃国,原因何在?李大钊认为,袁世凯之所以能够篡夺政权除其个人因素外,还有复杂的社会原因,国民落后的文化心理——英雄崇拜意识是助长专制复活的重要原因。封建时代所谓“贤君出世救民于水火”的观点,是袁氏得以利用并实现其政治野心的重要条件。因此,李大钊进一步认为,正确理解和认识英雄与众庶的关系,阐释“英雄”的真义,对于扫除封建专制思想,铲除专制复活的社会土壤是极为重要的,因为“英雄主义乃专制之原”①。——这正是李大钊对民国以后社会分析的结果,同时也是李大钊能够接受托尔斯泰“英雄”观的基本原因。

李大钊吸收托尔斯泰“英雄”观又是对西方政治学说分析后的积极选择。为了弄清“英雄”的本义,李大钊对西方资产阶级学者加莱罗、耶马逊(爱默生)、托尔斯泰三人关于英雄的看法作了具体的分析。李大钊在比较中发现托尔斯泰

① 《民彝与政治》,《李大钊全集》第1卷,人民出版社2013年版,第280页。

的“英雄”说具有反封建的意义。

李大钊进而运用托尔斯泰的主张，阐释重视民彝的重要性。李大钊对托尔斯泰英雄论的吸取，是服务于当时反封建斗争的需要，推进早期新文化运动的发展。他基于托尔斯泰“离于众庶，则无英雄”的见解，猛烈抨击封建的英雄崇拜意识，倡导“唯民主义”。李大钊重视民众在社会上的自主和自立，对于封建时代民众“失却独立自主之人格，堕于奴隶服从之地位”的逆境，表示极大的愤慨。他认为英雄与凡民之间并没有绝对的不可跨越的鸿沟，英雄产生于民众，离开众庶则英雄无势力，因此，“唯民主义乃立宪之本，英雄主义乃专制之原”。李大钊已经意识到群众力量的伟大，不是英雄左右群众，相反是群众决定英雄的命运，因为英雄是从群众中产生的，离开广大的群众基础，英雄也就无用武之地，英雄也就不成为英雄。李大钊在批判英雄史观时还认为，英雄“超群轶类者，非由时会之因缘，即在众庶之信仰”①。他把英雄的产生归于众庶的信仰，即英雄来自民众的心理、意志、愿望等精神因素，这显然是唯心的。他把英雄的产生归于“时会之因缘”具有一定的真理性，但他还不可能将“因缘”理解为一定时代经济、政治、文化等条件的总和，他所理解的“因缘”不过是托尔斯泰所说的“群众意志之积累”（亦即“众意总积”）②。但在当时在历史条件下，李大钊运用托尔泰的英雄论反对封建专制思想，倡导唯民主义，还是有其积极意义的。它对于清除国民中英雄崇拜意识，确立国民新的民主自由等价值观点是有深远影响的。

二、吸取托尔斯泰的悔改即革命说，强调道德的自我完善

托尔斯泰主义鼓吹非暴力抵抗邪恶，主张自我道德的完善，幻想通过个人的修炼由己及人反抗罪恶，要求个人通过“忏悔”纯洁自己的心灵，驱除自私、暴虐、邪念。这样，人心的“忏悔”达到弃恶从善，战胜黑暗势力。因此，在托尔斯泰看来，“忏悔”等于“革命”，这就是托尔斯泰所说的“精神革命”，在本质上是唯心的，突出地表现为非暴力思想。托尔斯泰的这种思想给早期李大钊以很深

① 《民彝与政治》，《李大钊全集》第1卷，人民出版社2013年版，第280页。

② 许全兴：《李大钊哲学思想研究》，北京大学出版社1989年版，第72页。

的影响。

其一,忏悔即革命说使早期李大钊倾向于改良,反对以暴止暴、以暴易暴。

早期李大钊反对革命特别是暴力革命,而主张对社会进行改良。他在《民彝与政治》中对托尔斯泰的"革命"之义颇为赞同。托尔斯泰说:"革命者,人类共同之思想感情遇真正觉醒之时机,而一念兴起欲去旧恶就新善之心觉变化,发现于外部之谓也。除悔改一语外,无能表革命意义之语也。"①李大钊通过对托尔斯泰"革命"之义的诠释,表明自己的非暴力主张。他认为南方国民党人起兵反袁,是忏悔的结果,并要求人人"以心印心,同去旧恶,同就新善",反对袁世凯复辟。李大钊早期奉信托尔斯泰的"忏悔"="革命"论,这正是对托尔斯泰主义的总体继承,因为"忏悔"就是托尔斯泰主义核心所在。李大钊试图通过自身的忏悔,同去旧恶,同就新善,达到保卫辛亥革命成果的目的——这显然是关于社会改良的一种愿望,突出地反映了李大钊早期思想中改良主义的一面。虽然李大钊对托尔斯泰主义的局限性有所认识,但在实际运用中,李大钊并没有抛弃托尔斯泰的非抵抗主义,恰恰是把托尔斯泰的非抵抗主义纳入自己的早期思想体系。

早期李大钊引用托尔斯泰观点,阐明自己反对以暴止暴、以暴易暴的主张。李大钊认为"善良之政治,非可以暴力求也"②。在李大钊看来,国民各有以自任,不可滥用势力以求政治之竞争,成为专制政治之血祭。他认为辛亥革命时国民党蓬勃一时,而不能善用其锋与当局相见于政治平和竞争之轨,导致国家战乱不断,纷争不止——李大钊的这种主张是错误的。然而,李大钊为了给自己的主张找到依据,大段引用托尔斯泰的话以为佐证。他说:"俄儒托尔斯泰(Leo Tolstoy)曰:'反省与经验,吾知之矣。与政府抗战所取之术,至是悉归无效,岂惟无效,且有以致政府之权力与无责任愈甚焉。盖求抵抗之力,不可不立于坚固之地盘'。地盘惟何,求之别章,氏复有所明告曰:'暴烈之革命,既过其时,一切能与诸人者,既为彼等所与,同时其所难与者,亦昭然若揭。实际之自由,非能依巷战虐杀而获者,宁罢止服从一切人界之权威,始能获也。'"③李大钊引用托尔斯泰这段话,主要说明两层意思:一、真正和平,非能依暴力而得,"必人各从良知而恶暴力,则暴力不除自隐"。二、以暴力求政治必致专制,从而民命摧残,政局变

① 《民彝与政治》,《李大钊全集》第1卷,人民出版社2013年版,第287页。

② 《政治对抗力之养成》,《李大钊全集》第2卷,人民出版社2013年版,第185页。

③ 《政治对抗力之养成》,《李大钊全集》第1卷,人民出版社2013年版,第185页。

迁,纷争不息。施用暴力,不但不能达到和平,而且招致“以暴易暴”的恶果。那么,对于暴力政治怎么办?李大钊不同意“以暴易暴”的方法,而是寄希望于人人之间的相互“忏悔”。他说:“希望畴昔滥用其势力,致遭败覆,仍欲以零碎之血,快意气报恩仇者,至是当以绝痛之忏悔,放下屠刀,立地成佛,速纳其力于正轨,勿任狂奔横次,不知自反,以摧国命而躬蹈自杀也。”①直到1917年,李大钊还没有放弃非暴力革命的主张,还希望论革命者“痛自忏悔”。早期李大钊吸取托氏的忏悔即革命论,寄希望于社会的政治改良,虽然反映了民国初年人们要求安定的愿望,但他不能区分革命暴力与反革命暴力的不同,把暴力看成是绝对的恶,从而陷入了反对一切暴力、反对革命的迷误。正基于此,将早期李大钊称为激进的革命民主主义者是不恰当的②。

其二,忏悔即革命说使早期李大钊注重人心的变动,试图通过个人的品行修养和道德的自我完善来改造国民性。

李大钊主张以个人的忏悔来达到人心的变动。在他看来,个人的忏悔可以使人觉醒与醒悟,造成社会群体去旧恶与就新善,从而达到社会的和谐与稳定。这种思想正是来源于托尔斯泰主义的。托尔斯泰主张个人通过忏悔达到“道德的自我完善”,从而由个人的完善推广到社会群体的完善,依靠道德的感化改变剥削阶级的本性,去除社会的黑暗,达到理想的社会境界。李大钊对此十分赞同。如关于社会上的自杀问题,李大钊认为只有人心变动才能予以解决,其具体办法是各人“忏悔”(去旧恶、就新善的变化),去反抗“从黑暗到绝望到死”的过程,打破黑暗、实现光明世界(建天堂、天国于人世)。其思想就是,我不断地进行心的革新、人人不断地进行心的革新,以实现光明的世界③。李大钊说,自杀之象,因果复杂,“今欲遏之,惟望政治及社会,各宜痛自忏悔;而在个人,则对之不可蔽于物象,猥为失望,致丧厥本能,此即自觉之机,亦即天堂天国之胚种也”④。李大钊这种人心“忏悔”的主张正是源自托尔斯泰的道德自我完善的思想。李大钊关于人心变动的整体效应是,个人忏悔→群体忏悔→社会改造(精神革命)→理想境界。其首要的基本点是自我忏悔去除罪恶改变人心,因此其基础和核心是个体“心”的改造,因为只有心的改

① 《政治对抗力之养成》,《李大钊全集》第1卷,人民出版社2013年版,第184页。

② 许全兴:《李大钊哲学思想研究》,北京大学出版社1989年版,第35页。

③ [日]近藤邦康:《救亡与传统:五四思想形成之内在逻辑》,山西人民出版社1988年版,第156页。

④ 《厌世心与自觉心》,《李大钊全集》第1卷,人民出版社2013年版,第256页。

造才能达到弃恶从善的目的。这与李大钊以后提出的“物心两面改造”在思维模式上是一脉相承的。

李大钊认为只有人心的忏悔才能达到国民性的改造。国民性的改造问题，是五四时期一个比较突出的思想主题。国民性如何改造？改造哪些内容，达到什么目的？五四时期的知识分子由于其不同的政治立场和文化思想结构，因而也提出各自不同的主张和设想。李大钊由于深受托尔斯泰的影响（当然也有传统文化修身养性一面的影响），提出了以“忏悔”为核心的改造办法，从而形成个人与社会的平和，驱除构成罪恶的种种因子，而在社会则对个人加以督促和调控，以保证个人顺着天性（良知）的路径发展。李大钊说：“斯则忏悔之责，固不仅为躬犯罪恶之人所独任，即呈布此罪恶之社会中之各个分子，亦当因之以痛加省察，深为忏悔。须知一个罪恶之构成，因果复杂，决非当事者之一人所能致。在个人固不可以此自脱，在吾人对于其个人亦不宜以此恕之。而在社会本身，则当以此自责；在吾人对于此社会，亦当沈痛之警告也。”①虽然在国民性的改造问题上李大钊已注意到社会的整体环境的制约和影响，但李大钊所要求的则是个人，而个人则是按照托尔斯泰所说的“忏悔”的模式去重新建构，而且个人的重塑也是服务于社会。因此，在自我与社会关系的问题上，李大钊强调的是个人的“忏悔”而非社会，因而在整治社会罪恶与黑暗问题上，李大钊首先强调的不是社会如何改造而是国民应该先行改造。所以李大钊希望“社会中之各个人人，对此罪恶之事实，皆当反躬自课，引以为戒。庶几积小己之忏悔而为大群之忏悔，而造成善良清洁之社会力，以贯注于一群之精神，使人人不得不弃旧恶，就新善，涤秽阍，复光明。”②那么人们如何自行“忏悔”呢？在李大钊看来，忏悔的目的是为去除社会的罪恶，而社会的罪恶：虚伪、夸张、奢侈、贪婪等等皆由于过度生活所引起，因此要去除罪恶首先要提倡简易之生活，因为“光明磊落之人格，自有真实简朴之生活”。所以李大钊说：“余既于本报示忏悔之义，而忏悔之义，即当以实行简易生活为其第一步。吾人而欲自拔于罪恶也，尚其于此加之意焉。”③亦即通过简易生活去除无限的物质欲，完成人心的忏悔，从而达到国民性的改造。

① 《罪恶与忏悔》，《李大钊全集》第 2 卷，人民出版社 2013 年版，第 168 页。
② 《罪恶与忏悔》，《李大钊全集》第 2 卷，人民出版社 2013 年版，第 169 页。
③ 《简易之生活》，《李大钊全集》第 2 卷，人民出版社 2013 年版，第 172 页。

三、信奉托尔斯泰的“博爱”观，提倡人道主义的精神

托尔斯泰倡导人伦关系普遍的“爱”，认为立国的新精神在于个人建立以“爱”为准则的道德体系，同时社会也要尊重个性的发展，充分实现个人在社会中的价值。因此，人道主义是人与人、人与社会之间必须遵循的基本原则。早期李大钊深受托尔斯泰这种思想的影响。

早期李大钊对托尔斯泰的“博爱”观非常赞赏。他说：“托尔斯泰者，近代之伟人也，举世倾仰之理想人物也。彼生于专制国中，以热烈之赤诚，倡导博爱主义，传布博爱之福音于天下，扶弱摧强”①。号召国人遵循托尔斯泰的博爱精神，理解托尔斯泰博爱的真义。李大钊对托尔斯泰“博爱”论的思想基础作了详细的介绍，并颂扬托尔斯泰的博爱精神，其目的是要唤起社会对国民的地位和人格的重视，号召人们破除奴隶之道德，坚持真理之权威。这对于反对封建时代个性的灭却，倡建新的自主、自立的独立人格是有积极意义的。

李大钊接受托尔斯泰泛爱论思想的影响，推崇托尔斯泰为人道奋斗的品格及其人道主义的思想内容。在李大钊看来，托尔斯泰作为一代文豪不仅有博爱的精神，而且有人道的品格。他说：“托尔斯泰生暴俄专制之下，扬博爱赤帜，为真理人道与百万貔貅、巨家阀阅、教魔、权威相搏战，宣告破门，杀身之祸，几于不免，而百折不挠，著书益力，充栋汗牛，风行一世。”②因此，李大钊主张在尊崇托尔斯泰“博爱”论的前提下，也要发扬托尔斯泰的人道精神。这是因为，李大钊相信良好的习惯和纯朴的社会道德，人心洁素而人道昌明，争斗之患可除。可见，李大钊吸收托尔斯泰泛爱论都是从托尔斯泰的人道和人心主张出发的。这一点他在《风俗》中讲得特别清楚。他说：“是故离于人心则无风俗，离于风俗则无群。人心向道义，则风俗日跻于纯，人心向势力，则风俗日趋于敝。”③李大钊吸取托尔斯泰的博爱论和人道论提倡人道主义，就必然回到人心的整治问题。如何整治人心、昌明人道呢？李大钊又只能采用托尔斯泰的“忏悔”说。李大钊说：“为今之计，吾人当发挥正义，维护人道，昭示天地之常则，回复人类之本性，

① 《介绍哲人托尔斯泰》，《李大钊全集》第1卷，人民出版社2013年版，第341页。

② 《文豪》，《李大钊全集》第1卷，人民出版社2013年版，第119页。

③ 《风俗》，《李大钊全集》第1卷，人民出版社2013年版，第157页。

俾人人良心上皆爱平和,则平和自现,人人良心上皆恶暴力,则暴力自隐,人人良心上皆悔罪恶,则罪恶自除。人心一念之悔,万象昭苏之畿也。"①在李大钊看来,对人心问题的解决,只能感之以性(人性)、晓之以理(人道),在心灵深处培植平和的习性;同时要对人心予以正确的导向,即以天地之常则(物之理),回复人类的天性(平和),才能驱除心灵的迷误。这样,外部的理性导向与内部的省察及悔悟相结合,使人与自然融为一体,于是暴力自隐,罪恶自除。可见,李大钊是从启发灵性、发显人性的角度,接受托尔斯泰的人道主义主张的。

需要指出的是,李大钊对托尔斯泰"博爱"论和人道论的吸取是以人性善为理论基础的。李大钊认为,人性善是人能够"忏悔"达到灵性的外扬从而实现博爱与人道的决定性因素。人性是存在的,在本质上是社会的产物,李大钊对此当然是认识不到的,因此对博爱和人道只能作出唯心的解释。当然,在当时的历史条件下,倡导博爱和人道,对反对专制独裁、宣传民主自由也不无积极意义。我们不能苛求前人,但要作出历史的说明。

四、接受托尔斯泰的泛劳动主义,主张知识分子与劳动人民融为一体

托尔斯泰的泛劳动主义是以"虚伪文明"论为背景的,李大钊亦深受其影响。托尔斯泰认为,今之文明为虚伪之文明,少数阶级之淫乐与虚荣,而几千万多数之下层阶级穷且饿矣。李大钊对托尔斯泰的"虚伪文明"说加以吸收和运用,认为当时中国也处于虚伪文明阶段。他说辛亥革命之后各地军阀所谓"民政"、"民权"之类皆为虚伪文明之政治表征。李大钊还特别注重对社会罪恶的描述和揭露,强调对"白首中华"的改造和对"青春中华"的创建。他认为,民国以后军阀割据称雄、各行其是,是"矛盾之生活,不调和之生活,亦不统一之生活"的现状②。之所以如此,是因为中国处在新旧文明的交替阶段。正是李大钊接受托尔斯泰"虚伪文明"之说,因此他对封建制度的批判更为鲜明,同时也使他能进一步接受托尔斯泰的"泛劳动主义"。

李大钊对托尔斯泰的"泛劳动主义"十分赞同。托尔斯泰说:"所谓最大之

① 《原杀》,《李大钊全集》第1卷,人民出版社2013年版,第81页。
② 《矛盾生活与二重负担》,《李大钊全集》第1卷,人民出版社2013年版,第418页。

善何也？劳动者最大最初之善也。无劳动则无人生。"李大钊对此十分欣赏，认为知识分子只有在劳动中才能体现自己的价值，只有与劳动者同甘共苦才能实现自己的价值。李大钊赞赏托尔斯泰与农民为伍、从事劳动的美德，说托尔斯泰"知劳动之所以为神圣，身为贵族，而甘于菲食敝衣，与农民为伍，自挥额上之汗，以从事劳作。此其德行之美为何如耶？"①他赞成托尔斯泰关于劳动神圣的主张，赞美托尔斯泰"为人类驰驱，为同胞奋斗，为农民呼吁"的行为，认为只有劳动才能体现人类的美德。他说："就是那推粪的工人，也有一种清白的趣味，可以掩住那粪溺的污秽。因为他们的活动，都是人的活动。他们的生活，都是人的生活。他们大概都是生产者，都能靠着工作发挥人生之美。"②这与托尔斯泰所主张的"无劳动则不能生活，即无劳动无人生。于是知劳动为人生之最大义务，从而为最大善也"的观点，是较为一致的。可见，李大钊对劳动的看法和理解正是来源于托尔斯泰的。

李大钊在托尔斯泰泛劳动主义影响下，注重于劳动者的教育问题，主张知识分子到农村去启悟人心。他呼吁社会的各阶层充分注意劳动教育问题，以提高下层人民普遍的知识素养。他说："人类的生活，衣食而外，尚须知识；物的欲望而外，尚有灵的要求。"③这与托尔斯泰将人性划分为物欲与灵性的基本思想是相通的。在李大钊看来，人生必需的知识，就是引人向光明方向的明灯。因此"在教育上、文学上也要求一个人人均等的机会，去应一般人知识的要求"，"使一般劳作的人，有了休息的工夫，也要能就近得个适当的机会，去满足他们知识的要求"④。李大钊号召中国知识分子尊重劳动，发扬尊劳主义。他说："我觉得人生求乐的方法，最好莫过于尊重劳动。一切乐境，都可由劳动得来，一切苦境，都可由劳动解脱。劳动的人，自然没有苦境跟着他。"⑤李大钊要求中国的青年到农村去，拿出当年俄罗斯青年在农村宣传运动的精神，来作些开发农村的事，"只要青年多多的还了农村，那农村的生活就有改进的希望；只要农村生活有了改进的效果，那社会组织就有进步了，那些掠夺农工、欺骗农民的强盗，就该销声匿迹了"⑥。李大钊主张知识分子到农村去与农民融为一体，对农民进行宣传和

① 《介绍哲人托尔斯泰》，《李大钊全集》第1卷，人民出版社2013年版，第341页。
② 《光明与黑暗》，《李大钊全集》第2卷，人民出版社2013年版，第430页。
③ 《劳动教育问题》，《李大钊全集》第2卷，人民出版社2013年版，第407页。
④ 《劳动教育问题》，《李大钊全集》第2卷，人民出版社2013年版，第408页。
⑤ 《现代青年活动的方向》，《李大钊全集》第2卷，人民出版社2013年版，第439页。
⑥ 《青年与农村》，《李大钊全集》第2卷，人民出版社2013年版，第426页。

教育,启悟人心,以知识开化民智,从而实行“人心变动”——这显然是受托尔斯泰思想影响的。正如日本学者近藤邦康所说:“李大钊这种通过‘到民间去’的精神和‘人心变动’而使革命取得成功的看法,显然是以前的‘悔改=革命’论的发展。”①李大钊对劳动教育问题的重视,对其以后形成知识分子与工农相结合的思想也产生很大的影响。

李大钊接受托尔斯泰的泛劳动主义主张,具有较强的反封建斗争的色彩。对下层劳动者的同情和关注,为自己由民主主义者向共产主义者的转变创造了条件。同时,“劳动实为最大最初之善也,无劳动则无人生”的观点,则逐渐形成了以后李大钊注目俄国革命的劳工主义之基础②。这是应充分肯定的。

从以上分析可以看出,托尔斯泰特别是托尔斯泰主义对李大钊早期思想的形成产生了深刻的影响。李大钊早期思想体系包含着托尔斯泰的不少主张,只不过李大钊对托尔斯泰的思想加以吸收和改造,与传统文化的部分内容有机地结合起来,同时又与五四时期的民主科学思潮所注重的人的价值和尊严等观念结合起来,成为反封建斗争的思想武器。李大钊接受了大量西方思想文化(包括托尔斯泰思想),“但总的来看,中国传统思想文化的影响还不小。在他身上呈现着新旧文化、中外文化的互相冲突、互相渗透、互相融汇状态”③。托尔斯泰思想固然有许多消极因素,但作为民主主义者的李大钊能够对托尔斯泰主张和观点加以吸收、消化、发挥、引用和阐释,发挥了反封建的作用;虽然托尔斯泰对李大钊也有消极影响,但总的来说积极影响还是主要的。

那么,早期李大钊为什么会接受托尔斯泰的影响呢?笔者认为原因是多方面的。

其一,托尔斯泰在当时东方世界形成一种“热”,这种社会思潮不能不对青年李大钊形成影响。托尔斯泰为世界一大名人,其政治主张、伦理观点曾引起东方世界的广泛兴趣。早在 1900 年,中国就出现了评介托尔斯泰的文字。1907 年中国有人评介过托尔斯泰的宗教小说(《主与仆》及民间故事),1913—1917 年中国先后有《复活》(易名《阿娜小史》)的不完全的文言译本。托尔斯泰思想在中国的介绍和传播,对于“感于国势之危迫,急思深研政理,求得挽救民族、振

① [日]近藤邦康著,丁晓强等译:《救亡与传统:五四思想形成之内在逻辑》,山西人民出版社 1988 年版,第 196 页。

② [日]近藤邦康著,丁晓强等译:《救亡与传统:五四思想形成之内在逻辑》,山西人民出版社 1988 年版,第 158 页。

③ 朱成甲:《李大钊早期思想和近代中国》,河北人民出版社 1989 年版,第 380 页。

奋国群之良策”的青年李大钊来说，不能不引起注意。因此，李大钊在留学日本之前即在北洋法政专门学校时，就对托尔斯泰主张有所了解，并从日文中译出《托尔斯泰主义之纲领》。1914 年冬李大钊留学日本，而在日本当时正是托尔斯泰热。日俄战争后，托尔斯泰已在日本享有盛誉，一时研究其文学思想者颇众。而李大钊留日期间，“托翁，托翁”之声，遍于三岛，团体如“托尔斯泰协会”、杂志如《托尔斯泰研究》等都是以研究托尔斯泰为职志的。在这样的文化氛围中，李大钊会自觉不自觉地受到托尔斯泰思想的熏陶。作为一个向西方寻求救国救民学说的知识分子，李大钊必然会对托尔斯泰学说产生兴趣。

其二，托尔斯泰的思想和人格对早期李大钊有十分的吸引力。就托尔斯泰的思想而言，托氏所提倡的非暴力和主张道德的自我完善思想，不仅是俄国历史和现实的一种反映，而且从中国传统文化中吸收了丰富的思想内容。中国传统文化中包含着个人的自我修炼和自我提高的观点，强调通过自我的改造和修身来同化他人，达到社会其他成员精神思想的纯洁和优化，从而治国平天下。这些皆为托尔斯泰所吸收，从而形成特定的伦理思想体系——托尔斯泰主义。这对于受中国文化影响较深的早期李大钊来说，接受托尔斯泰思想也更为合情合理。因此可以说，李大钊接受托尔斯泰思想，是由于他们思想中存在着共同的文化思想因素。就托尔斯泰的人格来说，托尔斯泰早年是一个贵族子弟，深感拖欠劳动人民的债，他本人后来走同于俄国民粹派的道路，到农民中去，并在一定程度上对劳动人民给予理解和同情。这是李大钊所特别赞许的。由于李大钊早年也是农家子弟，对农民的悲惨生活和所求希望也是深为知晓的，在这一点上，他们有共同之处。就托尔斯泰的文学成就而言，托氏以尖锐的笔端描写了社会下层的现实，对封建专制予以无情的揭露，不仅显示了较高的文学修养，而且也表明了作品鲜明的政治性。这对于关注俄国文史的李大钊来说，不能不引起足够的注意和思考。李大钊早年特别赞赏托尔斯泰的文学成就及其所表现的批判精神，他说：“托尔斯泰者，近代之大文学家大思想家也。生于暴俄专制政治之下，呕其毕生之心血，为良心服役，为人道牺牲。既召政府之疾恶，又遭宗教之摒绝，而卒不少屈。斯真文学之钜子，人道之明星也矣！”①因此，托尔斯泰对早期李大钊具有很大的吸引力。在李大钊心中，托尔斯泰是一位很有影响的历史人物。由此也不难理解，托尔斯泰的言行对李大钊建构自己的早期思想体系发生深远的影响。

---

① 《日本之托尔斯泰热》，《李大钊全集》第 1 卷，人民出版社 2013 年版，第 441 页。

其三,当时的社会现实使得李大钊在寻求解决社会问题时能够接受托尔斯泰的思想。辛亥革命后,社会并没有像李大钊最初所设想的那么美好,社会问题险象环生,盘根错节,特别是在意识形态领域,国民思想意识、价值观念并没有能够彻底地转换,浓厚的封建意识、英雄崇拜主义和帝王思想仍然根深蒂固。这些使得李大钊寻求改变"人心"、改造国民性的途径,同时也使得李大钊注意到思想启蒙的极端重要性。李大钊吸取托尔斯泰的主张正是现实斗争中的一个积极探索,希望通过"人心"的变动造成国民的自主和自立的品格,这正是围绕当时社会启蒙的主题。李大钊说:"最近如托尔斯泰,世尝尊为文豪大哲者也,而前曾受破门之宣告矣。此可知邪说之未必果邪,淫辞之未必果淫。真理正义,且或在邪说淫辞之中也。"①可见,李大钊接受托尔斯泰主张也有倡导思想言论自由的一面。同时我们要看到,袁氏窃国后政治黑暗,兵连祸结,人民遭受痛苦,特别是各地军阀武力相争,兵战不息,社会黑暗到了极点。李大钊在没有接受马克思主义之前,找不到解决社会问题的良策,只能寄希望于人心的忏悔,以寻得社会秩序的安定,于是托尔斯泰的思想被李大钊拿来作为反封建的武器。当然,李大钊接受托尔斯泰的主张除去对现实的认识上的需要外,还有自身因素。这首先是李大钊相信人心是善良的,是可以通过自我修养达到良心的回复和道德的完善;其次,是由于李大钊受到传统文化的深刻影响,相信求治之道非以力服人,从而主张非暴力主义。可见,早期李大钊接受托尔斯泰思想一方面是现实的反映,另一方面又是自身思想发展阶段的必然结果。

李大钊吸收托尔斯泰的思想不仅对建构自己早期思想体系产生重大影响,而且也直接地间接地影响了当时一代的青年知识分子。描述李大钊早期思想生成发展的轨迹,对于深刻理解托尔斯泰对中国思想界特别是五四时期思想界的影响具有重大的启示。

(原载《学术交流》1993年第6期,人大复印资料
《中国现代史》1994年第2期全文转载)

【昔文琐记】这篇《托尔斯泰对李大钊早期思想的影响》写作于1992年底至1993年初,是我在30岁之前研究李大钊的代表作之一。此文第二部分专门论述李大钊对国民性改造问题的看法,我以后又专门撰写了《1912—1920年间李

① 《民彝与政治》,《李大钊全集》第1卷,人民出版社2013年版,第283页。

大钊对国民性问题的探索》文章。

写这篇《托尔斯泰对李大钊早期思想的影响》文章时,我对于托尔斯泰虽然知道一点,但对于托尔斯泰的思想理解还不深,有些问题也把握不准。当时为了解托尔斯泰,也读了一点书,知道列宁对托尔斯泰的评价。另外,就是请教盐城教育学院研究外国文学的姚公涛教授,得到了他的指点。姚公涛曾经到中国社会科学院外国文学研究所进修,专攻小说叙述学,在《外国文学》上发表了文章,出了不少成果。姚先生待人很好,以后当了教务处副处长,但没有一点官架子,对我有很大的帮助。现在,姚公涛是盐城师范学院的教授。虽然多少年没见面,但我时常还想起这位昔日的朋友。

我在20世纪80年代末90年代初,对李大钊的早期思想进行了较为系统的研究,主要工作有二:

一是梳理外国思想家对李大钊早期思想的影响,写成系列性的文章。主要是《论穆勒对李大钊早期思想的影响》(载《湖北师范学院学报》1992年第4期)、《托尔斯泰对李大钊早期思想的影响》(载《学术交流》1993年第6期)、《论爱默生对李大钊早期思想的影响》(载《李大钊研究》第3辑,1992年)、《试论柏格森哲学对李大钊早期思想的影响》(载《四川师范大学学报》1992年第1期)这四篇文章,呈现了早期李大钊与近代外国思想家的关系。

二是写了"李大钊早期思想面面观"的系列文章,如《李大钊早期自由观》(《社会科学》1991年第7期)、《李大钊前期民主观初探》(载《桂林市教育学院学报》1990年第2期)、《李大钊早期社会观初探》(载《邢台地区教育学院学报》1990年第2期)、《李大钊早期教育观初探》(载《盐城教育学院学报》1991年第2期)、《李大钊早期经济观初探》(载《盐城教育学院学报》1991年第4期)、《李大钊早期真理观初探》(载《贵州教育学院学报》1992年第1期)、《李大钊早期历史观初探》(载《盐城教育学院学报》1992年第2期)、《李大钊早期伦理观初探》(载《无锡教育学院学报》1992年第2期)、《李大钊早期人生观初探》(载《南京师专南京教院学报》1992年第2期)等文章。

其后,我又发表了《近代西方文化与李大钊的早期思想》(载《宁夏大学学报》1998年第2期)、《试论早期李大钊对传统文化的审视》(载《徐州师范大学学报》1998年第4期)、《中国传统文化与李大钊的早期思想》(载《宁夏大学学报》1999年第4期)、《李大钊留学日本及早期思想的发展》(载《徐州师范大学学报》2000年第4期)、《早期李大钊政党政治观初探》(载《宁夏大学学报》2001年第3期)等文章。

这样，自20世纪80年代末至2001年，我十多年来研究李大钊的早期思想，发表这方面的文章也有二十多篇。又过了十多年，我以这些文章为基础写成书稿，并在2014年出版了《李大钊早期思想体系与中外思想文化》（吉林人民出版社2014年版）。该著出版后，我的师弟、北师大博导孙秀民教授写了《体系视域与文化话语中的思想研究》①的书评。

我的这位师弟孙秀民教授，治学严谨，研有所长，是有成就的著名学者，且对我的帮助很大。他是北师大马院的教授、博导，担任北京市大钊学社理事，北京师范大学马克思主义学院当代中国政治研究中心主任，主持国家社科基金项目“建设马克思主义学习型政党研究”，主要从事党史、政治学的研究，对李大钊也颇有研究，在《马克思主义研究》上发表《李大钊马克思主义宗教观述要》等文章，在《政治学研究》上发表《中国古代治国理政经验论要》等文章，并著有《中国共产党执政机制的构筑与完善》等专著。

我这部《李大钊早期思想体系与中外思想文化》著作，在我的李大钊研究历程中处于特殊的位置。我从24岁（1988年）发表第一篇李大钊研究论文《略论李大钊同志对中国青年运动的贡献》②起，到50岁（2014年）出版这部《李大钊早期思想体系与中外思想文化》著作，研究李大钊有26年时间了。到这个知天命的年龄，我知道自己研究李大钊的使命应该结束了，尽管我还参加李大钊研究的重要会议，偶尔也写一点李大钊研究的文章，但李大钊研究工作还是要寄希望于青年人。于是，我开始把精力放在李大钊研究人才的培养上，让我的博士生王娟娟专门研究“李大钊与马克思主义中国化话语体系构建”问题。希望我的研究生在几年时间中，在李大钊研究方面取得代表性研究成果。

2021年1月30日

① 孙秀民：《体系视域与文化话语中的思想研究：评吴汉全的〈李大钊早期思想体系与中外思想文化〉》，《北京党史》2015年第4期。

② 吴汉全：《略论李大钊同志对中国青年运动的贡献》，《盐城教育学院学刊》1988年第2期。此文发表后，被人大复印资料《中国共产主义青年团》1988年第9期全文转载。

李大钊与五四运动的现代化地位

五四运动是近代中国在被动现代化的过程中，经由器用现代化、制度现代化、思想现代化阶级之后所进行的一次积极的中国社会现代化的总动员。它既是中国社会现代化在第一次世界大战特别是在俄国十月革命胜利这一世界现代化新形势下合乎历史发展逻辑的延伸，同时又成为中国社会现代化走向新的历程的历史起点。在探讨五四运动与中国社会现代化这一课题时，人们很自然地要回顾与思考作为新文化运动的领导者陈独秀、李大钊等在历史变革与社会变迁中所处的地位，探讨中国社会现代化目标由法兰西文明向苏俄文明转变的轨迹，寻求中国共产党人所领导的中国社会现代化得以进行的历史前提。李大钊不仅同陈独秀一样是五四运动的精神领袖和思想导师，而且由于他对中国社会现代进程和世界现代化形势的特殊感受，因而他在五四时期现代化潮流中占有不可或缺的位置。五四运动对中国社会现代化的发展有多层面的意义，而李大钊在催进五四运动的生成，促成运动的行进与发展，使得五四运动的现代化意义更为突出等方面尤其有特殊的贡献。这是我们在研究五四运动与中国社会现代化关系时，应值得注意和重视的。

一、促进中国社会现代化向新的方向发展

中国社会现代化的方向就总体而言就是摆脱传统农业社会向现代工业社会跃进，并在工业社会中实现社会的协调和全面发展，建立和完善与工业化社会相适应的现代经济、政治、文化。中国自鸦片战争以后被迫纳入西方现代化的体系中，中国人力图变被动现代化为主动现代化的努力开始是指向资本主义工业化社会模式，无论是洋务运动的器用现代化、戊戌维新与辛亥革命的制度现代化，抑或早期新文化运动的思想现代化，概莫能外。这一情形只有到了十月革命开

辟世界社会主义现代化新范式并实质性地影响中国社会现代化进程而催生中国的五四运动时,才得到根本的改变。而这一根本性的改变与李大钊对十月革命的宣传是有着密不可分的关系。

李大钊对十月革命的宣传其目的在于引进一种新的社会发展模式,即一种有别于西方资本主义的苏俄社会主义模式,这成为中国五四运动要求驱除列强压迫、寻求平等国际地位与民主政治的理想目标。爱国主义固然是中华民族寻求社会现代化的内在精神动力,但爱国主义只有得到全民的思想动员并有崭新的理想目标导引时才能汇集成巨大的社会力量。这是我们理解五四运动有别于在此之前的爱国运动,寻求五四运动的现代化意义,所应把握的一个关键。李大钊对十月革命的宣传为五四运动的爆发作了舆论上的准备,在推动中国社会现代化的转向上就是由西方资本主义文明向俄罗斯文明转变。1918 年 12 月李大钊在论述十月革命、阐明历史发展趋势时指出:"在这世界的群众运动的中间,历史上残余的东西——什么皇帝咧,贵族咧,军阀咧,官僚咧,军国主义咧,资本主义咧——凡可以障阻这新运动的进路的,必挟雷霆万钧的力量摧拉他们。他们遇见这种不可当的潮流,都像枯黄的树叶遇见凛冽的秋风一般,一个一个的飞落在地。由今以后,到处所见的,都是 Bolshevism 战胜的旗。到处所闻的,都是 Bolshevism 的凯歌的声。人道的警钟响了! 自由的曙光现了! 试看将来的环球,心是赤旗的世界!"①这里不仅反映李大钊对资本主义发展模式的否定,而且也反映了李大钊对苏俄社会主义发展模式的肯定,同时也反映出李大钊对新型社会现代类型追求的理想与信念,这从李大钊用"人道"、"自由"等词语来喻示社会现代化发展的新特征中可以推断。

李大钊对中国社会现代化方向的转变所作出的贡献就在于他对资本主义发展模式的彻底否定,他用第一次世界大战和俄国十月革命的历史来论证资本主义社会现代化在世界革命的浪潮中失去存在的理由。1919 年元旦李大钊撰写《新纪元》中指出:"从前在资本主义的生产制度之下,一国若想扩充他那一国中资本阶级的势力,都仗着战争把国家打破,合全世界作一个组织,拿他一国的资本家的政府去支配全世界。从今以后,生产制度起一种绝大的变动,劳工阶级要联合他们全世界的同胞,作一个合理的生产者的结合,去打破国界,打倒全世界资本的阶级。"②这里,李大钊是从时代更替的视角来说明资本主义被取代的历

① 《Bolshevism 的胜利》,《李大钊全集》第 2 卷,人民出版社 2013 年版,第 367 页。
② 《新纪元》,《李大钊全集》第 2 卷,人民出版社 1999 年版,第 376—377 页。

史必然性。1919 年 3 月 16 日李大钊在《每周评论》上撰文指出:“大战终结,军国主义,帝国主义种种名辞,都随着德意志的军阀丧失了他的运命”。[①] 这是从现实的历史运动的角度来否定资本主义存在的合理性,推断资本主义失败的命运。在五四运动中撰写的《秘密外交与强盗世界》一文中,李大钊更从资本主义国家的政策尤其是外交方针来分析和说明西方资本主义国家的强盗本质,认为“强盗政府们要根据着秘密外交拿人类正当生活的地方,当作他们私相授受的礼物,或送给那一个强盗国家、强盗政府,作扩张他那强盗势力的根据”。[②] 李大钊对资本主义社会模式的批判,在于说明资本主义制度的不合理性及其给全世界人类发展带来的障碍。在“一战”结束时人们高唱“公理战胜强权”的声浪中,独有李大钊认为资本主义处于失败的命运,断定资本主义国家构成世界的强盗秩序,这对启导五四运动的发生、引导五四运动沿着反抗强权政治方向发展有着极为突出的意义。五四运动中,国人勇争国权,蔑视强权,就在于中国人民的空前觉醒和对资本主义国家所构成的强盗秩序的不满与反抗,这不仅使五四运动赋予了强烈的反帝色彩与民族主义倾向,而且使五四运动在中国社会现代化的历史中发生重大转折,即抛弃了帝国主义的幻想、坚定了否定资本主义发展模式的信念。

李大钊对社会主义发展前景的描述更加强了中国人民对中国社会发展新的方向的期待与渴望。在中国现代化的过程中,人们对西方现代化模式并不是没有切身的感受,但在资本主义现代化模式一统天下的世界体系中,先进的中国人包括早期的李大钊、陈独秀等也只能追寻资本主义现代化的发展模式,试图为中华民族找到自存于世界的道路。只是在十月革命的影响下,以李大钊为代表的先进知识分子首先敏锐地观察世界范围内现代化进行的新形势,继而欢呼十月革命、为中国社会现代化输入新的理想和目标,并催发五四运动时,中国的社会现代化才出现新的转轨和新的发展方向。1918 年 12 月李大钊指出十月革命代表 20 世纪的新文明,俄国布尔什维克“他们的主义,就是革命的社会主义;他们的党,就是革命的社会党;他们是奉德国社会主义经济学家马客士(Marx)为宗主的;他们的目的,在把现在为社会主义的障碍的国家界限打破,把资本家独占利益的生产制度打破”。[③] 李大钊宣传社会主义理想是与呼唤现代民主政治紧

---

① 《强国主义》,《李大钊全集》第 2 卷,人民出版社 1999 年版,第 442 页。

② 《秘密外交与强盗世界》,《李大钊全集》第 2 卷,人民出版社 1999 年版,第 457 页。

③ 《Bolshevism 的胜利》,《李大钊全集》第 2 卷,人民出版社 1999 年版,第 364 页。

密联系在一起的，即认为只有社会主义才能实现真正的民主政治。李大钊说："资本阶级或中产阶级的 Democracy 若已获得，紧接着社会主义，就是 Democracy 中的一个进程，不要把他看作与 Democracy 是两个东西"①民主政治的理想追求构成五四运动的基本精神。虽然五四运动没有直接提出社会主义的口号，但反帝反封建的目标中包含首民主政治的基本内容，亦隐含着对社会主义的理想追求。在五四运动中，中国各界敢于公开地与列强对抗，运用群众运动的手段表达政治意向，这是民主政治要求的反映，也是受苏俄反抗帝国主义列强、开创社会主义现代化模式的积极影响。如果说这一点在五四运动的过程中表现还不明显的话，那么五四运动之后马克思主义在中国的广泛传播和社会主义运动在中国的蓬勃兴起，正表明社会主义现代化模式在五四运动中已萌芽和生根。

李大钊对中国社会现代化的方向由资本主义向社会主义转变起了积极的促进作用，使五四运动在中国社会现代化进程中赋予特殊的地位。虽然在五四运动过程中突出反帝斗争致使社会现代化方向的转变不易被人们所觉察，但我们从五四运动前思想酝酿的史迹、五四运动中反抗帝国主义深刻内涵、五四运动后所发生的问题与主义之争的实质与中国共产党诞生的重大事件等加以分析，不难看出中国社会现代化方向在五四运动中已发生突出的转变，而这种转变得以实现与李大钊的努力是分不开的。

二、为中国社会现代化提出革命—现代化的新途径

近代以来至 1949 年中国的社会现代化是在边缘化、衰败化、革命化、现代化等诸种因素的制约下而进行的②。正是在革命—现代化的途径中，最终形成革命化、现代化的形式来遏制边缘化、衰败化的滋长，完成由被动现代化到主动现代化的转换。就中国社会现代化历史来考察，首先提出并付诸实践的革命—现代化方式的是孙中山，但孙中山提出革命—现代化是以资本主义现代化为目标指向的，尽管他在不同的场合曾提出资本主义的弊端；而以社会主义现代化为目标提出通过革命—现代化途径完成现代化的，则是五四时期的李大钊等。这就

① 《〈国体与青年〉跋》，《李大钊全集》第 2 卷，人民出版社 1999 年版，第 372—373 页。

② 这里采用罗荣渠的观点，即中国社会现代化是在"自身衰败的过程"、"半边缘化即半殖民地化过程"、"革命化过程"、"现代化过程"中展开的，而"最终都要归入最后一个过程——现代化过程"。参见罗荣渠：《现代化新论》，北京大学出版社 1993 年版，第 240—241 页。

使得五四运动为中国社会现代化又增添了新的内容，并且为中国现代化革命—现代化手段的应用和发展奠定了基础。

李大钊在中国提出革命—现代化的途径最早源于他对俄国革命的认识和总结，尔后在研究马克思主义时又得益于马克思主义阶级斗争学说的启示。众所周知，早期李大钊是非暴力论者，尽管在一段时间他赞赏辛亥革命的暴力斗争和护国运动反对袁世凯复辟帝制的武装斗争，但总体上他反对通过革命的途径来促进社会的变迁，而主张有秩序的进步。这主要是由于早期李大钊受到中国传统文化“以德治国”、“以力服人非心服也”思想和俄国托尔斯泰非暴力思想的影响，当然也是与他对辛亥革命不正确的总结有关。只是在俄国十月革命的影响下，李大钊受到革命的深深感染，在对社会主义这一社会发展道路有所认识并表示赞成时，才由非暴力论者转为革命论者，并进而主张用革命手段来促成中国社会的进步。在《法俄革命之比较观》中，李大钊通过对俄国革命与法国革命的比较，充分肯定俄国十月革命所采行的革命手段的世界性意义，指出：“俄罗斯之革命是二十世纪初期之革命，是立于社会主义上之革命，是社会的革命而并著世界的革命之采色者也。”而且李大钊对俄国革命手段的赞同又赋予了革命形式的人道主义的色彩，而非那些拒绝革命者所描绘的血淋淋的恐怖和洪水猛兽，从而表现了他对革命这一社会变革手段追求的信念。他说俄国革命亦基于人道的精神，“俄人今日，又何尝无俄罗斯人道的精神，内足以唤起其全国之自觉，外足以适应世界之潮流，倘无是者，则赤旗飘飘举国一致之革命不起。且其人道主义之精神，入人之深，世无伦比。”“不过法人当日之精神，为爱国的精神，俄人之今日精神，为爱人的精神。前者根于国家主义，后者倾于世界主义，前者恒为战争之泉源，后者足为和平之曙光，此其所异者耳”。[①] 李大钊对俄国革命所作的“人道主义”、“爱人的精神”的解析，实际上是试图从全人类发展的高度来肯定革命手段在社会变革与世界进步中的意义，肯定其所表现的“世界主义”与人类“和平之曙光”在世界范围内现代化发展中的地位，以此说明通过俄国式革命推动社会向理想境界发展的普遍性意义与价值。正是李大钊通过对俄国革命的解析而确定其世界性意义，所以李大钊对继十月革命之后的世界性革命不仅予以充分的肯定，而且对革命这一社会发展手段的普遍性趋势作了预测，从而阐明革命手段在对抗资本主义而开辟 20 世纪社会发展新范式的特别意义。1918 年 12 月初，李大钊就认为，“匈奥革命，德国革命，勃牙利革命，最近荷兰、瑞典、西班

① 《法俄革命之比较观》，《李大钊全集》第 2 卷，人民出版社 2013 年版，第 330 页。

牙也有革命社会党奋起的风谣。革命的情形,和俄国大抵相同。赤色旗到处翻飞,劳工会纷纷成立,可以说完全是俄罗斯式的革命,可以说是二十世纪式的革命。像这般滔滔滚滚的潮流,实非现在资本家的政府所能防遏得住的。因为二十世纪的群众运动,是合世界人类全体为一大群众。这大群众里边每一个人、一部分人的暗示模仿,集中而成一种伟大不可抗的社会力。这种世界的社会力,在人间一有动荡,世界各处都有风靡云涌、山鸣谷应的样子"。① 在李大钊看来,革命手段之所以成为 20 世纪社会发展的新途径,固然在于革命本身对现存不合理社会秩序的破坏和对理想的人道与和平秩序的构建,但更重要的是这一社会发展方式的手段有广大群众的广泛参与,所以他把"一战"的结局解释为"庶民的胜利"。这是李大钊早期提出的民彝创造历史思想的发展。革命手段与民众创造历史的结合,使得李大钊在社会发展模式上更注重通过革命途径改变与超越资本主义的发展方式,从而使革命的思想奠定在群众史观的基础上。这对于灾难深重的中国广大民众在经受西方资本主义发展所带来的痛苦时,谋求中国社会变革的新道路,确是有十分重要的导向作用。十月革命影响下的中国知识界尤其是青年学生在五四运动中走在运动前列,而广大民众的自觉参与,使得运动波澜壮阔、声势浩大,这与李大钊对革命—现代化途径和民众运动力量的定位是有着十分密切的联系。

李大钊的革命—现代化思想对五四运动有理论指导的意义,而且也构成以后中国式社会现代化思想的重要起源。1919 年元旦李大钊撰写《新纪元》强调世界革命新纪元的到来,他说:"一九一四年以来世界大战的血、一九一七年俄国革命的血、一九一八年德奥革命的血,好比一场大洪水——诺阿以后最大的洪水——洗来洗去,洗出一个新纪元来。这个新纪元带来新生活、新文明、新世界,和一九一四年以前的生活、文明、世界,大不相同,仿佛隔几世纪一样。"②这里,李大钊把由"一战"所引发的俄国十月革命及十月革命之后的社会革命作为新纪元的开始,其寓意是十分深刻的。这已不是仅仅对革命—现代化形式的理论论证和对革命—现代化的憧憬,而是期望革命这一世界发展新模式的普遍实践,包含了要在中国采行革命手段以变革中国社会的愿望。李大钊在《新纪元》一文的最后鲜明地指出:"这个新纪元是世界革命的新纪元,是人类觉醒的新纪元。我们在这黑暗的中国,死寂的北京,也仿佛分得那曙光的一线,好比在沉沉

① 《Bolshevism 的胜利》,《李大钊全集》第 2 卷,人民出版社 2013 年版,第 367 页。
② 《新纪元》,《李大钊全集》第 2 卷,人民出版社 2013 年版,第 375—376 页。

深夜中得一个小小的明星,照见新人生的道路。我们应该趁着这一线的光明,努力前去为人类活动,作出一点有益人类的工作。这点工作,就是贺新纪元的纪念”。① 李大钊把“世界革命的新纪元”与中国社会的变革紧紧联系起来,不仅指明革命—现代化所开启的新纪元对中国的影响,给中国送得“曙光中的一线”,而且要求中国人“应该趁着这一线的光明,努力前去为人类活动”,也就是说中国要以革命的手段,以俄国革命为榜样推进中国的社会变革,以此作为对“新纪元的纪念”。如果说李大钊起初对十月革命的宣传重在对中国人进行革命—现代化思想的启蒙,那么,这篇临近五四运动的《新纪元》文章则是对中国进行革命现代化的动员。因为这篇文章更直接而具体地把中国置于苏俄式革命现代化的轨道之中,并进一步明确中国社会现代化的革命手段。这很显然有助于我们理解五四运动在中国社会主义现代化进程中开启革命—现代化途径的意义。

李大钊关于革命—现代化的思想在五四运动中也得到充分体现。1919 年 5 月 1 日李大钊在《晨报》发表《“五一节”(May Day)杂感》提出“直接行动”主张,也反映了他的革命—现代化的思想。他说,五一节“是世界工人的唯一武器——‘直接行动’(Direct Action)造成的日子”。② 所谓“直接行动”,在五四运动即将爆发之时提出,就是要用民众运动的力量取得斗争的目标。这对青年知识分子是有启示作用的。在五四运动进行之中,陈独秀起草了《北京市民宣言》,陈独秀、李大钊等曾分头散发,陈独秀并因此而被捕,这份“宣言”是陈独秀起草的,同时也反映了李大钊的思想。③ “宣言”对政府提出了收复山东主权、惩办卖国贼、政治民主化等“最低之要求”,并警告政府:“我市民仍希望和平方法达此目的,倘政府不顾和平,不完全听从市民之希望,我等学生商人劳工军人等,惟有直接行动,以图根本之改造”。④ 五四运动虽然在开始时表现为民众的和平请愿运动,但“三罢”斗争尤其是工人的罢工斗争实际上已酝酿了革命—现代化思想的萌芽,是“惟有直接行动,以图根本之改造”主张的突出体现。由此可以看出,李大钊的革命—现代化思想对五四运动产生重大影响。

---

① 《新纪元》,《李大钊全集》第 2 卷,人民出版社 2013 年版,第 377 页。

② 《“五一节”(May Day)杂感》,《李大钊全集》第 2 卷,人民出版社 2013 年版,第 455 页。

③ 在五四运动中,陈独秀与李大钊的思想在大的方面是一致的,李大钊亦为陈独秀主编的《新青年》的同人,陈、李两人又为指导五四运动而共同创办《每周评论》。李大钊也去散发《北京市民宣言》。由此可推断,《北京市民宣言》的内容亦为李大钊所赞同。

④ 转引自彭明《五四运动史》,人民出版社 1984 年版,第 402 页。

五四运动是中国新民主主义革命的开端，也标志着新的革命—现代化模式的萌生。李大钊提出的革命—现代化的思想不仅使五四运动初步地显现出革命—现代化的特征，而且对以后中国社会现代化运动沿着革命—现代化道路的发展产生广泛而深刻的影响。

三、为中国社会现代化提出现代民族国家的目标

"五四运动，它宣告了中国现代民族主义时代的到来。五四运动成为中国现代历史和民族主义的里程碑。"①这是五四运动的突出意义。我们知道，建立现代化民族国家是中国政治现代化的目标。孙中山领导的辛亥革命就在于建立资产阶级性质的现代民族国家，使中国走上自主发展的道路。而民国以后北洋军阀的统治，致使中国的政治现代化遭受到重大的挫折。在十月革命的影响下，李大钊在五四运动前夕就力图按照苏俄模式倡导建立新型的民族国家，以求得中国政治上的民主化和对外交往中的独立地位，实行真正的民族自决。这一重建现代民族国家的努力由于受到十月革命的影响而具有新的特征，并且在五四运动中得到体现，成为先进的中国人理想的政治追求，从而推动中国社会现代化向主动性方向发展。

建立现代民族国家是李大钊政治追求的重要目标。俄国十月革命爆发后，李大钊对建立现代民族国家的期望更为强烈，1918 年 7 月李大钊在发表《法俄革命之比较观》的同时又发表了《雪地冰天两少年》的小说，小说借少年之口抒发作者在俄国十月革命之后对建立现代民族国家的强烈愿望。小说中一少年说："民国建立，号称五族，此实分裂之兆。予以为吾中华若欲成一统一之国家，非基于新民族主义不可。新民族主义云者，即合汉、满、蒙、回、藏镕成一个民族的精神而成新中华民族。达此之程叙，不外以汉人之文化，开发其他之民族，而后同立于民主宪法之下，自由以展其特能，以行其自治，而与异民族相抵抗。吾子既有志于此，盍即先由联络蒙、回入手，以诚笃之精神感之，然后徐谋教育之推行，实业之发达。坐言起行，请自吾辈始"②。可见，李大钊理想中的现代民族国

① ［美］吉尔伯特·罗兹曼编，国家社会科学基金"比较现代化"课题组译：《中国现代化》，江苏人民出版社 1998 年版，第 286 页。

② 《雪地冰天两少年》，《李大钊全集》第 2 卷，人民出版社 2013 年版，第 339 页。

家是中华民族的团结与统一。对外抵制列强的侵略而独立,对内施行民主宪政,谋求教育的普及和实业的发达。

民主宪政所体现的政治民主化是现代民族国家奠基的根本,中国百年现代化的重要主题之一就是“建立一个具有现代化导向的、高效率的、开放的政治共同体”①。李大钊在回顾世界民主政治进程时,高度评价民主政治在创建现代民族国家中的地位。他说,对于民主政治的时代潮流“同一袁世凯氏也,迎之则跻于总统之尊,背之则伏天诛之罪。同一段祺瑞君也,忽而反抗洪宪,与 Democracy 为友,则首揆之位,群戴斯人;忽而纵容群督干宪,与 Democracy 为仇,则颠覆踣顿,复职免职,玩弄废置如弈棋。此其显者著者。其他居要位,享荣名者,举无不以对于 Democracy 之向背为准。”②李大钊回顾民国以后的这段历史,其用意在于说明现代民族国家必须以民主政治为根本,任何人违背民主政治必将被历史所淘汰。在李大钊看来,民主政治不仅仅在于去除君主的国体,还应该贯穿于建立现代民族国家的历史行程之中,反对一切不平等的社会制度。1918 年 12 月李大钊明确指出:“这 Democracy 不是仅在人类生活史中一个点,乃是一步一步的向世界大同进行的一个全路程。”“我们要求 Democracy,不是单求一没有君主的国体就算了事,必要把那受屈枉的个性,都解放了,把那逞强的势力,都摧除了,把那不正当的制度,都改正了,一步一步的向前奋斗,直到世界大同,才算贯彻了 Democracy 的真义。”③李大钊理想中的现代民族国家中,人人平等,个性得到充分的发展,人人参与政治决策,没有治者和被治者之分,这就是李大钊所想象中的苏维埃国家的图景:“一切男女都应该工作,工作的男女都应该组入一个联合,每个联合都应该有个中央统治会议,这等会议,应该组织世界所有的政府,没有康格雷,没有巴力门,没有大总统,没有总理,没有内阁,没有立法部,没有统治者,但有劳工联合的会议,什么事都归他们决定。一切产业都归在那产业里作工的人所有,此外不许更有所有权。”④李大钊所描绘的苏维埃国家虽然带有很大的想象成分,但却反映了他追求一个人人平等的民族国家的愿望。

李大钊把民主政治作为现代民族国家的根本,对中国假民主的现实予以揭

① 陈勤、李刚、齐佩芳:《中国现代化史纲》上册,广西人民出版社 1998 年版,第 7 页。

② 《Pan……ism 之失败与 Democracy 之胜利》,《李大钊全集》第 2 卷,人民出版社 2013 年版,第 347 页。

③ 《〈国体与青年〉跋》,《李大钊全集》第 2 卷,人民出版社 2013 年版,第 372 页。

④ 《Bolshevism 的胜利》,《李大钊全集》第 2 卷,人民出版社 2013 年版,第 364—365 页。

露，力图通过民主政治的倡导加快中国建设现代民族国家的进程。1919 年 4 月，李大钊在《每周评论》上撰文抨击中国的军阀政治是“宰猪场式的政治”，是“把我们人民当作猪宰，拿我们的血肉骨头，喂饱了那些文武豺狼”。① 李大钊积极支持群众的民主斗争，配合五四运动中反帝斗争的发展。在五四运动中，社会各界为反对列强宰割中国而纷纷举行集会示威，要求政府拒绝在和约上签字。1919 年 6 月 27 日北京各界举行联合请愿，有数百人集结在新华门前，并推举代表 10 人要求面见总统徐世昌。李大钊对群众维护国家主权的行为予以声援，并抨击了军阀政治的专制本质。他撰文指出：“这样的炎天酷日，大家又跑到新华门面，一滴血一滴泪的哭唉！可怜！这斑斑的血泪，只是空湿了新华门前的一片尘土！”②李大钊对军阀政治的抨击和对民主政治倡导，推动了五四运动向政治民主化方向的发展，推进了中国在建立现代民族国家道路上的进程。

李大钊还特别强调民族自决对建立民族国家的极端重要性。在《新纪元》文章中，李大钊揭露了帝国主义压迫和奴役弱小民族的反动面目，指出帝国主义的目的就是在于“拿他一国的资本家的政府去支配全世界”，“秘密外交是他们作鬼的契约，常备兵是他们作鬼的保障。他们总是戴着一副鬼脸，你猜我忌的阴谋怎么吞并、虐待那些小的民族。虽然也曾组织过什么平和会议，什么仲裁裁判，但在那里边，仍旧去规定些杀人灭国的事情”。③ 当时的日本，有人鼓吹“大亚细亚主义”，其实是要谋求在亚洲的霸权，奴役亚洲的其他民族。李大钊撰文揭露“大亚细亚主义”的侵略本质，指出：大亚细亚主义是“并吞中国主义的隐语”，“是大日本主义的变名”；“不是民族自决主义，是吞并弱小民族的帝国主义”。李大钊号召国人要坚决反对东方的“大亚细亚主义”，“主张拿民族解放作基础，根本改造。凡是亚细亚的民族，被人吞并的都该解放，实行民族自决主义”。④ 李大钊提出的民族自决主张和对帝国主义、大亚细亚主义的批判，为五四运动反对列强政治、反对日本帝国主义攫取山东的阴谋，作了舆论准备。在临近五四运动爆发之时，1919 年 2 月 16 日李大钊在《每周评论》撰文揭露帝国主义之间为压迫弱小民族所进行的“秘密外交”，指出“秘密外交”是帝国主义罪恶的集中体现，“因为世间一切罪恶，都包藏在秘密的中间，罪恶是秘密的内容，秘密是罪恶的渊薮”。他希望“中日两国的人民，应该要求两国政府立时将从前所

---

① 《宰猪场式的政治》，《李大钊全集》第 2 卷，人民出版社 2013 年版，第 450 页。

② 《新华门前的血泪》，《李大钊全集》第 2 卷，人民出版社 2013 年版，第 475 页。

③ 《新纪元》，《李大钊全集》第 2 卷，人民出版社 2013 年版，第 377 页。

④ 《大亚细亚主义与新亚细亚主义》，《李大钊全集》第 2 卷，人民出版社 2013 年版，第 381 页。

立的密约在平和会议公布废止”。[①] 五四运动爆发后，李大钊发表了著名的《秘密外交与强盗世界》文章，提出了“改造强盗世界，不认秘密外交，实行民族自决”的三大信誓。这三大信誓的提出是要求建立现代民族国家思想的集中概括。在李大钊看来，民族自决和民族自信心是现代民族国家得以建立并自立于世界的根本条件，那种“以夷制夷”的外交信条，企求“在那‘以夷制夷’四个大字下讨一种偷安苟且的生活，这真是民族的莫大耻辱啊！”“这种丧失自立性的耻辱，比丧失土地山河的耻辱，更要沉痛万倍！”针对五四运动蓬勃发展的新形势，李大钊号召民众以“民族自决，世界改造的精神，把这强盗世界推翻”。[②] 以取得中华民族的独立和解放。

就中国社会现代化的历史来考察，五四运动使中国向社会主义现代化方向发展，开辟了革命—现代化的新道路，大大加快了向现代民族国家行进的步伐。因此，五四运动是近代以来中国现代化运动史上的里程碑，标志着中国社会现代化在由被动向主动转变中出现了历史性的转折。这种转折也为中国现代化的指导思想由资产阶级民主主义向马克思主义的转变创造了条件。李大钊在五四运动期间对中国社会现代化所作的努力，无疑促成五四运动在中国社会现代化道路上特殊地位的形成，并为五四以后中国社会现代化的新发展奠定了基础。

（原载《江海学刊》2001 年第 3 期）

【昔文琐记】这篇《李大钊与五四运动的现代化地位》，初稿写作于 2000 年下半年。

我在北师大张静如先生门下读博时，原来打算以《李大钊与中国社会现代化新道路》作为博士论文，并在 2000 年底写出了初稿。以后（2001 年 3 月），因为先生为我最终选定了《李大钊与中国现代学术》的博士论文题目，遂将《李大钊与中国社会现代化新道路》初稿中的这篇《李大钊与五四运动的现代化地位》抽出来发表了[③]。博士毕业后多年，我又将《李大钊与社会现代化新道路》进行

① 《秘密外交》，《李大钊全集》第 2 卷，人民出版社 2013 年版，第 420 页。

② 《秘密外交与强盗世界》，《李大钊全集》第 2 卷，人民出版社 2013 年版，第 459 页。

③ 我还从《李大钊与中国社会现代化新道路》书稿中，抽出不少部分发表，如《论李大钊的解放和发展生产力思想》（载《河北学刊》2001 年第 3 期）、《早期李大钊对启动中国社会现代化条件的思考》（载《宁夏大学学报》2001 年第 4 期）、《李大钊与中国图书馆的现代化》（载《江苏图书馆学报》2001 年第 4 期）、《李大钊与现代化政党——中国共产党的创建》（载《中央社会主义学院学报》2001 年第 7—8 期）、《1927 年初李大钊的外交活动》（载《河北师范大学学报》2003 年第 1 期）等。

了修改,我的研究生李娜、马莎莎帮助校对了引文,于2011年作为专著由吉林人民出版社出版了①。

这篇《李大钊与五四运动的现代化地位》,在材料上并没有什么新的发现,所使用的也是学术界较为熟悉的材料。但是,本文是用现代化理论重新考察“李大钊与五四运动”的关系,说明李大钊的努力使得五四运动赋予现代化的意义,而成为近代中国社会发展的转折点——由被动变为主动的转折点。自然,文章并没有穷尽这个题目,只是选取现代化方向、现代化途径、现代化目标三个问题,来说明李大钊与五四运动的关系。不过,这大致也能说清楚在现代化视野之下李大钊与五四运动的关系。

在这篇《李大钊与五四运动的现代化地位》中,我提出:“李大钊对十月革命的宣传其目的在于引进一种新的社会发展模式,即一种有别于西方资本主义的苏俄社会主义模式,这成为中国五四运动要求驱除列强压迫、寻求平等国际地位与民主政治的理想目标。”换言之,李大钊宣传十月革命,就是希望中国“以俄为师”,取“社会革命”和“群众运动”的办法,在中国建立社会主义社会,这同时也就是追求社会主义的现代化道路。所以,离开“社会主义”这个关键性的范畴,是无法理解李大钊宣传十月革命的目的。基于这样的看法,我以后在李大钊诞辰120周年的时候,又写作了《李大钊对社会主义道路的理论探索》②。也是由于对中国早期马克思主义者的社会主义观的关注,我组织学科团队出版了《社会主义在中国的探索与实践》③一书。

用现代化理论研究李大钊这样的历史人物,是我的导师张静如先生所一贯倡导的。先生曾发表《李大钊与现代化意识》(载《北京师范大学学报》1989年第6期)、《李大钊对中国社会现代化的历史贡献》(载《北京党史研究》1994年第6期)等文章,在《唯物史观与中共党史学》中也专门研究了“社会现代化与党史学”问题④。因而,笔者这篇《李大钊与五四运动的现代化地位》,是以张先生提出的现代化理论为指导的,自然也就吸收了先生关于现代化的基本观点。

这篇《李大钊与五四运动的现代化地位》写作时,比我高一级的师兄程美东,正在做研究现代化的博士论文。故而我们遇在一起时,他常谈有关现代化的问题。程美东现为北京大学教授、博导,主持国家社科重大项目“中国共产党党

① 参见吴汉全:《李大钊与中国社会现代化新道路(外二种)》,吉林人民出版社2011年版。

② 载《理论视野》2009年第5期。

③ 吴汉全等:《社会主义在中国的探索与实践》,吉林人民出版社2010年版。

④ 参见张静如:《唯物史观与中共党史学》,湖南出版社1995年版,第48—94页。

内政治生态建设的百年历程与历史经验”,在《马克思主义研究》、《中共党史研究》等刊物发表《关于马克思主义中国化的几个问题》、《改革开放以来中国的人口结构状况》等文章,著有《现代化之路——20世纪后20年中国现代化的历程》、《中国现代化思想史》等著作,是全国著名的党史研究专家。

运用新的理论来研究老的问题,是能够有新的发现的。这就是李大钊所说的历史要不断地“解喻”的缘故。但新的理论如现代化理论,从何而来?吸收外来理论是必要的,并且也是极为重要的方面,但还不是主要方面,主要的是需要在学术研究的实践之中,通过对独特研究对象的研究而逐步构建起来。譬如,中国式的现代化理论,就应该在马克思主义指导下,先行地研究中国社会的现代化历程,并从中总结和提炼出相关的经验来,形成一个初具形态且独具特色的“现代化理论体系”。然后,用这个“现代化理论体系”去指导研究工作,并根据研究中出现的新情况新问题,进一步来验证、校正、修改并完善这个“现代化理论体系”,从而使之成为较为成熟的研究理论。因为这个研究理论主要是来源于研究工作的实践,尽管也借鉴和汲取相关的观点,但主要不是外来的或抄袭的,因而也就能较好地切合实际,并在研究工作中能更好地发挥指导作用。这样,有了一个较为成熟的“现代化理论体系”,我们的研究工作不仅主动,而且因为切合实际而能够取得成绩。这是我对建构和发展现代化理论的一点想法。

2021年1月30日

“五四精神”在观念上的早期演进历程

“五四精神”是当今中共党史、中国革命史、中国现代史研究中常用的概念。其实,这一概念在不同的历史时期,其基本内涵是不同的。不同时代因为其历史走向和社会演进的需要不同,而会以其特有的方法赋予“五四精神”以新的含义。学术研究强调概念的严密性与确定性,因而需要对使用的概念作历史的分析,以探求其起源及演变的轨迹,而明白其形成的内在逻辑。本文试就“五四精神”这个概念的起源进行初步分析,借以为学术研究提供观念史的基础。

一、问题的提出

在当今中国的学术著作中,常会出现“五四精神”这个学术概念,而在纪念五四运动时,“五四精神”这个概念出现的频率更高,几乎所有的纪念“五四”的文章都要涉及。

然而,历史上那个曾经发生的五四运动所内含的“五四精神”,是客观存在的东西,与经过人们自己的认识而逐步构建和不断阐释的“五四精神”,并不就是一回事,但两者确实有着特殊的关系。这种关系犹如“事物的概念和它的现实”之间的关系。恩格斯指出:“一个事物的概念和它的现实,就像两条渐近线一样,一齐向前延伸,彼此不断接近,但是永远不会相交。两者的这种差别正好是这样一种差别,由于这种差别,概念并不无条件地直接就是现实,而现实也不直接就是它自己的概念。由于概念有概念的基本特性,就是说,它不是直接地、明显地符合于它只有从那里才能抽象出来的现实,因此,毕竟不能把它和虚构相提并论”①。这就说明,由于人们自身的价值观作用,人们对历史的解释所形成

---

① 《马克思恩格斯选集》第4卷,人民出版社1995年版,第744—745页。

的认识，与客观的历史实际本身是两个不同的概念；但人们对历史的解释所形成的概念，因为皆在一定程度上以历史上真实发生的事物为对象，故而也不是那种纯粹的主观虚构。这是我们在研究“五四精神”时首先要加以认识的。

著名学者梁柱发表《李大钊与五四精神》文章，指出：“五四时期的先驱者们，高举‘民主’与‘科学’两面大旗，以前所未有的战斗姿态，向封建主义的纲常伦理与吃人礼教、专制与愚昧发起了猛烈的攻击，形成了至今仍为人们所乐道的五四精神。”又指出：“这期间，正是我国革命从旧民主主义向新民主主义转变的历史时期。五四爱国运动成为这一新旧转变的一个重要标志。因而作为五四精神，也就不能不表现出这一历史转换时期的特点，它的内涵和表现形式也不能不发生深刻的变化。”①在笔者看来，今日所说的“五四精神”这一语汇，可能有两个层面的内容：一是在历史上那个五四运动之中所表现的精神，亦即五四运动这个历史事实内在的精神意蕴；二是人们在观念上考究五四运动并在价值观念上所不断叠加而成的“五四精神”。显然，这两者是不同的，但有着内在联系的：一方面，历史上那种真实的“五四精神”，是通过人们的不断诠释而得以彰显其历史的含义；另一方面，人们在观念上所形成的“五四精神”，毕竟也是有所本据的，亦即不能完全脱离那个历史上真实存在过的“五四精神”。然而，历史上真实的“五四精神”与后来人们观念的“五四精神”，毕竟也不是同一回事，因而需要加以分别。

从学理上看，历史实际与反映这个历史实际的概念，是相互联系的，不能有脱离历史实际的历史概念。就是说，确立事物的概念必须以对事物的考察为依据，这样才有可能保证概念的客观性及正确地反映事物的本质内容。由于研究的需要，本文虽涉及历史上那种真实的“五四精神”，但所着重讨论的是人们观念上的“五四精神”及其演变。这是需要说明的。

二、“五四精神”概念的出现

“五四精神”这个概念的最早提出，是在历史上的五四运动发生之后，并且是以对五四运动的不断认识与诠释为基础的。

在五四运动发生几个月后的 1919 年 10 月 12 日，五四运动的领导者陈独

① 梁柱：《李大钊与五四精神》，《李大钊研究论文集》，北京大学出版社 1989 年版，第 1 页。

秀、李大钊都曾在《国民》杂志周年成立大会上发表演说,并且都涉及如何认识五四运动的问题。陈独秀在此次演说中,对五四运动的性质作出明确的界说,认为五四运动"实为国民运动之嚆矢,匪可与党派运动同日而语"①。李大钊认为五四运动是"排斥侵略主义"的运动,因而认为"此番运动仅认为爱国运动,尚非恰当,实人类解放运动之一部分也",因而青年诸君应该"本此进行","将来对于世界造福不浅"②。陈独秀认为五四运动是"国民运动之嚆矢",李大钊认为五四运动是"人类解放运动之一部分",两人对五四运动的看法虽有所不同,但都突破了当时社会上仅仅将五四运动作为爱国运动的观点。

在中国早期马克思主义者中,陈独秀最早提出了"五四精神"问题,并就其内容作了重要的阐发。五四运动发生一年后的 1920 年 4 月,陈独秀在一次演讲中提出了"五四运动的精神"问题,将"直接行动"和"牺牲精神"作为"五四运动重要的精神"。他说,时人都认为"五四运动的精神"是"爱国救国",但事实上"五四运动的精神,的确比前此爱国运动有不同的地方。这不同的地方,就是五四运动特有的精神。这种精神就是:(一)直接行动;(二)牺牲精神。"所谓"直接行动",就是"人民对于社会国家的黑暗,由人民直接行动,加以制裁,不诉诸法律,不利用特殊势力,不依赖代表";而所谓"牺牲精神"就是"努力牺牲","社会上对于五四运动,与以前的爱国运动的感想不同,也是因为有无牺牲的精神的缘故"③。

其后的 1921 年 5 月,李大钊在纪念五四运动两周年之际著文指出,五四运动的精神是"干涉政治"、"直接行动"的反抗强权的精神。他称"五月四日这一天,是中国学生界的'May Day'。因为在那一天,中国学生界用一种直接行动反抗强权世界,与劳动界的五月一日有同一的意味"。由此李大钊盼望中国学生界把"直接行动反抗强权世界"的这种精神光大起来,"依人类自由的精神扑灭一切强权,使正义人道,一天比一天的昌明于世界"④。在陈独秀和李大钊的认识上,关于五四运动具有"直接行动"的精神是一致的,陈独秀另外强调了五四运动的"牺牲精神",而李大钊则提出"干涉政治"也是五四运动的精神。但我们根据对陈独秀提出的"直接行动"一词含义的分析,这个"直接行动"也应该包括

① 《陈独秀著作选》第 2 卷,上海人民出版社 1993 年版,第 27 页。

② 《在〈国民〉杂志社成立周年纪念会上的演讲》,《李大钊全集》第 3 卷,人民出版社 2013 年版,第 88 页。

③ 《陈独秀著作选》第 2 卷,上海人民出版社 1993 年版,第 130—131 页。

④ 《中国学生界的"May Day"》,《李大钊全集》第 4 卷,人民出版社 2013 年版,第 379 页。

李大钊所提出的“干预政治”的内容。

接着,李大钊对“五四精神”进行了不断的分析与阐释,更突出其“干预政治”的精神。譬如,1923 年 5 月 4 日,李大钊曾这样说:“今天是‘五四’纪念日,是学生加入政治运动之纪念日,也是学生整顿政风的纪念日。因为政治不澄清,使我们不能不牺牲求学之精神,而来干涉政治。”①值得注意的是,李大钊由对“五四精神”是在“干涉政治”角度上的理解,逐渐地将“干涉政治”解读为“反帝”和“反封建”,彰显出这时“政治”的主要内容是在“反帝”与“反封建”方面。在 1924 年 5 月纪念“五四”期间,李大钊撰文指出,“五四”纪念日“这是中国全国学生膺惩中国卖国贼的纪念日,是中国全国学生对于帝国主义行总攻击的纪念日,亦即是被压迫的民众向压迫的国家抗争自由的纪念日,这是国民的学生的日子。我们在今天应该把国际帝国主义侵略我们的痛史,细数从头,把‘五四’运动的精神,牢牢记住,誓要恢复国家的主权,洗清民族的耻辱。”②这里,李大钊指出了五四运动反帝反封建的内容以及表现出的争取民族独立、民众自由与解放的精神。值得注意的是,李大钊由此还揭示了五四运动所包含的与民众结合、从事实际斗争的实践精神,所以他号召青年学生继承五四精神,投身到民族解放运动中去,着重去开展两方面的工作:“(一)组织民众,以为达到大革命之工具;(二)对现政局立于弹劾的地位。”③李大钊将“干涉政治”解读为“反帝”和“反封建”,是在事实上宣传中共二大作出的反帝反封建的纲领。

陈独秀作为中国共产党的总书记,在对中国革命的研究中,从“革命”的视角对于五四运动的精神也加以进一步的阐释。1924 年 12 月,陈独秀在总结历史教训时认为,认为五四运动的精神主要体现在反帝反封建上,同时也体现在促进文化革新和社会运动的深入上,因而五四运动是“开始了中国革命之新的方向”。具体说,五四运动的突出成就是两个方面:“(一)纯粹的市民反抗外国帝国主义之压迫及以直接行动的手段惩罚帝国主义者之走狗——卖国贼;(二)随之而起的文化运动和社会运动,对旧思想以重大的打击。”④五四运动也预示了

① 《在北京学生联合会纪念“五四”大会上的演讲》,《李大钊全集》第 4 卷,人民出版社 2013 年版,第 219 页。

② 《这一周》,《李大钊全集》第 4 卷,人民出版社 2013 年版,第 516 页。

③ 《在北京学生联合会纪念“五四”大会上的演讲》,《李大钊全集》第 4 卷,人民出版社 2013 年版,第 219 页。

④ 《二十七年以来国民运动中所得教训》,《陈独秀著作选》第 2 卷,上海人民出版社 1993 年版,第 816—817 页。

"中国革命之新的方向",即中国工人阶级的伟大力量得到显现,成为中国社会前进的社会势力。陈独秀说:"'五四'运动乃是在欧战后世界革命的怒潮中和中国城市工业开始发展中(民国八年西历一九一九年)发生的;因此,'五四'运动虽然未能达到理想的成功,而在此运动中最努力的革命青年,遂接受世界的革命思潮,由空想而实际运动,开始了中国革命之新的方向。这新方向便是社会中最有革命要求的无产阶级参加革命,开始表现他的社会势力。"①陈独秀以"革命"来界定"五四精神",将"无产阶级参加革命"这个因素作为考量五四运动具有"中国革命之新的方向"的依据,这实际上是对五四运动何以能成就其"五四精神"的最好解读,由此也使得五四运动与中国的民主主义革命紧密联系起来。

从上面的简要分析来看,陈独秀、李大钊认识五四运动的精神,在研究的路数上虽然有所不同,但最终都将五四运动的精神定位在"反帝"和"反封建"上。大致可以说,在五四运动之后的一段时间,陈独秀、李大钊都是将五四运动作为一个独立的政治事件来分析,而不是如当时社会上那种借助于新文化运动来解释五四运动的精神,因而也就主要不是用"民主"、"科学"来解释"五四运动精神"了。故而,陈独秀强调五四运动有开启新的文化运动和社会运动的地位,认为正是因为有五四运动,"随之而起的文化运动和社会运动,对旧思想以重大的打击",从而赋予了五四运动具有开创新局面的意义。

三、"五四精神"概念的传承

从观念演变的角度来看,陈独秀、李大钊提出"五四精神"这个概念之后,在大革命时期业已成为革命者的共识。

陈独秀、李大钊具有特殊的政治地位。"南陈北李"作为中国共产党的创始人,他们关于"五四精神"的诠释,成为早期中国共产党人认识五四运动的基本共识。譬如,1925 年 5 月 3 日出版的《向导》第 113 期上,发表了一篇署名"双林"的《"五四"纪念与民族革命运动》文章,对于社会上仅将五四运动看作是"学生运动"或"中国新文化运动"的观点提出了新的看法,认为如果"单认'五四'是学生爱国运动及思想革命的纪念",那就"未免减少了'五四'之政治上的

① 《二十七年以来国民运动中所得教训》,《陈独秀著作选》第 2 卷,上海人民出版社 1993 年版,第 817—818 页。

意义”。该文指出：第一，五四运动“是积极的群众的反抗日本帝国主义的运动”，在运动之中，“学生不过是运动的先锋”，而“中国社会里各阶级努力以行动干预政治”，因而五四运动是“带着群众性质的第一次”；第二，五四运动中“所发生的种种群众的组织，如检查日货、抵制日货等行动机构，往往真能直接以革命手段行使平民的政权”；第三，五四运动是“巨大的民族革命的潮流”，推动了“工人阶级觉悟”，“从此发现真正社会主义，共产主义运动以及工会的组织”。因此，“五四”这种巨大的运动“显而易见是辛亥革命以后第二次的民族革命”①。这篇文章是在中国共产党机关刊物上发表的，大致能够说明这种关于“五四运动精神”的新认识在中共党内是比较统一的看法。

青年学生对于五四运动精神的理解，与中国共产党人的认识也是十分接近的，这大致可以说明中共意识形态在青年中有着较为深刻的影响。譬如，中华民国学生联合总会编辑出版的《中国学生》杂志，在1926年5月1日第25期上，有一篇署名“成湘”的《“五四精神”》文章，对于“五四精神”作出了的阐释。该文认为，要知道“五四”的精神，须先看“五四”的事实。但“具体的事实本来很容易知道的，然而事实的真意义却很难使一般人明瞭。人们对于‘五四’的普通见解不曰文化运动，即曰学生运动。这两种见解固然有一部份理由，然而不过是表面的观察，既不能道出‘五四’之真意义，亦不足表现‘五四’的真精神。因为文化运动不过是‘五四’的间接结果，而学生运动亦无非是‘五四’的外表现象。这个运动的历史事实是辛亥革命之继续，‘二七’‘五卅’‘三一八’……等等运动之先声。因此‘五四’运动的真意义，简单说来就是‘中国的民族反抗日本帝国主义、反抗卖国军阀官僚——安福系——的民族运动’。这个运动所表现的精神是：（一）反抗帝国主义反抗军阀官僚的民族精神；（二）学生商人工人及其他各阶级的团结精神——广大的民众联合战线；（三）学生主张上行动上组织上的统一精神。”②这里，该文不同意将五四运动简单地说成是“文化运动”和“学生运动”，而是将“五四运动”定位在“民族运动”，并将“五四精神”概括为三个方面，即“民族精神”、“团结精神”和“统一精神”。

如果研究者将研究视线向后延伸，不难发现：“五四精神”在20世纪30年代的“新启蒙运动”中又有新的解说。这与中日民族矛盾成为主要矛盾而更需要民族文化与民族精神有关，也可以说是时代需要之使然。到了20世纪80年

① 双林：《“五四”纪念与民族革命运动》，《向导》第113期，1925年5月3日。

② 成湘：《“五四精神”》，《中国学生》第25期，1926年5月1日。

代末,即1989年前后,在社会上"文化热"的驱动下,对于"五四精神"又有了新的阐释,赋予了"五四精神"以新的内容。但在笔者看来,"五四精神"虽在不同历史时期有不同的解说,亦不乏新颖和创意之处,但相比较而言,在大革命失败前对于"五四精神"的诠释,特别是陈独秀、李大钊等五四运动领导者的诠释,可能在较大程度上更切合"五四精神"的实际。这也是本文注重陈独秀、李大钊等当事人即时性言论的重要原因①。

从五四运动当事人陈独秀、李大钊对"五四精神"的阐释,到当时党内以及青年中对"五四精神"的理解,固然受到各人的历史观的支配及认识水平的限制,但不可忽视的是,也受当时日益兴起的国民革命运动的巨大影响。从学理上说,概念特别是具有历史内涵的重要概念,与特定时期的社会生活实际是相联系的,更确切地说,概念是社会生活的反映。因而,对于研究者来说,从当时社会生活的具体情形,来理解和认知当时思想、文化、学术界所构建的"五四精神",可能是今后研究的一个方向。

(原载《理论视野》2014年第10期)

【昔文琐记】这篇《"五四精神"在观念上的早期演进历程》,写作于2014年的暑假。

此文从历史文献中追溯"五四精神"最初提出的问题,目的是使研究工作能探求其本源。"五四精神"在不同的历史阶段有不同的阐释,并不断地赋予其时代的特征,这反映了思想文化的观念在发展过程中,不断叠加而丰富其内涵的情形。我的意思,从深化研究和文化释读的角度,现在对于"五四精神"的研究还应该结合当时提出"五四精神"的具体情况,这对于传承"五四精神"是有重要意义的,最起码能使研究对象体现其历史的底蕴和文化的内涵。

历史学比较注重探源性的研究,并注意梳理演进的轨迹,这是一种严谨求实的态度。但有的学科的文章,就比较粗糙,往往是人云亦云、不求甚解,甚至连个引文也没有。有些文章尽管有引文,但也作为标签贴上的,做做样子而已,研究者并没有读过所引著作。这样的文章,读者看了也不知其所云。有些年轻人尽管读了博士,应该说也受到比较严格的学术训练,但工作之后在这种不良风气的

① 本文主要言及马克思主义者及其他革命者的"五四"言论,而未及那些非马克思主义者、非革命者。其实,"五四"及"五四精神"在社会中不同人群中亦有不同的话语,譬如投身于五四运动的高一涵、傅斯年等,在思想上不是马克思主义者,但其言论对于研究"五四精神"这一话语系统,也是很有学术意义的,需要学术界认真研究。

影响下，总是想走捷径、快出文章，于是也就采用这种好发议论、随风而飘的办法做学问。这种状况必须改变，否则只能是害了自己。现在高校有些上了年纪的人，由于年轻时专做不着边际、好发议论的所谓文章，并且也是整天忙忙碌碌的，结果忙活了一辈子，到头来什么都不是。这样的教训是深刻的。

2021年1月31日

近代中国社会变迁与新文化运动的兴起

学术界对新文化运动的研究取得了不少重要成果,这些成果集中于新文化运动历史进程的研究、新文化运动思想内涵的研究以及新文化运动历史影响的研究,很少对新文化运动历史缘由作出全面的解说。在笔者看来,不对新文化运动兴起的历史缘由进行研究,就很难剖析新文化运动的历史内涵及其所达到的高度,当然也就难以作出科学的评价。而要对新文化运动历史缘由(历史必然性)进行探讨,也不能仅仅局限于对民国初年政治的分析,而应该从近代中国社会变迁的视角、运用历史联系的方法来进行。鉴于这样的思考,本文试从近代中国社会变迁的视角,就近代中国社会变迁对新文化运动兴起所需要的“领导力量”、“思想资源”、“政治条件”、“受众群体”等几个层面的影响,进行历史的与逻辑的梳理,希望能为理解新文化运动兴起的历史必然性提供新的认知,从而推进学术界对新文化运动的研究。

一、近代中国的留学运动为新文化运动的兴起培养了领导力量

研究新文化运动的起源,自然要研究新文化运动的领导者是如何产生的问题;因为没有领导力量,则自然不可能有新文化运动的兴起。从新文化运动领导者产生的问题入手,可以窥见近代中国社会在培植新文化运动精英人物方面所给予的特殊作用,从而为我们认识新文化运动兴起的历史必然性提供一个重要线索。

研究新文化运动领导者的产生问题,自然可以从近代中国社会的政治、经济、文化方面去进行全面的探索。这里,笔者只想从新文化运动领导者的共有“成分”——留学生身份上进行分析。新文化运动的最主要领导者是陈独秀,其

他人物如李大钊、高一涵、胡适等也是逐步加入而成为重要的领导人物的。《青年杂志》(第二卷第一号时改名为《新青年》)创刊时陈独秀为主编,到第六卷时实行轮流主编制。各期的主编为:第一期为陈独秀,第二期为钱玄同,第三期为高一涵,第四期为胡适,第五期为李大钊,第六期为沈尹默。如果我们说新文化运动有一个领导群体的话,那么这六期的主编自然应该包括在内。所谓新文化运动的"领导者",则这六人是名副其实的领导者。这六期主编的成长经历有一个共同特点,即六人皆是留学生出身。见下表:

姓名	陈独秀	高一涵	胡适	钱玄同	李大钊	沈尹默
籍贯	安徽怀宁	安徽六安	安徽绩溪	浙江吴兴	河北乐亭	浙江吴兴
留学时间	1900—1903,1906—1907	1912—1916	1910—1917	1906—1910	1913—1916	1902—1912
留学国家与留学学校	日本,东京高等师范学校,早稻田大学	日本,明治大学	美国,康奈尔大学,哥伦比亚大学	日本,早稻田大学	日本,早稻田大学	日本京都帝国大学
所学专业		政治学	哲学	文学	政治学	(文科)

六期主编皆为留学生(主要是留日学生),向我们提供了一个重要信息,即近代中国的留学运动为新文化运动的兴起培养了领导力量。因此,分析新文化运动兴起的历史缘由,自然要注意到近代中国留学运动的影响。

新文化运动与近代中国的留日运动密切相关。上表中的新文化运动的领导者,除胡适为留美学生外,其他均为留日学生。这是与中日甲午战争后中国兴起的留日运动紧密联系在一起的。而留日运动的开展,又是与近代中国社会的演变不可分割的。中国于 1896 年首次向日本派遣 13 名留学生,开官方向日本派遣留学生之先河。到 1903 年开始出现了留学日本的高潮。当时的情形是:"学子互相约集,一声'向右转',齐步辞别国内学堂,买舟东去,不远千里。北自天津,南自上海,如潮涌来。每遇赴日便船,必制先机抢搭,船船满座。中国留学生东渡心情既急,……务求早日抵达东京,此乃热衷留学之实情也。"①据有的学者统计,清末留日学生人数是:1896 年,13 人;1898 年,61 人;1901 年,274 人;1902 年,608 人;1903 年,1300 人;1904 年,2400 人;1905 年,8000 人;1906 年,12000

① [日]实藤惠秀著,谭汝谦、林启彦译:《中国人留学日本史》,生活·读书·新知三联书店 1983 年版,第 37 页。

人;1907年,10000人;1909年,3000人;1912年,1400人[①]。关于民国初年留日学生人数,周棉先生作了准确的统计:1914年,3796人;1915年,3111人;1916年,2790人;1917年,2891人;1918年,3724人[②]。清末民初留学日本高潮的出现有多种因素,而从整体的和宏观的视角来分析,是中国自鸦片战争以来社会现代化的必然结果。关于清政府向日本派遣留学生的缘由,张之洞在《劝学篇》中说得非常清楚:日本"二十年前出洋之学生也,愤其国为西洋所胁,率其徒百余人,分旨德法英诸国,或学政治工商,或学水陆兵法,学成而归,用为将相,政事一变,雄视东方。……至游学之国,西洋不如东洋,一、路近省费,可多遣;一、去华近,易考察;一、东文近于中文,易通晓;一、西学甚繁,凡西学不切要者,东人已删节而酌改之。中东情势,风俗相近,易仿行,事半功倍,无过于此"[③]。张之洞与刘坤一上奏的折子中又进一步说:"教法尤以日本为最善,文字较近,课程较速,其盼望学生成就之心至为恳切,传习易,经费省,回华速,较学于欧洲各国者,其经费可省三分之二,其学成和往返日期可速一倍。"[④]清政府倡导也好,日本欢迎中国人留学也好,中国人主动走出国门向曾是自己的"学生"日本求取富强之道,应该说是根源于中国人社会现代化意识的提高和中国社会发展的客观需要。甲午战败给先进的中国人是一个大的打击,"天朝大国"被"蕞尔穷岛"的日本所打败,在心理层面上使中国人更要认识日本;而戊戌维新的失败,更激发国人比较明治维新与戊戌维新的两种不同结果,向日本学习成为大势之所趋。清末民初的二十年中,留学日本的高潮是在1905年、1906年、1907年这三年,分别达到8000人、1.2万人、1万人。这也说明,留学日本高潮的出现是近代中国社会累积的结果。新文化运动领导人陈独秀、钱玄同、沈尹默是清末的留日学生,而李大钊、高一涵则是民国初年的留日学生,他们都是清末民初的留日大潮中成长起来的。就此而言,没有清末民初的留学运动就没有以陈独秀为领袖的新文化运动领导群体。

新文化运动与留日运动有密切的关系,与清末的留美高潮也有关联。胡适是清末的留美学生,在新文化运动领导中有重要的地位,因而胡适的留美学生身份也是不可忽视的。清末留美高潮的到来,直接原因是美国退回部分庚款作为中国向美国派遣留学生的经费。《辛丑条约》规定中国赔款白银四亿五千万

---

① 李喜所:《清末留日学生人数小考》,《文史哲》1982年第3期。

② 周棉主编:《中国留学生大辞典》,南京大学出版社1999年版,第592页。

③ 舒新城:《中国近代教育史资料》(下册),人民教育出版社1962年版,第975页。

④ 舒新城:《近代中国留学史》,中华书局(上海)1927年版,第49页。

两,是为“庚子赔款”,简称“庚款”。其中,美国分得赔款总数的约7%,折合美元2500万元。时任驻美公使的梁诚(早期留美学生),向美国国务卿海约翰提出减少赔款的要求。1905年至1906年间,曾在中国几十年的美国传教士明恩溥等也向美国政府建议将尚余的赔款退还中国,用于中国向美国派遣留学生的费用。1908年5月,美国国会通过议案,决定从1909年到1937年从庚款中逐年拨发一部分,资助中国向美国派遣留学生。具体数额是:1909年到1910年,每年483094.90美元;1911年到1914年,每年541198.78美元;1915年724993.42美元;1916年至1918年,每年790196.00美元;1919年为790196.99美元。此后的拨款数额也有具体的规定①。为了组织向美国派遣留学生,中美双方商定:中国创设清华学堂,作为中国学生赴美深造的预科;在华盛顿设立游美学生监督处,作为管理中国留美学生的机构。留美学生的派遣,表面上看是由于美国政府的提议而实施,但从当时的实际情形来看,清政府派遣留学生的主动性明显增强。当时国内对留学人才的需求并未像洋务运动开展时那样的迫切,也没有出现有如日本侵略的那样的严峻形势,在这样的情况下对美国的提议(用部分庚款向美国派遣留学生)采取积极的回应,本身就说明清廷对留学问题的认识具有某种的自觉。作为第二批的庚款留美学生胡适,在后来的回忆中也这样认为:“美国决定退还赔款之后,中国政府乃自动提出利用此退回的款项,作为派遣留美学生的学杂费。”②清政府对向美国派遣留学生表现出积极主动的态度,其本身也是近代中国社会变迁的表征。胡适正是在晚清留美高潮中成长起来的,他后来在新文化运动的“文学革命”中有积极的表现。

新文化运动是由具有留学经历的领导者发动起来的,新文化运动也可以看作是近代中国留学运动的重要成果。因为正是近代中国的留学运动,为新文化运动培养了领导力量和骨干力量。而近代中国的留学运动既是近代中国社会变迁的产物,同时又推动近代中国社会的变迁。因此,可以说是近代中国的社会变迁推动了近代中国的留学运动,而近代中国的留学运动又为新文化运动的兴起培养了领导力量;因而从根本上说,新文化运动至少是在领导力量的准备上而言,是源于近代中国社会的变迁。

① 李喜所:《近代中国的留学生》,人民出版社1987年版,第208页。

② 《胡适口述自传》,《胡适文集》(1),北京大学出版社1998年版,第201页。

二、近代中西文化交流为新文化运动的兴起准备了思想资源

新文化运动之所以能够兴起并具有思想启蒙的特色，还因为其有西学的思想资源，而西学资源又与近代中国的中西文化交流有着密切的关联。近代中国的中外文化交流经历了一个从物质技术层面到政治制度层面的过程；而伴随着引进西方政治制度的过程，西方社会政治思想引进到中国，并且强烈地冲击着“华夏中心”论，以传统儒学为资源的中国思想界发生历史性的变革。新文化运动高举民主和科学的两面大旗，其本身是中国近代中西文化交流的重要组成部分；而新文化运动之所以能在思想文化等方面产生重大影响，正是在中外文化交流基础上的提升，并且拥有强大的理论武器——进化论。因此，讨论新文化运动的历史缘由，则需要考虑到近代中西文化交流所传输到中国的进化论及其所产生的广泛影响。

近代中西文化交流给中国带来的最重要的理论成果是进化论。严复最先在中国系统地介绍达尔文的进化论，使进化论为中国学术界所接受。早在 1895 年，严复在《原强》一文中介绍道：“达尔文者，英之讲动植之学者，……垂数十年而著一书，曰《物类宗衍》（今译《物种起源》）。自其书出，欧美二洲几于无人不读，而泰西之学术政教，为之一斐变焉。……书所称述，独二篇为尤著，西洋缀闻之士，皆能言之。其一篇曰《争自存》，其一篇曰《遗宜种》。”①1898 年，严复翻译的《天演论》出版，至此达尔文的进化论作为系统的学术思想被全面地引进到中国。《天演论》译自英国生物学家赫胥黎的《进化论与伦理学》。此书是赫胥黎 1893 年在伦敦大学的演讲，主要内容是关于演化中宇宙过程的自然力量与伦理过程中人为力量互相制约的问题，这是一部宣传达尔文进化论的著作。严复虽然只翻译了《进化论与伦理学》的前半部分，但他在翻译中加了大量的按语，进行相关的解释和说明，这就不仅为中国学术界了解达尔文进化论提供了入门的知识，而且为中国读者对于西方文化的理解提供了便利。《天演论》自 1898 年出版后，在十多年间发行了三十多个不同的版本，极大地震动了中国的思想学术界，影响了中国的几代学人。“自《天演论》出版后，‘物竞’，‘争存’，‘天然淘

---

① 《原强》，《中国现代学术经典·严复卷》，河北教育出版社 1996 年版，第 540 页。

汰'，'优胜劣败'，'适者生存'……名词，都成了人人的口头禅。"①需要说明的是，严复作为近代中国留学生的代表，其译书本身颇具有象征意义。从中外文化交流的角度来看，此前的传教士翻译的大多是科学技艺类的书籍，宣传的是有关"器"方面的知识，并不从根本上影响甚至冲击传统儒学文化所关注的"道"；而严复翻译的社会科学方面的书籍，用中国传统的语言来说是引进一个新的"道"，这无疑是对传统的思想学术文化提出了巨大的挑战，并且象征着传统的儒学文化之"道"出现了资源上的短缺以及其在社会上逐步失去一统思想学术的地位。因为，如果传统的儒学资源可足够利用，就没有必要来翻译与引进西方的"道"了；同样，儒学文化如果在思想文化界还保持绝对的统治地位，也就没有可能让西方的社会科学引进来并在思想学术界产生很大影响。从中国近代思想学术演进的过程来看，正是通过严复的翻译介绍，"物竞天择，适者生存"的生物进化规律被系统地引进到中国，从而为新文化运动的兴起提供了进化论这一理论武器。

新文化运动的领导者之所以能够使用进化论这一理论武器，就在于进化论在近代中国有十分的吸引力，就在于在国内有接受进化论的相关条件，这又是与近代中外文化交流所达到的水平和近代中国社会发展的要求密切相连的。因为，既然进化论被引进到中国，则就必须将以进化为基础的西方文明的价值观诸如自由、民主、人权、科学等进一步地全面引进，使中外文化的交流进到一个新的水平和新的境界。因而，全面引进西方文化价值观的新文化运动就势在必行。事实正是，新文化运动不仅是在近代中外文化交流的基础上发生，并且将近代中外文化交流在民国建立的新形势下推进到前所未有的高度。这样看，新文化运动的兴起与近代中国的中外文化交流有历史的联系和逻辑的联系，不仅有近代中国的中外文化交流业已形成的基础条件，而且其本身也是近代中外文化交流的必然产物，并且亦有着近代中国文化发展的内在逻辑，因而新文化运动能够代表着当时中国先进文化前进的方向。从文化交流的视角来看，新文化运动的兴起乃是民国建立后中外文化交流的必然要求，具有文化发展的历史合理性并且具有推动文化进步的历史条件。

① 郭湛波：《近五十年中国思想史》，山东人民出版社1997年版，第254页。

三、民国初年的政治现状有新文化运动兴起所需要的政治条件

新文化运动是文化革新运动、思想启蒙运动，自然离不开一定的政治条件。可以想见，如果没有辛亥革命和中华民国的建立这一政治条件，即使有新文化运动的现实需要，也有发动新文化运动的领导力量和思想武器，也是难以在全国范围内形成一个声势浩大的思想启蒙运动的。民国建立以后，民国的政治体制及民主共和思想的传播为思想自由、言论自由创造了条件，政治上也有一个相对和缓的空间。尽管在袁世凯统治时期，对报章杂志采取限制措施，但袁世凯政府对地方的控制和对思想文化的钳制有一个过程。而且，《青年杂志》诞生地上海其思想言论自由的程度也非一般的内地之可比。陈独秀创办《青年杂志》进行思想文化启蒙，在当时是有一定的政治条件的。

自然，对新文化运动开展的政治条件的分析也应该从近代中国社会的演变来看。新文化运动的发生，与民国初年的中国政治有直接的关系。陈独秀领导思想启蒙运动，是适应民国初年社会变革尤其是思想文化变革的要求，并且也是符合近代中国社会演变的逻辑。关于这一点，梁启超在《五十年中国进化概论》中有重要的说明。在梁启超看来，近代中国的进步可分为三期，第一期是"从器物上感觉不足"，于是有洋务运动；第二期是"从制度上感觉不足"，于是有变法维新和辛亥革命；第三期是"从文化根本上感觉不足"，于是有新文化运动。梁启超指出，民国初年以来"所希望的都件件落空，渐渐有点废然思返。觉得社会文化是整套的，要拿旧心理运用新制度，决计不可能，渐渐要求全人格的觉悟。……新近回国的留学生，又很出了几位人物，鼓起勇气做全部解放的运动"①。梁启超对近代中国社会的分期是否准确是一回事，但他肯定近代中国以来洋务运动、戊戌变法—辛亥革命、新文化运动这一历史发展的线索是很有见识的。

就民国建立以后的形势来看，封建复古思想泛滥，也确实需要一个思想启蒙运动。陈独秀当时就看到，民国建立以后，封建帝王思想仍然存在于国民头脑

① 梁启超：《五十年中国进化概论》，《饮冰室合集·文集之三十九》，中华书局1989年版，第44—45页。

中,“中国多数国民口里虽然是不反对共和,脑子里实在装满了帝制时代的旧思想”①。高一涵也看到,“皇帝虽退位,而人人脑中的皇帝尚未退位”,尤为显见的事实是:“入民国以来,总统行为,几无一处不摹仿皇帝。皇帝祀天,总统亦祀天;皇帝尊孔,总统亦尊孔;皇帝出来地下敷黄土,总统出来地下也敷黄土;皇帝正心,总统亦要正心;皇帝‘身兼天地、君亲、师之众责’,总统也想‘身兼天地、君亲、师之众责’”。总结历史的教训,高一涵认为这是由于民国在建立的过程中,只进行“制度革命”而“思想不革命的铁证”②。可以说,民国初年的社会需求尤其是对思想启蒙运动的需求,将一批具有革命意识的知识分子推到思想战线的前沿,从而使新文化运动的兴起具有了历史性的机遇。

新文化运动是思想文化的启蒙运动,表面上看是远离现实的政治,其实正是从思想文化的层面来关怀政治的,因而是辛亥革命时期民主共和思想传播的继续和提升。这一运动的本身是以民国所确立政治目标为前提,以思想文化运动的形式来巩固和继承民国的政治传统,自然离不开辛亥革命和民国建立所确立的政治秩序的背景。事实上,由陈独秀这位早年曾参加辛亥革命的革命志士领导思想启蒙运动,从思想文化上巩固辛亥革命的成果,继续辛亥革命的未竟事业,也就势所必然了。故而,考察新文化运动的兴起,当然就应该看到辛亥革命和民国建立所提供的政治条件。

四、科举制度的废除和新式学堂的创办为新文化运动的兴起提供了受众群体

新文化运动的兴起是以其业已存在的受众群体为前提的。就是说,当时国内必须具有一定的读者群体,有一个主张或向往新思想的知识阶层,才能使杂志办下去,才能使思想文化启蒙的事业具有一定的社会市场。我们认为,在新文化运动兴起之时,由于晚清科举制度的废除和新式学堂的创办,在中国社会中已经形成了一个不同于传统士大夫的新知识阶层,这使新文化运动成为可能。

科举的废除对中国整个社会都有极大的影响,对人才的培养模式和培养目标的影响则更大。单就新式学堂创办而言,由于 1905 年科举制度的废除,在全

① 《旧思想与国体问题》,《陈独秀著作选》第 1 卷,上海人民出版社 1993 年版,第 295 页。

② 高一涵:《非“君师主义”》,《新青年》第 5 卷,第 6 号。

国范围内兴起了兴办新学堂的热潮，一些省还设立农、工、商、矿等专门实业学校，不仅使社会风气为之一新，而且使新式学堂和在校学生数的增长呈直线上升的趋势。1904 年，全国有新式学堂 4222 所，到 1909 年增至 52348 所，5 年间新式学堂增长了近 12 倍；而就新式学堂在读人数而言，到辛亥革命时学生总数达到 300 万人左右，是 1905 年的进 12 倍①。新式学堂的创办和新式学生群体的形成，无疑是为社会培养了一个新的知识阶层。国内科举废除，新式学堂大规模创办，也是大批青年学生接受新的教育的时期。各地的新式学堂虽然程度不一，但“新学”是其重要内容，有些学堂达到很高的教育水平。以后参加新文化运动的周作人，早年就读的江南水师学堂，“那里的学科总分为洋文汉文两大类，一星期中五天上洋文课，一天上汉文课”；“洋文中间包括英语、数学、物理、化学等中学课程，以至驾驶管轮各个专门知识”，“都用的是英文”②。新式学堂的创办以及由此而形成的不同于以往士大夫阶层的新型青年学生群体，为新思想的传播提供不可缺少的条件，为新文化运动的开展和持续发展准备了接受群体。

以陈独秀为代表的新文化运动领导者不仅看到国内新思想的受众群体，而且在开展新文化运动后还有意识地培植这一群体，尤可见新文化运动具有存在和发展的支持力量。陈独秀创办刊物取名“青年”亦有用意所在，最基本的层面是将“青年”作为启蒙的对象和重点。于是，陈独秀、高一涵、李大钊等新文化运动的领导者把关注的目光投向到青年身上，力图进一步培植新思想的接受者。陈独秀说他创办《青年杂志》就在于唤起青年的自觉，声称“青年之于社会，犹新鲜活泼细胞之在人身”③。虽然陈独秀也看到现实中的青年是“老年其身体者十之五”、“老年其脑神经者十之九”，但他更看到的是理想中的青年形象，说：“青年如初春，如朝日，如百卉之萌动，如利刃之新发于硎。”④与陈独秀相类，李大钊看到的也是理想中的青年，认为“青年之字典，无‘困难’之字，青年之口头，无‘障碍’之语；惟知跃进，惟知雄飞”⑤。故陈、李对青年的认知侧重于其理想中的人格形象，所塑造的青年形象是新道德的楷模。高一涵也把建设民主政治的希望寄托在青年身上，呼唤青年站在时代的前列担负起思想启蒙的任务。他说：“澄清流水，必于其源。欲改造吾国民之德知，俾之脱胎换骨，涤荡其染于专制

① 桑兵：《清末兴学热潮与社会变迁》，《历史研究》1986 年第 6 期。
② 周作人：《知堂回想录》上卷，河北教育出版社 2002 年版，第 108—109 页。
③ 《敬告青年》，《陈独秀著作选》第 1 卷，上海人民出版社 1993 年版，第 129 页。
④ 《敬告青年》，《陈独秀著作选》第 1 卷，上海人民出版社 1993 年版，第 129 页。
⑤ 《〈晨钟〉之使命》，《李大钊全集》第 1 卷，人民出版社 2013 年版，第 330 页。

时代之余毒,他者吾无望矣。惟在染毒较少之青年,其或有以自觉。"①又说:"今日吾辈青年,正当努力以与旧习俗相战,以独立自重之精神,发扬小己之能力。而自由、权利二者,即为发扬能力之梯阶。"②高一涵把自由与权利作为个人存在的本然要求,并由此与青年所应担负的社会责任联系起来,正是为了说明青年应充当导引社会进步的角色。由《新青年》创办中对"青年"的重视,可以看出新文化运动的领导者对社会下层力量的高度关注和扩展新思想接受者的图谋,也说明新文化运动适应了中国新崛起的知识阶层的需要。

新文化运动兴起所需要的"领导力量"、"思想资源"、"政治条件"、"受众群体"等几个方面在民国初年已经具备,而这些方面是近代中国社会变迁所形成的结果。因此,就根本而言,新文化运动是近代中国社会变迁的历史必然要求。正是如此,1915 年 9 月新文化运动正式启动,中国的思想、文化和学术迎来思想解放、文化更新、反帝救亡的新时代。

(原载《徐州师范大学学报》2006 年第 2 期,人大复印资料《中国近代史》
2006 年第 2 期全文转载,又被《新华文摘》2006 年第 2 期摘要发表)

【昔文琐记】这篇《近代中国社会变迁与新文化运动的兴起》文章,写作于 2005 年下半年。此文写好后,原不打算急于发表,总觉得文章还不太成熟,应该"沉淀"一下再说。我的老同学刘一兵约我向学报提供一篇稿件,于是就把此文拿出来发表了。

众所周知,研究新文化运动的文章很多。在这样的背景下,要找到一个新的选题,提出新的观点,撰写出一篇高质量的文章,很是不容易的。此文从社会变迁的角度研究新文化运动发生的缘由,将近代中国社会变迁与新文化运动联系起来,运用历史变迁的继承性的原理来分析和说明,这是一个重要的创新。文章中并没有新的材料,但研究的视角是新的,资料的诠释也与一般文章不同,因而文章有些新意,能够引起学术界的关注。

我写这篇文章的思路是,先是将新文化运动发生的各种不可缺少的条件找出来,然后分析这些条件在近代中国社会变迁中是如何具备的,具备到怎样的程度。近代中国社会的内涵十分丰富,以不同的眼光来看,就会有不同的结论,这就要求研究者对近代中国社会有一个较好的把握。就新文化运动而言,作为一

---

① 高一涵:《共和国家与青年之自觉(一)》,《青年杂志》第 1 卷,第 1 号,1915 年 9 月 15 日。
② 高一涵:《共和国家与青年之自觉(二)》,《青年杂志》第 1 卷,第 2 号,1915 年 10 月 15 日。

个重大的历史事件或历史运动,已经凝结成为一个不可更改的文本,需要人们(主要是历史学家)去不断地解读。但作为业已存在的“新文化运动”,具有其本质的而又不可更改的东西,需要我们去分析和梳理,才能看出其所固有的特质。而这种分析与梳理,又离不开对近代中国社会的解读和认知。我的看法是,“新文化运动”涉及的内容很多,但领导者、受众群体、思想资源、政治条件等,却是不可忽视的基本内容。由此来推演,则这些基本的内容,实际上是在近代中国社会演进的过程中所不断具备的。亦即,近代中国社会为新文化运动的发生与发展创造了条件,故而研究新文化运动也只能从近代中国社会演变中来研究。

从“社会变迁”的角度研究近现代社会的历史,大有文章可做。社会变迁就是社会结构中经济、政治、文化等基本因素的变迁,但在某一历史时段里,各种因素的变迁在普遍性法则之下又具有特殊性,其变迁的方向、速度、力度和质量也不一,这就使历史的演变具有独特性的一面。由此来说,分析某一重大历史事变的成因,如从社会变迁的角度予以研究,也就只能抓住主要的方面与关键性的环节。

进而言之,剖析重大历史事件之成因,必须在社会演变的视野之下,将涉及的相关因素、相关环节考虑进去,并且要考虑这些相关因素、相关环节何者占主导地位,它们之间的关系又如何,如此才有可能找出历史演进中的内在联系,从而使研究工作能够比较地接近历史的真实。譬如,我这篇文章就是抓住了四个主要的方面,并从近代中国社会的演变方面来解读,我觉得是能够被读者接受的。历史演变纷纭复杂,历史的内在联系多种多样,历史事态的演变也是扑朔迷离的,必然与偶然充斥其中,共性与个性联结在一起,普遍与特殊也是相偎依存。我们受时代的局限、知识的限制、资料的制约以及治史路径的影响,不可能周全地、毫无遗漏地考虑到一切因素和环节,只能就大的方面而言,由此来呈现历史逻辑、揭示的历史规律。自然,这样做所能发现的历史规律,可能也只是一个大致的趋向,而不能做到如自然科学那样的精确。故而,这样的研究工作还要不断继续下去。

2021年1月31日

孤星社·铸魂学社·中国少年劳动党

在国民党统治时期,存在众多的小政党,中国少年劳动党就是其中之一。学术界关于中国少年劳动党的历史还知之甚少,有关的文献资料极为缺乏,至今还没有一篇关于中国少年劳动党的论文,这是一大缺憾。中国少年劳动党有二十多年的历史,经过一个演进和发展的过程(如其创始人安若定所说经过孤星时期、铸魂时期、组党建国时期),并与国民党统治时期的中国政治有着十分密切的关联,值得我们认真地研究。本文根据十分有限的资料,试图将中国少年劳动党的历史作一简要的概述,希望能为中国现代政党史的研究有所贡献。

一、孤星社时期的文化斗争

中国少年劳动党起源于"中国孤星社",是在"中国孤星社"的基础上逐步演进发展起来的。中国孤星社成立于 1923 年,得到孙中山的赞许和扶持,由一般青年和各都会广大的职业劳动群众结合的组织。

1923 年安若定创办《孤星报》,公开提倡"大侠魂",主张发扬尚武精神,进行联络同志的活动。《孤星》杂志认为,在外有帝国主义、内有封建军阀的严峻形势下,只有发扬我们中华民族"历史遗传性的大侠魂精神"才能拯救现在的中国,"我们华族子孙,不幸处在此暮气沉沉黯然无光的中国,应该不坠祖业,保持发扬先民历史上遗传下来的大侠魂精神!使得人人都做一个'不畏强御',打抱不平的英雄!使得人人都做一个认定真理,实践的好汉,使得人人都有立下'大决心',抱有'大牺牲'的精神,干一番倾倒当时、后世可歌可泣的事业!"①《孤星》主张,整个亚细亚民族都有民族革命的需要,而中国受帝国主义的压迫最为

① 天侠:《中华民族与大侠精神》,《孤星》旬刊第 7 期,1924 年 5 月 12 日。

猛烈:“我国受列强帝国主义的种种不平等条约的束缚,海关底把持,一切生产力底霸占;一面再供给军械,唆使我国军阀年年自相残杀,政局入于混乱状态,使我们万分消耗,而再没有那整(振)兴实业发展生产余暇。更把一切原有的小手工业小机器的生产力,也因战争连年,摧残殆尽!而他们帝国资本主义正把他们底出产品到中国来做他们经济大侵大掠的大销售场,他们年年几千万万的满载而去,叫我们中国那得不上下闹穷,民不聊生。”因此,中华民族作为亚细亚民族要进行“亚细亚革命”以尽自己“对于此后世界的天职与义务”,而当前“最要紧的是:(一)联络已经革命成功的俄国;(二)打倒东亚霸王的日本”①。《孤星》倡导民族革命、争取民族独立的主张,很显然是受到了俄国十月革命和五四运动革命的影响,表现出鲜明的革命斗争的色彩。值得注意的是,《孤星》的创办者安若定还受到马克思主义的社会革命思想的影响,对当时社会上兴起的“平民教育”表示自己的看法:“我并不是不赞成平民教育,我是希望热心平民教育运动的先生们,不要以一千字四个月的平民教育算做平民教育”,因为“这种一滴地不彻底的改良社会,我们正恐怕有此欺人惑世的平民教育,懈怠或蒙蔽了人们的国民革命——彻底改造的决心”,因而不能满足于平民教育,而必须“从经济革命下手”②。

中国孤星社于1923年成立,具体月、日已不可考。之所以定名为“孤星”,是因为创办者安若定有一理想,即“愿求化除小我为大我,化除自我为真我,缔结灵魂的同志,真我的知音,合燃同志内心的智光,共破社会环境的黑暗”。中国孤星社主张“知行合一”观来论究人生,认为“行不顾言,行为‘无行’,知而不践,知非‘真知’”,因而从“知”与“行”相统一的角度来确定孤星社的四项“使命”为:“研究学术,必本学者本色底态度;讨论问题,当据时代精神之原则;救急的宣传三民主义,须热情地走入民间;彻底的鼓吹世界革命,必勇敢地身先向导。”孤星社十分强调“信誓”的重要,在成立之初就要求“本社同志,应发信誓,激励大侠魂的精神,拿起青天白日的旗帜;遵守孤星社的社章,实践为我利群的使命”。中国孤星社的组织依据“权义平等”的原则组建,有独立机构——中央执行委员会及辅助机构——各埠执行委员会,“中央执行委员会任期一年,于开大会时由本社全体同志选举宣传、社务、经济、编辑、发行、纠察委员六人组织之。中央执行委员会应接受本社同志或各埠执行委员会底建议加以表决而施行之。

① 剑平:《亚细亚革命与世界改造》,《孤星》旬刊第8期,1924年6月5日。

② 剑平:《读书运动与经济革命》,《孤星》旬报第10期,1924年6月15日。

各埠执行委员会任期六个月，由本社各埠同志六人以上组织之。各埠执行委员会应辅助中央执行委员会进行社务，及宣传消息于社会或该埠同志而执行之。”①从中国孤星社的社名、使命、信誓、组织来看，这是一个主张鲜明、革命色彩强烈、组织较为严密的政治组织。

中国孤星社在1923年创办时，得到孙中山等许多国民党人的支持。“除总理亲题报楣外，其他中央委员如吴稚晖，汪精伟，胡展堂，廖仲恺，于右任，戴季陶诸先生等，均曾与以物质上或精神上之援助。”②中国孤星社对孙中山的民族革命表示积极的拥护，号召青年要“热情勇敢的拿起青天白日的三民主义的旗帜”，从事民族革命斗争；认为“亚细亚被压迫民族，第一只有先大家拿起青天白日三民——民族，民权，民生——主义的旗帜来，先各自推倒那国内做帝国主义奴才底走狗——军阀、政客……一切甘心做卖国事业及害群底人或团体，而实现我们的民权民生主义。同时大家联合起来，实行亚细亚联军革命，要求我们亚洲民族底解放”③。为了适应国民革命和北伐战争的形势，孤星社积极进行改组，并将自己的主张与孙中山的“新三民主义”更为贴近起来，在其发表的改组宣言中声明：“为抵抗国际帝国资本主义之侵略，与联络东方被压迫民族之要恢复人类生活而自求解放，故不得不急急起来做民族独立运动而宣传‘民族主义’；为抵抗国内军阀、官僚、绅士之蹂躏，与伸张二万万被压迫女同胞之要恢复男女平等而自求解放，故不得不急急起来做民权独立运动而宣传‘民权主义’；为抵抗地方田主、资本家及为富不仁者之剥削，与赞助劳动阶级被压迫农民、工人、学徒、小学教员之要恢复生计优裕而自求解放，故不得不急急起来做民生独立运动而宣传‘民生主义’；——总一句话：是适应于环境底需要，要把相对的信仰绝对的宣传中国国民党三民——民族，民权，民生——主义来急救我们今日底中国。这是我们同志今日言今日底惟一的使命。”④

由于得到孙中山等国民党人的支持，孤星社得到很大的发展，“当时孤星社分社有十余处，社员均为大中学青年学生”⑤，对于启发青年的革命意识、对于北

① 中国第二历史档案馆编：《国民党统治时期的小党派》，档案出版社1992年版，第13页。

② 徐霖、李乡朴笔记：《汉口铸魂学社成立大会记》，《大侠魂周刊》第7卷第1期，1938年1月22日。

③ 剑平：《亚细亚革命与世界改造》，《孤星》旬刊第8期，1924年6月5日。

④ 《中国孤星社改组后的一个宣言》（1924年6月），《孤星》旬报第11期，1924年6月25日。

⑤ 徐霖、李乡朴笔记：《汉口铸魂学社成立大会记》，《大侠魂周刊》第7卷第1期，1938年1月22日。

伐战争都有很大的贡献。如 1924 年安剑平(安若定)曾介绍安友石加入孤星社,后又介绍安友石赴广州第六届农民运动讲习所学习;秦邦宪于 1921 年夏考入苏州省立第二工业专门学校纺织科,在校阅读进步书刊,议论时政,向往革命,思想活跃,并于 1924 年加入中国孤星社。安若定本人也积极参加社会活动,1925 年 1 月 11 日,无锡国民会议促成会成立,安剑平、钱孙卿、许广圻、唐光明、杨锡类等 15 人被选举为总务委员。安剑平还参加了锡社,1925 年 12 月 17 日军阀孙传芳下令查封锡社,安剑平等被逮捕。随着北伐战争的进行,中国孤星社积极活动,力量进一步壮大,"惟十六年清党颇受打击,且有一部牺牲。"①蒋介石建立南京政权的最初时期,由于受到政府的高压,中国孤星社未能继续开展活动。

孤星社就其性质来说是一个文化性质的社团组织而不是一个政党组织,因而经常性的工作是"保留思想上的社团活动"。虽然当时的社会形势有组织政党的需要,社团内部亦有成员有组党的要求,特别是"'五卅惨案'爆发,爱国运动和反帝国主义运动达到最高潮的时候,社内若干分子就主张用独立政党的形式,向帝国主义者及其卵翼的军阀政府作经常的政治斗争"。该社主持人安若定认为,当时的"中国革命"在客观条件上"是注定了必须通过武装政党从事大规模的军事行动才能完成,它的本质是阶级联合战线";在此形势下,"当时一切的运动,天然的与'国民革命'合流",因而主张孤星社坚守自己的文化启蒙的阵地,没有将孤星社改变为政党②。尽管如此,孤星社的文化活动确为以后的中国铸魂学社及其后来的中国少年劳动党奠定了初步的基础。

二、铸魂学社的抗日救亡活动

九一八事变后,民族矛盾空前激化,全国的各阶层人民兴起抗日救亡运动。铸魂学社就是在这样的背景下应运而生的。安若定为创建铸魂学社曾进行理论上的准备,他先后写出《大侠魂论》、《社交哲学》、《大侠魂人生态度》及《新人

---

① 徐霖、李乡朴笔记:《汉口铸魂学社成立大会记》,《大侠魂周刊》第 7 卷第 1 期,1938 年 1 月 22 日。

② 《中国少年劳动党成立宣言》(1945 年 9 月 27 日),中国第二历史档案馆编:《国民党统治时期的小党派》,档案出版社 1992 年版,第 103 页。

论》等著作,在其他论文中亦有对“大侠魂”思想做过细致的阐述。1932年2月,安若定在南京发起成立铸魂学社,发行《大侠周刊》,宣传大侠魂为推行三民主义动力之理论,鼓吹“人格斗争”、“新人运动”为抗日救亡之途径。铸魂学社建立后,不仅加强组织建设工作,而且立即投入到抗日救亡运动中来,成为当时颇有影响的抗日救亡团体。

在民族危机加深的形势下,铸魂学社显然是抗日救亡运动的产物。铸魂学社前承孤星社,是孤星社的发展,当然亦有所不同。铸魂社的使命,与孤星社所异之处在顺应革命进展,由破坏而趋于建设,揭修心立命之旨,倡匡人救世之学,以“文武合一,知行合一”为口号,以“重铸黄魂”为公约。安若定曾自述其将“中国孤星社”改组为“铸魂学社”的“缘起”时说:“迩来外患益亟,内祸日深,国将不国,民不堪命,凡有血气,能不动心,爰新旧同志,改组铸魂学社于首都,从事修心立命之本,致力匡人救世之学,以期登高一呼,重整颓风,庶于人心世道,有所补救,亦即尽我国民人类应尽之天职。”①安若定以后也曾回忆道:“九一八后,鉴于国难严重,大侠魂论再版问世。二十一年,沪战猝发,国府仓促徙洛阳,余激匹夫之义,纠合新旧同伴,改组成立铸魂学社于南京,首赠‘黄魂重铸’锦旗一面于血战之十九路军。编行周刊,以发扬前方士气,安定后方人心,鼓吹大侠魂精神动员,有‘大侠魂精神一日不死,则中华民族一日不亡’之宣言。并创设铸魂书局,出版丛书。”②铸魂学社成立后,积极参与抗日救亡运动。安若定呼吁要动员全民族的抗战,指出:“中国是全民族底的国家,不是少数志士英雄底国家,所以要做救国工作,不是少数志士英雄独有底事业,乃是全民族广大群众在全国总动员的旗帜之下共有奋斗的事业。志士英雄不过是站在领导发动的地位,单有少数领导发动而没有全民族广大群众觉悟跟上,仍是没有的。”安若定指示铸魂学社要发扬大侠魂精神,将打击汉奸卖国贼作为最主要任务,他说:“我们处在这个空前丧乱国家之中,什么是最可耻最可诛的自私自利呢?无疑的是‘卖国求荣’!什么是最可恨最可杀的人私人利呢?无疑的是‘卖国汉奸’!这‘卖国汉奸’才是天字号的小鬼魂!这‘卖国汉奸’才是民族复兴运动中底致命伤!所以亦只有‘卖国汉奸’才是我们今日大侠魂旗帜下打倒小鬼魂之最大对象!只有‘卖国汉奸’才是我们今日大侠魂旗帜下人格斗争之唯

① 《铸魂学社缘起》(1932年6月5日),中国第二历史档案馆编:《国民党统治时期的小党派》,档案出版社1992年版,第16页。

② 安若定:《中国铸魂学社旨趣述略》(1945年10月5日),中国第二历史档案馆编:《国民党统治时期的小党派》,档案出版社1992年版,第93页。

一死敌!”①正是铸魂学社高举抗日救亡的旗帜,并将抗日斗争作为工作的重心,因而赢得广泛的社会支持。

铸魂学社在抗日救亡运动中非常活跃,在动员全民抗战中发挥了积极的动员和号召作用。铸魂学社在创建之时虽是一个学术研究团体,“本发扬大侠魂文化运动之使命,以提倡读书风气,鼓吹尚武精神,改造民族气质,建设人类心理为宗旨”,但积极投入抗日救亡运动中。1935 年华北事变中殷汝耕叛国投敌,受到全国各界声讨。南京各学术团体在中央大学举行全京学术团体联合会声讨殷逆,南京铸魂学社派出殷震夏、马星阁出席参加,并推举瞿明宇起草讨逆通电三则。其一致“中央执行委员会、国府主席、蒋委员长暨各院部会长”,鉴于“元凶尚在,国贼未诛”的情况,要求中央政府“明令华北军政领袖,速为实力制裁”;其二致“北平何部长、宋司令、保定商主席暨华北各军政领袖”,表示铸魂学社愿意为华北地方当局的“后盾”,希望华北当局能够“使国贼伏诛,山河无缺”;其三致“全国各同胞各职业团体、学术团体”,认为民族危机“已远过九一八时十百倍”,号召全国各学术团体“在民族统一的立场上,为有组织之活动”,“以坚凝民族意识,发扬民族精神,求民族复兴之迅速成功”②。全民抗战开始后,安若定于 1938 年 1 月代表铸魂学社发表了《中国铸魂学社敬告全国国民并前方将士书》,呼吁全民族奋起发扬中华民族的大侠魂精神,抵御外来的侵略:“国难的火焰已经烧遍了半个的中国,百年来的睡狮已经矍然惊醒奔跃起来为全身挣扎的巨吼!”“我爱国的全国国民,前方浴血抗战的爱国将士,都是万古不朽有历史生命价值的大侠魂者,一肩重任,负着大时代的使命前驱。大侠魂要为民族争独立,为人类打不平。”③铸魂学社鉴于民族危亡的严重形势,认为“大侠魂当前的任务”是:“唤醒中国四万万五千万同胞,拿出自己的本能,在中央政府和唯一领袖蒋委员长指导下面造成一个中华民族整的大侠魂,打倒日本的大和魂。”④在民族矛盾空前尖锐的情况下,铸魂学社号召动员全民抗战,以拥护现行政府领导为前提,这在当时的历

① 安若定:《铸魂运动之两方面》(1935 年 12 月),中国第二历史档案馆编:《国民党统治时期的小党派》,档案出版社 1992 年版,第 29—30 页。

② 《南京铸魂学社声讨殷逆电》(1935 年 12 月),中国第二历史档案馆编:《国民党统治时期的小党派》,档案出版社 1992 年版,第 34—35 页。

③ 安若定:《中国铸魂学社敬告全国国民并前方将士书》,《大侠魂周刊》第 7 卷第 1 期,1938 年 1 月 22 日。

④ 李实清:《大侠魂当前的任务》,《大侠魂周刊》第 7 卷第 1 期,1938 年 1 月 22 日。

史条件下也是可以理解的。

中国铸魂学社在抗日救亡运动中得到壮大和发展。到1938年,正式成立铸魂学社的分社有南京分社、无锡分社、汉口分社等三处;设立通讯处(即尚未立案之分社)的有北平、济南、天津、上海、长沙等五处;其他还有许多城市,设立通讯主任。总计长江流域有24处(上海、常熟、蚌埠、温州、杭州、临海、宜昌、重庆、黄梅、宜兴、郧阳、蕲春、苏州、无锡、盐城、襄阳、通山、应山、徐州、汉阳、武昌、汉口、南京、南昌等),黄河流域有14处(北平、天津、济南、保定、太原、西安、朝邑、邹平、商河、济宁、招远、郑州、南阳等),珠江流域4处(广州、贵州、泉州、福州等)。成员分布,"黄河流域,以平津直鲁为最多;长江流域,以两湖川豫为最多;珠江流域,以贵州一省为较多"①。中国铸魂学社非常注重文化工作,以配合抗日救亡运动的发展。出版的主要刊物有,南京出版的《大侠魂周刊》并组设了铸魂书局,长沙出版的《大侠魂日报》,济南出版的《侠魂月刊》,抚州出版的《国魂周刊》;此外,太原、保定、嘉定等各日报的附刊,也积极宣传铸魂学社的主张;在南京和上海还举行了两次全国运动大会,印发大小宣传品数十种,进行抗日宣传②。济南的社员二十余人组织无畏挺进队,参加关外义勇军,努力参加抗敌救亡工作。在抗战开始后,中国铸魂学社的抗日救亡活动,尤以"抗敌工作团"的活动引人注目。

这里有必要将"抗敌工作团"的组织演变作一简要的说明。最初的"抗敌工作团"成立于1937年底,由中国铸魂学社在武汉的同伴所组织,"由南京总社直接领导,并委张雨安同伴为团长,张侠生同伴为副团长",后来"经理事会议决定改组汉口铸魂学社工作团,以张雨安同伴为团长,李实清为副团长,并向党政机关正式备案,批准成立。其主旨根据铸魂学社宗旨及大侠魂精神,以反抗暴日侵略,铲除汉奸活动,在政府领导之下,进行各项抗敌救亡实际工作,争取中华民族之自由独立"。这时的"抗敌工作团"在组织建制上属于汉口分社的下属机构,全称为"汉口铸魂学社工作团"。当时的抗敌工作团,有演讲队、编撰队、壁报队、话剧队、歌咏队、画报队及乡镇支队等,后遵照政府的命令"改定本团之实际宣传工作,应时事需要,先后分置讲演、壁报、话剧、歌咏、文化供应、劳动服务及总务等七组活动。……本团及各宣传分队之团员增至三百人之多。并策动团员

① 徐霖、李乡朴笔记:《汉口铸魂学社成立大会记》,《大侠魂周刊》第7卷第1期,1938年1月22日。

② 《中国铸魂学社报告数年来社务概况并请求备案及拨发基金呈》(1938年8月13日),中国第二历史档案馆编:《国民党统治时期的小党派》,档案出版社1992年版,第47页。

徐远、赵超等十余人赴得人后方参加我游击队"①。及至1939年3月,李实清总结"抗敌工作团一年来工作"时,"抗敌工作团"还是"汉口铸魂学社工作团",接受汉口分社的领导。到1939年10月,安若定拟订了"中国铸魂学社抗敌工作团组织规章",并向中国国民党中央执行委员会社会部提出申请,将"汉口铸魂学社抗敌工作团改为本社抗敌工作团"②,这时的"抗敌工作团"是中国铸魂学社的下属机构,才真正直属总社的领导。其活动情形,据国民党重庆市执行委员会的报告称:"迨武汉撤退,该团全体团员结队来渝,从事各项救亡工作,出刊铸魂壁报、组织服务队推销抗战图书杂志、擦皮鞋及流动各乡镇宣传,年余以来,颇有成效。"③

随着铸魂学社在抗日救亡运动的工作,社会影响日增。至1938年8月,中国铸魂学社的"全国社员已发展到一千二百余人,其中尤以军人与国术界同志及学生青年为最多"④。由于铸魂学社的工作和影响,国民党中央社会部于1939年4月正式批准中国铸魂学社为政府备案的全国性的合法学术团体。据安若定以后的回忆:"(民国)二十八年四月一日,为加强领导,集中力量,正名中国铸魂学社于重庆,确定成为全国性之人民团体"⑤。根据呈报的职员名单,中国铸魂学社的领导成员有:社长,安若定;干事长,瞿明宇;研究组长,冯超如;演讲组长,孙其铭;国术组长,田正峰;社员组长,徐霖;总务组长,施织荪。现将中国铸魂学社的社长和干事人员情况列表如下⑥:

① 李实清:《汉口铸魂学社及抗敌工作团一年来工作》,《大侠魂周刊》第8卷第5期,1939年3月25日。

② 安若定:《中国铸魂学社报告汉口分社及抗敌工作团改组情形呈》(1939年10月),中国第二历史档案馆编:《国民党统治时期的小党派》,档案出版社1992年版,第76页。

③ 《国民党重庆市执行委员会报告中国铸魂学社抗敌工作团组织活动情形呈》(1940年5月6日),中国第二历史档案馆编:《国民党统治时期的小党派》,档案出版社1992年版,第82页。

④ 《中国铸魂学社报告数年来社务概况并请求备案及拨发基金呈》(1938年8月13日),中国第二历史档案馆编:《国民党统治时期的小党派》,档案出版社1992年版,第47页。

⑤ 安若定:《中国铸魂学社旨趣述略》(1945年10月5日),中国第二历史档案馆编:《国民党统治时期的小党派》,档案出版社1992年版,第94页。

⑥ 《中国铸魂学社最高干部人员表》,中国第二历史档案馆编:《国民党统治时期的小党派》,档案出版社1992年版,第63—64页。

职务	姓名	年龄	籍贯	学历	职业或通讯处
社长	安若定	39	江苏无锡	上海大学社会学系毕业	前国民政府文官编审主任
干事	蒋抱一	44	福建泉州	上海大学中国文学系毕业	监察院
	徐霖	31	湖北钟祥	武汉中央军校毕业	别动总队部
	瞿明宇	37	江苏靖江	东京帝国大学研究院研究员	前国立中央研究院研究员
	马星阁	37	江苏无锡	南京工业专门学校毕业	行政院战地服务团
	曹功锦	43	南京	暨南大学毕业	前中央组织部职员
	孙其铭	42	安徽桐城	美国普渡大学机械工程学士	河南省农村合作委员会
	殷震夏	42	江苏无锡		河北民军指挥院
	仝道云	32	安徽和县	上海新华艺术大学毕业	前中央组织部干事
	张雨安	43	湖南长沙	长沙帅范学校毕业	湖南省党部
	罗春台	38	湖北房县	武昌师范大学	宜昌赈济委员会视察员
	冯如超	48	陕西大荔	南京法相大学毕业	审计部会计主任
	田镇峰	36	河北清苑		前山东省立国术馆教务长
	施织苏	37	江苏		内政部
	雷仲山	35	陕西洽阳	上海大学美术系毕业	陕西民政厅督导委员
	陈铁庵	33	湖南长沙	上海大学文学系毕业	福建、浙江监察使署秘书
	张仲玉	30	湖北松磁	中央军官学校军官班毕业	河北民军总指挥部政治组组长
	宋国枢	42	浙江海宁	法国巴黎大学法学博士	中央政治学校教授
	马步周	30	河北河间	华北大学教育系毕业	陆军十四军参谋主任(山西垣)
	贾蕴高	51	山西清源		晋绥边境游击队(前太原国术研究会会长)
	戴培元	32	湖南湘乡	中央军需学校毕业	前南京铸魂书局经理
	陈培德	46	江苏上海		前上海特别市党部监委
	刘寿祥	25	江苏江阴	中央大学政治系毕业	桂林正中书局编辑
	徐东星	36	江苏武进	中央大学政治系毕业	浙赣边区游击队
	陈子英	38	安徽	上海大学社会学系毕业	南徐□游击队

中国铸魂学社自正式批准以后社务活动日益复杂，组织亦大为发展，其情形

据安若定1940年12月30日至社会部的报告称:“本社自奉准成立以来,即督饬各省市县社员发展组织,努力侠运,运动国民精神,加强抗建工作,计已成立分社者有重庆市分社、万县分社、川西边区分社等处”①。组织的大规模发展和抗战救亡活动的广泛开展,是这一时期中国铸魂学社的重要特点。

在抗战胜利之时,中国铸魂学社努力于组织的建设,积极参与当时的政治活动,并利用不同的场合表明其政治主张。1945年8月,以中国铸魂学社的大部分成员为基础并联络社会上同情人士组织了“中国铸魂学社国民劳动建国同盟”,将“建国”任务纳入“铸魂运动”之中,认为其任务“除心理建设,作精神动员外,并为物质建设,作科学探险,以期我同胞为‘现代人’而组织‘现代国家’”。在“中国铸魂学社国民劳动建国同盟庆祝抗战胜利宣言”中,鲜明地提出了“民主团结国共协调”、“万能政府创制宪法”、“国民大会解决国是”、“修辑外交安定社会”的四大主张,这可算是中国铸魂学社新的纲领性宣言。值得注意的是,该“宣言”对中共表示赞赏的态度,对毛泽东到重庆谈判高度评价,并“对毛先生等远道而来之热忱,深致其慰劳之意”;认为“共产党年来敷政延安,亦颇有其进步建设与蓬勃峥嵘之朝气”,而且“在共产党,尤能体念时艰,相忍为国,去小异,就大同,远处看,近处做,进谋国家之建设”②。这是铸魂学社在思想上的重大转变。在1945年8月30日,中国铸魂学社国民建国同盟还发出多个“代电”,一电致蒋介石,希望蒋介石政府“从速召开国民大会,奠定国是。并期对于全国为抗战努力之各党派,早日获得合法而平等之地位”;二电致国民参政会,表示赞同参政会关于“授权政府办理”来“召集国民大会”的主张;三电致毛泽东,对毛泽东“磊落为怀、轻装来渝”以及“先生人格伟大及政治远见”表示赞赏,并希望毛泽东能“去其小异,就其大同,相忍为国”,“共谋国家长治久安之计”。“国民劳动建国同盟”的成立及其主张,为中国铸魂学社正式组建中国少年劳动党奠定了基础。

铸魂学社由最初的国民党南京市党部备案的地方性的学术组织,经过抗战救亡运动的风雨发展成为全国性的学术团体,以及在此基础上建立的“国民劳动建国同盟”组织,经历了艰苦的历程和不懈的努力;而其在1945年的“建国”形势下所组织的“中国铸魂学社国民劳动建国同盟”,就其政治主张和活动而言

① 安若定:《1940年12月30日致社会部》,中国第二历史档案馆编:《国民党统治时期的小党派》,档案出版社1992年版,第84页。

② 《中国铸魂学社国民劳动建国同盟庆祝抗战胜利宣言》(1945年8月30日),中国第二历史档案馆编:《国民党统治时期的小党派》,档案出版社1992年版,第89—90页。

实际上是政党组织的萌芽,这是中国铸魂学社由学术组织向政治组织转变的突出表现,预示着一个新的政党即将诞生。

三、中国少年劳动党的创建

1945 年抗日战争胜利后,中国政治的发展有着一个相当大的空间,各阶层人民要求和平建国的呼声十分强烈。为了实行“宪政”,各方人士极为活跃,兴起了一个组党的热潮。中国少年劳动党就是在此形势下以中国铸魂学社为基础而建立起来的。

中国少年劳动党成立于何时?现有的以“中国少年劳动党”名义最早发布的文件是《中国少年劳动党敬告全国同胞书》,标明的时间是“1945 年 8 月”,未注出何日。此件似乎表明中国少年劳动党成立于 1945 年 8 月。其后又有一文件,即 1945 年 9 月 27 日发布的《中国少年劳动党成立宣言》,正式宣布中国少年劳动党的产生。笔者以为,应以“成立宣言”发表为准,确定中国少年劳动党成立于 1945 年 9 月。而且,考察前述的《中国少年劳动党敬告全国同胞书》,中有“本党(指中国少年劳动党——引者注)最近政治主张,我们曾以‘国民劳动建国同盟’,发表庆祝抗战胜利的宣言”一语,主要表明的是中国少年劳动党政治主张的渊源问题,并不是指明中国少年劳动党成立的具体时间,但由此也说明两个问题:一是《同胞书》发表于《中国铸魂学社国民劳动建国同盟庆祝抗战胜利宣言》(此件发表时间为 1945 年 8 月 30 日)之后,而“曾”一字的语气也似乎不是一两天的事,故《同胞书》的发表不当在 1945 年 8 月,而只能在此之后,原件标注的“8 月”有误;二是中国少年劳动党在 1945 年 8 月还不可能成立,至多只是在酝酿之中,如已经成立则尽可直接用其党名来公布其主张,而没有必要借用“国民劳动建国同盟”的名义。

中国少年劳动党的建立有特殊的时代条件和自身的基础。1945 年抗战胜利后,国民政府宣布宪政和建国的开始,全国人民也渴望和平统一、民主建国,这大大激发了社会各阶层和知识分子组党的积极性。中国少年劳动党在成立宣言中公布了建党的缘由:“今后的新中国,将由国民革命转入到社会革命,经济革命;由一党专政推进到和平统一和民主建国的崭新阶段了。这个历史任务,必须最觉悟的知识分子,坚持劳心劳力合一,与劳动大众结合一体,利害打成一片,以独立自主的行动,肩负着领导责任,跃进于广泛政治活动的领域中。为保障这个使命的完成，需要在阶级联合战线中，有一个强大的，进步的，集体化，民主化的农工劳动群众作基本力量；更需要高度知识水准，生产技能，工作热忱和政治自觉的分子参加，以缩短新中国建设的时间。本党盱衡全局，认为时机成熟，不容放弃责任。为接受这个历史任务，分担这项艰巨工作，不得不公开面目，应运而诞生——中国少年劳动党。"①抗日战争胜利后，中国确实存在一个和平建国的可能，这是当时形势发展的一个重要特点。应该说，中国少年劳动党的成立正是应和了这样的特殊形势。同时还由于，中国少年劳动党有自身的奋斗历程，从孤星社的成立到铸魂学社的抗日救亡活动，特别是抗敌工作团的救亡工作和国民劳动建国同盟争取和平的努力，不仅扩大了自身的社会影响，而且汇聚了一部分社会力量，因而具备了建党的基础和条件。当然，安若定作为党的创始人也充分认识到政党的号召与社会影响，不满足于中国铸魂学社这一学术团体的作用，他在回答记者提出的为什么"结党"而不做一个在野学者时说："名正而后言顺，结党所以表示我们的政见立场，政人人格。惟组织才有群众，惟团结才有力量，惟行动才有成效，惟政党才有宣布政纲政策的权力，亦惟政党宣布的共同纲领才能引起世人的重视。否则言而不行，将如纸上谈兵，何补实际？孤军作战，何以为继？"②自然，安若定也有从当时中国铸魂学社发展前途的考虑，认为在政党兴起的情形下，不组织政党则铸魂学社就有瓦解的趋势，因此应该适应"宪政"的时势而积极组党，并希望通过组党的办法将中国铸魂学社的"大侠魂"精神继续下去。如他所说："过去军训两政时期，是革命党天下，今后转入宪政，是政党国家了"，必须组织政党；而"就事实看：过去本社社员以无党籍为多，但近时来走入各党各派者与日俱进，故本社如不自立一党，同时强调本社之超然性，那么所有三十年来共患难的同伴都要纷纷离散了，大侠魂将成了一个空虚"③。由此看来，是多种因素促成了中国少年劳动党在当时的情形下能够成立。

中国少年劳动党在当时兴起的众多党派中，颇有引人注目的地方。一是以大侠魂动的哲学为信仰，并将大侠魂精神贯穿到该党行动之中。1945—

① 《中国少年劳动党成立宣言》（1945年9月27日），中国第二历史档案馆编：《国民党统治时期的小党派》，档案出版社1992年版，第103页。

② 《安若定关于中国少年劳动党组织性质答客问》（1945年10月），中国第二历史档案馆编：《国民党统治时期的小党派》，档案出版社1992年版，第112页。

③ 《安若定关于中国少年劳动党组织性质答客问》（1945年10月），中国第二历史档案馆编：《国民党统治时期的小党派》，档案出版社1992年版，第110页。

1947年兴起的众多的党派中,冠以“民主”的小党派很多,如“中国民主党”、“中国民主自由大同盟”、“中国农民自由党”、“大同民主党”、“中国民族联治民主党”、“中国民主急进党”、“中国民主合众党”、“民主社会协进会”、“中国全民民主党”等,这反映当时“民主建国”的时代特点。中国少年劳动党也以追求民主政治为政治目标,但将一政治目标包含在“大侠魂精神”之中。《中国少年劳动党总章》第二条规定:“本党本大侠魂动的哲学(行动主义)及其平爱原理,奉行互尊互觉互助的新人运动精神,创造劳动文化,促进机械文明,完成均富制度,消除阶级对立,以建设一个和平的民主的科学的社会主义少年新中国。”第三条又规定:“本党以尚公尚实尚武为最高精神。”[①]这就将大侠魂精神与建设民主国家的任务联系起来了。值得注意的是,安若定根据形势的需要对“大侠魂”进行新的解析,说“大侠魂是主张科学的,民主的,革命的,进化的,不妨碍学术思想的自由发展”[②]。经过解释,“大侠魂精神”既继承中国铸魂学社的传统,又因应了当时建设民主政治的宪政目标,因而成为中国少年劳动党的指导思想。二是强调以少年精神来建设少年中国。五四时期由于《新青年》的创办和青年精神的颂扬,以“少年”为名的社团不少,但到20世纪40年代中期,在众多的党派中却鲜有以“少年”作为党的名称。而中国少年劳动党此时举起“少年精神”的旗帜并以此作为该党的标志,自有其特别的用意。如安若定所说:“所谓少年,是精神的,意志的,不是年龄的,容貌的。少年人暮气沉沉,意志颓唐,便不配称少年。老年人有朝气,有思想,那便是白头少年。今日中国整个国家正陷于老大衰弱,麻木不仁,用少年精神来建设少年中国,这是今天国家客观条件一个迫切的要求。”[③]在《中国少年劳动党敬告全国同胞书》中,对“少年”作了详细的解释,认为“少年”有“思想上底少年”和“行为上底少年”之分,所谓“思想少年”便是“思想自由”与“思想革命”的别名,是“含有自由的与革命的特质”;而“行为少年”则是“理性行为”与“道德行为”的别名,“含有真理的与道德的特质”。基于对“少年”这样的解释,很自然地就崇尚“少年精神”,其结论必然是“有‘少年’精神的党,必定是服从‘真理’,尊重

① 《中国少年劳动党总章》(1946年2月),中国第二历史档案馆编:《国民党统治时期的小党派》,档案出版社1992年版,第114页。

② 《安若定关于中国少年劳动党组织性质答客问》(1945年10月),中国第二历史档案馆编:《国民党统治时期的小党派》,档案出版社1992年版,第109页。

③ 《安若定关于中国少年劳动党组织性质答客问》(1945年10月),中国第二历史档案馆编:《国民党统治时期的小党派》,档案出版社1992年版,第111页。

'自由''"①。这样,就将"少年"作为该党的重要标志,并在成立宣言中鲜明地提出了"建设科学的民主的少年的新中国"的口号。三是主张劳动本位。中国少年劳动党对"劳动"有着特殊的认识,认为该党的主张要"生根在'只手万能''手脑并用'之劳动神圣的基本原则上:不但要把握当前的'民主',更要把握着百年的'建国'",因而从"建国"的高度来对劳动的价值与意义予以高度的重视,认为中国要实现"农业工业化,工业电气化"就必须通过劳动的途径来达到,所以在成立宣言中就明确声明该党是"劳动党"的性质。该党成立宣言中指出:"我们的基本任务是积极的生产,是为充实人民生活条件而造产的劳动党,是要把中国全民提升到世界标准文明之上的前进政党。"②之所以将"劳动党"定为该党的党名,根源于该党对"劳动"的非同一般的理解。在中国少年劳动党看来,"世界文化底延续与进步,都是人类劳动累积之成果",更进一步言之,"'劳动'是创造宇宙,建设社会之使者";同时,就"劳动"的含义而言,"'劳动'即是'生产',故民生在勤"。所以,"劳动"与党的联结自然就成了他们理想的政党观,其前景是:"有'劳动'工作的党,必定是人人劳动,个个平等,各尽所能,各取所值,给与每一个人民自由发展工作的均等机会"③。正是将"劳动"二字体现在中国劳动党的党名中,在组党过程中颇赢得不少劳动者的支持。

中国少年劳动党在建党策略上是尽可能扩大其社会基础,以争取更多的社会支持力量。中国少年劳动党以中国铸魂学社为基础,但不限于中国铸魂学社的成员,而是广泛联络社会力量。因此,中国少年劳动党的党员,也不尽为中国铸魂学社的成员,而是容纳了其他党派和无党派人士。这种组织的广泛性,还表现在其对自身组织的定位上,如它声称"中国少年劳动党,是一个代表劳动阶级利益的急进社会党",是一个"革命生活的强大的集团","这个强大集团,是我们一大部分大侠魂信仰者,及其广大的同情者,包括农民、工人、商人、军人、青年、公教人员及久经脱离其他党派底党员,以及一切劳动分子与中国铸魂学社一部分社友,从革命的,文化的运动圈里,踏上建国运动路线一个政治的伟大结合。它将从过去革命的,文化的救国运动上放射灿烂的光芒,展开今后科学的,民主

① 《中国少年劳动党敬告全国同胞书》(1945年),中国第二历史档案馆编:《国民党统治时期的小党派》,档案出版社1992年版,第97—98页。

② 《中国少年劳动党成立宣言》(1945年9月27日),中国第二历史档案馆编:《国民党统治时期的小党派》,档案出版社1992年版,第104页。着重号为引者所加。

③ 《中国少年劳动党敬告全国同胞书》(1945年),中国第二历史档案馆编:《国民党统治时期的小党派》,档案出版社1992年版,第98页。

的建国运动,纪录历史上无限的光辉。”①中国少年劳动党自称是代表“劳动阶级”的政党,将一切中国的劳动阶级作为自己的阶级基础,就是要力图扩大党的阶级基础,以赢得广泛的社会支持,这在当时确实是很有远见的。

中国少年劳动党就其政纲而言,以“建设”民主政治为中心,有着鲜明的“宪政建国”的特征。1946 年,中国少年劳动党正式向社会颁布了《中国少年劳动党政纲》,揭示其 10 条基本政纲,可以说是中国少年劳动党的政治行动纲领,所表明的内涵十分丰富,但其主要特征却极为鲜明:一是以建设现代民主国家为目标。中国少年劳动党将民主政治建设放在首位,主张加快政治民主化的步伐,切实实现民主制度,以建设现代民主国家为基本目标。如“政纲”的第一条规定:“实现全民的(无性别)政治地位平等,经济地位平等,法律地位平等,以一人一票建设平爱政治的民主的现代国家。”又如“政纲”的第六条规定:“完成乡村建设,提高地方自治县长权力,缩小省制,及发挥中央政府统一的民主力量。”二是高度重视经济改革与经济建设的意义。中国少年劳动党认为经济建设在建设现代国家中处于重要的基础性地位,应切实将民主的思想贯彻到经济改革与经济建设之中,积极扶持民族资本的发展,增强国家的经济实力,提高民众的物质生活。如“政纲”的第三条规定:“推进民生的计划经济,实现经济平等及切实普遍倡办城乡各种合作社,以提高全国人民生活水准使得到衣食住行之舒适安全。”又如“政纲”第七条规定:“调整租佃制度,实行累进税及征收土地贷款,佃农有优先承买权,以实行耕者有其田。”再如“政纲”的第九条规定:“取缔官僚资本,确定国营、民营事业范围,促进工业化,扶助私人中小企业,增进民族资本,对国家动脉铁道公路航线等交通事业,除干线必须国有化,奖励人民经营,以促进国内交通建设之迅速。”三是强调建立完善的法制秩序。基于建设现代国家的目标,中国少年劳动党将法制建设作为重要任务提出来,主张政治活动纳入法制化的轨道,建立法制秩序以保证各阶层民众行使民主权利。如“政纲”的第八条规定:“制定劳工法,实行保险制度,提高工人生活与文化水准,劳资双方处于人格平等协调合作。”又如“政纲”的第十条规定:“节制官民私产,制定国民劳动法,实行国民个个劳动政策,切实保障妇女职业及保护侨民政策,并包括文官考试任用与保障,给予工作机会均等,防止失业,根绝游民乞丐,维护人权,增进国家富力。”四是主张发展文化事业。中国少年劳动党由中国铸魂学社发展而来,尤其

① 《中国少年劳动党敬告全国同胞书》,中国第二历史档案馆编:《国民党统治时期的小党派》,档案出版社 1992 年版,第 97 页。

注重个性发展与学术自由,以提高国民的文化素质。如“政纲”的第四条规定:“培植科学人才,奖励发明,实行教育机会均等,并切实尊重思想自由,言论自由,信仰自由,以促进国家文化之昌盛与进步。”①嗣后,中国少年劳动党又对其“政纲”加以进一步的解释和说明,更突出其“建设使命”,将其“政纲的大要”定位为“建设新中国与新世界”,并将“政纲”的“建设”含义析分为“政治建设”、“民族建设”、“经济建设”、“文教建设”、“社会建设”、“国防建设”、“世界建设”等七个方面。

中国少年劳动党虽然自称为劳动阶级的政党,并且也宣布以社会主义为前进方向,但就其实质而言,是代表民族资产阶级和上层小资产阶级利益的政党。在1945年9月27日的《中国少年劳动党成立宣言》中,该党主张“在全民政治下,防止‘资本独裁’制度的兴起;依阶级协调,劳资合作的方式,清除官僚资本及封建贪污剥削的压迫阶级;执行国营实业和民营企业的合理生产与分配,和平渐进,建设一个社会主义的少年中国”②。此处的“社会主义”目标,并不是科学社会主义,而是当时的中间人士所普遍提出的资本主义与社会主义相结合的一种社会理想,是20世纪40年代典型的走中间道路的主张。这种主张认为,中国的社会发展方向一方面要依西方资本主义为发展目标,另一方面又吸收社会主义的某些优势而克服资本主义的弊端。考察这种主张的渊源和特色,与孙中山所设想的“社会主义”理想有着理论上的继承性和思想主张上的诸多一致性。中国少年劳动党在《成立宣言》中也明确表示,其所主张的社会主义制度是“二十世纪的四十年代中”的“先进工业国家”已经开始“普遍实施了资本主义的‘自由经济’与社会主义的‘计划经济’合流的制度”,这种主张是基于他们的一个基本信念,即认为“现中国不适宜亦不可能采取少数阶级——豪门资产阶级或无产阶级专政的狭窄轨道”。中国少年劳动党在对其“政纲”的说明中,极力主张“中国的社会结构必须变化”,而其途径是扶持“中等阶级”的成长,并以此作为该党的“基本势力”和实现“社会主义”的准备条件。《中国少年劳动党政纲说明》中说:“中等阶级之觉悟于其直接参加劳动生产,即为劳动群众之壮大。此一新兴的社会结构,必能防止少数既得利益阶级再事其高度利润的累积与扩张,必为促进产业革命的基本势力。亦必须此一势力之加强,才可以保证民主建国

① 《中国少年劳动党政纲》(1946年),中国第二历史档案馆编:《国民党统治时期的小党派》,档案出版社1992年版,第127—128页。

② 《中国少年劳动党成立宣言》(1945年9月27日),中国第二历史档案馆编:《国民党统治时期的小党派》,档案出版社1992年版,第105页。

事业的顺利开展,才可以保证透过国家资本主义发展到社会主义的政治前途。"[①]由此可见,他们所主张的"社会主义"在实质上仍然是资本主义。

中国少年劳动党是一个进步的党派,其最为活跃的时期是1945—1946年。由于所持的进步立场,在国民党统治区自然难以开展正常工作,特别是到1947年后,工作基本处于地下状态。此后,中国少年劳动党也曾响应中共的"五一口号",但终因成分复杂,组织不健全,被建议自行解散。新中国成立后,中国少年劳动党领袖安若定被安排为政务院参事,1951年安若定作为参事被安排到各地参加土改或参观土改工作。中国人民政治协商会议第三届全国委员会,安若定被列为特邀代表。1957年安若定参事担任全国政协委员,4月1日工作关系转至全国政协。总之,中国少年劳动党作为一个政党,其历史以新中国的成立而结束。

本文就中国少年劳动党的发展历程作了简要的概述,大致可以看出这样几个显著的特点:一是其组织的发展与民国时期中国社会的演进尤其是政治的变动有着密切的联系,无论是孤星社时期对"大侠魂精神"倡导,还是铸魂学社时期从事抗日救亡运动,抑或是正式组建中国少年劳动时期对政治民主化的追求,都表现出对中国政治的高度热情,而且这种对政治的关怀与时俱增,并最终通过政党的形式而实际地介入到现实政治生活中;二是中国少年劳动党在不同的历史阶段尽管对现实的关怀有不同的重点,但都贯彻着大侠魂哲学的精神,即使是到了以实现民主政治为目标的中国少年劳动党阶段,也仍然以"大侠魂精神为出发点",这说明该党有其独特的理论体系一直维系着;三是中国少年劳动党在20多年的历史(1923—1949年)中虽经历不同的历史阶段,高层领导集团也在不同阶段有所变动,但一直以安若定为最主要的领袖,他不仅创造了大侠魂的哲学体系,而且导引这一组织的变化和发展,并自始至终成为该党的领导核心,这在民国时期的小党派中还是不多见的。中国少年劳动党自然是民国社会的产物,同时又对民国社会尤其是民国时期的政治产生过影响,因而在中国现代政党史上还是应该记上一笔的。

(原载《西南师范大学学报》2006年第1期)

【昔文琐记】这篇《孤星社・铸魂学社・中国少年劳动党》,写作于2005年

① 《中国少年劳动党政纲说明》(1946年),中国第二历史档案馆编:《国民党统治时期的小党派》,档案出版社1992年版,第129页。

的春天。在《西南师范大学学报》发表时略有压缩，现恢复原稿面貌。

我读大学的时候，中国近现代政党史的研究刚刚兴起，有关这方面的著作屈指可数。我买了一本朱建华所著的《中国近现代政党史》①，看了两遍，但印象不是很深。大学毕业后，由于学校图书馆没有太多的书可读，就将此书又读过几遍，于是对近现代政党发展的情况就比较熟悉了。随着我研究五四时期历史的深入，特别是为研究李大钊的早期政党观，接触到黄远庸的《铸党论》著作。博士毕业后，我在2005年特别想就现代中国有些影响的一些小党派②探个究竟，于是就看了点相关材料，写出了这篇关于"中国少年劳动党"的论文。就在写作"中国少年劳动党"文章的同时，还完成了关于政党史的另一篇文章，即《中国农民党述略》，是未刊稿，写作的时间是2005年5月。

我有几篇文章是在《西南师大学报》发表的，最近也收到该刊的通知，说拙稿《梁启超与中国近代史研究》将在2021年发表。因为学校从"西南师范大学"改名为"西南大学"，故而原来的学报也就改名为《西南大学学报》了。该刊的张颖超是位资深编辑，我在该刊发表的几篇文章，都是她做责任编辑的。这是要感谢张编辑的！

21世纪以来我在撰写三卷本的《中国现代政治史》（人民出版社2015年版）时，对抗战时期小党派的历史做过总体上的考察，借以说抗战时期的"组党"高潮，但对各个小党派并没有作细致的梳理。我想，以后如果有机会修订这部《中国现代政治史》的话，小党派的历史是需要加以补充进去的。

2021年1月31日

---

① 朱建华：《中国近现代政党史》，黑龙江人民出版社1984年版。

② 这里所谓的"小党派"，是指共产党、国民党及八个民主党派之外的党派，规模和影响都很小。

任鸿隽与中基会的最初十年

任鸿隽是著名的留美归国学生,也是现代中国对科学事业有重大贡献的历史人物,但至今学术界未引起应有的重视。2002年上海科技教育出版社、上海科学技术出版社联合出版了《任鸿隽文存》,使任鸿隽这一历史人物渐为学术界所知晓,但研究层面的成果还相当少①。关于中华教育文化基金董事会(简称中基会)这一重要的文化机构,除了台湾的个别学者②有所研究外,大陆史学界还很少见有这方面的专题研究。由于学术界关于任鸿隽的研究及关于中基会的研究都相当薄弱,以下就任鸿隽与中基会最初十年的关系所作的梳理,也只能是初步的,仅供学术界研究和讨论。希望笔者的尝试,能为任鸿隽研究、中基会研究,以及胡适与中基会、蔡元培与中基会关系的研究,提供一些有价值的启示。

一、关注中基会的创建

中基会是中华教育文化基金董事会的简称,是为接受、保管和使用美国退还的庚子赔款余额而建立的中美文化教育机构,成立于1924年9月。其时国民政府虽尚未北伐,但北方的军阀政府已面临崩溃的危险,在此情形下,"美国政府不把这笔款子直截了当的交还中国政府而要求成立一个中美合组的董事会来管理"③。于是1924年9月13日,北京政府大总统令派颜惠庆、张伯苓、郭秉文、

---

① 近年来有张剑的《从"革命救国"到"科学救国":任鸿隽尽瘁于推展科学的一生》(《学术界》2003年第6期),是一篇研究任鸿隽有分量的论文。

② 参见台湾学者杨翠华的《中基会对科学的赞助》,"中研院"近代史研究所专刊(65),台北,1991年。

③ 《十年来中基会事业的回顾》,《任鸿隽文存》,上海科技教育出版社、上海科学技术出版社2002年版(下引《任鸿隽文存》版本同),第519页。

蒋梦麟、范源濂、黄炎培、顾维钧、周诒春、施肇基、孟禄、杜威、贝克、贝诺德、顾临为董事(10 月 3 日复令丁文江为董事,合成 15 人之数。在这 15 人中,中方董事 10 人,美方董事 5 人)。9 月 18 日,中华教育文化基金董事会在北京外交部召开成立会,选举会长范源濂、副会长孟禄、秘书周诒春,讨论、修改和通过了董事会章程草案,组织委员会五组:(一)草拟会务细则委员会,推定范源濂、贝克、周诒春三人为委员,于下次开会时提出报告;(二)推荐干事长及执行秘书委员会,推定孟禄、颜惠庆、蒋梦麟三人为委员,于下次开会时提出报告;(三)讨论请求款项事件委员会,决定由全体董事组织之,于下次开会时提出;(四)收纳并存放一切款项委员会,推定贝诺德、周诒春二人为委员;(五)担任在美接洽事宜委员会,推定施肇基、顾临、孟禄三人为委员①。

在中基会成立之前,任鸿隽就予以特别的关注。1924 年 3 月 31 日,美国参众两院联席会议,讨论美国向中国第二次退还庚子赔款问题;5 月 21 日,美国两院正式通过继续退还庚款的议案,声明该款用于发展中国教育文化事业。国内的人士得此消息后,即对此予以十分的关注并积极活动。亦有不少进言者讨论赔款的用途,“言其要者,则有如孟禄博士之设立理工大学建议,美国韦棣华女士之民众图书馆建议,中国某君之中央博物馆建设等等”②。当时“为了这一笔款在那里忙着运动的,已经很不少了”,任鸿隽领导的科学社认为有必要“参加这种竞争”,“科学社的同人以为趁这个机会,主张把美国的赔款,拿一部分来办科学事业(指普通科学研究事业而言,并不要科学社包办)”,于是“近来上海和南京的同人为了此事,商量过不知多少次”。5 月 25 日,南京的科学社理事会又开会讨论这件事,会议决定由任鸿隽北上,与时与美国公使有交谊的胡适进行商量,争取赔款用于科学事业。任鸿隽认为,要使科学社提出的关于赔款使用的主张具有成效,“或者须派人到美国去一趟”,“但是未去美国之前,至少须要探询美国公使休满先生对于这件事的意见”,于是他当日就给胡适写了一封信,请胡适出面与美国公使休满商谈,争取支持。信中说:“倘若他老先生(指休满——引者注)能赞成我们这种意见,更替我们帮一帮忙,那就好了。大家(指科学社同人——引者注)的意思,以为你同休满素来要好,而且休满很敬重你,所以很想烦你先把此事同休满接洽一下”。任鸿隽写此的目的固然是与胡适进行商

① 《中华教育文化基金董事会第一次报告》(1926 年 3 月),知者整理:《中华教育文化基金董事会报告》,《近代史资料》总 101 号,中国社会科学出版社 2001 年版,第 173 页。

② 《中基会与中国科学》,《任鸿隽文存》第 480 页。

议,但主要的是希望胡适来疏通关节,所以盼望胡适一面“先预备一下(如见着美国方面的重要人物可先行鼓吹一下),一面写信告诉我。我把应用的东西备好,就跑向京里来了”①。信末,任鸿隽特别要求胡适对此事“不使他人知道”,并希望胡适“暂守秘密为是”,看来此事非同一般。

在 1924 年 9 月北京政府大总统令颜惠庆、张伯苓、郭秉文、蒋梦麟等 14 人为董事的命令还未下达时,任鸿隽又致函胡适,对中基会的董事人选提出自己的希望:“我们大概最少也希望政府在学术团体所选出的十四人中,就他的前九名选任。京中的团体应该力争。个人中如你在君有嫌疑的关系,不便说话,我们很希望梦麟和静生等出来讲几句话。……听说董事人名至今尚未发表,会亦尚未开成,不知此事尚有挽回没有？若是董事人选绝对没有改变,我们想主张组织有力量的评议会,可以网罗多数学者,帮助董事审查及计划各事,不知你赞成这种方法吗?”②在中基会董事人选公布后,任鸿隽又致函胡适,表示对公布的董事虽然不够满意,但力主今后在庚款的使用中能发挥积极的作用。信中说:“昨日得卅日来信,知道在君加入美款基金董事会了。我常说,此次董事会的人选,除顾、颜、施三人之外,简直可以说是校长团。在君加入,庶几带一点学者气味,然亦仅矣。此事第二步所争的自然是用途。现在孟禄已经充量的发表他的意见了,你看了以为何如？望告诉我们一点。”③由任鸿隽多次致函胡适商讨中基会的有关问题来看,任鸿隽对中基会十分关注。

任鸿隽领导的科学社不仅积极活动,力图为科学社的发展争得资金,而且发表文章对美国庚款的受援范围进行公开的讨论,以引起社会各界对这一问题的重视,希望美款真正用在发展中国的科学事业上。在他看来,美国退还的庚款虽然已经决定使用于教育与文化方面,但还需进一步明确其使用的具体范围,尤其必须先确定使用美款的原则。因此,他在与其他科学社同人联名发表的《中国科学社对美款用途意见》中,认为应有讨论美款使用原则的必要。《意见》指出:“赔款用途,限于教育与文化方面,此已决之问题也。顾教育文化范围甚广,今欲此款用之得当而最有利益,不可不先定几个原则:(1)此款为数无多,不宜过分,分则力弱而效微。换言之,即不宜兼顾多种事业是也;(2)此款宜用于学术

① 《庚款应拿一部分来办科学事业》,《任鸿隽文存》第 311—312 页。

② 《任鸿隽致胡适》(1924 年 9 月),中国社会科学院近代史研究所中华民国史研究室编:《胡适来往书信选》上卷,中华书局香港分局 1983 年版,第 266 页。

③ 《任鸿隽致胡适》(1924 年 10 月 6 日),中国社会科学院近代史研究所中华民国史研究室编:《胡适来往书信选》上卷,中华书局香港分局 1983 年版,第 267 页。

上最根本最重要之事业，使教育文化皆能得有永久独立之基础。”①以今日的态度来看，任鸿隽及其科学社同人提出的“原则”体现出资金使用的“集中办大事”的思想，一方面是为了防止美款在使用中可能出现的“平摊”现象，避免有限的资金在实际中不起效果；另一方面则是为了力争美款能用在科学文化的基础事业方面，而奠一发展中国科学文化的长远基础。这一思路应该说是很有见地的。

任鸿隽提出美款使用的两个“原则”当然是科学社同人的集体意见，但同时亦是任鸿隽在美款问题上的原则性主张，因为这份《中国科学社对美款用途意见》虽然是科学社同人的联合签名（不是以科学社的名义），但起草者是任鸿隽②。“原则”的最终目的是“赔款宜以之筹办科学研究事业”，所以在“原则”揭橥以后就明白地表明科学社的主张：“同人管见，以为合于上两个原则，莫如用于纯粹科学及应用科学之研究。而实施此种研究之方法，尤以设立科学研究所为最适合需要。其理由如下：（A）科学研究为吾国所最缺乏，而吾国各种事业如教育实业，皆有得于科学之研究，故在吾国又为最根本而最重要；（B）科学研究之设备及维持，需费颇巨，断非今日民穷财匮之中国所能倡办；（C）科学真理，为世界的公共的，此种研究如有结果，世界人类悉受其福，最合于退款者发展文化之盛意，至此种研究所如何组织与设置，则当俟两国委员会决定，兹暂不及。”③客观来说，任鸿隽的主张是有助于中国科学发展的。

任鸿隽强调科学的重要和中国发展科学的必要，极力主张退还的庚款用于发展科学事业，在当时社会上产生了广泛的影响。虽然，中基会成立时，任鸿隽并没有立即被接纳到董事会，但他的主张在很大的程度上被董事会所接受。因为其后的1925年6月，中华教育文化基金董事会在天津召开的第一次年会就通过议案：“兹决议美国所退还之赔款，委托于中华教育文化基金董事会管理者，应用以（1）发展科学知识，及此项知识适于中国情形之应用，其道在增进技术教育，科学之研究、试验与表证，及科学教学法之训练；（2）促进有永久性质之文化事业，如图书馆之类。”④将这一“议案”进行比较和分析，不难看出“中基会”的决议已基本采纳任鸿隽及其科学社的部分主张。

---

① 《中国科学社对美款用途意见》，《任鸿隽文存》第313页。

② 任鸿隽在致胡适的信中说：“这个宣言的稿子是我起草的”。参见《关于日、美庚款问题的通信》，《任鸿隽文存》第315页。

③ 《中国科学社对美款用途意见》，《任鸿隽文存》，第313—314页。

④ 《中华教育文化基金董事会第一次报告》（1926年3月），知者整理：《中华教育文化基金董事会报告》，《近代史资料》总101号，中国社会科学出版社2001年版，第172页。

二、中基会的领导者

1925—1935年,任鸿隽由专任秘书而执行秘书、副干事长,再干事长兼董事,同时担任科学研究补助金及奖励金审查委员会委员、国立北平图书馆委员会委员、静生生物调查所委员会委员长等,成为中基会的重要领导人和实际负责人。将中基会之事业,“由纯粹保管款项机关进而为推进科学文化之有力组织”。

任鸿隽进入“中基会”,离不开范源濂的提携。范源濂是民国初年杰出的教育家,三任教育总长,早年留学日本,北京政府期间又到美国考察,对发展科学极为注重,尤为重视人才的使用,求贤若渴。1925年7月,范源濂就任中基会干事长,专门邀请任鸿隽到中基会担任秘书一职,从此开始了任鸿隽在中基会工作的生涯。范源濂所以关注任鸿隽,与他们之间有着一段时间的工作和交往不是没有关系的。早在1920年夏,任鸿隽第二次由美返国时,任鸿隽因为夫人陈衡哲接受北大历史系教授之聘,遂自己也接受蔡元培的聘请担任北大化学系教授。其后,任鸿隽又得到教育总长范源濂的邀请,于是辞去北大教授而就“教育部专门教育司长”,可见任鸿隽与范源濂的私交非同一般。不久,范源濂由于教育经费风潮而去职,或许是因为两人的密切关系,抑或有着连带的因素,任鸿隽也不得不于1922年夏离开教育部。任鸿隽自己回忆:“任教部事不及一年,会范先生以教育风潮去职,余亦舍去。”①这一情节,颇有些一损俱损、一荣俱荣的意思。自然,范源濂对任鸿隽的提携也不纯粹出于个人的私谊,还有着范先生对发展科学事业的期待。任鸿隽主持的科学社于1915年在美国成立,1918年移居国内,在国内发展时即得到国内名流的支持,范源濂就是其中之一。1919年2月,范源濂曾为科学社募集资金大造舆论,手写《为中国科学社敬告热心公益诸君》,认为中国近年来“渐知科学之重要”,“其能竭智尽虑以振兴科学为唯一职志者,舍中国科学社外,吾未见其二也”②。可见,范源濂对任鸿隽领导的科学社的关心和支持非同一般。1922年科学社在南通召开第七次年会时即举范源濂、蔡元培等人为董事。以上诸端事实,也就不难理解范源濂挑选任鸿隽担任中基会秘书的缘由了。

---

① 《五十自述》,《任鸿隽文存》第686页。

② 转引自《中国科学社社史简述》,《任鸿隽文存》第729页。

进而言之,任鸿隽之所以能够进入中基会,固然与范源濂有着十分密切的关系,但更主要的还是他对发展科学事业孜孜追求的结果。换言之,是任鸿隽创办中国科学社及其对中国科学事业的贡献,使他有机遇进入中基会,并有可能在此后的工作中大显身手。范源濂希望任鸿隽到中基会中,并且于1925年7月14日拜托陶行知来邀请,任鸿隽当时即有"很愿意干的"愿望,于是致信胡适询问中基会的"性质、权责等是怎样"的情况,并征求胡适对进入中基会的意见①。其后,任鸿隽不久又致信胡适说明了自己进入中基会的原因,信中说:"范先生说的事体,我前书已经告诉过你了。此事若能开办,我想决计就他,因为此事(一)与吾国学术前途颇有关系;(二)与当今政界、教育界关系较少,倒觉干净。"②任鸿隽进入中基会,在他的一生的经历中是一个重要的转折。关于任鸿隽进入"中基会"的情况,他在《五十自述》中这样回忆:"十四年夏,范静生先生出任中华教育文化基金董事会(简称中基会)干事长,复以该会专门秘书见征。中基会者,美国第二次退还庚款赔款所组织,以发展我国科学事业为职志者也。吾自民国七年返国,以发展科学之重要强聒于国人之前,顾响应者寡,尝苦无力以行其志。今得此有力机关,年斥百余万金钱,以谋科学事业之发展,是真吾所寤寐以求,且以为责无旁贷者也。于是欣然应召,于十四年八月重至北京。由此时起直至二十四年秋入川四川大学为止,吾皆在北京致力于科学及文化事业。"③任鸿隽的这段回忆也说明,他是为发展中国的科学事业而来到中基会的,出于"责无旁贷"的责任感;可以说,对历年来发展科学事业因资金的短缺所形成的"苦无力以行其志"的深切感受,以及面对中基会"年斥百余万金钱"的巨大"诱惑",也就使任鸿隽"欣然应召"了。

既然是"欣然应召",任鸿隽也就不负众望,其在中基会的十年(1925—1935)任职经历就颇能说明问题。1925年夏,任鸿隽就任中华教育文化基金董事会专门秘书;1925年11月,中基会图书馆委员会选定范源濂为委员长、陈仲骞为副委员长、胡适为书记,因胡适不在北京由任鸿隽代理④;1926年4月,任中

① 《任鸿隽致胡适》(1925年7月16日),中国社会科学院近代史研究所中华民国史研究室编:《胡适来往书信选》上卷,中华书局香港分局1983年版,第341页。

② 《任鸿隽致胡适》(1925年7月23日),中国社会科学院近代史研究所中华民国史研究室编:《胡适来往书信选》上卷,中华书局香港分局1983年版,第343页。

③ 《五十自述》,《任鸿隽文存》第686—687页。

④ 《任鸿隽致胡适》(1925年11月30日),中国社会科学院近代史研究所中华民国史研究室编:《胡适来往书信选》上卷,中华书局香港分局1983年版,第357页。

基会执行秘书;1928 年 6 月,任中基会副干事长;1929 年 1 月,任中基会董事兼干事长,实际主持中基会日常工作,直到 1935 年 9 月任四川大学校长止,其间在中基会内兼任科学研究补助金及奖励金审查委员会委员、社会调查委员会委员、国立北平图书馆委员会委员、静生生物调查所委员会委员长。任鸿隽在中基会身兼数职,尤能看出他在中基会中的地位。虽然任鸿隽在此后的 1943 年夏又复任中基会干事长,统领着中基会的事务并一直延续到新中国成立前夕,但无疑的是,1925—1935 年是任鸿隽在中基会工作最为辉煌的时期。其实,早在 1932 年的春夏,国民政府就曾任命任鸿隽为中央大学校长,当时在北平的中基会董事周诒春、金绍基、胡适等得知这一消息后立即致电蔡元培,认为“叔永(任鸿隽)兄主会务,职责重要,中道去职,势必影响本会前途”,祈请蔡元培设法,将中基会董事挽留任鸿隽的意思转陈国民政府教育部,希望政府能“另选中大校长,俾叔永兄得专力本会事业”。蔡元培得知这一情况后,立即致函国民政府教育部长朱家骅:“培(蔡元培)亦该会董事之一,深知非任君专心服务,会务必受影响,如蒙别选中大校长,俾任君专理会务,不胜感荷。”[①]教育部不得已取消前议,收回陈命。由诸董事的再三挽留也可以看出,任鸿隽在中基会确实是尽职尽力的,深得各位董事、同人的好评。

任鸿隽在中基会里何以由“秘书”(专门秘书、执行秘书)的地位迅速上升为副干事长,继而又升迁为董事兼干事长?任鸿隽的出色工作固然是不可或缺的条件,但可能还有其他因素的影响。中基会作为一教育文化组织自然免除不了与政治情势的联系,在 1927 年至 1929 年的中国政治的转换中,国民党政治因素的介入其影响程度可能还很大,而任鸿隽有着早年参加同盟会的政治经历则很可能起了相当大的作用,这特别是在南方统一北方的政治背景中有着特别的意义。这不能不予以注意。

事实上,在 1927 年 6 月就有改组中基会的具体计划,蔡元培和杨杏佛是这一改组的主要实施者[②]。胡适就曾抱怨,“杨杏佛放了一把火,毫不费力;我们却须用全部救火机之力去救火”[③]。也就是在 1927 年夏,孟禄曾专门到南方与国民政府行政委员会接洽中基会的事务,在一次宴会(大华饭店)上,胡适“亲见教育行政委员会的委员(宴会的主人)提出一张候选董事四人的名单,交与孟禄”,

---

① 《致朱家骅》(1932 年夏),《蔡元培全集》第 13 卷,浙江教育出版社 1998 年版,第 84 页。

② 张晓唯:《蔡元培与胡适(1917—1937)》,中国人民大学出版社 2003 年版,第 76 页。

③ 《胡适日记》(5),安徽教育出版社 2001 年版,第 341 页。

其中有蔡元培和胡适；后“教育行政委员又退入旁室商议，加上四人，也交与孟禄”；当日大华宴会席上，主席韦悫先生“声明只反对顾维钧、黄炎培、丁文江、郭秉文四人，余人皆不在反对之列”①。于是，中基会因国内政局的变化也在发生微小的人事变动，1927年6月在天津举行的中基会第三次年会上，董事黄炎培、丁文江辞职，遂增补蔡元培、胡适为董事。依据胡适的说法，这次年会的人事变动，是大华宴会“接洽的结果”。这次人事变动虽然动作并不很大，但蔡元培的加入尤具有象征性的意义，政治性的色彩已经初露端倪。1928年2月，蔡元培就中基会事宜与胡适商议并“联名提议三件事”，“其一为举叔永为干事长”②，可见任鸿隽此后得以就干事长一职乃有蔡元培的主导作用。

蔡元培当时秉承南方国民党人的意图来改组中基会，提出在董事会中免除周诒春、张伯苓董事职务，为此与胡适形成巨大的分歧，以至于胡适认为是“出尔反尔的大错误”而不肯就董事一职。蔡元培在致胡适的函中说：“周、张诸君之不能仍旧，别有原因，请先生不必因此而让贤；因让出以后，亦未必即以周、张诸君补入也。”③看来，举荐任鸿隽为干事长及免去周诒春、张伯苓董事职务，并非纯粹为蔡元培一己的意见，实际上是执行南京国民政府的意图。盖当时国民党随着军事上北伐的成功，在教育及思想文化上也加紧“统一”的步骤，从政治的角度来改组中基会是既定的方针，蔡元培就曾致电中基会副董事长、美方董事孟禄，声明“政府改组中华教育文化基金董事会的行动是必要的，因为前任中方董事是曹锟任命的。”④明乎此，则不难理解此后中基会人事的大变动。

任鸿隽在中基会中地位的进一步晋升，与1928年12月—1929年1月的中基会改组是相联系的。1928年12月至1929年1月，中基会改组事宜正在紧张进行，任鸿隽也参与了改组的全过程。据胡适日记记载，应蒋梦麟的邀请，任鸿隽是1928年12月2日与胡适一起到南京的，12月3日胡适提出一主张：“中华文化教育董事会事，最好由新董事作一函致旧董事会，情愿放弃董事资格，请他们自由选举相当之人为董事。如此则旧会开会可不至于有被政府指令选举五人

① 《胡适致蔡元培函》（1928年8月11日），《蔡元培全集》第11卷，浙江教育出版社1998年版，第388—389页。

② 《胡适致蔡元培函》（1928年8月11日），《蔡元培全集》第11卷，浙江教育出版社1998年版，第389页。

③ 《致胡适函》（1928年8月13日），《蔡元培全集》第11卷，浙江教育出版社1998年版，第387页。

④ 《致孟禄电》（1928年8月30日），《蔡元培全集》第12卷，浙江教育出版社1998年版，第392页。

之嫌,而新董事会五人必可保完全选出。”对此主张,“哲生赞成此意,梦麟与叔永也赞成此意”[①]。此时尚未为董事的任鸿隽,参加了改组中基会的工作。随后确定了改组的方案,“原函被叔永带回北方”[②],与在北方的董事商量。1929 年 1 月 4 日,中基会在杭州举行第三次董事常会,接受郭秉文、顾维钧、张伯苓、颜惠庆、周诒春、胡适诸位董事辞职,补选汪精卫、孙科、李石曾、伍朝枢、任鸿隽、赵元任继任,蔡元培、蒋梦麟分别当选正、副董事长,任鸿隽为干事长。值得注意的是,任鸿隽进入中基会的领导阶层是直接取代周诒春的位置,因为这次杭州董事常会议决的 19 项“要案”中,第九项是“议决接受周诒春董事辞职并票选任鸿隽君继任”,第十项是“议决接受周干事长诒春辞职,并推举任鸿隽董事为干事长”[③]。这次改选掉的人员虽然大多为北方任命的留美学生,补进一些国民党的政治人物,但留任的蒋梦麟等还是留美学人,而新增补的任鸿隽、赵元任也依然是留美归国人员,颇能说明留美学人在新的董事会仍然是重要力量。可以说,是当时的政治情势将任鸿隽推上了中基会活动的前台。

任鸿隽进入中基会的领导核心阶层有着当时政治情势的某种因缘关系,担任鸿隽在中基会的十年工作中却具有与国民党政府有着疏离的倾向。在庚款分配的问题上,社会上有一些人不同意中基会的做法,发生矛盾也是可以想见的事实。但也有人根本上主张美国退回的庚款集中于国民政府的教育部,如时任中央大学教授的程其保[④]在《时代公论》上发表《庚款与教育》文章,就主张:“各国庚款既直接或间接以提倡教育文化事业为标榜,则负有主持全国教育之责者,应有全权支配之权。”程其保是站在政府的立场上立言,其言论是说对退还的庚款不必组织什么“庚款委员会”,而应该直截了当地将庚款交与“主持全国教育之责者”的国民党中央教育部,依教育部来自由处置。对这一言论,任鸿隽在《独立评论》上著文予以批驳,指出:“当日庚款委员会的设立,不是因为恐怕政府官吏挪用庚款作军费政费的缘故吗?这种疑虑,在今日似乎还不能完全免除。……(教育部)全权的支配更不用说了。我们对于程先生为教育经费的困难,而仍能保持他信任中央教育部的决心,固然表示钦佩;但这个问题,恐怕不是

① 《胡适日记》(5),安徽教育出版社 2001 年版,第 314—315 页。

② 《胡适日记》(5),安徽教育出版社 2001 年版,第 329 页。

③ 《胡适日记》(5),安徽教育出版社 2001 年版,第 646 页。

④ 程其保(1895—1975),江西南昌人,早年留学美国明尼苏达州韩林大学、芝加哥大学、哥伦比亚大学师范学院,相继获得学士、硕士、博士学位,回国后在东南大学任教授。时任中央大学教育行政学教授、教育学院院长。1949 年赴美任教授,直至逝世。

这样简单的方法可以解决的罢?"①这里,任鸿隽对程其保"仍能信任中央教育部"的态度表示"钦佩",实质表明他自己对中央教育部的不信任,其与国民党政府的疏离已是充分的流露。1932 年还发生"停付庚款事件",任鸿隽对这事件的看法也颇能反映他对国民党政府的不满。1932 年初,国民党政府向美英等国请求,停付庚款一年之于国内科学文化事业,而将庚款转于国民党政府的财政。任鸿隽对此评论道:"已经退还的赔款,已经指定教育文化用途的赔款,应该问中国教育文化事业是否需要此款,没有再向英、美两国请求的必要。现在我们对于这种不必要的请求,费了九牛二虎之力仅仅得到。即使不是外交的失败,也不能不说是外交的失态。"继而,任鸿隽对国民党当局提出责问和警告:"我们要问财政当局,把这一点教育文化事业的经费硬抢了去,究竟有什么用处?充其量不过多发军费的一成半成,或多买几架机关枪或几架飞机罢了。在这国难严重的时期,维持几个重要的教育文化机关,比多买几架机关枪或飞机要重要得多。这是一点极普通的常识。希望我们当局的政治家,不要因为财政困难的缘故,把一点极普通的常识也忘记了。"②说国民党政府忘记"普通的常识",则显然地表明任鸿隽对国民党政府的不信任感。前述国民党政府对中基会的改组而加进了汪精卫等政治人物,最具有根据地说明国民党政府控制中基会的政治意图了,其欲图"转借"中基会资金的政府行为自然也不难想见。任鸿隽的言论,固然在维护中基会的独立性,同时也表明中基会与国民党政府之间存在着矛盾和斗争,自然也可以看出任鸿隽在中基会的工作期间与国民党当局在思想上存在相当大的距离。

三、中基会工作的开展

任鸿隽进入中基会后,中基会的工作正是起步之时,全面工作的开展当在1926 年初。其准备时期的工作,如任鸿隽总结的那样:"中基会成立于民国十三年,而其事业之开始,则在民国十五年二月以后,盖此年余之时间,胥用于会内之组织及事业范围之讨论。"③当时,各种规章正在制订之中。1925 年 6 月,干事会

① 《庚款与教育》,《任鸿隽文存》第 434 页。着重号为引者所加。
② 《停付庚款事件》,《任鸿隽文存》第 436—437 页。
③ 《中基会与中国科学》,《任鸿隽文存》第 480 页。

拟定了《中华教育文化基金董事会分配款项原则》六条，其目的是在资金的使用上"就此有限之资力，进谋最大最良之效果"，因此，分配款项的最基本原则是："与其用以补助专凭未来计划请款背后设机关，毋宁用以补助办理已有成绩及实效已著之现有机关"。1926 年 2 月，又拟定了《中华教育文化基金董事会分配款项之补充原则》。这一《补充原则》有两个方面的重大补充：一是确定款项分配的范围是"教育事业"和"文化事业"两部分，"教育事业"以（1）科学研究（含物理、化学、生物、地学、天文气象学）、（2）科学应用（含农、工、医）、（3）科学教育（含科学教育、教育之科学的研究）为范围，"文化事业"则"拟暂以图书馆为限"；二是规定接受资金补助的机关必须具备三个基本条件，即"对于某种机关加以补助时，除须有（1）过去成绩，及（2）维持现状之能力外，以（3）能自筹款项之一部分为重要条件。"①这就使庚款的使用有章可循、有据可依，任鸿隽也就是在这样的制度设定中开始了自己的中基会事业。

任鸿隽在中基会的这十年工作确是很有成绩，1925—1935 年的十年间做了大量的工作，担负主要责任的是自 1928 年始（任鸿隽 1928 年 6 月任中基会副干事长），前期的几年只能是作为重要的参加者，因此，论及任鸿隽在中基会十年的成绩也主要是指后期。任鸿隽主持中基会期间在分配款项上坚持两个"主要政策"，一是图"自然科学的发展"，二是"集中财力"，如他所申明的那样："中基会的分配款项，有一个'主要政策'，是图吾国自然科学的发达。要图自然科学的发达，所以提倡科学研究。要提倡科学研究，所以要设立科学研究教席，设立调查所，设立一个较大的参考图书馆，而不主张设立许多分散的民众图书馆。……至于集中财力，做一点比较有效的事业，也是近年来中基会'主要政策'之一。"②所以，就中基会的具体的举措而言，中基会在科学教育方面，以培养中学师资为重点，在大学设置若干"科学教席"；在科学研究方面，设置"研究教授"，延请名家进行科学研究；在科学应用方面，对农、工、医等方面以集中原则予以补助。下面试以 1927 年为分界线，着重分析中基会十年时期的后一阶段中任鸿隽的贡献。

1. 关于科学研究的事业

中基会对于科学研究的事业予以高度的重视。1926 年 2 月中基会在北京

① 《中华教育文化基金董事会第一次报告》（1926 年 3 月），知者整理：《中华教育文化基金董事会报告》，《近代史资料》总 101 号，社会科学出版社 2001 年版，第 192—193 页。

② 《庚款与教育》，《任鸿隽文存》第 434 页。

饭店召开第一次常会，在议决的中基会“筹办及辅助之各种计划”中，就有“促进科学研究”的计划，并规定“就受辅助之大学，设置科学研究教授席，另由本会设置科学研究助学金、科学研究奖励金”①。就在这次常会中，范源濂所作的《干事长报告》中，专门就“科学研究”一项进行规划，打算基金补助用在“研究教席及设备”、“研究助学金及奖学金”、“科学团体”等三方面。嗣后因为南北处于战争状态，补助科学研究的工作停顿下来。南京国民政府成立后，中基会经过改组，任鸿隽由于处于中基会的领导地位，着手将补助科学研究的工作付诸实施，其成绩是：

（1）设立研究教授席。于1930年改订研究教授席的章程，规定设置的研究教授需同时具备两个条件：一是研究教授的人选必须在研究工作中确实是成绩卓著，二是被遴选为研究教授的单位必须有设备充足、工作便利的条件。任鸿隽认为，研究教授的确定应该“实事求是，质量并重”，不可降低标准，滥竽充数，于是根据新订立的研究教授章程，决定先就三个研究机关试办研究教授席：一为地质调查所，研究教授为翁文灏；一为中央研究院历史语言研究所，研究教授为李济；一为中国科学社生物研究所，研究教授为秉志。嗣后，又确定中央研究院化学研究所的庄长恭、中山大学植物研究所的陈焕镛为研究教授。被确立的研究教授，中基会予以资金的资助，鼓励知名学者从事专门的研究，收到很好的效果，使我国的科学研究水平有了显著的提高，有些学科在国际上占有一席之地。

（2）设立科学研究补助金及奖励金。科学研究补助金及奖励金设置的目的，一方面是奖励学者对科学的贡献，另一方面是造就专门的人才。1928年正式开设科学研究补助金，其补助金分为三种：第一种金额较大，为有成绩能独立研究的学者而设，其资助金额与研究教授相等，但资助期限较研究教授为短，丁文江、严济慈、刘树杞、侯德榜诸学者曾得此种补助；第二种是为大学毕业后从事研究的青年学者而设，目的是使青年学者得到研究的训练，这种补助金的接受者大多为国内大学毕业而有志深造的青年学者；第三种资助金额较少，资助那些不需很多经费即能从事研究者，接受者大多为大学教授和国内大学毕业生。“以上三种研究补助金还有几个特殊之点，便是（一）请求者只要提出成绩，不须考试，所以无论何处的研究者都有得到这种补助金的机会。（二）研究地点并不限

① 《中华教育文化基金董事会第一次报告》（1926年3月），知者整理：《中华教育文化基金董事会报告》，《近代史资料》总101号，中国社会科学出版社2001年版，第175页。

于外国,更不限于一国,故可以得到世界大科学家与研究室的好处。”在任鸿隽主持中基会期间,历年接受中基会这种科学研究补助金的情况,如下表①。正是中基会科学研究补助金的启动,促进研究工作的进行,国内大学的著名教授和研究所的研究人员因得到中基会的资助,其科学研究工作取得相当的成绩。

学科 年份	天文气象及地学	算学及理化科学	生物科学	总计
1928	2	7	11	20
1929	3	11	21	35
1930	5	15	26	46
1931	4	19	20	43
1932	3	19	22	44
1933	4	19	23	46
1934	6	20	23	49
总计	27	110	146	283

任鸿隽在任期内还将中基会的科学研究奖励金计划具体实施。科学研究奖励金与科学研究补助金的不同之处是,前者在于表彰科学研究的成绩,而后者则在于资助科学研究工作的进行。科学研究奖励金是中基会设立的重要奖项,1926年2月曾拟订“研究奖励金办法”,规定研究奖励金“择研究科学确有成绩之中国人给予之,不以所在地域为限”;“所言研究成绩,以其结果在有价值之杂志上发表,并得著名科学家或教授之推荐为准”;其所设立的“奖金分为三等,头等三千元,二等二千元,三等一千元,依其研究结果之价值而定等第之高下。每等每年仅给一奖,但如主持其事之委员,认是年无相当受奖人时,无论何奖,可以不必给予。”②可见,这项奖励要求之严格。由于当时奖励金的审查委员会还未组织、奖励金的审查办法尚未制订,因而这项奖励金还只是计划之中。嗣后,因南北政府处于交战状态,奖励金的实施未能如期进行。1928年中基会在改组后,具备了全面实施科学研究奖励金工作的条件,于是即修改奖励办法和奖励金额,确定每年科学研究奖励金奖励3名,每名奖励金额为2000元。关于科学研

① 《十年来中基会事业的回顾》,《任鸿隽文存》第523页。

② 《中华教育文化基金董事会第一次报告》(1926年3月),知者整理:《中华教育文化基金董事会报告》,《近代史资料》总101号,中国社会科学出版社2001年版,第197页。

究奖励章程修改的缘由,任鸿隽解释说:"基金董事会原定奖金章程,系每年三奖,分头、二、三等。学科亦分三类,如理化科学为一类,生物科学为一类,天文地学气象为一类,嗣以国人研究科学成绩本不甚多,分类之后,必至不能足额。而就不同类之成绩,分别等第,详定甲乙,亦属不可能之事。故决定不复分类,每年但就申请人中择其成绩最优最有价值给与奖金,其金额亦复相等"①。科学研究补助金及奖励金章程颁布后,国内从事科学研究的学者对此反映颇为积极,"章程发表后,国内科学家以其未来之计划或既往之成绩来会申请者凡一百有八人"②。这项奖励金的实施,因为遴选条件严格,如"规定凡承受此项补助者,即应摒弃有给之职务",当然更主要是学术成果上的高要求,故而 1928—1932 年的五年间得此奖者 4 人,即:地质学的赵亚曾,研究课题为《中国各部上部古生代地质之分类与比较其所含无脊椎动物化石之研究》;药物化学的陈克恢,研究课题为《中国麻黄素之研究》;天文学的余青松,研究课题为《天体光带强度学之研究》;药物化学的赵承嘏,研究课题为《中国药材延胡索有效素质之研究》③。科学研究奖励金虽然受奖者不多,但获奖者皆为国内科学研究成绩杰出者,从而使这一奖项有崇高的信誉。

(3)补助研究机关。中基会对各类研究机关采取"为而不有之主义",即注重与"已成机关合作",其目的是"以较少之经费,收最大之效果",因而一般不主张另起炉灶,故中基会将补助的重点集中在国内已经取得相当成绩的研究机关,如此只有具有显著前期研究成果的研究机构,才可能获取中基会的科学研究补助。到 1932 年,获得补助的科学研究机关有 13 家,即实业部地质调查所、中国科学社生物研究所、中央研究院理化工研究所、青岛观象台、中央研究院历史语言研究所、西北科学考察团、湖南地质调查所、江苏昆虫局、海洋生物学会、黄海化学工业研究社、广东省植物研究所、中央研究院气象研究所、中国西北科学院。上述 13 家研究机构中,除了实业部地质调查所和中国科学社生物研究所是 1926 年补助的,其他 11 家都是 1928 年及以后开始补助的。中基会对教育研究机构也进行补助,在 1927 年已补助中华教育改进社、中华职业教育社、中华平民教育促进会等 4 家,1928 年后除了继续补助外,又新增中山大学教育研究所作为补助机构。以上这些研究机构得到中基会的补助后,皆取得显著的成绩,在当

① 《吾国科学研究状况之一斑》,《任鸿隽文存》第 402—403 页。

② 《吾国科学研究状况之一斑》,《任鸿隽文存》第 399 页。

③ 《中基会与中国科学》,《任鸿隽文存》第 483 页。

时中国的科学界和教育界产生了很大的影响。

(4)设立研究机关。如前所述,中基会一般不自立研究机构,而主要的是采取资助的形式来推动科学研究事业;但在特别的情形下,亦直接设立研究机构。在任鸿隽主持中基会时,他认为发展中国科学有必要在中国提倡调查工作,于是在中基会款项的支持下设立了静生生物调查所和社会调查所。

静生生物调查所为接受尚志学会纪念范静生(范源濂)捐款而设立,以调查和研究中国生物科学为目的,成立于1928年。关于中基会接办静生生物研究所的情形,任鸿隽曾这样记述:“去年(1927年)冬,静生先生逝世,其生前友好群谋所以纪念先生之道。爰由尚志学会倡议设立生物调查所,以继先生研究生物学之素志,并提出现款若干以作基金。惟因目前之开办维持费尚属无着,特商诸中华教育文化基金董事会以此事完全嘱托基金董事会办理。基金董事会以发展生物科学及纪念静生先生,皆乐于赞同,因于本年(1928年)夏间议决承受此项嘱托,并向中国科学社商借秉农山、胡步曾两专家着手组织。同时范先生之令弟旭东先生闻悉此项消息,即提议将其在北平石驸马大街之住宅捐出,作为生物调查所所址。于是此调查所之组织,益觉便利,遂得于十月一日正式开幕。此静生生物调查所组织之经过也。”①当然,中基会愿意出此款项来设立静生生物调查所,也并非纯出于纪念范源濂的考虑,客观来说有着发展中国生物科学的图谋。因为这个生物研究机关虽然是尚志学会为纪念范源濂而设立,“但在它的基金未积到一定成数,一切经费都由中基会担任。中基会的愿意承担这个责任,并非偶然,而是要在北方设立一个生物研究机关,以便与南京的生物研究所、广东的植物研究所(这两所也受中基会的补助)联络一气,以完成中国整个的生物研究计划。”②正是中基会有此发展中国生物科学的考虑,因而中基会在资金方面对静生生物调查所进行很大的投入。生物调查所也积极开展工作,在所中设立动物和植物两部,每年各派专员出外调查并采集标本,行程南到云南、四川、西藏,北到东北吉林省。及至1932年,静生生物调查所在国内获得生物标本计11万多件,植物标本16万多件;秦任昌在欧洲各大标本室拍摄到中国植物标本的照片,也有1.8张之多。“该所刊印汇报一种,为发表研究结果之刊物,本年(1932年)所员发表之论文,不下三十余

① 《静生生物调查所开幕记》,《任鸿隽文存》第404页。

② 《十年来中基会事业的回顾》,《任鸿隽文存》第526页。

篇"①。中基会所建立的静生生物调查所,对发展中国的生物科学所作出的贡献,是极为突出的。

社会调查所以接受美国宗教社会研究院捐款为起点,继由中基会筹办,成立于1929年。社会调查所的前身是中华文化教育基金会的社会调查部。中基会于1926年2月接受美国纽约的社会宗教研究院的捐款,专作调查研究费用,以三年为期,并于1926年7月成立社会调查部,由陶孟和、李景汉主持。当时确定社会调查部的工作为七类,即:(一)北京手工业工人调查;(二)北京工人生计调查;(三)京师小学教员生计调查;(四)上海工厂工人生计调查;(五)塘沽工厂工人生计调查;(六)农产品贩运调查;(七)农村调查。至1927年的上半年,社会调查部"已调查之件,约分三类:(一)手工业及工厂工人社会经济情况调查,(二)家庭生计调查,(三)农产品贩运调查。此外设施,如设立社会研究奖金名额,编辑社会调查方法及中国劳动年鉴,特设社会研究图书室等,均已分别进行矣"②。1929年6月美国捐款到期后,中基会正式接办,改名为"社会调查所",成为中国人独立自办的研究机构。社会调查所成立后,重新确立工作任务为以下几项:1. 对社会问题行使学术上的研究与调查;2. 向中国介绍国外调查与社会问题研究的新技术;3. 将调查研究结果公诸社会,以备解决国内社会问题参考;4. 汇集关于社会问题的图书资料,为研究与阅览提供便利;5. 提倡社会研究的兴趣,使专攻社会科学人士致力于专门实际的研究;6. 与从事社会调查机构寻求合作,协力调查社会问题;7. 指导其他机构的社会调查事业③。新成立的社会调查所对研究科目也进行了调整,"研究科目分为中国近代经济史、工业经济、农业经济、经济理论、经济制度、劳动问题、人口问题、对外贸易、银行金融、统计等科,研究员二十余人,按照上列各科拟定题目,或从故纸中搜集材料,或派员实际调查。"④中基会的社会调查所组织实施了大量的实地调查研究工作,产生了一批有价值的调查研究报告,其中比较著名的有李景汉的《北平郊外之乡村家庭》(商务印书馆1929年版)、陶孟和的《北平生活费之分析》(商务印书馆1930年版),此外还有林颂河的《塘沽工人调查》、杨西孟的《上海工人生活程度的一个研究》、施裕寿等的《山东中兴煤矿工人调查》等。这些调查报告的问世,对研究

① 《中基会与中国科学》,《任鸿隽文存》第484页。

② 《中华教育文化基金董事会第二次报告》(1927年6月),知者整理:《中华教育文化基金董事会报告》,《近代史资料》总101号,中国社会科学出版社2001年版,第213页。

③ 孙本文:《当代中国社会学》,胜利出版公司1948年版,第213页。

④ 《中基会与中国科学》,《任鸿隽文存》第484页。

近代中国社会产生积极而又深远的影响。

2. 关于科学应用的事业

1925 年 6 月的中基会第一次年会就决定补助“科学应用事业”，其后在 1926 年 2 月拟订的《中华教育文化基金董事会分配款项之补充原则》中更明确规定：“科学应用，包含：(1)农，(2)工，(3)医”三个学科，亦即以农学、工学和医学作为中基会补助“科学应用事业”的范围；范源濂所做的《干事长报告》，对中基会以农、工、医三学科作为补助对象有一个说明：“本会对于科学应用，宜加提倡，此第一届年会时所已经决定者也。顾科学应用，范围至广，需款亦至巨。即已农工医三科而论，任办一事，皆须有巨额之经费。本会款项可支配于此类事业者既属有限，势难独立有所兴作。又就各处请款书观之，此项专门学校，已分布于各地，徒以困于经费未能如愿扩充，本会若能略加补助，不难收事半功倍之效。惟察此类事业之性质，补助之款不宜过于分散，致力分而效薄。故宜就三项学校中，先行择优予以相当之补助，俾所立计划能见实行。”[①]嗣后，确定东南大学（即后来的中央大学）之农科、岭南大学之农科、南洋大学（属工科学校）、湘雅医学专门学校四校作为补助对象。据 1927 年中基会的报告，这四所学校“经本会补助而后，各项事业，均能按照预定计划，切实推行。不幸自今春以还，时局不靖，各校大受影响。本会依据发放补助费规程，于业经停顿之校，将允助之款，酌量暂为保留。”[②]实际上，到 1927 年 6 月中基会以“科学应用事业”名义补助的学校，因南北战争的影响，补助工作而告停顿。

中基会经过改组后，任鸿隽继续开展对“科学应用事业”的补助工作。一是坚持中基会的“补助已成者政策”，即补助那些有一定基础条件和发展前景但经费又不足的学校；二是对“科学应用事业”的补助重点，放在“添置设备图书”上，以便对教学和研究产生长远的效益；三是扩大补助学校的数量，使那些更多的具有一定实力的“科学应用”的学校得到补助。到 1932 年，受补助的“科学应用”的学校或研究机构达 15 个之多。见下表[③]：

---

① 《中华教育文化基金董事会第一次报告》（1926 年 3 月），知者整理：《中华教育文化基金董事会报告》，《近代史资料》总 101 号，中国社会科学出版社 2001 年 10 月版，第 187 页。

② 《中华教育文化基金董事会第二次报告》（1927 年 6 月），知者整理：《中华教育文化基金董事会报告》，《近代史资料》总 101 号，中国社会科学出版社 2001 年 10 月版，第 205 页。

③ 资料来源：《中基会与中国科学》，《任鸿隽文存》第 485 页。

农学类	工学类	医学类
中央大学农学院 岭南大学农学院 金陵大学农学院 中山大学农学院	上海交通大学工业研究所 唐山工学院 北洋工学院 河北工学院 焦作工学院 工业实习社 中央研究院工程研究所	湘雅医学校 中央大学医学院 同济大学医学院 卫生署第一助产学校 医师研习所

上述 15 个机构中,除了 4 个机构是 1926—1927 年开始补助的,其余 11 个都是 1928—1932 年新列入补助行列的,足见任鸿隽主持中基会期间对科学应用事业的补助力度增大。

3. 关于科学教学的事业

中基会对于科学教学的事业予以高度的重视,但由于科学教学的学科至多,因而中基会从培养师资和改良设备两方面入手。

设立科学教席。中基会为促进科学教学事业,所采取的一项重大举措是在北京、南京、武昌、广州等地的国立大学或师范大学设置“科学教席”一职,其目的是“培养中等学校之理科师资,并改进本学区之理科教学”①。自 1926 年首先在北京师范大学、东南大学、东北大学、广州中山大学选定“科学教席”17 人,“科学教席”分布在物理学、化学、动物学、植物学、教育心理学等五门学科。嗣后,南京国民政府成立,高校进行了改组或重建,但中基会设置“科学教席”的工作没有停顿下来。任鸿隽主持中基会期间在设置科学教席工作中,主要采取这样的措施:

一是将中基会原来规定“科学教席”的七年任期改为六年,并给以“科学教席”的学术假期。新的“科学教席”办法规定,被选为“科学教席”者皆“以六年为期,六年期满教授得休假一年,或出国研究。此盖鉴于现代学术进步迅速,不唯学者应得充分之训练,即教者亦应有补习之机会”。

二是根据学校新的布局,增加每年“科学教席”的数量。由于新政权成立后大学的调整,中基会确定科学教席从南京中央大学、北平师范大学、东北大学、武汉大学、广州中山大学、四川大学六校中产生;科学教席分布的学科虽然没有变动,仍然是六门学科,但每门学科拥有的“科学教席”的人数随着时间的推移而

① 《中华教育文化基金董事会第二次报告》(1927 年 6 月),知者整理:《中华教育文化基金董事会报告》,《近代史资料》总 101 号,中国社会科学出版社 2001 年版,第 209 页。

不断增加。见下表:

学科 年份	物理学	化学	动物学	植物学	教育心理学	每年总数
1926	4	5	2	2	4	17
1927	5	5	3	2	4	19
1928	5	5	2	3	3	18
1929	6	6	2	5	4	23
1930	6	6	5	6	5	28
1931	6	6	4	5	5	26

三是加大对"科学教席"的资金资助力度,并给予教学设备的补助费。"每讲座除由中基会担任薪金外,并各予以一万元之设备补助费,分年拨付,以充实教学上必须之设备。"①由于采取了这样的措施,"科学教席"在学科建设中起了积极的作用。

改良科学教学的设备。中基会改良教学设备分为两个方面:一是教科书的建设,二是教学仪器设备的建设。中基会设立"科学教育委员会",审查中等学校的教科书;对于认为需要修改的教科书,则约请具有教学经验的专家参与修订或编纂各类教科书。在编纂的教科书中,比较有名的有丁爕林的《初级物理实验讲义》、萨本栋的《大学物理学》等。此外,还约请有关专家编写初级中学的自然教科书、中等地学教科书、中等舆地全图等。任鸿隽对中等教育的科学仪器建设也予以特别的关注,在他看来,"科学教育所以不良,其最大原因,是教学缺乏仪器,只凭空言讲说,引不起学生科学的兴趣"②,所以在科学教学的仪器方面加大了资金的补助力度。当时,教学仪器的制造机构较少,因而设备非常昂贵,一般中学难以购买。中基会鉴于教学仪器设备价格昂贵的情况,极力补助教学仪器制造机关,使其大量制造、廉价出售,以利各学校教学仪器设备的改进。如,中基会补助东吴大学生物材料所、厦门大学生物材料供应所,这对中学教学仪器的供给起了积极的作用。

编译书籍。中基会对科学书籍的编译予以高度的重视,上述"科学教育委员会"其起初在于对教科书的审查,同时亦主持编译科学教科书,加强教材建设。嗣后,"科学教育委员会"改为"编译委员会",其任务不仅仅是编译教科书,

① 《中基会与中国科学》,《任鸿隽文存》第486页。

② 《十年来中基会事业的回顾》,《任鸿隽文存》第526页。

"它的译著范围,也由纯粹的科学而推广到一切历史思想材料科目去了"①。组织编译委员会是任鸿隽在中基会工作期间的重要努力,也是对传播科学知识的重大贡献。据胡适日记记载,1930 年 8 月 15 日中基会的教育顾问委员会在胡适的寓所开会,"报告中学教科书的状况",任鸿隽与胡适都曾与会并参与研究;当天晚上,任鸿隽又特地到胡适寓所,与胡适"细谈编译委员会的事,把人选大致决定了。似分二组:甲组:丁在君、赵元任、陈寅恪、傅孟真、陈通伯、闻一多、梁实秋;乙组:王季梁、胡经甫、胡步曾、竺藕舫、丁西林、姜立夫。"②随后的 8 月 22 日,任鸿隽又就组织编译委员会的事宜给胡适写信,征求胡适对成立编译委员会的意见,信中说:"关于组织编译委员会事,望你早将委员名单提出,以便交执行委员会通过。你所说将委员分甲乙两组的办法甚好,提出时不妨即照此办理。照我们所商定的,乙组委员约有六人(即算术、物理、化学、地学各一人,生物学二人)。甲组委员最好也照此办,加上正副委员长,已是十四人,留下一人为将来随时补充需要人才之用。不知你意以为何如。编译会之组织,你若能同时提出让董事会知道一点甚善,但如不便,即不提出亦可。编译计划则须俟委员会成立时,在会中讨论。不知尊意以为然否。"③其后,编译委员会成立后,胡适拟订了需要翻译名著的书单,"约有四十多种书",任鸿隽则主张"科学名著先从近代名著入手。决定暂由自然科学组去拟科学名著翻译计划。由文史组去拟文史名著计划"④。自然,编译委员会的工作颇为不易,中基会由于受当时金价的影响,经费甚为拮据,1934 年胡适在进行经费预算时也只好"把编译委员会的预算缩减到四万六千元",胡适"自己的月俸停止,改为公费二百元"⑤,可见编译委员会经营之难。但是,编译委员会成立后所开展的译书工作,确实出版了一批优秀的科学书籍,这对普及科学知识有着积极的意义。

4. 关于图书馆的建设事业

建设图书馆是中基会从事文化事业一个主要内容,其最大的成绩是建成了北京图书馆。在中基会成立之前,中国没有现代意义上的公共图书馆。为了发展图书馆事业,任鸿隽参与组织了"图书馆委员会"的工作,并且在人员安排上亦有自己的考虑。任鸿隽希望胡适在"图书馆委员会"中占有重要位置,他致信

① 《十年来中基会事业的回顾》,《任鸿隽文存》第 526 页。
② 《胡适日记》(5),安徽教育出版社 2001 年版,第 759 页。
③ 《议商组织编译委员会》,《任鸿隽文存》第 427 页。
④ 《胡适日记》(5),安徽教育出版社 2001 年版,第 823—824 页。
⑤ 《胡适日记》(6),安徽教育出版社 2001 年版,第 428 页。

邀请胡适:“此次的图书馆委员会,有教育部、基金会派出的委员(九人中陈、徐、高由教部派出,范、周、任由基金会派出)都是当然的,无足轻重的,我们所最属望的,乃是你及咏霓、君武三人。委员会不久开会,你若能来,于图书馆前途实非浅鲜呵。”[①]1926 年 2 月中基会第一次常会正式议决建造北京图书馆,规定“北京图书馆建筑设备费一百万元,分四年支出。并通过聘请梁启超君为北京图书馆馆长,李四光君为副馆长”[②]。除了“临时费”(建筑设备费)由中基会独立投入外,中基会还与教育部分担每月的“经常费”1000 元。嗣后建设北京图书馆的工作正式实施,1927 年虽曾一度受到南北战事的影响,但 1928 年以后在资料购买、目录分类等方面亦有很大的成绩。关于北京图书馆建设的情况,任鸿隽有这样的回顾:“北平图书馆之设立,虽认为永久文化事业之一,然当其经营之始,即具有特殊目的,盖此图书馆不但为普通性质之公共图书馆,而亦为特殊性质之参考图书馆也。故自该馆成立以来,每年添购书籍,中文则材料书籍为主,西文则以各种科学书之旧刊杂志为主。经六七年之缔造经营,不独外表焕辉煌,耸人观瞻,即其内藏之名贵充实,亦为国内首屈一指。目下无论何种学术,言及研究,莫不以北平为最适宜之地点,盖参考书之便利,无出此地之右矣。”[③]北京图书馆的建成及投入使用,对中国的教育文化事业发生着长远的影响。

任鸿隽在中基会的最初十年中作出突出的贡献,这期间他努力实现发展科学的理想。任鸿隽的夫人也认为,任鸿隽留美回国的事业中,“尤以中基会为最能使他发展其对于科学的抱负与贡献”[④]。中基会在发展中国科学方面做了许多极其重要的工作,对中国科学事业的推动作出的贡献也是巨大的,胡适就曾“断言”:“十年以来,若无中基会,则国中多处之科学研究必不能如此顺利发展”[⑤],这之中当然离不开任鸿隽的艰苦努力和卓有成效的工作。

(原载吴汉全、王中平著《留学生与近代中国社会变迁》,
吉林人民出版社 2012 年版)

【昔文琐记】这篇《任鸿隽与中基会的最初十年》,完稿于 2006 年 2 月 23 日。

---

① 《任鸿隽致胡适》(1925 年 11 月 22 日),中国社会科学院近代史研究所中华民国史组编:《胡适来往书信选》上卷,中华书局香港分局 1979 年版,第 352 页。

② 《中华教育文化基金董事会第一次报告》(1926 年 3 月),知者整理:《中华教育文化基金董事会报告》,《近代史资料》总 101 号,中国社会科学出版社 2001 年 10 月版,第 174 页。

③ 《中基会与中国科学》,《任鸿隽文存》第 487 页。

④ 《任叔永不朽》,《任鸿隽文存》第 747 页。

⑤ 《胡适日记》(6),安徽教育出版社 2001 年版,第 486 页。

我购买了《任鸿隽文存》,闲暇时阅读,接触到中基会的有关材料。任鸿隽是留学生,研究近代中国的留学生也会涉及的。我那时因为是留学生研究方向的导师,比较注意近代中国留学生资料的搜集,因而在阅读《任鸿隽文存》的基础上又查阅了相关材料,写了这篇文章。此文有2万字,重于材料的梳理,虽然是我第一次研究任鸿隽这位历史人物,但还是下了一些功夫的。

我博士读的是中共党史专业,然而我以后的研究工作,并不限于中共党史领域。在我看来,在近现代史范围内研究中共党史,可能更能提高研究者的水平。我是从李大钊研究起步的,故而对现代中国人物的研究一直比较重视。现代中国有一些历史人物,虽然不是中共党史人物,但也是值得研究的。基于这样的想法,我在2013年出版了《中国现代人物专题研究》①,收录了我研究李大钊、陈独秀、毛泽东、刘少奇、瞿秋白、高一涵、邓初民、梁漱溟、张君劢、傅斯年、何炳松、陈序经等现代人物的论文。

研究历史固然可以采取不同的方法,而从研究历史人物下手也应该说是一条比较有效的路径。历史是由人们自己创造的,重大的历史事变、历史事件,都有人的主体性活动。恩格斯1890年9月在致约·布洛赫的信中就说,"我们自己创造着我们的历史","历史是这样创造的:最终的结果总是从许多单个的意志的相互冲突中产生出来的,而其中每一个意志,又是由于许多特殊的生活条件,才成为它所成为的那样"。在此,如果对历史人物没有足够的把握,则很难说能够通晓历史的真谛。因而,从历史人物下手来研究历史,应该说是一个正确的研究路径,这实际上也为古今中外史学家的史学实践所证明。

就个人的体验来说,我早年集中研究李大钊,但对张君劢、张慰慈、梁漱溟、何炳松、陈序经等这些非马克思主义者的研究,对我的李大钊研究是有重要作用的,最起码是增加了我对历史人物的感知。我2010年出版的三卷本《中国马克思主义学术史概论(1919—1949)》(吉林人民出版社2010年10月版),梳理了五十多位为中国马克思主义学术作出重要贡献的历史人物。这可以说,没有对现代中国马克思主义学者的具体研究,也就写不出所谓中国马克思主义学术史。年轻人研究历史,不妨从研究历史人物起步,这样有助于深入下去。当然,年轻人初进学术领域,正如建楼房先要打好基础一样,研究范围也不能过于狭窄,不然是很难进到较高研究层次的。这是我的一点体会。

2021年1月31日

---

① 吴汉全:《中国现代人物专题研究》,南京大学出版社2013年版。

论1956—1966年中国城市的变迁

1956—1966年中国城市的变迁较为复杂，对社会演变的影响也非同一般。1956年中国共产党在领导全国人民进入社会主义初级阶段的过程中，结合经济建设的需要对城市建设工作进行了不断的探索，因而对城市的变迁产生了重大的影响。本文试图梳理1956—1966年十年间中国城市的演变轨迹，为人们加深对“文革”前十年历史的认识提供某些新知。

一、城市规划和城市建设的起步

“文革”前十年的社会主义建设时期，中国城市的变化是显著的。而“大跃进”前的两年(即1956—1957年)城市的建设，又是与完成“一五”后期目标密切联系在一起的，并且深刻影响着此后城市的变迁轨迹。1956—1957年中国城市发展最显著的特征是，国家高度重视城市规划，城市建设在全国范围内初步展开。

1. 高度重视城市规划

城市规划是城市建设和城市管理的基本依据。“一五”末期，我国的城市建设在“一五”建设计划的轨道中有积极的探索。那时，经济建设以工业为中心环节，国家对城市建设有相当的重视。

一是中央以及国家的各级部门，比较注重对城市建设的领导和对城市建设的规划。1956年城市建设总局改为城市建设部。同年，国务院作出了《关于加强新工业区和新工业城市建设工作几个问题的决定》；国家建委根据这个决定颁布了《城市规划编制暂行办法》，规定了城市规划的编制工作的基本任务及具体办法。“一五”期末的1957年，全国从事规划的人员达到5000多人。

二是城市的规划工作在全国有计划地开展起来。据1956年底的统计，当时我国已经对兰州、西安、洛阳、包头、武汉、成都、太原、大同、湛江、株州、长春、吉林、郑州、石家庄、鞍山等150多个城市进行了初步规划,全国的绝大多数城市都纳入了规划的范围。当时我国充分吸收苏联专家关于建设现代化城市的理论和经验,在城市建设中注重生产和生活的结合,强调对历史文化名城和历史文化遗迹的保护,同时也考虑到建设资金的不足和我国城市布局的现实。

需要指出的是,国家在1956—1957年的城市规划确实存在"规模过大、占地过多、求新过急、标准过高"的问题。具体表现为:"1.多注意了远景规划,忽视了近期规划;2.城市规划的定额高了;3.城市规划中有过分追求形式的毛病,不注意地形条件和现状,过多注意了艺术布置,只强调放射、对称、美观,结果对群众生活和经济注意不够;4.在有些城市的规划中,对旧有城市的基础设施利用不够;5.城市公用事业工程的标准过高了。"①中央及时发现城市规划和城市建设中存在的问题,于1957年2月发布《关于一九五七年开展增产节约运动的指示》,要求"国家建设委员会和各省、直辖市应当重新审查所有改建城市和新建城市的建设方案,适当地节减和合理地使用城市建设的投资";同时还作了这样几个规定:一是"今后旧城市的改建和扩建,应当在原有基础上逐步进行,充分利用原有的建筑物、道路和其他公用设施,尽量不拆城市原有房屋,严禁不必要地和过多过早地拆除民房";二是"应当制止那种把大城市和附近的中、小市镇连成一片的做法,制止在离原有城市很远的地方修建医院、学校、办公场所等等的做法,以免增大附属设施和公用设施的建设费用";三是"新城市的建设,应当照顾到当地农村的生活水平,严格控制建设规模和建筑标准,并尽量少占耕地"②。这一通知发布以后,有效地纠正了在1956年重新抬头的追求豪华的偏向。

2.城市建设初步展开

1956—1957年是中国城市建设大规模展开的阶段,城市的面貌也发生了深刻的变化,"许多新的工业城市出现了,许多原有的城市的工业大大地发展了,许多消费城市开始变为生产城市"③。

这种巨大的变化,主要是国家在"一五"期间对城市的建设和管理引起高度重视。1956年全国各项建设的预算除了少数项目外大多呈增长的势头,单就

---

① 《李富春同志在全国设计工作会议上的讲话》(1957年5月31日),《城市建设》1957年第8期。

② 《建国以来重要文献选编》第10册,中央文献出版社1994年版,第594页。

③ 《建国以来重要文献选编》第10册,中央文献出版社1994年版,第462页。

"国家储备支出、城市建设支出和其他经济建设"一项,占经济建设费总数的9.80%,比1955年增长39.59%①。当时中央鉴于"职工住宅的建设落后于应有的进度"的考虑,决定"中央各部和所属企业为职工修建的住宅面积,在1956年将达到1310万平方公尺以上",尽快地改善城市职工住宅的条件②。周恩来1956年9月16日在中共八大所作的《关于发展国民经济的第二个五年计划的建议的报告》中,强调工业建设应该适应现有城市的情况,工业的建设要与城市的建设结合起来,并且要及早地将城市的规划与建设放在重要的位置。他指出:"我们在充分利用近海城市原有的工业基础的时候,应该注意合理性,避免盲目性。这种合理性就是:改建那些有必要也有可能改建的企业,而不是改建一切的原有企业;在工业企业比较多的城市,一般地应该少建新的企业;新建和改建的企业,必须注意到原料来源、产品销售、生产技术和运输方便条件,并且注意同其他地区的合理分工。……随着工业生产力的合理分布,我们将要建设许多新的城市和扩建许多原有的城市,为此,应该加强城市的规划工作和建设工作,求得同工业建设相配合。"③

但在城市建设的实际过程中,由于缺少经验,再加上在"一五"期间业已形成的急于求成的情绪,因而出现了很多的问题。一是城市"建设用地过大"的现象比较突出。据1957年5月1日李富春、薄一波向中央的报告,西安市在最近的几年中建设用地达到7200公顷(10.8万亩),等于中华人民共和国成立前西安市区面积的5.5倍。二是各地城市建设标准过高的现象也比较严重。当时各地的城市建设贪求高标准,如有的地方"在大学建设方面,常常是按数千人、甚至一万人的规模建设,每个学生平均占用的建筑面积,高达四十平方公尺以上(成都电讯工程学院学生1838人,建筑面积达76215平方公尺)"④。三是城市住房问题十分紧张,到1956年底,全国约有250万名职工要求解决住房问题。城市建设中出现的这些问题,很快引起中央的注意和重视。

李富春、薄一波在1957年5月1日向中央写了《关于解决目前经济建设和文化建筑方面存在的一些问题的意见》,主张对全国的城市建设中存在问题进行纠正,并提出了具体措施。主要是:(1)严格控制城市建设用地,注意节约地使用土地。(2)适当地降低城市建设的标准。(3)改进城市住宅建设的办法,加

---

① 《建国以来重要文献选编》第8册,中央文献出版社1994年版,第339页。

② 《建国以来重要文献选编》第8册,中央文献出版社1994年版,第344页。

③ 《建国以来重要文献选编》第9册,中央文献出版社1994年版,第181页。

④ 《建国以来重要文献选编》第10册,中央文献出版社1994年版,第277页。

强对城市住宅的管理和使用。中央转发这一报告，认为“报告中所揭发的各种不合理现象，在全国带有普遍性，如建设用地过大，建设标准过高，各搞一套，等等”，要求各地对“报告中所提的各项建议，都可参考。有些意见应立即实行，如退还建设用地，降低建设标准，停止扩大中等技术学校等”①。1957年7月，薄一波在第一届全国人大第四次会议上的报告中，提出要正视“城市规划过大，办公楼、招待所、休养所、大礼堂等盖得过多，在这些方面或多或少地存在着一种脱离实际、脱离群众、追求豪华、铺张浪费的不良现象”，并代表中央对1957年城市建设提出具体的部署。关于城市基础设施的安排，决定“在今后若干年内，一般不再建设办公大楼、招待所、休养所和大礼堂。某些城市必须增加一些公共建筑和服务性的建筑（如学校、商店、医院、邮电局、旅馆、影剧院等等）的时候，也应该因陋就简，面向群众，合理分布”；关于城市发展规模，决定“严格控制城市规划的规模，合理地降低城市建设的各项标准，节约投资，节约用地。在建设工厂和学校的时候，应该充分利用原有的城镇”②。中央在1957年采取各种措施解决各地在城市建设中求大求多问题，使城市建设中任意浪费的现象受到一定程度的抑制。

国家在1956—1957年的法制建设也注意到城市的管理问题，力图将城市的管理纳入法制化的轨道。1957年颁布的《中华人民共和国治安管理处罚条例》，规定城市“旅店管理人对住宿的旅客不按照规定登记的”，是“违反户口管理行为”，应处5日以下拘留、10元以下罚款或者警告；“在城市内任意堆置、晾晒、煎熬发恶臭的物品，不听制止的”，“在街道上倾倒垃圾、秽物，抛弃动物尸体或者随地便溺的”，“故意损坏公园和街道两旁花草树木的”等，是“妨害公共卫生或者市容整洁行为”，应处3日以下拘留、6元以下罚款或者警告③。1958年1月颁布的《中华人民共和国户口登记条例》，如规定：“公民由农村迁往城市，必须持有城市劳动部门的录用证明，学校的录取证明，或者城市户口登记机关的准予证明，向常住地户口登记机关申请办理迁出手续。”④通过法律来规范城市的管理行为，将城市的管理提到法制的高度，从而使中国城市的建设迈上一个新的阶段。

总的来看，1956—1957年尽管城市规划中存在一些问题，但城市建设还是

① 《建国以来重要文献选编》第10册，中央文献出版社1994年版，第274页。

② 《建国以来重要文献选编》第10册，中央文献出版社1994年版，第464—465页。

③ 《建国以来重要文献选编》第10册，中央文献出版社1994年版，第622—632页。

④ 《建国以来重要文献选编》第11册，中央文献出版社1995年版，第622—632页。

取得了显著的成果。1949 年我国城市仅有 132 个,城市非农业人口 2740 万人,城市化水平为 5.1%;到 1957 年末,我国城市发展到 176 个,城市非农业人口占总人口的比重上升到 8.4%①。这是 1956—1966 年间我国城市发展的良好开端。

二、城市“大跃进”的严重失误

1958—1960 年,在“大跃进”的形势下,中国城市的发展进入一个超速度发展阶段。经过三年的“大跃进”,1961 年底全国城市增加到 208 个,城市人口由 1957 年的 5412 万增长到 6906 万,增长了 28%,城市非农业人口所占比重也上升到 10.5%。

城市建设的“大跃进”是随着全民办工业的形势而到来的。在全民办工业的形势下,全国的城镇大多安排了工业建设项目,这使得城市的规模和功能发生显著变化。譬如:哈尔滨这一城市在 1960 年为了适应全民办工业的形势,新建和续建了一批国防工业和其他大型工业企业,而地方和街道则新建了冶金、机械、化工、轻工、食品、建材等大量的中小企业;工业上“大跃进”,使得哈尔滨城市的工业数目和职工人数急剧升高,1960 年底哈尔滨全市工业企业由 1957 年的 722 个增加到 1423 个,工业企业职工人数则由 1957 年的 14.8 万人增加到 34.3 万人。又譬如:沈阳这一老城市在 1958—1960 年重点进行重工业建设,新上了制造、发电、采煤、炼焦、钢铁冶炼、建材、医药、化工、汽车、拖拉机、无线电、电气仪表等工业项目,投资规模超过了“一五”时期。

城市建设的“大跃进”是在不切实际的城市规划中进行的。1958 年,城市建设部和建工部合并,城市建设和规划工作由建工部管理。建工部于 1958 年 7 月在青岛召开第一次全国城市规划座谈会,提出要“用城市建设的大跃进来适应工业建设的大跃进”,确定城市规划为适应全民大办工业的需要采取先粗后细、粗细结合的“快速规划”办法。1960 年 4 月,建工部又在广西桂林召开第二次全国城市规划座谈会,提出城市规划的目标是:“要在 10 年到 15 年左右的时间,把我国的城市基本建设成为社会主义现代化的新城市。”两次城市规划工作座谈会对城市建设“大跃进”的兴起,确实是起了推波助澜的作用。于是,各地相继

① 国家统计局:《新中国城市五十年》,新华出版社 1999 年版,第 53—54 页。

通过修改原先的城市规划来进一步提出高指标、高标准的城市建设方案。1958年全国各地加紧规划和修改城市建设方案，这一年规划和修改规划的城镇就有1200多个，大多数规划是贯彻高指标的精神，强调城市建设的大规模和高速度，注重的是城市规划的“快速规划”做法。譬如，当时人口仅仅为10万人的湖北襄樊市，也作了一个大规模的规划，要求在未来的几年内将襄樊建设成具有120万人口的大型城市。1960年是“大跃进”的高潮阶段，各地城市规划的高指标进一步发展，有的地方城市规划甚至提出“三年改观，五年大变，十年全变”的口号，助长了城市建设“左”倾思想的发展。

“大跃进”使一些大城市建设相继建设“卫星城”，将原来城市周围的城镇纳入城市范围。如上海扩大原来的市区范围，将城市区域向周边地区延伸，开辟了以机电和重型机械为主的闵行、以煤及化学工业为主的吴泾、以科研和轻纺为主的嘉定等卫星城。又如北京，则开辟了昌平、大兴等卫星城。再如天津，开辟了杨柳青、咸水沽、军粮城等卫星城。这些卫星城，距离原来的城市少则20—30公里，多则达50—60公里，环绕在原来城市的四周。由于建设卫星城的计划大多不切实际，盲目求大求多，再加上资金的不到位，因而除了个别卫星城外，没有能取得明显的效果。

由于城市建设“大跃进”的猛烈进行，因而城市建设出现了诸多问题。主要是：

(1)城市和城市人口严重膨胀，超过国家财力允许的限度。随着全民大办工业，国家对农村人口进入城市的管理发生显著的变化。“大跃进”开始的两年半(1958年、1959年以及1960年的上半年)，全国迁入城市的农村人口就有2500多万(其中，国家招用的共1200多万，另外1300多万大部分是职工家属)①。城市人口由1957年底的9949万人增加到1960年底的13073万人，三年净增城市人口达3124万人，城市人口的比重也由15.4%上升到19.7%，成为新中国成立以来城市人口增长的第一个高峰期。同时，城市数量也猛增，1957年底全国设立的城市只有177个，1960年底达到199个，1961年底又新增到208个，四年之中城市增加了31个。特别是在“全民大炼钢铁”的高潮中，由于农村劳动力涌进城市，全国工业职工人数猛增，1958年达到4194万人，比1957年增加2093万人，工业职工人数的增长达到67%。这也就使得工农业劳动者的比例发生巨大的变化，由1957年的1∶13.8变为1958年的1∶3.5。而这一时期国

① 《建国以来重要文献选编》第13册，中央文献出版社1996年版，第594页。

家所能用于城市建设的资金非常有限,所以许多城市规模只是一个大架子,城市的基本设施的建设严重滞后。

(2)城市的配套设施不能跟上,城市呈现超负荷运转状态。当时许多城市的供水呈普遍紧张的状况,城市的生产用水与生活用水的矛盾非常突出。譬如,沈阳市在 1959 年底每日缺水达 19 万立方米,新建的工厂因缺水而不能投入生产。有不少城市为保证工业的用水,只好压缩居民的生活用水,造成了居民昼夜排队接水的局面。城市的交通呈现紧张局面,城市的道路、桥梁大多年久失修;城市人均拥有车辆率低,1959 年 1.3 万人才拥有 1 辆,而且大多车辆因为使用年限过长运输能力极差。总之,城市的配套设施建设不能跟上城市规模的扩大和城市人口的猛烈增长,城市只能在低水平中呈现超负荷运转状态。

(3)城市居民的住房极度紧张,居民生活受到严重的影响。在整个"大跃进"期间,城市居民的用房处于极度紧张的状态,人均居住面积呈下降的趋势。1960 年,全国城市居民人均居住面积下降到 3.1 平方米。据建筑工程部党组 1960 年 10 月的《关于解决城市住宅问题的报告》,当时辽宁省十个城市的每人平均居住面积,1949 年为 5.77 平方米,1952 年下降为 4.34 平方米,1958 年底又下降到 2.86 平方米。城市缺房现象更为普遍,黑龙江六个市的缺房户达 10 万家,有 39 万多人;沈阳市缺房户达 6 万家,有近 30 万人;北京缺房 270 万平方米;广州缺房 446 万平方米;江苏省 10 个市缺房 616 万平方米;上海住棚户和阁楼的有 160 万人①。城市居民的住房呈现严重短缺矛盾的局面,直接影响着城市居民的生活状况,这也是城市居民生活质量不高的表现。

三、纠正城市"大跃进"的积极举措

1961 年 1 月的党的八届九中全会,决定对国民经济实行"调整、巩固、充实、提高"的八字方针,在国民经济中优先安排农业,在工业中优先安排轻工业和农业生产资料的生产,在重工业内部则重点加强采掘业的生产。八字方针的贯彻,对中共的城市建设工作产生很大的影响。1962 年开始撤销一批城市,到 1965 年底,剩下城市 168 个,城市人口出现负增长,城市化水平下降到 9.2%。

① 《建国以来重要文献选编》第 13 册,中央文献出版社 1996 年版,第 657 页。

1. 压缩城市人口

为了抑制城市增长猛烈的势头，以便适应国民经济调整的需要，自1960年底，中央开始酝酿压缩城市数量、抑制城市人口的增长，并采取了一系列的措施。

“职工下放”是国民经济调整的一个重要环节，也是压缩城市人口的重要举措。1961年4月，中央转发五人小组《关于调整农村劳动力和精简下放职工的报告》，决定对原定精简职工的指标作适当的调整，要求到1961年底全国“精简下放职工八百万人左右，其中不带工资减回农村的四百万人（已经减回约二百五十万人，还须减一百五十万人）；带工资下放农村的四百万人（已经下放约一百五十万人，还须二百五十万人）”。按部门分配，基本建设部门精简下放340万，工业部门精简下放330万人，文教卫生等事业部分和国家机关精简下放130万①。国家计委、财政部在1961年5月拟订了《关于停建项目的处理办法》，对企业因停建而产生的富余人员作了规定，要求对于“多余的人员，应当有选择的送回农村参加农业生产”②。这样，停办企业职工迅速地向农村转移。

1961年5月的中央工作会议将压缩城市人口问题作为一个重点来研究。刘少奇在中共中央工作会议的讲话中，主张“要下一个很大的决心”，“减少城市里面的人口”③。陈云在会议上的讲话主要谈“精简职工和城市人口下乡的问题”，建议：“凡是近三年从农村来的，一般地都要动员他们回去。当然，全部回去可能会有困难，但大多数要回去。至于原来城市里的小商小贩以及资本家，就不必动员他们下乡了。”④这次中央工作会议使精简城市人口的决策在全国更加有效地实施。

自1961年下半年开始，中共中央和国务院进一步采取措施加大城市人口下放的力度。1961年6月，中共中央先后发布《关于减少城镇人口和压缩城镇粮食销量的九条办法》及《关于精简职工工作若干问题的通知》，不仅决定在三年内减少城镇人口2000万人以上，而且对精简工作作了详细的部署和安排。《九条办法》对《关于调整农村劳动力和精简下放职工的报告》中关于1961年底全国“精简下放职工八百万人左右”的规定，有重大的修改。要求“三年内减少城镇人口二千万以上”，具体安排是：1961年至少减少1000万，“大部分在六、七、

---

① 《建国以来重要文献选编》第14册，中央文献出版社1997年版，第281—282页。

② 《建国以来重要文献选编》第14册，中央文献出版社1997年版，第353页。

③ 《刘少奇选集》下卷，人民出版社1985年版，第338页。

④ 《建国以来重要文献选编》第14册，中央文献出版社1997年版，第364—374页。

八、九四个月内减下去”；“1962 年至少减八百万人；1963 年上半年扫尾”[①]。《通知》是对《九条办法》中“已经规定的以外”所作的补充，对“精简的对象”有明确的规定：精简的主要对象是 1958 年 1 月以来参加工作的来自农村的新职工（包括临时工、合同工、学徒和正式工），使他们回到各自的家乡，参加农业生产[②]。

1962 年上半年全国城市人口压缩的形势仍然非常严峻。1962 年 3 月，中央精简小组拟订了《关于精简工作若干问题的解释和意见》，对精简城镇职工、压缩城市人口工作中有关问题的处理作了更为明确的说明。中央要求“对于减少城镇人口和精简职工这项工作，各级党委、各企业、事业、机关的党员领导干部，都必须高度重视”；强调“城镇减人和精简职工，既是调整城乡关系、调整工业与农业生产所必需，更是克服当前财经困难最有效的办法”[③]。5 月，中共中央、国务院又发布《关于进一步精简职工和减少城镇人口的决定》，将精简职工和减少城镇人口两大任务联系在一起，提出了具体的计划和指标：全国职工人数应当在 1961 年底的 4170 万的基础上，再减少 1056 万至 1072 万人；全国城镇人口应在 1961 年底 1.2 亿的基础上，再减少 2000 万人（包括从城镇减到农村去的职工在内），同时相应地减少吃商品粮的人口；精简城镇人口的任务要求在 1962 年和 1963 年两年内基本完成，精简职工的任务力争在 1962 年内或者在 1963 年上半年大部完成[④]。到 1963 年 6 月，全国共减少职工 1887 万人，共减少城镇人口 2600 万人。1963 年底的城市人口比重，也由 1961 年初的 19.7%，下降到 16.8%。这样，经过三年多的努力，压缩城镇职工和精简城市人口的任务基本完成。

2. 减少城市数量

中共中央在努力压缩城镇职工和精简城市人口的同时，一方面积极从事减少城市数量和控制城市规模的工作，另一方面确保重要的大中城市得到重点建设，力求使城市的数量和规模适应当时经济调整工作。

国家采取减少城市数量的政策，力度非常之大。1962 年 10 月，中共中央、国务院发布《关于当前城市工作若干问题的指示》，对城市的建制和城市发展的规模作了严格的规定。关于城市建制，《指示》强调严格控制建制城市的数量，

① 《建国以来重要文献选编》第 14 册，中央文献出版社 1997 年版，第 412—413 页。

② 《建国以来重要文献选编》第 14 册，中央文献出版社 1997 年版，第 505—507 页。

③ 《建国以来重要文献选编》第 15 册，中央文献出版社 1997 年版，第 257 页。

④ 《建国以来重要文献选编》第 15 册，中央文献出版社 1997 年版，第 462—463 页。

规定:“今后凡是人口在10万以下的城镇,即使是重要的林区和矿区,没有必要设立市的建制的,都应当撤消。”关于郊区,《指示》要求严格限制大中城市的郊区面积,“过去大中城市的近郊区(不包括市辖县)一般划得多大,菜农过多,今后应根据实际需要适当划小”;对于“县城和集镇,一律不划郊区”。关于城市人口数量,《指示》要求严格控制城市特别是大城市的人口增长速度,规定“今后一个长时期内,对于城市、特别是大城市人口的增长,应当严格加以控制”①。1963年12月,中共中央、国务院又发布《关于调整市镇建制、缩小城市郊区的指示》,进一步就市镇建制和城市郊区的条件作出严格的规定:(1)关于市的建制。可以保留市建制的,必须是在完成精简职工、减少城镇人口和缩小郊区任务的地方,其地聚集人口必须仍然在10万人以上;对于人口不足10万人的,必须是省级国家机关所在地,或者是重要的工矿基地,或者是规模较大物资集散地,或者是边疆地区的重要城镇,确有必要保留并由省、自治区领导的,可以保留市建制。(2)关于镇的建制。对于一些工商业和手工业相当集中,聚居人口在3000人以上、其中非农业人口在70%以上,或者聚居人口在2500人以上、其中非农业人口在85%以上,确有必要由县级国家机关领导的地方,可以设置镇的建制;少数民族地区的工商业和手工业集中地,聚居人口虽不足3000人,或者非农业人口不足70%,但确有必要由县级国家机关领导的,也可以设置镇的建制。对于不符合以上条件或虽符合以上条件,但改归乡村人民公社领导更为有利的,即使是县或县级以上国家机关所在地,也应撤销。(3)关于郊区的范围。规定作为市郊区,必须是城市建设所必需的地方;设在市区附近必需的蔬菜、副食生产基地;无法从市区划出的插花性质的农业区;受地形限制划归市较有利的地区;群众经济生活与城市关系紧密的地区。市辖县,应按县的建制领导和管理,不得划为远郊区②。由于国家对城市建制和郊区范围的严格限制,这一时期城市的数量得到有效的控制。

1962年底到1964年底,是中国城市数量的大压缩阶段,城市数量在城市建制这个杠杆的调节下呈现直线下降的势头。1963年底,全国城市由1961年底的208个,减少到179个。1964年底,全国城市又减少到169个。三年共减少建制的市达39个。通过压缩城市的数量,不仅有助于国家规定的重点大中城市的建设,而且使我国城市与当时社会经济发展的水平处于一个大体相适应的状态,

① 《建国以来重要文献选编》第15册,中央文献出版社1997年版,第676—677页。

② 转引自赵永革、王亚男:《百年城市变迁》,中国经济出版社2000年版,第93—94页。

促进了国民经济调整的完成。

3. 加强城市基本建设

就国民经济调整时期的城市演变而言,城市人口的精简和城市数量的压缩固然是突出的现象,但加强对重点城市的建设,提高现有城市建设的管理水平,增加城市建设资金的投入,改善城市基本设施条件,也是这一时期城市发展的显著特征。

中共中央、国务院高度重视城市的建设,周恩来在第二届全国人民代表大会第四次会议上所作的报告中指出,要注重"大中城市的建设规划","工业的发展使我们的城市扩大了,但是我们应该有一个控制。现在二十万人口以上的大中城市,包括矿区、林区,大概有二百个左右,有七千五百万人口,我们应该对这二百个左右大中城市很好地进行规划";也要重点进行"城市劳动力的安排和工资规划",要求城市工作对于"每年我们能够增加劳动力的数目、工资增长的数目和调整的计划,应该有个规划";要充分认识到"我们城市的后备劳动力是超过城市劳动力安排的需要,应该把这部分超需要的劳动力有计划地下乡上山,支援农业生产的发展,现在也正在进行规划"①。周恩来关于城市规划的思想,对于克服城市管理工作新的"左"倾情绪,产生了积极的作用。

在国民经济的调整过程中,国家对城市建设资金的筹集也进行了有益的探索。中央于 1961 年 12 月同意沈阳市从企业利润中提取 5%作为城市建设资金,规定这一办法自 1962 年开始"只在沈阳市试点";提取利润的范围是:"从国营和地方国营工业、零售商业(包括三级批发站)、城市公用事业的利润中提取百分之五。不提取铁路、邮电、银行和商业一级、二级批发站的利润";提取的资金使用范围,是"使用于给水、排水、道路、桥梁、防洪、市内公共车辆、煤气、环境卫生、城建、绿化等十项公用事业,专款专用"②。这里虽是试点,但对以后城市建设产生了重要的影响。此后国家确定重点建设 64 个大中城市,国家计委和财政部于 1962 年 12 月联合发布《关于 64 个中大城市房地产税划归市财政用于城市建设和维护费用的通知》,规定这些城市每年可以从财政收入中提取 2. 68 亿元,再加上工商税附加和公用事业附加,总计 4. 5 亿元,用于城市公用事业、公共设施等方面的建设。1963 年 9—10 月的中共中央第二次城市工作会议,在"确定和增辟经常的、固定的资金来源"的同时,"适当地增拨一些城市维修和建设费

① 《建国以来重要文献选编》第 17 册,中央文献出版社 1997 年版,第 520 页。

② 《建国以来重要文献选编》第 14 册,中央文献出版社 1997 年版,第 815 页。

用”,议定采取六点措施:(1)房地产税划归市财政,在已有66个大中城市实行的基础上,1964年在全国所有设市的城市实行;(2)公用事业大修理基金的提取率,由1963年的全国平均的2.4%提高到3%;(3)增加公用事业附加税的开征项目,个别项目附加税率适当提高;(4)贯彻实行“以租养房”的原则,调整住宅的租金标准,在有条件的城市试行机关、学校等公用房屋收租的办法;(5)国家安排7200万元的城市建设费用对某些城市房屋、市政设施的维护和防洪供水、公共卫生等方面的急切需要①。国家在国民经济调整时期关于城市建设经费的一系列规定,使得城市建设和城市改造在资金上得到了可靠的保证。

在国民经济调整阶段,国家在城市建设方面尤其注重对全国重点城市的改建和扩建,积极推进重点城市的发展战略。1962年9月,中共中央召开第一次全国城市工作会议,在贯彻中央压缩基本建设、减少城市人口计划的同时,确定对全国64个大城市进行改建和扩建计划。这64个城市中,有北京、上海、天津3个直辖市,当时26个省、自治区的首府城市,以及各地方的35个城市。这些列入建设的城市,大多有一定的工业基础和城市建设的基础,除省、自治区的首府城市外,主要集中在东北的工业区以及长江的南岸地区。为了保证城市建设经费的专款专用,特别是使64个重点城市建设能够在“城市公用事业、公共设施”方面取得突出的进展,财政部和建工部对“城市公用事业、公共设施”的范围有明确而又具体的划分和界定。64个城市列入重点建设的计划,城市建设专项经费的落实,对于我国城市建设有计划地重点建设,对于提高我国城市的实力、推进工业化建设,无疑的是起了积极的作用;当然,由于当时重点大中城市的建设主要的是配合当时的工业建设,因而地区布局上不平衡的现象也就比较突出了。

随着我国确定的大中城市建设不断取得成效,中共中央及时地于1963年9—10月召开第二次全国城市工作会议,在市政建设和市政管理等方面提出一系列的具体措施:一是规定对于市政建设补缺配套、填平补齐的大中型项目,“在国家年度的或长期的基本建设计划中,加以安排”;要求增加市政建设的投入,“市政建设的投资,特别是建设住宅和中小学校舍的投资”在基本建设投资的比重“今后要适当地加以调整”。二是提出在城市建设中优先考虑城市的基础设施和生活设施的建设,规定“今后新建、扩建的企业、事业单位,在编制设计任务书的时候,就要把住宅、校舍以及生活服务和有关的市政设施,包括进去”。

① 《建国以来重要文献选编》第17册,中央文献出版社1997年版,第295—296页。

三是极端重视城市的治污力度和城市公共卫生建设,要求"各个城市对于废水、废气、废渣的处理和合理利用,应当经过调查研究,订出具体规划,由国家计委同有关部门,有重点地分期分批地安排解决。新建的工业企业,在工厂设计和建设中,就要解决废水、废气、废渣的处理和利用问题"。四是主张强化城市建设的管理,规定"城市的公有住宅、中小学校舍和机关、事业单位的房屋,应当逐步由市人民委员会统一经营管理",特别是对于"城市私有房屋的管理,亟须改进"。五是高度重视城市建设的编制工作,要求在编制市政建设规划中,"必须总结过去的经验教训,防止和克服把城市国民搞得过大、占地过多、建设标准定得过高、不符合勤俭建国方针的偏向"①。第二次全国城市工作会议使城市建设在克服"大跃进"所造成的负面影响、恢复城市的功能等方面有了根本的起色。

这一阶段的"三线建设"对城市化进程及产业化结构有重大影响。1964 年 5 月开始,国家对国民经济进行重大的区域布局性调整,对东部("一线")和中部("二线")的一些项目实行"停"、"压"、"搬"、"分"、"帮",重点建设西部("三线"、"战略后方")。当时决定,"一切新的建设项目,不在第一线、特别是十五个一百万人口以上的大城市建设";第一线"特别是在十五个大城市的现有续建项目",除了在 1965 年、1966 年即可完工投产见效的以外,"其余一律要缩小规模,不再扩建,尽早收尾";"在第一线的现有老企业,特别是工业集中的城市的老企业,要把能搬的企业或一个车间、特别是有关军工和机械工业的,能一分为二的,分一部分到三线、二线;能迁移的,也应有计划地有步骤地迁移"②。在 1963—1965 年,东部地区的投资比重 37.44%,中部和西部地区的投资比重分别为 35.09%和 27.47%。;而在"三五"期间,在全国基本建设投资总额中,内地占 66.8%,其中"三线"地区占 52.7%③。"三线建设"不仅在一定程度上调整了国家的产业布局,而且也促进了城市人口区域性转移,对工业化和城市化的进程有明显的影响。

四、1956—1966 年城市变迁中的问题

1956—1966 年中国城市变迁在中国现当代城市发展史上有重要的影响,但

① 《建国以来重要文献选编》第 17 册,中央文献出版社 1997 年版,第 296—298 页。
② 《建国以来重要文献选编》第 19 册,中央文献出版社 1998 年版,第 134 页。
③ 严书翰等:《中国城市化进程》,中国水利水电出版社 2006 年版,第 105 页。

存在的问题需要进行理性的总结。从城市化进程来看,1956—1966 年的城市发展存在一些突出的问题,主要在这样几个方面:

一是产业结构使得中国的城市化处于初步的状态中。产业结构与城市化之间具有互动的关系:一方面,产业结构的优化推动城市化的进程;另一方面,城市化又带动产业结构的优化。所以,产业结构的状态就成为城市化程度的重要考察指标。1956—1966 年,中国的产业结构有很大的变化,这就必然影响到城市化的水平高低。关于产业结构的变化,参见下表:

1956—1966 年产业结构 (单位:%)

年份	国内生产总值构成		
	第一产业	第二产业	第三产业
1957	40. 3	29. 7	30. 1
1962	39. 4	31. 3	29. 3
1965	37. 9	35. 1	27. 0

资料来源:国家统计局《中国统计年鉴》(2002 年),中国统计出版社 2003 年版。

城市化是以产业结构的调整为主要依托的,城市化也首先是产业结构由第一产业为主逐步转变为以第二产业和第三产业为主的过程。因此,城市化水平与第一产业呈负相关关系,而与第二、第三产业呈正相关关系。而就我国 1956—1966 年间产业结构来看,第一产业比重是持续下降了,第二产业比重也是上升了,但第三产业比重却下降了。显然,中国的城市化进程与世界上的城市化进程有很大的不同,属于城市化的初步阶段,突出的问题是第三产业的比重不但没有上升反而却下降了。这一情形只是在 1982 年以后才有根本的改变。

二是城市建设的资金投入严重不足。资金严重不足始终是 20 世纪 50—60 年代中国城市发展的制约因素。1956 年到 1966 年,由于我国经济实力的限制,城市建设的经费所占的比重不可能达到很高的比例,大体上占国家总投资的 2%左右。但城市建设的投资比例在基本建设中所占的比例呈下降的趋势。"一五"期间,城市建设投资占全国基建总投资的 2. 6%,占工业基建投资的 5. 7%;而开展"大跃进"的 1958 年,却分别下降为 2. 19%和 3. 45%,1961 年执行国民经济调整方针时更下降到 0. 7%和 1. 27%。在提交给 1964 年 5 月 15 日—6 月 17 日召开的中央工作会议的《第三个五年计划(1966—1970)的初步设想(汇报提纲)》中,"城市建设及其他"项目为"40 亿元",只占整个 1000 亿元总投资的 4%;而这 1000 亿元中,城市建设 20 亿元,首都建设 5 亿元,城市废气、废水废料综合利用 5 亿元，物资总局和国家储备仓库 5 亿元，国家机关和外事部门建设 5 亿元①。这虽然是第三个五年计划的规划，但大体上也反映 1964 年到 1966 年的一般情形。城市建设的资金投入严重不足，制约着城市发展的规模和发展的水平，使得以农业为主的就业人口逐步转向非农业就业人口为主的转移和集中过程减缓，这显然是不利于城市化的进程。

三是城市分布及大中城市的比例存在严重的问题。我国城市的分布极不平衡，大部分城市不仅人口多，而且多集中在沿海地区。据 1962 年底的统计，全国有 14 个 100 万人口以上的城市，有 20 个 50 万—100 万人口的城市。由于我国经济区域分布的历史原因，同时也由于新中国成立以后的城市建设是与工业建设联系在一起的，这就使得全国的工业过于集中在大城市，而中小城市的工业所占的比例则较小。据 1964 年的一份文献估计，我国工业过于集中于大城市中的现象尤其突出，仅 14 个 100 万人口的大城市就集中了约 60%的主要民用机械工业，50%的化学工业和 52%的国防工业（包括：飞机制造工业的 72. 7%，舰艇制造工业达到 77. 8%，无线电工业的 59%，兵器制造工业的 44%）②。工业集中于大城市本无可厚非，但由于大城市以及一般的中等城市都集中在沿海地区，这不仅导致城市布局的不合理，也导致了经济布局的严重失衡，并将影响和制约着国家经济的整体布局。

四是国家在城市建设中始终受到“左”倾思想的干扰。城市建设的“大跃进”，受到“左”的思想指导，比较显见。即使是在国民经济调整时期，“左”的思想也非常突出，城市中的人民公社化运动、对城镇集市贸易的严格控制等就是重要的表征。此后，“左”倾思想在城市建设与管理中仍有相当大的影响，以至于 1965 年底国家将城市建设的权限下放到地方，使城市建设失去国家的统一规划和重点投资。1965 年 11 月 30 日，国务院转发国家计委、国家建委、财政部、物资部拟定的《关于改进基本建设计划管理的几项规定（草案）》中指出，地方农牧业、农业机械站和修理网、农垦、林业、水利、气象、水产、交通、商业、银行、高教、卫生、文化、广播、体育、科学、城市建设等部门的投资，继续划归地方统筹安排，中央各部门不再下达建设项目和投资指标③。这就使对城市的投资和管理完全由地方负责，从而在很大程度上削弱了国家对城市建设和管理的统一领导，也不

① 《建国以来重要文献选编》第 18 册，中央文献出版社 1998 年版，第 513—514 页。

② 《建国以来重要文献选编》第 19 册，中央文献出版社 1998 年版，第 131 页。

③ 转引自赵永革、王亚男：《百年城市变迁》，中国经济出版社 2000 年版，第 102 页。

利于国家对全国城市的宏观规划。由于地方建设投资重点都在农业、工业等方面,城市建设的投资处于无足轻重的位置,因而导致城市建设严重滞后的局面,这不仅对城市基础设施和公共事业的建设带来严重不良后果,而且也影响了工业的发展和城市人民生活质量的提高。

本文限于篇幅,仅就1956—1966年中国城市发展的轨迹作了初步的梳理。不难看出,这一时期城市建设经历了一些曲折,但加强对城市的管理,注重城市基础设施的建设,使城市建设适应当时社会生产力的水平并与整个国民经济建设相配合,仍然是主要的方面,初步奠定了我国城市发展的基础。只是1966年“文化大革命”的爆发,打断了国家探索城市建设规律的进程,城市发展也走上了非理性的歧路。于今而言,历史的教训值得认真总结。

(原载吴汉全著《中国当代社会史》第2卷,湖南人民出版社2011年版)

【昔文琐记】这篇《论1956—1966年中国城市的变迁》,写作于2007年下半年,并于2008年春天在徐州师大召开的江苏省文史研究会议上交流。

我在2006年暑假,应导师张静如先生之邀,参与研究多卷本《中国当代社会史》的写作,并接受了撰写该著第二卷的任务。2007年9月徐州师大第一届马克思主义发展史硕士生入校后,我就开始《中国当代社会史》第二卷的写作,这篇《论1956—1966年中国城市的变迁》为该书中的一节。我的研究生参加了《中国当代社会史》第二卷的资料搜集及部分初稿的写作。我在《中国当代社会史》(第二卷)的“后记”中这样说:“本书实际上是集体研究的成果。由于时间比较紧张,我的研究生王延强、李娜、马莎莎、魏修丽、周艳娜、陈国全、张伟、宿士颖等帮助查找资料,并起草了本书的一些章节,帮了很大的忙。我的这几位研究生分别研究专门史、马克思主义发展史、中共党史,学科背景不同,研究思路也有差异,但他们在写作本书初稿的一些章节中,确实下了很大的功夫。因此,本书能有这样的面目与读者见面,也是凝结了他们艰苦的劳动的。”①

我的导师张静如先生主编五卷本的《中国当代社会史》,湖南人民出版社2011年出版。各卷如下:《中国当代社会史》第一卷(1949—1956),师吉金著;《中国当代社会史》第二卷(1956—1966),吴汉全著;《中国当代社会史》第三卷(1966—1978),王树荫主编(王冠中、郑文涛、韩华著);《中国当代社会史》第四卷(1978—1992),张世飞著;《中国当代社会史》第五卷(1992—2008),赵朝峰

① 吴汉全:《中国当代社会史》第2卷,湖南人民出版社2011年版,第441页。

著。2015 年,湖南人民出版社又出了五卷本《中国当代社会史》的修订本。我的导师张静如先生很早就提出了“以社会史为基础深化中共党史研究”的主张,并倡导党史研究者尽可能做一点社会史研究的工作。先生身体力行,先后出版了《北洋军阀统治时期中国社会之变迁》、《国民政府统治时期中国社会之变迁》、《中国现代社会史》等著作。而这部五卷本《中国当代社会史》,则将社会史研究的下限推进到 21 世纪初,从而使近代以来的社会史形成延续不断的学术体系。

五卷本的《中国当代社会史》出版后,在学术界影响很大,并获得很好的学术声誉。该著于 2014 年获北京市人民政府一等奖,2015 年又获教育部高等学校科学研究(人文社会科学)优秀成果奖一等奖。

2021 年 1 月 31 日

第五辑

【史学理论与史学史研究】

历史事实:史学家建构过去的图景

研究历史学,自然不可避免地要遇到“历史事实”这一概念,然而要对“历史事实”作出清晰的解释并非易事。波兰历史哲学家耶日·托波尔斯基说:“我们经常遇到的历史事实这个概念是不太明确的。经常与这个概念打交道的人们承认对这个概念的解释存在着许多困难,但他们并不打算用其他任何概念来代替它。”①既然“历史事实”这一概念对于历史学家来说非常重要,而且也会经常遇到其中的“不太明确”的地方,在研究中又不想用其他概念来替代,因而就有必要对“历史事实”这一个概念进行进一步的研究。

一、中外学术界关于“历史事实”的看法

在研究“历史事实”之前,有必要回顾一下西方历史哲学界及中国学术界对“历史事实”的看法。

1. 西方客观主义历史认识论对“历史事实”的认识

客观主义历史认识论认为历史事实是客观的,存在于人们的认识之外,具体来说是存在于史料之中。历史学家的工作是简单而被动的,不需要发挥自己的主动性与积极性:“历史学家从第一手资料提取历史事实后,即可‘直接’把它搬到自己的史学著作中去,既不用改变它在历史链条上的位置,也不用涉及它在这个链条上的作用和意义”②。这就是说,历史事实具有客观性,不管历史学家在史料中“提取”不“提取”它就已经存在着的,它的性质并不因历史学家的工作而

---

① [波兰]耶日·托波尔斯基著,张家哲等译:《历史学方法论》,华夏出版社1990年版,第218页。

② [苏]巴尔格著,莫润先、陈桂荣译:《历史学的范畴和方法》,华夏出版社1989年版,第146—147页。

改变。菲士泰尔·德·库朗热曾这样写道:“不是我在说话,而是历史在借我说话”①。由于在实证主义哲学观的指导下,他们认为历史事实具有绝对的独立性,“不仅独立于其他一切事实之外,而且也独立于认知者之外,因此历史学家观点中的一切成分(像是它们被人称为的)就必须一概删除。历史学家一定不要对事实作任何判断,他只应该说事实是什么”②。

客观主义历史认识论所看到的“历史事实”,实际是指史料记载中的事实,并认为这就是过去的事实,这就忽视了客观发生过的历史与史料记载中的历史(严格来说,史料记载中的历史也带有观念中历史的一面)之间的界限。因此,其所认定的历史事实的客观性,实际上也是难以确证的。如果认为客观发生过的历史具有客观性,是不依历史学家的意志为转移的,这是可以理解的;但认为史料中所记载的事实,也是不依历史学家的意志为转移,具有绝对的客观性,就令人值得怀疑。因为,历史上发生过的事实与史料中记载的事实,尽管两者有联系,但毕竟不是一回事,因而是不能等同的。将两者等同,并认为这就“历史事实”,这典型是用前者的客观性来说明和替代后者的真实性内涵。况且,史料中记载的事实,是不是“历史事实”还值得探讨(详细理由见后面的论述)。

2. 西方主观主义历史认识论对“历史事实”的看法

美国相对主义历史哲学的主要代表人物卡尔·贝克尔(Carl Becker,1873—1945)把历史事实看作是纯粹的历史学家个人思想意识的产物,依不同的历史学家的感受而存在。在他看来,历史学家的兴趣所在就在于探索过去人们生活有关的事情,发现过去人们的各种各样的感情及其有过的种种思想,但由于历史的事件已经消逝了,历史学家不可能直接面对已经消逝的过去,而只能接触关于这一事件的记载;而有关过去的记载只是过去某一事件发生的证据,这与实际上已经发生的历史有很大的差距,因而对于历史学家来说“构成历史事实的正是这个关于事实的证明”,而不是历史活动的本身。所以,“历史事实就不是过去发生的事件,而是可以使人们想象地再现这一事件的一个象征”。既然历史事实只是过去事件的“象征”,其本身就只有取决于历史学家的思想,因而“历史事实在某些人的头脑中,不然就不存在于任何地方”③。

① [英]杰弗里·巴勒克拉夫著,杨豫译:《当代史学主要趋势》,上海译文出版社1987年版,第12页。

② [英]柯林武德著,何兆武等译:《历史的观念》,商务印书馆1997年版,第194—195页。

③ 张文杰编:《历史的话语——现代西方历史哲学译文集》,广西师范大学出版社2002年版,第287页。

意大利的历史哲学家克罗齐(Benedetto Croce,1866—1952)对历史事实的看法与贝克尔有些类似,认为历史事实存在于人们的心灵之中,除此之外就没有历史事实。克罗齐说:"既然一件事实只有当它被人想起时才是一件历史的事实,既然思想之外什么也不存在,问什么是历史的事实和什么是非历史的事实这个问题就毫无意义了。一件非历史的事实将是一件没有被思想的事实,因而是不存在的,而谁也没有遇见过一件不存在的事实。"①由此,克罗齐对那种将事实分为历史的事实和非历史的事实提出了严厉的批评,认为将事实进行这样的分类首先是造成研究工作的混乱,使所使用的概念的含义变得不明确,并带来诸多的新问题。例如,有时候历史事实指的是一般的事实,而非历史事实指的是个别的事实,于是就带来了一般与个别之间的关系问题;再如,有时候历史的事实指的是研究历史本身的事实,而非历史的事实指的是编年史的错误引证,于是又带来了历史与编年史之间的关系问题。更为重要的是,这种分类"使能被忽视的事实与不能被忽视的事实之间的区别也改变了性质和变得无用了",其结果将是"把它们自己的相异特征连同历史概念一齐取消掉"②。

主观主义历史认识论在"历史事实"的问题上的共同点:一是将历史事实界定在历史认识论的范围内,认为历史事实不能离开历史学家;二是完全否认历史事实的客观性,认为历史事实存在于历史学家的头脑中(心灵、思想中),从而把历史事实看成是随意可以构造的完全是主观的产物。前者是正确的,对历史认识论的发展有重大的贡献;而后者则显然是错误的,从根本上取消了研究历史的意义。

3. 中国学术界对"历史事实"的研究

在中国历史哲学界,对历史事实的认识和研究取得了很大进展③,然而对历史事实的争论并没有停止。大致说来,中国学术界对历史事实的争论形成两种对立的意见:

赵吉惠先生不同意将"历史事实"这个概念区分为"科学的历史事实"与"客观的历史事实"两个不同的概念,指出:"把'历史事实'区分为'科学的事实'或'史学的事实'与'客观实际的事实',就等于世界上存在两种事实,一个是客观

① [意]贝奈戴托·克罗齐著,傅任敢译:《历史学的理论和实际》,商务印书馆1982年版,第83页。

② [意]贝奈戴托·克罗齐著,傅任敢译:《历史学的理论和实际》,商务印书馆1982年版,第85—86页。

③ 代表性的文章有陈启能的《论历史事实》,《史学理论》1987年第4期。

的事实,一个是主观的事实,而且二者是对立的。这是不科学的。实际上只存在一种事实,我们所能接触到的,虽然包含科学重构的性质,但其真实内容都是客观历史事实的部分或片段,是客观实际历史事实的陈述或表现形态。我们所能看到的也只能是这样一重历史事实,所谓'科学的历史事实'或'史学的事实'不过是从'实际存在的客观历史事实'中整理、概括的结果罢了。"①赵吉惠是只承认有一重历史事实,即"历史文献记载的或者历史学家著作中陈述的事实"。

张耕华先生则坚持主张有两个历史事实,认为将"历史事实"概念区分为"科学的历史事实"与"客观的历史事实"是科学的,并且是符合实际研究的需要。张耕华指出:"其实,将'历史事实'区分为'客观的历史事实'和'科学的历史事实'(实际上就是'观念中的历史事实'),并不是出于任何人的主观划分,而是客观的存在。或者说,在历史认识论的研究中,我们需要使用'客观的历史事实'和'观念中的历史事实'两个概念范畴才能说明或描述历史认识活动中的'事物的概念与它的现实'的差别。"②张耕华不仅认为有两个历史事实的存在,而且强调这样的两个历史事实对研究历史认识论的意义。

概括而言,赵吉惠先生和张耕华先生争论的焦点在于是否存在两种"历史事实"的问题。这实际上关系到两个方面:一是"历史事实"的含义问题,即历史事实是指历史学家陈述的事实,还是指既是客观的历史实际又是历史学家的陈述;二是"历史事实"的应用范围问题,即历史事实是限制在认识论范围,还是既运用于本体论又运用于认识论。

中外历史哲学界关于历史事实的争论实际上是一个"历史事实"如何界定问题,涉及"历史事实"的含义与运用范围、"历史事实"与史料中事实的关系、"历史事实"与历史学家的关系等诸多方面。对此,需要通过研究进行正面的说明。

二、"历史事实"概念的限定与史料中的事实

要对"历史事实"这一概念进行认识,必须对"历史事实"的运用范围有所限定,同时要对史料中的事实与历史事实的关系有所理解。

---

① 赵吉惠:《当代历史认识论的反省和重建》,《历史研究》1993 年第 4 期。

② 张耕华:《关于历史认识论的几点思考》,《历史研究》1995 年第 4 期。

1.“历史事实”这一概念只能限制在历史认识论的范畴内才有意义

在历史哲学中,之所以对“历史事实”出现大的分歧,一个重要的原因是对“历史事实”这一概念没有明确的应用范围上的规定。在有关“历史事实”的解释中,大体上有三种情况。第一种情况,是从本体论的角度来解释,认为历史事实是“历史研究的客体”,是“实际上存在的东西”,独立于认识主体之外,因而是客观存在的;第二种情况,是从认识论和方法论的角度来解释,认为历史事实是历史学家“对事件的解释”,是对历史进行的“科学构筑”,因而是历史学家思想的产物;第三种情况,是把历史事实既看成是本体论的范畴,又把历史事实看成是认识论的范畴,因而认识论的“历史事实”是本体论的“历史事实”的反映①。

如果从本体论的角度来解释历史事实,显然与历史事实的变化性特征相违背。历史事实的一个重要的特征是具有变化性,随着社会实践的深化和人们认识的深入而发展。“实际上存在的东西”多得很,历史学家没有必要也没有可能去全部研究,而且历史学家也不能够去直接接触历史的实际,他所能做到的是根据史料来对历史实际进行判断,因而他对历史实际的研究始终是间接的。客观的历史实际是已经消逝的过去,作为一个历史的事件已经完成,只是以各种形式将其信息凝结在历史的记忆中和现实的社会生活中。这样的历史客观实际应该另有一个特殊的范畴来予以新的规定,而不宜用人们常用的“历史事实”概念来替代。

既从本体论角度又从认识论角度来界定历史事实,表面上看稳妥。其实,从历史学研究的实际来看,只能造成如克罗齐所的“混乱”,混淆了历史的实际与历史学家观念中历史的界限。那样的话,历史学家何以知道所讲的“历史事实”一会儿是指历史客观实际,一会儿是指历史学家观念中的事实,一会儿又是指历史客观实际和历史学家观念中的事实?学术研究的概念要有相对的应用范围,笼统地将“历史事实”夸大到历史研究中一切适用的程度,无助于历史哲学研究的深入。

将历史事实界定在历史认识论范围内,符合历史学研究的实际。“历史事实”指的是历史的“事实”,这种事实具有“历史性”;也就是说,这种“事实”具有特殊的限制性,而不是笼统地指一般的事实。具体说,历史事实是指历史学家观念中的“事实”。虽然最早是实证主义者将“历史事实”引入历史的本体,但历史

① [波兰]耶日·托波尔斯基著,张家哲等译:《历史学方法论》,华夏出版社 1990 年版,第 218—219 页。

学以后的发展恰恰是在历史学家的观念的意义上来使用“历史事实”这一概念。从19世纪末20世纪初以来,历史哲学从哲学的角度来反思历史,重点关注的是历史学家认识历史何以可能的问题,历史事实是在认识论范围中使用的。历史学家已经摆脱了过去那种直接认识历史的雄心,开始对历史认识论的问题进行细致的研究,这就扩大了历史认识的领域,使人们理解到认识历史并非那样简单,所认识的历史真理与自然科学的真理有很大的不同。既然人们已经更多是在认识论范围中使用“历史事实”这一概念,将“历史事实”限定在历史认识论领域也是符合历史学研究的历史的。当然,承认历史事实是在历史认识论范围内,并不是说“历史事实”与客观的历史实际之间没有联系,不是说“历史事实”可以完全独立于客观的历史,可以随历史学家的主观而任意构造,因而不会走向主观主义的泥潭。对此,托波尔斯基曾指出:“把历史事实仅仅看成是科学的构筑的研究方式,有时被批评为是主观主义的表现,或者说是历史学家‘创造’他自己历史实际的倾向。但这种批评只有在把历史事实看成只是一种科学的构筑并且同时又否认独立于认识主体之外的客观实际的存在时,它才是正确的,因为在这种情况下,我们实际上只是与研究者自己主观构造的过去打交道。”①

将“历史事实”概念限定在历史认识论范围内,也符合马克思主义历史哲学的传统。波兰的马克思主义历史哲学家托波尔斯基在研究“历史事实”时提出了“辩证的解释”的新思路,即“既承认作为历史研究客体的客观历史实际的存在,又承认历史学家的头脑的创造性认识功能对历史事实概念的解释”,他要求历史学家要“经常不断地把对其认识稳步改进的历史实际与研究者所构筑的历史事实进行对照”,并“依靠不断增加或不断变化的资料积累”来“修改着我们的构筑”,从而使历史事实“从证实得较不充分的或较不具体的假设变成证实得较为充分的假设”②。这显然是在历史认识论的范围内来界定“历史事实”的。中国马克思主义先驱、中国马克思主义历史哲学的开创者李大钊在其史学名著《史学要论》中有一段很重要的论述:“有实在的事实,有历史的事实,实在的事实,虽是一趟过去,不可复返的,但是吾人对于那个事实的解喻,是生动无已的,随时变迁的。这样子成了历史的事实。所谓历史的事实,便是解喻中的事实。

---

① [波兰]耶日·托波尔斯基著《历史学方法论》,张家哲等译,华夏出版社1990年版,第219页。

② [波兰]耶日·托波尔斯基著《历史学方法论》,张家哲等译,华夏出版社1990年版,第219—220页。

解喻是活的,是含有进步性的,所以历史的事实,亦是活的,含有进步性的。”①李大钊将客观的历史实际称为“实在的事实”,而将历史学家构筑的事实称为“历史的事实”,这是在历史认识领域使用“历史事实”这一概念的。

2.“历史事实”不同于史料记载中的事实

“历史事实”与史料中事实的关系,长期以来很少有人进行系统的研究和说明。“要从史料中发现历史事实”这句话,通常是从事历史研究和教学的教师对学生的要求。其实这样的陈述是不正确的。因此,必须对“历史事实”与史料中记载的事实进行仔细的分辨。

首先,史料只有保存历史信息的功能,而没有陈述历史事实的任务。历史的实际已经发生过去了,一去不复返了,有关历史实际的信息存在于史料之中。从这个意义上说,史料有保存历史信息的功能,因为史料记载了一些历史的信息。但史料所保存的历史信息,或者说史料所记载的事实,还不是历史事实。对此,我们从史料本身进行分析。虽然学术界对何者为史料还存在认识上的分歧,但一般都认为史料有以下四种类型:一是指文献史料,如档案与各种文字的记载;二是指实物史料,如遗物、遗址、遗迹等;三是指口碑史料,如口述所留下的史料;四是指非物质的史料,如语言、习俗、道德行为、宗教信仰等。这些史料在历史研究中起到了为历史研究提供历史信息的作用,但史料本身在严格意义上并不担负陈述历史事实的任务;隐藏在史料中的事实(记载中的事实)虽然有时也因记载者价值观的参与而有所判断,显现出历史事实的评价性特征,但还不是严格意义上的历史事实。譬如,文献史料本身只是将当时的历史实际有选择地记载下来,是否构成对某一历史的系统认知,当时的文献记载者(不一定是历史学家)并不加以考虑;又如,实物史料本身只是当时历史实际的遗留物,既然是遗留物就不可能完整地保留当时的实际,并没有系统陈述历史的要求。口碑史料和非物质的史料也是这样,它本身并不陈述历史,只是保存了历史的信息。所以,从史料的功能上讲,其所记载的事实,并不就是历史事实。

其次,史料所记载的事实,是一种不完全的事实,不能构成历史的事实。史料是记载了一些事实,但这样的一些事实处于一种什么样的状态呢?对于史料的记载者而言,什么事实该记下,什么事实不该记下,记载到什么程度,当然有自己的判断和理解,所以有自己的选择,故其对历史的记载是不完全的。史料的记载者认为不重要而忽略的方面,就有可能是对构成历史行程有重大意义的方面,

① 《史学要论》,《李大钊全集》第4卷,人民出版社2013年版,第522页。

故其对历史的记载(不是“陈述”)具有不完整性。历史的遗留物在历史研究中有很大的说服力,但只是遗留下历史的部分信息,其本身所内含的事实也是不完全的。语言、习俗、道德、宗教等是长期的社会运动中遗留下来的,但发生很大的变迁,不再是原来的语言、习俗、道德、宗教了,因此所反映的只是历史的一些残留信息。口述的史料由于口述者自身处于某一历史事件之中,可能会有意无意地夸大或缩小历史真实性的一面,况且口述者本身由于时代和知识的限制也不可能洞察所述历史的含义。如此看来,史料中的事实是一种不完全事实,不同于历史事实。

再次,史料中的事实是“死的事实”,而历史的事实是“活的事实”。史料中的事实与历史的事实,虽然都称为“事实”,但两者却是不同性质的事实,具有不同的内在规定性。史料中记载的事实是对历史实际的部分信息的记载,一旦记载下来就是固定不动的;而历史事实是历史学家对历史进行“解喻”而得的事实,随着社会实践的深入和历史学家认识的提高而处于时时的变动之中。李大钊就说:“实在的事实是一成不变的,而历史事实的知识则是随时变动的;纪录里的历史是印版的,解喻中的历史是生动的。……同一史实,一人的解释与他人的解释不同,一时代的解释与他时代的解释不同,甚至同一人也,对于同一史实的解释,昨日的见解与今日的见解不同。此无他,事实是死的,一成不变的,而解喻则是活的,与时俱化的。”①贝克尔也认为,史料记录中的事实是“死的事实”,只是“僵死地躺在记载中,不会给世界带来什么好的活坏的影响,而只有当人们,你或我,依靠真实事变的描写、印象或概念,使它们生动地再现于我们的头脑中时,它才变成历史事实,才产生影响”②。由记载中事实与历史事实的性质来看,两者是完全不同的两个概念,不能混为一谈。

最后,史料记载的事实是未被系统思想过的事实,是有待被解读的事实,能否被解读以及能够解读到何种程度并进而建构成历史的事实,需要更多的条件。成为历史的事实,其关键之一是被系统思想过的事实,由历史学家对史料中的记载事实进行解读而形成。在这种意义上说,史料中的事实只是历史事实形成的前提条件,而不是历史事实的本身。这里说的是史料,不是指那种经过比较系统研究写成的“材料”(经过较为系统研究而写成的是历史著述)。这样说,当然也

① 《史观》,《李大钊全集》第4卷,人民出版社2013年版,第321页。

② 张文杰编:《历史的话语——现代西方历史哲学译文集》,广西师范大学出版社2002年版,第288—289页。

只有相对的意义,因为史料也包含着记载者的思想。恩格斯有一段话:“历史思想家在每一科学领域中都有一定的材料,这些材料是从以前的各代人的思维中独立形成的,并且在这些世代相继的人们的头脑中经过了自己的独立的发展道路。”①恩格斯这里的“材料”并非笔者所指的史料。当然,史料中也部分地隐含记载者的思想,只是没有系统地评断与表达罢了。要说明的是,史料记载的事实,首先要被历史学家的意识所指向,继而要被历史学家所认识和解读,才能成为历史事实的构成要素。史料记载的事实本身并不清晰地说明什么,它的意义只有经过历史学家的解读才能显现出来。比如,记载的事实具有一定的文字语言形式,历史的遗留物具有一定的符号和标记,这些记载的事实只有在解读之后才有可能成为历史事实的构成要素,而在解读之前它并不明白地表达所含有的意义。史料中的事实首先是要得到解读,而在解读后也并不立即构成历史事实。只有在对史料中的事实进行解读之后,对史料中所提供的信息进行思想,有所选择,并找到历史信息之间的联系,通过历史思维来构筑过去历史的图景,如此才有可能建构历史事实。柯林武德虽然对把握全部的历史事实表示怀疑,但他正确指出了历史事实的确定是一个过程,他说:“为了确定一些历史事实,那么对这些事实(作为事实来说)所下的一切论断,就都属于历史研究的范围了”;历史事实是“可以逐步被确定”,因为“随着历史学家工作的深入,他们越来越了解事实,并且越来越有把握去驳斥一些歪曲事实的记载”②。这样看,史料中的事实与历史事实之间还是有相当大的距离的。

三、“历史事实”与历史学家的关系

历史事实与历史学家有什么关系,也是认识历史事实概念的过程中必须解决的问题。历史事实是历史学家对史料解读和对历史现实认识所形成的关于过去的知识,是对已经过去的历史实际所建立的图景,自然不能离开历史学家而独立。同时也要看到,历史学家的历史观、知识体系、历史思维等对历史事实的建构和完善有着特殊的关系。

---

① 《马克思恩格斯选集》第4卷,人民出版社1995年版,第727页。

② 张文杰编:《历史的话语——现代西方历史哲学译文集》,广西师范大学出版社2002年版,第184—185页。

1. 历史事实依历史学家的存在而存在

在历史认识论领域，历史学家视野中的历史事实，无疑与历史学家存在着依存的关系，离开了历史学家这一历史认识主体，历史事实就是不存在的。贝克尔有一句名言："历史事实在某些人的头脑中，不然就不存在于任何地方。"①这一名言经常被学者引用来进行批判，认为是主观主义历史认识论的表现。其实，贝克尔的这一名言在历史认识论领域并没有什么不对，正是揭示了历史事实这一概念与历史认识者——历史学家之间的关系。批评者不看贝克尔所指的"历史事实"限定在历史观念上的范围，将"历史事实"扩大到历史的实际的领域，然后再批评和指责贝克尔的这一主张。贝克尔在历史认识论上是相对主义者，但他在历史认识论的意义上认为作为观念的历史事实依历史认识者(历史学家)而存在，却是正确的。笔者无意为贝克尔辩护，只是想指明一个极为浅显观点：在历史观念上的历史事实以历史学家的生存为依据，不存在没有历史学家的历史事实。道理很简单，人的认识离不开人，人的认识固然是认识对象的反映，但离开的人的存在，认识就失去了依附。马克思指出，一方面"对象如何对他来说成为他的对象，这取决于对象的性质以及与之相适应的本质力量的性质；因为正是这种关系的规定性形成一种特殊的、现实的肯定方式"；但另一方面，"从主体方面来看：只有音乐才激起人的音乐感；对于没有音乐感的耳朵来说，最美的音乐毫无意义，不是对象，因为我的对象只能是我的一种本质力量的确证，就是说，它只能像我的本质力量作为一种主体能力自为地存在着那样才对我而存在，因为任何一个对象对我的意义(它只是对那个与它相适应的感觉来说才有意义)恰好都以我的感觉所及的程度为限"②。我们可以这样来看，史料中的事实，对于没有史学意识和没有受过史学训练的人来说，是没有意义的；历史学家对史料中的事实的认识及在其头脑中对历史事实的建构，是以他的认识能力所达到的程度为限度的；而对于没有进入历史学家认识视野的史料中的事实及其他历史学家所建构的历史事实，在实际上对他来说是不存在的。这种情形正是，"如果我们不能对事物加以研究，那么它们对我们来说就是不存在的了"③。如此看来，作为观念的历史事实，只有因为历史学家的存在才能得到确证；离开历史学家，历史事实不但不存在，也没有任何意义。

---

① 张文杰编：《历史的话语——现代西方历史哲学译文集》，广西师范大学出版社 2002 年版，第 287 页。

② 马克思：《1844 年经济学哲学手稿》，人民出版社 2000 年版，第 86—87 页。

③ 《马克思恩格斯全集》第 43 卷，人民出版社 1979 年版，第 561 页。

2. 历史事实是否科学取决于历史学家的历史观

历史学家研究历史固然是在一定的哲学观指导下进行的,而就历史研究的实践而言产生具体的影响则是历史观。任何历史学家在建构历史事实时都有历史观作指导,只不过各有不同的历史观罢了。历史观是关于人类社会的起源、本质和历史发展过程的根本观点与理论体系,规定着历史学家对历史的总体看法及对历史事实的建构,成为影响历史学家建构历史事实的最为关键性因素。就历史学家的著述而言,是否能建构历史事实来描述历史的过程,是否能进一步探索历史的规律,都关系到历史学家的历史观的正确与否。在唯物主义的历史观之前,"一切历史观不是完全忽视了历史的这一现实基础,就是把它仅仅看成与历史过程没有任何联系的附带因素。因此,历史总是遵照在它之外的某种尺度来编写的;现实的生活生产被看成是某种非历史的东西,而历史的东西则被看成是某种脱离日常生活的东西,某种处于世界之外和超乎世界之上的东西";而唯物主义的历史观则不同,"它不是在每个时代中寻找某种范畴,而是始终站在现实历史的基础上,不是从观念出发来解释实践,而是从物质实践出发来解释观念的形成","这样当然也能够完整地描述事物(因而也能够描述事物的这些不同方面之间的相互作用)"①。可见,不同的历史观对历史学家认识历史的巨大影响。当然,强调历史观对历史事实建构的决定性指导意义,并不是说可以用历史观代替历史的研究,也不是说可以用历史观来剪裁各种史实,而是作为研究工作的指南;有意思的是,历史学家在用一定的历史观指导来分析材料和建构历史事实时,会证明和充实自己的历史观,甚至还会改变自己的历史观。中国马克思主义史学家李大钊将历史观与"历史事实"之间的关系叙述得十分清晰,认为"历史事实"形成于历史学家的思想中,是不断变动的;其是否科学以及能达致何种科学程度,取决于历史学家的历史观,历史观的进步则将推动"历史事实"新的建构和历史学家对历史的新认识。因此,历史学家要不断根据新的历史观来"重作"历史。他说:"历史的事实,历史的人物,则犹永永生动于吾人的脑际,而与史观以俱化"②;又说:"没有一个历史事实,能有他的完满的历史;即没有一个历史事实,不要不断的改作。这不是因为缺乏充分的材料与特殊的天才,乃是因为历史的事实本身,便是一个新史产生者。一时代有一时代比较进步的历史观,一时代有一时代比较进步的知识;史观与知识不断的进步,人们对于历史事实的

① 《马克思恩格斯选集》第1卷,人民出版社1995年版,第92—93页。

② 《史观》,《李大钊全集》第4卷,人民出版社2013年版,第322页。

解喻自然要不断的变动。"①这就是说,历史事实的建构取决于历史学家的历史观,历史事实的发展也离不开历史学家历史观的更新。

3. 历史事实的内涵随着历史学家知识的丰富而丰富

关于这个问题可以从这样几点来理解:(1)历史事实建立在历史学家所拥有的知识及其知识结构的基础上。就历史学家从事研究的特点来看,历史学家要接受严格的专业的训练,形成广博的知识储备和良好的知识结构,才能从事历史的研究并取得成就。因而,随着历史学家知识的不断丰富,他所建构的历史事实就会更加充实和饱满。就历史事实性质来看,历史事实既然是一种关于过去的知识,是历史学家在一定的历史条件下所建立的知识体系,自然是随着知识的进步而进步,随着历史学家知识的丰富而丰富,因而永远处于不断的建构与发展之中。(2)任何时代的历史学家的知识都具有不完全性,需要不断补充知识而加深对历史事实的认识。由于历史事实都有着时代的知识、个人的知识的限制,所以历史事实也具有历史性的特征。恩格斯对黑格尔的评价中,颇能说明知识与历史事实之间的关系。恩格斯承认:"黑格尔第一次——这是他的伟大功绩——把整个自然的、历史的和精神的世界描写为一个过程,即把它描写为处在不断的运动、变化、转变和发展中,并企图揭示这种运动和发展的内在联系。"但恩格斯同时又指出:"虽然黑格尔和圣西门一样是当时最博学的人物,但是他毕竟受到了限制,首先是他自己的必然有限的知识的限制,其次是他那个时代的在广度和深度方面都同样有限的知识和见解的限制。"②马克思和恩格斯本人也正是不断补充自然科学所提供的新知识,建构了新的历史事实,从而在历史学上取得丰富的研究成果,发现了历史发展的规律。(3)知识的发展也日益改变了历史学家对历史的判断,丰富了历史事实的内涵。人类知识的丰富和发展,在历史的认识过程起过革命性的作用。譬如,人们对中世纪的认识原来一直在神学的笼罩之下,但是由于进化论的出现带给人类广泛的自然知识以及自然科学的发展所提供的知识体系,中世纪的历史就脱去神秘的外衣。当今人类所拥有的知识在不断地增加,特别是科学的发展给人们提供了新的知识,引起历史学家对以往所形成的历史事实产生新的思考,从而丰富对历史事实的认识。譬如,系统论、信息论、控制论所提供的现代科学新理论和新的知识体系,给历史学家带来了建构历史事实的新的话语系统,增强了历史学家建立新的历史事实的感知力

① 《史学要论》,《李大钊全集》第4卷,人民出版社2013年版,第523页。

② 《马克思恩格斯选集》第3卷,人民出版社1995年版,第736—737页。

和判断力。又如,现代化理论运用到历史学领域,使历史学家对现代社会的起源与发展建立起新的图景。正是知识对建构历史事实的重大意义,李大钊提出历史研究中要"知新温故","就是说拿我们日新月异所进步的知识,去重作历史。'故'的是事实,'新'的是知识。人们对实在的事实的认识,终不能完全,所以要不断的温;人们对于事实的认识,是一天一天的进步,所以以此去不断的温故的事实,亦必不断的有些新见解涌现出来。"①用人类不断进步的知识及所形成的知识体系来不断建构历史事实,从而加深对历史进程的理解和对历史规律的探索。

4. *历史事实的建构与历史学家的历史思维有着密切的联系*

历史思维确实是必要的,因为历史事实本身是历史学家历史思维的结果。关于历史事实与历史思维之间的关系,应该交代这样几个方面:(1)历史思维与历史的现实相联系,因而所建构的历史事实具有客观性。历史学家虽然是根据史料中的事实进行判断来构建历史事实,但不仅仅如此,而且是在事实上又与历史的现实相联系来建构历史事实。任何历史学家的思想(包括建构的历史事实),都与社会的现实有着不可分割的联系。因为"思想进程的进一步发展不过是历史过程在抽象的、理论上前后一贯的形式上的反映;这种反映是经过修正的,然而是按照现实的历史过程本身的规律修正的"②。这说明历史思维是与现实社会(作为客观历史实际的延续)密切联系的,同时也说明所建构的历史事实具有一定的客观性,而不只是主观的产物。历史事实与客观的历史实际的联系,正是我们强调历史思维重要性的依据。(2)历史思维具有历史性,因而对历史事实的建构也具有历史性。不能将历史思维的作用绝对化,而应该认识到,"每一个时代的理论思维,从而我们时代的理论思维,都是一种历史的产物,它在不同的时代具有完全不同的形式,同时具有完全不同的内容。"③既然历史思维是一定的历史条件下的历史思维,而且历史思维在不同的历史条件下又有不同的形式,因此决不能认为只要有历史思维的作用,所建构的历史事实就是不可变化的。换言之,历史事实也是一定历史条件下的历史事实,具有历史性,不可能为历史上的一切事件提供固定不变的解释。(3)历史思维与客观的历史实际存在一定的差距,其所建构的历史事实不能等同客观的历史实际。历史事实不能等

---

① 《史学要论》,《李大钊全集》第4卷,人民出版社2013年版,第524—525页。

② 《马克思恩格斯选集》第2卷,人民出版社1995年版,第43页。

③ 《马克思恩格斯选集》第4卷,人民出版社1995年版,第284页。

同于历史的实际,但确实与历史的实际有着密切的关系,这种关系犹如“事物的概念和它的现实”之间的关系。恩格斯指出:“一个事物的概念和它的现实,就像两条渐近线一样,一齐向前延伸,彼此不断接近,但是永远不会相交。两者的这种差别正好是这样一种差别,由于这种差别,概念并不无条件地直接就是现实,而现实也不直接就是它自己的概念。由于概念有概念的基本特性,就是说,它不是直接地、明显地符合于它只有从那里才能抽象出来的现实,因此,毕竟不能把它和虚构相提并论”①。这就说明,历史思维造就事物的概念,但事物的概念并不就是事物的本身;历史事实与客观的历史实际是两个不同的概念,而历史事实也不是主观虚构。(4)历史思维由于其历史性,因而必须不断发展才不断完善历史事实。历史思维作为人的思维的一种特殊形式,会遇到人的思维所共有的矛盾:“一方面,人的思维的性质必然被看作是绝对的,另一方面,人的思维又是在完全有限地思维着的个人中实现的。这个矛盾只有在无限的前进过程中,在至少对于我们来说实际上是无止境的人类世代更迭中才得到解决。”②由于历史思维需要随着社会历史的发展而发展,需要克服历史思维自身历史性所带来的限制,这就要求历史学家在建构历史事实时不仅要运用历史思维,而且要不断发展历史思维。如此,历史事实才能不断地发展。正确认识历史事实与历史学家历史思维的关系,有助于理解历史事实的特征(关于历史思维的特征只能容他文来详细研究)。

研究历史事实与历史学家的关系,并不是否认新史料发现对历史事实建构的意义。相反,“新的事实迫使人们对以往的全部历史作一番新的研究”③,自然会使新的历史事实的出现和对已有历史事实的修改。从以上的分析来看,历史学家与“历史事实”的关系是一种特殊的依存关系,其结论必然是:“历史事实”是历史学家站在历史的现实中关于人类过去历史的陈述,是史学家建立的关于过去的图景,同时也是一个关于过去历史实际的知识体系。

(原载《史学月刊》2005 年第 2 期,人大复印资料《历史学》2005 年第 7 期)

【昔文琐记】这篇《历史事实:史学家建构过去的图景》,写作于 2004 年暑假。记得是 2004 年暑假,徐州的天气很热,家属、小孩到盐城老家了。我一人独自在徐州,阅读史学理论方面的著作。那时年轻,精力充沛,说写就写。大概三

① 《马克思恩格斯选集》第 4 卷,人民出版社 1995 年版,第 744—745 页。
② 《马克思恩格斯选集》第 3 卷,人民出版社 1995 年版,第 427 页。
③ 《马克思恩格斯选集》第 3 卷,人民出版社 1995 年版,第 365 页。

四天的工夫,形成了初稿。

说实在的,我的史学理论基础并不好。大学阶段,比较重视两门通史的学习,认为这是以后出去工作的基础,而对于理论的学习就不够重视了。尽管也学习了《史学概论》课程,又学习了“经典著作选读”,但并没有看多少史学理论的论文。故而,掌握的史学理论知识是很有限的。在盐城教育学院工作期间(1987—1997),我给历史专业专升本教师讲过几遍《史学概论》,参阅了庞卓恒、姜义华等名家的史学理论著作,同时也看了一些史学理论的论文,算是积累了一点史学理论的基础知识,同时也引发了我对史学理论研究的兴趣。不过,史学理论基础的真正提高,是到徐州师范大学以后,特别是在北师大读博期间。

这篇《历史事实:史学家建构过去的图景》文章,有这样几个特色:一是对研究“历史事实”的历史状况比较熟悉,能够从学术史的见地来看待“历史事实”这个问题,文章中征引了西方学术界对“历史事实”的观点。二是对马克思主义的历史理论有较好的理解,因而文章中的不少观点来源于对马克思主义经典著作的解读。三是文章虽然很长,但大概也没有多少废话,文字还算比较精炼,较好地表达了自己的学术见解。总体来看,这篇《历史事实:史学家对过去构建的图景》文章,还是下了很大功夫的,算是一篇比较好的史学理论论文,代表了我当时的史学理论水平,并成为我后来研究党史学理论的基础。

我家属王中平从盐城回来后,看到这篇文章,连声说“好”,认为此篇肯定能发一个好的刊物。我家属常常是我文章的第一个读者,尽管不经常写文章,但能够辨别文章质量的高低。我撰写文章时的许多想法,也常与她交流,得到启示不少。在她的鼓励下,我把文章投到《史学月刊》。不到一个星期,主编李振宏先生打来电话,问文章有没有投到其他刊物,说《史学月刊》要用这篇文章。李先生是史学理论研究的名家,很早就在《历史研究》上发表史学理论方面的文章。他的认可,对我研究史学理论是一个有力的鼓励。

此后,我又发表了《论霍布斯鲍姆的史学思想》(载《史学史研究》2006年第3期)。也正是因为有点史学理论的基础,我以后将史学理论运用到党史学理论研究中,发表了《试论中共历史学的学科体系》、《以社会史为基础深化中共党史研究的再思考》等文章,并出版了专著《党史解释要论》(人民出版社2021年版)。

2021年1月31日

历史解释:史学家的生存方式与价值显现

历史学的发展与史学家的历史解释结下不解之缘,史学家正是通过对历史的解释而使历史学这门学科不断前进。研究历史的目标"不仅仅为发现历史,还要为解释历史,并且为此提供与现实的联系"①。"一个历史学家如果只能确定发生了什么事件,却不能说明那些事件何以会如此这般地发生,那就绝没有完成他的任务"②。虽然,在历史学的发展中也有西方的兰克学派和中国的乾嘉学派否定历史解释的意义,把历史学引向史料排比的门路,但未能动摇历史学中历史解释的传统。可以说,当今史学中的历史解释不仅延续历史解释的传统,而且强化了史学家在历史解释中的地位,力图进一步凸显历史解释的功能与意义,促进史学的新陈代谢。历史学界和历史哲学界对"历史解释"问题虽有一些专门研究③,但历史研究中所进行的历史解释却基本上处于自发的状态,这就很难有意识地发挥和提升历史解释的有效性。因而有必要对历史解释作一番探讨,以提高史学研究中对历史解释的自觉性,并进而理解历史解释与历史学家生存关系。

---

① [英]霍布斯鲍姆著,马俊亚等译:《史学家——历史神话的终结者》,上海人民出版社 2002 年版,第 247 页。

② [英]沃尔什:《历史中的"涵义"》,张文杰编:《历史的话语——现代西方历史哲学译文集》,广西师范大学出版社 2002 年版,第 249 页。着重号为引者所加。这里的"说明"二字,其涵义等同"解释"。

③ 沃尔什在《历史哲学——导论》一书中,其第三章就是专门研究"历史的解释",见该书的 43—70 页,广西师范大学出版社 2001 年版;马丁(Rex Martin)对历史解释问题也进行了专题性探讨,见 Rex Martin,*Historical Explanation: Re-enactment and Practical Inference*,Cornell University Press,1977.中国学者对历史解释的研究尚处于起步阶段,但已经有一些重要研究成果,如周建漳所著的《历史及其理解和解释》(社会科学文献出版社 2005 年版)就是一部很有价值的研究成果。

一、历史解释的缘起

历史解释的兴起,自然本源于人类自身的觉悟和对自身活动过程的反省,在这种意义上说我们每个人(不只是历史学家)都有历史解释。比如,人们对祖先功业的追忆,对家族演变回顾,对自身活动的总结,对社会现实的历史溯源,都离不开历史意识的作用,历史的意义理解与判断贯串其中,自然少不了历史解释。而史学研究中的历史解释正是以人类的共同认知为基础并以史学的专门化为前提,凸显史学家在历史与现实的联系中解释历史的职业性地位,并力求将其历史解释取得社会的认同而具有社会的公信力,由此,历史解释不仅成为史学家理解现实与历史关系的技术,而且也成为史学家自身存在的方式。就此而言,历史学家的历史解释又不同于一般人对历史的解释,而成为建设历史学的重要手段。下面试从史学研究的角度,以史学家的主体性为意义关联,分析历史解释得以发生的相关因素。

1. 史学家责任的外化。可以说,大多数历史学家都将自己对现实社会发展的责任融化在史学研究中,以社会的代言人来立言并以此来参与现实的社会生活,凭着自己的良知和对现实社会的关注来解释历史运动。所以,英国历史学家阿特金森就认为:“历史学家试图解决的问题是由他当前的关切引起的。新的问题因而不断地出现,有关任一时期的史学研究都不可能结束”①。史学的功能在于资政、教化、传承文化,而史学家正是通过史学的功能来实现自己的社会责任。一般来说,史学家的社会责任,一是来源于现实社会的触动,包括自身的经历和现实的社会环境,认为有责任通过历史的连续性来解释现实的历史发展,而使自己对社会历史进程施加影响;二是来源于对历史的理解和感悟,是历史学家与过去的对话中生发出的对历史的人文关怀,认为有必要以其专业的独特优势而以历史上的长者身份来传承历史的信息,担负起记载人类的过去的使命;三是来源于对未来的展望和企求,特别是当现实的历史运动面临巨大的选择空间时,历史学家往往集中社会的认知趋向而判断现实的未来走向(通常表现为对历史规律的探讨),而加重自己对未来历史进行预知和判断的使命。简

① 张文杰编:《历史的话语——现代西方历史哲学译文集》,广西师范大学出版社2002年版,第268页。

言之,历史学家因其职业性的特点是以现实为起点,以未来为期待,而以历史为凭借,在历史—现实—未来三者之间的关联中来赋予自己的社会责任和历史使命,因而如雅斯贝斯所说,史学家"把历史当作一个整体来探究的使命,实在是一种严肃的责任感"①;而这种历史学家的责任只有通过史学实践才能现实化,其具体途径就是历史解释的手段,他如历史理解、文本解读、意义联系和历史叙述等史学实践环节也是以历史解释为表征的。譬如,史学家研究一个历史人物是通过历史思维、运用历史研究的概念来"再现"历史人物的,是以历史解释为基本手段,因而即使是"在传统历史著作中发挥中心作用的个人也是一种'抽象',就像一个群体概念一样,同样是思维的产物"②,寓历史学家的解释活动于其中,并带有历史学家对现实社会的感知和理解。所以,离开历史解释,史学家将一事无成,社会的责任自然就难以表达和实现。换言之,历史解释是历史学家实现其社会责任的手段,其作用之一是使史学家的责任得以外化和表现。

2. 社会现实的动因。历史学家对历史的解释行为固然有历史学家对历史偏好的成分,但不能单纯理解为历史学家对历史的偏好,也不能理解为历史学家一己的行为,而应该从现实的历史运动过程来解读和认知。换言之,是现实社会的发展要求历史学家对历史进行解释,也就是说历史解释是一种具有现实社会要求的社会行为。如果没有现实社会的动因,没有现实的相关要求,历史学家也就不能作出符合现实社会需要的解释。对于历史学家来说,是"为了想要了解现在,而把解释过去当作手段",所以要"解释过去并不是因为对过去本身有兴趣,而是因为过去是了解现在的源头活水"③。关于现实与历史的关系,李凯尔特也有这样的说明:"对于研究文化事件的历史科学来说,现实分为本质成分和非本质成分,也就是分为历史上有意义的个别性和纯粹的异质性(Anderssein)。……按照这条原则,我们形成历史概念,就是在保持现实的个别性和特殊性的条件下改造现实的异质连续性。"④我们虽然不能完全赞同李凯

① 张文杰编:《历史的话语——现代西方历史哲学译文集》,广西师范大学出版社 2002 年版,第 51 页。

② [英]杰弗里·巴勒克拉夫著,杨豫译:《当代史学主要趋势》,上海译文出版社 1987 年版,第 83 页。

③ [英]肯德里克等编,王辛慧等译:《解释过去 了解现在——历史社会学》,上海人民出版社 1992 年版,第 5 页。

④ [德]李凯尔特著,涂纪亮译:《文化科学和自然科学》,商务印书馆 1986 年版,第 72 页。

尔特这样的解释,但他注意到现实对“历史概念”形成的关系以及对历史解释的影响,还是应该充分肯定的。我们当然也不能完全赞同克罗齐的“一切历史都是当代史”的论断,但英国马克思主义史学家霍布斯鲍姆的“真正的历史都是相对的当代史”①的思想还是值得我们体会的。在我们看来,现实是历史的发展,现实的社会问题与社会需要为历史学家解释历史提供了动力和可能,也为历史学家的历史解释提供了新的视角。道理很简单,历史学家是现实社会中的历史学家,不能脱离现实社会而生存,是现实问题引发历史学家对历史进行重新理解和解释,由此历史解释本身始终有现实要求蕴含其中,历史学家也始终是“从现实的高度”来解释历史。这就使历史解释具有现实性的特点。举一例子,中国封建社会对孔子的历史解释就有一独特的景象:当社会处于变革时期,孔子是负面的形象而遭到抨击;而当社会是在稳定时或需要稳定时,孔子却是正面的形象而受到颂扬和抬举。这不是发现了研究孔子的新材料使史学家改变了对孔子的解释,而是现实社会的不同需要要求历史学家对历史重新解释。近代康有为为了变革虽没有否定孔子,但将孔子重新解释了一番而变成“托古改制”的圣人,这乃是时代的需要在史学解释中的反映。又如,现今的历史学家从现代化的角度来解释现代社会,改变了启蒙运动以来用理性解释历史的研究路数,与现实社会对于现代化的追求是密切相连的。正是现实的动因使历史学家加入了历史解释的行列,在不断地重新发现着历史。因而同一历史事件、同一历史人物,不同的历史时代就有不同的解释;即使是同一历史事件、同一历史人物,同一史家的前后解释亦有不同。此无他,历史是死的,史学家的解释是时时变动的,随时代的进步而变迁,随现实社会矛盾的变换而改变。

3. *史学人文价值需要*。历史学家的历史解释还与历史学这一学科的人文价值追求有着密切的关系,也正是史学的人文性使历史学家的不断解释成为必要和可能。史学尽管与哲学作为严格意义的人文科学有所不同,但史学所研究的历史是“历史上的社会”,而“历史上的社会”仍然是由历史活动着的人们构成的,有着人类精神的延续和文化的传统,在这方面与哲学一样具有人文价值。卡尔·贝克尔指出:“对个人来说,知识或历史的最主要的价值无疑是他能在个人经历以外的更广阔的领域内认清自己,同时可以从较长远的观点来看这渺小、褊狭的现在,从而使他能够在不那么直接的和受局限的经历中,来判断包括他个人

---

① [英]霍布斯鲍姆著,马俊亚等译:《史学家——历史神话的终结者》,上海人民出版社 2002 年版,第 317 页。

在内的人们的思想和行为。”①可见，所谓史学的人文价值不只是表示人类对自身历史活动的人文关怀和寻求精神家园的渴求，在其现实性中乃是表达人类对未来的希望，亦即关怀人类自身的发展与完善，包括人类的精神修养、道德提升和自身活动环境的改善。在这种意义上，史学与其说是关怀未来社会不如说始终关怀未来的人生。这可能是史学人文价值的终极关怀之所在。自然，史学的人文价值是通过史学家的历史解释而显现的，而其人文价值的发挥并对当代社会产生影响又需要史学家依据时代精神对历史的意义加以建构，通过历史与现实的联系性来挖掘史学的人文价值资源并吸取历史的智慧，这都离不开历史解释。经过历史学家的历史解释所形成的历史学，才能成为人类的知识体系，才能不断彰显其人文关怀和精神传统（自然，精神传统和人文精神也在历史家的不断解释中而日益地不断重建）。简言之，历史的人文性是人类历史活动创造而成的，但也只是为历史学的人文价值的形成提供了客观条件，在未得到史学家的历史解释之前只能是一种潜在的人文价值；只有当历史学家介入历史学实践中，并进行历史解释这一主观努力时，才能使历史的人文性成为现实的人文价值。这样看来，历史解释又是历史学张扬其人文价值的需要，历史学家也在历史解释中树立其知识创造者和文化精神传承者的地位。

4. 史料可解释性空间。历史解释得以可能还与史料的可解释性是不可分开的。历史学家的工作自然是与史料打交道的，所以有称史学家的工作是与史料的对话；笔者虽不赞同这样的说法，但史料对史学家工作的重要性还是要肯定的。就史学实践而言，如果只是现实的动因、史学建设其人文价值的需要，史学家也有历史解释的责任与能力，但如果史料没有可解释的空间，那么历史解释活动也是难以进行的。这里就有必要对史料进行新的认识。笔者不同意客观主义历史学家那种对史料的看法，而认为史料不只是容许史家的提取，也容许史家通过历史解释而赋予其意义，也就是说史料本身有相当的解释空间。其一，史料的信息是片段的，只有通过历史解释才能获得意义的联系。史料是历史的遗留物，确实保留了历史的信息，但这种历史信息是不完全的，并不能如实地展示历史的原貌，而需要史学家的历史解释来寻找各种不完全信息之间的联系，通过历史思维而建立各种历史信息的意义关联。未进行历史解释的史料只是孤立的历史史

① 张文杰编：《历史的话语——现代西方历史哲学译文集》，广西师范大学出版社2002年版，第297页。

料,其本身并不能说明什么。有人说史料是历史的证据,其实史料本身并不具有历史证据的功能,只是经过史学家的解读、理解、解释并赋予其意义后才可充当历史的证据,这里说的史料意义与作用始终是与历史解释相联系的,故而离开了历史解释,史料没有任何意义与价值。其二,史料的含义是隐性的,只有通过历史解释才能显现出来。史料的含义是内在的而不是不言自明的,如果史料是不言自明的含义,也就不需要受到专业训练的历史学家的工作了。史料含义的隐性特征既有时代差异和地域差异所导致,也有文本记述的技术性与历史背景的问题,需要专门的历史学家来挖掘其含义与解释其意义。这说明,史料含义的隐性特征需要历史解释的作用,亦即只有历史解释才能显示史料本身的价值。其三,史料只有进行历史解释才能由史料含义到历史意义的转变。史料因保留历史信息总是有一定的含义的,但其含义只是一种本然的状态,而且也不表达历史的联系,在未经历史解释之前并未显示其意义与价值,因而还不是历史意义;只有当历史学家介入其中,通过现实与历史的连续性而进行历史解释时才会转变为历史意义,成为有意义的史学资源而为当代人所重视和利用。总而言之,只有历史解释才能使史料具有史学意义。

由历史解释发生的情形来看,历史解释是史学家、社会现实、史料、历史学实际等多种因素作用下进行的,而不是历史学家单一的作用;但又毫无疑问的是,历史学家的史学实践活动是使各种相关因素结成意义的关联,从而使历史解释活动得以进行。虽然,历史学家有时也做些与历史叙述相关的工作,但根本的任务却仍然是进行历史的解释工作。对此,德国学者卡西勒在《符号、神话与文化》一书曾这样明白指出:“历史学家绝不只是一个叙述者,告诉我们有关过去的故事,他是人类过去生活的发现者和解释者。只想叙述一定时期所发生的事的人是一个编年史作者,而不是历史学家。历史学家的目的是相当不同的。他不仅叙述,而且重建过去,在过去中激发起一种新生命。”①由此而言,史学家在历史解释中始终居于主体的地位,历史学家正是通过历史解释活动来显现自身的意义和存在。从这种意义上说,历史解释又不只是历史学家研究历史的手段和解读历史的技术,而是历史学家在现实社会中的生存方式和自身价值的体现。

① 何兆武主编:《历史理论与史学理论:近现代西方史学著作选》,商务印书馆1999年版,第600页。

二、历史解释的过程

历史解释的过程是史学家在一定的历史观指导下运用历史思维进行历史研究的重要环节,是史学研究主体与史学研究客体的相互作用的复杂过程。历史解释的种类也很多,迦丁纳尔承认,"对历史可能至少有两种解释:合理性的(或目的性的)解释以及规律的解释"①。按照波兰马克思主义历史学家耶日·托波尔斯基的概括,历史解释的类型大致有描述性解释、发生性解释、结构性解释、定义性解释、因果性解释等五种②。历史解释过程显现出史学家的主观能动性和对历史的认识能力,历史学家的工作也主要通过历史解释这一过程来得以完成。虽然历史解释的过程本身是一个统一而复杂的整体,但从研究方便的角度可以细化为这样几个具体过程:

1. 文本主体化过程。历史学家不能直接面对客观的历史实际,他所能接触的是前人留下的文本。狭义的文本是关于历史的记载而形成的文字性材料,而广义的文本则还包括大量的包含历史信息的历史遗留物。对于文本这一历史研究的可接触物,历史学家首先要将其纳入自己的认识视野,然后才可能有历史的解释。所谓将文本纳入视野,用现代解释学的语言来说,是历史学家作为解释的面目出现而与对象之间的视域融合,从而产生效果的历史。将文本纳入历史学家的研究视野,实际上是对文本进行初步的解读,以历史学家的"前理解"的知识储备为基础,而赋予文本以新的意义,亦即使文本客体的主观化,留下历史学家思想的痕迹。恩格斯非常强调历史资料的价值,但他主张史学家要使用"大量的、批判地审查过的、充分地掌握了的历史资料"③,就是要求在正式使用史料前有一个对史料的"批判地审查"和"充分地掌握"的过程。这就是说,对于文本等历史资料,历史学家不是一接触就直接使用的,而是有一个使其主体化的程序,当然也就有一个赋予意义理解的过程。在这一过程中,"对于历史学家的要求是以一种不同于原作者本身所需要的方式解释传统,即研究本文背后的实在

① 张文杰编:《历史的话语——现代西方历史哲学译文集》,广西师范大学出版社 2002 年版,第 275 页。

② [波兰]耶日·托波尔斯基著,张家哲等译:《历史学方法论》,华夏出版社 1990 年版,第 525 页。

③ 《马克思恩格斯选集》第 2 卷,人民出版社 1995 年版,第 39 页。

及本文那种原作者未曾想的未有意义地揭示的意义";换言之,"对于历史学家,则是在他的历史自我知识整体内决定事件的历史意义(significance)"①。文本主体化的过程是进行历史解释的最初一个阶段,本身也是一个历史解释的过程。因为,对文本的选择也是在理解和解释的基础上才能进行,尽管这时的解释还不是对历史的系统解释;力图发现文本原作者未曾揭示的意义,也只有具有不同于原作者的解释模式才能有所发现。文本主体化过程大体上相当于传统史学的搜集材料的过程,所不同的是对材料的搜集更强调史学家的主观能动性并包括对材料的初步的意义理解,使所搜集的材料(文本)而带有历史学家的个人的思想。文本主体化过程之所以重要,一方面固然在于对文本有了历史学家的初步解释而构成历史学家得以历史解释的基本视阈,大致划定了历史学家获取史学资源的基本素材,但更重要的是另一方面,即使历史解释进入对文本的意义理解过程,从而使历史解释过程有了实质性的突破。

2. 意义理解过程。意义理解过程不能简单地理解为文本含义的显露过程,在实质上是史学家创造历史意义的过程。换言之,意义理解过程是文本含义向历史意义的转变过程。狄尔泰就认为,"理解主要以表现及其表现的精神实在之间的关系为依据",而理解的过程就是为了"建立一个联系,即一个把分散事例集中为一个统一的有次序的系统"②。沃尔什也认为,历史的理解是史学家进行历史思维的过程,"为了理解某一段历史的涵义,就需要去发现各个历史事件之间的联系,展示一个行动或事件是怎样导致另一个行动或事件的,多半还要进一步展示某些力量或因素在如何连续发生作用,某些政策尚在研究的这段时期中如何被不断实行或力图实行"③。可见,理解的过程就是通过建立联系而创造历史意义的过程。意义理解过程也有一个如何面对史料的问题,自然包括对史料的选择和解释的步骤。历史的解释必须在史料的选择中进行,而不是事无巨细地利用一切资料,也不是抓住历史的一切细节,这是由于"历史常常是跳跃式地和曲折地前进的,如果必须处处跟随着它,那就势必不仅会注意许多无关紧要的材料,而且也会常常打断思想进程"④。同时要注意到,文本含义本身是内隐

① 洪汉鼎主编:《理解与解释——诠释学经典文选》,东方出版社 2001 年版,第 157—158 页。

② 张文杰编:《历史的话语——现代西方历史哲学译文集》,广西师范大学出版社 2002 年版,第 14、16 页。

③ [英]沃尔什:《历史中的"涵义"》,张文杰编:《历史的话语——现代西方历史哲学译文集》,广西师范大学出版社 2002 年版,第 249 页。

④ 《马克思恩格斯选集》第 2 卷,人民出版社 1995 年版,第 43 页。

的,既有文字表达形式的掩盖,也有原记录者有意无意的掩盖与歪曲,但文本确实包含着历史的信息,因此其本身需要加以意义的显现和外化。但文本含义本身还不能自主地表现为"历史意义":一者文本含义并不关注历史的意义关联,文本记录者并不负有预测历史发展前景的使命,在事实上也不可能知道未来历史进程的具体特点;二者文本含义在性质上具有静态性,对于一定的具体文本来说,其含义尽管是固定不变的,只是未能解读而不为一般人知晓罢了,但历史意义却是变动的、与时俱化的,并且是与史学家当前的事变相联系而处于不断的创建之中。要实现文本含义到历史意义的转变,固然有文本的含义在起作用,但更有历史学家的历史解释作用和现实社会所构成的影响(现实社会的作用是通过历史学家的历史解释而得以实现),于此可见历史学家的历史解释在历史意义生成上的主导性地位。所谓意义理解过程,大致上包括两个方面:一是历史学家"前理解"结构与文本含义的交互作用,发挥历史学家知识体系的作用和时代所提供的知识学基础,通过历史学家的历史思维而实现;二是历史意义的建构,虽以解读历史文本为主要形式,但力图发现文本的本义、比喻义和引申义及其当代意义,通过历史学家将现实与历史之间的比较和分析(通常是采用历史连续性的思考视角)而进行。意义理解构成历史解释的重要步骤,史学家首先要对文本意义进行解析,并找到与现实的意义关联;其次,史学家要对纷繁复杂的当下现实现象进行抽象,找出其主流和发展趋向,然后才能为文本解析提供解读框架;最后,史学家在意义理解中也不断调整自己的知识结构、修改自己的历史观,努力寻找新的解释模式和新的解释空间。可见,意义理解过程本身既是历史解释的步骤,又有具体的历史解释包含其中。如果更进一步说明的话,历史学家进行历史解释在根本上就是一个离不开对历史进行理解的过程,并随着对现实的理解来加深对过去的理解。换言之,对于历史学家来说,历史研究就是一个不断理解的进程,"除了理解过去如何向现在转变有助于我们理解现在、并有可能理解未来的某些事情这个事实而外,历史与现实的联系同样也是明显的,因为理解现在与理解过去的过程有许多相似之处"①。

3. 意义评断过程。对历史的意义进行评断是历史研究中所不可缺少的过程,必须有正确的历史观指导才能有一个正确的评断和科学的解释。马克思创建了科学的历史观,对历史的意义作了重新评定,认为自阶级产生以来一切历史

---

① [英]霍布斯鲍姆著,马俊亚等译:《史学家——历史神话的终结者》,上海人民出版社 2002 年版,第 248 页。

都是阶级斗争的历史,于是“对至今的阶级统治作了自然而合理的解释”,从而改变了以往“用人的恶意来解释”历史的状况①,使历史进程赋予新的意义和新的内涵。意义评断过程关键是对新的历史要有新的认识和解释,克服对已有历史解释所形成的思维定式,不能将新发生的历史与过去的事件进行简单的对应,那样的话只能是造成对新的历史的误解。从历史发展的进程来看,“一般说来,全新的历史创举都要遭到被误解的命运,即只要这种创举与旧的、甚至已经死亡的社会生活形式可能有某些相似之处,它就会被误认为是那些社会生活形式的对应物。”②历史学家要对历史意义的评断不产生误解,除了确立科学的历史观而有历史的洞察力外,就是要善于运用历史比较法来进行历史解释并与具体的历史研究相结合,如此才能认识新的重大事变的历史意义。马克思指出:“极为相似的事变发生在不同的历史环境中就引起了完全不同的结果。如果把这些演变中的每一个都分别加以研究,然后再把它们加以比较,我们就会很容易地找到理解这种现象的钥匙。”③这说明,对历史的理解和对历史意义的评定不是单纯的领悟过程、直觉过程,而很重要的是进行历史新解释的过程、进行历史研究的实践过程。关于这一点,沃尔什也指出:“我们以直觉的洞见一举就能掌握和理解过去的人的思想,这是不真确的。我们必须通过解释摆在我们面前的证据来发现他们在思想上着什么,并且找出他们为什么那样想;而这个解释过程也就是我们在其中至少要隐然地参考普遍真理的过程。历史学家肯定必须要做某些与科学家不同的事,但是他并不具有特殊的洞见能力可以帮助他完成这项任务。他在很大程度上需要想象,可是他也需要经验。”④可见,离开了包括历史解释在内的史学实践,就不可能有正确的历史意义理解与历史意义评定。

4. *历史的整体化过程*。这里所谓历史意义的整体化过程,是指史学家在历史解释时将业已形成的关于历史事件、人物和社会运动的看法整合起来,从联系的角度来建构历史的整体图景,把握历史的内在联系性的特征。因此,历史解释的过程又表现出寻求历史意义关联的性质。强调历史解释中寻求历史联系的重要性,固然在于使人们认识整体上的历史进程,但从根本上说是由于历史本身就离不开联系,或者说联系就是历史得以显现的方式。因为历史进程中,“一开始就表明了人们之间是有物质联系的。这种联系是由需要和生产方式决定的,它

① 《马克思恩格斯选集》第3卷,人民出版社1995年版,第336页。
② 《马克思恩格斯选集》第3卷,人民出版社1995年版,第57页。
③ 《马克思恩格斯选集》第3卷,人民出版社1995年版,第342页。
④ [英]沃尔什著,何兆武等译:《历史哲学——导论》,广西师范大学出版社2001版,第54页。

和人本身有同样长久的历史;这种联系不断采取新的形式,因而就表现为'历史'"①。可见,强调从联系的角度来使历史整体化,是由历史本身的联系性特征所决定的,而不是意识形态的简单附加。这里要说明的是,进行历史的整体化是历史学家进行历史思维的过程,寓历史思维于具体的历史解释之中,因而尤其要强调历史思维的重要性,就是说要把历史看作人类的发展过程,由此"思维的任务现在就是要透过一切迷乱现象探索这一过程的逐步发展的阶段,并且透过一切表面的偶然性揭示这一过程的内在规律性"②。历史的整体化过程在历史学家的历史解释中有重要位置,使历史解释的结果成为一个比较系统的反映历史进程的知识体系,而不再是分散的、零碎的具体的历史知识单元。德国学者卡西勒就认为,历史学家开始工作时所知道的只是关于历史的"单个的、零散的碎片","但是,他的真正的工作就从这里开始。他不仅要收集这些碎片,还必须使它们完整,必须综合它们,把它们带进一个一致的秩序中,把它们的统一性和一致性显示给我们"③。要求历史学家显示历史中的"统一性和一致性",就是要求史学家通过历史解释来使历史达到整体化,使历史摆脱单个偶然事件的堆积。这之中需要历史学家自觉矫正不切历史实际的一些具体观点,进一步扩大历史认识的视野,抓住历史中最有本质意义的内容,从而表现历史的整体性特征及发展的主流,形成科学的历史认识;当然,这一过程也日益不断地改善着历史学家的知识构成,提高历史学家解读历史的能力,完成由解读文本到探究历史运动规律的转变,由此而进行的历史解释在功能上也就实现了重大突破。

5. *历史叙述的表达过程*。历史解释其实也是一个历史叙述的过程,历史学家作出历史解释只有表达出来才能为人们所认知;而这种表达不管是语言的表达还是文字的表达都是一种叙述的方式,其中都有史学家对历史的理解与解释。因此,历史解释的过程包含着历史叙述的过程,甚至可以说"在某种意义上,对一系列事件的叙述可以被当作解释。"④当然,历史叙述本身有其特殊性,如李凯尔特就注意到"历史叙述的整体始终是被当作一次性的、具有其决不重复的特

① 《马克思恩格斯选集》第1卷,人民出版社1995年版,第81页。

② 《马克思恩格斯选集》第3卷,人民出版社1995年版,第363页。

③ 何兆武主编:《历史理论与史学理论:近现代西方史学著作选》,商务印书馆1999年版,第599页。

④ 张文杰编:《历史的话语——现代西方历史哲学译文集》,广西师范大学出版社2002年版,第249页。

性的对象加以考察的”[①]。而就历史叙述与历史解释的关系来看,历史叙述表面上是历史解释的外在形式,而在根本上乃是历史解释的重要步骤和重要环节。换言之,没有不进行历史叙述的历史解释,历史解释也只有经过历史叙述才有意义与价值。历史叙述与历史解释的其他步骤有所不同,但很显然的是,历史叙述必须以历史解释的其他步骤为基础,而且也包含着历史学家对历史的新理解和对自身历史认识的修改。“在形式上,叙述方法必须与研究方法不同。研究必须充分地占有材料,分析它的各种发展形式,探寻这些形式的内在联系。只有这项工作完成以后,现实的运动才能适当地叙述出来。这点一旦做到,材料的生命一旦观念地反映出来,呈现在我们面前的就好像是一个先验的结构了。”[②]这就是说,历史的叙述是有条件的,历史发展的形式以及这些形式之间联系的把握,乃是历史叙述得以发生的前提;而历史叙述所表现出的“一个先验的结构”正是历史学家史学实践(包括历史解释活动)的产物,之所以称为“先验的结构”,乃是其包含有历史学家的思想并反映着人类历史的思想;但也不是单纯的“先验结构”,它反映了历史行程的客观性内容,因而“好像是”一个先验的结构了。历史叙述是通过历史解释来再现历史的活动,而再现历史则必须寻求历史的意义关联,并忠实历史资料的记载,因而不能任历史学家随心所欲,借题发挥,历史也不是任人打扮的女孩子,所以“一个‘忠实于历史’的再现并不是真正的艺术再创造,也就是说,在这种再现中,作品并不表现自身为一部艺术作品,而是相反……它将表现为一种传授性的产品或单纯的历史研究资料。”[③]历史叙述需要历史理解,“没有理解,就没有可以支配历史资料的背景概念和框架,因而就不可能进行历史的叙述”[④]。同样,历史叙述也需要历史解释,历史解释是历史叙述得以进行的条件。加利指出:“不论是哪一种解释,只能作为一种手段才能适得其所:当想象力变模糊时,当人们不再耐心倾听时,它使叙事有可能继续,也使读者有可能继续聆听叙事。”丹托也承认,“在某种意义上,对一系列事件的叙述可以被当作解释”[⑤]。比如叙述五四时期的历史,可以选择政治、经济、文化、社会生活的不同方面,而当我们叙述五四运动推动近代中国的民主化进程的作用

① [德]李凯尔特著,涂纪亮译:《文化科学和自然科学》,商务印书馆1986年版,第96页。

② 《马克思恩格斯选集》第2卷,人民出版社1995年版,第111页。

③ [德]加达默尔著,洪汉鼎译:《真理与方法》,上海译文出版社1999年版,第658页。

④ 韩震、孟鸣歧:《历史·理解·意义——历史诠释学》,上海译文出版社2002年版,第121页。

⑤ 张文杰编:《历史的话语——现代西方历史哲学译文集》,广西师范大学出版社2002年版,第276页。

时，则我们就必须对民主、共和、政治发展、个性解放等概念有清楚的理解和解释，并对近代中国政治进程有实质的把握，然后这种叙述才能成功。所以，历史叙述是历史解释中的叙述，历史叙述使具体的历史解释得以完成。

历史解释的过程在本质上是历史学家的史学实践过程，同时又是一个再现过去历史的主观努力，而史学家的历史思维始终贯穿其中。现实历史运动构成了历史解释的现实性基础，历史观则是历史解释的理论指导，历史学家的认识活动将文本主体化过程、意义理解过程、意义评断过程、历史的整体化过程、历史叙述的表达过程统一起来，从而使历史解释这一史学活动构成有学术意义的社会实践活动，同时也显现出史学家的自身存在价值及其在现实社会中的位置。

三、历史解释的特点

历史解释作为一种历史认识活动体现了历史学家的主体性，但历史学家的主体性是在具体的史学活动中呈现出来的。因此，解析历史解释的特点只有在史学的实践层面来理解和认知，并与历史认识活动的表现形态和社会影响结合起来，才能发现历史解释的特殊性。

1. *历史解释的思想性*。历史解释的思想性可以从多个层面来看。从历史学家工作的特点来看，历史学家进行历史解释是以其思想为先导的，是有目的有意识的历史认识活动，并力图以自己的思想、意识来解释历史的行程。思想的介入固然是历史解释的手段和工具，但同时也是由于历史本身包含着思想动机，需要历史学家思想的作用。恩格斯指出："在社会历史领域内进行活动的，是具有意识的、经过思虑或凭激情行动的、追求某种目的的人；任何事情的发生都不是没有自觉的意图，没有预期的目的的。"[①]人类的思想在历史发展进程也发挥了重大作用，"历史是这样创造的：最终的结果总是从许多单个的意志的相互冲突中产生出来的，而其中每一个意志，又是由于许多特殊的生活条件，才成为它所成为的那样。"[②]正是历史发展的这种特点，决定了历史学家进行历史解释时也不能离开思想的作用。换言之，没有历史学家的思想，就不可能理解历史的思想。而历史学家思想的参与，也就自然地使历史解释具有思想的意义了。这里要指

① 《马克思恩格斯选集》第4卷，人民出版社1995年版，第247页。
② 《马克思恩格斯选集》第4卷，人民出版社1995年版，第697页。

出的是,历史学家思想的参与在很大程度上表现为价值的参与,即历史学家将自己的价值观(也在一定程度上体现时代的价值观)附着在历史解释上,这在历史意义的理解中特别显著,由此我们可以说,“除了把理解当作解释之外,我们还可以把历史研究中的理解说成是人类行动辩解的一种理由,将这些行动归因于在给定社会群体或给定文化中具有强制性的价值体系。”①因而历史解释的思想性特征,又预含着价值性解释标准。从历史解释所依据的历史材料来看,历史解释是以所掌握的材料为基础的,离开了历史材料则任何历史解释都不可能,这也是历史研究工作的重要特点。但历史材料也是有人类思想作用的材料,包含有人类的希望和要求,诚如恩格斯所说:“历史思想家在每一科学领域中都有一定的材料,这些材料是从以前的各代人的思维中独立形成的,并且在这些世代相继的人们的头脑中经过了自己的独立的发展道路。”②历史学家根据这样的历史材料所进行的历史解释,自然也就具有思想的内涵了。从历史学家运用语言来看,历史解释离不开语言的运用,是语言的运用而使历史解释得以表达出来,未经过语言化的历史解释是不存在的。而语言的运用就赋予历史解释的思想性表征,这是因为“语言和意识具有同样长久的历史;语言是一种实践的、既为别人存在因而也为我自身而存在的、现实的意识。”③从上面的分析来看,整个历史解释都是在思想的范围内进行的,这就使历史解释本然地具有思想的特征。

2. *历史解释的客观性*。历史解释以客观的历史材料为基础,以历史学家的理论思维为实现形式,而历史解释又是现实的历史条件下的历史学家的实践活动,因而历史解释的客观性不容怀疑。历史解释的思想性特征往往被一些人误解为历史解释缺乏客观性。其实,历史解释的思想性特征并不否认历史解释的客观性;相反,历史解释也同时具有客观性特征,并且因为历史解释的思想性特征而使历史解释的客观性特征更加现实化。因为“历史从哪里开始,思想进程也应当从哪里开始,而思想进程的进一步发展不过是历史过程在抽象的、理论上前后一贯的形式上的反映;这种反映是经过修正的,然而是按照现实的历史过程本身的规律修正的”④。这就是说,历史解释虽然是以历史思维的成果形式表现出来,但却是根据历史运动的进程作出的,而且是按照现实的历史运动规律对历

---

① [波兰]耶日·托波尔斯基著,张家哲等译:《历史学方法论》,华夏出版社 1990 年版,第 532 页。

② 《马克思恩格斯选集》第 4 卷,人民出版社 1995 年版,第 727 页。

③ 《马克思恩格斯选集》第 1 卷,人民出版社 1995 年版,第 81 页。

④ 《马克思恩格斯选集》第 2 卷,人民出版社 1995 年版,第 43 页。

史思维的成果作出修改的产物,因而历史解释自然反映历史的客观性和现实社会的客观性,并通过现实社会的客观性来进一步表达历史的客观性,这同时也使历史的客观性得以现实化。还要说明的是,历史解释也受到现实社会的制约,使得历史解释始终具有客观的现实性。恩格斯就指出:“事实上,世界体系的每一个思想映象,总是在客观上受到历史状况的限制,在主观上受到得出该思想映象的人的肉体状况和精神状况的限制。”①这表明,历史解释的客观性乃是一种现实的客观性,反映现实的社会历史的基本特点,并随社会历史运动的行进而日益体现历史的本真状态。从现实性和实践性的高度来看待历史解释活动,历史解释思想性的存在并不妨碍历史解释客观性的呈现,而是使历史解释的客观性与现实的社会历史运动联系起来,并在现实的历史运动中使历史解释的客观性有了现实性的内涵。由此而言,从现实的社会来理解历史学家的实践活动,历史解释的客观性特征也就十分显然了。

3. *历史解释的当代性*。为了说明历史解释的当代性特征,先举一直观的事例。《礼运》中有言:“大道之行也,天下为公。选贤与能,讲信修睦,故人不独亲其亲,不独子其子;使老有所归,壮有所用,幼有所长,鳏寡孤独废疾者皆有所养;男有分,女有归。货恶其弃于地也,不必藏诸己;力恶其不出于身也,不必为己;……是谓大同。”对这一段反映古人理想的文字,梁启超却是从当代的角度来解释的,而赋予自己的期待和现实的思想内容。他说:“此一段者,以今语释之,则民治主义存焉(天下……与能),国际联合主义存焉(讲信修睦),儿童公育主义存焉(故人不……其子),老病保险主义存焉(使老有……有所养),共产主义存焉(货恶……藏诸己),劳作神圣主义存焉(力恶……为己)。”②这只是举的一个典型的例子,其实任何历史学家的历史解释都有其当代性。从理论上说,历史解释的当代性特点体现在历史解释的过程之中,同时也是由于历史学家的历史解释活动处于现实的社会历史进程之中。黑格尔就注意到“现在”在历史学家工作中的位置,他说:“当我们研究‘过去’的时代,研究遥远的时代,这时候一种‘现在’便涌现在我们心头——这是精神自己活动后产生的,作为它自己劳苦的报酬。历史上的事变各各不同,但是普遍的、内在的东西和事变的联系只有一个。这使发生的史迹不属于‘过去’而属于‘现在’。”③克罗齐提出“一切真历史

① 《马克思恩格斯选集》第3卷,人民出版社1995年版,第376页。

② 《梁启超史学论著四种》,岳麓书社1998年版,第79页。

③ 何兆武主编:《历史理论与史学理论:近现代西方史学著作选》,商务印书馆1999年版,第205页。

都是当代史”的命题遭到许多学者的非议,其实他强调历史解释的当代性特征并没有错,只是他没有认识到所谓“当代”也有历史的基础,并且是在历史的基础上的发展和延伸。笔者不赞成克罗齐的唯心主义的历史观,但认为他的这一命题是在很大的程度上应和了历史解释的实际,因而也有真确的成分。克罗齐认为,只有现实生活中的兴趣使人研究过去的历史,不仅当代史是直接从生活中涌现出来的,而且一切过去的历史因为与我们现在的兴趣打成一片而激动我们的思维,它就从生活中涌现出来;正是历史与现实生活的不可分割的联系,历史解释就使得“死历史能在接触生活时复活、过去的能通过当代的而再变成当代的”①。就科学的历史解释而言,也是从现实的高度来反观历史的,现实始终是认识和解释历史的起点,这“和唯心主义历史观不同,它不是在每个时代中寻求某种范畴,而是始终站在现实历史的基础上”②。在历史的解释之中,现实性的追求始终是历史学家当下的自觉行为,这不能不构成历史解释的意义内涵。历史解释和历史表述都得在很大程度上利用当代自然科学的成果,特别是对自然科学概念的借用,如李凯尔特所注意的那样:“某些自然科学上的一般概念完善到什么程度,一种历史表述的科学确定性就增长到什么程度”③。历史解释中必然有抽象,也只有抽象才能形成历史的系统认知,但抽象本身只是对现实社会的抽象,而且也是在现实的历史条件下作出的抽象。因此,那种认为“后期历史是前期历史的目的”的解释是不正确的,其对历史的解释只是“被思辨地扭曲”而进行的,脱离了现实的历史条件,这就造成这样的情况:“好像后期历史是前期历史的目的”,“于是历史便具有了自己特殊的目的”。“其实,前期历史的‘使命’、‘目的’、‘萌芽’、‘观念’等词所表示的东西,终究不过是从后期历史中得出的抽象,不过是从前期历史对后期历史发生的积极影响中得出的抽象。”④由此看来,任何历史解释都只能是当代性的解释,而且任何历史解释只能是“前期历史”的观念史意义,当代性以及所蕴含的观念性是历史解释的一个鲜明特征。

4. 历史解释的个别性。历史解释是由历史学家承担的,历史学家个人的性格、旨趣、知识结构以及各自对时代的不同感知、对历史上重大事变的理解都有

---

① [意大利]贝奈戴托·克罗齐著,傅任敢译:《历史学的理论和实际》,商务印书馆 1982 年版,第 37 页。

② 《马克思恩格斯选集》第 1 卷,人民出版社 1995 年版,第 92 页。着重号为引者所加。

③ 张文杰编:《历史的话语——现代西方历史哲学译文集》,广西师范大学出版社 2002 年版,第 21 页。

④ 《马克思恩格斯选集》第 1 卷,人民出版社 1995 年版,第 88 页。

所不同,因而所形成的历史解释自然有个别性的特征。司马迁"究天人之际,通古今之变,成一家之言",其对历史的解释形成独特的学术风格和学术体系,自然不同于其他历史学家。马克思对人类以来的一切历史作了崭新的解释,形成了科学的历史学体系,充分显现了其独特的学术风格,并开辟现代历史学发展的前景。正是历史解释具有个别性的特征,因而不能将历史学家的历史解释予以普遍化,亦即不能将已有的历史解释终极化。马克思在给《祖国纪事》杂志编辑部的信中就反对人们将他"关于西欧资本主义起源的历史概述彻底变成一般发展道路的历史哲学理论",说"这样做,会给我过多的荣誉,同时也会给我过多的侮辱"①。中国史学家李大钊也不同意将前人对历史的解释固定化,认为:"同一历史事实,昔人的解释与今人的解释不同;同一人也,对于同一的史实,昔年的解释与今年的解释亦异",因此,"人们对于历史事实的解喻自然要不断的变动"②。强调历史解释的个别性特征,是说历史解释有独特的个性,反映出史学家对历史所加以的思想影响,而并不表明历史解释纯粹是主观的产物。因为对于历史学家来说,在历史解释活动中,"各个人的出发点总是他们自己,不过当然是处于既有的历史条件和关系范围之内的自己,而不是玄想家们所理解的'纯粹的'个人"③。因而,他们的历史解释所反映的个别性特征又只能从他们所处的社会历史条件来理解。

5. *历史解释的未完成性*。关于历史解释的未完成性特征,波普尔有一段明确的论述:"不可能有一部'真正如实表现过去'的历史;只能有各种历史的解释,而且没有一种解释是最后的解释。"④那么,如何理解历史解释的未完成性特点呢? 在笔者看来,历史学家所进行的历史解释只是一定历史条件下的思想成果,有着时代的限制和制约,因而对于历史的认识和解释始终具有相对性的性质。那种幻想形成一个不可移易的历史解释结论的企图,是不现实的。虽然从理论说,人们的认识能力固然是无限的,可以对历史作出真确的真理性解释,但历史学家由于是一定历史条件下的历史学家,受到他所生存的时代条件和知识水平的制约,而不可能形成终极的真理性的认识。恩格斯就指出:"我们只能在

① 《马克思恩格斯选集》第3卷,人民出版社1995年版,第341—342页。

② 《史学要论》,《李大钊全集》第4卷,人民出版社2013年版,第523页。

③ 《马克思恩格斯选集》第1卷,人民出版社1995年版,第119页。

④ [英]卡尔·波普尔著,郑一明译:《开放社会及其敌人》第2卷,中国社会科学出版社1999年版,第403页。

我们时代的条件下去认识,而且这些条件达到什么程度,我们才能认识到什么程度。"①历史学家对历史解释的性质与人类认识进程具有同一性,都受到人类生存的历史条件的制约,因而历史学家所作出的历史解释具有未完成性的特征,需要随着现实的历史运动的不断行进和历史学家历史实践活动的日益深入才能不断地走向完善。历史解释的未完成性特征,表明历史真理的相对性。恩格斯就曾认为,在观念的"上层建筑的历史科学中,永恒真理的情况还更糟"。他指出:"自从我们脱离人类的原始状态即所谓石器时代以来,情况的重复是例外而不是通例;即使在某个地方发生这样的重复,也决不是在完全同样的状况下发生的。……我们在人类历史领域中的科学比在生物学领域中的科学还要落后得多"②。说历史解释的相对性和历史解释的未完成性,并不是说历史解释不能认识历史运动,而是说明历史解释作为史学家的历史认识活动是一个历史的过程,当下所能作出的历史解释还处于初步的和不完善的阶段,有继续发展的必要。恩格斯指出:"人离开狭义的动物越远,就越是有意识地自己创造自己的历史,未能预见的作用、未能控制的力量对这一历史的影响就越小,历史的结果和预定的目的就越加符合。但是,如果用这个尺度来衡量人类的历史,甚至衡量现代最发达的民族的历史,我们就会发现:在这里,预定的目的和达到的结果之间还总是存在着极大的出入。未能预见的作用占据优势,未能控制的力量比有计划运用的力量强大得多。"③恩格斯所说的历史研究现状在当今仍然没有根本的改变,我们对历史的解释以及通过历史解释所形成的结论仍然具有相当大的不确定性,即使是"公认"的历史结论也只是一定时代条件下的"公认",与客观的历史实际之间自然还是"存在极大的出入"。可以说,现有的一切"历史解释"都没有完成,因为现实的历史运动还在进行。

历史解释自然是历史学家的历史解释,而历史学家一般将发现历史事实和探索历史规律作为自己的任务。其实,所谓历史事实只能是史学家对过去建构的图景,而不可能等同于历史的客观实际④;而所探索的历史规律,至少在目前的学术背景中也只能是思想史意义上的历史规律,与真实的历史进程的规律可能相差很远。但尽管如此,重建历史事实与探索历史规律仍然是历史学家的努力目标。不过,基础的工作则仍然离不开历史解释。在我们看来,对"历史

---

① 《马克思恩格斯选集》第4卷,人民出版社1995年版,第337—338页。

② 《马克思恩格斯选集》第3卷,人民出版社1995年版,第429—430页。

③ 《马克思恩格斯选集》第4卷,人民出版社1995年版,第274页。

④ 吴汉全:《历史事实:史学家建构过去的图景》,《史学月刊》2005年第2期。

解释”进行探讨具有多方面的价值,无论对于历史认识的具体化研究,还是对于历史学家工作的重新认识都有重要意义,而对于历史学的理论建设尤其有重要的影响①。也许,随着历史解释这个问题的研究走向深入,历史学家又积极地投入到历史解释之中时,历史学家的本然价值将会进一步得到意义的显现,而作为历史学家生存方式的历史解释也在历史事实重建和历史规律探索方面迈出可喜的一步。

(未刊稿,写作于2005年4月)

【昔文琐记】这篇《历史解释:史学家的生存方式与价值显现》,未刊稿,写作于2005年4月。

我写作了《历史事实:史学家建构过去的图景》之后,又在2005年的4月立即写了这篇研究“历史解释”的文章。此文一直存留在电脑中。2008年9月调到南京审计学院后,又对此文进行了文字上的个别修改,但在资料上未进行补充。

史学理论中的“历史解释”是一个极为重要的范畴,并且“历史解释”本身也是一个需要不断解释的。就是说,不能把“历史解释”当成一个固定不变的范畴。随着人类历史活动的不断展开,随着历史学家的学术实践活动的推进,人们的历史认识自然也会有所提高,故而“历史解释”本身也需要不断地进行历史的“解释”。就历史解释的主体而言,历史学家总要进行历史解释,并通过解释来表达自己的思想诉求和价值观;如果历史学家不进行历史解释活动,那他也就不成为历史学家了。在这种意义上说,历史解释是史学家的活动方式,依据史学家的存在而存在,随着史学家“学术共同体”的发展而发展,因而也是史学实践活动的具体表征。事实上,史学家开展历史解释活动也在于能建立史学家的话语权,借以影响社会的发展进程,如此,“历史解释”又是一个现实的活动,与当下的社会现实是紧密联系在一起的。这篇文章,较好地体现了我对“历史解释”的认识。

正是有《历史事实:史学家建构过去的图景》及这篇《历史解释:史学家的生存方式与价值显现》的基础,我将“历史解释”相关的思考与党史研究结合起来,在史学视域中看待党史解释,写成了《党史解释要论》一书。

2021年1月31日

---

① 当然,对“历史解释”自身价值的重建也是题中之义。历史解释的价值是多方面的,大致说来有这样几点:1.史学家生存方式的确证;2.历史文本的意义显现;3.历史事实的重构;4.历史过程的主体化;5.历史规律的探索。限于篇幅,只能待他文作具体的探讨。

李大钊对历史学几个相关概念的马克思主义诠释

李大钊在北京大学长期担任历史学教授。在李大钊短暂的一生中，历史研究工作占有重要的地位。他在人文社会科学各学科都有重大的开拓，而尤以史学研究领域建树最大①。在李大钊生命的最后时刻还关心中国史学的发展，他在《狱中自述》中说："钊夙研史学，平生搜集东西书籍颇不少，如已没收，尚希保存，以利文化。"②李大钊对中国历史学发展的贡献，主要表现为将马克思主义唯物史观运用到史学领域，构建了颇具特色的中国马克思主义历史学体系，并在中国历史研究领域作出突出的贡献③。学术界对李大钊史学思想已有所研究，但毋庸讳言，确实存在许多问题，诸如史实的重建、概念的诠释、研究理论的更新等。在笔者看来，要对李大钊的史学理论体系进行深入的研究，对李大钊所认知的有关史学的概念进行探讨，应该说是一个重要的方面。故本文只作一点基础性的工作，就李大钊对历史学几个概念所作的马克思主义解释进行分析，以窥见其运用唯物史观建构史学理论体系的重大努力。

---

① 新中国成立以来中外学术界对李大钊的研究取得重大的进展，然而大体上研究的是"作为革命家、思想家的李大钊"，未能充分注意到"作为学者的李大钊"的一面。事实上，李大钊是中国马克思主义学术的开创者，在人文社会科学的各领域卓有建树，尽管其分量有所不同。而就历史学的建设而言，李大钊显然是中国马克思主义历史学派的创始人。关于李大钊在各学术领域的具体贡献，可参见拙著《李大钊与中国现代学术》（河北教育出版社 2002 年版）。

② 《狱中自述》，《李大钊全集》第 5 卷，人民出版社 2013 年版，第 301—302 页。

③ 李大钊对史学理论的研究尤见其历史哲学的功底和马克思主义的理论修养，参见拙作《李大钊与历史哲学理论》（《史学史研究》2002 年第 2 期）；李大钊对中国历史的研究也有特殊的贡献，参见拙作《李大钊与中国古代史研究》（《史学月刊》2002 年第 5 期）、《李大钊与中国近代史研究》（《近代史研究》2003 年第 3 期）。

一、关于历史的概念

历史作为历史学的研究对象,这是从事历史研究的人们所必须正视和回答的问题。换言之,对历史作出严格的界定是进行史学研究和建立历史学的前提条件。在中国马克思主义者中,李大钊是第一个对历史作出唯物史观说明的学者。

对历史作出正确的界说是中国历史学发展的要求。被称为中国近代史学之父、中国资产阶级新史学的创建者梁启超,曾力图运用西方的进化论来重新解说历史。梁启超的《中国史叙论》(1901年)、《新史学》(1902年)是中国资产阶级新史学体系的奠基著作,他对"历史"进行了进化论的解释,他说:"史也者,论述人间过去之事实者也",在于"探查人间全体之运动进步,即国民全体之经历,及其相互之关系"。他认为,以前史家"不过记述人间一、二有权力者兴亡隆替之事,虽名为史,实不过一人一家之谱牒,近世史家,必探究人间全体之运动进步,即国民全部之经历及其相互关系"①。梁启超对历史的定义突出历史的因果关系及其文化的内容,但却是以进化论为指导,把历史归纳为"人种"、"种族"的发达与竞争,甚至认为因为地理因素"然后文明以起,历史以成"②。梁启超是以进化论来界定历史和历史学的,是中国学者力图建设科学的历史学的积极努力。以进化论来解释历史学对于打破封建观念对历史学的束缚,探索历史发展的规律是有积极意义的,但是它不可能真正科学地解释历史,也不能够完全战胜封建史学观念,甚至在特殊情况下有倒退的危险。梁启超在"五四"后否认历史发展的规律性,改变了他早期关于历史的进化发展具有"公理"和"公例"的观点,如他在"五四"后说:"历史为人类心力所造成,而人类心力之功,亦极自由而不可方物,心力既非物理的或数理的因果规律所能完全支配……今必强悬此律以驭历史,其道将有时而穷,故曰不可能。"③梁启超在"五四"之后的变化说明,历史要得到科学的界定,中国历史学要在科学的轨道上发展,中国资产阶级史学家是难以承担此重任的。历史学的发展要求中国早期的马克思主义者,在宣传马克

① 梁启超:《中国史叙论》,《饮冰室合集·文集之六》,中华书局1989年版,第1页。
② 梁启超:《中国史叙论》,《饮冰室合集·文集之六》,中华书局1989年版,第5页。
③ 梁启超:《中国历史研究法》,《饮冰室合集·专集七十三》,中华书局1989年版,第111页。

思主义的同时能够对“历史”进行科学的解释,以推动史学的进步。李大钊适应中国历史学建设的要求,以唯物史观来解释历史,努力开创中国马克思主义历史学的新局面。

李大钊对历史这一概念的唯物史观解释,一开始是从探讨“史”的本意和在实际生活中的内涵出发的。“史”的本义是什么?在日常生活中“历史”一词又被怎样的使用?这是认识历史的含义所必须研究的问题。李大钊首先对“史”的原义在各国的不同进行了考察。根据李大钊的考察,中国古代对“史”的解释,一是指记事的人(即是书记官);二是指“掌记事者而言”,含有“书役”之义。日本训“史”字为つヒト,原指“归化的人而专从事于文笔的事者的姓”,“史”字经过变化而有“记录”的意思。在英语、法语、意大利语中,“历史”皆由希腊语及拉丁语 Historia 变化而来,本意为“问而知之”;把“问而知之”的结果写出来,即为记录,即是 History。德语和荷兰语中的“历史”,原皆指发生的事件或偶然的事变而言。通过考察,李大钊指出,各国文字对“史”之本义都有不同的解释,这是导致对“史”的理解发生混乱现象的重要原因。而“历史”一词在日常生活中又有新的含义,对此李大钊进行了考察。在李大钊看来,“历史”一词在日常生活中不仅仅表示“记录”,还有三种含义,一是指“民族的经历或发展的过程”,二是指“历史书籍”,三是指“一种科学的学问”①。李大钊在对“史”之本义和常用义分析的基础上,进一步来寻求马克思主义对“历史”的解释。

李大钊通过对马克思恩格斯经典著作的解读,力图寻找“历史”一词在马克思主义著作中的特有内涵。他指出,在《〈政治经济学批判〉序言》里“马氏似把历史和社会对照着想。他固然没有用历史这个名词,但他所用社会一语,似欲以表示二种概念:按他的意思,社会的变革,便是历史;推言之,把人类横着看,就是社会,纵着看就是历史”②。事实也正是,马克思主义把人类社会的发展过程看作为历史,强调社会变革在历史进程中的意义。在马克思主义看来,“历史不外是各个世代的依次交替。每一代都利用以前各代遗留下来的材料、资金和生产力;由于这个缘故,每一代一方面在完全改变了的环境下继续从事所继承的活动,另一方面又通过完全改变了的活动来变更旧的环境”③。马克思主义正是以社会经济生活为中心,通过对“社会变革”的研究来阐明人类社会发展的普遍规

① 《史学与哲学》,《李大钊全集》第4卷,人民出版社2013年版,第195页。

② 《马克思的历史哲学与理恺尔的历史哲学》,《李大钊全集》第3卷,人民出版社2013年版,第423页。

③ 《马克思恩格斯选集》第1卷,人民出版社1995年版,第88页。

律，得出资本主义必然灭亡、社会主义必然胜利的历史结论。李大钊依据马克思主义唯物史观将社会作为历史的研究对象，很自然地强调历史是社会的变革并包含作为上层建筑的文化。他指出：

> 历史这样东西，是人类生活的行程，是人类生活的连续，是人类生活的变迁，是人类生活的传演，是有生命的东西，是活的东西，是进步的东西，是发展的东西，是周流变动的东西。①
>
> 历史就是人类的生活并为其产物的文化。因为人类的生活并为其产物的文化，是进步的，发展的，常常变动的；所以换一句话，亦可以说历史就是社会的变革。这样说来，把人类的生活整个的纵着去看，便是历史；横着去看，便是社会。历史与社会，同其内容，同其实质，只是观察的方面不同罢了。②

李大钊对“历史”的定义是建立在唯物史观基础上的，与梁启超以进化论为指导对历史的界定有着根本的不同。李大钊依据唯物史观对历史的界定突出“人类生活”为其基本内容，“历史就是人类的生活并为其产物的文化”。这一对历史的界定有两个突出的特点：

第一，突出“人类生活”在历史中的地位，使历史与历史记录得以分辨，从而赋予历史以社会生活的内容和不断发展的特征。封建史学家把历史资料、历史记录、历史典籍、历史传记等本身看作为历史，并由此认为历史是不可变动的。一提起“历史”这个名词，人们便联想到《二十四史》、《二十一史》、《十七史》、《史记》、《紫阳纲目》、《资治通鉴》乃至希罗多德、格罗特等写的《希腊史》，以为这些便是历史。李大钊指出，这些“只能说是历史的纪录，是研究历史必要的材料，不能说他们就是历史”。“我们所研究的，应该是活的历史，不是死的历史；活的历史，只能在人的生活里去得，不能在故纸堆里去寻”③。李大钊所说的“活的历史”，历史“只能在人的生活里去得”，就是强调历史的社会本质属性和历史不断发展的特征。虽然现代资产阶级史学家依据进化论也承认历史是进步的，具有发展的特征，但并不认为历史应从“人的生活里”去寻找，而是在所谓的“人类理性”中去寻找。李大钊对历史发展性特征的揭示是建立在唯物史观的基础上，认为历史就是“人类生活”的“行程”、“联续”、“变迁”，因而历史也就是社会

---

① 《史学要论》，《李大钊全集》第 4 卷，人民出版社 2013 年版，第 518 页。

② 《史学要论》，《李大钊全集》第 4 卷，人民出版社 2013 年版，第 519 页。

③ 《史学要论》，《李大钊全集》第 4 卷，人民出版社 2013 年版，第 518—519 页。

的变革，这就使历史的发展性特征建立在人类生活、社会变革的基础上。

第二，从历史是社会变革的命题中揭示了历史所蕴含的丰富性内容。唯物史观把人类社会作为历史研究的对象。换言之，历史的研究只有从生产力与生产关系、经济基础与上层建筑的矛盾运动中去揭示历史的本来面貌。基于对马克思主义唯物史观的掌握，李大钊依据“历史是社会变革”的观点阐明历史应当是包含人类文化的内容，从而使历史领域大大拓宽。他指出：“历史既是整个的人类生活，既是整个的社会的变革，那么凡是社会生活所表现的各体相，均为历史的内容所涵括。因为文化是一个整个的，不容片片段段的割裂。文化生活的各体态、各方面，都有相互结附的关系，不得一部分一部分的割裂着看，亦不得以一部分的生活为历史内容的全体。”①就是说，由于历史以“人类生活”、“社会变革”为考察对象，因此作为“人类生活”的“各体相”（表现为各种文化）都理所当然地成为历史研究的内容，只不过不能以其一部分来取代“历史内容的全体”。李大钊认为，历史以社会变迁为研究对象，其内容是丰富的，不仅社会上的政治、法律和经济是历史的内容，“其实道德、学术、宗教、伦理等等，所谓文化的理想，亦莫不应包含在历史以内”。但这不是说，在构成历史的各种内容中，各部分都处于同样的地位。因为根据马克思主义的唯物史观，“社会上层，全随经济的基址的变动而变动，故历史非从经济关系上说明不可”②。由此可见，在历史内容中，“经济关系”是其主要的部分。李大钊对历史内容的阐释在于批判过去那种以政治为历史的唯一内容的观念，从而凸现以经济关系为基础的人类历史的丰富性。

李大钊基于历史的唯物主义解释，对各种非马克思主义的历史观展开批判。李大钊对政治史观作了重点批判，他指出：“从前把历史认作只是过去的政治，把政治的内容亦只解作宪法的和外交的关系。这种的历史观，只能看出一部分的真理而未能窥其全体。……人类的社会生活，是种种互有关联、互与影响的活动，故人类的历史，应该是包含一切社会生活现象，广大的活动。政治的历史，不过是这个广大的活动的一方面，是社会生活的一部分，不是社会生活的全体。以政治概括社会生活，乃是以一部分概括全体，陷于很大的误谬了。”③对于历史的政治解释，李大钊认为这是西方的一个重要的学术传统，可以溯源到亚里士多

① 《史学要论》，《李大钊全集》第4卷，人民出版社2013年版，第520页。

② 《史学要论》，《李大钊全集》第4卷，人民出版社2013年版，第520页。

③ 《唯物史观在现代史学上的价值》，《李大钊全集》第3卷，人民出版社2013年版，第275页。

德,而正是亚里士多德政治的历史观,后来成为西方法律学者的历史观。在李大钊看来,以政治解释历史根本不合理,这不仅因为政治是文化(广义的文化)的一部分,以政治这一部分来解释全体的文化不合逻辑,而且还由于"政治的变动,不是初级的现象,乃是次级的现象,拿那个本身是一结果的东西当作普遍的原因,仿佛是把车放在马前一样的倒置"①。在近代的西方历史学界,政治史观以弗里曼为突出代表。弗里曼(Freeman,1823—1892)是英国历史学家,他的注意力主要集中于政治史,"把历史看成是单纯政治事件的记录"(他的老友赖布斯语),甚至有这样的格言:"历史是过去的政治,政治是现在的历史。"②李大钊对弗里曼的政治史观进行批判,他说弗里曼"这样解释历史,未免失之狭隘。历史是有生命的,是全人类的生活。人类生活的全体,不单是政治,此外还有经济的、伦理的、宗教的、美术的种种生活。他说历史就是政治,其余如经济、宗教、伦理、美术的种种生活,能说不算是人类的生活吗?可以把它们放在历史以外吗?"③此外,李大钊还对神学的、宗教的等唯心史观进行了批判,阐述了以唯物史观取代唯心史观来解释历史的历史必然性。

李大钊依据唯物史观说明"历史就是人类的生活并为其产物的文化",正确地揭示了历史发展的客观过程及其所内含的丰富内容,是完全符合马克思主义对历史这一概念阐释的。正是唯物史观的指导和对社会生活本质的认知,"历史"这一概念经过李大钊诠释和解读而赋予崭新的意义,历史的意义与价值与社会的内涵相一致,换言之,历史是社会的同义词,不仅反映社会生活的基本内容,并且包括人类生活的产物——文化,这就为中国历史学走上科学的轨道准备了最基本的知识学基础。

二、关于历史学的概念

对历史这一概念作唯物史观说明在于确定历史学对象的客观性。由此,还必须更进一步,具体地界定"历史学"这一概念,为历史学成为历史科学创造条

① 《唯物史观在现代史学上的价值》,《李大钊全集》第3卷,人民出版社2013年版,第276—277页。

② [美]J.W.汤普森著,孙秉莹、谢德风译:《历史著作史》下卷(第三分册),商务印书馆1992年版,第435页。

③ 《史学概论》,《李大钊文全》第4卷,人民出版社2013年版,第462页。

件。历史学能不能成为科学以及成为何种性质的科学，这是建立中国马克思主义历史学所必须解决的重要课题。因为历史学只有具有科学的特性，能够发现因果规律，才能具有科学的品格而上升到科学的地位，如此历史学才能成为历史科学。李大钊以唯物史观为指导，对历史学这一概念作了科学的界定，从而为历史学发展作出了贡献。

李大钊基于对“历史”解析为“人类的生活并为其产物的文化”，他对以“历史”为研究对象的“历史学”这一概念又进行科学的界说。李大钊指出：

> 史学非就一般事物而为历史的考察者，乃专就人事而研究其生成变化者。史学有一定的对象。对象为何？即是整个的人类生活，即是社会的变革，即是在不断的变革中的人类生活及为其产物的文化。换一句话说，历史学就是研究社会的变革的学问，即是研究在不断的变革中的人生及为其产物的文化的学问。①

这里，李大钊将“历史学”定义为“研究在不断的变革中的人生及为其产物的文化的学问”，不仅避免了将“历史学”泛化为对“一般事物”的历史考察，而且科学地将历史学限制在“人事”研究的领域，这就使人类历史的演变、人类所创造的文化进入历史学家的研究视阈，突出了人类社会及其人类所创造的文化在历史研究中的主体地位。换言之，李大钊所界定的历史学重在研究社会的变革，亦即研究社会变革中的人生和人类所创造的文化。按照笔者对李大钊论述的理解，历史学既然是一种“学问”（“研究社会的变革的学问”），则必然是一种知识体系，而又重视研究社会的“变革”问题，则又势必与规律的探求相联系，亦即历史学要探求历史规律②。因此，历史学的科学性自是应有之义。又，历史学将人类的“文化”作为主要的内容，历史学很显然带有人文性的特色。显然，李大钊对历史学的“科学性”的理解得益于唯物史观，而对历史学“人文性”的认知又与对李凯尔特界定历史学为“事实学”的借鉴相联系③。

而就当时历史学研究的现状和历史学发展的趋势而言，李大钊对“历史学”概念的如上界定不仅拓宽了史学研究的范围，使历史研究摆脱了仅仅研究政治史的狭小框框，而且使史学研究的重点发生根本性的转移，即由研究个人生存经历转移到重点研究“国民的生存的经历”。诚如李大钊所说：“人以个体而生存，

---

① 《史学要论》，《李大钊全集》第 4 卷，人民出版社 2013 年版，第 527 页。

② 关于李大钊对“历史规律”的研究，可参见拙作《李大钊与历史哲学理论》中的论述（《史学史研究》2002 年第 2 期）。

③ 参见拙著《李大钊与中国现代学术》，河北教育出版社 2002 年版，第 195 页。

又于种种团体而生存,故人生有为个体的生存,有为团体的生存。人的团体的生存,最显著的例,即是国民的生存。今日史学所研究的主要问题,似为国民的生存的经历。”①将“国民的生存的经历”作为史学研究的主要问题,这是对历史学的对象作出新的解说的必然要求,有力地冲破了旧史学只研究个人的传统,使史学的发展获得了广阔的空间。这里要说明的是,李大钊对历史学的概念作如上的界定而主张历史研究重心的转移,并非否定历史研究中研究个人的必要性。他对那种认为“史学是专研究关于团体的生活者,而不涉及个人的生活”的说法,提出了严肃的批评,反对在史学中极端化的倾向。在李大钊看来,新的史学虽然重点研究团体的生活,但也“不能全置个人于度外”,“盖个人为构成团体的要素,个人的活动为团体生活的本源,个人在团体的生活中,实亦有其相当的影响,即亦有其相当的意义”。为了防止新的偏向,李大钊郑重指出:“我们固然不迷信英雄、伟人、圣人、王者,说历史是他们造的,寻历史变动的原因于一二个人的生活经历,说他们的思想与事业有旋乾转坤的伟力,但我们亦要就一二个人的言行经历,考察那时造成他们思想或事业的社会的背景。”②李大钊在对“历史学”这一概念作出新的界定的基础上,对研究团体生活与研究个人经历关系的说明,是完全符合马克思主义史学建设要求的,为历史研究走上科学的轨道指明了方向。

李大钊在对“历史学”这一概念进行新界定的同时,还对史学研究方法提出新的见解。传统历史学由于其研究对象局限在个人经历上,采用的是描述的方法,不可能进到“演绎的推理”,历史研究也只能停留在经验的描述阶段。为了适应“历史学”这一概念新的界定所要求的史学范围的扩大和史学研究对象重点的转移,就必须在史学研究方法上有大突破。李大钊积极倡导历史研究方法的变革,主张历史研究方法向推理的方向过渡。他指出:“人事的生成发展,不能说不能为演绎的推理的论究,即设某种假设,在其假设之下看如何进行。此种研究法,亦非不可试行于史学”③。传统史学认为,经验性的描述方法为史学所独有,史学不能用演绎的推理方法。李大钊不同意这种看法。在李大钊看来,经验性的描述方法只是学术研究的初始方法,而且也不为史学所独有;演绎的推理是学术走向深入的要求,史学也不能例外。对于这一意见,李大钊根据历史研究

① 《史学要论》,《李大钊全集》第4卷,人民出版社2013年版,第527页。

② 《史学要论》,《李大钊全集》第4卷,人民出版社2013年版,第527页。

③ 《史学要论》,《李大钊全集》第4卷,人民出版社2013年版,第528页。

发展的趋势作了具体说明：

> 史学由个个事实的确定，进而求其综合。而当为综合的研究的时顷，一方欲把事实结配适宜，把生成发展的经过活现的描出，组之，成之，再现之；于他一方，则欲明事实相互的因果关系，解释生成发展的历程。由第一点去看，可说史学到某程度其研究的本身含有艺术的性质（不独把历史研究的结果用文学的美文写出来的东西是艺术的作品，就是历史研究的本身亦含有艺术的性质）。由第二点去看，史学的性质，与其他科学全无异趣。实在说起来，所谓事实的组成描出，即在他种科学，亦须作此类的工夫到某种程度，所以到某程度含有艺术性质的事，亦不独限于史学，即在地质学、古生物学等，亦何尝不然？①

李大钊根据学术研究方法发展的趋势和历史研究进一步深化的要求，主张历史研究方法的转变，这是他依据唯物史观解析“历史”这一概念并进而对“历史学”作出新的界定之后又一重大探索，对历史研究走向深入、使历史学真正成为历史科学，有重要的学术指导意义。

李大钊对历史学概念的科学界定使历史学的功能表现出新的内容，实现了传统史学意义上的史学功能观的超越。传统史学对史学功能的强调主要在传承文化、资政及教化方面，服务于统治阶级的政治需要。李大钊以人生的发展与需求来看待历史学的功能，他在《史学要论》中有专门一部分论述“现代史学的研究及于人生态度的影响”，可见他是极端重视史学与人生修养的关系。第一，史学能够陶炼人们的科学态度。李大钊认为，所谓科学态度，一为尊疑，一为重据，而史家以此二者为信条，“这种求真的态度，熏陶渐渍，深入于人的心性，则可造成一种认真的习性，凡事都要脚踏实地去作，不驰于空想，不骛于虚声，而惟以求真的态度作踏实的工夫”②。第二，史学能给我们以进步的世界观和乐天努进的人生观。李大钊指出，历史是“循环着前进的、上升的，不是循环着停滞的，亦不是循环着逆反的、退落的，这样子给我们以一个进步的世界观”。进步史观使我们“欢天喜地的在这只容一趟过的大路上向前行走，前途有我们的光明，将来有我们的黄金世界。这是现代史学给我们的乐天努进的人生观”③。第三，史学研究能训练学者的判断力。在李大钊看来，史学对人生的作用是多方面的，通过史

① 《史学要论》，《李大钊全集》第4卷，人民出版社2013年版，第528页。
② 《史学要论》，《李大钊全集》第4卷，人民出版社2013年版，第565页。
③ 《史学要论》，《李大钊全集》第4卷，人民出版社2013年版，第567页。

学研究能提高研究者的素质,使研究者增强获取历史事实的能力。李大钊指出:"研究历史的重要用处,就在训练学者的判断力,并令他得着凭以为判断的事实。"①李大钊所说的历史研究在使研究者获得历史判断力的同时,又获得了被判断出的历史事实,这实际上一方面是说明了史学使人们加快了认识客观世界的进程,另一方面又说明了史学有助于人们自身的发展特别是认识能力的提高。第四,史学能激发人们的爱国情感。李大钊指出:"读史读到古人当危急存亡之秋,能够激昂慷慨,不论他自己是文人武人,慨然出来,拯民救国,我们的感情都被他激发鼓动了,不由得感奋兴起,把这种扶持国家民族的危亡的大任放在自己的肩头。"②也就说,历史能感染人,激发人们的爱国之情而使人们树立报国之志。李大钊对历史学功能的描述,突破了传统史学关于史学的传承文化、资政、教化的观念,而特别强调史学对于培养人们的科学精神以及对人生修养的意义。这是李大钊力图统合人文精神和科学精神来说明史学功能的突出表现。

历史学的发展离不开历史观的指导,要建设中国马克思主义的历史学就必须确立唯物史观在历史研究中的指导地位。这里的"指导"含义极为广泛,当然包括运用唯物史观的立场、观点和方法对"历史学"概念的重新诠释。李大钊以其中国马克思主义先驱者的身份构建中国马克思主义史学,对"历史学"概念的唯物史观诠释是极为重要方面,其意义是使唯物史观在历史研究得到有效贯彻,这不仅使中国的历史学有了科学理论的指导,而且使中国现代史学在近代"史界革命"的基础上得到新的提升,为建立中国马克思主义史学作出了突出的贡献。

三、关于历史哲学的概念

历史哲学概念的界定直接关系到历史哲学体系大厦的建立。可以说,有什么样的历史哲学概念就什么样的历史哲学体系。然而,当时中外学者对历史哲学的界定没有一个统一的共识。在唯物史观刚刚引进中国之时,李大钊就以唯物史观为指导,力图使历史哲学概念得到科学的界说,完成中国马克思主义哲学体系的基础性工程。李大钊解析历史哲学是从两个层面来进行的:一是分析哲

① 《唯物史观在现代史学上的价值》,《李大钊全集》第3卷,人民出版社2013年版,第275页。
② 《史学与哲学》,《李大钊全集》第4卷,人民出版社2013年版,第203页。

学与历史学的关系,二是分析历史哲学与历史科学的关系,从而使历史哲学概念既体现唯物史观剖析社会的哲学意蕴,又内含历史的人文精神的企求。

李大钊对哲学与历史学关系的分析,在于明确历史哲学存在的缘由。在李大钊看来,文、史、哲都是关于人生的学问,本来不能严格地分开,只是为研究的方便而有所分立,但这并不意味着学问间"老死不相往来"。因此,在学问分立以后就必须探寻它们之间的关系。李大钊认为,史学与哲学是相通的,他依据培根的学问三分法,来说明文、史、哲之间关系的密切。就哲学与历史的关系而言,"哲学与史的关系的密切,也很容易证明。譬如老子是哲学家,但他也是个史学家,因为他是周的史官。'班志'说:道家出于史官。可见哲学与史学也是相通的"①。对于哲学与史学关系的分析,李大钊从两个方面来分析,一是从史学的角度来考察历史学与哲学的关系,二是从哲学的角度来考察哲学与历史学关系。从史学的角度来考察,李大钊认为:"哲学亦为史学所研究的一种对象";"史家的历史观,每渊源于哲学";"就历史事实而欲阐明一般的原理,便不得不借重于哲学";"史学研究法与一般论理学或智识哲学,有密切关系"②。从哲学的角度来考察,李大钊认为:"历史事实亦属于哲学所当考量的对象之中";哲学"尤须以史学所研究的结果为基础";哲学可以从历史学中得到"观察法和考量法";"研究哲学,也必以一般史识为要";"研究某哲学家的学说,必须研究某哲学家的传记";"须用历史研究法的研究以研究哲学史"③。根据李大钊以上所作的两个方面的考察和分析,在历史与哲学关系问题上,至少可以这样得出两点结论:第一,历史学必须得到哲学的指导,这可以从指导历史研究的历史观、研究历史的规律、指导历史研究的方法上体现出来。换言之,"宗邦的权威仍在哲学"④。但这不是说历史学只是被动地接受哲学的指导,由于历史学研究"人生与为人生的产物的文化",而作为文化之一部分的哲学也自然地成为史学的研究对象。第二,哲学需要以历史学为基础,具体来说,它需要以史学研究的成果为基础,需要有"史识"和历史知识背景,需要吸取历史研究的方法等,但这不是说哲学不介入历史研究领域,而事实上哲学在"研究宇宙一切现象"的过程中也必然研究作为"宇宙的一部分"的历史。正是基于这样的认识,李大钊才得出这样的论断:"历史与哲学虽各有领域,而历史哲学便处于二者之间,不能说完全

① 《史学与哲学》,《李大钊全集》第4卷,人民出版社2013年版,第199页。

② 《史学与哲学》,《李大钊全集》第4卷,人民出版社2013年版,第201—202页。

③ 《史学与哲学》,《李大钊全集》第4卷,人民出版社2013年版,第202页。

④ 《史学与哲学》,《李大钊全集》第4卷,人民出版社2013年版,第201页。

属诸史学,也不能说完全属诸哲学。"①这里,很显然在于突出历史哲学本身所应有的独立性地位。

李大钊对历史哲学与历史科学关系的辨析,在于进一步把握历史哲学地位的独特性。李大钊就哲学与历史学关系的解析,已经说明了作为哲学与史学"接触点"之一的历史哲学的存在,但就总体而言,李大钊的这种努力只是在哲学与历史学之间将历史哲学进行初步的定位,而没有能够将历史哲学与历史科学之间的关系作具体的揭示。因此,要真正凸显历史哲学的地位就必须再进一步,具体地阐明历史哲学与历史科学之间的关系,同时分清两者的界限,改变那种以历史哲学取代历史科学的企图。李大钊是从哲学与科学之间区别的角度来考察的,以此说明历史哲学与历史科学应加以区别的必要。也就是说,李大钊是从哲学与科学的相异处切入的。因为在李大钊看来,历史哲学体现出哲学的特征,而历史科学又体现出科学的特征,故两者有必要首先从哲学与科学的分辨开始。李大钊说:"哲学的考察与科学的考察,本来不同。哲学的考察,是就一切事物达到某统一的见地,由其见地观察诸般事物的本性及原则者;而科学的考察,则限于必要时,假定某原则定理,专本于特殊研究以说明某种特定事物的性质及理法者。二者之间既有区别,则于就历史事实的哲学的考察,即是历史哲学,与就历史事实的科学的考察,即是历史科学间,亦不可不加以区别。"②从李大钊的阐述中,可以看出历史哲学与历史科学之间存在的界限,即历史哲学是"就历史事实的哲学的考察",它是由哲学的特点所决定,着重研究历史事实的"本性及原则",因而具有整体性与宏观性;而历史科学是"就历史事实的科学的考察",它是由科学探求理法的特点所决定,但"专本于特殊研究",研究历史事实的"性质及理法",因而其范围及研究成果就有相对的部分性与微观性。李大钊由哲学与科学的分辨来说明历史哲学与历史科学的区别,是对当时学术界存在"历史哲学与历史科学的界域不清,互辞互用"的现象所进行的积极回应。对于历史哲学与历史科学的区别,李大钊认为有如自然哲学与物理学的区别,他比较欣赏德国心理学家、哲学家威廉·冯特(Wilhelm Wundt,1832—1920)对自然哲学与物理学关系的说明。冯特认为,自然哲学作为哲学系统的一部分,与作为一种特殊科学而存在的物理学,"自不能不异其趣"。李大钊认为,借用冯特关于自然哲学与物理学关系的说明可以界定历史哲学与历史科学的关系,即"严

① 《史学与哲学》,《李大钊全集》第4卷,人民出版社2013年版,第201页。
② 《史学要论》,《李大钊全集》第4卷,人民出版社2013年版,第561页。

正的历史哲学与历史科学间的关系,恰如严正的自然哲学与物理学间的关系”。既然过去那种以自然哲学作为物理学别名的情况已有改变,那么也就有必要将历史哲学与历史科学相区分,不可用历史哲学取代历史科学。李大钊进一步认为,将历史哲学与历史科学相区别是为分清两者的学科性质及各自的研究范围,是为了阐明“于历史科学之外,承认为哲学组织的一部之历史哲学存在,承认二者不可偏废”。但历史哲学地位的真正说明,还应该从它与历史科学的联系中予以把握。李大钊指出,历史哲学与历史科学这“二者之间,固有极密切的关系,其互相辅助互相资益的地方甚多。历史哲学,有时要借重历史科学研究的结果,利用其所供给的材料;历史科学,研究到根本问题的时候,亦要依据历史哲学所阐明的深奥高远的原理,以求其启发与指导”①。正是在历史哲学与历史科学的联系中,李大钊发现了历史哲学对历史科学具有“启发与指导”的地位。

李大钊对历史哲学地位进行研究的同时,对历史哲学的定义有新的表述。1923 年 4 月在复旦大学的演讲中,李大钊就历史哲学提出两种表述:(1)“历史哲学是哲学的一部分,哲学是于科学所不能之处,去考察宇宙一切现象的根本原理的”。这一表述更多的是强调历史哲学的学科性质,即历史哲学在学科性质上属于哲学,在学术位置上则处于哲学与历史学之间。(2)“历史哲学是研究历史的根本问题的”。这一表达是从历史哲学的研究对象进行定义的,更多的是强调历史哲学的研究任务。历史哲学以研究“历史的根本问题”为任务,而这一“历史的根本问题”在其内涵上是指历史发展的基本规律或曰“根本理法”。到 1924 年 5 月出版《史学要论》一书时,李大钊对历史哲学的定义更为明确、更为科学。他指出:“历史哲学是由统一的见地而观察历史事实者,是依哲学的考察,就人生及为其产物的文化为根本的说明、深透的解释者。在严密的意义上的历史哲学,不当视为属于一个特殊科学的史学,当视为构成哲学的一部分者。”②这一定义,对历史哲学的研究方法、学科对象、研究目标、学科性质等问题作了准确的表达,从而有助于学术界更好地理解和认知历史哲学概念。

学术研究工作非常注重对所使用的概念进行界定,建立严密的理论体系更是如此。李大钊在唯物史观的指导下来重新解释历史学的基本概念,赋予了这些概念新的含义,贯穿马克思主义关于社会历史的基本观点,为建立中国马克思主义史学理论体系作了基础性的工作。由此也可以看出,中国马克思主义史学

① 《史学要论》,《李大钊全集》第 4 卷,人民出版社 2013 年版,第 561 页。

② 《史学要论》,《李大钊全集》第 4 卷,人民出版社 2013 年版,第 559 页。

在开创阶段就十分注意到在研究工作的基础方面努力，特别注重对所使用的概念进行界定与诠释，显现了中国马克思主义史学严密性的特点和指导思想上马克思主义经典性特色。

（原载《江海学刊》2004年第2期，人大复印资料
《历史学》2004年第7期全文转载）

【昔文琐记】这篇《李大钊对历史学几个相关概念的马克思主义诠释》，写作于2003年。

此文写作上并没有花多大的工夫，因为我对李大钊史学思想还算比较熟悉，有一些研究工作的积累。文章从历史学的几个相关概念入手，算是比较有点新意。

李大钊是中国马克思主义史学的创始人，对历史学的贡献是多方面的，最突出的是以马克思主义为指导构建了历史学理论体系。对此，我在《李大钊与中国现代学术》一书中有较为全面的阐述。我觉得，李大钊能构建一个马克思主义历史学理论体系，除了有马克思主义理论指导、对历史资料的积累外，一个很重要的方面，就是很强调对相关概念的诠释与运用，并注意概念的内涵与外延。这应该说是李大钊构建中国马克思主义史学体系的一个很重要的特点。就李大钊学术研究的风格而言，他喜欢"正名"工作，如对"民彝"是在运用训诂方法上来寻求其本义，对"平民主义"也进行过语义沿革上的详细考释。今后如再进一步研究这个问题，我觉得应分析李大钊是如何以马克思主义为指导对历史学一些基本概念进行界定的，因为这是李大钊构建史学理论体系的基本工作，并且是李大钊史学理论体系中的重要"单元"。除了我在本文中研究的"历史"、"历史学"、"历史哲学"这三个概念外，李大钊对"历史观"、"历史规律"、"历史事实"、"历史科学"、"历史解喻"等概念也有独到的诠释，需要学术界予以细致的研究。对于这些基本概念，我们要知道其原有含义是什么，李大钊又给这些概念赋予了什么新的含义，这种"赋予"（其实是一种诠释）工作有什么特点，对中国马克思主义历史学发展产生如何之影响。这项工作如能进行下去，李大钊史学思想的研究一定能取得新的进展。

李大钊史学思想的影响是巨大的，对现今史学理论建设仍然有指导意义。譬如，"历史科学"这个概念，后继的中国马克思主义学者如翦伯赞等，就进行多方面的解释，在推进马克思主义史学中国化、科学化方面不懈努力。这里就有一个演变的线索，值得梳理出来，这对于研究中国马克思主义史学发展史应该说是

有益的。又譬如,我的导师张静如先生是研究李大钊起家的,学术界对张先生学术思想的研究也有不少成果。我觉得,张先生的史学思想在许多方面是对李大钊史学思想的继承和发展,可惜学术界对此还没有进行深入的研究。李大钊是中国马克思主义史学的奠基者,这就需要就他对中国马克思主义史学发展所产生影响的具体层面进行切实的研究,这样才可以发现中国马克思主义史学在学统方面的承继关系。今天建设史学这个学科,推进史学研究的创新,仍然需要从李大钊那里汲取学术智慧。

当今中国学术界研究李大钊史学思想是取得了很大的成绩,但也存在一些问题。一是绍述性文章居多,学理上的诠释不够,这不利于彰显李大钊史学思想的特色。二是对当时中国史学研究状况知之不多,大多数文章是就李大钊来论李大钊,很少将李大钊与其他史学家进行比较性研究,这就难于说明李大钊在当时史坛上的学术地位。前者反映研究者史学理论思维不够,后者反映研究者知识面比较窄。因而,进一步研究李大钊的史学思想,需要研究者不断提高自身的史学理论素养,同时也要研究当时的史学状况及其特色。

这篇《李大钊对历史学几个相关概念的马克思主义诠释》文章,是就李大钊史学思想中相关范畴进行研究的。这里,想就范畴研究说点想法。范畴研究对于人文社会科学研究十分重要,因为人文社会科学的研究在很大程度上乃是一种基于相关范畴所进行的文本解释性工作。没有相关的基本范畴,既不可能构建文本,也不能形成话语体系。鉴于范畴的极端重要性,我在《话语体系初论》中说:“话语体系中的基本范畴不仅有助于话语体系中言说系统的形成与逻辑结构的建构,不断地增强话语表达的论证力量及其影响力,而且使话语体系在逻辑系统的作用下具有比较稳定的面貌,并且使话语体系有着内在的逻辑张力和可供诠释的空间,因而是话语体系结构中不可缺少的基本要素。”①我写的《习近平“经济新常态”范畴建构的逻辑进路》、《调查研究与马克思主义中国化》、《马克思主义中国化研究的几个问题》、《“五四精神”在观念上的早期演进历程》、《李大钊对历史学几个相关概念的马克思主义诠释》、《政治学视野中公信力概念研究》、《历史事实:史学家建构过去的图景》等文章,大体上皆属于范畴的研究。在我看来,初学者固然要有学术上的雄心,立志对大问题做出研究,但由于年轻人的知识面比较有限、驾驭文章的能力有待提升,故而在刚刚出道时还是要从基础做起,研究一些具体而又实在的问题,而范畴研究则是一个很重要

① 吴汉全:《话语体系初论》,人民出版社 2020 年版,第 66 页。

的方面。范畴研究的好处是,有助于研究者静下心来阅读相关的资料,认真思考问题,打下扎实的研究基础,写出的文章能够言之有据、具体入微、不放空炮,从而养成求实的精神和认真的作风。现在不少人走向虚浮,没有沉下来专心研究某个问题,也不具有几十年的学术功力,动不动就写“百年来的××经验与启示”之类的“大文章”,居然也能发表出来。以后的学术史会证明,这种片面“求大”的文章尽管洋洋万言,看起来像是有“气势”,其实并没有什么惊人之笔,很难说达到较高的学术水平。我建议研究人文社会科学的年轻人,起初可以做范畴研究方面的文章,为将来研究大问题打下基础。

2021 年 10 月 5 日

李大钊与中国古代史研究

中国古代史的研究在中国近代学术界已发生了很大的变化，主要是从进化论的角度来重新看待中国古代历史的发展，兴起了“史界革命”。对此，梁启超、夏曾佑等作出了突出的贡献。但是，中国近代的资产阶级史学不可能发现中国古代史的规律，而且由于其本身力量的弱小又不可能对古代史研究中的旧观念进行彻底清算。李大钊研究中国古代史的突出之处是，一方面批判古代史研究中的落后观念，另一方面从经济生活方面探索中国古代社会的发展历程，寻出古代社会的发展规律。同时，李大钊中国在古代史研究中还倡导新的研究方法和新的研究视角。

一、对古史研究中“黄金时代”说的批判

“黄金时代”说是中国传统史学崇古、怀古思想的集中反映，它把历史描写为一个不断退化的过程，诚如李大钊所说，他们“总打算恢复三代以上的文物制度”，“崇古派主张黄金时代说，以为人类初有历史的时期，叫作黄金时代，以后逐渐退落，而为银时代，铜时代，铁时代，世道人心，如江河之日下云云者以此。”①“黄金时代”说因而成为宣传历史进步论的思想障碍。中国古代史研究不打破“黄金时代”说，就不可能使古代史研究有新的突破，当然也就不可能寻出古代历史的发展规律。李大钊对古代史研究中“黄金时代”说的批判，是他在历史研究中“破”的努力的集中体现。他对“黄金时代”说的批判主要集中这样几个方面：

第一，揭示了“黄金时代”说对于古代史研究的危害。李大钊指出，“黄金

① 《今与古》(1922 年 1 月)，《李大钊全集》第 4 卷，人民出版社 2013 年版，第 14 页。

时代”说就是怀古思想,认为一切古的都是好的,“今不如古”;怀古派以其虚幻的“黄金时代”为理想,“他们往往发伤时的慨叹,动怀古的幽情,说些‘世道日衰’、‘人心不古’的话,遐想无怀、葛天、黄、农、虞、夏的黄金时代的景象,把终生的情感心神,都用在过去的怀思。”①在李大钊看来,对虚幻的“黄金时代”的追求在中国古代史中是有传统的,这一传统的延续就导致了退落的历史观的形成。他说:“中国自古昔圣哲,即习为托古之说,以自矜重:孔孟之徒,言必称尧舜;老庄之徒,言必称黄帝;墨翟之徒,言必称大禹;许行之徒,言必称神农。此风既倡,后世逸民高歌,诗人梦想,大抵慨念黄、农、夏、无怀、葛天的黄金时代,以重寄其怀古的幽情,而退落的历史观,遂以隐中于人心。”②“黄金时代”说导致退落的历史观的形成,而退落的历史观又成为左右中国古代史研究的史观,“一部整个的中国史,迄兹以前,遂全为是等史观所支配,以潜入于人心,深固而不可拔除。”在古史研究中的表现为:“征诛誓诰,则称帝命;衰乱行吟,则呼昊天;生逢不辰,遭时多故,则思王者,思英雄。”③这样,中国历史就被描写为精神的、退落的、循环的历史。李大钊从历史观的角度分析了“黄金时代”说对古代史研究的危害,在于倡导学术界以新的历史观打破“黄金时代”说。

第二,分析了“黄金时代”在中国古代及古代史研究中盛行的原因。在李大钊看来,中国人幻想“黄金时代”,而表现为怀古的思想,其根本原因在于中国古代“农业经济组织”未曾变动的缘故,“这样相沿下来,中国的学术思想,都与那静沈沈的农村生活相照映,停滞在静止的状态中,呈出一种死寂的现象。”④李大钊认为,除了中国传统农业经济组织这一根本原因外,怀古思想还有其他的思想原因。一是由于人们“对于现在的人心、风俗、政治、道德,都不满意,感觉苦痛”,因为“厌恶现在”而触动“怀旧之心”。二是由于“受时间距离太远的影响,因而在心理上发生一种暗示,这种暗示可以把古人变成过于实在的伟大,如同拿显微镜看物一样”。如把火及农业的发明归之于神农、燧人一二人的功德,归之于少数神圣的发明,“这是年代距离太远,传闻失实所致”。三是历史运行的复杂性给人们心理上造成“衰落”的错觉。“历史的演进,常是一盛一衰,一治一

① 《今与古》(1923年2月),《李大钊全集》第4卷,人民出版社2013年版,第326页。

② 《史观》,《李大钊全集》第4卷,人民出版社2013年版,第322页。

③ 《史观》,《李大钊全集》第4卷,人民出版社2013年版,第322页。

④ 《由经济上解释中国近代思想变动原因》,《李大钊全集》第3卷,人民出版社2013年版,第187页。

乱，一起一落。”历史这种特殊的运行方式使人们以为“世运每由昌明时代，转为衰落时代，甚而至于澌灭”，不知道衰落之后还有昌明，于是“许多人以为今不如昔，就发生怀古的思想”。四是由于“随着家族制度，发生崇祀祖先之思想，也可以引起崇拜古人的观念。故崇拜祖先的礼俗，亦是使人发生怀古思想的一个原因”。五是因为艺术等确有不如古代的地方，从而引发“怀古的观念”。这是由于古代“中国科学不发达，古人遗留下的多是艺术的，创造全靠个人特有的天才，非他人所能及。故中国人崇古的思想，格外的发达，中国人对于古人格外仰慕，对于古人的艺术格外爱恋。”①李大钊的分析说明，怀古思想与“黄金时代”幻想的盛行，有历史的、文化的、心理的、现实的、认识的等多重复杂的原因，也与历史发展的复杂性及其表露有关，由此也说明在古代史研究中反对退落思想、“黄金时代”说任务的极端艰巨。

第三，提出打破“黄金时代”说的主张，并从多方面论证“黄金时代”说不能成立的理由。李大钊称“黄金时代”说是“伪造”，因此必须“打破”。他说：“中国唐虞时代，今人犹称羡不置，一般崇古的人，总是怀想黄、农、虞、夏、文、武、周、孔之盛世，但此是伪造，亦与西洋所谓黄金时代相同。……我们也须把中国伪造的黄金时代说打破，才能创造将来，力图进步。”②在李大钊看来，打破“黄金时代”说是有理由的，这是因为“黄金时代”说是旧史观的产物，而由新史观来考察则会得出新的结论，“黄金时代”说也就失去了存在的理由。李大钊指出：“从前的史书，都认火的发见，农业及农器的发明，衣服的制作，为半神的圣人，如燧人氏、神农氏等的功德；都认黄、虞时代，为黄金时代；由进化论及进步论的史观以为考察，此等重大的发见，实为人类生活一点一点的进步的结果；在原人时代，不知几经世纪，几经社会上的多数人有意无意中积累的发见与应用的结果，始能获享用此文明利器。旧史以之归于几个半神的圣人的功德，宁能认为合理？”③李大钊还从历史记录上分析了“黄金时代”说成为“伪造”的原因。他举例说，“在中国历史神话期中，说我们的衣服器具有许多是半神的圣人，给我们在一个相距不远的时代，一齐造出来的。这样记录，……完全是荒谬的。现在藉着科学的知识，发明一种新机器，也得费若干年月，在那蒙昧时代，怎能这样迅速！”李大钊借鉴人类学的研究成果，说明人类的起源和别的动物一样，经过长期进化才直立

① 《今与古》(1922年1月)，《李大钊全集》第4卷，人民出版社2013年版，第12—15页。
② 《今与古》(1922年1月)，《李大钊全集》第4卷，人民出版社2013年版，第14—15页。
③ 《史学要论》，《李大钊全集》第4卷，人民出版社2013年版，第523—524页。

行走,而衣服只是在人类直立行走之后由于御寒才逐步由使用树叶过渡的,不可能由“半神的圣人”“一齐造出来”。李大钊说:“人类渐渐的站起来用足走路以后,腹部因蔽体的毛稀薄,感畏风寒,乃渐取树叶遮盖;后来旁的地方怕受风寒,也会想法遮盖了。这就是衣服的起源,由树叶到衣服的进步更不知道经过了多少年月!”①在李大钊看来,社会发展是一个不断进化的历程,这种进化既表现为一个进步的上升的过程,又表现为一个极其缓慢的进程。“由茹毛饮血的生活而渐进于游牧的生活,由游牧的生活而进于畜牧生活,而进于农业生活,手工业的生活,机器工业的生活,这里边有很悠久的历史,并不会一时得到的。”②李大钊以进步的观念进一步论述了“黄金时代”说的虚幻性,指出:“怀古派所梦寐回思的黄金时代,只是些草昧未开、洪荒未阔的景象,没有什么使我们今人羡慕的理由。”③而真正的黄金时代,总是在我们的前面,不会在我们的背后。因此,李大钊提出号召:“新历史家首当打破此种谬误的观念,而于现在、于将来努力去创造黄金时代。”④

李大钊在对古代史及古代史研究中的“黄金时代”说的批判过程中,也承认古代历史的价值,认为“古人所创造的东西,都在今人生活之中包藏着”,古人的艺术“固有我们不能及的地方”⑤;主张批判地接受古代历史上值得继承的方面,强调以历史为基点不断创造新的历史。他说:“我们承古人的生活,而我们的子孙,再接续我们的生活。我们要利用现在的生活,而加创造,使后世子孙得有黄金时代,这是我们的责任。”⑥李大钊对“黄金时代”说的批判适应了中国史学建设的要求,虽然“李大钊不是研究古代史的专家,但他常用古代史上的问题来批判旧史学和倡导新史学”,他对旧史观(包括“黄金时代”说)的批判,“与20世纪初批判旧史的进化论思想、与同时的疑古思想具有相同的轨迹”⑦。我们从李大钊对旧史观的批判中不仅看到他的疑古精神,同时也看到他对古代史研究的积极态度,这对于古代史研究走上正确道路是有启发的。

---

① 《史学概论》,《李大钊全集》第4卷,人民出版社2013年版,第463—464页。
② 《史学概论》,《李大钊全集》第4卷,人民出版社2013年版,第464页。
③ 《史学与哲学》,《李大钊全集》第4卷,人民出版社2013年版,第205页。
④ 《史学与哲学》,《李大钊全集》第4卷,人民出版社2013年版,第205页。
⑤ 《今与古》(1922年1月),《李大钊全集》第4卷,人民出版社2013年版,第15—16页。
⑥ 《今与古》(1922年1月),《李大钊全集》第4卷,人民出版社2013年版,第16页。
⑦ 刘新成主编:《历史学百年》,北京出版社1999年版,第112页。

二、运用唯物史观考察古代经济生活

以马克思主义唯物史观为指导研究中国古代史，就要求系统地考察古代社会的经济生活。而中国传统史学诚如李大钊所说，对经济生活缺乏应有的重视，“中国旧史，其中所载，大抵不外帝王爵贵的起居，一家一姓的谱系”①。鉴于中国古代史研究的这种状况，李大钊主要在两个方面对中国古代社会的经济生活进行研究。

一是对中国远古至商周时期的社会进行唯物史观的阐释和说明。1920年的《原人社会于文字书契上之唯物的反映》，是李大钊探讨远古至商周时期社会生活的代表作。此文“是他运用唯物史观指导研究我国古代历史的最早的一篇论文，也是我国马克思主义者研究中国古代史的开创之作。”②此文对我国自远古至商周社会的探讨，形成了这样几个观点：(1)中国远古时期经历了渔猎、畜牧、农业等不同的经济时代。他根据古代传说和地下出土的贝壳，认为“人类最初的家庭是森林，后来遇见了一个冰期，变更了气候，人在遂转徙河岸海滨去”③。这一见解，后来经过地下挖掘材料和科学鉴定，证明是正确的。他根据传说推断“结绳为治”当处于渔猎时代，他说：“古代中国传说，在神农时代结绳为治。在那个时代大概是因为渔猎时代网罟为用，而弋获的物品必须用绳缚之，所以将此观念推演而为结绳的文字。这种结绳的文字，如今虽不可考，然‘一’、‘二’、‘三’等字，古文作‘弌’、‘弍’、‘弎’，足以证明在渔猎时代于其所获物旁结绳以记数。”④继渔猎时代以后是畜牧时代，“由渔猎时代到畜牧时代，兽皮亦是一种重要财货。贵族间的馈赠礼聘都用兽皮，婚礼亦用‘俪皮’纳征。”⑤到农业时代，亦是经济发展之必然，“农业之民，土地为重，故崇地之黄色为正色。其首长亦取地的光色尚黄，其民即尊之为黄帝。”所以“其始祖为‘黄帝’，亦是农业

① 《史学要论》，《李大钊全集》第4卷，人民出版社2013年版，第521页。

② 桂遵义：《马克思主义史学在中国》，山东人民出版社1992年版，第18页。

③ 《原人社会于文字书契上之唯物的反映》，《李大钊全集》第3卷，人民出版社2013年版，第296页。

④ 《原人社会于文字书契上之唯物的反映》，《李大钊全集》第3卷，人民出版社2013年版，第296页。

⑤ 《原人社会于文字书契上之唯物的反映》，《李大钊全集》第3卷，人民出版社2013年版，第302页。

经济时代的反映”[①]。李大钊正是通过远古时期社会经济生活的考察,勾画了社会依次发展、变迁的轨迹。(2)远古至商周的社会以经济生活为主线。在李大钊看来,火的发明是远古社会生活的大事,由此而演变“君主”,也就是说社会政治生活是社会经济结构变革的反映。他说,主为“炷”之古文,从火,后世借为君主之“主”。“由唯物的史观以察之,君主之义,亦与用火有关。火为人类生活史上第一个大发明,故那时的人们对于精于用火者,即奉为君主。”[②]李大钊还以货币的演变为线索,根据古文献和地下发掘材料考察了贝、龟甲、家畜、兵器、农具、布帛等物品充当货币的历史,从一个侧面反映古代社会生活的概貌,说明经济生活占据社会的中心地位。(3)农业经济社会以农业为本位。李大钊通过“家”、“牢”的考释,“推断古代中国的家庭农业经济团体的意味很重”[③]。他说,因为豕产肥料以供食品,牛则事运转,都是农业上必需的家畜。农业经济使男女的地位发生根本的变化,“而男性的优越,实大成于农业经济时代。……到了农业经济时代,男子便专从事于农作,在经济上占优越的地位,女子遂退处于家庭以内,作些洒扫的琐事”[④]。与男子经济地位变化相适应,男尊女卑的观念以及掠夺与买卖两种婚姻也就发生,女子结婚的日期亦与农业经济有密切的关系。李大钊说:“中国古代的婚姻时期,亦似在秋冬之交。《周礼》言仲春,《夏小正》言二月,殆因农业经济社会交易物品,必在秋收冬藏之际,婚姻既含有买卖的性质,故亦在同时举行。且妇女在农家亦有其必要的工作。农忙既毕,女家始肯令之适人,而在农隙举行,可以不至妨及农事。”[⑤](4)“殷的时代还在石器时代”,而周代“已入铜器时代”。李大钊根据《尚书》、《诗经》等古代文献认为,《尚书》中的《商书》五篇,虽有贝字及从贝的字,而金字及从金的字一个亦没有。有金字从金的字,自《尚书》中的《周书》及《诗经》开始。而根据当时的考古发掘,“殷虚古器物中,不但绝无金属铸造货币,即金属器物,亦可以说未曾发见。再查发掘

① 《原人社会于文字书契上之唯物的反映》,《李大钊全集》第3卷,人民出版社2013年版,第298页。

② 《原人社会于文字书契上之唯物的反映》,《李大钊全集》第3卷,人民出版社2013年版,第299页。

③ 《原人社会于文字书契上之唯物的反映》,《李大钊全集》第3卷,人民出版社2013年版,第302页。

④ 《原人社会于文字书契上之唯物的反映》,《李大钊全集》第3卷,人民出版社2013年版,第307页。

⑤ 《原人社会于文字书契上之唯物的反映》,《李大钊全集》第3卷,人民出版社2013年版,第308页。

物中的龟版文字,迄今所以辨读者多为贝字,或从贝的字,至于金字或从金的字则未有一",所以李大钊断定商代"尚为石器时代",而周代"已入铜器时代"①。李大钊关殷商为石器时代的推断在现在看来是不正确的,反映当时学术界对殷商社会的认识。我们知道,殷墟开始考古发掘是 1928 年的事,其进一步研究则在这之后,李大钊当然不能知道 1928 年以后的考古发掘及研究情况了。李大钊的《原人社会于文字书契上之唯物的反映》是中国学术史上运用唯物史观原理研究远古至商周社会的拓荒之作,科学地再现了远古至商周这一时期中国社会的基本面貌,为中国古代史研究提供了良好的范例,应引起学术界重视。

二是比较系统地研究了中国古代社会土地制度的演变过程。中国古代社会的土地制度是古代社会经济结构在上层建筑上的反映,因而也是古代史领域经济史研究的主要内容。从唯物史观出发研究古代社会的经济生活,就必须注重研究土地这一重要的农业社会的生产资料状况,考察统治阶级土地政策的得失,从而寻出规律性的内容。1925 年底到 1926 年初,李大钊发表长篇论文《土地与农民》,其第一部分"中国历史上平均地权运动"对中国古代社会的土地制度的演变作了较为系统的考察,成为中国共产党人研究古代土地制度史的开创篇章。李大钊对古代社会土地制度的探索有这样两个特色:其一,对古代社会土地制度的起源和发展作了说明,反映出古代社会土地制度演变的基本概貌。李大钊认为,古代社会的土地制度起源于井田制度,然后"直至春秋战国时,土地私有制才渐次确定"。也就是说,中国古代经过井田制度这一阶段。当时中国学术界对古代社会是否存在井田制度有不同的意见,如胡适就对历史上是否实行井田制政策表示怀疑。胡适于 1919 年 11 月 8 日致书廖仲恺,认为"承认古代真有井田制度,这是很可疑的事。"他说,在那"半开化"的时代,"'豆腐干块'的井田制度也是不可能的。井田的均产制乃是战国时代的乌托邦。"李大钊认为历史上存在过井田制度,对此不应有所怀疑,他的理由是:"自周、秦以来,为谈政者一种理想的土地制度,则确为事实;而原始经济的状态,有一个土地共有的阶段,亦确是人类生活的普遍现象。"李大钊的推断是正确的,原始社会的确经过土地共有的阶段,以后土地国有制瓦解也有文献资料为证;周秦以来存在言必称三代的思想倾向,为政者把土地国有作为一种理想的土地制度,也说明历史上确有其事。李大钊在承认历史上有井田制的前提下,对中国历史上的土地制度进行了

① 《原人社会于文字书契上之唯物的反映》,《李大钊全集》第 3 卷,人民出版社 2013 年版,第 301 页。

概述，主要是汉武帝的限田制的主张、王莽的王田制、西晋的占田制、北魏的均田法、唐代的班田法、宋代的限田制、明代的庄田制、清代的旗田制等等。这就反映了中国古代社会土地制度的基本概貌，厘清了古代社会土地制度的轨迹。其二，对中国历史上的土地制度进行有重点的评述。如李大钊认为井田制度是土地私有制的前史，"井田制的根本要旨，乃在收天下土地为公有，而均分之于各家，使他们收益使用，是一种比较完满的土地国有、平均的授与农民耕种使用的制度。"北魏的均田制历史上评价较高，李大钊一方面承认它在当时实行的合理性，但另一方面又指出它的局限性。李大钊说："均田法的大要，是把田地分为露田与桑田二类。……此等土地政策，皆因大乱以后，人民离散，土地荒芜，豪强跋扈，税制紊乱，乃谋所以安插游民，奖励稼穑，以荒闲的土地给与贫民，以图增加税源的方策，而非根本的解决土地问题的政策。"至于唐代的班田法，得到历史上封建史家的赞誉，并被说成是一种完美的土地制度。李大钊对班田法的评价，着重揭示其阶级性及其在封建社会土地制度史上的承上启下的地位。所谓承上是指吸收了西晋占田制以来的办法，所谓启下是指成为后来明代庄田制的渊源。李大钊指出："班田法又谓集晋以来田制的大成，但其目的，并不在没收富者的田地以给贫民，而在整理租税，故许民迁徙，所分田均得买卖，而其给与亲王、郡王以下的永业田，乃至百顷、六十顷、五十顷之多，形成一种阶级制度。……此种土地阶级制的根萌，后来流衍而为庄田制，形成一种封建的大地主阶级，用种种手段，兼并贫民土地，既夺其土地，复以重大负担，加于贫民。"对于清代的旗田制，李大钊除揭示其阶级压迫外，还阐明其所反映的民族压迫的特点。指出清代的旗田"此不过为一部分征服民族，立一种保障特权的土地制度，而非解决全中国农民的土地问题。"①由以上李大钊对中国古代土地制度的论述可知，李大钊特别注重从阶级分析的角度来剖析封建土地制度的实质，注重从古代土地制度的相互联系中来反映土地制度在古代社会经济生活中的位置。因此，《土地与农民》中的第一部分《中国历史上平均地权运动》，不仅是中国学者运用唯物史观研究中国古代土地制度史的开创之作，而且也是运用马克思主义理论研究古代土地制度的典范篇章。

这里需要指出的是，李大钊在古代史研究中侧重于对经济生活的探讨，但他没有忽视对中国古代文化的研究。李大钊认为历史就是人类的生活并为其产物

① 本段征引皆出自《土地与农民》，《李大钊全集》第5卷，人民出版社2013年版，第95—97页。

的文化,这里所说的“文化”是一个广义的概念,当然包括狭义的文化及思想等内容。李大钊认为中国古代对人类文化的发展作出了贡献,1918 年他就曾指出:“中国于人类进步,已尝有伟大之贡献。其古代文明,扩延及于高丽,乃至日本,影响于人类者甚大。”①在李大钊接受马克思主义后,他对古代中国文明也予以高度的重视。如中国造纸术的发明及对人类的影响,李大钊从英国学者西里尔·戴文波特(Cyril Davenport)的著作——《书籍:历史及发展》(*The Book:Its History and Development*)中寻得了证据,即在公元 751 年中国与阿拉伯人的战争中,中国军队在撒马尔罕(Samarkand)战败,阿拉伯人和波斯人从中国的俘虏中学得了造纸术,后又由阿拉伯人传入了欧洲。李大钊根据这一证据指出:“造纸术由亚拉伯人输入于欧人,大约在十字军兴的时顷。中世末期欧洲得了两种新发明,一是造纸术,一是印刷术,遂以召起文艺复兴的大运动”②。从而说明了中国古代文化对西方发展的具体影响。李大钊对中国古代的孔子思想也予以十分的重视,并运用唯物史观原理作出了分析和说明。他比较全面地分析了孔子学说的基本内容,认为孔子学说“所以能在中国行了二千余年,全是因为中国的农业经济没有很大的变动,他的学说适宜于那样经济状况的原故。”③由此可见,李大钊对中国古代思想文化的研究也给予了高度的重视。

三、在古代史研究中提出了新的方法和新的视角

“五四”以后,中国古代史研究如何发展,如何在马克思主义新的历史观指导下加强研究,是历史研究领域的重要学术课题。李大钊坚持马克思主义对古代史研究的指导地位,并以其对古代历史的认识和历史研究中的体验,在古代史研究的方法和视角等方面提出了一些值得重视的观点。

一是要重视运用新史观对历史材料进行新的阐释和说明。李大钊特别重视马克思主义新史观对古代史研究的意义,他发表的《原人社会于文字书契上之唯物的反映》文章,从其征引的文献资料来看并没有太多的新史料,但他注重对

① 《东西文明根本之异点》,《李大钊全集》第 2 卷,人民出版社 2013 年版,第 312 页。

② 《原人社会于文字书契上之唯物的反映》,《李大钊全集》第 3 卷,人民出版社 2013 年版,第 305 页。

③ 《由经济上解释中国近代思想变动的原因》,《李大钊全集》第 3 卷,人民出版社 2013 年版,第 191 页。

文献史料的唯物史观解释，因而得出了新的结论。他倡导打破“黄金时代”说就在于要打破落后的、退落的历史观，运用新史观对历史重新解说。他在其他史学理论的著作中，一再强调要对历史进行“解喻”，对历史要进行“重作”或“改作”，这当然也包括古代历史在内。他说：“前人为孔子作传，必说生时有若何奇异祥瑞的征兆，把西狩获麟一类的神话，说得天花灿烂；我们若在现今为孔子作传，必要注重产生他这思想的社会背景，而把那些荒诞不经的神话一概删除。本着这一副眼光去考察旧史，必定忍不住要动手改作。一切的历史，不但不怕随时改作，并且都要随时改作。改作的历史，比以前的必较近真。”①李大钊强调要根据新史观对历史进行“改作”，对古代史研究是有指导意义的。上面提到的《原人社会于文字书契上之唯物的反映》，就是李大钊运用唯物史观对远古至商周历史进行“改作”的积极尝试。

二是要对古代经济史进行研究。传统史学不是一点不注重研究经济史，但总体上是以政治史为中心的。我们知道，传统史学也有一部内容是重视物质生活在历史发展中的重要性及其对社会面貌、风尚、道德观念的影响，以及自然条件和历史进程的关系，这在《史记》的《货殖列传》、《平准书》和历代正史的《食货志》、《地理志》及其他地理书中都有丰富的论述，杜佑的《通典》以《食货》为全书之首就是明证。但是，这些唯物的或进化的观点只是一些理论的片段，还不可能形成以经济史观为基础的理论体系。李大钊以马克思主义唯物史观为指导，强调要研究古代社会生活，他认为中国以农业立国，在东洋诸农业本位国中占有重要的地位，而中国古代的“家族团体，一面是血统的结合，一面又是经济的结合。在古代原人社会，经济上男女分业互助的要求，恐怕比性欲要求强些，所以家族团体所含经济的结合之性质，恐怕比血统的结合之性质多些。”②李大钊特别提出，要突出经济史的研究，他本人对中国古代土地制度史的探索就是他的这一思想的反映。这里需要特别提及的是，1920 年李大钊在北大的“讲义”中有一篇《中国古代经济思想之特点》，由于这篇文章不完全，只有开头一部分梳理老子、儒家、管子、韩非子、墨子、荀子等经济学说的资料，我们很难全面了解李大钊对古代经济思想的具体见解，只能知道他认为“东方的经济思想，其要点在于无欲与寡欲，在于节用与俭用”③。不过，我们可以想见李大钊对中国古代经

① 《史学要论》，《李大钊全集》第 4 卷，人民出版社 2013 年版，第 524 页。

② 《由经济上解释中国近代思想变动的原因》，《李大钊全集》第 3 卷，人民出版社 2013 年版，第 186 页。

③ 《中国古代经济思想之特点》，《李大钊全集》第 3 卷，人民出版社 2013 年版，第 286 页。

济思想的研究是极为重视的。强调要研究古代社会的经济生活，其实质在于运用唯物史观考察古代社会。这一主张在20世纪30年代由郭沫若、吕振羽等马克思主义史学家进行了具体的实践，从而使中国马克思主义史学和中国古代史研究进入一个崭新的阶段。

三是重视利用地下考古发掘材料来研究古代史。从地下发掘的文物是古代历史的遗留物，其所蕴含的历史信息可以补正历史文献之不足，因而对古代历史的研究有十分重要的意义。当时学术界有人认为运用考古材料于古代史研究存在危险性，李大钊不同意这种看法。1920年李大钊就指出："有人说，据一部分的发掘物解释当时的社会状态的全体，这种方法不无危险，但在今日舍此更无确实的证据，而且是等发掘物实从曾为殷朝的都城的地方发掘出来的，据以推测当时的社会状态的一般，亦没有很大的危险。"①李大钊也力图利用当时殷墟中的材料来考察商人社会情况，只是由于当时殷墟发掘没有展开，他没有能看到殷墟古器中的金属器，龟版文字中也没能找到金字或从金的字，所以他作出了殷代为石器时代这一不符合历史实际的判断。这是时代的限制。我们不能由此而否定李大钊提出的利用考古材料研究古代史这一观点的意义。在研究方法上，李大钊主张使用考古材料要与文献相结合。例如，他认为研究殷周社会的历史在利用殷墟考古材料时，要用较为可靠的一部分《尚书》和《诗经》中的文献，从中寻出些旁证。再如，关于中国古代的竹书、帛书、纸书等问题，李大钊充分利用考古材料，吸取了罗振玉、王国维的考古研究所得，同时又与《史记》、《汉书》的文献相参照，得出"中国古代的文字书于竹帛，竹书在先，帛书稍后"的结论。李大钊指出："竹书经后人所发掘者，西晋时有《汲冢竹书》、南齐、北宋均曾有掘地得竹简、木简的事实，最近清光绪末年，英、法人在甘肃燉煌附近发见石室藏有古代简牍很多，考罗（振玉）、王（国维）合著的《流沙坠简考》，释帛简都在新莽（纪元二十三年）以前，纸简都在两晋（纪元四百一十九年）以后。又《汉书·艺文志》各书目，以篇计的十有七八，以卷计的十有二三，而以卷计的，又概为汉代中叶以后的著作。又考《史记》、《汉书》，可知那时公私文牍率用竹简或木简，足证纸未发明以前先用竹木，次用帛。"②在当时学术界没有充分认识到考古材料对史学研究意义的情况下，李大钊倡导要利用发掘文物材料并与文献材料相结合，这对中

① 《原人社会于文字书契上之唯物的反映》，《李大钊全集》第3卷，人民出版社2013年版，第301页。

② 《原人社会与文字书契上之唯物的反映》，《李大钊全集》第3卷，人民出版社2013年版，第303页。

国古代历史研究有着重要的学术意义。从学术史的角度来看，李大钊倡导根据考古“发掘物解释当时的社会状态”这一主张，郭沫若予以充分的继承和实践。郭沫若坚信通过地下出土的古文字来研究中国古代社会，是一条正确的途径。他的《中国古代社会研究》中的《卜辞中之古代社会》及《周代彝铭中的社会史观》等篇，就是研究甲骨文、金文并进而考察中国古代社会的积极尝试，开创了中国古代史研究的新天地。由此可以看出，李大钊倡导利用考古成果研究古代历史在中国古代史研究中的意义。

*四是重视中外历史的比较以深化古代史的研究。*李大钊重视中外历史的对比研究，早在1918年6—7月发表的《东西文明根本之异点》文章，就从对比的角度论述了中国文化思想的特点。转变为马克思主义者以后，李大钊依然注重中外文化的对比研究。例如，他通过中外文化历史的比较研究而认为，包括中国在内的东方民族是“以农业为本位，而为定住的”，而“农业本位的民族，因为常定住于一处，所以家庭繁衍，而成大家族制度——家族主义”；又因聚族而居，形成“重男轻女一夫多妻的风俗”。而西方民族则相反，是“以工商为本位，而为移住的”，而“工商本位的民族，因为常转徙于各地，所以家族简单，而成小家族制度——个人主义”；又因为转徙无定，所以形成了“尊重妇女一夫一妻的习惯”①。李大钊的这些见解在今天虽然还有进一步研究的必要，但他从中西比较的角度所阐明的中国文明特点，对古代文化史的研究还是有积极意义的。再如，关于中国古代经济思想，李大钊也是通过中西比较来说明的。他认为就经济思想而言“东西人有根本特异的地方”，其具体表现为：“西方人的经济思想，既于欲望的是非邪正，一概不加择别，而惟尽力以求其满足，而满足的手段，亦复不加以选择；东方人的经济思想，于欲望既须加以严正的择别，于一定的限度内认为必要的欲望，可以使之满足，此外则必须加以节制，而于满足欲望的手段，亦须守正当的轨范。”②可见，李大钊不仅倡导运用比较研究的方法于历史研究，而且身体力行地通过中西历史的比较而研究中国古代历史。由于李大钊注意比较研究方法，所以他在中国古代史研究中往往得出新鲜而独到的结论。

综上所述，李大钊在中国古代史研究领域虽然没有进行全面的系统研究，但是已涉足古代史研究的许多领域，在观念开新、研究视角、重要领域等方面都做

① 《由经济上解释中国近代思想变动的原因》，《李大钊全集》第3卷，人民出版社2013年版，第185—186页。

② 《中国古代经济思想之特点》，《李大钊全集》第3卷，人民出版社2013年版，第286页。

了开创性的工作，是五四时期运用马克思主义研究中国古代史的杰出代表。虽然他的研究结论在现在看来未必都符合历史实际，但他得出的主要结论还是正确的。他对中国古代“黄金时代”说的批判和对史学新观念的的倡导，他在中国古代社会经济生活方面的探索，他研究中国古代史的新视角及其所运用的新方法，不仅在当时对中国古代史研究具有指导性意义，而且在今天也有许多值得借鉴、继承的方面。

（原载《史学月刊》2002年第5期）

【昔文琐记】这篇《李大钊与中国古代史研究》，写作于2001年春天。从个人的投稿记录来看，是2001年5月20日寄出的。

李大钊并非是专门研究中国古代史的专家，但他对于中国古代史的研究有重要的贡献。就其原因，可能有以下几点：

第一，李大钊有较为深厚的国学基础，对古代的文献了如指掌。李大钊曾考中秀才，原本是沿着科举的道路走下去的，只是1905年科举制度废除，于是转入新式学堂，而接受新学。从李大钊的早期著作来看，他的国学根基很好。他论述“民彝政治”问题、中央集权与地方分权问题等，都大量引用传统典籍，可见其国学基础非同一般。我曾写了《传统文化与李大钊的早期思想》的文章，从中也可以看出李大钊接受传统文化教育的情况。

第二，李大钊运用唯物史观解释古代史，对古代历史作出了新的诠释。李大钊研究中国古代史，虽然就文献应用上看，并不如专门史家那样旁征博引，但他的研究路径是独到的，得出的结论是新颖的。这主要是得益于马克思主义唯物史观的指导，同时也得益于他对古代文献所作的新的诠释。这也说明，理论指导、基于文献的创新性解读以及新观点的提出，乃是李大钊取得研究工作进展的重要原因。

第三，李大钊有着宽阔的学术研究视野，善于在联系中阐发自己的学术见解。李大钊关于中国古代史的许多见解，并不是专门研究古代史时提出的，而是在其他相关问题的研究中阐发的。譬如，关于中国古代土地制度的研究，表现在《土地与农民》这篇文章中。李大钊研究问题，善于寻找源流，揭示其渊源，这使他在研究中国的现实问题时，一般都重视从历史演变的角度来说明，当然也就会关涉到中国古代史了。

我这篇《李大钊与中国古代史研究》文章，提到李大钊对古代黄金说的批判问题，这里需要交代一下李大钊有自己的“黄金说”，并且有着从圣西门那里来的学术来源。李大钊确实对古代“黄金说”予以批判,但他本人也有自己的“黄金说”,这就是他认为黄金时代在我们前面(在我们的未来),并认为创造黄金时代是我们的责任。这是主张历史进步的历史观,并将人们的历史创造活动视为历史发展的动力。李大钊在《今与古——在北京孔德学校的演讲》一文的最后说:“我们承古人的生活,而我们的子孙,再接续我们的生活。我们要利用现在的生活,而加创造,使后世子孙得有黄金时代。这是我们的责任。”①此文是李大钊 1922 年 1 月 8 日的学术演讲,这个关于黄金时代在未来的观点,在李大钊以后的著作中一直是坚持的。考察李大钊这个观点的渊源,笔者认为来自圣西门。譬如,李大钊在《桑西门(Saint-Simon)的历史观》中,曾引述过圣西门这样一段话:“诗人的梦想,以为只于太古蒙昧人类原始的时代,才有‘黄金时代’。抑知那却不是黄金时代,宁认他为铁时代尚为得当。黄金时代,不在我们背后,乃在我们面前,不在过去,乃在将来。这是社会秩序的完全。我们的祖若父,未曾看见过他;我们的子若孙,将有达到此境的一日;为他们开辟径路,是我们的责任。”②圣西门确实在《〈论文学、哲学和实业〉的题词》著作中说:“直到目前,人们都盲目地传说黄金时代是属于过去的事,其实它还在将来。”圣西门的观点是,将来社会制度完善了,会把我们人类带到黄金时代,尽管我们这一代虽然看不到黄金时代,但是我们的后代会在某个时候进入这个时代,所以我们应当为它铺平道路。李大钊的“黄金说”源自圣西门,说明中国早期的马克思主义者曾对空想社会主义者的思想予以批判地继承。

需要说明的是,李大钊的著作《原人社会于文字书契上之唯物的反映》,是李大钊研究中国古代史的代表性著作,在史料的运用上虽然借鉴了晚清梁启超、刘师培等的研究成果,并且也有从文字演变诠释历史的方法,但他是以唯物史观来对古代史进行诠释的,开唯物史观研究中国古代史之先河,这与梁启超、刘师培用进化论来诠释古代社会,还是有很大不同的。韩国学者认为我对李大钊在中国古代史研究方面的贡献评价过高,但我至今仍然认为,称“李大钊是运用唯物史观研究中国古代史先驱”这一评价是恰如其分的。

那么,李大钊在转变为马克思主义者以后,为什么将史学作为自己研究的重点呢?众所周知,李大钊一开始是学习法政的,留学日本也是学习法政专业,回

---

① 《今与古》(1922 年 1 月),《李大钊全集》第 4 卷,人民出版社 2013 年版,第 16 页。

② 《桑西门(Saint-Simon)的历史观》,《李大钊全集》第 4 卷,人民出版社 2013 年版,第 415—416 页。

国后办报是政论家身份，进入北大以后以研究十月革命而闻名，在北大最先受聘的是“政治学教授”。对此，我请教过我的导师张静如先生。张先生指出，李大钊以宣传和研究唯物史观而在学术界产生影响，而研究唯物史观并深入下去，自然就要对社会历史规律作出研究，因而在史学上有重要成就也就必然了。先生的提示，开启了我的研究思路。我以“五四观念的变迁与李大钊开创中国马克思主义史学”为思考的重点，认为应该考虑“中外时势与李大钊走向史坛”问题，认为主要原因是：(1)早年受学及其史学的训练；(2)赛先生走向国学与史学的学术趋势；(3)文化复兴的信念及其对新文化运动的超越；(4)世界范围内民族主义意识的兴起与“民族本位”意识的强化；(5)唯物史观与史学观念的更新。这只是一个纲要，待有机会成文。

我虽然是历史学专业出身的，但实在地说，自己对中国古代史并没有什么研究。大学时，对中国古代史虽然有些兴趣，但最喜欢的还是中国近现代史。写此文有一个重要的感受，即知识面不能太窄，那样的话，研究工作是很难进行下去的。好在我在盐城教育学院工作的十年，那里教师讲历史课并不容许只讲一门，而是要讲好几门课程。那里的历史教师，当时只有几个人(一开始连我在内共3人)，课务分工不是很细，这对我以后的研究工作，实在是很有好处。在盐城教育学院，我虽然主要讲授世界近代史、世界现代史、世界当代史，但也讲过《中国革命史》课，给中文专业开设过《中国古代史》课程，给函授生讲过《史学概论》课程。那时我是刚毕业的小青年，领导安排什么课，就讲什么课；领导能够安排你上某一门课，就说明领导看得起你。在徐州师范大学，我讲过《中国现代史》、《中华人民共和国史》、《中国近现代文化史》、《邓小平理论概论》、《现代化与中国发展》、《行政学概论》，在研究生中开设了《中国近现代思想史》、《马克思主义文献研究》、《中国马克思主义学术概论》、《中共领袖人物研究》、《马克思主义理论研究》等课程。现在看来，我如果不是在盐城教育学院讲过《中国古代史》、《史学概论》这两门课，这篇《李大钊与中国古代史研究》文章是写不出来的，即使能写出也不会能达到这样的水平。

以我个人的经验来看，年轻的大学教师，多开设一些课程有好处，可以逼迫自己扩大知识面，这对于自己建立一个较为系统、较为宽广的知识体系，对于以后研究工作的深入开展，应该说是很有帮助的。

2021年1月31日

科学话语与现代中国史学的建立

中国现代史学的科学话语与西方历史学界的变化有着不可分割的联系，现代中国学者关于历史学是否是科学的讨论也承继着西方史学界讨论的话题，并日益彰显马克思主义唯物史观的深刻影响。这场讨论就中国历史学发展进程而言，实际上是在现代中国学术界确立历史科学的话语体系，提升历史学在学术界的地位，并增强历史科学对历史进程的解释能力。从 19 世纪后半期以来，西方学术界就历史学是否是科学进行了讨论，由此分析的、批判的历史哲学相继兴起。这一学术思潮对 20 世纪上半期中国历史学建设产生很大的影响，无论是正在形成中的中国马克思主义历史学还是正在发展中的进化论历史学，都参与了历史学是否是科学的讨论，并在讨论中加深了对历史学学科性质的认识，从而推动了中国现代史学科学化的进程，历史科学在学术界的话语系统得以建立起来。于今而言，这场讨论已成历史，并在中国现代史学史上留下特殊的痕迹。对这场持续了三十年的讨论，梳理其历史变动的轨迹并进行分析和评价，提示其在中国现代史学史上的地位，这对现今中国历史学的发展也许可以提供某些借鉴和教训。

一、历史学科学话语系统的初步构建（20 世纪 20 年代）

历史科学的话语系统进入中国学术界，是与五四时期科学思想的传布密切联系在一起的，但也是与当时中国史学发展的实际状况分不开的。20 世纪 20 年代西方的各种史学思潮在中国不断传入，马克思主义理论也在中国传播开来，中国现代史学的建设呈现各学派竞争的局面。这一时期既是中国马克思主义史学的产生阶段，也是中国实证主义史学的发展阶段。无论是处于开创阶段的中国马克思主义史学，抑或是正在发展中的中国实证主义史学，都不能不对西方自

19世纪后半期以来关于历史学学科性质问题争论采取积极的回应态度。于是，中国学术界关于历史学是否是科学的讨论拉开了序幕，历史科学的话语系统在中国也就处于初步的构建之中。

中国马克思主义史学在创立之初就将历史学学科性质的讨论作为重要内容，认为依据马克思主义的唯物史观，则历史学显然是科学的学科并置于科学的序列之中。李大钊是中国马克思主义史学的创建者，他认为历史学是科学这一论断不应动摇，历史学向科学前进的方向与总趋势也不可改变。他说："今日的历史学，即是历史科学，亦可称为历史理论。史学的主要目的，本在专取历史的事实而整理之，记述之；嗣又更进一步，而为一般关于史的事实之理论的研究，于已有的记述历史以外，建立历史的一般理论。严正一点说，就是建立历史科学。此种思想，久已广布于世间，这实是史学界的新曙光。"①在李大钊看来，历史学之所以在当时未能成为严正的科学，并不在历史学学科性质的本身，而在于研究者还未能充分进行关于"史的事实之理论的研究"。因为"观于实际，则治史学者，类多致其全力于记述历史的整理，而于一般史实理论的研究，似尚置之度外；即偶有致力于此者，其成功亦甚微小，以致历史科学尚未充分发展至于成形"②。所以，李大钊要求历史学家加快历史学科学化进程的努力，特别要注重历史理论的研究，认为这是使历史学成为历史科学而不可逾越的阶段。他说："理论史家为自己的企图的便利起见，不能不自己下手去作特殊事实的研究，或于记述史家所未顾及的事实加以考证，或于记述史家所曾考证的事实，更依自己的立脚点用新方法以为考察；当自辟蹊径，不当依赖他人。这样的研究下去，历史理论即历史科学，终有完全成立的一日。"③在中国早期的马克思主义者中，瞿秋白虽然不是历史学家，但他从社会发展史的角度来分析历史的规律，认为历史是人类社会的历史，社会现象必然有其规律之可寻，而作为研究社会的历史学自不能在科学之外。他指出："人类离自然而独立自由，完全在于探悉自然界的公律。人类历史的发展里，人若欲求得自由，欲求脱离社会现象之'自生自灭'的压迫，而进于自由处置社会现象的威权，亦必须探悉社会现象里的'必然'因果律。"④大体而言，中国马克思主义历史学派在形成阶段，在创建中国马克思主义历史学的过程中，除了李大钊写出《史学要论》专门探讨历史学学科性质外，大多侧重唯

① 《史学要论》，《李大钊全集》第4卷，人民出版社2013年版，第528—529页。

② 《史学要论》，《李大钊全集》第4卷，人民出版社2013年版，第533页。

③ 《史学要论》，《李大钊全集》第4卷，人民出版社2013年版，第534页。

④ 瞿秋白：《自由世界与必然世界》，《新青年》季刊第2期，1923年12月20日。

物史观的宣传和对近代中国历史状况的研究，对历史学进行学理性探讨不是很充分。但中国马克思主义学派所明示的历史学的科学性质，却为后继的马克思主义者所继承和发展，并使历史科学的话语系统建立在马克思主义唯物史观基础上。

梁启超是中国实证主义史学的重要代表人物，他在五四时期对历史的科学性表示怀疑，这也使得他在建构历史科学话语系统中处于边缘的位置。虽然梁启超在 20 世纪初倡导“新史学”时承认历史的因果联系，但到五四时期却否认了历史的因果性，认为历史至多只存在“因缘”，而不具有因果联系，所以历史学不能成为科学，当然也就不能用科学的因果律予以解释。梁启超在 1922 年底所作的《研究文化史的几个重要问题》的演讲中，明确否定了历史因果律的存在。梁启超表示，他在《中国历史研究法》中将史学定义为“求得其因果关系”，但“近来细读立卡尔特（李凯尔特——引者注）著作，加以自己反复研究，已经发觉这句话完全错了”。其理由是，历史是由人类的自由意志所造成的，“既自由便没有必然”，当然也就不能遵循“必然的法则”（因果律），所以，“我们既然承认历史为人类自由意志的创造，当然不能又认他受因果必然法则的支配，其理甚明”。梁启超又进一步解释说：“历史现象，最多只能说是‘互缘’，不能说是因果。互缘怎么解呢？谓互相为缘。佛典上常说的譬喻，‘相待如交芦’，这件事和那件事有不断的连带关系，你靠我，我靠你才能成立。就在这种关系状态之下，前波后波，衔接动荡，便成了一个广大渊深的文化史海。我们做史学的人，只要专从这方面看出历史的‘动相’和‘不共相’。倘若拿‘静’的‘共’的因果律来凿四方眼，那可糟了。”①梁启超是当时学术界的大师级人物，他的史学观的转变对中国实证主义史学家颇有影响。

20 世纪 20 年代的中国历史学界，由于一些学者对历史学的科学性与自然科学差异的研究，又使一部分学者对历史学科学性发生不同程度的质疑，并进而怀疑到历史学的科学性的存在。何炳松在五四时期承认历史学在学科性质上属于科学，如他说：“历史要变为科学的，必先变为历史的才可，——就是说，研究历史，不但研究历史的‘然’，而且要研究历史的‘所以然’。19 世纪以前的历史家，统是没有人类进步的观念的，到了现在，我们才知道世界是一个变化的东西；各种制度，统是多年进步的结果。‘历史的继续’，是一个科学的真理；研究变化

---

① 梁启超：《研究文化的几个重要问题》，《饮冰室合集 · 饮冰室文集之四十》，中华书局 1989 年版，第 4 页。

的程序,是一个科学的问题。这就是历史同文学不同的原因,亦就是历史所以升为科学的缘故。"①但到 1929 年,何炳松却认为:"历史这种学问,可以说是纯粹主观的学问;而自然科学,大体上可以说完全是客观的学问"。因而,历史学的性质不能等同于自然科学的性质,不能认为历史学即是科学。为了说明历史学与自然科学的不同,何炳松提出这样几点理由:"第一,就是观察点的不同。科学方法里面的观察点,是在各种实质上求他们相同的地方;而历史的观察点,完全注意于实质上各种不同的地方。概括地说:科学方法,是在各实质上求同;历史方法,是在各实质上求异。第二,就是研究对象的性质不同。科学所研究的,专注意在许多实质中某一种原质,所以非常单纯;而历史所研究的,并不是研究许多事实里面的某一点,乃是将一件事实的各方面,作普遍的各个的研究。还有科学研究的范围,是有一定的,它总是由复杂而简单。至于历史研究的范围,就没有一定了:我们可以研究一个朝代的历史,也可以研究一个小时的历史;我们可以研究一个民族的历史,也可以研究一个人的历史。还有一点,就是历史处处要受时间空间的限制,换句话说:就是历史的事实绝对不能离开地方和时代。时与地实在是历史事实必要的元素。至于科学就可不受这种限制。科学的真理,一旦发见以后,无论古今中外,都可以应用起来。第三,历史研究法的步骤和自然科学研究法的步骤,也不相同。自然科学所用的步骤,是观察和实验;而历史所研究的事迹,都是已经过去的了,没有方法可以观察,可以实验。所谓'生死人而肉白骨',是一件绝对不可能的事情。"②何炳松历史学思想的倒退,不仅在当时前进中的中国历史学界颇值得注意,而且也从一个侧面提示中国实证主义史学所构建的历史科学话语系统自身存在着问题。

但是,由于五四时期是科学的时代,科学在学术界占有相当大的话语权势,这对中国实证主义历史学有很大的影响。胡适在五四时期是宣传科学思想的重要代表,他虽然没有明示历史学就是历史科学,并且也不大注重历史观的建设,但他强调必须用科学方法来研究历史,诚如他后来的总结:"科学的方法,说来其实很简单,只不过'尊重事实,尊重证据'。在应用上,科学的方法只不过'大胆设想,小心求证'。"③另外,胡适虽然反对唯物史观在建构历史学科学话语中

① 何炳松:《新史学导言》,《史地丛刊》第 2 卷第 1 期,1922 年 6 月。

② 何炳松:《历史研究法》,《民铎》第 10 卷第 1 号,1929 年 1 月 1 日。

③ 《治学的方法与材料》(1928 年 11 月),《胡适文集》(4),北京大学出版社 1998 年版,第 105 页。

的指导地位，但他提出的“历史的态度”主张①，实际上也在很大程度上承认历史发展的因果规律。故年轻一代的实证主义史学家大多不能同意梁启超等关于历史学非科学的见解。他们在当时中国的学术界，借鉴和吸收近代西方历史学科学化的思路，移植西方历史学的话语系统，积极倡导历史学是科学的观点。如谷凤池认为历史具有因果规律，指出：“宇宙各科现象，无不有因果关系存在；证之人类历史，尤其显著，……无果不有因，有因必有果，这是历史的通性。”②缪凤林也认为历史学必须用归纳法研究，历史学具有“公例之学”的特征，指出：“历史为演进活动，无始亦无终，故其事迹至繁至赜，非研究归纳，御之以简，殊非吾人所能问津，且亦无以为用。此求历史之公例，实治史者之一要图，而史之能成科学与否，亦即以此为断。盖科学之特色，为系统之知识。换言之，即有公例之学耳。”③当然，当时中国的实证主义史学处在发展的进程中，也有学者对历史学是否是科学以及历史如何转变为科学的问题，采取模糊两可的态度，但却难以否认史学与科学之间的关系。如陈训慈说：“至于史学之能成科学与否，实非至要之问题。史学当有条件的采用科学方法，已为必然之趋势。惟详考其性质，最近学者皆确信其与自然科学迥殊。故纵多以科学相称者，亦必声明其非自然科学之意。然则史学之所包含者广，吾人但求其实际之裨益，初无须以为必成科学，而后足见史学之伟大也。”④总体而言，当时中国实证主义史学家大多肯定历史学的科学性质，至少承认用科学方法研究历史学的正当性，这在当时是一个显见的学术趋势。

20 世纪 20 年代后期，中国的实证主义史学有了进一步的发展，对历史学的学科性质的探讨也有进展，历史科学的话语系统还在被积极地承继着。傅斯年关于历史学的科学观是建立在西方兰克学派思想的基础上，他强调史料即史学的观点，承认史学属于科学的序列，主张用自然科学的方法从事历史研究，以使历史学建设成有如自然科学那样的科学。他说：“现代的历史研究，已经成了一个各种科学的方法之汇集。地质、地理、考古、气象、天文等学，无一不供给研究历史问题者之工具。顾亭林研究历史事迹时，自己观察地形，这意识虽然至好，

① 胡适对“历史的态度”有这样的解释：“凡对于每一种事物制度，总想寻出他的前因与后果，不把他当作一种来无踪去无影的孤立东西，这种态度就是历史的态度。”［参见《问题与主义》(1919 年 8 月)，《胡适文集》(2)，北京大学出版社 1998 年版，第 277 页。］

② 谷凤池：《历史研究法的管见》，《史地丛刊》第 1 卷第 3 期，1922 年 2 月。

③ 缪凤林：《历史与哲学》，《史地学报》第 1 卷第 1 号，1921 年 11 月。

④ 陈训慈：《史学观念之变迁及其趋势》，《史地学报》第 1 卷第 1 号，1921 年 11 月。

但如果他能有我们现在可以向西洋人借来的一切自然科学的工具,成绩岂不更卓越呢？若干历史学的问题,非有自然科学之资助,无从下手,无从解决。”①当时,也有些学者虽然没有对历史学是否是科学的问题进行系统的论证,但认为历史研究的特点决定了历史学具有科学性质。如徐琚清就说:“历史只能就现实的材料——实物、记载、传说等等——去寻觅证据。有时实物等等没有,只剩记载,没法子,也得请到‘故纸堆翻斤斗’。这是像历史这样科学的特色,是历史所以和其他科学不同的地方。虽然一方面看来,是研究史学的大缺憾;然而从别一方面看来,历史有了这种死的限制,才产生出它的纯粹科学的方法,寄托它的真精神。”②徐琚清并承认用科学方法研究历史学的正当性,如他指出:“科学方法在现代是研究学术的基础,在史学上更须用着它。然而用得着的,只不过是科学的方法。科学本身并不因为时代需求或它的实利,而一定要去研究。换句话说,我们要拿科学方法从活的方面去研究历史,但是不能因为时代需要科学,便以为历史没有研究的价值。学术界实利主义化,万不是一个好现象。”③需要说明的是,中国实证主义史学在贯彻历史学的科学性质方面是不彻底的,如胡适在1926年就有这样的说法:“史学有两方面:一方面是科学的,重在史料的搜集与整理;一方面是艺术的,重在史实的叙述与解释。”④由此看来,实证主义史学在20世纪20年代后期的发展使得历史科学的话语系统在学术界占有一席之地,但实证主义史学的科学观又有本然的局限。

20世纪20年代是历史学在中国成为科学的年代,创建中的中国马克思主义历史学与发展中的中国实证主义历史学,这两派虽然在当时中国学术界所处的位置有所不同,对历史学科学性质所具有的内涵的理解也有差别,但大致都对历史学的科学性地位表示认同,从而在中国构建历史科学的话语系统中作出了贡献。这两派之间的分歧固然存在并有不断扩大的趋势,但其分歧不如他们与传统史学的分歧那样大,在维护历史学科学地位上、在构建历史科学话语系统上有着共同性的目标(尽管两派所要构建的历史科学话语系统的图景有很大的不同)。正是在这种情形之下,历史科学的话语系统在中国现代学术界初步确立

---

① 傅斯年:《历史语言研究所工作之旨趣》,《国立中央研究院历史语言研究所集刊》第1本第1分册,1928年10月。

② 徐琚清:《谈谈历史》,《燕大月刊》第4卷第2期,1929年4月。

③ 徐琚清:《谈谈历史》,《燕大月刊》第4卷第2期,1929年4月。

④ 《介绍几部新出版的史学书》(1926年9月),《胡适文集》(10),北京大学出版社1998年版,第750页。

起其地位。

二、马克思主义历史科学话语系统的建立(20世纪30年代)

构建历史科学话语体系的努力在20世纪的30年代有重大进展,而这种进展又是在当时中国学术界的状况下进行的。20世纪30年代,西方人文主义思想在中国有进一步的影响,分析的与批评的历史哲学的不少观点引起中国学者的注意。中国学术界所开展的三次论战(中国社会性质问题论战、中国农村社会性质问题论战和中国社会史性质问题论战),促进了中国历史学的发展和中国马克思主义学派的壮大。又由于30年代民族矛盾的尖锐及其与阶级矛盾的交错,历史的研究与现实的关联处于不断的强化之中。正是在诸多因素的影响之下,促成了20世纪30年代中国学术界对历史学学科性质的探讨走向深化。这一时期公然反对历史学是科学的学者已为数很少,其主张者逐步退居到学术界的边缘位置。因此,关于历史学学科性质的讨论,主要不是历史学是否是科学阶段的问题,而是讨论历史学是何种科学、历史学又为什么还没有现实地进到科学阶段等一系列问题。这又使得正在发展中的中国马克思主义学派在历史科学化进程中逐步居于主导地位,并使历史科学话语系统构建在唯物史观的指导之下。

这一阶段有不少学者在承认历史学科学地位不可动摇的前提下,将作为科学的历史学与自然科学的关系进行讨论,力图充分显现历史科学的特点。这实际上是对中国早期实证主义史学家所信奉的历史科学话语系统的积极矫正。如有学者认为,历史学作为科学可以发现人类社会的规律,但这种规律与自然规律的精确性有所不同。齐思和就认为:"历史不但可以帮助我们了解现在,并且还可以推测将来的趋势。但是历史对于将来,也只能推测其大势而已,决不能如许多读历史的人所想的,读读历史,使可对于将来的事情,未卜先知。"①朱谦之在1935年认为,"历史在科学中的位置不是文学,不是哲学,而为一种科学"。他的这一观点是将历史学与自然科学的对比中得到的,如他说:"历史学的最大任务,即在于根据历史的一切事实,来发现一切统辖人类发展之定律的。所以,历

① 齐思和:《论史学之价值》,《燕大月刊》第7卷第1—2期合刊,1930年12月25日。

史正和自然科学一样。自然科学对自然界的一切事物,都可以用自然的目光去解释他;而历史的一切事实,亦可以用历史的目光去解释他。”①这些学者研究历史科学的问题,正是在将历史学与自然科学的比较和分析中来加深对历史科学性质的理解,其目的是克服将历史学简单地比同自然科学的倾向,这应该说是对实证主义历史科学话语系统的有力批评。

对于历史学的科学地位何以形成的问题,许多学者提出了新的认识视角,在建立中国马克思主义历史科学话语系统方面进行创造性努力。李则纲认为,史学所应用的研究方法与史学的性质是有密切联系的,由史学所使用研究方法则能推断史学的学科性质,因此,“历史的研究,只要能应用科学方法,我们就不能否认它为科学”②。朱谦之于 1939 年出版《中国通史》一书的序中,从史学自身发展的历程而不是与自然科学的比附中来说明历史学为科学的原因:“有的说历史不是科学,因为(a)科学是普遍的,历史是特殊的;(b)科学是发于批评精神的,历史是基于教权的;有的说历史确是一种科学,如十九世纪实证论者以历史为科学是不错的。但是关于这一个问题的讨论,我以为他们虽均能持之有故,言之成理,却是单在学理上讨论,就未免太抽象了吧。如果要知道历史之是否为一种科学,我以为须先对于此问题下一个历史的研究。史学本身可以最初不是科学,而现在变成一种科学;也可以说最初属于文学之内,而现在却脱出于文学之外而独立。所以我们只要第一,承认史学本身有一段长的而且复杂的历史;第二,承认知识所包括的范围,即关于科学知识的分类,也有一段长的而且复杂的历史。那末,把两者合拢比看一下,便可发见史学在科学分类中之史的发展,因而明了现代史学之所以为一种科学的原因了。”当时还有的学者进一步认为,历史学的研究要能够给人们提供系统的知识,则必须以承认史学是科学为前提,因为系统的知识体系是与科学密切联系在一起的。如陈啸江指出:“研究历史的人,都期望把历史变成有系统的知识。我们知道所谓有系统的知识云者,并不是篇章整齐,排列有序之谓。是谓其间所描述的东西,能作有机的连贯,息息相通,牵一发而动全身。……要达到这地步,必然地又要大家对于历史可以成为科学研究的这一命题,有大胆的信任而继续努力。”③翦伯赞在《历史哲学教程》中充分肯定马克思主义使历史学成为历史科学的重要意义,认为唯物史观的确立才

---

① 朱谦之:《历史科学论》,《现代史学》第 2 卷第 3 期,1935 年 1 月。

② 李则纲:《历史学与科学》,《学风》第 5 卷第 1 期,1932 年 2 月。

③ 陈啸江:《建立史学为独立的(非综合的之意)法则学的(非叙述的之意)科学新议》,《现代史学》第 2 卷第 4 期,1935 年 10 月。

使历史学进到科学的阶段,“旧来的历史理论之能进到真正的科学阶段,是由马克思、恩格斯的史的唯物论之建立”;而“所谓史的唯物论的历史观,是要求对于整个世界史‘从其联系上、运动上、错综上、生产过程上,去理解的——从辩证法看来,上述的现象正是辩证的方法,辩证的论据’。”①以上这些讨论,虽然对于历史学成为科学原因的分析还不全面,并且参与讨论的也并非都是马克思主义史学家;但无疑的是,马克思主义学者的主张在讨论中占主导性地位,这对于学术界认识和研究历史学成为科学的历史必然性是有启发意义的。可以说,这是中国马克思主义学者建立历史科学话语系统的成功努力,由此也使实证主义历史科学话语系统逐步远离学术界主流地位。

20 世纪 30 年代的中国历史学界,对于历史学至今未能成为严正的科学问题也进行了讨论。陈啸江认为,历史学的科学性质之所以不为人们所明了,是历史学自身的特殊性使其成为历史科学的进程较长的缘故,但这不能否认历史学的科学性,相反这就需要史学家加快历史学科学化的进程。陈啸江指出:“历史科学成立的步骤,与其他纯粹的科学无不同——一切科学成立的途径,都是要经过:A,材料之搜集;B,材料之分析与叙述,才能达到 C 材料之综合的阶段的。历史科学因其复杂的性质,所以经过 A 与 B 的预备时间极长,而至今日,尚在综合研究阶段的开头。但这只能说明历史科学之难于研究,历史科学家较其他任何科学家应有更巨大的毅力,更广博的知识,才有成功的希望。”②马克思主义史学家华岗认为,历史学是科学与历史学至今还未成为科学是两回事。在他看来,历史学的研究特别是有关中国历史的研究,之所以还未进到科学的层面,是因为从事中国历史研究的历史学家没有掌握社会发展的规律。他说:“许多中国历史书所以不能成为真正的科学的东西,最主要的原因就是由于那些所谓史家,根本没有找到一把真正研究社会历史规律的锁钥。那些专门替大民贼小民贼做家谱或起居注的奴才,固然不必说他了。就是那些号称所谓史家者,也都不能致力于历史发展的社会动力的研究,它们首先的着眼点,不是社会生产者的历史,劳动者的历史,民众的历史,而往往把社会发展的历史归结于少数突出人物的行动,归结于少数英雄的一时‘胜利者’与‘征服者’的活动”③。华岗的观点是,现在的历史研究之所以没有成为科学,不是因为历史学本身是不是科学的问题,而

① 翦伯赞:《历史哲学教程》,河北教育出版社 2001 年版,第 49—50 页。

② 陈啸江:《建立史学为独立的(非综合的之意)法则学的(非叙述的之意)科学新议》,《现代史学》第 2 卷第 4 期,1935 年 10 月。

③ 华岗:《研究中国历史的锁钥》,《读书月报》第 1 卷第 10 期,1939 年 12 月 1 日。

是因为许多史学家的研究没有进行社会发展的研究。换言之,是研究者自身的问题及其研究取向之所致。当时学者们对历史学在现在学术背景中并未成为科学的讨论,既是为了反击那些以现实中历史学并未形成科学为借口而反对历史学具有科学地位的人,同时也是为了建设科学的历史学、构建马克思主义历史科学话语系统。

历史学既然可以,而且应该,并且必然成为科学,那么历史学应成为何种科学呢?这是中国马克思主义史学家在构建历史科学话语系统时所必须回答和解决的问题。这方面,翦伯赞提出历史学是“实践性的科学”的论断,使历史学科学派的理论有了实质性推进,并展示了马克思主义的实践观对于历史学发展的重大意义。翦伯赞指出:“历史本身,就是实践生活的发展之纪述,因而历史科学,也就是具有实践性的科学。由于人类在实践生活上,遭遇的环境之不同,因而对于历史上诸现象之认识,也必然因为现实生活之不同,而表现为不同的意识。……由此,产生了对历史之不同的认识论,从而产生了不同的历史观。各人依据其自己所持之历史观,以建立其历史理论的体系。从而发生了理论的争论。……所谓理论上的争论,不过是由实践生活的矛盾中反映出来的敌对的阴影而已。”①翦伯赞在1938年出版《历史哲学教程》一书,在坚持历史学是“实践性的科学”的前提下,又强调历史科学的阶级性特征,并将阶级性看成是马克思主义历史科学话语系统的基本特征。在他看来,历史的发展具有阶级性,因而历史学家撰写的历史学也不能超然于自己阶级立场,故历史学作为历史科学也具有阶级性的特征。他说:“历史科学,主要的是对于其先行时代的诸事实之分析与批判;同时也反映着社会正在敌对着的诸种倾向与其意识形态。所以当着分析或批判一切历史事实的时候,便必然直接地当然地站在一定的阶级立场上,而表现出不同的甚至相反的认识。”又说:“正因为历史科学是具有阶级性的科学,所以除了最进步的阶级之外,任何阶级也不能给予历史以真正科学的认识。”②翦伯赞关于历史学是“实践性的科学”、“阶级性的科学”的论断,不仅揭示了历史学走向科学化的现实性内涵及其所具有的实践性、阶级性的特征,而且也使中国马克思主义历史科学的话语系统置于唯物史观的指导之下。

历史科学的任务与作用的探讨关系到历史科学话语系统存在的依据,同时

① 翦伯赞:《历史科学中的观念论及其批判》,《中山文化教育馆季刊》第4卷第3期,1937年7月。

② 翦伯赞:《历史哲学教程》,河北教育出版社2001年版,第36页、40页。

也是建设中国马克思主义历史学的重要内容。翦伯赞认为，建设科学的历史学在于探索历史发展的规律，但在具体的历史研究中则必须依据唯物史观来研究和论证"历史发展的合法则性"，因而需要在历史研究中将研究"历史发展的合法则性"作为基本任务。他指出："历史科学的任务，是从人类之一系列的实践活动中，即从具体的历史事实中、抽象出一个历史发展的合法则性。这种合法则性，固然好像是一种抽象化了的概念，但它是从具体的历史事实中抽象出来的。所以，只有当这种概念是反映着具体历史事实的时候，才能成为历史之合法则性；反之，'这种抽象，如其本身从现实的历史脱离出来，就完全没有什么价值'。这即是说，如果不把这种概念归结到物质的基础上，便失去其对于历史的合法则性。"①在当时的中国史学界，有些学者虽然并没有宣布自己是马克思主义者，但却很显然地运用马克思主义理论来探讨历史研究的任务。如黄公觉就认为科学的历史研究要注重社会的研究和"民众的势力"的研究，他说："按新史学的眼光，我们不应着重朝代的竞争，君主的名称，个人的事功，应注意社会的、文化的、经济的势力。换言之，与其注重上层的势力，不若注重下层的、民众的势力。与其注意个人的势力，不若注意团体的势力。"②李则纲坚持用马克思主义理论来研究科学历史学的功用，认为科学的历史研究其主要作用之一是能培养人们的科学精神与科学态度，这是由于"科学的精神，也是史学的精神。拿这种态度求学，则真理可明。拿这种态度作事，则功业可就"。进而言之，"由历史的研究，也可以增进我们的科学的精神"，也就是"历史学本身，对于人们科学的训练，亦有莫大的助力"③。在历史学具有科学地位前提下来探讨历史科学的作用和研究历史的任务，尽管其研究成果在当时还不够系统，但却是20世纪30年代历史学科学化建设的重要方面，这对于此后的40年代历史科学话语系统的完成和历史学在科学轨道上进一步的发展有重要的学术价值。

20世纪30年代学术界关于历史学科学问题的探讨，加深了人们对历史学如何成为科学以及历史学成为何种科学的认识，摆脱了过去仅仅停留在历史是否是科学的争论层面，历史学向科学化的方向迈出了决定意义的一步，马克思主义的历史科学话语系统亦在讨论中成功地建立起来。这在当时的中国学术界强化了历史学是科学的话语权势，扩大了马克思主义科学历史观在历史学界的影

---

① 翦伯赞：《历史科学中的观念论及其批判》，《中山文化教育馆季刊》第4卷第3期，1937年7月。

② 黄公觉：《新史学概要说》，《师大史学丛刊》第1卷第1期，1931年6月6日。

③ 李则纲：《历史学与现代人生》，《学术月刊》第1卷第5期，1932年1月。

响力,并对此后历史学的学科建设产生深远的影响。

三、历史科学话语体系的进一步发展(20世纪40年代)

20世纪40年代的中国史学界对历史学学科性质的探讨虽然有些反复,历史不是科学的观点固然也一再被提示出来,但历史学是革命的、科学的学科的观点更进一步深入,马克思主义在历史学发展进程中的作用不断增强,历史学科学化的进程明显加快,马克思主义历史科学话语系统得到发展和提升。尤为显见的是,这一阶段由对历史学科学性质的讨论向建设以马克思主义为指导的科学历史学方向前进,形成了以马克思主义诠释历史学性质和建设历史科学的思路,并在当时的中国历史学界占据中央地位。

这一阶段也有些学者对历史学是科学的观点再次提出异议,但就是在这种异议中,也不得不承认历史学与科学的关联性。金兆梓在20世纪40年代虽然认为历史学不是科学,但主张可以用科学的方法来研究。他指出:"历史虽不是科学,而我们研究历史却不能不用科学的态度。历史是不是科学是一件事,而研究历史应否用科学态度又另是一件事。犹之历史不是文学,而历史的叙述却不能不用文学的技术。研究历史要用科学态度,为的是要求得先民活动的真相;历史叙述要用文学的技术,为的是要将先民活动的真相重现于今日。所以我们不能因为历史的叙述须用文学的技术,便说'历史是文学';同样我们也不能因为历史的研究须用科学态度,便说'历史是科学'。"又说:"研究历史的目的,就是要在这一个角色,这一个舞台所演出的戏剧中,求出他日新月异而岁不同的表演,来定这一角色的进境如何。不像科学要从异时异地的事实或现象中,求出一共通之理。所以我在此可以用两句简单的话来说明历史是不是科学——就是科学是于变之中求其一,历史是于一之中求其变。"①金兆梓尽管不能赞同历史学是科学的观点,但他主要的是就历史学与自然科学的区别来立论的,不同意那种认为历史学是与自然科学一样的科学的观点,因而并没能根本动摇历史学的科学地位(因为学科性质与学科的研究方法虽有区别,但学科性质与学科的研究方法毕竟是密切联系着的);而他提倡历史学研究的科学方法,从一个侧面也显见历史科学在当时学术界的话语权势地位。

---

① 金兆梓:《历史是否是科学》,《改造杂志》创刊号,1946年11月。

有些学者侧重于对历史学的科学性表征进行研究,认为历史学的科学性不能笼统地等同于自然科学的科学性,而是有其独特的内涵。李絜非对历史学有如自然科学那样具有因果规律虽然表示怀疑,但他认为历史学仍然属于科学的范畴,只不过历史学属于那种完全“推理的科学”。一方面,他认为历史现象甚为复杂,非因果所能解释,与一般的自然科学截然不同:“历史家研究一段事实,寻出其前因后果,究不能就说有此因必有此果。纵使找了许多事实作根据,下一结论,也难作为推求得一项原理。诚以历史不同于理化科学,只能类分事实,寻出事实之连贯,终不能制为定律。盖历史现象太为复杂,概然性非常之大,数学关系难得,因之定律与原理之推求,为历史家最感困难之事。”①另一方面,他又认为历史学就其研究方法而言,虽然不能运用直接的观察法,而只能进行推理与分析,但仍然具有科学的性质。他说:“历史方法与其他一切科学方法有别。历史方法凭着推理间接存在资料来考证,以替代直接观察这些事实。因之,凡一切历史的知识,是间接的,所以历史完全是一种推理的科学。”②孙毓棠认为,历史学至今没有成为纯粹的科学,并不是历史学本身缺乏科学性,而在于历史学研究材料的不完全;但经过历史学家的努力,特别是运用科学的态度与科学的方法,是能够逐步地寻求历史的真实的,尽管这种“真实”仍具有相对性的意义。孙毓棠指出:“历史学到今天还不能成为一种纯粹的科学,原因不在方法,而在材料。历史学与自然科学最大的不同处,即后者研究的对象是宇宙与自然,可供为研究的材料,取之不尽用之不竭。反之,前者研究的对象,是已往人类的活动,材料全凭前代遗留的记录。这些记录本身已不完全,不确实,再加以兵火浩劫,这些记录能流传者更不过十之一二。从科学的立场讲,不完备的材料,得不到科学的真果。历史学就因为材料的不完备,所得的结果遂不能成为科学的绝对的‘真实’。当然,历史家的目的,乃在努力求得此科学的‘真实’。所以,态度与方法,仍然要取科学的态度与方法。……运用科学方法所得到的结论,虽不能说即是‘真实’,但其去‘真实’总不会距离太远。所以我们可以说,用科学方法研究历史,所得到的至少是一种‘大概如此的’实在的知识。”③这里所说历史学提供“‘大概如此的’实在的知识”,并不是否认历史学的科学性地位,而是说历史学所提供的知识没有自然科学那样的精确性。这样的看法,大体上说仍然是在遵

① 李絜非:《论历史方法》,《思想与时代》第28期,1943年10月。
② 李絜非:《论历史方法》,《思想与时代》第28期,1943年10月。
③ 孙毓棠:《历史与文学》,《国文月刊》第1卷第7期,1941年5月。

循历史学的科学性前提下,对历史学所具有的独特性的积极探索。从李絜非等的观点来看,这些学者是在承认历史学科学的学科性质的前提下,具体研究历史学作为科学所表现的特色。应该说,这使得当时的历史科学话语系统逐步地摆脱了泛科学化的色彩,而比较地更切合历史学的学科实际。

马克思主义历史学家从历史学的研究方法和指导思想层面来说明历史学进到历史科学的条件,使中国马克思主义的历史科学话语系统富有学理的特征和理论的色彩。翦伯赞认为,历史学是科学的学问,关键是在历史研究中必须有正确的"历史方法";具有正确的历史研究方法,则能够使历史研究进到科学的层面而发现社会发展的规律。他指出:"研究历史的方法,就是从历史事实中发见历史发展的原理原则;再用这种原理原则去说明历史的事实。换言之,即从这千头万绪的历史事实中,找出他们的相互关联,找出他们的运动法则,找出他们发展的倾向。这样,任何交错复杂的历史事实,在我们面前,便不是混乱一团,而是一定的历史发展阶段上所表现出来的应有的现象。这样,我们也就不仅可以知道历史上的任何事实,'怎么样'发生发展,而且也可以知道他'为什么'要发生和发展。"①王亚南提出,唯物史观是科学的历史观,历史学的科学性首先是由唯物史观的科学性所决定的。因而,在历史研究中必须坚持正确的历史观,亦即必须坚持马克思主义的唯物史观,这样才能发现历史的规律。"比如,我们如其把资本制也看成封建制或其他社会制度一样,是一个历史过程,我们就必然会去探索历史发展演变的基本动因,或者就必然会在以往经济学研究,去发现去体认何者为历史发展演变的基本动因"②。潘梓年认为,历史学是科学这一论断是确信无疑的,问题是怎样使历史研究成为科学的研究,亦即以怎样的历史观为指导才能使历史学成为科学的历史学。在他看来,只有以马克思主义的唯物史观为指导从事历史研究,才能使历史学成为科学。他指出:"如果社会历史的研究能够找出了社会历史的发展规律,如果这个研究不是从社会的精神生活中去找寻社会的物质生活的来源,而是反过来,从社会的物质生活中去找寻社会的精神生活的来源,如果社会的发展规律不是从社会的精神生活中去找寻的,而是从社会的物质生活中去找寻的,如果这种发展规律能够使我们预见,如果这种预见能够由行动、实验来证明,如果这种发展规律能使我们得出实际上的行动的结论,而和

① 翦伯赞:《略论中国史研究》,《学习生活》第4卷第5期,1943年。
② 王亚南:《政治经济学史与新史学》,《新中华半月刊》第12卷第7期,1949年4月。

实践和实际活动获得联系,获得一致,那末,这样的社会历史的研究就是变成了科学。"①吴玉章认为,以马克思主义来指导历史学的研究,则历史学的科学性质有了鲜明的政治特色。他指出:"历史是一种科学,它是要发现整个人类社会发展变化的规律的科学。尤其要研究劳动者推进人类社会发展的规律的科学。但是,一切过去社会的历史,除了原始的状态以外,都是劳动者被奴役和争取解放的历史,都是阶级斗争的历史。因此现在我们研究过去的历史,主要的是研究一定阶级社会的产生、发展和衰落的科学;是研究阶级斗争的科学。同时要研究怎样消灭阶级,以达到无产阶级的社会的科学。"②这里要特别指出的是,马克思主义史学家强调以唯物史观为指导而使历史学成为历史科学,并没有将唯物史观公式化和教条化,他们在注重历史普遍规律的同时又力图揭示历史发展的特殊规律,并提示历史学界注意历史普遍规律与特殊规律的关系。吕振羽指出:"正确地说来,历史唯物论只规定人类社会在客观规律的下面,采取着一般的共同过程;但并不规定相同的历史阶段,一定要经过相同长短的时间,更不否认世界史各部分都有其独自的特殊性(忽略这种特殊性,就不能了解具体的历史,会堕落到公式主义或原理论;把这种特殊性夸大到否认共同性的程度,会堕落到唯心论或多元论去)。"③从历史研究方法和历史研究指导思想来研究和阐明历史学成为科学的条件,不仅反映中国马克思主义历史学家对历史理论研究的深化,而且也说明中国马克思主义的历史科学话语系统很注重理论的建设和学术研究方法的重要性。

中国马克思主义历史学家还从历史运动的特点、历史学研究的资料情形、历史研究的目的等方面,就建设科学的历史学问题进行深入的探讨,扩大了马克思主义历史科学话语系统的学术地位。潘梓年从自然与社会统一的辩证唯物主义观点出发,认为既然自然科学是科学,则社会历史的研究也必然是科学。他指出:"社会与自然的关系是辩正的统一。既然世界是可以认识的,既然我们关于自然界发展规律的知识,乃是具有客观真理的确实知识;那末,社会生活、社会发展,也同样是可以认识的。而科学关于社会发展规律的论据,就是具有客观真理意义的确实论据。因为社会历史已成为社会之规律性的发展,所以社会历史之

① 潘梓年:《社会历史的研究怎样变成科学》,《读书月报》第2卷第1期,1940年3月。

② 吴玉章:《研究中国历史的意义》,《知识》第11卷第6期,1949年7月。

③ 吕振羽:《"亚细亚生产方式"和所谓中国社会的"停滞性"问题》,《理论与现实》第2卷第2期,1940年10月。

研究就也变为科学。”[①]华岗也是从自然与社会的统一来认识历史研究和历史规律的，他指出：“社会是自然的一部分，是在有机体的发展过程中发展起来的，所以社会决不能离开自然；……不过社会的历史的生活之特殊的关联和规律，是存在于它跟自然界底总规律相一致之基础上，它们和这个总规律并不是绝对相分裂的，这就建立了自然和社会之辩证的统一。”[②]周谷城从考察当时历史学实际状况出发，认为过去的学者对历史的研究只是“于一切断体之中，摘取若干零件，嵌入自己的文章，以炫学问之博，以增文章之美；或又摘取若干零件，灌入他人之脑海，以博他人之信任，以坚自己之主张”，这些“皆与史学无关”，不能称之为史学。真正的史学是科学的史学，应该是以探索历史发展规律为目的，“首在阐明历史之自身，或历史发展之必然趋势。整个的历史发展之必然趋势，如果得到阐明，则其为用，将较摘取零件之用高出万万。”[③]鉴于学术界将历史学与科学对立起来的观点，周谷城明确表示，“史学与其他科学相较，虽有不同，然非对立：不同者，谓史学与其他科学各有个性，未可强之使用；非对立云云，则谓史学与其他科学，同属科学范围，并非完全相反。”[④]中国马克思主义历史学家关于历史运动的特点、历史学研究的资料情形、历史研究的目的等方面的论述，使中国历史学理论建设在马克思主义历史理论与历史学研究的具体实际的结合上有了新的进展，这也是关于历史学科学化的讨论以及最终建立历史科学的努力中极其重要的成果，标志着中国马克思主义历史科学话语系统建设的成功，同时也预示着中国马克思主义历史学在推进马克思主义史学中国化的进程中有着自己的独立发展道路。

20 世纪 20—40 年代中国历史学界关于历史学性质的讨论，是中国现代史学走向科学形态的重要阶段，也是中国马克思主义史学成长所必然要经历的过程，其结果是最终在学术界确立了历史科学的话语系统。这一讨论一开始是以西方实证主义的科学观与马克思主义科学观在中国的传入为起点，并逐步与历史研究的具体实际相结合，使历史学的科学性质的思想在中国学术界初步扎根下来；继而，中国马克思主义学者在唯物史观的指导下，通过探讨历史学的指导理论、历史学研究方法、历史学研究的任务等一系列问题而加快了历史学科学化的历史进程，使学术界关于历史学是否是科学的讨论转变为建

① 潘梓年：《社会历史的研究怎样变成科学》，《读书月报》第 2 卷第 1 期，1940 年 3 月。

② 华岗：《历史为什么是科学和怎样变成科学》，《群众》第 7 卷第 15 期，1942 年。

③ 周谷城：《中国史学之进化》，《复旦学报》1944 年 10 月。

④ 周谷城：《中国史学之进化》，《复旦学报》1944 年 10 月。

设马克思主义历史科学的实践过程,从而使历史学成为科学的思想建立在马克思主义的唯物史观基础上。当时的情形是,以马克思主义为指导的历史科学话语系统具有较为完备的理论形态,并在学术界逐步占据主流位置,其最为显著的表征是:历史学的研究业已置于"历史科学"的话语权势之下,历史科学思想不仅成为进步史学家的知识学基础,而且大大增强了历史科学对历史活动的解释能力。这是中国现代史学发展的重要成果,并为新中国成立后马克思主义史学的发展提供了话语条件。

(未刊稿,写作于 2005 年 5 月)

【昔文琐记】这篇《科学话语与现代中国史学的建立》,写作于 2005 年 5 月。是一篇研究"历史科学"观念史的文章,主要说明关于历史是否是科学以及是怎样的科学这一问题,在现代中国学术界(主要是史学界)中观念性的演变过程。这个问题,关联西方史学对中国现代史学的影响,也反映中国史学界对西方史学的回应,实际上也是中国的史学科学化进程的缩影,因而有深入研究的必要。

"科学话语"在历史学界有如本文所说的那样,有着一个演变的过程及发展的轨迹。其实,"科学话语"在哲学、文学、社会学等学科的演进,可能也有比较相近的方面。这当然需要认真地研究,并进行分门别类的梳理。我觉得,自从近代以来,科学观念入主中国,在人们的心目之中逐渐地有了"科学的权威",即使是不科学的乃至是迷信的思想,要想继续生存有时也得披上科学的外衣,这就是科学的话语权势。张绪山的文章《论 20 世纪初中国社会的"科学信仰":以归国留学生骨干为分析对象》(载《清华大学学报》2009 年第 2 期),对"科学信仰"在中国的形成有深入的考察与研究,是一篇很不错的观念史研究论文。如有机会,我得研究一下中国马克思主义者是如何形成"科学信仰"的,题目就叫《论 20 世纪 20—40 年代中国马克思主义者的"科学信仰"》,这对于中国马克思主义者的研究应该说是有意义的。

就中国现代学术史来看,科学观念的嵌入和"科学话语"的形成,乃是现代中国学术发展的关键环节,并且也是现代中国学术发展的重要表征,不独史学有"科学话语",其他学科也有"科学话语"。就史学而言,"科学话语"是通过何种形式、何种环节或路径而成就其科学话语的?现代中国史学在形成"科学话语"后,马克思主义史学和实证主义史学之间的关系发生了何种变化?这些都需要认真地研究,并给予学理的说明。

具体落实到中国马克思主义史学,"科学话语"的影响也是非同一般的。在中国马克思主义史学体系之中，不管有多少研究观念、具体主张、治学方法等方面的差异乃至冲突，但都是在史学科学化的环境中建构起来的，自然也就带有那个时代史学科学化的特征。这样来看，研究中国马克思主义史学史，应该注意到“科学话语”何以在史学体系中生根发展，“科学话语”在史学中有着怎样的衍化轨迹和特征，这种“科学话语”对历史学科学化到底发生怎样的影响。

2021 年 1 月 31 日

何炳松与中国现代的新史学潮流

新史学潮流是20世纪初西方史学界兴起的一股史学革新潮流。其主要特征是，借助自然科学和新兴社会科学的成果，在历史研究的对象与范围、历史学与社会的联系，以及历史研究的观念和方法等方面，对西方19世纪的史学进行重大的变革。这一史学流派尤其重视包括社会、政治、经济、文化等因素在历史上的作用，力图突破历史仅仅是为政治事件叙述的局限，而要求在更广阔的范围来探讨历史的真谛。新史学流派在西方的主要代表人物有德国的朗普勒希特（Karl Lamprecht）和美国的鲁滨逊（J.H.Robinson）。

中国现代的新史学潮流是中国学者对西方新史学进行介绍与研究的产物，是西方新史学在现代中国的延伸和发展。蒋梦麟（1886—1964）曾发表《历史教授革新之研究》，在介绍美国新史学的基础上要求中国史学向美国史学那样，“扩张历史范围，改变历史方针，革新教授方法”①。蔡元培（1868—1940）曾于1907—1913年在德国莱比锡大学学习，不仅选听德国新史学代表朗普勒希特的文明史课，而且入朗氏创设的“文明史与世界史研究所”从事比较文明史的研究，并为朗氏的研究提供中国文明史的材料。蔡氏基本上接受朗氏的文化史观，提出中国编写“新体之历史，不偏重政治，而注重于人文进化之轨辙”的主张②。然而，在现代中国“致力于输入西方史学，尤其是致力于输入现代美国新史学派的代表人物，当推何炳松”③。本文拟就何炳松与中国现代新史学的关系作初步的探讨。

① 蒋梦麟：《历史教授革新之研究》，《教育杂志》第10卷第1期，1918年。

② 《历史》，《蔡元培全集》第2卷，中华书局1984年版。

③ 张广智、张广勇：《现代西方史学》，复旦大学出版社1996年版，第357页。

一、何炳松早期教育生涯及编译活动

何炳松之所以成为中国现代新史学潮流的代表人物,与他早期所受到的教育,他本人历史教育生涯及编译西学工作是密不可分的。

何炳松(1890—1946),字柏丞,浙江金华人。1903 年中秀才,同年进入金华府中学,1906 年被保送到浙江高等学堂预备科学习。1912 年,以第一名成绩被公费保送美国留学。1913 年初,何炳松先入美国的伯克莱加利福尼亚大学选修法语、政治学、经济学等课程。同年夏,考入威斯康辛大学,学习史学及政治学,并兼任该校助教,负责搜集远东及中日关系史料。1915 年毕业,获学士学位及荣誉奖。同年转入普林斯顿大学研究所,专攻现代史及国际政治。1916 年以最优等成绩毕业,获政治科硕士学位。何炳松早年接受比较完整的传统文化教育,奠定了中学的功底;留学美国又对美国的政治制度、教育制度和各种新的学说,有比较深切的了解和掌握。这种学兼中西的知识结构以及他的多门外语的基础,为以后史学的研究工作做了充分的准备。

何炳松留学归国后的教育生涯及特有的工作条件,也是他在新史学思潮中有所建树的重要因素。1916 年夏,何炳松自美回国,先在杭州担任浙江省公署助理秘书。次年被任命为浙江省教育厅视学,为发展地方教育事业作出了努力。1917 年对于何炳松来说是学术事业的重大转折。时值国内新文化运动的兴起,西方各种学术思想在中国的输入形成一个新的高潮。1917 年 9 月,何炳松应聘至北京任教,为北京大学文科预科和史学系本科开设“西洋文明史”、“万国史”、“万国地理”,“历史研究法”、“中古欧洲史”、“近世欧洲史”等多门课程。同时,何炳松还在北京高师教授西洋史及英语等课程,担任史地部和国文部代教务主任、英语部主任、《史地丛刊》杂志编辑部主任等职。此时,由于新文化运动在北京的蓬勃兴起,北京大学已成为新文化运动的重要阵地,何炳松也深受新思想的影响。特别是在从事历史教学的过程中,何炳松深感建设中国新史学的迫切性。他认为,中国史学的变革必须在明了世界现代史学的发展趋势及其最新研究成果和新的思想观念的基础上,才能求得借鉴。因此,他对西方史学特别是美国鲁滨逊的《新史学》进行了译介工作,并于 1924 年将《新史学》译成中文出版。由于何炳松在美国攻读史学时,便受到“新史学”观点的影响,因而 1917 年后他在北京大学和北京高师讲授的西方史学原理,即以鲁滨逊的代表作《新史学》作为教材。1920 年至 1922 年,何炳松在北京大学史学系讲授中古欧洲史和近世欧洲史,用的也是据鲁滨逊所编历史教本编译的讲义。应该说,1917—1922 年是何炳松在北京宣传美国"新史学"的重要时期,也是他成为中国现代新史学潮流代表人物的主要原因。

1922 年 9 月,何炳松自北京南下,至杭州担浙江省立第一师范学校校长。1924 年辞职去沪,入商务印书馆编译所工作,直到 1935 年。在商务印书馆的十一年中,何炳松先后担任过百科全书委员会第五系主任、史地部主任兼国文部主任,编译所副所长、所长等职,主持编译和出版了大量的学术著作,对中国现代出版事业作出了贡献。在商务印书馆期间,也是何炳松从事史学研究收获最多的时期。他先后翻译出版了亨利·约翰的《历史教学法》,绍特韦尔的《西洋史学史》,编著了《历史研究法》、《通史新义》、《浙东学派溯源》、《五代时之文化》等著作,发表了不少史学论文。其中,何炳松著述的《历史研究法》一书在学术界享有盛誉,这是何炳松运用新史学理论构建完整的史学理论体系的成熟著作,同时又是奠定他在中国现代新史学潮流中中坚地位的代表作。

1935 年 7 月,何炳松被国民政府教育部任命为国立暨南大学校长,直到 1945 年抗战胜利。1946 年何炳松回到上海,6 月改调为英士大学校长。不久即因病逝世,享年 56 岁。

何炳松的一生始终致力于西方新史学在中国的介绍和传播工作,其历史教育工作、编译与著述工作都是与对西方新史学的介绍和宣传不可分割的。这对于革除中国传统史学的弊端,加快中国史学观念的更新和研究方法的进步,是有积极影响的。

二、何炳松译介和宣传西方新史学思想

何炳松翻译出版鲁滨逊《新史学》一书以及 1922 年 6 月发表在《史地丛刊》上的《新史学导言》,奠定了何炳松在中国宣传西方新史学思潮中的地位。

何炳松对西方新史学理论尤其是鲁滨逊新史学思想的介绍,主要集中在以下几个方面:

第一,阐明新史学为现实服务的目的。何炳松认为,历史是"前车之鉴"的主张是不对的,其原因在于古今状况是不一样的;历史研究也不是为了给我们以种种的教训,研究历史是为了人类的现在和将来。他指出,历史研究"在于帮助

我们来明白我们自己同人类的现在及将来”,主张历史是与人们的生活相关的一种学问,从而确认了历史学在现实社会生活中的地位。何炳松还指出:“历史就是我们个人记忆的推广。我们要研究历史,实在因为我们可以根据历史的知识,来明白现在的问题。因为唯有历史可以说明现在的各种制度”。何炳松认为,要达到历史研究的目的,就必须批判19世纪中叶以来西方那种试图把历史学变为科学的主张。在何炳松看来,科学研究自然这一领域,可以发现因果律;而历史研究人和社会这一领域,由于人类的思想、欲望和行为异常复杂,加之历史研究所依据的材料远不如自然科学的完备与稳定,因此,历史学就很难如物理学、化学或生物学那样找到“定律”。何炳松认为,只有区分科学与历史学,抛开历史学成为科学的预想,才能使历史学能够正确地解释和反映人类的生活。

第二,主张新史学以进化的史观来研究广泛的人类活动领域。19世纪中叶的西方传统史学,把史学限制在政治制度的领域,这就难以全面地反映人类活动的面貌。因此,新史学极力主张历史研究扩展范围,应当记述人类活动的全部。鲁滨逊认为:“就广义说来,所有人类自出世以来所想的,或所做的成绩同痕迹,都包括在历史里面。”①也就是说,历史研究的对象应该大到民族的兴亡,小到个人的性情动作;人类的经济活动、社会关系、工艺学与自然科学,以及政治、法律、宗教诸制度,都应当是新史学的研究范围。亦即主张历史研究在内容上、在研究对象的时空上加以扩广。需要指出的是,何炳松在主张拓展历史研究范围时,尤其强调要研究那些对社会进步直接有关的日常普通生活,认为研究历史一定要研究历史发展的原因。他指出:“研究历史,不但研究历史的‘然’,而且要研究历史的‘所以然’。”他还指出,世界是变化的,人类是进步的,“各种制度,统是多年进步的结果”②。主张在进化史论的基础上研究历史,以便更好地认识现有社会。

第三,主张新史学的综合史观和综合研究方法。新史学认为,历史的发展纷繁复杂,受多方面的影响,因此不能从单纯的原因来解释历史。而以往的各派史观,如哲学观、科学史观、社会史观和经济史观等都不能反映历史的发展。因此,新史学的综合史观主张“综合各方之长”,对历史进行综合的全面考察。在历史研究方法上,新史学主张综合的方法,亦即主张利用多种学科来研究历史。所谓多种学科,主要是指与历史相关的学科,也就是鲁滨逊所说的“历史的新同盟”,如人类学、古物学、社会的同动物的心理学、经济学、社会学、比较宗教学等。鲁

① 鲁滨逊:《新史学》,《何炳松文集》,上海商务印书馆1996年版。

② 何炳松:《新史学导言》,《史地丛刊》第2卷第1期,1922年6月。

滨逊认为,利用多种学科的知识可以认识人类的各个方面,“能够改正一般历史学家所下的断语,解除历史家的误会”,同时能够帮助人们“解释了许多历史学家所不能解释的历史上的现象”[①]。何炳松在倡导综合史观和综合研究方法时,认为历史学的研究方法必须充分利用现代科学知识进行不断的革新,尤其要注重对历史过程中诸多制约因素的多元“综合”考察,这样才能明白历史的真相[②]。需要指出的是,何炳松主张综合的史观和综合的研究方法,但并不认为历史学本身就等同于科学。他指出:“自从近代历史抱有科学的野心以后,就生出两个结果来:第一,就是我们对于过去的史料,加以严密的批评。第二,就是著述‘历史’秉笔直书。但是批评材料,同秉笔直书,两件事体,不过是历史科学化的初步;并不是科学化的历史本身。”[③]由此可见,何炳松本人并不主张新史学方法的变革就意味着历史学变成纯然的科学。

何炳松在当时对新史学的介绍确是对中国传统史学的冲击。强调历史与现实生活的联系,主张扩展历史研究的范围和变革历史研究的方法,显然是代表着历史进化论为基础的新史学理论在中国的发展。就五四时期思想解放的主潮而言,是具有进步意义的。一方面,何炳松对美国新史学的介绍比以往更为系统,影响也更为广泛。特别是《新史学》的译介,推动了当时史学意识的进步。在这之后,其他一些“新史学”派的著作如鲁滨逊的《心理的改造》、桑戴克的《世界文化史》、巴恩斯的《新史学与社会科学》、海士的《欧洲近代政治社会史》等,也纷纷被译介到国内。这与何炳松对新史学的率先宣传是分不开的。另一方面,何炳松将对美国新史学的介绍与建设中国新史学联系起来,对史学变革产生积极的影响。作为受西方思想深刻影响的何炳松,并没有局限于简单地传播西方史学,而是力图把引进西方史学思想作为变革传统史学的武器,同时又是作为建设中国新史学的重要参照标准,表现出为我所用的文化价值趋向和建设中国新史学的高度责任感。

三、何炳松的《历史研究法》及其史学思想

何炳松的《历史研究法》著作,是一部内容比较全面的中国新史学著作,比

① 鲁滨逊:《新史学》,《何炳松文集》,上海商务印书馆 1996 年版。
② 何炳松:《新史学导言》,《史地丛刊》第 2 卷第 1 期,1922 年 6 月。
③ 何炳松:《新史学导言》,《史地丛刊》第 2 卷第 1 期,1922 年 6 月。

较系统地体现了他的史学主张，对中国新史学理论体系的建构有着特殊的影响。这也是何炳松成为中国现代新史学潮流主要代表的重要原因。

在《历史研究法》中，何炳松比较系统地提出了史学的学科特征。这方面，他主要是通过对历史研究法与社会学研究法的界定，文学与历史的区别，来说明的。他指出，历史研究法和社会学研究法有着根本的不同，两者不能混同为一。他说："我以为第一点就是两者的目的不同。社会学的目的是在求人类活动的通则，而历史的目的在于研究人类活动的浑沦。第二点两者所用的方法，亦不相同。社会学的方法，是在过去活动中求相同的地方；而历史则在过去人类的活动中，求不同的地方。因此他们研究所得的结果，亦完全两样：社会学研究所得的结果，是人类活动的定律；历史研究所得的结果，是人类活动的浑沦。"①何炳松不同意用纯社会学的方法来研究历史，而主张历史学有其独立的研究领域与研究方法，这样才能使历史恢复本来的面目。何炳松还对文学与历史的区别作了比较好的阐说，主张对历史与文学的界限应该绝对划清，特别是在研究方法上不能用文学的手法来研究历史。他说："我们断不可用文学的手段去做历史的工作。因为历史的根据是固有的事实，文学的根据是作者的神思——就是所谓想象力。神思是可以凭虚御空的，事实是不能由我们自由去颠倒或虚构的。……历史的文章处处要受史料——或者不如说事实的真相——的限制，绝对没有自由行动的余地。一旦有了自由，那就是文学的作品，不是历史的作品。"②虽然，何炳松对文学创作的源泉缺乏认识，对历史研究者主体作用认识不够，但他所主张的历史与文学的区分、文学创作与历史研究的差别，这应该说是有很大的合理性的。何炳松对历史作出不同于社会学、文学的界定，旨在进化论的指导下揭示历史学的特征与功能，寻求历史在现实生活中的独特地位。这样的努力，是应该值得肯定的。

历史学能否成为科学而具有内在的"法则"是当时史学界争论的一个重要焦点，这也是关系到历史学科性质的一个不可回避的问题。关于历史学与自然科学的区别问题，何炳松在《历史研究法》中作为一个极为重要的问题作了自己的说明。总的来看，何炳松认为，历史研究不能像自然科学研究那样求得"定律"，人们也无法从历史中直接寻求现实的借鉴。因此，何炳松极力主张历史学与自然科学要有严格的分别。他指出，历史研究法和自然科学研究法有不同的

---

① 何炳松：《历史研究法》，《民铎》第10卷第1号，1929年1月1日。

② 何炳松：《历史研究法》，《民铎》第10卷第1号，1929年1月1日。

地方。“第一,就是观察点的不同。科学方法里面的观察点,是在各种实质上求他们相同的地方;而历史的观察点,完全注意于实质上各种不同的地方。”在何炳松看来,科学方法是在各实质上求同;而历史方法是在各实质上求异。因而,历史和科学是两门性质不同的学科。“第二,就是研究对象的性质不同。”何炳松认为,一是由于科学所研究的,未注意在许多实质中某一种原质,所以非常单纯;而历史所研究的,并不是研究许多事实里面的某一点,乃是将一件事实的各方面,作普遍的各个的研究。二是由于科学研究的范围是有一定的,它总是由复杂而简单;而历史研究的范围是不确定的:人们可以研究一个朝代的历史,也可以研究一个小时的历史;人们可以研究一个民族的历史,也可以研究一个人的历史。三是由于历史处处受时间空间的限制,也就是说历史的事实绝对不能离开地方和时代,时与地实在是历史事实必要的元素;而科学就可不受时间和地点的限制,因为科学的真理一旦发见以后,无论古今中外都可以应用起来。“第三,历史研究法的步骤和自然科学研究法的步骤,也不相同。”何炳松认为,自然科学方法所用的步骤是观察和实验;而历史所研究的事迹都是已经过去了,没有方法可以观察、可以实验。在对自然科学研究法和历史研究法作这样的区别后,何炳松概括为:“历史这种学问,可以说是纯粹主观的学问;而自然科学,大体上可以说完全是客观的学问。”①需要指出的是,何炳松将历史学同自然科学作这样的区分,并不是拒绝自然科学,相反他是为了说明和解释历史学科的本质属性。事实上,何炳松是赞成把自然科学的方法引入历史研究领域的,希望通过自然科学的方法能更好地反映历史的真实。当然,他同时也指出,自然科学的方法不是万能的,都有一定的局限性,如数学统计法只能获得某些历史现象的概念表示;生物学只能说明人类生老病死等生理现象。由此可见,何炳松虽然不主张历史学等同于自然科学而具有严格的科学性质,但他并不拒绝自然科学的方法,而且是力主吸收自然科学的成果和研究方法来促进历史学的研究。

如何进行历史的研究是何炳松新史学思想的重要内容。在何炳松看来,研究历史的过程就是研究者对历史认识的过程,因此,历史研究工作者本身的史学素养、历史研究的步骤以及分析史料和叙述史事的方法尤为重要。

首先,何炳松强调历史研究工作者要具有很高的素质。在何炳松看来,开创中国新史学就必须有一批新型的史学工作者,而这些史学工作者必须具有新的条件。他指出,“我以为历史材料的供给者和一般著作家必须具备下列几个理

① 何炳松:《历史研究法》,《民铎》第10卷第1号,1929年1月1日。

想的条件:(一)耳目聪明;(二)意诚心正;(三)至公无私;(四)学问渊博;(五)识见卓越;(六)长于文才";假如我们自身没有具备这几个条件,"我们就不配而且也不应该做著作家或者史料的供给者"①。何炳松把史家的身体素质放在重要的位置,他对史家的第一项要求就是"耳目聪明",这是对史家体质状况的要求,是治史者必备的"生理"条件。而第二、第三两项则是要求史家具有良好的思想道德素质,是对史家"心术"的要求。所谓"意诚心正"与"至公无私",就是要求史家具有高尚的道德风格,要求史家具有孜孜追求和刚正不阿的内在性格。而何炳松所说的第四、第五、第六三项,则是继承中国传统史学家"三长"(即才、学、识)的具体内容。由此可见,何炳松关于史家素质的论述,既继承中国的史学传统又有所发展,鲜明地提出了治史者的"德"和"体"条件和良史"三长"要求,这是对构建新史学的史家提出的新标准。

其次,何炳松对历史研究的过程提出自己的见解。在何炳松看来,研究任何学问都必须按照一定的步骤进行,而研究历史则必须严格按照"三个大步骤"。"第一步是搜集材料,这是一个基本的工作"。材料的搜集尽可能广,包括正面的材料和反面的材料、间接的材料和直接的材料。只有材料充足,才能为历史研究工作奠定基础。"第二步是分析。把搜集到的材料,按其性质,加以种种解剖的工夫"。传统史学家如乾嘉学派往往注重史料的搜集,然而缺乏对材料的科学分析。中国资产阶级新史学兴起后,有些学者往往又存在对史料的任意发挥。何炳松认为,对史料的分析又有一个相互连续的过程,历史材料的种种解剖工作都应该包括"辨别真伪、知人论世和明白意义三个阶段"。这就是说,分析过程不仅仅局限于"辨别真伪",而主要的目的在于"知人论世"和"明白意义",亦即要充分发挥史家的主体积极性,加强对材料的理解和把握。"第三步是综合。将分析研究所得的结果,全部综合起来"。强调史学研究中对材料进行分析和综合,这是何炳松史学思想的重要特色。他所说的"综合"实际上是指史家进入历史的全面研究的过程,这也是史学家历史研究的主体阶段。何炳松认为"综合"这一步骤必须经过"断定事实、编比成文和勒成专著三个阶段"②。应该说,何炳松所提出的历史研究三步骤的主张,大体上是符合历史研究的基本程序的,因而也是应该加以肯定的。

最后,何炳松提出了历史著述的基本要求。在何炳松看来,研究历史在于为

---

① 何炳松:《历史研究法》,《民铎》第10卷第1号,1929年1月1日。
② 何炳松:《历史研究法》,《民铎》第10卷第1号,1929年1月1日。

人类服务、为现实社会生活服务，而历史的研究过程虽然“搜集材料是起点”，但“著作成书是终点”。因此，历史著述这一工作事关历史研究成果的取得和历史研究成果的影响。因而，何炳松极力注重历史著述工作，他把历史著述的基本要求概括为两个最重要的方面：一是“历史著作中引用成文愈多愈妙”。他认为，历史学家和文学家不同，历史学家在历史著述的时候“决不可过用割裂剪裁的工夫”，历史研究文章“不应该自己造作”，应以充分的史料为基础，并尽可能保留原有的材料。特别是“对于有一定程式的史料和足以表示历史人物个性的成语，尤其不可凭文学上‘言不雅驯’的理由，任意地去改头换面。因为这样，才能保存史事的真相”①。二是“叙述史事的时候，下笔要特别慎重”。何炳松认为，学术上最可贵的美德，就是“忠实”两个字。他特别赞同章学诚的“传人适如其人，述事适如其事”的主张，认为历史学家叙述史事时要表现出“史文和史料”的“表里相符”的风格，具体而言，“史文应该绝对反照事实的真相；丝毫不得增减。可疑的应直言其可疑，可信的应直言其可信。是非虚实，秉笔直书，才算是正当的办法。”②何炳松反对史学研究中对材料的任意剪裁，强调尊重史料，颂扬“秉笔直书”主张，倡导史学著述忠实于历史实际，这是就新史学关于著述历史著作要求的具体化。

何炳松在比较系统地论述他的新史学主张的同时，尤其注重整理中国史的工作。关于中国史的研究，何炳松提出了许多富有启发意义的见解。首先，何炳松主张对中国史进行整体的研究。他认为，传统的中国史研究“差不多统是注重在片面的同部分的方面”，甚至可以说“中国从前的历史著作是破碎的，不是整个的；是死的，不是活的”。比如，研究文化的状况，只知道分门别类地直叙下来，至于中华民族在某一时代中整个的文化状况怎样，则不加注意；又如研究官制的沿革，只知道将历代的官制平铺起来，其变化的情形怎样，史家对此却不加注重。鉴于这种情况，何炳松主张要整体地研究中国史，具体而言，中国历史要反映中国的历史实际，尤其要“能够注重到综合的和变化的一个方面”③。何炳松强调中国史研究要反映中国历史的全貌，要反映历史内在变化及其原因，这一见解无疑是正确的。其次，中国史的研究要走“分工合作”的道路。何炳松认为，整体中国史，规模太大，非一人能力所能办到，“所以我们提倡一个分工的办

---

① 何炳松：《历史研究法》，《民铎》第10卷第1号，1929年1月1日。

② 何炳松：《历史研究法》，《民铎》第10卷第1号，1929年1月1日。

③ 何炳松：《历史研究法》，《民铎》第10卷第1号，1929年1月1日。

法，这就是各人就他的能力和兴趣所及，分头担当中国史上任何一个问题，切切实实研究出一个结果来”。个人的分工研究不能“抱着一手包办的野心”，而“应该从研究小规模的问题着手”，研究成果必须对问题“得以彻底解决，不劳后人再起炉灶”①。何炳松认为，分工研究是基础，将来中国史上所有的问题都一一研究和解决了，那么“就可以利用这种材料编成一部尽善尽美的中国史”②。何炳松所主张的中国史研究“分工合作”方向，是渊源于他的历史研究方法论中的“先分析，后综合”的思想，亦即历史研究是在个案研究基础上走归纳法的道路。他所主张的整体研究中国史、中国史研究走分工合作的道路，应该说是很有见识的。

何炳松的史学思想是20世纪初西方新史学思潮在现代中国的发展。何炳松在继承西方新史学思想的同时，又吸收了中国传统史学的优良传统，从而形成了比较系统化的史学理论体系。他对鲁滨逊《新史学》的译介和宣传，尤其是他的《历史研究法》代表作，使他成为中国现代新史学潮流的中坚人物。何炳松在中国现代史学发展史上占有重要地位。

（原载《盐城教育学院学报》1996年第4期）

【昔文琐记】这篇《何炳松与中国现代的新史学潮流》，写作于1996年上半年。

这篇《何炳松与中国现代的“新史学潮流”》文章，应该说是我早年研究工作的一个转折。在这之前，我的研究工作主要集中在李大钊这位历史人物上。而1995年至1996年，我到南京师范大学学习硕士生课程，于是我也就有意扩大自己的研究领域。研究何炳松的史学思想，是自己有意识地扩大研究范围的一个重要努力。

我对史学思想发生兴趣，是在大学毕业之后的工作期间。在大学阶段，虽然也学习了史学理论课程，但那时的这门课程比较简单，从中得到的知识并不多。在盐城教育学院工作，我给中学历史教师讲授《史学概论》课程，给专业合格证书考试及历史专业本科函授生也讲授了《史学概论》。由此，我在教学工作中对史学理论发生兴趣，也积累了史学理论、史学史方面的知识。另外，我在研究李大钊的过程中，对李大钊的史学思想也引起重视，但限于功力，当时还很难写出

① 何炳松：《历史研究法》，《民铎》第10卷第1号，1929年1月1日。

② 何炳松：《历史研究法》，《民铎》第10卷第1号，1929年1月1日。

有点水平的研究李大钊史学思想的文章。那时,我虽然也写了李大钊史学思想的初稿,但觉得水平太差,也没敢拿出来发表。于是,我有意识地阅读了一些史学理论著作,希望自己能提高史学理论修养,为以后研究李大钊的史学思想做点准备。这篇《何炳松与中国现代的新史学潮流》,算是自己试图研究史学理论、史学史而练练笔的产物。

当时的学术界还很少见有研究何炳松的成果,不少中国史学史著作好像对何炳松也没有引起足够的重视。我在当时的学术背景中研究何炳松,尽管写这篇文章还是下了一点功夫,但我对此文并不满意。此文的缺点是:一是文章涉猎何炳松的有关资料极为有限;二是就何炳松史学思想所提出的看法比较一般;三是文章中尚未进行比较性的研究,基本上就是对何炳松史学思想的陈述。尽管如此,我这篇文章在当时还算是点意义的。

现在看来,学术理论上的准备及相关知识的储备是长期的,需要广泛涉猎各种材料,学习的面不能过于狭窄。书到用时方恨少,读书积累在平时。如果到需要用的时候才补充知识、了解相关学科,采取现学现卖的办法,那是万万不行的。这是自己的一点体会。

2021年1月31日

论霍布斯鲍姆的史学思想

霍布斯鲍姆(Eric J. Hobsawm 1917—2012)是英国杰出的马克思主义历史学家,与莫里斯·多布、多德尼·希尔顿、克里斯托弗·希尔、J.W.汤普森一道创建了新社会史学派,在国际学术界享有盛誉。他的关于19—20世纪历史的"年代"四部曲将法国大革命以来的世界历史作了宏观的梳理,描述了现代社会发展的轨迹。霍布斯鲍姆晚年自编了《论历史》一书(中译本改名为《史学家——历史神话的终结者》),汇集了自己五十多年从事历史研究的体会和心得。中国学术界对霍布斯鲍姆的史学思想已引起重视,并取得了一些研究成果①。本文试就霍布斯鲍姆史学思想作初步的研究,希望对今天中国的历史学建设有所借鉴。

(一)

霍布斯鲍姆从不讳言自己是马克思主义者,坚信"马克思的研究方法依旧是惟一能够使我们解释人类历史整个过程的理论,并且为近代学术研究开创了最有成就的起点"②。霍布斯鲍姆在发展马克思主义历史学理论方面有着重大的建树。巴勒克拉夫就认为,"在英国年轻一代史学家中已经形成蓬勃向上而且很有影响的马克思主义史学派",而霍布斯鲍姆则是其中的"著名的历

---

① 代表性的成果有:姜芃《霍布斯鲍姆的马克思主义史学研究》,《山东社会科学》1992年第2期;梁民愫《试析埃里克·霍布斯鲍姆的世界史观》,《史学史研究》2002年第4期;梁民愫《历史学、社会科学与历史证据:霍布斯鲍姆史学方法论思想述论》,《江西师范大学学报》2003年第3期;梁民愫《霍布斯鲍姆史学思想的现实关怀和意识形态立场分析》,《史学理论研究》2004年第2期。

② [英]霍布斯鲍姆著,马俊亚等译:《史学家——历史神话的终结者》,上海人民出版社2002年版,第178—179页。

史学家”①。

霍布斯鲍姆认为马克思主义的历史观是科学的历史观，是历史研究的指导理论。在霍布斯鲍姆看来，马克思对历史学家的影响是其他思想家所无法比拟的，“马克思对历史学家——不仅仅是马克思主义的历史学家——的影响，主要是在两个方面，一个是他的综合理论（历史唯物主义的思想），以及他所勾画或暗示出的、人类历史由原始地方自治主义到资本主义发展的总体形态，一个是他对与过去的特殊方面、特殊时期和特殊问题相关的事物的具体研究”。因此，“马克思主义历史学的那些方法，不管是否糅合了那些接受马克思的问题但试图提出不同答案的其他历史学家和社会学家的方法，它依然保持着对当代历史学最强有力的影响”②。历史唯物主义对历史研究的指导意义非同一般，“从人类有意识开始，历史唯物主义观就是历史阐释的基础”③。霍布斯鲍姆充分肯定历史唯物主义（唯物史观）对历史学发展的贡献，提示出历史唯物主义在马克思主义学术体系中的基础性地位。

霍布斯鲍姆认为马克思主义对非马克思主义者的历史学研究所起的巨大影响也不应忽视。西方有远见的学者注意到，至少到20世纪50年代，“即使在马克思主义的反对者中，也很少有历史学家会怀疑聪明睿智的马克思主义历史研究方法的积极作用及其挑战”④。霍布斯鲍姆具体地研究了法国年鉴学派受马克思主义影响的情况，认为法国年鉴学派的代表人物费尔南·布罗代尔虽然不是马克思主义者，但年鉴学派显然地在很大程度上受到马克思主义的影响。他指出，“通过经济史，马克思主义与法国学派奇特地融合起来了”，并使得“马克思主义者与《年鉴》之间的某种汇合点才得以形成”⑤霍布斯鲍姆认为法国的年鉴学派接受马克思主义的影响是一个基本的事实，这一见解是很有见识的。中国学者的研究结论也表明：“年鉴学派也从西方马克思主义那里吸取力量。……马克思主义的历史解释在法国史学界的影响十分强大，特别是关于文化在法国历史上的重要性作用，马克思主义历史学派的观点已经在年鉴学派

① ［英］巴勒克拉夫著，杨豫译：《当代史学主要趋势》，上海译文出版社1987年版，第41页。

② E.J.Hobsawm.“The Contribution of History to Social Science”, *International Social Journal*, Vol. xxxiii, no.4, 1981, p.630.

③ ［英］霍布斯鲍姆著，马俊亚等译：《史学家——历史神话的终结者》，上海人民出版社2002年版，第186—187页。

④ ［英］巴勒克拉夫著，杨豫译：《当代史学主要趋势》，上海译文出版社1987年版，第42页。

⑤ ［英］霍布斯鲍姆著，马俊亚等译：《史学家——历史神话的终结者》，上海人民出版社2002年版，第211页。

的著作中明显地反映出来了。”①霍布斯鲍姆的学术观点对于我们研究马克思主义的学术影响力、研究年鉴学派的学术渊源问题,应该说是有学术启示的。

但是,霍布斯鲍姆不主张照搬照抄马克思主义关于历史问题的结论,而是认为“应该意识到马克思大部分研究过去具体方面的著作,不可避免地反映着他那个时代所能够利用的历史知识”②。并且还应认识到,“马克思主义是研究的方向和方法,在其框架内可能得出不同的结论”③。他反对“对马克思历史观的寻章摘句”,强调在历史研究中要发展马克思主义的历史理论。他指出:“马克思具体设计的历史发展模式——包括阶级斗争的作用、社会经济形态的更替以及从一种形态向另一种形态转变的动力——即使在马克思主义者之间有时仍然存在许多分歧。对这些模式应该进行讨论,尤其是这个模式必须经得起一般历史标准的验证。”所以,“今天马克思对历史学家的主要价值在于他对历史的论述,而非他对一般社会的论断。”④霍布斯鲍姆不是将马克思主义作为教条来对待,强调科学地理解和对待马克思关于具体历史的结论。

霍布斯鲍姆提出了坚持马克思主义来进一步发展历史学、促进历史学现代化的课题,指出:“马克思主义可能一直是历史研究‘现代化’的重要力量”⑤。那么,如何发展马克思主义的历史学呢?霍布斯鲍姆认为在坚持历史唯物主义原理同时,历史学家还要做到这样几点:一是“马克思主义历史学把马克思作为研究的起点,而不是终点”。这就要求历史学家对马克思研究的历史问题及其作出的结论进行再研究,“随时准备对那些实际错误或过时的地方进行修改”,要求“马克思主义历史学在其最成功的著作中,是使用马克思的方法而不是评论马克思的原文——除非确实在值得评论的地方,才进行评论。我们要尽力去做那些马克思本人尚未来得及做的事情”。二是要正视马克思主义历史学出现的“多元”的现实。马克思主义的历史学家要认识到“多元论有自身的缺陷”,“这些缺陷在那些将历史理论化的人中比在撰写历史的人中表现得更明显”。

---

① 罗凤礼主编:《现代西方史学思潮评析》,中央编译出版社1996年版,第281页。

② [英]霍布斯鲍姆著,马俊亚等译:《史学家——历史神话的终结者》,上海人民出版社2002年版,第185页。

③ 李兴耕译:《“马克思至今仍然是具有重大现实意义的人物”——霍布斯鲍姆访谈录》,《当代世界社会主义问题》2005年第1期。

④ [英]霍布斯鲍姆著,马俊亚等译:《史学家——历史神话的终结者》,上海人民出版社2002年版,第169—170页。

⑤ [英]霍布斯鲍姆著,马俊亚等译:《史学家——历史神话的终结者》,上海人民出版社2002年版,第195页。

克服"多元论"的重要途径在于要坚持马克思主义的历史研究方法,因为"科学是基于同样方法的不同论点之间的对话。只有在没有方法判定相互争议的观点哪一方是错、或哪一个价值较小时,科学才不能称其为科学"。三是要吸收非马克思主义历史学的成果。马克思主义者应当认识到,"马克思主义历史学不可能从其他历史思想和历史研究中孤立出来",不应该"拒绝那些没有声明自己是马克思主义者、或实际上是反马克思主义者的历史学家的研究著作";同时"理应在史学领域内部和外部来捍卫马克思和马克思主义、反对那些在政治和意识形态领域向马克思和马克思主义发动进攻的人"①。

霍布斯鲍姆关于发展马克思主义历史学的思想,分析了马克思主义历史学发展的状况,强调了坚持马克思主义指导对从事历史研究工作的极端重要性,注重马克思主义历史学在思想和学术领域开展斗争的意义,主张马克思主义历史应该在开放的视野中、吸取其他学术思想的过程中而不断进步,因而对马克思主义历史学的发展有着重要的启迪意义。

(二)

在20世纪的70年代,霍布斯鲍姆与他的同行们一起创建的新社会史学派,是对传统的历史学家所进行的以政治史为中心的历史研究的反动。他写的《从社会史到社会的历史》、《论来自下层的历史》等论文,比较系统地阐发了新社会史学派的史学思想,将新社会史学派的学术思想推向一个新的阶段。霍布斯鲍姆在社会史研究方面的贡献,使得美国学者伊格尔斯认为社会史研究以后发展的前景是"时光大好"②。霍布斯鲍姆关于社会史的思想在西方史学界有着很大的影响。

霍布斯鲍姆通过对"社会史"概念的分析和界定,强调社会史研究的极端重要性。在英国的历史学界,昂温(George Unwin,1870—1925)较早地提出社会史研究的重要性,认为历史可以从社会史、政治史、经济史的角度加以研究,但"社会史的途径更具有直接的建设意义"③。霍布斯鲍姆通过研究认为,"社会史"

---

① [英]霍布斯鲍姆著,马俊亚等译:《史学家——历史神话的终结者》,上海人民出版社2002年版,第195—197页。

② [美]伊格尔斯著,陈海宏等译:《历史研究国际手册》,华夏出版社1989年版,第68页。

③ 何兆武主编:《历史理论与史学理论》,商务印书馆1999年版,第542页。

一词在运用时大体上有三种观点:第一种观点认为"社会史系指贫困阶级或身份低下阶级的历史,有时专指贫民运动的历史(即'社会运动')",甚至具体地指劳动的历史以及社会主义思想和组织的历史;第二种观点认为社会史是指"某些研究那些难以明确分类的人类行为的著作",这些行为只有使用"生活方式、习俗、日常生活"这些词才能得以描述,故有些学者直接将"社会史"表述为"抽去了政治活动的历史";第三种观点是将"社会史"与"经济史"相混合使用来表示"社会经济史"的含义,但"这种混合体中的经济部分占有绝对的优势"。霍布斯鲍姆比较赞同第三种观点,认为应该将社会与经济相提并论,因为这适应了经济学、社会学等"社会科学历史化的趋势",并且是"社会科学发展最为重要的阶段"。在霍布斯鲍姆看来,社会史的研究固然要吸取经济学等社会科学学科的成果,但又不能等同于这些学科而失去个性和特征,而是要从社会联系和社会背景的角度、将社会看成一个整体来开展研究。他说:"社会史从来就不能像经济史或其他用连字号连接的历史那样专门化,因为它的研究课题无法割裂开来。我们把人类的某些行为划归经济史,只是为了逻辑分析的目的,然后从历史角度加以研究。……但人类赖以生存的社会背景不能与人类生存的其他方面分割开来,除非弄成同义反复、或是把这些方面分割得零零碎碎。只要不是昙花一现,这些方面就无法从人们借以谋生的途径以及人类的物质环境中分割开来。"①霍布斯鲍姆将社会作为一个整体,并注重社会的联系与背景,来设计社会史的发展方向,显然是体现了马克思主义的社会历史观和历史研究的基本思路。

霍布斯鲍姆"社会的历史"主张是从社会整体的角度来看待历史的,这就不得不关注那些向来不被历史学家所注意的"来自下层的历史"。霍布斯鲍姆认为,重视"下层的历史"同样也有社会变迁和进步的需要,"底层历史只是从普通人成为作出这种决定和构成事件的经常性因素开始,才与那种按传统来撰写历史——关于重大政治决定和事件的历史,或是其中的一部分——发生了联系。不仅在特殊的群众动员时期,如革命时期,而且所有时期或大部分时期都是如此。一般说来,直到18世纪末大革命时期这种现象才开始出现。但实际上,它当然要到更晚的时期才变得重要起来"②。正是从社会变迁、"下层的历史"重

---

① [英]霍布斯鲍姆著,马俊亚等译:《史学家——历史神话的终结者》,上海人民出版社2002年版,第84页。

② [英]霍布斯鲍姆著,马俊亚等译:《史学家——历史神话的终结者》,上海人民出版社2002年版,第234—235页。

要性提升和历史学建设的时代要求的角度，霍布斯鲍姆强调研究“下层的历史”的极端重要性。霍布斯鲍姆所说的“下层的历史”或“底层历史”是指“从下层的角度看待的历史或者说是普通人的历史”①。换言之，就是指在历史变迁的过程中，一般的社会现象、普通的历史人物、下层社会民众的历史，而不是那种通常意义上的大人物、社会精英人物的历史。也正是霍布斯鲍姆所接受的马克思主义思想的影响，他的“下层的历史”概念带有极强的下层民众色彩和社会革命的意识。如他说“米什莱是最早从事底层历史研究的伟大开创者：他的研究以法国大革命为核心”；又如他认为乔治・勒菲弗的《大恐慌》一书“成了整体的法国历史编纂学的一个传统，它不是沉浸于法国统治阶级的历史，而是沉浸于法国人民的历史，正是这一传统奠定了底层历史的大部分课题，甚至奠定了其研究的方法”②。霍布斯鲍姆本人也将“下层的历史”思想付诸史学实践，他曾从与工人运动相关的19世纪至20世纪初的绘画作品、徽章、会标等资料中，解读出妇女男性化的历史③，为“下层的历史”研究作出了贡献。

需要指出的是，霍布斯鲍姆不只是指明“下层的历史”这一概念的特有内涵，更为重要的是揭示从事“下层的历史”研究的“技术问题”，这方面的思想主要是：(1)研究“下层的历史”要善于挖掘和解释现有的历史资料。在霍布斯鲍姆看来，底层历史学研究与传统历史学相比面临着一个重大的难题，“这是由于它没有大批现成的相关资料的主体”，如此则一方面固然要挖掘资料，但另一方面，是要提出新的思想并根据这样的思想来充分地利用现有资料。“举一个现在方兴未艾的历史人口统计学为例，它多多少少依赖于从6世纪在教区登录的人们出生、婚嫁和死亡的数字。众所周知，许多这类登录簿实际上为方便谱系学家而重印过，而谱系学家是仅有的对这些登录簿抱有极大兴趣的人。但一旦社会史学家开始利用它们，并且分析它们的技术得到了提高，就会有巨大的发现。”④霍布斯鲍姆如此看重史家对史料的分析作用，就在于他认为历史研究(包

① [英]霍布斯鲍姆著，马俊亚等译：《史学家——历史神话的终结者》，上海人民出版社2002年版，第233页。

② [英]霍布斯鲍姆著，马俊亚等译：《史学家——历史神话的终结者》，上海人民出版社2002年版，第235页。

③ Eric Hobsbawm, *Uncommon People: Resistance, Rebellion and Jazz*, London: Weidenfele & Nicolson, 1998, pp.94-110.

④ [英]霍布斯鲍姆著，马俊亚等译：《史学家——历史神话的终结者》，上海人民出版社2002年版，第237页。

括“下层的历史”研究)的结论,在很大程度上“依赖于我们对某种分析形式的熟悉程度,如对时间系列、趋势、统计的概率等等运用程度”①。(2)研究“下层的历史”必须正确看待与“口述历史”的关系。在霍布斯鲍姆看来,必须对底层历史资料要引起足够的方法学的思考,特别是对于口述历史。霍布斯鲍姆坚持这样的主张:“我认为,直到我们能够发现记忆中哪些方面会出错,就像我们现在知道凭手工传抄手稿时,哪些方面会出错一样,我们才能正确地使用这些口述历史。”②由于口述历史自身有本然的局限,霍布斯鲍姆提出的谨慎地对待口述历史的主张还是应该值得注重的。(3)研究“下层的历史”必须建立自己的研究模式。霍布斯鲍姆认为,从事下层历史研究的史学家必须建立自己的研究模式,也就说“他必须在某一方面知道自己在寻找什么,只有做到了这一点,他才能够意识到他所找到的是否符合他的假设;如果不符合,就要试试其他模式了”。那么,对于研究“下层的历史”的史学家来说,如何建立自己的研究模式呢?霍布斯鲍姆认为有三方面的基本要求:一是要具有知识。因为对于史学家而言,“存在着一种知识、经验以及单纯具有非常广泛而又具体的对实际课题熟悉的因素——这是一个非常强劲的因素。这有助于我们清除明显的错误和无用的假设”。二是要有想象。历史学家还“需要想象——尤其有资料依据的想象——以避开史学家最大的危险:时代错误”。三是要能建立一个体系。对于历史学家来说,“我们需要建立或重新建立的是一个有条理的、特别是连续的行为和思想体系”③。霍布斯鲍姆还强调史学家的“判断”、“解释”对研究下层历史的突出意义,如他要求“研究底层历史的史学家没有、或至少不应放弃自己的判断”,又如他认为史学研究的目标“不仅仅为发现历史,还要为解释历史,并且为此提供与现实的联系”④。

霍布斯鲍姆的新社会史观是马克思主义在历史研究中的思想成果,同时也代表了国际历史学界从社会经济、从社会下层研究历史的新趋向。可以说,霍布斯鲍姆在国际学术界的影响,固然一部分在于他在西方的学术背景下所持有的

---

① E.J.Hobsawm.“The Contribution of History to Social Science”, *International Social Journal*, Vol. xxxiii, no.4, 1981, p.628.

② [英]霍布斯鲍姆著,马俊亚等译:《史学家——历史神话的终结者》,上海人民出版社 2002 年版,第 238 页。

③ [英]霍布斯鲍姆著,马俊亚等译:《史学家——历史神话的终结者》,上海人民出版社 2002 年版,第 242—243 页。

④ [英]霍布斯鲍姆著,马俊亚等译:《史学家——历史神话的终结者》,上海人民出版社 2002 年版,第 247 页。

具有独特思想内涵的马克思主义历史观;但更为显然的是,他运用马克思主义历史观对西方的社会史观加以改造而形成的新社会史观,及其所取得的社会史研究的突出成果。

(三)

霍布斯鲍姆毕生从事历史研究工作,不仅积累了丰富的史学研究的经验,而且对史学理论和历史理论也提出了颇多的学术见解,并在马克思主义学术传统的基础上得到了新的提升。霍布斯鲍姆对历史、历史学、历史学家等问题所发表的独到见解,既是对传统史学的超越,又体现当代史学研究的新趋向,成为20世纪史学思想史中的宝贵财富。

霍布斯鲍姆对历史学家的看法颇有自己的见解。他说:"历史学家就是经验的记忆储备库。理论上,过去——即所有的过去——迄今发生的所有事情——构成了历史。"①又说,历史学家首先"是整个社会的记忆装置,特别是在这个抹杀过去的现代文明社会里,非常重要的一点是能有人专门从事记忆工作,记忆过去都发生过什么"②。霍布斯鲍姆将发现历史的真实作为历史学家的重要使命,主张史学家坚持"严格科学的程序,每个论点都要有证据、参考资料和引文",认为"坚持证据至上、坚持可证实的历史事实和虚构之间的区别的重要性,是履行史学家使命的惟一途径"。霍布斯鲍姆对历史证据的如此看重、要求历史学家在历史证据上有所作为,与他对历史证据在社会科学中地位的认识是联系在一起的。如他所说,"任何社会科学只要涉及社会的现实问题,都需要历史学的证据,或都试图通过有关证据来证实或证伪它一般的理论模式"③。需要指出的是,霍布斯鲍姆还鉴于"历史神话"使"过去被重新设计",历史被"一项特定政治目标披上件时髦外衣"④的情况,认为史学家职业义务的一部分是"解构

① [英]霍布斯鲍姆著,马俊亚等译:《史学家——历史神话的终结者》,上海人民出版社2002年版,第29页。

② 刘为:《历史学家是有用的——访英国著名史学家E.J.霍布斯鲍姆》,《史学理论研究》1992年第4期。

③ E.J.Hobsawm."The Contribution of History to Social Science",*International Social Journal*,Vol. xxxiii,no.4,1981,pp.625-626.

④ [英]霍布斯鲍姆、[意大利]波立陶著,殷雄等译:《霍布斯鲍姆:新千年访谈录》,新华出版社2001年版,第42页。

披着历史外衣的政治和社会神话”①。霍布斯鲍姆强调历史学家在努力发现历史真实的同时进行戳穿历史神话的事业，这是他对历史学家地位的新见解。

历史的功能问题是历史学家们关心的重要课题，自然也是霍布斯鲍姆探讨的重要内容。(1)霍布斯鲍姆对历史能为社会运行提供借鉴的看法提出了新的看法。学术界一般认为，现代社会是历史的延续，人们可以从历史的经验中得到教益，“过去是现在和未来的模型”；因此，“通常意义上，过去是打开遗传密码的钥匙，凭借遗传密码，每一代才能复制其后代并确定它们之间的关系”。这是人们对历史功能的一个重要认识。霍布斯鲍姆虽然也承认历史的这一功能，但他同时也认为：“如果今天‘先例’成了主要是必须予以重新解释或偷梁换柱以适应与过去迥然不同的形势的某种东西，那么，先例在过去、现在都成了一种墨守成规的教条。”②可见，霍布斯鲍姆并不是无条件地认为历史可以成为现代社会运行的借鉴。(2)霍布斯鲍姆对历史可以为现代社会提供模型的看法也提出异议。史学家们有一种倾向性的看法，即认为历史就可以为人们提供模型，使现实按令人满意的形式重建。霍布斯鲍姆不同意这样的看法，他从现代历史发展的特殊情形中认识到，“现在，从积累和凝固的历史经验中得来的教训多半不具有重大意义”③。看来，霍布斯鲍姆并不承认过去对现在依然还有绝对的权威，不赞成过时的历史或经验仍然像我们祖先时代那样发挥着作用。

霍布斯鲍姆对19世纪以来历史学的发展进行了基本的评价，认为历史学自19世纪成为独立科学以来在整个学术体系中占有极为重要的位置，“历史学却依然是新社会科学的主要组成部分”④。兰克对西方史学影响很大，美国史家汤普森认为兰克使历史学成为“一门独立的科学”，但却又“把整个一代人引上歧路”⑤。霍布斯鲍姆的评价与汤普森的评价有些类似，但更注重从历史学的进程中来分析。他说，“由于受到兰克的引导和示范”，学术史在反对无充分根据、或

① [英]霍布斯鲍姆著，马俊亚等译：《史学家——历史神话的终结者》，上海人民出版社2002年版，第316—317页。

② [英]霍布斯鲍姆著，马俊亚等译：《史学家——历史神话的终结者》，上海人民出版社2002年版，第29页。

③ [英]霍布斯鲍姆著，马俊亚等译：《史学家——历史神话的终结者》，上海人民出版社2002年版，第30—31页。

④ E. J. Hobsawm, *The Age of Capital*: *1848—1875*, New York and Scarborough, Ontaria, 1979, p292.

⑤ [美]J.W.汤普森著，孙秉莹、谢德风译：《历史著作史》下卷（第三册），商务印书馆1992年版，第254页。

依赖不可靠证据的推论方面做得“非常出色”;但由于确认“证据”上,因此,“除了搞出一套评价某些原始资料(如记载历史事件中权威人士决策的手稿)的经验性标准以及必需的辅助手段外,对整个历史学几乎没有什么贡献”①。关于20世纪历史学的进程,霍布斯鲍姆认为历史学在与传统历史学(正统史学)的较量中发展。他说:“20世纪史学著述中的核心内容正是19世纪90年代正统史学家完全排斥的东西,这是历史学和社会科学相融合的结果。……历史学已经从纯描写及叙述性转向了分析和说明;从集中研究独一无二和单个事件转向对规律的研究和推论。从某种程度上说,传统史学观念完全被颠倒了过来。”②霍布斯鲍姆肯定20世纪历史学的进程所取得的进步,认为这种进步主要表现之一为“历史学与其他学科的融合”,但也有其局限性,如出现了“历史学与社会科学的交融正在发生偏离和分裂”的现象。未来的历史学如何发展?在霍布斯鲍姆看来,未来历史学的发展大体上有三个方向:一是重新研究“人类变革”的问题。因为历史学的发展已经使再次研究人类变革问题的时机已经成熟,人们可以将研究扩展到理性的甚至是操作的境地。二是关于“事物如何融合”的问题。也就是研究“人类生活的不同方面相互作用的方式,如在经济、政治活动、家庭及性关系、广义或狭义的文化或感觉之间相互作用的方式”。三是研究“与历史学家的传统兴趣更为密切的”的问题。诸如“具体的历史经验、历史事件和历史背景造成了哪些区别或没有造成哪些区别”的问题,因为这些研究“可以把相对琐碎的、关于个人的作用或某些决策的作用包括进来”③。

霍布斯鲍姆肯定历史学具有某种预测功能。在他看来,“预测”与“预言”并非一回事,历史学的预测也只是历史学家“以业余形式进入现实政策领域”的那种预测,历史学所表现出的预测功能大致有两种情形:一种是依靠对发展趋势归纳所作的预测,或者叫作模型设计;另一种是依靠对真实事件或实际结果的常规分析所作的预测。这两种历史学的预测往往混合使用,但由于未来事件的不确定因素的加大,因此,历史学的预测功能也只是“一种对我们所提问题的判断”,

① [英]霍布斯鲍姆著,马俊亚等译:《史学家——历史神话的终结者》,上海人民出版社2002年版,第161页。

② [英]霍布斯鲍姆著,马俊亚等译:《史学家——历史神话的终结者》,上海人民出版社2002年版,第70—71页。

③ [英]霍布斯鲍姆著,马俊亚等译:《史学家——历史神话的终结者》,上海人民出版社2002年版,第75—77页。

或者说为未来提供“二元选择的方案”[①]。自然,霍布斯鲍姆对历史预测功能的分析,与他对历史与现实关系的理解是分不开的。他要求历史学家“不仅仅为发现历史,还要为解释历史,并且为此提供与现实的联系”[②]。因为撰写历史是“在相当程度上基于自身时时观察聆听,理解这个世界”的过程中进行的[③]。

在历史研究技术问题上,霍布斯鲍姆主要强调这样几个方面:(1)史学研究要注重课题的选择,历史研究也只能在选择中进行。霍布斯鲍姆认为历史研究可以对“一些假设的选择作非事实性的推论”,尽管过去与现实有密切的联系,也要在现实与过去之间进行选择,因为“无论如何,我们所作的大部分工作必然是在现实之外的”[④]。当然,说历史研究是在选择中进行,并不是说历史研究可以遗漏历史的主体内容,“尽管历史学家总是集中研究某些问题而忽视其他问题,但历史学的定位是不能遗漏人类历史上任何一个方面。”[⑤](2)历史研究要注重概括,提炼出自己的观点。霍布斯鲍姆认为,历史研究的价值是通过史学家的归纳体现出来的。他说:“在我看来,如果历史不进行归纳,就谈不上有什么价值”[⑥]。霍布斯鲍认为研究中要注重概括,其目的在更好地解释人类社会的发展。霍布斯鲍本人就曾将自己研究的结论进行概括,认为现实历史走向存在“全球化”的大趋势,但“不存在一个政治全球化的趋势”;“我们经历了从西方导向的经济向亚洲导向的经济转移”,但“在文化上倒还不能这样说”[⑦]。(3)史学研究要不断创新,将历史研究工作推向前进。霍布斯鲍姆把创新看作是历史研究由过去导向未来的关键,认为“创新性一直是社会历史研究的抱负”[⑧],主张历

---

① [英]霍布斯鲍姆著,马俊亚等译:《史学家——历史神话的终结者》,上海人民出版社 2002 年版,第 50 页。

② [英]霍布斯鲍姆著,马俊亚等译:《史学家——历史神话的终结者》,上海人民出版社 2002 年版,第 247 页。

③ Eric Hobsbawm, *The Age of Extremes: A History of the world 1914—1991*, New York: Pantheon books, 1994, p.x.

④ [英]霍布斯鲍姆著,马俊亚等译:《史学家——历史神话的终结者》,上海人民出版社 2002 年版,第 110 页。

⑤ [英]霍布斯鲍姆著,马俊亚等译:《史学家——历史神话的终结者》,上海人民出版社 2002 年版,第 123 页。

⑥ [英]霍布斯鲍姆著,马俊亚等译:《史学家——历史神话的终结者》,上海人民出版社 2002 年版,第 33 页。

⑦ 殷叙彝:《没有权利的权力——霍布斯鲍姆谈美国的“人权帝国主义”和欧美关系》,《国外理论动态》2003 年第 4 期。

⑧ [英]霍布斯鲍姆著,马俊亚等译:《史学家——历史神话的终结者》,上海人民出版社 2002 年版,第 96 页。

史学家用创新的态度从事历史研究工作。

霍布斯鲍姆的史学思想十分丰富,在西方史学界有着重大的影响。他关于新社会史的一系列学术观点及其所建构的研究体系,自是马克思主义指导下的探索,同时又吸收了当代西方学术的成果,在西方社会史研究领域独树一帜;他对历史学基本问题的探讨也显见出独特的思路,对19—20世纪历史学发展进程也有自己的分析和总结,对20世纪历史的特征的判断尤其发人深省。因此,在记述20世纪伟大的历史学家时,霍布斯鲍姆显然不应该被人们所忽略。或许,随着对20世纪历史学的总结和对21世纪历史研究新道路的开辟,霍布斯鲍姆史学思想的价值将不断地提升。

(原载《史学史研究》2006年第3期)

【昔文琐记】这篇《论霍布斯鲍姆的史学思想》,写作于2006年2月。我这篇文章,属于中国学者研究霍布斯鲍姆最早的几篇文章之一,在霍布斯鲍姆研究的历史上自有其地位,尽管我后来没有继续这一研究工作。

在这篇《论霍布斯鲍姆的史学思想》之前,我对霍布斯鲍姆史学思想本没有什么研究,只是有一点西方史学思想的基础罢了。在徐州师范大学图书馆,我看到了霍布斯鲍姆的《史学家——历史神话的终结者》中译本,就借过来了。2005年的寒假,把这本书好好读了,大概读过四五遍,尽可能领会其中的思想意蕴;同时,对霍布斯鲍姆史学思想所涉猎的方面,作了较为细致的分类和评述。春节以后,我回到徐州后就将自己的读书心得整理出来,稿成后就投到《史学史研究》编辑部了。不久,收到编辑部录用的通知。但因这篇文章的原稿实在是太长,编辑遂要求我作较大的压缩。这样,稿件先后压缩过两次,比原稿确实精练多了,思想的表达也更集中了。

写这篇文章的体会是,读书固然要博广,但写文章更要精深。文章不精深,就不会有新的发现,也就不能被编辑看中。

2021年1月31日

本书为著者主持的国家社科基金重大专项
“中国马克思主义学术通史研究”（23VLS004）的阶段性成果

现代中国学术思想研究

·下卷·

吴汉全 著

人民出版社

第六辑

【政治学研究】

政治学视野中公信力概念研究

"公信力"已经成为当今中国人文社会科学研究的重要概念，对推动学术研究的创新发挥了很好的作用①。21世纪初以来，笔者也曾使用这一概念来诠释社会政治组织建设的相关问题，发表了相关的论文②。学术研究是以概念为基础的，强调概念的严密性，注重对所使用的概念进行界定和诠释，从而使研究工作有着共同的分析范式与话语体系。"公信力"这一概念推动了政治组织的研究，但相关研究者对"公信力"的含义存在着不同的理解和认知，甚至在使用中出现相互矛盾的现象，因而有必要专门对这一概念加以研究。本文借鉴已有的研究成果，试图在政治学视野中对公信力有关问题作初步的解说③。

一、以"信任"为基础的公信力概念

学术界对于何者为"公信力"，有着不同的理解与解说，但比较倾向于以"信任"作为解读"公信力"概念的重要基础。在笔者看来，尽管人们对"信任"的内涵与外延在认识上有所差异，但大致认可以信任程度之大小作为判断公信力大小的重要标识。下面，试图在解读"公信力"、"信任"概念的基础上，对"公信力"基本内涵予以新的解说。

---

① 据中国期刊全文数据库所载论文的统计，以"公信力"为标题的论文，近年来已有1600余篇。

② 笔者曾运用"公信力"这一概念，发表了《论行政裁决社会公信力的提升》（载《江苏行政学院学报》2005年第5期）、《论抗战时期中共社会公信力的提升》（载《党史研究与教学》2007年第3期）等文章。

③ 本文的研究曾受到吴家庆先生的文章《论执政党公信力：内涵、功能与实现途径》（载《政治学研究》2009年第5期）的启示，特此表示谢意！

1."公信力"的诠释

"政治公信力"与"社会公信力"是两个不同的概念。学术界往往将这两个概念互用,这其实不利于学术研究的深入,因而有必要先厘定两者的界限。

第一,即使是政治体系所建立的公信力,事实上也并非都是"政治公信力"。我们要看到,政治权力固然是政治组织的"政治公信力"要件,但政治权力之掌握,也并非都可以形成"公信力"。譬如,在政治权力不断扩张的当代社会中,一些政治组织在完成着社会上非政治组织的功能,做了一些本不该做的事。在笔者看来,即使是政治性组织,但其在完成非政治性组织功能的过程中所产生的公信力,称之为"社会公信力"较为妥当。自然,如果是在政治体系之中,并且确实是政治性组织,产生了"非政治公信力",尽管其不具有显著的政治性特征,但由于是与社会公众的评价及公共领域直接相连,对政治体系也是有影响的,因而也是值得研究的。但这种研究,不应该以"政治公信力"形式来进行。

第二,社会中有一些非政治性组织,其所建立的公信力也不宜笼统地称之为"政治公信力"。属于比较纯然的社会组织,大致与社会的政治生活关涉不大,其所表现出来的"公信力",应该称之为"社会公信力",这才比较符合其组织的性质。当今社会,非政治性的组织处于猛烈的发展之中,担负着社会生活诸多职能,自然也就会有其公信力的问题。不将这种"公信力"与政治直接挂钩,也有助于研究其独特性并促进这些组织的发展。

进一步言之,从公众与政治体系关系来看,某一组织(政治性组织或非政治性组织)的公信力一旦形成,确实是具有"社会性"与"公共性"的特征,但也不能笼统地都以"政治公信力"一词予以概括。在此,需要有一个不同于"政治公信力"的"社会公信力"或"非政治公信力"的概念。鉴于此,在政治学研究视域中,可以对"公信力"概念进行"二分法"处理,即以"政治公信力"与"非政治公信力"(或"社会公信力")来区分。

在政治学视野中理解"公信力"与"信任"关系,可以从两个视角切入:

就公众的角度来看,公信力是公众参与政治时其基本的政治意愿的表达,社会公众基于"信任"而对政治体系所作出的肯定性的价值评价。如果社会的公众(众多的个体)对某一政治组织产生信任,就会在社会范围内形成"共同认可",则这一政治组织就会有较好的政治形象,具有一定的号召力、影响力与政治权威。如此,我们可以说这一政治组织具有了"公信力"。

就政治体系而言,公信力是政治体系在行使政治权力、履行公共职责、兑现政治承诺的过程中所产生的一种社会心理反映。公共政治领域的主体、决策、组织、行为等,都会受到社会公众的检验,接受社会公众的评价。一旦得到社会公众的"信任"与支持,形成正面评价的信誉度、美誉度、满意度,这也就是具有了较好的"公信力"。

由此,"公信力"涉及四个主要环节:公共领域、公共权力、社会公众、价值评价。以下,试作一些分析:

第一,公信力的存在必须是在公共领域范围之中,非公共的私人领域不能有公信力的存在。譬如,私人之间的交往活动,也会在交往中对当事人作出肯定或否定的评价,但这只是个体与个体交往过程中发生的,并且其所评价的一般不是公共生活所着意关注的内容,因而不体现出社会上普遍的民意,所以不能纳入政治公信力的范畴。

第二,公信力是与公共权力相关联的,是公共权力的行使所得到的社会反映与评价。就是说,公信力奠定于政治体系的能力①,是公共权力所产生的一种社会反映,因而不存在没有公共权力行使的公信力。这主要是因为,在社会公共领域固然有许多具体的层面,但主要还是围绕公共权力这个核心展开的,没有公共权力也就不成为公共领域了。

第三,公信力是由社会公众的介入而表现出来,因而也是社会公众政治参与的产物。由此,所谓"公信力"不能脱离社会公众而存在,不能置"社会公众"这个主体存在于不顾。这也就是说,"公信力"不仅仅是社会政治组织单方面所能造就的,实际上是由社会公众这个因素的介入及其所表现的评价而使这种公信力由隐性变为显现,并进而影响着社会的政治生活。

第四,公信力乃是以社会公众的价值评价为表现形式。公信力又不是社会公众直接从事政治活动的行为,而是一种基于公众的政治心理、政治意愿所表达的评价性政治意向。自然,公众在直接参与政治的过程中,可以对政府及其他政治组织表现出信任或不信任的态度。但社会公众的绝大部分一般不直接地参与政治活动,而是处于社会之中来观察政府或其他政治组织,并作出自己的评价。所以,公信力反映社会公众的普遍性的愿望与要求,体现社会公众总体的政治态度,因而也是社会公众对政治活动进行监督的特殊形式。

从如上"公信力"所涉及的四个环节来看,公信力是以"信任"来构筑的评价系统,从而使政治体系有了一种外在的表现形式。换言之,公信力既从社会公众

---

① 政治体系的能力,最为突出的是组织和维护政治秩序的能力。良好的政治秩序表现为:政治制度的延续性、政治行为的规范性、政治过程的有序性、政治规则的透明性、政治体系的稳定性。

的社会心理方面体现了政治体系自身的状态,又从政治体系的角度折射出社会公众对政治组织的关注度。可以说,公信力乃是公共领域的公共权力与社会公众的价值评价所共同作用而构成的话语系统。由此,从政治学视野解读"公信力",自有其内在的依据。

2."信任"的解读

既然解读"公信力"是以"信任"作为核心的概念,亦即以"信任"为已知并从"信任"来解读"公信力",从而形成关于"公信力"的认识体系。那么,就有必要追溯"信任"的本真意义。"信任"一词,过去主要是在伦理学、心理学等学科中使用,近几十年来在政治学、管理学等学科也开始流行开来,成为当今学术话语中一个使用频率较高的概念。就中国的语境来看,"信任"在中国传统典籍中最基本的含义是"信",泛指诚实不欺、讲求信用。《国语·周语》上说,"信所以守也"。孔子也特别提倡"信",主张"敬事而信"、"谨而信"①。孟子继承孔子的思想,认为"有诸己之谓信"②。在今天,"信任"仍然具有中国传统古籍"信"的意思,但无论是其使用范围抑或是其含义上都有相当的变化。以下,试对"信任"作些解读:

(1)"信任"的本质。"信任"用在交往关系上,一般意义上是指对别人的信任,但这种"信任"仍然是基于社会正义的要求。这里,如果对象缺少社会所要求的正义的形象及其内容,也就很难产生普遍性的社会信任。从主客关系来说,对别人信任是对自己在某些方面能力不及的一种期待,即自己渴求达到而在能力、条件等方面又不能达到,于是希望通过他人来达到自己的目的。因而,"信任"实际上是对自我信任的让渡。一般情形下,如果某一个体有足够的能力去完成自己的预定目标,他就不必要信任别人能够去完成,因而"信任"别人是对自己信心不足的表现。就此而言,在对别人产生信任的同时,也是对自己行为能力的不信任或缺少信任的一种反映。自然,还有一种情况,即自己有能力去完成某个既定任务、达到某种目的,但仍然信任他人去完成,这乃是一种"低度的信任"。其原因是,或者认为这项既定任务的重要性不够,或者认为此项任务的难度系数不够,不值得自己去亲自完成,而自己需要去完成更为重要的任务,因而不得不委诸他人去办理。这种情形,高度信任的仍然是自己,而不是他人。这种情形下对他人的"信任",并不是"信任"的本质,充其量也只是"低度的信任",

① 《论语·学而》。

② 《孟子·尽心下》。

在社会交往关系中特别是在公共生活中可不予重点考察。

(2)信任的维度与层面。政治公信力是政治主体与政治客体之间相互作用的产物,因而关联政治主体与政治客体。回答公信力形成问题,就是要回答公众是在怎样的情况下产生“政治信任”问题。如此,也就要了解信任的维度与层面问题。在笔者看来,信任的维度与层面主要是:(1)信任关系的对象维度:“一对一”与“多对一”。(2)信任关系的显现层面:“情感性信任关系”(道德—精神需要型)与“利益性信任关系”(物质利益型与政治利益型)①。(3)信任关系的基本依据:信任关系的需要性与选择性。由于信任有不同的维度与层面,则对于政治体系来说,就需要依据其不同的方面来建立起基本的信任关系,促进政治公信力的建立与提升。

(3)交往关系与“信任”。信任是交往关系的产物,人们之间没有交往也就不会产生信任。人之所以为“人”,之所以能够组成社会,也是因为有交往关系。因为交往关系的存在和发展,人们的各种需要也是不断增长的。但需要的满足并不是都能实现的,受着各种条件的制约。就政治需要而言,人们因为并不能都实际地、直接地参与政治生活,而且即使有少数者能够身处政治生活之中,也不是就能完全地满足不断增长的政治需要,因而也就希望政治组织能更大限度地满足自己的政治需要。就政治生活的一般情形来看,如果政治组织能满足大多数社会公众的政治需要,大众就会对政治组织产生信任,反之则会对政治组织产生不信任。这种对政治组织的“信任”或“不信任”,也就是政治组织的社会公信力的表现形式。由此来看,交往关系是“信任”得以产生的基础,而在此基础上产生的政治需要及其满足程度,则是各个个体的“信任”转化为具有公众性的“社会公信力”的关键。

(4)制度设计与“信任”。政治生活之中必定有政治设计,才能有一定的政治秩序,并使这一政治秩序遵循着其政治规则。然而,严格说,制度设计是不信任的产物。就政治体系而言,如果对政治体系内的成员、组织以及社会上普通公众有着充分的信任,也就不需以制度、规章等外在的东西来予以制约和限制。制度设计的目的,是为了克服人性“私”的毛病,通过章程、制度、体制来约束与规范个人、组织等的政治行为,防止政治行为的偏离或越轨,使政治行为成为一个“趋公”行为。民主制度是以责任性、事先承诺作为可信性的基础,其目的是使政治行为不致超出政治体系所允许的范围之外,从而为获得社会公众的政治信

① 参见吴家庆:《论执政党公信力:内涵、功能与实现途径》,《政治学研究》2009年第5期。

任提供条件。

在分析了“信任”这一概念的含义及其所处的各种关系之后,仍然需要继续在“公信力”所设置的语境中,具体地探讨“信任”所构成的话语体系及其所具有的新内容:

(1)“信任”的实质是“认同”。就社会交往关系的情形来看,信任就是基于“正义”基础上的“认同”,是因为在体现了社会公共法则的基础上又同时体现了自己的意愿,得到了“满意”、“认可”等肯定性的评价,因而表现为“认同”。这里的“认同”,是“社会认同”而非“自我认同”,表现为在情感上、价值上对外在组织的认可。也就是说,视自己与外在对象之间为同一、一致或相似,符合自己的意愿,能够实现自己的需要,表示值得“信赖”。但“认同”有三个层面,即心理认同、思想认同、利益认同(政治利益认同、经济利益认同、文化利益认同等等)。公共领域的“信任”是一种集体性的广泛性的政治认同,以社会正义为基本原则,其根本性的基础是利益认同。就公众而言,持久性的是利益关系的作用。因而,社会公众鉴于利益关系的考虑,会对政治组织作出政治认同。没有政治认同,不能产生信任,当然也就不会对政治组织形成所谓政治公信力的评价。在这里,“认同”是“信任”的实质,也是“信任”的表现。

(2)信任的前提是需要。“没有需要,就没有生产”①。奠基于人类物质生产基础之上的政治生活,同样也是基于需要。可以说,公众对政治组织的信任,本质上是基于自己的需求。没有需求,不会产生信任。极而言之,如果一个社会成员对政治组织没有任何需要,他就不会对政治组织表现出“满意”或“不满意”的态度,当然也就不会作出“肯定”或“否定”的评价。所谓需要是多层面的,可以是政治的、经济的、文化上的,也可以是心理上或情感上的。同时,需要也是不断变化的,一时代有一时代的需要。但在某一个特定的时代,总有社会上广大成员公共性的需要,总有反映大多数人要求、意愿的需要。自然,社会公众的需要不仅变化,而且也是不断增长的,这表现为:原来的需要满足了、实现了,新的需要又将产生。公共生活中的政治需要也是这样,不仅具有层次性,而且也具有变动性,而更为特别的是其政治色彩更为强烈、政治的要求更为突出。需要指出的是,在理解“信任的前提是需要”时,一定要考虑到公众参与政治的愿望。实际上有一种情形,即公众如果对政治失望,讨厌政治,政治意识不足,就会对任何政治组织都采取无所谓的态度,也就不会去信任某一政治组织。因此,在解读“需

① 《马克思恩格斯选集》第2卷,人民出版社1995年版,第9页。

要”时，一定要与参与政治的愿望联系起来，如此才能看到“信任”得以显现的过程。

(3)“信任”的表达是“评价”。“评价”是意愿的表达过程和行为，表达其对事物总的看法。政治评价是一个过程，也是一种积极的主体性的行为，因而也是社会公众的政治参与方式。大致来说，政治评价以政治需求是否满足为动机，主要是对政治组织所作出的承诺进行评价，考察的是政治承诺的公正性与公共性、兑现政治承诺的能力、完成政治承诺的绩效。因此，政治评价是政治信任的重要表现形式，没有不评价的政治信任。但社会公众即使有政治认同能力，有时也不一定会立即作出评价，事后性评价在实际的政治生活中也占有很大的比重。因为，做出评价还有诸多的条件。譬如，能够对政治组织作出评价，还需要评价者有健全的社会心理，需要有一定的时间来理解、认识某种政治行为。由此，政治评价作为一种带有主观性的认知体系，既有即时性的评价，也有滞后性的评价。但不管是即时性评价抑或是滞后性评价，都是作为对政治体系表达其价值性判断的方式或形式，因而从中也能透视出社会公众对政治体系的信任度。

(4)“信任”的结果是“支持”。“信任”如果仅仅是心理上的认同，那只停留在社会心理层面。信任的积极结果是对政治行为的有效支持。因此，“信任”作为一种公众的社会心理，还需要外化为具体的政治行为；而这种公众的政治行为往往会通过社会舆论等形式显示其“支持”的态度。大致说来，“支持”是意愿的外化及其表达，有三种形式：其一，心理上的支持。表现在话语中的是理解、拥护，给予精神上寄托，并形成满意性评价，借以影响社会心理走向。其二，思想上的支持。从自身利益出发，在思想上、道德上、文化上予以理解，作出肯定性的思想诠释，规劝不信从者信从、不理解者理解、不支持者支持，从而形成社会性的舆论支持。其三，行为中的支持。表现为行动中的信从与执行，自觉地和不自觉地去行动，甚至自觉地参与社会动员，维护政治组织的权威性。

二、主客关系下的公信力及其特征

“公信力”确实是以“信任”为前提下的“公信力”，这里的“信任”是必要条件、基础性前提，但不是充分条件。“公信力”固然内含着“信任”这一关键性要素，但从社会关系的角度来理解，仍然是社会交往关系的产物，是在主客关系作用之下而形成的。因此，在以“信任”为基础的认知中，必须具体地考量作为主体的政治组织与作为客体的社会公众之间所形成的主客关系及其交互作用,如此才能发现“公信力”的形成及其所具有的基本特征。

就客体而言,公信力的形成必须基于以下条件:

(1)存在着“公共利益”的需求。这种公共利益缘于社会公众的普遍化的内在要求,具有社会性、公共性的内涵,而非个人的“一般利益”,唯此才能形成信任的合力。对于现代民主政治条件下的政治组织而言,只有“一切都只是为了公众福利”①,才能使公众的公共利益需求得以实现。如果社会公众不存在追求公共利益的意愿与要求,如果政治组织不以实现公共利益为目的,公众就不会对政治组织寄予希望,也就不会把政治组织作为自己利益的实现者和代表者,当然也就不会产生所谓的“公信力”问题。

(2)民众对政治组织的认同感。政治认同感是基于政治情感而发生的,本质上是政治利益的反映。实际的情形是,社会公众即使具有公共利益的需求,但如果对社会上的政治组织失去信心,更有甚者缺乏政治认同感,那也不会产生对政治组织的信任以至于使政治组织具有公信力。这里,有政治认同感是公信力得以形成的一个关键。

(3)民众“趋利避害”的社会心理。社会公众都有“趋利避害”的心理,这是人类的固有本能。但在一般的情形下,这种“趋利避害”的愿望是否能付诸政治组织,不仅要考虑到政治组织的可信度,也要在“利”与“害”这两者之间作权衡,即所谓“两权相害取其轻”,最终选择最优的方案或退而以求其次,以实现公众的利益最大化的愿望。

(4)民众缺乏实现某种自身利益的能力。在社会公共领域,民众不是都能通过自身来实现其利益的。如果民众在社会中能够轻而易举地实现某种特定的利益,那也就不会委诸政治组织代为行之。在某一具体的领域,民众确实存在着力所不及、能力不足、自信不够的情况,才会寄希望于政治组织。此种领域,就是民众缺乏实现自身利益的地方,于是才会产生自我信任的一部分予以让渡的情形,从而出现公信力的这种状况。

就主体而言,公信力的形成必须具备以下条件:

(1)政治合法性。政治合法性是政治组织存立的主要依据,也是获得社会公信力的主要来源。一个政治组织如果缺乏政治合法性,则很难得到民众的政治信任,自然也就谈不上公信力了。不同政治体系的政治合法性的来源有一定

① [英]洛克著,瞿菊农、叶启芳译:《政府论》下篇,商务印书馆 2003 年版,第 4 页。

的差异性，但大致有这样几个来源：政纲、政治行为方式、领袖魅力、政治绩效、群体形象、文化传统、历史继承性等。由此，政治组织为了获得民众的认可度，往往在提升其政治合法性上下功夫。

(2)可供支配的政治资源。政治组织的政治合法性是不同的，不能等量齐观。即使是在同一个政治社会之中，各种政治组织的政治合法性依据其本身的性质也有大小之分。社会公众既要考虑到政治组织的合法性，但也在不少情形下将利益需求放在首位，因而就要考虑到政治组织对政治资源的支配状况，以评估政治组织实现自己利益的能力。因而，政治组织可供支配的政治资源，也就成为其公信力的考量依据。对于政治组织而言，则尽可能增进自身的政治资源，通过对政治资源进行培育、开发、整合等途径，提升政治资源的占有量，以获得社会公众信誉支持和政治支持。

(3)对民众的政治承诺。一般来说，政治组织的承诺大体上包括体现民意的政纲、政策、措施等，这种承诺既有引领政治组织的作用，也有树立政治形象的目的。就政治的演变历程来看，大凡任何一个政治组织，都要对社会公众作出程度不等的承诺，提出这样那样的计划或规划，或者是使公众对未来充满更多的希望，或者是增加民众对政治组织失误的宽容，从而提升自己在民众中的认可度和支持率。自然，政治组织不仅需要有作出政治承诺的能力，还要有实现其政治承诺的能力，而且在通常情况下后者更为重要。对于一个政治组织而言，如果仅仅是能作出承诺，而不能实现其承诺，只能称为没有信用能力或信用能力不足的政治组织，那就可能导致信用的危机而走向破产的境地。

(4)实现公众利益的能力。社会公众关注自身的利益，因而都把政治组织能否实现公共利益以及实现公共利益的能力，作为考量的重要内容。公众考察政治组织实现自身利益的能力，在大的方面，大致包括：政治责任感、工作绩效，以及有效的政治动员能力、整合社会资源能力、调处利益关系能力、自身体系维护能力、应对政治风险能力等。然而，政治组织实现公众利益的能力是不同的，这也就本然地决定了其在公众心目中的位置和其公信力的大小。

在主客关系的视野中，公信力的特征大致有以下几个方面：

1. 心理性特征。政治公信力虽然源自政治体系之本身，但普遍存在于社会公众的心理与意识之中，表现为社会公众对政治体系的认同、理解与支持的社会心理。社会政治心理具有广泛性、群众性、潜在性、相对稳定性的特点，它以感情、情绪、习惯、风俗、传统等形式存在于民众之中，反映一定的社会风貌的走向，表现出社会公众的期望、要求、态度、价值趋向，因而对于政治体系有着巨大的影响力。政治公信力的心理性特征,决定了政治公信力的潜质性,规定了政治体系运作必须注意社会环境的特殊性和建设政治公信力的艰巨性。

2. 资源性特征。政治公信力一旦形成,就会成为政治体系获得公众心理支持的有效的政治资源,就将成为其政治规则、政治制度、政治行为得以持续的精神力量。譬如,一个政治体系如果具有较好的政治公信力,即使在面临巨大的政治危机甚至一度已经造成了灾难性后果,也可以依据其业已存在的政治公信力来改弦更张,号召民众来共克时艰、共渡难关,以达到重建其政治公信力的目的。政治公信力的资源性特征,使得政治体系能够对政治公信力予以开发与利用。

3. 变动性特征。社会公众对政治体系的认识、评价及其所形成的结论不是一成不变的。这不仅因为政治组织所作出的承诺、采取的政策、提出的理念是一个不断变化的过程,而且也因为作为社会公众其价值性的评判也是没有一个最后的定论。由此,政治体系在社会公众中所业已形成的“政治形象”也是可以改变的。就是说,所谓的“政治公信力”乃是一个不断变动着的话语系统。因而,作为社会公众的政治心理所凝结的政治公信力是可塑的,可以说是时时处于再造之中。由此,也决定了政治体系是能够在提升公信力方面有所作为的。

4. 权威性特征。政治公信力的权威性特征是由政治权力与公众两方面的力量所构成的。就政治体系的角度来分析,政治公信力是政治统治建构的政治权威与服从关系的重要表征,其实质就是政治权力主体把政治权力转化为政治权威,因而是政治权力在公众社会生活中的延伸所造成的产物。就社会公众的角度来看,政治公信力是在一定的政治体系之中,由公众的政治信任所构成的一种心理力量,因而是社会公众对于政治权力作用所作出的心理效应,并且成为社会公众参与政治、评价政治生活的心理基础,体现了社会公众普遍的心理意识指向,因而具有权威性特征。

5. 继承性特征。大致而言,经历过广泛的政治动员、有着广泛的政治参与而形成的政治权力,其所建立的政治公信力持续时间较长,社会影响层面也较为广泛和深刻。因而,政治体系所形成的政治公信力有一定的持续性,其良好的政治形象也可以为继任者所承继,从而使政治公信力表现出继承性特征。譬如,在现实政治生活中,一届比较好的政府的政治业绩和社会声誉,可以成为下一届政府施政的有效条件。需要说明的是,政治公信力所表现的继承性特征,是建立在政治合法性和广泛的社会心理之中,是政治体系具有相对传承性的另一种形态,并不是说政治公信力是一劳永逸的政治财富。政治史表明,历史上的施政者尽管有着政治合法性,有着可供承继的政治公信力的优质资源,但如果违背正义、倒行逆施、一意孤行,也将使得这种政治公信力化为乌有。

三、提升政治公信力的一般路径

如上所述,政治学视域中的“公信力”是一个极为复杂的概念,体现了政治活动过程中主客关系的方方面面。但相对而言,公信力对于政治组织的社会治理职能的实现,则更为重要。所谓某一政治组织具有良好的公信力,就意味着在社会的层面建立了良好的信任关系。沃伦在《民主与信任》一书中指出,“一个能够促进牢固信任关系的社会,也很可能是这样一个社会,它能够给予更少的管理和更多的自由,能够应付更多的意外事件,激发其公民的活力和创造性,限制以规则为基础的协调手段的低效率,并提供更强的生存安全感和满足感。”①就政治体系而言,公信力的建立是基于“信”、体现“公”而表现“力”的过程,因而也就必要从政治体系自身入手,寻求提升公信力的路径。以下,试从政治体系这一方面具体地剖析提升“公信力”的一般路径:

第一,构建社会价值体系的能力。社会价值体系具有稳定性、普适性的特点,有着高度的社会凝聚力,不仅对社会生活的精神层面有着导向性作用,而且也常常成为政治组织开展社会动员、有效治理社会的基本资源。对于社会公众来说,社会价值体系也是评判政治组织公信力的思想基础和认知前提。任何政治组织都因其自身的政治文化和基本信念而拥有自身的价值体系,这是极其必要的,也是无可厚非的。但政治组织如果将自身的价值体系与社会价值体系形成对立的两橛,实际上就是将自身置于整个社会体系之外,使自身处于孤立的地位。从政治实践的角度来看,政治组织只有以自身的价值体系为基础,构建一个社会所认可的社会价值体系,才能引领社会的风尚,凝聚社会的共识,获得社会公众的高度认可。因此,对于一个政治组织而言,构建社会价值体系的能力,就成为提升自身政治合法性、获得社会有效资源的关键。在现代民主政治体系之下,政治组织构建社会价值体系的能力,主要表现在这样几个方面:一是能够与时俱进地推进自身价值体系的创新,提高政治体系中的成员对社会政治运行规律的诠释能力,使自身的价值体系永葆先进性,始终处于社会价值体系的核心领导地位;二是努力吸收普通社会大众价值体系的精华,不仅要吸纳诸如自由、民

① [美]马克·沃伦著,吴辉译:《民主与信任》,华夏出版社 2004 年版,第 2 页。

主、平等、人权等民主政治的基本理念，而且也要对竞争、创新、法制等观念予以积极地承继，在道德规范、民族精神、时代话语等方面更多地切合民众生活（不一定全是政治生活）的实际，增加政治组织与社会大众之间的亲和力，缩小政治体系的理念、思想、政策、决策与民众社会生活的距离；三是积极引领社会思潮的前进，增强对各种社会思潮的影响力度，批判地吸收各种思潮的有益成分，有效地提升驾驭社会思潮演进的能力，并在与各种社会思潮的竞争中确立自身的话语权势。对于任何政治组织来说，都要积极地领导和参与社会价值体系的建设，并将构建社会价值体系能力的建设放在极其重要的位置。

第二，增进实现大众利益的能力。尽管任何政治组织都强调自身利益与社会大众利益的一致性，但利益间的差异显然是存在的事实。可以说，政治体系的利益与大众的利益，在多数情形下并不是完全同一的，存在着紧张与冲突可能是常态。以马克思主义的政治观点来看，“正是由于特殊利益和共同利益之间的这种矛盾，共同利益才采取国家这种与实际的单个利益和全体利益相脱离的独立形式”①。就此而言，一定的政治组织要能较好地实现大众利益，最根本的途径是扩大其阶级的基础，使实现本阶级利益的行为能够扩大其范围。而就政治历史的进程而言，“每一个新阶级赖以实现自己统治的基础，总比它以前的统治阶级所依赖的基础要宽广一些”②。但对于现实社会生活中的某一个政治组织来说，增进实现大众利益的能力，也是能有所作为的。其一，树立勤政为民的服务理念，真正做到“情为民所系，权为民所用，利为民所谋”，实现其职能由“政治统治”到“政治管理”的转变；其二，拓宽社会精英进入政治体系的通道，通过社会精英人物的不断输入而带入社会大众的公共利益诉求，增强政治体系新陈代谢的能力；其三，建立和谐共融的利益表达机制，加强政治组织与民间社会之间的沟通与协调，提升组织系统应对大众利益需求变化的能力，及时有效地关注和解决有关社会大众利益的热点问题、难点问题；其四，建立科学民主的决策机制，在决策公开、程序公正、制度规范、民意征集、社会监督等方面落实到位，真正使民意成为决策的依据；其五，建立和健全政治组织的监督约束机制，努力抑制自身的腐败因素的增长，处理一些群众意见大的大案要案，真实地维护社会大众的共同利益。总的来看，实现民众利益能力是否能够有效地提升，关系到政治组织是否能成为公众利益真正代表者。

① 《马克思恩格斯选集》第1卷，人民出版社1995年版，第84页。

② 《马克思恩格斯选集》第1卷，人民出版社1995年版，第100页。

第三,塑造自身政治形象的能力。政治形象是政治体系在运作过程中自身面貌的展示,也是政治意识、政治活动、政治文化等所凝聚成的基本精神的外在表征,这是政治体系继续获取政治资源、保证政治活动有效性的条件,也是政治体系保持良好政治活动的精神状态。最初的政治组织的形象,大多来源于业已开展的政治活动的影响及其所造成的社会心理,一般不大需要有意为之或刻意地追求;但政治组织经过一段时间运作之后,往往就要想方设法充实自我的政治形象的内容,依据民众的政治需求和利益关系来提升其政治形象的吸引力。一个政治组织的政治形象不是一劳永逸的,而是需要结合时代主题和自身的优势来不断地塑造,需要与时俱进地对自身形象加以新的设计而推陈出新,以便在新的条件下取得良好的政治形象。作为政治组织来说,要能及时给予民众新的承诺,要能对自我资源予以开发,不断展示新的面貌和精神状态,以增加公众新的认知。譬如,在一个需要开拓创新的时代,政治组织会设计自己是创新型、学习型组织;而当社会公民对腐败强烈不满时,政治组织也会打造自己是廉洁奉公的形象。很难想象,一个不能激发人们政治希望甚至是令人讨厌的政治形象,能够取得民众的信任并有效地推行其政策。对于普通民众而言,一方面,任何组织的政治形象在经过一段时间之后,如果没有新的改观的话,公众都可能出现"视觉疲劳"的问题,由"信任"转变为"无所谓",如此就会有"政治冷漠"现象的发生;另一方面,公众的政治期望值是与日俱增的,政治意愿表达的需求是不断提升的,一旦原有的"政治形象"不足以满足其政治期望与政治需求,就有可能走向"信任"的反面,甚至会出现"政治对抗"心理的滋生。因而,对于政治体系而言,是否有塑造自身政治形象的能力,提升自身政治形象的吸引力,也就直接关系到政治活动的成败。

第四,建立自身政治权威的能力。任何政治组织都需要权威,没有权威就不可能取得公众的认可与信任,也就不能确立有效的政治统治秩序、持续地实施其政治管理的目标。政治权威本质上是来自人们对于政治权力的敬畏而产生出的服从的意识,但政治权力一旦与社会伦理规范相对接而形成政治权威,则可以使人们从内心产生信服和甘愿接受的心理。按照比较通行的解释,所谓政治权威"通常以政治权力为后盾,依据正义或伟大人格的感召力,产生具有高度稳定性、可靠性的政治影响力和支配与服从的权力关系"①。自然,有效的政治权威确实是建立在政治权力的力量及政治合法性基础上的,是以政治权力为基础而

① 《中国大百科全书·政治学卷》,中国大百科全书出版社1992年版,第500页。

形成的社会心理效应,在本质上是政治权力的派生物。但在另一方面,如果尚未建立一定的政治权威,也就是说政治权力主体未能成功地将政治权力转化为政治位势时,则所谓政治权力也无法有效地行使。现实政治的历史已经表明,即使某一政治组织具有政治权力的强大力量并拥有其政治合法性基础,而如果没有政治权威或建立不了政治权威,政治秩序也就会出现混乱的状况。因此,一个政治组织就需要克服那些影响自身权威形成的诸多因素的干扰,具备建立自身政治权威的能力。而所谓建立政治权威的能力,既体现出政治权力主体能够有效地对敌对力量实施坚决的打击,能够有效地约束统治体系内部成员遵循规范性原则并及时化解内部的矛盾与冲突,力争使这种内部的矛盾与冲突掌控在政治秩序所许可的范围之内(这通常是在政治行为方式、政治规则设计、政治制度安排上寻找着力点),同时也体现了政治权力主体在意识和心理层面、政治制度层面以及社会规范等方面,能够有效地调适自身与其他社会政治力量和社会成员之间的关系,使政治权力有正当性的伦理依据和普遍性的社会心理基础。

第五,获得民众政治认同的能力。政治认同作为政治生活中的一种重要现象早已为人们所察知,尽管人们对这一现象有不同的解释。马克思在对资本主义社会的研究中就曾使用过"阶级意识"的概念,提示人们注意"阶级意识"对于扩大政治信任的意义。弗洛伊德对认同现象曾加以理论的分析,认为应该在对人类生物本能研究的基础上建立认同理论。第二次世界大战后,行为主义政治学盛行起来,美国一些政治学者率先研究人们的政治心理,并将认同理论引入政治领域,对政治认同加以系统研究,提出诸如体制认同、政策认同、阶级认同、政党认同、宗教认同等新概念。不管怎么说,任何一个政治组织只有得到了社会成员的广泛认同,才能获得充沛的生命力并能长期存在下去;就个体而言,每个人只有在产生认同感的基础上,才能对一个政治组织保持政治信念并表现出最大的热忱和忠诚。因而,政治组织应把获得民众的政治认同能力,作为自身建设的基本方面。政治学现有研究成果表明,政治认同是有层次的,一般大体上表现在这样三个层次:(1)初级层次是本能上的认同,即人们对社会组织具有天然的和下意识的归属感,如血缘的认同,种族的认同,地域的认同等。(2)中级层次是情感上的认同,即人们对社会政治组织所产生的热爱、信赖、追随、亲近、归属等。情感认同更多地受到个人社会经历的驱使,与社会上的文化环境、道德风俗、生活习惯等也有密切的关联。(3)高级层次是理智上的认同,即人们在对全部自然及社会关系的把握中,在理性的指导之下所产生的认同。理智上的认同表现为对某一理想的追求,或将自身投入到某一事业中去的自觉行为。一般政治组织中的先进分子对其所依存的组织所产生的认同属于理智上的认同①。因此，政治组织应该依据政治认同的不同层次，在把握民众利益需求的前提下采取具体的措施，以增进民众对自己的政治认同。

第六，扩大自身政治影响的能力。“政治影响”在政治学中是一个使用较为频繁的概念，但很少作出学术上的界定。在笔者看来，政治影响有广义与狭义之分，在不同的使用语境中有不同的含义。广义上的“政治影响”，是指政治行为所产生的各种效果与作用的总和。狭义上的“政治影响”，则是指政治行为的后果在民众心理上、政治意识上所引起的各种反应。这里是在狭义上使用“政治影响”这一概念，强调的是政治权力及其所表现出的各种政治行为，都应该将扩大自身的政治影响作为权力运作过程中所必须完成的任务。“政治影响”在其基本的表现方面，是能直接影响着公民对政治体系的信赖感和支持程度，这既包括对于政府、政党及其领袖的支持，也包括对于国家或社区的挚爱。同时，“政治影响”也具有显著的过程性与变动性的特征。譬如，某一政治组织不良的政治行为，其后果一开始有可能没有明显地表现出来，但时间一长也就会在民众心理上不断郁积，最后而形成强烈的离心离德的社会心理，甚至可能演变成巨大的社会动乱。所谓“扩大政治影响”，主要是对政治组织而言，其着力点是：一方面要不断地消除不良政治行为的影响，但在另一方面也要重点地提高自身的政治合法性、增进政治行为的公共性、提升政治规则与政治制度的应对性，从而能够有效而积极地提升其政治影响力。政治体系如果能够不断地增进自身的政治影响的能力，提升公众对自己的政治认同，就能持久地保持自身的政治公信力。

需要说明的是，本文关于公信力问题的研究，在揭示“信任”的基础性地位的同时，着力于从主客关系的视角进行分析，而主要侧重点则是在公信力的主体方面。因为，所谓“政治公信力是增强公众对执政团队政治信任感和归属感的基础，也是社会信用系统的核心与支柱，是评价执政团队是否作为、能否全面履行公共责任的质量和公众是否认同的基本标准。”②自然，社会公众作为公信力得以形成的客体，在公信力的话语体系中也处于极为重要的地位。因而，公信力问题也可以从社会公众方面予以研究。譬如，社会公众的社会心理状况、政治知识水平、价值评价尺度、参政意识程度、政治话语体系、利益需求目标、政治思维特征等等，都对政治体系公信力的形成产生重要的影响。这是今后研究公信力

① 参见：http://baike.baidu.com/view/2434890.htm。

② 陈正良：《提高政治公信力与和谐政治的实现》，《宁波大学学报》2007 年第 1 期。

问题，所必须注意的重要方面。

目前学术界在使用“公信力”这一概念时，虽然讨论的问题较为复杂、涉及面也较为广泛，但所讨论的绝大部分问题还是在政治学的范围之内，或者是与政治学有密切联系的相关的领域。因此，本文试图在政治学视野中对“公信力”问题作出研究，希望学术界能形成一个关于公信力的理论体系，这或许能有助于政治学在接受“公信力”概念时，能够在规范化的研究中走向深入。

（本文前两部分原载《政治学研究》2012 年第 1 期）

【昔文琐记】这篇《政治学视野中公信力概念研究》，写作于 2010 年 4、5 月间。

据我自己的工作日记，在 2010 年 4 月 7 日，我拟定了关于公信力研究的大纲。至 5 月 12 日，完成了这篇《政治学视野中公信力概念研究》。此文尽管一开始有写作大纲，但实际上不是按照既有的大纲来写的，而是就有关公信力的一个又一个的具体问题，在不断的思考中撰写读书笔记的；然后，将读书笔记整理出来。这样，就成了这篇文章。记得，我在外地开会，晚上一人静下来时，就集中注意力想着公信力的相关问题，然后在纸上写出条条杠杠，或是思考所得的一些要点。最后成文时，就是根据这些点点滴滴的东西，以及一些较有系统的段落性文字。我的看法是，写作稍微有点新意的文章，不能从事先拟定的大纲出发，而只能从问题研究出发，在相关问题研究清楚了整理成文章，这样文章的结构才不落俗套。这是写作此文的一点感受！

写作这篇《政治学视野中公信力概念研究》，应该说是多年思考的结果。早在 2005 年，曾研究行政裁决中的“公信力”问题①；2007 年，又将“公信力”概念运用到党史研究之中②。这使我认识到，必须对“公信力”这个范畴作基础性的研究，并使之置于政治学的范畴体系之中。其实，不仅在政治学中，在历史学、社会学、党史学等学科中，许多概念皆是处于一种似是而非的状态，这不利于相关学科的发展。譬如，历史学算是比较成熟的学科，但“历史事实”这个概念就有很大的争议，所以也有必要再探讨一番③。这样说来，范畴研究还是有很大空间的。

我在读博士时就对政治学理论研究有着浓烈的兴趣，这篇《政治学视野中

① 吴汉全：《论行政裁决社会公信力的提升》，《江苏行政学院学报》2005 年第 5 期。

② 吴汉全：《论抗战时期中共社会公信力的提升》，《党史研究与教学》2007 年第 3 期。

③ 参见吴汉全：《历史事实：史学家建构过去的图景》，《史学月刊》2005 年第 2 期。

公信力概念研究》,大概也属于政治学理论的范围。但实际上,真正的科学的政治学理论研究有很大的难度,要形成“中国特色”则更不易。为什么呢?就是因为缺少政治史的研究基础。

据我看,政治学理论的研究需要以政治史为基础,因为所谓政治学是关于政治现象研究的学问。在此,历史上的政治现象如果弄不清楚,何以能研究现实的政治现象?又何以能阐发政治现象的规律?这就说明,政治史研究具有基础性的地位。而中国人研究政治现象,首先得考虑中国的政治现象,就得通晓中国政治史,尤其是中国现代政治史,否则怎么能使构建的政治学理论具有“中国特色”?基于这样的想法,我又转到“中国现代政治史”的研究上,出版了三卷本的《中国现代政治史》①。

研究者有了一定的政治史基础,是否就能弄好政治学理论?也不一定。任何学问皆讲究传承,或者可以说,没有学术传承的学问,就不是成熟的、有底蕴的学问。人文学科是这样,社会科学也是这样。我注意到,目前中国的政治学理论研究,有一个不太好的现象,就是着力于承继西方的政治学话语,不大注重汲取本土化的政治学资源。说这话,有点得罪人,但事实就是这样。解决的办法,就是要加强中国马克思主义政治学史的研究。我发表的《〈新民主主义论〉对马克思主义政治学的贡献》、《邓初民〈新政治学大纲〉的学术贡献》等文章,及即将发表的《邓初民与马克思主义政治学中国化》等文章,也是力图在中国马克思主义政治学史研究上有所突破。我在五卷本的《中国马克思主义学术史》中,也是将中国马克思主义政治学史的研究作为基本内容之一。

需要指出的是,不是说中国政治学界没有人从事政治史的研究,也不是说中国政治学界没有人进行政治学史的研究,而是说有关政治史研究和政治学史研究的成果,没能有机地用于政治学理论的研究之中。或者也可以说,专门从事政治学理论研究的,没有充分注意到政治史和政治学史在政治学理论建构中的地位。这或许与学术研究过于分科,相互间缺少联系沟通有关。

上面说了这么多的话,目的是一个,即:要研究好政治学理论,需要加强政治史的研究,同时也要加强政治学史的研究,否则政治学理论就难以有大的突破,更不可能具有形成具有“中国特色”的政治学理论了。

2021年1月31日

① 吴汉全:《中国现代政治史》(三卷本),人民出版社2015年版。

政治学视域下的政党纯洁性建设路径探讨

保持和加强政党的纯洁性研究是目前学术界研究的热门话题,而关于政党纯洁性建设路径的探讨则是一个重点。学术界比较一致的看法是,思想建设、组织建设、作风建设、制度建设是政党纯洁性建设的基本路径。在笔者看来,提出政党纯洁性建设的具体路径固然重要,但更为重要的是需要在政治学视野中就"路径"本身作出学理的研究,这或许更有助于政党纯洁性建设路径的研究不断地走向深化。

一、政党纯洁性建设路径的要素分析

路径的要素不是指具体可见的路径,而是指路径本身所内含的本质性因素、价值性内涵。从理论与实践相结合的视角来看,任何比较进步的政党只要想在政治活动中占据重要的地位,都不得不在一定程度上重视自身的纯洁性问题。因而,"纯洁性"问题应该说是政党建设所遇到的普遍性的问题。然而,能够鲜明地提出自身的"纯洁性"问题并具体地提出加强政党纯洁性建设的路径,这乃是政党建设的一种高度自觉。问题是,能够提出政党纯洁性建设的具体路径需要具备一定的基本要素,亦即不是任何政党、在任何时候都可以理性地、切实地提出自身纯洁性建设的路径。在这里,评析政党纯洁性路径,需要对政党纯洁性建设路径所内含的基本要素予以政治学的分析。

1. 政治合法性。政党的政治合法性是政党纯洁性建设路径的构成要素。一个政党如果缺乏政治合法性、政治资源不足,即使在自身建设的过程中能够提出加强纯洁性的具体路径,那也难以具体有效地付诸实施,更不可能取得实际的效果。因为,政党纯洁性建设的"路径"问题,在本质上不是一个理论问题,而是一个政治实践问题,因而关联到政党的性质。从政治学的学理来说,任何政治组织所从事的政治实践的根本前提,是政治组织本身的政治合法性。现行关于政党纯洁性建设路径的研究中,从不考虑政治合法性这一根本因素,这是将政党的政治合法性作为已知项。事实上,政党在政治合法性问题上,即使是作为已知项也是有程度大小之问题,并且在现实政治体系中有可能存在着合法性损益的问题、遇到挑战的问题,这不仅决定着“路径”提出的目的性,而且也直接影响着“路径”的价值内涵。由此,我们在考察政党纯洁性建设的路径时,首要的是要分析政党本身的政治合法性,在认定政党本身具有政治合法性以后,才有必要进而就“路径”本身进行分析。

2. 政治公信力。政党能否提出自身的纯洁性建设的路径以及提出怎样的路径,与政党在社会中业已形成的政治公信力是直接相关的。这里,政党的“政治公信力”是指社会公众在公共领域中给予政党的关于满意、信任、认可的社会评价,是政党实际状况的社会心理反映。对于政党来说,只有得到社会公众满意的评价,才能承继自己的政治合法性所形成的资源,才可能开展包括纯洁性建设在内的自身的各项建设。这也是政党能够提出和必须提出纯洁性建设路径的基本要素。实际的情形可能是,当政党的政治公信力由于自身的某些原因而受到损害时,政党必须提出通过纯洁性建设来纯洁自己的队伍,重新打造自己的政治形象,以在民众中提升自己的政治公信力。在此,提出的加强政党纯洁性建设的具体路径,也就不得不带有“应对性”的特征。因而,我们在研究政党提出的加强纯洁性建设路径时,就必须将具体的、可行的“路径”与政党此时的政治公信力状况,联系起来予以分析,才有可能比较实际地、直接地看到“路径”提出的现实背景及所要应对的主要问题。

3. 政治现代化。从理论上说,任何政党都必须开展政治实践活动,并且需要将这种政治实践活动与政治变迁的趋势结合起来,才能使这种政治实践成为引领政治潮流的政治实践,使自身成为政治生活中的领导者、组织者,在全社会形成以自身价值观为主导的主流意识形态。从实践上说,政治现代化是当今社会政治变迁的重要态势,也就在事实上成为当代社会中任何政党开展政治活动的主要部分,并且程度不等地推进政治民主化、法制化的进程。对于政党自身而言,只有积极推进政治现代化,才能在社会的政治发展中巩固业已形成的地位,继续保持自己在政治演变格局中的话语权势,并有可能将自身纯洁性建设融入其政治实践之中,也只有此时才有可能提出现实的、积极的关于自身纯洁性建设的具体路径。于此,我们研究政党纯洁性建设的路径,一定要考察此时此地的政党所开展的政治现代化的具体情形,并考虑到政治现代化所形成的巨大推动力量，同时也要将政党与政治现代化的关系梳理清楚，如此才有可能切实地、真确地反映“路径”与政党政治实践的关系。

4. 政治控制力。政治控制力在政治体系之中的存在是一个显见的事实，是政党驾驭政治运行能力、引领社会政治发展方向、坚守其核心价值体系的集中体现，并且在政党维持其内在体系性、规则性、组织性方面发挥了很大的作用。一般来说，政党本身是通过其政治控制力来提升自身的社会影响力、引领社会前进的，政党只有具有比较强劲的政治控制力，将异己力量控制在自身的制度体系许可的范围内，才能有能力在自身建设上下功夫，也只有此时才能提出加强自身纯洁性建设的具体路径。当然，还有一种情形，即政党在政治活动之中，发现国内政治局势出现可能的不利形势，国际政治格局面临不可控制的因素在增长，特别是业已构建起来的主流意识形态在全球化背景下受到弱化乃至走向边缘化，从而在政治控制力方面出现或者潜伏着危机，因而必须通过自身的纯洁性建设来增强对政治体系的控制力，由此而采取的纯洁性建设的“路径”，也就与政治控制力有着必然的联系。在此，研究政党纯洁性建设路径就需要分析政党的“政治控制力”的状况，并将这种状况所形成的影响置于政党纯洁性建设路径的分析之中。

二、政党纯洁性建设路径的结构考量

政党纯洁性建设的各种路径构成一个整体的结构，某一种“路径”与其他的“路径”往往处于交错状态，并有着相互的联动关系，从而能够在政党纯洁性建设中发挥整体的作用。从政治学研究的视角来看，不仅需要指出这种“路径”的结构性内容，更重要的是要对“路径”的整体结构予以政治学的考量，亦即需要以政治学的观点对“路径结构”予以学术评估，得出其是否具有效益性、整体性、协调性的结论，为分析政党纯洁性建设“路径”在政治生活中的独特地位提供依据。在笔者看来，政党纯洁性建设路径结构的政治学考量，主要在以下几个方面：

1. 正义理念。既往的研究往往将“路径”作为一种纯粹的工具、手段或技术，未能充分注意到“路径”本身的价值性内涵，一般地很少与社会的正义要求相联系。事实上，“路径”之所以成为“路径”，乃是因为其服务于一定的价值目标，并在这个过程中被赋予了价值性内涵。“正义”是民主政治建设的目标追求,亦是社会体现公正的显著表征,在政党建设过程中有着极为重要的意义。不仅政党的政治实践活动需要以“正义”为指向,而且政党自身建设的任何方面也必须将体现“正义”作为目标追求。对于不同的阶级政党而言,其“正义”的内容有很大的不同,但一般都是以体现“社会职能”的形式而表现的。因而,“政治统治到处都是以执行某种社会职能为基础,而且政治统治只有在它执行了它的这种社会职能时才能持续下去”①。就此而言,政党纯洁性建设的路径虽然在政党自身体系中主要是作为“工具”而存在,并且也自然地表现了阶级性,但必然地与社会所要求的“正义”、“公正”等价值目标相联系。试想,一个不能体现社会正义的手段,怎么能将政治组织引向正义的征途?由此,在政治学的视野中,任何“路径”是否能够彰显正义的理念,也就成为我们考察的重要依据。而由各种“路径”所构成的“路径结构”,由于在整个组织体系中担负着重要的维系功能,因而必须在整体上、宏观上、价值趋向上也具有“正义”的要求。从理论上说,路径的设置以及构成的“路径结构”如果脱离了社会的正义要求,自然也就不会达到正义的目标,这本身将会与政党纯洁性建设的目标背道而驰。而就路径所构成的体系而言,如果背离了社会所要求的正义,各种路径就不会形成一个有助于社会秩序的“向善”结构,自然也就不能完成政党建设所要达到的治理社会的目标。

2. 政治实践。在马克思主义看来,“全部社会生活在本质上是实践的”②,政治实践是政党存立的基础,自然也是政党纯洁性建设的基础。自然,任何政党的政治实践都是一定阶级的实践,奠定于政治实践基础上的“政治运动,即目的在于用一种普遍的形式,一种具有普遍的社会强制力量的形式来实现本阶级利益的阶级运动”③。从理论上说,一切奠定在政治实践基础上的“路径”,才是现实的、客观的、可行的路径。就政党本身的建设而言,只有具有政治实践基础的路径,才能推进政党的建设和发展。恩格斯认为党员的政治实践是保持党的纯洁性的重要途径,他在1890年9月给《萨克森工人报》编辑部的答复中指出:“在我们党内,每个人都应该从当兵做起;……要担任负责的职务还需要熟悉党的斗争条件,习惯这种斗争的方式,具备久经考验的耿耿忠心和坚强性格,最后还必须自愿地把自己列入战士的行列。”④概而言之,政党纯洁性建设的各种路径都

① 《马克思恩格斯选集》第3卷,人民出版社1995年版,第523页。

② 《马克思恩格斯选集》第1卷,人民出版社1995年版,第56页。

③ 《马克思恩格斯选集》第4卷,人民出版社1995年版,第604页。

④ 《马克思恩格斯选集》第4卷,人民出版社1995年版,第399页。

必须有着政治实践的基础,有着业已证明的比较可行的实践经验,然后才可能进而推进政党政治实践的发展。可以发现这样一个事实:"路径"所构成的结构是否具有整体的稳定性、是否具有持续推进的力量、是否具有联动协调机制,关键在于路径本身是否具有坚实的实践性基础。很难想象,在政党纯洁性建设的过程中,没有实践基础或实践性不足的路径及其路径结构,能够支撑起整个路径的框架体系。因此,在分析和评估政党纯洁性建设的路径结构时,必须将政治实践作为考量的基本指标。

3. *民众需要*。在马克思主义看来,在政党建设过程中,民众及其需要是基础性前提。一方面,需要在人类历史的演进中有着重要的地位,物质的需要是最基本的需要,政治需要奠定于物质需要的基础上,与物质的需要处于紧密"联系"之中,并且"这种联系不断采取新的形式"①;另一方面,人民群众是历史的创造者,是政治运行的根本性的、决定性的要素,其政治需要也是政党建设难以绕越的目标。这在现代民主国家,至少在理论上是如此。因而,"任何一个代表着未来的政党的第一个任务,都是说服大多数人民相信其纲领和策略的正确。"②而在政党纯洁性建设路径问题上,如果在整个路径结构体系中没有体现民众的意志,与民众的生活实践没有深切的关联,那这种"路径"至多也只有理论上的意义,并不具有政治实践的可行性。从理论上说,所有"路径"的实践性特征主要是通过民众的主体性存在而得以体现的。因此,在"路径"的整体设计中,在"路径"的结构之中,也必须始终考虑到民众对政党的企求,离开了民众的需要也就不存在现实的路径。换言之,应该以民众需要程度作为考量政党纯洁性建设路径的指标。

4. *政党功能*。在现代社会中,政党的功能日益凸显。亨廷顿认为:"一个现代化过程中政治体的安定,取决于政党的力量。一个强大的政党能使群众的支持制度化。政党的力量反映了大众支持的范围和制度化水平。"③任何政党如果不想自生自灭,都要通过一定的途径增强其自身的功能,以便在政治变迁中不断发挥领导作用。政党功能的强化是政党建设的重要目标,也是政党发挥政治作用的前提。一般来说,政党的功能是通过政党的政治实践体现出来的,而政党进行何种政治实践以及实践的效果如何,又取决于政党本身的条件。如包括纯洁

---

① 《马克思恩格斯选集》第1卷,人民出版社1995年版,第81页。

② 《列宁选集》第3卷,人民出版社1995年版,第476页。

③ [美]塞缪尔·亨廷顿著,王冠华译:《变化社会中的政治秩序》,生活·读书·新知三联书店1996年版,第396页。

性建设路径在内的政党建设路径,无益于政党功能的发挥,则这种路径也就无任何的价值。大致来说,政党建设的路径都必须有助于功能的强化,能够使政党更好地引领社会的前进,在政治现代化进程中处于指导地位。现代政治史表明,政党在某一时段提出加强自身的建设,在很大程度上是因为政党的功能存在问题,不能有效地发挥其自身的作用,因而力图通过自身建设的办法进一步强化其功能。而政党建设的具体路径又直接服务于政党建设的目标,自然与政党功能的状况有着不可分割的联系。因此,考量政党纯洁性建设路径,也必须考虑路径是否有助于政党功能的发挥。

5. 政治权力。在现代政治社会中,政党在政治权力的运作中处于主体性的地位,争取、获得、巩固和使用政治权力是当今所有政党的重要任务。就政党而言,由于政党是阶级的代表,政党在政治权力的运用上,就在于能够代表和维护其阶级的利益,因为所谓“政治权力不过是用来实现经济利益的手段”①。从某种意义上说,政党从在野地位到执政地位的转变,始终是围绕着政治权力而活动的。政党在没有取得政治权力时,集中力量争夺政治权力;取得政治权力之后,则是进一步增进政治权力的合法性,不断地巩固业已取得的政治权力,并加强对政治权力的运用。就此而言,研究政党的任何问题,包括其自身建设的手段问题,都必须联系到政治权力。在政党建设的过程中,任何用之于增进政党纯洁性的具体手段,都必须有助于政党对政治权力的行使,有助于提升政党执掌政治权力的能力。政党纯洁性建设的路径,如果成为脱离了政治权力的“路径”,都不可能取得实际的效果,因而也是不会被采纳的。就政党纯洁性建设的路径结构而言,如果“路径”在整体上无益于政党执掌政治权力,无助于政党运用政治权力水平的提升,那这些“路径”也就不会存在于政党建设的实践中。因而,我们考察政党纯洁性建设的路径,需要在政治权力的体系中定位其路径,将“路径”与政治权力联系起来予以分析。

三、政党纯洁性建设路径的功能定位

政党纯洁性建设路径不仅需要就其结构予以政治学的考量,同时也需要就其功能进行政治学定位。所谓政党纯洁性路径功能的政治定位,不是解释政党

① 《马克思恩格斯选集》第4卷,人民出版社1995年版,第250页。

纯洁性建设路径的具体功能,而是从政治学上提出政党纯洁性建设应该具备怎样的基本条件,才能凸显政党纯洁性建设路径的功能的问题。在笔者看来,政党纯洁性建设的路径应该具有怎样的功能,必须从以下几个方面予以政治学的定位。

1. 先进性标准。从根本上说,纯洁性建设就在于能够凸显和保证政党的先进性,使政党更好地发挥阶级的先锋作用。换言之,政党纯洁性建设在于能够提升政党的先进性,使政党名副其实地成为阶级的先进分子的组织,并引领整个阶级向设定的目标前进。这样看,政党开展纯洁性建设的路径是为政党的先进性建设服务的。因而,在政党纯洁性建设过程中,不管采取怎样的路径,都应该体现政党建设的先进性标准。恩格斯 1875 年 3 月致奥·倍倍尔的信中,认为共产党与拉萨尔派合并使共产党丧失了先进性,“我们的党将丧失它的政治纯洁性,并且再也不可能有力地反对它自己一度写在自己旗帜上的拉萨尔词句”①。这里,要注意的是:第一,由于先进性在不同的阶级有不同的内容,因而先进性只能是阶级的先进性,不能脱离阶级性而存在。譬如,无产阶级政党与资产阶级政党,由于其阶级属性的不同,其所要求的“先进性”就带有各自的阶级性。第二,先进性也是一个历史的范畴,在不同的历史阶段,即使是同一阶级在先进性的内容方面也会有所不同。譬如,在革命时期的无产阶级政党,与在建设时期的无产阶级政党,其所表现的先进性也是不同的。正是由于“先进性”的阶级性与历史性,这使得政党纯洁性建设的路径在体现先进性时,也会具有阶级性与历史性的特征。由此,我们在考察政党纯洁性建设路径所具有的功能时,应将先进性考虑其中,将是否体现先进性作为重要的考量指标。譬如,如果发现政党纯洁性建设的某一路径,不能很好地体现政党的先进性,或者说与提升政党的先进性关联不大,则这样的路径就不是比较好的路径。

2. 阶级性原则。在政治上看待政党的纯洁性建设,阶级的观点是最基本的观点。这是马克思主义政治学的基本要求。这不仅因为政党本身是阶级的政党,而且还因为政党的任何建设措施、追求目标、实行方法,都是阶级的意志与愿望的体现,深深地打上了阶级的印记。具体说,在分析和评定政党纯洁性建设的路径时,始终必须贯彻阶级性原则,把政治立场作为考察路径具有怎样的功能的原则。《共产党宣言》强调无产阶级在思想上要保持阶级的纯洁性,指出:“共产主义革命就是同传统的所有制关系实行最彻底的决裂;毫不奇怪,它在自己的发

① 《马克思恩格斯选集》第 3 卷,人民出版社 1995 年版,第 326 页。

展进程中要同传统的观念实行最彻底的决裂。"①譬如,我们现在提出思想建设是政党纯洁性建设的一条重要路径,则同时必须以鲜明的阶级性立场来规范和引领思想建设的基本内容、具体目标与努力方向。如果只是笼统地、一般地说明政党纯洁性建设具有"思想建设路径",而不提出、强调和坚持这种路径的阶级立场,则这样的缺乏阶级性的路径也是难以取得实际效果的,因而也就不能阐释这种路径的具体功能。

3. 科学性内涵。长期以来,学术界存在一种将科学性与阶级性对立起来的错误观点,认为政党建设要走上科学化的轨道,只需坚持科学性的要求,而不必要将阶级性掺杂其中,甚至认为提出阶级性将有损于科学性的提升。实际上,在政党建设的问题上,阶级性与科学性并不矛盾,而是统一于政党的政治实践之中。一方面,是否正确地坚持阶级性原则,这是保持政党建设具有科学性内涵的前提;另一方面,也只有真正地坚守政党建设的科学性内涵,才能更好地坚持阶级性及其所要求的政治立场。在马克思主义政党学说中,无产阶级政党的纯洁性是以其"政策"的科学性来保障的。换言之,"政策"是无产阶级政党纯洁性的生命线。对此,恩格斯在 1871 年 2 月指出:"要使工人摆脱旧政党的这种支配,最好的办法就是在每一个国家里建立一个无产阶级的政党,这个政党要有它自己的政策,这种政策显然与其他政党的政策不同,因为它必须表现出工人阶级解放的条件。"②因而,在考察政党纯洁性建设路径时,在坚持阶级性的前提下,必须分析具体路径是否具有科学性的内涵,将科学内涵作为考察"路径"是否具有价值的重要依据。道理很明白,一个没有或很少具有科学含义的"路径",一个真理性内涵不足的"路径",在政党纯洁性建设中不会起到任何积极的作用。

4. 公益性价值。公益性是人类政治文明的价值追求,其目的在于满足绝大多数人的需求。就人类社会的演变历程来看,没有需求就不会有物质性的生产,同样奠定于人类物质性生产基础上的政治生活,也是以其政治需要为前提的。就公共领域的实际来看,人类的交往关系构筑了公共领域,而公共领域就在于通过一定程度的个人利益的某种割舍,能够满足大多数人们共同性的需要,从而有助于促进人们共同利益的实现。在政治化的社会之中,政党是在社会的公共领域里发挥作用的,公共领域成为其活动的主要范围,并且需要将社会的公共目标作为自身的目标追求。就此而言,政党的政治活动是否具有公共性、是否能够实

① 《马克思恩格斯选集》第 1 卷,人民出版社 1995 年版,第 293 页。

② 《马克思恩格斯选集》第 2 卷,人民出版社 1995 年版,第 639 页。

现公共利益,也就成为政党存立的基本条件。政党的纯洁性建设在于增强政党的内在凝聚性,在于提升其实现公共利益的能力,因而公益性与政党的纯洁性建设也就有着不可分割的联系。至于政党纯洁性的“路径”,是为政党建设本身服务的手段,自然也就需要与“公共性”挂钩。由此,考察政党纯洁性建设“路径”的功能,也应该将“路径”是否具有“公益性”作为基本内容,如此才有可能更切实地凸显政党的公共性价值。

5. 关联性作用。政党纯洁性建设中的各种路径,共同服务于政党的纯洁性建设目标,但各种路径是相互关联的,并有着内在的分布序列,从而构成一个体系性的动态结构。由此,各种路径必须在相互联系、相互作用中强化其内在关联性的特征,这是体系性结构的必然要求。当然,每种“路径”都有相对独立性的一面,但普遍的联系仍然是结构存在的基础,并且每种“路径”只有在内在的关联性中才能发挥其作用、凸显其功能、展示其价值。譬如,如果在具体分析某一“路径”时,我们不能看到这种路径与其他“路径”的关联性,则所设置的这些路径是否具有共同性作用、能否有效地发挥整体功能,就值得置疑。因此,在对政党纯洁性建设“路径”体系的分析之中,需要明晰“路径”与“路径”之间是否具有关联性,以及这些关联性的作用之大小,并以此作为我们考量路径功能的重要依据。

四、结语

根据如上的初步研究,大致可以得出以下的几点结论:

第一,在估价政党纯洁性建设的路径时,必须在社会的政治体系中考量。这不仅因为政党纯洁性建设的具体“路径”是政党建设过程中切实地具有的重要部分,而且还因为政党本身是在政治体系中活动的,与社会运行的整体状态、政治变迁的历史进程、政治实践的具体程度有着不可分割的联系。因而,需要具有社会变迁的眼光,着力于政治体系所构成的总体背景,并在政治体系与政党的政治活动的内在联系之中,具体地研究政党纯洁性建设的路径。

第二,在政党纯洁性建设路径的分析中,需要在政治变迁中予以梳理。政治变迁是整体的社会变迁的重要内容,凸显出政党政治活动的绩效,因而在分析政党的任何问题时都必须联系政治变迁的基本情形。从理论上说,政党纯洁性建设路径不是一成不变的,而是随着政党政治实践的深入、政治变迁的历史进程而不断变化的。因而,就政党建设本身而言,不存在一劳永逸的“路径”。在政党建设的各种“路径”所构成的体系结构之中,各种路径功能的发挥也是因境而异、因时而化的,各种路径之间的整合与优化可能是政党建设之常态。由此,必须以政治变迁为基础来考察政党纯洁性建设的路径问题。

第三,研究政党纯洁性建设的路径,需要在社会的政治关系中切实地把握。社会中的各种政治现象构成了复杂的政治关系,任何政治组织都是政治关系中一个单元。政党本是一种重要的政治现象,考察政党问题需要在政治关系中把握,这是一个比较浅显的道理。政党纯洁性路径又隶属于政党问题,在政党范围考察是题中之义。但所谓“政党范围内考察”,自然也应该在政治关系中把握。

总之,政党纯洁性建设路径不是一个纯粹的技术性问题,而是关联理论与实际、历史与现实、认识与实践相互关系的重大课题,说到底是在理论指导下的政党的政治实践的问题,与社会的政治变迁、政党政治活动的自觉性、现实的政治需要与具体条件有着因缘的关系,因而需要在政治学视野中加以学理的研究与阐发。

(原载《江苏行政学院学报》2013 年第 2 期)

【昔文琐记】这篇《政治学视域下的政党纯洁性建设路径探讨》,完成于 2012 年 9 月。

说实在的,这篇《政治学视域下的政党纯洁性建设路径探讨》,不是专门去写的,而是自己申报课题的产物。2012 年春天我申报国家社科重大项目,选择的是中国共产党纯洁性研究这个选题,本子写好也就上报了。在这个过程中,对政党纯洁性问题有所思考,并形成申报书中的文字。2012 年 9 月 24 日,我根据申报书,整理出这篇《政治学视野下的政党纯洁性建设路径研究》,随即发给《江苏行政学院学报》编辑部。发表时,编辑将题目中的“研究”改为“探讨”。

这次申报政党纯洁性研究课题,没能申报成功。这个课题,最终好像是由华东师范大学做的。不过,我并不灰心,而是总结经验,继续申报。2012 年 10 月,我终于获得了中国马克思主义学术史这个国家重大招标项目。

整理出这篇《政治学视域下的政党纯洁性建设路径探讨》,没有花费多大的气力,只是将申报书中的思想整理出来,并形成一个系统而已。文章中引用了不少《马克思恩格斯选集》中的论述,这来自平时阅读《马克思恩格斯选集》所做的笔记。四卷《马克思恩格斯选集》是我的案头书,我系统地读过四五遍,每读一遍都得做点笔记。有了这个读书笔记,用起来就很方便了。

我现在有个想法,即可以将自己过去申报课题的本子找出来,每一个本子整理出一篇文章,肯定是没有问题的。因为在写课题申报书的过程中,都会产生一些新的思考,也会提出一些比较新的观点。将申报书中的思考所得整理出来变成文章,发表出来供学术界讨论,应该说还是有点学术意义的。

2021年1月31日

《新民主主义论》对马克思主义政治学的贡献

《新民主主义论》是标志着毛泽东思想成熟的重要代表作，学术界对此作过比较全面的研究①。但总体来说，还少见从政治学研究视野，来全面系统地评说《新民主主义论》对马克思主义政治学的贡献。毛泽东 1940 年发表《新民主主义论》这部著作，运用马克思主义的立场、观点和方法，结合对中国民主革命实际的分析，提出了建设新民主主义社会这一全新的构想，并从经济、政治、文化等方面进行理论的论证，这在经典马克思主义思想体系中是一个独特的创新，需要从多学科的视角来研究其对马克思主义发展的贡献。仅从政治学的角度来看，毛泽东的《新民主主义论》是通过对中国政治现象的研究和政治规律的把握，以新民主主义政治建设为主题，提出了一个以马克思主义政治观为指导的全新的“新民主主义政治学”体系。这是对马克思主义政治学的重大贡献。本文试从阶级论、国家论、革命论、人民论四个方面，对《新民主主义论》在马克思主义政治学体系中的地位作初步的说明，力图为《新民主主义论》的研究提供一个新的思路。

一、对马克思主义阶级论的贡献

《新民主主义论》在提出新民主主义革命的同时，又提出建设新民主主义社会的课题，将中国共产党人领导的政治革命、经济革命、文化革命的目标，归结为“建设一个中华民族的新社会和新国家”；而“在这个新社会和新国家中，不但有

① 参见吴汉全、李娜：《近十年〈新民主主义论〉研究综述》，《党的文献》2009 年第 2 期。

新政治、新经济,而且有新文化”①。就《新民主主义论》的理论体系而言,无论是新民主主义革命论,还是新民主主义社会论,其中都内含有新民主主义政治理论,其目标就是通过新民主主义革命来建立新民主主义的共和国,实现“中华民族的新政治,就是新民主主义的政治”②。毛泽东的《新民主主义论》所系统提出的新民主主义政治理论,着重对什么是新民主主义政治、如何实现新民主主义政治这一根本问题进行探讨。其中,不仅贯穿马克思主义阶级和阶级斗争理论,而且结合中国新民主主义革命中阶级和阶级关系的实际,从完成新民主主义革命和建设新民主主义社会的高度,提出了独具特色的新民主主义阶级论。这个新民主主义阶级论,是毛泽东新民主主义政治论赖以建立的基础。

第一,新民主主义阶级论重点地分析了中国社会的阶级状况,阐明了新民主主义社会的阶级构成与阶级关系。“阶级”是马克思主义政治学中的重要概论,这是因为“政治,在阶级社会表现为阶级关系和阶级斗争,离开了阶级就没有什么政治可言”③。但是,由于中国当时是半殖民地半封建社会,阶级关系具有很大的复杂性,而不像资本主义国家那样单一,因而阶级关系的分析对于新民主主义政治(不是社会主义政治)的实现就具有特别重要的意义。由此,《新民主主义论》遵循马克思主义阶级及阶级斗争的观点,但又不是叙述资本主义社会的阶级关系,而是重点研究中国这个半殖民地半封建社会的阶级状况,阐明即将建立的新民主主义社会的阶级关系。在《新民主主义论》发表之前,毛泽东对中国社会阶级状况已作过深入的研究,指出:“现阶段的中国社会里,有些什么阶级呢?有地主阶级,有资产阶级;地主阶级和资产阶级的上层部分都是中国社会的统治阶级。又有无产阶级,有农民阶级,有农民以外的各种类型的小资产阶级;这三个阶级,在今天中国的最广大的领土上,还是被统治阶级。”④从社会经济变动—社会性质变动—阶级结构变动进行分析,这是毛泽东研究近代中国社会阶级状况的基本思路。循此思路,毛泽东在《新民主主义论》中有过这样的总结性的说明:“中国自从发生了资本主义经济以来,中国社会就逐步改变了性质,它不是完全的封建社会了,变成了半封建社会,虽然封建经济还是占优势。这种资本主义经济,对于封建经济说来,它是新经济。同这种资本主义新经济同时发生

① 《毛泽东选集》第二卷,人民出版社 1991 年版,第 663 页。
② 《毛泽东选集》第二卷,人民出版社 1991 年版,第 665 页。
③ 王惠岩:《政治学原理》,吉林大学出版社 1989 年版,第 28 页。
④ 《毛泽东选集》第二卷,人民出版社 1991 年版,第 638 页。

和发展着的新政治力量，就是资产阶级、小资产阶级和无产阶级的政治力量。”① 为了进一步揭示中国社会阶级状况的特点，毛泽东在《新民主主义论》中，将“新民主主义的政治”作为重点研究的内容，在阐述中国无产阶级是“中国资产阶级民主革命的政治指导者”地位的同时，抓住“中国民族资产阶级是殖民地半殖民地国家的资产阶级”这一特点，着重研究中国民族资产阶级“一身而二任”的两面性，说明中国民族资产阶级“一方面——参加革命的可能性，又一方面——对革命敌人的妥协性”，其结果是：“大敌当前，他们要联合工农反对敌人；工农觉悟，他们又联合敌人反对工农”②。那么，中国共产党所要建立的新民主主义社会中，各个阶级的地位如何呢？毛泽东在《新民主主义论》中的结论是，中国无产阶级、农民、知识分子和其他小资产阶级是决定国家命运的基本势力，他们必然要成为新民主主义共和国的国家构成和政权构成的基本部分，新民主主义国家“只能是在无产阶级领导下的一切反帝反封建的人们联合专政的民主共和国”，这是对马克思主义阶级及阶级斗争理论的重要发展。

第二，新民主主义阶级论提出调整和处理新民主主义社会阶级关系的新主张。在近代中国社会里，阶级矛盾与民族矛盾交错，阶级关系在反对民族压迫的斗争中有着不同于资本主义国家的新特点。毛泽东在《新民主主义论》中遵循马克思主义的阶级观点，同时又根据中国当时民族斗争与阶级斗争的新情况，创造性地提出两个基本观点，一是调解阶级矛盾的观点，二是实现阶级合作的观点。早在中共六届六中全会上，毛泽东就中日民族矛盾上升为中国社会主要矛盾的新情况，提出过国内“阶级合作”的问题，强调调处阶级关系的重要性，指出：“我们提倡的互助互让政策，不但适用于党派关系，也适用于阶级关系。为了团结抗日，应实行一种调节各阶级相互关系的恰当的政策，既不应使劳苦大众毫无政治上和生活上的保证，同时也应顾到富有者的利益，这样去适合团结对敌的要求。”③《新民主主义论》则对阶级合作及调处阶级矛盾的观点作了进一步的发挥，要求共产党人将其贯彻到新民主主义革命的实践中。关于阶级合作问题，毛泽东在《新民主主义论》中指出：“我们共产党人对于一切革命的人们，是决不排斥的，我们将和所有愿意抗日到底的阶级、阶层、政党、政团以及个人，坚持统一战线，实行长期合作。”④关于阶级矛盾的调处，毛泽东在《新民主主义

① 《毛泽东选集》第二卷，人民出版社 1991 年版，第 695 页。
② 《毛泽东选集》第二卷，人民出版社 1991 年版，第 674 页。
③ 《毛泽东选集》第二卷，人民出版社 1991 年版，第 525 页。
④ 《毛泽东选集》第二卷，人民出版社 1991 年版，第 683 页。

论》中，根据新民主主义政治是新民主主义经济的“集中的表现”的观点，主张在经济政策方面来调处阶级矛盾，一定要走“节制资本”和“平均地权”的路，决不能是“少数人所得而私”，决不能让少数资本家少数地主“操纵国计民生”，同时并不禁止“不能操纵国民生计”的资本主义生产的发展，容许农村中富农经济的存在①。阶级合作与阶级矛盾调处的主张，是毛泽东根据中国的阶级状况和完成民族民主革命任务、建设新民主主义社会的需要而提出的，这是对马克思主义阶级斗争理论在中国的创造性发展。

不难看出，毛泽东新民主主义阶级论与马克思主义阶级论是一脉相承的，但又有重大的发展和创新。马克思主义关于阶级及阶级斗争理论是从人类的历史进程中抽绎出来的科学理论，并且是重点剖析了资本主义社会的阶级关系，提出了无产阶级开展阶级斗争的目标，为无产阶级上升为统治阶级、实现无产阶级专政指明了正确方向。毛泽东运用马克思主义阶级及阶级斗争理论，不是说明资本主义国家无产阶级与资产阶级的对立和斗争，因而也不是沿袭马克思主义关于资本主义国家阶级状况分析的具体结论，而是注重中国当时阶级斗争与民族斗争业已存在的事实，重点研究和阐发半殖民地半封建社会的中国的阶级状况及各阶级之间关系的特点，揭示了帝国主义与中华民族之间矛盾成为中国社会主要矛盾的情形下，中国阶级状况的特殊性和阶级斗争的复杂性，从而在坚持阶级及阶级斗争观点的前提下提出了国内阶级合作与调处阶级矛盾的新主张，为殖民地半殖民地国家的阶级斗争提供新的理论，丰富和发展了马克思主义政治学的理论宝库。这是对马克思主义政治学的重大贡献。

二、对马克思主义国家论的贡献

马克思主义政治学是研究政治现象和规律的，而国家学说则是马克思主义政治学的核心内容，重点研究无产阶级如何取得和巩固政治权力，建立无产阶级专政的社会主义国家。《新民主主义论》坚持马克思主义国家观，但不是研究资本主义国家之中无产阶级如何取得政权并进而实现无产阶级专政问题，而是重点研究在半殖民地半封建的中国如何建立新民主主义国家及实现人民民主专政的问题。具体而言，《新民主主义论》在国家观上，提出新民主主义的国家制度，

① 《毛泽东选集》第二卷，人民出版社 1991 年版，第 678 页。

认为在半殖民地半封建的中国,经过人民革命之后只能建立各革命阶级联合专政的新民主主义的国家制度,而不是那种无产阶级专政;阐发了新民主主义国家制度的基本特征,认为新民主主义共和国必须采取民主集中制的人民代表会议制度,而不是那种苏维埃代表大会制度。《新民主主义》提出的这种新型的国家制度,在经典马克思主义思想体系中是没有的,这是对马克思主义国家学说的突出贡献。

关于国体的研究。在毛泽东的新民主主义国家学说中,国体即国家制度,实质上就是指社会各阶级在国家中处于什么样的地位。毛泽东指出:“这个国体问题,从前清末年起,闹了几十年还没有闹清楚。其实,它只是指的一个问题,就是社会各阶级在国家中的地位。”①毛泽东不是照搬马克思主义的现成观点,而是将全世界当时出现的多种多样的国家体制进行比较研究,认为按其政权的阶级性质来划分,基本的不外乎三种形式,即资产阶级专政的共和国、无产阶级专政的共和国以及几个革命阶级联合专政的共和国。在毛泽东看来,这第三种形式,是殖民地半殖民地国家的革命所采取的过渡的国家形式,而“只要是殖民地或半殖民地的革命,其国家构成和政权构成,基本上必然相同,即几个反对帝国主义的阶级联合起来共同专政的新民主主义的国家”②。他指出:“一切殖民地半殖民地国家的革命,在一定历史时期中所采取的国家形式,只能是第三种形式,这就是所谓新民主主义共和国。这是一定历史时期的形式,因而是过渡的形式,但是不可移易的必要的形式。”③这里,毛泽东根据中国半殖民地半封建社会的国情,不仅肯定中国的国体将是新民主主义共和国,而且认为这一形式是“过渡形式”,因而也就具有过渡性的特征,但却是“不可移易的必要的形式”,说明了新民主主义共和国在中国建立的历史必然性。毛泽东根据中国革命过程中各阶级的地位及其所起的作用,分析了各革命阶级在新民主主义国家中的地位,得出了这样的正确结论:“无论如何,中国无产阶级、农民、知识分子和其他小资产阶级,乃是决定国家命运的基本势力。这些阶级,或者已经觉悟,或者正在觉悟起来,他们必然要成为中华民主共和国的国家构成和政权构成的基本部分,而无产阶级则是领导的力量。现在所要建立的中华民主共和国,只能是在无产阶级领导下的一切反帝反封建的人们联合专政的民主共和国,这就是新民主主义的

① 《毛泽东选集》第二卷,人民出版社 1991 年版,第 676 页。
② 《毛泽东选集》第二卷,人民出版社 1991 年版,第 676 页。
③ 《毛泽东选集》第二卷,人民出版社 1991 年版,第 675 页。

共和国"①。这里,毛泽东不仅就当时世界范围内存在的三种国体作了一个正确的选择,而且在选择这"第三种形式"国体过程中,密切结合中国阶级状况的实际及各革命阶级在民主革命中的地位与作用,强调中国无产阶级在"新民主主义的共和国"中是"领导的力量",因而"只能是在无产阶级领导下的一切反帝反封建的人们联合专政的民主共和国"。这样,毛泽东关于国体的研究,使各个革命阶级在新民主主义共和国中的地位得到切合中国国情的说明,并且凸显了中国无产阶级在其中的领导地位。

关于政体的研究。在毛泽东看来,政体即政权的组织形式,也是国家政权构成的形式,指的是一定社会阶级采取什么样的组织形式来反对敌人、保护自己的政权机关。毛泽东结合中国新民主主义国家的性质来说明国体的实质,明确说明"民主集中制"是新民主主义国家的政体,并认为由民主集中制选出的政府是最民主的政府,为新民主主义政权的建设指明了前进的方向。他指出:"所谓'政体'问题,那是指的政权构成的形式问题,指的一定的社会阶级取何种形式去组织那反对敌人保护自己的政权机关。没有适当形式的政权机关,就不能代表国家。中国现在可以采取全国人民代表大会、省人民代表大会、县人民代表大会、区人民代表大会直到乡人民代表大会的系统,并由各级代表大会选举政府。……这种制度即是民主集中制。只有民主集中制的政府,才能充分地发挥一切革命人民的意志,也才能最有力量地去反对革命的敌人。"②毛泽东结合新民主主义国家的政治任务,集中阐述了民主集中制的优点是既能体现人民意志、保障人民民主权利,又能提高工作效率的观点。后来,毛泽东进一步指出:"新民主主义的政权组织,应该采取民主集中制,由各级人民代表大会决定大政方针,选举政府。它是民主的,又是集中的,就是说,在民主基础上的集中,在集中指导下的民主。只有这个制度,才既能表现广泛的民主,使各级人民代表大会有高度的权力;又能集中处理国事,使各级政府能集中地处理被各级人民代表大会所委托的一切事务,并保障人民的一切必要的民主活动。"③这是对《新民主主义论》中政体观点的系统化。毛泽东关于民主集中制以及与其相适应的人民代表大会制度的论述,既有效地体现各革命阶级的意志,又体现一切权力属于人民,从而反映了各革命阶级联合专政的本质要求。

① 《毛泽东选集》第二卷,人民出版社1991年版,第674—675页。
② 《毛泽东选集》第二卷,人民出版社1991年版,第677页。
③ 《毛泽东选集》第三卷,人民出版社1991年版,第1057页。

关于国体与政体关系的研究。《新民主主义论》重视国体与政体关系的研究，强调国体与政体之间的统一，并由此说明新民主主义国家的特点及其任务。关于国体与政体的关系，毛泽东以辩证统一关系来予以分析，认为国体必须以适当的政体来体现，而政体又必须与国体相适应，他在《新民主主义论》中这样指出："国体——各革命阶级联合专政。政体——民主集中制。这就是新民主主义的政治，这就是新民主主义的共和国"①。后来，毛泽东对这一思想予以发展，进一步说明新民主主义国家的专政职能和民主职能及其之间的关系问题。在后来发表的《论人民民主专政》中，毛泽东指出："我们现在的任务是要强化人民的国家机器，这主要地是指人民的军队、人民的警察和人民的法庭，借以巩固国防和保护人民利益。……人民的国家是保护人民的。有了人民的国家，人民才有可能在全国范围内和全体规模上，用民主的方法，教育自己和改造自己，使自己脱离内外反动派的影响（这个影响现在还是很大的，并将在长时期内存在着，不能很快地消灭），改造自己从旧社会得来的坏习惯和坏思想，不使自己走入反动派指引的错误路上去，并继续前进，向着社会主义社会和共产主义社会前进。"②毛泽东将新民主主义国家的民主与专政结合起来，指出对人民的民主与对敌人的专政的统一，为新民主主义国家的政治建设指明了方向。

毛泽东关于新民主主义共和国的国体和政体的研究，指出了中国的新民主主义国家是在中国的历史条件下的过渡形式，其政治前途必然是社会主义，这是切合中国半殖民地半封建社会的国情和中国共产党领导的新民主主义革命的实际的，并且也是合乎中国政治变革的根本要求的。中国的新民主主义国家是由无产阶级领导下的几个革命阶级的联合专政，其政体是民主集中制的人民代表大会制度，这是重要的理论创新。毛泽东关于新民主主义的国家学说，是运用马克思主义政治理论研究中国政治状况与政治斗争的理论成果，总结和提升了中国共产党领导新民主主义革命的经验，这是对马克思主义国家学说的丰富和发展。

三、对马克思主义革命论的贡献

革命论是马克思主义政治学的核心理论之一，指明了无产阶级变革政治的

① 《毛泽东选集》第二卷，人民出版社 1991 年版，第 677 页。

② 《毛泽东选集》第四卷，人民出版社 1991 年版，第 1476 页。

具体途径,强化了马克思主义政治学的实践本质。《新民主主义论》对马克思主义革命论的重大贡献,集中体现在新民主主义革命性质论及中国革命阶段论上。

关于新民主主义革命性质问题,毛泽东在《新民主主义论》中予以新的论证。革命性质问题关系到革命的领导者问题、革命动力问题、革命对象问题、革命战略与策略问题,也关系到革命之后所建立的国家的性质问题。这是首先进行中国革命所必须解决的大问题。关于中国新民主主义革命性质问题,毛泽东一开始就立足于中国社会性质的分析,将中国的新民主主义革命与旧式的资产阶级民主革命、无产阶级社会主义革命严格区别开来。他曾指出:"现阶段的中国革命究竟是一种什么性质的革命呢?资产阶级民主主义的革命,还是无产阶级社会主义的革命呢?显然地,不是后者,而是前者。"其理由是,中国社会还是一个殖民地、半殖民地、半封建的社会,中国革命的敌人主要的还是帝国主义和封建势力,中国革命的任务是为了推翻这两个主要敌人的民族革命和民主革命,"而推翻这两个敌人的革命,有时还有资产阶级参加,即使大资产阶级背叛革命而成了革命的敌人,革命的锋芒也不是向着一般的资本主义和资本主义的私有财产,而是向着帝国主义和封建主义,既然如此,所以,现阶段中国革命的性质,不是无产阶级社会主义的,而是资产阶级民主主义的。"①但是,这种资产阶级民主主义革命,已经不是一般的资产阶级民主主义革命,"而是新式的特殊的资产阶级民主主义的革命",即"新民主主义革命"。在《新民主主义论》中,毛泽东对中国新民主主义革命性质进行了多方面的论证,其中一个重要的视角是从世界形势的变动来分析中国民主革命的性质,认为第一次帝国主义的世界大战和第一次胜利的社会主义十月革命,改变了整个世界历史的方向,划分了整个世界历史的时代。在这种时代,任何殖民地半殖民地国家所发生的革命都是世界无产阶级革命的一部分。"这种革命,已经不是旧的、被资产阶级领导的、以建立资本主义的社会和资产阶级专政的国家为目的的革命,而是新的、被无产阶级领导的、以在第一阶段上建立新民主主义的社会和建立各个革命阶级联合专政的国家为目的的革命。"②毛泽东在《新民主主义论》中,继承已有的从中国社会状况来研究中国革命性质的认识成果,又从世界历史发展的高度和殖民地半殖民地人民革命斗争的经验,来论证中国革命的新民主主义革命性质及要建立新民主主义社会目标,使新民主主义革命性质的论断更具有时代性和民族性。

① 《毛泽东选集》第二卷,人民出版社 1991 年版,第 646—647 页。

② 《毛泽东选集》第二卷,人民出版社 1991 年版,第 668 页。

关于中国革命的阶段问题，一直是毛泽东思考的重点问题。在《新民主主义论》发表之前，毛泽东曾形象地称中国革命的阶段为文章的“上篇”与“下篇”，并认为做好“上篇”是做好“下篇”的前提，提出了革命转变的条件。毛泽东指出：“我们永远是社会革命论者，永远不是改良主义者。中国革命，有两篇文章，上篇和下篇。无产阶级同资产阶级一道，进行民族民主革命，这是文章的上篇，我们现在正在做这一篇文章，并且一定要做好这一篇文章。但是，文章还有一篇，就是它的下篇，就是无产阶级领导农民，进行社会主义革命。这一篇文章，我们也是一定要做的，并且也一定要做好的。目前是民族民主革命，发展到一定的阶段，就会转变为社会主义革命。这种可能性是会要变为现实性的。不过，文章的上篇如果不做好，下篇是没有法子着手做的。”①《新民主主义论》深化了对中国革命阶段的认识，明确地提出中国革命有两个阶段，第一阶段新民主主义革命，第二步是社会主义革命，这是两个不同但又相联系的阶段。毛泽东指出：“中国革命的历史进程，必须分为两步，其第一步是民主主义的革命，其第二步是社会主义的革命，这是性质不同的两个革命过程。而所谓民主主义，现在已不是旧范畴的民主主义，已不是旧民主主义，而是新范畴的民主主义，而是新民主主义。”②中国革命之所以有这样两个阶段，是由中国半殖民地半封建社会性质所决定的，因而中国革命的“第一步，改变这个殖民地、半殖民地、半封建的社会形态，使之变成一个独立的民主主义的社会。第二步，使革命向前发展，建立一个社会主义的社会。”③在《新民主主义论》中，毛泽东批判有些人迷惑于所谓“一次革命论”、迷惑于所谓“举政治革命与社会革命毕其功于一役”是“纯主观的想头”，要求人们科学地坚持“马克思主义的革命发展论”，在思想上和行动上明确“两个革命阶段中，第一个为第二个准备条件，而两个阶段必须衔接，不容横插一个资产阶级专政的阶段”④。毛泽东告诫全党既要认清两者的不同，又要认识两者的联系，在完成第一步革命的过程中及时地创造条件，不要将两者截然分开；在现阶段，则首先要努力完成新民主主义革命，建立无产阶级领导的中国各个革命阶级联合专政的新民主主义社会。

《新民主主义论》的革命论体现了马克思主义革命论与半殖民地半封建社会的阶级斗争实际相结合的特色，注入了中国共产党人领导新民主主义革命的

① 《毛泽东文集》第二卷，人民出版社 1993 年版，第 243—244 页。

② 《毛泽东选集》第二卷，人民出版社 1991 年版，第 665 页。

③ 《毛泽东选集》第二卷，人民出版社 1991 年版，第 666 页。

④ 《毛泽东选集》第二卷，人民出版社 1991 年版，第 685 页。

经验,是对马克思主义革命论的重大发展。在经典马克思主义政治学中,“革命”是与阶级斗争紧密联系在一起的,是阶级矛盾尖锐化而发生阶级冲突的主要表现形式,是一个阶级推翻另一个阶级的政治斗争,是社会政治变革的基本途径。毛泽东在《新民主主义论》中所体现出的新民主主义革命观,主要研究的是一种特殊社会状况(半殖民地半封建社会状况)下的革命——新民主主义革命,这种革命的类型虽然列宁在民族殖民地理论中有重要的研究,但总体来说,在经典马克思主义政治学中是没有着重研究过的。《新民主主义论》中所研究的新民主主义革命,高度总结了中国共产党人领导中国新民主主义革命的经验,研究的不是一个阶级推翻另一个阶级的革命,而是中国无产阶级领导下各革命阶级联合起来反对帝国主义、封建主义的民族民主革命。毛泽东并把这种革命上升为殖民地半殖民地革命的主要形式,指出这种革命必须经过两步走的过程,目的是建立新民主主义社会,其终极前途是社会主义。可以说,《新民主主义论》的革命论,不仅是对经典马克思主义政治学的发展,也是对列宁的民族殖民地理论的发展,因而对于帝国主义时代的殖民地半殖民地无产阶级领导的革命具有普遍指导意义。

四、对马克思主义人民论的贡献

“人民”一词在马克思主义政治学中有着突出的地位,尽管马克思不太喜欢“人民”这个概念,更多的是喜欢使用“阶级”这个概念。在《哥达纲领批判》中,马克思在谈到共产主义社会的国家制度问题时,指出:“这个问题只能科学地回答;否则,即使你把‘人民’和‘国家’这两个词联接一千次,也丝毫不会对这个问题的解决有所帮助。”①马克思对“人民”这个概念的态度,主要是担心这样做会抹煞阶级界限,淡化工人阶级的领导地位。自然,毛泽东是遵循人民群众创造历史这一历史唯物主义原理的,赞成马克思主义的阶级分析法,并且在这一方法的运用上具有创造性。不过,在毛泽东的政治思想体系中,“人民”却是使用最多的语汇之一,如“人民利益”、“人民军队”、“人民战争”、“人民共和国”、“人民民主”、“人民代表大会”等。在《新民主主义论》中,“人民”这个概念出现的频率虽不高,但体现的“人民观”却是很有特色的。

---

① 《马克思恩格斯选集》第3卷,人民出版社1995年版,第314页。

毛泽东的人民观主要体现在对民主政治的解释中，体现在新民主主义政治的设计中。1937 年 10 月，毛泽东在与英国记者贝特兰的谈话中，对“民主政治”作出了这样的解释：“(一)不是一个阶级的国家和政府，而是排除汉奸卖国贼在外的一切抗日阶级互相联盟的国家和政府，其中必须包括工人、农民及其他小资产阶级在内；(二)政府的组织形式是民主集中制，它是民主的，又是集中的，将民主和集中两个似乎相冲突的东西，在一定形式上统一起来；(二)政府给予人民以全部必需的政治自由，特别是组织、训练和武装自卫的自由。”①这个关于民主政治的解释，是《新民主主义论》关于民主政治理论的基础，也是毛泽东的人民观得以进一步阐释的基础。

在《新民主主义论》中，所反映出的毛泽东的人民观，极富有特色。大致来说，有这样两个特别的地方：第一，民主的主体是“人民”，人民享有广泛的民主权利，享受民主的不是一个阶级。毛泽东在《新民主主义论》中指出，人民在新民主主义国家中享受最广泛的民主，并且采取适当的形式去组织政权机关而代表国家，这种形式就是全国人民代表大会、省人民代表大会、县人民代表大会、区人民代表大会直到乡人民代表大会的系统，并且“实行无男女、信仰、财产、教育等差别的真正普遍平等的选举制”，以“适合于各革命阶级在国家中的地位，适合于表现民意和指挥革命斗争”②。这里的“各个革命阶级”就是指“人民大众”③，因而民主的主体就是指“人民”，而不是一个阶级。由于“各个革命阶级”都是“人民”范畴，因而人民民主是“各革命阶级”享有的民主，由此，民主也就更具有广泛性。第二，专政的主体是“人民”，也不是一个阶级。在新民主主义共和国中，实行人民民主专政，亦即实行“中国各个革命阶级联合专政”，不是无产阶级专政。因此，这里的“专政”的主体是人民，同样不是指一个阶级。对新民主主义国家专政的主体及其含义，毛泽东说得非常清楚。他指出，新民主主义“这个革命的第一步、第一阶段，决不是也不能建立中国资产阶级专政的资本主义的社会，而是要建立以中国无产阶级为首领的中国各个革命阶级联合专政的新民主主义的社会”④。这就是说，新民主主义国家的专政，其专政的主体是人

① 《毛泽东选集》第二卷，人民出版社 1991 年版，第 382—383 页。

② 《毛泽东选集》第二卷，人民出版社 1991 年版，第 677 页。

③ 毛泽东曾说，“中国社会的新旧斗争，就是人民大众(各革命阶级)的新势力和帝国主义及封建阶级的旧势力之间的斗争”(参见《新民主主义论》，《毛泽东选集》第二卷，第 696 页)。显然，“各革命阶级”就是“人民大众”，也就是“人民”。

④ 《毛泽东选集》第二卷，人民出版社 1991 年版，第 672 页。

民(各个革命阶级),是“以中国无产阶级为首领”的“各个革命阶级联合专政”,这当然不同于一个阶级专政的无产阶级专政;并且,占资产阶级绝大部分的民族资产阶级也不是专政的对象,而是人民的一员;被专政的也不是一个阶级,而是地主阶级和官僚资产阶级以及代表这些阶级的国民党反动派很小的一部分。毛泽东在《新民主主义论》中关于人民的民主与人民的专政的论述,虽然还是比较初步的,但突出了中国无产阶级的领导地位,而且其中关于“人民”的基本思想也是十分清晰的。这些论述,在1949年6月发表的《论人民民主专政》著作中,得以进一步系统化。

毛泽东的人民观是对马克思主义人民观的重大发展。其所以如此,主要有两点原因。一是因为毛泽东对中国特殊的阶级状况的把握。在毛泽东看来,中国社会是半殖民地半封建社会,与西方资本主义社会的阶级结构不同,没有直接形成社会的两大对立阶级,而是“两头小,中间大”的状况,这就决定了任何阶级仅想依靠一阶级力量来取得胜利是不可能的。因而,从政治斗争的角度来看,“人民”就必须具有广泛性,而不是“单一性”,否则就不可能有广泛的统一战线,就不可能取得革命的胜利。正是“人民”的广泛性,有助于政治动员,有助于整合社会资源。二是由于毛泽东采用了政治标准的敌我分析法。毛泽东是用经济的标准来划分阶级,而用政治的标准来区分敌我,用“人民”这一概念来涵盖具有同一政治目标的社会各阶级。这样,“人民”是以政治利益为基础的阶级结合,在不同的历史阶段随着敌我关系的变化,“人民”概念的内涵是变化的。

《新民主主义论》是中国化马克思主义的代表作,本文只是从政治学的角度予以初步的研究,说明其对马克思主义政治学的贡献。从本文的初步研究来看,《新民主主义论》是中国马克思主义政治学的代表性著作,构建了独具特色的新民主主义的政治学体系,创造性地发展了马克思主义政治学,在马克思主义学术史上有重要的学术地位①。

(原载《政治学研究》2010年第1期,人大复印资料
《毛泽东思想》2010年第4期全文转载)

【昔文琐记】这篇《〈新民主主义论〉对马克思主义政治学的贡献》,写作于2009年6月。

---

① 其实,从学术史的眼光来看,《新民主主义论》不仅对马克思主义政治学有重大的贡献,对马克思主义哲学、经济学、社会学也有突出的贡献,具有丰富的学术思想,需要从哲学、经济学、社会学等方面进行分门别类的研究。

我因为与研究生合作写作并发表了《近十年〈新民主主义论〉研究综述》，知道学术界还很少从学术史的角度研究《新民主主义论》这篇著作。于是，基于自己对于政治学史的研究，从马克思主义政治学的视域出发，写了这篇《〈新民主主义论〉对马克思主义政治学的贡献》，借以说明《新民主主义论》在中国马克思主义政治学史上的特殊地位。

我长期以来研究学术史，有一个研究理念，就是只要是一个比较成形的文本，都可以而且也应该从不同的学科视域给予研究。故而，也就可以在政治学视野中，研究《新民主主义论》这个文本。从我工作日记来看，《〈新民主主义论〉对马克思主义政治学的贡献》完成于2009年6月26日。此文完成后，即向《政治学研究》投稿，不久收到录用的通知。遵照编辑部的要求，文章在2010年1月26日做了最后的修改和润色。我记得，自己本来是在凤凰花园城寓所的书房里写作，但书房是在北面。当时是冬天，天气很冷，我晚上只好在家里南阳台修改这篇文章。修改时，主要是不断阐明《新民主主义论》中关于中国共产党的领导地位问题，尤其是突出了在人民民主专政中，中国共产党的领导地位问题，因为这是《新民主主义论》中的核心要义之一。这也是《政治学研究》编辑部的编辑一再给我提示和强调的。

当时，我何以跨到政治学这个学科呢？有一个情况，就是我2008年9月到南京审计大学（那时叫“南京审计学院”）担任政治与行政学院院长，既负责学院的马克思主义理论学科建设，同时也负责学院的政治学学科建设。我撰写的《邓初民〈新政治学大纲〉的学术贡献》一文在《政治学研究》2009年第3期上发表后，坚定了要在政治学研究上有所作为的信心。我想，我既然担任这个“政治与行政学院”的院长，就要在政治学研究上带个头，打开本院的政治学学科建设的局面。于是，我请来了我的师姐丁俊萍教授来政治与行政学院作报告，并指导我们的学科建设。她在学科建设的指导中，强调学科建设要从既有的条件出发，新的研究方向最好也要依据既有的优势。由此，我更坚定了将马克思主义理论学科建设与政治学的学科建设结合起来的想法，故而在从事马克思主义理论研究的同时，也有意识地进行政治学研究。这篇《〈新民主主义论〉对马克思主义政治学的贡献》的撰写和发表，也使我更有信心在政治学研究方面用力，后来又在《政治学研究》上发表了《政治学视野中公信力概念研究》等文章。

丁俊萍教授是全国知名的“马工程”专家，曾担任武汉大学政治与公共管理学院的院长，是全国知名的党建研究专家、马克思主义理论研究专家。她主持国家社科重大项目，勤于笔耕，著作等身。其博士论文《中国共产党解放和发展生产力思想研究》出版后,获第三届中国高校人文社科成果一等奖,在学术界有重大影响。尽管她是1999年6月博士毕业的,而我是1999年9月才读博,但在全国的重要学术会议上都能见到她。她不愧为师姐,每次开会见面,还不时对我鼓励一番。那次,我得知她在南师大担任博士论文答辩的主席,就请她过来指导学科建设,她也是推掉其他活动专程过来的,对我的工作给予了莫大的支持。这里,要谢谢师姐丁俊萍教授!

为了推进毛泽东研究的深入,除了让我的研究生李娜研究毛泽东的政治学思想、宿士颖研究毛泽东的社会学思想外,我还让研究生张伟研究毛泽东抗战时期的文化思想。张伟是2010届硕士生,硕士论文是《毛泽东与抗战时期的文化发展》,计有7万多字。该硕士论文认为,毛泽东对于抗战时期文化发展的条件、指导思想、发展方向、文化政策、文化动员、群众基础等皆有极为重要的影响,不仅有力推进了抗战文化的发展,而且也展示了中国共产党是先进文化前进方向代表的形象。该硕士论文是优秀论文,对于深化毛泽东文化思想的研究有一定意义。

2021年1月31日

邓初民《新政治学大纲》（1940年）的学术贡献

邓初民（1889—1981），原名经喜，字昌权，湖北石首人。著有《国家论之基础知识》、《政治科学大纲》、《政治学》、《新政治学大纲》、《社会史简明教程》、《中国社会史教程》、《民主和理论》、《世界民主政治的新趋势》、《中国政治问题讲话》等。邓初民勤于著述，著作等身，是中国著名的马克思主义政治学大家。在笔者看来，代表邓初民政治学思想演进的有五本著作，即《国家论之基础知识》（1929年）、《政治科学大纲》（1929年）、《政治学》（1932年）、《新政治学大纲》（1940年）、《中国政治问题讲话》（1949年），并在学术上确立了包括阶级论、革命论、国家论、政府论、政党论等内容在内的政治学研究体系。而在这五本著作中，邓初民于1940年由生活书店出版的《新政治学大纲》，其学术价值非同一般，尤其是阶级与阶级斗争理论、政党理论等方面有突出的建树，突破了他此前三本代表作，即《国家论之基础知识》（1929年）、《政治科学大纲》（1929年）、《政治学》（1932年），以国家为中心的学术研究体系，并总结和提炼了中国共产党人领导政治斗争的经验，对中国马克思主义政治学体系的发展作出了突出的贡献。本文仅就该书中阶级论和政党论两方面试作介绍，以纪念邓初民这位卓越的政治学学术大师120周年诞辰。

在阶级论方面对马克思主义政治学的贡献

邓初民在《新政治学大纲》中依据马克思主义理论，对阶级的起源过程进行了探讨，确认生产力发展对阶级产生的绝对性意义。关于阶级产生的历史过程及产生阶级的过程中所涉及的各种制约性因素，邓初民在著作中给予这样的描述：

> 第一,即当人类脱离动物界之时,他们还未脱去半动物的境界,生活是粗野低劣,仰赖自然界现成的食物以生活,完全受自然支配。因而他们的生活,在某种程度上是平等的。各家族之家长的社会地位也是平等的。至少在这种时候,社会上还没有阶级。这种状态,一直在后来的文化诸民族之原始的农耕共产体中,还是继续存在。在这样的共产体中,从最初起就有一定的共同事务存在,而这些共同事务,必须在全社会的监督之下,委托一部分人去处理,而这部分人为完成其职务起见,又必须设有一定的权力。随着生产力的发展,社会有了自己消费之外的多余的生活资料;有了多余的生活资料,就需要有一部分人专门负保管之责(通常是氏族中的长者),久而久之,等到生产力再进一步向前发展,而保管财富变成一种世袭的固定的职务时,阶级就告形成。复次,由于生产力的增大,个个共产体之间,又发生共同的或抗争的利害关系,因而以这种利害关系中心的共产体,就被造成为一个较大的全体,于是一种新的分工又成为必要,而保卫共同利益及防遏抗争的机关,就自然产生出来了。于是站在这样公共机关的人们,因为由偶然而变为世袭的原故,便渐渐的特殊化而成为特殊阶级。遂至把自己提高到社会支配的地位,而各个支配者便结为支配阶级。这样看来,阶级发生的物质前提是生产力的发展。
>
> 第二,即和上述阶级构成的过程相并着,又有着一种阶级构成的过程。农耕家族中原始的分工,一到财富发展到一定阶段时,就能吸收家族以外的人们的劳动力,生产发达起来,人类的劳动生产力除了维持自身生存所必要的资料以外,还能有多余的生产物,这时,既有可以维持较多劳动力的生活资料,又有可以使用这些劳动力的工具,于是劳动力便取得了价值。而这种过剩劳动的来源,便是战争。战争所得的俘虏,在以前是被屠杀被烹食的,到这时便把他们用来作奴隶了。所谓奴隶制度,就是这样形成的。这种奴隶制度实是社会的分工之最单纯最原始的形态。古代(希腊、罗马)之以阶级对立为基础的社会的繁荣与进步,就是在奴隶制度下成就的。①

在对阶级产生的历史进程进行分析的基础上,邓初民得出这样的结论:"阶级是历史的范畴,即它为特定的历史阶段所规定,而且随着历史一同变化。例如古代社会的基本阶级是奴隶和奴隶主人,封建社会的基本阶级是农奴和领主,资本社会的基本阶级,则是工资劳动者和资本家。因为历史阶级(段)的不同,即社会

① 邓初民:《新政治学大纲》,生活书店1940年版,第33—34页。

经济结构或生产关系的不同,便反映到阶级关系的不同,而阶级关系的不同,又直接表现在剥削、掠(收)夺的方法之不同中。"①邓初民对阶级起源历史过程的描述,强调了生产力发展、生产品的剩余所起的决定性作用,从社会经济变动的角度来理解阶级产生及阶级对立问题,而且又揭示了阶级的历史性特征及其与经济结构变动的内在关系,坚持了马克思主义唯物史观的指导地位。

邓初民将"社会经济结构"的变动性及社会演进的历史性结合起来,说明"阶级结构的历史性"决定了各阶级的历史命运,因而随着历史的进程各阶级的历史命运也就各有不同,这显现出了在马克思主义唯物史观指导之下的独特的研究视角。邓初民指出:"由于社会经济结构以及阶级关系依历史转变的结果,所以各个社会经济结构下被剥削压迫的勤劳者的阶级运命,便也各有不同。自然,从所有这些阶级,都曾经和各种压迫他们的生产关系斗争过,即对于新社会的创造都曾经尽过积极的任务这一点来说,一般在生产过程中的劳动力的所有者,都是站在生产力发展的利益上,为了扬弃生产力桎梏的生产关系而战斗的革命阶级,但他们的历史运命却各有不同。很明显的,古代社会的奴隶便没有能在新发生的封建制下提高自己为统治者,封建制下的农奴,亦没有能在新发生的资本主义社会下提高自己为统治者。而在将来的社会主义生产下面,即如现在世界六分之一的苏联,工资劳动者是已成为新社会的主人翁了。如果我们要具体地去理解古代社会的奴隶,封建社会的农奴,资本主义的工资劳动者,他们的历史命运之所以不同的理由,那就仍然是阶级结构的历史性决定了它。这就因为封建制的农业,亦即其社会结构,在奴隶制的社会结构中,以及资本主义的商品生产在封建制的社会结构中,都是自发的生长出来的;而未来的社会主义的生产关系,决不会在资本主义胎内生长出来。这样,阶级和社会经济结构的本身一样,不是什么固定不变的,而是随着历史的演变、发生、发展乃至被扬弃的。因而它有其发生的历史条件,也决不是要存留到永久的将来的超历史现象,所以把阶级看成自然秩序,把阶级的分化从个人间的生存竞争来说明它,或由生物学的要因,亦即优生学的观点来规定它,都不是科学的阶级规定。"②由邓初民以上的分析来看,他的基本观点是:阶级的产生是社会生产力演变的必然,而由于社会经济结构决定社会的阶级结构,社会的阶级结构又决定各阶级的历史命运,因此各阶级的历史命运虽然直接决定于阶级结构,但归根到底是取决于社会的经济结

① 邓初民:《新政治学大纲》,生活书店 1940 年版,第 38 页。

② 邓初民:《新政治学大纲》,生活书店 1940 年版,第 39 页。

构;而社会经济结构本身具有历史性的特征,随着社会生产力的演进而变化,"不是什么固定不变的",因而阶级本身依其历史条件的变动而变动,所以阶级也是一个历史性的阶级,并不具有永存性。由邓初民的观点来看,他在考察阶级产生及阶级历史命运时,将生产力与生产关系、经济基础与上层建筑矛盾运动的原理运用得非常娴熟,既注意到生产力这一社会发展根本动因在阶级这一问题上的决定作用,又考虑到生产关系演变的具体情形及其给阶级的历史命运进程所构成的重大影响。

邓初民论述了"社会的经济结构"对阶级历史命运的决定作用,那么阶级作为一种历史的现象在其演进的历程中,到底与社会的经济制度、生产手段、劳动组织等存在什么样的具体关系呢?而这种具体的关系又使阶级在社会经济层面处于何种地位呢?对此,邓初民的回答是:"所谓阶级者,乃是根据它在那被历史规定了的社会的生产体制内的地位,根据它在对生产手段的关系(大部分它被法律所确保和固定化),根据它在社会的劳动组织内的作用,因而根据它在社会的财富之中所处理的那一部分的获得样式和大小来互相区别着的多数的人类集团。所谓阶级者,乃是受一定的社会经济制度内的地位之差异的赐与(予),可以私有他人的劳动的这样人类的集团。"正是根据这样的回答,邓初民得出这样的结论:"总之,阶级存在的首要前提,是特定历史发展阶级(段)上的社会生产体系内的各人地位之差异;这种差异的根本标志,表现在每人对生产手段的关系之差异,即表现在生产手段的分配之中。因此,一方面没有任何生产手段或基本生产手段的人类集团,与他方面独占一切生产手段或基本生产手段的集团之存在,就是一切阶级社会结构的根本特征。"①由此可见,邓初民认为阶级是社会经济结构中的阶级,而阶级存在的基本特征实际上是对生产手段的占有问题,亦即阶级的对立体现出经济的利益与经济的地位的对立。正是由于经济利益与阶级之间的密切关系,邓初民强调在对阶级划分时要有正确的划分标准,主张要从"生产本身来考察"阶级,如此"才能给出阶级的科学的规定"。他指出:"然则正确的科学的阶级规定是什么呢?很显然的当正确的科学的规定阶级时,就不许仅以生产物的分配(收入的源泉)或生产手段的分配为指标。生产物的分配是从生产手段的分配归结来的,但生产手段的分配又是生产发展的结果,生产手段的分配,虽然是决定阶级关系的特征,但离开生产本身来考察时,就不免要陷到考次基的武力说去了。所谓把生产手段的分配与生产本身的发展联结起来考

① 邓初民:《新政治学大纲》,生活书店1940年版,第29—30页。

察,那就是要将社会的分工,社会的劳动组织放在这分配的基础上,即是说应在社会的分工,社会的劳动组织之上去求分配的基础。……这里的所谓社会的分工,社会的劳动组织决不是布哈林所说的企业内的劳动组织,它是把所有关系上的阶级敌对,生产手段分配上的敌对之各种历史形态,都包摄其中的特定的社会劳动组织。这样,它便使各种历史上的阶级敌对形态,贯穿在那社会的劳动组织,生产的社会的体制之中,而生产物的分配经济上的剥削、收集,都是阶级关系的表现了。这样,才能给出阶级的科学的规定。"①邓初民强调要从"生产本身来考察"阶级,并主张"在社会的分工,社会的劳动组织之上去求分配的基础","把生产手段的分配与生产本身的发展联结起来考察",正是在把握阶级与社会经济结构关系的基础上所得出的正确结论。

邓初民对现代社会(亦即资本主义社会)的阶级结构进行了较为全面的分析,对各阶级的地位和作用也予以评定:

关于地主阶级,邓初民认为地主阶级是资本主义社会中的"从属的阶级",表现出对资产阶级的依附性,但与工业资本家阶级也并非完全"不可调和"。邓初民指出:"地主在封建制下本是和农民共同构成基本的阶级,并且是统治阶级之唯一的特权身分(份)。但在资本制下,他已不再是身分(份),而是资产阶级之从属的要素,构成了资本主义社会统治阶级之一部份。虽然在地租的多少与农业品价格的贵贱等上面,不免与工业资本家也有利害的对立,但因为地主在资本主义社会底下,已是以资本主义的生产方法为其生活条件,所以它与农工业资本家间的利害对立,决非在同一生产关系之下不可调和的。"②

关于小资产阶级,邓初民认为小资产阶级在现代资本主义社会里是一个从属的阶级,因而也是一个处于过渡阶段的阶级。关于小资产阶级,邓初民指出:"小资产阶级,是包括了城市小资产阶级与农民。城市小资产阶级在资本主义社会下,因为它的成员一面无产阶级化,而另一小部份则幻想能爬上资产阶级的地位,所以在生活条件上是极不安定的,因而在政治上,也不能担负任何独立的斗争。小资产阶级,因为它是小生产商品者小经营者之故,所以它反对那商品生产的桎梏即封建的支配,又因它是小所有者,所以它对大资产阶级也抱着反对的气息;同时,因为它到底是小所有者,所以异于无所有者而仍然具有所有者的心理。因此,它的心情与行动,总在中间层或上或下的摇摆。……村中典型的小资

① 邓初民:《新政治学大纲》,生活书店1940年版,第29页。

② 邓初民:《新政治学大纲》,生活书店1940年版,第41页。

产阶级在资本主义社会中是中农。中农随资本主义农业的发展,大部份没落为半无产的贫农,更经过贫农而没落为农业无产者;小部份则发了迹变成有产者的富农。因此,它的生活条件也和城市小资产阶级一样,政治上的斗争也没有独立性,即在它参加民主革命的场合,因为它在封建制下,被那分散性的小领主的土地所束缚住,不能成为统一起来的为其自身的阶级,即'自为的阶级',所以如果它不和资产阶级或前期无产阶级的运动合流,是不会独立获得民主的。"①

关于资产阶级,邓初民认为资产阶级是"现代社会基本阶级之一",在资产阶级革命时有其历史的进步性,但资产阶级的本性决定了其革命性不能持久。邓初民指出:"现代社会基本阶级之一资产阶级,如前所说,在他代表发展途上的生产力对封建势力斗争上看,他是进步的,革命的。但因为他们是资产阶级,所以其进步为其阶级属性所限。自始就表现了他的两重性,一面要对封建势力斗争,一面又怕革命超过他们的利益要求以上。所以他的革命性,总是某种程度的不彻底,因之欧洲资产阶级的革命,总以对封建支配的妥协而告终;许多殖民地半殖民地的民主革命,亦动辄以其同伴——广大革命群众之较激昂,而走到革命之相反的路线,即与国外的压迫民族——帝国主义,国内的封建势力妥协来绞杀革命。所以资产阶级即在民主革命上,一般的说,亦断然不是采取最彻底的态度的革命阶级。……因此有人认为在资产阶级的民主革命阶段,其领导权应属于资产阶级的见解,也是不正确的。实际上参加民主革命运动的资产阶级,他和都市小资产阶级、农民、劳动者之间,并不一致。特别在劳动者以本身独自的要求出现时,更加明显。"②

关于无产阶级,邓初民在分析时通常称之为"劳动者"(亦有时称为"工资劳动者"),认为其已经达到"自为的阶级"的阶段,成为取得民主革命胜利的重要条件。邓初民指出:"现代社会基本阶级之一的劳动者,在他以本身独自的要求出现时,即他由自在的阶级进于自为的阶级时,他们的革命对象是资产阶级,他们是代表在资本主义社会发展途上的新生产力来同资本制度斗争的。他们不仅是已达到于自为的阶级,而且他们的主体条件,真正的革命组织——政党亦已形成,其组织与结合的可能性之深刻与广泛,出乎历史的任何阶级之上,(。)他不仅在反对资本制度的抗争中,是最根本的要素,即在反对封建制度的民主革命中,也是最根本的要素。他在参加社会革命的抗争中,是在直接解决资本主义生

① 邓初民:《新政治学大纲》,生活书店1940年版,第41页。

② 邓初民:《新政治学大纲》,生活书店1940年版,第43页。

产的敌对性,即在他参加民主革命帮助资产阶级革命以使资产阶级地位日趋稳定时,这也决不是把自己本身降于更不利的地位,反而是使他们对资本制度的抗争,引导于胜利的必然条件。"①

邓初民对近代中国的阶级格局也做了具体的研究,对当时中国社会中阶级的特殊性有较好的阐发。开展民主革命,就必须认识中国阶级的特殊性。邓初民对中国阶级的分析,一方面结合中国的阶级实际,另一方面结合中国所要完成的民族民主革命的任务,将中国的阶级的特殊性叙述清楚。譬如关于中国的地主阶级,邓初民揭示其封建落后性。邓初民指出:"中国当然也有地主阶级,并且他在农村中大都还具有政治上、法律上的特权,武断乡曲,格杀庄佃,在中国历史上不断的被记载着。并且历代封建地主对于农民之残酷的压迫,实造成了中国民族落后及其历史发展的停滞。封建制度下基本的对立阶级,是地主与农民。中国农民是中国人民中最受痛苦的阶层,它的收入百分之五十以上被地主收夺了去,此外还有赋役等封建剥削的残余形式。"②又譬如,关于中国的民族资产阶级,邓初民鉴于中国的民族资产阶级的政治态度,指出其两面性的特征,揭示在半殖民地半封建社会中的中国民族资产阶级与欧洲一般资产阶级的不同点,要求重视对民族资产阶级革命性的发挥。邓初民指出:"中国的民族资产阶级,要求反帝反封建的革命,即他们要求打倒妨碍中国近代化——资本主义发展的两重压迫;不过在某种情势之下,即当革命运动势要超过他们的要求,或轶出他们所能控制的范围,他们便对革命开始犹豫,甚至离开革命。这里也表现一般资产阶级的两面性,但是当半殖民地半封建的中国遭遇空前危机,根本危及中华整个民族的生存,因而危及中国社会各阶层的生存时,中国民族资产阶级,仍然是积极参加革命的,例如此次对日英勇的抗战便是。这是他们与一般资产阶级——欧洲资产阶级不同之点。"③邓初民揭示中国阶级的历史特点和政治态度,是为了进一步阐述中国社会各阶级在民主革命的地位。

概括而言,邓初民对现代社会阶级结构的分析,有这样几个显著的特色:

一是他认为现代社会的基本阶级是资产阶级和工资劳动者,其他阶级包括小资产阶级、地主阶级、农民阶级等处于依附阶级的地位,这不仅是符合马克思关于现代资本主义社会阶级构成(工业无产阶级与工业资产阶级)的分析,而且

---

① 邓初民:《新政治学大纲》,生活书店 1940 年版,第 43—44 页。

② 邓初民:《新政治学大纲》,生活书店 1940 年版,第 47—48 页。

③ 邓初民:《新政治学大纲》,生活书店 1940 年版,第 48 页。

对马克思主义阶级结构的分析有所发展。在马克思主义经典作家的著作中,提出了工业资产阶级与工业无产阶级是现代社会两大对立阶级的思想,但对于现代社会的其他阶级所处的“从属阶级”的情形并未充分地展开论述。邓初民不仅比较详尽地说明了现代社会其他阶级的从属地位,而且对两大基本阶级的对立关系用矛盾斗争的原理进行了分析。如邓初民就有这样的论述:“资本主义社会的基本阶级,如前所说是资本家与工资劳动者。资本主义社会生产方法的矛盾表现为两者之间的矛盾;同时,两者又相互制约者,构成矛盾的统一。一般在矛盾的统一上的统一、安定,都是相对的;而矛盾、抗争,却是绝对的。矛盾的扬弃与克服,是矛盾向前展开的结果。所以在资本主义社会,推进矛盾向前展开的【是】劳动者;要把矛盾努力抹杀,固执统一藉维现状的则是资本家阶级。”①

二是他在分析阶级结构的过程中,特别注重阶级“分化”的研究,以此来说明现代社会阶级结构呈现的变动性的特征。根据马克思主义的唯物史观原理,现代社会的阶级结构处于变动之中,而阶级结构的变动则根源于社会经济结构的变动,亦即由社会生产力的发展之所致。但是,社会阶级结构的变动,其表征是什么呢?这就需要研究阶级的“分化”问题。邓初民对阶级分化的事实予以高度的重视,试图通过对阶级分化的说明,来显现阶级结构变动的一个具体面相和社会演进的趋向。譬如,邓初民对小资产阶级的“两极分化”问题,有这样的具体看法:“城市小资产阶级及农民,是资本主义社会的从属阶级之一,他们在资本主义社会中,是不断向两极分化,即一方面少数部份资产阶级化,富农化;一方面大多数无产化,贫农化。在政治的关系上,与其说在独立的斗争着,不如说在有产者与无产者之间动摇。在各自场合,他们究竟是倾向于有产者方面,抑无产者方面,那是由有产与无产两阶级的势力关系,和政策来决定的。不过在资本主义的害处发展,打破了小所有者的幻想,小所有者阶级独立性的外观,却在日趋消灭了。在他们受着日趋没落威胁着的现代,宁是同情于无产者的日益加多。但因为他们小所有者的心理和政治水准的低落,在没落威胁加剧的时候,也很容易急不暇择的为法西斯所欺骗利用。不过在资本主义的勃兴期,产业革命开始以前,城市小所有者在都市中占过人口的多数,起过重要的作用。他们的下层,随资本主义的发展日趋无产化,他们便和手工业工人、城市劳动者、浮浪人等一同构成了‘都市平民的要素’。在一七八九——九三年的法国革命,一八四八年的德国革命中,都市小资产阶级都尽了不少的任务。特别在法国那为雅各宾党

① 邓初民:《新政治学大纲》,生活书店1940年版,第40页。

所代表的都市小资产阶级,曾援助过农民和一般'都市平民的要素',亦即'前期无产阶级'。"①又譬如,邓初民对现代社会的农民分化问题也进行了深入的研究,考察了农民分化后各部分的态度及其在民主革命中的地位。他指出:"农民——也可以说是农村小资产阶级,他在资本主义之下,正分化为农业资本家、富农、中农、半无产者贫农和农业劳动者。他决不构成为一整个阶级,但在农村中如果还是封建的土地所有支配时,他们对于封建地主则仍然是构成一个阶级的。这就是说,对于反对资本主义的抗争,富农是反对的,中农中立,贫农和农业劳动者则成为革命者的战友,其态度各不相同,而在清算封建土地所有的问题上,这一切分子则又表示完全出于一致。因此在资产阶级民主革命上,封建制下的基本阶级——农民的意义非常重大。……即如十七世纪英国资产阶级革命,十八世纪法国资产阶级革命,农民也与都市小资产阶级一样,提供了很大的力量。不过农民必需在民主革命时代与资产阶级联合,在社会革命时代与无产阶级联合,才能完成其政治任务。这就因为他始终因封建土地的束缚不曾发展为'自为的阶级'之故。"②邓初民对阶级分化问题的研究,不仅揭示分化的事实,而且还对阶级分化的影响特别是对民主革命的影响予以充分的估计,这在当时的政治学著作中是很有特色的。

三是他特别注重对社会阶层的研究,剖析阶层在社会阶级结构中的作用,这是运用马克思主义阶级分析的进一步深入。在邓初民看来,阶级之中是分层次的,即使是现代社会的两大基本阶级——无产阶级和资产阶级也不例外。"在工人阶级中,便分出:劳工贵族,普通工人阶级,苦力工人阶级,大工厂工人,小工厂工人,女工等。这在资产阶级中也是一样。它大约可分出:大资产阶级,中资产阶级,小资产阶级,商业资产阶级,工业资产阶级,金融资产阶级等。"③这里要指出的是,邓初民对社会上那些不构成独立阶级的社会阶层注重分析。譬如,邓初民对"流氓无产者"这一特殊的社会阶层进行了研究,认为:"所谓游离分子——亦即流氓无产者,有时虽然也很勇敢的来反对现存资本制度,然而与生产劳动脱离关系,毫没有组织能力的他们,决不能在政治任务上起积极作用,……不过在这里我们还要知道:这种游离分子,对于政治任务不但没有积极的意义,在他们参加革命运动时,甚至是有害的,例如他们往往按日被人雇来施行反动的

① 邓初民:《新政治学大纲》,生活书店1940年版,第44—45页。

② 邓初民:《新政治学大纲》,生活书店1940年版,第45页。

③ 邓初民:《新政治学大纲》,生活书店1940年版,第37页。

任务,做打手,做各种侦查工作,破坏革命就是明证。"①又譬如,邓初民对知识分子这一社会阶层进行研究,剖析这一阶层在社会中的政治态度及对社会演进的影响。邓初民指出:"智识分子——智识分子在资本主义社会内是互异其在生产关系内的阶级地位的,即它不构成一个社会阶级。一般的说,所谓智识分子者,是指在知识劳动与肉体劳动的分工存在着的社会中专门从事知识劳动的人。例如技术家、事务员、官吏、医生、学者、记者、艺术家、俳优、律师等等。以上这些智识分子在他们没有生产手段一点上说,是跟劳动者一样,但他们有的则被资本家以薄薪雇入,有的则在劳动过程上尽指挥任务,有的则成为下级官吏,一方面受其雇主或其上级剥削,也同劳动者一样;一方面又在帮助其雇主或其上级压迫劳动者及一般人民。到了少数上层智识分子,例如高级技术家、政治家、大学教授等等,则又不同;这是他们的生活条件已极接近于资产阶级,甚至构成了资产阶级之一员,而在社会生活向(的)各方面积极执行资产阶级的意志,其资产阶级的阶级性极明显的被反映出来。"②值得注意的是,邓初民还提出了判断知识分子阶级属性的标准,认为对于知识分子,"就其社会任务方面来观察,以发展和传播社会意识为职务的学者,却看他所散播的是什么意识形态,而决定他是服务那一方面的。卡尔、恩格斯被称为无产者集团的思想家,正是由于这种标帜。但不是学者、教授,即不专门处理意识形态的技术家或官吏等,却不能由其意识形态的内容来决定其所属的阶级。例如有一些高级技术家或官吏,即使他具有革命的意识形态,在他还没有站在革命的方面来反对其技术之为反革命所利用时,他依然只是不革命的智识分子。但纵然是如此,对于智识分子,决不能有不正确之估计"③。邓初民关于社会阶层的具体分析,是很有学术价值的,对于当时的政治运动也有重要的指导意义。

邓初民的《新政治学大纲》以马克思主义的政治理论研究阶级问题,不仅阐明了阶级的起源、发展与消亡的历史进程,揭示了阶级的实质与特征,在宣传马克思主义阶级和阶级斗争理论方面作出了贡献;而且依据中国民主革命的实际,分析了中国社会阶级的特点和阶级斗争的新情况,阐述了中国民主革命所要完成的任务,并为民主革命任务的完成指明方向,从而有力地推进了马克思主义阶级理论的中国化进程,并为中国马克思主义政治学增添了重要成果。

---

① 邓初民:《新政治学大纲》,生活书店 1940 年版,第 46 页。
② 邓初民:《新政治学大纲》,生活书店 1940 年版,第 41 页。
③ 邓初民:《新政治学大纲》,生活书店 1940 年版,第 45—46 页。

在政党论方面对马克思主义政治学的贡献

关于政党问题的研究,是邓初民《新政治学大纲》一书中的另一个重要内容,在推进中国的政党理论研究方面作出了重要贡献。

邓初民在《新政治学大纲》中对政党的产生及政党的基本内涵进行系统研究,揭示了政党代表阶级利益的实质,估价了政党在阶级斗争中所起的指导作用。在邓初民看来,政党是近代社会发展的产物,与近代社会的阶级斗争紧密联系在一起。他指出:“一切社会科学所研究的对象,都是社会发展过程的产物。政党便是社会阶层对立尖锐化到了近代社会所产生出来的东西。因为一切社会斗争,都是政治斗争,而政治斗争之最完成、最统一的形态,便是政党的斗争。”① 同时,邓初民又认为政党不是一般的社会产物,也不仅仅是阶级的一部分,政党在阶级之中占有特殊的位置。他指出:“政党是阶级社会的产物,尤其是近代阶级社会的产物,因此党便是一定阶级之一部分。然而仅是这样说法还不充分,因为阶级之为物,就大体说来虽然是等质的、一律的、完整的,但就个个分子加以分析,则他们的智力、体力,及其阶级意识或阶级觉悟,总不免有许多差异。为使这个包含有种种不同分子的阶级,全体从事于有效的斗争,指导的部分便成为必要。不用说,这一负担指导斗争的一部分,必然是全阶级中最有阶级觉悟、最能团结,又最勇于为本阶级利益奋斗之一部分。这一部分便是政党。”②邓初民还指出:“所谓政党,是一定阶级之一部分,且是全阶级中最有阶级觉悟、最能团结,又最勇于为本阶级利益奋斗之一部分。概括言之,它便是由全阶级中之先进分子结集而成之指导社会斗争的组织。”③邓初民在对政党概念的阐述中,强调的是政党在阶级之中的先进性和中枢地位;就是说,政党不仅是阶级利益的代表,而且在阶级之中是具有先进性的部分,并且成为所代表的阶级从事阶级斗争的领导者。这样,邓初民给“政党”下了一个具体的定义:“政党是阶级社会的产物,是阶级的指导部分,打一个比方说,它便是阶级的头脑,阶级的先锋。这一政党的概念,不仅是适用于某一阶级之政党的概念,而且是适用于一切阶级之政党

① 邓初民:《新政治学大纲》,生活书店1940年版,第157页。

② 邓初民:《新政治学大纲》,生活书店1940年版,第158页。

③ 邓初民:《新政治学大纲》,生活书店1940年版,第158页。

的概念。”①邓初民的政党定义，有这样几个鲜明的特色：一是强调了政党的阶级性（政治性），即政党是代表某一阶级利益的政治组织，是阶级利益的代表和体现，就此而言不存在全民政党的问题。二是强调政党是社会的产物，即是社会发展到一定的历史阶段才会产生政党，因而“政党便是社会阶层对立尖锐化到了近代社会所产生出来的东西”，这是说政党是资本主义社会阶级斗争尖锐化的产物，就此而言，所谓政党不是天生就有的，而是现代资本主义社会的产物。三是强调政党在阶级中的特殊地位，即政党虽然是阶级的一部分，但不是某阶级中的一般部分，而是“阶级的指导部分”，是“阶级的头脑，阶级的先锋”，这是强调政党在阶级之中的先进地位和指导地位。四是强调政党是充当阶级政治斗争的工具，“因为一切社会斗争，都是政治斗争，而政治斗争之最完成、最统一的形态，便是政党的斗争”，这是说政党的主要任务在于从事政治斗争，就此而言，政党的目的在于“最勇于为本阶级利益奋斗”以维护本阶级的利益。

邓初民就政党产生的历史条件进行分析，认为近代社会经济构造、阶级利益的对立而政治斗争的尖锐化、各种上层建筑的设施的具备等，为政党这一政治组织的产生创造了条件，这也使得政党成为政治斗争的产物，并在阶级的政治斗争中发挥作用。他指出：“政党斗争，是政治斗争之最完成、最统一的形态。然则政治斗争而取着政党的形式，必然要在什么时候才能见到呢？这必然是要在近代社会，因为在近代资本主义社会，它的基础——经济构造，才能容受较完整的各种上层建筑，例如政治、法律、意识形态等等，政党必须在某一阶级感觉到政治斗争之必要，而且有了斗争，指导的科学，以及政纲、政策、策略、战术，才能有政治的组织，即政党的组织。”②邓初民又指出：“等到被压迫阶级，亦即代表新生产力的阶级，在斗争的过程中，由自在的阶级进到自为的阶级，同时它必然要造成自己斗争的组织，即领导本阶级全体群众的那种战斗组织。这一组织便是近代意义的政党。这一组织正是用来与压迫阶级之国家组织相对抗的。因为国家组织的存在，便是证明压迫阶级已经成为一个‘自为阶级’，一种国家政权的行使，便是证明压迫阶级对于其基本利益的充分的觉悟，压迫阶级是以一切国家机关为工具去与被压迫阶级作战的。在压迫阶级与被压迫阶级恶战苦斗的当间，被压迫阶级也只有最有效的适用它那与国家组织相对抗的组织即政党组织，才能与他的敌人应战，一旦革命爆发或国内战争到来之时，这种政党的组织，便将要

① 邓初民：《新政治学大纲》，生活书店1940年版，第158页。
② 邓初民：《新政治学大纲》，生活书店1940年版，第159—160页。

冲破敌人的阵线而成为新的国家机关之雏形的组织。”①以上,邓初民在对政党产生条件的分析中,不仅自然地引出了政党政治活动开展的基本情形,阐述了政党演变的大致轨迹,而且还就压迫阶级政党与被压迫阶级政党进行对比,阐明代表不同阶级利益的政党在政治目标上的不同及其在政治活动中所起的作用不同,从而更凸显了政党与政治斗争的紧密关系以及政党在推进政治斗争中的特殊作用。

邓初民从政党的基本形态来对政党的构成要素进行研究,同时又依据政党的阶级本质及政治活动的样式,对政党的基本特征进行系统的阐发。在邓初民看来,既然政党是阶级的一部分,而且政党又是代表其阶级的整个利益而斗争的,则政党的构成必须有“党员”、“主义及政纲”及“组织”这三个基本要素,而且这三者缺一不可,否则就不能成为政党,自然也就不能起到政党的作用。那么,政党的三要素,其具体的内容又如何呢?邓初民指出:“政党的第一要素,当然便是党员,如是某一阶级的政党,必然就是某一阶级的群众占党员成分之多数,不过因为阶级具有不同性,所以决不是全阶级的群众都是党员的,而且有时某一阶级政党的党员,并不限于某一阶级本身。……构成政党的第二个要素,便是主义和政纲。什么叫做主义呢?凡属一个政党,必然有一种共同的意识形态……,即一定的经济的、政治的、哲学的见解。所以每一个政党也就是一种意识形态的结晶体,或是一种特殊的一定的经济思想哲学思想政治思想的复合体之代表者。这一切思想的复合体之集中的表现,便是【政】党的主义。……现在要说到构成政党的第三个要素了,这便是政党的组织。政党是指导作战的机关,它要在指挥统一的机关之下行使及运用它全部的职权,所以组织是特别重要的东西。”②邓初民在揭示政党构成要素的基础上,还具体地阐述了政党的六个基本特征。他这样写道:

> 关于政党的本质或其特征……
>
> 第一,一个政党首先应该是一个阶级的先锋队。政党应该集中所有优秀分子,以及其经验,其革命性,其对于阶级利益之无限的忠诚,到组织里面来。……政党就是阶级作战的司令部,——也就是阶级的先锋队。……
>
> 第二,一个政党应该是一个阶级有组织的队伍。……
>
> 第三,一个政党是阶级的最高形式。政党是一个阶级有组织的队伍,但

① 邓初民:《新政治学大纲》,生活书店1940年版,第160页。

② 邓初民:《新政治学大纲》,生活书店1940年版,第167—168页。

政党不是唯一的阶级组织。除了政党外,还有许多其他组织。

第四,政党是阶级专政的工具。……政党是阶级组织的最高形式,是阶级诸组织之根本之指导机关。不仅此也,它还是阶级专政的工具。一个阶级在不曾取得政权时,可以用它来夺取政权;既取得政权以后,又可以用它来巩固政权,执行阶级专政。以无产阶级为例,无产阶级需要【政】党,不仅为夺取政权,尤其为保持巩固扩大此政权,以达到社会主义的完全胜利。……

第五,政党的意志是统一的——即党内不容有党派存在。我们在前面说,政党是阶级专政的工具。它夺取【政权】并保持阶级专政,如果没有一个团结的和铁的纪律的政党,夺取政权或保持政权,都是不可能的。……

第六,政党往往因肃清了党内机会主义分子而能巩固起来。

以上六点,即是任何政党所应该具有的特性。①

邓初民对政党特征的阐述,就研究的视角而言,是将政党置于阶级的体系之中,即将作为阶级利益的最高组织——政党与所代表的阶级利益联系起来进行考察,注意到政党的阶级性、先进性、组织性、工具性、战斗性等基本内容,并将对政党特征的分析与政党的政治活动考察结合起来,这就使得他对政党特征的分析切合政党本身的实际,其结论具有新颖性。

邓初民对政党产生的历史进程进行了比较细致的研究,试图从政治学的层面来解释政党的起源。在他看来,政党的产生从政治方面而言固然是与阶级产生的历史过程相联系的,但主要是根源于阶级的自觉。邓初民指出:“政党由发生到成长的形成过程,我们固然也可以说它是随伴着阶级由发生到成长的形成过程。但不能说有阶级的社会都有政党,古代社会,封建社会,是有阶级的社会,古代社会,封建社会,却无我们现在所要探究的政党。……固然自从原始社会崩溃以后,人类就进入于新的有阶级对立的历史时代,每一阶级都有随着生产力与生产关系之变化而争取其阶级利益之必要,但奴隶与农奴,却不可能具有明确的政治意识,甚至提出明确的政治纲领,为实现政纲夺取政权而斗争,即他们不可能结成政党,爬上统治者的地位。”②邓初民正是由于注重阶级的政治意识走向自觉而给政党产生所带来的推动作用,因而他“得到一个很明确的结论:政党之

① 邓初民:《新政治学大纲》,生活书店1940年版,第171—176页。

② 邓初民:《新政治学大纲》,生活书店1940年版,第159页。

形成过程是伴随着阶级之由‘自在的阶级’进到‘自为的阶级’的形成过程的。”①需要指出的是,邓初民不是没有注意到经济基础的变革对政党产生的总体制约作用,相反他特别重视社会的经济结构对政治的决定性意义,如他在考察人类社会变迁、阶级的产生以及资本主义社会运行过程等问题时就非常强调经济基础的决定性作用,把社会生产力看成是社会发展的动因和阶级产生的物质性基础。这里,邓初民主要是就资本主义形态之内,从政治层面中的阶级与政党关系的视角、从与政党联系最为紧密的思想环节来考察的,强调的是阶级对立的基础上所逐步形成的“阶级自觉”(由“自在的阶级”走向“自为的阶级”)在政党形成中的作用。

邓初民对于政党的灭亡问题也进行了研究,分析了政党走向灭亡的历史过程。按照唯物史观的原理,政党组织同其他政治组织一样都有一个走向灭亡的过程,政党的灭亡不仅与阶级、国家的灭亡有着密切的关联,而且也是根源于社会生产力的发展。但政党的灭亡与阶级的灭亡到底存在什么关系呢?政党在走向灭亡的过程中有什么突出的表征呢?这就需要在唯物史观的指导下,运用政治学的理论特别政党理论加以细致的分析和说明。在邓初民看来,政党的灭亡最突出的表征是“政党的单纯化”,而“政党的单纯化”又源于“阶级的单纯化”,而且政党的灭亡也有一个由“渐变”到“突变”的历史过程。对此,邓初民曾这样解释:“政党之形成过程,如前所说,是根源于阶级的自觉,即由‘自在的阶级’进于‘自为的阶级’的时候,才有政党的形成。然则它的死灭是如何到达的呢?我们以为它的第一步骤,就是政党的单纯化。我们知道政党是一定阶级之一部分,因阶级之不同性,一个阶级往往有几个政党,一个政党又分许多派别。然随着阶级之日趋单纯化,这许多政党,许多派别,自然也是要日趋单纯化的。何以政党之单纯化就是政党死灭之第一步骤呢?因为一个阶级内的许多政党,许多派别,原是阶级层次的反映,而阶级的小层次总是不断的向两极分化,政党的种类也必然不断的向两极分化。同时在许多政党中,必有某一政党是真能代表全阶级的总利益,为全阶级的总利益而奋斗的。如果它真能代表全阶级的总利益,为全阶级的总利益而奋斗,它必能随着阶级意识的发展渐渐得着组织并指导全阶级的地位,它的内部自然会日益团结日益统一,其余的许多政党或者因革命阶段的深入推动它们,自愿归并那真能代表全阶级利益的政党,或者渐渐消失自己存在意义而自然归于消灭。甚至于许多小派别也由那一真能代表全阶级利益政党的教

① 邓初民:《新政治学大纲》,生活书店1940年版,第161页。

育作用而自然泯除界限以完成所谓政党的单纯化。但政党单纯化的主要原因，当然是由于阶级的单纯化。如果阶级单纯化到了最后的阶级(段)，到了一种由旧社会过渡到新社会的最后阶级(段)，那阶级必然是日在过渡的崩溃中，代表这一阶级的政党也必然是日在过渡的崩溃中，阶级因过渡完了而死灭，代表这一阶级的政党，自然也要因过渡完了而死灭。但它的死灭是经由了单纯化的过程的。所以我们说政党之单纯化，是它趋于死灭的第一步骤。什么东西都不是突然死灭的，都是由渐变到突变，政党的命运也是一样。"①上引邓初民这段文字，其目的在于认识邓初民提出的"政党的单纯化"的学术主张。以今日的眼光来看，确如邓初民所说"政党的单纯化"是源于"阶级的单纯化"，而且"政党的单纯化"也确实是政党灭亡的表征。然而，"政党的单纯化"除了表现为某一政党能代表全阶级利益外，在表现为政党的种类单纯化的同时，还表现为政党职能的单纯化。因为，只有政党的职能表现为单纯化，才能说明政党的作用日渐单一而逐步失去其存在的依据，而归于灭亡的进程之中。与政党的职能单纯化相联系，政党组织的单纯化也是政党单纯化的重要表征，因为只有组织的单纯化才有可能导致整个组织体系的瓦解，从而使政党处于灭亡之中。这里，只是用"单纯化"的概念加以发挥邓初民的"政党的单纯化"的学术主张，以引起学界对政党灭亡问题的进一步研究，并对邓初民的学术见解加以总结。

邓初民对政党的政纲进行了界定，并以中国共产党的政纲为例，阐述了政党的政纲必须与革命的任务相一致才能取得成效的主张。在《新政治学大纲》中，邓初民对政党的政纲进行研究，认为政纲在本质上是来源于政党的意识形态，也是政党从事政治活动的指南。他指出："什么是政纲呢？便是由这一政党的共同的意识形态，即由一定的经济的、政治的、哲学的见解所推演出来的具体的政治纲领。"②学术界通常将政党的政纲解释为政治纲领，亦即政党的政治活动或政治行动的纲领；但一般很少揭示政纲与政党的意识形态的关系，更没有指明政纲不是一般的意识形态的凝结。邓初民对政党"政纲"的界定，不仅说明了政纲与政党的"共同的意识形态"的关系，而且也说明了政纲并非仅是关于政治的纲领。"由一定的经济的、政治的、哲学的见解所推演出来的具体的政治纲领"，自然不只是政党意识形态中关于政治的方面，还应该包括政党在经济、文化等方面的主张。因而，政纲是政党的政治纲领，但涉及的是政党关于社会经济、政治、文

① 邓初民：《新政治学大纲》，生活书店 1940 年版，第 199 页。

② 邓初民：《新政治学大纲》，生活书店 1940 年版，第 168 页。

化及社会生活各方面的思想和意识,只是以政治纲领的形式表现出来。可见,邓初民对政党"政纲"的界定不仅与政党意识形态联系起来,而且涉及政党意识形态多方面的内容,因而邓初民对政党政纲的界定是很有特色的。邓初民还以中国共产党的政纲为例,阐述政党政纲所应涵盖的内容及其作用。他指出:"中国共产党,它信仰并为实现共产主义而奋斗,或者说信仰并为实现马克斯(思)主义、列宁主义而奋斗。但在殖民地半殖民地落后的国家,即资产阶级民主革命尚未完成的国家,它是彻始彻终为反对封建制度、民族压迫的民主主义或民主革命而奋斗的。中国共产党在中国,它的一切运动或革命任务,正是资产阶级性的民主性的,决没有超过这一范围而走到盲目的无产阶级革命。试看一九二七年后,中国共产党号召中国劳动者为民主革命而奋斗的纲领,便可明白。其纲领:一、推翻帝国主义的统治;二、没收外国资本主义企业和银行;三、统一中国,承认民族的自由权;四、(略);五、建立工农兵代表会议政府;六、实行八小时工作制、增加工资、失业救济与社会保险;七、没收一切地主阶级的土地、使耕地归农;八、改善兵士生活,发给士兵土地和给与(予)工作;九、取消一切军阀政府地方的捐税,实行统一的累进税;十、联合世界无产阶级与苏联。这些任务是资产阶级民主革命的任务,因为它不但未超过资本主义发展的可能超过的范围,而且客观上是更能促进资本主义迅速发展的。因此,这一纲领如能实现,不但有利于工人和农民,而且也有利于民族资产阶级。"①邓初民以中国共产党的政纲来分析,既说明政党的政纲应该切合革命所处的历史阶段及所要完成的任务,同时也是利用学术著作来宣传中国共产党的政治主张。

邓初民的《新政治学大纲》中关于政党问题的研究,有显著的特色。一是在马克思主义政党学说指导下重点研究政党的产生发展的规律,通过对政党的实质与特征、政党起源与发展及灭亡的历史进程等探讨,将政党产生与阶级斗争的进程联系起来考察,提出许多创新性的学术主张,发展了马克思主义的政党学说;二是注重联系中国政党演变的实际,如他认为"因其阶级分化之日趋明显,斗争之日趋尖锐,而反映出党的组织来,并且因为社会阶层之特殊的复杂性反映出政党的复杂性来",而"中国在这一点上,决不能是例外的",并分析了"同盟会在民国成立后,递演成为国民党、中华革命党、中国国民党"历史轨迹②;三是在对政党进行概念界定的基础上比较注重从社会演变的角度对政党的政纲进行研

① 邓初民:《新政治学大纲》,生活书店1940年版,第238页。

② 邓初民:《新政治学大纲》,生活书店1940年版,第234页。

究,如他从中国民主革命任务的角度来分析中国共产党的政纲,强调政纲与革命任务的一致才能发挥政党的政治作用。虽然《新政治学大纲》没有穷尽所有政党问题,但在中国马克思主义的政党学说史上仍然有重要的学术地位。

邓初民政治学思想代表性五本著作,即《国家论之基础知识》(1929 年)、《政治科学大纲》(1929 年)、《政治学》(1932 年)、《新政治学大纲》(1940 年)、《中国政治问题讲话》(1949 年),是在中国宣传马克思主义政治学理论的理论结晶,同时也是运用马克思主义政治观点研究中国政治现象的学术成果,在马克思主义政治学理论中国化方面作出了重大贡献,构建了具有中国特色的马克思主义政治学体系,因而在新中国成立前的中国学术界很有影响。新中国成立以后,由于众所周知的原因,政治学被取消,邓初民的著作也就难以再版面世。现在,邓初民的政治学著作只有《政治科学大纲》在十一届三中全会后有新的版本(中国社会科学出版社 1984 年版),其他著作现在也很难见到。本文引述邓初民 1940 年在生活书店出版的《新政治学大纲》,对其学术贡献略加评述,希望这位政治学大师的学术思想能够引起学术界重视,这或许对于今天的中国马克思主义政治学建设有重要的借鉴意义。

(原载《政治学研究》2009 年第 3 期)

【昔文琐记】这篇《邓初民〈新政治学大纲〉(1940 年)的学术贡献》,完成于 2007 年至 2008 年间。

此稿完成后,先是投到湖北的一个知名 C 刊。我想,邓初民是湖北人,2009 年又是邓初民 120 周年诞辰。在这样的时刻,家乡的人应该重视这位著名的政治学家。可是,那个刊物的编辑部来信说,不用此稿。我一气之下,将此文投到《政治学研究》编辑部,居然也就发表了。正是因为这篇稿子在《政治学研究》上的发表,中国社会科学院政治学所的杨海蛟先生注意到我,以后更是指导我开展政治学的研究,所以我在政治学研究方面也取得了一些成绩。

此文发表后引起学界的重视,学界也知道我对邓初民有所研究。商务印书馆要新版邓初民的《新政治学大纲》,联系我写一篇导读性文章,并让我对该书中关于经典著作的引文加以点校。我在此稿基础上又作了相应的增补,写成导读性文章《邓初民及其〈新政治学大纲〉:写在邓初民先生的〈新政治学大纲〉新版之际》,置于新版《新政治学大纲》之中①。为了编写《邓初民先生学术年表》,

① 参见邓初民:《新政治学大纲》,商务印书馆 2011 年版,第 430—471 页。

我让吴颖博士到南大图书馆查找邓初民的研究材料,主要是邓初民在报刊上发表的文章。她做了一个比较详细的文章发表清单,将邓初民文章的出处一一列出。我对这个著作年表作了简化,并增补了邓初民相关的学术著作,以《邓初民先生学术年表》收入新版《新政治学大纲》之中。吴颖为人低调,但学问基础扎实,本硕博皆是在南大就读的。她奉行"述而不作",不大愿意写文章,但写出的东西却是很有深度。从这篇《邓初民先生学术年表》中,即可见其用功之勤、治学之严谨。

我也让我的研究生研究邓初民,目的希望研究生迅速接触到学术前沿。研究生白璇洁入学后,专心研究邓初民,查阅了邓初民在新中国成立前发表在报刊上的文章,最后写出邓初民政治学思想研究的硕士论文。

本月(2021年7月)中旬,《党史研究与教学》主编郭若平先生来电话,约我写一篇《邓初民与马克思主义政治学中国化》的文章。我经过几天的努力,梳理了邓初民在新中国成立前的主要政治学著作。文章写好后,从微信上发给郭先生了①。

2021年7月31日

① 该文是在《党史研究与教学》2021年第6期上发表的。文章较长,有38000字,算是比较长的一篇。这里,请允许我向郭若平先生表示衷心的谢意!——2022年10月3日作者补记。

李大钊早期自由观初探

早期李大钊作为民主主义者，对“自由”这一民主政治的核心问题作了多层次的考察和分析。虽然李大钊此时还不是马克思主义者，不能运用阶级分析的方法认识自由的阶级性和历史性，但他在当时的历史条件下对自由的阐释是独到的。本文试就李大钊早期自由观作初步的探讨。

一、早期自由观的思想内容

民国以后的中国政治现状使李大钊认识到民众的自由是一项极重要的政治问题。针对当时民权旁落的现实，李大钊主张教育救国，希图通过教育途径增强民众的自主性，从而达到民力深厚的目的。李大钊认为专制恶习是自由的障碍，自由与专制无调和的余地，“民与君不两立，自由与专制不并存，是故君主生则国民死，专制活则自由亡”①。因此，要倡导自由，发扬民权，国民应该有其自主意识和自由的个性，不可受制于人，为他人所摆布；所谓英雄并非超人之神，“离于众庶则无英雄，离于众意总积则英雄无势力焉”②。因而民众对英雄不可奉为偶像而崇拜。基于这样的认识，李大钊主张国民要有积极改造的精神、善破善立的勇气、创新求实的态度。在李大钊看来，中国要改变现状，破除专制的陋习，只有倡导民众的自由，实现民众的自主和自立，才能真正成为文明之国。

李大钊认为自由是民主政治的内在精神③。在他看来，民主政治以自由作为基石，“立宪政治基于自由之理”④。由此，民主政治并非一块空洞的招牌，要

① 《民彝与政治》，《李大钊全集》第 1 卷，人民出版社 2013 年版，第 287 页。

② 《民彝与政治》，《李大钊全集》第 1 卷，人民出版社 2013 年版，第 279 页。

③ 拙作《李大钊前期民主观初探》，《桂林市教育学院学报》1990 年第 2 期。

④ 《民彝与政治》，《李大钊全集》第 1 卷，人民出版社 2013 年版，第 282 页。

有其丰富的内容,特别是要尊重人的价值与尊严,顾及人的个性的自主,以保证民主政治大厦的稳固。李大钊指出,只有在强调人的个性发展的基础上,才能建立以自由为根基的新型的民主政治新体制,“弃专制之我,迎立宪之我;俾再造之我适于再造中国之新体制,再造之中国适于再造世界之新潮流”①。在立宪政治的国度里,最需要的是人人互相尊重,以自由的精神建立新型的伦理关系。李大钊关于自由是民主政治基础的主张,是极为独到和深刻的,反映了民主理论的实质问题。李大钊特别强调国民的自由和价值,认为“立宪国民之责任,不仅在保持国之权威,并宜尊重人之价值”②。主张国民重自由、尚进取,倡导发展个性,这是对封建的人伦关系的沉重打击③,同时也反映了李大钊早期自由观的反封建性。

李大钊认为自由包括多方面的内容,思想自由和言论自由是最基本的民主态度。李大钊指出,自由包括多方面的民主权利。他援引英国的《人宪章》、法国的《人权宣言》的内容,认为自由包括“身体自由、财产自由、家宅自由、书信秘密自由、出版自由、教授自由、集会结社自由、信仰自由诸荦荦大端”④。要保障人民的自由,就社会而言,首先要有言论自由和思想自由。在他看来,思想自由的主要内容包括三方面,一是出版自由,二是信仰自由,三是教授自由。只有首先具有思想自由,才能为民主政治奠定基石,才能促进人类文明的进步,因此言论自由是最基本的民主权利。他说:“余爱自信之言论,余尤爱自由之言论。盖言论而基于自信本于自由者,虽不必合于真理,而与真理为邻。……余故以真理之权威,张言论之权威,以言论之自由,示良知之自由,而愿与并世明达共勉之矣。”⑤李大钊认为,只有在言论自由的基础上,才能够使人们形成良好的民主习惯,增进人们改造自已、改造世界的能力,从而显示出人类在社会上的自主性。因此,必须破除思想上的陈旧框框,反对孔门伦理。他指出,孔子为数千年前之残骸枯骨,“孔子于其生存时代之社会,确足为其社会之中枢,确足为其时代之圣哲,其说亦确足以代表其社会其时代之道德”⑥,而不适合今日之时代。由此,他主张反对孔门伦理,要求删去“天坛草案”第十九条中关于“国民教育以孔子

---

① 《民彝与政治》,《李大钊全集》第1卷,人民出版社2013年版,第287页。
② 《民彝与政治》,《李大钊全集》第1卷,人民出版社2013年版,第286页。
③ 拙作:《李大钊伦理观初探》,《蒲峪学刊》1990年第1期。
④ 《宪法与思想自由》,《李大钊全集》第1卷,人民出版社2013年版,第401页。
⑤ 《真理之权威》,《李大钊全集》第2卷,人民出版社2013年版,第150页。
⑥ 《自然的伦理观与孔子》,《李大钊全集》第1卷,人民出版社2013年版,第428—429页。

之道为修身大本”的规定,切实保障思想和言论的自由。

李大钊认为自由必须有法制和民主程序的保障才能得以完善和发展。李大钊很注重法律在稳定社会秩序,促进社会进步中的作用,主张通过法律手段来保障人民的自由权利。他说,“自由之保障”要“系于法制之精神”①。国家在制定法律时要能体现人民的意志,规定人民的自由和民主。李大钊主张制定完善的宪法维护人民的自由权利,在法制的前提下来完善和充实人民的自由。值得注意的是,李大钊在主张法制保障自由的同时,还主张要有合法的民主程序使自由体现多数人的意志,而不致于使自由为少数人所垄断。他说:自由政治之精神,“不在以多强少,乃在使一问题发生时,人人得以自由公平之度,为充分之讨论,翔实之商榷,而求一公同之认可。商讨既至详尽之程度,乃以多数之取决验稽其结果。在商讨之中,多数宜有容纳少数之精神;在取决之后,少数宜有服从多数之道义。自由政治之真谛,非依多数,乃依公认。多数取决,不过表示公认之一种方法而已。”②在李大钊看来,在自由政治中,个人要有自由公平的大度,同时具有自由的信念,不屈服于“多数之强力”。这样,经过“充分讨论——共同认可——服从多数”的程序,就能既容纳少数人的意见又体现绝大多数人的意志,达到广泛性的民主和自由,使民众的自由在民主原则下得到完善和发展。

李大钊认为自由是人类文明进程的象征和体现,而这种自由又是通过人们自身的“解放”来达到。李大钊主张人们摆脱专制主义的束缚,以便取得人的个性的自主和在社会上的自立地位,使人类自由的境界得以充分的实现。李大钊不仅把自由理解为人类天赋的权利,而且把自由解释为社会进步和发展的一种境界。在他看来,人类是否自由是衡量文明进化的标志,推进文明的进化、恢复人类自由的天性,则必须通过解放的途径。李大钊指出,实现自由的“解放”是世界的潮流。他警告中国的反动派不要逆历史潮流而动,作干涉人民自由权利的迷梦,“逆乎世界之趋势,反乎时代之潮流,而欲求功于政治,纵有千百拿破仑与维廉二世,亦将为向心主义最后之牺牲,何况一袁世凯!”③李大钊申明通过解放获得自由的主张,指出了获得自由的基本途径。

李大钊早期自由观的内容既有理论的高度,又有现实的分析,配合了早期新文化运动的发展,在中国近现代政治思想史上占有重要的地位,是一份值得认真

① 《民彝与政治》,《李大钊全集》第1卷,人民出版社2013年版,第282页。
② 《强力与自由政治》,《李大钊全集》第2卷,人民出版社2013年版,第298页。
③ 《政治之离心力与向心力》,《李大钊全集》第2卷,人民出版社2013年版,第202页。

总结的思想遗产。

二、早期自由观的思想渊源

李大钊早期自由观有如此丰富的思想内容,必有其深刻的思想来源。依笔者之见,李大钊早期自由观主要来自西方资产阶级文化和中国传统文化的民本主义主张。

首先,李大钊早期自由观主要源自英国自由主义思想家约翰·穆勒。

约翰·穆勒(1806—1873)是19世纪英国杰出的政治思想家。其政治思想的中心是个人自由问题。他在《论自由》一书的引论中,开宗明义地说:"这里所要讨论的乃是公民自由或社会自由,也就是要探讨社会所能合法施用于个人的权力的性质和限度。"穆勒的基本观点是:"任何人的行为,只有涉及他人的那部分才须对社会负责。在仅只涉及本人的那部分,他的独立性在权利上则是绝对的。对于本人自己,对于他自己的身和心,个人乃是最高主权者。"李大钊对穆勒自由理论的吸收主要通过两条途径:一是对穆勒原著(英文版)的认真钻研和理解,二是通过严复的译著《群己权界论》①来了解和掌握穆勒关于自由的基本观点。因此,李大钊对穆的自由主张理解上更为深刻,运用上尤为熟练自如。所以穆勒的思想对李大钊早期思想(特别是早期自由观)的影响更为显著。

李大钊运用穆勒自由理论阐发个性发展、个人绝对自由的主张。穆勒认为,只有完全的自己和充分的个性发展,才是个人幸福的根本,并且是社会进步的主要因素之一,因此,凡是压制人的个性的行为都是专制。李大钊在《民彝与政治》中论及代议政治时,大段引用穆勒《论代议制政府》一书的第二章内容,阐述自由作为民主政治基石的论点,并认为:"论善治标准最佳者,莫如弥勒",主张个性的发展和个人有支配自己的意志和行动的绝对自由。这和穆勒的基本观点是一致的,其共同点都是强调人的价值、尊严和个性的发展。

李大钊还大量引用穆勒的观点阐述民主政治与自由的内在关系。穆勒特别强调思想、言论的自由,认为这对于人类精神福祉是绝对必要的,而人类一切其他福祉都有赖于精神福祉的。李大钊也特别强调思想、言论的自由的绝对必要

① 《群已权界论》系严复翻译穆勒的《论自由》时的书名,严氏把自由解释为大群和小己之间立折中至当的权界。

性，并对穆勒及其《论自由》一书特别推崇，他说："昔者英儒穆勒著《自由》一书，于言论自由之理，阐发尤为尽致。"正因为如此，李大钊尤为注意言论自由，认为"立宪国之有言论，如人身之有血脉也。人身之血脉有所停滞，则其人之精神必呈麻木不仁之象。社会之言论有所阻塞，则其国之政治必呈销沉不进之观"。这就是说，民主政治离不开自由特别是言论自由。李大钊还运用穆勒的自由理论，批判北洋军阀在议会上施用武力的丑剧，认为以武力干涉议会是对立宪政治的反动。

其次，李大钊早期自由观来源于中国传统文化的民本主张。

李大钊受过比较完整的传统文化致育，传统文化中的民本主张在李大钊早期思想中得到显现。李大钊引用《诗・大雅・烝民》中的"天生烝民，有物有则。民之秉彝，好是懿德"一语，阐述重民思想的基本主张，他说："言天生众民，有形下之器，必有形上之道。道即理也，斯民之生，即本此理以为性，趋于至善而止焉。"①李大钊阐发自由问题力图从传统文化中吸取有益的素养，他通过对古代优秀文化遗产的分析和发挥，说明社会、国家重视"民"的地位具有其历史合理性，并以此引起社会对民众自由的高度重视。应该说，这是李大钊引经据典阐释现代自由理论的出发点，同时也是李大钊能够站在历史的制高点洞察自由真谛的关键。

李大钊吸收传统文化中的重民思想，对"民"的地位和作用有较为深刻的认识。在他看来，任何政策、法律的制定和施行，皆应以"民"为根本，尊重人的价值、尊严、人格和意志。他说："彼其非常之法，果为政治之良图，而离于其民，已失其本然之价值，不能收功，反以贻害。"②据此，李大钊提出了民彝主张。在他看来，儒家文化中包含了平等和宽容的精神，提倡人与人相互关系中的平等与尊重。因此，提倡个人，重视自我，是传统文化要义所在。他说："孔子云：'舜何人也，予何人也，有为者亦若是。'是孔子尝示人以有我矣。孟子云：'当今之世，舍我其谁。'是孟子亦示人以有我矣。真能学孔孟者，真能遵孔孟之言者，但学其有我，遵其自重之精神，以行己立身、问学从政而已足。"③正是李大钊吸取传统文化中的积极成果，使得他的早期自由观更富有中国的特色。

李大钊基于现代民主政治的基本理念，将英国式的自由主义与中国传统的

① 《民彝与政治》，《李大钊全集》第1卷，人民出版社2013年版，第267页。

② 《民彝与政治》，《李大钊全集》第1卷，人民出版社2013年版，第270页。

③ 《民彝与政治》，《李大钊全集》第1卷，人民出版社2013年版，第274页。"舜何人也，予何人也，有为者亦若是"一语，出自《孟子・藤文公上》，为颜渊所言，非孔子所云。引者注。

重民思想合二为一,熔于一炉,从而使他的早期自由观具有特定的思想内容。之所以如此,是因为李大钊在知识结构上具有学兼中西、通古博今的特点,从而避免了照搬西方、食而不化或对待传统文化的历史虚无主义的倾向。由于李大钊受到中西文化的双重教育,再加上他强烈的爱国主义思想,他在考察自由问题时能够中西结合,各取所长,其早期思想从而显现出进步性和人民性。

三、早期自由观的基本特色

李大钊早期自由观就其内容而言,既不同于同时代的陈独秀、胡适,也不同于他所崇尚的严复,而且也有别于他转变成马克思主义者后的社会主义自由观,因而具有时代的特征和个人的特点。

其一,李大钊早期自由观在论述角度上表现为从哲学、政治学、法学等角度进行多层次分析的特色。

首先,李大钊从哲学的角度论述了自由问题。自由的哲学意义是指对必然的认识和对客观世界的改造。李大钊认为,人类一方面受环境的影响,另一方面改造环境、改造自然和社会,成为自然和社会的主宰,并由此进入自由的境界。李大钊把人对自然和社会的改造、支配,作为通向自由的阶梯,从哲学的高度回答了自由的本质问题。

其次,李大钊从政治学的角度论述了自由问题。在李大钊看来,自由又是指社会关系中受到保障或得到认可的按照自己的意志进行活动的权利,是指人民从封建专制统治束缚下解脱出来获得自己的自主和自立,得到个性的充分发展。李大钊论述中国的民主政治,目的是为了改变民国后北洋军阀统治时期事实上存在的专制独裁体制,他阐发西方资产阶级的自由理论都是力图从政治上说明自由对中国的极端重要。李大钊希求在中国建立新型民主政治体制,实行体现民主精神的中国式的自由,而且把注意点着眼于下层的人民,设想在广阔的农村推行选举制,使广大的农民成为自由的主体,因而他认为"非开发农村不可,非使一般农民有自由判别的知能不可"①。所以,李大钊论述的自由具有政治学的意蕴,不仅具有鲜明的政治性,而且具有突出的人民性。

最后,李大钊从法学的角度论述了自由问题。在李大钊看来,自由与宪法和

① 《青年与农村》,《李大钊全集》第2卷,人民出版社2013年版,第424页。

法律学又密切联系在一起,自由要受到一个国家的宪法和法律的保障和制约,也就是说,这种自由是在民主宪法和法律范围内的自由。因李大钊早年是学习法政专业的,所以他更注重从法律上来阐明争取自由民主权利的正当性。他根据英国大宪章、法国人权宣言及美国独立宣言的精神,从建设法制体系的视角重点论述人民的自由问题,主张中国制定一部民主宪法为自由之确实保障,从法律上说明了坚持自由的必要性。

李大钊从哲学、政治学、法学的角度对自由进行综合的阐释,使他对自由问题的认识能够独到和深刻。相比较而言,李大钊更注重从政治学和法学角度进行分析,哲学的剖析也是为从政治学和法学上说明服务的。这是李大钊早期自由观的一大特色。

其二,李大钊早期自由观在其内容上表现为中西文化调和的特色。

如前所述,李大钊早期自由观主要来源于西方文化,但是李大钊的自由观又并非西方自由模式,而具有中西文化调和折中的倾向。李大钊曾对东西文化作了比较,他在比较中发现东西方思想差异很大,他说:"观于思想:东人持厌世主义(Pessimism),以为无论何物皆无竞争之价值,个性之生存,不甚重要;西人持乐天主义(Optimism),凡事皆依此精神,以求益为向上进化发展,确认人道能有进步,不问其究极目的为何,但信前事,惟前进奋斗为首务。东人既以个性之生存为不甚重要,则事事一听之天命,是谓定命主义(Fatalism);西人既信人道能有进步,则事事一本自力以为创造,是为创化主义(Creative Progressionism)。"①李大钊在东西文化的比较中主张吸取西方文明的积极成果,"例如火车轮船之不能不乘,电灯、电话之不能不用,个性自由之不能不要求,代议政治之不能不采行"②。但是李大钊又认为西方自由并非完美无缺,他和全盘西化论者不同,主张自由政治的建设应吸取中西文化的各自优点,建立新型的符合中国文化特点的政治模式,这是李大钊早期自由观中提出调和思想的理论基础。

李大钊早期自由观的调和思想表现之一,是主张政治体制上"惟民主义"与代议制度的有机结合。"惟民主义"来自中国传统文化中的民为邦本主张,代议制度则是西方资产阶级的议会制度。李大钊主张将两者糅合为一体,形成一种新型的自由政治。这种政治"惟民主义为其精神、代议制度为其形质之政治,易

① 《东西文明根本之异点》,《李大钊全集》第二卷,人民出版社 2013 年版,第 309—310 页。
② 《东西文明根本之异点》,《李大钊全集》第二卷,人民出版社 2013 年版,第 313 页。

辞表之,即国法与民彝间之连络愈易疏通之政治也”[①]。李大钊所说的惟民主义的政治体制,正是西方自由政治与中国传统文化精华的辩证结合。应该指出,李大钊早期自由观的这种中西文化调和的特色,既不是站在中国传统文化的一面审视西方文化,又不是完全站在西方文化一面考察中国传统,而是站在人类文化史的高度对待中西文化,因此,这种文化调和突破了近代以来“中体西用”的政治模式,在当时还是极为独到的。

李大钊早期自由观的调和思想表现之二,是主张个人修养上儒家忠恕之道与西哲自由博爱平等之理的结合。李大钊很注重民主政治国度里国民的修养,强调国民既有礼仪又有自由进取的精神,克服“以感情为主,不以理性为主”,“依腕力而争,不依法律而争”的弱点。在他看来,国民的修养既要贯彻自由的精神,尊重自己个性的发展和他人的自由权利,同时又要防止极端的自由化倾向,避免西方那种自由所引起的后果。李大钊认为,只有注重个人的修养,自由成为自己的修身信条,才能形成既具有西方民主自由精神又有中国礼仪的个性,从而为民主政治的建立奠定基础。

李大钊“对于自由意义的理解,对于它价值的强调,首先都是从反封建出发的,是从人的解放、人本质力量的充分发挥的角度出发的,是从有利于真理的发展、科学文化的进步的角度出发的,毫无疑问,也是从救民救国的崇高愿望出发的”[②]。李大钊早期自由观体现了时代的特色,具有独自的风格,成为在当时历史条件下探讨自由问题的杰出者。在今天,考察李大钊的早期自由观,对于研究李大钊早期思想的演变和发展,对于认识和理解当前的自由问题,都会有很大的启示。

(原载《社会科学》1991 年第 7 期)

【昔文琐记】这篇《李大钊早期自由观初探》,写作于 1989 年 10 月参加李大钊 100 周年诞辰学术会议之后,完成于 1990 年春。

我 1989 年 10 月参加李大钊 100 周年学术讨论会之后,视野大为开阔,于是想以“李大钊早期思想面面观”为题写一本关于李大钊早期思想的书。我发表的关于李大钊早期民主观、自由观、社会观等文章,都是在参加这次会议回来以后写的。

---

① 《民彝与政治》,《李大钊全集》第 1 卷,人民出版社 2013 年版,页。

② 朱成甲:《李大钊早期思想和近代中国》,河北人民出版社 1989 年版,第 341 页。

这篇《李大钊早期自由观初探》是在1990年春天完成的,先投内部刊物《盐城教育学院学报》。因为当时社会上对自由比较敏感,好像一谈自由就是"自由化"。因而,我这篇文章投到学报后,学报主编朱长遥先生在学报编辑部一字一句修改。我记得当时修改的情形,时间在1990年5月的样子。他修改时,我站在旁边看着。一位老教授、学院副院长,这样来修改我这个青年人的稿子,当时就感到很是过意不去。心想,以后写文章要多加修改,少让编辑、主编费心。我当时也是这个学报的编辑,对修改别人稿子深有感受。经过朱院长的修改,此文首先在《盐城教育学院学报》1990年第4期上发表。

大致也就是在1990年秋天,天气刚刚转凉。有一天晚上,我与朱月潭(当时刚刚从教育学院调到盐城城区区委当秘书,现为盐城市亭湖区宣传部副部长兼亭湖区党校校长)一起,到盐城教育学院图书馆看杂志。我翻阅《社会科学》这本杂志,感觉此刊上文章不错,遂抄下《社会科学》的通信地址。于是,将这篇《李大钊早期自由观初探》,略加修改寄出了。没有想到,此文在《社会科学》1991年第7期发表了。在我早年发表的文章中,我对此篇算是比较满意的,此篇可代表我当时研究李大钊的水平。

这篇文章在《社会科学》上发表,稿费实在可观,至今记忆犹新。记得是1991年暑假,正是发大水时节,我住的盐城教育学院的平房有齐腰深的水,家具只好搬到学生宿舍的楼上。正是在这个时候,收到《社会科学》样刊和稿费136元。同时,又收到《广西大学学报》编辑部寄来105元的稿费,是《李大钊对太平天国运动的论述》①一文发表了。我当时是助教,工资只有一百零几元,这两笔稿费可是不小的数字。盐城教育学院科研是朱院长分管的,他特别重视科研,对于教师在外面发文章的,奖稿费的30%,如稿费超过100元的,再奖励10元。所以,我这笔稿费连同奖励,算是发了一笔不小的财。现今,我的研究生曾问我是如何走上写文章道路的,我实事求是告诉他们,当时固然是想成名成家,但主要的是想得稿费,解决生活补贴问题。因为当时的稿费较高,对我来说容易取得,我也没有其他赚钱的路子,于是只好爬格子了。所以,刚工作到1992年开始市场经济时,因为不断写稿,每年的稿费都超过了我的工资。那时,我的幸福指数还是蛮高的,尽管钱也不很多。三十年过去了,现在想起来当时的生活,还是特别开心的。

2021年1月31日

① 吴汉全:《李大钊对太平天国运动的论述》,《广西大学学报》1990年第5期。

李大钊政党思想与中国政治变迁

李大钊的政党思想是中国政治思想史的重要内容，需要从中国社会变迁的视角进行研究。本文试以李大钊思想发展的历程为脉络，考察李大钊政党思想与中国政治变迁的关系。

一、对民国初年政党活动的评论

民国初年中国现代化政党活动的态势，促使李大钊对政党政治引起进一步的思考。当时，各派政治力量出现了新的分化和组合，兴起了组党热潮，政党林立局面开始形成。除原来的同盟会及其以后的国民党外，其他党派也相继成立，如中华民国联合会、民社、统一党、共和党等。民国元年，政党活动之活跃，在中国政治中上是前所未有的。著名记者黄远庸在 1912 年对当时政党活动状况持批评态度，认为“各党分立，俨然以为独成一帜矣”，是有“派别之臭味，乌合之众，不足以成军”①。应该指出，民国元年政党之活跃，不管各党的目的如何、组织形式如何，仍是中国政治现代化的一大进步，虽然其中不乏有一些旧党人浑水摸鱼、一些旧官僚不明政党政治之真谛，但总体上讲体现了中国民族资产阶级的政治热情。

李大钊对当时政党活动状况颇为不满意并提出严肃的批评，是与当时刚刚兴起的政党活动实际存在的问题相联系的。李大钊的批评是从维护共和政体、实行责任内阁制的目标出发的，其本意在于使政党活动走上正轨。他认为，当时政党活动存在严重的“党私”问题。他说，民国初年政党之间“徒以君子小人，有如水火”，“一方既以道义相号召，则嬖幸之流，恐不见容，遂而荧惑诽谤，以泄其

① 黄远庸:《远生遗著》上册(卷二)，商务印书馆 1984 年版，第 101 页。

私,举正人义士,排挤倾轧于无余。私心党见之足以祸国,讵以时之今古而殊耶?试观今日之政党,争意见不争政见,已至于此,且多假军势以自固。则将来党争之时,即兵争之时矣。党界诸君子,其有见及此者乎?盍早图之”。[①] 这是李大钊在1912年6月对“党私”问题提出的最早批评。李大钊所说的政党“争意见不争政见”的情况,在当时是普遍存在的。李大钊倡导政党争政见而不争意见的主张,实际上是政党道德的重要内容,也是政党活动的重要准则。应该说,李大钊的这一主张是正确的,对当时民主政治建设、强化党德、推动政党政治的进行是极为有意义的。当时,孙中山从政党建设的要求出发,也提出政党要争政见、不争意见问题,以培养良好的党德。孙中山说:“至于党争亦非不美这事,既有党不能不争。但党争须在政见上争,不可在意见上争。争而出于正当,可以福民利国;争而出于不正当,则遗祸不穷。两党之争,如下棋然。……政党亦然,他党之宗旨与自己之宗旨相符合,因而不赞成他党,一心护持本党,求本党之胜利。其求胜利之方法,须依一定之法则,不用奸谋诡计,是之谓党德。如但求本党之胜利,不惜用卑劣行为,不正当手段,谗害异党,以弱本党之敌,此种政党,绝无党德。无党德之政党,声誉必堕地以尽,国民必不能信任其政策,何能望其长久存在呢?”[②]考察当时政党活动的状况,对比孙中山的论述,可以看出李大钊对当时政党“争意见不争政见”的批评是符合实际的。

问题是,李大钊批评政党“且多假军势以自固”,则是有所指的。在民国初年,掌握军事力量的政党只有同盟会及其以后的国民党。无论是中华民国联合会,还是民社,抑或是统一党,都不掌握军事力量,不可能“假军势以自固”。可见,李大钊固然从总体上批评各党“争意见不争政见”,但批评的重点还是同盟会及其以后的国民党。此时,李大钊更多的是从学理、政理的角度来考察当时的政党活动的。按通行的民主共和体制,在议会中的各党是不拥有“军势”的,军队属于国家而不属于政党;既然中国实行共和体制,按照《临时约法》采用责任内阁制,则政党按政理就必然在议会中活动而不能拥有军队,当然也更不能“假军势以自固”。而当时的实际情况是,革命党人把临时大总统让位于袁世凯,开始专注于政党活动,如果再丢弃军队,当袁世凯反扑时,革命党人将无力还击以维护共和政体,当然也不可能进行正常的政党活动了。“宋案”发生后,国民党人“二次革命”的失败,袁世凯取消国民党议员的资格和通令解散国民党等,都

① 《隐忧篇》,《李大钊全集》第1卷,人民出版社2013年版,第2页。

② 《孙中山全集》第3卷,中华书局1984年版,第37页。

证明了中国实行民主共和制不能沿袭西方政党政治的“惯例”。李大钊对政党活动的批评是从学理、政理出发的,与当时中国的特殊国情还是有一定距离的。

李大钊虽然对民国初年的政党活动提出批评,但他不因此而否定政党政治的必要性及政党政治对巩固民国共和体制的重要性。他在 1912 年 6 月指出:“党非必祸国者也。且不惟非祸国者,用之得当,相为政竞,国且赖以昌焉。又不惟国可赖党以昌,凡立宪国之政治精神,无不寄于政党,是政党又为立宪政治之产物矣。”①这里,李大钊不仅提示了政党政治的性质和作用,指出政党是民主政治(即李大钊所说的“立宪政治”)的产物,同时又是民主政治精神的依托,是国家昌盛所必须依赖的政治组织形式,而且阐明了政党政治“相为政竞”的这一特点。政党之间由于政见不同,相互斗争是必然的,关键是政党之间要“相为政竞”,各自抒发自己的政见,推动政治的民主化和公开化,这与专制政治、一党专政是不可同日而语的。可以说,“相为政竞”是政党政治的表现形式,也是政党之间关系的一个重要原则,在民主政治体制中有着不可替代的作用。李大钊批评有些人“不知立宪国均有二大党以上之政党,相砥相砺相监督,更迭而撑其政局”的道理,指出责任内阁制必须有政党的轮流执政,断不容政府“恣睢暴戾,为所欲为”。他认为,政党政治在本质上是防制专制的,因而民主政治下的政党之分合“几为政党之常态”,于是政党“特以时势为的,因之变迁,以遏当局之势力,勿使专恣而已矣”②。在袁世凯解散国会,宣布国民党为非法的情况下,李大钊寄希望原来的政党力量合作来对抗袁政府,充当“遏制之任”,是有积极意义的;然而,仅仅局限在“政治轨道”内与袁对抗,则又是不现实的。从李大钊提出的由原来的政党(主要是国民党和进步党)的联合以“与当局相见于政治平和竞争之轨”的主张,我们可以看出李大钊对政党政治的崇尚,尽管此时已不可能变为现实了。及至 1917 年 8 月,李大钊对国民党、进步党彻底失望。

二、建立中国无产阶级政党的愿望

李大钊在民国建立之后对当时社会上政党的失望,促使他期望新的政党力量的出现。十月革命推动了李大钊对建立新型政党的期待,尤其是使他初步地

① 《隐忧篇》,《李大钊全集》第 1 卷,人民出版社 2013 年版,第 1 页。

② 《政治对抗力之养成》,《李大钊全集》第 1 卷,人民出版社 2013 年版,第 184 页。

认识到在中国建立无产阶级性质的现代化政党的重要性。李大钊在宣传十月革命的文章中，对俄国布尔什维克表示极大的关注。在《法俄革命之比较观》一文的开头，李大钊就指出："俄国革命最近之形势，政权全归急进社会党之手，将从来之政治组织、社会组织根本推翻。"李大钊对俄国"急进社会党"所领导的革命表示由衷的敬佩，充分肯定俄国革命在世界文明史上的地位，认为"二十世纪初叶以后之文明，必将起绝大之变动，其萌芽即茁发于今日俄国革命血潮之中"①。俄国布尔什维克是一个什么样性质的政党？李大钊在宣传十月革命时对 Bolsheviki 作了比较详细的描绘。李大钊认为，Bolsheviki 的战争"是阶级战争，是合世界无产庶民对于世界资本家的战争"，"他们主张一切男女都应该工作，工作的男女都应该组入一个联合，……一切产业都归在那产业里作工的人所有，此外不许更有所有权"②。在李大钊看来，布尔什维克是以马克思主义为指导的，以推翻资本主义、实现社会主义为目的，代表无产阶级利益的政党。李大钊对 Bolsheviki 充满敬意之情，热烈欢呼十月革命，指出"Bolshevism 的胜利，就是二十世纪世界人类人人心中共同觉悟的精神的胜利！"可见，李大钊希望中国进行十月革命式的社会革命，这之中就包含了他要在中国建立俄国 Bolsheviki 式的马克思主义政党的期待。可以说，李大钊对十月革命的宣传虽然在对无产阶级政党的认识上还是初步的，但却是最早地表明要在中国建立无产阶级性质的现代化政党的愿望。

李大钊在中国宣传马克思主义的过程中，系统地提出了要在中国建立无产阶级政党的任务。1921 年 3 月李大钊发表了《团体的训练与革新的事业》文章，从世界范围内政党的作用及中国政党发展的实际，阐明了在中国建立无产阶级性质政党的紧迫性和必要性。李大钊指出，组织能力随社会的发展而提高，政党的组织势所必然，而政党的产生和发展又进一步提高人类的组织能力。"证诸十九世纪以来，政党之发达，则人类组织能力之进步，又极可惊。英、美政治纯受政党支配，其政党都有极繁复之机关，极巧妙之组织。所以势力雄厚，直与政府并驾，甚或称为第二政府。"而"最近时代的劳动团体，以及各种社会党，组织更精密，势力更强大。试看各国罢工风潮及群众运动之壮烈，不难想见。俄罗斯共产党，党员六十万人，以六十万人之大活跃，而建设了一个赤色国家。这种团体

① 《法俄革命之比较观》，《李大钊全集》第 2 卷，人民出版社 2013 年版，第 329 页。
② 《Bolshevism 的胜利》，《李大钊全集》第 2 卷，人民出版社 2013 年版，第 364—365 页。

的组织与训练,真正可骇。"①在考察世界上政党组织尤其是俄国共产党作用的基础上,李大钊认为中国社会的变革自然还要靠民众的势力,因而必须组织代表民众利益的政党。当时,社会上有些人对民国以来政党趁火打劫、植党营私不满,对在中国建立新型政党持消极悲观的态度。对此,李大钊通过回顾中国政党的发展历程而进一步指出中国社会改造的紧迫性,从而说明中国成立新型政党的极端重要性。李大钊指出:"中国自满清道、咸海禁大开之日,就有受些欧化洗礼的两个大党产生,一是同盟会,一是强学会。强学会的成绩是戊戌变法。同盟会的功业,是辛亥革命。他们都自有他们的价值。"虽然民国以后的政党,"既无政党之精神,亦无团体的组织",致使"近二三年来,人民厌弃政党已达极点,但是我们虽然厌弃政党,究竟也要另有种团体以为替代,否则不能实行改革事业"②。那么,中国将要成立怎样的新型政党呢?在李大钊看来,中国建立的新型的现代化政党必须有这样三个突出的地方,一是具有无产阶级性质,坚持社会主义目标,成为"平民的劳动家的政党"。李大钊指出:"我们现在还要急急组织一个团体。这个团体不是政客组织的政党,也不是中产阶级的民主党,乃是平民的劳动家的政党,即是社会主义团体。"二是具有"强固精密的组织",而且注重党员的训练。李大钊指出:"中国谈各种社会主义的都有人了,最近谈Communism的也不少了,但是还没有强固精密的组织产生出来。"鉴于这种状况,李大钊向具有共产主义思想的先进知识分子发出建党的号召:"中国现在既无一个真能表现民众势力的团体,C派的朋友若能成立一个强固精密的组织,并注意促进其分子之团体的训练,那么中国彻底的大改革,或者有所依托!"三是利用国际共产主义发展的有利时机,与各国无产阶级政党相呼应。李大钊分析了以共产国际为中枢的国际共产主义发展的新形势,希望中国创建的无产阶级政党与各国的无产阶级政党相互支持。他说:"各国的C派朋友,有团体组织的很多,方在跃跃欲试,更有第三国际为之中枢,将来活动的势力,必定一天比一天扩大。中国C派的朋友,那好不赶快组织一个大团体以与各国C派的朋友相呼应呢?"③李大钊的《团体的训练与革新的事业》这篇文章,系统地提出了在中国建立无产阶级性质的现代化政党的主张,可以看作是李大钊创建中国共产党的宣言书。

---

① 《团体的训练与革新的事业》,《李大钊全集》第4卷,人民出版社2013年版,第348页。
② 《团体的训练与革新的事业》,《李大钊全集》第4卷,人民出版社2013年版,第349页。
③ 《团体的训练与革新的事业》,《李大钊全集》第3卷,人民出版社2013年版,第350页

恩格斯指出:“要使无产阶级在决定关头强大到足以取得胜利,无产阶级必须(马克思和我从1847年以来就坚持这种立场)组成一个不同于其他所有政党并与它们对立的特殊政党,一个自觉的阶级政党。”①李大钊在欢呼十月革命和宣传马克思主义过程中,倡导建立新式的中国现代化政党,适应了中国革命现代化的需要,推动了共产主义知识分子政党意识的提高,加快了中国共产党创建的步伐。这对中国政治的发展有着历史性的意义。

三、对中国现代化政党合作的期待

在十月革命的影响下,李大钊高度评价民众在社会变革中的特殊地位,欢呼“庶民的胜利”,强调民众的团结在反对资本主义制度、开辟人类新纪元中的主体地位。他指出,在第一次世界大战中,“联合国的劳工社会,也都要求平和,渐有和他们的异国的同胞取同一行动的趋势。这亘古未有的大战,就是这样告终。这新纪元的世界改造,就是这样开始。资本主义就是这样失败,劳工主义就是这样战胜”②。期望劳工阶级采取“同一行动”,说明李大钊在宣传十月革命的过程中已清楚地认识到无产阶级团结与联合的意义。在《新纪元》一文中,李大钊更强调劳工阶级联合的重要性,期望“从今以后,生产制度起一种绝大的变动,劳工阶级要联合他们全世界的同胞,作一个合理的生产者的结合,去打破国界,打倒全世界资本的阶级。”并认为“总同盟罢工,就是他们的武器”③。由此可见,十月革命对李大钊的现代化政治力量联合思想有深刻的影响,使李大钊更注重劳工阶级的联合及其在反抗剥削制度、推动社会变革中的作用。

五四运动及其以后中国社会现代化运动的进行,使李大钊关于中国社会政治力量联合的思想得到发展,并逐步形成国共两大现代化政党联合的主张。五四运动对李大钊的现代化思想的发展产生十分深刻的影响。李大钊不仅参与领导和组织五四运动,而且自身也在五四运动中受到锻炼和洗礼,使他更注意从五四运动中总结和吸取现代化运动的经验和教训。由于受到五四运动中民众联合

① 《马克思恩格斯选集》第4卷,人民出版社1995年版,第685页。

② 《庶民的胜利》,《李大钊全集》第2卷,人民出版社2013年版,第358页。

③ 《新纪元》,《李大钊全集》第2卷,人民出版社2013年版,第377页。

反帝反封建斗争的感染和马克思主义阶级斗争学说的指导，李大钊此时更注重民众力量和民众联合对推动社会变革的突出意义。1919 年 12 月他撰文指出：“‘五四’、‘六三’以来，全国学生已成了一个大联合。最近北京各校教职员也发起了一个联合，对于全国教育的根本和个人的生存权，有所运动。我很盼望全国的教职员，也组织一个大联合。更与学生联合联络起来，造成一个教育界的大联合。我很盼望全国各种职业各种团体，都有小组织，都有大联合，立下真正民治的基础。”①李大钊的“大联合”思想得益于五四运动及其以后中国社会现代化的实践，“大联合”的主体思想是强调中国社会的先进力量包括各进步阶级、阶层、团体等的团结与联合，以形成变革中国社会的基本力量。1920 年 8 月李大钊在团体联合思想的基础上更提出团体改造的任务，提出：“把已有的职业团体改造起来，没有团体的职业也该速速联合同业，组织起来。”②这里讲的“团体改造”，可以说是李大钊后来关于国民党改组思想的萌芽。李大钊虽然对资产阶级政党不满意，但也肯定资产阶级政党的历史地位。如 1921 年 3 月李大钊认为同盟会是“受欧化洗礼的”大党，有其“价值”之所在，“同盟会的功业，是辛亥革命”，同时批评“入民国以来的政党，都是趁火打劫，植党营私，呼朋啸侣，招摇撞骗”③。这种批评自然包括国民党在内。李大钊对各党派的不满是他申述创建共产党的理由，而他对国民党的批评也构成了他后来申明国民党改组的思想渊源。这说明，李大钊在创建中国共产党的同时，并没有完全否定国民党的历史地位，而是承认有其历史价值，这为以后提出联合国民党的思想准备了一定的思想基础。

中国共产党成立后李大钊通过对中国社会现代化的认识，明确提出了联合国民党的思想，使他的现代化政治力量联合的思想具有了新的内容。孙中山领导的辛亥革命是以资产阶级为领导力量而开展的，他所组织的同盟会及其以后的国民党是当时中国最大的现代化政党，但由于资产阶级的软弱和中国社会现代化的巨大阻力，在民国以后实际上难以独立开展中国的社会现代化运动。1921 年 7 月中国无产阶级的代表——中国共产党这一新型现代化政党诞生，这预示中国社会现代化领导力量已开始出现新的因素。但在当时，中共的力量是弱小的，还没有足够的实力独立地抗衡中国社会现代化的阻力。“中国共产党

① 《大联合》，《李大钊全集》第 3 卷，人民出版社 2013 年版，第 181 页。
② 《要自由集合的国民大会》，《李大钊全集》第 3 卷，人民出版社 2013 年版，第 264 页。
③ 《团体的训练与革新的事业》，《李大钊全集》第 3 卷，人民出版社 2013 年版，第 349 页。

的力量不大"①,这是一个重要原因;另外,帝国主义与中国封建军阀勾结所形成的强大力量,也在20世纪20年代得到发展。这种境况决定了没有现代化政权支持下的中国现代化运动,必须要有现代化政党力量的高度结合,才能形成推动社会现代化的领导力量。对于这一点,李大钊早在中共"二大"前就已经意识到。1922年6月1日出版的《少年中国》第3卷第11期发表了由李大钊与邓中夏、黄日葵等联名向少年中国学会第三次年会提出的《为革命的德莫克拉西》提案,这个"提案"对国民党在中国社会现代化中的地位作了很高的评价,并提出了联合国民党的主张。"提案"说:"中国的国民党,抱民主主义的理想,十余年来与恶势力奋斗,始终不为军阀的威力所屈服(虽然有人认他们联段、联张是放弃主义,是屈服于军阀的武力,但我们只承认他是一种战略,是可以容许的),我们不能不佩服他们的革命精神。他们在广州近二年来的施设,如废止治安警察法,承认工人罢工权,振兴市政,发布工会条例,办理外交不辱国体等,也可证明他们还是民主主义者,虽然他们常为军阀驱逐(袁世凯、陈炯明、陆荣廷等)以至失败,然而这是我们人民不能帮助他们的原故"。"提案"表明对国民党的态度是:"从今以后我们要扶助他们,再不可取旁观的态度,因为像这样,便是间接的扶持或默认反动阶级的利益了。"②李大钊是我党历史上较早认识到联合国民党的领导人之一。

中共二大之后李大钊积极开展党的联合民主派方针的宣传。中国共产党在成立后致力于工人运动的组织和领导,"二七"惨案的发生使中共充分认识到在半殖民地半封建的中国进行民主革命不能仅靠无产阶级的孤军奋战,而应该联合农民、小资产阶级和民族资产阶级等一切革命的力量,通过统一战线的形式集结中国的社会现代化力量。1922年6月15日,中共中央发表第一次《对于时局的主张》,在对中国社会各派政治力量分析的基础上,明确指出:"中国现存各政党,只有国民党比较是革命的民主派",并提出由共产党邀请国民党等民主派及革命团体,共同建立一个反对封建军阀的"民主主义的联合战线"。1922年7月中共二大在制定反帝反封建民主革命纲领的同时,还作出了同国民党等民主派建立党外联合战线的决议。对于中共作出的关于联合包括国民党在内的民主派的决议,李大钊予以坚决拥护并进行大力宣传。1922年9月初,李大钊在上海

① 《在共产国际第五次代表大会第二十二次会议上的报告》,《李大钊全集》第5卷,人民出版社2013年版,第6页。

② 《少年中国学会北京同人提案:为革命的德莫克拉西》,《李大钊全集》第5卷,人民出版社2013年版,第515—516页。

的演讲中对国民党的地位再次作了充分的肯定,指出:“民国以来做此种政治运动(指民主政治运动——引者注),有国民党和进步党两个团体。而国民党的目标是民治的,所以比较上算是一个完全的政党。”[①]正是对国民党作出这样的评价,所以李大钊在《十月革命与中国人民》一文中发出号召:“凡是像中国这样的被压迫的民族国家的全体人民,都应该很深刻的觉悟他们自己的责任,应该赶快的不踌躇的联结一个‘民主的联合阵线’,建设一个人民的政府,抵抗国际的资本主义。”[②]这是对中共二大决议的积极宣传和对建立“民主联合阵线”的积极倡导。李大钊随着对中国政治力量的不断考察,由一般民众的联合的思想发展到共产党与国民党联合的思想,从而在实际工作中加快了中共对国民党改组的步伐和实行国共两大现代化政党联合的步骤。李大钊关于国共两党政治力量联合的思想,是对中国社会政治形势进行深刻认识而得出的结论,顺应了中国政治发展的时代要求,为国共合作局面的形成作出了突出贡献。

李大钊政党思想形成发展的历程表明,他的政党思想与民国以后中国政治的演变有着不可分割的联系,是对中国政治现代化过程中政党活动思考的产物,根源于近代中国社会中政治的变动;同时,他的政党思想对促进中国政治的变迁产生了重大而深远的影响,中国共产党的成立和国共合作的形成正是这一影响的有力体现。

(原载《南京政治学院学报》2002 年第 5 期,人大复印资料
《中国现代史》2003 年第 3 期全文转载)

【昔文琐记】这篇《李大钊政党思想与中国政治变迁》,完成于 2021 年 6 月前。此文写作于北京师范大学法政所读博期间,是在写作《早期李大钊政党政治观初探》[③]基础上,觉得有必要将李大钊政党观与中国政治变迁联系起来进行考察。于是,就写了这篇文章。文章发表时,几个部分以(一)(二)(三)形式分开。为便于读者阅读,收入本书时加上了通栏标题。

我尽管在 1993 撰写《早期李大钊对进步党研究系认识的变迁》(载《松辽学刊》1994 年第 4 期)时,有了研究李大钊政党思想的兴趣。但只是在北师大读博士时,遇到我的远房亲戚杨德山,在聊天中受到他的学术研究的启发,才想到要

① 《在上海社会主义青年团“国际少年日纪念会”上的演讲》,《李大钊全集》第 4 卷,人民出版社 2013 年版,第 113 页。

② 《十月革命与中国人民》,《李大钊全集》第 4 卷,人民出版社 2013 年版,第 124 页。

③ 吴汉全:《早期李大钊政党政治观初探》,《宁夏大学学报》2001 年第 3 期。

写作这篇《李大钊政党思想与中国政治变迁》。他曾在徐州师院读书,我们也算是同学。在大学阶段,我念历史学专业,他读政教专业。几年不见了,他变化很大。他是中国人民大学林茂生的弟子,博士毕业即到北京市委党校工作。我在北师大读博时的一个周五晚上,去他家聊天。他留我在他家吃火锅,聊起了他撰写的章士钊政党论的博士论文,并将此论文赠送我一本。我在他家闲聊,一直玩到凌晨一点钟才回北师大。受他的博士论文的启发,我撰写了这篇《李大钊政党思想与中国政治变迁》文章。杨德山不久成为中国人民大学马克思主义学院的博导、教授,全国著名的党史学家,主持国家社科重大项目,出版了《中国近代资产阶级政党学说研究》、《中国共产党的政党学说——一个学说史视角的梳理和分析》、《中国共产党与当代中国民主政治建设》等学术专著。最近听说,杨德山调到复旦大学担任博士生导师了。

写这篇《李大钊政党思想与中国政治变迁》时,有些自己的考虑。李大钊政党思想是以中国政党活动为考察对象的,没有当时的中国政党活动(亦即民国初年的政党活动),李大钊也就难以产生这样的政党观。这是马克思主义的社会史观在历史人物研究中的具体要求。因而,必须说明当时政党活动与李大钊政党观产生的关系。还要强调的是,李大钊的政党观对中国政党活动与政治变迁有什么关系,有没有促进作用;如有,是怎样的促进作用。弄清这样的问题,才能有助于评价李大钊的政党思想。而要研究李大钊政党思想与政党活动的关系,说到底是要研究李大钊的政党观与中国政治的关系,因为政党活动是政治活动的重要组成部分,特别是在现代社会的政治运作过程中,政党活动的作用更是极端重要了。于是,最终确定了这样的题目。

关于"政党观与政治变迁"问题,应该值得花些工夫去研究,特别是要重点研究"中国马克思主义者的政党观与中国政治变迁"问题。政党是现代社会业已存在的基本事实,离开政党也就不成为现代社会了;既然现代社会有政党的存在,人们就会对政党问题发表看法,因而就有各种各样的政党观了。对于政治性人物尤其是政治家、思想家、政治学家等来说,政党观是其政治思想中不可或缺的方面。但某某人物的政党观,应该说大多是起源于对现实政党问题的考察,与现实政治活动特别是政党活动有着密切的关系,因而研究其政党观自然需要与现实政治、现实的政党活动相联系。更进一层的,是研究"政党观"与"政治"的互动关系,说明某某人物的政党观怎样影响政治活动、政治运作,从而促进或阻碍政治变迁;而政治变迁又怎样继而使人们的政党观发生变化,从而提升人们对政党问题的认识。我这篇《李大钊政党思想与中国政治变迁》,就是沿着这样的思路来写的。

从这样的思路出发，我觉得今后应该把重要的中共领袖人物、著名的马克思主义学者的政党观，与现代中国政治变迁联系起来予以研究。因为现代中国起重大作用的历史人物，无疑是众多的中国共产党人和大批的马克思主义者。就研究的重点来看，可以写“毛泽东的政党思想与中国政治变迁”、“刘少奇的政党思想与中国政治变迁”、“周恩来的政党思想与中国政治变迁”、“陈独秀的政党思想与中国政治变迁”等一系列题目，这对中国现代政治思想史的研究一定是有益的。在此基础上，再研究其他人物政党观与政治变迁问题，从而为进一步的比较研究打下基础。

这篇《李大钊政党思想与中国政治变迁》，在投稿时有一个小小的插曲，即此文一开始相继投了几家非核心刊物，都没有录用。我一气之下，决定此文只投核心刊物，结果被《南京政治学院学报》采用了。而且文章发表之后，即被人大复印资料《中国现代史》2003 年第 3 期全文转载。此文也引起学术界的重视，如河南大学翁有为教授在其《2002 年中国现代史若干问题研究的回顾与思考》一文中，专门评价了这篇文章。投稿必须抱着“皇帝的女儿不愁嫁”的态度。比较好的文章，不要投一般的刊物，因为大多数一般性刊物，根本分不清来稿的质量如何。在 2002 年，我写的文章，非核心刊物不投。结果，2002 年我发表了 9 篇论文，全部是在核心刊物上。

2021 年 1 月 31 日

张慰慈与中国自由主义政治学的发展

五四时期的不少重要历史人物仍然现今处于“失语状态”，其事迹往往不为后来者所知晓，张慰慈便属于这类中的一位。张慰慈于1912—1917年留学美国，获博士学位。回国后在北大担任政治学教授，重点研究过十月革命后苏俄的政治制度，参加了《努力周报》的编辑工作，是五四时期著名的政治学家，并且与五四时期的历史（特别是思想史和学术史）有着十分重要的关联。有关张慰慈情况的历史资料不多，但由于张慰慈与胡适有过密切的交往，从胡适的历史资料中也可以得到不少关于张慰慈的相关情况。现根据有关历史资料，试图描述出张慰慈在五四时期的大致情形，这或许对于复原五四时期的部分历史有重要学术价值，为学术界认识五四时期历史增加某些新知。

一、留美博士

关于张慰慈的生平，目前所见的资料有几种说法。《国立北京大学职员录（民国九年十一月）》中“本科政治学系”栏目记载：张祖训，别号慰慈，年岁32，江苏吴江人①。由此推算，张慰慈生于1888年（如记载的年龄为虚岁，则生于1889年）。这一记载可能也不准确②。耿云志、欧阳哲生主编的《胡适书信集》中有这样的介绍：“张慰慈（1890—？）原名祖训，江苏吴江人。政治学家。留美归国后，曾在北京大学等校任教。”③这里认为张慰慈生于“1890”年，也是不正确

① 《国立北京大学职员录（民国九年十一月）》，转引自《李大钊史事综录》，北京大学出版社1989年版，第196页。

② 在这1920年的北大档案中记载陈启修为36岁，而实际上陈出生于1886年；记载朱希祖为42岁，而实际上朱出生于1879年。可知，当时档案记载北大教授的年龄不准确。

③ 《胡适书信集》（上），北京大学出版社1996年版，第212页。

的。比较权威的介绍是《中国文化界人物总鉴》中对张慰慈的记载:张慰慈,字祖训,1893年生,江苏吴江人,依阿华大学哲学博士(Iowa,Ph.D.1917年),博士论文题为《美国市政之委员制与经理制的历史与分析》,历任北京大学及北京政法大学政治学教授、财政部秘书、沪宁沪杭甬铁路管理局运输科副科长、上海东吴大学法学院及中国公学政治学教授、北宁铁路管理局总务处长、安徽大学图书馆馆长、铁道部参事兼南京中国政治学会干事等职,著有《英国选举制度史》、《市政制度》、《政治学大纲》、《政治概论》、《政治学》、《宪法》等书①。

在这几种介绍中,《中国文化界人物总鉴》中对张慰慈出生年的陈述是准确的。因为,据胡适1924年1月27日的日记记载,“慰慈生于壬辰十二月五日(阳历1月21日或22日)”②。从胡适与张慰慈往来的密切关系来看,胡适记载这样确切,可能直接来源张慰慈本人的陈述;且又从记载之日(1月27日)与所记载的日期(1月21日或22日)相距不远来分析,胡适的记载应为可信。壬辰年当为光绪十八年(1892年),但壬辰十二月五日为阳历1893年1月22日③。可见,张慰慈出生于1893年1月22日,而不是1890年。

张慰慈早年在国内的求学经历,在胡适日记中多有涉及。张慰慈早年曾与胡适一起在上海澄衷学堂读书,胡适《归国记》中有“慰慈为澄衷同学”④一语可为证据。张慰慈自在上海澄衷学堂读书后,在国内是否还进过其他学校?据胡适在1910年正月十五(农历)所记的日记:“慰慈自苏来,昨日已移入复旦,今日见访。”⑤这说明,张慰慈自上海澄衷学堂就读至留学美国前,曾在复旦公学就读,时间大约在1910年以后。又据胡适留美时于1911年6月12日的日记:“慰慈为我寄《马氏文通》一部来,今日始到。读《马氏文通》,大叹马眉叔用功之勤,真不可及,近世学子无复如此人才矣。”⑥此条日记表明,胡适留美后的1911年6月,其时的张慰慈仍在国内求学。综合以上情况来看,张慰慈留美前曾在上海澄衷学堂读书而与胡适成为要好的同学,1910年后又在复旦公学求学,继续接受新式教育,在胡适留学美国后仍然与胡适保持密切的关系。

张慰慈何时留学美国,其早年留美情形又如何,这在胡适的《归国记》中也

① 参见[日]桥川时雄编撰:《中国文化界人物总鉴》,中华法令编印馆1940年版,第428页。
② 《胡适日记全编》(四),安徽教育出版社2001年版,第169页。
③ 参见《中国近代史词典》,上海辞书出版社1982年版,第833页。
④ 《胡适日记全编》(二),安徽教育出版社2001年版,第607页。
⑤ 《胡适日记全编》(一),安徽教育出版社2001年版,第18页。
⑥ 《胡适日记全编》(一),安徽教育出版社2001年版,第104页。

有记载。胡适在《归国记》中记载了他回国的过程,说他是民国六年六月九日离开纽约、于20日到达文苦瓦(温哥华)的。在此之前,他曾约好与张慰慈在那里会面。《归国记》记载:6月“二十日到文苦瓦(Vancouver)。吾先与张慰慈(祖训)约,会于此。慰慈先二日到,今晨迎我于车站。同居于一旅馆。慰慈为澄衷同学,五年前来美,今在埃阿瓦大学(University of Iowa)得博士学位。其论文题为‘A Study of the Commission and Citymanager Plan of Municipal Government in the United States’[《美国市政府的市政委员会与市长规划研究》]。吾七年去国时,在上海旅馆中与慰慈及仲诚为别,今仲诚死已数年,与慰慈话旧,不胜今昔之感矣。”①胡适这里的陈述大致能说明这样几个问题:(1)根据胡适说自己是“七年去国”留学而张慰慈是“五年前来美”,可以推断张慰慈大约在1912年也到美国留学,五年后两人又一起学成回国。胡适关于张慰慈留美时间的陈述是正确的,现据1917年、1918年所汇编的《游美同学录》所载,张慰慈确实是1912年留学美国,是这一《游美同学录》所载的38名留美博士之一②。(2)张慰慈是在埃阿瓦大学(University of Iowa,今译为爱荷华大学)获得博士学位的,主要研究美国的市政问题。关于张慰慈研究美国市政制度之所长,胡适后来多次予以赞扬。譬如,胡适为张慰慈的《政治概论》一书作序时称道:“慰慈在美国时曾专治美国最新起的城市制度,后来即用作他的博士论文的题目。”③又譬如,胡适为张慰慈的《市政制度》一书作序也有这样的说明:“我的朋友张慰慈博士在美国留学时,他的专门研究是市政制度”④。

张慰慈早年的留美经历及其在政治学方面所受到的系统学术训练,对于他回国后的思想和道路有着重大的影响。新文化运动是陈独秀、胡适等归国留学生所领导的思想解放运动,这就决定了受到系统政治学训练又积极关注世界政治形势发展的张慰慈,不会处于这一运动的边缘地位。张慰慈留学美国时比较系统地接受了西方文化价值观,再加上他此时与胡适的密切交往关系及其与胡适在思想方面的诸多一致性,又大致规定了他在《新青年》阵营分裂后所形成的中国自由主义阵营中将成为重要的角色。五四时期是中国现代学术的创建时代,现代学术体系处于创建之中,这对于学有所长、系统地受到现代知识学训练的张慰慈来说,一定会有用之地的。张慰慈回国后进入北京大学的经历证明了这一点。

---

① 《胡适日记全编》(二),安徽教育出版社2001年版,第607页。

② 转引自黄利群:《中国近代留美教育史略》,辽宁大学出版社1990年版,第94页。

③ 胡适:《〈政治概论〉序》,《胡适文集》(3),北京大学出版社1998年版,第322页。

④ 胡适:《〈市政制度〉序》,《胡适文集》(4),北京大学出版社1998年版,第647页。

二、研究十月革命后俄国的政治制度

张慰慈回国后即任北京大学教授,受到以陈独秀等新文化运动领导人的影响。根据陈独秀的自述,他不但本人"偶然发点关于政治的议论",而且还"常常劝慰慈、一涵两先生做关于政治的文章"①。由此来看,张慰慈回国后立即受到陈独秀等一班关心政治的人的影响,从事政治问题的研究。张慰慈进入北京大学后不久,很快成为《新青年》和《每周评论》的一位重要的撰稿人。他在《新青年》发表了一些研究城市制度、国际政治、劳动运动等问题的文章,在引介西方学理和西方政治制度方面产生重要影响;而他在《每周评论》上也发表了一些很有影响的文章,这些文章主要是对俄罗斯苏维埃政府的政治制度进行介绍和研究(也有少数文章是研究其他问题的,如发表的《女子解放与家庭改组》②是支持和推进当时新文化运动的"伦理革命"的),这在当时的中国思想界引起广泛的关注。

张慰慈留学美国的经历使他对欧美文明有较好的感觉,但他对世界政治的发展也注意考察和研究。十月革命后,他积极关注世界格局的变化,努力从事俄国问题的研究。当时,中国的"大多数人,听见'俄国'这两个字,就觉得非常的害怕,因为俄国是'布尔塞维克'主义出产的地方,恐怕这种主义传出来扰乱世界。大家差不多把俄国看作世界人民的公敌。至于俄国内里究竟是什么样一种情形,布尔塞维克究竟是什么样一种主义,十个人之中恐没有一人能够懂得明白"③。在此情形下,张慰慈特别注重研究新俄的政治制度,力图向国人介绍新俄的情况,他在《每周评论》上发表的评论俄国制度文章有:《俄国的新宪法》、《俄国的土地法》、《俄国的婚姻制度》、《俄国遗产制度之废止》等④,在介绍和研

---

① 《谈政治》,《陈独秀著作选》第2卷,上海人民出版社1993年版,第154页。

② 参见《每周评论》第34期,1919年8月10日。

③ 慰慈:《俄国的土地法》,《每周评论》第29期,1919年7月6日。

④ 《每周评论》上还有一篇《俄国的新银行法》(署名"心",载《每周评论》第32期,1919年7月27日),笔者推测当为张慰慈的论文。依据有四,一是《每周评论》上研究俄国新制度的只有张慰慈,还未见到他人。李大钊研究、宣传十月革命的论文是在《新青年》等刊物上,他在《每周评论》上发表的《新纪元》文章是宣传十月革命的"新纪元"意义,而不是研究新俄的政治制度。二是《俄国的新银行法》的题目颇类似张慰慈的发表的《俄国的新宪法》等文章,且也是研究俄国新的政治与法律制度,与张发表的《俄国的土地法》、《俄国的婚姻制度》、《俄国遗产制度之废止》等文章具有序列性。三是署名"心"有可能是"慰慈"的简化代号。四是文章的行文和赞赏语气都与张慰慈的文章有相同之处。具体理由,容另文说明。

究十月革命后的俄国方面,起了积极的作用。

对于俄国 1918 年 7 月 10 日由“第五次全俄国大会议”议决的新宪法,张慰慈列举了其主要内容并加以分析,从政治学研究的角度进行了多层面的分析:(1)宪法发生情形(宪法是如何发生):俄国的宪法是由地方委员会的代表所组成的一个“会议”制定的,“这宪法不是一个皇帝给百姓的,不是由各地方会议通过的,也不是由人民直接认可的。制造宪法的国会是一种革命机关。”(2)修改宪法的方法:“该宪法第五十一节规定,修改这宪法的权在于‘全俄会议’,就是原来制造这宪法的机关。”(3)政府组成:“这宪法所规定的政府组成,尚属简单。做工的人举代表到地方会议,代表的数目与人数为比例。……最高的机关就是‘全俄会议’,又名‘会议之会议’,是由城市会议或省会议的代表组织成的。……俄国的政制是一种内阁制,但是没有一个国务总理。内阁对于‘全俄执行委员会’负责,全俄执行委员会又对于‘全俄会议’负责。”(4)政府各机关的权限:“中央与地方的权限,分得也还清楚。”(5)人民权利:人民有言论、集会、结社的自由,有受教育的权利,工人有带武器的权利。(6)公民的资格:“地方会议有权承认无论什么做工的人为俄国国民。”(7)选举权:“无论何人,不分男女,年及十八岁,现做生产的并与社会有益的工,或在‘会议’、海军或陆军服务的,或因受伤不能工作的,均有选举权与被选权。居留在俄国的外国人,如是工人也能享政治上各种权利。”在张慰慈看来,俄国的新宪法有这样几个特点:一是该新宪法差不多有三分之一部分“讲到这种为‘会议共和国’所根据的主义”,“就此一层,俄国总算是在政治史上开一破天荒的事业”。二是新宪法对外交方面规定更为详细,“俄国宪法有一最特别的地方,就是关系外交的规定”;“各国的宪法关于外交问题,说得非常简单,俄国宪法关于此问题说得狠(很)详”。三是新宪法所规定的“俄国各地方的权非常之大,为别的联邦国所未曾有过的”,以至于“在俄国,宗主权在于地方会议,或在于地方上工业、军务与别的职业所举的代表委员会。各地方并且可以临时与中央政府脱离关系”。张慰慈对俄国宪法表示高度的赞赏,认为在第一次世界大战期间产生的许多新宪法中,“俄国的宪法最有研究的价值,因为此宪法根据于许多最新的政府组织法及政治哲学的最新思潮”①。他还认为,从俄国的新宪法来看,“俄国并不是在一个无政府的地位,并且他的宪法之中实在有几种最新式的政治组织法,如果能够试验有效,将

① 慰慈:《俄国的新宪法》,《每周评论》第 28 期,1919 年 6 月 29 日。

来也许有别国摹仿。例如政治权利限于工作的人民,和把工业团体作为代议的根据"①。从现有的材料来看,至少可以说,张慰慈是中国最早研究十月革命后新俄宪法制度并作出肯定评价的学者之一。

张慰慈对于俄国的新土地制度也进行积极的研究,认为土地法在俄国的新法律体系中占有极为重要的地位,"俄国现在的新法律,最重要的是土地收归国有的法律"。在张慰慈看来,该土地法规定:"所有在俄国境内的土地、矿产、水、树林,与各种天然物的私产权,一概取消";"所有土地供全国工作人民之用,从前的地主,不得要求赔偿"。这些规定有重要的意义,"这样的白纸上写了黑字之后,俄国就把数千年传下来神圣不可侵犯的私产制度完全取消"。关于《俄国的土地法》,张慰慈主要研究这样几个问题:什么样的人可以使用俄国的土地?国家的土地是怎样分配于人民的?使用土地的权利怎样可以取消?通过研究和分析,张慰慈认为俄国的土地法虽然还有待试验的情况来进行评价,但其意义是重大的。他指出:"俄国的土地法,里边不妥当的地方,自然狠(很)多;不过狠(很)可以使大多数的人细细儿想一想,现在社会上的制度,我们还是要维持这种不公平的呢、还是想一个法子来改良改良呢?"②俄国的宪法是新俄国家的根本大法,而其土地法则又是新俄政治制度的重要基石,张慰慈在研究俄国宪法的基础上深入研究其土地法,比较具体地"记述俄国怎样置处这个在别国尚没有解决的土地问题",这对于国人深入了解和认识新俄的政治制度是有积极意义的。

张慰慈对俄国的婚姻制度也进行研究,发表了《俄国的婚姻制度》一文对新俄的"结婚法"和"离婚法"予以重点探讨。在张慰慈看来,俄国的结婚法有两个鲜明的特点,一是使结婚的法律意义更为明确,通过采取"民事的结婚"形式而改变了西方那种"宗教的结婚"的传统。张慰慈指出,在欧美各国,结婚仪式大半是在教堂举行,即使是不在教堂举行,也要有牧师在场担当证婚人,"俄国未革命之前,也通行这种宗教的结婚";"不过革命以后,教堂的势力完全扫地。这结婚一事,以前非经过教士的手不成,现在完全用不到教士了。新法律第一条就说:'从今以后,俄罗斯共和国只承认民事的结婚。'宗教式的结婚虽不禁止,个人仍旧可以随意举用,但是结婚要有法律上的效力,非经过民事的结婚式不可。愿意结婚的男女,须到他们所住的地方的'结婚与生育注册部'声明他们的意

① 慰慈:《俄国的土地法》,《每周评论》第29期,1919年7月6日。

② 慰慈:《俄国的土地法》,《每周评论》第29期,1919年7月6日。

思,双方签字。由该部部长注册后,该婚姻在法律上即发生效力。”二是确立了私生子在法律上的应有地位,体现了法律的平等精神。张慰慈指出,“俄国法律与别国法律不同的第二层是关系私生子问题”。现今各国除了日本外,均不承认私生子在法律上享有各种权利,“私生子是在被斥逐的地位,不能与别人同等享受社会上法律上种种权利。我们要晓得这是一件最不公平最不道德的事”。但是,俄国的法律对私生子予以平等的权利并有特别的规定,“俄国的法律内有一条说:‘私生子对于父母、父母对于私生子的义务与权利,须与非私生子,一律看待。’”张慰慈对俄国的“离婚法”也进行了讨论,认为俄国的离婚手续较各国为简单,而且也体现了当事人的意愿,与西方国家的婚姻法有很大的不同。他指出:“俄国离婚法与别国的离婚法比较起来,俄国的离婚手续是比较容易得许多。……照俄国的法律,只要双方同意或一方面愿意离婚,就可以到地方法庭去陈请,由地方法官择日传集两方面的人、或他们的代表讯问。如地方法官确信这离婚请愿书是出于双方或一方面自己的意思,就可以判断离婚,并出一离婚证书。离婚后的种种问题,如子女分派、子女的费用及教育费由何人担任、妇人是否由男子给养等,如双方已经商议妥当,则法官判决离婚时可以同时判定;如双方未曾议定,则此种问题须由民事法庭判决。”自然,张慰慈对俄国婚姻制度的研究也不仅仅是出于学理上研究的兴趣,他还特别希望通过他的介绍和研究来澄清人们对俄国的糊涂认识,为国人正确认识新俄提供新知,所以他在《俄国的婚姻制度》一文的结尾郑重写道:“这两条法律(指‘结婚法’和‘离婚法’,引者)是列宁政府成立以后宣布的。可看得外边所传说的俄国妇女国有制度,完全是无据之谈。”①

张慰慈对于十月革命表现出积极的了解态度,承认十月革命具有划时代的意义。张慰慈说:“此次俄国的革命,完全是一种社会革命,他们的宗旨是想把现在社会上种种不公平、不道德的事完全废弃,重新改造一个新社会。”②又说:俄国十月革命所体现的是一种新的“主义”,其要点是“(一)承认现今国家的经济根本在于劳动;(二)想把政治的组织与实在的社会组织相应合。……无论我们是否赞成这种主义,我们不能不承认这种新式的政治思想应该使我们把从前的政治思想再来估一估价,看究竟还有什么价值”③。以研究十月革命和马克思

① 慰慈:《俄国的婚姻制度》,《每周评论》第30期,1919年7月13日。

② 慰慈:《俄国遗产制度之废止》,《每周评论》第31期,1919年7月20日。

③ 慰慈:《俄国的土地法》,《每周评论》第29期,1919年7月6日。

主义著称的李大钊，对张慰慈研究十月革命也予以高度的重视和赞赏，他著文指出："最近有了慰慈先生在本报（指《每周评论》，引者注）发表的俄国的新宪法、土地法、婚姻法等几篇论文，很可以供我们研究俄事的参考"①。张慰慈并不是马克思主义者，但他对俄国予以积极研究的态度很能说明五四时期新的知识阶层的进步思想趋向②。

三、中国自由主义阵营重要成员

张慰慈回国以后，中国的新思想文化界正悄悄发生变动。俄国十月革命以及随之而来的五四运动，推进了中国新文化阵营分化的进程。以李大钊、陈独秀为代表的接受十月革命影响而信奉马克思主义的进步知识分子正在酝酿"走俄国人的路"，扩大了马克思主义在中国宣传的力度，中国马克思主义的思想阵营处于形成之中；而以胡适为代表的早期新文化运动的领导人继续主张学习传统的西方，以欧美社会来设计中国社会发展的前景，坚持自由主义的理念，力图通过社会改良的办法来变革中国的现实政治，中国自由主义的思想阵营也在形成之中。张慰慈正是在五四时期思想界变动之中加入中国自由主义阵营的，并且成为其中的骨干成员。

1920 年底和 1921 年初，《新青年》同人关于《新青年》杂志的创办曾有过一次讨论。张慰慈参与了这一讨论，其主张与胡适大体一致。事情的原委是，陈独秀于 1920 年 12 月 16 日致信胡适和高一涵，表示对于"《新青年》色彩过于鲜明，弟近亦不以为然"的态度，主张《新青年》在上海办下去，由陈望道负责③。胡适接到陈独秀信后，立即给陈独秀回信，对《新青年》"色彩过于鲜明"颇有些不满，说"北京同人抹淡的工夫决赶不上上海同人染浓的手段之神速"，指出《新青年》的三条路：(1)"听《新青年》流为一种有特别色彩之杂志，而另创一个哲学文学的杂志"；(2)"将《新青年》编辑的事，自九卷一号移到北京来。由北京同人于九卷一号内发表一个新宣言，略根据七卷一号的宣言，而注重学术思想艺文的改造，声明不谈政治"；(3)《新青年》停办。胡适"此信一涵、慰慈见过。守

① 《再论问题与主义》，《李大钊全集》第 3 卷，人民出版社 2013 年版，第 53 页。

② 张慰慈在这之后仍然关注苏俄，他曾在《新青年》第 8 卷 1 号翻译了美国学者洛史·伯尔曼的《俄罗斯苏维埃政府》文章，对于国人了解新俄是有意义的。

③ 水如编：《陈独秀书信集》，新华出版社 1987 年版，第 293 页。

常、孟和、玄同三人知道此信的内容。他们对于前两条办法，都赞成”①。胡适起草的信件让高一涵、张慰慈过目，很显见此时的张慰慈、高一涵与胡适之间的信任关系及其思想上的一致性成分。陈独秀接到胡适的回信，态度非常坚决，不同意《新青年》“移京编辑”，更不同意“声明不谈政治”。陈独秀将自己想法和安排向《新青年》“北方同人”告知：“守常、玄同、适之、孟和、一涵、慰慈、豫才、启明、抚五诸君：弟日内须赴广州，此间编辑事已请陈望道先生办理，另外新加入编辑部者，为沈雁冰、李达、李汉俊三人。……望道先生已移住编辑部，以后来稿请寄编辑部陈望道先生收不误。”②可胡适仍然主张“把《新青年》移到北京编辑”，并且提议在北京同人中讨论，认为“若不先解决此问题，我们决不便另起炉灶，另创一杂志”。在这场讨论中，对于胡适的“移京编辑”主张，“慰慈赞成此议”，高一涵、陶孟和、王抚五等也赞成。在《新青年》的北方同人中，只有李大钊赞成陈独秀的意见。李大钊有这样的申明：“我还是主张从前的第一条办法（指‘听《新青年》流为一种有特别色彩之杂志’——引者注）。但如果不致‘破坏《新青年》精神之团结’，我对于改归北京编辑之议亦不反对。而绝对的不赞成停办，因停办比分裂还不好。”③在这场关于《新青年》办刊的讨论中，《新青年》在事实上分裂了，胡适成为北大自由主义阵营的领军人物，而张慰慈等则是这一自由主义阵营的重要成员。

张慰慈在《努力周报》创办前参与了1920年北方学人所开展的争取自由运动。1920年8月1日在《晨报》上发表的《争自由的宣言》，署名者七人：胡适、蒋梦麟、陶履恭、王徵、张祖训、李大钊、高一涵。七人署名的先后次序不是按照姓氏的汉语或英语拼音，也不是按照职务的高低排序，至于遵循何种排序原则，已不得而知；但很显然，这是以胡适为首的北方知识分子联合起来在社会上争自由权利的“告白”。《争自由的宣言》以“争自由”为主旨，“认定政治如果不由人民发动，断不会有真共和实现”，认为“想使政治由人民发动，不得不先有养成国人自由思想、自由评判的真精神的空气”。《宣言》要求立即废止的有民国三年三月二日公布的《治安警察条例》、民国三年十二月四日公布的《出版法》、民国三年四月二日公布的《报纸条例》、民国八年公布的《管理印刷业条例》、民国三年三月三日公布的《预戒条例》等，对于“人民、身体、家宅、言论、著作、集会、结社、

① 《胡适书信集》（上），北京大学出版社1996年版，第258—259页。

② 水如编：《陈独秀书信集》，新华出版社1987年版，第305页。

③ 《胡适书信集》（上），北京大学出版社1996年版，第266页。

书信秘密、居住迁移和财产营业等自由”,“断不可让行政官自由处置”;政府也“不得滥行宣布戒严”。不仅如此,国家对于“四种自由”(言论自由,出版自由,集会、结社自由,书信秘密自由)“不得在宪法外设立制限的法律”,同时国家“应即实行《人身保护法》,保障人民身体的自由”[①]。这一《宣言》就其精神而言,是中国自由主义者要求实行在民主政治体制中最为基本的自由民主权利,表明“新文化自由主义者试图确立文化活动必须的价值准则和一种开明的、批判和自我批判的知识精英的生活方式,作为整个社会的规范”[②]。张慰慈参与这次签名活动,表明他此时积极主张自由的思想态度。

张慰慈在《努力周报》创刊后不久即在《我们的政治主张》上签名,表达了改良现实中国政治的看法。《努力周报》于 1922 年 5 月发表了《我们的政治主张》[③],这份由胡适起草的宣言提出以“宪政的政府”、“公开的政府”、“有计划的政府”的原则来实现“好政府”的目标。《我们的政治主张》上签名十六人,与前述的 1920 年 8 月胡适领衔发表的《争自由的宣言》有着以“自由”为基线的联系;而观其签名者,《争自由的宣言》上签名的七人中除了蒋梦麟外全部加入。只不过《我们的政治主张》中人数更多而已,而核心人物未变。《我们的政治主张》的内容在于贯彻自由主义主张,建设一个“好政府”。“所谓‘好政府’,在消极的方面是要有正当的机关可以监督、防止一切营私舞弊的不法官吏。在积极的方面是两点:(1)充分运用政治的机关为社会谋充分的福利。(2)充分容纳个人的自由,爱护个性的发展。”[④]这些主张就其思想动机及其表达的内容而言,确实体现了中国的自由主义者改革政治的良好愿望,但在当时军阀横行的中国,绝无实行之可能。好人政府的失败,表明自由主义知识分子以论政的途径来参与现实政治的破产。张慰慈参与这一政治活动,反映他当时的思想认识程度和对建立“好人政府”的良好愿望。

胡适在 1922 年创办《努力周报》时,张慰慈是主要成员之一。《努力周报》是胡适主编的政治与文艺综合性刊物,1922 年 5 月 7 日创刊于北京,1923 年 10

---

① 胡适等:《争自由的宣言》,《晨报》1920 年 8 月 1 日。

② [美]杰罗姆 · B.格里德尔著,单正平译:《知识分子与现代中国》,南开大学出版社 2002 年版,第 278 页。

③ 《我们的政治主张》是北方学人面向中国社会的政治宣言书,此文曾于 1924 年 4 月 25 日先行在《东方杂志》第 19 卷第 8 号刊出,目的是表达“我们对于中国政治的主张”,希望得到“大家的批评、讨论或赞助”。

④ 蔡元培等:《我们的政治主张》,《努力周报》第 2 期,1922 年 5 月 14 日。

月31日终刊,共出版75期,其政治主张以及关于制宪问题、玄学与科学问题的讨论在当时的中国思想界产生重大的影响。除主编胡适外,高一涵、陶孟和、张慰慈等都是《努力周报》的重要负责人①。可以说,结集在《努力周报》的知识分子是一个以胡适为领袖的中国自由主义的思想阵营,而张慰慈则是这一自由主义阵营的主要成员。按照胡适的想法,《努力周报》的创办就在于继承《新青年》的精神,完成《新青年》"未竟的使命"(指《新青年》的文学革命与思想革命的使命,引者注),通过"二十年不绝的努力,在思想文艺上给中国政治建设建筑一个可靠的基础"②。其实,《努力周报》并非只专注于"思想文艺",现实政治始终是《努力周报》同人关注的重点,张慰慈也不例外。张慰慈是《努力周报》的主要的撰稿人,他在该报维持了一年半左右的时间中发表的文章十多篇,大致可归为三类:一是研究中国现实政治的,如《制宪问题》、《政治改革的目标》等;二是研究西方政治格局变动的,如《什么叫近东问题》、《德国的经济议会》(连载)、《欧洲的新国家》(连载)、《普鲁士的新宪法》、《德国的赔款问题》、《罗尔问题》、《从英国最近的政党状况上说明这次内阁改组的原因》等;三是纯粹学理上的政治学论文,如《市政问题》(连载)、《多元的主权论》、《新旧国家立法部与行政部关系的比较》、《革命和政治改革》(连载)、《城市在文化史上所占的地位》(连载)等。

张慰慈在《努力周报》期间积极参加对变革现实政治的讨论,力图对中国的政治发展和思想进步有所贡献。固然,张慰慈有时对当时的中国政治现状有些不满情绪,甚至还说过"这中华民国十二年的历史是我们国民最大的耻辱。我们虽则挂起一块共和国的招牌,其内容却反而不如专制国"③这样过激情绪的话,但总体上对政治改革的前景还是充满期待的,因而他积极参与对现实政治变革的讨论。如关于当时制宪问题的讨论,一般关心现实政治的知识分子注重于国会的合法性及制宪程序的公正性的讨论,而张慰慈则比较注重于宪法本身的研究,如他指出:"此刻我们人民所要求的是赶快制定一种好宪法,并不是要限定什么样机关才是合法的制宪机关。只要能够达到制定宪法的目的,什么样的方法都可以用。如果不注重目的一方面,专去讨论方法,那末,你有你的方法,我有我的方法,总不能讨论出什么结果来。"因而他主张在制宪问题上可以采取灵

① 在胡适养病期间,《努力周报》由高一涵、陶孟和、张慰慈、沈性仁(陶孟和的夫人)等四人维持,胡适对此很是感激,曾给这四人写信致谢。参见《胡适书信集》上卷,北京大学出版社1996年版,第321—322页。

② 胡适:《致高一涵、陶孟和、沈性仁》,《努力周报》第75期,1923年10月21日。

③ 慰慈:《政治改革的目标》,《努力周报》第63期,1923年7月29日。

活与变通的办法,不要片面地只注意形式和方法,也不要问是南方政府或北方政府抑或是地方政府,只要是能制定一部好的宪法就行。所以他的结论是:“总而言之,此刻南北两方面如果协商得妥,把民国六年解散的国会召集起来,并责成国会克期完成宪法,确是一种最简易的方法。如果协商不妥,那末,由省议会举出代表,或由别种法定机关举出代表,组织制宪会议,也未始没有商榷的余地。只要有一种办法,在事实上是做得到的,并且是最简易的,我们人民当然可以承认的。”①宪法的制定问题是《努力周报》同人讨论的热点问题,也是当时国内政治各派所关注的焦点,张慰慈对此也十分热心。在讨论中,有人主张在宪法内规定“县自治制”,而张慰慈则认为“县自治制尽可将来由省宪法去规定,不可不必占国宪的篇幅”。进而,张慰慈以西方宪法制度和美国的地方自治制度为借鉴,具体地就制定省宪问题提出了“几条大纲”,并认为按照他的大纲“既可以省去许多无谓的争执,并且可以免去在国宪内死板板的规定县制的种种流弊”。张慰慈提出的“几条大纲”主要内容是:“(一)省宪中应该明确规定省政府和各县各地方的权限。(二)省政府所制定的法律,须适用于省内的各县各地方。省政府不得对某县某区制定特别法律。(三)在各县各地方的职权范围以内(如省宪所规定的),各县各地方可以自行规定其政府之组织,并有完全的自治权。”②这里不去讨论张慰慈关于省宪制定的“几条大纲”是否可行,但至少可以说他对当时的制宪讨论是积极参与的,并且是努力为中国的制度建设贡献自己的思想。

张慰慈主张民主的政治与公开的政府,强调政治制度要因时而异,不可墨守成规。可以说,当时的张慰慈十分热心于中国的政治改革,期待中国在政治制度建设方面中取得重要进展,同时也希望民众的政治素质有很大的提高,在政治变革中能发挥作用。如他就曾有这样的希望:“近来改革政治的方法须从人民和制度两方面入手,一方面须提高人民的智识,使他们能尽公民的职务;又一方面须采用适当的制度,使人民易于执行他们的职权。这就是我们所应当采取的政治改革目标。”③还在 1922 年,当时的大总统黎元洪曾出席内阁会议,结果引出社会的广泛议论,舆论普遍认为黎元洪不应该出席。张慰慈对此发表评论,指出:“此刻各种大小官吏的心目中确实是把总统的地位看做同从前的皇帝一样。从阁员现在的观念看起来,总统出席阁议,确是很不方便的。但是我们对于这个

① 张慰慈:《制宪问题》,《努力周报》第 3 期,1922 年 5 月 21 日。
② 慰慈:《这一周》,《努力周报》第 21 期,1922 年 9 月 24 日。
③ 慰慈:《政治改革的目标》,《努力周报》第 63 期,1923 年 7 月 29 日。

问题,不当就目前的状况而说,应当从根本上着想,去打破总统皇帝的观念。不把总统当做皇帝看待,阁员就可以不必因总统出席阁议而有所拘束。……并且现今政治的趋势是趋向公开一方面,议会里边既然可以任人旁听,阁议席上为什么就不能旁听呢?"他又说,"制度不是死板千年一律,万古不变的,制度是活的,是常因社会上情形的变迁而时时更改的";"时期不同了,这一种制度就是在一国之内也往往发生出不同情形,不用说在别国了",因此仅仅根据内阁制度"来反对总统出席阁议是说不出的"①。从张慰慈对黎元洪参加内阁会议一事的议论中,也可以看出他对现实政治的评价不完全拘泥于政治学的学理,而是强调政治运作与时而化、因境而变,以切合现实的政治实际。值得注意的是,张慰慈在《努力周报》上虽然有不少文章是专就学理上来讨论政治学问题的,但其现实关怀也是显而易见的。如他发表的《革命与政治改革》文章,虽然是研究革命与政治改革的关系,但其目的是说明"破坏是极容易的,建设却是极不容易的;推翻一个腐败的政府只须极短的时期,建设一个良好的政府非经过极长的时期不可";是为了"鼓励我们努力奋斗,使我们对于现今的扰乱状况不致于灰心"②。

《努力周报》停刊后,张慰慈在思想上仍然信奉自由主义,但也有微妙的变化,尤其是在对待苏俄的问题上变化很大,这与中国自由主义的领袖胡适有些思想上的差异。1925 年徐志摩主持《晨报副刊》,开展所谓"仇俄友俄"的大讨论。张慰慈在《晨报副刊》发表了《我也来谈谈苏俄》等文章来参与"仇俄友俄"问题的讨论,认为苏俄的存在及其对中国的影响是一个事实问题。在他看来,尽管在外交方面苏俄外长于民国九年(1920)照会中国政府,表示要取消俄国商人在中国的一切特权,放弃沙俄在中国的一切权利,退还庚子赔款,但事实上中国的南方"已经在苏俄的势力之下,差不多可以算是赤化了"。这也说明,《努力周报》后张慰慈的自由主义信念并没有减退,仍然积极关注现实的中国政治;只不过此时他对苏俄的态度已有很大的变化,与先前赞赏十月革命、积极研究新俄政治,不可同日而语。此时的胡适虽然与张慰慈仍然保持良好的私人关系,思想上也同属于自由主义的阵营,但没有参加"仇俄友俄"的大讨论,而且也显然对张慰慈的举动有些不满。1926 年下半年,胡适赴英国出席中英庚款委员会议,在途经莫斯科时给张慰慈写过几封信。在信中,胡适对张慰慈在"仇俄友俄"讨论中对苏俄的态度有些看法。胡适在给张慰慈的一封信中写道:"去年许多朋友要

---

① 慰:《这一周》,《努力周报》第 8 期,1922 年 6 月 25 日。

② 慰慈:《革命与政治改革(续)》,《努力周报》第 66 期,1923 年 8 月 19 日。

我加入‘反赤化’的讨论，我所以迟疑甚久，始终不加入者，根本上只因我的实验主义不容我否认这种政治试验的正当，更不容我以耳为目，附和传统的见解与狭窄的成见。我这回不能久住俄国，不能细细观察调查，甚是恨（憾）事。但我所见已足使我心悦诚服地承认这是一个有理想、有计划的大政治试验。我们的朋友们，尤其是研究政治思想与制度的朋友们，至少应该承认苏俄有作这种政治试验的权利。我们应该承认这种试验正与我们试作白话诗，或美国试验委员会制与经理制的城市政府有同样的正当。这是最低限度的实验主义的态度。”①这里，胡适不只是向张慰慈表达自己对苏俄的好感，也不只是为了说明自己先前没有加入“反赤化”的原因，而且是婉转地但也是很明确地批评张慰慈对苏俄的态度。胡适说“我们的朋友们，尤其是研究政治思想与制度的朋友们，至少应该承认苏俄有作这种政治试验的权利”，又说应该承认苏俄的试验与“美国试验委员会制与经理制的城市政府有同样的正当”，明白人都能理解到胡适这里的话语之所指。如果说张慰慈只是胡适所说的“研究政治思想与制度的朋友们”之一的话，那么，当时在国内专门研究“美国试验委员会制与经理制的城市政府”的也只有张慰慈了。胡适是要规劝张慰慈改变对苏俄的态度，允许苏俄有试验的权利，同时也隐含着对张慰慈参加“仇俄与友俄”讨论时对苏俄指责的批评。

对现实政治的关怀始终是张慰慈政治思想的突出之处，譬如他曾运用政治学知识对上海租界进行研究和评价，认为中国政府应该拥有主权，行使对上海租界的市政管理权。张慰慈注意到，当时在上海却是有“一种极大的反常的事实”，即：“上海各租界的市政权完全在外国人手里，非但中国地方官吏所管不到，就是在那里居住的中国人民也没有参与的权利。但所有的外国人民，无论是那一国的，只须住在租界以内，无论那一国的租界，如果有一种相当的纳税资格，就能参与市政，管理租界以内的壹百多万中国人民。”张慰慈通过研究指出，上海的租界“市政委员会”只是外国侨民“自行组织起来的一个委员会，自动征收自己的市税，筹划一切款项，办理各项市政”，因而“没有法律上的根据”；而在上海公共租界里，“中国人民有纳税的义务，没有参与市政的权利。……将近二百万中国人民的生命财产都在于极少数外国人所举出来的工部局八个董事手里。但这样的制度却没有正式的法律依据”。张慰慈根据对上海各租界起源历史的考察，认定上海的“各租界只是划给外国商人居住的区域，不是中国政府租借给外国政府的土地，更不是外国政府依据条约所割据的。照南京条约所规定，上海

① 《致张慰慈》，《胡适书信集》上卷，北京大学出版社 1996 年版，第 380 页。

只是一个通商口岸,中国政府准外国人在此通商,在此居住而已;除此之外,外国人并没有得到任何别种权利。所以,凡关于上海的一切行政权及市政方面的事务,都应当在中国地方官吏手里,因为中国政府对于上海地方并未放弃其主权。"因此,张慰慈的结论是,"上海的各国租界并不能算是一种租界,只是外国侨民的居留区域。在此区域之内,外国人能居住,能租借,但不能购买土地,但同时中国人民却能有土地所有权。外国侨民是没有土地所有权的,他们如想租借土地,能与中国地主直接交易、商议条件,但中国地主不能把该土地卖绝给外国人"①。张慰慈对上海租界问题的研究,在于希望中国政府对上海市政拥有主权和管理权,抛弃那种"'宽洪(宏)大量,不与人争'的大国民心理"。

作为政治思想家的张慰慈,也不只是局限于对现实政治的批评和对国内黑暗现实的揭露,有时也会将议论的范围扩展到国际政治领域,并对中国介入国际社会提一些积极的建议。譬如,张慰慈曾在《现代评论》上发表了《中国与国际劳工会议》文章,就中国政府对待国际劳工会议以及参与劳工问题的研究提出自己的设想。国际劳工会议是由国际劳工局每年召开的重要会议,目的在于集合各国政府主管劳工事务的官员、资本家和劳动界的代表及工业和劳工方面的学术专家,规定劳工立法的标准,以备各国政府采用而制定各该国的关于劳工方面的法律。由于国际劳工局是在巴黎和会时成立的,并且是隶属于国际联盟,其组织大纲在凡尔赛条约之内,因而其所召开的国际劳工会议引起各国政府的重视。中国是国际联盟的成员,自然也是有权利派代表参加国际劳工会议的。张慰慈注意到,国际劳工局是由 24 人组成的理事会管理的,但是"中国政府向来没有代表在理事会中";而中国作为国际联盟的成员国,只是"在瑞士设立一个叫做'国际劳工事务处',派了瑞士使馆的秘书充当处长,算是中国政府与国际劳工局传递消息的中间人"。张慰慈认为,中国在国际联盟和国际劳工局中担负了重要的义务,但中国在其中却没有什么权利,义务与权利的关系极为不对等,因而有必要加以改变。他指出:"国际劳工局的每年经费是由国际联盟的经费中拨发出来的,每年约计七百万瑞士金法郎(约合中国银元二百多万元)。国际劳工局的经费约占国际联盟的经费的三分之一,中国政府每年对于国际联盟的捐助约六十来万元,所以这二百多万元的国际劳工会经费之中,中国政府也捐助二十来万元。中国政府尽了这样大的义务,同时却没有得到任何的利益。在国际劳工局的职员之中,差不多无论那一国的人都有,惟独没有中国人;在国际

① 张慰慈:《上海的租界》,《现代评论》第 2 卷第 33 期,1925 年 7 月 25 日。

联盟之中,中国也只有一个小小的二等秘书,每年拿他们八千来块钱的薪水。"① 张慰慈提醒中国政府注意,中国既然出了这样多的钱、尽了如此重大的义务,就应该在国际劳工会议中处于重要的地位,中国政府自身也应该对此引起重视。张慰慈认为,"中国政府以后如想参与此项会议,积极地进行劳工立法",要注意这样几个问题:一是中国派代表团赴会"非派完备的代表团不可",尤其要有工人代表的参加,应"选择一个关心于劳工状况,并以增加工人幸福为目的的人物,使之充当劳工代表";二是"选派代表和专门顾问,至迟须于开会四个月之前派定","使代表和顾问有预备的时间"就所要参加会议的议程进行准备,"免得将来在会场上或专门委员会中非但不能发言,就是连所讨论的题目都不懂";三是"所派的代表和顾问至少须懂得劳工问题的性质,并多少能说几句外国话,能在会场上表示意见,能与别国代表交换意见"。张慰慈的意见是,这三项是"中国代表团的最低限度的条件","如果连此都做不到,那就不如不派,免得政府花了钱还要被外国报纸笑话"②。张慰慈对中国与国际劳工会议关系的研究,不只是向国人一般地介绍国际劳工会议的情况,而且在于使国人明白参与国际组织对中国的重要性,以便努力争取中国在国际舞台上的地位。

在"五四"和后五四时期,张慰慈在思想上是一个自由主义者,力图通过改良的办法来变革当时中国的现实政治,隶属于胡适创办《努力周报》及之后的《现代评论》所集结的中国自由主义的思想阵营。就大体而言,此时的张慰慈还只是以"文人论政"的形式来参与对现实的政治讨论,还不是那种政治活动家的身份。也许是张慰慈这一时期对现实政治的认识,体会到"文人论政"效果的不大,他在 20 世纪 30 年代初走上文人从政的道路。

四、五四时期政治学大家

张慰慈留学美国的经历以及在政治学研究方面的专长,使他能够进入北京大学而居于重要的学术位置。在 20 世纪 20 年代初,北京大学的政治学在全国居于先导地位,拥有一批留学国外回来的政治学学者,出版了一批有影响的政治学著作,开创了中国现代政治学发展的新局面。张慰慈就是这一时期北大政治

① 慰慈:《中国与国际劳工会议》,《现代评论》第 2 卷第 35 期,1925 年 8 月 8 日。

② 慰慈:《中国与国际劳工会议(续)》,《现代评论》第 2 卷第 36 期,1925 年 8 月 15 日。

学群体中重要的一员。

据有的学者考证,20 世纪 20 年代初的北大法科之政治系,有教授六人,他们是:陈启修(兼系主任)、陶孟和、李大钊、高一涵、周鲠生、张慰慈①。这六人都曾留学国外,受到系统的现代学术的训练。陈启修、李大钊、高一涵三人早年都曾留学日本,系统地学习政治学(陈启修留学于东京帝国大学、李大钊留学于早稻田大学、高一涵留学于明治大学);周鲠生虽然早年也留学于日本早稻田大学,但后又于 1913—1921 年先后留学英国、法国,并获英国爱丁堡大学博士学位和法国巴黎大学博士学位;陶孟和早年也曾留学日本,后又留学英国伦敦经济学院。六人中,只有张慰慈是留学美国的。北大的政治学教授群体是由留学日本和留学欧美的归国学人所组成的群体,在介绍西方的政治理论和宣传社会主义思潮方面起了积极的作用,开创了现代中国的政治学的新局面。在北大的政治学教授中,虽然各人政治思想有所不同,但在"兼容并包,思想自由"的学术氛围中,各人的思想和学术都得到存在和发展。值得注意的是,从 1920 年 10 月起,张慰慈与著名政治学家李大钊、陈启修、陶孟和一起,四人在北大政治学系共同承担《现代政治讲座》,系统讲授政治学理论和现代政治问题。北大政治学系为什么增设现代政治讲座?据北大政治学系教授陈启修说,这个讲座的目的就是"打算帮助大家一同研究"政治,"因为现代的政治问题日趋复杂,如劳农政府、巴黎和会、国际联盟等等亟待研究的很多。加以现在的社会,无论如何,总还脱离不开政治,所以实在不能不研究。这个讲座已定由陶孟和先生、李守常先生、张慰慈先生及兄弟四人担任,打算帮助大家一同研究"②。四人的讲题如下:《劳农政府》(陶孟和)、《中国劳工现况与现代各国劳工组织之比较观》和《现代各国之社会党》(陈启修)、《现代普选运动》(李大钊)、《平和会议与平和会条约》(张慰慈)③。这反映了北京大学对现代政治问题研究的极端重视。北京大学政治系还自 1920 年秋季"添设演习一门",其目的是使"以后关于政治原理,教员和学生可以经常有共同研究的机会"④。据北京大学的 1920 年 10 月 6 日的《政治教授会启事》:"本年演习之科目决定二年级为宪法,由陈启修及燕树棠担任。

① 陈明远:《20 年代知识阶层经济状况——北京教育界和学者群体》,《社会科学论坛》2000 年第 5 期。

② 《陈启修先生演说词》,载《北京大学日刊》,1920 年 9 月 17 日。

③ 《李大钊史事综录》,北京大学出版社 1989 年版,第 202 页。

④ 《陈启修先生演说词》,载《北京大学日刊》,1920 年 9 月 17 日。

四年级为政治学,由陶履恭及张祖训担任。”①张慰慈参与现代政治讲座、担任政治演习的导师,本身就反映他对现实政治研究的兴趣和他在北大政治学建设中的地位。

张慰慈不仅研究政治学的学理,而且对当时世界范围内发生的劳动运动也予以密切的关注。在 1920 年“五一”劳动节期间,《新青年》出版了“劳动节纪念号”,李大钊、陈独秀、高一涵、张慰慈等都在“纪念号”上发表了重要文章,介绍世界劳动运动的概况,鼓吹中国的劳动运动,这在当时有广泛的影响。张慰慈在“劳动节纪念号”上发表的《美国劳动运动及组织》计有 1 万多字,对美国的劳动运动状况及其各种组织情况作了较为详细的介绍。文章强调劳动运动的历史必然性,认为“劳动问题是完全根据于此刻工业时代的种种制度而发生的”,而“工资制度”和“工厂制度”是引发劳动运动的两个基本原因。在张慰慈看来,因为“有了工资制度,每个工人须自己担任去寻工做,去养他自己及他的家属。又因为他们的力量薄弱,一天不做工就一天没有饭吃,所以他们总是在资本家势力范围之内,资本家愿意给他们多少工资就是多少。他们个人的力量虽则薄弱,不过他们如能把全体集合起来,他们就有抵抗资本家的能力。所以同行同业的工人往往组织工党与资本家对抗。因此就发生同盟罢工及别种资本和劳动冲突的事情”。而“工厂制度”固然有好的方面,“不过在坏的一方面看起来,这工厂制度是有种种不满意的地方。……在此刻工业时代,每一个工厂起码要用几百或几千几万个劳工,所以他们永没有与雇主接近的地方,小的资本家是一天减少一天,劳动的人是永不能跳出劳动阶级,所以劳动(者)和资本家的冲突,渐渐成一种阶级的冲突”。张慰慈研究劳动运动的起因,揭示劳动运动发生的现实合理性及其所具有的“阶级的冲突”的性质,就在于说明“劳动家要与资本家决斗,必须有强有力的团体才有希望”的道理②,这对于劳动运动的发展是有意义的,也反映张慰慈政治思想的进步性及其政治学研究的致用性特征。

张慰慈在北京大学担任政治学教授,同时也经常参与一系列的社会活动。1920 年 9 月,张慰慈与蔡元培、李大钊、胡适等一起发起组织“北京大学赈灾会”,向北大的教职员和学生发出赈灾的启事,号召通过捐款的办法来对北方因为旱灾而流离失所的灾民进行救助,“以尽互助之谊”③。北京大学自 1922 年 8

① 《政治教授会启事》,《北京大学日刊》1920 年 10 月 7 日。

② 张慰慈:《美国的劳动运动及组织》,《新青年》第 7 卷第 6 号,1920 年 5 月 1 日。

③ 《北京大学赈灾会启事》,《北京大学日刊》1920 年 9 月 23 日。

月发行四种季刊，即自然科学、社会科学、国学、文艺，聘请各科教授担任“编辑员”，张慰慈与李大钊、陈启修、高一涵等被聘为社会科学组的“编辑员”进行刊物的编辑工作，担负起作为“编辑员，每年至少交稿一篇”①的任务。据邵燕祥先生家传的《北京大学法科一览·自民国七年九月至八年六月(1918.9—1919.6)》所载，当时北大法科(后称法学院)专职教授十一人，张慰慈为其中之一，每周担任12课时，月薪260元(约合今天人民币1万元)②。张慰慈每月260元的薪水，其生活待遇与地位自是不可与一般知识分子相比。

正是在北京大学的政治学教学和研究的生涯，张慰慈相继出版了一些有影响的政治学著作，如《英国选举制度史》(商务印书馆1923年版)、《政治学大纲》(1923年商务印书馆出版)、《政治概论》(商务印书馆1924年版)、《市政制度》(1925年亚东图书馆出版)、《政治制度说》(神州国光社1930年版)、《政治学》(1932年上海商务印书馆出版)、《宪法》(1932年上海商务印书馆出版)等。译著有《妇女论》(神州国光社1930年版)、《现代民治政体》(商务印书馆1931年版)等。同时，张慰慈还发表了一些有关市政方面有影响的论文，如《美国城市自治的约章制度》(《新青年》第7卷第2号，1920年1月1日)、《美国委员式的和经理式的城市政府》(《新青年》第7卷第3号，1920年2月1日)、《美国劳动运动及组织》(《新青年》第7卷第6号，1920年5月1日)、《市政问题》(载《努力周报》第9期，1922年7月2日；《努力周报》第10期，1922年7月9日；《努力周报》第12期，1922年7月23日)《城市在文化史上所占的地位》(载《努力周报》第68期，1923年9月2日；《努力周报》第69期，1923年9月9日)、《二十年来美国城市政府的改革》(载《东方杂志》1924年第1期)等。这些著作和学术论文，奠定了他在中国政治学史上的地位。

张慰慈在1924年初出版了《政治概论》著作，在中国政治学史上有重要地位。胡适为本书作序时“对于此书的全体，都表示满意的赞同”，并有这样的介绍：“我的朋友张慰慈博士做的这部《政治概论》，虽是预定作高级中学教科书用的，其实是一般国民应该阅读的一部政治常识教科书。慰慈着手编这部书时，便认定‘常识’一个标准，所以他这书里处处注重政治生活的训练和政治制度的意义。他的选择去取，都是很有分寸的；取的是必需的政治概念和制度历史；有许

① 《8月1日季刊编辑员讨论会议决之条件》，《北京大学日刊》1922年8月19日。

② 陈明远：《20年代知识阶层经济状况——北京教育界和学者群体》，《社会科学论坛》2000年第5期。

多今日方在试验时期中的新奇学说,往往不能不割爱。……这一点就可以见他的慎重的态度了。”①张慰慈在《政治概论》中强调“民治的政治制度”的重要性,但他对于民众政治能力的训练也并不完全迷信于制度。在当时的政治学界,有人相信制度万能,将人民置于完全被动的地位,认为“好人民须由民治或共和政体中造出来”,人民只有在民治制度之下才能得到政治上的训练,才能变成好公民;换言之,这种观点是认为,人民如果没有执行政治的权利,永不能得到那种相当的政治训练,永没有做好公民的机会。张慰慈不同意这样的看法,他在《政治概论》的第七章中对这种观点进行辨析:“这样一种观念,在理论上也许是对的,但在事实上却是没有根据的。民治或共和制度决没有单独制造良好公民的能力,就是在那几个人民自治权力最大的国家中,政治上的弊病也不能完全免去,执政者方面也不免有舞弊的事实,也不免时有压制被统治者的行动。”②张慰慈的观点提示出这样一个问题,即政治研究不能仅仅强调制度设施,不能将民众的政治能力训练完全寄托在制度上,这应该说是很有见地的。

张慰慈擅长于市政学的研究,是中国市政学理论的开创者,这不仅与他在美国留学所学的专业有关,而且也是与他回国以后一直致力于市政学的研究分不开的。张慰慈回国后不久,就在《新青年》上发表了《美国城市自治的约章制度》等研究市政问题的学术论文,使他成为中国市政学研究的开创者。张慰慈所研究的“城市自治的约章制度”,在英文中就是 Municipal Home Rule Charter System,是属于城市自治制度的一部分,在当时的中国政治学界还未有人研究。Charter 在英文中有多种含义,其重要的意思就是宪章或规章(A document outlining the principles, functions, and organization of a corporate body;a constitution)。张慰慈据此解释为“关系城市的一种根本法律:举凡城市与邦政府的关系,城市的权限,城市政府的组织等,均由此根本法律规定之。城市的这种根本法律,和国家的宪法一样。简单一句话,Charter 就是城市的宪法”;而“所谓城市约章,就是城市的根本法律”。在此文中,张慰慈讨论了“城市自治的意义”、“美国城市制度及自治约章所以发生的原因”、“城市自治约章制度的历史”、“制定自治约章的手续”等重要学术问题,其重要结论是“自治约章制度的唯一目的,就是要给予城市一种有限的自治权利。……这新制度不是想设立一种完全独立的城市。城市所得到的权利只不过制定他们自己的根本法律,组织他们自己的政府,包括

① 《〈政治概论〉序》,《胡适文集》(3),北京大学出版社 1998 年版,第 322 页。

② 转引自《〈政治概论〉序》,《胡适文集》(3),北京大学出版社 1998 年版,第 322 页。

所有一切关于纯粹地方事务的自治权利";而目前"美国的市政制度是前几十年城市生活最简单的时候组织的,所以用来管理现在城市实在是非常不适用",改进的办法是"只有城市人民才能明白他们自己城市的特别情形、特别需要,才能制定一条法律适合于种种的情形、种种的需要"①。张慰慈关于城市自治约章的思想,奠定了后来中国的市政研究的学术基础。

张慰慈在《努力周报》上连载《市政问题》的长篇论文,对市政问题又进一步进行较为系统的研究,使他的关于市政学的思想得到发展。在张慰慈看来,当时的研究政治学的学者有一种倾向,即"往往很容易把政治的范围限于宪法问题,总统制,内阁制等类,……对于他们切身的市政问题和本地方的政治,他们反而不十分注意。这是差不多各国政治学者的通病"②。张慰慈认为,现今的城市有两种地位,一是城市"作为中央政府的机关,处理凡与全国有关系的事务",二是城市"作为地方自治的机关,处理一切纯粹的地方事务";而"市政问题中最主要的问题就是(一)城市与中央政府的关系,(二)城市政府的组织"③。城市与中央的关系,是说现代城市与中央政府应该是一种自治的关系,是在中央政府规定的范围内独立自主地处理本城市的事务,"现今所谓城市自治并不是要城市完全脱离国家的关系,完全独立;此刻所谓城市自治,只不过一种有限的自治罢了"④。城市政府的组织,是说市政府是具体管理本市市政的机关,城市政府的组织与中央政府的组织应有区别,"城市政府组织最重要的原则就是职权必须集中,责任必须确定,民选的官吏万不可过多"⑤。他就城市组织提出具体的四点建议:城市组织"不当采用三权分立的城市政府组织";"市议员的额数愈少愈好,市议员不当采用分区选举法选出";"除出市议员外,城市政府中不当再有别种民选的官吏";"市长当由市议会选择,并不必限于本市市民"⑥。值得注意的是,张慰慈不仅在中国开辟了政治学研究的市政学领域,而且对市政学给予文化史的研究。他发表的《城市在文化史上所占之地位》的论文,就是从文化史的角度对城市的历史地位予以说明。在此文中,张慰慈从城市发生和演变的历史来论述城市地位由经济中心、政治中心到文化中心的过渡,认为"文化史最重要的

① 张慰慈:《美国城市自治的约章制度》,《新青年》第7卷第2号,1920年1月1日。
② 慰慈:《市政问题》,《努力周报》第9期,1922年7月2日。
③ 慰慈:《市政问题》,《努力周报》第9期,1922年7月2日。
④ 慰慈:《市政问题》,《努力周报》第9期,1922年7月2日。
⑤ 慰慈:《市政问题》,《努力周报》第12期,1922年7月23日。
⑥ 慰慈:《市政问题》,《努力周报》第12期,1922年7月23日。

一步是从乡村的生活变化到城市的生活”，而城市生活则在其中扮演了重要角色：“新的经济生活是由城市发生的；新的政治观念，新式的社交形式，新的交换意见方法，也是均由城市提倡的”，因而城市生活在推进乡村文明到都市文明占有重要地位①。张慰慈关于市政学的理论研究使他成为中国市政学的先驱，也为他的《市政制度》一书理论体系的建构奠定了厚实的学术基础。

张慰慈于1925年出版的《市政制度》一书，今天已经很难以找到，但据胡适为此书所写的序可以略窥其内容一二。此书“专论市政制度”，将市政建设与文化的建设联系起来，强调市政建设与发展现代文明的关系，如张慰慈在绪论中说：“凡一种民族没有建设城市的能力，其文化必不能十分发达。”又说：“文化史上最重要的一步是从乡村的生活变化到城市的生活。”此外，张慰慈“这部书的后半很详细地叙说市政的具体组织，末两章还介绍他所专门研究的委员制与经理制”②。张慰慈在书中研究市政制度，要求人们能培养起“市政观念”，根本了解现代城市生活的意义与性质，建设良好的市政。如他在书中对美国的“工具主义的市政观念”有这样的介绍：“近来[美国]政治观念的改变大概是向那条所谓‘工具主义’的路上跑；这就是利用城市政府的组织，想达到个人幸福和社会安宁的目的；例如要求城市为人民设备种种方法，使他们能利用种种机会，得到最高度的幸福，满足他们美术上的需要。最完备的公共卫生设备，最清洁的自来水，最贱价的和最完备的交通设备等等，变成城市人民所应得的权利。”③胡适对张慰慈的《市政制度》评价很高，指出：“他（张慰慈）现在著的这部专论市政制度的书，是一部很好的市政研究的引论。……但这部书的特别长处在不偏重制度的介绍，而兼顾到制度背后的理论与历史。单介绍外国的制度，而不懂得这些制度的意义，是没有益处的。但制度的意义不全在理论的如何完美，而在他的历史背景，——在他的如何产生。慰慈的书的长处就在这里。”④张慰慈在市政学方面的研究在20—30年代的中国政治学界有重大影响，清华大学政治学系学生徐雄飞向清华大学政治学系主任进言：“我们需要多几个专任教授”，因而须聘请校外“素有特别研究”的政治学教授到清华任教；而“关于市政方面”，“张慰慈先生对于这项具有较深的研究，他的博士学位就是靠这次论文得到的”，应聘请

① 慰慈：《城市在文化史上所占之地位》，《努力周报》第69期，1923年9月9日。

② 《〈市政制度〉序》，《胡适文集》(4)，北京大学出版社1998年版，第647页。

③ 转引自《〈市政制度〉序》，《胡适文集》(4)，北京大学出版社1998年版，第647页。

④ 《〈市政制度〉序》，《胡适文集》(4)，北京大学出版社1998年版，第647页。

张慰慈到清华政治学系任教①。不久,清华大学政治学系聘请了张慰慈担任市政方面的课程,满足了清华大学政治学系同学的要求。

张慰慈 1923 年出版的《政治学大纲》是一部研究现代政治学理论的学术专著,在 20 世纪的中国政治学界很有影响,到 1931 年已印刷了第八版,在建构中国现代政治学研究的基本框架,奠定中国政治学的科学化、体系化方面具有开创性的地位。对此,有的学者评价道:"1920 年代初中国政治学界最有影响的一部政治学著作可能就是张慰慈的《政治学大纲》"②。应该说,这样的评价是十分中肯的。在笔者看来,张慰慈在中国政治学史上的地位很大一部分是由该书的学术地位决定的。张慰慈在此书中对政治学有这样的定义:"政治学是研究国家如何发生,如何进化,找出因果变迁的公例;并观察现在国家的性质及组织,和所处的环境,所发生的变端;更从这性质、组织、环境、变端之中,找出根本观念和具体的原理原则,拿来做怎样应付现在政治环境,解决现在政治问题,创造新政治局势的工具。这就是政治学的含义。"③张慰慈以科学概念来认定政治学是具有科学性的学科,亦即政治学是科学。在他看来,科学有三种性质:第一,科学是假定的真理;第二,科学是进步的东西;第三,科学是现在用的工具。而且科学家求科学律例,至少要用三层功夫:第一层在搜集事实,搜集的方法为观察与试验;第二层在暂定假设;第三层在实地试验,检验与证明假设的真理。所以,他认为:"政治学当然是包括在科学的范围之内,政治学的原理原则是人造的假说,拿来解说政治社会中万事万物现象的,这些原理原则都是应付环境的一种工具。"就内容来看,该书有这样几个显著特点:

一是对知识分子在社会政治变革中的作用予以高度的重视,认为知识阶层虽具有一定的中立性,但如果知识分子对被压迫阶级予以支持的话,将对于革命的发生有积极的推动作用。他指出:"社会上的阶级大概可分为压迫阶级与被压迫阶级,中间还有一种中立的知识阶级。假如知识阶级与被压迫的人民站在一条战线上,那末,革命是一定要发生的。知识阶级能在消极方面使被压迫阶级把他们的攻击集中在几点,提出几个很明显的标题,如辛亥革命是驱逐满清政府,十六年的国民革命是打倒军阀,打倒帝国主义。再在积极方面又提出几个目标,使革命的人民都向这条路上跑,如法国革命时候的'自由、平等、与博爱',国

① 徐雄飞:《提醒政治学系同学》,《国立清华大学校刊》第 75 期,1929 年 5 月 31 日。

② 孙宏云:《中国现代政治学的展开:清华政治学系的早期发展》,生活·读书·新知三联书店 2005 年版,第 365 页。

③ 张慰慈:《政治学大纲》,商务印书馆 1928 年版,第 8—9 页。

民革命的'民族、民权、与民生'这类的目标都是理想的观念,革命以后能否达到目的是另一个问题,可是在革命发生时候及革命时期确有极神秘的势力,能激动人民的革命精神。"①

二是在政治学史上提出国家四要素的主张。政治学的研究自然离不开对国家问题的研究,政治学在有些情况下也被称为国家学。于是,"从来的政治学家惯把政治学看成关系国家活动的学问,所以他们的政治学的研究,也往往都从国家的构成要素入手,首先提出所谓国家三要素的问题,把土地,人民,权力,三种要素,逐一详加说明"②。张慰慈认为,从国家的角度来研究政治学是必要的,但国家的要素不只是"土地、人民、权力"三方面,还应有"组织"这一要素。他说:"如果分析起来,国家的要素就有四种:(一)有为公共目的而活动的一群人民,(二)占定地球上的一定的土地,(三)有表示和执行公共意志的机关,(四)只受一个最高统治权的支配。简单说起来,就是土地,人民,组织和主权。"他的理由是:"如果没有一定的土地,虽然有许多人民存在,像犹太人一样,散在各国,自己没有一定的组织,一定的国土,便不能算一个国家。至于无人民的一块空地不能成为国家,那就更不用说了。如果有人民又有土地,却没有表示和执行公共意志的机关,如一群无结合的人民,散在荒岛中间,却是自然世界,不能算做国家。不过单有人民,有土地,有政府,没有最高的统治权,听受别国权力的支配,只可算得别国的属地,或变成一国的地方政府,也不能算做国家。所以凡是国家都有这四种必不可少的要素。"③张慰慈将"组织"列为国家的要素,这是对国家学说的发展,在政治学史上有重要的学术意义。

三是在继承西方政治学传统的同时而有所发展,对于国家的目的和国家的职能进行新的解释,提出使国家统治的目的和国家的职能由政治领域进到社会领域的主张。关于国家的目的,张慰慈指出:"国家的初步目的在维持个人的和平秩序安全及正义。这就是建设一种保障民权和划定民权范围的法律,在这个范围之内,无论是私人是团体是国家都不能侵犯。第二步的目的在超过个人的需要,注意到社会的更大的群集的需要,——人群的幸福。因为公共幸福必定要得国力的帮助,不是单独的个人所能做到的。要想达到这个希望,便不得不发展国力,便不得不完成国家的生活。最后的目的,在鼓励人类的文明。这就是德国

① 张慰慈:《政治学大纲》,商务印书馆1928年版,第214页。

② 陈豹隐:《新政治学》,上海乐群书店1929年版,第25页。

③ 张慰慈:《政治学大纲》,商务印书馆1928年版,第36—37页。

学者浩遵道夫,斯特恩,瓦格那,伯伦智理等'文明使命的学说'。综结起来,国家有三个目的:(一)是增进个人的幸福,(二)是鼓励社会的幸福,(三)是提倡世界的文明进步。"[①]关于国家职能,张慰慈认为国家要担负起经济管理的使命,他指出:"国家的职务不但在秉公裁判,不但在保障生命财产,并且要做社会的进步和经济进步的工具。因为个人如果受了社会的压迫,或受经济的压迫,不但不能自由发展个人的才性,并且连生命都不能保了。所以古代柏拉图的共产主义,把经济的势力排除在政治的范围之外,现代的社会主义却把经济的势力放在政治的范围之中。以为要想免掉政治上的不自由,必先排除经济上的不自由;要想免掉政治上的不平等,必先排除经济上的不平等。"[②]张慰慈关于国家目的和国家职能的论述,不仅在政治学理论上深化了关于国家问题的认识,而且又很鲜明地吸收了西方社会主义者关于国家的学说,表明了张慰慈政治学思想进步性色彩。

四是对于"民族"及由此而产生的"民族国家"问题进行研究,使"民族国家"在政治学上成为一个重要的学术概念。张慰慈认为,研究国家则不可避免地要关注到民族问题,他认为民族有三种重要的要素,即:"(一)种族的关系——由一个血统或一个人种传下来的。(二)地理的关系——在一个山脉,河流,丛林地方之中居住,为地势气候所隔,不容易和他族往来。(三)文化的关系——有同一言语,同一文学,同一历史,同一风俗、习惯,和同一道德观念。"在他看来,具备这样三个要素就标志着某一民族的形成,于是"自然可以发生一种共同的感情,组织一种统一的政治团体";"但是有时候虽然在同一的政治组织之下,民族的区别依然存在",甚至"历史的界限还在,所以他们就难免年年互相冲突"[③]。张慰慈在对"民族"有所研究的基础上对民族问题予以探讨,认为"民族国家"的出现有着现实的因素,有其政治的与历史的必然性。他指出:"民族国家之所以发生的原因,是因为团体国家和世界帝国有种种的缺点,不能适用于近代社会上的状况。团体国家的缺点是:(一)内部的争斗,(二)不能有广大的政治组织。世界帝国的缺点是:(一)各部分因有特别的利害关系,所以往往不能相容,(二)世界统一后,进化力势必至于停顿。民族国家就是调和上述两种国家的性质而发生的,其特质有二:(一)注重天然的地理上之界限,(二)注重同

① 张慰慈:《政治学大纲》,商务印书馆 1928 年版,第 225—226 页。
② 张慰慈:《政治学大纲》,商务印书馆 1928 年版,第 228 页。
③ 张慰慈:《政治学大纲》,商务印书馆 1928 年版,第 41—42 页。

一民族的人民。"①鉴于这样的研究,张慰慈认为"民族国家"符合现代政治发展的方向,因为"现今政治发展的趋向,很注重民族统一和地理统一。所以国家最大的职务就是对土地一方面,把在同一地理单位的地方,合并起来;对于人民一方面,把属于同一民族的人,联合起来"②。张慰慈将政治学研究推进到关于"民族国家"的研究,在当时的政治学领域是有显著特色的,与当时世界范围内的民族主义的兴起也是有密切的联系的,如他就说:"现在的民族主义,就想把同一民族的人民组织在一个国家之下,让他有平等的发展机会,不致酿成许多待遇不平的无谓的纷争。"③张慰慈注重研究"民族国家"问题,对扩大和深化政治学的研究领域是很有学术价值的,对于引起人们更加注重民族问题的研究也是有启示意义的。

五是对社会主义国家开展了重要的研究,从学术的视角论证了社会主义国家学说的现实合理性。张慰慈认为,社会主义国家学说反映国家发展的趋势,他指出:"就是在不共产的国家之下,政府一方面应该有管理或监督那些容易被人垄断的实业行为;一方面又应该为社会的利益起见,把几种与全体人民有关系的营业收为国家的营业。国家对于实业固然要让社会去自由竞争,但是因为放任的结果,发生竞争不能自由的情形,国家便应该出来阻止私人垄断的害处。从经验上看来,放任主义在情形复杂的今日社会之中,既不能使人得到自由竞争的好处,又不能使人得到经济平等的机会,因此便不得不有社会主义的国家职权说出来代替个人主义的国家职权说了。"④关于社会主义国家的情形,张慰慈在国家的历史与发展的趋势中进行推测,认为社会主义国家体现出"治事"的职能,与历史上的国家的"治人"职能有根本的不同。他指出:"在社会主义之下的国家中,性质上并不是治人的国家,只是治事的国家。在治人的国家之中,国家以主权者的资格做事,所以办理警察和军政,便是国家最重要的职务。在治事的国家之中,国家以事务员的资格做事,所以经济的管理乃是国家最重要的职务。因为最近的国家注重经济的职务,所以发生两大趋向:(一)国家所用的生产工人增多,(二)国家所收的营业余利增多。……我们看见在私有制度之下的国家营业这样增多,就可以推想到将来国家的职务一定朝着经济事务方面走。由此可见

---

① 张慰慈:《政治学大纲》,商务印书馆 1928 年版,第 131 页。
② 张慰慈:《政治学大纲》,商务印书馆 1928 年版,第 76—77 页。
③ 张慰慈:《政治学大纲》,商务印书馆 1928 年版,第 42 页。
④ 张慰慈:《政治学大纲》,商务印书馆 1928 年版,第 229—230 页。

从前的国家职务，专重在治人，现在的国家职务，专重在治事。”①由张慰慈对社会主义国家问题的研究来看，他的政治学思想显然是受到当时社会主义思潮的影响，并表现出进步的色彩。

张慰慈于1923年出版的《政治学大纲》在中国政治学史上有重要的学术地位，对推动中国政治学的发展是有积极贡献的。继张慰慈之后，中国政治学得到很大的发展。政治学专著在20世纪的20年代末和30年代初相继出版，如恽代英的《政治学概论》（中国国民党中央军事政治学校政治部1926年版）、王恒的《现代中国政治》（革新评论社1928年版）、陈豹隐（陈启修）的《新政治学》（上海乐群书店1929年版）、邓初民的《国家论之基础知识》（新生命书局1929年版）、高一涵的《政治学纲要》（神州国光社1930年版）、邓初民的《政治科学大纲》（昆仑书店1931年版）、田原（邓初民）的《政治学》（新时代出版社1932年版）、桂崇基的《政治学原理》（商务印书馆1934年版）、李剑农的《政治学概论》（商务印书馆1934年版）、陈占甲的《政治人才论丛》（人文书社1934年版）等。张慰慈的《政治学大纲》可以说是中国政治学建设的奠基性著作。张慰慈关于政治学以国家为研究对象，主要采自美国政治学家韦罗贝（W.W.Willoughby）的观点，但在中国政治学界产生很大影响。譬如，其后的武汉大学政治学教授李剑农在关于政治学研究对象上就与张慰慈的观点有很大的一致，李剑农认为：“政治就是国事；政治学便是以国家为研究的对象的，或竟可称之曰国家学。”②另据有的学者研究，张慰慈的《政治学大纲》是20世纪20—30年代国内的主要大学政治学系“政治学概论”这门课程使用的主要教材之一③。20年代末的《京报副刊》曾进行了一个“青年必读书十部”应征书目活动，要求社会各界向青年推进十部重要的参考书，有一个名为“韩介生”的人在他所开列的“中学以上的学生及服务社会的青年智识阶级必读的十部书”中，就有张慰慈的《政治学大纲》④，可见这部书在当时社会上的影响。胡适对张慰慈研究政治学的学识、水平给予很高的评价，承认其学术见解非同一般。如胡适在日记中就有这样的记述：“慰慈说我的《哲学史》中《淮南》一章的政治思想一节，颇有把近世思想读进古书去

① 张慰慈：《政治学大纲》，商务印书馆1928年版，第230页。

② 李剑农：《政治学概论》，商务印书馆1934年版，第2—3页。

③ 孙宏云：《中国现代政治学的展开：清华政治学系的早期发展》，生活·读书·新知三联书店2005年版，第146—147页。

④ 王世家辑录：《〈京报副刊〉“青年爱读书十部”、“青年必读书十部”资料汇编》，《鲁迅研究月刊》2002年第9期。

的毛病。我细想去,此一节确有此病。”①虽然大约在20世纪30年代初期,张慰慈弃学从政而离开政治学的学术研究领域,但他在五四时期对政治学的研究在中国现代学术史上是有重大贡献的,在中国政治学史上应该记上一笔②。

就“五四”及后五四时期张慰慈的活动来看,张慰慈是五四时期重要的历史人物,是五四时期重要的思想家和杰出的政治学家,在中国现代政治思想史和中国现代学术史上有重要的历史地位。研究五四时期进步知识分子关注俄国的激进趋向,探讨中国自由主义阵营形成的历史过程,梳理中国现代学术尤其是政治学产生的历史轨迹,则无法撇开张慰慈这一重要的历史人物。也许通过对张慰慈的深入研究,有可能使五四时期的历史更为具体一些。

(原载吴汉全、王中平著《留学生与近代中国社会变迁》,
吉林人民出版社2012年版)

【昔文琐记】这篇《张慰慈与中国自由主义政治学的发展》,初稿完成于2003年。初稿完成后,曾稍作修改,收入2012年的《留学生与近代中国社会变迁》一书中。

此文对五四时期的张慰慈作了一个梳理,应该说对认识五四这段历史是有意义的。在2017年3月,我将此文扩充为7万字,题目改为《张慰慈:五四时期重要的思想家和杰出的政治学家》,收入我与李宗楼等合作出版的《中国现代政治学史上的张慰慈》一书中,算是对自己多年来研究张慰慈的工作作一个小结。对此,我在《中国现代政治学史上的张慰慈》中,有这样的记述:

> 笔者1999年至2002年在北师大读博撰写《李大钊与中国现代学术》博士论文时,涉及中国现代政治学史问题,接触到张慰慈相关的政治学著述,当时就想能够做一篇比较系统的研究张慰慈的文章,使张慰慈这位五四时期的重要人物为学术界所知晓。2003年在徐州师范大学(现江苏师范大学)重点查阅了张慰慈在《新青年》、《每周评论》、《东方杂志》、《晨报副

① 曹伯言整理:《胡适日记全编》(5),安徽教育出版社2001年版,第767页。

② 张慰慈弃学从政后,仍然关注中国政治学的发展,而且他本人在中国政治学界继续享有重要的地位。如1932年9月,杭立武、高一涵等45人在南京发起成立中国政治学会,张慰慈即为发起人之一;张慰慈同时也是政治学会成立会(1931年9月)、第一届年会(1935年6月)、第二届年会(1936年7月)所选举的第一届、第二届和第三届干事会的11名理事之一(参见孙宏云:《中国现代政治学的展开:清华政治学系的早期发展》,生活·读书·新知三联书店2005年版,第286—295页)。由此也可见张慰慈在政治学界的地位。

刊》、《改造》等杂志上发表的文章,阅读了张慰慈的《政治学大纲》(商务印书馆1928年版)等著作,撰写了《张慰慈:五四时期重要的政治学家》一文。该文以《张慰慈与中国自由主义政治学的发展》为题,收入笔者撰写的《留学生与近代中国社会变迁》(吉林人民出版社2012年版)一书中。这些年来,我一直关注张慰慈这位人物。2017年3月23日下午接政治学家杨海蛟先生的电话,希望我写一篇比较全面的研究张慰慈文章。于是,我在《张慰慈与中国自由主义政治学的发展》一文基础上,花费了几天时间写成了这篇《张慰慈:五四时期重要的思想家和杰出的政治学家》一文。从2003年比较系统地研究张慰慈的相关资料,至今已有14年。现在这篇文章尽管还不完善,但大体上形成了初步的体系,算是比较系统地表达了自己对张慰慈的看法,因而总算完成了自己多年的一个心愿。在此,对于杨海蛟教授的鼓励与支持表示感谢!①

这部《中国现代政治学史上的张慰慈》,乃是学术界第一部研究张慰慈的学术专著。我为该书写了"结语",还与李宗楼合写了该书的"导论"。

2021年1月31日

① 李宗楼、吴汉全等:《中国现代政治学史上的张慰慈》,安徽师范大学出版社2018年版,第87—88页。

《努力周报》时期高一涵的政治思想研究

《努力周报》是胡适主编的政治与文艺综合性刊物，1922 年 5 月 7 日创刊于北京，1923 年 10 月 31 日终刊，共出版 75 期，其政治主张以及关于制宪问题、玄学与科学问题的讨论，在当时的中国思想界产生重大的影响。高一涵不仅是《努力周报》的主要撰稿人，而且在 1922 年底至 1923 年初胡适生病期间曾代为主编。据初步统计，高一涵在《努力周报》上除了连载《政治思想的研究》等学术性专著外，还发表政治性评论 40 余篇。因此，研究《努力周报》时期高一涵的政治思想，不仅对研究高一涵本人而且对研究《努力周报》这一同人刊物的思想倾向都有学术意义。总的来看，《努力周报》时期高一涵的政治思想主要有这样几个方面：

一、倡导联邦分权制，反对集权制的政治体制

联邦分权制在民国初年就有人开始倡导，袁世凯灭亡至五四运动前夕渐成声浪，20 世纪 20 年代形成高潮。此时的联邦分权制的政治主张不全是地方军阀用来对抗中央政府的策略，而主要是一些自由主义知识分子关于中国政治前途的理想设计。高一涵在《努力周报》期间，以其政治学的理论素养和对中国专制传统弊端的痛恨，积极倡导联邦分权制，反对北洋军阀集权制的政治体制。

高一涵对当时的关于省制的讨论表现出积极的态度，主张以制定省宪为基础进行政治体制的改革。“省制入宪”是民国五年宪法会议中争论最激烈的一个问题，是当时中央集权制和联邦制主张争论的焦点。高一涵认为，当时议员关于“省制入宪”的主张存在根本的“误点”，一是“只注重行政分权不注重立法分权”，二是“只注重省制的加入不注重省制的内容”，三是“只注重省制的巩固不注重省制的变通”，四是“只注重省性质的规定不注重表现省性质的法制”。在

高一涵看来,制定国宪就必须克服这四个"误点"。他指出:"如果不纠正这四个误点,我敢断言仍是中央集权制,不是各省分权制;仍是单一的制度,不是联邦国的制度。"①高一涵主张"省制入宪",其目的在于将中央与地方的权能有所划分,即中央的权限集中在外交行政权、国军行政权、交通行政权、国税行政权、司法行政权、币制的制定和国币的铸造权、对外的宣战媾和及缔约修约权等七个方面,而不在中央权限之列的一切权限,则一律归各省所有。值得注意的是,高一涵所说的"省制入宪"与通常所说的宪法规定省制有很大的不同。高一涵说:"我主张中央的宪法上边,只能规定国权与省权的分配,不得由中央代各省去规定省制,各省省制要让各省各自制宪规定。"问题是,当时中国处于南北分裂状态,北京的国会尚未恢复,总统黎元洪又不在其位,如何能使国家宪法体现省制的内容?高一涵提出的办法是,经由省制到国宪到中央政府的程序。他说:"假定国会不能恢复,黎元洪不能复位,也没有什么不得了的。我以为如果真是走投无路,还有一个绝妙的办法:就是暂让南北两政府暂时各维持各方面的现状,双方协定,划出一年期限,让南北各省自行制定省宪法,待省宪法完成之后,由各省按照省宪法组成省政府,再由省议会选举国宪起草员,把中央的宪法定好,交由各省人民投票批准,然后按照国宪来组织中央政府。"②高一涵是从学理和中国政治现实相联系的视角来倡导"省制入宪"主张的。

高一涵主张的"联邦制度下的分权,乃是把关于公共目的和公共事件划归中央,把各邦的单独目的和单独事件划归各邦",这是对中国政治体制的一种理想设计。他认为"中国宪法上的分权,也当然要仿照这个原则,把全国公共事项划归中央,把一省单独事项划归一省,更把一县单独事项划归一县;既不得把国权划归各省,更不得把国权分给各县"③。就学术思想的渊源来看,高一涵所倡导的联邦分权制度是当时西方正在流行的一种新的国家学说,即认为国家不是奠定在个人的基础上而是建立在"群"之上。高一涵曾引用英国学者白尔克(E. Barker)的观点对这种新的国家观进行解释,他指出:"现在的国家并不是个人与个人的集合体,乃是群与群的联合体;现在的主权也并不是单一的主权,乃是许多对等权力同时并立的主权。"换句话说,就是"现在的国家并不是一盘散沙的个人的总积,乃是集合成群的群的联合体"。正是根据这种新的国家学说,高一

① 高一涵:《省制的讨论》,《努力周报》第6期,1922年6月11日。

② 高一涵:《省制的讨论》,《努力周报》第6期,1922年6月11日。

③ 高一涵:《希望反对联邦论者注意最近的国家新论》,《努力周报》第37期,1923年1月14日。

涵认为“分权于民”的主张具体化就是“分权给群”，所以“‘分权于民’，必定要分给有组织有团体的人民”①。这里，高一涵叙述了在联邦制度下实行分权的学理性依据。

高一涵对当时的制宪活动发表评论，力图使他的政治主张对中国的现实政治产生影响。1922 年 12 月，北京的国会在宪法草案中对“国权”和“地方制度”进行了规定。高一涵发表了《宪法草案中国权及地方制度》一文，认为“草案”是近一年来各团体和私人所拟定宪法草案中“比较尽善的法案”，肯定草案中关于“中央事权取列举主义，各省事权取赅括主义”是“为各种法案上所未见的”②，而予以赞成。高一涵批评社会上反对联邦论者，说“这一派人的错误就在把国家看作单一体，以为一国之内，上只有国家，下只有个人，决不承认有由个人集合的‘群’”。高一涵特别不满意当时主张制定“省宪”的人“畏首畏尾的态度”，认为省宪同志会中的人“有一大部分胆子很小，不但不敢高唱联邦制，就是牺牲‘省宪’的名称，定为‘省自治法’，他们也可以承认”；希望他们不要做“‘省宪’非‘联邦’”的证明，而要以“直接痛快”的态度来“大唱省宪即联邦之说”。高一涵最后“忠告”省宪同志会同人：“就是诸公应该为主义而定宪法，不应该为宪法而牺牲主义。……省宪同志会应该以宪法起草委员会的地方制度修正案及增加国权一章草案为最后的主张，不当再有所让步。”③

从高一涵对联邦制下分权理论的倡导来看，高一涵首先是一位思想进步的政治学学者。他力图从学理的高度来研究政治，阐发政治发展的基本理法，以为中国政治的进步提供学理性的依据。他对分权理论的倡导，无论是主观上还是在客观上都是反对专制下的集权体制，这在当时是有鲜明的时代特色的。

二、抨击军阀的黑暗统治，揭露军阀政治的实质

在 20 世纪 20 年代的中国学术界，有一种学术观点，即认为中国社会的根本问题是一个生计的问题而不是分配问题。也就是说，中国社会的根本问题是经济问题，与中国政治问题无关。高一涵不同意这种说法。在高一涵看来，中国社

① 高一涵：《希望反对联邦论者注意最近的国家新论》，《努力周报》第 37 期，1923 年 1 月 14 日。

② 涵：《宪法草案中国权及地方制度》，《努力周报》第 35 期，1922 年 12 月 31 日。

③ 涵：《介绍制宪特刊》，《努力周报》第 56 期，1923 年 6 月 10 日。

会的根本问题是政治问题，即使是生计问题也是与分配问题联系在一起的。他指出："因为单注意生产，不注意分配，是欧美经济社会在这百年中表现出来的一大缺点，到现在没有方法补救，几演成阶级战争和劳动革命。我们如果再把这个悲剧，重行抄演一遍，以后必得产出同一的结果。……我的意思是想把'生产''分配'两个问题看得一般重，同时并行，不要偏重这个忘记了那个。所以我的主张就是中国现在的根本问题是要'社会的生产'，'平均的分配'！"①高一涵思想的出发点，虽然是想避免欧美社会的"阶级斗争和劳动革命"而关心社会的分配问题，表现出自由主义知识分子共同的心态；但他认为分配问题要予以注重，这在实际上还是注重社会关系、生产关系的改造，是力图从政治上来解决中国的社会问题的。

高一涵对中国的军阀政治进行无情的揭露，认为"中国实力派这几年的行动，简直可说是《水浒传》中强盗报仇的行动。只有报私仇的结合和战争，绝没有守正义的结合和战争"②。山东临城劫车案发生后，高一涵发表政治评论，将军阀与土匪连为一体，认为军阀政治与土匪的滋生有不可分割的联系。他指出："我们从前只知道'匪即是兵，兵即是匪'；现在又知道'匪即是官，官即是匪'！"他说："中国历史上凡贪官污吏横行的时代，也就是土匪横行的时代。那方的贪官污吏多，那方的土匪也必定多。所以要想扫清土匪，必定要先扫清制造土匪的工厂——官厅。所以这次临城案件，责任全在军阀，推翻军阀，土匪便尽化为良民了！故我以为要剿灭土匪，必先自剿灭军阀做起！"③高一涵认识到土匪现象的军阀政治根源，并把"推倒军阀"作为解决社会问题的前提条件，可谓抓住了问题的实质。

高一涵抨击军阀政治尤其注重揭露军阀的武力统一政策的实质和军阀践踏法律的反民主的本质。高一涵通过对罗文干案件的剖析，对于北京政府的违法行为进行坚决的揭露。罗文干是"好人政府"的重要成员，时任财政总长。1922年11月19日，因为吴景濂、张伯烈的告发，黎元洪下令逮捕罗文干。高一涵发表《国法何在！》的文章，认为在罗案中，大总统方面、国会方面、警察厅方面都存在违法的问题，他的结论是："总而言之，我国的法律是为议员们在议席上混时间，为教员们在讲堂上说白话混饭吃的，一放在政府面前，便一个大（钱）不值。

① 涵：《"中国根本的社会问题"》，《努力周报》第51期，1923年5月6日。
② 涵：《联合倒吴》，《努力周报》第35期，1922年12月31日。
③ 涵：《到底谁是匪？》，《努力周报》第54期，1923年5月27日。

同现政府——中国人——讲法律,原是一桩傻事!"①武力统一政策是北洋军阀政府行使专制政治的集中体现,高一涵早在1922年10月发表文章,批评"中央政府近来仍然袭用段祺瑞武力统一的旧政策,用皇帝的命令,特派李厚基为讨逆军总司令,萨镇冰为讨逆军副司令。只记得调兵派将,及为援闽军筹饷,却把福建人希望和平希望自治的热心送在千丈冰渊之下"②。随着吴佩孚政治地位的巩固,他的武力统一政策不仅予以公开,而且形成具体的军事计划。1923年3月,吴佩孚在洛阳召开军事会议,公开提出"武力统一"的主张。其计划:一面准备对张作霖作战;一面把势力伸向南方,勾结陈炯明反对孙中山,并指使孙传芳、沈鸿英、杨森等,进攻福建、广东、四川、湖南等地。高一涵对于吴佩孚的武力统一政策的实施予以坚决的揭露和猛烈的抨击,指出军阀的武力统一政策是一种"殖兵政策",吴佩孚的武力统一政策更为鲜明。他说,吴佩孚"因为河南湖北的兵队多了,最容易发生'心腹之患',调动出去,打胜了,不得不奉他为上司,打败了,于他自己也丝毫没有损害。所以吴佩孚的统一政策,骨子里只是殖兵政策"③。高一涵对于军阀政治的揭露和批判,有助于知识界认识北洋军阀反动的政治面目,对于民主政治运动的开展是有积极意义的。

高一涵对"法统重光"下的国会进行评论,揭露其依附北洋军阀的本性。所谓"法统重光",就是恢复法统,恢复民国初年的国会,让黎元洪复任总统。1922年5月15日,吴佩孚指使直系将领孙传芳发出通电,主张恢复法统,请黎元洪复职。19日,曹锟、吴佩孚率直系督军联名发出恢复旧国会的通电,于是24日在天津成立了"第一届国会继续开会筹备处"。6月1日旧国会议员150多人在天津开会,宣布国会"恢复";同时发表宣言,指出民国六年六月解散国会令为无效,民国七年之新国会为非法国会。6月11日,黎元洪入京代行大总统职权,下令撤消民国六年六月"解散国会令",旧国会得以复活,所谓"法统重光"得以实现。对于旧国会的恢复和旧国会的信誉问题,高一涵进行评论。高一涵指出:"我们在几个月前曾有恢复旧国会的主张(见《我们的政治主张》),照现在的情形看起来,不啻在我们信任旧国会的热心上,泼了一盆冷水!参议院开了一个月的常会,不但没有议决一件案子,连院内的一个议长都选不出。……现在议会中有打破书记的头的,有拍桌叫骂的,有抬棺材到院里来拼命的,但是舆论界却装

① 涵:《国法何在!》,《努力周报》第30期,1922年11月26日。

② 涵:《这一周》,《努力周报》第26期,1922年10月29日。

③ 涵:《骑墙政策与殖兵政策》,《努力周报》第55期,1923年6月3日。

作不闻见的。我不知道还是全国人民宽恕这些议员呀,或是这些议员已经为全国人民所不齿呢?"高一涵还说:"国民国民,国会既不能解决我们的问题,我们何不起来来解决国会的问题!"①高一涵由对旧国会议员的批评,更对1922年以来的所谓宪政内阁进行了评价,他指出:"欧洲各国宪政上的好例,大半是有名的政治家'以身作则'提倡起来的。民国十一年以来,从没有一个内阁总理是有名的政治学者,所以内阁制度虽然行了十一年之久,却没有一个人在宪政史上留下一个好成绩。"②国会本是民主政治的象征,但在中国却成为军阀政府利用的工具。高一涵对国会依附军阀政府的揭露,不仅使知识界看到了北洋军阀虚伪的政治面目,而且有助于人们寻求政治变革的新途径。

高一涵是五四时期著名的政治学学者,同时又是关注中国现实政治的进步思想家。他对北洋军阀政府政治黑暗的揭露和抨击,对军阀利用国会的独裁体制本质的痛斥,以及他与军阀相对立的鲜明政治立场,充分说明他的政治思想的进步性。这是应该给予充分肯定的。

三、寄希望政治的根本变革,力图寻求政治改革的新途径

高一涵曾与胡适、蔡元培等一起发布《我们的政治主张》,赞同进行政治上的改良。在《我们的政治主张》发布以后,社会各界知名人士有不同的反响。1922年5月21日,高一涵在《努力周报》发表《政治与社会》的文章,对《晨报》和《益世报》记者提出的责疑进行答辩。高一涵说:"我们不是想抛开教育事业不管,一心要想去做政治事业;只想要求一个容许或不妨害我们办教育事业的政府。我们并不是想从政治方面'单独进行',把社会事业一切停止;只想要求政治事业与社会事业携手同行。"他解释《我们的政治主张》是"不只要求'人'的变更,并且要求'制度'的变更",是"要用法律定为制度,并不是换汤不换药便可了事的"③。从高一涵的这篇文章来看,在《努力周报》创刊不久他是主张通过政治改良的途径来改造中国社会的,但他强调"制度的变更"又说明他不是主张

① 涵:《议员先生们》,《努力周报》第28期,1922年11月12日。
② 涵:《这一周》,《努力周报》第25期,1922年10月22日。
③ 高一涵:《政治与社会》,《努力周报》第3期,1922年5月21日。

一点一滴的改良，这应该说与《努力周报》同人办刊的基本政治倾向还是有所差异的。

高一涵寄希望政治的根本变革，从他对曹锟和“曹锟宪法”进行猛烈的抨击中反映出来。曹锟于 1923 年 6 月发动倒阁驱黎政变后，不满直系的国会议员 180 多人纷纷离京，有的去天津，有的南下广州。此时，高一涵发表文章指出：“国民想解决时局的纠纷，应该一致的宣告自六月十五日——一百八十议员离京之日——起，所有北京残留的一部分受吴景濂支配的议员，假藉国会机关所做的事一律无效。”①这就是说，要停止现有的北京国会的职权，使“吴景濂包办总统的决心和阴谋”不能得逞。对于曹锟发动的驱黎政变，高一涵说：“这一次政变，在我个人只认是退步的政变，不是进步的政变。所以政变的结果，只有把政治上所有的罪恶，尽量的表现出来；绝对不能现出一线光明之路。”②高一涵还揭露了曹锟要做总统的政治野心，他著文指出：“自天津派逼走黎元洪，激动议员不合作之后，为和缓人心计，当然不能不教曹锟通电表示他不愿做总统。可是曹锟的电报果然出来了，据这个电报的语气，不但没有表示不愿做总统的话，反而表示只有他才能做总统，或做总统是的‘夙抱’或‘素志’。……他的‘夙抱’或‘素志’既然如此，那么，只有他可以‘负行政之责’，‘能除去事势上一切之困难’了。试问负这种执行宪法之责的，不是大总统是什么呢？”③高一涵对曹锟政治野心的揭露，不久即为曹锟贿选总统的事实所证明。当时，国会因留京议员不足法定人数而无法开会，而曹锟又要利用国会选举他为总统，于是采用高价收买议员的办法进行了总统贿选，并由“猪仔”议员于 10 月 10 日赶制和公布了《中华民国宪法》（被时人称为“曹锟宪法”或“贿选宪法”）。根据时局的这一变动，高一涵发表了《不值批评的批评》文章，抨击曹锟宪法是“号称采取联邦主义的宪法，号称拥护省宪的宪法，并‘省宪法’的名称都不用，而且连省制和县制都规定了”；中华民国的宪法居然出自“辛亥年扑灭滦州共和革命军，及讨伐西南护国军总司令曹锟”，“总计十三章一百四十一条的国家根本大法，竟在总共不出两点半钟以内的三读会中，把全文完全通过！”高一涵指出：“约法虽不完毕，还可以代表革命政府的主张，袁世凯破坏他，还有人出来保障；这次宪法将来到底看有何人出来替他保障！”④高一涵对“猪仔”议员也进行猛烈抨击，他说：“我国

① 涵：《北京国会的职权》，《努力周报》第 59 期，1923 年 7 月 1 日。

② 涵：《答 KC 君》，《努力周报》第 63 期，1923 年 7 月 29 日。

③ 涵：《曹锟通电表示要做总统》，《努力周报》第 63 期，1923 年 7 月 29 日。

④ 涵：《不值批评的批评》，《努力周报》第 74 期，1923 年 10 月 14 日。

的宪法会议诸公如果拿镜子自己照照,能不自惭形秽吗!用狗粪做菩萨,还强令人低头崇拜,能不为神圣尊严宪法悲吗!"①高一涵对曹锟和曹锟宪法的抨击,表明了他与北洋军阀相对立的政治立场。

从高一涵对北洋军阀的抨击来看,他并不寄希望于北洋军阀政府,而是把北洋军阀作为"革命"的对象。他认为,北洋军阀的政治不可能有根本的变化;并提醒人们注意,与北洋军阀谈"裁兵废督"是"与虎谋皮"。他说:"我以为我们国民要求政府裁兵废督,可说是走错了门路。总统是军阀拥戴出来的;内阁是依附军阀苟延残喘的;议员虽然不尽是军阀的'走狗',但是恐怕很有许多是军阀的'走人'!凡政界中人,真正没有'领家',纯是'自家身体'的,恐怕很少!我们请他们出来帮我们裁兵废督,真可叫做'与虎谋皮'了!"②高一涵看到了黑暗的社会现实,但对中国政治的发展并不取消极的态度,而是积极寻求政治变革的新途径。他说:"我们读到蔡元培先生辞职书中'痛心于政治清明之无望'这一句,只要我们不取消极的态度,立刻就要联想起来'只有革命'这四个字。"③高一涵所说的"只有革命",虽然不能理解为"暴力革命"的手段,但推翻军阀统治、实行社会制度的根本变革应该说是其中的核心内容。

高一涵鉴于北洋军阀倒行逆施和穷凶极恶的本质,向社会发出"一个紧急动议",提出停止北京政府的职权,通过组织"统一委员会"的办法来组织新的中央政府。高一涵所说的"统一委员会"是"由各省选出全权委员一人组织之",其最大的职权是"议定全国兵额"、"监督全国裁兵"、"统筹裁兵费用"。高一涵之所以主张组织这样的"统一委员会",就在于在他看来,现行的北京政府在"最近的时期内选举总统是惹祸的根由","就是不惹起别的祸乱,至少也要为南北统一的一大障碍"。因此,高一涵提出:"现在要想南北统一,非毁去旧政府,重新创造新政府不可。要想重新创造政府,最好趁着这个无政府的时期,把这号令不出府院门外的中央政府暂行停止了,组织一个'统一委员会',专门办理南北统一的事项。一方面把统一的手续办好,一方面由国会赶快制成宪法。待新宪法颁布和南北统一后,再行选举新总统,重新组织新政府。"④高一涵提出的组织"统一委员会"的"紧急动议",在军阀统治下固然是不可能产生根本效果的,但对于唤醒人们的民主政治意识,导引人们参与政治变革的实际活动,应该说是有

① 涵:《宪法与制宪者》,《努力周报》第74期,1923年10月14日。
② 涵:《这一周》,《努力周报》第24期,1922年10月15日。
③ 高一涵:《国民应该起来制裁这制造革命的国会》,《努力周报》第39期,1923年1月28日。
④ 涵:《一个紧急动议——组织统一委员会》,《努力周报》第57期,1923年6月17日。

积极意义的。

"只有革命"的思想促使高一涵寻求社会政治变革的基本力量。1923 年 7 月 29 日,高一涵在《努力周报》第 63 期发表《答 KC 君》的文章,表示对于北京政府、南下议员、北附议员等绝望,对于研究系、政学系、安福系、直隶系等也一样绝望,并对自己过去的思想进行检讨。文章说:"我们从前正在做梦,所以每逢一次政变,照例总要高兴一次,以为这回该可以有点光明的希望了。谁知结果仍然是半斤之于八两,甚至于'朦朦眼养瞎子',一代不如一代!我们这一次不敢再高兴了,所以不提出具体的主张,为的就是减少废话。"①高一涵对于中国政治上各实力派的绝望,并不是对中国政治发展的失望,他更主张对中国社会进行"根本改造",他说:"英美的实验主义派可以主张零碎修补,我们便不得不主张根本改造。"这是因为在他看来,"中国政府坏到这步田地,如果我们仍抱着头痛医头、脚痛医脚的办法,终久是没有功效的"。高一涵提出"根本改造"的主张,还在于他认为中国存在着"大有希望的阶级",这阶级就是"教育界和工商界"。高一涵鉴于对北京政府的"绝望"与对教育界和工商界的"希望",他提出"最后的希望"就是:"中国商业阶级如果觉悟,很可以和工业界教育界联合起来,共同担任改造中国的大责任",由此他也希望社会各界"对于这几个大有希望的阶级,却不可不想方设法的赞助"②。从"只有革命"到"根本改造"主张的发展,反映高一涵在寻求中国社会变革力量的过程中,对中国现实政治的研究逐步深入和他的政治思想的巨大进步。

高一涵在《努力周报》时期虽然对国民党有所批评,但总的来说是赞同国民党的政治主张的。在《答 KC 君》一文中,高一涵对国民党是持批评立场的,说"我们对于国民党也老早就绝望了",甚至将国民党与研究系、政学系、安福系等归为一类③。但高一涵很快就转变了态度,表示赞成国民党的政治主张——三民主义,说"我个人很赞成国民党的主义","我个人是很相信国民党所抱的主义";他也看到国民党在历史发展中有所进步,指出国民党在"袁世凯称帝的时候,淘汰了一部分国民党的败类——如孙毓筠胡瑛一流人;这次北京政变,又要淘汰了一部分国民党的败类——如吴景濂一流人。同样又试验出来一部分有志气有操守的人,可以看得出他们遵守主义到底不变的态度。"自然,高一涵也看

① 涵:《答 KC 君》,《努力周报》第 63 期,1923 年 7 月 29 日。
② 涵:《我们最后的希望》,《努力周报》第 64 期,1923 年 8 月 5 日。
③ 涵:《答 KC 君》,《努力周报》第 63 期,1923 年 7 月 29 日。

到国民党的一些弱点,如一些国民党党员"就连这'三民主义五权宪法'的意思都不能明了",国民党中还收罗了一些"无聊的党员",所以高一涵提出国民党"应该重订店规,重行招股,从新批发,最好是从(重)新制造些货物"。高一涵当时是希望加入国民党的,他的前提条件是:国民党必须清除"民宪同志会的老国民党的党员"、"自身完全变成社会主义的政党"、允许"有职业的人加入"。他说:"国民党如果是这样办,我也是要首先加入的一个人。"①高一涵寄希望国民党进行改组,使国民党在中国社会变革中发挥领导作用。他对国民党的这一态度,对他以后的政治生涯产生重大影响。国民党改组以后,高一涵比较早地加入了国民党。

高一涵在《努力周报》期间政治思想的发展,不仅充分反映他反对军阀统治、追求民主政治的信念,而且在当时也推动了知识界政治民主化意识的提高和对中国政治前途的探索;他对军阀统治下黑暗的社会现实的揭露和批判,对中国政治发展前景的理想设计,集中地体现了自由主义知识分子在寻求中国政治现代化进程中的努力。高一涵在《努力周报》期间的政治思想在中国现代政治思想史占有重要的地位,需要我们认真地研究并作出符合历史实际的评价。

(原载《安徽史学》2003 年第 2 期)

【昔文琐记】这篇《〈努力周报〉时期高一涵的政治思想研究》文章,完成于2002 年春天。当时,我的博士论文已经提前答辩(2002 年 1 月 11 日答辩),闲下来没事,就试着研究高一涵这位历史人物了。此文,是我研究高一涵的第一篇文章。

在高一涵研究方面,张春丽博士是开创者,发表了不少研究高一涵的文章,在学术界有重要影响。她 1999 年在《中共党史研究》第 3 期上发表《"五四"新文化运动中高一涵启蒙思想初探》,很见学术功力。她在北师大法律与政治研究所攻读硕士,师从我的师兄朱志敏教授,专门研究高一涵,在《中共党史研究》上发表的文章就是其硕士论文的一部分。我博士毕业后,张春丽又考入北师大,到我导师张先生门下读博士,研究"先进文化"问题。这样,她就成了我的师妹了。她博士毕业后,留在北京,在中国青年政治学院工作。

我开始研究高一涵,有两个因素起了很大的推动作用:

一是导师对我的教诲和期待。我的导师张静如先生教导我,在李大钊研究

① 涵:《我对于国民党的态度》,《努力周报》第 66 期,1923 年 8 月 19 日。

告一段落后，要扩大研究领域，研究其他问题。导师说，只研究一个人只能成为专家，不能成为大家。于是，我就想再选择一个五四时期的人物研究一下。这样，在博士论文答辩之后，利用在北师大的机会，我就把目光注意到高一涵这位历史人物身上。

二是朱志敏教授对我的鼓励。朱志敏老师是我的师兄，我读博时对我帮助很大。我写博士论文的李大钊政治学思想部分，关于平民主义思想问题曾专门向他请教。他提出了非常宝贵的意见，建议我研究时除看李大钊发表的有关平民主义的文章，还要看李大钊致李泰棻的信，对照起来读。这个问题，我当时确实忽视了。也许是朱老师指导张春丽研究高一涵的缘故，他到我住的宿舍与我交谈过程中，曾希望我能研究一下高一涵这位现代人物。正是在朱志敏教授的鼓励下，我开启了研究高一涵的历程。以后，我出版了《高一涵五四时期的政治思想研究》著作，朱志敏教授还写了《高一涵研究的拓荒之作：评〈高一涵五四时期的政治思想研究〉》的书评，在《中共党史研究》2013 年第 2 期上发表。可惜的是，朱志敏于 2016 年去世，这是党史学界的重大损失①。

正巧我那时通过历史系博士生张太原与北大教授欧阳哲生取得联系，买来了《努力周报》的影印本，遂将高一涵在《努力周报》上发表的文章通读了一遍，于是就写出了这篇《〈努力周报〉》时期高一涵的政治思想研究》文章。

这里说到的张太原和欧阳哲生两位，都是我学界的朋友。

张太原与我同届读博士，师从朱汉国教授研究中国现代史。他当时年龄较小，算是小老弟，但学问做得好、很扎实。记得刚入校不久，他就通过朋友找到我，说自己的硕士论文是研究陈序经的，但学界发表这方面的论文不超过五六篇，故而看到我的《陈序经文化理论述论》②文章，就有很深的印象。以后，他还在学校饭堂旁边的小白楼请我吃饭，记得是点了一条很大的鱼。于是，我们就交往了，时常就学术问题切磋。他读了罗志田的很多著作，非常推崇罗志田的学问。张太原研究《独立评论》很有心得，读博期间就在《历史研究》上发表文章。记得在博二时，我和太原又一起被北师大研究生院邀请，为在读的博士生硕士生作学术经验介绍，事后研究生院还给我们每人发了 500 元。太原博士毕业后先是到中

① 我的师弟周良书教授写有《中共历史学上的朱志敏》，总结朱志敏的学术成就的六个方面：(1)党史人物李大钊研究的承继者；(2)党史上民主观念研究的推动者；(3)党史学中文化史研究的开拓者；(4)党史学中口述史研究的提倡者；(5)党史学中后现代主义的绍介者；(6)党史教育与人才培养的探索者。参见周良书：《中共历史学上的朱志敏》，《北京党史》2020 年第 6 期。

② 载《盐城教育学院学报》1997 年第 1 期。

山大学做博士后,后到中央党校工作,继而又到河北省大名县挂职副县长,我们一直没有中断联系。张太原现为中央党校教授、博导,是全国知名的党史学家。

欧阳哲生尽管年龄与我相仿,但出道早、成名早,在学术界早已是有影响力的著名学者。我在北师大读博时当上了副教授,而他当时已经是北京大学教授了。我知道欧阳哲生的名字是 1994 年 10 月。那时,我在唐山参加纪念李大钊 105 周年诞辰的学术讨论会,与北京大学教授刘桂生有交往。刘先生说,自己在广州开会时,已经取得博士学位的欧阳哲生奔赴广州联系做博后研究,于是招收了欧阳哲生。其后,我读了不少欧阳哲生研究胡适、傅斯年方面的成果。欧阳哲生著作等身,是著名的学术大家,在海内外有很高的知名度。在今年 5 月底杭州的会议上,我也见到欧阳哲生教授。他在会上作了《五四时期的"主义"建构及其思想论争》报告。尽管有近二十年没有见面,他还是那么年轻、帅气、睿智。

2002 年 7 月,我博士毕业回原单位工作,把高一涵研究作为一个新的研究方向。以后,又相继写出并发表了《〈每周评论〉时期高一涵政治思想研究》①、《高一涵研究的现状及今后的努力方向》②等文章,算是在高一涵研究方面有所努力。我利用徐州师范大学图书馆丰富的馆藏资源,抄录了高一涵的文章近百万字,又从上海图书馆复印出不少高一涵的文章。这样,我出版了《高一涵五四时期的政治思想研究》③,这是学术界研究高一涵的第一部专著。其后,又与高大同合作,出版了《高一涵评传》④,这是学术界的第一部高一涵评传。在此期间,我还为学术界研究高一涵的著作写了几篇序,倡导研究高一涵的重要性⑤。今年,商务印书馆决定把高一涵的《中国御史制度的沿革》和《中国内阁制度的沿革》两书合为一本再版,约请我写了个"导读"文章放在书里。我写了《中国政治制度史研究的学术名著:写在高一涵两部政治制度史著作新版之际》⑥,计有 2.6 万字。应该说,在最近二十年的学术生涯中,我对高一涵研究一直是关注的。

2022 年 1 月 7 日

---

① 载《安徽史学》2005 年第 3 期。

② 载《安徽史学》2007 年第 6 期。

③ 吉林人民出版社 2012 年版。

④ 参见吴汉全、高大同:《高一涵评传》,人民出版社 2019 年版。

⑤ 主要是:《写在〈高一涵文选〉出版之际》,载陈良亭编《高一涵文选》,香港天马出版有限公司 2014 年版;《〈高一涵监察工作文选〉序》,载高大同编《高一涵监察工作文选》,凤凰出版社 2015 年 1 月版;《〈高一涵传〉序》,载陈良亭编《高一涵传》,群言出版社 2019 年 3 月版。

⑥ 载高一涵:《中国御史制度的沿革 中国内阁制度的沿革》,商务印书馆 2021 年 7 月版,第 109—150 页。

五四时期公共意识的兴起与私人空间的压缩

五四运动使中国迎来了“社会改造运动的时代”，时人即深深地感知到“近来改造社会的声浪，一天高似一天”①。随着“社会改造”话语的流行及社会变革的需要，青年学生创办了众多的社团及其刊物。当时即有人认为，“‘五四’以前中国的社会，可以说是一点没有组织”，故而“社会组织的增加”乃是“‘五四’以来绝大的成绩”②。在五四时期社团的创办中，由于高度重视社会成员团体意识和组织精神的培育，以至于出现触及个体的私人领域的现象，并在很大程度上压缩了私人领域的活动空间③。换言之，在五四时期的“个人解放”进至“社会改造”的征途中，通过社团的活动而在很大程度上表征着“公进私退”的演进逻辑。这对于五四时期“社会改造”话语的发展以及现代中国社会的变迁范式，皆有很大的影响。鉴于五四时期社团涉及问题很多，本文仅就其中的戒约、会议、日记等方面进行初步考察，借以在五四时期公共意识与私人空间关系问题上提出一点不成熟的看法。

一、社团“戒约”及其道德性内涵

五四时期的社团尤其是比较成熟的社团，皆在其章程中明确地规定成员所

---

① 《觉社新刊发刊的旨趣》(1920年4月15日)，《五四时期期刊介绍》第二辑(下册)，生活·读书·新知三联书店1959年版，第569页。

② 罗家伦:《一年来我们学生运动底成功失败和将来应取的方针》，《新潮》第2卷第4号，1920年5月1日。

③ 王汎森先生在《近代中国私人领域的政治化》中认为，近代中国存在着“反隐私”的现象，这就是“认为在合理的状况下，应该尽可能公开个人的隐私，供自己反省及他人批评”(参见王汎森:《中国近代思想与学术的系谱》，生活·读书·新知三联书店2018年版，第181页)。本文试图通过对五四时期社团的研究，就王汎森先生的观点作进一步的发挥。

应恪守的“戒约”或“规约”，借以通过团体精神和公共意识来对社团成员予以整体性的约束。这实际上乃是为社团进至其公共行为阶段，提供思想上、组织上的保证。五四时期的社团对成员的言行作出某种规范，并以“戒约”或“规约”的成文形式予以规定，因而也就是在调整和规范“个人”与“组织”的关系，这对个人而言也就多少有着道德规范的意义。

五四时期社团中的“戒约”作为自成系统的话语体系，多有着“不”字的话语特征，这乃是公共领域进占私人领域的重要表征。“不”字在五四时期社团的“戒约”中出现，一般是用列举法来规定成员不能触及的领域，这显然是对个人言论及活动范围的选择性限制。譬如，1918 年 3 月成立的新民学会，将“不虚伪”、“不懒惰”、“不浪费”、“不赌博”、“不狎妓”等作为“规诫”[①]。又譬如，1917 年 10 月成立的互助社，则以“不谈人过失、不失信、不恶待人、不作无益事、不浪费、不轻狂、不染恶嗜好、不骄矜”等，作为互助社在“自助方面”的“戒约”[②]。再譬如，1920 年 10 月 3 日，在武昌的日新社、健学会、互助社、辅仁社、启明工社、利群书社及人社的一部分社员，在利群书社召开“改造同盟”会议，“定规约七条，以有俾各团体互助而不妨个性发展为主”。这七条“戒约”为不嫖、不赌、不吸烟、不纳妾、不入有害社会的团体、不营有害社会的生活、不存悲观失望的态度[③]。上述例证中的“不××”字样，其所谓的“××”大多属于个人私德范围中的领域，如“烟酒”、“浪费”、“悲观”、“谈人过失”等，此可见社团中的“戒约”努力压缩私人领域中的某些空间，其目的在于彰显现代性的公共意识而扩大公共领域。而就话语分析的视角来看，“戒约”即“如戒约束”，乃是为了有效地规范特定对象言行的界限，并且主要还是指修身的戒律。传统修身的“戒约”通常是以列举的办法，标示出在哪些方面有严格的“底线”而不得违反，故而多以“不”来列举其具体内容。这说明，作为在“社会改造”话语中兴起的具有现代性的五四时期社团，亦在很大程度上承继了中国传统的个人修身要求中的某些传统。

五四时期社团的“戒约”有着扩大化的趋势，突出地表现为向个体生活的各方面全面渗透，这就使得“戒约”的条文越来越多，规定的内容也越来越细致。譬如，利群书社规定的“约法”竟多达 14 条，甚至还将起居、作息时间、会客地点、开会时间、缴纳伙食费及膳食费等都包括进去[④]，可谓事无巨细、应有尽有。

---

① 《五四时期的社团》(一)，生活·读书·新知三联书店 1979 年版，第 9 页。

② 《互助社的第一年》，《互助》第 1 期，1920 年 10 月。

③ 《改造同盟》，《互助》第 1 期，1920 年 10 月。

④ 《利群书社》，《互助》第 1 期，1920 年 10 月。

又譬如,以"改造社会为宗旨"的改造社,在1921年1月1日成立之时,即制定了4条"规约":一是"社员不得以本社名义干涉政事及有不合本社宗旨之行动";二是"社员停纳常年捐一年者,本社即宣告除名";三是"社员有互相规劝之义务";四是"社员有担任经费投稿杂志及促进一切事项之义务"①。以后,改造社负责人袁玉冰又进一步提出,"改造社的社旨与社规都要,但社旨不妨简单,社规可详细"。本着"社规"详细的原则,袁玉冰将"社规"又具体地细化为八条:"一、积极的破坏不良的社会制度;二、社员只能信仰主义,绝对不能信仰任何宗教;三、对于民主革命的政党,只能援助,不能加入;四、社员须有一种体力劳动或精神劳动的正当职业;五、社员不得为资本家的助手,如工程师……之类;六、社员生活须平民化,如坐人力车、穿华丽衣服……等应禁止;七、社员不得有不良的嗜好,如嫖赌烟酒之类;八、社员对于下列各科应该有研究:1. 马克司学说;2. 社会学;3. 外国语——至少一种;4. 世界语。"②改造社对于"社规"乃是进行不断细化、不断完善的努力,并且还将信仰和研究"主义"作为改造社社员的基本要求,这亦可见"社规"业已成功地进至私人的信仰领域。再譬如,共进社在简章中的"规约"也有着内容不断扩充的态势。共进社经过了一年时间的运行,认为"本社从前七条规约不够用,须得另行规定简章已甚明",于是在1922年10月制定的"共进社简章"中,对于共进社社员作了进一步的具体要求,这主要体现在"简章"的第四条、第五条及第六条中。"简章"第四条规定,共进社社员"须具有向上之精神,对本社须尽忠实之义务";"简章"第五条规定:"凡本社社员有下列情事之一者,由本社执行机关先予以诚恳之劝告,劝告无效,请其出社。甲、违背时代精神者;乙、防(妨)害社务进行者。""简章"第六条规定:"凡本社社员人格上有重大污点者,即令其出社。"③而到1924年的4月,共进社按其程序又进一步修订了"共进社章程",此时的"规约"已经有14条之多(从第23条至第36条),并且对社员政治信仰上的要求也更为具体化,如第32条规定"社员违背纲领章程或议决案时,得由各该地方团干事先予以诚恳之劝告,劝告无效,请其出社";第33条规定"社员对于社务有守秘密之义务";第36条规定"社员私人有重大事体发生,于本社足致影响时,得由社务执行委员会用适宜之法裁制之"④。

① 《本社的简章》,《新江西》第1卷第1期,1921年5月1日。

② 《袁玉冰复张石樵》,《新江西》第1卷第3期,1923年1月15日。

③ 《一九二二年本社会议案概略》,《共进》第23期("周年纪念特刊"),1922年10月10日。

④ 《共进社纲领及章程》,《五四时期的社团》(3),生活·读书·新知三联书店1979年版,第343页。

“戒约”既然称之为“约”，本应该以约定及简约为其显著特征，而五四时期社团的“戒约”在条文及内容上却有越来越多的趋势，则很鲜明地说明公共意识和公共领域有着强烈的扩张态势。

正是因为五四时期社团中的“戒约”在内容上的不断增多，故而“戒约”在“不”字之外又加上“须”、“要”等字眼，于是“不”字的表达方式显然也有向着多样化方向演进的态势。譬如，国民杂志社规定“社员规则”有七条，以“不”和“有”交替地来规定其要求，这就是“不得有违背本社组织大纲之行动”、“不得以本社名义图个人之利益”、“不得假本社名义干涉政治”、“有互相规劝之义务”、“有担任经费、投稿杂志及促进本社一切事项之义务”、“有违背本社规约者，由全体大会议决，令其出社”、“有特别情形，得申明出社，但所缴社金概不退还”等①。又譬如，少年中国学会的“禁约”也是以“有”与“不”成就其话语表达方式，申明对于“有嫖赌或其他不道德之行为者”、“与各政党有接近嫌疑、因而妨害本学会名誉者”、“违背本学会信条者”、“对于会务漠不关心者”、“介绍会员不加审慎、因而妨害本学会名誉者”等等，则由评议部提出警告书“劝其从速悔改”；而对于“违背本学会宗旨”、“利用本学会名义为个人私利之行动”、“加入其他党系、因而妨害本学会名誉”、“人格上有重大污点”等等行为，经评议部核查及临时大会表决而“宣告除名”②。再譬如，启明化学工业社的“社约”将道德的要求纳入其中，明确地规定以道德来约束本社社员，要求社员“作事抱积极主义，一齐上进”，既要“遵守诚实勤俭四字”，又要“免除嫖赌烟酒四项”③。五四时期社团的“戒约”中，在“不”之外加上“有”等字眼，很可见此时的“戒约”不仅在内容上、而且在范围上有着扩张的势头，其向个人领域进发的目标也是很清晰的。

五四时期社团中的“戒约”具有很强的惩戒意味，大多数社团皆对那些违反“戒约”的成员给予“除名”、“出社”、“出会”、“出团”等处罚。当然，就五四时期社团的运行状况而言，有时成员即使没有违背社团的“戒约”，但社团亦有可能处于涣散之势。大致说来，当“戒约”在社团的维护中难以进一步发挥作用之时，组织体系或者是对“戒约”本身予以修订，借以提升“戒约”的权威性和约束力，或者另出相关的条文与“戒约”相辅而行。但一般来说，比较成形的或成熟

① 《国民杂志社社员规则》，《国民》第2卷第1期，1919年11月1日。

② 《五四时期的社团》(一)，生活·读书·新知三联书店1979年版，第226页。

③ 《启明化学工业社概略》，《互助》第1期，1920年10月。

的社团不大轻易修改业已形成的“戒约”,因为如果将“戒约”作根本性的修改,实际上也就意味着既有社团性质发生相应的变化,故而大多社团大致是以新立“条文”的办法,对既有“戒约”予以补充。新民学会本有其“戒约”所在,但在运行三年后亦出现一些问题,主要是“会友个人对于会之精神,间或未能了解”,且表现形式有着多样化:“有牵于他种事势不能分其注意之力于本会者;有在他种团体感情甚洽因而对于本会无感情者;有自身毫无向上之要求者;有缺乏团体生活之兴趣者;有行为不为会友之多数满意者”。于是,新民学会发出“紧要启事”,认为对以上这几种情形的人尽管过去曾经“列名为会友”,但现在“为保持会的精神起见,惟有不再认其为会员”①。据笔者考察,五四时期的社团对于成员违背“戒约”予以处罚的较多,相比之下,给予成员“劝告”的则不多,但也不是没有。全国各地的工读互助团就是注重“劝告”的重要例证。工读互助团在全国各地组织的情形尽管有所不同,但皆以半工半读为宗旨并有比较一致的“规约”,而且在“规约”中一般皆是将“警告”、“规劝”等作为必备的步骤,这之后才有对团员给予“出团”的最后惩罚。北京成立的工读互助团的“规约”规定:“凡团员有怠于作工情事,由团员会提出警告;经继续三次警告,仍不努力尽职,即令其出团。”②上海工读互助团借鉴了北京工读互助团的经验,其“规约”中将“规劝”细化为“私人规劝”和“全体劝告”两项,规定:“凡团员有怠于工作情事,除私人规劝外,得由事务员召集团员会议全体劝告,经三次劝告仍不努力尽职,即请其出团。”③武昌工学互助团的“规约”是:“凡团员有怠于工作情事,由团员会提出警告;经继续三次警告仍不努力尽职,即令其出团。”④中国大学工读互助团在简章中改“规约”为“惩戒”,规定:“本团团员如惰于工作,得由团员会警告之。团员中如有操行不检、经团员会认为与本团有妨碍者,得夺去其一部份权利,或由团员会宣告除名。”⑤不难看出,各地工读互助团的“规约”对团员的处罚大多以“规劝”为手段,除中国大学工读互助团改“规约”为“惩戒”外,一般皆是经过了“劝告”环节之后,在劝告无效的情况下才会给予“出团”的处罚。五四时期社团对成员处罚多而劝告少的现象,以及权利与义务中的不对等关系,说明“组织”和“个人”关系上组织的强势,同时也预示着社团发展中组织性的提升是一

① 《五四时期的社团》(一),生活·读书·新知三联书店1979年版,第11页。
② 王光祈:《工读互助团》,《少年中国》第1卷第7期,1920年1月15日。
③ 《上海工读互助团简章》,《星期评论》第40期,1920年3月7日。
④ 《武昌工学互助团组织大纲》,长沙《大公报》1920年2月3日。
⑤ 《中大工读互助团简章》,《晨报》1920年3月27日。

个很大的趋势。

社团的"戒约"在于以严格的规定和强制的方法来维护组织的精神,因而要求成员必须遵守而不得违反的。就笔者来看,"戒约"反映出的只是社团对成员的要求和制约关系,这大致是一种单向的自上而下的限制关系,并没有反映出社团中成员的主体性及能动性,故而也就很少能表达成员对社团的诉求及成员间的相互关系。也许因为这个缘故,故而社团中出现了要求重要"个人"的呼声。新民学会会员欧阳泽曾致书毛泽东等,从"个人"站位来看待新民学会的组织性及其相关要求,提出社团应铸造"共同的精神"的观点,认为个人对于学会固然要"尽心尽力的栽培他,灌溉他,爱惜他,务使他充量的发展",但也"不要一心一意的专事服从他,倚靠他,更不要挟什么野心来利用他,把他当个偶像或傀儡玩";而学会与个人的关系也应该是双向的,"本会对于个人,和个人对于本会,须都要负完全的责任",故而"本会的失败,即是个人的失败",而"个人的失败,也就是本会的失败"。至于在学会之中,不仅要处理好学会与个人相互间的关系,还应该重视学会之中个人与个人的关系,一方面"会员对于会员,在学术上有互助的责任;在行动上有互相劝勉的责任",另一方面"会员对于会员,须要有理性的爱",并且惟有"理性的爱方是普遍的,永久的,方能维持一个团体,不至于忽尔涣散",而"感情的爱是暂时的,部分的",因而那种"感情的爱是靠不住的"①。这里,欧阳泽基于个人权利、个性发展和个人间相互关系来认识社团组织,其主张的正确性如何自然有待于评定,但此论多少也暗含着五四时期的社团中业已存在的忽视"个人"的问题。这亦可见,在五四时期社团的实际运行之中,组织与个人的关系事实上也是有着紧张的状态。

以上,就五四时期社团中的"戒约"问题进行讨论,大致可以说明:在"社会改造"语境中兴起的社团有着彰显公共意识及扩大公共空间的使命,并且大多以其"戒约"来维系社团的存立,并尽可能地缩小私人领域的空间,故而社团中的"戒约"所具有的强制性在"社会改造"目标引领下处于增长的态势:一方面是"戒约"在范围上、内容上以及在强度上不断地渗透私人领域,另一方面则是进一步强化对社团中个人道德的规范,使传统的道德制约力在现代性的社团中继续发挥作用。五四时期社团中的"戒约"及其相关的实践,一方面说明"戒约"与中国传统社会中的个人修养有着某种传承性的关系,另一方面也说明"戒约"对此后相关社会组织中的"纪律"又有着某种影响,尽管社团中的"戒约"与后来社

① 《五四时期的社团》(一),生活 · 读书 · 新知三联书店 1979 年版,第 19—20 页。

会组织体系中的“纪律”也有较大的差异,但在社会演变视域和历史逻辑上说也应该是有着密切联系的。

二、“会议”与社团成员间的“讨论”

五四时期的各种社团尽管其类型有所不同,并且在“社会改造”中的地位与作用也不一样,但大致皆离不开“会议”这个基本要件,或可以说,如果没有形形色色的会议,也就不可能有社团的存在和发展。而作为“会议”重要形式的成员间的“讨论”,也是社团运行中的突出亮点。于此,考察五四时期社团在公共意识兴起中的作用,也就需要重点地分析社团中的“会议”及成员间的“讨论”,如此才有可能窥视五四时期公共意识增长与私人空间压缩的关系之一斑。

五四时期社团中的会议情形不一、形式多样,并随社团的演进而发展,但对于某一个具体的社团来说,在确定的阶段或时期内,会议的类型乃是确定的。譬如,国民杂志社的会议起初规定有四种类型,即常会(每年举行一次)、评议会(由评议长随时召集之)、干事会(各股主任随时召集之)及临时会(遇有临时发生重要事项或社员 10 人以上之提议,得由总务股主任随时召集之)①;1919 年 10 月 5 日,经全体大会而加以修正,但仍然为四种类型,即大会(每半年举行一次)、职员会(由主任干事随时召集之)、各部会议(各部主任随时召集之)及临时大会(遇有临时发生重要事项或社员 10 人以上之提议,得由主任干事随时召集之)②。此种修改除名称上有相应的变化外,最为突出的是两个方面:一是改原来一年一次的大会为半年一次;二是改“评议会”为“职员会”。显然,前者使会议更为频繁一些,而后者则为职员提供了参与会议的机会。又譬如,共进社对于会议作出严格的规定和细致的分类。在 1924 年 4 月重新修订的“章程”中,规定各种会议皆须“过半人数出席”,且将会议分为“经常会议”、“临时会议”两种。“经常会议”甚多,包括每年一次的“代表大会”、每三个月一次的“社务执行委员会会议”、两星期一次的“主任会议”、每月一次的“股会议”、每年一次的周年纪念日(10 月 10 日)的“周年大会”、每年旧历元旦前后的“年会”、每两个月

① 《国民杂志社组织大纲》,《国民》第 1 卷第 1 期,1919 年 1 月。

② 《国民杂志社组织大纲》(修正稿),《国民》第 2 卷第 1 期,1919 年 11 月 1 日。

举行的“地方团会议”等[①]。这可见,会议对于五四时期各种形式的社团来说,皆是极端重要而又不可缺少的“要件”,故而社团的成员对于开会皆抱有相当积极的态度。

五四时期社团中的会议以“代表大会”最为重要,这可以说是社团中具有决定重大事项、形成重大决议案的“权力机构”。譬如,共进社的“代表大会”乃是共进社的最高机关,而“在代表大会闭会期间,社务执行委员会为本社最高机关”;会议执行少数服从多数的组织原则,“代表大会或委员会之议决,须为该大会或该委员会多数之公意,少数须服从之”[②]。共进社的代表大会不仅有严格的程序,而且会议的仪式感也特别强烈。如1925年7月19日至7月25日召开的共进社第二届代表大会,先是在19日和20日进行预备会,然后在21日至25日再正式开会;开会时,会场“前面挂有社旗,国旗交悬于其上”,参会者“衣冠整齐,态度庄严,鱼贯入席”,宣布开会后先是“奏乐”,然后“全体向国旗社旗行三鞠躬礼”[③]。又譬如,少年中国学会的“会员大会”(即年会)相当于其他社团的“代表大会”,这在全国的社团中有着极大的影响。这个“会员大会”由全体会员组织,定于“每年七月一日开会一次,由执行部召集之”,主要事项是:表决评议员及编译员人数、选举评议员、议决预算、讨论本会进行要项、评议评议部之提案、议决会员之提案、追认临时大会所作出的决议[④]。据研究者根据少年中国学会的《会务报告》、《周年纪念册》及《少年中国》月刊的记载而进行的统计,少年中国学会在1918年至1925年召开大小会议56次之多,有筹备会、常会、谈话会、欢迎会、茶话会、改选会、临时会、留别会、讲演大会等多种形式[⑤]。关于少年中国学会开会的情况,周太玄有这样的回忆:“至于开成立大会的前半年,各地会员的讨论会、学术谈话会、参加友会的联络会以及其他社会活动至为活跃。……在那年年底和次年年初,连续举行了几次讲演会,请了陈独秀、蔡元培等人讲演,并与清华大学的仁友会召开恳亲会。上海方面,因周无、李璜将往法国,王光祈便到沪召开了几次会务讨论和学术谈话会。其他成都、南京也都举行

① 《共进社纲领及章程》,《五四时期的社团》(3),生活·读书·新知三联书店1979年版,第344页。

② 《共进社纲领及章程》,《五四时期的社团》(3),生活·读书·新知三联书店1979年版,第342页。

③ 《共进社第二届代表大会中报告》,《五四时期的社团》(3),生活·读书·新知三联书店1979年版,第349—350页。

④ 《五四时期的社团》(一),生活·读书·新知三联书店1979年版,第229页。

⑤ 参见《五四时期的社团》(一),生活·读书·新知三联书店1979年版,第262—283页。

过谈话会。"①事实上,各种社团皆是在其"代表大会"下运行的,社团中的相关活动及其他各种会议皆在"代表大会"的架构之下,这有助于社团的运行和向着既定的目标迈进。

五四时期社团的会议具有很强的道德性要求,并在很大程度上借助于道德的方式来推进公共意识的发展和公共领域的扩张。1917 年 10 月成立的互助社在其"草章"中对于会议有明确的规定:"社员每日开会一次,时间以半小时为限(后多实以一小时为限),遇事多,时间不足,得公决延长之";"每次开会首静坐,数息百次(后多改为静坐五分钟),继续前会记录,继每人报告一日经过,并讨论一切事毕,诵《互助文》散会"②。开会后为何首先要"静坐"?据说"开会之时,最初静坐约五分钟",就在于"使社员平心静气,免其有'不神圣会务'之弊也"。为何开会后还要"读昨日记录"?这是为了使社员能够通过阅读"记载每日之成绩,使他日可以复按,且以增前后之比赛竞进之心也"。至于开会中要求"社员依次报告其所作事遵守日程之情形",则是为了检查社员是否"能遵守日程之作事",如未完成则要社员"报告其理由",藉以使"同人互评判之",从而"使社员不至耗时光于虚牝之法也"。结束前诵读《互助文》,在于"提醒社员"明白"凡所言者,必须实行"③。这可见,互助社的个人修养意识和仪式感相当强,成员不仅每天需要开会,而且每次开会还要集体静坐五分钟,而会议最后还要诵读《互助文》才能结束,这就颇有较为浓厚的宗教意味。而在互助社帮助和影响下的诸多小团体,亦皆以开会为其显著特色,其道德的意味也非常浓厚。譬如,辅仁社创办后"注意个人修养,开会时报告自己的过失及他社员的过失,皆相约直言不讳"④。又譬如,"为我社"开会的情况也与辅仁社差不多,其"约章"中明确规定:"每日须开会一次,开会时静坐片刻,安定心神,自省得失。开会毕,各各默念《自励词》而散。"⑤后来,为免于外人将"为我"误解为"自私自利的独善主义","为我社"遂主动地改名为"日新社",尽管名称改了,成员亦有所变动,但开会的传统还是继续的,"这时定每星期开会三次",又鉴于有不少社员散居校外,"因此校内外各做一组,每日开会一次,但每星期仍有一次大联合会"⑥。再譬

① 《五四时期的社团》(一),生活·读书·新知三联书店 1979 年版,第 544—545 页。
② 《互助社的第一年》,《互助》第 1 期,1920 年 10 月。
③ 《互助社的第一年》,《互助》第 1 期,1920 年 10 月。
④ 《五四时期的社团》(一),生活·读书·新知三联书店 1979 年版,第 138 页。
⑤ 《五四时期的社团》(一),生活·读书·新知三联书店 1979 年版,第 140 页。
⑥ 《五四时期的社团》(一),生活·读书·新知三联书店 1979 年版,第 142 页。

如,健学会也是以开会为社团运行之要则,“健学会的常会是每星期一次,时间在星期日上午八时至九时。这个会,各人都用书面诚恳的报告各人自己一星期所有的功过——自助的、助人的,提出应急于解决的切实问题,发表对于会务改良的意见,再大家来互相劝勉,互相讨论。”①健学会自成立后,“每次开会没有间断,一直到各校放假后还开过几次会”,“这几个月大家的报告都很切实,总算是有精神”,而开会中亦提出诸多的问题,如“吾人以何法改良家庭”、“怎样度寒假”等②。这可见,开会乃是五四时期社团运行的基本形式,但开会乃是以成员间的相互劝勉为主要内容的,故而会议中成员的各自报告是不可缺少的。五四时期社团乃是具有现代意义的社会组织,却高度重视传统的个人道德修身内容,这也说明中国的社团其实与西方的社会组织有相当大的不同。

需要说明的是,五四时期社团的会议固然在于能够作出相关的决定,借以明示社团的行进方向和规范团体的生活及社员的言行,但会议在大多数情况下也是把讨论问题作为主要手段,以便使社团成员能够形成思想上的共识。譬如,1921年的《新民学会会务报告》第二号有这样的通知:“我们学会久应开会,因种种原因没有开成。今定从十年一月一号起接连开会三天,为较长期的聚会,讨论下列各种问题:1. 新民学会应以什么作共同目的;2. 达到目的须采用什么方法;3. 方法进行即刻如何着手;4. 会友个人的进行计划(自述);5. 会友个人的生活方法(自述);6. 学会本体及会友个人应取什么态度;7. 会友如何研究学术;8. 会章之修正及会费之添筹;9. 新会友入会的条件及手续(附出会问题);10. 会友室家问题;11. 个性之介绍及批评;12. 会友健康及娱乐问题;13. 学会成立纪念问题;14. 临时提议。上列各项问题,或为巴黎会友所提议,或为此间同人所急待解决,请各人先时研究准备,以便于开会时发表意见,而期得到一种适当的解决。”③新民学会于1921年1月初如期召开会议,而从当时会议记录来看,会前所通知的要重点研究的各种问题,皆在会议中得以充分讨论,且讨论中气氛浓烈、各抒己见,其中亦有不少争论的问题。又譬如,少年中国学会1922年的杭州大会也是以讨论问题为重点的。据《一九二二年杭州大会纪略》,此次会议先是“主席的报告”,“主席报告过后,接着讨论此次杭州大会的地位及态度。讨论结果,议决此次会议案用年会名义并签到会人名发表,各项议决只能表示少数人的

① 《五四时期的社团》(一),生活·读书·新知三联书店1979年版,第142页。

② 《五四时期的社团》(一),生活·读书·新知三联书店1979年版,第143页。

③ 《新民学会会务报告》(第二号),《五四时期的社团》(一),生活·读书·新知三联书店1979年版,第586页。

意见，并不求多数的服从。”在这次年会上，以“政治活动问题”为讨论的问题，“关于此问题的讨论分作两层：1. 学会对政治的永久态度；2. 学会对目前时局所采的态度。讨论终局，只规定第 2（二）层而不及第 1（一）层。”在讨论中，与会成员积极发言，充分地表达意见，并力求得到多数的赞同。高尚德在发言中指出：“我们的团体非有明白的主张不可。这种主张就是主义。我自身是信马克斯主义的，去年便已如此想，并希望学会采取马克斯主义。……我们对时局的态度，当脚踏实地，根据于目前的政治及经济的实况。就现状言之，中国所有者——外国的帝国主义及国内军阀、外国资本家——除经济的侵略，并利用政治以达他们的目的。结果中国的政治陷于半独立状态中。因此，除反对军阀以外，我们应于任何可能范围内揭示帝国主义的恶魔。”高尚德的意见发表后，会议又“经过一番很激烈的讨论”，并形成如下的决议：“本会对时局的主张：对外反对帝国主义的侵略，对内谋军阀势力的推翻。为实现此种日的，本会用舆论及其他方法为独立的活动。同时国内外任何团体，凡实际上能作此种民治主义的革命运动者，本会于必要时得与以相当的协力。”①经过参会成员充分的民主讨论，然后根据表决而作出相关的议决案，这是五四时期社团召开会议的通常议程，对于维系社团的有效运行起着很大的作用。

五四时期社团中的会议不仅有常会、年会等具体形式，而且在会议之外还有正式的、非正式的成员间的讨论。《互助》上有一篇《我们的通告》，向成员发出了“讨论”的号召：“对于我们的问题，无论是关于个人的、关于各个团体的、关于我们全部的，都请大家尽情发表意见，庶几问题可以得个惬意的解决，团体的意识亦易于形成。”②总体看来，五四时期社团所要求的“讨论”，主要在于能够对社团的会议及相关活动提出不同的看法或建议，从而有助于问题的解决和团体精神的培育。譬如，少年中国学会的《少年中国》月刊寄到法国以后，巴黎分会会员读到上海分会同人致总会的一封信，内中谈到少年中国学会成员应埋头于学术研究而少谈主义的议论，这引起少年中国学会巴黎分会同人的严重不满，并因此而引发了相当大的争论。据回忆：“那时在蒙达尼中学补习法文的会员较多，所以就在那里开会讨论，巴黎和其他各地的会员都赶来参加。在讨论中争论相当激烈，也有少数人同意上海同人的意见，但由于他们的意见与那时的革命气

① 《一九二二年杭州大会纪略》，《五四时期的社团》（一），生活·读书·新知三联书店 1979 年版，第 439—440 页。

② 《我们的通告》，《互助》第 1 期，1920 年 10 月。

氛非常不协调而遭到否定,巴黎分会并向总会写去一封反对上海分会意见的激昂慷慨的信,主张积极从事社会活动,并积极研究主义,为正确的主义奋斗。"①又譬如,新民学会关于是否允许外省的人加入而成为会员问题,欧阳泽对此问题曾在北京与毛泽东等"作非正式的讨论"②,可见会员间的讨论也是一种常态。为了推进会员中的讨论,新民学会还专门编辑出版了《新民学会会员通信集》,借以使"《会员通信集》为会员发舒所见相与扬榷讨论的场所",并期待"集内凡关讨论问题的信"在出版之后,"各会友对之再有批评及讨论,使通信集成为一个会友的论坛,一集比一集丰富,深刻,进步"③。再譬如,《互助》杂志还发出告示,欢迎社员提供"关于改造自身、改造社会的讨论"的文章④。有个叫"远定"的社员致信利群社友,专门讨论"个人生活不得放任"问题,认为制定社团的"草约"是必要而不可缺少的,关键在如何"履行"的问题,故而社员在社团之中就得有所约束,"无论在某团体中,生活太放任了不行。就是个人单独的生活,放任久了,不是精神上感痛苦,就是身体上感痛苦。所以绝对的放任,无论何时何地总是不行的。你们既是制定草约,我想你们必是有这番觉悟,我很盼望你们有彻底的觉悟,就是真实履行。"这位社员的看法是,个人在社团中要努力于道德的修养,应该"小心翼翼"的去"求闻过失"及"小心翼翼"地"去做事";尤其是在对别人的批评上,不管"自己有无过失",皆应该"俯首默想一会,再将此事问之比较的清晰解事的人,然后再往前做",切不可"还是依旧的照自己的老法子往前蛮干"⑤。讨论作为基本的手段和关键性步骤,在五四时期社团的运行中有着极为重要的地位。讨论在内容上既有关于社会改造的讨论,但关于个人修养方面的讨论也是极为重要的方面,这亦可见"社会改造"与"个人改造"不仅有着内在的关联,而且在社团的"讨论"中占有重要的地位,这实际上也是对五四时期"社会改造"问题的积极回应。

五四时期社团的"会议"对于组织体系来说有着决定重大事项、统一步调、凝聚共识、集思广益的功能,同时也有着促进成员道德修身的目的,故而亦是社团存立和发展的必备条件。新民学会会员到法国勤工俭学后,即于 1920 年 7 月在蒙塔尔纪召开大会。据罗学瓒致毛泽东的信,此次大会有"七日之久","会员

① 《五四时期的社团》(一),生活·读书·新知三联书店 1979 年版,第 548 页。
② 《五四时期的社团》(一),生活·读书·新知三联书店 1979 年版,第 20 页。
③ 《五四时期的社团》(一),生活·读书·新知三联书店 1979 年版,第 10—11 页。
④ 《我们的广告》,《互助》第 1 期,1920 年 10 月。
⑤ 《远定致利群社友》,《互助》第 1 期,1920 年 10 月。

到的也有十三个之多,要算是新民学会成立后的一个盛会”,“那几日关于讨论人生问题,最难解决,关于家庭问题,最为麻烦,似乎是两件重要的事了”①。也就是在这次会议上,经过讨论议决了“组织通信社一项,即由会内推一人主持信稿,各会员每月担任写信一封,或寄稿一篇,材料由各人自择,大概不外(一)工厂情形;(二)工人生活;(三)华工情况;(四)勤工俭学情状;(五)法国社会各种状况;(六)旅法感想。”②这里还要说明的是,少年中国学会 1921 年 7 月的南京会议,就学会是否要“主义”的问题重点进行了讨论,参加会议的 23 人最后表决是“主张不要主义的六人,主张要主义的十七人”③,而会议之后又在《少年中国》月刊上兴起了一个关于“主义”的大讨论,力图将年会上没有解决的问题继续讨论下去,以求得一个最后的解决,因而 1921 年的南京年会在少年中国学会的历史上有着重要的影响。同时也要看到,五四时期社团所召开的各种会议对于个人也有着较大的影响,尤其是在个人的道德反省中所起的作用更为突出。1920 年 10 月《互助》载有《遵芳致昌绪》的信件,作者以自我反省的口吻说:“我曾记得当时互助社逐日开会,报告自己的过失,并用计分法以自励的时候,别人虽然我不知道,却于我有极大益处,因为那实在是做每天反省的工夫。后来我亦每每觉得我自己比从前——逐日开会的时候——进步了些。现在你们又有了这个会,我很盼望你们时常把你们的得失告诉我,提醒我!不要忘记了还有一个在远方应该规劝的朋友。”④这里,对于开会(日会)中通过“报告自己的过失,并用计分法以自励”的办法表示高度的赞赏,认为日会“实在是做每天反省的工夫”。从作者在此信中的恳切语气来看,不仅就日会对自己有“极大益处”表示满意,而且也确实是想从社团的日会中得到更多的“规劝”,其道德修炼目标和道德完善的意愿是十分突出的。

以上,就五四时期社团中的“会议”问题及与此相联系的“讨论”环节作了简要的分析,借以说明五四时期社团的实际运行状态。不难看出,“会议”乃是五四时期社团发展进程中的关键环节,而其与“讨论”相联系并结合在一起,则使社团的组织观念、公共意识、团体精神等实际地进入操作层面;同时,“会议”又巧妙地借助传统的道德修身方法及相关的仪式,并在“讨论”之中促进个体生活向群体生活的过渡,借以调整个体与组织体系之间的紧张和矛盾,从而有助于私

① 《五四时期的社团》(一),生活·读书·新知三联书店 1979 年版,第 22 页。
② 《五四时期的社团》(一),生活·读书·新知三联书店 1979 年版,第 22 页。
③ 《五四时期的社团》(一),生活·读书·新知三联书店 1979 年版,第 360 页。
④ 《遵芳致昌绪》,《互助》第 1 期,1920 年 10 月。

人领域与公共领域的对接。而就“五四”以后中国社会演进状况来看,“会议”之所以能够成为社会中各种政治组织和社会组织的基本形式,这不能说与五四时期的社团所进行的会议没有事实上的关联。

三、“日记传观”与社团中的通信

考察五四时期的社团,还需要注意社团中的“日记传观”现象,尽管这一现象并不是每个社团中都存在的,并且日记的私密性与社团的公共性之间还存在着矛盾。“日记”,顾名思义就是一日一记,这本是中国传统士人修身、治学、政事及其他活动的真实记录。作为个人撰写和持有的日记,具有备忘录的性质,其功用主要还是用于自我观看、自我反省,属于个人私密性的物品,故而在一般情况下是不予以公开的,更不可能在较大范围内传观。进入近代中国后,读书人仍有撰写日记的习惯,即使是五四时期的归国留学生还有不少记日记的,如具有留学经历的杨昌济、钱玄同、胡适、鲁迅、周作人等皆有日记存世。五四时期社团中的青年,基于道德修身而撰写日记的,在当时的青年中当不在少数,只是现在所见不多罢了。不过,我们今天还能见到当时社团中重要成员恽代英、谢觉哉等留存下来的日记,这既为了解当时社团成员撰写“日记”的情况提供了有力的证据,同时也为研究五四时期社团发展状况提供了重要的史料。

“日记”的公开并在一定范围内给予观摩,乃是五四时期社团的一个重要特色。在互助社帮助下成立的辅仁社,其所发明的“传观日记”很有特色,并经过了由“口头报告”到“传观日记”的演变历程。起初,辅仁社是“用书面报告一周三育的心得、疑问及实践,后改为口头报告,笔录之记录册上”,再后来则“改口头报告为传观日记”,表现出“书面报告”→“口头报告”→“传观日记”的衍化进路;此后,又根据社员毕业而散居各地的情况,为保持“社员作一个精神的结合,以信函报告半年三育的得失”①。“日新社”也是在互助社影响下成立的,不仅规定社员得经常开会,而且要求在“开会时社员必各携日记,互相展览以资改进”②。“人社”也是在互助社帮助下成立的,则将开会和传观日记这两者结合起来,并使传观日记进至“书面报告”的阶段。其情形是,社员“每周开常会一

① 《五四时期的社团》(一),生活·读书·新知三联书店1979年版,第138页。
② 《五四时期的社团》(一),生活·读书·新知三联书店1979年版,第141页。

次,彼此传观日记,报告修养读书的心得,讨论做人的方法同一切切身的问题”;以后,“议定各人须将自己的过失、丑恶的心理,重行尽情披露,实行人格公开。会期改为每日一次,每周内须作书面的报告,以便随时考察各人的心理与行为”①。这可见,社团中“传观日记”有其衍化的进路,而不管是日记还是书面报告,在组织体系之中皆是为了“披露”成员的“过失、丑恶的心理”,以便社团能够“随时考察各人的心理与行为”,这就有一种组织至上、各人都必须接受社团组织改造的态势。笔者的看法是,即使是处于社团中的个人,仍然具有个体的独立性及个人所应拥有的个体性的心理空间,不管是个人的“丑恶的心理”还是高尚的心理,既然是在个人心理层面上的客观存在,也就应该属于私人领域而非公共领域;而作为现代意义上的社团组织,按理是不得干涉私人领域的,更不可能要求成员在组织体系中“人格公开”,甚至也不得要求社团中社员“传观”具有私密性的“日记”。以此观点来看五四时期社团中的“传观日记”现象,则五四时期的社团组织并非完全等同于西方式的那种社会组织,因为其活动范围和运行机制在很大程度上已经触及私人领域,并且还有向私人领域不断渗透的趋势,这也表明在五四时期的社团中,个人在组织体系之中并不是处于完全的“人格独立”“思想自由”的地位。

五四时期的不少社团不仅要求“日记”对个人的状况予以公开,同时亦以其刊物来规范社团成员的言行,并主张在刊物中公布成员的私人信件,借以统一社团中成员的思想认识。如新民学会编制的《新民学会会员通信集》,也在于以成员间“通信”的办法来“联聚同人精神,商榷修学、立身与改造世界诸方法”,这之中还要求对于“同人个人人格及会务”皆取“绝对公开态度”②。《新民学会会员通信集》发布的启事中,进一步要求:“凡会友与会友间往来信稿,不论新旧长短,凡是可以公开的,均望将原稿或誊正稿寄来本会,以便采登第四期以后的通信集。”③这里,虽然是说“凡是可以公开的”信件,但以其语气来看,则是对公开会员间私人信件采取肯定和鼓励的态度。应该说,新民学会要求会员“通信”,这在五四时期的社团中大致也不是个案。少年中国学会作为当时规模最大的社团,也是积极地鼓励会员间经常通信,以至于“通信已经成为那时会员间活动的一个重要项目,而且也得到会员们的热烈欢迎。在四期的《会务报告》以及各期

① 《五四时期的社团》(一),生活·读书·新知三联书店 1979 年版,第 146 页。

② 《五四时期的社团》(一),生活·读书·新知三联书店 1979 年版,第 10—11 页。

③ 《五四时期的社团》(一),生活·读书·新知三联书店 1979 年版,第 10 页。

《少年中国》和《少年世界》中，这都是会员和读者所最欢迎的项目之一。"①笔者注意到，《互助》第1期发布的《我们的通告》中还说，社团中成员信件不存在被"偷刊"的说法，因为"只要于我们朋友有益的，自应公之大家"，故而成员"与朋友的信，请（除）非必不容己的，都许本刊登录的自由"②。信件本是私人间联络的物件，在现代民主社会讲究个人私密性的语境中，信件是与日记一样属于个人的隐私，一般的是不得要求公开的，但在五四时期的部分社团中，信件却是被要求在公开之列，此可见私人空间在不断地被压缩之中。

五四时期的社团既然要求公开私人间的信件，故而也就特别强调成员间通信的重要性，尤其是成员间在有相当大的距离时，通信也就出现普遍化的趋势。譬如，国民杂志社成立后创办的《国民》杂志，专门设置了"通讯"栏目，刊登了不少社员致国民杂志社记者的信件，同时亦有记者的少量复信。就社员致国民杂志社记者的信件来看，其内容一方面是社员汇报自己的思想及感受，体现出社员向组织公开思想借以听取组织指导的态度；另一方面则是社员对国民杂志社提出的相关建议，这也反映国民杂志社社员积极参与社团活动的团体意识。《邵振青致记者》信中，就希望杂志能够将唤起"国民自觉"作为努力的方向，认为"欲救中国，其根本在国民之自觉"，而有了"国民自觉，则无赖、军人、下等政客，凡足为国家进步障碍者，自然归于淘汰"，"盖世界各国断无有国民毫无能力而国家有振兴之希望者"③。《卧佛致记者》信中则认为，《国民》申明其四大宗旨（即"增进国民人格"、"灌输国民常识"、"研究学术"及"提倡国货"），自然应该"以灌输常识一条为重要，故所作之文字宜为一般国民所能共读"，因而希望《国民》的"文字宜浅近也"④。国民杂志社本有四大宗旨，而这位"卧佛"则要求以"灌输常识"一项作为刊物宗旨中的重点，则显然是对《国民》杂志的宗旨有所看法；而他提出"文字宜浅近"的主张，实际上也是对于《国民》使用文言文的做法而婉转地提出批评性意见。需要特别说明的是，《国民》中的"通讯"栏目还鲜明地将道德问题作为讨论的内容，这亦可见个人的道德修养仍然是国民杂志上所关注的重要问题。也就是在这封《卧佛致记者》信中，又向国民杂志社提出了"宜注重道德方面"的建议，希望杂志社能够批判"今世之道德界之虚无论"，认为"杂志者，改良社会之一大利器也，而负此改良之责者，又当在诸君子也"，故

① 《五四时期的社团》（一），生活·读书·新知三联书店1979年版，第543页。
② 《我们的通告》，《互助》第1期，1920年10月。
③ 《邵振青致记者》，《国民》第1卷第1期，1919年1月。
④ 《卧佛致记者》，《国民》第1卷第1期，1919年1月。

而“深望贵杂志以文学的精神，立剀切之言论，俾一般青年得据为道德的正鹄”，而“有功于社会”①。而《国民》中另一封《民气与民德：赵万璧致记者》信中，也强调国民杂志社要在张扬“民气”上下功夫，认为“可恃之民气，终必奋腾”，而“民气既振矣，民德尤不可缓”，故而对于“民德”也要“力加表彰，树之风声，以为世法”；尤其重要的是，《国民》杂志对于“不惜断送河山以营求私利”的“蝗国蠹民之辈”，要“口诛笔伐，与邦人共弃之”②。这可见，至少是在《国民》的“通讯”栏目中，关于激发自觉心、弘扬道德精神及对社会上的道德走向加强引领，也是极为重要的内容之一。又譬如，曙光社亦十分重视成员间的通信，其杂志《曙光》专门设置“通讯”栏目，发表了成员与杂志间来往的不少信件。比较重要的信件有《王统照复路汝悌》、《王统照致范煜璲、李树峻》、《范煜璲、李树峻复王统照》、《今亮致曙光社》、《宋介答今亮》、《施存统致宋介》、《宋介复施存统》等③。应该说，这有助于曙光社成员乃至一般读者与《曙光》杂志之间的沟通与联络，从而也就有利于曙光社内部成员思想互动关系的培植。再譬如，互助社影响下成立的“诚社”，“因社友所住的地方不同，所以不开常会，由社友临时的集会。平时每有一问题发生，由通信讨论。”④又再譬如，江西创办的改造社在总部移居北京后，规定“社员须每人每月至少通信一次”，并要求将“有公开价值”的信件在成员间进行“交换阅览”，甚至还根据社员的分布地点规定了信件经由“北京→长沙→常德→南昌→横峰→贵溪→河口→上海→日本→北京”的“路线图”，其办法是：信件撰写者以自己所在地为起点，按路线图寄到下一个地点，收到者“看后须于信末签名”并“从速转寄”，这样信件“以原收信人为循环终点”⑤。应该说，社团中社员之间盛行通信的办法，就在于能够联络并增进社员之间情感，沟通社员间的思想认识，交流各自的体会（包括道德修身的体会），同时也在于能够弥补常会不能经常性召开所带来的相关问题。

值得注意的是，社团成员间的通信固然有向社团提出建议的，但关于自己思想认识的重大变化和个人修养的心得还是占有很大篇幅的，尤其是社团成员写给社团领导的信件，更能看出这一点。向警予留学法国后于 1920 年 6 月 2 日致

① 《卧佛致记者》，《国民》第 1 卷第 1 期，1919 年 1 月。

② 《民气与民德：赵万璧致记者》，《国民》第 1 卷第 2 期，1919 年 2 月 1 日。

③ 在《曙光》的来往通信中，王统照笔名“剑三”，路汝悌即路友于，范煜璲即“佩韬”，李树峻即“子刚”。

④ 《五四时期的社团》（一），生活·读书·新知三联书店 1979 年版，第 150 页。

⑤ 《改造社底消息》，《新江西》第 1 卷第 3 期，1923 年 1 月 15 日。

信毛泽东等,有这样的汇报:“到法后,联接好音,知在国内积极活动,湘事大有可望。……和森意欲泽东先生于湘事定后,顿湘两年,注意小学教育、劳动教育,为积极的根本的彻底的文化运动,此意我极赞成,不知泽东先生以为何如?我现在学习法文,除忙以外,别无可告。自出溆来,觉从前种种,皆是错误,皆是罪恶。此后驾飞艇以追之,犹恐不及;而精力有限,更不足以厌予之所欲,奈何?计惟努力求之耳!数年后,或有以报同志。”①上引这段文字,一是对毛泽东的努力方向提出建议,二是叙述自己近来的思想变化。至于蔡和森留法期间写给毛泽东的几封重要信件(主要是1919年7月24日、1920年5月28日、1920年8月13日、1920年9月16日的四封信),乃是蔡和森交流自己的思想认识,包括对于唯物史观的认识,以及提出建党思想、无产阶级专政思想,这是党史学界大都知道的。罗学瓒留学法国后,毛泽东曾去信希望罗氏多“通信”,罗氏因为当时“不知看法文报,又不善法语,近来作工,又无时间”而未能及时写信,于是他本人感到“很是抱歉的”。不过,罗学瓒亦十分赞同毛泽东关于会员间经常“通信”的意见,并打算创办一个“通信社”:“近与李和笙、张芝圃、李富春诸君商议,想组织一合同通信社。原张、李诸君,初到此地,即组织勤工俭学励进会,即以新民学会诸友及新来之同志所组合者,将来即以会内诸人为通信员,每人担任一月通信一次;在此地公举一人为总经理,在长沙即以文化书社为总收集处。”②作为组织体系的社团主张并鼓励成员之间的通信,这当然也是为了成员之间能够加强联系,以便使社团得以维系下去,但同时也是社团积极地推进成员的私人领域向社团的公共领域转化的举措,尤其是社团成员所发出的带有“思想汇报”的信件,更能充分地表明社团进行着“公进私退”的努力。

五四时期社团成员间的通信走向普遍化的趋势,这对于在社团中活动的青年有着很大的影响,而这种影响可能也不是仅仅局限在成员间感情加固、思想交流方面。新人社的主编王无为,在一篇带有通信性质的文章中以自己为例说明“人格公开”的必要性,并对自己进行相当深刻的反思,指出:“我们大家相处,人格当然要公开。……前回郭青杰来函要求我公开人格,我虽已经答复他,但事实上我的人格是很愧对一般的社友。我历来都是营寄生的生活,——像新闻记者、教员、著作小说之类——并不曾从事一种与世界文明有直接影响的真正职业,到如今还不曾改变。这虽是环境的压迫,然而环境如真能逼人,那人创造力的薄弱

① 《五四时期的社团》(一),生活・读书・新知三联书店1979年版,第23页。
② 《五四时期的社团》(一),生活・读书・新知三联书店1979年版,第21页。

也就可想而知了。”①王无为的这段话，就明白地表示作为社团中的成员要“人格公开”，并据此而对自己的思想状况给予批判性的剖析，很可见作为私人领域的“人格”在五四时期有着公开化的趋势。应该指出的是，社团成员间通信的影响不仅涉及成员对于社会改造办法的认知，而且也涉及成员中的个人修养和道德自律问题，这甚至对于青年的个人择业及“前途”规划也有很大的影响。有一位叫“启良”的人致信其社友，说自己正是经过了团体生活因而能够“把自己的前途审量一番”，从而确定自己“将来要做甚么样的人，做甚么样的事，才适用于今日的中国和适合于自己的性情”，结果发现自己如果从事商业、工业皆不能解决中国的贫困问题，故而最后“决意学农”，“进可谋社会上之幸福，退可以自守，此是万全之策”②。社团成员在通信之中要求“人格公开”乃至能够“把自己的前途审量一番”，足以说明社团组织的力量业已渗透到个人的私人领域，并在私人领域中发挥着权威性、主导性的功用。

余　论

以上，并没有概全五四时期社团中的所有问题，而只是对于五四时期社团中的“戒约”、“会议”及其“讨论”、“日记传观”及社团中“通信”作重点的考察，借以从中发现公共空间与私人领域之间所存在的张力及其表现形态，并进而凸显五四时期公共意识的兴起与私人领域的压缩所表征出的走向或趋势。

就五四时期社团中的“戒约”、“会议”及其“讨论”、“日记传观”及社团中“通信”等方面来看，在公共领域方面最显现的成果乃是促进了社会公共意识的兴起，这对于“五四”以后社会组织意识的增长、团体精神的培育、集体主义的张扬、社会主义话语的流行等方面影响很大。具体说，有这样几个突出的方面：其一，就组织体系发展和社会治理效能方面看，由“戒约”其后而进至章程、规章制度、组织纪律阶段乃是一个必然的趋势，有助于在更大的层面推进制度化、体系化、规则化的建设。其二，“会议”模式的发展增强了会议的严肃性和权威性，不仅有助于通过“会议”来进行社会动员、凝聚共识、思想传输和舆论宣传，而且也有助于在社会治理体系中更大地发挥“会议”的关键性作用。其三，与“会议”相

---

① 《王无为赴湘留别书》(1920 年 7 月 30 日)，《新人社》第 1 卷第 6 期，1920 年。

② 《启良致昌绪》，《互助》第 1 期，1920 年 10 月。

关的“讨论”模式,则很显然是有助于社会成员平等习惯、情感交流模式和思想表达方式的养成,并且也有利于社会中相关思想的有机整合及向着社会化、统一性方向的衍化,对于社会成员的自由理念、民主作风的发展也有不可忽视的作用。其四,“日记传观”与信件交流等形式,自然是有助于社会成员的思想交流及形成“批评与自我批评”范式,同时也使以后社会中出现的“思想汇报”有其可以传承的思想基因。所有这些,应该说皆是今后有待于在社会变迁的视域之中进一步研究的课题。

五四时期社团中的成员皆是年轻的知识分子,故而五四时期社团中的团体生活对于知识分子思想影响是很大的,说到底是对知识分子本身的自我认知和对社会的认知皆发生很大的变动。这应该说是一个总体性的趋势。有一个叫“光耀”的社员致信恽代英,表明自己热切地期望“共同生活”的态度:“我近来对生活问题颇多深刻的思虑:我想现在的工厂,不是资本家的便是政府的。我将来进这些工厂,是增加他们的势力,贻害平民。所以我现在已不很愿入我以前想象的工厂了。我又以为将来入教育界也不是好法子。因为我想着那是不真诚的工业家做的滑头事业,而且即欺心做了,仍不免是个旧式教育者。所以我兼学教育的念头早已打破得粉碎。我有以上的几层感触,所以想到将来自己及朋友要得个‘不欺心’、‘精神安适’的生活,那共同生活对于我们就生了很密切的关系,不像往时总以为共同生活是可有可无的。”①无独有偶,也有一个叫“业裕”的社员致信恽代英,表达了自己思想的急剧转变及对“社会改造”抱有的激烈态度:“以前我对于改造社会之态度,只顾目的,不管手段。大群众运动可,小组织的运动也可;总解决可,零碎解决也可;一步一步的改造也可,彻底的改造也可;激烈的革命也可,和平的引导也可;李宁我既不反对,武者小路亦我所赞成。现在我很觉着手段的要紧,我们应该要研究,不可忽略过去。……所以我的态度稍有变动。以为从事于小组织的运动,不若从事于大群众的运动。与其一滴一滴的解决,不若总合的解决。与其一步一步的改造,不若就我们的理想彻底的改造。和平的引导,实在不如激烈革命。”②业裕在另一封致恽代英的信中又进一步表示,自己是“主张流血的革命”的,认为“改造社会可以避免流血运动自然是人人欢喜的,不过想这个理想实现,不知要在几百年后”③。社团生活对于青年思想的

① 《光耀致代英》,《互助》第1期,1920年10月。
② 《业裕致代英》,《互助》第1期,1920年10月。
③ 《业裕致代英》,《互助》第1期,1920年10月。

影响，在此可见一斑。

五四时期的青年在经过了一段时间的社团活动后，亦在相当的程度上提升了对社团本身的认知。有人致信利群社友，对团体生活予以高度赞赏，说："我们每日谈论的都是此时的修学立品和前途的一切问题。我们谈论的结果，总觉共同生活的团体为维持我们个人合理的生活和发展怀抱的唯一利器。我们每每谈到高兴时候，恨不得立刻就把这共同生活实行起来。"①也有社员以利群书社为例，将社团与小组织分开来，说明社团不仅可以用于缓急式的社会改造，同时亦可用于激进式的社会改造，表示："我所说的社团与小组织是两种事情，不是一种事情。社团是研究改造方法的，小组织是实行局部改造的。社团可作大群众运动的大本营，也可作小组织运动的基本；可作和缓引导的准备，也可作激烈革命的准备（小组织便是和缓的引导）。所以我对于利群只问是向那一方面活动，并不承认他已经是小组织，只承认他是一个社团。"②五四时期的青年自己起来组织社团，并在社团中开展相关的"社会改造"活动，进而又从社团与"社会改造"的关系中，进一步提高了对社团本身的认识，这是五四时期青年群体在思想认识上的一个很大的进步。

五四时期的知识分子在社团生活中的心理变动是比较复杂的，但还是可以梳理出一个大致的趋向。大致说，青年知识分子通过社团生活的体验，"自省"的意识还是比较强烈的，亦能够认识到自己的不足。有一个叫"远定"的社员致信利群社友，信中对知识分子本身的缺点就有很大的"觉悟"，并表现出"洗心革面"的态度："我们大概都负的有些天生的缺点，我们应该自己知道，莫任性使气。我们虽然在社里坏毛病未发，我更盼望我们出社后坏毛病仍是不发，那才可表示我们真正的有些觉悟。因为我想，在社里住，就是一个'大盗'多少也要迫于情势做起好人来。……书社好比是社友的学校样。但我们若存心做坏事，那无论在何时何地总是不应该的。若有坏情形发生于社友中，确系明知故犯，而且屡戒不体面的，我想应该社友'鸣鼓而攻之'。"③应该说，作为个体的知识分子经过社团生活而体认出其自身的"缺点"，并进而表现出对自己的不满，乃是知识分子中一个突出的现象。与此同时，知识分子在社团生活中亦形成了"自贬"的心理。有时，知识分子甚至把拥有知识作为一种罪恶，这种现象尽管在当时并

① 《毓兰致利群社友》，《互助》第1期，1920年10月。

② 《业裕致代英》，《互助》第1期，1920年10月。

③ 《远定致利群社友》，《互助》第1期，1920年10月。

不是主流,但从研究的角度来看似乎也不可忽视。北京高等师范学校(师范大学前身)的教职员和学生在五四运动之后联合组织了一个名为"平民教育社"的社团,出版了《平民教育》杂志,研究如何解决"中国教育之不良"的问题,因而也就把"平民教育"作为主要的研究对象。但该刊有文章采取自我贬低的态度,说:"念书人是什么东西,还不是'四体不勤,五谷不分',无用而又不安生的一种社会的蠹民吗?……所以我们此后应当觉悟,教育是应当给一般有用的人民——平民——受的……我们这些人,号称是受了高等教育的人了,但是请问回到家里扛得起锄,拿得起斧子,凿子,擎得起算盘的可有几个人……若是这几件事情都回答道不能,我们就可以自己明白,我们虽然受了十几年教育,依然是无用的人……再翻回头来,看看那些大睁着眼不识字底可怜平民,却实实在在我们的衣食生命都在他们掌握之中。他们才是真正的中国人,真正的社会的分子……几千年来教育的错误,可以用两句话表明出来,就是:有用的分子都没有受过教育,受过教育的都是无用的人。"①这段论述不像是愤激之语,应该是属于"真心"的表达、"真情"的表露,这在一方面固然反映出作者对于"劳力者"的尊重态度,但在另一方面也表现出严重的"自我贬低"的心理,与现代知识分子所应有的对知识的敬重和敬畏态度有很大的差距。按照常理来说,知识分子自身不应将读书人说得一无是处,尤其是张扬个性和注重知识的"五四"时代,更不应该过度地贬低自己,此种情形也可以说是个体私人空间被压缩的一种反映。应该说,五四时期知识分子经过社团生活而表现出的"自省"意识及"自贬"心理的并存,对于此后知识分子的自我认知和自我定位有着很大的影响。

五四时期的社团乃是五四时期中国社会变迁中的重要现象,需要从社会史的见地将"社团"作为"标本"而加以整体性释读。应该说,五四时期社团是应当时的"社会改造"需要而起,并且确实也是青年走向社会生活、进行社会改造的重要步骤,这就使得公共意识与私人领域之间处于激烈的较量之中,其结果是一方面有力地推进社会公共意识的兴起,并表征出组织力量的强大态势;但同时也在另一方面说明个体空间处于压缩的状态。换言之,在社会急剧变动、"社会改造"思潮兴起的"五四"时代,社团的组织力量显然处于引领性、规范性的主导地位,并在思想领域中呈现出公共意识兴起与私人领域压缩的格局,"公进私退"的演进趋势得以形成。这对于此后中国社会变迁的影响,不仅是长期的而且是

① 德:《教育的错误》,《平民教育》第9号,1919年12月6日。

深刻的、巨大的，甚至也是全局性的、颠覆性的。这是本文的初步结论。

（原载《学术界》2021年第4期）

【昔文琐记】这篇《五四时期公共意识的兴起与私人空间的压缩》是基于五四时期社团中戒约、会议、日记等的考察所写，并且是根据自己的读书笔记整理出来的，完成于2020年5月7日。

为什么要写这篇《五四时期公共意识的兴起与私人空间的压缩》文章呢？我是研究党史的，写此文自然是从党史研究出发的，并且还想从政治学的角度加以进一步的说明。中国共产党的诞生乃是近现代中国社会中重大的政治现象，研究者阐释其历史必然性的文章不少，并且大多是从思想基础、阶级基础、组织基础等方面来论述的。我过去的文章如《近代中国社会变迁与中国共产党的创建》等也是这样写的，但总觉得有着大而化之的毛病，尤其是对共产党成立中所涉及的关键环节、重要因素关注不够。我在研究中注意到，中国共产党的早期党员大多来自五四时期的进步社团，是首先在社团中得到锻炼而成长起来的，故而进步社团也就充当着摇篮的作用。从研究的角度说，进步社团乃是研究共产党成立的重要环节，故而需要从社团这个角度加以探讨。最基本的事实是，共产党具有严密的组织纪律，善于通过会议制定政策、解决思想争端问题，主张个人服从组织甚至牺牲自己的一切，等等。这些，固然可以从马克思主义建党学说特别是列宁的建党思想中寻找其思想来源，但还是不能体现好"中国特色"。其原因就是，这种研究并没有把中国共产党产生这个重大事实，与五四时期进步社团的具体实践很好地结合起来。带着这样的思考，也就写了这篇《五四时期公共意识的兴起与私人空间的压缩》文章。

学术性文章有时不一定都要写得那么直白，因为毕竟是属于学术性的文章，而不是通俗性的故事，没有必要使每个人都能读懂的。从事学术研究是有门槛的，需要经过学术训练的，这样才有可能写出学术文章，故而不是什么人都能做这项工作的。我以为，学术论文尽管是写给人看的，但看的人"不能全看懂，也不能全看不懂"。"全看懂"了，也就说明文章没有什么深奥之处，属于常识之类的，自然不能被编辑和读者认可；"全看不懂"也不行，因为"全看不懂"的话，就难以被编辑看中，也就没有发表的机会，这就失去写作的"公布于众"目的，毕竟作为学术研究成果的文章不是专门写给自己看的。对于阅读者来说，"懂"是已知的，"不懂"是未知的，而由"已知"来把握"未知"正是认识的进路。"懂"和"不懂"又是相对的、辩证的，"懂"中有"不懂"的地方，"不懂"中有"懂"的方面，这样才能引起阅读者的关注。

学术文章作为知识创新的结晶,要给人留下较大的想象空间,读了之后能有所启发,对思考相关问题有所帮助。联系到我这篇《五四时期公共意识的兴起与私人空间的压缩》,尽管在一般人看来,不是专门研究中国共产党创立问题的,也可能有点看不懂,但对于认识中共何以成立、成立之中显示出组织体系有着怎样的特色,应该说还是有所启示的。

2021 年 7 月 26 日

关于现代中国马克思主义政治学史研究的思考

当今中国的政治学界尚未有一部完整的《中国马克思主义政治学史》的著作,这不利于中国政治学在总结既有学术成果的基础上继续前进。依笔者之见,要写出一部《中国马克思主义政治学史》,则必须先行研究民主革命时期的中国马克思主义政治学,构建出1919—1949年马克思主义政治学史的学术体系。本文试就构建出民主革命时期马克思主义政治学史体系问题,谈一点不成熟的看法。

一、关于"马克思主义政治学"问题

谈到研究中国马克思主义政治学问题,则要界定什么是"马克思主义政治学"这样一个基本概念。党的十一届三中全会以来,中国政治学界对"马克思主义政治学"有着各种的解释,代表性的观点有:

《简明政治学词典》对"马克思主义政治学"的解释是:"亦称'无产阶级政治学'。以马克思主义的观点和方法为指导的政治科学。无产阶级政治学与资产阶级政治学有本质不同。马克思主义政治学的产生是政治学史上的一次伟大革命。只有马克思主义政治学才是唯一彻底革命的政治科学。马克思主义的无产阶级政治学是在批判资产阶级政治学的基础上,总结无产阶级政治斗争新经验的条件下,由马克思和恩格斯创立的,并由列宁在新时期发展的,毛泽东等马克思列宁主义者在当代作出了重大贡献。"①

王惠岩主编的《政治学原理》对"马克思主义政治学"给予了这样的解释:

---

① 《简明政治学词典》,吉林人民出版社1985年版,第55页。

"马克思主义的辩证唯物主义和历史唯物主义不但给政治学和其他社会科学奠定了理论基础,而且对政治学这门科学的发展具有划时代的意义。马克思主义政治学的出现,是政治学史上一个重大的转折。马克思主义政治学建立的开山之作就是《共产党宣言》。《共产党宣言》是无产阶级第一个政治纲领,也是马克思主义政治学的第一个纲要。……"①

王浦劬等著的《政治学基础》对"马克思主义政治学"的叙述是:"马克思主义政治学产生于19世纪40年代,它是当时社会矛盾运动和政治斗争发展的理论结果,是马克思主义创始人运用辩证唯物主义和历史唯物主义分析人类社会政治现象的本质及其发展规律的思想结晶,同时,也是马克思、恩格斯批判和吸收前人政治学说,尤其是法国启蒙政治学说和空想社会主义政治学说中的合理成分而形成的思想革命成就。"②

上述各家的看法都比较简要,也不尽相同,但皆有一定的道理。笔者的看法是,马克思主义论述政治现象不是从政治现象本身来立论,而是从人们的社会关系、从社会经济利益来研究的,认为政治是一种特殊的上层建筑,受制于社会的经济基础。马克思主义认为,人们处于社会生活之中,必然有着经济的、政治的、文化的各种关系,因而"人们的政治关系同人们在其中相处的一切关系一样自然也是社会的、公共的关系"③。现代社会"两大阶级的起源和发展是由于纯粹经济的原因",而所谓"政治权力不过是用来实现经济利益的手段";这就是说,"一切政治斗争都是阶级斗争,而一切争取解放的阶级斗争,尽管它必然地具有政治的形式(因为一切阶级斗争都是政治斗争),归根到底都是围绕着经济解放进行的"④。至于"国家总的来说还只是以集中的形式反映了支配着生产的阶级的经济需要"⑤。由此,我们理解马克思主义政治学的内容,就应该从马克思主义的整个学说体系中来解释和说明,而不能仅仅将马克思主义政治学定位在"科学社会主义"理论上。否则就会缩小了马克思主义政治学的范围,甚至会丢失掉马克思主义政治学体系中的一些极为重要的观点。从马克思主义理论之中来看待马克思主义政治学,就能看到马克思主义政治学的基本内容是包括国家、阶级、政党、社会革命、人民等方面,涉及政治性质、政治意识、政治体系、政治行

① 王惠岩主编:《政治学原理》,吉林大学出版社1989年版,第20页。

② 王浦劬等:《政治学基础》,北京大学出版社2006年第2版,第27页。

③ 《马克思恩格斯全集》第4卷,人民出版社1958年版,第334页。

④ 《马克思恩格斯选集》第4卷,人民出版社1995年版,第250—251页。

⑤ 《马克思恩格斯选集》第4卷,人民出版社1995年版,第252页。

为、政治发展等一系列的基本问题,不仅有一个演变和发展的过程,而且也是一个完善的科学体系。

在马克思主义的学术体系中,马克思、恩格斯较早论述政治问题的著作主要有《1844 年经济学哲学手稿》、《黑格尔法哲学批判》、《论犹太问题》、《英国工人阶级状况》等。《德意志意识形态》是马克思主义政治学走向成熟的一个标志,《共产党宣言》是马克思主义政治学的纲领性文献。此后,马克思和恩格斯在革命斗争的实践中又写下了一系列政治学著作,主要是《1848 年至 1850 年的法兰西阶级斗争》、《法兰西内战》、《路易·波拿巴的雾月十八日》、《哥达纲领批判》、《家庭、私有制和国家的起源》、《资本论》等。此外,列宁的《帝国主义是资本主义的最高阶段》、《国家与革命》等著作,论述了社会主义国家的政治管理、无产阶级政党等问题,为发展马克思主义政治学作出了宝贵的贡献。对于马克思主义的政治学著作,需要作深入的研究,并进行文本的解读,构建出符合经典作家原意的政治学体系。

现在,中国学术界通常把马克思主义概括为三个重要的组成部分,即马克思主义哲学、马克思主义政治经济学和科学社会主义理论。这一概括有其不全面的局限,忽视了马克思、恩格斯在其他学科领域如法学、历史学、社会学、文学、美学等学科的贡献。中国学术界的一种观点认为,就“三个组成部分”的观点来看,马克思主义哲学是指导思想,是世界观和方法论;马克思主义政治经济学是研究经济学问题,是解决政治问题的基础理论;而马克思主义的科学社会主义理论是马克思主义理论体系的根本目的和重点所在,主要是要解决政治实践问题,其“关键问题是政权问题,而政权问题正是政治学研究的核心问题。在这个意义上说,科学社会主义主要的就是政治学的问题”①。笔者的看法是,这种观点有其创见的方面,亦能自圆其说,但不能就此把马克思主义三个组成部分与哲学、经济学、政治学的对应绝对化、简单化,只能是指一种大致的情形。因为,马克思主义政治学是建立在唯物史观和剩余价值理论之上的,因而马克思主义政治经济学之中也有政治学的一些重要内容,而马克思主义的唯物史观本身就阐明了政治发展的根本动因是阶级斗争的这一政治学的问题。就此而言,仅仅把科学社会主义理论看成马克思主义政治学,是远远不够的。正确的做法,是应该从马克思主义的整个学术思想体系出发,挖掘马克思主义政治学思想的丰富内涵,并依据政治发展的进程来确认其价值所在。

---

① 赵宝煦:《中国政治学百年历程》,《东南学术》2000 年第 2 期。

从马克思主义的整个学术思想体系来研究马克思主义政治学,对于中国马克思主义政治学史的研究有重要的意义。首先,研究中国马克思主义政治学的演变和发展,固然要注意研究科学社会主义理论这一个学术上的源头,但又不能仅仅局限于此。而应该看到,马克思主义哲学、马克思主义政治经济学以及马克思主义的其他思想、理论、观点,都对中国马克思主义政治学体系的形成产生了巨大影响。其次,研究中国马克思主义政治学史,要立足中国、看到中国政治变迁的情形,特别是要看到中国共产党的政治实践所起的基础性作用。就是说,要看到中国马克思主义者在考察中国政治变迁过程中,形成的以中国政治为中心的基本思路。换言之,主要的是要看中国马克思主义者对中国政治现象的分析是否符合马克思主义的立场、观点、方法,而并不要求他们的看法是否完全等同于经典作家的某一具体结论。最后,研究中国马克思主义政治学史,必须从马克思主义的基本立场出发,运用联系的、发展的、整体的观点来考察中国马克思主义者的政治学思想,将中国马克思主义者关于政治学问题的研究看作是一个与时俱进、相互联系的整体,梳理其基本内容和变动的轨迹,注意其关注的重点所在及所取得的学术成就,总结其研究的经验和教训,从而探寻中国马克思主义政治学演变的规律。简言之,就是要以马克思主义的整个体系来考察中国马克思主义政治学进程,遵循马克思主义的立场、观点和方法,突出马克思主义政治学中国化这一主题。

二、关于中国马克思主义政治学的形成问题

中国马克思主义政治学的创建是在“五四”以后,以马克思主义在中国的传播为主要标志。这是因为:第一,马克思主义政治学理论在“五四”以后在中国得到广泛传播,能够为中国马克思主义政治学的创建提供学术研究的指导思想;第二,中国社会在此时有运用马克思主义政治学理论开展新民主主义革命的需要和条件,这主要是中国无产阶级已经登上了历史的舞台,中国共产党也在1921年创建起来,需要有代表中国无产阶级利益的政治学——中国马克思主义政治学——作为指导革命的理论;第三,政治学作为一门学科在中国已经有一定的学科积累,可以为建设中国马克思主义政治学提供学术上的支撑。

以上三点,前两点比较好理解。这里,着重说明第三点即政治学的学科积累问题。在近现代中国社会之中,作为具有现代学科体系意义上政治学,一方面是

起源于对西方政治学著作的翻译，另一方面是表现为运用西方政治学理论来研究中国的政治变革问题。譬如，卢梭的《民约论》是西方资产阶级政治学的经典著作，留日学生杨廷栋[①]在1900年底至1901年初据日译本将此书的一部分翻译出来，在《译书汇编》上连载；次年(1902年)，杨廷栋又将《民约论》的全文译出，取名为《路索民约论》由上海文明书局印刷出版。又譬如，孟德斯鸠的《论法的精神》是西方政治学、法律学的重要著作，严复根据英文本翻译的全本取名为《法意》，由商务印书馆1909年出版。再譬如，约翰·穆勒的《自由论》一书是19世纪重要的政治学经典著作，最早在中国就有两个中译本：一是严复根据英译本翻译的，取名为《群己权界论》，1903年由商务印书馆出版；二是马君武根据日译本翻译的，取名为《自由原理》，1903年译书汇编社出版。又再譬如，英国政治学家甄克斯的《政治史》在西方政治学界很有影响，严复将该书名翻译为《社会通诠》，1904年由商务印书馆出版。大致而言，当时西方的政治学著作在中国得到积极的引进，西方政治学理论被用作为抨击中国传统封建政治的依据，这是一个重要的特色。如严复就根据卢梭“主权在民”思想，认为人民是“天下之真主”，王侯将相则是“通国之公仆隶”[②]。孙中山更是依据西方的政治学思想，提出民主共和国的主张，他的“五权分立”思想也是对西方“三权分立”思想的发展，并且在民国的建立中起了政治指导作用。到新文化运动时期，西方政治学思想在中国进一步传播开来。需要说明是，在学校教育方面，政治学的教育逐步进行，政治学作为一门课程也得到开设。以北京大学为例：1902年京师大学堂设立政治学门，分大学预备科、大学专门分科和大学院三级；1903年，京师大学堂开设中国大学第一门政治学课程——政治科；1905年，京师大学堂政治学门改称法政科政治学门；1910年3月，京师大学堂政治学门首次招收本科生。以上情形说明，及至五四时期，政治学作为一门学科已经被中国学术界认可而存在。

说到中国马克思主义政治学，则要说清楚中国马克思主义政治学是如何形成的。简单地说，中国马克思主义政治学是在五四时期马克思主义在中国传播以后，中国马克思主义者运用马克思主义的政治观点分析中国的政治现象，研究中国的政治实践，并在与各种非马克思主义政治思想的斗争中而逐步创建起来的；而毛泽东的政治思想则是马克思主义政治学思想与中国新民主主义革命实

---

① 杨廷栋(1861—1950)，江苏吴县人，清末留学日本早稻田大学，辛亥革命时参与苏州光复之役，民国初年当选为南京参议院议员、北京参议院议员，1914年任北京政府农商部矿政司司长。

② 《严复集》，第1册，中华书局1986年版，第36页。

践相结合的产物,构建了以马克思主义为指导的“新民主主义政治学体系”①,是中国马克思主义政治学的主要代表,也是马克思主义政治学中国化的主要标志。

要理解中国马克思主义政治学的形成问题,还需要注意以下三个问题:

一是关于马克思主义政治学在中国的传播与构建中国马克思主义政治学体系问题。虽然在“五四”以前,马克思主义的政治观点开始传入中国,但只能称之为马克思主义政治学在中国传播的前史。而以李大钊等为代表的中国马克思主义者,在“五四”以后积极传播马克思主义政治学,才使马克思主义政治学在中国广泛传播开来,并与中国的实际政治斗争逐步结合起来②。因而,马克思主义政治学在中国有一个明晰可见的传播过程。没有这样一个过程,就不会构建中国马克思主义政治学的体系。自然,马克思主义政治学在中国的传播过程,不是与构建中国马克思主义政治学体系截然分开的,实际情形是两者紧密结合,即使是马克思主义政治学在中国传播的初期,也就开始了马克思主义政治学中国化的初步探索。譬如,李大钊是传播马克思主义政治学的先驱,但他也开始探索马克思主义政治理论与中国革命实际相结合的问题,而不是仅仅将马克思主义政治学停留在宣传阶段。又譬如,毛泽东是中国马克思主义政治学体系的主要构建者,但他也非常重视马克思主义政治学的传播。他在延安时期,就指示有关部门加强对马克思主义经典著作的翻译,并向党的高级干部提出研读马克思主义重要著作的要求。这说明,不能将传播过程与构建体系的过程截然分开,要看到构建体系之中包含着传播并以传播为前提。当然,构建中国马克思主义政治学体系是一个更为复杂的系统工程,必须始终以中国共产党的政治斗争实践为基础,要有学术研究的积累,要有马克思主义学术研究队伍,要有杰出的政治家、政治学家所构成的群体,等等。这里,想从构建中国马克思主义政治学体系的理论渊源,来提示一个需要注意研究的问题:在构建中国马克思主义政治学体系的过程中,虽然都是以马克思主义理论为指导,但在不同的历史时段其具体的情形有所不同。有的是直接以马克思主义科学社会主义理论为指导来研究中国政治现象和政治规律的,体现出开创阶段的中国马克思主义政治学经典性的一面;有

① 鉴于毛泽东在中国马克思主义政治学史上的特殊地位,笔者指导研究生撰写了《毛泽东与中国马克思主义政治学体系的构建》毕业论文,提出毛泽东的政治学体系是包括“新民主主义政治学体系和社会主义政治学体系”的观点。——参见李娜:《毛泽东与中国马克思主义政治学体系的构建》,徐州师范大学硕士论文,2010年。

② 关于李大钊在中国马克思主义政治学史上的先驱者地位,参见拙著《李大钊与中国现代学术》第五章的“中国马克思主义政治学的开创者”部分,河北教育出版社2002年版,第338—367页。

的则是主要依据马克思主义哲学、经济学的基本观点和政治立场来研究中国政治现象及政治规律的,体现出中国马克思主义政治学创新性的显著特点;有的则是两者兼而有之。提出这个问题,是想说明中国马克思主义政治学的构建具有复杂性特征,需要深入研究。

二是关于思想战线的政治论争对中国马克思主义政治学发展的作用问题。学术的创新始终离不开论争,中国马克思主义政治学的创建始终是与思想战线的政治论争联系在一起的。这里,既有马克思主义者之间的论争,又有马克思主义者与非马克思主义者之间的争论,而前者往往不大引起人们注意。其实,这两种情形的思想上论争,对于中国马克思主义政治学的发展都是有益的。譬如,在五四时期,早期马克思主义者曾开展了"问题与主义"的论战、社会主义论战、无政府主义论战等,宣传了马克思主义的政治观点,昭示了中国社会发展的社会主义方向,批判了各种不切实际的错误观点,不仅使马克思主义政治学理论在中国得以广泛传播开来,巩固和扩大了马克思主义理论研究的队伍,而且也使中国早期马克思主义者认识到马克思主义政治理论与中国实际相结合的极端重要性,加深了对中国国情的研究和对中国政治变革的探讨。应该说,这些论战对于中国马克思主义政治学的创建是非常有意义的。又譬如,20 世纪 30 年代,包括中国共产党人参加的"民主与独裁"的思想论争,不仅对推进中国现代政治思想的发展,而且对于中国马克思主义政治学的发展,都是有积极影响的。中国马克思主义者在这场思想论争中,批判了蒋介石对共产主义的污蔑,揭露了"一个主义"、"一个政党"、"一个领袖"的独裁本质,为中国共产党的民主共和国理论的形成起了极大的推进作用。再譬如,20 世纪 30 年代的唯物辩证法论战、中国社会性质问题论战、中国农村社会性质问题论战、中国社会史性质问题论战等,虽然不全然是关于政治思想或政治问题的论争,但这些论战显然都关涉到中国政治出路的问题。正是在论战中,中国马克思主义者宣传了马克思主义的唯物论和辩证法,传播了马克思主义关于社会分析的基本观点,推进了马克思主义者关于中国社会性质、社会政治经济状况、阶级状况等的研究,提出了中国社会是半殖民地半封建社会的科学论断,在论争中形成了中国马克思主义学派,这对包括政治学在内的中国人文社会科学的发展、特别是中国马克思主义学术体系的构建有着突出的意义。又再譬如,延安整风运动反对教条主义,倡导马克思主义与中国实际相结合,在推进马克思主义中国化方面起了积极的作用。中共中央还于 1941 年 8 月作出了《中央关于调查研究的决定》,要求全党加强国内外政治、军事、经济、文化及社会阶级关系各方面的调查和研究,并将调查研究与马克思列宁主义理论的学习联系起来。毛泽东对所需要的中国共产党的“理论家”提出这样的要求:“我们所要的理论家是什么样的人呢?是要这样的理论家,他们能够依据马克思列宁主义的立场、观点和方法,正确地解释历史中和革命中所发生的实际问题,能够在中国的经济、政治、军事、文化种种问题上给予科学的解释,给予理论的说明。我们要的是这样的理论家。假如要作这样的理论家,那就要能够真正领会马克思列宁主义的实质,真正领会马克思列宁主义的立场、观点和方法,真正领会列宁斯大林关于殖民地革命和中国革命的学说,并且应用了它去深刻地、科学地分析中国的实际问题,找出它的发展规律,这样才是我们真正需要的理论家。”①不难看出,中国马克思主义政治学的创建过程,就是马克思主义中国化的过程,亦即马克思主义理论与中国实际相结合的过程,同时也是与各种错误思想相斗争而取得胜利的过程,这一过程始终是与政治论争密切联系在一起的。总之,思想上的政治论争增进了中国马克思主义者对中国实际政治状况的了解,激发了理论创新的热情和智慧,因而对中国马克思主义政治学的创建起了积极的推进作用。

三是关于中国共产党人的政治实践与中国马克思主义政治学发展的问题。理论来源于实践,同时又指导实践并经受实践的检验,这是马克思主义的一个基本观点。中国马克思主义的政治学理论也是如此。中国马克思主义政治学是在中国新民主主义革命的实践中产生和发展起来的,服务于无产阶级的解放事业和中华民族的根本利益,因而是在研究中国国情的基础上,以中国政治现象为研究的中心内容;举凡关于阶级、政党、革命、国家等问题的研究,都是以中国共产党人的政治实践为前提和基础的,体现出中国无产阶级的根本要求,指导着中国新民主主义革命的进行,而不是泛泛地研究人类社会一般的政治现象,这里所表现的阶级性和实践性正是中国马克思主义政治学的基本特色。如毛泽东所指出的那样:“你要知道革命的理论和方法,你就得参加革命。”②中国马克思主义政治学不产生于“五四”以前的中国社会,除了“五四”前没有马克思主义政治理论指导外,最根本的是因为那时还没有中国共产党人领导的新民主主义革命的政治实践活动、没有无产阶级领导的政治运动。马克思主义政治学关键不在于解释政治变革问题,而在于从事政治实践,在于指导改造现实的政治斗争,变革落后的生产关系,推进政治的进步。提示这样的问题,是想说明阐述中国马克思主

① 《毛泽东选集》第三卷,人民出版社 1991 年版,第 814 页。

② 《毛泽东选集》第一卷,人民出版社 1991 年版,第 288 页。

义政治学的形成和发展过程,不能仅仅是对中国马克思主义的政治学思想进行简单的梳理,而应该放在新民主主义革命实践之中,并认识到这种政治实践在理论体系构建中的基础性地位和决定性作用。

三、关于现代中国马克思主义政治学演变历程问题

“政治学史”既然是“史”,则要研究其沿革。根据笔者的初步研究,可以将现代中国马克思主义政治学演变历程,分为三个阶段①:

第一阶段:中国马克思主义政治学初创阶段(1919—1927)。五四时期马克思主义政治学在中国得到传播,其后马克思主义政治学思想与中国工人运动相结合,转入政治大革命的实践,中国马克思主义政治学的体系在革命斗争的实践中得到初步建构。具体地说,中国马克思主义政治学是在1919年马克思主义在中国传播以后产生的,其标志是李大钊的《我的马克思主义观》的发表。以李大钊、陈独秀、李达等为代表的中国马克思主义者,不仅在政治上信仰马克思主义,而且对研究现实政治问题颇有兴趣,且具有中外学术文化的深厚功底,他们或身在大学讲坛精心讲授马克思主义的政治观点,或创办刊物向思想界、学术界宣传马克思主义的政治思想,或亲自投身革命斗争的实践总结政治斗争的经验,成为中国马克思主义学派的领袖群体,其代表是李大钊、陈独秀、李达、毛泽东、谭平山、恽代英、瞿秋白等。中国早期的马克思主义者结合马克思主义理论的政治宣传工作,初步地研究中国政治发展的特点,宣传政治大革命的必要性,并且以马克思主义唯物史观为指导对国家、阶级、政党等政治学的内容进行探讨,初步建立了中国马克思主义政治学体系。

第二阶段:中国马克思主义政治学发展阶段(1927—1937)。大革命失败后,中国马克思主义政治学在与各种非马克思主义的政治思想的斗争中,发展了

---

① 这里涉及政治学史的分期问题,需要有一个分期的标准。笔者以为,应该以马克思主义政治学中国化作为标准,同时也参照政治史的分期标准。关于前者,是因为马克思主义政治学中国化是中国马克思主义政治学的主题,因而可以将中国马克思主义者运用马克思主义政治学理论于中国政治分析的程度及其成果作为考量的标准。关于后者,是说政治学依赖于政治变动的实际进程,是对政治现象的考察及其对政治规律的把握,于此也可以参照政治史的分期。以唯物史观的观点来看,政治学属于上层建筑,与同为上层建筑的“政治”(最主要的上层建筑)的关系更为密切,因而可以政治史的分期作为参照。自然,关于中国马克思主义政治学的分期标准及其所划定的几个时段,都还可以进一步予以讨论。

中共四大前后提出的新民主主义革命的基本观点,创建了新民主主义革命道路的理论。其主要标志是,在以马克思主义为指导而进行独立的政治实践中,以毛泽东为代表的中国共产党人提出了农村包围城市、武装夺取政权的中国革命新道路理论。这一时期的马克思主义学者,撰写了大量的学术专著,在发展中国马克思主义政治学的学术体系方面有重大的贡献。代表性的有:邓初民的《国家论之基础知识》(1929年)、《政治科学大纲》(1929年)及《政治学》(1932年),陈启修的《新政治学》(1929),秦明的《政治学概论》(1929年),高振青的《新政治学大纲》(1931年),傅宇芳的《马克思主义政治学教程》(1932年),来逸民的《政党组织之理想与实际》(1935年),吕振羽的《中国政治思想史》(1937年)等。此外,李达的《民族问题》(1929年)及《社会学大纲》(1937年)著作,虽然没有以政治或政治学命名,但该著作中对国家的起源、本质及国家的命运,对国家与民族的关系作了大量的论述,丰富了中国马克思主义政治学的基本内容。这一时期中国马克思主义政治学的一个显著特点,即以马克思主义的政治学理论为指导研究革命斗争实践,新民主主义理论有了较大的发展,工农共和国的思想得到系统实践。这期间,20世纪30年代开展的中国社会性质问题论战、中国社会史问题论战、中国农村社会性质问题论战以及唯物辩证法论战,对于中国马克思主义学者认识中国的国情、开展新民主主义革命、构建中国马克思主义政治学体系产生了重大的影响。在论战期间及前后,中国马克思主义者以马克思主义辩证唯物主义和历史唯物主义为指导,认识到马克思主义的政治理论必须与中国的实际相结合,研究国家、阶级、政党、革命等问题必须以中国社会为中心,从而大大加快了中国马克思主义政治学体系构建的进程。因而,1927—1937年也就成为中国马克思主义政治学发展的重要阶段。

第三阶段:中国马克思主义政治学初步成熟阶段(1937—1949)。在此阶段,中国共产党形成了中国化马克思主义政治学的重大成果——毛泽东思想。中国共产党对于中国马克思主义政治学的发展起了积极的领导和推进作用。延安形成马克思主义学术研究的中心,1938年5月成立了中共中央马列学院,张闻天兼任院长,下设历史研究室、中国政治研究室、中国经济研究室、中国文化思想研究室、中国教育研究室、国际问题研究室等,集结了一大批学有专长的马克思主义学者,以马克思主义研究中国政治、经济等问题。这里,“中国政治”的研究是最为重要的内容之一。中共中央还于1941年8月作出了《中央关于调查研究的决定》,要求全党加强国内外政治、军事、经济、文化及社会阶级关系各方面的调查和研究,并将调查研究与马克思列宁主义理论的学习联系起来。1942年全党开展的整风运动,在推进干部的马克思主义理论教育的同时,也极大地促进了马克思主义政治学的中国化,使中国马克思主义政治学有了前所未有的发展,中国马克思主义政治学也达到初步成熟。毛泽东对马克思主义政治学中国化有独特的贡献,他提出的农村包围城市道路理论、新民主主义革命论、党的建设理论、统一战线理论、人民民主专政理论等,是一个比较完整的政治学理论体系——新民主主义政治学体系,对马克思主义政治学的阶级论、革命论、国家论、人民论等都有重大的发展①。此外,其他中共领导人如刘少奇、谢觉哉、董必武等,在政党理论研究、新民主主义政权建设研究等方面,对马克思主义政治学中国化也有重要贡献。这一时期马克思主义政治学著作,如徐特立的《政党与政府》(1938 年)、邓初民的《新政治学大纲》(1940 年)②、陈昌浩的《政党论》(1946 年)、沈志远的《新政治学底基本问题》(1949 年)等,在完善中国马克思主义政治学体系方面有重要贡献。

下面,是笔者草拟的《中国马克思主义政治学史(1919—1949)》的写作提纲:

中国马克思主义政治学史(1919—1949)

导　论

第一编　初创阶段的中国马克思主义政治学(1919—1927)

第一章　马克思主义政治观在中国的传播

第二章　李大钊的政治学思想

第三章　陈独秀的政治学思想

第四章　瞿秋白的政治学思想

第五章　谭平山的政治学思想

第六章　恽代英的《政治学概论》(1926 年)

第七章　李达《现代社会学》中的政治学思想

第八章　毛泽东对中国社会各阶级的政治分析

第二编　发展阶段的中国马克思主义政治学(1927—1937)

第一章　毛泽东的红色政权理论

第二章　20 世纪 30 年代大论战对马克思主义政治学的影响

第三章　邓初民的政治学思想(一)

---

① 参见吴汉全:《〈新民主主义论〉对马克思主义政治学的贡献》,《政治学研究》2010 年第 1 期。

② 关于邓初民此著的学术贡献,可参见吴汉全:《邓初民〈新政治学大纲〉(1940 年)的学术贡献》,载《政治学研究》2009 年第 3 期。

第四章　李达政治学思想的发展
第五章　陈启修的《新政治学》(1929 年)
第六章　秦明的《政治学概论》(1929 年)
第七章　高振青的《新政治学大纲》(1931 年)
第八章　傅宇芳的《马克思主义政治学教程》(1932 年)
第九章　来逸民的《政党组织之理想与实际》(1935 年)
第十章　吕振羽的《中国政治思想史》(1937 年)
第三编　初步成熟阶段的中国马克思主义政治学(1937—1949)
第一章　延安时期马列学院与中国政治研究
第二章　徐特立的《政党与政府》(1938 年)
第三章　邓初民的政治学思想(二)
第四章　陈昌浩的《政党论》(1946 年)
第五章　沈志远的《新政治学底基本问题》(1949 年)
第六章　谢觉哉的政治学思想
第七章　刘少奇关于政党建设的理论
第八章　毛泽东的"新民主主义政治学体系"的构建
第九章　政学两界的政党问题研究及其成绩
结　语

这个"提纲"是否有重大的遗漏,还需要学界同仁明示,以便不断地完善。需要指出的是,将 1919—1949 年的中国马克思主义政治学分为三个阶段,即中国马克思主义政治学的产生(1919—1927)、中国马克思主义政治学的发展(1927—1937)及中国马克思主义政治学的初步成熟(1937—1949),描述中国马克思主义政治学演变和发展的过程,展示马克思主义政治学理论与中国政治变革相结合的成果,在于使人们看出中国马克思主义者在学术研究中的努力之所在,认识马克思主义政治学中国化的艰辛历程与发展道路,体会中国马克思主义政治学的实践性基础及其所具有的理论上的创造性特征。这对中国马克思主义政治学史的研究,应该说是必要的。

四、关于现代中国马克思主义政治学史的基本内容

中国马克思主义政治学既然有形成和发展的历史过程,那就有中国马克思

主义政治学史。紧接着的问题是,什么是中国马克思主义政治学史?

要回答这个问题,就要知道这样的一个事实:任何学问一经产生,就有其研究的历史,尽管各自的历史有长短之分,研究的程度有深浅之别。在这种意义上,马克思主义政治学在中国就有其演变的历史。对此,学术界的有识之士已经看到这一点。譬如,王邦佐、潘世伟主编的《二十世纪中国社会科学·政治学卷》中,就专门讲到“马克思主义政治学中国化的历史进程”问题,不仅对“马克思主义政治学在中国的传播”进行说明,而且就毛泽东政治思想、邓小平政治理论以及“三个代表”重要思想在“马克思主义政治学中国化”进程中的地位进行评定①,这是很有学术见地的。那么,什么是中国马克思主义政治学史呢?简单地说,中国马克思主义政治学史,是指中国马克思主义政治学演变和发展的历史;它是中国马克思主义者运用马克思主义政治理论,结合中国的政治实践并提升中国共产党人领导政治斗争的经验,研究中国政治现象及其规律的历史,同时也是马克思主义政治学中国化的历史。在今天,我们研究中国马克思主义政治学史,不仅要描述中国马克思主义政治学演变的历史过程,而且要探求中国马克思主义政治学发展的规律。

这里,有人可能会提出这样的问题,即:政治学史就是政治学的历史,怎么会有马克思主义政治学史呢?又怎么还有中国马克思主义政治学史呢?这个问题,比较容易说明。研究任何学问,特别是人文社会科学,都是在一定的思想或理论指导下进行的,没有指导思想的学问是不存在的。对于政治学,用马克思主义的政治学理论作指导,研究政治现象,探求政治发展的规律,就会归类到马克思主义政治学系统之中;同样,用资产阶级的政治学理论来研究政治问题,不管研究者怎样变通,其研究成果都将归类到资产阶级政治学的系统之中。实际上,我们在高校讲授政治学的过程中,还是要对马克思主义政治学与资产阶级的政治学有所分别的,这是一个事实。这样,也就自然有马克思主义政治学史与资产阶级政治学史以及其他类型的政治学史的问题了。

应该强调的是,作为中国马克思主义政治学,首先要以马克思主义为指导。对于没有马克思主义的立场的人,对于不信仰马克思主义的学者,即使对于政治学有所研究也不能成为中国马克思主义政治学的部分。刘少奇指出:“马克思列宁主义是无产阶级的革命的科学,是工人阶级建设社会主义和共产主义的科

① 参见王邦佐、潘世伟主编:《二十世纪中国社会科学·政治学卷》,上海人民出版社2005年版,第20—70页。

学。只有彻底站在无产阶级立场的人,以无产阶级的理想为理想的人,才能彻底了解和掌握它。没有坚定纯洁的无产阶级的立场和理想,是不能彻底了解和真正掌握马克思列宁主义这门科学的。如果他不是真正的革命者,不是无产阶级的彻底的革命者,不是要在全世界实现社会主义和共产主义,解放全人类,他不想革命,或者不想坚持革命到底,而想半途而废,那末,马克思列宁主义这门科学,对他也是没有用处的,或者是用处不大的。"①因此,是否信仰马克思主义,就成为一个人能不能进入中国马克思主义政治学史的必不可少的条件。就中国的情形而言,马克思主义传入中国以后,中国的马克思主义者坚持运用马克思主义的政治学理论来研究政治问题,在围绕中国政治变革主题下对阶级、政党、革命、国家等进行研究,不仅在当时对于民主革命的进行确实起了指导作用,而且对于马克思主义政治学这门学科在中国的发展也起了巨大的推动作用,推进了马克思主义政治学中国化的进程和中国马克思主义政治学体系的构建。

由此看来,在中国就有必要有"中国马克思主义政治学史"这门学科②,一方面来描述中国马克思主义政治学的演变过程,总结马克思主义政治学在中国发展的经验和教训;另一方面,研究中国马克思主义者是如何运用马克思主义的政治学理论,结合中国政治变革的特点,深化政治演进规律的认识和研究,创建具有中国特色的政治学体系,从而推进马克思主义政治学中国化的。道理很简单,任何一门学问要进到科学的行列,不能仅仅停留在过程的叙述和现象的描述上,而必须进到规律的研究层面。政治学是社会科学的重要组成部分,自然也遵循社会科学注重规律研究的基本思路。中国马克思主义学者李平心说得好:"社会科学是要研究人与人或人群与人群为了生活所发生的互动关系和矛盾斗争,以及它们的变动、发展和消灭的,所以这许许多多综合起来,就构成社会现象";但是,"社会科学并不是笼统地研究社会现象一般,实在是要研究一切社会现象之间的因果关系,因果规律和法则的";这是"因为因果律和法则乃是任何科学的生存线,社会科学最根本的任务,就是探求本来存在于社会现象之间的因果规

---

① 《刘少奇论党的建设》,中央文献出版社 1991 年版,第 109 页。

② 笔者于 2008 年 11 月 23 日在苏州参加了"教育部政治学科教指会议暨高等学校政治学学科第 23 届院长(系主任)联系会议",在讨论"政治学与行政学"本科专业培养计划时,曾提出要开设"政治学史"这门课程的建议,认为有必要使学生知道中国著名的马克思主义政治学家,主张在条件许可时开设《中国马克思主义政治学史》的选修课。

律和法则”①。因此,中国马克思主义政治学史,要将规律的研究放在重要的位置。

学术界有人不承认新中国成立前有“马克思主义政治学”这样的一个研究领域,其主要理由是:马克思主义者研究政治问题,不是把政治作为学问来研究的,而是作为行动的指南。这话,只说对了一部分。由于政治学特别是马克思主义政治学本身有其特殊性,即紧密联系现实的政治斗争和现实的政治变革,积极地参与现实的政治斗争及变革现行政治的实践,表现出鲜明的政治性与实践性的特点,因而不会像那些与现实关联不大的学问而能坐在书斋中进行。由此也决定,中国马克思主义者研究政治问题,确实首先是运用于政治实践领域,总结和提炼政治斗争的经验而上升到理论,这体现了中国马克思主义政治学鲜明的指导政治实践的特色。毛泽东曾说,“这政治是指阶级的政治、群众的政治,不是所谓少数政治家的政治。政治,不论革命的和反革命的,都是阶级对阶级的斗争,不是少数个人的行为。”又说:“革命的政治家们,懂得革命的政治科学或政治艺术的政治专门家们,他们只是千千万万的群众政治家的领袖,他们的任务在于把群众政治家的意见集中起来,加以提炼,再使之回到群众中去,为群众所接受,所实践,而不是闭门造车,自作聪明,只此一家,别无分店的那种贵族式的所谓‘政治家’,——这是无产阶级政治家同腐朽了的资产阶级政治家的原则区别。”②这恰好也说明,中国马克思主义政治学除了为现实政治服务外,也是将研究学理作为重要的目的,因而注重将群众的政治斗争经验系统化而上升到理论层次。这里要说明的是,新中国成立前有马克思主义政治学这样一个研究领域,并且有一批马克思主义者在这个领域辛勤耕耘。只不过当时的马克思主义政治学,主要存在于革命斗争的实践之中,而不是在大学课堂上,这是由于当时的实际情形所决定的。当然,当时以马克思主义写成的政治学著作还是很多的。那么,新中国成立前有没有以“马克思主义政治学”命名的学术著作呢?据查,新中国成立前就有傅宇芳的《马克思主义政治学教程》出版③。这说明,新中国成立前不仅有用马克思主义写成的政治学著作,而且确实有马克思主义政治学这样一个研究领域。

以“史”的观点来看,毫无疑问,研究1919—1949年中国马克思主义政治学史,必须研究和解决两个重大问题:一是中国马克思主义政治学的演变历程问

---

① 李平心:《关于社会科学的根本认识》(1937年2月),《平心文集》第1卷,华东师范大学出版社1985年版,第187—188页。

② 《毛泽东选集》第三卷,人民出版社1991年版,第866页。

③ 傅宇芳著,吕梦南校订:《马克思主义政治学教程》,上海长城书店1932年5月版。见北京图书馆编《民国时期总书目·政治》(1911—1949),书目文献出版社1996年版,第5页。

题,二是中国马克思主义政治学演变规律问题。而要使这两大问题有所突破,根据中国马克思主义政治学研究的基本情形,又必须先行研究和解决一些具体问题。这些具体问题主要是:

(1)关于政治学一般理论问题的研究。这主要是中国马克思主义学者和政治家关于社会政治现象的研究,关于政治民主问题的研究,关于政治类型的研究,关于近代主要政治思潮与主张的研究,关于帝国主义对中国政治控制的研究,关于爱国主义与国际主义的研究,等等。

(2)关于阶级问题的研究。这主要是中国马克思主义学者和政治家关于阶级的起源、发展和消亡的研究,关于阶级的实质和特征的研究,关于各阶级的地位和作用的研究,关于阶级斗争与阶级合作的研究,关于中国近代的阶级格局及阶级斗争的研究,关于阶级分析方法的研究,等等。

(3)关于政党问题的研究。这主要是中国马克思主义学者和政治家关于政党的实质与特征的研究,关于政党的产生、发展和消亡的研究,关于政党的地位和作用的研究,关于政党制度与政党纲领的研究,关于政党领袖的研究,关于政党与群众关系的研究,关于政党建设的研究,关于党政关系的研究,关于政党之间关系的研究,关于近代中国党派的研究,等等。

(4)关于革命问题的研究。这主要是中国马克思主义学者和政治家关于革命的根源、实质及其作用的研究,关于革命的主客观条件的研究,关于革命形式的研究,关于革命与改良的研究,关于革命类型的研究,关于中国革命与世界革命关系的研究,关于革命统一战线的研究,等等。

(5)关于国家问题的研究。这主要是中国马克思主义学者和政治家关于国家的起源、本质及国家命运的研究,关于国家职能的研究,关于国家类型的研究,关于国体与政体的研究,关于中央与地方关系的研究,关于国家与民族关系的研究,关于建国理论与建国方案的研究,等等。

(6)关于治国问题的研究。这主要是中国马克思主义学者和政治家关于人治与法治的研究,关于集权与分权的研究,关于领导与决策的研究,关于用人政策与干部政策的研究,关于官与民、干部与群众关系的研究,关于政治协商与民主集中的研究,关于廉政建设的研究,等等。

(7)关于外交问题的研究。这主要是中国马克思主义学者和政治家关于世界大势与潮流的研究,关于外交原则与策略的研究,关于国家外交与政党外交的研究,关于国际战争与和平、中外战争与和平的研究,关于中国近代外交论争的研究,等等。

(8)关于军事问题的研究。这主要是中国马克思主义学者和政治家关于军队的产生及其性质、功能的研究,关于军队与国家关系的研究,关于军队与政党关系的研究,关于军民关系的研究,关于军队政治工作的研究,关于近代中国军队的研究,等等。

五、现代中国马克思主义政治学史研究的价值

梳理1919—1949年中国马克思主义政治学演变的历程,展示中国马克思主义者及政治家对政治学研究的贡献,固然在于为中国马克思主义学术史研究提供基本的学术积累,但同时也在于构建中国马克思主义政治学史的研究体系,使人们知道有“中国马克思主义政治学史”这样的一个研究领域,为创建“中国马克思主义政治学史”这门学科做一点基础性的工作。那么,创建“中国马克思主义政治学史”这门学科有什么作用呢?换言之,研究中国马克思主义政治学史价值在哪里呢?在笔者看来,有这样几点:

一是为中国马克思主义学术史研究打下较好的基础。全面地总结20世纪的学术遗产,撰写中国马克思主义学术史,是开拓中国马克思主义学术新局面的基础性工作。中国马克思主义学术史,应该包括中国马克思主义学术的各门专史,中国马克思主义政治学史自然是应有的内容。在中国马克思主义学术史中,政治学史、经济学史、哲学史、史学史、社会学史等是主体部分。因而,通过中国马克思主义政治学史的研究,能够为中国马克思主义学术史的研究奠定坚实的基础①。

二是为当今中国马克思主义政治学的研究提供学术资源。十一届三中全会以来,中国的政治学研究出现了新的气象,引进西方的政治学理论,思想解放,观念开新,注重现实政治问题的研究,关注现实政治生活中重大政治现象,出版了大量的有价值的政治学著作,这是应该充分肯定的。譬如,杨海蛟先生撰写的《新中国政治学的回顾与展望》一书②,对新中国成立以来的政治学遗产作了学术总结,提出了中国政治学发展的新思路,这是很有分量的学术成果,为中国马克思主义政治学史研究作出了开创性的贡献。相比较而言,中国政治学界还不

① 笔者在撰写《中国马克思主义学术史概论(1919—1949)》(上中下卷)时,尝试地将“中国马克思主义政治学史”作为整个马克思主义学术史的一个重要组成部分,并进行了初步的梳理。——参见拙著《中国马克思主义学术史概论(1919—1949)》,吉林人民出版社2010年版。

② 杨海蛟:《新中国政治学的回顾与展望》,世界知识出版社2000年版。

大注重对新中国成立前中国马克思主义政治学遗产的总结，许多中国马克思主义政治学家的学术思想无人问津，疏于从中吸取有益的学术智慧，这是一个很不好的学术现象。笔者感觉，现今的中国政治学与1919—1949年的中国马克思主义政治学，在学术思想的传承上似乎有较大的断裂。中国当今的政治学要发展，除了要用发展的马克思主义理论作指导，更多地关怀现实政治问题，引进和吸收西方的政治学成果，推进政治学研究方法变革，总结十一届三中全会以来政治学成就外，还是要总结和吸收新中国成立前中国马克思主义政治学的学术遗产，充分利用这一本土化的学术资源，并在继承中予以创新。因此，如能对新中国成立前中国马克思主义政治学资源加以发掘和整理，是可以为现今的中国政治学研究提供本土化的学术资源并能从中得到有益的启示。

三是为深化马克思主义中国化的研究提供一条新路。目前，中国的理论界比较重视马克思主义中国化问题的研究。但毋庸讳言，我们的中国化研究缺乏学术的深层底蕴，缺乏厚重的历史感，理论抽象过多，学理阐发不足；一个不好的现象是，许多不懂中共历史、不懂政治学史的人，居然也能“写出”大量的研究中国化文章。其实，马克思主义中国化的研究不仅是理论界要重点研究的课题，而且也应是包括政治学在内的人文社会科学各学科、各领域需要重点研究的课题。即使是按照“三个重要组成部分”的观点，要说清楚马克思主义中国化问题，得首先说清楚马克思主义哲学是如何中国化的，马克思主义经济学是如何中国化的，马克思主义政治学又是如何中国化的。我想，能够在哲学、经济学、政治学三个方面说清楚马克思主义是如何中国化的，则现今的中国化研究肯定能有一个大的突破。在笔者看来，马克思主义中国化，在政治学方面可能是最为主要、最为突出的方面之一①。再进一步，我们如果能够写出中国马克思主义社会学史、中国马克思主义史学

---

① 就历史的进程而言，马克思主义中国化固然是在人文社会科学各学科、各领域之中的全面推进，但程度可能还有所不同，政治学方面可能更为显著、更为突出。就政治学而论，譬如，就国家论而言，经典马克思主义论述的是建立无产阶级专政国家，中国共产党人阐发的是“新民主主义国家”；又譬如，就阶级论而言，经典马克思主义是研究资本主义社会的两大对立阶级——工业无产阶级和工业资产阶级——之间的斗争，中国共产党人研究的是半殖民地半封建社会中国的阶级状况，作出了中国的阶级斗争是革命阶级（无产阶级、农民阶级、小资产阶级、民族资产阶级）与反动阶级［国际资产阶级（帝国主义）、地主阶级（封建主义）、官僚资产阶级］斗争的结论；再譬如，就人民论而言，经典马克思主义因为是研究两大阶级对立的资本主义社会，因而将无产阶级作为“人民”范畴，中国共产党人研究的是半殖民地半封建的中国，将各革命阶级（无产阶级、农民阶级、小资产阶级、民族资产阶级）作为“人民”范畴。以笔者之见，对于马克思主义政治学中国化问题，需要做细致而切实的研究，才能说清楚其在整个的马克思主义中国化进程中的地位。

史、中国马克思主义法学史等，则马克思主义中国化的研究就会大大地向前推进一步。不管怎么说，中国马克思主义政治学史的研究，如果能解决好马克思主义政治学中国化问题，则能够开辟马克思主义中国化研究的新途径。

四是为构建现代精神传统、助益人生修养作出贡献。研究中国马克思主义政治学史自然是为推进当今的学术发展、政治进步服务，这样一个追求目标不应该回避；但是，也不仅仅是如此。助益人生修养，陶冶人们的性情，丰富和提升人们的精神生活，也应该是包括中国马克思主义政治学史研究在内的学术史研究的重要追求。中国马克思主义学者李大钊就说过，史学的研究能够对人生态度产生积极的影响，能够使人树立科学的态度，能够为我们提供“一个进步的世界观”和“乐天努进的人生观”①。中国马克思主义政治学史的研究，也应该有这样的作用。为什么这样说呢？这道理也很浅显。因为我们不仅生活在我们民族的传统之中，而且也是生活在“五四”以来所构建的现代精神传统之中。而“五四”以来的精神传统，包括自由、民主、平等、进步、竞争、创新等价值观念，已经深入到我们民族的心灵之中，也内化在我们的行为方式之中。毫无疑义，“五四”以来的精神传统，最主要的是由中国马克思主义者、中国共产党人所构建起来的，这是一份不易被人们所认识和重视的可贵遗产。通过中国马克思主义政治学史等方面的研究，总结中国马克思主义学术文化的精神内涵，展示中国共产党人的精神风貌，使“五四”以来所构建的精神传统能够发扬光大，这有助于社会主义核心价值体系的构建，对于我们的人生修养以及民族精神的传承，实在是一件非常重要的而不应缺少的工作。

民主革命时期的中国马克思主义政治学史，是政治学研究中一个亟待开垦的新领域。我们相信，通过对民主革命时期中国马克思主义政治学的研究，能够使“中国马克思主义政治学史”这门学科建立起来，并使其成为马克思主义政治学的基础学科②，为繁荣和发展政治学这门科学作出贡献。

（原载吴汉全等著《公共管理研究与教学文集》，
吉林人民出版社 2012 年版）

【昔文琐记】这篇《关于现代中国马克思主义政治学史研究的思考》，初稿完

① 《史学要论》（1924 年 5 月），《李大钊全集》第 4 卷，人民出版社 2013 年版，第 567 页。

② 每一个学科都有其研究史，并且成为其基础学科，如文学有“文学史”，哲学有“哲学史”，史学有“史学史”，社会学有“社会学史”。那么，政治学就该有“政治学史”，中国马克思主义政治学就该有“中国马克思主义政治学史”。这是不言自明的道理。

成于2009年9月,收入2012年出版的《公共管理研究与教学文集》之中。

我当时的想法是,要建立比较完备的中国马克思主义学术史体系,就需要在各个具体的学科(如哲学、政治学、经济学、史学、教育学、社会学、法学、文学等等意识形态较强的学科)建立体系,亦即形成诸如“中国马克思主义哲学史”、“中国马克思主义政治学史”、“中国马克思主义史学史”等具体的学科体系;然后,在此基础通过综合和抽象的办法,建立整体的中国马克思主义学术史的体系性结构。当然,在有了整体的中国马克思主义学术史的学科体系之后,也有助于各个分支学科,诸如“中国马克思主义政治学史”、“中国马克思主义史学史”等具体学科的创建和发展。

于是,我在相关研究的基础上,首先就“中国马克思主义政治学”学科作出思考。我在徐州师范大学(现江苏师范大学)从事中国马克思主义学术史的研究中,最早完成的是关于经济学史和政治学史部分。故而,总想能形成一个“中国马克思主义政治学史”的著述体系。于是,到南京工作之后,在2009年9月15日完成了这篇《现代中国马克思主义政治学史研究的思考》的写作。

我对于现代中国马克思主义政治学发展历程,作过比较系统的梳理。也许有点中国马克思主义政治学史方面的基础,安徽师大李宗楼教授在2018年9月21日邀请我专门去作了这方面的报告。

2021年1月31日

论行政裁决社会公信力的提升

近年来,学术界对行政裁决的研究引起了重视,发表一些较有分量的学术成果①,这是应该充分肯定的。但毋庸讳言,研究的重点大体上是关于行政裁决的性质、特征及其制度设计等基本问题,未能进一步扩大研究的视野,在观念更新方面也没有大的突破。在笔者看来,应该将社会公信力这一概念引入行政裁决的研究中,全面提升行政裁决的社会认可程度,努力提高行政效率,通过法制化的途径确保行政裁决社会公信力的建立和发展,从而使行政裁决在社会生活中发挥应有的作用。本文将自己一些不成熟的想法提出来,供学术界研究和讨论,以期对行政裁决的研究能有所贡献。

一、行政裁决的社会公信力目标

在认识行政裁决与社会公信力之间的关系时,有必要理解社会公信力的一般含义。大致说来,社会公信力是公民在社会生活中对社会组织体系、社会政策的实施以及其他社会活动的普遍认同感、信任度和满意程度,是公民对社会组织及其政策的一种积极评价。就政府而言,公民一旦对政府形成社会公信力,则对政府的活动起到有效的支持作用,并形成有益于政府推行政策的舆论环境和心理基础,成为政府治理活动和社会良性循环的精神力量。影响社会公信力的因素非常复杂,既有政府施政是否具有合法性的因素,以及与此相联系的政府政策与行为的公正性与公益性的程度,又有公民的心理因素和利益需求,同时还有社

① 代表性的研究成果有:张志勇、林学飞:《行政裁决浅论》,《中共浙江省委党校学报》1998年第6期;彭云业、张慧平:《论行政裁决》,《理论探索》2000年第5期;沈开举:《WTO与我国行政裁决制度公正性研究》,《中国法学》2002年第5期;茅铭晨、李春燕:《行政法制化研究》,《行政论坛》2003年第3期。

会文化和社会环境的影响。在诸多的因素中,我们尤其关注政府政策和政府行为与社会公信力之间的关系,这当然包括行政行为中行政裁决与社会公信力的关系。

学术界和理论界之所以未能注意将社会公信力引入行政裁决领域进行研究,可能有多方面的因素。就理论研究的趋向而言,一般将行政裁决的研究局限在制度的设定上,亦即在法律制度的框架内来解决行政裁决所出现的问题,很少将这种法制框架与社会公众的价值趋向和心理需求联系起来,因而其研究视野只能是制度设施中的行政裁决而不是社会体系中的行政裁决,这当然就不会注意到社会公信力与行政裁决的关系了。就具体的认识而言,研究者倾向于认为行政裁决为法律的本然规定,似乎不必考虑社会公众的反应如何,公众只有执行和服从法律的义务,只有接受行政裁决的义务,而不能对这种行政裁决行为的合法性与公正性来思考。这种研究倾向典型地表现为脱离社会情形的唯法律主义,其最大的缺陷是忽视了法律与社会公众的渊源关系,从而弱化了社会公众在现代法制体系中的主体性和主动性,当然在行政裁决的研究中也就不会考虑到社会公众的风俗习惯、心理需求、文化价值观等所形成的社会公信力。就实际的操作而言,在事实的层面上确实表现为社会公信力在不少情况下难以抗衡政府的决策及行政裁决,民告官除了付出沉重的代价外一般难以取得实质性的结果,这也助长了一些研究者在理论层面上认为社会公信力只是非政府的社会组织所必须追求的价值目标,社会公信力与政府组织的施政没有联系。看来,将社会公信力概念介入到行政裁决具体的研究中,将会遇到巨大的阻力。

行政裁决与社会公信力的关系,表现为社会公众与行政组织的关系,在现代法制体系下又具体地表现为与法律的关系。对此,很是值得深究。按普通的常识和行政活动的社会运行情况来看,行政裁决作为一种特殊的行为,其社会公信力似乎不应当引起社会公众的质疑。比较显见的理由是,“行政裁决是指行政主体依照法律授权,对平等主体之间发生的,与行政管理活动密切相关的、特定的民事纠纷进行审查并作出裁决的具体行政行为”①。这里明确表明,行政裁决是行政主体依法所取得的权力。因此,如社会公众对行政裁决行为表示质疑,实际上也就是对现行法律和当下的行政组织合法性的置疑,这在现实的法制体系下是不允许的,因而此种置疑没有成立的合法性的理由。因为行政组织的一切行为包括行政裁决行为,是执行国家的意志来处理或裁决社会事务,其所应有的

① 罗豪才主编:《行政法学》,北京大学出版社 1996 年版,第 249 页。

社会公信力是预先设定的,因而是不容置疑的。但问题的复杂性在于:一是行政组织是否完全承继国家意志所拥有的社会公信力,亦即行政组织在执行国家意志而拥有强制力的情况下,是否有部分丧失社会公众的信任度;二是包括行政裁决在内的所有行政行为有一个运作过程,虽然从理论上法理上说,也是在国家法律或者行政法规、行政规章之下运行的(至少行政组织是这样认为的),但既是一个运作过程就有可能在这个过程中因为追求组织目标而轻视或者放弃社会公信力的考评尺度,使国家所传承(通过法律的授权来实现)的公信力受损,由此也就可能使政府的信誉度下降,这与建设责任政府的目标是相违的。

笔者的看法是,行政裁决作为一种特殊的行政行为在现行的行政实践中不是没有社会公信力,而是社会公信力相对不足,甚至在具体的行政裁决中有损社会公信力,其根本的原因是行政裁决本身未能确立起以社会公信力作为自身活动的重要目标。道理很简单,行政裁决的行为自认为是承继国家的意志来裁决与行政管理相关的民事纠纷,有其合法性的授权,或者有民事纠纷当事人的申请,因而一般地并不将实现社会公信力作为自身活动优先考虑的价值目标,而是以提高行政效率、以完成行政任务作为基本目标。这虽然有一定的合理性,但自身价值性的目标不予重视,就致使其本具有的社会公信力得不到提升,甚至有可能受到弱化;这样的问题还在于,行政组织没有认识到社会公信力固然可以承继(通过法律的授权来实现),但更重要的是通过行政活动(包括行政裁决行为)来加以不断地塑造的道理。实际上,社会公信力是变动的发展的,公民在现实社会中主要是通过政府政策与行为的评估来建立自己的认知体系,亦即以政府形象、行为、政策等的评价来形成新的社会公信力;已有的社会公信力只是一个基础和前提,社会公众对包括行政裁决在内的各种政府行为可以修正或改变业已形成的社会认可度。如此看来,政府现实的行为(包括行政裁决行为)对社会公信力的形成就显得有特别重要的影响,因而就有必要将社会公信力纳入政府施政、行政组织活动的目标之中,行政裁决作为一种特殊的行政行为当然也不能例外。

那么,行政裁决行为有没有建立并提升社会公信力的空间呢?与此相联系,行政裁决是否能将社会公信力作为其价值目标诉求呢?笔者的回答是肯定的。

第一,从法律的角度来看,行政裁决有建立和提升社会公信力的政治资源。行政裁决是行政机关依据法律授权行使的行政权力,其行使权力的主体是国家行政机关,有着政治合法性的资源;作出的行政裁决,不同于一般社会组织、民间团体的调解行为,而是具有法律效力的,可以采取强制的办法予以执行。得到法律的授权是主要依据,是法律赋予行政机关的职权,这对社会公众来说是不可置疑的,也是行政机关承继国家所具有的社会公信力的主要表征。如《城市房屋拆迁管理条例》第14条就这样规定:“拆迁人与被拆迁人对补偿形式和补偿金额、安置用房面积和安置地点、搬迁过渡方式,经协商达不成协议的,由批准拆迁的房屋拆迁主管部门裁决。被拆迁人是批准拆迁的房屋主管部门的,由同级人民政府裁决。”这里规定的“由批准拆迁的房屋拆迁主管部门裁决”或“由同级人民政府裁决”,均是依法所取得的“裁决”权职,说明的是行政主体运用行政裁决权具有政治合法性,因而蕴含着基本的社会公信力。行政机关本身所具有的社会公信力(依据法律授权而实现),是行政机关进一步建立和扩大其自身的社会公信力的基础;而法律的授权,又使行政机关能够持久而有效地获得基本社会公信力的法律保证。就法律的意义而言,行政机关具有源源不断的社会公信力的政治前提和法律地位。

第二,从行政行为的后果来看,行政裁决具有建立和提升社会公信力的特殊优势。行政裁决是行政机关代表国家来裁断与行政管理相关的民事纠纷,体现的是国家的意志,而不仅仅是行政机关自身的意志,因而行政裁决作出后就在当事人之间形成一种新的民事法律关系,纠纷双方均成为行政裁决行为所产生的权利和义务的直接承继者。具体表现为,“纠纷双方当事人之间这种民事权益纠纷,被行政机关依其职权调整后,他们之间原先单一的民事法律关系就转化为包括民事法律关系在内的行政机关与纠纷双方当事人之间的行政法律关系”①。行政裁决行为所导致的法律关系的改变,是其具有政治影响力的重要表征,也说明其具有强制性的意义。行政裁决固然要照顾到纠纷双方的某些意愿,但不是纠纷双方意志的简单整合,在本质上是国家意志的体现,因而行政裁决具有法律的效力;而这种法律的效力不仅对纠纷双方当事人的权利和义务关系产生影响,而且对整个社会秩序的维护有重要的示范意义。行政裁决的法律后果表明行政裁决具有政治的强制力,这种政治强制力使行政机关拥有源源不断的政治资源和不可挑战的政治性权威,不仅赋予行政裁决的法律地位和政治影响力,而且也成为行政裁决提升其社会公信力的政治依据和突出优势。

第三,从行政裁决的实际运作来看,行政裁决也有扩大其社会公信力的可能和条件。行政裁决的运作是法律赋予行政机关的权力,也就是说行政机关是施政的主体,不是社会生活中一般的社会组织,其运作过程所表现出的社会公信力有法律的基本保证。具体说,行政裁决运作所使用的裁决程序是一种准司法程

---

① 宫桂芝:《行政裁决法制化的思考》,《学术交流》1999年第1期。

序,具有法律上的可信度和社会上的影响力;行政裁决的过程具有简明、快捷的特征,更能及时地维护当事人的合法权益;行政裁决不收取费用,显现出高度公益化的特征,更为经济不宽裕的纠纷当事人所乐于接受;行政裁决的运作是一种特殊的法律救济形式,有利于节省司法资源,有助于推进社会的法制化进程。可见,行政裁决在运作过程中所表现的突出之处,显现出自身的建立社会公信力的优势所在。当然,强调行政裁决具有独特的优势条件,并不是说对行政机关的社会公信力不容许一点怀疑,那样的话就不符合法制的精神内涵和公民在法制体系下所拥有的自由选择权。有的学者认为,“在提起民事诉讼和申请行政裁决之间,法律应不允许纠纷当事人自由选择,即应规定行政裁决是唯一的途径”;“否则,就会动摇行政裁决制度存在的基础”①。笔者的看法与此有所不同。在笔者看来,纠纷双方选择司法途径来提起民事诉讼应该是允许的,这不会动摇行政裁决制度的基础,而且也符合行政裁决非终决的性质。行政裁决制度固然具有强制性,但不能一味地靠强制性来维护和实施,在法制化社会里应保留公民的自由选择权,这才可能使行政裁决有所监督和规范。在涉及行政管理的民事纠纷中,纠纷当事人如不选择行政裁决而提起民事诉讼,可能还有其他的原因,但总体上应该看作是行政裁决丧失或缺乏社会公信力的结果,也就说应该首先在行政裁决本身中找原因。况且,行政裁决机关的裁决权力在本质上是司法机关所让渡的部分权力,在行政机关不能有效地行使时应该承认司法机关具有行使的正当性。因而,在纠纷方要求直接向司法机关提起民事诉讼时,是应该被认可的。换言之,行政机关的社会公信力只有通过其行为来巩固,行政裁决行为也是一样,不能通过法律的硬性规定,那样的话只能使行政裁决一味地依据其自身的优势地位而不图进步和改进工作。

将社会公信力纳入行政裁决的价值目标体系,有助于行政裁决人员提高自身工作的责任心,使行政行为在保证社会的公正性方面发挥作用,同时也有助于提高行政组织在社会上所拥有的信誉和地位。所谓责任型政府、服务型政府、法制型政府等等价值目标的追求,都得有社会公众的广泛认同程度,都得有社会公信力的具体含义蕴含其中才能得以实现,因而社会的考评、公众的认可始终是重要而关键的尺度。行政裁决作为一种特殊的行政行为自然也要努力取得社会公信力,如此才能切合行政组织的价值目标定位,因而就必须主动地接受社会的各种评价,并在社会的评价中来开展工作,这就需要行政裁决工作自觉地将社会公

---

① 茅铭晨、李春燕:《行政法制化研究》,《行政论坛》2003 年第 3 期。

信力的追求主动纳入自身的价值体系之中,并为此而积极努力。

二、法制化是提升行政裁决社会公信力的途径

行政裁决社会公信力的提升必须在法制化的框架内进行,以法制化作为行政裁决社会公信力取得的制度化的保障,真正形成通过制度化建设来维护和扩大行政裁决权的社会公信力的体系。目前,行政裁决的社会公信力之所以不同程度受到弱化,固然有社会公众尚未健全的认知评价体系问题,但从根本上说还是行政裁决作为一种特殊的行政行为未能有效地加强自身的建设,说到底是行政裁决制度的不完善。从小的方面来看,有行政裁决人员素质不合理的问题,有行政裁决机构的职权与范围不明确的问题,也有行政裁决程序不够健全的问题,等等。因此,用法制化的途径来规范行政裁决行为,应该说是提升行政裁决的社会公信力的有效措施。

第一,规范行政裁决机构、行政裁决人员的职权。目前的行政裁决行为隶属于行政机关,与行政管理相关的民事纠纷都可以通过行政裁决来解决。而对于不服行政裁决的,可以提起行政诉讼(附民事诉讼的行政诉讼是最佳办法)。这里的问题是,虽然在行政管理之内有行政复议这一环节,但行政复议往往从提高行政效率的角度而维护行政裁决的结论,致使行政复议在事实层面徒有虚名,行政相对方(亦即纠纷方)的权益往往难以保证;而提起的附带民事的行政诉讼,司法机构又因为不担任取证的任务而主要是事实认定,又由于其专业方面的缺乏而很容易维护行政裁决的结论,这就很难使纠纷方的权益有最后的保障。在目前可行的办法是,行政裁决机构应具有相对的独立性,因为只有具有相对的独立性才能担负起“准司法”的功能。所谓行政裁决机构的相对独立性,是指行政裁决机构虽然在行政主管机关之内,可以利用行政机关内相对集中的行政资源,但工作人员的工作具有相对的独立性。如裁决人员在职位晋升、工资关系等方面不受行政机关的控制;又如,行政裁决机构有独立的事实调查权、事实认定权,由该行政裁决机构的最高行政首长负总责。如此,行政裁决人员和行政裁决机构才能以公正的身份出现,而不必受到行政机关局部利益的影响,在与行政管理范围内所出现的民事纠纷双方(或多方)中保持其公正地位。社会公众对行政裁决的不信任,也在很大程度上来源于对行政裁决人员的不信任,行政裁决人员队伍的建设就显得尤为重要。应有这样的规定,即行政裁决人员如遇到与纠纷

方的利益有联系者，自然应采取回避的态度，该回避而不回避的要负行政责任和法律责任。特别是对于行政裁决人员而言，自身的工作责任心要予以规范。这方面可以借鉴国外的经验，如美国的《行政程序法》就规定："机关的领导成员、行政官员以及其他参与或有可能参与裁决过程的雇员，都不得就本案的是非问题同该机关以外的任何利害关系人进行或故意促成单方联系。"①此外，行政人员的选拔应该从有经验的行政人员或律师中遴选，通过特殊的考核予以录用，以便使行政裁决人员既有行政经验又有法律专门知识，从而提升行政裁决人员的社会可信度，这是行政裁决赢得社会公信力的重要方面。行政裁决工作自然要遵守国家的法律制度和行政规章，但内部的管理制度尤其要强化，对行政裁决人员的裁决失误、失职行为，以及造成重大损失的行为，要有明确的责任。从行政裁决机构的定位、行政裁决人员的正规化、行政裁决工作的制度化等方面入手，是有效地建立和扩大行政裁决社会公信力的主要手段。关于行政裁决的范围，有的学者倾向于要求纠纷方的申请，笔者不同意这一观点。在笔者看来，要求行政裁决人员等待纠纷方的申请才能进行行政裁决，实际上是助长行政裁决的不作为，也不利于行政管理工作的有效开展和快速应对突然事态。行政裁决既然是担负着特殊的行政行为，就应主动担负起法律的授权责任。应该明确，只要是在行政管理中发生的，或者与行政管理相关的民事纠纷，行政裁决人员就应该主动介入并开展行政裁决工作。这不是主张行政万能，而是行政事务在现代社会日益扩大的需要，也是法律对行政管理的要求；不如此，则行政工作就难以取得其工作效率，相反还会导致推诿情况和不负责任事态的发生。从法律的角度来看，行政裁决人员的主动介入是对法律负责和对公民负责，因为纠纷双方（或多方）涉及的不仅是其间的民事关系，而且也关涉到公共利益问题，因而行政裁决人员有责任主动介入并有义务进行裁决，这是建立责任政府、法制政府的起码要求。

第二，行政裁决程序的公开化。法律必须以正义与公正为精神内涵，但法律作为国家意志的体现又不可避免地体现政治性的特征，如何防止其政治性而损害到法律的正义与公正一直是法学家们研究的课题。但不管怎么说，公民的权利与义务是通过法律来规定的，在本质上要求法律体现公正性，而落实到社会生活中则又必须以程序的公正作为基本保证。换言之，程序公正至少是现代法制

① ［美］欧内斯特·盖尔霍恩、［美］罗纳德·M.利文著，黄烈译：《行政法和行政程序概要》，中国社会科学出版社1996年版，第290页。

体系在形式上的基本要求。一般而言,作为个体的公民不可能以个人的意志来对抗国家的意志(因为国家意志至少在理论上是公民利益的代表和体现),但仍可要求程序的公正来保证法律的施行,维护自身的基本权益,这也是现代法制社会的一个基本特征。行政裁决程序虽是“准司法”程序,并不要求具有完整的司法程序的外在形式,但行政程序的公正化仍然是基本要求,这不仅是法制化社会的基本要求,而且也是保证行政裁决具有社会公信力的重要依据。因为很难设想一个不公正的程序,能够彻底贯彻法律的精神、维护公民的合法权利,能够取得社会上的认同感,能够提高其在社会生活中的影响力。行政裁决程序的公正可以更好地体现公民的知情权,增强行政裁决的可信度,并接受社会组织、个人的监督。这也是建设公开政府的要求。具体说,行政裁决程序的公正化有这样两点要求:一是给予纠纷方有公开陈述的机会。不能说目前的行政裁决没有给纠纷双方(或多方)的陈述机会,但所给予的陈述机会应该说是不充分的。从实际行政裁决的过程来看,申请方表达意见的机会一般会多些,而相关的未申请方则在很大程度上得不到意见的表达,这主要是因为行政裁决机构(或其中的行政裁决人员)所拥有的“话语权势”和申请方首先陈述所形成的“话语环境”的影响。大致说来,在实际的行政裁决中,纠纷方所给予的陈述是不公开的,纠纷双方没有对质的机会,其陈述是否正确、是否符合实际只能由行政裁决人员来分析和判断。这不仅不利于纠纷双方意见的正确表达,也影响到行政裁决所依靠的证据的可信度,自然也会对社会公众产生负面影响,甚至使行政裁决的结论缺乏社会影响力。从公开、公正、公平的角度来看,给予纠纷双方(或多方)平等的公开陈述机会,不仅是行政裁决正确性的重要保证,也是取得社会认同的重要举措。二是行政裁决依据的公开化。毫无疑问,行政裁决的依据主要是行政规章,因而必须严格依法按章办事,而不能将法律不禁止的领域纳入其行使范围,也就是说不能将行政裁决延伸到“公权”领域。正是要依法按章来进行行政裁决,就有必要实现行政规章的公开化,让纠纷各方和社会各界予以知晓,这也是行政裁决机构的重要责任。对于纠纷双方(或多方)提出的要求提供行政规章的具体请求,只要不是涉及国家机密的,都应该提供并负有加以解释的义务。行政裁决机构对行政规章的提供和解释不只是让社会给以监督,而且是为了增加其裁决的公开性和透明度,提高裁决的合法性,这也是对社会负责任的表现和增加社会公信度的要求。

第三,行政裁决过程的透明化。行政裁决过程的透明化有利于社会的监督,也是取得社会公信力的重要途径。行政裁决过程是裁决主体根据法律的授权对行政管理活动中出现的民事纠纷的裁断,是一种特殊的行政行为。之所以认为行政裁决是特殊的行政行为,不仅因为与其他的行政行为相比有所不同而纳入了民事纠纷的内容,而且在行政裁决过程中涉及可产生影响行政活动的多种关系和因素,如裁决人员与纠纷方的关系、裁决人员与其他行政管理人员的关系、纠纷方的特殊社会关系,又如适用法律法规的确定、基本事实的厘清与认定等问题。正确处理好这些关系与因素,不仅关系到行政效率的提高和行政组织自身社会地位的建立,而且也关系到行政裁决的公正与社会影响。因此,从社会公信力的角度来看,行政裁决过程是取得社会认可和得到社会积极评价的重要环节。根据目前行政裁决过程中存在的问题,尤其要强化这样几个方面:一是证据的告知制度。裁决过程中,行政裁决人员都有一个收集事实的过程,并对事实进行分析以作为裁决的证据。为了增加工作的透明度,有必要将形成的证据告知纠纷双方,使纠纷双方对纠纷性质的认识得以提高,同时也是一个检查事实的过程和核实证据的过程。证据的告知制度体现出公开与平等的精神,这对提高行政裁决的社会公信力是一个重要环节。二是裁决过程的公开。行政裁决要求有明确的时间和地点,这要求行政机关向纠纷方告知,并允许纠纷方律师的参加;对于在行政管理范围内的重大的民事纠纷,在可能的条件下应邀请社会知名人士的参加;对于复杂而又重大的案件,特别是对于事实不是很明朗、缺乏有力的证据、纠纷双方存在分歧很大的案件,则应采取听证的形式来进行。当然,为了提高行政效率不是要求所有的案件都采取复杂的裁决过程,但公开、公正、公平的意识应贯穿在整个行政裁决过程中。而没有公开就很难保证公正和公平的实现,也很难体现法律的正义精神,当然也就难以取得社会公众的认同。三是裁决依据的明示。在行政裁决过程中,一般都注意到选择适用的法律法规,但裁决依据与适用法律法规的关系往往缺乏研究,使相当数量的民事纠纷案件在证据链上存在问题。强调行政裁决依据的明示固然是为了增强裁决的透明度,但也有助于纠纷双方对纠纷的性质及自身所处于的权利和义务的关系的认识,这不仅有利于行政裁决的顺利进行,也是有意识地进行普法教育的重要途径。实际上,裁决依据的明示在很大程度上有助于裁决主体对纠纷双方关系的调解。在一般不甚复杂的案件中,纠纷双方在得到裁决机关明确的裁决依据并有正确的理会之后,往往愿意接受调解并达成协议,而不需要进入最后的裁决阶段,这又强化了行政裁决过程快捷性的特色。四是裁决决定的公示。行政裁决表面上是调处纠纷双方的民事法律关系,但其社会影响面又不局限在纠纷双方,对行政机关、对社会公众都有很大的影响。因此,从社会公信力的角度来看,行政裁决的决定应该公示,这不只是对纠纷双方的告知,同时也是对社会公众的告知。其意义一方面表明行政裁决行为的公开性,另一方面也表明纠纷双方有服从行政裁决的义务,同时也向社会各界表明行政裁决具有法律的影响力并接受社会的监督。总的来看,行政裁决过程取透明度的办法,社会认可程度将会不断提高,其社会公信力的提升势所必然。

行政裁决制度的法制化在今天是一个大的趋势,而这种法制化只有与社会公信力结合起来才能有意义。虽然行政裁决只是行政行为的一个重要部分,但它关系到社会秩序的建构和政府的影响力,其对社会作用的力度远远超出了一般的行政行为,因而尤其必须纳入法制化的轨道,并与取得社会公信力的价值目标联系起来。当然,一般的法制化的目标在于建立现代法制社会并有一个稳定的社会秩序,但并未一定是一个公信的社会与和谐的社会;而且,如果缺乏社会公信力的价值追求,法制社会的目标也难以达到。道理很简单,法制本身必须渊源于民众的心理需求、道德准则、文化取向和社会期待,自然含有社会公信力的精神力量和价值诉求,因而法制化本身在主要意义上也只是具有工具性价值而非本然的目标价值。因此,通过法制化的途径来规范行政裁决,引领行政裁决向社会公信力的价值目标努力,也就顺理成章了。如此,行政裁决在法制化与社会公信力之间得以一致,才能在建设法制政府、责任政府的途程中,来建设公信与和谐的社会秩序。这样来思考,也许更能领会行政裁决法制化对实现其社会公信力价值目标的极端重要性。

三、提升行政裁决社会公信力的意义与价值

社会公信力问题往往是社会学研究的课题,着力探讨非政府组织如何加强其自身的社会信誉,解决其自身社会合理化以及社会的认可程度问题。其实,包括政府组织在内的社会上任何组织都有一个如何提高社会公信力的问题,只是具体的情形不尽相同罢了。社会公信力引入行政裁决的研究中,无论是对行政裁决本身还是对整个行政组织都有极其重要的价值,对社会的法制化进程和现代社会秩序的建构也是有意义的。具体来说,有这样几个方面:

1. 推进行政行为的社会认可程度。行政裁决以取得社会公信力为价值目标,对整个行政行为取得社会公众的认可有着极为重大的意义。虽然行政行为在总体上以管理社会事务为取向,其公正合理的行政行为自然会强化其社会影

响力，但一般说来并不调整民事法律关系；而行政裁决这一特殊的行政行为因其具有“准司法”的特点，对与行政管理相关的民事纠纷进行裁断，其影响社会就不是仅仅局限在一般的行政行为的影响范围，而是介入到司法的领域，因而也具有“准司法”的影响力。以社会公信力为行政裁决的价值目标并不断予以提升，不仅使行政裁决取得社会公信力，而且也在很大程度上带动整个行政行为的社会影响力的提高，并由此而强化人们对行政管理公益性与公正性的理解和认知，亦即有效地推进了社会对行政行为的广泛认同。这有助于树立政府的威信，保持社会对政府的积极期待，并为政府施政提供了精神动力和心理资源；同时也为建设责任政府、法制政府，扩大政府的影响层面提供了社会心理基础。由此看来，提升行政裁决的社会公信力，不仅对行政裁决本身而且对整个行政行为都有提升社会认可度的重要意义。

2. 提高行政行为的效率。提高行政效率自然是行政组织的目标，这在效率性社会中是应该予以肯定的，按理是不必加以非议的。问题是，我们对行政效率的理解过于狭隘，以为行政任务的完成就会提高行政效率，组织目标就算达到。其实，行政效率不只是有形的行政效率（具体行政任务的完成），还包括无形的行政任务，如扩大行政组织的社会影响力，保持行政组织持续不断的精神动力，推进行政文化的建设和增进群体协作精神等。将社会公信力引入行政裁决领域，并将社会公信力作为行政裁决的价值目标，自然会引起整个行政行为的革命，其直接后果是迫使行政组织将追求的行政效率在范围上予以放大，在内涵上予以深化，从而全面地提高行政行为的效率。我们知道，过去的行政效率不仅在内涵上比较狭小，而且大多只注意眼前利益和短期目标，很少注意到行政组织自身的可持续发展问题，一般不将取得社会公信力作为完成的重要任务，其结果必然使行政效率也只是在行政体系自身中的内循环。可以说，社会公信力介入到行政裁决之中，无论是在广义或狭义上的行政效率将大大提高，并推动行政效益范式的转变和更新。

3. 减轻法院行政诉讼的压力。行政裁决本身就其职能而言是部分地分担了司法的职能，使一些关涉行政管理的民事纠纷在行政管理的范围内予以解决，适应行政事务日益扩大的需要，也有助于行政活动的有效开展。从这方面来看，行政裁决在分担司法处理民事纠纷上有重大的贡献，实现了其“准司法”的基本职能，保证法制体系对社会运行的有效控制；而且又因为行政裁决具有行政管理的专业知识与技能，对涉及行政管理的民事纠纷的裁决更加符合实际，因而与一般的司法活动对民事纠纷的裁断相比具有很大的优势，并进一步体现了政府对社会事务的有效管理。而将社会公信力引入行政裁决领域，就会进一步要求行政裁决机构对涉及行政管理的民事纠纷进行裁决，不仅要考虑到行政管理自身的效率问题，而且更要将社会的考评、行政裁决的社会反映、公民对行政裁决的社会期待等方面作为工作的依据，这就强化了行政裁决的工作责任心，使行政裁决具有更大的社会公正性与公益性，并在保障公民的合法权益、维护社会稳定等方面发挥作用。这样，大量的行政管理范围内的民事纠纷将在行政管理中得以解决，使提起行政诉讼的案件大为减少，从而减轻了司法机关处理行政诉讼的压力，有效地节省了司法资源。从这个意义上说，社会公信力的价值目标引入到行政裁决是对整个司法活动的有力支持，不仅使过去本应由司法来表现社会正义与公正的活动在行政裁决中予以完成，而且也因为保持行政工作自身的法制化与公正性而减少了对行政诉讼案件的受理。可见，社会公信力对行政裁决的作用之一，是使司法资源得以节省，这对于司法机关更加专注于社会生活其他方面法律关系的调整是有积极意义的。

4. 有助于实现责任政府与法制社会的目标。当今建设责任政府和法制政府的呼声特别高，而大部分研究者倾向于要求政府的自律行为，但政府作为国家权力的执行者仅仅通过其自律行为是很难明确自身的社会责任的。孟德斯鸠说："一切有权力的人都容易滥用权力，这是万古不易的一条经验。有权力的人们使用权力一直到遇有界限的地方才休止。"①没有社会公众对权力的制约，很难想象政府会自身约束自己的权力而不滥用，于是学者们又提出社会舆论的监督作用。这里虽然已经注意到他律机制的作用，但在实际上并没有取得显著的效果，其很显见的原因是行政活动（包括行政裁决）并没有自觉地以取得社会公信力作为自身施政的主观动因，而是一味依赖自身承继法律的授权所取得的政治资源，不是以自身的行为业绩来确立其社会信誉和公众认可，当然外在的社会监督也就不可能起到实际作用。将社会公信力引入行政裁决的实践中，可以纠正行政裁决自身的行为方式并促成整个行政组织的行政行为的转变，使行政组织认识到社会公信力虽然可以通过法律的授权方式来承继，但根本上需要在自身的施政活动中来建立和巩固，如此才能提高自身对社会运行的驾驭能力，并促成政府职能的转变，使政府成为名副其实的公民的政府、责任的政府，拉近政府与社会公众之间的距离。以社会公信力进入行政裁决实践过程为突破口，通过确立社会公信力的价值目标，有助于行政组织和行政人员努力向建设责任政府与

① ［法］孟德斯鸠著，张雁深译：《论法的精神》，商务印书馆 1961 年版，第 154 页。

法制社会的目标不断迈进。

行政裁决的研究不仅对行政管理学、行政法学的深化有学术意义，而且对建构法制社会体系、实现社会的公正和合理有现实价值。开展行政裁决的研究一定要将研究的视野打开，特别是要密切联系社会的情形，如此才能实现研究观念的更新和研究范式的转变。将社会公信力与行政裁决的关系研究清楚，从社会公众需求及其与行政组织相联系的角度来研究行政行为，一定会在行政裁决研究方面取得新的突破。

（原载《江苏行政学院学报》2005年第5期）

【昔文琐记】这篇《论行政裁决社会公信力的提升》，写作于2004年上半年。此文的目的，是想将“公信力”范畴引入行政学的研究中，为行政学研究的创新提供一个新的视角。

学术研究与从事的教学工作，有时是有很大关系的。2003年秋学期，我应徐州师范大学法政学院邀请，开设了“行政学概论”课程。在讲课过程中，我对行政学的有关问题发生兴趣，于是就写了两篇行政学的论文。本文是其中的一篇，另一篇是《论行政裁量权的性质、特征及其控制》（载《理论导刊》2005年第1期）。

行政学本非我所长，但我博士毕业后，却对相关学科有较为广泛的兴趣，看到什么问题都想研究一番，对新的问题有着很大的好奇心。兴趣广泛固然有好处，这就是有助于扩大知识面，但兴趣太广泛了也有坏处，这就是会浅尝辄止，成为“万金油”。故而，我以后不打算再研究行政学方面的问题了。

此篇文章在行政裁决的研究中第一次提出“公信力”问题，算是对公信力有一定的认知。以后，我将“公信力”概念运用中共党史研究中，发表了《论中共在抗战时期社会公信力的提升》文章；又在政治学视域中对“公信力”概念做探源性研究，发表《政治学视野中公信力概念研究》的文章。这可见，我当时的学术研究还是想寻找新的方向的。

写到这里，我觉得初学者在年轻的时候，特别需要努力学习新学科方面的知识，不断拓宽学科视域，并且尤为需要在研究中将新学科的知识实实在在地运用起来。这是从事学术研究而能取得新成果的重要条件。从学理上说，任何知识都是在运用中得到进一步理解和认知的，并且唯有经过运用这种学术实践环节，才能更好地发挥知识的作用，并使研究者的知识体系得到丰富和提高。因此，研究者在习得某一门学科知识后，关键就在于能够将这种学科知识相应地运用到研究工作之中,并在运用中不断增加对知识的理解和认识。这样,所习得的知识才能成为活的知识、有用的知识。譬如,我学习了社会学这门学科后,将相关的知识运用到研究中,写出了《李大钊与中国马克思主义社会学的开创》、《陈独秀与中国马克思主义社会学的开创》、《留学生对马克思主义社会学中国化的努力》、《〈新民主主义论〉对马克思主义社会学的贡献》等系列文章。又譬如,我学习了"中国近代史研究史"后,写出《李大钊与中国近代史研究》、《陈独秀与中国近代史研究》、《梁启超与中国近代史研究》等系列文章。再譬如,我学习了有关"公信力"的知识后,写出了《论抗战时期中共社会公信力的提升》、《论行政裁决社会公信力的提升》、《政治学视野中公信力概念研究》等文章。我的看法是,研究者学习了某一学科的知识,如果不运用或运用不到位,这样的知识就不能很好地成为研究者自己的知识,并且也就很难为社会发展创造出新知识。可见,知识的运用尤其是在研究工作中的运用,无论是对个人的学术成长,还是对社会知识体系的发展,都是极为重要而又不可缺少的环节。

2021年1月31日

试论行政裁量权的性质、特征及其控制

中国行政学界对于行政裁量权的研究还处于起步阶段，近十年来只有为数很少的论述，发表的专题论文屈指可数，研究的内容限于对行政裁量权含义的解释、对行政裁量权进行司法审查历史的回顾①。可见，关于行政裁量权问题还有进一步深入研究的空间。行政裁量权既然在行政活动中广泛存在并且对行政行为产生重大的影响，因而就有必要探索行政裁量权的性质和特征，以便对行政裁量权有一个本源性的认知；而从当今行政裁量权行使的实际来看，行政裁量权日益扩张和膨胀，以至于有不断侵入公权领域的危险，这种现象似乎也应引起高度的重视，需要加以研究以图得到有效的控制。鉴于这样的考虑，本文试就行政裁量权的性质、特征及其控制等几个问题作初步的探讨。

一、行政裁量权的性质

研究行政裁量权的性质是弄清行政裁量权含义的前提。关于“行政裁量权”的含义，中国学术界虽然在行政裁量权的行使主体与客体的认识上大体上是一致的，但在行政裁量权行使的条件与范围上却有重大的分歧。有的学者认为，“行政裁量权是指行政机关在行使法律未作详细、具体、明确的规定时，可根据自己的评价和判断，确定适当的范围，选择适当的方式、手段，处理具体事务的权力”②；也有的学者解释行政裁量权即为“自由裁量权”，认为行政裁量权“是行政机关和政府官员在一定的法律规范之下从事行政管理活动所享有的酌量完

---

① 参见韩小平：《对行政裁量权的几点法理思考》，《山西省法政管理干部学院学报》2001 年第 3 期；周云帆：《对行政裁量权的司法审查》，《暨南学报》2002 年第 4 期；许元宪、王涪宁：《试论正义与行政裁量权》，《延边大学学报》2002 年第 3 期。

② 姜明安主编：《行政法学》，山西人民出版社 1984 年版，第 297 页。

成任务的方式方法和解决问题的权力,即有条件的行为选择权"①。这里关于行政裁量权内涵上的主要分歧,在于行政裁量权是否在法律法规的范围之内,这就关系到行政裁量作为一种行政行为其依据所在,说到底是关于行政裁量权的性质问题。因为,如果确认了行政裁量权的性质,则不难揭示其内涵及其适用范围。因而,有必要对行政裁量权的性质进行探讨。为了认识行政裁量权的性质,下面试图就涉及行政裁量权的相关因素作一些分析,力图发现其本质内容之所在。

行政裁量权起源于行政权力的扩张,与行政活动的社会化进程有着密切的关联。考察行政裁量权的性质,必须注意行政裁量权起源的特殊性,即在什么条件下行政裁量权得以产生,从而赋予行政裁量权既定的使命与任务。就行政活动的历史而言,现代意义上的行政裁量权产生于现代社会行政事务的扩大和行政权力的扩张。为了应付纷繁复杂的社会管理事务,作为三权分立权力结构中的行政权力,其所拥有的权限急剧扩大,运用权力解决问题的灵活性提高,需要最大可能地发挥行政事务领导者和执行者的主观能动性,如此才可能完成行政任务,或者达到较高的行政效率的目的。此种情形,在某种特定时期(如战争时期、经济危机时期、社会过渡时期和转型时期)有侵入"公权"的危险,并有可能对现行社会行政秩序的稳定构成威胁。但就行政裁量权历史的初始阶段而言,在现代民主法制政府的治理之中,除了特殊的情形所造成的行政裁量权的滥用外,总体上还是在法制构架之内。从行政权力在整个社会管理事务中加大的实际来看,伴随着社会管理事务的复杂化和行政权力的不断扩大,就有一部分原来属于行政权力的权力被转移到下级的行政事务的具体执行者手中,这在实质上是对既有行政权力的分割,而在形式上是行政权力的部分转移或行政权力的合理性延伸。这是由于国家行政管理活动不可能在事先预知一切具体的行政管理活动的全过程及其所出现的各种新问题,有必要通过授权来分割行政权力,从而赋予具体行政事务的执行者有临时处理行政事务的权力,适时、适地、适事地进行行政管理活动,这就使"行政裁量权"以合法的面目出现。此所谓"合法的面目",是因为行政裁量权有上级行政机关的赋予,是行政权力的"让渡",并且是在行政权力体系的控制之下,以履行行政行为为表征,以完成行政任务为目的,以提高行政效能为指向。而对于具体的行政执行者而言,也必须确实地拥有行政裁量权,才能快速而有效地履行行政职责,完成具体的行政活动。从行政裁量

① 张国庆主编:《行政管理学概论》,北京大学出版社 2000 年版,第 500—501 页。

权的起源和实际运行的过程来看,行政裁量权是行政权力扩张的产物,是行政机关的行政权力的下移和具体化,其性质自然与行政权力的性质有着密切的关联。从这个意义上说,行政裁量权是行政权力的延伸,具有行政权力的部分特征,是一种准行政权力。

行政裁量权就其在行政行为中的价值指向而言,是直接服务于行政效率的提高。考察行政裁量权不仅要分析其起源,也要探讨其行使的过程和目的,尤其是其价值目标。因为行政裁量权的价值目标,包含着行政裁量权行使的动机,决定行政裁量权的行使范围和行使方式。就行政执行者而言,首先考虑的是自己的行政目标是否能达到,是否担负起自己的行政责任,因而必须考虑完成行政任务的手段,这就不可避免地将行政裁量权作为手段来运用,所以其所要拥有、使用的行政裁量权,是因为在现代社会的复杂事务中,从事行政活动乃是一种不得已的选择。换言之,没有行政裁量权,其行政活动将无所作为。众所周知,在行政管理活动中,自始至终都必须有行政裁量权程度不等地发挥作用,亦即行政裁量权参与行政活动的全过程。就一般的行政行为的具体过程而言,主要包括三方面的内容,一是发现和认定事实,二是适用法律,三是作出决定,其间的每个环节都有行政事务领导者或执行者个人意志的参与,都有行政裁量权的渗入,尽管程度不等。这里,也很鲜明地看出,行政裁量权在使用中只是行政行为的手段、从事行政活动的途径,表现了行政裁量权与行政行为所具有的联体性的特征,亦即行政裁量权对行政行为具有依附性,不能脱离行政行为而存在。但问题的复杂性还在于,行政裁量权不只是行政行为的附属物,而是有其独立的价值诉求,这就是直接地服务于行政效率的提高。在实际的行政行为的操作层面,行政裁量权的使用主要不是着眼于行政行为的本身,而更关注的是行政效率是否达到或提高。如果说行政行为是行政裁量权存在的母体,行政行为本身亦在工具化之中,那么,行政效率是行政裁量权行使的最主要依据,行政效率的提高成为行政裁量权扩张的精神动力,行政裁量权成为行政行为和行政效率的工具。由此,行政裁量权成为一种功利性的权力,对推进行政任务的完成和行政效率的提高有着特殊的意义,但也会进而有远离公益性权力的危险。道理很简单,当今处于"效率优先"的价值体系之中,最大地追求行政效率也是行政组织和行政官员的目标所在,由此必然导致行政裁量权的大量使用和行政裁量权的不断扩张,其结果是行政裁量权侵入"共权"领域的现象自是日趋严重化。这样来看,行政裁量权是一种以追求行政效率的功利化的权力,同时也是有待加以控制的权力。

行政裁量权就其权力的大小而言,应该小于作为整体的行政权力,亦即在法律上和效用上应该小于行政权力。行政权力作为政治权力的一种,它是国家行政机关依靠特定的强制手段,为有效执行国家意志而依据宪法原则对全社会进行管理的一种能力。而行政裁量权只是行政权力的延伸,是国家行政机关所赋予属下(下级行政机关及其行政人员)的权力,或者说是国家行政机关所让渡的部分权力,因而在实质上为行政权力所派生,其权力的大小与效用自然不能等同于行政权力。这是就行政裁量权来源的形式而言的。就行政裁量权的依据而言,虽然行政裁量权也必须依据宪法的原则,但在实际的行使过程中更多的是依据行政规章,因而行政裁量权的效果不能直接等同于直接依据宪法所产生的行政权力。就行政裁量权的作用方式而言,虽然在不得已的情况下也强制性地推行政令,但在一般情况下不可多采用强制的办法。尽管强制力作为行政管理的一种基本依靠力量而经常存在,行政权力的持续有效的实施也总是以暴力的威慑作用为后盾,但作为行政权力的延伸的行政裁量权,在更多的情况下是以社会的普遍认同、行政相对方一定程度的理解为前提,教育、说服、规劝、引导等方法应为行政裁量权实施的基本形式,强制性的办法只能在极少数情况下采用,这与作为整体的行政权力的作用方式主要是强制性地推行政令有很大的不同。就行政裁量权的基本目标而言,主要是通过贯彻行政法规、运用自由意志来判断和处理具体的行政事务,提高行政效率,完成行政职责,它不同于通过贯彻执行国家法律、法令和各类政策来有效地实现国家意志的行政权力。特别是行政人员在行使行政裁量权时,自由意志和主观判断不仅占有很大的比重,而且有着相当大的伸缩性,而这种自由意志和主观判断不是国家意志的体现和代表,其是否符合国家意志和公民的意愿在法律上没有确认,因而行政裁量权在权力的效级上低于行政权力。

概括言之,行政裁量权就其性质而言,是作为整体的行政权力的分割和让渡的产物,是一种准行政权力,隶属于行政权力的运作体系,是整体的行政权力的重要组成部分;作为行政权力的延伸和准行政权力的性质,行政裁量权在效级上低于行政权力,并且是由行政机关所赋予时,下级行政人员在为完成行政任务、提高行政效率的情况下才能采用。在这种意义上说,“裁量权不应是专横的、含糊不清的,捉摸不定的权力,而应是法定的,有一定之规的权力。”①由此看来,行政裁量权的存在应该具有合法性与合理性,而合法性为首要前提,这就要求行政裁量权必须以公平和正义为其精神内涵。

---

① [美]伯纳德·施瓦茨著,徐炳译:《行政法》,群众出版社1986年版,第588页。

二、行政裁量权的特征

行政裁量权存在于行政行为之中,作为行政权力的延伸自然具有行政权力的一般特征,有着共性的一面;但由于行政裁量权是在特定的情况下使用的,行政裁量权的主体和客体又有特定的内涵,并不是任何行政主体在任何情形下都被赋有,也并不是任何行政客体在任何情形下都可以承受,而且行政裁量权的作用方式也有其特殊性,因而行政裁量权有着显见的特征。具体来说,行政裁量权有这样的一些特征:

1.行政裁量权具有手段性。行政裁量权作为一种权力,自然也是行使者依其目的去影响他人行为的能力,其内容包括主体、客体、目的、作用和结果等方面;但行政裁量权的特殊性就在于它是作为一种目的的手段而存在的,也就是说只是在行政管理活动中才产生并发挥作用,当下的直接目的是提高行政效率、完成行政任务,因而只能作为完成行政任务的工具而存在,其本身具有鲜明的工具性的价值。行政裁量权作为行政权力的一种,显然具有公共性的特征,是用来维护公共利益的。但公共利益乃公共利益制度化的表现,作为整体的行政权力也成为实现公共利益的手段①,故行政裁量权也必然是实现公共利益的手段,其所具有的公共性隶属于手段性。就行政裁量权与具体的行政行为的关系而言,行政裁量权产生于和服务于行政行为,而且在行政行为的每个环节上并不要求行政裁量权的普遍使用或同等地起作用,是否使用及使用的权限应该依据行政行为所处于具体阶段的要求以及与行政目标实现的具体关系而设定。这是说,行政裁量权是作为行政行为的手段而存在,其是否存在及存在时作用的发挥并不取决行政裁量权的本身,而是依据行政行为所要完成的行政目标而定。虽然行政裁量权具有一定程度上的决策功能,而表现出权力的特征及其影响力与控制力,但这种决策功能只是在特殊的情形下才具有,在本质上不同于立法决策权或政治决策权,也不同于行政权力中的决策权。从整个国家权力的运行过程看,行政权力是在立法权力输出功能之后起作用的,而行政裁量权又是在行政权力的输出功能之后才能起作用。所以,行政裁量权所形成的决策只能是行政权力输出过程中的决策。由于输出的过程乃是通过一定的手段实现目的的过程,其本

① 时和兴:《关系、限度、制度》,北京大学出版社1996年版,第122页。

身不是目的，而只是实现这一目的的手段，所以行政裁量权只能作为一种手段而存在。

2. 行政裁量权具有自主性。就理论上而言，行政裁量权所代表的利益是源于行政权力所代表的利益，独立于社会上各个单个的或集体形式的特殊利益之外。因此，相对于社会权力、统治权力而言，行政裁量权具有更多的自主性和责任心，必须保持社会公平与正义，不能偏向某个强势集团的特殊利益，而应该是以社会公益的需要为指归，并具有相对的超然性，这样才能体现出行政裁量权公共性的本质要求。换言之，是社会公益的价值追求赋予行政裁量权的自主性。在行政裁量权的实际操作层面，作为行使行政裁量权的具体行政管理者而言，作出这样或那样的决断必须根据自己的专业知识和专业技能，必须根据此时、此地的具体情形，因而具有很大的选择自由度，其所作出的决断带有个性化的特征。行政裁量权的被施加者（行政相对方）所接受的裁量，其形式、内容及其所应负的责任，也可能因行政活动的操作性、技术性和事务性而有所不同，显示出行政裁量权的结果的非确定性，更多地体现出行政管理者所施加影响的特殊性。在这种情形之下，极有可能造成公共利益指向发生扭曲和变形，使行政裁量权的自主性变成非常态，从而在根本上违背行政管理的公益性目标及其内含的公平与正义的价值目标。这就需要对行政裁量权自主性的非常态有所制约和抑制，发挥制约和监督机制的作用。当然，这里讨论的行政裁量权的自主性也只是在相对意义上而言的，因为行政裁量权作为行政权力的一种，不能脱离行政权力影响的。

3. 行政裁量权具有非确定性。虽然行政裁量权在行政活动中普遍地存在并有进一步扩大的趋势，但行政裁量权毕竟不是每个行政行为所必须采取的，也不是每个行政机关及其管理人员在不分时间、地点、条件的情况下可以自由行使的。具体到行政裁量权的主体而言，行政裁量权是否具有，具有的裁量权的大小，在何时何地行使，有很大的或然性成分；而就行政裁量权的客体而言，行政裁量权的具体被施加者，接受行政裁量的具体内容和形式，在很多情况下都是不确定的。就行政裁量权所生效力而言，也有很大的不确定性。从行政实践来看，行政裁量权的行使所作出的"决策"不能等同于行政决策，在适用范围、影响的大小、法律效力等方面都不可与行政权力相比拟，不具有普遍的适用性，当然也就不能作为其他行政行为的"案例"来效仿。这是由于行政裁量权的使用所产生的具体化的行政行为具有不可比性。其具体的缘由是，行政活动的复杂化，不可能找出两个完全相同的行政对象；即使能找出两个完全相同的行政对象，也不可能有完全相同的行政环境；即使有两个完全相同的行政对象、完全相同的行政环境，也不可能有相同的行政执行者。同一个行政行为由不同的行政执行者来进行，所采用的行政裁量权也不一样。就一个具体确定的行政事务的处理而言，对于一个具有一般专业技能和专业知识的行政执行者来说，所使用的行政裁量权可能是适合的、到位的；而对于一个具有较高行政专业素养和专业技能的高级行政管理者来说，使用同样性质、内容的行政裁量权就可能是不够的，在特殊的情形下有时甚至是要追究行政责任的。这是因为行政裁量权的内涵及其施加与具体的行政执行者之间有一体的连带关系。由此也可见，行政裁量权就纷繁复杂的行政活动、庞大的行政人员队伍而言是不确定的。当然，揭示行政裁量权具有非确定性特征的本身，并不是说行政裁量权的行使是为所欲为的，相反在行政实践中要依照法制精神和制度的设置来不断克服行政裁量权的人格化问题，因为归根到底"行政管理就是在法律规则限制之内，并且根据一些得到团体制度许可的、甚至没有违忤团体制度的、可以普遍标明的原则，合理地维护团体制度所规定的利益"①。

以上就行政裁量权所具有特征的基本概括，着眼于行政学与行政法学的视角，主要是从行政裁量权作为一种权力特别是作为一种特殊的行政权力而进行分析的，适当考虑到行政裁量权的运作情形以及行政裁量权的权力主体和权力客体的情况。就目前行政裁量权的发展趋向而言，行政裁量权有自我膨胀的特征，这种自我膨胀源自行政裁量权的自然增长，但也有其他因素所引起的膨胀，如行政者扩张权力的本能冲动。此外，行政裁量权由过去的偶然为之发展到现在普遍使用，也有普遍化的趋势，而行政裁量权作用的时限也在不断拉长并成为一种长期行为，显现出长时效性的特征。当然，从学术研究的角度来看，还可以从其他视角来进行探讨，如从行政管理学、社会行为学等角度可能得出新的结论，从而加深对行政裁量权特征的理解和认知。

三、行政裁量权的控制

行政裁量权作为一种权力，在现代法制社会中就必须有所控制。诚如英国学者威廉·韦德说："法治所要求并不是消除广泛的裁量权，而是法律应当能够

① ［德］马克斯·韦伯著，林荣远译：《经济与社会》，商务印书馆 1998 年版，第 250—251 页。

控制它的行使。”①从一般的意义上来说,没有不受控制的权力,任何权力都必须控制在一定的范围内才能防止权力的滥用。使用权力是建设法制社会的要求,同样,对权力的控制也是法制社会的要求。而从行政管理的实践来看,行政裁量权的使用在很大程度上超越了其权限,不少情况下危及行政相对方的权益,产生一些消极的后果,因此也有加以控制的必要。所谓行政裁量权的控制,是说要对行政裁量权进行约束和抑制。就行政裁量权的运行情况来看,可以控制行政裁量权的使用范围、控制行政裁量权的作用方式、控制行政裁量权的大小。根本的途径是建立和完善法制化的权力运作系统,通过法制来规范行政裁量权的行使,提高行政人员的依法行政能力。下面试提出几点具体措施:

1. 行政机关对行政裁量权的监控。行政裁量权作为一种行政权力,其自身应该具备防范措施与制度,充分发挥行政机关内部的权力制约机制的自律机制作用。由于行政裁量权与具体的行政行为相伴随,并且比较普遍地存在于行政活动的过程之中,而且行政裁量权又是行政权力的延伸,因此,对于行政裁量权的监控首先要考虑到行政体制方面,积极地发挥行政机关内部的监督作用。国家行政机关是依据国家意志所建立的社会管理组织,具有政治合法性的资源,不仅有国家机器的强有力的支撑,而且具有长期的行政管理经验及其所拥有先进的物质技术设备,因而对行政机关内部的监督具有直接、及时、灵活、迅速、有效的特点;同时,国家行政机关对行政机关的各部门及其工作人员,在行政裁量权使用中所存在的不当甚至违法行为也最先知晓,具有监控行政裁量权的责任和能力。就目前行政裁量权在行政行为中运用的实际而言,除了运用日常监督、主管监督、职能监督等层级的监督形式外,关键的是要完善层级监督制度,使行政裁量权纳入制度化的轨道之中,这对于行政裁量权的正常行使及其发挥作用有着特别重大的意义。具体来说,对于一般的、经常性的行政裁量权的使用,要形成例行的报告工作制度,以便上级行政机关能够及时、准确地了解下级行政机关及其工作人员行使行政裁量权的状况,从而更好地加强监督和指导。对于重大行政行为中使用的行政裁量权,要建立预报和审查制度,要求下级行政机关和工作人员具体地详明行使行政裁量权的理由、步骤、目标及其可能产生的后果,以便上级行政机关能够准确地审查和决断。对于必须行使行政裁量权的有些重大行政行为,而又处于特别的情形之下(如处于突发状态),如果来不及具体地向上级行政机关陈述,则也必须向上级预告,这在现代通信技术条件下也是不难做

① [英]威廉·韦德著,徐炳等译:《行政法》,中国大百科全书出版社1997年版,第56页。

到的。作为主管的行政机关和负主要责任的行政领导,要主动关注下级行政机关和工作人员的行政行为,建立和强化执法检查制度、行政复议制度、考核惩戒制度,规范行政裁量权的使用,使行政裁量权严格控制在行政制度的框架之内。

2. 司法审查对行政裁量权的控制。通过行政机关对行政裁量权进行监督是必要的,也是不可替代的,但是用整体的行政权力来制约作为行政权力延伸的行政裁量权,只是属于行政权力内部的监督和制约,也难于从根本上有效地抑制行政裁量权的滥用问题。从整个国家权力的运作来看,权力的制约除了内部的监督外,还必须有权力的外部制衡,也就是说在权力的制约机制上要采用他律制约机制,以增强防范权力滥用的风险。在现代法治时代,任何权力的行使都必须在宪法的原则之下、在法律的许可范围之内,不能存在不受制约和不受控制的权力,因而司法审查对包括行政裁量权在内的各种权力的控制和监督就是不可缺少的,因为“一切有权力的人都容易滥用权力,这是万古不易的一条经验。有权力的人们使用权力一直到遇有界限的地方才休止”①。而司法审查的权威性、公正性及其审查中的具体性特点,也使得司法审查具有抑制权力膨胀、防止权力变形及权力滥用的能力。可以说,司法审查对于行政裁量权的正确行使提供了一个有力的屏障。虽然司法审查具有事后性的特点,不可能在行政裁量权使用之时予以直接地介入,但通过司法审查来检查行政裁量权使用是否适当、是否违法,权力是否滥用,毕竟是一个公正的裁量和判断,而且其作出的责任上的认定和结论在法律上具有不可否认的权威性,对尚未行使或即将行使的行政裁量权自然是有着很大的警戒作用。有些学者强调行政裁量权的特殊性,将行政裁量权的自由量放在一个不受约束的空间,认为“行政裁量权指行政机关在法律积极明示之授权或消极默许范围内,基于行政目的,自由斟酌,选择自己认为正确之行为,而不受法院审查者”。这里的所谓“法律积极明示”,固然可以通过行政机关来初步判断,而法律是否“消极默许”则是行政机关所不能定夺的;而且从根本上说,无论是否有“法律积极明示”还是法律是否“消极默许”,不是行政机关所能最终裁决的,必须有司法审查的环节。这不是干涉行政权力的独立行使,而是有效防范任何权力滥用的必要手段,并且司法审查在行政权力(包括行政裁量权)行使之后,在实际的运作中也不存在干涉行政权力的企图。进一步说,司法审查是权力制衡的本义所在,也是司法独立所应担负的监督社会权力的责任。当然,司法审查在具体的实践中也要注意到作为行政权力一种的行政裁量

① [英]孟德斯鸠著,张雁深译:《论法的精神》,商务印书馆 1961 年版,第 154 页。

权具有相对独立性的一面,要考虑到国家法律制度的特殊性,允许行政权力以及由此而延伸的行政裁量权拥有一定的权力行使空间。司法审查行政裁量权一般要审查行政裁量权是否超越了行政管辖权,如超越了行政管辖权并且造成了严重后果的,自然要求其承担必要的法律责任,因而这种行政裁量权就是属于不当行政裁量权或非法行政裁量权;如在行政裁量权管辖权之内行使行政裁量权,则法院应予相当的尊重,而不能随意地推翻行政决定,也不能否定依据行政裁量权所发生的行政行为的法律地位。根据目前行政裁量权不断扩张的情形及行政行为时有侵犯公权的事实,从建立法制政府、民主政府和责任政府的大局出发,司法审查尤其是对行政裁量权的审查,不仅要进一步加大审查的力度,而且要不断完善审查的程序,并创造性地理解和贯彻法制的基本精神。从行政实践的具体过程来看,在有些情况下,行政裁量权的行使确实在行政管辖权之内,但不符合法律授予这种权力的目的,不符合或不完全符合公共利益的根本要求;或者虽然符合公共利益的要求,但不符合法律授予这种权力的特别意图;或者即使符合法律授予这种权力的特别意图,但所加诸的对象是不适合这种行政裁量权所应加诸的对象。这些情形的出现虽然都是在行政管辖权之内,但实际上是行政裁量权的滥用,是“政府万能”观念的产物。这说明,司法审查仅仅局限在行政裁量权的权限上或过程上是远远不够的,必须进一步地审查造成这种行政裁量权滥用的主观动机,审查行政机关和行政人员是否存在其他的利益追求。而从国外司法审查的经验来看,还必须审查作出行政决定的“事实根据”是否存在、事实的性质是否符合法律的规定、行政机关或行政人员对事实的判断是否符合法律的精神,如此才能通过法律的权威来抑制行政裁量权的滥用、制裁行政裁量权的专横、督察行政人员依法行政,使包括行政裁量权使用等在内的行政行为在法制的轨道中运行,从而保证国家法律制度的严肃性和公民的自由权益。

3. 社会舆论对行政裁量权的监督。包括实施行政裁量权在内的各种行政行为,其后果直接影响着行政相对方的利益,必然在社会的层面产生程度不等的反响,于是就有必要建立社会舆论对行政裁量权的监控体系,有效地遏止行政权力的非法扩张,限制行政裁量权的行使范围,保障公民的合法权益。就行政权力的运行来看,不是社会舆论没有能力对权力的监督,关键是社会舆论还未有赋予广泛的监督权。由于长期以来行政权力的巨大力量在民众心理上造成的影响,一般的公民对官员有很大的惧怕心理,即使受到不公正的行政制裁甚至造成极大的个人利益的损害,也不愿走上民告官的道路;普通民众对受害方虽有同情的心理,但未能上升到法律的高度,主持正义的责任感相对缺乏,加之社会组织在组织民众工作上的软弱，导致民间舆论缺乏应有的声势；传媒对行政行为违法的披露受到种种不应有的限制，新闻记者因公正报道受到打击和迫害的事实屡屡出现，公正舆论的表达缺乏正常的途径；行政决策的不透明，往往限制公民的知情权，致使民众对行政过程缺乏了解。以上的这些现象，不能不加分析地归咎于民众法制的淡薄，更不能作为舆论无力监督行政裁量权的理由。一个显见的事实是，社会上有不少受到行政行为严重伤害的公民，为了"讨回公道"甚至变卖家产而几年、十几年甚至几十年坚持上访。这种长期的上告行为，不能说明公民屈服于行政的不合理甚至不合法的行为，不能证明公民缺乏法律意识，相反说明民众的法律意识比我们预想的要强很多。一般评论者对于这种因坚持长年上访而最终"讨回公道"表示赞赏，谓"社会自有公道"。笔者的看法相反，正是社会缺乏公道才有这类现象，才有受害者花费几年、几十年才"讨回公道"的事实，行政受害方为对抗权力的滥用而付出了高昂的代价。从经济成本的层面来看，个人作为社会中的一员，是难以对抗行政组织的权力滥用，个人为维护自己的正当权益所耗费的成本远远大于行政违法包括行政裁量权的滥用所带来的损失。成本与效益关系的考量，可能是社会上行政相对方自身权益受到侵害时而不得不持忍让的态度。鉴于这样的情形，发挥社会舆论对行政裁量权的监督，在于确立法制体系下社会舆论的权威。对于社会公正舆论所批评的行政行为及其行政裁量权的使用，行政机关及其行政人员要担负法律责任；行政行为要在法制体系下严格接受社会舆论的监督，对于不接受社会舆论监督或者接受监督而贯彻不力的，如造成重大过失行为后果的，要提起行政诉讼；社会舆论只要在法律上没有限定就有着绝对的自由，公民只有了解行政决策的知情权并在实际上对行政过程及其信息有所知晓，公共舆论在行政决策中才能发挥作用。

行政裁量权是行政法学研究的重要内容，对建立现代行政法治体系、规范行政人员的行政行为有重大意义。弄清行政裁量权的性质和基本特征，加强对行政裁量权的控制，不仅对行政法学的学科建设有学术价值，而且对行政活动的法治化开展，在增强行政行为的效率前提下又能遵循法制精神，也有重大的现实意义。本文所作的探讨只是初步的，目的在于希望学术界对行政裁量权的研究引起足够的重视，将行政裁量权的研究推进到一个新的高度。

（原载《理论导刊》2005 年第 1 期）

【昔文琐记】这篇《试论行政裁量权的性质、特征及其控制》，是在《理论导刊》上发表的。发表时，原文有一些压缩。这里收录的是原稿。

我研究行政裁量权问题,说起来有点偶然。我在 2003 年的春学期,接受徐师大法政学院的邀请,为他们的政治与行政学专业 2002 级学生开设“行政学概论”课程。在讲课过程中,我觉得行政学中有许多问题值得研究。而当我查阅有关行政学的研究论文时,发现这个学科研究的水平并不很高,大有研究的空间。由此,我就选择了“行政裁量权问题”,作了一点思考和研究,最终写出了这篇文章。也因为发表了这篇文章,此后我又写成了《论行政裁决社会公信力的提升》(载《江苏行政学院学报》2005 年第 5 期)等文章。

2021 年 1 月 31 日

第七辑

【中共党史研究】

李大钊与现代化政党——中国共产党的创建

现代化需要现代化政党的领导，现代化政党本身又是现代化的产物，这是世界范围内社会现代化运动的基本结论。中国共产党既是近代中国以来现代化运动发展的必然结果，又是俄国开创社会主义现代化新纪元影响下的产物，在中国担负着变被动现代化为主动现代化并独立自主地开创社会主义现代化的历史重任。“没有中国共产党的努力，没有中国共产党人做中国人民的中流砥柱，中国的独立和解放是不可能的，中国的工业化和农业近代化也是不可能的。”①李大钊在十月革命的影响下，不仅在中国高举马克思主义现代化理论的旗帜，而且为创建马克思主义理论指导的现代化政党——中国共产党作了大量的努力。这种努力包括他对现代政党意识的倡导，对现代化政党骨干力量的培养，以及为创建现代化政党所开展的组织活动。

一、倡导建立新式的中国现代化政党

现代化运动必须有现代化政党的领导，才能完成由农业文明到工业文明的转变，推动社会的全面进步。这是现代社会发展与传统社会变迁的一个重大区别。李大钊在早年接受了西方资产阶级文化的影响，这使他比较注重现代化的政党在推社会进步中的地位。而在十月革命的影响下，李大钊则确立了马克思主义的信仰，并对无产阶级政党在社会现代化中的地位有了更为深刻的认识。随着李大钊思想的发展，他积极倡导在中国建立新式的无产阶级政党。

李大钊对现代化政党在社会现代化中的作用的认识是明确的。辛亥革命后，人们对政党的认识还比较模糊，政党祸国论比较流行。李大钊在辛亥革命后

① 《毛泽东选集》第三卷，人民出版社 1991 年版，第 1098 页。

虽然对当时的国民党和进步党不太满意,但不反对政党的存在。他说:“党非必祸国者也。且不惟非祸国者,用之得当,相为政竞,国且赖以昌焉。又不惟国可赖党以昌,凡立宪国之政治精神,无不寄于政党,是政党又为立宪政治之产物矣。”①但是在袁世凯统治下,中国不可能实行真正的政党政治。在袁世凯败亡后,1917 年 4 月李大钊希望创造一新的“中心势力”。从李大钊对“中心势力”的希望来看,“中心势力”应当“顺世界文明之潮流”,“由中流社会之有恒产者自进而造成”,而且要“拥有国民的势力”②。这一“中心势力”是李大钊在对当时社会上“军权系统”彻底摒弃、对温和系统及激进系统表示失望的情况下,所追求的社会政治力量,在本质上是资产阶级性质的现代化政党。在此期间,李大钊对欧洲各国的社会党表现出浓厚的兴趣,写出了《欧洲各国社会党之平和运动》的上篇、中篇、下篇及续篇,介绍了欧洲各国政党的主张尤其是对“一战”的态度,寄希望为国人提供“研究之资料而已矣”。③ 李大钊对在中国建立现代化政党的目的是明确的,即要以现代化政党“为国本之所托”,推动民主政治的实现和社会的进步。但在十月革命前,李大钊不可能提出建立无产阶级性质的现代化政党的任务,而且他认识的现代化政党亦局限在资产阶级民主政治范围内的政党政治。

十月革命使李大钊对现代化政党的认识有了新的升华,李大钊已初步地认识到在中国建立无产阶级性质的现代化政党的重要性。十月革命是无产阶级政党领导的以革命手段进行的具有世界意义的政治现代化运动,因而开辟了以社会主义为目标的社会现代化的新纪元。李大钊在宣传十月革命的文章中,对俄国布尔什维克党表示极大的关注。在《法俄革命之比较观》一文的开头,李大钊就指出:“俄国革命最近之形势,政权全归急进社会党之手,将从来之政治组织、社会组织根本推翻。”李大钊对俄国“急进社会党”所领导的革命表示由衷的敬佩,充分肯定俄国革命在世界文明史上的地位,认为“二十世纪初叶以后之文明,必将起绝大之变动,其萌芽即茁发于今日俄国革命血潮之中”④。俄国布尔什维克是一个什么样性质的政党?李大钊在宣传十月革命时对 Bolsheviki 作了比较详细的描绘。他认为,从俄国革命者郭冷苔(Collontay)“这位女杰自称她在

① 《隐忧篇》,《李大钊全集》第 1 卷,人民出版社 2013 年版,第 1 页。

② 《中心势力创造论》,《李大钊全集》第 1 卷,人民出版社 2013 年版,第 175—176 页。

③ 《欧洲各国社会党之平和运动》(下续),《李大钊全集》第 2 卷,人民出版社 2013 年版,第 199 页。

④ 《法俄革命之比较观》,《李大钊全集》第 2 卷,人民出版社 2013 年版,第 329 页。

西欧是 Revolutionary Socialist，在东欧是 Bolshevika 的话和 Bolsheviki 所做的事看起来，他们的主义，就是革命的社会主义；他们的党，就是革命的社会党；他们是奉德国社会主义经济学家马客士（Marx）为宗主的；他们的目的，在把现在为社会主义的障碍的国家界限打破，把资本家独占利益的生产制度打破。”①李大钊认为，Bolsheviki 的战争“是阶级战争，是合世界无产庶民对于世界资本家的战争”，“他们主张一切男女都应该工作，工作的男女都应该组入一个联合，……切产业都归在那产业里作工的人所有，此外不许更有所有权。”②从李大钊的介绍来看，布尔什维克是以马克思主义为指导的，以推翻资本主义、实现社会主义为目的，代表无产阶级利益的政党。李大钊对 Bolsheviki 充满敬意之情，他热烈欢呼十月革命，指出“Bolshevism 的胜利，就是二十世纪世界人类人人心中共同觉悟的精神的胜利！”可见，李大钊希望中国进行十月革命式的社会革命，这之中就包含了他要在中国建立俄国 Bolshcviki 式的马克思主义政党的期待。可以说，李大钊对十月革命的宣传虽然在对无产阶级政党的认识上是初步的，但却是最早地表明要在中国建立无产阶级性质的现代化政党。

李大钊在中国宣传马克思主义的过程中，系统地提出了要在中国建立无产阶级政党的任务。李大钊于 1919 年发表《我的马克思主义观》后，推动了中国先进知识分子政党意识的提高，中国的早期马克思主义者就创建无产阶级政党问题进行了探索。蔡和森 1920 年 8 月给毛泽东的信中就指出：“我以为先要组织党——共产党。因为他是革命运动的发动者、宣传者、先锋队、作战部。以中国现在的情形看来，须先组织他，然后工团、合作社，才能发生有力的组织。革命运动、劳动运动，才有神经中枢。”③1921 年 3 月李大钊发表了《团体的训练与革新的事业》文章，从世界范围内政党的作用及中国政党发展的实际，阐明了在中国建立无产阶级性质政党的紧迫性和必要性。李大钊指出，组织能力随社会的发展而提高，政党的组织势所必然，而政党的产生和发展又进一步提高人类的组织能力。“证诸十九世纪以来，政党之发达，则人类组织能力之进步，又极可惊。英、美政治纯受政党支配，其政党都有极繁复之机关，极巧妙之组织。所以势力雄厚，直与政府并驾，甚或称为第二政府。”而“最近时代的劳动团体，以及各种社会党，组织更精密，势力更强大。试看各国罢工风潮及群众运动之壮烈，不难

---

① 《Bolshevism 的胜利》，《李大钊全集》第 2 卷，人民出版社 2013 年版，第 364 页。

② 《Bolshevism 的胜利》，《李大钊全集》第 2 卷，人民出版社 2013 年版，第 364—365 页。

③ 《蔡和森文集》，人民出版社 1980 年版，第 51 页。

想见。俄罗斯共产党，党员六十万人，以六十万人之大活跃，而建设了一个赤色国家。这种团体的组织与训练，真正可骇。"①在考察世界上政党组织尤其是俄国共产党作用的基础上，李大钊认为中国社会的变革自然还是要靠民众的势力，因而必须组织以马克思主义为指导的代表民众利益的政党。当时社会上有些人对民国以来政党趁火打劫、植党营私不满，对在中国建立新型政党持消极悲观的态度。对此，李大钊通过回顾中国政党的发展历程而进一步指出中国社会改造的紧迫性，从而说明中国成立新型政党的极端重要性。李大钊指出："中国自满清道、咸海禁大开之日，就有受些欧化洗礼的两大党产生，一是同盟会，一是强学会。强学会的成绩是戊戌变法。同盟会的功业，是辛亥革命。他们都自有他们的价值。"虽然民国以后的政党，"既无政党之精神，亦无团体的组织"，致使"近二三年来，人民厌弃政党已达极点，但是我们虽然厌弃政党，究竟也要另有种团体以为替代，否则不能实行改革事业。"②那么，中国将要成立怎样的新型政党呢？在李大钊看来，中国建立新型的现代化政党必须有这样三个突出的地方：一是具有无产阶级性质，坚持社会主义目标，成为"平民的劳动家的政党"。李大钊指出："我们现在还要急急组织一个团体。这个团体不是政客组织的政党，也不是中产阶级的民主党，乃是平民的劳动家的政党，即是社会主义团体。"二是具有"强固精密的组织"，而且注重党员的训练。李大钊指出："中国谈各种社会主义的都有人了，最近谈 Communism 的也不少了，但是还没有强固精密的组织产生出来。"鉴于这种状况，李大钊向具有共产主义思想的先进知识分子发出建党的号召："中国现在既无一个真能表现民众势力的团体，C 派的朋友若能成立一个强固精密的组织，并注意促进其分子之团体的训练，那么中国彻底的大改革，或者有所依托！"三是利用国际共产主义发展的有利时机，与各国无产阶级政党相呼应。李大钊分析了以共产国际为中枢的国际共产主义发展的新形势，希望中国创建的无产阶级政党与各国的无产阶级政党相互支持。他说："各国的 C 派朋友，有团体组织的很多，方在跃跃欲试，更有第三国际为之中枢，将来活动的势力，必定一天比一天扩大。中国 C 派的朋友，那好不赶快组织一个大团体以与各国 C 派的朋友相呼应呢？"③李大钊这篇《团体的训练与革新的事业》文章，系统地提出了在中国建立无产阶级性质的现代化政党的主张，可以看

① 《团体的训练与革新的事业》，《李大钊全集》第 3 卷，人民出版社 2013 年版，第 348 页。
② 《团体的训练与革新的事业》，《李大钊全集》第 3 卷，人民出版社 2013 年版，第 349 页。
③ 《团体的训练与革新的事业》，《李大钊全集》第 4 卷，人民出版社 2013 年版，第 350 页

作是李大钊创建中国共产党的宣言书。

恩格斯指出:“要使无产阶级在决定关头强大到足以取得胜利,无产阶级必须(马克思和我从1847年以来就坚持这种立场)组成一个不同于其他所有政党并与它们对立的特殊政党,一个自觉的阶级政党。”①李大钊在欢呼十月革命和宣传马克思主义过程中,倡导建立新式的中国现代化政党,适应了中国革命现代化的需要,推动了共产主义知识分子政党意识的提高。

二、培植具有马克思主义思想意识的现代化精英群体

李大钊在中国率先宣传马克思主义,不仅为确立中国社会现代化新的指导思想作出了贡献,而且为先进知识分子群体的产生提供了思想基础。要在中国建立无产阶级性质的现代化政党,就需要具有马克思主义现代化意识的精英群体,并且需要这一精英群体具有较高的思想素质、组织能力,如此才能为建立“强固精密的组织”提供保证。李大钊通过指导和组织社团工作提高现代化精英群体的组织能力,为中国共产党的创建准备骨干力量。

李大钊和新潮社有密切的关系。新潮社于是1918年秋由傅斯年、罗家伦、徐彦之等北京大学文科学生组织成立,1919年1月《新潮》创刊。李大钊被新潮社聘为顾问,在图书馆拨了一间房子给新潮社使用,为《新潮》杂志提供办公场所。李大钊力图在思想上把《新潮》引向马克思主义轨道,提高新潮社成员的思想意识。《新潮》一开始以“文艺复兴”相标榜,主张引进西方资产阶级文化来改变中国的传统思想,欧化思想严重,甚至提出“极端的崇外,却未尝不可”②。李大钊则引导新潮社成员注视世界大势尤其是民族解放和独立的历史趋势。1919年2月李大钊在《新潮》第1卷第2号上发表《联治主义与世界组织》一文,指出:“有了联治的组织,那时行民主政治,就像有了师导一般。”③李大钊强调弱小民族、落后国家的团结以共同反对全世界的资本主义,这对引导《新潮》关注民族解放运动是有积极影响的。《新潮》在反对封建伦理方面有其突出的贡献,但却是以进化论为指导思想的,与已传入中国的马克思主义大相径庭。李大钊则

① 《马克思恩格斯选集》第4卷,人民出版社1995年版,第685页。

② 《通信》,《新潮》1卷3号,1919年3月。

③ 《联治主义与世界组织》,《李大钊全集》第2卷,人民出版社2013年版,第396页。

力图以马克思主义分析伦理道德问题，给新潮社以新的指导思想。1919年12月李大钊在《新潮》第2卷第2号上发表了运用唯物史观写成的《物质变动与道德变动》论文，这对新潮社青年正确认识伦理问题是有积极的指导意义的。对新潮社的指导可视为李大钊对现代化精英群体组织能力培养的最初尝试，尽管后来新潮社成员大部分没有成为中国共产党的早期成员。

李大钊对国民杂志的指导为中国共产党的成立准备了一批积极分子。1918年10月成立的国民杂志社，它是由反对中日密约的学生救国会发展而成立起来的。它一开始就请李大钊任导师。李大钊不仅积极为《国民》撰稿，而且实际上是这个杂志的总顾问。李大钊撰写的《大亚细亚主义与新亚细亚主义》、《再论新亚细亚主义》等文章，都发表在《国民》杂志上。1919年10月20日国民杂志社召开成立周年纪念大会，“是日到会者除社员七十余人外，尚有来宾陈独秀、李大钊、蓝公武及徐宝璜诸先生”。“李大钊先生演说谓，此次‘五四’运动系排斥‘大亚细亚主义’即排斥侵略主义，非有深仇于日本人也。斯世有以强权压迫公理者，无论是日本人非日本人，吾人均应排斥之。故鄙意以为此番运动，仅认为爱国运动尚非恰当，实人类解放运动之一部分也。”①李大钊对国民杂志社的影响，主要表现为党的成立准备了一批骨干力量。国民杂志社有社员190多人，其骨干力量是初步接受马克思主义的青年学生如邓中夏、许德珩、高君宇、黄日葵等。他们是李大钊直接教育和培养的进步力量的代表，参加了五四爱国运动，并成为后来共产主义小组的最初成员。国民杂志社也成为在北京大学有影响的进步社团组织，在五四后的思想解放运动和团结青年方面发挥了积极的作用。

李大钊与少年中国学会的关系也很密切。少年中国学会是当时人数较多、影响也较大的一个进步社团。李大钊曾经参加学会的筹备和发起工作，担任学会机关刊物《少年中国》月刊的编辑主任，从事进步思想和马克思主义的宣传，对少年中国学会的成员有重大影响。李大钊希望把少年中国学会办成马克思主义的团体。1920年8月16日和19日，李大钊代表少年中国学会出席少年中国学会等五团体②的茶话会和少年中国学会北京分会的茶话会，提出标明学会主义问题。李大钊在会上说，少年中国学会“对内对外似均应有标明本会主义之必要，盖主义不明，对内既不足以齐一全体之心志，对外尤不足与人为联

① 《本社成立周年纪念大会纪事》，《国民》第2卷第1号，1919年11月。

② 五团体是指少年中国学会、青年工读互助团、曙光社、人道社、觉悟社。

合之行动也。”①李大钊所提的“主义”自然是马克思主义，终因学会内部思想混杂而没有被接受；但在李大钊的宣传和影响下，邓中夏、恽代英、高君宇、黄日葵等一批少年中国学会会员走上马克思主义道路，他们后来成为中国共产党早期的重要活动家。

天津的觉悟社也是受李大钊指导和影响的进步社团。觉悟社于1919年9月在天津成立，周恩来为主要领导人。1919年9月21日李大钊到天津对觉悟社社员发表演讲，宣传马列主义和十月革命，同时还“嘱咐觉悟社成员好好阅读《新青年》、《少年中国》上发表的有关马克思主义学说的文章，提议大家开展有组织的分类研究学术工作。”②李大钊支持和参加了觉悟社组织的陶然亭会议及五团体的“改造联合”会议。李大钊的指导和影响，使觉悟社成员注重实际工作，走与工农相结合的道路。觉悟社成员谌小岑回忆：“《改造联合宣言》经各团体代表会议通过后，‘觉悟社’留京的几个社员即在李大钊先生领导下从事劳工、妇女和青年学生运动。有两个社员经李大钊先生介绍参加了苏联的国际通讯机构‘华俄通讯社’工作。”③在李大钊的影响下，觉悟社的一些成员迅速成长为革命的骨干。1920年秋，周恩来、郭隆真等响应“留法勤工俭学”的号召到了法国，并在法国参加了中国共产党。留在国内的觉悟社社员在中国共产党成立后有一部分先后加入中国共产党和社会主义青年团，有的还是某些地方党团组织的第一批党员、团员。

北大马克思主义学说研究会是在李大钊指导下成立的马克思主义学说研究团体。马克思主义学说研究会“以研究关于马克思派的著述为目的”，成立于1920年3月，正式公开于1921年11月，研究的方法分四项：“1. 搜集马氏学说底德、英、日、中文各种图书；2. 讨论会；3. 讲演会；4. 编译刊印《马克思全集》和其他有关的论文。”④马克思主义学说研究会的成员先后阅读或翻译的马列主义著作有《共产党宣言》、《社会主义从空想到科学的发展》、《哲学的贫困》、《共产主义原理》、《雇用劳动与资本》、《共产主义运动中的“左”派幼稚病》等等。李

---

① 《在少年中国学会北京会员茶话会上的讲话》，《李大钊全集》第3卷，人民出版社2013年版，第267页。

② 刘清扬：《觉醒了的天津人民》，《五四运动回忆录》（下），中国社会科学出版社1979年版，第554页。

③ 中国人民政治协商会议全国委员会文史资料研究委员会编：《文史资料选辑》第61辑，文史资料出版社1979年版，第160页。

④ 《李大钊史事综录》，北京大学出版社1989年版，第465—466页。

大钊是马克思主义学说研究会的指导者。李大钊当时研究马克思主义的声望远在陈启修之上，而陈启修在1922年3月被聘为马克思学说研究会《资本论》研究组的“导师”①，可以想见李大钊必为研究会的指导者。从研究会公开后的情况看，李大钊多次到研究会发表演讲，也事实上成为指导者。另外，从1921年11月公开发起时的发起人来看，其中的邓中夏、罗章龙、黄日葵、高尚德（君宇）、刘仁静等都是李大钊的学生，对马克思主义抱有研究兴趣。由此可以说明李大钊是马克思主义研究会的指导者。研究会的成员除上面列举的外，李梅羹、朱务善、何孟雄、范鸿劼等都是北京共产主义小组的最初成员。可以说，马克思主义研究会是北京共产主义小组的雏形。

李大钊通过指导社团工作使一批要求进步、思想解放的青年知识分子得到很好的组织，提高了他们的组织意识、组织能力以及马克思主义理论水平，从而在中国形成一个信仰马克思主义的现代化精英群体，这就为以马克思主义为指导的、新型的社会现代化政党——中国共产党的创建准备了骨干力量。

三、开展中国共产党创建的组织活动

中国共产党的创建是中国近代以来现代化发展的必然结果，是五四运动中中国工人阶级登上历史舞台这一客观形势的必然要求。中国先进知识分子的主观努力和苏联及共产国际的帮助加快了中国共产党创建的步伐。李大钊创建中国共产党组织活动可分为两个方面：一方面是与第三国际使者接洽，并与陈独秀共同策划建党事宜；另一方面是在北京创建共产主义小组，为中国共产党正式成立作组织准备。

中国共产党在创建的过程中得到苏联和共产国际的帮助，而这种帮助又是通过李大钊得以实现的。根据目前所能掌握的资料，李大钊在1920年5月前与这样几个俄国人进行了接洽②。（1）布尔特曼。俄共（布）党员布尔特曼于1919年夏从符拉迪沃斯托克来到天津并在天津与李大钊会晤，“李大钊对俄国布尔什维克联合工人组织工会方面的经验很感兴趣”，后来布尔特曼称李大钊是“杰

---

① 《北京大学日刊》，1922年3月22日。

② 关于李大钊在建党过程中与俄国人接洽的情况，资料来源于《李大钊史事综录》，北京大学出版社1989年版，第543—548页。

出的马克思主义者”。由于资料限制,很难知道布尔特曼来华意图,由谁联系与李大钊接洽,以及与李大钊交谈的详细内容。当时,符拉迪沃斯托克为外国干涉军所占领,布尔特曼作为俄共(布)党员来到天津是要冒巨大风险的,而且到天津后会见当时在中国宣传十月革命而负有盛名的李大钊。可以想见,这不是普通的接洽,是俄共(布)要急切了解中国知识阶层对俄国的态度,同时向中国人介绍俄国的具体情况。(2)鲍立维。鲍立维(Broway)是苏俄政府人员,于1920年2月在天津与李大钊、章志、黄凌霜等见面,商讨成立社会主义者同盟。据章志回忆,“次日晚间,李、姜、山西同志、南开胡维宪同学连我到特别一区某苏联同志家中集会商谈京津地下工作情况约一小时。第二天天津《益世报》登载‘党人开会,图谋不轨’的消息。李大钊同志急忙到姜先生家中通知我们防患未然。他立即搭车回京。……陈独秀先生因事已提前去上海,未能集会。”章志是当事人,回忆当为可靠。鲍立维与李大钊的会晤因为有意外被打断,但从商讨成立“社会主义者同盟”来看,李大钊与鲍立维会晤当与在中国建党有关。从李大钊以后与荷荷诺夫金、维经斯基等会见由鲍立维作介绍人,以及鲍立维在1920年秋充任北大俄文系教员的活动来看,鲍立维充当了苏俄和共产国际在中国进行建党活动联络员的身份。(3)荷荷诺夫金。荷荷诺夫金,系共产国际远东局的代表。1920年二三月间,经鲍立维介绍,荷荷诺夫金在北大图书馆会见李大钊。据彭述之回忆,在会见中,荷荷诺夫金极力推崇李大钊在中国传播马克思主义的功绩,希望李大钊创建中国共产党。李大钊表示要和上海的陈独秀商量。陈独秀回信同意后,荷荷诺夫金便赶回远东。彭述之虽不是当事人,但1924年彭述之在东方大学学习,此时的荷荷诺夫金亦在东方大学任教,而李大钊在1924年出席共产国际五大时参观了东方大学,并与彭述之谈到与荷荷诺夫金见面一事,因而彭述之的回忆有一定的可靠性。(4)维经斯基。1920年四五月间,维经斯基、其妻库兹涅佐娃和翻译杨明斋等一行到达北京,在鲍立维的介绍下与李大钊见面。维经斯基此行目的是帮助中国建立共产党,在与李大钊见面后,由李大钊介绍到上海与陈独秀会晤,商讨建党的具体事宜。李大钊与这几位俄国人的接洽,使苏俄和共产国际对中国的状况有所了解。特别是与维经斯基的会见而促成维经斯基南下与陈独秀商议建党事宜,这就大大加快了中国共产党创建的步伐。

中国共产党在创建的过程中虽然得到苏俄和共产国际的大力帮助,但主要还是由于中国马克思主义者李大钊、陈独秀等的积极努力。李大钊在中国率先宣传十月革命进而研究和宣传马克思主义。在中国引进唯物史观和阶级斗争学说,在中国工人阶级业已登上历史舞台的条件下,就必然要求创建无产阶级政党,用革命的手段推动中国社会的改造,这是必然的结论。苏俄代表与李大钊接洽时,李大钊曾征询陈独秀的意见,并介绍维经斯基与陈独秀相见,这说明陈、李在建党问题上不仅具有共识,而且共同担负着建党的责任。以陈独秀在五四思想界的领袖地位和他独特的个性而言,他是不会做违背自己意愿的事。在中国建立共产党是陈独秀的初衷,这一点从他创建上海共产主义小组以及建立全国性共产党组织的活动中,也能得到证明。李大钊在北京创建共产主义小组的活动,也充分说明中国马克思主义者在创建中国无产阶级性质政党中具有高度的自觉性。

1920 年 10 月北京共产主义小组成立。关于北京组的发起情况,现有材料存在一些分歧。张申府认为,是他在上海与陈独秀商谈后,回北京与李大钊一起发起北京小组。张申府回忆说:"在上海时,我同陈独秀谈过建党的事,我们认为既然组织起来了,就是发展,能入党的人最好都吸取到党内来。""从上海回京后,我把和陈独秀谈的情况告诉了李守常。当时北京只有我和李守常两个党员。我们一致认为要发展党员。发展谁呢,首先想发展刘清扬。……我和李守常在图书馆主任室找她谈话,准备吸收她入党。她不干,没有发展。不久,张国焘也回到了北京。张国焘在五四运动中也很活跃。于是第三个党员就发展了张国焘。"①张国焘认为,是他在上海与陈独秀商谈后到北京向李大钊汇报,并请张申府同为发起人。张国焘回忆:"我回到北京,即以兴奋的心情将和陈独秀先生谈话的经过告诉李大钊先生。李大钊略经考虑,即无保留的表示赞成。他指出目前的问题主要在于组织中国共产党的时机是否已经成熟,但陈独秀先生对南方的情况比我们知道得更清楚,判断自也较为正确,现在他既已实际展开活动,那末我们就应该一致进行。……首先我们请北大一位讲师张申府同为发起人。他是研究罗素哲学的,对马克思学说也曾公开表示赞成。他在一两个星期内就要启程到英国去留学,我们这三个发起人在李先生的办公室里曾有过两次商谈,首先计划由张申府乘便在西欧留学生中展开活动。"②张申府和张国焘的回忆的最大分歧是二人都认为自己是第二发起人。从回忆材料判断来看,张申府的回忆有点言过其实,把陈、李之间的联系说成是由他一手经办。甚至说"关于党的名

① 张申府:《建党初期的一些情况》,转引自《李大钊史事综录》,北京大学出版社 1989 年版,第 530 页。

② 张国焘:《我的回忆》,转引自《李大钊史事综录》,北京大学出版社 1989 年版,第 530—531 页。

称叫什么,是叫社会党,还是叫共产党,陈独秀自己不能决定,就写信给我,并要我告诉李守常。”张国焘的回忆虽有些与史实有出入,但关于建党的情形大体上是符合实际的。比较这两种回忆,可以得出这样的结论:陈独秀关于在北京创建共产主义小组一事可能与张国焘、张申府都谈论过,无论是张申府还是张国焘都是奉陈独秀之命与李大钊取得联系;李大钊在自己的办公室商讨了创建北京共产主义小组的具体事宜。李大钊在北京共产主义小组的创建中处于核心地位。

李大钊在北京共产主义小组的创建过程中倾注了自己的心血,为保证组织的纯洁和无产阶级性质作了大量的努力。1920 年 10 月北京共产主义小组在李大钊图书馆办公室举行成立会议,出席会议的有李大钊、张国焘、罗章龙、刘仁静及无政府主义者黄凌霜、陈德荣、张伯根等,李大钊在会上说明了发起组织共产党的意义。随后在北京共产主义小组内部,马克思主义者与无政府主义者发生了争论,无政府主义者不赞成有全国性和地方性的领导以及无产阶级政党的纪律,更反对无产阶级专政。经过争论,无政府主义者“和和气气的”退出组织。继之,北京共产主义小组补充了信仰马克思主义的邓中夏、高尚德、何孟雄、缪伯英、吴汝明等。经过无政府主义者退出和马克思主义者的补充,北京共产主义小组在组织上得到纯洁和壮大,正式改名为中国共产党北京支部,李大钊担任书记,张国焘负责组织,罗章龙负责宣传。

以李大钊为首的中共北京支部是中国北方党团组织的核心,指导着北方党团组织的发展。中共北京支部成立后,由张太雷去天津于 1921 年初组建了天津社会主义青年团,最初参加的有李振瀛、韩麟符、于方舟、谌小岑等十余人。天津社会主义青年团虽然存在时间不长,但其主要成员为以后于方舟以天津马克思主义研究会为基础重建天津社会主义青年团奠定了基础。济南共产主义小组的成立也得到北京支部的影响和帮助。济南小组发起人王尽美在五四运动期间与罗章龙建立了联系,并登记作为通讯员加入了北京马克思学说研究会,回济南后仿照北京马克思学说研究会的形式组织了山东的马克思学说的研究会,从而为济南小组的建立奠定了基础。张国焘、谌小岑还到唐山铁路工人中进行活动,工人积极分子邓培、梁鹏万两人很快成为北京支部的成员。在北京支部的帮助下,山西、西安、开封、内蒙古都建立了青年团组织。北京支部的成立、发展及其在北方的活动为中国共产党的成立奠定了强有力的基础,体现了李大钊的领导和组织才能。

李大钊在中国共产党创建中起了中坚作用。虽然李大钊因领导北京教育界索薪斗争没有能参加中共一大,但“南陈北李相约建党”这一赞誉已赋予了李大钊在中国共产党创建中的特殊地位。1921 年 7 月中国共产党成立标志在中国大地产生了全新的以马克思主义为指导的、无产阶级性质的现代化政党，中国的社会现代化有了新的领导力量，以马克思主义为指导的革命现代化道路得以开辟，中国式现代化正式启动。李大钊所寻求的中国社会现代化的新模式有了一个新的开端。

（原载《中央社会主义学报》2001 年第 7—8 期）

【昔文琐记】这篇《李大钊与现代化政党——中国共产党的创建》，完成时间是在 2000 年下半年。

此文是我从未及完成的《李大钊与中国社会现代化新道路》初稿中抽取出来，为纪念中国共产党 80 周年诞辰而整理并投稿的，发表在《中央社会主义学院学报》2001 年第 7—8 期上。这期刊物开辟了纪念中国共产党成立 80 周年的专栏，发表了各民主党派主席或其他主要领导人撰写的纪念文章。如民革中央主席何鲁丽、民盟中央主席丁石孙、民建中央主席成思危、民进中央主席许嘉璐、农工中央主席蒋正华、致公党中央主席罗豪才、九三学社中央主席吴阶平、台盟中央主席张克辉、全国工商联主席经叔平等，都在这期刊物发表了庆祝中国共产党成立 80 周年的文章。

从现代化角度来研究中国共产党，是我的导师张静如先生长期倡导的学术主张。我这篇文章是在导师的影响下，不仅说明李大钊为中国共产党的创建作出了贡献，而且突出中国共产党是现代化政党，在中国社会现代化进程中具有领导地位。过去，学术界有人片面强调外部因素对中国共产党创建的作用。我在这篇文章中，尽管也考虑到外部因素，但更强调中国早期马克思主义者自身的努力所起的主导作用。我向来认为，外因有时是很重要的条件，没有这种条件也就难以促成事物的发展；但内因乃是最为根本的、起决定作用的因素，外因是通过内因而起作用的。研究历史，如果变成外部条件决定论，那就在大方向上根本错了，不可能取得有价值的成果。中国共产党是近代以来中国社会变迁的产物，其产生与演变只能从近代中国社会变迁中去寻找原因。从现代化的角度来看，鸦片战争以后的中国社会，其政治、经济、文化等方面确实在发生了重大变化，处于由传统农业文明向现代工业文明的转型之中，也就是不断迈向现代化的，因而中国共产党的产生是近代中国社会变迁必然的结果；并且，中国共产党一经产生，就成为推动中国社会现代化由变动转为主动的领导力量，从此中国的社会现代化就出现了根本性转机。

2021 年 1 月 31 日

刘少奇对抗日民族统一战线的贡献

九一八事变后，中日民族矛盾上升为主要矛盾，全国掀起了波澜壮阔的反日浪潮。中国共产党多次发表宣言，号召全国人民“以民族革命战争，驱逐日本帝国主义出中国”。1935 年 8 月 1 日，中国共产党发表了《为抗日救国告全体同胞书》，号召全国人民团结起来，停止内战，一致抗日，组织国防政府和抗日联军。1935 年 12 月，中共中央政治局在瓦窑堡召开会议，确立了抗日民族统一战线的策略方针。

在瓦窑堡会议期间，中共中央政治局就决定派刘少奇为中央代表奔赴平津抗日前线，肩负领导华北的抗日斗争，建立华北抗日民族统一战线的重任。瓦窑堡会议以后，刘少奇为宣传和建立抗日民族统一战线作出了重大的贡献。

一、深刻分析了建立抗日民族统一战线的必要性和可能性

华北事变以后，民族危机空前加深，中国面临亡国的灾难。在这种情况下，必须动员全国一切人力、物力、财力，开展神圣的民族战争，抵抗日本帝国主义的侵略。但是，当时华北党组织还存在着严重的“左”倾错误的影响。刘少奇在北方局机关刊物《火线》上发表了《肃清立三路线的残余——关门主义冒险主义》一文，系统地列举了“左”倾关门主义、冒险主义的表现和危害，明确指出：“广泛的民族革命统一战线，成为我党领导中国革命胜利之路的中心问题和主要关键”。刘少奇特别强调：“目前我们的总任务，是准备大规模的抗日反汉奸的战争，而实现这个总任务的总策略是广泛的民族统一战线。这是我们详细分析了目前世界与中国的形势之后所得出来的结论。”①

① 《肃清空谈的领导作风》，《刘少奇选集》上卷，人民出版社 1981 年版，第 43 页。

同时，刘少奇也强调指出了建立抗日民族统一战线的可能性。刘少奇指出，在中国本部从半殖民地地位，进入完全殖民地的地位的时候，“中国社会的各阶级、阶层除开极少数甘心做亡国奴和汉奸的人之外，甚至从前是动摇的、反对革命的，现在都开始或已经同情、赞助与参加抗日反汉奸的民族革命斗争了”①。他指出，在今后中国全部陷入完全殖民地的时候，在亡国灭种迫在眉睫的大祸前面，工人与农民都是基本动力，城乡小资产阶级是整个的重新转入了民族的解放战争的营垒，成为民族运动之可靠的同盟军。民族资产阶级有重新参加民族革命战争的可能，许多小地主与一部分官僚、军阀，也有同情赞助与参加民族革命的可能。刘少奇到华北后，以“KV”、陶尚行、莫文英、胡服等笔名，不断发表文章，宣传党的抗日民族统一战线的政策，并积极开展对华北各实力派、社会名流和学者的统战工作。对宋哲元的统战工作是一个突出的事例。当时群众中提出了“打倒卖国贼宋哲元，打倒冀察政务委员会”的口号，刘少奇领导的中共北方局对宋哲元及冀察政务委员会作了具体分析，认为他们虽是日本培养起来的代理机关，但在全国人民抗日救亡运动高潮影响下表现动摇，还不愿当汉奸，还有转向抗日的可能，是争取的对象。因而，说服群众把“打倒卖国贼宋哲元”的口号改为“拥护宋哲元将军抗日”、“拥护二十九军抗日”，并派人做宋哲元的工作，使宋哲元改变了态度，同情抗日救亡运动，允许举行抗日的集会游行。

二、指明了建立和巩固抗日民族统一战线的必要条件

刘少奇强调，要建立抗日民族统一战线就必须反对关门主义错误，克服党内长期盛行的“左”倾思想。“民族统一战线的问题，是中国目前的中心问题，使我们战胜侵略者的中心关键。所以阻止和破坏民族统一战线的关门观点，就成为一切救国先进分子中之主要危险”②。

关门主义“抛弃革命统一战线的方针，除工农外某些可能联合的革命力量也不去争取联合，当时是否认一切、打倒一切、一切斗争到底”③。他们拒绝与中间派的联合，甚至把中间派看作是最危险的敌人加以打击，不相信在目前许多中

---

① 《肃清立三路线的残余——关门主义冒险主义》，《刘少奇选集》上卷，人民出版社1981年版，第23页。

② 《人民战线与关门主义》，《生活日报星期增刊》第1卷第6号，1936年7月12日。

③ 《中国革命的战略和策略问题》，1942年10月10日。

间阶层、社会的上层分子有参加革命的可能。“如果我党不能完全肃清关门主义与冒险主义，那就谈不上广泛的民族统一战线，广大民众的抗日反汉奸运动，就不会在我党的领导之下开展起来，那就要障碍着我党和革命的前进”①。

为了巩固抗日民族统一战线，必须处理好民族矛盾与阶级矛盾、民族利益与阶级利益的关系。在日本帝国主义步步入侵，民族矛盾上升为主要矛盾，国内阶级矛盾降为次要矛盾的条件下，无产阶级为了发展和扩大抗日民族统一战线，就必须采取适当的政策缓和国内阶级的矛盾，兼顾各阶级的切身利益。为此，刘少奇指出：“在目前的时期，阶级的部分利益应该服从整个民族的利益，所以一切服从抗日战争的口号，是对的。”②他认为，阶级利益服从民族利益，可以更加便利无产阶级去吸引同盟者，打击资产阶级自私自利的行为和动摇叛变的举动，维护革命的统一战线。抗日战争时期我党在抗日根据地建立的统一战线性质的抗日民主政权，就是阶级利益服从民族利益的典型。这种政权不仅保护工农利益，而且也保护地主利益，“当着各阶层人民内部发生利害冲突与斗争的时候，它就去调解这种冲突与斗争，注意使工农的要求能够满足，同时又照顾到抗日的地主与资本家的利益”③。刘少奇在实际工作中坚持贯彻党的“三三制”政策，正确处理好各阶级之间的关系，吸收开明绅士参加抗日民族政权，批判了那种过早牺牲地主绅士阶层利益的错误，使开明绅士韩国钧、朱履先等参加了民主政权。他认为，在抗战时期工农必须改善自己的生活待遇，然而“对于自己的经济要求，应该有一定的限制”④。兼顾各阶级的利益，协调各阶级之间的关系，使我们党赢得了广泛的社会支持。实践证明，正确处理好阶级斗争和民族斗争的关系是建立和巩固抗日民族统一战线的基本条件。

为了巩固抗日民族统一战线，刘少奇提出一系列对同盟者的策略方针。

其一，对同盟者必须作适当的让步和必要的斗争。“一方面固然要无产阶级善于对同盟者在某种范围内有及时的让步，但主要的在另一方面，无产阶级要在坚决的斗争中，才能使统一战线建立起来”⑤。无产阶级的适当让步是必要的，无产阶级“向那些愿意同我们合作的同盟者作必要的让步，吸引他们同我们

---

① 《肃清立三路线的残余——关门主义冒险主义》，《刘少奇选集》上卷，人民出版社 1981 年版，第 24 页。

② 《民族统一战线的基本原则》(上)，《火线》第 65 期，1936 年 11 月 15 日。

③ 《论抗日民主政权》，《刘少奇选集》上卷，人民出版社 1981 年版，第 174 页。

④ 《我们在敌后干些什么》，《江淮日报》，1941 年 6 月 17 日。

⑤ 《民族统一战线的基本原则》(中)，《火线》第 65 期，1936 年 11 月 15 日。

联合,参加共同的行动,再去影响他,争取他们的下层群众”①,对革命的发展是有利的。因此我们对一些资本家就不能采取强硬的态度,不要提出打倒资本家的口号,避免一些不必要的特别是影响抗日军事的罢工、怠工及冲突,应该用政府颁布法律命令等方法来满足工人的要求。对小资产阶级则在阶级斗争中不应该损害他们的利益,如为满足工人要求而损害他们一部分利益的时候,则要特别注意在另一方面通过其他途径如减低捐税等方法增进他们的利益。无产阶级的让步又是有条件的,“无产阶级的让步是有一定限度的,无产阶级不能放弃自己的立场,限制自己的行动,取消自己的独立,去与同盟者妥协”。刘少奇在华北和华中的斗争中一直注意“让步”的分寸,在和阎锡山的统战工作中,我们在新军问题上是作了一些非原则的让步。我们以阎锡山的名义组织和训练“新军”,打的是阎锡山的旗号。但是,我们在部队中加强宣传教育工作是不让步的,我们党派了许多干部到新军中进行政治思想教育,宣传共产党的抗日民族统一战线主张,结果壮大了革命力量,扩大了共产党的影响,使山西的抗日斗争进入了一个新的发展阶段。

刘少奇在指出统一战线中作适当让步的必要性外,还强调斗争的重要性。无产阶级离开统一战线中的斗争,就不会有民族统一战线,企图在和平中建立统一战线,以退让来求统一战线,那时一种错误的右倾思想。1838 年武汉失守以后,日本侵略者对国民党采取军事进攻为辅政治诱降为主的方针,国民党日益动摇,消极抗日,国内反共摩擦不断。刘少奇一到华中,便指出摩擦不可避免,指示要立刻准备反摩擦,进行坚决斗争,他传达中央指示说:“目前反攻高潮,我们应该在统一战线中强调斗争,不应该强调统一,如果在目前强调统一,就会造成重大的错误,就会重复 1927 年机会主义的错误”②。刘少奇还指出:“现在,摩擦是非反不可,否则就犯了原则错误。而且,如果不在反摩擦的斗争中取得胜利,敌后就没有我们的根据地,抗日统一战线也就统不起来了!”③正是在刘少奇的正确指导下,华中新四军取得了反摩擦的胜利,新四军也得到发展。刘少奇也指出,斗争应该适可而止,而不使抗日民族统一战线破裂。对顽固派应采取既联合又斗争的策略,和有理有节原则。那时皖北专员李本一率军由古河向北经广兴集进犯我界牌集,皖北行署主任颜仁毅率军从定远直奔大桥指挥部,形势危急。

---

① 《民族统一战线的基本原则》(中),《火线》第 65 期,1936 年 11 月 15 日。

② 《刘少奇在华中》,《人民日报》1980 年 5 月 17 日。

③ 张爱萍:《少奇同志在淮北敌后》,《人民日报》1965 年 8 月 15 日。

在我军出征前,刘少奇指出:“把他们进攻我们的有生力量消灭掉使他们感到痛、认输了,就可以了,还要给他们留下一条抗日的道路”①。我军执行了刘少奇的指示,在给敌人应有的打击之后,放颜仁毅逃往寿县。

其二,对同盟者的批评在任何时候都不能放弃。统一战线中的同盟者由于其阶级的属性,其政治主张和实际行动不可能同无产阶级一致。因此,为了维护统一战线,无产阶级对同盟者的批评是必要的。因为“同盟者的每一个动摇和错误都可能给统一战线内部带来危机,都是离开无产阶级的开始”②。不仅如此,同盟者的错误还会影响群众,“无产阶级如果不给这种动摇和错误以批评、揭发和指正,那就不能提高群众的警觉性,不能停止同盟者的动摇,不能巩固统一战线,而无产阶级也无法在群众面前阐明自己的观点,加强自己在群众中的影响,并清除资产阶级的影响”③。刘少奇不仅强调了在抗日民族统一战线中对同盟者批评的重要性,而且还指出了对同盟者的批评要讲究策略。他指出,在细小的不重要的个别问题上,不应该和同盟者引起不必要的纠纷,但在主要的重大问题上的分歧,就必须毫不放松地坚持自己的观点。刘少奇在这方面同样是理论和实践相结合的光辉典范。1936 年 4 月 13 日,刘少奇写给《自由评论》编者的《关于共产党的一封信》,对张东荪歪曲中共政策进行了耐心而善意的批评,并详细叙述了党的抗日民族统一战线政策。消除了中间人士的疑虑,对争取各界名流学者起了很大的作用。在革命统战的工作中,刘少奇正确运用“批评”这个武器,为维护和巩固抗日民族统一战线作出了贡献。

为了争取同盟者,无产阶级必须向同盟者作适当的让步、必要的斗争和及时的批评,然而这还不是最为重要的。刘少奇认为,最为重要的是“用自己正确的政治主张、斗争的伟大能力,与为民族独立而斗争的积极性,去吸引同盟者”④。无产阶级在民族战争中应该表现高度的积极性,制定正确的代表全民族利益的方针,尊重同盟者的利益,并和敌人作坚决的斗争。无产阶级只有在民族解放斗争中起先锋模范作用,才能巩固地把同盟者团结在自己的周围。

其三,利用敌人内部矛盾争取暂时同盟者也是巩固抗日民族统一战线的必要条件。争取一切可利用的力量,孤立打击最主要的敌人,这也是巩固和扩大抗日民族统一战线的重要的策略原则。刘少奇指出,要利用敌人内部的矛盾“推

---

① 谭希林:《江淮春晓》,《中国青年报》1965 年 8 月 13 日。
② 《刘少奇选集》上卷,人民出版社 1981 年版,第 51 页。
③ 《刘少奇选集》上卷,人民出版社 1981 年版,第 51 页。
④ 《民族统一战线的基本原则》(中),《火线》第 65 期,1936 年 11 月 15 日。

动这些矛盾的爆发”,要“同敌人营垒中可能和我们合作的成分,或者今天还不是我们主要的敌人,建立暂时的联盟,去反对主要的敌人,以削弱敌人反对我们的总的力量,破坏敌人反对我们的联盟”①。刘少奇非常重视利用矛盾、争取多数、反对少数、各个击破的原则,坚决执行发展进步势力、争取中间势力、孤立顽固势力的方针。在华北工作期间,刘少奇利用阎锡山有“守土抗战”积极性的一面,使他加入抗日的阵营,同时也利用他和蒋介石有矛盾的一面,使他不敢大规模地反共。对于暂时参加抗日的一部分大地主大资产阶级这股右翼势力,刘少奇采取以拉对拉、以打对打、有合作有斗争的政策。而对于参加统一战线的中间势力,刘少奇则对他们采取团结教育的政策,利用他们抗日的积极性,同时也善意地帮助他们克服不足之处。最典型的是利用江苏省国民党主席韩德勤和国民党苏鲁皖边游击司令李明扬的矛盾。在刘少奇等指导下,新四军与李明扬、李长江结成统一战线,在反顽的斗争中使李明扬中立,从而孤立了韩德勤,并且取得了黄桥决战的重大胜利,为发展苏北抗日力量作出了贡献。

三、强调了抗日民族统一战线中坚持无产阶级领导权的极端重要性

抗日民族统一战线建立后,在统一战线中的各党派各阶层,都想建立一稳固自己的领导权,都想使统一战线向有利于自己本阶级的方向发展。所以无产阶级与资产阶级统一战线内部,争取领导权的斗争是一个不可调和的和决定一切的斗争。“如果无产阶级握得了统一战线的领导权,统一战线就能取得民族革命与民主革命的彻底胜利,如果资产阶级握得了这个领导权,统一战线和革命就将中途受到失败”②。

刘少奇指出,中国资产阶级的某些阶层,在目前民族革命的高潮中,虽然还有暂时的革命作用,但因为这些阶层软弱及其与帝国主义、封建势力在各方面(经济上、政治上、思想习惯上)的密切联系和无产阶级力量对于它的威胁,它的这种革命作用是非常有限的,“所以,把资产阶级当作革命的当然领导者,就等

① 《肃清立三路线的残余——关门主义冒险主义》,《刘少奇选集》上卷,人民出版社 1981 年版,第 28 页。

② 《民族统一战线的基本原则》(中),《火线》第 65 期,1936 年 11 月 15 日。

于葬送革命”。而中国无产阶级比中国民族资产阶级在政治上、力量上都要强大得多,因为革命领导权的实质就是谁成为农民和小资产阶级的领袖问题,“只有无产阶级才能给农民与小资产阶级以出路,代表他们的利益,为他们的彻底解放而斗争”,因此,“无产阶级在目前阶段革命中,应以中国革命唯一领导者的资格,率领农民和小资产阶级,克服资产阶级的动摇与叛变,将民主革命进行到底,并使革命转变到社会主义阶段去。所以无产阶级在目前阶段中,不应充当资产阶级的帮手,而要建立自己的独立领导。”①

抗日民族统一战线是建立在抗日的基础上的,然而抗日斗争的形势是不断变化的,抗日民族统一战线本身也必然随着抗日形势的变化而变化。在开始时工农小资产阶级和一部分民族资产阶级甚至一部分官僚地主军阀都包括在统一战线之内,随后因为革命的深入与革命战争的激烈,动摇的地主官僚军阀逐渐背叛革命而退脱,“所以在统一战线内部,将逐渐的淘汰那些动摇叛变的分子”②。

争取无产阶级在统一战线中的领导权,必须坚持独立自主的原则。刘少奇强调:“在民族统一战线中,党在政治上和组织上都是独立的,党绝对不在统一战线中束缚自己的行动,取消批评的自由,党不是无条件的联合其他一切派别,在政治上组织上与其他派别混淆合流”。为了保证无产阶级在政治上组织上的独立,刘少奇根据马列主义原理和第一次国共合作的经验教训,提出了四条基本原则:“(一)在任何时候,任何问题上,都不要放弃自己的独立立场,忘记自己的最终目的;(二)对于每一个重大事变和重要问题,都要根据自己的观点给以分析,提出自己独立的主张和办法,并根据自己的主张行动;(三)要在群众中宣传自己的观点和主张,并评论各党派的主张,使自己的观点和主张与其他各党各派的观点和主张在群众面前分别得清清楚楚,让群众来选择;(四)要建立无产阶级群众独立的组织和独立的力量,要加强巩固我党的组织和一致。”③这四条基本原则,具体而深刻地阐明了坚持无产阶级独立性的要求,从理论的高度概括了这一时期党对领导权问题的认识。

为了坚持统一战线中无产阶级领导权,“无产阶级自己必须组织成为坚强的独立的力量”,这样,“才更能团聚小资产阶级和农民的力量到自己的周围来,才能使自己受到各方面的尊重,而成为民族统一战线的中坚”④。

---

① 《刘少奇选集》上卷,人民出版社 1981 年版,第 49 页。

② 《民族统一战线的基本原则》(中),《火线》第 65 期,1936 年 11 月 15 日。

③ 《民族统一战线的基本原则》,《刘少奇选集》上卷,人民出版社 1981 年版,第 50 页。

④ 《民族统一战线的基本原则》,《刘少奇选集》上卷,人民出版社 1981 年版,第 49 页。

发展自己的力量特别是发展自己的武装力量,是取得无产阶级领导权的基本条件。刘少奇指出,如果在华北动员数十万以至数百万人民武装起来,从事与坚持游击战争,那么这将在政治上和军事上有着重大的意义和光明的前途①。1938 年到 1941 年刘少奇在华中工作期间,在刘少奇领导下,新四军由原来不到三万人发展到九万人,建立了苏中、苏南、苏北、淮北、鄂豫皖、皖中等七个解放区。在群众工作中,全华中发展了农民救国会会员一百零四万多人,组织了地方武装和自卫军三十余万人。当时项英错误地认为我们扩大武装设法筹款是"人、枪、款主义",是破坏统一战线的冒险政策,不敢大胆发动农民,害怕这样做会得罪地主,甚至提出"民运工作不准违反统一战线"的口号,结果束缚了自己的手脚,使许多同志顾虑重重,担心招兵买马、扩大武装会破坏统一战线。为了教育这些同志,刘少奇指出:"我看能招到兵买到马就不错,革命的兵为什么不能招、革命的马为什么不能买?发展武装,多多益善。"②

为了建立自己的独立力量,除了重视自己的武装力量外,还要注意工农联盟的主体作用,以工农联盟作为统一战线的基础。正如刘少奇指出,中国的小资产阶级和农民,是能够和无产阶级长期联合反对资产阶级叛变,将民族民主革命进行到底的,"工农小资产阶级的坚固联盟,是民族民主革命彻底胜利的保障"③。可见,刘少奇是把民族统一战线中争取无产阶级领导权的工作,放在发动民众、壮大无产阶级自身力量的基础上的。

争取无产阶级在统一战线中的领导权,还必须注意工作方法。刘少奇号召党员脚踏实地地进行切实的工作,克服虚浮、夸大、空谈的作风。他认为资产阶级在反对无产阶级斗争中是有经验的,因此"在我们前进的时候,工作必须十分艺术","不要故意去刺激资产阶级的警觉性","不要企图用吹牛皮来吓退敌人","应该善于灵活接近各方面而保持自己的纯洁,不是将自己放在保险箱里保持纯洁,而是要在各种复杂环境中保持纯洁"。他指出,为了适应抗日斗争的需要,"我们要大批训练军事、政治干部"。他正确估计了国际形势对中国革命的影响,提出"在党内与群众中加强国际形势教育"。他及时地指出,在"同国民党的武装斗争停止以后,政策的、原则的、理论的斗争已经提到了主要的地位","我们必须在政策上、原则上、理论上加强对于国民党及各派的批评,以及对群

① 《抗日游击战争的若干基本问题》,《刘少奇选集》上卷,人民出版社 1981 年版,第 81 页。

② 唐元节、刘渭先:《少奇同志在新四军》,《社会科学》1980 年第 3 期。

③ 《民族统一战线的基本原则》(中),《火线》第 65 期,1936 年 11 月 15 日。

众的共产主义精神的教育”。此外,他还指出:“壮大红军与发挥特区的模范作用,共产党的发展与巩固,广大地组织群众,影响国民党的军队,都是很重要的”①。刘少奇这些论述,对正确执行抗日民族统一战线的策略方针都有重要意义。

刘少奇对党的抗日民族统一战线理论的阐述和贯彻,为抗日战争的胜利作出了重大贡献。刘少奇四十多年前关于统一战线理论的论述,在今天仍然具有重大的现实意义,是值得我们认真学习的。

(原载《徐州师范学院学报》1988 年第 4 期)

【昔文琐记】这篇《刘少奇对抗日民族统一战线的贡献》,写作于 1986 年的秋学期。此文原来是我本科毕业论文,叶青教授指导的,写作于 1986 年下半年,1987 年上半年完稿。我当时也就是二十二三岁的样子。叶老师对此文作了大幅度的修改,以两人合作的名义在《徐州师范学院学报》上发表。

我记得,我当时的毕业论文很长,大概有 1.5 万字左右。本想把原来的毕业论文底稿找出看看,与这篇发表的东西比照一下。但因为在盐城工作时的 1991 年发大水,我住地处低洼处的一间平房,自己的资料和书籍损失很多,论文底稿也就没有了。1997 年 12 月到徐州师范大学历史系工作以后,到系里查阅我当时的毕业论文,得知早已被处理了。因此,看我毕业时的写作水平,就只能看这篇文章了。

我学会写论文,得益于叶青教授的精心指导。正是在写毕业论文的过程中,我知道了如何使用材料,如何使用主题句来使文章有逻辑性。我上大学时,非常崇拜叶青老师,同学们很喜欢听他的课。他的课讲得很生动,幽默风趣,理论性也强,对学术界研究状况了如指掌。他当时在《近代史研究》、《党史研究》(即现在的《中共党史研究》的前身)等刊物发表了不少高质量文章。我也是听他的课后,对中国现代史感兴趣的,以后致力于中国现代史的研究工作。因此,我走上学术研究的道路,首先要感谢叶老师的。1997 年,叶青教授已经 63 岁了,按照规定要退休下来,但徐师大当时没有中国现代史方面功底好的老师来接替。在此情形下,叶青教授建议学校把我从盐城调到徐师大。我当时因为从事李大钊研究,在学术界小有名气,母校老师也一直关注我的进步。历史系总支书记张顺溥、系主任杨绪敏都是我的老师,对我情况很是了解,很是支持我进历史系工作。

① 《争取全国民主统一与党在统一战线中的领导权》,《刘少奇选集》上卷,人民出版社 1981 年版,第 78—79 页。

这样,我在 1997 年底全家调入徐州师大了,一工作就是 11 年,这是后话了。

写毕业论文时,刘少奇的材料有《刘少奇选集》,但《选集》上的材料太少,于是我重点参阅了“文革”期间出版的材料。“文革”期间,为了批判刘少奇,人民出版社就出了三本关于刘少奇的“言论集”,把刘少奇在各个时期的文章(包括油印的文章)汇总起来,说是为了供“批判”使用。这个材料的书名叫《批判资料:中国赫鲁晓夫刘少奇反革命言论集》,第一本是收录刘少奇 1923 年 8 月—1944 年 10 月的文章,第二本是收录刘少奇 1945 年 8 月—1957 年 12 月的文章,第三本收录刘少奇 1958 年 6 月—1967 年 7 月的文章。这个资料只是署名“人民出版社资料室”,没有出版时间,但书前有一个“出版说明”,“说明”的最后注明是“一九六七年九月十日”。从这个“说明”及将刘少奇文章收录到“1967 年 7 月”来看,此书大概是在 1967 年出版的。

这个资料学术界通常称为“黑批判”,现在社会上已经很少见了。在徐州师范学院读书时,听叶青教授讲,“文革”结束特别是刘少奇平反以后,各地将“文革”时期的资料销毁,图书馆也不保存,这可能是担心这些东西会影响人们的思想。在图书馆要处理这个“黑批判”资料,叶青教授自己保存一套(三本),要图书馆也保存一套,于是图书馆就保存了一套。根据叶青教授的指点,我在徐州师范学院图书馆里找到了这三本书。这就是我写毕业论文时,读的那唯一的一套。当时写论文,要读这个资料很不容易,图书馆不让读,说是“文革”期间的东西。后来,历史系给我开了证明,说是写毕业论文用,才允许去看,但不允许借出。于是,我整天坐在图书馆里阅读并抄录,积累了资料。

我到盐城教育学院工作时,起初还想继续研究刘少奇,在盐城的各家图书馆找这个资料,但都没能找到。到北京师范大学读博士后,张静如先生要我写一篇关于“刘少奇创新精神”的文章,我提及这个资料。当时,先生说他有,只是缺了一本,说是被他的一个博士生借去弄丢了。这真是可惜!不过,也有碰巧的事。我在北师大读博士时,校园里每两个星期,就有旧书的超市,是外边的书贩子在周六、周日来卖的。我喜欢淘书,整整三年,终于把这书三本弄全了。

这篇《刘少奇对抗日民族统一战线的贡献》是我研究刘少奇的第一篇论文,此后我还发表了《刘少奇与华北抗日民族统一战线》(载《大庆高专学报》1991 年第 2 期)等文章。

2021 年 1 月 31 日

论抗战时期中共社会公信力的提升

中国共产党是抗日战争的发动者、组织者和领导者,中共在抗战中的历史地位与中共社会公信力的提升有不可分割的联系。所谓社会公信力,指的是社会公众对社会组织、政党、社会群体或个人的认可程度、满意程度和期望值。中共的社会公信力就是中国民众对中国共产党的认可程度、满意程度和期望值。抗战时期,中共的社会公信力得到极大的提升,中国民众认可中国共产党的领导,民主人士对中共增加了理解和信任,全国人民将抗战的胜利寄托中共身上。中共的社会公信力在抗日时期的提升,是与中共的主观努力密不可分的,而且此时中共社会公信力的提升也显现出基本特点。正是在抗战时期,中国共产党的社会公信力得到空前提升,人民更加认可中共的路线方针政策,社会公众对中共维护民族利益的牺牲精神交口称赞,中共在全国人民中享有很高的政治威望,从而使中共赢得广泛的社会支持,成为现代中国社会的主导力量。

一、抗战时期中共社会公信力提升的表现

中国共产党在抗日时期将提升自身的社会公信力作为一个重要的努力方向,毛泽东就曾要求党的同志明白中共对社会变革事业的领导必须取得人民的信任和支持才能实现的这一道理。他指出,中国共产党对中国社会的领导,“那需要具备一定的条件,有经济的条件,有政治的条件,包括全国大多数人民相信共产党的领导。领导权不是向人能要来的,更不是强迫就能实现的,而是要在实际利益上、在群众的政治经验上,使群众懂得哪一个党好,跟哪一个党走他们才有出路,这样来实现的。当然,我们共产党也要进行宣传,要根据群众的实际情况去讲,不要犯教条主义,这样才能收到好的效果。”①正是中国共产党注重提升

① 《毛泽东文集》第三卷,人民出版社 1996 年版,第 59—60 页。

自身在人民群众和社会各界中的政治影响力和在全社会中的社会动员作用，中共的社会公信力在抗战时期有极大的提升。

1. 中国的普通民众对中共的认可程度不断提高。中共在抗战初期进行了艰苦卓绝的努力，在事实上大大提高了中共的社会公信力，广大民众增加了对中国共产党的理解和信任。毛泽东在1937年10月对中共在抗战以来几个月的成绩概括为这样六个方面：(1)国共两党的合作，打开了抗战的局面；(2)指出了争取抗战胜利的具体纲领，进行了广泛的宣传，并在某些地区实现了纲领的某些部分；(3)八路军的抗战及其作用；(4)华北的抗战与游击战争；(5)全国党员的参战动员；(6)共产党的组织半公开与公开地位的取得。毛泽东并认为，中国共产党的"这些成绩大大地提高了党的影响与威信"①。到1938年12月整个抗日战争由战略防御进入战略相持阶段时，中共领导的八路军协同各部友军进行了英勇的抗战，执行了"基本的游击战，但不放松有利条件下的运动战"的正确战略方针，坚持与发展了华北的游击战争，在敌人后方创建了许多抗日根据地，配合了正面主力军的作战，延缓了敌人进攻西北的计划。八路军在战略防御阶段的抗战，"兴奋了全国的人心，打破了认为'在敌后坚持抗战不可能'的那些民族失败主义者与悲观主义者的错误观点"②，提高中国共产党在全国人民心目中的声望。当时的情形是，"共产党和八路军的政治影响极大地极快地扩大，'民族救星'的声浪在全国传布着"③。正是中国共产党在抗日时期的艰苦卓绝的斗争，才在民众中享有很高的政治声誉，赢得了广大人民的支持和爱戴，人民也在抗日战争的烽火中不断认可共产党的政治领导地位。

2. 中国的中间派人士增加了中共的理解和支持。全面抗战不久，国内兴起一股投降风，毛泽东号召"全党努力，同一切爱国进步分子，一切爱国进步的国民党人员（上层的、中层的、下层的群众）亲密联合在一块，并和他们一道（如果在国民党统治区域，必须和他们一道，不是我们单独）去动员群众，开展反投降斗争，公开揭穿反共即准备投降的实质，以孤立投降派与反共分子，以便继续抗日"④。共产党在抗战期间加强了与中间人士的合作，在推进政治民主化方面积极努力，赢得了中间派人士的理解。譬如，在1939年9月召开的国民参政会一届四次会议上，中共参政员董必武等与中间人士合作，使得这次会议提出了结束

① 《毛泽东文集》第二卷，人民出版社1993年版，第59页。

② 《毛泽东文集》第二卷，人民出版社1993年版，第139页。

③ 《毛泽东选集》第二卷，人民出版社1991年版，第389页。

④ 《毛泽东文集》第二卷，人民出版社1993年版，第217页。

国民党党治、改革政治、实行宪政的主张,推进了民主宪政运动的开展。其后,沈钧儒、张澜、章伯钧等12人于1939年10月1日发起举行“宪政座谈会”,特地邀请了董必武、吴玉章、潘梓年等中国共产党人参加,集中讨论宪政与抗战、宪政与建国等问题,共产党与中间派人士在开展民主宪政运动、积极抗战并争取胜利、抗战胜利后建立民主国家等方面达成共识。会议还决定扩大“宪政座谈会”的组织,增加共产党参政员董必武、秦邦宪等为发起人。鉴于国民党在全国舆论的压力下,被迫在1939年11月的国民党五届六中全会上表示接受国民参政会一届四次会议的决议。中国共产党参议员加紧了团结中间人士的工作,于同年12月联合各民主党派及无党派人士组成了“重庆各界宪政促进会”,在团结民主人士、增进相互间的互信与合作方面取得重大的进展。又譬如,中国共产党在抗日根据地实行“三三制”,吸收民主人士参加政权建设,也有力地推动了民主人士对中共的理解和支持。毛泽东要求全党积极贯彻“三三制”,对于“三三制”的政策“要认真实行,如果国共关系破裂了,十大政策不变,‘三三制’政策也不变”①。可以说,“三三制”对于抗日民主根据地的巩固和发展不仅有重要意义,而且也是中共团结中间派人士的重大举措,赢得了中间派人士的信任和支持。

3. 全国人民对中共领导抗战的期望值空前提高。全面抗战爆发后,中共开辟了敌后抗日根据地,有力地配合了国民党正面战场的抵抗;而进入相持阶段后,共产党领导的敌后战场成为中国抗战的主战场。进入抗日战争的相持阶段,日军以主要力量进攻中国共产党领导的抗日根据地,对抗日根据地实行“三光”政策,企图彻底消灭中国共产党的力量。由于中国共产党力量的壮大和正确的抗战方针,中国共产党领导的人民军队有力地抗击日军的疯狂进攻,成功地应对了日军企图灭亡中共军队的挑战,并取得辉煌的战绩。据统计数据,到1944年3月,八路军在华北抗击了日军11.75个师团,占华北敌军兵力84%强;新四军在华中抗击了日军9.5个师团,占华中敌军的59.5%;共产党领导的游击队在华南约抗击了日军1个师团,占华南敌军兵力的22%。综合统计,及至1944年3月,“我们抗击了敌人百分之六十四点五,友军抗击了敌人百分之三十五点五”②。1944年春,日军为挽救南洋孤军、打通大陆交通线,发动了豫湘桂战役。国民党军队在这一战役中丧师失地,而共产党领导的人民武装坚持抵抗,稳定了

---

① 《毛泽东文集》第三卷,人民出版社1996年版,第72页。

② 叶剑英:《中共抗战一般情况的介绍》(1944年6月22日),《中共党史参考资料》(五),人民出版社1979年版,第226—229页。

全国民心和军心,全国人民对中共领导抗战寄予极大的希望。当时的情形正是,“日寇临死挣扎,进攻河南、湖南,正面战场后退,全国危急,西北危急。但是八路军、新四军作战的敌后战场则捷报频传,各抗日民主根据地日益巩固,成为全国人民希望之重心”①。当时人民寄希望于八路军等共产党领导的人民武装,可以举一个简单的例子:当时国民党企图限制共产党力量的发展,对于共产党领导的军队,“不许再叫八路军,只能叫十八集团军”,其意图是“八路军是平时的军队编制,……而十八集团军是抗战时期的军队编制,既然是战时的编制,那么战后就可以取消了”;“但是华北的老百姓回答了他:还是八路军这个名字便当,十八集团军字多不好念”②。这说明,八路军的名字已经深入民心,人民对共产党领导的军队高度信任和支持,也不允许国民党来限制。全国人民从中共自身力量的发展与壮大、中共领导的人民军队对日军的坚决抗击、中共建立的抗日民族统一战线代表中华民族利益中,增强了对中共领导抗战取得胜利的期望。

抗战时期中共的政治影响和社会影响大为扩大,中共发展为一个有全国影响的大党,并且在中国政治格局中占有显著的地位。社会公众不仅对中共艰苦卓绝的斗争精神表示高度的赞赏,而且更加认同中共的路线方针政策,积极支持中共领导的抗日战争。工人、农民、城市小资产阶级、民族资产阶级以及一切赞成抗日的人士都团结抗日民族统一战线中,中共在中国民众中享有崇高的声誉,中共不仅在事实上而且在民众心理上成为领导抗战的核心力量。抗日时期是中共社会公信力得到极大提升的重要历史阶段。

二、抗战时期中共社会公信力提升的原因

中共社会公信力在抗战时期得到显著地提升,固然是与中国民众在抗日时期的空前觉悟不可分割的,但这也是以中共的积极努力、在抗战中起中流砥柱作用为前提条件的。就共产党方面而言,抗战时期中共社会公信力的提升,是与中共的指导全面抗战的路线、方针、政策以及具体地进行的历史活动密切相连的,是与中共领导伟大的抗日战争的斗争实践联系在一起的,具体地看有以下几个方面:

---

① 《毛泽东文集》第三卷,人民出版社 1996 年版,第 179 页。

② 《周恩来选集》上卷,人民出版社 1980 年版,第 199—200 页。

1. 组织抗日民族统一战线，凝聚全民族的力量，提高中共的政治声誉。中共在建立抗日民族统一战线方面不懈努力，有力地提升了中共的社会影响力和政治号召力。从社会公信力的角度来看，抗日民族统一战线符合中华民族的整体利益而具有广泛的社会心理基础，切合当时中国民众一致要求抗日的社会舆论走向，有助于凝聚民族力量和振奋民族精神，因而成为全民族的意义深远的政治动员。抗日民族统一战线就其社会动员的层面而言，不仅包括工农、小资产阶级、民族资产阶级，而且包括地主阶级、大资产阶级中一切不愿意做亡国奴的人们。因此，中共所努力而建立的抗日民族统一战线反映民心之所向，具有广泛的社会公信力，有着广泛的群众基础和社会号召力，因而具有全民族社会动员的政治意义。在抗日民族统一战线建立以后，中共坚持统一战线中的独立自主原则，将统一战线划分为三个集团，即左翼集团（共产党率领的群众，包括无产阶级、农民和城市小资产阶级群众）、中间集团（民族资产阶级和上层小资产阶级）、右翼集团（大地主和大资产阶级），提出了“坚决地反对民族投降主义”的任务，并要求中共“在这个斗争中，扩大和巩固左翼集团，争取中间集团的进步和转变”①。这不仅对抗日战争的历史进程发生持久的积极影响，而且也为中共在抗日时期的进一步提升自身的社会公信力奠定了坚实的基础，从而又为中共在抗日战争中处于政治领导地位奠定了组织基础。自然，中共在维护抗日民族统一战线的过程中，与国民党顽固派进行了坚决的斗争，而这种斗争也是巩固中共政治地位、发展中共政治影响力的重要保证。如在蒋介石发表《中国之命运》而为发动第三次反共高潮大造舆论之时，中共中央先是于 1943 年 7 月 9 日召开延安民众纪念抗战六周年大会发出《关于呼吁团结反对内战通电》，继而于 7 月 12 日在《解放日报》发表由毛泽东起草的社论《质问国民党》，接着又在于 7 月 21 日《解放日报》发表陈伯达写的《评〈中国之命运〉》，对国民党的反动思想进行思想上、舆论上的系统反击。1943 年 7 月，毛泽东在致董必武的信中就说明中共在思想上舆论上的反击有提高和扩大中共政治影响的目的。毛泽东指出：“除已发之通电及解放社论外，并于本日（7 月 21 日）公布陈伯达驳斥蒋著《中国之命运》一书，以便在中国人民面前从思想上理论上揭露蒋之封建的买办的中国法西斯体系，并巩固我党自己和影响美英各国、各小党派、各地方乃至文化界各方面。”②正是中共在政治上思想上揭露国民党的阴谋，与国民党顽固派进

---

① 《毛泽东选集》第二卷，人民出版社 1991 年版，第 396 页。

② 《毛泽东文集》第三卷，人民出版社 1996 年版，第 49 页。

行了坚决的斗争,巩固了中共政治地位,扩大了中共的政治影响。

2.发动人民武装,建立抗日根据地,提高中共在下层民间社会的影响力。中国共产党建设抗日根据地的成功,对于中共社会公信力的形成有特别重要的意义。毛泽东特别强调建立抗日根据地的极端重要性,认为建立根据地有三个“不可分离”的条件:一是要有一个抗日的武装部队,并使用这个部队去战胜敌人,发动民众;二是使用武装部队并配合民众去战胜敌人;三是要用一切力量包括武装部队在内,去发动民众的抗日斗争。毛泽东这里虽然是讲根据地问题,但他所说的这三个条件贯穿着中国共产党领导民众、发动民众、配合民众、武装民众的思想,就是要积极地发挥民众的抗日积极性,以民众的力量作为抗击日本帝国主义的基本力量,开展全国规模的群众性的民众抗日斗争。毛泽东指出:“要从这种斗争中去武装人民,即组织自卫军和游击队。要从这种斗争中去组织民众团体;无论是工人、农民、青年、妇女、儿童、商人、自由职业者,都要依据他们的政治觉悟和斗争情绪提高的程度,将其组织在各种必要的抗日团体之内,并逐渐地发展这些团体。”①譬如,华北抗日根据地在开辟阶段时,就将发动群众与发展群众抗日组织作为重要内容,首先抓住以强大的八路军的力量打开局面为中心,接着把中心放在建立政权,自上而下地建立、发展党和群众组织,建设财政经济,建立社会秩序;而在华北抗日根据地的巩固阶段时,则以执行土地政策、发动群众为中心,建设健全的民主政治制度。华北抗日根据地的开辟与巩固,始终与中共对群众运动的领导联系在一起,将武装、政权、群众和党四种力量有机地配合起来,在领导群众运动方面取得巨大的成功。邓小平对华北地区党领导群众运动来开辟抗日根据地的经验有很好的总结,指出中共领导群众运动的规律是:“第一是发动群众,在发动群众中组织群众、武装群众;第二是在发动群众之后,立即注意整理与健全群众组织生活;第三是在发动与组织群众中注意群众的政治教育,在发动与组织任务完成之后,应将重心转入教育群众,把群众运动提高到民主政治和武装斗争的阶段,使群众形成一个自为的阶级力量,去参加统一战线,去参加群众性的游击战争,以巩固既得的政治经济权利;第四是把群众的经济斗争政治斗争约束于统一战线范围之内。”②中共在抗日时期对群众运动的领导,不仅推动了抗日根据地的建立和巩固,而且使中共的政治影响深入到民众之中,并且为中共的发展提供深厚的群众基础。因此,中国共产党领导的抗日战

---

① 《毛泽东选集》第二卷,人民出版社1991年版,第423—424页。

② 《邓小平文选》第一卷,人民出版社1994年版,第67—68页。

争，不仅动员了民众在军事上打败日本帝国主义，而且在民间下层社会培植了拥护中共的新生的革命力量和推动中国社会变革的新因素，这为抗日战争走向胜利并成为人民的胜利奠定了阶级力量和政治基础。

3. 积极参与和领导民主宪政运动，推进政治民主化进程，有力地争取社会中间势力的同情和支持。中共在抗日时期将追求民主与实现抗战结合起来，领导全国性的民主宪政运动，对中共社会公信力的提升产生巨大而又积极的影响。全面抗战爆发前夕，中共与国民党在进行关于国共合作的谈判中，提出政府应该给人民在政治上以民主权利，工农应该享有集会、结社、言论的自由等起码的民主权利，具有普遍的选举权。在中共看来，民主与抗战不可分离，没有民主政治就不可能战胜日本帝国主义而取得抗战的胜利。毛泽东指出："以抗战求国内和平团结，没有民主不能巩固和平与真正团结，抗日要全国人民参加，没有民主则老百姓不能参加，无和平团结，无人民参加，抗战成为不可能，即战亦不能保证胜利。所以民主制度为对日抗战胜利之必要条件，非它不可。我们所以把民主问题强调起来，为的要战胜日本帝国主义。"①但是，国民党在抗战开始后压制民主运动，坚持一党专政，对中共和民主党派的民主要求置之不理。1939 年 9 月，国民参政会一届四次会议通过了《召集国民大会实行宪政决议案》时，于是各党派、各界人士为促进宪政的实施展开了积极的活动，全国掀起了宪政运动的高潮。中国共产党积极参加并领导宪政运动，1940 年初毛泽东在延安各界宪政促进会成立大会上作了《新民主主义的宪政》的演讲，强调"民主"和"抗战"这两件事是"目前中国的头等大事"，认为"这两件东西少了一件，中国的事情就办不好"；"把独立和民主合起来，就是民主的抗日，或叫抗日的民主。没有民主，抗日是要失败的。没有民主，抗日就抗不下去"②。但国民党对宪政运动仍然采取压制的态度。此时，由于国民党统治的腐朽，经济和军事的危机，引起人民大众日益强烈的不满。于是从 1943 年起，全国性的宪政运动又再度掀起，要求结束国民党的一党专政和个人独裁，实行民主宪政。中国共产党积极参与和领导宪政运动，1943 年 7 月中共中央发表《为抗战六周年纪念宣言》，提出只有加强抗战，加强团结，改良政治，发展生产，才能争取抗战的最后胜利。1944 年 3 月 1 日，中共中央发出《关于宪政问题的指示》，决定中共积极参加宪政运动，团结一切民主分子，以达到战胜日本帝国主义、建立民主国家的目的。周恩来于 1944

① 《毛泽东文集》第一卷，人民出版社 1993 年版，第 500 页。
② 《毛泽东选集》第二卷，人民出版社 1991 年版，第 732 页。

年3月12日在延安各界纪念孙中山逝世十九周年大会上发表演说，提出实行宪政的三个先决条件："一是保障人民的民主自由；二是开放党禁；三是实行地方自治。"①接着，中共将争取民主宪政的运动发展为建立民主联合政府的运动。1944年9月15日，共产党参议员林祖涵在三届三次国民参政会上提出了召开各党派各人民团体的国事会议，废除国民党一党专政，组织联合政府的主张。1944年10月10日，周恩来发表《如何解决》的讲演，提出了建立联合政府的具体步骤。中共将争取民主宪政的运动发展为建立联合政府的运动，将民主运动引向深入，得到了全国人民的热烈响应，推动了国统区民主运动的发展，同时也扩大了中共在民主人士中的政治影响。在抗战结束的前夕，中共提出联合政府的号召，主张立即召开党派会议，成立临时的联合政府，战后召集国民大会成立正式的联合政府，并与国民党进行了尖锐的斗争。"这样的斗争更振奋了全国的民主运动，更使成立联合政府的主张为国际国内民主人士所拥护，所同情"②。

4. 发展中共力量，加强中共的自身建设，提升进步势力在中国社会中的比重。抗战爆发后，中共为了适应担负着打倒日本帝国主义、建立新中国的任务，猛烈扩大党组织，向全党提出了"建设一个大党"的目标。毛泽东在1939年5月延安在职干部教育动员大会上的讲话中指出："过去我们党的队伍小，只有很少的党员，现在党员的数目也并不多，但现在担负着打倒日本帝国主义、建立新中国的任务，需要我们建设一个大党。过去是小的，现在要大，那末怎么办？现在正处于由小到大的过程中间，我们需要在全国发展党员。可是某些人说'你们何必要大'，他们不要我们大起来。但是我们觉得大一点好，而且依照老百姓的意见，也要我们大，因为他们到处找共产党找不到，我们的党大起来了才好找。这方面，我们要顽固一些，同某些人不同，我们要建设的一个大党，不是一个'乌合之众'的党，而是一个独立的、有战斗力的党，这样就要有大批的有学问的干部做骨干。"③共产党组织在抗战以后的发展，也大大扩大了中共的政治影响，并在领导抗日战争中发挥了重大作用。值得注意的是，中共在马克思主义与中国实际相结合上也迈出重要的一步，通过新民主主义理论的建构而形成中国化的马克思主义——毛泽东思想，并通过延安整风的形式达到了全党在马克思主义、毛泽东思想基础上的政治上、思想上、组织上的统一。1939年至1940年，毛泽

① 周恩来：《关于宪政与团结问题》（1944年3月12日），《中共党史参考资料》（五），人民出版社1979年版，第206页。

② 《周恩来选集》上卷，人民出版社1980年版，第204—205页。

③ 《毛泽东文集》第二卷，人民出版社1993年版，第179页。

东发表了《〈共产党人〉发刊词》、《中国革命与中国共产党》、《新民主主义论》等著作，在分析近代中国社会性质、近代中国革命性质的基础上，论述了中国共产党领导的新民主主义的历史条件，并就中国新民主主义政治、经济、文化纲领作了系统的阐发，形成了新民主主义革命理论，表达了中国共产党人“建设一个中华民族的新社会和新国家”的努力目标。如毛泽东所指出的那样：“我们不但要把一个政治上受压迫、经济上受剥削的中国，变为一个政治上自由和经济上繁荣的中国，而且要把一个被旧文化统治因而愚昧落后的中国，变为一个被新文化统治因而文明先进的中国。一句话，我们要建立一个新中国。”①延安整风就其性质而言，是一次全党范围的普遍的马克思列宁主义的教育运动，是用无产阶级思想克服一切非无产阶级思想的思想革命运动，也是一次空前伟大的思想解放运动。延安整风就其内容而言，是反对主观主义以整顿学风、反对宗派主义以整顿党风、反对党八股以整顿文风，而以反对主观主义为中心内容，在于打破党内以王明为代表的教条主义的束缚。就延安整风的效果来看，是进一步提高了全党的马克思主义理论水平，使全党的思想面貌有了根本的改变，促进了马克思主义中国化的历史进程，并且使全党在毛泽东思想基础上达到空前的团结，为新民主主义革命在全国的胜利作了思想上组织上的保证。新民主主义理论的建设和延安整风运动的开展，是中国共产党思想建设和组织建设的重大成就，不仅维护了全党的思想统一和政治团结，而且扩大了中共在中国社会中的政治声誉，有力地提升了中共的社会公信力。还要强调的是，中国共产党人在抗日战争时期具有强烈的自律意识，加强自身的修养，保持谨慎的态度，也赢得社会公众的信赖。中共中央对中共党员的自律予以特别的重视，1941 年 7 月中共中央政治局通过《关于增强党性的决定》，“要求每个党员，特别是每个负责领导的干部，都深刻反省自己的弱点，把党的利益看得高于一切，任何人都不应有自满自足、自私自利的观念，要提倡大公无私、忠实朴素、埋头苦干、实事求是、力戒骄傲、力戒肤浅的作风”②。郭沫若于 1944 年 3 月在重庆《新华日报》发表《甲申三百年祭》，叙述了明末李自成农民起义在攻入北京、推翻明朝以后，若干首领腐化并发生宗派斗争，以致陷入失败的过程。中共中央和毛泽东同志对郭沫若的文章引起高度的重视，毛泽东在 1944 年 4 月 12 日的延安高级干部会议上说：“近日我们印了

① 《毛泽东选集》第二卷，人民出版社 1991 年版，第 663 页。

② 《中共中央关于增强党性的决定》(1941 年 7 月 1 日)，《中共党史教学参考资料》(三)，人民出版社 1959 年版，第 7 页。

郭沫若论李自成的文章，也是叫同志们引为借鉴，不要重犯胜利时骄傲的错误。”此后不久，中共中央即将郭沫若的《甲申三百年祭》作为整风文件，教育全党保持谦虚谨慎的态度。毛泽东在给郭沫若的信中也说：“小胜即骄傲，大胜更骄傲，一次又一次吃亏，如何避免此种毛病，实在值得注意。……我虽然兢兢业业，生怕出岔子，但说不定岔子从什么地方跑来；你看到了什么错误缺点，希望随时示知。”①毛泽东本人在抗战期间确实也十分谨慎，注重自己一言一行的影响。1943年是毛泽东50岁的生日，当时党内许多领导希望给毛泽东做生日，借以宣传毛泽东和扩大中共的政治影响。毛泽东经过慎重考虑后认为，此时做生日不妥，决定不做生日。他在给何凯丰的信中这样写道：“生日决定不做。做生的太多了，会生出不良影响。目前是内外困难的时候，时机也不好。我的思想（马列）自觉没有成熟，还是学习时候，不是鼓吹时候；要鼓吹只宜以某些片段去鼓吹（例如整风文件中的几件），不宜当作体系去鼓吹，因我的体系还没有成熟。”②周恩来也是中共党内注重自身修养的典范，他在重庆红岩整风学习时写下了自己7条“修养要则”，其内容是：“一、加紧学习，抓住中心，宁精勿杂，宁专勿多。二、努力工作，要有计划，有重点，有条理。三、习作合一，要注意时间、空间和条件，使之配合适当，要注意检讨和整理，要有发现和创造。四、要与自己的他人的一切不正确的思想意识作原则上坚决的斗争。五、适当地发扬自己的长处，具体的纠正自己的短处。六、永远不与群众隔离，向群众学习，并帮助他们。过集体生活，注意调研，遵守纪律。七、健全自己身体，保持合理的规律生活，这是自我修养的物质基础。”③刘少奇撰写的《论共产党员的修养》一书，从党的建设的高度来研究党员修养问题，更是为社会公众所知晓；该书要求“共产党员必须使对马克思列宁主义的理论和方法的学习，同思想意识的修养和锻炼，这两者密切地联系起来，绝不应该使两者分割开来”④，不仅对共产党员的修养具有指导作用，而且在社会上产生强烈的影响。中共领导人保持谦虚、谨慎的作风，注重个人的修养和道德的提升，发扬求实创新的精神，这在广大的民众中形成了良好的印象，有力地促进了中共社会公信力的提升。

① 《毛泽东文集》第三卷，人民出版社1996年版，第227页。
② 《毛泽东文集》第三卷，人民出版社1996年版，第15页。
③ 《周恩来选集》上卷，人民出版社1980年版，第125页。
④ 《刘少奇选集》上卷，人民出版社1981年版，第120页。

三、抗战时期中共社会公信力提升的特点

中共社会公信力在抗战时期的提升是一个历史过程，而在这一过程中又集中地表现出中共先进性的基本特点。具体来看，中共在抗战时期社会公信力提升有这样一些显著的特点：

1. 始终注重和强化全民族的社会动员。中共在全面抗战爆发前后依据自己的奋斗历程而业已建立的社会公信力，加快了全民政治动员的步伐和舆论宣传的力度，努力扩大中共在全国人民中的政治影响。在抗战爆发不久，毛泽东对中共党员提出了新要求，要求中共党员积极地发挥自己的影响，在抗战中起模范带头作用，以党员的模范行为来提高中国共产党的政治影响。如他要求："共产党员在各级政府中应该成为坚决勇敢、刻苦耐劳、急公好义、礼义廉耻的模范，并受中央与地方党的严厉监督"；"共产党员应该到军队中去，到军官学校中去，到保卫队、壮丁队、义勇军、游击队中去，成为政治觉悟、坚决勇敢、刻苦耐劳、遵守纪律的模范，并利用自己的地位以影响其他的将士，改变军队的质量"①。中共也特别强调政治动员的极端重要性，以抗日政治动员的形式提升中共在抗战中的政治领导地位。毛泽东在《论持久战》中有专门一部分谈"抗日的政治动员"问题，指出："如此伟大的民族革命战争，没有普遍和深入的政治动员，是不能胜利的。……这一着是关系绝大的；武器等等不如人尚在其次，这一着实在是头等重要。动员了全国的老百姓，就造成了陷敌于灭顶之灾的汪洋大海，造成了弥补武器等等缺陷的补救条件，造成了克服一切战争困难的前提。要胜利，就要坚持抗战，坚持统一战线，坚持持久战。然而一切这些，离不开动员老百姓。要胜利又忽视政治动员，叫做'南其辕而北其辙'，结果必然取消了胜利。"②中国共产党不仅强调政治动员的极端重要性，而且特别注意到政治动员步骤和方法：一是政治动员要把抗日战争的政治目的告诉军队和全国人民，使士兵和人民认识到抗战的政治目的是"驱逐日本帝国主义，建立自由平等的新中国"，明白为什么打仗及打仗与自己的关系；二是政治动员要有一个政治纲领，说明达到抗战胜利目的的步骤和政策，中共就是以《抗日救国十大纲领》作为抗日政治动员纲领；三

---

① 《毛泽东文集》第二卷，人民出版社 1993 年版，第 54—55 页。

② 《毛泽东选集》第二卷，人民出版社 1991 年版，第 480—481 页。

是通过各种渠道进行政治动员，如通过口头宣传、传单布告、报纸书册、戏剧电影、学校、民众团体、干部人员等进行政治动员，并且注意政治动员的方法要符合民众口味，不与民众隔膜；四是政治动员要有经常性，而不是一次政治动员就结束。在毛泽东看来，抗日的政治动员"不是将政治纲领背诵给老百姓听，这样的背诵是没有人听的；要联系战争发展的情况，联系士兵和老百姓的生活，把战争的政治动员，变成经常的运动。这是一件绝大的事，战争首先要靠它取得胜利"①。正是中国共产党在抗日时期特别注重抗日的政治动员，形成了全国性抗日救亡高潮，极大地启发了全国人民抗日的政治觉悟和斗争的积极性，中国共产党的政治影响力空前提高。全国的男女老少纷纷加入到抗日队伍中，大批青年学生奔赴延安，就是显著的例证。

2. 始终坚持和代表中华民族的根本利益。中共在抗日时期社会公信力的提升，是与中共始终代表中华民族的根本利益密切相连的。"共产党不仅反映了农民和工人的意见，也反映了许多抗日的地主、商人、知识分子等的意见。"②正是由于中共代表中华民族的整体利益，反映中国社会各抗日阶层的意愿，自觉地领导全国人民坚持抗战，提升和扩大了中共的政治影响。中国共产党坚持和代表中华民族的根本利益，体现在中共制定的抗日政策之中始终坚持人民本位的思想，而这些政策的实施就必然获得人民的支持和拥护，就必然提升中共在社会公众中的政治影响。关于中共抗日政策的人民性和民族性特征，毛泽东在1944年7月同英国记者斯坦因的谈话中指出："在我们工作中起决定性作用的因素是我们经常去了解我们哪些政策为群众所接受，哪些政策受到群众的批评或拒绝。只有那些受群众欢迎的政策才能成为我们党继续实行的政策。每当采取一项新的措施时，党内和党外总会有一些人不大理解。但是在实施过程中，必然会形成一种绝大多数人共同的意见，这是因为我们的党始终在注视着党内外的普遍反应，而且还根据人民的实际需要和意见，不断修改我们的措施。我们所有的党组织，从上到下都必须遵守我们的一项至关重要的原则，这就是不脱离群众，同群众的需要和愿望息息相通。"③譬如，中共在抗日时期实行的减租减息政策符合群众的愿望和打击日本帝国主义的需要，符合中华民族的整体利益。毛泽东在回答英国记者斯坦因的提问中指出："在抗日战争爆发后不久，农民很快就

① 《毛泽东选集》第二卷，人民出版社1991年版，第481页。

② 《毛泽东文集》第三卷，人民出版社1996年版，第187页。

③ 《毛泽东文集》第三卷，人民出版社1996年版，第188页。

了解到我们用减租的新政策代替过去没收土地的做法，具有两大好处：一是改善了农民的生活；二是吸引了地主留在乡村参加抗日。实行有利于佃农的普遍减租以及我们保证向地主交租的政策，使佃农和地主之间的关系得到了改善，从而使日本侵略者在我们区域内简直找不到合作者了。”①中共在领导全面抗战中是以民族利益为根本出发点，其社会公信力的提升也是建立在民族利益、人民利益的基础上。

3. 始终致力于解放和发展生产力的任务。中共提升自身的社会公信力是以完成解放和发展生产力的任务作为前提的，强调了解放和发展社会生产力对于中共取得人民的信任和支持的极端重要意义。中国共产党领导抗日战争，以打败日本帝国主义作为主要目标，就是为了解放生产力，扫除生产力发展的障碍。毛泽东对打败日本帝国主义与解放生产力的关系有一段重要的论述，他指出："我们搞政治，搞政府，搞军队，为的是什么？就是要破坏妨碍生产力发展的旧政治、旧政府、旧军队。日本帝国主义占了我们的地方，我们还有什么生产力可以发展？这是妨碍生产力发展的。妨碍生产力发展的旧政治、旧军事力量不取消，生产力就不能解放，经济就不能发展。因此，第一个任务就是打倒妨碍生产力发展的旧政治、旧军事，而我们搞政治、军事仅仅是为着解放生产力。……推翻妨碍生产力发展的力量，目的是为着解放生产力，发展经济。经济是政治、军事的基础，政治、军事是上层建筑。地基是经济，根本目的也是发展经济。政治、军事之所以放在第一，是因为如果没有它们，生产力得不到解放，就没有可能谈其他问题。”②共产党在抗日时期也将发展生产力、改善人民生活作为自己的重要任务，以发展生产力来赢得人民的支持。毛泽东指出："对人民除坚持'三三制'外，应以大力发展农业、手工业，如人民（主要是农民）经济趋于枯竭，我党即无法生存。为此除组织人民生产外，党政军自己的生产极为重要。"③毛泽东高度重视发展生产工作对于共产党与民众关系的意义，认为共产党人"第一方面的工作"就是"给人民以东西"，也就是"组织人民、领导人民、帮助人民发展生产，增加他们的物质福利，并在这个基础上一步一步地提高他们的政治觉悟与文化程度"；"只有在做了这一方面的工作，并确实生了成效之后，我们去做第二方面的工作——向人民要东西的工作时，我们才能取得人民的拥护"④。中共在抗

① 《毛泽东文集》第三卷，人民出版社 1996 年版，第 184—185 页。
② 《毛泽东文集》第三卷，人民出版社 1996 年版，第 108—109 页。
③ 《毛泽东文集》第三卷，人民出版社 1996 年版，第 24—25 页。
④ 《毛泽东文集》第二卷，人民出版社 1993 年版，第 467 页。

战期间提升自身的社会公信力,始终贯彻着完成解放和发展生产力的任务,并将发展社会生产力作为取得人民信任、拥护和支持的条件,这是中共提升自身的社会公信力的一个鲜明的特点。

4. 始终代表中国先进文化的前进方向。中国共产党提升自身的社会公信力的过程,同时也是建设先进文化的过程。抗战时期,中共提出文化建设中民族的、科学的、大众的、民主的方向,注重新民主主义文化的建设,为中共社会公信力的提升创造了重要的条件。建设先进文化,当然离不开知识分子的工作。毛泽东认为,“一些知识分子、文艺家不和我们做朋友,这不只是知识分子、文艺家这一方面有缺点,一些部门一定也有缺点,也有问题”,因此他要求共产党人及各级干部“对文化人、知识分子采取欢迎的态度,懂得他们的重要性”,认识到“没有这一部分人就不能成事”;这就必要在党员干部与知识分子之间、知识分子与民众之间采取互相谅解的态度,“在军队、政府、教育、民运、党务各方面工作的同志,对文学艺术工作者,不论是低级的还是高级的,要采取欢迎的态度,恰当的态度,对他们的缺点要采取原谅的态度;而在文艺家方面,对于工农兵的缺点也是要采取原谅的态度”①。中国共产党在抗战期间采取团结知识分子的政策,对于推动文化建设的进行、对于中共取得知识分子的信任和支持,产生重要的影响。中共在文化建设中,强调文化建设在马克思主义指导下的开放性,科学吸取人类文明的宝贵遗产。毛泽东在与英国记者斯坦因的谈话中指出,“我们信奉马克思主义是正确的思想方法,这并不意味着我们忽视中国文化遗产和非马克思主义的外国思想的价值”;“继承中国过去的思想和接受外来思想,并不意味着无条件地照搬,而必须根据具体条件加以采用,使之符合中国的实际。我们的态度是批判地接受我们自己的历史遗产和外国的思想”②。共产党在文化建设中特别重视文化的普及,尤为重视文化建设的大众性。毛泽东 1944 年 5 月在延安大学开学典礼上的讲话中对边区文化建设提出了这样的号召:“我们要达到这样的目的:边区一百四十万老百姓,十万党、政、军,一共一百五十万人,都要识字。我们要有文化,才能学习政治,将来当乡长、区长、县长都要有文化。边区的经济发展了,农民也要求有文化。我们要使边区所有的老百姓,每人识一千字,搞他十年八年。如果能识一千五百字、两千字、三千字,那更好。”③中国共产

---

① 《毛泽东文集》第二卷,人民出版社 1993 年版,第 432 页。

② 《毛泽东文集》第三卷,人民出版社 1996 年版,第 191—192 页。

③ 《毛泽东文集》第三卷,人民出版社 1996 年版,第 153—154 页。

党高度重视文化建设的重要性，认为文化“它是政治、经济的反映，又指导政治、经济；它反映军事，又指导军事”，文化建设在反映群众生活、提高群众文化水平等方面取得成绩就能得到群众的拥护和欢迎。毛泽东在 1944 初总结边区文化建设经验时指出：“过去，成百成千的文学家、艺术家、文化人脱离群众。开了文艺座谈会以后，去年搞了一年，他们慢慢地摸到了边，一经摸到了边，就受到广大群众的欢迎。所谓摸到了边，就是反映了群众的生活，真正地反映了边区的政治、经济，这就能够起指导作用。”①中国共产党社会公信力的提升与中共的文化建设是密切联系在一起的，这就决定了中共的社会公信力是建立在群众文化心理认同的基础上。

抗日战争时期是中国共产党社会公信力提升的重要历史阶段。中共在抗日战争中进行广泛的社会动员，组织民众积极而持久地开展抗战，制定了领导抗战的路线、方针、政策，发展和扩大中国共产党的自身组织，有力地提升其社会公信力，从而在艰苦卓绝的斗争中展示中共代表民族利益、代表人民利益的光辉形象，使中共的政治领导地位建立在民众的心理之中。中共社会公信力的提升使中共赢得社会各界的政治支持，确立了中共在抗战历史进程中的政治领导地位，并促成了中共抗战胜利后在中国政治格局的主导性位置，从而又为中共领导新民主主义革命的最后胜利奠定了基础。

（原载《党史研究与教学》2007 年第 2 期，人大复印资料
《中国现代史》2007 年第 10 期全文转载）

【昔文琐记】这篇《论抗战时期中共社会公信力的提升》，写作于 2006 年的下半年。

本文提出了研究中共历史的新角度，即研究中国共产党社会公信力的提升问题。我的研究思路是，一个政党、社会组织都要有其社会公信力，才能存在和发展。但社会公信力不是自封的，需要付出艰苦的努力。而一个政党或其他社会组织，一旦被人们所认可、为社会所接受，具有较高的美誉度，则是其开展各项活动的重要条件。当然，任何组织即使具有社会公信力之后，也不能躺在功劳簿上，而要与时俱进地提升自己的公信力，不然也是难以为继的。我认为，研究中国共产党的社会公信力，是一个很好的研究视角。

今后，如有可能，我还要就中国共产党社会公信力问题的研究深入下去，深

① 《毛泽东文集》第三卷，人民出版社 1996 年版，第 109 页。

入地说明中国共产党在各个历史阶段是如何提高自身的社会公信力的,从而为中国共产党的发展及其执政能力的提升提供经验。当然,不只是可以而且应该研究中国共产党的社会公信力问题,其他党派或社会组织,也有一个社会公信力的问题,似乎也值得研究一番。譬如,民盟等民主党派在抗日战争时期的社会公信力问题,就可以研究其历史活动及其所产生的社会影响力,并在现代中国社会变迁中给予评价。

进而言之,"社会公信力"这个概念还可以运用到其他研究领域,并不限于史学研究领域,也并不限于政党、社会组织等群体,社会性的行为或公共性的政策也有社会公信力问题。譬如我写的《论行政裁决社会公信力的提升》,就是将"社会公信力"这个概念运用行政法学领域。"工欲善其事,必先利其器"。为此,就需要对"社会公信力"本身做一番理论的、学术的研究,探讨社会公信力的内涵、标准、特征、提升的途径,构建关于社会公信力的学术理论体系,从而为学术研究提供一种工具。也正是基于这样的想法,我以后又写成了《政治学视野中公信力概念研究》的文章。

顺便说一句,我这篇关于"社会公信力的提升"文章虽然写作于2006年,但对公信力的思考应该是这之前,大概是在2004年。徐州师范大学历史系成青同学于2003年考入北师大法政所,进入我导师张静如先生门下读硕士。她于2004年秋天给我打电话,希望我给她出个硕士论文的题目,我就建议她研究"中国共产党公信力问题",她果真以这个题目做硕士论文了。我也是此时对"公信力"有所研究,在2005年发表了《论行政裁决社会公信力的提升》(《江苏行政学院学报》2005年第5期)。看来,有某种好的想法,起码要有一年多时间才能写出像样的文章。

2021年1月31日

论抗战时期中共政治动员的类型、途径及其影响

中国共产党成功地领导抗日战争并取得胜利，是与中国共产党有效地开展政治动员工作密切相连的。所谓政治动员，一般是指现代政党等政治组织在一定的历史时期内依据其政治目标而所采取的一系列完成其政治任务并具有广泛政治影响的具体政治手段或政治行为，其目的是使社会上的成员在政治上、思想上、组织上对政治目标保持高度认同，从而投入到完成政治任务的行列之中。在笔者看来，现代政党的政治活动离不开政治动员，亦即现代政党与政治动员具有共生性；中国共产党作为现代化政党，尽管在不同的历史阶段有不同的政治动员形式，但政治动员作为政治活动的主要方式贯串其整个历史行程，是一个显见的历史事实；中国共产党也正是通过政治动员的形式来展开政治活动，在谋求政治合法性、推进革命斗争的发展、提升对中国社会运行的驾驭能力方面发挥了重要作用，因而政治动员也就成为中国共产党自身发展的重要武器。就抗日时期的中共而言，政治动员很显然地成为中共完成政治斗争目标的重要手段，并且对中共自身发展、对中国现代社会演进都产生了重大影响，因而需要对此进行专门的研究。有鉴于此，本文试就抗战时期中共的政治动员的几个问题进行初步探讨，祈请党史界的专家指正。

一、政治动员基本类型

划分某一政党的政治动员的类别，一般是按照政党的性质和宗旨，并结合政治动员的具体情形。因为政党以政治宗旨为其存在的基本依据，并通过政治活动或具体的政治行为来完成其政治宗旨；而政治动员作为一种动员社会政治资源的有效手段，则构成了政党政治行为的主要内容。毫无疑问，抗日时期的中国

共产党与创建时期的中国共产党或抗战胜利后的中国共产党相比,在性质和宗旨上并没有发生变化,因而其政治动员具有其共性;但是,由于抗战时期的中国共产党是在抗战这一特定的历史阶段来进行政治动员的,其政治动员不仅服务于抗日斗争的政治大局,而且又处于内外形势相互影响、多种政治力量并存交错的历史环境中,所以中国共产党在抗战时期的政治动员又显现出一定的历史阶段性特征。从历史阶段性的视角来看待抗战时期中共的政治动员,则其类型大致有长效性政治动员、阶段性政治动员、即时性政治动员等三种。

1. 长效性政治动员。抗战时期,中共以抗日为中心进行全国性的政治动员,其目的在于彻底赶走日本侵略者,实行中国自由、独立、民主的任务,这类的政治动员贯穿于整个抗日战争的历史行程中,不仅持续时间长,而且规模大、影响深远,属于长效性政治动员。譬如,抗战初期,中共所提出的"全国人民的总动员",就是长效性政治动员。因为中共的这一"全国人民的总动员"有两个根本的并涉及全局的战略要点:一是要求通过政治动员推进中国的民主政治进程,使得"全国人民除汉奸外,都有抗日救国的言论、出版、集会、结社和武装抗敌的自由",与此同时就必须"废除一切束缚人民爱国运动的旧法令,颁布革命的新法令","释放一切爱国的革命政治犯,开放党禁";二是主张动员全中国的力量进行全面的抗战,使得"全中国人民动员起来,武装起来,参加抗战,实行有力出力,有钱出钱,有枪出枪,有知识出知识",并且还要"动员蒙民、回民及其他少数民族,在民族自决和自治的原则下,共同抗日"①。"全国人民的总动员"的这两个全局的战略要点都表明其具有长远的政治意义,在事实上也对中共抗战期间的整个决策产生持久性的影响,因而是中共在抗战时期的长效性政治动员。这里需要说明的是,中共还力图将"全国人民的总动员"的正确主张来影响国民党政府,以便使抗战政治动员发挥更大的影响。1938 年 3 月 25 日,中共致电国民党临时全国代表大会,建议国民党政府要"继续动员全国武力、人力、财力、物力,为保卫武汉而战";同时,要"继续全国人民的动员","首先用最大力量,普遍组织民众的自卫队、联庄队、游击队,对民众自动武装起来的各种武装队伍及全国民众的原始武装组织,应给以各方面的援助与指导,提高他们的政治认识与军事技术。各种抗敌后援会,动员委员会等,应实际上成为有广大民众参加的民众团体。大量扶植与发展一切抗日救国的与工人的、农民的、青年的、妇女的、各界的、职业的民众团体,在全国的与地方的范围内,把它们统一起来。颁布在民族

① 《毛泽东选集》第二卷,人民出版社 1991 年版,第 355 页。

统一战线总方针下言论、集会、结社、出版、信仰自由的民主法令，以建立抗战时期的革命秩序。”①此外，国共合作动员、全面抗日动员、民主政治动员、持久战略动员、游击战动员、创建抗日根据地动员等等，也都属于抗战时期中共组织和领导的长效性政治动员，尽管这些政治动员所涉及的对象和范围有所不同。

2. 阶段性政治动员。中国共产党还结合每个历史阶段的具体特点以及党的工作重点，适时地提出具有一定阶段性质的政治动员，以分阶段地完成党领导全国人民打败日本帝国主义的任务。这类政治动员即是中共的阶段性政治动员。譬如，抗战初期中共提出的配合友军作战动员，太平洋战争爆发前后提出的反投降逆流动员，抗战相持阶段提出的反对国民党一党专政动员，1942 年前后根据地在严重困难时期提出的全党整风动员、大生产动员、“三三制”动员、反扫荡动员等等，都属于阶段性政治动员。阶段性政治动员的鲜明特色：一是时间上的阶段性，是在一定的阶段为整合社会政治资源、动员政治力量而进行。譬如，抗战初期中共提出的配合友军作战的政治动员，是在日本帝国主义全面进攻中国、国民党军队担负正面战场并积极抵抗的特定阶段作出的。毛泽东在洛川会议上指出，红军的基本任务是创建根据地，钳制与消耗敌人，配合友军作战（主要是战略配合）。于是，1937 年 8 月下旬到 9 月上旬，中共紧急发出政治与军事动员并发布军事作战命令，命令刚刚组建的八路军开赴华北战场，一一五师到晋东北，一二〇师到榆次地区，一二九师到晋北，配合友军作战，以挽救华北战场的危机战局。而当中共领导的敌后战场成为抗日的主战场后，则中共独立领导抗日游击战、动员人民建立和巩固抗日根据地，而主要的任务不是配合友军作战（尽管八路军和新四军以及其他中共领导的抗日武装，在特殊的情况下还与友军配合作战）。二是政策的相对稳定性，亦即动员工作的政策不仅非常明确，而且在一定的阶段具体而有效。譬如，“三三制”动员于 1940 年开始在抗日根据地得到普遍的实行，“三三制”也具有相对的稳定性，并坚持到抗战胜利。从政治动员角度来看，中共开展的“三三制”动员是动员社会各界人士参政的积极性，目的是建设新型的具有广泛性的抗日民主政权，“这种政权，是一切赞成抗日又赞成民主的人们的政权，是几个革命阶级联合起来对于汉奸和反动派的民主专政”②；在政权的人员构成上，共产党员占 1/3，非党的左派进步分子占 1/3，中间派占 1/3；规定凡是年满 18 岁的赞成抗日和民主的中国人，不分阶级、民族、性

① 《中共党史参考资料》（四），人民出版社 1979 年版，第 30—31 页。

② 《毛泽东选集》第二卷，人民出版社 1991 年版，第 741 页。

别、信仰、党派、文化程度,都有选举权和被选举权。1941 年陕甘宁边区各级政府按照"三三制"的原则进行改选,华北和华中各根据地也先后按"三三制"原则选出了各地的参议会和政府。"三三制"的政治动员作为阶段性的政治动员,对中国共产党领导的地方政权建设及各抗日根据地的巩固产生了重大的影响,有效地整合了社会政治资源,提升了中共在民众中的政治威信。

3. 即时性政治动员。中共在抗战时期所进行的政治动员,还有一类是迅即根据形势的变化和完成现时具体任务的要求所开展的政治动员,我们称这类政治动员为即时性政治动员。这类政治动员具有明确的针对性和时间上的紧迫性以及完成政治动员任务的快捷性,因而需要全党在短时间内迅速作出积极的反映。譬如,中共在抗战不久提出的反党内右倾投降主义政治动员,就是即时性的党内政治动员。抗日民族统一战线没有建立的时候党内有关门主义思想,但当抗日民族统一战线建立和第二次国共合作得以实现的时候,党内有些同志则对国民党的阶级本性缺乏认识,在实际工作中逐步滋长对国民党的依赖思想,发生了闽粤边的"何鸣事件"和西安的"西救"事件;党内也有人明确提出"一切经过统一战线"、"一切服从统一战线"的错误主张,甚至以接受国民党的委任为荣。针对这样的情况,中国共产党立即提出在全党范围内进行反右倾投降主义的政治动员,号召全党与右倾投降主义进行斗争。在参政问题上,中共中央于 1937 年 9 月 25 日发出了《中共中央关于共产党参加政府问题的决定草案》,指出:"在党中央没有决定参加政府以前,共产党员一般地不得参加地方政府,并不得参加中央的及地方的一切附属于政府行政机关的各种行政会议及委员会。"同时,中共在八路军中开展反新军阀主义的斗争,恢复因国民党干涉而取消的"政治委员会制度"和"政治部",拒绝了国民党派遣的人员来当八路军干部的要求,坚持了共产党绝对领导八路军的原则。毛泽东号召,要在党内"反对阶级对阶级的投降主义",并解释这样做的目的"一方面是在保持自己已经取得的阵地","但是主要的目的还在另一方面,这就是为了发展阵地,为了实现'动员千百万群众进入抗日民族统一战线,打倒日本帝国主义'这个积极的目的。"①正是由于即时性动员工作及时和措施得当,中共在抗战初期开展的反党内右倾投降主义政治动员,对保持党的纯洁性和对抗战的领导产生积极的影响。需要指出的是,即时性政治动员虽然是在短期内开展的政治动员,但有时可以变成阶段性的政治动员,而且这种政治动员仍然坚持长效性政治动员的总方向。譬如,进入抗战

① 《毛泽东选集》第二卷,人民出版社 1991 年版,第 394 页。

的相持阶段,国内开始出现一股投降逆流,而且这种投降逆流有发展和蔓延的态势,此时中共反投降逆流的政治动员即由即时性政治动员向阶段性政治动员转化,但仍然坚持抗日目标这一政治动员的总目标。毛泽东号召"全党努力,同一切爱国进步分子,一切爱国进步的国民党人员(上层的、中层的、下层的群众)亲密联合在一块,并和他们一道(如果在国民党统治区域,必须和他们一道,不是我们单独)去动员群众,开展反投降斗争,公开揭穿反共即准备投降的实质,以孤立投降派与反共分子,以便继续抗日。"①除了上面列举的这些即时性政治动员外,中共开展的反摩擦政治动员、协商政治动员等也属于即时性政治动员。

二、政治动员的主要途径

中国共产党在抗日时期不仅采取了多种措施和方法来进行政治动员,而且其政治动员的手段也不是单一地发挥作用。这与一般现代政党的政治动员方式有很大的不同。一般政党特别是议会制政党开展的政治动员,所采取的手段或方法大多是具有单一性的,如通过舆论宣传、选举运动、罢工运动、游行示威、新闻发布等方法来传播其政治主张或政治目标。中国共产党从中国社会变革的全局出发,将抗日时期的政治动员纳入全民的抗日斗争中,政治动员的方法不仅注重舆论宣传、新闻发布、思想批判等思想层面,而且通过民族的和民主的方法以及老百姓喜闻乐见的具体形式,面向社会各阶层尤其是中产阶级和下层民间社会,同时也特别注重发挥政党政治制度创新、政党理论体系构建等政党行为的示范效应,因而中共的各种政治动员措施或方法是相互联系、相互配合和相互支撑的,形成一个政治动员的体系。为研究的方便,我们将中共政治动员的途径析分为以下几个方面:

1. 发挥舆论宣传攻势。中国共产党特别重视运用舆论宣传来进行政治动员,积极地发挥包括传媒在内各种宣传工具的作用。毛泽东指出:"怎样去动员?靠口说,靠传单布告,靠报纸书册,靠戏剧电影,靠学校,靠民众团体,靠干部人员。"②又说:"现在我们边区,开会是最重要的工作方式,报纸发出去就可以省得开许多会。我们可以把许多问题拿到报纸上讨论,就等于开会、开训练班了,

① 《毛泽东文集》第二卷,人民出版社 1993 年版,第 217 页。

② 《毛泽东选集》第二卷,人民出版社 1991 年版,第 481 页。

许多指示信可以用新闻来代替,所以报纸可以当做重要的工作方式和教育方式。墙报也算是一种报,办墙报也可以当做重要的工作方式。"①当时,中共在延安办有《解放日报》、《边区群众报》等,在组织边区整个的政治、文化生活以及传达中共政策主张、动员和提升民众的政治意识等方面发挥了积极的作用。此外,边区各地方都办有报纸,如关中、绥德、陇东、三边等的地方报纸就很有特色。毛泽东代表党中央发出"全党办报"的号召,要求从中央到地方都要办报,地方工作的同志尤其要学会使用报纸进行宣传和教育民众,"我们地委的同志,应该把报纸拿在自己手里,作为组织一切工作的一个武器,反映政治、军事、经济并且又指导政治、军事、经济的一个武器,组织群众和教育群众的一个武器。要以很大的精力来注意这个工作,使它一年比一年进步。"②当时任八路军政治部副主任的邓小平,就非常强调宣传和教育工作对动员老百姓参加军队的极端重要性。他指出:"运用了各种宣传的武器——戏剧、歌剧、壁报、群众大会、小的飞行演讲、个别谈话等等方法,向群众说明目前形势和生路,揭露敌人的残暴。经过广泛而深入的宣传后,民众的抗日热情很快地激发起来,自动加入军队的踊跃,是远远超过强征的效果。"③中共注重发挥舆论宣传的优势来进行政治动员工作,使中共的政策深入人心,在提高民众的政治意识、动员民众的政治参与热情方面起积极的作用,也使民众与中共之间的距离拉近,增加了民众对中国共产党的政治认同感。

2. 把握政治斗争目标。政治动员作为政党的重要政治行为,是与政党的性质及其政党在特定的历史阶段所要完成的政治斗争目标紧密联系在一起的。一个政党的政治动员能不能把握政治斗争目标,能不能将政治斗争的任务融入政治动员的实践中,直接关系到其政治动员的有效性及其政治任务的完成,也间接地影响到政党政治合法性能否有效地提升。抗日时期中国共产党的政治动员,是抗日的总目标下所开展的政治动员,因而注重把握政治斗争的目标——"驱逐日本帝国主义,建立自由平等的新中国"——来进行政治动员,并将政治动员的目标与实现这一目标所制订的具体政治纲领的宣传密切结合起来,充分利用政治纲领的明确性和斗争性来促进政治动员的有效进行。毛泽东在《论持久战》中指出:"什么是政治动员呢?首先是把战争的政治目的告诉军队和人民。

① 《毛泽东文集》第三卷,人民出版社 1996 年版,第 112 页。

② 《毛泽东文集》第三卷,人民出版社 1996 年版,第 111 页。

③ 《邓小平文选》第一卷,人民出版社 1994 年版,第 3 页。

必须使每个士兵每个人民都明白为什么要打仗,打仗和他们有什么关系。抗日战争的政治目的是‘驱逐日本帝国主义,建立自由平等的新中国’,必须把这个目的告诉一切军民人等,方能造成抗日的热潮,使几万万人齐心一致,贡献一切给战争。其次,单单说明目的还不够,还要说明达到此目的的步骤和政策,就是说,要有一个政治纲领。现在已经有了《抗日救国十大纲领》,又有了一个《抗战建国纲领》,应把它们普及于军队和人民,并动员所有的军队和人民实行起来。没有一个明确的具体的政治纲领,是不能动员全军全民抗日到底的。”①在全面抗战两周年之际,中共发表了《中国共产党中央委员会为抗战两周年纪念对时局宣言》,指出:“坚持抗战,动员一切人力、财力、物力,展开全民族的全面的抗战,巩固国内团结,坚持抗日民族统一战线与国共合作,力求进步,彻底实行三民主义,建立独立自由幸福的新中国,坚决反对投降,反对分裂,反对倒退,这就是全中华民族继续努力的总方向。”②值得注意的是,中共领导人身体力行,亲临政治动员第一线,以抗日为主题向民众进行政治动员。譬如,周恩来 1937 年 12 月在武汉大学对青年学生进行抗日政治动员,号召青年“到军队里去”、“到战地服务去”、“到乡村中去”、“到被敌人占领了的地方去”;并希望青年“要改良过去那种不合理的动员方式”,能“动员起广大的群众到军队中来”;因此,有作为的青年们“必须有组织地、直接地下乡动员群众,使农村壮丁勇敢地、自动地到前线去”,从而发挥青年在抗日组织动员工作中的积极作用③。由于把握了全民抗日这一政治斗争的目标,中共在抗战时期的政治动员具有明确的针对性和强烈的政治目的性,也使动员客体具有明确的政治方向,因而也就使动员客体与动员主体形成共同的政治共识,从而为中共政治任务的完成奠定了政治基础。

3. 激发社会各界的政治热情。中共为了推进抗日战争所进行的政治动员是全民族的政治动员,一切赞成抗日的各阶级、各阶层和社会组织都是中共政治动员的对象,显示了中共宽阔的政治胸怀和为民族利益奋斗的坚强决心。人们不会忘记,卢沟桥事变的第二天,中国共产党就发出了全民族抗日的政治动员:“平津危急!华北危急!中华民族危急!只有全民族实行抗战,才是我们的出路!”④毛泽东也在《论持久战》中揭示全民族政治动员的意义:“如此伟大的民族革命战争,没有普遍和深入的政治动员,是不能胜利的。……这一着是关系绝

① 《毛泽东选集》第二卷,人民出版社 1991 年版,第 481 页。

② 《中共党史参考资料》(四),人民出版社 1979 年版,第 84 页。

③ 《周恩来选集》上卷,人民出版社 1980 年版,第 89—90 页。

④ 《中共中央为日军进攻卢沟桥通电》,《六大以来》(上),人民出版社 1981 年版,第 843 页。

大的;武器等等不如人尚在其次,这一着实在是头等重要。动员了全国的老百姓,就造成了陷敌于灭顶之灾的汪洋大海,造成了弥补武器等等缺陷的补救条件,造成了克服一切战争困难的前提。要胜利,就要坚持抗战,坚持统一战线,坚持持久战。然而一切这些,离不开动员老百姓。"①中共在动员社会各界力量的过程中,除了注重广大的老百姓外,还特别中国社会的其他阶级和阶层,正确处理好政治动员中"民族斗争"与"阶级斗争"的关系。因为在中共看来,民族斗争与阶级斗争在民族矛盾成为社会主要矛盾的这一特定的历史条件下具有一致性的特征,"在民族斗争中,阶级斗争是以民族斗争的形式出现的,这种形式,表现了两者的一致性。一方面,阶级的政治经济要求在一定的历史时期内以不破裂合作为条件;又一方面,一切阶级斗争的要求都应以民族斗争的需要(为着抗日)为出发点。"②正是根据这样的认识,中国共产党在政治动员中结合抗日的政治任务来科学地进行阶级分析,对于具有抗日要求的各阶级和阶层采取积极而又灵活的不同政策:具有抗日要求的开明绅士、中小地主,采取团结抗日的政策;对于一面抗日而另一面又反共的大资产阶级的顽固派(欧美派大资产阶级),则采用革命的两面政策来对待,即一方面联合他们抗日,发挥其抗日的政治积极性,另一方面与他们进行坚决的斗争,揭露他们执行的破坏抗日和团结的反共反人民的高压政策;对坚持抗日的民族资产阶级(主要是中等资产阶级),肯定其一定的反帝国主义和反官僚军阀政府的积极性,又指出其在民众革命力量强大起来所表现出的软弱性,亦即对他们采取团结和教育的政策,把他们作为抗日的同盟者来对待。由此,中国共产党成功动员了社会各界力量,不仅动员了广大的工人阶级、农民阶级和革命的知识分子,而且将具有抗日积极性的地主、大资产阶级、民族资产阶级动员起来,有效地动员和整合了全社会的政治资源,从而也就赢得了中国社会各种政治力量的支持,为取得伟大的抗日战争的胜利奠定充分的人力资源基础。

4. 加强对群众组织的领导。中国共产党在抗日时期的政治动员中,加强了对群众组织的有效领导,发挥群众组织在动员民众中的作用,提升了中共在群众组织中的政治影响力和政治权威。当时,中共中央一方面承认群众组织的独立性,发挥群众组织在动员民众中的积极性;另一方面又强调中共对群众组织的政治领导,使中共的政治主张传达到民众之中。邓小平在总结根据地党与群众团

① 《毛泽东选集》第二卷,人民出版社 1991 年版,第 480—481 页。

② 《毛泽东选集》第二卷,人民出版社 1991 年版,第 539 页。

体关系的教训时指出:“所谓群众团体的独立性,是在组织意义上讲的,在政治上必须保障其在党的政治领导之下。党对群众团体,应加强其政治领导,不应在组织上包办。群众团体的工作,应由群众团体自己去讨论和执行。党对群众团体的政治领导,也不能直接下政治命令,而是经过党团去实现。……同时,在提出群众团体的组织独立性时,又要防止群众团体脱离党的政治领导的倾向,防止党团脱离党的领导的闹独立性的倾向。”①中共领导群众团体注意到这样几个问题:一是注重培养群众团体的威信,放手让群众组织特别是农会出面去领导群众运动。中共要求党务工作干部、军事工作干部在开展群众运动中尽可能地以群众团体的面目出现,或经过群众团体的介绍,以此来树立群众团体的威信,培养群众自身的组织观念,同时培养具有声望和工作能力强的群众领袖。二是加强对群众组织的政治指导,派遣政治素质高、工作能力强、与群众有密切联系的干部到群众组织中担任负责工作。中央要求党的干部在做群众组织工作时,不仅要坚决传达和贯彻党的意志,切实加强对群众组织的政治领导,而且要特别注意提高下层群众团体的工作能力。对于农会,应特别注意重点领导,健全农会的基层组织,提升农会在农民中的号召力和影响度;对于救国会,区以上的组织仍然采取救国联合会的形式,但在村一级要分开组织,要尽可能减少上级“救联”的人数,将干部充实到下层救国会中,以动员下层民众的广泛参与。三是着力培养群众团体的领袖,提高他们的政治参与意识和组织领导能力以及在群众中的威望。四是给群众团体以充足的津贴,引导群众团体做到经费逐渐自给,对于群众团体经费的使用由其自己负责,不必由政府审核。中共加强对群众组织的领导取得了显著的成效,使广大民众组织在各种群众组织之中。譬如,1938 年 1 月边区成立的抗敌后援会就是一个群众性的抗战动员组织,这一组织不分性别、年龄、阶级、民族、党派、宗教信仰,使工、农、商、学、兵一切抗日群众广泛参加。正是在中共的政治领导和抗敌后援会帮助,边区民众参加了各种抗日组织,如自卫军、少年先锋队、救护队、担架队、运输队、看护队、慰劳队、缝纫队、洗衣队、宣传队、通讯队、侦察队、破坏队、防空队、代耕队、妇女生产组、儿童杂务队、劳动互助组、战地服务团等战时组织和各种教育文化组织②。中共对各种抗日组织的有效领导,不仅使中共的各项政策能够深入到绝大多数的民众之中,加强了政治动

① 《邓小平文选》第一卷,人民出版社 1994 年版,第 72—73 页。

② 黄正林:《社会教育与抗日根据地的政治动员:以陕甘宁边区为中心》,《中共党史研究》2006 年第 2 期。

员的快捷性和有效性,而且也使中共对社会资源尤其是乡村政治资源得以全面地占有和合法性地使用。

5. 建构思想理论体系。中国共产党在抗战时期建构思想理论体系是中国共产党走向成熟的重要标志,也是中国共产党能够成功地进行政治动员的思想理论基础。固然,中国共产党在抗战时期建构思想理论体系,其主要目的不是直接为政治动员服务,而是为了科学地领导中国革命并取得胜利作理论的建设;但又很显然的是,中共建构思想理论体系又确实使政治动员的有效实施创造了理论的、思想的基础。中共在抗战时期建构思想理论体系的成就是多方面的,而从其对政治动员这一政治行为产生直接影响的,主要是新民主主义的革命理论和在新民主主义理论体系下抽绎出的"三大法宝"理论。这两者是不可分割的,但中共政治动员中所处的地位还是有所区别的:前者是中国共产党进行政治动员的总体理论,后者则是中国共产党进行政治动员的行动纲领和具体理论。具体来说,第一,新民主主义理论是以"革命"来诠释近代中国历史的发展,并在中国社会阶级分析的基础上从历史发展与现实走向的关联中,来回答进行政治动员的现实合理性及其实施革命(新民主主义革命)的总体方略。新民主主义革命理论提出了新民主主义政治、新民主主义经济、新民主主义文化的纲领,是中国共产党建设新民主主义社会所进行的政治、经济、文化动员的纲领,政治动员是题中之义。譬如,"新民主主义政治"中,强调是在以"革命"为中心的全民的政治动员中,由无产阶级领导来建设"新民主主义国家"。毛泽东指出:"无论如何,中国无产阶级、农民、知识分子和其他小资产阶级,乃是决定国家命运的基本势力。这些阶级,或者已经觉悟,或者正在觉悟起来,他们必然要成为中华民主共和国的国家构成和政权构成的基本部分,而无产阶级则是领导的力量。现在所要建立的中华民主共和国,只能是在无产阶级领导下的一切反帝反封建的人们联合专政的民主共和国,这就是新民主主义的共和国,也就是真正革命的三大政策的新三民主义共和国。"①第二,"三大法宝"理论是中国共产党领导中国革命的理论总结,以统一战线、武装斗争、党的建设来阐述中国共产党领导中国革命的经验所在,揭示中共在领导中国革命的进程中从事政治动员的具体层面和行动方向。毛泽东在阐述"三大法宝"时,说的是以"革命"为中心的"三大法宝",亦是以政治动员为基本条件的"三大法宝",于是才有这样的结论:"统一战线问题,武装斗争问题,党的建设问题,是我们党在中国革命中的三

① 《毛泽东选集》第二卷,人民出版社 1991 年版,第 674—675 页。

个基本问题。正确地理解了这三个问题及其相互关系,就等于正确地领导了全部中国革命。"①中共建构的思想理论体系中内含开展政治动员的基本要求,因而不仅为政治动员指明了具体的方向,而且也为政治动员奠定了理论基础。

6. 大力发展中共组织力量。中国共产党在抗战时期的政治动员是以组织坚强领导核心为前提的,是以大力发展共产党组织为依托的。在全面抗战以后,中共作出了发展"群众性的党"的政治决策,并以此作为提高政治动员力度的措施。毛泽东指出:"为了克服困难,战胜敌人,建设新中国,共产党必须扩大自己的组织,向着真诚革命、信仰党的主义、拥护党的政策、并愿意服从纪律、努力工作的广大工人、农民和青年积极分子开门,使党成为一个伟大的群众性的党。在这里,关门主义倾向是不能容许的。"②在实际的组织发展中,为了吸收农村中的积极分子,对于具备"好劳动、能公道、能工作"三个条件的积极分子就吸收入党③。中共要将共产党组织发展成为"群众性的党",其目的,一方面是要扩大党的阶级基础,使农民中积极分子加入到党组织中;另一方面是要完成"建设一个大党"的目标,以适应中共全面有效地领导抗日战争的新形势。毛泽东在 1939 年 5 月延安在职干部教育动员大会上的讲话中指出:"过去我们党的队伍小,只有很少的党员,现在党员的数目也并不多,但现在担负着打倒日本帝国主义、建立新中国的任务,需要我们建设一个大党。过去是小的,现在要大,那末怎么办?现在正处于由小到大的过程中间,我们需要在全国发展党员。可是某些人说'你们何必要大',他们不要我们大起来。但是我们觉得大一点好,而且依照老百姓的意见,也要我们大,因为他们到处找共产党找不到,我们的党大起来了才好找。这方面,我们要顽固一些,同某些人不同,我们要建设的一个大党,不是一个'乌合之众'的党,而是一个独立的、有战斗力的党,这样就要有大批的有学问的干部做骨干。"④共产党组织在抗战以后的发展,为不断推进政治动员提供了领导力量,也大大扩大了中共的政治影响。

7. 适时调整各项政策。中国共产党在抗战期间的政治动员,为了调动各阶

① 《毛泽东选集》第二卷,人民出版社 1991 年版,第 605—606 页。

② 《毛泽东选集》第二卷,人民出版社 1991 年版,第 523—524 页。

③ 中央档案馆、陕西档案馆编:《中共中央西北局文件汇集(1945 年)》,甲 6,内部馆存本,1994 年,第 226 页。转引自黄正林:《社会教育与抗日根据地的政治动员:以陕甘宁边区为中心》,《中共党史研究》2006 年第 2 期。

④ 《毛泽东文集》第二卷,人民出版社 1993 年版,第 179 页。

级阶层民众的抗日积极性,根据抗战形势的发展适时进行各项政策的调整,并以抗日时期的各项政策来调动社会的各种政治资源,从而使政治动员的各项措施得以有效地贯彻到各阶级阶层民众之中。早在全面抗战之前,中国共产党根据形势的变化就积极地进行各项政策的调整,改变各项不合时宜的主张和政策,以及与之相关的工作方法。如1935年12月6日,中共中央作出《关于改变对富农策略的决定》,指出在目前的形势下,“富农也开始参加反对帝国主义侵略及豪绅地主军阀官僚的革命,或采取同情与善意中立态度”,由此“我们应该联合整个农民,造成广泛的农民统一战线,故意排斥富农(甚至一部分地主)参加革命斗争是错误的”;在新的形势下,党对富农的政策是:“我们只取消其封建剥削的部分,即没收其出租的土地,并取消其高利贷。富农所经营的(包括雇工经营的)土地、商业以及其它财产则不能没收。苏维埃政府并应保障富农扩大生产(如租佃土地、开辟荒地、雇佣工人等)与发展工商等的自由。”全面抗战以后,中国共产党根据抗日斗争的需要和形势的变化,加强了各项政策调整的力度,使各项政策很好地发挥了作用。譬如,1937年8月召开的洛川会议,中国共产党全面地调整了自己在十年内战时期的政策,制订了反映全民利益和中国共产党政治主张的《抗日救国十大纲领》,主要内容是:(一)打倒日本帝国主义;(二)全国的军事总动员;(三)全国人民的总动员;(四)改革政治机构;(五)抗日的外交政策;(六)战时的财政经济政策;(七)改良人民生活;(八)抗日的教育政策;(九)肃清汉奸卖国贼亲日派,巩固后方;(十)抗日的民族团结。“十大纲领”将抗日政治动员与各项政策的转变结合起来,奠定中共在抗战期间各项政策的基础。此后,中国共产党根据形势的发展,从动员全民族抗日积极性而持久地抗战的目的出发,与时俱进地调整各项政策。当时,为了减轻人民的负担实行减租减息政策和精兵简政的政策,为动员各界民众的政治参与实行“三三制”政策,为了推进政治民主化进程和团结各民主党派及民主人士作出了积极开展宪政运动的政治决策等等,对抗战的政治动员产生了巨大的政治力量。譬如,中共的减租减息政策以及与之相配套的交租交息政策,在实施的过程中与人民的根本利益以及人民当时所要解决的现实问题联系在一起,对于动员根据地军民的积极性以及调整阶级关系就起了非同一般的作用。邓小平在总结太行山根据地的经验时指出:“我们的减租减息和交租交息的政策,给发展生产开辟了一条广阔的道路。凡是减了租息的地方,广大劳动人民的抗战热情和生产积极性都大大增强了。而在减租减息之外,政府还规定必须交租交息。以减租减息交租交息政策稳定各阶层的关系,加强各阶层的团结,号召各阶层人民努力生产积蓄,由自给自足向着丰衣足食的道路前进。”①

三、政治动员的广泛影响

中共在抗战时期的政治动员产生极为广泛的影响，具体表现在以下几个方面：

1. 扩大了中共的政治合法性。中共政治合法性的扩大和提升有多方面的因素，而有效的政治动员则是重要的一环。周恩来就要求抗日军队在执行战斗任务的同时，要担负起“组织人民，武装人民”的工作，将抗日的政治动员与乡村的政治改造结合起来，扩大党和军队在群众的政治影响。他指出：“抗战军队所经之地，政治机关必须给人民自主权利，宣传和动员人民，帮助与领导人民组织起来，武装起来。使各界各业人民都自动地组织抗日救国的团体，组织抗日的武装，一切不适合于动员广大人民参战的、限制人民行动的旧有组织，应给以改造，充实其民众基础，发挥民众的作用。只有这样，抗日的军队才能取得千千万万的民众力量的配合，抗战军队的一切需要与补充才能依靠人民的力量来解决。”②总体而言，中共在抗战时期的政治动员，提高民众的政治意识，农民中的广大积极分子加入党组织，不仅使党员数量增加，而且使党组织深入广大的乡村，提升了中国共产党的政治合法性。首先，农民在中共党组织中的成分快速上升，扩大了中共在乡村政权的政治威信。据 1941 年对边区党员的调查，党员中农民（包括雇农、贫农、中农和富农）的成分占 96.17%，其他（包括工人、知识分子、商人、士绅）占 3.83%③。其次，党组织深入广大乡村，对广大乡村加强了政治影响。据对绥德、关中两个分区的调查，64.24%的村庄有了党员，98%的乡建立了党支部④。最后，党的政治声誉在民众中提升，有效地实现了中共对乡村的政治领导。中国共产党在乡村的政治发展，特别是中共的政治治理方式深入到社会基

---

① 《邓小平文选》第一卷，人民出版社 1994 年版，第 79 页。

② 《周恩来选集》上卷，人民出版社 1980 年版，第 98 页。

③ 中央档案馆、陕西档案馆编：《中共陕甘宁边区党委文件汇集》，甲 2，内部馆存本，1994 年，第 282 页。转引自黄正林：《社会教育与抗日根据地的政治动员：以陕甘宁边区为中心》，《中共党史研究》2006 年第 2 期。

④ 中央档案馆、陕西档案馆编：《中共中央西北局文件汇集（1945 年）》，甲 6，内部馆存本，1994 年，第 220—221 页。转引自黄正林：《社会教育与抗日根据地的政治动员：以陕甘宁边区为中心》，《中共党史研究》2006 年第 2 期。

层,建立了中共在乡村的统治秩序和政治网络,这就获得了以农民为主体民众的政治拥护和政治参与,调动了广大农民的政治积极性;也正是由于中共在乡村的发展,农村中涌现出大批的拥护中共的大批积极分子,这反过来又成为中共在农村实施政治治理的骨干力量,并提升了中共在农民中的政治公信力。

2. 广泛调动了社会政治资源。中共在抗战时期所调动的政治资源主要的是在广大农村的农民阶级,以及中国社会中的其他社会各阶层。中共广泛调动社会政治资源的重要表现之一,是全民的政治参与热情空前高涨,民众普遍而又积极地参加到中共创建的民主政权中,各地方民主政权代表着各抗日阶级和阶层的根本利益,从而提升了中共政权的政治合法性。譬如,在 1937 年的边区普选中,边区的固临、延长、安定、曲子四县的情况表明,在县级参议员中,贫农占 65%,中农占 25%,工人占 4%,富农占 1%,商人占 1%,知识分子占 2%,地主占 2%;在区级参议员中,贫农占 67%,中农占 22%,工人占 4%,富农占 2%,商人占 1%,知识分子占 2%,地主占 2%;在乡级参议员中,工人占 5.6%,贫农占 71.4%,中农占 17%,富农占 2%,商人占 2%,知识分子占 1%,地主占 1%①。中共广泛调动社会政治资源的重要表现之二,是中共领导的军队在抗战时期虽然伤亡很大,但得到适时的补充,并在战争中得到壮大和发展,这与民众动员起来所形成的参军的热潮是有重大的影响的。八路军创建时仅 4.5 万人,到 1942 年达到近 40 万人,补充的兵员绝大多数是华北的老百姓。邓小平在总结动员老百姓参军工作时这样指出:"全国民众对日寇的侵略是深恶痛绝的,只要我们能采取较好的方式,去诱导他们,鼓动他们,必定能够很快地打破民众中的不健康的心理,必定能够鼓起他们最大的决心与勇气,自动地奔上前线,鼓励自己的夫、子、兄、弟上前线,为光荣的民族解放事业而战斗。这从某些区域进行动员工作收到显著成绩的例子中,可以充分地证明出来。"②中共广泛调动社会政治资源的重要表现之三,是民主党派加深了对共产党的认识和同情,积极要求与共产党进行合作。皖南事变发生后,民主党派和国统区的进步人士纷纷谴责国民党,宋庆龄、柳亚子、何香凝、彭泽民致电国民党中央,要求当局"撤销剿共部署,解决联共方案,发展各种抗日实力,保障各种抗日党派"。由于中共的积极斗争和有效的政治动员及民主党派有力的支持,"这次斗争表现了国民党地位的降低和

① 《陕甘宁边区政府文件选编》,第 1 辑,档案出版社 1986 年版,第 133 页。

② 《邓小平文选》第一卷,人民出版社 1994 年版,第 3 页。

共产党地位的提高"①,成为共产党力量发展和壮大、政治声誉提升的关键。中共在抗战时期的政治动员,确实广泛调动了社会政治资源,从而奠定了中国共产党进一步发展的基础。

3. 有效完成了政治斗争任务。就一般的政党组织而言,政治动员服务于政治斗争的大目标,巩固和发展政治组织体系,增强其驾驭社会运行的能力。而就抗战时期的中国共产党而言,政治动员的任务就在于打败日本帝国主义,改变中国半殖民地半封建社会的性质,建立独立、富强、民主的新中国,同时发展中国共产党自身的力量,提升中国共产党在中国政治体系中的地位,增强中共统领社会发展的能力。中共在抗战时期的政治动员工作很好地完成了政治斗争的任务,主要表现在这样几个方面:一是打败了日本帝国主义,取得抗日战争的伟大胜利。中国共产党通过政治动员所组织和领导的人民武装有效地抗击日本的侵略,成为抗击日本侵略军的中坚力量。"到一九四三年,侵华日军的百分之六十四和伪军的百分之九十五,为解放区军民所抗击";在毛泽东做《论联合政府》报告时候(1945 年 4 月),"在侵华日军(满洲的未计在内)四十个师团,五十八万人中,解放区战场抗击的是二十二个半师团,三十二万人,占了百分之五十六"②。中共的政治动员的直接成果是打败日本侵略者,给中国的政治发展扫除了一大政治障碍。二是大大提升了中共在民众中的政治公信力,赢得了民众的普遍支持。共产党员在抗战中真正做到"是民众的朋友,而不是民众的上司,是诲人不倦的教师,而不是官僚主义的政客"③,与民众同舟共济、刻苦自励而赢得民众的支持。陕甘宁边区子洲县双湖峪第四乡(市镇乡)的农会,在共产党领导下彻底实行了减租,外乡的老百姓就有这样的议论:"你看市镇乡的农会真正是咱们老百姓的组织,给老百姓谋下多大的利益,咱们为什么也不组织起来呢?"④共产党不仅在农民中有很高的声望,在民族资产阶级及其知识分子中也有良好的声誉。有一位中国自由主义者虽然不赞同共产党的政治主张,但他在抗战胜利时就有这样的感想:"共产党的刻苦精神,实有可取之处。……共产党这种长处正就是今日国民党的短处。"⑤正是中共的政治动员,使中共在民众中树立了

① 《毛泽东选集》第二卷,人民出版社 1991 年版,第 778 页。

② 《毛泽东选集》第三卷,人民出版社 1991 年版,第 1043 页。

③ 《毛泽东选集》第二卷,人民出版社 1991 年版,第 522 页。

④ 《抗日战争时期陕甘宁边区财政经济史料摘编 · 农业》第 2 编,陕西人民出版社 1981 年版,第 331 页。

⑤ 储安平:《共产党与中国政治上的需要》,《客观》第 2 期,1945 年 11 月 17 日。

崇高的政治声望,扩大了中共的政治影响力。三是使民众的政治热情空前高涨,提高了民众政治参与意识。民众的政治参与热情是随着中国共产党政治动员的加强、领导的抗日民族统一战线的扩大、抗日民主政权的建立和发展而不断提高的。中国共产党在抗战中领导的解放区有9550万人口,包括陕甘宁边区和19个大的解放区,“在所有这些解放区内,实行了抗日民族统一战线的全部必要的政策,建立了或正在建立民选的共产党人和各抗日党派及无党无派的代表人物合作的政府,亦即地方性的联合政府。解放区内全体人民的力量都动员起来了。”①民众动员起来所形成的政治参与,对中国共产党自身政治地位的提高起了极大的推动作用,正是“有了最广大社会成员的积极参与,获得了政治发展过程的主体性力量,中国共产党便巩固了其在中国政治发展过程中的主导地位,并将事业成功的胜券操握在手”②。

4. 提高了中共的组织凝聚力。中共在抗战期间的政治动员对中共自身组织的建设有极大的影响,使中共组织在抗日的残酷环境中得到洗礼和锻炼,提高了中共组织的社会驾驭能力和应付政治风险的能力,在增强中共调动社会政治资源的号召力的基础上提高了中共组织的内在凝聚力。这主要表现在这样几个方面:一是使全党在马克思主义指导下得到空前的团结和统一。中国共产党在抗战期间充分吸收和总结第一次大革命和土地革命战争的经验及教训,通过独立自主地领导抗日战争而在政治上、思想上和组织上走向成熟,通过党内的斗争特别是通过整风而不断地克服了党内的“左”和右的各种错误倾向,“达到了今天这样在思想上、政治上、组织上的空前的巩固和统一,发展为今天这样强大的革命力量,有了一百二十余万党员,领导了拥有近一万万人民、近一百万军队的中国解放区,形成为全国人民抗日战争和解放事业的伟大的重心”③。全党的空前团结和统一,是中国共产党组织凝聚力得到提升的集中体现。二是形成了中国化的马克思主义——毛泽东思想——作为中共的政治指导思想。毛泽东思想的形成和发展,与中共的政治动员的历史进程又是联系在一起的。马克思主义与中国的实际相结合经过了一个历史性的过程,而贯穿中国共产党政治斗争之中的政治动员,又很显然地促进了政治斗争的发展;毛泽东思想就是在中国革命的实践中、在广泛的政治动员中产生和发展的,并在抗战时期成为中国共产党的指

① 《毛泽东选集》第三卷,人民出版社1991年版,第1044页。
② 萧超然、晓韦、金安平:《毛泽东政治发展学说概要》,北京大学出版社1993年版,第189页。
③ 《毛泽东选集》第三卷,人民出版社1991年版,第953页。

导思想。中共七大正式确立中国共产党是“以马克思列宁主义理论与中国革命实践之统一的思想——毛泽东思想作为自己一切工作的指针”①,明确了毛泽东思想在全党的指导地位,这是中国共产党在抗战期间全面政治动员和政治斗争的理论成果,同时也是中共组织凝聚力的重要表征。三是全党形成了以毛泽东为代表的政治领袖。政党凝聚力的增强,是与政党政治领袖的形成和政治威望的提升密切联系在一起的。中共在抗战时期的政治动员中,在领导全民族的抗日战争中,形成了领导全党前进和指导革命斗争发展的领袖毛泽东,这是“我们全党和全国广大人民所审慎选择的结果”。诚如刘少奇在中共七大报告中所指出的那样,中国共产党经过长期的革命斗争“已经是一个有了自己伟大领袖的党。这个领袖,就是我们党和现代中国革命的组织者与领导者——毛泽东同志”;“由于毛泽东同志是这样从人民群众的革命斗争中产生出来的人物,并在伟大的中国革命斗争中经过了三十余年的历史考验,他已为我们全党和全国广大人民所熟悉”,“成为我们党和中国民族与中国人民的领袖”②。中共在抗战时期政治动员不仅仅是全社会的动员,而且也是全党的政治动员和组织动员,使全党在马克思主义基础上达到空前团结和统一的局面,从而大大提高了中共的组织凝聚力。

5. 塑造了中共新的政治形象。抗战时期中共在民众中政治形象的塑造,是与中共有效的政治动员联系在一起的。中共在抗战时期以政治动员来推进政治民主化的建设,在塑造中共的民主形象方面起了积极的作用。全面抗战开始后,党中央即在党内进行政治动员,要求全党坚持在“特区”里能够“保持党的领导”,要“保持特区为抗日的先进地区、全国民主化的推动机和新中国的雏形”③周恩来1937年在给毛泽东的电报中也曾提到,要“以反对妥协求和、坚持华北抗战为一切动员的中心”,并且要以政治动员来“实现地方政治民主化”④。刘少奇也指出:“我们现在的革命叫民主革命,政府叫抗日民主政府,根据地叫民主根据地,干事情都要讲个民主。”⑤中国共产党在抗战期间提出了实现民主政治、废除苛捐杂税、实行减租减息、改良人民生活等主张,随着抗战的政治动员而深

---

① 《刘少奇选集》上卷,人民出版社1981年版,第315页。

② 《刘少奇选集》上卷,人民出版社1981年版,第319—320页。

③ 《毛泽东文集》第二卷,人民出版社1993年版,第54页。

④ 转引自《毛泽东文集》第二卷,人民出版社1993年版,第71页。

⑤ 《民主精神与官僚主义》(1941年11月3日),《刘少奇论党的建设》,中央文献出版社1991年版,第311页。

入民众之中。值得注意的是,中共领导政治动员服务于抗战的大局,代表中华民族的利益和全国民众的利益,有力地彰显了中共代表民族利益、代表民众利益的政治形象。中共中央 1937 年 7 月 8 日发出的《中国共产党为日军进攻卢沟桥通电》中,提出了中共党员要为民族利益而战斗,"为保卫国土流最后一滴血"!毛泽东号召全党代表民族利益,指出中国共产党在抗日时期要通过干部队伍的工作展示党代表民族利益的形象,要通过"干部去发动组织广大的人民,把成千成万的人民变为有组织的队伍",把"政治方向告诉全国的人民,使他们都明了中国怎样而且一定能够打败敌人"①。因此,"我们要造就大批的民族革命干部,他们是有革命理论的,他们是富于牺牲精神的,他们是革命的先锋队。只有依靠成千成万的好干部,革命的方针与办法才能执行,全面的全民族的革命战争才能出现于中国,才能最后战胜敌人。"②中共在抗战时期的文化宣传工作也始终将"民族化"、"大众化"作为重要原则,"提倡民族化、大众化的文艺,使文艺工作者到民众中去锻炼,在民众中活动"③,发挥文艺宣传工作在政治动员中的作用。在这里,中国共产党的政治动员代表民族的和民众的利益,民族的民众的形象凸显出来。正是在抗战时期,中共的民主形象、民族形象、大众形象在抗战的政治动员中树立起来。

中共在抗战时期的政治动员体现了中国共产党走向成熟阶段所表现出的高超的政治智慧,因而这种政治动员也很有特色,如通过调整民族矛盾与阶级矛盾来塑造民族利益代表者的政治形象,以共产党自身的先进性建设作为争取政治合法性的内在动力,通过调整和整合社会政治资源作为推进政治斗争的主要手段,以实事求是的务实态度把握内外形势的变化以强化政治动员的实效性,等等。于今而言,总结中共在抗战时期开展政治动员的经验,不仅对于研究抗战时期的中国共产党具有学术意义;而且对于今天在新的历史条件下如何通过政治动员来调动社会政治资源、整合社会积极因素,进而有效地驾驭社会运行、引领社会前进,具有重要的现实启示。

(未刊稿,写作于 2007 年下半年)

【昔文琐记】这篇《论抗战时期中共政治动员的类型、途径及其影响》,写作于 2007 年的下半年,2009 年初又作了修改。

---

① 《毛泽东文集》第二卷,人民出版社 1993 年版,第 117 页。

② 《毛泽东文集》第二卷,人民出版社 1993 年版,第 63—64 页。

③ 《张闻天选集》,人民出版社 1985 年版,第 241 页。

2007年下半年,我看了黄正林撰写的《社会教育与抗日根据地的政治动员:以陕甘宁边区为中心》(载《中共党史研究》2006年第2期)一文,对政治动员发生兴趣。其时,我已写了《论抗战时期中共社会公信力提升》一文,对抗战时期的中共历史有一定的研究基础,于是写了这篇文章。于今而言,我觉得这篇文章的基本观点还是对的,也有一些自己的看法。也因为对中共的政治动员的兴趣,我曾要求我的研究生写一篇《政治动员与马克思主义中国化》的文章。

政治动员是中国共产党取得政权的重要手段,也是开展社会建设的重要途径,值得认真地研究一下。在政治学中也讲"政治动员"问题,在现代化理论中也特别注重"政治动员"对推进现代化的作用。可见,"政治动员"是推进社会的政治变迁的重要手段,并且是现代社会演进过程中的重要现象。我觉得,就中共党史研究而言,作一篇《中国共产党与政治动员》的文章,是非常必要的。

2021年1月31日

试论中共根据地时期的马克思主义学术建设

一、引论

“中国共产党与学术建设”是一个值得耕耘的学术新领地。2011年，为纪念中国共产党90周年诞辰，笔者发表《中国共产党建设中国马克思主义学术体系的历史经验》，认为中国共产党建设中国马克思主义学术体系的历史经验，主要是“坚持马克思主义在学术中的指导地位”、“加强对中国社会实际状况的调查研究”、“重视研究和遵循学术发展的基本规律”、“有效地占领人文社会科学的各领域”这四个方面①。今天看来，这样的研究还需进一步具体化。

笔者坚持这样的看法，即研究中国共产党的历史，不可不重视中国共产党领导学术建设的历史，也就不能无视根据地时期学术建设这一客观事实。民主革命时期，中国共产党在从事民主革命的艰苦实践中，就自觉地开展大量的学术建设工作。特别是在1927年至1949年的二十二年根据地建设时期，由于有了根据地这一重要的依托，同时也由于具备了相关的学术研究的条件，中国共产党的学术建设卓有成效，影响深远，不仅创建了中国马克思主义学术体系，而且为毛泽东思想的形成提供了学理支撑，并为共产党局部执政到全面执政打下了重要基础。而就整个中共历史来看，根据地建设时期的学术成就及其所培养的学术队伍，乃是新中国成立后学术发展的基础和条件，尽管新中国成立后的学术建设出现过重大的曲折。故而，中国共产党根据地时期的学术建设，是当今中共历史研究者所必须纳入视线而加以研究的重要课题。

---

① 吴汉全：《中国共产党建设中国马克思主义学术体系的历史经验》，《党史研究与教学》2011年第6期。

研究中国共产党根据地时期的学术建设,固然可以从多个层面、各种视角,乃至从各个学科来进行,但大体上不能离开中国革命历史进程逻辑与中国马克思主义学术逻辑的关系。道理很简单,1927 年大革命失败的中国共产党,正是在继续坚持并领导中国革命的历史进程中,在理论和实践方面探索中国革命新道路的同时,高度重视并领导学术建设工作,进行了卓有成效的探索,使之服务于中国共产党领导的新民主主义革命。这是一个客观存在的事实,因而是不能否认的。而就中国马克思主义学术而言,它乃是中国共产党领导下的马克思主义学术,在根本上是循着中国革命的逻辑而兴起的,在坚持学术研究科学性的同时,又坚持学术研究的革命性和现实性,不仅从人文社会科学各学科各领域来研究中国社会现象的各个方面及其规律,而且重点论证中国共产党领导中国革命的合理性,并切实地提出和研究中国革命过程中所急于解决的课题。这也是一个客观存在的基本事实,并且也是不可否认的。遵循基本的事实来研究中国共产党根据地时期的学术建设问题,并按照中国革命历史进程逻辑与中国马克思主义学术逻辑的关系来进行诠释,也就不难形成这样的研究结论:中国共产党根据地建设时期的学术建设,集中体现了中国共产党对学术研究的积极领导和有效组织,同时也体现了中国共产党对学术话语建设、学术运行机制形成的重要贡献。本文的题旨,就在于从革命历史维度、思想创造维度及政党领导维度,来阐发这一研究结论。

二、革命话语中的学术诉求

中国共产党根据地时期的学术建设是在革命话语中进行的,不仅与当时严酷的政治斗争形势密切关联,而且体现着学术建设服务于革命斗争实践的诉求,可以说,无论是学术建设的起点与归宿,还是学术体系中的主线意识,皆体现中国革命的历史逻辑。因而,对于中国共产党根据地时期的学术建设问题,也就需要从革命历史维度加以学术上的认知。从革命历史维度来看,根据地时期的学术建设围绕着新民主主义革命这个中心,不仅沿着革命逻辑而展开,而且集中表现了革命话语中的学术诉求,这大致有以下三个重要的方面:

第一,科学地认识国情。对于坚持革命斗争的中国共产党来说,“只有认清中国社会的性质,才能认清中国革命的对象、中国革命的任务、中国革命的动力、中国革命的性质、中国革命的前途和转变。所以,认清中国社会的性质,就是说,认清中国的国情,乃是认清一切革命问题的基本的根据。”①应该说,早在中国共产党创建时期及其以后一段时间,就十分关注中国国情的研究。譬如,1922 年月 15 日出版的《先驱》周刊,在发刊词中指出:“本刊的第一任务是努力研究中国的客观的实际情形,而求得一最合宜的实际的解决中国问题的方案。”②又譬如,李大钊在 1924 年的一篇文章中,就曾指出:“应该细细的研考马克思的唯物史观,怎样应用于中国今日的政治经济情形。详细一点说,就是依马克思的唯物史观以研究怎样成了今日政治经济的情状,我们应该怎样去作民族独立的运动,把中国从列强压迫之下救济出来。”③然而,1925—1927 年的中国大革命,最终还是失败了。大革命失败后,中国共产党人在实践中探索中国革命新道路的同时,也就更加迫切需要加强对中国国情的研究,尤其是需要对于中国的社会性质以及中国历史演进历程作出学术上的说明,解决“中国向何处去”这一关键性的问题。如果说 20 世纪 30 年代初的中国社会性质问题论战及中国农村社会性质问题论战,是为了科学地认识中国现实的国情的话,那么,这一时期开展的中国社会史问题的论战,则是为了认识中国历史上的国情。就此而言,前者主要在于说明近代中国社会是一个怎样的社会形态,中国农村社会有着怎样的基本特点,帝国主义、封建主义在近代中国社会中处于怎样的地位;而后者就在于通过亚细亚生产方式、中国历史上有无奴隶社会、秦汉以后中国社会性质等问题的研究,具体地阐明中国历史发展的规律及中国封建社会的基本特点。因此,中国共产党领导的学术研究工作,始终是以研究中国社会为基本内容的,同时也是以认识国情为重要目的的。这里所谓认识国情,最突出的就是认识当时的中国社会性质,这是进行中国革命的出发点。而从结果或影响方面来看,中国共产党学术建设中所开展的国情研究,确认了近代中国社会是半殖民地半封建社会的性质,有力地论证了中国共产党领导新民主主义革命的现实合理性,提升了马克思主义对近代中国社会的诠释水平,并为建立以马克思主义为指导的新民主主义学术体系奠定了学术基础。

第二,服务于革命形势的需要。中国革命的形势是不断发展的,而中国共产党要正确地把握中国革命发展的新形势,不仅需要理论上的阐释和研究,而且也需要有学理上的科学探索和严密论证,这就需要积极地发挥学术研究的优势。

---

① 《毛泽东选集》第二卷,人民出版社 1991 年版,第 633 页。

② 《中共党史参考资料》(一),人民出版社 1979 年版,第 313 页。

③ 《李大钊全集》第 4 卷,人民出版社 2013 年版,第 516—517 页。

因此，中国共产党根据地时期的学术建设，也在于服务于革命斗争形势的需要，推动革命形势的发展和新的革命高潮的到来。譬如，大革命失败后，有人认为蒋介石建立的是资产阶级性质的政权，这就否认了中国共产党人继续开展民主革命的必要性。由此，中国共产党也就迫切需要从理论上、学术上说明中国社会性质，深化帝国主义、封建主义在中国社会中地位的研究，具体地论证革命形势发展的必然性，从而推进革命形势的不断发展。适应这样的需要，当时的马克思主义学术研究一方面正确阐明帝国主义对近代中国的影响，指出帝国主义在中国虽然在一定程度上造成了某种的资本主义的关系，刺激了资本主义的发展，但帝国主义在根本上“不但不能帮助中国资本主义的独立发展，而且阻碍中国资本主义的独立发展，它不但不消灭乡村中间的封建式的剥削，而且加紧了这种剥削”①。另一方面，马克思主义学者以充分的研究说明，封建势力在近代中国社会中仍然存在并且有很大的影响，无论是中国的城市还是中国广大的农村，封建生产关系仍然占主导地位。诚如王学文所指出的那样，当时的中国城市仍然是“封建式半封建式的榨取形式”，这是“封建的半封建的经济关系存在于中国的具体的表现”；而“在中国农村之内，可以显然看见地主对于农民的劳动榨取着劳役的形态，就是农民要为地主无代价的服务，或为其运搬粮米或为其作某种工作，……这种劳动榨取，更形成中国封建的半封建的剥削的特征”②。可见，此种学术研究正是为了适应革命形势发展的需要，从而说明只有开展民主民主革命，才能推进中国革命形势的发展。正是因为中国共产党领导下的学术建设服务于革命形势发展的需要，因而也就高度关注时局的变化、积极研究革命时代的主题、解决新形势下急于解决的难题。譬如，毛泽东在抗战爆发后鉴于全民族的抗日战争这一新的形势，以马克思主义哲学来研究军事问题，撰写了《论持久战》、《抗日游击战争的战略问题》等军事著作，一方面，依据马克思主义唯物史观原理论述了战争的起源和本质，阐述了战争与政治、经济、革命的关系；另一方面，运用辩证唯物主义和历史唯物主义来研究战争的方法论，重点揭示战争中的客观规律及战争中的客观规律与自觉能动性之间的辩证关系，从而形成了以马克思主义为指导的军事哲学的理论体系③。

---

① 刘梦云：《中国经济性质问题的研究》，高军编《中国社会性质问题论战》（资料选辑）下册，人民出版社 1988 年版，第 529 页。

② 《王学文经济学文选》，经济科学出版社 1986 年版，第 186 页。

③ 参见吴汉全：《中国马克思主义学术史概论（1919—1949）》下册，吉林人民出版社 2010 年版，第 866—871 页。

第三，具体地完成革命的任务。毫无疑问，中国共产党根据地时期的学术建设不是“为学术而学术”的活动，而是在于更好地、具体地完成革命的任务，这可以说是中国共产党学术建设的政治诉求。就是说，中国共产党作为变革不合理社会秩序、致力于建设新社会的无产阶级政党，在民主革命时期就是要努力完成民主革命的任务，建立新民主主义社会，因而学术建设必须服务于民主革命任务的完成。事实上，民主革命是一项极为艰巨的任务，不仅需要政治斗争的实践，同时也需要以马克思主义为指导的学术研究体系的有力支撑。因而，中国共产党在根据地时期领导的学术建设，也必然要服务于民主革命任务的完成。譬如，中国共产党领导的20世纪30年代的中国农村社会性质问题论战，就在于通过中国农村生产关系的研究，服务于中国共产党完成土地革命的需要。薛暮桥当时就指出，变革中国农村社会首先需要的是肃清中国农村中的封建势力，而“中国农村的封建势力——地主豪绅——是由帝国主义直接间接维持着的”，因此，“中国农业生产要想自由发展，最小限度必须打破这样两种束缚——帝国主义和封建势力。这两种束缚是互相联系着的，决不能单独获得解决。”[①]钱俊瑞也认为，“科学化和机械化”是农业发展所必须经历的阶段，但要达此阶段就需要完成“第一步”的任务，这就是“完全摆脱帝国主义的束缚，铲除封建的残余。没有这，整个中国国民经济之现代化和机械化是不可能的，而农业就只能保持其中古的零碎的反科学的经营形态。中国自己的历史和印度、朝鲜的例子就能证明这一点。”[②]出于完成民主革命任务的急迫需要，即使是在延安时期，中国共产党的高层领导对于党内研究意识不强、中国本位理念缺乏、学术视域狭窄、学术研究水平不高的状况，仍然深表忧虑。由于历史阶段不同，革命的具体任务也不同，因而以马克思主义为指导的学术研究就要时时瞄准不断变动中的中国社会，切实地把握中国社会的实际。由此，中国共产党在抗战时期提出调查与研究相结合的思路，号召全党同志和革命学者努力从事调查研究工作，从而为革命任务的完成提供科学依据并奠定学理性的基础。譬如，1941年8月毛泽东为中共中央起草了《关于调查研究的决定》，强调调查研究是决定政策的基础，号召全党针对实际情形开展调查研究工作。《决定》指出：“我党现在已是一个担负着伟大革命任务的大政党，必须力戒空疏，力戒肤浅，扫除主观主义作风，采取具体办

---

① 薛暮桥：《民族问题和土地问题》（1937年1月），《旧中国的农村经济》，农业出版社1980年版，第7页。

② 钱俊瑞：《略论抗战中几个农村经济的问题》，《中国农村》第6卷第10期，1940年9月1日。

法,加重对于历史,对于环境,对于国内外、省内外、县内外具体情况的调查与研究,方能有效地组织革命力量,推翻日本帝国主义及其走狗的统治。"①《决定》号召全党要形成调查研究的风气,并决定中央设置调查研究机关,收集国内外政治、军事、经济、文化及社会阶级关系的各方面材料,加以研究,以便为中央工作的直接助手;并要求,各地均设有调查研究的机关。这份《关于调查研究的决定》,对于在全党范围内兴起调查研究的热潮起了积极的动员作用,也为中国共产党完成革命任务指明了方向。值得注意的是,在中国共产党提出建设新民主主义社会这一历史任务之后,中国共产党领导下的学术建设更多地指向这一任务的研究。譬如,许涤新出版的《中国经济的道路》,对新民主主义国家的财政、金融等问题进行了深入研究,重点阐发建设新民主主义经济的任务。关于新民主主义财政问题,许涤新指出:"新民主主义必须以新民主主义的经济作基础,这就是说,新民主主义的财政并不是架空的,并不是以借债、发行钞票竭泽而渔的办法所能成事的,而是以生产发展、贸易繁荣的国民经济作为基础的。"②关于新民主主义金融政策问题,许涤新指出:"新民主主义的金融政策是为人民与生产服务的。要为人民与生产服务,就必须彻底消灭中国金融的那种买办性和封建性。这就是金融政策的总方向。"③许涤新强调建设新民主主义经济一定要研究财政政策问题,实现金融业服务对象的转变以及金融业任务的转变,推进新民主主义经济秩序的建立。不难看出,中国共产党的学术建设在于具体地完成新民主主义革命的任务,因而学术建设的重点在不同的历史时期也是随着革命任务的变化而变化的。

中国共产党根据地时期的学术建设体现出革命话语中的学术诉求,固然有着开展新民主主义革命的历史环境的整体要求,同时也有着中国共产党建设新社会、新国家的政治目标追求,当然也有着学术建设与政治运动之间存在着的内在逻辑。就历史环境而言,中国共产党根据地时期开展学术建设事业,不仅不能脱离新民主主义革命的政治实践,而且必须围绕着新民主主义革命这个中心。就中国共产党当时最直接的政治目标而言,根据地时期的学术与文化建设乃是建设新民主主义社会的重要组成部分,诚如毛泽东在《新民主主义论》中所指出的那样:"我们共产党人,多年以来,不但为中国的政治革命和经济革命而奋斗,

① 《毛泽东文集》第二卷,人民出版社 1993 年版,第 361 页。
② 许涤新:《中国经济的道路》,生活书店 1946 年 12 月版,第 220 页。
③ 许涤新:《中国经济的道路》,生活书店 1946 年 12 月版,第 218 页。

而且为中国的文化革命而奋斗；一切这些的目的，在于建设一个中华民族的新社会和新国家。在这个新社会和新国家中，不但有新政治、新经济，而且有新文化。”①就根据地时期学术建设与政治革命的关系而言，尽管学术作为上层建筑中的特殊部分总体上受制于经济基础，并且其自身也有着自律性的一面，但学术作为上层建筑的范畴不仅反映着并且也服务于同为上层建筑的政治，这样的内在逻辑也就决定了中国共产党根据地时期的学术建设始终是围绕着新民主主义革命的学术建设。

中国共产党根据地时期学术建设中所内含的革命话语及其学术诉求，彰显出新民主主义革命时代的历史主旋律和变革现实社会的政治目标，不仅对于中国马克思主义学术范式的构建有着特别的影响，而且形成了中国马克思主义学术体系的基本特征。就学术研究范式而言，中国马克思主义学术的历史观、问题提出的方式、主要的学术观点等皆源自对新民主主义革命的理解和认识，实际上也成为革命诉求的学术表达，并最终表现为学术研究的“革命话语”。就学术体系的基本特征而言，中国马克思主义学术体系体现出理论与实践的统一关系，这是马克思主义与中国革命实践关系的学术反映；由此也决定了中国马克思主义学术体系既是总体性与具体化的统一，又是批判性与建构性的统一，同时也是科学性与价值性的统一，而统一的基础正是中国共产党领导的新民主主义革命的政治实践。

三、思想创新与学术创造的互动

中国共产党领导根据地建设的二十二年，在政治、经济、文化等方面创造了辉煌的历史功绩，演绎出一幅波澜壮阔的历史画卷，并深深地切入现代中国人的历史记忆之中，成为我们民族一份珍贵的文化资源。应该说，梳理现代中国的学术史，人们不仅能够看到马克思主义学术的发展、壮大的历史轨迹，而且也能够看到新民主主义学术体系构建中所取得的突出成绩。但如果通悉现代中国的学术史与政治史的内在逻辑，就能理解这样的事实：一方面，马克思主义中国化进程的理论成果，有着中国马克思主义学术的有力支撑和学理论证；另一方面，中国马克思主义学术体系之中也有着中国共产党理论创造的有力导引作用，反映

① 《毛泽东选集》第二卷，人民出版社1991年版，第663页。

着中国马克思主义学术在指导理论上的与时俱进。上述这两方面,不仅建立在中国共产党政治实践的基础上,而且内含着创新的特质和创造的生命力,并体现出学术与政治互动的内在逻辑。因此,从思想创造的维度来看,这二十二年的学术建设是一个思想创新与学术创造的互动历程,学术建设不仅推进中国共产党思想理论的创新,促进了中国化马克思主义——毛泽东思想的形成,而且学术研究本身亦取得了重要的成就,涌现出具有代表性的马克思主义学术成果,并出现了具有代表性的马克思主义学术群体。下面,试就这三个具体层面作简要的说明:

其一,学术研究与毛泽东思想的形成。毫无疑问,毛泽东思想作为民主革命时期的中国化马克思主义,是在中国革命的实践中形成和发展起来的,是马克思主义与中国革命实践相结合的理论结晶。而毛泽东思想作为一个理论体系而言,除了中国共产党人政治实践这一根本性的基础之外,以马克思主义为指导的学术研究也起了有力的论证和支撑作用。

第一,"半殖民地半封建社会"这一在学术探索中形成的新概念,成为中国化马克思主义理论体系中的基本概念。早在1929年4月,李达在上海新生命书局出版的《社会之基础知识》一书中,就指出中国是一个半殖民地半封建的社会。他说:"中国是国际帝国主义的半殖民地","但中国一面是半殖民地的民族,同时又是半封建的社会";因此,中国革命"一面要打倒帝国主义,一面要铲除封建遗物,前者是民族革命的性质,后者是民主革命的性质,其必然的归趋,必到达于社会革命"①。王学文在中国社会性质问题的论战中,一方面断定"在中国经济生活上演着重要角色的,实在是封建的半封建的经济";另一方面,又指出"中国经济实在是帝国主义侵略下的一个半殖民地的封建的经济"②。潘东周在论战中,一方面指出"中国是半殖民地的国家,帝国主义在中国经济中握有最高的统治权",另一方面又指出"中国是一个落后的农业国家,所以这些半封建关系在农业经济中的优势,实际就占领了整个中国经济中的优势"③,这就凸显了"半殖民地"与"半封建"之间的内在关系。刘苏华的研究结论是:"整个经济的发展,正在由前资本主义过渡到资本主义的阶段上。其具体形态,就是半殖民

① 《李达文集》第1卷,人民出版社1980年版,第558页。

② 《王学文经济学文选》,经济科学出版社1986年版,第187、191页。

③ 潘东周:《中国经济的性质》,高军编:《中国社会性质问题论战》(资料选辑)上册,第203、209页。

地的半封建经济。这也就是中国经济底特质!"①何干之在1934年出版《中国经济读本》中,全书六章"始终企图以半殖民地性半封建性这个主题为经,以真实的材料为纬,使理论与实际,纵横交错,把中国经济的真相,和盘托出",并认定"半封建性半殖民性是中国经济的特点,这种社会可以叫做:'半殖民地化的半封建社会'。"②"半殖民地半封建社会"的概念,内含着政治上中国处于半独立状态而受帝国主义支配、经济上封建生产关系开始瓦解但仍处于支配地位的思想,这是从政治与经济相结合的视角来定性中国的社会性质,因而是一个重要而又独到的学术创新。"半殖民地半封建社会"概念的确立,不仅对中国马克思主义学术各门学科的研究产生了深远的影响,而且这个概念也成为中国化马克思主义理论体系中的基本概念。譬如,毛泽东在《中国革命和中国共产党》中,列举了帝国主义入侵中国后所发生变化的十个方面,说明了这样一个事实:"帝国主义列强侵略中国,在一方面促使中国封建社会解体,促使中国发生了资本主义因素,把一个封建社会变成了一个半封建的社会;但是在另一方面,它们又残酷地统治了中国,把一个独立的中国变成了一个半殖民地和殖民地的中国。"③又譬如,毛泽东在《新民主主义论》这部标志着中国化马克思主义理论体系形成的著作中,明确指出:"自外国资本主义侵略中国,中国社会又逐渐地生长了资本主义因素以来,中国已逐渐地变成了一个殖民地、半殖民地、半封建的社会。现在的中国,在日本占领区,是殖民地社会;在国民党统治区,基本上也还是一个半殖民地社会;而不论在日本占领区和国民党统治区,都是封建半封建制度占优势的社会。这就是现时中国社会的性质,这就是现时中国的国情。"④毛泽东思想这一中国化马克思主义理论,正是基于"半殖民地半封建社会"这个概念,通过提出中国革命属于新民主主义革命的论断及其相关政策,而逐步形成和发展起来的。换言之,如果没有"半殖民地半封建社会"这个概念及其对近代以来中国社会性质的科学认识,就不会建立新民主主义理论。

第二,毛泽东思想体系中的国家、阶级、革命、人民等概念,也是在中国马克思主义学术研究基础上通过理论创新而形成和发展起来的,并具有鲜明的中国

① 苏华:《中国资本主义经济的发展》,高军编:《中国社会性质问题论战》(资料选辑)下册,人民出版社1984年版,第778—779页。

② 杜鲁人:《中国经济读本》(节录),高军编:《中国社会性质问题论战》(资料选辑)下册,第813、815—816页。

③ 《毛泽东选集》第二卷,人民出版社1991年版,第630页。

④ 《毛泽东选集》第二卷,人民出版社1991年版,第664—665页。

新民主主义的特色。在20世纪30年代的学术研究中,中国马克思主义学者在政治学研究中,依据马克思主义理论对于国家、阶级、革命、人民等问题进行了学术上的研究。譬如,邓初民的《国家论之基础知识》(1929年)、《政治学科大纲》(1929年)、《政治学》(1932年)等著作,对于国家、阶级、革命等进行了系统的研究。又譬如,马克思主义学者陈启修所著《新政治学》(1929年),不仅积极宣传马克思主义国家观,而且依据唯物史观强调研究政体的极端重要性。再譬如,李达的《社会学大纲》(1937年)一书虽然就总体来看是一部哲学著作,但该著对国家的起源及其发展、国家的本质、近代国家、过渡期国家、国家命运以及国家职能等问题进行了深入的研究,阐述了马克思主义的国家观,为中国马克思主义国家学说增添了新的学术成果①。毛泽东正是在汲取马克思主义学者研究成果的基础上,结合新民主主义革命的实践,对于国家、阶级、革命、人民等概念有创新性的发展。对此,可以毛泽东的《新民主主义论》作为文本来分析。——就阶级论而言,《新民主主义论》中的阶级论与马克思主义的阶级论是一脉相承的,但又有重大的发展和创新。毛泽东不是说明资本主义国家无产阶级与资产阶级的对立和斗争,因而也不是沿袭马克思主义关于资本主义国家阶级状况分析的具体结论,而是重点研究和阐发半殖民地半封建社会的中国的阶级状况及各阶级之间关系的特点,揭示了帝国主义与中华民族之间矛盾成为中国社会主要矛盾的情形下,中国阶级状况的特殊性和阶级斗争的复杂性,从而在坚持阶级及阶级斗争观点的前提下提出了国内阶级合作与调处阶级矛盾的新主张。——就国家观而言,《新民主主义论》坚持马克思主义国家观,但又不是研究资本主义国家之中无产阶级如何取得政权并进而实现无产阶级专政的问题,而是重点研究在半殖民地半封建的中国,如何建立新民主主义国家及实现人民民主专政的问题。毛泽东提出,经过人民革命之后只能建立各革命阶级联合专政的新民主主义的国家制度,而不是那种无产阶级专政;新民主主义共和国必须采取民主集中制的人民代表会议制度,而不是那种苏维埃代表大会制度。——就革命观而言,“革命”在经典马克思主义中是与阶级斗争紧密联系在一起的,是阶级矛盾尖锐化而发生阶级冲突的主要表现形式,是一个阶级推翻另一个阶级的政治斗争。毛泽东在《新民主主义论》中所研究的是一种特殊社会状况(半殖民地半封建社会状况)下的革命——新民主主义革命,认为不是一个阶级推翻另一个阶级的革

① 参见吴汉全:《中国马克思主义学术史概论(1919—1949)》中册,吉林人民出版社2010年版,第531页。

命，而是中国无产阶级领导下各革命阶级联合起来反对帝国主义、封建主义的民族民主革命，并且这种革命必须经过两步走的过程，目的是建立新民主主义社会，其终极前途是社会主义。——就人民观而言，“人民”一词在马克思主义经典著作中主要是指无产阶级。毛泽东结合中国的阶级状况来阐释“人民”这个概念，其人民观有这样两个特别的地方：一是民主的主体是“人民”，人民享有广泛的民主权利，享受民主的不是一个阶级，亦即“各革命阶级”享有的民主，民主由此也就更具有广泛性；二是专政的主体是“人民”，不是一个阶级，人民民主专政实行“中国各个革命阶级联合专政”，不是无产阶级专政①。

第三，“毛泽东思想”这个总体性范畴也是延安学术研究群体在理论探索和学术研究中形成的一个综合性的科学概念，这个概念成为中国化马克思主义的显著标识。延安新哲学会的成员强调要以马克思主义为指导，以中国的历史、文化、现实作为研究对象，建立中华民族的新文化，并使马克思主义在哲学、政治经济学、文学、艺术等领域具有巩固的地位，以求获得“创造性的马克思主义”这一新的理论成果。张仲实 1941 年初以笔名“实甫”在《解放》杂志上发表《掌握创造性的马克思主义——为纪念列宁逝世十七周年而作》文章，认为真正的马克思主义是“创造性的马克思主义”，是革命的、实践的马克思主义，需要将马克思主义中一些个别结论用“新的历史条件相适应的新结论和新命题来代替”，也就是如毛泽东在《新阶段》中说的善于以革命运动的新经验、新命题和新结论来丰富和发展的马克思主义，从而产生出有如列宁、斯大林这样的创造性马克思主义的“伟大楷模”②。该文鲜明地提出毛泽东在“马克思主义中国化”中的突出地位，认为中国的“创造性的马克思主义”是“以毛泽东为首的中国共产党”取得的。继而，延安新哲学会成员又进一步为“毛泽东思想”概念的提出作出了贡献。1941 年 3 月、4 月间，延安新哲学会重要成员张如心发表《论布尔塞维克的教育家》、《在毛泽东同志的旗帜下前进》这两篇文章，率先提出毛泽东是马克思主义在中国发展的“最主要的典型代表”的命题，认为毛泽东是创造性的马克思主义在中国的代表，中国共产党人要忠实于“毛泽东同志的思想”③。他指出，毛泽东的理论和实践“都是唯物辩证法最精彩最生动的运用的结晶体”，因而“不

① 吴汉全：《〈新民主主义论〉对马克思主义政治学的贡献》，《政治学研究》2010 年第 1 期。

② 实甫：《掌握创造性的马克思主义——为纪念列宁逝世十七周年而作》，《解放》第 123 期，1941 年 1 月 16 日。

③ 张如心：《论布尔塞维克的教育家》，《共产党人》第 16 期，1941 年 3 月 20 日。

仅是中华民族最可珍贵的财产，而且是全世界人民，特别是被压迫民族的共同财富”①。毛泽东的著作是“‘新鲜活泼的、为中国老百姓所喜闻乐见的中国作风与中国气派’底典型作品”，是马克思主义中国化的“最好的体现”②。也就是在张如心文章发表之后不久的1941年夏，延安新哲学会成员和培元发表《论新哲学的特性与新哲学的中国化——为延安新哲学会三周年而作》文章，认为毛泽东关于对立统一规律的论述是“最好的中国化了马列主义的哲学著作”，是马列主义哲学在中国的发展③。1942年2月18日，张如心又在《解放日报》上发表《学习和掌握毛泽东的理论与策略》文章，强调毛泽东的“理论与策略”是马列主义在中国的创造，不仅具有理论与实际相统一的连贯性，而且具有整体的理论形态④。可见，在“毛泽东思想”概念的形成及其内涵的丰富过程中，延安新哲学会成员作出了突出的学术贡献。

其二，学术建设取得重要的学术成果。根据地时期中国共产党在建设学术体系方面着力，努力发挥马克思主义在人文社会科学各学科中的指导作用，积极推进马克思主义与新民主主义学术的结合，构建了具有鲜明特征的新民主主义学术体系。

在土地革命战争时期，新民主主义学术体系处于积极发展之中，并取得了一些代表性的学术成果。

——哲学。在这一时期，哲学在火热的革命斗争中得到发展，与中国革命的实践愈益结合起来。毛泽东发表《反对本本主义》一文，提出了辩证唯物主义的思想路线，标志着马克思主义哲学在中国革命的斗争中取得重要的成果。邓拓、陈伯达参加了唯物辩证法论战，集中批判张东荪对唯物辩证法的攻击。艾思奇、沈志远、杨伯恺、卢心远等集中批判叶青的“哲学消灭论”，捍卫马克思主义哲学在学术界的指导地位。哲学大众化运动蓬勃兴起，艾思奇的《大众哲学》(1930年)开哲学大众化之先路。陈唯实1936—1937年的《通俗辩证法讲话》、《通俗唯物论讲话》、《新哲学体系讲话》、《新哲学世界观》等著作，沈志远出版《现代哲学的基本问题》(1936年)等著作，积极推进哲学通俗化、大众化运动的发展，使马克思主义哲学与社会生活紧密地结合起来。刘剑横1932年出版的《唯物的

① 张如心:《在毛泽东同志的旗帜下前进》,《解放》第127期,1941年4月30日。

② 张如心:《论布尔塞维克的教育家》,《共产党人》第16期,1941年3月20日。

③ 和培元:《论新哲学的特性与新哲学的中国化——为延安新哲学会三周年而作》,《中国文化》第3卷第2、3期,1941年8月20日。

④ 张如心:《学习和掌握毛泽东的理论与策略》,《解放日报》1942年2月18日。

宗教观》,是运用马克思主义研究宗教问题的开创性专著;李石岑1935年出版的《中国哲学十讲》,是以马克思主义为指导、在中外哲学比较的视野中梳理中国哲学的代表性著作;杨伯恺关于不可知论与经验论、偶然、必然、自由诸范畴以及本质与现象等问题的研究,卢心远关于唯物辩证法三大法则的系统阐发,彭康宣传和研究马克思主义哲学的基本范畴,在传播马克思主义哲学基本理论方面也作出了重要贡献。1935年起开展的新启蒙运动,促进了哲学与抗日救亡运动的结合,发挥了马克思主义哲学对社会思潮的引领作用。李达1937年出版的《社会学大纲》,以完整的形态传播马克思主义哲学,是研究马克思主义哲学的集大成著作,代表了中国当时研究马克思主义哲学的水平。而毛泽东在1937年发表的《矛盾论》、《实践论》等著作,以中国革命的经验发展了马克思主义哲学,标志着毛泽东哲学思想理论体系这一马克思主义哲学中国化形态的形成。

——政治学。20世纪30年代的中国马克思主义政治学在与各种政治思想的斗争中,提出关于新民主主义革命道路的理论。马克思主义学者撰写学术专著,代表性的有:邓初民的《国家论之基础知识》(1929年)、《政治科学大纲》(1929年)及《政治学》(1932年),陈启修的《新政治学》(1929年),秦明的《政治学概论》(1929年),高振青的《新政治学大纲》(1931年)、傅宇芳的《马克思主义政治学教程》(1932年),来逸民的《政党组织之理想与实际》(1935年),吕振羽的《中国政治思想史》(1937)等。此外,李达的《民族问题》(1929年)及《社会学大纲》(1937年)虽然没有以政治或政治学命名,但该著对国家的起源、本质及国家的命运,对国家与民族的关系作了大量的论述,丰富了中国马克思主义政治学的基本内容。

——经济学。20世纪30年代展开的关于中国社会性质问题的论战,是在经济理论上进行的一场具有鲜明政治性的学术论战。在论战中,马克思主义经济学家明确指出当时中国的社会经济是半封建半殖民地的性质,而不是"封建的经济与资本主义经济二者的杂然错综",更不是已经达到了所谓的"资本主义经济"。李达、王学文、孙冶方、薛暮桥、沈志远、陈启修等一批马克思主义经济学家,积极推进中国马克思主义经济学体系的构建,并使之向通俗化的方向前进。李达"主张的广义经济学,除了研究历史上各种顺序发展的经济形态以外,还必须研究中国经济。只有这样的研究,才能理解经济进化的一般原理在具体的中国经济状况中所显现的特殊的姿态,特殊的特征,才能得到具体的经济理论"①。

① 《经济学大纲·绪论》(1935年),《李达文集》第3卷,人民出版社1984年版,第24页。

王学文也强调，中国的社会科学家们要“根据自己的立脚点，用自己的方法来观察自己的研究对象——中国社会，其第一要认识的是中国社会之经济的基础，是要看中国经济的性质如何”①。这一时期，中国马克思主义者积极地研究中国的经济状况，在马克思主义经济学理论与中国社会经济状况的结合上下功夫，成功地建立了以中国经济为中心的研究范式。

——史学。学术界展开的关于中国社会性质、中国社会史分期和中国农村性质的三大论战，开启了中国社会及其发展规律的研究，并初步对中国原始社会、奴隶社会、封建社会和近代中国半殖民地半封建社会进行贯通性的考察，从而探索出中国历史的发展体系。郭沫若 1930 年出版的《中国古代社会研究》，是中国学者运用马克思主义理论系统地阐述中国历史的第一部著作。此后，郭沫若又对金文、甲骨文进行了系统的搜集、考订和研究，在历史文献学领域里取得了优异的成就。吕振羽写出了《史前期中国社会研究》(1934 年)、《殷周时代的中国社会》(1936 年)等著作，以唯物史观为指导对史前社会进行研究，率先提出并论证西周封建社会是“初期封建社会”，开创了以马克思主义为指导的古史研究的新天地。何干之的《中国社会性质问题论战》及《中国社会史问题论战》是以马克思主义研究和总结 20 世纪 30 年代论战的学术著作，其《近代中国启蒙运动史》则是研究近代中国思想史的开拓性专著。华岗的《中国大革命史》(1931 年)是研究中国大革命的一部开创性学术著作，初创以马克思主义研究中国大革命史的研究体系。杨东莼的《本国文化史大纲》(1931 年)及《中国学术史讲话》(1932 年)，开启了以马克思主义系统研究中国文化史与学术史之先河。李平心的《中国近代史》(1933 年)是以马克思主义为指导的第一部中国近代史研究专著，其所构筑的以“革命史观”为显著特征的中国近代史研究体系为后继马克思主义学者所遵循。熊得山的《中国社会史论》运用马克思主义观点构建中国社会史的研究体系，总结和提升中国社会史问题论战的成果。用马克思主义的历史理论观察整个中国历史的进程，史学研究与现实政治斗争相配合，是这个阶段中国马克思主义史学的显著特点。

——社会学。这一时期，中国马克思主义社会学有两个重要的发展趋向：一是在注重社会学为新民主主义革命服务的同时，注重对中国社会的调查，这方面以毛泽东的农村社会调查、陈翰笙的社会调查工作最为典型；二是在充分吸收

① 《中国经济的性质是什么》(1931 年)，《王学文经济学文选》，经济科学出版社 1986 年版，第 245 页。

20世纪30年代论战的基础上，开展中国马克思主义社会学体系的构建工作，并在体系的构建中开创农村社会学、犯罪社会学、社会学史等分支学科，代表性成果有许德珩的《社会学讲话》(1936年)、柯柏年的《社会问题大纲》(1930年)、李平心的《现代社会学理论大纲》(1930年)、冯和法的《农村社会学大纲》(1929年)、李剑华的《社会学史纲》(1930年)、严景耀的《中国犯罪问题与社会变迁的关系》(1934年)等。这些著作以中国社会为研究对象，注重马克思主义社会学理论与中国社会实际的结合，重点研究中国社会变革问题，对中国马克思主义社会学理论的建设有重要贡献。

——法学。当时的中国共产党人主要任务不是从学理上来研究法律问题，但马克思主义法学在特殊的环境中也有重要的发展。主要是，马克思主义法学思想进入实践阶段，制定了《井冈山土地法》、《兴国土地法》等法律文献，苏维埃法制建设在《中华苏维埃共和国宪法大纲》的框架内开展起来，毛泽东对苏维埃法制建设作出了重要的探索。这一时期尽管法学在涉及的研究领域方面还不够广泛，也没有涌现出具有领军型的马克思主义法学家，但有关新民主主义法制的研究有力地支持了新民主主义革命的开展，为此后的中国新民主主义法学体系的发展打下了基础。

——文学。大革命失败后，中国文艺的主潮是无产阶级文学运动及其文学创作。“左联”的成立及其工作，对于文学理论研究及文学大众化事业有着重要的贡献。1934年，周扬在《“国防文学”》一文中，提出了“国防文学”的口号，倡导把反帝和民族独立的斗争现实作为文学反映的核心内容。1936年4月，冯雪峰带着中国共产党的指示，到上海向鲁迅传达了党的有关建立抗日民族统一战线的意见。鲁迅与冯雪峰、胡风等协商，另外提出了“民族革命战争的大众文学”的口号。于是，在文艺界便展开了“国防文学”与“民族革命战争的大众文学”两个口号的论争。这次论争，对克服文艺界的“左”倾教条主义及建立文艺界抗日民族统一战线起了重要作用。“左联”取得了重要的文学成就，瞿秋白、冯雪峰等的文学思想，鲁迅关于文学阶级性及大众化的主张，有力地推进了马克思主义文学思想中国化的进程。

在抗战时期和解放战争时期，在中国共产党正确而又有力的领导下，马克思主义与学术研究的结合取得了突破性的进展，中国马克思主义的学术水平有了极大的提升，并形成了比较完善的以马克思主义为指导的新民主主义学术体系。

——哲学。这一时期，马克思主义哲学与中国实际的结合呈现良好的发展态势。在毛泽东倡导下，由艾思奇、何思敬等发起的延安新哲学会于1938年6

月成立,推进了马克思主义哲学中国化的历史进程。马克思主义学者内部关于辩证法与形式逻辑关系的争论,以及"学术中国化"命题的提出,使抗战初期的中国马克思主义哲学具有鲜明的时代特征与民族特色。赵纪彬所著《中国哲学史纲要》(1939 年)是中国第一部以马克思主义写成的中国哲学史专著,建立了中国"唯物论史"的研究体系。杜国庠关于先秦诸子的创造性研究,代表了这一时期马克思主义学者研究先秦诸子的水平。艾思奇到达延安后,推进马克思主义哲学大众化到马克思主义哲学中国化的转变。毛泽东哲学思想体系在抗日战争期间进入丰富发展阶段,他的哲学思想在《中国革命战争的战略问题》、《论持久战》、《新民主主义论》等著作中得以具体应用和较为全面的发展,代表了中国共产党人将马克思主义哲学与中国革命实际相结合的理论水平。

——政治学。这一时期毛泽东对马克思主义政治学中国化有独特的贡献,他提出的农村包围城市道路理论、新民主主义革命论、党的建设理论、统一战线理论、人民民主专政理论等构成比较完整的政治学理论体系。其他中共领导人如谢觉哉、刘少奇等,对马克思主义政治学中国化也有重要贡献。政治学著作方面,徐特立的《政党与政府》(1938 年),邓初民的《新政治学大纲》(1940 年),沈志远的《新政治学底基本问题》(1949 年),王亚南的《中国官僚政治研究》(1948 年)等,着力阐发中国政治演变的特点,推进中国马克思主义政治学体系的完善。延安形成了马克思主义学术研究的中心,马列学院集结了一大批学有专长的马克思主义学者,研究中国政治、经济等问题。延安整风运动,在推进干部的马克思主义理论教育的同时,也极大地促进了马克思主义政治学的中国化进程。

——经济学。这一时期,以王学文、王亚南、钱俊瑞、许涤新、彭迪先、王思华、郭大力等为代表的经济学家,对完善中国马克思主义经济学的学术体系作出了重要贡献。代表性的成果有王亚南的《中国半封建半殖民地经济研究》(1946 年),王学文的《解放区工业建设》(1946 年),许涤新的《中国经济的道路》(1946 年版)、《现代经济教程》(1947 年版)及《新民主主义的经济》(1949 年),薛暮桥的《经济学》(1946 年版)、王思华的《大众资本论》(1947 年)和《资本论解说》(1948 年),沈志远的《政治经济学大纲》(1949 年)等,在研究新民主主义经济方面作了可贵的探索。以毛泽东的新民主主义经济学思想为代表,中国马克思主义经济学形成了以中国经济为研究重点、阐明新民主主义经济发展道路的研究体系。

——史学。在抗日战争和解放战争的岁月里,中国共产党对历史研究高度重视。延安马列学院设立历史研究室,开设了中国革命史、西方革命史、联共党史等课程。1941年7月,马列学院改组为马列研究院;同年8月1日,为加强中国现状和历史研究,马列研究院改名为中央研究院,院长仍为洛甫,副院长由历史学家范文澜担任。延安中央研究院设有中国历史研究室,主任由范文澜兼任,下设三个小组,即近代史组、农民土地组及民族组,相继出版《中国通史简编》上册及中册、《中国近代史》上册等历史著作。在这一阶段,郭沫若、翦伯赞、范文澜、侯外庐、尹达、毛泽东、吴玉章等的史学贡献特别显著,张闻天的革命史研究、叶蠖生的苏维埃运动史研究、刘少奇的中共党史研究也很有特色。

——社会学。中共中央于1941年发出了《关于调查研究的决定》,在强调社会阶级状况调查的同时,将调查工作扩大到社会经济、政治、文化、社会生活的各方面。毛泽东、张闻天等形成独具特色的社会调查理论,为中国马克思主义社会学发展增添了新的内容。马克思主义社会学家积极推进马克思主义与社会学相结合的进程,姜君辰的《社会学入门》(1941年)、沈志远的《新社会学底基本问题》(1949年)等,在马克思主义社会学大众化、通俗化方面取得重要的成绩。

——法学。中国共产党在抗战后有了稳固的抗日根据地,新民主主义法制建设在区域范围内得以进行。毛泽东关于新民主主义宪政、人民民主专政的论述,谢觉哉关于司法问题的论述,董必武关于宪政运动的论述,阐述了新民主主义法律的性质、地位与作用,是新民主主义法学思想的集中体现。李达在国统区研究法理学,写成了《法理学大纲》(1947年)一书,使马克思主义法学在中国的传播达到新的高度。这一阶段,中国马克思主义法学以马克思主义为指导,以中国共产党的革命纲领、政策为灵魂,以建设新民主主义的政治秩序与法制秩序为目标,集中体现和代表以工农群众为主体的人民大众的意志和利益。

——文学。1942年毛泽东发表的《在延安文艺座谈会上的讲话》,以文艺为什么人的问题为中心,对文艺领域的诸方面进行论证,成为中国化马克思主义文论的重要代表。郭沫若在全面抗战后实现了"人的文学"思想到"人民的文艺"思想的飞跃,不仅就历史剧创作的理论作出学理上的研究,而且还提出了诗学建设的新主张。延安时期的艾青坚持以现实生活作为文艺的主线,阐发了文艺与政治关系中的一致性与差异性。丁玲担任过陕甘宁边区文化协会副主任等领导职务,在推进马克思主义文艺思想中国化方面有重要的贡献。周扬重点阐发毛泽东的文艺思想,强调毛泽东文艺思想在发展马克思主义文艺观中的历史地位。胡风对马克思主义文艺理论进行研究,主张从文艺的主客观的结合中去理解创作中的现实主义,尽管在当时及以后未能受到重视,但对中国马克思主义文艺理论的发展还是有重要贡献的。

其三,学术建设中形成的具有代表性的马克思主义学术群体。中国共产党根据地时期有众多的学术群体,这里只能就代表性的学术群体试举几例:

(1)左联。中国左翼作家联盟简称“左联”,是在中国共产党领导下成立的。1930 年 2 月,鲁迅、冯雪峰、沈端先、冯乃超、潘汉年、柔石、蒋光慈、郑伯奇、阳翰笙、钱杏邨、洪灵菲、彭康等 12 人集会,商讨成立“左联”事宜。经充分酝酿,决定以太阳社、创造社与鲁迅及其影响下的作家三部分人为基础,成立“左联”。1930 年 3 月 2 日在上海召开成立大会,通过了“左联”的理论纲领和行动纲领,决定成立“马克思主义文艺理论研究会”、“国防文学大众化研究会”,选举了鲁迅、沈端先、冯乃超、田汉、郑伯奇、钱杏邨、洪灵菲七人为常务委员,周全平、蒋光慈两人为候补委员。鲁迅在成立大会上发表了《对于左翼作家联盟的意见》的演讲,要求作家深入接触社会实际,正确处理文学创作与劳动人民的关系,使创作活动与社会生活紧密结合起来。“左联”成立后,组织迅速发展,队伍急速扩大。除在上海设立总盟外,还先后建立了北平“左联”(又称北方“左联”)、东京分盟、天津支部,在保定、广州、南京、武汉等地也设立了小组。参加“左联”的成员也发展到几百人。“左联”的组织机构也逐步完善起来,“左联”的常务委员会(执行委员会)设秘书处,下设组织、宣传、编辑、出版四个部,以及创作批评、大众文艺、国际联络三个委员会。担任“左联”领导工作的,除成立大会选举的外,后来还有冯雪峰、茅盾、柔石、丁玲、周扬、阳翰笙、胡风等。“左联”出版的刊物,先后有《萌芽》、《拓荒者》、《巴尔底山》、《世界文化》、《前哨》(第 2 期改名为《文学导报》)、《北斗》、《十字街头》等。在鲁迅等的努力下,“左联”积极推进文学的通俗化工作,扩大了马克思主义文艺的影响力,成为当时革命文艺战线上的生力军。1936 年,为了适应抗日救亡形势的发展,“左联”宣布解散。

(2)社联。中国社会科学家联盟简称“社联”,是 1930 年中国共产党在上海建立的传播马克思主义的学术团体。1930 年 5 月 20 日在上海举行成立大会,邓初民、吴黎平等三十余人出席,推举宁敦伍为主席。大会讨论通过了《中国社会科学家联盟纲领》,宣布其任务为:以马克思主义理论促进中国革命,普及马克思主义理论,批驳一切非马克思主义思想,领导新兴社会科学运动沿着正确的方向发展,参加无产阶级解放运动的实际斗争。“社联”最高权力机关为全体会员大会,由会员大会推举执行委员会。内设党团组织,朱镜我任书记(党团负责人），杜国庠、王学文等为党团成员，上级领导机关为中国左翼文化总同盟①。先后在北平（今北京）、广州、日本东京等地成立分盟组织。"社联"除创办机关刊物《社会科学战线》外，先后创办了由柯柏年、王学文、许涤新、何干之等分任主编的《研究》、《新思潮》、《社会现象》、《时代论坛》等刊物。并由吴黎平、杨贤江、李一氓、艾思奇等翻译出版恩格斯的《反杜林论》与《家庭私有制和国家的起源》，编译和编写《马克思论文选译》和《哲学讲话》（即后来出版的《大众哲学》）等著作。这期间，1930 年冬成立的中国社会科学研究会（简称"社研"），也于 1933 年下半年并入"社联"。"社联"培养了大批有造诣的马克思主义社会科学工作者。1936 年，多数会员参加了各界救国会的工作，"社联"自行宣布解散。

（3）延安新哲学会。延安新哲学会是在毛泽东倡导下，由艾思奇、何思敬等于 1938 年 6 月成立的②。据在毛泽东身边工作的郭化若回忆："一段时间，在杨家岭毛泽东办公室的窑洞里，每到星期三夜晚，总和七、八个人围在一支蜡烛前，漫谈马列主义的新哲学。"此后，正是"党政军干部学习哲学的热潮初步形成了，毛泽东很高兴。进一步提出成立'新哲学会'，由艾思奇、何思敬同志主持"③。1938 年 9 月 30 日的《解放日报》第 53 期发表《新哲学会缘起》，阐明延安新哲学会"不但仅仅要综合眼前抗战的实际经验和教训，而且要接受一切中外最好的理论成果，要发扬中国民族传统中最优秀的东西"；要求突破哲学学科的界限，"并不仅仅就哲学而研究哲学"，而是联系现实"来研究一切抗战建国的经验教训，研究一切的其他的科学"④。延安新哲学会于 1940 年 6 月 21 日下午举行第一届年会首次会议，何思敬致开幕词，艾思奇报告会务工作。毛泽东、张闻天、朱德、茅盾、艾思奇、张仲实、周扬等五十余人参加。毛泽东在年会首次会议上发表重要讲话，指出："要知道革命如不提高革命理论，革命胜利是不可能的。过去我们注意的太不够，今后应加紧理论研究。……必须承认现在我们的理论水平还是很低，全国的理论水平还是很低，大家才能负起克服这种现象的责任。"⑤毛

---

① 左翼文化界总联盟（简称"文总"），于 1930 年 10 月在上海成立，是中国左翼作家联盟、中国社会科学家联盟、中国左翼剧团联盟、中国左翼美术家联盟等革命文化团体的联合组织。"文总"由中共中央文委直接领导。

② 关于延安新哲学会的成立时间，学术界有几种不同的说法，这里采用"1938 年 6 月"说。参见董标：《延安新哲学会：立意高远的思想机器》，《现代哲学》2008 年第 3 期。

③ 郭化若：《郭化若回忆录》，军事科学出版社 1995 年版，第 29 页。

④ 艾思奇等：《新哲学会缘起》，《解放》第 35 期，1938 年 9 月。

⑤ 中共中央文献研究室编：《毛泽东年谱》中卷，中共中央文献出版社 1993 年版，第 193 页。

泽东的讲话,为新哲学会指明了方向。延安新哲学会成立后,延安的许多机关、党校也成立了学哲学的小组,推进了马克思主义哲学的研究和普及,为马克思主义中国化道路的开辟作出了重要贡献。

(4)马列学院及以后的延安中央研究院。在中国共产党的领导和推进作用,延安形成了马克思主义学术研究的中心。1938 年 5 月成立了中共中央马列学院,张闻天兼任院长,王学文任副院长,下设历史研究室、中国政治研究室、中国经济研究室、中国文化思想研究室、中国教育研究室、国际问题研究室等,以马克思主义为指导研究中国政治、经济等问题,集结了一大批学有专长的马克思主义学者。学院开设六门课程:政治经济学、哲学、马列主义基本问题、党的建设、中国现代革命运动史、西洋革命史。副院长王学文讲授"政治经济学",吴亮平讲授"马列主义基本问题",艾思奇讲授"哲学",杨松讲授"中国现代革命运动史",陈昌浩讲授"西洋革命史"。"党的建设"前部分的党建理论由康生讲授,后部分的党建基本问题分别由刘少奇、陈云、李富春等作专题报告。刘少奇的《论共产党员的修养》,陈云的《怎样做一个共产党员》,毛泽东的《战争和战略问题》、《反对投降活动》及《新民主主义论》的部分内容,都是在马列学院作过的演讲。马列学院是中国最早而又正式的马克思主义研究机构,也是进行马克思主义的教育、宣传机构,成为当时延安的最高学府。1941 年 5 月,马列学院改组为马列研究院,7 月又改组为中共中央研究院。张闻天为院长,招收研究人员一百名,下设中国政治、中国经济、中国文化思想、中国教育、中国文艺、中国历史、中国新闻、国际问题、俄文等九个研究室。延安中央研究院是以马克思主义方法研究中国历史和现实问题的学术机关,同时承担培养党的理论干部的任务,出了一批理论研究与学术研究的成果。

以联系的观点和整体的视域来看,毛泽东思想自然是马克思主义中国化的理论成果,而其得以形成理论体系并有着学术性的内涵,不仅有着中国共产党根据地时期开启的学术研究工作所创造的学术基础,而且也有着学术建设所给予的学理论证,这之中就有着马克思主义者及其学者作出了重大的贡献,因而也是根据地时期学术建设的重要表征;中国共产党领导的学术建设所取得重要的学术成果,虽然以分析的视角来看可以分属于哲学、政治学、经济学、史学、社会学、法学、文学等领域,但却是一个以马克思主义为指导的不可分割的整体,是马克思主义与人文社会科学各学科相结合的产物,而其研究水平在 20 世纪 40 年代有着显著的提升,并最终形成了以马克思主义为指导的新民主主义学术体系;至于学术建设中形成的具有代表性的马克思主义学术群体,自然也是中国共产党根据地时期学术建设的重要显性成果,说明中国共产党在学术建设中培养了一支自己的研究队伍,这是取得重要学术成就、创建中国马克思主义学术体系的基本力量,同时也是推进马克思主义中国化的生力军。

四、政治领导下的学术运行机制

对于根据地时期的中国马克思主义学术来说,中国共产党是学术建设的领导者和组织者,而不只是推动者。笔者在多年前提出,考察中国马克思主义学术史,必须重视"共产党领导"这个根本的要素。我说:"从中国共产党这个视角来深化中国马克思主义学术史对象的研究,具体地考察中国共产党的学术文化方针、政策、措施、机构以及中国共产党组织领导的学术运动、学术论战等层面,亦即对中国共产党的学术文化方针、政策及其领导的学术运动、学术论战的情形进行'史'的考察。原因也很简单,尽管中国马克思主义学术在解放前也有一部分是党外的马克思主义者自发地开展的,存在着各自为战的现象;但总体来看,中国马克思主义学术主要是在中国共产党领导和组织之下进行的,这不仅表现在中国共产党的学术文化方针政策上,也表现在中国共产党领导的学术运动上。因而,考察中国马克思主义学术,自然要研究中国共产党的学术文化方针和政策及其所领导的学术运动、学术论战等方面。"①研究中国共产党对学术建设的领导问题,一方面要研究其领导方式,另一方面则要对领导下的学术运行机制作出说明。

中国共产党根据地时期对学术建设的领导,在领导方式上大致有这样两种形式:

其一,指引学术研究的前进方向。在苏区时期,中国共产党强调学术研究的方向,但大致还是在文化宣传的层面。在延安时期,中共中央更加重视学术研究的方向与目标。中共中央于 1941 年 8 月作出了《中央关于调查研究的决定》,要求全党加强国内外政治、军事、经济、文化及社会阶级关系各方面的调查和研究,并将调查研究与马克思列宁主义理论的学习联系起来。毛泽东在《改造我们的学习》中说过这样一段意味深长的话:"对于自己的历史一点不懂,或懂得

① 吴汉全:《中国马克思主义学术史概论(1919—1949)》上卷,"导论",吉林人民出版社 2010 年版,第 28 页

甚少,不以为耻,反以为荣。特别重要的是中国共产党的历史和鸦片战争以来的中国近百年史,真正懂得的很少。近百年的经济史,近百年的政治史,近百年的军事史,近百年的文化史,简直还没有人认真动手去研究。有些人对于自己的东西既无知识,于是剩下了希腊和外国故事,也是可怜得很,从外国故纸堆中零星地捡来的。……在学校的教育中,在在职干部的教育中,教哲学的不引导学生研究中国革命的逻辑,教经济学的不引导学生研究中国经济的特点,教政治学的不引导学生研究中国革命的策略,教军事学的不引导学生研究适合中国特点的战略和战术,诸如此类。"①毛泽东在《整顿党的作风》中又指出:"一般地说来,我们的理论还不能够和革命实践相平行,更不去说理论应该跑到实践的前面去。我们还没有把丰富的实际提高到应有的理论程度。我们还没有对革命实践的一切问题,或重大问题,加以考察,使之上升到理论的阶段。你们看,中国的经济、政治、军事、文化,我们究有多少人创造了可以称为理论的理论,算得科学形态的、周密的而不是粗枝大叶的理论呢?……如果一个人只知背诵马克思主义的经济学或哲学,从第一章到第十章都背得烂熟了,但是完全不能应用,这样是不是就算得一个马克思主义的理论家呢?这还是不能算理论家的。我们所要的理论家是什么样的人呢?是要这样的理论家,他们能够依据马克思列宁主义的立场、观点和方法,正确地解释历史中和革命中所发生的实际问题,能够在中国的经济、政治、军事、文化种种问题上给予科学的解释,给予理论的说明。我们要的是这样的理论家。"②毛泽东要求在马克思主义的指导之下,在"中国的经济、政治、军事、文化"的研究中,能够"正确地解释历史中和革命中所发生的实际问题,能够在中国的经济、政治、军事、文化种种问题上给予科学的解释",这样才能"创造"出"可以称为理论的理论"。这可以说是为学术研究指明了前进方向。

其二,建立相应的领导学术的机构。根据地时期的中国共产党还通过建立领导学术文化的机构,加强对学术活动的组织和领导,团结更多的进步人士和马克思主义学者。在中共六大通过的《宣传工作的目前任务》中,提出了"发行马克思、恩格斯、斯达林、布哈林及其他马克思主义、列宁主义领袖的重要著作"的任务,要求"我党同志参加各种科学、文学及新剧团"③。为了贯彻中共六大的精

① 《毛泽东选集》第三卷,人民出版社 1991 年版,第 798 页。

② 《毛泽东选集》第三卷,人民出版社 1991 年版,第 813—814 页。

③ 《建党以来重要文献选编》第 5 册,中央文献出版社 2011 年版,第 487 页。

神,1929年中共中央设立中央文化工作委员会,并配备了相应的领导人,具体地领导文化工作和学术工作。据曾担任"文委"书记的冯雪峰回忆:"'文总'(中国左翼文化运动总同盟)并没有党团;'文委'(当时全称为'中央文化工作委员会')即相当于'文总'的党团。'文委'(大概成立于1929年下半年)从成立时至1930年3月的书记,大概是潘汉年;1930年3月至1931年2月是朱镜我;1931年2月至1931年6、7月是冯乃超;1931年下半年是祝伯英;1932年是冯雪峰;1933年是阳翰笙。"①当时,"文委"赋有实际的领导责任,并具体地开展相关的工作,只是某些应该用群众团体"文总"名义来做的事情,才用"文总"的名义去做。抗战时期,中国共产党利用国共合作的有利条件,加强了对根据地以外的国统区文化和学术工作的领导。1940年11月1日,郭沫若领导的文化工作委员会在重庆正式成立。主任为郭沫若,副主任为阳翰笙、谢仁钊、李侠公,专任委员有沈雁冰、沈志远、杜国庠、田汉、洪深、郑伯奇、尹伯林、翦伯赞、胡风、姚蓬子等十人;兼任委员有舒舍予、陶行知、张志让、邓初民、王昆仑、侯外庐、卢于道、马宗融、黎东方、吕振羽等十人。文化工作委员会下设三个组:第一国际问题研究组,组长张铁生(未到任),实际工作由蔡馥生担任;第二文艺研究组,组长田汉,由石凌鹤代理;第三敌情研究组,组长冯乃超。文工会荟萃了文学家、历史学家、戏剧家、社会学家、法学家、经济学家、音乐家、美术家等大批文化精英。如著名作家沈雁冰、舒舍予,教育家陶行知,历史学家邓初民、翦伯赞,自然科学家卢于道,文艺家胡风等。文化工作委员会举办了各种讲座、演讲会、报告会等,以学术活动方式推动抗日民主运动,不仅扩大了文化界的抗日民族统一战线,而且推进了马克思主义学术事业的发展。

中国共产党根据地时期的学术建设,是在共产党的政治领导下进行的,由此也就形成了独特的学术运行机制。以下,试作简要的说明:

第一,译介活动。马克思主义哲学著作在中国的翻译和出版,是与中国共产党的高度重视分不开的。大革命失败后,中国共产党认识到学习和研究马克思主义哲学的极端重要性,积极倡导革命学者翻译和介绍马克思主义哲学著作。当时,唯物辩证法的原著在中国得以翻译和出版。据有的学者统计,在20世纪30年代有以下一些代表性的译著②:

---

① 《冯雪峰致陈则光的三封信》,《新文学史料》1980年第4期。

② 参见卢毅:《20世纪30年代的"唯物辩证法热"》,《党史研究与教学》2007年第3期。

书名	著译者	出版机构	出版时间
《辩证法经典》	河上肇编,程始仁译	上海亚东图书馆	1930年
《家庭私有财产及国家之起源》	恩格斯著,李膺扬(杨贤江)译	上海新生命书局	1929年
《费尔巴哈》	恩格斯著,彭嘉生译	上海南强书店	1929年
《费尔巴哈与德国古典哲学的终末》	恩格斯著,向省吾译	上海江南书店	1930年
《费尔巴哈论》(又名《机械论的唯物论批判》)	恩格斯著,杨东莼、宁敦武译	上海昆仑书店	1932年
《费尔巴哈论》	恩格斯著,青骊译	上海社会主义研究社	1932年
《费尔巴哈论》	恩格斯著,张仲实译	上海生活书社	1937年
《马克思恩格斯关于唯物论的断片》	马克思、恩格斯著,向省吾译	上海江南书店	1930年
《哲学之贫困》	马克思著,杜竹君译	上海水沫书店	1929年
《哲学之贫乏》	马克思著,许德珩译	北平东亚书局	1932年
《唯物论与经验批判论》	列宁著,朱铁笙、笛秋译	上海明日书店	1930年
《唯物论与经验批判论》	列宁著,傅子东译	上海神州国光社	1934年
《资本论》第1卷第1分册	马克思著,陈启修译	上海昆仑书店	1930年
《资本论》第1卷第2、3分分册	马克思著,潘东周译	北平亚东书局	1932、1933年
《资本论》第1卷上册	马克思著,王慎明、侯外庐译	北平国际学社	1932年
《资本论》第1卷第1册	马克思著,吴半农译	上海商务印书馆	1934年
《反杜林论》	恩格斯著,吴黎平译	上海江南书店	1930年
《反杜林论》上册	恩格斯著,钱铁如译	上海昆仑书店	1930年
《自然辩证法》	恩格斯著,杜畏之译	上海神州国光社	1932年
《黑格尔〈论理学〉大纲》	列宁著,刘及辰译	天津百城书局	1936年

20世纪30年代也出现了翻译马克思主义经济学著作的高潮,这与中国共产党的有力领导和中国马克思主义经济学家的艰苦努力是分不开的,《资本论》的翻译就是一例。《资本论》是马克思经济学的主要代表作,马克思生前仅出版

了《资本论》第1卷,它的第2、第3卷是由恩格斯在马克思逝世后编辑出版的。1930年,上海昆仑书店出版了陈启修(陈豹隐)翻译的《资本论》第1卷第1分册(即第1篇),这是《资本论》最早的一个中译本;1932—1933年,北平东亚书店出版了潘东周译的《资本论》第1卷第2、3分册,与陈启修译的第1分册相衔接。随后,侯外庐与王慎明(王思华)翻译《资本论》第1卷,先于1932年由北平国际学社出版,后于1936年以玉枢署名出版上下册合订本。《资本论》全3卷的翻译出版,是由郭大力和王亚南完成的,于1938年由读书生活出版社出版。郭、王译本是《资本论》的全译本,而不是以往译本只是第一卷甚至只是第一卷的一部分①。马克思的《剩余价值学说史》②(考茨基编)1—3卷,也由郭大力翻译于1949年由中国书局出版。

在20世纪的20年代末和30年代,马克思的其他经济学著作和恩格斯、列宁的经济学著作也不断被翻译和出版。1930年,上海昆仑书店出版了吴黎平译的《反杜林论》;1931年,上海神州国光社出版了郭沫若译的《政治经济学批判》。除马克思恩格斯的有关著作外,列宁研究资本主义的经济学著作也引入中国。如1929年上海启智书局出版了刘埜平译的《资本主义最后阶段,帝国主义论》;1930年,上海春秋书店出版了彭苇秋等译的《俄国资本主义的发展》。到20世纪40年代末,马克思、恩格斯、列宁等数十种经济学经典著作,如《雇佣劳动与资本》、《工资、价格和利润》、《共产党宣言》、《政治经济学批判》、《哥达纲领批判》、《剩余价值理论》、《家庭、私有制和国家的起源》、《帝国主义是资本主义的最高阶段》、《俄国资本主义的发展》等,相继被完整地或比较完整地翻译到中国来。

在延安时期,毛泽东亲自过问马克思主义经典著作的翻译和出版工作。1942年9月15日,毛泽东致信当时担任中共中央宣传部副部长、代理部长的凯丰(何克全),提出了设立编译部的想法。信中说:"整风完后,中央须设一个大的编译部,把军委编译局并入,有二三十人工作,大批翻译马、恩、列、斯及苏联书籍,如再有力,则翻译英、法、德古典书籍。我想亮平(吴亮平)在翻译方面曾有

① 参见卫兴华:《马克思主义经济学在中国的早期传播》,《中共青岛市委党校、青岛行政学院学报》2001年第1期。

② 《剩余价值学说史》是《资本论》第4卷,它是马克思1861—1863年经济学手稿中有关历史部分编辑而成。马克思生前把《资本论》前3卷称为理论部分,而把历史部分称为《资本论》第4卷。马克思、恩格斯去世后,考茨基根据马克思的手稿编辑成《剩余价值学说史》,作为一部与《资本论》并行的著作出版。

功绩,最好还是他主持编译部,不知你意如何?不知他自己愿干否?为全党着想,与其做地方工作,不如做翻译工作,学个唐三藏及鲁迅,实是功德无量的。"① 1943 年 4 月 22 日,毛泽东在致凯丰的信中又说:"惟译、著方面(译是马列,著是历史),须集几个人来干,期于有些成绩。"②中共中央倡导翻译马列经典著作,对于马克思主义学术研究开展起了积极的推动作用。

第二,学术运动。中国共产党在根据地时期领导的学术运动,以哲学大众化运动、新启蒙运动、学术中国化运动、哲学中国化运动等最为显著,影响也最大。

——哲学大众化运动。哲学大众化将学术大众化积极地向前推进,艾思奇、陈唯实、沈志远等为此作出了重要贡献。艾思奇的《大众哲学》一书以社会生活为依据,从社会的日常生活中来理解哲学,提出了"哲学并不神秘"的观点,打破了哲学的神秘性。在艾思奇看来,哲学并不神秘,"在日常生活里,随时都有哲学的踪迹出现",只是因为"我们习惯了,所以就不觉察,不反省"的缘故③。人们在生活之中都有各种感想,"而每一种感想里,就都潜伏着一种哲学的根底"④。因此,艾思奇一方面号召人们在生活之中运用哲学,将哲学与人们的生活实际密切结合起来,在社会生活中、在社会实践中,发现事物的真理。《大众哲学》自 1936 年 1 月初版后,不到半年就出了 4 版,到 1938 年出到 10 版,到 1948 年 12 月一共印行了 32 版⑤。陈唯实 1935 年到上海后,立即投入到马克思主义哲学大众化的活动中。陈唯实在北平攻读了大量的哲学著作,正是在北平"图书馆里专门攻读哲学,特别对辩证唯物主义和历史唯物主义发生兴趣",这"为以后在上海写通俗哲学做准备工作,也为参加三十年代的哲学大众化通俗化运动打下了基础"⑥。在上海,他参加了"马列主义同盟"的学术研究活动,同时也参加了秘密的马列主义哲学研究小组,也正是"由于参加这些进步的学术活动而与地下党的一些同志有了接触",结识了"如艾思奇、柯柏年、张仲实,更为熟识的则有张执一、陈家康、金子未等人"⑦。在上海的 1936 年和 1937 年的两年,陈唯实出版了四部哲学大众化的著作,即 1936 年出版的《通俗辩证法讲

① 《毛泽东文集》第二卷,人民出版社 1993 年版,第 441 页。
② 《毛泽东文集》第三卷,人民出版社 1996 年版,第 15 页。
③ 《艾思奇文集》第 1 卷,人民出版社 1981 年版,第 129 页。
④ 《艾思奇文集》第 1 卷,人民出版社 1981 年版,第 136 页。
⑤ 许全兴、陈战雄、宋一秀:《中国现代哲学史》,北京大学出版社 1992 年版,第 280 页。
⑥ 《陈唯实文选》,广东人民出版社 1986 年版,第 273—274 页。
⑦ 《陈唯实文选》,广东人民出版社 1986 年版,第 278 页。

话》、《通俗唯物论讲话》和1937年出版的《新哲学体系讲话》、《新哲学世界观》,这使陈唯实成为当时马克思主义哲学大众化、通俗化运动的重要学者。沈志远1936年出版了《现代哲学的基本问题》这一通俗性的马克思主义哲学读物,着重介绍马克思主义哲学的基本知识,阐述了辩证唯物主义宇宙观和认识论,强调哲学在社会生活中的运用。该书贴近社会生活,着力于普及马克思主义哲学的基本知识。正如本书的《自序》所说,该书是让时间、经济两穷的朋友,能够利用工作的余暇来进行阅读,以便用哲学来指导大众生活和社会实践。《现代哲学的基本问题》专著虽然只有4万字,但先后再版十五次之多,受到社会上广大青年读者的广泛欢迎,在哲学通俗化、大众化的运动中发挥了积极的作用。

——*新启蒙运动*。在1936年和1937年间,中国学术界、文化界兴起了一场关于文化、学术的自我批判与反省的运动,其目的是使不同方面的学者能够紧密地团结起来,推进五四以来启蒙运动的发展,使学术文化更好地服务抗日救亡的新形势。关于这场运动的性质,身处这场运动之中的艾思奇,在当时即认为这是"一两年来,文化界所发生的一种自己批判和反省的新现象"。他指出:"为什么叫做新启蒙运动呢?因为中国过去的新文化运动(以五四为最高峰)是一种启蒙运动,而现在的这一个文化运动和它有共同的地方,所以叫做新启蒙运动。"①1936年9月,李公朴任主编、在上海发行的《读书生活》出版了纪念九一八事变的专辑。在这个专辑上,时任中共中央北方局宣传部长的陈伯达发表了《哲学的国防动员:新哲学者的自己批判和关于新启蒙运动的建议》文章,首先提出了"新启蒙运动"的号召。接着,新启蒙运动就在上海和北平相继开展起来。1937年5月,在上海的《读书月报》编辑部,邀请了艾思奇、吴清友、何干之、李凡夫、夏征农、葛乔、凌青、柳乃夫、陆诒、刘群等文化界人事,举行了新文化座谈会,提出了"展开新启蒙运动"的号召。艾思奇发表《目前中国文化界的动向》、《中国目前的文化运动》、《论思想文化问题》、《什么是新启蒙运动》等系列文章,胡绳发表《谈理性主义》、《理性主义》、《启蒙运动》等文章,为新启蒙运动作出了突出的贡献。新启蒙运动上承马克思主义哲学大众化的发展趋向,又与抗日救亡的形势密切结合,推进了马克思主义哲学中国化的进程,并开启了抗战全面爆发后的"学术中国化"运动。

——*学术中国化运动*。1939年4月在重庆创刊的《理论与现实》,以潘梓年、侯外庐、嵇文甫等为代表的马克思主义学者,鲜明地举起了"学术中国化"的

① 艾思奇:《什么是新启蒙运动》,《国民周刊》第8期,1937年6月。

旗帜，倡导马克思主义“中国化”要与学术研究结合起来，主张将毛泽东在《新阶段》中提出的“中国化”任务积极地贯彻到学术运动之中，这成为当时中国学术界系统地研究建设“新民主主义文化”的先声。在《理论与现实》的创刊号上，潘梓年发表《新阶段学术运动的任务》文章，提出了“学术中国化”的命题，指出“今后的学术是要中国化的学术”，“今天的学术运动是要使学术中国化”。《理论与现实》的创刊号上，同时还发表了侯外庐的《中国学术的传统与现阶段学术运动》文章，倡导理论与实践的统一，阐明“学术中国化的基本精神，就在于‘知难行易’的传统的继承，使世界认识和中国认识，在世界前进运动实践中和中国历史向上运动实践中、统一起来”。这样，“学术中国化”成为当时中国马克思主义学术界的基本口号。之后，嵇文甫在《理论与现实》上又发表《漫谈学术中国化问题》，在回顾学术中国化历史的基础上，主张在“学术中国化”之中推进“学术运动的新时代”到来①。其他马克思主义学者，也发表文章呼应这一口号，从而使“学术中国化”为更多的学人所认同和接受。学术中国化运动的贡献有四：一是将“学术中国化”作为抗战建国中学术运动的中心任务；二是指明了马克思主义哲学在“学术中国化”中的指导地位；三是科学地阐述“学术中国化”与继承中国传统文化的关系；四是探讨了马克思主义学术中国化的历史进程及其前进方向。“学术中国化”运动是抗战开始后中国马克思主义哲学发展的一个突出的亮点。

——哲学中国化运动。艾思奇在1938年4月1日的《自由中国》杂志发表《哲学的现状和任务》一文，认为20世纪30年代开始的哲学大众化、通俗化必须进到“中国化”的阶段，需要“来一个哲学研究的中国化、现实化的运动”。他指出：“这一个运动自然也应该有它的中心，没有中心就说不上运动。这中心就是对新哲学、辩证法唯物论的研究。我们说把辩证法唯物论做运动中心，意思就是说，在这样的运动里，也并不排斥其他种类哲学思想的围绕。……论争是不是容许呢？自然容许的，而且也是不可免的，然而在存精去芜的立场上，论争是有善意的、互相发展的作用，而不是绝对的互相排斥。最重要的还是实践，辩证法唯物论是最和实践一致的哲学，在今日的中国，它是一切以抗战的实践为依归，而绝对排斥学院式的空洞的争论。”②这里的“哲学研究的中国化、现实化”，就

① 嵇文甫的这篇《漫谈学术中国化问题》文章，载《理论与现实》第1卷第4期，1940年2月出版。但依据该文后的注释，是写作于“1939年10月25日西峡口”，因而此文属于1939年的文章。

② 《艾思奇文集》第1卷，人民出版社1981年版，第387—388页。

是要将马克思主义哲学应用于中国的抗战实际，在总结抗战经验的基础上发展马克思主义哲学理论，使经典马克思主义哲学成为具有中国经验、富有中国风格的马克思主义哲学，发挥其在指导人们的思想行动和夺取抗战胜利斗争中的作用。在中共中央的支持下，哲学中国化的运动极大地推进了马克思主义哲学中国化的进程。

第三，学术论战。学术建设和学术研究中出现论战，乃是不可避免的事实，也是学术发展的一个显见的表征。中国共产党根据地时期的学术论战，重大的有唯物辩证法论战、中国社会性质问题论战、中国社会史问题论战、中国农村社会性质问题论战、辩证法与形式逻辑论争等。此外还有民主与独裁之争、"三民主义"论战、关于"中间道路"的争论、议会政治与新民主主义政治的论争、旧政协与宪法的争论，等等。以上这些论战，既有马克思主义学术与非马克思主义学术之争，也有马克思主义学者内部之争。这里为节省篇幅，不打算一一介绍这些学术论战，但还是要就这些学术论战作一个总体的判断：

其一，这些论战总体上表现学术之争，但不少论战特别是马克思主义学术与非马克思主义学术之争，亦有政治思想上论争的性质。譬如，中国社会性质问题论战及中国农村社会性质问题论战，论争的焦点虽然是集中于当时的中国社会性质，但实际上也是中国走何种道路之争。"新生命派"和"动力派"虽然在不少的观点上有差别，但都认为鸦片战争以后的中国社会是资本主义社会，从而也就在根本上否认了要完成反帝反封建的历史任务。马克思主义学者通过对封建势力、帝国主义在华势力等问题的研究，得出中国仍然是半殖民地半封建社会，因而以马克思主义为指导开展新民主主义革命乃是必然的选择，中国社会的演进方向乃是"非资本主义前途"。这些论战的总体结果是确立了马克思主义在中国思想学术界的话语权，增强了马克思主义对中国社会的诠释力。

其二，这些论战所形成的观点及所确定的相关范畴，推动了中国马克思主义学术体系的建立。中国马克思主义学术是以马克思主义为指导的研究体系，不仅其中的不少学术观点形成于学术论战之中，而且支撑这个学术体系的"半殖民地半封建社会"、"新民主主义革命"、"新民主主义国家"等范畴大多是在学术论战中形成的。就"半殖民地半封建社会"这个范畴而言，形成于中国社会性质问题论战之中。这个范畴说明：一方面，近代中国社会具有特殊的社会形态，已经不是封建社会，传统的封建生产关系虽然处于瓦解之中，但仍然占据社会生活的主要地位，中国的社会变成了"半封建"社会；另一方面，帝国主义对中国的侵略致使中国失去了主权的独立性，但中国在名义上还拥有主权，还没有成为完全的殖民地，但实际的情形是“中国经济实在是帝国主义侵略下一个半殖民地的封建经济”①，因而近代以来的中国社会又是“半殖民地”社会。“半殖民地半封建社会”概念，成为此后中国马克思主义者研究近代中国社会的重要范畴，也有构建中国马克思主义学术体系的核心范畴。

其三，这些论战提升了中国共产党在现代中国社会中的政治合法性及公信力，对于新民主主义革命起了有力的学术论证与学术支撑作用。研究中国共产党根据地时期的学术建设，不能不注重“中国共产党”和“新民主主义革命”这两个关键词，研究这一时期的学术论战也是这样。在中国社会性质问题论战中，中国共产党领导人瞿秋白、张闻天等都参加了论战，有力地提升了中国共产党在学术界的话语权。譬如，瞿秋白在论战中认为，中国经济的前途与共产党领导的土地革命的影响是密切相关的，由于“工人阶级领导农民的基本群众的土地革命，彻底的完成民权革命的任务——解放中国，推翻帝国主义和地主资产阶级，建立工农民权独裁，这是中国的唯一出路。而中国无产阶级的特殊地位，他的领导权，一般的国际和国内的条件都足以保障‘革命转变’的斗争的胜利，而开辟中国经济的非资本主义的——社会主义的发展的道路。”②又譬如，张闻天在论战中认为，由于“只有了解到中国革命转变问题的人，才会了解非资本主义前途的问题”，因而中国经济的“非资本主义前途”问题必须从政治方面特别是从中共领导的土地革命方面来分析，具体说：“中国的土地革命一直到平均分配一切没收的土地，一直到土地国有，是民主资产阶级性的。他不但不阻止资本主义的发展而且给资本主义的发展肃清道路。这土地革命，是反对大资产阶级的，但对小资产阶级的农民，却是有利的。”③中国共产党领导的学术论战，极大地扩大了中国共产党在中国思想学术界的影响，并有效地论证了新民主主义革命的政治合法性。

其四，这些论战锻炼了马克思主义学者队伍，培养了新生的学术力量，促进了马克思主义学派的发展。中国马克思主义学者是在学术论战中成长起来的，学术论战提升了他们的理论水平和思辨能力，并推动了学术研究成果的产生。

---

① 王昂：《中国资本主义在中国经济中的地位及其发展前途》，高军编：《中国社会性质问题论战》上册，人民出版社 1988 年版，第 195 页。

② 何史文：《中国的经济与阶级关系》，《中国经济的性质》，高军编：《中国社会性质问题论战》（资料选辑）下册，第 713 页。

③ 刘梦云：《中国经济之性质问题的研究》，高军编：《中国社会性质问题论战》（资料选辑）下册，第 571 页。

譬如,1933年成立了“中国农村经济研究会”,创办了《中国农村》杂志,在20世纪30年代的农村社会性质问题的论战中,为中国马克思主义经济学的发展作出了贡献,并培养一批著名的马克思主义经济学家,如薛暮桥、孙冶方、钱俊瑞、许涤新等。又譬如,20世纪30年代的中国社会史问题论战促进了马克思主义史学队伍的形成,出现了一批以郭沫若、吕振羽、翦伯赞等为代表的马克思主义史学大家,并有一批标志性的成果,如郭沫若的《中国古代社会研究》、吕振羽的《史前期中国社会研究》及《殷周时期的中国社会》等成果,研究领域扩大到原始社会史、商周史、经济史、史学理论和史学史等领域。侯外庐虽然没有直接参加中国社会史问题论战,但他在1936年至1941年由经济学研究转入史学研究,写出了《中国古代社会与老子》、《社会史导言》、《中国古代社会史论》等著作,也是接续中国社会史问题论战的研究,而成为著名的史学大家。学术论战在培养马克思主义学术人才方面发挥了很大的作用。

中国共产党领导下的译介活动、学术运动、学术论战及其所形成的学术运行机制,服务于中国共产党由局部性执政到全面执政的历史性任务,开启了学术文化建设与政治发展同命运的道路,不仅有助于促进中国共产党领导民主革命的政治话语权势、政治公信力的形成,而且有力地推动了以马克思主义为指导的人文社会科学研究的发展,并极大地促进了中国马克思主义学术体系的构建。中国共产党领导下的学术运行体制也说明,中国共产党不仅在政治上、经济上成功地驾驭现代中国社会的运行,而且也在文化和学术建设上进行“中华民族的新文化”的伟大事业,其目标就是“要把一个被旧文化统治因而愚昧落后的中国,变为一个被新文化统治因而文明先进的中国”①,因而代表着先进文化的前进方向。

余 论

中国共产党根据地时期的学术建设,是中国共产党历史中值得高度重视并加以研究的重要内容,其中的未知部分可能比已知的部分要多得多,因而也是一个值得深入研究的课题。

就历史演进的角度来看,中国共产党根据地时期的学术建设不仅有一个不

① 《毛泽东选集》第二卷,人民出版社1991年版,第663页。

断发展、与时俱进、日益成熟的辉煌历程,而且在服务于新民主主义革命的过程中取得了突出的成绩,创造出以“新民主主义学术”为突出表征的中国马克思主义学术体系,促进了马克思主义中国化理论成果的推出。这之中,中国共产党的政治领导和积极组织起了重大的作用。因此,中国共产党根据地时期的学术建设是中共民主革命时期历史中的重要组成部分。历史演进具有连续性特征,放大历史的时段并以联系的观点考察学术之进展,则可以发现这样的事实:中国共产党根据地时期的学术建设虽然只有二十二年的短暂历程,但所形成的新民主主义学术体系及其所积累的学术建设经验,却是新中国成立后向社会主义学术体系演进的基础,并成为弥足珍贵的发展当代中国马克思主义学术的本土化资源。

从革命与学术间的内在逻辑来看,新民主主义革命始终是中国共产党根据地时期学术建设的政治目标,这就使得中国马克思主义学术成为“革命话语中的学术”,中国的新民主主义革命具有学理性基础的政治革命。具体说,一方面,中国马克思主义学术服从并服务于新民主主义革命,但中国马克思主义学术又同时承继着科学的探索精神,因而中国马克思主义学术体现出科学性与价值性的统一,而统一的基础正是新民主主义革命的伟大实践;另一方面,革命又指引着学术的政治方向,引导着研究问题的取舍,并获得马克思主义学术的科学论证与学术支撑,因而新民主主义革命也就有着丰富的文化底蕴,并担负着文化建设的重任。由此,学术与政治之间不仅具有互动的关系,而且呈现出革命逻辑与学术逻辑的交互作用,共同推动着现代中国社会的变迁。

从思想创造与学术体系构建的关系来看,中国马克思主义学术是以马克思主义为指导的学术建设,不仅体现革命话语的学术诉求,而且体现学理探索的思想创新,在推进中国化马克思主义形成的同时,也逐步完善着自身的学术体系。具体而言,一方面,学术建设推进了马克思主义中国化的历史进程,从而也就促进了马克思主义中国化理论成果的产生,并使这一理论成果具有学术的内涵和学理性根据;另一方面,学术建设经过自身的学术积累而逐步体系化、成熟化,日益表征着新民主主义学术的特点。换言之,离开了学术研究也就难以使马克思主义中国化有着学理的支撑与学术的论证;同样,离开了马克思主义中国化的理论创造,也就难以产生符合中国新民主主义革命需要的马克思主义学术体系。就此而言,中国共产党根据地学术建设既表现着思想创造的显著功能,又有着学术体系建构的总体趋向。

概而言之,中国共产党根据地的学术建设不仅承担着解决中国革命道路的理论的引领性、革命实践的彻底性、学科建设的综合性的使命，而且因为学术与政治乃是命运共同体，所以具有指向民族独立、民族复兴的学术研究范式，同时也是奠定于中国共产党政治实践的基础上，体现民族性内涵及其与时代性的衔接。自然，这些看法只是初步的研究结论，还有待进一步的学术论证。

（原载《湖南师范大学学报》2019 年第 5 期，人大复印资料《中国现代史》2020 年第 1 期全文转载）

【昔文琐记】这篇《试论中共根据地时期的马克思主义学术建设》写作于 2016 年 3 月。此文至少有四稿，但一直存留在电脑中，主要的问题是太长，大概有 3.4 万字。2019 年春天，在朋友圈看到《湖南师范大学学报》编辑部的征稿启事，于是就将此文投去了。不久，收到编辑部李彬先生的来信，通知文章录用了。李彬先生说："只要文章质量高，长一点没有关系的。"承蒙李彬先生的抬爱，此文是按原稿发表的，没有做任何的压缩。这是要感谢李彬先生的！

我的文章一般都比较长，属于"长篇大论"之类的。还好，绝大部分的编辑对我比较宽容，没有要求压缩也就发表了。事实上，文章做少量的压缩也是可以的，压缩后文字上会更精炼一些。故而，我对于压缩文章并没有太多的抵触情绪，毕竟编辑也是替作者考虑的。但有时，编辑关于压缩的要求有点过分。记得我有篇文章，有 3.3 万字，有一家杂志的编辑在近三个月后给我来信，要我将文章压缩成 1.5 万字。这实在是有点难，压缩文字犹如在自己身上割肉，好不容易压缩成 1.5 万字。又过了近三个月，编辑来信，说"不用了"。这就不好了，有点拿作者开玩笑似的。好在我不以文章发表为目的，不发表就不发表吧，留着我自己慢慢地欣赏就是了。

我这二十年来主要从事中国马克思主义学术史的研究，这篇《试论中共根据地时期的马克思主义学术建设》，算是具有代表性的一篇文章。我在 2010 年出版三卷本的《中国马克思主义学术史概论（1919—1949）》后，于 2012 年主持国家重大招标项目《中国马克思主义学术史》，并组建了一个学术史研究的团队，于 2019 年在人民出版社出版了五卷本的《中国马克思主义学术史》。在从事中国马克思主义学术史研究中，卢国琪教授、陈明胜教授等付出很多。卢国琪教授是 2009 年从华中师范大学引进的，先后担任南京审计大学思政部副主任、马克思主义学院副院长和学校宣传部副部长，主持国家社科基金项目"马克思主义公正观的逻辑谱系、方法论特点及当代意义研究"，在《马克思主义研究》等刊物发表文章，著有《马克思主义公正观的逻辑谱系、方法论特点及当代意义研究》、《中国早期马克思主义群体教育思想研究》等著作，于 2019 年 10 月调到湖北大学马克思主义学院担任博导。陈明胜教授是 2011 年从南京大学引进的年轻博士，博士在读期间发表 C 刊六七篇，来南京审计大学后主持或参与国家、教育部项目多项，著有《晚清民国时期地方自治的内在困境及其现代启示研究》等著作。2019 年底，陈明胜调到南京理工大学马克思主义学院担任教授。在这里，对卢国琪教授、陈明胜教授等表示衷心的感谢！

2020 年 2 月 9 日

试论《观察》话语体系中的“中共”

储安平在抗战胜利后主编了议论时政的刊物《观察》，为中国的自由主义者立言。《观察》也就成为当时中国自由主义者的大本营，在当时的思想舆论界产生了重要的影响，甚至还曾引起中共领导人毛泽东的极大关注①。本文不打算全面研究《观察》杂志②的思想与态度，而只是就《观察》杂志思想视野中的“中共”问题作初步的探讨，以揭示《观察》话语体系中的一个具体面相，希望对中共政治活动舆论环境的研究有积极的作用。

一、《观察》关于中共与内战、和平关系的看法

抗战胜利以后，和平与内战是关系中国时局的重大问题，关涉到国共双方的政策及其所担负的责任，自然也就引起《观察》杂志的高度重视。《观察》杂志秉承其社会改良及非暴力的自由主义理念，力戒内战的发生，寻求中国和平发展的道路，因而对中共这一在政治发展中的重要力量予以极大的关注，并就中共与内战、和平的关系问题发表了一系列的政治性见解或评论。

《观察》杂志对当时中国政治发展的路向进行探讨，以“和”与“战”作为预

---

① 毛泽东在1948年初曾谈到《观察》杂志，认为《观察》杂志所说“共产党是蒋介石逼出来”的话，是包括了“一方面的真理”。毛泽东的《在西北野战军前委扩大会议上的讲话》，有两处引用了储安平发表在《观察》上的《评蒲立特的偏私的、不健康的访华报告》文章。参见《毛泽东文集》第五卷，人民出版社1996年版，第22—23页。

② 本文所考察的《观察》，就时间范围而言是指从《观察》创刊（1946年9月1日）到《观察》被国民党查封所出的最后一期（第5卷第18期，1948年12月25日）的时间。《观察》在共产党帮助下于1949年11月1日复刊，其言论大为转变，作者群亦有相当的变化，并因复刊后的第6卷是在解放区出版的，故不在本文的考察范围。自然，将《观察》前5卷与第6卷进行比较，以分析中国自由主义者思想的转变，仍是一个非常有意义的问题。

测今后政治变动的基本尺度，将共产党列入中国政治变动的主要因素。《大公报》总主笔王芸生在《观察》上发表文章说，他当时是“天天关心中国的时局，尤其时时在追究中国的前途”，并“尽目前所有的资料”来“参证当前的大局”。这其中，就包括了他对中共在“和”、“战”问题上的看法。在他看来，当时中国的时局前途有三个。一个是“十月革命”，但这个前途只是未来的一个去向，“中共现在还没有这么大的野心，因为他们的主观力量还没有这么大；但是客观的条件却在骎骎进展着”。另一个是“政协协议之路”，这是“由政治协议的路线过渡到民主宪政的大路，这是中国时局前途最好的一个去向”，中国的自由主义者应该“毫不踌躇”争取这样的前途。再一个就是“南北朝”的去向，就是按照中共提出并载入“双十协定”的“重划军区的计划”，“实际可以说是一个江淮为界的南北朝”；这个“南北朝”的运动一直进行着，尽管其中有“高潮”和“低潮”。王芸生写道：“双十纪录发表之后，毛泽东由重庆飞返延安，中共的军事行动就转趋积极了。在江南的共军，迅速撤至江北。在广大的北方，打山西的上党区，打绥包，打同蒲东段，积极向山东扩张，大量向东北渗入。……绥包之败，山海关之挫，使这计划受到了一些阻扰。到今年一月停战令下，政治协商会议举行，衣裳之会，隐蔽着戎车行动。无论停战令下，或者政协协议，军事实未曾停。北方一直在打，而东北更是阴云重重，这情形一直发展到夺长春，占滨江龙江，而到了一个新的高潮。及至四平街决了战，共军连弃四平街、公主岭、长春三大据点，复趋低潮，于是停战运动大起。南京的谈判，宣布了东北停战十五天，又延长停战八天。这二十三天的停战都过去了，更是大打起来。半个中国，烽火连天，无论高潮低潮，紧打慢打，一个南北朝的运动，是在有力的进行着。这是中国时局前途的一个去向。”①王芸生虽然并没有就中共是“和”还是“战”的态度下一明确的结论，但认为当时的中国时局前途有“三个”去向，而共产党所主张的则是“南北朝”局面，实际上表明共产党是主张既“战”又“和”，或者说是“以战促和”的态度②。

《观察》杂志也有人认为，国内和平局面实现的关键在于国民党政策是否能转变，如国民党改变过去“你死我活”政策为“你活我也活”政策，则共产党将会走上和平宪政之路。时任清华大学教授的伍启元，从经济的方面来考察当时的

① 王芸生：《中国时局前途的三个去向》，《观察》第1卷第1期，1946年9月1日。

② 王芸生提出的三个时局的前途，是否正确有待评判，但当时的中共领导人毛泽东显然是已充分注意到了。毛泽东对王芸生的这种分析有着肯定的评价，认为三个前途的说法“唯独没有说有蒋介石统一中国的前途”。参见《毛泽东文集》第四卷，人民出版社1996年版，第220页。

内战问题,认为共产党虽然是主张武力行动的政党,但还是积极争取和平的,并有可能在“你活我也活”的前提下走上民主宪政道路,这里关键是取决于国民党政府的政策。如果国民党政府改变过去“你死我活”政策为“你活我也活”政策,“则情形便完全不同”:“在政府方面,必须百分之一百的实行民生主义,不但放弃现行维护既得利益的错误政策,并且强制他们负担从事和平建设的经费和支付实行民生主义的代价。政府应用种种方法,保障并改善中下阶层的生活。在共党方面,‘你活我也活’的政策是指放弃武力革命的企图,放弃无产阶级专政的企图,愿在宪政常轨下做一个宪政的党,并愿以推行民生主义为满足。”①不难看出,伍启元看待共产党的政治态度,虽然对国民党的正统地位及其政治合法性没有发生质疑,但认识到“和”与“战”是一个关涉国民党与共产党双方的问题,在当时并不完全取决于共产党的政策,因而他认为只要国民党政府能够改变经济政策,真正地实行民生主义,共产党是有可能走上民主宪政道路的。

《观察》杂志考察中共是“和”还是“战”态度,比较重视对当时政治形势变动的考察,并力图在国共之间的比较中来得出结论。就《观察》杂志的整体而言,言论的总趋向是将共产党与国民党放在对等的地位来考察,这样“和”与“战”问题也是一个关涉国共双方的问题,不能离开国民党来谈共产党的态度。一位《观察》的“特约记者”,在对 1946 年 5—9 月“四个月来的政治商谈”分析中,认为共产党是极力主张和平的,对和平抱有“诚意”,并且是力求在“和中取得政权”的,但共产党也不害怕战争。这位“特约记者”指出:“共产党方面,自然也希望‘和’。一则和平是今日举国一致的要求,要求和平,可以迎合人心。二则能保存实力,避免牺牲,自为上策。”当然,共产党的“和”与国民党的“和”,其内容和实质是不一样的。国民党是要在“和”之中“压服共产党”,最好使共产党“完全放下武器”;而共产党的“和”,则是“要在‘和’中取得政权(即参加联合政府),再图第二步的发展”。共产党是主张和平的,“但是共产党也不怕战争。一则是为了党的生存,绝无放下武力之意,——至少是绝无在未得到安全可靠的保证以前放下武力之意。二则阵地战即使打不过国民党,游击战是他们的本行和拿手,他们可以化整为零,声东击西,到处渗入,弄得你当政的国民党,顾此失彼,疲于奔命;弄得你筋疲力尽,元神虚脱,结果是一个政权大崩溃。打胜仗不一定有把握,但是把国民党拖到垮台,这一点把握他们是有的,所以他们能‘和’最

① 伍启元:《从经济观点论内战问题》,《观察》第 1 卷第 2 期,1946 年 9 月 7 日。

好,但亦不畏‘战’。”[①]当然,《观察》杂志之中也有人由于坚持国民党正统地位的政治立场,起初在立言上显得不够公正,对中共进行的自卫战争予以批评和责难,认为是共产党不遵守政协决议,甚至说出“共产党何尝反对内战”[②]这样偏激的话。这部分人,在当时应该说还为数不少。《观察》主编储安平虽然一面赞许中共的“组织力”,并对中共“不肯放下枪杆”予以更多的“同情”;但另一面又怀疑中共主张和谈的诚意,说“共产党对于‘和平’是越来越不发生兴趣了”,共产党“所提和谈的前提,在我们看来,也只是一种幌子”[③]。

《观察》杂志在讨论共产党是主“和”还是主“战”态度时,还就共产党是否应承担内战责任问题发表看法,一般地认为国共双方都有责任。从《观察》上的各期文章来看,一开始对于中共进行自卫战争的责难是有的,但随着全面内战的爆发,将内战的责任全部归咎于中共的言论还不多见。当时,最基本的言论倾向是,认为和平不成而发生内战往往是有多种因素的,因而“就过去的事实而论,以往和谈之所以卒不成功,并不能归罪于中共一方面”[④],国民党和共产党两方都是有责任的。张东荪认为,和平失败的原因是多方面的,共产党的“猜疑心理”及“要求过分担保”只是其中之一因,而且并不是主要的原因。他这样指出:“今天和平失败了,分析其中各因素颇为复杂。国民党要维持其实质上的绝对政权,一也;共产党因其猜疑心理,要求过分担保,二也;美国人自毁其调人资格,三也;第三者中多数不了解中国国运所降下的神圣使命,四也。有这样的四种不尴不尬情形,则这个七巧图绝对拼合不成,乃是当然的了。”[⑤]周绶章对于东北所发生的战争深感痛心,认为国共双方对此都有责任,说东北战争一方面是“国军的飞机疯狂的轰炸着中华民国的城市”,另一方面是“共军的主力疯狂的攻打着中华民国的地盘”,因而作者“呼吁国共双方各自放弃‘戡乱’‘讨伐’、‘解放’‘斗争’那一套口号观念,切实反省,彻底觉悟”,“立即停战”,“全面停战”[⑥]。吴世昌强调共产党是主张和平的,但他仍然认为交战的双方都有责任,说“交战的

---

① 本刊特约记者:《山云多幻变　柳暗花不明:四个月来的政治商谈》,《观察》第1卷第2期,1946年9月7日。

② 严仁赓:《论反对政府》,《观察》第3卷第20期,1948年1月10日。

③ 储安平:《中国的政局》,《观察》第2卷第2期,1947年3月8日。

④ 董时进:《和真比战难么?》,《观察》第5卷第15期,1948年12月4日。

⑤ 张东荪:《和平何以会死了》,《观察》第2卷第6期,1947年4月5日。

⑥ 周绶章:《疯狂了的中国——一个盲动的,悲剧的大时代》,《观察》第2卷第16期,1947年6月14日。

任何一方面无资格说对方破坏和平,因事实上两者都有责任"①。

总的来看,在《观察》杂志言论之中,对于中共要承担内战责任的认识是不断变化的。他们中有人一开始确实是将内战的责任(尽管不是主要的责任)加在中共身上,认为中共对内战要负有一定的责任,但随着战局的演变和对国民党内战政策的认识,他们对中共被迫参与战争表示出相当的同情。譬如,时任北京大学教授的杨人楩,一开始认为共产党对内战的发生也有些责任。他说:"关于内战的责任问题,不熟悉实际政治内幕的人,诚不宜轻下断语;但就表面事实来看,中共亦有其相当责任。"②但过了四个月即到了 1948 年 3 月,杨人楩已不再谈中共在内战中是否有责任的问题,而只是说中共为着革命目的"不怕内战"问题③。随着国民党后来穷兵黩武,扩大内战,《观察》杂志对于内战中的中共表现出更多的同情和理解。譬如,《观察》主编储安平就著文说,共产党是有组织的现代政党,不是所谓的"共匪";国民党把共产党称为"共匪",进行所谓的"动员戡乱",并颁布所谓"动员戡乱时期临时条款",但"就纯粹的法理立场,增加'动员戡乱时期临时条例',其理不通"④。这多少说明,《观察》的言论对中共被迫卷入内战有着更多的同情和理解。

二、《观察》关于中共与自由关系的看法

《观察》杂志在总体上坚持以自由主义的理念评析中共的政治主张,希望借此能对中国政治发生影响。当然,他们也明白:"任何政治上的主张与理论,无法使每一个人都接受,必然会有与之对立或相反的主张与理论发生。反之,任何反共产主义的政治主张与理论,亦无法使共产主义者接受而放弃其原所信仰的共产主义。"⑤话虽这么说,但《观察》杂志仍然积极倡导自己的言论,并就中共与自由的关系这一问题阐明看法。

《观察》杂志总的来说不满于中共在自由问题上的态度,在评析之中也常与国民党相比较,有时甚至认为国民党比共产党更能给予人民的自由。吴世昌就

---

① 吴世昌:《论和平问题》,《观察》第 2 卷第 16 期,1947 年 6 月 14 日。

② 杨人楩:《关于"中共往何处去?"》,《观察》第 3 卷第 10 期,1947 年 11 月 1 日。

③ 杨人楩:《内战论》,《观察》第 4 卷第 4 期,1948 年 3 月 20 日。

④ 储安平:《国大评论》,《观察》第 4 卷第 9 期,1948 年 4 月 24 日。

⑤ 杨人楩《关于"中共往何处去?"》,《观察》第 3 卷第 10 期,1947 年 11 月 1 日。

公开认为,中共对人民的自由并不重视,在国民党区域的国民党"党部"先要来进行所谓的"指导",而共产党的"'解放区'也未必不如此,不过也许是暗中指导而非公开指导"①罢了。吴世昌还认为,共产党讨厌自由主义者是"有甚于国民党"的,因而不相信共产党会比国民党给予人民更多的自由。他说:"今日国民党的政策虽然限制了人民许多自由,但我们决不相信共产党会比国民党给人民以更多的自由,尤其是思想和言论的自由,除非他党内起一种革命。"②作为主编的储安平,甚至说出这样极端的话:"老实说,我们现在争取自由,在国民党统治下,这个'自由'还是一个'多''少'的问题,假如共产党执政了,这个'自由'就变成了一个'有''无'的问题了。"③当时也有人认为,共产党的政治并不民主,与国民党一样都是"神话政治",基本特征是"都是以偶像崇拜为中心"。周绶章在文章中说:"再说共产党,其党内组织较国民党为严,控制下级干部的力量也比国民党强,因而在实质上,偶像政治的成分也并不比国民党少。……目前毛氏在中共区内之偶像化,正如蒋主席之于国民党一样。……中共领袖人物以铁的纪律,铁的力量控制了全党,毛泽东氏不但是政治上的领袖,他的'论文艺问题',也成了一般文艺作家的最高创作原则。……其余关于土地改革,社会政策各方面,一直都是由毛氏全权支配。"④这里,《观察》杂志在讨论自由问题时,习惯将共产党与国民党等同观之,甚或认为共产党在自由问题上还不如国民党,这是一个比较显见的现象,尤其是在《观察》前期的文章中更是这样。

在自由主义与共产党是否对立的问题上,当时的《观察》杂志内部曾引起了激烈的辩论。争论是由杨人楩的一篇文章引起的。杨人楩在文章中认为,共产党是否认"自由"的,因而自由主义者与共产党是完全对立的;共产党之中不可能有自由主义者,"共产党则根本否认自由,其干涉之严密更有甚于国民党",由此"国民党及共产党都是与自由主义者对立的"⑤。当然,杨人楩仍然主张自由主义者"不要消灭共产主义",表现出自由主义者的宽容态度。施复亮赞同杨人楩的观点,认为"要在中共统治区域实现广泛的民主恐怕是一种奢望",指出:"老实说,不仅国民党不能赐给人民以自由和民主,就是共产党也不能赐给人民

---

① 吴世昌:《谁能替人民说话》,《观察》第1卷第4期,1946年9月21日。

② 吴世昌:《论和平问题》,《观察》第2卷第16期,1947年6月14日。

③ 储安平:《中国的政局》,《观察》第2卷第2期,1947年3月8日。

④ 周绶章:《论"神话政治":评国共两党的政治领导》,《观察》第1卷第21期,1947年1月18日。

⑤ 杨人楩:《自由主义者往何处去?》,《观察》第2卷第11期,1947年5月10日。

以自由和民主。”①然而,对于有人提出“在国民党统治之下,人民固然没有自由;在共产党统治之下,人民也不见得有自由,甚至更不自由”的论调,施复亮并不表示认同,说自己没有到过共产党区域,“无从完全了解”,因而也就“无从作一客观的评判”。但他还是提出了一个评判中共与国民党是否更注重“自由”的标准。他指出:“自由主义者必须以自由的性质、种类、范围,以及获得自由的人数的多寡,来衡量一个社会或国家的自由程度。在国共两党统治之下,哪一个区域自由比较多些或者更不自由些,也要拿这种标准来衡量。”②杨人楩文章发表后,引起广泛的讨论,虽有赞同的意见,但也有不少人提出批评意见,要求自由主义者在“自由”问题上改变对中共的看法。譬如,当时有一位中央大学的学生致书《观察》,承认自由主义者与共产党在信仰上有区别,但认为将自由主义与共产党完全对立起来是不妥的。这位学生指出,自由主义与共产党在反封建上的目标“并非格格不入”,中共也是“会接受自由主义者善意的批评”的,说自由主义与共产党“无法妥协”实在是“言之过早”③。其后,杨人楩又发表《再论自由主义的途径》,指出自由主义受到“共产党的同情者”的两个厉害的打击,因而提出两个重要的观点:一是“自由主义者是不反对革命”,二是自由主义者“不反对共产主义的经济民主”,但仍然坚持“要有政治民主”的主张④。这两个观点是在评析共产党的“自由”问题中提出的,对共产党的观点多少采取了认同的态度,这实际上表明中国的自由主义者在思想上已有很大的变化。

《观察》杂志上也有一些文章,在对待中共是否“自由”的问题上,采取比较理智的态度。譬如,萧公权是著名的政治学家,他对共产党的民主问题分析,相比较而言更有学理的高度。他认为,社会主义者和自由主义者都是“民主”的,因而不能划分为对立的两极。“社会主义者及共产主义者并不否认主权在民(国为民有)的观念。他们所不满意的,是自由主义的民有理想与‘资本主义国家’的事实不符。在无产阶级被剥削的社会当中高唱全民政治,照他们看来,是一种诳语。真正民有的政治组织只能在‘无阶级’的共产社会里面出现。换言之,共产主义者否认‘资产阶级’是民。他们把这个国家主人翁的高贵地位保留给工农阶级。工农以外的非民消灭以后,全社会的人都成了民,都成了主。这就

① 施复亮:《论自由主义者的道路》,《观察》第3卷第22期,1948年1月24日。

② 施复亮:《论自由主义者的道路》,《观察》第3卷第22期,1948年1月24日。

③ 李孝友:《读“关于中共往何处去”兼论自由主义者的道路》,《观察》第3卷第19期,1948年1月3日。

④ 杨人楩:《再论自由主义的途径》,《观察》第5卷第8期,1948年10月16日。

是共产主义者的民主。”因此,自由主义者不能说共产主义者“不民主”,只是两者对于“民”的看法不同而已。在萧公权看来,自由主义者的民主与社会主义者的自由是有“调和”可能的,其“关键在于民治民享两重点的平衡”。由于“自由主义过于忽略民享,共产主义过于蔑视民治。调和的途径就在民治与民享的兼顾并重。”①萧公权论述的意思是,不能将自由主义的自由问题完全与社会主义者、共产主义者的自由对立起来,要寻求两者的“调和”。

在《观察》杂志之中,有些人虽对中共在自由问题上的态度也有不满的情绪,但仍然表现出相当的宽容态度。如当时就有人认为,应该创立一“折中办法”,允许共产党试行其制度,“即将国内若干区域划归中共管辖,准许中共在其管辖区域内,试行其政制,但对外一切行动,应由各党各派组成之联合政府主持之”②。张东荪虽然没有就共产党与民主、自由的关系作直接回答,但他主张以自由理念宽容地对待共产党,认为应该允许和支持共产党参加民主政治建设的进程,并设想通过共产党参加联合政府的办法来推进国民党的民主化。由此,他提出一个让共产党参加联合政府来推进国民党民主化的方案,即“把共产党拉到大都会大城市来”,让共产党参与督责国民党,推进国民党的民主化。因为,不如此“国民党一辈子亦不会民主化”③。允许共产党试验自己的政治制度、让共产党参加联合政府,反映了当时自由主义者的一种良好愿望,尽管这一愿望在当时的现实政治背景下不可能变为现实。

三、《观察》关于中共社会主义观的看法

社会主义是中国共产党人的政治理想,而这种理想也有形与无形地影响着《观察》杂志上的一些作者。据笔者的研究来看,《观察》杂志对社会主义问题曾进行过讨论,这之中涉及了共产党的社会主义理想。而且,《观察》杂志上的文章一般不反对社会主义,尽管他们对什么是社会主义以及在中国实现社会主义的具体程序上,还有不同的看法。实际的情形是,《观察》杂志越到后来,越对社会主义抱有好感,并极力主张中国走社会主义道路。

① 萧公权:《说民主》,《观察》第1卷第7期,1946年10月12日。

② 参见《我们对于当前时局之建议》,《观察》第2卷第8期,1947年4月19日。

③ 张东荪:《美国对华与中国自处》,《观察》第2卷第6期,1947年4月5日。

《观察》上有不少文章，高度赞扬共产党人的社会主义理想，对社会主义在中国实现的必然性有肯定的认识，认为“中国民主革命的彻底完成，必然要走上社会主义”，但要经过一个“或长或短”的“新资本主义”阶段，而“不能直接走上社会主义”①。储安平不仅表示“期望”社会主义的实现，而且特别期待联合政府的出现，甚至将社会主义作为联合政府发展的方向，指出：“今日中国一般人所追求的就是社会主义和民主政治（包括意志自由），这两样东西在以国共两党为主的联合政府中或能勉可得之。我们期望这个联合政府者在此。”②严仁赓认为，中国的问题非常复杂，只有实行社会主义才能解决所有问题。他说：“旧日的封建社会，既不重生产，亦不重分配；近代的资本主义社会，只重生产，不重分配；惟有社会主义的社会，才能够兼顾生产与分配。”③时为武汉大学政治系主任的刘迺诚，主张将社会主义作为中国的现实选择，认为中国要不断采行社会主义政策。他指出：“依目前中国的社会情形，今后我们所须采行的政策，从原则上讲，一方面不致损害个人的创造力，一方面又要能尽量的提倡公共福利。具体说起来，现代中国的出路，第一步是要调协个人主义与社会主义，使能各得其宜，然后逐渐加强社会主义政策，来促进社会的团结，来提倡大众的利益。”④伍启元认为，中国的出路应该从世界潮流中来认识，但中国的社会主义方向是一定的。他指出，今日的情形是：“社会主义是前进的经济制度，而资本主义却是保守者”，因而应该“根据中国的情形，经济应以扩大国营事业范围（但根除官僚资本），实行土地改革，并采行比较温和的计划经济和社会主义经济为根本政策”⑤。概而言之，《观察》言论有这样的取向，即不管是立即进入社会主义还是创造条件逐步地进入社会主义，社会主义在中国的实现将是必然的。

值得注意的是，在《观察》杂志中以严仁赓等为代表的激进的自由主义者，认为中国应该立即进入社会主义，不必经过一个中间阶段。在严仁赓看来，就社会历史的进程而言，社会主义是可以不经过资本主义阶段的，“从封建社会一跃而为社会主义制度非不可能；不只于可能，而且不就是有所牺牲”，在这方面“苏联的经验是个显著的例子”。关于中国何以必须立即走社会主义道路问题，严仁赓认为其主要原因就在于中国所患病“不只于病在‘不均’，同时也病在

① 施复亮：《废除剥削与增加生产》，《观察》第4卷第4期，1948年3月20日。
② 储安平：《中国的政局》，《观察》第2卷第2期，1947年3月8日。
③ 严仁赓：《社会主义乎？“新资本主义”乎？》，《观察》第4卷第17期，1948年6月19日。
④ 刘迺诚：《现代中国政治改革的几个原则》，《观察》第2卷第5期，1947年3月29日。
⑤ 伍启元：《从世界潮流论中国出路》，《观察》第2卷第7期，1947年4月12日。

‘寡’”,因而“一方面我们需要均等,另方面我们更不能忘情于增加生产”,而“这个双重的目标,只有在社会主义的制度下面才可以有把握的全部实现”①。此后,严仁赓在《再和施复亮先生谈“新资本主义”》中,又再次强调中国不需要“这一个中间阶段”的所谓“新资本主义”,主张直接进入社会主义,其基本理由是这样做“成本低”,并且“效果”也可能“较高”一些,甚至“效果不仅不会低,尚有比经过一个中间阶段较高的极大可能”②。樊弘也认为,中国必须以苏联的社会主义为榜样,积极地向社会主义目标前进,这就需要“我们不但不畏惧苏联或依赖苏联,且要努力的接近苏联,追上苏联,超过苏联,使中国成为自由社会主义国家的典型”③。关于中国实现社会主义的途径,樊弘认为其首要的条件是使中国的政权“掌握在被压迫的广大阶层的手里”,如此则“实现社会主义的机会较易”④。这里,《观察》的思想激进程度超出我们的预知。

《观察》杂志中以张东荪、施复亮等为代表,虽然也认为社会主义是中国社会发展的方向,但稳健地坚持中国不能立即进入社会主义阶段,而是需要经过一个中间阶段。张东荪主张中国未来是要实行社会主义的,但认为在当时只能实行在东欧已经实行的那种“新民主主义”,因而“中国不能照抄苏联的现成药方”。他认为,世界上除了社会主义苏联和资本主义欧美这两个“类型”以外,还有一种就是“战后东欧几个国家所实行的”类型即“新民主主义”。他指出:“东欧式的民主与苏联的不同点。第一在政治上是不仅有一个党(如苏联),而是多党并存。只是因联合而执行一个统一的政纲。第二在经济上是容纳混合的方式。有些是私人资本;有些是国家资本;有些是合作社经营。至于土地则实行合理的再分配。我以为如果把这几点当作原则,这都是中国今后所当取法的。”⑤施复亮也承认社会主义是自己的“理想”追求,但他认为中国社会发展的前途虽然是社会主义,然而这并不是说中国能马上进入“实行社会主义”阶段,其主要的原因是,中国当时还没有“十月革命”的主观与客观条件,这个道理即使是“信奉马列主义的中共也是这样看的”。不但如此,“从‘西安事变’以来中共的做法,一直没有超过民族主义和民主主义的范围,至少我个人还没有看到它有任何走向‘十月革命’的政策和行动。假使这个以实现社会主义革命为使命的最有

① 严仁赓:《社会主义乎?“新资本主义”乎?》,《观察》第4卷第17期,1948年6月19日。
② 严仁赓:《再和施复亮先生谈“新资本主义”》,《观察》第4卷第23—24期,1948年8月7日。
③ 樊弘:《关于“以平等待我之民族”》,《观察》第4卷第18期,1948年6月26日。
④ 樊弘:《关于“以平等待我之民族”》,《观察》第4卷第18期,1948年6月26日。
⑤ 张东荪:《关于中国出路的看法:再答樊弘先生》,《观察》第3卷第23期,1948年1月31日。

力的政党还不想准备马上'实行社会主义',我不知道还有什么政党有力量'实现社会主义'。"[①]施复亮将新民主主义理解为"新资本主义",认为在实践"新资本主义"的过程之中,"还要有计划有步骤地去积极创造并扶助某些带有社会主义性的经济形态的成长","直到它们有能力领导并控制整个国民经济的领域为止"。因而,这个"新资本主义"实际上是"在社会主义经济没有实现以前的'中间阶段'",可见"更非与东欧诸国的'新经济政策'背道而驰";在政治上,"新资本主义"是"只有在劳动人民掌握或领导政权的时候才能实现",亦即这种"新资本主义"是不能离开"新民主主义的政治"的。由此,所谓"新资本主义"也就是"一种保证走向社会主义的过渡形态"[②]。

《观察》杂志对社会主义采取积极的态度,尽管他们所理解的社会主义与中共的社会主义理想并不一致,在是否立即进入或创造条件进入社会主义方面还有不同的意见,但总体上讲其思想意识已与中共的社会主义理想具有趋同的方面,与他们自己原来所设定的"自由主义"方向可谓越来越远[③]。特别是以严仁赓等为代表的人物主张直接进入社会主义,这与中共提出的先要经过新民主主义社会然后才能进入社会主义的主张,还要激进得多[④]。这说明,《观察》杂志在言论上已经在很大程度上受共产党思想的影响,而这种影响随着人民解放战争的进行已越来越显著。

四、《观察》关于国民党与中共关系的看法

《观察》杂志一般地承认现存政府的政治合法性,其言论大致是在维护现存

---

① 施复亮:《新中国的经济和政治:答严仁赓先生》,《观察》第4卷第21期,1948年7月24日。

② 施复亮:《新中国的经济和政治:答严仁赓先生》,《观察》第4卷第21期,1948年7月24日。

③ 欧美语境下的"自由主义",在思想传统上将个体自由放在突出的位置,强调以个体存在独立性的精神诉求来营造社会秩序,而不以"社会主义"作为个体的追求目标。但在中国特定环境下所产生的自由主义理念,虽然也与欧美自由主义有着思想上的承继关系,却与"社会主义"发生了紧密的联系,这至少也表示社会主义在中国的强大声势,同时也反映中国的自由主义在实际上已与欧美的自由主义有着很大的不同。

④ 施复亮在《新中国的经济和政治》(载《观察》第4卷第21期)中,就批评严仁赓"直接进入社会主义"的观点是"左"倾,认为"过左的经济主张只有教育的意义",这本是较为理智的态度。而严仁赓则发表《再和施复亮先生谈"新资本主义"》(载《观察》第4卷第23—24期)文章,予以猛烈的回应,认为:"'左'如果是好事,愈左当然愈好,无所谓'过左'"。《观察》杂志自由主义者这种"左"的倾向,已经超过了我们过去的认知。

社会秩序的前提下来寻求社会的改良。因而,他们对于以推翻现存社会秩序并取得政权为目标的共产党,特别是对于共产党存在的政治合法性就会产生某些质疑。但也不尽然。事实上,《观察》杂志的文章在总体上一方面只是一般地承认国民党的正统性,但对于国民党执政的合法性及其正统地位已表示相当大的怀疑与不满情绪;而在另一方面,则对共产党表示相当大的同情和尊重,尤其是对于国民党采取的那种消灭共产党的政策有着严重的不满。

在《观察》杂志之中,不少文章承认中共是与国民党对立的政治势力,认为其得到发展甚至表现出“膨胀”的态势,与国民党的反动统治是有联系的。著名学者伍启元认为,国民党“政府与共党是代表两种不同的利益”,故表现出两党的斗争是“你死我活”;但“共产党力量所以膨胀”,可以说是受国民党“经济政策之赐”①。储安平进一步认为,国民党二十年的腐朽统治一直是在“替共产党造机会”、“替共产党增加声势”,正是国民党的腐败统治失去了民心,“使许多人觉得前途茫茫,中心彷徨,转而寄托其希望于共产党”,因而追寻共产党何以发展壮大以至声望不断提升,要从国民党自身来寻找原因。他指出:“国民党的腐败统治是造成共产党今日这样膨大势力的一个主要原因。假如二十年来政治清明,民生康泰,中国何致弄到今日这样民穷财尽的地步,替共产党造机会?假如二十年来政治开明,胸度开阔,何致要把许多人迫到左派方面去,替共产党增加声势?假如二十年来的统治,不是如此腐败无能,何致使许多人觉得前途茫茫,中心彷徨,转而寄托其希望于共产党?我个人很率直的说,我认为国民党的腐败的统治是‘共产党之母’,它制造共产党,它培养共产党。”②严仁赓承认共产党在国民党统治时期存在的合法性与正当性,认为“没有共产党反对政府,政府比现在还要糟得多”③。

《观察》杂志认为国民党在当时尽管具有军事上的优势,但却是不能以武力来消灭共产党的。在1947年初,《观察》杂志有篇文章认为,国共对立在抗战胜利后是一个显见的基本事实,在军事上形成了“不但延安打不垮国民政府,国民政府也打不垮延安”④的局面。储安平认为,国民党与共产党是两个对立的政

① 伍启元:《从经济观点论内战问题》,《观察》第1卷第2期,1946年9月7日。

② 储安平:《评蒲立特的偏私的、不健康的访华报告》,《观察》第3卷第9期,1947年10月25日。

③ 严仁赓:《我们对于时局的几点认识》,《观察》第2卷第23期,1947年8月2日。

④ 钱端升:《唯和平可以统一论》,《观察》第2卷第4期,1947年3月22日。

党,但国民党也不能置"共产党的意见"于不顾,这是"因为共产党有枪杆子"①。国民党已经腐败了,由此也决定了"并不因为国民党的军事力量增强后,共产党就将消灭"的②。吴世昌也说,尽管国民党在当时是执政党,并且在军事上占有绝对的优势,而共产党的政治根基只是在农村,但共军也并非"流寇股匪之类",因而国民党对付共产党"决不是一个军事可以解决的问题";由于美国是"毫无保留地露骨反共",这使国民党对共产党的态度发生"划时代的作用",但"即使国民党在把共军赶出城市交通线以后想罢手,前途希望仍极渺茫"③。《观察》杂志的一些文章看到国民党军事力量强大的一面,但坚持共产党不是可以用武力解决的主张,这应该说是比较有政治上见地的。

《观察》杂志对学潮是坚决支持和深表同情的,他们对于国民党将学潮归于中共的策动提出反对的意见,认为不能将所有的反对政府的行为都归罪于中共的"捣乱"。1947 年的"反内战"、"反饥饿"的学生运动,引起《观察》杂志的高度重视。北京大学教授樊弘认为,学生运动不是被共产党利用的,其本身是主动的并有其必然性。他指出:"学生的运动是一种自发的和主动的运动。诚然,在学生运动里面,不免也掺杂得有主义的成份,或不免也有一、二青年共产党掺杂其中。可是,假如我们以为在学生运动里面因有相信共产主义的青年参加,便以为学生运动是被动的,这可不是事实。"④清华大学教授何永佶认为,中国"当政的人仍脱不了中古时代'捉巫婆'的作风,无论出甚么岔子,台湾暴动也好,工厂罢工也好,学潮澎湃也好,总是'共产党人'干的"⑤,这有失公允。上海《新民报》主笔赵超构,1948 年 9 月在《观察》上发表文章,认为不能说学生是受"异党"利用,并对国民党所说共产党煽动学潮的言论予以批驳:"学生们的言论行动可以解释为对政府对政治的表示,自然可以说是有政治意义的;……与青年学生抱同感,甚至同情青年学生的,也不完全是共党份子。例如反扶日运动,共党份子可能顺水推舟,参加在里面,但是青年学生举行这个运动自有其纯洁的一方面,未见得完全是'异党'操纵起来的;同时,与青年学生抱同样态度的,同情反扶日运动的,有他们的师长先辈,有工商文化界无党派的人士,也有从前的参政员和现

---

① 储安平:《失败的统治》,《观察》第 1 卷第 3 期,1946 年 9 月 14 日。

② 储安平:《评蒲立特的偏私的、不健康的访华报告》,《观察》第 3 卷第 9 期,1947 年 10 月 25 日。

③ 吴世昌:《从美苏说到国内》,《观察》第 2 卷第 6 期,1947 年 4 月 5 日。

④ 樊弘:《教育莫忘群育! 读书莫忘救国!》,《观察》第 2 卷第 20 期,1947 年 7 月 12 日。

⑤ 何永佶:《从印度分治说到中国前途》,《观察》第 2 卷第 20 期,1947 年 7 月 12 日。

任的立法委员等等，这是一种颇为普遍的心理反应，能说青年们是完全受了‘异党’的利用么？”[①]上述这些言论，虽然主要是就学生运动而言，但为中共“说情”的成分不少，这不仅反映《观察》杂志对学生运动的支持态度，也反映出他们对共产党的同情心理。

《观察》杂志是在对国民党绝望之中而逐步同情共产党的，因而对中共领导地位的认可是随着时局的发展而不断增强的，这之中当然也有相当大的保留。如前所述，《观察》杂志有些作者一开始对中共的政治方略不大理解，对共产党领导革命表示怀疑，甚至有人认为由中共来领导革命是“越俎代庖”[②]。尽管如此，《观察》杂志之中还是有不少人甚至是头面人物对共产党领导革命表示某种理解。张东荪虽然对于共产党的“过激党的革命性”有所不赞同，并且还要求能够尽可能使这种革命性有所“淡褪”[③]，但他认为不应该害怕共产党领导的“革命”。他说：共产党在目前是实行新民主主义，至于以后要进行革命也不可怕，因为共产党人是讲客观条件的，由此“我们对于这种未来革命论实在不必认真，尤其不应该害怕”[④]。杨人楩虽然对中共的政治领导不轻易表态，并且在其内心对于中共的“政治民主”问题确实也是存在着看法，但还是说：“我们不害怕由中共来领导中国的经济革命”[⑤]。

《观察》杂志的一些文章在国共关系的考察中，逐步加深了对共产党的认识和理解，思想上的激进化已有相当的表露。最突出的表现是，对中共的经济措施特别是土地政策予以高度赞赏，认为共产党做到了国民党所不能完成的土地制度变革。伍启元在《观察》创刊不久，就指出：“如果不幸内战不能停止，共产党方面必会在分配和生产等方面努力增强自己的地位，和给予政府以打击。……共产党为补救军事的缺点，事实上在采取如次的经济措施：(一)利用土地革命的方式，使他们占有的区域财富分配平均，以加强他们的作战力量；(二)尽量破坏交通与生产，以削弱政府的经济力量；和(三)增加政府区域下的分配、生产、及其他方面的经济矛盾与不安。”[⑥]伍启元的预测正确与否是一回事，但他从经济方面来考察共产党的政治与军事行为，这在当时的《观察》杂志自由主义者中

① 赵超构：《论政府大捕学生》，《观察》第5卷第2期，1948年9月4日。
② 周钟岐：《论革命》，《观察》第1卷第22期，1947年1月25日。
③ 张东荪：《和平何以会死了》，《观察》第2卷第6期，1947年4月5日。
④ 张东荪：《追述我们努力建立“联合政府”的用意》，《观察》第2卷第6期，1947年4月5日。
⑤ 杨人楩：《再论内战》，《观察》第5卷第9期，1948年10月23日。
⑥ 伍启元：《从经济观点论内战问题》，《观察》第1卷第2期，1945年9月7日。

还是非常难得的。《观察》杂志对中共的土地改革表示高度的赞赏，并将中共的成功与土地改革联系起来，从而给予正面的评价。施若霖指出："在这里，谁最能彻底实行土地改革，便是谁最能获得广大农民的同情和拥护，而因之获得在农村中的战斗胜利。我们很中立而无庸讳言地说，中共在逐步的土地改革上，是相当坚强了他们底经济和军事基础的，在激烈的内战炮火下，中共能够与国民政府分庭抗礼，未尝不是农村人民之力。他们为了最后胜利，实践了土地改革。国民党则为了他们一部份地主阶级利益的立场，对于土地改革总是因循姑息，迟迟其行。"①这里，施若霖的态度确实是"中立"的，没有偏袒共产党，但他在国共两党土地政策的对照中，确是看到了问题的关键。《观察》第4卷第6期曾发表了观察记者的《土地改革·地道战》的文章，对"中共土地政策的演变"详加叙述，并给予高度的评价。如认为1947年公布的《中国土地法大纲》，"这是现阶段中共对土地问题的主要决定"，解放区实施这个土地法大纲之后，"不但人与人的关系改变了，农民与土地的关系也变了，这个地上的变革是空前的，他含有最强烈的阶级性，使得贫雇农翻了身，成为他们的主力，……土地改革运动，会使得他们在土地上生根成长乃至壮大。"②作者特别赞赏中共土地政策，认为中共的土地改革运动"使得土地外形本质内内外外都有了变革"，因而是"历史上从未有的"变革。《观察》杂志立论一般来说主要是在思想方面，对共产党的评价也大多国共比较视域中。但他们中有不少人一方面揭露国民党代表"地主阶级利益的立场"，另一方面对共产党的经济政策特别是土地政策引起极大的关注，这是一个很重要的进步。

《观察》话语体系中的"中共"是一个变动的文本，随着时局的进展而不断呈现出来。概而言之，聚集在《观察》周围的知识分子，一开始"虽不满意于国民党，但亦未必赞成共产党"③的主张，但通过与共产党相关问题的讨论，对中共的认识经历了从思想上怀疑到言论上批评，再到心理上认同（对中共政治合法性的心理认同）与政治上拥护的演变过程。而就《观察》视域中的"中共"观念来看，《观察》后来尽管在思想体系上与中共仍有相当大的差距，但在不少方面已逐步与共产党的主张相接近。自然，《观察》思想话语中的"中共"虽有不少真确的成分，但也并非就是事实上的中共，然而这种舆论环境却对中共的政治活动构

① 施若霖：《论中国土地改革》，《观察》第2卷第21期，1947年7月19日。

② 观察记者：《土地改革·地道战》，《观察》第4卷第6期，1948年4月3日。

③ 本刊特约记者：《组党传说中胡适的态度》，《观察》第1卷第1期，1946年9月1日。

成某种影响。研究和分析《观察》杂志的思想状态，探讨其对中共的思想认识，这对于认知中共所处的舆论环境与社会心理基础，可能会有某些启示。

（原载《中共党史研究》2015 年第 3 期）

【昔文琐记】这篇《试论〈观察〉话语体系中的“中共”》文章，写作于 2009 年 3 月。

这篇文章在 2009 年写成后先投某个刊物，未用。在 2013 年 4 月 7 日，我又将此文找出，文字上做了小的修改、篇幅上加以压缩，改投《中共党史研究》刊物，结果在《中共党史研究》2015 年第 3 期发表了。

写作《试论〈观察〉话语体系中的“中共”》这篇文章，必须重点解读《观察》这个刊物。我在北师大攻读博士学位期间，北大欧阳哲生教授替我购买了《观察》的影印本一套，同时还购买了《努力周报》、《独立评论》、《现代评论》等影印本，故而我毕业之后时常将这些影印刊物拿出来阅读、研究，同时还写点“读书笔记”。2009 年春天，我在南审莫愁湖老校区的宿舍中，集中阅读六卷本《观察》杂志影印本。我的办法是：

（1）通读《观察》杂志，对其基本方面有个总体性把握，顺便了解自己所要研究的问题在资料上是否具备。

（2）确定“中共”这个研究目标，于是将《观察》中涉及中共的资料抄录出来，并在抄录中撰写自己的阅读心得，形成“读书笔记”。

（3）将这个“读书笔记”中的内容予以分门别类，形成“国共关系”、“中共社会主义观”、“中共与自由关系”、“中共与战争及和平的关系”、“中共土地革命”、“中共与学生运动”等等，这样几个类别。

（4）选择“读书笔记”中所列类别的重要方面（如我这篇文章只是选择“国共关系”、“中共社会主义观”、“中共与自由关系”、“中共与战争及和平的关系”这四个方面），并整理成文，然后进行文字上的统改。

以上所述的这四个步骤，就是我采用的“读书笔记撰文法”。有兴趣的年轻朋友，不妨试用一下，大概会有所收获的。需要说的是，我对于《观察》杂志的研究没有能坚持下去，客观上是因为自己工作一直较忙，2006 年至 2016 年十年间的行政工作花费了我很多的时间和精力，主观上是因为自己努力不够，学术研究的兴趣又处于变动之中，故而只是写作了这篇《〈试论观察〉话语体系中的“中共”》文章，没能将这个刊物研究下去。

写作这篇《试论〈观察〉话语体系中的“中共”》文章，有一个重要的研究理念:研究党史不仅应该运用党的历史活动的文献,也可以运用当时中国社会中的文献。《观察》上的文章并不是中共历史活动的直接材料,但也可以为研究中共历史活动服务。当然,《观察》中的“中共”是思想观念中、话语体系中的“中共”,并不就是等同于真实的中共,但也不能说与中共没有一点关系。而且,《观察》作为当时自由主义者舆论阵地,一旦形成了对中共的认识,必然在当时的思想界产生重要的影响,这就构成了中共历史活动的一种舆论环境,因而,此时的中共对此也就不能不引起高度的注意。因此,此文就在于说明这样一个道理:存留在近现代中国社会之中的非中共历史活动的材料,亦可以而且也有必要用来研究中共党史,这有助于扩大中共党史研究材料的范围,因而研究者要树立研究中共党史必须从社会中提取材料的意识。

写作这篇《试论〈观察〉话语体系中的“中共”》,也有两点感想:一是作有质量的文章,要下点功夫,文章要确实有所见。好文章的写作需要较长时间的研究,此文写作就有半年的时间。二是好的文章即使当时不能发表,但终究还是可以发表的。文章的质量是关键,此文从写出到发表尽管经历了六年时间,但最终还是在权威刊物发表了,因而应该有着“皇帝的女儿不愁嫁”的态度才行,用现在的话说就是要有“学术自信”。我有些文章写出来,自信还是很有质量的,但在当时由于多种原因却不能发表,也就一直放着,留着历史记录,也有不少以后发表的。因此,学者应该以研究问题、提出新意为目标,而不能以当时能否发表为目标,因为发表又涉及诸多的问题和环节。

在2009年春天写作这篇《试论〈观察〉话语体系中的“中共”》文章时,我开始有意识地注意并思考“话语体系”问题。2014年暑假,我撰写《党史解释论要》初稿,辟有专章来研究“党史解释的话语体系”问题。可以说,该著关于党史解释话语体系问题的思考,是我以后集中研究“话语体系”并构建框架体系的重要基础。2014年冬,我在徐州师范大学(现江苏师范大学)任教过的陈长风(当时在南开大学读博士)来南京与我闲聊,说要写篇文章来纪念遵义会议召开80周年。我当时正在思考话语体系的问题,遂建议他写“遵义会议对马克思主义中国化话语体系的贡献”,并谈了我的具体观点。不久,他下功夫并真的写出来了,好像发表时我也挂名的。2016年习近平总书记的“5·17”讲话发表后,我就把主要精力用在话语体系的思考上,并最终在2018年8月写出《话语体系初论》这部书。这部《话语体系初论》,于2020年由人民出版社出版。这样,我多年来研究话语体系,总算有一个可以称之为标志性的成果了。

2021年1月31日

张静如与中国的李大钊研究

张静如先生是中国党史学界的学术大家，在中共党史学、邓小平理论研究、毛泽东思想研究、中国现代社会史等领域取得了开创性的成果，享誉学术界。李大钊研究也是张先生从事的重要领域之一。早在20世纪的50年代，张先生即开始致力于李大钊研究，是中国李大钊研究的最早开创者之一。十一届三中全会后，张先生为恢复李大钊的历史地位，深化李大钊研究作出了突出的贡献。张先生不仅撰写大量的李大钊研究著作，身体力行从事李大钊研究的各方面的探索，而且组织了多次全国李大钊研究学术讨论会，带动了近几十年国内外李大钊研究的进一步深入和发展。在张先生七十华诞之际，回顾和研究张先生半个世纪从事李大钊研究的历程，对于总结张先生的学术成就，推动中共党史学的发展，是极为有意义的。

一、20世纪50年代中国李大钊研究的开创者

1957年3月，湖北人民出版社出版了张静如先生的《李大钊同志革命思想的发展》一书，是国内外研究李大钊革命思想的第一部著作，也是直到1979年《李大钊传》出版之前，唯一的研究李大钊的专著，因而是中国李大钊研究领域开拓性的奠基著作。

张静如先生的这部著作以其广泛的研究资料为李大钊研究开创了良好的先例，对后来的李大钊研究起了奠基作用。20世纪50年代百废待兴，学术研究也是一样。当时从事李大钊研究工作，首先是要搜集到李大钊本人的大部分文字材料，这在当时相当困难。张先生是史学大师陈垣先生的受业门生，治学尤其注重第一手的材料，研究李大钊首先是从搜集李大钊的文章和著作开始的。在当时，仅有北新书局出版的《守常文集》所收的部分李大钊文章，而李大钊的大部

分文字则散落在五四时期的各种报刊上。张先生在北大图书馆、北师大图书馆、北京图书馆查阅和抄录了李大钊的不少文章，又从北京市委档案馆借出和抄录了李乐光在新中国成立前收集的部分李大钊文章。这样，张先生搜集到300多篇李大钊的文章和《平民主义》、《史学要论》、《土地和农民》等几本书。这在20世纪50年代，掌握李大钊著作是最多的，从而为撰写《李大钊同志革命思想的发展》奠定了基础。张先生的这部专著出版后，仅就其引用的资料而言，在当时就是很了不起的贡献，提供了相当一部分为其他研究者所没有看到的李大钊文章的内容；即使是1959年《李大钊选集》出版后，张先生的这部著作所提供的许多资料也是一般研究者所难以看到的。张先生在这部著作后附有"李大钊同志著作年表"，其特点是在备考处把李大钊著作的保存情况详加注明，这为研究者查找李大钊的著作提供了极大的方便。

张静如先生的这部著作以其系统的研究展示了李大钊思想发展的历程，提出了一系列的基本观点，对后来的李大钊研究起了奠基和推动作用。新中国成立前，何干之、艾思奇等学者曾对李大钊的思想进行过分析；新中国成立初期，蔡尚思、刘弄潮、李龙牧等对李大钊展开过研究。张先生继承和吸收学术界已有的研究成果，对李大钊思想发展的历程进行系统而全面的探索，厘清了李大钊思想发展的脉络。书中分析了李大钊接受马克思主义以前的革命思想，对李大钊在《言治》月刊和季刊、《甲寅》日刊、《晨钟报》、《宪法公言》、《新青年》上发表的文章进行介绍；对李大钊在接受马克思主义之后到创建中国共产党一段时期革命思想的发展进行了仔细的描述，其主要内容是：(一)李大钊接受马克思主义后对帝国主义、世界革命形势及中国革命前途的分析。(二)李大钊对马克思主义特别是唯物史观的宣传。(三)李大钊反对胡适派改良主义。(四)李大钊以唯物史观为武器反对封建伦理道德。张先生在梳理和分析中指出，李大钊是中国"马克思列宁主义最早传播者"。书中对李大钊革命思想在党成立后的发展也作了重要的说明，主要内容是：李大钊对唯物史观的宣传和对唯心主义的批判，对党的最高纲领、最低纲领的宣传和对改良主义政治主张的批判，对无产阶级领导权和农民问题的阐述。书中认为建党以后，"大钊同志的革命思想在其成熟的程度上，向前迈进了一步"；"对于中国革命的基本问题：革命的阶段问题、革命的前途问题以及无产阶级领导权和农民问题，都达到了比较正确的认识"。张先生的这部著作对李大钊革命思想的发展第一次作了全新的展示，使学术界对李大钊的革命思想有了整体的认识，其基本观点成为以后诸多研究者的共识。国内许多研究者以及苏联的加鲁尚茨、美国的迈斯纳、日本的斋藤道彦和後藤延子等都参考和引用张先生的这一著作,其影响是巨大的。

张静如先生的这一著作所体现的求实精神和客观治史态度,对中国的李大钊研究工作的开展产生积极的导向作用。张先生对李大钊思想的分析,不仅指出其发展向上的社会价值,而且也点明在不同的发展阶段上的缺陷和不足。如张先生指出,李大钊在向马克思主义转变过程中,难免在思想上存在着旧的残余;李大钊在建党以后,思想的发展有不够完善之处。这部著作不仅注重对李大钊革命思想历程的考察,而且上升到理论的高度进行客观的评价。在全书的最后部分,张先生系统分析了李大钊革命思想发展与中国历史发展的关系,考察了李大钊革命思想的哲学基础,阐述了李大钊革命思想的历史意义,指出李大钊的革命思想"对于中国新民主主义革命起了启蒙的作用","为党的马克思列宁主义理论的逐步成熟,作了必要的准备"①。坚持实事求是的精神,科学地评价李大钊的历史地位,既不拔高又不贬低,这是张先生一贯倡导的学风。

张静如先生的《李大钊同志革命思想的发展》出版已四十多年,书中提出的基本观点至今仍然是正确的,值得当今的研究者认真地学习和领会。如书中提出早期李大钊是一个民主主义者,李大钊革命思想具有实践性、民主性的特点,李大钊是中国最早的马克思主义者,《史学要论》是中国第一次用马克思主义研究历史学的著作,李大钊关于无产阶级领导权和农民问题的阐述"代表了中国革命的正确的马克思列宁主义的路线",等等。无论是从学术发展史的高度来研究,还是从张先生这部著作所提供的广泛资料、所建构的理论体系、所首倡的学术观点以及在推动中国李大钊研究中所起的实际影响来看,张静如先生都当之无愧地是中国李大钊研究的开创者。

二、20 世纪 70 年代末李大钊研究中拨乱反正的首倡者

"文革"中张静如先生中断了正常的学术研究工作,但他仍然十分关切中共党史学科的发展。"文革"一结束,张先生就从五四时期的历史特别是李大钊研究入手,进行拨乱反正的工作,在中共党史领域中发表了一系列倡导解放思想、实事求是的论文,为李大钊研究、五四时期历史人物研究以及整个中共党史研究

① 以上所引皆出自张静如:《李大钊同志革命思想的发展》,湖北人民出版社 1957 年版。

的拨乱反正作了开创性的工作。

1978年2月16日,张静如先生在《光明日报》发表了《李大钊同志的历史功绩——驳"四人帮"对李大钊的诬蔑》的论文,这是打倒"四人帮"之后报刊上发表的第一篇为李大钊平反的文章,也是张先生在"文革"后公开发表的第一篇署名文章。文章驳斥"四人帮"对李大钊的各种诬蔑,全面地论述了李大钊历史功绩,旗帜鲜明地指出:"李大钊同志是马克思主义在中国的最早传播者,是中国共产党的创始人之一。他在五四运动、创建中国共产党和促成第一次国共合作等斗争中起过的历史作用,是党和人民所公认的;他在敌人绞刑架下英勇不屈、从容就义的无产阶级大无畏的革命精神,始终是共产党人和革命者学习的榜样。"①这篇文章发表后,为恢复李大钊的历史地位、正确地评价李大钊的历史功绩大造了舆论,在学术界起了拨乱反正的作用,成为中共十一届三中全会以后重新研究李大钊的起点。

中共十一届三中全会以后,政治领域、思想领域的拨乱反正全面开始,呼唤着学术领域的拨乱反正。1979年对于中共党史学来说是一个发展的重大转折,这一年是五四运动60周年、李大钊诞辰90周年。张静如先生以此为契机积极组织和参加学术研讨会,同时发表一系列学术研究论文,对中共党史研究进行正本清源的工作,推动了中共党史研究工作的复苏。就李大钊研究而言,这一年张先生主要做了这样几方面的工作:一是围绕纪念五四运动60周年这一重大活动,发表了以五四运动、李大钊研究为重点的大量学术论文。其中以李大钊研究为题的论文主要有:《李大钊同志对中国革命的贡献》、《论李大钊同志由民主主义者向共产主义者的转变》等。张先生的李大钊研究论文在《人民日报》等报刊上发表,在当时对人们认识李大钊的真实思想和实践活动起了积极的舆论宣传作用,推动了党史研究中的思想解放运动。二是参加济南和上海的学术讨论会,重点就李大钊研究问题作学术报告。1979年5月,山东高校党史教学研究会在济南举行全国高校党史教材讨论会,张先生与胡华、彭明、廖盖隆、张弓、金春明等去给大会作报告。张先生在会上作了《关于李大钊同志革命思想和革命实践研究中的一些问题》的报告。1979年7月,张先生还受教育部的委托与胡华、戴鹿鸣、李秀林、吴树青等一起到上海给讲习班讲课,张先生给上海的讲习班作了《周恩来与白区工作》的讲演;随后受陈独秀研究专家任建树的邀请,去上海的历史学会作了《李大钊和陈独秀》的报告。三是在纪念李大钊诞

① 张静如:《李大钊同志的历史功绩》,《光明日报》1978年2月16日。

辰90周年之际深刻总结李大钊研究的得失,在《文汇报》发表《提高李大钊研究工作的水平——纪念李大钊同志诞辰九十周年》的论文,在当时的国内外学术界产生重大影响,使日本等国从事李大钊研究的学者由此改变对中国学术界的看法。

张静如先生1979年的学术活动及其发表的有关李大钊研究论文,对学术领域的拨乱反正和李大钊研究的开展作出了开创性的贡献,反映了张先生坚持和倡导实事求是的治学态度和从事李大钊研究的基本思路:

(1)科学地确立李大钊在中国革命史的地位。李大钊在中国革命史的地位问题,实际上关系到对李大钊的整体评价和对中国革命史总的认识。张静如先生研究李大钊的一个重要思路是,科学地评价李大钊的历史地位,从学术的高度阐述和论证李大钊对中国革命的历史性贡献。如果说张先生1978年发表的《李大钊同志的历史功绩》一文,主要是从政治的高度为李大钊平反,恢复李大钊的历史地位,那么,张先生1979年发表的《李大钊同志对中国革命的贡献》,则主要是从学术的层面阐述李大钊对中国革命的具体贡献,凸显作为革命家的李大钊形象,为李大钊政治上的平反进行进一步的学理论证。张先生在文章中,对李大钊在辛亥革命后反帝反封建斗争、在中国宣传十月革命和马克思主义、创建中国共产党、与反马克思主义者的思想论争、推动第一次国共合作、开展北方革命运动、为革命英勇就义等做了系统的研究和说明,其结论是:“大钊同志的一生,是革命的一生,是战斗的一生。”①张先生研究李大钊对中国革命的贡献的思路,为当时的学术界从宏观上认识和研究李大钊提供了基本认知取向,奠定以后中国的李大钊研究基础。当时中国学术界在研究李大钊对中国革命贡献的问题上也存在两个争论问题,即关于李大钊接受马克思主义问题和李大钊对建党的态度的问题,张先生对此十分关注。关于李大钊接受马克思主义问题,张先生认为从李大钊宣传十月革命的三篇文章来看,“反映李大钊同志已经认识了帝国主义的本质及其必然灭亡的命运”,“对民主主义赋予了新的含义”,“把中国的命运同十月革命所引起的世界潮流联系起来”,这说明李大钊在宣传十月革命的过程中是接受了马克思主义。关于李大钊对建党的态度,张先生分析了建党过程中李大钊所起的实际作用、李大钊未参加中共一大的原因、李大钊在《团体的训练与革新的事业》中倡导建党的主张,说明李大钊有着积极建党的态度②。张

① 张静如:《李大钊同志对中国革命的贡献》,《人民日报》1979年5月3日。

② 张静如:《静如文存》(上),河北教育出版社2001年版,第88—91页。

先生关注李大钊研究的前沿状况，对当时学术界争论的重大问题进行研究，导引着李大钊研究工作的开展。

(2)具体地考察李大钊思想发展的轨迹。研究李大钊思想的发展，是张静如先生研究李大钊开创性的努力。如前所述，早在20世纪50年代，张先生就以专著的形式在中国学术界第一次对此进行探讨。"文革"结束后，中国学术界对李大钊思想发展的认知还基本上停留在50年代的水平，这就很难提高李大钊研究的水平。因此，张先生在"文革"结束后对李大钊研究的重要方面，就是拓宽李大钊思想研究的深度，并把李大钊思想的转变作为一个重要课题来研究。张先生指出，研究"思想转变"首先要看当时中国社会是否"具备了接受马克思主义的阶级基础和思想基础"；在社会条件具备的情况下，就要研究其思想中"与马克思主义基本观点雷同的因素"以及"为祖国为人民而追求真理的强烈愿望"。据此，张先生具体地考察了李大钊的早期思想中对"转变"起作用的因素，提请研究者注意：李大钊"思想中已经树立起来的辩证唯物主义的基本观点所起的作用"；"对进化论的逐渐怀疑和否定，在其接受马克思主义过程中的作用"；"对人民群众的看法和与人民群众的关系所起的作用"。张先生还运用历史事实进行了学术的论证，说明李大钊"接受马克思主义有多方面的原因"，其"接受马克思主义的思想基础极其牢固"。张先生对李大钊思想转变的过程进行了考察，认为李大钊是通过"对社会发展规律的认识"、"对阶级斗争和无产阶级专政学说的认识"、"对人民群众在历史上所起决定作用的原理的认识"而实现转变的，并且在思想转变过程中表现出"不稳定性、曲折性"；随后，李大钊在斗争的实践中能够前进，其重要因素是"努力学习"、"面向实际"、"有错必改"，最终成为成熟的马克思主义者①。张先生关于李大钊思想转变的研究，无论是就其思想的深刻性、理论思维的超前性、学术观点的正确性，还是就其材料运用的娴熟程度，不仅在当时而且在今天都令专门从事李大钊研究的学者难以望其项背，其学术意义不言自明。张静如先生提出的思想转变的标准问题，对研究五四时期历史人物的思想转变有着极为重要的指导意义。

(3)总结李大钊研究的历史，剖析李大钊研究中存在的问题，指明李大钊研究的发展方向。张静如先生曾以报告的形式"介绍过去多年来对李大钊同志研究的情况"，分十个方面总结自1927年到1979年五十多年来李大钊研究的具体

① 张静如：《论李大钊同志由民主主义者向共产主义者的转变》，《纪念五四运动六十周年学术讨论会论文选》(二)，中国社会科学出版社1980年4月版。

进展，主要是有关李大钊的回忆录、李大钊生平思想研究、李大钊研究资料收集情况等方面的进展状况，还特别提到美国学者莫里斯·迈斯纳的《李大钊和中国马克思主义的起源》一书，认为“此书对李大钊同志研究很仔细，提供了不少材料”①。张先生在学术讲演中曾专门分析“李大钊同志研究工作中存在的问题”，指出当时的李大钊研究“总起来看，水平不高，还处于‘文化大革命’前的水平”；“全面评价很不够，形象的更少”②。张先生将李大钊研究工作中存在的问题，概括为三个方面：“第一，史料的挖掘不足，又缺乏必要的考证”；“第二，不能完全实事求是地运用史料，并引出正确结论”；“第三，缺乏深入细致的分析研究，满足于简单化的结论”③。关于如何具体地开展李大钊研究，张先生当时提出了三方面的努力目标：一是加强史料的挖掘，进行必要的考据。张先生说，对于史料问题，“我们必须下功夫去解决，否则很多事情说不清楚，或者自以为说清楚，其实是错的，这又怎么能再现李大钊同志的形象和给予正确的评价呢?”二是实事求是地运用史料，增强研究工作的科学性。张先生认为，不能实事求是地运用史料，“这是党史研究中多年来的通病，在李大钊研究工作里也有很多的反映”。对此，张先生提出：“实事求是处理史料不会有害处”，要“把李大钊同志的一生的曲折写清楚，说明他怎样在探索中前进，既是伟大的，又是平凡的，既有卓越贡献，也犯过这样那样错误，并在斗争中不断得到纠正”。三是要进行深入细致的研究。张先生提出，李大钊研究不能满足于简单化的结论，要注意研究李大钊的“思想脉络、渊源、特点”，特别是思想中“矛盾的东西”；研究李大钊“必须从不同角度加强研究。……然后再加以综合，定有更大成效。”④张静如先生提出李大钊研究三方面的努力目标，对以后李大钊研究工作的开展产生了重大影响。

“文革”结束以后的20世纪70年代末，张静如先生在中国学术界、党史界倡导解放思想、实事求是的精神，提出要科学地研究李大钊，恢复历史人物的本来面貌，推动了学术界拨乱反正工作的进行；张静如先生对李大钊研究中重大问题的探索，对几十年来李大钊研究工作的总结、存在问题的揭示、提高研究水平的具体意见，使新时期的李大钊研究工作有了崭新的起点。

---

① 张静如：《静如文存》（上），河北教育出版社2001年版，第73—75页。

② 张静如：《静如文存》（上），河北教育出版社2001年版，第79页。

③ 张静如：《努力提高李大钊研究工作的水平》，《文汇报》1979年10月29日。

④ 张静如：《努力提高李大钊研究工作的水平》，《文汇报》1979年10月29日。

三、20世纪80年代以来中国李大钊研究的指导者和组织者

20世纪80年代以来,张静如先生重点在开拓新的研究领域,在中国现代社会史、毛泽东思想发展史、中共党史学理论等领域成就卓著,出版了《北洋军阀统治时期中国社会之变迁》、《毛泽东研究全书》、《唯物史观与中共党史学》等学术著作,但仍然高度重视李大钊研究工作,对中国的李大钊研究工作进行规划和指导,多次组织全国性的李大钊研究学术讨论会,倡导用新的学术观念开展李大钊研究,使80年代以来中国的李大钊研究出现了繁荣的局面。张静如先生是当之无愧的中国李大钊研究的指导者和组织者。

(一)指导李大钊研究向纵深的方向发展

20世纪80年代初期,张静如先生花费了很大精力从事李大钊研究工作的指导。1984年10月在河北乐亭县召开了李大钊诞辰95周年全国学术讨论会,国内的一些学术大家和从事李大钊研究的学者彭明、刘桂生、朱成甲、谭双泉、吕明灼、王世儒、马模贞、韩一德、吴家林、姚维斗、杨树升等,日本学者後藤延子出席了会议。整个会议主要是由张先生主持。这次会议开得非常成功,开创了李大钊研究繁荣发展的新局面。与此同时,张先生在乐亭讨论会期间与其他李大钊研究专家发起成立李大钊研究会筹备组;10月31日召开筹备组会议,张先生及韩一德、朱成甲、马模贞、刘桂生、王世儒、杨树升、姜庆明等学者出席。同年11月中旬,张先生和筹备组其他成员在北京市委党校开会,讨论成立北京李大钊研究会的有关问题。1985年6月,张先生将成立李大钊研究会问题申报北京党史学会得到批准。同年6月15日,北京李大钊研究会在北京市委党校召开成立大会,全国李大钊研究的专家、学者出席了会议,张先生被推为会长①。北京李大钊研究会的成立,对组织和筹划纪念李大钊诞辰100周年学术讨论会,团结李大钊研究专家和有志研究李大钊的青年从事学术研究,发挥了巨大的作用。

在纪念李大钊诞辰95周年前后,张静如先生出版了《李大钊生平史料编

① 参见姜庆明:《北京李大钊研究会的发起及成立》,李权兴主编:《李大钊研究辞典》,红旗出版社1994年版,第984页。

年》一书,发表了《再促李大钊研究工作的发展》、《李大钊与北京师大》、《李大钊对国共合作的贡献》、《建国以来李大钊研究述评》等学术论文。张先生的这些著述围绕“再促李大钊研究工作的发展”这一中心,主要学术主张是:

(1)总结研究得失。张静如先生在李大钊研究方面不仅有专门的述评论文,而且在其他的李大钊研究论文中,也多有对李大钊研究历史与现状的评述。如《再促李大钊研究工作的发展》①这篇为纪念李大钊诞辰95周年的论文,就对1979—1984年五年间中国李大钊研究的进展进行了回顾,概述和评价了新近出版的《李大钊文集》、《李大钊年谱》、《李大钊生平史料编年》,新近发现的李大钊著述,以及朱成甲的《李大钊对袁世凯的认识过程》等文章和吕明灼的《李大钊思想研究》一书。再如,1985年张先生和马模贞合写的《建国以来李大钊研究述评》的论文,站在学术研究的最前沿对新中国三十五年来李大钊研究成果作了一次全面的总结。关于三十五年来李大钊研究的基本状况,“述评”分五个方面就李大钊著作的编辑整理、佚文的搜集校勘、年谱的编辑,李大钊生平活动研究及史实的考证,李大钊研究专著的出版,李大钊思想研究的各方面成果,李大钊研究工作中遵循的思想原则、研究态度和研究方法,作了全面的分析②。“述评”既肯定研究成果所取得成功的方面,又指出其存在的问题,评价中肯,实事求是,见识高远。可以说,注重李大钊研究的历史与现状的考察,总结李大钊研究的得失,为学术界提供学术信息,是张静如先生从事李大钊研究的重要特色之一。

(2)加强基础工作。张静如先生主张把“加强基础”作为今后李大钊研究工作的主要任务之一,提出要编一部《李大钊生平史料汇编》,即把已发现的与李大钊生平活动有关的第一手材料,汇集一起,按年代顺序编辑,尽可能保持资料的完整性;要编一部《李大钊文集评注》,要求评注包括人物、事件的解释,思想、观点源流的考察,全文或论点的历史背景的说明,疑点的考证,文章作用和影响的评论等;要继续努力挖掘材料,从三方面去寻找:一是到李大钊接触过的人的著作、日记、书信以及活动中去寻找;二是到与李大钊有关的报纸、刊物中去寻找;三是到中央和北方区委的文件档案中去寻找③。张先生不仅倡导“加强基础”工作,而且身体力行地从事李大钊研究的基础工作。张先生出版《李大钊生

---

① 张静如:《再促李大钊研究工作的发展》,《研究·资料与译文》1984年第3期。

② 张静如、马模贞:《建国以来李大钊研究述评》,《近代史研究》1985年第2期。

③ 张静如:《再促李大钊研究工作的发展》,《研究·资料与译文》1984年第3期。

平史料编年》①这一年谱性的资料长编，以时间为顺序将有关李大钊的材料编列起来，展示李大钊实践活动、思想发展的轨迹，其特点是：照录第一手的原始材料，保持资料的原貌和材料的真实性；在介绍李大钊的文章时加以简要的概括，以便研究者把握李大钊思想发展的脉络和特点。这部书为研究者提供了极大的便利，使研究者能够看到难以看到的第一手材料，是加强李大钊研究工作的一项基础性工程。

（3）*开展专题研究*。张静如先生在倡导“加强基础”研究的同时，明确提出把“专题研究”作为今后李大钊研究的任务。关于专题研究的内容，张先生提出包括这样几类：“关于思想方面，可以分头研究政治、经济、哲学、教育、史学、法学、文艺、新闻等思想。关于生平活动方面，可以研究其与某些人物的关系，如孙中山、陈独秀、邓中夏、钱玄同、高一涵、章士钊、冯玉祥、白坚武等；也可以研究其与事件的关系，如五四运动、二七罢工、国共合作、首都革命、三一八惨案等；还可以研究其与某些团体组织的关系，如中国社会党、国民杂志社、少年中国学会、马克思学说研究会、北京共产主义小组、党的北方区委、国民党北京执行部、共产国际、国民军等；又可以研究其与各种思潮的关系，如马克思主义、无政府主义、工读互助主义、三民主义等。”②张先生提出的“专题研究”的任务所体现的研究思路，直接推动了1989年李大钊研究高潮的到来。这一时期，张先生也进行“专题研究”。例如，张先生撰写了《李大钊与北京师大》③、《李大钊对国共合作的贡献》④等论文。张静如先生提出的“专题研究”思想，推动了李大钊研究工作走向深入。

（4）*宏观研究与微观研究相结合*。张静如先生在中国李大钊研究界第一次提出“要从微观和宏观两方面加强李大钊研究的深度”的主张，指出：“从微观研究的角度来说，我们力求充分阐明李大钊的思想，是怎样加速了中国共产主义运动的过程，促进了马克思主义在中国的传播和中国共产党的建立的；他在自己所处的社会生活各个领域，留下什么痕迹”；“从宏观的角度来说，我们应该通过李大钊研究，对一些带有规律性的问题，进行历史总结和理论概括。譬如，中国接受马克思主义这一科学真理有什么特点；在我们这样一个封建主义思想根深蒂固的国家里，运用人类最先进的宇宙观有什么障碍和问题；在中国，马克思主义

① 张静如、马模贞等编：《李大钊生平史料编年》，上海人民出版社1984年版。

② 张静如：《再促李大钊研究工作的发展》，《研究·资料与译文》1984年第3期。

③ 张静如：《李大钊与北京师大》，《北京师范大学学报》1984年第6期。

④ 载《中国国民党“一大”六十周年纪念文集》，中国社会科学出版社1984年版。

和非马克思主义、反马克思主义各种思潮的斗争,有什么经验教训,等等"①。张静如先生提出从微观和宏观的角度来研究李大钊,对于李大钊研究水平的整体提高有着重大的理论指导意义。

(5)加强国际性的学术交流。"文革"结束以后,张静如先生在学术论文和学术报告中,曾多次介绍国外研究李大钊的情况。进入20世纪80年代,张先生不仅继续介绍国外的李大钊研究动态,而且首次全面论述李大钊研究同国外加强交流的问题。张先生指出:"在当前国际学术交流频繁的情况下,理应由我们发起,邀请国际上研究李大钊的学者、专家,一起交流各自的研究成果,使李大钊研究成为国际性的研究专题,借以广泛组织力量扩大影响,同时,积极发展同各国人民文化上的友好往来。"②张先生倡导李大钊研究的中外交流,提高了李大钊研究者进行中外学术交流的积极性,扩大了李大钊研究工作者的视野,这对中国李大钊研究起了积极的导向作用。其后的1989年纪念李大钊诞辰100周年学术讨论会,也成为李大钊研究史上第一次国际性的学术讨论会。

(二)推动李大钊研究高潮的到来

张静如先生积极组织和领导李大钊研究工作的开展。1988年9月,张先生代表北京李大钊研究会与王学珍(北京大学)、廖盖隆(全国中共党史研究会)、沙健孙(中共中央党史研究室)、刘荣惠(中共河北省委宣传部)、王立行(中共北京市委宣传部)作为发起单位负责人,和71位老同志一起,发出成立中国李大钊研究会的倡议书;在1989年4月5日的成立大会上,张先生被选为中国李大钊研究会副会长。1989年纪念李大钊诞辰100周年国际学术讨论会是李大钊研究史上最有影响的学术盛会。在学术讨论会召开前,张先生参与会议主题的议定、征文内容范围的确定以及论文的评选工作。在学术讨论会上,张先生就将李大钊研究进一步引向深入发表了重要意见,指出今后工作任务是:应进一步加强研究工作的科学性;进一步做好史料的整理、编订工作特别是文集的注释工作;加强专题研究,尤其是要开展对李大钊与近代重要历史人物、社团、刊物之间关系的专题研究;有计划、有目的地翻译和评介国外的学术著作,加强中外学术交流;重视对李大钊的宣传工作,使研究和宣传结合起来;努力培养从事李大钊

① 张静如、马模贞:《建国以来李大钊研究述评》,《近代史研究》1985年第2期。
② 张静如、马模贞:《建国以来李大钊研究述评》,《近代史研究》1985年第2期。

研究的青年同志,尽快使青年在学术上成熟起来①。在纪念李大钊诞辰100周年期间,张先生还主持召开了北京市纪念李大钊诞辰100周年学术讨论会,就研究李大钊与坚持马克思主义发表重要讲话②。

在李大钊研究的高潮中,张静如先生在学术发展前沿导引李大钊研究工作的前进。代表性是论文有《李大钊论历史学》、《李大钊与现代化意识》、《李大钊论历史学》、《〈李大钊与中国马克思主义的起源〉序》等。张静如先生上述论文对中国李大钊研究的贡献主要表现在这样几个方面:

一是总结了五年来李大钊研究的进展,着重提出了今后一段时期李大钊研究中所要改进的问题。从1984年到1989年间的五年中,中国的李大钊研究取得了显著的成绩,研究的热情高涨,并在1989年达到研究的高潮。但这种形势往往会致使不少研究者滋长冒进的情绪,对存在的问题比较容易忽视。张静如先生与他的博士生侯且岸合写了《1984年以来李大钊研究述评》(此文是《建国以来李大钊研究述评》的续篇),就1984年至1989年李大钊的研究情况进行述评。张先生认为,五年来李大钊研究是有成绩的,取得了重大的进展。但存在问题也不少,主要是:"研究工作还没有完全纳入科学的轨道,感情色彩比较浓";史料的搜集、整理、校订工作还不够,"百余万字的《李大钊文集》,没有注释";李大钊研究有许多空白,"对李大钊与现代历史重要人物、社团、刊物、思潮之间的关系的专题性研究显得十分薄弱,有质量的论文少得可怜";李大钊研究的国际学术交流得到开展,但"这些工作仅仅是刚刚起步";在李大钊的研究与宣传问题上,"我们的研究跟不上","我们的宣传基本上还停留在较低的层面上,大体上相当于50到60年代的水平";"在从事李大钊研究的学术队伍构成方面,实有青黄不接的征兆"③。张静如先生鲜明地提出李大钊研究工作中亟待改进的若干问题,这对推动李大钊研究的发展有着深远的影响。

二是首次在学术界提出从现代化的视角来研究李大钊。张静如先生特别注重理论思维,倡导用全新的视角来研究中共党史人物。张先生认为,中国近现代史是一个不断现代化(由被动现代化为主动现代化)的历史,要实现社会现代化

① 侯且岸、姚鸿:《李大钊研究的进展和今后的发展》,李权兴主编:《李大钊研究辞典》,红旗出版社1994年版,第990—991页。

② 张先生在北京市纪念李大钊诞辰100周年学术讨论会上的总结报告,后来整理为《李大钊选择马克思主义没有错》,发表在《北京日报》(1989年11月3日)。参见张静如:《静如文存》(下卷),第596—602页。

③ 张静如、侯且岸:《1984年以来李大钊研究述评》,《河南党史研究》1990年第1、2期合刊。

就必须使人们具有现代化意识。在张先生看来，历史地考察中国共产党领导人的群体现代化意识，将会更深刻地认识中国社会现代化进程。张先生提出，衡量现代人物的作用就应该考察其现代化意识之强弱，考察其对变被动社会现代化为主动社会现代化过程的贡献之大小；并在学术界首次分析了李大钊现代化意识的具体表现，指出李大钊"是现代化意识的倡导者，是为变被动现代化为主动现代化而奋斗的革命家"①，同时也指出李大钊思想中的非现代化意识的缺陷。张静如先生不仅为李大钊研究提出了崭新的思路，而且为现代历史人物研究提出了从现代化角度研究的新视角，这对党史人物的研究是有指导意义的。

三是对李大钊研究中的有关问题进行深入的剖析。张静如先生对李大钊研究中的倾向和新问题，予以特别的关注。譬如，美国学者莫里斯·迈斯纳的著作《李大钊与中国马克思主义的起源》一书，提出李大钊的马克思主义观点"非正统性"问题。张先生对"非正统性"问题作出自己的解说。张先生说："所谓'非正统性'，照我的想法，是否可以包含两层含义：一是马克思主义同中国实际结合得出的结论，虽然与马克思主义的具体原理未必一致，但并非脱离马克思主义，而是发展了马克思主义；一是在接受、宣传马克思主义过程中，出现理解上和运用上的走形。"张先生认为，这种"走形"最突出地表现为对马克思主义关于生产力与生产关系原理没有弄清楚，因而丢掉了生产力这一最终决定力量，认识一切问题仅在上层建筑领域兜圈子②。张先生对"走形"的实质进行阐释，这对李大钊研究、中国马克思主义问题研究都是有意义的。再如，李大钊历史学思想是学术界探讨的重点，但对《史学要论》的存在问题未能作科学的分析。这反映学术界存在着研究正面人物只说优点而隐讳不足或错误的一种倾向。张先生在肯定李大钊史学思想突出贡献的前提下指出，李大钊主张"以经济为中心纵着考察社会变革"，但实际上"李大钊比较侧重生产关系，对生产力则有所忽视"；李大钊强调历史要随时改作，而比较忽视史料新的发掘；李大钊对历史哲学做了详细的考察，然而"并没有说明唯物史观与历史理论的关系"；李大钊很注意历史理论和历史研究法的关系，却"没有谈到历史辩证法和历史研究的具体方法的关系"③。张静如先生指出李大钊史学思想的不足，在于倡导学术唯真、实事求是的良好学风。

---

① 张静如：《李大钊与现代化意识》，《北京师范大学学报》1989 年第 6 期。

② 载《李大钊与中国马克思主义的起源》，中共党史资料出版社 1989 年 8 月版。

③ 张静如：《李大钊论历史学》，《历史教学》1989 年第 11 期。

（三）对世纪之交李大钊研究工作的组织和指导

进入20世纪90年代以后，中国的李大钊研究正在向纵深的方向发展。张静如先生仍然指导着李大钊研究工作的开展。中国李大钊研究会召开了多次学术讨论会，特别是1994年纪念李大钊诞辰105周年学术讨论会在唐山召开，1999年纪念李大钊诞辰110周年学术讨论会在北京大学召开，推动了李大钊研究工作向深度方向发展。在1994年，张先生担任纪念李大钊诞辰105周年在学术会议筹备委员会副主任委员，负责对学术论文的评选工作，并主持了这次学术讨论会。在1999年，张先生又参与组织了纪念李大钊诞辰110周年学术讨论会。张先生还担任《李大钊全集》（四卷本，河北教育出版社出版）的学术顾问，《李大钊文集》（五卷本，人民出版社出版）编辑工作委员会副主任委员，为李大钊著作的出版做了大量的指导工作。

20世纪的90年代以来，张静如先生还撰写了一系列的李大钊研究论文，代表性的论文有：《李大钊与中国社会主义道路》、《李大钊对中国社会现代化的历史贡献》、《李大钊与马克思主义旗帜在中国的树立》、《关于李大钊研究》等。这些论文所体现的张静如先生从事李大钊研究的学术思想，最为突出的有两个大的方面：

一是通过现实与历史的联系来研究李大钊。张静如先生研究党史有一个最为重要的特色，即从历史与现实的联系中来进行研究，注重历史的连续性。张先生曾经说过，他从社会现代化的角度来研究李大钊"是换了个考察角度，把早已不在世的历史人物的功绩用历史的连续性与今天的社会主义现代化建设结合起来，以期对提高人们的认识有所帮助"①。张先生关注现实体现在许多方面，而马克思主义、社会主义道路、社会现代化等则是张先生关注的重点。这同样体现在张先生的李大钊研究中。关于马克思主义，张先生认为马克思主义的引进在中国是一个特定的历史阶段，其最显著的成果是"马克思主义旗帜在中国的树立"，提出"把马克思主义与这个具有特定的历史阶段联系起来加以研究"，并分析李大钊引进马克思主义的特色及在中国树立马克思主义旗帜中的地位②。关于社会主义道路，张先生认为"在中国近现代思想发展过程中，对社会主义进行严肃的'学理'上探讨是从李大钊开始的"，并就李大钊研究各种社会主义流派所形成的系统的社会主义思想，进行了五个方面的高度的理论概括，认为李大钊

① 张静如：《李大钊对中国社会现代化的历史贡献》，《北京党史研究》1994年第6期。

② 张静如、朱志敏：《李大钊与马克思主义旗帜在中国的树立》，《北京党史》1999年第6期。

是为“中国人民指出社会主义道路的第一人”①。关于中国社会现代化，张先生从李大钊引进马克思主义现代化思想、创建现代化政党中国共产党、推动国共合作的北伐战争、为社会现代化事业献身等方面，来论述李大钊在中国变被动现代化为主动现代化进程中的贡献，指出：“李大钊是一个对实现中国社会现代化有很大功劳的历史人物，是变被动社会现代化为主动社会现代化重要转折期的、一定时间和范围内影响发展方向的关键性历史人物。”②站在现实的高度，通过历史与现实的内在联系来研究李大钊，是张静如先生研究李大钊的学术理念。

二是着重从宏观上提出深化李大钊研究的基本思路。在世纪之交，张静如先生根据李大钊研究的现状和从现实与历史相联系来研究历史的理念，着重提出从宏观上深化李大钊研究的基本思路。张先生说：“研究历史人物，当然要研究某个人物在他所处的时代想了些什么，说了些什么，做了些什么，起了什么样的作用，但更重要的是研究这个历史人物给今人留下什么，而这些东西又和当代人和事有什么关系。对此，显然需要从宏观角度进行研究。”在谈到宏观研究时，张先生提出要研究李大钊的创新精神，认为李大钊“既是创新精神的倡导者，又是创新精神的实践家”。张静如先生强调“从宏观角度、现实角度研究李大钊”，在于“把研究引向深入”，“使研究更加有意义”③。

张静如先生从20世纪80年代就开始注意到李大钊研究工作中的人才培养问题，把培育年轻一代的李大钊研究者作为自己的重要任务。他多次提出，要加强对年轻同志的帮助和引导工作，以使他们尽快地在学术上成熟起来。张先生特别重视对年轻的李大钊研究者的指导和培养，当今中国年轻的一代李大钊研究专家，大多出自张先生门下④。有许多青年人在李大钊研究中都得到张先生的指导和关怀，从而取得显著的研究成果；张先生培养的许多博士生和访问学者，也把李大钊研究作为重要的研究方向，从而使李大钊研究队伍不断扩大，中国的李大钊研究后继有人。

中共党史、中国现代史研究都把五四时期作为研究的起点。李大钊作为五四时期极为重要的历史人物，在中共党史、中国现代史上占有特殊的地位，对李大钊开展研究就有着十分重大的学术意义。今天中国李大钊研究处于蓬勃发展

① 张静如、侯且岸：《李大钊与中国社会主义道路》，《李大钊研究》第2辑，1992年。

② 张静如：《李大钊对中国社会现代化的历史贡献》，《北京党史研究》1994年第6期。

③ 张静如：《关于李大钊研究》，《史志研究》1999年第4期。

④ 朱志敏教授、侯且岸教授是张静如先生的博士生，都以研究李大钊见长；笔者出版的《李大钊与中国现代学术》，也是在张静如先生指导下完成的博士论文。

的局面，与张静如先生近半个世纪的辛勤开拓和艰苦努力是分不开的。

（原载《中共党史研究》2003 年第 1 期）

【昔文琐记】这篇《张静如与中国的李大钊研究》，写于 2002 年 4 月。

据我的日记，此文拟定写作提纲是在 2002 年 2 月 22 日，正式写作于 2002 年 4 月。2003 年 1 月是我的导师张静如先生 70 岁生日，写篇文章总结先生的学术成就，弘扬先生的学术思想，能够为后来研究者少走弯路。这也是献给先生生日最好的礼物。

写什么内容来彰显张静如先生的学术贡献，当时颇有一番思量。张先生是中国党史名家，学术领域宽广，自是非我等之辈所能深刻领会的，因而以我当时的学术功力，还不足以能够全面总结先生的学术成就。于是，我就把范围缩小到李大钊研究领域。先生是李大钊研究的开创者，又是当代中国李大钊研究的组织者和领导者，总结先生从事李大钊研究的成就是很有意义的，对当今的李大钊研究有很大的促进作用，也能为青年人进入李大钊研究领域提供启示。

就个人条件而言，我多年来研究李大钊，是在张静如先生培养之下成长的，写先生研究李大钊学术成就的文章，应该说具有较好的研究条件：其一，我在先生门下从事李大钊研究，得到先生的直接指导与教诲，对先生的学术思路、治学路径有所体会。其二，我自 1988 年写第一篇李大钊研究论文，一直参与全国性的李大钊研究的学术交流，关注学术研究动态，有一定的学术研究视野与学术积累，能够对学术研究成果作出较为符合实际的评价。其三，我那时已经完成博士学位论文答辩，在时间上亦比较宽裕，写作上能够从容一些。

此文写成后，提交研究张先生学术思想研讨会，参加学术交流活动，后收入《张静如学术与教育思想研究》（北京师范大学出版社 2003 年 1 月版）一书。大概是在 2002 年的五六月份，我对初稿又进行了修改，投《中共党史研究》，结果就在这个刊物上发表了。我觉得，对先生研究李大钊的成就，还有进一步总结的必要，这将有助于推进李大钊研究工作的深入，也为以后写《李大钊研究史》奠定基础。

通过写这篇文章，我觉得以后撰写李大钊研究史，得把中国李大钊研究界一些学术名家的贡献写进去。因而，需要有《刘桂生与李大钊研究》、《吴家林与李大钊研究》、《韩一德与李大钊研究》、《马模贞与李大钊研究》、《朱成甲与李大钊研究》、《朱乔森与李大钊研究》、《杜蒸民与李大钊研究》、《吕明灼与李大钊研究》、《朱志敏与李大钊研究》、《侯且岸与李大钊研究》等这样的研究成果。新中国成立前的李大钊研究暂且不谈,新中国成立后的李大钊研究,大致有三代人。第一代人是20世纪50年代的一代,第二代是20世纪70年代末80年代初,第三代是20世纪80年代末的新生代。这里所说的“三代人”,不纯粹是按年龄划分的,而是以他们进入李大钊研究界的时间及取得的成就来划分的。譬如,第一代与第二代,在年龄上相差是不大的,都是20世纪30年代出生的。又譬如,第三代是在80年代末以后活跃在李大钊研究界的,但在年龄上有一定的差距,大致是50年代及60年代出生的人。总的来看,撰写李大钊研究史,要写各个时期和各个阶段李大钊研究的状况,既把出现的李大钊研究高潮情况说明清楚,也要把中国的、外国的一些李大钊研究名家的贡献表彰出来。

现在看这篇《张静如与中国的李大钊研究》,思绪万千,心情不能平静。我是在张静如先生培养下成长的,我的学术研究也是在张先生悉心指导下进行的①,因而对先生有着特别的感情。先生尽管很忙,但很乐意为我的书写序②,向学术界推介。没有张静如先生对我多年来的关爱、提携和培养,我不可能在1999年有攻读博士学位的机会,并专门从事李大钊研究,也就不可能有《李大钊与中国现代学术》、《李大钊与中国社会现代化新道路》、《李大钊早期思想体系与中外思想文化》等李大钊研究专著的出版。没有先生在我读博时指引“中国马克思主义学术史”的研究方向,我不可能有三卷本《中国马克思主义学术史概论(1919—1949)》及五卷本《中国马克思主义学术史》等著作;没有先生关于中国社会史研究的理论及安排我从事新中国社会史的研究,我也不可能有《中国当代社会史》(第二卷)这部著作;没有先生对我进行党史学理论的教导,我也不可能在党史学理论上有所成绩,并出版《党史解释要论》这部著作。我很是想念导师张静如先生!

2021年7月31日

① 我在张静如先生80岁生日时,写了《我在恩师的指导下成长:记张静如先生对我的悉心指导与学术影响》,参见《思想和人格的魅力:我们眼中的张静如先生》,北京师范大学出版社2013年版,第184—198页。

② 我的著作《李大钊与中国现代学术》、《李大钊与中国社会现代化新道路》、《李大钊早期思想体系与中外思想文化》、《中国马克思主义学术史概论(1919—1949)》、《中国现代政治史》、《党史解释要论》等,张静如先生都欣然作序的,给予我莫大的鼓励和支持。

20世纪80年代张静如先生建立中共党史学理论的努力

张静如先生是中国党史界的学术大家，在中共党史学、邓小平理论研究、毛泽东思想研究、中国现代社会史等领域取得了开创性的成果，享誉学术界。在20世纪80年代，张先生发表《党史学科建设断想》、《中共党史学理论和方法论纲》等论文，以唯物史观为指导就中共党史学的学科性质、研究对象、研究方法等基本问题进行研究，为建立中共党史学的中介理论体系做了大量的努力，成为中国中共党史学理论最主要的开创者。

一、率先提出党史学的学科性质问题

张静如先生对中共党史学学科建设的关注由来已久，据张先生自述："从80年代前期起，我开始注意到党史界对中共党史的学科性质、对象，对中共党史研究如何用唯物史观指导等问题，都不甚清楚，没有个明确的说法。有不少研究者，对这样的问题不十分感兴趣。1984年夏，在北京办的一个学习班上，我讲了中共党史与中国革命史两个学科的不同，从而涉及学科性质问题，并提出必须用唯物史观指导作为历史学科的中共党史和中国革命史的研究。此后，我继续进行这方面问题的探讨"①。张先生关于中共党史研究的主张，是后来形成系统的中共党史学理论的基础。

张静如先生关于中共党史学是历史学科的思想，具体萌芽于何时？可以肯定，至少在1983年，张先生对此就进行过理论性的思考。1983年12月，张先生在上海作了《高等学校党史课程要改变　党史学科仍要发展》的学术报告。这

---

① 张静如:《关于〈唯物史观与中共党史学〉》,《中共党史研究》1996年第2期。

一学术报告有这样几个方面值得注意:一是张先生在报告中将党史作为历史学科来看待。为了说明中共党史要注重宏观研究,张先生从历史研究在于总结历史规律的角度来予以论证,指出:“研究历史的目的不是为研究历史而研究历史,而是从历史中总结出规律来,指导当前的和未来的工作,这是我们研究历史的任务。”①显然,张先生在这里是将中共党史归类到历史学科的。报告提出要开拓党史研究的领域时,认为要发展党史注释学、党史目录学、党史文献学、党史史料学、党史学史,这也是从历史学研究的路数来思考的。可以认为,此时张先生已确立中共党史是历史学科的思想。二是张先生在报告中对中共党史研究应该成为一门“学”的思想已经初步形成。在报告中,张先生虽然更多的是使用“党史学科”、“党史研究”概念,但张先生倡导研究“中共党史学史”说:“中共党史学史方面,这个领域也没有人开辟,需要开辟。中国共产党到现在已经有六十多年历史了,研究中国共产党历史早在党成立以后就开始了。特别是新中国建立后,我们在党的领导下研究党的历史取得的成绩还是比较大的。十一届三中全会以来,这方面的成绩就更大了。所以它已经可以形成这门学科——党史学史。它是研究以往人们研究中共党史的历史。”②研究中共党史的历史可以成为一门学科(党史学史),很显然,则中共党史研究自然是一门学科;既然有建立“党史学史”的必要,则“党史学”概念是一个预设性的前提。在张先生的学术思维中,“党史学”的概念是存在的,只是没有理论上的论证。三是张先生在报告中提出党史研究进行理论上开拓的新思路。长期以来,党史研究侧重在微观研究,宏观研究尤其是理论研究严重不够。诚如张先生当时所说,中共党史在理论上“这几年这方面的研究很少”,“文革”前党史学界“整个理论水平不是很高的”。鉴于此,张先生倡导:“中共党史学科要发展,特别重要的仍然是理论上要加强,理论上的开拓很重要。如果理论领域方面研究、开拓得少的话,我们党史学科想发展也不行。”③如果说,倡导中共党史研究在“理论上要加强”,是号召党史研究工作者学习理论的话;那么,要求中共党史研究在“理论上的开拓”、在“理论领域方面研究、开拓”,显然不只是学习理论的问题,而且是把建立中共党史的研究理论作为一项重大课题提出来。从张先生此后的学术生涯来看,正是以主要精力来努力完成这一课题,创建中共党史学的中介理论体系。这一学术

① 张静如:《静如文存》(上卷),河北教育出版社2001年版,第362页。
② 张静如:《静如文存》(上卷),河北教育出版社2001年版,第366页。
③ 张静如:《静如文存》(上卷),河北教育出版社2001年版,第367页。

报告的内容,对于研究张先生学术思想特别构建中共党史学理论体系的最初设想有重大的价值。诚如张先生以后所说,这一报告反映“那个时候对中共党史学发展的一些想法”,“是一些萌芽的东西”,“但却构成后来较为系统的、较为成熟的主张的基础”①。

张静如先生有一个重要的学术理念,即学科性质问题是研究一切学科问题的前提,学科性质问题上的误差将影响学科按照其自身规律的发展,当然也不利于其功能的发挥。然而,及至20世纪80年代初,中国学术界对中共党史的学科性质一直没有科学的界定。也许是因为自1958年中共党史被定为高校政治理论课的缘故,学术界普遍认定中共党史是马克思主义理论学科,史学界也从来不把党史学划在史学的范围内。因此,中共党史学被“理所当然”地列入法学门的政治学科之下。在张先生看来,虽然从课程的作用来说,中共党史课毫无疑问是政治理论课,但并不等于说这门学科的性质也随之变化了。所以,张先生不同意以课程作用进行分类,而主张“党史学是历史科学”。张先生说:“凡研究和阐明人类社会发展过程的纵向学科,不管它是整体的、断代的,或者是分类的,都应归属于历史学科。党史是研究中国共产党历史发展过程的纵向学科,是近现代历史时限之内的一部专史,其性质自然应该属于历史科学。”②张先生提出的“党史学是历史科学”主张,纠正了长期以来党史研究界的对党史学性质理解上的错误,这是对党史学发展的一个重大贡献。张先生不仅肯定党史学的历史科学性质,而且根据历史学的系统对党史学在历史学中的位置作了科学的界定,以摆正党史学所应有的位置。张先生指出:“中国近现代时限内,由于客体在结构上分层次存在,因而从历史学的角度看,就有多种不同层次的学科研究这段历史的内容。作为中国通史的组成部分,中国近代史、现代史,是一个综合性的大系统,属于最高层次。低于它的次级系统,有经济史、政治史、文化史、思想史,等等。这些专史中又各自有自己的次级系统,形成第三、第四层次,以至更多层次。如政治史下面有革命史、政党史、法制史,等等;经济史下面有生产史、流通史、分配史,等等。而政党史下面又可分共产党史、国民党史、农工民主党史,等等。”③张先生此论一出,在当时颇引起争议,有些人认为这是降低了党史学的地位,而更多的人则表示不理解。张先生坚持自己的学术见解,在以后的多篇学术论文中

① 张静如:《静如文存》(上卷),河北教育出版社2001年版,第371页。
② 张静如:《党史学科建设断想》,《党史研究》1987年第6期。
③ 张静如:《关于中国革命史的研究对象》,《革命史资料》1986年第1期。

就党史学是历史科学以及党史学的学术位置进行了多角度的解释、论证和说明。20 世纪 90 年代出版的《唯物史观与中共党史学》专著中,张先生依然坚持自己的主张,并强调"必须'正名',即正确理解党史学的性质",认为"只有认清党史学是历史学科,才能使党史学的研究按照自身规律发展,从而取得更大成绩。摆错了位置,难免陷入误区。"①在今天,中共党史学是历史学科,已为党史研究者所公认。这应该说,与张静如先生长期以来的积极倡导是密不可分的。

二、提出建立中共党史学的主张

20 世纪 80 年代中期开始,张静如先生鲜明地提出建立中共党史学的任务。关于建立中共党史学的缘由,张先生以后进一步解释道:"这是从中国共产党历史的特殊性出发考虑的,认为有必要单独立'学'。不是因为中国共产党是执政党就有此特权,也不是因为研究执政党历史的人要求得到这种特权,而是纯客观的要求。谁都会承认,自中国共产党成立至今,对中国近现代社会发生的影响太大了,没有任何一个政党能比得上。要研究中国近现代社会发展,无论是经济基础,还是上层建筑以至社会意识,不研究中国共产党历史是绝对不行的。中国共产党的历史发展,涉及的社会层面极广,内容十分丰富,过程特别曲折复杂,不单独立'学',不形成一个相当的研究体系,无法深入研究。"②张先生倡导把中共党史作为一门学科,独立为"学"来进行研究,对于中共党史学的建立有着重要的意义。

确认中共党史学是历史科学,还必须对中共党史学的研究对象进行阐述和说明。党史学研究的对象,是长期被党史学界忽略的问题。在张静如先生看来,既然党史学是历史学科,而历史学科又是研究历史过程,那么党史学显然也是研究历史过程;只不过党史学不是研究一般的历史过程,而是研究中国共产党的历史过程。于是,张先生对党史学的研究对象进行探索的基础上,作了这样的表述:"党史学的对象的中国共产党历史发展的全过程。"③张先生这一对党史学研究对象的表述,是从党史的学科性质出发的,符合党史学作为历史学科的本质属

① 张静如:《唯物史观与中共党史学》,湖南出版社 1995 年版,第 2 页。

② 张静如:《中共党史学诠释》,《北京党史研究》1997 年第 3 期。

③ 张静如:《党史学科建设断想》,《党史研究》1987 年第 6 期。

性,因而是正确的。当然,这里对党史学研究对象的表述亦过于抽象,对于当时的研究者来说确实有点难于理解。对此,张先生已经注意到,此后则力图将表述进一步具体化。张先生对中国共产党历史的全过程进行研究,并根据毛泽东在《论联合政府》中提出的考察中国一切政党"看它对于中国人民的生产力的发展是否有帮助及帮助之大小"论断进行分析,指出中国共产党"走完第一步,就进入第二步。第一步是解放生产力,那么,第二步就是发展生产力了"①。由此张先生将中国共产党历史全过程,具体化为解放和发展生产力的过程,并将党史学的研究对象的表述进行了调整:"党史研究的对象是中国共产党为解放和发展生产力而奋斗的历史发展全过程。"②这里,张先生将中国共产党历史发展全过程中最核心的内容表述出来了,既符合唯物史观关于社会历史进程的解析,又切合中国共产党主要努力之所在,从而使党史学研究的对象更为具体,也易于为研究者所把握。

与对党史学研究对象的探讨相联系,张静如先生对党史研究的内容进行概括和分析。1987 年,张先生指出:"党史学的对象决定着党史研究的内容。党的历史发展全过程包含的内容相当丰富,但概括说来,不外两个方面,即党自身的发展和领导人民进行革命和建设。这两个方面都要研究,不能偏废。"③在党史研究内容两方面的概括中,张先生对所说的中国共产党"自身的发展",侧重于"中国共产党自身的建设";所说的中国共产党"领导人民进行革命和建设",主要是指中国共产党为解放和发展生产力、实现社会现代化所作的努力。张先生对这样的概括是一直坚持的,十年后的 1997 年又考虑对"这两大类内容进行研究的中共党史学"如何构成"一个研究体系"的问题。在张先生看来,中共党史学与历史学是一致的,历史学的内容它都应该有,但又有自己的特点。那么,中共党史学的内容应该包括哪些方面呢?张先生认为,中共党史学应该包括如下的一些内容:第一,通史类:即从中国共产党成立到今,党领导新民主主义革命、社会主义革命和社会主义现代化建设以及在这个过程中党自身建设的历史;第二,断代史类:把中国共产党历史发展全过程,按时间顺序分阶段进行研究;第三,专史类:对中国共产党在经济、政治、军事、文化、理论诸领域的活动,以史的发展为线索分别进行研究;第四,地区史类:对中国共产党的活动,按地区以史的

① 张静如:《中国共产党与社会现代化》,《北京师范大学学报》1991 年第 3 期。
② 张静如:《解放和发展生产力与党史研究》,《北京党史研究》1993 年第 1 期。
③ 张静如:《党史学科建设断想》,《党史研究》1987 年第 6 期。着重号为引者所加。

发展为线索分别进行研究；第五，行业史类：对中国共产党的活动，按行业系统以史的发展为线索分别进行研究；第六，人物志类：对中国共产党历史发展过程中，党内外各行各业有影响的历史人物分别进行研究；第七，研究性回忆类：一般回忆录是资料性的，不是研究成果，当然不包含于研究体系之中，但在中共党史研究中却有一些回忆是在研究第一手材料基础上形成的；第八，基础理论类：中共党史史料学、中共党史学史、中共党史研究理论和方法①。张先生对党史学的研究对象和研究内容的阐述，是他倡导建立中共党史学的重大努力。

张静如先生在 20 世纪 80 年代倡导建立中共党史学时，就对党史学的研究理论和方法进行了深入的思考。在张先生看来，任何学科的研究，都要有自己的理论和方法，否则学科的发展就要受阻。根据当时党史研究的现状和发展党史学的需要，张先生就党史学的理论和方法问题提出了一些具体主张。一是“要弄清楚史学界对马克思主义史学理论和方法研究的现状，把这些成果运用到党史学的研究中，并从党史学的研究中总结和概括出一些原则，丰富和发展已有的成果，为坚持和发展马克思主义史学理论和方法做出贡献”。张先生特别提出，马克思主义史学理论和方法具有强大的生命力，并没有过时；研究中之所以出现问题，主要是由于对马克思主义史学理论和方法“使用不好”。因此，“对于马克思主义史学理论和方法，有个重新学习的问题，有个恢复其本来面目的问题。在此基础上，还有一个向前推进发展的问题”。二是“要弄清楚党史的研究与中国传统治史理论和方法的关系”，以马克思主义为指导来“建立更加科学的党史史料理论体系”。张先生说，中国传统的治史理论和方法有历史的局限性，但“也留下了整理、分析历史资料的许多有价值的理论和方法”；“党史学研究工作者在实践中也常常使用它去整理、分析史料，但在认识上却没有达到应有的高度，因而就不能自觉地通过学习加强这方面的能力，更不能自觉地建立党史文献学、目录学等辅助学科”。鉴于此，张先生倡导党史研究工作者要吸收传统治史理论和方法，加强对史料的辨伪、分类、校勘、注释等工作，培养治史的基本功，“如果党史研究工作者没有这方面的基本知识，不仅不可能使整个研究工作深入发展，而且连起码的研究也谈不上”。三是“要弄清楚党史的研究与现代科学的理论和方法的关系”，丰富马克思主义史学理论和方法。20 世纪 80 年代的中国史学界，对现代科学的理论和方法展开了热烈的讨论。张先生认为，马克思主义史学理论和方法不是封闭的体系，它要发展就必须吸收一切有益的东西以丰富自

① 张静如：《中共党史学诠释》，《北京党史研究》1997 年第 3 期。

身,包括现代自然科学和社会科学在发展中总结出的许多新的理论和方法。对于现代科学的理论和方法,张先生认为“党史研究工作者要采取积极研究的态度,特别应该鼓励那些有兴趣的青年进行探索”。张先生说:“在这方面,我想强调一下,党史的研究,应该特别注意吸收现代社会科学的理论和方法中的有用部分,诸如社会学、心理学、教育学、经济学、民俗学、民族学,等等”。同时,张先生还提请研究者注意:“吸收现代科学的理论和方法中的可用部分,以发展马克思主义史学理论和方法,并不等于二者相加,更不是代替”①。张先生对党史学的理论和方法的探讨,既坚持唯物史观的指导和党史学是历史学科的要求,又强调吸收现代科学理论和方法及传统治史的理论和方法,在当时的党史学界产生了很大的影响。

张静如先生在学术界倡导将中共党史作为一门“学”来进行研究,通过对中共党史学的历史学科性质的界定,对中共党史学的研究对象与内容、中共党史学的理论与方法等一系列问题的阐释,凸显了中共党史学的框架体系及其研究范式,使“中共党史学”这一概念逐渐为学术界所接受和认同,为中共党史学这门学科在学术界占有一席之地及其以后的进一步发展作出了开创性的贡献。

三、建构中共党史研究的中介理论体系

张静如先生自提出建立中共党史学主张以后,就力图为中共党史学的研究构建中介理论体系。在张先生看来,马克思主义者研究社会科学都要以历史唯物主义为指导,研究作为历史学科的中共党史当然也要用马克思主义的历史理论和方法。这一点无可置疑。其他社会科学以历史唯物主义为指导,又有各自的理论,如教育学有教育理论,文艺学有文艺理论,法学有法学理论,宗教学有宗教理论,等等。中共党史学也应该以马克思主义历史理论为指导形成自身特色的理论。这是张先生提出构建中共党史学中介理论的出发点。

提出以马克思主义历史理论为指导构建中共党史学的中介理论,要说清楚历史唯物主义与中共党史研究的关系,首先就要阐述历史唯物主义与历史学的关系。张静如先生认为,由于其他社会科学的研究对象“只是上层建筑、意识形态的一部分”,其所建立的研究理论“无疑要以历史唯物主义为出发点,可它们

① 张静如:《党史学科建设断想》,《党史研究》1987年第6期。

并不把历史唯物主义当作自身体系的内容，两者之间的界限是清晰的，不易混淆”；然而，历史学科就不一样。历史研究对象与其他学科的不同，在历史研究过程中，“马克思主义历史理论与历史唯物主义，不仅有指导关系，而且有包含关系。说历史唯物主义不能代替马克思主义历史理论是可以的，因为后者还包括低于哲学层次的内容；如果说两者根本没有包含关系，就未必恰当了。强调把两者区别开来，是人们怕造成研究的公式化、概念化、简单化的弊端。承认两者的包含关系，与这种弊端的产生没有必然的联系”。鉴于“包含关系”的理解和历史学的研究对象是“发展中的整体社会”的认知，张先生提出“马克思主义历史理论应该分层次”的主张，认为在历史研究中，“除历史唯物主义揭示社会发展的一般规律外，还应该有低一层次的关于历史过程具体规律的理论，以解决类似历史过程的阶段性、发展趋向以及评价历史事件、人物、群体的原则等等问题”；“马克思主义研究历史的方法也应该分层次，既有方法论部分，又有具体方法部分”①。这里，张先生虽然没有提“中介理论”这一概念，但他提出的“马克思主义历史理论应该分层次”的主张及运用马克思主义历史理论和方法从事党史研究的要求，因而可看作为张先生关于中共党史学中介理论思想的最初表达。

张静如先生在 20 世纪 80 年代，积极投入到对中共党史学的理论和方法的讨论中。1987 年 4 月，《党史研究》编辑部召开了讨论“党史研究的对象、理论和方法，以及如何加深拓宽党史研究的领域”等问题的小型座谈会，会上张先生发表自己的看法；会后，张先生将自己的讲话整理成文，并就自己的主张进行了理论论证，这就是前面提及的《党史学科建设断想》一文。在当时的探讨中，党史学的理论和方法问题是学术的前沿课题，张先生与其他学者的共同努力促进了这一课题研究的深化。张先生曾经这样回忆：“倡导研究中共党史学的理论和方法，王仲清是有功的。他在主持《党史研究》工作期间，开过多次讨论会，对促进这方面的研究起了很大作用。他还主持编写了《中共党史学概论》，于 1991 年出版。与他相配合，我也在 1987 年 10 月召开过党史研究生讨论党史学理论和方法的会议，1988 年 10 月召开过《联共（布）党史简明教程》对中共党史教学与研究的影响的学术讨论会。”②正是张先生在学术的前沿关注中共党史学的理论建设，开拓了理论思维，积累理论素材，从而使自己的学术主张渐渐系统化，这为中介理论的提出准备了不可或缺的条件。

---

① 张静如、侯且岸：《中共党史学理论和方法论纲》，《中共党史研究》1989 年第 1 期。

② 张静如：《静如文存》（下卷），河北教育出版社 2001 年版，第 521 页。

张静如先生在20世纪80年代已把学术目标转向建构中共党史研究理论方面,力图在历史唯物主义与中共党史研究实际之间寻求突破口。以历史唯物主义为指导进行中共党史研究,这是中国马克思主义学者的一个传统,但以历史唯物主义来代替具体的历史研究理论、忽视中共党史学这门学科的具体特点的倾向长期存在。张先生提出:"历史观和史学理论、方法毕竟还不是一回事。把历史唯物主义的根本原理同史学理论和方法简单混淆起来,势必造成党史研究中的公式化、概念化、简单化的弊病。所以,解决了历史观的问题,并不等于解决了史学理论和方法问题。马克思主义的党史研究工作者应该在确立了历史唯物主义观点的基础上,掌握史学理论和方法,以促进党史学的发展。"文中又提出,要运用历史唯物主义"从党史学的研究中总结概括出一些原则"①。这里提出的主张,显然是要建立党史学的研究理论,反映张先生当时学术关怀重点之所在。联系前面已经提到的,张先生在此文中对党史学学科性质的界定、党史学研究对象的阐述和党史研究内容的分析,可以看出张先生是要将党史学归类到历史学,并结合党史学自身的特点,构建中共党史学的理论体系。这实际上是他后来概括为中介理论的思想萌芽。张先生在文中所表述的思想是多年思考的结晶,关于此文写作的缘由,他回忆道:"从事党史研究和教学多年,想过很多问题,总觉得有些问题妨碍这门学科的发展。所以,写了这篇文章。"②这说明,张先生在20世纪80年代关于中共党史研究的思想是长期思考的结果,其目的在于开拓党史研究的新局面,尤其是在党史研究理论方面有所突破与创新。

张静如先生在当时提出不可单从政治层面来研究中共党史,而主张从多个角度来深化党史研究,并指导研究生从事这方面的研究,其中所涉及的许多思想(如生产力、社会进化和变革、社会意识等角度)成为后来中介理论的主要内容。张先生说:"如果认为党史只能从政治斗争史、政党斗争史、政党建设史角度研究,也是不对的。研究领导中国人民进行民主革命、社会主义革命的社会主义建设的中国共产党的历史,怎么能够不从经济的、政治的、文化思想的以及社会生活诸方面着手呢?仅仅说明近代中国革命发生的原因,就必须研究很多问题,诸如中国传统社会和传统思想文化的特征及其变迁、资本帝国主义入侵中国的作用、近代中国社会生产力发展的状况、近代中国社会阶级结构和阶级关系的变

① 张静如:《党史学科建设断想》,《党史研究》1987年第6期。

② 张静如:《静如文存》(下卷),河北教育出版社2001年版,第521页。

迁、近代中国社会意识的变迁,等等。”①张先生指导研究生王跃写了《北洋军阀统治时期社会意识变迁的趋势》,在《近代史研究》1987 年第 3 期发表,从文化思想、社会生活的角度研究北洋军阀统治时期的革命;与上海师范大学的郑灿辉教授联合指导研究生吴景平撰写毕业论文,从经济方面去研究党史中的问题。张先生提出的开拓党史研究的一些新角度,为以后中介理论的一些基本观点的形成奠定了基础。

如果说张静如先生撰写的《党史学科建设断想》,主要是为党史学正名和提出中介理论的初步设想的话,那么,1989 年发表的《中共党史学理论和方法论纲》,则是张先生在 20 世纪 80 年代努力构建中介理论体系的代表作。此文涉及的中共党史学理论和方法问题很多,而就构成后来比较完整的中介理论的主要观点而言,有这样几方面:(1)研究中共党史应该坚持贯彻历史唯物主义关于社会基本结构及其运行机制方面的原理。文章指出,要根据历史唯物主义原理开展中共党史研究,就必须将社会结构具体化,考察社会生产力的状况,克服党史研究中长期存在的“只注重生产关系而忽视生产力,没有阐明生产力在引起社会变革中的决定性作用,没有从社会生产力和生产关系的冲突中去解释革命”的弊端;在党史研究中,“不能否定研究生产力的必要”,“在民主革命时期必须考察生产力,……至于到了新民主主义社会、社会主义初级阶段,就更应该突出对生产力的研究”。(2)研究中共党史,要正确贯彻阶级斗争理论和阶级分析方法。文章指出,不应当把一切社会现象都归结为阶级斗争,不能“把近代中国社会里的许多非阶级的、非政治性的活动都简单地套在阶级斗争的圈子里”;“研究民主革命时期、过渡时期的党史,还是应该坚持以阶级斗争理论为指导,至于研究社会主义初级阶段的党史,则另当别论”。(3)研究党史,要贯彻历史唯物主义关于群众和杰出人物作用的理论。文章指出,“在党史研究中对群众态度和作用的描述存在着抽象化、概念化的偏向”,有些“论断往往没有什么根据,而只是一种想当然”。“对人民群众的作用只说好不说坏”,“其实,革命失败或受挫折,建设出问题,不能说与人民群众无关”。文章还指出,“在党史研究中,对杰出人物的作用也有夸大和缩小的偏向”,往往“从概念出发,从论证结论需要出发,而不做具体分析”。因此,在评价群众和杰出人物的作用时,“必须依据材料,特别要做定量的分析,不可笼统推论”。(4)研究中共党史,要注意考察社会心理。文章指出,作为社会意识的一种形式的社会心理,是社会意识的另一种形

① 张静如:《党史学科建设断想》,《党史研究》1987 年第 6 期。

式即思想体系与社会经济关系、政治制度的中间环节，考察社会历史的演变就不能忽视社会心理的分析；党史研究中，对“作为中间环节的社会心理至今没有引起研究者足够的重视”，“这就使人们不能了解某种思想体系产生的群众基础，也难于设想这种思想体系对社会的影响和作用”；加强对社会心理的考察，“写出一部中国近现代社会心理变迁史，对我们的党史研究肯定十分有益”①。张先生在这里的理论探讨有一个重要的特点，即“以马克思主义历史理论和方法为指导”，以中共党史研究既存的偏向为反思的前提，从解析唯物史观原理与中共党史研究实际之间的关系入手来进行理论构建，其基本观点和理论构想成为以后中介理论系统表述的专著《唯物史观与中共党史学》的基础。在此文发表十年后，张先生在编选《静如文存》时曾说：“总的说，文中的观点，我至今仍未变，但也有补充或一些新的想法，这在 1995 年出版的《唯物史观与中共党史学》一书中可以看到。”②《中共党史学理论和方法论纲》一文构成了《唯物史观与中共党史学》一书框架体系的雏形，标志张静如先生建构的中共党史学中介理论已经初具规模。

张静如先生对中共党史学理论的贡献是多方面的，本文只是就张先生在 20 世纪 80 年代对建立中共党史学的贡献作简单的回顾，目的在于使学术界加强对 20 世纪中国党史研究情况的研究和总结，推动学术界对目前活跃在党史学界的党史研究大家进行研究，总结其学术思想和学术成就，使中共党史研究在具体的研究理论指导下进行，从而在新的历史时代推动党史研究的深化和发展。

（原载《湖湘论坛》2003 年第 1 期）

【昔文琐记】这篇《20 世纪 80 年代张静如先生建立中共党史学理论的努力》，写作于 2002 年暑假。

我的导师张静如先生 2003 年 1 月七十华诞，从教五十周年。我作为先生的弟子，觉得要好好总结先生的学术思想，来祝贺先生的生日，同时也用以指导自己的科研工作。在 2002 年春天，我写作了《张静如先生与中国的李大钊研究》一文。2002 年暑假，我又写成了 2 万多字的论文《张静如先生与中共党史学理论》。这篇文章写好后，因为较长，就分成两篇文章。第一篇文章就是这篇《20 世纪 80 年代张静如先生建立中共党史学理论的努力》，第二篇是《中共党史学

① 张静如、侯且岸：《中共党史学理论和方法论纲》，《中共党史研究》1989 年第 1 期。

② 张静如：《静如文存》（下卷），河北教育出版社 2001 年版，第 571 页。

理论的创新——读张静如先生近年来的党史学著作》。前者投到《湖湘论坛》,后者投到《党的文献》,结果都发表了。

张静如先生是中共党史研究大家,不仅在中共党史研究的诸多领域奋力开拓,而且构建了中共党史学的理论研究体系。我因为有三年时间在先生门下读书,有机会聆听先生的教诲,目睹先生文章的光华,感受先生的人格魅力,接受先生思想的熏陶,因而对先生的学术思想有一定的理解,这是我研究先生学术思想得天独厚的条件。自然,先生的学术思想博大精深,不是我等之辈能够完全领会的。但通过阅读先生的著作,确实增进了对先生学术思想的认识,并有意识地运用到自己的学术研究之中。

张静如先生平时对我们要求严格,我们都有点怕先生。记得有一年在迎接新生的晚宴上,我的一位师弟向先生敬酒,怕得连酒杯都端不住,端酒的手颤抖着,一杯酒端到先生面前就剩了半杯。每学期开学,先生都把我们召集起来提要求。据我的记录,2000 年 9 月 11 日先生把我们几个召集起来开会,提了三点要求:(1)人多更要强调团结,是一个团结的集体。(2)不要出事,包括政治上。出事比较麻烦。为人处世,不要惹事。(3)研究生要研究,主要体现在写文章(文科)。文章要有新意,没有新意不写。一要看书,二要有新东西。宏观掌握,才能写好微观,要加强理论修养。做文章要有持续性,研究的人物要有广泛的社会关系。又据我的记录,2001 年 2 月 20 日在法政所总支办公室,先生给我们作《"三个代表"重要思想与中共党史学》的学术报告。在报告之前,先生对我们 99 级博士生也是提了三点要求:第一,早点把论文弄好,给导师看,把论文放在心上,在论文上要下功夫。第二,开题报告要做,没有没法交代。第三,导师只跟学生合写一篇,以表示是师生关系。写文章要提高理论思维,要独立思考。写文章不要把人当傻子,不要啰唆。要注意建党 80 周年有什么东西,用来充实自己。先生讲过这些话以后,训诫了我们 99 级几位年龄大的博士生。这一次,我的印象特别深。先生就是这样不断地教育我们、期望我们努力成才的。现在想来,正是有先生的严格要求,我们才能够诚正处世、认真治学,从而取得成绩的。

张静如先生在 2016 年 8 月离开了我们,但先生留下了丰厚的学术成果。先生的学术思想值得研究和总结。我的夫人王中平撰写了《张静如对马克思主义理论研究的贡献》的博士论文,同时亦发表《试论张静如的党史学"中介理论"》等文章。今后,我将好好研究张静如先生的学术成果,努力传播先生的学术思想,将先生的学术思想发扬光大,同时也不断提升自己的研究水平。

2021 年 1 月 31 日

中共党史学理论的创新

张静如先生是中国党史界的学术大家,在中共党史学、邓小平理论研究、毛泽东思想研究、中国现代社会史等领域取得了开创性的成果,享誉学术界。自20世纪80年代,张先生就与其他学者一道研究党史学的理论。1987年4月,《党史研究》编辑部召开了讨论“党史研究的对象、理论和方法,以及如何加深拓宽党史研究的领域”等问题的小型座谈会,会上张先生发表自己的看法[①]。当时,党史学界还有一些学者对党史学理论予以特别的重视。张先生回忆说:“倡导研究中共党史学的理论和方法,王仲清是有功的。他在主持《党史研究》工作期间,开过多次讨论会,对促进这方面的研究起了很大作用。他还主持编写了《中共党史学概论》,于1991年出版。与他相配合,我也在1987年10月召开过党史研究生讨论党史学理论和方法的会议,1988年10月召开过《联共(布)党史简明教程》对中共党史教学与研究的影响的学术讨论会。”[②]特别是近年来,张先生在中共党史学理论研究方面不断开拓创新,对自己在20世纪80年代提出中共党史学的中介理论进行了完善和发展。笔者阅读了张先生的一些著作,拟将张先生近几年来在中共党史学理论研究方面的创新性努力,分三个阶段作简要的评述。

一、中介理论体系基本构架的提出(20世纪90年代初)

张静如先生在20世纪90年代初,发表了《以社会史为基础深化党史研

---

① 张先生在这次会议上的学术发言,后来整理为《党史学科建设断想》,参见《党史研究》1987年第6期。

② 张静如:《静如文存》(下卷),河北教育出版社2001年版,第521页。

究》、《中国共产党与社会现代化》、《解放和发展生产力与党史研究》等论文,通过对社会史与党史研究、社会现代化与党史研究、解放和发展生产力与党史研究等课题的创新性研究,中共党史学中介理论体系的主要构架趋于形成。其理论上的创新主要是:

一是系统地提出"以社会史为基础深化党史研究"的主张。张静如先生在中共党史学界比较早地认识到研究社会的重要性,从 1984 年起"开始注意研究社会,认定必须以整个社会的演化研究为基础探讨中国革命问题","曾多次在学术报告中讲过自己的看法,并具体分析过北洋军阀统治时期社会的变迁"①。在此基础上,张先生在 20 世纪 90 年代初,将中共党史研究与社会史研究结合起来进行思考,产生了"以社会史为基础深化党史研究"的构想。在张先生看来,既然中国共产党的实践活动是在中国近现代社会的发展过程中进行的,那么,考察这个党的历史就不能不研究其所依赖的社会。张先生说,以社会史为基础深化党史研究,"是说对党史中的重大问题,包括大的历史事件和有影响的人物的思想及实践,利用中国近现代社会史研究成果,从社会生活诸方面进行分析,找出形成某个重大历史现象的复杂的综合的原因,并描述其产生的影响在社会生活诸领域的反映";因此就必须要求"利用社会史研究成果时,要同党史的问题联系起来";"自然也就要在党史研究中加进去一些过去所不用的材料,特别是一些统计材料、社会调查材料"。张先生认为,以社会史为基础深化党史研究,不仅是个理论问题,主要是实践问题,他"建议党史研究工作者中的一部分较有基础的同志应该先搞一点有关中国近现代社会史的研究,然后再回过头来把党史研究深化"②。张先生倡导以社会史为基础深化党史研究,不仅引起很多研究者的注意,产生了广泛的学术影响,而且为张先生此后系统阐述中介理论提供了思想资源。

二是论证中国共产党在中国社会现代化中的核心地位。从社会现代化的角度来研究中共党史,张静如先生在 20 世纪 80 年代末就有开始进行思考。当时张先生提出一个著名的论断:"衡量现代中国历史人物的作用,应该考察其现代化意识之强弱,考察其对变被动社会现代化为主动社会现代化过程的贡献之大小。"并从社会现代化的角度,对中国共产党的主要创建之一的李大钊进行了考察和评价,认为"李大钊是中国引进马克思主义的第一人,是现代化意识倡导

---

① 张静如:《静如文存》(上卷),河北教育出版社 2001 年版,第 493 页。
② 张静如:《以社会史为基础深化党史研究》,《历史研究》1991 年第 1 期。

者，是为变被动现代化为主动现代化而奋斗的革命家”①。从社会现代化的角度来研究中共党史人物，这在当时的中共党史界是一个全新的研究视角。在运用现代化理论研究中共党史人物的基础上，张先生在20世纪90年代把考察中国共产党的历史作用与中国近代以来的现代化进程结合起来进行研究，认为“从社会现代化角度衡量历史人物、政党及各种群体的作用，是历史唯物主义关于人民群众和杰出人物作用原理的具体化”。张先生指出：“中国共产党在中国社会现代化历史进程中的作用，主要有两个方面：其一，变被动社会现代化为主动社会现代化；其二，提出主动现代化的道路。”通过对中国共产党历史的回顾和重新梳理，张先生的结论是：“在中国的社会现代化历史进程中，中国共产党起着核心作用。”②此后，张先生对中国共产党与社会现代化的关系进一步进行探讨，将中国共产党所做的两件大事即解放和发展生产力概括为实现社会现代化的核心，认为“解放和发展生产力贯穿于中国共产党活动的始终”，“其目的是实现社会现代化，使国家富强，人民幸福”③。张先生考察中国共产党在中国社会现代化历史进程的作用，是以马克思主义的历史唯物主义研究政党活动的积极尝试，提出了从社会现代化进程来研究中共党史的新视角。

三是提出解放和发展生产力是中国共产党历史的核心内容的观点。上面提到，张静如先生在研究中国共产党与中国社会现代化关系时，将生产力的进步作为社会现代化的主要内容进行考察。其实，张先生对生产力问题很早就予以特别的重视。在20世纪80年代中期，张先生就呼吁党史研究要注意生产力问题的研究，特别是要研究“近代中国社会生产力发展的状况”④。在阐述历史唯物主义对中共党史研究的指导时，张先生就一再强调：“历史唯物主义揭示生产力与生产关系、经济基础与上层建筑是任何社会的基本结构，以此为指导研究一个历史阶段时，就必须把这个阶段的社会结构具体化。”⑤在研究中共党史人物的现代化意识时，张先生又说：“生产力的高度发展，是社会现代化的首要标志，无论是资本主义社会还是社会主义社会，都要以高度发达的生产力为基础。一切上层建筑包括社会意识的现代化，都要建立在这个基础之上。”⑥正是因为对唯

① 张静如：《李大钊与现代化意识》，《北京师范大学学报》1989年第6期。
② 张静如：《中国共产党与社会现代化》，《北京师范大学学报》1991年第3期。
③ 张静如：《再议社会现代化》，《阵地与熔炉》1992年第5期。
④ 张静如：《党史学科建设断想》，《党史研究》1987年第6期。
⑤ 张静如、侯且岸：《中共党史学理论和方法论纲》，《中共党史研究》1989年第1期。
⑥ 张静如：《李大钊与现代化意识》，《北京师范大学学报》1989年第6期。

物史观核心内容的深刻理解,所以张先生一直提醒党史研究者,要改变只注重生产关系研究而忽视生产力研究的倾向。在多年思考的基础上,张先生指出:“解放和发展生产力是中国共产党历史的核心内容”,其理由是:“解放和发展生产力,建立社会主义制度,实现社会现代化,使国家富强、人民生活幸福,是中国共产党在中国进行政治活动的目的,故而解放和发展生产力贯串于中国共产党历史发展的始终,一切其他活动都以此为中心并为其服务。”①张先生确定解放和发展生产力是中共党史的核心内容,并不是说其他内容不重要;而是说其他内容构不成核心内容。关于运用解放和发展生产力思想来深化中共党史研究问题,张先生提出“党史的体系、内容,应该在原有的基础上做相应的调整”的主张,认为“系统的党史专著、教材,应该在总论、结语中把解放和发展生产力是中国共产党历史发展主线这一个讲清楚,把主线和辅线的关系讲清楚。在有关章、节的标题上,设法直接反映主线。……该联系的地方要联系,该突出的地方要突出。如不同历史时期、阶段解放和发展生产力的表现,就应该突出。又如以往对党的文件和领导人著作的介绍,很少注意其中有关解放和发展生产力的论述,应该加强②。再如民主革命时期很少注意发展生产力方面的内容,社会主义革命时期也注意不够,都应该加强。”③后来,张静如先生在《唯物史观与中共党史学》中,对从解放和发展生产力的角度来研究中共党史问题,又作了进一步的分析和探讨。

二、构建中共党史学的中介理论体系(20 世纪 90 年代中期)

20 世纪 90 年代中期,张静如先生以充分的理论研究为基础,对自己多年来探索党史学理论的研究成果进行概括和提炼,构建了中共党史学的中介理论体系,代表性专著是 1995 年湖南出版社出版《唯物史观与中共党史学》,成为中共党史学界第一部运用唯物史观阐发中共党史学的理论著作。如张先生所说,

---

① 张静如:《解放和发展生产力与党史研究》,《北京党史研究》1993 年第 1 期。

② 张静如先生鉴于学术界很少注意研究解放和发展生产力思想的情况,指导博士生丁俊萍(现为武汉大学教授、博士生导师)写成《中国共产党解放和发展生产力思想研究》博士论文,博士论文出版后在学术界产生很大的影响。

③ 张静如:《解放和发展生产力与党史研究》,《北京党史研究》1993 年第 1 期。

“《唯物史观与中共党史学》一书,正是建立这种中介理论的尝试”①。这本书在建构中介理论方面的突出之处有这样几个方面:

一是思想渊源上的经典性特征。张静如先生建构的中共党史学的中介理论,是历史唯物主义原理与中共党史研究的实践相结合的理论结晶,思想渊源上的特色十分显著。在中国,从事中共党史研究无疑要以马克思主义的唯物史观为指导,这也是张先生一直倡导的。问题是,中共党史研究长期以来以唯物史观的派生理论——阶级斗争学说为指导,由于忘记唯物史观的原义,往往在研究中出现简单化、公式化的弊端,因此,理论上的正本清源、寻求唯物史观的原义对中共党史研究显得特别的重要。张先生早在《中共党史学理论和方法论纲》就说:“按照马克思和恩格斯的原意,历史唯物主义的内容只包括:第一,社会存在决定社会意识;第二,生产力和生产关系、经济基础和上层建筑是人类社会的基本结构;第三,生产力和生产关系的矛盾运动推进着社会的发展。”②在张先生看来,探讨如何运用唯物史观指导中共党史研究这一问题,主要应该从这三方面考察。在《唯物史观与中共党史学》的“导论”中,张先生说:“本书所列的五个问题,都与唯物史观的基本原理有关。解放和发展生产力、社会意识两题一看便明,不用再做解释。社会进化和变革,是从生产力与生产关系、经济基础与上层建筑的矛盾的角度分析的;群众和个人,也是作为生产力的主体的角度考察的;至于社会现代化,则是解放和发展生产力的终极目的。研究这些问题与党史学的关系。大致上可以说明如何在党史研究中贯彻和运用唯物史观的基本原理。”③这说明,《唯物史观与中共党史学》是以唯物史观的经典性含义而不是派生义为依据,所要阐明的是唯物史观的核心内容对中共党史研究如何指导问题,因而中介理论在思想渊源上体现经典性的特征。

二是结构上的系统性的特征。由于张静如先生是以唯物史观的核心内容为指导,因而张先生的中介理论在结构上是把生产力理论列为首位,具体阐述社会存在与社会意识的关系及其在中共党史研究的运用。对此,全书是通过五部分内容安排和主要观点的提炼来体现的。第一部分:解放和发展生产力与党史学。主要观点有:解放和发展生产力是中国共产党历史发展全过程的核心内容,应把它纳入研究对象的表述中;中共党史学的主体部分的研究体系和研究重点要体

① 张静如:《关于〈唯物史观与中共党史学〉》,《中共党史研究》1996年第2期。

② 张静如、侯且岸:《中共党史学理论和方法论纲》,《中共党史研究》1989年第1期。

③ 张静如:《唯物史观与中共党史学》,湖南出版社1995年版,第5页。

现解放和发展生产力这一核心内容;在党史研究中,要以解放和发展生产力为标准,衡量政党、集团和个人的历史作用,评判历史事件的性质、作用和意义。第二部分:社会现代化与党史学。主要观点有:中国共产党历史发展过程,也就是实现中国社会现代化的过程,此点也应纳入党史研究对象的表述中;把对中国社会现代化过程中中国共产党的作用的阐述和分析,贯串到中国共产党历史的研究中;把对中国社会现代化过程中中国共产党的指导作用的阐述和分析,贯串到中国共产党历史的研究中;对中共党史中的重大事件、个人和群众的作用,要从社会现代化的角度进行分析。第三部分:社会进化和变革与党史学。主要观点有:要重视中国近现代社会进化过程的研究,并把进化过程看作社会变革的基础;要重视中国近现代社会变革的研究,并了解社会变革是怎样促进社会进化的;要以中国近现代社会史为基础深化中共党史研究。第四部分:社会意识与党史学。主要观点有:在党史研究中首先应注意社会存在决定社会意识这一根本前提;对非系统化的社会意识和系统化的社会意识的考察,在党史研究中占有重要地位,要多角度进行研究。第五部分:个人和群众与党史学。主要观点:总体上,评价个人和群众的标准和方法,要以唯物史观的基本观点为依据;在党史研究中,衡量个人和群众要以现代化意识之强弱和在现代化中作用为标准①。由本书的内容安排和基本观点的阐发可以看出,张静如先生在突出生产力的前提下,强调的是:"在中共党史研究中,必须加强对社会存在,对政治、思想所赖以产生、存在和发展的经济根源的研究,同时也不能忽视对社会意识的研究。"②因而,在结构上体现出贯串唯物史观要义的系统性的特征。

三是理论上的创新性的特征。《唯物史观与中共党史学》专门研究唯物史观与中共党史学的关系的第一本学术著作,"这本书力图说明应该怎样用唯物史观的基本原理指导中共党史研究,力图建立起一种把唯物史观的基本原理贯彻到中共党史研究领域的中介理论。"③由于将唯物史观原理与中共党史研究联系起来进行理论上的创造,选题本身就是一种创新,因而理论的创新就成为所建构的中介理论的显著特征。譬如,书中强调要从解放和发展的角度来进行党史研究、捕捉解放和发展生产力足迹时,特别指出:"要捕捉解放和发展生产力的足迹,还必须做分阶段的考察。因为在历史发展的不同阶段中,解放和发展生产

① 参见《唯物史观与中共党史学》一书的内容及《关于〈唯物史观与中共党史学〉》等文章的解说。

② 张静如:《关于〈唯物史观与中共党史学〉》,《中共党史研究》1996 年第 2 期。

③ 张静如:《关于〈唯物史观与中共党史学〉》,《中共党史研究》1996 年第 2 期。

力的表现形式和达到的程度不同。”[①]为了说明这一点，张静如先生通过对 1927—1937 年生产力状况的考察，结论是：“这一阶段由社会生产力的发展而引起的生产力与生产关系的冲突，是 1927 年大革命失败后继续革命的经济基础”[②]这是说，从生产力的角度进行总体考察的同时，还要具体的分析，以避免抽象的一般说明和概念化、形式化的弊端。这里，理论上的创新非常突出。又如，书中论述从社会现代化的角度研究中共党史时，认为谈现代化不能回避社会制度问题，“不能离开关于人类社会最终要走向共产主义的观点”；不能不谈社会革命，因为“社会现代化不是单纯的‘技术革命’、‘工业革命’、‘政治革命’、‘文化革命’，而是‘社会革命’。它是一个相当长的社会变革过程，始于封建社会末期，经过资本主义阶段、社会主义阶段的相续发展，到共产主义社会臻于完善”[③]。可见，所建立的现代化理论体系也是一大创新。再如，书中在肯定社会革命研究的前提下强调对社会进化的研究，指出人类社会的发展总是在进化和变革两种状态的交替过程中前进，重视社会革命的对的；“但是，绝不能轻视进化的作用。……如果只把目光集中在占少部分时间的革命状态，那么就会把社会发展的大部分内容丢掉。”因此，必须重视对社会生活的研究，而“在研究社会演化中，首先应该考察经济领域”[④]。这里，张静如先生不仅期望党史研究从政治形式的外表深入到社会生活的深处，而且对社会史的研究作出了全新的解析，即重视经济生活在整个社会生活中的主体性地位。这与那种通常意义上的把社会史界定为研究“经过政治、经济提取后的剩余物”的主张，完全不同。唯物史观的解析与学理上的创新，显而易见。

四是论证上与中共党史研究实际相结合的特征。关于中共党史研究中存在的问题，张静如先生说：“从党史研究的现状来看，既有繁荣发展的一面，又有不够深入的一面。不足之处，简言之：曰浅、窄、粗。浅者，研究中叙述多，分析少，理论性弱；窄者，研究领域狭小，重复研究多，创新研究少；粗者，分析不细致，用材不讲究。”[⑤]在创建中共党史学中介理论过程中，张先生尤其注意中共党史研究的实际，着重要解决的是党史研究中存在的问题，推动党史研究的深化。因此，与中共党史研究的实际相结合的特征就特别显著。在谈到写作此书的“动

① 张静如：《唯物史观与中共党史学》，湖南出版社 1995 年版，第 32 页。
② 张静如：《唯物史观与中共党史学》，湖南出版社 1995 年版，第 34 页。
③ 张静如：《唯物史观与中共党史学》，湖南出版社 1995 年版，第 54—55 页。
④ 张静如：《唯物史观与中共党史学》，湖南出版社 1995 年版，第 97—98 页。
⑤ 张静如：《唯物史观与中共党史学》，湖南出版社 1995 年版，第 6 页。

因”时，张先生说：“党史学界长期以来很少有人注意研究怎样把唯物史观的基本原理贯彻到党史学领域中去。在党史研究中，多数研究者都强调要用唯物史观做指导，但却不系统研究怎样指导的问题。以往，对如何把个人和群众在历史上作用的原理应用到党史研究中，人们给予了较多的注意，发表过探讨的文章。这大概跟党史研究较多涉及描述、判断历史人物和群众有关。可是，对其他原理怎样应用的问题，就几乎没有见过专门的文章。”①因此，中介理论正是面对中共党史研究的实际而展开的。书中征引的史料、所选的典型例证、所纠正的研究偏向等，出自中共党史研究之中。这方面的例子很多，不一一列举，有兴趣的研究者可以参阅此书。

五是体系建构上的时代性特征。张静如先生的中介理论体系在建构中把握时代的主潮，与时俱进的特色，体现了时代发展的特征。这本书根据唯物史观的基本原理，提出由若干以往党史研究所忽视的观点组成的新视角，正是结合时代特点和中国马克思主义理论发展的新成果所进行的理论创新。张先生不仅注重对马克思主义经典理论阐释和解析，吸取其精华，而且积极吸收中国马克思主义的最新成果。譬如，张先生对解放和发展生产力与党史学问题的思考，源于对唯物史观的核心——生产力理论的理解和认知，同时也吸收了邓小平提出的发展生产力以及革命是解放生产力、改革也是解放生产力的思想。张先生对马克思主义中国化的成果——毛泽东思想、邓小平理论的吸收，推动了理论思维的发展和深化；尤其是对邓小平理论这一反映时代特色的最新成果的吸收，使张先生的中介理论的时代性特征更为显著。又如，张先生对社会现代化与党史学的研究，与当前中国进行的社会主义现代化建设密切相连。可见，张先生在理论上的创新与时代发展的特色有着不可分割的关系。张静如先生的中介理论在体系建构上的时代性特征，也表明这一中介理论是一个开放的体系。

三、中共党史学的中介理论体系的完善和发展（20世纪90年代中后期）

在20世纪90年代中后期，张静如先生通过学术报告和论文的形式，对自己建构的中共党史学的中介理论又进行了补充，在创新中得到完善和发展。主要

① 张静如：《关于〈唯物史观与中共党史学〉》，《中共党史研究》1996年第2期。

表现为:

一是对邓小平理论与中共党史学的关系进行进一步的研究。如上所述,张静如先生对邓小平的思想予以特别的重视,解放和发展生产力思想对张先生的中介理论产生重大影响。20世纪90年代中后期,张先生对邓小平理论指导中共党史研究这一课题着力进行研究。1996年张先生在《光明日报》发表文章,将运用邓小平理论指导中共党史研究与建立中介理论问题进一步联系起来,认为“深化党史研究,研究者首先应该在研究中更加明确要以马克思主义的唯物史观特别是邓小平建设有中国特色社会主义理论为指导”。文章指出:“真正以唯物史观特别是邓小平建设有中国特色社会主义理论指导党史研究,是一个难度很大的问题。我们应当建立一个中介理论体系,把指导理论与具体研究联系起来。只有这样,才能使党史研究达到更新的境界。”①在这一阶段,张先生就邓小平理论与中共党史学的关系进行了更多的思考,认为以邓小平理论指导中共党史研究就必须建立理论体系②。对邓小平理论与中共党史学关系的研究,使张静如先生的中介理论体系处于不断的发展之中。

二是对中共党史学中介理论所应具有的特点进行了概括和说明。张静如先生在一次学术报告中说,在中共党史研究中“需要一种中介理论,才能把马克思主义的基本原理与中共党史研究实际结合起来。这种中介理论要成体系,需要系统反映马克思主义的基本原理在中共党史研究中的应用,而不是仅反映某个原理,也不是仅反映中共党史研究的某一个方面的应用。这种中介理论要有可操作性,亦即可以列出条目,具体而不是抽象地说明马克思主义基本原理如何在中共党史研究中应用。特别要避免把这种中介理论艰涩化,避免使用费解的语言或难懂的概念,否则使人无法运用,也就失去了意义。这种中介理论要有时代性,从而有助于中共党史研究为社会主义现代化建设服务。这种中介理论要与实际紧密结合,反映中共党史研究中的主要的、根本的问题,否则就不能发挥实际作用。”③这里,张先生对所要建立的中共党史学的中介理论提出了四个基本

① 张静如:《深化党史研究》,《光明日报》1996年6月25日。

② 这里要提及的是,张先生不仅对邓小平理论与中共党史学的关系进行深入的研究,而且以此作为中共党史专业博士生的研究方向。张先生指导博士生王炳林(现为北京师范大学教授、博士生导师)撰写的博士论文《邓小平理论与中共党史学》,获得“全国百篇优秀博士论文”奖。

③ 张静如:《静如文存》(下卷),河北教育出版社2001年版,第898页。关于中介理论的特点,还可参见张先生《关于〈唯物史观与中共党史学〉》(《中共党史研究》1996年第2期)一文中的解释。

特点,即“成体系”、“可操作性”、“时代性”、“与实际紧密结合”。按照笔者的理解,所谓“成体系”,是说中共党史学的中介理论要具有严密性及其整体的框架,不仅有其理论的渊源——马克思主义基本原理,而且应该有宏观的理论构架;所谓“可操作性”,是要求这种中介理论在实际的中共党史研究中具有实际的应用性,显示其在指导中共党史研究中的具体功用,而不是停留在理论表述的层面,所要求的是“具体而不是抽象地说明马克思主义基本原理如何在中共党史研究中应用”;所谓“时代性”,是强调中介理论的时代性特色,亦即反映时代性的主题,为现实的社会发展服务,在当代中国就是要求“中共党史研究为社会现代化建设服务”;所谓“与实际紧密结合”,提出的是中介理论在实际的中共党史研究中所应有的实践性的本质及在具体的研究层面所应遵循的基本原则,反映理论来源于实践又指导实际的特色。从张静如先生对中共党史学中介理论特点的解析中,可以看出张先生一方面力图确认中介理论在所面对的两极(马克思主义的基本原理与中共党史研究的实际)中应有的位置,反映在理论(马克思主义基本原理)与实际(中共党史研究的实际)之间建构的理论(中介理论)的努力;另一方面,又注意到所要建立的中介理论必须反映理论的本质属性及其应该具有的特点,特别强调中介理论在指导中共党史研究中应该发挥的作用。

三是对中介理论体系进行新的概括和表述。1996 年 3 月,张静如先生应郭德宏教授之约,在中共中央党校作了《关于中共党史学的中介理论体系》的学术报告,对中介理论体系作了新的概括。张先生指出:“按目前的认识,我觉得这个中介理论体系至少包括以下内容:以解放和发展生产力,实现社会现代化为主线,以近现代社会史为基础;以社会进化为基础,以社会变革为动力;上层建筑的社会作用及其相互关系;个人和群众的社会作用及其相互关系;以社会心理为基础,以社会意识形态为导向;以历史辩证法为核心,吸取中国传统治史方法和现代自然科学、人文社会科学研究方法之精华。”①20 世纪 90 年代中后期,张先生一直在考虑修改《唯物史观与中共党史学》一书,对中介理论问题进行新的思考,力图对中介理论在概括上作新的调整。1999 年 10 月,张先生在编选《静如文存》时对中介理论作了新的表述:“一、以近现代社会史为基础,以解放和发展生产力,实现社会现代化为主线;二、以社会进化为基础,以社会变革为动力;三、以群体社会作用为基础,以个人作用为契机;四、以社会心理为基础,以社会意识形态为导向;五、以历史辩证法为核心,以中国传统治史方法和现代自然科学、人

① 张静如:《静如文存》(下卷),河北教育出版社 2001 年版,第 898—899 页。

文社会科学研究方法之精华为辅佐。”①从中介理论新的概括和表述中,可以看出张先生侧重于中介理论体系的完善工作。在内容的调整和体系的完善方面,最突出的是将历史辩证法、中国传统治史方法及现代自然科学、人文社会科学研究方法等内容纳入中介理论体系②。这是对20世纪80年代以来的思考的进一步深入。

张静如先生建立的中共党史学中介理论体系体现独特的研究思路和治学特点。前面在评述《唯物史观与中共党史学》时已涉及一些,如:以唯物史观为指导,注重解析马克思主义原理的原典意义;与时俱进的特点,随着社会的进步和理论上的创新而发展;密切联系中共党史研究的实际,着重解决中共党史研究中的问题;等等。这里要特别强调的是,张静如先生建构中共党史研究的中介理论以多年的学术研究为基础,新的研究思路是在学术探索中形成的;当新的研究思路形成后,又以此来研究学术上的重大问题,检验自己的学术见解,丰富自己的学术思想。譬如,张先生形成以社会现代化来研究中共党史的思路后,就研究中共党史人物李大钊的现代化意识及对中国社会现代化的贡献、中国共产党与社会现代化的关系、“五四”与中国社会现代化的关系、抗日战争与中国社会现代化的关系、社会革命与社会现代化的关系③;又譬如,张先生形成以社会史深化党史研究的思路后,就研究北洋军阀统治时期中国社会变迁、国民政府统治时期中国社会变迁、新中国成立后头七年的社会演化变革与社会现代化的关系④。正是张先生的学术思想产生于学术研究之中,又应用到学术研究的实践中进行检验、修正和充实、提高,因此最终形成的中介理论体系,对中共党史研究有很强

---

① 张静如:《静如文存》(下卷),河北教育出版社2001年版,第902—903页。

② 张静如先生早年受业于史学大师陈垣先生,对传统治史方法予以特别的注重。早在20世纪80年代,张先生就提出在中共党史研究中要吸收传统治史方法和自然科学、社会科学的新方法。但在《唯物史观与中共党史学》中,没有包括这些内容。这可能是因为此书的论述重点和体例的限制。

③ 参见张静如先生的文章:《李大钊与现代化意识》,《北京师范大学学报》1989年第6期;《李大钊对中国社会现代化的历史贡献》,《北京党史研究》,1994年第6期;《中国共产党与社会现代化》,《北京师范大学学报》1991年第3期;《“五四”与中国社会现代化》,《北京师范大学学报》1999年第2期;《抗日战争与社会现代化》,《北京师范大学学报》1995年第4期;《论社会革命与社会现代化》,《教学与研究》1997年第5期。

④ 参见张静如先生的文章:《以社会史为基础深化党史研究》,《历史研究》1991年第1期;《1949年至1956年中国社会的演化、变革与社会现代化》,《阵地与熔炉》1992年第2期。参见张先生的著作:《北洋军阀统治时期中国社会之变迁》,中国人民大学出版社1992年版;《国民政府统治时期中国社会之变迁》,中国人民大学出版社1993年版。

的理论指导性和典型的示范性。在中介理论的提出和总结提炼阶段，张先生提出一系列的创新性观点和研究新视角，对党史研究者提高党史研究的理论思维、开拓探究的思路、克服研究中存在的偏向，应该说是十分有益的；张先生对中介理论的说明除了逻辑的论证外，使用了若干实例，从新的角度对党史研究中的许多问题加以分析，其示范性作用也是十分突出的；另外，张先生在中介理论中还具体提出中共党史研究中一些应该研究的问题，这对党史研究者确定研究方向和选题也是具有提示作用。

张静如先生以创新的理念来从事中共党史学理论的研究工作，与时俱进，奋力开拓，不断吸收学术界最新的理论成果，尤为重视理论思维的先导性作用，构建了颇具特色的中共党史学的中介理论体系，成为中国中共党史学理论的最主要创建者。对此，需要我们认真地研究。笔者撰写此文，希望学术界能注意对党史学家的研究，总结其学术思想及学术成就，尤其是在中共党史研究理论方面的贡献，使中共党史研究在具体的研究理论指导下进行，从而推动党史研究的深化和发展。

（原载《党的文献》2003 年第 1 期，人大复印资料
《中国现代史》2003 年第 5 期全文转载）

【昔文琐记】这篇《中共党史学理论的创新》，写作于 2002 年暑假。

此文是为纪念张先生七十华诞而写的，主要在于总结先生当时在党史学理论上的建树，同时也为自己提高一点党史学理论修养。此文发表时略加压缩，这次收入的是原稿。

我于 2003 年 1 月 3 日出席了纪念张静如先生七十岁生日的学术会议。当时，除了先生的一百多名弟子外，学术界的一些名家也都到了。我记得，彭明先生、刘桂生先生、吴家林先生、朱成甲先生、马模贞先生、鲁振祥先生等都出席了。在纪念张静如先生七十岁生日会议上，中央文献研究室的学者鲁振祥教授在评述张先生学术成果时，特别提及我这篇文章的观点，认为先生构建了中共党史研究的"中介理论"体系。

张静如先生在马克思主义指导下创建的党史学"中介理论"具有丰富的思想内容，在中共党史学的学术史上有着开创者的地位。已经出版的《张静如学术与教育思想研究》（北京师范大学出版社 2003 年版）及《张静如学术思想研究》（北京师范大学出版社 2013 年版）等著作，为张静如学术思想的研究做出了开创性的努力。今后，还需要对张静如先生学术思想进行更为深入的研究，尤其

要揭示马克思主义在其学术研究中的指导地位，阐明张静如先生在党史学及其相关学科中的学术成就，这对于党史学理论的发展及党史研究的深化有着重要意义。

需要说明的是，张静如先生是当代中国的学术大家，在多个学科皆有突出的贡献，不独在党史学科。以我个人的看法，先生年轻时在辅仁大学攻读历史学专业，受到严格的史学训练，其后又到北京大学读马克思主义哲学的研究生，故而是将马克思主义与历史学结合起来研究党史的，并在研究中提出党史学是历史学等论断，以马克思主义唯物史观为指导创建了党史学的"中介理论"，成为著名的党史学家。先生在党史研究中提出"以社会史为基础深化党史研究"主张，为此又身体力行地进行近现代中国社会史的研究，不仅出版了《北洋军阀统治时期中国社会之变迁》、《国民政府统治时期中国社会之变迁》、《中国现代社会史》(上下卷)等著作，而且在晚年又出版了五卷本的《中国当代社会史》(2011年)，是当代中国学术界主张"大社会史"而进行社会史研究的代表。先生研究党史，不仅因提出"以社会史为基础深化党史"等主张而进入中国近现代社会史领域，而且还因为从事毛泽东思想发展史研究而进入马克思主义中国化研究学科，发表了大量的研究马克思主义中国化的文章，并在去世的这一年(2016年)在人民出版社出版了专著《中共党史学与马克思主义中国化研究》。先生在晚年鉴于党史与党建的密切关系，提出并规划高校党建研究的新思路，主持并出版了六卷本的《高校党的建设丛书》，从而开辟高校党建这个新学科。先生还是中央马克思主义理论研究和建设工程专家，担任"党的执政能力建设"的研究工作，主编五卷本《加强党的执政能力建设》系列丛书(包括《中国共产党执政理论研究》、《中国共产党执政能力研究》、《中国共产党执政经验研究》、《中国古代治国理政经验研究》、《世界政党执政兴衰成败借鉴研究》等)。张静如先生在马克思主义理论、中共党史、中国近现代社会史、马克思主义中国化研究、高校党建等学科的成就，值得学术界加以研究并使之发扬光大。

2021年1月31日

试论中共历史学的学科体系①

中共历史学是一个由各个分支学科所构成的学科体系,而且各个分支学科都有其固定的研究对象并形成较为完整的知识体系,因而显现出独立存在的资格。为了明白中共历史学的学科体系,促进研究工作的开展,有必要揭示中共历史学的各个分支学科的具体情形。我的导师张静如先生在学术界最早提出中国共产党历史是历史学科的主张,并将中共历史学分为通史类、断代史类、专史类、地区史类、行业史类、人物志类、研究性回忆类、基础理论类等八个方面②,推进了中共历史学研究的深入。张先生还指出:“作为历史学科的党史学,其整体结构亦即体系,应该是怎样的呢?与一般历史学科一样,它的主体部分是对中国共产党历史全过程进行研究,从中找出规律,发挥其社会功能。在这个结构中,还包括为主体部分服务的其他部分,即指导研究的理论和方法,为研究提供基础的史料学、文献学以及总结研究的正反经验的史学史。”③笔者受导师学术思维的启迪和多年的教诲,试图对中共历史学的学科体系作一点探讨。在笔者看来,既然中共历史学属于历史学科,则就应该以研究历史学的路数来研究中共历史学的学科体系。这样看,中共历史学的各个分支学科,依其研究对象的不同来进行分类是较为合适的。本文试以研究对象来对中共历史学的学科体系进行分类,以展示中共历史学的学科体系。

---

① 本文以“中共历史学”名之,而不以“中共党史学”称呼,是因为“中共党史”一词不如“中共历史”一词科学。由于“中国共产党”可以简称为“中共”,则“中国共产党历史”可以简称为“中共历史”;如“中国共产党历史”简称“中共党史”,则有将“中国共产党”简称为“中共党”的嫌疑,而且这样的称谓也是不合逻辑的。因此,“中国共产党历史,不能简称中共党史,而应该叫作中共历史。所以,研究中国共产党历史学科,应该称为‘中共历史学’。”详见《张静如文集》第4卷,海天出版社2006年版,第1367页。又,本文的主要观点于2007年秋曾在徐州师范大学中共党史专业、马克思主义发展史专业研究生中宣讲过。

② 张静如:《中共党史学诠释》,《北京党史研究》1997年第3期。

③ 张静如:《唯物史观与中共党史学》,湖南出版社1995年版,第2—3页。

一、以中共的客观历史为研究对象的诸学科

中共作为一个现代化的政党,其历史活动过程以及所表现出的历史人物、历史事件、历史现象,理所当然应该是中共历史学的主要研究内容;而以中共的客观历史为研究对象的各个分支学科,则构成中共历史学学科体系的基本部分。

1. 以研究的空间范围来分,有中共地区史、中共地方史等

所谓地区史或地方史,是以一定的地域为范围来撰写的史书。中国共产党的历史活动,在不少的情况下是分地区、分地方进行的;即使是整体的历史活动,也是通过各地区、各地方的历史活动来展现的;而且,中国共产党在各地区各地方的历史活动,其内容也有所不同,其活动方法也各有差异,历史效果自然也不尽一致。因而,中国共产党在各地区、各地方的历史活动各有特色,需要以地方史或地区史的形式来具体地描述和客观地呈现中国共产党在各地方的历史活动。如此,中共地区史、中共地方史等就有存在的必要。譬如中共苏区史,中共陕甘宁边区史,中共山东解放区史,中共苏区解放区史,中共鄂豫皖根据地史……,就属于中共地区史、中共地方史一类。现有研究成果,贵州省历史文物调查征集办公室编《黔山红跡——红军在贵州的革命活动》(贵州人民出版社1981年版),中共盐池县党史办主编《陕甘宁边区概述》(宁夏人民出版社1988年版),中共庆阳地位党史办主编《陕甘宁边区时期陇东民主政权建设》(甘肃人民出版社1990年版),宋金寿主编《抗战时期的陕甘宁边区》(北京出版社1995年版),中共山东省委党史资料征集研究委员会编《山东抗日根据地》(中共党史资料出版社1989年版),中共浙江省委党史资料征集研究委员会、浙江省档案馆编《浙东抗日根据地》(中共党史资料出版社1987年版),《淮南抗日根据地》编审委员会编《淮南抗日根据地》(中共党史资料出版社1987年版),《湘赣革命根据地》党史资料征集协作小组编《湘赣革命根据地》(中共党史资料出版社1991年版),《皖江抗日根据地》编审委员会编《皖江抗日根据地》(中共党史资料出版社1990年版),西北五省区编纂领导小组、中央档案馆编著《陕甘宁边区抗日民主根据地》(上下卷)(中央党史资料出版社1990年版),中共江苏省委党史工作委员会,江苏省档案馆编《苏南抗日根据地》(中共党史资料出版社1987年版),中共江苏省党史工作委员会、江苏省档案馆编《苏中抗日根据地》(中共党史资料出版社1990年版),中共郑州市委党史工作委员会编《中共郑州党史》

（中共党史出版社 1995 年版），徐州市史志办公室著《中国共产党徐州地方史》（中共党史出版社 2003 年版）等，就属于中共地区史或中共地方史。

2. 以研究的时间跨度来分，有通史、断代史等

中共历史学体系中的通史类，是指中国共产党通史这一类历史著述。所谓通史是指贯通整个历史过程，并在政治、经济、军事、文化各方面都作叙述的史书。中国共产党的历史活动是一个长时段的历史过程，而且涉及政治、经济、文化、思想等各个领域。对中国共产党历史活动的全过程及所涉及的各个领域进行全面系统的研究和叙述而撰写的历史，就是中国共产党历史的通史类的著作。以通史的形式来展示中国共产党历史，其好处是能全面反映中国共产党历史活动的全过程，能系统地看出中国共产党在政治、经济、文化等各个领域活动的情形及其所作出的贡献，给人们以整体的认识。以往出版的中国共产党历史讲义和教材，虽然其编写风格各异，写作水平亦有高低之分，但大多属于中国共产党通史。现有成果，胡绳主编《中国共产党七十年》（中共党史出版社 1991 年版）、张静如主编《中国共产党通史》（广东人民出版社 2003 年版）、沙健孙主编《中国共产党史纲（1921—1949）》（中央文献出版社 2006 年版）、张静如总编审十卷本的《中国共产党九十年历程》（吉林人民出版社 2011 年版）等，就是有代表性的中国共产党通史类著作。

对中国共产党的历史进行分阶段、分时期的研究，撰写的历史著述就是中国共产党的断代史类著述。所谓断代史是指以一定的时间段为范围而撰写的史书。这里，进行分期、分阶段的研究非常必要。由于至今的中国共产党历史已经有 90 多年了，时间较长，内容较多，因而可以分成几个大的阶段研究，如中共新民主主义时期历史、中共社会主义革命时期历史、中共社会主义建设时期历史；也可以继续分出几个小阶段来研究，如新民主主义时期还可分为中国共产党创立时期的历史、中共大革命时期的历史、中共土地革命战争时期历史、中共抗日战争时期历史、中共解放战争时期历史等。这样，不仅有利于呈现中共在各个历史阶段活动的主题，具体地体现中共各个阶段历史的特点，而且能够推动研究工作的深入，为整体的中共历史通史奠定研究的基础。根据上面的观点，中国共产党的断代史就是某一具体时段的中共历史活动的历史，简单地说就是中国共产党各个历史时期的历史，如中共创建时期历史、中共北伐战争时期历史、中共土地革命战争时期历史、中共抗战时期历史、中共解放战争时期历史、中共建立新中国的初期历史、中共三大改造时期历史、中共十年建设社会主义历史、中共“文革”时期历史、中共改革开放时期的历史，等等。现有的研究成果，马连儒著

《中国共产党创始录》(中国社会出版社 1991 年版),马齐彬等主编《中国共产党创业三十年(1919—1949)》(中共党史出版社 1991 年版),胡华主编《中国革命史讲义》(上下册,中国人民大学出版社 1980 年版),林蕴晖、范守信等著《凯歌行进时期》(河南人民出版社 1989 年版),王年一著《大动乱的年代》(河南人民出版社 1988 年版),席宣、金春明著《"文化大革命"简史》(中共党史出版社 1996 年版),王学启主编《中国社会主义时期史稿》(浙江人民出版社 1983 年版),苏星著《新中国经济史》(中共中央党校出版社 1999 年版)等,即属于中国共产党历史的断代史类著作。

3. 以研究主体历史活动的具体领域来分,有各个专门史

中国共产党的历史活动体现在社会生活的各个领域,需要从专门的领域来叙述中国共产党历史的一个具体的侧面或部分,这样的史书就是中国共产党历史的专门史。如中共经济史、中共政治史、中共社会史、中共外交史、中共军事史、中共统一战线史、中共自身建设史、中共科技史、中共文化史、中共学术史、中共领导工人运动的历史、中共领导农民运动的历史、中共领导青年运动的历史、中共领导妇女运动的历史,等等。现有的成果,张静如主编《中国共产党思想史》(青岛出版社 1991 年版),范贤超等著《毛泽东思想发展的历史轨迹》(湖南出版社 1993 年版),马齐彬主编《国共两党关系史》(中共党校出版社 1995 年版),顾龙生主编《中国共产党经济思想史》(山西经济出版社 1999 年版),李曙新著《中国共产党哲学思想史》(中共党史出版社 2003 年版),吴汉全、王忠萍著《中国马克思主义学术史(1919—1949)经济学卷》(吉林人民出版社 2008 年版),吴汉全著《中国马克思主义学术史概论(1919—1949)》(吉林人民出版社 2010 年版),张喜德著《中共对国民党政策的三次转变与共产国际》(中共中央党校出版社 2000 年版),关世雄主编《中国共产党统一战线史(社会主义时期)》(中国文史出版社 1993 年版),关世雄主编《中国共产党统一战线史(新民主主义时期)》(中国文史出版社 1994 年版),张廷贵等著《中共抗日部队发展史稿》(解放军出版社 1990 年版),冯正钦、杨成生编著《中国共产党统一战线理论发展史稿》(上海社会科学院出版社 1993 年版),何沁著《中国共产党武装斗争认识史》(中共党史出版社 2007 年版),李斌雄著《中国共产党的价值观研究》(中国社会科学出版社 2003 年版),宋进主编《毛泽东思想概论》(中国人民大学出版社 2003 年版),朱志敏著《中国共产党与 20 世纪中国文化》(中国社会出版社 2004 年版),费云东、潘合定编著《中共文书档案工作史(1921—1949)》(档案出版社 1987 年版),朱汉国等主编《中国共产党建设史》(四川人民出版社 1991 年

版)，周志强著《中国共产党与中国农业发展道路》(中共党史出版社 2003 年版)，杨凤城著《中国共产党的知识分子理论与政策研究》(中共党史出版社 2005 年版)，王健英著《中共中央机关历史演变考实(1921—1949)》(中共党史出版社 2005 年版)等，就是研究中国共产党历史的代表性专史著作。

二、以中共活动的历史资料为研究对象的诸学科

史学工作者对中共历史活动进行研究，是以中共历史活动所留存下来的历史资料为依据的；没有历史资料，任何高明的历史学家都不可能直接地把握中共活动的客观历史。但是，要依据留存下来的历史资料来研究，就有必要首先对留存下来的历史资料进行研究，判断其真伪情况，以为研究中共历史提供真确可靠的资料。于是，这就形成了以中共历史资料为研究对象的中共历史史料学这一学科。

中共历史史料学是以中共历史资料为研究对象的学科，但这一学科又有许多分支学科，其原因在于中共历史资料的多样性与复杂性。具体来说，中共历史资料的类别很多，既有文献史料，又有非文献史料；而非文献史料又有实物史料、口碑史料、风俗习惯史料等之别。这些史料，是研究中共历史所不可缺少的。而要对这些不同性质的史料进行研究，就需要有不同的具体学科才能完成，从而支撑起中共历史史料学这门学科。正是由于中共历史资料的不同类别，在中共历史史料学之下又形成了一些新的分支学科，主要是：

1. 以中共历史的实物史料为研究对象的学科，如中共历史文物学、中共历史考古学等

关于中共历史文物学的提法，中共历史学界可能有不少人难以认同。按学术界比较通行的看法，研究古代历史需要文物学，研究近现代时段的中共历史学不需要文物学。其实，这种认识是不正确的。广义上的文物是指人类在历史发展过程中遗留下来的具有历史、艺术、科学价值的遗物、遗迹；而且，文物不仅有古代的文物，也有近现代的文物。近现代文物，有革命文物、民族文物和民俗文物等。就革命文物而言，它是中国人民革命斗争中遗留下来的具有重要纪念意义、教育意义和史料价值的建筑物、遗址和纪念物；它是在特定的历史条件下形成的具有特殊内涵的文物，是革命历史的见证，与中国共产党的历史活动有密切的关联。中国共产党历史活动所遗留的文物，属于中国近现代的文物，理应加强

研究。譬如,中共在各个时期、各个根据地都曾发行了各种纸币,这在今天就有收藏的文物价值和研究价值,是我们研究中共经济活动的重要物证。又譬如,我手头收藏了"文革"时期三卷本的《刘少奇言论集》,在现在已经是不可多得的文物了,这对于我们研究"文革"时期的"大批判运动"以及那个时期的意识形态,就有很大的价值。根据《中华人民共和国文物保护法》规定,与重大历史事件、革命运动和知名人物有关的,具有重要纪念意义、教育意义和史料价值的建筑物、遗址、纪念物,都在国家保护之列,这也需要我们加强研究并利用到中共历史学的研究之中。对于中共历史活动所形成的文物,需要予以释读、考辨、整理、归类并进行相关的研究,需要追寻其历史内涵与意蕴,发现其所保存的历史信息,为中共历史活动的研究提供实物支撑。因而,有必要有一门"中共历史文物学"的存在。

关于中共历史考古学的提法,可能更会引起非议。一般来说,考古学所研究的是古代实物遗存,在时间上涵盖从人类社会产生直到近代以前的全部历史时期;在内容上则包括凡与人类活动有关的一切以实物形态遗留下来的客观存在。自然,研究古代史除了需要文献资料以外,特别需要地下的考古材料。其实,研究近现代时段的中共历史学,也需要中共历史考古学的支撑。研究中共历史的文献资料总是有限的,需要实物资料以补其不足,这个道理是研究历史的学者都清楚的,但在实际的中共历史研究中就不那么注重实物资料了。譬如,关于红军长征历史的研究,当时红军携带的武器,以后由于经过了艰苦的抗日战争和解放战争,到现在已经所剩无几。但是,当时红军长征为了轻装上阵,曾将大批的辎重深埋。现在,如果能在红军长征的沿线把这些辎重挖掘出来,则对研究红军长征将会有很大的推动作用。中共历史考古学对于中共留存在地下的文物进行挖掘,分析其年代与价值,一定能对中共历史活动的细化起到积极的作用。这就是说,中共历史考古学的研究,可以补现行文献的不足,可以直观地、真确地再现当时历史活动的情形,这对中共历史的研究是极大的补助作用。

2. 以中共的文献史料为研究对象的中共历史文献学

研究中共历史,自然要有基本的文献资料为基础。譬如,我们研究民主革命时期的中共历史,过去有多卷本的《中共中央文献选集》,现在有了中央文献出版社 2011 年出版的 26 册的《建党以来重要文献选编》。研究新中国成立以来中国共产党的历史,有 20 卷本的《建国以来重要文献选编》(中央文献出版社 1992—1998 年版)等基本文献。但不是所有的中共历史文献资料就能直接地使用的,其中就有一个先对文献资料进行研究和整理的过程,于是就有"中共历史文献学"存在的必要。"中共历史文献学"作为中共历史学的基础学科,需要介绍研究中共历史有哪些重要的文献,揭示各种文献成形的历史轨迹和基本特征,指明各种文献的价值所在及利用的方法,提出扩大历史文献的总量与种类、进一步挖掘新的历史文献的基本途径。目前,中共历史文献学代表性成果,有周一平编著《中共党史文献学》(华东师范大学出版社 2002 年版)等。大致说来,中共历史文献学下有:目录学,版本学,校勘学,辨伪学,考据学,训诂学等分支学科。

目录学:目录学是研究文献目录工作的一般原理及形成和发展的一般规律的科学,是目录工作实践经验的理论概括和总结。目录学的研究对象是文献目录工作,其目的是寻求以书目索引等作为连接日益增长的文献系统与用户系统之间桥梁的理论基础和技术手段,不断扩展和改进文献系统与用户系统之间联系的途径与方法,使任何文献能为任何需要者获得。现在是知识激增的时代,中共历史学的著作、论文增长速度很快,不懂中共历史目录学,则无法开展中共历史的研究工作。譬如,有位日本年轻学者研究中共历史人物李大钊,说中国学者将渊泉的文章误作李大钊的文章,又说中国学者将李大钊的《我的马克思主义观》误作 1919 年 5 月 4 日前发表的,进而说自己研究得出"新结论"。其实,中国研究李大钊的学者,对此在 20 世纪的 50 年代就辨析清楚了。可见,这位日本学者对学术界研究李大钊的成果没有充分掌握,至少说没有对研究李大钊的论文、著述、资料的"目录"弄清楚。这说明,研究中共历史,中共历史目录学这门学科还是很需要的。

版本学:版本学是研究图书在制作过程中的形态特征和流传过程中的递变演化,考辨其真伪优劣的专门科学。研究的内容主要包括:图书的物质形态及特点风格,版本的源流系统,不同历史时期、地域的版刻特点,版本的识别与鉴定等。版本学在古籍研究中尤显突出,但在现代历史典籍的研究中亦非常重要而不可或缺。中共历史文献学,实有必要有中共历史版本学为其支撑。譬如,毛泽东对自己的文章在不同的历史时期有过很大的修改,各解放区印行毛泽东著作的单行本就有差别,《毛泽东选集》在新中国成立以后也曾有多个版本,而且各个版本有很大的差异。如果不懂中共历史版本学,研究毛泽东思想发展史,就很难取得正确的结论。具有中共历史版本学的知识,就可以鉴别中共历史文献的各个版本,就可以在使用中进行对比研究,并尽可能使用最好的版本。《中国社会各阶级的分析》是毛泽东的重要著作,依据在发表的不同情形,可以分为"革命版"、"农民版"、"青年版"、"历史材料版"、"毛选版"。该文最初发表在国民革命军第一军司令部的《革命》上,时间是 1925 年 12 月 1 日。1926 年 2 月 1 日

《中国农民》第2期进行了转载，变动很少。1926年3月13日，《中国青年》第116、第117期上连载了该文。1950年，中共中央决定出版《毛泽东选集》，当时仅征集到《中国青年》的文本，修订工作以此文本为基础。1950年中共中央决定重印《六大以前——党的历史材料》一书，这篇修改后的文章作为党的重要历史文献补编入1951年2月编定的《六大以前——党的历史材料》重印本，该书于1951年5月由中共中央办公厅出版。在《六大以前——党的历史材料》重印本编定后，毛泽东对这篇文章的修改工作继续进行，这样就形成了我们能常看到的《毛泽东选集》文本①。这就是说，研究毛泽东在20世纪20年代的阶级分析思想，显然需要使用最早的版本，并参照其他版本，如果仅以现行的《毛泽东选集》为依据，这显然是不行的。总之，研究中国共产党的文献，考察其源流与演变，中共历史版本学是不可缺少的基础学科。

校勘学：校勘是中国古籍整理的一种方法，亦应是中共历史研究的重要方法。校是查校古书中文字的异同，勘是勘正古书流传过程中出现的错误。中国古籍大部分是刊刻本，小部分是手抄本，故难免产生文字上的讹误、缺漏、增添、颠倒等情况，因而需要校勘。校勘有4种方式：(1)对校。用同一种书较早的本子与其他本子对读，遇有不同处，即注出来，其主旨在校异同，不校是非。(2)本校。以同一部书前后互证，指明其后文字或记载的异同，并进一步判断其正误。(3)他校。以其他有关的书籍对照本书。(4)理校。凡无其他本子可以依据，或数本互异，无所适从，就凭校者的学识，据理判明其正误。校勘方法在整理中共历史文献中被经常地使用，对研究工作的开展发挥了巨大的作用。譬如，人民出版社1999年版的《李大钊文集》，在校勘方法的运用上就是一个突出的方面。该“文集”原则上以手稿、最初发表的报刊或最初版本为底本，并参考其他版本进行校勘。该“文集”在校勘过程中，进行文字方面的校勘，主要是：订正错字，置于[ ]内；增补脱字，置于( )内；文中衍文，加〈 〉以示区别；有疑问者，用[？]表示；发现文中语句有缺字者，用□表示。该“文集”在校勘过程中对于“底本”的运用也很有特色，对所据底本如原无标点的或用旧式圈点的，或虽用新式标点而与当今规范不合者，均重新标点；明显错讹者，则径予改正。对所据底本原有分段，一般不予改动；原文未分段，则由编者分段。对于底本的文字，一律照录，不予删节，一保持历史原貌。2006年人民出版社的《李大钊全集》也沿用这样的校勘方法。校勘学在中共历史研究中特别是在中共历史文献的整理中被大量地使

① 参见王建国：《〈中国社会各阶级的分析〉的版本问题》，《毛泽东思想研究》2004年第1期。

用，理应建立中共历史校勘学这门新学科。

辨伪学：辨伪学是辨别书籍、文章真伪的一门学问，其主要任务在于辨别书籍和文章本身的真伪及其史料价值，辨别书籍及文章的作者，为历史研究提供真实可靠的史料。辨伪学在中共历史的研究中也经常地使用，为辨别中共历史文献的真伪发挥了作用。譬如关于中共一大通过的《中国共产党第一个纲领》，目前有两个版本，一个是1957年苏共中央移交给中共的共产国际中共代表团档案（俄文本），另一个是陈公博在美国哥伦比亚大学撰写的硕士论文《中国的共产主义运动》所附录的《中国共产党的第一个纲领》（英文本）。中国学者将《中国共产党第一个纲领》的英文与俄文本对照研究，发现内容基本相似，两种文本均包括十五条，其中均缺第十四条，其他十四条的要点相同，而且两种文本的第十四条也都有附注。学者们经过辨伪和考证，认为这两个文本是真实的、可信的，在未发现中文本的《中国共产党第一个纲领》之前可以参照使用。辨伪工作不仅非常复杂而且是带有综合性的，要利用考证学、目录学、版本学、校勘学等的专门知识。因此，吸收中国传统辨伪学的研究经验，梳理和总结中共历史文献研究中使用辨伪学所取得的重要成果，建立适合中共历史研究特点的中共历史辨伪学，对于中共历史文献的整理和利用，对于中共历史走上科学的轨道是非常重要的。

考据学：考据又称考证，是在广泛搜集史料的基础上对的史料真伪、史实的真伪进行鉴别。考据工作必须运用目录、版本、辨伪、校勘、训诂等多种方法。一般而言，欲考证史料的真伪及其价值，首先必须明白目录之学，知道文献的出处和分布情况，从而有效地搜求有关书籍和史料；其次，必须懂得版本之学，辨别版本之优劣及其可利用的方面；最后，是进行辨伪、校勘、注释、训诂等工作，对史料和史实进行鉴别，从而得出可信的结论。考据学在中共历史研究中的应用非常广泛，在辨别史事、厘清历史事实、揭示历史真相等方面取得重大的成绩。譬如，关于包惠僧是否是中共一大代表，直接关系到中共一大代表是12人还是13人的问题。在20世纪80年代初，中国学者通过考证认为包惠僧是正式代表，其主要依据是：(1)现存的中共一大代表9人回忆材料中，有7人早期回忆包惠僧是正式代表。有5人最后肯定他是正式代表（毛泽东、董必武后期否认）。中央档案馆保存的中共六大绘制的一份统计表，其中出席中共一大的代表名单中也有包惠僧。(2)李达是中共一大具体组织者和代表，他回忆包惠僧不是一大代表的意见虽然应该值得重视，但李达的回忆是多年以后的回忆，且已发现许多错误，其回忆的可靠性值得怀疑。(3)陈公博的回忆“广东遂举我出席”，但并未否认别人是广东代表。陈公博是对自己往事的回忆,也无须回忆全面。(4)毛泽东、董必武后期推翻前说,主要是依据李达的回忆,而李达回忆的可靠性又值得怀疑,故不足为据。(5)包惠僧在中共一大前曾是武汉支部书记,积极参加党的活动,具备了参加一大的资格;在一大期间,也积极参加了会议,具有发言、选举权,起到了正式代表的作用①。经过考证,现在学术界大多承认包惠僧是中共一大代表,专著和教材也大多认为中共一大代表是13人,包惠僧是正式代表之一。这里,只是举例说明考据对中共历史研究的重要性。中共历史研究要使结论真实可靠,需要对所使用的材料进行考证,因而就必须有中共历史考证学这门学科,从而避免研究中大而化之、人云亦云、推断式的研究方式,使研究工作走上求真求实的轨道。

训诂学:训诂本是对古书文句的训释,弄懂其本义,从而为研究工作奠定文字理解上的基础。因而,所谓训诂学即是对文字进行训释的方法、原则的一门学问。历史研究在很大程度上依靠文字材料,但文字材料中的文字,其音、形、义,因时代之久远皆有很大的变化,给后来的研究者的理解带来很大的困难,因而需要对文字进行训释。有些人认为,中共历史学是研究近现代时段的中国共产党的历史,不像研究古代史那样需要训诂学,因而也就没有建立中共历史训诂学的必要。是的,中共历史文献在大多数情况下是比较好理解的,但也不尽然;在特定的情况下,中共的历史文献没有训诂学就难于理解。譬如,研究李大钊早期的民彝思想,对于理解李大钊以后政治思想的发展及特色非常重要,对于了解中国早期马克思主义者的政治观亦非常关键,对研究中国共产党政治思想的起源也很有价值,但如果不懂训诂学则"民彝"思想就很难说清楚。过去,不少研究者将李大钊的民彝思想,简单地诠释为民主思想,没有认识到"民彝"这一中国古代特定用语的含义。这个问题,是历史学家刘桂生先生、朱成甲先生等运用训诂学的方法解决的。从训释"彝"字入手,"民彝"本于"民之禀彝",而"彝"有三训:一训器,器即器物也,由此"民彝"与"宗彝"发生联系,所异者,"民彝"之"无形"而"不可窃","宗彝"之"有形"而"可窃";两者皆用于政治,由于"宗彝者,宗庙之常器也",则"民彝"取"宗彝"之"神明尊严"之义而具有至上性。二训常,伦常也,又"彝"与"夷"通用,"彝"则又具有"夷"之"平"之义,故"彝"即"民

① 关于包惠僧是否为中共一大代表,当时学术界就有不同的意见。可参见刘培琼、吴恩仕:《包惠僧不是中共"一大"广东代表》,《学术研究》1981年第4期;索世珲:《包惠僧"一大"代表资格考辨》,《争鸣》1982年第3期;张钟、陈志莹:《包惠僧出席中共"一大"身份问题考证》,《江汉论坛》1982年第3期。

常”,亦即“民彝”具有“民”之普遍的、共有的意义,也就是“生民之常态”或民之“天性”及“常性”。三训法,法者乃人类“固有之本能”,亦即“英人固有之本能,即英人之民彝也”,而正是由于法律能够根据“固有本能”,所以“英宪遵顺民彝自然之演进,而能一循其常轨,积习成性,遂为不文之典”;可见,此“法”之意为“自然法”,而一切法律皆以自然法为基础,故“民彝者,民宪之基础也”[①]。由“彝”的三训来看,则“民彝”思想就是为政之道要根据百姓的心理、愿望、要求、风俗、习惯,这种思想是远非“民主思想”所能概括的。这里,只是举一例来说明,研究中共历史,必须有中共历史训诂学这门学科。

中共历史文献学是中共历史史料学中的主体部分,目前所开设的“中共历史史料学”,主要讲的也是“中共历史文献学”。但是,中共历史史料学与中共历史文献学之间是有区别的:就研究的范围而言,中共历史史料学不仅包括中共的历史文献,而且还有中共历史文献以外的资料,如墓志、档案、行政记录、日记、书信、回忆录、创办的报刊等;同时还包括中共历史活动所遗留下来的实物资料,如武器、衣物、器械、钱币、标语等等。而中共历史文献学,则以中共历史活动的文献为研究对象,其研究对象的范围相对较小。就研究的任务而言,中共历史史料学直接为研究的目的服务,依所确定的研究课题搜集各方面的可靠资料,不管史料是文献性的或非文献的,只要是对研究有益的皆在搜集之列;中共历史文献学虽然也主要的是为研究工作提供真确的文字资料,但中共历史文献学还担负着保存中共历史文化典籍、传承中共文化与精神传统的任务。就研究的方法而言,中共历史史料学除采用中共历史文献学的基本方法而外,还兼采用社会学、人类学、文化学等方法;而中共历史文献学主要是采用文献学的基本方法,如校勘、辨伪、考据等方法。

三、以中共历史学本身为研究对象的诸学科

中国共产党有90多年的历史了,而中国的中共历史学也有90多的历史了[②]。这就需要根据中共历史学的发展过程,对研究工作的经验和教训进行总

---

① 本段引用李大钊文字,皆见《民彝与政治》(载《李大钊全集》第1卷,人民出版社2013年版,第268—271页)。

② 根据张静如先生的意见,中共历史学的产生时期“大约从1924年到1935年中央红军到达陕北之际”。参见张静如主编《中共党史学史》,中国人民大学出版社1990年版,第8页。

结和概括,对研究的理念和方法进行提炼,以促进中共历史学的健康发展。由此,就形成了以中共历史学本身为研究对象的分支学科。这之中,主要是中共历史学理论和中共史学史两个分支学科。

1. 中共历史学理论

中共历史学理论是站在现实的高度,以中共历史学的研究成果为基础,对中共历史学的理论和方法进行理论反思和研究所形成的理论体系。它的重点所在不是具体地研究中共的历史过程,也不是具体地探讨中共的历史人物,而是专就中共历史学本身的研究理论进行研究,以为中共历史学本身的发展提供理论指导。现有成果,如张静如的《唯物史观与中共党史学》(湖南出版社 1995 年版)、王仲清的《中共党史学概论》(浙江人民出版社 1991 年版)等,是中共历史学理论的代表作。

有人可能会提出这样的疑问:中共历史学以唯物史观为指导,还要另外形成一个什么理论为指导吗?是的,中共历史学必须以唯物史观为指导,但中共历史学又不仅仅以唯物史观为指导。人文社会科学的各学科都要以唯物史观为指导,但各学科另外又都有自己的研究理论。譬如,文学研究是以唯物史观为指导,但文学研究也有自己的理论——文学理论;同样,教育学是以唯物史观为指导,但教育学本身也有自己的教育理论。就是说,唯物史观是最高层次的指导理论,各学科根据各学科的研究实际,在唯物史观的指导之下应该有自己独特的理论。因而,不能以唯物史观来代替或取消各学科的理论。换言之,中共历史学的研究,除了唯物史观总的指导外,也应该有自己的研究理论——中共历史学理论——来指导。要说清楚这个问题,就要说清楚历史唯物主义(唯物史观)与中共历史研究的关系,阐述历史唯物主义与历史学的关系。根据张静如先生的意见,由于其他社会科学的研究对象“只是上层建筑、意识形态的一部分”,其所建立的研究理论“无疑要以历史唯物主义为出发点,可它们并不把历史唯物主义当作自身体系的内容,两者之间的界限是清晰的,不易混淆”;然而,历史学科就不一样。由于历史研究对象与其他学科的不同,在历史研究过程中,“马克思主义历史理论与历史唯物主义,不仅有指导关系,而且有包含关系。说历史唯物主义不能代替马克思主义历史理论是可以的,因为后者还包括低于哲学层次的内容;如果说两者根本没有包含关系,就未必恰当了。强调把两者区别开来,是人们怕造成研究的公式化、概念化、简单化的弊端。承认两者的包含关系,与这种弊端的产生没有必然的联系”。鉴于“包含关系”的理解和历史学的研究对象是“发展中的整体社会”的认知,张先生提出“马克思主义历史理论应该分层次”的主张,认为在历史研究中,“除历史唯物主义揭示社会发展的一般规律外,还应该有低一层次的关于历史过程具体规律的理论,以解决类似历史过程的阶段性、发展趋向以及评价历史事件、人物、群体的原则等等问题”;由此,“马克思主义研究历史的方法也应该分层次,既有方法论部分,又有具体方法部分”①。这里,张先生提出的“马克思主义历史理论应该分层次”的主张及运用马克思主义历史理论和方法从事中共历史研究的要求,为我们探讨中共历史学理论问题提供了新思路。

根据张先生的学术意见和历史学研究的路数,笔者以为中共历史学理论应该包括:中共历史学的本体论、中共历史学的认识论、中共历史学的方法论这三个部分。如果说中共历史学的本体论主要是从历史观方面说明中共历史是什么的话,那么,中共历史学的认识论则是要回答人们认识中共历史何以可能的问题,亦即人们应该具备怎样的条件、有着怎样的理论思维、认识路径才能正确地认识和研究中共历史问题;而中共历史学的方法论则是在中共历史学的本体论、中共历史学的认识论的指导下,就研究中共历史的具体方法所进行的理论的、学术的思考而抽象出的关于研究方法的理论体系。这里应说明的是,中共历史学的认识论是以中共历史学的本体论为前提的,亦即本体论在认识论中具有指导性、基础性,因为如果不明白中共历史是什么,就谈不上对中共历史如何进行认识的问题;当然,中共历史学的认识论也能对中共历史学的本体论产生作用,人们对中共历史进行正确的认识和科学的研究,坚持正确的理论思维,在研究方法上运用得当,也能有助于人们明白中共历史是什么的问题,从而促进对中共历史学本体论的巩固或修正。下面,试具体地说明中共历史学理论的各个构成部分:

关于中共历史学的本体论。中共历史学的本体论是要从哲学的层面来说明中共历史是什么的问题,是关于中共历史本身的性质和特点的理论,需要确立科学的哲学观和科学的历史观,因而所要回答的是以下一系列带有宏观性的大问题:(1)中共历史是不是客观存在的,如果是客观存在的,其客观存在的历史条件或历史依据是什么?中共历史客观存在与近现代中国社会演变、与近现代以来整个世界的演变存在何种关系?(2)中共历史的演变有没有规律?如果有规律,那又是何种规律?这种规律与近现代中国社会演变的规律、与近现代中国其他政党历史的规律、与同一时期世界其他马克思主义政党历史的规律存在什么关系?(3)中共历史发展和演变的动力是什么?近现代中国社会、近现代中国

① 张静如、侯且岸:《中共党史学理论和方法论纲》,《中共党史研究》1989年第1期。

的政治斗争、近现代中国的其他党派或政治组织、国际政治斗争的格局等因素等,又为这种动力的形成和动力发挥作用提供了什么的机遇和挑战?(4)中共历史活动的国际环境、社会历史环境、自然环境、社会政治资源、社会心理态势以及其他影响因素如何?这些对中共历史活动的方向以及历史活动成效的大小起了怎样的作用?(5)中共历史与中共自身活动的特点,与人民群众的历史活动、杰出领袖人物的历史活动等,存在什么关系?中共自身活动的特点、人民群众以及杰出领袖人物的历史活动,对中共历史本身特色的形成和演变起了何种作用,这对中共历史本身的进一步发展又产生什么影响?(6)在中共历史演变的跌宕起伏中,前进性与曲折性的关系如何?中共历史行进的方向与可供选择性的空间及社会演进的多样性之间,有如何的关系?等等。

关于中共历史学的认识论。中共历史学的认识论所要解决的是史学工作者对于中共历史如何认识的问题,其中心问题是以中共历史研究者本身为研究对象,来研究中共历史的认识者的本身,探讨中共历史的研究者的主体性认识与所研究的中共历史之间的关系问题。因而,中共历史学的认识论是关于中共历史所形成的认识、中共历史的知识等方面的再研究,特别是对其所具有的性质、特点等进行的理论探讨而形成的理论体系。概而言之,中共历史学的认识论要回答以下的具体问题:(1)人们对中共历史的认识如何成为可能,亦即人们要真正地科学地认识中共历史并形成关于中共历史的正确认识应具备哪些具体的条件?(2)人们对中共历史进行研究,其历史认识是在怎样的情况下形成的?这种历史认识的形成过程有什么具体特点,这种历史认识如何才能成为系统而真确的知识体系?人们对中共历史的认识活动的进程以及与研究者自身的世界观、人生观特别是历史观之间存在什么关系?(3)人们研究中共历史时一旦形成了具体的历史认识,那么这种历史认识的客观真确性如何,其本身具有什么样性质和特点?(4)研究者在研究中共历史的过程中构成了认识主体与认识客体的关系,那么,中共历史认识主体(中共历史研究者)与中共历史认识客体(客观的中共历史本身)之间的关系怎样?其间是否存在着历史认识的中介?如存在,那么这种历史认识中介的性质和地位又如何,与中共历史认识主体及中共历史认识客体之间构成怎样的互动关系?(5)研究中共历史所形成的历史认识,作为一个知识体系而存在,作为一种研究话语系统而发生作用,那么这种历史认识有哪些具体的表现形式?与一般的认识形式相比较有何独特性?其表现形式的不同,对中共历史的研究会产生怎样的影响?(6)对中共历史进行研究而形成的历史认识,能否被检验?如能被检验,要通过哪些具体的程序?有无检验的标准？如有，那么是什么样的标准？研究中共历史的史学家的史学实践活动及其社会活动在中共历史认识活动中、在检验中共历史认识的过程中处于何种地位？(7)关于中共历史的认识所形成的研究成果(历史著述)，其存在形态如何？是怎样发挥学术研究功能、文化传承功能和社会教育功能的？历史认识的进步及社会知识体系的更新对历史著述的修改与完善产生什么样的影响？中共历史的著述一旦形成是否需要不断地重作、不断地诠释？如需要不断重作、不断诠释，那么，中共历史研究者自身的知识体系和结构、社会历史观以及社会上已有的历史认识、社会上的知识体系所达到的高度，时代演进的内在矛盾及其显露的特点，在不断重作与诠释中共历史的活动中到底构成怎样的作用？等等。

关于中共历史学的方法论。所谓方法论，是指关于研究方法的理论。方法论在不同层次上有哲学方法论、一般科学方法论、具体科学方法论之分。三者之间的关系是互相依存、互相影响、互相补充的对立统一关系。中共历史学的方法论是具体科学方法论，是关于中共历史学研究方法的理论探讨。概括而言，中共历史学的方法论是从整体上、宏观上对中共历史研究的各种方法进行全面研究，分析和比较中共历史学研究中各种方法的优势和局限，梳理各种方法之间的联系与区别，抽象出中共历史学研究方法的性质、特征和功用，从而为中共历史的研究在方法论上提供指导。因此，中共历史学的方法论既不是具体地描述中共历史学研究的各种方法，也不是大而化之介绍适用其他学科的方法，而是专就中共历史学的研究方法进行理论上的反思、逻辑上的抽象、学理上的总结、哲学层面的概括。大致来说，中共历史学方法论主要关注这样几个问题：(1)中共历史学各种研究方法的适用范围与局限是什么，在中共历史学的研究中起什么样的作用，各种方法之间的相互关系又如何？(2)中共历史学各种研究方法，有着怎样的存在形态，就总体而言具有什么特征和性质，与其他社会科学方法、自然科学方法的关系如何？(3)在中共历史研究中，研究方法的选择上应该根据何种标准？如何在各种方法中选择最佳的研究方法并避免或限制所使用的研究方法自身的局限？怎样使各种研究方法交替使用，以发挥各种方法结合的综合优势？(4)中共历史学的研究方法与研究成果的表现存在什么关系，研究成果发挥作用与使用的研究方法的不同有什么关系？等等。中共历史学方法论注重于中共历史研究技艺的提高，因而特别需要重视对研究方法的理论思考与理性反思，以便加强研究者在研究中使用方法的自觉性和主动性。

2. 中共史学史

任何比较成熟的学科都有其研究史，如哲学就有哲学史，文学就有文学史，社会学就有社会学史。中共历史学作为一门比较成熟的学科，也应该有其研究史，即中共史学史。可以说，中共史学史是研究中共历史学的产生、发展的演变过程及其规律的一门基础学科。具体而言，中共史学史亦即中共历史学史，是关于中共历史的研究史。它是通过对中共历史研究过程的描述及研究特点、治学方法的分析，以发现和总结中共历史的研究规律，从而更好地指导目前的中共历史学研究，因而其关注的是中共历史学作为一个学科的产生和发展的历史及其所应总结的规律。在现有成果中，张静如、唐曼珍主编《中共党史学史》（中国人民大学出版社 1990 年版）、周一平著《中共党史史学史》（甘肃人民出版社 2001 年版）、周一平著《中共党史研究的开创者蔡和森》（上海社会科学院出版社 1994 年版）等，是中共史学史的代表性著作。

中共史学史的研究对象是什么呢？其研究步骤又是什么？根据张静如先生的意见，中共史学史的对象就是中共历史学“产生和发展的全过程”①。为了把握好这个研究对象，研究的程序最基本的有两步：一是描述中共历史学产生和发展的全过程。这是因为，“中共史学史”既然是“史”，则必须首先描述其过程，揭示其演变和发展的轨迹，唯此才能拥有“史”最基本的含义，也唯此才能为进一步研究奠定基础。因此，描述中共历史学产生和发展的全过程，是中共史学史研究的第一步。二是在全过程描述的基础上研究其规律。这就是说，研究中共史学史又不能仅仅停留在描述中共历史学产生和发展的全过程上，还必须更进一步，探讨中共历史学演变的规律。因为，要成为“学”，就必须研究并抽象出规律，而不能是一般的叙述，唯此才能使中共史学史进到科学的层次而具有科学的品格。以现在的观点来看，是否探求规律是史学成为科学的条件，这当然也是史学之中的“史学史”成为科学的条件。李大钊说得好：“今日历史的研究，不仅以考证确定零零碎碎的事实为毕乃能事；必须进一步，不把人事看作片片段段的东西；要把人事看作一个整个的，互为因果，互有连锁的东西去考察他。于全部的历史事实的中间，寻求一个普遍的理法，以明事实与事实间的相互的影响与感应。在这种研究中，有时亦需要考证或确定片片段段的事实，但这只是为于全般事实中寻求普遍理法的手段，不能说这便是史学的目的。”②李大钊这段话，对于我们理解中共历史学、中共史学史必须进到研究规律的阶段，是有重要的指导意义的。

---

① 张静如主编：《中共党史学史》，中国人民大学出版社 1990 年版，第 1 页。

② 《史学要论》，《李大钊全集》第 4 卷，人民出版社 2013 年版，第 531 页。

中共史学史的研究内容大致有这样几个方面:(1)研究中共历史思想、历史意识的起源与发展的过程,阐明中共历史作为一个学科在思想意识上、在知识体系上的演变历程。(2)研究中共历史学产生和发展的外部环境,包括整个现代中国当时的学术文化环境、政治斗争环境、学术思想资源条件、社会经济状况等方面所构成的影响。(3)研究和评价在中共历史研究中出现的史学家及其各种历史著述,阐明其史学思想、史学研究方法、史学编撰体裁、治学特点、学术传承等,分析其特色和不足之处以及在中共史学史上的地位。(4)从纵向上研究中共史学的史学认识论和方法论的演变轨迹,总结史学实践的得失。(5)对研究中共历史过程中所出现的史学思潮和史学流派,开展的重大的学术论战,组织的规模较大的学术运动,进行学术的研究和探讨,揭示其学术背景、基本内容、治学特点及史学成就,分析其社会历史意义、学术价值及其对中共史学自身发展的影响。(6)研究和阐发中共历史知识的传播过程,中共运用中共历史知识进行社会教育、政治教育、思想传承的过程,显现中共历史知识自身积累的特点和所发挥的功能。(7)结合中共史学演变的过程及史学变革特点的分析,从现实的高度和史学研究的内在逻辑来总结中共史学的发展规律,预示中共史学发展的趋势及所要解决的研究课题,为当今中共历史学的研究提供经验和借鉴。需要说明的是,中共史学史研究的内容十分丰富,举凡与中共历史学发生和发展的全过程相关的方面、相联系的环节,中共历史学领域内的一切现象的发生和发展史,都应该成为研究的内容。这里,只是列举其主要的方面,以引起研究者的重视。

中共历史学的学科体系关系到中共历史学的健康发展,应引起学术界的高度重视。过去,中国学术界之所以对中共历史学的学科体系重视不够,一是因为不少学者对中共历史学的学科性质没有科学的认识,不承认中共历史学的历史学性质,当然也就不会从历史学的视野去理解和探讨中共历史学的学科体系了;二是因为中国从事中共历史学研究的绝大部分学者都是学政治的出身,学历史出身的则是少数,学术队伍的知识构成状况决定了很少有人从历史学角度来思考中共历史学的学科体系问题,因而一些具有先见的学者提出中共历史学的史学性质的主张在很长时间得不到回应,这就制约了整个中共历史学的发展;三是因为中共历史学长期以来是作为思想宣传的面目出现的,担负着政治教育的功能,学理性的探讨有着先天的不足,这也使不少人不去注意其学科归属和学科体系问题。可喜的是,自张静如教授在学术界首倡中共历史学的历史学性质以来,经过近三十年的时间考验,现在人们已越来越认同中共历史学的史学性质,这一情况为我们今天探讨和研究中共历史学的学科体系提供了学术条件。

限于篇幅,本文只是对中共历史学的学科体系进行初步探讨,简要叙述了中共历史学系统中的各个分支学科情况,谈了一点个人关于建设中共历史学的意见。笔者希望中共历史学界同人能够认识到中共历史学中的各个学科群及其体系,积极促进中共历史学的各分支学科的建设和发展,使中共历史学建立在坚实的各分支学科的基础上,从而推动整个中共历史学研究的稳步前进。

（原载《党史研究与教学》2013 年第 3 期）

【昔文琐记】这篇《试论中共历史学的学科体系》,初稿写作于 2007 年秋,以后曾作过一些修改。

我在北师大跟随张静如先生读博士,熟读先生的《静如文存》及《唯物史观与中共党史学》等著作,遂而想在党史学理论方面有所研究。2002 年暑假又集中精力研究张先生的党史学理论,并写出《20 世纪 80 年代张静如先生建立中共党史学理论的努力》(《湖湘论坛》2003 年第 1 期)、《中共党史学理论的创新》(《党的文献》2003 年第 1 期)等文章,算是对张先生的党史学理论有较系统的理解。在这样的基础上,我又研习史学理论和历史哲学,力图在史学视域中看待中共党史学科,于是就有了这篇《试论中共历史学的学科体系》文章了。此文,是以史学的见地来阐发中共历史学的学科体系,表达了我对于中共历史学所应有的分支学科的看法,这与我导师张静如先生的分类有所不同。

这些年来,党史学界关于党史学科理论的研究比较热门。学术界有要求将中共党史升格为一级学科,我的导师张静如先生及我的师兄王炳林教授是重要代表。而在我看来,中共党史如果要作为一门学科,就要在多方面努力,否则就很难。我认为,提升中共党史学的学科地位并升格为一级学科,需要做这样三项工作:一是要加强党史学理论的研究,使党史学有个比较成熟的理论;二是要在中共党史学下面弄出几个分支学科,从而形成党史学研究的学科体系;三是要确实有一帮研究人员和大量的研究成果,足以支撑党史学在学术界的地位。

在这样的学术背景下,我也试图在党史学理论上有所建树。经过努力,我在 2014 年写出《党史解释要论》初稿,人民出版社于 2021 年出版。该著坚持以马克思主义为指导研究党史解释问题,重点就党史解释的性质与特征、党史解释的前提与条件、党史解释的类别、党史解释的路径、党史解释的程序、党史解释的功能、党史解释的范式、党史解释的话语体系、党史解释中的主体客体及中介、党史解释的基本原则与具体要求、党史解释的规律、党史解释的检验等问题,进行理论上的分析与学术上的诠释,力图建立以唯物史观为指导的党史解释学体系。

应该说，该著是党史学界探索党史解释问题的第一部著作。

需要指出的是，在张静如先生的弟子中，我的师兄王炳林出版的《中共党史学科基本理论问题研究》①，为党史学理论的发展作出了积极的探索。我的师弟、北大教授周良书，主持国家社科基金重大项目“百年中国高校党的建设历史资料的整理与研究”，这几年在党史学理论方面有很多的成果，发表了《中共党史研究中的“立论”问题》、《论中共党史研究中的选题问题》、《中共党史资料的解读方法》、《中共党史研究中的范式问题》、《中共党史研究中的“阅读”问题》、《中共党史研究的“学术训练”问题》等系列性党史学理论文章，在党史学界产生很大的影响。今年，周良书又在广西师范大学出版社出版了《党史书谈》，就党史研究中“阅读与写作的技艺”问题展开研究。可以预见的是，在不久的将来，中共党史学理论的研究将有更大的发展。

2021 年 7 月 29 日

① 王炳林:《中共党史学科基本理论问题研究》，复旦大学出版社 2010 年版。

以社会史为基础深化中共党史研究的再思考

如何深化中共党史研究仍是党史工作者面临的重要课题。深化党史研究有多种维度,包括加强理论指导和提升理论高度、加强资料挖掘与整理、借鉴多种方法及创新研究范式等等。张静如先生早在1991年就提出了“以社会史为基础深化党史研究”①的学术思想,促进了党史研究的发展。研究者对于在社会史中研究党史引起了重视,部分学者也比较自觉地征引社会史的相关资料,在评价党史重大问题时一般地也能联系近现代中国社会的状况进行相关的分析。但是,如何在党史研究中真正地贯彻“以社会史为基础”思想,还需要在理论上、学术上进行研究与探索。本文结合社会史的研究,对党史研究的视域、内容和材料等方面问题再作一些探讨,或许对深化党史研究有所裨益。

一、拓宽研究视域

开展研究工作必须有宽广的研究视域。这里所谓的研究视域,是指研究者的研究眼光与研究视线,及学术探索的范围与界域。党史研究主要是对于中国共产党自身历史活动的研究,这是多年来我们的研究工作所一直坚持的研究视域。但以社会史观来看待党史研究,这一视域显然是过于狭小的,需要加以拓宽。就是说,在重视研究中共自身活动之外,还需要研究外部历史环境对中共历史活动的影响。

任何社会历史现象都受到其外在环境的影响与作用,这是一个不争的事实。中共是在近现代中国社会中开展历史活动的,中共自身的外部环境包括国内的、

① 参见张静如:《以社会史为基础深化党史研究》,《历史研究》1991年第1期。

国际的及历史的与文化的各种因素，对中共的历史活动都会产生这样和那样的影响。从总体上说，中国共产党的历史活动与社会环境呈现出交互作用的关系，即一方面社会环境影响中共历史性的活动，另一方面中共具体的历史活动又反过来影响和变更社会环境。马克思、恩格斯指出：“每一代都利用以前各代遗留下来的材料、资金和生产力；由于这个缘故，每一代一方面在完全改变了的环境下继续从事所继承的活动，另一方面又通过完全改变了的活动来变更旧的环境。”①所以，外在的环境，哪怕是最不引起人们重视的方面，有时对于历史活动都会构成很大的影响。恩格斯说得好：“人类知识和人类生活关系中的任何领域，哪怕是最生僻的领域，无不对社会革命发生作用，同时也无不在这一革命的影响下发生某些变化。”②因此，如果不深入地研究中共历史活动的外部环境，如果对中共历史活动外部环境没有高度的重视，那么中共自身的历史活动也就无法说清楚，所得出的研究结论也就缺乏历史的、文化的、学术的底蕴，研究成果也很难形成规律性的认识。

下面，试通过两个例证说明这种研究的必要性。

譬如，大革命时期自由知识分子思想的分化特别是对于苏俄态度的变化，这直接与国共合作相关政策的实施有着联系，也可以说是中国共产党此时历史活动的重要外部环境。据笔者考察，《努力周报》停刊后，以研究美国市政制度见长的留美博士张慰慈，虽然在政治上信奉自由主义，但在思想上也有微妙的变化，尤其是在对待苏俄的问题上变化很大，这与当时的中国自由主义领袖胡适在思想上就有很大的差异。1925 年徐志摩主持《晨报副刊》，开展所谓“仇俄友俄”问题大讨论。张慰慈在《晨报副刊》发表了《我也来谈谈苏俄》等文章，参与“仇俄友俄”问题的讨论，认为苏俄的存在及其对中国的影响是一个事实问题，中国的南方“已经在苏俄的势力之下，差不多可以算是赤化了”。这说明，《努力周报》后，张慰慈对苏俄的态度已有很大的变化，与先前极力赞赏十月革命、积极研究苏俄政治，不可同日而语。而此时的胡适，虽然与张慰慈仍然保持良好的私人关系，却没有参加“仇俄友俄”问题的大讨论，而且对张慰慈的“仇俄”举动也很显然地有些不满。1926 年下半年，胡适赴英国出席中英庚款委员会议，在途经莫斯科时给张慰慈写过几封信。在信中，胡适明确表示自己对于苏俄政治实践的欣赏态度，说“我所见已足使我心悦诚服地承认这是一个有理想，有计

① 《马克思恩格斯选集》第 1 卷，人民出版社 1995 年版，第 88 页。
② 《马克思恩格斯选集》第 1 卷，人民出版社 1995 年版，第 17 页。

划，有方法的大政治试验”；同时，又对张慰慈在“仇俄友俄”讨论中对苏俄的态度颇不以为然，提出了批评意见。胡适说“我们的朋友们，尤其是研究政治思想与制度的朋友们，至少应该承认苏俄有作这种政治试验的权利”，又说应该承认苏俄的试验与“美国试验委员会制与经理制的城市政府有同样的正当”①。明白人都能理解，胡适这里的话语之所指及态度之所在。这里，胡适是要规劝张慰慈改变对苏俄的态度，允许苏俄有政治试验的权利，同时也隐含着对张慰慈参加“仇俄友俄”讨论时对苏俄指责的批评②。以上主要是就胡适与张慰慈之间交往关系进行分析，但也不难看到自由主义的知识分子阵营出现了态度上的变化，一些人表现出对苏俄极端惧怕的心理与情绪。这大致也能说明，何以大革命失败后的一段时间，一部分自由主义知识分子附和了国民党的反动统治，在思想战线上参加了“讨伐”中共的行动。

又譬如，“大跃进”口号正式提出之前，中国社会中已经普遍地具有的冒进心理，构成了中国共产党历史活动的重要环境，这有助于中共的“大跃进”决策得以提出和顺利实施，并获得了较为广泛的社会舆论支持。1958 年 5 月中共八大二次会议正式通过了“鼓足干劲、力争上游、多快好省地建设社会主义”的总路线，会后“大跃进”运动在全国范围内从各方面开展起来。但在八大二次会议之前，社会上业已出现了“赶超”的心理和冒进的情绪，各部门也纷纷地制定了高指标，并造成了广泛的社会舆论环境。1958 年 2 月 13 日，全国国营农牧场的社会主义积极分子举行生产跃进会议，4000 名代表提出，1958 年农垦系统的国营农牧场要开荒 1500 万亩（原计划 700 万亩），生产粮食 30 亿斤，棉花 100 万担，大豆 4.5 亿斤，出售肥猪 40 万头及其他大量农畜产品，生产总值要达到 10 亿元以上，超过前五年之和。同年 3 月 10 日，在全国食品工业会议上，规定五年内全国工业部门所管的食品工业总产值将由 50 亿元增加到 250 亿元，发展速度比“一五”期间快三倍以上，油、盐、糖、酒、乳粉、罐头、卷烟等主要产品的发展速度都将大大超过第一个五年计划的水平。按初步计算，油可能由 1957 年的 145 万吨增长到 600 万吨，盐由 826 万吨增长到 2000 万吨，糖由 85 万吨增加到 600 万吨，酒精由 73 万吨增到 200 万吨。在 1958 年 3 月 11 日闭幕的全国体育工作会议上，经过讨论而通过的“体育运动十年发展纲要”三十条，要求在 10 年内有

① 《致张慰慈》，《胡适书信集》上卷，北京大学出版社 1996 年版，第 380 页。

② 参见吴汉全、王中平：《留学生与近代中国社会变迁》，吉林人民出版社 2012 年版，第 279—280 页。

4000万人通过劳卫制,800万人(包括国防体育项目)达到等级运动员的标准,并且出现运动健将5000名。在国防体育方面,10年内要求有3000万人参加各项活动,培养等级运动员290人,等级裁判11万人。① 以上这些材料,固然有中国共产党当时宣传上的因素,但却在很大程度上说明整个社会此时已经普遍地存在着急躁冒进的社会心理,并成为中共政治决策的社会环境。关于当时社会上的急躁冒进心理与中国共产党的"大跃进"政策的关系,张静如先生有一个很重要的分析:"中国革命胜利后,长期受剥削和受压迫的中国人民早已形成的急于改变现状的心理更加发展,希望早日改变中国的贫穷、落后面貌。……到1957年底,毛泽东提出'大跃进'思想,要在短时间内赶超英美,实现工农业生产的高速度发展。……它是群众中的急于求成的社会心理的自然反映,当其一旦形成指导思想又助长着此种心理的发展,两者相互影响,造成极大的实践上的损失。"②故而,分析这段时期的中共历史,一定要将中共的决策与当时社会心理这一特定的外在环境因素联系起来,要看到"大跃进"决策与社会上冒进心理之间的互动关系,不然就很难说明"大跃进"政策何以能够那样持续地推进③,并在全社会的广大层面上产生那样大的影响。

研究中共历史活动的历史环境,主要是要研究当时的外部因素,并说明这些外部因素对中共历史活动的具体影响。从社会史的观点来看,中共历史活动的外部因素主要是近现代中国的社会生活诸领域,包括经济的、政治的、文化的等方面内容。自然,专门研究中国近现代社会生活的诸领域,就会形成中国近现代政治史、中国近现代经济史、中国近现代文化史等各门专史。不过,就党史研究者而言,这种研究始终要与中共历史研究结合起来,揭示中共历史活动的外部因素及对中共历史活动产生重要影响的方面,从而为推进党史研究的深化与繁荣服务。这就是说,党史研究者研究中国近现代政治史,研究的是对中国共产党的

---

① 参见吴汉全:《中国当代社会史》第2卷,湖南人民出版社2011年版,第376页。

② 张静如:《唯物史观与中共党史学》,湖南出版社1995年版,第140—141页。

③ 从理论上说,社会心理是一定时期特定民族、阶级或其他社会共同体中普遍流行的、共同的、典型的精神状态。故而,社会心理作为一种既定的社会存在自然会影响中共的决策,并且中共的决策还需要将社会心理中正确的方面予以提升,从而保证政策的社会基础及具有引领性的优势。但在另一方面,中共的决策一旦作出并实施后,也会反过来影响社会心理的变迁,正确的决策可以培植良好的社会心理,不正确的甚至错误的决策也可以助长或诱导不良社会心理的发展。另外,"大跃进"时的社会心理颇为复杂,除了急躁冒进成为社会心理的主流外,在民间社会中业已存在的个人崇拜心理也得到一定程度的发展,并因连续不断的政治运动而有所强化。对此,需要深入地研究。

历史发展产生重要影响的那些政治生活领域,并不是事无巨细地研究近现代中国政治中的一切问题。同理,党史研究者研究中国近现代文化史、经济史,也是这样。自然,专门地研究中国近现代社会史的工作也是必需的,而且也是应该花大气力去做好的,但这项工作主要地应该由研究中国近现代史的学者来承担,党史研究者至少在目前还不能主要地做这项工作。这里,不是反对党史研究者去做中国近现代社会史的研究工作,而是说不能以主要精力去做这件事;不是说这种研究对党史研究没有价值,而是说这种研究至少在目前阶段对中共历史研究很难产生明显的效果。

二、扩展研究内容

深化党史研究需要在研究视域上拓宽,同时还需要在研究内容上进一步扩展,以体现党的历史活动的各个层面及其所具有的丰富的历史内涵。这里,所谓"研究内容"是指学术研究的具体方向及所要着力解决的研究课题。我们过去的党史研究基本上是研究中国共产党的政治活动,业已形成的研究范式也大致是以政治活动为研究对象而形成和发展起来的。自然,中国共产党本身是政治组织,政治活动是其最为主要的方面,其主要表现就是如何夺取和巩固政权的问题。因而,党史研究是需要重点地研究其政治活动的。但是,因为中国共产党的历史活动并不限于政治领域,故而也就不能忽视政治领域之外的其他方面的研究。可喜的是,自张静如先生 1991 年提出"以社会史为基础深化党史研究"以来,中共党史研究界开始注意对经济生活、文化生活的研究,并产生了一些重要成果。今后,需要进一步明确中共政治之外的活动领域也是党史研究的重要组成部分,并在已有的研究基础上不断地深化。

从社会史的观点来看,中国共产党生存于近现代中国社会之中,而近现代中国社会又不是一个只有政治生活这个内容的社会,经济生活、文化生活同样也是近现代中国社会的重要内容,并且经济生活还处于基础性的地位。因而,中共既然生存在近现代中国社会之中,也就不能只与政治活动打交道,经济的、文化的领域无论如何也就不能绕开。毛泽东在《新民主主义论》中说得很清楚:"我们共产党人,多年以来,不但为中国的政治革命和经济革命而奋斗,而且为中国的文化革命而奋斗;一切这些的目的,在于建设一个中华民族的新社会和新国家。在这个新社会和新国家中,不但有新政治、新经济,而且有新文化。这就是说,我们不但要把一个政治上受压迫、经济上受剥削的中国,变为一个政治上自由和经济上繁荣的中国,而且要把一个被旧文化统治因而愚昧落后的中国,变为一个被新文化统治因而文明先进的中国。一句话,我们要建立一个新中国。"①事实上正是,中共在进行政治斗争的过程中,不仅在政治领域进行艰苦卓绝的斗争,而且其活动也广泛地涉及中国社会的经济、文化等领域,因而与社会的经济、文化等领域有着紧密而又不可分割的联系。或者可以说,如果不与经济、文化等领域打交道,不开展经济、文化等方面的活动,中共就根本不能生存下来、更不可能得到发展。所以,中共的历史既有政治的历史,也有经济的、文化的历史,因而需要在社会生活诸领域方面给予全面的研究,以展示中共历史之全部内容。

在坚持社会史观的前提下扩展中共党史研究的内容,必须充分地考量中共历史活动与解放和发展生产力的关系,将生产力观点贯穿于党史研究之始终。离开了生产力问题的研究,不仅不能有效地坚持社会史观,而且也不能真正地扩展中共党史的研究内容。毛泽东在《论联合政府》中指出:"中国一切政党的政策及其实践在中国人民中所表现的作用的好坏、大小,归根到底,看它对于中国人民的生产力的发展是否有帮助及其帮助之大小,看它是束缚生产力的,还是解放生产力的。"②既然"中国一切政党"的活动情况需要以生产力标准来衡量,则中国共产党的历史活动自然也不例外。换言之,在考察中国共产党历史活动的内容时,必须坚持把生产力问题考虑其中,并从生产力的观点出发来看待中共历史活动的本质及其内涵。在研究中,只要将"解放和发展生产力"作为中共历史活动的主线,以"解放和发展生产力"来解说中共历史活动的内容,自然就会发现:中共历史活动是面向中国社会生活各领域、变革社会的活动,是推进生产力发展、促进社会全面进步的活动,其活动范围不仅在政治领域,而且也在经济领域和思想文化领域。

从理论上说,政治在社会中不是独立存在的东西,它作为社会的上层建筑都有其经济基础的,因而也就没有脱离社会经济基础的政治;而且,政治都会在思想文化上有这样那样的反映,必然在思想文化方面留下很深的痕迹。因而,即使党史研究仅仅局限于研究党史中的政治问题,还得重视社会经济、文化等方面的研究,如此才有可能把党史上的政治问题说清楚。可见,即使认为中共历史只是政治史的话,也还是要研究近现代中国社会的经济、文化等方面内容的。况且,

① 《毛泽东选集》第二卷,人民出版社 1991 年版,第 663 页。

② 《毛泽东选集》第三卷,人民出版社 1991 年版,第 1079 页。

中共历史还不仅仅是政治史,而且是包括政治、经济、文化等领域的历史,这自然更需要研究社会生活的各领域。这样看,研究中共历史就不能仅仅研究中共政治活动的历史,而是要在近现代中国社会变迁之中,研究中共驾驭社会运行的能力,包括破坏旧社会和建设新社会的能力,这自然需要研究中共的政治活动及其效果,同时也要研究中共的经济活动与文化活动,既阐明中共历史活动的社会基础,又说明中共历史活动对于社会的经济、政治、文化上的作用与表征。其原因就在于,中共在社会上得以生存和发展,固然是主要地开展政治活动,但又要面对社会生活的各个层面,其活动涉及社会的经济、政治、文化等领域,而不只是社会生活的政治层面。

拓展党史研究内容在目前需要落实到具体的地方,不只是圈定党史研究的范围就了事,而是要在研究内容上、研究的视点上,更贴近中共历史活动的实际,使党史研究的内容更有历史的内涵与文化的底蕴,因而必须着力提升研究成果的分量。这里,不是说过去的党史研究成果都没有分量,但也不能说过去的党史研究成果都有分量,就没有薄弱环节、不到位的地方了;不是说过去的党史研究成果没有历史内涵与文化底蕴,但也不可否认的是,我们的党史研究成果与其他比较成熟的学科比较,其历史内涵与文化底蕴方面确实有很大的不足,以至于有些其他领域的学者不愿看我们的研究成果。因而,拓展党史研究内容需要在研究的薄弱点上下点功夫,尤其要集中力量研究在目前仍然处于薄弱环节的中共经济活动与文化活动。在笔者看来,进一步研究中共的经济活动和文化活动,在目前阶段需要有所选择地进行,应该重点选择那些重要的,但研究成果还不理想、还不为学术界重视的问题。譬如,关于中共的经济活动问题,学术界这些年来比较重视研究中共在民主革命时期领导根据地的经济建设,在新中国成立后领导国民经济的恢复,在改革开放后建设中国特色社会主义经济体系等等,并有了一些初步的成果。今后,可以重点地研究中共经济活动与中共政治活动的关系,中共经济活动的历史特点及基本经验,中共经济政策演变的规律,等等。又譬如,关于中共文化活动的问题,学术界近年来大多集中于研究中共的文化思想体系,中共文化政策的演变历程,中共对推进马克思主义文化观中国化的贡献,等等。今后,可以在此基础上重点研究中共创建中国马克思主义学术体系的成就与经验,中共推进中国传统文化现代转型的举措与路径,中共建构中国现代精神传统的历程及创建社会主义核心价值体系的重大努力,等等。中共经济活动和文化活动的研究,不仅需要紧密切合中共历史活动的实际,而且需要着眼于当前中国经济、文化发展的要求,从历史与现实相结合的高度给予应有的重视,这可能是今后一段时期扩展中共历史研究内容的努力方向。

三、丰富研究材料

以社会史的观点来看，党史学在学科性质上作为历史学而存在，是历史学学科体系中的独立学科，故而需要遵循着历史学研究的基本要求与研究范式，并特别需要注重历史材料在整个研究工作中的突出地位。历史学素以严谨著称，这种严谨既来源于研究结论必须有充分史料的支撑，也来源于研究工作中对史料的处理技术。我们虽然不能同意“史学即史料学”的主张，但从学科的特性来看，史学性质的学问大致皆有一重要的特点，就是高度重视史料的积累与运用。离开相关的研究材料，研究工作不能据有关键性、核心性的史料，这样的历史学也就不成为学问，更不可能成为科学的学问。由于党史学具有历史学的学科性质，因而也就必须恪守历史学的研究路数，传承历史学注重史料的优良传统，故而研究工作需要以相关的材料说话，研究结论需要有充分史料的支撑。在这个意义上说，没有充分地占有基本的材料，不注重史料的处理与运用，也就难以开展真正的科学的党史研究。道理很简单，材料不实，论据不足，基本的情形还不明了，也就难以形成科学的结论。这就是说，党史研究如果没有基本材料的支撑，研究工作是无法得出有价值的研究结论的。

关于党史研究如何扩大研究材料的问题，张静如先生有这样的主张：党史研究“以社会史为基础，自然也就要在党史研究中加进去一些过去所不用的材料，特别是一些统计材料、社会调查材料”，过去“党史研究工作者往往不太习惯用这些材料，其实这类材料有时很能说明问题”。①

我们今天从事党史研究所凭借的材料，大致主要是中共自身历史活动中所留存下来的材料，其中最为主要是文献材料。譬如，研究民主革命时期的党史，所凭借的是多卷本的《中共中央文件选集》或近年来出版的《建党以来重要文献选编》以及其他的相关材料。就史料运用的层面而言，这其实是远远不够的。

以社会史的观点来看，党史研究的资料不只是中共自身历史活动中所遗留下来的文献材料（如重要的历史文献、重要历史活动的记载等），而应该是在近

① 参见张静如：《以社会史为基础深化党史研究》，《历史研究》1991 年第 1 期。

现代中国社会中包括各领域、各行业、各人群的各种历史信息,也包括在中国近现代时段中散落在国外的相关历史信息。这里的所谓"历史信息",自然不只是以文本形式保存的文献史料,也包括实物史料,及社会生活中的社会心理、风俗、习惯、道德以及思想言说系统和行为方式之中所保留的历史信息。故而,党史研究需要不断地扩大研究材料,不能只是盯住那些我们一直常用的、中共在其历史活动中留存下来的历史文献。

扩大党史研究的材料,就是要求研究者到社会变迁留存的大量资料中去寻找,而不能仅仅局限于党的政治文献。有时,看似不很重要的材料,其实对中共历史研究也很有用,有的甚至能够说明重要的问题或提出新的结论。这里,关键是研究者如何发现并予以正确地分析史料。譬如,笔者在 1948 年 7 月出版的《观察》第 4 卷第 20 期上看到一份名为《中国留美学生政治意见测验统计》的材料。从这份材料来看,绝大多数的留美学生在政治上主张走和平、民主的道路,希望建立联合政府,要求容纳包括共产党在内各党派,反对国民党的一党专政。在关于国内和平途径的回答中,51.5%的留美学生主张"组织联合政府包括中共、民盟和其他各党派与无党派份子";而主张"国民政府消灭共产党"的,其人数只占 18%。但对于国民党与共产党联合的可能性,调查结果显示,一些人表示怀疑态度,有少数留美学生甚至主张"采行各省联邦制"(占 17.9%)。对当时召开的"国大",留美学生有近半数(占 49%)的认为没有意义,1/3 的留美学生对国民党能否推行民主政治表示极大的怀疑①。这些被调查的留美学生,大多是 1944 年至 1948 年来美国留学的,占赴美留学的 81.5%(其中,1944 至 1947 年赴美留学的占 33.5%,1947 年秋赴美留学的占 48.0%),而这个时期正是国共之间处于战争的阶段;而且,被调查的留美学生大多来自中国的城市,其中来自大都市的占 71.5%,来自小城市的占 14.1%,而来自乡村的只占 13.2%,故而大体上反映了城市社会阶层(主要是城市知识分子)的思想。尽管如此,笔者感觉到这份材料,虽然在过去的党史研究中不被重视和引用,但所反映出的留美学生的政治态度,对于研究中国共产党此时政策(特别是联合政府主张)的社会思想环境、中国共产党在社会中业已形成的公信力和认可度,还是有很大的说服力的。

在笔者看来,举凡社会生活中的各种材料,都可以成为党史研究的材料,即使不是中共历史活动的直接材料,经过科学的解读和有条件的选择,也可以成为

---

① 莫如俭:《中国留美学生政治意见测验统计》,《观察》第 4 卷第 20 期,1948 年 7 月 17 日。

党史研究的重要材料。譬如,《蒋介石日记》自然是研究蒋介石及现代中国政治的重要材料,但其中有些材料如叙述蒋介石自己阅读马克思主义著作等内容,也可以作为中共历史研究的材料。蒋介石 1923 年 9 月至 10 月的日记中,有这样的记载:9 月 6 日:"下午看马克思经济学说。"9 月 21 日:"下午看马克思学说。"9 月 22 日:"下午看《马克思学说概要》。"9 月 24 日:"今日看《马克思学说概要》,颇觉有趣。上半部看不懂,厌弃欲绝者再。看至下半部,则倦不掩卷,拟重看一遍也。"10 月 4 日:"上午复看《马克思学说概要》,习俄语,下午看《概要》。"10 月 7 日:"看《马克思学说概要》。"10 月 9 日:"下午看《学说概要》。"10 月 18 日:"看《马克思传》。下午,看《马克思学说》乐而不能悬卷。"①蒋介石是现代中国社会中的政治人物,而非文人知识分子,不是以读书写作为业的,他在 1923 年间能不断研读马克思主义,并产生很大的兴趣,其寓意是深刻的。笔者的看法,从党史研究的角度来说,蒋介石日记中所记载的阅读马克思主义的这些资料,足见马克思主义在中国社会具有一定的话语权势,在当时已经得到较为广泛的传播,并在社会上引起了很大的影响。

概而言之,深化党史研究必须在丰富研究材料方面下点功夫,尤其需要从近现代中国社会演变中来挖掘材料并获取相关信息。如此,材料搜集的范围尽可能更广泛一些,只要是内含有中共历史活动相关信息的,或者对认识中共历史活动有所帮助的,不妨采取"多多益善"的态度。这应该说是进一步深化党史研究的基础性工作。

四、细化研究步骤

以社会史的观点研究中共党史学,需要在对研究过程作出科学梳理的基础上,确立基本的研究步骤,才能促进党史研究不断深化。

一是开展理论的研究,即对社会生活诸方面进行理论分析。在研究中共历史上重大问题时,从理论的层面分析其涉及的相关因素与相关环节,找出其重要的、核心的、关键性的方面。这里,最为重要的是,需要研究者从社会多层面的角度(社会经济的、政治的、文化的等层面),从事物之间具有相互联系的特性出

---

① 转引自杨天石:《找寻真实的蒋介石:蒋介石日记解读》(上),山西人民出版社 2008 年版,第 15—16 页。

发,寻找相关因素与相关环节,而不能仅仅从社会的某一现象出发来寻找。否则,不但不能找到诸多的原因,而且也不能确定其中究竟何为主因、何为次因,这也就不能体现社会研究所要求的广阔视野。

二是开展历史的研究,即梳理社会生活演进轨迹,分析其演进原因及关涉的相关要素,具体地概括其基本特点。这里,关键是需要对于社会变迁有实质的把握,将历史演进的相关因素与社会的经济、政治、文化层面结合起来,亦即从社会生活的各方面予以考察并探求其源头,而不是就社会的某一方面来考察。于此,研究者必须具有社会历史方面的丰富知识,并需要有社会变迁的整体视域,同时还要重视历史演变中内在因素之间的相互联系,否则也就不能对这些相关因素、相关环节给予社会的说明与历史的理解。

三是概括出研究结论,即对所形成的各个具体的结论进行高度抽象和概括总结,从而形成"分析—综合"的研究范式。这里,就有一个概括的程序或步骤,并且是须臾不可缺少的。如果仅有"分析"而没有"综合"的步骤,研究工作只能是停留在碎片化的阶段,业已形成的具体结论最多也只是单个的、相互孤立的,并不能构成整体的规律性的认识。就研究工作的具体情况来说,在社会变迁视角下对于重大历史事件所涉及的相关因素、相关环节所作出的历史分析,所形成的单个的研究结论,往往是很具体的、微观的,其中的大部分结论至多只是具有部分的真理性,或者说只是含有真理性的因素,这就需要对这些单个的研究结论加以综合,将各种具体的观点统一起来予以整体的提升,并与研究对象之间形成紧密的联系,从而抽象、概括而形成一个具有规律性的总结论。这个总结论就其性质而言,大致皆是关于历史必然性的论断,尽管这种论断仍然具有历史性、阶段性的特征。

以上三个步骤,贯穿着社会分析、因果联系、历史联系、价值参与的研究理念。社会分析即是在社会演变中作出分析,亦即基于具体的社会历史条件的分析,始终坚持从社会结构及所包含的基本要素出发,并与社会变迁的实际过程结合起来。因果联系即是认为重大历史现象是由社会的诸多原因造成的,必须基于社会本身来找出这些原因,不仅使"因"与"果"之间形成内在的联系(这种联系既有历史的联系又有逻辑的联系),而且使"因"与"果"之间的链条置于社会运行的整体状态之中,以反映历史演进的连续性特征及规律性的意蕴。历史联系即是在事物的相互联系中,需要看到历史现象所包含的内在因素及其相互间的关联,将各种内在因素依据历史前进的整体视域而统一起来,并形成一个具有历史意义的结构或系统,以呈现其所表现的历史的张力,体现历史发展的"合力”论。价值参与是说历史研究需要以研究者主观价值的参与为前提，这是因为所谓的历史内在因素并非主动地呈现的，而历史演变的原因及演进的轨迹也并非一看就能明白的，这就需要历史学家及党史学家主动地张扬研究工作的主体性，以自己的研究理念特别是科学的研究理论为指导主动地去“寻找”，因而需要充分地发挥史学研究者的积极性和主动性。

譬如，“中国共产党的创建”问题是中共历史研究中的重大问题，以社会史的观点来看，这就不能仅仅从政治方面研究，而是需要从近现代中国社会中找出历史的缘由，说明中国共产党的创建具有历史的必然性，具有不可否认的社会演进的内在逻辑，亦即近代中国社会演变的必然结果。这个问题如果解决好了，就可以有力地回击诸多“外来论”、“早产论”等错误的论调。以往的研究已注意到这个问题，指出了中国共产党创建的一些原因，但尚未着力于从近现代中国社会演变方面予以分析，故而不少分析缺乏社会演进的内容与历史的底蕴，因而研究结论也不易说服别人。以社会史的见地来研究这个问题，首先需要做理论上的研究，具体地分析中国共产党创建需要哪些相关的因素。笔者梳理出这样几条，即“领袖群体”、“指导思想”、“干部条件”、“阶级基础”、“政治条件”。这是从共性方面就一般政党的创建需要的条件所作的理论上的研究与分析，即任何政党只要具备了这样几条，都会必然地产生出来，只不过产生时间的早迟问题，以及因为各种条件具备的不同程度而使产生的过程带有诸多的特点。这里所列的几条，对于任何一个政党的产生来说，皆应是主要的方面或关键的因素。事实上，一个政党的产生还需要诸多条件并需要具备诸多的要素。故而，我们在研究中也只能根据具体的研究对象，抓住主要的方面或关键的环节，不必要也不可能事无巨细地罗列出一切。这一步的理论研究做好了，就可以进入第二步，即把找出来的这些因素或条件（即“领袖群体”、“指导思想”、“干部条件”、“阶级基础”、“政治条件”等）回归到近代中国社会之中予以考察，研究近代中国社会在变迁之中是否准备了以及怎样准备了这些条件，其间通过哪些关键的环节、表现了哪些内容、具有怎样的特点。这里，研究视角始终应放在近代中国社会的经济、政治、文化上（即“社会生活诸领域”），但也应有侧重之点，其侧重的地方就是与中共创建所需要条件有密切关联或有重要影响的方面，而不是面面俱到地把近代中国社会的各个层面叙述一遍。最后一步，是根据研究工作来概括和提升研究的结论，说明这样一个道理：中国共产党的创建有近代中国社会变迁的内在主因，中国共产党创建所需要的基本条件是近代中国社会变迁所造成的，中国共产党是近代中国社会演变的必然产物。这只是举例，对于中共历史中的重大问题及近现代中国史中的重大问题，都可以依据这个步骤加以重新研究与重新诠释，并可以积累研究工作的相关经验。

五、建立诠释体系

所谓诠释体系，是指学术研究中依据研究对象的特点和研究目标的设定而建立的学术话语系统，其功用就在于对于所研究的问题或所研究的领域具有极大的诠释力与说服力，从而有效地构建这一学科的知识体系和学术研究范式。

学术研究中的"诠释体系"是变动的，其自身也是社会变迁的产物，需要随着社会变迁、研究工作的推进、知识体系的变动、研究理念的创新，而不断加以更新。民主革命时期的党史确实是以"革命"为主旋律的，并且表现为新民主主义革命，故而，在民主革命之中所形成的党史诠释体系是"革命史体系"，并且这一诠释体系长期以来占据学术研究的主流位置，即使是在现在的学术界，仍然有很大的市场。这反映出学术研究中所形成的诠释体系，具有极大的惯性特征，一般来说不易被打破。改革开放之后，我们重启了社会主义现代化建设的历史，这是以现代化为主旋律的时代，故而，学者们又根据当下社会变迁的特点，提出了党史研究的"现代化体系"，即用"现代化"的观点来诠释中国共产党的历史，并得出"中国共产党的历史就是一部不断推进中国现代化的历史"的结论。这两种诠释体系都有一定的社会依据与历史依据，或者可以说是党史研究者对近代以来中国社会认识的一种反映。但因为这两种诠释体系形成于不同的历史阶段，表现为对近代中国以来历史演进特点的不同体认，因而在实际的党史研究的过程中，"革命史体系"与"现代化体系"有时处于抗拒状态，相互间激烈论争也时有发生。从学理上说，任何研究理论皆形成于一定的历史条件之下，因而在具有一定的历史合理性的同时，也都有其缺陷或不足之所在。学术研究是这样，学术研究的理论包括诠释体系也是这样。基于一定的社会历史条件及学术研究基础所构建的理论体系（包括诠释体系），在于因应时代的某些需要并能够说明和解释所研究的问题，便于对研究对象给予比较充分的把握和切实的理解，但当既有的诠释体系不能很好地说明既有的社会现象时，或者当运用这种诠释体系来研究而得出的结论不能为社会所认可时，就得推进理论的发展与创新。这时，就需要产生新的学术理论和新的诠释体系。

笔者认为，以社会史为基础深化党史研究，就得以"社会"来构建党史研究的诠释体系。中国共产党是马克思主义政党,是在中国的历史条件下的中国工人阶级的先锋队,以改造旧社会和建设新社会为己任,将现行社会依据历史发展的步骤不断推进到共产主义社会阶段,最终目标是实现共产主义。在民主革命阶段,中国共产党主要是破坏旧社会,同时也是建设新社会,即完成"破坏"与"建设"的双重使命,但都是以社会为对象、以变革社会为任务,进行着变革中国社会的工作。毛泽东说,中国的新民主主义革命就是要使"旧中国变为新中国",使人民"在无产阶级领导之下,由被统治者变为统治者",这样"中国社会的性质就会起变化,由旧的半殖民地和半封建的社会变为新的民主的社会"①。可见,中国共产党在民主革命阶段夺取政权的工作不是最终目的,只是阶段性目的和手段之一,而这个阶段的总目标是建设新社会(新民主主义社会)。中国共产党在社会主义革命与建设阶段以及当今的改革开放、建设中国特色社会主义阶段,所有一切的努力都在于推进社会的进步,使建立"新社会"的具体要求在经济、政治、文化等方面得以实现,为最终进入共产主义社会打下基础,故而中国共产党也是以社会为对象而进行各方面努力的,是以推进中国社会的进步、实现中华民族的伟大复兴为主要任务的。这样看,诸如"革命"、"建设"、"现代化"等任务,在中共历史的进程中只是阶段性的任务,中共具体地完成这些阶段性任务,都是在做变革中国社会的这个大的工作。

以上说明,中国共产党历史是以改造旧社会、建设新社会、促进中国社会的全面进步为主题的。那么,以唯物史观为指导,按照社会史的观点来建立中共历史研究的诠释体系,自然就应该以"变革社会"为考察党史的中心,从而在学术研究中建立"变革社会"的诠释体系。这里,所谓的社会,按照唯物史观原理,则显然是由经济基础与上层建筑构成的整体;而社会之所以表现为运动并表现为一个进步的、上升的历史进程,就是因为社会之中的生产力与生产关系、经济基础与上层建筑的矛盾运动所促成,并且生产力构成了社会变动的根本动因。"变革社会"就是变革经济基础和变革上层建筑,集中地表现为解放和发展生产力。在这种意义上说,中国共产党的历史就是变革中国社会的历史,就是在中国的条件下解放和发展生产力的历史。因此,笔者主张党史研究建立"变革社会"的诠释体系,借以作为研究党史的话语体系和解读党史的诠释体系。

以"变革社会"为党史研究的诠释体系,并不会因为党的历史前进了之后,

① 《毛泽东选集》第一卷,人民出版社 1991 年版,第 324 页。

党史研究的工作就无所适从。过去,以“革命”来诠释党史,这对于民主革命时期的中共历史是说得通的,并且在特定的历史阶段也产生了积极的成果。但当民主革命的历史过去之后,再以“革命”来诠释中共领导社会主义建设时期的历史,显然就有很大的问题。这也是“现代化”诠释体系创建的重要原因。我们今天是开展社会主义现代化建设的历史阶段,可以用“现代化”来诠释历史,并且在事实上也说明了很多问题。但是,当现代化实现之后,党依据历史进程发展的需要,领导人民开展了新的工作而不再是以“现代化”为中心任务,到那时,我们的“现代化”诠释体系还能继续有效地诠释党的历史吗?这个答案只能留给学术界。问题出在什么地方呢?就在于我们研究党史时,只是根据党在某一时段的历史任务而建立其诠释体系。结果,历史发展了,我们也就不得不寻找新的诠释体系,于是也就由“革命史观”进到“现代化史观”。但是,如果按照社会史观来建立党史的诠释体系,将“变革中国社会”这个内容作为研究党史的重点,就不会因为历史的不断推进而“过时”。因为,中共尽管在不同的历史阶段有不同的任务,但都是处于中国社会演进之中,并且都是在社会的经济、政治、文化等社会生活诸领域中活动,因而都是进行着解放和发展生产力这个任务。“革命”主要是解放生产力,也有发展生产力的方面;社会主义建设主要是发展生产力,但为了发展生产力也就必须改变上层建筑中不适应生产力发展的某些环节或某些方面,因而同时也就进行着解放生产力的工作。从历史实际来看,中国共产党开展的一切重大的工作,归根到底是为了解放和发展社会生产力,推进中国社会在变革中不断前进。以“变革社会”为党史研究的诠释体系,将中共历史理解为解放和发展生产力的历史,这样的研究思路因为是建立在唯物史观原理基础上,以社会的根本问题(“生产力”)为研究中心,并且与中共历史活动最大任务(“解放和发展生产力”)结合起来,因而对于中共历史具有强大的诠释力,也永远不会立即“过时”的①。

这里还需要说明的是,“工欲善其事,必先利其器”,研究方法对于任何学科都是极端重要的,这对于中共历史学也是一样。毛泽东在1942年提出了中共党史研究的“古今中外法”,要求在研究中必须“弄清楚所研究的问题发生的一定的时间和一定的空间,把问题当作一定历史条件下的历史过程去研

① 自然,这样的断语也是一定历史条件下的结论,并不能绝对地理解。随着研究工作的推进及社会的变迁,学术研究中在一定历史阶段所形成的诠释体系,在不少方面也会与时俱进、推陈出新的。另外,所谓的“过时”也不能绝对化理解,“过时”之中亦有“不过时”的因素,学术研究及所形成的“诠释体系”也具有历史的连续性。

究”，并具体地解释这里的“所谓‘古今’就是历史的发展，所谓‘中外’就是中国和外国，就是己方和彼方”①。这在方法论上已具有社会史的意蕴。今天，“以社会史为基础深化党史研究”，自然需要更多地运用社会史的研究方法，也就是说历史学的相关方法在党史研究中是适用的，因而也是需要加以高度重视的。社会史观下的党史研究需要借鉴和汲取研究各种社会现象的研究方法，譬如社会学方法、政治学方法、经济学方法等，这对于深化党史研究也是至关重要的。

（本文与王炳林教授合写，原载《中共党史研究》2014年第9期，《中国社会科学文摘》2015年第2期摘载4000字）

【昔文琐记】这篇《以社会史为基础深化中共党史研究的再思考》，是与我的师兄王炳林教授合作的，初稿完成于2013年7月，以后又经过了多次修改。

这篇《以社会史为基础深化中共党史研究的再思考》，是在导师张静如先生提出的“以社会史为基础深化党史研究”的基础上，力图解决党史研究中社会史观点的贯彻问题，把先生的观点向前推进一步。张先生提出的“以社会史为基础”的主张，在当今党史学界得到广泛的认可，但在学术实践中扎实有效地贯彻这个主张，似乎还有很大的难度。这篇文章提出的“拓宽研究视域”、“扩展研究内容”、“丰富研究材料”、“细化研究步骤”、“建立诠释体系”等主张，正是为了解决如何贯彻的问题。

王炳林教授乃是当今中国有影响力的中共党史研究名家。他长期以来研究中共党史学理论，尽管行政工作繁忙，但行政与学问两不误。他读博时撰写的博士论文《邓小平理论与中共党史学》，获得全国优秀百篇论文的荣誉，这在师门中是唯一的获得者。前几年，他主持国家社科重大项目“中共党史学科基本理论研究”，发表了大量的党史学研究成果，出版了《中共党史学科基本理论问题研究》（北京人民出版社2021年版），在学术界很有影响。他的治学很有特色，尤为擅长理论思维，对既有史料的诠释有很高的技艺，所得出的结论令人耳目一新。

王炳林教授尽管年龄与我相仿，但学术上出道很早。我在北师大读博士时，他已经晋升为北师大的教授，并曾担任师兄张勇的博士论文答辩专家。他的课，在北师大很受学生欢迎。先生在世时，多次表扬他的课和杨世文师兄的课，说

---

① 《毛泽东文集》第二卷，人民出版社1993年版，第400页。

这两位讲课有一股力量,“能够把死的讲活”。我们合作写这篇《以社会史为基础深化中共党史研究的再思考》,王炳林提出许多创新性的观点,文章最后又经过他的修改和润色。近年来,我研究五四时期的“社会改造”话语,他曾就五四时期“主义”语境问题,给我以很大的指导和帮助。谢谢我这位师兄!

2021年1月31日

第八辑

【学术综述】

近十年李大钊研究的进展及相关问题的讨论

近八十年的李大钊研究可分为这样几个阶段:从 1927 年到 1949 年,是李大钊研究的起始阶段,主要是对李大钊的生平、思想和活动进行回忆与初步研究,并形成一定的基础。20 世纪 50 年代到 60 年代初,是李大钊研究的初步发展阶段,李大钊研究得以在全国范围内开展起来,形成李大钊研究的第一次高潮。从 1978 年开始到 1994 年,是李大钊研究的全面展开阶段,平均每年发表的论文 70 多篇,而 1979 年发表大约 140 篇,1989 年发表超过 200 篇①。从 1994 年至今的十年,李大钊的研究趋于平稳,平均每年发表论文 40 多篇②,向研究的深度和广度拓展,这一阶段可称为李大钊研究的深入发展时期。本文试就近十年来李大钊研究的进展及有关问题进行讨论,请学术界专家指正。

一、关于李大钊与历史人物关系的研究

近十年来,李大钊研究的一个突出进展是李大钊与历史人物关系的研究走向深入。研究中增加了比较研究的力度,拓宽了比较研究的范围,这方面主要集中研究李大钊与孙中山、毛泽东、胡适、陈独秀的关系及其思想的比较。

"李大钊与孙中山"问题的研究中具有新的特点。一是对两人之间的思想比较引起研究者的高度重视,使李大钊思想在比较中显示其独特的个性特征。如陶季邑的《孙中山与李大钊的社会主义思想之比较研究》③,对孙中山与李大

① 根据《李大钊研究辞典》(李权兴主编,红旗出版社 1994 年版)第 957—980 页的论文索引统计。

② 根据中国期刊网 CNKI 数字图书馆中的中国期刊全文数据库(Web)统计。

③ 陶季邑:《孙中山与李大钊的社会主义思想之比较研究》,《暨南学报》1998 年第 1 期。

钊的社会主义思想进行比较,认为两人在对西方资本主义社会与制度的揭露和批判上、在关于社会主义社会的设想上、在关于实现社会主义途径的设想上有着共同点,但两人在社会主义思想上有着更多的不同。又如江俊伟的《孙中山和李大钊国共合作思想异同比较》[①],认为孙中山与李大钊国共合作思想有相同的方面,但两人国共合作思想有显著的不同之处。

"李大钊与毛泽东"问题的研究,注重两人思想的影响、继承与发展关系的探讨。杜艳华在《李大钊文化思想对毛泽东早期文化观形成和发展的影响》[②]中,认为李大钊在当时思想界的地位、其思想的先进性,决定了毛泽东与李大钊两人思想的不解之缘,毛泽东早期文化观的内容与李大钊的文化思想有不可分割的联系和诸多一致性。陈增辉的《毛泽东对李大钊思想的继承和发展》[③]一文,指出毛泽东在中国革命的指导思想上继承和发展李大钊的思想集中表现在贯彻理论联系实际的原则,提出"使马克思主义在中国具体化"的任务;继承和发展了李大钊的新民主主义革命理论,形成了新民主主义革命的完整理论和路线;在实践中发展并超越了李大钊的社会主义论。

"李大钊与胡适"问题的研究引人注目。龚书铎、黄兴涛的《胡适与李大钊关系论》[④]在挖掘李大钊与胡适关系的历史事实方面做了十分细致的工作,使李大钊与胡适之间的交往关系日益明朗。朱志敏的《李大钊与胡适》[⑤]则取另一研究路数,在研究视角大胆创新,就李大钊与胡适在家庭背景、求学道路、个人性格、学术经历等方面进行对比研究,这对认识五四时代知识分子思想上的共同点和差异性有着学术启示。黎山峣的《胡适、周作人、鲁迅、李大钊的个性解放思想及其比较研究》[⑥],将五四时期个性解放思想分成三类,就胡适所代表的自由主义、鲁迅和周作人所代表的民主主义、李大钊所代表的马克思主义进行比较,寻找个性解放思想的共同点和差异性,增加了人们对五四时期个性解放思想的新认识。

---

① 江俊伟:《孙中山和李大钊国共合作思想异同比较》,《中共福建省党校学报》2001年第12期。

② 杜艳华:《李大钊文化思想对毛泽东早期文化观形成和发展的影响》,《中共党史研究》2003年第1期。

③ 陈增辉:《毛泽东对李大钊思想的继承和发展》,《上海大学学报》1996年第6期。

④ 龚书铎、黄兴涛:《胡适与李大钊关系论》,《史学月刊》1996年第1期。

⑤ 朱志敏:《李大钊与胡适》,《近代史研究》1997年第2期。

⑥ 黎山峣:《胡适、周作人、鲁迅、李大钊的个性解放思想及其比较研究》,《广东社会科学》1995年第1期。

“李大钊与陈独秀”问题的研究有重要的进展。张允熠、郝良华的《陈独秀、李大钊和毛泽东——马克思主义中国化的早期心路历程》[①]认为，马克思主义中国化存在着“文化张力”，陈独秀没有认识到这一点；李大钊与陈独秀相比在理论上探索马克思主义在中国的具体应用，尤其重视农民问题，毛泽东与李大钊正是在农民问题上“灵犀相通”。张宝明的《从启蒙到革命：来自道德理想的引渡——“五四”时期陈独秀、李大钊、毛泽东激进思想的逻辑构成》[②]认为，陈独秀、李大钊、毛泽东的行为特征是“师法宗俄”，三人呈现出接力棒的“传承”色彩，从陈独秀的“唯法独尊”，到李大钊的“法俄综合”，再到毛泽东的“中国道路”。齐子玉、杨弈的《论“五四”启蒙时期陈独秀李大钊民主思想之异同》[③]认为，陈独秀的民主思想比较侧重于强调个人，李大钊则注意个人和国家的整体融合；陈独秀更强调对思想和文化的改造，李大钊更注重政治制度的变革和政治思想的改造。

李大钊与历史人物关系的研究，由单一的两者交往事实的厘清及相互间影响关系的研究模式，向两者之间生平、活动、思想、文化的广泛比较及以两人关系为中心的多个人物相互间错综复杂关系研究的方向转变。这是近十年来李大钊研究取得的重大成绩。

研究李大钊这一历史人物，今后自然还要在“李大钊与历史人物”研究上下功夫，这也是今后李大钊研究的一个方向。笔者就此提出几点建议：

第一，扩大李大钊与历史人物关系研究的领域。1978—1994年，学术界开辟了李大钊与鲁迅、孙中山、毛泽东、陈独秀、蔡元培、胡适、章士钊、冯玉祥、马叙伦、徐谦、孙洪伊、吴佩孚等关系的研究，扩大了李大钊与历史人物关系的领域。实事求是地说，这十年在李大钊与历史人物关系的领域除有研究李大钊与高一涵关系[④]外并没有扩大，只是在以往研究基础上的加深。五四时期还有许多学人与李大钊至少有着交往关系，就当时政治学研究领域而言，李大钊与陈启修、张慰慈等的关系就非同一般，但至今没有研究他们之间关系

① 张允熠、郝良华：《陈独秀、李大钊和毛泽东——马克思主义中国化的早期心路历程》，《安徽史学》2000年第4期。

② 张宝明：《从启蒙到革命：来自道德理想的引渡——“五四”时期陈独秀、李大钊、毛泽东激进思想的逻辑构成》，《江苏社会科学》2002年第4期。

③ 齐子玉、杨弈：《论“五四”启蒙时期陈独秀李大钊民主思想之异同》，《河北大学学报》2003年第3期，

④ 可参见张春丽：《李大钊与高一涵》，《北京党史》2004年第6期。

的论文。李大钊与同时代的许德珩、瞿秋白、周恩来、陈毅等的关系也值得研究。至于就李大钊与国外的历史人物的比较研究,也只有极少数的文章。这说明,在扩大李大钊与历史人物关系研究的领域方面还是大有作为的。如果学术积累成熟的话,可望写成如《李大钊与五四时期的历史人物》或《李大钊与历史人物》这样的专著,这对李大钊研究和五四时期历史的研究肯定是一个大的贡献。

第二,增加李大钊与历史人物关系研究的新视角。应该说,目前李大钊与历史人物关系研究的视角还比较单一,交往关系的研究占主导地位,一些进行思想比较的文章也是以交往关系为基础的。其实,即使李大钊与一些人物没有交往也存在关系,如历史继承的关系、文化影响的关系、逻辑联系的关系等。譬如,李大钊与梁启超之间就目前资料而言还看不出交往关系,但梁启超的政论对早期李大钊有影响,李大钊建构中国马克思主义史学是对梁启超"新史学"的继承和超越,两人之间确实存在"关系"。再譬如,李大钊与20世纪30年代中国社会性质问题论战、中国社会史问题论战、中国农村社会性质问题论战的马克思主义者,并没有交往的关系,但30年代的马克思主义者的观点确实是对李大钊思想的吸收和发展。增加李大钊与历史人物关系研究的新视角,是推动李大钊与历史人物关系研究的关键。

第三,拓宽李大钊与历史人物关系研究的内涵。既有的李大钊与历史人物关系的研究很少与社会背景联系起来,因而影响到研究所反映的历史内涵。譬如,可以考虑以《新青年》或《每周评论》来看待李大钊与陈独秀、胡适、高一涵等的关系;可以从"新旧思潮之激战"或"三次论战"来看李大钊与同时代人物的关系。这肯定比不注重历史背景的研究深化一步。研究中可以考虑由时代看他们之间的"关系",由他们之间的关系来看当时的时代,从而使研究的内涵提升。由于研究李大钊的学者大多数不是研究胡适、陈独秀、鲁迅、蔡元培等历史人物的学者,故所能进行的比较就其范围而言只是集中在几个众所周知的历史人物,就其比较深度而言也是较为初步的人物交往关系,甚至可以说停留在表面现象的罗列上。拓宽李大钊与历史人物关系研究的内涵,需要在李大钊研究中增加比较的力度,首先是比较的面要扩大,不仅是李大钊与同时代人、与他的前人和后人、与国外人物的比较,也可以是李大钊的思想、学术、活动等各个层面的比较,这样才能更好体现李大钊所反映的时代共同性及其自身的独特之处,李大钊研究也才能走向深入。

二、关于李大钊与文化关系的研究

20世纪90年代国内文化研究热的升温和近年来先进文化建设的倡导，使得学术界对李大钊与传统文化的关系引起浓烈的兴趣，对李大钊建设先进文化贡献引起关注。从文化的视角研究李大钊是近十年来一个显著的特点，并取得重要成果。

关于李大钊与传统文化关系的研究。一是探讨李大钊认识视野中的传统文化，亦即李大钊是如何对待传统文化的。陈增辉的《李大钊孔子观述评》①指出，李大钊对孔学为代表的传统文化的态度显示了历史唯物主义的批判精神，揭示了孔子及其思想产生的社会背景，认识到孔学性质的变化是由于经济基础变动的原因。陈增辉在《五四时期的批孔和李大钊的孔子观》②中又进一步补充和发挥自己的学术见解，认为李大钊的孔子观与五四时代的批孔斗争相联系，代表了五四新文化运动的正确方向。吕明灼的《李大钊与儒学》③对李大钊与儒学的关系作了新的解析，认为李大钊对儒学的认识态度，前期多于肯定，后期多于批判，体现的是整体儒学观，主张对儒学的尊重、批判、再造。吴汉全的《试论早期李大钊对传统文化的审视》④指出，李大钊对传统文化的弊端予以揭示，主张对传统文化合理性内容进行创造性诠释和解析，进行慎重而积极的选择。二是研究传统文化在李大钊思想中的位置，亦即传统文化对李大钊的思想是如何影响的。吴汉全的《中国传统文化与李大钊早期思想》⑤认为，中国传统文化对李大钊早期哲学、早期政治思想、早期文化思想产生影响。祖雷的《论传统文化对李大钊早期思想的影响》⑥认为，李大钊的早期爱国主义思想、民彝政治思想与传统文化中儒家的民本思想密切相连，早期世界观深受传统思想中大化流行、生生不息思想的影响。吕明灼在《李大钊对儒家理想社会观的继承与创新》⑦中认为，李

---

① 陈增辉:《李大钊孔子观述评》,《中国哲学史》1997年第1期。

② 陈增辉:《五四时期的批孔和李大钊的孔子观》,《孔子研究》1998年第1期。

③ 吕明灼:《李大钊与儒学》,《孔子研究》1997年第3期。

④ 吴汉全:《试论早期李大钊对传统文化的审视》,《徐州师范大学学报》1998年第4期。

⑤ 吴汉全:《中国传统文化与李大钊早期思想》,《宁夏大学学报》1999年第4期。

⑥ 祖雷:《论传统文化对李大钊早期思想的影响》《齐鲁学刊》2000年第5期。

⑦ 吕明灼:《李大钊对儒家理想社会观的继承与创新》,《文史哲》2000年第5期。

大钊对儒家理想社会观加以继承与创新,把“大同”思想发展为共产主义理想,把“仁爱”思想发展为社会主义道德,把“民本”思想发展为无产阶级民主,完成了从传统到现代的跨越。总体来看,目前已经改变了过去那种简单的“李大钊对传统文化批判”的定位,形成了李大钊与传统文化之间既有批判又有继承、吸收、发挥的认知;已经注意到李大钊思想(包括学术思想)接纳了传统文化的积极成果,认识到李大钊思想体系与传统文化存在密切的关系。

关于李大钊对建设先进文化贡献的研究。李大钊与文化关系的研究不仅成为李大钊研究界新的热点,而且表现出由研究李大钊与传统文化的关系到研究李大钊建设先进文化贡献的趋势,其间也涉及李大钊与西方文化的关系。张静如、齐卫平在《论李大钊与“五四”时期中国先进文化的前进方向》①中指出,李大钊在新文化运动中努力用先进文化引导中国社会的前进,认真研究和比较东西文化,开展反孔教和批判孔子思想的斗争,主张吸取西方近代文化,构建先进文化用以指导中国从农业社会转向工业社会;他将鲜明的创新意识融入中国文化建设的思考中,在文化的科学取向、经济变革与文化变革、世界一体的文化整合、文化内涵和发展趋势等方面提出了一系列重要的观点,成为中国先进文化前进方向的代表。彭洪升在《论李大钊对先进文化的把握及其特点》②认为,李大钊在对待先进文化上,继承了中国知识分子紧扣时代、忧国忧民的传统美德,在对待先进文化的实践上一开始就注意理论与实际结合,思想运动与群众运动结合,表现出区别于历史上其他革命运动的特点和优点。

从文化的视角研究李大钊,选取“传统文化”与“先进文化”两个重点是较为合适的,但还不够全面。选取“传统文化”与“先进文化”为重点是从现实的关怀出发的,这本是无可厚非的,但历史研究在于弄清历史的真实,在于尽可能全面再现历史的全貌,似不必以现实的关怀为唯一研究取向。譬如,在李大钊研究中,“西方文化”、“中国近代文化”和那些既非“先进”又非“传统”的文化,似乎也应该纳入研究的范围。即使是那些既非“先进”又非“传统”的文化,可能与现实(研究者所认为的“现实”)的关联不大,但就历史发展的连续性而言也未必没有关联,对未来也未必没有启迪价值。笔者的意思,既然是从文化的视角研究李大钊,则文化的层面或视阈似乎应宽阔一些。下面只就研究中所涉及的李大钊

① 张静如、齐卫平:《论李大钊与“五四”时期中国先进文化的前进方向》,《上海社会科学院学术季刊》2001年第2期。

② 彭洪升:《论李大钊对先进文化的把握及其特点》,《湘潭大学学报》2002年第3期。

与传统文化、先进文化问题谈两点意见：

（1）李大钊与传统文化关系的研究，需要在已有的研究基础上深化。进一步研究李大钊与传统文化关系，必须先要解决三个基本问题。一是要对“传统文化”有深入的了解和研究，这是研究的重要前提。除了老一辈专家外，研究李大钊与传统文化关系的学者，大多数（包括笔者在内）在传统文化学养方面严重不足，对基本的传统文化典籍研习不够。因此，有必要在传统文化知识方面打基础。二是要对传统文化在近现代中国社会的变迁有实质性把握，为研究李大钊与传统文化的关系提供学术研究的背景。因为，不搞清传统文化在近现代中国社会的变迁，就难以说清楚李大钊传统文化观的历史缘由和他的传统文化观的是非，当然也就难以作出科学的评价。三是要加强对李大钊著作中关于传统文化观的内容的解读。李大钊著作中的语汇、概念涉及传统文化的许多内容，要进行“文本”的研究和解释学的诠释。没有这一步，李大钊与传统文化关系的研究就难以展开。今后关于李大钊与传统文化关系的研究，可在这样两个方面努力：一是就李大钊对待传统文化的态度（不只是对传统文化主流的儒家的态度，也应包括对非主流的道家、墨家、佛家等的态度）与其他历史人物尤其是五四时期人物（如陈独秀、胡适、鲁迅、蔡元培等）的传统文化观的比较研究，以探索五四时期思想学术界甚至现代中国社会对传统文化认识的演变过程及其特点；二是研究传统文化对李大钊一生（而不只是早期）的影响，研究影响的层面不只是政治思想方面，也要包括哲学思想、文化思想、社会思想等方面，甚至是生活方式和行为方式的影响，这之中也有一个与其他历史人物接受影响的比较问题，如此才能看出传统文化对近代中国社会的影响深度。

（2）积极开展李大钊与先进文化建设关系的研究，并运用历史的连续性原理与当今的先进文化建设联系起来，是今后研究的一个重要方向。要说明的是，“李大钊与先进文化”的研究刚刚起步，要解决的问题很多。“先进文化”既是一个历史概念，又是一个现实概念，这在李大钊研究中要认真把握。李大钊当时所主张的“先进文化”，在今天有的已不是“先进文化”，但在当时对于批判封建文化和帝国主义奴化教育是有意义的；有的则是并将仍然是“先进文化”，如马克思主义文化。现有的研究则注意到后者，则至少是不全面的。这需要注重历史实际的考察和当时的历史需要，才能给予合理而科学的评价。研究李大钊与先进文化的关系，在现有的研究中注意到现实的联系，这是应该的，也是值得倡导的。但研究中缺乏历史连续性的研究，缺少历史文化的底蕴，研究中现实的关怀过于强烈却反而不能体现真实的李大钊。就文化的视角来看，中国传统文化及民间民俗文化、西方资本主义文化、马克思主义文化在李大钊身上交汇，他构建的“先进文化”自有个人的、时代的特点，需要认真地研究。学术界认识到李大钊对马克思主义文化中国化的贡献，但大多认为集中在文化革新思想、文化价值观的引进上，很少注意到具体的落实层面。笔者以为，李大钊在中国建构马克思主义的学术体系，是李大钊建构“先进文化”重要表征，对此要细致地进行研究。另外，李大钊所建构的“先进文化”中有些没有被继承下来，这方面也要引起研究者重视，这可能对今天的文化建设有借鉴意义。

三、关于李大钊学术思想的研究

近十年来，学术界对李大钊学术思想表现出浓厚的兴趣，以专题的形式探索李大钊在各个人文社会科学领域的成绩是一个突出的方面；吴汉全的《李大钊与中国现代学术》①专著，则将李大钊学术思想的研究推向一个新的高度。这也表明李大钊研究的重点已经开始转移。

1. 李大钊哲学思想的研究

李大钊哲学思想的研究受到学术界进一步的重视，表现出由整体探讨李大钊哲学思想向探讨李大钊对中国马克思主义哲学的创建、李大钊历史哲学思想方向发展的趋向。主要研究成果集中在这样几个方面：

一是将李大钊哲学作为一个独立的整体来研究。晋荣东的专著《李大钊哲学研究》②就是将李大钊哲学思想作为一个理论体系来研究的代表，学术界发表的论文也是从整体的角度来认识李大钊的哲学思想。张翼星的《李大钊哲学思想若干特点的启示》③认为李大钊哲学思想有三个重要特点：一是倡导青春精神，要求创造青春之中华；二是倡导中西思想融合，主张综合创新之路；三是倡导历史观与人生观的统一，讲究人生修养。张明仓的《李大钊哲学思想的演变及其意义》④认为，李大钊哲学思想经历两个阶段，早期李大钊特别强调“斗争”和“创造”，极为重视“民彝”的历史创造作用，其“青春中华之创造”是一个鲜明的主题；后期李大钊在十月革命影响下，实现了由唯意志论向唯物史观的转变，标

① 吴汉全：《李大钊与中国现代学术》，河北教育出版社2002年版。
② 晋荣东：《李大钊哲学研究》，华东师范大学出版社2000年版。
③ 张翼星：《李大钊哲学思想若干特点的启示》，《北京大学学报》1998年第2期。
④ 张明仓：《李大钊哲学思想的演变及其意义》，《北京社会科学》2003年第1期。

志着中国近代哲学的重要革命。

二是对李大钊构建中国马克思主义哲学的研究。以往学术界就李大钊宣传唯物史观的贡献有比较细致的研究，但很少体现出李大钊在宣传中的独特性理解。张小平的《李大钊对唯物史观的认识及其影响》①认为，李大钊所理解的马克思唯物史观具有两个特点：第一，唯物史观不是自然科学，也不是历史科学，而是哲学；第二，唯物史观作为哲学，不是思辨的形而上学，而是与历史科学相联系的具有科学实证性质的历史哲学。李大钊这种对唯物史观的理解，使马克思主义哲学与中国革命的实际从一开始就联系起来。吴汉全在《李大钊构建中国马克思主义哲学的努力》②中认为，李大钊构建中国马克思主义的哲学努力，表现为对心物关系、群己关系的唯物史观说明，对历史变迁的辩证理解，对大同理想的哲学探讨，这使李大钊成为中国马克思主义哲学的开创者。

三是对李大钊历史哲学的研究。学术界开始注意到李大钊历史哲学思想在其哲学思想中的地位。张艳国在《李大钊阐解马克思主义唯物史观述评》③中认为，李大钊对人类社会发展是有规律的这条原理的理解"是粗浅的"。晋荣东不同意这种看法，他在《历史规律的观念如何可能——李大钊对历史哲学的一点贡献》④中认为，李大钊从揭示历史过程与时间的内在关联到把以"今"为中心的时间性归结为人的实践活动，较之于简单而独断地宣布是否存在着什么样的历史规律无疑更为合情合理。吴汉全在《李大钊与历史哲学理论》⑤中认为，李大钊对历史哲学的地位和历史本体论进行唯物主义解说，阐明历史发展的根本动因及历史是一个有规律的过程的观点；对历史认识论作了研究，强调要以科学的历史观来指导历史研究，为建立历史哲学的中国学派作出了贡献。侯且岸在《李大钊历史思想述论》⑥中认为，李大钊考察从西方近代历史哲学到马克思主义历史哲学的内在理路，在中国全面开启了历史认识论的探究，其历史认识论所涉及的问题包括史观、史观与历史、史观与人生观、今古论与历史之价值等。

---

① 张小平：《李大钊对唯物史观的认识及其影响》，《中国社会科学院研究生院学报》2002 年第 2 期。

② 吴汉全：《李大钊构建中国马克思主义哲学的努力》，《烟台大学学报》2002 年第 2 期。

③ 张艳国：《李大钊阐解马克思主义唯物史观述评》，《华中师范大学学报》1995 年第 2 期。

④ 晋荣东：《历史规律的观念如何可能——李大钊对历史哲学的一点贡献》，《华东师范大学学报》1999 年第 2 期。

⑤ 吴汉全：《李大钊与历史哲学理论》，《史学史研究》2002 年第 2 期。

⑥ 侯且岸：《李大钊历史思想述论》，《史学理论研究》2000 年第 4 期。

2. 李大钊史学思想的研究

李大钊史学思想的研究一直引起学术界重视,近十年的研究成果集中在这样几个方面:

(1)李大钊的史学理论体系。学术界对李大钊的史学理论体系加强了研究,由于研究者的研究视角不同,其所认知的李大钊史学理论体系亦有差异。吴家林在《李大钊史学思想新论》①中指出,李大钊在史学学科建设上提出了许多根本性的问题,如史学性质、史学对象、史学功能,史学在人文科学中的地位、作用,以及史学家的任务等等,成为中国早期的马克思主义史学家。郃凤琳在《李大钊对马克思主义史学理论体系的构建》②中指出,李大钊首创马克思主义的历史本体论,提出了马克思主义的历史认识论,倡导马克思主义的史学方法论,阐明了马克思主义的史学目的论,构建了马克思主义的史学理论体系。

(2)李大钊建构中国马克思主义史学理论的特色。李小树在《李大钊与中国史学的大众化》③中,认为李大钊在唯物史观的指导下不仅在理论上深入论述和科学阐释人民群众历史活动的主体地位与作用,而且撰写以记述人民群众的活动为中心的史学文章,将中国史学的大众化推向一个崭新的高度。李小树在《论李大钊对史学革新的倡导及其实践》④中认为,李大钊在创建中国马克思主义史学过程中倡导史学革新,主张树立新的进步的历史观、进行史学内容的全面革新、构建新的史学学科体系、更新史学研究方法。李小树在《论李大钊在中国史学多元格局中的理论选择》⑤中认为,李大钊通过对马克思主义唯物史观理论性质的认知、理论价值的判定、对历史观的认识而作出正确的选择,直接促成了中国马克思主义史学的诞生。吴汉全在《历史·历史学·历史哲学——李大钊对历史学几个相关概念的马克思主义诠释》⑥中认为,李大钊在唯物史观的指导下重新解释历史学的基本概念,赋予了这些概念新的含义,贯穿马克思主义关于社会历史的基本观点,为建立中国马克思主义史学理论体系做了基础性的工作,显现了中国马克思主义史学严密性的特点和指导思想上马克思主义

---

① 吴家林:《李大钊史学思想新论》,《北京党史研究》1994 年第 6 期。

② 郃凤琳:《李大钊对马克思主义史学理论体系的构建》,《北京党史》1999 年第 6 期。

③ 李小树:《李大钊与中国史学的大众化》,《学术研究》1999 年第 6 期。

④ 李小树:《论李大钊对史学革新的倡导及其实践》,《北京社会科学》2000 年第 2 期。

⑤ 李小树:《论李大钊在中国史学多元格局中的理论选择》,《北京社会科学》2002 年第 3 期。

⑥ 吴汉全:《历史·历史学·历史哲学——李大钊对历史学几个相关概念的马克思主义诠释》,《江海学刊》2004 年第 2 期。

经典性特色。

(3)李大钊史学思想与西方史学的关系。邹兆辰在《五四时期李大钊对西方史学思想的评介》①中指出,李大钊在对西方史学评介中将史观作为史学的核心问题,揭示西方历史观的进步历程,重点介绍19世纪中叶以前马克思唯物史观产生前的历史哲学思想,也介绍西方历史哲学新进展。李小树在《李大钊对近代西方史学思想的借鉴》②中认为,李大钊对近代西方史学思想的借鉴主要是进步论的历史观、非神学的历史观和历史发展的规律观,从而完成了对此前中国史学中所有理论体系的划时代的超越。

(4)李大钊与中国历史的研究。李大钊的史学思想不仅体现在他的历史观和方法论体系中,同时也体现在他运用唯物史观从事中国历史研究的实践中。武军在《李大钊与中国古史研究》③中指出,李大钊对远古为"黄金时代"说的批判、对古代社会经济生活的探讨、对古代社会历史发展规律问题的论述等等,对创立科学的中国古史体系有重要意义。吴汉全在《李大钊与中国古代史研究》④中指出,李大钊是运用唯物史观研究中国古代历史的先驱,他批判古代史研究中的落后观念,从经济生活方面探索中国古代社会的发展历程,倡导新的研究方法和新的研究视角,在今天也有许多值得借鉴、继承的方面。吴汉全在《李大钊与中国近代史研究》⑤中指出,李大钊对中国近代史研究的贡献主要是对中国近代社会矛盾和革命任务的揭示,对帝国主义侵华史的研究,对中国民主革命史的研究,中国近代思想变迁的唯物史观说明等方面;从中国近代史学科发展的历程来看,李大钊对中国近代史研究的基本思路及一系列观点,无疑是20世纪30年代马克思主义学者所建构的以"革命"为中心的近代史研究体系的先导。

3. 李大钊文学思想、美学思想的研究

与李大钊史学思想的研究相比,李大钊文学思想的研究相对薄弱,但近年来也有所改变。学术界对李大钊文学思想的研究,大体上有三个方面:一是探讨李大钊在文学革命中的文学思想。如曹铁娟在《李大钊与文学》⑥中认为,李大钊文学观重视文学的作用,倡导文学写实,强调真情,提倡美文。二是研究李大钊

① 邹兆辰:《五四时期李大钊对西方史学思想的评介》,《首都师范大学学报》1999年第3期。
② 李小树:《李大钊对近代西方史学思想的借鉴》,《中州学刊》2001年第1期。
③ 武军:《李大钊与中国古史研究》,《史学理论研究》1999年第4期。
④ 吴汉全:《李大钊与中国古代史研究》,《史学月刊》2002年第5期。
⑤ 吴汉全:《李大钊与中国近代史研究》,《近代史研究》2003年第3期。
⑥ 曹铁娟:《李大钊与文学》,《云南学术探索》1998年第1期。

的马克思主义文学观。如吴汉全在《论李大钊的马克思主义文学观》①中认为，李大钊在宣传马克思主义理论过程中最早引进马克思主义文艺观念，不仅发表的《什么是新文学》是中国学术界第一次以马克思主义为指导总结文学革命、提出建设中国马克思主义新文学的纲领，而且还倡导平民主义文学观，推动中国马克思主义文学走向深入。三是研究李大钊文学创作的特色。如薛伟的《略论李大钊在新文学中的新诗》②认为，李大钊是五四新文学运动开始之时最早写作新体诗歌的人物之一，其新诗热情歌颂祖国的自然美，形象性较强，完全采用白话，语言优美、自然、含蓄、质朴，努力达到内容和形式的结合。

李大钊的美学思想近年来引起研究者的兴趣，发表的论文有一定的学术价值。徐良的《论李大钊的美学思想》③指出，李大钊是中国现代美学思想的先行开创者，标志着中国美学史上一个新的发展时期的形成和到来。封孝伦在《走向崇高——论陈独秀、李大钊的美学思想》④中，对陈独秀和李大钊的美学思想作了比较。吴加才的《试论李大钊历史唯物主义美学观》⑤认为，李大钊在继承传统美学思想的基础上，第一次运用马克思主义的唯物史观研究探讨美学上的一些重要问题，奠定了中国马克思主义美学的基石。吴汉全在《李大钊与中国马克思主义美学的开创》⑥中认为，李大钊阐发劳动创造美的思想，在中国引进马克思主义的美学原理，并根据马克思主义的美学理论在自然美、艺术美、社会美等领域进行探索，开启了中国马克思主义美学发展的先河。

李大钊学术思想的研究是目前正在研究的领域，取得的成果是公认的。今后可在以下几个方面努力：

（1）将李大钊的学术思想作为一个体系来研究。除笔者的《李大钊与中国现代学术》专著外，学术界对李大钊学术思想的研究是分别进行的，研究的是李大钊学术思想的某一方面。分别研究有其优点，就是比较细致，但宏观性不够，难以看出李大钊某学术思想在其自身学术中的地位，难以从近现代学术发展中来把握。学者关于李大钊某一学科思想的研究，在行文上好像能自圆其说，但放

---

① 吴汉全：《论李大钊的马克思主义文学观》，《四川师范大学学报》2002 年第 4 期。

② 薛伟：《略论李大钊在新文学中的新诗》，《南昌大学学报》1997 年第 4 期。

③ 徐良：《论李大钊的美学思想》，《东方论坛》1994 年第 2 期。

④ 封孝伦：《走向崇高——论陈独秀、李大钊的美学思想》，《贵州师范大学学报》1997 年第 1 期。

⑤ 吴加才：《试论李大钊历史唯物主义美学观》，《盐城师专学报》1995 年第 4 期。

⑥ 吴汉全：《李大钊与中国马克思主义美学的开创》，《西南师范大学学报》2003 年第 2 期。

在李大钊的整个学术中就有许多抵牾之处。包括李大钊在内的五四时期的学者,不是如今天的学者专治一业,而是涉猎众多领域,因而需要整体地研究。这是今后研究的一个方向。

(2)改变李大钊学术思想研究的不平衡状态。强调对李大钊学术思想的整体研究,不是说对李大钊各学科的思想不要分头研究,因为分头研究始终是整体研究的基础。但分头研究,也要注意到相对的平衡。学术界对于李大钊学术思想的研究,关于李大钊哲学思想、史学思想的研究成果显著,这是自然的。因为史学、哲学在李大钊学术思想中占有重要位置。这方面的研究还要加强①。但对在李大钊学术思想中同样占重要位置的政治学思想(不是"政治思想"),却没有什么研究。李大钊是学法政的科班出身,在北大一开始受聘为"政治学教授",与高一涵、张慰慈、陈启修开设了政治学讲座。李大钊的政治学思想研究应引起重视。李大钊的社会学思想还只有个别学者研究,至于李大钊的社会学思想与同为中国唯物史观社会学的代表李达、瞿秋白等关系的比较、李大钊的社会学与同时代中国主流社会学又是什么关系,等等,很值得探讨。李大钊的法学思想、美学思想、图书馆学思想在李大钊学术思想体系中虽没有史学思想、哲学思想、政治学思想的地位,但在五四时期学术界却是很有影响,值得深入研究。只有改变李大钊学术思想研究的不平衡状态,李大钊学术思想的全貌才能凸显出来。

(3)加强李大钊学术思想源流和特征的研究。学术界不仅注意研究李大钊学术思想的具体内容,而且对李大钊学术思想的渊源也有新的探讨,如吴汉全的《李大钊学术思想的传统文化渊源》、《新文化运动中的李大钊与西方学术思想》②。但关于李大钊学术思想渊源的研究,还有很大的空间。李大钊学术思想特征的研究,对于认识李大钊学术思想的深度和本质内涵有重大价值,也是确立李大钊是"文化人"、"学者"形象的重要依据。笔者虽然提出李大钊学术思想具有宏观性、创新性、科学性、现实性、学理性的基本特征③,但也还需要根据新的研究成果加以进一步的提炼和概括。

---

① 譬如,李大钊史学思想是李大钊学术思想中研究得比较深入的部分,但李大钊的史学思想对他的前人如梁启超等到底有怎样的吸收和超越,与同在北大的朱希祖等的史学思想有什么联系,与日本史家浮田和民、内田银藏等有怎样的继承和发展关系,李大钊后期的学术研究为什么转向史学领域,等等,都值得深入研究。

② 《甘肃社会科学》2002年第2期,《社会科学研究》2002年第2期。

③ 参见吴汉全:《李大钊与中国现代学术》,河北教育出版社2002年版,第563—568页。

四、关于李大钊与近代中国社会关系的研究

近十年来,将李大钊作为近代中国社会的人物进行研究的趋向特别明显,亦即从近代中国社会演变的角度研究李大钊。换言之,不只是将李大钊作为政治人物看待,而是将李大钊作为近代中国社会中的历史人物进行研究。

第一,李大钊对近代中国社会的研究。李大钊对中国社会变迁的贡献起源于他对中国社会、国情的研究,他的启蒙活动和革命活动都是以中国社会的现状为考察起点的。尹祥霞在《李大钊对中国近代社会的研究》①中认为,李大钊通过研究近代中国社会,深知近代中国扰乱之本原,于是发出救国图存的呼喊,体现强烈的时代感;认识到帝国主义的侵略瓦解了中国自给自足的自然经济,中国沦为半殖民地社会,近代中国社会阶级状况发生变动;认识到国民革命要组织强大的农民群众,组织工人阶级,青年到农村去,中国革命成为世界革命的一部分。吴汉全在《1912—1920 年间李大钊对国民性问题的探索》②中指出,李大钊对国民性问题的探索在当时的思想文化界极富有代表性,他认为中国国民性表现为:英雄崇拜、贤人政治思想,好同恶异、缺乏主见的文化心理,尚情不尚法、任力而不任法的处事方式,过度的物质奢求和强烈的官本位意识,家族主义观念和压抑个性发展的习惯势力;而中国国民性形成的原因主要是:长期专制政治的影响,小农经济结构的影响,中国传统文化的影响。

第二,李大钊与中国社会现代化的研究。张静如最早倡导用现代化理论研究李大钊,主张研究现代中国的历史人物应该考察其对变被动社会现代化为主动现代化过程的贡献。张静如在《李大钊对中国社会现代化的历史贡献》③中指出,李大钊对变被动社会现代化为主动社会现代化作出突出的贡献:一是引进和传播现代化意识形态最高层次马克思主义,并培养一代马克思主义者,成为推动社会现代化历史进程的时代精英;二是创建新的现代化政党中国共产党,为其在政治领域中占有一定地位创造条件而努力;三是促成、巩固和发展第一次国共合作,推动国共合作的北伐战争;四是为中国社会现代化事业献出了生命。其后,

① 尹祥霞:《李大钊对中国近代社会的研究》,《史学史研究》1995 年第 2 期。

② 吴汉全:《1912—1920 年间李大钊对国民性问题的探索》,《首都师范大学学报》1998 年第 6 期。

③ 张静如:《李大钊对中国社会现代化的历史贡献》,《北京党史研究》1994 年第 6 期。

宋月红在《李大钊的中国现代化发展观》[①]中指出，李大钊奠定了具有中国特点的现代化发展的基本理论基础，对于中国现代化发展进行了多方面尝试性的探索，具有先导性地回答了半殖民地半封建的中国如何顺乎时代逐步实现社会现代化的问题，形成了初具理论体系的关于中国的社会现代化发展观。吴汉全在《李大钊与“五四”运动的现代化地位》[②]中指出，李大钊在五四运动期间为中国社会现代化提出了革命—现代化的新途径和现代民族国家的目标，促进了中国社会现代化向新的方向发展。吴汉全在《早期李大钊对启动中国社会现代化条件的思考》[③]中指出，早期李大钊认为倡导现代民族主义精神、强化国家政权力量、培植新的现代化的势力是落后的中国启动社会现代化的条件。

第三，李大钊与中国政治演进关系。李大钊与中国政治演进关系的研究，表现在两个方面：(1)李大钊与政党的关系。吴汉全在《早期李大钊对进步党研究系认识的变迁》[④]中认为，李大钊对进步党研究系的认识是一个过程，其政治主张在民国初年与进步党相近，袁世凯复辟时期逐步偏离进步党的政见，段祺瑞控制北京政权后最终与研究系彻底决裂。杨洪章在《李大钊与旧党派的关系》[⑤]中对李大钊与民国初年的政党关系作了细致的研究，认为李大钊在辛亥革命时期对同盟会领导革命表示同情和支持，在留日期间与革命党人有过交往，回国以后政治倾向越来越接近革命派，担任革命党人孙洪伊等创办的《宪法公言》编辑工作，其思想体系属于革命派。吴汉全在《李大钊与中国现代化政党——中国共产党的创建》[⑥]中指出，李大钊在确立中国社会现代化指导思想——马克思主义的同时，努力倡导在中国建立新式的现代化政党，通过培植现代化精英群体为共产党的创建准备骨干力量，开展组织活动为共产党的建立进行组织准备，为中国共产党这一新型的现代化政党的创建作出了历史性的贡献。(2)李大钊政治思想、政党思想与中国政治的关系。侯且岸在《李大钊民彝思想与中国近代民主政治建设》[⑦]中认为，李大钊的民彝思想以巩固民主共和制度为目的，具有鲜明的战斗性，其斗争锋芒直接指向袁世凯的封建复古主义和封建专制主义，从深层

---

① 宋月红：《李大钊的中国现代化发展观》，《北京大学学报》1997 年第 2 期。

② 吴汉全：《李大钊与“五四”运动的现代化地位》，《江海学刊》2001 年第 2 期。

③ 吴汉全：《早期李大钊对启动中国社会现代化条件的思考》，《宁夏大学学报》2001 年第 4 期。

④ 吴汉全：《早期李大钊对进步党研究系认识的变迁》，《松辽学刊》1994 年第 4 期。

⑤ 杨洪章：《李大钊与旧党派的关系》，《近代史研究》1995 年第 2 期。

⑥ 吴汉全：《李大钊与中国现代化政党——中国共产党的创建》，《中央社会主义学院学报》2001 年第 7—8 期。

⑦ 侯且岸：《李大钊民彝思想与中国近代民主政治建设》，《北京党史研究》1994 年第 6 期。

次上揭露了袁世凯倒行逆施的危害所在,唤醒了人民的政治觉悟。吴汉全在《李大钊早期政治思想与民国初年中国政治》①中认为,李大钊早期政治思想与民国初年中国政治的演变有密切联系,他是就民国政治建设走上政治现代化的轨道、发展和完善代议制政治、实现真正的政党政治、推进政治民主化等一系列问题作了深刻的思考,形成了富有特色的早期民主政治思想。吴汉全在《李大钊政党思想与中国政治的变迁》②认为,李大钊的政党思想与中国政治的变迁的关系十分密切;十月革命后李大钊以马克思主义为指导考察中国政治发展实际而形成的政党思想,为中国共产党的诞生和国共合作的形成奠定了思想基础,从而对中国政治变迁产生了较大影响。史艺军在《李大钊与中国法制现代化》③中认为,李大钊法制思想与中国法制现代化有密切的关系,他对中国现代法制观念的确立和深化、民主宪政制度的创设和变革、民主与法制建设的发展方向作出了积极贡献。

从社会研究的角度来深化李大钊研究,是今后李大钊研究努力的一个方向。李大钊生活在近代中国社会,自然要从近代中国社会演变的角度来研究。近代中国社会的演变固然在政治上表现出特别激烈,但经济、文化、社会生活等方面的变迁也十分复杂,认识这一点就会发现李大钊不是单纯的政治人,而是具有丰富历史内涵的社会人,如此所再现的李大钊可能更接近真实的、历史的李大钊。从社会角度研究李大钊的思路不仅是为了全面再现李大钊,同时也是为了使人们增加对这段历史新的认知,可以从真实的李大钊看当时的社会,并进一步发现深藏在社会历史中的规律。今后从社会的角度研究李大钊,必须在深化中国近现代社会史研究基础上进行:

一是继续强化李大钊与中国政治变迁关系的研究,并将李大钊对政治变迁的作用与近代中国社会的整体演变结合起来。近代中国政治变迁无论是在规模上还是在深度上都很大,就变迁的类型而言是巨型变迁而非微型变迁,如民族主义意识的兴起、政治运作方式的民主化和法制化、政治斗争激进化趋势(如武装斗争为主要形式的国民革命)等,对李大钊政治活动(政治动员、政治参与、政党活动等)构成怎样的影响。这是需要研究的新问题。对于李大钊对中国政治变迁的作用,过去的研究集中在建党、推进国共合作、领导"三一八"运动等方面,

---

① 吴汉全:《李大钊早期政治思想与民国初年中国政治》,《南京师大学报》2002 年第 1 期。

② 吴汉全:《李大钊政党思想与中国政治的变迁》,《南京政治学院学报》2002 年第 5 期。

③ 史艺军:《李大钊与中国法制现代化》,《中共党史研究》2002 年第 2 期。

这是基于“革命史观”的研究范式，但如果扩大研究视野而从社会政治变迁的视角来探讨，并注意到中国政治变迁的外部影响，则李大钊的政治活动和政治理念将会有新的发现。如最近俄罗斯学者潘佐夫提供的李大钊在苏联活动的三份文献，对研究李大钊后期的政治活动、共产国际在中国的政治策略有重大价值，也有助于认识李大钊政治活动与共产国际的关系及对北方政治格局的影响。后五四时期至1927年的中国政治变迁，尤其以北伐战争最有影响。李大钊自“三一八”至牺牲期间的政治活动一直没有清晰的说明，现有的档案表明在此期间的李大钊在策应冯玉祥北伐、争取吴佩孚部下、瓦解张宗昌与张作霖关系、鼓动杨宇霆反正、与北京外交使团交涉等，都是秉承广东国民政府—武汉国民政府的旨意行事，李大钊此时的主要身份是国民党北京政治分会负责人，这些对于重新研究李大钊与北伐战争关系将有新的发现，也有望写出《李大钊与北伐战争》这样的专著。

二是拓宽李大钊与中国社会现代化研究的深度，合理地吸收现代化理论来评定李大钊的历史地位。李大钊与中国现代化的课题已经提出，但现有的研究还是很初步的。(1)目前用以指导研究的现代化理论基本上是沿袭西方的社会发展进程，对中国的社会转型缺乏应有的把握和认知，尤其是研究中对革命化与现代化关系的处理还应重新研究，故所探讨的李大钊与社会现代化的关系还有待深化。笔者的看法是，必须在现代化理论和中国现代化历史进程这两方面的研究上下功夫，才能使李大钊与社会现代化的研究有突破。(2)就李大钊对中国社会现代化贡献的层面而言，现有的研究基本是政治现代化方面；而且即使是政治现代化方面，也基本上只是对李大钊政治活动新的梳理。笔者的看法是，李大钊除对政治现代化有重大贡献外，对思想现代化、学术文化现代化、社会生活现代化都有贡献。即使是经济现代化问题，李大钊虽然没有从事经济活动，但他对中国经济发展方向、农村土地制度的变革、农村经济的振兴等都有探讨。这说明，要扩大对李大钊对社会现代化贡献层面的研究。(3)现有的李大钊与社会现代化关系的研究，基本上是孤立地进行的，视野较为狭隘。研究中没有注意到李大钊对现代化的贡献与孙中山、陈独秀、毛泽东等对现代化的贡献之间的关系，这就不能体现社会研究的广阔视角和现代化研究的特点。譬如，李大钊认为未来的社会主义是崇尚“竞争”的，这个观点包括陈独秀、毛泽东等中国共产党人都未注意，只有邓小平提出社会主义竞争问题。又譬如，李大钊提出“真正合理的社会主义”问题，认为在真正的社会主义应该是个人与社会、自由与秩序、个人主义与社会主义、大同团结与个性解放的统一，已经触接建构和谐社会的问题。历史联系、现实联系(包括逻辑联系)的观点,可能是今后李大钊与现代化关系研究中拓宽视野的重要途径。

五、今后研究工作的展望

近十年的研究工作,使李大钊研究成为一个比较成熟的研究领域,深化了五四时期历史的研究,带动了近现代历史相关研究领域的发展,其成绩是有目共睹的。今后的李大钊研究工作,还可以考虑从以下几个方面努力:

第一,对已形成的研究领域进一步"深耕细作"。李大钊活动的研究是一个比较成熟的研究领域,但也有进一步深入的必要。比如,李大钊参加社会党问题,学术界对此的了解还非常有限,有些学者则根本不予承认,大量的回忆录恐怕也不可完全视而不见,需要进一步挖掘资料进行细致的研究;李大钊领导五四运动似乎已成定论,但根据目前五四运动的研究成果,李大钊有没有领导、"领导"的含义又如何界定,还有研究的空间;李大钊与五四社团的关系十分密切,但学术界已有的研究非常薄弱,未能形成系统而明确的结论;李大钊在北京大学的学术活动、校务管理、图书馆管理工作还不十分清晰,领导索薪斗争、开展中外学术文化交流的情况也不甚清楚,有必要进行细致的研究。李大钊与北伐战争的关系,学术界有所研究,但根据新发现的有关材料(《李大钊文集》第5卷以"附录"的形式收入),原有的研究就显得十分不够。李大钊思想研究也是一个比较成熟的领域,但即使研究相当成熟的李大钊与马克思主义关系这样的问题也还有深化的必要,如李大钊引进的马克思主义与经典马克思主义到底有怎样的相同与不同,对中国社会有什么影响;李大钊引进马克思主义与他的学术研究有什么关系,与他对待传统文化和西方文化有什么联系;等等。李大钊是法政专业出身,学术界关于李大钊法制思想也有所研究,但民国初年李大钊法学知识水平到底如何,就需要通过对李大钊早年读过的《法学通论》等著作及其留下的批注(收入河北版《李大钊全集》第1卷)进行研究;李大钊宣传马克思主义法制思想到什么程度、有什么不足,恐怕还要联系五四时期的法制思想与法制建设的实际。李大钊的外交思想是其政治思想的重要内容,除了个别学者研究1927年初李大钊的外交活动外,未能就李大钊反对"二十一条"——反对巴黎和会——1926年底1927年初与外交使团的交涉联系起来研究。这些情况说明,已开创的李大钊研究领域还需精耕细作,还是有所作为的。

第二，更新李大钊研究的观念。应该指出，我们的研究观念包括所使用的范畴、概念、术语等在发展着、变化着，但更多的观念形成于20世纪的50年代，有些观念显然不能很好地适应当前的李大钊研究工作。20世纪80年代以来，李大钊研究之所以能取得大的成绩，一个重要的原因是一些新的学术研究观念得到提倡和使用，如现代化理论、创新思想以及正在应用的“先进文化”、“与时俱进”等概念。李大钊研究也要适应人文社会科学发展的形势，及时吸收各学科的成果。比如，学术界有人提出“现代精神传统”这一概念，用来说明现代中国社会演变的重要特征。借鉴这一概念，来研究“李大钊与现代精神传统”，肯定能有所成绩。这只是一个比方，说的是更新研究观念的重要性。

第三，改进李大钊研究的方法。李大钊研究基本上使用的是历史学的方法，近年来文化学的方法有所运用，但只限于研究李大钊的文化思想。笔者以为，把李大钊作为一个文化人，把李大钊作为一个文化现象来研究，文化学方法的应用可能还应更广泛一些。这里着重要说明的社会学方法的应用。比如，目前学术界对容闳、严复、胡适等具有留学经历的知识分子运用社会学的“边缘人理论”来研究，其结论令人耳目一新。依笔者之见，李大钊也在很大程度上具有“边缘人”的经历和特征，其社会地位也有由边缘向中心移动的过程，可以用“边缘人理论”进行尝试性的研究。社会学的方法和理论注重结构分析、阶层分析和统计调查，如果能与历史的研究方法结合，并运用到李大钊研究之中，肯定会对李大钊研究的深化有所帮助。

第四，调整研究者自身的知识结构。李大钊研究中的有些方面长期以来难以有大的突破，其重要的原因是受到研究者知识结构的限制。李大钊学贯中西，通古博今，既有现代的知识学基础，又有深厚的传统文化底蕴，这对在学科分类很细的背景下所培养的当今研究者而言，确实存在很大的困难。学术界长期将李大钊的“民彝思想”简单地等同于西方的民主思想，其重要的原因是研究者不懂训诂学之所致；关于李大钊与西方学术关系的研究一直难以深入，与研究者缺乏西学的学养有很大的关系；研究中对李大钊常常容易进行简单的定性处理，很重要的原因是对当时的中国社会缺少研究和把握。道理很简单，任何李大钊研究者在研究之时都有自己的前知识结构在起作用，而研究者在尚未达到李大钊的知识水平的情况下，是很难正确地看清楚李大钊所认识和研究的问题。因此，在提倡各学科领域的研究者协同研究李大钊的同时，李大钊研究工作者也要自觉地调整自己的知识结构，并把培养新一代的李大钊研究者作为重要任务，如此才能克服研究中的简单化的现象。

第五,进一步加强学术研究交流。李大钊研究中“炒冷饭”的现象比较突出,深化研究的速度比较慢,固然有研究者的自身素质问题,但也是与学术交流不够相联系的。20世纪80年代以来,李大钊研究之所以取得重大进展,是与日益开展的李大钊研究学术交流、李大钊研究信息的获取密切相连的。北京李大钊研究会(大钊学社)、中国李大钊研究会等学术组织,在沟通李大钊研究者之间的联系、交流李大钊研究信息、动员学者从事李大钊研究工作等方面发挥了重要作用。今后的李大钊研究在加强学术交流方面,要继续发挥李大钊研究会和老一辈李大钊研究专家的作用,拓宽中外学术交流的渠道,及时传递国外李大钊研究的信息,同时加强国内李大钊研究者之间的联系,总结已有的学术成绩,提出新的研究思路,开辟新的研究领域,使李大钊研究在学术交流中得到新的提升。

(原载《近代史研究》2006年第4期)

【昔文琐记】这篇《近十年李大钊研究的进展及相关问题的讨论》,写作于2005年底。

本文是应《近代史研究》编辑部的约请,而写的一篇综述性论文。记得是2005年冬天,为申报中共党史硕士点,我与徐州师范大学几位老师到北京请专家看材料并予以指导。忙碌之余,我与刘洪英教授到北京的王府井大街看看,途经《近代史研究》编辑部时,就直接进去了。一进编辑部了,我就直报自己大名。黄春生先生听了我的名字,就说“我知道,我知道,是研究李大钊的专家”,遂接待了我们。黄先生说《近代史研究》编辑部正约请有关专家撰写一些重要问题的研究述评,希望我写一篇李大钊研究的综述,以便为李大钊研究者提供信息,进一步推动李大钊研究。回来之后,我就较为系统地梳理学术界多年来研究李大钊的成果,写成《近八十年李大钊研究综述》初稿。然后,选取初稿的最后一部分寄给《近代史研究》编辑部。文章到编辑部后,承蒙谢维先生的指点,我又作了些修改,这就是《近十年李大钊研究的进展及相关问题的讨论》这篇文章。

谢维先生在我的学术研究中给予了很多的帮助,我在《近代史研究》上发表的几篇论文受到他的治学路径的影响与启迪。我本科读的是历史学专业,但博士读的是中共党史专业,长期以来专注于思想文化方面的研究,文章中理论分析的方面多一些,与纯粹的史学文章还是有些不同。受谢维先生的指导与影响,我在写史学文章时,史料方面更为注重一些。我读谢维先生的文章不多,但多次聆听他的教诲,对他的治学路径略知一二。谢维先生治学的特点,我觉得有这样几个特别的地方:一是高度重视史料的诠释,尤其是注重史料中不为一般人所发现的新内容;二是对史料中的“概念”、“话语”的分析非常细微,注意其内涵与外延的考量,即使是同一概念也注意其前后内涵的不同,带有传统史学注重文字考释的学风;三是注重在联系中阐发观点,不根据一条史料而发议论,遵循“论从史出”的传统;四是善于将比较方法蕴含其中,在比较中发表学术见解;五是文章中注重史实的陈述,强调叙述的客观性,评价性语言非常慎重。

刘洪英是徐州师范大学教授,中共党史硕士点申报成功后,是该点的负责人。她专攻党史研究,重点研究党的战略和策略,对瞿秋白、周恩来等党史人物也有重要的研究,取得了很多成果。她为人谦和,助人为乐,我在徐州师范大学承蒙她关心不少。我也是她领衔的这个硕士点的一个方向——中共党史人物研究方向的带头人。我们在研究生培养方面通力合作,取长补短,努力培养硕士研究生,也算是为党史研究人才的培养作了一点贡献。

写作这篇《近十年李大钊研究的进展及相关问题的讨论》文章,有一个比较深刻的体会,就是写李大钊研究的综述文章,需要对李大钊研究历史的总体把握,然后才能写好“近十年”研究的进展。学术界有不少“综述”文章,大多是就近几年的研究成果进行梳理和评价,而对于几年之前的研究状况,则重视不够。这样写出的“综述”,就有许多过高的评价,其原因就是不了解整个的研究状况和该问题研究的历史,也就是不能通晓研究史。譬如,有综述说,某某研究是开创性成果、填补空白等等,实际上此问题在多少年之前就有研究成果,并且业已达到了很高的水平,而现在的这个研究并没有什么突破,并不具有什么“开创性”,也不是“填补空白”,相反却是在“炒冷饭”。此可见,通晓研究史,乃是撰写“综述”的前提。我这篇《近十年李大钊研究的进展及相关问题的讨论》,由于有梳理近八十年李大钊研究历史的基础,自认为对相关学者成果的评价还算到位。

2021年1月31日

纪念李大钊诞辰115周年全国学术讨论会综述

由中共河北省委宣传部、河北省社会科学院、河北省党史研究室、中共唐山市委、北京大学、中国李大钊研究会共同举办，中共乐亭县委承办的纪念李大钊诞辰115周年全国学术讨论会，于2004年10月29日至31日在乐亭县召开。这次学术讨论会以“李大钊与中国现代新文化建设”为主题，收到全国论文90余篇，经学术会议学术组评审筛选入会论文60余篇；会议分发了中国李大钊研究会编辑的《李大钊研究论文集》两部、吴汉全的学术专著《李大钊与中国现代学术》、中共唐山市委宣传部等单位编注的《李大钊诗文选读》等著作。学术讨论会除国内近百名学者与会外，韩国、日本、俄罗斯的学者也应邀出席。学术讨论会安排学者大会发言，并开展了小组的广泛讨论，各位学者充分发表意见，学术交流气氛浓烈，会议开得非常成功。现将会议讨论的问题和学者们提供会议论文的观点综述如下。

一、关于李大钊对新文化建设贡献的研究

这次李大钊研究学术讨论会以“李大钊与中国现代新文化建设”为主题，将李大钊作为中国现代文化名人来研究，并与目前先进文化的建设相联系，改变了过去单从政治的视角研究李大钊的思路，这是本次学术讨论会与过去历次李大钊研究学术讨论会相比的突出之处。

由于注重以文化的视角来研究李大钊，这次学术讨论会提出李大钊研究的一个新思路，就是提出要注重对“文本”和“语境”的研究。刘桂生（清华大学历史系教授）在大会发言中，主张从第一次世界大战的“语境”来理解李大钊的《庶民的胜利》和《Bolshevism的胜利》两篇文章的价值，认为过去仅将此两文定位在

欢呼十月革命是狭隘的;指出李大钊是世界化浪潮来到中国的第一代知识分子,由于“一战”是总体战,是民族主义、工业化时代出现的新型战争,李大钊在文中研究了是什么力量导致战争结束的问题,从政治文化角度的阐发为中共成立奠定了基础;认为李大钊是“看准世界化浪潮,走向世界求发展”,具有“世界的文化眼光,全球政治意识”,表现出“认识世界,反思中国,与时俱进”的特色。王宪明(清华大学历史系教授)在大会发言中,就李大钊对世界文明考察的动因及其意义进行分析,认为李大钊在《言治》季刊第三册上发表的《东西文明根本之异点》和《法俄革命之比较观》两文,不是一般的学术文章,而是李大钊就学理层面,对当时中国最大的现实问题,即1918年2月初中日两国政府围绕着共同出兵西伯利亚问题而谈判签订《中日共同防敌军事协定》及由此而引发的一系列国际国内的强烈反响,特别是国内政、学、商等界的强烈反响,发表的一种政治见解,意在从学理层面告诫当局不要因一时的短见而上日本的当,派兵干涉俄国,因而这两文所表达的并不是简单的学习俄罗斯文明。徐勇(北京大学历史系教授)从“文本”的角度来研究李大钊的著作,认为李大钊在《太平洋》杂志发表的《辟伪调和》一文最早提出“军阀”概念,也是在中国提出“军阀”概念的第一人,对中国思想史、政治学发展有影响,使政治理论得到发展;同时李大钊对名词概念的考据工作,也使李大钊成为中国“概念史学”的奠基人;李大钊在国内较好地就军阀与帝国主义的关系作了研究,说明“打倒军阀”是中国民族革命的产物,不是莫斯科、第三国际指导的,尽管有俄国的影响。都重万(韩国牧园大学史学教授)对李大钊的《原人社会于文字书契上之唯物的反映》进行“文本”研究,发现此文的大部分材料是直接从刘师培的《小学发微补》和梁启超的《中国古代币材考》著作中转引来的,认为李大钊与刘师培、梁启超所应用的研究方法皆是“以字诠史”的门路,说明李大钊的学术既继承了清初以来小学的治学旧统,又吸取清末新引进的社会科学与历史比较语言学等西学新知,具有贯通中西的特色;当然,李大钊写作动机与目的不同于刘师培、梁启超,刘、梁在于小学的革新与新史学的建立及中西文化的比较,而李在于介绍和推广唯物史观的基本原则。

从文化的角度来研究李大钊,系统地研究李大钊的文化思想及对新文化建设的贡献,是这次会议讨论的重点。侯且岸(北京行政学院教授)以《李大钊的新文化观》为题在大会发言中,提出要研究李大钊关于新文化建设的理论,认为李大钊留日是走出国门把中国文化放在世界文化之中,而李大钊在北大正是“一战”结束前后,思维最为活跃,侧重文化比较问题的研究;李大钊的文化观是从认知文化差异到反思东西方文化根本差异，提出新旧文化之“质性本非绝异”的重要文化理念，认为处理新旧文化矛盾不能回避而要有“理之力”，强调文化多元而提出文化“调和”，主张要以自我为主“迎受”西方新学术，讲“调和”时要有“容人并存的雅量”和“自信独守的贞操”，李大钊认为有些“革命”要用文化来审视，他本人对十月革命是从文化的角度来理解的。朱成甲（中国社会科学院编审、清华大学教授）在大会发言中认为，不但要从中共的角度看李大钊，还要从中华民族的利益、从文化的角度研究李大钊；《民彝与政治》一文总结中国历史，深刻理解西方文明精髓，得出人文主义的觉悟，其对“民彝”的解释是对中国政治文化的最大贡献，提出的以人为本主张是后来中国改革的方向；民彝思想是关于人的学说，是创建现代国家的政治理论基础，此文在中国政治学史上的地位还没有他人可以比拟。朱志敏（北京师范大学教授）从中国文化发展的历史进程来研究李大钊的“调和”思想，不同意学术界那种认为李大钊的“调和”思想是“保守”的观点，认为李大钊的“调和”思想具有积极的思想文化内涵，其主旨是以斗争求调和，中心内容是“求变”、“求进步”；李大钊的“调和”思想在渊源上来自中国传统文化，是对古代“调和”思想的继承和发展；也受到同时代思想家章士钊等的影响，但又超越了同时代；早期李大钊不仅具有“调和”思想，接受马克思主义以后的李大钊仍然还有“调和”思想的影响，可以说“调和”思想影响李大钊的一生。李强（北京师范大学博士研究生）也是从文化的角度研究李大钊，认为李大钊的“第三”文明观是中国近代史上一种比较独特的文化哲学观，其内容既深刻又有前瞻性；李大钊的“第三”文明观揭示的是一种动态的文明、理想化的文明，是具体内涵不断与时俱进的文明，建立在当时东西两种文明调和的基础上，就是以俄国为代表的社会主义文明；“第三”文明观成为李大钊接受十月革命思想和马克思主义文化的内在思想根据，是李大钊在“五四”后期之所以能够引领中国文化前进的关键性因素。

注重从文化的视角研究李大钊，这是对过去李大钊研究的大胆突破，其目的是展示李大钊作为“文化人”的一面，总结李大钊对中国现代文化建设的贡献，为今天的先进文化建设提供思想文化的资源。这是应该充分肯定的。但也不能因为重视从文化的视角来研究李大钊，而忽视或削弱从其他角度来研究，更不能否定已有研究的积极成果。张静如（中国李大钊研究会副会长，北京师范大学教授）在大会的总结中指出，从文化的角度或其他的角度研究李大钊，不能把这一角度与其他角度对立起来，如文化的角度不能与革命的角度相对立；社会是政治、经济、文化诸方面，以前只是从政治的角度研究，文化角度看得少，加上文化角度本应是题中之意，这样才能正确认识历史人物。

二、关于李大钊的思想和学术的研究

李大钊思想的研究历来是学术界研究的重点，也取得了很大的成绩。这次学术讨论会在李大钊思想研究方面有了新的特点：一是从时代发展的高度来揭示李大钊思想的新内容，注重挖掘李大钊的“与时俱进”的思想，并评定这一思想在李大钊思想体系中的地位；二是突破过去单一的政治思想研究的思路，注重李大钊学术思想在其思想体系中的位置，从现代文化建设的高度认识李大钊学术思想的意义和价值；三是在李大钊政治思想的研究中进一步突出其在马克思主义中国化进程中的作用，并注重李大钊法制思想的意义及其对中国法学建设的贡献。

1. 李大钊“与时俱进”的思想。从现实与历史的联系来研究历史人物，使学者们注重对李大钊“与时俱进”思想的研究，这也是本次学术讨论会的一个特色。张静如对李大钊著作中关于“与时俱进”的思想作了挖掘，认为李大钊倡导“与时俱进”具有针对性，一方面是针对青年人的，鼓励他们不断前进，永不退步，另一方面是针对那些封建旧道德、旧思想、旧制度的维护者，告诫这些人不要做时代的落伍者；李大钊的一生也是“与时俱进”的一生，他的思想由民主主义转向马克思主义，进而力图使马克思主义与中国实际相结合；李大钊在图书馆工作中参考国外图书馆的做法，适应“图书馆的新趋势”，在学术研究上也是“与时俱进”，提出历史要不断改作、重作的观点。李权兴（中共唐山市委党校教授）从李大钊的时间观角度来探讨其与时俱进的唯物历史观，认为李大钊汲取了中国传统哲学自强不息的思想，又吸收了西方哲学著述，进而注重时间与历史的内在关联，充分肯定时间的客观性及其与空间不可分离地展现着社会实践，确认时间的本相是贯穿人类社会历史发展过程“一定的倾向”，时间也成为探讨历史过程规律性的逻辑起点，其结论是“时间展现的中国国情决定了只能走社会主义道路”。董宝瑞（河北省昌黎县文联主席）考察了李大钊对“与时俱进”这一词语的运用情况，认为李大钊写作《青春》与《民彝与政治》时“强烈地显示了他‘与时俱进’的精神面貌”，而后李大钊写作《此日》就决心“以此日为发轫之始”、“与时俱进”，十月革命后则对“与时俱进”思想进一步阐发，其对十月革命的宣传体现出较强的“与时俱进”的思想理念；正是因为李大钊具有与时俱进的思想，所以他由一个曾信仰改良主义、资产阶级民主主义者，率先变成了信仰马克思主义的中国共产主义运动的先驱，与陈独秀一起筹建中国共产党。

2. 李大钊的史学思想及其贡献。李大钊对史学文化建设的贡献引起与会学者们的高度重视。邹兆辰（首都师范大学历史系教授）高度评价李大钊对史学思想史研究的贡献，认为李大钊的《史学思想史》在学术上的主要特征是：把历史学与文学、哲学包容在一起；把历史观问题作为史学思想的核心内容；赞赏进步的历史观，批判倒退的历史观；赞扬西方思想家对历史规律的探索；以科学的批判精神对待历史遗产；探寻唯物史观产生的历程。吴汉全（徐州师范大学社会发展学院教授）认为，李大钊是中国运用马克思主义理论研究中国经济史的开创者，其贡献之一是将唯物史观最早引进到中国思想学术界，为包括中国经济史在内的人文社会科学提供了科学的理论指导；贡献之二是运用唯物史观对中国古代社会经济结构、土地制度等进行考察，开创了中国古代社会经济生活研究的新局面；贡献之三是最早将唯物史观引进中国近代经济史研究领域，其主要观点对20世纪30年代的中国社会性质问题论战产生影响，为学术界正确认识近代中国社会开拓了新的思路；贡献之四是将经济史的研究与现实社会经济发展道路的探索结合起来，为经济史研究形成关注现实的这一传统作出了贡献。李大勇（中共天津市委党史研究室研究员）考察《史学要论》的历史价值，认为此书标志着李大钊基本完成中国马克思主义新史学的建构，为中国马克思主义史学开辟了道路，对李大钊自身的政治思想起着重要的支持作用，对于我们思考当前中国史学问题也具有重要的参考和借鉴作用。张同乐（河北师范大学历史文化学院教授）就李大钊研究和评价历史人物的态度进行探讨，认为李大钊对历史人物的评价坚持了科学、客观公允的态度，运用历史唯物主义观点实事求是地评价历史人物，体现的观点是：时势造英雄，时势锻炼英雄，时势筛选英雄；用发展的观点看待历史人物，阶段性评价一个人的漫长一生；把历史人物的评价融进历史过程之中，而不是把历史人物同历史分割开来。

3. 李大钊的哲学思想及其治学态度。与会学者对李大钊哲学思想仍然表现出浓厚的兴趣。杜蒸民（安徽师范大学历史系教授）在大会的学术发言中，对自己1981年在《哲学研究》上发表的《李大钊哲学思想发展初探》进行了新的补充，认为李大钊的哲学思想具有与时俱进的特点，是在对“一战”的反思中提出“第三新文明”主张的；对原来提出的一些认为不妥的观点进行修正，认为早期李大钊在哲学上称不上激进的民主主义，后期李大钊主要是在历史唯物主义（唯物史观）上的宣传与应用，体现出文化交流上先易后难的特色；对李大钊哲学思想的阶段重新划分,认为李大钊哲学思想发展的第二阶段是"从1918年7月《法俄革命之比较观》、11月的《庶民的胜利》和《Bolshevism的胜利》起始,以《我的马克思主义观》为标志,到1922年7月的《平民政治与工人政治》为下限"。周振刚(中共襄樊市委党校教授)不同意传统观点认为"物心两面改造"思想反映李大钊的二元论倾向,而认为李大钊的"物心两面改造"主张是一个包含着哲理的重要思想,既有中国文化的背景,也反映李大钊对西方哲学的理解,包含着近代哲学和科学的创始人笛卡尔的传统;同时又与李大钊对唯物史观的理解有密切的关系,是对于唯物史观的开拓性研究的具体成果,可以为今天建设特色社会主义提供借鉴。裴瓒芬(河北省社会科学院助理研究员)从哲学的高度专门探讨了李大钊的治学理念,认为李大钊的学术研究工作体现了求真务实、脚踏实地的治学态度,展示了不断创新、与时俱进的治学思想,树立了联系实际、学以致用的治学风范。

4.李大钊的政治思想和法学思想。李大钊的政治思想是过去学术界研究的重点,这次学术讨论会对李大钊政治思想的研究有新的深化。曹力铁(杭州师范学院教授)从马克思主义中国化的视角研究李大钊对中国政治思想的贡献,认为强烈的爱国主义、坚定的社会进步思想和鲜明的民本思想相结合,是李大钊接受并传播马克思主义的基本因素,由此也奠定了中国共产党人把马克思主义中国化的基本立场;而李大钊从时代要求出发,历史地(实践地)对待马克思主义的科学态度以及辩证思维的科学方法,则为马克思主义中国化提供了基本的思想方法;李大钊在中共成立后从中国实际来运用马克思主义,强调中国革命是无产阶级世界革命的一部分,最早从理论上论述农民问题的重要性,提出了"中山主义"这一概念,为马克思主义中国化作出了贡献。解成(河北省社会科学院法学研究所研究员)从政治学的角度解读《民彝与政治》,认为李大钊的"民彝"观是以实现宪政为指向的中国版的"天赋人权"观,其宪政图景强调的是人民大众所享有的广泛的自由能够得到切实的保证,人民群众能够自己创造历史,人民群众成为国家的真正主人,这是李大钊从中国古代经典中汲取养分来建构为现时所需的政治思想的尝试。周忠瑜(青海民族学院法政系教授)对李大钊早期宪政思想的发展阶段作了清晰的划分,认为李大钊早期宪政主张从时间和内容上可分为三个阶段:天津法政专门学堂及毕业之初(1907—1913),这一时期主要从宪法的形式、程序上强调宪法至上原则,但也有部分逆袁倾向;留学日本早稻田大学(1914—1916),这一时期主要从宪法的内容上进行分析研究,特别是提出了民彝至上的观点,政治主张以逆袁反袁为主;回国及《宪法公言》时期

(1916—1917),主要结合当时的北洋军阀的修宪而展开论述,在政治主张上已经开始有了初步的无产阶级法制观。张洪池(天津法政管理干部学院学报主任)认为,李大钊是中国最早的马克思主义法学家,李大钊的法律思想是在严正的批判与科学的继承中产生,其法律思想是:主张依法治国、建设法制社会;认为法律属于社会结构的上层建筑,革命是法律之外的暴力。

李大钊思想的研究是今后仍然需要着力研究的课题,还有许多工作要做。比如,从现实的高度研究李大钊的思想,当今正在要建设现代化的"和谐社会",李大钊用"大同理想"、"平民社会"来表达其建设"和谐社会"的理想,既汲取中国传统文化的"大同"思想,又遵循马克思主义的共产主义目标,同时又与中国的社会变革相联系,就很值得研究。又如,李大钊集学者与革命家于一身,既有政治家的政治思想又有学者的学术理念,作为学者又是如何体现革命家的政治智慧和斗争谋略,而作为革命家又是如何表露出学者的风采,亦即革命家与学者的双重身份是如何在李大钊身上得到统一的而且又相得益彰的,李大钊本人具备了哪些条件,时代又提供了哪些机缘,这是值得认真探讨的。再如,李大钊是学者,他是如何由政论家的角色向学者的身份转换的;李大钊具有丰富的学术思想,他的各种学术思想以及在每一具体学科中的观点在他的整个学术思想体系中占有何种位置,中外古今的学术思想资源如何在他的学术思想体系中发挥作用,都需要深入研究。我们相信,这次学术讨论会将对李大钊思想的研究尤其是学术思想的研究产生很大的推动作用。

三、关于李大钊革命活动及与历史人物关系的研究

李大钊革命活动的研究也是几十年来李大钊研究的重点,这次学术讨论会在挖掘新材料方面有很大进展,找到了过去不为人们知晓的新资料;这次学术讨论会在李大钊与历史人物关系的研究方面有了深化,李大钊与一些重要人物的关系得到新的梳理,而且尤为注重思想与学术上的比较,改变过去仅仅是交往关系研究的范式,这是很大的进步。

1. 关于李大钊的革命活动。对于李大钊的革命活动,也是不少学者所关注和研究的内容。王世儒(北京大学图书馆研究馆员)以北京大学旧存的图书馆业务档案为基础,指出李大钊曾经是华法教育会以及中法协进公会的一名成员,认真完成了所承担的任务,在五四时期声势浩大的留法勤工俭学运动中作出了

重要贡献，这一研究是近年来李大钊生平活动研究中的重要突破。胡文澜（中共河南省委党史研究室教授）根据中共有关历史文件，就李大钊与河南红枪会运动的关系进行研究，指出 1926 年 7 月中国共产党第三次中央扩大执行委员会作出《对于红枪会运动议决案》，李大钊于 8 月 8 日发表《鲁豫陕等省的红枪会》，对红枪会的产生、发展、性质、特点作出了深刻分析，对如何开展红枪会运动作了明确指示，这对河南红枪会运动的发展有十分重要的意义，红枪会在国民革命军进军河南中为北伐战争作出重要贡献，在维护地方社会秩序中亦打击了不法的反动势力。刘海泉（中共唐山市委党校讲师）根据张西曼的回忆，提供了有关“社会主义研究会”的材料，有助于进一步研究李大钊与社会主义研究会的关系。潘佐夫（俄罗斯学者、教授）提供了有关李大钊在苏联活动的三份重要历史文献，对于研究李大钊的后期活动，尤其是与李大钊与苏联、共产国际的关系，有重要的学术价值。此外，还有不少学者对李大钊的教育思想和活动、李大钊在第一次国共合作中的活动、李大钊为策应北伐而在北方开展的军运活动，进行研究和探讨，深化了李大钊革命活动的研究。

2. 关于李大钊与历史人物的比较研究。李大钊与其他历史人物的比较研究有了新的起色。吴家林（中共北京市委党史研究室教授）就李大钊与胡适的关系重新研究，认为李大钊与胡适的交往方式主要有双方面谈、餐桌上会商、电话联系、书信往还、公开发表文章等；“问题与主义”争论决不是“实证主义”反对马克思主义的斗争，而是进步思潮反对王辑唐的民生主义、社会主义；李大钊自接受西方文化以来特别羡慕西方政党政治，对于“好人政府”的政治主张，“李大钊同意并签字，这是意料之中的事”。三田刚史（日本学术振兴会特别研究员）就李大钊和河上肇两人关于罗斯金的看法进行对比研究，认为李大钊和河上肇的共同点是来自中国古典的学术和思想传统的基础上接受了近代西方的学术思想而变成马克思主义者的过程；对罗斯金的人道主义和物心两面的改造这两个观点，李大钊和河上肇都拥有共通的积极关心；李大钊和河上肇注目的是资本主义的批评家罗斯金，可以说罗斯金的思想为他们起了走向共产主义的思想转变的媒介作用。郑仕玲（天津师范大学研究生）就密尔的自由观与李大钊的自由观进行比较，认为两人自由观有共同点，都认为自由是人类发展的必要条件、人类生存所必需，都对不自由的社会进行无情批判，都推崇个人自由和个性解放；但密尔与李大钊的自由观也存在重大的区别，其区别在消极自由与积极自由、改良的自由观与革命的自由观上，这是时代背景不同的缘故。张春丽（北京师范大学博士研究生）在学术界第一次梳理了李大钊与高一涵的关系，认为李、高交往初识于日本东京,共事于北京《晨钟》报,同为《甲寅》日刊主笔,同在北京大学任教和从事活动;李大钊与高一涵都是民主的拥护者,都赞成中国在政治改造之前先要进行思想文化的改造,都主张用新文化代替旧文化,都倾向于把文化启蒙和政治启蒙结合并进而将文化改造同政治改造结合起来,但两人在关于民主政治、关于自由等问题上亦有不同之处;与高一涵相比,李大钊的思想虽然也很复杂,但却形成了自己的体系,尤其是他对民主的认识似乎更为清晰、更为系统。黄明彦(常州市张太雷纪念馆副馆长)研究李大钊与张太雷从师生到战友的关系,认为两人相似的成长经历为日后的相知奠定了深厚的基础,张太雷在李大钊引导下开始了职业无产阶级革命家的历程,李大钊是张太雷走上革命道路的引路人;李大钊是党团活动的指导者,张太雷在李大钊指导下赴天津创建党团组织,参加批判反马克思主义思潮的斗争,投入长辛店工运活动,并经李大钊推荐赴共产国际远东书记处工作;李大钊与张太雷共同促进第一次国共合作,后又合作于共产国际五大,两人都在1927年为中国革命献出宝贵的生命。

此外,还有一些学者对李大钊著述进行考订,对近年来李大钊研究进展进行总结。朱文通(河北省社会科学院历史研究所研究员)根据自己对李大钊著作的解读和对《言治》延期出版情况的分析,就学术界那种认为"在袁世凯下令解散国会以前,李大钊就认为国会已经'中殇'"的观点提出质疑,提出了自己的看法;朱文通还对目前学术界认为《欧洲战事谈》不是李大钊著作提出意见,认为《欧洲战事谈》是由李大钊所要写的《世界风云与中国》变化而来,确系李大钊所作,不应该存在疑问。把增强(河北省社会科学院历史研究所)对近五年来李大钊研究的情况进行述评,高度评价了1999年出版的《李大钊文集》和《李大钊全集》对李大钊研究的推动作用,对吴汉全的专著《李大钊与中国现代学术》、晋荣东的专著《李大钊哲学研究》的学术地位进行了分析,将近五年发表的李大钊研究论文分为"李大钊与马克思主义"、"李大钊早期思想研究"、"李大钊与史学理论研究"、"李大钊与中国社会现代化研究"、"李大钊与中外学术文化思想研究"、"李大钊与同期历史人物研究"等六个方面进行总结,并就今后李大钊研究的方向提出了自己的看法。

张静如教授在会议的总结发言中,充分肯定近几年李大钊研究所取得的成就,对本次学术讨论会作了总结,并就今后李大钊研究提出几点希望:一是希望继续挖掘材料,解决研究中不少推论性的观点;二是要在已开辟领域精耕细作,研究工作要走向深入;三是要不断开辟新领域,要有新的角度、多学科的研究。张先生最后寄希望青年学者迎头赶上,向老一辈学者学习、请教,研究和学习

《李大钊全集》的注释本,研读李大钊研究的学术史,使研究工作在高起点上进行。这次李大钊研究全国学术讨论会开得非常成功。与会者学历高、职称高、研究水平高,研究问题深入,学术视野开阔;青年学者占有很大的比例,李大钊研究后继有人。我们有理由预测,在未来的几年里,李大钊研究工作将取得一个更大的进步。

(原载《党史研究与教学》2005年第3期)

【昔文琐记】这篇《纪念李大钊诞辰115周年全国学术讨论会综述》,写作于2004年11月。我参加了李大钊诞辰115周年全国讨论会以后,将会议入选论文及会议上的学术观点所作的综述,目的是为研究者提供研究的动态。以今天的观点来看,此文介绍的观点比较全面,但没有指明研究工作中存在问题。当时,不是自己不知道怎么写,而是觉得说多了研究中所存在的不足,担心会引起研究者的不快,因而此文只是介绍各家的观点。我在《近代史研究》2006年第4期发表的《近十年李大钊研究的进展及相关问题的讨论》文章,比这篇文章写得好,不仅说到研究中的不足,而且对今后的努力方向也有自己的设想。

我参加2004年10月纪念李大钊诞辰115周年学术讨论会之后,在李大钊研究方面是遵循我的导师张静如先生提出的撰写"李大钊研究史"的教导,写出了《李大钊研究史(1927—2004)》书稿,计有18万字。该书稿后收入《李大钊与中国社会现代化新道路(外二种)》之中。应该说,《李大钊研究史(1927—2004)》是中国第一部李大钊研究史著作,在中国的李大钊研究历程中自有其地位。

2021年1月31日

近十年来毛泽东人口思想研究综述

1994—2004年的十年，是国内学术界研究毛泽东人口思想取得重大成绩的时期。1993年是毛泽东诞辰100周年，学术界对毛泽东思想兴起了研究的高潮。继之，毛泽东思想的研究走向深入，毛泽东人口思想的研究也开始成为一个重要的研究领域。近十年来，学术界将毛泽东的人口思想作为毛泽东思想的重要内容展开研究，涉及毛泽东人口思想的形成、内容、地位与影响等方面，关联到毛泽东人口思想与中国新民主主义革命、社会主义革命和建设的关系，研究中出现了诸多的新观点和新的研究视角，值得认真总结。本文拟就1994—2004年十年间毛泽东人口思想的研究情况作一综述，并在综述中谈谈个人的看法，希望对今后的毛泽东人口思想的研究能有所帮助。

一、关于毛泽东人口思想形成过程的研究

学术界对毛泽东人口思想形成过程的研究，形成两种观点：

第一种观点认为，毛泽东人口思想形成于20世纪40年代末期。林盛中在《试论毛泽东人口思想》①中认为，毛泽东人口思想的形成与发展是一个历史过程，具体说，“毛泽东人口思想的形成起始于中国革命胜利前夕”发表的《唯心历史观的破产》；而“到五十年代中期，毛泽东人口思想趋于成熟，进入全面发展的新阶段”。杨魁孚在《毛泽东人口思想初探》②中认为，毛泽东的“人口思想产生于第二次世界大战后人口膨胀的时代，产生于中国人口状况的客观现实和社会实践”，但同时又认为毛泽东“在早年就关注着中国人口问题，并提出了反对盲

---

① 林盛中：《试论毛泽东人口思想》，《黑河学刊》1994年第2期。

② 杨魁孚：《毛泽东人口思想初探》，《人口与计划生育》2000年第2期。

目生育的主张”。

第二种观点认为，毛泽东人口思想形成于20世纪的20年代中期。梁耀东、谢金森在《略论毛泽东的人口思想》①中认为，毛泽东在民主革命初期就科学地分析了旧中国的社会经济状况和人口阶级结构，剖析了人口问题的性质和特点，具体说，毛泽东“在1926年写的《中国社会各阶级的分析》中，详细分析了当时中国人口的社会阶级构成：地主阶级、买办阶级、中产阶级、小资产阶级、半无产阶级、无产阶级、游民无产者，说明了这些阶级的经济地位和政治态度”；而毛泽东在1939年写的《中国革命和中国共产党》则“又对近代中国社会的人口阶级构成作了进一步的分析”，成为“认识中国人口问题的出发点，也是制定中国革命战略和策略的依据”。

以上两种观点的主要分歧，其实关系到两个重要问题：一是毛泽东人口思想形成的标准问题，即以什么样的标准来判定毛泽东人口思想是否形成，标准问题不解决，就很难达到认识上的基本一致；二是对毛泽东人口思想体系的界定，即毛泽东人口思想作为一个思想体系是起源于毛泽东的新民主主义革命论，还是起源于毛泽东的社会主义革命和社会主义建设论。学术界今后如能对这两个问题加以解决，可望在毛泽东人口思想形成的问题上取得共识。

二、关于毛泽东人口思想内容的研究

毛泽东人口思想的基本内容是研究毛泽东人口思想的主要方面，也是学术界探讨的重点。不同的学者从自己的理解和认知出发，力图揭示毛泽东人口思想的基本概貌及其所表达的主要观点，因而对毛泽东人口思想内容有着不尽相同的概括。大致说来，学术界关于毛泽东人口思想内容的多种概括，是从三个视角进行的：

其一，从人口学理论的角度来概括。杨魁孚在《毛泽东人口思想初探》②中认为，毛泽东人口思想有四个方面的内容：(1)正视人口多是中国的基本国情；(2)人口非控制不行，要有计划地生育；(3)实行计划生育，一要政府认真抓，二要坚持群众路线；(4)提倡男女平等，改变重男轻女风俗。唐桂香在《毛泽东人

① 梁耀东、谢金森：《略论毛泽东的人口思想》，《福建师大福清分校学报》1994年第2期。

② 杨魁孚：《毛泽东人口思想初探》，《人口与计划生育》2000年第2期。

口思想承前启后论》[①]中认为,毛泽东人口思想所论述的主要内容是:(1)人口的社会作用;(2)"人"与"物"的两种生产:(3)控制人口数量增长;(4)提高人口质量。胡鸿晓、李新安在《关于毛泽东人口思想的一点思考》[②]中认为,毛泽东人口思想的基本观点是:(1)人口问题、人口过剩是一种历史现象;(2)人口因素对社会的发展有重大的作用;(3)从人生产者和消费者的统一出发,认为人多也有利有弊;(4)人口再生产是可以控制的;(5)解决人口问题的根本途径是发展生产;(6)要提高人口质量。

其二,从对马克思主义人口理论贡献的角度来概括。易舒生在《论毛泽东的人口思想》[③]中认为,毛泽东人口思想主要包括三个方面的内容:一是在驳斥艾奇逊谬论中论证人口多不是社会革命发生的原因,强调中国人口问题产生的根源是帝国主义和封建主义的双重压迫,提出"革命加生产即能解决吃饭问题"的科学命题;二是用马克思主义的人口思想看待人在世界一切事物中作用,既坚持了马克思主义关于人是社会的主人、人是生产力的决定性因素的历史唯物主义观点,又坚持人口首先是生产者同时又是消费者的基本原理;三是在社会主义条件下发展马克思主义人口思想的主张,主要观点是:社会主义社会要有计划地发展人口、人口的发展应与经济的发展相适应、计划生育是我国的一项基本国策。

其三,从毛泽东人口思想体系的角度来概括。林盛中在《试论毛泽东人口思想》[④]中,认为从科学性的高度来看,毛泽东的人口思想是一个系统的人口思想体系,其内容包括三个方面,一是社会生产方式决定人口发展,二是人作为生产者是主导方面,三是社会生产是两种生产的统一,物质生产有计划,人口生产也要有计划。王玲在《毛泽东人口思想述评》[⑤]中认为,毛泽东人口思想的主要内容是:(1)发展了马克思主义关于人及其群体在一切事业中都有重要作用的理论;(2)深刻地论述了人口的多少与利弊的辩证关系;(3)科学地揭示了提高人口素质的重要性;(4)开创了我国人口与计划生育的伟大事业;(5)指出了解决人口问题的根本途径;(6)提出了许多控制人口的具体办法和措施。

以上对毛泽东人口思想的概括虽是从不同的视角进行的,在不尽相同的概

---

① 唐桂香:《毛泽东人口思想承前启后论》,《湘潭师范学院学报》1994 年第 1 期。

② 胡鸿晓、李新安:《关于毛泽东人口思想的一点思考》,《安康师专学报》1999 年第 1 期。

③ 易舒生:《论毛泽东的人口思想》,《益阳师专学报》1998 年第 2 期。

④ 林盛中:《试论毛泽东人口思想》,《黑河学刊》1994 年第 2 期。

⑤ 王玲:《毛泽东人口思想述评》,《湖南党史》2000 年第 5 期。

括中,也有一些内容为不同的学者所共同认可。这说明,尽管不同的学者是从各自的理论体系出发,但对毛泽东的人口思想有着比较一致的认识。笔者的看法是,从不同的视角来研究毛泽东人口思想的内容是应该值得肯定的,这对从多个侧面来揭示毛泽东人口思想的丰富性及其价值是有益的。不过,笔者倾向于从毛泽东思想的角度来研究毛泽东的人口思想,因为:第一,毛泽东不是人口学家,如单纯从人口学理论的角度来研究,就很难看到其对于人口思想的贡献;第二,从马克思主义人口理论的角度来概括毛泽东的人口思想内容,固然可以看出毛泽东人口思想的理论贡献,但对于毛泽东人口思想与毛泽东思想的关系的理解在逻辑上就有一定的困难;第三,毛泽东的人口思想归根到底是毛泽东思想的重要组成部分,而毛泽东思想又是中国化的马克思主义,这样理解毛泽东人口思想与毛泽东思想、与马克思主义的关系,并进而确定毛泽东人口思想的地位,在理论上和逻辑上应该说比较顺当。当然,主张从毛泽东思想的角度来研究毛泽东人口思想的内容,不是要排斥其他研究视角,相反也要尽力容纳从人口学理论、从马克思主义人口理论角度研究的成果,从而使毛泽东人口思想的基本内容得到多层面的揭示。

三、关于毛泽东人口思想形成原因的研究

毛泽东人口思想的来源成为学者们研究的一个感兴趣的问题。大体而言,大多数学者是从理论与实践相结合的角度来认识毛泽东人口思想的来源问题,既考虑到马克思主义人口思想的指导,又注意到中国革命和建设的实际,同时也考虑到中国传统文化的影响。不过,各位学者对毛泽东人口思想的来源在侧重点上还是有所差异的。代表性的观点有:

杨魁孚在《毛泽东人口思想初探》①中特别强调“客观现实和社会实践”对毛泽东人口思想形成的决定性意义,认为毛泽东人口思想主要来源于“中国人口状况的客观现实和社会实践”,毛泽东“在他的报告、谈话、论文和批示中,在论述经济和社会问题时,对人口与计划生育发表了不少具有重要意义的论述”。

① 杨魁孚:《毛泽东人口思想初探》,《人口与计划生育》2000 年第 2 期。

郭志仪在《毛泽东的人口思想与我国五六十年代的计划生育政策反思》①中认为，毛泽东人口思想在理论上来源于马克思主义，如在《唯心历史观的破产》中关于人口问题的主导思想就是“阐述社会生产方式的决定作用这一马克思主义的基本观点，批驳艾奇逊宣扬的人口决定论”；同时，“长期革命战争的实践，毫无疑问，对毛泽东正确认识革命胜利之后的中国人口问题是有一定影响的”。

易舒生认为，毛泽东人口思想具有多源性的特点，毛泽东人口思想“是新民主主义革命和社会主义建设的实践中，毛泽东和中国共产党人根据马克思主义人口思想的基本原理，结合中国人口的具体情况而逐步形成的，是马克思主义人口思想在中国的运用和发展。同时毛泽东人口思想又具有鲜明的中国特色，是对中国古代丰富的人口理论批判地继承和创造性的改造”②。

牛书成在《建国初期毛泽东人口思想的形成及其成因分析》③中认为，毛泽东人口思想的形成具有丰富的社会历史根源，具体来说有三个方面：首先，毛泽东对人口问题的认识受到近代主流人口思维的制约，其对人口的看法受到孙中山等的影响；其次，毛泽东人口思想来源于陈独秀、李大钊的人口观念，相信在社会主义的条件下通过发展生产能解决中国人多的问题；最后，毛泽东人口思想受到传统经济增长方式和传统生育文化的制约。

笔者的看法是，在研究毛泽东人口思想来源的问题上，要注意两个问题：一是要将“来源”与“影响”进行区分。毛泽东是近代中国历史中产生出来的历史人物，其思想（包括人口思想）自然受到多方面的影响，但作为“影响”（广义上的影响）并不一定都构成其思想（包括人口思想）的“来源”。因此，有必要将“影响”与“来源”作些界定，即对毛泽东的思想构成重大影响的方面称为“来源”，而将一般的影响毛泽东的思想的方面称为“影响”。如此来看，毛泽东受到传统生育文化的影响，也受到近代以来孙中山、李大钊、陈独秀等思想的影响，但并不能成为其人口思想的来源，因为这些历史人物的思想在毛泽东人口思想中并不占“主流地位”，而马克思主义的人口理论虽然也可以说是对毛泽东人口思想形成“影响”，但却在毛泽东人口思想中占“主导地位”，因而是毛泽东人口思想的理论来源。二是在研究“来源”时要从理论与实践两个层面来认识。毛泽东人口思想是一个理论体系，亦即是一个知识体系。既是知识体系自然有实践的来源，

① 郭志仪：《毛泽东的人口思想与我国五六十年代的计划生育政策反思》，《西北人口》2003年第4期。

② 易舒生：《论毛泽东的人口思想》，《益阳师专学报》1998年第2期。

③ 牛书成：《建国初期毛泽东人口思想的形成及其成因分析》，《中州学刊》2003年第5期。

而且是根本的来源,这是理论来源于实践的原理所决定的;既是知识体系又必然有理论的来源,体现知识体系的继承性特点。按照“理论来源”和“实践来源”两个方面来研究毛泽东人口思想的来源,则线索就非常鲜明了,而且也符合理论的逻辑和历史的实际。以此来看,毛泽东人口思想来源于中国革命和建设的实践,同时又有马克思主义人口理论的来源。对此,可以进行深入的研究。

四、关于毛泽东人口思想地位的研究

学术界对毛泽东人口思想给予充分的肯定和积极的评价,就目前学术界的研究现状而言,对毛泽东人口思想的地位大致是从以下三个方面来评价的:

一是对马克思主义人口理论的贡献。杨魁孚在《毛泽东人口思想初探》①中认为,“毛泽东站在经济、社会发展全局的高度论述了人口问题,其中关于‘人口非控制不可’、‘要有计划地生育’的论断是最精华的部分,这是在新的时代对马克思主义人口理论创造性地重大发展”。王玲在《毛泽东人口思想述评》中认为,毛泽东在《论持久战》中对人是决定性因素的论述,反映了毛泽东人口军事思想;而关于人民是创造历史的动力和发挥人的主观能动性的论述,是马克思主义唯物史观在人口问题上的运用和发展。易舒生在《论毛泽东的人口思想》②中认为,毛泽东提出用生产来解决人口问题的观点,是对马克思主义人口思想的发展;毛泽东把马克思主义关于“人首先是生产者”的观点运用到革命战争中,提出“兵民是胜利之本”的人民战争思想;毛泽东根据恩格斯关于剥削阶级是“多余人”的观点,制定了改造资产阶级的政策;毛泽东在社会主义建设时期提出的控制人口、有计划生育的思想,则大大丰富和发展了马克思主义的人口理论。

二是对中国革命和建设的指导意义。林盛中在《试论毛泽东人口思想》③中认为,毛泽东人口思想对我国社会发展起到了积极的推动作用,具体表现在六个方面:(1)推进了马克思主义人口理论研究的发展;(2)推进了人口控制机制的形成;(3)推进了农村剩余劳动力的就地转移;(4)推进了人口分布和产业布局的调整;(5)推进了妇女劳动力的解放;(6)提供了人口控制的经验教训。梁耀

① 杨魁孚:《毛泽东人口思想初探》,《人口与计划生育》2000 年第 2 期。
② 易舒生:《论毛泽东的人口思想》,《益阳师专学报》1998 年第 2 期。
③ 林盛中:《试论毛泽东人口思想》,《黑河学刊》1994 年第 2 期。

东、谢金森在《略论毛泽东的人口思想》①中,从毛泽东人口思想发展的历史进程中来评定其对中国革命和建设的贡献,主要是:一是"新民主主义革命时期,分析了旧中国的人口的阶级构成,为制定中国革命战略和策略提供了依据";二是"全国解放前夕,批判了'人口决定论'的唯心史观,对鼓舞中国人民的革命意志有着重大意义";三是"新中国成立以后,提出了实行计划生育的战略措施,使我国人口增长与经济发展相适应"。郭志仪在《毛泽东的人口思想与我国五六十年代的计划生育政策反思》②中认为,毛泽东在20世纪50年代提倡节育、主张有计划生育及其制定的政策,为我国20世纪70年代大规模卓有成效的计划生育工作准备了条件、打下了基础。

三是在毛泽东思想中占有重要地位。梁耀东、谢金森在《略论毛泽东的人口思想》③中指出,毛泽东的人口思想主要体现在《中国社会各阶级的分析》、《中国革命和中国共产党》、《唯心历史观的破产》、《关于正确处理人民内部矛盾》、《做革命的促进派》等著作中,"毛泽东人口思想是整个毛泽东思想的重要组成部分之一"。杨魁孚在《毛泽东人口思想初探》④中也认为,"毛泽东思想是个博大精深、永放光芒的科学体系。毛泽东人口思想乃是这个科学体系不可分割的组成部分"。

以上,学术界对毛泽东人口思想地位的评定是正确的,揭示了毛泽东人口思想的理论意义和实践意义,充分肯定了毛泽东人口思想的历史地位及在认识史上的价值,为今后进一步研究毛泽东人口思想的价值提供了学术积累。今后对毛泽东人口思想地位的研究还可以在以下三个方面努力:一是加大比较研究的力度。毛泽东人口思想的地位实际上是在比较中确定的,这方面学术界已有论文来比较毛泽东人口思想与周恩来人口思想、比较毛泽东人口思想与邓小平人口思想,但力度还不大。只有在比较中才能进一步看出毛泽东人口思想的地位,这应该说是今后努力的一个方向。确认毛泽东人口思想对马克思主义人口理论的贡献也有一个比较问题,即毛泽东在哪些具体的方面继承了马克思的观点,又在那些观点方面有所突破,毛泽东在继承和超越的过程中显现了哪些特征,这对中国的社会、思想和学术又有哪些影响。二是联系近代中国的社会、思想和学

① 梁耀东、谢金森:《略论毛泽东的人口思想》,《福建师大福清分校学报》1994年第2期。

② 郭志仪:《毛泽东的人口思想与我国五六十年代的计划生育政策反思》,《西北人口》2003年第4期。

③ 梁耀东、谢金森:《略论毛泽东的人口思想》,《福建师大福清分校学报》1994年第2期。

④ 杨魁孚:《毛泽东人口思想初探》,《人口与计划生育》2000年第2期。

术。学术界注意研究毛泽东人口思想对中国革命和建设的贡献,将毛泽东人口思想的地位与近代以来中国的历史进程联系起来,这是很有见地的。但对毛泽东人口思想的这种定位,与中国当时的历史实际的结合还不够,具体说就是对当时人口研究的实际掌握不够,亦即对当时思想学术界对人口问题关注的情形未能引起足够的重视,这就很难显现毛泽东人口思想在当时的影响与地位。很重要的一点,毛泽东的人口思想是对近代中国社会研究的结果,是其社会思想的组成部分。毛泽东很重视社会调查,并在调查中认识中国的人口现状,可惜学术界未能对此有所涉及。这说明从中国当时的社会、思想、学术的大背景出发,对认识毛泽东人口思想的地位是极为必要的,应引起学者们高度重视。三是在具体的分析上还可以再细化一些。在对毛泽东人口思想的定位上存在大而化之的问题,比较重视总体把握,但细致的分析和充分的论证则显得不够。譬如说,确认毛泽东人口思想是毛泽东思想的组成部分,但毛泽东人口思想的形成与毛泽东思想的形成有什么关系,是同步的关系,还是先后的关系,抑或是基础的关系,则没有细致的研究和解析;与此相联系,说毛泽东人口思想在毛泽东思想中占有重要地位,究竟是什么样的地位,并有其什么样的表现,也是知之甚少。就笔者的认知,毛泽东人口思想至少可以说是贯穿于毛泽东思想形成和发展的始终,是毛泽东思想由新民主主义论到社会主义论转变的桥梁或中介之一,又是毛泽东思想得以形成和展开的重要基点之一。其他如关于毛泽东人口思想在马克思主义人口理论上的地位、对中国革命和建设的贡献等,也有一个不断细化的问题。

五、关于毛泽东人口思想研究中几个具体问题的讨论

毛泽东人口思想是一个观点鲜明、内容丰富的体系,学术界在研究中除了在总体上研究和评价外,对其中的一些具体问题也有不同的看法。这些具体问题的看法,虽然不是在整体上对毛泽东人口思想进行评价,但对毛泽东人口思想的深入研究还是很有意义的。在毛泽东人口思想的研究中,主要有以下一些具体问题引起了讨论:

1. 毛泽东人口思想与中共某一时期人口政策的关系。毛泽东作为党的主要领导人,自然与党的各项政策(包括人口政策)有着或多或少的联系。胡鸿晓、李新安认为,要把毛泽东的人口思想与党在某一阶段的人口政策区别开来,20世纪六七十年代人口政策的失误有多方面的原因,毛泽东的人口思想固然有影

响,但“充其量不过是许多原因中一个而已”,不能由毛泽东一人来承担这个历史责任①。林盛中认为,毛泽东的人口思想对我国人口机制的形成有着积极的影响,“毛泽东同志提出‘人口非控制不可’的观点以后,全党开始重视计划生育工作,逐步形成了一套比较系统的计划生育方针、政策、措施”②。

2. 毛泽东人口思想与我国人口现状的关系。很长一段时间,社会上将我国目前人口问题的严重性与毛泽东的人口思想联系起来,认为毛泽东对此要负主要责任。近年来的学术研究提出了新的看法。唐桂香认为,要正确认识我国人口现状与毛泽东人口思想的关系,“我国人口控制问题长期解决不好,根本原因决不在于毛泽东人口思想有什么不良影响,而是在社会主义制度下的封建意识起着很大的决定作用,诸如女不如男的思想,人多势大的思想,传宗接代以男子为象征的思想等等”③。胡鸿晓、李新安认为,我国人口的增长有历史的原因,而且“人口增长有其自身的规律性和巨大的惯性,不是完全以人的主观努力为转移的”,即使人口政策正确也很难确保人口状况的合理;毛泽东逝世后的二十年,国家的人口措施、各项政策很严,但人口增长仍然突破各项既定指标,因而不能将人口现状归罪于毛泽东一人④。当然,也有学者不同意以上的看法。梁耀东等认为,毛泽东在 1958 年以后的一段时间违背了他在 1957 年的正确看法,提出要破除“人多了不得了,地少了不得了”的迷信,“毛泽东的这种错误,使中国本来已经开始提倡计划生育的工作中断和推迟了,造成我国人口在一个时期中继续盲目增长”⑤。

3. 毛泽东人口思想与批判马寅初关系。毛泽东人口思想与批判马寅初的关系,是学术界过去一直有争议的问题。近年来学术界普遍认为,毛泽东并没有支持批判马寅初。杨魁孚指出,将错误地批判马寅初说成毛泽东一大过错,这是不符合历史本来面目的,“马寅初先生当年遭到批判,其历史背景非常复杂,不能简单地把这件事归结为毛泽东个人的错误,毛泽东没有发动人们批判马寅初的人口论,也没有发表批判马寅初人口论的文章。当然,作为党的领袖,没有制止康生等人对马寅初人口论的批判,这是有责任的”⑥。郭志仪认为,马寅初在

① 胡鸿晓、李新安:《关于毛泽东人口思想的一点思考》,《安康师专学报》1999 年第 1 期。

② 林盛中:《试论毛泽东人口思想》,《黑河学刊》1994 年第 2 期。

③ 唐桂香:《毛泽东人口思想承前启后论》,《湘潭师范学院学报》1994 年第 1 期。

④ 胡鸿晓、李新安:《关于毛泽东人口思想的一点思考》,《安康师专学报》1999 年第 1 期。

⑤ 梁耀东、谢金森:《略论毛泽东的人口思想》,《福建师大福清分校学报》1994 年第 2 期。

⑥ 杨魁孚:《毛泽东人口思想初探》,《人口与计划生育》2000 年第 2 期。

1957 年 3 月 1 日的最高国务会议第十一次(扩大)会议上,就"人口控制"问题发表了自己的意见,而毛泽东在会议上公开表示"马老讲得好",并认为人口问题"值得研究";此后"反右运动"中有人主张批判马寅初,周恩来明确指出不能将马寅初划为"右派",是康生直接插手部署"批马运动"的①。王玲认为,所谓"错批一人,误增三亿"的观点值得商榷,新中国成立后的第一次人口高峰在 1952—1957 年,在批判马寅初之前;第二次人口高峰在 1962—1967 年,此时中央已经明确表示支持节育,与"批马"浪潮无关;对人口增长直接施加影响的是人口政策,而不是人口理论,当时的人口政策并没有因"批马"而改变,更没有鼓励人口增长的政策;人口增长有惯性,将 22 年人口增长 3 亿定性为"误增"是不科学的②。

4. 关于《唯心历史观的破产》中人口思想的评价。过去学术界普遍认为毛泽东在《唯心历史观的破产》中宣传的是"人越多越好"的主张,近年来学者们提出对此要重新研究。王玲指出,毛泽东在《唯心历史观的破产》中是"在当时特定的环境下,从人口在经济、社会发展中的地位和作用,从劳动力资源优势等角度出发,肯定'中国人口众多是一件极大的好事'",因而不能断章取义而误解为毛泽东主张"人越多越好"③。郭志仪指出,要正确理解毛泽东的《唯心历史观的破产》,首先,毛泽东在这篇文章中关于人口问题的主导思想是阐述社会生产方式的决定作用这一马克思主义的基本观点,批驳艾奇逊宣扬的人口决定论;其次,毛泽东在这篇文章中阐述的人口观点是当时政治斗争的需要,是从政治斗争(而不是从学术)的角度反驳艾奇逊的观点;第三,长期的人民战争和当时的解放区的实际情况也没有显示人口过多的压力④。

从以上对近十年毛泽东人口思想的研究来看,取得的成绩是巨大的。今后似乎还可以从以下方面进一步努力:一是加强对毛泽东著作的研读。从已有的研究成果来看,对毛泽东著作的研读还是初步的,基本上是《毛泽东选集》四卷及第五卷的资料,《毛泽东早期文稿》、《毛泽东文集》(1—8 卷)、《建国以来毛泽东文稿》(多卷本)等重要文献鲜有涉及,这是一个严重缺陷,应引起研究者重

① 郭志仪:《毛泽东的人口思想与我国五六十年代的计划生育政策反思》,《西北人口》2003 年第 4 期。

② 王玲:《毛泽东人口思想述评》,《湖南党史》2000 年第 5 期。

③ 王玲:《毛泽东人口思想述评》,《湖南党史》2000 年第 5 期。

④ 郭志仪:《毛泽东的人口思想与我国五六十年代的计划生育政策反思》,《西北人口》2003 年第 4 期。

视。二是加强毛泽东人口思想的比较研究。只有在比较中才能发现毛泽东人口思想的独特性与价值,而近年来只有极少数文章通过比较来研究毛泽东的人口思想,如张原震的《邓小平人口思想是毛泽东人口思想的继承与发展》①、王秋香的《毛泽东周恩来人口思想比较研究》②等,这说明在比较中深化毛泽东人口思想研究的思路还未引起重视,这应该说是今后努力的一个方向。三是深入研究毛泽东人口思想与我国人口政策之间的关系。固然要将毛泽东人口思想与人口政策区别开来,但毛泽东人口思想与党和政府的人口政策的联系还是不可忽视的,关键的不是研究是否承认存在这种联系,而是研究这种联系的表现和特征,如此才能看出毛泽东人口思想的社会影响,这应该说是今后研究的一个课题。四是进一步研究毛泽东人口思想与近现代中国社会的关系。既有的研究总体上还是从毛泽东到毛泽东,与中国近代社会的关系虽有所涉及,但还不够重视;从近代中国社会看毛泽东(包括毛泽东的人口思想),可能更能加深对毛泽东的理解和认知,也才能看出毛泽东人口思想的历史合理性和不足的方面。五是深入总结毛泽东人口思想的得失。目前的研究还带有很大的感情成分,对毛泽东人口思想的不足之处很少指出,甚至还有极力辩护的倾向,这实际上不利于总结历史的经验和教训,所以今后的研究要增加理性的成分,采取历史主义的态度,注重毛泽东人口思想得失的研究。可以相信,经过学术界同仁的共同努力,不久的将来,毛泽东人口思想的研究会成为一个比较成熟的领域,为毛泽东思想的研究作出较大的贡献。

(原载《党史研究与教学》2006 年第 2 期,人大复印资料
《人口与计划生育》2006 年第 10 期全文转载)

【昔文琐记】这篇《近十年来毛泽东人口思想研究综述》,写作于 2004 年春夏之交。

这篇综述毛泽东人口思想研究的文章写成后,先是投了几家刊物,没有消息,于是就搁置下来。到 2005 年下半年,鼓足勇气投《党史研究与教学》,结果发表出来了。文章发表后,即被人大复印资料《人口学与计划生育》2006 年第 6 期全文转载。

我自认为自己比较善于写综述之类的东西。我发表的较好的“综述”类文

① 载《西北人口》1997 年第 4 期。
② 载《湖南社会科学》2003 年第 1 期。

章有:《近十年李大钊研究的进展及相关问题的讨论》(载《近代史研究》2006年第4期)、《高一涵研究的现状及今后的努力方向》(《安徽史学》2007年第6期)、《近十年〈新民主主义论〉研究综述》(载《党的文献》2009年第2期)等。我以为,要使自己的文章写得好一点,找到好的选题,不炒冷饭,观点有新意,就必须学会写"综述",善于总结已有的学术成果,并在前人基础上能有所前进。

大致从2006年开始,我也就开始注意总结自己写综述的一些体会。2006年10月19日曾以《撰写思想史综述文章刍议》为题,给徐州师范大学2005级中国近现代史专业研究生讲授过。我2006年10月19日的日记,记载了这次讲授的大纲:

一、综述类别与意义

1. 类别

以时间分,大致有近几年综述,年度综述,年会综述、学术讨论会综述等。

以内容分,大致有个案综述(某某人思想研究综述等),思潮综述(如戊戌思潮、五四思潮、自由主义思潮等),问题综述等。

2. 综述之意义

(1)提供学术动态。(2)固化已有成果。(3)增加个人的信息积累。(4)提高个人的学术研究能力。

二、前提准备(了解学术史)

1. 了解过去成果的概况(主要是"过去之过去"成果概况)

2. 掌握本期研究成果。

3. 掌握本问题所据的原始资料。

4. 借鉴其他综述的成果。

5. 理论准备与选题。

三、搜集材料与构思(搜集重点论文与主要学术专著)

1. 现有成果的主要内容:抽象出几个方面,以类分,而非具体文章观点的罗列。

2. 现有成果的研究方法与研究理论:大致的研究方法有几种,是否有新的视角。

3. 现有成果的资料范围:是否有扩大,是否有新的资料的出现;直接材料与间接资料的运用状况。

4. 现有成果的发展趋向:要概括出一、二、三。

5. 现有成果出现的阶段性及特点：几个阶段，为何有这几个阶段？标志性成果；特点何在，说明什么？

6. 学术展望：针对现有成果，今后应解决那些问题。A.资料。B.方法。C.研究理论。D.具体问题。E.学术交流（国内与国外，不同领域与不同学科等）。

四、撰写初稿与修改

对自己写的综述，要“善挑毛病，仇人相对”。

“综述”的一般要求，体现“三要与三不要”。

“三要”：要深（学术深度，理论深度）；要精（论述精到）；要厚（底蕴厚）。

“三不要”：不要面面俱到；不要写不起眼的研究对象；不要大话空话。

我关于撰写综述的这些想法，在徐州师范大学历史文化与旅游学院以后的几届中国近现代史研究生、马克思主义发展史研究生以及法政学院的中共党史专业研究生中都讲过。当时，我还提供了自认为自己写得比较好的几篇综述，让他们阅读并讨论，要求他们模仿。我向来认为，写文章都有一个模仿阶段，吸取各家之长，然后才能创新。指导研究生撰写“综述”，是研究生培养的重要环节。对于研究生来说，不能撰写“综述”，也就很难把握学术界的动态，更难以发现所要研究的问题，要写出比较好的硕士论文、博士论文也是不可能的。此可见，学会写“综述”对于培养研究生的极端重要性。我的研究生李娜、张伟、周艳娜、宿士颖、王飞、白璇洁等在读研时都发表过学术综述的文章。

2021年1月31日

近十年来《新民主主义论》研究综述

《新民主主义论》是毛泽东全面地系统地论述新民主主义理论的代表性著作，同时也是毛泽东思想集大成的著作，体现了中国共产党人将马克思主义理论与中国新民主主义革命实践相结合的思路，成为民主革命时期中国共产党人创造的中国化马克思主义的代表性文本，因而备受学术界的关注。近十年来，学术界将《新民主主义论》这一文本作为重要的研究对象，从思想内容、社会意义与影响、版本演变等方面展开研究，取得了可喜的成绩。为了推进马克思主义中国化的研究，也为了使毛泽东思想的研究更加深入，有必要在既有研究成果的基础上，全面地诠释和解读《新民主主义论》这一文本。有鉴于此，本文试就近十年来学术界关于《新民主主义论》的研究状况进行综述。

一、关于《新民主主义论》思想内容的研究

《新民主主义论》作为中国共产党重要的思想文献，包含着极为丰富的思想内容，是毛泽东运用马克思主义研究新民主主义实践的创造性理论成果，体现了中国化马克思主义的鲜明特征。学术界对《新民主主义论》的思想研究，主要是揭示其中所蕴含的新民主主义的基本思想内容，以挖掘《新民主主义论》文本中的思想智慧。

1. 关于《新民主主义论》思想内容的演变过程。学术界对《新民主主义论》这一文本内容的解读，注意将其放在中国共产党思想演变进程中来考察，从而使文本内容的历史地位得以凸显。王也杨在《历史地看待毛泽东的新民主主义论及其变化》①中认为，应当历史地看待毛泽东的《新民主主义论》的基本内容，指

---

① 王也扬：《历史地看待毛泽东的新民主主义论及其变化》，《中共党史研究》2003 年第 3 期。

出:“毛泽东关于新民主主义的思想,以他的三篇重要著作——《论新阶段》、《新民主主义论》、《论联合政府》为代表,并划出了三个发展阶段。”在他看来,毛泽东在《论新阶段》中,新民主主义的基本框架和内涵已经形成;而在《新民主主义论》中,以毛泽东为代表中国共产党人举起了“新民主主义旗帜”,比较全面地阐发了中国共产党人关于新民主主义的认识,从而为中共引导革命胜利打下坚实的理论基础。

2. 关于《新民主主义论》与社会主义初级阶段理论的关系比较研究。学术界有不少学者认识到,要揭示《新民主主义论》的基本内容,固然离不开对《新民主主义论》本身进行文本解读,但也要注意将其与社会主义初级阶段理论进行比较,在比较中发现《新民主主义论》的内涵所在。郑历兰在《社会主义初级阶段论与新民主主义论比较研究》①中,通过对两大理论相同点和不同之处的对比,认为社会主义初级阶段理论对新民主主义理论不是简单的套搬重复,而是“否定之否定”,是对新民主主义基本内容的继承和发展,但仍然可以从社会主义初级阶段理论中看到《新民主主义论》的思想内容及其价值。江丹林在《论〈新民主主义论〉与初级阶段社会主义》②中,从历史联系中来进行思想的比较,在分析《新民主主义论》中关于新民主主义的性质、革命纲领以及前途问题的基础上,认为《新民主主义论》的中心内容在说明一个真理,即从根本上讲中国在取得新民主主义革命胜利后,不能直接进入社会主义社会,而必须经历一个相当长的新民主主义社会阶段,从而深化了列宁关于东方落后国家在取得革命胜利后不能直接进入社会主义社会而必须走曲折迂回道路的观点。

3. 关于《新民主主义论》中的“革命论”与“社会论”内容。自从《新民主主义论》这部著作问世后,学术界就形成了“新民主主义革命论”的基本认知。十一届三中全会以后,国内有的中共党史专家提出《新民主主义论》还包括“新民主主义社会论”的内容,这是一个大胆的创新。近年来,学术界关于《新民主主义论》内容的研究,已经突破了“革命史”的框架,重点阐发《新民主主义论》所反映的“新民主主义社会”的思想内容。张勇在其博士学位论文《新民主主义社会论与中国社会现代化》③中,指出在毛泽东新民主主义理论体系中,不仅有新民主主义“革命论”内容,而且还有新民主主义“社会论”内容,并且这种“社会论”

---

① 郑历兰:《社会主义初级阶段论与新民主主义论比较研究》,《中国科技信息》2005年第16期。

② 江丹林:《论〈新民主主义论〉与初级阶段社会主义》,《学术界》1998年第2期。

③ 张勇:《新民主主义社会论与中国社会现代化》,北京师范大学博士学位论文,2001年。

是关于中国社会现代化理想蓝图的全面展示。陈根在《论毛泽东新民主主义论对马克思主义的发展》①中认为,《新民主主义论》中出现了过去马列著作中未提及的"新民主主义社会"的概念,并且全面系统地阐明了新民主主义社会的政治、经济、文化纲领,初步形成了新民主主义社会的理论体系即新民主主义社会论;另外,毛泽中在《新民主主义论》中第一次从国体和政体两个方面阐述了未来国家形态,奠定了新民主主义国家理论的基础。

4. 关于《新民主主义论》著作所存在的局限性。近十年来,学术界研究《新民主主义论》这一重要著作,有一个可喜的变化,即能够比较理智地对待《新民主主义论》,在看到其巨大的理论创造的同时,也看到其存在的不足之处,并注意分析这种不足之处的历史原因。项晨光在《共产国际对〈新民主主义论〉中几个观点形成的影响》②中认为,《新民主主义论》中存在一些认识上的偏差,体现了认识的局限性,表现在:(1)现在时代处在革命和战争的新时代;(2)资本主义道路在殖民地和半殖民地社会走不通,社会主义社会将是唯一选择;(3)一切帝国主义国家都是中国人民的敌人;(4)蒋介石反共是为投降帝国主义作准备。作者认为,《新民主主义论》中的理论偏差,主要来源于共产国际理论上的偏差和决策上的失误。还有学者认为,《新民主主义论》没有看到生产力水平落后的中国,在新民主主义社会之后不可能直接进入社会主义;《新民主主义论》的这一局限性,又为初级阶段社会主义理论的创立埋下了伏笔③。

从近年来关于《新民主主义论》思想内容研究所取得的重要成果来看,学术界注意挖掘《新民主主义论》本身的思想内容及其变化,注意到其本身的独创性及不可避免的局限性。今后,关于《新民主主义论》思想内容的研究,似乎可以从以下几个方面进一步深化:一是将《新民主主义论》与中国社会现代化联系起来挖掘其思想内容。近代中国社会是一个不断现代化的社会,存在着由传统农业社会向现代化工业社会演变的历史过程。学术界关于《新民主主义论》思想内容的研究,主要是依据"革命史"的视角,如果能换一个思路,即从"社会现代化"的角度去研究《新民主主义论》,看到社会现代化的现实需求及其演变趋势,则将会发现《新民主主义论》的基本思想具有更为深刻、更为丰富的内容。二是

---

① 陈根:《论毛泽东新民主主义论对马克思主义的发展》,《重庆交通学院报》社科版 2004 年的 2 期。

② 项晨光:《共产国际对〈新民主主义论〉中几个观点形成的影响》,《党史研究与教学》2006 年第 2 期。

③ 江丹林:《论〈新民主主义论〉与初级阶段社会主义》,《学术界》1998 年第 2 期。

多从比较的角度来挖掘《新民主主义论》的思想内容。学术界已经注意到《新民主主义论》的基本思想与社会主义初级阶段理论的联系与区别,但还要进一步扩大比较研究的范围。譬如,可以将毛泽东的《新民主主义论》与同时期蒋介石的《中国之命运》一书作比较,更能发现毛泽东《新民主主义论》的基本内容及其特色以及对社会进步所起的指导作用。三是要从中国共产党人的思想体系中进一步揭示《新民主主义论》的基本内容。学术界已经注意到将《新民主主义论》与毛泽东的《论新阶段》、《论联合政府》等著作联系起来,但似乎还不够充分。我们还应该看到,毛泽东的《新民主主义论》与同一时期《〈共产党人〉发刊词》、《中国革命和中国共产党》等一起构成了新民主主义理论体系,如果将《新民主主义论》放在中国共产党人的新民主主义理论体系之中,并与同时期周恩来、刘少奇等关于新民主主义理论的论述联系起来,则对《新民主主义论》的内容将会有新的发现。四是要对《新民主主义论》的内容进行探源性研究。学术界都承认《新民主主义论》本源于马克思主义基本理论和中国社会的实际,但很少见有深入的探源性工作。譬如,《新民主主义论》关于文化建设的论述,这在中国共产党理论中是一个新的创造,除了本源于唯物史观关于文化作为上层建筑的理论,有没有中国传统文化的影响?有没有大批文化人士到延安以后,需要正确的文化方针问题?是否是当时延安区域社会文化建设的现实需求?是否有抗战以来急需的传承民族文化、彰显民族精神、提升民族文化心理、团结文化人士抗战需要的影响?有没有要应对20世纪30年代"本位文化论战"及"全盘西化思潮"的新情况?总的来看,《新民主主义论》文本内容的研究,还有很大的空间。

二、关于《新民主主义论》社会意义与影响的研究

《新民主主义论》作为中国共产党人构建新民主主义理论的核心著作,作为中国化马克思主义代表性理论成果,自然应该探讨其社会意义及其影响。近年来,学术界对其意义与影响的研究有了新的突破。这主要表现在以下三个方面:

一是从对马克思主义发展的角度考察《新民主主义论》的理论价值。《新民主主义论》是毛泽东以马克思主义为指导的理论创造,本源于马克思主义的基本理论,但又不拘泥于马克思主义的现成结论,而是结合中国的具体实际和中国共产党人的革命经验,因而同时又是对马克思主义理论的重大发展。王向清、彭

臻在《〈新民主主义论〉对马克思主义中国化的贡献》①中，从三个方面探讨了《新民主主义论》的理论贡献：(1)概括了“能动的革命的反映论”范畴，即是马克思主义的认识论范畴，并且打上了中国哲学的烙印；(2)构建了中国化的马克思主义政治哲学；(3)提出了中国化的马克思主义文化学说。陈根在《论毛泽东新民主主义论对马克思主义的发展》②中认为，新民主主义革命论是对马克思主义暴力革命理论的发展，新民主主义社会论是对马克思主义过渡时期理论的发展，而新民主主义国家论则是对马克思主义国家理论形态的发展。凌海金在《马克思主义中国化的一座丰碑——论〈新民主主义论〉对科学社会主义理论的伟大贡献》③中认为，《新民主主义论》是马克思主义的科学社会主义理论中国化的扛鼎之作，从新民主主义革命的对象和任务、性质、前途、转变等四个方面发展了马克思主义，因而是马克思主义中国化的一座丰碑。

二是从文化建设的视角来研究《新民主主义论》在文化方面的突出贡献与意义。中国共产党始终代表先进文化的前进方向，这是“三个代表”重要理论的基本内容之一。由此，近年来学术界从“先进文化”的视角，重新研究《新民主主义论》在发展先进文化中的意义与影响。王新华在《〈新民主主义论〉与中国共产党在民主革命时期的文化自觉》④中认为，《新民主主义论》中对文化在社会变革中重要性的认识及对文化概念的科学界定，是中国共产党人的民族文化自觉意识的重要起点；《新民主主义论》对中国文化发展有清醒的认识，不仅总结和梳理了中国文化的历史特点和演化趋势，而且明确了中国文化走向现代化的历史必然，坚持了文化选择的价值理性与工具理性的统一；《新民主主义论》倡导建立“民族的科学的大众的文化”，表明中国共产党人文化观的成熟，是中国共产党已经实现了彻底的文化自觉的显著标志。蒙长江在《浅析〈新民主主义论〉中的文化创新思想》⑤中，从文化创新的四个方面研究了《新民主主义论》中所体现的文化创新思想，认为毛泽东在《新民主主义论》中关于新民主主义

① 王向清、彭臻：《〈新民主主义论〉对马克思主义中国化的贡献》，《毛泽东思想研究》2007年第5期。

② 陈根：《论毛泽东新民主主义论对马克思主义的发展》，《重庆交通学院报》社科版2004年的2期。

③ 凌海金：《马克思主义中国化的一座丰碑——论〈新民主主义论〉对科学社会主义理论的伟大贡献》，《理论导刊》2004年第3期。

④ 王新华：《〈新民主主义论〉与中国共产党在民主革命时期的文化自觉》，《河北师范大学学报》2005年第1期。

⑤ 蒙长江：《浅析〈新民主主义论〉中的文化创新思想》，《毛泽东思想研究》2003年第1期。

文化的论述,形成了中国共产党最早的文化创新思想,对中国共产党领导文化建设事业产生了积极的推动作用。史家亮在《〈新民主主义论〉与中国先进文化的前进方向》①中认为,《新民主主义论》所阐述的文化和经济、政治的辩证关系的思想,是中国先进文化所必须遵循的基本指导思想,其所阐述的文化的内涵和原则构成了中国先进文化发展方向的重要内容,因而《新民主主义论》所指出的新民主主义文化发展的措施,为中国先进文化的前进提供了有益的借鉴。

三是从《新民主主义论》在社会上的具体影响层面来说明其社会价值。长期以来,学术界对毛泽东《新民主主义论》的社会意义一直很是重视,但大多是从毛泽东思想成熟的角度来揭示《新民主主义论》的社会影响。近年来关于《新民主主义论》社会意义的研究出现可喜的变化,开始注重从社会影响的具体层面来细致地进行研究。这里值得一提是,李晓宇的《民国知识阶层视野中的〈新民主主义论〉》②,具体地考察了《新民主主义论》在知识阶层中的反响,认为《新民主主义论》在传播的过程中对当时的知识界产生了深远的影响,一方面《新民主主义论》成为国统区左翼文化人士和进步师生为新中国的诞生而不懈努力奋斗的精神指南针,另一方面又成为对旧式知识分子进行思想改造的利刃,成为传播中国化马克思主义的范本,并发挥了积极的教育意义。

以上关于《新民主主义论》意义与影响的研究确实取得了很大的成绩,这为今后进一步研究奠定了基础。但从深化研究的角度来看,今后似乎还应该在以下几个方面加以努力:一是要进一步从马克思主义中国化的角度来揭示《新民主主义论》的理论贡献。《新民主主义论》是以马克思主义为指导的,从根本上说是马克思主义中国化的重要文献;其对新民主主义理论体系的构建有独到之处,具有中国革命的新鲜经验,因而更需要从"中国化"的角度来分析其意义与价值。譬如,《新民主主义论》不是沿袭马克思主义的五种社会形态理论,而是依据中国半殖民地半封建社会实际情形的独特的理论创造。《新民主主义论》关于经济问题的分析是以唯物史观为指导的,而不是按照《资本论》体系去理解的。中国化的马克思主义经历了毛泽东思想、邓小平理论、"三个代表"的重要思想这样几个历史发展阶段,从这个历史过程中来看《新民主主义论》的意义和

① 史家亮:《〈新民主主义论〉与中国先进文化的前进方向》,《重庆社会科学》2003年第2期。
② 李晓宇:《民国知识阶层视野中的〈新民主主义论〉》,《毛泽东思想研究》2007年第4期。

影响,将能有新的突破。二是要从新的视角来揭示《新民主主义论》的意义和价值。学术界已经从"先进文化"的角度来研究《新民主主义论》的意义和价值,其结论令人耳目一新。如果站在现实的高度,吸取学术界、理论界的研究成果,从"科学发展观"、"中共始终代表先进文化的前进方向"的视角来看待《新民主主义论》,则将会对《新民主主义论》的意义价值产生新的认识。三是深化《新民主主义论》社会影响具体层面的实证性研究。譬如,可以从《新民主主义论》当时对工农大众的思想观念的影响作一些实证性的研究,以反映《新民主主义论》在下层民间社会的影响度。又譬如,可以将《新民主主义论》与同时期中共其他领导人周恩来、刘少奇、张闻天等关于新民主主义社会的探讨进行对比,来发现《新民主主义论》在中共高层领导层中的影响。

三、关于《新民主主义论》版本变化的研究

《新民主主义论》先后有三种版本出现,而且每一版本的内容都有不同的改动。《新民主主义论》的各个版本内容的变动,给人们理解新民主主义的思想带来很大的影响。近年来,学术界对《新民主主义论》的版本进行了比较深入的研究,取得重要的进展。

一是关于版本修改与毛泽东思想发展关系的研究。学术界形成一个总的看法,即毛泽东在不同时期对《新民主主义论》的修改,标志着毛泽东思想在不断地发展。方敏在《毛泽东对〈新民主主义论〉的修改》①中,通过对《新民主主义论》三次改动的分析,对毛泽东的思想发展变化所起的作用做了比较系统的梳理和总结,认为第一次修改是理论定位的明确,题目改为《新民主主义论》则反映出毛泽东是要明确地将文章的指导思想定位在新民主主义理论的整体阐发上;第二次修改是理论内容的成熟期,标志着《新民主主义论》一文的定型和成熟,也标志着在抗日战争中期以毛泽东为代表的中国共产党人对新民主主义理论的阐发更趋于成熟;第三次修改使理论内容有所变化,使《新民主主义论》的理论建设意义和现实指导意义有了发展和升华。

二是关于版本修改与内容变化的研究。学术界注意到,《新民主主义论》的三次修改,都是在一些关键的问题上做出新的补充。项晨光在《毛泽东对殖民

---

① 方敏:《毛泽东对〈新民主主义论〉的修改》,《中共党史研究》2006 年第 6 期。

地和半殖民地道路认识的深化——1958年毛泽东对〈新民主主义论〉的补充》①中认为,毛泽东最初的观点是在列宁和斯大林的世界革命理论和第二次世界大战爆发前后的"帝国主义战争论"的影响下提出的,而毛泽东随后所进行的补充和修改,则集中体现了他"从实际出发,实事求是的精神品格"。杨建党在《〈新民主主义论〉并未初步形成理论形态的人民代表大会制度》②中,纠正了学术界长期以来认为《新民主主义论》已经形成人民代表大会制度的结论;该文通过各个版本的《新民主主义论》的对比和分析,认为《新民主主义论》中没有提出"人民代表大会"的概念,因而《新民主主义论》并未能初步形成理论形态的人民代表大会制度。

关于毛泽东对《新民主主义论》的版本研究,这是一个有比较重大意义的学术课题。学术界关于《新民主主义论》版本变化的研究已经有了较为丰富的学术成果,但还可以进一步深入研究。今后,对《新民主主义论》进行版本研究,可考虑开展以下几个方面工作:一是要研究毛泽东写作和修改《新民主主义论》的社会背景。譬如,《新民主主义论》最初发表时正是国民党开展反共高潮的时期,毛泽东对民族资产阶级和大资产阶级的认识显然与当时的政治形势有关,毛泽东后来对《新民主主义论》的修改也与当时形势的变化相联系。如果我们能够弄清毛泽东修改《新民主主义论》的社会背景,那么对于分析毛泽东修改《新民主主义论》的动机以及中共对当时形势认识的变化,是很有意义的。二是从毛泽东个人思想变化的总体轨迹来看待毛泽东对《新民主主义论》的修改。譬如,毛泽东在中共七大的口头政治报告中,曾说:"《新民主主义论》那本小册子,没有说具体的政策,只提到一般纲领。"③又譬如,1948年9月,毛泽东在中共中央政治局会议上的报告中曾说道:"写《新民主主义论》时,民族资本与官僚资本的区别在我们脑子里尚不明晰。"④这说明,如果能从毛泽东思想演变的过程,从中共思想变化的轨迹来看待《新民主主义论》的修改,更能反映当时的具体情形。

综上所述,近十年来学术界对《新民主主义论》的研究已经取得了丰硕的成

---

① 项晨光:《毛泽东对殖民地和半殖民地道路认识的深化——1958年毛泽东对〈新民主主义论〉的补充》,《华中科技大学学报》(社科版)2007年第5期。

② 杨建党:《〈新民主主义论〉并未初步形成理论形态的人民代表大会制度》,《人大制度研究》2007年第9期。

③ 《毛泽东文集》第三卷,人民出版社1996年版,第320页。

④ 《毛泽东文集》第五卷,人民出版社1996年版,第140页。

果。今后,还需要在宏观的方面进一步努力:在文献应用上,我们除了以《新民主主义论》为基础而联系到《毛泽东选集》外,还应该注意《毛泽东文集》相关资料的价值,现有成果对此并未有足够的重视;在研究方法上,应该高度重视文本研究所体现的诠释学的方法、语言学的语义分析法、历史研究和理论研究所运用的比较研究方法、社会学研究所重视的数据统计方法等,充分发挥多种学科方法的综合作用。在研究观念上,应该与时俱进,更多地吸收新的研究观念。我们相信,经过学术界的共同努力,在不久的将来,《新民主主义论》的研究将会取得更大的进步。

(此文与李娜合写,原载《党的文献》2009 年第 2 期,人大复印资料《马克思主义文摘》2009 年第 7 期全文转载)

【昔文琐记】这篇《近十年来〈新民主主义论〉研究综述》写于 2007 年秋,是与我的研究生李娜合写的。

我最早关注毛泽东的《新民主主义论》并给予研究,是在 1995 年至 1997 年间在南京师范大学读硕士阶段。那时,王跃给我们讲"中国革命史专题研究"课程,说可以将毛泽东的《新民主主义论》与蒋介石的《中国之命运》加以比较研究。于是,我就写出《〈新民主主义论〉与〈中国之命运〉比较研究》文章①。王跃曾在张静如先生门下读博,是张先生的第一个博士,是张门弟子中的"大师兄"。他毕业后一直在南师大工作,以后当了多年的马克思主义学院院长。他办事能力很强,思想极为敏锐,学问基础很好,很早就在《近代史研究》上发文章,著有《变迁中的心态:五四时期社会心理变迁》等著作。我读博后,王跃由我的老师,也就变为我的大师兄了。我到南京工作十多年中,多承蒙他的关心和爱护,对我的学术研究多有支持和鼓励。这是要谢谢王跃大师兄的!

我在北师大读博时,加深了对《新民主主义论》的认识。其时,我的师兄张勇专门研究《新民主主义论》,撰写的博士论文是《新民主主义社会论与中国现代化》。他的博士论文初稿写好后,北京、深圳两地跑。张勇是位非常聪明的人,天资很高,硕士只读了两年就考到北师大读博士,并发表高质量的论文。他的博士论文自校后,又让我看看,顺便再校对一下引文。我读了他的博士论文初稿很受启发,加深了对《新民主主义论》的理解和认识。这为我后来专门研究

① 参见吴汉全:《〈新民主主义论〉与〈中国之命运〉比较研究》,《盐城教育学院学报》1996 年第 2 期。

《新民主主义论》创造了条件。张勇临近毕业时，北师大要留他，中央党校也要引进他，可他不为这些名校所动，毅然地到深圳经商了。据说他生意做得不错，有自己的公司。尽管我们现在联系不多，但我时常也想起他读博时对我的帮助①。

我博士毕业后在徐州师范大学开设“马克思主义文献研究”这门研究生课程，在讲授《新民主主义论》时，觉得有必要将近十年学界研究《新民主主义论》状况进行综述，并为今后的研究工作提出一些建设性的意见。由此，我让研究生李娜同学起草。她写好初稿后，我作了一些修改。此文开始投到一个专门研究毛泽东思想的刊物，不几天收到通知，让交800元钱在其“增刊”上发表。我一气之下，将此文直接投权威刊物《党的文献》，结果就在《党的文献》上发表了，并且还被人大复印资料《马克思主义文摘》2009年第2期转载。看来，写得较好的文章，不能投到那些一般性的刊物，这样才能避免“明珠暗投”的命运。

李娜是2010届硕士生，基础很好又肯下功夫，做事和写文章皆很踏实，善于独立思考，在读期间主要研究毛泽东的政治学思想。硕士论文是《毛泽东与中国马克思主义政治学体系的构建》，近8万字，是篇优秀论文。该硕士论文认为，毛泽东在马克思主义政治学理论的指导下，充分吸收和提炼了中国共产党人政治斗争的经验，通过对政治权力、政治体系、政治意识、政治发展等一系列问题的阐述，发展了马克思主义政治学的基本理论，对构建中国马克思主义政治学体系作出了重大贡献，实现了马克思主义政治学中国化的历史性飞跃。这篇硕士论文最大的特点，是在现在的政治学理论视域中观照毛泽东的政治学思想，并与“中国马克思主义政治学体系的构建”联系起来。这篇论文再充实一下，就是一本很好的学术专著。在读期间，李娜不仅撰写《近十年来〈新民主主义论〉研究综述》初稿，还在《理论视野》2010年第4期上发表了《李大钊对农村问题的研究》文章。这对硕士生来说是很不容易的。

通过撰写这篇《近十年来〈新民主主义论〉研究综述》文章，我觉得《新民主

---

① 举一个例子：我刚读博时写了不少关于李大钊早期思想的文章，其中有篇是《李大钊早期法制思想初探》。张勇看了此文后说，研究的是一个人物，又是“早期”，还是个“法制”层面。面太狭小，意义有限，不易发表。文章最好要联系当时的中国社会及其思想和学术，这样才有厚度。由此，我认识到，文章选题不能太小，故而以后的选题皆扩大了，最起码要联系当时周围的一群人，更进一步的是要联系当时的中国社会，所以也就有了《李大钊早期政治思想与民国初年中国政治》（载《南京师范大学学报》2002年第1期）、《早期新文化运动中的李大钊与外国学术思想》（载《社会科学研究》2002年第2期）等文章。

主义论》的研究还有相当的空间。后来,我相继发表《〈新民主主义论〉对马克思主义政治学的贡献》、《〈新民主主义论〉对马克思主义社会学的贡献》、《〈新民主主义论〉文本的逻辑进路》等文章。

我在指导研究生学习时,要求他们学会写综述,这对发现课题、提升研究能力非常重要。我的研究生还算争气,所写的"综述"大多发表了。当然,写好一篇"综述"文章很不容易,研究者不仅要通晓研究对象的学术史并阅读现有研究成果,而且立意要高,具有很强的问题意识,确实看到研究中的问题所在,并且要为今后的研究工作指明方向,这需要学术见识,也需要学术功力,同时还要有一定的学术智慧才行。

2021 年 1 月 31 日

近十年来艾思奇哲学思想研究综述

艾思奇是现代中国伟大的马克思主义哲学家，马克思主义哲学中国化的重要代表。近十年来，学术界对艾思奇哲学思想的研究取得了可喜的成果，不仅在报刊上发表许多有价值的文章，而且许多高校的博士生、硕士生也以艾思奇哲学思想作为毕业论文的选题。2008 年 5 月，中共中央党校、中国社会科学院、中共云南省委等单位在云南腾冲举行了艾思奇哲学思想与马克思主义中国化最新理论成果研讨会，形成了一个全国性研究的高潮。今年是艾思奇诞辰 100 周年，本文拟就近十年来艾思奇哲学思想的研究状况作一简要综述，以纪念这位杰出的马克思主义哲学家。

一、关于艾思奇对马克思主义哲学中国化贡献的研究

艾思奇对于中国现代哲学发展的贡献是多方面的，而他为马克思主义哲学中国化所作的重要努力则是最为突出的。由此，学术界一直把艾思奇对马克思主义哲学中国化贡献作为重点研究的问题，力图阐发艾思奇对马克思主义哲学中国化贡献的具体层面，以确立他在中国马克思主义哲学史上的特殊地位，为推进当今马克思主义哲学中国化进程提供有益的思想资源。学术界认为，艾思奇对马克思主义哲学中国化的贡献，主要是这样几个方面：

一是率先提出了马克思主义哲学中国化的概念。“马克思主义中国化”与“马克思主义哲学中国化”是两个既相联系又有所区别的概念，学术界比较一致的看法是，前者由毛泽东率先提出，后者由艾思奇最先倡导。雍涛认为，艾思奇对于马克思主义哲学中国化的贡献，首先表现为“率先提出了马克思主义哲学‘中国化’的概念，阐述了马克思主义哲学中国化的一系列基本问题，丰富和发

展了毛泽东关于'马克思主义中国化'的重要思想"①。王伟光认为,"艾思奇提出了马克思主义哲学"中国化"的概念,同时还进一步阐明了"马克思主义哲学中国化的科学含义、历史必然性和具体的方法论原则"②,为马克思主义哲学中国化奠定了学术基础。

二是对毛泽东思想的宣传以及对毛泽东思想产生重要的影响。龚先庆认为"艾思奇对毛泽东思想的研究、阐发与宣传,是他对马克思主义哲学中国化所做的最重要、最有意义的工作"③。王伟光认为"艾思奇初步总结了抗战以来马克思主义中国化或辩证法唯物论在中国的实际应用所取得的理论成果,为马克思主义哲学中国化的典范——毛泽东哲学思想的确立做了舆论上理论上的重要准备"④。雍涛认为"艾思奇在 20 世纪三四十年代的哲学活动,为马克思主义哲学中国化的典范——毛泽东哲学思想的形成和发展作出了重要贡献"⑤。陈章亮从艾思奇对毛泽东著作的影响入手,认为艾思奇是"马克思主义哲学中国化的倡导者、实践者和发展者,对《实践论》、《矛盾论》和《关于正确处理人民内部矛盾问题》的研究、诠释和宣传作出杰出的贡献,为发展中国特色社会主义奠定了重要的哲学基础"⑥。

三是在立足中国的前提下将马克思主义哲学由大众化、通俗化引向中国化的道路。学术界充分注意到艾思奇在马克思主义哲学从通俗化到中国化进程中的作用,认为艾思奇是这一转变中的关键人物。庄福龄认为,艾思奇以他的《大众哲学》而成为中国马克思主义哲学传播史上高举通俗化的杰出旗手,此后艾思奇"坚持在哲学通俗化的基础上不断实现哲学的中国化"⑦。彭继红、周怀平认为,艾思奇是毕生推动马克思主义哲学大众化到中国化的典范,其开创的马克思主义哲学大众化到中国化发展道路对广大群众解放思想、开阔眼界,对毛泽东

---

① 雍涛:《试论艾思奇对马克思主义哲学中国化的主要贡献》,《毛泽东思想研究》2008 年 7 月第 4 期。

② 王伟光:《论艾思奇对马克思主义哲学中国化的重要贡献》,《哲学研究》2008 年第 7 期。

③ 龚先庆:《艾思奇与马克思主义哲学中国化》,《武汉大学学报》(人文科学版)2006 年 5 月第 3 期。

④ 王伟光:《论艾思奇对马克思主义哲学中国化的重要贡献》,《哲学研究》2008 年第 7 期。

⑤ 雍涛:《试论艾思奇对马克思主义哲学中国化的主要贡献》,《毛泽东思想研究》2008 年 7 月第 4 期。

⑥ 陈章亮:《走在马克思主义哲学中国化路上的艾思奇及其启示》,《学术探索》2008 年第 3 期。

⑦ 参见庄福龄:《艾思奇对马克思主义哲学中国化的突出贡献》,《现代哲学》2008 年第 6 期。

思想形成和发展都有重要的影响①。雍涛认为,艾思奇在马克思主义哲学由通俗化到中国化过程中所作的贡献在于“开辟了哲学解放的道路,为马克思主义哲学在中国的通俗化、大众化和宣传教育工作奉献了毕生的精力”②。也有学者从“自由”问题入手,阐述艾思奇的自由观对推进马克思主义哲学从大众化到中国化的意义③。

四是开启了马克思主义哲学由大众化到中国化的具体途径。学术界有学者认为,艾思奇是通过编写马克思主义哲学教材来推进马克思主义哲学大众化的,是在与反马克思主义者的论战中实现马克思主义哲学大众化,并进而过渡到马克思主义哲学的中国化的。庄福龄认为,艾思奇高度肯定编写教材在传播马克思主义哲学思想中的意义,他为“编写中国化马克思主义哲学教材”作出了开创性的贡献,开启了从通俗化到中国化的途径④。陈章亮认为,艾思奇注重研究与宣传的结合,注重意识形态宣传与马克思主义哲学知识传播的重要意义,将编写教材作为传播马克思主义哲学的重要途径,因而他是“集研究、教学、宣传于一身的哲学家”⑤。王伟光也认为,艾思奇“开马克思主义哲学中国化通俗读物先河,倾其心血从事马克思主义哲学中国化普及工作”,尤其是“主编马克思主义哲学中国化教科书,积极探索中国化的马克思主义哲学表述体系”⑥。于丽洁则强调,艾思奇以思想论争推动马克思主义哲学从通俗化到中国化的转变,注重思想论争对传播马克思主义哲学思想的意义,为建设中国自己的马克思主义哲学体系作出了突出贡献,这也是与他积极地参与“与反对马克思主义哲学及其中国化思想的论战”分不开的⑦。

学术界就艾思奇对马克思主义哲学中国化贡献的研究,取得了显著的成果,这是应充分肯定的。今后,这方面的进一步研究,似乎还应该在以下几个层面继

① 参见彭继红、周怀平:《从大众化到中国化:艾思奇哲学贡献新论》,《湖南科技大学学报》2009年第4期。

② 雍涛:《试论艾思奇对马克思主义哲学中国化的主要贡献》,《毛泽东思想研究》2008年7月第4期。

③ 高瑞泉:《艾思奇对中国化马克思主义自由观的贡献》,《毛泽东邓小平理论研究》2008年第4期。

④ 参见庄福龄:《艾思奇对马克思主义哲学中国化的突出贡献》,《现代哲学》2008年第6期。

⑤ 陈章亮:《走在马克思主义哲学中国化路上的艾思奇及其启示》,《学术探索》2008年第3期。

⑥ 王伟光:《论艾思奇对马克思主义哲学中国化的重要贡献》,《哲学研究》2008年第7期。

⑦ 参见于丽洁:《艾思奇与马克思主义哲学中国化、民族化、大众化》,中央民族大学硕士论文,2009年5月。

续努力：

一是要厘定“马克思主义哲学中国化”等相关概念。研究艾思奇对马克思主义哲学中国化的贡献，自然需要从基本的概念界定入手，进而分析“马克思主义中国化”与“马克思主义哲学中国化”之间、“马克思主义大众化”与“马克思主义中国化”之间的区别与联系。这对深入探讨艾思奇与马克思主义哲学中国化问题，有着极为重要的意义。学术研究很注意概念的界定，并设定其特殊的内涵与外延。现有研究成果，对“马克思主义中国化”、“马克思主义大众化”、“马克思主义哲学中国化”等概念往往不加区分，混用现象比较突出，这种状况亟须改变。与此相联系，马克思主义哲学的大众化、民族化、现实化等概念，同马克思主义哲学的中国化之间还是有很大的差异和区别的，这就需要在学术上加以研究和阐释，奠定研究工作的基础。在概念严格界定的基础上，似乎需要将艾思奇对马克思主义哲学的中国化、大众化、民族化、现实化的贡献，放在中国马克思主义哲学发展史的体系中进行研究，说明这种贡献的主要方面及其所表现出的特色，这对于从整体上揭示艾思奇对马克思主义哲学中国化的贡献可能是很有帮助的。

二是要研究艾思奇推进马克思主义哲学中国化的各种条件。现有成果注重艾思奇对马克思主义哲学大众化贡献的研究，但总体上还是以材料的罗列、事实的梳理为主，很少对这种贡献作历史的、文化的、现实的深层探析。学术研究不是简单地就事实进行梳理与罗列，还需要从社会的、思想的方面分析其原因，寻找历史必然性与现实合理性的根据。譬如，为什么艾思奇能对马克思主义哲学中国化作出重大贡献？这有艾思奇本身的条件，也有马克思主义哲学在中国从传播到大众化所形成的思想基础，有现实的条件（中国社会变革的需要），有政治条件（中国共产党在政治上走向成熟并在思想上形成较为成熟的体系），等等。因此，深入研究艾思奇推进马克思主义哲学中国化的各种条件，有助于剖析艾思奇推进马克思主义哲学中国化所表现的历史必然性及其所体现的特征，从而也就便于总结经验，推进中国马克思主义哲学的进步。

三是要研究艾思奇对马克思主义哲学中国化作出贡献所体现的特点。就是说，对于艾思奇在马克思主义哲学中国化中的贡献，应该根据艾思奇那时学术研究的实际，给予学术上的总结以提炼出基本的特点。譬如，艾思奇在推进马克思主义哲学中国化的过程中，不仅用马克思主义哲学的基本观点阐释、理解中国共产党的政治实践，而且又用中国共产党人革命斗争的经验来诠释马克思主义哲学的基本原理，反对在马克思主义与中国革命实践结合的过程中所出现的教条主义,这就是一个很重要的特点。又譬如,艾思奇在推进马克思主义中国化的过程中,在总结马克思主义哲学大众化经验的前提下,很注意根据现实的需要积极引领马克思主义从大众化到中国化的过渡,推进马克思主义哲学在中国的发展进入新的境界。也就是说,艾思奇善于根据马克思主义哲学在中国发展的时代条件和现实需要,遵循循序渐进的原则和实事求是的精神,注重吸收和提炼中国共产党政治实践所提供的新鲜经验,顺应时代的要求并切实地完成由大众化到中国化的转变,从而使马克思主义哲学中国化建立在现实需要与现实可行性基础上并取得巨大的成绩,这应该说也是一个很重要的特点。当然,这里只是举例说明这个问题,强调的是研究艾思奇推进马克思主义哲学中国化过程所表现的特点的极端重要性。

四是要在马克思主义哲学中国化的历史进程中来把握艾思奇的贡献,这就需要加大比较研究的力度。艾思奇对马克思主义哲学中国化的贡献是一个既成的历史事实,如何评价这种贡献呢?现实的思路是从当今马克思主义哲学中国化的现实来给予当代性的评价,这是非常重要的。但在另一方面,我们还可以也应该尊重中国现代哲学史及马克思主义哲学中国化的历程,研究中需要有着历史的与文化的研究视域,善于通过梳理马克思主义哲学中国化的历程,掌握马克思主义哲学中国化的历史脉络,并将艾思奇所作出的贡献放在马克思主义哲学中国化的历史进程中来给予学术的说明。如此,则需要研究中国共产党推进马克思主义中国化的思想理念、学术政策,需要研究毛泽东、李达、沈志远、陈唯实以及延安时期的"新哲学会"、延安中央研究院、马列学院等在哲学研究方面的学术成就,这之中当然也就有一个比较研究的视角问题。这样,在马克思主义哲学中国化的历史进程中来把握艾思奇的独特性贡献,才能得出符合当时学术实际状况的研究结论。

二、关于艾思奇哲学思想体系研究

艾思奇是现代中国马克思主义哲学中国化的重要代表,其哲学思想本身是一个相对完整的学术体系和话语体系,并且有着深刻的思想意蕴和鲜明的学术特征,在当时乃至现在都具有积极的意义和巨大的影响。学术界鉴于艾思奇哲学思想的意义与价值,力图通过阐释艾思奇哲学思想的发展进程、根本精神、基本特征、学术意义及其当代启示,以求凸显和再现艾思奇哲学思想的学术体系。

关于艾思奇哲学思想的发展进程,学术界比较注重从宏观方面来把握。学术界从宏观角度研究艾思奇哲学思想,其中代表性成果是缪柏平的《艾思奇哲学道路研究》博士论文。该文梳理和把握艾思奇哲学活动的轨迹,将艾思奇哲学思想分为三个时期,即上海时期、延安时期、北京时期,分别论述了艾思奇在这三个时期的哲学活动及其主要成就,并高度评价了艾思奇在现代中国的社会变革中为中国马克思主义哲学发展作出的突出贡献①。

关于艾思奇哲学思想的根本精神,学术界比较一致地认为是实事求是精神。赵小彬研究了艾思奇的实事求是的思想,分析了艾思奇实事求是思想的起源与形成过程,认为艾思奇哲学思想中的辩证唯物论与列宁的辩证唯物论有继承关系,与毛泽东的实践观有融合的关系,并高度评价了艾思奇实事求是思想的当代意义②。王伟光认为,艾思奇是坚持实事求是学风的典范,具有"坚持理论联系实际的学风,以解放思想、实事求是、与时俱进的科学态度对待马克思主义哲学的学风",而我们今天正是要像艾思奇那样"端正对待马克思主义哲学中国化的学风,以科学的精神创新发展中国化的马克思主义哲学"③。

关于艾思奇哲学思想的主要特征,学术界从不同的角度予以概括。由于研究者对艾思奇哲学思想的认识不同以及分析视角的不同,因而对艾思奇哲学思想特征的概括所得出的结论也不尽一致。谭头红认为,艾思奇哲学思想的主要特征有三:一是对马克思主义哲学的大众化、通俗化表述与阐释;二是对马克思主义哲学的中国化、现实化发展与运用;三是对马克思主义哲学批判精神的充分发挥④。苏富强认为,艾思奇传播和研究马克思主义哲学的主要特点:一是最早提出了"马克思主义哲学中国化"的思想,自觉地把马克思主义哲学作为无产阶级和革命人民改造中国和世界的理论武器;二是注重从学理上完整准确地理解马克思主义哲学;三是充分发挥了马克思主义哲学的批判精神⑤。

关于艾思奇哲学思想的学术意义与学术价值,学术界在这方面也有重要的成果。谭头红对艾思奇哲学思想意义从理论和实践两个方面进行探讨,认为艾思奇哲学思想的理论意义在于:第一,艾思奇哲学思想是对毛泽东哲学思想的贡献,这主要是艾思奇关于马克思主义哲学中国化的有关论述作为一种思想理论

---

① 缪柏平:《艾思奇哲学道路研究》,中共中央党校博士论文,2004 年 5 月。

② 赵小彬:《艾思奇实事求是思想研究及其当代意义》,西南交通大学硕士论文,2004 年 6 月。

③ 参见王伟光:《论艾思奇对马克思主义哲学中国化的重要贡献》,《哲学研究》2008 年第 7 期。

④ 谭头红:《论艾思奇哲学思想的基本特征》,湖南师范大学硕士论文,2009 年 5 月。

⑤ 苏富强:《论艾思奇传播和研究马克思主义哲学的主要特点》,《甘肃农业》2006 年第 11 期。

资源被毛泽东所吸收;第二,艾思奇哲学思想是中国化了的马克思主义哲学的重要组成部分,为中国化马克思主义哲学的发展提供了学术资源。而艾思奇哲学思想的实践意义,就在于艾思奇哲学思想不仅对当时的新民主主义革命实践有指导意义,而且对当代中国特色社会主义建设、对当代推进马克思主义哲学大众化进程都具有指导意义①。

关于艾思奇哲学思想对当今中国哲学发展的启示,也引起学术界的高度重视。有学者就"发展马克思主义哲学"这个中心议题,对艾思奇哲学思想的现实启示展开学理的探索。陈章亮认为,艾思奇哲学的现实启示有三:一是应用、发展首先必须学习、坚持马克思主义哲学;二是学习、坚持是为了应用、发展马克思主义哲学;三是无论是学习、坚持,还是应用、发展马克思主义哲学,做学问要先学会做人②。彭继红等就马克思主义哲学从大众化到中国化的历程来阐发艾思奇哲学思想的当代价值,认为必须继续注重马克思主义哲学大众化到中国化发展道路的探索,认识到"社会实践是马克思主义哲学大众化到中国化发展道路永恒动力;马克思主义哲学大众化到中国化发展道路是其自身完善的手段"③。李朝清认为,搞好当今的哲学研究,就要学习艾思奇坚定不移的马克思主义立场、始终不渝的人民大众立场、孜孜以求的马克思主义哲学中国化和现实化的方向④。

近十年来,学术界对于艾思奇哲学思想体系的研究,总的来看还是比较充分的,并且也有一定的学术深度。从深化研究的角度来看,关于艾思奇哲学思想体系的研究,今后需要从这样两个方面做进一步的努力:

*一是在既有的研究领域进一步深耕细作。*艾思奇哲学思想体系的研究已经形成了一些具体的领域,但仍有深耕细作的必要。譬如,关于艾思奇哲学思想发展历程的研究,每一个阶段的学术标志是什么?艾思奇是通过怎样的途径完成由前一阶段向后一阶段的转变?每一阶段的特征是什么?等等。又譬如,艾思奇哲学思想的根本精神是实事求是,这是学术界比较一致的看法,但也还可以进行新的研究。实践精神是不是艾思奇哲学思想的根本精神?如果是,理由如何?

① 参见谭头红:《论艾思奇哲学思想的基本特征》,湖南师范大学硕士论文,2009年5月。

② 参见陈章亮:《走在马克思主义哲学中国化路上的艾思奇及其启示》,《学术探索》2008年第3期。

③ 彭继红、周怀平:《从大众化到中国化:艾思奇哲学贡献新论》,《湖南科技大学学报》2009年第4期。

④ 李朝清:《艾思奇哲学的基本方向及当代启示》,《中共云南省委党校学报》2009年第1期。

如果不是，根据何在？与此相关的是，实践精神与实事求是精神的关系如何？即使按照现行研究结论，也还有进一步论证的必要。这里的问题是，艾思奇贯彻实事求是精神于自己的学术研究之中，是正确处理了哪些关键性的问题来维护和贯彻实事求是精神的？实事求是精神在艾思奇哲学思想的每一个具体的历史阶段中，有哪些具体的表现？等等。再譬如，关于艾思奇哲学思想体系的特征问题，揭示这种特征是非常必要的，但现行成果关于特征的概括有不一致的地方，原因何在？在笔者看来，研究艾思奇哲学思想的特征，其前提是要确定一个基本标准，如此才能概括出来各个具体的特征。这里只是举例说明，强调的是，在艾思奇哲学思想体系的研究中，即使是已经开辟的领域或已经取得共识的方面，不仅有进一步深化研究的必要，而且也有进一步深化研究的空间。

二是不断开辟新的学术研究领域。艾思奇哲学思想是一个宏大的学术体系，尽管业已形成诸多的研究领域，但可以开辟的新领域还很多。譬如，可以探索艾思奇哲学思想与中外文化的关系。艾思奇哲学思想体系有中外学术文化思想的渊源，亦即在构建起思想体系的过程中，是有比较充分的学术思想资源的。一方面，马克思主义是艾思奇哲学思想的指导思想，但马克思主义作为一种学术文化也应该是艾思奇哲学思想重要的思想资源；另一方面，不仅传统文化是艾思奇哲学思想的思想资源，就是近现代以来的中国哲学的发展及其成果，包括非马克思主义的哲学，也给予其重要的影响。因而，探索艾思奇哲学思想与中外文化的关系，应该是一个值得开辟的新领域。又譬如，可以分析艾思奇哲学思想与中国革命实践的关系。马克思主义哲学离不开实践，艾思奇哲学思想与中国革命的实践有着密切的关系，这是学术界比较一致的看法。那么，艾思奇从中国革命的实践中到底吸取了什么？艾思奇哲学思想对中国革命实践又是产生了怎样的影响？而研究这样的一些问题，其前提性的条件是要研究艾思奇哲学思想中的实践观，这就要说清楚艾思奇的实践观与马克思主义之间的继承与发展的关系，与中国共产党人政治斗争实践、理论探索实践、学术研究实践的关系。再譬如，可以研究艾思奇哲学思想与当时中国哲学界的关系。从哲学作为一个学科来说，艾思奇哲学思想自然与中国现代哲学有着特殊的关系，不仅是与哲学作为一门学科在中国的建立与发展有联系，与中国马克思主义哲学一脉有关系，而且与非马克思主义哲学一脉也有某种关联。现有成果对艾思奇与非马克思主义哲学之间的斗争、批判方面讲得比较多，那么，艾思奇有没有在与论敌的斗争中吸取对方有益的成果、抑或从论敌一方中得到过有益的启示？这些都是要深入研究，并需要作出合理解说的。

三、关于艾思奇《大众哲学》的研究

《大众哲学》是艾思奇在20世纪30年代出版的一部通俗性的马克思主义哲学著作,在推进马克思主义哲学大众化、通俗化方面产生了积极而又深远的影响,并为此后马克思主义哲学进入中国化阶段奠定了基础。近十年来,学术界加强了对《大众哲学》的研究,在《大众哲学》的内容、历史影响、现实意义等方面取得了很大的进展,为艾思奇哲学思想的研究作出了贡献。

关于《大众哲学》特点的研究。《大众哲学》是20世纪30年代哲学通俗化运动中的代表作,对这部著作的特点进行研究,是有助于人们进一步认识这部著作的。缪柏平认为,艾思奇《大众哲学》的特点在于:第一,艾思奇把哲学和群众结合起来,为人民大众进行哲学著作写作,开创了哲学通俗化、大众化的道路;第二,《大众哲学》写作的形式上通俗化,内容上顺应时代潮流,合乎人民大众的需要;第三,艾思奇在书中常借助于群众的语言来表达抽象的概念和深奥的哲理,这使得《大众哲学》深入浅出,生动形象,通俗易懂;第四,艾思奇在书中注重知识化和科学化①。张仲华等认为,《大众哲学》有显著的特点,"在内容上,注重把哲学道理同民族存亡、人民疾苦、国家命运紧密地结合起来,紧扣时代脉搏,从人们的日常生活和思想实际谈起。在形式上力求通俗易懂,让老百姓喜欢而不生畏惧"②。于丽洁对《大众哲学》作文本的分析,认为《大众哲学》是"选用了一种新颖的形式、简洁的篇幅,采用了一种独特的叙述结构,运用了大量的比喻和举例,采用了简单明了、通俗化的语言"阐明了马克思主义哲学的基本观点③。

关于《大众哲学》意义的研究。《大众哲学》的学术意义是学术界近年来研究的一个重点,其目的在于确立这部著作在中国马克思主义哲学史上的地位。毕国明认为,《大众哲学》的学术意义在于:在我国率先开辟了哲学通俗化、大众化的道路,对哲学中国化、现实化进行了初步探索,作出了重要贡献。《大众哲

---

① 缪柏平:《艾思奇哲学道路研究》,中共中央党校博士论文,2004年5月。

② 张仲华、杨碧霄、李西泽:《马克思主义哲学走出课堂的先驱者——艾思奇和他的〈大众哲学〉》,《昆明理工大学学报》(社会科学版)2007年第1期。

③ 参见于丽洁:《艾思奇与马克思主义哲学中国化、民族化、大众化》,中央民族大学硕士论文,2009年5月。

学》最重要的历史意义,就在于"它是中国第一本结合大众所关心的现实问题写出的马克思主义哲学著作,是马克思主义哲学通俗化大众化的第一个成功范例,为马克思主义哲学的中国化做出了重要贡献,从而有力地促进了马克思主义哲学在中国的传播和运用,在中国哲学上谱写了光辉的一页"①。谢俊、陆浴晓认为,《大众哲学》的意义在于:第一,《大众哲学》开哲学通俗化、大众化之先河;第二,《大众哲学》自始至终贯穿着理论联系实际的思想主线;第三,《大众哲学》真正体现了它那个时代的时代精神②。缪柏平从实践上看《大众哲学》的出版在当时的意义,认为这一著作在广大群众特别是青年学子中引起了巨大的反响,对于帮助革命人民树立科学的无产阶级世界观、走上革命道路,具有十分重要的意义③。胡玉荣认为,艾思奇通过《大众哲学》创造性地采用普通大众都能接受的方式,较早地、全面而系统地介绍了马克思主义的基本原理,开了哲学通俗化、大众化的先河,使辩证唯物主义和历史唯物主义的基本观点和方法深入人心,对中国革命的胜利和马克思主义在中国的传播起了巨大的作用,是探索实现马克思主义中国化的创新方式和成功范例④。

关于《大众哲学》现实启示的研究。《大众哲学》作为一本在马克思主义哲学通俗化、中国化道路上具有重要作用的著作,在当代哲学研究中的借鉴作用不可忽视。谢俊、陆浴晓认为,《大众哲学》其当代价值在于:要倡导艾思奇《大众哲学》开启的一代学风,即学术为广大群众、普通百姓服务的优良学术风气;倡导理论联系实际的学术风气;充分说明哲学是时代精神的精华,不是脱离现实的"精神之花"⑤。张仲华等认为,《大众哲学》给当今人们的启示是:哲学社会科学的功能与作用是十分巨大的,繁荣哲学社会科学首先要充分认识哲学社会科学的功能与作用⑥。李兵认为,《大众哲学》最重要的启示是让哲学亲近生活,因而"应当像艾思奇那样站在所处时代的高度,发现并回应时代提出的重大问题;哲学亲近生活不是用哲学去范导生活,而是用哲学去启迪人们的生活智慧;要使一种哲学走进生活,必须要求哲学家有深厚的生活基础和很高的理

---

① 毕国明:《艾思奇的〈大众哲学〉与马克思主义哲学中国化》,《学术探索》2003 年第 1 期。

② 谢俊、陆浴晓:《艾思奇〈大众哲学〉历史意义及学术价值》,《湖北社会科学》2007 年第 7 期。

③ 缪柏平:《艾思奇哲学道路研究》,中共中央党校博士论文,2004 年 5 月。

④ 胡玉荣:《让哲学亲近现实——艾思奇〈大众哲学〉及其现实意义》,《昆明师范高等专科学校学报》2008 年第 1 期。

⑤ 谢俊、陆浴晓:《艾思奇〈大众哲学〉历史意义及学术价值》,《湖北社会科学》2007 年第 7 期。

⑥ 张仲华、杨碧霄、李西泽:《马克思主义哲学走出课堂的先驱者——艾思奇和他的〈大众哲学〉》,《昆明理工大学学报》(社会科学版)2007 年第 1 期。

论造诣”①。

学术界对于艾思奇的著作《大众哲学》的研究取得的成果是显著的,但存在的问题也是十分明显的。今后,深化《大众哲学》研究,似乎需要在以下几个方面努力:

一是确立研究《大众哲学》的指标体系。现有研究成果基本上是各自陈述自己的观点,缺乏相对认可的标准。譬如,《大众哲学》的特点,有的学者是从该著作的内容和形式方面来概括,有的学者则是从观点、结构、语言等方面来提炼,也有学者从接受者的角度来分析,缺乏相对统一的尺度,因而难以得到相对一致的结论。又譬如,关于《大众哲学》意义的研究,是学术意义呢,还是历史意义呢,抑或是实践意义呢,没有一个较为一致的划分。在笔者看来,对《大众哲学》的研究,无论是就其特点的概括,还是就其意义的研究,抑或是现实启示的挖掘,都得有一个可供研究的参照系统,亦即要有一个相对认可的衡量标准,否则就只能各说各的,难以形成系统化的结论或评价。

二是强化《大众哲学》文本研究的力度。《大众哲学》是一部通俗性的哲学著作,于今而言既是一个历史性的文本,又是一个有待不断解读、诠释以再生其意义的现实文本。作为文本,《大众哲学》就有其本然意义与历史含义之别,就有文本的叙述结构与理解这种结构之分,就有阅读文本与文本流传的问题,因而也就需要一种现实的解读与诠释。由此,《大众哲学》需要从文本的角度来进行诠释学的系统研究。现有研究成果,对《大众哲学》开展的文本的分析尚不充分,基本上未能应用现代诠释学的理论。在笔者看来,《大众哲学》无论在当时条件下,还是在现代哲学研究中,其新颖的文本形式以及这种形式对哲学推广带来的意义与影响都是巨大的。因此,应该加强对《大众哲学》的文本研究。

三是在联系和比较中揭示《大众哲学》的内涵。不可否认的是,学术界对艾思奇《大众哲学》的研究单一化倾向十分突出,即仅立足于艾思奇《大众哲学》的本身,而很少与艾思奇其他的哲学著作如《哲学与生活》、《辩证唯物主义历史唯物主义》、《思想方法论》等著作的研究联系起来,这不利于全面研究和了解《大众哲学》在艾思奇自身学术体系中的位置。进而言之,《大众哲学》不仅需要在艾思奇自身的各种著作的序列中来开展研究,而且还应该与同是在通俗化运动中的沈志远、陈唯实等的著作联系起来。这之中,也就有一个相互间的比较问

---

① 李兵:《让哲学亲近生活——艾思奇〈大众哲学〉给我们的启示》,《昆明学院学报》2008年第1期。

题。因此,只有用变动的观点、联系的眼光、比较的方法,才有可能使《大众哲学》的含义得以显现并使研究工作提升到新的层次。

四、关于艾思奇哲学思想与毛泽东哲学思想关系的研究

毛泽东、艾思奇都是中国现代哲学史上的重要人物,谈到马克思主义哲学中国化问题,论及中国共产党哲学思想的发展,都要说到毛泽东哲学思想及艾思奇哲学思想。因而,将艾思奇哲学思想与毛泽东哲学思想进行比较研究,对中国马克思主义哲学史的研究是一件非常有益的事。近十年来,学术界对艾思奇哲学思想与毛泽东哲学思想的比较,显现了一些新的研究视角,也出现了一批重要成果。

1. 关于艾思奇与毛泽东在马克思主义中国化问题上的比较。艾思奇推进了马克思主义哲学中国化,同时也是对马克思主义中国化的贡献,因而与毛泽东开创马克思主义中国化道路就有着密切的关联。由此,学术界有人以“中国化”为主题比较两人的贡献。徐素华认为,艾思奇与毛泽东在马克思主义中国化问题上,是既有区别又有联系。区别在于:艾思奇主要是从理论研究和传播的角度,毛泽东则侧重于从中国革命实践、中国革命道路的角度来阐述中国化问题的;联系在于:基本思路和主要着眼点则是比较接近的、共同的,这就是他们都强调马克思主义在中国的具体应用,都强调从中国革命的具体实践中吸收哲学的养料,以丰富和发展马克思主义哲学理论,形成具有中国民族形式的即中国化的马克思主义,并用它们来指导中国的具体实践①。

2. 关于艾思奇哲学思想对毛泽东哲学影响的研究。李萍从艾思奇译著及哲学论著、艾思奇阐释与传播哲学的方法、艾思奇对毛泽东思想的传播三个方面来谈艾思奇对毛泽东哲学思想的影响,认为艾思奇的《大众哲学》、《哲学与生活》等著作对毛泽东《实践论》、《矛盾论》的完成以及毛泽东哲学思想具有重要的影响作用,而艾思奇将马克思主义哲学通俗化、大众化、中国化、现实化,这种传播哲学的方法也深深地影响了毛泽东,因而艾思奇为毛泽东哲学思想的形成、宣传,为捍卫和发展马列主义、毛泽东思想的哲学理论,奉献了自己的全部智

---

① 参见徐素华:《艾思奇、毛泽东与马克思主义中国化》,《江苏行政学院学报》2008 年第 1 期。

慧和力量①。徐素华认为，艾思奇的《哲学现状和任务》为毛泽东《论新阶段》中的马克思主义中国化经典论述提供了启发和帮助，艾思奇的《论中国的特殊性》对毛泽东关于马克思主义中国化的经典论述作了最为全面、系统的发挥②。学术界还有针对艾思奇哲学理论对毛泽东实事求是思想形成的影响进行研究，如赵小彬认为"艾思奇关于人类认识总规律的思想对毛泽东以实践为基础的认识论，有很大的启示性，是毛泽东思想重要的理论来源。毛泽东哲学思想作为中国现代社会发展的必然产物，在'辩证唯物主义认识论'这一重要的思想资源的借鉴方面，与艾思奇20世纪30年代研究列宁和苏联哲学所取得的丰硕成果有着内在的关联"③。值得注意的是，石仲泉在《延安时期的艾思奇哲学与毛泽东哲学》一文中，认为毛泽东固然从艾思奇那里"获益"很多，毛泽东除受益于艾思奇的《哲学与生活》外，最重要的获益还是《思想方法论》一书；但从整体来看，毛泽东"超越"了艾思奇哲学，并且是有所"修正"，因而毛泽东的观点比艾思奇的认识更为准确、全面、深刻④。

3. 关于毛泽东、艾思奇的哲学研究对于当今社会的意义与启示的研究。艾思奇和毛泽东哲学之间影响和发展的关系，对于当代哲学研究以及中国特色马克思主义哲学体系的构建依然具有指导意义。近十年来，学术界关于艾思奇哲学和毛泽东哲学关系的研究，与当今现实的哲学研究状况紧密结合起来，阐发毛泽东、艾思奇哲学思想的学术价值与现实意义。徐素华认为，艾思奇哲学思想与毛泽东哲学思想给我们今天留下深刻的启迪：一是从实践的角度看，艾思奇、毛泽东当年所强调的把马克思主义应用到中国具体环境的具体斗争中去，"使之在其每一表现中带着必须有的中国的特性，即是说，按照中国的特点去应用它"的基本思路和基本方法，在今天的马克思主义中国化的实践中仍然具有现实指导意义；二是从理论发展规律的角度看，领袖和学者之间在思想理论上的相互启发、相互借鉴、相互吸收，是有利于思想理论的创新和发展的⑤。

将艾思奇哲学思想与对马克思主义哲学中国化有重大贡献的人物进行比较研究，有助于形成对艾思奇哲学思想的系统认识，有助于深化"马克思主义哲学

---

① 参见李萍：《简论艾思奇对毛泽东哲学思想的影响》，《延安职业技术学院学报》2009年第4期。

② 参见徐素华：《艾思奇、毛泽东与马克思主义中国化》，《江苏行政学院学报》2008年第1期。

③ 赵小彬：《艾思奇实事求是思想研究及其当代意义》，西南交通大学硕士论文，2004年6月。

④ 石仲泉：《延安时期的艾思奇哲学与毛泽东哲学》，《理论视野》2008年第6期。

⑤ 徐素华：《艾思奇、毛泽东与马克思主义中国化》，《江苏行政学院学报》2008年第1期。

中国化”问题的研究,同时对构建具有中国特色的马克思主义哲学体系也有十分重要的启迪,因而这种研究是很有意义的。学术界首先注重艾思奇哲学思想与毛泽东哲学思想的比较,这是很自然的,也是极为必要的。因为,在马克思主义哲学中国化的过程中,毛泽东、艾思奇这两位无疑是重要的领军人物。但艾思奇哲学思想与毛泽东哲学思想的比较,是一个难度很大而且又极为复杂的课题。就此而言,一是需要对两人哲学体系进行细致的研究,并在此基础上梳理出相同与不同的方面。至于两人的哲学思想是否有承继关系或者在多大程度上继承,一方面有必要加强史料的挖掘,另一方面恐怕还要进行文本的比对。二是需要加强对两人哲学思想的思想、学术资源的比较,这方面不仅需要理论思维与逻辑推导,而且也需要开展实证性的研究,以事实说话,以论据服人。另外,目前学术界主要的还是立足于艾思奇和毛泽东哲学思想之间的比较,还少见与其他历史人物的哲学思想进行比较研究的成果。今后,学术界可以考虑扩大比较研究的范围。譬如,可以就艾思奇与陈唯实、沈志远等 20 世纪 30 年代马克思主义哲学通俗化的代表作一比较。又譬如,可以通过比较的视角来研究艾思奇与李达哲学之间的关系,就艾思奇与李达的哲学思想对毛泽东哲学思想形成的不同影响加以比较的研究。这对研究艾思奇这样一位伟大的马克思主义哲学家,阐发其深厚学术思想的丰富内涵,展示中国马克思主义哲学的内在联系性及反映学者、思想家之间的承继关系或互动关系,应该说是很有益处的。

总之,近十年来学术界对艾思奇哲学思想的研究已经取得了很大的成绩,在艾思奇与马克思主义哲学中国化、艾思奇哲学思想体系、艾思奇的《大众哲学》以及艾思奇与毛泽东比较研究等方面,取得了可喜的成果。本文综述诸多学者的观点,可能挂一漏万;指出今后的研究方向,也许不尽周到。但我们期待,随着中国特色社会主义道路的开辟和马克思主义哲学中国化步伐的加快,艾思奇哲学思想的研究将在不断总结已有成果的基础上开拓前进,取得更加丰富的成果。

(此文与宿士颖合写,原载《淮阴师范学院学报》2011 年第 3 期)

【昔文琐记】这篇《近十年来艾思奇哲学思想研究综述》,是与我的研究生宿士颖合作的,写于 2009 年底。本来是为纪念艾思奇诞辰 100 周年而写的,目的是为艾思奇研究提供学术史,使学术界明白:艾思奇哲学思想的研究已经进展到何种程度,今后又应该怎么做。文章是宿士颖起草的,我作了较大的修改,自认为是一篇较好的研究综述。有个杂志,把此文放了大半年,最后打听后才得知“不用”,于是也就“另投他刊”,在 2011 年发表了。

宿士颖是2011届硕士生,为人低调,但学习和研究上肯下功夫,善于钻研问题。在读期间主要研究毛泽东的社会学思想,硕士论文是《毛泽东社会学思想研究》,计有7万多字。该硕士论文认为,毛泽东是马克思主义社会学思想的实际运用者,将马克思主义社会学基本理论应用于解决中国社会革命和建设中的实际问题,从而形成了有中国特色的马克思主义社会学体系,其社会学思想以把握中国社会发展方向为前提,以指导社会变革、推动社会现代化为目的,同时也体现了理论与实际相结合的优良学风以及与时俱进的优良品质。宿士颖的硕士论文《毛泽东社会学思想研究》,很有学术深度,是一篇优秀的硕士论文。

我带研究生,一般总让他们写个综述,这不仅因为最后的学位论文中需要一个综述,而且还因为撰写综述,确实是研究工作中不可缺少的环节。综述的写法也与一般论文有着不同的路数,需要专门训练。在我看来,写学术综述:一是要花工夫,把现有的重要研究成果搜集起来,并加以系统的梳理;二是要通晓研究史,适当地将研究的时段向前推移,亦即要把握研究对象的历史;三是要有较高的学术见识,不仅要对既有成果给予科学而客观的评析,而且能够为今后的研究工作提出思路,因而需要有一定的学术功力才行。有志于学术研究的年轻人,一定要在写综述上下些功夫,才能使自己的研究工作走到学术的前沿。

2021年1月31日

马克思主义大众化研究的现状及今后的努力方向

“马克思主义大众化”是近年来学术界探讨的一个新鲜话题，在推进马克思主义理论研究深入、探讨马克思主义中国化研究的新路径、宣传中国特色社会主义理论体系等方面，产生了积极的影响。本文试就学术界、理论界关于马克思主义大众化研究的现状作一整体的回顾，并对今后的研究提出自己的思路，以期进一步推进马克思主义大众化问题的研究。

一、马克思主义大众化研究的现状

随着马克思主义中国化历史进程和马克思主义理论研究与建设工程的积极推进，特别是党的十七大提出推动当代中国马克思主义大众化的命题，马克思主义大众化成为近年来学术界关注和研究的重点，并取得了很大的成绩。学术界从不同视角、运用不同方法，对不同时期、不同阶段的马克思主义大众化进行较为深入的研究，其研究成果集中于论述“当代马克思主义大众化”方面。现对近年来学术界对马克思主义大众化的研究成果及理论见解，归纳如下。

（一）关于马克思主义大众化基本内涵的研究

对于马克思主义大众化的基本内涵，郝清杰在《近年来马克思主义大众化研究的反思与展望》中，认为中国学术界关于马克思主义大众化的认识基本上是一致的，即指通过宣传教育，使马克思主义理论由抽象到具体、由深奥到通俗、由被少数人理解掌握到被广大群众理解掌握的过程；而当代中国马克思主义大众化,就是指中国特色社会主义理论体系的大众化[①]。在这一共识的基础上,学者们又从马克思主义大众化的主体层次、内容与形式、方法与途径等角度,探讨其丰富内涵,形成了以下四种主要观点:

1. 主体层次说。李英寅在《当代中国马克思主义大众化的内涵、实践和推进路径》[②]中把大众化的主体分为三个类别:一类是具有一定知识水平和文化素养的理论工作者,包括理论专家、教育工作者、知识分子等;二类主要是中国共产党,以及党的一些主要领导干部、宣传组织等;三类的主体就是普通的人民群众,包括工人、农民、学生和其他劳动者,提出理解马克思主义大众化的内涵要根据大众化主体的层次性。

2. 内容与形式说。余金成在《论马克思主义大众化的政治实现与社会实现》[③]中认为,当代中国马克思主义大众化,从形式上说是指中国特色社会主义理论体系成为人民所喜闻乐见的形式,更有助于其宣传和传播;而从内容上说,则是指它所展示的发展目标、战略设计、运行原则被民众普遍了解、认同和接受。

3. 方法与途径说。杨全海在《马克思主义大众化的价值探析》[④]中认为,马克思主义大众化是指中国共产党人按照人民群众的愿望和需要,使马克思主义具体化、通俗化、群众化,通过一定的方式和形式,使之内化为人民群众内在的理念、信念和行动指南,从而指导群众解决现实中存在的具体问题的过程。马克思主义大众化主要指当代中国马克思主义即中国特色社会主义理论体系的大众化。

4. 特指与泛指说。刘建军在《关于当代中国马克思主义大众化的若干问题》[⑤]中,分析马克思主义大众化这一命题时提出了"泛指"和"特指"的观点,认为马克思主义大众化的内容,"泛指"的就是马克思主义基本原理以及其他方面的马克思主义,而"特指"的就是中国特色社会主义理论体系。笔者认为,马克思主义大众化在提出之时并不存在特指与泛指之说,随着学术研究的深入,许多学者就提出了此类的思维模式。目前的研究在"特指"范围内的较多,殊不知,

---

① 郝清杰:《近年来马克思主义大众化研究的反思与展望》,《毛泽东邓小平理论研究》2010年第7期。

② 李英寅:《当代中国马克思主义大众化的内涵、实践和推进路径》,扬州大学硕士论文,2010年5月。

③ 余金成:《论马克思主义大众化的政治实现与社会实现》,《理论探讨》2010年第1期。

④ 杨全海:《马克思主义大众化的价值探析》,《思想教育研究》2010年第8期。

⑤ 刘建军:《关于当代中国马克思主义大众化的若干问题》,《思想理论教育》2008年第7期。

以历史联系的眼光对马克思主义大众化的研究,必须把马克思主义放在中国社会历史的进程中来考察。

以上四种说法,在探求“马克思主义大众化基本内涵”方面都有一定的道理,但就内涵问题的研究仍然有很大的空间。譬如,“马克思主义大众化内涵”与“当代中国马克思主义大众化的内涵”,这两者应该有所区分。现有研究主要还是侧重后者而不是前者,似有必要在界定“马克思主义大众化”概念的基础上,再具体地探讨“马克思主义大众化基本内涵”。又譬如,分析“马克思主义大众化基本内涵”,注意到“马克思主义大众化”概念在中国共产党历史文献中的本真含义。毛泽东在《反对党八股》文章中,主张“大众化”而反对“小众化”,要求革命工作者特别是党的领导干部要“实地跟老百姓去学”,就是要接触大众的生活与实践,而不能“连三句老百姓的话都讲不来”,“否则仍然‘化’不了的”。可见,有必要从历史与现实相联系的角度认识“马克思主义大众化”的基本内涵,而不能仅仅从现实方面的分析出发。

(二)关于马克思主义大众化与中国化关系的研究

学术界在研究马克思主义大众化时,比较注重马克思主义大众化与马克思主义中国化关系的探讨。这方面的探讨,主要形成了以下几个主要看法:

第一种观点,马克思主义中国化是大众化的开端。如林国标在《马克思主义大众化的基本范式及其演变》①中认为,在中国传播马克思主义,实现马克思主义在中国的本土化,是马克思主义在中国走向大众化的开端。隐含的一层含义就是马克思主义中国化是马克思主义大众化话的开端,而大众化又是其中国化的起点。杨全海在《马克思主义大众化的价值探析》②中认为,要使马克思主义在中国化过程中真正发挥强大作用,从根本上改变中国面貌,还必须使马克思主义大众化。革命年代如此,当代中国的建设阶段亦是如此,让更多的群众掌握这一理论,变为理论的武器,才能在更大范围内发挥马克思主义对中国革命和建设的指导作用。

第二种观点,马克思主义大众化是马克思主义中国化的具体化。如佘君、高正礼在《马克思主义大众化若干问题辨析》③中认为,马克思主义大众化与马克

---

① 林国标:《马克思主义大众化的基本范式及其演变》,《中共中央党校学报》2010 年第 3 期

② 杨全海:《马克思主义大众化的价值探析》,《思想教育研究》2010 年第 8 期。

③ 佘君、高正礼:《马克思主义大众化若干问题辨析》,《安徽师范大学学报》2010 年第 6 期。

思主义中国化,从历史实践来看,二者中的马克思主义在内涵和外延上存在一定的差异。马克思主义大众化中的“马克思主义”,既包括马克思主义中国化中的“马克思主义”(主要是狭义的马克思主义和列宁主义),又包括中国化的马克思主义——毛泽东思想和中国特色社会主义理论体系,同时还包括体现在中国共产党不同历史时期制定的路线、方针和政策中的马克思主义的基本观点、立场和方法。

第三种观点,马克思主义中国化与大众化的前提与目的关系。孙熙国、路克利在《马克思主义大众化的两个基本前提和两条实现路径》①中认为,就马克思主义的发展历程来看,马克思主义大众化是马克思主义中国化的更高阶段。只有在马克思主义中国化的基础上,才能进一步实现马克思主义大众化。马克思主义中国化是马克思主义大众化的前提,马克思主义大众化是马克思主义中国化的本质要求和目的归宿。佘君、高正礼在《马克思主义大众化若干问题辨析》中认为,马克思主义大众化的确是以马克思主义中国化为前提的。但是从历史实际看,马克思主义大众化自五四运动后就开启了历史进程,而是以马克思主义在中国的广泛传播即早期马克思主义中国化为前提,而并非以马克思主义中国化理论成果的诞生为前提。

第四种观点,马克思主义大众化与马克思主义中国化二者交错进行,相互促进。郭艳英在《当代中国马克思主义大众化及其路径选择》②中认为,马克思主义中国化与大众化是同步的,中国化与大众化是马克思主义的必然路径选择。“中国化”是“大众化”的前提和基础,“大众化”又是中国化的目的,“中国化”和“大众化”既不能等同,也不能互相替代,二者应互相促进。

马克思主义大众化与马克思主义中国化的关系是极为复杂的,今后仍然需要进一步加强研究。笔者看法是,第一,研究马克思主义大众化与中国化的关系,应该在马克思主义发展的历史进程之中。因为,无论是大众化还是中国化都存在于马克思主义发展的进程中,都是这一历史进程的基本表征。第二,研究马克思主义大众化与中国化的关系,需要对于马克思主义中国化问题作出科学的研究。如果从“结合”的角度来解读中国化,可以确认的是:马克思主义中国化是马克思主义与中国实际相结合的过程③,则马克思主义大众化也就是马克思

① 孙熙国、路克利:《马克思主义大众化的两个基本前提和两条实现路径》,《马克思主义研究》2009年第2期。

② 郭艳英:《当代中国马克思主义大众化及其路径选择》,《理论月刊》2011年第1期

③ 参见吴汉全:《关于马克思主义中国化研究的几个问题》,《马克思主义研究》2010年第12期。

主义与大众实际生活相结合的过程。这样看，大众化是中国化的题中之义。第三，研究马克思主义大众化与中国化的关系，应该确认社会实践在其中的基础性地位，因为作为社会实践活动的马克思主义大众化运动，其本身就是一种亿万大众参与的社会性的实践活动，这乃是由于“全部社会生活在本质上是实践的”①。今后，可以在这样三个方面进一步深化马克思主义大众化与中国化关系的研究。

（三）关于马克思主义大众化与时代性关系的研究

马克思主义理论具有与时俱进的品质，具有鲜明的时代性特征。就马克思主义发展的历史进程而言，在不同的时代、不同的历史阶段，马克思主义大众化也有着具体的表现形式。历史经验已经说明，在不同的时代及不同历史阶段，推进马克思主义大众化能够为此后的马克思主义大众化积累新的经验。学者们从不同时期对马克思主义大众化进行研究，论证了马克思主义大众化与马克思主义时代性之间的不可分割的关系，阐述了在当今推进马克思主义大众化的时代意义与现实价值。学术界从时代演进的过程来考察马克思主义大众化与时代性的关系，提出了以下几个观点：

第一，五四时期的基本国情为马克思主义的传播提供了合适的土壤，促进了大众化的传播，对当代有重要的借鉴作用。李莹在《五四运动时期马克思主义大众化传播问题研究》②中，从政治、经济方面分析五四运动时期中国的社会性质和主要矛盾，提出马克思主义的传播符合中国的国情和革命实践的需要，促进了五四运动时期马克思主义的大众化传播。对当代马克思主义大众化传播具有很大的借鉴作用：当代马克思主义大众化传播要与我国的国情、党情和社会主义核心价值体系相结合，积极推进马克思主义中国化、时代化、大众化。

第二，中国共产党人在建党初期重视马克思主义的“双化”（即中国化和大众化），推进了马克思主义在中国的新发展。孙卫芳在《建党初期中国共产党对马克思主义大众化的探索》③中指出，不同国家和地区在不同时代，其具体情况和历史任务等现实状况，具有明显的差异性和特殊性。新生的中国共产党要以马克思主义作为自己的指导思想，一开始就必须把马克思主义中国化与中国的工人运动的实际相结合，这一过程是“双化”过程：既是马克思主义中国化的过

① 《马克思恩格斯选集》第1卷，人民出版社1995年版，第56页。

② 李莹：《五四运动时期马克思主义大众化传播问题研究》，长安大学硕士论文，2010年5月。

③ 《求索》2009年第9期。

程，也是马克思主义大众化的过程。只有如此，才能不断地推进马克思主义在中国的新发展，不断推进中国工人运动和中国革命事业的发展，最终实现理论创新与实践创新的良性互动。

第三，中国共产党人在国民革命时期推进马克思主义大众化，为在复杂环境中实现马克思主义中国化提供经验。侯松涛在《十年内战时期马克思主义大众化及其启示》①中，对马克思主义大众化的复杂环境和任务进行分析，论述了此时期实现马克思主义大众化的路径与内容，认为其经验与启示是：以马克思主义中国化的正确取向为前提，以中共领袖的意识与素养为主导，以学术界理论工作者的积极参与和配合为促动。这对处在复杂的国内环境中的中国，继续坚持马克思主义意识形态具有重要的历史意义。

第四，中国共产党在经济建设时期（主要集中在改革开放时期）领导人民认清形势和道路、投身于社会主义经济建设，为凸显马克思主义大众化时代主题打下了基础。汪俊昌在《大力推进马克思主义大众化》中认为，推进马克思主义大众化，必须坚持马克思主义时代化，与时俱进地正确实施马克思主义时代主题和理论重点、中心任务的科学转换，使马克思主义更好地为广大人民群众所接受。又如陶德麟在《关于马克思主义大众化问题》②中认为，如果离开了中国化和时代化孤立地谈论马克思主义大众化，就会使大众化成为抽象的口号；马克思主义大众化的展开离不开时代的特征，离开了时代的特征，离开了大众当前的实际生活和需要，大众化就是一句空口号；因而每一时期的马克思主义大众化，在内容方面必须适应时代的要求。葛瑶，葛恒云在《马克思主义大众化路径的新思考》③中认为，在推进马克思主义大众化的过程中，应立足现实、提出符合时代的问题，应与以改革创新为核心的时代精神相结合，不断赋予当代中国马克思主义鲜明的时代特色、与时俱进地推进理论创新，并用切合时代要求的新思想、新观点、新论断来解决当代中国发展中遇到的新情况、新问题。

总的来说，学术界通过对不同时期马克思主义大众化的研究，论证推进马克思主义大众化的时代意义与现实价值，强调马克思主义大众化与时代性特征之间的内在逻辑。如仲彬在《马克思主义大众化的价值诉求》④中认为，在中国革命与建设的不同时期，马克思主义大众化适应了每一阶段的需要，并在历史进程

---

① 侯松涛：《十年内战时期马克思主义大众化及其启示》，《马克思主义研究》2010 年第 5 期。

② 陶德麟：《关于马克思主义大众化问题》，《红旗文稿》2010 年第 2 期。

③ 葛瑶、葛恒云：《马克思主义大众化路径的新思考》，《扬州大学学报》2010 年第 2 期。

④ 仲彬：《马克思主义大众化的价值诉求》，《南京政治学院学报》2010 年第 5 期。

中凸显了时代性要求;推进当代中国马克思主义大众化,使马克思主义变成人民群众建设中国特色社会主义的"物质力量",就需要用马克思主义指导当下的生活追求,创造和享受中国特色社会主义建设的"公共价值";就需要使大众化的当代要求与人民群众的实践活动结合起来,使中国特色社会主义伟大事业成为人民大众的价值追求和价值取向。

(四)关于马克思主义大众化实现路径的研究

学术界关于马克思主义大众化研究,比较注重大众化实现路径的研究,力图为当代中国马克思主义大众化找到现实可行的途径,显示出强烈的现实关怀。关于马克思主义大众化的具体实现路径,有主张思想宣传的路径,有主张理论创新的路径,有主张社会生活的路径,可谓仁者见仁、智者见智。但在马克思主义大众化实现路径的研究中,也有值得称道的研究视角:

一是语言的视角。这主要是强调语言形式方面的创新,重视大众化话语体系的建构。刘先春,杨志超在《当代中国马克思主义大众化的路径选择》[①]中认为,强调理论宣传中的语言要适合群众,充分考虑广大基层群众的实际理解能力、文化习俗、思维方式及生活习惯。以通俗化的表达方式来推进马克思主义大众化。此外,多样化的普及方式、现代化的传播手段、科学化的效果评价以及专业化的理论队伍,是推进当代中国马克思主义大众化的有效路径。

二是结合的视角。这表现为倡导理论与实践相结合,重视思想政治教育的功用。刘朋在《推进马克思主义大众化的路径思考》[②]中认为,根据思想道德发展规律,按照人们现有的实际思想水平,以科学的方式方法,遵循由点到面、隐性与显性相结合的原则,提高民众的思想素质,推进马克思主义大众化的实现。也有学者从学校教育入手研究,为社会推广提供思路。如李昌锋在《高校推进马克思主义大众化研究》[③]中,提出把理论学习与社会实际紧密结合起来,通过实践环节让学生切身体会到马克思主义理论的真谛与力量;借助榜样的力量,用真人真事来影响大学生的言行。那么,推及到社会亦是如此。因而,要重视群众的自主参与,以重大历史事件为契合点,引起民众的高度关注,将马克思主义实践发展成为一种自觉行为。

---

① 刘先春、杨志超:《当代中国马克思主义大众化的路径选择》,《安徽师范大学学报》2010年第6期。

② 刘朋:《推进马克思主义大众化的路径思考》,《理论导刊》2010年第4期。

③ 李昌锋:《高校推进马克思主义大众化研究》,西北大学硕士论文,2010年6月。

三是主体的视角。这主要是凸显大众化主体的层次性要求，有针对性地提出马克思主义大众化的具体方式。徐国民、李慧星在《关于“推动当代中国马克思主义大众化”若干问题的思考》①中认为，马克思主义大众化基本方法就是要具体地、有针对性地根据“当代中国马克思主义”理论层次性和人们自身差异性的特点，采取灌输和引导相结合的方法，只有这样才能真正做到马克思主义理论的“大众化”。耿士伟在《当代中国马克思主义大众化路经研究》②中，也提出根据主体类别的不同，采取不同的实现路径，有效地实现马克思主义的大众化。

四是传播的视角。这主要是运用传播学理论来研究大众化过程，提出现代化传播手段的路径。孙建昌，徐艳玲在《马克思主义大众化：“化什么”和“怎样化”》③中认为，推进马克思主义大众化，要在理论与实际的结合中深化对马克思主义传播方式的研究，要继续发挥形式多样化的文本传播作用，并交互利用文本、影视、互联网等传统和现代传播手段，多视角、多层面、全方位地推进其大众化传播并形成相应的传播格局。

五是生活的视角。这就是从社会生活的层面来认识马克思主义大众化，提出从民生视角来研究马克思主义大众化的实现路径。如葛瑶，葛恒云在《马克思主义大众化路径的新思考》中，认为还应从大众日常生活领域着手，观照现实，关注民生，发挥思想政治教育的功用，在大众的共同参与下，推进新时期马克思主义大众化。

今后，关于马克思主义大众化实现路径的研究，还可以从这样几个方面进一步予以开拓：一是从社会史的角度考察马克思主义大众化的实现路径。现有研究的结论，比较注重语言形式、宣传方式、理论范式、传播手段等，大致还没有跳出研究工作的政治话语体系。事实上，马克思主义大众化是近现代中国社会之中的马克思主义大众化，本源于当时社会的经济、政治、文化及社会生活，故而研究其实现路径，自然也应该从社会变迁亦即从社会史的视角来进行。这样，所揭示的路径才能与社会演进的实际契合起来，从而增强其与社会生活的关联性。二是将价值理性与工具理性结合起来分析马克思主义大众化的实现路径。现有关于马克思主义大众化实现路径的研究比较重视工具性，而对于大众化路径的

---

① 徐国民、李慧星：《关于“推动当代中国马克思主义大众化”若干问题的思考》，《求实》2009年第5期。

② 耿士伟：《当代中国马克思主义大众化路经研究》，河南理工大学硕士论文，2010年6月。

③ 孙建昌、徐艳玲：《马克思主义大众化：“化什么”和“怎样化”》，《山东社会科学》2010年第10期

价值理性则考虑不够,因而对于实现路径的认识也就有失之偏颇的地方。这就需要在研究马克思主义大众化实现路径时,将价值理性与工具理性结合起来,不仅要注意到其“形而下”层面,而且更要注意研究和凸显其“形而上”的意义与价值。三是将现实与历史对接把握马克思主义大众化实现路径的整体性。应该指出,学术界关于马克思主义大众化实现路径的研究,基本上还是研究的“当代中国马克思主义大众化的实现路径”,因而其结论很难涵盖和说明整个的“马克思主义大众化”的实现路径,因而需要将现实与历史对接、从整体的视域研究马克思主义大众化的实现路径。四是构建马克思主义大众化实现路径的方法论体系。现有研究具象性较强、对策性显著,但如果不从哲学方法论上有所提升,就很难使马克思主义大众化实现路径的研究上升到理论的高度,因而需要构建方法论体系,在理论思维上提升路径研究的水准。

二、马克思主义大众化研究的努力方向

学术界对马克思主义大众化的研究,诠释马克思主义大众化的内涵,揭示了马克思主义大众化与马克思主义中国化、时代性之间的关系,论证了马克思主义大众化的时代意义与现实价值,探析了马克思主义大众化实现的基本路径,取得的成绩是有目共睹的。今后,进一步推进马克思主义大众化的研究,可以从以下几个方面加以努力:

(一) 马克思主义大众化与中国特色社会主义理论体系构建关系的研究

符合现实的需要、时代的要求,与时俱进地推进马克思主义在中国的创新和发展,是开展马克思主义大众化研究的起点。在当代中国,推进马克思主义大众化进程,就必须重视对当代中国的马克思主义——中国特色社会主义理论体系的学习与实践。只有充分理解和把握中国特色社会主义理论体系的科学内涵和实践本质,我们才能正确地推进中国特色社会主义现代化建设的历史进程。当代中国马克思主义大众化的主要内容是中国特色社会主义理论,而大众化又为这一理论体系的构建提供理论条件和实践基础。推动当代中国马克思主义大众化,开展中国特色社会主义理论体系宣传教育活动,用当代中国马克思主义引领方向、凝聚人心、鼓舞斗志,树立中国特色社会主义共同理想,掌握当代中国马克思主义认识世界、改造世界的强大思想武器,这也是构建中国特色社会主义理论

体系核心内容的基本任务。随着中国特色社会主义现代化建设不断取得举世瞩目的新成就，中国特色社会主义理论体系也必然在全球化历史进程中走向世界。对二者关系的切实研究，对于丰富马克思主义中国化的理论成果，对于推进马克思主义中国化进程具有重要的实践意义。在马克思主义大众化深入研究的基础上，中国特色社会主义理论体系在完善之中日益大众化，并不断赋予其鲜明的实践特色、民族特色、时代特色。

（二）马克思主义大众化与思想政治教育结合的研究

马克思主义是当代中国的主流意识形态，开展马克思主义大众化研究就必须与当代中国马克思主义的宣传教育工作紧密结合起来，深入回答马克思主义在中国发展所面对的重大理论问题和实际问题，使马克思主义在研究和宣传中转化为人民的自觉追求。中国共产党自诞生之日起，就重视思想教育的工作方法，通过政治活动、高校讲坛、工人夜校、报纸杂志、通俗读物、社会团体等宣传马克思主义基本理论，在人文社会科学领域兴起马克思主义通俗化、大众化运动，正确处理普及与提高、学术研究与理论宣传的关系，积极地做好意识形态的工作，从思想上巩固其群众基础，扩大了马克思主义在中国社会中的影响力、确立了马克思主义在变革中国社会中的指导地位。当前，马克思主义大众化的研究也离不开思想政治教育，学术界和理论界对二者结合的研究取得一定的成绩，今后仍需进一步强化这方面的工作。在高校推进马克思主义大众化，对大学生开展思想政治教育，要积极探索用社会主义核心价值体系引领社会思潮的有效途径，切实地把社会主义核心价值体系融入国民教育和精神文明建设的全过程，从而探讨对特定群体实现马克思主义大众化的有效路径。由于新时期社会所处转型期对人们思想的冲击，有必要加强马克思主义理论的教育，将马克思主义大众化研究作为推进思想政治教育的重要手段，强化全社会成员对马克思主义信仰，抵制各种自由主义思想的侵蚀，发挥马克思主义大众化研究在思想政治教育中的引领作用，让当代中国马克思主义放射出更加灿烂的真理光芒。

（三）从马克思主义中国化的进程深化马克思主义大众化研究

把马克思主义放在中国化的进程中来研究其大众化，认识到马克思主义大众化与马克思主义中国化之内在统一关系，这是必须确立的研究视角。自然，在世界范围内来看，马克思主义大众化也不全然是中国化问题，但在中国的历史条件下来研究马克思主义大众化，则必须紧密联系马克思主义中国化的历史进程。

马克思主义自传入中国以后，就逐步地与中国实际相结合，实现其本土化的过程。从理论上说，马克思主义首先必须被广大人民群众接受理解，才能发挥其应有的作用。这一过程是马克思主义中国化的过程，亦是其大众化的过程。对马克思主义大众化的研究，学者们的研究工作基本上集中在当代，这是对其研究对象的具体化，因而是应该肯定的。但马克思主义大众化既是现实的运动，也是历史的过程，因而需要将现实与历史对接起来，把马克思主义放在历史进程中来研究其不同时期的大众化，这不仅有助于全面显现马克思主义大众化的整体面貌，而且对研究当代中国的马克思主义大众化具有重要的历史启示。我们应该基于现实的要求，同时也应该以历史的视角，在马克思主义中国化的进程中来研究马克思主义大众化。

（四）以马克思主义发展的三维视角研究马克思主义大众化

马克思主义是发展的、变化的，并且是在三维之中前进的。所谓“三维”，一是指在空间上延伸，亦即在各个民族各个国家的发展，这就是马克思主义的本土化（民族化），在中国就是马克思主义的中国化，在俄国就是马克思主义的俄国化；二是指在时间上的延续，亦即在不同的历史时段的创新与拓展，与时代特征相结合中实现历史性飞跃，在过去有经典的马克思主义，在现代有现代的马克思主义，在当代有当代的马克思主义；三是指在实践中的推陈出新，亦即以马克思主义指导实践，又依据新的实践不断发展马克思主义，一方面在空间上拓展而推进本土化，另一方面在时间上继续而推进时代化。在三维之中看待马克思主义大众化，就能看到其与本土化、时代化的内在关系，这对于马克思主义大众化研究的深化是有积极意义的。

（五）加强马克思主义大众化基本原理的研究

马克思主义大众化研究要取得大的突破，必须上升到基本原理的研究。这是因为，基本原理是马克思主义大众化研究中的核心性内容，是马克思主义大众化体系中具有真理性的科学内涵。在笔者看来，马克思主义大众化的基本原理，可以予以这样的简要概括：（1）马克思主义大众化是马克思主义发展的基本表征，没有马克思主义的大众化也就没有马克思主义的发展和创新，因而马克思主义大众化是马克思主义发展的重要一环。（2）马克思主义大众化就其演进的历程来看，有着本质的、共同性的方面，但在不同的国家、不同的民族、不同的历史阶段中，也有其各自的特点及独特的发展道路，因而马克思主义大众化体现着普遍性与特殊性的统一。(3)马克思主义大众化奠定在广大人民群众的社会实践的基础上,社会实践与社会生活是马克思主义大众化的源泉和动力,无产阶级政党在其中处于领导的地位和指导的作用。(4)马克思主义大众化与马克思主义民族化、时代化是相统一的,统一的基础是社会实践。一方面,大众化必须体现民族化并且是民族化的实现形式;另一方面,时代化提升大众化的层次并且是大众化得以持续推进的条件。从研究工作的过程来看,基本原理的研究既是马克思主义大众化研究的基础性工作,又是马克思主义大众化研究取得一定成果基础上的进一步升华,因而需要作为重点问题予以深入研究并加以说明和阐释。

(六)深化马克思主义大众化基本形态的研究

学术界对于马克思主义大众化研究,在目前之所以难以有大的突破,一个重要的原因是对马克思主义大众化基本形态缺乏应有的认知。道理很简单,如果对于马克思主义大众化基本形态的理解不甚了了,所谓马克思主义大众化的内涵,大众化与中国化、时代化的关系,大众化的实现路径等,都不可能得到切实的解决。在笔者看来,马克思主义大众化有其基本的形态,而在中国则大致有三种基本形态。从马克思主义的演进历程来看,由于不同的历史阶段有不同的马克思主义,不同的国家、不同的民族也有着马克思主义的具体运用,因而马克思主义大众化随着时代和地域也就有不同的形态。就世界范围而言,马克思主义大众化是在本土化、时代化的进程中体现出来的。就马克思主义在中国的发展而论,马克思主义大众化有三种基本形态:一是经典马克思主义的大众化,这主要是指 20 世纪 30 年代的马克思主义大众化运动,艾思奇、沈志远、陈唯实等作出了突出的贡献。二是毛泽东思想的大众化,这主要是指毛泽东思想形成之后至改革开放前的毛泽东思想大众化,刘少奇、周恩来等党和国家领导人及一批马克思主义学者如胡绳、艾思奇、李达等对此作出了重要的贡献。三是当代马克思主义的大众化,这主要是指党的十一届三中全会以后在创建中国特色社会主义理论过程中所开展的马克思主义大众化运动,党和国家领导人邓小平、江泽民、胡锦涛以及当今一批人文社会科学的学者和理论工作者对此作出了重大贡献。自然,在中国的历史条件下的马克思主义大众化的形态,既有前后的承启关系,又有其时代的主流,但也不是就截然分开的。譬如,在毛泽东思想大众化形态的阶段,经典马克思主义大众化也在继续着,并且已经开启中国特色社会主义理论的探索工作,新中国成立以后毛泽东、刘少奇、周恩来对中国社会主义的探索就是显著的例证。又譬如,在当今马克思主义大众化的历史阶段,仍然存在着经典马克思主义大众化、毛泽东思想大众化,并且不断成为当代中国马克思主义的思想资源。对于马克思主义大众化形态问题,需要学术界予以深入的研究。

(七)加强马克思主义大众化的体系性研究

马克思主义大众化需要予以体系的研究,这是"因为'体系'产生于人类精神的永恒的需要,即克服一切矛盾的需要"。固然,由于"体系"的需要,不可避免地有其"强制性的结构",但我们如果把这些结构看作是"建筑物的骨架和脚手架","只要不是无谓地停留在它们面前,而是深入到大夏里面去,那就会发现无数的珍宝,这些珍宝就是在今天也还保持充分的价值",我们也就能够"走出这些体系的迷宫而达到真正地切实地认识世界的道路"①。从体系的角度研究马克思主义大众化,需要研究这样的问题:马克思主义大众化条件;马克思主义大众化目的;马克思主义大众化资源;马克思主义大众化动力;马克思主义大众化过程;马克思主义大众化环境;马克思主义大众化路径;马克思主义大众化特征;马克思主义大众化层次;马克思主义大众化载体;马克思主义大众化绩效。以"马克思主义大众化体系研究"为题,主要研究马克思主义大众化的基本层次结构,描述和建构关于马克思主义大众化的结构系统,揭示马克思主义大众化内在的各个子系统及其相互关系,以建立关于马克思主义大众化研究的体系性结构,为马克思主义大众化的系统实施建立一个切合实际的认知体系和知识体系。

马克思主义大众化研究是一项具有实践性、现实性的重大课题,对中国的社会发展、主流意识形态的巩固以及国民价值观的构建有着至关重要的意义,值得人文社会科学领域相关学者的学术协同攻关,以取得马克思主义大众化研究的进步。本文只是就学术界马克思主义大众化研究的现状做了初步的梳理,并提出了今后的努力方向,希望能够为推进这项研究工作产生一点作用。

(此文与王飞合写,原载《淮阴师范学院学报》2012年第3期)

【昔文琐记】这篇《马克思主义大众化研究的现状及今后的努力方向》,是与我的研究生王飞合写的。当时,大众化研究是马克思主义理论界研究的一个热点,出现了新的研究态势,故而作了这个"综述"。

我一直认为,马克思主义大众化是讲马克思主义的创新和发展问题,不是讲如何对大众进行马克思主义教育问题。现行学术界,大多认为马克思主义大众

① 《马克思恩格斯选集》第4卷,人民出版社1995年版,第219—220页。

化就是如何教育大众、使大众接受马克思主义，论述的其实不是“马克思主义大众化”，而是“大众马克思主义化”。这里的主要错误，一是忽视了大众在创造和发展马克思主义过程中的主体地位，在精英意识的支配下将大众视为有待灌输的对象，在根本上违背了历史唯物主义的基本原理。二是违背了理论来源于实践的观点，将理论归结为少数先知的创造，不知道理论来源于实践特别是来源大众的社会实践和社会生活。固然，理论需要知识精英来概括和提升而形成理论体系，但知识精英之所以能这样做，必须始终是密切联系大众的社会实践，以大众的实践为基础、为前提。离开大众，我们将一事无成。在我看来，马克思主义大众化就是马克思主义与大众实际相结合，运用大众的实践和社会生活的经验来发展马克思主义，是马克思主义的创新和发展的过程。

王飞是2012届的硕士生，基础很好，具有较好的理论思维能力和文字功夫，写出的文章很像样子。在读期间，她主要研究马克思主义大众化问题，硕士论文是《马克思主义大众化的科学含义、基本特征及推进路径》。该文认为，“大众化”的含义主要是生成于中国现当代的文化语境之中，与中国共产党推进马克思主义中国化的政治实践密切相连。具体而言，马克思主义大众化是在马克思主义中国化的进程中，大众在中国共产党领导下所进行的实践活动，本质上是马克思主义与大众实际相结合的过程，其结果是促进了马克思主义在中国的创新和发展。正是在现当代中国社会的变迁中，马克思主义大众化显现出大众性、实践性、过程性、民族性、科学性、创新性等诸多特征，成为我们这个时代前进的重要表征。王飞是个聪明人，不仅非常勤奋，善于下苦功夫，而且具有较好的理论思维，在这一届硕士生中属于出类拔萃的。她的硕士论文是有创见的学术论文，在答辩的时候得到专家的一致好评。

2021年1月31日

近二十年来行政裁决制度研究综述

行政裁决作为学术用语是在20世纪就开始流行起来了。在中国,自20世纪80年代以来,随着我国行政学、行政法学等学科的发展以及国家行政活动的进步,行政裁决制度开始建立起来。从学术研究的角度来看,行政裁决制度研究是近二十年来中国行政法学和行政学领域的一个重要热点,出现了一些有价值的成果,并显现出新的研究趋向。这为今后的研究工作奠定了重要的学术基础。本文试就此进行学术综述,希望能对深化行政裁决制度的研究产生有益的作用。

一、关于行政裁决的含义、性质及特征的研究

行政裁决是行政法学中的专门术语,在整个行政法学体系中具有基础性的地位;即使是在行政学、管理学中,也常常会涉及这一概念,因而在不少的有关学术论文中出现的频率也比较高。但由于中国的行政法学总体上处于初创阶段,学术积累相对不足,再加上学者们研究的视角不同或认识上的差异,因而学者们对行政裁决的含义、性质及特征的认识有着显见的不同甚至是有很大的分歧。

1. 关于行政裁决概念的界定。学术界关于行政裁决概念的定义不尽相同,由于对行政裁决的认识有广义和狭义之分,因而出现了具有代表性的两种说法,我们可称之为"行政司法"说和"行政行为"说。

——"行政司法"说。这是从广义上来界定行政裁决的,强调行政裁决的司法性及其在法律上的地位,认为行政裁决即"行政裁判"①;这种观点主张从司法的角度上来理解"行政裁决",认为行政裁决在实质上就是"行政司法",由此,裁

① 胡建淼主编:《行政法教程》,杭州大学出版社1990年版,第177页。

决的对象既包括民事纠纷也包括行政争议①。还有学者主张行政裁决的范围还应进一步扩大一些,认为行政裁决不仅包括民事纠纷和行政争议,而且还应该直接运用准司法程序对相对人实施制裁或者提供救济②。从广义上认为行政裁决即行政司法,这种观点在行政学界虽然不普遍,认同者也不很多,但却有一定的影响。

对“行政裁决”作出“行政司法”的解释,肯定了行政裁决的法律意义,对于树立行政裁决的权威自然会有积极的影响。问题是,“行政裁决”主要是作为“行政学”的专门术语出现的,并且是整个行政活动中的有机构成部分,但是否是“裁判”或“司法”行为,还缺少相应的法律依据。仅就法律用语的严谨性而言,“裁决”与“裁判”似乎也不一致。

——“行政行为”说。这种观点大致都肯定行政裁决的对象仅限于民事纠纷,是一种具体的“行政行为”,但由于对这种“行政行为”的主体、客体、内容、过程及得以进行的条件有不同的看法,因而在表述上亦有很大的差异。大致看来,关于行政裁决的“行政行为”说,有这样几种具有代表性的观点:一是认为行政裁决是指行政机关依法裁决民事纠纷的行为方式③;二是认为行政裁决是指行政机关对合同以外的与其管辖事项有关的民事纠纷的裁决④;三是认为行政裁决是指国家行政主体根据法律的授权,以第三者的身份依据一定的程序,裁决平等主体之间与行政管理相关的民事纠纷的行为⑤;四是认为行政裁决是指行政主体依据法律授权,对平等主体之间发生的、与行政管理活动密切相关的、特定的民事纠纷进行审查并作出裁决的具体的行政行为⑥;五是认为行政裁决是指行政主体依据法律规定或当事人的依法申请,对与其行政职权有关联的民事纠纷作出具有法律效力的具体行政行为⑦。

关于“行政裁决”的“行政行为”诠释,虽然都在裁决对象是“民事纠纷”及裁决性质是“行政行为”上具有一致性,但在一些具体的方面实际上有着不小的分歧:(1)行政裁决的主体是“行政机关”还是“国家行政主体”,这里的两个概

① 龙强:《刍议行政裁决行为》,《法学与实践》1992年第6期。
② 马怀德:《行政裁决辨析》,《法学研究》1990年第6期。
③ 应松年主编:《行政法学教程》,中国政法大学出版社1988年版,第362页。
④ 张树义主编:《行政法学新论》,时事出版社1991年版,第174页。
⑤ 王连昌主编:《行政法学》,中国政法大学出版社1994年版,第285页。
⑥ 罗豪才主编:《行政法学》,北京大学出版社1996年版,第249页。
⑦ 张志勇、林学飞:《行政裁决浅论》,《中共浙江省委党校学报》1998年第6期。

念显然是有所差异的，至少在内涵和外延上不完全一致，尤其是作为法律用语时更是这样。(2)在行政裁决的主体确定之后，采取的行政裁决行为是否一定要有“依据法律授权”这一特定条件，亦即行政主体是否在任何情况下的行为都是得到法律的认可，如“是”则其行为具有法律行为，如“非”则其行为的合法性就受到质疑。与此相联系，如果平等主体(当事人)之间的民事纠纷业已存在，但并未提出任何申请，国家行政主体或国家行政是否有义务必须予以行政裁决。(3)行政裁决的对象既然是“民事纠纷”，那么这种“民事纠纷”是否是没有其他特殊范围限制的“民事纠纷”，或者仅仅是在平等主体之间发生的并且“与行政管理活动密切相关的、特定的民事纠纷”，这实在是需要细致研究的问题。(4)“行政裁决”既然是一种对民事纠纷作出的“行政行为”，那么这种“行政行为”之过程是否就只是“裁决”的过程，有没有“裁决”之前的“取证”、“审查”等相关的环节；又，行政裁决作为“行政行为”，就其性质而言是一种“具体的”行政行为，还是一种“一般的”行政行为，其法律效果到底如何？

2. 关于行政裁决性质的研究。在国外学术界，关于行政裁决性质的认识也存在着分歧，但一般是将“行政裁决”作为一种“准司法行为”，而不认为其是具体的行政行为，其目的在于避免行政裁决的行政干预，从而在法律上来规范行政裁决程序，更有效地为当事人提供有效的救济。在中国学术界和理论界，对行政裁决性质的认识也很不一致，在一些文章或专著、教材中，对行政裁决性质的界定也往往是模糊不清。如大多数观点认为行政裁决是行政行为，但不具体地说明是属于什么性质的行政行为；也有观点只是泛泛地认为行政裁决是行政活动，或是认为行政裁决即行政司法制度。近年来学术界对行政裁决的性质注意研究，并在行文的表述中注意区分行政裁决与其相关概念的关系。

有的学者通过较为深入的研究认为，“根据划分抽象行政行为和具体行政行为的标准”来研究行政裁决的性质，则行政裁决在性质上是“行政主体针对特定的人或事作出的，一次性适用的具有法律效力的特殊具体行政行为”①。也有学者对“特殊的具体行政行为”进行学理的解释，认为“具体行为”表现为行政裁决是行政机关依据法律授权来行使行政权力的，对行政相对人的权利和义务同样产生影响，具有一般具体行政行为的构成要件；而之所以成为“特殊的具体行政行为”，是因为行政裁决是裁决与行政管理相关的特定民事、经济纠纷，因而

① 王育君:《论行政裁决的性质及起诉途径与审理》,《人民司法》1994 年第 10 期。

是具体行政行为的一种特殊形式，不同于一般的具体行政行为①。也有学者对“特殊的具体行政行为”进行学术上的充分论证：首先，行政裁决是一种具体行政行为，是行政主体针对特定的人或事实施的具有法律效力的行政行为，这就既区别于以不特定的人或事为对象的具有普遍约束力的抽象行政行为，又有别于以中间人的第三方对当事人之间民事纠纷进行调解、仲裁等非行政行为；其次，行政裁决是一种特殊的行政行为，所谓特殊是因为它是以当事人之间业已存在纠纷或争议并大多经当事人申请为前提，如当事人之间不存在纠纷或除法律法规外当事人并未提出申请，行政机关不能主动实施裁决；最后，行政裁决的对象是与行政管理相联系的民事纠纷，而不是单纯的行政争议②。

3. 关于行政裁决特征的研究。由于学者们对行政裁决的含义、性质等认识的不同，也由于研究者研究视角的差异性和关注重点的不同，因而对行政裁决所具有特征的概括就有很大的差异。大致说来，理论界和学术界关于行政裁决特征的研究，形成了这样两种具有代表性的观点：

——“三特征”说。有学者认为，行政裁决的特征表现在三个方面，一是行政行为的特征，这表明“行政裁决是具体行政行为”，亦即行政主体行使行政职权作出的具有法律效力的裁决行为，而这种行为又符合具体行政行为的单方性、职权性、强制性等特点；二是依法申请的特征，即行政裁决必须以行政相对人提出申请为前提，这是对行政相对人自主选择救济的尊重；三是准司法性的特征，即行政裁决解决与行政管理密切相关的特定民事纠纷，发挥了行政主体对社会的有效管理，其作出的裁决具有法律效力③。

——“四特征”说。学术界的不少学者倾向于认为行政裁决的特征主要体现在四个方面，主张以“四特征”来予以概括和说明，但在具体的阐述上又各不相同，于是又形成以下三种观点：

第一种观点主张，应该根据行政裁决的性质来确定行政裁决的特征，并从法制精神贯彻到行政裁决中，来对行政裁决的特征进行分析和阐述，认为行政裁决的特征有四：一是行政裁决必须是依法享有行政裁决权的行政主体的行为，二是行政裁决必须以业已存在的争议或纠纷并大多由当事人依法提出申请为前提，三是行政裁决是由行政主体依照法律规定或当事人对与行政管理有一定关联的

① 冯中锋：《行政裁决制度之研究》，《湛江师范学院学报》1999 年第 4 期。

② 张志勇、林学飞：《中共浙江省委党校学报》1998 年第 6 期。

③ 茅铭晨、李春燕：《行政裁决法治化研究》，《行政论坛》2003 年第 2 期。

民事纠纷作出的具体行政行为,四是行政裁决具有法律效力①。

第二种观点主张,应从行政裁决的行为特征及其相关的法律关系,来对行政裁决的特征进行新的概括,认为行政裁决的特征主要体现在这样四个方面:一是具体行政行为的特征,表现为行政裁决权是行政机关在现代行政法的要求下所拥有的一项新职权,由此行政裁决行为则是行政主体以民事争议的双方当事人作为相对方的、针对特定的人和特定的事作出的具体行政行为;二是行政裁决法律关系主体的三方性特征,即行政裁决的法律关系是由行政裁决的主体、民事争议双方当事人三方构成,体现了"主体的三方性以及三方之间关系的特殊性",由此行政裁决需遵守特殊的实体规则和程序规则,并使得行政裁决既不同于只用两方行政主体的普通行政行为,又区别于存有三方主体的诉讼行为;三是行政裁决客体的特殊性特征,亦即行政裁决的客体只是与行政管理活动密切的民事权益纠纷,并非所有的民事纠纷都可以作为行政裁决的对象,解决民事纠纷的最后屏障是司法权而不是行政权;四是具有特殊的司法行为特征,其裁决的程序属于准司法程序,必须遵循司法规则,但作为行政行为又应依据一般的行政程序②。

第三种观点主张,应该从"行政裁决不同于一般的具体行政行为"方面入手,对行政裁决特征进行细致的概括,据此认为行政裁决有这样四个特征:一是行政裁决"在意志上仍具有行政主体意志的单方性",亦即行政裁决体现的是国家实施行政管理的意志,仅反映行政主体单方意志,而不是当事人与行政主体意志一致的结果,更不是平等主体双方当事人的一致意志;二是行政裁决"在法律效果上具有强制性",这是说行政裁决虽然是体现行政主体的意志,但行政主体是根据国家法律而实施裁决的,实质上反映的仍是国家的意志,因而这种裁决具有较强的强制性,表现为行政主体有权依法采取强制执行或申请法院强制执行裁决;三是行政裁决"在形式上具有准司法性",这是由于行政裁决是行政主体以中间人的身份作为评断者,以事实为根据、以法律为准绳来裁断平等主体之间的纠纷,其裁决程序不同于一般行政程序,而接近于司法程序,因而使行政裁决具有准司法行为或行政司法行为的特征;四是行政裁决"在解决纠纷上具有非终局性"的特征,这是因为行政裁决原来是由司法管辖的事项,通过立法授权行政机关管辖而转化的行政职能,因而设置了行政裁决须接受司法审查的制度,即

① 张志勇、林学飞:《中共浙江省委党校学报》1998 年第 6 期。

② 彭云业、张慧平:《论行政裁决》,《理论探索》2000 年第 5 期。

司法最终裁决的原则,如此行政机关对平等主体间纠纷的裁决,除法律另有规定外均非最终决断①。

行政裁决的含义、性质及特征的研究之所以出现以上的各种意见,大体上有三个方面的原因:一是学者们在借鉴和吸收西方学术界研究成果时有着认识上的不同,二是学者们对行政裁决这一概念是在行政法学还是在行政管理学使用所出现的分歧,三是学者们进行内涵分析以及理论概括和学术抽象的思路不同,由此就必然对行政裁决的含义、性质及特征等一系列问题,存在不同的意见。在笔者看来,鉴于行政裁决的含义、性质及特征的研究在行政法学中处于基础性地位,应该设定一个大致能够使不同的学者相对同意的标准和研究途径,这样可使研究工作向前推进一步。

二、关于行政裁决的范围、程序及与行政诉讼关系的研究

近年来,中国学术界对行政裁决制度的研究已经从过去单纯的概念界定向行政裁决的理论研究方向转变,注重行政裁决的学理性探讨和理论层面的分析,在行政裁决的范围、行政裁决的程序以及行政裁决与行政诉讼关系的研究等方面,取得了一些可喜的成果。具体来说,有以下方面:

1. 关于行政裁决范围的研究。有的研究者鉴于我国现行法律法规仅规定了权属纠纷、损害赔偿、侵权行为等方面可以提起行政裁决的事实,认为应该规定行政裁决的具体范围,明确哪些特定的民事、经济纠纷可以进行行政裁决;主张为适应行政管理活动日益扩大的需要,借鉴外国的先进经验扩大行政裁决的范围,具体来说是增加税收方面的裁决、劳动就业的行政裁决、下岗工人再就业的裁决、邮电通信的裁决、保险裁决等②。也有不少学者认为,随着行政管理活动范围的扩大,扩大行政裁决的范围是理所必然的,因而主张"制定统一的行政裁决法,扩大行政机关对民事纠纷的管理范围",因为"法律法规对行政机关未予明确的授权,行政机关是无权管辖的,否则即可能构成越权而违法"③。但也有

① 王育君:《论行政裁决的性质及起诉途径与审理》,《人民司法》1994年第10期。

② 冯中锋:《行政裁决制度之研究》,《湛江师范学院学报》1999年第4期。

③ 张志勇、林学飞:《中共浙江省委党校学报》1998年第6期。

学者不同意这样的看法,认为应该对行政裁决的范围有所"限制",其理由是:行政裁决不是对任何民事纠纷都可以进行裁决,在法院诉讼与行政裁决的关系上,应以法院诉讼为原则,行政裁决为例外,行政裁决仅限于与行政管理有关的、技术性、专业性较强的民事纠纷,且必须由法律作出特别规定。法律规定以外的,皆需要通过法院诉讼解决。并且,法律规定需要进行行政裁决的,裁决程序应为诉讼前置程序。而根据我国社会现实的需要以及行政裁决独有的特点,可将"专业技术性和政策性较强的民事争议"、"与行政行为密切交织的民事争议"以及"其他与行政管理活动有关的民事争议"列入行政裁决的范畴①。

2. 关于行政裁决程序的研究。一个公正的裁决必须由一个公正的机构按照公正的程序作出的,这是正当法律程序的基本要求。而我国目前没有统一明确的行政裁决程序,各个行政机关依据具体行政管理工作的不同情形,或依一般行政程序进行裁决,或借鉴司法程序进行裁决,或自行制定一套程序进行裁决,没有统一的规范性和操作性。有鉴于此,学术界和理论界就行政裁决的程序问题引起高度的重视。有的学者从行政裁决公正性出发,认为保持行政裁决的程序公正应注意这样几点:一是除非没有替代机关,裁决机关不得是作出行政行为的机关;二是裁决人员对于具有利害关系的案件应当回避;三是行政裁决的审理方式原则上是公开听证或开庭审理;四是行政最终裁决仅是指行政程序的终结,仍然可以对该裁决行为起诉;五是要建立行政裁决的律师代理制度②。有的学者主张将行政裁决的程序可分为简易程序和一般程序:对于双方当事人比较简单的纠纷,如果事实清楚,证据确凿,双方基本没有什么争议,则可以采用简易裁决程序,由行政裁决员采取书面裁决的方式进行裁决;而对于较为复杂的案件则采取一般行政裁决程序,包括七个步骤:(1)申请;(2)受理;(3)正式裁决前的准备;(4)调解;(5)听证;(6)正式裁决;(7)执行③。也有学者认为,行政裁决的程序应该包括裁决前的"听取纠纷双方当事人的意见"的过程;应该首先适用简易程序作出裁决,以便给予纠纷双方的当事人提供口头或书面陈述意见的机会;如果纠纷双方当事人对行政机关依据简易程序所作出的行政裁决不服而提出申诉,行政机关应再根据严格的一般程序重新作出行政裁决,即为纠纷双方当事人提供互相对质的机会,以技术鉴定结论及对双方辩论和反驳所作的记录为依据

① 孙明:《关于完善我国行政裁决制度若干问题的思考》,《法制与社会》2008 年第 11 期。

② 沈开举:《WTO 与我国行政裁决制度公正性研究》,《中国法学》2002 年第 5 期。

③ 冯中锋:《行政裁决制度之研究》,《湛江师范学院学报》1999 年第 4 期。

作出行政裁决[①]。也有学者鉴于我国行政裁决程序并无统一规定的实际，认为不能要求行政裁决程序的每个活动都依法进行，“在法律、法规及规章并没有对行政裁决的程序作出特别要求的情况下，只要其不违反常理，就应认定其程序合法，而不宜过于苛求”；但对于“先裁决后取证”、“剥夺当事人申辩权”、“严重违反内部规章以下规范性文件设定的合理程序规定，可能使裁决发生错误的”三种情况，应视为违反法定程序[②]。

3. 关于行政裁决与行政诉讼关系的研究。有的学者根据我国现行法律与规定上的问题，认为行政裁决毕竟是一种特殊的行政行为而不是一种法律行为，因而主张“应在法律、法规中规定对行政裁决不服可以提起行政诉讼”，认为这样“不仅可以解决行政管理相对人对行政裁决不服时，能够通过向人民法院提起诉讼的方式纠正错误或不当的行政裁决，也可以避免当事人只知道可以提起诉讼，而不知道提起何种诉讼的困惑，有利于保护当事人的合法权益”[③]。有学者指出，行政裁决具有“非终局性”，人民法院对行政裁决具有“司法变更权”，这是因为：法院对于行政裁决的变更权不存在司法权侵犯行政权的问题，行政裁决在解决纠纷上的非终局性特点使法院有行使变更权的理论依据，行政裁决在行政程序中的准司法性特点为法院对其行使变更权提供了事实基础，人民法院对行政裁决案件的审理特点要求赋予其司法变更权[④]。研究者普遍认为，法院对于行政裁决案件司法变更权的行使十分必要，这不仅因为行政行为不但需要做到形式合法还要做到实质合法，而且因为行政裁决解决的争议多是民事争议，这类争议一般涉及多方当事人，并且争议通常持续多年，因而法院在案件事实清楚的基础上，直接依据法律改变原行政行为，“可以避免发回行政机关重新作出行政行为可能出现的波折，可以减少程序运作的成本，符合诉讼经济原则”[⑤]。但也有学者不同意这样的看法，认为这种“主张不服行政裁决，应就原纠纷双方为当事人，提起民事诉讼来解决”的意见在实践中是“弊大于利”，其理由是：这样做的结果，一是“剥夺了部分纠纷当事人的诉讼权”，二是“无法理顺民事与行政之间各自的法律关系”，三是“不利于健全法律监督体系”，四是“不仅不能提高效

---

① 宫桂芝：《行政裁决法治化的思考》，《学术交流》1999 年第 1 期。

② 王育君：《论行政裁决的性质及起诉途径与审理》，《人民司法》1994 年第 10 期。

③ 冯中锋：《行政裁决制度之研究》，《湛江师范学院学报》1999 年第 4 期。

④ 江怀玉：《对行政裁决的司法变更权应属谁》，《中国律师》2002 年第 10 期。

⑤ 周佑勇、尹建国：《我国行政裁决制度的改革和完善》，《法治论坛》2006 年第 5 期。

率，相反却损害法律的尊严”，因而主张通过“建立行政附带民事诉讼制度”来解决①。

以上的简要叙述表明，学者们在行政裁决的范围、行政裁决的程序以及行政裁决与行政诉讼关系的研究等方面是很有见地的，对于进一步深化行政裁决的研究有着重要的学术意义。为了推动行政裁决的范围、行政裁决的程序以及行政裁决与行政诉讼关系的研究，今后学术界似乎要注意到这样几个方面：一是既要注重学理性分析又要注意到现实的制度设定，亦即要在遵循学理的前提下研究现行条件下的行政裁决问题，因为如不遵循学理则无从谈到研究，而不注意到现实的制度设定则会流于形式而不发生作用；二是既要注重对行政裁决这一事实及其所表现的范围与过程的分析，又要体现出学术研究中理论思维的前瞻性，亦即需要强化事实描述的基础性和理论阐释的前导性。如此，才有望使行政裁决的研究在理论与实际的结合中取得大的突破。

三、关于完善我国行政裁决制度的研究

我国的行政裁决制度与行政裁决的实际要求相差很大，研究行政裁决问题自然就会关联到行政裁决的制度化建设，这不仅是一个学术问题，同时也是一个现实的实践问题。因而，二十年来特别是近年来，中国学者逐步从制度建设的层面来讨论行政裁决问题，力求在制度框架内推进行政裁决问题的研究，并为中国行政裁决法制化找到切实的依据。由此，行政裁决的制度建设也就成为中国学者讨论的一个热门话题。

1. 关于行政裁决法制化的研究。行政裁决法制化是目前行政法学研究的重点问题之一，研究者大多认识到行政裁决法制化的必要性及存在的依据，但关于行政裁决如何法制化问题还存在着不同的意见。如有的学者认为，行政裁决的法制化必须从这样几个方面着手：一是要确立行政裁决法制化的基本轮廓，不仅使法制的基本精神得以贯彻行政裁决的始终，而且要以一定的产生机制、运行机制及救济机制作为支撑；二是要处理好行政裁决与民事诉讼、行政诉讼的关系，应该允许纠纷当事人在提起行政诉讼时附带民事诉讼；三是要注意行政裁决的基本原则与行政复议及行政诉讼的基本原则的联系，使行政裁决和行政复议的

① 王育君：《论行政裁决的性质及起诉途径与审理》，《人民司法》1994 年第 10 期。

基本原则相近,即应遵循公开、及时、便民等原则;四是要确认行政裁决的对象是民事纠纷,因而应当给予当事人充分的辩论与质证机会,采取类似法院的庭审方法,而不同于行政复议的书面审理①。也有的学者从机构设置、裁决程序、责任制度、裁决与诉讼的关系等角度,就完善我国行政裁决活动的法律制度进行探讨,认为行政裁决的法制化应实现技术鉴定统一化,设置行政裁决的专门机构,以增强行政裁决的独立性;改进行政裁决的程序,建立备案审查制度;建立以行政机关为被告的行政诉讼制度;行政裁决应公开化,增加行政裁决活动的透明度②。近年来,也有学者在承认进一步拓展行政裁决的范围、完善行政裁决的专门机构、改造行政裁决的程序的前提下,特别强调"强化行政裁决的救济"的极端重要性,认为我国行政裁决的救济制度应当在两个方面着实进行改进:一是明确行政裁决都属于可以提起行政复议的范围;二是合理界定行政裁决与行政诉讼、民事诉讼之间的关系③。有的学者鉴于我国目前关于行政裁决救济问题没有明确的规定,提出这样的建议:"关于救济的方式,可根据行政裁决的类型来作不同的规定:如果涉及行政裁决的作出与否的问题,应该允许逐一对行政主体来提出复议和诉讼;如果是对行政裁决的内容不服的,可以由民事纠纷的一方当事人对另一方当事人提起民事诉讼,对在诉讼中涉及行政裁决的合法性与合理性的问题,可以作为民事案件的一个附属问题在诉讼过程中进行质证,以维护公民的合法权益,并保持司法对行政的监督。对救济方式的规定,应在法律法规中加以规定,或在未来的行政程序法中加以规定。"④

2. 关于行政裁决社会公信力的研究。也有的学者认为,完善行政裁决制度要认识到行政裁决是一种特殊的行政行为,又是一种社会性的行为,所以必须在法制化的框架内努力实现社会公信力的价值目标。因此,必须注意到社会公信力问题在完善行政裁决制度方面的特别意义,确认提升社会公信力在推进行政行为的社会认可程度、提高行政行为的效率内涵、减轻法院行政诉讼的压力、实行责任政府与法制社会的目标等方面的意义与价值。认为提升行政裁决的社会公信力,其办法是通过规范行政裁决机构、行政裁决人员的职权,实现行政裁决程序的公开化,强化行政裁决过程的透明化等途径,建立和扩大行政裁决的社会

① 茅铭晨、李春燕:《行政裁决法治化研究》,《行政论坛》2003 年第 2 期。

② 宫桂芝:《行政裁决法治化的思考》,《学术交流》1999 年第 1 期。

③ 吴卫军、刘意:《我国行政裁决法律制度:现状剖析与改革前瞻》,《电子科技大学学报》2006 年第 4 期。

④ 邓可祝:《论行政裁决制度的完善》,《安徽工业大学学报》2006 年第 3 期。

信用与声誉,从而实现行政裁决的价值目标与社会功用,达到或促进行政裁决制度的不断完善①。

3. 关于完善行政裁决制度的具体途径的研究。有的学者鉴于我国加入WTO的新形势,提出了完善我国行政裁决制度的极端重要性,认为完善行政裁决制度必须从这样几个方面入手:一是完善行政复议组织,建立相对独立的复议委员会;二是建立严格的回避制度,明确规定自行回避和申请回避两种回避程序的方式;三是完善行政复议审理方式,原则上采取公开听审方法;四是规定律师代理和诉讼代理制度;五是取消原裁决机关审理复议案件的制度和行政机关最终裁决制度②。也有的学者鉴于行政裁决的实际情形,从有利于实际操作的角度提出行政裁决制度完善的问题,认为行政裁决制度的完善必须从六个方面着手:一是要在法律法规上明确规定"行政裁决"之名,二是要明确行政裁决的范围,三是要建立回避制度、"审判分离"和不单方接触制度,四是要确立统一的行政裁决程序,五是要明确行政裁决与行政诉讼之间的关系,六是要成立专门的行政裁决机构③。也有学者主张从制度建设的层面来完善我国的行政裁决制度,认为一是要为行政裁决正名,摈弃在行政裁决意义上使用"处理"、"决定"、"调处"等概念;二是要建立行政诉讼附带民事诉讼制度;三是要制定统一的行政裁决法,扩大行政机关对民事纠纷的管辖范围④。近年来,有学者认为行政裁决制度符合和谐社会的要求,没有破坏我国宪法上的权力分工原则,满足了法治国家对权力分工的要求,因而主张我国立法机关在构建和谐社会的过程中,"应当给予行政裁决制度合理的发展空间,使行政裁决成为和谐社会中重要的争议解决制度之一"⑤。

以上是中国学术界近二十年来关于行政裁决制度研究的基本情形。在笔者看来,关于行政裁决制度的研究,今后可以从这样几个方面进一步开展下去:一是加强对"行政裁决"等基本概念的界定和对概念的内涵与外延的研究,以确立行政裁决的知识体系和研究范式。二是对行政裁决的法律关系进行梳理,使行政裁决的行为特征及法理上的依据能够在法律的框架内得到合理的解说,推进行政裁决法制化研究的进程。三是借鉴和吸收国外关于行政裁决制度的研究成

① 吴汉全:《提升行政裁决的社会公信力》,《江苏行政学院学报》2005 年第 4 期。

② 沈开举:《WTO 与我国行政裁决制度公正性研究》,《中国法学》2002 年第 5 期。

③ 冯中锋:《行政裁决制度之研究》,《湛江师范学院学报》1999 年第 4 期。

④ 张志勇、林学飞:《中共浙江省委党校学报》1998 年第 6 期。

⑤ 王小红:《我国行政裁决制度存在合宪论》,《河南省政法管理干部学院学报》2008 年第 5 期。

果,并结合中国行政裁决活动的实际和行政裁决法制化的要求,来确立行政裁决制度法理性依据和可操作性的具体途径。

(载吴汉全等著《公共管理研究与教学文集》,吉林人民出版社 2012 年版)

【昔文琐记】这篇《近二十年来行政裁决制度研究综述》,完成于 2009 年 3 月 27 日。当时担任政治与行政学院院长,负责学院的学科建设工作,因而也就有意识地在政治学和行政学方面做点研究,于是写了这篇“综述”。后来,在我与胡宁生等著的《公共管理研究与教学文集》(吉林人民出版社 2012 年版)书中,也收入了这篇文章。出版这部《公共管理研究与教学文集》,主要是汇聚教师的研究成果,适应学术团队建设、学科建设的需要。

南京审计大学的政治与行政学院,成立于 2008 年暑假,2014 年 4 月终结,存立六年。该院起初有两个系,即行政管理系与人文社科系。行政管理系开始只有一个行政管理本科专业(这是从管理学院分出来的),以后又申报了劳动与社会保障本科专业,因而也就有两个本科专业。所谓人文社科系,是从原来的法政学院分出的一部分,教师主要是担负全校的公共政治理论课的教学任务。2014 年 4 月,学校宣布撤销政治与行政学院,而我也改任马克思主义学院院长兼书记。因而,我也就成为这个政治与行政学院的第一任院长,同时也是这个学院的最后一任院长。

我在徐州师范大学(即现在的江苏师范大学)工作时,因为在法政学院讲授过《行政学》这门本科课程,也就开始研究行政裁量权、行政裁决等问题,所以也就比较关注学术界对于社会裁决问题的研究。我到了南京审计大学担任这个政治与行政学院的院长后,学校对这个学院的学科建设和教学工作都特别重视,希望成为学校发展的重要生长点,因为那时正是全校冲击硕士点的时候。加之,中国社会科学院政治学所副所长杨海蛟先生指导我们的学科建设工作,所以教师在科研和教学等方面皆有起色。正是在这个背景下,我是想着继续过去的研究,为本院教师的科研带好头。在政治与行政学院存活的六年中,应该说还是取得较大成绩的,如取得学校的第一个国家社科重大招标项目,获得了学校的第一个教育部二等奖,创建了劳动与社会保障的本科专业和硕士点。后来,我转任马克思主义学院院长兼书记后,也就不再关注行政学方面的研究了。

2021 年 1 月 31 日

近年来政治共识研究的进展及今后的研究方向

政治共识是近年来政治学界研究的一个重要课题，在报纸杂志上发表了许多有价值的文章，其研究领域从总体上看，涉及了政治共识的基本含义、主要功能、总体特点以及提升政治共识的路径，等等。本文试就近年来学术界政治共识的研究现状作一简要综述，并对今后的研究工作提出新的思路，以期学术界进一步深化政治共识问题的研究。

一、政治共识研究的进展

近年来，学术界对政治共识问题的研究取得了重大的进展，集中探讨了政治共识的基本含义、主要功能、总体特点以及提升政治共识的路径等方面的内容。现就学术界对政治共识的见解，归纳如下。

（一）政治共识的基本含义

关于“政治共识”的基本含义，国内的学者在具体阐释时虽然存在着很大的分歧，但通常都会使用《布莱克维尔政治学百科全书》（*Blackwell political Encyclopedia*）中的解释，将“政治共识”定义为：“在一定的时代，生活在一定的地理环境中的人们共有的一系列信念、价值观念和规范准则。在政治意义上，它指的是与政治体系有关的信念。”①在这一认识的基础之上，学者们又从不同角度对政治共识进行了具体阐释，代表性的观点有：

1. 政治共识是共识、共识决策和共同利益在政治领域的具体体现。淦家辉

---

① 《布莱克维尔政治学百科全书》，中国政法大学出版社1992年版，第155页。

及李雪强在吸收和借鉴学术界各种观点的基础上,在《试论政治共识的蕴涵、基础与教育》①中认为,政治共识在基本意蕴上包括三个方面:一是人们对政治体系认识的一种描述,指处在一定时代背景的政治制度环境下,特定的人们对本国或他国的政治体系所共同遵守的政治规范准则。在这里,政治共识是共识在政治领域的具体体现。二是作为一种政治过程中的决策方式,指在某一特定集团和共同体中每个成员都自由地决策并实施其随后的活动的前提下,根据该集团或共同体成员之间的普遍意志来决策。在这里,政治共识是共识决策在政治过程中的具体体现。三是指共同利益在政治领域的一种反映方式。其依据是:政治是经济的集中体现,因而政治共识是对不同利益群体的不同利益诉求和愿望的共同反映,政治共识的形成过程就是共同利益的形成过程。在这里,政治共识是与利益紧密联系在一起的,并且是共同利益在政治领域的共同反映和集中体现。

2. 政治共识由协商、妥协和合作三个基本要素组成。张辉在《政治共识:中国当代社会变革中的现实选择》②中指出,政治共识既可以在具体操作层面上表现为主要政治力量在国内外政策上的趋同与合作,也可以指在抽象思维领域中不同社会主体之间形成的共同的政治价值观和政治理念。政治共识可以简单理解成各个政治主体间的协商、妥协和合作,亦即协商、妥协和合作是政治共识的三个基本要素。这里,协商是不同个人之间、不同利益团体间交流意见及表达诉求的最佳方式。这也是走向共识的第一步。所谓协商,其基础就是讨价还价,这就是妥协。没有妥协让步的协商,不会有很好的结果。妥协是双方的退让,是双方基于最优结果的共赢和博弈。共识之所以能达成,就在于双方为了避免在各不退让的情况下,自己利益受到最大值的损失。而在协商和妥协的基础上,合作则是水到渠成的选择,引领不同主体为了共同的目标走向政治共识。因而,政治共识就是协商、妥协和合作这三者相互影响、相互促进而构成的动态过程。

3. 政治共识有着基本价值的共识和程序规则的共识的双重含义。姚俭建在《政治共识与参政党思想建设的路径选择》③中,对所要讨论的政治共识的两重含义作了如下规定:一是基本价值的共识,这是指社会或组织共同认同、认可的

① 淦家辉、李雪强:《试论政治共识的蕴涵、基础与教育》,《三峡大学学报》(人文社会科学版)2011 年第 1 期。

② 张辉:《政治共识:中国当代社会变革中的现实选择》,《黑河学刊》2009 年第 4 期。

③ 姚俭建:《政治共识与参政党思想建设的路径选择》,《中央社会主义学院学报》2011 年第 6 期。

基本的理想信念和价值信念；二是程序规则的共识，这是指社会或组织共同认同、认可的活动规则和运作程序。基本价值的共识回答"是什么"的问题。这一问题的展开，则是对所处社会或群体的主流价值观念的认同。它所反映和弘扬的内容，必须能够满足大多数人所持有的价值偏好、现实的利益需要和对未来的设想。程序规则的共识则要解决有关"怎么样"的问题，也就是对具体运作及其规则的认同和遵循。在政治实践中，只有不断建立、健全和完善政治运作的程序，并按程序、规则办事，政治领袖和政治决策等才能获得社会或组织的认同。

综上所述，中国政治学界对政治共识的基本含义作了较有深度的分析，并取得了相关性的成果。在笔者看来，以上三种观点在探求政治共识的基本含义方面都有一定的道理，但是都存在着探源性不足的问题。在中国政治学界，虽然"政治共识"作为一个基本的概念被频繁地使用，但是其概念的边界仍然不甚明确，给人一种杂乱无章的感觉，没有在具体的研究中达成统一的共识，也没有将研究中的结论给予系统的梳理。譬如，有学者借用《布莱克维尔政治学百科全书》的解释进行阐述，也有学者采用安德鲁・海伍德提出的包含程序性共识和实质性共识双重含义的政治共识概念，还有学者使用罗尔斯的重叠共识和哈贝马斯的商谈共识理论进行拓展性阐释。这说明，就政治共识的基本含义问题的研究来说，需要对"政治共识"的学术依据进行探源性的研究，这就需要在借鉴和汲取外来学术资源时，积极地推进学术研究范畴的本土化。一个显见的事实是，在"政治共识"的研究中，中国传统的政治资源之中的"中庸"、"和而不同"等思想没有得到应有的反映，中国共产党政治实践中提出的"求同存异"主张没有引起高度的重视。由此来看，"政治共识"的研究至少在探源性方面，还是有很大的探索空间，需要进一步研究的问题还有很多，而形成具有中国特色的政治共识话语体系也可谓任重道远。就"政治共识"提出的历程来看，在"二战"前，美国结构功能论政治学派首次提出政治共识这一术语，比较充分地提示出政治共识研究的重要性，其后的一些西方学者也曾就政治共识提出自己的看法，这应该说是值得分析和借鉴的有用资源。今后，有必要在中外、古今的学术视野中就"政治共识"的基本含义进行深入的研究，形成既有学术渊源又有现实视域并具有中国特色的概念体系，为带动政治共识相关方面的研究提供学术的话语体系。

（二）政治共识的主要功能

政治共识作为政治活动中客观存在的重要现象，在社会的政治现象的演进中有着基本的作用，研究"政治共识"问题就需要揭示其功能之所在，这样才能为理解和认知政治共识的内涵提供新的视域。由此，学术界对政治共识的研究，一直都比较重视对其主要功能的探讨。这方面的探讨，形成了以下几个主要观点：

第一种观点，认为政治共识具有维持政治稳定的功能。如张辉在《政治共识：中国当代社会变革中的现实选择》①中认为，稳定是政治共识的一个副产品，在达成共识的过程中不同的利益方的协商、妥协和合作，会使各自的利益得到部分满足，使最大受惠者与最小受惠者在最低限度上取得理解，并积极采取实际行动而改善紧张关系，进而使社会各阶层力量处于相对均衡状态，这是对政治稳定的极大推动。姚俭建在《政治共识与参政党思想建设的路径选择》②中也提出，从功能上考察，政治共识是维系社会政治稳定的基础，在政治生活中具有重要意义。政治共识的重要性在于，当人们对一种既定的政治体系存在着基本相同的看法时，人们便会去维护它，从而降低政治体系用来维护自身运行的交易成本。高新民在《政治共识与中国政党制度》③中也提出，政治共识所能够起到的最大效用，就是以非暴力方式解决社会问题，特别是利益分配问题。邵海军在《构建执政共识的探索与完善——论中国共产党"共和"的政治共识》④中也认为，政治共识的达成有利于政治体系中的稳定。

第二种观点，认为政治共识具有增强政治合法性的功能。如吕元礼在《现代民主社会的政治共识》⑤中认为，基本价值共识和程序共识是民主社会中不可或缺的两种共识。基本价值共识的作用在于确定民主的崇高地位；而程序共识的作用也有两个方面：一是实现民主制度的有效运作，二是赋予按照民主程序建立起来的公共权力合法性。张辉在《政治共识：中国当代社会变革中的现实选择》中认为，在共识的视角下，政府在制定政策时会广泛听取民众意见，并在平等参与的条件下协商各方利益，进而争取社会最大限度的支持。邵海军在《构建执政共识的探索与完善——论中国共产党"共和"的政治共识》中认为，政治共识的达成意味着民众对于现存政治系统和秩序的认同、支持和拥护，亦即对执

① 张辉：《政治共识：中国当代社会变革中的现实选择》，《黑河学刊》2009 年第 4 期。

② 姚俭建：《政治共识与参政党思想建设的路径选择》，《中央社会主义学院学报》2011 年第 6 期。

③ 高新民：《政治共识与中国政党制度》，《执政党观察》2009 年第 8 期。

④ 邵海军：《构建执政共识的探索与完善——论中国共产党"共和"的政治共识》，《北京工业大学学报》(社会科学版)2011 年第 1 期。

⑤ 吕元礼：《现代民主社会的政治共识》，《江苏社会科学》2005 年第 3 期。

政党执政地位的认可,故而这种认可确立了执政党的执政合法性。

第三种观点,认为政治共识具有推进和谐社会建设的功能。如马九福在《略论和谐社会政治共识建设》①中认为,政治共识在和谐社会建设中是极端必要而不可缺少的:一是政治共识能对利益差异进行有力解释,实现心理补救,有利于利益矛盾的解决;二是政治共识能对阶层差异进行弥补;三是只有建立在政治共识基础上的政治制度,才能促进社会和谐。张辉在《政治共识:中国当代社会变革中的现实选择》中认为,政治共识可以有效地聚合利益分化,并作为矛盾冲突的安全阀而使社会中不和谐因素平和地释放出来。因为,和谐社会不仅仅是物质经济的发展,更重要的是公民感觉良好的一种满意的心态,而政治共识对这种满足感的建立同样具有重要影响。进入言之,和谐与政治共识的求同存异,从本质说乃是一致的。

第四种观点,认为政治共识具有推进法治建设的功能。譬如,郑卫东、邹育根在《政治共识与法治》②中认为,政治共识首先有助于良法的形成,这是因为共识为人们提供了诸如正义、公平等价值的理解基础和观念资源,而这些基础正是法律规范、制度规则形成的前提;政治共识同时又是法治意识形态形成的基础,它能够为法治意识形态提供基本的理念和价值观;政治共识也是有助于法律规范的维护,因为法律要想实际发挥应有的作用,必须有待人们的热情和勇气去维护,而这种情感的源泉就是政治上的高度共识。又譬如,马九福在《略论和谐社会政治共识建设》③中认为,政治共识的范围越是广泛,促进法治实现的程度也就越高;并且较强的政治共识也是有助于法律意识的形成和深化,并进而通过人们自觉遵守和维护的法律制度而发挥其应有的作用。

以上,是中国政治学界关于政治共识功能的四种观点。此外,学者们在政治共识功能问题上的看法还有许多,并且也都有一定的道理。譬如,也有学者认为政治共识的达成有利于降低执政成本、提升执政效率,有助于社会上政治资源的有效整合。这从执政成本视角来看,是有其独到的见解,值得学术界关注。

总体来看,政治学界关于政治共识功能的研究,为进一步的深入研究和细致剖析政治共识的内涵与价值提供了思路,因而是有一定的学术借鉴价值的。由

---

① 马九福:《略论和谐社会政治共识建设》,《华东理工大学学报》(社会科学版)2007 年第 3 期。

② 郑卫东、邹育根:《政治共识与法治》,《华南师范大学学报》(社会科学版)2005 年第 3 期。

③ 马九福:《略论和谐社会政治共识建设》,《华东理工大学学报》(社会科学版)2007 年第 3 期。

于政治共识的功能涉及政治体系的诸多方面，与政治主体的政治实践有着不可分割的联系，因而有必要在社会的政治系统之中、基于政治实践的观点，对其进行系统而全面地分析与研究，在厘清政治共识与其他相关因素的关系中，形成一个完整的话语体系。这就需要研究者在政治共识与其他方面关系研究中，从学术的高度对前人的成果有一个清晰透彻的认识，本着"他山之石可以攻玉"的理念，善于从联系中把握既有的研究成果，并纳入政治共识研究的体系之中。同时，学术界有必要从创新的角度来理解政治共识的功能，既有的研究成果多是从国内多党合作中的政治共识来说明的，这自然是一个较好的切入视角，但由此尚不足以来全面地论断政治共识的功能。如今，我们已迈入全球化的21世纪，需要用革新的思维、从国际政治的大视野来重新认识政治共识的功能。譬如，不妨从不同性质的国家之间的角度、经济上与政治上有密切合作的国家之间的角度，或是政治上有些摩擦的邻国之间的角度来具体分析，研究政治共识的形成过程及其所体现的各种功能，探讨政治共识在化解国家与国家之间的矛盾与冲突中，在寻求相互间的求同存异、彼此理解体谅、共同构建和谐世界及人类命运共同体中的各种努力。这也许能为政治共识功能的研究，提供一条具有政治实践基础又有政治博弈经验的新路。

（三）政治共识的总体特点

政治共识形成于政治活动的过程中，不仅有其基本功能，也有其总体的特点。因而，在政治学视野中揭示政治共识的总体特点，也是近年来中国政治学界的一个着力点。政治学界从不同方面对政治共识的总体特点予以分析和抽绎，提出了以下几种主要观点：

第一，多元性特征。不少学者立足于社会现实，认为现实中业已存在的政治共识体现了当今社会多元性的特点，因而是一种多元社会的政治共识。如郭定平在《从多元社会谈及政治共识》①中认为，多元社会的政治共识是指社会成员和社团组织在基本的政治价值和政治程序方面的认同一致。这种政治共识，可以从这样三个方面来理解：一是在内容方面，它注重程序问题；二是在目标方面，它注重全体人民的福利和权利；三是在性质方面，它具有世俗化的特征。又如，李德新在《政治共识的时代需求与有效构建》②中认为，在多元共存的社会中，政

① 郭定平：《从多元社会谈及政治共识》，《社会科学》1993年第8期。

② 李德新：《政治共识的时代需求与有效构建》，《湖南行政学院学报》2011年第6期。

治共识的基本特征表现为:一是政治共识是一定程度的共鸣,包含着差异性;二是政治共识是理性思考的结果,包含着克制性;三是政治共识是动态发展的过程,包含着阶段性;四是政治共识是立足本国的实际,包含着独特性。

第二,民主性特征。有些学者从当代社会的总体特征来分析政治共识的特征,认为在没有民主制度的封建时代不可能有真正的政治共识,而现行社会中的政治共识大致都反映现代民主社会的共性,因而所能看到的政治共识一般都是民主社会的政治共识。如郜会远在《论政治共识的基本内涵及现实意义》①中认为,现代民主社会的政治共识是建立在自由独立的公共舆论的基础之上,经由理性的协商与妥协达成的,与异见和反对的思想共存,是一定范围和程度的共识。因而,无论是在公众表达利益诉求的过程中,还是在协商和妥协的过程中,理性和审慎克制都起着至关重要的作用,这也构成了政治共识的重要特征。张辉在《政治共识:中国当代社会变革中的现实选择》②中认为,在现代民主政治社会中政治共识表现为社会中各个团体、党派,多数人之间的对"游戏规则"的基本认同,它是共识内涵的实体表征。

第三,具体性特征。有些学者认为,政治共识都是与一定国家的政治制度相联系的,不同的国家体现出不同的政治共识,因而政治共识又是具体的。就此,王岽兴在《当代中国社会政治共识探析》③中就中国的政治共识予以研究,认为当代中国政治共识具有以下几个特点,一是建立在发展业绩基础上的政策共识,二是表达了政治主体的理性自觉和自愿,三是突出地表现为集体目标共识,即政治主体在坚持改革、谋求发展经济和建设法治国家等目标上达成了一致,四是一定程度上缺乏宪政共识,表现为少数官员的腐败,严重影响民众对宪法和法律的整体认同。

总的来说,学术界从不同的视角对政治共识的总体特点进行了分析和概括,力图把握政治共识的共性,这是一个非常重要的努力,因而应予以充分的肯定。但就笔者对诸多成果的梳理来看,政治共识还具有政治的合法性、思想的妥协性等特点。这还需要作深入的研究与阐发。就目前研究趋势来看,政治共识的研究越来越关注到多党合作所给予的影响。这是因为政党乃至现代政治运行的领导力量,政党对于国家的政治稳定、和谐社会的建设以及世界政治秩序的重构皆

---

① 郜会远:《论政治共识的基本内涵及现实意义》,《湖北社会科学》2008 年第 1 期。

② 张辉:《政治共识:中国当代社会变革中的现实选择》,《黑河学刊》2009 年第 4 期。

③ 王岽兴:《当代中国社会政治共识探析》,《学术交流》2005 年第 12 期。

具有十分重要的意义。譬如,姚俭建在《政治共识与参政党思想建设的路径选择》①中提出,中国共产党与各民主党派达成的政治共识的突出特点,是随着历史的发展而不断发展的,各民主党派与中国共产党在政治理念上具有较高程度的重叠性,尤其是在基本价值上的重叠性越高。今后,可以对多党合作的政治共识进行深入的研究,也可以在国际政治视域中基于人类命运共同体建设来对政治共识展开分析,这对于探讨政治共识的基本特征应该说也是有益处的。

(四) 提升政治共识的路径

政治共识能够在政治运行中发挥积极的作用,是与其所具有的不断优化和提升的路径相联系的。由此,也就需要对政治共识得以优化的具体路径作出探索。学术界比较注重达成政治共识的路径进行研究,这主要是从政治共识形成的主体、政治共识的形成过程以及政治共识的核心内容等角度展开讨论的,提出了许多非常有价值的观点:

一是执政党建设的路径。一些学者强调执政党自身思想意识的引领性意义,同时也注意到全体国民在其中的作用。如严隽琪在《统一思想认识 增强政治共识》②中认为,政治共识的提升固然在于执政党政治意识的提升,在中国主要是增强坚持中国共产党领导的共识,同时也是增强走中国特色社会主义道路的共识,及增强坚持科学发展、加快转变经济发展方式的共识。也有一些学者认为,执政党在政治共识中处于主导地位,提升政治共识主要在于执政党自身思想意识的提升。如邵海军在《构建执政共识的探索与完善——论中国共产党"共和"的政治共识》③中认为,中国政治共识的形成需要中国共产党以理性自觉来巩固"共和"共识,团结社会多元群体协商来完善"共和"共识,并通过发展人民民主来提升"共和"共识。

二是多党合作的路径。在一些学者看来,执政党的政治意识对一个国家的政治共识的提升固然有着重要的意义,但政治共识不是执政党一党的事,而是由政治上合作的各党所决定的,因而需要从多党合作方面提升政治共识。如骆平、万光碧在《增强多党合作政治共识——民主党派"同心思想"建设的本

---

① 姚俭建:《政治共识与参政党思想建设的路径选择》,《中央社会主义学院学报》2011年第6期。

② 严隽琪:《统一思想认识 增强政治共识》,《中央社会主义学院学报》2011年第1期。

③ 邵海军:《构建执政共识的探索与完善——论中国共产党"共和"的政治共识》,《北京工业大学学报》(社会科学版)2011年第1期。

质要求》①中认为，就需要加强“同心思想”建设，在“同心”思想引领中坚定共识，同时也要增强民主党派的自身特色，进一步发展民主协商，并在政治安排上注重保障民主党派的权益。杜青林在《加强政治共识教育，不断夯实多党合作的共同思想政治基础》②中认为，强化政治共识事关多党合作发展的根基，由此就需要中国共产党与各民主党派、无党派人士的共同努力，需要各民主党派、无党派人士把强化政治共识作为根本任务，以思想建设坚定共识，以服务大局深化共识，以政治交接巩固共识，以自我教育增进共识，要在推动科学发展中深化共识，从而不断夯实与中国共产党团结奋斗的共同思想政治基础。崔珏在《政治共识与多党合作制度的发展》③中认为，必须在执政党与参政党之间巩固实质性共识（即核心价值、政治制度、发展目标等方面的共识），以多党合作为平台来推进程序性共识，进一步发挥政党制度整合社会的功能。

三是文化导向的路径。一些学者认为，政治共识在根本上是文化的、价值观的问题，因而提升政治共识最为关键的乃是在文化上、价值观上提升全体民众的认同感。如张翔在《政治共识：中国公民文化建设的症结》④中认为，在中国要建构从以斗争为主流向以和谐为主流转变的社会文化，一方面需要以和谐文化来引导各阶层之间的民众在现实生活中化解各阶层之间的矛盾与冲突，将矛盾与冲突限制在社会秩序的范围之内，避免社会滑向政治动荡；另一方面，需要高度认识和重视和谐文化的意义与价值，应将和谐文化作为社会文化建设的重点，并将和谐文化作为引导民众解决矛盾与冲突的动力。又如，林华山在《辛亥革命历史遗产与两岸政治共识建构》⑤中认为，要进一步发挥文化交流在海峡两岸的政治共识建构中的作用，这首先需要海峡两岸的文化交流更多地求同存异、承认多样性，其次是需要海峡两岸文化的交流进一步对称化、深入化和制度化。也有学者从国际性的文化视域研究政治共识，如徐勇在《一体化的文化自我强化与政治共识》⑥中认为，当今世界需要以文化的方式进行整合，建构以文化整合为

---

① 骆平、万光碧：《增强多党合作政治共识——民主党派“同心思想”建设的本质要求》，《湖北省社会主义学院学报》2012 年第 2 期。

② 杜青林：《加强政治共识教育，不断夯实多党合作的共同思想政治基础》，《中央社会主义学院学报》2012 年第 2 期。

③ 崔珏：《政治共识与多党合作制度的发展》，《湖北省社会主义学院学报》2012 年第 2 期。

④ 张翔：《政治共识：中国公民文化建设的症结》，《沈阳大学学报》2009 年第 3 期。

⑤ 林华山：《辛亥革命历史遗产与两岸政治共识建构》，《河北省社会主义学院学报》2011 年第 2 期。

⑥ 徐勇：《一体化的文化自我强化与政治共识》，《天津社会科学》2010 年第 3 期。

基础的政治共识,对在国际政治交往中应对统一规则之下的文化差异性予以充分的尊重,但同时亦必须建构起与世界相一致的政治底线原则。

如何提升政治共识的路径,一直是学术界研究政治共识问题的重中之重。因为,就中国的政治状况而言,政治共识的提升直接关系到执政党的领导、与民主党派的关系、社会各阶层利益问题等方面,同时也关系到中国社会的稳定与和谐发展。今后,关于提升政治共识路径的研究,还可以从以下几个方面进行拓展:一是着重时代性和实践性,从本国的实际出发来解决国内存在的政治共识的问题。既有的研究所提出的政治共识的路径,多是从理论出发,实际针对性较为不足。今后的研究工作,要着眼于现实的社会生活的实际,增强其与社会生活的关联性,并充分注意到政治实践的决定性意义。二是路径更加具体化,强化针对性和应用性。既有的研究结论还比较笼统,对路径的分析也比较宏观,个性化的路径还不多见。今后,在路径的分析上应该更具体化、可操作化,不仅需要根据不同的政治制度具体地提出主要的路径及辅助性的路径,而且需要研究各种路径之间的关系及路径的优势集成问题。三是关于路径的基本观点上要不断创新,需要更多地从政治运行状况、政治文化演进态势、政治组织发展走向等方面,提出创新性的路径观点。

二、政治共识研究今后应努力的方向

学术界关于政治共识的研究,阐释了政治共识的基本含义,探讨了政治共识的主要功能,抽绎出政治共识的总体特点,探析了提升政治共识的具体路径。应该说,学术界在政治共识方面的研究取得了很大的进展。今后,进一步推进政治共识的研究,可以从以下几个方面加以努力:

(一)在政治体系中研究政治共识

推动政治共识研究的创新和发展,需要根据时代的需求,从政治实践的观点出发,这应是开展政治共识研究的起点。就系统的、联系的观点来看,政治共识不是一个孤立的存在,而是在政治体系中形成和发展起来的,其功能的发挥与路径的选择也是依托于政治体系的,因而政治共识的研究就必须在政治体系之中进行。就基本的认知而言,政治体系是政治行为主体所依赖存在的制度形式,是政治行为主体与政治制度的有机统一。概而言之,政治体系是社会政治组织和政治制度的有机构成,并且是政治活动得以进行的条件。政治体系与政治共识的关系是十分鲜明的,政治体系可以帮助人们有效地聚合政治利益要求,正确地运用政治权力,有效地实现政治权利,推进政治治理进程,以便能达成全社会的政治共识,维持社会的政治稳定。在当代社会的政治生活中,政治体系包括国家及其政治制度、政党及政党制度、政治社团及其运行规则等方面,而这些方面无一不与政治共识发生这样和那样的联系,或者也可以说政治共识乃是其中不可忽视的基本元素。譬如,政治制度在于设定一系列的基本规则,但政治制度在由政治心理、政治思想提升的过程中,本然地贯穿着社会上业已存在的基本政治共识,或者可以说,没有基本的政治共识也就根本形成不了政治制度;进而言之,即使一个社会有成形的基本政治制度,但如果公民缺乏基本的政治共识,这种政治制度也是难以在社会中切实地推行下去的,更谈不上有效地发挥政治制度的规制作用。又譬如,政党作为现代社会中不可或缺的政治组织,自然是一定阶级的先锋队,但如果某一阶级缺乏阶级的整体共识也是不能形成强有力政党的;而政党在国家的政治变革中发挥功能,也依赖于政党内部业已形成的基本共识,才能有这个政党的基本纲领、基本政策及治国方略。政治体系内的其他组成部分,也都与政治共识有着密切的关系,这里不一一举例。就研究状况而言,既有的政治共识研究多是从政府、政党、多党合作等角度来研究,但是研究的视角不能局限于此,研究思维应该努力拓展、不断革新,思考问题应该更加全面、开阔、细致。譬如,可以从国家政治制度的角度,也可以从社会团体如商业组织、社区组织、行业协会、利益集团等的角度,还可以从个体公民的角度,具体地研究政治共识与公共利益、党团利益、群体利益以及个人利益之间的关系,使政治共识在社会和谐发展中更好地表露其特点、凸显其优势,彰显其功能。就一个国家而言,政治共识在国内、党内、团体内以及与公民个人之间实现的程度,不仅关系到公民政治意愿的合理表达,而且关系到整个政治体系的稳定及其运行态势。从政治体系出发研究政治共识,这其中的角度有很多,关键是要选择一个比较适合的角度进行具体分析,这样得出的观点或结论才更有现实性和针对性。在政治体系中研究政治共识,对于丰富现有研究成果具有重要的实践意义,并将随着其研究的有力推进而不断完善。这样,政治共识的研究必将为后人提供更多有价值的材料。

（二）注重政治实践与政治关系的研究

基于政治体系研究的视野,研究政治共识就必须深入到政治体系的内层,具体地考察政治共识与政治体系之中关键性因素的关系，以便为政治共识的研究打开一个现实的通道。在笔者看来，在政治体系之中，政治实践与政治关系是深化政治共识研究不可绕开的关键环节，而政治实践与政治关系的研究对于政治共识研究也具有突破性的意义。众所周知，政治实践是政治主体在政治环境中运用政治中介进行改造政治客体的政治活动，涉及政治主体、政治客体、政治中介和政治环境等几个因素。而政治关系则是指政治角色之间的相互影响所形成的关系，它是人们在社会政治生活中基于其利益要求及活动方式而形成的，以政治强制力量和权利分配为主要特征，包括阶级关系、军政关系、个人与集体的关系及国家与国家的关系等。就两者关系而言，政治实践始终处于基础性地位，而政治关系则有着维护性的作用，两者皆是政治现象演进的条件，并且两者皆与政治共识发生紧密的联系，共同助力政治体系的建构及有序运行。如果要实现全社会的甚至国家间的具有统一性的政治共识，就要注重政治实践与政治关系的研究。首先，若政治关系阻碍了社会发展，政治主体就会通过政治实践改造政治关系，使其适应时代发展的需要。换言之，只有扫除不合理的因素，才能使整个政治系统健康有序地发展。进一步言之，只有通过政治实践才能使党政关系、中央与地方的关系、利益集团之间的关系，个人与集体的关系、个人与个人的关系等不断走向合理化、理想化，促成全社会的政治共识的发展，才能彼此协作而妥善解决国内现存问题，在保持政治稳定的前提下进而促进和谐社会的建设。其次，以往的政治实践主要是阶级之间的斗争，但是现在更多的是民族国家间的交往，这之中自然也有诸多的政治竞争与政治博弈。现在国际上出现的一系列问题，大体上已经不是某个国家可以凭一己之力能够解决的，合作共赢成为基本的政治理念，例如环境污染、气候恶化、流行疾病和恐怖主义等问题已经严重威胁到地球村的每个国家，此时只有国家与国家之间达成政治共识，通过求同存异而通力合作，才能共同解决威胁人类的各种危机。可以想见，通过政治实践与政治关系的研究，并将政治共识考虑其中，所梳理出的政治共识乃是一种政治实践的政治共识，同时又是一种表征政治关系的政治共识，这也许更能凸显政治共识的本质性内涵。

（三）构建政治共识研究的话语体系

政治共识是一个理论问题，更主要是一个实践问题。需要在政治实践和学术实践中，重视政治共识研究的话语体系的建构。首先，要研究在政治实践中实现向平等话语转换的问题。以往的政策、机制、制度等多是由领导层研究下达基层,由基层颁布实施,效率不高、成果不大,这主要是没有形成良好的政治共识。要使公民形成基本的政治认同,应该建立平等的话语体系,给予每个人、每个阶层有诉求其利益、表达其意愿的平等机会,从而为政治共识提供坚实的社会平台。其次,要研究如何在政治实践中实现宣传话语的生活化、通俗化问题。回归生活世界,密切联系日常生活,采用鲜活的生活话语,使其通俗易懂,贴合群众的需要。由此,需要研究大众的理解水平、思维方式等,恰当使用更加亲切、生动、形象、鲜明的口语,以生活化、通俗化的语言推进社会政治共识的实现。再次,要研究如何在政治变迁过程中构建社会主流价值取向的话语体系。民主社会使每个公民都有平等的话语权,可以采取自由、开放的方式相互讨论来促成政治共识的实现,但是必须建设社会的核心价值体系,引导公民尊重社会的主流价值取向,不能偏离政治制度所设定的政治方向。对此,研究者需要提出建设性的意见。最后,要在现有政治秩序中形成开放创新的思想言说的话语体系。政治共识的话语体系既是规则的、有序的,又是开放的、创新的。故而,只有不断创新政治共识的话语范式、丰富和增添政治共识的基本内涵,才能促成政治共识在全社会甚至是全球范围内的实现。所以,我们在研究中要时刻把握时代脉动,及时更新研究话语系统,同时要研究参与世界政治文化交流、建立中国在国际上话语权的独特路径,使中国的政治经验被国际社会所理解和认同,并努力扩大中国政治学话语在世界上的影响力。政治共识研究话语体系的构建有助于学术理念、学术范式的传承,有助于形成学术研究的中国学派,这应该在政治共识的研究中得到高度的重视。

总之,近年来学术界对政治共识的研究已经取得了很重要的成果,在政治共识的基本含义、主要功能、总体特点以及提升政治共识的路径等方面有着可喜的成绩。政治共识的研究是一项实践性、现实性的重大课题,对维持国家的政治稳定、促进社会和谐、建设新型的国际政治秩序都有重要的意义,值得我们作进一步的深入研究。本文只是就近年来中国学术界政治共识研究的现状作一简要综述,并就今后的研究方向作了力所能及的提示。笔者相信,在学术界同仁的共同努力下,政治共识的研究必将取得更大的进展。

(此文与白璇洁合写,载《淮阴师范学院学报》2013 年第 2 期)

【昔文琐记】这篇《近年来政治共识研究的进展及今后的研究方向》,初稿完成于 2012 年底。此文是我让研究生白璇洁起草的,我作了一些修改后发表。

我在 2012 年暑期对政治共识这个问题发生兴趣,并且也有一个初步的研究计划,这大致也是源自我那时对于公信力问题的研究。白璇洁成为我的研究生后,让她就学术界关于政治共识研究的情况梳理一下,故而也就有了这篇文章。我在2012年7月17日撰写了《政治共识:一个有待严格界定的政治学用语》的初稿,有25000字的样子。这个初稿一直没有集中性的时间进行修改,故而也就留存在我的电脑中。这自然也是因为时间长了,已经没有当时撰文的那种感觉,故而写出的文章也就搁置起来了。以后,如有时间,还需要将此文打磨一下。

在这篇《近年来政治共识研究的进展及今后的研究方向》中,一个很突出的方面,就是提出了“构建政治共识研究的话语体系”的主张。我对于话语体系问题思考较早,在这篇文章中就有表露。我在2014年暑假写成的《党史解释要论》书稿,辟有专章来研究“党史解释的话语体系”问题。经过几年的思考,终于在2018年的暑假写成了《话语体系初论》书稿,力图建立话语体系理论。“初论”又“捂”了两年,在2020年正式由人民出版社出版。“两论”(《党史解释要论》和《话语体系初论》)乃是我由“史”的研究转向“论”的研究,而“话语体系”问题的研究在其中占有重要的位置。

白璇洁是2014届硕士生,2011年入学的。她很聪明,研究中不怕困难,敢碰钉子。她在读期间,主要是研究邓初民的政治学思想,硕士论文是《邓初民政治学思想研究》,近8万字。该论文从中国马克思主义学术史的视角出发,按照社会史研究、比较研究和学科体系研究的思路,对邓初民政治学思想的演变过程进行探讨,认为邓初民对马克思主义政治学理论中国化做出了成功的探索,构建了包括国家论、阶级论、政党论、政府论、革命论等在内的中国马克思主义政治学研究体系,实现了马克思主义政治学中国化的历史性飞跃。白璇洁的这篇硕士论文是优秀论文,为邓初民的研究作出了贡献。

学术综述属于学术史性质,与一般的学术研究论文的写法还是有所不同的,需要进行专门的训练。撰写出较好的学术综述文章,研究者不仅需要对相关领域有全面的把握及整体性的认知,而且需要有较高的见识,能够高屋建瓴指明今后的研究方向,这就需要有特殊的写作技艺。时下发表的不少学术综述,大多只是把某一个研究领域或某一问题研究相关的成果,进行某一时段学术观点上的梳理。至于既有研究存在什么问题或不足,今后应该有着怎样的努力方向,很少能作出前瞻性的提示。这种简单而又程式化的综述撰写方式,是今后应该加以改变的。

2021年1月31日

后　记

这部著作取名《现代中国学术思想研究》，主要考虑的是研究对象大致皆是在现代中国的范围之内，涉及的是现代中国的思想、学术和社会演进的问题。思想与学术皆处于既定的社会历史背景之中，不仅有着互动共进的关系，而且也表征着社会的状况及衍化的趋势，故而可以将思想、学术作为一个整体来对待。

为规范化及统一体例起见，同时也便于读者查核引文，本书引用的《马克思恩格斯选集》统一采用人民出版社 1995 年版本，引用的《毛泽东选集》统一采用人民出版社 1991 年版本。我原来撰写的李大钊研究论文，相继用过人民出版社 1959 年的《李大钊选集》、1984 年的《李大钊文集》（上、下卷）、1999 年的《李大钊文集》（五卷本）等版本，这次统一为人民出版社 2013 年的《李大钊全集》（五卷本）。

本书中每篇文章之后有一个"昔文琐记"，主要记述文章相关的事或自己现在的一些想法。人们常说"一篇文章的背后皆有一个故事"，但这"故事"一般很难在文章的正文中看见。事实上，文章的写作过程也是各各不同的，何以选择这个"题目"，又是如何展开论述，恐怕也没有一个统一的程式。文章的写作思路与表达方式，文章所要表达的思想诉求和学术主张，更多地受当时情境的影响，也是与作者的知识基础和兴趣爱好分不开的。故而，本书以"昔文琐记"的办法记述文章相关的事，这或许有助于读者对文章本身的认识。我的导师张静如先生在出版《静如文存》、《张静如文集》等著作中，创立了"评文记事"的体例。我这个"昔文琐记"，正是仿照先生的"评文记事"体例。

我三十多年来在论文写作方面，还是花费了很大精力的。尽管这些文章现在看起来，满意的还是不多，但对自己的文章却有着"敝帚自珍"的情结。按照中国人的习惯，明年（2023 年）是我六十岁的生日。我想趁此机会把自己的主要论文出个集子，算是对自己三十多年写作的文章有一个小结。我深知，社会是不断进步的，学术研究是与时俱进而不能止步不前的，因而任何研究成果只是时代的产物,带有那个时代的印迹,自然也是那个时代的反映。论文一经发表就成为历史,著作出版了也是这样。无论是论文还是专著,限于个人的水平和能力,其中的不足与缺点一定不少。故而,现在将自己的部分论文整理出来,仍然是感到惶惶不安。敬请学界朋友批评指正!

吴汉全

2022 年 1 月 7 日

责任编辑：马长虹
封面设计：伊木桃

图书在版编目(CIP)数据

现代中国学术思想研究/吴汉全 著. —北京:人民出版社,2024.2
ISBN 978-7-01-025914-7

Ⅰ.①现…　Ⅱ.①吴…　Ⅲ.①学术思想-研究-中国　Ⅳ.①B2

中国国家版本馆 CIP 数据核字(2023)第 167076 号

现代中国学术思想研究

XIANDAI ZHONGGUO XUESHU SIXIANG YANJIU

吴汉全　著

人民出版社 出版发行
(100706　北京市东城区隆福寺街 99 号)

北京中科印刷有限公司印刷　新华书店经销

2024 年 2 月第 1 版　2024 年 2 月北京第 1 次印刷
开本:710 毫米×1000 毫米 1/16　印张:82.75
字数:1500 千字

ISBN 978-7-01-025914-7　定价:240.00 元(全三卷)

邮购地址 100706　北京市东城区隆福寺街 99 号
人民东方图书销售中心　电话 (010)65250042　65289539